S0-ADK-495

THE

Dead Sea Scrolls

CONCORDANCE

....

THE Dead Sea Scrolls CONCORDANCE

Volume One

The Non-Biblical Texts from Qumran

[PART ONE]

by

MARTIN G. ABEGG, JR.

with

JAMES E. BOWLEY *&*

EDWARD M. COOK

& in Consultation with

EMANUEL TOV

LEIDEN/BOSTON · 2003

This book is printed on acid-free paper.

LIBRARY OF CONGRESS CATALOGING-IN-PUBLICATION DATA

Abegg, Martin G., Jr.
The Dead Sea scrolls concordance / by Martin G. Abegg, Jr., with James E. Bowley and Edward M. Cook, in consultation with Emanuel Tov.
v. cm.
Contents: 1. The non-biblical texts from Qumran.
ISBN 90-04-12521-3 (cloth)
1. Dead Sea scrolls—Concordances. I. Bowley, James E. II. Cook, Edward M. III. Tov, Emanuel. IV. Title.

BM487.A72 2003
296.1'55—dc21

2003041899

ISBN 90 04 12521 3 (Part One), 90 04 13284 8 (Part Two)
and 90 04 13285 6 (Set)

PRINTED IN THE NETHERLANDS

CONTENTS

PART I

GENERAL INTRODUCTION ix

KEY TO SIGLA xix

HEBREW CONCORDANCE Aleph-Mem 1

PART II

HEBREW CONCORDANCE Nun-Tav 499

ARAMAIC CONCORDANCE 773

GREEK CONCORDANCE 947

APPENDICES

APPENDIX I CONCORDANCE OF SIGNS FOR NUMBERS 953

APPENDIX II TYPOGRAPHICAL AND TRANSCRIPTIONAL ERRORS IN THE TEXT EDITIONS 957

DEDICATED TO

BARBARA RADNOFSKY, ED SUPKIS

AND THEIR CHILDREN MICHAELA, MAX AND DANIELLE

WITH GRATITUDE FOR THEIR GENEROUS SUPPORT

OF THE PUBLICATION OF THE DEAD SEA SCROLLS.

General Introduction

Words, words, between the lines of age ...
Neil Young

1. Description and Contents

1.1 Volume I of the *Concordance of the Non-biblical Texts from Qumran* presents for the first time a concordance of *all* the non-biblical Qumran texts—Hebrew, Aramaic, Nabatean-Aramaic, and Greek—in one publication. As such, it serves as an index for all the volumes of the *Discoveries in the Judaean Desert* (*DJD*) series as well as for all other publications of Qumran texts (see 1.4). In addition, forty-one Cave IV texts are included here which have not yet been published in *DJD* (see 1.5).

1.2 All non-biblical texts—as defined by the lists in *DJD* XXXIX, 27–201—found in or assumed, by the assignment of a 'Q' number, to originate in the eleven Qumran caves are the focus of this volume. Also covered are psalms that are not present in the MT collection of 150 Psalms but included in what might otherwise be categorized as biblical manuscripts (4Q**88** VII,14–IX,15; X,4–15; 11Q**5** XVIII,1–XIX,18; XXI,11–XXII,15; XXIV,3–17; XXVI,9–15; XXVII,2–11[a]; XXVIII,4–14; and 11Q**6** 4–5,1–16[a]; 6,1–2). In addition, the Aramaic Targums (4Q**156**, 4Q**157**, and 11Q**10**) have been covered here as it is probably more helpful to present all of the Qumran Aramaic manuscripts in one publication. On the other hand, given the small number and fragmentary nature of non-biblical Greek manuscripts, the editors determined that Greek translations of the Hebrew Bible (4Q**119**–4Q**122**; 7Q**1**) should be concorded in the forthcoming third volume of the concordance. The ostraca published in *DJD* XXXVIII are covered (KhQ**1**–KhQ**3**), while texts from other Judean Desert sites are the focus of subsequent volumes of the concordance.

1.3 For the texts included in the *DJD* series, the concordance is, in the main, an index to *DJD*. The editors' transcriptions, except in the instances of typographical and transcriptional errors (see paragraph 4.1 and Appendix II), have been followed throughout. Although it would have been defensible at times to suggest alternative placements of fragments or more appropriate reconstructions, the concordance would have ceased to be a tool reflecting extant editions, and furthermore, a consistent re-editing of the entire corpus would have delayed the publication of this tool for many years. Occasional editorial freedom has been exercised in relation to lexical assignments and thus the concordance is at times at odds with the presentation in the *DJD* concordances.

1.4 The concordance covers all the non-biblical Qumran texts published in *DJD* as well as in the following publications:

> CD: Joseph Baumgarten and Daniel Schwartz, "Damascus Document (CD)," in *Damascus Document, War Scroll, and Related Documents*, ed. by James Charlesworth et al. (vol. 2 of *The Dead Sea Scrolls: Hebrew, Aramaic, and Greek Texts with English Translations*; Tübingen/Louisville: J. C. B. Mohr [Paul Siebeck]/Westminster John Knox Press, 1995) 4–57.

1QpHab: Maurya P. Horgan, "Habakkuk Pesher (1QpHab)," in *Pesharim and Related Documents*, ed. by James Charlesworth et al. (vol. 6b of *The Dead Sea Scrolls: Hebrew, Aramaic, and Greek Texts with English Translations*; Tübingen/Louisville: J. C. B. Mohr [Paul Siebeck]/Westminster John Knox Press, 2002) 157–85.

1QapGen: Matthew Morgenstern, Elisha Qimron, Daniel Sivan, "The Hitherto Unpublished Columns of the Genesis Apocryphon," *AbrN* 33 (1995): 30–54; Florentino García Martínez, and Eibert J. C. Tigchelaar (eds.), *The Dead Sea Scrolls Study Edition Volume One 1Q1–4Q273* (Leiden: E. J. Brill, 1997). Subsequent to the publication, Tigchelaar added diacritics, which are included in the present index with the kind permission of the author.

1QS: Elisha Qimron and James Charlesworth, "Rule of the Community (1QS)," in *The Rule of the Community and Related Documents*, ed. by James Charlesworth et al. (vol. 1 of *The Dead Sea Scrolls: Hebrew, Aramaic, and Greek Texts with English Translations*; Tübingen/Louisville: J. C. B. Mohr [Paul Siebeck]/Westminster John Knox Press, 1994) 1–51.

1QM: Jean Duhaime, "War Scroll (1QM,1Q33)," in *Damascus Document, War Scroll, and Related Documents*, ed. by James Charlesworth et al. (vol. 2 of *The Dead Sea Scrolls: Hebrew, Aramaic, and Greek Texts with English Translations*; Tübingen/Louisville: J. C. B. Mohr [Paul Siebeck]/Westminster John Knox Press, 1995) 80–141.

1QH^{a}: Martin G. Abegg, Jr., *Qumran Sectarian Manuscripts* (Electronic Publication, Version 2.0; Altamonte Springs, Fla.: OakTree Software, 2002).

11Q**19**: Yigael Yadin, *The Temple Scroll* (vols. 1–3; Jerusalem: IES, 1983).

1.5 The following transcriptions were prepared for the present concordance covering manuscripts to be published in *DJD* XXXVII (Aramaic Texts) and XL (Supplement Volume).

Martin G. Abegg, Jr.: 4Q**317**, 4Q**324d–i** (Hebrew cryptic A manuscripts presented in *DJD* XXVIII as "photograph only").

Edward M. Cook: 4Q**550a–e**, 4Q**551**–4Q**554**, 4Q**554a**, 4Q**555**–4Q**575**, 4Q**580**–4Q**582** (with the aid of preliminary editions, where available, and high-resolution scans provided by the Ancient Biblical Manuscript Center).

1.6 1Q**61** (*DJD* I), 5Q**13** 22–29 and 5Q**21** (*DJD* III) were not fully transcribed in the editions. Transcriptions of these fragments were prepared using the photographic plates and notes in the editions.

1.7 Several manuscripts have been published in the photographic plates of *DJD* but have evaded transcription due to their fragmentary or cryptic nature. These are not included in the concordance: 1Q**59** and 1Q**60** (*DJD* I) contain legible letters only. 4Q**313c** (*DJD* XXVIII), catalogued as a cryptic A manuscript, does not appear to preserve any readable text. Likewise, 4Q**360b** and the Greek manuscript 4Q**361** were published in the plates of *DJD* XXVII and the cryptic B (4Q**362**, 4Q**363**) and C (4Q**363a**) texts are included in the plates of *DJD* XXVIII.

1.8 Biblical quotations included in the non-biblical texts, biblical lemmas in the *pesher* texts, as well as 4QReworked Pentateuch (4Q**158**, 4Q**364**–4Q**367**) and 4Q**522** 22–25 have been fully concorded. The past practice of leaving these passages out of concordances has proved to be counterproductive to scholarship. The concordance does not indicate words from biblical lemmas in any special way.

1.9 The concordance contains 3,771 distinct Hebrew, 1,930 Aramaic, and 36 Greek words. There are a total of 111,141 entries in Hebrew, 21,628 in Aramaic, and 65 in Greek. In addition, there are 307 number signs for a total of 133,141 extant words in the non-biblical Qumran corpus.

2. *Procedure*

2.1 The *Concordance of the Non-biblical Texts from Qumran*, Vol. I represents an entirely new enterprise and is not a derivative of any existing concordances. This independence also pertains to the "Concordance of Proper Nouns in the Non-biblical Texts from Qumran," (*DJD* XXXIX, 229–84). The concordance was, however, improved substantially by careful comparison with the *Konkordanz zu den Qumrantexten* by Karl Georg Kuhn (Göttingen: Vandenhoeck and Ruprecht, 1960) as well as all concordances published in the individual *DJD* volumes.

2.2 As a first step in production, each word of the entire text of the manuscripts detailed in section 1 above was developed into a database comprising four columns.

1) full reference: manuscript number, fragment, column, and line numbers
2) inflected form as represented in the text edition
3) lexical form
4) grammatical tag as detailed in the 'Read me' file (Version 1.0, 1991) for the Westminster Hebrew Morphological Database. This tag describes the grammatical components of the inflected form included in column 2.

2.3 This data was compiled by a non-commercial application ("Filer") so that it might be accessed by Accordance, a commercial software program produced by OakTree Software.

2.4 The final draft of the concordance was produced using the concordance function of the Accordance program and manually edited to its ultimate form.

3. *Arrangement and Description of Contents*

3.1 General arrangement

3.1.1 The Hebrew, Aramaic, and Greek concordances are segregated. The Nabatean-Aramaic manuscripts—4Q**235** and 4Q**343**—representing merely twenty-five readable words, have been recorded with the Aramaic.

3.1.2 Although all extant words are included, the concordance lists solely by reference the Hebrew and Aramaic prepositions ב, כ, and ל; the Hebrew and Aramaic definite articles ה and א; and the conjunction ו.

3.1.3 The concordance also lists words that have been partially reconstructed in the text editions, even those for which a single fragmentary letter has been preserved which is part of the root or the inflection of the lexical form. Consequently, words for which the only evidence pertains to a pronominal suffix, inseparable preposition, the article, or a conjunction are excluded. Thus, דברי[ם̊, יכתב[ו, and י]כתוב are listed, but דברי[ו, ל]כתוב, and ה]מלך are not.

3.1.4 Proper names are integrated in the concordance in accordance with their Hebrew or Aramaic context. Compound names (e.g., מלכי צדק, בית אל) are listed according to the place in the alphabet of the first component while a cross reference appears (see 3.2.1.3) at the location of the second component.

3.1.5 A word that is ambiguous in the determination of the editors of the text editions is defined as 'indeterminate' and listed separately: (indeterminate) אל.

3.2 Each lexeme is introduced by a header consisting of three components: key word (including any variant orthographical forms), part of speech, and gloss (with homograph number where applicable; see 3.2.1). For example,

God, god noun **אֵל–5, אֵיל**

3.2.1 The lexical articles, comprising a header and catalogue of occurrences, are organized according to alphabetical order as opposed to root. This organization, as well as the numbering of homographic verbal roots and identical words (as to vocalization), follows the lead of L. Koehler and W. Baumgartner, *The Hebrew and Aramaic Lexicon of the Old Testament* (hereafter, HALOT).[1] In addition, BDB,[2] editorial remarks contained in the notes of the text editions, and the dictionaries of Jastrow,[3] and Sokoloff,[4] were consulted. Important aspects of this method of ordering and occasional exceptions are detailed below.

3.2.1.1 The vocalization of the lexeme in the header to the article has been added whenever possible as a guide for the reader and as a necessary distinction between homographs. The limitations of this system are recognized and are in the main purposed as a reference for orientation. This is particularly true of the Aramaic vocalizations which are derived from a variety of vocalized traditions.

3.2.1.2 Articles for words that occur in more than one spelling in the manuscripts are alphabetized according to the most frequent orthographic pattern. In the case of the example at 3.2, **5-אֵל** occurs 691 times, 684 of which are spelled אל and seven of which are represented by איל. All variant orthographic forms are listed in the header in the order of frequency with identical cases ordered alphabetically. Reconstructed orthographic variants (as compared to the head-words in HALOT) are not listed in the header or taken into consideration in the alphabetization of the article. For example, the proper noun עֹרֵב is alphabetized according to its Masoretic spelling although the *DJD* edition of 4Q**161** 2–4,9 reconstructs the *plene* form (עו]רב).

---

1 E.J. Brill: Leiden, 1994, 1995, 1996, 1999, 2000.

2 *The Hebrew and English Lexicon of the Old Testament* (ed. F. Brown, with S.R. Driver, and C.A. Briggs; Clarendon Press: Oxford, 1979).

3 Marcus Jastrow, *A Dictionary of the Targumim, the Talmud Babli and Yerushalmi, and the Midrashic Literature* (New York: Judaica Press, 1982).

4 Michael Sokoloff, *A Dictionary of Jewish Palestinian Aramaic of the Byzantine Period* (Publications of the Comprehensive Aramaic Lexicon Project, Vol. 2; Baltimore: Johns Hopkins University Press, 2002).

3.2.1.3 All variant orthographic forms, including those that are partially reconstructed, are also recorded alphabetically followed by a directive to the location of the lead form, for example: 5–אֵל ← אֵיל.

3.2.1.4 A lexeme whose Masoretic orthography (as recorded by HALOT) is not attested in the Qumran corpus, is nevertheless cross-referred in the concordance. Such an unattested Masoretic spelling is not, however, included in the list of orthographic variants in the header of the article.

3.2.1.5 Presumed scribal errors (e.g., עיד for עיר at CD 2:18) are recorded as separate entries (5–עִיר ← עיד) but are not listed as orthographic variants in the header to the lexeme.

3.2.1.6 As in HALOT, Hebrew/Aramaic numerals are listed under their 'feminine' form. Both feminine and masculine forms, as well as any variant spellings, are listed in the header in the order feminine/masculine, for example: חֲמִשָּׁה ,חָמֵשׁ. An exception to this pattern (as in HALOT) is made in the instance of אֶחָד (one) which is recorded according to its masculine form, אַחַת ,אֶחָד.

3.2.1.7 As in HALOT, each of the forms of 'ten' is given its own lexical article in the Hebrew concordance: עֶשֶׂר, עָשָׂר, עֶשְׂרֵה, עֲשָׂרָה, but is combined under the heading עֲשַׂר in the Aramaic concordance.

3.2.1.8 Multiples of the numeral 'ten' are, however, recorded in separate articles while HALOT lists 30–90 as plurals of 3–9.

3.2.1.9 The treatment of composite prepositions and conjunctions generally follows the practice of HALOT and are recorded according to their component parts (e.g., לפני as פנה and ל, כאשר as אשר and כ).

3.2.1.10 In the following details, the concordance deviates from HALOT:

a. בגלל, בעבור, למען, and לעמת, words for which the second component does not occur independently, are not separated.

b. The Hebrew form איזה and the Aramaic כדי have their own separate article. These forms have become lexicalized; a concordance reflecting an etymological connection to די (who, which) and כ (as, like) would only obscure the common usage of the word.

c. Likewise in the Aramaic concordance the non-Masoretic forms לקדמין and לחדה have their own separate heading.

d. The combinations שֶׁל and –שֶׁלְּ are recorded separately; the former an independent particle both with (4Q**222** 1,7) and without pronominal suffixes (3Q**15** 1,9), the latter separated into its component parts ל and שֶׁ (4Q**266** 10i1; 11Q**20** XII,14). HALOT records both under שֶׁ (see שֶׁלִּי Song 1:6).

e. אדני (Lord, God) and אדון (lord, master) are recorded separately.

f. אלהים (God, gods) and אלוה (god) are recorded separately; HALOT lists both under the heading אלוה.

g אַחֲרֵי and אַחַר are recorded separately.

h. The nominal and adverbial functions of יַחַד are recorded separately.

i. The personal names אביב and בליעל and their nominal functions are recorded separately.

3.2.2 The parts of speech mentioned in the headers are: noun, proper noun (including gentilics), pronoun (demonstrative, interrogative, relative, and personal), verb, adjective, and particle. The particles are further subdivided into adverb (interrogative and negative), preposition, conjunction (coordinating and subordinating), and interjection.

3.2.3 The English glosses recorded in the headers are contextual and suggestive and do not necessarily do justice to the full range of meanings of each lexeme.

3.3 Under the header, all occurrences of the head-word in the Qumran texts are listed. The sequence of the evidence for the Hebrew is CD, 1QS, 1QSa, 1QSb, 1QpHab, 1QM, and 1QH[a] followed by the remaining Qumran texts listed sequentially ordered by 'Q' number. The PAM plate evidence, ostraca (KhQ**1**–KhQ**3**), and XQ**7** are recorded last. The Aramaic order is sequential by 'Q' number with XQ**6** recorded at the end of the article.

3.3.1 The order and format of the line references:

a. Column and line: in documents for which their column structure is an integral part of the publication: CD, 1QS, 1QSa, 1QSb, 1QpHab, 1QM, 1QH[a], 3Q**15**, 4Q**88**, 4Q**162**, 4Q**166**, 4Q**216**, 4Q**219**, 4Q**252**, 4Q**256**, 4Q**257**, 4Q**258**, 4Q**259**, 4Q**260**, 4Q**319**, 4Q**422**, 4Q**448**, 11Q**5**, 11Q**11**, 11Q**13**, 11Q**17**, 11Q**19**, and 11Q**20**. In these cases, the column number is recorded as an *upper* case roman numeral followed by a comma and the line number: 11Q**20** XII,24.

b. Fragment and line number: in fragments with no columns, references consist of fragment number in Hindu-Arabic numerals followed by a comma and the line number: 4Q**502** 76,1.

c. Fragment, column, and line number: references for fragments containing a column structure consist of fragment number in Hindu-Arabic numerals, column number in *lower* case Roman numerals and the line number immediately following in Hindu-Arabic numerals: 4Q**491** 11ii13.

d. Line number: manuscripts represented by only one fragment (4Q**339** 1).

3.3.2 A few overly long fragment indications are shortened: 4Q**511** 52,54–55,57–59,1 becomes 4Q**511** 52–59,1.

3.3.3 The 'recto-verso' indications are always spelled out (1Q**70** Verso 2,1). The recto of 4Q**504** is not indicated as only fragments 2 and 8 display text on the verso (4Q**504** Verso 8,1).

3.3.4 The concordance follows *DJD* and the other text editions with regard to the notation of supralinear lines. These editions have normally numbered supralinear lines by appending an 'a' to the line number above which it is written (e.g., 4Q**165** 5,5a). In the rare case of two supralinear lines, the second one is indicated by 'b' (4Q**202** 1ii25b; 4Q**322** 1,3b). There are a few occasions where the line is numbered according to the line above (1Q**15** 1,2a; 1Q**32** 5,1a; 4Q**163** 23ii14a; 4Q**322** 2a, 3a, 3b; 4Q**422** 11,2a; G,2a; L,1a; 11Q**17** 29,3a; 11Q**18** 20,3a; 32,6a; 11Q**19** 13,11a, 12a; 15,3a; 11Q**20** 35,2a). When the supralinear inscription consists of only a word or two, the word(s) may be recorded on the line itself surrounded by carets (4Q**202** 1iii10, ^ב[ני]^ אר[עא), thus avoiding the need for a separate line identified with an appended 'a'.

3.3.5 Wherever applicable, the *DJD* volume number in which the manuscript has been published is recorded following the 'Q' number.

3.3.6 Each entry includes the key word—enlarged by one point and in bold type—and where possible, meaningful context.

3.3.7 Doubtful reconstructions are noted with a question mark when they are marked thus in *DJD*.

3.3.8 When more than one reconstruction is suggested by *DJD* editors in the *transcription*, each reconstruction is recorded according to its lexical form. A note at each entry will alert the reader to the record of the alternate reconstruction. Variant reconstructions located in the *notes* of the text editions are not included in the concordance.

3.3.9 In the case of scribal corrections in the manuscripts, both the original word—when meaningful—and the correction are recorded. A note at each entry will alert the reader to the location of the other.

3.3.10 Groups of letters which were not intended as words (e.g., לׄבעפסאצגדהו, 4Q**341** 1,1) are not concorded. In cases where a corruption is suspected (e.g., יׄאאם, 1QS V,5), a note gives directions to the words listed in the concordance (אִם and כִּי ← יאאם).

3.4 The Greek concordance covers 7Q**2**–7Q**5**, 7Q**15**, 7Q**19**, 4Q**126**, and 4Q**127**, but not 7Q**6**–7Q**14**, 7Q**16**–7Q**18**, 4Q**350** and 4Q**361** which do not yield identifiable whole words. The Greek concordance represents the text as it appears in *DJD*; recognizable words are separated by spaces as opposed to the *scriptio continua* of the texts.

3.5 Greek and Aramaic number signs are concorded separately in Appendix I. When they appear as part of the context in the Hebrew, Aramaic, and Greek concordances these signs are given their Hindu-Arabic equivalents while in the appendix they are represented by the appropriate symbols.

4. *Presentation*

4.1 Typographical or transcriptional errors in the text editions are corrected without note in the concordance but are recorded in Appendix II. Errors in the editions concerning such matters as the omission of brackets (1Q**22** 1iv2) or of spaces (1Q**17** 1,5) are corrected without notice.

4.2 In the text editions of *DJD* VII, some of the rewritten (reshaped) letters are wrongly recorded as supralinear letters (4Q**504** 1–2iv3). The concordance records them correctly.

4.3 Angle brackets used to indicate a lack of space (4Q**374** 2ii8) have been removed in favour of a transcription without the space.

4.4 Parentheses (4Q**408** 3–3a,3) or question marks (4Q**457a** 2ii8) indicating an additional level of uncertainty have been deleted.

4.5 An ensemble of fragments is numbered according to the whole rather than the individual parts. This is contrary to the practice of *DJD* VII; (see 4Q**502** 6–10 where 8,5 and 9,8 are respectively the beginning and end of the same line) and of *DJD* I, which also concords entries according to the individual fragment (1Q**18** 1–2).

4.6 The red ink evident in some manuscripts (4Q**270**, 4Q**481d**) is not noted in the concordance.

4.7 Word-dividers in paleo-Hebrew texts are replaced by spaces (11Q**22**) and the script is not differentiated, even in the case of the tetragrammaton (יהוה).

4.8 *DJD* XXXVI, 485–9 includes two fragments of "Unknown Origin": XQText A–B that were subsequently identified respectively as 11Q**12** 7a and 11Q**16** 2. These have been referenced in accordance with their Cave 11 identifications.

4.9 For 11Q**5** published in *DJD* IV, erased letters, not normally indicated in the transcription, have been indicated on the basis of the notes.

4.10 The concordance covers the following re-editions within the *DJD* series rather than the initial publications (cf. *DJD* XXXIX, 17–18):

Aramaic		
1Q**23**	*DJD* I, 97–8	*DJD* XXXVI, 49–66
1Q**24**	*DJD* I, 99	*DJD* XXXVI, 67–72
2Q**26**	*DJD* III, 90–91	*DJD* XXXVI, 73–5
6Q**8**	*DJD* III, 116–9	*DJD* XXXVI, 76–94
Hebrew		
1Q**26**	*DJD* I, 101–2	*DJD* XXXIV, 534–9
4Q**269** 10, 11	*DJD* XVIII, 123–36	*DJD* XXXVI, 201–11
4Q**394** 1–2	*DJD* X, 101–2	*DJD* XXI, 157–66

4.11 The fragment of 1QSb published in *DJD* XXVI is concorded as part of 1QSb V,22–25.

4.12 1Q**33** is included, with modifications, in the transcription of 1QM (1Q**33** 1 = 1QM XVIII,7–12; 1Q**33** 2 = 1QM XIX,6–10) and not recorded separately.

4.13 1Q**34bis** was printed as an appendix (III) to *DJD* I and includes the fragment published as 1Q**34**. Thus 1Q**34** is not given separate treatment.

4.14 Fragment 1 of 4Q**203** in *DJD* XXXVI (10) has been re-edited in *DJD* XXXI (18). The *DJD* XXXVI edition of the manuscript is, however, recorded in its entirety as well as variant readings from the re-edition of fragment 1 in *DJD* XXXI.

4.15 4Q**471b** 1a–d (*DJD* XXIX, 421–32) has been superseded by 4Q**431** 1 (*DJD* XXIX, 203–5). The variant readings from 4Q**471b** 1a–d are also recorded.

4.16 4Q**468d** (*DJD* XXXVI, 405) has been superseded by 4Q**238** (*DJD* XXVIII, 119–23).

5. *Acknowledgements*

We are especially appreciative of the dedicated support of Emanuel Tov who was consulted at every stage of the concordance preparation. In addition, we are particularly thankful for his invitation to prepare such a potentially important tool for the furtherance of Qumran research.

Special thanks are due to Roy Brown of OakTree Software who unfailingly produced—often overnight—appropriate modifications in the Accordance software so as to facilitate the production of all drafts of the concordance and the basis of the final manuscript.

It is a pleasure to acknowledge Janice Karnis, our gifted copy-editor. We are also pleased to acknowledge Dorothy Peters, Yael Pritz, Andrea Alvarez, and Steve Marler in Langley and Nehemia Gordon and Shmuel Ben Or in Jerusalem who examined the innumerable pages of transcriptions and concordance drafts for errors.

We wish to thank the Comprehensive Aramaic Lexicon Project and particularly Steven Kaufman and Jerome Lund who provided lemma files and word lists which were crucial to the accuracy of the Aramaic concordance.

We are grateful for the generosity of Eugene Ulrich who readily provided his Greek files which made the Greek concordance short work.

We are appreciative of the Ancient Biblical Manuscript Center that provided high definition scans of numerous PAM photographs. We are especially thankful for the enthusiastic support of its director, Michael Phelps.

We are indebted to Steve and Cinda Gorman of Cincinnati, Ohio for kindly opening their home to the editors for a week of organizational meetings in April 2002.

We are pleased to acknowledge our supporting institutions: Trinity Western University for Martin Abegg's sabbatical year and Dean Richard Smith of Millsaps College for making project resources available for James Bowley.

To Hans van der Meij of E. J. Brill we owe a debt of thanks for his great patience as a one-year project became nearly two years long.

The Oxford Centre for Hebrew and Jewish Studies, Yarnton, Oxford provided financial support which was a critical component in the timely completion of the project.

Ultimately, were it not for the support of the Dead Sea Scrolls Foundation this project may never have been completed. We are grateful to its executive director, Weston Fields, to Shalom Paul, director, and the Foundation's accountant, Steve Mason for their unwavering encouragement from the planning stages of the concordance through to the completion of these first volumes.

Langley, B.C.

February 2003

MARTIN G. ABEGG, JR.

JAMES E. BOWLEY

EDWARD M. COOK

SIGLA

/	beginning or end of line
עבר/ד	alternate readings or reconstructions of individual letters, and in rare cases of words (1Q**44** 1,2, *DJD* I)
⟦ ⟧	empty space or damaged skin with no writing, usually, but not always, indicated as *vacat* in the editions
א̇	probable letter; letters indicated in *DJD* with a macron (4Q**415** 2i+1ii3, *DJD* XXXIV) are also indicated as probable.
א̊	possible letter
◦	unreadable letter; this symbol also stands for both the solid and hollow mid-line dots used in the early *DJD* volumes (1Q**16** 3–7,2, *DJD* I).
^א^	supralinear insertion
{{א}}	deletions of various types: erasure, scribal dots, strike-through
[א]	reconstructed letter
{א}	modern editor's deletion (4Q**464** 3i6, *DJD* XIX)
(א)	alternative reconstruction; parentheses occurring in *DJD* VII are disregarded as they denote parallels (4Q**509** 8,6).
<א>	modern editor's correction (1QSa I,27, *DJD* I); this siglum has on occasion been used in *DJD* to represent supralinear insertions (4Q**522** 9ii4, *DJD* XXV). These are replaced by carets.
<<א>>	ancient scribe's correction
?	doubtful reconstruction when so marked in the editions

HEBREW CONCORDANCE

א-מ

א

aleph, first letter of the alphabet א

Reference	Vol.	Text
1QpHab II,5		הדבר[על הבו]גדים לאחרית א / הימים
KhQ3 3	(XXXVI)	ס ע פ צ ק ר / א א ב ג ד ה ו
	(XXXVI)	ע פ צ ק ר / א א ב ג ד ה ו ז

in, at preposition א

Reference	Vol.	Text
1QpHab XI,6		לבלעו בכעס / חמתו אבית גלותו

first א

Reference	Vol.	Text
4Q512 33+35,3	(VII)	ו]מועד ק[צ]יר וקיץ ור[אש ח]ודש א / [
4Q512 51-55i9	(VII)	]הר א / [

א ← אֶחָד

father, ancestor noun אָב

Reference	Vol.	Text
CD V,11		ואם תגלה בת האח את ערות אחי / אביה
CD VII,8		איש לאשתו ובין אב / לבנו
CD VII,11		ועל עמך ועל בית אביך ימים
CD VIII,15		כי מאהבתו את אבות<<י>>ך
CD VIII,18		כי להם / ברית האבות
CD XIII,9		וירחם עליהם כאב לבניו
CD XVI,12		וכן המשפט לאביה
CD XIX,5		בין איש לאשתו ובין אב לבנו
CD XIX,28		כי מאהבתו את אבותיך
CD XIX,31		כי להם / ברית אבות
CD XX,29		גם אנחנו גם אבותינו בלכתנו קרי
1QS I,25		הרשענו אנו [וא]בותינו מלפנינו
1QS I,26		ו]משפטו בנו ובאבותי[נו]
1QSa I,16	(I)	וכול {{ש}}רוש אבות העדה
1QSa I,24	(I)	בסרכו על יד ראשי / [א]בות העדה
1QSa I,25	(I)	[וכול ר]אשי אבות העדה
1QSa II,13	(I)	וכול / א[בות בני] אהרון הכוהנים
1QSa II,16	(I)	וכול / ראשי א[בות הע]דה
1QSb II,1	(I)	ברית א]בותיכה / [
1QM II,1		] / אבות העדה שנים וחמשים
1QM II,3		וראשי השבטים ואבות העדה אחריהם
1QM II,7		קריאי המועד וכול ראשי אבות העדה
1QM III,4		{{יכתובו}} ראשי אבות העדה
1QM XIII,7		וא[ת]ה אל אבותינו שמכה נברכה
		וברית [כ]רתה לאבותינו
1QM XIV,8		החסדים השומר ברית לאבותינו
1QH[a] XII,34		כי זכרתי אשמותי עם מעל אבותי
1QH[a] XV,20		] ותשימני אב לבני חסד
1QH[a] XVII,29		כי אתה מאבי / ידעתני
1QH[a] XVII,35		כיא / אבי לא ידעני
		כי אתה אב לכול בני אמתכה
1Q19 3,4	(I)	]אביהו וכאשר ראה למך
1Q22 1i3	(I)	פש[ור לראשי א]בות ללו[י]ים
1Q22 1iii10	(I)	כי ה]יו שטים / [במדבר אבו]תיכם
2Q20 2,2	(III)	]בינו אשר המ[
4Q158 3,3	(V)	] / אבותי לבוא אל[
4Q174 1-2i11	(V)	אני אהיה לוא לאב והוא יהיה לי לבן
4Q175 15	(V)	האמר לאביו {{לוא}} / {{◦◦◦}} ולאמו
4Q177 1-4,11	(V)	]◦ת אבותם[
4Q185 1-2ii14	(V)	כן תתן לאבתיו כן ירשנה[
4Q200 4,5	(XIX)	ועתה מבקש / [אני אות]כה אבי
	(XIX)	אשר תשלחני והלכתי אל אבי
4Q200 4,7	(XIX)	ואני אשלח מלאכים אל טובי אב[יכ]ה
4Q200 5,3	(XIX)	ויאמר]לו אל תירא אבי
4Q215 1-3,1	(XXII)	עם אחיות אבי בלהה א[
4Q215 1-3,7	(XXII)	וכאשר בא יעקוב אבי אל לבן בורח מלפני
4Q215 1-3,8	(XXII)	] / אבי בלהה אמי
4Q215 1-3,10	(XXII)	יעקו]ב אבי
4Q221 4,1	(XIII)	ארור שוכב עם אשת]אביהו
4Q221 4,2	(XIII)	כי גל[ה] / כנף אביהו
4Q221 4,10	(XIII)	שכבו] / [עם פילג]ש אביהו [יעקוב
4Q221 15,2	(XIII)	]◦ת אבי◦[
4Q223-224 2iii16	(XIII)	משמאול לקבר שרה אם]אביהו
4Q223-224 2iv15	(XIII)	ואחרי כן דבר יהודה אל יעק]וב אביהו
4Q225 2ii4	(XIII)	אמר ישחק אל אביו כ[פות אותי יפה
4Q251 17,5	(XXXV)	ואשה לא תהיה לאחי] / אביה ולאחי אמה[
4Q252 III,13	(XXII)	] / [א]ת ברכת אביכה[אברהם
4Q252 IV,5	(XXII)	עליתה / משכבי אביכה
4Q266 11,11	(XVIII)	ובאבותינו בחרתה לזרעם
4Q269 9,5	(XVIII)	ואשר ידעה מעשה בבית אב]יה
4Q270 7i13	(XVIII)	ואשר ילו]ן על האבות / [ישלח] מן העדה
4Q271 3,12	(XVIII)	ואשר ידעה / [מעשה בבית] אביה
4Q271 3,13	(XVIII)	[אשר עליה שם רע בבתוליה בבית אביה
4Q271 4ii12	(XVIII)	וכן משפט]⟦ ⟧ לאביה
4Q299 6ii5	(XX)	] / מה אב לבנים מאיש[
4Q299 76,3	(XX)	] / כול אבות העדה[
4Q364 3i1	(XIII)	א]ביהו / [
4Q364 4b-eii26	(XIII)	ושוב אל ארץ] / א[ביכה ואיטיב עמכה]
4Q364 11,4	(XIII)	ולחם ומזון לאביהו לד[רך
4Q364 12,3	(XIII)	[האלוהים אשר הת]הלכו א[בותי]לפניו
4Q365 23,2	(XIII)	כי[בס]וכות הושבתי את אבותיכם
4Q365 26a-b,8	(XIII)	רואש לבית אבותו יה[י]ו[
4Q365 27,6	(XIII)	ונשיא בית א]ב ל[משפח]ות[הקהתי
4Q365 35ii4	(XIII)	מטה לנשי אחד ל[ב]ית אבותם[
4Q365 H,1	(XIII)	]אביהו [
4Q368 5,3	(XXVIII)	]ם למספר כ[ו]ל בית אבותם / [
4Q369 1ii10	(XIII)	]לו חוקים צדיקים כאב לב[ן
4Q372 1,16	(XXVIII)	ויאמר אבי ואלהי אל תעזבני
4Q377 1i6	(XXVIII)	ובין אב לבנו ובין איש לגר[ו
4Q377 2ii5	(XXVIII)	וללכת אחר יהוה אלוהי אבותינו המ◦◦[
4Q378 6i8	(XXII)	] ד[ ]מה וכאב לבנו ידבר[
4Q378 7,2	(XXII)	]וה אבות / [
4Q379 18,4	(XXII)	ל]היות לי אדנ[ינ]ו כאב א◦[
4Q381 46a+b,4	(XI)	]◦ת לאבתינא יפוצו לרב עד א[
4Q381 93,1	(XI)	]ו אבתי במעשי ד◦[
4Q382 12,5	(XIII)	]שו ואין לאב[
4Q382 104,3	(XIII)	והייתה להם[ ]לאב ולא[
4Q383 A,3	(XXX)	]אבותם בוזזי אמותם הפוחזים [
4Q385a 9,2	(XXX)	א]ברהם אביכם ול[
4Q385a 18ia-b,9	(XXX)	]ושמרו את ברית אלהי אבותיהם
4Q389 D,1	(XXX)	]ת כי אב לשכ[
4Q390 1,7	(XXX)	ויבינו בכול אשר / עזבו הם ואבותיהם
4Q392 6-9,3	(XXIX)	אבות]ינו לתת[לנו
4Q392 6-9,5	(XXIX)	וצמאון[כלכלנו] / [כא]ב לבנו
4Q393 3,6	(XXIX)	אתה הוא יהוה בחרתה באבותינו למקדם
4Q415 2ii1	(XXXIV)	] / כאב כבדי ◦[
4Q416 2iii15	(XXXIV)	כבוד אביכה ברישכה / ואמכה במצעדיכה
4Q416 2iii16	(XXXIV)	כי כאב לאיש כן אביהו
	(XXXIV)	כי כאב לאיש כן אביהו
4Q416 2iv1	(XXXIV)	] / את אביו [ו]את אמו

Text	Reference	Volume
כבד **אב**[יכה בריש]כה [ואמכ]ה במצעריכה	4Q418 9+9a-c,17	(XXXIV)
כי כאל לאיש כן **אביהו**		(XXXIV)
]◦ לעברתו **וכאב** על [ב]נ[ו]ת◦[	4Q418 86,1	(XXXIV)
]ל חבל בנחלת **אב** ואל[	4Q418 138,2	(XXXIV)
] **אבות** כיא נחמד ה[וא	4Q418 188,5	(XXXIV)
אז תהי]ה לו **לאב** [	4Q418a 19,3	(XXXIV)
כל ר]וש **אבות**[יכ]ה	4Q423 5,2	(XXXIV)
כולם באמת יפקוד **לאבות** ובנים[	4Q423 5,4	(XXXIV)
]וכרחמי **אב** / [	4Q423 7,3	(XXXIV)
אבו]ת כי נחמד הוא / [	4Q423 9,1	(XXXIV)
וירצו את עונם ואת עון **אבותם**	4Q434 1ii3	(XXIX)
] / אהבת **כא**[ב	4Q448 I,2	(XI)
] **אבי** ואדוני ⟦ ⟧ / [	4Q460 9i6	(XXXVI)
]לנו מעולם כיא **אבותינו** / [	4Q468i 4	(XXXVI)
צ]דיקי פתאים **אב** ◦[	4Q469 3,3	(XXXVI)
שמח]ה בבן אהוב **ל[א]ב[י]ו** [ ]על כול[אחיו	4Q474 2	(XXXVI)
א]ביהו א[	4Q502 4,2	(VII)
]**אביהו** [	4Q502 15,1	(VII)
ה]ואה **אבי**[נו	4Q502 39,3	(VII)
א]בי הנערה ו[	4Q502 108,3	(VII)
כגדול כוחכה אש[ר נ]שאת[ה] / **לאבותינו**	4Q504 1-2ii8	(VII)
] / **אבי**◦[	4Q504 1-2iii1	(VII)
רצינו את עווננו ואת עוון / **אבותינו**	4Q504 1-2vi6	(VII)
א]בינו יצרתה בדמות כבוד[כה	4Q504 8,4	(VII)
[ואל]תזכו[ר לנו עוונות]**אבותינו** הרישנים	4Q506 131-132,12	(VII)
] / [ה]נכה שוכב עם **אב[ותיכה**	4Q509 5-6ii7	(VII)
ובושת פנים למספר **אב**[	4Q511 2ii4	(VII)
]**אבינו**[	4Q511 127,1	(VII)
]ומערות **אבי**{{א}} / [	4Q513 13,1	(VII)
] / נכון באים **אבות** על בנים א[שרי ?	4Q521 2iii2	(XXV)
לוא יקח איש את אש]ת **אביהו**	4Q524 15-22,2	(XXV)
]אדני **לאבי** לו תעשה ל◦[	4Q526 1	(XXV)
] **אבותינו** מל[פנינו	5Q13 22,7	(III)
ובית **אבי** השוממים בחונכה	11Q5 XIX,17	(IV)
וצעיר מבני **אבי** וישימני / רועה לצונו	11Q5 XXVIII,3	(IV)
ויאמר] לו תרח **א[ביו** לך בשלום]	11Q12 9,4	(XXIII)
לל[בו]ש את הבגדים תחת **אבי[הו**	11Q19 XV,16	
יקריב הכוהן הגדול עליו ועל בית **אביהו**	11Q19 XXV,16	
לנשיאים לראשי בתי **האבות** לבני ישראל	11Q19 XLII,14	
או אסרה אסר על נפשה / בבית **אביה**	11Q19 LIII,17	
ושמע **אביה** את נדרה		
והחריש לה **אביה** וקמו / כול נדריה	11Q19 LIII,18	
ואם / הנא יאנה **אביה** אותה ביום שומעו	11Q19 LIII,20	
הישכם אוהבים את יהוה / אלוהי **אבותיכמה**	11Q19 LIV,13	
אם ישיתכה אחיכה בן **אביכה** או בן אמכה	11Q19 LIV,19	
והרביתיכה כאשר דברתי **לאבותיכה**	11Q19 LV,12	
כי אם מבית **אביהו** יקח לו אשה	11Q19 LVII,16	
יקח לו אשה / ממשפחת **אביהו**	11Q19 LVII,17	
ונשא / לו אחרת מבית **אביהו** ממשפחתו	11Q19 LVII,19	
והביאותים / לארץ **אבותיהמה**	11Q19 LIX,12	
איש יושב על כסא / **אבותיו** כול הימים	11Q19 LIX,15	
יואכלו לבד ממכר על **האבות**	11Q19 LX,15	
ובכתה את **אביה** ואת אמה	11Q19 LXIII,13	
איננו שומע בקול **אביו** ובקול אמו	11Q19 LXIV,2	
ותפשו בו **אביהו** ואמו	11Q19 LXIV,3	
ולקח **אבי** הנערה או אמה	11Q19 LXV,9	
ואמר **אבי** הנערה / אל הזקנים	11Q19 LXV,10	
ונתנו **לאבי** הנערה כי הוציא שם רע	11Q19 LXV,15	
האיש השוכב עמה **לאבי** הנערה חמשים כסף	11Q19 LXVI,10	
לוא יקח / איש את אשת **אביהו**	11Q19 LXVI,12	
ולוא יגלה כנף **אביהו**	11Q19 LXVI,12	
ולוא יגלה כנף אחיהו בן **אביה** או בן אמו	11Q19 LXVI,13	
לוא יקח איש את אחותו בת **אביהו**	11Q19 LXVI,14	
לוא / יקח איש את אחות **אביהו**	11Q19 LXVI,15	
ללבוש את הבגדים[תחת]**אביהו**	11Q20 I,22	(XXIII)
אשר לוא ידעתמה אתה **ואב]ותיכה**	11Q20 XVI,3	(XXIII)
] **אבותיו** ◦[	PAM 43.678 22,1	(XXXIII)
]**אבותיהם**[	PAM 43.679 7,4	(XXXIII)
] **אבותי**[	PAM 43.683 29,1	(XXXIII)
⟦ ⟧ **אב** ⟦ ⟧[	PAM 43.690 17,2	(XXXIII)
] **ואבי** [	PAM 43.693 111,1	(XXXIII)

shoot, growing plant noun **אֵב**

Text	Reference	Volume
וכול **האב** אשר בתוכו קודש	4Q265 7,14	(XXXV)
עפיו ועליו **ואבו** יהיו בו ו[	4Q433a 2,8	(XXIX)

to be lost, perish, destroy verb **אבד**

Text	Reference	Volume
ובניהם בו **אבדו** ומלכיהם בו נכרתו	CD III,9	
וגיבוריהם בו / **אבדו** וארצם בו שממה	CD III,10	
הם גוי **אבד** עצות מאשר אין בהם	CD V,17	
וכל **האובד** / ולא נודע מי גנבו	CD IX,10	
ומן **האובד** / בשדה	CD X,22	
בהון היחד יתרמה **לאבדו**	1QS VII,6	
קלים וגבורים / במלחמה **לאבד** רבים[	1QpHab II,13	
פשרו על הכתיאים אשר **יאבדו** רבים	1QpHab VI,10	
וירד מיעקוב **והאביד** שריד מעיר	1QM XI,7	
ויחשבוני לכלי **אובד**	1QH[a] XII,9	
והשיגום ע[ד] **אובדם**	1Q22 1i10	(I)
הנא אואבים / **יובדו** ויתפרדו	4Q88 X,12	(XVI)
]גה ורבים **יוב[דו**	4Q161 2-4,4	(V)
] / [**יאב]דו** בו רבים רום רשעה	4Q169 1-2,6	(V)
] / [אנשי עצ]תם **ואבדו** מלפני[	4Q169 1-2,8	(V)
ומשפחות **יובדו** בעצתם נ[כ]בדים	4Q169 3-4ii9	(V)
דורשי / החלקות אשר **תובד** עצתם	4Q169 3-4iii7	(V)
למען / **יובדו** בחרב וברעב ובדבר	4Q171 1-2ii1	(V)
ובימי רעב יש[בע]ו כיא רשעים / **יובדו**	4Q171 1+3-4iii3	(V)
ורבים / **יובדו** ברעב ובדבר	4Q171 1+3-4iii4	(V)
אשר **יובדו** כעשן האוד [בר]וח	4Q171 1+3-4iii8	(V)
]**יובדו** ונכרתו / מתוך עדת היחד	4Q171 3-10iv18	(V)
]ל **להאביד** את קרן [	4Q174 6-7,1	(V)
]◦**אובדה** ◦ל[	4Q176 14,7	(V)
ב]ליעל **להאבידמה** בחרונו	4Q177 12-13i4	(V)
ואבד שמכה וזכרכה מכו[ל הארץ]	4Q219 II,27	(XIII)
ו]אבד שמך[ו]זכרך מכול הארץ[	4Q221 1,4	(XIII)
] / שמחים ואומרים עכשו **יאבד**	4Q225 2ii7	(XIII)
גוי **אוב]ד** עצות [המה	4Q266 3ii4	(XVIII)
] **אבד** אליה[ם	4Q266 7i2	(XVIII)
וגבוריה]ם בו **אבדו** וארצם בו שממה	4Q269 2,4	(XVIII)
]**יאבד**[	4Q364 D,3	(XIII)
] / **אבדה** תקות שונה ונש[כח/ונש[בת	4Q365 6aii+6c,4	(XIII)
] / **אבדו** במים אדירים שונה[	4Q365 6aii+6c,5	(XIII)
ו]**אבדם** במבול ◦[	4Q370 1i5	(XIX)
אתה בי משפט למען לא **יבדו** ענוים ורשים	4Q372 1,17	(XXVIII)
ולא **יובדו** מחלקותם כי כלם[	4Q372 3,6	(XXVIII)
מתי] / תחפצו לעש[ו]ת רעה פן **יובד** עו[ל]	4Q380 1ii6	(XI)
מנש]מת רוח אפך **יאבדו** כל בש[ר	4Q381 29,3	(XI)
ומ]מלכת[ישרא]ל **תא[בד**	4Q385a 4,5	(XXX)
תואבד [	4Q385b 1,5	(XXX)
בכל[הא]רץ וממלכת ישראל **תאבד**	4Q387 2ii7	(XXX)
בניכמ ו◦ [ ]◦ **אובדות**[	4Q391 55,4	(XIX)

4Q392 6-9,2 (XXIX)] / [ ]ת אדמה ויאבי[ד
4Q397 14-21,5 (X) בגלל]החמס והזונות אבד[ו
4Q416 3,4 (XXXIV)]לא תובד צרה כי גדלים רחמי אל ואין
4Q416 22,1 (XXXIV)] אבד[
4Q418 198,3 (XXXIV)] / אבדה תקו[ת שונא
4Q418 211,4 (XXXIV) תוא]בד עולה כיא יבוא סוף [
4Q418c 5 (XXXIV) א]בד כ[ו]ל עול[
4Q422 III,10 (XIII) ב]חנמל לה[אביד כו]ל פרי אוכ[ל]ם
4Q428 53,2 (XXIX)]אבדה / [
4Q435 2i5 (XXIX) התנשית] לי רוח שקר אבדת
4Q458 2ii3 (XXXVI)] / ויאבדהו ואת חילו[
4Q462 2,2 (XIX)]ויאובדו ∘∘[
4Q515 22,1 (VII)]כ∘∘ אובד[
5Q12 5 (III) וכול הא[ובד
6Q12 4 (III) להאבי]דם בגויים ולזרות[ם
11Q5 XXII,8 (IV) לוא תובד תקותך / ציון ולוא תשכח
11Q5 XXII,9 (IV) מי זה אבד צדק או מי זה מלט / בעולו
11Q11 IV,4 (XXIII) יהוה מ[כה גדול]ה אשר לאבדך[
11Q19 XXXII,14 והולכים אליה ואובדים בתוך הארץ
PAM 44.102 55i1 (XXXIII)]לאבדן [ ]

lost thing noun **אֲבֵדָה**
CD IX,14 וכן כל אבדה נמצאת

place of destruction, Abaddon noun **אֲבַדּוֹן**
1QM XVIII,17] / באבדונו ת∘[
1QHa XI,19 ומשאול אבדון / העליתני לרום עולם
1QHa XI,32 ויבקעו לאבדון נחלי בליעל
4Q286 7ii7 (XI) מלא]ך השחת ורו[ח האב]דון
4Q372 2,3 (XXVIII) בתהמות ובכל אבדו[ן
4Q418 177,2 (XXXIV) שח]ת ואבדון אשר בקצהו לוא[
4Q428 13,4 (XXIX) שוחה[וכד]רכיה צמי א[בדון] / [
4Q491 8-10i15 (VII) אש בו]ערת במחשכי אבדונים
(VII) באבדונים שאול תוק[ד לשרפת עולמים
4Q504 1-2vii8 (VII) תהום] / רבה ואבדון והמים וכול אשר[
11Q11 IV,10 (XXIII)]בקללת האב[דון] / [
PAM 43.686 72,1 (XXXIII)] אבדון[

destruction noun **אַבְדָן**
4Q163 14,3 (V)]הוא אבדן ∘[
4Q385b 1,2 (XXX) הנב]א ואמרת הנה בא יום אבדן גוים [
4Q391 25,4 (XIX)]לאבדן[

אבדן ← בְּדָן

to be willing, agree verb **אבה**
4Q163 23ii4 (V) ובטח תהיה גבורתכמה ולוא אביתמה
4Q221 7,9 (XIII) המקרא הזה ולוא] / א[ב]ה לשכ[ב עמה
4Q266 7i5 (XVIII) ו]ל[ו] אבה ל[כו]ל יו[
4Q379 27,2 (XXII)] / ואבו שחר[

intercession noun **אָבוֹת**
1QS II,9 לכה שלום בפי כול אוחזי אבות
4Q280 2,4 (XXIX) לכה שלו[ם] בפי כול אוחזי אבו[ת
4Q369 2,1 (XIII)]ומשמר מלאך אבות ש∘[

head of grain noun **אָבִיב**
11Q19 XIX,7 לחם חדש א]ביבות ומלילות והיה היו[ם
11Q20 III,24 (XXIII)]ם לחם חדש אביבות[ומלילות

Abib (Canaanite first month) proper noun **אָבִיב**
4Q368 2,10 (XXVIII) חודש הא[ביב כי בו יצאת ממצרים

Abijah proper noun **אֲבִיָּה**
4Q319 9,4 (XXI) דליה שעור]ים אביה י[קים חזיר]
4Q320 4iii14 (XXI)] / [בה 5 ב]אביה [הפסח השני]
4Q320 4iv7 (XXI) בה 3 באביה הפסח
4Q321 I,1 (XXI) בשנים באבי[ה בחמישה] ועש[רים בשמיני
4Q321 II,4 (XXI) בשמיני ודו]קה שבת באביה בשנים בוא
4Q321 III,7 (XXI) ודו]קה בארבעה באביה בשמונה עשר בוא
4Q321 IV,4 (XXI) ודוקה שבת באביה באחד / [ועשרים בוא
4Q321 V,8 (XXI) באביה בוא / הפסח בשנ[י]ה
4Q328 4 (XXI) מי[מ]ין] {{פתחיה}} פתחיה אב[יה יכין]

Abihu proper noun **אֲבִיהוּא**
1QM XVII,2 זכורו משפט[נדב ו]אב[י]הוא בני אהרון
2Q21 1,1 (III) נדב ו]אב[י]הוא אלע[זר ואיתמר

needy, oppressed, distressed adjective **אֶבְיוֹן**
CD VI,21 ולהחזיק ביד עני ואביון וגר
CD XIV,14 וממנו יחזיקו ביד עני ואביון
1QpHab XII,3 גמולו אשר גמל על אביונים
1QpHab XII,6 כאשר זמם לכלות אביונים
1QpHab XII,10 המה ערי יהודה אשר / גזל הון אביונים
1QM XI,9 שבעת / גוי הבל ביד אביוני פדותכה [
1QM XI,13 ביד אביונים תסגיר [או]יבי כול הארצות
1QM XIII,14 ועם / אביונים יד גבורתכה
1QHa X,32 פדית[ה] נפש אביון אשר חשבו להתם דמו
1QHa XI,25 ותגור נפש אביון עם מהומות רבה
1QHa XIII,16 לנגד בני אדם הפלתה / באביון
1QHa XIII,18 סערה לדממה ונפש אביון פלטתה כ∘[
1QHa XIII,22 להעלות משאון יחד כול {{נמה}} אביוני חסד
1QHa 16,3 ר]חמיו על אביונ[ים
4Q163 8-10,13 (V) ב[כורי דלים ו]אביונים / [לבטח ירבצו
4Q163 18-19,2 (V)] / [ואב]יוני אדם בקד[וש ישראל יגילו
4Q171 1-2ii9 (V) פשרו על / עדת האביונים
4Q171 1-2ii15 (V) קשתם לפיל עני ואביון
4Q171 1+3-4iii10 (V) פשרו על עדת האביונים
4Q217 6,1 (XIII)] כאביוני / [
4Q266 10i7 (XVIII) י]חזקו בעד[הע]ני והאביון
4Q286 15,2 (XI) אביונ]ים להתעו[
4Q288 3,1 (XI)]אביוני [
4Q299 10,7 (XX)]ל[]∘ ושופטים בין אביו[ן
4Q300 5,3 (XX)]אביון מה נקרא / [
4Q415 6,2 (XXXIV)] / אביון א[ת]ה ומלכ[ים
4Q416 2iii8 (XXXIV) אביון אתה אל תתאו זולת נחלתכה
4Q416 2iii12 (XXXIV) אביון אתה אל תאמר רש אני ול[וא
4Q417 2i17 (XXXIV) א]יכה [יקום לפניו כול] / אביון
4Q418 9+9a-c,6 (XXXIV) אביון / אתה אל תתאו זולת[נחלתכה
4Q418 249,3 (XXXIV)] רש הוא וא[ביון
4Q424 2,5 (XXXVI) אב]יונים אל תמ[שי]להו ∘[
4Q424 3,9 (XXXVI) איש רחמ[ים יעש]ה [צדקה לאביונ∘[
4Q427 7ii8 (XXIX) וירם מעפר אביון ל[רום עולם]
4Q431 2,7 (XXIX) וירם מעפר אביון
4Q434 1i1 (XXIX) וברוך שמו כי הציל נפש אביון
4Q446 1,5 (XXIX)]וכו אביוני פדותו[
4Q468c 8 (XXXVI)] / אביוני ארץ[
4Q491 11i11 (VII)]מים ועצת אביונים לעדת עולמים ∘[
4Q497 14,2 (VII) אב]יונים ∘∘[
4Q501 9 (VII) ויתגברו על עני ואביון

]וֹב[ז]ינו ואורחינו ו**אביונינו** ◦[	(VII)	4Q**508** 21,2
ובזוינו] / [ואורחינו]ו**אביוניֹנו** ◦[	(VII)	4Q**509** 8,7
]◦דל **אביוני**[	(VII)	4Q**511** 17,2

Abimelech proper noun **אֲבִימֶלֶךְ**

] / וישקפ **אב**[**ימלך** ?	(XIII)	4Q**364** 2,3

to mourn verb **אבל-1**

אשר היה **מתאבל** בממשלת בל[יעל	(V)	4Q**177** 1-4,8
]אשר היה **מתאבל**[	(V)	
והואה] / היה **מתאבל** על אשתו	(XIII)	4Q**221** 5,6
] / יחד **יאבלו** ובדרכיכה יזכרוכה	(XXV)	4Q**525** 14ii16
ויתאבלו עליך תמיך	(IV)	11Q**5** XXII,8
והיו]אדם ואשתו **מת**[**אבלים**] / [על הבל	(XXIII)	11Q**12** 1,3

in mourning, mourner adjective **אָבֵל-1**

לנד]כאי רוח **ואבלים** לשמחת עולם		1QH[a] XXIII,15
] אתה מנחם **אבל**[ים		1QH[a] 21,3
וכל בנותיה **כאבלות** על על בע[לן	(V)	4Q**179** 2,8
]ו**לאבל**[יה]מה / [שמחת עולם	(XXXIV)	4Q**416** 2i6
ו**לאבליהמה** שמחת עולם	(XXXIV)	4Q**417** 2i12
כ]ול הרדים בה **ואבלי** צדק[	(XXXIV)	4Q**418** 176,2

Abel-shittim adjective **אָבֵל-2 שִׁטִּים**

עד **אבל הש**]**טים** בערבות [מ]וא[ב	(XIII)	4Q**364** 19a-b,15

sorrow, mourning, mourning ritual noun **אֵבֶל**

וכול קציהם לדורותם **באבל** יגון		1QS IV,13
]ומשמיעי שמחה **לאבל** יג[וני]		1QH[a] X,5
ואני נפתח לי מקור **לאבל** מרורים [		1QH[a] XIX,19
ואנחה בכנור קינה לכול **אבל** יג[ון		1QH[a] XIX,22a
] / רוחות עולה אשר יושדו **לאבל** [		1QH[a] 5,6
]נהפכה להם **לאבל**	(V)	4Q**166** II,17
]לראשי **אבל** שוב ת◦[	(V)	4Q**177** 1-4,9
קציהם לדורותם ב]**אבל** יגון	(XXVI)	4Q**257** V,12
[ויתמו ימי בכי]**אבל** מושה ובני יש[ראל	(XXII)	4Q**378** 14,3
ואל תשחת **באבלכה** פן תעמל בחיכ[ה	(XXXIV)	4Q**417** 2i10
]**אבלכה**[	(XXXIV)	4Q**418** 13,2
ואכירה **א**[**בל** חטאה	(XXIX)	4Q**427** 1,3
ו]אנחה בכנור ק[ינה]לכול **אב**[**ל** יגון	(XXIX)	4Q**427** 1,4
אבד] / **אבל** ונס יגון	(XXIX)	4Q**427** 7ii5
לכול רוחות עולה אשר] / [יוש]דו **לאב**[**ל**	(XXIX)	4Q**428** 17,2
[אבד] **אבל** / [ונס יגון	(XXIX)	4Q**431** 2,3
ומשמיעי] / [שמחה **לאב**]**ל** [י]גוני	(XXIX)	4Q**432** 3,4
]כה להנחם על **אבלה** עניה ה◦[	(XXIX)	4Q**434** 2,1

but, however adverb **אֲבָל**

אבל אנכי אה[ב את העו]שה רצוננו	(XIII)	4Q**223-224** 2ii13

stone noun **אֶבֶן**

וכל העצים **והאבנים** / והעפר		CD XII,15
כיא / **אב**[**ן**]מקיר תזעק [ו]כפיס מעץ		1QpHab IX,15
] / להיות **אבניה** בעשק וכפיס עיצה		1QpHab X,1
]לעצ הקיצה ע[ורי]ל[**א**]**בן** דומם		1QpHab XII,15
כול הגוים / אשר עבדו את **האבן**		1QpHab XIII,2
וכסף ונחושת ממוזזים / **ואבני** חפץ		1QM V,6
ומזה לצמיד / סביב **אבני** חפץ		1QM V,9
בזהב ובכסף **ואבני** חפץ		1QM V,14
בחלקותיכה כסף וזהב **ואבני** / חפץ		1QM XII,12
משפט ומשקלת אמ[ת] ל[נ]סות **אבני** בחן		1QH[a] XIV,26
ע]פר ולב **האבן**		1QH[a] XXI,11
ויק]ח **מאבני** המקום[הזה	(I)	1Q**17** 5
] **האבן** כאשר [	(I)	1Q**29** 1,2
הא]**בן** הימנית בצאת הכו[הן	(I)	1Q**29** 2,2
]**באבן** נגף ⟦ ⟧[	(I)	1Q**38** 1,2
] / **אבני** ◦[	(I)	1Q**46** 1,2
] / **ואבן** ◦[	(I)	1Q**50** 1,5
]תדוחו[ן] **מאבן** פנת / [	(III)	2Q**23** 1,6
על **האבן** חפור אמות שבע / עסרא תחתיה	(III)	3Q**15** VIII,5
איך בצדו המערבי / **אבן**	(III)	3Q**15** X,9
תחת **האבן** השחורא בידן תחת	(III)	3Q**15** XII,2
אי]ש את רעהו **באבן**[	(V)	4Q**158** 9,2
]**האבן** אש[	(V)	4Q**163** 12,5
] / עדת בחירו **כאבן** הספיר בתוך האבנים[	(V)	4Q**164** 1,3
כאבן הספיר בתוך **האבנים**[	(V)	
]**אבן** צונם / [	(V)	4Q**186** 1ii2
שני לוחות]**האבן** התור[ה]	(XIII)	4Q**216** I,6
רוע]ה **אבן** ישראל[	(XXII)	4Q**254** 7,3
] / במפצ **אב**[**ן**	(XXVI)	4Q**262** A,3
וכול העצים **והאבני**]ם והעפר	(XVIII)	4Q**266** 9ii2
[והספחת מכת עץ ו]**אבן** וכול מכה	(XVIII)	4Q**272** 1i2
]**אבן** מ◦[	(XX)	4Q**299** 27,4
]משה פנים **אבני**[	(XX)	4Q**299** 74,2
ואפסול] / [שני לוחות]**אבנים** כראיש[ונים ?	(XIII)	4Q**364** 26bii+e,7
והאבנים על שמות בני ישר[אל] הנה ש[תים	(XIII)	4Q**365** 12biii12
]ראשו **באבן** המז[ור	(XXVIII)	4Q**372** 2,13
האבן השמאלית אשר על צדו / השמאלי	(XIX)	4Q**376** 1ii1
אשר **אב**]ניה ברזל ומה[ר]יה נחושה	(XXII)	4Q**378** 11,7
]י **מאבנ**[	(XXII)	4Q**378** 29,2
וגשם שוטף **וא**]**בנ**[י א]ל[גב]יש אש וגפרית [	(XXX)	4Q**387** 4i4
ויטבי]ענו במצולת כמו **אב**[**ן**	(XXIX)	4Q**392** 2,5
הא[**בן**] / [השמאלית אשר על צדו השמאלי	(XXXVI)	4Q**408** 11,2
]יקב תירושכה [ב]נוי **באבני**[	(VII)	4Q**500** 1,3
כסף וזהב **ואבן** יקרה	(VII)	4Q**504** 1-2iv10
או] / עם כול **אבני** חפצ[	(XXV)	4Q**525** 2iii3
]◦**אבן** / [	(III)	6Q**9** 44i3
[ויומת **באבנ**]יו כיא [	(XXIII)	11Q**12** 6,2
נחו]שת וברזל **ואבני** גזית לב[		11Q**19** III,7
ועשיתה את המזבח **אבני**]ם		11Q**19** XII,10
בנוי כולו / [**א**]**בנ**[**ים** שלמות ?		11Q**19** XII,11
ונותנים **אבני** משכיות להשתחות עליהמה		11Q**19** LI,21
וא]**בן** / [מ]שכית [לו]א תעשה לכה		11Q**19** LII,2
וסקלתמה **באבנים**		11Q**19** LV,21
מעשי ידי אדם עץ **ואבן** כסף / וזהב		11Q**19** LIX,3
ורגמוהו כול אנשי עירו **באבנים** / וימות		11Q**19** LXIV,5
] / וסקלום **באבנים**[ו]יומתו את הנערה		11Q**19** LXVI,2
]**ואבן** ו◦[	(XXXIII)	PAM 43.679 8,2

sash noun **אַבְנֵט**

ומכנסי בד וחוגרים **באבנט** בד		1QM VII,10
] / **ואבנט** ב[ד שש משוזר תכלת וארגמן	(VII)	4Q**491** 1-3,18
]**אבנט** ש[ש	(XXV)	4Q**525** 26,5

to wrestle verb **אבק**

ל]בדו שמה **ויאבק**[	(V)	4Q**158** 1-2,3
]**בהאבקו** עמו [ו]יאחזהו	(V)	4Q**158** 1-2,4

dust noun **אָבָק**

ובשערה דרכו ו]ענן **א**[**בק** רגליו	(V)	4Q**169** 1-2,1
כיא **כאבק** לפנ[י רוח	(XIII)	4Q**223-224** 2ii12

4Q365 3,1 (XIII) ל[א]בק על כ[ול ארץ מצרים

bodily appendage noun אֵבֶר

4Q186 1iii3 (V)]ושניו רומות לאבר ואצבעות / ידיו עבות

11Q19 XXIV,8 וארביה לבד יהי[ו ומנח]תה

Abraham proper noun אַבְרָהָם

CD III,2 אברהם לא הלך בה

CD XII,11 אשר באו עמו בברית אברהם

CD XVI,6 על כן נימול {{ב}} אברהם ביום דעתו

2Q19 4 (III)] / [ויתמו ימי בכי אבר]הם

4Q158 4,6 (V)] / אשר היראתי אל אברהם ואל ◦◦◦◦◦[

4Q176 1-2i10 (V) [זרע אבר]הם אהבי אשר ֶהֶחזקתיכה[

4Q219 II,36 (XIII) היאה]השנה אשר מת בה אברהם

4Q223-224 2iii13 (XIII) באר[ץ א]ברהם[אביהו]

4Q225 1,4 (XIII)] נכרתה עם אברהם

4Q225 2i3 (XIII) [ויאמר א]ברהם אל אלוהים

4Q225 2i5 (XIII) [אמר אד]ני אל א[ב]רהם שא צפא

4Q225 2i9 (XIII) ויולד בן אח[רי]כן / [לאברה]ם

4Q225 2i10 (XIII) וישטים את אברהם בישחק

4Q225 2i11 (XIII) ויאמר [א]לוהים / [אל אבר]הם

4Q225 2i14 (XIII)]וישא אב[רהם] את / [עי]נ[ו

4Q225 2ii2 (XIII) ויאמר ישחק אל אברהם [אביו

4Q225 2ii3 (XIII) ויאמר אברהם אל[ישחק בנו

4Q225 2ii8 (XIII) ואם לא ימצא נאמן א[ברהם לאלוהים

4Q225 2ii9 (XIII) ויקרא] / אברהם אברהם ויאמר הנני

(XIII) ויקרא] / אברהם אברהם ויאמר הנני

4Q225 2ii12 (XIII) ויהיו כול] / ימי אברהם וישחק ויעקוב

4Q226 7,1 (XIII)] / נמצא אברהם נאמן ל[א]ל[הים

4Q226 7,5 (XIII) והיו כל ימי] / אברהם ישחק ויע[קב

4Q252 II,8 (XXII) ארץ נתן לאברהם אהבו

4Q252 III,7 (XXII) וישלח / אברהם את ידו [ויקח

4Q299 106,2 (XX)]אבר[הם

4Q302 1i7 (XX)]ר זרע אברהם / [

4Q364 1a-b,2 (XIII) ואלה תולדות] / [י]שחק בן אברהם

(XIII) אברהם[הוליד את ישחק ?

4Q364 12,3 (XIII) הת]הלכו א[בותי]לפניו אברהם וי[שחק

4Q378 11,3 (XXII)] הנשבע לאברהם לתת / [

4Q378 22i4 (XXII)]◦◦ אשר כ[רת]ה עם אברהם / [

4Q379 17,4 (XXII)]◦ אברהם יצחק ויעקב ומשה / [

4Q385a 9,2 (XXX) א]ברהם אביכם ול[

4Q388a 7ii2 (XXX) הברית אשר כ[רתי ע]ם אברהם

4Q389 8ii8 (XXX) הברית אשר כרתי]עם אברה[ם]

4Q393 3,7 (XXIX) לתת לנו הקימות לאברהם לישראל

4Q393 4,5 (XXIX) אלו]הי אברהם ישחק[ויעקוב

4Q464 1,1 (XIX)]באברהם בן[תרח

4Q464 3i6 (XIX)]ם לאברה{ר}ם / [

4Q464 3ii3 (XIX)] / כאשר אמר לאברה[ם ידוע תדע

5Q13 2,5 (III)]באברהם / [

5Q22 5 (III)] / אברה[ם

אברהרם ← אַבְרָהָם

Abram proper noun אַבְרָם

4Q252 II,9 (XXII) אור כשדיים ויבוא חרן ואב[רם ש]בעים שנה

4Q252 II,10 (XXII) וחמש שנים ישב / אברם בחרן ואחר יצא [

4Q252 II,11 (XXII)] אברם לא[

4Q252 II,13 (XXII)] / לצאת אב[רם

11Q12 11,2 (XXIII)]◦ אברם[

Absalom proper noun אַבְשָׁלוֹם

1QpHab V,9 פשרו על בית אבשלום / ואנשי עצתם

3Q15 X,12 (III) תחת יד אבשלום מן הצד / המערבי חפור

to bind verb אגד

5Q13 2,7 (III) ה[ ]◦תה ותתן לו לאגוד / [

bowl noun אגון

4Q158 4,5 (V)] / באגונות וחצ[י ה]דם זרק

drop, droplet noun אֵגֶל

4Q286 3,5 (XI)]◦ ואגלי טל ◦[

pool, reservoir noun אֲגַם

4Q216 VI,2 (XIII) ואת האג]מים ואת כל ט[ל הארץ]

4Q381 1,4 (XI) שך אור ותיה אגמים וכל בלעה וי◦◦ר ל◦[

grieved noun אָגֵם

4Q163 11ii2 (V) כול עושי] / שכר אגמ[י נפש

אַגָּן ← אגון

river bank noun אֲגַף

1QH[a] XI,29 וילכו נחלי בליעל ֶעל ֶכול אגפי רום

4Q428 5,4 (XXIX) וילכו] / [נחלי בליעל על כול]אגפי רום

to gather verb אגר

4Q416 2i17 (XXXIV) וכמוהו לוה ודע מאג[ר

4Q418 252,1 (XXXIV) א]גר בכול ◦[

4Q525 15,1 (XXV)]אגר ריש ובמ֯ס[כנות ?

fist noun אֶגְרוֹף

CD XI,6 להכותה באגרוף ⟦ ⟧ אם / סוררת היא

4Q271 5i3 (XVIII) ידו להכותה באגרוף

letter noun אִגֶּרֶת

4Q465 3 (XXXVI) פר]שגן האגר[ת

Edom proper noun אֱדוֹם, אֱדֹם

1QM I,1 בחיל בליעל בגדוד אדום ומואב ובני עמון

3Q14 15,1 (III)]אדום [

4Q223-224 2iv25 (XIII) ו]הרגו מאד[ום] / [ומהחורים

4Q368 4,1 (XXVIII)]◦[ ]צה א[ר]ץ אדום / [

4Q434 7b,3 (XXIX) כדמן וכאפר ישחקם אדום ומואב

4Q468f 4 (XXXVI)]לאדם / [

4Q468g 3 (XXXVI)] / ואדום ועזה ואש[קלון

PAM 44.102 73,1 (XXXIII)]◦ אדום[

red adjective אָדוֹם, אָדֹם

3Q15 IV,9 (III) בשית האדמא שבשולי העצ / לא

4Q508 14,1 (VII)] / אדומ[ה

11Q19 X,12]ים ארגמן אדום וראשי / [

Lord, lord, master noun אָדוֹן, אָדֹן

1QSb V,8 (I)]◦ ואדון [

1QSb I,3 (I) יב{{רככה}}ֻרככה א[דוני ממעון קודשו

1QSb II,22 (I) [ ]יחונכה אדוני בו [

1QSb III,1 (I)] / ישא אדוני פניו אליכה

1QSb III,25 (I) יברככה אדוני מ[מעון קו]דשו וישימכה

1QSb V,23 (I) י]ש[אכ]ה אדוני לרום עולם וכמגדל

Text	Vol.	Reference
] / ידעו את **אדוני** אלהי[הם	(XXXVI)	4Q459 1,2
] אבי ו**אדוני** [ ]] / [	(XXXVI)	4Q460 9i6
]ב ו**אדון** ולוא / [	(XXII)	4Q481a 3,4
אנא **אדוני** עשה נא כמוכה כגדול	(VII)	4Q504 1-2ii7
לכה אתה **אדוני** הצדקה	(VII)	4Q504 1-2vi3
אנא **אדוני** כעשותכה נפלאות מעולם	(VII)	4Q504 1-2vi10
זכור **אדוני**[	(VII)	4Q504 3ii5
ברוך] **אדוני** אשר הודי[ענו	(VII)	4Q504 4,14
ברוך [**אדוני** שם קודשכ[ה	(VII)	4Q504 4,16
ז]כור **אדוני** כיא ש◦[	(VII)	4Q504 5ii3
] ברוך **אדוני**[	(VII)	4Q504 6,20
זכו]ר **אד[ו]ני**]כיא מעמ[	(VII)	4Q504 8,1
ב]רוך **אדוני** [	(VII)	4Q507 2,2
]כה[ב]רוך **אד[וני**	(VII)	4Q507 3,1
זכורה **אדוני** מועד רחמיך ועת שוב	(VII)	4Q508 2,2
א]דוני כי באהבתכה / [	(VII)	4Q508 13,1
ברו]ך **אדוני** אשר שמח[נו	(VII)	4Q509 3,9
ברוך]**אדוני** המבינו ב[	(VII)	4Q509 4,4
ברוך] / **אדוני**[	(VII)	4Q509 10ii-11,7
ברוך **א]דוני** אשר[	(VII)	4Q509 18,3
ליום ה]בכורים זכורה **א[דו]ני** מועד / [	(VII)	4Q509 131-132ii5
]ם ברוך **אדוני** המנ[	(VII)	4Q509 206,1
] **אדני** ◦[	(VII)	4Q509 285,1
אל אלים **אדון** לכול קדושים	(VII)	4Q510 1,2
התאמצו מבקשי **אדני** בעבדתו	(XXV)	4Q521 2ii+4,3
הלוא בזאת תמצאו את **אדני**	(XXV)	4Q521 2ii+4,4
כי **אדני** חסידים יבקר	(XXV)	4Q521 2ii+4,5
ונכבדות שלוא היו יעשה **אדני** כאשר ד[בר]	(XXV)	4Q521 2ii+4,11
] / אשר ברכת **אדני** ברצונו[	(XXV)	4Q521 2iii3
? יעשה **אד[ני** לו [א]שר לוא יעבוד עמ	(XXV)	4Q521 5i+6,4
]העושים את הטוב לפני **אדנ[י**	(XXV)	4Q521 7+5ii4
נ[ו]דה ונגידה לכם צדקות **אדני** אשר[	(XXV)	4Q521 7+5ii7
]ל[התקד]ש ודבר **אדני** ו[	(XXV)	4Q521 8,10
בר]ך את **אדני** / [	(XXV)	4Q521 8,11
]ים וב[ע]בד **א[דני**	(XXV)	4Q521 9,2
]**אדני** לאבי לו תעשה ל◦[	(XXV)	4Q526 1
אשר היו נצפנים לחג **אד[ו]ני**	(XXV)	4Q527 1
אדו]ני אשר מלטם [	(XXV)	4Q577 4,2
] משוחת ל**א[דוני**	(III)	5Q10 1,1
כי עליון הואה **אדון** / יעקוב	(IV)	11Q5 XVIII,6
ידבר ומי יספר את מעשי **אדון**	(IV)	11Q5 XXVIII,7
יברך בשם] / [כבוד **א]דון** כ[ו]ל א[לים	(XXIII)	11Q17 III,9

אֲדֹנָי ← אָדוֹן

Adurim proper noun **אדורים**

Text	Vol.	Reference
מוטל על הגבעה אשר [ב**אדורים**	(XIII)	4Q223-224 2iv27
אחיהו בגבעה אשר] / [ב**א[דו]רים**	(XIII)	4Q223-224 2iv29

noble, mighty, majestic adjective **אַדִּיר, אַדֶּר**

Text	Vol.	Reference
[פ]רותו בגבורת מלאך **האדיר**		1QM XVII,6
כיא קדוש **אדירנו** ומלך הכבוד אתנו		1QM XIX,1
ותפד נפשי מיד **אדירים**		1QHa X,35
לבני אשמה אריות שוברי עצם **אדירים**		1QHa XIII,7
כ]עופרת במים **אדירי[ם** / ◦◦◦◦ אש ויבשו		1QHa XVI,19
[היער בברזל ולבנון **באדיר** / [יפול	(V)	4Q161 8-10,2
ולבנון **בא[דיר** / [יפול פשרו על ה[כתיאים	(V)	4Q161 8-10,7
ה[מה **ואדי[ר**[י כול חפצי[בם	(V)	4Q177 14,2
מה **אדיר** לכם והוא למשל[	(XX)	4Q301 2b,2
] / אבדו במים **אדירים** שונה[	(XIII)	4Q365 6aii+6c,5

Text	Vol.	Reference
כיא קדוש **אדוני** ומלך הכבוד אתנו		1QM XII,8
]ם על השמים **אדוני**[		1QM XII,18
ברוך] אתה **אדוני** א[שר		1QHa V,4
אודך]**אדוני** הנותן בלב עב[דך		1QHa VI,8
[או]דך **אדוני** כגדול כוחך		1QHa VI,23
ברוך אתה **אדוני** יוצר ה[כ]ול		1QHa VIII,17
אודכה **אדוני** כי שמתה נפשי בצרור		1QHa X,20
אודכה **אדוני** כיא עינכה עמ[דה] על נפשי		1QHa X,31
אודכה **אדוני** כי פדיתה נפשי משחת		1QHa XI,19
אודכה **אדוני** כיא הייתה לי לחומת		1QHa XI,37
אודכה **אדוני** כיא האירותה פני לבריתכה		1QHa XII,5
אודכה **אדוני** כי לא עזבתני בגורי		1QHa XIII,5
ברוך אתה **אדוני** כי לא עזבתני יתום		1QHa XIII,20
אודכה **אדוני** כי סמכתני בעוזכה		1QHa XV,6
מי כמוכה באלים **אדוני**		1QHa XV,28
[אודכ]ה **אדוני** כי לוא הפלתה גורלי בעדת		1QHa XV,34
/ ברוך אתה **אדוני** אל הרחמים [ורב ה]חסד		1QHa XVIII,14
שר אלים ומלך נכבדים ו**אדון** לכול רוח		1QHa XVIII,8
ברוך את[ה] / **אדוני** כי אתה פעלתה אלה		1QHa XIX,33
]ו**אדון**[	(I)	1Q14 14,1
אדון] **אדונים** וגב[ור גבורים	(I)	1Q19bis 2,5
ברוך **אדוני** אשר שמחנ[ו	(I)	1Q34bis 2+1,4
תפלה ליום כפורים זכו[ר **א]דוני** א[ת	(I)	1Q34bis 2+1,6
]ל[**א]דונו** והוא[	(V)	4Q158 7-8,11
כ[ה אמ]ר **אד[וני** יהוה צבאות אל תירא עמי]	(V)	4Q161 2-4,6
כיא כלה ונחרצה] / **אדוני** יהוה [צבאות	(V)	4Q163 4-7ii19
] / לכן כוה אמר **אדוני** י[הוה	(V)	4Q163 4-7ii21
ולכן יחכה **אדוני** לחנ[נכ]מה	(V)	4Q163 23ii8
[כה אמר **אדונ[י]ך** [◦◦◦◦] א[לו]היך[יריב	(V)	4Q176 6-7,1
כיא הוא **אדו[ני]כ[מה** [והוא אלה[יכמה	(XIX)	4Q200 6,9
ותשא עיניה] / [א]שת **אדונו** אל[ו	(XIII)	4Q221 7,3
[ותכזב ע]ליו לפני **אד[וניו** לאמור	(XIII)	4Q223-224 2v2
א]ברהם אל אלוהים **אדוני** הנני בא ערירי	(XIII)	4Q225 2i3
[אמר **אד[ני** אל א[ב]רהם שא צפא	(XIII)	4Q225 2i5
מנחה היא]של[ו]חה ל**א[דוני** לעישאו	(XIII)	4Q364 6,2
פני ה]**אדון** / [יהוה אלוהי ישראל	(XXVIII)	4Q368 2,15
] / עליכה **אדוני** וב[	(XXII)	4Q378 6ii7
וכעבדים אל יד **אדונ[יה**ם	(XXII)	4Q378 19ii5
ל]היות לי **אדנ[ינ]** כאב א◦[	(XXII)	4Q379 18,4
]**אדני** האדונים גבור ונפלא	(XI)	4Q381 76-77,14
]אדני **האדונים** גבור ונפלא ואין כמהו	(XI)	4Q381 76-77,14
]ת **אדוני**[	(XIX)	4Q384 2,1
כי **אדו]ני** אלהי[ם ב]שמים / ממעל	(XXIX)	4Q392 1,3
ברוך [ה**אד[ו]ן** מלך ה]כול מעלה	(XI)	4Q403 1i28
הפלא והלל ל**אדון** כול אי[ל[י	(XI)	4Q403 1ii33
בר]ך אתה **אדני** {{יהוה}} [ה]צדיק	(XXXVI)	4Q408 3+3a,6a
ברך את **אדו[ן** הכול הלל / [וברך	(XXIX)	4Q409 1i6
בר]ך את **אדון** הכול / [	(XXIX)	4Q409 1i8
ועתה אני את **א[דני**]ברוח / [ראיתי	(XXXVI)	4Q410 1,7
לאיש כן אביהו ו**כאדנים** לגבר כן אמו	(XXXIV)	4Q416 2iii16
לאיש כן אביהו / ו**כאדנ[ים** לגבר כן אמו	(XXXIV)	4Q418 9+9a-c,18
א[וד]כה **אדוני** כי[א נתתני במקור נוזלים]	(XXIX)	4Q428 10,11
ברוך אתה **א]דוני** אשר נתתה[לעבדכה	(XXIX)	4Q428 12i4
[אודכה **אד]וני** כ[י] ישרתה בלבבי כול[	(XXIX)	4Q432 3,1
ברכי נפשי את **אדוני** {{מ}}על כול נפלאותיו	(XXIX)	4Q434 1i1
לבי טובתו אותכה **א]דוני** זכרתי	(XXIX)	4Q435 5,4
[ברכי] נפשי את **אדוני** על כול נפל[אותיו	(XXIX)	4Q437 1,1
אברך בכ[ול מאודי] את **אדוני**	(XXIX)	4Q437 2i13
אותך **אדוני** זכרתי ונסמך לבי ל[פני]ך	(XXIX)	4Q437 2i14
שברתי / [לישועתך **אדו]ני** את◦[ ]◦ זכרתי	(XXIX)	4Q437 2i15

Reference	Vol.	Text
4Q370 1i4	(XIX)	ופצו כל תהמו[ת מ]מים אדרים
4Q372 1,29	(XXVIII)	כי אל גדול קדוש גבור ואדיר נורא ונפלא[
4Q374 2ii6	(XIX)	[ו]יתננו לאלוהים על אדירים
4Q385b 1,4	(XXX)	וכוש ו[פו]ל[ ] ואדירי ערב
4Q460 8,5	(XXXVI)	אין גבו]ר כמוהו ואין אדיר[
4Q460 8,6	(XXXVI)	]◦ך אדיר לעוזרנו וש[

human, man noun **אָדָם-1**

Reference	Vol.	Text
CD III,16		וחפצי רצונו אשר יעשה / האדם וחיה בהם
CD IX,1		כל אדם אשר יחרים אדם מאדם בחוקי
		אשר יחרים אדם מאדם בחוקי הגוים
		יחרים אדם מאדם בחוקי הגוים
CD X,8		העדה כי במעל האדם / מעטו ימו ובחרון
CD XI,16		וכל נפש אדם אשר תפול
CD XII,4		לא יומת כי על בני האדם / משמרו
CD XII,16		העפר אשר יגואלו בטמאת האדם
CD XIV,11		דבר אשר יהיה לכל האדם לדבר למבקר
CD XIX,25		ושקל {{ספת}} סופות ומטיף אדם / לכזב
1QS V,17		כתוב חדלו לכם מן האדם אשר נשמה
1QS XI,6		דעה ומזמת ערמה מבני אדם מקור צדקה
1QS XI,9		ואני לאדם רשעה ולסוד בשר עול
1QS XI,10		כיא לאדם דרכו ואנוש לוא יכין
1QS XI,15		וחטאת בני אדם להודות לאל צדקו
1QS XI,16		אמתכה כאשר רציתה לבחירי אדם
1QS XI,20		ומה אפ הואה בן האדם במעשי פלאכה
1QSa II,4	(I)	באחת מכול טמאות / האדם אל יבוא
1QpHab V,12		ותעש אדם כדגי הים / כרמש
1QpHab IX,8		מדמי אדם וחמס ארץ קריה
1QpHab XII,1		ושוד בהמות] / יחתה מדמי אדם
1QM X,14		מעשי חיה ובני כנף תבנית אדם ותול[
1QM XI,12		בחרב לוא איש וחרב / לוא אדם תואכלנו
1QH^a IV,27		]ש ואל כול ברית אדם אביט [
1QH^a VI,13		מבינתך / כי ברצונכה בא[דם]ה ב[
1QH^a VII,12		ולא ל]אדם / דרכו ולא יוכל אנוש
1QH^a IX,15		ותתנם לממשלה] לרוח אדם אשר יצרת
1QH^a IX,27		האמת ולבני האדם עבודת העוון
1QH^a X,25		והגבירכה בי נגד בני / אדם
1QH^a XII,30		לאנוש צדקה ולוא לבן אדם תום / דרך
1QH^a XII,32		להתם דרך לבני אדם למען ידעו כול מעשיו
1QH^a XII,38		ולא לאדם [לכבוד]כה עשיתה כי אתה
1QH^a XIII,11		אלי סתרתני נגד בני אדם
1QH^a XIII,15		הגבירכה בי לנגד בני אדם הפלתה / באביון
1QH^a XIV,11		אנשי עצתכה בתוך בני אדם
1QH^a XVIII,3		ומה אפהו אדם
1QH^a XVIII,26		]אדם ולהדשן כול מארץ
1QH^a XVIII,28		וכן לבן אד[ם
1QH^a XIX,6		ואספרה כבודכה בתוך בני אדם
1QH^a XXIV,12		ואתה / אדם על ◦[
1QH^a 10,9		ע]ם בני איש בתו[ך בני]אדם[
1Q34bis 3ii3	(I)	ולא הבין זרע האד[ם] בכל אשר הנחלתו
1Q36 20,1	(I)	בני] אדם עם[
4Q88 VIII,4	(XVI)	נבחן אד]ם כדרכו / אנוש כמ[עשיו
4Q163 4-7ii8	(V)	יכתבם] / פשרו למעוט האדם[
4Q163 18-19,2	(V)	[ואב]יוני אדם בקד[וש ישראל יגילו כיא אפס
4Q163 31,2	(V)	]אדם[
4Q174 1-2i6	(V)	ויואמר לבנות לוא מקדש אדם
4Q176 4-5,1	(V)	וא]תן אדם תח[תיך ולאמים תחת נפשך]
4Q176 40,2	(V)	]אדם [
4Q178 4,2	(V)	]◦לאדם[
4Q181 1,1	(V)	]ל בחטאת בני אדם ולמשפטים גדולים
4Q181 2,2	(V)	]האדם וילד[ו] להמה גבור[ים
4Q184 4,4	(V)	]בן אדם ורוחו ◦[
4Q185 1-2i9	(V)	ואתם בני אדם א[
4Q185 1-2ii8	(V)	אשרי אדם נתנה לו / מן א◦[
4Q185 1-2ii13	(V)	אשרי אדם יעשנה ולא יאל על[
4Q215a 1ii2	(XXXVI)	]◦א לב אדם ו◦[ ]עולה ◦[ ]ב◦[ ]כור[
4Q216 VII,2	(XIII)	ואחרי כל אלה] / עשה את האדם
4Q219 II,18	(XIII)	ולו תקח] / [שוחד על כול דם]אדם
4Q219 II,23	(XIII)	כול] מע[שי בני ה]אדם [כי חטאת ורשע המה
4Q222 3,3	(XIII)	בחושך ובבכורי ה]אדם וה[בהמה
4Q223-224 2iv3	(XIII)	]אין לבני הא[דם] / [ולנ]חשים שבועה
4Q223-224 47,2	(XIII)	]אדם ב◦ [
4Q227 2,3	(XIII)	א]רץ אל תוך בני האדם ויעד על כולם / [
4Q249g 3-7,1	(XXXVI)	באחת מכול טמאות ה]אדם[אל יבוא
4Q251 10,4	(XXXV)	הא]דם והבהמה הטמא[ה והטהורה]
4Q251 10,5	(XXXV)	אך]בכור האדם והבהמה הטמאה / [
4Q252 I,2	(XXII)	אמר לא ידור רוחי באדם לעולם
4Q258 XIII,2	(XXVI)	וחטאת ב]ני א[דם] / [להודות לאל צ]דקו[
4Q264 2	(XXVI)	וחטאת בני אדם להודות[לאל] / [צדקו
4Q264 8	(XXVI)	ומה אף הוא בן ה]אדם במעשי פלאך
4Q265 6,6	(XXXV)	ואם נפש אדם היא אשר תפול אל המים
4Q266 1c-f,3	(XVIII)	]ל◦◦האדם[ ]◦שה [
4Q266 8ii8	(XVIII)	כל חרם אשר יחרים א]דם / מאדם
4Q266 8ii9	(XVIII)	כל חרם אשר יחרים א]דם / מאדם
4Q266 8iii7	(XVIII)	[העדה כ]י במעל האדם מעט[ו ימו]
4Q266 9i1	(XVIII)	וכול נפש אד]ם / [אשר תפול
4Q266 10i4	(XVIII)	הד[בר אשר] יהיה לכול [האד]ם לדבר
4Q266 11,12	(XVIII)	משפטי קודשכה אשר יעשה האדם וחיה
4Q267 7,6	(XVIII)	] / ואדם[ו]אל [יעזוב
4Q269 8ii4	(XVIII)	ב[הם אשר יטמאו ל]נפש אדם
4Q270 6ii10	(XVIII)	מ]עטו שני האד[ם
4Q270 6iii16	(XVIII)	[כל חרם אשר יחרים אד]ם מאדם
	(XVIII)	אשר יחרים אד]ם מאדם [בח]וקי הגואים
4Q270 6iv18	(XVIII)	כי במועל [ה]אדם[מע]טו / ימו
4Q270 6v19	(XVIII)	וכל נפש אד[ם אשר תפול אל מקום מים
4Q271 3,7	(XVIII)	אשר הוא מועל בו באדם ובהמה
4Q271 5i10	(XVIII)	וכול נפש אדם אשר תפול / [אל מקום מים
4Q271 5i20	(XVIII)	[לוא יומת כי על בני] האדם משמרו
4Q274 1i8	(XXXV)	ה[איש הנ]וגע באדם מכול / הטמאים האלה
4Q274 2i4	(XXXV)	נוגע בשכבת הזרע מאדם עד כול כלי
4Q284 4,5	(XXXV)	] / לנפש אדם אשר ימות ב[
4Q287 4,2	(XI)	]עורפמה ותמשל את האדם[
4Q299 3aii-b,3	(XX)	ומה]נקרא לאד[ם
4Q299 69,3	(XX)	]◦ כול האדם[
4Q300 5,4	(XX)	הטמ]אה ומה נקרא לאדם / [
4Q303 9	(XX)	]לוקח ממנה אדם כיא[
4Q305 1ii2	(XX)	] / נתן לאדם דע[ת
4Q365 2,2	(XIII)	הארץ ותהי הכנים באד]ם [ובב]המה
4Q365 3,2	(XIII)	] באדם ובבהמ[ה בכול ארץ
4Q370 1i6	(XIX)	וי[מ]ת האדם וה[בהמה וכל]צפר
4Q379 22ii1	(XXII)	] / האדם אש[ר
4Q380 1ii1	(XI)	] / [י]עשה לכם אדם א◦[
4Q381 1,11	(XI)	]◦[ ] ◦לעבד לאדם ולשרתו וה[
4Q381 76-77,2	(XI)	]ם לבני אדם כיצר מחשב[ות לבם
4Q382 40,1	(XIII)	]בן אד[ם] וקם א◦[
4Q385 2,5	(XXX)	[ויאמר]בן אדם הנבה על העצמות
4Q385 4,3	(XXX)	עד אשר יאמרו / האדם הלא ממהרים הימים
4Q385 6,9	(XXX)	ואחד עגל ואחד של אדם
4Q385 6,10	(XXX)	והית[ה יד] / אדם מחברת מגבי החיות
4Q386 1ii2	(XXX)	ויאמר אלי התבונן / בן אדם באדמת ישראל

4Q387 2iii3	(XXX)	ורחקתי את האדם̇[ועזבתי׳ / [ ]את הארץ
4Q388a 7ii6	(XXX)	ורחקתי את האדם̇[ו]עזבתי את הארץ
4Q392 1,4	(XXIX)	ולחקר דרכי בני האדם
4Q392 1,6	(XXIX)	כי לבני[אד]ם̇ הבדילם לא[ור] יומם
4Q396 1-2iv2	(X)	ועל [טמאת נפש] / האדם אנחנו אומרים
4Q397 6-13,11	(X)	ועל / [טמאת נפש]האדם שאנחנו א̇[ומ]רים
4Q408 1,1	(XXXVI)	]בני האדם[
4Q411 1ii5	(XX)	] / לאדם והוא ב̇[
4Q413 1-2,2	(XX)	בדרכי אנוש ובפועלות / בני אד̇[ם
4Q418 55,11	(XXXIV)	ובן אדם כי ידמה הלוא / [
4Q418 77,2	(XXXIV)	]ר̇ז נהיה וקח תולדות[א]דם וראה בכוש̇[ר
4Q418 81+81a,3	(XXXIV)	ונחלתכה בתוך בני אדם[
4Q418 81+81a,16	(XXXIV)	] / אוט לכול הולכי אדם
4Q418 251,1	(XXXIV)	נח]ל̇ת אדם [
4Q423 13,4	(XXXIV)	נתן א]ל̇ ביד האדם̇[
4Q427 8i11	(XXIX)	עמ בני איש בתוכ בני אדם / [
4Q428 1,1	(XXIX)	אנוש ואל כול ברית]א̇ד̇[ם אביט
4Q428 10,10	(XXIX)	כיא לוא[לאד]ם דרכו כ[ול אלה לכבודכה
4Q434 1i8	(XXIX)	] / אדם הצילם שפעת ג̇יים לא שפטם̇
4Q434 1ii2	(XXIX)	עשיתה̇ ל̇הם נגד בני אדם ותצילם למענך̇[
4Q436 1a+bi8	(XXIX)	בל יהגו בפעולות אדם בשחת שפתיו
4Q460 10,2	(XXXVI)	] אדם ל̇[
4Q502 1,1	(VII)	א]דם מכיר[
4Q504 6,17	(VII)	אשר יעשה אותם ה]אדם וחי בם ב◦[
4Q504 8,13	(VII)	]האדם בדרכ̇י[
4Q506 131-132,6	(VII)	] / [א]ד̇ם נולד ב̇◦[
4Q509 97-98i2	(VII)	ולוא הבי]ן̇ [ר]ע]ה̇אד̇ם / [בכול
4Q511 26,3	(VII)	]מבני אדם ומסוד̇[בשר
4Q511 30,6	(VII)	] / את אלה לוא י̇עשה[ ]א̇ד̇ם̇[
4Q511 44-47,5	(VII)	]אד̇ם על / צ̇ד̇יק ב[
4Q511 96,3	(VII)	] אדם לבד[ו
4Q511 111,1	(VII)	]◦ אדם / [
4Q525 2ii+3,3	(XXV)	אשרי אדם השיג חוכמה
4Q577 7,4	(XXV)	ב]נ̇י האדם / [
11Q5 XVIII,4	(IV)	נודעה לאדם להודיע לפותאים עוזו
11Q5 XVIII,7	(IV)	ואדם מפאר עליון / ירצה כמגיש מנחה
11Q5 XXII,10	(IV)	נבחן אדם כדרכו א{{נ̇}}יש כמעשיו
11Q5 XXIV,15	(IV)	ויתן לי / ובני אדם מה יוסיף אומ[צם]
11Q11 III,7	(XXIII)	[כול אי]ש̇ חטא ועל כול א̇[דם רשע
11Q11 V,6	(XXIII)	מי אתה [הילוד מ]אדם ומזרע הק̇ד̇[וש]י̇ם
11Q19 XXXII,15		ולוא / יהיה נוגעים בה̇מה כול אדם
11Q19 XLIX,5		ואדם כי ימות בעריכמה
11Q19 XLIX,9		והפתוחים יטמאו לכול אדם מישראל
11Q19 XLIX,16		והאדם כול אשר היה בבית
11Q19 XLIX,21		ובאדם אשר לוא הטמא על
11Q19 L,5		על פני השדה בעצם אדם מת
11Q19 L,6		או במת או בדם אדם מת או בקבר
11Q19 L,8		וכול האדם אשר יגע בו יכבס בגדו
11Q19 LIX,3		ועבדו שמה אלוהים מעשי ידי אדם עץ ואבן
11Q20 IX,5	(XXIII)	ולוא] / [יהיה נוגעים בהמה כול א]ד̇ם[

Adam proper noun **3-אָדָם**

CD III,20		וכל כבוד אדם להם הוא
1QS IV,23		עולמים / ולהם כול כבוד אדם
1QH[a] IV,15		ולהנחילם בכול כבוד אדם [ו]רוב ימים
4Q171 1+3-4iii2	(V)	ולהם כול נחלת / אדם ולזרעם עד עולם
4Q216 VII,15	(XIII)	שנים ועשרים ראשי אנשים] / מאדם עד אליו
4Q423 8,2	(XXXIV)	ונחלתכה בתוך]בני אדם
4Q511 52-59,2	(VII)	]◦ לאדם ולבנ̇[יו
4Q521 8,6	(XXV)	]את אדם / [
11Q12 1,3	(XXIII)	והיו]אדם ואשתו מ̇ת[אבלים] / [על הבל
11Q12 1,10	(XXIII)	ואד[ם] / [ידע את חוה אשתו

אֱדֹם ← אֱדוֹם

אָדֹם ← אָדוֹם

ground, earth, land noun **1-אֲדָמָה**

CD I,8		ארצו ולדשן בטוב אדמתו
1QH[a] XVIII,3		ואדמה הוא [
1QH[a] 5,12		] / וביושבי האדמה על האדמה וגם[
		ביושבי האדמה על האדמה וגם[
1Q22 1i6	(I)	הימים אשר המה [חיים על האד]מה
4Q265 5,1	(XXXV)	]מכ̇ו̇ל זרועי האד̇[מה
4Q266 6iv3	(XVIII)	ל]ה̇ם̇ [יהיו] כמשפ̇טם [באדמ]ת̇ הקודש
4Q268 1,15	(XVIII)	ארצו ולדשן בט]וב אדמתו
4Q286 5,1	(XI)	תבל וכול] יושבי בה אדמה וכול מחשביה◦
4Q287 5,13	(XI)	]משפחות האדמה להיות̇[
4Q364 30,7	(XIII)	ולמען תארי]כ̇ו ימים על האדמ̇[ה
4Q381 1,7	(XI)	למשל בכל אלה באדמה ובכל [
4Q381 46a+b,8	(XI)	ופשעים כדמן / ע̇לפני אד̇מה ירמסו
4Q386 1ii2	(XXX)	אלי התבונן / בן אדם באדמת ישראל
4Q387 1,10	(XXX)	א]ל̇ א̇דמתכם [
4Q389 7,2	(XXX)	]אדמתכם / [
4Q392 6-9,2	(XXIX)	] / [ ]ת אדמה ויאב̇י̇[ר
4Q418 107,5	(XXXIV)	]שם עם כול צמחי אדמה כי כל[ם] ידרש̇[ו
4Q418a 4,1	(XXXIV)	]אדמתכ̇[ה
4Q419 8ii8	(XXXVI)	א]ל̇ אד̇מתם ישובון[
4Q422 III,10	(XIII)	ויך] / בברד ארצם ואדמת[ם ב]חנמל
4Q423 5,5	(XXXIV)	אם אתה א]י̇ש אדמה פקוד מועדי הקיץ
4Q423 5a,2	(XXXIV)	אם א]י̇ש אדמה אתה̇[
4Q502 6-10,6	(VII)	המעופף בשמי]נ̇ו ואדמתנו וכול יבולה / [
4Q522 13,1	(XXV)	]א̇ד̇מה̇[
11Q19 LXIV,12		ולוא תטמא את האדמה אשר אנוכי / נותן
PAM 43.688 81,1	(XXXIII)	] האדמה̇[

אָדֹן ← אָדוֹן

אֲדֹנָי ← אָדוֹן

majesty, splendor noun **אֶדֶר**

4Q369 3,3	(XIII)	א]ד̇ר ממכה [ו]מידכה
4Q381 31,7	(XI)	כי אדר נ̇צ̇יב כבודם ועידם

אַדִּר ← אַדִּיר

אדרעה ← אֶדְרֶעִי

Edre-i proper noun **אֶדְרֶעִי, אדרעה**

4Q364 20a-c,7	(XIII)	ה̇ב̇[שן] / [אשר יושב]ב̇[עשתרו]ת̇ ב̇אדרעה
4Q364 24a-c,16	(XIII)	ו]כ̇ול עמו למלחמה א̇[דרעי

beam noun **ארשך**

11Q19 XLI,16		ומקורים / בארשכים עץ ארז ומצופים זהב

to love verb **אהב**

← 1-אַהֲבָה

CD II,3		אל אהב דעת חכמה ותושיה הציב לפניו
CD III,2		לא הלך בה ויע[ל או]הב בשמרו מצות אל
CD III,3		ויכתבו אוהבים / לאל ובעלי ברית לעולם

CD VI,20		**לאהוב** איש את אחיהו / כמהו
CD VIII,17		היעירו אחריו **אהב** את הבאים אחריהם
CD XIX,2		הברית והחסד / **לאהב** ולשמרי מצותי לאלף
CD XIX,30		על העם אחרי אל **ואהב** את הבאים אחריהם
CD XX,21		ועשה חסד לאלפים **לאהביו**
1QS I,3		ו**לאהוב** כול / אשר בחר ולשנוא
1QS I,9		ו**לאהוב** כול בני אור איש / כגורלו
1QS III,26		אחת **אהב** אל לכול / ⟦ ⟧[מו]עדי עולמים
1QH[a] IV,24		לה]תהלך בכול אשר **אהבתה** ולמאוס
1QH[a] IV,28		]יגוה **ואוהביה** [
1QH[a] VI,3		**אוה]בי** רחמים ועני רוח מזוקקי / [
1QH[a] VI,10		ולהתהלך בכול א]שר **אהבתה** ולתעב
1QH[a] VI,19		אגישנו וכרוב נחלתו **אהבנו**
1QH[a] VI,21		אם לפ[י קרבך אי]ש / [**אה]בנו** וכרחקך
1QH[a] VI,26		**ואהבכה** נדבה ובכול לב[י
1QH[a] VII,9		וי]**אהבו** אותך כול הימים וא∘∘∘[
1QH[a] VII,10		] **ואהבכה** בנדבה
1QH[a] VIII,16		באמת ולב שלם ו**לאהוב** את [שמך]
1QH[a] VIII,22		בח[ר]תה **לאוהביך** ולשומרי מ[צ]ווֹתי[ך]
1QH[a] X,14		לבחון / [אנשי] אמת ולנסות **אוהבי** מוסר
1Q22 1i5	(I)	כ]י לוא [**יא]הבו** / כאש[ר] צויתי [אותם]
4Q88 VII,15	(XVI)	א]ני **אהבתי**[ך ברוך לעולמים] / [זכרך
4Q88 VIII,11	(XVI)	ציון בכול מודי אני / [**אה]בתיך**
4Q166 II,10	(V)	אגלה את נבלותה לעיני **מאה[ביה**
4Q171 1-2i15	(V)	]**אוהבי** פרע ומתעים / [
4Q171 1+3-4iii5a	(V)	]להיות ע[ם] / **ואוהבי** יהוה כיקר כורים
4Q176 1-2i10	(V)	[זרע אבר]הם **אהבי** אשר החזקתיכה[
4Q176 8-11,14	(V)	]**באוהב**[י
4Q176 16,4	(V)	]∘ר על **אוהבו** ועל שומרי מצ[ותו
4Q181 2,4	(V)	] / **אוהבי** עולה ומנחילי אשמה ∘[
4Q223-224 2ii5	(XIII)	ועתה אני **אוהב** את יעקוב מ[עישאו
4Q223-224 2ii13	(XIII)	אנכי **אה[ב** את העו]שה רצוננו / [
4Q223-224 2ii18	(XIII)	וכי אתה] / [וי]עקוב **אוהבין** זה[את זה
4Q223-224 2ii20	(XIII)	ולרחמים] / [לפני עיני כול **האו]הב**
4Q223-224 2ii22	(XIII)	ואת] / [יעקוב אחי אנכי] **אוהב** מ[כול בשר
4Q223-224 2iv12	(XIII)	אז] דע כי / [**אהב]ת[י** אותכה
4Q223-224 2v3	(XIII)	עתה **אהב[תה** לאונסנ]י לשכוב אצ[לי
4Q225 2i12	(XIII)	[אתה **אהב]תה** והעלהו לי לעולה
4Q225 2ii10	(XIII)	] / לא יהיה **אהב**
4Q252 II,8	(XXII)	ארץ נתן לאברהם **אהבו**
4Q255 1,4	(XXVI)	ו**לא]הוב** כ[ו]ל[אשר] / [בחר
4Q266 2ii22	(XVIII)	ויעל **או]הב** ב[שמרו מצות אל
4Q267 7,1	(XVIII)	**ואהב** לו [
4Q269 4ii2	(XVIII)	כפרושיהם **לאה[וב** איש את אחיהו
4Q298 3-4ii7	(XX)	ואנשי / אמת רדפ[ו צדק]**ואהבו** חסד
4Q300 2ii5	(XX)	] / רע זולתו **אהוב**[
4Q302 2ii6	(XX)	הלוא אתו **יא[הב**
4Q364 28a-b,8	(XIII)	בכול דרכיו] / [ו**לאהב]ה** אותו
4Q372 1,21	(XXVIII)	ופתח פיהו על / כל בני **אהביך**
4Q372 4,4	(XXVIII)	]ה כי[**א]הב** יהוה / [
4Q385 2,2	(XXX)	ראיתי רבים מישראל אשר **אהבו** את שמך
4Q386 1i1	(XXX)	ראיתי רבים מישראל אשר **אהב]ו** את שמך
4Q388 7,4	(XXX)	[ראיתי רבים מי]שראל אשר **אהבו** את ש[מך
4Q393 3,2	(XXIX)	[ה]ברית והחסד **לאהב[יך** ולשמרי מצותיך
4Q416 4,1	(XXXIV)	] / ק[ ]חרון כי **אוהב** ∘[
4Q417 27,1	(XXXIV)	]**אוהבי**[
4Q418 69ii9	(XXXIV)	]ל[ ]∘ל **אהב∘**[
4Q418 81+81a,8	(XXXIV)	] / **אהבהו** ובחסד {{עולם}} וברחמים
4Q418 82,1	(XXXIV)	]מי **יאהב** כמה[
4Q418 122i3	(XXXIV)	]**אוהב** אמת / [
4Q418 290,2	(XXXIV)	] **אוה[ב**
4Q418a 9,2	(XXXIV)	] / כיא **אוהב**[
4Q426 4,2	(XX)	]**אוהב** ב[
4Q437 2i6	(XXIX)	לוא]הבישותה **אוהבי** ביא
4Q438 5,2	(XXIX)	]מור עורף חשק נפשי **ואוהבי**[
4Q448 I,2	(XI)	] / **אהבת** כא[ב
4Q474 2	(XXXVI)	שמח]ה בבן **אהוב** ל[א]ב[י]ו[ ]על כול[אחיו
4Q474 5	(XXXVI)	]**אה[ב** י]הוה מאודה רחל[
4Q475 7	(XXXVI)	יהיה לו ?]לבן **אהוב** וידרישו את כולה
4Q477 2ii8	(XXXVI)	]ורו וגם **אוהב** את שיר בשרו [ולא
4Q477 2ii10	(XXXVI)	וג]ם **אוהב** את טוב[הצואר
4Q504 1-2iv4	(VII)	כיא **אהבתה** / את ישראל מכול העמים
4Q509 146,2	(VII)	]ל**אהב**[
4Q521 1ii8	(XXV)	] / **ואהב**[
4Q525 5,13	(XXV)	] / יביטו **אוהבי** אלוהים יצניעו בה
4Q525 10,5	(XXV)	משפ]ט אויב **ואוהב**
11Q5 XIX,6	(IV)	שמע / יהוה בקול **אוהבי** שמו
11Q5 XIX,12	(IV)	גם אני את / שמכה **אהבתי**
11Q5 XXII,2	(IV)	אני **אהבתיך** ברוך לעולמים זכרך
11Q19 LIV,12		לדעת הישכם **אוהבים** את יהוה
11Q22 2,1	(XXIII)	] **אוהבי** ופק[
PAM 43.676 2ii2	(XXXIII)	] / **ואהבי** חסד ה[

אַהֲבָה-1 noun **love**

CD VIII,15		הגוים האלה כי **מאהבתו** את אבות<<י>>ך
CD VIII,16		סרו מדרך העם **באהבת** אל
CD XIII,18		]יענוהו **ובאהבת** חסד
CD XIX,28		הגוים / האלה כי **מאהבתו** את אבותיך
CD XIX,29		**באהבת** אל את הראשנים / אשר העידו
1QS II,24		ביחד אמת וענות טוב **ואהבת** חסד
1QS V,4		וענוה / צדקה ומשפט **ואהבת** חסד
1QS V,25		רעהו בא[מ]ת וענוה **ואהבת** חסד לאיש
1QS VIII,2		אמת וצדקה ומשפט **ואהבת** חסד
1QS IX,16		שכלו / להגישו וכן **אהבתו** עם שנאתו
1QS IX,21		למשכיל בעתים האלה **לאהבתו** עם שנאתו
1QS X,26		]∘צדק **אהבת** חסד לנוכנעים וחזוק ידים
4Q258 I,3	(XXVI)	ענוה וצדקה ומשפט **ואהבת**[חסד
4Q258 II,4	(XXVI)	להוכיח איש את רעהו **ואהבת** חסד
4Q258 VIII,1	(XXVI)	שכלו להגישו וכן **אהבתו** עם שנאתו
4Q259 III,13	(XXVI)	להגישו וכן **אה]בתו** עם שנאתו
4Q266 9iii7	(XVIII)	טפם [ברו]ת ע[נ]וה **ובא[הבת** חסד]
4Q299 54,3	(XX)	]∘הו כיא **אהבת** חסד[
4Q369 1ii11	(XIII)	]∘ **אהבתו**
4Q418 169+170,3	(XXXIV)	]מוסר **ובאהב[ת** ח]סד ת∘[
4Q419 1,12	(XXXVI)	] / **אהבתם** ויתגוללו בכול[דרכי
4Q435 4,3	(XXIX)	] / **אהבת**[
4Q437 4,4	(XXIX)	]אורח חיים ו[ללכת **בא]הבת** חסד
4Q438 4ii4	(XXIX)	אורח חיים ללכת **באה]בת** חסד
4Q448 III,1	(XI)	] / **באהבתכ** אתיס[
4Q462 1,6	(XIX)	לעבדים ליעקוב **באהב[ה**
4Q468r 1,1	(XXXVI)	]∘**אהבה**[
4Q502 14,5	(VII)	]ר[ ]ל כבודכה ∘∘∘ **ואהבת** חסד [
4Q504 1-2ii9	(VII)	להשמידם ותחס / עליהמה **באהבתכה** אותם
4Q508 13,1	(VII)	א]דוני כי **באהבתכה** / [
4Q512 226,2	(VII)	**אה]בתכה** [
11Q22 1,2	(XXIII)	תהיה עדי נגה **באהבתכ** לאלהיכ ⟦ ? ⟧
PAM 43.679 10,2	(XXXIII)	] / **אהבתם** ∘[
PAM 43.679 10,5	(XXXIII)	] / **אהבתם** ו[

to pitch a tent verb **אהל-2**

4Q184 1,7 (V) ממוסדי אפלות / תאהל שבת

tent, dwelling noun **אֹהֶל-1, אוֹהֶל**

CD III,8 וירגנו באהליהם ויחר אף אל / בעדתם
CD VII,15 ואת כיון צלמיכם מאהלי דמשק
1QH^a XX,3 ושלוה / [עם רוחות עולם]באהלי כבוד
4Q158 7-8,5 (V) וישובו העם איש לאהליו
4Q179 2,3 (V)]ע באהלך[
4Q184 1,7 (V) ותשכון באהלי דומה בתוך מוקדי עולם
4Q252 II,7 (XXII) אל את בני נוח ובאהלי שם ישכון
4Q265 1,5 (XXXV) הרחי[בי] מקום אוה[לך]
4Q265 6,4 (XXXV) אל יו[צא אי]ש מאהלו כלי ומאכ[ל] / ביום
4Q276 5 (XXXV) שבע / [פעמים א]ל נוכח א[ו]הל מועד
4Q299 79,6 (XX)]באהליהם ואהרון מ[
4Q364 21a-k,16 (XIII) ותרגנ]ו באו[הו]ליכמ[ה
4Q364 30,1 (XIII)]ואת בתיהמ ואת אהליהמ[ה
4Q365 8a-b,3 (XIII) ועשיתה] / מסכה לפתח האוהל[
4Q365 12ai6 (XIII) ויעש מסך]ל[או]הל מועד / [
4Q365 26a-b,4 (XIII) אל מושה ב]מדבר סיני באוהל מועד
4Q365 31a-c,5 (XIII) ה]עלות הענן מעל הא[והל
4Q365 31a-c,16 (XIII) אל פתח] אוהל מ[ועד
4Q367 1a-b,9 (XIII) או ת[ר לחטאת] אל פתח אהל מו[עד
4Q367 2a-b,1 (XIII)] / אל פתח א[הל מועד ונתנם אל הכהן
4Q372 1,13 (XXVIII) בדברי פיהם לגדף על אהל ציון
4Q379 34,4 (XXII)]אהל ◦[
4Q381 31,2 (XI) תושיעני ותעלני מאהלי מות ות[ ]◦ לנפי
4Q411 1ii10 (XX)] / באהל לש[בת
4Q427 7i14 (XXIX) הרנינו באהלי ישועה הללו במעון / [קודש
4Q458 1,3 (XXXVI)]ר באהל [
4Q476 1,6 (XXIX)]◦ם אהלו[
4Q522 9ii2 (XXV) להשכין שם את אהל מו[עד
4Q522 9ii12 (XXV) ועתה נ[ש]כינה את א[ה]ל מ[ו]עד
4Q522 9ii13 (XXV) וישאו] / אלעזר[ויש]ע את א[ה]ל מו[עד
11Q19 XVII,9 והשכימו והלכו איש לאוהלו[
PAM 43.676 56,1 (XXXIII)]◦ האוהל [

אַהֲרֹן ← אַהֲרוֹן

Aaron proper noun **אַהֲרוֹן, אַהֲרֹן, אַרוֹן**

CD I,7 ויצמח מישראל ומאהרן שורש מטעת
CD V,18 מלפנים עמד / משה ואהרן ביד שר האורים
CD VI,2 ויקם מאהרן נבונים ומישראל / חכמים
CD X,5 ארבעה למטה לוי ואהרן
CD XII,23 עד עמוד משוח אהרן / וישראל
CD XIV,19 משי]ח אהרן וישראל
CD XIX,11 ימסרו לחרב בבוא משיח / אהרן וישראל
CD XX,1 היחיד עד עמוד משיח מאהרן ומישראל
1QS V,6 לקודש באהרון ולבית האמת בישראל
1QS V,21 על פי בני אהרון המתנדבים ביחד
1QS VIII,6 וסוד קודש / קודשים לאהרון עדי אמת
1QS VIII,9 מעון קודש קודשים / לאהרון בדעת כולם
1QS IX,6 בית קודש לאהרון להיחד קודש קודשים
1QS IX,7 רק בני אהרון ימשלו במשפט ובהון
1QS IX,11 בם / עד בוא נביא ומשיחי אהרון וישראל
1QSa I,16 (I) [על פ]י בני / [אהר]ון הכוהנים
1QSa I,23 (I) על פי בני אהרון להביא ולהוציא
1QSa II,13 (I) וכול / א[בות בני] אהרון הכוהנים
1QM III,14 שם ישראל / ואהרון ושמות שנים עשר
1QM V,1 ו]שם ישראל ולוי ואהרון ושמות שנים עשר
1QM VII,10 שבעה / כוהנים מבני אהרון
1QM XVII,2 זכורו משפט[נדב ו]אב[י]הוא בני אהרון
1Q22 1i3 (I) [שמ]ה אתה / ואלע[זר ב]ן אהר[ון]
4Q158 1-2,14 (V)] / אל אהרון לאמור לך לקרא[ת
4Q174 5,2 (V) י]שראל ואהרון[
4Q249c 5 (XXXVI) [על פי בני אהר]ון [הכוהנים
4Q258 I,5 (XXVI) לכל / המתנדב לקדש באהרן ובית אמת
4Q258 II,1 (XXVI) מעשיהם בתורה על פי בני אהרון המתנדבים
4Q258 VII,6 (XXVI) בעת ההיא יבדלו בית אהרון לקודש לכל ה[
4Q258 VII,7 (XXVI) רק בני אה]רון ימש[ל]ו ב]משפט ובהון
4Q259 II,14 (XXVI) וסוד] קדש קדשים לאהרון / עדי אמת
4Q259 II,17 (XXVI) קודש קו[ד]שים לאהר[ון בדעת כולם
4Q265 7,3 (XXXV) [א]ל יז איש מזרע אהרון מ[י נדה
4Q266 2i11 (XVIII) [ויצמח מישראל] ומאה[רו]ן ש[ו]רש
4Q266 3ii5 (XVIII) עמ[ד משה ואה]רון ביד ש[ר ה]אור[ים
4Q266 5ii5 (XVIII) איש] / מבני אהרון אשר ישבה לגואים [
4Q266 5ii8 (XVIII) איש מבני אהרון אשר ינדד לעבוד
4Q266 5ii10 (XVIII) איש מבני] / אהרון אשר הוף{{י}}ל שמו
4Q266 5ii12 (XVIII) מישראל את עצת בני אהרון המ◦[
4Q266 6i13 (XVIII) [תור]ת הצרעת לבני אהרון להבדיל ל[
4Q266 8iii5 (XVIII) ארב[עה למטה לוי ו]אהרון ומי[שרא]ל [ששה
4Q266 10i12 (XVIII) יש]פטו בם עד עמוד משיח אהרון וישראל
4Q267 2,8 (XVIII) ויקם / [מאה]רון נבונים ומישראל חכמים
4Q267 5iii8 (XVIII)] / [איש מבני אה]רון א[שר ישבה לגואים
4Q268 1,14 (XVIII) וי[צמח מישרא]ל ומא[הרו]ן שור[ש מטעת
4Q269 11i2 (XXXVI) עד עמוד משיח א]הרון וישראל
4Q270 2ii6 (XVIII) לתת]לבני אהרון המטעת [הרביעית
4Q270 6iv16 (XVIII) א[רבע]ה למטה לוי ואהרון
4Q272 1ii2 (XVIII) זה [משפט הצ]רע[ת לב]ני אהרון
4Q279 5,4 (XXVI) ולכוה]נים בני אהרון יצא הגור[ל הראשון
4Q286 17b,1 (XI) בשקל הקוד]ש בני א[הרון
4Q299 79,6 (XX)]באהליהם ואהרון מ[
4Q364 14,6 (XIII) (ו)הנה] אהרון וחור[עמכם
4Q364 19a-b,7 (XIII) ואה[רון בן] / [שלוש ועשרים ומאת]
4Q365 9bii3 (XIII) וקדש אהרון ובנ[דיו
4Q365 26a-b,7 (XIII) אותם לצבאותם אתה ואהרון
4Q365 35ii6 (XIII) והנה] / פרח מטה א[הר]ון לב[י]ת לוי
4Q368 5,4 (XXVIII)]מכיר ועליתה אתה ואהרון / [
4Q368 5,5 (XXVIII)]לאהרון ולאלעזר בנו והפשטת[ה
4Q375 1i6 (XIX) ואה[רון יזה מן הדם] / לפני
4Q390 1,2 (XXX) ונתתים]ביד בני אהר[ון
4Q390 1,3 (XXX) ומשלו בני אהרון בהמה
4Q395 11 (X) כי לבני] / אהרן ראוי להיו[ת] מ[
4Q396 1-2iv8 (X) ובני אהרון ק[דושי קדושים]
4Q419 1,5 (XXXVI)]ויבחר בזרע אהרון להע[מיד אותם
4Q493 1 (VII) והכוהנים בני אהרון יעמודו
4Q496 10,4 (VII)]ואת [שם] הנשי[ו]ארון[
4Q502 2,8 (VII) א]הרון [
4Q513 10ii8 (VII)] / מבני אה[רון
5Q19 4,1 (III) א]הרן ◦[
5Q20 1,2 (III)] לבני אהרון [
6Q15 3,1 (III) מלפנים עמד משה ו]אהרון ב[יד שר האורים
11Q19 XXII,5 [וזר]קו [הכוהנים בני] אהרון את דמם
11Q19 XXXIV,13 והקטירו הכוהנים בני אהרון את הכול
11Q19 XLIV,5 ושמאולו לבני אהרון אחיכה
11Q20 V,25 (XXIII) וזר]קו הכוהנים בני אה[רון את דמם]

or coordinating conjunction **אוֹ**

CD IX,4 הביאו בחרון אפו או ספר לזקניו להבזותו
CD IX,10 אשר לא לפנים השפטים או מאמרים הושיע ידו

Text	Vol.	Reference
יקח איש עליו בגדים צואים **או** מובאים בגז		CD XI,3
בגז כי אם / כיבסו במים **או** שופים בלבונה		CD XI,4
ובהרע חצוצרות הקהל / יתקדם **או** יתאחר		CD XI,23
במיניהם יבאו באש **או** במים / עד הם חיים כי		CD XII,14
וכל כלי {{מסמר}} מסמר **או** יתד בכותל		CD XII,17
אל ידבר אלוהיהי באפ **או** בתלונה		1QS V,25
באפ או בתלונה / **או** בעורפ [קשה		1QS V,26
יערוכו השולחן לאכול **או** התירוש / לשתות		1QS VI,4
להברך בראשית הלחם **או** התירוש		1QS VI,5
הגורל על עצת הרבים יקרב **או** ירחק		1QS VI,16
] / ואם קלל **או** להבעת מצרה		1QS VII,1
קלל או להבעת מצרה **או** לכול דבר אשר לו		
הואה קורה בספר **או** מברכ		
ידבר את רעהו במרום **או** יעשה רמיה		1QS VII,5
יתערב / עמו בטהרתו **או** בהונו אש[ר		1QS VII,25
מתורת מושה ביד רמה **או** ברמיה		1QS VIII,22
לכול הקהל למשפט **או** / לעצת יחד	(I)	1QSa I,25
לעצת יחד **או** לתעודת מלחמה	(I)	1QSa I,26
נכאה רגלים **או** / ידים פסח או עור	(I)	1QSa II,5
ידים פסח **או** עור או חרש או אלם	(I)	1QSa II,6
עור **או** חרש או אלם או מום מנוגע	(I)	
חרש **או** אלם או מום מנוגע בבשרו	(I)	
אלם **או** מום מנוגע בבשרו / לראות	(I)	
לראות עינים **או** איש זקן כושל	(I)	1QSa II,7
וכול פסח **או** עור או חגר או איש		1QM VII,4
עור **או** חגר או איש אשר מום עולם		
חגר **או** איש אשר מום עולם בבשרו		
מום עולם בבשרו **או** איש מנוגע		
] **או** במרורי [		1QH[a] XVI,37
]◦ **או** גוים א◦[	(I)	1Q**55** 2
]◦ **או** בלי[	(I)	1Q**70**bis 6
] / [לד]בר **או** אשר יד[בר	(V)	4Q**158** 6,8
אם יגנוב איש שור **או** שה וטבחו או מ[כרו	(V)	4Q**158** 10-12,4
שור או שה וטבחו **או** מ[כרו	(V)	
]**או** שור או שה או כול בהמה	(V)	4Q**158** 10-12,11
]או שור **או** שה או כול בהמה לשמור[	(V)	
]או שור או שה **או** כול בהמה לשמור[	(V)	
והמית אי]ש **או** אשה / [השור יסקל	(XXXV)	4Q**251** 8,5
איש אל רעהו באף **או** בתלונה	(XXVI)	4Q**258** II,5
באף או בתלונה **או** בקנאת רשע	(XXVI)	
יער]וכו / [השלחן לאכול]**או** ה[תרוש לשתות	(XXVI)	4Q**261** 2a-c,5
◦הוא] / [קורא בספ]ר **או**[מברך	(XXVI)	4Q**261** 4a-b,3
אל ידבר]בכול דברי עבודה **או** בהון או [	(XXXV)	4Q**264**a 1,6
]בכול דברי עבודה או בהון **או** [	(XXXV)	
] / בבית **או** בעיר ◦[	(XXXV)	4Q**264**a 2-3,7
בבגדים א[שר]בהם עפר **או** [גז]	(XXXV)	4Q**265** 6,3
וא]ם [שפל ה]שת [**א**]**ו** השפח[ת	(XVIII)	4Q**266** 6i1
וה]נא באה הרוח ברוש **או** {ו}בזקן	(XVIII)	4Q**266** 6i6
זו]ב יז[וב] / מבשר[ו **א**[**ו** א[שר] יעלה [ע]ל[ו]	(XVIII)	4Q**266** 6i15
א[שר] יעלה[ע]ל[ו] מחשבת [זמ]ה **או** [אשר	(XVIII)	
] **או** ◦[	(XVIII)	4Q**266** 6id,2
]◦ו **או** [	(XVIII)	4Q**266** 6aii3
[ו]חגר **או** פסח או חרש או נער זעטוט	(XVIII)	4Q**266** 8i8
פסח **או** חרש או נער זעטוט	(XVIII)	
חרש **או** נער זעטוט א[ל יבו] איש / [מ]אלה	(XVIII)	
]וכול כהה [עיני]ם **או** [	(XVIII)	4Q**267** 5iii2
רפוס השׂ]דה **או** קדה בשרפ	(XVIII)	4Q**267** 6,6
ואם שפ]ל השת **או** [הספחת	(XVIII)	4Q**269** 7,10
ידעה מעשה בבית אב]יה **או** אלמנה	(XVIII)	4Q**269** 9,5
] יעבוד **או** ישל◦[	(XVIII)	4Q**270** 2i9
שע]ירים **או** ידרוש באוב ובידעונים	(XVIII)	4Q**270** 2i10
]והר[וחו]ת **או** אשר יחלל את השם / [	(XVIII)	4Q**270** 2i11
]ה **או** אשר י[חלל ?] / [	(XVIII)	4Q**270** 2i19
להשיבה וחומשה עליה **או** י[	(XVIII)	4Q**270** 2ii10
] / **או** ינוגע בנגע צרעת או זוב	(XVIII)	4Q**270** 2ii12
או ינוגע בנגע צרעת **או** זוב טמ[אה	(XVIII)	
את רז עמו לגואים **או** יקלל א[ת עמו	(XVIII)	4Q**270** 2ii13
בהמרותו] / את פי אל **או** ישחט בהמה	(XVIII)	4Q**270** 2ii15
]נו ואם רפוס השדה **או**[	(XVIII)	4Q**270** 3ii16
י]קחנה **או** לב[נו] / [	(XVIII)	4Q**270** 4,16
[בבית] / [אבי]ה [[ ]] **או** אלמנה	(XVIII)	4Q**270** 5,19
והביאו בח[רון] אפו **או** ספר [לזקנו להב]יתו	(XVIII)	4Q**270** 6iii18
פני רעהו ערו]ם בבית **או** בשדה ה[לך] ע[רום	(XVIII)	4Q**270** 7i2
ידעה / [מעשה בבית] אביה **או** אלמנה	(XVIII)	4Q**271** 3,12
גז כי אם כב]סו במים **או** שופים בלבונה	(XVIII)	4Q**271** 5i1
וב[הרע] / [חצוצרות הקהל י]תקדם **או** יתאחר	(XVIII)	4Q**271** 5i16
שאת **א**[**ו** ספחת או ב[הרת	(XVIII)	4Q**272** 1i1
שאת א]ו ספחת **או** ב[הרת	(XVIII)	
ואם שפל השאת **או** הס[פחת	(XVIII)	4Q**272** 1i9
אשר יעלה עלו מ]חשבת זמה **או** אשר / [	(XVIII)	4Q**272** 1ii4
] / **או** הספחת בשפה ע◦[	(XVIII)	4Q**273** 4ii6
וש[כב] / עליו **או** אשר ישב עליו	(XXXV)	4Q**274** 1i5
] **או** קשות בשלה וא[י]ש[ ]אשר יש◦	(XXXV)	4Q**274** 3i9
]**או** לי טה[	(XXXVI)	4Q**282**m 2
] / מודה **או** תכלית י[	(XX)	4Q**299** 6ii15
וכי יכה איש את עבד]ו **או** את אמתו / [?	(XIII)	4Q**364** 13a-b,7
הוא[ה] / [יה]יה **או** רפה המעט הואה	(XIII)	4Q**365** 32,6
בשעריך תתננה] / [וא]כלה **או** מכר לנכ[רי	(XIII)	4Q**366** 5,5
[ובמ]לאות ימי ט[הרה לבן] **או** לבת תביא[	(XIII)	4Q**367** 1a-b,8
וב[ן י]ונה **או** ת[ר לחטאת] אל פתח אהל	(XIII)	4Q**367** 1a-b,9
אויבו וישראל עמו **או** כי ילכו לעיר לצור	(XIX)	4Q**376** 1iii2
לעיר לצור עליה **או** לכול דבר אשר[	(XIX)	
ושלמה כמשפט המת **או** החלל הוא	(X)	4Q**396** 1-2iv3
ושלמה כמ]ש[פ]ט המת **או** החל[ל] / [הוא]	(X)	4Q**397** 6-13,11
לו]א ישוה בעמלכה **או** למה עוד / [	(XXXIV)	4Q**418** 122i6
] / **או** [ ]◦ן באמת מיד	(XXXIV)	4Q**418** 126ii2
]כבו **או** הת◦[	(XXXIV)	4Q**418** 229,1
] / **או** ה[	(XXXIV)	4Q**418**a 25,3
]מה **או** ב[	(XX)	4Q**421** 12,5
]אנוש **או** ר{{ו}}ח / [	(XXIX)	4Q**438** 4ii3
י]טמא בו / [וה]יה [אי]ש **או** אשה[ ] בהנגשו[	(VII)	4Q**512** 40-41,2
[אחיהו בן אביהו]**או** בן אמו[כי נדה היאה	(XXV)	4Q**524** 15-22,3
אחותו בת אבי]הו **א**[**ו** בת א]מו[תועבה היאה	(XXV)	
יקח איש] / [את בת בנו **א**]**ו** את ב[ת בתו	(XXV)	4Q**524** 15-22,5
] / לוא תלקח בזהב **א**[**ו** (ב)כסף	(XXV)	4Q**525** 2iii2
מי זה אבד צדק **או** מי זה מלט / בעולו	(IV)	11Q**5** XXII,9
קרב עליה לבונה **או** חרבה יקמוצו ממנה		11Q**19** XX,10
יעשה בו מלאכה **או** אשר לוא יתענו בו		11Q**19** XXVII,7
והצרוע אשר בו צרעת נושנת **או** נתק		11Q**19** XLVIII,17
אדם מת ובחלל חרב / **או** במת או בדם אדם		11Q**19** L,6
ובחלל חרב / או במת **או** בדם אדם מת		
בדם אדם מת **או** בקבר וטהר כחוק		
ואם יהיה / בו מום פסח **או** עור		11Q**19** LII,10
עור **או** כול מום רע לוא תזבחנו		
תזבחנו לעשות אותו עולה **או** זבח שלמים		11Q**19** LII,15
לפני כאשר הקדשתה **או** נדרתה בפיכה		11Q**19** LIII,10
ואיש כי ידור נדר לי **או** ישבע / שבועה		11Q**19** LIII,14
תדור נדר לי **או** אסרה אסר על נפשה		11Q**19** LIII,16
ושמע אביה את נדרה **או** / את האסר		11Q**19** LIII,17
כול נדר] **או** כול שבועת א[סר		11Q**19** LIV,2

אוֹהֶל ← אֹהֶל-1

ear noun **אוֹזֶן, אֹזֶן**

כל באי ברית ואגלה **אזנכם** בדרכי / רשעים CD II,2
עורון עינים וכבוד **אוזן** קושי עורפ 1QS IV,11
וקראו **בא**[**וזניהמה**]את / [כ]ול חוקי הברית (I) 1QSa I,4
מגולי **אוזן** ושומעי עמוקות [1QM X,11
וקרא **באוזניהם** / את תפלת מועד המלח[מה 1QM XV,4
]**אוזננו** [1QH^a VI,2
ידעתי מבינתכה כיא גליתה **אוזני** לרזי פלא 1QH^a IX,21
חוקים ובתעודות נתנו **לאזנים** / [1QH^a X,37
אתה אלי] / גליתה **אוזני** [למו]סר 1QH^a XIV,4
שעו עיני מראות / רע **אוזני** משמוע דמים 1QH^a XV,3
כיא לערל **אוזן** נפתח דבר ולב / [1QH^a XXI,5
נ]תתה **באוזן** עפר ונהיות עולם חקותה בלב 1QH^a XXI,12
] / ותגל **אוזן** עפר[ ]ת ול[1QH^a XXIII,4
ותאמנה **בא**[**וזני**] / עבדכה עד עולם [1QH^a XXIII,5
]בה ואתה גליתה **אוזני** 1QH^a 4,7
לבבי לבינתכה ותגל **או**[**זני** 1QH^a 4,12
ואוזן בשר גליתה ו[1QH^a 5,10
ס[י]ני לצוות א[ותם] **באוזניה**[ם] (I) 1Q**22** 1i4
] כאשר גלה **אוזנכה** ברז נהי[ה (XXXIV) 1Q**26** 1,4
]ת **ואזני**◦[(I) 1Q**69** 16,1
] / **אזנו** במרצע[(V) 4Q**158** 7-8,13
]ולוא למשמע **אוזניו** יוכיח פשרו אשר[(V) 4Q**161** 8-10,22
ראות את מוריכה] / **ואוזניכה** תש[מענה דבר (V) 4Q**163** 23ii18
]ל **באזן** ובח[(V) 4Q**184** 5,4
יגל עיניהם בנסתרות **וא**[**וזנם** פתחו (XVIII) 4Q**266** 2i5
ויגל ע[יניה]מה בנסתרות **ואוזנ**מה פתח (XVIII) 4Q**268** 1,7
לבנ[ו] ברוב שכל גלה **אוזננו** ונש[מעה (XX) 4Q**299** 8,6
ועל תנוך **אוזן** בניו הימנית (XIII) 4Q**365** 9bii1
שועתי ל]פניו **באזניו** תבוא (XI) 4Q**381** 24a+b,9
]◦ כל **אזנ**[(XXIX) 4Q**392** 6-9,6
ההולך אחר מ]שמע **אוזניו** ומראה עינו (XX) 4Q**413** 1-2,3
עובדם וכאשר / גלה **אוזנכה** ברז נהיה כבדם (XXXIV) 4Q**416** 2iii18
]**ואזנם** / [(XXXIV) 4Q**417** 29i1
וכאשר גלה **או**]**זנכה** ברז נ[היה כבדם (XXXIV) 4Q**418** 10a-b,1
קצו אשר גלה אל **אוזן** מבינים ברז נהיה[(XXXIV) 4Q**418** 123ii4
א]שר גלה **אזנכה** ברז נהיה ביום[(XXXIV) 4Q**418** 184,2
גלה **אוז**]**ניכה** ברז / [נהיה (XXXIV) 4Q**418** 190,2
] **אזנים** ביד נכבד◦[(XXXVI) 4Q**419** 6,1
ואשר גלה **אוזנכה** / [ברז נהיה (XXXIV) 4Q**423** 5,1
] / כבד **אזן** אל תשלח לדרוש משפט (XXXVI) 4Q**424** 3,4
כן דובר **לאזן** אשר איננה שומעת ומספר (XXXVI) 4Q**424** 3,5
והטיתה] / **אוז**[**ן**]למוצא שפתינו (XXIX) 4Q**427** 7ii22
ולשמועות פלאכה גליתה] / **אוזני** ולבי להבין (XXIX) 4Q**428** 10,6
אטומם] / **אוזן** בלמודיכה עד אשר[השכלתני (XXIX) 4Q**428** 10,7
] / **ואוזן** בשר גליתה ו[(XXIX) 4Q**428** 18,1
]גליתה **א**[**וזני** (XXIX) 4Q**428** 45,2
ויט **אוזניו** אל / {{ש}}זעקתם ברוב (XXIX) 4Q**434** 1i2
לראות את דרכיו **ואזנ**[**י**]**הם** לשמוע / למודו (XXIX) 4Q**434** 1i3
כול דורש ?] נסתרות **ואוזניהמה** פתח (XIX) 4Q**463** 1,4
אז]**ן** משמוע מה ש[היה (XXXVI) 4Q**468l** 2
]וכ[ו]ל **אוזניהם** חרשות [(XXXVI) 4Q**474** 10
] **אוזניו**[(VII) 4Q**487** 36,2
]ה / **אוז**[(VII) 4Q**504** 1-2iii2
לדעת] / [ועינים] לראות **ואוזנ**[**ים** לשמוע] / [(VII) 4Q**504** 18,3
]תיהם ופוקח **או**[**זנים** (VII) 4Q**511** 16,5
]**אוזן** ומענ[ה (VII) 4Q**511** 70,2
השיתי כמעט / **אוזני** והרבה מצאתי לקח (IV) 11Q**5** XXI,14

אם יקום בקרבכה נביא **או** חולם חלום 11Q**19** LIV,8
ונתן אליכה אות **או** / מופת
ובא אליכה האות **א**[**ו**]המופת אשר דבר 11Q**19** LIV,9
הנביא ההוא **או** לחולם החלום ההואה 11Q**19** LIV,11
והנביא ההוא **או** חולם החלום יומת 11Q**19** LIV,15
ישיתכה אחיכה בן אביכה **או** בן אמכה 11Q**19** LIV,19
בן אמכה **או** בנכה או בתכה
בנכה **או** בתכה / או אשת חיקכה
בתכה / **או** אשת חיקכה או ריעיכה 11Q**19** LIV,20
אשת חיקכה **או** ריעיכה אשר כנפשכה
אשר / אנוכי נותן לכה איש **או** אשה 11Q**19** LV,16
והשתחוה להמה / **או** לשמש או לירח 11Q**19** LV,18
להמה / או לשמש **או** לירח או לכול צבא
לשמש או לירח **או** לכול צבא השמים
את האיש ההוא **או** את האשה ההיא 11Q**19** LV,21
] / [**א**]**ו** אל ה[ש]ו[פטים אשר יהיו בימים 11Q**19** LVI,1
שמה לשרת לפני **או** אל / השופט וימת האיש 11Q**19** LVI,9
על פי שנים / עדים **או** על פי שלושה עדים 11Q**19** LXI,7
לוא תראה את שור אחיכה **או** את שיו 11Q**19** LXIV,13
את שיו **או** את חמורו / נדחים
לפניכה בדרך בכול עץ **או** על הארץ ? 11Q**19** LXV,2
על הארץ ? / אפרוחים **או** בצים 11Q**19** LXV,3
על האפרוחים **או** על הבצים
ולקח אבי הנערה **או** אמה 11Q**19** LXV,9
כנף אחיהו בן אביה **או** בן אמו כי נדה היא 11Q**19** LXVI,13
את אחותו בת אביהו **או** בת אמו תועבה היא 11Q**19** LXVI,14
יקח איש את אחות אביהו **או** את אחות אמו 11Q**19** LXVI,15
את ⟦ ⟧ / בת אחיהו **או** בת אחותו 11Q**19** LXVI,17
ישיתכה אחיכה בן אבי]כה **או** [בן] / [אמכה (XXIII) 11Q**20** XVI,1
] / **או** א[(XXXIII) PAM 43.669 32,1
]◦נשא **או** [(XXXIII) PAM 43.683 74,1

אואב ← אוֹיֵב

medium, necromancer noun **אוֹב-2**

ודבר סרה כמשפט **האוב** והידעוני ישפט CD XII,3
ידרו]ש את **א**[**ו**]**בות** וא[ת] / [ידעוני]ם את[(XVIII) 4Q**267** 4,11
שע]רים או ידרוש **באוב** ובידעונים / [(XVIII) 4Q**270** 2i10
חובר חבר שואל **אוב** / וידעונים 11Q**19** LX,18

אוביור ← אוֹפִיר-1

firebrand noun **אוּד**

אשר יובדו כעשן **האוד** [בר]ות (V) 4Q**171** 1+3-4iii8

to desire verb **אוה**

ולוא **יתאוה** בכול אשר לוא צוה 1QS IX,25
רשעה ולהון חמס לוא **תאוה** נפשי 1QS X,19
] **תאוה** בלוא / [1QH^a IV,3
]◦א ומה **אותיכה** ו◦[(I) 1Q**52** 1
]כ **תאוה** ◦[ ]◦ א◦◦◦[(XXIX) 4Q**291** 1,1
אביון אתה אל **תתאו** זולת נחלתכה (XXXIV) 4Q**416** 2iii8
אביון / אתה אל **תתאו** זולת[נחלתכה (XXXIV) 4Q**418** 9+9a-c,7
]צפה כול היום **ואותה** נפשכה (XXXIV) 4Q**418** 127,2
חסידים / תפארתך **המתאוים** ליום ישעך (IV) 11Q**5** XXII,4
המ]**תאוים** / [ליום ישעך וישישו (XXIII) 11Q**6** 6,1
[ואמרתה אוכלה בשר כי **א**]**ותה** נפשכה 11Q**19** LIII,2

desire noun **אַוָּה**

הוא גר שמה בכול **אות** נפשו אל המקום 11Q**19** LX,13

11Q5 XXIV,4	(IV)	הט **אוזנכה** ותן לי
PAM 43.670 64,2	(XXXIII)	]**אזן** [
PAM 43.676 5,1	(XXXIII)	]גלה **אוזנ**[
PAM 43.677 14,2	(XXXIII)	]ו̇ **אזן** ◦[
PAM 43.688 100,2	(XXXIII)	]ב**אזנו̇** [

אוחזה ← אֲחֻזָּה

secret (?), storehouse (?), goodness (?) noun **אוט, אט**

4Q415 18,2	(XXXIV)	]**אוטיכה** [
4Q416 2ii12	(XXXIV)	ברצונו תחזיק עבודתו וחכמת **אוטו̇** / [
4Q417 2ii+23,3	(XXXIV)	] / כול מחסו̇ר̇י̇ **אוטו̇**
4Q418 8,13	(XXXIV)	תחזיק]ע̇בודתו וחכמת **אטו̇**[
4Q418 79,2	(XXXIV)	]**אוטכמה**[
4Q418 81+81a,16	(XXXIV)	] / **אוט** לכול הולכי אדם
4Q418 101i3	(XXXIV)	]**א̇וטכה** / [
4Q418 103ii6	(XXXIV)	כמקור מים חיים אשר הכיל א[ו]ט̇◦[
4Q418 107,4	(XXXIV)	]**א̇ו**{{ט}}**י̇**{{ט̇}} מסחורכה
4Q418 126ii2	(XXXIV)	◦]ו̇ באמת מיד כול **אוט** אנשים א[
4Q418 126ii12	(XXXIV)	] / ובידכה **אוט**{{ה}}ו̇ ומטנאכה ידרוש
4Q418 126ii13	(XXXIV)	ידו למחסורכה ומחסור **אוטו̇**[
4Q418 127,5	(XXXIV)	כי אל עשה כול חפצי **אוט** ויתכנם באמת[
4Q418 177,8	(XXXIV)	] **אוטכה̇**[
4Q423 1-2i5	(XXXIV)	]ל̇[ ]◦ה ש̇[ ]תה כל **אוטכה** / [
4Q424 1,6	(XXXVI)	ביד עצל אל תפקד **אט** כי לא יצניע מלאכתך

woe! interjection **אוֹי**

4Q179 1i4	(V)	**אוי** לנו[
4Q179 1ii1	(V)	] / **אוי** לנו̇ כי אף אל עלה[
4Q378 6ii4	(XXII)	**אוי** לי ו◦[
4Q481c 2	(XXII)	◦]נו **אוי** ד̇י[

enemy noun **אוֹיֵב, אֹיֵב, אואב**

← **איב**

CD IX,5		לצריו ונוטר הוא **לאויביו**
1QpHab IX,10		עצתו נתנו אל ביד **אויביו** לענ̇ו̇תו / בנגע
1QM III,2		וחצוצרות המרדף בהנגף **אויב**
1QM III,5		יכתובו גבורות אל להפיץ **אויב**
1QM III,7		המלחמה לצאת למערכת **האויב**
1QM III,11		דרך המשוב / ממלחמת **האויב**
1QM VI,2		ישליך̇ א̇ל / מערכת **האויב** שבעה זרקות
1QM VI,6		ולהכניע מ̇ער̇כת / **אויב** בגבורת אל
1QM VII,9		לקראת **אויב** מערכה לקראת מערכה
1QM VIII,8		עד קורבם / למערכת **האויב** ונטו ידם
1QM VIII,10		תרועת מלחמה גדולה להמס לב **אויב**
1QM VIII,13		השליכם למערכת / [[ ]] **האויב** שבע פעמים
1QM IX,2		לנצח המלחמה עד הנגף **האויב** והסבו עורפם
1QM IX,5		כול אלה ירדופו להשמיד **אויב** במלחמת אל
1QM IX,6		המרדוף ונחל[קו] על כול **האויב** לרדף כלה
1QM IX,12		]◦מ̇ים / **אויב**
1QM X,2		ונורא לשול את כול / **אויבינו** לפ̇[ני]נ̇ו̇
1QM X,3		קרבים היום למלחמה על **אויביכמה**
1QM X,4		להלחם לכם עם **אויביכם** להושיע / אתכמה
1QM X,8		לפני אלוהיכם / ונושעתם **מאויביכם**
1QM XI,7		והאביד שריד מ̇עיר והיה **אויב** ירשה
1QM XI,8		לה{{לחם}}כבד̇ **באויבינו** להפיל גדודי בליעל
1QM XI,13		כיא ביד אביונים תסגיר [**או**]**יבי** כול הארצות
1QM XII,11		תן ידכה בעורף **אויביכה** ורגלכה על במותי
1QM XIV,3		המערכה לפני נפול חללי **האויב**
1QM XVIII,11		להסיר ממ̇[ש]ל̇ת **א̇ויב** לאין עוד ויד ג̇ב̇ורתכה
1QM XVIII,12		◦[ ]ל **אויבינו** למגפת כלה
1QM XIX,3		תן ידכה בעורף **אויביך** ו̇ר̇ג̇[ל]ך̇[
1Q14 11,2	(I)	]**אויביו** שלל וע[רום
1Q14 11,4	(I)	י◦]דין **א̇ויב̇י̇**[ו
2Q23 4,3	(III)	**א**[**ו̇י̇ב̇** כ̇יס [
4Q88 X,11	(XVI)	הנא̇ **אואבים** / יובדו ו̇י̇תפ̇ר̇דו כול[פו]ע̇לי
4Q161 8-10,18	(V)	**או**]**יבו** ואל יסומכנו ב̇[
4Q169 3-4ii5	(V)	וגלות מפחד **אויב** ורוב / פגרי אשמה יפולו̇
4Q169 3-4iv7	(V)	את תבקשי] / מעוז בעיר **מאויב**
4Q169 3-4iv8	(V)	] / **אויביהם** בעיר̇[
4Q174 1-2i1	(V)	ולוא יוסי]ף̇ בן עולה̇[
4Q174 1-2i7	(V)	מכול **אויביכה** אשר יניח להמה
4Q176 20,3	(V)	]ולב◦[ ] **ולאיבו** לה̇ב̇ער עליהים / [
4Q177 1-4,16	(V)	]ת̇ בח̇ר̇ב **א̇י̇ב̇**[יהם
4Q177 10-11,11	(V)	]ואמר **אויב**
4Q179 1i14	(V)	]כול **איבינו** / [
4Q183 1ii1	(V)	] / **אויביהם** ויטמאו את מקדשם[
4Q223-224 2iv16	(XIII)	הצר והרוג את **האו**]**י̇ב** ויהי / [לכה כוח
4Q270 6iii19	(XVIII)	ו]נ̇וטר ה̇וא̇ **לאויב̇ו** אם ה̇ח̇ר̇י̇ש לו מיום
4Q365 38,3	(XIII)	[כ]יא תצא̇ [למלחמה ע]ל̇ **א̇**[**ויביך**
4Q372 1,20	(XXVIII)	עם **אויב** יושב עליה וכ̇◦[
4Q376 1iii2	(XIX)	] / **א̇ו̇י̇ב̇ו** וישראל עמו
4Q378 2,1	(XXII)	◦] **א̇ו̇י̇ב̇יכה** ת[
4Q379 3i4	(XXII)	**או**]**ב̇י̇** יהוה ולא / [
4Q381 28,3	(XI)	]מ̇קוה **לאיביך** יכרתו [
4Q385a 1a-bii2	(XXX)	]את **איבו** [
4Q385a 1a-bii3	(XXX)	]א̇ **איבו** ואסי̇[רה
4Q385a 1a-bii6	(XXX)	] / ואתנה נפש **איביו** בכפ̇ו̇[
4Q387 1,7	(XXX)	ואתנ]כם ביד **אי**[**ב**]כם ואשמ̇ה[ ]את[ארצכם]
4Q387 1,9	(XXX)	]ם בארצ̇[ות] **איב̇י̇**[כ]ם̇[ ]עד שנת[
4Q387a 4,4	(XXX)	◦]ם **מאיביהם**[
4Q389 6,1	(XXX)	ואתנכם ב]י̇ד̇ **איביכם** ואשמה[את ארצכם
4Q390 1,9	(XXX)	ונתתים ביד **איביהם** והסגרת̇[ים] / לחרב
4Q434 1i13	(XXIX)	] / **איב̇י̇**[ה]ם]פ̇ח̇[ ]ש עברת̇ו̇ להב◦[
4Q434 7b,3	(XXIX)	וישם **א̇ואביהם** כדמן וכאפר
4Q435 2ii5	(XXIX)	] / **באויבי** רא[תה עיני
4Q449 1,5	(XXIX)	כ]ו̇ל **אויבינו** ו̇◦[ ]◦ב̇יך א̇ת̇
4Q463 1,2	(XIX)	גם בהיותם בארצות **אויביהמ̇**[ה לא מאסתים]
4Q463 2,5	(XIX)	]את **אויביהמה** ע̇ל̇יהמ̇[ה
4Q468i 6	(XXXVI)	]◦ת **אויב**
4Q491 1-3,5	(VII)	◦◦] לו[א ילכו למערכות **ה̇אויב** [
4Q491 1-3,8	(VII)	יהיו] מהמה פטורי̇[ם {{להכני̇[ע̇ **או̇י̇**}}]
4Q491 1-3,14	(VII)	המערכו̇[ת]הנגשות למלחמת **הא̇ו̇**[**יב**
4Q491 4,4	(VII)	◦ו̇]י̇ן **אויב** לה[ ]◦◦ קרן אש[מה
4Q496 11,2	(VII)	ובשובם ממלחמת **האוי**]**ב** ל̇ב̇[וא
4Q504 1-2v4	(VII)	ו̇גם ארצם / שממה על **אויביהמה**
4Q504 1-2vi8	(VII)	השלחתה בנו את **אויבינ̇ו̇**
4Q524 6-13,2	(XXV)	ונתתי [א]ת כול **אויביו** לפניו ומש[ל
4Q525 10,5	(XXV)	משפ̇[ט̇ **א̇ויב** ואוהב
4Q525 14ii11	(XXV)	ועל במות̇[י **א**]**ו̇יביכה** תדרוך
11Q16 2,3	(XXXVI)	**או**]**י̇ביו** ויך ממלכות[
11Q19 III,3		כו]ל̇ **אויביכה** מסי[
11Q19 LVIII,6		לצאת עמו למלחמה על / **אויביהם**
11Q19 LVIII,12		והיה אם נצחו / את **אויביהמה** ושברום
11Q19 LVIII,16		ו{{ע}}א̇ם יצא למלחמה על / **אויביו**
11Q19 LIX,5		והיו / **אויביהמה** שוממים במה
		והמה בארצות **אויביהמה** מתאנחים
11Q19 LIX,11		והושעתים מיד **אויביהמה** ופדיתים מכף
11Q19 LIX,19		ונתתי את כול **אויביו** לפניו
11Q19 LXI,13		כי / תצא למלחמה על **אויביכה** וראיתה סוס

11Q19 LXII,11		ואכלתָ את שלל **אויב**יכה אשר אנוכי נותן
11Q19 LXIII,10		כי תצא למלחמה על **אויב**יכה ונתתי אותמה
PAM 43.674 9,1	(XXXIII)	]◦נה **איב**ו [

fool noun **אֱוִיל-1, אֱוִל**

CD XV,15		ולפי דעתו היותו **אויל** ומשוגע
1QH[a] IX,37		**ואו**]ילי לב לא יבינו / אלה ובסוד
4Q177 9,7	(V)	]עם צדיק ורשע **אויל** ופת[י
4Q177 12-13ii6	(V)	] / **אֱוִל** את◦[
4Q266 8i6	(XVIII)	וכול היותו **אויל** / [ומ]שוגע אל יבו
4Q299 6ii3	(XX)	] / **אוילי** כסה ◦[
4Q417 5,1	(XXXIV)	] / [**אויל**]י לב[
4Q417 5,5	(XXXIV)	] / [ישמדו]כול **א**[**וילי**
4Q418 58,1	(XXXIV)	]**אוילי** ל[ב
4Q418 69ii4	(XXXIV)	ועתה **אוילי** לב מה טוב ללוא / [
4Q418 69ii8	(XXXIV)	ואז] / ישמדו כול **אוילי** לב
4Q418 205,2	(XXXIV)	]◦נו **אוילי** לב / [
4Q425 1+3,8	(XX)	]◦שים כ[**אוילי** לב ו[ש]געונו[ ]◦◦◦
4Q439 1i+2,6	(XXIX)	ה]נה כול שופטי נמצאו **אוי**[**ל**]**ים**
4Q469 3,2	(XXXVI)	נמצ]או **אוילים**[

food noun **אוֹכֶל, אֹכֶל**

4Q266 5ii13	(XVIII)	] / את ה**אוכל** {{וחבו}} [[ ]] וחב
4Q267 4,10	(XVIII)	ואת **אוכ**]לו בתרבית אל ית[ן] / [
4Q270 7i12	(XVIII)	ואשר יקח] / **אוכלו** חוצה מן המשפט
4Q273 4i6	(XVIII)	] את ה**אכל** / [
4Q370 1i1	(XIX)	[ו]יעטר הרים תנו]בה ו]שפך **אכל** על פניהם
4Q416 2ii19	(XXXIV)	כסות אל תשת יין ואין **אכל**
4Q417 2ii+23,24	(XXXIV)	כסות אל תשת יין ואין **א**[**כל**
4Q422 III,10	(XIII)	ב]חנמל לה[אביד כו]ל פרי **אוכ**[**ל**]ם
4Q426 1i11	(XX)	]ה ו**אוכל** טוב ענפיה / [
4Q512 67,3	(VII)	] מכול **אוכל**[
11Q5 XXVI,13	(IV)	מעטר הרים תנובות [[ ]] {{ו}}**אוכל** טוב
11Q19 XLVII,6		טהור יין ושמן וכול **אוכל** / וכול מושקה
11Q19 XLVII,13		ואת שמנמה וכול / **אוכל**מה לעיר מקדשי
11Q19 XLIX,7		וכול **אוכל** אשר יוצק עליו מ[י]ם יטמא

food noun **אוֹכְלָה, אָכְלָה**

1Q22 1iii1	(I)	ה]א[רץ תהיה לכה] **לאכלה** ל[כה ולבהמה
4Q378 3i5	(XXII)	]◦◦◦ ממכה והייתה **לאָכְלה** / [
11Q19 LIX,7		פני מהמה והיו **לאוכלה** / ולבז ולמשוסה

אֱוִל ← אֱוִיל-1

porch, vestibule noun **אולם-3, אֻלָם**

4Q287 2,3	(XI)	קירות **אול**]**מי** כבודמה דלתות פלאיהמה [
4Q405 14-15i4	(XI)	]ם **אולמי** מבואיהם רוחי קורב קודש קודשים
4Q405 14-15i5	(XI)	מפותח **באלמי** מבואי מלך בדני רוח אורים[
11Q17 IV,4	(XXIII)	]**אולמי** מב[ואי
11Q17 V,5	(XXIII)	ליקרה הדביר במו]צא **אול**[**מי**
11Q19 IV,8		א]מה ובאתה את ה**אולם** [

folly noun **אִוֶּלֶת**

1QS IV,10		ורוב **אולת** וקנאת זדון מעשי תועבה
1QS IV,24		יתהלכו בחכמה **ואולת** וכפי נחלת איש
1QH[a] V,9		דרכי ◦◦◦ מעשי רע חוכמה **ואולת**[
1QH[a] V,10		אמת ו[ ]ה ◦◦◦ת **ואולת** [ ]◦ל◦ל[
1Q27 1i7	(I)	תבל ואין שם לע[ד] **אולת**
4Q257 VI,3	(XXVI)	יתהלכו בחכמה] / **ואו**[**לת** וכפי נחלת איש
4Q415 9,5	(XXXIV)	] / עם **אולת** לוא תשוה לרוש[
4Q416 2ii3	(XXXIV)	ו]בחרפת[ו] תכסה פניכה וב**אולת**ו / מאסיר
4Q417 1i7	(XXXIV)	תדע אמת ועול חכמה / [**ואול**]**ת** ת[
4Q418 220,3	(XXXIV)	]**ואולת**[
4Q418 243,2	(XXXIV)	]ורבת **אולת** א[ ]ל[
4Q423 5,7	(XXXIV)	א]יש שכל את בעל **אולת** ה[
4Q525 2ii+3,2	(XXV)	ולוא יביעו בדרכי **אולת**

people noun **אוּמָה**

4Q266 11,10	(XVIII)	למשפחותיהם ולשונות **לאומות**ם ותתעם בתהו

feeble, wretched adjective **אוּמְלַל, אֻמְלַל**

4Q177 12-13i2	(V)	כי]א **אמלל** אני / [
4Q284 2ii6	(XXXV)	] / מועדי שלו[ם] **לאומל**[**לים**

strength noun **אוֹמֶץ, אמוץ**

1QM XIV,7		חזוק מעמד / **ואמוץ** מתנים לשכם מכים
1QH[a] X,8		נפשי בחזוק מותנים / **ואמוץ** כוח
4Q298 3-4ii6	(XX)	הצניע / לכת יו[דעי הדרך]הוסיפו **אומץ**
4Q491 8-10i4	(VII)	ולג]מוגי בורכים חוזק מעמד **ואומץ** מ[תנים]
4Q509 12i-13,2	(VII)	] / [מ]בלי **אומץ** הנופלים מבלי[מקים
11Q5 XXIV,15	(IV)	ובני אדם מה יוסיף **אומ**[**צם**] מלפ[נ]יכה

iniquity, injustice, deception noun **אָוֶן**

1QS XI,2		ומדברי **און** ומקני הון
1QM VI,3		שלהובת חרב אוכלת חללי **און** במשפט אל
1QH[a] VIII,3		] מקור **און** ◦◦◦[
4Q88 X,13	(XVI)	יובדו ויתפרדו כול[פו]עלי / **און**
4Q163 18-19,3	(V)	וכלה לץ ונכרתו] / [כול] שוקדי **און**
4Q174 1-2i9	(V)	ולחשוב עליהמה מחשבות **און** למ[
4Q391 1,3	(XIX)	]אל אנו **ואונך** המ◦[
4Q418 126ii6	(XXXIV)	להשיב נקם לבעלי **און** ופקודת ש[
4Q435 2ii4	(XXIX)	] / פעולות **און**[
4Q509 3,1	(VII)	]**ואונה** ◦◦[
11Q19 XLIII,16		ממנו בימי המעשה **לאונ**מה כי קודש הוא

strength noun **אוֹן-1**

4Q252 IV,4	(XXII)	ורישית **אוני** יתר שאת ויתר עוז
4Q266 11,9	(XVIII)	וענה / [וא]מר ברוך את **אונ** הו הכול ובידיך
4Q511 17,4	(VII)	] רוב **אונים** לוא י[

ship noun **אוֹנִיָּה**

1QH[a] XI,6		וישימו נפש[י] **כאוניה** ב[מ]צולות ים
1QH[a] XI,13		וירועו / אושי קיר **כאוניה** על פני מים
1QH[a] XIV,22		[והיי]תי כמלח **באוניה** בזעף / ימים גליהם
1QH[a] XV,4		ותכמו עלי **כאוניה** בזעף / חרישית

gold, Ophir(im) noun **אוֹפִיר-1, אוביור, אוֹפִר, אֹפִיר**

4Q374 4,2	(XIX)	]**לאפיר** ויעשה[ו
4Q405 23ii9	(XI)	ודמות רוח כבוד כמעשי **אופירים** מאירי[
4Q427 7i12	(XXIX)	וכתם **אוביורים** לוא / [
4Q472 2,6	(XXXVI)	] / **כאופרים**[
4Q491 11i18	(VII)	לוא [פ]ז ולוא כתם **אופירים** / [

darkness noun **אוֹפֶל, אֹפֶל**

4Q415 11,7	(XXXIV)	כיא נגף] / **באו**[**פל**]]תהיה לו כמכשול
4Q525 15,1	(XXV)	חש]ך **אופל** ◦[
6Q10 9,1	(III)	]**לאפל** ו◦[

wheel noun **אוֹפָן**

4Q169 3-4ii3	(V)	וקול רעש **אופן** וסוס

4Q**286** 1ii2	(XI)	כרוביהמה **ואופניה**מה וכול סודי[המה]
4Q**365**a 5i4	(XIII)	]ם לוא נראים **האופנים** אל החוץ ורחב / [
4Q**385** 6,10	(XXX)	]**והא[ופ]נ[ים]** / אופן חובר אל אופן בלכתן
4Q**385** 6,11	(XXX)	]והא[ופ]נ[ים] / **אופן** חובר אל אופן בלכתן
	(XXX)	אופן חובר אל **אופן** בלכתן
	(XXX)	בלכתן ומשני עברי **הא[ופנים** שבלי אש]
4Q**385** 6,13	(XXX)	] / **והאופנים** והחיות והאופנים
	(XXX)	האופנים והחיות **והאופנים** ויה[י
4Q**403** 1ii15	(XI)	וברכו פלא כרוביהם **ואופניה**[ם
4Q**405** 20ii-22,3	(XI)	]כרובי קודש **אופני** אור בד[ביר
4Q**405** 20ii-22,9	(XI)	ובלכת **האופנים** ישובו מלאכי קודש יצא

אוֹפִר ← אוֹפִיר-1

to urge, be in haste verb **אוץ**

1QM XVIII,5		]**אוץ** השמש לבוא ביום
1QM XVIII,12		ועתה היום **אץ** לנו לרדוף המונם
4Q**416** 2i21	(XXXIV)	אם **תאיץ** ידכה / [לבלתי
4Q**417** 2i25	(XXXIV)	ואם נגע יפגשכה **ואץ**[
4Q**417** 2ii+23,1	(XXXIV)	[א]ם **תאיץ** ידכה לבלתי של[וח

treasure, storehouse noun **אוֹצָר**

1QS X,2		ברשית / אשמורי חושכ כיא יפתח **אוצרו**
1QM X,12		ומשא רוחות וממשלת קדושים **אוצרות** כב[
1QHa IX,12		לעבודתם **לאוצרות** / מחשבת לחפציה[ם
4Q**286** 1ii7	(XI)	וסוד אמת **אוצר** שכל מבני צדק
4Q**298** 3-4i9	(XX)	]◦ **אוצר** בינות / [
4Q**299** 21,4	(XX)	]**ואוצר** כול[
4Q**417** 2i19	(XXXIV)	הון מחסורכה כיא לוא יחסר **אוצר**[
4Q**418** 81+81a,9	(XXXIV)	שכל[פ]תח לכה **ובאוצרו** המשילכה
4Q**418** 237,3	(XXXIV)	] **אוצ[ר**
4Q**419** 8ii5	(XXXVI)	] / לחושך **ומאוצרו** ישב[
4Q**426** 7,3	(XX)	]יפתח **אוצ[ר**(ו) ?
4Q**426** 10,1	(XX)	]מ◦[ ]**אוצר**[
4Q**523** 1-2,9	(XXV)	]**צרותיהו** סו/ימות[
5Q**13** 1,4	(III)	]◦◦ **אוצרות**◦[
11Q**5** XXVI,15	(IV)	נטה שמים ויוצא / [רוח] **מאו[צרותיו**
11Q**14** 1ii8	(XXIII)	ויפתח לכם את / **אוצרו** הטוב

to be light, shine verb **אור**

CD VI,12		בלתי בוא אל המקדש **להאיר** מזבחו חנם
CD VI,13		ולא **תאירו** מזבחי / חנם
1QS II,3		**ויאר** לבכה בשכל חיים ויחונכה
1QS IV,2		אלה דרכיהן בתבל **להאיר** בלבב איש
1QSb IV,27	(I)	**ולהאיר** פני רבים / [בשכל חיים
1QM I,8		ו[בני צ]דק **יאירו** לכול קצוות תבל הלוך
		הלוך **ואור** עד תום כול מועדי חושך
		ובמועד אל **יאיר** רום גודלו לכול קצי
1QM V,10		והלוהב ברזל לבן **מאיר** מעשי חרש מחשבת
1QM XVII,7		**להאיר** בשמחה ברית ישראל שלום וברכה
1QHa XI,3		א]לי **האירותה** פני ◦◦◦◦ [
1QHa XII,5		אודכה אדוני כיא **האירותה** פני לבריתכה
1QHa XII,27		ובי **האירותה** פני רבים ותגבר עד לאין
1QHa XVII,27		אורי כי מאור מחושך / **האירותה** לי ◦◦[
4Q**164** 1,5	(V)	] / **מאירים** כמשפט האורים והתומים[
4Q**175** 17	(V)	**ויאירו** משפטיך ליעקוב / תורתכה
4Q**266** 3ii19	(XVIII)	ולא **תאי]רו** מזבחי חנם
4Q**320** 1i2	(XXI)	]ל[**א]ירה** [ב]מחצית השמים ביסוד
4Q**374** 2ii8	(XIX)	] / **ובהאירו** פנו אליהם [
4Q**376** 1ii1	(XIX)	] / **יאירו**כה ויצא עמו בלשנות
4Q**381** 1,5	(XI)	לילה וככ[בי]ם וכסילים ויהיר ◦מר לאו[
4Q**393** 3,5	(XXIX)	ואזר כח ועל מי **תאיר** פניך ולא יטהרו
4Q**393** 9,2	(XXIX)	]ם **יאיר** 〚 〛 / [
4Q**403** 1ii35	(XI)	] / **למאירי** דעת בכול אלי אור[
4Q**405** 19,5	(XI)	אלוהים חיים צורי רוחות / **מאירים**
4Q**405** 23ii9	(XI)	ודמות רוח כבוד כמעשי אופירים **מאירי**[
4Q**418** 131,5	(XXXIV)	]**אירכה**[
4Q**422** II,10	(XIII)	הגיש לפניו / **ויאר** על [ה]שמ[ים
4Q**438** 8,2	(XXIX)	]ל **תאיר** ס◦[
4Q**440** 1,5	(XXIX)	] עולמים **להאיר** שב[עתים
4Q**503** 1-6iii12	(VII)	]**להאיר** על הארץ יברכו
4Q**503** 10,1	(VII)	[ובצאת] השמש **להאיר** על האר[ץ יברכו
4Q**503** 48-50,7	(VII)	[ובצאת השמש **לה]איר** על[ה]ארץ יברכו
4Q**503** 78,4	(VII)	]**להא[יר**
4Q**503** 85,1	(VII)	]**להאיר** [
4Q**503** 95,2	(VII)	]**איר** [
4Q**503** 209,1	(VII)	]**איר**[
4Q**511** 2i4	(VII)	שמחת] / [ע]ולמים וחיי נצח **לאיר** אור [
4Q**511** 18ii8	(VII)	כיא / **האיר** אלוהים דעת בינה בלבבי
4Q**511** 207,1	(VII)	]**איר**[
4Q**519** 1,5	(VII)	]**איר** שבעה[
11Q**14** 1ii7	(XXIII)	יברך אתכם אל עליון **ויאר** פניו אליכם
11Q**17** VI,5	(XXIII)	אלוהי]ם חיים [צורי רוחות **מאיר]ים**
11Q**19** IX,12		ואל מול פניה **י]אירו** כול נרותיה

light noun **אוֹר**

CD V,18		ביד שר **האורים**
CD XIII,12		כפי נחלתו בגורל **הא[ור]**
1QS I,9		ולאהוב כול בני **אור** איש / כגורלו
1QS II,16		ונכרת מתוכ כול בני **אור** בהסוגו
1QS III,3		וחושכ יביט לדרכי **אור** בעין תמימים
1QS III,7		כול / עוונותו להביט **באור** החיים
1QS III,13		וללמד את כול בני **אור** בתולדות
1QS III,19		במעון **אור** תולדות האמת וממקור
1QS III,20		ביד שר **אורים** ממשלת כול בני צדק בדרכי
		ממשלת כול בני צדק בדרכי **אור** יתהלכו
1QS III,24		רוחי גורלו להכשיל בני **אור**
1QS III,25		אמתו עזר לכול / בני **אור**
		והואה ברא רוחות **אור** וחושכ ועליהון יסד
1QS IV,8		וכליל כבוד / עם מדת הדר **באור** עולמים
1QS X,1		אשר חקקא ברשית ממשלת **אור** עמ תקופתו
1QS X,2		ובתקופתו עם האספו מפני **אור**
1QS XI,3		כיא ממקור דעתו פתח **אורו**
1QS XI,5		וממקור צדקתו משפטי **אור** בלבבי
1QM I,1		ראשית משלוח יד בני **אור** להחל בגורל
1QM I,3		גדודיהם בשוב גולת בני **אור** ממדבר העמים
1QM I,9		ואורך ימים לכול בני **אור**
1QM I,11		בני **אור** וגורל חושך נלחמים יחד לגבורת
1QM I,13		שלושה גורלות יחזקו בני **אור** לנגוף רשעה
1QM XIII,5		גורל חושך וגורל אל **לאור** / [עולמ]ים
1QM XIII,9		ובגורל **אור** הפלתנו / לאמתכה
1QM XIII,15		להשפיל חושך ולהגביר **אור** ול[
1QM XIV,17		] / [כו]ל [ב]ני חושך **ואור** גודלכה י◦[
1QM XVII,6		האדיר למשרת מיכאל **באור** עולמים
1QHa XIV,17		ו]היה מעין **אור** למקור / עולם לאין הסר
1QHa XV,24		והופעתי **באור** שבעתים
		בא[ור אשר הכ]ינותה לכבודכה
1QHa XVII,26		ובכבודכה הופיע **אורי** כי מאור מחושך
1QHa XX,4		עם מבוא **אור** / ממע[ונתו]בתקופות יום
1QHa XX,6		ומוצא / **אור** ברשית ממשלת חושך למועד

]דעת **ואור** למשא יח[ד רקי]ע טוהר[(XI) 4Q**405** 6,3
ו]יפלא אל [ה]כבוד **באור** / [(XI) 4Q**405** 6,6
באלמי מבואי מלך בדני רוח **אורים**[(XI) 4Q**405** 14-15i5
מ]לך בדני **א**[**ור**] כבוד רוחי / [(XI)
]כרובי קודש אופני **אור** בד[ביר (XI) 4Q**405** 20ii-22,3
[והו]ד רקיע **האור** ירננו (XI) 4Q**405** 20ii-22,9
שני צבעי **אור** רוח קודש קדשים (XI) 4Q**405** 23ii8
] / [**או**]**ר** (XI) 4Q**405** 23ii10
]אלוהי **אורים** בכול גור[ל (XI) 4Q**405** 46,2
הבקר אות להופיע ממשלת **אור** לגבול יומם (XXXVI) 4Q**408** 3+3a,8
בראתם כי טוב **האור** וב[הכירם]כי בכול[(XXXVI) 4Q**408** 3+3a,9
]טהורי מועדו / **אורכה**[(XXXV) 4Q**414** 1ii-2i3
]פן[ ]ם בכול **אור**◦[(XXXIV) 4Q**415** 5+3,2
בכול קצים הלוא **באור** עולם יתהל[כו (XXXIV) 4Q**418** 69ii14
הופיע **אור** וש[מחה תביע (XXIX) 4Q**427** 7ii4
]שכו [ ]כל **אור** ממשל / [(XXIX) 4Q**427** 8i16
עם] / מבא **אור** לממשל[תו בתקופות יום (XXIX) 4Q**427** 8ii11
ומוצא] / **אור** ברשית ממשלות ח[ושך (XXIX) 4Q**427** 8ii12
האספו] / אל מעונתו מפני **אור** למ[וצא לילה (XXIX) 4Q**427** 8ii13
אין נ]עוות בלוא דעת הופיע **אור** (XXIX) 4Q**431** 2,3
יתן לפניהם מחשכים **לאור** ומעקשים למישור (XXIX) 4Q**434** 1i9
ת]שעה וארבעים גורלות **אור** שבע[(XXIX) 4Q**440** 1,2
]**אור** / [ ]מ◦◦◦כ[(XXIX) 4Q**457a** I,1
הממשלה לבדו עמו היה **האור** עמהם (XIX) 4Q**462** 1,9
ק]ץ החושך וקץ **האור** בא ומשלו לעולם (XIX) 4Q**462** 1,10
]◦ז **אור** ליעקב ו[(XXXVI) 4Q**467** 1+2,2
]מלך עלי **ואור** נגהו על ◦[(XXXVI) 4Q**468**b 3
א]**ור** / [(XXIX) 4Q**476** 3i4
] **באור**[(VII) 4Q**487** 37,2
מ]עליכה יפוצו כול בני חושך **ואור** גודל[כה (VII) 4Q**491** 8-10i14
]**אור** י[(VII) 4Q**497** 9,2
]תסובות כלי **אור**[(VII) 4Q**503** 1-6iii9
] **אור** היומם (VII) 4Q**503** 1-6iii10
]**אור** היומם לדעתנו[(VII) 4Q**503** 7-9,1
]◦ בששה שערי **או**[**ר** (VII) 4Q**503** 7-9,2
] / **אור** שלום [עליכה ישראל (VII) 4Q**503** 7-9,5
]עם דגלי **אור** (VII) 4Q**503** 10,2
] אלוהי **אורים**[(VII) 4Q**503** 13,1
]◦ **אור** ועד[ים (VII) 4Q**503** 13,2
או]**ר** היומם [(VII) 4Q**503** 14,1
]בממשל **אור** היומם ברוך [(VII) 4Q**503** 15-16,6
ע]שר שערי **אור** [(VII) 4Q**503** 19,2
]**באור** כבודו וישמחנ[ו (VII) 4Q**503** 21-22,1
או]**רים**[(VII) 4Q**503** 24-25,7
]**אור** (VII) 4Q**503** 29-32,8
] / [מהל]לים שמכה אל **אור**[**י**]**ם** (VII) 4Q**503** 29-32,9
ששה] / [עשר]שערי **אור** ועמנ[ו] (VII) 4Q**503** 29-32,10
או]**ר** היומם / [(VII) 4Q**503** 33i+34,1
אל אשר] / חדש[תה] שמחתנו **באור**[היומם (VII) 4Q**503** 33ii-36,2
]**אור** היומם (VII) 4Q**503** 51-55,6a
]ל דקלי **או**[**ר**]◦[(VII) 4Q**503** 51-55,8
] גורלות **אור** למען נדע באותו[ת] / [(VII) 4Q**503** 51-55,14
] / **אור** [(VII) 4Q**503** 56ii2
]**אור** ועדים עמ[נו (VII) 4Q**503** 65,3
וענו ואמרו ברוך אתה] / [אלוהי]**אורים**[(VII) 4Q**503** 215,7
תעניות בני **או**[**ר**] באשמת קצי נגוע[י] עוונות (VII) 4Q**510** 1,7
]**אור** (VII) 4Q**510** 6,1
[ע]ולמים וחיי נצח לאיר **אור** [(VII) 4Q**511** 2i4
]**באור** [(VII) 4Q**512** 227,3
] **אור** / [(VII) 4Q**517** 16,2

אל מעונתו מפני{{ת}} **אור** למוצא לילה 1QH^{a} XX,7
]◦ הדר כבודכה **לאור** עול[ם 1QH^{a} XX,15
משפטי עירים]במכון עולם **לאור** אורתום 1QH^{a} XXI,14
] / **אורכה** ותעמד מא[ורות 1QH^{a} XXIII,1
] / **אורכה** לאין השב[ת 1QH^{a} XXIII,2
כיא אתכה **אור** ל[1QH^{a} XXIII,3
] **והאור**[(I) 1Q**14** 22,2
הצדק כגלות [ח]ושך מפני / **אור** (I) 1Q**27** 1i6
]**אורה**[(I) 1Q**69** 23,1
מהמה כשמש{{ל}} בכול **אורו** (V) 4Q**164** 1,6
במחשבת[ב]ל[י]על להכשיל ב[ני] / **או**[**ר**] (V) 4Q**174** 1-2i9
ג]ורל **אור** אשר היה מתאבל בממשלת בל[יעל (V) 4Q**177** 1-4,8
]המכשילים את בני **האור** / [(V) 4Q**177** 10-11,7
אמתו יעזור לכול בני **אור** מיד בליעל[(V) 4Q**177** 12-13i7
לעד ונאספו כול בני **א**[**ור** (V) 4Q**177** 12-13i11
הוא כצל י◦◦◦ על **האו**[**ר** (V) 4Q**185** 1-2i13
רוח לו בבית **האור** שש ושלוש בבור / החושך (V) 4Q**186** 1ii7
ואחת מבית **האור** ואיש / [(V) 4Q**186** 1iii6
]**אור** בגו[ים (XIII) 4Q**228** 2,2
]**אור** ◦◦◦ ו◦[(XXVI) 4Q**255** A,5
וחושך י[בי]ט ל[דרכי]**אור** בעין תמימים (XXVI) 4Q**257** III,5
כול עוונותו] / [להבי]ט **בא**[**ור** החיים (XXVI) 4Q**257** III,10
עם האספו מפ]ני **אור** בהופע [מאורות מז]בול (XXVI) 4Q**258** VIII,12
משכיל לב]ני **אור** להנזר מדר[כי רשעה] (XVIII) 4Q**266** 1a-b,1
ביד ש[ר ה]**אור**[**ים** ויקם] / [בליעל (XVIII) 4Q**266** 3ii5
ואהרון ביד]שר **הא**[**ורים** ויקם] / [בליעל (XVIII) 4Q**267** 2,1
כפי נח]לתו בגורל **האו**[**ר**] (XVIII) 4Q**267** 9iv9
]לרעה מתוך בני **הא**[**ור** בהסוגו מאחריו (XXIX) 4Q**280** 2,1
]**אור** וחש[בוני (XI) 4Q**286** 1ii13
]**אור** וחושך וכול ◦[(XXIX) 4Q**293** 2,1
גב]ורות רזי **אור** ודרכי חוש[ך (XX) 4Q**299** 5,2
] / חוש[ך] **וא**[**ור** (XX) 4Q**299** 6ii10
]◦ מיא בכם דורש פני **אור** ומא[ור] / [(XX) 4Q**301** 2b,4
א]**ור** גדול ונכב[ד הואה (XX) 4Q**301** 5,4
]◦ **אור** ואורו [(XX) 4Q**301** 5,5
]◦ אור **ואורו** [(XX)
]**לאור** עולם ושמי טוה[ר (XX) 4Q**303** 4
או]**ר** במקום תהוב[הו (XX) 4Q**303** 5
ובבוא השמש יכלה כול] / **אורה** (XXVIII) 4Q**317** 1+1aii9
ובבוא השמש יכלה כול **אורה**[(XXVIII) 4Q**317** 2,28
]◦◦ בו תמשול **או**[**רה** ליום ממעל בתוך] (XXVIII) 4Q**317** 3,32
]◦◦◦ **אורה** להג[לות וכן יחל] (XXVIII) 4Q**317** 4,31
תמשו]ל **אור**[ה ליום (XXVIII) 4Q**317** 9,11a
]**אורה** בארבעה בשב[ת (XXI) 4Q**319** IV,10
] / **באור** עולמים ותשימהו לכה (XIII) 4Q**369** 1ii6
ויבדלהו מאפלה **ואור**[(XI) 4Q**380** 7ii3
]◦ה **לאור** ◦[(XIII) 4Q**382** 47,6
]◦עי **אור**[(XIII) 4Q**382** 136,1
]**ובאור**[(XIX) 4Q**391** 24,1
הוא ברא חשך[**וא**[**ור** לו (XXIX) 4Q**392** 1,4
ובמעונתו **אור** אורתם וכל אפלה לפנו (XXIX) 4Q**392** 1,5
עמו להבדיל בין **האור** / לחשך (XXIX)
לבני[אד]ם הבדילם **לא**[**ור**] יומם (XXIX) 4Q**392** 1,6
ועמו **אור** לאין חקר ואין לדעת[(XXIX) 4Q**392** 1,7
] / **אור** ובינ[ה / מסיר שנ[(XI) 4Q**402** 3ii7
]**ואור** בדב[יר (XI) 4Q**402** 7,2
]**אור** לנ[(XI) 4Q**402** 12,1
ויפלא אל הכ]בוד **באור** אורתם דע[ת] / [(XI) 4Q**403** 1i45
למאירי דעת בכול אלי **אור**[(XI) 4Q**403** 1ii35
כ]בוד **באור** אורותם דעת / [(XI) 4Q**404** 5,4

4Q525 17,6 (XXV)]בזהר[א]ור וא[
8Q5 1,3 (III)]הזה ומה תשביתו אורו לה[ ]◦◦ל[
11Q5 XXVI,11 (IV) מבדיל אור מאפלה שחר הכין בדעת
11Q5 XXVII,2 (IV) יהי דויד בן ישי חכם ואור כאור השמש וסופר
(IV) בן ישי חכם ואור כאור השמש וסופר / ונבון
11Q5 XXVII,4 (IV) לו יהוה רוח נבונה ואורה
11Q11 V,7 (XXIII) קרני חל[ו]ם חושך אתה ולוא אור / [עו]ל
11Q11 V,10 (XXIII) לו]א / [יעבור] אור ולוא[יאיר לך ה]שמש
11Q17 I,4 (XXIII)] האור מ[
11Q17 VIII,3 (XXIII)]א באור אורים הוד [
(XXIII)]א באור אורים הוד [
11Q17 X,4 (XXIII) כב]וד מעשיו ובאו[ר
11Q17 X,5 (XXIII)]ם אור וחושך ובדני[

fire noun **1-אוּר**

4Q286 1ii3 (XI) וזהרי הוד נה[ור]י אורים ומאורי פלא
4Q405 15ii-16,2 (XI)] / ונהרי אור [

Urim noun **2-אוּר**

4Q164 1,5 (V)] / מאירים כמשפט האורים והתומים[
4Q174 6-7,7 (V) א]ורים והתומים לאיש[
4Q175 14 (V) הבו ללוי תמיך ואורך לאיש חסידך
4Q299 69,2 (XX) אור]ים ותומים[
4Q376 1i3 (XIX)] לאורים
11Q19 LVIII,18 ושאל לו במשפט האורים / והתומים
11Q19 LVIII,20 עד אשר ישאל במשפט האורים / והתומים

Ur proper noun **אוּר**

4Q252 II,9 (XXII) שנה תרח בצאתו / מאור כשדיים ויבוא חרן

אוֹר ← יְאֹר

ambush noun **אוֹרֶב**

1QM IX,17 ואם]אורב ישימ[ו] ל[מערכ]ת / ◦[
4Q491 1-3,12 (VII) ואם אורב ישימו למערכת
4Q491 1-3,13 (VII) ואחר יקום הא[ו]רב ממקומו

light noun **1-אוֹרָה**

1QS XI,3 הביטה עיני ואורת לבבי ברז / נהיה

אורותם ← אורתום

way, path noun **אוֹרַח, אֹרַח**

4Q179 2,7 (V) כעקרה וכמסככה כול אורחו[ת]י[ה
4Q184 1,9 (V) דרכיה דרכי מות ואורחותיה שבילי חטאת
4Q254 5-6,4 (XXII) שפי]פון עלי או[רח הנושך] / עקב[י]סוס[
4Q424 1,7 (XXXVI) לקח כי לא יפלס כל ארחותיך
4Q437 4,4 (XXIX)]אורח חיים ו[ללכת בא]הבת
4Q525 15,8 (XXV)]לוא ישיגו אורחות חיים

Uriah proper noun **אוּרִיָּה**

CD V,5 מעשי דויד מלבד דם אוריה / ויעזבם לו אל

length noun **אוֹרֶךְ, אֹרֶךְ**

CD II,4 ארך אפים עמו ורוב סליחות
1QS IV,3 ורוח ענוה ואורך אפים ורוב רחמים
1QS IV,7 ורוב שלום באורכ ימים ופרות זרע
1QM I,9 וברכה כבוד ושמחה ואורך ימים
1QM IV,15 אות כול העדה אורך ארבע עשרה אמה
1QM V,6 אורך המגן אמתים וחצי ורוחבו
1QM V,7 אורך הרמח שבע אמות מזה
1QM V,12 אורך הכידן אמה / וחצי ורוחבו
1QH[a] V,24 ר]וב עדנים עם שלום / עולם ואורך ימים
1Q22 1ii5 (I) היום / [כי] הוא חי[יכה] ואורך ימ[יכה]
4Q200 2,6 (XIX)]וכארך ידכה בני היה[עושה
4Q254a 1-2,2 (XXII) שלוש מאות אמה אור]ך התבה
4Q257 V,4 (XXVI) ורו]ב שלום באו[רך ימי]ם
4Q299 9,5 (XX)]ארך א[פים
4Q299 23,5 (XX)]◦ה ארכה[
4Q301 3a-b,4 (XX) ונכבד הו[א] בא[ו]רך אפיו
4Q365 9a-bi2 (XIII) יהיה כפול זרת]אורכו וזרת ר[וחבו
4Q365 12a-bii7 (XIII) חמש אמות אורכו וחמש אמות / [רוחבו
4Q365 12biii9 (XIII) ע[שה את החשן] / זרת אורכו וזרת רחובו
4Q365a 2i8 (XIII) בא]מה ואורך לרוח / [
4Q365a 2i9 (XIII) א]ורך לכול רוחותיה / [
4Q365a 2ii8 (XIII) החדר עשר באמה ואורכו עשרים באמה
4Q382 104,9 (XIII)]◦◦◦ ארך אפיכה ורוב כול ◦◦◦[
4Q415 27,1 (XXXIV)] / ארך[
4Q416 2iii19 (XXXIV) פניהמה / למען חייכה וארוך ימיכה
4Q418 137,4 (XXXIV)]ואורך ימיכה ירבו מודה ושכ[
4Q420 1aii-b,2 (XX)]בארוך אפים ישיב פתגם וש[ ]
4Q421 1aii-b,14 (XX) בארך א[פים ישיב פתגם ובמחקר
4Q426 1i1 (XX) כב]וד ומדת דעת ואורך ימים / [
4Q461 4,3 (XXXVI)]לאורך אפך [
4Q471 2,3 (XXXVI)]ור כול צבאותם באורכ אפ[ים
4Q502 20,2 (VII) אור]ך ימים [
4Q511 108,1 (VII) אור]ך אפים רוב / [
4Q525 21,8 (XXV) ב]קבוץ חרון ובארך [אפים
11Q19 VIII,5 אמתים] אורכו ואמה[רוחבו]
11Q19 XXXVIII,13 רחוב מאה באמה / ואורך לרוח הקדם
וככה רוחב ואורך לכול / רוחותיה לנגב
11Q19 XL,8] / באורך כאלף ושש [מאות ב]אמה
PAM 43.673 45,1 (XXXIII)]ארכו[

perfect light noun **אורתום, אורתם, אורותם**

1QH[a] XII,6 אדורשכה וכשחר נכון לאור[תו]ם הופעתה לי
1QH[a] XII,23 לי בכוחכה לאורתום
1QH[a] XXI,14 עירים]במכון עולם לאור אורתום עד נצח
4Q392 1,5 (XXIX) ובמעונתו אור אורתם וכל אפלה לפנו
4Q403 1i45 (XI) ויפלא אל הכ]בוד באור אורתם דע[ת] / [
4Q403 1ii1 (XI)] / אורתום רוקמת רוח קודש קודשי[ם
4Q404 5,4 (XI) כ]בוד באור אורותם דעת / [

אורתם ← אורתום

foundation, basis noun **אוֹשׁ**

1QSb III,20 (I) ת]דורשהו כיא אל הכין כול אושי / [
1QH[a] XI,13 וירועו / אושי קיר כאוניה על פני מים
1QH[a] XI,30 באושי חמר תאוכל / וברקוע יבשה
1QH[a] XI,35 בקולם ויתמוגגו וירעדו אושי עולם
1QH[a] XV,4 וירועו כול אושי מבניתי
1QH[a] XV,9 ותכן על סלע / מבניתי ואושי עולם לסודי
1Q36 17,2 (I)]רע רוחיכה לגבר אושי[
4Q266 10i11 (XVIII) [מושב המחנות וא]לה יסדות אוש[י] הקהל
4Q286 5,4 (XI)]◦ ותוהוה ואושי מבניתה איים ו[
4Q417 1i9 (XXXIV) וברז נהיה / פרש את אושה ומעשיה ◦◦◦[לכל
4Q417 1i25 (XXXIV) התבונן ברזיכה ובאוש[
4Q418 95,2 (XXXIV)]עצתך עם אוש[
4Q432 6,6 (XXIX) באו]שי [חמר תאוכל וברקיע יבשה
11Q17 VIII,8 (XXIII)]וכול אושיהם [

אות to share, associate verb

אנשי תמים הקדש אל {{ית}} יאות איש עמו		CD XX,7
אנשי תמים הקדש אל {{ית}} יאות איש עמו		
שלומו {{והמשתלח}} ואשר יאות עמו	(XVIII)	4Q266 11,15

אוֹת, אֹת sign, conjunction (astronomical), banner noun

לכול מיני רוחותם באותותם למעשיהם		1QS III,14
יום גדול לקודש קודשים ואות נ		1QS X,4
פשרו אשר המה / זבחים לאותותם		1QpHab VI,4
/ סרך אותות כול העדה למסורותם		1QM III,13
על האות הגדולה אשר בראש		
על אותות ראשי המחנות אשר לשלושת		1QM III,14
ע]ל אות השבט יכתובו נס אל		1QM III,15
ועל אות[		1QM III,17
ועל אות מררי יכתובו תרומת אל		1QM IV,1
ועל אות הא[ל]ף יכתובו אף אל בעברה		
ועל אות המאה יכתובו מאת / אל		1QM IV,2
ועל אות החמשים יכתובו חדל / מעמד רשעים		1QM IV,3
על אות העשרה יכתובו רנות / אל בנבל		1QM IV,4
יכתובו על אותותם אמת אל צדק אל כבוד		1QM IV,6
יכתובו על אותותם ימין אל מועד אל מהומת		1QM IV,7
יכתובו על אותותם רומם אל גדל אל תשבוחת		1QM IV,8
סרך אותות העדה		1QM IV,9
יכתבו על אות הראישונה עדת אל		
על אות השנית מחני אל		
יכתובו על אותותם / מלחמת אל נקמת		1QM IV,11
יכתובו על אותותם ישועות אל נצח		1QM IV,13
א]ותות		1QM IV,15
אות כול העדה אורך ארבע עשרה		
אות של[		
אות הרבוא עשתי עש[רה		1QM IV,16
אות העשרה ש◦◦[		1QM IV,17
ואם ירשע ואות היה[ ]עולם		1QH[a] V,22
מעשיך ולהיות לאות ◦◦[		1QH[a] VII,20
בתכונם באותותם לכול / ממשלתם		1QH[a] XX,8
וזה לכם האות כי יהיה בהסגר מולדי עולה	(I)	1Q27 1i5
או]תות{{ת}} גדולות על ה[	(V)	4Q177 1-4,15
]אותות[	(V)	4Q177 17,3
]◦על◦ האותות [נ]תתי לך ותשב [	(XIII)	4Q226 1,4
לקודש קודשים ואות / למפתח חס[די עו]ל[ם	(XXVI)	4Q256 XIX,2
לקודש קודשים ואות למפתח חסדי עולם	(XXVI)	4Q258 IX,1
[אות שכניה בשלי]שית א[ות גמו]ל בששית	(XXI)	4Q319 IV,12
א[ות גמו]ל בששית אות [שכניה בשנית	(XXI)	
גמול] / [בחמישית או]ת שכניה אחר השמטה	(XXI)	4Q319 IV,13
שכניה אחר השמטה אות גמו[ל ברביעית	(XXI)	
שכניה] / [בשמטה או]ת גמול בשל[י]שית	(XXI)	4Q319 IV,14
או]ת גמול בשל[י]שית את שכניה [בששית	(XXI)	
גמול] / [בשנית או]ת ש[כניה] ב[ח]מישית	(XXI)	4Q319 IV,15
ש[כניה] ב[ח]מישית אות גמו[ל אחר השמט]ה	(XXI)	
גמו[ל אחר השמט]ה אות / [שכניה בר]ביעית	(XXI)	
אות / [שכניה בר]ביעית אות גמול בשמטה	(XXI)	4Q319 IV,16
בר]ביעית אות גמול בשמטה אות ס[וף היובל	(XXI)	
] אתות 17 מזה בשמטה אתות[	(XXI)	4Q319 IV,17
אתות 17 מזה בשמטה אתות[3	(XXI)	
שכ[נ]יה בשנה השלישית אות גמו[ל בששית	(XXI)	4Q319 IV,18
אות גמו[ל בששית א]ות שכניה / [בשנית	(XXI)	
ג]מול בחמישית אות שכניה אחר הש[מטה	(XXI)	4Q319 IV,19
אות גמול בשני]ת א[ות שכניה בח]מישית[	(XXI)	4Q319 V,2
גמול] / [אחר השמט]ה אות שכניה בר[ביעית	(XXI)	4Q319 V,3
אות] / [שכניה בשלי]שית אות גמול בש[שית	(XXI)	4Q319 V,4
אתות היובל[השלישי 17 אתו]ת	(XXI)	4Q319 V,5
17 אתו]ת מזה בשמטה / אתות 2	(XXI)	
17 אתו]ת מזה בשמטה / אתות 2	(XXI)	4Q319 V,6
גמו]ל בחמישית אות שכניה / אחר השמטה	(XXI)	
שכניה / אחר השמטה או[ת גמול ברביעית	(XXI)	4Q319 V,7
שכיה בשמטה אות / [ג]מול בשלישית	(XXI)	
[ג]מול בשלישית [א]ות [שכניה בששית	(XXI)	4Q319 V,8
ג]מול בשנית אות / שכניה אות [ב]חמישית	(XXI)	
אות / שכניה אות [ב]חמישית	(XXI)	4Q319 V,9
]השמטה אות שכיה / ברביעית	(XXI)	
אות שכיה / ברביעית אות גמול[בשמטה	(XXI)	4Q319 V,10
]שכניה בשלישית אות גמול / בששית	(XXI)	
אות גמול / בששית אות שכ[ניה בשנית	(XXI)	4Q319 V,11
]גמול בחמישית אות שכניה / אחר השמטה	(XXI)	
אות שכניה / אחר השמטה א[ות סוף היובל	(XXI)	4Q319 V,12
אתות]◦[ ]היובל[הרב]עי אתות 17	(XXI)	
אתות 17 / [מז]ה בשמטה אותות 2	(XXI)	4Q319 V,13
]בשנה הרביעית אות שכניה / [בש]מטה	(XXI)	
אות שכניה / [בש]מטה אות גמול ב[שלישית	(XXI)	4Q319 V,14
אות גמול] / בשנית אות שכניה בחמ[ישית	(XXI)	4Q319 V,15
אות שכניה] / ברביעת אות [ג]מול ב[שמטה	(XXI)	4Q319 V,16
אות גמול] / בשש[ית א]ות ש[כניה בשנית	(XXI)	4Q319 V,17
שכניה] / [אחר ה]שמטה אות ג[מול ברביעית	(XXI)	4Q319 V,18
אות] / [גמול ב]שנית א[ות]שכניה ב[חמישית	(XXI)	4Q319 VI,2
]שכניה ב[חמישית א]ות גמ[ול אחר השמ]טה	(XXI)	
גמ[ול אחר השמ]טה / [או]ת שכניה ברביעית	(XXI)	4Q319 VI,3
[או]ת שכניה ברביעית אות גמול ב[שמ]טה[	(XXI)	
אות שכניה] בשלישית / אות גמול בששית	(XXI)	4Q319 VI,4
אות גמול בששית אות שכניה ב[שנית	(XXI)	
גמול / בח[מי]שית אות שכניה אחר [ה]ש[מטה	(XXI)	4Q319 VI,5
שכניה אחר [ה]ש[מטה]אות / גמול ב[ר]ביעית	(XXI)	
]אות / גמול ב[ר]ביעית אות שכניה בשמ[טה	(XXI)	4Q319 VI,6
ב]שלישית / אות [שכניה בש]שית	(XXI)	4Q319 VI,7
סוף אות [הי]ו[בל הששי	(XXI)	
אתות 6]1 מזה ב[שמטה א]תות 2[	(XXI)	4Q319 VI,8
אות שכניה ברביעי]ת אות גמ[ול ב]שמט[ה]	(XXI)	4Q319 VI,11
אות] גמול בששית או[ת שכניה] / [ב]שנית	(XXI)	4Q319 VI,12
או[ת שכניה] / [ב]שנית א[ות גמול]בחמישית	(XXI)	4Q319 VI,13
גמול]בחמישית אות שכניה[אחר] / השמט[ה	(XXI)	
אות ג]מול ברביעית אות שכניה בש[מטה	(XXI)	4Q319 VI,14
אות] / גמול[בשלישי]ת אות שנה בששית	(XXI)	4Q319 VI,15
]בחמישית אות סוף היובל	(XXI)	4Q319 VI,16
ה]שביעי אתות 16 מזה בש[מ]טה / [אתות	(XXI)	4Q319 VI,17
]אות הי[וב]לים [ש]נת יובלים לימי[	(XXI)	4Q319 VI,18
]בלגה אות[	(XXI)	4Q319 11,2
]אותי / [	(XXI)	4Q319 14i1
א]ות ◦[	(XXI)	4Q319 26,1
או]ת שכ[ניה	(XXI)	4Q319 51,2
]אות[	(XXI)	4Q319 63,1
]אות ה[	(XXI)	4Q319 74a,1
את]ות היובל השני / [	(XXI)	4Q320 3i13
17 אתו]ת ⟦ ⟧	(XXI)	4Q320 3i14
] / אתות 40[	(XXI)	4Q320 5,2
א]תות / [ ]◦[	(XXI)	4Q320 7i3
וזה להם האות ביום עזבי את הארץ[	(XXX)	4Q387 2iii5
וזה להם האות בשלם / עונם [כי] עזבתי	(XXX)	4Q389 8ii5
]עו באתות ובמפתים ◦[	(XXIX)	4Q392 2,2
ברתה את הבקר אות להופיע ממשלת אור	(XXXVI)	4Q408 3+3a,8
בר[ת]ה את הערב אות להופיע ממשלת[חושך	(XXXVI)	4Q408 3+3a,10
הב]קר אות[	(XXXVI)	4Q408 5,1

4Q**416** 1,8 (XXXIV)] / למופתיהמה ואתות מו[עדיהמה
4Q**422** II,10 (XIII)]◦מה֯[ר]אות לדור֯[ות] / עֹו֯לם לחרא[
4Q**422** III,5 (XIII)]◦ / באותות ומופתים[
4Q**487** 12,4 (VII)]ה אותות֯[
4Q**491** 1-3,2 (VII)]◦ם ל◦[מש]פט לאות֯[ות
4Q**496** 16,5 (VII) ועל]א֯ות ה֯אל֯ף֯[
4Q**503** 51-55,14 (VII) גורלות אור למען נ֯דע באותו֯[ת] / [
4Q**503** 64,4 (VII)]א֯ות לנו ללילה ב֯מ֯ו֯ע֯[ד
11Q**19** LIV,8 ונתן אליכה אות או / מופת ובא אליכה
11Q**19** LIV,9 ובא אליכה האות א֯והמופת

then adverb אָז

CD XX,17 א֯ז נ֯ידב֯ר֯ו֯ א֯יש / א֯ל רעה֯ו֯ ל֯ה֯צ֯ד֯י֯ק
1QS III,11 אז ירצה בכפורי ניחוח לפני
1QS IV,19 ואז תצא לנצח אמת תבל
1QS IV,20 ואז יברר אל באמתו
1QpHab IV,9 אז חלף רוח ויעבר
1QM I,10 הואה יום יעוד לו מאז למלחמת כלה
1QM I,16]אמת לכלת בני חושך א֯ז֯[
1QM X,2 וילמדנו מאז לדורותינו לאמור בקרבכם
1QM XI,6 הגדתה / לנו מאז לאמור דרך כוכב מיעקוב
1QM XI,11 ומאז השמ◦[ ]◦עד גבורת ידכה בכתיים
1QM XIII,10 ושר מאור מאז פקדתה לעוזרנו וב◦[
1QM XIII,14 כי]א֯ מאז יעדתה לכה יום קרב ר◦◦[
1QM XVI,15]ח֯ל֯ליכם כיא מאז שמעתם֯ / ב֯ר֯זי אל [
1QM XVIII,7 ובריתכה שמרתה לנו מאז ושערי ישועות
1QM XVIII,10 עמנו הפלא ו֯פלא ומאז לוא נהיתה כמוהה
1QH[a] XIV,29 ואז תחיש חרב אל בקץ משפט
1QH[a] XIX,22 ואז / אזמרה בכנור ישועות
1QH[a] 47,3] / לי מאז כוננתי ל[
1Q**19** 7,1 (I)]אז דב֯ר[
4Q**88** X,5 (XVI) ו֯מהם אז יהל֯לו שמ֯ים וארץ / יחד יהללו
4Q**163** 8-10,2 (V) ל]כה ארזי לבנון מא֯ז֯[שכבת לוא יעלה]
4Q**200** 7i1 (XIX)]א֯ז שמחי ודו֯צי / [על בני הצדיקים
4Q**216** V,10 (XIII) אז ר֯אינו מעשיו ונ֯[ברכהו]
4Q**222** 1,3 (XIII) אז נשאה֯[פניה השמימה
4Q**223-224** 2iv8 (XIII) כקרני א֯[יל] / [וצאו]ן֯ אז אעשה עמכה[אחוה
4Q**223-224** 2iv10 (XIII) ל֯[היטיב] / [עליה]ם֯ אז יהיה בלבי֯[עליכה
4Q**223-224** 2iv11 (XIII) [עמו ו]ח֯ר֯ש עו֯ל א֯ח֯ר֯ א֯[ז אעשה שלום עמכה
4Q**223-224** 2iv14 (XIII) א֯[ז]אמר לבניו / [ולעבדיו
4Q**226** 6,3 (XIII)]◦מה מאז בו֯א֯ה֯[ם
4Q**252** IV,5 (XXII) עליתה / משכבי אביכה אז חללתה יצועיו
4Q**255** 2,8 (XXVI) אז י֯רצה ב֯כ֯פ֯ו֯ר֯י ניחו֯ח֯ וה֯י֯ת֯ה
4Q**271** 2,5 (XVIII)]ה֯ ואז ינקה / [
4Q**289** 1,4 (XI)]אז י[ ]◦◦ הכוהן [הפ]קיד ברואש֯[
4Q**300** 1aii-b,1 (XX) ה֯חידה בטרם נדבר ואז תדעו אם הבטתם֯
4Q**300** 1aii-b,3 (XX) א֯[ז]ת֯אמרו ל[
4Q**369** 1i5 (XIII)]ץ֯ פלאכה כי מאז חקקתה למו / [
4Q**370** 1i2 (XIX) שמ [קדש]֯ו והני הם אז עשו הרע בעיני
4Q**381** 36,2 (XI)]ואז[
4Q**381** 69,6 (XI)]ר֯שו שבו על הארץ אז תטהר ויא◦◦[
4Q**416** 2i19 (XXXIV)]מושל בו ואז ל֯[א
4Q**416** 2ii8 (XXXIV) וכלשונו / ד֯ב֯ר ואז תמצא חפצכה֯[
4Q**416** 2ii15 (XXXIV) ל֯אשר לא ישוה בכה ואז תהי֯[ה] / [לו לאב
4Q**416** 2iii7 (XXXIV) ואז תשכב עם האמת ובמותכה
4Q**416** 2iii9 (XXXIV) ו֯א֯ז תדע / נחלתו ובצדק
4Q**416** 2iii15 (XXXIV) ואז תדע מה מר לאיש ומה֯
4Q**416** 7,2 (XXXIV)] ופקודת מעשה ואז [
4Q**417** 1i6 (XXXIV) ואז תדע אמת ועול חכמה / [ואול]ת֯
4Q**417** 1i8 (XXXIV) ואז תדע בין֯ [טו]ב ל֯[רע כ]מ֯ע֯ש֯י֯[הם
4Q**417** 1i13 (XXXIV) ואז תדע בכבוד ע֯[וזו ע]ם
4Q**417** 2i15 (XXXIV) ואז יראה אל ו֯שב אפו
4Q**417** 2ii+23,20 (XXXIV) ואז תהיה לו לע֯[בד
4Q**418** 7b,10 (XXXIV) מושל בו]ואז לוא [יכנו] בשבט / [
4Q**418** 9+9a-c,8 (XXXIV) [וברז נהיה]ד֯רו[ש מו]ל֯דו ואז / תדע נחלתו
4Q**418** 9+9a-c,10 (XXXIV) [ל]מ֯כבדכה / {{ו֯א֯ז [תדע]נ֯ח֯[ל]ת֯ו֯ ו֯ב֯צ֯ד֯ק
4Q**418** 14,1 (XXXIV)]סר֯יכה אז [
4Q**418** 38,3 (XXXIV)]ואז תג[
4Q**418** 77,3 (XXXIV) ופקודת מ]ע֯שהו ואז תבין במשפט אנוש
4Q**418** 81+81a,1 (XXXIV) עולם הלל ◦[א]ז֯ הבדילכה בכול / רוח בשר
4Q**418** 81+81a,18 (XXXIV) מחסורכה לכול דורשי חפץ ואז תכי֯ן [
4Q**418** 102a+b,4 (XXXIV) הת]ה֯לככה ואז ידרוש חפצכה לכול מבקשיו
4Q**418** 107,1 (XXXIV) בק]שו ואז תמצ֯[א
4Q**418** 144,2 (XXXIV)]ר֯ ואז ת◦[
4Q**418** 148i4 (XXXIV)]י֯ה ואז / [
4Q**418** 149,1 (XXXIV)] ו֯אז ת֯ק[
4Q**418** 149,3 (XXXIV)]מ֯יד ואז י[
4Q**418** 221,4 (XXXIV)]נא ו֯דעו משפטו ואז תבדי֯ל֯ו ב֯[ין
4Q**433**a 1,6 (XXIX)]נ֯ו תירוש א֯ז ישמח אל [
4Q**469** 2,4 (XXXVI)]◦◦מ֯ה֯ א֯ז֯[
4Q**484** 14,2 (VII)]א֯ז֯ [
4Q**491** 11i10 (VII) הכ֯ינה מאז אמ֯תו ורזי ערמתו
4Q**491** 11ii13 (VII) מחלליכם] / כיא מאז שמ֯ע֯תם ב֯רז[י אל
4Q**504** 3i14 (VII)]א֯ז֯ / [
4Q**511** 154,1 (VII)]מ֯אז ב֯[
5Q**25** 2,2 (III)]◦◦◦ א֯ז֯ ישכ֯ו֯ן֯[
11Q**5** XXVI,12 (IV) אזראו כול מלאכיו וירננו

hyssop noun אֵזוֹב

4Q**277** 1ii1 (XXXV)] / [את]האזוב ואת֯ [שני התולעת והשליך
11Q**19** XLIX,3 ובעץ ארז ובאזוב ובח[וט שני תולעת ?

belt noun אֵזוֹר

1QSb V,26 (I) והיה / צדק אזור [מותניכה
(I) ואמונ]ה֯ אזור חל֯צ֯יכה֯ [ו]ישם קרניכה

Azurah proper noun אזורה

11Q**12** 1,7 (XXIII) בשבוע הששי הוליד את אזו]ר֯ה בתו

then adverb אֲזַי

4Q**512** 42-44ii6 (VII)]ה֯[פ]ר֯ו֯ש כפי[ם]א֯ז֯י֯ לה֯[
11Q**5** XXVIII,13 (IV) אזי ר֯א֯[י]תי פלשתי / מחרף מ֯מ֯[ערכות

memorial noun אַזְכָּרָה

11Q**19** VIII,10 ה]ל֯בונה הזאות ללחם לאז֯כ֯ר֯ה֯ / [אשה ליהוה
11Q**19** XX,11 יקמוצו ממנה את / [אזכר]ת֯ה֯ ויקטירו

to hear verb אזן-1

CD XX,32 בם אנשי היחיד והאזינו לקול מורה צדק
1QH[a] VIII,6] לה֯אזין קול נכבד֯ [ ]◦ש֯[
1QH[a] XII,17 ולא האזינו לדברכה כי אמרו / לחזון
4Q**177** 14,4 (V)]הקש֯יבה רנתי האזינה ל[תפלתי
4Q**269** 2,2 (XVIII)]ו֯ל֯וא האזינו [למצוות] / [יוריהם
4Q**298** 1-2i1 (XX) האזי[נו לי כ]ול אנשי לבב / [ורוד]פ֯י
4Q**298** 3-4ii4 (XX) ועתה / האזי֯נ֯[ו חכמים] וידעים שמעו
4Q**364** 22,2 (XIII) [יהוה בקולכם] ו֯לוא הזין אליכמ
4Q**418** 177,4 (XXXIV)]◦ ו֯קח בינה האזינה ל◦[
4Q**525** 24ii2 (XXV)] / לבב האזינו לי ור֯מ֯[יה
11Q**5** XXVIII,8 (IV) הכול הוא שמע והוא האזין

אֹזֶן ← אוֹזֶן

to gird, strengthen verb **אזר**

1QM I,13		ושלושה **יתאזרו** חיל בליעל למשוב גורל / [
1QM XV,14		ג]בורי אלים **מתאזרים** למלחמׄה
1QM XVI,11		וב**התאזר** [
4Q**184** 1,8	(V)	נחלתה בתוך בכולׄ / **מאזרי** {{◦}}נוגה
4Q**393** 3,5	(XXIX)	**ואזׄרׄ** כח ועל מי תאיר פניך
4Q**433**a 3,8	(XXIX)	]בׄפׄחם **ומאזרי** להב[ת אש
4Q**496** 1-2,5	(VII)	ושלו]שׄה **יׄתאזרו** / [

foreleg, arm noun **אֶזְרוֹעַ**

4Q**171** 1-2ii23	(V)	כיא **אזרוע[ות** רשעים תשברנה
4Q**524** 6-13,6	(XXV)	ונתן לכוהן] את **האזרוע** [עד עצם השכם
11Q**15** 4,1	(XXIII)	]**באזר[וע**
11Q**19** XX,16		ואת הקבה] וׄאת **האזרוע** עד עצם השכם
11Q**20** IV,26	(XXIII)	ואת הקב]ה ואת **האזרוע** [ע]ד עצם השכם
11Q**20** V,2	(XXIII)	**האזרועו]תׄ** והלחיים והקבאות
11Q**20** V,3	(XXIII)	השכם הׄנשאר מן **האזרוע** / [

native noun **אֶזְרָח**

1QSa I,6	(I)	צבאות העדה לכול **האזרח** בישראל
4Q**249**a 1,4	(XXXVI)	צבאות העדה] / [לכול ה]**אז[רח**]בי[שראל
4Q**365** 22a-b,2	(XIII)	מכול התועבות] האלה **האזרחׄ**[והגר
4Q**365** 23,1	(XIII)	שבעת ימים כול **הׄאזרח** בישראל ישב בסוכות
4Q**423** 5,4	(XXXIV)	ובנים[לגרי]םׄ עם כל **אזרחים** ידבר / [
4Q**460** 2,2	(XXXVI)	]ה **האזרחׄ**[

brother, fellow, kin noun **אָח-2**

CD V,8		את בת **אחיה**{{ם}} ואת בת אחותו
CD V,10		ואם תגלה בת **האח** את ערות אחי / אביה
		תגלה בת האח את ערות **אחי** / אביה
CD V,19		ויקם בליעל את יחנה ואת / **אחיהו**
CD VI,20		לאהוב איש את **אחיהו** / כמהו ולהחזיק
CD VII,1		ולדרוש איש את שלום / **אחיהו**
CD VII,2		כמשפט להוכיח איש את **אחיהו** כמצוה
CD VIII,6		ונקום וניׄטור / איש **לאחיו**
CD XIV,5		ויכתבׄו בׄשמׄותׄיהם / אׄיש אחר **אחיהו**
CD XIX,18		ונקום ונטור איש **לאחיהו** ושנא אׄיש את רעהו
CD XX,18		לׄהׄצׄדׄיׄק אׄיׄשׄ אׄתׄ **אחיו** לׄתׄמׄךׄ צׄעׄדׄםׄ בׄדׄרׄךׄ
1QS VI,10		בתוך דברי רעהו טרם יכלה **אחיהו** לדבר
1QS VI,22		בסרך תכונו בתוך **אחיו** לתורה ולמשפט
1QSa I,18	(I)	לצב]ואת / עבודת מעשו בתוך **אחיו**[
1QM XIII,1		] / **ואחיו** הׄ[כו]הׄנים והלויים
1QM XV,4		ועמד כוהן הראש **ואחיו** הכׄ[והנים] והלויים
1QM XV,7		למועד נקם על פי / כול **אחיו** וחזק אתׄ[
4Q**163** 4-7i15	(V)	]איש אלׄ **אחׄיׄ**[ו לו]א / [
4Q**175** 5	(V)	נבי אקים לאהםה מקרב **אחיׄהםה** כמוכה
4Q**175** 16	(V)	ואת **אחיו** לוא הכיר
4Q**177** 12-13i6	(V)	]◦מה **ואחיהמה** במחשבל בליעל
4Q**215** 1-3,7	(XXII)	לבן בורח מלפני עישיו **אחיהו** וׄכׄאׄשׄרׄ ◦[
4Q**215** 1-3,10	(XXII)	אמי ותלד את דן **אחׄ**[י
4Q**222** 1,2	(XIII)	ארע לעשות כאשר] / [עשה]**אׄחי** עשו
4Q**223-224** 2i50	(XIII)	מיום [ה]לׄיכת **אחיהו** / [יעקוב אל חרן
4Q**223-224** 2ii10	(XIII)	יבקש להרוג את יעקוב] **אׄחׄיׄהו** ביד ( ) יעקוב
4Q**223-224** 2iv8	(XIII)	מאמן כי ל]וׄא היתה **אחׄ**[לי
4Q**223-224** 2iv17	(XIII)	לוא נהרוג את אחיכה כי]**אׄחיכה** הוׄ[א
4Q**251** 17,3	(XXXV)	את בת **אחיו** ואת בת א[חותו
4Q**251** 17,5	(XXXV)	לאחי] / אביה **ולאחי** אמה[
4Q**252** II,6	(XXII)	ארור כנען עבד עבדים יהייה **לאחיו**
4Q**265** 3,2	(XXXV)	מדוׄע נבגוד איׄשׄ[ב]**אחיהׄו**
4Q**266** 5ii4	(XVIII)	]◦ **אחו** הכהנים בׄעׄבׄודה [וא]לׄ[
4Q**267** 9v8	(XVIII)	ויׄכׄתׄבׄו [בשמותיהם אי]שׄ אחר **אחיהו**
4Q**271** 1,1	(XVIII)	ו]אׄתׄ [**א]חׄ**[יהו] / [
4Q**307** 4,1	(XXXVI)	]**ואח**[
4Q**364** 10,5	(XIII)	לאדוני והנער יעל ע]םׄ **אחיהׄו**
4Q**364** 21a-k,18	(XIII)	אנחנו] / [עו]לׄימ **ואחי**[נו המ(י)סו את לבבנו
4Q**364** 25a-c,2	(XIII)	לפני **א]חיכמ** בׄ[ני ישראל כול בני חיל
4Q**364** 25a-c,4	(XIII)	עד אשר יניח]יׄהוה **לאׄ[חיכם]** כׄ[כ]מהׄ[
4Q**366** 2,4	(XIII)	[וכי ימוך]**אׄחׄיך** עמך ונמכר לך
4Q**372** 1,10	(XXVIII)	להיות יחד עם שני **אחיו**
4Q**372** 1,19	(XXVIII)	]ארצי ממני ומכל **אחי** אשׄרׄ / נלוו עמי
4Q**378** 6i5	(XXII)	]◦לים אל תדמו **לאחׄיׄ**[י]וׄרדי / [
4Q**378** 6i7	(XXII)	הוי **אחי** עליכמה / [
4Q**386** 2,3	(XXX)	]עו **אחיכם**[
4Q**422** III,9	(XIII)	בׄ[בתי]הםה בלירא[ה] איש את **אחיוׄ**[
4Q**426** 1i6	(XX)	**א/י]חׄיהוׄ** / [← חיה
4Q**471** 1,2	(XXXVI)	]כׄולׄ איש **מאחיו** מבׄנׄיׄ / [אהרון
4Q**481**d 1i2	(XXII)	]**אחׄיׄ** / [
4Q**485** 3,1	(VII)	] **לאחיׄהׄ**[
4Q**502** 6-10,11	(VII)	]נׄים **אחים** לי אשישים / [
4Q**522** 22-25,5	(XXV)	למען] **אחי** ורעי אדׄ[ברה]
4Q**524** 15-22,2	(XXV)	לוא יקח איש את אשת]**אׄחיהו**
4Q**525** 2ii+3,10	(XXV)	ובתו]ךׄ/ובסו]דׄ **אחים** יפריׄ[ד
11Q**5** XIX,17	(IV)	ישמׄחו **אחי** עמי ובית אבי
11Q**5** XXVIII,3	(IV)	לדויד בן ישי קטן הייתי מ**אחי**
11Q**5** XXVIII,9	(IV)	את שמואל / לגדלני יצאו **אחי** לקראתו
11Q**19** XLIV,5		ושמאולו לבני אהרון **אחיכה** תח[לק]
11Q**19** LIV,19		ואם ישיתכה **אחיכה** בן אביכה או בן
11Q**19** LVI,14		מקרב **אחיכה** תשים עליך מלך
11Q**19** LVI,15		עליכה איש נוכרי אשר לוא **אחיכה** הוא
11Q**19** LVIII,14		השאר בין תופשי המלחמה **לאחיהמה**
11Q**19** LX,14		לשכן / שמי ככול **אחיו** הלויים
11Q**19** LXI,10		שקר העיד שקר / ענה **באחיהו**
		זמם לעשות **לאחיהו** ובערתה הרע מקרבכה
11Q**19** LXII,4		ביתו פן ימס את לבב **אחיו** כלבבו
11Q**19** LXIV,13		לוא תראה את שור **אחיכה** או את שיו
11Q**19** LXIV,14		מהמה השב תשיבמה **לאחיכה**
		ואם לוא קרוב **אחיכה** / אליכה
11Q**19** LXVI,13		לוא יקח איש את אשת / **אחיהו**
		אחיהו ולוא יגלה כנף **אחיהו** בן אביה או בן
11Q**19** LXVI,17		יקח איש את ⟦ ⟧ / בת **אחיהו** או בת אחותו
PAM 43.670 27,1	(XXXIII)	] **אׄחי**[
PAM 43.688 4,1	(XXXIII)	]שׄחׄד ואׄ[
PAM 43.700 68,1	(XXXIII)	]מי **אחׄ** ורעׄ[
PAM 44.102 36,3	(XXXIII)	]◦ים **באחיו** [

howling desert animal noun **אֹחַ**

4Q**510** 1,5	(VII)	ורוחות ממזרים שדאים לילית **אחים** ו[ציים

Ahab proper noun **אַחְאָב**

4Q**382** 1,3	(XIII)	]◦◦ ירא מאיזבל **ומאחאב** ◦[
4Q**382** 2,2	(XIII)	]**אחאב** הׄ[מלך
4Q**382** 5,1	(XIII)	ויואמר א]ליה אׄל **אחאׄ[ב**

to lock up (?) verb **אחד**

4Q**462** 1,8	(XIX)	]◦כבודו אשר **מאחד** ימלא את המים ואתׄ

one (m) numeral **אֶחָד, אַחַת**

CD VI,7		ולא הושׄבה / פארתם בפי **אחד**

Text	Vol.	Reference
מש]פט **אחד** ⟦ ⟧]	(XXXV)	4Q249 1,5
ואם יש דבר ל]**אח**[ד מאלה	(XXXVI)	4Q249g 3-7,8
]**אחד**[	(XXXVI)	4Q249z 64,2
בחודש השני **באחד** בשבת בשבעה עשר בו	(XXII)	4Q252 I,4
באחד בו יום רביעי / לשבת	(XXII)	4Q252 I,11
יום **אחד** בשבת הוא יום עשרה / בעש]תי	(XXII)	4Q252 I,13
לעשתי עשר החודש **באחד** בשב]ת	(XXII)	4Q252 I,17
הוא יום **אח**[ד לשנים עשר] החודש[	(XXII)	4Q252 I,19
פני האדמה ברבי]עי **באחד** בחודש הריאשון	(XXII)	4Q252 I,22
באחת ושש מאות שנה לחיי	(XXII)	4Q252 II,1
השני / יבשה הארץ **באחד** בשבת	(XXII)	4Q252 II,2
שלוש מאות ששים וארבעה **באחד** בשבת	(XXII)	4Q252 II,3
בשבעה / ⟦ ⟧ **אחת** ושש ⟦ ⟧ נוח מן	(XXII)	4Q252 II,4
דן ידין ע]מו **כאח**[ד] ש[בטי ישראל]ן	(XXII)	4Q254 5-6,3
שמאול ואין לצעוד על **אחד** [מכול דבריו]	(XXVI)	4Q255 2,7
כי על שגגה **אחת** יענש שנתים וליד הרמה	(XXVI)	4Q258 VII,2
שלוש פעמים] / [ע]ל מושב **אחד** ונענש	(XXVI)	4Q259 I,8
ואם]**באח**[ד מן הכוהנים הכתובים בספר	(XXVI)	4Q261 4a-b,4
דבר בחמה] / [ונענש]שנה **א**[**חת**	(XXVI)	4Q261 4a-b,5
[והבדילוהו ש]נה [א]**חת** מטה[רת הרבים	(XXVI)	4Q261 6a-e,2
[והו]בדל שנה **אחת** ונע[נ]ש / ש[שה חודשים]	(XVIII)	4Q266 10ii2
שלוש פע]מים על מושב] **אחד** / ו[נענש]	(XVIII)	4Q266 10ii7
]מקנה **באחד** [	(XVIII)	4Q266 16a,3
ולוא הושבה פארתם] / בפי **אחד**	(XVIII)	4Q267 2,14
נק]פו **אחד** משלושים וכול / [	(XVIII)	4Q267 6,5
ו]אם תלקוט נפש **אחת**	(XVIII)	4Q267 6,7
ואם תלקוט / [נפש אחת סאה] **אחת** ממנו	(XVIII)	4Q270 3ii18
ביום **אחד** תרומה בה עשרון / [אחד	(XVIII)	
ל]הרים **אחת** בשנה	(XVIII)	4Q270 3ii20
עשרון **אחד** תהיה האחת / [	(XVIII)	
עשרון אחד תהיה **האחת** / [	(XVIII)	
ועל פי עד **אחד** לה[בדיל מן הטהרה	(XVIII)	4Q270 6iv13
]האיפה והבת{{ב}} תכון **אחד** שניהן[	(XVIII)	4Q271 2,2
יבדל איש להרים לשה [**אח**]ד מן המאה	(XVIII)	4Q271 2,3
[גבר על איש ואשה] **כאחת** כי תועבה היא	(XVIII)	4Q271 3,4
ועץ [ביד איש טמא **באח**]**ת** מן הטמאות	(XVIII)	4Q271 5i13
או תכלית י[	(XX)	4Q299 6ii16
א]**חת** בשנה[	(XX)	4Q299 69,1
[וכן יחל להגלות] / **באחד** לשבת	(XXVIII)	4Q317 1+1aii10
[בתשעה בו תגלה] / מחלוקת **אחת**[	(XXVIII)	4Q317 1+1aii11
באחד 2 ועשרי]ם בו	(XXVIII)	4Q317 1+1aii27
ב]ו תגלה מחלוקת **אחת** וכן תבוא[ללילה	(XXVIII)	4Q317 2,30
בו]תכסה מ[ח]לוקת **א**[**חת** וכן תבוא ליום	(XXVIII)	4Q317 4,33
]**ואחד**[	(XXVIII)	4Q317 50,3
באחד ביוריב בשנ[י]ם ועשרים	(XXI)	4Q321 I,5
באחד ב[גמול בשבעה עשר בחמישי]	(XXI)	4Q321 II,1
בשלושה ב[חזיר בשלושים] / **ואחד** ב[וא	(XXI)	4Q321 II,6
ודוק]ה **באחד** בחר[ים בארבעה ועשרי]ם	(XXI)	4Q321 III,3
ודוקה **באחד** בחז]יר בשבעה עשר בוא	(XXI)	4Q321 III,8
וד]וקה **באחד** ב[בלג]א באר[בעה] וע[שרי]ם	(XXI)	4Q321 IV,1
באחד ביכין בחמשה בשביעי	(XXI)	4Q321 IV,2
ודוקה שבת באביה **באחד** / [ועשרים בוא	(XXI)	4Q321 IV,4
ודוקה **באחד** ביקים בתשעה עשר ב[וא]	(XXI)	4Q321 IV,5
ודוקו בארבעה בשכניה] / **באחד** עשר [בוא	(XXI)	4Q321a II,2
[ודו]קה **באח**[ד בחרים בארבעה ועשרים	(XXI)	4Q321a III,5
ודוקו באחד] / [ביוירי]ב **באחד** בוא	(XXI)	4Q321a V,4
]**באחד** ב[מעוזיה בעשרה בשני	(XXI)	4Q321a V,10
זה **א**[**חד** בע[שירי] / [בארבעה בו	(XXI)	4Q323 1
ביאת הפ]צצ **באחד** [ע]שר ב[ו ביאת פתחיה]	(XXI)	4Q323 2
זה **אח**[ד בש]שי בשבעה בה	(XXI)	4Q324 1,2

Text	Vol.	Reference
וראה רעיהו והוא **אחד** אם דבר מות הוא		CD IX,17
עשותו / עוד לפני **אחד** ושב והודיע למבקר		CD IX,19
אם ישוב וניתפש לפני / **אחד** שלם משפט.		CD IX,20
ועל **אחד** להבדיל הטהרה		CD IX,23
ועץ ביד איש טמא **באחת** / מן הטמאות		CD XI,19
בבית וטמאו בטמאת **אחד** כלי מעשה		CD XII,18
ולוא לצעוד בכול **אחד** / מכול דברי אל		1QS I,13
ושמאול ואין / לצעוד על **אחד** מכול דבריו		1QS III,11
אחת אהב אל לכול / ⟦ ⟧		1QS III,26
אחת תעב סודה וכול דרכיה		1QS IV,1
ויבדילהו מתוך טהרת רבים שנה **אחת**		1QS VI,25
ונ{{א}}נעש שנה **אח**[**ת** ומובדל		1QS VI,27
ואם **באחד** מן הכוהנים הכתובים בספר		1QS VII,2
דבר בחמה ונענש שנה / **אחת** ומובדל		1QS VII,3
רעהו בדעהא ונענש שנה **אחת** / ומובדל		1QS VII,4
ונענש {{ששה חודשים}} שנה **אחת**		1QS VII,8
והנם עד שלוש פעמים על מושב **אחד**		1QS VII,11
והבדילהו שנה **אחת** מטהרת הרבים		1QS VII,16
כיא על {{◦◦}} שגגה **אחת** יענש שנתים		1QS IX,1
וכול איש מנוגע **באחת** מכול טמאות	(I)	1QSa II,3
הלויים לשרת תמיד שנים עשר **אחד** / לשבט		1QM II,2
למערכה **האחת** סדו{{כ}}רים בסרך		1QM V,4
פרשים לעבר **האחד** ושבע מאות לעבר השני		1QM VI,9
חמשים למערכה [**הא**]**חת** ויהיו הפרשים		1QM VI,11
הכוהן **האחד** יהיה מהלך על פני כול אנשי		1QM VII,12
בינים יצאו מן השער **האחד** ו[		1QM VII,16
השופרות יריעו / קול **אחד** תרועת מלחמה		1QM VIII,10
ושערים שנים למגדל **אחד** ל[ימין		1QM IX,14
למגדל אחד ל[ימין ו]**אחד** לשמאול		
מבאר שבע ל[לכת חרן **באחד** [שנה	(I)	1Q17 2
בח[ו]דש ע[שתי / עש[ר] **באחד** ל[חו]דש	(I)	1Q22 1i2
] **אחד** [	(XXXIV)	1Q26 4,2
ל[עשו]ת עם **אחד** ב[מ]עשיך[הגדולים	(III)	2Q21 1,6
אמות ארבע[ין **ואח**]**ת** כסף / ככ 55	(III)	3Q15 IV,4
ספר **אחד** תחתו / ⟦ ⟧ ככ 42	(III)	3Q15 VI,5
חפור / אמות **אחת** עסרה / כסף ככ 70	(III)	3Q15 VIII,15
של השית העליונא / שדא **אחת** וכלכליה	(III)	3Q15 XII,5
ומשחותיהם ופרוט כל / **אחד** ואח[ד]	(III)	3Q15 XII,13
ומשחותיהם ופרוט כל / אחד **ואח**[**ד**]	(III)	
]חמור עד שה חיים **אחד** שנים ישלם	(V)	4Q158 10-12,6
רק פ[עם] **אחת** יתננו כול ימיו	(V)	4Q159 1ii7
]האיפה והבת תכון **א**[**חד**	(V)	4Q159 1ii13
]עמו יצא **אחד** מכוהני השם	(V)	4Q161 8-10,24
]ם וביום **אחד**	(V)	4Q163 4-7i5
אלף **אחד** [מפ]ני גערת אחד מפני	(V)	4Q163 23ii6
[מפ]ני גערת **אחד** מפני גערת / חמשה תנוסון	(V)	
ואנה איש ארור **אחד** בליעל	(V)	4Q175 23
רצון ויתן להם לב **אחד** ללכ[ת	(V)	4Q183 1ii4
הלוא טוב יום / **אחד**[	(V)	4Q185 1-2ii5
ומלאות [ש]ער **לאחת** / ואצבעות רגליו	(V)	4Q186 1iii4
ואחת מבית האור	(V)	4Q186 1iii6
]עמוד השני שמונה **וא**[**חת**	(V)	4Q186 2i7
ויתן לו את חנה **אחת** מאמהותי[ו	(XXII)	4Q215 1-3,2
] / [ ]**ואחת** לרחל	(XXII)	4Q215 1-3,9
לו[ויהיה לב[ם **אח**[**ד**]	(XXXVI)	4Q215a 1ii8
] **אחד** גדול[	(XIII)	4Q221 17,2
]ואת הכול **כא**[**חד** למען תיראו אותו	(XIII)	4Q223-224 2ii48
ו]חרש עול **אחד** א[ז אעשה שלום עמכה	(XIII)	4Q223-224 2iv11
חלומות בלילה] / **א**[**חד** על דבר הרעב	(XIII)	4Q223-224 2v19
והעלהו לי לעולה על **אחד** ההרים[	(XIII)	4Q225 2i12

4Q**324** 1,5 (XXI) זה **א]חד** בשביעי באר[ב]עה בה
4Q**324** 1,7 (XXI)]◦ברית **באחד** עשר בשביעי ביאת[הפצין]
4Q**324**a 1ii3 (XXI) זה **אחד** בחודש העשירי
4Q**324**a 1ii4 (XXI) ביאת מי[מ]ין **באחד** עשר בוא הק[וץ]
4Q**324**d 3ii4 (XXVIII)] / **באחד** עשר[ב]ו שבת ב[חמשה
4Q**324**d 9,3 (XXVIII)]◦ **באח[ד**]◦ [
4Q**324**e 5,1 (XXVIII) **אח]ד** ב[ו
4Q**326** 1 (XXI) **באחד** ברביע[י בו שבת בשמיני
4Q**326** 2 (XXI) מועד המלואים] / **בא11** בו שב[ת ב14
4Q**330** 1ii1 (XXI)] / מימין **באחד** בחודש הר[אשון
4Q**330** 2,2 (XXI) ב]**אחד** בחוד[ש הראשון
4Q**365** 12biii10 (XIII) פטדה וברקת הטור **האחד**
4Q**365** 26a-b,4 (XIII) באוהל מועד **באח[ד** לחודש השני]
4Q**365** 29,2 (XIII) מזרק כסף **א]חד** שבעי[ם שקל
4Q**365** 29,3 (XIII) כף **א]חת** עש[רה זהב מלאה קטורת]
4Q**365** 32,13 (XIII) ואשכול ענבים **אחד** בה
4Q**365** 34,2 (XIII) [וא]ם נפש **אחת** תחט[א בשגגה
4Q**365** 35ii4 (XIII) לנשיא אחד] / מטה לנשי **אחד** ל[ב]ית אבותם[
4Q**366** 2,2 (XIII) משפ]ט **אחד** יהיה לכם[כגר כאזרח
4Q**366** 4i2 (XIII) ושע]יר חטאת **אחד** מלבד / [עולת התמיד
4Q**366** 4i6 (XIII) ושעיר ח]טאת **אחד** מלבד עולת התמיד
4Q**367** 2a-b,2 (XIII) אתם הכהן אחד] / חטאת **ואחד** עלה
4Q**372** 3,12 (XXVIII)] / **אחד** הוא
4Q**372** 23,2 (XXVIII)]◦ **אחת** ה[
4Q**375** 1i8 (XIX) המקום אשר יבחר אלוהיכה **באחד** שבטיכה
4Q**379** 12,4 (XXII) בחדש / [הרא]שון בשנת **הא[חד**
4Q**379** 32,2 (XXII) **א]חד** מהם ◦◦[
4Q**385** 6,7 (XXX) על שתים תלך החיה **האחת** ושתי רגל[יה
4Q**385** 6,8 (XXX)] / [ע]ל[ ]ל[ ]◦◦ ב[**אח]ת** היה נשמה
4Q**385** 6,9 (XXX) אחד ארי **אח]ד** נשר ואחד עגל
(XXX) אח]ד נשר **ואחד** עגל ואחד של אדם
(XXX) ואחד עגל **ואחד** של אדם
4Q**391** 65,9 (XIX)]ביום **אחת**[
4Q**391** 65,10 (XIX)]ל[ ]◦ב **האחד** ◦◦[
4Q**394** 1-2ii1 (XXI)] / [ו]**אח[ד]** / [ב]ו שבת
4Q**394** 8iv8 (X) והמקבל מהמה כהמ / לחה **אחת**
4Q**396** 1-2i2 (X) ואת הולד ביום **אחד**
4Q**397** 5,2 (X) לוקחים ולהיו]תמה עצם **אחת** [
4Q**405** 20ii-22,14 (XI) ו]רננו כול פקודיהם **אחד** א[ח]ד במעמד[ו]
(XI) ו]רננו כול פקודיהם אחד **א[ח]ד** במעמד[ו]
4Q**411** 1ii3 (XX)] / טוב יום **אחד**[
4Q**416** 2iv4 (XXXIV) ותהיה] / לך לבשר **אחד**
4Q**418** 10a-b,5 (XXXIV)]**אחד** ואותכה המש[יל בה
4Q**418** 10a-b,6 (XXXIV) ואליכה תהיה ל]בשר **אחד**
4Q**418** 33,1 (XXXIV)]◦ וקח **אחד**[
4Q**418** 126ii1 (XXXIV) ל]וא ישבות **אחד** מכול צבאם ה[
4Q**418**a 15,3 (XXXIV)]**אחד** למשקלמה וכא[שר
4Q**423** 7,6 (XXXIV)]ביום **אחד**
4Q**460** 9i9 (XXXVI) כיא לוא **לאחד** באפרים ילקח חוק[
4Q**464** 3i4 (XIX)]ש **באחד** / [
4Q**468**o 2 (XXXVI)]**אחד** [
4Q**473** 2,3 (XXII) ש[תי]דרכים **אחת** טוב[ה ואחת רעה
4Q**487** 19,2 (VII)]**וכאחד**[
4Q**491** 1-3,15 (VII) במקום] / **אחד**
4Q**491** 13,8 (VII) כול העם והרימו קול[**אח]ד** ואמרו[
4Q**491** 18,2 (VII) ק]ול **אח[ד**
4Q**502** 253,2 (VII)]**אחד** [
4Q**503** 73,3 (VII)] **באחד** [
4Q**509** 260,1 (VII)]**אחד** [
4Q**513** 1-2i4 (VII) מ]המה הטמ[אה] תכון **אחד** [עשרה עשרנים

6Q**9** 1,1 (III)]**אחת** עשרא [
11Q**11** 3,3 (XXIII)]**אחת**[
11Q**11** III,11 (XXIII) [וירדף **א]חד** מכם א[לף
11Q**19** IV,12] **אחת** ועשרים אמה [
11Q**19** VI,7 עשרה [באמ]ה ו[גוב]הו **אחת** [ועשרים באמה]
11Q**19** XIII,5] / **אחד** ◦ ? לימין ואחד
אחד ◦ ? לימין **ואחד** ל[שמאול
11Q**19** XIV,6 רביעית] / [ההי]ן לכבש **האחד**
11Q**19** XIV,9 **ובאחד** לחודש ה[ראישון ראוש חודשים
11Q**19** XIV,12 איל **אחד** כבשים בנ[י שנה שבעה תמימים
11Q**19** XIV,18 [רביעית ההין לכבש] **האחד**[
11Q**19** XV,4 המלואים סל אחד לאיל] / [ה]**אחד**
11Q**19** XV,10 וחלת] / לחם שמן **אחת** ורק[יק אחד
11Q**19** XV,17 [אחד ע]ל כול הע[ם] **ואחד** על הכוה[נים
11Q**19** XVII,14 ושעיר עזים **אחד** לחטאת ומנחתמה ונסכמה
11Q**19** XVIII,9 ואחר יעלו את האיל **אחד** פעם / [אחת]
11Q**19** XVIII,15]עשרונים סולת תה[יה]החלה **האחת**
11Q**19** XXI,2 ולכול] / [המטה איל **אח]ד** כבש אחד
איל אח]ד כבש **אחד** לכול המט[ות
11Q**19** XXI,15 מחצית ההין **אחד** מן המטה שמן חדש כתית
11Q**19** XXII,12 לכוה[נ]ים / איל **אחד** כבש אחד
לכוה[נ]ים / איל אחד כבש **אחד**
וללויים איל **אחד** כבש אחד
וללויים איל אחד כבש **אחד**
11Q**19** XXII,13 ולכול מטה / ומטה איל **אחד** כבש אחד
מטה / ומטה איל אחד כבש **אחד**
11Q**19** XXII,16 הארץ לפני יהוה פעם **אחת** בשנה
11Q**19** XXIII,6] פר **אחד** איל אחד כב[ש אחד בן שנתו
] פר אחד איל **אחד** כב[ש אחד בן שנתו ?
11Q**19** XXV,13 עולה / ליהוה פר **אחד** איל אחד
פר אחד איל **אחד** כבשים בני שנה שבעה
11Q**19** XXV,14 שעיר / עזים **אחד** לחטאת לבד מחטאת
11Q**19** XXV,16 אלים שנים לעולה **אחד** יקריב הכוהן הגדול
11Q**19** XXVI,4 גורל **א[חד** ליהוה וגורל אחד לעזזאל]
11Q**19** XXVII,5 פעם **אחת** בשנה יהיה היום הזה
11Q**19** XXVIII,4 ושעיר עזים **אחד** [לחטא]ת
11Q**19** XXVIII,8 ושעיר עזים **אחד** לחטאת ומנחתם ונסכם
11Q**19** XXVIII,11 ושעיר עזים **אחד** לחטאת למנחתמה ונסכמה
11Q**19** XXXI,10 מרובע לכול רוחותיו **אחת** ועשרים / אמה
11Q**19** LII,6 לוא תזבח ביום **אחד** ולוא תכה אם / על בנים
11Q**19** LV,2 אם תשמע **באח[ת** עריכה אשר א]נוכי נותן לכה
11Q**19** LV,15 אם ימצא בקרבכה **באחד** שעריכה
11Q**19** LVIII,13 ולכוהנים **אחד** מאלף וללויים אחד
וללויים **אחד** מן המאה / מן הכול
11Q**19** LX,4 ולחיה ולדגים **אחד** מאלף
11Q**19** LX,8 ולחיה ולדגים **אחד** מן המאה
11Q**19** LX,9 ומעשר מן הדבש **אחד** מן החמשים
11Q**19** LX,10 ולכוהנים / **אחד** מן המאה מן בני היונה
11Q**19** LX,12 וכי יבוא הלוי **מאחד** שעריכה מכול ישראל
11Q**19** LXI,6 לוא יקום עד **אחד** באיש לכול עוון
11Q**20** I,17 (XXIII) הסל וחלת לחם שמן **אחת** ורקיק[אחד
11Q**20** V,6 (XXIII) ולבנו ולבני לוי אי]ל **אחד** כבש אחד
(XXIII) ולבני לוי אי]ל אחד כבש **אחד**
11Q**20** VI,6 (XXIII) ולכול מטה] / ומטה איל **אחד** כבש[אחד
11Q**20** VII,26 (XXIII) פר **אח]ד** איל אחד
(XXIII) פר אח]ד איל **אחד**
PAM 43.668 4,4 (XXXIII)] / **כאחד**[
PAM 43.673 14,1 (XXXIII)]**אחד** / [

declaration noun **אַחֲוָה-2**

4Q503 51-55,3 (VII)] אחות הודות[

אֲחוּזָּה ← אֲחֻזָּה

back, behind noun **אָחוֹר**

1QM XV,9 מפניהם ואל / תשובו אחור ואל [
1QH[a] V,24 ו]דברך לא ישוב אחור
1QH[a] V,25 מעשיך ודברך לא ישוב אחור
1QH[a] XXII,10 דברכה לא ישוב]אחור
1Q27 1i8 (I) יודע לכמה כי לוא ישוב אחור
4Q300 8,2 (XX)]מה קדם ומה אח[ור
4Q385 6,7 (XXX) ובלכתן לא יסבו] / אחור על שתים תלך
4Q398 11-13,5 (X)]ולוא ישובו אחו[ר
4Q420 1aii-b,4 (XX) ונכי שכלו ל[ו]א ישוב א[חור] / עד י[
4Q421 1aii-b,15 (XX) ונכי שכלו לוא ישו]ב אחור עד / [
4Q491 1-3,14 (VII) מימין ומשמאול ובא[חור ובפנים
4Q491 14-15,6 (VII) ואל תשו]בו אחור[

sister noun **אָחוֹת**

CD V,8 בת אחיהו{{ם}} ואת בת אחותו
CD V,9 ומשה אמר אל / אחות אמך לא תקרב
4Q223-224 2ii14 (XIII)]אחותי בשלום
4Q223-224 2iii18 (XIII) מיום מות רחל אחו]תה כי תמ[ימה]
4Q251 17,3 (XXXV) בת אחיו ואת בת א[חותו
4Q251 17,4 (XXXV) אל יגלה] / איש את ערות אחות א[מו
4Q266 14d,1 (XVIII)]אחותו [
4Q502 96,1 (VII)]לאחיות / [
4Q524 15-22,4 (XXV) את בת אחיהו או בת]אחות[ו כי תועבה
11Q12 1,7 (XXIII) ויקח קין את אחות[ו] / [און לו לאשה
11Q19 LXVI,14 לוא יקח איש את אחותו בת אביהו
11Q19 LXVI,15 לוא / יקח איש את אחות אביהו
את אחות אביהו או את אחות אמו
11Q19 LXVI,17 בת אחיהו או בת אחותו כי תועבה היא

to hold, seize verb **אחז-1**

CD II,18 בה נאחזו אשר לא שמרו מצות אל
1QS II,9 לכה שלום בפי כול אוחזי אבות
1QH[a] XII,33 ואני רעד ורתת אחזוני וכול גרמי ירועו
1QH[a] XIII,30 זלעופות א[חזוני] וחבלים כצירי / יולדה
4Q158 1-2,4 (V)]בהאבקו עמו [ו]יאחזהו ויאמ[ר] אל[יו
4Q223-224 2v4 (XIII)]בעת אשר א[חזתי] / [אותו בבגדו ויש]ביר
4Q266 6i3 (XVIII) צרעת]היאה האוחז{{ת}}ה בעור החי
4Q266 6i6 (XVIII) ברוש או {ו}בזקן באוחז{{ת}}ה / בגיד
4Q269 7,2 (XVIII) בבוא הרוח ? וא]חזה בגיד ו[ש]ב הדם
4Q270 1i3 (XVIII) עירי הש]מים בה נא[חזו
4Q272 1i11 (XVIII) היא האוח]זה בעור החי
4Q280 2,4 (XXIX) לכה שלו[ם] בפי כול אוחזי אבו[ת
4Q377 2ii9 (XXVIII) ורעדודיה אחזתם מלפני כבוד אלוהים
4Q429 3,3 (XXIX) [זל]עופות אחזוני וחבלים [כצי]רי [יולדה
4Q460 7,10 (XXXVI) י]בואו לכה ואחזתה [
4Q501 6 (VII) וזלעופות אחזונו מלפני לשון
4Q525 23,1 (XXV)] / אחזו תכמי מלפני אלו[הים

Ahaz proper noun **אָחָז**

3Q4 2 (III) בימי עזיה] / ויותם אחז וי[חזקיה מלכי יהודה
4Q163 8-10,11 (V) [בשנת מו]ת המלך אח[ז היה המשא הזה

possession, property noun **אֲחֻזָּה, אֲחוּזָּה, אוחזה**

CD XVI,16]אחזתו / יקדש ל[
1QS XI,7 לאש{{◦}}ר בחר אל נתנם לאוחזת עולם
4Q251 14,2 (XXXV) ושדה החרם תהיה אחזת [הכוהן
4Q366 2,6 (XIII) ובניו עמו] / [ושב]אל אחזתו ואל משפחתו
(XIII) ואל משפחתו ואל א[חזת אבתיו ישוב
4Q369 1ii4 (XIII) לזרעו לדורותם אחזת עולמים
4Q390 2ii10 (XXX)] / [א]חוזתם ויזבחו בה[
4Q418 55,12 (XXXIV)]עד והם אחזת עולם ינחלו הלוא ראיתם
4Q423 3,3 (XXXIV) לא]חוזת ארץ

Ahzor proper noun **אחזר**

3Q15 VIII,2 (III) בית / אחצר שמזרח אחזר

Ahiiyot proper noun **אחיות**

4Q215 1-3,1 (XXII) עם אחיות אבי בלהה א[

Ahimon proper noun **אחימון**

4Q365 32,11 (XIII) ושמה אחימון וששי ותלמי ילידי הענק

אֲחִימַן ← אחימון

Ahira proper noun **אֲחִירַע**

4Q365 29,1 (XIII) נשיא לבני נפת]ל[י] אחירע[בן עינן

amethyst noun **אַחְלָמָה**

4Q365 9a-bi4 (XIII) והטו]ר / [השלישי לשם שבו ואח]למה
4Q365 12biii11 (XIII) והטור השלישי לשם] / שבו ואחלמה

אחצר ← בֵּית אחצר

to delay, be late, demote verb **אחר**

CD XI,23 ובהרע תצוצרות הקהל / יתקדם או יתאחר
1QS I,14 ולוא להתאחר / מכול מועדיהם
1QS V,24 ותום דרכו ולאחרו כנעוותו
1QpHab VII,10 לו כיא בוא יבוא ולוא / יאחר
4Q162 II,2 (V) הוי משכימי בבקר שכר ירדפו מאחרי בנשף
4Q251 9,2 (XXXV) אל יאחר איש כי [תירוש] / הואה
4Q258 II,4 (XXVI) כפי שכל[ו] ולאחרו כנעותיו
4Q266 2i2 (XVIII)]כי אין [להת]ק[ר]ם ולהתאחר ממועדיהם
4Q268 1,4 (XVIII) ואי]ן לקדם [ו]ל[א]חר ממועדיה[מה
4Q271 5i16 (XVIII) וב[הרע] / [חצוצרות הקהל י]תקדם או יתאחר
4Q453 1 (XXIX) איככה התאחרת[
4Q521 2ii+4,10 (XXV) פר[י מעש]ה טוב לאיש לוא יתאחר
11Q19 LIII,11 וכי אם תדור נדר לוא תאחר לשלמו

other, another adjective **אַחֵר-1**

CD IX,21 והם מעידים על / דבר אחר
1QS XI,18 ואין אחר זולתכה להשיב על עצתכה
1QM XVI,12 לצאת מערכה אחרת חליפה למלחמה
1QH[a] X,19 ולשון אחרת לעם לא בינות להלבט
1QH[a] XII,16 בל[ו]עג שפה ולשון אחרת ידברו לעמך
1QH[a] XX,11 ה{{ו}}ד{{ו}}עות / הכינה ואין אחר עמו
3Q15 III,5 (III) תחת הפנא האחרת המזרח
4Q216 II,4 (XIII) [ופנו] / אחר אלהים אחר[ים
4Q252 I,15 (XXII) ויחל עוד שבעת ימים א[חרים]
4Q252 I,18 (XXII) ומקץ שבעת ימים אחר[ים שלח א]ת ה[יונה
4Q266 11,4 (XVIII) ובמקום אחר / כתוב לשוב אל אל בבכי
4Q270 2i17 (XVIII) או אלמנה אשר]ישכב אחר עמה / [
4Q277 1ii9 (XXXV) ומכל] / [טמאה] אחרת [בז]רוק עליהם
4Q366 1,9 (XIII) ובער בשדה אחר / [שלם ישלם משדהו
4Q372 3,8 (XXVIII) ולא יתן לגוי אחר חקיו ולא יעטרם

Reference	Vol.	Text
4Q377 1i9	(XXVIII)	]טובה ורחבה [מא]רצות עמ[י]ם **[א]חרים**
4Q385a 4,4	(XXX)	והקימותי] / [עליה אחרים מעם] **אחר**
4Q385a 5a-b,3	(XXX)	]◦א **אחרים** [
4Q387 2ii6	(XXX)	ו[ה]קימותי עליה **אחרים** מעם אחר
	(XXX)	ו[ה]קימותי עליה אחרים מעם **אחר**
4Q387 2iii6	(XXX)	שב]ו כהני ירושלים לעבוד אלהים **אחרים**[
4Q388a 7ii7	(XXX)	ושבו כהני ירושלים] / לעבוד אלהים **אח[רים**
4Q416 2iv4	(XXXIV)	בתכה **לאחר** יפריד ובניכה[
4Q418 172,9	(XXXIV)	]◦בער בשדה **אחר** ישל[ם
4Q434 1i10	(XXIX)	וכלב **א[ח]ר** נתן להם
4Q485 1,5	(VII)	]◦◦◦ם **אחר** כתוב[
4Q491 11ii10	(VII)	[י]תקעו לצאת מערכה **אחרת** חליפה למ[לחמה
11Q12 1,6	(XXIII)	זרע ב]ארץ **אחר** תחת הבל
11Q19 XLIII,5		יני[חו] / ממנו שנה לשנה **אחרת**
11Q19 LIV,10		ונעבודה אלוהים **אחרים** אשר לוא ידעתמה
11Q19 LIV,21		ונעבודה אלוהים **אחרים** אשר לוא ידעתמה
11Q19 LV,17		ועבד אלוהים **אחרים** והשתחוה להמה
11Q19 LVII,17		ולוא יקח עליה אשה **אחרת**
11Q19 LVII,19		ואם מתה ונשא / לו **אחרת** מבית אביהו
11Q19 LXI,1		ידבר בשם] אלו[הים **אח]רים** / והומת

after, behind adverb; preposition אַחַר

Reference	Vol.	Text
CD VI,1		שקר להשיב את ישראל **מאחר** / אל
CD XI,5		אל ילך איש **אחר** הבהמה לרעותה חוץ
CD XII,5		עד שבע שנים **ואחר** / יבוא אל הקהל
CD XIV,5		ויכתבו בשמותיהם / איש **אחר** אחיהו
1QS II,10		אומרים **אחר** המברכים והמקללים
1QS II,20		בסרך לפי רוחותם זה **אחר** זה
1QS II,21		יעבורו בשלישית בסרך זה **אחר** זה
1QS V,4		בשרירות לבו לתעות **אחר** לבבו
1QS VI,15		בכול משפטי היחד
1QS VII,20		**ואחר** כול אנשי היחד ישב
1QS VII,21		ונכתב בתכונו **ואחר** ישאל אל המשפט
1QS VIII,19		עצה על פי הרבים **ואחר** יכת{{◦}}ב בתכונו
1QS IX,2		**ואחר** יכתוב בתכונו ליחד
1QSa II,14	(I)	**ואחר** י[שב מש]יח ישראל וישבו לפניו
1QSa II,20	(I)	**ואח[ר** יש]לח משיח ישראל ידיו / בלחם
1QpHab IV,12		לפני רעיהו מושלי[הם ז]ה **אחר** זה יבואו
1QpHab V,7		פשרו אשר לוא זנו **אחר** עיניהם
1QpHab XI,1		מטיף] / הכזב **ואחר** תגלה להם הדעת כמי
1QpHab XI,5		הכוהן הרשע אשר / רדף **אחר** מורה הצדק
1QM I,3		**ואחר** המלחמה יעלו משם / ◦◦[
1QM II,1		ואת ראשי הכוהנים יסרוכו **אחר** כוהן הראש
1QM V,4		סדו{{כ}}רים בסרך מעמד איש **אחר** איש
1QM V,16		]יסדרו שבע המערכות מערכה **אחר** מערכה
1QM VIII,2		**ואחר** יתקעו להם הכוהנים בחצוצרות
1QM VIII,13		**ואחר** יתקעו להם הכוהנים בחצוצרות
1QM XIV,2		**ואחר** העלותם מעל החללים
1QM XVI,3		**ואחר** יתקעו להמה הכוהנים בחצוצרות
1QM XVII,10		**ואחר** הדברים האלה יתקעו הכוהנים
1Q29 2,4	(I)	]**ואחר** יעלה וננש[ל
1Q29 5-7,2	(I)	**ואח]ר** ידרוש הכוהן לכול רצונו
4Q161 5-6,3	(V)	]נשיא העדה **ואחר** יס[ו]ר מעלה[ם
4Q169 3-4i3	(V)	עד עמוד מושלי כתיים **ואחר** תרמס / [
4Q169 3-4iv6	(V)	] / אשר תבוא כוסם **אחר** מנשה[
4Q171 1-2ii10	(V)	**ואחר** יתענגו כול ב[ ]י הארץ
4Q200 7ii6	(XIX)	מ]ראה[ו]**אחר** אר[בע וחמשים חיה
4Q216 II,4	(XIII)	[ופנו] / **אחר** אלהים אחר[ים
4Q220 1	(XIII)	ואל תלך **א]חר** גלולים ואחר[פסילים
	(XIII)	ואל תלך א]חר גלולים **ואחר**[פסילים
4Q223-224 2ii8	(XIII)	ובניו אחר טומאת הנ]שים **ואחר** תעות הנ[שים
4Q227 2,1	(XIII)	ח]נוך **אחר** אשר למדנוהו / [
4Q252 II,10	(XXII)	שנים ישב / אברם בחרן **ואחר** יצא [
4Q257 II,7	(XXVI)	אומרים **אח]ר** המברכים[והמקללים]
4Q259 II,4	(XXVI)	ונכתב בת]כונ[הו] **ואחר** ישאל / [אל המשפט
4Q266 6iv3	(XVIII)	ובארץ מגורים **ואחר** ימכו[רו] / מהם לקנ[
4Q266 8ii4	(XVIII)	]ר **אחר** ה◦[
4Q266 17,2	(XVIII)	]שנים **אחר** / [
4Q267 9v8	(XVIII)	ויכתבו [בשמותיהם אי]ש **אחר** אחיהו
4Q269 7,3	(XVIII)	]◦ **אחר** הדם [
4Q269 9,8	(XVIII)	המבקר אשר על הרבי]ם **ואח[ר** יקחנה]
4Q271 3,15	(XVIII)	**ואח]ר** יקחנה ובלוקחו
4Q271 5i2	(XVIII)	אל ילך א]יש **אחר** בהמה לרעותה חוץ מעירו
4Q272 1i6a	(XVIII)	**ואח]ר** ישוה [
4Q274 1i3	(XXXV)	במים ויכבס בגדיו **ואחר** יואכל
4Q274 1i5	(XXXV)	תכבס בגדיה ורחצה **ואחר** תוכל
4Q274 1i9	(XXXV)	האדם ור]חץ וכבס **ואח[ר]**
4Q286 7ii1	(XI)	**ואחר** יזעמ[ו] את בליעל
4Q302 1i2	(XX)	]◦מכה **לאחר** / [מכה
4Q319 IV,13	(XXI)	או]ת שכניה **אחר** השמטה
4Q319 IV,19	(XXI)	אות שכניה **אחר** הש[מטה
4Q319 V,7	(XXI)	אות שכניה / **אחר** השמטה
4Q319 V,12	(XXI)	אות שכניה / **אחר** השמטה
4Q319 VI,5	(XXI)	אות שכניה **אחר** [ה]ש[מטה
4Q325 1,3	(XXI)	בעשרים וששה בו **אחר** שבת
4Q325 1,7	(XXI)	השלישי **אחר** שבת
4Q364 4b+ei8	(XIII)	ילך ראובן בימי קציר חטי]ם **אחר** יעקו[ב
4Q376 1ii2	(XIX)	**ואחר** נעלה / [הענן ?
4Q377 2ii5	(XXVIII)	וללכת **אחר** יהוה אלוהי אבותינו המ◦◦[
4Q394 1-2ii6	(XXI)	עליו **אחר** / השבת
4Q394 1-2v7	(XXI)	השבן / **אח[ר** הש]בת / אח[ריו]
4Q394 3-7i1	(X)	ע[ל]ו **אחר** [ה]ש[בת ויום השני
4Q414 2ii-4,5	(XXXV)	] / **ואחר** יבוא במים[
4Q414 13,6	(XXXV)	] / [ ]תם **ואחר** ישוב
4Q418 55,9	(XXXIV)	]אמת וירדפו **אחר** כול שורשי בינה
4Q422 II,11	(XIII)	]◦מח[ר]אות לדור[ות] / עולם **לחרא**[
4Q423 12,2	(XXXIV)	נ]חלתו **ואחר** תשלח [ידכה
4Q424 1,9	(XXXVI)	ך הלוז ילוז בשפתיו **אחר** אמת לא ירצה [
4Q437 9,2	(XXIX)	] וילכו **אח[ר**
4Q491 1-3,11	(VII)	יעמדו שלוש מערכות מערכה **אחר** מערכה
4Q491 1-3,13	(VII)	**ואחר** יקום הא[ו]רב ממקומו
4Q491 8-10i17	(VII)	**ואחר** ישובו אל מח[נותמה
4Q491 11ii19	(VII)	**ואחר** הדבר[י]ם האלה יתקעו הכוהנים
4Q491 13,7	(VII)	והמערכות] / [יהיו נלח]מים זואת **אחר** זואת
4Q491 18,3	(VII)	**וא]חר** יתקעו [
4Q492 1,8	(VII)	**ואחר** יאספו המחנה בלילה [ההוא
4Q502 19,5	(VII)	] / **ואח[ר**]ידברו אנשי [
4Q511 3,2	(VII)	**ואח[ר**
4Q512 39i2	(VII)	ו]**אחר**
4Q512 24-25,4	(VII)	**ואחר** הדבר[י]ם הא[לה
4Q512 15i-16,13	(VII)	]רת **ואחר** / [
4Q512 15ii4	(VII)	] / **ואחר** [
4Q512 1-6,5	(VII)	**ואחר**[יוזה עליו] / את מימי ה[ז]ית
4Q512 1-6,7	(VII)	] / **ואח[ר** ה]זותו את מימ[י הזיה יברך
4Q512 42-44ii2	(VII)	] / **ואחר** יבוא[
4Q512 48-50,5	(VII)	] / **ואחר** [בוא ה]שמש היום ח[
4Q514 1i6	(VII)	**ואחר** יא{{ח}}<<כ>>לו את לחמם כמשפט
4Q514 1i9	(VII)	**ואחר** יאכלו את לחמם / כמ[שפט
4Q525 14ii24	(XXV)	לפנים שמע אמרם **ואחר** תשיב ב[דברי
5Q13 2,10	(III)	]ה **ואחר** שני / [

]**אחר**[	(III)	6Q**9** 64,1
מאין]ושב **ואחר** היובלים[	(III)	6Q**12** 3
וישלח ויקחני / **מאחר** הצואן וימשחני בשמן	(IV)	11Q**5** XXVIII,11
בשבוע היובל הראישון **אחר** תש[עה ה]יובלים	(XXIII)	11Q**13** II,7
ואחר יעלו את האיל אחד פעם		11Q**19** XVIII,9
ואחר[		11Q**19** XIX,6
אחר יוציאום אל בני ישראל		11Q**19** XXII,11
אחר / יואכלו ויסוכו מן השמן		11Q**19** XXII,14
על ה[מ]זבח **אחר** עולת הת[מיד ונסכה]		11Q**19** XXIII,8
ואחר העולה הזואת יעשה עולת		11Q**19** XXIV,10
כן יעשה לעולת בני יהודה **אחר** הלויים		11Q**19** XXIV,11
אחר[תעשו את העולה] / [ה]זואת		11Q**19** XXV,7
אחר יעשה את הפר		11Q**19** XXVII,3
וא[**חר** ?		11Q**19** XXXIV,5
אחר יהיו טובחים אותמה ויהיו		11Q**19** XXXIV,7
את מחצית הש[ק]ל לי **אחר** יבואו		11Q**19** XXXIX,10
ורחץ ובאה השמש **אחר** / יבוא אל המקדש		11Q**19** XLV,9
אחר יבוא אל עיר / המקדש		11Q**19** XLV,16
במים ובאה השמש **אחר** יטהר		11Q**19** LI,5
אחר ישובו / אלי בכול לבבםה		11Q**19** LIX,9
ואת אמה חודש / ימים **אחר** תבוא אליה		11Q**19** LXIII,14
עד יעבורו שבע שנים **אחר** תואכל		11Q**19** LXIII,15
ובאה השמש **א**]**חר** / [יבוא אל המקדש	(XXIII)	11Q**20** XII,3

last, later, latter adjective **אַחֲרוֹן, אַחֲרֹן**

ויודע / לדורות **אחרונים** את אשר עשה		CD I,12
את אשר עשה בדור **אחרון** בעדת בוגדים		
בראשונים / וב**אחרונים** אשר שמו גלולים		CD XX,9
עד קץ / **אחרון** ויתן איבת עולם		1QS IV,17
הבא[ות ע]ל הדור ה**אחרון** מפי / הכוהן		1QpHab II,7
הבאות על / {{על}} הדור ה**אחרון**		1QpHab VII,2
אשר יארוך הקץ ה**אחרון**		1QpHab VII,7
בהמשך עליהם הקץ ה**אחרון**		1QpHab VII,12
פשרו על כוהני ירושלם / ה**אחרונים**		1QpHab IX,5
פשרו] על הדור ה[**א**]**חרו**[**ן**	(I)	1Q**14** 17-19,5
פשרו ע]ל כוהן ה**אחרון**	(V)	4Q**167** 2,3
פשרו על מנשה לקץ ה**אחרון**	(V)	4Q**169** 3-4iv3
לישרם בדור ה**א**[**חרון**	(V)	4Q**177** 9,8
את הראשנים ואת ה]**אחרני**[**ם**]	(XIII)	4Q**216** IV,3
וישוב להודיע לדורות ה**א**[**חרונים**] / [	(XXII)	4Q**254**a 3,4
אשר] / עשה בד[ור **א**]**חרון** [בעדת בוגדים	(XVIII)	4Q**266** 2i16
] ה**אחרון** ל◦[ ]◦[	(XVIII)	4Q**266** 5i5
מדרש ה]תורה ה**אחרון**	(XVIII)	4Q**266** 5i17
]**אחרונות** הלוא כן תבואינה[	(XVIII)	4Q**268** 1,1
כ[תוב] / על מדרש [ה]תורה ה**אחרון**	(XVIII)	4Q**270** 7ii15
] ◦◦◦ם בדור ה**אחרן** ל[	(XVIII)	4Q**273** 1,1
]◦◦ **אחרונה** [	(XVIII)	4Q**273** 5,2
] / **אחרן** [	(XXI)	4Q**337** 3
]◦ ל**אחרונה**[	(XIII)	4Q**382** 111,7
]ה ועד **אחרונות** לוא	(XXIX)	4Q**440** 3i25
]ל**אחרון** ותשע[עיניהמה] / [	(VII)	4Q**504** 18,4
עו]למים כיא **אחרון**[	(VII)	4Q**511** 11,9
ו**אחרון** מו[	(VII)	4Q**511** 11,10
]**אחרון**[	(XXXIII)	PAM 43.692 3,2

after, behind preposition **אַחֲרֵי**

ויבחרו ברצונם ויתורו **אחרי** שרירות / לבם		CD III,11
וכל הבאים **אחריהם** / לעשות כפרוש התורה		CD IV,7
בוני החיץ אשר הלכו **אחרי** צו		CD IV,19
הראשנים אשר העידו **אחריו**		CD VIII,17
אחריו אהב את הבאים **אחריהם**		CD VIII,17
משה יסור מלאך המשטמה מ**אחריו**		CD XVI,5
הראשנים / אשר העידו על העם **אחרי** אל		CD XIX,30
ואהב את הבאים **אחריהם**		
ובכל / ההלכים **אחריהם**		CD XIX,32
ולוא לשוב מ**אחרו** מכול פחד		1QS I,17
העוברים בברית אומרים **אחריהם** אמן אמן		1QS I,20
[וכו]ל העוברים בברית מודים **אחריהם**		1QS I,24
ויפקוד **אחריכה** כלה		1QS II,6
בני אור בהסוגו / מ**אחרי** אל		1QS II,17
באי הברית יענו ואמרו **אחריהם** אמן אמן		1QS II,18
והלויים יעבורו **אחריהם**		1QS II,20
ו**אחריהם** ראשי הלויים לשרת		1QM II,2
ואבות העדה **אחריהם** להתיצב תמיד		1QM II,3
ובעשר השנים אשר **אחריהם** תתלק המלחמה		1QM II,13
כבוד אל משפט אל ו**אחריהם** כול סרך		1QM IV,6
חללי אל ו**אחריהם** כול פרוש שמותם		1QM IV,7
ו**אחריהם** יצאו שלושה דגלי בינים		1QM VI,1
ו**אחריהם** יצאו שני דגלי בינים		1QM VI,4
] / מצוותיו השליכו **אחרי** גום	(V)	4Q**166** II,4
ו**אחר**[י] כן ינתנו ביד עריצי גואים	(V)	4Q**171** 1-2ii19
והקימותי את זרעכה **אחריכה**	(V)	4Q**174** 1-2i10
]י◦ **אחריהמה** לעצת היחד	(V)	4Q**174** 1-2i17
]**אחרי** ה[	(V)	4Q**174** 1-3ii4
ו]**אחרי** כן יעמוד[	(V)	4Q**177** 5-6,3
]לשארית לבניכם **אחריכם**	(V)	4Q**185** 1-2ii2
ושבע] / [שני רעב **א**]**חרי**[כן	(XIII)	4Q**223-224** 2v24
ויולד בן **אח**[**רי**]כן / [לאברה]ם	(XIII)	4Q**225** 2i8
] / **אחריהם** ל◦[	(XXXV)	4Q**264**a 2-3,5
שקר להשיב] את ישראל [מ]**אחרי** [אל	(XVIII)	4Q**266** 3ii9
שקר לה[ש]יב את / [ישר]אל מ**אחרי** אל	(XVIII)	4Q**267** 2,7
ויבחרו] ברצונם ויתורו **אחר**[י]	(XVIII)	4Q**269** 2,6
מושה[יסור מלא]ך המשטמה / מ**אחריו**	(XVIII)	4Q**271** 4ii7
ר]עהו הכתוב **אחרי**[ו	(XXVI)	4Q**279** 5,2
] / **אחרי** יעקוב בנה[ותבך ⟦	(XIII)	4Q**364** 3ii6
והנה מצרים נסעים **אחריהמ**[ה	(XIII)	4Q**365** 5,1
ויעמוד מ**אחריהמה**	(XIII)	4Q**365** 6ai10
ו]תצינה[כו]ל הנשים **אחריה** ב[תופים	(XIII)	4Q**365** 6b,6
ויזנו]**אחרי** אלוהיהם ויזבחו / [לאלוהיהם	(XXVIII)	4Q**368** 2,7
ויזנו א]ת בניך **אחרי** אלוהיהם	(XXVIII)	4Q**368** 2,8
להש]בכה מ**אחרי** אלוהיכה יומת	(XIX)	4Q**375** 1i5
]◦שב מ**אחרי**[	(XXX)	4Q**383** 2,1
ואל תלכו] / **אחרי** פ[ס]ילי הגוים	(XXX)	4Q**385**a 18ii9
וי]פנו **אחרי** י[	(XXX)	4Q**388**a 2,4
]ם **אחרי**[	(XXX)	4Q**389** 3,1
אח[ר הש]בת / **אח**[**ריו**] / קרב[ן העצים]	(XXI)	4Q**394** 1-2v8
] / לוא תתרו **אחר**[י] לבבכמ[ה]	(XXXIV)	4Q**417** 1i27
אחר[י] לבבכמ[ה] ו**אחרי** {{ו}}עי[נ]יכמה[	(XXXIV)	
ותחזק עלי {{◦}} לרדוף **אחרי** דרכיכ[ה]	(XXIX)	4Q**436** 1a+bi6
לכה ד]בקה נפש[י **אח**]**ריך** בעלילותיך אשיח	(XXIX)	4Q**437** 2i16
ב]מוסר והעומדים **אחריהם** אשר / [	(XXIX)	4Q**439** 1i+2,4
יהיה וזרעו לדרות **אחריה**[ם	(XXII)	4Q**481**e 2
] ו**אחרי**◦[	(VII)	4Q**491** 1-3,5
ו**אחרי** ◦◦[	(VII)	4Q**491** 17,3
ו**אחרי** כן יפתחו א[ת] הש[ערי]ם לאנשי	(VII)	4Q**493** 2
[**ואח**]**ריהם** ראש[י השבטים ואבות	(VII)	4Q**494** 6
אשר **א**]**חריהם** תתלק המלחמ[ה	(VII)	4Q**496** 13,2
וליעקוב ותבחר] / בזרעם **אחריהם** ל◦[	(VII)	4Q**504** 5ii1
ותבחר] / [בזרעם **אח**]**ריהם** ל◦◦[	(VII)	4Q**506** 124,2
מלכותו הואה ובניו **אחרי**[ו	(XXV)	4Q**524** 6-13,3

5Q**11** 1i5 (III) ויפקו]ד **אחריכה** / [
6Q**10** 1ii2 (III)] / **ואחרי**[
11Q**5** XXVI,10 (IV) לפניו הדר / ילך **ואחריו** המון מים רבים
11Q**12** 6,1 (XXIII) [הומת קין] **אחריו** [בשנה ההיאה
11Q**19** II,13 ליושב הארץ] / [וזנו] **אחרי** אל[והיהמה
11Q**19** XXI,6 **ואחריהמה** כול העם מגדו[ל
11Q**19** XXIII,10 **ואחריה** יקטיר את עולת מטה יהודה
11Q**19** XXIV,12 **ואחריה** / יעשה עולת בני יה̮וסף
11Q**19** XLV,6 זואת **אחרי** זאות[ל]עת תצא הראישונה
11Q**19** LIII,7 ולבניכה **אחריכה** עד עולם
11Q**19** LIV,13 **אחרי** יהוה / אלוהיכמה תלכון
11Q**19** LVI,19 ולוא / יסירו לבבו **מאחרי** וכסף וזהב
11Q**19** LIX,21 מלכותו הוא ובניו **אחריו**
11Q**20** I,24 (XXIII) ידיהמה על ראו]שו **ואחריהמה** הכ[ו]הן הגדול

end, latter noun **אַחֲרִית**
CD IV,4 קריאי השם העמדים **באחרית** הימים
CD VI,11 עד עמד / יורה הצדק **באחרית** הימים
1QSa I,1 (I) הסרך לכול עדת ישראל **באחרית** הימים
1QpHab II,5 הדבר[על הבו]גדים **לאחרית** א / הימים
1QpHab IX,6 משלל העמים / **ולאחרית** הימים ינתן הונם
1Q**14** 6,2 (I) ב]**אחרית** [הימים
4Q**161** 5-6,10 (V)]פתגם **לאחרית** הימים לבוא °[
4Q**161** 8-10,17 (V) על צמח] דויד העומד **באח**[**רית** הימים
4Q**162** II,1 (V) פשר הדבר **לאחרית** הימים לחובת הארץ
4Q**163** 4-7ii14 (V) בו] / פשר הדבר **לאחרית** ה[ימים
4Q**163** 13,3 (V) **לאחר**]**ית** הימים על[
4Q**163** 14,2 (V) **אח**]**רית** הימי[ם
4Q**163** 23ii10 (V) פשר הדבר **לאחרית** הימים
4Q**164** 1,7 (V) על ראשי שבטי ישראל **לא**[**חרית** הימים
4Q**169** 3-4ii2 (V) עיר אפרים דורשי החלקות **לאחרית** הימים
4Q**169** 3-4iii3 (V) על דורשי החלקות אשר **באחרית** הקץ
4Q**171** 3-10iv16 (V) וראה] ישר[כיא **אח**]**ר**[**ית** לאי]ש שלום
4Q**171** 3-10iv18 (V) נשמדו יחד **ואחר**[**ית** רשעים נכרתה
4Q**173** 1,5 (V) כו]הן **לאחרית** הק[ץ
4Q**174** 1-2i2 (V) ב]**אחרית** הימים כאשר כתוב בספר
4Q**174** 1-2i12 (V)]בצי[ון **בא**]**חרית** הימים כאשר כתוב
4Q**174** 1-2i15 (V) בספר ישעיה הנביא **לאחרית** [ה]ימים
4Q**174** 1-2i19 (V)]בחירי ישראל **באחרית** הימים
4Q**174** 14,2 (V)]**לאחרית** ה[
4Q**177** 1-4,5 (V)]ו **באחרית** הימים בעת אשר יבקש
4Q**177** 1-4,7 (V) והמה אשר כתוב עליהם **באחרית** [הימים
4Q**177** 9,2 (V) עליה]מה **באחרי**[**ת** הימים
4Q**177** 12-13i2 (V)]**לאחרית** ה[י]מים אשר אמר דויד יה[ו]ה
4Q**177** 12-13ii3 (V)] / **לאחרית**[
4Q**178** 3,4 (V) **אחר**]**ית** הימי[ם
4Q**182** 1,1 (V)]**אחרית** הימים על {{ע}}[
4Q**182** 2,1 (V)]מיא **לאחרית** הי[מי]ם
4Q**252** IV,2 (XXII) כאשר דבר למושה **באחרית** הי̮מים
4Q**397** 14-21,13 (X) כו]ל הדבר[ים האלה **באח**]**רית** הימים
4Q**397** 14-21,14 (X) וב[כו]ל נפש[כה]**באחרית**[
4Q**398** 11-13,4 (X) בס[פר מו]שה וזה הוא **אחרית** הימים
4Q**398** 14-17i6 (X) [כול הדברים] האלה **באחרי**[**ת**] הימים
4Q**398** 14-17i8 (X) [ובכו]ל נפש[ך **באחרי**]**ת** [העת] וה[ ]°[
4Q**398** 14-17ii6 (X) בליעל / בשל שתשמח **באחרית** העת
4Q**416** 2iii7 (XXXIV) לעו]לם זכרכה **ואחרית**כה תנחל / שמחה
4Q**504** 1-2iii13 (VII) ל[קר]תנו הרעה **באחרית** / הימים
4Q**509** 7,5 (VII)] / **באחרית** הימים[
5Q**16** 3,5 (III)]קץ **אחרית**[
11Q**13** II,4 (XXIII) פשרו]ל**אחרית** הימים על השבויים אשר[

אַחַת ← **אֶחָד**

אַחֲרֹן ← **אַחֲרוֹן**

אט ← **אוט**

to close verb **אטם**
11Q**19** XXXIII,11 חלונים פנימה **אטומים** / שתי אמות רוחבמה

coastland, island noun **1-אִי**
1QpHab III,11 וממרחק / יבואו **מאיי** הים לאכול[
4Q**286** 5,4 (XI) ותוהוה ואושי מבניתה **איים** ו[

where? interrogative particle **אֵי**
4Q**185** 1-2i11 (V) וציצו תשא רוח עד **אי**̮קום לע[

to be hostile verb **איב**
← **אוֹיֵב**
4Q**415** 2ii5 (XXXIV)] / **ואויבת** לנפשך וב[

אֹיֵב ← **אוֹיֵב**

enmity noun **אֵיבָה**
1QS IV,17 ויתן **איבת** עולם בין מפלגותם̮
1Q**18** 1-2,3 (I) אחיו ולוא ירדפנו] **באיבה**
4Q**421** 1ai1 (XX)]ם **באיבת** ע[ולם

calamity noun **אֵיד**
4Q**381** 24a+b,7 (XI)]ביום **א**[**ידי**
4Q**418** 159ii2 (XXXIV)] / מועלה **האיד** ו°[

where? interrogative particle **אַיֵּה**
4Q**364** 9a-b,11 (XIII) אנשי (ה)מקומ(ה) ל]אמור **איה**[הקדשה

terrible adjective **אָיוֹם**
1QpHab III,2 **איום** / ונורא הוא ממנו משפטו

Jezebel proper noun **אִיזֶבֶל**
4Q**382** 1,3 (XIII)]°° ירא **מאיזבל** ומאחאב °[
4Q**382** 5,4 (XIII)]אל [ ] בן **אי**[**זבל**

which, what interrogative particle **אֵיזֶה**
4Q**268** 1,2 (XVIII)]ה **איזה** תחלתו ואיזה סופו
(XVIII)]ה איזה תחלתו **ואיזה** סופו וה[
4Q**514** 2,4 (VII)]°°**איזה**[

how? interrogative particle **אֵיךְ**
1QH[a] VII,21]° עפר **איך** יוכל להכין צעדו
2Q**21** 1,5 (III) **ואיך** אש[א] פני [אליך
4Q**302** 3iii3 (XX)] / **ואיך** ל°רנ°[
4Q**364** 10,5 (XIII) כי **אי**[**ך** ?
4Q**388a** G,2 (XXX) **א**]**יך** תש[
11Q**19** LXI,2 תואמר {{אל}} בלבבכה [**א**]**יך** נדע
PAM 43.678 26,1 (XXXIII)]**ואיכ** °[

Ech (?) proper noun **איך**
3Q**15** X,8 (III) בים של גי **איך** בצדו המערבי / אבן

how? interrogative particle **אֵיכָה**
1QH[a] VII,14 **ואיכה** יוכל כול להשנות את דבריכה

1QHa XVIII,6		ואיכה א{{כ}}ש<כ>יל בלא יצרתה / לי
1QHa XVIII,7		ואיכה אשיב בלוא השכלתני
1QHa XX,33		ואיכה אבין כיא אם השכלתני
1QHa XX,34		ואיכה אישר דרך כיא אם הכינׄוׄ[תה מצעדי
1QHa XX,35		ואיכה אתקומם[
1QHa XXI,4		איכ]ה אביט בלוא גליתה עיני
1QHa 3,6		איכה אעמוד לפני רוח סוע[רה
1Q22 1ii7	(I)	אי]כה [אשא לבדי] טרחכם
4Q200 6,3	(XIX)	ותומהים איכה נראה [להמה מלאך] / [אלהים
4Q417 2i16	(XXXIV)	ובלי סליחה[א]יכה [יקום לפניו כול] / אביון
4Q418 54,2	(XXXIV)	]ים ואיכ[ה] / [
4Q418 69ii11	(XXXIV)	על כול דעת איכה תאמרו יגענו בבינה
4Q418a 22,5	(XXXIV)	ובלי ס]ל[י]חה[א]יכ[ה
4Q428 13,8	(XXIX)	אי]כה אשמר ביצר עפר מה[ת]פרד
4Q485 1,2	(VII)	]איכה כ◦[
4Q508 40,2	(VII)	]ל משנאינו ואיכה[

how? interrogative particle **אֵיכָכָה**

4Q200 4,6	(XIX)	כבר / ספרתי לך א[י]ככה עזבתים
4Q381 31,6	(XI)	הנני ואיככה / [
4Q388 7,5	(XXX)	ואלה מתי יהי[ו ואי]ככה ישתלמו חסד[ם
4Q453 1	(XXIX)	] / איככה התאחרת[

ram, ruler noun **אַיִל-1, אל**

CD IX,14		היה לו לבד מאיל האשם
4Q161 1,3	(V)	]אילי אנשי חילו ופ◦[
4Q223-224 2iv7	(XIII)	בראו[שו קר]נים כקרני א[יל] / [וצאו][
4Q252 II,11	(XXII)	העגלה והאיל והע[ז
4Q267 9i8	(XVIII)	והיה לו] לב[ד מא]יל
4Q366 3,1	(XIII)	[האחד לשני האיל]ם
4Q366 3,4	(XIII)	ונס]כיהם לפרים ולאי[לם ולכבשים במספרם
4Q366 3,7	(XIII)	ונסכי]הם לפרים ולא[י]ל[ם ולכבשים
4Q375 1ii5	(XIX)	] / בשר האי[ל
4Q376 1i2	(XIX)	פ]ר בן בקר ואיל [
4Q381 48,6	(XI)	ואני אדלג כאי[ל
4Q460 8,7	(XXXVI)	]◦ם ואילינו א[
6Q18 4,1	(III)	] אילים א[
11Q19 XIV,12		פר בן בקר אחד] / איל אחד
11Q19 XIV,16		תקריבו] / של[ישית] ההין לאיל ה[אחד
11Q19 XV,3a		[ו]סלי לחם לכול אי[לי המלואים
11Q19 XV,6		שוק הימין] / עולה מן האיל
11Q19 XV,12		ויניפו המקריבים את] / האי[לים
11Q19 XVII,13		פרים שנים ואיל וכבשים בני שנה שבעה
11Q19 XVII,15		[כמש]פט לפרים ולאלים ול[כב]שים ולשעיר
11Q19 XVIII,2		] לאיל הזה[
11Q19 XVIII,9		ואחר יעלו את האיל אחד פעם / [אחת
11Q19 XIX,16		הזה / [ליהוה שנים] עשר אי[לים
11Q19 XX,15		וירימו ליהוה תרומה / [מן האי]לם
11Q19 XXII,4		לכבשים ו]לאלים
11Q19 XXII,12		ונתנו בני ישראל לכוה[נ]ים / איל אחד
		כבש אחד וללויים איל אחד כבש אחד
11Q19 XXII,13		ולכול מטה / ומטה איל אחד כבש אחד
11Q19 XXIII,6		] פר אחד] איל אחד כב[ש אחד בן שנתו
11Q19 XXIV,7		לפר ו]פר ולאיל ואיל ול[כבש וכבש]
		ו]פר ולאיל ואיל ול[כבש וכבש] / וארביה
11Q19 XXV,13		פר אחד איל אחד כבשים בני שנה שבעה
11Q19 XXV,15		כמשפטמה לפר לאיל ולכבשים ולשעיר
11Q19 XXV,16		תקריבו / אלים שנים לעולה
11Q19 XXVII,3		את הפר ואת ה[אי]ל ואת] הכבשים
11Q19 XXVIII,5		לפרים ולא[לים] ולכבשים [ו]לשעיר
11Q19 XXVIII,7		[פ]רים עשתי עשר אלים שנים
11Q19 XXVIII,9		ונסכם כמשפט לפרים / לאילים ולכבשים
11Q19 XXVIII,10		פרים עשר[ה] אלים שנים
11Q19 XXXV,14		ובכול אלו/י אשמות ← אֵלוּ
11Q19 LII,11		בכה יחדיו כצבי וכאיל
11Q19 LIII,5		בכה יחדיו כצבי / וכאיל
11Q20 I,12	(XXIII)	]ולמלואים איל איל לכ[ול יום
	(XXIII)	]ולמלואים איל איל לכ[ול יום
11Q20 I,13	(XXIII)	וחצו את]כול האילים והסלים לשבעת[ימי]
11Q20 IV,4	(XXIII)	הזה עולה]ליהוה שנים [ע]שר אילים
11Q20 IV,5	(XXIII)	אי]לים ומנחתמה כמשפט שנים
11Q20 IV,6	(XXIII)	בשמן שלישית הה]ין שמן לאיל על הנסך הזה
11Q20 IV,9	(XXIII)	כמשפט לפרים ולאיל / [ולכבשים ולשעיר
11Q20 IV,11	(XXIII)	א]ת האילים ואת הנסך
11Q20 IV,25	(XXIII)	ליהוה תרומה תנופה מן האי]לים
11Q20 V,5	(XXIII)	[מן] האילים ומן / [הכבשים
11Q20 V,6	(XXIII)	ולבני לוי אי]ל אחד כבש אחד
11Q20 V,18	(XXIII)	]ם אילים שנים / [
11Q20 VI,5	(XXIII)	לכוהנים א]יל אחד כבש אחד
11Q20 VI,6	(XXIII)	ולכול מטה] / ומטה איל אחד כבש[אחד
11Q20 VII,26	(XXIII)	פר אח]ד איל אחד
PAM 43.688 76,2	(XXXIII)	]איל גא[

אֵיל ← אֵל-5

strength noun **אֱיָלוּת**

4Q497 5,2	(VII)	]באילות [

אָיֹם ← אָיוֹם

terror noun **אֵימָה, אֵמָה**

1QS I,17		מאחרו מכול פחד ואימה ומצרפ
1QS X,15		ברשית פחד ואימה ובמכון צרה עם בוקה
1QpHab III,4		אשר פחדם ואמתם על כול / הגואים
1QpHab IV,7		ובאמה ופחד / ינתנו בידם
4Q256 II,2	(XXVI)	מאחרו] מכול פ[חד וא]ימה ומצרף
4Q260 IV,1	(XXVI)	] / [בר]אשית פחד ואימה [ובמכון] צרה

nothing, is not, without negative particle **אַיִן-1, אֵין**

CD II,6		ומתעבי חק לאין שאירית / ופליטה למו
CD IV,11		למספר השנים / האלה אין עוד
CD V,6		המקדש אשר אין הם / מבדיל כתורה
CD V,17		הם גוי אבד עצות מאשר אין בהם בינה
CD IX,5		ואין כתוב כי אם נוקם הוא לצריו
CD IX,13		כל אשם מושב אשר אין בעלים
CD IX,14		וכן כל אבדה נמצאת ואין / לה בעלים
CD X,12		וכל גבא בסלע אשר אין בו די / מרעיל
CD XIII,3		ואם אין הוא בחון בכל אלה
CD XIII,19		פ]שעיהם ואת אשר אינׄנו נקשר בש[
CD XIV,16		לגוי נכר ולבתולה אשר / אין לה ג[ואל]
		לה ג[ואל] ולנע[ר א]שר אין לו דורש
CD XX,5		קדש {{אשר אין}} / {{גורלו בתוך א}}
CD XX,10		אין להם חלק בבית התורה
CD XX,16		כאשר אמר אין מלך ואין שר
		כאשר אמר אין מלך ואין שר ואין שופט
		ואין שר ואין שופט ואין / מוכיח בצדק
		ואין שר ואין שופט ואין / מוכיח בצדק
1QS II,7		ארור אתה לאין רחמים כחושך מעשיכה
1QS II,14		הצמאה עם הרווה לאין / סליחה
1QS III,10		ואין / לצעוד על אחד מכול

1QS III,16		כבודו ימלאו פעולתם **ואין** להשנות
1QS IV,14		עד / כלותם **לאין** שרית ופליטה למו
1QS IV,23		**ואין** עולה יהיה לבושת כול מעשי
1QS V,13		לכלת עולם **לאין** שרית
1QS VIII,10		{{בּתמִים דרךְ}} **ואין** עולה בהכון אלה
1QS XI,18		**ואין** אחר זולתכה להשיב
1QSb I,7	(I)	]שנאתה **אין** ש[ארית]
1QSb V,29	(I)	]כה טרף **ואין** משי[ב]
1QpHab III,12		]כול העמים כנשר / **ואין** שבעה
1QM I,6		ונפל אשור **ואין** עוזר לו
		להכניע רשעה **לאין** שארית ופלטה
1QM IV,2		ובכול אנשי גורלו **לאין** שארית
1QM XI,1		ידכה רוטשו פגריהם **לאין** קובר
1QM XIV,5		וקהל גויים אסף לכלה **אין** שארית
1QM XIV,8		ולכול גבוריהם **אין** מעמד
1QM XIV,11		]לכול גבוריהם **אין** מציל ולקליהם אין
		אין מציל ולקליהם **אין** מנוס
1QM XIV,12		**א**]ין ואנו עם קודשכה
1QM XVIII,2		ונפלו בני יפת **לאין** קום וכתיים יכתו
		וכתיים יכתו **לאין** / [
1QM XVIII,11		להסיר ממ[ש]לת אויב **לאין** עוד
1QM XVIII,13		]◦ ולב גבורים מגנתה **לאין** מעמד
		ובידכה המלחמה **ואין** / [
1QH^{a} VII,16		לישועת עולם ושלום עד **ואין** מחסור
1QH^{a} IX,5		] **אין** מספר וקנאתכה / לפני
1QH^{a} X,26		ויפרו חצים **לאין** מרפא ולהוב חנית באש
1QH^{a} XI,20		ואתהלכה במישור **לאין** חקר
1QH^{a} XI,27		בהתעופף כול חצי שחת **לאין** השב
		ויפרו **לאין** תקוה בנפול קו על משפט
1QH^{a} XI,28		וחבלי מות אפפו **לאין** פלט
1QH^{a} XII,20		כי **אין** הולל בכול מעשיך
1QH^{a} XII,27		פני רבים ותגבר עד **לאין** מספר
1QH^{a} XIII,21		וכבודכה / **לאין** מדה וגבורי פלא
1QH^{a} XIII,28		יורו לחתו[ף מבלגות] פתנים / **לאין** חבר
1QH^{a} XIII,29		וישיגוני במצרים **לאין** מנוס
1QH^{a} XIII,34		אנחה / ושקוי בדמעות **אין** כלה
1QH^{a} XIII,37		כי נאסרתי בעבותים / **לאין** נתק
1QH^{a} XIII,38		]כלאי עם תהום נחשב **לאין**[
1QH^{a} XIV,3		] / והווה **לאין** חקר וכלה לאין [
		לאין חקר וכלה **לאין** [
1QH^{a} XIV,7		]להתהלך / בדרך לבכה **לאין** עול
1QH^{a} XIV,12		ובגבורות[יכה יש]וחו / **לאין** השבת
1QH^{a} XIV,13		**ואין** מליץ בנים לק[דושיכה
1QH^{a} XIV,17		ו◦◦◦ יזרו[ ]על תבל **לאין** אפס ועד שאול [
1QH^{a} XIV,18		מעין אור למקור / עולם **לאין** הסר
1QH^{a} XIV,23		**ואין** / נתיבת לישר דרך
1QH^{a} XIV,27		ב[שע]ריה דלתי מגן **לאין** / מבוא
1QH^{a} XIV,31		] / למרחב **אין** קץ
1QH^{a} XIV,32		**ואין** פלט ליצר אשמה לכלה
		ליצר אשמה לכלה ירמוסו **ואין** שא[ית
1QH^{a} XIV,33		◦◦◦ / ולכול גבורי מלחמות **אין** מנוס
1QH^{a} XV,11		**ואין** פה לרוח הוות
1QH^{a} XV,15		כבוד {{וחיים}} ושלום **לאין** ה[סר
1QH^{a} XV,17		ומחסי בשר **אין** לי [
		] **אין** צדקות להנצל מפ[ ]
1QH^{a} XV,28		**ואין** / להשיב על תוכחתכה
1QH^{a} XV,32		דרכיכה יכונו לנצח / נצחים **ואין** זולתכה
1QH^{a} XVI,17		מים ולימים **לאין** חק[ר]
1QH^{a} XVI,27		]◦◦ **אין** מעוז לי
1QH^{a} XVI,28		למרורים וכאיב אנוש **לאין** עצור [
1QH^{a} XVI,30		נפשי יומם ולילה / **לאין** מנוח
1QH^{a} XVI,33		זרועי מקניה [**ואי**]ן להניף יד
1QH^{a} XVI,34		וילכו כמים ברכי **ואין** לשלוח פעם
1QH^{a} XVI,35		**ואין** להרים / קול [לש]ון לימודי◦◦ לחיות
1QH^{a} XVI,39		] נאלמו **כאין** / [
1QH^{a} XVII,3		] **לאין** רחמים
1QH^{a} XVII,16		מרוח תגבר וכגב[ורת]כה **אין** / בכוח
1QH^{a} XVII,17		ולכבודכה **אין**[חקר ו]לחכמתכה אין
		אין[חקר ו]לחכמתכה **אין** מדה ולא ◦◦[
1QH^{a} XVII,38		אודכה אדוני כי] הגברתה עד **אין** מס[פר]
1QH^{a} XVII,40		**לא**]ין השבת ◦[
1QH^{a} XVIII,6		ומה אתחשב / **באין** רצונכה
1QH^{a} XVIII,9		**ואין** זולתך / ואין עמכה
1QH^{a} XVIII,10		ואין זולתך / **ואין** עמכה בכוח
		ואין לנגד כבודכה ולגבורתכה
		כבודכה ולגבורתכה **אין** מחיר
1QH^{a} XVIII,18		]גערתך **אין** מכשול[
1QH^{a} XIX,22		] **ואין** נגע להחלות
1QH^{a} XIX,23		]לה וחליל תהלה **לאין** / השבת
1QH^{a} XIX,26		**ואין** יגון ואנחה ועולה ל[וא
1QH^{a} XX,10		**ואין** אפס וזולתה לוא היה
1QH^{a} XX,11		אל ה{{ו}}ד{{ו}}עות / הכינה **ואין** אחר עמו
1QH^{a} XX,16		]פחד רשעה **ואין** רמיה [
1QH^{a} XX,17		כיא **אין** ע[
1QH^{a} XX,18		**א**]ין עוד מדהבה
1QH^{a} XX,19		**ואין** צדיק עמכה [
1QH^{a} XX,30		**ואין** להשיב / על תוכחתכה
1QH^{a} XX,31		כיא צדקתה **ואין** לנגדכה
1QH^{a} XXI,15		]◦ סוף וקצי שלום **לאין** ח[קר
1QH^{a} XXIII,2		] / אורכה **לאין** השב[ת
1QH^{a} XXVII,2		כיא השפיל גבהות] / רוח **לאין** שרית
1QH^{a} 2i11		ע]ולם **ואין** תשובת חושך
1QH^{a} 3,10		]**לאין** ואפס יצר עולה
1QH^{a} 10,6		] **לאין** השבת ◦◦◦ לקץ ישמיעו ומוע[ד
1QH^{a} 35,2		]כי **אין** כ[
1QH^{a} 51,5		] כיא **אין** מ[
1Q**27** 1i6	(I)	וכתום כעשן **וא**[יננ]ו עוד כן יתם הרשע
1Q**27** 1i7	(I)	וכול תומכי רזי פלא **אינמה** עוד
	(I)	עוד ודעה תמלא תבל **ואין** שם לע[ד] אולת
1Q**31** 2,1	(I)	] / **לאין** כ◦[
1Q**34**bis 3ii2	(I)	]◦ **ואין** לעבור חוקיהם
1Q**38** 10,2	(I)	]**אין** כי לא ◦[
2Q**18** 1,2	(III)	אמונ]ה **אי**[ן מחיר
3Q**5** 1,2	(III)	]רת **ואין** שלום כיא מכה על מכה ומהו[מה
3Q**5** 2,1	(III)	] **ואין** חנינה ונמ[
3Q**11** 2,3	(III)	]◦ **ואין** פלי[טה
4Q**88** IX,9	(XVI)	ונתנו]שמ[י]ם טלם / **ואין** שדפ[ון בג]בליהם
4Q**88** X,9	(XVI)	חגיך נד[ר]יך שלם כי **אין** / בקרבך בליעל
4Q**158** 10-12,5	(V)	]והוכה ומת **אין** לו דמים
4Q**159** 1ii4	(V)	] / אשר בי[שר]אל אשר **אין** לו יאוכלנה
4Q**161** 5-6,12	(V)	]דה **ואין** כמוהו ובכול ערי
4Q**162** III,1	(V)	] / **ואין** מ[ציל
4Q**169** 3-4ii4	(V)	ורוב חלל וכבוד פגר **ואין** קץ לגויה
4Q**169** 3-4ii6	(V)	אשמה יפולו בימיהם **ואין** קץ לכלל חלליהם
4Q**171** 1-2ii5	(V)	ועוד מעט **ואין** רשע / ואתבוננה על מקומו
4Q**171** 1-2ii6	(V)	ואתבוננה על מקומו **ואיננו**
4Q**176** 1-2i4	(V)	] / **ואין** קובר
4Q**176** 8-11,14	(V)	]**אין** עוד מעת[
4Q**176** 14,6	(V)	]**אין** לוא דורש[
4Q**176** 52,2	(V)	]**אין** יב[

א]ין שלום אשר המה ד◦[	(V)	4Q177 5-6,14
]המה דורש התורה כיא אין / [	(V)	4Q177 10-11,5
כי]א אין / [	(V)	4Q177 12-13i5
]שר כל עוונותינו ואין לאל ידנו	(V)	4Q179 1i2
]◦ תפארתנו וניחוח אין בו במ◦[	(V)	4Q179 1i6
]◦ לחיה ואין ◦[ ]ורחובותיה / [	(V)	4Q179 1i9
]◦ ובאי מועד אין בם כל ערי / [	(V)	4Q179 1i11
] / שאלו מים ואין מגיר[	(V)	4Q179 1ii8
] / וחפץ אין בו האמונים עלי תול[ע	(V)	4Q179 1ii10
] / ולטובו אין חקר[	(V)	4Q181 2,6
ואין נחלתה בתוך בכול	(V)	4Q184 1,7
ובשערי קריות תתיצב ואין להרג[יעה	(V)	4Q184 1,12
]ואין כח לעמוד לפניה	(V)	4Q185 1-2i7
לעמוד לפניה ואין מקוה / ל◦◦[	(V)	
יבקשוהו ולא ימצאהו ואין מקוה	(V)	4Q185 1-2i12
] מן מלאכיו כי אין חשך / י◦◦◦[	(V)	4Q185 1-2ii6
ובכל [ ]◦ו לאין חקר	(V)	4Q185 1-2ii15
] / עלי אין כשר לה[תלות	(XIX)	4Q200 1ii3
] / והוא אין [יודע אותי	(XIX)	4Q200 3,2
ו]אף אמי איננה מאמנת אשר תראנ[י] עוד	(XIX)	4Q200 4,4
טומאה ונאצ]ה ותבל ואין אמת אתם	(XIII)	4Q219 II,24
[כי]א אין לו לחיות {{ים[אחד}}	(XIII)	4Q221 4,7
אשר ר]ע מן נעוריו וא[ין] עמו ישר	(XIII)	4Q223-224 2i49
התמים והישר כי א]ין אתו רעה	(XIII)	4Q223-224 2i53
דרכיו ח[מ]ס ורשע ואין ב[ו אמת סביבותי]ו	(XIII)	4Q223-224 2ii6
ענה עישאו ויאמר לו]אין לבני הא[דם]	(XIII)	4Q223-224 2iv3
ע[ד] / [עול]ם ואין לעשות עמכ[ה אחוה	(XIII)	4Q223-224 2iv6
ונכ]רתים בניכה ואי[ן לכ]ה שלום	(XIII)	4Q223-224 2iv12
כ]ל אשר אין ב[	(XXXV)	4Q249 1,4
]בעל אשר אין לו גואל / [	(XXXV)	4Q251 16,5
]לסור ימין / ושמאול ואין לצעד על אחד	(XXVI)	4Q255 2,7
אר]ור אתה לאין רחמים כחושך / [מעשיכה	(XXVI)	4Q256 III,1
]כי אין [להת]ק[ד]ם ולהתאחר ממועדיהם	(XVIII)	4Q266 2i2
אש בכל מלאכי חבל] / לאין שרת [ופליטה	(XVIII)	4Q266 2ii6
ה]סא[ה] / [והיא] אשר זרעה אין בה[תרומה	(XVIII)	4Q266 6iii6
וכול גבא בסלע]אשר אין בו	(XVIII)	4Q266 8iii10
[ע]ל פשעיהם[וא]ת אשר איננו / [נקשר	(XVIII)	4Q266 9iii9
לגי נכר / [ולבתולה אש]ר אי[ן] ל[ה] גואל	(XVIII)	4Q266 10i9
ל[ה] גואל ולנער אשר אין {{ו}}ל<ו> דורש	(XVIII)	
א]שר זרעה אין בה תרומה / [	(XVIII)	4Q267 6,3
ואי]ן לקדם [ו]ל[א]חר ממועדיה[מה	(XVIII)	4Q268 1,4
[וכל אשם מושב אשר] / אין להשיבה וחומשה	(XVIII)	4Q270 2ii10
והיא אשר ז[רעה] / אין בה תרו[מה	(XVIII)	4Q270 3ii14
ונענש עשר[ת] ימים כי אין לאמ[ו]ת רוקמה	(XVIII)	4Q270 7i14
[וא]ין יד[יו] שט[ו]פות במים י[טמא]	(XXXV)	4Q277 1ii11
ארור אתה] / לאין שרית וזעום אתה לאין	(XXIX)	4Q280 2,5
וזעום אתה לאין פליטה	(XXIX)	
]ם ש◦◦י ◦◦◦◦יהם ואין ◦[	(XXXVI)	4Q281c 2
וכול] / [אשר] איננו נוגע במשקי הרבים	(XXXV)	4Q284a 1,3
ואכלתם] / [והדשנת]ם ואין משכלה	(XXXVI)	4Q285 8,8
לוא יראה בתבוא[תיה וא]ין כול נגע[	(XXXVI)	4Q285 8,9
רעה שבתה] / מן הארץ ואין דב[ר בארצכ]ם	(XXXVI)	4Q285 8,10
]אינה לשלם[	(XX)	4Q299 4,5
] / אשר אין ל◦◦[	(XX)	4Q299 6ii9
]◦ר ואין שם למוע[ד	(XX)	4Q299 53,4
]◦י ואין[	(XX)	4Q299 73,2
ואי]ן לענה לנגדו[	(XX)	4Q300 6,5
]ואין לענה לנגדו מנוקם	(XX)	4Q300 7,2
כי]א אין לו מ[	(XX)	4Q301 6,1
והנע]ר איננו[אתנו ונפשו	(XIII)	4Q364 10,1
ובדבר] / הזה אינכ[ם מאמינים ביהוה	(XIII)	4Q364 21a-k,24
היש בה עץ אם אין בה והתחזקתמה ולקחתם	(XIII)	4Q365 32,8
] / אין[אחים לאביו	(XIII)	4Q365 36,1
ומכה גד[ו]לה ונגעים לאין [	(XXVIII)	4Q368 10i8
לשמ[יר ול]שית ואין להשב יגע ו◦[	(XXVIII)	4Q368 10ii5
]אין לכה שמ[	(XXVIII)	4Q371 7,2
ואין אתה צריך לכל גוי ועם	(XXVIII)	4Q372 1,17
אתה בורר את האמת ואין בידך / כל חמס	(XXVIII)	4Q372 1,18
] / ואין ל[כם] שרית ופליטה ולצאצאיהם	(XIX)	4Q374 2ii4
] אתה ואין כל[	(XIX)	4Q374 10,3
על ההר להודיע כיא אין אלוה מבלעדיו	(XXVIII)	4Q377 2ii8
אין אלוה מבלעדיו ואין צור כמוהו [	(XXVIII)	
א]ין לחקור וירש[תם	(XXII)	4Q378 11,8
]את תדעו אשר אין ל[	(XXII)	4Q379 6,2
]אין לכם מנו◦ה בתבל	(XXII)	4Q379 13,2
]ואין לו משגב / [	(XXII)	4Q379 22i3
אי]ן אלוה זולתו	(XXII)	4Q379 22i5
ואין / [	(XXII)	
]◦◦◦◦ן אין עמו / [	(XXII)	4Q379 22i7
]אין כל	(XXII)	4Q379 22i8
ולפתאים ויבינו ולאין לב ידעון	(XI)	4Q381 1,2
]הו ואין לעבור פיהו	(XI)	4Q381 14+5,3
]◦◦◦◦ לאין ◦◦◦[ ]ל[	(XI)	4Q381 14+5,4
]◦ לאין [	(XI)	4Q381 18,5
לשני כגמר ◦◦◦◦ ואין מכבה עד י[	(XI)	4Q381 24a+b,2
[ו]צררי יכלו ואין ◦◦כ◦◦ן / [	(XI)	4Q381 31,8
ונתהלל בגברתך כי אין חקר[	(XI)	4Q381 33+35,3
תשכילה בו כי אין כמ[וך	(XI)	4Q381 44,4
] / ואבינא ואין מבין אשכיל ולו ◦[	(XI)	4Q381 45a+b,1
א]ין כח	(XI)	4Q381 53i4
ר]שף וכלה ואין ח[קר	(XI)	4Q381 76-77,4
כי רבים שפטיכם ואין מספר לעדיכם	(XI)	4Q381 76-77,11
במשפטכם לשפט אמת ואין עולה[	(XI)	4Q381 76-77,12
האדונים גבור ונפלא ואין כמהו	(XI)	4Q381 76-77,14
]שו ואין לאב[	(XIII)	4Q382 12,5
]◦ לאין[	(XIII)	4Q382 64,2
]אין[	(XIII)	4Q382 70,1
]פא ולאי[ן	(XIII)	4Q382 112,1
]אין מקוה[	(XIII)	4Q382 142,2
כוש מצרי[ם עצמה ו]אין קץ לבריח[יך]	(XXX)	4Q385a 17a-eii6
כבד בארצות שבים ואין משיע להם	(XXX)	4Q389 8ii3
[ו]אין סתר מלפנו	(XXIX)	4Q392 1,4
ואין עמו להבדיל בין האור	(XXIX)	4Q392 1,5
ועמו אור לאין חקר ואין לדעת[	(XXIX)	4Q392 1,7
עמו אור לאין חקר ואין לדעת[	(XXIX)	
לע[שות נפ]לאות ומפתים לאין מספר	(XXIX)	4Q392 1,8
]לאין חקר במים עזים מדרך בק[ע	(XXIX)	4Q392 2,4
]◦ לאין כמוה[	(XXIX)	4Q392 6-9,6
ותערובת / [א]שמ אינם רואימ	(X)	4Q394 8iv1
אנחנו אומר[ים] שהמ שאין בהמ / [ט]הרה	(X)	4Q394 8iv5
ואף המוצקות אינמ מבדילות	(X)	4Q394 8iv6
ואין להבי למחני הק[ו]דש	(X)	4Q394 8iv8
אי]נם שוחטים במקדש	(X)	4Q396 1-2i1
ואף על הסומים] שאינם / רואים להזהר	(X)	4Q396 1-2ii1
ותערובת א]שם אינם / רואים	(X)	4Q396 1-2ii2
אנחנו] / אומרים שהם שאין בהם [טהרה	(X)	4Q396 1-2ii7
ואף המוצקות] / אינם מבדילות	(X)	4Q396 1-2ii8
טמאות נגע] אין להאכילם מהקו[ד]שים	(X)	4Q396 1-2iii11
וא]ין להתיכמה ולעש[ותמה	(X)	4Q397 5,4
יכלכלו כול ◦[ ] דרך וא[י]ן טמא בקודשיהם	(XI)	4Q400 1i14

Text	Vol.	Reference
ואין במה דולג עלי חוק	(XI)	4Q**405** 23i10
]**אין** ◦◦[	(XI)	4Q**405** 40,4
]עליכה **ואין** לכה שמה שלום [	(XXXVI)	4Q**410** 1,5
טרף] / לכל חי **ואין** ◦[	(XXXIV)	4Q**416** 2ii2
תמר רוח קודשכה / כי **אין** מחיר שוה [בה	(XXXIV)	4Q**416** 2ii7
]◦ לאשר **אין** כוחכה אל תגע פן תכשל	(XXXIV)	4Q**416** 2ii16
אל תשביע לחם / ⟦ ⟧ **ואין** כסות	(XXXIV)	4Q**416** 2ii19
אל תשת יין **ואין** אכל	(XXXIV)	
צרה כי גדלים רחמי אל **ואין** קץ[	(XXXIV)	4Q**416** 3,4
אל תחשוב עזר וגם **אין** שונא [ברעיכה	(XXXIV)	4Q**417** 2i7
בעל ריב לחפצכה **ואין** ◦[	(XXXIV)	4Q**417** 2i12
] / ק[וד]שכה כיא **א**[י]**ן** מחיר שוה[	(XXXIV)	4Q**417** 2ii+23,9
כסות אל תשת יין **ואין** א[כל	(XXXIV)	4Q**417** 2ii+23,24
אל]תאמר רוח קדושה כיא **א**[ין מחיר שוה	(XXXIV)	4Q**418** 8,6
לאש]ר **אין** [כוחכה]	(XXXIV)	4Q**418** 8,16
א]שר **אין**[	(XXXIV)	4Q**418** 12,1
] עולם **ואין**[ ]ליכה[	(XXXIV)	4Q**418** 126ii16
רז] נהיה כי **אין** סו[ף	(XXXIV)	4Q**418**c 8
]א **אין** / [	(XXXVI)	4Q**419** 8i3
]אשר **איננו** ◦[	(XX)	4Q**421** 6,3
כן דובר לאזן אשר **איננה** שומעת	(XXXVI)	4Q**424** 3,5
]ל וכול זר **אין** / [	(XX)	4Q**426** 1i10
ואין / [ה]שבת השחוו ביחד קהל	(XXIX)	4Q**427** 7i17
] / [כלת]ה רמיה **ואין** נעוות בלוא דעת	(XXIX)	4Q**427** 7ii4
כלה עוון שבת נגע **לאין** מחל[ה	(XXIX)	4Q**427** 7ii6
כיא השפיל גבהות רוח **לאין** שרית	(XXIX)	4Q**427** 7ii8
וכושלי ארצ ירים **לאין** מחיר	(XXIX)	4Q**427** 7ii10
כבוד נצח **ואין** השבת[לעולמי עד]	(XXIX)	4Q**427** 7ii11
ואין מליצ להשיב[דבר כפיכה	(XXIX)	4Q**427** 7ii18
]◦[ ]**אין** ת◦[	(XXIX)	4Q**427** 17,1
חקר והתאזרו]על תבל **לאי**[**ן**]	(XXIX)	4Q**428** 8,5
ואין [יגון ואנחה ועול]ה	(XXIX)	4Q**428** 12i2
יורו לחתוף מבלגות פתנים **לאין** / [חב]ר	(XXIX)	4Q**429** 2,10
ובריחי ברזל ודלתי] / [נחושת **לאי**]**ן** פתוח	(XXIX)	4Q**429** 3,12
]יר **אין**[	(XXIX)	4Q**429** 5,1
כלה עוון שבת נגע **לאין** מחלה נאספ[ה]	(XXIX)	4Q**431** 2,5
כי השפיל גבהות]רום **לאין** שרית	(XXIX)	4Q**431** 2,7
ומי כד[ ]◦[ ]ה **כאין** ואני[	(XXIX)	4Q**433** 1,2
כמגרן ואהיה כמו **אין**	(XXIX)	4Q**433** 1,3
]כדני **ואין** [⟧ ⟦ ⟧ ⟦	(XXIX)	4Q**443** 2,9
]◦בינו **ואין** דאב[ון	(XXIX)	4Q**450** 1,1
אין גבו]ר כמוהו **ואין** אדיר[	(XXXVI)	4Q**460** 8,5
]ל **ואין** לו [	(XXXVI)	4Q**468**a 5
]◦ רוח ומשענתו[ ]**לאין** רבה מ◦[	(XXVIII)	4Q**468**cc 6
]עמו וגם אשר **איננו** ח◦[	(XXXVI)	4Q**477** 2ii7
וקהל גו[אים]אסף לכלה **ואין**[שארי]ת	(VII)	4Q**491** 8-10i3
גואי רשעה ולגבו[ריהמה] / **אין** מע[מד	(VII)	4Q**491** 8-10i6
[ולכול גבוריהמה **אי**]**ן** מציל	(VII)	4Q**491** 8-10i9
אי]ן מציל ולקילתמה **אין** מנוס	(VII)	
]ה בשמים **ואין** / [	(VII)	4Q**491** 11i13
ואין נשניתי והוריה לוא תדמה / [בהוריתי	(VII)	4Q**491** 11i16
]בשמחת עולמים **ואין** כ◦[	(VII)	4Q**491** 11i21
] **לאין** מעמד והיתה לאל[המלוכ]ה	(VII)	4Q**491** 11ii17
זואת אחר זואת **ואין** רוח ביניהמה	(VII)	4Q**491** 13,7
]**וא**[**י**]**ן**[	(VII)	4Q**491** 14-15,1
אם מ]תו רוב חלל[י]ם **לאין** מ[קב]ר	(VII)	4Q**492** 1,10
]**לאין** שרית[	(VII)	4Q**496** 18,2
המנודבים תועים **ואין** משיב שבורים	(VII)	4Q**501** 3
ואין משיב שבורים **ואין** חובש / [כפופים	(VII)	
הן / כול הגוים[**כא**]**ין** נגדכה[כ]תהו	(VII)	4Q**504** 1-2iii3
ואין שטן / ופג{{ר}}ע רע כיאם	(VII)	4Q**504** 1-2iv12
אל חי לבדכה **ואין** זולתכה	(VII)	4Q**504** 1-2v9
]◦ **ואין** ◦◦◦◦ בכול ◦◦◦[	(VII)	4Q**508** 21,3
]ן / בעוונ[ו]**אין** רופא [	(VII)	4Q**509** 12i-13,4
] **ואין** ל◦[	(VII)	4Q**509** 83,2
]**אין** [	(VII)	4Q**509** 169,2
]**אין** [	(VII)	4Q**509** 176,1
]**אין** מנה[	(VII)	4Q**509** 280,1
כיא **א**[ין] משחית בגבוליהם	(VII)	4Q**511** 1,6
ורוש ממשלות השבית **לאין** [	(VII)	4Q**511** 2i3
]◦◦ם **ואין** לכם[ש]לום [	(VII)	4Q**511** 3,5
]גבורה **אין** משא[	(VII)	4Q**511** 17,3
נבלות] בדברי **ואין**	(VII)	4Q**511** 18ii5
אלי חתמתה בעד כולם **ואין** פותח	(VII)	4Q**511** 30,3
] / [ו]**אין** לערב במ◦[	(VII)	4Q**513** 10ii3
]**ואין** להט◦[	(VII)	4Q**513** 12,3
]מה מספר **ואין**[	(XXV)	4Q**525** 10,1
]מעט לו **ואין** דיו כי ◦[	(III)	5Q**14** 5
להגיד אמונתכה לתהלתכה **אין** חקר	(IV)	11Q**5** XIX,9
ו]הם יודעים / [רזי פל]או אשר **אינם** [	(XXIII)	11Q**11** III,8
ואין משכלה בארצכם	(XXIII)	11Q**14** 1ii11
]הוא **אין** / הוא כוהן י[ו]מת וכול איש		11Q**19** XXXV,4
והוא **אין** הוא לבוש בג[די הקודש		11Q**19** XXXV,6
] / נטמאו **אין** עו[ד		11Q**19** L,3
לבז ולמשוסה **ואין** מושיע מפני רעתמה		11Q**19** LIX,8
בן סורר ומורה/ומורר **איננו** שומע בקול אביו		11Q**19** LXIV,2
בננו זה סורר / ומורר **ואננו** שומע בקולנו		11Q**19** LXIV,5
ולנערה לוא תעשו דבר **אין** לנערה חטא מות		11Q**19** LXVI,6
זעקה / הנערה המאורשה **ואין** מושיע לה		11Q**19** LXVI,8
אין עוד / [	(XXIII)	11Q**20** XIV,6
] **אין** [	(XXXIII)	PAM 43.664 47,1
]**אין** כ◦[	(XXXIII)	PAM 43.701 5,1

where? interrogative particle **אַיִן-2**

Text	Vol.	Reference
מאין אבקשה מנחמים לך	(V)	4Q**169** 3-4iii6

ephah (dry measure) noun **אֵיפָה**

Text	Vol.	Reference
]**האיפה** והבת תכון א[חד	(V)	4Q**159** 1ii13
מן הח[ומר והיא **הא**]**יפה** / [והבת	(XVIII)	4Q**271** 2,1
]**האיפה** והבת{{ב}} תכון אחד שניהן	(XVIII)	4Q**271** 2,2
[לאיפה **ואי**]**פה** לעומר ועומר [	(XXXIV)	4Q**415** 11,3
ובאוצרו המשילכה **ואיפת** אמת פוקד[ה עליכה	(XXXIV)	4Q**418** 81+81a,9
] / [כי]**באי**[**פ**]**ת** אמת ומשקל צדק תכן אל	(XXXIV)	4Q**418** 126ii3
]אשר לוא [לאיפה ו]**איפה** לעמר ועומ[ר	(XXXIV)	4Q**418** 167a+b,4
]לעומר ועומר **לא**[**יפה** ואיפה	(XXXIV)	4Q**418**a 15,4
ומעשר **האיפה** / [העשרון	(VII)	4Q**513** 1-2i5

where? interrogative particle **אֵיפֹה**

Text	Vol.	Reference
איפה עם אשר לוא / גזל הו[ן] ל[אחר	(I)	1Q**27** 1i11
]◦ן יאמרו **אי פה** ה◦[	(XXXVI)	4Q**467** 1+2,3

man, husband, human noun **אִישׁ**

Text	Vol.	Reference
בעונם וידעו כי / {{**אנשים**}} אשימים הם		CD I,9
בעמוד **איש** הלצון אשר הטיף לישראל		CD I,14
על / מצות אל ולעשות **איש** הישר בעיניו		CD III,6
אחרי שרירות / לבם לעשות **איש** את רצונו		CD III,12
לבית יהודה כי אם לעמוד **איש** על / מצודו		CD IV,11
ולוקחים / **איש** את בת אחיהו{{ם}}		CD V,8
לאהוב **איש** את אחיהו / כמהו ולהחזיק		CD VI,20
ולדרוש **איש** את שלום / אחיהו		CD VI,21

שלום / אחיהו ולא ימעל **איש** בשאר בשרו	CD VII,1
הזונות / כמשפט להוכיח **איש** את אחיהו	CD VII,2
ולא ישקץ / **איש** את רוח קדשיו כאשר	CD VII,4
התורה כאשר אמר בין **איש** לאשתו ובין אב	CD VII,8
ונקום וניטור / **איש** לאחיו ושנוא איש	CD VIII,6
איש לאחיו ושנוא **איש** את רעהו	
ויתעלמו **איש** בשאר בשרו	
להון ולבצע ויעשו **איש** הישר בעיניו	CD VIII,7
ויבחרו **איש** בשרירות לבו	CD VIII,8
כל ה**אנשים** אשר באו בברית החדשה	CD VIII,21
וכל **איש** מביאו / הברית אשר יביא	CD IX,2
איש אשר ישביע על פני השדה	CD IX,9
כל דבר אשר ימעל / **איש** בתורה	CD IX,17
והובדל ה**איש** מן הטהרה לבד ⟦ ⟧	CD IX,21
הם וביום ראות ה**איש** יודיעה למבקר	CD IX,22
אל יאמן **איש** על רעהו / לעד עובר	CD X,2
עד עשרה **אנשים** ברורים / מן העדה לפי	CD X,4
אל / ירחץ **איש** במים צואים ומעוטים מדי	CD X,11
צואים ומעוטים מדי מרעיל **איש**	
אל יעש **איש** ביום / {{ממ}} השישי מלאכה	CD X,14
וביום השבת אל ידבר **איש** דבר / נבל ורק	CD X,17
אל יתהלך **איש** בשדה לעשות את עבודת	CD X,20
אל יאכל **איש** ביום השבת כי אם	CD X,22
אל יקח **איש** עליו בגדים צואים או מובאים	CD XI,3
אל יתערב **איש** מרצונו / בשבת	CD XI,4
אל ילך **איש** אחר הבהמה לרעותה	CD XI,5
אל יוציא **איש** מן הבית / לחוץ	CD XI,7
אל ישא **איש** / עליו סמנים לצאת	CD XI,9
אל ימרא **איש** את עבדו ואת אמתו	CD XI,12
{{אל}} אל יילד **איש** בהמה ביום השבת	CD XI,13
אל ישבית **איש** במקום קרוב / לגוים בשבת	CD XI,14
אל יחל **איש** את השבת על הון ובצע	CD XI,15
ואל מקום / אל יעלה **איש** בסולם וחבל	CD XI,17
אל יעל **איש** למזבח בשבת / כי אם	
אל ישלח / **איש** למזבח עולה ומנחה	CD XI,19
ועץ ביד **איש** טמא באחת / מן הטמאות	
אל ישכב **איש** עם אשה בעיר המקדש	CD XII,1
כל **איש** אשר ימשלו בו רוחות בליעל	CD XII,2
ידו לשפוך דם ל**איש** מן הגוים	CD XII,6
אל ימכר **איש** בהמה / ועוף טהורים לגוים	CD XII,8
אל ישקץ **איש** את נפשו / בכל החיה	CD XII,11
עד עשרה **אנשים** למועט לאלפים ומיאיות	CD XIII,1
אל ימש **איש** כהן מבונן בספר ההגי	CD XIII,2
ו**איש** מהלוים בחון / באלה	CD XIII,3
משפט לתורת נגע יהיה ב**איש** ובא הכהן	CD XIII,5
אל ימשול **איש** / מבני המחנה להביא	CD XIII,12
להביא **איש** אל העדה זולת פי המבקר	CD XIII,13
ו**איש** מכל באי ברית אל אל	CD XIII,14
ואל יעש **איש** חבר למקח ולממכר	CD XIII,15
ויכתבו בשמותיהם / **איש** אחר אחיהו	CD XIV,5
חמשים שנה בעול בכל / סוד **אנשים**	CD XIV,10
פיהו יבאו באי העדה / **איש** בתרו	CD XIV,11
ולזקן אשר / [יכר]ע ול**איש** אשר ינו[ג]ע	CD XIV,15
ואל יודיעהו **איש** את / המשפטים עד עמדו	CD XV,10
ונ]ער ז[עטו]ט אל / יבוא **אי**[ש	CD XV,17
על כן יקום ה**איש** על נפשך לשוב אל	CD XVI,1
וביום אשר יקום ה**איש** על נפשו לשוב / אל	CD XVI,4
אשר יקום **איש** על נפשו / לעשות דבר	CD XVI,7
כל אשר / [יק]ים **איש** על נפשו ל[ס]ור	CD XVI,9
אל / יניא **איש** שבועה אשר לא [י]דענה	CD XVI,11
אל ידור **איש** למזבח מאום אנוס	CD XVI,13
אל] יקדש **איש** את מאכל / פ[יהו]ל כי	CD XVI,14
אשר אמר **איש** את רעיהו יצ[ו]דו חרם	CD XVI,15
ואל / יקדש **איש** מכל ◦[	CD XVI,16
התורה / כאשר אמר בין **איש** לאשתו ובין אב	CD XIX,5
הרשעה / ונקום ונטור **איש** לאחיהו ושנא איש	CD XIX,18
איש לאחיהו ושנא **איש** את רעהו	
ויתעלמו **איש** / בשאר בשרו	
ולבצע ויעשו {{את}} / **איש** הישר בעיניו	CD XIX,20
ויבחרו **איש** בשרירות לבו	
כן כל ה**אנשים** אשר באו בברית / החדשה	CD XIX,33
המשפט / לכל באי עדת **אנשי** תמים הקדש	CD XX,2
פקודי ישרים / הוא ה**איש** הנתך בתוך כור	CD XX,3
יוכיחוהו **אנשי** / דעות עד יום ישוב לעמד	CD XX,4
יום ישוב לעמד במעמד **אנשי** תמים קדש	CD XX,5
התורה אשר יתהלכו / בו **אנשי** תמים הקדש	CD XX,7
תמים הקדש אל {{ית}} יאות **איש** עמו בהון	
אשר שבו / עם **אנשי** הלצון ישפטו	CD XX,11
יורה היחיד עד תם כל **אנשי** המלחמה	CD XX,14
אשר שבו / עם **איש** הכזב כשנים ארבעים	CD XX,15
אז נידברו **איש** / אל רעהו להצדיק איש	CD XX,17
איש / אל רעהו להצדיק **איש** את אחיו	CD XX,18
כולם **איש** לפי רוחו ישפטו בעצת	CD XX,24
הראשונים אשר / נשפטו בם **אנשי** היחיד	CD XX,32
ולאהוב כול בני אור **איש** / כגורלו	1QS I,9
ולשנוא כול בני חושך **איש** כאשמתו	1QS I,10
והכוהנים מברכים את כול / **אנשי** גורל אל	1QS II,2
והלויים מקללים את כול **אנשי** / גורל בליעל	1QS II,4
לדעת כול **איש** ישראל איש בית מעמדו ביחד	1QS II,22
לדעת כול איש ישראל **איש** בית מעמדו ביחד	
ולוא ישפל **איש** מבית מעמדו	1QS II,23
ומחשבת צדק / **איש** לרעהו בעצת קודש	1QS II,25
ברוח עצת אמת אל דרכי **איש** יכופרו	1QS III,6
בתולדות כול בני **איש** / לכול מיני רוחותם	1QS III,13
בתבל להאיר בלבב **איש** ולישר לפניו	1QS IV,2
באלה תולדות כול בני **איש** ובמפלגיהן ינחלו	1QS IV,15
במפלגיהן לפי נחלת **איש** בין רוב למועט	1QS IV,16
גבר יזקק לו מבני **איש** להתם כול רוח עולה	1QS IV,20
ואולת וכפי נחלת **איש** באמת יצדק וכן ישנא	1QS IV,24
וינחילן לבני **איש** לדעת טוב [ו]ל[ה]פיל	1QS IV,26
וזה הסרכ ל**אנשי** היחד המתנדבים לשוב	1QS V,1
לרצונו להבדל מעדת / **אנשי** העול	1QS V,2
ועל פי רוב **אנשי** / היחד המחזקים בברית	
אשר לוא ילכ **איש** בשרירות לבו	1QS V,4
ולרוב **אנשי** בריתם / המתנדבים יחד לאמתו	1QS V,9
להבדל מכול **אנשי** העול ההולכים	1QS V,10
במים לגעת בטהרת **אנשי** הקודש	1QS V,13
ואשר לוא ישיב **איש** מאנשי / היחד על פיהם	1QS V,15
ואשר לוא ישיב איש מ**אנשי** / היחד על פיהם	
ולוא ישען **איש** הקודש על כול מעשי / הבל	1QS V,18
את רוחום ביחד בין **איש** לרעהו לפי שכלו	1QS V,21
וכתבם בסרך **איש** לפני רעהו לפי	1QS V,23
להשמע הכול **איש** לרעהו הקטן לגדול	
ומעשיהם שנה בשנה להעלות **איש** לפי שכלו	1QS V,24
להוכיח / **איש** את רעהו בא[מ]ת וענוה	1QS V,25
וענוה ואהבת חסד ל**איש**	
וגמ אל יביא **איש** על רעהו דבר לפני	1QS VI,1
בכול מגוריהם כול הנמצא **איש** את רעהו	1QS VI,2
אשר יהיה שם עשרה **אנשים** מעצת החיד	1QS VI,3
החיד אל ימש מאתם **איש** / כוהן	

תרוסת מוצא שפתי ממערכת **אנשים** 1QS X,14
לוא אשיב ל**איש** גמול / רע בטוב ארדפ גבר 1QS X,17
כול חי והואה ישלם ל**איש** גמולו 1QS X,18
וריב **אנש** ֯שחת לוא א{{ט֯ו֯ר֯}}֯תפוש֯ 1QS X,19
ואפיא לוא / אשיב מ**אנשי** עולה 1QS X,20
ומעל **אנשים** עד תום / פשעם 1QS X,23
וברוח נשברה ל**אנשי** / מטה שולחי אצבע 1QS XI,1
משפט בני צדוק הכוהנים ו**אנושי** בריתם (I) 1QSa I,2
המה **אנושי** עצתו אשר שמרו בריתו (I) 1QSa I,3
למועט [זה על] זה יכבדו **איש** מרעהו (I) 1QSa I,18
וברובות שני **איש** לפי כוחו יתנו משאו (I) 1QSa I,19
וכול **איש** פותי / אל יבוא בגורל להתיצב (I)
ובני לוי יעמודו **איש** במעמדו / על פי בני (I) 1QSa I,22
ולהוציא אתכול העדה **איש** בסרכו (I) 1QSa I,23
אלה ה‹**א**›**נשים** הנקראים לעצת היחד (I) 1QSa I,27
והידעים תמימי הדרך ו**אנושי** החיל (I) 1QSa I,28
אלה / **אנושי** השם קיראי מועד הנועדים (I) 1QSa II,2
וכול **איש** מנוגע באחת מ֯כ֯ול טמאות֯ (I) 1QSa II,3
וכול **איש** מנוגע בא֯לה לב֯לתי / החזיק (I) 1QSa II,4
בבשרו / לראות עינים או **איש** זקן כושל (I) 1QSa II,7
]אלה להתיצב [ב]ת֯ו֯ך עדת **א֯**[**נ**]**ושי** השם (I) 1QSa II,8
ל]א יבוא ה**איש** כיא מנ֯ו֯גע / [ה]וא (I) 1QSa II,10
[זה מו]שב **אנשי** השם [קריאי]מועד לעצת (I) 1QSa II,11
בני] אהרון הכוהנים [קריאי]מועד **אנושי** השם (I) 1QSa II,13
לפניו ראש֯֯י / א[לפי ישראל **אי**]**ש** לפי כבודו (I) 1QSa II,15
הקודש]ישבו לפניהם **איש** לפי / כבודו (I) 1QSa II,16
אל ישלח]**איש** את ידו ברשת / הלחם (I) 1QSa II,18
יבר]כו כול עדת היחד **א**[**יש** לפי] כבודו (I) 1QSa II,21
כול מע[רכת כי יו]עדו עד עשרא **אנש**[**ים** (I) 1QSa II,22
]כ֯ה ◦◦◦ב֯ר֯ת֯ בידכה / **אנשי** עצת אל ולוא ביד (I) 1QSb IV,24
]ב֯**איש** לרעהו (I)
]ה֯בוגדים עם **איש** / הכזב כי לו֯א[1QpHab II,1
]יעבורו **איש** / מלפני רע֯י֯הו מושלי֯[הם 1QpHab IV,11
פשרו על בית אבשלום / ו**אנשי** עצתם 1QpHab V,10
ולוא עזרוהו על **איש** הכזב ⟦ ⟧ אשר מאס 1QpHab V,11
פשרו על **אנשי** האמת / עושי התורה 1QpHab VII,10
ויגזול ויקבוץ הון **אנשי** ח֯מס אשר מרדו באל 1QpHab VIII,11
בעוון מורה / הצדק ו**אנשי** עצתו נתנו אל ביד֯ 1QpHab IX,10
וקץ ממשל לכול **אנשי** גורלו וכלת עולמים 1QM I,5
לנחשיר גדול עדת אלים וקהלת / **אנשים** 1QM I,11
המון גדול ותרועת אלים ו**אנשים** ליום הווה
מלאכי ממשלתו ולכול **אנשי**[1QM I,15
וראשי משמרותם **איש** במעמדו ישרתו 1QM II,3
יהיו **אנשי** השם / קריאי המועד 1QM II,6
אבות העדה בחרים להם **אנשי** מלחמה 1QM II,7
מכול שבטי ישראל יחלוצו / להם **אנשי** חיל 1QM II,8
בהפתח שערי המלחמה לצאת **אנשי** הבנים 1QM III,1
ועל חצוצרות **אנשי** / השם {{יכתובו}} 1QM III,3
ועל חצוצרות מקרא **אנשי** הבנים 1QM III,7
ובכול **אנשי** גורלו לאין שארית 1QM IV,2
העשרה ואת שמות תשעת **אנשי** תעודתו 1QM IV,5
על אלף **איש** תאסר המערכה 1QM V,3
סדו{{כ}}ר֯י֯ם בסרך מעמד **איש** אחר איש 1QM V,4
סדו{{כ}}ר֯י֯ם בסרך מעמד איש אחר **איש**
ש]לושים באמה אשר יעמודו שם **אנ֯ש֯**[י] / [1QM V,17
יצאו עם אלף מערכת **אנשי** הבינים 1QM VI,9
ואלף וארבע מאות רכב ל**אנשי** סרך 1QM VI,10
ויהיו הפרשים על רכב **אנשי** הסרך 1QM VI,11
הרכב היוצאים / למלחמה֯ עם **אנש֯**[י] ה֯בנים 1QM VI,12
והרוכבים עליהם **אנשי** חיל למלחמה 1QM VI,13

ו**איש** כתכונו ישבו לפניו 1QS VI,4
אשר יהיו שם העשרה **איש** דורש בתורה 1QS VI,6
תמיד {על יפות} ‹חליפות› **איש** לרעהו 1QS VI,7
איש בתכונו הכוהנים ישבו 1QS VI,8
ושאר / כול העם ישבו **איש** בתכונו 1QS VI,9
אשר יהיה לרבים להשיב **איש** את מדעו
אל ידבר **איש** בתוכ דברי רעהו טרם 1QS VI,10
ה**איש** הנשאל ידבר בתרו 1QS VI,11
ובמושב הרבים אל ידבר **איש** כול דבר
וכיא ה**איש** / המבקר על הרבים
וכול **איש** אשר יש אתו דבר לדבר 1QS VI,12
לוא במעמד ה**איש** השואל את עצת / היחד
עצת / היחד ועמד ה**איש** על רגלוהי ואמר יש 1QS VI,13
ידורשהו ה**איש** הפקו֯ד ברואש הרבים 1QS VI,14
ורוב **אנשי** בריתם יקר{{י֯}}בו גמ את הונו 1QS VI,19
ואת מלאכתו אל יד ה**איש** / המבקר
לו שנה שנית בתוך **אנשי** היחד 1QS VI,21
אם ימצא בם **איש** אשר ישקר / בהון 1QS VI,24
וה**איש** אשר יצחה בלו֯ משפט 1QS VII,4
וכן ל**איש** הנפ{{◦}}ט֯ר֯ במושב הרבים 1QS VII,10
ו**איש** אשר ירוק אל תוכ מושב הרבים 1QS VII,13
וה**איש** אשר ילכ רכיל ברעהו 1QS VII,15
ו**איש** ברבים ילכ רכיל לשלח 1QS VII,16
וה**איש** אשר ילון על יסוד היחד 1QS VII,17
וה**איש** אשר תזוע רוחו מיסוד 1QS VII,18
֯משקת֯ הרבים ואחר כול **אנשי** היחד ישב 1QS VII,20
{{◦◦◦◦◦◦◦◦}} ו֯֯כול **איש** אשר יהיה בעצת היחד 1QS VII,22
ו**איש** מאנשי הי֯ח֯[ד א]ש֯ר֯ י֯ת֯ערב 1QS VII,24
ואיש מ**אנשי** הי֯ח֯[ד א]ש֯ר֯ י֯ת֯ערב / עמו
שנים עשר **איש** וכוהנים שלושה תמימים 1QS VIII,1
ואהבת חסד והצנע לכת **איש** אמ רעהו 1QS VIII,2
דרך / ֯יבדלו֯ קודש בתוכ עצת **אנשי** היחד 1QS VIII,11
ונמצאו ל**איש** / הדורש אל יסתרהו מאלה
יבדלו מתוך מושב **הנשי** העול ללכת למדבר 1QS VIII,13
וכול **איש** מאנשי היחד ברית / היחד 1QS VIII,16
וכול איש מ**אנשי** היחד ברית / היחד
ביד רמה אל יגע בטהרת **אנשי** הקודש 1QS VIII,17
המשפטים אשר ילכו בם **אנשי** התמים קודש 1QS VIII,20
אנשי התמים קודש **איש** את רעהו
כול **איש** מהמה / אשר יעבר דבר 1QS VIII,21
ולוא יתערב **איש** מאנשי הקודש בהו֯֯נו 1QS VIII,23
ולוא יתערב איש מ**אנשי** הקודש בהו֯֯נו
אשר לוא ישפוט **איש** ולוא ישאל על כול עצה 1QS VIII,25
יבדילו **אנשי** / היחד בית קודש לאהרון 1QS IX,5
והגורל לכול תכון **אנשי** היחד 1QS IX,7
תכון אנשי היחד / והון **אנשי** הקודש 1QS IX,8
אל יתערב ה֯ונם עם הון **אנשי** הרמיה
אשר החלו **אנשי** היחד לתיסר בם 1QS IX,10
עת ועת ולמשקל **איש** ואיש 1QS IX,12
ועת ולמשקל איש ו**איש**
ו**איש** כרוחו כן לעשות 1QS IX,15
כן לעשות משפטו ו**איש** כבור כפיו לקרבו
להוכיח ולהתרובב עמ **אנשי** השחת 1QS IX,16
עצת התורה בתוכ **אנשי** העול ולהוכיח דעת 1QS IX,17
ומשפט צדק לב֯יחרי / דרכ **איש** כרוחו 1QS IX,18
ברזי פלא ואמת בתוך / **אנשי** היחד 1QS IX,19
אנשי היחד לה{{◦}}לכ תמים **איש** את רעהו
והבדל מכול **איש** ולוא הסר דרכו 1QS IX,20
שנאת עולם / עמ **אנשי** שחת ברוח הסתר 1QS IX,22
ולהיות **איש** מקנא לחוק ועת֯י ליום 1QS IX,23

[כ]וֹל **אנשי** היחד הֿמֿתֿנֿדֿבי[ם	1Q**31** 1,1	(I)
]ולכול **אנשי** בריתֿ[	1Q**36** 7,2	(I)
]ל[**א**]**יש** גמולי אמתכֿ[ה	1Q**36** 15,3	(I)
א]**נשי** משמרת לרֿזיכה [	1Q**36** 16,2	(I)
] / בבני **איש**]	1Q**36** 25ii5	(I)
ויבכוהו]ארבעים יום כול **אנש**[י ביתו	2Q**19** 2	(III)
]וֿה **איש**[	2Q**28** 3,1	(III)
]**אנשים** ותוכל	4Q**158** 1-2,6	(V)
וישובו העם **איש** לאהליו ויעמוד מושה	4Q**158** 7-8,5	(V)
אי]ש את רעהו באבן[	4Q**158** 9,2	(V)
] יכה **איש** את עבד[ו	4Q**158** 9,3	(V)
] אֿם יגנוב **איש** שור או שה וטבחו	4Q**158** 10-12,4	(V)
כיא יתן **איש** אל[	4Q**158** 10-12,8	(V)
ו]כֿיֿאֿ ישאל **אי**[**ש** מעם] רֿעהו בהֿמֿהֿ	4Q**158** 10-12,13	(V)
ו]עשה **אישׁ** ממנה גורן וגת הבא	4Q**159** 1ii3	(V)
אשר נתנו **איש** ֻכֻפר נפשו מחצית[השקל]	4Q**159** 1ii6	(V)
עשר]הֿ **אנשים** / וכוהנים שנים	4Q**159** 2-4,3	(V)
כי יוצו **איש** שם רע על בתולת ישרֿאל אם	4Q**159** 2-4,8	(V)
]אֿילי **אנשי** חילו ופ◦[	4Q**161** 1,3	(V)
אלה הם **אנשי** הלצון / אשר בירושלים	4Q**162** II,6	(V)
היא עדת **אנשי** הלצון אשר בירושלים	4Q**162** II,10	(V)
]**איש** אל אחיֿ[ו לו]א / [	4Q**163** 4-7i15	(V)
] / כיחכה **איש** גדודֿ[ים חבר כהנים	4Q**163** 23ii14	(V)
]**אנשי** היחֿ[ד	4Q**165** 9,3	(V)
]**אֿנשי**[	4Q**167** 5-6,1	(V)
ו]יתפושו **איש**[	4Q**167** 16,2	(V)
אשר יכה בגדוליו **ואנשי** עצתו / [	4Q**169** 3-4i5	(V)
בדורשי החלקות אשר יתלה **אנשים** חיים / [	4Q**169** 3-4i7	(V)
[פ]שֿרֿו הם **אנשי** [ח]יֿלה גבור[י מ]לחמתה	4Q**169** 3-4iii11	(V)
תחר במצליח דרכו **באיש** / [עוש]הֿ מזמות	4Q**171** 1-2i17	(V)
[פשר]ו על **איש** הכזב אשר התעה רבים באמרי	4Q**171** 1-2i18	(V)
ולוא ימצא בארץ כול **איש** / [ר]שע	4Q**171** 1-2ii7	(V)
לשלוח יד / בכוהן **ובאנשי** עצתו בעת המצרף	4Q**171** 1-2ii18	(V)
פשרו] עֿל **אֿ**[**י**]**ש** הכֿזֿבֿ[	4Q**171** 3-10iv14	(V)
וראה] ישר[כיא אח]רֿ[ית **לאי**]**שֿ** שלום	4Q**171** 3-10iv16	(V)
מאשרי [ה]**איש** אשר לוא הלך בעצת רשעים	4Q**174** 1-2i14	(V)
ג]ל[ו]ליהמה המה בני צדוק וֿ**אֿ**[**נ**]**שי** עצתֿ[מ]ה	4Q**174** 1-2i17	(V)
א]וֿרים והתומים **לאיש**[	4Q**174** 6-7,7	(V)
והיה ֻה**איש** / אשר לוא ישמע אל דברי	4Q**175** 6	(V)
תמיך ואורך **לאיש** חסידך אשר / נסיתו במסה	4Q**175** 14	(V)
ויאמר ארור ה**יש** אשר יבנה את העיר הזות	4Q**175** 22	(V)
ואנה ֻ**אישׁ**ֻ ארור אחד בליעל / עומד להיות	4Q**175** 23	(V)
ב]ית קודש ולתת מילת **איש** ל[	4Q**176** 16,3	(V)
]◦ על כול **א**[**יש**	4Q**176** 17,3	(V)
]◦פשר הדבר אשר יֿעמוד **איש** מב◦[	4Q**177** 1-4,6	(V)
]מפורשים בשמות **לאיש** ואיש ◦[	4Q**177** 1-4,11	(V)
]מפורשים בשמות לאיש **ואיש** ◦[		(V)
א]**נֿשֿיֿ** עצתו וידברו עליו	4Q**177** 1-4,14	(V)
] **לאנשי** עצתו המה החרב	4Q**177** 1-4,16	(V)
ההוללים אשר יֿ[ ]בֿא על **אנשי** היֿ[חד	4Q**177** 5-6,1	(V)
עֿ[ל יתר פשרו א]שר ינודו **אנ**[**שי**	4Q**177** 5-6,8	(V)
]ץ לה **איש** ויֿלך דֿ◦[	4Q**177** 5-6,10	(V)
]עֿי **האנשים** אשר עבדו אלֿ[הים אחרים	4Q**177** 7,5	(V)
]◦ל **אנשי** בליעל וכול האספסוף / [	4Q**177** 10-11,4	(V)
]**איש** על מצורו בעומדם	4Q**177** 10-11,6	(V)
פ]שֿרֿ הֿדֿבֿרֿ לנֿצח לב **אנשי** / [	4Q**177** 10-11,9	(V)
ב]ל[יע]ל וֿכול **אנשי** גורלו ו◦[ ] לעד	4Q**177** 12-13i11	(V)
] / **אנשי**[	4Q**177** 12-13ii8	(V)
]ל **איש** {{ל}}מכ{{אוב}}ֻתיֻנוֿ[	4Q**179** 1i14	(V)
]שלושת ה**אֿנֿשֿיֿ**[ם	4Q**180** 2-4ii3	(V)

ואנשי הסרך יהיו מבן ארבעים	1QM VII,1	
חגר או **איש** אשר מום עולם בבשרו	1QM VII,4	
או **איש** מנוגע בטמאת / בשרו		
כולם יהיו **אנשי** נדבת מלחמה ותמימי רוח	1QM VII,5	
וכול / **איש** אשר לוא יהיה טהור ממקורו	1QM VII,6	
על פני כול **אנשי** המערכה לחזק ידיהם	1QM VII,12	
וחמשים **אנשי** בינים יצאו מן השער האחד	1QM VII,16	
החצוצרות תהיינה מריעות לנצח **אנשי** הקלע	1QM VIII,1	
ולידם **אנשי** הרכב / מימין ומשמאול	1QM VIII,4	
הראשים יהיו נפשטים לסדריהם **איש** למעמדו	1QM VIII,6	
ויצאו אליהם כול **אנשי** הבינים	1QM IX,3	
שמונה ועשרים אלף / **אנשי** מלחמה	1QM IX,5	
ואת גולית הגתי **איש** גבור חיל	1QM XI,1	
ונפל אשור בחרב לוא **איש**	1QM XI,11	
משפט אמתכה בכול בני **איש** ולעשות לכה שם	1QM XI,14	
קומה גבור שבה שביכה **איש** כבוד	1QM XII,10	
גערתה ממֿ[נו ובהתרשע **אנ**]**שי** ממשלתו	1QM XIV,10	
הכֿ[והנים] והלויים וכול **אנשי** הסרך עמו	1QM XV,4	
וי]צאו **אנשי** הבינים ועמדו ראשים בין	1QM XVI,4	
לקול החצוצרות עד התיצבם **איש** על מעמדו	1QM XVI,5	
ירימו **איש** ידו בכלי / מלחמתו	1QM XVI,6	
עד התיצֿ[בם **אי**]**שֿ** על מעמד[ו	1QM XVII,11	
ובהגיע / **אנשי** [הבינים ליד מע]רֿכת כתייֿםֿ	1QM XVII,12	
ירימו **איש** ידו בכלי מלחמתו		
ואנשי הבינים ישלחו ידם בחיל	1QM XVII,13	
רק בטובך / יצדק **איש** וברוב רח[מיך	1QH^{a} V,23	
] **אנשי** אמת וב◦[	1QH^{a} VI,2	
] **אנשי** חזונכה	1QH^{a} VI,7	
קנאתי על כול פועלי רשע **ואנשי** רמיה	1QH^{a} VI,14	
וכן הוגשתי ביחד כול **אנשי** סודי	1QH^{a} VI,18	
כי אם לפֿ[י קרבך **אי**]**ש** / [אה]בֿנו וכרחקך	1QH^{a} VI,20	
ארעה כי ברצו[נכה] **באיש** הרביתה ◦◦◦[	1QH^{a} VIII,13	
ואדעה כי לא יצדק **איש** מבלעדיך	1QH^{a} VIII,20	
ואהיה **איש** ריב למליצי תעות ובֿעֿלֿ	1QH^{a} X,14	
[וכול]**אֿנשי** רמיה עלי יהמו כקול	1QH^{a} X,16	
ותפל **לאיש** גורל עולם עם רוחות / דעת	1QH^{a} XI,22	
ותכרת במ[שפ]ט כול **אנשי** מרמה	1QH^{a} XII,20	
ואנשי [עצ]תֿי סוררים / ומלינים סביב	1QH^{a} XIII,24	
ו[אמת] ל◦◦◦ / **אנשי** עצתכה בתוך בני אדם	1QH^{a} XIV,11	
אֿ[מתכה וכ]בֿודכה / לכול **אנשי** עצתכה	1QH^{a} XIV,13	
והיה]לאש בוערת בכול **אנשי** / אשמה	1QH^{a} XIV,18	
לבני חסד / וכאומן **לאנשי** מופת	1QH^{a} XV,21	
ויתפֿ[צצו ש]אֿרית **אנשי** מלחמתי	1QH^{a} XV,22	
ובחסדיכה **לאיש** [	1QH^{a} XV,27	
ומה הוא **איש** תהו ובעל הבל להתבונן	1QH^{a} XV,32	
ואהיה **כאיש** נעזב ב◦[	1QH^{a} XVI,27	
] / **אנשי** מלחמ[ה	1QH^{a} XVII,22	
וֿלפי דעתם יכבדוֿ / **איש** מרעהו	1QH^{a} XVIII,28	
ואני **איש** פשע ומגולל / [	1QH^{a} XXII,4	
כיא יש מקוה **לאיש** / [	1QH^{a} XXII,7	
]**איש** ותשיבהו ובמה	1QH^{a} XXII,12	
]◦ו **אנושי** ברית פותו בם	1QH^{a} 4,8	
הודעֿ[תה ע]םֿ בני **איש** בתו[ך בני]אדם[	1QH^{a} 10,9	
]◦ ◦רוחם בֿנֿי **איש** לפי שכלו וֿח[	1QH^{a} 11,4	
]◦ **לאֿנֿשֿיֿ** ◦חֿ◦[	1QH^{a} 28,3	
]**איש** זֿורן בֿמרבי מעל ועֿ[שק	1QH^{a} 45,5	
]**אנש**[י בי]תו [	1Q**14** 20-21,2	(I)
יזֿ[רע וכרמו לוא] יזמור **אי**[**ש**]	1Q**22** 1iii2	(I)
ידו א]שר [ישה מאומה ב]**איש** וֿ[אשר יהיה לו	1Q**22** 1iii5	(I)
] **איש** [	1Q**22** 13,2	(I)

ולהכתב **איש** לפני רעה בסרך	(XXVI)	4Q258 II,2
לפני רעה בסרך **איש** לפי שכלו	(XXVI)	
להשמע הכול **איש** לרעה[ו]הקטן לגדול	(XXVI)	4Q258 II,3
שנה בשנה להעלות **איש** כפי שכל[ו]	(XXVI)	4Q258 II,4
להוכיח **איש** את רעהו ואהבת חסד	(XXVI)	
ואהבת חסד / ואל ידבר **איש** אל רעהו באף	(XXVI)	4Q258 II,5
וגם אל יבא **איש** על רעהו דבר לרבים	(XXVI)	
אשר יהיה שם עשרה] / **אנשים** מ[עצת היחד	(XXVI)	4Q258 II,8
ימש מא]תם כו[הן **ואי**]**ש** כתכונו יש[בו לפניו	(XXVI)	
] / **איש** את מד[עו לעצת היחד	(XXVI)	4Q258 III,1
עולה יבדלו קודש בתוך עצת **אנש**]י היח[ד	(XXVI)	4Q258 VI,5
ונמצא / **לאיש**[הדורש אל יסתרהו מאלה	(XXVI)	4Q258 VI,6
]יבדלו מ[תוך מושב] / **אנשי** [העול	(XXVI)	4Q258 VI,7
וכל **אי**]**ש** מאנשי ברית ה[יחד	(XXVI)	4Q258 VI,8
וכל אי]ש **מאנשי** ברית ה[יחד אשר יסיר מכל	(XXVI)	
ואשר לא יוכיח **איש**	(XXVI)	4Q258 VIII,1
יוכיח איש ולא יתרובב עם **אנשי** השחת{{ע}}ת	(XXVI)	
לסתר עצתו בתוך **אנשי** העול ולהוכיח דעת	(XXVI)	4Q258 VIII,2
ומשפט צדק לבחירי דרך **איש** כרוחו וכתכון	(XXVI)	
ואמת בתוך **אנשי** היחד להלך תמים	(XXVI)	4Q258 VIII,3
אנשי היחד להלך תמים **איש** את / [רעהו	(XXVI)	
להבדל]מכל **איש** אשר לא הסיר דרכיו	(XXVI)	4Q258 VIII,5
שנאת עולם עם **אנשי** השחת ברוח הסתר	(XXVI)	4Q258 VIII,6
הרודה בו ולהיות **איש** מקנא לחוק ועתי ליום	(XXVI)	4Q258 VIII,7
ואיש מ]**אנשי** היחד אשר / [יתערב עמו	(XXVI)	4Q259 II,7
שנים עשר]**אנשים**[ו]כוהנים שלושה	(XXVI)	4Q259 II,9
יבדלו] לקודש בתוך עצת **אנ**[**שי**] / [היחד	(XXVI)	4Q259 III,1
ונמצ]א **לאיש** הדורש אל י[ס]תרה[ו]	(XXVI)	4Q259 III,2
יבדלו ממ[ו]שב / **אנשי** ה[עול	(XXVI)	4Q259 III,4
ואיש / [כרוחו כן לעשות	(XXVI)	4Q259 III,11
כן לעשות משפטו]**ואיש** כבור כפיו לקרבו	(XXVI)	4Q259 III,12
ל[הוכיח] / ול[וא יתרובב עם **א**]**נשי** השחת	(XXVI)	4Q259 III,14
ול[היות] / **איש** מק[נא לחוק ועת]י ליום[	(XXVI)	4Q259 IV,5
לוא אש[יב] / **לאיש** גמול רע לטוב	(XXVI)	4Q260 IV,5
משפט] / כול חי הוא ישלם **לא**[**יש** גמו]לו	(XXVI)	4Q260 IV,6
ואפי לו[א אשיב] / **מאנשי** עולה	(XXVI)	4Q260 IV,9
]**אנשי** [	(XXVI)	4Q260 IV,10
ומעל]**אנשים** ע[ד ת]ום פשעם[רקים]	(XXVI)	4Q260 V,6
שנה בשנה להעלות **א**]י[**ש** לפי שכלו]	(XXVI)	4Q261 1a-b,5
[ו]**אי**[**ש**] / [ברבים ילך רכיל ו]שלחוהו	(XXVI)	4Q261 6a-e,2
[**והאי**]**ש** / [אשר ילון על יסו]ד היחד	(XXVI)	4Q261 6a-e,3
ואי]**ש** בת[כונו ישבו לפניו	(XXVI)	4Q263 5
אל יקח **איש** / [	(XXXV)	4Q264a 1,1
אל יחשב **איש** [בפיהו] / [	(XXXV)	4Q264a 1,5
מדוע נבגוד **איש**[ב]אחיהו	(XXXV)	4Q265 3,2
ואיש אשר יצ[חה את רעהו ונענש]	(XXXV)	4Q265 4i8
ואיש אשר יכחש במ[(ו)דעו והבדילהו	(XXXV)	4Q265 4i9
[**ואי**]**ש** אשר יבוא לה[וסי]ף אל עצת	(XXXV)	4Q265 4ii3
אל] / [יד **האי**]**ש** המבקר על הרבים ◦◦[	(XXXV)	4Q265 4ii8
אל י[תלב]ש **איש** בבגדים א[שר]בהם עפר	(XXXV)	4Q265 6,3
אל יו[צא **אי**]**ש** מאהלו כלי ומאכ[ל]	(XXXV)	4Q265 6,4
אל יעל **איש** בהמה אשר תפול / אל המים	(XXXV)	4Q265 6,5
[א]ל יז **איש** מזרע אהרון מ[י נדה	(XXXV)	4Q265 7,3
בעמוד **איש** הלצ[ון אשר הטיף לישראל	(XVIII)	4Q266 2i18
[כמשפטם ולא ישקץ **אי**]**ש** את [רוח קודשיו	(XVIII)	4Q266 3iii5
איש לאחיהו] / [ושנו]א **איש** [את] רעהו	(XVIII)	4Q266 3iv4
◦◦] **איש** {ל} לפי רוח[ו יקר]בו	(XVIII)	4Q266 5i13
] / **איש** מבני אהרון אשר ינדד לעב[וד	(XVIII)	4Q266 5ii8
כול **איש** א[שר זו]ב יז[וב] / מבשר[ו	(XVIII)	4Q266 6i14
]◦ם ו◦[ ]טע **איש** בשנה הרביעית לו[יוכ]ל	(XVIII)	4Q266 6iv4

מ]לאו **איש** לפי גורלו אשר הפ[י]ל[	(V)	4Q181 1,5
מהם ויקומו למלחמות **איש**[	(V)	4Q183 1ii2
בפחז תרים לראו[ת **לא**]**יש** / צדיק ותשיגהו ואיש[	(V)	4Q184 1,13
ותשיגהו **ואיש**[ע]צום ותכשילהו ישרים	(V)	4Q184 1,14
ולפתות בחלקות בני **איש**	(V)	4Q184 1,17
] / **ואיש** אשר יהיה ק[	(V)	4Q186 1i4
מעורבים ולוא שאר ה**יש**[	(V)	4Q186 1i6
]**איש** עי[	(V)	4Q186 1ii3
ואחת מבית האור **ואיש** / [	(V)	4Q186 1iii6
על / **האיש** אשר יעש[ה את הרעה הזואת	(XIII)	4Q221 4,5
והוא עו]שה[עו]ד זמה **כאיש** / [מרחם עלינו	(XIII)	4Q223-224 2i52
ואם יש] / **איש** [מבקש רעה לאחיו	(XIII)	4Q223-224 2ii51
הגדול הזה אגדיל] **לאיש**[הבכור]	(XIII)	4Q223-224 2iii4
היככה יהרוגו **אי**[**ש** את אויבו ואת צרו	(XIII)	4Q223-224 2iv5
פרעוה אל עבדיו] / [הנמצא **אי**]**ש** נב[ון וחכם	(XIII)	4Q223-224 2v28
אלה ה]**אנש**[ים	(XXXVI)	4Q249b 3
הכו]הנ[ים קריאי מועד] / **א**[**נ**]**ו**[**ש**]י השם	(XXXVI)	4Q249f 1-3,3
בני צדוק] / [הכוה]נים[ו]**אנ**[**ושי** בריתם	(XXXVI)	4Q249g 1-2,2
מלכת] / [בדרך ה]עם [ה]מה **א**[**נושי** עצתו	(XXXVI)	4Q249g 1-2,3
אל]יוצא **איש** ממקומו כל השבת	(XXXV)	4Q251 1-2,4
וכ]ף יריבון **א**[**נשים**] / [וה]כה[איש את רעהו	(XXXV)	4Q251 4-7i2
] / **איש** מ[	(XXXV)	4Q251 7ii5
ולא ישמרנו והמית **אי**]**ש** או אשה	(XXXV)	4Q251 8,5
כפר יושת עליו ונתן **אי**]**ש** א[ת]	(XXXV)	4Q251 8,6
אל יאחר **איש** כי [תירוש] / הואה	(XXXV)	4Q251 9,2
אל יאכל **א**[**י**]**ש** חטים חדשים[	(XXXV)	4Q251 9,5
אל יאכל **איש** בשר בהמה ⟦ ⟧][	(XXXV)	4Q251 12,3
]◦ית עליו **איש**[	(XXXV)	4Q251 13,1
]לו[ ]לכוהן **והאיש** אש[ר	(XXXV)	4Q251 15,3
אל]יאכל **איש**[	(XXXV)	4Q251 15,4
לכוהן ואכל]ה את לחם **אישה** / [	(XXXV)	4Q251 16,1
] / אל יקח **איש** את א[שת אביו	(XXXV)	4Q251 17,2
אל יגלה] / **איש** את ערות אחות א[מו	(XXXV)	4Q251 17,4
] / אל יגל **איש** ערות [	(XXXV)	4Q251 17,6
] / אל יקח **איש** בתו נ[ערה לאיש זר	(XXXV)	4Q251 17,7
]◦**א**[**י**]**ש** ברעהו [	(XXXV)	4Q251 18,1
]שנים / עשר **אנשים**[	(XXII)	4Q252 III,2
]התורה עם **אנשי** היחד	(XXII)	4Q252 V,5
]◦ היא כנסת **אנשי** / [	(XXII)	4Q252 V,6
] / **ואי**ש{{ר}} מישראל אשר יא[← **אֲשֶׁר**	(XXII)	4Q253a 1ii1
] / [ ]ד כיא **אנשי** הי[ח]ד המ[ה	(XXII)	4Q254 4,4
]דרכי **איש** / [	(XXVI)	4Q255 A,2
]הכל רוחות בני **איש** / [	(XXVI)	4Q255 A,4
ולהבדל מעדת **א**[**נשי** העול ולהיות יחד	(XXVI)	4Q256 IX,2
על פי] / עצת **אנשי** היחד ולהבדל	(XXVI)	4Q256 IX,8
היחד ולהבדל מ[כו]ל **אנשי** העול	(XXVI)	
ואל יואכל] / [איש **מא**]**נשי** הקודש [מהונם	(XXVI)	4Q256 IX,11
וכול] **איש** אשר יש [אתו דבר לדבר	(XXVI)	4Q256 XI,7
אנשי הי]חד להלך תמים **איש** את רעהו	(XXVI)	4Q256 XVIII,2
שנאת ע[ולם עם] / **אנ**[**שי** השחת ברוח הסתר	(XXVI)	4Q256 XVIII,6
והלויים מקללים את כול **אנשי** גורל בל[י]על	(XXVI)	4Q257 II,1
מדרש למשכיל על **אנשי** התורה המתנדבים	(XXVI)	4Q258 I,1
ולבדל מעדת **אנשי** העול ולהיות יחד	(XXVI)	4Q258 I,2
[אשר]לא ילך **איש** בשרירות לבו לתעות	(XXVI)	4Q258 I,4
ע]ל[פי] עצת **אנש**[**י**] היח[ד ולהבדל	(XXVI)	4Q258 I,7
[וא]שר לא יגעו לטהרת **אנשי** / [הקד]ש	(XXVI)	
ואשר לא ישיב **א**]**יש** מאנשי היחד	(XXVI)	4Q258 I,8
ואשר לא ישיב א]יש **מאנשי** היחד	(XXVI)	
ואל יואכל **איש** מאנשי הקדש / [מהונם	(XXVI)	4Q258 I,9
ואל יואכל איש **מאנשי** הקדש / [מהונם	(XXVI)	

Reference	Vol.	Text
4Q**266** 7i3	(XVIII)	]◦ / ועלו אל יטור **איש** אל[
4Q**266** 7ii10	(XVIII)	ו]**האיש** אשר
4Q**266** 8i8	(XVIII)	א[ל יבו] **איש** / [מ]אלה אל תוך העדה
4Q**266** 8iii4	(XVIII)	לשופטי] העדה [עד עשרה **אנ]שים** ברורים
4Q**266** 9i2	(XVIII)	א[ל יעלהו **אי]ש** / [בסולם וחבל וכלי
4Q**266** 9i17	(XVIII)	וגם אל ישא] **אי[ש]** / [וכול החגבים במיניהם
4Q**266** 10i8	(XVIII)	לזקן א]שר יכרע ו[ל]**איש** אשר ינוגע
4Q**266** 11,14	(XVIII)	**והאיש** / אשר יוכל מהונם
4Q**266** 12,6	(XVIII)	אל] ישכב **א[יש** ע]ם [אשה] / [
4Q**266** 16a,2	(XVIII)	]בה מן **איש** בר[
4Q**266** 22,1	(XVIII)	**א]יש** א[
4Q**266** 52,2	(XVIII)	]יענה **האיש**[
4Q**266** 55,2	(XVIII)	]ל **א[י]ש** י[
4Q**267** 5ii2	(XVIII)	המחזיקים בשם] / [הקו]דש המה **א[נשי**
4Q**267** 9i4	(XVIII)	תושיעכה ידכה לכה **אי]ש** אשר י[ש]ביע
4Q**267** 9ii2	(XVIII)	] / **אי[ש** אחר הבהמה
4Q**267** 9iii2	(XVIII)	וגם אל יש]א **אי[ש]** מהונם [כול
4Q**267** 9iv10	(XVIII)	בני המחנה ל]הביא **איש** אל [הע]דה
4Q**267** 9v8	(XVIII)	ויכתבו [בשמותיהם **אי]ש** אחר אחיהו
4Q**267** 9v14	(XVIII)	חמש[ים שנה בעול בכול סו]ד **אנשי[ם**
4Q**267** 9vi1	(XVIII)	]**והאיש** אש[ר ימאס] / [את משפט הרבים
4Q**267** 9vi3	(XVIII)	המשפ]ט והשיבו **לאיש** / [אשר לקחו ממנו
4Q**269** 4ii4	(XVIII)	ואביון וגר ולדרוש] / **א[י]ש** בשל[ום אחיהו
4Q**269** 4ii6	(XVIII)	כמשפט להוכיח] / **איש** את [אחיהו כמצוה
4Q**269** 8ii1	(XVIII)	אל יבא]**איש** את [
4Q**269** 8ii3	(XVIII)	]אל יבא **איש** כול ע[ור ובגד] / [ומן
4Q**269** 12,1	(XVIII)	]**איש**[
4Q**270** 3ii21	(XVIII)	השלמו לישראל אל [י]רם **איש**
4Q**270** 3iii21	(XVIII)	עשו] / [ה]גואים פסל אל יבא **איש** אל טהרת[ו
4Q**270** 4,1	(XVIII)	]יבא **איש** אשה להאלותה / [
4Q**270** 4,5	(XVIII)	יביאה לפני **אי]ש** [מן] הכהנים ופרע / [הכהן
4Q**270** 4,9	(XVIII)	א]ל יתן **איש** א[ת] / [
4Q**270** 5,14	(XVIII)	[ואם את בתו ית]ן **איש** לאיש[את כול מומיה
	(XVIII)	את בתו ית]ן איש **לאיש**[את כול מומיה יספר
4Q**270** 5,17	(XVIII)	אל יבא **איש**[אשה בברי]ת הקוד[ש
4Q**270** 6ii9	(XVIII)	אל יבוא **אי]ש** מאלה אל[תוך העדה
4Q**270** 6iii17	(XVIII)	תטור את בני עמך כל **[א]יש** מבאי הב[רית
4Q**270** 6iv11	(XVIII)	]**האי[ש** מן הטהרה לבד] / [א]ם
4Q**270** 6iv14	(XVIII)	אל יאמן **איש** על רעה[ו לעד] / [עו]בר
4Q**270** 6iv16	(XVIII)	לשופטי העדה [עד] / עשרה **אנשים** ברורי[ם
4Q**270** 6v13	(XVIII)	אל יוציא] **איש**[מן הבית לחוץ
4Q**270** 6v15	(XVIII)	אל ישא] / **א[י]ש** עלו סמנים לצת ולבוא
4Q**270** 6v20	(XVIII)	ואל בור אל] / יעלה **איש** בסולם ובחבל וכלי
4Q**270** 7i8	(XVIII)	**והאי]ש** אשר תזוע [רוחו מיסוד
4Q**270** 7i12	(XVIII)	המשפט והשיבו **לאיש** אשר לקחו מ[מנו
4Q**270** 7i15	(XVIII)	כל **אי[ש]** אשר / [יתיס]ר ? יבוא וידיעהו
4Q**271** 2,3	(XVIII)	אל יבדל **איש** להרים לשה [אח]ד
4Q**271** 2,4	(XVIII)	[ואל]יאכל **איש**[
4Q**271** 2,5	(XVIII)	] בית **לאיש** ימכור ובחסנ[
4Q**271** 2,10	(XVIII)	פ]סל אל יביאהו / **איש** אל טהר[תו
4Q**271** 2,12	(XVIII)	]הנדה בקץ הרשע <מ?>**איש** טה[ור
4Q**271** 3,5	(XVIII)	מיד]עמיתך לוא תונו **איש** את עמיתו
4Q**271** 3,8	(XVIII)	[את בתו יתן איש **לאי]ש** את כול מומיה יספר
4Q**271** 3,10	(XVIII)	אל יבא **איש** / [אשה בברית ? הקו]דש
4Q**271** 3,13	(XVIII)	אל יקחה **איש** כי אם / [בראות נשים] נאמנות
4Q**271** 4ii8	(XVIII)	כול שב[ועת אסר אשר יקי]ם **א[יש** ע]ל נפשו
4Q**271** 4ii9	(XVIII)	כול אשר יקים **אי]ש** על נפשו
4Q**271** 4ii10	(XVIII)	]א[שר] אמר **לאישה** / להניא את שבועתה
4Q**271** 4ii11	(XVIII)	אל יניא **איש** ש[בועה אשר לוא ידענה
4Q**271** 4ii13	(XVIII)	אל ידור **איש** למ[זבח מאום אנוס וגם]
4Q**271** 4ii14	(XVIII)	אל יקדש **איש** את מא[כל פיהו לאל
	(XVIII)	כי הוא] אשר אמר **איש** א[ת] רעהו
4Q**271** 4ii15	(XVIII)	אל יקדש **איש** [מכול
4Q**271** 5i2	(XVIII)	אל ילך **א]יש** אחר בהמה לרעותה חוץ
4Q**271** 5i4	(XVIII)	אל יוצא] **איש** מן הבית לחוץ
4Q**271** 5i5	(XVIII)	[אל] ישא **איש** / [עליו סמנים לצא]ת ולבוא
4Q**271** 5i8	(XVIII)	א]ל יילד **איש** בהמה בשבת ואם תפול
4Q**271** 5i9	(XVIII)	אל ישבות **איש** במקום קרוב לגוים בשבת
4Q**271** 5i11	(XVIII)	אל יעלה **[אי]ש** בסולם וחבל וכלי
	(XVIII)	אל יעל **איש** / [למזבח בשבת כי אם
4Q**271** 5i17	(XVIII)	אל] ישכב **איש** עם אשה בעיר המקדש
4Q**271** 5i18	(XVIII)	כו]ל **איש** אשר ימשולו בו רוחות בליעל
4Q**271** 5i21	(XVIII)	אל ישלח **איש** את ידו לשפוך [
4Q**273** 5,4	(XVIII)	אל יקח **איש** את האש[ה
4Q**274** 1i3	(XXXV)	**איש** מכול הטמאים [אש]ר [יגע]
4Q**274** 2i6	(XXXV)	ואמ במחנה יהיה **איש** אשר לוא השיגה ידו
4Q**274** 2i9	(XXXV)	ולכול הקודשים יכבס **א[יש]** במים את / בשרו
4Q**274** 3i7	(XXXV)	ואל יוכלם **איש**
4Q**274** 3i9	(XXXV)	] או קשות בשלה **וא[י]ש**[ ]אשר יש◦
4Q**274** 3ii6	(XXXV)	כי אם **איש** [יתן אותו על] / הארץ
4Q**275** 2,3	(XXVI)	**אנש]י** אמת ושונאי בצע[
4Q**275** 2,4	(XXVI)	נ]דרו לא להמית **איש**[
4Q**277** 1ii2	(XXXV)	[ואסף] **איש** טהור מכול טמאת ערב [את
4Q**277** 1ii6	(XXXV)	ואל יז] / **איש** א[ת] מי הנדה על טמאי
	(XXXV)	כיא **איש** כוהן טהור [יזה] / [על]יהן
4Q**278** 3	(XXXV)	א]ל ישכב **איש** / [
4Q**279** 3,2	(XXVI)	]לל **[א]יש** מאנש[י
	(XXVI)	]לל [א]יש **מאנש[י**
4Q**279** 4,2	(XXVI)	]שלושה **מאנ[שי**
4Q**279** 5,5	(XXVI)	]◦ **איש** לפי רוחו
4Q**282**e 1i5	(XXXVI)	]ירצה **איש** / [
4Q**282**h 3	(XXXVI)	]**אנשי** {{איש}} [
	(XXXVI)	]אנשי {{**איש**}} [
4Q**284**a 2,3	(XXXV)	]וטל ולקטם **אי[ש**
4Q**284**a 2,4	(XXXV)	]**איש** מא[נשי] היח[ד
	(XXXV)	]איש **מא[נשי]** היח[ד
4Q**286** 20,4	(XI)	**אנש]י** היחד / [
4Q**288** 1,1	(XI)	**אנ]שי** היחד[
4Q**298** 1-2i1	(XX)	האזי[נו לי כ]ול **אנשי** לבב
4Q**298** 1-2i3	(XX)	**א[נשי]** / [רצו]נו ו[אור]עולמי[ם לאין]
4Q**298** 3-4ii4	(XX)	**ואנשי** / בינה ה[וסיפו לק]ח ודורש[י] משפט
4Q**298** 3-4ii6	(XX)	**ואנשי** / אמת רדפ[ו צדק]ואהבו חסד
4Q**299** 1,5	(XX)	]**אנשי** מחשבת לכול / [
4Q**299** 3aii-b,4	(XX)	חכם וצדיק כי לוא **לאיש**[
4Q**299** 6ii5	(XX)	אב לבנים **מאיש**[
4Q**299** 6ii13	(XX)	] / **מאיש** נואל הון הון ◦[
4Q**299** 7,3	(XX)	] / [מה הוא רחו]ק **לאיש** ממעש[ה
4Q**299** 7,4	(XX)	] / מול **איש** והוא רחוק מ◦[
4Q**299** 52,3	(XX)	] / **איש** נו◦[
4Q**299** 76,4	(XX)	] / וב◦◦◦ בין **איש**[
4Q**299** 77,1	(XX)	]◦◦ **איש**[
4Q**300** 6,6	(XX)	]מה עמוק **לא[יש**
4Q**300** 8,8	(XX)	] **לאיש** וה[וא
4Q**300** 10,1	(XX)	]◦ **לאיש** ◦◦[
4Q**300** 10,2	(XX)	מ]שפט מה רע **לאיש**◦◦◦ וא◦[
4Q**301** 1,3	(XX)	]הולכי פותי **ואנשי** מחשבת
4Q**302** 2ii3	(XX)	אם יהיה / **לאיש** עץ טוב ויגבה עד לשמים[
4Q**322**a 1,5	(XXVIII)	]◦◦ **אנש[י**
4Q**322**a 2,4	(XXVIII)	]בע[ ]◦ **איש** ע[
4Q**333** 2,1	(XXXVI)	]**איש** יהודי א[

4Q**364** 13a-b,2	(XIII)	וכי יז]יד **איש** על[רעהו להורגו
4Q**364** 24a-c,9	(XIII)	]בהמ כול **איש** ואשה[?
4Q**365** 12biii13	(XIII)	פתוחי] / חות[ם]**איש** על שמו
4Q**365** 26a-b,8	(XIII)	איש איש] למטה **איש** רואש לבית אבותו יה[י]ו[
4Q**365** 28,3	(XIII)	פקד אותם ביד] / [מו]שה **איש** איש על עבדתו
	(XIII)	ביד] / [מו]שה איש **איש** על עבדתו
4Q**366** 4ii8	(XIII)	] / **איש** כי[ ]בש [
4Q**367** 2a-b,5	(XIII)	**איש** אמו[ואביו תיראו
4Q**377** 1i6	(XXVIII)	]◦ ו[שפט]תי ב[י]ן **איש** לרעהו ובין אב
	(XXVIII)	אב לבנו ובין **איש** לגר[ו
4Q**377** 2i8	(XXVIII)	]ל **איש** החסידים וישא קולו
4Q**377** 2ii4	(XXVIII)	ארור **האיש** אשר לוא יעמוד וישמור ויע[שה
4Q**377** 2ii7	(XXVIII)	עם אל פנים כאשר ידבר / **איש** עם רעהו
4Q**377** 2ii10	(XXVIII)	ומושה **איש** האלוהים עם אלוהים בענן
4Q**377** 2ii12	(XXVIII)	כיא מי מבש[ר]כמוהו / **איש** חסדים ויו◦[
4Q**378** 3i4	(XXII)	**אי]ש** האלוהים / [
4Q**378** 3ii+4,6	(XXII)	] / **איש** ישר וגדול [
4Q**378** 26,2	(XXII)	]ה ה[ג]יד לנו **איש** האלהים מפי ◦[
4Q**379** 18,1	(XXII)	]יש◦ט **האיש** היותה ◦◦צל[
4Q**379** 22ii8	(XXII)	ויאמר] / א[רור **הא]יש** אשר יב[נ]ה
4Q**379** 22ii9	(XXII)	והנה[אר]ור **א[יש** בליעל]
4Q**379** 32,3	(XXII)	**]איש** הוא מהם ב[
4Q**379** 32,6	(XXII)	]ו**לאיש** ב◦◦[
4Q**380** 2,6	(XI)	**]לאיש** [
4Q**381** 24a+b,4	(XI)	] / תהלה **לאיש** האל[הי]ם יהוה אלהים[
4Q**381** 75,2	(XI)	]◦עוף **ואנשי[ם**
4Q**382** 10,9	(XIII)	] / **לאי[ש**
4Q**382** 12,4	(XIII)	]◦ **לאיש** כי[
4Q**382** 31,3	(XIII)	]לקצ יעמוד **איש** חיל[
4Q**382** 39,3	(XIII)	] **איש** ל◦◦[
4Q**382** 49,5	(XIII)	]לוא **איש** בינה ומ[
4Q**382** 53,2	(XIII)	**א]נשי**שערור[ה
4Q**382** 57,1	(XIII)	] / **איש**[
4Q**384** 3,2	(XIX)	]ה עם **איש**[
4Q**385** 2,8	(XXX)	וי[ח]יו עם רב **אנשים** ויברכו את יהוה
4Q**386** 1i9	(XXX)	ויעמדו על רג]ל[יהם ע]ם רב **אנשי[ם]**
4Q**387** 3,7	(XXX)	בדור הה[וא] להלחם **א[י]ש** ברעהו
4Q**387** A,2	(XXX)	]בערותם לקרוב **איש** אל שאר בשרו[
4Q**390** 2i9	(XXX)	[ולחמס **ואי]ש** אשר לר[ע]הו יגזולו
	(XXX)	לר[ע]הו יגזולו ויעשוקו **איש** את רעהו
4Q**391** 10,3	(XIX)	**]אנשים** ורגליהמ[
4Q**392** 1,2	(XXIX)	]נו להחיד **איש** לאלהים ולא לסור
4Q**393** 3,3	(XXIX)	ואל ללכת **איש** בשרירות לבו / [הר]ע
4Q**393** 3,4	(XXIX)	ואל ללכת **איש** / בשררו[ת] לבו הרע
4Q**398** 14-17ii1	(X)	זכור [את] דויד שהיא **איש** חסדים
4Q**400** 2,2	(XI)	מחני אלוהים ונוראים למוסדי **אנשים**
4Q**400** 2,3	(XI)	**ואנשים** יספרו הוד מלכותו
4Q**401** 14i8	(XI)	מחני אלוהים ונו[ראים למו]סדי **אנשים** פלא
4Q**413** 1-2,2	(XX)	באהבת]אל את **איש** הרבה לו נחלה בדעת
4Q**414** 2ii-4,8	(XXXV)	מכל] / **אנשי** נדה כא[שמתם בל יטהרו
4Q**414** 27-28,1	(XXXV)	[וה]יה **א[יש** או אשה בהנגשו
4Q**415** 2ii8	(XXXIV)	] / תהלה [ ]◦י כול **אנשים** [
4Q**415** 6,1	(XXXIV)	] / [ ]סוד **אנשי[ם**
4Q**415** 6,6	(XXXIV)	ס]וד **אנשים** למ◦[
4Q**415** 9,4	(XXXIV)	] / **אנשים**
4Q**415** 32,3	(XXXIV)	**]איש**[
4Q**416** 2ii7	(XXXIV)	כל **אי]ש** לא יטכה ברצון שחר
4Q**416** 2ii13	(XXXIV)	בכור וחמל עליכה **כאיש** על יחידו
4Q**416** 2iii5	(XXXIV)	וגם מכל **איש** אשר לוא ידעתה אל תקח הון
4Q**416** 2iii15	(XXXIV)	ואז תדע מה מר **לאיש** ומה מתוק לגבר

4Q**416** 2iii16	(XXXIV)	כי כאב **לאיש** כן אביהו וכאדנים
4Q**417** 2i7	(XXXIV)	**ואיש** עול אל תחשוב עזר
4Q**417** 2i14	(XXXIV)	היה **כאיש** עני בריבך משפטו[
4Q**417** 2i21	(XXXIV)	אם הון **אנש[י]ם** תלוה למחסורכה
4Q**417** 2ii+23,10	(XXXIV)	] / **איש** לוא יטכה ברצו[ן] שחר
4Q**417** 3,1	(XXXIV)	]◦ם מות יתנו **באיש** ונת[
4Q**417** 17,1	(XXXIV)	]◦ **איש**[
4Q**418** 1,2	(XXXIV)	וממלכה למדינה] ומדינה **לאיש** ואיש[
	(XXXIV)	למדינה] ומדינה לאיש **ואיש**[
4Q**418** 8,14	(XXXIV)	וחמ]ל עליכה **כאיש** [על יחידו כי אתה עבדו
4Q**418** 9+9a-c,16	(XXXIV)	[ואז תדע מה מר **לא]יש** ומה מתוק לגבר
4Q**418** 9+9a-c,17	(XXXIV)	במצעריכה כי כאל **לאיש** כן אביהו
4Q**418** 55,10	(XXXIV)	ול]פי דעתם יכבדו **איש** מרעהו
4Q**418** 76,2	(XXXIV)	] **ואנשי** {{קודש}} צדק לוא[
4Q**418** 81+81a,3	(XXXIV)	הוא עשה כול / ויורישם **איש** נחלתו
4Q**418** 81+81a,10	(XXXIV)	ובידכה להשיב אף **מאנשי** רצון ולפקוד על[
4Q**418** 94,2	(XXXIV)	]◦חם כול **אנ[שי**
4Q**418** 103ii5	(XXXIV)	כולם ידרשו לעתם **ואיש** כפי חפצ[ו
4Q**418** 122i4	(XXXIV)	]◦◦◦◦◦ ואם **איש** / [
4Q**418** 126ii2	(XXXIV)	באמת מיד כול אוט **אנשים** א[
4Q**418** 135,3	(XXXIV)	]◦◦א **אנשים**
4Q**418** 148ii4	(XXXIV)	] / ⟦ ⟧ **איש** רו◦ אתה[
4Q**418** 148ii7	(XXXIV)	דעת ובכול ספורות **אנש[ים**
4Q**418** 172,5	(XXXIV)	ל]פי רוב נחלת **איש** באמ[ת
4Q**421** 1ai3	(XX)	]ל◦ לסרך הכול **איש** לפני רע[הו] / [
4Q**421** 1aii-b,10	(XX)	**אי]ש** משכיל ונבון / ידלם ישח[
4Q**421** 1aii-b,12	(XX)	**איש** ◦[
4Q**421** 1aii-b,15	(XX)	**א[יש** עניו ונכי שכלו
4Q**421** 2,3	(XX)	כו]ל[**א]יש** לפני[רעהו
4Q**421** 3,2	(XX)	]◦ **איש** ושומר[
4Q**421** 6,4	(XX)	]ר **איש** כ◦[
4Q**421** 10,1	(XX)	**אי]ש** נאמן בכו[ל דרכו ?
4Q**421** 11,5	(XX)	]ו**איש** בחד[
4Q**421** 13,5	(XX)	] אל יער **איש** א[
4Q**422** III,7	(XIII)	למען דעת **א[נשי** ישר]אל עד דו[רות]עולם
4Q**422** III,9	(XIII)	ואפלה ב[בתי]הסה בלירא[ה] **איש** את אחיו[
4Q**423** 5,5	(XXXIV)	אם אתה **א]יש** אדמה פקוד מועדי הקיץ
4Q**423** 5,7	(XXXIV)	**א]יש** שכל את בעל אולת ה[
	(XXXIV)	כן **איש** / [שכל
4Q**423** 5a,2	(XXXIV)	אם **א]יש** אדמה אתה[
4Q**423** 23,1	(XXXIV)	]◦ה **איש**[
4Q**424** 1,7	(XXXVI)	**איש** תלונה אל תאמ[ר ממנו] / לקחת
4Q**424** 1,8	(XXXVI)	**איש** לוז שפתים אל תאמ[ין
4Q**424** 1,10	(XXXVI)	**איש** רע עין אל תמשל בהו[נך
4Q**424** 1,13	(XXXVI)	**איש**[
4Q**424** 2,4	(XXXVI)	]ן ובן יונה יח[י]דו[ ]**איש** א[
4Q**424** 3,1	(XXXVI)	**איש** שופט בטרם ידרוש ומאמין
4Q**424** 3,3	(XXXVI)	**איש** שוע עינים אל תשלח לחזות
4Q**424** 3,4	(XXXVI)	תשלח לדרוש משפט כי ריב **אנשים** לא יפלס
4Q**424** 3,6	(XXXVI)	] / **איש** שמן לב אל תשלח לכרות
4Q**424** 3,7	(XXXVI)	**איש** שכל יקבל מוס[ר]
	(XXXVI)	**איש** ידע יפיק חכמה [
4Q**424** 3,8	(XXXVI)	] / **איש** ישר ירצה במשפט
	(XXXVI)	**איש** אמת יש[מח במש]ל
	(XXXVI)	**איש** חיל יקנא ל◦[
4Q**424** 3,9	(XXXVI)	**איש** רחמ[ים יעש]ה[ ]צדקה לאביונ◦[
4Q**425** 1+3,6	(XX)	]ת **איש**[ ]◦[
4Q**425** 1+3,7	(XX)	]◦◦◦ **איש** בלי[על] איש שוע עינים[
	(XX)	]◦◦◦ איש בלי[על] **איש** שוע עינים[
4Q**426** 1ii5	(XX)	] / צעדו **איש** ידע י◦[

לוא]יקח **א**[**יש** את אחות אביהו (XXV) 4Q**524** 15-22,3
(כ)אשר] / צוה אל **באנשי** ערמת[(XXV) 4Q**525** 23,5
] / געלתי **ובאנשי** לצון [(XXV) 4Q**525** 23,8
]◦**אנשי** תמים[(XXV) 4Q**525** 27,4
]הבר **א**[(XXV) 4Q**525** 28,1
] **אנש**[(III) 5Q**9** 7,1
]לכול **איש** ישראל ◦[(III) 5Q**13** 1,13
]**אנשי** ◦[(III) 5Q**16** 3,1
]ולדרוש **איש**[את שלום אחיהו (III) 6Q**15** 4,3
]לכול **אנשי** חל[ק (III) 6Q**16** 1,2
]◦ני **האיש** הזה אשר הוא מבני (III) 8Q**5** 1,2
נבחן אדם כדרכו **א**{{נ}}**יש** כמעשיו ישתלם (IV) 11Q**5** XXII,10
דרכיו לפני אל **ואנשים** (IV) 11Q**5** XXVII,3
]אשר יעש[ו]על / [כול **אי**]**ש** חטא (XXIII) 11Q**11** III,7
על כול בני [אור ו]**אנש**[**י**]גורל מל[כי]צדק[(XXIII) 11Q**13** II,8
מן הארון ופניהם **אי**[**ש** אל אחיו] / [11Q**19** VII,12
והשכימו והלכו **איש** לאוהלו[11Q**19** XVII,9
לעזאזל המדבר ביד **איש** עתי 11Q**19** XXVI,13
וכול **האיש** / אשר יעשה בו מלאכה 11Q**19** XXVII,6
כול **איש** אשר לוא[11Q**19** XXXV,2
] / [הו]א כול **איש** אשר לוא[11Q**19** XXXV,3
וכול **איש** אשר ? [הוא כו]הן אשר יבוא 11Q**19** XXXV,5
וא[**יש**] כי יהיה לו מקרה לילה 11Q**19** XLV,7
ואיש כיא ישכב עם אשתו שכבת 11Q**19** XLV,11
כול **איש** עור / לוא יבואו לה 11Q**19** XLV,12
וכול **איש** אשר יטהר מזובו 11Q**19** XLV,15
והזבים **והאנשים** אשר יהיה להמה מקרה 11Q**19** XLVI,18
וכול אשר בהמה לכול **איש** טהור / יטמא 11Q**19** XLIX,8
וכול / **איש** אשר יגע על פני השדה 11Q**19** L,5
כול **איש** אשר יגע בהמה במותמה 11Q**19** L,21
והאיש / אשר יקח שוחד ויטה משפט 11Q**19** LI,16
ואיש כי ידור נדר לי 11Q**19** LIII,14
שו[מעו ונשא את] / עונה **א**[**ישה** הפרמה 11Q**19** LIV,2
כול שבועת א[סר לענות נפש] / **אישה** יקי[מנו] 11Q**19** LIV,3
אישה יקי[מנו] **ואישה** [י]פרנו ביום שומעו
יצאו **אנש**[**י**]**ם** [ב]ני [בלי]על מקרבכה 11Q**19** LV,3
אנוכי נותן לכה **איש** או אשה אשר יעשה 11Q**19** LV,16
והוצאתה / את **האיש** ההוא או את האשה 11Q**19** LV,21
והאיש אשר לוא ישמע ויעש בזדון 11Q**19** LVI,8
אל / השופט וימת **האיש** ההוא ובערתה הרע 11Q**19** LVI,10
לוא תתן עליכה **איש** נוכרי אשר לוא אחיכה 11Q**19** LVI,15
להיות עמו שנים עשר אלף **איש** מלחמה 11Q**19** LVII,6
יהיו **אנשי** אמת יראי אלוהים / שונאי בצע 11Q**19** LVII,8
] / [המה ו?]**אנשי**המה 11Q**19** LVIII,2
ישראל ושלחו / עמו חמישית **אנשי** המלחמה 11Q**19** LVIII,7
ושלחו עמו שלישית **אנשי** המלחמה 11Q**19** LVIII,8
לו מחצית העם את **אנשי** / הצבא ומחצית העם 11Q**19** LVIII,10
ויצא עמו חמישית העם **אנשי** המלחמה 11Q**19** LVIII,16
לוא ימצא לו **איש** יושב על כסא / אבותיו 11Q**19** LIX,14
לפני לוא יכרת לו **איש** יושב מבניו על כסא 11Q**19** LIX,17
לוא יקום עד אחד **באיש** לכול עוון 11Q**19** LXI,6
אם יקום עד חמס **באיש** לענות / בו סרה 11Q**19** LXI,7
ועמדו שני **האנשים** אשר להמה הריב לפני 11Q**19** LXI,8
העם ואמרו מי **האיש** הירא ורך הלבב 11Q**19** LXII,3
כי יהיה **לאיש** בן סורר ומורה/ומורד 11Q**19** LXIV,2
ורגמוהו כול **אנשי** עירו באבנים / וימות 11Q**19** LXIV,5
כי / יהיה **איש** רכיל בעמו ומשלים 11Q**19** LXIV,7
כי יהיה **באיש** חטא משפט מות ויברח אל 11Q**19** LXIV,9
כי / מקוללי אלוהים **ואנשים** תלוי על העץ 11Q**19** LXIV,12
כי יקח **איש** אשה ובעלה ושנאה 11Q**19** LXV,7

] / **איש** ◦[(XX) 4Q**426** 1ii9
]**איש** הבהב ל[וא] ישר[(XX) 4Q**426** 2,1
א]**יש** לץ ◦[(XX) 4Q**426** 8,4
]**איש** בינה ◦[(XX) 4Q**426** 10,2
דברנו לכה ולוא **לאיש** בי[נים (XXIX) 4Q**427** 7ii21
וצאצאינו]הודעתה עמ בני **איש** בתוכ בני אדם (XXIX) 4Q**427** 8i11
]תה **איש** / [(XXIX) 4Q**427** 8i15
דבר]נו לכה ולוא / [**לאי**]**ש** בינים [(XXIX) 4Q**428** 21,3
כאיש אשר אמו תנחמנו כן (XXIX) 4Q**434** 2,6
ולהעבי]ר בברית **אנשי** סודי (XXIX) 4Q**439** 1i+2,2
]◦א כולמה **אנשי** בוג[דות (XXXVI) 4Q**469** 3,4
]ל **ואנש**[**י** (XXXVI) 4Q**469** 6,3
]כול **איש** מאחיו מבני / [אהרון (XXXVI) 4Q**471** 1,2
עשר ל]כול שבט ושב[ט] **איש** / [אחד (XXXVI) 4Q**471** 1,4
]ים **אנשי** ה[יחד (XXXVI) 4Q**477** 2i1
יש את עבדיך]חמשים **אנשים** / [בני חיל (XXII) 4Q**481**a 2,5
] / **איש** אשר [(VII) 4Q**487** 1ii6
]י **איש** [(VII) 4Q**487** 7,3
]**איש** ◦[(VII) 4Q**487** 18,1
]שע **איש**[(VII) 4Q**487** 20,3
]נו **איש** ◦[(VII) 4Q**487** 23,2
ואשה ונער זעטוט וכול **איש** מנו[גע (VII) 4Q**491** 1-3,6
ואנשי החרש[וה]מ[צ]רף ופקודים (VII) 4Q**491** 1-3,7
וה]מ[צ]רף ופקודים להיות **אנ**[**שי**]ממ[(VII)
וכול **איש** אשר לוא יהיה[טהור ממקורו (VII) 4Q**491** 1-3,10
אלה **אנשי** ה[בינ]ים ולעומתמה (VII) 4Q**491** 1-3,12
ולעומתמה **אנש**[**י** הרכב ועמדו בין המע]רכות (VII)
ואנשי[הבינים יחלו ידמה להפי]ל (VII) 4Q**491** 1-3,13
הכוהנים ו]הלויים **ואנ**[**שי** הסר]ך (VII) 4Q**491** 1-3,17
ובהתרשע **אנשי** / [ממשלתו שמרתה (VII) 4Q**491** 8-10i7
אל]ים **ואנשים** / [(VII) 4Q**491** 8-10i14
] / יחלו **אנשי** הבינ[י]ם[ידמה להפיל (VII) 4Q**491** 10ii9
לאכול באלים **ובא**{{ל}}**נשים** (VII) 4Q**491** 10ii15
כד]י ה[ט]ל ירימ[ו **אי**]**ש** ידו בכלי מ[לחמתו (VII) 4Q**491** 11ii5
כדי] / ה[ט]ל[ידי]מו ידם **איש** בכלי מלחמתו (VII) 4Q**491** 11ii21
ובעומדם לדגליהמה **אי**[**ש**] על [מצבו (VII) 4Q**491** 13,4
קרי]אי השם **אנ**[**שי** (VII) 4Q**491** 19,4
כן יפתחו א[ת] הש[ערי]ם **לאנשי** / הבנים (VII) 4Q**493** 2
ותקעו בקול חד לצאת **אנ**[**שי**] / המלחמה (VII) 4Q**493** 6
י]היו **א**[**נ**]**שי** ה[שם (VII) 4Q**496** 7,4
] / ואח[ר]ידברו **אנשי** [(VII) 4Q**502** 19,5
] [ ]ה **איש** ה הודות [ ]ברוך אל ישראל (VII) 4Q**502** 24,2
]ו **אנש**[**י** (VII) 4Q**502** 30,2
בכורי ותיסרנו כיסר **איש** את / בנו (VII) 4Q**504** 1-2iii6
]כיסר **איש**[את בנו (VII) 4Q**504** 6,15
ואנשים ישפוט / ברום שמים תוכחתו (VII) 4Q**511** 10,11
אענה] / הימדו בשועל **אנשים** מי רבה (VII) 4Q**511** 30,4
ואיכה]יוכל **איש** לתכן את רוח[אלוהים] (VII) 4Q**511** 30,6
ועם כול / [**אנ**]**שי** ברית ד◦◦[ ]◦[ ]◦[ ]ה[(VII) 4Q**511** 63-64ii5
ובלבי סוד רישית כול מעשי **איש** (VII) 4Q**511** 63iii2
להשמיע שלום / לכול **אנשי** ברית (VII) 4Q**511** 63iii5
]ה לכה סוד **אנש**[**ים** (VII) 4Q**512** 36-38,13
[וה]יה [**אי**]**ש** או אשה[ ] בהנגשו[(VII) 4Q**512** 40-41,2
]**איש** ל[(VII) 4Q**513** 25,2
ואל יאכ]אל **איש** ואל י[ש]תה עמ כול **אי**[**ש** (VII) 4Q**514** 1i10
ואל י[ש]תה עמ כול **אי**[**ש**]אשר יערוך / [(VII)
] **איש** (VII) 4Q**520** 2,3
ופר[י מעש]ה טוב **לאיש** לוא יתאחר (XXV) 4Q**521** 2ii+4,10
[כי יהיה] **איש** רכיל בעמו [ומשלים (XXV) 4Q**524** 14,2
ונמצא ונתן **האי**]**ש** השוכב עמה[לאבי (XXV) 4Q**524** 15-22,1

הזקנים את בתי נתתי לְאיש הזה לְאשה 11Q19 LXV,11
העיר / ההיא את האיש ההוא ויסרו אותו 11Q19 LXV,14
ואת האיש על דבר אשר ענה את אשת 11Q19 LXVI,3
ואם בשדה מצאה האיש אֶת האשה במקום 11Q19 LXVI,4
ושכב עמה והומת האיש השוכב עמה לבדו 11Q19 LXVI,5
חטא מות כיא כאשר יקום / איש על רעהו 11Q19 LXVI,7
כי יפתה איש נערה / בתולה 11Q19 LXVI,8
עמה / ונמצא ונתן האיש השוכב עמה לאבי 11Q19 LXVI,10
לוא יקח / איש את אשת אביהו 11Q19 LXVI,12
לוא יקח איש את אשת / אחיהו
לוא יקח איש את אחותו בת אביהו 11Q19 LXVI,14
לוא / יקח איש את אחות אביהו 11Q19 LXVI,15
לוא / יקח איש את ⟦ ⟧ / בת אחיהו 11Q19 LXVI,16
והזבים]והאנשים אשר יה[יה להמה מקרה לילה (XXIII) 11Q20 XIII,2
? א]נשים[(XXXIII) PAM 43.660 23,1
] איש [(XXXIII) PAM 43.670 58,1
] איש רדפ[(XXXIII) PAM 43.673 19,3
] כול אנשי[(XXXIII) PAM 43.683 19,2
]אנשים[(XXXIII) PAM 43.685 40,1
]◦◦תה ואיש[(XXXIII) PAM 43.695 85,1

pupil of the eye, middle noun אִישׁוֹן, אִישֹׁן

ובאישני ליל[ה ממו]שלותיה (V) 4Q184 1,6
]עם אישוני פחז ו◦[(V) 4Q184 3,5
ב]גלות אל את אישון עינו וקרא / [(XXXV) 4Q274 3i1
]ה אישו[(XXIX) 4Q435 3,2
]ל אישוני [(XXIX) 4Q440 2,4

אִישֹׁן ← אִישׁוֹן

Ithamar proper noun אִיתָמָר

] / ואיתמר החזיק לו לברית [1QM XVII,3
א]לעזר ואיתמר אגילה ◦◦◦ / [(XXII) 4Q379 17,5

strong, constant adjective אֵיתָן-1

ותש[ב באיתן קשת[ו (XXII) 4Q254 7,2
העגל[ה] אל נחל איתן ⟦ ⟧ אשר לוא יזרע 11Q19 LXIII,2

only, nevertheless, surely adverb אַךְ

אכ השוגג / יבחן שנתים ימים לתמים 1QS IX,1
ואל / תחר אך להרע כיא מרעים יכרתו (V) 4Q171 1-2ii2
אך / שנתים [י]מים יבחן לתמים דרכו (XXVI) 4Q258 VII,2
אך ידבר לאכול ולש[תות (XXXV) 4Q264a 1,8

cruel adjective אַכְזָר

תנינים יינם / וראש פתנים אכזר CD VIII,10
תנינים יינם וראש פתנים אכזר CD XIX,22

cruel adjective אַכְזָרִי

ורמיה אכזרי / ורוב חנפ קצור אפים 1QS IV,9
] / לעוליהן ובת עמי אכזריה[(V) 4Q179 1ii4
ורמיה אכז[רי] / [ורוב חנף קצור אפים (XXVI) 4Q257 V,7
] / [ומוסר א]כזרי לא אזכור עוד ולוא ◦[(XXIX) 4Q427 2,3

to eat, devour verb אכל

הישר בעיניו ויאכלו את הדם CD III,6
אל יאכל איש ביום השבת CD X,22
בשדה ⟦ ⟧ ואל יאכל ואל ישתה כי אם היה CD X,23
החיה והרמש לאכל מהם מעגלי הדבורים CD XII,12
והדגים אל יאכלו כי אם נקרעו / חיים CD XII,13
ואשר לוא יוכל מהונם 1QS V,16
ויחד יואכלו / ויחד יברכו ויחד יועצו 1QS VI,2
והיה כיא יערוכו השולחן לאכול 1QS VI,4
מרחוק / יעופו כנשר חש לאכול 1QpHab III,8
יבואו מאיי הים לאכול[את]כול העמים 1QpHab III,11
יכתובו שלהובת חרב אוכלת חללי און 1QM VI,3
תבעיר כלפיד אש בעמיר אוכלת רשעה 1QM XI,10
לוא איש וחרב / לוא אדם תואכלנו 1QM XI,12
גוים צריכה וחרבכה / תואכל בשר אשמה 1QM XII,12
צריכ]ה וחרבך תואכל בשר 1QM XIX,4
]◦בים אוכלת ◦ש[1QHa IV,3
מרפא ולהוב חנית כאש אוכלה עצים 1QHa X,26
כול אגפי רום כאש אוכלת בכול שנאביהם 1QHa XI,29
באושי חמר תאוכל / וברקוע יבשה 1QHa XI,30
ותאוכל עד תהום / רבה 1QHa XI,31
ג[ם או]כלי לחמי / עלי הגדילו עקב 1QHa XIII,23
וישוכו בעדי בצלמות ואוכלה בלחם אנחה 1QHa XIII,33
עד ימימיה תואכל שלבתה / להתם כוח 1QHa XVI,30
ובאש קנ]אתו תאכ[ל כל הארץ כי כלה אך] (I) 1Q15 1
א]שר לו[א] / [ח]צבתה ואכל[ת]ה ושבעתה (I) 1Q22 1ii4
ולחית השד[ה] / [תהיה לאכו]ל (I) 1Q22 1iii2
]ובשר הרבה אכלתמה / [(III) 2Q23 1,3
יוכלו / ענוים וישבעו [י]ראי יהוה (XVI) 4Q88 IX,13
יום ההואה ויאמר אל תוא[כל (V) 4Q158 1-2,12
בי[שר]אל אשר אין לו יאוכלנה וכנס לו (V) 4Q159 1ii4
] / השדה יאכל בפיהו ואל ביתו (V) 4Q159 1ii5
שמיר [ושית ת]אכל ותצית / [בסבכי היער (V) 4Q163 4-7i13
ושמתים ליער ואכלתם ח[ית השדה] (V) 4Q166 II,19
בעשן רובכ]ה וכפיריכה תאכל חרב (V) 4Q169 3-4i9
הנ]ביא אכול השנה שפ[יח פשר הדבר] (V) 4Q177 5-6,2
]הרוג בקר ושחוט צואן א[כול בשר (V) 4Q177 5-6,15
ארץ זבת חלב ודב]ש ואכלו ושב<ע>ו (XIII) 4Q216 II,3
]ואל ת[אכל כל ד]ם לחיה ולבהמה (XIII) 4Q220 2
]אש בוערת אוכלת בסוד רשעה / [(XIII) 4Q228 1i6
ו]בכן יאכלו[את] / [בשר בנ]יהם ובנותי[ה]ם (XXXVI) 4Q248 3
אל יאכל א[י]ש חטים חדשים[(XXXV) 4Q251 9,5
ואל יאכל בשרו כי ◦[(XXXV) 4Q251 12,2
אל יאכל איש בשר בהמה ⟦ ⟧[(XXXV) 4Q251 12,3
אל]יאכל איש[(XXXV) 4Q251 15,4
ואכל]ה את לחם אישה / [(XXXV) 4Q251 16,1
כספו ויליד ביתו ה]מ יאכלו בלחמו (XXXV) 4Q251 16,2
]◦◦]לאכול כי תועבה / [היא (XXXV) 4Q251 16,4
לטהרת אנשי] / הקודש ואל יוכל אתו [בי]חד (XXVI) 4Q256 IX,9
לטהרת אנשי / [הקד]ש ואל יוכל אתו ב[יחד (XXVI) 4Q258 I,8
ואל יואכל איש מאנשי הקדש / [מהונם (XXVI) 4Q258 I,9
ויחד יוא[כלו י]ח[ד יב]רכו ויחד יועצ[ו (XXVI) 4Q258 II,7
אך ידבר לאכול ולש[תות (XXXV) 4Q264a 1,8
[אל] יואכל נער זעטוט ואשה [בזב]ה (XXXV) 4Q265 3,3
לפרוכת ⟦ ⟧ ואל ייכל את קודש ה[קודשים (XVIII) 4Q266 5ii7
בשרירות לבו לאכול מן הקודש] (XVIII) 4Q266 5ii11
והיאה אל תוכל קודש ואל ת[בו] / אל המקדש (XVIII) 4Q266 6ii3
והיאה] לא תוכל [קודש ולא תבו אל המקדש] (XVIII) 4Q266 6ii9
איש בשנה הרביעית ל[ו יוכ]ל / [כי]קדשו (XVIII) 4Q266 6iv4
והאיש / אשר יוכל מהונם ואשר ידרוש (XVIII) 4Q266 11,15
התרומה לכל בתי ישראל אוכלי לחם (XVIII) 4Q270 3ii19
[ואל]יאכל איש[(XVIII) 4Q271 2,4
ויכבס בגדיו ואחר יואכל (XXXV) 4Q274 1i3
בנגדיה ורחצה ואחר תוכל (XXXV) 4Q274 1i5
בשבעת ימי טה[רתו א]ל יוכל כאשר יטמא (XXXV) 4Q274 1i9
] / יא[כל (XXXV) 4Q274 1ii1

4Q**274** 3i3	(XXXV)	]◦ ◦לאוכל[
4Q**274** 3i6	(XXXV)	[אם לוא יצא] משקו[ ]יוכלהו בטהרה
4Q**274** 3i7	(XXXV)	ואל יוכלם איש
4Q**274** 3ii5	(XXXV)	אין עליו] / מלחת טל יאכל ואם ל[וא יאכל
4Q**284** 2i1	(XXXV)	]לוא יאכל / [
4Q**284**a 1,8	(XXXV)	בטהרה ונ[גמר]ה עבודתם ויאכ[לו בטהרה]
4Q**285** 10,4	(XXXVI)	]ור ואכלתם א[
4Q**306** 1,5	(XXXVI)	והכלבים אוכלים[מקצת עצמות המקדש
4Q**307** 1,2	(XXXVI)	]יאוכל[
4Q**365** 17a-c,2	(XIII)	על הארץ שקץ הוא לוא יא]כל
4Q**365** 17a-c,3	(XIII)	השורץ על הארץ לוא] תוכ[לו]ם[
4Q**365** 24,1	(XIII)	בארצכה תהיה כול] תבואתה לא[כו]ל
4Q**365** 25a-c,11	(XIII)	והשיב(ו) לחמ]כם במשקל ואכלתם[
4Q**365**a 2i6	(XIII)	]◦ והיו אוכלים את ◦חטאות / [
4Q**366** 5,4	(XIII)	]כל עוף טהור ת[אכלו
4Q**366** 5,5	(XIII)	בשעריך תתננה] / [וא]כלה או מכר לנכ[רי
4Q**368** 2,9	(XXVIII)	המצות תש]מרו שבעת הימים תאכלו / [מצות
4Q**370** 1i1	(XIX)	כלנפש יוכלו וישבעו כל אשר עשה רצוני
4Q**372** 1,15	(XXVIII)	יוסף [נתן] / ביד בני נאכר אכלים את כחו
4Q**381** 1,8	(XI)	במועד ליום ביום לאכל פריה תנובב[הארץ
4Q**381** 1,9	(XI)	וכל אשר להם לאכל חלבי כל וגם[
4Q**381** 17,3	(XI)	באפך תבלעם ותא[כלם אש
4Q**382** 117,2	(XIII)	]ם ואוכל[
4Q**392** 6-9,3	(XXIX)	] / [א]כל מן הארץ וא◦[
4Q**394** 8iv9	(X)	כלבימ שהם / אוכלימ מקצת [ע]צמות המק[דש
4Q**395** 6	(X)	] / שהמ[נחה נא]כלת [על החלבים והבשר
4Q**396** 1-2i3	(X)	אנח]נו חושבים שאיאכל את הולד / [
4Q**396** 1-2ii10	(X)	כלבים שהם אוכל[ים מקצת עצמות המקדש
4Q**396** 1-2iii11	(X)	להמה טמאות נגע] אין להאכילם מהקו[ד]שים
4Q**397** 4,2	(X)	]האוכל[
4Q**397** 6-13,10	(X)	ט]מאות נ[גע אין] להאכילם [מהקודשים
4Q**414** 7,8	(XXXV)	] / בטהרת ישראל לא[כול ולשתות
4Q**417** 2i20	(XXXIV)	ואת אשר יטריפכה אכול ואל תוסף עוד פ[ן
4Q**418** 184,3	(XXXIV)	]שה לכה ופן תאוכל ושבעתה ו◦[
4Q**421** 11,2	(XX)	ב]טוח לאכול ולשתות ממנו כול
4Q**421** 12,2	(XX)	וכול עבד ואמה לוא יוכל במ[קדש אל ?
4Q**422** I,9	(XIII)	על ? האר]צ המשילו לאכול פר[י האדמה
4Q**422** I,10	(XIII)	]ל[ב]לתי אכול מעצ הד[עת טוב ורע
4Q**422** III,11	(XIII)	כבד בכול גבולם / לאכול כול ירוק בא[רצם
4Q**422** S,3	(XIII)	]◦◦ לאכל[
4Q**428** 5,4	(XXIX)	ב[אש אוכל]ת בכ[ול שנאביהם] / [לה]תם
4Q**432** 6,4	(XXIX)	בא]ש אוכלת ב[כול שנאביהם] / להתם[
4Q**433**a 3,9	(XXIX)	]נחלי זפת לאכול מ[
4Q**434** 2,4	(XXIX)	]◦ם לאכול / פריה וטובה
4Q**481**c 4	(XXII)	]לונו אכלו שנאינו [
4Q**481**d 2,4	(XXII)	]קרב כלדבר לאכל [
4Q**491** 10ii15	(VII)	] / נקם לאכול באלים ובא{{ל}}נשים
4Q**491** 10ii17	(VII) ← יקד	] / ועד שאול תו{{קד}}כל וסוד רשעה [
4Q**504** 1-2iv14	(VII)	] / ויוא[כ]לו וישבעו וידשנו[
4Q**504** 16,2	(VII)	]◦אכל עשב [
4Q**511** 16,3	(VII)	אש]אוכלת במוסדי עפרו[
4Q**512** 7-9,3	(VII)	ט]הרת ישר[אל] / ולאכול ולש[תות
4Q**512** 89,3	(VII)	]אכל ו◦[ ] שב[
4Q**513** 2ii3	(VII)	אשר] / רא[ה]לו להאכילם מכול תרומת הש◦[
4Q**513** 11,1	(VII)	]אם יאוכלו מהמ[ה] / [
4Q**513** 24,3	(VII)	]ודות ולוא יואכלו[
4Q**514** 1i2	(VII)	] / אל יאכל[
4Q**514** 1i4	(VII)	ואל] / יאכל[איש]אשר לא החל לטהור
4Q**514** 1i6	(VII)	ואחר יא{{ח}}<<כ>>לו את לחמם כמשפט
4Q**514** 1i7	(VII)	ואל יאכל <<וז>>{{עו}}ד בטמאתו
4Q**514** 1i8	(VII)	וגם אל יאכל {{וזוד}} <<עד>>
4Q**514** 1i9	(VII)	ואחר יאכלו את לחמם / כמ[שפט
4Q**514** 1i10	(VII)	ואל יאכ]אל איש ואל י[ש]תה
4Q**524** 6-13,4	(XXV)	ונחלות{{ו}}ם יואכלון ונחל[ה] ל[וא יהיה
4Q**525** 9,3	(XXV)	]אוכלת ב[לוא
11Q**5** XVIII,11	(IV)	על אוכלסה בשבע נאמרה
11Q**14** 1ii11	(XXIII)	ואכלתם והדשנתם ⟦ ⟧
11Q**19** XVII,8		ואכלוהו בלילה / בחצרות [ה]קודש
11Q**19** XX,11		ואת הנותר מהמה יוכלו בחצר / [הפני]מ[י]ת
11Q**19** XX,12		[מצות] יא[וכ]לום הכוהנים לוא תאכל חמץ
		[מצות] יא[וכ]לום הכוהנים לוא תאכל חמץ
		ביום ההוא תא[כל] / [ולוא תבוא עליו] השמש
11Q**19** XXI,7		ולוא יאוכ]ל[ו] כול ענב פר[י] ב[ו]סר
11Q**19** XXII,13		ואכלום ביום הזה בחצר
11Q**19** XXII,15		אחר / יואכלו ויסוכו מן השמן החדש
11Q**19** XXXVIII,1		שמה ?] יהיו אוכלים[
11Q**19** XXXVIII,3		]יהיו אוכלים ושותים[
11Q**19** XXXVIII,4		] / ויואכל[
11Q**19** XXXVIII,6		] / אוכלים אצל שער המערב [
11Q**19** XXXVIII,10		יהיו אוכלים [את התבואות/החטאות ?] העוף
11Q**19** XLIII,4		באלה הימים יאכל ולוא יני[חו] / ממנו שנה
11Q**19** XLIII,5		כי ככה יהיו אוכלים אותו / מחג הבכורים
11Q**19** XLIII,6		הבכורים לדגן החטים יהיו אוכלים את הדגן
11Q**19** XLIII,11		ממועדיהמה יקדש באש ישרף לוא יאכל עוד
11Q**19** XLIII,15		ושמן ובקר וצאון ואכלוהו בימי המועדים
11Q**19** XLIII,16		ולוא / יואכלו ממנו בימי המעשה
11Q**19** XLIII,17		ובימי הקודש יאכל ולוא יאכל בימי המעשה
		בימי הקודש יאכל ולוא יאכל בימי המעשה
11Q**19** XLVIII,3		[את אלה משרץ]העוף תוכלו הארבה למינו
11Q**19** XLVIII,4		העוף תואכלו ההולכים על ארבע
11Q**19** XLVIII,6		בעוף ובבהמה לוא תואכלו כי מכור לנוכרי
11Q**19** XLVIII,7		וכול תועבה לוא / תואכלו כי עם קדוש אתה
11Q**19** LII,9		לפני תואכלנו שנה כשנה במקום
11Q**19** LII,11		בשעריכה / תואכלנו הטמא והטהור
		רק הדם לוא תואכל / על הארץ תשופכנו
11Q**19** LII,15		או זבח שלמים ואכלתה / ושמחתה
11Q**19** LII,17		בה מום בשעריכה תואכלנה רחוק ממקדשי
11Q**19** LII,19		לוא תואכל בשר שור ושה ועז
11Q**19** LIII,2		א]ותה נפשכה לאכול ב[שר בכול אות נפשכה]
11Q**19** LIII,3		בכול אות נפשכה] / תואכל בש[ר
11Q**19** LIII,4		ואכלתה בשעריכה והטהור
11Q**19** LIII,5		רק חזק לבלתי אכול הדם על הארץ תשופכנו
11Q**19** LIII,6		ולוא תואכל את הנפש עם הבשר
11Q**19** LX,15		חלק כחלק / יואכלו לבד ממכר על האבות
11Q**19** LXII,11		שללה תבוז / לכה ואכלתה את שלל
11Q**19** LXIII,15		וזבח שלמים לוא תואכל עד יעבורו שבע שנים
		תואכל עד יעבורו שבע שנים אחר תואכל
11Q**20** III,23	(XXIII)	]לכוהנים יהיו ואכלום בחצ[ר הפנימית
11Q**20** V,7	(XXIII)	ואכלום / [בחצר החיצונה לפני
11Q**20** XIV,5	(XXIII)	]ואל יואכלו / [כול
PAM 43.672 68,2	(XXXIII)	]ואכלי[ם
PAM 43.678 12,2	(XXXIII)	]יואכל[
PAM 43.678 23,2	(XXXIII)	]⟦ ⟧ יאכלו אלי [
PAM 43.692 21,2	(XXXIII)	]לא תאכל ◦[

אֹכֶל ← אוֹכֶל

אָכְלָה ← אוֹכְלָה

covered walkway noun **אכסדרן**

תחת עמוד ה**אכסדרן** / כלי דמע	(III)	3Q**15** XI,3

farmer noun **אִכָּר**

]◦◦ **אכרים** עד כול אֿ[	(XXXIV)	4Q**418** 103ii2
]**אֿכריםֿ**[	(XXXIV)	4Q**418** 133,2

no, not negative particle **אַל**

ואל יקובֿל / עוֿד לשופטים להמית		CD IX,23
אל יאמן איש על רעֿהו / לעד		CD X,2
ואל יתיצב עוד מבן / ששים שנה		CD X,7
אל / ירחץ איש במים צואים ומעוטים		CD X,10
אל יטהר במה כלי		CD X,12
אל יעש איש ביום / {{ממֿ}} השישי		CD X,14
וביום השבת **אל** ידבר איש דבר / נבל ורק		CD X,17
אל ישה ברעהו כל		CD X,18
אל ישפוכו על הון ובצע		
אל ידבר בדברי המלאכה והעבודה		CD X,19
אל יתהלך איש בשדה לעשות		CD X,20
אל יתהלך חוץ לעירו {{אֿ}}		CD X,21
אל יאכל איש ביום השבת		CD X,22
ואל יאכל ואל ישתה כי אם		CD X,23
ואל יאכל **ואל** ישתה כי אם היה במחנה		
ואל ישאב אל / כל כל		CD XI,1
אל ישלח את בן הנכר לעשות		CD XI,2
אל יקח איש עליו בגדים צואים		CD XI,3
אל יתערב איש מרצונו / בשבת		CD XI,4
אל ילך איש אחר הבהמה לרעותה		CD XI,5
אל ירם את ידו להכותה		CD XI,6
אם / סוררת היא **אל** יוציאה מביתו		CD XI,7
אל יוציא איש מן הבית / לחוץ		
ואם בסוכה יהיה **אל** יוצא ממנה		CD XI,8
יהיה אל יוצא ממנה / **ואל** יבא אליה		CD XI,9
אל פתח כלי טוח בשבת		
אל ישא איש / עליו סמנים לצאת		
אל יטול בבית מושבת / סלע ועפר		CD XI,10
אל ישא האומן את היונק		CD XI,11
אל ימרא איש את עבדו		CD XI,12
{{**אל**}} אל ייל̇ד איש בהמה ביום השבת		CD XI,13
{{אל}} **אל** ייל̇ד איש בהמה ביום השבת		
תפיל אל בור / ואל פחת **אל** יקימה בשבת		CD XI,14
אל ישביתֿ אֿיש בֿמקום קרוב / לגוים		
אל יחל איש את השבת		CD XI,15
ואל מקום / **אל** יעלה איש בסולם		CD XI,17
אל יעל איש למזבח בֿשבת		
אל ישלח / איש למזבח עולה ומנחה		CD XI,18
אל / בית השתחֿות **אל** יבא טמא כבוס		CD XI,22
אל ישכב איש עם אשה בעיר		CD XII,1
אל ישלח את ידו לשפוך		CD XII,6
וגֿם **אל** ישא מהונם כל בעבור		CD XII,7
אל ימכר איש בהמה / ועוף טהורים		CD XII,8
ומגורנו / ומגתו **אל** ימכר להם בכל מאדו		CD XII,10
עבדו ואת אמתו **אל** ימכור / להם		
אל ישקץ איש את נפשו / בכל		CD XII,11
והדגים **אל** יאכלו כי אם נקרעו / חיים		CD XII,13
ובמקום עשרה **אל** ימש איש כהן מבונן בספר		CD XIII,2
אל ימשול איש / מבני המחנה		CD XIII,12
ואיש מכֿל באי בריֿתֿ אֿל **אֿל** ישא		CD XIII,14
אֿל ישא וֿ**אל** יתֿ[ן] לֿבני השחרֿ		
ואל יעש איש חֿבֿרֿ למקֿחֿ ולֿממכרֿ		CD XIII,15
אל ישורֿ לֿהם[		CD XIII,18
ואת תורת משה **אל** יזכור כי ◦◦◦◦◦◦◦◦		CD XV,2
ואל יודיעהו איש את / המשפטים		CD XV,10
ונ]ער זֿ[עטו]טֿ **אֿל** / יֿבֿוֿאֿ אֿיֿ[ש		CD XV,16
מֿן התורה עד מחיר מות **אל** יפדהו		CD XVI,8
[מן התו]רֿה עֿדֿ מחיר מות **אל** יקימהו		CD XVI,9
אל / יניא איש שבועה אשר לֿאֿ [י]דענהֿ		CD XVI,10
לעבור ברית היא יֿניאה **ואל** יקיֿמֿנה		CD XVI,12
על משפט הנֿדֿבֿות **אל** ידור אֿיֿשֿ למזבח		CD XVI,13
וגם / [הכ]הנים **אל** יקחו מאֿתֿ ישראל [		CD XVI,14
ואל / יקדֿשֿ אֿיֿשֿ מכלֿ ◦[		CD XVI,15
אל {{ית}} יאות איש עמו בהון		CD XX,7
אל יבוא במים לגעת בטהרת		1QS V,13
אל ידבר אלוהיהי באפ		1QS V,25
ואל ישנאהו [בעור]לֿ[ת] לבבו		1QS V,26
וגמ **אל** יביא איש על רעהו דבר		1QS VI,1
אל ימש מאתם איש / כוהן		1QS VI,3
ואל ימש במקום אשר יהיו שם		1QS VI,6
אל ידבר איש בתוכ דברי רעהו		1QS VI,10
וגם **אל** ידבר לפני תכונו הכתוב		
ובמושב הרבים **אל** ידבר איש כול דבר		1QS VI,11
וגם הואה **אל** יתערב בהון הרבים		1QS VI,17
אל יגע במשקה הרבים עד		1QS VI,20
ונמצאו לאיש / הדורש **אל** יסתרהו מאלה		1QS VIII,12
ביד רמה **אל** יגע בטהרת אנשי הקודש		1QS VIII,17
ואל ידע בכול עצתם		1QS VIII,18
אל יתערב הֿונם עם הון		1QS IX,8
וכול איש פותי / **אל** יבוא בגורל	(I)	1QSa I,20
מֿכֿול טמאוֿתֿ / האדם **אל** יבוא בקהל אלֿ{ה}	(I)	1QSa II,4
אל יב[ואו]אלה להתיצב [ב]תֿוֿך	(I)	1QSa II,8
אל תיראו ואל ירך לבבכמה		1QM X,3
אל תיראו **ואל** ירך לבבכמה		
ואל תחפֿ[זו וא]לֿ תערוצו מפניהם		1QM X,4
ואל תחפֿ[זו **וא**]**לֿ** תערוצו מפניהם		
אל תיראו ואל תחֿ[		1QM XV,8
אל תיראו **ואל** תחֿ[		
ואל תחפזו ואל תערוצו מפניהם		
ואל תחפזו **ואל** תערוצו מפניהם		
ואל תערוצו מפניהם **ואל** / תשובו אחור		
ואל / תשובו אחור **ואל** [		1QM XV,9
ואתם התחזקו **ואל** תיראום [		1QM XVII,4
]ו **ואל** י◦[ ]לֿפניו כול נגע		1QH^{a} VIII,24
אל תשב פני עבדך [		1QH^{a} VIII,27
ואל תמאסֿ בכוֿלֿ[משפטי אל		1QH^{a} IX,37
אל תשב ידכה [		1QH^{a} XXIII,9
]דכהֿ **אל** תעזובני בקצי / [		1QH^{a} 4,18
יפ]תח **ואל** יעונֿ בֿ[	(I)	1Q**25** 4,3
שמזרח אחֿזֿרֿ / כלי דמע וספרין **אל** תבֿסֿ	(III)	3Q**15** VIII,3
ביום ההואה ויאמר **אל** תוא[כל	(V)	4Q**158** 1-2,12
אל יהיו כלי גבר על אשה	(V)	4Q**159** 2-4,6
ואל ילבש כתונתֿ אשה כיא [ת]ועבה הוא	(V)	4Q**159** 2-4,7
ואל תחרֿ במצליח דרכו באיש	(V)	4Q**171** 1-2i17
ועזוב חֿמֿה **ואל** / תחר אך להרע כיא מרעים	(V)	4Q**171** 1-2ii1
ולתימן] **אל** תכלאי הבֿ[יאי בני מרחוק	(V)	4Q**176** 4-5,3
]**אל** תירֿ[אי כיא] לוא {{◦◦◦}} תבושי[	(V)	4Q**176** 8-11,5
אמר דויד יֿהֿ[ו]הֿ **אל** באפכה תוֿ[כיחני	(V)	4Q**177** 12-13i2
]לונ◦ **אל** תלח[	(V)	4Q**184** 5,3
]**אל** תבוא בֿ[	(V)	4Q**184** 6,2
אל תצעדֿו[	(V)	4Q**185** 1-2ii4
ואל יֿתהלל[ו] רֿשעים לֿאֿמור לא יֿמֿנה	(V)	4Q**185** 1-2ii9

4Q**200** 1i5	(XIX)	וא]ל תסתר / את פניך ממני
4Q**200** 2,1	(XIX)	]רצונ[ה ו]אל ת[וגה רוחה
4Q**200** 2,6	(XIX)	]צדקות ואל תס[תר פניך מן כול] / [ע]נו
4Q**200** 5,3	(XIX)	ויאמר]לו אל תירא אבי [ושם הסם]
4Q**220** 2	(XIII)	]ואל ת[אכל כל ד]ם לחיה ולבהמה
4Q**222** 1,2	(XIII)	אל תיראי אמי והחלמי[
4Q**223-224** 2ii11	(XIII)	ואת]י אל תדאיגי [על יעקו]ב
4Q**249**f 1-3,9	(XXXVI)	התירוש לשתו]ת א[ל ישלח איש את ידו]
4Q**251** 9,2	(XXXV)	אל יאחר איש כי [תירוש] / הואה
4Q**251** 9,5	(XXXV)	אל יאכל א[י]ש חטים חדשים[
4Q**251** 10,2	(XXXV)	]אל ימע[יט
4Q**251** 12,2	(XXXV)	ואל יאכל בשרו כי ◦[
4Q**251** 12,3	(XXXV)	אל יאכל איש בשר בהמה 〚 〛[
4Q**251** 17,2	(XXXV)	] / אל יקח איש את א[שת אביו
4Q**251** 17,6	(XXXV)	] / אל יגל איש ערות [
4Q**251** 17,7	(XXXV)	] / אל יקח איש בתו נ[ערה לאיש
4Q**252** IV,4	(XXII)	פחזתה כמים אל תותר
4Q**256** IX,9	(XXVI)	לטהרת אנשי] / הקודש ואל יוכל אתו [בי]חד
4Q**256** XI,6	(XXVI)	ובמושב]הרבים אל יד[בר איש
4Q**258** I,8	(XXVI)	לטהרת אנשי / [הקד]ש ואל יוכל אתו ב[יחד
4Q**258** I,9	(XXVI)	ואל יואכל איש מאנשי הקדש
4Q**258** II,5	(XXVI)	ואהבת חסד / ואל ידבר איש אל רעהו באף
	(XXVI)	וגם אל יבא איש על רעהו דבר
4Q**258** III,2	(XXVI)	ובמושב] / הרבים אל ידב[ר איש כל דבר
4Q**258** VII,8	(XXVI)	אל יתע[רב הונם עם] הון[אנשי
4Q**259** III,2	(XXVI)	ונמצ]א לאיש הדורש אל י[ס]תרה[ו]
4Q**263** 1	(XXVI)	[וגם]אל יבא[איש על רעהו דבר
4Q**264**a 1,1	(XXXV)	אל יקח איש / [
4Q**264**a 1,5	(XXXV)	אל יחשב איש [בפיהו] / [
4Q**264**a 1,7	(XXXV)	]ביום השב]ת ואל יד[בר ד]בר כי אם ל[דבר
4Q**265** 6,2	(XXXV)	ביום השבת אל[יקח איש עליו בגדי]ם צואים
4Q**265** 6,3	(XXXV)	אל י[תלב]ש איש בבגדים א[שר]בהם
4Q**265** 6,4	(XXXV)	אל יו[צא אי]ש מאהלו כלי
4Q**265** 6,5	(XXXV)	אל יעל איש בהמה אשר תפול / אל
4Q**265** 7,3	(XXXV)	[א]ל יז איש מזרע אהרון מ[י
4Q**265** 7,6	(XXXV)	אל ימ[ש כהן מבונן בספר ההגי
4Q**266** 5i4	(XVIII)	אל יב[
4Q**266** 5ii4	(XVIII)	אחו הכהנים בעבודה [וא]ל[
4Q**266** 5ii6	(XVIII)	אל יגש לעבודת [הקודש
4Q**266** 5ii7	(XVIII)	ואל יו‸יכל את קודש ה[קודשים
4Q**266** 6ii3	(XVIII)	והיאה אל תוכל קודש ואל ת[בו]
	(XVIII)	ואל ת[בו] / אל המקדש
4Q**266** 7i3	(XVIII)	]◦ / ועלו אל יטור איש אל[
4Q**266** 8i7	(XVIII)	וכול היותו אויל / [ומ]שוגע אל יבו
4Q**266** 8i8	(XVIII)	או נער זעטוט א[ל יבו] איש / [מ]אלה
4Q**266** 8iii6	(XVIII)	ואל ית[י]צ[ב] / עוד [מבן ששים שנה
4Q**266** 9i2	(XVIII)	ואל מקוה] א[ל יעלהו אי]ש / [בסולם
4Q**266** 9iii8	(XVIII)	אל יטור לה[ם ?] באף
4Q**266** 11,5	(XVIII)	ובמקום כתוב קרעו לבבכם ואל בגדיכם
4Q**266** 12,5	(XVIII)	]אל [י]קרב[
4Q**267** 4,9	(XVIII)	]ה[ ]ש ואל יתיצ[ב
	(XVIII)	]ל אל ית[ן] ה[ו]א א[ת] / [
4Q**267** 4,10	(XVIII)	ואת אוכ]לו בתרבית אל ית[ן] / [
4Q**267** 5iii7	(XVIII)	אחיו] / [הכוהנים בעבו]דה ואל[
4Q**267** 9iv9	(XVIII)	אל / [ימשול איש מכול ? בני
4Q**267** 9iv11	(XVIII)	ואיש מכו]ל [באי ברית] אל אל
4Q**269** 8ii3	(XVIII)	]אל יבא איש כול ע[ור ובגד]
4Q**269** 8ii6	(XVIII)	ימיו לעבור על הפקודים א]ל [יזה]
4Q**269** 16,2	(XXXVI)	אחר כתוב קרעו לבבכם וא]ל / [בגדיכם
4Q**270** 2ii21	(XVIII)	ל[עיניכם ובמוקשי שחת] / אל תתפשו
4Q**270** 3ii21	(XVIII)	לפני] השלמו לישראל אל [י]רם איש
4Q**270** 3iii21	(XVIII)	[ה]גואים פסל אל יבא איש אל טהרת[ו
4Q**270** 4,9	(XVIII)	א]ל יתן איש א[ת] / [
4Q**270** 5,17	(XVIII)	אל יבא איש[אשה בברי]ת הקוד[ש]
4Q**270** 6iv14	(XVIII)	אל יאמן איש על רעה[ו לעד]
4Q**270** 6iv20	(XVIII)	על הטהר במים אל [ירחץ איש במים צואים
4Q**270** 6iv21	(XVIII)	מ]די [מרעיל איש] / אל יטהר בם כל כלי
4Q**270** 6v13	(XVIII)	אם סוררת היא] / אל [יוצי]אה [מביתו
4Q**270** 6v14	(XVIII)	ואם בסוכה] / יהיה אל [י]וצא ממנה
	(XVIII)	אל [י]וצא ממנה ואל יבא [אליה
4Q**270** 6v16	(XVIII)	[א]ל ישא [
4Q**270** 6v18	(XVIII)	יפול אל בור ואל פחת אל [יקימה בשבת
4Q**270** 6v20	(XVIII)	אל[יעל איש למזבח בשבת
4Q**270** 7i19	(XVIII)	אחר כתוב] / קרעו לבבכם ואל בגדיכם
4Q**271** 2,3	(XVIII)	הבת לפרי]ה[ע]ץ אל יבדל איש להרים לשה
4Q**271** 2,8	(XVIII)	אל יבא[איש
4Q**271** 2,9	(XVIII)	הגוים פ]סל אל יביאהו / איש אל טהר[תו
4Q**271** 2,10	(XVIII)	אל יב[א איש]כול עור ובגד
4Q**271** 3,3	(XVIII)	אל [י]הי[ו כלי] / [גבר על איש ואשה]
4Q**271** 3,9	(XVIII)	וגם אל יתנהה לאשר לוא הוכן
4Q**271** 3,10	(XVIII)	אל יבא איש / [אשה בברית ?
4Q**271** 3,13	(XVIII)	בבתוליה בבית אביה אל יקחה איש
4Q**271** 4ii9	(XVIII)	מן התורה עד מחיר מות אל[יפדהו
4Q**271** 4ii10	(XVIII)	את התורה עד מחיר מות אל יקי[מהו
4Q**271** 4ii11	(XVIII)	להניא את שבועתה אל יניא איש ש[בועה
4Q**271** 4ii13	(XVIII)	אל ידור איש למ[זבח מאום אנוס
	(XVIII)	וגם] הכוהנים אל יקחו מיד / ישראל
4Q**271** 4ii14	(XVIII)	אל יקדש איש את מא[כל פיהו
4Q**271** 4ii15	(XVIII)	אל יקדש איש [מכול
4Q**271** 5i1	(XVIII)	אליתערב [איש מרצ]ונו / [בשבת
4Q**271** 5i5	(XVIII)	יהיה / [אל יוצא ממנה וא]ל יב{{י}}א אל[יה]
	(XVIII)	אל יפתח כלי טוח בשבת
4Q**271** 5i6	(XVIII)	אל יטול בבית מושבת סלע ועפר
	(XVIII)	אל / [ישא האומן את] היונק
4Q**271** 5i7	(XVIII)	אלימר את עבדו
4Q**271** 5i8	(XVIII)	א]ל יילד איש בהמה בשבת
4Q**271** 5i9	(XVIII)	אל ישבות איש במקום קרוב לגוים
4Q**271** 5i11	(XVIII)	ואל בו]ר אל יעלה [אי]ש בסולם
	(XVIII)	אל יעל איש / [למזבח בשבת
4Q**271** 5i12	(XVIII)	אל [יש]לח / [איש למזבח עולה ומנחה
4Q**271** 5i15	(XVIII)	הבא]אל בית ההשתחוות אל יבוא טמא כבוס
4Q**271** 5i21	(XVIII)	אל ישלח איש את ידו לשפוך
4Q**273** 5,4	(XVIII)	אל יקח איש את האש[ה
4Q**274** 1i4	(XXXV)	והזבה דם לשבעת הימים אל תגע בזב
4Q**274** 1i5	(XXXV)	ובכול מודה[א]ל תתערב בשבעת / ימיה
4Q**274** 1i6	(XXXV)	וגם אל תגע בכול אשה[זב]ה ◦דם
4Q**274** 1i7	(XXXV)	אם זכר ואם נקבה אל יג[ע בזב זוב טמ]א
4Q**274** 1i9	(XXXV)	בשבעת ימי טה[רתו א]ל יוכל
4Q**274** 2i2	(XXXV)	אל יז בשבת כי / [אמר שמור
4Q**274** 2i3	(XXXV)	[אמר שמור את] השבת רק אל יגע בטהרה
4Q**274** 2i7	(XXXV)	רק אל יגע בו ‸את‸ לחמו
4Q**274** 3i7	(XXXV)	ואל יוכלם איש
4Q**277** 1ii7	(XXXV)	ועלול אל יז על הטמא
4Q**278** 3	(XXXV)	א]ל ישכב איש / [
4Q**279** 4,1	(XXVI)	]ר ואל י[
4Q**281**a 2	(XXXVI)	]◦ כי ◦◦מו אל תעוינו ◦[ ]◦ב◦[
4Q**284**a 1,2	(XXXV)	וא]ל ילקטום [כול טמא וכול]
4Q**284**a 1,7	(XXXV)	ואם ילאצו [זיתים] / [בב]ד אל יגאלם
4Q**286** 13,2	(XI)	]ל ואל יטו[ר
4Q**288** 1,5	(XI)	]את ◦◦[ ]◦◦ ואל יושע לנ[פשו

ונחלתכה קח מׄמנו **ואל** תוסף עוׄ[ד	(XXXIV)	4Q**417** 2i18
ואת אשר יטריפכה אׄכׄוׄל **ואל** תוסף עוׄד פׄ[ן	(XXXIV)	4Q**417** 2i20
אל [דומי לכ]הׄ / יומם ולילה	(XXXIV)	4Q**417** 2i21
ואל מנוח לנפשכׄהׄ [עד]הׄשיבכה	(XXXIV)	4Q**417** 2i22
]**אל** תכזב / לו למה תשה עון	(XXXIV)	
כיסכה ובדבריכׄהׄ **אל** תמעטׄ[	(XXXIV)	4Q**417** 2ii+23,8
ואל תערב הון בנחלתׄ[כה	(XXXIV)	4Q**417** 2ii+23,23
] / כסות **אל** תשת יין ואין אׄ[כל	(XXXIV)	4Q**417** 2ii+23,24
] / **אל** תתכבד במׄחסוריכהׄ[	(XXXIV)	4Q**417** 2ii+23,25
]לׄ מׄעשה ואׄ[ל] תשבות ◦[	(XXXIV)	4Q**417** 20,3
א]לׄתׄדרוש[	(XXXIV)	4Q**417** 28,1
ואל מנוח / [לנפשכה עד השיבכה	(XXXIV)	4Q**418** 7b,5
יפקוד לכ]הׄ **אל** מנוח בׄ[נפשכה	(XXXIV)	4Q**418** 8,9
אביון / אתה **אל** תתאו זולתׄ[נחלתכה	(XXXIV)	4Q**418** 9+9a-c,7
ו]אׄ[ל] תת[בלע בה פן תסיג גבו]לכה	(XXXIV)	
[אביון א]תה **אל** תאמר רש אני	(XXXIV)	4Q**418** 9+9a-c,13
א]ל ת[ש]לח ידך[	(XXXIV)	4Q**418** 33,3
]וׄ**אל** [	(XXXIV)	4Q**418** 64,2
]אׄל תחשך דעת[	(XXXIV)	4Q**418** 95,3
א]ל תשלׄח ידכה עלׄ / [	(XXXIV)	4Q**418** 96,3
]הׄ לׄא ימצא **אל** ישיׄבׄ[	(XXXIV)	4Q**418** 97,3
] / **ואל** תהי בׄביתוׄ כיׄ[	(XXXIV)	4Q**418** 101ii3
עת בעת דורשם **ואל** תדם צׄ[	(XXXIV)	4Q**418** 103ii4
ב]מסחורכה **אל** תערוׄב אשר[לרעכה	(XXXIV)	4Q**418** 103ii6
א]ל תלבשׄ[	(XXXIV)	4Q**418** 105,1
]הׄ הבן במסחורכה **ואל** / [	(XXXIV)	4Q**418** 122i5
]פׄיהו **ואל** ישים מחפצוׄ כי אל	(XXXIV)	4Q**418** 126ii14
]לׄה **אל** תעש סודׄ[	(XXXIV)	4Q**418** 140,3
]◦לוׄ **ואל** ת[	(XXXIV)	4Q**418** 144,3
א]תׄהׄ מבין בהוות מדהבה **אל** תׄ[	(XXXIV)	4Q**418** 176,3
רוחוׄ ומזל שפתוׄ א[ל	(XXXIV)	4Q**418** 222,2
]◦ה לכה ואלׄ[	(XXXIV)	4Q**418** 249,2
]אׄל תש[	(XXXIV)	4Q**418** 291,2
דורשמ]ה **אל** תדם בע◦[	(XXXIV)	4Q**418**a 4,2
] / תמׄיד **אל** תׄ[	(XXXIV)	4Q**418**a 11,4
כמו]שׄל צדיׄקׄ **ואל** תקׄחׄ[	(XXXIV)	4Q**418**a 22,2
]סׄפׄר והיה חינׄם **אל** ישאב ממנו ◦[	(XX)	4Q**421** 11,3
]כׄיא מלאכת צׄ[דק]היאה **אל** יׄחל[	(XX)	4Q**421** 11,4
]אׄ **ואל** יבא בשער חצרו ובשעׄ[ר	(XX)	4Q**421** 12,3
]ם **אל** יחשבׄ[לו	(XX)	4Q**421** 13,3
] **אל** יער איש אׄ[	(XX)	4Q**421** 13,5
עם פורׄסׄ אׄ[ל	(XXXVI)	4Q**424** 1,2
עם נעלם **אל** תקח חוק	(XXXVI)	4Q**424** 1,4
ועם מתמׄ[ו]טט **אל** / תבוא בכור כי כעופרת	(XXXVI)	
ביד עצל **אל** תפקד אט כי לא יצניע מלאכתך	(XXXVI)	4Q**424** 1,6
כי לא יצניע מלאכתך **ואל** תשלח דברׄ[ ]	(XXXVI)	
איש תלונה **אל** תאמׄ[ר ממנו] / לקחת הון	(XXXVI)	4Q**424** 1,7
איש לוז שפתים **אל** תאמׄ[ין	(XXXVI)	4Q**424** 1,8
איש רע עין **אל** תמשל בהוׄ[נך	(XXXVI)	4Q**424** 1,10
חנ]ף **אל** תערבהו בתוך ענוׄ[י	(XXXVI)	4Q**424** 2,3
אב]יׄונים **אל** תמׄ[שי]להׄוׄ ◦[	(XXXVI)	4Q**424** 2,5
] / **אל** תמשילהו ברודפידעת	(XXXVI)	4Q**424** 3,2
איש שוע עינים **אל** תשלח לחזות לישרים	(XXXVI)	4Q**424** 3,3
כבד אזן **אל** תשלח לדרוש משפט כי ריב	(XXXVI)	4Q**424** 3,4
איש שמן לב **אל** תשלח לכרות מחשבות	(XXXVI)	4Q**424** 3,6
] **ואל** ידב[ר	(XX)	4Q**425** 6,2
] / ישר ונחלה ואלׄ[	(XX)	4Q**426** 1ii6
] / **ואל** יביאני עד[	(XX)	4Q**426** 1ii7
ש]מׄכׄהׄ [ה]גדול **ואל** יחלׄ[	(XXIX)	4Q**451** 1
א]ל תדאג מכול מהומות ◦[	(XXXVI)	4Q**460** 7,6
] / **ואל** תׄ[	(XX)	4Q**302** 1ii12
] / **ואל** ת[	(XX)	4Q**302** 1ii13
ויואמר יהוה]אׄלׄ[י]אׄל תׄצרׄ / [את מואב	(XIII)	4Q**364** 23a-bi7
ויואמר מושה אלׄ הׄ[עם]אׄל תיראו	(XIII)	4Q**365** 6ai1
אל תׄ[פנו אל האליל(י)ם	(XIII)	4Q**367** 2a-b,6
אׄל תׄמרו דברׄ[י יהוה	(XIX)	4Q**370** 1ii9
ויאמר אבי ואלהי **אל** תעזבני ביד הגוים	(XXVIII)	4Q**372** 1,16
] / **ואל** תחת	(XXII)	4Q**378** 3ii+4,10
]◦לים **אל** תדמו לאחיׄ[י]וׄרדי / [	(XXII)	4Q**378** 6i5
ואל תתנני במשפט עמך	(XI)	4Q**381** 45a+b,4
א]לׄהי **אל** תעזׄבׄ[ני	(XI)	4Q**381** 79,6
]ואתה **אל** תׄ[	(XIX)	4Q**384** 17,2
אל תותירו / [	(XXX)	4Q**385**a 15i4
וׄאׄ[ל רו]חׄ נשברה מלפניך	(XXIX)	4Q**393** 1ii-2,7
אל תעׄזוב עמך [ונ]חׄלתך	(XXIX)	4Q**393** 3,3
עמך [ונ]חׄלתך וׄ**אל** ללכתׄ איש בשרירות לבו	(XXIX)	
ונחלתך **ואל** ללכת איש / בׄשררו[ת] לבו	(XXIX)	4Q**393** 3,4
[ואת]הׄ **אל** תפעׄ[ל	(XX)	4Q**412** 1,1
אל תפעׄ[ל]◦ הארׄ◦[	(XX)	4Q**412** 1,2
]◦וׄרׄתיׄ **אל** ת[	(XX)	4Q**412** 2,2
] / **אל** תמׄישי בלבבך עׄ◦ׄ וׄע[	(XXXIV)	4Q**415** 2ii2
]**אל** תערׄב / [	(XXXIV)	4Q**415** 8,2
]◦[ ]◦בׄ **אל** תסתר מנוׄשׄ[ה בכה] / [פן	(XXXIV)	4Q**416** 2i18
אל תקׄ[	(XXXIV)	4Q**416** 2ii3
בכל הון **אל** תמר רוח קוׄדשכה / כי אין	(XXXIV)	4Q**416** 2ii6
]לו וחוקיכה **אל** תרף וׄברזיכה השמר	(XXXIV)	4Q**416** 2ii8
וא]ל תנומה לעיניכה עד עשותכה	(XXXIV)	4Q**416** 2ii9
וא]ל תוסף	(XXXIV)	4Q**416** 2ii10
]**ואל** תותר לו	(XXXIV)	
ואׄתה **אל** תבטח למה תשׄנׄאׄ ואל תשקוד	(XXXIV)	4Q**416** 2ii14
ואל תשקוד ממדהבכה	(XXXIV)	
וגם **אל** תשפל נפשכה	(XXXIV)	4Q**416** 2ii15
]◦ לאשר אין כוחכה **אל** תגע פן תכשל	(XXXIV)	4Q**416** 2ii16
ובמחיר / **אל** תמכוׄר כבודכה ואל תערבהו	(XXXIV)	4Q**416** 2ii18
ואל תערבהו בנחלתכה פן	(XXXIV)	
אל תשביׄעׄ לׄחׄם / ⟦ ⟧	(XXXIV)	
אל תשת יין ואין אכל	(XXXIV)	4Q**416** 2ii19
אל תדרוש תענוג ואתה / ⟦ ⟧	(XXXIV)	
אל תתכבד במחסורכה	(XXXIV)	4Q**416** 2ii20
וגם **אל** תקל כליׄ [	(XXXIV)	4Q**416** 2ii21
]◦ים פׄוׄקד לכה / **אל** תשלח ידכה בו פן	(XXXIV)	4Q**416** 2iii4
אל תקח הון / פן יוסיף על רׄישכה	(XXXIV)	4Q**416** 2iii5
למות הפקידהו ורוחכה **אל** תחבל / בו	(XXXIV)	4Q**416** 2iii6
אביון אתה **אל** תתאו זׄוׄלׄתׄ נחלתכה	(XXXIV)	4Q**416** 2iii8
ואל תתבלע בה פן תסיג / גבולכה	(XXXIV)	
אביוׄןׄ אתה **אל** תאמרׄ רש אני ול[וא]	(XXXIV)	4Q**416** 2iii12
סלחׄ לה[ ]למענכה **אל** תׄרׄב[	(XXXIV)	4Q**416** 2iv10
]אׄל תשקוׄטׄ עד תום רשעה	(XXXIV)	4Q**416** 3,3
אל תוׄגע בעולהׄ[	(XXXIV)	4Q**417** 1i23
אל תפתכה מחשבת יצׄר רע[	(XXXIV)	4Q**417** 1ii12
אל תפתכה מׄ◦[	(XXXIV)	4Q**417** 1ii13
אל תשגכ[ה	(XXXIV)	4Q**417** 1ii14
] **אל** תאמׄרׄ [	(XXXIV)	4Q**417** 1ii15
ותוכחתו ספר מהר **ואל** תעׄבוׄר על פשעיכה	(XXXIV)	4Q**417** 2i4
ואיש עול **אל** תחשוב עזר וגם איׄןׄ שוׄנׄאׄ	(XXXIV)	4Q**417** 2i7
] / **אל** ⟦ ⟧ תמוׄש מלבכה	(XXXIV)	4Q**417** 2i9
תמוׄש מלבכה **ואל** לכה לבדכה תרׄחׄב	(XXXIV)	
ואל תשׄחׄתׄ באבלכה פׄן תעמׄל	(XXXIV)	4Q**417** 2i10
אׄלׄ תקׄ[ח	(XXXIV)	4Q**417** 2i13
אׄלׄ תקׄ[ח	(XXXIV)	4Q**417** 2i14

4Q**460** 7,9 (XXXVI)] ההוא **אל** תירא ואל֯[תחת
(XXXVI) ההוא אל תירא ו**אל**֯[תחת
4Q**460** 8,2 (XXXVI)]◦[ ]בארצ **אל** יתהללו הגבוריםׄ [בגבורתם
4Q**464** 6,3 (XIX)]ידכה לנער ו**א**ׄ[ל תעש לו מאומה
4Q**487** 2,4 (VII)] גם **אל** יסתת֯[ר
4Q**487** 6,4 (VII)]**ואל** ׄיגל[
4Q**487** 8,5 (VII)] **אל** י◦[
4Q**487** 16,2 (VII)]מה **ואל** יפתח אׄ[
4Q**487** 16,3 (VII)]ישר ינחלנה **ואל** ׄי◦[
4Q**491** 11ii13 (VII) התחזקו ו]עמודו בפרץ **ואל** תׄי[רא]ו באמׄץ[
4Q**501** 1 (VII)]◦ה◦[ ]ׄי **אל** תתן לזרים נחלתנו ויגיענו
4Q**501** 6 (VII) לשון גדופיה{{מ}}<<ם>>{{ה}} **אל** /]
4Q**501** 7 (VII)] במצוותיכה **ואל** יהיה זרעמה מבׄ{{נׄי בׄ}}רׄית
4Q**504** 7,10 (VII)]ש֯ **ואל** תטושנ֯ / [ואל תעזובנו
4Q**514** 1i2 (VII)] / **אל** יאכל֯[
4Q**514** 1i7 (VII) **ואל** יאכל <<וז>>{{עו}}ד בטמאתו
4Q**514** 1i8 (VII) וגם **אל** יאכל {{וׄזׄיׄדׄ}} <<עד>>
4Q**514** 1i10 (VII) **ואל** ׄי[ש]תה עמ כול אׄי[ש]אׄשר ׄיערׄוך
4Q**523** 3,2 (XXV) **א**]ל ? יבטלון פׄסי/ה[
4Q**525** 2ii+3,12 (XXV) ו]עתה בנים ש]מעו מוסר ? **וא**]ל תסורׄ[ו
4Q**525** 5,6 (XXV)]בא[מת ?]**א**[ל]תׄדׄרׄשוה בלב ר[ע
4Q**525** 5,7 (XXV) שמ]עׄו **אל** ת[דר]שוה בלב מרמה ובח[וקי
4Q**525** 10,5 (XXV) וכׄוׄל בשר **אל** <<י>>צדק אׄ[ל
4Q**525** 14ii12 (XXV) וחלצכה מכול רע ו**א**ׄ**ל** יבואכה פחד ◦[
4Q**525** 14ii20 (XXV) **וא**]ל תתן [
11Q**5** XVIII,2 (IV) **ואל** תתעצלו להודיע עוזו ותפארתו
11Q**5** XIX,14 (IV) רוח אמונה ודעת חונני **אל** אתקלה / בעווה
11Q**5** XIX,15 (IV) **אל** תשלט בי שטן ורוח
11Q**5** XIX,16 (IV) ויצר / רע **אל** ירשו בעצמי
11Q**5** XXIV,5 (IV) את שאלתי ובקשתי / **אל** תמנע ממני
(IV) בנה נפשי **ואל** תמגרה ואל תפרע לפני
(IV) נפשי ואל תמגרה **ואל** תפרע לפני / רשעים
11Q**5** XXIV,7 (IV) יהוה / **אל** תשפטני כחטאתי
11Q**5** XXIV,10 (IV) זכורני **ואל** תשכחני ואל תביאני
(IV) ואל תשכחני **ואל** תביאני בקשות ממני
11Q**5** XXIV,11 (IV) הרחק ממני ופשעי **אל** יזכרו לי
11Q**5** XXIV,12 (IV) יהוה מנגע רע **ואל** יוסף לשוב אלי
11Q**5** XXIV,13 (IV) יבש / שו֯ר֯שיו ממני **ואל** ינצו ע[ל]יו בי
11Q**6** 4-5,15 (XXIII) רוח אמונה ודעת ח]וׄנׄני **אל** אתקלה בע[ויה
11Q**19** LXIII,7 **ואל** תתן דם נקי בקרב עמכה
11Q**20** XIV,5 (XXIII)]וׄ**אל** יואכלו / [כול
PAM 44.102 13,1 (XXXIII) / **אל** ת[
PAM 44.102 13,2 (XXXIII)] / **אל** ת֯ת[

power noun **4-אֵל**

4Q**179** 1i2 (V) כׄל עוונותינו ואין **לאל** ידנו כי לוא שמענׄ[ו

God, god, divine being noun **5-אֵל, אֵיל**

← **בֵּית אֵל**

CD I,2 יודעי צדק ובינו במעשי / **אל**
CD I,10 ויבן **אל** אל מעשיהם כי בלב
CD II,1 ויחר אף / **אל** בעדתם להשם
CD II,3 **אל** אהב דעת חכמה ותושייה הציב
CD II,7 כי לא בחר **אל** בהם מקדם עולם
CD II,15 לראות ולהבין במעשי / **אל**
CD II,18 בה נאחזו אשר לא שמרו מצות **אל**
CD III,2 ויע[ל או]הב בשמרו מצות **אל**
CD III,4 וישמרו ויכתבו אוהבים / **לאל** ובעלי ברית
CD III,6 להיעץ על / מצות **אל** ולעשות איש הישר
CD III,8 באהליהם ויחר אף **אל** / בעדתם
CD III,11 חרב בעזבם את ברית **אל** ויבחרו ברצונם
CD III,12 ובמחזיקים במצות **אל** / אשר נותרו מהם
CD III,13 אשר נותרו מהם הקים **אל** את בריתו
CD III,18 **ואל** ברזי פלאו כפר בעד
CD III,21 כאשר / הקים **אל** להם ביד יחזקאל הנביא
CD IV,7 הקודש שונים אשר כפר / **אל** בעדם
CD IV,9 כברית אשר הקים **אל** לראשנים
CD IV,10 לכפר / על עונותיהם כן יכפר **אל** בעדם
CD IV,13 כאשר דבר **אל** ביד ישעיה הנביא
CD V,6 אוריה / ויעזבם לו **אל**
CD V,12 גדופים פתחו פה על חוקי ברית **אל**
CD V,16 אם למילפנים פקד / **אל** את מ[ע]שיהם
CD V,21 כי דברו סרה על מצות **אל** ביד משה
CD VI,2 להשיב את ישראל מאחׄר / **אל**
ויזכר **אל** ברית ראשנים ⟦ ⟧
CD VI,6 אשר קרא **אל** את כולם שרים
CD VI,13 הדלת אשר אמר **אל** מי בכם יסגור דלתי
CD VII,4 רוח קדשיו כאשר הבדיל **אל** להם
CD VII,5 על פי כל יסורו ברית **אל** נאמנות להם
CD VII,9 וכל המואסים בפקד **אל** את הארץ
CD VIII,3 בליעל הוא היום / אשר יפקד **אל**
CD VIII,9 אשר אמר **אל** עליהם חמת תנינים יינם
CD VIII,13 הטיף להם אשר חרה אף **אל** בכל עדתו
CD VIII,16 באהבת **אל** את / הראשנים אשר היעירו אחריו
CD VIII,19 לכל המואס במצות **אל** ויעזבם ויפנו בשרירות
CD IX,7 יען אשר לא הקים את מצות **אל**
CD X,2 לעבור / על הפקודים ירא את **אל**
CD X,9 ובחרון אף **אל** ביושבי הארץ
CD XIII,8 ישכיל את הרבים במעשי / **אל**
CD XIII,14 ואיש מכׄל באי ברׄיׄת **א**ׄ**ל** אׄל ישא
CD XIV,2 וכל המתהלכים באלה / ברית **אל** נאמנות
CD XIX,6 גמׄול רשעים עליהם בפקד **אל** את הארץ
CD XIX,8 ועל גבר עמיתי נאם **אל**
CD XIX,15 הוא היום אׄשר יפקד **אל** כאשר דבר
CD XIX,22 אשר / אמר **אל** עׄליׄהם חמת תׄנׄינים יינם
CD XIX,26 אדם / לכזב אשר חרה אף **אל** בכל עדתו
CD XIX,29 באהבת **אל** את הראשנים / אשׄר העידו
CD XIX,30 אשׄר העידו על העם אחרי **א**ׄ**ל**
CD XIX,31 ושונא ומתעב **א**ׄ**ל** את בוני החיץ וחרה
CD XIX,32 לכל המׄאס במצות **אל** {{ווי}} וע / וׄיׄעׄזׄבׄם
CD XX,4 נפל גורלו בתוך למודי **א**ׄ**ל**
CD XX,16 ובקץ ההוא יחׄרה / אׄףׄ **א**ׄ**ל**ׄ בישראל
CD XX,17 ושבי פשע ׄיׄעׄקׄבׄ שמרו ברית **אל**
CD XX,18 לׄתׄמׄך צעׄדׄם בדׄרׄךׄ **א**ׄ**ל**ׄ
CD XX,19 ויקׄשב / **א**ׄ**ל**ׄ אׄל דׄבׄרׄיׄהׄם וישׄמׄעׄ ויׄכׄתׄב
זׄכׄרון לׄפׄנׄיׄו ליראׄיׄ **א**ׄ**ל** ולׄחׄושבי / שׄמׄו ◦עׄד
CD XX,20 ישע וׄצדקה לׄיׄרׄאׄיׄ **א**ׄ**ל**ׄ
CD XX,21 בׄין צדיקׄ / ורשע בין עבדׄ **א**ׄ**ל** לאשר לא עבׄדׄו
CD XX,23 וישענׄו על **אל** בקץ מעל ישׄרׄאׄל וׄיׄטמאו
CD XX,26 מבאׄיׄ הבׄרׄיׄתׄ בׄהופע / כׄבׄוׄד **אל** לישראל
CD XX,28 ויתודׄו לפני **אל** [ח]טׄאׄנו / רׄשׄעׄנׄו
CD XX,34 וכפׄר **אל** בעדם וראׄו בׄיׄשועׄתׄו
1QS I,2 לדרוש / **אל** בׄ[כול לב
1QS I,7 כול הנדבים לעשות חוקי **אל** / בברית חסד
1QS I,8 להיחד בעצת **אל** ולהתהלכ לפניו
1QS I,10 איש / כגורלו בעצת **אל** ולשנוא כול בני חושך
1QS I,11 איש כאשמתו / בנקמת **אל**
1QS I,12 וכוחם / והונם ביחד **אל** לברר דעתם באמת
לברר דעתם באמת חוקי **אל** וכוחם לתכן
1QS I,14 בכול אחד / מכול דברי **אל** בקציהם

יעבורו בברית {{א}}לפני אל לעשות ← ל		1QS I,16
יעבורו בברית {{א}}לפני אל לעשות		
הכוהנים / והלויים מברכים את אל ישועות		1QS I,19
מספרים את צדקות אל במעשי גבורתום		1QS I,21
] אמת וצדיק [א]ל[ישראל ו]משפטו בנו		1QS I,26
כול / אנשי גורל אל ההולכים תמים		1QS II,2
יתנכה / אל זעוה ביד כול נוקמי נקם		1QS II,6
לוא יחונכה אל בקוראכה ולוא יסלח		1QS II,8
אפ אל וקנאת משפטיו יבערו בו		1QS II,15
ויבדילהו אל לרעה ונכרת		1QS II,16
בהסוגו / מאחרי אל בגלוליו ומכשול עוונו		1QS II,17
איש בית מעמדו ביחד אל / לעצת עולמים		1QS II,22
לבוא / [בברית א]ל ללכת בשרירות לבו		1QS II,26
כול יומי מואסו במשפטי / אל לבלתי התיסר		1QS III,6
כיא ברוח עצת אמת אל דרכי איש		
ובענות נפשו לכול חוקי אל יטהר / בשרו		1QS III,8
להלכת תמים / בכול דרכי אל כאשר צוה		1QS III,10
ירצה בכפורי ניחוח לפני אל והיתה לו לברית		1QS III,11
מאל הדעות כול הויה ונהייה		1QS III,15
בממשלתו / לפי רזי אל עד קצו		1QS III,23
ואל ישראל ומלאכ אמתו עזר		1QS III,24
אחת אהב אל לכול / 〚 〛[מו]עדי עולמים		1QS III,26
ולפחד לבבו במשפטי / אל		1QS IV,3
וחכמת גבורה מאמנת בכול / מעשי אל		1QS IV,4
באפ עברת אל נקמ{{ות}}<<ה>> לזעות נצח		1QS IV,12
כיא אל שמן בד בבד עד		1QS IV,16
ואל ברזי שכלו ובחכמת		1QS IV,18
ואז יברר אל באמתו כול מעשי גבר		1QS IV,20
כיא בם בחר אל לברית עולמים		1QS IV,22
כיא בד בבד שמן אל עד קצ נחרצה		1QS IV,25
יבוא בברית אל לעיני כול המתנדבים		1QS V,8
לעשות את רצון אל ככול הנגלה לעת		1QS IX,13
ירצה בנדבה וזולת רצון אל לו יחפצ		1QS IX,24
אשר לוא צוה למשפט אל יצפה תמיד / [		1QS IX,25
עם קצים אשר חקקא ברשית ממשלת אור		1QS X,1
וכול נגינתי לכבוד אל וכנור נבלי לתכון		1QS X,9
יום ולילה אבואה בברית אל ועם מוצא ערב		1QS X,10
ולאל אומר צדקי / ולעליון		1QS X,11
כיא את אל משפט כול חי והואה ישלם		1QS X,18
בהודות אפתח פי וצדקות אל תספר		1QS X,23
אמנים ומשפט עוז לצדקת אל		1QS X,25
כיא אני לאל משפטי		1QS XI,2
כיא אמת אל היאה / סלע פעמי וגבורתו		1QS XI,4
לאש{{◦}}ר֯ בחר אל נתנם לאוחזת עולם		1QS XI,7
כיא לאל המשפט		1QS XI,10
ואני אם / אמוט חסדי אל ישועתי לעד		1QS XI,12
בעוון בשר משפטי בצדקת אל תעמוד לנצחים		
וחטאת בני אדם להודות לאל צדקו		1QS XI,15
ברוך אתה אלי הפותח לדעה / לב		
האדם אל יבוא בקהל אל{ה}	(I)	1QSa II,4
ת]דורשהו כיא אל הכין כול אושי / [	(I)	1QSb III,20
הכוהנים אשר / בחר בם אל לחזק בריתו	(I)	1QSb III,23
◦◦◦ברת בידכה / אנשי עצת אל	(I)	1QSb IV,24
וישים] / [א]ל פחדכה [על] כול שומעי שמעכה	(I)	1QSb V,19
וגבורת עולם רוח דעת ויראת אל	(I)	1QSb V,25
כיא אל הקימכה לשבט / למושלים	(I)	1QSb V,27
] אל בעשק ומעל		1QpHab I,6
פשרו]אשר מאשו בתורת אל / [		1QpHab I,11
מורה ה֯צדקה מפיא / אל		1QpHab II,3
החדשה כ[י]א לוא / האמינו בברית אל [		1QpHab II,4
מפי / הכוהן אשר נתן אל ב[לבו בינ]ה		1QpHab II,8
]בידם ספר אל את / כול הבאות על עמו		1QpHab II,9
]ת ולוא יאמינו / בחוקי[א]ל[		1QpHab II,15
פשר הדבר אשר לוא יכלה אל את עמ֯ו֯		1QpHab V,3
וביד בחירו יתן אל את משפט כול הגוים		1QpHab V,4
וידבר אל א֯ל֯ חבקוק לכתוב את הבאות		1QpHab VII,1
הודיעו אל את / כול רזי דברי עבדיו		1QpHab VII,4
אשר דברו הנביאים כיא רזי אל להפלה		1QpHab VII,8
כיא / כול קיצי אל יבואו לתכונם		1QpHab VII,13
בבית יהודה אשר / יצילם אל מבית המשפט		1QpHab VIII,2
ויעזוב את אל ויבגוד בחוקים בעבור / הון		1QpHab VIII,10
הון אנשי חמס אשר מרדו באל		1QpHab VIII,11
ואנשי עצתו נתנו אל ביד אויביו לענ֯ו֯תו		1QpHab IX,10
הוא בית המשפט אשר יתן אל את / משפטו		1QpHab X,3
אשר גדפו ויחרפו את בחירי אל		1QpHab X,13
וכוס חמת / [א]ל תבלענו לוסיף		1QpHab XI,15
אשר ישופטנו אל לכלה 〚 〛		1QpHab XII,5
מעשי תועבות ויטמא את / מקדש אל		1QpHab XII,9
יכלה אל את כול עובדי העצבים		1QpHab XIII,3
]אה עת ישועה לעם אל וקץ ממשל		1QM I,5
ובמועד אל יאיר רום גודלו		1QM I,8
ונחשיר חזק לפני אל / ישראל		1QM I,9
לנחשיר גדול עדת אלים וקהלת / אנשים		1QM I,10
נלחמים יחד לגבורת אל בקול המון גדול		1QM I,11
ותרועת אלים ואנשים ליום הווה		
עת / צרה ע[ ]ל עם פדות אל		1QM I,12
וגבורת אל מאמצת ל[בב בני אור		1QM I,14
]ובגורל השביעי יד אל הגדולה מכנעת / [		
להיות משרתים / בתמיד לפני אל		1QM II,2
מקטרת ניחוח לרצון אל לכפר בעד כול עדתו		1QM II,5
חצוצרות מקרא העדה יכתובו קרואי אל		1QM III,2
חצוצרות מקרא ה{{ס}}שרים יכתובו נשיאי אל		1QM III,3
ועל חצוצרות המסורות יכתובו סרך אל		
יכתובו תעודות אל לעצת קודש		1QM III,4
יכתובו שלום אל במחני קדושיו		1QM III,5
יכתובו גבורות אל להפיץ אויב		
צדק ומשוב חסדים במשנאי אל		1QM III,6
יכתובו סדרי דגלי אל לנקמת אפו		
האויב יכתובו זכרון נקם במועד / אל		1QM III,8
יכתובו יד גבורת אל במלחמה להפיל		
יכתובו / רזי אל לשחת רשעה		1QM III,9
יכתובו נגף אל כול בני חושך		
יכתובו על חצוצרות המשוב אסף אל		1QM III,10
יכתובו גילות אל במשוב שלום		1QM III,11
יכתובו עם אל ואת שם ישראל		1QM III,13
יכתובו נס אל ואת שם נשי הש[בט		1QM III,15
יכתובו תרומת אל ואת שם נשי מררי		1QM IV,1
יכתובו אף אל בעברה על / בליעל		
יכתובו מאת / אל יד מלחמה בכול בשר עול		1QM IV,3
יכתובו חלל / מעמד רשעים [ב]גבורת אל		1QM IV,4
יכתובו רנות / אל בנבל עשור		1QM IV,5
יכתובו על אותותם אמת אל צדק אל		1QM IV,6
אמת אל צדק אל כבוד אל משפט אל		
אמת אל צדק אל כבוד אל משפט אל		
אמת אל צדק אל כבוד אל משפט אל		
יכתובו על אותותם ימין אל מועד אל		1QM IV,7
ימין אל מועד אל מהומת אל חללי אל		
ימין אל מועד אל מהומת אל חללי אל		
ימין אל מועד אל מהומת אל חללי אל		
יכתובו על אותותם רומם אל גדל אל		1QM IV,8

ישראל שלום וברכה לגורל **אל** 1QM XVII,7
להרים ב**אלים** משרת מיכאל 1QM XVII,7
בני בריתו / התחזקו במצרף **אל** 1QM XVII,9
]וֹבהֿ[נ]שא יד **אל** הגדולה על בליעל 1QM XVIII,1
]◦ משאת יד **אל** ישראל על כול המון בליעל 1QM XVIII,3
הֿסרך וברכו שם את **אל** ישראל 1QM XVIII,6
וענו ואמרו ברוך שמכה **אל** [אלי]ם֯
וענו ואמרו ברוך שמכה אל [**אלי**]ם֯
ואתה **אל** הצּדק עשיתה למֿעֿן שמכה 1QM XVIII,8
]נֿפלו שם בחרב **אל** 1QM XIX,11
וה]לֿלֿו שם [א]תֿ **אל**֯[1QM XIX,13
כיא / **אל** אמת אתה וכול עולה ת[תעב 1QH[a] VII,25
אתה **אל** הדעות כול מעשי הצדקה 1QH[a] IX,26
ואתה **אלי** עזרתה נפש עני ורש 1QH[a] X,34
א]לי האירותה ֺפני ◦◦◦◦ [1QH[a] XI,3
כיא ירעם **אל** בהמון כוחו 1QH[a] XI,34
כי אתה **אל** תנאץ כל מחשבת / בליעל 1QH[a] XII,12
כי אתה **אל** תענה להם לשופטם 1QH[a] XII,18
ל**אל** עליון כול מעשי צדקה 1QH[a] XII,31
תכון כי אם ברוח יצר **אל** לו / להתם דרך
כי אתה **אלי** סתרתני נגד בני אדם 1QH[a] XIII,11
ואתה **אלי** סגרתה בעד {{ל}}ש{{ו}}ניהם פן 1QH[a] XIII,14
ואתה **אלי** תשיב {{נפשי}} סערה לדממה 1QH[a] XIII,18
ואת **אלי** / מרחב פתחתה בלבבי 1QH[a] XIII,32
כרזי פשע משנים מעשי **אל** באשמתם 1QH[a] XIII,36
ואתה **אל** צויתם להועיל מדרכיהם 1QH[a] XIV,20
ואשמֿ[חה]בֿאמתכה **אלי** כי אתה / תשים סוד 1QH[a] XIV,25
ואז תחיש חרב **אל** בקץ משפט וכול בני 1QH[a] XIV,29
כי ל**אל** עליון ה[1QH[a] XIV,33
[ו]אתה **אלי** נתת‹נ›י לעפים לעצת 1QH[a] XV,10
ואתה **א**]לי עזרתה נפשי 1QH[a] XV,23
מֿיֿ כֿמֿוכה ב**אלים** אדוני 1QH[a] XV,28
כי **אל** עולם אתה וכול דרכיכה 1QH[a] XV,31
ואתהֿ[**א**]ל שכתה בעד פריו ברז 1QH[a] XVI,11
ואתה **אלי** שמתה בפי כיורה 1QH[a] XVI,16
כי אתה **אלי** ֺלֺמ◦[1QH[a] XVII,23
הנה אתה שר **אלים** ומלך נכבדים ואדון 1QH[a] XVIII,8
/ ברוך אתה אדוני **אל** הרחמיֿםֿ [ורב ה]חסד 1QH[a] XVIII,14
אודכה **אלי** כי הפלתה עם עפר וביצר 1QH[a] XIX,3
] / [ ]◦ אודכה **אלי** ארוממכה צורי ובהפלא[1QH[a] XIX,15
ברוך אתה **אל** הרחמים והחֺנינה כגדו[ל 1QH[a] XIX,29
בתכון נאמנה מפי **אל** ותעודת הויֿה 1QH[a] XX,9
ולוא יהיה עוד כי **אל** ה{{ו}}ד{{ו}}עות 1QH[a] XX,10
ואני משֿכיל ידעתיכה **אלי** ברוח 1QH[a] XX,11
ואדעה כיא לכה עשיתה אלה **אלי** 1QH[a] XXI,6
]**אלי** 1QH[a] XXII,9
ותכנע / **אלים** ממכון [1QH[a] XXIV,11
ידענוכה] / **אל** הצדק והשכלתֿ[נו באמתכה 1QH[a] XXVII,8
{{וב}}ארצכה ובבני **אלים** ובבנֿ◦[1QH[a] 2i3
ב]נֿיֿ **אלים** להחיד עם בני שמים / [1QH[a] 2i10
]עֿבדתה מבני / **אל** ש◦[1QH[a] 2ii14
אתה **אֿל** ◦◦◦◦◦[1QH[a] 3,12
ברוך אתה **אל** הדעות אשר הכינותֿ[ה 1QH[a] 4,15
]**אל** / [1QH[a] 7,7
] יענה נכבֿדֿתֿה מכול **א**[**לים** 1QH[a] 11,8
]כֿה **אל**[ ] לֿ[1QH[a] 21,5
כי]אֿ יצא **אל** מֿ◦[1Q**14** 12,3 (I)
ותבוא צעק]תֿםֿ לפֿני **אל** ו[1Q**19** 1,4 (I)
] לֿכבוד **אל** ב◦[1Q**19** 13-14,1 (I)
ב]חֿירי כי **אל** כונן [1Q**19** 15,2 (I)

רומם אל גדל **אל** תשבוחת אל כבוד אל 1QM IV,8
רומם אל גדל אל תשבוחת **אל** כבוד אל
רומם אל גדל אל תשבוחת אל כבוד **אל**
יכתבו על אות הראישונה עדת **אל** 1QM IV,9
על אות השנית מחני **אל**
על השלישית / שבטי **אל** 1QM IV,10
על הרביעית משפחות **אל**
על החמישית דגלי **אל**
על הששית קהל **אל**
על השביעית קריאי / **אל** 1QM IV,11
על השמינית צבאות **אל**
יכתובו על אותותם / מלחמת **אל** נקמת אל 1QM IV,12
מלחמת אל נקמת **אל** ריב אל גמול אל
מלחמת אל נקמת אל ריב **אל** גמול אל
אל ריב אל גמול **אל** כוח אל שלומי אל
גמול אל כוח **אל** שלומי אל גבורת אל
כוח אל שלומי **אל** גבורת אל כלת אל
כוח אל שלומי אל גבורת **אל** כלת אל
שלומי אל גבורת אל כלת **אל** בכול גוי הבל
יֿכתובו על אותותם ישועות **אל** נצח אל 1QM IV,13
ישועות אל נצח **אל** עזר אל משענת אל
נצח אל עזר **אל** משענת אל / שֿמֿחתֿ אל
עזר אל משענת **אל** / שֿמֿחתֿ אל הודות אל
משענת אל / שֿמֿחתֿ **אל** הודות אל תהלת אל 1QM IV,14
שֿמֿחתֿ אל הודות **אל** תהלת אל שלום אל
שֿמֿחתֿ אל הודות אל תהלת **אל** שלום אל
הודות אל תהלת אל שלום **אל**
יכתובו ברקת חנית לגבורת **אל** 1QM VI,2
להפיל חללים באף **אל** 1QM VI,3
חרב אוכלת חללי און במשפט **אל**
וכידן להפיל חללים במשפט **אל** 1QM VI,5
ולהכניע מֺערֺכת / אויב בגבורת **אל** 1QM VI,6
והיתה ל**אל** ישראל המלוכה
ירדופו להשמיד אויב במלחמת **אל** 1QM IX,5
כיא אתה בקרבנו **אל** גדול ונורא לשול 1QM X,1
להחזיק בגבורת **אל** ולשׁוב כול / מסי לבב 1QM X,5
מיא כמוכה **אל** ישראל בש[מי]ם֯ ובארץ 1QM X,8
/ ואתה **אל** נ[1QM XII,7
וברכו על עומדם את **אל** ישראל 1QM XIII,1
וענו ואמרו ברוך **אל** ישראל 1QM XIII,2
המה גורל חושך וגורל **אל** לאור / [עולמ]יֿם 1QM XIII,5
ואֿ[ת]הֿ **אל** אבותינו שמכה נברכה לעולמים 1QM XIII,7
מיא כמוכה בכוח **אל** ישראל 1QM XIII,13
וברכו שם / כולם את **אל** ישראל 1QM XIV,4
וענו ואמרו ברוך **אל** ישראל
ברוך] שמכה **אל** החסדים השומר ברית 1QM XIV,8
מעפר / ולהשפיל מ**אלים** 1QM XIV,15
רֿומה רומה **אל** אלים והנשא בעוֿ[ז 1QM XIV,16
רֿומה רומה אל **אלים** והנשא בעוֿ[ז
וגורל **אל** בפדות עולמים / וכלה 1QM XV,1
] בחרב **אל** 1QM XV,3
]התחזקו למלחמת **אל** כיא {{יֿוֿםֿ}} ֺמועדֺ 1QM XV,12
מלחמה היום הזה / [ ]**אֿל** על כול הֿגֿ[וים 1QM XV,13
אל ישראל מרים ידו ב[ ]ת
ג]בורי **אלים** מתאזרים למלחמֿהֿ 1QM XV,14
] **אל** ישראל קרא חרב על כול הגואים 1QM XVI,1
הבינים יחלו לנפול ברזי **אל** ולבחון בם 1QM XVI,11
א]לֿ וֿאֿתֿ יֿדֿיהם במלחמתו 1QM XVI,14
כיא מאז שמעתםֿ / בֿרֿזי **אל** [1QM XVI,16
אשר התקדש **אל** במשפטם לעינֿי [1QM XVII,2

עֵצָה סרה על מצוות אלֹ בִ[י]דֹ / [מושׁ]הֹ	(XVIII)	4Q267 2,5
להֹ[שׁ]יֹב את / [ישר]אל מֹאחֹרי אל	(XVIII)	4Q267 2,7
ויזכור אל בֹּרית רי[שו]נים	(XVIII)	
אשר קרא] / אל א[ת כ]וֹלם שרי[ם]	(XVIII)	4Q267 2,13
לקול מורה ויתודו לפני]אל	(XVIII)	4Q267 3,7
] / ואדֹםֹ[ו]אל [יעזוב	(XVIII)	4Q267 7,6
יען אשר לוא]הֹקים את מצות אל	(XVIII)	4Q267 9i2
ישכיל את הרבים במ]עשי אל	(XVIII)	4Q267 9iv4
ואיש מכו]לֹ [באי ברית] אל אל	(XVIII)	4Q267 9iv11
וכול המתה]לֹ[כי]םֹ באל[ה] ברית אל	(XVIII)	4Q267 9v4
יודעי צדק ובינו במעשֹ[י] אל	(XVIII)	4Q268 1,9
ויחר אף]אֹל בעדתם ובני[ה]םֹ	(XVIII)	4Q269 2,3
בהמרותו] / את פי אל או ישחט בהמה	(XVIII)	4Q270 2ii15
] / בם חקק אל להעביר בחֹ[רון אפו	(XVIII)	4Q270 2ii18
לעבור[על הפקודים ירא א]תֹ אל	(XVIII)	4Q270 6iv14
וֹבחרון אף אל ביושבי הארץ [אמר לסור	(XVIII)	4Q270 6iv19
]◦ ואל יעזוב לֹ[ו כול] עוונותיו	(XVIII)	4Q271 3,3
ב]גֹלות אל אתֹ אישון עינו וקראֹ	(XXXV)	4Q274 3i1
וי]דֹשו בנחלתם כי הוא אֹלֹ[נאמן	(XXVI)	4Q275 2,2
יתנכה] / אֹל לזועה ביד נוקמי נקם	(XXIX)	4Q280 2,3
לוא יחונכה אל [ב]קוראכהֹ [ישא פני אפו]	(XXIX)	
בלבבמה לזום על ברית אֹלֹ]	(XXIX)	4Q280 2,6
וענה ואמר] / ברוך אֹתה אל ישראֹלֹ]	(XXXV)	4Q284 2ii5
יברך] אתכם אל ע[ליון ויאר פניו אליכם	(XXXVI)	4Q285 8,4
כיא אל עֹ[מכם ומלאכי קודשו	(XXXVI)	4Q285 8,10
ובמ]מֹשלותמה גבורי אלים בכוחֹ / [	(XI)	4Q286 2,2
ס]וֹדֹ אלי טוהר עם כול ידעי עולמים להלֹ[ל	(XI)	4Q286 7i6
[ו]הוסיפו לברך את אל [	(XI)	4Q286 7i8
באף עברתֹ[א]לֹ [לכול עדי עולמי]םֹ	(XI)	4Q286 7ii10
[בלבבמה לזום] / [על ברית א]ל ו֯ל[	(XI)	4Q286 7ii12
]המה לאל עולֹ[ם	(XI)	4Q286 8,1
] לאמת אֹל ולברךֹ שמו והו[	(XI)	4Q289 1,3
]לֹ֯לברך שםֹ אלֹ ◦◦ עליו[ן	(XXIX)	4Q291 1,3
]תֹ קודשו ברוך אתה {{אל}}[	(XXIX)	4Q291 1,5
]אֹלֹ[ ] / [ ]	(XXIX)	
]נתן אל / [	(XX)	4Q298 3-4i4
אֹ]ל הדעות[	(XX)	4Q299 35,1
] לאל לנקום נקֹםֹ[	(XX)	4Q299 53,7
אֹ]ל ובשמים מדורֹ[ו	(XX)	4Q299 53,9
]אֹל הדעֹ[ו]ת	(XX)	4Q299 73,3
באֹרֹץ המשילו [ונ]כבד אל בעם קודשו	(XX)	4Q301 3a-b,6
]א{{ס◦ר◦◦}} נפלאות אל אשֹ[ר	(XX)	4Q303 3
אחר כי]יהוה קנא שמו אלקנא / [הוא	(XXVIII)	4Q368 2,6
ויאמרו אל במ[עלי]ליהם	(XIX)	4Q370 1i2
]◦הֹ בתֹ◦[ ] ויעש אל [	(XIX)	4Q370 1i7
]וֹ֯ן לחוקי[אֹ]לֹ[וגם] / [יהודה יחד עמו	(XXVIII)	4Q371 1a-b,6
לחקי] / אל וגם יהודה יחד עמו	(XXVIII)	4Q372 1,9
ויזעֹקֹ[וקלו] / יקרא אל אל גבור	(XXVIII)	4Q372 1,16
כי אל גדול קדוש גבור ואדיר נורא	(XXVIII)	4Q372 1,29
]◦בי על [ע]וֹ֯בי אל וברבֹ דֹ[ב]רי[ך	(XXII)	4Q379 18,2
]◦ות כי אלדעות / [	(XXII)	4Q379 22i6
] / אל ◦◦[	(XXII)	4Q379 22ii6
ומי בבני האילים ובכל / [	(XI)	4Q381 15,6
]וֹא כי פלאֹ[י]םֹ כל מעשי אל	(XXIX)	4Q392 1,7
אתה] / [האלוהי]םֹ האל הנאמן	(XXIX)	4Q393 3,2
בעדה לכול אלי / [	(XI)	4Q400 1i4
]לֹ[ ] אלים כוהני מרומי רום הֹ[קר]בים / [	(XI)	4Q400 1i20
] / כבודו בסוד אלֹ[ים	(XI)	4Q400 1ii9
] / אלים ו◦[	(XI)	4Q400 1ii17
להלל כבודכה פלא באלי דעת	(XI)	4Q400 2,1

] / וֹבעדת אלים [ובסוד קד]ושים וב[	(I)	1Q22 1iv1
] / אל ידע כול מֹ[	(I)	1Q27 1ii11
]א אל / [	(I)	1Q35 1,5
] ועתה א[ל	(I)	1Q40 6,3
]◦ך אל[	(III)	3Q14 18,2
]םֹ אל וימותו	(V)	4Q159 5,1
שאר ישוב שאר יעקוב] אל אֹ[ל גבור	(V)	4Q161 1,1
או]בו ואל יסומכנו בֹ[	(V)	4Q161 8-10,18
◦◦[וי]שבעו וישכחו את אל המ◦[	(V)	4Q166 II,3
] / וכאלים יפחדו מהם בעורונם	(V)	4Q166 II,6
פשרו אשר יסתי]ר אל את פניו מ◦[ ]◦[	(V)	4Q167 2,6
]עֹזבו את אל ו[י]לכו בחוקות[	(V)	4Q167 7-9,2
]אל לֹ[וא] רֹצה[	(V)	4Q167 16,3
אשר בעצת היחד ואל לוא יעזבם / בידם	(V)	4Q171 1-2ii14
המצרף הבאה עליהם ואל יפדֹם / מידם	(V)	4Q171 1-2ii18
ה[צדק אשר] / [ד]בֹר בו אל לעמוד	(V)	4Q171 1+3-4iii16
והתורה / אשר שלח אליו ואל לוא יעֹ[זבנו]	(V)	4Q171 3-10iv9
]על בחֹ[יר]◦ אל[ויב]קש לשבית את / [	(V)	4Q171 3-10iv14
] / יושיעם אל ו[י]צילם מיד ר[שעי	(V)	4Q171 3-10iv21
]◦◦ אל במעני לשון	(V)	4Q171 3-10iv27
זה] השער לאל צדי[קים יבאו בו	(V)	4Q173 5,4
יה]ודה ואל ◦[שר]אֹל ◦◦[ ]	(V)	4Q174 4,7
נואם שומע אמרי אל וידע דעת עליון	(V)	4Q175 10
א]לוהי הרחמים ואֹל ישרא[ל	(V)	4Q177 1-4,9
]תמד ידוד הצֹ[די]קֹ ויד אל הגדולה עמהמה	(V)	4Q177 12-13i9
]◦אֹו אל וקדושו שמו	(V)	4Q177 12-13i10
אוי לנוֹ כי אף אל עלה[	(V)	4Q179 1ii1
פשר על הקצים אשר עשה אל קֹץ להתתֹ[לך	(V)	4Q180 1,1
רעים / בבשר לפי גבורות אל	(V)	4Q181 1,2
לעומת רחמי אל לפי טובו	(V)	4Q181 1,3
להתחשב עמֹו בֹ[סוד] / [א]לים לעדת קודש	(V)	4Q181 1,4
] / בבריתו הושיע אל וימלט[	(V)	4Q183 1ii3
להשנות ח[וק] להפשיע / ענוים מאל	(V)	4Q184 1,16
ומלאה הארץ דעֹה וֹתֹהלת אל בו◦[	(XXXVI)	4Q215a 1ii5
] / בדרכי אל[ו]בֹגבורות מעשיוֹ[	(XXXVI)	4Q215a 1ii7
ונרצית] / [לפני יהו]הֹ אֹל עליון	(XIII)	4Q219 II,21
ותפתח פיה ותברך את {{ע}}אל עליון	(XIII)	4Q222 1,4
ויברך אל יהוה את יֹשֹ[חק כל ימי חיו	(XIII)	4Q225 2ii10
ו[על אל] / [אלי]םֹ הֹגדוֹ[ל	(XXXVI)	4Q248 3
כי אם בנו כי ברך אל את בני נוח	(XXII)	4Q252 II,7
] / אל שדי יבֹ[רך	(XXII)	4Q252 III,12
]שוֹמרי מצות אלֹ[	(XXII)	4Q254 4,3
ובענות] / נפשו לכול חוקי אל יטהר בשֹ[רו	(XXVI)	4Q255 2,3
להלכ תמימ בכול דרכֹי אֹל כאשֹ[ר צוה	(XXVI)	4Q255 2,5
יתֹנכה אל זעוה ביד כול נוקמ[י] / [נקם	(XXVI)	4Q257 II,2
כול] / [זומי]מוֹאֹ[סו במ]שפטי א[ל	(XXVI)	4Q257 III,8
ולמשפ]ט אל יצפה ת[מיד]	(XXVI)	4Q258 VIII,9
וכל נגינתי לכבוד אל[ו]אֹכה נבל[י] לתכון[	(XXVI)	4Q258 IX,8
לע]שוֹת רצון אל ככול הנגלה [לעת	(XXVI)	4Q259 III,8
כֹ[י]את אֹלֹ[משפט] / כול חי	(XXVI)	4Q260 IV,5
ו]צֹדקות אלהס[פר] / לֹשוני תמֹ[יד	(XXVI)	4Q260 V,5
ויד]בֹר לברך אֹל	(XXXV)	4Q264a 1,8
ישמי]ד אל את כול מעשיה להבי	(XVIII)	4Q266 1a-b,3
רכיל בחוקֹ[י] ומצות אלֹ]	(XVIII)	4Q266 1a-b,17
ויבן אל אל מעש[יהם כי בלב	(XVIII)	4Q266 2i14
ויחר אף אל בֹ[ע]דֹתםֹ [להשם	(XVIII)	4Q266 2ii1
כי דברו עצה סרה על] מצוות אל ביֹד [מושה	(XVIII)	4Q266 3ii8
] / אל את רוֹ[עה אחר]	(XVIII)	4Q266 4,11
] / אל ⟦ ⟧[	(XVIII)	4Q266 6iii3
כתוב לשוב אל אל בבכי ובצום	(XVIII)	4Q266 11,5

תרומת לשון עפרנו בדעת אל[ים	(XI)	4Q**400** 2,7
]אלי אלים לר[	(XI)	4Q**401** 14i5
]אלי אלים לר[	(XI)	
אלוהי אלי]ם ירומ[מו] / [	(XI)	4Q**401** 16,1
]◦ אלי[	(XI)	4Q**401** 30,1
כיא לאלוהי אלים [כל]י מ[ל]חמו[ת	(XI)	4Q**402** 4,8
יכל]כלו אלי[	(XI)	4Q**402** 6,3
א]לוהי אלי[ם ירוממו	(XI)	4Q**402** 9,2
שבעת הו[ד]ות פלאיה יודה לאל הנכבד	(XI)	4Q**403** 1i4
]רנן / בלשון הששי לאל [ה]טוב	(XI)	4Q**403** 1i5
ו]ברך לכול אי[לי קרו]בי{{ם}}	(XI)	4Q**403** 1i18
בנשיאי רוש יברך בשם[גבורות] אלים	(XI)	4Q**403** 1i21
נשיאי[רוש יברכו יח]ד ל[א]ל[ו]הי אלים	(XI)	4Q**403** 1i26
אלוהי מרומימ הרמים בכול / אלי דעת	(XI)	4Q**403** 1i31
רוממו למרום אלוהים מאלי רום	(XI)	4Q**403** 1i33
הודו כל אלי הוד למ[ל]ך ההוד	(XI)	4Q**403** 1i38
כיא לכבודו יודו כול אילי דעת	(XI)	
] / לאל אלים מלך הטהור	(XI)	4Q**403** 1ii26
] / לאל אלים מלך הטהור	(XI)	
פלא והלל לאדון כול איל[י	(XI)	4Q**403** 1ii33
למאירי דעת בכול אלי אור[	(XI)	4Q**403** 1ii35
]רוש יברך בשם גבורו[ת] אל[ים ל]כ[ול	(XI)	4Q**404** 2,2
] / הודו כול אלי[	(XI)	4Q**404** 4,6
] / [אי]לי דעת וכו[ל	(XI)	4Q**404** 4,7
ו]פלא אל [ה]כבוד באור / [	(XI)	4Q**405** 6,6
]ל[ ]◦לאל[	(XI)	4Q**405** 6,9
וברך ל]כול איל[י קרובי דעת	(XI)	4Q**405** 13,2
מרוממים והלל פלאיהם לאל אלים[	(XI)	4Q**405** 14-15i3
והלל פלאיהם לאל אלים[	(XI)	
מדרס / דבירי פלא רוחי אלי עולמים כול[	(XI)	4Q**405** 19,3
במבואי אלי דעת בפתחי כבוד ובכול	(XI)	4Q**405** 23i8
](א)ל ישראל [ה]ברא הוא ליחד[	(XXXVI)	4Q**408** 3+3a,3
כי באהבת]אל את איש הרבה לו נחלה	(XX)	4Q**413** 1-2,2
ד[ור ו]דור כאשר גלה אל / ⟦ ⟧[	(XX)	4Q**413** 1-2,4
ברוך את]ה אל[ישראל	(XXXV)	4Q**414** 21,1
כי אל אמת הוא ומקדם שני[	(XXXIV)	4Q**416** 1,14
ובצדק תתהלך כי יגיה אל ת[אר]הו	(XXXIV)	4Q**416** 2iii10
כי גדלים רחמי אל ואין קץ[	(XXXIV)	4Q**416** 3,4
]כיא אל הדעות סוד אמת	(XXXIV)	4Q**417** 1i8
כי חרות מחוקק לאל על כול ע◦◦[	(XXXIV)	4Q**417** 1i15
] / גדולים רחמי א[ל	(XXXIV)	4Q**417** 1ii8
] / הלל אל ועל כול נגע בר[ך	(XXXIV)	4Q**417** 1ii9
ואז יראה אל ושב אפו ועבר	(XXXIV)	4Q**417** 2i15
כול] / מחרפתכה אל וכ[ו]ל[	(XXXIV)	4Q**417** 2ii+23,11
כו]ל חוקי א[ל	(XXXIV)	4Q**417** 6,2
]ואל ◦[	(XXXIV)	4Q**417** 6,3
]כי אל מ◦[	(XXXIV)	4Q**417** 11,2
]שמות פרש אל ליו[	(XXXIV)	4Q**417** 14,4
נ]פלאות אל תסכילו[ ] ◦[	(XXXIV)	4Q**417** 20,2
כיא אל אמת הוא[ומקדם שנים	(XXXIV)	4Q**418** 2+2a-c,6
ואז יראה]אל ושב אפו וע[בר	(XXXIV)	4Q**418** 7a,1
ובצדק תתהלך בו יגיה אל ת[ארהו	(XXXIV)	4Q**418** 9+9a-c,9
ובצדק תתהלך כי יגיה אל ת[ארהו	(XXXIV)	4Q**418** 9+9a-c,10
[ואמכ]ה במצעריכה כי כאל לאיש כן אביהו	(XXXIV)	4Q**418** 9+9a-c,17
הבט ברזי פלא]י אל הנוראים תשכיל ראש ◦[	(XXXIV)	4Q**418** 43-45i1
כיא]אל הדעות סוד אמת [וברז	(XXXIV)	4Q**418** 43-45i6
הלוא אל [ה]דעות / [הואה	(XXXIV)	4Q**418** 55,5
]בסוד אילים כול [	(XXXIV)	4Q**418** 69ii15
ובכול[א]ל[ים] / הפיל גורלכה	(XXXIV)	4Q**418** 81+81a,4
כי אל פלג נחלת[ם בכו]ל[חי]	(XXXIV)	4Q**418** 81+81a,20

כיא אל דורש בין[	(XXXIV)	4Q**418** 88ii6
]באי[פ]ת אמת ומשקל צדק תכן אל כול מ[	(XXXIV)	4Q**418** 126ii3
כול בני חוה ובכוח אל ורוב כבודו עם טובו	(XXXIV)	4Q**418** 126ii9
ואל ישים מחפצו כי אל י◦[	(XXXIV)	4Q**418** 126ii14
]ב לכה כי אל עשה כול חפצי אוט	(XXXIV)	4Q**418** 127,5
]◦ [א]שר אל י[	(XXXIV)	4Q**418** 199,3
]◦ נהיה הודיע אל נח[לת	(XXXIV)	4Q**418** 201,1
]ללכת בדרכי אל / לעשות צדקה[בזות	(XX)	4Q**421** 1aii-b,12
ויס]גור אל בעדם [	(XIII)	4Q**422** II,5
] / אשר בחר בה א[ל	(XIII)	4Q**422** II,6
ויח[זק]אל את לב [פרעו]ה לבלתי[ש]לח[ם	(XIII)	4Q**422** III,11
]שופט צדק אל לכל[	(XXXIV)	4Q**423** 6,4
נתן א]ל ביד האדם[	(XXXIV)	4Q**423** 13,4
ט]הרהו מעוון משפט א[ל] ומתו[עבות	(XXXVI)	4Q**424** 2,2
להלל] / [ו]להודות לאל על כו[ל	(XX)	4Q**425** 4ii4
]נתן אל בלבבי דעה ובינה	(XX)	4Q**426** 1i4
ו]עתה אלי[	(XX)	4Q**426** 6,1
]◦תה {{כי אלי}}[	(XX)	4Q**426** 8,2
מי כמוני]באלים / [	(XXIX)	4Q**427** 7i8
כ[י]א אני עמ אלימ מעמד[י]	(XXIX)	4Q**427** 7i11
למלכ / [הכבוד שמחו בע]דת אל	(XXIX)	4Q**427** 7i14
הבו גדול לאלנו וכבוד למלכנו	(XXIX)	4Q**427** 7i15
ה]שמיעו ואמ[ו]רו גדול אל ע[ושה פלא]	(XXIX)	4Q**427** 7ii7
ועמ אלים בעדת יחד ורפ◦[	(XXIX)	4Q**427** 7ii9
יומרו ברוכ אל ה[מפ]לי [פ]לאות גאות	(XXIX)	4Q**427** 7ii12
ידענוכה אל הצדק והשכלנו[באמתכה	(XXIX)	4Q**427** 7ii14
ו]בהפלא נספרה יחד בעדת אל ועם / [	(XXIX)	4Q**427** 8i10
בי]חד רנה גדול אל המפלי / [	(XXIX)	4Q**427** 8i13
]בקשו אל ◦[	(XXIX)	4Q**427** 16,2
ואתה] / אלי כוננתה רגלי בדרך[	(XXIX)	4Q**428** 10,5
קדושי]כה בהגדל והפלא לאל [	(XXIX)	4Q**428** 20,3
ואתה] / [א]ל[י ת]שב סערה ל[דממה	(XXIX)	4Q**429** 1ii5
] / מי כמוני באלים ל[	(XXIX)	4Q**431** 1,4
השמיעו ואמורו גדול אל עושה / [פלא	(XXIX)	4Q**431** 2,6
ש]חקים יגביה בקומה ועם אלים בעדת	(XXIX)	4Q**431** 2,8
העמדתני כזאת לעצר[ת א]ל[	(XXIX)	4Q**433** 1,6
]נו תירוש אז ישמח אל [	(XXIX)	4Q**433**a 1,6
ולהצניע ללכת בכו]ל דרכי אל	(XXIX)	4Q**437** 4,5
נתכ]ת חמת אל על רוב טורד[	(XXIX)	4Q**437** 9,3
ולהצניע ללכת / בדרכי אל ◦ [	(XXIX)	4Q**438** 4ii5
]◦ה אלי[	(XXIX)	4Q**440** 1,7
]מוע[ד] ברוך אל[	(XXIX)	4Q**440** 2,2
ברוך]אתה אלי הזכי בכול / [	(XXIX)	4Q**440** 3i20
ואני מיראי אל בדעת אמתו פתח פי	(XXIX)	4Q**444** 1-4i+5,1
ובינה אמת וצדק שם אל בל[בבי	(XXIX)	4Q**444** 1-4i+5,3
]וה ותתחזק בחוקי אל ולהלחם ברוחי רשעה	(XXIX)	4Q**444** 1-4i+5,4
] / עדת אל ג[	(XXIX)	4Q**457b** I,5
] / נלחם אל בהם וא◦[	(XXIX)	4Q**457b** II,1
ויזכור אל את דברו	(XIX)	4Q**463** 1,1
]שנא אל ויציב ל[	(XXXVI)	4Q**471** 2,8
]ק[ר]ובי אל ל◦[	(XXIX)	4Q**476** 2,3
משר]תי אל[	(XXIX)	4Q**476**a 2,1
]פני אל ◦[	(VII)	4Q**482** 3,1
א]ל עליון[	(VII)	4Q**482** 8,2
ויד אל תגוף [ ]◦[לש]{{מחת}}	(VII)	4Q**491** 1-3,4
[וע]נו ואמרו ברוך א[ל]י[שראל	(VII)	4Q**491** 8-10i2
ולפתוח פי] / נאלמים בגבורת אל[	(VII)	4Q**491** 8-10i4
בר]וך שמך אל ה[ח]סדים המ[פ]ליא חסדיך	(VII)	4Q**491** 8-10i6
רומה רו]מה אל אלים והנשא בעוז מלך	(VII)	4Q**491** 8-10i13
רומה רו]מה אל אלים והנשא בעוז	(VII)	

אל]ים ואנשים / [	(VII)	4Q**491** 8-10i14
המצרף לנפול ב[רזי] אל	(VII)	4Q**491** 10ii11
] / נקם לאכול באלים ובא{{ל}}נשים	(VII)	4Q**491** 10ii15
עו]למים כסא עוז בעדת אלים	(VII)	4Q**491** 11i12
אני עם אלים את{{ת}}חשב ומכוני בעדת	(VII)	4Q**491** 11i14
[לוא ידמה כ]יא אניא עם אלים אחשׁ[ב	(VII)	4Q**491** 11i18
ו[ענה ואמר יקום א]ל ולב עמו יבחן במצרף	(VII)	4Q**491** 11ii12
היום הזה יכניענו אל ישר[אל ל]כ[ו]ל[	(VII)	4Q**491** 11ii16
לאין מעמד ותהיתה לאל[המלוכ]ה ולעמו	(VII)	4Q**491** 11ii17
כ]מעט לבליעל וברית אל שלום [לי]שראל	(VII)	4Q**491** 11ii18
ע]ם אלים נש◦[	(VII)	4Q**491** 13,1
כיא יד] אל נטויה על כול הגואים	(VII)	4Q**491** 14-15,6
ט]מאתו יתקרבו אליכ[ם] אלים ב[	(VII)	4Q**491** 14-15,8
ט]מאתו יתקרבו אליכ[ם] אלים ב[	(VII)	
]ממשלת כול האל[י]ם[	(VII)	4Q**491** 24,3
ובתהל[ה] יחד עם בני אלים[	(VII)	4Q**491** 24,4
ישר]אל מאל ה[	(VII)	4Q**491** 25,1
מ[קב]ר אשר נפלו שם בחר[ב]אל[	(VII)	4Q**492** 1,10
חללי[כתיים והללו שם]את אל ישראל	(VII)	4Q**492** 1,12
]◦◦ לאל עליון ו[ ]ל◦◦[	(VII)	4Q**492** 1,13
[אתה]אל ברתנו לכ[ה עם עולמים	(VII)	4Q**495** 2,1
ותרועת]אלים / [	(VII)	4Q**496** 1-2,2
נגף]אל [	(VII)	4Q**496** 11,1
במשנא]י אל [	(VII)	4Q**496** 12,1
במלחמת]אל לכלת[עולמים	(VII)	4Q**496** 15,2
]◦ת אל ו[	(VII)	4Q**496** 17,3
]ם חוק אל[	(VII)	4Q**502** 1,2
קו]דשים מודה לאל[	(VII)	4Q**502** 2,2
]אל ומכפר[	(VII)	4Q**502** 2,6
יברך את]אל ישראל וענה וא[מר] / [ברוך	(VII)	4Q**502** 6-10,2
תהומיה כולנו / [מברכי]ם שם אל ישראל	(VII)	4Q**502** 6-10,8
]◦ה מודה לאל ומשתבח / [	(VII)	4Q**502** 6-10,10
מברך]את אל ישראל [ ]ה / [	(VII)	4Q**502** 6-10,14
]ה אל ישראל אשר צוה לבני [	(VII)	4Q**502** 14,4
[וענו]ואמרו ברוך[א]ל[ישראל	(VII)	4Q**502** 19,6
] / אל בכול ש◦[	(VII)	4Q**502** 21,1
] / אל ⟦ ⟧[	(VII)	4Q**502** 21,2
]ה איש ה הודות[ ]ברוך אל ישראל	(VII)	4Q**502** 24,2
]ה אל [	(VII)	4Q**502** 32,1
] ברכת אל ◦[	(VII)	4Q**502** 45,1
]ברוך אל / [	(VII)	4Q**502** 96,2
] אל[	(VII)	4Q**502** 104,6
יב]רכו את אל ישראל[	(VII)	4Q**502** 105-106,1
וענ[ו ואמרו] / ברוך א[ל ישראל	(VII)	4Q**503** 1-6iii2
וענו [וא]מרו ברוך א[ל ישראל] / הסותם[	(VII)	4Q**503** 1-6iii6
וענו ואמר]ו ברוך אל יש[ראל	(VII)	4Q**503** 7-9,6
]ברוך[א]ל[ישראל	(VII)	4Q**503** 7-9,8
ברוך ש]סכה אל ישראל בכ[ול	(VII)	4Q**503** 14,2
ברו]ך אל ישראל המפל[יא	(VII)	4Q**503** 15-16,8
] אל ישרא[ל	(VII)	4Q**503** 15-16,12
א]ל יברך ישורו[ן	(VII)	4Q**503** 29-32,6
[מהל]לים שמכה אל אור[י]ם אשר חדשתה ◦[	(VII)	4Q**503** 29-32,9
שלום אל[ע]ליכה ישראל	(VII)	4Q**503** 29-32,11
]ל[ה]לל[א]ל[	(VII)	4Q**503** 29-32,13
ברו]ך אתה אל ישראל אשר העמדת[	(VII)	4Q**503** 33i+34,20
וענו ואמרו ברוך] / א[תה א]ל אש[ר	(VII)	4Q**503** 33ii-36,7
וענו] / [ואמרו בר]וך אל א[שר	(VII)	4Q**503** 33ii-36,11
וענו ואמרו] ברוך אל / [	(VII)	4Q**503** 33ii-36,22
] / {{ג}}<<ש>>ם אל [ישראל	(VII)	4Q**503** 40ii-41,3
וענו ואמרו ברוך] אל ישראל אש[ר] / [	(VII)	4Q**503** 48-50,3
וענו וא[מרו] ברוך אל יש[ראל]	(VII)	4Q**503** 48-50,7
[אל כול צבאות אל]ים אשר[ע]ם בני צדק	(VII)	4Q**503** 48-50,8
]אל על כו[ל	(VII)	4Q**503** 48-50,8
וענו וא]מרו ברוך אל יש[ראל	(VII)	4Q**503** 51-55,6
וענ]ו ואמרו ברוך אל ישראל [	(VII)	4Q**503** 51-55,12
] אל יש[ראל	(VII)	4Q**503** 62,1
]צבאות אלים[	(VII)	4Q**503** 65,2
ברוך אל [ישראל	(VII)	4Q**503** 65,4
ברוך ש]מכה אל ישרא[ל	(VII)	4Q**503** 66,2
]ה אל יש[ראל	(VII)	4Q**503** 68,2
ברוך אל ישר[אל	(VII)	4Q**503** 69,2
]◦◦ אל ◦◦◦[	(VII)	4Q**503** 72,2
] אל [	(VII)	4Q**503** 73,5
ברו]ך אל י[שראל	(VII)	4Q**503** 74,3
]אל יש[ראל	(VII)	4Q**503** 90,2
]ברוך אל[ישראל	(VII)	4Q**503** 139,1
]אל יש[ראל	(VII)	4Q**503** 184,1
ברוך] / [אתה א]ל ישראל[	(VII)	4Q**503** 215,5
ויעבודו אל נכר בארצם	(VII)	4Q**504** 1-2v3
כיא אתה / אל חי לבדכה	(VII)	4Q**504** 1-2v9
כיא גם / [הו]גע救אל בעווננו	(VII)	4Q**504** 1-2v19
שם] / קודשו הרננו ל{{ה}}אל נ◦◦[	(VII)	4Q**504** 1-2vii11
]◦◦◦◦ אל קודשיהם / [	(VII)	4Q**504** Verso 2vii7
]ים ברוך הא[ל]הניחנו ◦[	(VII)	4Q**504** 3ii2
כי]א אתה אל הדעות[ו]כול מחשב[ת	(VII)	4Q**504** 4,4
] אל חי וידכה[	(VII)	4Q**504** 8,12
לאלוהי דעות תפארת ג[בור]ות אל אלים	(VII)	4Q**510** 1,2
ג[בור]ות אל אלים אדון לכול קדושים	(VII)	
]◦◦י אל בסתר שדי	(VII)	4Q**511** 8,6
מ]ודים [ל]אל	(VII)	4Q**511** 8,10
[יפת]חו פה לרחמי אל ידרושו למנו	(VII)	4Q**511** 10,9
בסוד אילים ואנשים ישפוט / ברום שמים	(VII)	4Q**511** 10,11
בר]וך אתה אלוהי אל[ים	(VII)	4Q**511** 16,4
אתה אלי חתמתה בעד כולם	(VII)	4Q**511** 30,3
ואני מירא אל בקצי דורותי לרומם	(VII)	4Q**511** 35,6
] / בעצת אל כיא[	(VII)	4Q**511** 48-49+51,1
חוקי / אל בלבבי ואוע[ל	(VII)	4Q**511** 48-49+51,5
]אל ◦◦◦ות	(VII)	4Q**511** 48-49+51,6
]תם ואתה אלי[אל חנון ורחום]וארוך	(VII)	4Q**511** 52-59,1
ברוך את]ה אלי מלך הכב[ו]ד כיא מאתכה	(VII)	4Q**511** 52-59,4
]כיא אל[	(VII)	4Q**511** 133,1
ברוך]אתה אל יש[ראל	(VII)	4Q**512** 29-32,21
] / אל ישר[א]ל[	(VII)	4Q**512** 11,5
וענה ואמ[ר ברוך] / [את]ה אל ישראל	(VII)	4Q**512** 1-6,2
וענה ואמר ברוך אתה] / א[ל ישרא]ל	(VII)	4Q**512** 1-6,8
]וענה ואמר / [ב]רוך את אל ישר[אל	(VII)	4Q**512** 40-41,3
]◦[ ]אתה אל יש[ראל	(VII)	4Q**512** 64,5
] יהוה אל[	(XXV)	4Q**522** 5,4
וכול בשר אל <<י>>צדק א[ל	(XXV)	4Q**525** 10,5
(כ)אשר] / צוה אל באנשי ערמת[	(XXV)	4Q**525** 23,5
] / כי זעמני אל [	(XXV)	4Q**525** 23,10
א]שר הוא אל חי והו[א	(III)	5Q**10** 1,4
]בחרתה מבני א[לי]ם ו◦[	(III)	5Q**13** 1,6
] על ברית אל[	(III)	5Q**13** 28,3
להשיב] / [את ישראל מאחר א[ל	(III)	6Q**15** 3,5
ויזכור אל ברית ראשוני[ם	(III)	
]ברית אל בלבבם [	(III)	6Q**15** 5,5
]הלל אל[	(III)	6Q**18** 6,5
]באל ישר[אל	(III)	6Q**18** 8,1
א]ל לה[	(III)	6Q**18** 10,3

Text	Reference	Vol.
מראות ברע והבט אל עמל לוא תוכל	1QpHab V,2	
] / וידבר אל ˹אל˺ חבקוק לכתוב את הבאות	1QpHab VII,1	
ויאספו אלו כול הגוים	1QpHab VIII,5	
אלו כול הגוים ויקבצו אלו כול העמים		
חמתו אף שכר למען הבט אל מועדיהם	1QpHab XI,3	
יום הכפורים הופע אליהם לבלעם	1QpHab XI,7	
ממלחמת האויב לבוא אל העדה ירושלים	1QM III,11	
בתוך הלהב ושפוד אל / הראש	1QM V,10	
וספות ישר אל הראוש שתים מזה ושתים	1QM V,12	
הדגל הראישון ישליך אל / מערכת האויב	1QM VI,1	
ויצאו מן השער התיכון אל בין המערכות	1QM VII,9	
בראשיהם בגדי מלחמה ואל המקדש	1QM VII,11	
ובצאת הכוהנים / אל בין המערכות	1QM VII,14	
ויצאו אליהם כול אנשי הבינים	1QM IX,3	
ולוא יבואו / אל תוך החללים להתגאל בדם	1QM IX,8	
ועמד הכוהן ודבר אל העם / לאמור שמעה	1QM X,2	
אוזנ]כה אל שועתנו כיא ◦[ ] / [	1QM X,17	
פתחי / שער[י]ך תמיד להביא אליך חיל גואים	1QM XII,14	
בחוקי חושך יתהלכו ואליו [תש]וקתמה יחד	1QM XIII,12	
ושבו אל מקום עומדם אשר סדרו שם	1QM XIV,3	
ובחושך כול מעשיהם / ואליו תשוק[תמה	1QM XV,10	
ונאספו אליהם כול מערכות המלחמה	1QM XVIII,4	
]ש ואל כול ברית אדם אביט [	1QHa IV,27	
ושומרי מצו[תיך]שבים אליך באמונה	1QHa VIII,26	
למע‹ן› הבט אל / תעותם להתהולל	1QHa XII,11	
ותוסף לשונם / כחרב אל תערה	1QHa XIII,15	
ואל יובל לא ישלחו שורש	1QHa XVI,10	
משאה {{א}}למש{{ו}}אה וממכאוב לנגע ←ל	1QHa XVII,6	
ובקצ / האספו ˹אל˺ מעונתו	1QHa XX,7	
]◦בעפר / אל אשר לקח משם	1QHa XX,27	
ומה אפהו שב אל עפרו	1QHa XX,31	
ש]ב אל עפרו	1QHa XXII,4	
אני במשפט ושב אל עפרו מה ◦◦[	1QHa 4,11	
מיום ל[כת אחיו י]עקב אל חרן [עד היום	1Q18 1-2,4	(I)
א]ת כול הע[ד]ה ועלה א[ל הר נבו]	1Q22 1i2	(I)
ו[יוסף לדב]ר מושה אל בנ[י ישרא]ל	1Q22 1ii11	(I)
]אל כרל [	1Q22 12,3	(I)
המד]בר אליכה הננ[ו	1Q29 1,5	(I)
]ל[י]הוה אל[	1Q29 1,7	(I)
]◦אבו◦ם אל עבדיו בו◦◦[	1Q36 17,3	(I)
א]ל חרב[	1Q38 10,1	(I)
ויואמר יהוה אלוהי]ם מה אביט אליך	2Q21 1,5	(III)
]◦בה אל פי מ[	2Q33 3,2	(III)
]יבוא אל א[רץ	3Q5 3,2	(III)
המעבא של מנס בירד אל סמל / גבה	3Q15 I,13	(III)
עמו [ו]יאחזהו ויאמ[ר] אל[יו	4Q158 1-2,4	(V)
]אלי	4Q158 1-2,5	(V)
אל אהרון לאמור לך לקרא[ת	4Q158 1-2,14	(V)
] / אבותי לבוא אל[	4Q158 3,3	(V)
] / אשר היראתי אל אברהם ואל ◦◦◦◦◦[	4Q158 4,6	(V)
אשר היראתי אל אברהם ואל ◦◦◦◦◦[		(V)
]◦ ויאמר יהוה אל / [	4Q158 5,3	(V)
ו[יאמר] יהוה אל מושה ל[אמור	4Q158 6,4	(V)
] / אשר לוא ישמע [א]ל דבר[י	4Q158 6,7	(V)
ויאמר יהוה אל מושה לך אמור להמה שובו	4Q158 7-8,3	(V)
כיא יתן איש אל[	4Q158 10-12,8	(V)
שדה יאכל בפיהו ואל ביתו לוא יבוא להניחו[	4Q159 1ii5	(V)
שאר ישוב שאר יעקוב] אל א[ל גבור	4Q161 1,1	(V)
]בא אל עיתה עבר [במגרון] למכמ[ש]	4Q161 5-6,5	(V)
]איש אל אחי[ו לו]א / [	4Q163 4-7i15	(V)
בכול דרכיו לפני אל ואנשים	11Q5 XXVII,3	(IV)
אחיו כיא קרא]שמטה / לא[ל	11Q13 II,4	(XXIII)
ולצב[איו ע]ם קדושי אל לממשלת משפט	11Q13 II,9	(XXIII)
ו]עלי[ה] / למרום שובה אל ידין עמים	11Q13 II,11	(XXIII)
]◦ים בסו[רמ]ה מחוקי אל ל[הרשיע]	11Q13 II,12	(XXIII)
יקום נקם משפטי א[ל ביום ההואה	11Q13 II,13	(XXIII)
ובעזרו כול אלי [הצדק וה]ואה א[שר	11Q13 II,14	(XXIII)
]כול בני אל		(XXIII)
]במשפט[י] אל כאשר כתוב עליו[אומר	11Q13 II,23	(XXIII)
] / אל יאו[	11Q13 III,3	(XXIII)
]ישראל ברוכים א[תם] / בשם אל עליון ◦[	11Q14 1ii4	(XXIII)
יברך אתכם אל עליון ויאר פניו אליכם	11Q14 1ii7	(XXIII)
כיא אל עמכם ומלאכי / [קודשו	11Q14 1ii14	(XXIII)
יברך בשם] / [כבוד א]דון כ[ו]ל א[לים	11Q17 III,9	(XXIII)
אל]והי אלים[	11Q17 IV,3	(XXIII)
]אלוהי אלי[ם	11Q17 V,7	(XXIII)
מדרס] / דביר[י פלא רוחי א]ל[י] עולמים[	11Q17 VI,4	(XXIII)
]קיר מברכים ומהללים לאלוהי / אלים המ◦[	11Q17 VIII,7	(XXIII)
ולוא תשתחוה לא[ל אחר	11Q19 II,11	
אחר כי יהוה קנא] / [שמו] אל קנא הוא	11Q19 II,12	
]תם כי אל ◦[	PAM 43.676 26,1	(XXXIII)
]אף אל בכנ[	PAM 43.698 50,1	(XXXIII)

to, toward, into preposition אֶל

Text	Reference	Vol.
ויבן אל אל מעשיהם כי בלב שלם	CD I,10	
ועתה שמעו אלי כל באי ברית ואגלה	CD II,2	
באי התבה שנים שנים באו אל התבה	CD V,1	
ומשה אמר אל / אחות אמך לא תקרב שאר	CD V,8	
הקרוב אליהם / לא ינקה	CD V,14	
הובאו בברית / לבלתי בוא אל המקדש	CD VI,12	
עומדו ⟦ ⟧ ואל ישאב אל / כל כל	CD XI,1	
לחוץ ומן החוץ אל בית	CD XI,8	
יוצא ממנה / ואל יבא אליה	CD XI,9	
ואם תפיל אל בור / ואל פחת אל יקימה	CD XI,13	
אל בור / ואל פחת אל יקימה בשבת	CD XI,14	
וכל נפש אדם אשר תפול אל {{מים}}	CD XI,16	
מקום מים ואל מקום / אל יעלה איש בסולם		
וכל הבא אל / בית השתחות אל יבא טמא	CD XI,21	
עד שבע שנים ואחר / יבוא אל הקהל	CD XII,6	
להביא איש אל העדה זולת פי המבקר	CD XIII,13	
לש[וב א]ל תורת משה בכל לב	CD XV,9	
ו[בכל] / נפש אל הנמצא לעשות בכ[ל	CD XV,10	
אותו עליו לשוב אל תורת משה בכל לב	CD XV,12	
לשוב אל / תורת משה כי בה הכל	CD XVI,1	
לשוב / אל תורת משה יסור מלאך המשטמה	CD XVI,5	
אז נידברו איש / אל רעהו להצדיק איש	CD XX,18	
ויקשב / אל אל דבריהם וישמע	CD XX,19	
ושבו עוד / אל דרך העם בדברים מעטים	CD XX,24	
לשוב אל תורת מושה ככול אשר צוה	1QS V,8	
אל ידבר אלוהיהי באפ או בתלונה	1QS V,25	
הונו ואת מלאכתו אל יד האיש / המבקר	1QS VI,19	
ואיש אשר ירוק אל תוכ מושב הרבים ונענש	1QS VII,13	
בתכונו ואחר ישאל אל המשפט	1QS VII,21	
בשרירות לבו לוא ישוב אל עצת היחד עוד	1QS VII,24	
ולוא י[קרב] / אל אשה לדעתה למשכבי	1QSa I,10	(I)
לאחד מ]אלה לדבר אל עצת הקודש	1QSa II,9	(I)
ואל תוך[העדה ל]א יבוא האיש	1QSa II,10	(I)
]◦ אלים/כה	1QSb II,5	(I)
ישא אדוני פניו אליכה וריח ני[חוח זבחיכה	1QSb III,1	(I)
[יש]א / פניו אל כול עדתכה ישא ברושכה[	1QSb III,3	(I)

[הח]תום אשר [יתנו א]ותו **אל** יודע ספר	(V)	4Q**163** 15-16,3
] **אליה**[	(V)	4Q**163** 36,5
]◦עמוד כיא **אל** כול [	(V)	4Q**164** 2,2
ולדבר] / [**א**]**ל** ⟦ ⟧ תועה ולהמ[ית]	(V)	4Q**165** 6,4
אשר שלח **אליהם** [בפי] / עבדיו הנביאים	(V)	4Q**166** II,4
על העץ [יק]רא הנני **אלי**[כה]	(V)	4Q**169** 3-4i8
הנני **אליך** נאם יהוה צ[באו]ת וגלית	(V)	4Q**169** 3-4ii10
]◦◦ **אליהם** הגיד	(V)	4Q**171** 3-10iv5
]ת והתורה / אשר שלח **אליו** ואל לוא יע[זבנו]	(V)	4Q**171** 3-10iv9
]אשר **אליהמה** יו◦[	(V)	4Q**174** 1-3ii4
וידבר •••• **אל** מושה לאמור שמעת את קול	(V)	4Q**175** 1
אשר דברו **אליכה** היטיבו כול אשר דברו	(V)	4Q**175** 2
וידבר **אליהםה** את כול אשר אצונו	(V)	4Q**175** 6
והיה האיש / אשר לוא ישמע **אל** דברי	(V)	4Q**175** 7
אשר / [נשבעתי מ]עב[ור מי] נוח **אל** ארץ	(V)	4Q**176** 8-11,11
]א הבטחה **א**{{ו}}**ליגו**[	(V)	4Q**176** 14,4
]יש **אל** עושה ◦[	(V)	4Q**176** 21,4
]תמיד הבר **אליו** ◦[	(V)	4Q**184** 3,2
פ]רוש **אליו** כפיכה בתפ[לה	(V)	4Q**184** 3,3
] / **אליה** כי פני[	(V)	4Q**185** 1-2iii1
] / **אל** כל חדרי בטן ויחפש כלותו[	(V)	4Q**185** 1-2iii12
אבי אשר תשלחני והלכתי **אל** אבי	(XIX)	4Q**200** 4,5
ואני אשלח מלאכים **אל** טובי אב[יכ]ה	(XIX)	4Q**200** 4,7
בשם העיר אשר נשבה **אל**[יה	(XXII)	4Q**215** 1-3,3
כאשר בא יעקוב אבי **אל** לבן	(XXII)	4Q**215** 1-3,7
כדברו] / [אליו עלה]**אל** ראש הה[ר	(XIII)	4Q**216** I,4
לחודש ה]זה דבר יהוה **א**[**ל**] / [מושה	(XIII)	4Q**216** I,5
ואשלחה **אל**[יהם] עדים ל[העיד בהם	(XIII)	4Q**216** II,12
ואחרי כן ישובו] **אלי** מתוך הגוי[ם בכל	(XIII)	4Q**216** II,17
ועשרים ראשי אנשים] / מאדם עד **אליו**	(XIII)	4Q**216** VII,15
וישלחו **א**[**לו** אנשי חברון לאמור אחיך	(XIII)	4Q**221** 5,7
ותשא עיניה] / [א]שת אדונו **אל**[ו	(XIII)	4Q**221** 7,3
והכה את אדורים הא]רמי **אל** / [שדו השמאלי	(XIII)	4Q**223-224** 2iv19
את שר המשקים השיב פרעוה]**אל** מש[קהו	(XIII)	4Q**223-224** 2v15
[ויאמר א]ברהם **אל** אלוהים אדני	(XIII)	4Q**225** 2i3
[אמר אד]ני **אל** א[ב]רהם שא צפא	(XIII)	4Q**225** 2i5
ויאמר ישחק **אל** אברהם [אביו הנה האש	(XIII)	4Q**225** 2ii2
ויאמר אברהם **אל**[ישחק בנו אלוהים יראה	(XIII)	4Q**225** 2ii3
אמר ישחק **אל** אביו כ[פות אותי יפה	(XIII)	4Q**225** 2ii4
וישמע בליעל **אל**[שר המשטמה	(XIII)	4Q**225** 2ii14
וישמע בליעל] / **אל**שר צום שם[	(XIII)	4Q**226** 7,7
]ילכו **א**[**ל**	(XIII)	4Q**226** 13,2
א]רץ **אל** תוך בני האדם	(XIII)	4Q**227** 2,3
אלי [	(XXXVI)	4Q**234** upside-dn
]**אל** [	(XXXVI)	4Q**234** 1
ומכר את עפרה ואת[ה] / **אל** עיר המקדש	(XXXVI)	4Q**248** 7
הבית]ומן הבית **אל** הח[וץ	(XXXV)	4Q**251** 1-2,5
א]**ל** ע[ר]י המקלט[	(XXXV)	4Q**251** 3,1
עד יום בא לחם הבכורים **אל** ◦[	(XXXV)	4Q**251** 9,6
א]**ליכה** ◦[	(XXXV)	4Q**251** 22,2
] **אל** [	(XXXV)	4Q**251** 23,2
ולוא / מצאה מנוח ותבוא **אליו** [אל]התבה	(XXII)	4Q**252** I,15
יוסף לשלחה ותבוא **אליו** ועלי זית טרף בפיה	(XXII)	4Q**252** I,16
הש]מים / ויומר **אליו** עת[ה ידעתי	(XXII)	4Q**252** III,8
] / יגיש את דמו **אל** [	(XXII)	4Q**253**a 1ii2
באסר לשוב **אל** תורת משה בכול לב	(XXVI)	4Q**256** IX,7
[כי בר]ית ע[צת]אמת **אל**[דרכי איש	(XXVI)	4Q**257** III,9
באסר ל[שוב **א**]**ל** [ת]ורת מש[ה]בכל לב	(XXVI)	4Q**258** I,6
ואל ידבר איש **אל** רעהו באף או בתלונה	(XXVI)	4Q**258** II,5
בה]אספו **אל** מעון חק[ו]בראשית [אשמורות]	(XXVI)	4Q**258** VIII,11

[ואי]ש אשר יבוא לה[וסי]ף **אל** עצת ה[יח]ד	(XXXV)	4Q**265** 4ii3
אל יעל איש בהמה אשר תפול / **אל** המים	(XXXV)	4Q**265** 6,6
אשר תפול **אל** המים / [ביום] השבת	(XXXV)	
עד] / אשר לא הובא **אל** גן עדן	(XXXV)	4Q**265** 7,12
]ים לדבר דך **אל** נב[	(XVIII)	4Q**266** 1c-f,5
ויבן אל **אל** מעש[יהם כי בלב שלם	(XVIII)	4Q**266** 2i14
ועתה בנים שמעו] / [**א**]**ל**[י ואג]ל[ה עיניכם	(XVIII)	4Q**266** 2ii14
אם יו{{ש}}סף מן / {{כ}} החי **אל** המת	(XVIII)	4Q**266** 6i11
ואל ת[בו] / **אל** המקדש עד בו השמש	(XVIII)	4Q**266** 6ii4
[ ]◦ ◦[ ] אבד **אליה**[ם	(XVIII)	4Q**266** 7i2
]◦ / ועלו אל יטור איש **אל**[	(XVIII)	4Q**266** 7i3
כי א[ם] / בהוכח ענות צדק **אליה**[ם	(XVIII)	4Q**266** 7i4
וכא[שר] / יקים עלו לשוב **אל** תורת מוש[ה	(XVIII)	4Q**266** 8i3
א[ל יבו] איש / [מ]אלה **אל** תוך העדה	(XVIII)	4Q**266** 8i9
כתוב אלכה לי / **אל** קצי [ה]שמים	(XVIII)	4Q**266** 11,4
כתוב לשוב **אל** אל בבכי ובצום	(XVIII)	4Q**266** 11,5
ל]הביא איש **אל** [הע]דה / [זולת פי המבקר	(XVIII)	4Q**267** 9iv10
או יק]רב **אל** אשתו ביום / [השבת	(XVIII)	4Q**270** 2i18
] / **אל** מקור [	(XVIII)	4Q**270** 2ii3
] / [ו]**אל** [	(XVIII)	4Q**270** 2ii4
[או יקרב **א**]**ל** בת[אחיו או ישכב	(XVIII)	4Q**270** 2ii16
[ה]גואים פסל אל יבא איש **אל** טהרת[ו	(XVIII)	4Q**270** 3iii21
אל יבוא אי]ש מאלה **אל**[תוך העדה	(XVIII)	4Q**270** 6ii9
[לשוב **א**]**ל** תור[ת מושה	(XVIII)	4Q**270** 6ii18
ואם יפול **אל** בור ואל פחת אל [יקימה	(XVIII)	4Q**270** 6v18
ואם יפול אל בור **ואל** פחת אל [יקימה בשבת	(XVIII)	
כתוב אלכה לי **אל** קצה הש[מים	(XVIII)	4Q**270** 7i18
הגוים פ]סל אל יביאהו / איש **אל** טהר[תו	(XVIII)	4Q**271** 2,10
האיש] / על נפשו לשוב **א**[**ל**] תורת מושה	(XVIII)	4Q**271** 4ii4
יוצא ממנה וא]ל יב{{י}}א **אל**[יה]	(XVIII)	4Q**271** 5i5
ואם תפול **אל** בור / [ואל פחת אל יקימה	(XVIII)	4Q**271** 5i8
וכול הבא]**אל** בית ההשתחוות אל יבוא טמא	(XVIII)	4Q**271** 5i15
וראה אם יוסף] מן החי **אל** המ[ת]	(XVIII)	4Q**272** 1i19
לוא ליוסף מ]ן החיות **אל** [המתות]	(XVIII)	4Q**272** 1i20
[ו]הנה [נוסף מן ה]חי **אל**[המת	(XVIII)	4Q**273** 4ii9
עשרה באמה בדברו **אליו**	(XXXV)	4Q**274** 1i2
שבע / [פעמים **א**]**ל** נוכח א[ו]הל מועד	(XXXV)	4Q**276** 5
האזוב ואת שני ה]תולע **אל** תוך שרפתה	(XXXV)	4Q**276** 6
יש]לחנו **אל** ◦[	(XXVI)	4Q**279** 2,1
]ם **אל** ◦[	(XXXVI)	4Q**281**e 3
]ו ושבו **אל** היבשה בעת הה[יאה	(XXXVI)	4Q**285** 4,9
]ל יסעו **א**[**ל**	(XXXVI)	4Q**285** 6,3
] קרו[בי]ם **אליכה** וזר[ע	(XI)	4Q**287** 5,12
ולמיניכם אחלקה דברי **אליכם**[	(XX)	4Q**301** 1,1
] יוחנן להבי **אל**◦	(XXXVI)	4Q**331** 1i7
ויבא אותם]**אל** לאה א[מו ותואמר רחל	(XIII)	4Q**364** 4b+ei9
ויט **א**[**ליה** אל הדרך	(XIII)	4Q**364** 9a-b,3
כול דברי יהוסף אשר דבר] / [**א**]**ל**[יהמה	(XIII)	4Q**364** 11,8
ויואמר יהוה **אל** מושה על[ה אלי] ההר	(XIII)	4Q**364** 14,3
]לעלות **אל**[הר] האלוהים	(XIII)	4Q**364** 14,5
ואל ה[זקנים אמר שבו לכמה	(XIII)	
יהוה אל מושה] לאמור דבר **אל** בני יש[ראל	(XIII)	4Q**364** 15,5
[יה]וה[א]ל[והינו דב]ר **אלי**[נ]ו ב[חורב	(XIII)	4Q**364** 20a-c,9
אשר יקשה מכמה תקריבו]ן **אלי** [ו]שמ[ע]תיו	(XIII)	4Q**364** 21a-k,3
מפרי הארץ ויורידו **א**]**לינו**[	(XIII)	4Q**364** 21a-k,14
בקולכם] ולוא הזין **אליכמ**	(XIII)	4Q**364** 22,2
ויואמר יהוה]**אל**[י]אל תצר / [את מואב	(XIII)	4Q**364** 23a-bi7
[ויואמר]יהוה[**א**]**ל**[י]ראה ה[חלותי תת	(XIII)	4Q**364** 24a-c,3
ואתחנן **א**]**ל**[יהוה בעת ההיא לאמור]	(XIII)	4Q**364** 25a-c,10
ויואמר יהוה אלי דברת]י **אליכה**	(XIII)	4Q**364** 26bi2

4Q**364** 26bii+e,3 (XIII) ויואמר יהוה **אלי** פסלכה שני[לוחות אבנים
4Q**364** 26bii+e,4 (XIII) ועלה **אלי** ההר ועשיתה ארון
4Q**364** U,2 (XIII)]**ואל**[
4Q**364** Y,1 (XIII)]ה **אליו** לאמ[ור
4Q**365** 2,4 (XIII) ויואמרו החרטומים **אל** פרעוה
4Q**365** 2,5 (XIII) ולוא שמע **אליהמה** כאשר דבר יהוה
4Q**365** 2,6 (XIII) ויואמר] יהוה **אל** מושה השכם בבוקר
4Q**365** 6ai1 (XIII) ויואמר מושה **אל** ה[עם]אל תיראו
4Q**365** 6ai4 (XIII) ויואמר יה]וה[**א**]ל מושה מה תזעק אלי
(XIII) מה תזעק **אלי** דבר אל בני ישראל
(XIII) מה תזעק אלי דבר **אל** בני ישראל
4Q**365** 6aii+6c,10 (XIII) ויזעק מושה **אל** [יהוה ?
4Q**365** 6aii+6c,11 (XIII) ויש֯לך **אל**[המי]ם וימתוקו המים
4Q**365** 7ii1 (XIII) ויע]מוד העם **א**[ל מושה מן הבוקר עד הערב
4Q**365** 12biii5 (XIII)]כתפות עשו לוא חוברות **אל** שני קצותיו
4Q**365** 13,2 (XIII) יתנום על כתפות האפוד **א**]ל מול פניו
4Q**365** 17a-c,2 (XIII) כול ההולך **א**[ל גחון וכול הולך על ארבע
4Q**365** 18,3 (XIII) [אחרי]הראותו **אל**[הכוהן לטהרתו
4Q**365** 23,3 (XIII) וידבר מושה את מועדי יהוה **אל** בני ישראל
4Q**365** 23,4 (XIII) וידבר יהוה **אל** מושה לאמור
(XIII) לאמור בבואכמה **אל** הארץ
4Q**365** 32,4 (XIII) ויומר **אליהם**[עלו זה]בנגב[
4Q**365** 35ii3 (XIII) וידבר מושה[**א**]ל בני[ישראל
4Q**365**a 1,4 (XIII) ישר]אל ואמרתה[**א**]ליהם / [
4Q**365**a 5i4 (XIII)]ם לוא נראים האופנים **אל** החוץ ורחב / [
4Q**366** 2,6 (XIII) ובניו עמו] / [ושב]**אל** אחזתו ואל משפחתו
(XIII) [ושב]אל אחזתו **ואל** משפחתו
(XIII) אחזתו ואל משפחתו **ואל** א[חזת אבתיו ישוב
4Q**366** 4i8 (XIII) ויאמר משה]**אל** בני ישראל ככל אשר צוה
4Q**367** 1a-b,2 (XIII)]וי[דבר] יהוה **אל** מ[ש]ה
4Q**367** 1a-b,6 (XIII) [ו]**אל** המקדש לא[ת]בוא עד מלאות[
4Q**367** 1a-b,9 (XIII) וב[ן י]ונה או ת[ר לחטאת] **אל** פתח אהל
4Q**367** 2a-b,1 (XIII)] / **אל** פתח א[הל מועד
4Q**367** 2a-b,3 (XIII) [וידבר]יהוה **אל** משה לא[מר
4Q**367** 2a-b,4 (XIII) ו]אמרת **אלהם**[קדשים תהיו כי קדוש אני]
4Q**367** 3,13 (XIII) צוה יהוה ⟦ ⟧ את]משה **אל** בני / [ישראל
4Q**368** 1,3 (XXVIII) ודבר יהוה אל משה פנים] **אלפנים**
4Q**368** 4,2 (XXVIII)]ה **אל** משה לאמר
4Q**372** 1,16 (XXVIII) וקלו] / יקרא **אל** אל גבור להושיעו מידם
4Q**374** 2ii8 (XIX) ובהאירו פנו **אליהם** [ ]למרפאויגבירו
4Q**374** 9,3 (XIX)]באמר יהוה **אליו** [
4Q**375** 1i1 (XIX)]יצוה אלוהיכה **אליכה** מפי הנביא
4Q**375** 1i8 (XIX) ושופטיכה / [**א**]ל המקום אשר יבחר אלוהיכה
4Q**376** 1ii3 (XIX) וע[שיתה כו]ל [אשר] ידבר [**א**]ליכה / [הנביא
4Q**377** 1ii5 (XXVIII)]פנים עם **אל** פנים כא[שר
4Q**377** 2i10 (XXVIII)]◦ עלינו ונהגה **אלינו** כיא / [
4Q**377** 2ii6 (XXVIII) וידבר ע[ם]קהל ישראל פנים עם **אל** פנים
4Q**378** 19ii5 (XXII)] / וכעבדים **אל** יד אדונ[יהם
4Q**380** 1ii4 (XI) כי כה **אלי**[ו
4Q**381** 15,9 (XI) בשמך אלהי נקרא **ואל** ישועתך / [
4Q**381** 28,2 (XI)]◦ **אליהם**
4Q**381** 31,2 (XI)]אשיח בנפלאתיך כי **אל** [
4Q**381** 31,3 (XI) כ]ל דרכו תבואינא **אל** עו◦[
4Q**381** 50,6 (XI)] **אל** ◦[
4Q**381** 69,3 (XI) נ]ועץ **אל** לבו להשמידם מעליה
4Q**381** 76-77,1 (XI)] **אלי** חיות ועוף הקבצו[
4Q**381** 80,1 (XI)]לשכיל **אלי**[
4Q**382** 5,1 (XIII) ויואמר א]ליה **אל** אחא[ב
4Q**382** 9,6 (XIII) ויואמר אליה]**אל** אלישע שיבנהנה פה[
4Q**382** 9,8 (XIII) בני הנביאים א]שר בירחו **אל**[אלישע

4Q**382** 40,2 (XIII)]**אל** אלי[ה/שע] ◦◦◦דה ◦[
4Q**383** 1,5 (XXX)] / **אליהם** ואש[ר
4Q**384** 3,1 (XIX)]◦ **ואל** ר[
4Q**384** 7,2 (XIX)]**אל** תחפנ[ס
4Q**384** 20,3 (XIX)]**אל** השבים[
4Q**385** 2,4 (XXX) ויאמר יהוה / **אלי** אני אראה[ ]את בני ישראל
4Q**385** 2,5 (XXX) ויק◦בו עצם **אל** עצמו ופרק / [אל פרקו
4Q**385** 2,9 (XXX) מתי יהיו אלה ויאמר יהוה **אל**[י עד] / [אשר
4Q**385** 3,4 (XXX) ויאמר יהוה **אלי** בן[אדם אמ]ור להם[
4Q**385** 4,4 (XXX) ויאמר יהוה **אלי** לא אש[י]ב פניך יחזקאל
4Q**385** 6,11 (XXX)]והא[ופ]נ[ים] / אופן חובר **אל** אופן בלכתן
4Q**385**a 12,4 (XXX) או]תם **אל** בית לא [בנו
4Q**385**a 13a-b,4 (XXX)]י **אל** אש[ר]יש◦[
4Q**385**a 18ii7 (XXX) דבר אל] / בני ישראל **ואל** בני יהודה
4Q**385**b 1,1 (XXX) ויהי דבר יהוה **אל**[י]לא[מר
4Q**386** 1i5 (XXX) עצם אל עצמו ו]פרק **אל** פרקו ויהי / [כן
4Q**386** 1ii1 (XXX) ויאמר **אלי** התבונן / בן אדם באדמת
4Q**386** 1iii1 (XXX) ודל לא יחן ויביא **אל** בבל
4Q**387** 1,10 (XXX) **א**]ל אדמתכם [
4Q**387** A,2 (XXX)]בערותם לקרוב איש **אל** שאר בשרו[
4Q**387**a 4,7 (XXX)]**ואל** בן נ[כר
4Q**388** 5,2 (XXX)]◦ **אל**[
4Q**389** 2,6 (XXX) ואת בניהם הבאתי **אל** ה[ארץ
4Q**389** 9,2 (XXX)]תי **אלהם** ויאמר[ו
4Q**390** 1,6 (XXX) ואשלחה **אליהם** מצוה ויבינו בכול
4Q**391** 6-7,1 (XIX)]ההולך **אל** ב[
4Q**391** 26,2 (XIX)]◦ ותומר **אלי**[
4Q**391** 36,2 (XIX)]ראה ואומר **אליו**[
4Q**391** 36,4 (XIX)]ידבר •••• **אלי** ל[אמר
4Q**391** 52,2 (XIX)]**אליו** ◦◦◦[
4Q**391** 52,3 (XIX)]ן **אליו** את[
4Q**393** 1ii-2,7 (XXIX) ולפשעים דרכיך / וחטאים השב **אליך**
4Q**393** 3,3 (XXIX) ולשמרי מצותיך אשר] / [צויתה]**אל** מושה
4Q**394** 3-7i12 (X) [אנחנו חושבים שהם זובחים] / **אל** הי[
(X)]שא היא[כ]מי שזנת **אליו**
4Q**397** 14-21,6 (X) שלו]א תביא תועבה **א**[ל ביתכה
4Q**397** 14-21,10 (X) ואף] / [כתב]נו **אליכה** שתבין בספר מושה
4Q**398** 14-17i7 (X) [והשיבות]ה **אל** ל[בב]ך ושבתה אלו
(X) ושבתה **אלו** בכל לבבך
4Q**398** 14-17ii2 (X) אנחנו כתבנו **אליך** / מקצת מעשי התורה
4Q**399** 1i10 (X) כתב]נו אנחנו **אליך** / [מקצת מעשי התורה
4Q**408** 3+3a,2 (XXXVI)]**אליכם** שמה לעשות א[ת
4Q**408** 3+3a,4 (XXXVI) יקרא מש]ה **אל** כל ישראל בראתם[
4Q**408** 11,4 (XXXVI) תשמור ועשיתה כל אשר ידבר **א**]ל[יך
4Q**416** 2iv3 (XXXIV) מאמה הפרידה **ואליכה** [תשוקתה
4Q**418** 123ii4 (XXXIV)] / קצו אשר גלה **אל** אוזן מבינים
4Q**418** 138,2 (XXXIV)]ל חבל בנחלת אב **ו**אֶל[
4Q**418** 172,6 (XXXIV)]◦ו **אליך** עם עשתרותי[ה
4Q**419** 1,2 (XXXVI)] / **אליכם** ביד משה
4Q**419** 8ii8 (XXXVI) **א**]ל אדמתם ישובו[
4Q**421** 13,1 (XX)]כיא אמ **אלפ**[ני]המה[יפלו ?
4Q**422** II,2a (XIII)]◦ו **אל** חיה [
4Q**422** 7,2 (XIII)]**אל** התב[ה
4Q**422** III,6 (XIII)]◦◦◦ חבר[ ]מר / וישלחם **אל** פרעוה[
4Q**422** III,7 (XIII) ויביאו דברו / **אל** פרעוה לשלח א[ת עמם
4Q**427** 8ii13 (XXIX) ובקצ האספו] / **אל** מעונתו מפני אור
4Q**434** 1i2 (XXIX) שכח צרת דלים פקח עיניו **אל** דל
(XXIX) ויט אוזניו **אל** / {{ש}}זעקתם ברוב רחמיו
4Q**443** 1,10 (XXIX)]ך כי **אל** דבריכ[ה
4Q**443** 2,8 (XXIX)] **אליכה**

] **אֹלֹ**[	(XXIX)	4Q**443** 10,3
א]**לֹ**יוֹ[	(XXXVI)	4Q**460** 7,1
וישראל נגזל **אליה** מעם ערׄיׄצׄ [	(XXXVI)	4Q**460** 9i11
]◦ להשיב **אל** יהוה אלוהיהמה[	(XXXVI)	4Q**461** 1,9
ויעבודו ויתקימו ויזעקו **אל** ·· ·· ◦[	(XIX)	4Q**462** 1,12
אהפך] **אל** עמים שפה ברורה / [	(XIX)	4Q**464** 3i9
ש]משׁוׄן **אליו** ◦[	(XXXVI)	4Q**465** 4
א]מר **אל** אלוהי [ישראל ?	(XXXVI)	4Q**466** 2
ב]עת ההיא יאמר מ[יכ]אל **אל** צדקיה / [	(XIX)	4Q**470** 1,5
א]נקתם **אל** השמים [	(XIX)	4Q**470** 3,3
]**אל**[	(XXXVI)	4Q**477** 2ii6
]◦ה **אל** הר גבהׄ[	(XXII)	4Q**481**c 3
י]אצאו מחוצה למחנות **אל** בית מוׄ[עד	(VII)	4Q**491** 1-3,9
י]צׄאו **אליהמה** הׄ[כוהנ]יׄם והלויי[י]ם	(VII)	
יספרו שמה ואחר ישובו **אל** מחׄ[נותמה	(VII)	4Q**491** 8-10i17
ו]ענה ואמר **אליהמה** חזקו ואמצו[	(VII)	4Q**491** 14-15,5
פתחי] / שעריך תמיד להביא **אל**[יך] חיל גוים	(VII)	4Q**492** 1,6
] **אליהמה** בהמון כוחכה	(VII)	4Q**501** 8
עלכן שפכתה **אלינו** את חמתכה	(VII)	4Q**504** 1-2iii10
הדחתם שמה להשיב / **אל** לבבם לשׁוׄב עוׄדך	(VII)	4Q**504** 1-2v13
ו]לוא הקשבנו **א**[ל מצוותיכה]	(VII)	4Q**504** 1-2v21
]פׄנים **אל** פנים ִדברׄ[ת]הׄ ִאוׄתׄ[ו	(VII)	4Q**504** 3ii17
על כנפי]נׄשרים ותביאנו **אליכה**	(VII)	4Q**504** 6,7
ויקח וישאהו {{**א**}}על[אברתו ← עַל	(VII)	4Q**504** 6,8
פנ]יׄם **אל** פׄנׄיׄ[ם ד]ברתה עמׄ[ו	(VII)	4Q**506** 125+127,2
]**אליכה** / [	(VII)	4Q**506** 146,3
] מוׄשׄה ותדבר **אל**[יו	(VII)	4Q**509** 1-2,8
] / [א]שר צׄויתוׄ **אֹל**[	(VII)	4Q**509** 1-2,10
] / כנפי **אליׄכׄהׄ** ◦[	(VII)	4Q**511** 18iii10
ד]וׄרות אשמתי ואצפה **אל** [	(VII)	4Q**511** 42,5
]◦בותם ו**אל** מוסדי הארץ[	(VII)	4Q**511** 42,6
]◦ **אליו** וא[	(VII)	4Q**511** 85,2
א]**לׄ** המקדש וירד / [	(VII)	4Q**512** 56-58,3
ותפשו] / [בו והוציאהו **א**[ל]זׄקׄנ[י]עירו[	(XXV)	4Q**524** 14,6
]יׄה יחד ויתם לבו **אליה** [	(XXV)	4Q**525** 2ii+3,8
ו]תׄהלך **אליו**	(XXV)	4Q**525** 15,2
עו]שׁי זמה בׄואׄו **אלי** ה◦[	(XXV)	4Q**525** 22,2
] / ולרדׄת **אל** ירכתי בור ול◦[	(XXV)	4Q**525** 23,3
]**אל** יעקוב ה[ו]דׄעתׄה בבית אל / [	(III)	5Q**13** 2,6
]וינוס משם **אל** מלך מואבׄ[	(III)	6Q**9** 33,3
[ביצי]הׄם הקרב **אליה**ֶֻ[ם לא ינקה	(III)	6Q**15** 2,2
] ורני **א**[ל	(III)	6Q**18** 13,3
]◦ **אל** מוש[ה	(III)	6Q**22** 3
בקרבך וידידיך **אליך** נלוו	(IV)	11Q**5** XXII,7
יהוה קראתי **אליכה** הקשיבה אלי	(IV)	11Q**5** XXIV,3
יהוה קראתי אליכה הקשיבה **אלי**	(IV)	
ואל יוסף לשוב **אלי**	(IV)	11Q**5** XXIV,12
בשם יהו[ה קרא בכו]לׄ עת / **אל** הׄשמׄ[ים	(XXIII)	11Q**11** V,5
כי]יׄבוא **אליך** בליׄ[לה וא]מרתה אליו	(XXIII)	
וא]מרתה **אליו** / מי אתה [הילוד מ]אדם	(XXIII)	
נחׄלׄ[ת מלכי צ]דק אשר / ישיבמה **אליהמה**	(XXIII)	11Q**13** II,6
אל עליון ויאר פניו **אליכם** ויפתח לכם	(XXIII)	11Q**14** 1ii7
[אשר אתה]בא **אליהם** פן יהיו למו[קש		11Q**19** II,5
אחר יוציאום **אל** בני ישראל ונתנו בני ישראל		11Q**19** XXII,11
מדם החטאת ובא **אל** / השעיר החי והתודה		11Q**19** XXVI,10
להיכל בית מרובע / מפׄנה **אל** פׄנׄהׄ		11Q**19** XXX,6
ותוכו ממקצוׄע **אֹלֹ** מקצוע		11Q**19** XXX,8
]הכוהן המשנה / **אֹלֹ** בׄיׄתׄ[		11Q**19** XXXI,5
בׄשער הזה {{**א**}}לפׄתׄח[גג ? ה]הׄיכל ← ל		11Q**19** XXXI,7
ועשה ככול אשר אנוכי מדבר **אליכה**		11Q**19** XXXI,9
[ופוש]טת **אל** תוך הארץ אׄשׁר / יהיו המים		11Q**19** XXXII,13
וׄהולכים **אׄליה** ואובדים בתוך הׄארץ		11Q**19** XXXII,14
והבאי]ם **אליהׄמׄהׄ** ? וׄהׄיוצאים מׄהמה		11Q**19** XXXIII,6
וׄהׄיוצאים מׄהמה **אל** [החצר התיכונה		
]◦◦◦◦◦ים **אל** בין הׄגׄלג[לים		11Q**19** XXXIV,4
ואוסרים אתׄ רׄאׄשי הׄפׄרים **אל** הטבעות ו[		11Q**19** XXXIV,6
וׄעׄשׂרׄיׄםׄ באמה ממקצוע **אל** מקצוע		11Q**19** XXXVI,7
הפׄניׄמית והשערים באים פנימה **אל** תוך החצר		11Q**19** XXXVI,14
ומקורים בקורות מעמוד **אל** עמוד		11Q**19** XLII,11
]א / משמר **אל** מקומו וחנו		11Q**19** XLV,5
לוא יבוא **אל** / כול המקדש עד אשר [יש]לים		11Q**19** XLV,7
ובאה השמש אחר / יבוא **אל** המקדש		11Q**19** XLV,10
ולוא יבואו בנדת טמאתמה **אל** מקדשי וטמאו		
לוא יבוא **אל** כול עיר / המקדש אשר אשכין		11Q**19** XLV,11
אחר יבוא **אל** עיר / המקדש		11Q**19** XLV,16
עולים בני ישראל **אליו** / לבוא אל מקדשי		11Q**19** XLVI,7
בני ישראל אליו / לבוא **אל** מקדשי		11Q**19** XLVI,8
ולוא יהיו באים בלע **אל** תוך / מקדשי		11Q**19** XLVI,10
אשר תהיה הצואה יורדת **אל** תוכמה		11Q**19** XLVI,15
ו**אל** עיר מקדשי לוא יביאו		11Q**19** XLVII,9
וכול הבא **אל** הבית יטמא / שבעת ימים		11Q**19** XLIX,6
וכול אשר בא **אל** הבית ירחץ במים		11Q**19** XLIX,17
כקבר כול בית אשר תבוא **אליו** יטמא		11Q**19** L,11
ובאתה **אל** המקום אשר אשכין / שמי		11Q**19** LIII,9
ונתן **אליכה** אות או / מופת		11Q**19** LIV,8
ובא **אליכה** האות ִאוֶ֯המופת		11Q**19** LIV,9
דבר **אליכה** לאמור / נלכה ונעבודה		
לוא / תשמע **אל** דבר הנביא ההוא		11Q**19** LIV,11
ואת כול שללה תקבוץ **אל** תוך / רחובה		11Q**19** LV,8
[א]וׄ **אל** הׄ[ש]וׄ[פטים אשר יהיו בימים		11Q**19** LVI,1
ויעש בזדון לבלתי / שמוע **אל** הכוהן		11Q**19** LVI,9
לשרת לפני או **אל** / השופט וימת האיש		
כי תבוא **אל** הארץ אשר אנוכי נותן לכה		11Q**19** LVI,12
גבולמה אשר לוא יבוא גדוד **אל** תוך ארצמה		11Q**19** LVIII,9
אחר ישובו / **אלי** בכול לבבםה		11Q**19** LIX,10
בכול אות נפשו **אל** המקום אשר אבחר		11Q**19** LX,13
כי תבוא **אל** הארץ אשר אנוכי נותן לכה		11Q**19** LX,16
שואל אוב / וידעונים ודורש **אל** המתים		11Q**19** LX,19
וכי תואמר {{**אל**}} בלבבכה [א]יׄךׄ נׄדע		11Q**19** LXI,2
ונגש הכוהן וידבר **אל** העם ואמר אליהמה		11Q**19** LXI,15
ואמר **אליהמה** שמע ישראל אתמה קרבים		
והוסיפו ה]שו[פטים] / לׄדׄבׄרׄ **אל** הׄעם		11Q**19** LXII,3
וישוב **אל** / ביתו פן ימס את לבב		
ככלות השופטים / לדבר **אל** העם		11Q**19** LXII,5
כי / תקרב **אל** עיר להלחם עליה		11Q**19** LXII,6
להלחם עליה וקראתה **אליה** לשלום		
]הׄעׄיׄרׄ הׄהׄיׄאׄ אׄתׄ / העגל[ה] **אל** נחל איתן		11Q**19** LXIII,2
העיר ההיא הקרובה **אל** החלל		11Q**19** LXIII,4
והביאותה **אל** תוך ביתכה		11Q**19** LXIII,12
חודש / ימים אחר תבוא **אליה** ֻוֻבעלתה		11Q**19** LXIII,14
ולוׄא[י]שמע **אליהמה** ותפשו בו אביהו		11Q**19** LXIV,3
ואמו והוצׄיאוהו **אל** / זקני עירו ואׄל שער		
אל / זקני עירו וׄ**אׄל** שער {{◦◦◦◦}} מקומו		11Q**19** LXIV,4
ואמרו **אל** זקנׄי עירו בננו זה		
ויברח **אל** / תוך הגואים		11Q**19** LXIV,9
ואם לוא קרוב אחיכה / **אליכה** ולוא ידעתו		11Q**19** LXIV,15
ואספתו **אל** תוך ביתכה והיה עמכה		
ואקרבה / **אליה** ולוא מצאתי לה		11Q**19** LXV,9
והוציאו / את בתול הנערה **אל** הזקנים		11Q**19** LXV,10
ואמר אבי הנערה / **אל** הזקנים את בתי נתתי		11Q**19** LXV,11

]ק לוא יבוא **אל** ֻהמקדש ֻ/ [	11Q**20** XII,11	(XXIII)
]רֹוכל ו**אל** המקדש / [לוא יבוא	11Q**20** XII,12	(XXIII)
עולים]בֹנֹי ישֹׂ[ראל **א**]ליו לבוא אל מק[דשי]	11Q**20** XII,20	(XXIII)
]בֹנֹי ישֹׂ[ראל א]ליו לבוא **אל** מק[דשי]		(XXIII)
] / לבוא **אל** עירי [	11Q**21** 3,2	(XXIII)
]⟦ ⟧ יאֹכלו **אלי** [	PAM 43.678 23,2	(XXXIII)
]**אֹלי** וכי הנ◦[	PAM 43.680 4,2	(XXXIII)

אל ← אַיִל-1

(indeterminate) אל

לֹ[ ]◦ל חללים / [ ]◦ **אל** ◦[	1QM XVII,17	
] **אל**[	1QH[a] VIII,9	
אל ◦[	1Q**69** 2,1	(I)
]הֹו **אל** ◦[	4Q**159** 1ii1	(V)
]שֹׁי נ◦ה ב◦◦◦ **אֹלי** ה◦[	4Q**177** 19,2	(V)
]םֹ אנוס **אל** ◦[	4Q**266** 5i2	(XVIII)
] / **אל** תיֹמוֹ[	4Q**384** 13,3	(XIX)
]◦◦◦ **אֹלֹ** הֹ◦ [	4Q**391** 65,3	(XIX)
]קוֹ **אל** [	4Q**418** 150,1	(XXXIV)
]םֹ **אל** א◦[	4Q**419** 3,3	(XXXVI)
]◦ות **אל**	4Q**420** 1ai5	(XX)
]ם **אל** ולֹ[	4Q**471**c 1,1	(XXIX)
] **אל** / [	4Q**487** 8,3	(VII)
] / **אל** [	4Q**487** 9,2	(VII)
]ם **אל** הֹ[	4Q**487** 20,2	(VII)
] **אל** נחלת◦[	4Q**487** 23,3	(VII)
] **אלי** ◦מו◦[	4Q**497** 4,3	(VII)
] **אל** ◦[	4Q**499** 51,1	(VII)
]ם **אל** תרֹ[	4Q**504** 19,1	(VII)
] / **אלֹ**[	4Q**511** 104,1	(VII)
]כֹה **אלי** ואֹ[	4Q**511** 130,2	(VII)
] **אל** ◦[	6Q**10** 7,1	(III)
ו]מערמיה אתבונן כפי הברותי **אל** ? / [	11Q**5** XXI,17	(IV)
]דֹ **אל** ב[	11Q**13** 10,2	(XXIII)
]◦ **אל** [	PAM 43.669 9,2	(XXXIII)
]◦ת **אל** ◦◦[	PAM 43.670 1,1	(XXXIII)
] **אל**	PAM 43.671 34,2	(XXXIII)
]◦ **אל** ⟦ ⟧[	PAM 43.676 6,2	(XXXIII)
]◦◦י **אלי** ו◦[	PAM 43.682 3,2	(XXXIII)
]◦ **אל** קֹ[	PAM 43.689 82,1	(XXXIII)
]ןֹ ו**אל** [	PAM 43.698 77,2	(XXXIII)
] **אֹל** יו◦[	PAM 43.699 2,1	(XXXIII)
] **אל** בצ[	PAM 44.102 40,2	(XXXIII)

hailstone noun **אֶלְגָּבִישׁ**

וגשם שוטף וא]בנ[י **א**]לֹ[גב]**יש** אש וגפרית [	4Q**387** 4i4	(XXX)

to swear verb **אלה-1**

]יֹבא איש אשה ל**האלות**ה / [	4Q**270** 4,1	(XVIII)

curse, oath, vow noun **אָלָה**

למען / הדבק בהם את **אלות** בריתו	CD I,17	
ישביע בעליו / בשבועת **האלה**	CD IX,12	
כי אם שבועתֹ הבאיֹםֹ / בֹ**אֹלות** הברית	CD XV,2	
ואם ב**אלות** הברית יֹשֹבֹיֹעוֹהוֹ / השפטיֹםֹ	CD XV,3	
וֹדבקו בו כול / **אלות** הברית הזות	1QS II,16	
ולנקום נקם ב**אלות** ברית לעשות בם	1QS V,12	
למען הדבק בהם את **א**]**לות** בריתו	4Q**266** 2i20	(XVIII)
]הֹ**אלות** / [	4Q**504** 26,8	(VII)
כ]וֹל ה**אלות**ֹ[	4Q**509** 5-6ii5	(VII)
]◦ ל**אלה** לכל ◦[	PAM 43.695 3,1	(XXXIII)

these adjective **אֵלֶּה**

שלים / הקץ השנים **האלה**	CD IV,9	
הקץ למספר השנים / **האלה** אין עוד	CD IV,11	
ובכל השנים **האלה** יהיה / בליעל משולח	CD IV,12	
כל המתהלכים / **באלה** בתמים קדש	CD VII,5	
אלה מלטו בקץ הפקודה הראשון	CD VII,21	
בריתו אשר / לא יחזיקו **באלה** לפוקדם	CD VIII,2	
ובכל **אלה** לא הבינו בוני החיץ	CD VIII,12	
לרשת / את הגוים **האלה** כי מאהבתו	CD VIII,15	
על המשפטים הֹ**אלה** להבדיל	CD XII,19	
וֹ**אלה** החקים / למשכיל	CD XII,20	
הֹמֹתֹהֹלֹכֹיֹםֹ בֹ**אֹלֹהֹ** בקץ הרשעה	CD XII,23	
ואם אין הוא בחון בכל **אלה**	CD XIII,3	
ואיש מהלוים בחון / **באלה**	CD XIII,4	
וא]**לה** המֹ[שפטי]םֹ למֹשֹכֹיל[	CD XIII,22	
וכל המתהלכים **באלה** / ברית אל	CD XIV,1	
ופרוש קציהם לעורון / יֹשֹרֹאל מכל **אלה**	CD XVI,3	
אֹלה יֹמֹלטו בקץ הפקדה והנשארים	CD XIX,10	
לא יחזיקו **באלה** החקים לפקדם לכלה	CD XIX,14	
ובכל **אלה** לא הבינו בוני / החיץ	CD XIX,24	
לרשת את הגוים / **האלה** כי מאהֹבתו	CD XIX,28	
המחזיקים במשפטים **האלה** לֹצֹאת / וֹלֹבוא	CD XX,27	
ואלה דרכיהן בתבל להאיר	1QS IV,2	
אלה סודי רוח לבני אמֹת תבל	1QS IV,6	
באלה תולדות כול בני איש ובמפלגיהן	1QS IV,15	
ואלה תכון דרכיהם על כול החוקים	1QS V,7	
על כול החוקים **האלה** בהאספם ליחד		
לעשות ככול החוקים **האלה**	1QS V,20	
ב{{◦}}**אֱלה** / יתהלכו בכול מגוריהם	1QS VI,1	
ואלֱה המשפטים אשר ישפטו בם	1QS VI,24	
בהיות **אלה** בישראל / נכונה {{ה}}עצת היחד	1QS VIII,4	
ואין עולה ֻבהכון **אלה** ביסוד היחד	1QS VIII,10	
הדורש אל יסתרהו מ**אלה** מיראת רוח נסוגה	1QS VIII,12	
ובהיות **אלה** ֻליחד ֻבישראל / ֻבתכונים		
ֻבתכונים **האלה**ֻ יבדלו מתוך מושב הנשי העול	1QS VIII,13	
ואלה המשפטים אשר ילכו בם	1QS VIII,20	
בהיות **אלה** בישראל ככול התכונים	1QS IX,3	
בישראל ככול התכונים **האלה**		
אלה החוקים למשכיל להתהלכ	1QS IX,12	
ואלה תכוני הדרכ למשכיל בעתים	1QS IX,21	
למשכיל בעתים **האלה** לאהבתו עם שנאתו		
אלה ה‹א›נשים הנקראים לעצת	1QSa I,27	(I)
אלה / אנושי השם קיראי מועד הנועדים	1QSa II,1	(I)
וכול איש מנוגע ב**אֹלה** לבֹלתי / החזיק	1QSa II,4	(I)
אל יב[ואו]**אלה** להתיצב [ב]תֹוך עדת	1QSa II,8	(I)
ואם יש דבֹ[ר לאחד מ]**אלה** לדבר	1QSa II,9	(I)
אלה יתיצבו על העולות	1QM II,5	
את כול ֻ**אלה**ֻ יסרוכו במועד שנת השמטה	1QM II,6	
כול **אלה** ישילו שבע פעמים ושבו למעמדם	1QM VI,4	
אלה הֹמה ה◦[	1QM VI,17	
כול **אלה** לוא ילכו אתם למלחמה	1QM VII,5	
כול **אלה** ירדופו להשמיד אויב במלחמת	1QM IX,5	
]◦הֹ **אלה** ידענו מבינתכה אשר סֹ◦[	1QM X,16	
כיא רוב קדושים [**א**]**לֹה** בשמים	1QM XII,1	
ואחר הדברים **האלה** יתקעוֹ ֻהכוהנים ֻ	1QM XVII,10	
ואלה אשר הכֹ[ינותה	1QH[a] V,13	
פלגֹ[תה] כול **אלה** להודיע כבודך	1QH[a] V,19	

Text	Vol.	Reference
אלה הח[וקים] / למש[כיל להתהלך	(XXVI)	4Q**259** III,6
ואלה תכוני[הדר]ך למשכיל[בעתים	(XXVI)	4Q**259** IV,2
ובאלה יתהל[כו בכול מגוריהם	(XXVI)	4Q**263** 2
[ה]ק[ץ] / [כמספר] ל[שנים] ה**אל**[ה	(XVIII)	4Q**266** 3i3
ובשלום הקץ השני]ם [ה**א**]**ל**[ה] / [אין עוד	(XVIII)	4Q**266** 3i4
אל[ה מ]ל[טו בקץ] / [הפקודה] הרישון	(XVIII)	4Q**266** 3iii22
ואלה החו[ק]ים למש[כיל] / [	(XVIII)	4Q**266** 5i17
א[ל יבו] איש / [מ]**אלה** אל תוך העדה	(XVIII)	4Q**266** 8i9
וא]**לה** יסדות אוש[י] הקהל	(XVIII)	4Q**266** 10i11
וכול המואס במשפטים / **האלה**	(XVIII)	4Q**266** 11,6
וכול המתה]ל[כי]ם **באל**[ה] ברית אל	(XVIII)	4Q**267** 9v4
אלה[המשפטים למשכיל להתהלך	(XXXVI)	4Q**269** 10ii5
אל יבוא אי]ש **מאלה** אל[תוך העדה	(XVIII)	4Q**270** 6ii9
וכל המו[אס במשפטי]ם / **האלה**	(XVIII)	4Q**270** 7i20
אמור[על] פי הד[ברי]ם **האלה**	(XVIII)	4Q**271** 4ii3
ופרוש קציהם לעורון] / ישראל מכול **אלה**	(XVIII)	4Q**271** 4ii5
באדם מכול / הטמאים **האלה**	(XXXV)	4Q**274** 1i9
כי **אלה** [יטמאו] / [את ה]טנה	(XXXV)	4Q**284**a 1,3
וי]דעים דר[ש]ו[**א**]**לה** והשיב[ו לאורח]חיים	(XX)	4Q**298** 1-2i3
] / **באלה** ת◦[	(XX)	4Q**302** 1ii3
]**אלה** מו[עדי יהוה מקראי קודש	(XXI)	4Q**325** 3,3
[ישב]אב בששית הפצץ **אלה** רשי השנים	(XXI)	4Q**328** 1
אלה הנתינ[ים] / אשר כונו בש[מותיהם]	(XIX)	4Q**340** 1
את **אלה** מהמ[ה תואכלו את הארבה	(XIII)	4Q**365** 15a-b,4
[תעשו מכול התועבות] **האלה** האזרח[והגר	(XIII)	4Q**365** 22a-b,2
כול התועבו]ת **האלה**[עש]ו[אנשי הארץ	(XIII)	4Q**365** 22a-b,3
ואם **באל**[ה לוא תוסרו לי והלכתם]	(XIII)	4Q**365** 25a-c,7
לבית אבותו יה[י]ו[**וא**[ל]ה שמות]	(XIII)	4Q**365** 26a-b,8
ומשפחות העוזיאלי **אלה** משפחות[הקהתי]	(XIII)	4Q**365** 27,3
]ים **האלה** [	(XXVIII)	4Q**372** 9,5
ושמרתה / [את כול החו]קים **האלה**	(XIX)	4Q**375** 1i2
העמידם למשל בכל **אלה** בארמה ובכל [	(XI)	4Q**381** 1,7
וא]**לה** מתי יהיו והיככה ישתלמו חסדם	(XXX)	4Q**385** 2,3
ו]אמרה יהוה מתי יהיו **אלה** ויאמר יהוה אל[י	(XXX)	4Q**385** 2,9
] / [כי]פי יהוה דבר **אלה** ⟦ ⟧[ ]	(XXX)	4Q**385** 4,7
]◦ כי **אלה** יבואו עליהם[	(XXX)	4Q**390** 2i3
וי[ח]ל[ו] להריב **אלה** באלה שנים שבעים	(XXX)	4Q**390** 2i6
וי[ח]ל[ו] להריב אלה **באלה** שנים שבעים	(XXX)	
] / **אלה** מקצת דברינו [	(X)	4Q**394** 3-7i4
את [מי] / החטאת לכול **אלה**	(X)	4Q**394** 3-7i18
בגלל]החמס והזנות	(X)	4Q**397** 14-21,5
[ו]מהתערב בדברים **האלה** ומלבוא ע[מהם	(X)	4Q**397** 14-21,8
ומלבוא ע[מהם]לגב **אלה**	(X)	
עליך [כול הדברים] **האלה** באחרי[ת] הימים	(X)	4Q**398** 14-17i6
הבן בכל **אלה** ובקש מלפניו	(X)	4Q**398** 14-17ii4
מי יבין **באלה** / [	(XI)	4Q**401** 16,4
כ[ו]ל **אלה** עשה פל[א במזמת חסדובל	(XI)	4Q**402** 4,11
באלה יהללו כול י[סודי קוד]ש קודשים	(XI)	4Q**403** 1i41
אלה ראשי לבושי פלא לשרת[	(XI)	4Q**405** 23ii10
הלל וברך] בימים **האלה** / [	(XXIX)	4Q**409** 1i9
] / ברז נהיה בחן **אלה** ו◦[	(XXXIV)	4Q**415** 6,4
מכוניה לוא תמצא **באלה** בחנהה[	(XXXIV)	4Q**415** 11,13
אלה שחר תמיד והתבונן[בכו]ל	(XXXIV)	4Q**417** 1i12
]ב **אלה** ש[	(XXXIV)	4Q**418** 90,1
ד]רוש כול **אל**[ה	(XXXIV)	4Q**418** 96,2
מבין בהביטכה בכול **אלה** ◦◦[ ]ל[	(XXXIV)	4Q**418** 123ii5
]ו **אלה** [	(XXXIV)	4Q**418** 303,3
והפלא סליחות מה בשר **לאלה**	(XXIX)	4Q**427** 7ii16
יחש[ב עפר ואפר] / לספר **אלה** מקצ לקצ	(XXIX)	4Q**427** 7ii17
]ועם בשר [להפלי]א **כאלה**	(XXIX)	4Q**428** 13,6

Text	Vol.	Reference
רוח בשר להבין / בכול **אלה**		1QH[a] V,20
כו]ל **אלה** ולה◦[		1QH[a] VI,9
בדעתי בכול **אלה** ◦מצ◦ה מענה לשון		1QH[a] VIII,15
אלה ידעתי מבינתכה כיא גליתה		1QH[a] IX,21
ואו]ילי לב לא יבינו / **אלה** ובסוד אמ[תכה		1QH[a] IX,38
] / ובדעתי **אלה** נחמ[תני]◦◦◦[		1QH[a] XIII,3
]◦◦מץ **אלה** ◦◦◦◦ / [		1QH[a] XV,1
כי תשכילנו בנפלאות **כאלה** ובסוד אמ[תכה]		1QH[a] XVIII,4
רק לכבודכה עשיתה כול **אלה**		1QH[a] XVIII,12
כי הודעתנ[י **א**]**ל**[ה]לספר / נפלאותכה		1QH[a] XVIII,14
ברוך את[ה] / ארוני כי אתה פעלתה **אלה**		1QH[a] XIX,33
וארעה כיא לכה עשיתה **אלה** אלי		1QH[a] XXI,6
תוד]יעני **אלה**		1QH[a] XXII,7
ולמליץ **באלה** / לעפר כמוני		1QH[a] XXIII,11
מה בשר **לאלה**		1QH[a] XXVII,10
לכ]בודכה עשיתה כול **אלה**		1QH[a] 2i5
]הפלתה **אלה** לכבודכה ומצירוק / [		1QH[a] 2i16
מי עשה כול **אלה**		1QH[a] 11,5
]ל **אלה** וא◦◦ה [		1QH[a] 27,2
אלוה[ינו הוציא את הדב]רים [ה**א**]**לה**	(I)	1Q**22** 1ii6
[את] כול דברי הת[ורה] **האלה**	(I)	1Q**22** 1ii9
אל[ה] מצ[וות אשר] צוה[אלוהים]	(I)	1Q**22** 1ii11
א]ת כו[ל דברי ה]ברית [ה**א**]**ל**[ה]	(I)	1Q**22** 1iii3
]◦ את כול **אלה** / [	(I)	1Q**22** 1iv9
]ם **האלה** / [	(I)	1Q**22** 1iv10
]**אלה**[	(I)	1Q**22** 24,3
ה]דברים **האלה** על פי כול ◦[	(I)	1Q**29** 5-7,1
י]ש[רא]ל שמורו את הדברים **האלה** [	(I)	1Q**29** 5-7,4
עו]לם הכביר המודיע **אלה**[	(I)	1Q**36** 1,4
עש]יתה כל **אל**[ה	(I)	1Q**38** 4,4
]**אלה** [	(I)	1Q**70** Verso 2,1
]◦י האסרים **האלה**[	(III)	2Q**25** 1,2
]עושא **אלה** / [	(III)	3Q**9** 2,2
] **אלה** פת[	(III)	3Q**9** 3,3
אלה המשפטים [אשר] תש[ים	(V)	4Q**158** 7-8,9
לפני שנים העשר **האלה** ◦[	(V)	4Q**159** 2-4,4
אלה הם אנשי הלצון / אשר בירושלים	(V)	4Q**162** II,6
] / **האלה**[	(V)	4Q**162** III,5
גם **אלה** תשכח[נה ואנכי לוא אשכחך	(V)	4Q**176** 1-2ii4
]◦הודה לקרותנו כל **אלה** ברוע [	(V)	4Q**179** 1i3
] / **אלה** נפלאי מדע[	(V)	4Q**181** 2,7
]שמה **אלה** / [	(V)	4Q**186** 1iv1
לך]את [כ]ל[הדב]רים **האלה**	(XIII)	4Q**216** I,17
המשילו את ארבעה] / המנים **האלה**	(XIII)	4Q**216** VII,4
שני] / המינים **האלה** אמ[ר לנו לשבות שבת	(XIII)	4Q**216** VII,9
וכול יום יבקשו **א**]**לה** לאלה / [רע]ה	(XIII)	4Q**223-224** 2iv4
וכול יום יבקשו א]לה **לאלה** / [רע]ה	(XIII)	
כי אם / [יהיו נמ]נים **אלה**	(XIII)	4Q**225** 2i7
]◦ את **אלה** תחת ◦[	(XIII)	4Q**226** 6,5
תכלינה] / כל **אלה** ישובו בני[ישראל	(XXXVI)	4Q**248** 10
וא]**ל**[ה] / [תכוני הדרך למשכיל בעתים	(XXVI)	4Q**256** XVIII,4
אלה סודי רוח / [לבני אמת תבל	(XXVI)	4Q**257** V,3
]**ובאלה** יתהלכו בכל מגוריהם כל	(XXVI)	4Q**258** II,6
ובהיות **אלה**[בישראל]יבדלו מ[תוך מושב]	(XXVI)	4Q**258** VI,6
[בהיו]ת **אלה** בישראל ליחד כתכונים	(XXVI)	4Q**258** VII,4
ליחד כתכונים **האלה** ל[י]סד רוח קודש	(XXVI)	
ואלה תכוני הדרך למשכיל בעת[ים]	(XXVI)	4Q**258** VIII,5
בהכין **אלה** / ⟦ ⟧[ ]⟦ ⟧ / [ביסוד היחד	(XXVI)	4Q**259** II,18
אל י[ס]תרה[ו] / [מ]**אלה**[מיראת ר]וח	(XXVI)	4Q**259** III,3
ובהיו]ת **אלה** ל{ב}יחד ביל יבדלו	(XXVI)	

11Q**5** XXVIII,7 (IV) הכול ראה {{וֹ}}אלוה / הכול הוא שמע

divinity noun אֱלוֹהוּת

4Q**287** 2,8 (XI) וברכו]את שם כבוד אלוהותכ[ה
4Q**400** 1i2 (XI) אלוהי כול קדושי קדושים ובאלוהות{{ו}} /]
4Q**403** 1i33 (XI) מאלי רום ואלוהות כבודו

God, gods noun אֱלוֹהִים, אֱלֹהִים

1QS VIII,14 ···· ישרו בערבה מסלה לאלוהינו
1QSb IV,25 (I) פנים במעון קודש לֿכבוד אלוהי צֿבא[ות
1QM X,4 כיא אלוהיכם הולך עמכם להלחם
1QM X,7 ונזכרתמה לפני אלוהיכם / ונושעתם
1Q**16** 8,1 (I) במקהלוֿת ברכו אלוהֿי[ם
1Q**22** 1i1 (I) [ויקרא] על מֿושֿה [אלוהי]םֿ [בארבעים] השנה
1Q**22** 1ii1 (I) הזה [תהיה לע]ם לאלוהי [אלוהי]ךֿ
1Q**22** 1ii6 (I) והיום] הזה [אלו]הי אלוה[ינו הוציא
(I) והיום] הזה [אלו]הי אלוה[ינו הוציא
1Q**22** 1iii6 (I) כי / [תקרא שמטה] לֿ[א]ל[והי אלוהיכ]םֿ
1Q**22** 1iii7 (I) בשנ[ה] / [הזאת יברככם אלו]היֿםֿ [לכפר
1Q**29** 3-4,2 (I) י]הֿוֿהֿ אלוהיכמה [
2Q**21** 1,5 (III) ויואמר יהוה אלוהי]םֿ מה אביט אליך
2Q**22** I,1 (III) ולא שניתי כי שברו י]הוה אלהינֿ[ו ל]פי [חרב
3Q**9** 1,2 (III) אל]ה[י]ם לנֿ[
4Q**158** 1-2,18 (V)] / יהוהֿ אלוהים[
4Q**158** 4,7 (V) להמהֿ ול[ע]ם לאלוהים ◦[
4Q**158** 6,3 (V)] / בא האֿ[לוהים ובע]בו[ר] תהיה י[ר]את[ו
4Q**158** 6,4 (V)] / האלהים
4Q**158** 10-12,9 (V) בע]ל הבית לפני האלוהים אם לוא ילח
4Q**160** 1,5 (V) הו]דיעני את מראה האלוהים אל◦[
4Q**160** 3-4ii2 (V)]קֿוו אלוהי לעמכה
4Q**163** 23ii9 (V) ולכן ירום / לרחמכמה כיא אלוהי משפט
4Q**171** 1-2i16 (V)]רֿשעה ביד אלֿ[והי]םֿ
4Q**171** 13,3 (V) אלו]הֿים דבר [בקדשו אעלזה אחלקה
4Q**176** 1-2i5 (V) נחמו נחמו עמי] / יומר אלוהיכם
4Q**176** 1-2i7 (V) ···· ישר בֿ[ערבה] מֿסלה לאלוהיֿנֿ[ו
4Q**176** 1-2ii2 (V)] / פצחו הרים כיא נחם אלהֿ[ים עמו
4Q**176** 6-7,1 (V) [כה אמר אדונ]יֿ[····] א[לו]היך[
4Q**176** 8-11,7 (V) קדוש יש[ראל א]ל[והי כו]ל [הא]רֿץ יֿקרא
4Q**176** 8-11,8 (V) ואשת נעורים כיא[ת]מֿאס אמר ···· אלוהיךֿ
4Q**176** 31,3 (V) א]לוהים [
4Q**177** 1-4,9 (V) א]לֿוהי הרחמים ואל ישרא[ל
4Q**177** 7,5 (V)]עֿי האנשים אשר עבדו אלֿ[הים אחרים
4Q**185** 1-2i14 (V) ◦תֿמו מן [ח]בורת אלהים יֿזכרו נפלאים
4Q**185** 1-2iii13 (V)] / לשון יֿודע דברה אלהים עשה ידיםֿ[
4Q**185** 3,2 (V) אל]הים יבחן כל ◦◦[
4Q**200** 2,3 (XIX) וכול ימיכה ֻבניֻ לאלהים היֿ[ה ז]כֿרֿ[
4Q**200** 2,7 (XIX) אף מֿמֿכה לוא יסֿ[תר פני אלהי]םֿ
4Q**200** 6,9 (XIX) כיא הוא אדֻוֻניכֿ[מה] והוא אלה[יכמה] / [
4Q**200** 7ii2 (XIX) ברוך] / האלהים אש[ר מרים אותך
4Q**216** II,4 (XIII) [ופנו] / אחר אלהיםֿ אחֿרֿ[ים
4Q**216** II,6 (XIII) ויעבודו את אֿ[להיהם ויהיו להם לנגף]
4Q**219** I,14 (XIII) זכרתי] / תמֿיֿ[ד את א]לוֿהֿיֿנֿוֿ וֿדֿרֿשֿ[תי אותוה
4Q**219** I,37 (XIII) לריח ניחוח לפני האלוהי]םֿ עֿםֿ מֿ[נח]תֿוֿהֿ
4Q**219** II,32 (XIII) יחזק] / [אתכה אל ע]ליון אלוהי ואלו<ה>יכה
(XIII) אל ע]ליון אלוהי ואלו<ה>יכה
4Q**220** 5 (XIII) אשה ריח ניחוח לפני האלהים
4Q**220** 9 (XIII) לריח ניחוח לפני הא]להֿיֿ[ם] עם מנחתוֿ
4Q**221** 7,2 (XIII) וכול אשר עשה] / אֿלוהים מצלֿיֿחֿ
4Q**221** 12,1 (XIII)] / אלוהיםֿ ◦◦◦[
4Q**222** 1,5 (XIII) ותאֻ{{ו}}מר ברוך יהוה אלוהֿ[ים

4Q**428** 14,1 (XXIX) מבינתו ולמליץ בא]לֿה לעפֿרֿ[כמוני
4Q**437** 4,6 (XXIX) על כול אלה אֿ[ברך
4Q**438** 4ii6 (XXIX)] כ[י] את כבודך / אלה אֿבֿרֿ[ך
4Q**440** 3i22 (XXIX) א]לה וֿ{{ב}}טובכה הכינותה / [
4Q**444** 1-4i+5,2 (XXIX)] / אֿמֿתֿ לכֿ[ו]לֿ[אל]הֿ
4Q**468**k 3 (XXXVI)]ה אלה [
4Q**491** 1-3,12 (VII) אלה אנשי הֿ[בינ]יֿםֿ ולעומתמה
4Q**491** 1-3,18 (VII) לוא יביאום]כֿ[יא]אלה בגדי מל[חמה]
4Q**491** 4,3 (VII)]ככול המשפט[י]ם האלה וא[
4Q**491** 11ii19 (VII) ואחר הדֿבֿרֿ[י]םֿ האלה יתקעו הכוהנים
4Q**491** 13,3 (VII) ואחר הד]בֿרים האלה יתקעֿוֿ[הכוהנים
4Q**502** 2,1 (VII)]◦אֿלֿה [
4Q**503** 7-9,7 (VII) כו]ל[א]לה ידענו בֿ[
4Q**504** 1-2vi4 (VII) הצדקה כיא / אתה עשיתֿה את כול אלה
4Q**504** 3ii14 (VII) החוֿ[ק]יֿםֿ והמשפטים האֿ[לה
4Q**504** 4,5 (VII) אלה ידענו באשר חנואֿתֿ[נו]רֿוח
4Q**506** 131-132,10 (VII) לפ]נֿיֿכה אלה ידענו
4Q**509** 188,4 (VII)]הרעוֿת האלה ו◦[
4Q**511** 30,6 (VII)] / את אלה לוא יֿעשה[ ]אֿדֿםֿ[
4Q**512** 24-25,4 (VII) ואחר הדברֿ[י]ם האֿ[לה
4Q**521** 5i+6,4 (XXV) לֻוֻא יעבוֻדֻ עמ אלה / [ו(י)יט(י)ב עמ ר]עהו
4Q**521** 7+5ii5 (XXV) ולו]א כאלה מקלל[ים] ולמות יהיֿ[ו
4Q**522** 5,3 (XXV) ה]גוים האלֿ[ה
5Q**13** 4,4 (III) ה]אֿלהֿ יעשו שנה בשנה כֿ[ול ימי
5Q**13** 9,3 (III) המש]פֿטֿים האלה[
11Q**5** XXVII,11 (IV) כול אלה דבר כנבואה אשר נתן לו
11Q**11** II,4 (XXIII)] אלהֿ [הש]דים
11Q**11** IV,7 (XXIII)]עֿל כול אלה אשרֿ[יורידו]ךֿ לתהום רבה
11Q**13** 7,10 (XXIII)]ם באלה[
11Q**19** XVII,12 ויום לשבעת הימים הא[לה] / עולה
11Q**19** XXIX,2 אלה [תעשו ליהוה במועדיכמה
11Q**19** XXXV,12 ולוא יהיו מערבים כולו אלה / באלה
11Q**19** XXXV,13 ולוא יהיו מערבים כולו אלה / באלה
11Q**19** XXXVI,13 תהיה מֻדֻת כול השערים האלה
11Q**19** XLIII,4 באלה הימים יאכל ולוא ינֿ[חו]
11Q**19** XLV,4 ולוא [יהי]וֿ מתערבים אלה באלה וֻבֻכליה[מה
ולוא [יהי]וֿ מתערבים אלה באלה וֻבֻכליה[מה
11Q**19** XLVIII,4 אלה משרץ העוף תואכלו ההולֻכֻים
11Q**19** LX,20 המה לפני כול עושה / אלה
ובגלל התועבות האלה אנוכי מורישם
11Q**19** LX,21 כי הגואים האלה אשר / [אתה יורש אותמה
11Q**19** LXII,12 לוא מערי הגואים האלה / המה
11Q**19** LXV,12 מצאתי לבתכה בתולים ואלה בתולי / בתי
11Q**20** XI,24 (XXIII) ולוא יהיו מתערבים אלה ב]אלה
PAM 43.696 61,1 (XXXIII)] / אלֿהֿ[
PAM 43.701 119,1 (XXXIII)]◦ת הֿאלה ◦[

אֱלֹהִים ← אֱלוֹהִים

these demonstrative pronoun אֵלּוּ

11Q**19** XXXV,14 ובכול אלו/י אשמות ← אַיִל-1

God, god noun אֱלוֹהַּ

1QpHab IV,10 וישם זה כוחו / לאלוהו
1QpHab IV,13 וישם]זה כוחו לאלוהו / פשרו[
4Q**174** 1-3ii4a (V) ויתלב]נו ויצטרפו ועם יודעי אלוה יחזיקו המֿ[
4Q**377** 2ii8 (XXVIII) ההר להודיעֿ כיא אין אלוה מֿבלעדיו ואין צור
4Q**378** 6ii2 (XXII)] / לֿעמֿוֿד לפני אלוה וֿלֿפֿנֿיֿ[
4Q**379** 18,5 (XXII)]אלוה דֿבריך אשמור כי ◦[
4Q**379** 22i5 (XXII) אי]ןֿ אלוה זולתו

Text	Vol.	Reference
שומרי עישאו ל[פ]נ[י] אלוהי / [אברהם	(XIII)	4Q223-224 2ii12
וי]תן אלוה[ים ליוסף חן וחסד]לפני	(XIII)	4Q223-224 2v27
וחכם כזה איש כי רוח אל]והים[בו	(XIII)	4Q223-224 2v28
]ת מצרים וימכור אותם אלוהים ◦[	(XIII)	4Q225 1,5
[ויאמר א]ברהם אל אלוהים אדני	(XIII)	4Q225 2i3
ויא[מין] / [אברהם ב]אלו[הי]ם	(XIII)	4Q225 2i8
ויבוא שר המ[ש]טמה / [אל אל]והים	(XIII)	4Q225 2i10
ויאמר [א]לוהים / [אל אבר]הם קח את בנכה	(XIII)	
] / נמצא אברהם נאמן ל[א]ל[הים	(XIII)	4Q226 7,1
ואלוהים / אמר לא ידור רוחי באדם	(XXII)	4Q252 I,1
האמת יש]רו בערבה מסלה לאלוהינו	(XXVI)	4Q259 III,5
אלהים צדיק / [	(XX)	4Q302 1i4
]אלהיכם / [	(XX)	4Q302 3ii2
]יקום אלהים מידכם במעלכם	(XX)	4Q302 3ii6
]◦ אלהים בשמים משבו וממ[שלתו]	(XX)	4Q302 3ii9
אלוהי אברהם וא]לוהי	(XIII)	4Q364 5a-bi8
כי שריתה עמ א[לוהים ועם אנשים ותוכל	(XIII)	4Q364 5bii11
[ו]לעלות אל[הר] האלוהים	(XIII)	4Q364 14,5
[יה]וה[א]ל[והינו דב]ר אלי[נ]ו ב[חורב	(XIII)	4Q364 20a-c,9
כאשר צוה יהוה אל]והינ[ו אותנו ונבוא עד	(XIII)	4Q364 21a-k,6
ראה נתן יהו]ה אלוהינו לפ[ניכה את הארץ	(XIII)	4Q364 21a-k,8
] / [יהוה]אלוהינו בידנו ונ[כ(ה)	(XIII)	4Q364 24a-c,7
]ל[נו] / [יהו]ה אלוהינו ונעלה דרך הבשן	(XIII)	4Q364 24a-c,15
יהוה א]ל[והיכ]ם נותן להמה[?	(XIII)	4Q364 25a-c,5
[המקום אשר יבחר יהוה א]לוהיכה[?	(XIII)	4Q364 32,1
]אלוהים[	(XIII)	4Q364 V,1
ויסע מלאך]הא[לוהים ה]הולך לפני	(XIII)	4Q365 6ai8
אמ ש[מ]ו[ע תש]מע [לק]ול יהוה אלוהיכה	(XIII)	4Q365 6aii+6c,12
ואמלא אותו רוח אלו]הים בחכמה ובתבונה	(XIII)	4Q365 10,4
אותם מארץ מצר[י]ם אני יהוה אלוהיכ[ם]	(XIII)	4Q365 23,2
בפרך ויראת מא]ל[היך	(XIII)	4Q366 2,8
ואת שבתתי תשמרו] / [אני יהוה א]ל[הי]כם	(XIII)	4Q367 2a-b,6
לשקר וחללת א]ת שם אלהיך[אני יהוה	(XIII)	4Q367 2a-b,11
לא תתן מכשל ויראת מא]להיך אני[יהוה	(XIII)	4Q367 2a-b,13
ויזנו]אחרי אלוהיהם ויזבחו / [לאלוהיהם	(XXVIII)	4Q368 2,7
ויזנו א]ת בניך אחרי אלוהיהם	(XXVIII)	4Q368 2,8
ה]תערבו באלהי[ם	(XXVIII)	4Q368 9,1
] את פי יהוה אלהיכם	(XXVIII)	4Q368 9,2
]כבוד יתן יהוה אלהים ל[ ]ה דברי כבודו [	(XXVIII)	4Q368 9,4
ואת הר]אלוהי לבמו[ת יער] / [	(XXVIII)	4Q371 1a-b,5
ירושלים לעיים ואת הר אלהי לבמות יע[ר	(XXVIII)	4Q372 1,8
ויאמר אבי ואלהי אל תעזבני ביד	(XXVIII)	4Q372 1,16
] / את אלהי ואגיד חסדי[ך	(XXVIII)	4Q372 1,25
] / אהללך יהוה אלהי ואב[ר]כך ◦◦ כל[	(XXVIII)	4Q372 1,26
]אלוהים [	(XXVIII)	4Q372 21,1
לוא שניתי כי שברו יהוה אלהינו לפי[חרב	(XXVIII)	4Q373 1a+b,6
[ו]יתננו לאלוהים על אדירים	(XIX)	4Q374 2ii6
]◦ ולאלהים / [	(XIX)	4Q374 4,1
[את כול אשר]יצוה אלוהיכה אליכה	(XIX)	4Q375 1i1
ושבתה עד יהוה אלוהיכה בכול / [לבכה	(XIX)	4Q375 1i2
ובכו]ל נפשכה ושב אלוהיכה מחרון אפו	(XIX)	4Q375 1i3
[סרה להש]יבכה מאחרי אלוהיכה יומת	(XIX)	4Q375 1i5
המקום אשר יבחר אלוהיכה באחד שבטיכה	(XIX)	4Q375 1i8
משיחו וללכת אחר יהוה אלוהי אבותינו המ◦◦[	(XXVIII)	4Q377 2ii5
אחזתם מלפני כבוד אלוהים ומקולות הפלא[	(XXVIII)	4Q377 2ii9
ומושה איש האלוהים עם אלוהים בענן	(XXVIII)	4Q377 2ii10
ומושה איש האלוהים עם אלוהים בענן	(XXVIII)	
]ם ואלוהים [	(XXVIII)	4Q377 3,2
אי]ש האלוהים / [	(XXII)	4Q378 3i4
יהו]ה אלוהיך באו עלידה / [	(XXII)	4Q378 3i8

Text	Vol.	Reference
] / לבי כי אלהים יבחן מל[	(XXII)	4Q378 6ii3
]אלהים / [	(XXII)	4Q378 7,1
]נתן יהוה אלוה[ים	(XXII)	4Q378 12,3
]אלוה[ים	(XXII)	4Q378 12,4
] / ו[י]עמיד אלהי[ם	(XXII)	4Q378 19ii3
]◦נת האלהים[	(XXII)	4Q378 21,2
]משה אלהי ולא הכחדתם באשמתם	(XXII)	4Q378 22i1
]ה ה[ג]יד לנו איש האלהים מפי ◦[	(XXII)	4Q378 26,2
]אלהים עליו[ן	(XXII)	4Q378 26,4
]אלהי ◦[	(XXII)	4Q379 7,1
]אלהי אתאמן בכל דברי[ך	(XXII)	4Q379 18,7
] / ברוך יהוה אלהי י[שראל	(XXII)	4Q379 22ii5
]ל[ ]◦ אלהינו על כל[	(XXII)	4Q379 32,4
כי אתה א]להי עזרת לי ואערכה	(XI)	4Q381 15,3
ואערכה לך אלהי	(XI)	
מי בשחק יערך לך] אלהי ומי בבני האילים	(XI)	4Q381 15,6
]כי בשמך אלהי נקרא ואל ישועתך	(XI)	4Q381 15,9
א]להי באפך תבלעם	(XI)	4Q381 17,3
] / אלהי[	(XI)	4Q381 19ii3
] / תהלה לאיש האל[הי]ם יהוה אלהים[	(XI)	4Q381 24a+b,4
תהלה לאיש האל[הי]ם יהוה אלהים[	(XI)	
ויהללהו בחיניו ויאמרו קום א[להי	(XI)	4Q381 24a+b,6
אקרא ליהוה ויענני אלהי עזרתי[	(XI)	4Q381 24a+b,8
]אלהי תשלח ידך [	(XI)	4Q381 29,4
מ]לך יהודה שמע אל[הי]◦שיך ◦◦מ◦ת עזי[	(XI)	4Q381 31,4
אלהי ישעי צפנים ימי עמדי	(XI)	4Q381 31,6
על שמי]ם רומה יהוה ואלה[י	(XI)	4Q381 33+35,2
ואתה אלהי תשלח רו[ח]ך ו[תתן	(XI)	4Q381 33+35,4
[א]לה[י	(XI)	4Q381 33+35,8
תתנני במשפט עמך אלהי [	(XI)	4Q381 45a+b,4
]ם אלהי כי רחמון וחנון אתה	(XI)	4Q381 47,1
] / ונודעה אלהים ביהו[דה	(XI)	4Q381 48,7
א]להי אל תעזב[ני	(XI)	4Q381 79,6
]◦רתך אלה[י	(XI)	4Q381 83,3
] אלוהים בשנת[	(XIII)	4Q382 15,6
] תורת אלוהים ◦◦[	(XIII)	4Q382 15,7
]ים אלו[ה]י חנו[ת	(XIII)	4Q382 25,2
] ◦ אלוהי[ם	(XIII)	4Q382 42,1
]אלוהים[	(XIII)	4Q382 50,5
]לאלהים[	(XIII)	4Q382 105,2
אלו]היכה[	(XIII)	4Q382 131,2
]אלוהים[	(XIII)	4Q382 138,1
] אלהים[	(XXX)	4Q385a 5a-b,1
ויקח את כלי בית אלהים את הכהנים	(XXX)	4Q385a 18ia-b,5
לדברים אשר צוהו אלהים / [לעשות	(XXX)	4Q385a 18ia-b,8
]ושמרו את ברית אלהי אבותיהם בארץ	(XXX)	4Q385a 18ia-b,9
]◦◦◦ [וי]חלל[ו ש]ם אלהים ל[טמא]	(XXX)	4Q385a 18ia-b,11
לו דרוש[נא בעדנו לאל]הים[	(XXX)	4Q385a 18ii2
ל]בלתי דרוש להם לאלה[ים ושאת בעדם]	(XXX)	4Q385a 18ii3
[ושב]ו כהני ירושלים לעבוד אלהים אחרים[	(XXX)	4Q387 2iii6
ה]ראשנים על שם אלהי ישראל יקראו	(XXX)	4Q387 3,5
]ה ו[ז]עקו[ ]בני ישראל לאלהים[ ]◦◦[	(XXX)	4Q387 4i3
לעבוד אלהים אח[רים ולעשו]ת כתועבות[	(XXX)	4Q388a 7ii7
]נו להחיד איש לאלהים ולא לסור מכ[ול	(XXIX)	4Q392 1,2
כי אדו]ני אלהי[ם ב]שמים / ממעל	(XXIX)	4Q392 1,3
]◦אלהי ומעונותיו[	(XXIX)	4Q392 3,4
]האלהים[	(XXIX)	4Q392 4,1
אלוהינו הסתר / פניך מחט[או]תינ[ו	(XXIX)	4Q393 1ii-2,4
אתה] / [האלוהי]ם האל הנאמן שומר [ה]ברית	(XXIX)	4Q393 3,2
כרצונך אלוהי ה[י]ה הוא ותע[ז]וב עמך	(XXIX)	4Q393 3,4

] / אלוהים לכו[ל	(XI)	4Q404 4,5
]מקדשי פלא רוחות אלוהים / [	(XI)	4Q404 5,5
]ממו לאלוהי / [	(XI)	4Q405 3i14
ל]מרום אלוה[ים מאלי רום ואלוהות כבודו	(XI)	4Q405 4-5,1
]רוחי קוד[ש]קרשים[ ]אלוהים חיים	(XI)	4Q405 6,5
]ל מקדש[י]פלא רוחות אלוהים סביבה	(XI)	4Q405 6,7
הללו לאלוהי כול מ[	(XI)	4Q405 8-9,2
[ודמו]ת אלוהים חיים מפותח	(XI)	4Q405 14-15i5
מעשי רוקמות פלא בדני אלוהים חיים ∘[	(XI)	4Q405 14-15i6
קו]דש קודשים בדבירי מלך בדנ[י א]ל[והים	(XI)	4Q405 14-15i7
]ת כול מחקת ה∘[ ]מה בדני אלו[הים	(XI)	4Q405 15ii-16,4
קו]דשים ברוח דממת אלוהי[ם	(XI)	4Q405 18,3
ושבחהו בדני אלוהים רוחי ק[ודש קודשים	(XI)	4Q405 19,2
ו]צדק בקודש[ק]ודשים [צ]ורות אלוהים חיים	(XI)	4Q405 19,4
ב]דני צורות אלוהים מחוקקי / סביב	(XI)	4Q405 19,5
הוד והד[ר]אלוהים חיים כול מעשיהם	(XI)	4Q405 19,6
קול דממת שקט אל[והי]ם מברכים / [	(XI)	4Q405 19,7
]אלו[הי]ם	(XI)	4Q405 19,8
קול דממת אלוהים / [נשמע]והמון רנה ברים	(XI)	4Q405 20ii-22,7
ברים כנפיהם קול[דממ]ת אלוהים	(XI)	4Q405 20ii-22,8
רוחות [א]לוהים חיים מתהלכים תמיד	(XI)	4Q405 20ii-22,11
ודממ[ת] ברך אלוהים בכול מחני אלוהים	(XI)	4Q405 20ii-22,13
ודממ[ת] ברך אלוהים בכול מחני אלוהים	(XI)	
בל ימוטו לעולמים אלוהי / [	(XI)	4Q405 23i4
לכ]לכלם משאי כול כיא אלוהי כלילו / [	(XI)	4Q405 23i5
הללוהו אלוה[י]ם [ ]לת עומדם וכול	(XI)	4Q405 23i6
ומהללים כול רוחות / אלוהים בצאת	(XI)	4Q405 23i10
מורא מלך אלוהים נורא על [כו]ל אלוהים [	(XI)	4Q405 23i13
מורא מלך אלוהים נורא על [כו]ל אלוהים [	(XI)	
ו]ברכו לאלוהי דעת בכול מעשי כבודו	(XI)	4Q405 23ii12
]כבוד אלוהים ∘[ ]∘∘[	(XI)	4Q405 24,4
אלו]הים לה∘[	(XI)	4Q405 29,2
]לאלוהי [	(XI)	4Q405 30,2
]אלוהים לא∘[	(XI)	4Q405 35,3
]∘[ ]אלוהים ∘[	(XI)	4Q405 44,3
]אלוהי אורים בכול גור[ל	(XI)	4Q405 46,2
] / אלוהים[	(XI)	4Q406 1,2
]ל[י]הוה אל[והיך	(XXXVI)	4Q408 11,6
] / אלוהיכ[	(XXIX)	4Q409 1ii10
]∘∘ אלוהי ק[	(XXIX)	4Q443 1,5
]∘∘∘∘∘ני אל[ו]הים[	(XXIX)	4Q446 2,1
] אלוהינו א[	(XXIX)	4Q449 3,3
] / אלוהינו כול קדושים[	(XXIX)	4Q457b II,5
] / ידעו את אדני אלהי[הם	(XXXVI)	4Q459 1,2
כיא כפחד אלוהים זממ[ת]י / [	(XXXVI)	4Q460 9i2
יו]כית בעוזביכה אלוהיכה ישראל ומי[	(XXXVI)	4Q460 9i8
ישראל כיא הרביתה להכעיס לא[לוהיכה	(XXXVI)	4Q460 9i12
]∘ להשיב אל יהוה אלוהיהמה[	(XXXVI)	4Q461 1,9
א]מר אל אלוהי [ישראל ?	(XXXVI)	4Q466 2
] / הם מאוסי אלוהי[ם	(XXIX)	4Q476 2,5
אלו]הי / [	(XXIX)	4Q476 3i1
אל]והים / [	(XXIX)	4Q476 3i2
] / אלהים ל∘[	(XXII)	4Q480 1ii5
]ת לו אלו[	(VII)	4Q487 3,3
]צדיקים באלוהי [	(VII)	4Q491 11i20
] אלוהי אורים[	(VII)	4Q503 13,1
וענו ואמרו ברוך] / אלוהי כול קודש[ים	(VII)	4Q503 37-38,14
]∘ה אלוהינו[ ]∘∘∘[	(VII)	4Q509 214,2
] ∘אלוה[	(VII)	4Q509 244,2
] לאלוהי דעות תפארת ג[בור]ות	(VII)	4Q510 1,2
]∘אנו אל[ו]הינו יה[	(XXIX)	4Q393 4,3
אלו]הי אברהם ישחק[ויעקוב	(XXIX)	4Q393 4,5
]ה אלוהי כול קדושי קדושים ובאלוהות{{ו}}	(XI)	4Q400 1i2
]אלוהים	(XI)	4Q400 1i5
]דעת עמ בינות כבודי אלוהים	(XI)	4Q400 1i6
] / מלך אלוהים לשבעת מ[	(XI)	4Q400 1ii7
] / חסדי אלו[הים	(XI)	4Q400 1ii20
המה נכבדים בכול מחני אלוהים	(XI)	4Q400 2,2
פ[לא] / מאלוהים{{ים}} ואנשים יספרו	(XI)	4Q400 2,3
] / כבוד מלך אלוהים יספרו במעוני עומדם	(XI)	4Q400 2,5
]ל[ר]נתנו נרוממה לאלוהי דעת[	(XI)	4Q400 2,8
]ל אלוהים שבעה / [	(XI)	4Q400 3i3
הללו] אלוהי / הנכבד[ים	(XI)	4Q400 3ii+5,8
א]ל[ו]הים	(XI)	4Q400 4i3
הללו לאל[והי	(XI)	4Q401 1-2,2
] / מלך אל[והים	(XI)	4Q401 1-2,5
] / בסוד א[לוהים	(XI)	4Q401 5,4
א]לוהי דעת וכ[	(XI)	4Q401 11,2
המה נכבדים בכול מחני אלוהים	(XI)	4Q401 14i8
] / יגבר א[לוהים	(XI)	4Q401 14ii5
]רת אלוה[י	(XI)	4Q401 28,1
] בבואם עם אלוה[י] / [	(XI)	4Q402 1,2
]אלוהי / [	(XI)	4Q402 3i2
א]לוהי / [	(XI)	4Q402 3i4
]אלוהים / [	(XI)	4Q402 3i6
] / אלוהים ב[	(XI)	4Q402 3ii11
] / למלך אלוהי[	(XI)	4Q402 3ii12
]יהם מלחמת אלוהים בק[	(XI)	4Q402 4,7
] כיא לאלוהי אלים [כל]י מ[ל]חמו[ת	(XI)	4Q402 4,8
]אלוהים ירוצו לפקוד[תו] וקול	(XI)	4Q402 4,9
]אלוהים במלחמת שחקים והיתה[	(XI)	4Q402 4,10
]כיא מאלוהי דעת נהיו כול [הוי עד	(XI)	4Q402 4,12
א]לוהי אלי[ם ירוממו	(XI)	4Q402 9,2
לנשיאי רוש רומם לאלוהי[מ]לאכי רום	(XI)	4Q403 1i1
ושבח לאלוהי / גבורות שבעה בשבע[ה	(XI)	4Q403 1i2
לנש[יאי רוש] זמר עוז [לאלו]הי קו[דש]	(XI)	4Q403 1i6
יברך]בשם כ[בו]ד אלוהים ל[כול	(XI)	4Q403 1i10
יברכו יח]ד ל[א]ל[ו]הי אלים ב[שם קודשו	(XI)	4Q403 1i26
הללו אלוהי מרומימ הרמים בכול / אלי	(XI)	4Q403 1i30
יקדילו קדושי אלוהים למלך הכבוד	(XI)	4Q403 1i31
ראשי תושבחות / כול אלוהים	(XI)	4Q403 1i32
כול אלוהים שבחו לאלוה[י ת]שבחות הוד	(XI)	
כול / אלוהים עם הדר כול מלכ[ותו	(XI)	4Q403 1i33
ו]רוממו רוממו למרום אלוהים	(XI)	
רננו מרנני [ב]רונן באלוהי פלא	(XI)	4Q403 1i36
כיא הוא]אלוהים לכול מרנני {{דעת}}	(XI)	4Q403 1i37
זמרו לאלוהי עז / במנת רוח	(XI)	4Q403 1i39
ל[מזמו]ר בשמחת אלוהים וגיל בכול קדושים	(XI)	4Q403 1i40
זמ[רו] / אלו[הים נ]ורא כוח[כול רוחי דעת	(XI)	4Q403 1i42
[ושבחוה]ו רוחי אלוה[ים]להוד[ות	(XI)	4Q403 1i43
רו]חי קוד[ש] קודשים אלוהיםחיים[	(XI)	4Q403 1i44
]לה לדרוש אלוהי [	(XI)	4Q403 1ii5
מבינותם ירוצו א[לו]הים כמראי גחלי[אש	(XI)	4Q403 1ii6
קודש ק[וד]שים רוחות אלוהים מראי עו[למים	(XI)	4Q403 1ii8
ורוחות אלוהים בדני להבת אש סביבה ל[	(XI)	4Q403 1ii9
הברך {{נשמע}} נכבד למשמע אלוהים	(XI)	4Q403 1ii12
] / ראשי תבנית אלוהים והללוהו	(XI)	4Q403 1ii16
למלך הכבוד ומגדל [א]ל[והי	(XI)	4Q403 1ii25
אלו]הים למ[לך	(XI)	4Q404 3,3
] / [ברו]ך באל[והי	(XI)	4Q404 4,3

4Q**510** 1,8 (VII) רננו צדיקים באלוהי פלא / ולישרים תהלי
4Q**510** 2,2 (VII) א]לוהי ישע
4Q**511** 1,5 (VII) יגילו לאלוהי צדק ברנ[ות]ישועות
4Q**511** 1,7 (VII) כיא הופיע כבוד אלוהי / דעות באמריו
4Q**511** 2i5 (VII) ונחלת אל[והי]ם[ ]◦ל◦◦[ ]ישרא[ל]◦[
4Q**511** 2i6 (VII)] / [שומ]רי דרך אלוהים ומסל[ת ק]ודשו
4Q**511** 2i7 (VII) בדע[ת] / [אלוה]ים הנבונה שם [י]שראל
4Q**511** 2i8 (VII)]גורל אלוהים עם מלא[כי]מאורות כבודו
4Q**511** 2i10 (VII) כיא אלוהי
4Q**511** 2ii5 (VII)] / [א]ל[ו]הים הא◦[ ]ד בכוח◦[
4Q**511** 2ii6 (VII)] / [רז]י אלוהים מיא ידע[
4Q**511** 2ii7 (VII)] / אלוהי גבורות יעדם ל[
4Q**511** 4,2 (VII)]◦ אלוהי [
4Q**511** 8,2 (VII)]יגילו באלוהים[
4Q**511** 8,12 (VII)]אתה אל[וה]י ה[א]ל[והים
(VII)]אתה אל[וה]י ה[א]ל[והים
4Q**511** 10,7 (VII) [רננו צדיקים]⟦ ? ⟧ באלוהי פלא
4Q**511** 10,9 (VII) הושיעה אלוה[ים] / [שומר חס]ד באמת
4Q**511** 11,12 (VII) א]לוהים ה◦[
4Q**511** 12,3 (VII)]באלוהים ל[
4Q**511** 16,4 (VII) בר]וך אתה אלוהי אל[ים
4Q**511** 18ii7 (VII) ו◦◦ה עבודת רשעה כיא / א[לו]הים עני
4Q**511** 18ii8 (VII) כיא / האיר אלוהים דעת בינה בלבבי
4Q**511** 18ii10 (VII) כיא אלוהים שופטי וביד זר
4Q**511** 18iii7 (VII)] / [ו]אלוהי[ ]◦◦[ ]◦ו[
4Q**511** 19,4 (VII)]◦ אלוהים [
4Q**511** 28-29,2 (VII) י]גילו באלוהים רנה
4Q**511** 35,1 (VII)] / א[לו]הים בכול בשר ומשפט נקמות
4Q**511** 35,2 (VII) ולזע[ף] / אפי אלוהים במזוקקי שבעתים
4Q**511** 35,3 (VII) ובקדושים יקדי[ש] / אלוהים לו למקדש
4Q**511** 36,3 (VII)]לפדויים כיא אלוהי[ם
4Q**511** 63-64ii1 (VII) מ]עשי אלוהי פדותי ◦◦◦די◦[ ]◦הב בסודי
4Q**511** 73,2 (VII)]ים פני אלוהים / [
4Q**511** 90,3 (VII) א]ל[ו]הי [
4Q**511** 133,2 (VII)]◦ אלוהי[
4Q**511** 144,3 (VII)]אלהים[
4Q**511** 176,1 (VII) א]לוהי[
4Q**511** 187,2 (VII) א]ל[ו]הי[
4Q**522** 9ii5 (XXV) בנות את הבית ליהוה אלוהי ישראל
4Q**525** 1,1 (XXV) בחוכמה אשר נתן לו אלוה[ים
4Q**525** 5,9 (XXV) [ ]יראי אלוהים יצורו דרכיה ויתהלכו ב[
4Q**525** 5,13 (XXV)] / יביטו אוהבי אלוהים יצניעו בה ובדר[כי
4Q**525** 14ii10 (XXV) והתענגתה על א[לוהים]בהחניפ{{ת}}[ם(ה)
4Q**525** 19,3 (XXV)]ות אלוהים[
4Q**525** 21,2 (XXV)]זעומי אלוהים תמ[
4Q**525** 23,1 (XXV) אחזו תכמי מלפני אלו[הים
4Q**525** 29,3 (XXV)] / במשכנותי הא[לוהים
5Q**13** 1,2 (III)]אלוהי הכול[
6Q**9** 46,2 (III) אל]הים ע[
6Q**10** 10,1 (III)] אלו[הים
11Q**5** XXVIII,10 (IV) בשערם לוא בחר יהוה אלוהים בם
11Q**5** XXVIII,13 (IV) ל[דוי]ד משמשחו נביא אלוהים
11Q**13** II,10 (XXIII) אשר אמר אלוהים [נ]צב בע[דת אל
(XXIII) [נ]צב בע[דת אל]בקרוב אלוהים ישפוט
11Q**13** II,16 (XXIII) משמיע ישוע]ה [א]ומר לציון [מלך]אלוהיך
11Q**13** II,23 (XXIII) עליו[אומר לצי]ון מלך אלוהיך
11Q**13** II,24 (XXIII) ואל[ו]היך הואה / [
11Q**17** I,7 (XXIII) אל]והים מ◦◦◦[
(XXIII)]לאלוהי [
11Q**17** I,9 (XXIII) א]לוהים ב[
11Q**17** II,6 (XXIII) הללו לאל]אלוהים[
11Q**17** IV,3 (XXIII) אל]והי אלים[
11Q**17** IV,8 (XXIII) תשבו]חות / אלוהים ◦[
11Q**17** V,4 (XXIII) וברכו לא]לוהי כול[
11Q**17** V,6 (XXIII)] אלוהים[
11Q**17** V,7 (XXIII)]אלוהי אלי[ם
11Q**17** VI,3 (XXIII) ושבחוהו ב]ני אלוה[ים רוחי
11Q**17** VI,5 (XXIII) בקודש קודשים צורות אלוהי]ם חיים
11Q**17** VI,7 (XXIII) א]ל[ו]הים[חיים כול מעשיהם וצו]רת
11Q**17** VII,5 (XXIII)]רוחות אל[והים
11Q**17** VIII,4 (XXIII)]אלוהים נוראי כוח כול [
(XXIII) פל]אי פלאיהם בכוח אלוהי / [עול]מים
11Q**17** VIII,5 (XXIII) ומרוממים גבורות אלו[הי
11Q**17** VIII,6 (XXIII) ישמ[י]עו מקול משא אלוהים[
(XXIII)]קיר מברכים ומהללים לאלוהי / אלים המ◦[
11Q**17** VIII,8 (XXIII)]◦י אלוהי[
11Q**19** II,7 ואת פסילי אל[והיהמה תשרופון] / [באש
11Q**19** II,13 [וזנו] אחרי אל[והיהמה ו]זבחו ל[אלוהיהמה
11Q**19** XXXV,7 ולוא יחל[לו את מק]דש אלוהיהמה
11Q**19** XLVIII,7 כי עם קדוש אתה ליהוה אלוהיכה
11Q**19** XLVIII,8 בנים אתמה / ליהוה אלוהיכמה לוא תתגדדו
11Q**19** XLVIII,10 כי עם קדוש אתה ליהוה אלוהיכה מה
11Q**19** LIII,8 והטוב / לפני אני יהוה אלוהיכה
11Q**19** LIV,10 לאמור / נלכה ונעבודה אלוהים אחרים
11Q**19** LIV,13 הישכם אוהבים את יהוה / אלוהי אבותיכמה
11Q**19** LIV,14 אחרי יהוה / אלוהיכמה תלכון
11Q**19** LIV,16 כי דבר סרה / על יהוה אלוהיכה
11Q**19** LIV,21 לאמור / נלכה ונעבודה אלוהים אחרים
11Q**19** LV,4 נלכה ונעבודה אלוהים אשר לוא ידעתמה
11Q**19** LV,10 כול שללה כליל ליהוה / אלוהיכה
11Q**19** LV,14 והטוב לפני יהוה אלוהיכה
11Q**19** LV,17 והלך ועבד אלוהים אחרים והשתחוה להמה
11Q**19** LVII,8 יהיו אנשי אמת יראי אלוהים / שונאי בצע
11Q**19** LIX,3 ועבדו שמה אלוהים מעשי ידי אדם
11Q**19** LIX,13 והייתי להמה לאלוהים להמה יהיו לי לעם
11Q**19** LX,21 תמים תהיה עם יהוה אלוהיכה
11Q**19** LXI,1 ואש[ר ידבר בשם] אלו[הים אח]רים
11Q**19** LXII,16 ככול התועבות אשר עשו לאלוהיהם
11Q**19** LXIII,8 והטוב לפני יהוה אלוהיכה
11Q**19** LXIV,12 כי / מקוללי אלוהים ואנשים תלוי על העץ
11Q**20** XVI,3 (XXIII) ידעתמה אתה ואב]ותיכה מאלוהי ה[עמים]
11Q**22** 1,2 (XXIII) עדי נגה באהבתכ לאלהיכ ⟦ ? ⟧ וילב[
11Q**25** 3,1 (XXIII)] / אלהי[
PAM 43.680 46,3 (XXXIII)]אלוהים
PAM 43.680 54,3 (XXXIII)]ה אלוה[ים/כה
PAM 43.682 28,1 (XXXIII)]יהוה אלו[הים/כה
PAM 43.685 22,2 (XXXIII) א]לוהיך / [
PAM 43.692 64,2 (XXXIII)]◦ו אלוה[ים
PAM 43.696 9,1 (XXXIII)]ה אלהיך ⟦ ⟧[

oak, terebinth noun **אֵלוֹן-1**

4Q**180** 2-4ii4 (V)]ם מאלוני ממרה מלאכים המה[

Elyabah (?) proper noun **אליבח**

4Q**377** 2ii3 (XXVIII)] / ויען אליבח[וי]אמר שמ[עי]עדת יהוה

fat tail noun **אַלְיָה**

11Q**19** XV,8 על] / הכסלים ואת האלי[ה תמימה
11Q**19** XX,7 על הכסלים וא]ת האליה לעומת העצה
11Q**20** I,16 (XXIII) על הכסילים ואת האלי]ה לעומת עציהה

11Q**20** IV,17	(XXIII)	על הכסילים ואת **הא]ליה** לעומת / [העצה

Elijah proper noun **אֵלִיָּה**

4Q**382** 2,3	(XIII)	]ת **אליה**[
4Q**382** 5,1	(XIII)	ויואמר **א]ליה** אל אחא[ב
4Q**382** 40,2	(XIII)	]אל **אלי[ה/שע]** ◦◦◦רה ◦[← **אֱלִישָׁע**

Elio proper noun **אליו**

4Q**377** 2i5	(XXVIII)	]ימרי למטה גד **אליו** / [

idol noun **אֱלִיל**

1QpHab XII,12		יצריו עליהו / לעשות **אלילים** אלמים
1QM XIV,1		כאש עברתו **באלילי** מצרים
1Q**22** 1i8	(I)	[ויעבדו] את / **אלי[לי]ם** והיו לפ[ח ו]מוקש

Eliezer proper noun **אֱלִיעֶזֶר**

4Q**225** 2i3	(XIII)	הנני בא עררי **ואלי[עזר]** / [בן ביתי] הואה

Eliphaz proper noun **אֱלִיפַז**

4Q**252** IV,1	(XXII)	תמנע היתה פילגש **לאליפז** בן עשיו ותלד לו

Eliashib proper noun **אֶלְיָשִׁיב**

4Q**320** 1i8	(XXI)	[בו1 **באלי]שיב** ל29 ב29 בשלשי
4Q**321** I,8	(XXI)	ודוק[ה]בששה[**בא]ל[ישי]ב** ב[ש]שה[בוא
4Q**321** III,4	(XXI)	ודוקה בארבעה **באלישיב** בשנים ועש[רים
4Q**321** V,1	(XXI)	הרבי]ע[י **באלי]שיב** החמיש[י] בב[לגא הששי
4Q**321** V,5	(XXI)	ה[שלישי **בא]ל[ישיב]** ובחו[פה] בוא חג
4Q**321a** III,7	(XXI)	ודוקו בארבעה **בא]ל[ישי]ב** בשנים ועשר[ים]
4Q**321a** V,6	(XXI)	בשלושה **באלישיב** ב[שנים עשר בעשתי עשר
4Q**324i** 1a,1	(XXVIII)	שכ]ניה **אלי[שיב**
4Q**328** 2	(XXI)	[בשנה]הראישנה גמול **אליש[יב]** מועזי[ה]
4Q**329** 1,2	(XXI)	ישוע שכניה **]אלישיב** יקים חופא [ישבאב
4Q**331** 7,2	(XXXVI)	]ל **אליש[יב**

Elisha proper noun **אֱלִישָׁע**

CD VIII,20		לברוך בן נרייה **ואלישע** / לגחזי נערו
4Q**382** 9,6	(XIII)	ויואמר אליה]אל **אלישע** שיבנהנה פה[
4Q**382** 30,4	(XIII)	**אלי]שע** בן ש[פט
4Q**382** 40,2	(XIII)	]אל **אלי[ה/שע]** ◦◦◦רה ◦[← **אֵלִיָּה**
4Q**481**a 2,2	(XXII)	**אלי]שע** / [
4Q**481**a 2,3	(XXII)	ו]יעל **אלישע**
4Q**481**a 2,4	(XXII)	ויאמרו נחה רוח אליהו על **אליש]ע**

to be dumb, speechless verb **1-אלם**

1QM XIV,6		נמס ולפתוח פה **לנאלמים** לרנן בגבור[ת
1QH[a] XV,1		] אני **נאלמתי** ◦[
1QH[a] XV,11		כי **תאלמנה** שפתי / {שפתי} שקר
1QH[a] XVI,36		**נאלם** כול שפתי / מפ◦◦[ ]בזקי
1QH[a] XVI,39		] **נאלמו** כאין / [
1QH[a] XX,32		ואני **נאלמתי**
4Q**491** 8-10i4	(VII)	ולפתוח פי] / **נאלמים** בגבורת אל[

dumb, speechless adjective **אִלֵּם**

1QSa II,6	(I)	או חרש או **אלם** או מום מנוגע בבשרו
1QpHab XII,12		יצריו עליהו / לעשות אלילים **אלמים**
4Q**434** 6,2	(XXIX)	בפיהם בלש[ון]◦ **אלם** הע[

אֻלָם ← אולָם-3

sheaf noun **אֲלֻמָּה**

4Q**364** 8ii1	(XIII)	] / **אלמים** בתוך ה[שדה
4Q**364** 8ii2	(XIII)	תסבינה אלמתיכם] / ותשתחוינה **לאלמתי**

widow noun **אַלְמָנָה**

CD VI,16		את עניי עמו להיות **אלמ[נו]ת** שללם
4Q**163** 4-7i8	(V)	**אל]מנותו** לוא ירחם / [
4Q**266** 3ii22	(XVIII)	את עניי עמו להיות **אלמנ]ות** שלל[ם
4Q**269** 9,5	(XVIII)	מעשה בבית אב]יה או **אלמנה**
4Q**270** 5,19	(XVIII)	[בבית] / [אבי]ה ⟦ ⟧ או **אלמנה**
4Q**271** 3,12	(XVIII)	[מעשה בבית] אביה או **אלמנה**
4Q**286** 15,1	(XI)	**]אלמנה** מע[
11Q**19** LIV,4		וכול נדר **אלמנה** וגרושה
PAM 43.675 1,4	(XXXIII)	**]אלמנה**[

widowhood noun **אַלְמְנוּת**

4Q**364** 9a-b,9	(XIII)	מעליה[ותלבש בגדי] **אל[מנותה**

Eleazar proper noun **אֶלְעָזָר**

CD V,3		נפתח בישראל מיום מות **אלעזר** / ויהושע
1Q**22** 1i3	(I)	ועמדתה [שמ]ה אתה / **ואלע[זר** ב]ן אהר[ון]
1Q**22** 1i11	(I)	ויקרא מושה **לאלעזר** בן / [אהרון] ולישו[ע
2Q**21** 1,1	(III)	נדב ו]אב[י]הוא **אלע[זר** ואיתמר
4Q**348** 1	(XXVII)	]◦ל◦◦ ◦◦מ◦◦ בר **אל[עזר**
4Q**348** 14	(XXVII)	בר י]הוסף מתתיה בר שמעון **אלעזר** [בר
4Q**348** 15	(XXVII)	בר] חנן **אלעזר** בר שמעון בר חוני ◦[
4Q**368** 5,5	(XXVIII)	]לאהרון **ולאלעזר** בנו והפשטת[ה] / [
4Q**379** 17,5	(XXII)	**א]לעזר** ואיתמר אגילה ◦◦◦ / [
4Q**522** 9ii13	(XXV)	וישאו] / **אלעזר**[וישו]ע את א[הל מו]עד
KhQ**1** 3	(XXXVI)	] / **לאלעזר** בן נחמני[

aleph (letter of alphabet) noun **אלף**

CD XV,1		וגם **באלף** ולמד וגם באלף
		באלף ולמד וגם **באלף** ודלת

thousand numeral **2-אֶלֶף**

CD VII,6		נאמנות להם / לחיותם **אלף** דור
CD X,21		חוץ לעירו {{א}} על **אלף** באמה
CD XI,6		חוץ מעירו כי / אם **אלפים** באמה
CD XIII,1		**לאלפים** ומיאיות וחמשים / ועשרות
CD XIX,1		להם לחיותם **לאלפי** דורות ככ שומר הברית
CD XIX,2		ולשמרי מצותי **לאלף** דור
CD XX,21		ועשה חסד **לאלפים** לאהביו / ולשמריו
CD XX,22		לאהביו / ולשמריו **לאלף** דור
1QS II,21		בסרכ זה אחר זה **לאלפים** ומאות / וחמשים
1QSa I,14	(I)	ולהתיצב ברואשי **אלפי** ישראל לשרי מאות
1QSa I,29	(I)	ושוטריהם ושרי **האלפים** ושרי[למאות]
1QSa II,15	(I)	וישבו לפניו ראשי / **א[לפי** ישראל
1QSb III,7	(I)	] / ילחם [לפני] **אלפיכה** ◦[
1QM IV,1		נשי מררי ואת שמות שרי **אלפיו**
		ועל אות **הא[ל]ף** יכתובו אף אל בעברה
1QM IV,2		ואת שם שר **האלף** ואת שמות שרי מאיותיו
1QM V,3		להשלים מערכת פנים על **אלף** איש
1QM VI,9		פרשים יצאו עם **אלף** מערכת אנשי הבינים
1QM VI,10		הכול שש מאות וארבעת **אלפים**
		ואלף וארבע מאות רכב לאנשי
1QM VI,11		אנשי הסרך ששת **אלפים** חמש מאות לשבט
1QM VII,7		מחניהמה למקום היד **כאלפים** באמה
1QM IX,4		שמונה ועשרים **אלף** / אנשי מלחמה
1QM IX,5		אנשי מלחמה והרוכבים ששת **אלפים**

1QM XII,4 לפקוד צ◦[ ]◦יריכה **לאלפיהם** ולרבואותם יחד
4Q**159** 1ii8 (V) לשש מא[ו]ת **האלף** מאֹת ככר
4Q**163** 23ii6 (V) **אלף** אחד [מפ]ני גערת אחד מפני
4Q**171** 1+3-4iii1 (V) על] / שבי המדבר אשר יחיו **אלף** דור
4Q**171** 3-10iv3 (V)]**באלף**[דור
4Q**249**d 6 (XXXVI) יתיציב ברואשי]**אׄלׄפׄי** [ישראל]
4Q**252** V,3 (XXII) היא ברית המלכות / [**ואל**]**פי** ישראל
4Q**264**a 1,1 (XXXV) כיא אם **אל**]**ףׄ** באמה
4Q**265** 7,5 (XXXV) לרעות] / [א]ת [ה]בׄהמה ילך **אלפים** אמהׄ
4Q**292** 2,3 (XXIX) הוסף כה]ׄם מׄהם **אלף** פעמים וברכתמה / [
4Q**320** 6,3 (XXI)]עׄת **אלפים** וש[ש] מאות
4Q**320** 6,4 (XXI)]**אׄלפים** ושמׄנ]ה מאות
4Q**365** 5,2 (XIII)] / **אׄלפים** סׄוׄס ושש מאותׄ [רכ]בׄ[
4Q**365** 28,2 (XIII) פקודיהם שמונת **אלפים** וחמש מאות וששים
4Q**378** 22i5 (XXII)]חׄסד **לאׄלפים**
4Q**382** 59,1 (XIII)] **אלפׄ**[
4Q**491** 1-3,7 (VII) **ואלפים** אמה יהיה בין ה[מחנות למקום
4Q**491** 1-3,10 (VII)] / **לאֲלָפים** ולְמאיות ולחמשים
4Q**491** 13,2 (VII)]הׄקטן בכם ירדוף **אלׄ**[**ף**
4Q**496** 16,5 (VII) ועל]אׄות **הׄאׄלׄףׄ**[
4Q**496** 49,1 (VII) **א**]**לפים** [
4Q**502** 45,2 (VII)]ה **לאלף** פק[
11Q**5** XXVII,5 (IV) ויכתוב תהלים / שלושת **אלפים** ושש מאות
11Q**5** XXVII,10 (IV) ויהי הכול ארבעת **אלפים** וחמשים
11Q**11** III,11 (XXIII) [וירדף א]חד מכם **א**[**לף**
11Q**12** 5,2 (XXIII) כיא] **אלף** הׄ[ש]נׄיׄםׄ[יום אחד בתעודת השמים
11Q**19** XIX,16 יהוה שנים] עשר אֵ֯ילים כול ראשי **אלפי** ישראל
11Q**19** XXII,2 הדגלי?]ם שרי **האלפׄ**[**ים** עם נשיאי
11Q**19** XL,8 באמה ?] / באורך **כאלׄףׄ** ושש [מאות ב]אׄמׄהׄ
11Q**19** XLII,15 לבני ישראל / ולשרי **האלפים** ולשרי המאיות
11Q**19** XLVI,16 לכול רחוק / מן העיר שלושת **אלפים** אמה
11Q**19** LVII,4 ופקד{{ו}} / בראשיהמה שרי **אלפים**
11Q**19** LVII,5 וברר לו מהמה **אלף** אלף / מן המטה להיות
וברר לו מהמה אלף **אלף** / מן המטה להיות
11Q**19** LVII,6 להיות עמו שנים עשר **אלף** איש מלחמה
11Q**19** LVIII,4 ושלח על שרי **האלפים** ועל שרי המ֯א֯ות
11Q**19** LVIII,13 ולכוהנים אחד **מאלף** וללויים אחד מן המאה
11Q**19** LX,4 ולדגים אחד **מאלף** / א{{◦}}שר יצודו
11Q**20** V,5 (XXIII)]שׄרי **האלפים** [מן] האילים ומן / [הכבשים
11Q**20** V,23 (XXIII)]ם שרי **האלפים** עם נשיאי / [

Elkanah proper noun אֶלְקָנָה

4Q**389** 5,3 (XXX) שמוא]ל[בן **א**]**לקנה** לדׄ[

if, whether subordinating conjunction **אִם, הִם**

CD IV,11 כי **אם** לעמוד איש על / מצודו
CD V,10 **ואם** תגלה בת האח את ערות
CD V,15 כהר ביתו יאשם כי **אם** נלחץ
כי **אם** למילפנים פקד / אל
CD VI,14 **אם** לא ישמרו לעשות כפרוש
CD VII,6 **ואם** מחנות ישבו כסרך הארץ
CD IX,5 ואין כתוב כי **אם** נוקם הוא לצריו
CD IX,6 **אם** החריש לו מיום ליום
CD IX,12 והשומע **אם** יודע הוא ולא יגיד ואשם
CD IX,16 **אם** לא נמצא לה בעלים הם
CD IX,17 והוא אחד **אם** דבר מות הוא וידיעהו
CD IX,19 **אם** ישוב וניתפש לפני / אחד
CD IX,20 **ואם** שנים הם והם מעידים
CD IX,21 הׄטהׄרׄה לבד ⟦ ⟧ **אם** נאמנים / הׄםׄ
CD X,22 איש ביום השבת כי **אם** המוכן
CD X,23 ואל יאכל ואל ישתה כי **אם** היה במחנה
CD XI,3 צואים או מובאים בגז כי **אם** / כיבסו במים
CD XI,6 לרעותה חוץ מעירו כי / **אם** אלפים באמה
אם / סוררת היא אל יוציאה מביתו
CD XI,8 **ואם** בסוכה יהיה אל יוצא ממנה
CD XI,13 **ואם** תפיל אל בור / ואל פחת
CD XI,18 איש למזבח בשבת / כי **אם** עולת השבת
CD XII,5 **ואם** ירפא ממנה ושמרוהו
CD XII,8 אשר לא / יגדפו כי **אם** בעצת חבור ישראל
CD XII,13 והדגים אל יאכלו כי **אם** נקרעו / חיים
CD XIII,3 **ואם** אין הוא בחון בכל אלה
CD XIII,4 **ואם** / משפט לתורת נגע יהיה באיש
CD XIII,6 **ואם** פתי הוא הוא יסגירנו
CD XIII,15 יתׄ[ן] לבני השחׄר כׄיׄ / **אם** כף לכף
ולׄמׄמׄכׄר כׄיׄ **אם** הׄודׄיׄעׄ / למבׄקׄר אשר בׄמׄחׄנׄהׄ
CD XV,1 וגם באלף ודלת כׄיׄ **אם** שבועׄתׄ הבׄאׄיׄםׄ
CD XV,3 **וׄאׄםׄ** ישׄבׄעׄ וׄעבר
ואם באלות הברית יׄשׄבׄיׄעׄוׄהׄוׄ
CD XV,4 **אׄםׄ** עבר אשם הוא והתודה
CD XV,13 ובכל נפש / נׄקׄיׄאׄים הׄםׄ מׄמׄנו **אם** ימׄעׄל
CD XVI,5 מלאך המשטמה מאחריו **אם** יקים את דבריו
CD XVI,11 איש שבועה אשר לׄאׄ [י]דענׄהׄ **הׄםׄ** להקים היא
להקים היא ⟦ ⟧ **ואם** להניא
CD XVI,12 **אם** לעבור ברית היא יׄניאה
CD XVI,20 **אׄםׄ**[
CD XIX,2 **ואם** מחנות ישבו כסרך / הארץ
1QS V,5 {ׄאאם} <כיא **אם**> למול ביחד עורלת יצר
1QS V,14 כיא לוא יטהרו / כי **אמ** שבו מרעתם
1QS VI,13 **אם** יומרו לו ידבר
1QS VI,14 **ואם** ישיג מוסר יביאהו / בברית
1QS VI,18 **ואם** יצא לו הגורל / לקרוב
1QS VI,21 **ואם** יצא לו / הגורל לקרבו
1QS VI,24 **אם** ימצא בם איש אשר ישקר
1QS VII,1 **ואם** קלל או להבעת מצרה
1QS VII,2 **ואם** באחד מן הכוהנים הכתובים
1QS VII,3 **ואם** בשגגה דבר ונענש ששה
1QS VII,5 **ואם** / ⟦ ⟧ ברעהו ֯יתרמה֯
1QS VII,6 **ואם** בהון היחד יתרמה לאבדו
1QS VII,8 **ואם** לוא תשיג ידו לשלמו
1QS VII,11 **ואם** יז{{◦}}֯קפׄוׄ / ונפטר ונענש שלושים
1QS VII,17 **ואמ** על רעהו ילון
1QS VII,19 ללכת בשרירות לבו **אמ** ישוב
1QS VII,21 **ואם** יקרבהו ונכתב בתכונו
1QS VIII,24 **ואם** בשגגה יעשה והובדל מן
1QS VIII,25 **אמ** תתם דרכו / במושב במדרש
1QS VIII,26 [ע]לׄ [פ]יׄ [ה]רׄבׄים **אמ** לוא שגג עוד
1QS XI,11 ואני **אם** / אמוט חסדי אל ישועתי לעד
1QS XI,12 **ואמ** אכשול בעוון בשר משפטי
1QS XI,13 **ואם** יפתח צרתי ומשחת
1QSa I,10 (I) למשכבי זכר **כיאם** לפי מילואת לו עש[רי]םׄ
1QSa I,25 (I) **ואם** תעודה תהיה לכול הקהל
1QSa II,9 (I) **ואם** יש דבׄ[ר לאחד מ]אלה
1QSa II,11 (I) **אם** יוליׄד / [אל]אׄ[ת]המשיח אתם
1QpHab VII,9 **אם** יתמהמה חכה לו כיא בוא
1QM XI,1 כיא **אם** לכה המלחמה
1QM XIX,10 וחיל כול הגוים הׄנקהלים **אׄםׄ**[ ]◦◦ חללים / [
1QH[a] V,22 **ואם** ירשע ואות היהׄ[ ]עׄולם ומופת
1QH[a] VI,20 כי **אם** לפׄ[י קרבך אי]ש / [אה]בׄנו
1QH[a] XII,31 ודרך אנוש ל֯ו֯א תכון כי **אם** ברוח יצר אל
1QH[a] XVI,24 **ואם** אשיב יד יהיה כערעׄ[ר בערבה

Text	Vol.	Reference
]והבדל ואם ◦◦◦[	(XVIII)	4Q266 6ic,2
ואם ראתה [עו]ד והיאה לו [בעת]	(XVIII)	4Q266 6ii2
[ו]אם לוא השיגה יד[ה די שה	(XVIII)	4Q266 6ii12
ופר]י תבואותו אם [שלמה הי]א נקפה	(XVIII)	4Q266 6iii8
בנ]י עמו כי א[ם] / בהוכח ענות צדק אליה[ם	(XVIII)	4Q266 7i3
ובכול נפש נקיאים / הם [ממנו]אם ימעל	(XVIII)	4Q266 8i4
ולממכר] / [ד]בר כי אם[הודיע למבקר]	(XVIII)	4Q266 9iii2
ואם בדבר מות ינטור ולו[	(XVIII)	4Q266 10ii1
ואם [יזקפו] ונפטר [במושב ונענש	(XVIII)	4Q266 10ii8
]אם / [	(XVIII)	4Q267 1,2
] ואם / [	(XVIII)	4Q267 6,1
ו]אם תלקוט נפש אחת	(XVIII)	4Q267 6,7
] / ואם לוא השׂ[יגה	(XVIII)	4Q267 7,5
כיא אם הוזו כמ[שפט] / [הטהרה	(XVIII)	4Q269 8ii4
]נו ואם רפוס השדה או[	(XVIII)	4Q270 3ii16
ואם תלקוט / [נפש אחת סאה] אחת ממנו	(XVIII)	4Q270 3ii17
]הרואה אם יראה אשת / [רעהו	(XVIII)	4Q270 4,2
לא יב]יאה כי אם דמה יצוא / [לא יצא	(XVIII)	4Q270 4,4
אל יקחה] / [איש כי א]ם בראות נש[י]ם	(XVIII)	4Q270 5,21
ובכל נפש נקיאים הם ממנ]ו אם ימעל	(XVIII)	4Q270 6ii6
ו]שלם האונס אם לא דבר א[מת ע]ם רעהו	(XVIII)	4Q270 6iii14
[ואין כתוב כי א]ם נוקם הוא ל[צרו	(XVIII)	4Q270 6iii19
ו]נוטר הוא לאויבו אם החריש לו מיום ליום	(XVIII)	
]האי[ש מן הטהרה לבד] / [א]ם [נאמני]ם [הם	(XVIII)	4Q270 6iv12
ואם יפול אל בור ואל פחת	(XVIII)	4Q270 6v18
כי]אם הוזו כמשפט / [הטהרה	(XVIII)	4Q271 2,11
ואם / [את בתו יתן איש לאי]ש	(XVIII)	4Q271 3,7
אל יקחה איש כי אם / [בראות נשים]	(XVIII)	4Q271 3,13
מלא]ך המשטמה / מאחריו אם יקים את ד[בריו	(XVIII)	4Q271 4ii7
לוא ידענה א]ם להקים היא ואם / להניא	(XVIII)	4Q271 4ii11
לוא ידענה א]ם להקים היא ואם / להניא	(XVIII)	
אם לעבור ברית היא יניא[ה	(XVIII)	4Q271 4ii12
]ס ⟦ ⟧ ואם מש[	(XVIII)	4Q271 4ii15
אם סוררת הי[א אל יוצי]אה / [מביתו	(XVIII)	4Q271 5i3
וא[ם בסו]כה יהיה / [אל יוצא ממנה	(XVIII)	4Q271 5i4
ואם תפול אל בור / [ואל פחת	(XVIII)	4Q271 5i8
בני] האדם משמרו ואם ירפא ממנה ושמרוהו	(XVIII)	4Q271 5i20
] ואם שפל השאת או הס[פחת	(XVIII)	4Q272 1i9
וא]ם ישפל [השאת	(XVIII)	4Q273 4ii5
ואם נגעה תכבס בגדיה ורחצה	(XXXV)	4Q274 1i5
והסופר אם זכר ואם נקבה אל יג[ע	(XXXV)	4Q274 1i7
והסופר אם זכר ואם נקבה אל יג[ע בזב זוב	(XXXV)	
ברוה בנדתה כי אם טהרה מ[נד]תה	(XXXV)	
ואם תצ[א מאיש] שכבת הזרע	(XXXV)	4Q274 1i8
ואמ במחנה יהיה איש	(XXXV)	4Q274 2i6
אמ לוא נגע בו ב[גדו	(XXXV)	4Q274 2i8
ב[גדו ורחץ] במים ואם / [נגע בו בגדו] וכבס	(XXXV)	
] / ואם[	(XXXV)	4Q274 2ii2
] / ואמ א◦[	(XXXV)	4Q274 2ii8
מלחת טל יאכל ואם ל[וא יאכל יתנהו]	(XXXV)	4Q274 3ii5
כי אם איש [יתן אותו על] / הארץ	(XXXV)	4Q274 3ii6
[יתן אותו על] / הארץ אם יבואו עליה מ[ים	(XXXV)	4Q274 3ii7
ירד] / הגשם עליה אם יגע ב[{ה}} הט[מא	(XXXV)	4Q274 3ii8
]ל אם היה[	(XXVI)	4Q275 2,7
לוא] / [יתקדשו] כיא אם [י]טהרו וט[הור]	(XXXV)	4Q277 1ii10
]אם לוא נגע בו / [	(XXXV)	4Q278 5
ואם ילאצו [זיתים] / [בב]ד אל יגאלם	(XXXV)	4Q284a 1,6
]כי אם ◦[	(XXXV)	4Q284a 2,7
חכמה נכחדת כי] / אם חוכמת עורמת רוע	(XX)	4Q299 3aii-b,5
מעשה אשר לוא יעשה עוד כיא אם [	(XX)	4Q299 3aii-b,6
ואם לבושת פנים כו[		1QH^{a} XVII,20
יצר חמר ומה / אדבר כיא אם פתחתה פי		1QH^{a} XX,33
ואיכה אבין כיא אם השכלתני		
ואיכה אישר דרך כיא אם הכינו[תה מצעדי		1QH^{a} XX,34
]אשר לו אם[	(I)	1Q25 4,5
] / כי אם המטיב והמרע	(I)	1Q27 1ii4
אם יו ◦[	(I)	
] / מה מ[ ]מחים כי אם כול [	(I)	1Q27 1ii7
] / כי אם ◦[	(I)	1Q27 9-10,2
בגפיו בא בגפיו יצא א[ם	(V)	4Q158 7-8,10
וגם [את המת יחצון] אם נוד[ע]	(V)	4Q158 10-12,3
] אם יגנוב איש שור או שה וטבחו	(V)	4Q158 10-12,4
אם זרחה השמש עליו דמים[	(V)	4Q158 10-12,5
כת]בואתו אם כול השדה יבעה מיטב שדהו	(V)	4Q158 10-12,7
הבית לפני האלוהים אם לוא ילח ידו	(V)	4Q158 10-12,9
] / ואמ[	(V)	4Q159 2-4,1
איש שם רע על בתולת ישראל אם ב[	(V)	4Q159 2-4,8
ואם לוא כחש עליה והומתה	(V)	4Q159 2-4,9
כחש עליה והומתה ואם ב◦[	(V)	
]אם תכחד ממני ד[בר	(V)	4Q160 1,6
א]שר אמר אם הי[ה עמכה ישראל כחול	(V)	4Q161 2-4,2
כי אם יהיה עמכה י[שראל כחול	(V)	4Q163 4-7ii13
עד אם נותרתמה כתרן על רואש הר	(V)	4Q163 23ii7
]אם ◦[	(V)	4Q163 38,1
]טוב ואם ד◦[	(V)	4Q185 1-2iii14
אם יהיה לכה בנ[י רוב	(XIX)	4Q200 2,7
אם יהיה לך מעט כמעט[	(XIX)	4Q200 2,8
הרעה הזואת לעולם כי א]ם / להמיתו	(XIII)	4Q221 4,5
ל]וא אלך כי אם י[שלחני אז אלך	(XIII)	4Q222 2,2
אשרי אנכי אמ]י אם[תקרבנה שנ]י לשני חי[יך]	(XIII)	4Q223-224 2i46
לוא יהרוג את אחיהו יע]ק[ב] אם ישבע	(XIII)	4Q223-224 2ii9
]אם[	(XIII)	4Q223-224 45,2
ואת עפר הארץ כי אם / [יהיו נמ]נים אלה	(XIII)	4Q225 2i6
וא[ף] אם לוא ככה יהיה זרעכה	(XIII)	4Q225 2i7
ואם לא ימצא נאמן א[ברהם לאלוהים	(XIII)	4Q225 2ii8
]כי א[ם	(XIII)	4Q226 6,7
]ד ואם בח[דר הבית	(XXXV)	4Q249 1,7
קריאי מועד לעצת היחד]אם[יועד העדה]	(XXXVI)	4Q249g 3-7,11
ו]אם [לשולחן] / [יחד יועדו	(XXXVI)	4Q249g 3-7,18
[קריאי מועד לעצת היח]ד אם י[ועד העדה	(XXXVI)	4Q249h 1-2,6
[מועד לעצת היחד א]ם ת[ועד העדה והמשיח	(XXXVI)	4Q249i 1,1
כי אם [הניף הכוהן] / ראשיתם הבכורים	(XXXV)	4Q251 9,1
ולוא / קלל את חם כי אם בנו כי ברך אל	(XXII)	4Q252 II,7
]◦ים לבדם יחרמו / ואם לוא ימצא שם[	(XXII)	4Q252 III,5
כי אם ליסד מסד אמת לישראל	(XXVI)	4Q256 IX,5
כי אם ליסד[מוסד]אמת לישראל	(XXVI)	4Q258 I,4
ובעצה אם לא הלך עוד / בשגגה	(XXVI)	4Q258 VII,1
ואם תיתם דרך סוד / היחד	(XXVI)	4Q259 III,17
כי אם ל[דבר דברי] / [קודש כחוק	(XXXV)	4Q264a 1,7
הספר [י]נום עד שלוש פעמים ואם [נפטר	(XXXV)	4Q265 4ii2
אם נפל לו [ש]כלו ודרשה	(XXXV)	4Q265 4ii4
ואם לא ימצא [פתי יבינהו האיש]	(XXXV)	4Q265 4ii5
]אם היו◦[	(XXXV)	4Q265 4ii8
ואם נפש אדם היא אשר תפול אל	(XXXV)	4Q265 6,6
העלותו ביום] השבת ואם צבא [	(XXXV)	4Q265 6,8
ואם נקבה תלד וטמאה [שבעים כנדתה	(XXXV)	4Q265 7,16
] / שיחתך אם [	(XVIII)	4Q266 1a-b,20
וא]ם [שפל ה]שת [א]ו הספח[ת	(XVIII)	4Q266 6i1
והחיות וראה אם יו{{ש}}סף מן / {{כ}} החי	(XVIII)	4Q266 6i10
טמא הואה ואם לו ליוספ מן הח[יות	(XVIII)	4Q266 6i11

] / כיא אם ארץ להדר ◦[(XX) 4Q**299** 6ii6
] / ממנו כי אם רוח ◦ע[(XX) 4Q**299** 6ii7
] / ואם דש יוסיף ל[(XX) 4Q**299** 6ii18
]חוק תכונם כיא אם[(XX) 4Q**299** 20,1
]יחד רובם אם[(XX) 4Q**299** 20,3
]◦◦שוי ואם ינשא[(XX) 4Q**299** 33,3
]תו ואם יהפכ[ו (XX) 4Q**299** 34,2
]◦ד כי אם[(XX) 4Q**299** 42,2
בטרם נדבר ואז תדעו אם הבטתם (XX) 4Q**300** 1aii-b,1
ואם תפתחו החזון / תסת[ם מכם (XX) 4Q**300** 1aii-b,3
]ה חכמה נכחדת[כי] אם (XX) 4Q**300** 5,5
היש אתכם בינה ואם[(XX) 4Q**300** 8,6
]ה ולא היה מה רז אם[(XX) 4Q**300** 8,7
הבינו נא בזאת החכמים אם יהיה / לאיש (XX) 4Q**302** 2ii2
]ו אם ◦◦ר[(XX) 4Q**302** 16,1
ויואמר] / [אליו לבן]אמנא מצאתי[חן בעיניכה (XIII) 4Q**364** 4b-eii4
אם תענה את] / [בנותי] ואמ[תקח]נשי[ם (XIII) 4Q**364** 5a-bi4
וא[ם] / [אינכה משלח את עמי (XIII) 4Q**365** 2,7
ויואמר] / אמ ש[מ]ו[ע תש]מע [לק]ול יהוה (XIII) 4Q**365** 6aii+6c,12
ואם באל[ה לוא תוסרו לי (XIII) 4Q**365** 25a-c,7
או רפה המעט הואה ואם רב (XIII) 4Q**365** 32,6
בה הטובה / [ה]יאה ואם רעה ומה הערים (XIII) 4Q**365** 32,7
הואה יושב בהן המחנים אם במבצרי[ם (XIII)
[ומ]ה הארץ השמנה אם רזה היש בה עץ (XIII) 4Q**365** 32,8
רזה היש בה עץ אם אין בה והתחזקתמה (XIII)
[וא]ם נפש אחת תחט[א בשגגה והקריבה (XIII) 4Q**365** 34,2
ואם ⟦ ⟧ גאול יגאל / [איש ממעש]רו (XIII) 4Q**367** 3,7
חן ב]עי[ני]ועתה אם / [נא מצאתי חן בעיניך (XXVIII) 4Q**368** 1,6
ואם במחנה יהיה הנשיא אשר (XIX) 4Q**376** 1iii1
] / ואם[(XXII) 4Q**378** 10,3
] להשכיל בכם אם תהיו לוא ואם [(XI) 4Q**381** 69,7
בכם אם תהיו לוא ואם [(XI)
אם יש בכם כח להשיבנו (XI) 4Q**381** 76-77,9
כי אם[(XI) 4Q**381** 76-77,11
וחי נפש]כה אם אעזובכה [(XIII) 4Q**382** 9,7
] / אם גמל על[(XIX) 4Q**384** 13,2
]ואם ישוב ה◦[(XXX) 4Q**385a** J,1
וצמא ול[א] למים[כי] אם ל[שמוע את דברי] (XXX) 4Q**387** 3,9
]כי אם ◦[(XXX) 4Q**387**a 4,1
ל[ו]א יכשול בה ואם ינגף ב[(XXXIV) 4Q**415** 11,10
ואם נפרדה בהריתכה קח מו[לדיה (XXXIV) 4Q**415** 11,11
] / התהלכה התבונן מוארה אם זכר[(XXXIV) 4Q**415** 11,12
ואם תראה[(XXXIV) 4Q**415** 21,3
אם תאיץ ידכה / [לבלתי (XXXIV) 4Q**416** 2i21
אם עבודתו יפקוד לכה [אל (XXXIV) 4Q**416** 2ii9
ואם יש להצ[ניע (XXXIV) 4Q**416** 2ii10
]◦ו אם ברצונו תחזיק עבודתו (XXXIV) 4Q**416** 2ii12
השיבהו / ושמ⟦ ⟧חה לכה אם תנקה ממנו (XXXIV) 4Q**416** 2iii5
ואם שמו בראשכה למות (XXXIV) 4Q**416** 2iii6
ואם[ ]ישיבכה לכבודכה התהלך (XXXIV) 4Q**416** 2iii9
ואם רש אתה כשה◦[(XXXIV) 4Q**416** 2iii19
] אם רבה / [(XXXIV) 4Q**416** 5i3
ואתה אם תחסר טרף מחסורכה ומותריכה (XXXIV) 4Q**417** 2i17
א]ם / תותיר הובל למחוז חפצו (XXXIV)
ואם תחסר לוא מבלי הון מחסורכה (XXXIV) 4Q**417** 2i19
חייכה ⟦ ⟧ אם הון אנש[י]ם תלוה למחסורכה (XXXIV) 4Q**417** 2i21
ואם נגע יפגשכה ואץ[(XXXIV) 4Q**417** 2i25
[א]ם תאיץ ידכה לבלתי של[וח (XXXIV) 4Q**417** 2ii+23,1
ו]אם נגע יפגשכה / [ואץ (XXXIV) 4Q**418** 7b,8
]עברה אם / [תאיץ ידכה לבלתי (XXXIV) 4Q**418** 7b,12
א]ם יקפוץ [ידו ונאספה רוח (XXXIV) 4Q**418** 8,1
]ו אם בהון [ישה הנושה (XXXIV) 4Q**418** 8,3
]ואם יש להצניע[ ]ד מע[(XXXIV) 4Q**418** 8,10
ואם / יושיבוכה לכ[בו]ד ב[ה (XXXIV) 4Q**418** 9+9a-c,7
היד]עתם אם לא שמעתמה (XXXIV) 4Q**418** 55,8
] אם [(XXXIV) 4Q**418** 66,1
]ה ואם [(XXXIV) 4Q**418** 66,2
ואתה מבין אם בחכמת ידים המשילכה (XXXIV) 4Q**418** 81+81a,15
ואם לריב א[(XXXIV) 4Q**418** 87,15
] אם ישקוט[(XXXIV) 4Q**418** 116,2
ואם איש / [(XXXIV) 4Q**418** 122i4
ואם לוא ת{{ס}}שיג ידו למחסורכה (XXXIV) 4Q**418** 126ii13
]ואם[(XXXIV) 4Q**418** 147,8
]◦ המשילה אם הבעתה [(XXXIV) 4Q**418** 228,2
]אם נקבה [(XXXIV) 4Q**418** 236,2
]◦ אם ◦[(XXXIV) 4Q**418** 261,1
] אם [(XXXIV) 4Q**418** 271,2
]אם לא י◦[(XXXVI) 4Q**419** 7,2
] / אם יקפוץ ידו ונאספה רוח (XXXVI) 4Q**419** 8ii7
א]ם ישיב[(XX) 4Q**421** 5,1
יבי]א ממקומו חנם ואם בא כ[ו]ל[(XX) 4Q**421** 12,4
]כיא אמ אלפ[ני]המה[יפלו ? (XX) 4Q**421** 13,1
]◦◦ כיא אם [(XIX) 4Q**464** 2,1
]◦◦◦ למכסי צו אם לוא[(XXXV) 4Q**472**a 2
ואם תלך בדרך ה[רעה הואה (XXII) 4Q**473** 2,4
ואם אורב ישימו למערכת שלוש מערכות (VII) 4Q**491** 1-3,12
] / בשר כאם עפה (VII) 4Q**491** 10ii16
]בו אם לשמ[ו]ע בקולכ[ה (VII) 4Q**499** 7,3
ופג{{ר}}ע רע כיאם שלום וברכה ממ[(VII) 4Q**504** 1-2iv13
[כי א]ם לקץ תעניות פשע] (VII) 4Q**510** 1,8
כי אם לקץ / [תעניות פשע (VII) 4Q**511** 10,5
בשועל אנשים מי רבה ואם בזרת[יתכנו שמים (VII) 4Q**511** 30,4
]◦◦ין ואם[(VII) 4Q**511** 42,10
]אם יאוכלו מהמ[ה] / [(VII) 4Q**513** 11,1
]ל כאם א[(VII) 4Q**513** 13,7
] / אם [(VII) 4Q**515** 13,1
א]ם תטיב יטיב לכה ול[וא (XXV) 4Q**525** 10,6
ואם נספיתה למנוחות עד ינחלו[ה (XXV) 4Q**525** 14ii14
]תיכה ואם לוא [(III) 5Q**13** 6,3
אם לוא / [ייראו]מלפני יהוה (XXIII) 11Q**11** III,8
ולוא תטמאנו כי אם מן ה[11Q**19** III,6
ואם הכוהן הגדול יהיה עומד[11Q**19** XV,15
ואם לוא יוכלו / לשאתו ימכרוהו 11Q**19** XLIII,13
אם / במקדשי תזבחוהו יטהר 11Q**19** XLVII,15
יטהר למקדשי ואם בעריכמה תזבחוהו 11Q**19** XLVII,16
כי אם מקומות / תבדילו בתוך ארצכמה 11Q**19** XLVIII,12
ואם לוא יטהר כמשפט התורה 11Q**19** L,7
ואם / לתוך הבית יבוא עמה 11Q**19** L,12
ואם יהיה / בו מום פסח 11Q**19** LII,9
כי אם בתוך / מקדשי תזבחנו 11Q**19** LII,14
וכי אם תדור נדר לוא תאחר לשלמו 11Q**19** LIII,11
ואם תחדל ולוא תדור לוא יהיה 11Q**19** LIII,12
ואם / הנא יאנה אביה אותה 11Q**19** LIII,19
אם יקום בקרבכה נביא 11Q**19** LIV,8
ואם ישיתכה אחיכה בן אביכה 11Q**19** LIV,19
אם תשמע באח[ת עריכה 11Q**19** LV,2
כאשר דברתי לאבותיכה / אם תשמע בקולי 11Q**19** LV,13
אם ימצא בקרבכה באחד 11Q**19** LV,15
מכול / בנות הגויים כי אם מבית אביהו יקח 11Q**19** LVII,16
ואם מתה ונשא / לו אחרת 11Q**19** LVII,18

11Q19 LVIII,6 ואם עם רב בא לארץ ישראל
11Q19 LVIII,7 ואמ מלך ורכב וסוס ועם
11Q19 LVIII,10 וכי אם תחזק המלחמה עליו ושלחו
11Q19 LVIII,11 והיה אם נצחו / את אויביהמה
11Q19 LVIII,15 ו{{ע}}אָם יצא למלחמה על / אויביו
11Q19 LIX,16 ואם בחוקותי ילך
11Q19 LXI,7 אם יקום עד חמס באיש לענות
11Q19 LXII,6 והיה אם / שלום תענכה ופתחה לכה
11Q19 LXII,8 ואם לוא תשלים עמכה ועשתה
11Q19 LXIV,14 ואם לוא קרוב אחיכה / אליכה
11Q19 LXVI,4 ואם בשדה מצאה האיש
11Q20 I,21 (XXIII) ואםׄ הכוה]ן הגדול[יהיה עומד
PAM 43.670 50,1 (XXXIII)] אם[
PAM 43.672 3,1 (XXXIII) אם]
PAM 43.677 26,1 (XXXIII)]◦ כי אם[
PAM 43.684 98,1 (XXXIII)]ואם ישוב יה]וה
PAM 44.102 55ii1 (XXXIII)]◦ט] [אם לאר◦[
XQ7 4 (XXXVI)]◦ אם כבוד / [

mother noun אֵם

CD V,9 ומשה אמר אל / אחות אמך לא תקרב
אחות אמך לא תקרב שאר אמך היא
1QH[a] XVII,30 ומרחם [הקדשתני ומבטן]אמי גמלתה עלי
1QH[a] XVII,35 אבי לא ידעני ואמי עליכה עזבתני
4Q158 7-8,1 (V) [את אבי]כה ואת אמׄכׄהׄ[
4Q175 16 (V) לאביו {{לוא}} / {{◦◦◦}} ולאמו
4Q200 4,4 (XIX) ו]אף אמי איננה מאמנת אשר תראנ]י[
4Q215 1-3,4 (XXII) ותהר ותלד את בלהה אמי
4Q215 1-3,8 (XXII)] / אׄבי בלהה אמי וינהג לבן את חנה
(XXII) וינהג לבן את חנה אם אמי ואת שתי בנותיהׄ[
(XXII) וינהג לבן את חנה אם אמי ואת שתי בנותיהׄ[
4Q215 1-3,10 (XXII) ונתון לו את בלהה אמי ותלד את דן אחׄ[◦
4Q222 1,2 (XIII) אל תירׄאי אמׄי והחלמי[כי אעשה רצונך
4Q251 11,2 (XXXV)]אמו [
4Q251 12,2 (XXXV) אש]ר במעׄ[◦]אׄמו
4Q251 17,4 (XXXV) אל יגלה] / איש את ערות אׄחות אׄ[מו
4Q251 17,5 (XXXV) לאחי] / אביה ולאחי אמה[
4Q270 7i14 (XVIII) [ואם] על האמות ונעׄנש עשׄר[ת] ימים
(XVIII) כי אין לאמׄ[ו]ת רוקמהׄ בתוך / [העדה
4Q364 4b+ei9 (XIII) ויבא אותם]אׄל לאה א[מו ותואמר רחׄל
4Q367 2a-b,5 (XIII) איש אמו[ואביו תיראו
4Q372 1,9 (XXVIII) והוא על אם הדרׄכים יׄעמוד לעׄ[שות
4Q383 A,3 (XXX)]אבותם בוזו אמותם הפוחזים [
4Q396 1-2i2 (X) שאין לזבוח א]תׄ האם ואת הולד ביום
4Q416 2iii16 (XXXIV) אביכה ברׄישכה / ואמכה במצעדׄיכה
(XXXIV) וכאדנים לגבר כן אמו כי / המה כוׄר הוריכה
4Q416 2iv1 (XXXIV) את אביו [ו]את אמו וׄדׄ◦בׄ[ק באשתו
4Q416 2iv3 (XXXIV) אביה] / לא המשיל בׄה מאמהׄ הפרידה
4Q434 2,6 (XXIX) כאיש אשר אמו תנחמנו כן ינחמם
4Q524 15-22,3 (XXV) הו בן אביהו]או בן אמו[כי נדה היאה
(XXV) אחותו בת אבי]הו או[בת א[מׄו] תועבה היאה
11Q19 LII,6 ביום אחד ולוא תכה אם / על בנים
11Q19 LIV,19 אחיכה בן אביכה או בן אמכה או בנכה
11Q19 LXIII,13 ובכתה את אביה ואת אמה חודש / ימים
11Q19 LXIV,2 בקול אביו וׄבׄקׄוׄל אמׄוׄ / ויסרו אותו ולוׄאׄ[
11Q19 LXIV,3 ותפשו בו אביהו ואמו והוציאוהו אל / זקני
11Q19 LXV,3 והאם רובצת עׄל הׄאׄפׄרׄוׄחׄיׄם
11Q19 LXV,4 לוא תקח את האם על הבנים שלח תשלח
שלח תשלח את האם ואת הבנים / תקח לכה
11Q19 LXV,9 ולקח אבי הנערה או אמה והוציאו
11Q19 LXVI,13 אחיהו בן אביה או בן אמו כי נדה היא
11Q19 LXVI,14 אחותו בת אביהו או בת אמו תועבה היא
11Q19 LXVI,15 אחות אביהו או את אחות אמו כי זמה היא

אִם ← עִם

(indeterminate) אם

4Q266 58,2 (XVIII)]◦נים אםׄ[
4Q266 58,3 (XVIII)]אם יש◦[
4Q270 10,2 (XVIII)]ה וׄאם אׄת בׄ[

female servant noun אָמָה

CD XI,12 איש את עבדו ואת אמתו ואת שוכרו בשבת
CD XII,10 ואת עבדו ואת אמתו אל ימכור / להם
1QS XI,16 והקם לבן אמתכה כאשר רציתה לבחירי
1QH[a] VIII,27]לׄ[ ] בן אמתך
4Q215 1-3,2 (XXII) לו את חנה אחת מאמהותי[ו
4Q270 6v17 (XVIII) איש] / אׄת עבדו ואת אמׄ[ת]ו בׄיוׄם השבׄ[ת
4Q364 13a-b,7 (XIII) איש את עבד]ו או את אמתו / [?
4Q381 15,2 (XI) לעבדך] והושע לבן אמתך
4Q381 33+35,5 (XI) וׄ[תתן רחמיך] / לבן אמתך וחסדיך לעבד
4Q421 12,2 (XX)]◦ וכול עבד ואמה לוא יוכל במׄ[קדש אל ?

cubit noun אַמָּה-1

CD X,21 לעירו {{א}} על אלף באמה
CD XI,6 מעירו כי / אם אלפים באמה
1QM IV,15 כול העדה אורך ארבע עשרה אמה
שלוש וע]שרה אמה
1QM IV,16]שׄתים עשרה אמה
]◦תׄ תׄשע אמות
1QM IV,17]◦◦ אמות
1QM V,6 אורך המגן אמתים וחצי ורוחבו אמה
אמתים וחצי ורוחבו אמה וחצי
1QM V,7 אורך הרמח שבע אמות מזה הסגר והלוהב
הסגר והלוהב חצי האמה
1QM V,12 אורך הכידן אמה / וחצי ורוחבו ארבע
1QM V,17 ש[לושים באמה אשר יעמודו שם אנׄשׄ[י] / [
1QM VI,15 מגני עגלה ורמח ארוך שׄמוׄנׄהׄ אמׄ[ות
1QM VII,7 למקום היד כאלפים באמה
1QM IX,12 ומגני המגדלות יהיו ארוכים שלוש אמות
ורמחיהם א[רו]ך שמונה אמות
3Q15 I,2 (III) הבואת למזרח אמות / {ארוה} ארבעין
3Q15 I,12 (III) בשולי האמא מן הצפון / אמות שש
3Q15 I,14 (III) אל סמל / גבה מן הקרקע אמות שלוש
3Q15 II,8 (III) השער המזרחי / רחוק אמות ה<מ>ש עסרא
3Q15 II,14 (III) כחלת במקצע / הצפני חפור אמות ◦◦◦ ארבע
3Q15 III,2 (III) תחת הפנא הדרו / מית אמות תשע
3Q15 III,6 (III) האחרת המזרח / ית חפר אמות שש עסרה
3Q15 III,12 (III) שבמלהׄ ממזרחו / בצפון אמות תחת
3Q15 IV,4 (III) הבא[ה]◦◦ בביאתך / אמות ארבע[ין ואח]תׄ
3Q15 IV,7 (III) שבעמק עכון / באמצען חפׄורׄ אמות שלוש
3Q15 IV,14 (III) יגר של גי הסככא חפור / אמת
3Q15 V,3 (III) תחׄ[ת האבן] / הגדולא חפור אמ[ות
3Q15 V,10 (III) עד הרגם הגדול / אמות ששין
(III) חפור אמות / שלוש כסף כך 23
3Q15 V,14 (III) ביאה מירחו לסככא / חׄפוׄר אמות שבע
3Q15 VI,4 (III) [ב]פתח הצפוני חפור / [א]מות שלוש
3Q15 VI,10 (III) למזרח חפר בפתח / אמות תשע כך 21
3Q15 VI,12 (III) בצד / המערבי חפר אמות / שתים עסרה
3Q15 VII,6 (III)] / משח אמות עסרן [ואר]בע

]∘∘∘∘∘∘ כולו חמש אמ[ות	11Q19 VII,8
עצי שטים אמתים] אורכו ואמה[רוחבו]	11Q19 VIII,5
] / (ב)אמה ? [	11Q19 X,17
[באמה מפ]נה[אל]פנה ואמה / [	11Q19 XII,9
] / [ו]עשר א[מות	11Q19 XIII,2
מפנה אל פנה עשרים באמה	11Q19 XXX,6
ורחוק מקיר / [ה]היכל שבע אמות	11Q19 XXX,7
ועשיתה רוחב קירו ארבע / אמות[	11Q19 XXX,8
באמצע מרובע רוחבו ארבע / אמות	11Q19 XXX,10
לכול רוחותיו אחת ועשרים / אמה	11Q19 XXXI,11
רחוק מהמזבח חמשים אמה	
ורחב הק[י]ר שלוש אמות	
וגבה / [ע]שרים אמה[	11Q19 XXXI,12
ורוחב השערים ארבע אמות	11Q19 XXXI,13
] שלוש אמות [	11Q19 XXXII,1
]רוחב [ב]אמה וגובהמה / מן הארץ	11Q19 XXXII,9
וגובהמה / מן הארץ ארבע אמ[ות	11Q19 XXXII,10
קירו מק[י]רו שבע אמות ו[כ]ול בנינו	11Q19 XXXIII,9
חלונים פנימה אטומים / שתי אמות	11Q19 XXXIII,12
רוחבמה בשתי אמות וגובהמה ארבע אמות	
וגובהמה ארבע אמות	
ו[רו]חב קי[רו] שבע אמות	11Q19 XXXVI,5
ת[איו] שש / ועשרים באמה ממקצוע	11Q19 XXXVI,7
רוחב השער ארבע [עש]רה באמה	11Q19 XXXVI,8
וגובהמה / שמונה ו[ע]שרים באמה	11Q19 XXXVI,9
מן המשקוף ארבע עשרה באמה	11Q19 XXXVI,10
לחצר עשרים / ומאה באמה	11Q19 XXXVI,13
ל[חצר הפנ]ימית רחוב מאה באמה	11Q19 XXXVIII,12
לרוח הקדם שמונים וארבע מאות באמה	11Q19 XXXVIII,13
ורוחב קירה [אר]בע אמות	11Q19 XXXVIII,14
וגובה שמונ[ה] / ועשרים באמה	11Q19 XXXVIII,15
שער שמעון תשע ותשעים באמה	11Q19 XXXIX,14
והשער / שמונה ועשרים באמה	11Q19 XXXIX,15
{{∘∘∘∘∘}} לוי תשע ותשעים / באמה	11Q19 XXXIX,16
והשער שמונה ועשרים באמה	
כאלף ושש [מאות ב]אמה מפנה לפנה	11Q19 XL,8
ורוחב הקיר שבע אמות	11Q19 XL,9
וגובה תשע / ורבעים באמה	11Q19 XL,10
ורוחב השערים חמשים באמה	11Q19 XL,12
באמה וגובהמה שבעים / באמה	11Q19 XL,13
[מדה] שלוש מאות וששים באמה	
שער שמעון ששים ושלוש מאות באמה	11Q19 XL,14
ש[ער יששכר שלוש מאות וששים ב]אמה	11Q19 XLI,3
שער זבולון ששים ושלוש] מאות באמה	11Q19 XLI,4
שער גד ששים ו]שלוש מאות / באמה	11Q19 XLI,6
עד פנת הצפון] שלוש מאות / וששים באמה	11Q19 XLI,7
שער דן שלוש מאות וששים באמה	11Q19 XLI,8
שער נפתלי ששים ושלוש מאות באמה	11Q19 XLI,9
שער אשר שלוש מאות וששים באמה	11Q19 XLI,10
{{של?}} המזרח שלוש מאות וששים באמה	11Q19 XLI,11
מקיר החצר לחוץ שבע אמות	11Q19 XLI,12
מקיר החצר שש ושלושים באמה	11Q19 XLI,13
פתחי השערים ארבע עשרה באמה	11Q19 XLI,14
וגובהמה / שמונה ועשרים באמה	11Q19 XLI,15
רו]חב עשר אמות	11Q19 XLII,4
מקום לסוכות גבהים שמונה אמות	11Q19 XLII,12
החיצונה רחב / ארבע עשרה באמה	11Q19 XLVI,6
סביב למקדש רחב מאה באמה	11Q19 XLVI,9
רחוק / מן העיר שלושת אלפים אמה	11Q19 XLVI,16

בקר[ב]ו ל / בית הקץ חפר אמות שש	(III)	3Q15 VII,9
פנת המשמרה / המזרחית חפור אמות שבע	(III)	3Q15 VII,12
המים של הכוז / בא חפור אמות שלוש	(III)	3Q15 VII,15
חרה / על האבן חפור אמות שבע / עסרא	(III)	3Q15 VIII,5
של פי צוק הקדרון / חפור אמות שלוש	(III)	3Q15 VIII,9
הצופא צפון חפור אמות / עשרין וארבע	(III)	3Q15 VIII,12
בצויה שבא חפור / אמות אחת עסרה	(III)	3Q15 VIII,15
הנטף משח משולו / אמות שלוש <עש>רא	(III)	3Q15 IX,2
צריח הצופא / מזרח חפור אמות שמונא	(III)	3Q15 IX,5
הצופא ים / בזרב חפור אמות שש עסרה	(III)	3Q15 IX,8
מ<ז>רח כלפיהם חפור אמות / שבע	(III)	3Q15 IX,12
כיא אם אל]ף באמה	(XXXV)	4Q264a 1,1
לרעות] / [א]ת [ה]בהמה ילך אלפים אמה	(XXXV)	4Q265 7,5
אם אלפים] / בא[מה	(XVIII)	4Q270 6v12
מעירו כי [אם אלפים] באמה	(XVIII)	4Q271 5i2
מן / הטהרה שתים עשרה באמה בדברו אליו	(XXXV)	4Q274 1i2
מזבח ההולה עצי שטים חמש אמות אורכו	(XIII)	4Q365 12a-bii7
חמש אמות אורכו וחמש אמות / [רוחבו	(XIII)	
]רבוע ושלוש אמות קומתו	(XIII)	4Q365 12a-bii8
בא]מה ואורך לרוח / [	(XIII)	4Q365a 2i8
]בין תו לתו שלוש אמות וחצי	(XIII)	4Q365a 2i10
] / מאות באמה ומשער זבולון עד שער	(XIII)	4Q365a 2ii1
] / וששים באמה	(XIII)	4Q365a 2ii2
עד שער דן של[וש מאות]וששים באמה	(XIII)	
] / שער נפתלי ששים ושלוש מאות באמה	(XIII)	4Q365a 2ii3
מזרח{{ה}} שלוש מאות וששים באמה	(XIII)	4Q365a 2ii4
] / שבע אמות {{יו}}לפנימה באים	(XIII)	4Q365a 2ii5
מקיר החצר שש ושלושים באמה	(XIII)	
] / באמה וגובהמה שמונה ועשרים	(XIII)	4Q365a 2ii6
וגובהמה שמונה ועשרים באמה	(XIII)	
רוחב התדר עשר באמה	(XIII)	4Q365a 2ii8
ואורכו עשרים באמה וגובהו ארבע[עשרה	(XIII)	
ורחב הקיר שתים אמות ולחוצה מזה	(XIII)	4Q365a 2ii9
] / עשרים באמה והקיר שתים אמות רוחבו	(XIII)	4Q365a 2ii10
באמה והקיר שתים אמות רוחבו ∘[	(XIII)	
עצי ארז ופתחה שלוש אמות רוחב ה[	(XIII)	4Q365a 2ii11
]ל[ ]יסוד ג{{י}}רוע שלוש אמות[	(XIII)	4Q365a 3,2
תב]נה את הקיר שבע א[מות	(XIII)	4Q365a 3,3
]לעשר אמות[	(XIII)	4Q365a 4,3
]ה באמה / [	(XIII)	4Q365a 5i6
] / אמות וחצי רמו ושתים	(XXVIII)	4Q373 1a+b,3
]אמה וגבוה חמש∘∘∘[	(XIX)	4Q391 65,7
]אמה ∘[	(XXXIV)	4Q418 115,1
ואלפים אמה יהיה בין ה[מחנות למקום	(VII)	4Q491 1-3,7
א]מה ובאתה את האולם [		11Q19 IV,8
רח]ב עשר באמה וקירות[יו רחב		11Q19 IV,9
]∘ וגובה ששים באמ[ה		11Q19 IV,10
ש]תים עשרה באמה וג[ובה ?		11Q19 IV,11
] אחת ועשרים אמה [		11Q19 IV,12
]∘∘ עשרים באמה מרבע [		11Q19 IV,13
]אמה ש[		11Q19 V,2
שמונה ועשרים באמ]ה בשמונה ועשר[ים		11Q19 V,5
עוביה ארבעים באמ]ה ומקראה גם [		11Q19 V,6
עשר]אמות כול גובה [הכיור והחלונים		11Q19 V,7
]באמה וכול הכיו[ר		11Q19 V,10
ש[מונה ועשרי]ם באמ[ה בשמונה ועשרים]		11Q19 VI,3
וגו]בהה אר[בעים] בא[מ]ה ומקר[אה גם		11Q19 VI,4
] עשר אמות כול גובה הכיור והחל[ונים		11Q19 VI,5
ורוחב השער שתים] עשרה [באמ]ה		11Q19 VI,7
]האמה/המאה ועשר ∘[← מֵאָה-1		11Q19 VII,4

אֻמְלַל ← אוּמְלַל

to trust verb **אמן-1**

ויבן להם בית **נאמן** בישראל CD III,19
אם **נאמנים** / הם וביום ראות האיש CD IX,21
ועל ההון יקבלו שני / עידים **נאמנים** CD IX,23
אל **יאמן** איש על רעהו CD X,2
וחכמת גבורה **מאמנת** בכול / מעשי אל 1QS IV,3
כ[י]א לוא / **האמינו** בברית אל [1QpHab II,4
אשר לוא **יאמינוא** / בשומעם את כול הבא[ות 1QpHab II,6
]ת ולוא **יאמינו** / בחוקי[א]ל[1QpHab II,14
ויחשוב בלא **האמין** למקור חיים ויתן י[1QH^{a} XVI,14
לכול / ממשלתם בתכון **נאמנה** מפי אל 1QH^{a} XX,9
ברוח / אשר נתתה בי **ונאמנה** שמעתי 1QH^{a} XX,12
] אפו ע◦ך **ותאמנה** בא[זוני] / עבדכה 1QH^{a} XXIII,5
]ל[ה]ם רועה **נאמן** מ◦[(I) 1Q34bis 3ii8
◦◦◦◦ אשר נ]**אמן** קדוש יש[ראל ויבחרכה (V) 4Q176 1-2ii1
] / **והאמין** [(XIX) 4Q200 3,3
ו]אף אמי איננה **מאמנת** אשר תראנ[י] עוד (XIX) 4Q200 4,4
הא[דם] / [ולנ]חשים שבועה **נא**[**מנה** (XIII) 4Q223-224 2iv4
יהיה אריה ל]שור רע **ומאמ**[**י**]**ן** (XIII) 4Q223-224 2iv10
ויא[**מין**] / [אברהם ב]אלו[הי]ם (XIII) 4Q225 2i7
ואם לא ימצא **נאמן** א[ברהם לאלוהים (XIII) 4Q225 2ii8
] / נמצא אברהם **נאמן** ל[א]ל[והים (XIII) 4Q226 7,1
ברית אל **נאמנת** / [להם להנצילם (XVIII) 4Q267 9v4
בראו]ת נשים **נאמנ**[**ות**] / [יודעות (XVIII) 4Q269 9,7
מן הטהרה לבד] / [א]ם [**נאמני**]ם [הם (XVIII) 4Q270 6iv12
ועל ההו]ן [יקבלו ש]ני עדים **נאמנ**[**ים**] (XVIII)
אל **יאמן** איש על רעה[ו לעד] (XVIII) 4Q270 6iv14
[בראות נשים] **נאמנות** וידעות ברורות (XVIII) 4Q271 3,14
ולוא **האמנתמ**[**ה** לו ולוא שמעתם בקולו (XIII) 4Q364 26aii4
כיא צדיק הואה נביא / [נ]**אמן** הואה (XIX) 4Q375 1i7
]אלהי **אתאמן** בכל דברי[ך (XXII) 4Q379 18,7
ושפט אמת ועד **נאמן** (XI) 4Q381 76-77,9
האל **הנאמן** שומר [ה]ברית והחסד (XXIX) 4Q393 3,2
במש]פטיך **הנאמן** / בכ[ל פקודיך] המבין (XXXVI) 4Q408 3+3a,6
]ולא **תאמין** עוד [(XXXIV) 4Q416 2i16
ביד כוהניו כיא המה **נאמני** ברי[ת אל (XXXVI) 4Q419 1,3
איש]**נאמן** לוא יסור מדרכי צדק[וישם] (XX) 4Q420 1aii-b,5
אי]ש **נאמן** בכו[ל דרכו ? (XX) 4Q421 10,1
איש לוז שפתים אל **תאמ**[**ין** (XXXVI) 4Q424 1,8
איש שופט בטרם ידרוש **ומאמין** בטרם [(XXXVI) 4Q424 3,1
לפני ובריתכה **אמנתה** לי (XXIX) 4Q436 1a+bi4
] / **נאמנ**[(XXIX) 4Q439 1ii1
]**נאמן** ועזר פדותו [(VII) 4Q491 11ii14
]ובעבור **נאמין** ◦[(VII) 4Q504 3ii12
]ר ל[וא] **האמינו** / [(VII) 4Q504 7,16
]לוא **נאמין** בחיינו ⟦ ⟧[(VII) 4Q508 39,2
] **אמונים** [(VII) 4Q511 67,1
על ענוים רוחו תרחף **ואמונים** יחליף בכחו (XXV) 4Q521 2ii+4,6
[ובעבור רוב]מזון **אמונ**[**י**]**ם** יגדלו (XXV) 4Q521 5i+6,7
]**נאמנים**[(XXXIII) PAM 43.699 44,1

to guard, nurse verb **אמן-2**

אל ישא **האומן** את היונק לצאת CD XI,11
אב לבני חסד / **וכאומן** לאנשי מופת 1QH^{a} XV,21
]וכשעשע עולול בחיק / **אומניו** 1QH^{a} XV,22
ובחיק **אומנתי** [1QH^{a} XVII,31
וכאומן בחיק תכלכל לכול מעש[י]כה 1QH^{a} XVII,36
וחפץ אין בו **האמונים** עלי תול[ע (V) 4Q179 1ii10

canal, channel noun **אַמָּה-2**

גל פתחו בשולי **האמא** מן הצפון (III) 3Q15 I,11
באמא הבא[ה]◦◦ בביאתך (III) 3Q15 IV,3
ברוש **אמת** המים ◦[(III) 3Q15 V,1
באמא של קי◦[(III) 3Q15 VII,3
[**בא**]**מא** שבדרך מזרח בית / אחצר (III) 3Q15 VIII,1
בשובך שבמצד **באמת** ה[מים] / דרום (III) 3Q15 IX,17

אֵמָה ← אֵימָה

אֻמָּה ← אוּמָּה

Amon proper noun **אָמוֹן-1**

← ני אָמוֹן
התיטיבי מני **אמ**[**ון** הישבה ב]יארים (V) 4Q169 3-4iii8
פשרו **אמון** הם מנשה והיארים הם (V) 4Q169 3-4iii9
היכן חלקך **אמון** ה[ש]כנה ביארי[ם] (XXX) 4Q385a 17a-eii4

faithfulness noun **אֱמוּנָה, אמנה**

לשמור **אמונה** בארצ ביצר סמוכ 1QS VIII,3
צדק אזור [מותניכה **ואמונ**]**ה** אזור חלציכה (I) 1QSb V,26
בעבור עמלם **ואמנתם** / במורה הצדק 1QpHab VIII,2
משרתיו בצדק יודעיו **באמונה** 1QM XIII,3
]נה לעבדיך **באמונה**[ל]היות זרעם לפניך 1QH^{a} IV,14
מצו[ותיך]שבים אליך **באמונה** ולב שלם [1QH^{a} VIII,26
אמונ]**ה** אי[ן מחיר (III) 2Q18 1,2
באמת ולהוכיח **באמו**[**נ**]**ה** [(III) 2Q21 1,2
והיה צדק אזור מ]תניו **וא**[**מונה** אזור חלציו (V) 4Q161 8-10,16
לשמור **א**]**מונה** בארצ ביצר סמוך (XXVI) 4Q259 II,11
הבי[נ]ו במלי ומבקשי **אמונה** (XX) 4Q298 1-2i2
ואב]קש **אמונה**[ו]לא מצאתי[(XXX) 4Q387 1,6
וכונן בקרבנו יצר **אמונות** (XXIX) 4Q393 1ii-2,6
לכה טובי **ובאמונתי** הלך תמיד[(XXXIV) 4Q418 81+81a,6
] / **ובאמונתו** ישיחו כול היום תמיד (XXXIV) 4Q418 126ii10
] / מעשיכה **ואמונה** בפרי ש[פתיכה (XXXIV) 4Q418 148ii8
]יבינום **באמונה** ו◦[(XXXIV) 4Q418a 8,2
מש]רתי **אמונתכה** (XXIX) 4Q438 10,3
]**אמונת**[ ] כול [(VII) 4Q511 17,1
ושופטי **אמונה** בכול פשעי / אשמתי (VII) 4Q511 18ii9
להגיד **אמונתכה** לתהלתכה אין חקר (IV) 11Q5 XIX,9
רוח **אמונה** ודעת חונני אל אתקלה (IV) 11Q5 XIX,14

Amoz proper noun **אָמוֹץ**

ישעיה הנביא בן / **אמוץ** לאמר פחד ופחת CD IV,14
אשר כתוב בדברי ישעיה בן **אמוץ** הנביא CD VII,10
חזון ישעיה בן **א**[**מוץ** אשר חזה על יהודה (III) 3Q4 1

אמוץ ← אוֹמֶץ

strong adjective **אַמִּיץ**

] **ואמיצי** כוח בנגל[ה (XVIII) 4Q266 5i8
] / [**ואמ**]**יצי** כו[ח בנגלה מן התורה (XVIII) 4Q267 5ii1

to languish verb **אמל-1**

בשן ו]כרמל ופרח לבנן **אמלל** (V) 4Q169 1-2,5

Aemelius proper noun **אמליוס**

]הרג **אמליוס** / [(XXXVI) 4Q333 1,4
]הרג **אמליוס** (XXXVI) 4Q333 1,8

4Q270 6v16 (XVIII)] האומן את היונ]ק לצת ולבוא

amen, surely adverb אָמֵן

1QS I,20 עוברים בברית אומרים אחריהם **אמן** אמן
1QS I,20 בברית אומרים אחריהם אמן **אמן**
1QS II,10 אחר המברכים והמקללים **אמן** אמן
המברכים והמקללים אמן **אמן**
1QS II,18 הברית יענו ואמרו אחריהם **אמן** אמן
יענו ואמרו אחריהם אמן **אמן**
4Q221 4,2 (XIII) אביהו [ואמרו כול קדושי יהוה **אמ]ן** אמן
(XIII) [ואמרו כול קדושי יהוה אמ]ן **אמן**
4Q286 1i8 (XI)]**אמן**
4Q286 5,8 (XI) א]ת דברכה **אמן** אמן
(XI) א]ת דברכה אמן **אמן**
4Q286 7i7 (XI) כבודכה בכול [קצי עו]ל[מים] **אמן** אמן
(XI) כבודכה בכול [קצי עו]ל[מים] אמן **אמן**
4Q286 7ii1 (XI) היחד יומרו כולמה ביחד **אמן** אמן
(XI) יומרו כולמה ביחד אמן **אמן**
4Q286 7ii5 (XI) ופקודתמה / לשחת עולמים **אמן** אמן
(XI) ופקודתמה / לשחת עולמים אמן **אמן**
4Q286 7ii10 (XI) עברת[א]ל [לכול עדי עולמי]ם **אמן** א[מן]
(XI) א]ל [לכול עדי עולמי]ם אמן **א[מן]**
4Q286 9,3 (XI)]**אמן** אמן
(XI)]אמן **אמן**
4Q287 1,4 (XI)]כולמה **אמן** אמן
(XI)]כולמה אמן **אמן**
4Q287 4,3 (XI)]**אמן** אמן
(XI)]אמן **אמן**
4Q287 5,11 (XI) ויברכ]וכה ביח[ד] כולמה **אמן** א[מן
(XI) ויברכ]וכה ביח[ד] כולמה אמן **א[מן**
4Q287 6,6 (XI) עד תוממה לעד **אמ]ן** אמן
(XI) עד תוממה לעד אמ]ן **אמן**
4Q287 7,2 (XI) **אמ]ן** [אמ]ן
(XI) אמ]ן **[אמ]ן**
4Q289 2,4 (XI)]◦◦ות **אמן** אמ[ן
(XI)]◦◦ות אמן **אמ[ן**
4Q290 1 (XI)]**אמן** [
4Q292 2,5 (XXIX)]ני המ[ ]◦ד [ש]לום **אמן** אמן
(XXIX)]ני המ[ ]◦ד [ש]לום אמן **אמן**
4Q293 2,2 (XXIX)]**אמן** אמן
(XXIX)]אמן **אמן**
4Q504 1-2i7 (VII)]**אמן** אמן
(VII)]אמן **אמן**
4Q504 1-2vii2 (VII) אשר הצילנו מכול צרה **אמן**[אמן
4Q504 3ii3 (VII) אמן]**אמן**
4Q504 4,15 (VII)]**אמן** אמן
(VII)]אמן **אמן**
4Q504 17ii5 (VII)] / ישר **אמן** [אמן
4Q507 3,2 (VII) דו]רות עולם **אמן** אמן[
(VII) דו]רות עולם אמן **אמן**[
4Q508 20,1 (VII)]נו **אמן** אמן
(VII)]נו אמן **אמן**
4Q509 4,5 (VII) לעולמי] עד **אמן** אמן
(VII) לעולמי] עד אמן **אמן**
4Q509 131-132ii3 (VII)]עיו **אמן** א[מן
(VII)]עיו אמן **א[מן**
4Q511 63iv3 (VII) וברוך שמכה / לעולמי עד **אמן** אמן
(VII) שמכה / לעולמי עד אמן **אמן**
4Q511 111,9 (VII)] **אמן** א[מן
(VII)] אמן **א[מן**
4Q511 150,1 (VII) **א**]מן [
4Q517 48,2 (VII)] **אמן**[

faithfulness noun אֹמֶן

1QS X,25 לשמור **אמנים** ומשפט עוז לצדקת אל

agreement, regulation adjective 1-אֲמָנָה

CD XX,12 בברית {{ה}} ו**אמנה** אשר קימו בארץ דמשק
4Q455 2 (XXXVI)] בכל **אמנה** הגידו את ◦[
4Q508 3,3 (VII) ליצ]חק וליעקוב **אמנתכ**[ה

אֲמָנָה ← אֱמוּנָה

to be strong, courageous verb אמץ

1QM I,14 להמס לבב וגבורת אל **מאמצת** ל[בב בני אור
1QM XV,7 וענה ואמר חזקו ו**אמצו** והיו לבני חיל
1QH[a] X,6 חזקים למוס לבבי ו**מאמצי** [כוח] / לפני [נג]ע
1QH[a] XIII,9 וסוד אמת **אמצתה** בלבבי
4Q364 24a-c,1 (XIII) [א]ת רוחו ו**אמץ**] את לבבו למען תתו
4Q378 3ii+4,10 (XXII) חזק ו**א[מץ** כ]י תנחיל את[העם הזה
4Q421 9,1 (XX)]◦ **יאמץ** לנ◦[
4Q429 1i3 (XXIX) וסוד א]מת **אמצתה**
4Q432 3,5 (XXIX) חזקים]לה[מ]ס לבבי ומ[**אמצי** רוח לפני נגע]
4Q469 1,2 (XXXVI)] / **מאמץ**[
4Q491 11ii13 (VII) בפרץ ואל תי[רא]ו ב**אמץ**[
4Q491 14-15,5 (VII) ואמר אליהמה חזקו ו**אמצו**[
4Q496 1-2,6 (VII) **מאמ]צת** לבב ב[ני] / [
4Q521 2ii+4,3 (XXV) ממצות קדושים / **התאמצו** מבקשי אדנ
4Q521 5i+6,6 (XXV) יהיה]טוב לך ו**אמץ** כוח

אֹמֶץ ← אוֹמֶץ

center noun אֶמְצַע

3Q15 IV,7 (III) הבינין שבעמק עכון / ב**אמצע**ן
11Q19 XXX,9 ועמוד בתוך ב**אמצע** מרובע רוחבו

to say verb 1-אמר

CD III,18 אנוש ובדרכי נדה / ו**יאמרו** כי לנו היא
CD III,21 ביד יחזקאל הנביא ל**אמר** הכהנים והלוים
CD IV,14 ישעיה הנביא בן / אמוץ ל**אמר** פחד ופחת
CD IV,15 מצודות בליעל אשר **אמר** עליהם לוי בן יעקב
CD IV,20 צו הצו הוא מטיף / אשר **אמר** הטף יטיפון
CD V,8 ומשה **אמר** אל / אחות אמך לא תקרב
CD V,12 על חוקי ברית אל ל**אמר** לא נכונו
CD VI,8 דורש התורה אשר / **אמר** ישעיה מוציא כלי
CD VI,13 אשר **אמר** אל מי בכם יסגור דלתי
CD VII,8 כסרך התורה כאשר **אמר** בין איש לאשתו
CD VII,11 ישעיה בן אמוץ הנביא / אשר **אמר** יבוא
CD VII,14 כאשר **אמר** והגליתי את סכות מלככם
CD VII,16 הם סוכת / המלך כאשר **אמר** והקימותי
CD VIII,9 ללכת בדרך רשעים אשר **אמר** אל עליהם
CD VIII,14 ואשר **אמר** משה לא בצדקתך ובישר
CD VIII,20 הדבר אשר **אמר** ירמיהו לברוך בן נרייה
CD IX,2 ואשר **א**{{ש}}<<**מ**>>**ר** לא תקום ← **אֲשֶׁר**
CD IX,7 מצות אל אשר **אמר** לו הוכח / תוכיח
CD IX,9 על השבועה אשר / **אמר** לא תושיעך ידך
CD IX,10 לפנים השפטים או מ**אמר**ם הושיע ידו לו
CD X,9 אל ביושבי הארץ **אמר** לסור את / דעתם
CD X,16 כי הוא אשר **אמר** שמור את / יום השבת
CD XV,18 **אמ]ר** [ל]הם / [

ואשר אמר מוצא שפתיך / תשמור להקים		CD XVI,6
[ע]ל שבועת האשה אשר אמ[ר לאיש]ה להניא		CD XVI,10
כי הוא אשר אמר איש את רעיהו יצ[ו]דו		CD XVI,15
כסרך התורה / כאשר אמר בין איש לאשתו		CD XIX,5
בקץ פקדת הראשון אשר אמר {{יחזקאל}}		CD XIX,11
בדרכי רשעים אשר / אמר אל עליהם		CD XIX,22
ואשר אמר משה / לישראל לא בצדקתך		CD XIX,26
אף אל בישראל כאשר אמר אין מלך		CD XX,16
וכול / העוברים בברית אומרים אחריהם		1QS I,20
מודים אחריהם לאמור נעוינו / [פ]שענו		1QS I,24
תמים בכול דרכיו ואומרים יברככה		1QS II,2
וענו ואמרו ארור אתה בכול מעשי רשע		1QS II,5
העוברים בברית אומרים אחר המברכים		1QS II,10
ואמרו ארור בגלולי לבו		1QS II,11
יתברך בלבבו לאמור שלום יהי לי		1QS II,13
באי הברית יענו ואמרו אחריהם אמן אמן		1QS II,18
ואמר יש אתי דבר לדבר		1QS VI,13
אם יומרו לו ידבר וכולה		
ועם מוצא ערב ובוקר אמר חוקיו		1QS X,10
ולאל אומר צדקי / ולעליון מכין		1QS X,11
כיא הוא אשר אמר לרשת משכנות לוא לו		1QpHab III,2
כי[א הוא אשר / אמר מגמ[ת פניהם קדים		1QpHab III,14
כיא הוא אשר אמר טהור עינים		1QpHab V,6
ואשר אמר על כן יזבח לחרמו		1QpHab VI,2
ואשר אמר למען ירוץ הקורא בו		1QpHab VII,3
ומליצי חידות לו / ויומרו הוי המרבה		1QpHab VIII,7
ואשר / אמר כי אתה שלותה גוים רבים		1QpHab IX,3
ואשר / אמר קצות עמים רבים		1QpHab X,2
ואשר אמר מדמי / קריה וחמס ארץ		1QpHab XII,6
מאז לדורותינו לאמור בקרבכם למלחמה		1QM X,2
ודבר אל העם / לאמור שמעה ישראל		1QM X,3
ואשר ד[בר]תה ביד מושה לאמור כיא תבוא		1QM X,6
הגדתה / לנו מאז לאמור דרך כוכב		1QM XI,6
גבורת ידכה בכתיים לאמור ונפל אשור בחרב		1QM XI,11
וענו ואמרו ברוך אל ישראל בכול מחשבת		1QM XIII,2
וענו ואמרו ברוך אל ישראל השומר חסד		1QM XIV,4
וענה ואמר חזקו ואמצו והיו לבני		1QM XV,7
וענה ואמר [		1QM XVI,15
וענו ואמרו ברוך שמכה אל [אלי]ם		1QM XVIII,6
ואני אמרתי חנו עלי גבורים סבבום		1QH^a X,25
ולא האזינו לדברכה כי אמרו / לחזון דעת		1QH^a XII,17
ואני אמרתי בפשעי נעזבתי מבריתכה		1QH^a XII,35
ומה או[מר] / בלוא גליתה לבי		1QH^a XX,33
[השמיעו]ואמ[ורו גדול אל עושה פלא		1QH^a XXVII,1
עש[ר] באחד ל[חו]דש לאמור [הקהל	(I)	1Q22 1i2
ובידי פקד מ[שפטכה] ואמר לי אני חל[קכה	(XXXIV)	1Q26 1,7
]◦ השמים האמ[ר	(I)	1Q30 3,3
]ין אמר[	(I)	1Q69 38,1
]ם ולו יומ[רו	(III)	2Q27 2
קחי חזון [נ]אמר עליכי חלמת / נביים	(XVI)	4Q88 VIII,13
עמו [ו]יאחזהו ויאמ[ר] אל[יו	(V)	4Q158 1-2,4
ויאמר לו מה שמכה [ויגד]	(V)	4Q158 1-2,5
וישאל יע[ק]וב [ו]יאמ[ר הגי]ד נא לי מ[ה	(V)	4Q158 1-2,6
ויבר[ך אותו שם ויאמר לו יפרכה יה[וה	(V)	4Q158 1-2,7
ביום ההואה ויאמר אל תוא[כל	(V)	4Q158 1-2,12
] / אל אהרון לאמור לך לקרא[ת	(V)	4Q158 1-2,14
יהוה לי לאמור בהוציאכה את[	(V)	4Q158 1-2,16
]◦ ויאמר יהוה אל / [	(V)	4Q158 5,3
את קול דברי אמו[ר] להמה נביא[	(V)	4Q158 6,6
ויאמר יהוה אל מושה לך אמור להמה	(V)	4Q158 7-8,3
ויאמר יהוה אל מושה לך אמור להמה	(V)	
א]שר יואמר כיא הואה זה עד יהוה יבוא	(V)	4Q158 10-12,10
] קחתו אותה יואמר ובקרוה / נאמנות	(V)	4Q159 2-4,8
]במשפט ואשר אמ[ר	(V)	4Q159 5,3
א]שר אמר אם הי[ה עמכה ישראל כחול	(V)	4Q161 2-4,2
לכן כ[ה אמ[ר אד[וני יהוה צבאות	(V)	4Q161 2-4,6
ואשר אמ[ר ונקפו סובכי [ה]יער בברזל	(V)	4Q161 8-10,6
ואשר אמר לוא[	(V)	4Q161 8-10,21
]ד ואשר אמר יעלה שמיר / [ושית	(V)	4Q162 I,3
] / אמר[	(V)	4Q162 III,7
] / ישראל ואשר אמר [ושאר עץ יערו מספר	(V)	4Q163 4-7ii7
] / לכן כוה אמר אדוני י[הוה	(V)	4Q163 4-7ii21
]לבנון ואשר אמר זוא[ת העצה היעוצה על]	(V)	4Q163 8-10,4
א]תו אל יודע ספר לא[מור קרא נא זה]	(V)	4Q163 15-16,3
לכן כוה א[מר יהוה אל בית יעקוב	(V)	4Q163 18-19,4
אש]ר אמר להם ת◦[	(V)	4Q163 22,4
] / [כיא] כ[ו]ה אמר [יה]וה קדוש [י]שראל	(V)	4Q163 23ii3
ות[אמרו] / לוא כיא על סוס ננוס	(V)	4Q163 23ii4
]אשר אמ[ר	(V)	4Q163 24,2
נדיב ולכילי] / [ ]לא יאמר שוע	(V)	4Q165 6,3
[ותאנתה] אשר אמרה אתנם הם לי [אשר	(V)	4Q166 II,18
]תו ואמר[	(V)	4Q167 18,1
גוים רבים] / [הא]מרים ת[חנף ותחז בציון	(V)	4Q168 1,5
ואמרו / שודדה נינוה מי ינוד לה	(V)	4Q169 3-4iii5
א]מר כול[	(V)	4Q172 1,1
ויואמר לבנות לוא מקדש אדם	(V)	4Q174 1-2i6
ואשר אמר לדויד ו[הניחו]תי לכה	(V)	4Q174 1-2i7
תרי]בהו על מי מריבה הא[מר] / [לאביו	(V)	4Q174 6-7,3
לבנימן אמ[ר ידיד י[הוה	(V)	4Q174 8,3
] / ולגד א[מר ברוך מרחיב גד כלביא שכן	(V)	4Q174 9-10,3
וידבר •••• אל מושה לאמור שמעת	(V)	4Q175 1
וישא משלו ויאמר נאום בלעם בנבעור	(V)	4Q175 9
וללוי אמר הבו ללוי תמיך ואורך	(V)	4Q175 14
האמר לאביו {{לוא}} / {{◦◦◦}} ולאמו	(V)	4Q175 15
ולהודות בתהלותיהו / ויאמר ארור היש	(V)	4Q175 22
נחמו נחמו עמי] / יומר אלוהיכם	(V)	4Q176 1-2i5
ועתה כ]וא אמר יה[וה בראך יעקב ויוצרך	(V)	4Q176 3,1
[אמ]ר לצפון [תני ולתימן]	(V)	4Q176 4-5,3
כיא כה [אמר] •••• חנם נמכרתם ולוא] בכסף	(V)	4Q176 8-11,4
ואשת נעורים כיא[ת]מאס אמר •••• אלוהיך	(V)	4Q176 8-11,8
ובחסדי עולם רחמתיכה אמר גואלך ••••	(V)	4Q176 8-11,10
]◦ר ואמר / [	(V)	4Q176 15,5
]ול אמר[	(V)	4Q176 22,4
עצתו המה החרב ואשר אמר[	(V)	4Q177 1-4,16
]אמרו ההולל[י]ם	(V)	4Q177 5-6,4
]ואמר אויב	(V)	4Q177 10-11,11
]לאחרית ה[י]מים אשר אמר דויד	(V)	4Q177 12-13i2
] / אמרתי[	(V)	4Q177 12-13ii5
]ובחר[ ]הכבוד אשר ויואמ[ר	(V)	4Q177 14,1
]אמר נוח / [	(V)	4Q180 2-4i7
] / ואשר אמר רד[	(V)	4Q183 1ii9
ואל יתהלל[ו] רשעים לאמור לא ימנה / לי	(V)	4Q185 1-2ii9
]יאמר המתמ◦◦◦בה ישאנה[	(V)	4Q185 1-2ii11
אמור להרויח / [מן	(XIX)	4Q200 1i4
בא [אליו] / טו[ב]יה ואמור לו שלחני	(XIX)	4Q200 4,3
ויומר רעואל לטוביה בני / חך	(XIX)	4Q200 4,6
וא[מור] / [ברוך אלהים]חי	(XIX)	4Q200 6,4
ותואמר מה מתבהלת היאה בתי	(XXII)	4Q215 1-3,5
וליע[ק]וב] לאמר לזרע[כם אתנה ארץ	(XIII)	4Q216 II,3
שני] / המינים האלה אמ[ר לנו לשבות שבת	(XIII)	4Q216 VII,9

וענו ואמ]רו ארו[ר בליעל במחשבת משטמתו	(XI)	4Q287 6,2
[וענו ואמר]ו ברוך[	(XI)	4Q289 1,6
]ואמר להם ויתנו / [	(XX)	4Q299 6i6
]אמרו ◦[	(XX)	4Q299 45,2
אמרו המשל והגידו החידה	(XX)	4Q300 1aii-b,1
א[ז]תאמרו ל[	(XX)	4Q300 1aii-b,3
מיא יאמ[ר] / [	(XX)	4Q301 2b,3
ותו]אמר לאה / [בגד	(XIII)	4Q364 4b+ei4
]ויואמר נקובני[שכרכה עלי	(XIII)	4Q364 4b-eii5
ויואמ[ר מלאך אלוהים אל יעקוב בחלום	(XIII)	4Q364 4b-eii21
ויוא]מר לבן [ליעקוב הנה הגל	(XIII)	4Q364 5a-bi5
אחי ושאלכה]ל[א]מור למי א[	(XIII)	4Q364 6,1
ויוא[מר שלחני כי עלה השחר	(XIII)	4Q364 5bii8
אליו מה] / [ש]מכה ויואמר לו יעקוב	(XIII)	4Q364 5bii10
וי[ואמר לוא יעקוב יאמר עוד שמכה]	(XIII)	
ויברך אותו ש[ם ויואמ[ר לו	(XIII)	4Q364 5bii13
אנשי (ה)מקומ(ה) ל]אמור איה[הקדשה	(XIII)	4Q364 9a-b,11
ויגידו לו לאמור עוד יה[וסף חי וכי הוא	(XIII)	4Q364 11,6
ויואמר יהוה אל מושה על[ה אלי]	(XIII)	4Q364 14,3
אל מושה] לאמור דבר אל בני יש[ראל	(XIII)	4Q364 15,5
[וי]ואמר[י]הוה סל[חתי כדבריכה	(XIII)	4Q364 18,5
את התורה הזואת לאמור [[ ]]	(XIII)	4Q364 20a-c,8
ויואמר יהוה אלי פסלכה שני[	(XIII)	4Q364 26bii+e,3
] / ההר אמר יה[וה אלי קום לכה	(XIII)	4Q364 28a-b,3
]ויו[אמר ?	(XIII)	4Q364 D,2
]ו[י]ואמר◦◦[	(XIII)	4Q364 L,2
]ה אליו לאמ[ור	(XIII)	4Q364 Y,1
ויואמרו החרטומים אל פרעוה	(XIII)	4Q365 2,4
]כוה אמר יהוה שלח את עמי ויעובדוני	(XIII)	4Q365 2,7
ויואמר מושה אל ה[עם]אל תיראו	(XIII)	4Q365 6ai1
ילונ[ו] העם ע[ל מושה ל]אמור מה נשתה	(XIII)	4Q365 6aii+6c,10
מושה אל יהוה] לאמור מה אעשה לעמ הזה	(XIII)	4Q365 7i3
ויואמר מושה לה[ו]ת[נו כיא יבוא[	(XIII)	4Q365 7ii4
יהוה אל מושה לאמור צו את בני ישראל	(XIII)	4Q365 23,4
צו את בני ישראל לאמור בבואכמה אל הארץ	(XIII)	
מצרים לאמור שא את רו[א]ש עדת ב[ני	(XIII)	4Q365 26a-b,5
ארץ כנען ויומר אלוהם[עלו זה]בנגב[	(XIII)	4Q365 32,4
ויו[אמרו] את אדוני צוה יהוה לתת	(XIII)	4Q365 36,5
ישר]אל ואמרתה[א]ליהם / [	(XIII)	4Q365a 1,4
דבר ל[אמור / [אל בני ישראל לאמור א]שה	(XIII)	4Q367 1a-b,2
אל משה לא[מר דבר אל כל עדת] / [בני	(XIII)	4Q367 2a-b,3
ו]אמרת אלהם[קדשים תהיו כי קדוש	(XIII)	4Q367 2a-b,4
רא]ה [א]תה אומר / [אלי העל את העם	(XXVIII)	4Q368 1,4
]ה אל משה לאמר	(XXVIII)	4Q368 4,2
וישבע[ו] כל אשר עשה רצוני אמר י[ה]וה	(XIX)	4Q370 1i1
עשו הרע בעיני אמר יהוה	(XIX)	4Q370 1i2
ויאמר אבי ואלהי אל	(XXVIII)	4Q372 1,16
]◦תאמר / [	(XIX)	4Q374 2i5
]באמר יהוה אליו [	(XIX)	4Q374 9,3
ואמר לוא יומת כיא צדיק הואה נביא	(XIX)	4Q375 1i6
] / ויען אליבה[וי]אמר שמ[עי]עדת יהוה	(XXVIII)	4Q377 2ii3
] / הכרתי ו[אמר [	(XXII)	4Q378 6ii6
] / לאמור [ ]ל[	(XXII)	4Q378 20ii4
] בדבריו ויאמר בת◦◦◦[	(XXII)	4Q379 17,3
ויהללהו בחניו ויאמרו קום א[להי	(XI)	4Q381 24a+b,6
ויאמר [	(XI)	4Q381 24a+b,8
ביום עברה האמרים פענה שרגו עטרת ראשי	(XI)	4Q381 31,7
וי]אמר ברוך עמ[	(XXX)	4Q383 4,2
ויאמר יהוה / אלי אני אראה[ ]את	(XXX)	4Q385 2,3
הנבה על העצמות ואמרת ויק◦בו עצם	(XXX)	4Q385 2,5

]ואשר אמר[	(XIII)	4Q217 5,2
ויצוהו לאמור אני זק[נתי ולוא ידעתי יום	(XIII)	4Q219 I,12
[ואל]יאמרו לרובן נעש[ו חיים וכפורים	(XIII)	4Q221 4,9
ותא[{ו}]מר ברוך יהוה אלוה[ים	(XIII)	4Q222 1,5
[וי]אומר אעשה את אשר [תואמרי לי	(XIII)	4Q223-224 2ii16
ות]אמר לו אנכי / [מבקשת ממכה	(XIII)	
ויאמ[ר אנכי אעשה את הכול	(XIII)	4Q223-224 2ii20
א[ז]אמר לבניו / [ולעבדיו	(XIII)	4Q223-224 2iv14
]ואמר	(XIII)	4Q223-224 57,1
ויאמר [א]לוהים / [אל אבר]הם קח את בנכה	(XIII)	4Q225 2i10
ויאמר ישחק אל אברהם [אביו הנה	(XIII)	4Q225 2ii2
ויאמר אברהם אל[ישחק בנו אלוהים	(XIII)	4Q225 2ii3
אמר ישחק אל אביו כ[פות אותי	(XIII)	4Q225 2ii4
] / שמחים ואומרים עכשו יאבד	(XIII)	4Q225 2ii7
ויקרא] / אברהם אברהם ויאמר הנני	(XIII)	4Q225 2ii9
ויאמר ע[תה ידעתי	(XIII)	
אש[ר אמר]	(XIII)	4Q226 6,8
לפנ[י ויאמר [ישחק אל יעקב] / [	(XXXVI)	4Q234 2
ואלוהים / אמר לא ידור רוחי באדם	(XXII)	4Q252 I,2
ויומר ארור כנען עבד עבדים יהייה לאחיו	(XXII)	4Q252 II,6
הש]מים / ויומר אליו עת[ה ידעתי	(XXII)	4Q252 III,8
שכב עם בלהה פילגשו ו[א]מר בכו[רי] א[תה	(XXII)	4Q252 IV,6
אשר אמר [	(XXII)	4Q254 1,1
]אשר אמר יע[	(XXII)	4Q254 10,2
הכוהנים וה[ל]וים ואמר]ו ארור	(XXVI)	4Q256 III,4
וענו ואמרו ארור / [א]תה[בכול[	(XXVI)	4Q257 II,1
וע[ם מוצא ערב / ו[בוקר א]ומר חוקיו	(XXVI)	4Q260 III,3
ויחפרו את הבאר] אשר אמר מוש[ה	(XVIII)	4Q266 3ii10
[א]שר אמר [אל מי בכם יסגור דלתי	(XVIII)	4Q266 3ii19
ואשר / אמר וצוה הכוהן וגלחו	(XVIII)	4Q266 6i9
ואשר אמר [[ ]] כל חרם אשר יחרים	(XVIII)	4Q266 8ii8
כאשר אמר ביד / מושה על הנפש	(XVIII)	4Q266 11,1
וענה / [וא]מר ברוך את[אונ הו הכול	(XVIII)	4Q266 11,9
ויחפ[ו]ר[ו] / [א]ת הבאר אשר אמר מושה	(XVIII)	4Q267 2,9
[כאשר] אמר והס[גירו הכוהן] / [שבעת ימים	(XVIII)	4Q269 7,6
משפט האר]רה אשר אמר / [משגה עור בדרך	(XVIII)	4Q269 9,1
אם] אמרה אנוסה היתי / [	(XVIII)	4Q270 4,3
שבע שנים כאשר] אמר לא ת[	(XVIII)	4Q270 4,15
וא]שר אמר מוצא ש[פתיך תשמור להקים	(XVIII)	4Q270 6ii19
כי הו[א אשר א[מר] / [שמור את יום השבת	(XVIII)	4Q270 6v2
כ[א]שר / א[מ]ר ביד משה על הנפש	(XVIII)	4Q270 7i17
ואשר אמר כי [תמכור] / [ממכר	(XVIII)	4Q271 3,4
משפט / [הארור אשר אמ]ר משגה עור בדרך	(XVIII)	4Q271 3,9
]ויא[מר	(XVIII)	4Q271 4ii1
ביד מושה] / לאמור [על] פי הד[ברי]ם האלה	(XVIII)	4Q271 4ii3
ואש]ר אמר מוצא / שפתיך תשמור להקים	(XVIII)	4Q271 4ii7
על שבועת האשה א[שר] אמר לאישה	(XVIII)	4Q271 4ii10
כי הוא] אשר אמר איש א[ת] רעהו	(XVIII)	4Q271 4ii14
כאשר א]מר והסגיר[ו הכוהן	(XVIII)	4Q272 1i lft margin
ואשר א[מר וצוה הכוהן] / [וגלחו	(XVIII)	4Q272 1i17
] / אמר [והס]ג[י]רו[	(XVIII)	4Q273 4ii2
כי הוא אשר אמר טמא טמא	(XXXV)	4Q274 1i3
] / אמר [	(XXXV)	4Q274 2i3
]◦ת וענה ואמר [	(XXVI)	4Q275 1,4
א]מרו סר◦[	(XXXVI)	4Q282a 1
וענה ואמר ברוך את[ה אל ישראל	(XXXV)	4Q284 3,3
וענה ו]אמר ב[רוך אתה אל ישראל	(XXXV)	4Q284 7,1
עצת היחד יומרו כולמה ביחד אמן אמן	(XI)	4Q286 7ii1
וענו ואמרו ארור [ב]ליעל ב[מ]חשבת	(XI)	4Q286 7ii2
ו]ענו וי[אמרו / [	(XI)	4Q286 9,4

]כ֯יא **אמרתם** [	(XXXIV)	4Q**418** 162,2
]ו/**יאמר** 〚 〛 / [	(XIII)	4Q**422** L,1
ובאתה לפני אלהיכ]ה **לאמר** וקדשתי	(XXXIV)	4Q**423** 3,5
]ק **יאמר**[	(XXXIV)	4Q**423** 5,8
איש תלונה אל **תאמ**[ר ממנו] / לקחת הון	(XXXVI)	4Q**424** 1,7
] / **א**[ו]מר[ ]◦[	(XX)	4Q**425** 4ii6
ה]שמיעו **ואמ**[ו]**רו** גדול אל ע[ושה פלא]	(XXIX)	4Q**427** 7ii7
יומרו ברוכ אל ה[מפ]לי [פ]לאות גאות	(XXIX)	4Q**427** 7ii12
]כי **אמר**[ו ל]חזון דעת [לא נכון	(XXIX)	4Q**430** 6
השמיעו ‸**אמורו** גדול אל עושה / [פלא	(XXIX)	4Q**431** 2,6
ואני **אמרת**]י בפש[עי נעזבתי מבריתכה]	(XXIX)	4Q**432** 10,1
]◦ **אמר** א[	(XXIX)	4Q**443** 10,1
ויאומרו לעליו[ן	(XXIX)	4Q**457b** II,7
א]**מר** לרישון לאמור[	(XXXVI)	4Q**458** 1,7
א]מר לרישון **לאמור**[	(XXXVI)	
]ויברכהו וי[**ואמר**	(XXXVI)	4Q**460** 5,1
בכן **יאמר**[	(XIX)	4Q**462** 1,4
על כן **יואמר**[ו	(XIX)	4Q**462** 1,10
ויזכור אל את דברו אשר **אמר** 〚 〛[	(XIX)	4Q**463** 1,1
בני ישראל **לא**]**מור** גם בהיותם בארצות	(XIX)	4Q**463** 1,2
] / כאשר **אמר** לאברה[ם ידוע תדע כי גר	(XIX)	4Q**464** 3ii3
]◦ר **אמר** לתת לו א[ת הארץ	(XIX)	4Q**464** 7,3
] ל[**א**]**מר** ל[	(XIX)	4Q**464b** 1,1
]◦ **אמר** [	(XIX)	4Q**464b** 2,2
א]**מר** אל אלוהי [ישראל ?	(XXXVI)	4Q**466** 2
]הגוים לישראל כ◦[	(XXXVI)	4Q**467** 1+2,3
ב]עת ההיא **יאמר** מ[יכ]אל אל צדקיה / [	(XIX)	4Q**470** 1,5
ות]**אמרו** נלחמה מלחמותיו כיא גאלנו	(XXXVI)	4Q**471a** 3
]ך בקינה **וייאמר** / [	(XXII)	4Q**481a** 3,3
[וע]נו **ואמרו** ברוך א[ל]י[שראל ה]שומר	(VII)	4Q**491** 8-10i2
וענה **ואמ**[ר	(VII)	4Q**491** 10ii14
העם והרימו קול[אח]ד **ואמרו**[	(VII)	4Q**491** 13,8
ו]ענה **ואמר** אליהמה חזקו ואמצו[	(VII)	4Q**491** 14-15,5
]לוא ד◦[ ]◦ **אמר** ר◦◦◦[	(VII)	4Q**491** 35,1
וענה **וא**[**מר**] / [ברוך אל ישראל	(VII)	4Q**502** 6-10,2
] **ואמר**[	(VII)	4Q**502** 12,4
] / [וענו]**ואמרו** ברוך[א]ל[ישראל	(VII)	4Q**502** 19,6
ו]**אמר** [	(VII)	4Q**502** 26,2
ואמ]**רו** ברו[ך	(VII)	4Q**502** 125,4
וענו [**וא**]**מרו** ברוך א[ל ישראל] / הסותם[	(VII)	4Q**503** 1-6iii6
וענו **וא**]**מרו** בר[וך אל] ישראל[	(VII)	4Q**503** 1-6iii18
וענו **ואמר**]ו ברוך אל יש[ראל	(VII)	4Q**503** 7-9,6
וא]**מרו** ברוך[	(VII)	4Q**503** 19,1
]ל[ ] **לאמור** לנו [	(VII)	4Q**503** 21-22,2
וענו **ואמרו** ב[רוך אל ישראל	(VII)	4Q**503** 29-32,22
וענו **ואמר**[ו ברוך אל ישראל] / [	(VII)	4Q**503** 33i+34,18
וענו **ואמ**[רו ברוך אל ישראל	(VII)	4Q**503** 42-44,4
וענו **וא**[מרו] ברוך אל יש[ראל]	(VII)	4Q**503** 48-50,7
וענו **וא**]**מרו** ברוך אל יש[ראל	(VII)	4Q**503** 51-55,6
וענ]ו **ואמרו** ברוך אל ישראל [	(VII)	4Q**503** 51-55,12
]וענו **ואמרו** ב[רוך אל ישראל	(VII)	4Q**503** 65,1
וענו **וא**]**מרו**[ברוך	(VII)	4Q**503** 66,4
וענ]ו **ואמרו**[ברוך	(VII)	4Q**503** 84,3
]וענו **וא**[**מרו**	(VII)	4Q**503** 221,1
]◦ **ואמרו**	(VII)	4Q**509** 229,2
]**תאומרו** ל◦[	(VII)	4Q**510** 7,2
]שר י[ברך וענה] **ואמר** ברוך אתה / [אל	(VII)	4Q**512** 33+35,6
וברך וענ[ה] **ואמר** ברוך אתה[אל ישראל	(VII)	4Q**512** 29-32,8
ובר]ך וענה **ואמ**[ר ברוך] / [את]ה אל	(VII)	4Q**512** 1-6,1
וברך]וענה **ואמר** / [ב]רוך את‸ אל ישר[אל	(VII)	4Q**512** 40-41,2
ויאמר שנית הנבא ויעלו עליהם	(XXX)	4Q**385** 2,6
ויאמר שוב אנבא על ארבע רוחות השמים	(XXX)	4Q**385** 2,7
ו]**אמרה** יהוה מתי יהיו אלה ויאמר	(XXX)	4Q**385** 2,9
מתי יהיו אלה **ויאמר** יהוה אל[י	(XXX)	4Q**385** 2,9
ויאמר יהוה אלי בן[אדם אמ]ור	(XXX)	4Q**385** 3,4
ויאמר יהוה אלי בן[אדם **אמ**]**ור** להם[	(XXX)	
עד אשר **יאמרו** / האדם הלא ממהרים הימים	(XXX)	4Q**385** 4,2
ויאמר יהוה אלי לא אש[י]ב פניך	(XXX)	4Q**385** 4,4
] / מצער כאשר **אמרת** ל[	(XXX)	4Q**385** 4,6
כא]שר **אמרתי** ליע[קוב	(XXX)	4Q**385a** 3a-c,4
]◦[ ]ל[ ]**ואמרה**[א]ת / [	(XXX)	4Q**385a** 15i5
ידר]ושן ליהוה **לאמר**[	(XXX)	4Q**385a** 16a-b,7
] / **ויאמרו** לו דרוש[נא בעדנו	(XXX)	4Q**385a** 18ii2
דבר יהוה אלי]**לא**[**מר** בן] / [אדם הנב]א	(XXX)	4Q**385b** 1,1
בן] / [אדם הנב]א **ואמרת** הנה בא יום	(XXX)	4Q**385b** 1,2
לאמר לע[	(XXX)	4Q**385c** A,1
ויאמר אלי התבונן / בן אדם באדמת	(XXX)	4Q**386** 1ii1
ואמר ראיתי יהוה והנה חרבה	(XXX)	4Q**386** 1ii2
ויאמר יהוה בן בליעל יחשב לענות	(XXX)	4Q**386** 1ii3
כאשר **יאמרו** היה השל[ו]ם והשדך	(XXX)	4Q**386** 1ii7
ואמרו תה[י]ה הארץ / כאשר היתה	(XXX)	
ותא]**מרו** עזב[תנו אלהינו ותמאסו]	(XXX)	4Q**387** 1,2
לבכי ולמספר והמה **אמר**[ו	(XXX)	4Q**387** A,3
]**ויאמרו** ת[	(XXX)	4Q**387a** 4,6
אדם הנבא על העצמות] **ואמרת** וי[ ]קו[	(XXX)	4Q**388** 7,7
כא]שר **אמרתי** ליעק[וב	(XXX)	4Q**388a** 3,3
] / **ויאמ**[ר	(XXX)	4Q**388a** A,2
]ץ **אמר**[	(XXX)	4Q**388a** F,2
] / **ואמר**[	(XXX)	4Q**388a** H,2
]**ויאמ**[ר	(XXX)	4Q**388a** I,3
[בואם אל]קדש ברנע **ואמרה** להם [ ]ל[	(XXX)	4Q**389** 2,4
כאשר]**אמרו** תנה לנו מלך אשר[	(XXX)	4Q**389** 5,2
]תי אלהם **ויאמר**[ו	(XXX)	4Q**389** 9,2
] **ואמרה** [	(XIX)	4Q**391** 20,2
]**אמור** למל[ך	(XIX)	4Q**391** 25,5
]◦ **ותומר** אלי[	(XIX)	4Q**391** 26,2
]נל רגלי •••• **ויא**[מר	(XIX)	4Q**391** 36,1
]ראה **ואומר** אליו[	(XIX)	4Q**391** 36,2
]**אמור** 〚 〛[	(XIX)	4Q**391** 47,1
]**ויאומ**[ר	(XIX)	4Q**391** 50,2
]◦תו **ויאמר**[	(XIX)	4Q**391** 52,6
בטח]ו / גוים וממלכות **יומ**[רו	(XXIX)	4Q**393** 1ii-2,9
על המוצקות אנחנו **אומר**[ים] שהמ שאין בהמ	(X)	4Q**394** 8iv5
המוצק]ו[ת אנחנו] / **אומרים** שהם שאין בהם	(X)	4Q**396** 1-2ii7
אנחנו / **א**[**ומרים** שלוא י]בואו {{לט}}	(X)	4Q**396** 1-2iii5
אנחנו **אומרים** שכול עצם ש[היא חסרה]	(X)	4Q**396** 1-2iv2
שאנחנו **א**[**ומ**]**רים** שכול[עצם שהיא חסרה	(X)	4Q**397** 6-13,11
וברך וענה ו]**אמר** ברוך / [אתה אל ישראל	(XXXV)	4Q**414** 1ii-2i1
וענה **ואמר** ברוך א[תה אל ישראל	(XXXV)	4Q**414** 2ii-4,6
]**ואמר**[ברוך אתה אל ישראל	(XXXV)	4Q**414** 29,2
אביון אתה אל **תאמר** רש אני	(XXXIV)	4Q**416** 2iii12
] אל **תאמר** [	(XXXIV)	4Q**417** 1ii15
אף הו]ן בלו[ ]תני פן **יומר** בזני ונפלה א[	(XXXIV)	4Q**418** 8,11
[אביון א]תה אל **תאמר** רש אני	(XXXIV)	4Q**418** 9+9a-c,13
איכה **תאמרו** יגענו בבינה ושקדנו לרדוף	(XXXIV)	4Q**418** 69ii11
האמור יאמרו יגענו בפעלות אמת ויעפ[נו]	(XXXIV)	4Q**418** 69ii13
האמור **יאמרו** יגענו בפעלות אמת ויעפ[נו]	(XXXIV)	
]**אמר** ◦[	(XXXIV)	4Q**418** 120,2
]**תאומר** / [	(XXXIV)	4Q**418** 123i2
]סב **יומר** צב[	(XXXIV)	4Q**418** 145,2

4Q512 42-44ii3	(VII)	וברך וענה] / ו**אמר** ברוך[א]תה[אל
4Q512 51-55ii8	(VII)	] / יברך וענה ו**אמ**[ר ברוך אתה אל ישראל
4Q512 154,2	(VII)	]**אמר**[
4Q522 21,2	(XXV)	**א**]**מרו**
5Q10 1,3	(III)	]כיא מלך גדול א[ני] **א**[**מר** יהוה צבאות
5Q12 2	(III)	] / אשר **אמר** לוא ה[וכח
6Q11 6	(III)	]ו**אמרתה** הגפן הנטעת אשמ[ר
11Q5 XVIII,11	(IV)	על אוכלסה בשבע **נאמרה** ועל שתותמה
11Q5 XXVIII,5	(IV)	ואשימה ליהוה כבוד **אמרתי** אני בנפשי
11Q11 V,5	(XXIII)	ו**א**]**מרתה** אליו / מי אתה [הילוד
11Q11 V,11	(XXIII)	ו]**אמרתה** ה[
11Q13 II,2	(XXIII)	]ל ואשר **אמר** בשנת היובל [הזואת
11Q13 II,10	(XXIII)	בשירי דויד אשר **אמר** אלוהים [נ]צב
	(XXIII)	ועליו **אמ**[**ר** ו]עלי[ה] / למרום שובה
11Q13 II,11	(XXIII)	ואשר **א**[**מר** עד מתי ת]שפוטו עוול
11Q13 II,15	(XXIII)	זואת הואה יום ה[שלום א]שר **אמר**[
	(XXIII)	ישע]יה הנביא אשר **אמר**[מה]נאוו
11Q13 II,16	(XXIII)	משמיע ישוע]ה [**א**]**ומר** לציון [מלך]אלוהיך
11Q13 II,18	(XXIII)	כאשר **אמר** דנ[יאל עליו עד משיח נגיד
11Q13 II,25	(XXIII)	ואשר **אמר** והעברתמה שו[פר ב]כול [א]רץ
11Q19 LIV,9		אשר דבר אליכה **לאמור** / נלכה ונעבודה
11Q19 LIV,20		**לאמור** / נלכה ונעבודה אלוהים אחרים
11Q19 LV,3		**לאמור** יצאו אנש[י]ם [ב]ני [בלי]על מקרבכה
11Q19 LV,4		**לאמור** נלכה ונעבודה אלוהים
11Q19 LVI,4		הדבר / אשר **יואמרו** לכה מספר התורה
11Q19 LVI,6		ועל פי המשפט אשר **יואמרו** לכה / תעשה
11Q19 LVI,13		וישבתה / בה ו**אמרתה** אשימה עלי מלך
11Q19 LVI,17		ואנוכי **אמרתי** לכה לוא / תוסיף לשוב
11Q19 LXI,2		וכי **תואמר** {{אל}} בלבבכה [א]יך נדע
11Q19 LXI,15		וידבר אל העם ו**אמר** אליהמה שמע ישראל
11Q19 LXII,3		לדבר אל העם ו**אמרו** מי האיש הירא ורך
11Q19 LXIII,5		וענו ו**אמרו** ידינו / לוא שפכו את הדם
11Q19 LXIV,4		ו**אמרו** אל זקני עירו בננו זה סורר
11Q19 LXV,8		ו**אמר** את האשה הזואת לקחתי
11Q19 LXV,10		ו**אמר** אבי הנערה / אל הזקנים
11Q19 LXV,12		**לאמור** לוא מצאתי לבתכה בתולים
PAM 43.663 43,1	(XXXIII)	]◦**אמר** לי [
PAM 43.672 81,1	(XXXIII)	]**אמרת** / [
PAM 43.678 8,2	(XXXIII)	] **יאמר** ◦[
PAM 43.679 9,2	(XXXIII)	]**אמרתה** לשת[
PAM 43.692 41,1	(XXXIII)	]ם **ויאמר** ◦[
PAM 43.698 21,2	(XXXIII)	]וענה ו**אמ**[ר

word, utterance noun **אֵמֶר-2**

1QS IX,25		[ו]בכול **אמרי** פיהו ירצה
4Q171 1-2i18	(IV)	הכזב אשר התעה רבים **באמרי** / שקר
4Q175 10	(V)	נואם שומע **אמרי** אל וידע דעת עליון
4Q371 1a-b,13	(XXVIII)	] דברי[ ]שקר וכול **אמרי** כזב
4Q372 1,14	(XXVIII)	דברי שקר וכל] / **אמרי** כזב ידברו
4Q372 3,6	(XXVIII)	] / אמת וכל **אמרי** פי צ[דק]
4Q403 1i35	(XI)	{{ברצון}} / {{דעת}} **לאמרי** פיהו
4Q405 23i10	(XI)	ולוא על **אמרי** / מלך בלי יתכו-נו
4Q412 1,4	(XX)	[ו]תבוך **באמרי** יו[ ]◦[ ]בינה הוציא מלים[
4Q421 1ai5	(XX)	י]תישרו **אמרינו** / [
4Q426 1i5	(XX)	]ל[ ]למ ולנוצר[י אמ]ת **אמרי** / [
4Q509 252,1	(VII)	]◦**כאמרי** [
4Q511 1,8	(VII)	כיא הופיע כבוד אלוהי / דעות **באמריו**
4Q525 14ii18	(XXV)	ושים לבכה **לא**[**מרי** פי
4Q525 14ii20	(XXV)	] / בענות צדק הוצא **אמרי**[כה
4Q525 14ii24	(XXV)	לפנים שמע **אמרם** ואחר תשיב ב[דברי
4Q525 23,7	(XXV)	] / הפך פן יהגו **באמרי**[
4Q525 24ii1	(XXV)	ונ]בון תביע **אמרה** [
11Q5 XVIII,12	(IV)	בתורת עליון **אמרי**המה להודיע עוזו
11Q5 XVIII,13	(IV)	כמה רחקה מרשעים **אמרה** מכול זדים

Immer proper noun **אִמֵּר-2**

4Q319 10,3	(XXI)	]**אמר** שכניה[
4Q320 1ii1	(XXI)	ב5 **באמר** ל30 ב23 בעשירי
4Q320 4v3	(XXI)	ב[5 **בא**]**מר** הפסח השני
4Q320 4v10	(XXI)	ב3 **באמר** הפסח
4Q321 I,3	(XXI)	בחמשה **באמר** בשלושה וע[ש]רים בעש[ירי
4Q321 VI,6	(XXI)	השמיני **באמר**[ ]התשיעי ב[יכין העשירי
4Q321 VI,9	(XXI)	השביעי / **באמר** הואה יום הזכר[ון בחזיר
4Q324 1,4	(XXI)	בעשרים [ושמונה ב]ה ביאת **אמ**[**ר**]
4Q325 2,1	(XXI)	בשנים בו שבת על **א**]**מר** בש[ל]ושה ב[ו
4Q329 2a-b,3	(XXI)	[החמשית ישבאב] / [ח]רים **אמר**[מלכיה
4Q329a 6	(XXI)	בשלשה **באמ**[**ר** הפסח הששית מעדיה

word noun **אִמְרָה**

4Q162 II,7	(V)	מאסו את תורת יהוה ואת **אמרת** קדוש
4Q175 17	(V)	כי שמר **אמרת**כה ובריתך ינצר

Amorite proper noun **אֱמֹרִי**

4Q377 1i8	(XXVIII)	ה]חוי הכנעני החתי **האמורי** היב[ו]ס[י] הגרגש[י
4Q522 9ii4	(XXV)	ויורש משם את כל **האמורי** מיר[ושלם
4Q522 9ii9	(XXV)	ועתה **האמורי** שם והכנענ[י
11Q19 II,2		גורש מפניכה] את **הא**[**מורי** ואת הכנעני]
11Q19 LXII,14		את החתי ואת **האמורי** והכנעני / החוי

yesterday adverb **אֶמֶשׁ**

4Q379 4,5	(XXII)	]לם כי **אמש** / [

truth noun **אֱמֶת**

CD II,13		וחוזי / **אמת** ובפרוש שמו שמותיהם
CD III,15		עידות צדקו ודרכי **אמתו** וחפצי רצונו
CD XX,30		קרי בחקי הברית / ו**אמת** משפטיך בנו
CD XX,31		ומשפטי / צדקו ועדוות **אמתו**
1QS I,5		ולעשות **אמת** וצדקה ומשפט / בארצ
1QS I,11		וכול הנדבים **לאמתו** יביאו כול דעתם וכוחם
1QS I,12		אל לברר דעתם **באמת** חוקי אל וכוחם לתכן
1QS I,15		ולוא לסור מחוקי **אמתו** ללכת ימין ושמאול
1QS I,19		אל ישועות ואת כול מעשי **אמתו**
1QS I,26		] **אמת** וצדיק [א]ל[ישראל ו]משפטו
1QS II,24		כיא הכול יהיו ביחד **אמת** וענות טוב
1QS II,26		י]חד **אמתו**
1QS III,6		כיא ברוח עצת **אמת** אל דרכי איש יכופרו
1QS III,7		ליחד **באמתו** יטהר מכול / עוונותו
1QS III,19		הנה רוחות / **האמת** והעול
		במעון אור תולדות **האמת** וממקור חושך
1QS III,24		ומלאכ **אמתו** עזר לכול / בני אור
1QS IV,2		לפניו כול דרכי צדק **אמת** ולפחד לבבו
1QS IV,5		ורוב חסדים על כול בני **אמת** וטהרת כבוד
1QS IV,6		בערמת כול וחבא **לאמת** רזי דעת
		אלה סודי רוח לבני **אמת** תבל
1QS IV,17		תועבת **אמת** עלילות עולה ותועבת עולה
		עולה ותועבת עולה כול דרכי **אמת**
1QS IV,19		ואז תצא לנצח **אמת** תבל
1QS IV,20		ואז יברר אל **באמתו** כול מעשי גבר
1QS IV,21		ויז עליו רוח **אמת** כמי נדה מכול תועבות
1QS IV,23		עד הנה יריבו רוחי **אמת** ועול בלבב גבר

Text	Vol.	Reference
וסוד **אמת** אמצתה בלבבי		1QHa XIII,9
סתרת מעין בינה וסוד **אמת**		1QHa XIII,26
כיא כול / מעשיהם **באמת**כה		1QHa XIV,9
וכיושיר **אמת**כה להכינם בעצתכה		1QHa XIV,10
כול גוים **אמת**כה וכול לאומים כבודכה		1QHa XIV,12
כי הביאותה **א[מת**כה וכ]בודכה		
ואשמ[חה]**באמת**כה אלי כי אתה / תשים		1QHa XIV,25
ומשקלת **אמ[ת]** ל[נ]סות אבני בחן לבנות[		1QHa XIV,26
וכול בני **אמת**ו יעורו להתם[בני] / רשעה		1QHa XIV,29
] / **אמת** ◦◦[		1QHa XIV,37
[כל]מודיכה **וכאמת**כה לישר פעמי		1QHa XV,14
לבריתכה ואתמוכה **באמת**כה		1QHa XV,20
אוד[כה אדוני] כי השכלתני **באמת**כה		1QHa XV,26
ומי **כאמת**כה		1QHa XV,28
וכול בני / **אמת**כה תביא בסליחות לפניכה		1QHa XV,30
ומפריח נצר ק[ו]דש למטעת **אמת**		1QHa XVI,10
ומשפטכה אצדיק כי ידעתי / **באמת**כה		1QHa XVII,10
ותחבא **אמת** לק[ץ		1QHa XVII,24
ובאמת נכון סמכתני וברוח		1QHa XVII,32
כי אתה אב לכול בני **אמת**כה		1QHa XVII,35
בנפלאות כאלה ובסוד **אמ[ת**כה] / תודיענו		1QHa XVIII,4
בס[ליחותיכה] / כי נשענתי **באמת**כה [		1QHa XVIII,17
אני לפי דעתי **באמת**[כה		1QHa XVIII,20
ולבני **אמת**כה נתתה שכל[		1QHa XVIII,27
]ש הרביתה נחלתו / בדעת **אמת**כה		1QHa XVIII,29
לבי בבריתכה **ואמת**כה / תשעשע נפשי		1QHa XVIII,30
כיא / [הבינ]ותני בסוד **אמת**כה		1QHa XIX,4
ואני ידעתי כי **אמת** פיכה ובידכה		1QHa XIX,7
כי הודעתם בסוד **אמת**כה / וברזי פלאכה		1QHa XIX,9
ואשמת מעל להוחד ע[ם] בני **אמת**ך		1QHa XIX,11
כי הודעתני סוד **אמת** ◦◦◦[		1QHa XIX,16
ואמתכה תופיע / לכבוד עד ושלום		1QHa XIX,26
כגדו[ל כו]חכה ורוב **אמת**כה		1QHa XIX,29
שמח נפש עבדכה **באמת**כה		1QHa XIX,30
] / **אמ[ת**		1QHa XIX,37
ואדעה כיא **אמת** / פיכה [		1QHa XXII,9
ולפתח מ[קו]ר **אמת**כה ליצר		1QHa XXIII,13
] **כאמת**כה מבשר ו[ ]◦ טובכה		1QHa XXIII,14
עם כול צעודי ומוכיחי **אמת** / [		1QHa 2i6
מלפניכה כיא נכונו **באמת**כה		1QHa 2i15
] / משפט **אמת**כה		1QHa 5,10
א]מתו בטר[ם	(I)	1Q**16** 2,1
וידעו [כי] **אמת** נע[שתה] עמהם	(I)	1Q**22** 1i11
א]מת ◦◦◦רזי פשע / [	(I)	1Q**27** 1i2
נכון הדבר לבוא **ואמת** המשא	(I)	1Q**27** 1i8
מפי כול לאומים שמע **האמת**	(I)	1Q**27** 1i9
]◦גתה **אמת** וצדק[	(I)	1Q**36** 15,2
]ל[א]יש גמולי **אמת**כ[ה	(I)	1Q**36** 15,3
לעשות] לך משפט **באמת** ולהוכיח באמו[נ]ה [	(III)	2Q**21** 1,2
ב]ארץ **באמת** ◦[	(V)	4Q**161** 2-4,5
ונשען על יהוה קדוש] / [ישר]אל **באמת**	(V)	4Q**163** 4-7ii12
[ודר]כו ישר ל**אמת**ו[	(V)	4Q**171** 1+3-4iii17
פשרו על] **האמת** אשר דבר / [	(V)	4Q**171** 3-10iv4
ועם / בחירו ישמחו בנחלת **אמת**	(V)	4Q**171** 3-10iv12
לוא **בא]מת** ולוא בצדקה / [	(V)	4Q**176** 20,1
עשרה צדיקים בעיר כיא רוח **אמת** ה◦[	(V)	4Q**177** 12-13i5
]מלאך **אמת**ו יעזור לכול בני אור	(V)	4Q**177** 12-13i7
] / תכנם **באמת**ו ו[	(V)	4Q**181** 2,8
תועי רוח ובלשון **האמת** ◦[	(V)	4Q**183** 1ii6
אמת היה[עושה כ]ול ימי ח[ייכה	(XIX)	4Q**200** 2,4
וכפי נחלת איש **באמת** יצדק וכן ישנא עולה		1QS IV,24
ירשע בו וכן / יתעב **אמת**		1QS IV,25
ולהון ולמשפט לעשות **אמת** יחד		1QS V,3
ועורף קשה ליסד מוסד **אמת** לישראל		1QS V,5
ולבית **האמת** בישראל והנלוים עליהם		1QS V,6
המתנדבים יחד ל**אמת**ו ולהתלכ ברצונו		1QS V,10
להוכיח / איש את רעהו **בא[מ]ת** וענוה		1QS V,25
לשוב ל**אמת** ולסור מכול עול		1QS VI,15
לבגוד **באמת** / וללכת בשרירות לבו		1QS VII,18
מכול / התורה לעשות **אמת** וצדקה ומשפט		1QS VIII,2
עם כול ב{{◦}}מדת **האמת** ובתכון העת		1QS VIII,4
{{ה}}עצת היחד **באמת** {{ל}} למטעת עולם		1QS VIII,5
וסוד קודש / קודשים לאהרון עדי **אמת**		1QS VIII,6
רית ניחוח ובית תמים **ואמת** בישראל		1QS VIII,9
האלה ליסוד רוח קודש ל**אמת** / עולם		1QS IX,3
ולהוכיח דעת **אמת** ומשפט צדק		1QS IX,17
ברזי פלא **ואמת** בתוך / אנשי היחד		1QS IX,18
בידו משפט / כול חי **ואמת** כול מעשיו		1QS X,17
כיא **אמת** אל היאה / סלע פעמי וגבורתו		1QS XI,4
בצדקת **אמת**ו שפטני וברוב		1QS XI,14
והולכים תמים [בכול דרכי **אמ]ת**ו	(I)	1QSb I,2
יחונכה] / [ב]**אמת** עולם [	(I)	1QSb II,28
ויקימו **באמת** [את בריתו] ובצדק	(I)	1QSb III,24
פשרו על אנשי **האמת** / עושי התורה		1QpHab VII,10
ירפו ידיהם מעבודת / **האמת** בהמשך		1QpHab VII,12
אשר / נקרא על שם **האמת** בתחלת עומדו		1QpHab VIII,9
]**אמת** לכלת בני חושך אז[		1QM I,16
יכתובו על אותותם **אמת** אל צדק		1QM IV,6
] ולהצדיק משפט **אמת**כה בכול בני איש		1QM XI,14
ואת כול מעשי **אמת**ו וזעמו / שם את ב[לי]על		1QM XIII,1
בכול מחשבת קודשו ומעשי **אמת**ו		1QM XIII,2
לבריתכה / ולס[פר]מעשי **אמת**כה		1QM XIII,9
ובגורל אור הפלתנו / ל**אמת**כה		1QM XIII,10
]ק וכול רוחי **אמת** בממשלתו		
ואנו בגורל **אמת**כה נשמחה ביד / גבורתכה		1QM XIII,12
]ל[ ]◦ר **באמת** ולהשמיד באשמה		1QM XIII,15
ואנו עם קודשכה במעשי **אמת**כה		1QM XIV,12
וכול בני **אמת**ו יגילו בדעת עולמים		1QM XVII,8
אמת ו[ ]ה ◦◦◦ה ואולת [		1QHa V,10
] אנשי **אמת** וב◦[		1QHa VI,2
כי אתה צדיק **ואמת** כול בחיריך		1QHa VI,15
[ולא] אמיר בהון **אמת**ך ובשוחד		1QHa VI,20
ולא אביא בסוד **א[מת**ך		1QHa VI,21
א]מת / [		1QHa VI,25
כיא / לא ישוה כול הון **באמת**ך ואי◦[		1QHa VII,23
כיא / אל **אמת** אתה וכול עולה ת[תעב		1QHa VII,25
]◦ר **אמת**ך בכול[		1QHa VIII,13
ק[ודשך] ולדבוק **באמת** בריתך ול[עובד]ך		1QHa VIII,16
בריתך ול[עובד]ך **באמת** ולב שלם ולאהוב		
א[רו]ך א[פי]ם ◦◦◦ חסד **ואמת** ונושא פשע [		1QHa VIII,25
וסוד **האמת** ולבני האדם עבודת העוון		1QHa IX,27
ולספר נפלאותיכה בכול מעשי **אמת**כה		1QHa IX,30
לא יבינו / אלה ובסוד **אמ[ת**כה		1QHa IX,38
ומוכי]חי {{**אמת**}} צדק בכל ח◦[		1QHa X,4
וקלס לבוגדים סוד **אמת** ובינה לישרי דרך		1QHa X,10
לבחון / [אנשי] **אמת** ולנסות אוהבי מוסר		1QHa X,14
ויהם זבול קודשו **באמת** / כבודו		1QHa XI,34
ולב ולא נכונו **באמת**כה		1QHa XII,14
לנצח משפטם ולמישרים **אמת**		1QHa XII,25
כי **אמת** אתה וצדק כול מ[עשיכה		1QHa XII,40

]מלך **אמת** [ו]צדק כול קירותו / [	(XI)	4Q**404** 5,6
{{]ם **אמתו**}} / [	(XI)	4Q**405** 3i12
ו]ברך לכול נמהרי / [רצו]ן **אמתו**	(XI)	4Q**405** 13,4
]יהם רוחי דעת ובינה **אמת** / [	(XI)	4Q**405** 17,3
[רו]חי דעת **אמת**[ו]צדק בקודש[ק]ודשים	(XI)	4Q**405** 19,4
] / **אמת** וצדק עולמ[ים	(XI)	4Q**405** 20ii-22,5
משלחותו בתכון ⟦ ⟧ **א**[**מ**]**תו** והלכו / [ ]ל[	(XI)	4Q**405** 23i13
] מה {{מ}}ב**אמת** טוב ומה {{מ}}בה∘∘[	(XXXVI)	4Q**410** 1,6
הרבה לו נחלה בדעת **אמתו** וכפי גועלו	(XX)	4Q**413** 1-2,2
] / **באמת** בריתכ[ה	(XXXV)	4Q**414** 2ii-4,3
]**אמת**[	(XXXIV)	4Q**415** 31,2
על עבודת רשעה וכל בני **אמתו** ירצו ל[	(XXXIV)	4Q**416** 1,10
תתם עוד ושלם קץ **האמ**[**ת**	(XXXIV)	4Q**416** 1,13
כי אל **אמת** הוא ומקדם שני[עולם	(XXXIV)	4Q**416** 1,14
ואז תשכב עם **האמת** ובמותכה יפר[ח לעו]לם	(XXXIV)	4Q**416** 2iii7
והתבונן בכל דרכי **אמת** וכל שורשי עולה	(XXXIV)	4Q**416** 2iii14
ואתה מבין שמחה בנחלת **אמת** וב∘[	(XXXIV)	4Q**416** 4,3
ואז תדע **אמת** ועול חכמה / [ואול]ת ת[	(XXXIV)	4Q**417** 1i6
]כיא אל הדעות סוד **אמת** וברז נהיה	(XXXIV)	4Q**417** 1i8
] / **לאמת** תדרוש	(XXXIV)	4Q**417** 1ii13
] / **האמת** ר[	(XXXIV)	4Q**417** 13,4
]**אמת** וכבוד כל∘[	(XXXIV)	4Q**417** 20,5
]בכול קצי עד כיא אל **אמת** הוא[	(XXXIV)	4Q**418** 2+2a-c,6
והתבונן]בכול דרכי **אמת** וכול שורשי עולה	(XXXIV)	4Q**418** 9+9a-c,15
כיא]אל הדעות סוד **אמת** [וברז נהיה פרש	(XXXIV)	4Q**418** 43-45i6
] / **אמת** ת[	(XXXIV)	4Q**418** 45ii14
]על **אמת** להכין כול[דרכיהם	(XXXIV)	4Q**418** 55,6
על ב]ינה הוא פלג לנוחלי **אמת** / [	(XXXIV)	
]**אמת** וירדפו אחר כול שורשי בינה	(XXXIV)	4Q**418** 55,9
]∘[ ]∘∘דתם הלוא **באמת** יתהלכו / [	(XXXIV)	4Q**418** 69ii3
וכול נהיה עולם דורשי **אמת** יעורו	(XXXIV)	4Q**418** 69ii7
ואתם בחירי **אמת** ורודפי[	(XXXIV)	4Q**418** 69ii10
הלוא **באמת** ישעשע לעד ודעה [	(XXXIV)	4Q**418** 69ii12
יגענו בפעלות **אמת** ויעפ[נו] / בכול קצים	(XXXIV)	4Q**418** 69ii13
ובאוצרו המשילכה ואיפת **אמת** פוקד[ה	(XXXIV)	4Q**418** 81+81a,9
]**באמת**[	(XXXIV)	4Q**418** 85,2
באמת הל[כ	(XXXIV)	4Q**418** 87,11
] / **ובאמת** תמלא נ[ח]לתכה והיית ה[	(XXXIV)	4Q**418** 88ii8
]חפץ **ואמת** צדק [ ]כול מעשיו ו∘[	(XXXIV)	4Q**418** 102a+b,2
]מבין **באמת** מיד כול חכמת ידי{{ם}}כה	(XXXIV)	4Q**418** 102a+b,3
מ]עוון תועבה תנקה ובשמחת **אמת** תשת[	(XXXIV)	4Q**418** 102a+b,5
]אוהב **אמת** / [	(XXXIV)	4Q**418** 122i3
] / או [ ]∘[**באמת** מיד כול אוט אנשים א[	(XXXIV)	4Q**418** 126ii2
] / [כי]באי[פ]ת **אמת** ומשקל צדק תכן אל	(XXXIV)	4Q**418** 126ii3
] / פרשם **באמת** הוא שמם ולחפציהם	(XXXIV)	4Q**418** 126ii4
ואתה **באמת** התהלך עם כול דורשי ∘[	(XXXIV)	4Q**418** 126ii11
חפצי אוט ויתכנם **באמת**[	(XXXIV)	4Q**418** 127,5
שקל כול תכונם **ובאמת**[ו	(XXXIV)	4Q**418** 127,6
]**אמת** [	(XXXIV)	4Q**418** 147,2
ל]פי רוב נחלת איש **באמ**[**ת**	(XXXIV)	4Q**418** 172,5
] **אמת** [	(XXXIV)	4Q**418** 214,1
]**אמת** ת[	(XXXIV)	4Q**418** 245,2
]∘י תשובת	(XXXIV)	4Q**418**a 12,2
] / **אמ**[**ת**	(XXXIV)	4Q**418**a 24,3
ידר]ש **אמת** משפט ובמחקר צדק / ימצא	(XX)	4Q**420** 1aii-b,3
א[**מת** נ∘∘[	(XX)	4Q**420** 4,2
] /]∘[ ]∘ **אמת** ד[	(XX)	4Q**420** 6,3
ע]ל **אמתו** יוצי[א דברו	(XX)	4Q**421** 3,3
וישפו]ט כולם **באמת** יפקוד לאבות	(XXXIV)	4Q**423** 5,4
הלוז ילוז בשפתיו אחר **אמת** לא ירצה [	(XXXVI)	4Q**424** 1,9

וחוקי **האמת** ותעודת [ה]צדק להשכיל[	(XXXVI)	4Q**215**a 1ii6
ונאצ]ה ותבל ואין **אמת** אתם	(XIII)	4Q**219** II,24
[והקים] / [ממכה מטעת ה]**אמת** בארץ	(XIII)	4Q**219** II,30
]**אמת**[	(XXXVI)	4Q**249**w 3
ברוח קודשו ליחד **באמת**[ו] יטה[ר	(XXVI)	4Q**255** 2,1
כי אם ליסד מסד **אמת** לישראל ליחד	(XXVI)	4Q**256** IX,5
ובית] / **אמת** לישראל והנלוים עליהם	(XXVI)	4Q**256** IX,6
בי]דו משפט כול חי **וא**[**מת**] / [כול מעשיו	(XXVI)	4Q**256** XX,5
לוא י[עבור ביח]ד **אמ**[**תו**] כ[י]א ג[ע]לה נפשו[	(XXVI)	4Q**257** III,1
[כי בר]וח ע[צת]**אמת** אל[דרכי איש	(XXVI)	4Q**257** III,9
כי אם ליסד[מוסד]**אמת** לישראל ליחד	(XXVI)	4Q**258** I,4
ובית **אמת** לישראל והנלוי[ם] ע[לי]הם	(XXVI)	4Q**258** I,5
ל[י]סד רוח קודש **לאמת** עולם	(XXVI)	4Q**258** VII,4
ולהוכיח דעת **אמת** ומשפט צדק לבחירי דרך	(XXVI)	4Q**258** VIII,2
להשכילם ברזי פלא **ואמת** בתוך אנשי היחד	(XXVI)	4Q**258** VIII,3
לעשות]**אמת** צדקה ומשפט / [ואהבת חסד	(XXVI)	4Q**259** II,10
והתהלך עם כול / [במדת] **האמת**	(XXVI)	4Q**259** II,13
וסוד] קדש קדשים לאהרון / עדי **אמת**	(XXVI)	4Q**259** II,15
ובית / תמים **ואמת** ב[ישרא]ל ל[הקם ברית	(XXVI)	4Q**259** II,18
דרך **האמת** כאש[ר] / כתוב [במדב]ר פ[נו	(XXVI)	4Q**259** III,4
ו]להוכיח דעת **אמת** ומשפט / צדק	(XXVI)	4Q**259** III,15
בצדקת]**אמתו** שפטני וברוב	(XXVI)	4Q**264** 1
אשר הןפ{{י}}ל שמו מן **האמות** ו[	(XVIII)	4Q**266** 5ii10
ושלם ה[אונס אם לו] דבר / **אמת** עם רעה	(XVIII)	4Q**266** 8ii6
יחשב / בכול בני **אמתו** כי געלה נפשו	(XVIII)	4Q**266** 11,7
בחרתה לזרעם נתתה חוקי **אמתכה**	(XVIII)	4Q**266** 11,11
ו]שלם האונס אם לא דבר **א**[**מת** ע]ם רעהו	(XVIII)	4Q**270** 6iii14
הקים את[דברו לדבר **א**]**מת**	(XVIII)	4Q**270** 6iii15
משה לא יחשב בכל ב]ני **אמת**[ו	(XVIII)	4Q**270** 7i20
אנש]י **אמת** ושונאי בצע[	(XXVI)	4Q**275** 2,3
ועל] / [דבר]י כול חוזי **אמ**[**תו**	(XXIX)	4Q**280** 2,7
]ם חרתה טהרת **אמת** לעמכה לה[	(XXXV)	4Q**284** 3,4
] / בגורל **א**[**מת**]כה לכ[	(XXXV)	4Q**284** 4,3
ועצת קודש וסוד **אמת** אוצר שכל	(XI)	4Q**286** 1ii7
וענות טוב וחסדי **אמת** ורחמי עולמים	(XI)	4Q**286** 1ii8
]וברכות **אמת** בקצי מ[ועד] / [	(XI)	4Q**286** 7i4
כ]ול מ∘∘[ ]**אמתו**	(XI)	4Q**286** 7i8
דברי חוזי **אמ**]**תו** ולהמיר את משפ[טי	(XI)	4Q**286** 7ii12
]**באמת** צדקכה בהנש[א מלכותכה	(XI)	4Q**287** 5,10
] **לאמת** אל ולברך שמו	(XI)	4Q**289** 1,3
ואנשי / **אמת** רדפ[ו צדק]ואהבו חסד	(XX)	4Q**298** 3-4ii7
מפי כול לאומים שמע] **האמת**	(XX)	4Q**299** 1,2
כי אתה בורר את **האמת** ואין בידך	(XXVIII)	4Q**372** 1,18
] / **אמת** וכל אמרי פי צ[דק	(XXVIII)	4Q**372** 3,6
א]**מת** עמי ברוח מש[פט	(XXVIII)	4Q**372** 13,2
]∘ **אמתך**[	(XXVIII)	4Q**372** 14,1
] **אמת** וא[	(XXVIII)	4Q**372** 22,1
]**אמת** לכל תבל [	(XXII)	4Q**379** 30,2
] / **אמת** בה וחסדו ∘∘[	(XI)	4Q**380** 1ii9
]מור ת∘∘∘ ואהלך **באמתך** ל[	(XI)	4Q**381** 47,2
] ושפט **אמת** ועד נאמן	(XI)	4Q**381** 76-77,9
ישב במשפטכם לשפט **אמת** ואין עולה[	(XI)	4Q**381** 76-77,12
]רוחיו לעשות בכם משפטי **אמת**	(XI)	4Q**381** 76-77,13
]י **אמת**	(XXX)	4Q**385**a 15i4
]∘∘∘∘ **אמת** ∘ [	(XIX)	4Q**391** 10,1
] / **אמתו** צורי בד[ני	(XI)	4Q**400** 3ii+5,3
[בנשיאי רוש יברך בשם] **אמתו**	(XI)	4Q**403** 1i12
ו]ברך לכול א[לי קרו]בי{{ם}} דעת **אמ**[**תו**	(XI)	4Q**403** 1i18
בשבעה ד[ברי]רום / **אמת**[ו וברך]	(XI)	4Q**403** 1i20
וכול רוחות צדק יודו **באמתו**	(XI)	4Q**403** 1i38

4Q**424** 3,8 (XXXVI) איש **אמת** יש[מח במש]ל
4Q**425** 2+4i7 (XX)]**אמת**[ ]ו◦[
4Q**426** 1i5 (XX)]ל[ ]למ ולנוצר[י **אמ**]**ת** אמרי / [
4Q**427** 7ii14 (XXIX) והמון] / רחמיו לכול בני **אמתו**
4Q**428** 10,6 (XXIX) ולבי להבין ב**אמת**כ[ה
4Q**428** 14,3 (XXIX) [ולפתח מקור **א**]**מת**כה ליצ[ר אשר סמכתה
4Q**429** 1i3 (XXIX) וסוד **א**]**מת** אמצתה
4Q**432** 3,2 (XXIX) ות[שם שומ]רי **אמת** נגד עוני ומוכיחי צדק[
4Q**434** 1i9 (XXIX) ויגל להם תורות שלום ו**אמת**[
4Q**437** 10,1 (XXIX)]ב**אמת**ו[
4Q**444** 1-4i+5,1 (XXIX) מיראי אל בדעת **אמת**ו פתח פי ומרוח
4Q**444** 1-4i+5,2 (XXIX)] / **אמת** לכ[ו]ל[אל]ה
4Q**444** 1-4i+5,3 (XXIX) ורוח דעת ובינה **אמת** וצדק שם אל בל[בבי
4Q**444** 1-4i+5,6 (XXIX)]רון ה**אמת** והמשפט
4Q**444** 6,4 (XXIX)]◦יד רוחי **אמת**[
4Q**449** 1,4 (XXIX)]קנאת משפטי **אמת**כה ונקמת[
4Q**487** 2,8 (VII)]**אמת** וחוכ[מה
4Q**491** 5-6,1 (VII) בזבול קוד[שכה להודות **אמ**]**ת**כה
4Q**491** 8-10i10 (VII) ו]אנו עמכה [ב]מעשי **אמת**כה נהלל[ה שמכ]ה
4Q**491** 11i10 (VII) הכינה מאז **אמת**ו ורזי ערמתו בכו[ל
4Q**491** 11ii15 (VII) בנ]י **אמת** ולהסיג לב נמס לחזק
4Q**496** 1-2,8 (VII)] **אמת** לכלת / [
4Q**502** 2,3 (VII)]ת לו בת **אמת** ומתהל[כת
4Q**511** 10,10 (VII) הושיעה אלוה[ים] / [שומר חס]ד ב**אמת**
4Q**511** 52-59,1 (VII) אפים רב החסד יסוד ה**א**[**מת**
4Q**511** 63-64ii4 (VII) ובהנכון לכול עבודת **אמת**
4Q**511** 63iii4 (VII) להצדיק / צדיק ב**אמת**כה ולהרשיע רשע
4Q**511** 148,2 (VII) **א**]**מת**ו א[
4Q**512** 14ii3 (VII)] / **אמת** ◦[
4Q**525** 5,6 (XXV)]ב**א**[**מת** ?]א[ל]תדרשוה בלב
5Q**17** 5,2 (III)]ו**אמת**ו ש◦[
6Q**18** 6,4 (III)]**אמת**ו ל[
11Q**5** XXIV,6 (IV) הרע ישיב ממני דין ה**אמת**
11Q**5** XXVI,10 (IV) חסד ו**אמת** סביב פניו
(IV) ואמת סביב פניו **אמת** / ומשפט וצדק
11Q**11** V,13 (XXIII) **א**]**מת** מח◦[אשר הצ]דקה לו[
11Q**13** II,21 (XXIII)] / ב**אמת** למ[
11Q**16** 1,3 (XXIII)]ב**אמת**כה כלי ל[
11Q**17** X,6 (XXIII) מלך / הכבוד לכול מעשי **אמת**[ו
11Q**19** LV,5 וחקרתה היטב והנה **אמת** נכון הדבר
11Q**19** LV,20 וחקרתה היטב והנה / **אמת** נכון הדבר
11Q**19** LVI,4 ויגידו לכה ב**אמת** / מן המקום
11Q**19** LVII,8 יהיו אנשי **אמת** יראי אלוהים / שונאי בצע
PAM 43.673 19,2 (XXXIII)]◦ **אמת** וש[
PAM 43.674 1,3 (XXXIII)] **אמת** [
PAM 43.691 2,3 (XXXIII)]⟦ ⟧ **אמת** [

when, where? interrogative particle **אָן**

4Q**177** 10-11,8 (V) עד **אנה** אשיתה / [עצות בנפשי
4Q**177** 10-11,9 (V) יגון בלבבי יומם] עד **אנה**[ירום איבי עלי

אן ← אַיִן-1

please! interjection **אָנָּא, אָנָּה**

4Q**443** 1,3 (XXIX)]**אנה** תט ס[
4Q**504** 1-2ii7 (VII) **אנא** אדני עשה נא כמוכה כגדול
4Q**504** 1-2vi10 (VII) **אנא** אדוני כעשותכה נפלאות מעולם

אָנָּה ← אָנָּא

אִנֵּה ← הִנֵּה

we personal pronoun **אֲנוּ**

1QS I,25 [חט]אנו הרשענו **אנו** [וא]בותינו מלפנינו
1QM XIII,7 ו**אנו** עם [ ]ל[ ]◦ וברית [כ]רתה לאבותינו
1QM XIII,12 ו**אנו** בגורל אמתכה נשמ חה ביד
1QM XIV,8 ו**אנו** שא[רית
1QM XIV,12 ו**אנו** עם קודשכה במעשי אמתכה
1Q**34**bis 3i6 (I) ו**אנו** נודה לשמך לעולם
4Q**266** 11,13 (XVIII) ו**אנו** עם פדותכה וצון מרעיתך
4Q**266** 11,14 (XVIII) ו**אנו** הקימונו ויצא המשתלח
4Q**391** 1,3 (XIX)]אל **אנו** ואונך המ◦[
4Q**491** 8-10i10 (VII) ו]**אנו** עמכה [ב]מעשי אמתכה
4Q**491** 14-15,3 (VII) ו**אנו** הננו עומדים להתקרב [
4Q**503** 1-6iii20 (VII) **אנו** עם קודשו[
4Q**503** 11,3 (VII) ו**אנו** עם קודשו מרוממים הלילה[
4Q**503** 28,5 (VII)] **אנו** ◦◦[
4Q**503** 29-32,20 (VII)]◦ **אנו** היו[ם
4Q**506** 131-132,2 (VII)]ה **אנו** ◦[
4Q**507** 1,2 (VII)] / ו**אנו** בעולה מרחם ומשדים
4Q**508** 1,2 (VII) ו**אנו** נודה ל[ש]מכ[ה לעולם
4Q**508** 39,1 (VII)] ו**אנו** חיינו בלב יגון י[ומם
4Q**509** 16,8 (VII)]ו**אנו** הב◦◦[
4Q**509** 53,1 (VII)]◦ וגם **אנו** מ[
4Q**511** 129,2 (VII)]ברוך **אנו** ב◦[

I personal pronoun **אָנוֹכִי, אָנֹכִי**

1Q**22** 1i7 (I) [כי] מגיד / **אנו**[**כי**] אשר יעזבו[ני
1Q**22** 1i9 (I) את אשר / **אנו**[**כי**] מצוך היום [לע]שות
1Q**22** 1ii4 (I) ושכ[חתה א]שר **אנוכי** [מצו]ך היום
4Q**166** II,1 (V) [והיא לוא ידעה כיא] **אנוכי** נתתי לה הדגן
4Q**167** 2,2 (V)]◦ כפיר החרון כי **אנוכי** כשחל [לא]פ[רי]ם
4Q**175** 7 (V) ידבר הנבי בשמי **אנוכי** / אדרוש מעמו
4Q**216** I,12 (XIII) לבך לכל הדב]רים אשר **אנכי** מגיד לך
4Q**216** I,14 (XIII) עשו להפר הברית אשר **א**]**נכי** כורת ביני ובינך
4Q**223-224** 2ii3 (XIII) גם **אנוכי** יוד[ע ורואה את מעשה יעקוב
4Q**223-224** 2ii13 (XIII) אבל **אנכי** אה[ב את העו]שה רצוננו
4Q**223-224** 2ii16 (XIII) ות]אמר לו **אנכי** / [מבקשת ממכה ביום מותי
4Q**252** III,4 (XXII)] צדיקים / **אנוכ**[**י**] לא[
4Q**364** 4a,2 (XIII) כי שנואה]**אנכי** ויתן
4Q**364** 30,4 (XIII) מצות[אשר **אנו**]**כ**[**י**] / [מצוה אתכם היו]מ
4Q**365** 23,5 (XIII) הארץ אשר / [**א**]**נוכי** נותן לכמה לנחלה
4Q**390** 1,3 (XXX) בדר]כי אשר **אנוכי** מצוך אשר / תעיד בהם
11Q**5** XXVIII,14 (IV)] **אנוכי** [
11Q**6** 4-5,2 (XXIII)]ודל **אנוכי** כי [
11Q**19** XXIX,7 והיו לי לעם ו**אנוכי** אהיה להם לעולם
11Q**19** XXXI,9 ועשה ככול אשר **אנוכי** מדבר אליכה
11Q**19** XLVI,12 ויראו ממקדשי / אשר **אנוכי** שוכן בתוכמה
11Q**19** XLVII,11 העיר אשר / **אנוכי** משכן את שמי
11Q**19** XLVII,18 פגוליכמה אשר **אנוכי** שוכן בתוכה
11Q**19** LI,16 הארץ אשר **אנוכי** נותן לכמה לרשתה
11Q**19** LII,19 עירי אשר **אנוכי** מקדש / לשום שמי בתוכה
11Q**19** LIII,21 ו**אנוכי** אסלח לה כי הניאה
11Q**19** LIV,3 [י]פרנו ביום שומעו ו**אנוכי** אסלח [ל]ה
11Q**19** LIV,6 כול הדברים אשר / **אנוכי** מצוכה אותמה
11Q**19** LIV,12 כי / מנשה **אנוכי** אתכמה לדעת הישכם
11Q**19** LV,2 תשמע באח[ת עריכה אשר **א**]**נוכי** נותן לכה
11Q**19** LV,13 מצוותי אשר **אנוכי** מצוכה / היום לעשות
11Q**19** LV,16 באחד שעריכה אשר / **אנוכי** נותן לכה
11Q**19** LVI,12 כי תבוא אל הארץ אשר **אנוכי** נותן לכה

11Q**19** LVI,17		**ואנוכי** אמרתי לכה לוא / תוסיף לשוב
11Q**19** LX,16		הארץ אשר **אנוכי** נותן לכה
11Q**19** LX,20		התועבות האלה **אנוכי** מורישם מלפניכה
11Q**19** LXI,14		לוא תירא / מהמה כי **אנוכי** עמכה
11Q**19** LXII,11		שלל אויביכה אשר **אנוכי** נותן לכה
11Q**19** LXII,13		רק מערי העמים אשר **אנוכי** נותן לכה
11Q**19** LXIV,12		האדמה אשר **אנוכי** / נותן לכה נחלה
11Q**20** XV,7	(XXIII)	הארץ] / אשר **אנוכי** נותן לכ֯מ֯[ה
PAM 43.680 12,5	(XXXIII)	]דן **ואנוכי** אׄ[
PAM 43.691 40,1	(XXXIII)	]◦ **אנכי**ׄ[

incurable, sick adjective **אָנוּשׁ**

1QS VII,12		ולוא היה **אנוש** ונענש ששה חודשים
1QH^{a} XIII,28		ותהי לכאיב **אנוש** ונגע נמאר בתכמי
1QH^{a} XVI,28		נגֿעי / למרורים וכאיב **אנוש** לאין עצור [
4Q**259** I,10	(XXVI)	ולוא] / היה **אׄנׄוׄשׄ**[ונע]נש [ש]שׄה חׄוׄ[דשים
4Q**429** 2,11	(XXIX)	ותהי לכאוב **אנוש** ונגע נמאר / [בתכמי

man, humanity noun **אֱנוֹשׁ-1, אֱנֹשׁ**

CD III,17		והם התגוללו בפׄשע **אנוש** ובדרכי נדה
1QS III,17		והואה ברא **אנוש** לממשלת / תבל
1QS XI,6		עיני תושיה אשר נסתרה **מאנו֯ש** דעה
1QS XI,10		כיא לאדם דרכו **ואנוש** לוא יכין צעדו
1QS XI,15		ובצדקתו יטהרני מנדת / **אנוש**
1QSb IV,1	(I)	]**אנוש** וקדוש[י
1QSb IV,2	(I)	**א**]**נוש** ובתענוג[ות בני אדם
1QH^{a} V,3		]◦ת ולהבין **אנוש**[
1QH^{a} VI,11		]ל עׄבדך [ ]◦ת **אנוש**
1QH^{a} VII,13		ל]אדם / דרכו ולא יוכל **אנוש** להכין צעדו
1QH^{a} IX,25		ומה יספר **אנוש** חטאתו ומה יוכיח
1QH^{a} IX,32		וגדול חסדיכה חזקתה רוח **אנוש** לפני נגע ◦◦[
1QH^{a} IX,34		ולבני **אנוש** כול נפלאותיכה אשר הגברתה ◦[
1QH^{a} XII,30		ואני ידעתי כי ל֯וא֯ **לאנוש** צדקה
1QH^{a} XII,31		ודרך **אנוש** ל֯וא֯ תכון כי אם ברוח
1QH^{a} XII,37		ולטהׄ[ר]**אׄנׄוׄש** מאשמה בצדקתכה
1QH^{a} XVI,40		] **אנוש** לא
1QH^{a} XVII,15		**אנוש** מאנוש יצדק וגבֿר [מגב]רׄ
		אנוש **מאנוש** יצדק וגבֿר [מגב]רׄ / ישכיל
1QH^{a} XIX,10		ולמען כבודכה טהרתה **אנוש** מפשע
1QH^{a} XIX,20		דעתי יצרי גבר ותשובת **אנוש** אׄ[תבוננה
4Q**88** VIII,5	(XVI)	נבחן אד]םׄ כדרכו / **אנוש** כמׄ[עשיו י]שׄתׄלׄםׄ
4Q**184** 1,17	(V)	במעגלי יושׄר להשגות **אנוש** בדרכי שוחה
4Q**215**a 1ii8	(XXXVI)	כול לׄשׄ[ו]ןׄ / תברכנו וכול **אנש** ישתחוו לוׄ[
4Q**264** 2	(XXVI)	ובצדקתו יטהרני מנדת **א**]**נׄוש**
4Q**266** 1a-b,7	(XVIII)	אשר נסתרו] / **מאנוש** [מספר י]מים
4Q**331** 1ii5	(XXXVI)	] / תהזׄוׄיׄ◦[
4Q**381** 31,6	(XI)	ימי עמדֿי ומה יעשה **אנוש**
4Q**381** 46a+b,5	(XI)	א[ ]◦◦נׄיׄ וׄ[ ]עׄת / לוא יעז **אנוש** ולא ירום [
4Q**412** 4,5	(XX)	]◦תׄ **אנוׄש** [
4Q**413** 1-2,1	(XX)	והתבוננו בדרכי **אנוש** ובפועלות / בני אדֿ[ם
4Q**417** 1i16	(XXXIV)	וינחילוׄנׄוׄ **לאנוש** עם ֹעם ֹרוח ← **אֱנוֹשׁ-2**
4Q**418** 8,12	(XXXIV)	וראה כיא]רבה קנאת **אנוש**
4Q**418** 55,11	(XXXIV)	]◦[ ]הֿ**כאנוש** הם כי יעצל ובן אדם
4Q**418** 77,3	(XXXIV)	מ]עׄשהו ואז תבין במשפט **אנוש** ומשקלׄ[
4Q**426** 1ii4	(XX)	ואתבוננו בׄפעו֯ל{{ו}}ת **אנׄוׄ**[**ש**
4Q**427** 1,3	(XXIX)	ות[שובת]**אנוש** אתבוננה ואכירה אׄ[בל חטאה
4Q**438** 4ii3	(XXIX)	]**אׄנוש** א֯וׄ֯ ר{{ו}}ח / [
PAM 43.676 29,2	(XXXIII)	] **אנש** ◦[

Enosh noun **אֱנוֹשׁ-2**

4Q**417** 1i16	(XXXIV)	וינחילוׄנׄוׄ **לאנוש** עם ֹעם ֹרוח ← **אֱנוֹשׁ-1**

אנוש(י) ← אִישׁ

to sigh, groan verb **אנח**

CD XIX,12		להתות התיו על מצחות **נאנחים** ונאנקים
4Q**418** 69ii5	(XXXIV)	ומה **יׄאנחוׄ** מתים על כׄ[ל יומ]ם
11Q**19** LIX,5		בארצות אויביהמה **מתאנחים** / ומזעיקים
PAM 43.663 17,2	(XXXIII)	]**אׄנח** כ◦[

sighing, groaning noun **אֲנָחָה**

1QH^{a} XIII,13		ורנת יגוני הכרתה **באנחתי**
1QH^{a} XIII,33		ואוכלה בלחׄם **אנחה** / ושקוי בדמעות
1QH^{a} XIII,34		**אׄנחׄה** ויגון / יסובבוני ובושת
1QH^{a} XIV,24		ויהם תהום **לאנחתי** ונׄפׄ[שי תגיע
1QH^{a} XVII,4		בקינה תשא [מטתי] בׄקול **אנחה**
1QH^{a} XIX,22a		**ואנחה** בכנור קינה לכול אבל
1QH^{a} XIX,26		ואין יגון **ואנחה** ועולה לׄ[וא תמצא עוד]
4Q**274** 1i1	(XXXV)	משׄכב יג[ו]ן ישכ[ב ו]מׄוׄשב **אנחה** ישב
4Q**427** 1,4	(XXIX)	ולהגו]תׄ הגי יגׄ[ון ו]**אנחה** בכנוׄר קׄ[ינה
4Q**427** 8i19	(XXIX)	כי]א [אין יג]ון **ואנחה** / [
4Q**429** 3,7	(XXIX)	ואוכלה] / [ב]לׄחׄם **אנחה** ושקוי בדמעוׄתׄ[
4Q**429** 3,8	(XXIX)	**אנחה** ויגון יׄ[סובבוני ובושת
4Q**432** 11,1	(XXIX)	ואוכלה בלחם **אנח**]**תׄי** וׄש[קוי בדמעות

we personal pronoun **אֲנַחְנוּ, נַחְנוּ**

← נַחְנוּ

CD XX,29		[ח]טׄאׄנו / רׄשׄעׄנוׄ גׄםׄ **אׄנׄחׄנׄוׄ** גׄםׄ אׄבׄוׄתׄינו
1QH^{a} 10,7		] **ואנחנו** ביחד נועדנו ועם יׄדעים
2Q**27** 5	(III)	]מׄיׄ **אנחנו** ה[ ]לׄ[
4Q**378** 19ii4	(XXII)	**ואנחנו** הברנו בכחׄ[
4Q**390** 2ii6	(XXX)	] / **אנחנו** שׁ◦[
4Q**392** 1,7	(XXIX)	**אנחנו** / בשר הלוא נשׂכיל בׂמה
4Q**394** 3-7i5	(X)	דברי] / [ה]מׂעשים שא **אׄ**[**נ**]**חׄנו** חושבים
4Q**394** 3-7ii16	(X)	**ואׄנׄחׄנו** חושבימׂ שהמקדשׂ[משכן אוהל
4Q**394** 8iii12	(X)	ואף חוש]בים **אנחנו** / [שאין
4Q**394** 8iv5	(X)	[ו]אׄף על המוצקות **אנחׂנׄוׄ** אומרׂ[ים]
4Q**394** 8iv14	(X)	ואף על הצ]רׂועימ **אׄ**[**נחנו**] / [אומרים
4Q**396** 1-2i3	(X)	ועל האוכל **אנח**]**נׄו** חושבים שאיאכל את הולד
4Q**396** 1-2iii4	(X)	ואפ על הצרועים **אׄנׄחׂנו** / א[ומרים
4Q**396** 1-2iv2	(X)	ועלׂ [טמאת נפש] / האדם **אנחנו** אומרים
4Q**397** 4,1	(X)	**א**]**נׄחׄנו** חוׄ[שבים
4Q**397** 6-13,11	(X)	ועל] / [טמאת נפש]האדם **שאנחנו** אׄ[ומ]רׄים
4Q**397** 14-21,9	(X)	ורעהׂ כי על [אלה]**אׄנחנו** נותנים א[ת
4Q**398** 11-13,3	(X)	]**וׄאנחנו** מכׂיׂרׂיםׂ שבאוו מקצתׂ הברׂכות
4Q**398** 14-17ii2	(X)	**אנחנו** כתבנו אׂליׂך / מקצת מעשי התורה
4Q**399** 1i10	(X)	כתב]נׄוׄ **אנחנו** אליך / [מקצת מעשי התורה
4Q**468**j 1,1	(XXXVI)	]**נׄחנו** [
4Q**519** 24,1	(VII)	]**נחנו** ◦◦[

I, myself personal pronoun **אֲנִי, אֲנִיא**

1QS XI,2		כיא **אני** לאל משפטי
1QS XI,9		**ואני** לאדם רשעה ולסוד
1QS XI,11		**ואני** אם / אמוט חסדי אל ישועתי
1QH^{a} IV,21		**ואני** הבינותי כי את אשר בחרתה [תתם]
1QH^{a} V,24		**ואני** עבדך ידעתי / ברוח
1QH^{a} VI,12		**ואני** ידעתי מבינתך / כי ברצונכה
1QH^{a} VI,17		[**וא**]**ני** ידעתי ברוב טובך ובשבועה
1QH^{a} VI,25		**ואני** עבדך חנותני ברוח

והלכתי]גם אני[עמכם בקרי	(XIII)	4Q365 25a-c,8
והשמותי אנׄי[את הארץ] / [	(XIII)	4Q365 25a-c,16
מכשל ויראת מא]להיך אני[יהוה	(XIII)	4Q367 2a-b,13
] / אני ידעתׄ[י] וׄהׄתׄבׄנׄנׄתי והׄ∘∘ [ ]לׄ[	(XXVIII)	4Q372 1,31
כי אתה]תׄפארת הדו ואני משיחך אתבננתׄי	(XI)	4Q381 15,7
ואני שׄ[	(XI)	4Q381 24a+b,9
ואני אכחש לפניך על חׄ[ט]ׄי	(XI)	4Q381 33+35,9
כי הגדל[ת רחמיך]ואני הרביתי אשמה	(XI)	
ואני לאזכׄרתיךׄ [במקו]ם קׄ[דשך]	(XI)	4Q381 33+35,11
ואני בך בטחתי[	(XI)	4Q381 45a+b,3
ואני אדלג כאי[ל	(XI)	4Q381 48,6
]שה ואני נפל[תי	(XIII)	4Q382 111,6
] / ואני ירמיה בכו אב[כה	(XXX)	4Q383 1,2
ויאמר יהוה / אלי אני אראה[ ]את בנׄי ישראל	(XXX)	4Q385 2,4
]את בנׄי ישראל וידעו כי אני יהוה	(XXX)	
ואף אני מ[לל]תי עמהם[	(XXX)	4Q385 3,3
] / [אר]ץ וידעו כי אני יהוה	(XXX)	4Q386 1ii1
את בני ישר]אׄל וידעו כ[י] אני יהוה[	(XXX)	4Q388 7,6
]אני[	(XIX)	4Q391 15,1
]וׄאני מ[	(XIX)	4Q391 67,1
ועתה אני את א[דני]בׄרוח / [ראיתי כאשר	(XXXVI)	4Q410 1,7
] / וגם אני מב∘[	(XXXV)	4Q414 7,4
]כי אני [	(XXXV)	4Q414 8,1
]אני ∘[	(XXXV)	4Q414 17,1
אל תאמרׄ רש אני ול[וא] / אדרוש דעת	(XXXIV)	4Q416 2iii12
אל תאמר רש אני ולׄ[וא] אדרוש דעתׄ	(XXXIV)	4Q418 9+9a-c,13
ואנׄי[נפתח לי מקור לאבל	(XXIX)	4Q427 1,2
ו]אׄני ישבת[י	(XXIX)	4Q427 6,2
כׄ[י]אׄ אני עמ אלימ מעמׄדׄ[י] / [וכבוד	(XXIX)	4Q427 7i11
ואני משׄ[כיל ידעתיכה אלי ברוח	(XXIX)	4Q427 8ii17
]ואׄנׄי יכיננׄי בׄ[	(XXIX)	4Q427 11,4
ואני יצר החמר[כדעתי]	(XXIX)	4Q428 20,2
ולכבודי] / לוא ידמה כׄיׄ אׄ[ני עם אלים	(XXIX)	4Q431 1,7
חכמים בערמ]תם ואני בתומ[כי בבריתכה	(XXIX)	4Q432 7,4
]מׄיׄ אני ומי כדׄ[ ]∘[ ]ה	(XXIX)	4Q433 1,2
כדׄ[ ]∘[ ]ה כאין ואנׄיׄ[	(XXIX)	
] ואני ∘[	(XXIX)	4Q433 3,2
ואני מיראי אׄל בדעת	(XXIX)	4Q444 1-4i+5,1
]ומה אנׄי[	(XXIX)	4Q445 2,2
] אני עזׄובׄה ומנובלהׄ[	(XXIX)	4Q445 3,2
נג]שתי אני לנוגהו [	(XXXVI)	4Q468b 1
חנ]ופות לבמהׄ אני שׄ[	(XXXVI)	4Q469 2,3
כי]אׄנׄי יׄשׄבׄ[תי ← מִי (4Q431 1,3)	(XXIX)	4Q471b 1a-d,4
כיא אני ישבתי ב[	(VII)	4Q491 11i13
אני עם אלים את{{ת}}חשב ומכוני	(VII)	4Q491 11i14
במשפטי / [לוא ידמה כ]ׄיא אניא עם אלים	(VII)	4Q491 11i18
] ואנׄי הדר ה[	(VII)	4Q491 12,4
ה]יום אני [	(VII)	4Q502 6-10,14
עם כולנׄו יחד ואני תׄ[רנן לשוני	(VII)	4Q502 19,4
וג]ם אנ[י	(VII)	4Q502 37,1
]ואנׄיׄ ∘[	(VII)	4Q502 182,1
ואני משכיל משמיע הוד תפארתו לפחד	(VII)	4Q510 1,4
ואׄ[ני אודכ]ה כׄיא למען כבודכה	(VII)	4Q511 28-29,2
]ואני מצׄירוק יצר / [חמר]קׄוׄרׄצתי ומחושך	(VII)	4Q511 28-29,3
ואני מירא אל בקצי דורותׄי	(VII)	4Q511 35,6
]∘ׄ וׄאׄ[נ]ׄי ל[	(VII)	4Q511 36,4
וׄאני תרנן לשוני צדקכה	(VII)	4Q511 63iii1
] / כפוריׄ[ם]וׄאני אהׄ[ל]לה שׄ[מכה	(VII)	4Q512 39ii1
]∘ׄת ואׄ[ני	(VII)	4Q512 33+35,8
א]נׄי עבׄ[דכה	(VII)	4Q512 28,1

ואני ידעתי בבינתך כיא לא		1QHa VII,12
ואני ידעתי כיא / לא ישוה כול הון		1QHa VII,22
[ו]אני ידעתׄי / כי לך [ ]ל∘∘		1QHa VII,25
ואני בחרתי להבר כפי כרצו[נ]ך		1QHa VIII,19
ואני על דבריך קר∘∘[		1QHa VIII,28
ואני יצר החמר ומגבל המים		1QHa IX,21
ואני הייתי נגינה לפושעים		1QHa X,11
ואני אמרתי חנו עלי גבורים סבבום		1QHa X,25
ואני במוס לבי כמים		1QHa X,28
ואני יצר / החמר מה אני		1QHa XI,23
ואני יצר / החמר מה אני		1QHa XI,24
וא]ני בתומכי בכה אתעודדה		1QHa XII,22
ואני ידעתי כי ל֯ו֯א לאנוש צדקה		1QHa XII,30
ואני רׄעׄד ורׄתׄת אחזוני		1QHa XII,33
ואני אמרתי בפשעי נעזבתי מבריתכה		1QHa XII,35
ואני הייתי על ע[		1QHa XIII,22
] אני נאלמתי ∘[		1QHa XV,1
ואני נשענתי ברׄוׄ[ב רחמיכה ובהמון]		1QHa XV,18
ואני הייתי לבׄזאי {{∘}}נ֯ה֯רות / שוטפים		1QHa XVI,14
ואני משאה {{א}}למש{{ו}}אה וממכאוב		1QHa XVII,6
ואני בכה הצׄ[		1QHa XVII,18
ואני עפר ואפר מה אזום בלוא		1QHa XVIII,5
ואני לפי דעתי באמתׄ[כה		1QHa XVIII,20
ואני מה כיא / [הבינ]ותני בסוד		1QHa XIX,3
ואני ידעתי כי אמת פיכה ובידכה		1QHa XIX,7
ואני נפתח לי מקור לאבל		1QHa XIX,19
ואׄ[ני		1QHa XIX,38
ואני משׄכיל ידעתיכה אלי ברוח		1QHa XX,11
ואני מעפר לקח[תי ומחמר		1QHa XX,24
ואני נאלמתי		1QHa XX,32
ואני יצר / [חמר		1QHa XXI,10
ואני יצר העפר ∘∘[		1QHa XXI,16
ואני איש פשע ומגולל / [		1QHa XXII,4
ואני בקצי חרון / [		1QHa XXII,5
ואני יצר החמר נשענתי / ∘∘∘[		1QHa XXII,8
ואני בקצי אתמוכה / בברׄי[תכה		1QHa XXII,10
ואני יצרׄ [החמר		1QHa XXII,15
ואׄני מה		1QHa 2i4
ואני י֯צ֯ר ה[חמר		1QHa 3,11
ואני פחדתי ממשפטכהׄ[		1QHa 4,9
אני במשפט ושב אל עפרו		1QHa 4,11
]אני הכוהן [	(I)	1Q22 1iv8
ואמר לי אני חל[קכה	(XXXIV)	1Q26 1,7
] אני[	(III)	2Q31 2,1
בכול] / [מודי א]נׄי אהבתי[ך	(XVI)	4Q88 VII,15
ברכ]הׄ ציון בכׄוׄל מודי אני / [אה]בׄתׄיך	(XVI)	4Q88 VIII,10
בני חכמים] / אנׄי בני מ[לכי קדם	(V)	4Q163 11ii4
כסא ממלכתו / [לעו]לׄםׄ אני אׄהׄיׄהׄ לוא לאב	(V)	4Q174 1-2i11
אׄתך אני וב[נה]ר[ות לוא ישטפוך	(V)	4Q176 3,3
[כיא אתך א]נׄיׄ ממזרח אבי[א זרעך	(V)	4Q176 4-5,2
כי]א אמלל אני / [	(V)	4Q177 12-13i2
ואמור לו שלחני כבר אני יודע	(XIX)	4Q200 4,3
ואני אשלחׄ מלאכים אל טובי אב[יכ]הׄ	(XIX)	4Q200 4,7
ו֯יׄצׄוהו לאמור אני זקׄ[נתי ולוא ידעתי	(XIII)	4Q219 I,12
והנא אני בן שתׄיםׄ[ושבעים ומאת שנה	(XIII)	4Q219 I,13
ועׄתה אנׄי אׄוׄהׄבׄ אׄת יעקוב מׄ[עישאו	(XIII)	4Q223-224 2ii5
אף]אנׄי [אעשה זאת] / [לכם וה]פׄקׄדׄתׄ[י	(XXXVI)	4Q249j 1,3
ו]אׄני הׄ[נני מחזק א]תׄ לב֯ב֯ פרעׄוׄהׄ	(XIII)	4Q365 6ai6
כי]אׄני יהוה[אלוהיכמה והתקדשתם	(XIII)	4Q365 17a-c,4
מארץ מׄצר[י]םׄ אׄני יהוה אלוהיׄכׄ[ם]	(XIII)	4Q365 23,2

Text	Vol	Ref
׳ְשהרו במי רח[ץ] **ואני**֯ ה]֯[ו]ם[	(VII)	4Q**512** 42-44ii5
כי **אני** חכ֯[ם	(XXV)	4Q**525** 23,4
]כיא מלך גדול **א**[**ני**] א֯[מר יהוה צבאות	(III)	5Q**10** 1,3
] בשמכה[ג]בור **אני** מירא ומע֯[	(III)	8Q**5** 1,1
גם **אני** את / שמכה אהבתי ובצלכה	(IV)	11Q**5** XIX,11
ועל חסדיכה **אני** נסמכתי	(IV)	11Q**5** XIX,13
אני נער בטרם תעיתי ובקשתיה	(IV)	11Q**5** XXI,11
בכול מודי / **אני** אהבתיך ברוך לעולמים	(IV)	11Q**5** XXII,2
ואשימה ליהוה כבוד אמרתי **אני** בנפשי	(IV)	11Q**5** XXVIII,5
כי נורא הוא אשר **אנ**]֯י עוש֯[ה עמכה		11Q**19** II,1
אשר אברא **אני** את מקדשי / להכינו		11Q**19** XXIX,9
את העיר אשר **אני** שוכן / בתוכה		11Q**19** XLV,13
כי **אני** יהוה שוכן בתוך בני ישראל		11Q**19** XLV,14
ועד כול הימים אשר **א**֯[**ני** שוכ]ן בתוכם֯		11Q**19** XLVI,4
ולוא יטמאו בהמה אשר / **אני** מגיד לכה		11Q**19** LI,7
כי **אני** יהוה שוכן / בתוך בני ישראל		
והטוב / לפני **אני** יהוה אלוהיכה		11Q**19** LIII,8
ועד כול הימים אשר]**אני** שוכן[בתוכם]	(XXIII)	11Q**20** XII,17
] **אני** [	(XXXIII)	PAM 43.668 40,1
]ש֯ **אני** ע[	(XXXIII)	PAM 43.678 48,1
] **ואני**[	(XXXIII)	PAM 43.682 43,1
] **ואני** א[ ]◦[	(XXXIII)	PAM 43.696 55,1
]**אני** ש֯[	(XXXIII)	PAM 43.698 59,1

אֲנִיא ← אֲנִי

אֳנִיָּה ← אוֹנִיָּה

אָנֹכִי ← אָנוֹכִי

to compel, force verb **אנס, אנשׁ**

Text	Vol	Ref
אל ידור אי֯ש למזבח מאום **אנוס**		CD XVI,13
ול]א היה **אנו֯ס** / [ונענש ששה חודשים	(XXVI)	4Q**261** 5a-c,6
]ם֯ **אנוס** אל ◦[	(XVIII)	4Q**266** 5i2
]◦ **אנוס** / הוא֯ [ע]ד אשר י֯וסר֯	(XVIII)	4Q**266** 8ii4
אם] א֯מרה **אנ֯וס֯ה֯** ה֯יתי / [	(XVIII)	4Q**270** 4,3
ו]שלם **האונס֯** אם לא דבר א֯[מת ע]ם רעהו֯	(XVIII)	4Q**270** 6iii14

to be angry verb **אנף**

Text	Vol	Ref
ותתאנף בם להשמידם ותחס	(VII)	4Q**504** 1-2ii8

heron noun **אֲנָפָה**

Text	Vol	Ref
והחסידה] / וה֯**אנפה** למינו ואת ה[דוכיפת	(XIII)	4Q**366** 5,3

to groan verb **אנק**

Text	Vol	Ref
התיו על מצחות נאנחים **ונאנקים**		CD XIX,12

groaning noun **אֲנָקָה-1**

Text	Vol	Ref
א]נקתם אל השמים [	(XIX)	4Q**470** 3,3

אנשׁ ← אנס

אֱנֹשׁ ← אֱנוֹשׁ-1

Anthedon proper noun **אנתדון**

Text	Vol	Ref
אנ]**ת֯דון**	(XXV)	4Q**522** 15,2

Antiochus proper noun **אנתיכוס**

Text	Vol	Ref
מלכי יון מ**אנתיכוס** עד עמוד מושלי כתיים	(V)	4Q**169** 3-4i3

portico, stoa noun **אסטאן**

Text	Vol	Ref
מתחת פנת ה**אסטאן** הדרומית	(III)	3Q**15** XI,2
]**א֯סט֯**[**אן**	(XXXVI)	4Q**468**x 1

אָסִיף ← אָסִף

prisoner noun **אָסִיר**

Text	Vol	Ref
]**א֯סירים֯**[	(XXXVI)	4Q**332** 1,7
פ֯נ֯י֯כ֯ה ובאולת֯ו֯ / מ**אסיר**	(XXXIV)	4Q**416** 2ii4
תז]כ֯ור / יגון וב֯כ֯י תת֯ר֯עה **אסירי**[**ם**	(VII)	4Q**509** 12i-13,6

storehouse noun **אָסָם**

Text	Vol	Ref
הבא בטנאיכה וב**אסמ**יכה כי֯◦[	(XXXIV)	4Q**418** 103ii3

to gather verb **אסף**

Text	Vol	Ref
לא יכתבו מ֯יו֯ם **האסף** {{יור מורה}}		CD XIX,35
ומיו֯ם֯ / **האסף** יורה ה֯יחיד עד תם		CD XX,14
כול החוקים האלה ב**האספם** ליחד		1QS V,7
אור עמ תקופתו וב**האספו** על מעון חוקו		1QS X,1
ובתקופתו עם **האספו** מפני אור		1QS X,2
מזבול קודש עם **האספם** למעון כבוד		1QS X,3
באחרית הימים ב**ה**‹**א**›**ספם**[ליחד להתה]לך	(I)	1QSa I,1
ויגרהו בחרמו / **ויספ**הו ב֯מ֯כ֯[מרתו		1QpHab V,14
ויאספו אלו כול הגוים ויקבצו		1QpHab VIII,5
ראשי אבות העדה ב**האספם** לבית מועד		1QM III,4
יכתובו על חצוצרות המשוב **אסף** אל		1QM III,10
וקהל גויים **אסף** לכלה אין שארית		1QM XIV,5
ונאספו אליהם כול מערכות המלחמה		1QM XVIII,4
ותוסף לשונם / כחרב אל תערה		1QH[a] XIII,14
מרחב פתחתה בלבבי **ויוספוה** לצוקה		1QH[a] XIII,33
ועל שאון מ֯מ֯ל֯כות ב**האספם**		1QH[a] XIV,7
הגברתה בפי בלא **נאספה**		1QH[a] XVI,35
לִפְנוֹת בוקר ובקצ / **האספו** אֱל מְעֻונתו		1QH[a] XX,7
לוא יקצור איש ולוא י]**אסוף** ל[ו מאומה	(I)	1Q**22** 1iii3
]**אסף**[	(I)	1Q**69** 8,2
]**א֯סף** בקצי חרון כיא / [	(V)	4Q**166** I,12
יא]**ס֯פו** את צ◦[	(V)	4Q**172** 1,4
ו◦[ ] לעד ו֯**נאספו** כול בני א[ור	(V)	4Q**177** 12-13i11
]**אסף֯**[	(V)	4Q**177** 23,2
באחרית הימים] / [**בה**]**אספ**[ם]ל֯י֯[חד	(XXXVI)	4Q**249**g 1-2,1
מזבול קודשו עם **האספם** למעון כבוד	(XXVI)	4Q**256** XIX,1
ע]ם ת[קופתו **בה**]**אספו** אל מעון חק֯[ו	(XXVI)	4Q**258** VIII,11
יחד] תקופתו / עם **האספו** מ֯[פני אור	(XXVI)	4Q**260** II,2
מזבול קודש עם **האס**]**פ֯ם֯** למעון / כבוד	(XXVI)	
ואס]**ף֯** את אפר הפרה / [	(XXXV)	4Q**276** 7
נוקמת נקם ברית] **ונאספ֯**[**תם** אל עריכם]	(XIII)	4Q**365** 25a-c,9
והסורף אותה ו**האוסף֯** [א]ת֯ אפרה והמזה	(X)	4Q**394** 3-7i17
[אם] יקפוץ֯ ידו **ונאספה** רו[ח כול בשר	(XXXIV)	4Q**417** 2ii+23,4
בידכה לחיות **ונאספתה** ב֯יגו֯נ֯[	(XXXIV)	4Q**418** 88ii7
אם יקפוץ ידו **ונאספה** רוח כול [בשר	(XXXVI)	4Q**419** 8ii7
]יעשו ידיו **ואספ** [	(XIII)	4Q**422** 9,1
פקוד מועדי הקיץ **ואסוף** תבואתכה בעתה	(XXXIV)	4Q**423** 5,5
ויוספוהו לצו֯[קה וישוכו בעדי	(XXIX)	4Q**429** 3,6
נאספ֯[**ה**] / [עולה ואשמה לוא ת]ה֯יה עוד	(XXIX)	4Q**431** 2,5
ל]**אספ** צד֯י֯[קי]ע֯מי	(XXIX)	4Q**439** 1i+2,1
וקהל גו֯[אים]**אסף** לכלה ואין[שארי]ת֯	(VII)	4Q**491** 8-10i3
ואחר **יאספו** המחנה בלילה [ההוא	(VII)	4Q**492** 1,8
שמחת]נ֯ו מיגוננ֯ו **ואספ֯ת֯ה֯**[נדחינו למועד	(VII)	4Q**509** 3,3
] / **אוספיו** יקב֯ו֯[צו	(XXV)	4Q**525** 24ii7
ולוא ידעתו **ואספת**ו אל תוך ביתכה		11Q**19** LXIV,15

storehouse noun **אָסֵף**

5Q16 1,4	(III)	]בْער שאול וב**אספיו** יש[

threshold noun **אסף**

11Q19 XLIX,13		ומזוזותיו **ואספיו** ומשקופיו יכבסו במים

ingathering noun **אָסִף**

4Q324d 12,2	(XXVIII)	חג]**הْאסף** ◦[

rabble noun **אֲסַפְסוּף**

4Q177 10-11,4	(V)	]◦ל אנשי בליעל וכול **האספסוף** / [
4Q177 30,2	(V)	]**סْפסוף**◦◦[

אֲסַפְסֻף ← אֲסַפְסוּף

to bind, confine, halt verb **אסר**

1QM V,3		מַעַרֶכֶת פנים על אלף איש **תאסר** המערכה
1QHa XIII,36		כי **נאסרתْי** בעבותים / לאין נתק וזקים
1Q22 1iii11	(I)	[ביום ע]שר לחודש / [כול עבודה **ת]אסר**
4Q223-224 2v13	(XIII)	אל בית הסוהר אשר יוסף] / **א[סור** שמה
4Q225 2ii13	(XIII)	ושר המשטמה ⟦ ⟧ **אסור** עْ[ליהם
4Q428 15,5	(XXIX)	כעו]ף **אסוْ[ר** עד] / [קץ רצונכה בל שלח
4Q428 25,2	(XXIX)	]מْר **אסור**[
4Q521 2ii+4,8	(XXV)	מתיר **אסורים** פוקח עורים זוקף כפْ[ופים]
11Q19 XXXIV,6		] / **ואוסרים** את רْאשי הפרים אל הטבעות
11Q19 LIII,15		לי או ישבע / שבועה **לאסור** אסר על נפשו
11Q19 LIII,16		כי תדור נדר לי או **אסרה** אסר
11Q19 LIII,18		נדרה או / את האסר אשר **אסרה** על נפשה
11Q19 LIII,19		וכול אסרה אשר **אסרה** על נפשה יקומו
11Q19 LIII,21		נדריה ואסריה / אשר **אסרה** על נפשה
11Q19 LIV,4		וגרושה כול אשר **אסרה** על נפשה / יקומו
PAM 43.694 59,2	(XXXIII)	]**אסרו** [

obligation noun **אִסָּר**

CD XVI,7		כל שבועת **אסר** אשר יקום איש על נפשו
1QS V,8		בשבועת **אסר** לשוב אל תורת מושה
2Q25 1,2	(III)	]◦י **האסרים** האלה[
4Q256 IX,7	(XXVI)	יקים על נפשו] / **באסْר** לשוב אל תורת משה
4Q258 I,6	(XXVI)	יקْ[י]םْ על נפשו **באסר** ל[שוב א]ל [ת]ורת משْ[ה
4Q270 6ii20	(XVIII)	תשמור להקים כל שבועת] / **אסْ[ר**
4Q416 2iv8	(XXXIV)	וכל שבועת **אסרה** לנْדْר נْדْ[ר
11Q19 LIII,15		או ישבע / שבועה לאסור **אסר** על נפשו
11Q19 LIII,16		תדור נדר לי או אסרה **אסר** על נפשה
11Q19 LIII,18		את נדרה או / את **האסר** אשר אסרה על נפשה
11Q19 LIII,19		וכול **אסרה** אשר אסרה על נפשה
11Q19 LIII,20		**ואסריה** / אשר אסרה על נפשה
11Q19 LIV,2		כול שבועת **א[סר** לענות נפש] / אישה יקי[מנו]

coin noun **אסתר**

3Q15 IX,3	(III)	חפוْר וגב שעת שבע / בדין **אסתרין** ארבע

also, indeed coordinating conjunction **1-אַף**

1QS XI,20		ומה **אפ** הואה בן הָאדם במעשי
1QpHab XI,3		משקה רעיהו מספח / חמתו **אף** שכר
1QHa VII,21		ומה **אף** הוא בשר כי ישכיל [ ]◦
1QHa XVIII,3		ומה **אפ**הו אדם
1QHa XVIII,12		ומה **אפ**הוא שב לעפרו
1QHa XX,31		ומْה **אפ**הו שב אל עפרו
1QHa 4,10		ומה **אפْ**הْ[ו אדם
4Q169 3-4ii6	(V)	קץ לכלל חלליהם **ואף** בגוית בשרם יכשולו
4Q176 22,1	(V)	] וגם **אף** בְמִקדוש[
4Q184 2,6	(V)	]ם רום לבב **ואף** אף הْ[
4Q200 2,7	(XIX)	**אף** ממْכْה לוא יסْ[תר פני אלהי]םْ
4Q200 4,4	(XIX)	אבי איננו] / [מאמין ו]**אף** אמי איננה מאמנת
4Q225 2i7	(XIII)	**ואْ[ף]** אם לוא ככה יהיה זרעכה
4Q313 2,1	(XXXVI)	ו]**אףْ** הْמْטעתْ[לעצי המאכל
4Q378 18ii2	(XXII)	] / **אף** ש[
4Q385 3,3	(XXX)	**ואף** אני מ[לל]תי עמהם[
4Q394 3-7i13	(X)	**וْאפْ** [כתוב
4Q394 3-7i16	(X)	**ואפ** על טהרתْ פרת החטאתْ / השוחטْ
4Q394 8iv2	(X)	[**וא]ף** על החרשים שלוא שמעו
4Q394 8iv5	(X)	[ו]**אْף** על המוצקות אנחْנוْ אומרْ[ים] שהמ
4Q394 8iv6	(X)	**ואף** המוצקות אْינْמ מבْדْילות בין
4Q395 8	(X)	**ואף** על טْהרת פְרתְ החטْ[את השוחט
4Q396 1-2ii3	(X)	**וْאפ** על החר[שים שלוא]שמעו
4Q396 1-2ii6	(X)	**ואפْ**[על המוצק]וْ[ת אנחנו] / אומרים שהם
4Q396 1-2iii2	(X)	**וْאפ** עْ[ל מ]טעתْ עצْ[י]הْמאכל הנטע
4Q396 1-2iii4	(X)	**ואפ** על הצרועים אْנْחנו / א[ומרים שלוא
4Q396 1-2iii6	(X)	ו]**אף** כתוב ש{{ב}}מֻעת שיגלח
4Q397 1-2,1	(X)	**ואפ** על עורْ[ות ועצמות הבהמה
4Q397 1-2,4	(X)	**וא]פْ** על העْ[
4Q397 5,3	(X)	**ואפ** חושבים[אנחנו
4Q397 6-13,4	(X)	**וْאפْ** על מטעْ[ת] / [עצי המאכל הנטע
4Q397 6-13,7	(X)	[מחוץ לבית **וא]פْ** כْ[תוב שמעת שיגל]חْ
4Q397 14-21,12	(X)	**ואפ** כתוב ש[תסור] מהדْ[ר]ך
4Q398 11-13,1	(X)	**ואף** הْקْללות / [ש]בْאוْ בימי
4Q398 14-17ii1	(X)	[ו]**אْףْ** / הْיْא [נ]צל מצْרות רבות
4Q398 14-17ii2	(X)	**ואף** אנחנו כתבנו אליך / מקצת
4Q416 2ii10	(XXXIV)	**אף** הון בלוْ / [
4Q417 2ii+23,14	(XXXIV)	אל] / [תותר]לו **א[ף**]◦◦[
4Q423 5,10	(XXXIV)	]עْ בْכْמה **ואףْ**[

nose, anger noun **2-אַף**

CD I,21		ויחר **אף** / אל בעדתם להשם
CD II,4		ארך **אפים** עמו ורוב סליחות / לכפר
CD II,21		מצות עשיהם עד אשר חרה **אפו** בם
CD III,8		וירגנו באהליהם ויחר **אף** אל / בעדתם
CD V,16		אל את מ[ע]שיהם ויחר **אפו** בעלילותיהם
CD VIII,13		כזב הטיף להם אשר חרה **אף** אל בכל עדתו
CD VIII,18		ובשנאו את בוני החיץ חרה **אפו**
CD IX,4		והביאו בחרון **אפו** או ספר לזקניו
CD IX,6		מיום ליום ובחרון **אפו** בו דבר בו
CD X,9		מעטו ימו ובחרון **אף** אל ביושבי הארץ אמר
CD XIX,26		ומטיף אדם / לכזב אשר חרה **אף** אל
CD XIX,31		את בוני החיץ וחרה {{**אפ**}} אפו בם
		בוני החיץ וחרה {{אפ}} **אפו** בם
CD XX,16		ובקץ ההוא יחْרה / **אْףْ** אْל בישראל
1QS II,9		ישא פני **אפו** לנקמתכה
1QS II,15		**אפ** אל וקנאת משפטיו יבערו
1QS IV,3		ורוח ענוה ואוֻרך **אפים** ורוב רחמים
1QS IV,10		ורוב חנפ קצור **אפים** ורוב אולת וקנאת זדון
1QS IV,12		מלאכי חבל לשחת עולמים **באפ** עברת אל
1QS V,12		עשו ביד רמה לעלות **אפ** למשפט ולנקום נקם
1QS V,17		נשמה **באפו** כיא במה נחשב הואה
1QS V,25		אל ידבר אלוהיהי **באפ** או בתלונה
1QS VI,26		ודבר בקוצר **אפים** לפרוע את יסוד עמיתו
1QS X,19		לוא א{{טْוْרْ}}תפוש {{**בْאפْ** לْשْבْיْ}}
		ואפיא לוא / אשיב מאנשי עולה
1QS X,20		לוא אטור **באפ** לשבי פשע ולוא ארחם
1QSb 16,2	(I)	]ה **אפْים** [

ו]ישב חרון אַ[פו ותסג]רמרים מעינו	(XXVIII)	4Q377 2i9
א]להי באפך תבלעם ותא[כלם	(XI)	4Q381 17,3
כי חרה לו עלה / באפ[ו עשן	(XI)	4Q381 24a+b,11
מנש]מת רוח אפך יאבדו כל בש[ר	(XI)	4Q381 29,3
]◦ני באף וחמה י[	(XI)	4Q381 78,2
]◦◦◦ ארך אפיכה ורוב כול ◦◦◦[	(XIII)	4Q382 104,9
חרו]נו לוא ישפוט במושבי אף כבודו	(XI)	4Q405 23i12
[ ]שלח[ ]נגפו וחרה אפו בס[	(XXXIV)	4Q415 11,8
ואז יראה אל ושב אפו ועבר על חטאותכה	(XXXIV)	4Q417 2i15
ואז יראה]אל ושב אפו וע[בר	(XXXIV)	4Q418 7a,1
ובידכה להשיב אף מאנשי רצון ולפקוד	(XXXIV)	4Q418 81+81a,10
]אף בכול דרכ[	(XXXIV)	4Q418 87,10
]עים לאף עברה [	(XXXIV)	4Q418 147,3
] אפיכה[	(XXXIV)	4Q418 242,2
]כיא לפני אפו ל[וא יעמוד	(XXXIV)	4Q418a 22,4
]בארוך אפים ישיב פתגם וש[ ] / יוציא	(XX)	4Q420 1aii-b,2
ארך] אפים [	(XX)	4Q420 2,1
בארך א[פים ישיב פתגם ובמחקר צ]דק	(XX)	4Q421 1aii-b,14
]בזעת אפ[/כה	(XIII)	4Q422 N,2
קצר אפי[ם אל	(XXXVI)	4Q424 1,12
השופט באפ כלה / [ל◦	(XXIX)	4Q427 7i21
] / אפ לכלת עולם	(XXIX)	4Q427 7ii10
ולהתיצב]לפני אפכ[ה ואין להשיב דבר	(XXIX)	4Q427 9,2
נפול קו על משפט וג]ורל א[ף ע]ל[נעזבים	(XXIX)	4Q428 5,2
זעף אף הסירותה [ממני ותשם] / [לי	(XXIX)	4Q436 1ii2
ותשם] / [לי רוח אר]ך אפים	(XXIX)	4Q436 1ii3
]לאורך אפך [	(XXXVI)	4Q461 4,3
]ור כול צבאותם באורכ אפ[ים	(XXXVI)	4Q471 2,3
הוכיחו אשר] / הואה קצר אפים [	(XXXVI)	4Q477 2ii4
ישוב נא אפכה וחמתכה מעמכה	(VII)	4Q504 1-2ii11
את קנא]תכה בכול חרון אפכה	(VII)	4Q504 1-2iii11
וחרוני אפ{{ו}}‹‹כ››ה באש קנאתכה	(VII)	4Q504 1-2v5
ועד / עולם ישוב נא אפכה וחמתכה ממנו	(VII)	4Q504 1-2vi11
נשמת חיים נ]פתחה באפו ובינה	(VII)	4Q504 8,5
לכלות רשעה ולזע[ף] / אפי אלוהים	(VII)	4Q511 35,2
ורחום]וארוך אפים רב החסד יסוד הא[מת	(VII)	4Q511 52-59,1
אור]ך אפים רוב / [	(VII)	4Q511 108,1
ובארך] / אפים הוציאם	(XXV)	4Q525 14ii25
ערבה באף תשבחתך ציון / מעלה	(IV)	11Q5 XXII,11
ובחרון אפו[ישלח]עליך מלאך תקיף[	(XXIII)	11Q11 IV,5
]חרון אף י[הוה	(XXIII)	11Q11 IV,11
אשוב מחרון אפי ונתתי לכה / רחמים		11Q19 LV,11
]אף אל בכנ[	(XXXIII)	PAM 43.698 50,1

(indeterminate) אף

] ואף [	(XXXIII)	PAM 43.678 50,2

אֵפֹד-1 ← אֵפוֹד

ephod noun **אֲפֻדָּה, אֲפוּדָּה**

כלי דמע בלגין ואפודת / הכל של הדמע	(III)	3Q15 I,9
וחבר אפדותו / ממנו הואה כמעשהו	(XIII)	4Q365 12biii5

then adverb **אֵפוֹא**

]לבכמה ומה אפוא כו[ל	(XXXIV)	4Q423 6,3

ephod noun **אֵפוֹד**

ויעשו את החשן כמעשי אפוד	(XIII)	4Q365 12biii7
מעשי חושב כמעשה אפוד	(XIII)	
] / אפודיהם יפרוש[ו	(XI)	4Q405 23ii5

וב]חרון אף וזעף / אפים ידברו עם כול[		1QpHab III,12
וב]חרון אף וזעף / אפים ידברו עם כול[		1QpHab III,13
ואף כיא הון יבגוד גבר יהיר		1QpHab VIII,3
להלחם במלכי הצפון ואפו להשמיד		1QM I,4
יכתובו סדרי דגלי אל לנקמת אפו		1QM III,6
כול בני חושך לוא ישוב אפו עד כלותם		1QM III,9
ועל אות הא[ל]ף יכתובו אף אל בעברה		1QM IV,1
זיקי דם להפיל חללים באף אל		1QM VI,3
לספר צדקותיך וארוך אפים / [ורב חס]ד		1QH[a] IV,17
] ורחום א[רו]ך א[פי]ם ◦◦◦ חסד ואמת		1QH[a] VIII,25
] וארוך אפים במשפט[ואת]ה צדקתה בכל		1QH[a] IX,6
האריכו / אפים ואל תמאסו בכול[משפטי		1QH[a] IX,37
בנפול קו על משפט וגורל אף / על נעזבים		1QH[a] XI,27
מדנים לרעי קנאה ואף לבאי בריתי ורגן		1QH[a] XIII,23
באף יעורר קנאה ולכלה [		1QH[a] XVII,3
באפכה כול משפטי נגע / ובטובכה		1QH[a] XIX,8
כיא לפני אפכ[ה		1QH[a] XX,18
כבודכה ולהתיצב לפני אפכה ואין להשיב		1QH[a] XX,30
] אפו ע◦ך ותאמנה בא[זוני]		1QH[a] XXIII,5
בטרם לא יבוא עליכ]ם חרון אף י[הוה]	(I)	1Q15 3
טרם לא יבוא עליכם יום א[ף יהוה	(I)	1Q15 4
דבר על כול יושבי] ארץ יהודה אף [יהוה]	(I)	1Q15 5
[אותם למה יב]ער וחרה אף / [אלוהיכם]	(I)	1Q22 1ii9
מש]פט אף ונפילי בש◦◦◦ל◦יכה [	(I)	1Q36 16,3
]בם וחרון אפו ◦◦◦[	(I)	1Q36 18,1
ערבה / באף תשבוחתך ציון מעל כל	(XVI)	4Q88 VIII,8
על כן חרה אף יהוה בעמו	(V)	4Q162 II,8
יהודה בכול זאת לוא] שב אפו	(V)	4Q163 4-7i18
יעמוד ומי] / [יקום]בחרון אפו פ[שרו	(V)	4Q169 1-2,11
הרף מאף ועזוב חמה ואל / תתחר	(V)	4Q171 1-2ii1
ותורתכה לישראל ישימו קטורה] באפכה	(V)	4Q174 6-7,5
ישימו קטורה באפך וכליל על מזבחך	(V)	4Q175 18
אשר אמר דויד י[ה]וה אל באפכה תו[כיחני	(V)	4Q177 12-13i2
אוי לנו כי אף אל עלה[	(V)	4Q179 1ii1
]ם רום לבב ואף אף ה[	(V)	4Q184 2,6
וביום]עברה בז[ע]ף אף וחר[ון	(XIII)	4Q223-224 2ii52
ידבר איש אל רעהו באף או בתלונה	(XXVI)	4Q258 II,5
ואפי לו[א אשיב] / מאנשי עולה	(XXVI)	4Q260 IV,8
ויחר אף אל ב[ע]דתם [להשם	(XVIII)	4Q266 2ii1
מצות עושיהם עד אשר חרה] / אפה [בם	(XVIII)	4Q266 2ii21
וי]חר אף / [אל בעדתם	(XVIII)	4Q266 2iii5
יטור לה[ם ?] באף וע[ברה] / [ע]ל פשעיהם[	(XVIII)	4Q266 9iii8
עדים והביאו ב[ח]רון] אפו או ספר [לזקנו	(XVIII)	4Q270 6iii18
מיום ליום ובחר[ו]ן אפו / [	(XVIII)	4Q270 6iii19
מע]טו / ימו ובחרון אף אל	(XVIII)	4Q270 6iv19
י]חר אף / [	(XXXVI)	4Q282j 9
ל]אין שרית בלוא סלי]חות באף עברת[א]ל	(XI)	4Q286 7ii10
] באף ובקנאת[רוח] / [	(XI)	4Q286 20,9
וחר]ון אף והתקומם בלוא	(XI)	4Q286 20,10
בלאו] סליחות בא[ף עברת אל	(XI)	4Q287 6,9
אל ידבר]◦ ל◦◦ באף ובקנאת ר◦[	(XI)	4Q288 1,6
]◦ וחרון אף[והתקומם בלוא משפט	(XI)	4Q288 1,7
]ארך א[פים	(XX)	4Q299 9,5
מע]שה אף ועבודת	(XX)	4Q300 1ai4
ונכבד הו[א] בא[ו]רך אפיו [וגדו]ל הואה	(XX)	4Q301 3a-b,4
רחמיו ונורא הואה במזמת אפו נכבד הוא[	(XX)	4Q301 3a-b,5
]◦◦◦ כדבריך באפים / [	(XX)	4Q302 1i3
יהוה] / ארך אפים]	(XIII)	4Q364 18,3
] / וירוממו גוים בא[ף]	(XIX)	4Q374 2ii2
ושב אלוהיכה מחרון אפו הגדול	(XIX)	4Q375 1i3

11Q**17** IX,8	(XXIII)	]שֹׁאֹ **אפוד** / [

אֲפוּדָּה ← אֲפֻדָּה

riverbank, ravine noun אָפִיק-1

4Q**163** 2-3,2	(V)	ועלה] על כל **אפיקו** והלך על כל גדו[תיו
4Q**286** 5,2	(XI)	וכו]ל גבע[ו]ת גֹיאות וכול **אפיקים** ארץ צֹיֹיֹ[ה
4Q**381** 1,4	(XI)	] / **ואפֹיקים**

אֹפִיר ← אוֹפִיר-1

אֹפֶל ← אוֹפֶל

darkness noun אֲפֵלָה

1QS II,8		מעשיכה וזעום אתה / **באפלת** אש עולמים
1QH^{a} XIII,32		ויחשך מאור פני **לאפלה** והודי נהפך למשחור
4Q**184** 1,5	(V)	] / מכסיה **אפלות** נשף ועדיה נגועי שחת
4Q**184** 1,6	(V)	ממוסדי **אפֹלוֹת** / תאהל שבת ותשכון באהלי
4Q**257** II,4	(XXVI)	וזעום אתה]**בֹאפלת** / [אש עולמים
4Q**380** 7ii3	(XI)	] / ויבדלהו **מאפלה** ואוֹרֹ[
4Q**392** 1,5	(XXIX)	במעונתו אור אוֹרתם וכל **אפלה** לפנו נחה
4Q**418** 167a+b,7	(XXXIV)	כי]אֹ נגף **באפלה** והֹ[יה
4Q**422** III,9	(XIII)	ישי[ת חו]שכ בארצם **ואפלה** בֹ[בתי]הםה
4Q**429** 3,5	(XXIX)	[ויחשך]מאור פני **לאפלה** והודיֹ[נהפך
6Q**18** 2,3	(III)	]וֹל חושך **ואפ[לה**
11Q**5** XXVI,11	(IV)	מבדיל אור **מאפלה** שחר הכין בדעת / לבו

end, nothing noun אֶפֶס, אֶפֶץ

1QH^{a} X,33		**אפס** כי [לא יד]עו כי מאתך
1QH^{a} XI,30		ותשוט בשביבי להוב עד **אפס** כול שותיהם
1QH^{a} XI,36		ונחרצה לעד **ואפס** כמוה
1QH^{a} XIV,17		וֹ◦◦◦ יֹזֹרוֹ[ ]על תבל לאין **אפס** ועֹד שאול [
1QH^{a} XX,10		ואין **אפס** וזולתה לוא היה
1QH^{a} 3,10		]לאין **ואפס** יצר עולה ומעשי רמיה [
4Q**176** 34,1	(V)	]**כֹאפס**[
4Q**405** 6,9	(XI)	]◦ **אפסי** / [
4Q**416** 2i20	(XXXIV)	]כֹה **ואפס** עוד
4Q**418** 7b,11	(XXXIV)	]**וֹאפץ** עֹוד / [וגם אתה
4Q**504** 1-2iii3	(VII)	כא]יֹן נגדכהֹ[כ]תהוֹ **וֹאפֹס** נחשבֹ[ו] לפניֹכה

wickedness noun אֶפְעֶה

1QH^{a} X,28		יבקעו / **אפעה** ושוא בהתרומם גליהם
1QH^{a} XI,12		והרית **אפעה** לחבל נמרץ ומשברי שחת
1QH^{a} XI,17		ויפתחו שערי[שאול לכול] מעשי **אפעה**
1QH^{a} XI,18		ובריחי עולם בעד כול רוחי **אפעה**

to surround verb אפף

1QH^{a} XI,28		לכול בליעל וחבלי מות **אפפו** לאין פלט
1QH^{a} XIII,39		ונחליֹ] / [ב]לֹ[י]על **אפפו** נפשי ל◦[ ]לֹ[

אֶפֶץ ← אֶפֶס

to control verb אפק

1QH^{a} VI,4		מ]**תאפקים** עד [
1QH^{a} VI,9		] **ולהתאפק** על עליֹלוֹתֹ רשע ולברך
4Q**364** 10,8	(XIII)	ולוא יכול יהוס]ף **להתאפֹק** / [
4Q**505** 128,1	(VII)	]**תֹאפק**[
4Q**525** 2ii+3,4	(XXV)	**ויתאפק** ביסוריה ובנגועיה ירצה תמֹ[י]ד

Aphek proper noun אֲפֵק

4Q**522** 9i+10,9	(XXV)	]וֹר[ ]◦בא **ואפֹ[ק** וא]שקלון / [

dust, ashes noun אֵפֶר

1QH^{a} XVIII,5		ואני עפר **ואפר** מה אזום בלוא חפצתה
1QH^{a} 2i7		]שה **אפר** בידם לוא הנה
1QH^{a} 3,6		]מקוי **אפר**
4Q**266** 1a-b,22	(XVIII)	] / {{**אפֹרֹ**}} ישיבו את ◦[
4Q**266** 1a-b,23	(XVIII)	עפר] / **ואפר** וֹמיֹ[ ]ק ◦◦[
4Q**267** 1,5	(XVIII)	]הֹ עֹפרֹ **ואפר** / [
4Q**276** 7	(XXXV)	ואס]ףֹ את **אפר** הפרה / [
4Q**301** 4,3	(XX)	בכול כבודו ומה **אפרֹ** [ועפר
4Q**391** 25,2	(XIX)	]על הארץ ויעלוֹ **אפרֹ**[
4Q**394** 3-7i17	(X)	אותה והאוסף [א]תֹ **אפרה** והמזה אתֹ [מי]
4Q**395** 9	(X)	אותה והאוסף] / את **אפ[רה]** והמזה אתֹ[מי
4Q**434** 7b,3	(XXIX)	אֹואביהם כדמן **וכאפר** יֹשחקם אדום ומואב
4Q**511** 126,2	(VII)	ואני עפר **וא]פר** מה אדֹ[בר
4Q**512** 1-6,3	(VII)	]**אפר** קודש [
PAM 43.678 34,1	(XXXIII)	]**אפר** כֹ[

fledgling noun אֶפְרוֹחַ

4Q**392** 6-9,5	(XXIX)	וֹכצפור **לאפֹ[רוחה** אש]ר לקנה נפ[וצותינו
11Q**19** LXV,3		עֹלֹ הֹאֹרֹץֹ ? / **אפרוחים** אוֹ בצים
		והאם רובצת עֹל הֹ**אֹפֹרֹוחֹיֹם** או על הבצים

אֶפְרֹחַ ← אֶפְרוֹחַ

Ephraim proper noun אֶפְרַיִם

CD VII,12		באו מיום סור **אפרים** מעל יהודה
CD VII,13		שני בתי ישראל / שר **אפרים** מעל יהודה
CD XIV,1		לֹאֹ באו מֹיֹוֹם סור **אפרים** מעל יהודה
4Q**163** 4-7i17	(V)	]**אֹפרים** ואפרי[ם] אֹת / [מנש]הֹ יחדיו[המה
	(V)	]אֹפרים **ואפרי[ם]** אֹת / [מנש]הֹ יחדיו[המה
4Q**167** 2,2	(V)	כי אֹנוכי כשחֹלֹ **[לא]פֹ[רי]םֹ** [וככפיר
4Q**167** 2,3	(V)	ישלח ידו להכות **בֹאפרים** / [
4Q**169** 3-4i12	(V)	**א]פרים** ינתן ישראל לֹ[
4Q**169** 3-4ii2	(V)	פשרו היא עיר **אפרים** דורשי החלקות
4Q**169** 3-4ii8	(V)	פשר[ו ע]ל מתעי **אפרים** אשר בתלמוד שקרם
4Q**169** 3-4iii5	(V)	כבוד יהודה / ידודו פתאי **אפרים** מתוך קהלם
4Q**169** 3-4iv5	(V)	פשרו על רשעי **אֹ[פרים**
4Q**171** 1-2ii17	(V)	פשרו על רשעי **אפרים** ומנשה אשר יבקשו
4Q**175** 27	(V)	]בישראל ושערוריה **באפרים** וביהודה
4Q**267** 9v3	(XVIII)	לוא באו [מ]יֹום סור **א[פ]רֹים** מעל / [יהודה
4Q**269** 10ii7	(XXXVI)	לוא באו מיום] / סוֹ[ר **א]פֹרֹ[ים** מעל יהודה
4Q**379** 22ii13	(XXII)	גדלה בֿישראל ושערוריה **באפרים**[וביהודה
4Q**381** 24a+b,5	(XI)	ליהודה מכל צֹר **ומאפרים** ◦[
4Q**460** 9i3	(XXXVI)	בישראל ולשערוריה **באפרים** / [
4Q**460** 9i9	(XXXVI)	וֹבֹעֹלים כיא לוא לאחד **באפרים** ילקח חוקֹ[
4Q**460** 9i11	(XXXVI)	]אשמות **אפרים** וישראל נגזל אליה מעם
11Q**19** XXIV,13		יעשה עולת בני יֿהֿוסף יחד **אפרים** ומנשה
11Q**19** XLIV,13		שער יוסף לבני יוסף **לאפרים** ולמנשה

Ephranaim proper noun אפרנים

4Q**522** 9i+10,14	(XXV)	]חקר וקטֹר[ון] **ואפרנים** ואת שכות / [

finger, toe noun אֶצְבַּע

1QS XI,2		שולחי **אצבע** ומדברי און ומקני הון
1QM V,13		וחצי ורוחבו ארבע **אצבעות**
4Q**186** 1ii5	(V)	שוקיו ארוכות ודקות **ואצבעות** רגליו / דקות
4Q**186** 1iii3	(V)	]ושניו רומות לאבר **ואצבעות** / ידיו עֹבות

ומלאות [ש]ער לאחת / **ואצבעות** רגליו עבות (V) 4Q186 1iii5
והואה ממיל◦[ו]**אצבעות** ידיו דקות (V) 4Q186 2i4
והזה מרמה **באצבע**[ו] שבע / [פעמים (XXXV) 4Q276 4
החרטומים אל פרעוה **אצבע** / [אלוהים היא (XIII) 4Q365 2,4
אצב[ע ידך]גדולה וחזקה מכל (XXVIII) 4Q372 1,18
והזה] **באצב[עו** על פני הכפורת (XIX) 4Q375 1ii4
ידי עשו עוגב **ואצבעותי** כנור (IV) 11Q5 XXVIII,4
ויתן מדמו **באצבעו** על קרנות ה[מזבח 11Q19 XVI,16
ונת[ן מ]דמו **באצבעו** על ארבע קרנות מזב[ח 11Q19 XXIII,12

end noun **אָצִיל-1**

]◦ ה[א]רץ **ומאצילֶהָ** / [קראתיכה ואמר] לכה (V) 4Q176 1-2i10

beside preposition **אֵצֶל**

ויקברוהו אל מערת המ[כפלה **א**[צל שרה (III) 2Q19 1
כאלין של / דמע ובתכן **אצלם** (III) 3Q15 V,7
במערא **שאצלה** בקר[ב]ו ל / בית (III) 3Q15 VII,8
מקצועות זהב כלי דמע בתכן **אצלם** (III) 3Q15 XI,1
דמע סוח דמע סנה ותכן **אצלם** (III) 3Q15 XI,4
דמע סוח / ⟦ ⟧ בתכן **אצלן** (III) 3Q15 XI,11
דמע לאה דמ<ע> סירא / בתכן **אצלם** (III) 3Q15 XI,15
שוה]בניהמה ו[יצאו מן] / **א**[צלו וינוחו (XIII) 4Q223-224 2iii10
ההיא כי איננו] שוכב **אצלה** [ותכזב ע]ליו (XIII) 4Q223-224 2v2
אהב[תה לאונסן] לשכוב **אצ**[לי (XIII) 4Q223-224 2v3
עד אשר לא הובאה **אצ**[לו אל גן עדן (XXXV) 4Q265 7,13
ואת פרשו / ישרופו **אצל** פרו חטאת הקהל 11Q19 XXVI,9
[ו]עשיתה תעלה סביב לכיור **אצל** ביתו 11Q19 XXXII,12
פר ופר ונתחיו **אצלו** ומנחת סולתו עליו 11Q19 XXXIV,12
ויין נסכו **אצלו** וממנו עליו 11Q19 XXXIV,13
התחתון עשוים ◦◦◦◦ / ו[מב]שלות **אצל** [11Q19 XXXVII,7
בפרור הפנימי **אצל** קיר [החצר] החיצון 11Q19 XXXVII,9
] / אוכלים **אצל** שער המערב [11Q19 XXXVIII,6
ובית מעלות תעשה **אצל** קירות השערים 11Q19 XLII,7
מן המקצוע אשר **אצל** בני יהודה 11Q19 XLIV,11
בפרור]הפנימי **אצל** ק[י]ר החצר ה[חיצון] (XXIII) 11Q20 X,1

treasury noun **אצרה**

כל של הדמע **והאצרה** שבע ומעסר / שני (III) 3Q15 I,10

to ambush verb **ארב**

מזומות לחתוף **וירבו** ולא / פצו עלי פיהם 1QH^{a} XIII,10
וה[י]א במסתרים **תארוב** ◦[(V) 4Q184 1,11
] / לב רעו **ואורב** מ◦[(XX) 4Q299 6ii12
] / כי **מארבי** לב[(XXXIV) 4Q418 158,2
שלוש מערכות **אורבים** יהי[ו מרח]וק (VII) 4Q491 1-3,12

אֶרֶב ← אוֹרֶב

ארב ← אֶבֶר

locust noun **אַרְבֶּה**

ויבא **ארבה** לכסות עין הא[רצ] חסל (XIII) 4Q422 III,10
משרץ]העוף תוכלו **הארבה** למינו 11Q19 XLVIII,3

window noun **אֲרֻבָּה, אֲרוּבָּה**

כול מעינות תהום רבה **וארבות** השמים נפתחו (XXII) 4Q252 I,5
כל **ארבות** השמים נפתחו ופצו כל (XIX) 4Q370 1i4
וארבות השמים ה[רי]קו מטר[(XIX) 4Q370 1i5
]**ארובות** השמי[ם נפ[ת]חו ח◦[(XIII) 4Q422 II,6

four numeral **אַרְבַּע, אַרְבָּעָה**

לפי העת **ארבעה** למטה לוי ואהרן ומישראל CD X,5
אות כול העדה אורך **ארבע** עשרה אמה 1QM IV,15
אמה / וחצי ורוחבו **ארבע** אצבעות 1QM V,13
והבטן **ארבע** גודלים וארבעה טפחים עד הבטן
והבטן ארבע גודלים **וארבעה** טפחים עד הבטן 1QM V,13
המחנה הכול שש מאות **וארבעת** אלפים 1QM VI,10
ואלף **וארבע** מאות רכב לאנשי סרך המערכות
ואם [אורב ישימ[ו] ל[מערכ]ת 1QM IX,17
]ויותר על **ארבעת** ◦[(I) 1Q30 1,5
שלושה יובלים חיה **ואר**[בעה שבועי שנים (III) 2Q19 4
במקצע / הצפני חפור אמות ◦◦◦ **ארבע** (III) 3Q15 II,14
אשיח הצפו[ני הגד]ול / **בארבע** רוח[ות (III) 3Q15 VII,5
] / משח אמות עסרן [**ואר**]**בע** (III) 3Q15 VII,6
אמות עסרן [ואר]בע / ככרין **ארבע** מאות (III) 3Q15 VII,7
חפור אמות / עשרין **וארבע** ככ 66 (III) 3Q15 VIII,13
וגב שעת שבע / בדין אסתרין **ארבע** (III) 3Q15 IX,3
]ה **בארבעת** / מקצועות זהב כלי דמע בתכן (III) 3Q15 X,17
שלמו להמה **ארבע[ת]** עשר ימי [החתנה] (XIX) 4Q200 4,1
מ]ראה[ו]אחר **אר[בע** וחמשים חיה (XIX) 4Q200 7ii6
ועבדיהם נחל]קים **לארבע** / [רוחות הבירה (XIII) 4Q223-224 2iv20
ושש מאות ברחו **וארבע[ת** בני] / [עישאו (XIII) 4Q223-224 2iv26
שנים שמונים ו]**ארבע** מאות שלו[מוה (XXXVI) 4Q247 3
[ב]שנת **ארבע** מאות ושמונים לחיי נוח (XXII) 4Q252 I,1
עד יום **ארבעה** עשר בחודש השביעי (XXII) 4Q252 I,8
[הוא יום עשרים] / **וארבעה** לעשתי עשר (XXII) 4Q252 I,17
שלוש מאות ששים **וארבעה** באחד בשבת (XXII) 4Q252 II,3
העד[ה] לפי העת / **ארב[עה** למטה לוי (XVIII) 4Q266 8iii5
הע]דה לפי העת **א[רבע]ה** למטה לוי (XVIII) 4Q270 6iv16
ארב[ע עשרא / [(XXVIII) 4Q317 1ai32
בתוך הרקיע] / ממעל **ארבע** ע[שרא וחצי] (XXVIII) 4Q317 1+1aii28
ב[תוך הרקיע ממעל] / [**א]רבע** עשרא וחצי[(XXVIII) 4Q317 2,28a
וכן / [י]חל להגלות **בארבעה** לשבת (XXVIII) 4Q317 2,29
]בו תגלה **ארבע** וכן תבוא לליל[ה] (XXVIII) 4Q317 2,33
]◦ בו תכסה **ארבע**[עשרא וכן תבוא ליום (XXVIII) 4Q317 3,31
ליום ממעל בתוך] / **ארבע** עשרא וחצי[(XXVIII) 4Q317 3,33a
וכן יחל] / [להכסות]**בארבעה** לשבת (XXVIII) 4Q317 4,32
[**בארבע]ה** בו תגל[ה שש (XXVIII) 4Q317 7ii14
תכסה]**ארבעה** עשר[וכן תבוא ליום (XXVIII) 4Q317 9,9
] / [ב]**ארבעה** בו[(XXVIII) 4Q317 11,2
] / **באר[בעה** (XXVIII) 4Q317 14,8
] / [**בא]רבעה** עש[ר בו (XXVIII) 4Q317 17,3
] / **בארב[עה** (XXVIII) 4Q317 20,3
]אורה **בארבעה** בשב[ת (XXI) 4Q319 IV,10
ה]בריאה **בארבעה** בג[מול (XXI) 4Q319 IV,11
] **ובאר[בעה** (XXI) 4Q319 68b,1
בשלושה ביקים **באר[בעה** ועשרים בתשיעי (XXI) 4Q321 I,2
בארב[ע]ה בישוע [ב]עשרים בשני (XXI) 4Q321 I,7
ודוקה בארבעה] / במעוזיה **בארבעה** בוא (XXI) 4Q321 II,3
בארבע[ה במימין בחמשה עשר [בשביעי (XXI)
[שבת בבלגא] / **בארבעה** עשר בתשיעי (XXI) 4Q321 II,5
ודוקה **בארבע[ה** בי]כין בתשעה ועש[רים (XXI) 4Q321 II,6
ודוקה **בארבעה** באלישיב בשנים ועש[רים (XXI) 4Q321 III,4
בארבעה בחזיר בארבעה בתשיעי (XXI) 4Q321 III,5
בארבעה בחזיר **בארבעה** בתשיעי (XXI)
ודו]קה **בארבעה** באביה בשמונה עשר בוא (XXI) 4Q321 III,7
הרביעית **בארבעה** בשכנ[יה באחד בראשון (XXI)
וד]וקה באחד ב[בלג]א **באר[בעה]** וע[שרי]ם (XXI) 4Q321 IV,1
ודוקה **בארבעה** / [בדליה בשנים ועשרים (XXI) 4Q321 IV,2
באר]בעה במלאכיה בארבעה בתשיעי (XXI) 4Q321 IV,4

4Q321 IV,4 (XXI) באר]בעה במלאכיה **בארבעה** בתשיעי
4Q321 IV,7 (XXI) ודוקה **בארב[עה** ביחזק]אל בשמונה עש[ר]
4Q321a II,1 (XXI) בשלושה ביקים] / **בארב[עה** ועשרים בתשיעי
4Q321a III,4 (XXI) ודוקו בששה ב]גמול / [ב]**ארבעה** ו[עשרים
4Q321a III,9 (XXI) **בארב]עה** בחזי[ר בארבעה בתשיעי
4Q321a V,3 (XXI) שבת ב[חרי]ם **בארבעה** ע[שר בתשיעי
4Q324 1,5 (XXI) זה א]חד בשביעי **באר[ב]עה** בה ביאת ח[זיר]
4Q324a 1ii1 (XXI) ביאת ח]ר[ים] **בארב[עה** עשר בוא
4Q324a 1ii4 (XXI) **בא[רבע]ה** בע[ש]ירי ביאת מי[מ]ין
4Q324d 2,2 (XXVIII)]◦ **בארעה**[עשר]בו שב[ת
4Q324d 12,3 (XXVIII) ב]**ארבע**[ה
4Q324e 7,1 (XXVIII)]**ארב[עה**
4Q325 2,5 (XXI) **בארב]עה** עשר / [בו שבת גמול
4Q364 4b-eii3 (XIII)] / [**ארבע]ה** עשרה ש[נה ?
4Q365 9a-bi2 (XIII) ומלאתה בו מלואת אבן **ארבע]ה** / [
4Q365 12a-bii8 (XIII) ועשו קרנותיו על **ארבע** פנותיו
4Q365 12a-bii12 (XIII) ויצק לו **ארבע** / טבעות ל[ארבע הקצוות
4Q365 12biii9 (XIII) וימלאו בו **ארבעה** טורי [אבן
4Q365a 2ii8 (XIII) עשרים באמה וגובהו **ארבע**[עשרה
4Q365a 5i5 (XIII)]בשת הרביעי[**בא]רבע** ועשרים / [
4Q381 14+5,3 (XI) **ארבע** רוחות בש[מים
4Q385 2,7 (XXX) ויאמר שוב אנבא על **ארבע** רוחות השמים
4Q385 6,6 (XXX)] / נגה מרכבה **וארבע** חיות חית[
4Q386 1i8 (XXX) שוב הנבא]על **ארבע** רחות / [השמים
4Q386 1ii9 (XXX) אעיר ע[ל]יהם חמ[ה] / מ[**אר]בע** רחות השמי[ם
4Q400 1i1 (XI) השב]ת הראישונה **בארבעה** לחודש הראישון
4Q405 93,1 (XI) **א]רבעה**[
4Q448 II,5 (XI) ישראל / אשר **בארבע** / רוחות שמים
4Q491 1-3,14 (VII) ובא[חור ובפנים **א]רבעת** הרוחו[ת
4Q503 1-6iii3 (VII)] / **בארבע[ה** שערי אור
4Q503 1-6iii9 (VII)]היום **ארבעה** ע[שר
4Q512 33+35,2 (VII) ו]**ארבעת** מועדי / [
11Q5 XXVII,6 (IV) ימי השנה **ארבעה** וששים ושלוש / מאות
11Q5 XXVII,9 (IV) אשר דבר ששה ואבעים **וארבע** מאות
11Q5 XXVII,10 (IV) ושיר / לנגן על הפגועים **ארבעה**
(IV) ויהי הכול **ארבעת** אלפים וחמשים
11Q12 1,4 (XXIII) ו]**בארבעה** לשבוע הח[מישי] / [שמחו
11Q17 VIII,5 (XXIII)] **מארבעת** מוסדי רקיע / הפלא
11Q19 IV,3 רחבים **אר[בע**
11Q19 V,8]◦כה **וארבעה** שערים [לעליה לארבע
11Q19 VI,6 **וארבע]ה** שערים לעליה לארבע [רוחותיה
וארבע]ה שערים לעליה **לארבע** [רוחותיה
11Q19 XVI,17 דמו יזרוק ע[ל **אר]בע** פנות עזרת המזבח
11Q19 XVII,6 [ועש]ו [**בארב]עה** עשר בחודש הראישון [בין
11Q19 XIX,14 ו[הביאות]מה יין חדש לנסך **ארבעה** הינים
11Q19 XX,2 כבשים בני שנה **ארב]עה** עשר [
11Q19 XXII,3 כבשי]ם ב[ני שנה] **ארבעה** עש[ר
11Q19 XXIII,12 מ]דמו באצבעו על **ארבע** קרנות מזב[ח]
11Q19 XXIII,13 ועל **ארבע** פנות עזרת המזבח
11Q19 XXVIII,7 [אלים שנים כבשים [**א]רבעה** עשר
11Q19 XXVIII,10 כבשים בני שנה **ארבעה** עשר
11Q19 XXX,6 פנה עשרים באמה לעומת **ארבע** פנותיו
11Q19 XXX,7 ועשיתה רוחב קירו **ארבע** / אמות[
11Q19 XXX,9 באמצע מרובע רוחבו **ארבע** / אמות
11Q19 XXXI,13 ורוחב השערים **ארבע** אמות וגובהמה שבע
11Q19 XXXII,10 וגובהמה / מן הארץ **ארבע** אמ[ות
11Q19 XXXIII,12 בשתי אמות וגובהמה **ארבע** אמות
11Q19 XXXVI,8 רוחב השער **ארבע** [עש]רה באמה
11Q19 XXXVI,10 המקרה מן המשקוף **ארבע** עשרה באמה
11Q19 XXXVII,13 **ובארבעת** מקצועות החצר עשית[ה] להמה
11Q19 XXXVIII,13 לרוח הקדם שמונים **וארבע** מאות באמה
11Q19 XXXVIII,14 ורוחב קירה [**אר]בע** אמות
11Q19 XLI,14 ורוחב פתחי השערים **ארבע** עשרה באמה
11Q19 XLIV,8 משער יהודה עד / הפנה **ארבע** וחמשים
11Q19 XLVI,6 רחב / **ארבע** עשרה באמה
11Q19 XLVIII,4 תואכלו ההולכים על **ארבע**
11Q19 XLVIII,13 בין **ארבע** / ערים תתנו מקום לקבור בהמה
11Q20 I,26 (XXIII)]◦ ישפוכו סביב על **ארבע** פנות עזרת ה[מזבח
11Q20 IV,12 (XXIII) וכבשים [בני] שנה **ארבעה** / [עשר

forty numeral **אַרְבָּעִים, רבעים**

CD XX,15 עם איש הכזב כשנים **ארבעים**
1QM VI,14 שלושים שנה עד בן חמש **וארבעים**
ופרשי הסרך יהיו מבן **ארבעים** שנה
1QM VII,1 אנשי הסרך יהיו מבן **ארבעים** שנה
1QM VII,2 והשוטרים / יהיו גם הם מבן **ארבעים** שנה
1Q22 1ii5 (I) ו[יאמר לבני י]שראל [זה] **ארבעים** / [שנה
2Q19 2 (III) ויבכוהו]**ארבעים** יום כול אנש[י ביתו
3Q15 I,3 (III) הבואת למזרח אמות / {ארוה} **ארבעין**
3Q15 I,14 (III) הקרקע אמות שלוש [כ]סף **ארבעין** / [כ]כר
3Q15 IV,4 (III) הבא[ה]◦◦ בביאתך / אמות **ארבע[ין**
4Q171 1-2ii7 (V) לסוף / **ארבעים** השנה אשר יתמו
4Q219 II,35 (XIII) בשבוע הרישון לשלושה **ואר[בעים** היובל
4Q252 I,6 (XXII) ויהי הגשם על / הארץ **ארבעים** יום
(XXII) ארבעים יום **וארבעים** לילה
4Q252 I,12 (XXII) מקץ **ארבעים** יום להראות ראשי / ההר[ים
4Q252 II,8 (XXII) בן מאה **ואר[ב]עים** שנה תרח בצאתו / מאור
4Q334 3,3 (XXI) שנ]ים **וארבע[ים]** / [
4Q334 4,1 (XXI)]ה **וארבעים** / [
4Q364 15,2 (XIII) מושה בהר] **ארבעים** יום וארב[עים] / [לילה
(XIII) מושה בהר] ארבעים יום **וארב[עים]** / [לילה
4Q364 26bi10 (XIII) כראישונה **ארבעי]מ** יומ וארבעים / [לילה
(XIII) כראישונה ארבעי]מ יומ **וארבעים** / [לילה
4Q364 26bii+e,2 (XIII) ואתפלל לפני יהוה **ארבעימ** [יום
4Q379 12,4 (XXII) בשנת הא[חד ו]**ארבעים** שנה לצאתם מאר[ץ]
4Q388a 2,3 (XXX) **ארב]עים** שנה ויה[י
4Q389 2,8 (XXX)]**ארבעים** שנה ויהי [
4Q422 II,7 (XIII) ארבעים] יום **וארב[עים]** / לילה היה ה[גשם]
4Q440 1,2 (XXIX) ת]שעה **וארבעים** גורלות אור שבע[
11Q5 XXVII,9 (IV) השיר אשר דבר ששה **ואבעים** וארבע מאות
11Q19 VI,4 וגו]בהה **אר[בעים]** בא[מ]ה ומקר[אה גם
11Q19 XXI,13 תשעה / **וארבעים** יום שבע שבתות תמימות
11Q19 XXXVI,4 ו]השער רחב **ארבעים** / [באמה]
11Q19 XL,10 שבע אמות וגובה תשע / **ורבעים** באמה

to weave verb **ארג**

4Q163 11ii1 (V) **ואורגים**[חורי והיו שתתיה מדכאים
4Q405 23ii7 (XI) כמעשי **אורג** פתוחי צורות הדר
4Q405 23ii10 (XI) מחשביהם ממולח טוהר חשב כמעשי **אורג**

אַרְגָּמוֹן ← אַרְגָּמָן

purple noun **אַרְגָּמָן, אַרְגָּמוֹן**

1QM VII,11 שש משוזר תכלת / **וארגמן** ותולעת שני
4Q365 12biii4 (XIII) ובתוך **הארגמן** ובתוך התולעת השני{{ש}}
4Q365 12biii6 (XIII) כמעשהו זהב תכלת **וארגמן** ותולעת שני
4Q365 12biii8 (XIII) תכל[ת] / **ארגמן** ותולעת שני ושש משוזר
4Q525 2iii5 (XXV)] / ונצני **ארגמון** עם[
11Q19 III,2]◦ תכלת **וארגמן**[
11Q19 X,12]ים **ארגמן** אדום וראשי / [

11Q**19** X,14		**א]רגמן** ? ותול[ע

אֲרוּבָּה ← אֲרֻבָּה

long adjective אָרוֹךְ

1QM VI,12		קלי רגל ורכי פה **וארוכי** רוח
1QM VI,15		בידם מגני עגלה ורמח **ארוך** שמונה אמ[ות
1QM IX,12		ומגני המגדלות יהיו **ארוכים** שלוש אמות
		ורמחיהם **א[רו]ך** שמונה אמות
1QH[a] IV,17		לשון לספר צדקותיך **וארוך** אפים
1QH[a] VIII,25		] ורחום **א[רו]ך** א[פי]ם ◦◦◦ חסד ואמת
1QH[a] IX,6		] **וארוך** אפים במשפט[ואת]ה צדקתה
4Q**186** 1ii5	(V)	ושוקיו **ארוכות** ודקות ואצבעות רגליו
4Q**186** 1ii6	(V)	ואצבעות רגליו / דקות **וארוכות**
4Q**186** 2i3	(V)	על סרכמה והואה לוא **ארוך** / ולוא קצר
4Q**186** 2i5	(V)	ו]אצבעות ידיו דקות / **וארו[כ]ות**
4Q**364** 18,3	(XIII)	יהוה] / **ארך** אפים[
4Q**417** 3,5	(XXXIV)	]◦◦◦ היאה **וארוכה** [
4Q**435** 2i4	(XXIX)	ממני]ותשם לי רוח **ארוך** / [אפים
4Q**436** 1ii3	(XXIX)	[ממני ותשם] / [לי רוח **אר]וך** אפים
4Q**511** 52-59,1	(VII)	אלי[אל חנון ורחום]**וארוך** אפים

ark noun אֲרוֹן

CD V,3		התורה החתום אשר / היה **בארון**
4Q**364** 17,3	(XIII)	הכפרת על **הארון** העדו{{ו}}ת בקד הקדשים
4Q**364** 26bii+e,4	(XIII)	אלי ההר ועשיתה **ארון** ע[ץ
4Q**364** 26bii+e,6	(XIII)	אשר] / [שברתה ושמת]ם **בארון**
4Q**365** 8a-b,1	(XIII)	[הכפ]ורת על **הארון** [העדות בקודש הקודשים
4Q**375** 1ii7	(XIX)	[הקודש ונגש ע]ד **לארון** העדות ודרש את[
11Q**19** VII,12		מלמעלה מן **הארון** ופניהם א[יש אל אחיו]

אַרוֹן ← אַהֲרוֹן

cedar noun אֶרֶז

CD II,19		ובניהם אשר כרום **ארזים** גבהם
3Q**15** XI,10	(III)	הירחי / בו כלי דמע **א<ר>ז** דמע סוח
4Q**163** 8-10,2	(V)	גם ברושים] / [שמחו ל]כה **ארזי** לבנון
4Q**163** 8-10,3	(V)	כרת] עלימו הברושים **וארז**[י לבנון הם
4Q**276** 5	(XXXV)	והשליך את **הארז** / [ואת האזוב
4Q**286** 5,5	(XI)	פרי[מ]ה עצי רום וכול **ארזי** לבנ[ון
4Q**365**a 2ii9	(XIII)	] / עץ **ארז** ורחב הקיר שתים אמות
4Q**365**a 2ii11	(XIII)	] / עצי **ארז** ופתחה שלוש אמות רוחב
4Q**372** 19,2	(XXVIII)	]רמח **כארז** ה[
4Q**522** 9ii6	(XXV)	ועצי] / **ארזים** וברושים יביא[מ]לבנון
11Q**19** XXXVI,11		ומקורה כיור / **ארז** מצופה זהב טהור
11Q**19** XLI,16		ומקורים / באדשכים עץ **ארז** ומצופים זהב
11Q**19** XLIX,3		]ם ובעץ **ארז** ובאזוב ובח[וט

cedar noun ארזה

4Q**286** 5,3	(XI)	**א]רזה** מצולי יערים וכול מדברי חור[ב

to journey verb ארח

4Q**504** 18,5	(VII)	]**אורח** ב◦[
4Q**508** 21,2	(VII)	]וב[ו]ינו **ואורחינו** ואביונינו ◦[

אֹרַח ← אוֹרַח

caravan noun אֹרְחָה

4Q**165** 5,4	(V)	ערב] ביער בערב תלינו **א[רחות** דדנים

lion noun אֲרִי

1QH[a] XIII,7		לבני אשמה **אריות** שוברי עצם אדירים
1QH[a] XIII,13		במעון **אריות** אשר שננו כחרב לשונם
1QH[a] XIII,19		]◦טרף מכה / **אריות**
4Q**169** 3-4i1	(V)	אשר הלך **ארי** לביא שם גור ארי
	(V)	הלך ארי לביא שם גור **ארי** / [ואין מחריד
4Q**169** 3-4i4	(V)	] **ארי** טורף בדי גוריו ומחנק

Ariel proper noun **2**-אֲרִיאֵל

4Q**266** 16a,5	(XVIII)	]ה **אריאל**[

lion noun **1**-אַרְיֵה

1QSb V,29	(I)	קודשו יגברכה / והייתה **כא[ריה**
PAM 43.673 49,1	(XXXIII)	]**כאריה** [

long adjective אָרִיךְ

4Q**433** 1,1	(XXIX)	]**ואריכ**[

to be long verb ארך

1QpHab VII,7		פשרו אשר **יארוך** הקץ האחרון
1QH[a] IX,36		**האריכו** / אפים ואל תמאסו בכול[
4Q**364** 30,7	(XIII)	ולמען **תארי]כו** ימים על האדמ[ה אשר נשבע]
4Q**422** Q,1	(XIII)	]**יארכ** י◦[
4Q**524** 6-13,3	(XXV)	**ויאר]ך** ימים רבים על מלכותו הואה
11Q**19** LIX,21		לראוש / ולוא לזנב **ויארך** ימים רבים
11Q**19** LXV,5		לכה ל[מ]ען ייטב לכה **והארכתה** ימים
PAM 43.690 7,1	(XXXIII)	]**האריך** מ◦[

אָרֹךְ ← אָרוֹךְ

אֹרֶךְ ← אוֹרֶךְ

Aram proper noun אֲרָם

← פַּדַּן אֲרָם

1QM II,11		ובשלישית / ילחמו בשאר בני **ארם** בעוץ

Aram-naharaim proper noun אֲרַם נַהֲרַיִם

1QM II,10		בשנה הראישונה ילחמו **בארם נהרים**
4Q**496** 5-6,3	(VII)	ילח]מו **בארם נ[הרים** ו]בשנית / [

palace noun אַרְמוֹן

4Q**179** 1i10	(V)	הוי כל **ארמונותיה** שממו / [
4Q**179** 2,6	(V)	כל **ארמונתיה** וחו[מותיה] / כעקרה
4Q**522** 22-25,5	(XXV)	יהי שלום] בח[י]לך [ש]ל[ו]ם **באר[מנותיך**

Aramean proper noun אֲרַמִּי

4Q**223-224** 2iv19	(XIII)	והכה את אדורים **הא]רמי** אל / [שדו

to become a widow verb ארמל

4Q**270** 5,19	(XVIII)	או אלמנה אשר נשכב[ה מאשר **התארמ]ל[ה]**
4Q**271** 3,12	(XVIII)	או אלמנה אשר נשכבה מאשר **התארמלה**

widowhood noun אַרְמְלוּת

4Q**176** 8-11,6	(V)	וח]רפת **ארמלותך** לוא[תזכרי עוד]כבעלך

Arnon proper noun אַרְנוֹן

4Q**365** 37,3	(XIII)	]מנחל **ארנון** ויחנו[
4Q**365** 37,4	(XIII)	]ו ויחנו **באר[נון**

ארעה ← אַרְבַּע

juniper–cedar noun **ארעיבות**

Text	Vol.	Reference
זית והדס ודפנה וא]רעיבוֹ[ת ובושם	(XIII)	4Q219 II,7

Arpachshad proper noun **אַרְפַּכְשַׁד**

Text	Vol.	Reference
ובחמישית ילחמו בבני ארפכשד		1QM II,11
(בני שם) עילם וא]שׁור וארפכשד ול[וד וארם	(XX)	4Q426 12,3

land, earth noun **אֶרֶץ, רץ**

Text	Vol.	Reference
ומאהרן שורש מטעת לירוש / את ארצו		CD I,8
ויסתר את פניו מן הארץ / מי עד תומם		CD II,8
התיר פליטה לארץ ולמלא / פני תבל מזרעם		CD II,11
וגיבוריהם בו / אבדו וארצם בו שממה		CD III,10
הם שבי ישראל / היוצאים מארץ יהודה		CD IV,3
ופח עליך יושב הארץ		CD IV,14
ובקץ חרבן הארץ עמדו מסיגי הגבול		CD V,20
ותישם הארץ כי דברו סרה על מצות אל		CD V,21
הם / שבי ישראל היוצאים מארץ יהודה		CD VI,5
ויגורו בארץ דמשק / אשר קרא אל את כולם		
באי הברית החדשה בארץ דמשק		CD VI,19
ואם מחנות ישבו כסרך הארץ ולקחו / נשים		CD VII,6
בפקד אל את הארץ להשיב גמול רשעים		CD VII,9
לחרב והמחזיקים / נמלטו לארץ צפון		CD VII,14
באו בברית החדשה בארץ דמשׂק		CD VIII,21
ביושבי הארץ אמר לסור את / דעתם		CD X,9
]לֹה לא יצליחו לשבת בארץ ◦[		CD XIII,21
ואם מחנות ישבו כסרך / הארץ		CD XIX,3
עליהם בפקד אל את הארץ		CD XIX,6
בֹאוֹ בֹבֹרִיֹתֹ / החדשה בֹאֹרץ דמשק		CD XIX,34
ואמנה אשר קימו בארץ דמשק		CD XX,12
אמת וצדקה ומשפט / בארצ		1QS I,6
לשמור אמונה בארצ ביצר סמוכ		1QS VIII,3
לכֹפר בעד הארצ ולהשב / לרשעים גמולם		1QS VIII,6
לכפר בעד הארצ ולחרוצ משפט רשעה		1QS VIII,10
ולרצון לארצ מבשר עולות ומחלבי		1QS IX,4
בתוך רשעה לכפ֯[ר בעד האר]ץ֯	(I)	1QSa I,3
]לֹהוכיח במישור ל[ע]נוי ארץ ולהתהלך	(I)	1QSb V,22
בשבֹטכה תחריב ארץ וברוח שפתיכה / תמית	(I)	1QSb V,24
ולבוז את ערי הארץ / כיא הוא אשר אמר		1QpHab III,1
ידושו את הארץ בסוס[יהם] ובבהמתם		1QpHab III,10
זה יבואו / לשחית את הא[רץ		1QpHab IV,13
העמים שנה בשנה / לחריב ארצות רבות		1QpHab VI,8
מדמי אדם וחמס ארֹץ קריה וכול ‸יושבי‸ בה		1QpHab IX,8
כיא תמלא הארץ לדעת את כבוד יהוה כמים		1QpHab X,14
מדמי אדם וחמס ארץ קריה וכול יושבי בה		1QpHab XII,1
אמר מדמי / קריה וחמס ארץ		1QpHab XII,7
וחמס ארץ המה ערי יהודה אשר / גזל הון		1QpHab XII,9
מלפניו כול הרץ		1QpHab XIII,1
ואת הרשעים מן הארץ		1QpHab XIII,4
להם אנשי מלחמה לכול ארצות הגויים		1QM II,7
ושוללי השלל ומטהרי הארץ ושומרי הכלים		1QM VII,2
לאמור כיא תבוא מלחמה / בארצכמה		1QM X,7
בש[מי]םֹ ובארץ אשר יעשה כמעשיכה		1QM X,8
לכה מכול עמי הארצות		1QM X,9
הבורא ארץ וחוקי מפלגיה / למדבר		1QM X,12
וחוקי מפלגיה / למדבר וארץ ערבה		1QM X,13
ומפרד עמים מושב משפחות / ונחלת ארצותֹ[		1QM X,15
ביד אביונים תסגיר [או]יבי כול הארצות		1QM XI,13
]קֹמי ארץ בריב משפטיכה		1QM XII,5
וכעבי טל לכסות ארץ / וכזרם רביבים		1QM XII,9
מלא ארצכה כבוד ונחלתכה ברכה		1QM XII,12
ט]ל לֹכֹסות ארץ וכזרם רביבים להשקות		1QM XIX,2
מלא ארצכה כבוד ונחלתכה ברכה		1QM XIX,4
[וכול] / צבאותיו עם הארץ וכול צאֹצֹאֹיֹה		1QH[a] V,15
]תֹו בשמים ובארץ֯ / [		1QH[a] VIII,3
מלוא ה[שמ]ים [וה]ארץ[		1QH[a] VIII,12
אתה בראתה ארץ בכוחכה / ימים ותהומות		1QH[a] IX,13
וארץ / תצרח על ההווה הנֹהיה		1QH[a] XI,32
בי כי‸א‸ ידיחני מארצי / כצפור מקנה		1QH[a] XII,8
ומפץ לכול עמי הארצות להכרית במשפט		1QH[a] XII,26
ביבשה ומבוע מים בארץ ציה ומֹשקי / גן		1QH[a] XVI,4
]◦ בארץ גזעם		1QH[a] XVI,23
]אדם ולהדשן כול מארץ		1QH[a] XVIII,26
וכ‸ו‸שלי ארצ ירֹ]ים לאין מחיר וגבורת		1QH[a] XXVII,4
]◦◦ {{וב}}ארצכה ובבני אלים ובבנֹ◦[		1QH[a] 2i3
מ]מקומו / [וירד על במ]וֹתי האר֯[ץ	(I)	1Q14 1-5,3
[נבהלה יעשה את כל יוש]בֹי ה[א]רֹץ	(I)	1Q15 2
פשר / [הדבר על כול יושבי] ארץ יהודה	(I)	1Q15 5
רשעי]ם גברו בֹארץ וֹ[	(I)	1Q19 1,2
בשר א]ת דרכו עֹל הארץ֯[	(I)	1Q19 1,3
בקרב [ה]ארץ א[שר המ]ה עוברים	(I)	1Q22 1i9
[שנה מ]יום צ[את]נו מארץ [מצרים	(I)	1Q22 1ii6
ושבת ה]א֯ר֯[ץ תהיה לכה] לאכלה לֹ[כה	(I)	1Q22 1iii1
[בעד בני ישר]אל ובעד הא[רץ]	(I)	1Q22 1iv1
מן [דמו וי]שפך בארץ [	(I)	1Q22 1iv2
] הארץ [	(I)	1Q25 5,2
]◦ ארץ ועל פיהו [	(XXXIV)	1Q26 2,3
] / הארץ במוע֯[ד הזה	(I)	1Q34bis 2+1,3
ל]דֹשן בעדֹי שמים ותנובתֹ ארץ לחֹ[י]ת / [	(I)	1Q34bis 3i4
]כֹל הארץ[	(I)	1Q41 3,1
]יבוא אל א[רץ	(III)	3Q5 3,2
מע֯[ש]הֹ להשבית רשעים / מן הארץ֯[	(XVI)	4Q88 IX,7
והארץ / פריה [תתן]בעתה	(XVI)	4Q88 IX,9
אז יהללו שמים וארץ / יחד יהללו	(XVI)	4Q88 X,5
] / בארץ הזות מ◦[	(V)	4Q158 3,2
אשר תלמדם ועשו בארץ אשׁ֯[	(V)	4Q158 7-8,4
]לברכה להארץ / [	(V)	4Q158 14i3
]שׁה ובארץ מצרים / [	(V)	4Q158 14i4
כיא תהלתכה / בֹארצות ובימיםֹ[	(V)	4Q160 3-4ii4
וידעו כול עמי ארצותיכהֹ[	(V)	4Q160 3-4ii5
ב]ארץ באמת ◦[	(V)	4Q161 2-4,5
לאחרית הימים לחובת הארץ מפני החרב	(V)	4Q162 II,1
והיה / בעת פקדת הארץ	(V)	4Q162 II,2
וה]יו מטות כנפו מלא רחב ארצכֹ[ה	(V)	4Q163 2-3,3
העצה היעוצה על] / [כול] הֹאֹרֹץ֯	(V)	4Q163 8-10,5
א]רֹץ [	(V)	4Q163 31,5
וכל בשלש עפר] הֹאֹרֹץ֯ שקל [בפלס הרים	(V)	4Q165 1-2,4
והשערו]ת ר[קי]עי שמיו וארצו אשר בר֯[אם	(V)	4Q169 1-2,2
]הארץ ממנו ומלפניֹ[	(V)	4Q169 1-2,10
וקואי יהוה המה ירשו ארץ	(V)	4Q171 1-2ii4
יתמו ולוא ימצא בארץ כול איש / [ר]שע	(V)	4Q171 1-2ii7
וענוים ירשו ארץ והתענגו על רוב שלום	(V)	4Q171 1-2ii8
ואחר יתענגו כול בֹ[ ]י הארץ והתדשנו	(V)	4Q171 1-2ii10
כיא מבורכ[ו יר]שו ארץ ומ‸ק‸ולל[ו יכר]תו	(V)	4Q171 1+3-4iii9
ו[י]רוממכה לרשת / ארץ בהכרת רשעים	(V)	4Q171 3-10iv11
]א֯רץ כיא ה[	(V)	4Q174 8,2
] / טוב האֹ[רץ	(V)	4Q174 9-10,2
חנופה בארץ ונצה גדולה בבני / [יעקוב	(V)	4Q175 28
]יֹ ה[א]רץ ומאציל‸ה‸א / [קראתיכה	(V)	4Q176 1-2i10
ובנותי מקצה] / [הא]רץ	(V)	4Q176 4-5,4
]כאר[ץ	(V)	4Q176 8-11,1

Text	Vol.	Ref.
היוצאים] מא[רץ]	(XVIII)	4Q266 2iii20
[המה שבי ישראל היוצאים מ]ארץ יהודה	(XVIII)	4Q266 3ii12
[באדמ]ת הקודש ובארץ מגורים	(XVIII)	4Q266 6iv3
[ובקץ חורבן]הא[רץ עמדו] מסיגי [ג]בול	(XVIII)	4Q267 2,4
ויתעו את יש[ראל] / [ותשם ה]א[ר]ץ	(XVIII)	4Q267 2,5
המה שבי י[שרא]ל / היוצ[אי]ם מארץ י[הוד]ה	(XVIII)	4Q267 2,12
[במועד פקוד אל את ה]ארץ בבו[א ה]דבר	(XVIII)	4Q267 9v2
וגבוריה]ם בו אבדו וארצם בו שממה	(XVIII)	4Q269 2,4
ותשם]הארץ / [כי דברו סרה על מצוות אל	(XVIII)	4Q269 4i1
] / [ה]ח[דשה ב]אר[ץ דמשק	(XVIII)	4Q269 4ii1
] / [ ]◦◦[ ] ארצו◦[	(XVIII)	4Q270 3i19
ובחרון אף אל ביושבי הארץ	(XVIII)	4Q270 6iv19
איש [יתן אותו על] / הארץ	(XXXV)	4Q274 3ii7
]עמים וגוים באר[ץ	(XXVI)	4Q275 1,5
]◦צ ארץ ◦◦◦ / [	(XXXVI)	4Q282e 1i3
והארץ [תנו]בב ל[כם פרי עדנים	(XXXVI)	4Q285 8,7
ואין משכלה [ב]א[רצכ]ם ולוא[מוחלה	(XXXVI)	4Q285 8,8
וחיה רעה שבתה] / מן הארץ	(XXXVI)	4Q285 8,10
]ושבתות ארץ במחל[קותמה ומו]עדי דרו[ר	(XI)	4Q286 1ii11
הארץ וכול [א]שר [עליה	(XI)	4Q286 5,1
וכו]ל גבע[ו]ת גיאות וכול אפיקים ארץ ציי[ה	(XI)	4Q286 5,2
]הארצות / [	(XI)	4Q286 7i1
]ארץ וכמהו ל[	(XX)	4Q299 4,3
] / כיא אם ארץ להדר ◦[	(XX)	4Q299 6ii6
]◦ שרים לי זרח א[ר]ץ למ[	(XX)	4Q299 9,2
]ארץ צביו והוא ◦[	(XX)	4Q299 79,5
]הארץ למ◦[	(XX)	4Q299 81,1
]ם מעשי ארץ / [	(XX)	4Q300 1ai3
ובאשר בארץ המשילו [ונ]כבד אל בעם	(XX)	4Q301 3a-b,6
לא◦◦י ארצות ועשה פרי שמן ◦◦◦ ◦◦	(XX)	4Q302 2ii4
וממ[שלתו] / בארצות בימים ◦[ ]◦◦◦ בהם	(XX)	4Q302 3ii10
ואת הארץ וכו[ל צבאם	(XX)	4Q304 1
בן חמור החוי]נשיא הארץ ת◦◦[	(XIII)	4Q364 7,2
ארבעים לצאת בני י]שראל מארץ מצרימ	(XIII)	4Q364 19a-b,7
בעבר הי]רדן בארץ מואב	(XIII)	4Q364 20a-c,7
טובה] / [האר]ץ[אשר יהוה אלוהינו נ]ותן לנו	(XIII)	4Q364 21a-k,15
יהוה אותנו] / [הו]ציאנ[ו] מארץ מ[צרים	(XIII)	4Q364 21a-k,17
החל]ראש לרשת את א[רצו	(XIII)	4Q364 24a-c,4
כול עמו]ואת כול ארצו וע[שית]ה ל[ו	(XIII)	4Q364 24a-c,19
להביאם אל הא]רץ אשר[דבר ל]המה	(XIII)	4Q364 26c-d,3
וירשתם]את הארץ אשר אתמ עברי[ם]שמה	(XIII)	4Q364 30,6
[ובב]המה ובכול עפר הארץ היה כנים	(XIII)	4Q365 2,2
כי אני יהוה בקרב הא]רץ	(XIII)	4Q365 2,11
לנתר בהן על] / הארץ	(XIII)	4Q365 15a-b,4
אלוהיכמה] / [המעלה אתכם מאר]ץ מצרים	(XIII)	4Q365 17a-c,6
[לפניכמה ותטמא]הארץ	(XIII)	4Q365 22a-b,4
בהוציאי אותם מארץ מצר[י]ם	(XIII)	4Q365 23,2
אל הארץ אשר / [א]נוכי נותן לכמה לנחלה	(XIII)	4Q365 23,4
אשר תבנו לי בארץ לערוך אותם על מזבח	(XIII)	4Q365 23,6
השנית לצאתם מ]אצ{{ר}} מצרים לאמור	(XIII)	4Q365 26a-b,5
שלח] / [מושה לת]ור את הארץ	(XIII)	4Q365 32,3
וישלח אותם] / [מושה]לתור את ארץ כנען	(XIII)	4Q365 32,4
וראית]ם את הארץ מה היאה ואת העם	(XIII)	4Q365 32,5
ומה הארץ אשר הואה יושב בה הטובה	(XIII)	4Q365 32,6
[ומ]ה הארץ השמנה אם רזה היש	(XIII)	4Q365 32,8
מפרי הארץ והימים ימי בכורות ענבים	(XIII)	4Q365 32,9
וי]תורו את הארץ ממדבר צין עד רחוב לבו	(XIII)	4Q365 32,10
[הם אשר הו]צאתי אותם מארץ מצ[רים	(XIII)	4Q366 2,7
[וכל מעש]ר הארץ מזרע הארץ מפרי	(XIII)	4Q367 3,6
מעש]ר הארץ מזרע הארץ מפרי ⟦ ⟧ העץ	(XIII)	
קדוש יש[ראל א]ל[והי כו]ל [הא]רץ יקרא	(V)	4Q176 8-11,7
[נשבעתי מ]עב[ור מי] נוח אל ארץ	(V)	4Q176 8-11,11
]מארץ[	(V)	4Q176 25,4
]ולפזר[ם] בארץ ציה ושממה היא עת ענות	(V)	4Q177 12-13i8
לקדושים אשר]בא[רץ ה]מה	(V)	4Q177 14,2
]◦רת הארץ י◦[	(V)	4Q178 1,3
]נחלתנו היתה כמדבר ארץ לוא / [	(V)	4Q179 1i12
מרדאתם מסוד בני ש[מים] וארץ ליחד רשעה	(V)	4Q181 1,2
]כי הנה / כח[צ]יר יצמח מארצו ופרח כציץ	(V)	4Q185 1-2i10
עת הצדק ומלאה הארץ דעה ותהלת אל בו◦[	(XXXVI)	4Q215a 1ii5
]להחרים ארץ[ב]חרונו ולחדשה[	(XXXVI)	4Q215a 3,1
בטרם אביאם] / בא[ר]ץ [אשר נשבעתי	(XIII)	4Q216 II,2
הקדשתי לי בתוך] / הארץ לשים א[ת שמי	(XIII)	4Q216 II,10
השמ]ים העליונים ואת האר[ץ] / [ואת המים	(XIII)	4Q216 V,4
ואשר עשה באר]ץ ובכל את התהו[מות]	(XIII)	4Q216 V,9
בתווך על פני כל] / הארץ[	(XIII)	4Q216 V,14
וגדל בא[רץ את] / [שלושה המינים האלה	(XIII)	4Q216 VI,9
וע[ל כל]אשר בא[רץ כל] / [הצמח מהארץ	(XIII)	4Q216 VI,13
כל] / אשר בשמים ובארץ [ובימים	(XIII)	4Q216 VII,5
לדורו]תם ולא יכרתו מן הא[רץ] / [	(XIII)	4Q218 4
[מחניף את הארץ וה]ארץ לו תוכל ל[הטהר	(XIII)	4Q219 II,19
[ממכה מטעת ה]אמת בארץ לכול דורות הארץ	(XIII)	4Q219 II,30
לכול דורות הארץ ולו ישבית[שמי]	(XIII)	
להיותכה] / לברכה[בכול הא]רץ	(XIII)	4Q219 II,34
ו]זכרך מכול הארץ[	(XIII)	4Q221 1,4
[מטעת האמת באר]ץ לכול דו[ות האר]ץ	(XIII)	4Q221 1,8
לכול דו[ות האר]ץ ול[וא ישבית שמי ושמך]	(XIII)	
אין לה]ם תקוה בארץ / [החיים	(XIII)	4Q221 2i1
ואין זכ]רון לכולמה בארץ	(XIII)	4Q221 2i2
כאשר נשמדו בני סדום מהאר]ץ	(XIII)	4Q221 2i3
[ואת]הארץ והפריתיכ[ה והרביתיכה	(XIII)	4Q223-224 1i1
היושבים ב]יער בארץ / [כנען	(XIII)	4Q223-224 2i4
וילך] לוא עישאו לארץ[הר]שעיר	(XIII)	4Q223-224 2iii12
בהרי חברון בבירה] בארץ כנען	(XIII)	4Q223-224 2iii13
בבירה] בארץ כנען באר[ץ א]ברהם[אביהו]	(XIII)	
שבע שנים תבאנה שבע ע]ל כול א[ר]ץ [מצרים	(XIII)	4Q223-224 2v23
היה כמוהו בכול הא]רץ	(XIII)	4Q223-224 2v24
וימשילהו]על כול ארץ מצרים	(XIII)	4Q223-224 2v29
ואת עפר הארץ כי אם / [יהיו נמ]נים אלה	(XIII)	4Q225 2i6
את בניו מן הארץ	(XIII)	4Q225 2ii6
]לארץ כנע[ן	(XIII)	4Q226 3,5
] / מארץ [	(XIII)	4Q226 9,2
א]רץ אל תוך בני האדם	(XIII)	4Q227 2,3
]בני לוי ועם האר[ץ	(XXXVI)	4Q247 5
[וה]עביר ◦◦◦◦ רוח[ב]ארצותיהם וש[ב מנא]	(XXXVI)	4Q248 5
והפך בארצות גוים ושב למצרי[ם	(XXXVI)	4Q248 8
אז תשבת ה]ארץ[והרצת את שבתתיה	(XXXVI)	4Q249l 3
]הארץ לטמאה[ ]◦[	(XXXV)	4Q251 18,2
ומי מבול היו על הארץ ⟦ ⟧ בשנת שש מאות	(XXII)	4Q252 I,3
ויהי הגשם על / הארץ ארבעים יום	(XXII)	4Q252 I,6
ויגברו המים על הארץ חמשים ומאת יום	(XXII)	4Q252 I,7
קלו המים] / מעל הארץ	(XXII)	4Q252 I,18
לחודש השני / יבשה הארץ באחד בשבת	(XXII)	4Q252 II,2
ארץ נתן לאברהם אהבו	(XXII)	4Q252 II,8
]ארץ כנען ששי[ם	(XXII)	4Q252 II,10
ולרצון לאר[ץ מבשר] עלות וחלבי זבחים	(XXVI)	4Q258 VII,5
רעהו לשמור א]מונה בארצ ביצר סמוך	(XXVI)	4Q259 II,11
לכפר בעד] הארצ[ו]ל[ה]ש[י]ב לרשעים	(XXVI)	4Q259 II,15
וריח ניחוח לכפר על ה[א]רץ מנ[חה ?	(XXXV)	4Q265 7,9
ש[ו]רש / [מט]עת לירוש א[ת א]ר[צו	(XVIII)	4Q266 2i12

Reference		Text
4Q368 4,1	(XXVIII)	◦[ ]צה א[ר]ץ אדום / [
4Q368 10i7	(XXVIII)	המפלי לעיניכם בארץ[
4Q369 1ii2	(XIII)	] / היאה צבי תבל ארצכה ועליה שע[
4Q369 1ii7	(XIII)	לשר ומושל בכול תבל ארצכה [
4Q369 2,2	(XIII)	]ורתכה וחלחם בכול אר[צות
4Q370 1i4	(XIX)	וי]נעו כל / מוסדי אר[ץ ומ]ים נבקעו מתהמות
4Q372 1,5	(XXVIII)	ויפץ] / אתם בכל הארצות ובכל[הגוים
4Q372 1,6	(XXVIII)	ישראל וישמד אתם מארץ[ ]ץ[
4Q372 1,10	(XXVIII)	ובכל זה יוסף מוטל בארצות לא י[דע
4Q372 1,19	(XXVIII)	[לקחו]ארצי ממני
4Q372 1,30	(XXVIII)	השמים] / והארץ וגם במעמקי תהום
4Q374 1a-b,2	(XIX)	]ארצו וי[ ]◦◦[
4Q374 2i4	(XIX)	]כל הרצות / [
4Q374 2ii5	(XIX)	יטע ל[נ]ו בחירו בארץ חמדות
	(XIX)	בחירו בארץ חמדות כל הארצות ברי[
4Q374 6,1	(XIX)	]בארץ[
4Q377 1i9	(XXVIII)	ארץ]טובה ורחבה [מא]רצות עמ[י]ם [א]חרים
4Q377 2ii8	(XXVIII)	] / ועל הארץ עמד על ההר להודיע
4Q378 3i6	(XXII)	מקצה ה]ארץ ועד קציה והניעכה
4Q378 11,4	(XXII)	]טובה ורחבה ארץ נחלי מים / [
4Q378 11,5	(XXII)	בב]קעה ובהר ארץ חטה ושער[ה] / [
4Q378 11,6	(XXII)	כי ארץ זבת חלב ודבש[ ] / [
4Q379 4,1	(XXII)	]גבול ארץ / [
4Q379 12,4	(XXII)	ו]ארבעים שנה לצאתם מאר[ץ] / מצרים
4Q379 12,5	(XXII)	ליובלים לתחלת בואתם לארץ / כנען
4Q379 22ii14	(XXII)	ושפ[כו דם}}] / [ועשו חנופה] בארץ
4Q379 28,2	(XXII)	]◦ת ארצותם ביר◦[
4Q379 28,3	(XXII)	]◦שע תקוה בארץ ו◦[
4Q381 1,3	(XI)	ביומי עשה שמים וארץ ובדבר פיו [
4Q381 16,1	(XI)	]הארצות כי חמ[
4Q381 24a+b,10	(XI)	ות]רעש הארץ [ותגעש
4Q381 44,2	(XI)	]כי ארץ זו הגברת [בה
4Q381 50,4	(XI)	]ארץ וירה ובשקטה
4Q381 69,1	(XI)	בראותו כי התעיבו עמי [הא]רץ / [
4Q381 69,2	(XI)	היתה]כל הארץ לנדת טמאה בנדת טמאה
4Q381 69,6	(XI)	]רשו שבו על הארץ אז תטהר ויא◦◦[
4Q381 76-77,16	(XI)	שמ]ים וארץ ולעליון על כל גוי
	(XI)	ולעליון על כל גוי הארץ ולהש◦[
4Q381 78,6	(XI)	]ו ורותה הא[רץ
4Q382 1,4	(XIII)	עו]בדיה בא[רץ]ישראל ל[
4Q382 9,1	(XIII)	א]רץ ה[
4Q382 105,5	(XIII)	] / כול הארץ ◦[
4Q382 106,5	(XIII)	]◦ארץ[
4Q382 118,2	(XIII)	]הארצ ל[
4Q383 1,3	(XXX)	] / יענה בארץ לוא נוש[בת
4Q385 3,6	(XXX)	מקב]ריכם ומן הארץ [
4Q385a 4,9	(XXX)	[זעקים מפני על כבד ב]ארצות ש[בים
4Q385a 18ia-b,3	(XXX)	עם ה]שבאים אשר נשבו מארץ ירושלים
4Q385a 18ia-b,7	(XXX)	ויצום את אשר יעשו בארץ שביא[ם]
4Q385a 18ia-b,9	(XXX)	את ברית אלהי אבותיהם בארץ / [בבל
4Q385a 18ii6	(XXX)	ויהי דבר יהוה אל] / ירמיה בארץ תחפנס
	(XXX)	ירמיה בארץ תחפנס אשר בארץ מצ[רים
4Q386 1ii1	(XXX)	] / [אר]ץ וידעו כי אני יהוה
4Q386 1ii7	(XXX)	ואמרו תה[י]ה הארץ / כאשר היתה בימי [
4Q387 1,9	(XXX)	]ם בארצ[ות] איבי[כ]ם[ ]עד שנת[
4Q387 2ii7	(XXX)	ומשל / [הז]רון בכל[הא]רץ
4Q387 2iii3	(XXX)	[והש]מותי א[ת]ה[א]רץ ורחקתי את האדם[
4Q387 2iii4	(XXX)	ועזבתי] / [ ]את הארץ ביד מלאכי המשטמות
4Q387 2iii5	(XXX)	ביום עזבי את הארץ[בהשמה] / [ושב]ו כהני
4Q387 3,8	(XXX)	ושלחתי רעב ב[אר]ץ ולא / לל[ח]ם וצמא
4Q388 6,5	(XXX)	מ]קצה הארץ[
4Q388 6,6	(XXX)	]מן הארץ על[
4Q388a 7ii6	(XXX)	ו]עזבתי את הארץ בה[שמה
4Q389 1,2	(XXX)	]ה בארץ י[הודה
4Q389 1,4	(XXX)	ו]כל הנשאר בארץ מצ[רים
4Q389 1,5	(XXX)	י]רמיה בן חלקיה מארץ מצר[ים
4Q389 4,2	(XXX)	]הארץ[
4Q389 8ii3	(XXX)	[זעקים מפ]ני על כבד בארצות שבים
4Q389 8ii6	(XXX)	[כי] עזבתי את הארץ ברום לבבם ממני
4Q390 1,5	(XXX)	מלבד העולים רישונה מארץ שבים
4Q390 1,8	(XXX)	ביובל השביעי / לחרבן הארץ ישכחו חוק
4Q390 2ii9	(XXX)	] / בקרב הארץ על א◦[
4Q390 4,2	(XXX)	]בארץ[
4Q391 2,2	(XIX)	] / ואת ארצך לכ[
4Q391 25,2	(XIX)	]על הארץ ויעלו אפר[
4Q392 3,2	(XXIX)	]◦ארץ לבל◦[
4Q392 3,5	(XXIX)	]ל הארץ ישכ[ ]ל[
4Q392 6-9,3	(XXIX)	] / [א]כל מן הארץ וא◦[
4Q392 6-9,4	(XXIX)	[ו]בא[רץ מדבר] וצמאון[כלכלנו] / [כא]ב
4Q393 5,2	(XXIX)	]ארצות[
4Q396 1-2iii3	(X)	עצ[י]המאכל הנטע / בארצ ישראל
4Q398 4,3	(X)	]ארץ[
4Q418 65,2	(XXXIV)	] והארץ וכו[ל
4Q418 80,1	(XXXIV)	] ארץ[
4Q418 81+81a,14	(XXXIV)	תבל בו יתהלכו כול נוחלי ארץ כי בשמ[ים
4Q418 176,1	(XXXIV)	]◦ותיך ארץ[
4Q422 I,9	(XIII)	על ? האר]צ המשילו לאכול פר[י האדמה
4Q422 II,3	(XIII)	ע]ל הארצ כיא[
4Q422 II,6	(XIII)	]קו על הארצ / תחת כול השמ[ים
4Q422 II,7	(XIII)	ל]עלות מים על האר[צ
4Q422 II,10	(XIII)	הא]רצ וא[ ]ל[
4Q422 II,12	(XIII)	מאורות להאיר ע]ל שמים ואר[צ
4Q422 III,8	(XIII)	הצפרדעים בכול ארצ[ם ?] וכנים בכול
4Q422 III,9	(XIII)	ישי[ת חו]שכ בארצם ואפלה ב[בתי]הםה
4Q422 III,10	(XIII)	ויך] / בברד ארצם ואדמת[ם ב]חנמל
	(XIII)	ויבא ארבה לכסות עין הא[רצ] חסל כבד
4Q422 III,11	(XIII)	גבולם / לאכול כול ירוק בא[רצם]ל[
4Q423 3,3	(XXXIV)	לא]חוזת ארץ
4Q426 1i13	(XX)	]ה ◦ול למלכי ארץ רוד[ף] / [
4Q427 7ii10	(XXIX)	וכושלי ארצ ירים לאין מחיר וגב[ורת
4Q427 7ii23	(XXIX)	מחשביהמה מ[כין ב]עוזו ארצ בגבור[תו עושה]
4Q428 10,12	(XXIX)	ביבשה ומב[וע] מים בארץ [ציה ומשקי גן
4Q431 2,9	(XXIX)	אף]ל[כ]ל[ו]ת עולם וכושלי ארץ
4Q434 2,3	(XXIX)	מעשי שמים וארץ ויגילו וכבודו מלוא[
4Q434 2,8	(XXIX)	בו צב[א השמ]ים ו[א]רצם חמדה / [
4Q434 7b,3	(XXIX)	עוף / [הש]מם וחית הארץ
4Q450 1,3	(XXIX)	] שפכת לארצ ב[
4Q450 2,1	(XXIX)	]לארצ ג[
4Q454 3	(XXIX)	]בארץ חם ונגועי / [
4Q460 8,2	(XXXVI)	]בארצ אל יתהללו הגבורים [בגבורתם
4Q460 9i4	(XXXVI)	מלאה ה]ארצ אשמות למרום עליון כיא לדור
4Q462 1,8	(XIX)	את המים ואת הארץ[
4Q463 1,2	(XIX)	לא]מור גם בהיותם בארצות אויביהמ[ה
4Q464 5ii4	(XIX)	] / להשחית הארץ כי דר[כם
4Q468a 3	(XXXVI)	ר]מש ארץ אשר א[
4Q468c 8	(XXXVI)	] / אביוני ארץ[
4Q468f 2	(XXXVI)	] את הארץ / [
4Q468f 3	(XXXVI)	]◦לתת בארץ / [
4Q468cc 3	(XXVIII)	]ארצ◦{{ת}} חזק ◦[
4Q475 2	(XXXVI)	]שכחום ולוא ידורשום וארץ[

4Q475 4 (XXXVI) ולוא יהיה עוד אשמות בארץ
4Q475 6 (XXXVI) ו]שקטה הארץ לעולמים וידרשו ? [
4Q481b 1 (XXII) י]שב נדחיו לארץ / [
4Q483 1,2 (VII) ע]ל הארץ[
4Q492 1,2 (VII) ופרשינו כעננים] / לכסות א[רץ
4Q503 1-6iii12 (VII)]להאיר על הארץ יברכו
4Q503 10,1 (VII) השמש להאיר על האר[ץ יברכו
4Q503 15-16,9 (VII)]ארץ והלילה שמ[
4Q503 24-25,3 (VII) השמש להאיר]על הארץ יברכו[
4Q503 29-32,7 (VII) השמש להאיר ע]ל[הא]רץ יברכו[
4Q503 48-50,7 (VII) השמש לה]איר על[ה]ארץ יברכו
4Q503 64,7 (VII) השמש להאיר] על הארץ יברכו[
4Q503 72,5 (VII)]◦ ארץ ◦[
4Q504 1-2iii10 (VII) לכה / [לעם מכול]הארץ
4Q504 1-2iv3 (VII) מכול ה{{ל}}ארץ / להיות[שמכ]ה שם לעולם
4Q504 1-2iv11 (VII) ואבן יקרה / עם כו{{ו}}ל חמדת ארצם
4Q504 1-2v3 (VII) ◦◦◦ / ויעבודו אל נכר בארצם
(VII) וגם ארצם / שממה על אויביהמה כיא[
4Q504 1-2v12 (VII) בכול / [ה]ארצות אשר הדחתם שמה
4Q504 1-2vi13 (VII) מכול] / הארצות הקרובות והרחוקות
4Q504 1-2vii7 (VII)] / לשמים הארץ וכול מחשביה[
4Q504 3ii11 (VII) ה]ארץ התבו[
4Q504 4,3 (VII) ה]ארץ ועבודת כול ה◦◦[
4Q504 5i6 (VII)]ליכה בשמי[ם ובא]רץ / [
4Q504 8,7 (VII)]◦ם ולתהלך בארץ כבוד א◦[
4Q504 8,14 (VII) למלוא את ה]ארץ [ח]מס ולשפו[ך דם נקי
4Q504 22,4 (VII)]הארץ כ◦[
4Q504 26,6 (VII)]את ארצכה / [
4Q505 124,2 (VII)]ל הא[רץ התבו
4Q506 131-132,8 (VII)] / [הא]רץ וע[בודת כול
4Q508 22-23,3 (VII) ת]בואת ארצנו לתנו[פה
4Q508 30,2 (VII)]מלפניכה ות◦◦◦ ארץ במועדי / [
4Q509 8,4 (VII) תבואת אר]צנו לתנופ[ה
4Q509 62,1 (VII) א]רצנו ◦[
4Q509 81,2 (VII)]ארצ[
4Q509 131-132ii8 (VII)]◦ם עלי ארץ להיות ק◦[
4Q509 189,2 (VII)]ד ארצנו[
4Q511 1,2 (VII) בא]רץ ובכול / רוחות ממשלתה
4Q511 3,7 (VII) שמי]ם וארץ ירועו מ[
4Q511 10,12 (VII) תוכחתו ובכול מוסדי ארץ משפטי יוד
4Q511 30,1 (VII) א]רץ ג◦◦[
4Q511 30,5 (VII) ומי בשליש] / יכול עפר הארץ
4Q511 37,3 (VII) יזדעזעו יס]ודותם ותחול הארץ[
4Q511 42,6 (VII)]◦בותם ואל מוסדי הארץ[
4Q513 15,2 (VII)]◦ו לארץ ◦[
4Q521 2ii+4,1 (XXV) [כי הש]מים והארץ ישמעו למשיחו / [וכל
4Q521 2iii4 (XXV)] / גלה הארץ בכל מקו[ם
4Q521 7+5ii2 (XXV)] / [אדני האר]ץ וכל אשר בה ימים[
4Q522 7,3 (XXV)]את הארץ לה[
4Q525 14i2 (XXV) א]רץ / [
4Q577 1,2 (XXV)]ובארץ [
5Q23 1 (III)]◦י ארץ ◦[
6Q13 2 (III) א]רץ[ ]◦◦[
6Q20 2 (III)] / כי הא[רץ
6Q20 3 (III)] / ארץ נחל[י מים
11Q5 XXVI,14 (IV) ברוך עושה / ארץ בכוחו מכין תבל
11Q11 I,6 (XXIII) א]ת האר[ץ
11Q11 III,2 (XXIII)] / הארץ ו◦[
(XXIII) ה]ארץ
11Q11 III,3 (XXIII) את המופ[תים האלה ב]ארץ
11Q11 III,6 (XXIII) הש]מים ו[את כול] הארץ[בהם
11Q11 IV,3 (XXIII)] / כול הארץ[
11Q11 IV,9 (XXIII) ע]וד בארץ / [
11Q12 1,6 (XXIII) שת לנו יהוה זרע ב]ארץ אחר תחת הבל
11Q12 1,9 (XXIII) החמי]שי נבנו הבתים באר[ץ]
11Q13 II,25 (XXIII) והעברתמה שו[פר ב]כול [א]רץ
11Q14 1ii8 (XXIII) להוריד על ארצכמה / גשמי ברכה טל
11Q14 1ii10 (XXIII) והארץ תנובב לכם פרי / [ע]דנים
11Q14 1ii11 (XXIII) ואין משכלה בארצכם / ולוא מוחלה
11Q14 1ii14 (XXIII) [הארץ ואין דב]ר בארצכם
11Q19 XXII,16 יכפרו / [ע]ל [כו]ל [יצ]הר הארץ לפני יהוה
11Q19 XXXII,10 [ב]אמה וגובהמה / מן הארץ ארבע אמ[ות
11Q19 XXXII,13 יורדת [ופוש]טת אל תוך הארץ
11Q19 XXXII,14 אליה ואובדים בתוך הארץ
11Q19 XLVII,14 פגוליהמה אשר יזבחו בתוך ארצמה
11Q19 XLVIII,5 לנתור בהמה על הארץ ולעוף בכנפיו
11Q19 XLVIII,11 ולוא תטמאו את / ארצכמה
11Q19 XLVIII,13 בתוך ארצכמה אשר תהיו קוברים את מתיכמה
11Q19 L,20 כול שרץ הארץ תטמאו החולד והעכבר
11Q19 LI,16 וירשתה / את הארץ אשר אנוכי נותן לכמה
11Q19 LI,19 לוא תעשו בארצכמה כאשר הגואים עושים
11Q19 LII,3 [לו]א תעשה לכה בכול ארצכה להשתחו[ות]
11Q19 LII,12 הדם לוא תואכל / על הארץ תשופכנו כמים
11Q19 LIII,5 לבלתי אכול הדם על הארץ תשופכנו כמים
11Q19 LIV,16 אלוהיכה אשר הוציאכה מארץ מצרים
11Q19 LVI,12 כי תבוא אל הארץ אשר אנוכי נותן לכה
11Q19 LVIII,6 ואם עם רב בא לארץ ישראל
11Q19 LVIII,9 אשר לוא יבוא גדוד אל תוך ארצמה
11Q19 LIX,2] / [ו]יבזרום בארצות רבות
11Q19 LIX,5 והמה בארצות אויביהמה מתאנחים
11Q19 LIX,12 והביאותים / לארץ אבותיהמה
11Q19 LX,16 כי תבוא אל הארץ אשר אנוכי נותן לכה
11Q19 LXI,14 עמכה המעלכה מארץ מצרים
11Q19 LXV,2 בכול עץ או על הארץ ? / אפרוחים או בצים
11Q20 XVI,4 (XXIII) הרחוקים ממ]כה מקצי הארץ ועד קצ[י הארץ]
PAM 43.670 20,2 (XXXIII)]ארץ בי[
PAM 43.673 33,1 (XXXIII)]בארץ [
PAM 43.674 22,1 (XXXIII)] ארץ [
PAM 43.679 24,2 (XXXIII)]ארץ א◦[
PAM 43.680 2,2 (XXXIII)]ארצות[
PAM 43.682 1,2 (XXXIII)] הך ארצה [
PAM 43.690 15,1 (XXXIII)] ארץ ◦[
PAM 43.692 80,1 (XXXIII)]בחזות הארץ[

to curse verb **ארר**

CD XII,22 זה יתהלכו זרע ישראל ולא יוארו
CD XX,8 בהון ובעבודה / כי אררוהו כל קדושי עליון
1QS II,5 וענו ואמרו ארור אתה בכול מעשי רשע
1QS II,7 ארור אתה לאין רחמימ כחושך
1QS II,11 הכוהנים והלויים ואמרו ארור בגלולי לבו
1QS II,17 יתן גורלו בתוך ארורי עולמים
1QM XIII,4 וארור בליעל במחשבת משטמה
וארורים כול רוחי גורלו במחשבת
1Q26 1,6 (XXXIV)]◦ ונארותה בכול תבואתכה ונ[קלו]תה
4Q175 22 (V) ויאמר ארור היש אשר יבנה את העיר
4Q175 23 (V) ואנה איש ארור אחד בליעל
4Q252 II,6 (XXII) ויומר ארור כנען עבד עבדים יהייה לאחיו
4Q256 III,1 (XXVI) אר]ור אתה לאין רחמים כחושך
4Q256 III,4 (XXVI) הכוהנים וה]ל[וים ואמר]ו ארור
4Q257 II,1 (XXVI) וענו ואמרו ארור / [א]תה[בכו]ל[מעשי רשע

4Q257 II,3 (XXVI) **א]רור** אתה / [לאין רחמים כ]חושך
4Q257 II,8 (XXVI) הכוהנים והלויים ואמרו **ארו]ר** ב[גלולי לבו]
4Q266 11,13 (XVIII) אשר את עובריהם **ארותה** ואנו עם פדותכה
4Q266 11,14 (XVIII) אתה **ארותה** את עובריהם ואנו הקימונו
4Q266 11,17 (XVIII) יקהלו בחודש השלישי **ואררו** את הנוטה
4Q270 7ii11 (XVIII) יקהלו ב]חדש השלישי **ואר[רו** את] / [הנוטה
4Q275 3,4 (XXVI) לאין] / רחמים **ארו[ר** אתה
4Q280 2,2 (XXIX) [ואמרו ⟦ ⟧ **אר]ור** אתה מלכי רשע
4Q280 2,5 (XXIX) **וארורים** עוש[י מחשבות רשעתמה]
4Q286 2,5 (XI) קו]דש קודשים **וארר[ו]** / [
4Q286 7ii2 (XI) וענו ואמרו **ארור** [ב]ליעל ב[מ]חשבת
4Q286 7ii3 (XI) **וארורים** כול רו[חי גו]רלו במחשבת
4Q286 7ii5 (XI) **וארור** הרש[ע בכול קצי] ממשלותיו
4Q287 6,2 (XI) וענו ואמ]רו **ארו[ר** בליעל במחשבת משטמתו
4Q377 2ii4 (XXVIII) **ארור** האיש אשר לוא יעמוד וישמור
4Q379 22ii8 (XXII) ויאמר] / **א[רור** הא]יש אשר יב[נ]ה את [העי]ר
4Q379 22ii9 (XXII) והנה[**אר]ור** א[יש בליעל]
4Q444 1-4i+5,5 (XXIX) **ארור** / [
4Q444 6,3 (XXIX)]◦תו **ארורה** ו◦[
4Q468i 5 (XXXVI) **נא]רו** מכול שלת לבם / [
4Q511 52-59,5 (VII) **ארו]רים** ומאתכה סוד
4Q521 7+5ii13 (XXV)] / קפאו **ארור[ים**
5Q11 1i6 (III) **ארו]ר** אתה

curse; condemnation noun אֲרָרָה

4Q269 9,1 (XVIII) משפט **האר]רה** אשר אמר / [משגה עור בדרך
4Q270 5,15 (XVIII) משפט **הארה** [אשר אמר משגה עור בדרך
4Q289 1,2 (XI) **]אררות** נצ[ח כלמו]ת כלה[
4Q410 1,4 (XXXVI)]◦ לכה **וארדה** על אר[ר]ה תדבק [ב]כה / [
(XXXVI)]◦ לכה וארדה על **אר[ר]ה** תדבק [ב]כה / [
4Q525 15,4 (XXV) **אררות** נצח וחמת תנינים[
5Q16 1,3 (III) **]אררות** נצח ◦◦[

אֲרָרָט ← הוררט

to betroth verb ארשׂ

4Q266 14a,2 (XVIII) **]ארושים** [
11Q19 LXVI,8 זעקה / הנערה **המאורשה** ואין מושיע לה
11Q19 LXVI,9 יפתה איש נערה / בתולה אשר לוא **אורשה**
PAM 43.661 81,1 (XXXIII) **]ארש** ◦[

fire, flame noun אֵשׁ-1

CD II,5 וחמה גדולה בלהבי **אש** / בי כל מלאכי חבל
CD V,13 כלם קדחי **אש** ומבערי זיקות
CD XII,14 החגבים במיניהם יבאו **באש** או במים
1QS II,8 וזעום אתה / באפלת **אש** עולמים
1QS IV,13 וחרפת / עד עמ כלמת כלה **באש** מחשכים
1QpHab X,5 בתוכם ירשיענו **ובאש** גופרית ישפטנו
1QpHab X,7 יגעו עמים בדי **אש** / ולאומים בדי ריק ייעפו
1QpHab X,13 בעבור יבואו / למשפטי **אש** אשר גדפו
1QM XI,10 ונכאי רוח תבעיר כלפיד **אש** בעמיר
1QM XIV,1] / **כאש** עברתו באלילי מצרים
1QH[a] IV,13 **ואש** [יקד]ה בשאול תחתיה
1QH[a] X,26 לאין מרפא ולהוב חנית **באש** אוכלה עצים
1QH[a] XI,29 על כול אגפי רום **כאש** אוכלת בכול שנאביהם
1QH[a] XII,33 לבבי כדונג מפני **אש** וילכו ברכי / כמים
1QH[a] XIII,16 במצר[ף כז]הב במעשי **אש** וככסף מזוקק בכור
1QH[a] XIV,18 והיה]**לאש** בוערת בכול אנשי / אשמה
1QH[a] XVI,12 ורוחות קודש ולהט **אש** מתהפכת
1QH[a] XVI,20 כ]עופרת במים אדירי[ם] / ◦◦◦◦ **אש** ויבשו
1QH[a] XVI,30 ויפרח **כאש** בוער עצור בע[צמי]
1Q14 1-5,4 (I) כדו]נג מפנ[י **הא]ש** כ[מים מגרים במורד
1Q27 7,2 (I)]◦ **אש** ◦◦◦[
1Q29 1,3 (I)]תמו בלשונות **אש** [
1Q29 2,3 (I)]שלוש לשונות **אש** מ[
2Q23 5,1 (III) **]אש[**
4Q176 25,6 (V)]◦ **אש[**
4Q176 26,3 (V) **]באש[**
4Q177 1-4,7 (V) ו]היו **כאש** לכול תבל
4Q179 1i5 (V)]היה לשרפת **אש** והפכה [
4Q185 1-2i8 (V) לפני מלאכיו כי **כאש** / להבה ישפט[ו
4Q220 6 (XIII) תקטיר על **האש** אשר על המזבח
4Q225 2ii1 (XIII) אב[רהם] את / [עי]ני[ו והנה] **אש**
4Q226 1,2 (XIII)]בלהבת **אש** מת[ו]ך[
4Q228 1i6 (XIII) **]אש** בוערת אוכלת בסוד רשעה / [
4Q252 II,12 (XXII)] / **האש** בעברו[
4Q264a 2-3,2 (XXXV) אל יער איש] גחלי **אש** [
4Q286 1ii3 (XI) וכול סודי[המה] / מוסדי **אש** ושביבי נוגה
4Q287 2,4 (XI)]◦מה מלאכי **אש** ורוחי ענן ◦[
4Q364 W,2 (XIII)]◦ **אש[**
4Q365 31a-c,4 (XIII) יהיה על] / [המשכן כמר]אה **אש** עד בוקר[
4Q368 2,5 (XXVIII) תש]רפון **באש** ומצבותיהם / [תשברון
4Q371 6,2 (XXVIII)]◦א מים **ואש** נר[
4Q376 1ii1 (XIX) ויצא עמו בלשנות **אש**
4Q377 2ii7 (XXVIII)]ר הראנו **באש** בעורה ממעלה [מ]שמים
4Q381 28,1 (XI)]לפניו ו[ב]גחלי **אש** יפזר[
4Q381 46a+b,9 (XI) ורוחך ◦◦◦ ◦לה / [ ]◦ **ואש** בעור[ת
4Q385 6,12 (XXX) בתוך גחלים חיות כגחלי **אש[**
4Q386 1ii10 (XXX)] / **כא]ש** בערת כ◦[
4Q387 4i4 (XXX) וגשם שוטף וא]בנ[י א]ל[גב]יש **אש** וגפרית [
4Q391 31,1 (XIX) **]באש** [
4Q403 1ii9 (XI) ורוחות אלוהים בדני להבת **אש** סביבה ל[
4Q405 15ii-16,3 (XI)] / מראי להבי **אש[**
4Q405 20ii-22,10 (XI) כמראי **אש** רוחות קודש קדשים
(XI) סביב מראי שבולי **אש** בדמות חשמל
4Q408 11,2a (XXXVI)] **אש[**
4Q416 2iii4 (XXXIV) בו פן תכוה [ו]**באשו** תבער גויתכה
4Q424 1,5 (XXXVI) ינתך ולא יעמוד לפני **אש**
4Q427 11,3 (XXIX) ומתך דונ]ג בהמס לפני **אש[**
4Q432 6,4 (XXIX) על כו[ל אגפי רום **בא]ש** אוכלת
4Q433a 3,5 (XXIX)]◦ ותבער[ ]ו **באש** להבה[
4Q433a 3,6 (XXIX)]◦ל להבת **א[ש**]בטירות צאו[ן
4Q434 1i6 (XXIX) חרונו חמתו **ובאש** קנאת לא שפטם
4Q449 3,1 (XXIX)]בלהבי **אש** ◦[
4Q458 1,5 (XXXVI)]שרופות **אש** [
4Q470 3,5 (XIX)]ובעמוד **האש** פעמים[רבות
4Q487 1ii4 (VII)] / בלהבי **אש** מו[
4Q487 15,2 (VII)]ר **אש** מעשיו [
4Q504 1-2v5 (VII) וחרוני אפ{{ו}}<<כ>>ה **באש** קנאתכה
4Q504 6,10 (VII) אתה בקרבנו בעמוד **אש** וענן ב[
4Q510 2,4 (VII) **א]ש** עולמים בוערת בסו[
4Q511 44-47,3 (VII)]ם **ואש** / גבור◦[
4Q525 15,6 (XXV)]סודו להבי גופרית ומכונתו **א[ש**
6Q15 2,1 (III) [כלם ק]ד[חי] **אש** ומ[בערי זיקות
11Q13 III,7 (XXIII)] / יתממ[ו] בליעל **באש[**
11Q19 III,13 לה]ביא בהמה **אש** פנימה
11Q19 XXXIV,12 ומקטירים אותמה על / **האש** אשר על המזבח
11Q19 XLIII,11 ממועדיהמה יקדש **באש** ישרף לוא יאכל עוד
11Q19 LV,9 תוך / רחובה ושרפתה **באש** את העיר
11Q19 LX,18 בנו ובתו / **באש** קוסם קסמים ומעונן ומנחש

Reference	Vol.	Text
PAM 43.684 97,2	(XXXIII)	]◦ב **אש** ה[
PAM 43.690 37,1	(XXXIII)	] **אש** [

אשדתין ← בֵּית אשדתין

woman, wife noun **אִשָּׁה**

Reference	Vol.	Text
CD IV,21		בשתים בזנות לקחת / שתי **נשים** בחייהם
CD V,2		הנשיא כתוב / לא ירבה לו **נשים**
CD V,10		הוא כתוב וכהם **הנשים**
CD VII,7		כסרך הארץ ולקחו / **נשים** והולידו בנים
CD VII,8		כאשר אמר בין איש **לאשתו** ובין אב / לבנו
CD XII,1		אל ישכב איש עם **אשה** בעיר המקדש לטמא
CD XVI,10		[ע]ל שבועת **האשה** אשר אמ[ר לאיש]ה
CD XIX,3		אשר היה מקדם ולקחו **נשים** כמנהג התורה
CD XIX,5		כאשר אמר בין איש **לאשתו** ובין אב לבנו
1QS XI,21		וילוד **אשה** מה ישב לפניכה
1QSa I,4	(I)	הבאים מטף עד **נשים** וקראו בא[וזניהמה
1QSa I,10	(I)	ולוא י[קרב] / אל **אשה** לדעתה למשכבי זכר
1QpHab VI,11		בחרב / נערים אשישים וזקנים **נשים** וטף
1QM VII,3		וכול נער זעטוט **ואשה** לוא יבואו למחנותם
$1QH^a$ V,20		ומה ילוד **אשה** בכול [מעשיך] הנוראים
$1QH^a$ XI,7		]ואהיה בצוקה כמו **אשת** לדה מבכריה
$1QH^a$ XXI,1		פ]שע ילוד **א[שה]** / [
$1QH^a$ XXIII,13		חמר דרכו ואשמות ילוד / **אשה** כמעשיו
4Q**158** 7-8,2	(V)	רע]כה עד שקר לוא תחמוד **אשת** ר[עכה
4Q**159** 2-4,6	(V)	אל יהיו כלי גבר על **אשה**
4Q**159** 2-4,7	(V)	] / יכס בשלמות **אשה** ואל ילבש כתונת אשה
	(V)	ואל ילבש כתונת **אשה** כיא [ת]ועבה הוא
4Q**169** 3-4iv4	(V)	] / **נשיו** עילוליו וטפו
4Q**176** 8-11,7	(V)	כיא **כאשה** עזובה / [ועצובת] רוח קראך
4Q**176** 8-11,8	(V)	**ואשת** נעורים כיא[ת]מאס אמר •••• אלוהיך
4Q**178** 7,1	(V)	] / **האשה** וש◦[
4Q**179** 2,6	(V)	] / [כ]**אשה** עז[ו]בה כעצובה וכעזובת
4Q**179** 2,7	(V)	]ה כ**אשת** מרורים / וכל בנותיה כאבלות
4Q**221** 5,6	(XIII)	היה מתאבל על **אשתו** עד [אשר דבקו אלו
4Q**221** 7,3	(XIII)	ויפה מראה ותשא עיניה] / [**א]שת** אדונו אל[ו
4Q**223-224** 2ii8	(XIII)	ובניו אחר טומאת **הנ]שים** ואחר תעות הנ[שים
	(XIII)	הנ]שים ואחר תעות **הנ[שים**
4Q**223-224** 2v6	(XIII)	[וישמע לדברי **א]שתו** ויתן את[יוסף בית
4Q**249e** 1i-3,8a	(XXXVI)	[ולוא יקר]ב **לאשתו** / [ובן חמ]ש ועשרי[ם
4Q**251** 8,3	(XXXV)	יגח שור איש או **]אשה** והומת השור וסקלהו
4Q**251** 8,5	(XXXV)	והמית אי]ש או **אשה** / [השור יסקל
4Q**251** 17,2	(XXXV)	] / אל יקח איש את **א[שת** אביו
4Q**264** 8	(XXVI)	וילוד **אשה** / [מה יחשב לפניך
4Q**265** 3,3	(XXXV)	[אל] יואכל נער זעטוט **ואשה** [בזב]ח הפסח
4Q**266** 6ii1	(XVIII)	]◦[ ]ה א◦ה**אש[ה**]◦◦ [אשר י]קרב [ ] / [אליה
4Q**266** 6ii5	(XVIII)	**ואשה** אשר [תזרי]ע וילדה זכר [וטמאה
4Q**269** 9,7	(XVIII)	כיא אם בראו]ת **נשים** נאמנ[ות] / [יודעות
4Q**270** 2i18	(XVIII)	או יק]רב אל **אשתו** ביום / [השבת ?
4Q**270** 2ii16	(XVIII)	או אשר ישכב עם] / **אשה** הרה מקיץ דם
4Q**270** 2ii17	(XVIII)	אחיו או ישכב עם זכר] / משכבי **אשה**
4Q**270** 4,1	(XVIII)	]יבא איש **אשה** להאלותה / [
4Q**270** 4,2	(XVIII)	]הרואה אם יראה **אשת** / [רעהו
4Q**270** 4,6	(XVIII)	והשביע את **]האשה** והשקה את / [האשה
4Q**270** 4,13	(XVIII)	אל ישכב איש] עם **אשה** / [
4Q**270** 5,21	(XVIII)	יקחה] / [איש כי א]ם בראות **נש[י]ם** [נאמנות
4Q**270** 7i13	(XVIII)	ואשר יקר[ב] / לזנות **לאשתו** אשר לא כמשפט
4Q**271** 5i17	(XVIII)	אל] ישכב איש עם **אשה** בעיר המקדש לטמא
4Q**273** 5,4	(XVIII)	אל יקח איש את **האש[ה**
4Q**274** 1i6	(XXXV)	וגם אל תגע בכול **אשה**[זב]ה ◦דם
4Q**303** 11	(XX)	]לו **לאשה** כיא ממנו[לקחה זאת
4Q**364** 1a-b,3	(XIII)	אשר י[לדה] לו שרה **אשת[ו**
4Q**364** 1a-b,6	(XIII)	ויעתר ישחק ליהוה] / לנכח[**]אשת[ו**
4Q**364** 1a-b,7	(XIII)	לו יהוה ותהר רבקה] / **אשתו** [
4Q**364** 5a-bi4	(XIII)	ואמ[תקח **]נשי[ם** על בנותי אין איש עמנו
4Q**364** 9a-b,2	(XIII)	והיא לוא נתנה] / לו **לא[שה**
4Q**364** 24a-c,9	(XIII)	]בהמ כול איש **ואשה**[
4Q**365** 6b,6	(XIII)	ו]תצינה[כו]ל **הנשים** אחריה ב[תופים
4Q**367** 1a-b,3	(XIII)	[אל בני ישראל לאמר **א]שה** כי תזרע
4Q**381** 1,7	(XI)	] / את **א[שתו**
4Q**397** 14-21,4	(X)	ועל **הנשי[ם**
4Q**398** 5,4	(X)	]**האשה** ב[
4Q**416** 2iii20	(XXXIV)	**אשה** לקחתה ברישכה קח מולדי[
4Q**416** 2iv5	(XXXIV)	ואתה ליחד עם **אשת** חיקכה
4Q**416** 2iv13	(XXXIV)	] / **אשת** חיקכה וחרפ[
4Q**422** II,4	(XIII)	את נוח]ואת בניו **א[שתו** ונשי בניו מפני
4Q**426** 1i14	(XX)	]ים **ונשים**
4Q**482** 1,4	(VII)	]ילוד **אש[ה**
4Q**491** 1-3,6	(VII)	**ואשה** ונער זעטוט וכול איש
4Q**501** 5	(VII)	כ]ה ופארתכה לילוד **אשה**
4Q**502** 1,3	(VII)	האדם **]ואשתו** ל[
4Q**502** 34,3	(VII)	]אשישים **ונשים** ומבר[כים
4Q**502** 309,1	(VII)	**א]שתו** [
4Q**506** 131-132,3	(VII)	]**אשה** [
4Q**512** 40-41,2	(VII)	[וה]יה [אי]ש או **אשה**[ ] בהנגשו[
4Q**514** 1i1	(VII)	] **אשה** ◦[
4Q**524** 15-22,1	(XXV)	ולו תהיה **לא]שה** תח[ת אשר ענה]
4Q**524** 15-22,2	(XXV)	לוא יקח איש את **אש]ת** אביהו ולוא יגלה[כנף
4Q**524** 15-22,7	(XXV)	ולקחה] לו [**לא]שה** ויב[מה
11Q**12** 1,3	(XXIII)	והיו]אדם **ואשתו** מת[אבלים] / [על הבל
11Q**12** 2,3	(XXIII)	אשה את אחותו מהללת] **לאשה**[
11Q**19** XXXIX,7		]לוא תבוא בה **אשה** וילד
11Q**19** XLV,11		ואיש כיא ישכב עם **אשתו** שכבת זרע
11Q**19** XLVIII,16		וגם לזבים / **ולנשים** בהיותמה בנדת טמאתמה
11Q**19** L,10		**ואשה** כי תהיה מלאה וימות ילדה
11Q**19** LIII,16		**ואשה** כי תדור נדר לי
11Q**19** LIV,20		בנכה או בתכה / או **אשת** חיקכה
11Q**19** LV,16		איש או **אשה** אשר יעשה את הרע
11Q**19** LV,21		האיש ההוא או את **האשה** ההיא
11Q**19** LVI,18		ולוא ירבה לו **נשים** ולוא / יסירו לבבו
11Q**19** LVII,15		**ואשה** לוא ישא מכול / בנות הגויים
11Q**19** LVII,16		מבית אביהו יקח לו **אשה** / ממשפחת אביהו
11Q**19** LVII,17		ולוא יקח עליה **אשה** אחרת
11Q**19** LXII,10		זכורה לפי חרב רק / **הנשים** והטף והבהמה
11Q**19** LXIII,11		וראיתה בשביה **אשה** יפת תואר
		ולקחתה לכה **לאשה** / והביאותה
11Q**19** LXIII,14		ובעלתה והיתה לכה **לאשה**
11Q**19** LXV,7		כי יקח איש **אשה** ובעלה ושנאה
11Q**19** LXV,8		ואמר את **האשה** הזואת לקחתי ואקרבה
11Q**19** LXV,11		נתתי לאיש הזה **לאשה** והנה שנאה
11Q**19** LXVI,3		האיש על דבר אשר ענה את **אשת** רעהו
11Q**19** LXVI,4		מצאה האיש את **האשה** במקום רחוק
11Q**19** LXVI,11		ולוא / תהיה **לאשה** תחת אשר ענה
11Q**19** LXVI,12		לוא יקח / איש את **אשת** אביהו
		לוא יקח איש את **אשת** / אחיהו

offering by fire noun **אִשֶּׁה**

Reference	Vol.	Text
4Q**220** 5	(XIII)	ת]קטיר הכול על המזבח **אשה** ריח ניחוח
4Q**419** 1,6	(XXXVI)	ד]רכיו ולגיש ניחוח **א[שה**
4Q**524** 6-13,4	(XXV)	ונחלה עם ישרא]ל[ ] [**א]שי** [•]••• יקטי[רון]

11Q**19** XV,13 עולה היא] / **אשה** ריח ניחוח לפני יהוה[
11Q**19** XVI,10 [עו]לה הוא **אשה** ריח ניחוח ל[פני יהוה
11Q**19** XX,8 ונסכמה **אשה** ריח ני[ח]ו[ח] / [לפני יהוה
11Q**19** XXIII,17 עם מנחתו ונסכו **אשי** ריח ניחוח ליהוה
11Q**19** XXVIII,02 והקרבתמה] / **אשי** ריח ניחו[ח ליהוה
11Q**19** XXVIII,2 על] / המזבח **אשי** ר[יח ניחוח הוא ליהוה
11Q**19** XXVIII,5 ולכבשים [ו]לשעיר **אשה** / ריח ניחוח
11Q**19** XXXIV,14 על המזבח **אשה** ריח ניחוח לפני יהוה
11Q**20** I,19 (XXIII) עולה היא **אשה** ריח ניחוח[לפני יהוה
11Q**20** V,21 (XXIII) עולה הואה **אשה** ריח / [ניחוח ליהוה

Assyria proper noun **אַשּׁוּר**
1QM I,2]פלשת ובגדודי כתיי **אשור**
1QM I,6 ונפל **אשור** ואין עוזר לו
1QM II,12 ובשביעית ילחמו בכול בני **אשור** ופרס
1QM XI,11 לאמור ונפל **אשור** בחרב לוא איש
1QM XVIII,2 ותרועת קדושים ברדף **אשור**
1QM XIX,10 ג]בורי כתיים והמון **אשור** וחיל כול הגוים
4Q**163** 4-7ii2 (V) אפקד על פרי] / [גד]ל לבב מלך **א**[**שור**
4Q**163** 40,1 (V)]**אשור**[
4Q**364** 1a-b,1 (XIII) [בו]אכה **אש**[**ור**]ה[על פני כול אחיו
4Q**381** 33+35,8 (XI) יהודה בכלו אתו מלך **אשור**
4Q**426** 12,3 (XX) עילם וא]**שור** וארפכשד ול[וד וארם

cistern, pool noun **אשיח**
3Q**15** V,6 (III) שבסככא מזר[ח] / **אשיח** שלומו כאלין
3Q**15** VII,4 (III)] / ה**אשיח** הצפו[ני הגד]ול
3Q**15** X,5 (III) ב**אשיח** שיבית הכרם בבואך / לסמול
3Q**15** XI,12 (III) בבית {א}אשדתין ב**אשיח** / בביאתך לימומית

אָשֵׁים ← אָשֵׁם

adult male noun **אָשִׁישׁ**
1QpHab VI,11 יאבדו רבים בחרב / נערים **אשישים** וזקנים
4Q**502** 6-10,4 (VII)] **אשישיהם** ונערים / [
4Q**502** 6-10,9 (VII)] בתוך **אשישי** צדק / [
4Q**502** 6-10,11 (VII)]נים אחים לי **אשישים** / [
4Q**502** 6-10,13 (VII)]**אשישי** [קו]דש קודשים / [
4Q**502** 6-10,15 (VII) **א**]**שישי** ד[עת
4Q**502** 12,1 (VII) **אשי**]**שי** צ[דק
4Q**502** 23,3 (VII)]**אשישי** ש[
4Q**502** 34,3 (VII)]**אשישים** ונשים ומבר[כים
4Q**502** 137,1 (VII) **א**]**שישי** [
4Q**502** 188,1 (VII)]**א**[**ש**]**ישי**[

cluster noun **1-אֶשְׁכּוֹל**
4Q**365** 32,13 (XIII) [ויכרתו מש]ם זמורה ו**אשכול** ענבים אחד

Eshcol proper noun **2-אֶשְׁכּוֹל**
4Q**365** 32,12 (XIII) ויבואו עד נחל **אשכול** וירגלו אותה
4Q**365** 32,14 (XIII) נחל **אשכ**[**ו**]**ל** [ע]ל[אודות] / [האשכול

to be guilty, commit offense verb **אשם**
CD V,15 כהר ביתו **יאשם** כי אם נלחץ
CD IX,12 יודע הוא ולא יגיד ו**אשם**
1QpHab V,5 הגוים ובתוכחתם / **יאשמו** כל רשעי עמו
1QM XIII,11 ובעצתו להרשיע ול**האשים**
4Q**167** 2,5 (V) אשובה אל מקומי ע]ד אשר [י]**אשמו**
4Q**219** II,25 (XIII) ות]צעד במסלותם ו**אשמתה** אשמת מות[
4Q**221** 1,1 (XIII) ותצעד במסלותי]הם ו**אשמתה**[אשמת מות
4Q**369** 1i3 (XIII) עד]אשר **יאשמו** / [
4Q**381** 79,3 (XI) ועמי **יאשמו** יחד עמהם ה[
11Q**19** LIX,9 תורתי געלה נפשמה עד **יאשמו** כול אשמה

guilt, guilt offering, expiation noun **אָשָׁם**
CD IX,13 כל **אשם** מושב אשר אין בעלים והתורה
CD IX,14 לו לבד מאיל ה**אשם**
4Q**266** 2i13 (XVIII) וידעו / כי **אשמים** המה [ויהיו כעוורים
4Q**266** 11,3 (XVIII) חטתו ⟦ ⟧[ו]את **אשמו**
4Q**267** 9i7 (XVIII) כו]ל **אשם** / [מושב אשר אין בעלים
4Q**378** 6i7 (XXII) **א**]**שמכה**
4Q**380** 7i2 (XI)]◦את **אשם** / [
4Q**394** 8iv1 (X) ותערובת / [**א**]**שמ** אינם רואימ
4Q**396** 1-2ii2 (X) ותערובת **א**]**שמ** אינם / רואים
11Q**19** XXXV,11 עומדים / לחטאת ול**אשם** מובדלים זה מזה

guilty adjective **אָשֵׁם, אָשֵׁים**
CD I,9 בעונם וידעו כי / {{אנשים}} **אשימים** הם
CD XV,4 אם עבר **אשם** הוא והתודה
4Q**273** 6,2 (XVIII)]א הואה **אשם** והכה [

guilt, sin, offense noun **אַשְׁמָה, אששמה**
CD II,16 ולא לתור במחשבות יצר **אשמה** ועני זנות
1QS I,6 ללכת עוד בשרירות לב **אשמה** ועיני זנות
1QS I,10 כול בני חושך איש כ**אשמתו** / בנקמת אל
1QS I,23 וכול פשעי **אשמתם** וחטאתם בממשלת
1QS II,5 ארור אתה בכול מעשי רשע **אשמתכה**
1QS III,22 חטאתם ועוונותם ו**אשמתם** ופשעי מעשיהם
1QS V,12 הנסתרות אשר תעו / בם ל**אששמה**
1QS V,15 ובהו{{◦}}גן פן ישיאנו / עוון **אשמה**
1QS IX,4 לאמת / עולם לכפר על **אשמת** פשע
1QpHab IV,11 הכתיאים / אשר בעצת בית **אשמ**[**תם**
1QpHab VIII,12 לוסיף עליו עון **אשמה** ודרכי / ת[ו]עבות
1QM VI,17]ל ולשפוך דם חללי **אשמתם**
1QM XI,11 אוכלת רשעה לוא תשוב עד / כלות **אשמה**
1QM XII,12 צריכה וחרבכה / תואכל בשר **אשמה**
1QM XIII,4 משטמה וזעום הואה במשרת **אשמתו**
1QM XIII,15 ולהשמיד ב**אשמה** להשפיל חושך
1QM XIV,3 ורחצו / מדם פגרי ה**אשמה**
1QH^{a} XII,30 מרחם ועד שבה ב**אשמת** מעל
1QH^{a} XII,34 כי זכרתי **אשמותי** עם מעל אבותי
1QH^{a} XII,37 עוון ולטה[ר]אנוש מ**אשמה** בצדקתכה
1QH^{a} XIII,5 ולא]כ**אשמתי** / שפטתני
1QH^{a} XIII,7 בתוך / לביאים מועדים לבני **אשמה** אריות
1QH^{a} XIII,26 ולמען / **אשמתם** סתרת מעין בינה
1QH^{a} XIII,36 כרזי פשע משנים מעשי אל ב**אשמתם**
1QH^{a} XIV,5] ◦**אשמה**
1QH^{a} XIV,8 ותזקקם להטהר מ**אשמה**
1QH^{a} XIV,19]לאש בוערת בכול אנשי / **אשמה** עד כלה
1QH^{a} XIV,22]◦◦ מחשבת רשעה יתגוללו ב**אשמה**
1QH^{a} XIV,30 בני] / רשעה וכול בני **אשמה** לא יהיו עוד
1QH^{a} XIV,32 ואין פלט ליצר **אשמה** לכלה ירמוסו
1QH^{a} XV,11 ולא מענה לשון לכול בני **אשמה**
1QH^{a} XIX,11 תועבות נדה ו**אשמת** מעל
1QH^{a} XIX,21 ואכירה]לחטאה ויגון / **אשמה**
1QH^{a} XXII,5]**אשמת** רשעה
1QH^{a} XXIII,12 ליצר חמר דרכו ו**אשמות** ילוד / אשה
1QH^{a} 2i13 רוח קו]דשכה הניפותה לכפר **אשמה** / [
1QH^{a} 2ii15 ה]רבות **אשמה** / בנחלתו [
3Q**9** 1,3 (III)]להשיב **אשמ**[

Text	Vol.	Reference
אש]מת פשע[	(III)	3Q**9** 3,2
מפחד אויב ורוב / פגרי אשמה יפולו	(V)	4Q**169** 3-4ii6
בגוית בשרם יכשולו בעצת אשמתם	(V)	
ושנאום וכארום על זדון אשמתם	(V)	4Q**169** 3-4iii4
לאשמה ביחד עם ס◦[ ]ע◦[ ]ל	(V)	4Q**181** 1,1
] / אוהבי עולה ומנחילי אשמה ◦[	(V)	4Q**181** 2,4
להרשיע ירדו וללכת באשמות[פשע	(V)	4Q**184** 1,3
משגות / עול ונתיבו[תי]ה אשמות פשע	(V)	4Q**184** 1,10
]לוא באשמות מע[ל	(V)	4Q**184** 4,5
ות]צעד במסלותם ואשמתה אשמת מות[	(XIII)	4Q**219** II,25
ארור אתה בכול מעשי רש]ע אשמתכה[	(XXVI)	4Q**256** II,13
ארור / [א]תה[בכו]ל[מעשי רשע]אשמתכה	(XXVI)	4Q**257** II,2
לאמת עולם לכפר על אשמת פשע	(XXVI)	4Q**258** VII,4
]◦◦את אשמתם[	(XVIII)	4Q**266** 1c-f,6
במ]חשבות יצר אשמה וע[יני] זנות	(XVIII)	4Q**270** 1i1
את בליעל / ואת כול גורל אשמתו	(XI)	4Q**286** 7ii2
וזעום הוא במשרת אשמתו וארורים	(XI)	4Q**286** 7ii3
האב]דון בכו[ל] מחשבות יצר / א[שמתכה	(XI)	4Q**286** 7ii8
האבדון בכול מחשבות יצר א]שמתכה	(XI)	4Q**287** 6,7
א]שמה ועיני זנות ופעולת [	(XI)	4Q**287** 8,13
]ל עם אשמה[	(XX)	4Q**299** 70,4
אלהי ולא הכחדתם באשמתם / [	(XXII)	4Q**378** 22i1
הגדל[ת רחמיך]ואני הרביתי אשמה	(XI)	4Q**381** 33+35,9
א]שמה	(XI)	4Q**381** 79,3
א]שמת כול הע[ם	(XIX)	4Q**384** 10,6
]אשמות לא הבינו	(XXX)	4Q**387** A,4
אנשי נדה כא[שמתם בל יטהרו במי רחץ	(XXXV)	4Q**414** 2ii-4,8
עולה] / [ואשמ]ה לוא[תהיה]ע[וד	(XXIX)	4Q**427** 7ii7
ומרחם] / הוריתי באשמת מעל[	(XXIX)	4Q**428** 10,3
ליצר חמר ד]רכו ואשמ[ת ילוד אשה כמעשיו]	(XXIX)	4Q**428** 14,2
יכינו מחשבת]רשעה וית[גול]ל[ו] באשמתם	(XXIX)	4Q**429** 4i12
] / אשמת[	(XXIX)	4Q**433**a 4,4
וכבודו מלוא[כל הארץ בעד אש]מתם / יכפר	(XXIX)	4Q**434** 2,3
מלאה ה]ארצ אשמות למרום עליון כיא לדור	(XXXVI)	4Q**460** 9i4
]אשמות אפרים וישראל נגזל אליה	(XXXVI)	4Q**460** 9i11
]י באשמת גורלו[	(XXXVI)	4Q**471** 2,6
ולוא יהיה עוד אשמות בארץ	(XXXVI)	4Q**475** 4
רבים רחמיך ומרב אשמ[תם	(XXII)	4Q**481**c 6
]ות לב אשמה [	(VII)	4Q**487** 2,7
]רחוב פי אשמת◦[	(VII)	4Q**487** 15,3
ידמה להפי]ל בחללי האשמה	(VII)	4Q**491** 1-3,13
]◦ין אויב לה[ ]◦◦ קרן אש[מה	(VII)	4Q**491** 4,4
יחלו להפ]יל בחללי האשמה תרועת ה[	(VII)	4Q**491** 11ii23
מרחם ומשדים בא[שמה	(VII)	4Q**507** 1,2
תעניות בני או[ר] באשמת קצי ̭נגוע[י] ̬עוונות	(VII)	4Q**510** 1,7
באשמ]ת קצי נגועי / [עוונות ולוא לכלת	(VII)	4Q**511** 10,4
ושופטי אמונה בכול פשעי / אשמתי	(VII)	4Q**511** 18ii10
]◦ ביד אשמה / [	(VII)	4Q**511** 20i3
ד]ורות אשמתי ואצפה אל [	(VII)	4Q**511** 42,5
מעשי / אשמה ארשיע[	(VII)	4Q**511** 48-49+51,6
ולהרשיע רשע ⟦ ⟧ באשמתו להשמיע שלום	(VII)	4Q**511** 63iii4
] / כאשמ[ת	(VII)	4Q**511** 99,1
]תחנן על כול נסתר[ו]ת אשמ[ה	(VII)	4Q**512** 34,15
]◦עוון אשמה / [	(VII)	4Q**512** 15i-16,1
] אשמתם ועל ה[	(VII)	4Q**512** 1-6,12
המה מ[ ] ור[ ]◦ אשמה בחללם [	(VII)	4Q**513** 2ii6
] אשמ◦[	(VII)	4Q**513** 22,3
ע]ל עם הקהל מכול אשמת[ם]		11Q**19** XVIII,7
כול עוונות בני ישראל עם / כול אשמתמה		11Q**19** XXVI,12
]אשמתם לכפר על העם		11Q**19** XXXII,6
מק]דש אלוהיהמה לשאת / עוון אשמה למות		11Q**19** XXXV,8
לחטאות העם ולאשמותמה		11Q**19** XXXV,12
ובכול אלו/י אשמות לשאת / חטא אשמה		11Q**19** XXXV,14
ובכול אלו אשמות לשאת / חטא אשמה		11Q**19** XXXV,15
ועושה אשמה גדולה ומטמא הבית בעוון		11Q**19** LI,14
ערוות ומכול עוון ואשמה		11Q**19** LVIII,17
געלה נפשמה עד יאשמו כול אשמה		11Q**19** LIX,9
ועושה אשמה גדול[ה ומטמא הבית בעוון	(XXIII)	11Q**20** XV,6

watch noun **אַשְׁמוּר**

Text	Vol.	Reference
ברשית / אשמורי חושכ כיא יפתח אוצרו		1QS X,2

watch noun **אַשְׁמוּרָה, אַשְׁמֻרָה**

Text	Vol.	Reference
] / בראשית א[ש]מורות [חושך	(XXVI)	4Q**260** II,1
זכרתיך על[יצו]עי באשמרות	(XXIX)	4Q**437** 2i16

אִשְׁמָעֵל ← יִשְׁמָעֵאל

אַשְׁמֻרָה ← אַשְׁמוּרָה

quiver noun **אַשְׁפָּה**

Text	Vol.	Reference
באשפתיך הסת[רתני ובצל	(XXIX)	4Q**437** 2i8

refuse heap, dump noun **אַשְׁפּוֹת**

Text	Vol.	Reference
] / אשפותות מדור בית ◦[	(V)	4Q**179** 1ii7

אַשְׁפֹּת ← אַשְׁפּוֹת

Ashkelon proper noun **אַשְׁקְלוֹן**

Text	Vol.	Reference
ואדום ועזה ואש[קלון	(XXXVI)	4Q**468**g 3
]ור[ ]◦בא ואפ[ק וא]שקלון / [	(XXV)	4Q**522** 9i+10,9

to call blessed verb **אשר-2**

Text	Vol.	Reference
ותאומר לאה אשר]ני כי אשרני בנות	(XIII)	4Q**364** 4b+ei6

Asher proper noun **אָשֵׁר**

Text	Vol.	Reference
] / אשר[	(III)	3Q**7** 2,4
ולוי ודן]וא[שר יצאו] / [למזרח הבירה	(XIII)	4Q**221** 6,1
ולוי] ודן ואשר / [יצאו למזרח הבירה	(XIII)	4Q**223-224** 2iv22
למטה אשר סתור בן מי[כאל	(XIII)	4Q**365** 32,2
עד שער אשר שלוש מאו[ת וששים]	(XIII)	4Q**365**a 2ii3
ומשער אשר עד פנת מזרח{{ה}} שלוש מאות	(XIII)	4Q**365**a 2ii4
]וישכר את בית שן ואשר א[ת] ה[	(XXV)	4Q**522** 8,3
]אשר יבי[או/ובי[ום ← אֲשֶׁר		11Q**19** XXIII,2
עולת גד לבד ועולת אשר לבד		11Q**19** XXIV,16
וגד לים דן נפתלי ואשר לצפון		11Q**19** XXXIX,13
עד שער אשר שלוש מאות וששים באמה		11Q**19** XLI,10
ומשער / אשר עד פנת {{של?}} המזרח		11Q**19** XLI,11

which subordinating conjunction **אֲשֶׁר**

Text	Vol.	Reference
כי במועלם אשר עזבוהו הסתיר פניו מישראל		CD I,3
ויודע / לדורות אחרונים את אשר עשה		CD I,12
היא העת אשר היה כתוב עליה		CD I,13
בעמוד איש הלצון אשר הטיף לישראל		CD I,14
נתיבות צדק ולסיע גבול אשר גבלו ראשנים		CD I,16
בעבור אשר דרשו בחלקות ויבחרו במהתלות		CD I,18
ובפרוש שמו שמותיהם ואת אשר שנא התעה		CD II,13
במעשי / אל ולבחור את אשר רצה		CD II,15
אשר רצה ולמאוס כאשר שנא		
עידי השמים בה נאחזו אשר לא שמרו מצות		CD II,18

אין בו די / מרעיל **אשר** נגע בו הטמא CD X,13
מן העת **אשר** יהיה גלגל השמש / רחוק CD X,15
כי הוא **אשר** אמר שמור את / יום השבת CD X,16
נפש אדם **אשר** תפול אל {{מים}} מקום מים CD XI,16
כל איש **אשר** ימשלו בו רוחות בליעל CD XII,2
וכל **אשר** יתעה / לחלל את השבת CD XII,3
ישא מהונם כל בעבור **אשר** לא / יגדפו CD XII,7
ועוף טהורים לגוים בעבור **אשר** לא יזבחום CD XII,9
אל ימכור / להם **אשר** באו עמו בברית אברהם CD XII,11
עד כל נפש / החיה **אשר** תרמוש במים CD XII,13
והאבנים / והעפר **אשר** יגואלו בטמאת האדם CD XII,16
מסמר או יתד בכותל / **אשר** יהיו עם המת CD XII,18
העדה זולת פי המבקר **אשר** למחנה CD XIII,13
כי אם הודיע / למבקר **אשר** במחנה CD XIII,16
פ]שעיהם ואת **אשר** איננו נקשר בש[CD XIII,19
] / **אשר** לא באו מיום סור אפרים CD XIV,1
והכהן **אשר** יפקד / אש הרבים מבן CD XIV,6
והמבקר **אשר** / לכל המחנות מבן CD XIV,8
ולכל דבר **אשר** יהיה לכל האדם לדבר CD XIV,11
ולזקן **אשר** / [יכר]ע ולאיש אשר ינו[ג]ע CD XIV,14
ולזקן אשר / [יכר]ע ולאיש **אשר** ינו[ג]ע CD XIV,15
ולאיש אשר ינו[ג]ע ול**אשר** ישבה לגוי נכר
ולבתולה **אשר** / אין לה ג[ואל]
לה ג[ואל] ולנע[ר **א]שר** אין לו דורש CD XIV,16
וזה פרוש המשפטים **אשר** [CD XIV,18
] **א[ש]ר** ישקר בממון והוא נודע CD XIV,20
ו**אשר** ידב[ר CD XIV,21
בניהם **אשר** יגיעו / לעבור על הפקודים CD XV,5
ביום דברו / עם המבקר **אשר** לרבים CD XV,8
בשבועת הברית **אשר** כרת / משה עם ישראל
ו**כאשר** יקים אותו עליו לשוב CD XV,12
וכל **אשר** נגלה מן התורה לרוב CD XV,13
וביום **אשר** יקום האיש על נפשו CD XVI,4
ו**אשר** אמר מוצא שפתיך / תשמור להקים CD XVI,6
כל שבועת אסר **אשר** יקום איש על נפשו CD XVI,7
כל **אשר** / [יק]ים איש על נפשו ל[ס]ור CD XVI,8
[ע]ל שבועת האשה **אשר** אמ[ר לאיש]ה להניא CD XVI,10
אל / יניא איש שבועה **אשר** לא [י]דענה הם CD XVI,11
]ל כי הוא **אשר** אמר איש את רעיהו CD XVI,15
מחנות ישבו כסרך / הארץ **אשר** היה מקדם CD XIX,3
כסרך התורה / **כאשר** אמר בין איש לאשתו CD XIX,5
בבוא הדבר **אשר** כתוב ביד זכריה הנביא CD XIX,7
כאשר היה בקץ פקדת הראשון CD XIX,11
פקדת הראשון **אשר** אמר {{יחזקאל}}
באי / בריתו **אשר** לא יחזיקו באלה החקים CD XIX,14
הוא היום **אשר** יפקד אל כאשר דבר CD XIX,15
יפקד אל **כאשר** דבר היו שרי יהודה
בדרכי רשעים **אשר** / אמר אל עליהם CD XIX,21
ומטיף אדם / לכזב **אשר** חרה אף אל CD XIX,26
ו**אשר** אמר משה / לישראל לא בצדקתך
הראשנים / **אשר** העידו על העם אחרי אל CD XIX,30
כן כל האנשים **אשר** באו בברית / החדשה CD XIX,33
אנשי תמים קדש {{**אשר** אין}} / {{גורלו CD XX,5
מדרש התורה **אשר** יתהלכו / בו אנשי תמים CD XX,6
בראשונים / ובאחרונים **אשר** שמו גלולים CD XX,9
כמשפט רעיהם **אשר** שבו / עם אנשי הלצון CD XX,10
בברית {{ה}} ואמנה **אשר** קימו בארץ דמשק CD XX,12
אנשי המלחמה **אשר** שבו / עם איש הכזב CD XX,14
יחרה / אף אל בישראל **כאשר** אמר אין מלך CD XX,16
ורשע בין עבד אל ל**אשר** לא עבדו CD XX,21

ובניהם **אשר** כרום ארזים גבהם וכהרים CD II,19
כל בשר **אשר** היה בחרבה כי גוע CD II,20
שמרו את מצות עשיהם עד **אשר** חרה אפו CD II,21
ובמחזיקים במצות אל / **אשר** נותרו מהם CD III,13
לגלות / להם נסתרות **אשר** תעו בם CD III,14
וחפצי רצונו **אשר** יעשה / האדם וחיה בהם CD III,15
בית נאמן בישראל **אשר** לא עמד כמהו CD III,19
כבוד אדם להם הוא **כאשר** / הקים אל CD III,20
ובני / צדוק **אשר** שמרו את משמרת מקדשי CD IV,1
הקודש שונים **אשר** כפר / אל בעדם CD IV,6
לעשות כפרוש התורה **אשר** התוסרו בו CD IV,8
כברית **אשר** הקים אל לראשנים CD IV,9
בליעל משולח בישראל **כאשר** דבר אל CD IV,13
מצודות בליעל **אשר** אמר עליהם לוי בן יעקב CD IV,15
לוי בן יעקב / **אשר** הוא תפש בהם CD IV,16
בוני החיץ **אשר** הלכו אחרי צו CD IV,19
הצו הוא מטיף / **אשר** אמר הטף יטיפון CD IV,20
בספר התורה החתום **אשר** / היה בארון CD V,2
ויושע והזקנים **אשר** עבדו את העשתרת CD V,4
המקדש **אשר** אין הם / מבדיל כתורה CD V,6
הם גוי אבד עצות מ**אשר** אין בהם בינה CD V,17
בארץ דמשק / **אשר** קרא אל את כולם שרים CD VI,6
דורש התורה **אשר** / אמר ישעיה CD VI,7
הבאר במחוקקות **אשר** חקק המחוקק CD VI,9
וכל **אשר** הובאו בברית / לבלתי בוא CD VI,11
ויהיו מסגירי / הדלת **אשר** אמר אל CD VI,13
איש את רוח קדשיו **כאשר** הבדיל אל להם CD VII,4
כסרך התורה **כאשר** אמר בין איש לאשתו CD VII,8
בבוא הדבר **אשר** כתוב בדברי ישעיה בן אמוץ CD VII,10
ישעיה בן אמוץ הנביא / **אשר** אמר יבוא עליך CD VII,11
ימים **אשר** / באו מיום סור אפרים
כאשר אמר והגליתי את סכות מלככם CD VII,14
סוכת / המלך **כאשר** אמר והקימותי CD VII,16
ספרי הנביאים / **אשר** בזה ישראל את דבריהם CD VII,18
הבא דמשק **כאשר** כתוב דרך כוכב מיעקב CD VII,19
כל באי בריתו **אשר** / לא יחזיקו באלה CD VIII,1
ביד בליעל הוא היום / **אשר** יפקד אל CD VIII,3
היו שרי יהודה **אשר** תשפוך עליהם העברה
כל מורדים מ**אשר** לא סרו מדרך / בוגדים CD VIII,4
ללכת בדרך רשעים **אשר** אמר אל עליהם CD VIII,9
ומטיף כזב הטיף להם **אשר** חרה אף אל CD VIII,13
ו**אשר** אמר משה לא בצדקתך CD VIII,14
באהבת אל את / הראשנים **אשר** היעירו אחריו CD VIII,17
הוא הדבר **אשר** אמר ירמיהו לברוך בן נריה CD VIII,20
כל האנשים **אשר** באו בברית החדשה בארץ CD VIII,21
כל אדם **אשר** יחרים אדם מאדם בחוקי CD IX,1
ו**אשר** א{{ש}}<<מ>>ר לא תקום ולא תטור CD IX,2
ואשר **א{{ש}}<<מ>>ר** לא תקום ← **אמר**
וכל איש מביאו / הברית **אשר** יביא על רעהו CD IX,3
דבר **אשר** לא בהוכח לפני עדים
ענה בו יען **אשר** לא הקים את מצות אל CD IX,7
מצות אל **אשר** אמר לו הוכח / תוכיח
על השבועה **אשר** / אמר לא תושיעך ידך CD IX,8
איש **אשר** ישביע על פני השדה CD IX,9
ישביע על פני השדה / **אשר** לא לפנים CD IX,10
גנבו ממאד המחנה **אשר** גנב בו ישביע בעליו CD IX,11
כל אשם מושב **אשר** אין בעלים CD IX,13
כל דבר **אשר** ימעל / איש בתורה CD IX,16
להמית על פיהו **אשר** לא מלאו ימיו CD X,1
וכל גבא בסלע **אשר** אין בו די / מרעיל CD X,12

בכול עצתם עד **אשר** יזכו מעשיו מכול עול		1QS VIII,18
ואלה המשפטים **אשר** ילכו בם אנשי התמים		1QS VIII,20
ההולכים בתמים דרכ **כאשר** צוה		1QS VIII,21
איש מהמה / **אשר** יעבר דבר מתורת מושה		1QS VIII,22
ודרשׂו המשפט / **אשר** לוא ישפוט איש		1QS VIII,25
הון אנשי הרמיה **אשר** / לוא הזכו דרכם		1QS IX,8
במשפטים הרשונים **אשר** החלו אנשי היחד		1QS IX,10
להחזיק על פי / רצונו **כאשר** צוה		1QS IX,15
ואשר לוא להוכיח ולהתרובב		1QS IX,16
ובכול ממשלו **כאשר** צוה		1QS IX,24
ולוא יתאוה בכול **אשר** לוא צוהׄ לׄמשפט אל		1QS IX,25
יברכ עושיו ובכול **אשר** יהיה יספׄ[ר חסדיו		1QS IX,26
קצים **אשר** חקקא ברשית ממשלת אור		1QS X,1
הבחרה **באשר** / יורני וארצה כאשר ישופטני		1QS X,12
הבחרה באשר / יורני וארצה **כאשר** ישופטני		1QS X,13
הביטה עיני תושיה **אשר** נסתרה מאנ֯ו֯ש דעה		1QS XI,6
לאש{{◦}}ר֯ בחר אל נתנם לאוחזת		1QS XI,7
והקם לבן אמתכה **כאשר** רציתה לבחירי אדם		1QS XI,16
ואנושי בריתם **אשר** סׄר[ו מלכת ב]דׄרך / העם	(I)	1QSa I,2
המה אנושי עצתו **אשר** שמרו בריתו	(I)	1QSa I,3
{{ש}}רו֯ש֯ אבות העדה **אשר** יצא הגורל	(I)	1QSa I,16
ויבחר בם לברית / עׄולם **אׄ[שר** ת]עמוד לעד	(I)	1QSb I,3
ואת] מׄקור ע[ו]לׄםׄ / **אשר** ל[וא יכז]בׄ יפתח	(I)	1QSb I,4
בני צדוק הכוהנים **אשר** / בחר בם אל	(I)	1QSb III,22
ולהורותם / **כאשר** צוה	(I)	1QSb III,24
כול חוקיו ויתהלכו **כאש**[ר] / בחר	(I)	
א]שׁר מׄלׄא יׄ[דיכה	(I)	1QSb V,17
לברך את נשיא העדה **אשר** [	(I)	1QSb V,20
פשרו]**אׄשר** מאשו בתורת אל / [		1QpHab I,11
המה עריצׄ[י הבר]ית **אשר** לוׄא יאמינוא		1QpHab II,6
מפי / הכוהן **אשר** נתן אל ב[לבו בינ]ה		1QpHab II,8
הכתיאים **א[שר** המ]הׄ קלים וגבורים / במלחמה		1QpHab II,12
כיא הוא **אשר** אמר לרשת משכנות לוא לו		1QpHab III,2
פשרו על הכתיאים **אשר** פחדם וׄאׄמתׄם֯		1QpHab III,4
הכתיאים **אשר** / ידושו את הארץ בסוס[יהם]		1QpHab III,9
כי]א הוא **אשר** / אמר מגמׄ[ת פניהם קדים		1QpHab III,13
פשרו **אשר** / ילעיגו על רבים		1QpHab IV,1
מושלי הכתיאים **אשר** יבזו על / מבצרי העמים		1QpHab IV,5
מׄושלי הכתיאים / **אשר** בעצת בית אשמ[תם		1QpHab IV,11
פשר הדבר **אשר** לוא יכלה אל את עמ֯ו֯		1QpHab V,3
אשר שמרו את מצוותו / בצר למו		1QpHab V,5
כיא הוא **אשר** אמר טהור עינים		1QpHab V,6
פשרו **אשר** לוא זנו אחר עיניהם בקץ		1QpHab V,7
ואנשי עצתם **אשר** נדמו בתוכחת מורה הצדק		1QpHab V,10
על איש הכזב ⟦ ⟧ **אשר** מאס את / התורה		1QpHab V,11
ואשר אמר על כן יזבח לחרמו		1QpHab VI,2
פשרו **אשר** המה / זבחים לאותותם		1QpHab VI,3
פשרו **אשר** המה מחלקים את עולם		1QpHab VI,6
הכתיאים **אשר** יאבדו רבים בחרב / נערים		1QpHab VI,10
ואשר אמר למען י֯רוץ֯ הקורא בו		1QpHab VII,3
מורה הצדק **אשר** הודיעו אל		1QpHab VII,4
פשרו **אשר** יארוך הקץ האחרון		1QpHab VII,7
ויתר על כול / **אשר** דברו הנביאים		1QpHab VII,8
עושי התורה **אשר** לוא ירפו ידיהם		1QpHab VII,11
אל יבואו לתכונם **כאשר** חקק / להׄםׄ		1QpHab VII,13
פשרו **אשר** יכפלו עליהׄםׄ / [		1QpHab VII,15
עושי התורה בבית יהודה **אשר** / יצילם אל		1QpHab VIII,1
ולוא / ינוה **אשר** הרחיב כשאול נפשו		1QpHab VIII,4
הכוהן הרשע **אשר** / נקרא על שם האמת		1QpHab VIII,8
וכאשר משל / בישראל רם לבו		1QpHab VIII,9

בית פׄלג **אשר** יצאו מׄעׄיׄר הׄקׄדש	CD XX,22
וכל **אשר** פרצׄו אׄתׄ גׄבׄול הׄתׄורהׄ	CD XX,25
במשפטים הראשונים **אׄשׄרׄ** / נשפטו בם	CD XX,31
והישר לפניו **כאשר** / צוה ביד מושה	1QS I,2
ולאהוב כול / **אשר** בחר ולשנוא	1QS I,4
ולשנוא את כול **אשר** מאס	1QS I,4
לעשות / ככול **אשר** צוה ולוא לשוב מאחרו	1QS I,17
דרכי אל **כאשר** צוה למועדי תעודתיו	1QS III,10
ולהחזיק בכול **אשר** צוה לרצונו להבדל	1QS V,1
דרכיהם **אשר** לוא ילכ איש בשרירות לבו	1QS V,4
לשוב אל תורת מושה ככול **אשר** צוה	1QS V,8
ואשר יקים בברית על נפשו	1QS V,10
לדעת הנסתרות **אשר** תעו / בם לאששמה	1QS V,11
ואשר לוא ייחד עמו בעבודתו	1QS V,14
ואשר לוא ישיב איש מאנשי / היחד	1QS V,15
ואשר לוא יוכל מהונם	1QS V,16
יקח מידם כול מאומה / **אשר** לוא במחיר	1QS V,17
כאשר כתוב חדלו לכם מן האדם	
האדם **אשר** נשמה באפו	
כיא / כול **אשר** לוא נחשבו בבריתו	1QS V,18
להבדיל אותם ואת כול **אשר** להם	
כיא הבל כול **אשר** לוא ידעו את בריתו	1QS V,19
ולפקוד את כול חוקיו **אשר** צוה לעשות	1QS V,22
לפני הרבים **אשר** לוא בתוכחת לפני עדים	1QS VI,1
ובכול מקום **אשר** יהיה שם עשרה אנשים	1QS VI,3
ואל ימש במקום **אשר** יהיו שם העשרה איש	1QS VI,6
ולכול עצה ודבר **אשר** יהיה לרבים	1QS VI,9
כול דבר **אשר** לוא להפצ הרבים	1QS VI,11
וכול איש **אשר** יש אתו דבר לדבר	1QS VI,12
לדבר לרבים **אשר** לוא במעמד האיש השואל	
וכאשר יצא הגורל על עצת הרבים	1QS VI,16
יגע בטהרת / הרבים עד **אשר** ידרושהו לרוחו	1QS VI,17
ואל֯ה֯ המשפטים **אשר** ישפטו בם במדרש יחד	1QS VI,24
אם ימצא בם איש **אשר** ישקר / בהון	
ואשר ישׁוב את / רעהו בקשי עורפ	1QS VI,25
וא]שׁר יזכיר דבר בשם הנכבד	1QS VI,27
לכול דבר **אשר** לו {{◦◦◦◦◦◦}} הואה קורה	1QS VII,1
ואשר יכחס במדעו ונענש ששה חודשים	1QS VII,3
והאיש **אשר** יצחה בלוׄ משפט את רעהו	1QS VII,4
ואשר ידבר את רעהו במרוׄם במרוׄם	1QS VII,5
ואשר יטו{{◦}}ר֯ לרעהו	1QS VII,8
לרעהו **אשר** לוא {{◦}}ב֯משפט	
לנפשו כול דבר **ואשר** ידבר בפיהו דבר נבל	1QS VII,9
ואשר ישכוב וישן במושב הרבים	1QS VII,10
הנפ{{◦}}ט֯ר֯ במושב הרבים / **אשר** לוא בעצה	1QS VII,11
ואשר יהלכ לפני רעהו ערום	1QS VII,12
ואיש **אשר** ירוק אל תוכ מושב הרבים	1QS VII,13
ואשר יוציא ידו מתוחת בגדו	
ואשר ישחק בסכלות להשמיע קולו	1QS VII,14
והאיש **אשר** ילכ רכיל ברעהו	1QS VII,15
והאיש **אשר** ילון על יסוד היחד	1QS VII,17
ואמ על רעהו ילון / **אשר** לוא במשפט	1QS VII,18
והאיש **אשר** תזוע רוחו מיסוד היחד	
ו֯כ֯ול איש **אשר** יהיה בעצת היחד {{◦◦◦◦◦◦}}	1QS VII,22
ואיש מאנשי היחׄ[ד **א]שׁרׄ** יׄתערב / עמו	1QS VII,24
בטהרתו או בהונו **אש**[ר	1QS VII,25
כאשר כתוב במדבר פנׄו דרך ••••	1QS VIII,14
היאה מדרש התורה **אׄ[ש]רׄ** צוה ביד מושה	1QS VIII,15
וכׄאשר גלו הנביאים ברוח קודשו	1QS VIII,16
ברית / היחד **אשר** יסור מכול המצוה	1QS VIII,17

ויהפוכו לשוחה חיי גבר **אשר** הכינותה בפי		1QH^{a} X,17
פרית[ה] נפש אביון **אשר** חשבו להתם דמו		1QH^{a} X,32
ולהמיר בהולל יצר סמוך **אשר** / ה[		1QH^{a} X,36
ואדעה כיא יש מקוה ל**אשר** / יצרתה מעפר		1QH^{a} XI,20
ויתהוללו כול **אשר** עליה / ויתמוגגו בהווה		1QH^{a} XI,33
ב]דרך עולם ובנתיבות **אשר** בחרתה מ◦◦◦◦[		1QH^{a} XII,4
להמיר תורתכה **אשר** שננתה בלבבי בחלקות		1QH^{a} XII,10
במחשבותם **אשר** נזורו מבריתכה		1QH^{a} XII,19
ואשר כנפשכה יעמודו לפניכה		1QH^{a} XII,21
ותסגור פי כפירים **אשר** / כחרב שניהם		1QH^{a} XIII,9
במעון אריות **אשר** שננו כחרב לשונם		1QH^{a} XIII,13
[כי יד]עתי **אשר** / תרים למצער מחיה		1QH^{a} XIV,7
ברוך אתה[אדוני **א**]**שר** נתתה לעבדך		1QH^{a} XIX,27
כאשר יחלתי לטובכה ולחסדיכה		1QH^{a} XIX,31
ידעתיכה אלי ברוח / **אשר** נתתה בי		1QH^{a} XX,12
]◦בעפר / אל **אשר** לקח משם		1QH^{a} XX,27
במעון קו]דש **אשר** בשמים / [		1QH^{a} XXII,1
] / מזמה **אשר** הו[		1QH^{a} XXIII,5
מ[קו]ר אמתכה ליצר **אשר** סמכתה בעוזכה		1QH^{a} XXIII,13
י]צר העפר ידעתי ברוח **אשר** נתתה בי ◦◦[		1QH^{a} 3,14
]◦ **אשר** ◦[		1QH^{a} 4,2
ברוך אתה אל הדעות **אשר** הכינות[ה		1QH^{a} 4,15
] / רוחות עולה **אשר** יושדו לאבל [		1QH^{a} 5,6
] קודש ו**כאשר** בנפשך ל[		1QH^{a} 11,9
אש]**ר** עברו[	(I)	1Q**14** 6,4
א]**שר** בו[	(I)	1Q**14** 7,4
מורי הצדק **אשר** הואה / [יורה התורה	(I)	1Q**14** 8-10,6
בעצת היחד **אשר** ינצל[ו] מיום / [משפט	(I)	1Q**14** 8-10,8
כוהני ירו]של[ם **אשר** יתע[ו	(I)	1Q**14** 11,1
א]**שר** [	(I)	1Q**14** 15,2
]◦ **אשר** יחלקו[	(I)	1Q**16** 3-7,5
ויבוא אל לוז **א**]**שר** בהר היא בית אל	(I)	1Q**17** 3
עשו **אשר** ל[וא] / [תענה את יעקב אחיו	(I)	1Q**18** 1-2,2
יצר עשו **אשר** הו[א] / [רע מנעוריו	(I)	1Q**18** 1-2,3
]אביהו ו**כאשר** ראה למך את[	(I)	1Q**19** 3,4
ד]ברי הת[ו]רה **אשר** צוית[י אותכה] בהר ס[י]ני	(I)	1Q**22** 1i4
את הכול / היט[יב] **אשר** א[עשו]ק מהם	(I)	1Q**22** 1i5
כ]י לוא [יא]הבו / **כא**[**ש**]**ר** [צויתי [אותם]	(I)	1Q**22** 1i6
כול] הימים **אשר** המה [חיים על האד]מה	(I)	
[כי] מגיד / אנו[כי] **אשר** יעזבו[ני ויב]חר[ו	(I)	1Q**22** 1i7
[ומועדים] את **אשר** / אנו[כי] מצוך היום	(I)	1Q**22** 1i8
[ה]ארץ **א**[**שר** המ]ה עוברים / את [הי]רדן	(I)	1Q**22** 1i9
והיה [**א**]**שר** יבואו ע[לי]הם כול הקלל[ות]	(I)	1Q**22** 1i10
ועדוותי [ומצוותי **א**]**שר** / [אנוכי] מצוך [הי]ום	(I)	1Q**22** 1ii1
[אנוכי] מצוך [הי]ום **אשר** ת[עשה אותם	(I)	1Q**22** 1ii2
ת[עשה אותם **כא**]**שר** א[תה] עובר את ה[ירדן]	(I)	
כרמים וזיתים] **אשר** ל[וא נטעתה	(I)	1Q**22** 1ii3
ובו]רות חצוב[ים **א**]**שר** לו[א] / [ח]צבתה	(I)	
ושכ[חתה **א**]**שר** אנוכי [מצו]ך היום	(I)	1Q**22** 1ii4
ולצוו[ת את] הד[רך **אש**]**ר** תלכו בה	(I)	1Q**22** 1ii8
יו]תר ל[אביונים מן אחי]כה **אשר** ב[ארץ	(I)	1Q**22** 1iii2
[כול בעל משה ידו **א**]**שר** [ישה מאומה ב]איש	(I)	1Q**22** 1iii5
]שמם לכ[ול] / [	(I)	1Q**22** 1iv6
]הנפש **אשר** ה[ואה] / [	(I)	1Q**22** 1iv7
א]ת **אש**[**ר**	(I)	1Q**22** 44,2
]**אשר** צ[וה	(I)	1Q**22** 45,2
]**אשר** לו אם[	(I)	1Q**25** 4,5
] **כאשר** גלה אוזנכה ברז נהי[ה	(XXXIV)	1Q**26** 1,4
ולוא / ידעו מה **אשר** יבוא עליהמה	(I)	1Q**27** 1i4
מי גוי חפץ **אשר** יעושקנו חזק ממנו	(I)	1Q**27** 1i10

ויקבוץ הון אנשי חמס **אשר** מרדו באל	1QpHab VIII,11
הכוהן **אשר** מרד / [ו]ע[ב]ר חוקי[אל	1QpHab VIII,16
ואשר / אמר כי אתה שלותה גוים רבים	1QpHab IX,2
כוהני ירושלם / האחרונים **אשר** יקבוצו הון	1QpHab IX,5
על הכוהן ה[ר]שע **אשר** בעוון מורה / הצדק	1QpHab IX,9
בעבור [**א**]**שר** הרשיע / על בחירו	1QpHab IX,11
[פשר הדב]ר על הכ[והן] **אשר** ◦[	1QpHab IX,16
ואשר / אמר קצות עמים רבים	1QpHab X,1
הוא בית המשפט **אשר** יתן אל את / משפטו	1QpHab X,3
הדבר על מטיף הכזב **אשר** התעה רבים	1QpHab X,9
למשפטי אש **אשר** גדפו ויחרפו את בחירי אל	1QpHab X,13
הכוהן הרשע **אשר** / רדף אחר מורה הצדק	1QpHab XI,4
פשרו על הכוהן **אשר** גבר קלונו מכבודו	1QpHab XI,12
לשלם לו את / גמולו **אשר** גמל על אביונים	1QpHab XII,3
אשר ישופטנו אל לכלה ⟦	1QpHab XII,5
אל לכלה ⟦ ⟧ / **כאשר** זמם לכלות אביונים	1QpHab XII,6
ואשר אמר מדמי / קריה וחמס	
ירושלם / **אשר** פעל בה הכוהן הרשע	1QpHab XII,8
ערי יהודה **אשר** / גזל הון אביונים	1QpHab XII,9
פסלי הגוים **אשר** יצרום לעובדם ולשתחות	1QpHab XII,13
פשרו על כול הגוים / **אשר** עבדו את האבן	1QpHab XIII,2
בעוץ וחול תוגר ומשא **אשר** בעבר פורת	1QM II,11
ובעשר השנים **אשר** אחריהם תחלק המלחמה	1QM II,13
על האות הגדולה **אשר** בראש כול העם	1QM III,13
ראשי המחנות **אשר** לשלושת השבטים	1QM III,14
ש]לושים באמה **אשר** יעמודו שם אנש[י] / [	1QM V,17
או חגר או איש **אשר** מום עולם בבשרו	1QM VII,4
וכול / איש **אשר** לוא יהיה טהור ממקורו	1QM VII,6
ואשר הגיד לנו כיא אתה בקרבנו	1QM X,1
ואשר ד[בר]תה ביד מושה לאמור	1QM X,6
ובארץ **אשר** יעשה כמעשיכה הגדולים	1QM X,8
ומיא --- כעמכה ישראל **אשר** בחרתה לכה	1QM X,9
]◦ה אלה ידענו מבינתכה **אשר** ס◦[	1QM X,16
ולוא כמעשינו **אשר** הרעונו ועלילות פשעינו	1QM XI,4
כאשר הגדתה / לנו מאז	1QM XI,5
מקום עומדם **אשר** סדרו שם המערכה	1QM XIV,3
נדב ו]אב[י]הוא בני אהרון **אשר** התקדש אל	1QM XVII,2
והכוהנים וה[לויי]ם **אשר** / אתו ורא[שי	1QM XVIII,5
[אודך אדוני כי]מנסתרות **אש**[**ר**	1QH^{a} IV,9
א]**שר** לא השיגום במ◦[	
אדוני כי]ה מרוחות **אשר** נתתה בי	1QH^{a} IV,17
ואני הבינותי כי את **אשר** בחרתה [תתם] דרכו	1QH^{a} IV,21
רוחות / [רשעה לה]תהלך בכול **אשר** אהבתה	1QH^{a} IV,24
ולמאוס בכול **אשר** שנא[תה	
ברוך] אתה אדוני **א**[**שר**	1QH^{a} V,4
ואלה **אשר** הכ[ינותה	1QH^{a} V,13
ממשלתך כי הראיתם את **אשר** לא ◦[	1QH^{a} V,17
ואני עבדך ידעתי / ברוח **אשר** נתתה בי [	1QH^{a} V,25
ולהתהלך בכול **א**]**שר** אהבתה ולתעב	1QH^{a} VI,10
אהבתה ולתעב את כול **אשר** / [שנאתה	
] סור מכול **אשר** צויתה	1QH^{a} VII,11
ולא רצו בכול **אשר** / צויתה	1QH^{a} VII,18
בכול אשר / צויתה ויבחרו ב**אשר** שנאתה	1QH^{a} VII,19
] / ומעמד צדק א◦◦◦◦◦◦◦ **אשר** הפקדתה בו	1QH^{a} VIII,14
ה[כ]ול ור[ב] העליליה **אשר** מעשיך הכול	1QH^{a} VIII,17
ברוח **אשר** נתתה [בי] להשלים / חסדיך	1QH^{a} VIII,20
] מעמד רצ[ונך] **אשר** בח[ר]תה לאוהביך	1QH^{a} VIII,22
וכול **אשר** בם / תכ[נ]תה לרצונכ[ה	1QH^{a} IX,14
לרוח אדם **אשר** יצרת בתבל	1QH^{a} IX,15
לבני אנוש כול נפלאותיכה **אשר** הגברתה ◦[	1QH^{a} IX,34

מי גוי אשר לוא עשק רעה[ו]	(I)	1Q27 1i11
איפה עם אשר לוא / גזל הו[ן] ל[אחר	(I)	
]אשר כול ◦◦◦[	(I)	1Q27 3,3
] האבן כאשר [	(I)	1Q29 1,2
א]שר בו[	(I)	1Q29 11,1
ברוך אדוני אשר שמחנ[ו	(I)	1Q34bis 2+1,4
וזה אש[ר	(I)	1Q34bis 3i7
הבין זרע האד[ם] בכל אשר הנחלתו	(I)	1Q34bis 3ii3
]אשר[	(I)	1Q36 3,1
א]שר / [	(I)	1Q36 25i4
]יהם אשר גמלו לנפשם רעה ו[	(I)	1Q37 1,2
]כה כאשר יסו◦ ב[י]ן [	(I)	1Q39 1,5
] / [א]שר [	(I)	1Q69 2,2
חיי יוסף א[שר חיה אחרי] / [אביהו יעקוב	(III)	2Q20 1,2
]בינו אשר המ[	(III)	2Q20 2,2
]ם אשר[	(III)	2Q20 2,3
]אשר[	(III)	2Q33 6,2
]כול אשר ישמחו[בכה	(III)	3Q6 1,1
לו השמש כאשר עבר את פנוא[ל	(V)	4Q158 1-2,11
] / דברי יהוה אשר ש[לח]ו	(V)	4Q158 1-2,15
] / אשר היראתי אל אברהם ואל ◦◦◦◦◦[	(V)	4Q158 4,6
] / אשר לוא ישמע [א]ל דבר[י	(V)	4Q158 6,7
] / [לד]בר או אשר יד[בר	(V)	4Q158 6,8
] / [א]שר ידבר [הנביא	(V)	4Q158 6,9
] / ואת המשפטים אשר תלמדם	(V)	4Q158 7-8,4
תלמדם ועשו בארץ אשר[	(V)	
א]שר יואמר כיא הואה זה עד יהוה	(V)	4Q158 10-12,10
]אשר יישבו / [	(V)	4Q158 14i8
] / אשר בי[שר]אל אשר אין לו	(V)	4Q159 1ii4
] / אשר בי[שר]אל אשר אין לו יאוכלנה	(V)	
]כסף הערכים אשר נתנו איש כפר נפשו	(V)	4Q159 1ii6
נפש על פיהם ישאלו ואשר ימרה[	(V)	4Q159 2-4,5
] / יומת אשר עשה ביד רמה	(V)	4Q159 2-4,6
]אשר[	(V)	4Q159 2-4,10
]במשפט ואשר אמ[ר	(V)	4Q159 5,3
אש]ר דבר מושה[	(V)	4Q159 5,7
קדו]שיכה אשר הקדשת[ה	(V)	4Q160 3-4ii7
א]שר אמר אם הי[ה עמכה ישראל	(V)	4Q161 2-4,2
פשרו על הכ]תיאים אש[ר] יכת[ו] בית ישראל	(V)	4Q161 8-10,3
פשרו על ה]כתיאים אשר ינת[נו] ביד גדולו[	(V)	4Q161 8-10,8
ואשר אמר לוא[	(V)	4Q161 8-10,21
למשמע אוזניו יוכיח פשרו אשר[	(V)	4Q161 8-10,22
]וכאשר יורוהו כן ישפוט	(V)	4Q161 8-10,23
גדרו ויהי למרמס אשר / [אמר	(V)	4Q162 I,1
פשר הדבר אשר עזבם / [	(V)	4Q162 I,2
]ר ואשר אמר יעלה שמיר / [ושית	(V)	4Q162 I,3
]עת ואשר {{וֻאשר}} / [אמר	(V)	4Q162 I,4
]עת ואשר {{וֻאשר}} / [אמר	(V)	
אלה הם אנשי הלצון / אשר בירושלים	(V)	4Q162 II,7
הם אשר מאסו את תורת יהוה	(V)	
היא עדת אנשי הלצון אשר בירושלים	(V)	4Q162 II,10
] / ישראל ואשר אמר [ושאר עץ יערו	(V)	4Q163 4-7ii7
] / כאשר כתוב[כליון חרוץ שוטף צדקה	(V)	4Q163 4-7ii18
]לבנון ואשר אמר זוא[ת העצה היעוצה	(V)	4Q163 8-10,4
כא]שר צוה[	(V)	4Q163 12,8
כדברי הספר] / [הח]תום אשר [יתנו א]ותו	(V)	4Q163 15-16,3
]◦ המה אש[ר	(V)	4Q163 20,3
] ◦בחרב ואשר[	(V)	4Q163 21,4
]ם אשר דרש[	(V)	4Q163 22,2
אש]ר אמר להם ת◦[	(V)	4Q163 22,4
על עדת ד[ורשי] החלקות / אשר בירושלים	(V)	4Q163 23ii11
]אשר אמ[ר	(V)	4Q163 24,2
[פשרו] על העם אשר יב[טחו	(V)	4Q163 25,8
פש]רו אשר י[	(V)	4Q163 28,2
כא]שר כתו[ב	(V)	4Q163 47,2
פשרו] / [אש]ר יסדו את עצת היחד	(V)	4Q164 1,2
ואשר כתוב[	(V)	4Q165 1-2,2
ואשר כ[תוב לא יקרא עוד לנבל	(V)	4Q165 6,2
מל]ך בבל אשר י[	(V)	4Q165 8,1
וא]שר כ[תוב	(V)	4Q165 8,2
]אשר מלך ב◦[	(V)	4Q165 9,2
פשרו] / אשר ◦◦[וי]שבעו	(V)	4Q166 II,3
אחרי גום אשר שלח אליהם [בפי] / עבדיו	(V)	4Q166 II,4
] / פשרו אשר הכם ברעב ובערום	(V)	4Q166 II,12
וחרפה לעיני הגואים אשר נשענו עליהם	(V)	4Q166 II,13
פשרו אשר / [	(V)	4Q166 II,15
והשמותי [גפנה] / [ותאנתה] אשר אמרה אתנם	(V)	4Q166 II,18
כוהן האחרון אשר ישלח ידו להכות באפרים	(V)	4Q167 2,3
[אלך אשובה אל מקומי ע]ד אשר [י]אשמו	(V)	4Q167 2,5
] / ואשר זמה [עשו בבית ישראל ראיתי	(V)	4Q167 10,1
] / [פ]שר[ו א]שר היו בעמים[	(V)	4Q167 11-13,4
פ]שרו אשר[	(V)	4Q167 16,1
]אשר ישוב[	(V)	4Q167 18,2
]◦ אשר[	(V)	4Q167 19,4
ר[קי]עי שמיו וארצו אשר בר[אם	(V)	4Q169 1-2,2
מוש]ליהם אשר תתם ממשלתם [	(V)	4Q169 1-2,5a
אשר הלך ארי לביא שם גור	(V)	4Q169 3-4i1
דמי]טרוס מלך יון אשר בקש לבוא ירושלים	(V)	4Q169 3-4i2
פשרו]על כפיר החרון אשר יכה בגדוליו	(V)	4Q169 3-4i5
בדורשי החלקות אשר יתלה אנשים חיים / [	(V)	4Q169 3-4i7
רובכה הם גדודי חילו א[שר בירושלי]ם	(V)	4Q169 3-4i10
הוא ההון אשר קב[צו כוה]ני ירושלים	(V)	4Q169 3-4i11
כוה]ני ירושלים אשר / [י]תנוהו ע[	(V)	
הם צירו אשר לא ישמע קולם עוד בגוים	(V)	4Q169 3-4ii1
לאחרית הימים אשר בכחש ושקר[ים י]תהלכו	(V)	4Q169 3-4ii2
דורשי החלקות / אשר לא ימוש מקרב עדתם	(V)	4Q169 3-4ii5
פשר[ו ע]ל מתעי אפרים אשר בתלמוד שקרם	(V)	4Q169 3-4ii8
פשרו על דורשי החלקות אשר באחרית הקץ	(V)	4Q169 3-4iii3
דורשי / החלקות אשר תובד עצתם	(V)	4Q169 3-4iii7
מים סביב לה אשר חילה ים ומים ח[ו]מותיה	(V)	4Q169 3-4iii10
לקץ האחרון אשר תשפל מלכותו ביש[ראל	(V)	4Q169 3-4iv3
] / אשר תבוא כוסם אחר מנשה[	(V)	4Q169 3-4iv6
[פשר]ו על איש הכזב אשר התעה רבים	(V)	4Q171 1-2i18
השבים / לתורה אשר לוא ימאנו לשוב	(V)	4Q171 1-2ii3
הרשעה לסוף / ארבעים השנה אשר יתמו	(V)	4Q171 1-2ii7
עדת האביונים אשר יקבלו את מועד התעות	(V)	4Q171 1-2ii9
פשרו על עריצי הברית אשר בבית יהודה	(V)	4Q171 1-2ii13
יהודה אשר / יזומו לכלות את עושי התורה	(V)	
עושי התורה אשר בעצת היחד	(V)	4Q171 1-2ii14
אפרים ומנשה אשר יבקשו לשלוח יד / בכוהן	(V)	4Q171 1-2ii17
פשרו על] / עושה התורה אשר לוא י[	(V)	4Q171 1-2ii22
פשרו על] / שבי המדבר אשר יחיו אלף דור	(V)	4Q171 1+3-4iii1
פשרו א[שר] יחים ברעב במועד	(V)	4Q171 1+3-4iii3
ברעב ובדבר כול אשר לוא יצא[ו	(V)	4Q171 1+3-4iii4
] / עדת בחירו אשר יהיו רשים ושרים ◦[	(V)	4Q171 1+3-4iii5
שרי ה[רש]עה אשר הונו את עם / קודשו	(V)	4Q171 1+3-4iii7
עם / קודשו אשר יובדו כעשן האוד [בר]וח	(V)	4Q171 1+3-4iii8
ר]שעי ישראל אשר יכרתו ונשמד[ו] / לעולם	(V)	4Q171 1+3-4iii12
פשרו על] האמת אשר דבר / [	(V)	4Q171 3-10iv4
על [הכו]הן הרשע אשר צ[ופ]ה הצד[יק	(V)	4Q171 3-10iv8

]ת והתורה / **אשר** שלח אליו	(V)	4Q**171** 3-10iv9
] **אשר** יראו במשפט רשעה	(V)	4Q**171** 3-10iv11
]בעת רעב **ואשר**[אמר	(V)	4Q**172** 1,2
]◦◦◦ **אשר** האו◦[	(V)	4Q**172** 2,1
לידידו שנא פשרו **א**]**שר** יבקשו[	(V)	4Q**173** 1,3
פשרו] **אשר** יהיו ק[הל	(V)	4Q**173** 3,2
בן עולה[לענות]ו **כאשר** בראישונה	(V)	4Q**174** 1-2i1
בראישונה ולמן היום **אשר** / [צויתי שפטים]	(V)	
עמי ישראל הואה הבית **אשר**[	(V)	4Q**174** 1-2i2
ב]אחרית הימים **כאשר** כתוב בספר / [	(V)	
ועד הואה הבית **אשר** לוא יבוא שמה / [	(V)	4Q**174** 1-2i3
כאשר השמו בראישונה / את מקד[ש י]שראל	(V)	4Q**174** 1-2i5
לפניו מעשי תורה **ואשר** אמר לדויד	(V)	4Q**174** 1-2i7
אויביכה **אשר** יניח להמה מכ[ול] / בני בליעל	(V)	
לכלותמ[ה]מה **כאשר** באו במחשבת[ב]ל[י]על	(V)	4Q**174** 1-2i8
העומד עם דורש התורה **אשר** / [	(V)	4Q**174** 1-2i11
כאשר כתוב והקימותי את סוכת דויד	(V)	4Q**174** 1-2i12
סוכת / דויד הנופל[ת **א**]**שר** יעמוד להושיע	(V)	4Q**174** 1-2i13
מאשרי [ה]איש **אשר** לוא הלך בעצת רשעים	(V)	4Q**174** 1-2i14
] / **אשר** כתוב בספר ישעיה הנביא	(V)	4Q**174** 1-2i15
והמה **אשר** כתוב עליהמה בספר יחזקאל	(V)	4Q**174** 1-2i16
בספר יחזקאל הנביא **אשר** לו[א יטמאו עוד]	(V)	
אש]**ר** כתוב בספר דניאל הנביא	(V)	4Q**174** 1-3ii3
]**אשר** אליהמה יו◦[	(V)	4Q**174** 1-3ii4
]היאה העת **אשר** יפתח בליעל / [	(V)	4Q**174** 4,3
]◦ה **כאשר** ה◦[	(V)	4Q**174** 5,1
]**אשר** ◦[	(V)	4Q**174** 8,1
]כול **אשר** צונו עשו את כול[	(V)	4Q**174** 11,2
קול דברי / העם הזה **אשר** דברו אליכה	(V)	4Q**175** 2
אשר דברו אליכה היטיבו כול **אשר** דברו	(V)	
וידבר אליהםה את כול **אשר** אצונו	(V)	4Q**175** 6
והיה ה[א]יש / **אשר** לוא ישמע אל דברי	(V)	4Q**175** 7
לוא ישמע אל דברי **אשר** ידבר הנבי בשמי	(V)	
וידע דעת עליון **אשר** / מחזה שדי יחזה	(V)	4Q**175** 10
ואורך לאיש חסידך **אשר** / נסיתו במסה	(V)	4Q**175** 14
בעת **אשר** כלה ישוע להלל ולהודות	(V)	4Q**175** 21
ויאמר ארור היש **אשר** יבנה את העיר הזות	(V)	4Q**175** 22
[זרע אבר]הם אהבי **אשר** ה[ח]זקתיכה[	(V)	4Q**176** 1-2i10
זות לי **אשר** / [נשבעתי מ]עב[ור מי] נוח	(V)	4Q**176** 8-11,10
באחרית הימים בעת **אשר** יבקש ◦[	(V)	4Q**177** 1-4,5
]◦פשר הדבר **אשר** יעמוד איש מב◦[	(V)	4Q**177** 1-4,6
והמה **אשר** כתוב עליהם באחרית [הימים	(V)	4Q**177** 1-4,7
ג]ורל אור **אשר** היה מתאבל בממשלת בל[יעל	(V)	4Q**177** 1-4,8
]**אשר** היה מתאבל[	(V)	
]**אשר** ה[	(V)	4Q**177** 1-4,10
הנה הכול כתוב בלוחות **אשר**[	(V)	4Q**177** 1-4,12
]◦[הו]אה ספר התורה שנית **אשר**[	(V)	4Q**177** 1-4,14
עצתו המה החרב **ואשר** אמר[	(V)	4Q**177** 1-4,16
]ה ההוללים **אשר** י[ ]בא על אנשי הי[חד	(V)	4Q**177** 5-6,1
]קרא להם **כאשר** [אמר הוא ז]מות יעץ לח[בל	(V)	4Q**177** 5-6,6
]ויכינו חצים ע[ל יתר פשרו **א**]**שר** ינודו	(V)	4Q**177** 5-6,8
]**אשר** כתוב עליהם בספר[	(V)	4Q**177** 5-6,11
א]ין שלום **אשר** המה ד◦[	(V)	4Q**177** 5-6,14
]ד **אשר** יבקשו לחבל[	(V)	4Q**177** 7,2
אש]**ר** כתוב בספר יחזקאל הנ[ביא	(V)	4Q**177** 7,3
]הימים **אשר** יקבצו עליה[ם	(V)	4Q**177** 7,4
]עי האנשים **אשר** עבדו אל[הים אחרים	(V)	4Q**177** 7,5
]◦◦[ ]◦[ ]ל**אשר** להמה טמא ול◦[	(V)	4Q**177** 7,6
כאשר כתוב / [	(V)	4Q**177** 10-11,1
מפ]תחת פתוחה נואם יהוה **אשר** / [	(V)	4Q**177** 10-11,2
א]**שר** עליהם כתוב	(V)	4Q**177** 10-11,3
]לאחרית ה[י]מים **אשר** אמר דויד	(V)	4Q**177** 12-13i2
להאבידמה בחרונו **אשר** לוא יותיר ל[	(V)	4Q**177** 12-13i4
]ובחר[ ]הכבוד **אשר** ויואמ[ר	(V)	4Q**177** 14,1
]**אשר** יבקש◦[	(V)	4Q**177** 21,2
]**אשר** צוה בצר למו בא[	(V)	4Q**178** 1,2
]◦ **כאשר** כתוב[	(V)	4Q**178** 3,2
פשר על הקצים **אשר** עשה אל קץ להתה[לך	(V)	4Q**180** 1,1
פשר על עזזאל והמלאכים **אש**[**ר**	(V)	4Q**180** 1,7
] / **אשר** א[	(V)	4Q**180** 2-4ii1
]◦ין הוא **אשר** שכן ◦[	(V)	
אש]**ר** כתוב על פרעה[	(V)	4Q**180** 5-6,5
מ]לאו איש לפי גורלו **אשר** הפ[י]ל[ ]ל[	(V)	4Q**181** 1,5
]ה **אשר** יקשו את עורפם[	(V)	4Q**182** 1,2
] / **ואשר** אמר רד[	(V)	4Q**183** 1ii9
] / ואיש **אשר** יהיה ק[	(V)	4Q**186** 1i4
וזה הואה המולד **אשר** הואה ילוד עליו	(V)	4Q**186** 1ii8
מ**אש**]**ר** לחיות כי חרפות / [שקר שמעתי	(XIX)	4Q**200** 1i3
[החתנה] / **אשר** נשבע רעואל לעשות לשרה	(XIX)	4Q**200** 4,2
אני יודע **אשר**[אבי איננו] / [מאמין	(XIX)	4Q**200** 4,3
ו]אף אמי איננה מאמנת **אשר** תראנ[י] עוד	(XIX)	4Q**200** 4,4
מבקש / [אני אות]כה אבי **אשר** תשלחני	(XIX)	4Q**200** 4,5
[ברוך אלהים]חי **אשר** לכול העולמים	(XIX)	4Q**200** 6,5
היאה מלכותו **אשר** הואה[מכה] / [	(XIX)	
ג]דול[ה] ומה **אשר** יפצה מידו הודו לו	(XIX)	4Q**200** 6,7
לפני] / [הגוים] **אשר** אתמה נדחים בהמה	(XIX)	4Q**200** 6,8
ברוך] / האלהים **אש**[**ר** מרים אותך	(XIX)	4Q**200** 7ii2
] / **אשר**[בכי יברכו את שמו	(XIX)	4Q**200** 7ii3
]◦ה דבורה **אשר** הניקה את רב[קה	(XXII)	4Q**215** 1-3,1
שמה זלפה בשם העיר **אשר** נשבה אל[יה	(XXII)	4Q**215** 1-3,3
את שמה בלהה כי **כאשר** נולדה[	(XXII)	4Q**215** 1-3,4
] / **וכאשר** בא יעקוב אבי אל לבן	(XXII)	4Q**215** 1-3,7
מלפני עישיו אחיהו **וכאשר** ◦[	(XXII)	
וכאשר היתה רחל לוא ילדה בנים ◦◦[	(XXII)	4Q**215** 1-3,9
לכל הדב]רים **אשר** אנכי מגיד לך / [בהר	(XIII)	4Q**216** I,12
ואת קדשי] / **אשר** הקדישו לי בת[וכם	(XIII)	4Q**216** II,9
הבריאה עד **אש**]**ר** יבנה מקדשי / [בתוכם	(XIII)	4Q**216** IV,7
כל דב]רי הבריה **כא**[**שר**] / [בים הששי	(XIII)	4Q**216** V,1
וע[ל כל]**אשר** בא[רץ כל] / [הצמח מהארץ	(XIII)	4Q**216** VI,13
כל] / **אשר** בשמים ובארץ [ובימים	(XIII)	4Q**216** VII,5
אות גדול את יום] / השבת **אשר** שבת ב[ו	(XIII)	4Q**216** VII,6
וכל[הנ]ברא עד היום **א**[**שר**	(XIII)	4Q**217** 2,3
]**ואשר** אמר[	(XIII)	4Q**217** 5,2
ו]כול החלב **אשר** עליהן	(XIII)	4Q**219** I,35
ואת **א**[**שר**] / [על הכסלים ואת היותרת	(XIII)	
כול דם]אדם **אשר** ישפך[חנם בלי משפט	(XIII)	4Q**219** II,18
היאה]השנה **אשר** מת בה אברהם בא[ו יצחק	(XIII)	4Q**219** II,36
ולבהמה ולכל עוף **אשר**[יעופף בשמים]	(XIII)	4Q**220** 2
הש]ל[מ]ים תקטיר על האש **אשר** על המזבח	(XIII)	4Q**220** 6
וא]ת ה[ח]לב **אשר** על הקרבים	(XIII)	4Q**220** 7
[עד] **אשר** ה[וא] / [זקן מפני הרעה	(XIII)	4Q**221** 3,1
האיש **אשר** יעש[ה את הרעה הזואת	(XIII)	4Q**221** 4,5
כול איש] / [**אש**]**ר** יעשנה בישראל	(XIII)	4Q**221** 4,8
וחמה] / בעת [**א**]**שר** ראה את בנו מחז[יקים	(XIII)	4Q**221** 5,2
כול הרעות **אשר** הי[ו נחבאות בלבו	(XIII)	4Q**221** 5,3
השבועה **אשר**[נשבע לאביו ולאמו	(XIII)	4Q**221** 5,4
ותבקש ממנו] / [**א**]**שר** ישכב[עמה	(XIII)	4Q**221** 7,4
א]**שר** ב[	(XIII)	4Q**221** 10,1
אש]**ר** עשתה / [	(XIII)	4Q**221** 18,1
לעולמי] / [עו]למים **אשר** נתן לי [א]ת י[ע]ק[וב	(XIII)	4Q**222** 1,6

[רע בעיניו ע]ל אשר עזבת[י אותו	(XIII)	4Q222 2,1
] / [כלה כול] אשר פרח ◦◦ים[ובארבה	(XIII)	4Q222 3,2
השבע את עי]שאו אשר לו[א] ירע את יעקוב	(XIII)	4Q223-224 2i48
[וי]אומר אעשה את אשר [תואמרי לי	(XIII)	4Q223-224 2ii16
עבדכה העברי א]שר עתה אהב[תה	(XIII)	4Q223-224 2v3
בגדו בידי]בעת אשר א[חזתי] / [אותו בבגדו	(XIII)	4Q223-224 2v4
[וחסד לפניו יען]אשר רא[ה כי יהוה אתו	(XIII)	4Q223-224 2v8
]◦◦◦◦◦◦את אש[ר	(XIII)	4Q223-224 55,2
]וביום אשר ◦[	(XIII)	4Q225 1,9
[וספור את]הח{{כ}}ול אשר על שפת הים	(XIII)	4Q225 2i6
אש]ר אמר[	(XIII)	4Q226 6,8
] / אשר לוא[	(XIII)	4Q226 9,3
]◦ל אשר ◦◦[	(XIII)	4Q226 10,2
ח]נוך אחר אשר למדנהו / [	(XIII)	4Q227 2,1
א]שר לוא ישגו הצ[דיקים	(XIII)	4Q227 2,6
ואגיד]ה לכמה אשר תדעו / [	(XIII)	4Q228 1i3
כ]ל אשר אין ב[	(XXXV)	4Q249 1,4
]אשר[	(XXXV)	4Q249 8,3
כ]אשר כתוב[	(XXXV)	4Q249 13,5
]כא[שר כתוב	(XXXV)	4Q249 14,4
כ]אש[ר כתוב	(XXXVI)	4Q249z 2,4
]כא[שר	(XXXVI)	4Q249z 17,4
הוא חלות החמץ אשר יביאו [בי]ום ה[בכורים]	(XXXV)	4Q251 9,4
]שור[ו]כשב ועז אשר לא שלמו [שבעת ימים	(XXXV)	4Q251 12,1
אש]ר במע[י]אמו	(XXXV)	4Q251 12,2
נב]לות וטרפה אשר לא חיה כי[	(XXXV)	4Q251 12,4
]◦◦◦◦[ ]הבהמה הטמאה אשר[	(XXXV)	4Q251 14,1
]לו[ ]לכוהן והאיש אש[ר	(XXXV)	4Q251 15,3
הקודש]◦[ו]כל המעל אשר ימעל / [איש	(XXXV)	4Q251 16,3
]בעל אשר אין לו גואל / [	(XXXV)	4Q251 16,5
כיא ימצא]חלל אשר יפול ב[שדה	(XXXV)	4Q251 18,3
]◦ה חליפה היא כל אשר הכרת ע[ליו	(XXXV)	4Q251 18,5
]כול אשר לא נפש עליו מות בק[בר	(XXXV)	4Q251 18,6
היונ]ה אשר לוא יספ[ה] / שוב עוד חרבו	(XXII)	4Q252 I,20
מיינו וידע את אשר עשה / לו בנו הקטן	(XXII)	4Q252 II,5
] / כאשר כתוב[	(XXII)	4Q252 III,1
ותלד לו את עמלק הוא אשר הכ[ה] / שאול	(XXII)	4Q252 IV,1
כאשר דבר למושה באחרית הימים	(XXII)	4Q252 IV,2
פשרו אשר הוכיחו אשר / שכב עם בלהה	(XXII)	4Q252 IV,5
הוכיחו אשר / שכב עם בלהה פילגשו	(XXII)	
מלכות עמו עד דורות עולם אשר / שמר ◦[	(XXII)	4Q252 V,4
עולתו לרצון כאשר נקח[	(XXII)	4Q253 2,4
לו שערי המרום כאש[ר	(XXII)	4Q253 2,5
]◦ בליעל וכא[שר	(XXII)	4Q253 3,2
וחמלתי ע]ליהם כאשר / [יחמול איש על בנו	(XXII)	4Q253a 1i3
] / ואי{{ר}} מישראל אשר יא[← איש	(XXII)	4Q253a 1ii1
] / ואיש{{ר}} מישראל אשר יא[	(XXII)	
אשר אמר [	(XXII)	4Q254 1,1
מיינו] / וידע את אש[ר עשה לו בנו הקטן	(XXII)	4Q254 1,3
]שני בני היצהר אשר[	(XXII)	4Q254 4,2
] / אשר[	(XXII)	4Q254 5-6,2
] / אשר לקח[	(XXII)	4Q254 8,6
]אשר אמר יע[	(XXII)	4Q254 10,2
א]שר ◦[	(XXII)	4Q254 12,1
]אשר נת[ן ?	(XXII)	4Q254 14,2
]תרגמן הואה אשר היה כ◦[	(XXII)	4Q254 16,2
דרכי אל כאש[ר צוה] / למועדי תעדתו	(XXVI)	4Q255 2,5
ולהחזיק בכול] / אשר צוה	(XXVI)	4Q256 IX,2
אש[ר לוא ילך איש בשרירות לבו	(XXVI)	4Q256 IX,4
ואשר ל[ו]א[ישיב איש מאנשי היחד	(XXVI)	4Q256 IX,9
[וא]שר לוא יוחד[עמו בהון	(XXVI)	4Q256 IX,10
הבל כו]ל אשר לוא י[דעו את בריתו	(XXVI)	4Q256 IX,12
וכול] איש אשר יש [אתו דבר לדבר	(XXVI)	4Q256 XI,7
יגע ב]טהרת הרבים עד[א]ש[ר ידרושהו	(XXVI)	4Q256 XI,12
] ככול א[שר] / [	(XXVI)	4Q256 XXIII,2
ולהחזיק בכל אשר צוה / ולבדל מעדת	(XXVI)	4Q258 I,1
[וא]שר לא יגעו לטהרת אנשי / [הקד]ש	(XXVI)	4Q258 I,7
ואש[ר לא יוחד עמו בהון	(XXVI)	4Q258 I,9
כי הבל כל אשר[לא ידעו] / [את בריתו	(XXVI)	4Q258 I,10
ולפקוד את כל חקיו אשר צוה / לעשות	(XXVI)	4Q258 II,1
דבר לרבים / אשר לא בהוכח לפני ע[דים	(XXVI)	4Q258 II,6
דבר לדבר] / לרבים אשר [לא במעמד האיש	(XXVI)	4Q258 III,3
מדרש התור]ה אשר צוה בי[ד משה לע]שות	(XXVI)	4Q258 VI,7
הון[אנשי הר]מי[ה]אשר לא הזכ[ו דרכם	(XXVI)	4Q258 VII,8
ואשר לא יוכיח איש ולא יתרובב	(XXVI)	4Q258 VIII,1
זאת להבדל]מכל איש אשר לא הסיר דרכיו	(XXVI)	4Q258 VIII,5
וב]כל ממשלו כאש[ר צוה	(XXVI)	4Q258 VIII,8
ירצה ולא יתאוה בכל אש]ר לא[צוה	(XXVI)	4Q258 VIII,9
] / באשר יור[ני וארצה כאשר	(XXVI)	4Q258 X,1
]ואשר ישכב[ויישן במושב הרבים	(XXVI)	4Q259 I,6
הנפט[ר] ממוש הרבים אשר[לוא בעצה	(XXVI)	4Q259 I,7
ואשר יה[לך לפני רעהו ערום	(XXVI)	4Q259 I,9
ואשר ישחק[בסכלות להשמיע] / קולו	(XXVI)	4Q259 I,13
ואיש מ]אנשי היחד אשר / [יתערב עמו	(XXVI)	4Q259 II,7
דרך האמת כאש[ר] / כתוב [במד]בר פ[נו	(XXVI)	4Q259 III,4
הואה[מד]ר[ש התורה אש]ר צוה ביד משה	(XXVI)	4Q259 III,6
להחזיק]על פי רצונו כאשר צוה	(XXVI)	4Q259 III,11
ואשר לוא ל[הוכיח] / ול[וא יתרובב	(XXVI)	4Q259 III,13
וב[כ]ול [ממשלו כ]אשר[צוה	(XXVI)	4Q259 IV,6
ול[פקוד את כל ח]וקו אשר צוה לע[שות]	(XXVI)	4Q261 1a-b,1
[ואלה המשפטים א]שר ישפטו על פי[הדברים	(XXVI)	4Q261 3,2
לנפטר במושב ה]רבי[ם]אשר לא בעצה	(XXVI)	4Q261 5a-c,3
ואשר / [יהלך לפני רעהו ערום	(XXVI)	4Q261 5a-c,5
ונענש שלושים ימים ו]אשר / [	(XXVI)	4Q261 5a-c,9
[ובכל]מ[ק]ום אשר יהיה שם[עשרה אנשים	(XXVI)	4Q263 4
כול]העולות והזבחים אשר / [	(XXXV)	4Q264a 1,3
]אשר כתוב[	(XXXV)	4Q265 1,2
ואיש אשר יצ[חה את רעהו ונענש]	(XXXV)	4Q265 4i8
ואיש אשר יכחש במ[(ו)דעו והבדילהו	(XXXV)	4Q265 4i9
[ואי]ש אשר יבוא לה[וסי]ף אל עצת ה[יח]ד	(XXXV)	4Q265 4ii3
אל י[תלב]ש איש בבגדים א[שר]בהם עפר	(XXXV)	4Q265 6,3
אל יעל איש בהמה אשר תפול / אל המים	(XXXV)	4Q265 6,5
ואם נפש אדם היא אשר תפול אל המים	(XXXV)	4Q265 6,6
לא היה לו עד] / אשר לא הובא אל גן עדן	(XXXV)	4Q265 7,12
לא] / [ה]יה לה עד אשר לא הובאה אצ[לו	(XXXV)	4Q265 7,13
גן עדן וכול האב אשר בתוכו קודש	(XXXV)	4Q265 7,14
נסתרו] / מאנוש [מספר י]מים אשר חי כ[ו]ל [	(XVIII)	4Q266 1a-b,7
]עד אשר / [יבוא בם	(XVIII)	4Q266 2i1
והיאה העת] / אשר היה [כתו]ב עליה[	(XVIII)	4Q266 2i17
ו]להסיע גבול / אשר גבלו רישו[נים בנחלתם	(XVIII)	4Q266 2i20
בפרוש שמותי[הם ואת א]שר [שנא התעה	(XVIII)	4Q266 2ii13
ולבחור את] / [א]שר[רצה ולמאוס	(XVIII)	4Q266 2ii15
ויחפרו את הבאר] אשר אמר מוש[ה	(XVIII)	4Q266 3ii10
ו]כול אשר הובא / [בברי]ת לבל[תי בוא	(XVIII)	4Q266 3ii17
מסיגר{{◦}} הדלת / [א]שר אמר [אל מי בכם	(XVIII)	4Q266 3ii19
[הבא אל] דמשק {{כאשר}} [כאש]ר כתוב	(XVIII)	4Q266 3iii20
{{כאשר}} [כאש]ר כתוב דרך [כוכב מיעקב	(XVIII)	
באים בבר[י]תו אשר לו יחזיקו [באלה]	(XVIII)	4Q266 3iii24
[הוא הי]ום אשר יפקדו [אל] כאשר [דבר]	(XVIII)	4Q266 3iii25
יפקדו [אל] כאשר [דבר] היו [שרי] / [יהודה	(XVIII)	

[יהודה ב]יום אשר [תשפוך עליהם העברה	(XVIII)	4Q**266** 3iv1
]ין וכול א[שר נקל בלשונו או בקול	(XVIII)	4Q**266** 5ii1
איש] / מבני אהרון אשר ישבה לגואים [	(XVIII)	4Q**266** 5ii5
איש מבני אהרון אשר ינדד לעב[וד	(XVIII)	4Q**266** 5ii8
איש מבני] / אהרון אשר הנפ{{י}}ל שמו	(XVIII)	4Q**266** 5ii10
כי כעשב / הוא אשר [י]ש הרחש תחתו	(XVIII)	4Q**266** 6i8
ואשר / אמר וצוה הכוהן וגלחו	(XVIII)	4Q**266** 6i8
למען אשר / י{{ש}}ספור הכוהן את השערות	(XVIII)	4Q**266** 6i9
כול איש א[שר זו]ב יז[וב] / מבשר[ו	(XVIII)	4Q**266** 6i14
מבשר[ו א]ו א[שר] יעלה [ע]ל[ו] מחשבת [זמ]ה	(XVIII)	4Q**266** 6i15
ואשה אשר [תזרי]ע וילדה זכר [וטמאה	(XVIII)	4Q**266** 6ii5
[והיא] אשר זרעה אין בה[תרומה	(XVIII)	4Q**266** 6iii6
]ה אשר / [	(XVIII)	4Q**266** 6biii1
]◦רים אשר [	(XVIII)	4Q**266** 6aiv1
]ש לימין ואשר [	(XVIII)	4Q**266** 6aiv2
א]שר לו במש[פט] / [	(XVIII)	4Q**266** 7ii9
ו]האיש אשר	(XVIII)	4Q**266** 7ii10
] / למבק[ר א]שר על המחנה ⟦ ⟧[	(XVIII)	4Q**266** 7iii3
וכא[שר] / יקים עלו לשוב אל	(XVIII)	4Q**266** 8i2
וכול אשר נגלה מן התורה לרוב	(XVIII)	4Q**266** 8i4
]◦ אנוס / הוא [ע]ד אשר יוסר ושלם ה[אונס	(XVIII)	4Q**266** 8ii5
ואשר אמר ⟦ ⟧[כל חרם	(XVIII)	4Q**266** 8ii8
ואש[ר אמר לא תקום ולו תטור	(XVIII)	4Q**266** 8ii10
וכול גבא בסלע]אשר אין בו	(XVIII)	4Q**266** 8iii10
והעפר א[שר] / [יגואלו בטמאת האדם	(XVIII)	4Q**266** 9ii2
למבקר] / [א]שר במחנ[ה	(XVIII)	4Q**266** 9iii3
וא]ת אשר איננו / [נקשר	(XVIII)	4Q**266** 9iii9
הדבר] / אשר ד[בר יבו עליך	(XVIII)	4Q**266** 9iii17
והאביון / [ולזקן א]שר יכרע	(XVIII)	4Q**266** 10i8
ו[ל]איש אשר ינוגע	(XVIII)	
ולאשר ישבה לגוי נכר	(XVIII)	
[ולבתולה אש]ר אי[ן] ל[ה] גואל	(XVIII)	4Q**266** 10i9
ולנער אשר אין {{ו}}ל‹ו› דורש	(XVIII)	
ואש]ר [יצ]חה את רעהו שלו	(XVIII)	4Q**266** 10ii2
ואשר ידבר בפיה[ו] דבר נבל	(XVIII)	4Q**266** 10ii3
ואשר יהלך לפני רע[הו ערום	(XVIII)	4Q**266** 10ii9
והאיש]אשר ילך[רכיל] / [בר]עה[ו	(XVIII)	4Q**266** 10ii14
משפטו מרצונו כאשר אמר ביד / מושה	(XVIII)	4Q**266** 11,1
ביד / מושה על הנפש אשר תחטא בשיגגה	(XVIII)	4Q**266** 11,2
אשר תחטא בשיגגה אשר יביאו את / חטתו	(XVIII)	
ועושה הכול אשר יסדתה / [ע]מים	(XVIII)	4Q**266** 11,9
ומשפטי קודשכה אשר יעשה האדם וחיה	(XVIII)	4Q**266** 11,12
הגבלתה / לנו אשר את עובריהם ארותה	(XVIII)	4Q**266** 11,13
והאיש / אשר יוכל מהונם	(XVIII)	4Q**266** 11,15
אשר יוכל מהונם ואשר ידרוש שלומו	(XVIII)	
שלומו {{והמשתלח}} ואשר יאות עמו	(XVIII)	
פרוש המשפטים אשר יעשו בכול קץ	(XVIII)	4Q**266** 11,18
]ה לה כא[שר	(XVIII)	4Q**266** 12,3
] / אשר לא י◦[	(XVIII)	4Q**266** 13,6
]עד אשר לו [	(XVIII)	4Q**266** 14a,1
א]שר ⟦ ⟧[	(XVIII)	4Q**266** 19,1
]אשר[	(XVIII)	4Q**266** 41,2
] ואש[ר	(XVIII)	4Q**266** 66,2
הבאר אשר אמר מושה באר חפ[ר]וה שרים	(XVIII)	4Q**267** 2,9
וכול]אשר [פרצו את] / [גבול התורה מבאי	(XVIII)	4Q**267** 3,1
]◦◦ אשר [	(XVIII)	4Q**267** 4,14
כ]ול א[שר	(XVIII)	4Q**267** 5iii1
אינו] / ממהר לה[בין]וכול אשר נקל בל[שונו	(XVIII)	4Q**267** 5iii3
] / [איש מבני אה]רון א[שר ישבה לגואים	(XVIII)	4Q**267** 5iii8
א]שר זרעה אין בה תרומה	(XVIII)	4Q**267** 6,3

] / אש[ר אמר משג]ה עו[ור	(XVIII)	4Q**267** 7,12
למבק]ר אשר על המ[חנה	(XVIII)	4Q**267** 8,4
אי]ש אשר י[ש]ביע [ע]ל / [פני השדה	(XVIII)	4Q**267** 9i4
אי[ש] מהונם [כול בעבור] / אש[ר לוא יגדפו	(XVIII)	4Q**267** 9iii3
ה]דבר אשר דבר יבואו / [על עמכה ימים	(XVIII)	4Q**267** 9v2
ימים אש]ר לוא באו [מ]יום סור א[פ]רים	(XVIII)	4Q**267** 9v3
והכוהן אשר / [יפ]קד ברואש ה[רב]ים	(XVIII)	4Q**267** 9v10
]והאיש אש[ר ימאס] / [את משפט הרבים	(XVIII)	4Q**267** 9vi1
ו]אשר יקרב לזנות / [לאשתו	(XVIII)	4Q**267** 9vi4
] אשר יבוא במה כי ה[	(XVIII)	4Q**268** 1,3
[והבדיל והעופרת א]שר עשו הגואים פ[סל]	(XVIII)	4Q**269** 8ii2
מ]כול טומא[ה] אשר יעריב א[ת] / [שמשו	(XVIII)	4Q**269** 8ii5
משפט האר]רה אשר אמר / [משגה עור בדרך	(XVIII)	4Q**269** 9,1
בברי]ת קוד[ש] אשר [ידעה] / [לעשות מעשה	(XVIII)	4Q**269** 9,4
בבית אב]יה או אלמנה אשר / [נשכבה	(XVIII)	4Q**269** 9,5
ו]אש[ר ילך רכיל ברעהו	(XXXVI)	4Q**269** 11ii+15,3
ואשר ידרוש שלומו וא]שר / [יאות עמו	(XXXVI)	4Q**269** 16,13
]והר[וחו]ת או אשר יחלל את השם / [	(XVIII)	4Q**270** 2i11
]ה או אשר י[חלל ?] / [	(XVIII)	4Q**270** 2i19
ראש]ית כל אשר להם ומעשר בה[מתם	(XVIII)	4Q**270** 2ii7
או] / אשר יגלה את רז עמו לגואים	(XVIII)	4Q**270** 2ii13
]אשר ישקו א[ת	(XVIII)	4Q**270** 3i21
והיא אשר ז[רעה] / אי]ן בה תרו[מה	(XVIII)	4Q**270** 3ii13
] / [כא]שר הק[ים	(XVIII)	4Q**270** 3iii14
]ה את אשר ל[	(XVIII)	4Q**270** 4,17
[אבי]ה ⟦ ⟧ או אלמנה אשר נשכב[ה	(XVIII)	4Q**270** 5,19
וא]שר אמר מוצא ש[פתיך	(XVIII)	4Q**270** 6ii19
מחיר מות אל יפדהו כל] / אש[ר	(XVIII)	4Q**270** 6ii21
דבר א[מת ע]ם רעהו עד אש[ר	(XVIII)	4Q**270** 6iii14
וא[שר אמר] / [כל חרם אשר יחרים אד]ם	(XVIII)	4Q**270** 6iii15
י]ביא על רעהו [דבר אש]ר / [לא בהוכח	(XVIII)	4Q**270** 6iii17
איש א]שר ישב[י]ע[על פני השדה	(XVIII)	4Q**270** 6iv2
ל]המית על פיהו א[שר] / לא מלאו ימו	(XVIII)	4Q**270** 6iv13
דעתם עד אשר לא [ישלי]מו א[ת ימ]יהם	(XVIII)	4Q**270** 6iv19
כי הו]א אשר א[מר] / [שמור את יום השבת	(XVIII)	4Q**270** 6v2
והאי]ש אשר תזוע [רוחו מיסוד היחד	(XVIII)	4Q**270** 7i8
ואיש] אשר ימאס [א]ת משפט הרבים	(XVIII)	4Q**270** 7i11
המשפט והשיבו לאיש אשר לקחו מ[מנו	(XVIII)	4Q**270** 7i12
ואשר יקר[ב] / לזנות לאשתו	(XVIII)	
יקר[ב] / לזנות לאשתו אשר לא כמשפט	(XVIII)	4Q**270** 7i13
ואלה המ]שפטים א[שר ישפטו]בם	(XVIII)	4Q**270** 7i15
כל אי[ש] אשר / [יתיס]ר ? יבוא וידיעהו	(XVIII)	
משפטו מר[צונ]ו כ[א]שר / א[מ]ר ביד משה	(XVIII)	4Q**270** 7i16
ביד משה על הנפש אשר תח[טא בשגגה	(XVIII)	4Q**270** 7i17
המשפטים אש[ר] / [יעשו בכל] קץ [הפקודה	(XVIII)	4Q**270** 7ii12
בכל] קץ [הפקודה א]ת אשר [יפ]קידו	(XVIII)	4Q**270** 7ii13
יעשה מ]לאכה בהם אשר יטמאו לנפש [אדם	(XVIII)	4Q**271** 2,11
מכול טמא]תו אשר / [יעריב את השמש	(XVIII)	4Q**271** 2,12
ואשר אמר כי [תמכור] / [ממכר	(XVIII)	4Q**271** 3,4
] בכול אשר הוא יודע אשר ימצא ◦◦◦◦[	(XVIII)	4Q**271** 3,6
] בכול אשר הוא יודע אשר ימצא ◦◦◦◦[	(XVIII)	
]◦ והוא יודע אשר הוא מועל בו באדם	(XVIII)	4Q**271** 3,7
וגם אל יתנהה לאשר לוא הוכן לה	(XVIII)	4Q**271** 3,9
בברית ? הקו]דש אשר ידעה לעשות מעשה	(XVIII)	4Q**271** 3,11
ואשר ידעה / [מעשה בבית] אביה	(XVIII)	
בבית] אביה או אלמנה אשר נשכבה	(XVIII)	4Q**271** 3,12
אלמנה אשר נשכבה מאשר התארמלה	(XVIII)	
ממאמר המבקר אשר על / [הרבים	(XVIII)	4Q**271** 3,14
וביום אשר יקים [האיש ע]ל נפשו	(XVIII)	4Q**271** 4ii6
בי]ום דע[תו ואש]ר אמר מוצא / שפתיך	(XVIII)	4Q**271** 4ii7

על שבועת האשה]אֹ[שר] אמר לאישה / להניא	(XVIII)	4Q271 4ii10
כי הוא] **אשר** אמר איש א[ת] רעהוֹ / יצ[ודו]	(XVIII)	4Q271 4ii14
וכול נפש אדם **אשר** תפול / [אל מקום מים	(XVIII)	4Q271 5i10
כו]ל איש **אשר** ימשולו בו רוחות בליעל	(XVIII)	4Q271 5i18
וכול **אשר** יתעה לחלל את השבת	(XVIII)	4Q271 5i19
[החי והסגירו עד] **אֹשר** יצמח [הבשר	(XVIII)	4Q272 1i6
כי כעשב] הוא **אשר** [ ]◦ הרחש	(XVIII)	4Q272 1i16
ואשר אֹ[מר וצוה הכוהן] / [וגלחו	(XVIII)	4Q272 1i17
יעלה עלו מ]חשבת זמה או **אשר** / [	(XVIII)	4Q272 1ii4
]◦◦◦◦◦◦◦◦◦◦◦◦נה היֹא **אשר** הוא יֹ[	(XVIII)	4Q273 5,3
]מֹיֹמֹיֹ ספרה את דֹםֹ ◦◦◦◦◦ עד **אשר** יֹ[	(XVIII)	4Q273 5,5
איש מכול הטמאים [**אש**]**ר** [יגע] בו	(XXXV)	4Q274 1i3
כי הוא **אשר** אמר טמא טמא / יקרא	(XXXV)	
ובכול כלי [**א**]**שר** יגע בו הזב	(XXXV)	4Q274 1i4
וש[כב] / עליו אֿו **אשר** ישב עליו	(XXXV)	4Q274 1i5
בעבור **אשר** ל[ו]אֹ תגאל את מחֹנֹיֹ קד[שי]	(XXXV)	4Q274 1i6
דםֹ / הנדה כזוב **ואֹשר** נוגע בו	(XXXV)	4Q274 1i8
א]ל יוכל **כאשר** יטמא לנפ[ש האדם	(XXXV)	4Q274 1i9
כאש]**ר** יזו עליו אתֹ [ה]ריֹ[א]שונה	(XXXV)	4Q274 2i1
אל יגע בטהרה עד **אשר** ישנה / [כו]לֹ נוגע	(XXXV)	4Q274 2i3
והבגד **אשר** תהיה עליו	(XXXV)	4Q274 2i5
והכלי **אשר** ישאנה יטבול / [במי]םֹ	(XXXV)	
במחנה יהיה איש **אשר** לוא השיגה ידו	(XXXV)	4Q274 2i6
ורחֹ[ץ] / [ולבש כו]ל הבגד **אשר** לוא נגעה בו	(XXXV)	4Q274 2i7
] / **אשר** י[	(XXXV)	4Q274 2ii9
]יוכלהו בטהרה וכול / [**אש**]**ר** ימעכו	(XXXV)	4Q274 3i7
או קשות בשלה וא[י]שֹ[ ]**אשר** יש◦	(XXXV)	4Q274 3i9
וכול **אשר** יש לו חותם [	(XXXV)	4Q274 3ii3
כלי חרש **אשר** יֹפֹ[ו]ל [שרץ לתוכו יטמא]	(XXXV)	4Q274 3ii10
יֹפֹ[ו]ל [שרץ לתוכו יטמא] / **אשר** בתוכו [	(XXXV)	4Q274 3ii11
בגדים]**אשר** לוא שרת בם בקודשֹ	(XXXV)	4Q276 1
את דמה בכלי חרש **אשר** / קד]ש במזבח	(XXXV)	4Q276 3
[כלי] החלמה [**אש**]**ר** כפרו בם את משפט	(XXXV)	4Q277 1ii4
וכל **אֹשר** יגע [בו] / [איש הזב	(XXXV)	4Q277 1ii10
א]**שר** נכתבו בתֹ[ורה	(XXXV)	4Q277 2,3
]**אשר** תשב / [עליו	(XXXV)	4Q278 4
]לםֹ **אשר** ◦[	(XXXVI)	4Q282a 3
]אֹל **אֹשר** ◦◦◦◦ / [	(XXXVI)	4Q282e 1i2
]א **אֹשר**	(XXXV)	4Q284 1,11
]בכול **אשר** נגע ב[	(XXXV)	4Q284 2i2
] / לנפש אדם **אשר** ימות בֹ[	(XXXV)	4Q284 4,5
]הקודש **אשר** / [	(XXXV)	4Q284 5,1
[אם] / [משק]יהם יוצא **כאֹ**[**שר** ימ]עכ כולם	(XXXV)	4Q284a 1,5
כולם ולקטםֹ / [איש] **אשר** לוא הוב[א בב]ריֹת	(XXXV)	4Q284a 1,6
מו]דֹו לגלעמ עד **אשר** יער[ם לבד]	(XXXV)	4Q284a 1,7
א]**שר** עמו [	(XXXVI)	4Q285 2,2
אוצרו ה]טוב [**אש**]**ר** בֹשמים	(XXXVI)	4Q285 8,5
]יֹם **אשר** [	(XXXVI)	4Q285 9,3
וכול [**א**]**שר** [עליה תבל וכול] יושבי בה	(XI)	4Q286 5,1
כול בריאות הבשר כולמה **אשר** בראֹ[תה	(XI)	4Q287 3,2
[דבר]יֹ משכיל **אשר** דבר לכול בני שחר	(XX)	4Q298 1-2i1
]מ[מ]לתי **ואשר**	(XX)	4Q298 3-4i10
י]מֹי תעודה **אשר** / פתֹר[י]הםֹ[אספ]רֹ	(XX)	4Q298 3-4ii8
]מֹי גוי **אשר** לוא גזל / [הון	(XX)	4Q299 1,3
] / מעשה **אשר** לוא יעשה עוד כיֹא אֹם [	(XX)	4Q299 3aii-b,6
עושר ומה {ו}הוא **אשר** יעשה ג[בר	(XX)	4Q299 3aii-b,7
] / עמים מֹההיֹא **אשר**[	(XX)	4Q299 6ii8
] / **אשר** אין ל◦◦[	(XX)	4Q299 6ii9
] / **אשֹ**[**ר** מ]עֹל ועשה[	(XX)	4Q299 7,6
א]**שר** ה[	(XX)	4Q299 24,3
]**אֹשר** בחרוֹ בֹהֹ◦ אֹ[	(XX)	4Q299 55,4
]**אֹשר** יעשה[	(XX)	4Q299 57,3
]יֹע את **אש**[**ר**	(XX)	4Q299 57,4
] / מעלו **אשר** מעל[	(XX)	4Q300 2ii4
]בֹו **ובאשר** באֹרֹץ המשילו [ונ]כבד	(XX)	4Q301 3a-b,6
]א{{סֹ◦רֹ◦◦}} נפלאות אל **אש**[**ר**	(XX)	4Q303 3
הזר◦◦◦ **אשר** ישגו ולא יעשו את[המצות	(XXXVI)	4Q306 1,1
] / אותו כל **אשֹר** ברית יֹ[שראל	(XXXVI)	4Q306 1,3
] / על י◦◦◦ **אשר** יע[ב]דו בם ◦[	(XXXVI)	4Q306 1,7
] / [ ]וד עד **אשר** יפקחו וראו[	(XXXVI)	4Q306 2,6
א]**שֹר** [תקראו אותם במועדם	(XXI)	4Q325 3,4
ה]כֹוהן **אֹשר** כול / [	(XXXVI)	4Q331 1i6
אלה הנתינ[ים] / **אשר** כונו בֹשֹ[מותיהם]	(XIX)	4Q340 2
] / **אשר** יֹ[לדה] לו שרה אשתֹ[ו	(XIII)	4Q364 1a-b,3
את]ה ידֹ[עתה]את **אש**[**ר** עבדתיכה	(XIII)	4Q364 4b-eii6
שכרי לפ]נֹיכה כול שה **אֹ**[**שר** איננו נקוד	(XIII)	4Q364 4b-eii14
אנוכי האל בית אל **א**]**שר**[משחתה שם מצבה	(XIII)	4Q364 4b-eii24
פן אראה]בֹרעה **אשר** / [תמצא את אבי ?	(XIII)	4Q364 10,6
התורה והמצוא **אשר** כתבתי להורותם	(XIII)	4Q364 14,4
שבו לכמה בזה עד] / **אשר** נֹשֹ[וב אליכמה	(XIII)	4Q364 14,6
] / **אשר** נ[שבע להמה וישחטם	(XIII)	4Q364 18,1
לארץ ירוש]תו **אשר** נתֹ[ן יהוה] / [להמה	(XIII)	4Q364 23a-bi13
ושלל]הֹערימ **אשר** לֹכֹדֹנו	(XIII)	4Q364 24a-c,11
מערוער **אשֹ**[**ר**] / [על שפת נחל ארנון	(XIII)	
]וֹהֹ[עיר] **אשר** בתוֹך הֹ[נחל	(XIII)	4Q364 24a-c,12
הק]ריֹהֹ **אשר**[	(XIII)	4Q364 24a-c,13
ושבתם איש לירשתו]**אשר** נתתי לכמה[	(XIII)	4Q364 25a-c,6
להביאם אל הא]רֹץֹ **אשר**[דבר ל]המה	(XIII)	4Q364 26c-d,3
[את]הדברים **אשר** היו על הלו[חות הראישונים	(XIII)	4Q364 26bii+e,5
ברג]לֹיֹהמה ואת כול **אשר** לק◦[	(XIII)	4Q364 30,2
הארץ **אשר** אתמ עבריֹ[ם]שמה / [לרשתה	(XIII)	4Q364 30,6
כול המקו]םֹ **אשר** תדרוֹ[ך כף רגליכם בו	(XIII)	4Q364 31,2
]המֹקומ **אשר**[יבחר יהוה] / [אלוהיכה בו	(XIII)	4Q364 32,3
]כֹמ **כאשֹ**[**ר** ?	(XIII)	4Q364 S,1
]◦**אשר**[	(XIII)	4Q364 II,1
בן הגר המצרית **א**[**שר** ילדה לאברהם	(XIII)	4Q365 1,1
ולוא שמע אֹליהמה **כאשר** דבר יהוה	(XIII)	4Q365 2,5
ה]ערוב וגםֹ הֹ[ארמה **א**]**שר** הֹמה עלֹ[יה	(XIII)	4Q365 2,9
וראו את ישועת יהו]ה **אשר**[יעשה]לֹכמה	(XIII)	4Q365 6ai2
כי **כא**[**שר**] רֹאיתמה / [את מצרים היום	(XIII)	
כול המֹחֹלים **אשר** שֹ[מ]תֹי במֹ[צרים]	(XIII)	4Q365 6aii+6c,13
יתר חֹותן מושה את כול **אשר** הוא עושה לעמ	(XIII)	4Q365 7ii2
ולקחתה מן] / הדם **אשר** על הֹמזבח ומן שמֹ[ן	(XIII)	4Q365 9bii2
זה הדב]רֹ **אשר** צוֹהֹ יהוה / [לאמור	(XIII)	4Q365 11i2
]**כאשר** צוהוֹ יהוה את מושה	(XIII)	4Q365 12biii2
ושש משזר **כאשר** צוֹה / יהוה את מ{{ות}}שה	(XIII)	4Q365 12biii6
זואת] / [ה]חֹיה **אשֹ**[**ר** תאכלו מכול הבהמה	(XIII)	4Q365 14,2
הארץ **אשר** / [א]נֹוכי נותן לכמה לנחלה	(XIII)	4Q365 23,4
ולכול מלאֹכ[ת] / [הב]ית **אשר** תבנו לי בארץ	(XIII)	4Q365 23,6
]לֹשֹבֹ[ ]ם **כאשר** בֹ[	(XIII)	4Q365 26a-b,2
ו]אתֹ מסך פתח החצר **אשר** על המשֹ[כן	(XIII)	4Q365 27,1
ועל משאו ופקדו **אשר**[צוה יהוה את מושה]	(XIII)	4Q365 28,3
ובמקומיֿ / [**אשר** ישכון ש]מֹה הענן	(XIII)	4Q365 31a-c,6
ומה הארץ **אשר** הואה יושב בֿה הטובה	(XIII)	4Q365 32,6
ומה הערים **אשר** הואה יושב בהן המחנים	(XIII)	4Q365 32,7
[האיש] **אֹשֹ**[**ר** אבח]רֹ בו מֹ[טהו יפרח	(XIII)	4Q365 35ii1
בני ישראל] / **אשר** המהֹ מֹלֹ[ינים]עליכֹ[ם	(XIII)	4Q365 35ii2
]מֹדה **אשר** הֹ[	(XIII)	4Q365 B,2
] / **אשר** הוא[	(XIII)	4Q365 V,2
]◦ ולכול המצות **אשר** / [	(XIII)	4Q365a 1,5

4Q**365**a 1,6	(XIII)	]◦ות הכבשים **אשר** לעולה / [
4Q**365**a 3,1	(XIII)	]◦ה את הבית **אשר** תבנה[
4Q**366** 4i8	(XIII)	ככל **אשר** צוה יהוה / [את משה
4Q**367** 1a-b,1	(XIII)	הנאכלת ובין החי]ה **אשר**[לא] / [תאכל
4Q**367** 3,9	(XIII)	בקר] וצואן כל **אש**[**ר** יעבר ⟦ ⟧]תחת השבט
4Q**368** 1,3	(XXVIII)	פנים] אלפנים **כא**[**ש**]**ר** / [דבר איש אל רעהו
4Q**368** 1,5	(XXVIII)	ואתה לא הודעתני]את **אשר** תשלח עמי
4Q**369** 1i3	(XIII)	עד]**אשר** יאשמו / [
4Q**370** 1i1	(XIX)	וישבעו כל **אשר** עשה רצוני אמר י[ה]וה
4Q**370** 1i6	(XIX)	עלכן נ[מחו] **כלאש**[**ר** ב]חרבה
4Q**371** 6,5	(XXVIII)	]**אשר** [תע]שה ל[
4Q**372** 1,18	(XXVIII)	ידך]גדולה וחזקה מכל **אשר** בתבל
4Q**372** 1,19	(XXVIII)	ומכל אחי **אשר** / נלוו עמי
4Q**372** 1,28	(XXVIII)	] / ורע **אשר** לא להכיחי עדותיך
4Q**372** 3,9	(XXVIII)	] / [ב]ניהם **אשר** כרת עם יעקב להיות עמו
4Q**372** 7,4	(XXVIII)	]◦ **אשר** לא יע[ ]ל [
4Q**372** 8,3	(XXVIII)	]לו◦◦ **אשר** יושעו[
4Q**372** 9,3	(XXVIII)	**א**]**שר** יכלו כלהגוים ◦[
4Q**372** 14,3	(XXVIII)	]**אשר** לא ◦לא◦[
4Q**374** 9,2	(XIX)	ק]ונה **אשר** קונן ◦[
4Q**374** 9,5	(XIX)	כ]ל **אשר** ◦[
4Q**375** 1i4	(XIX)	והנביא **אשר** יקום ודבר בכה / [סרה
4Q**375** 1i8	(XIX)	המקום **אשר** יבחר אלוהיכה באחד שבטיכה
4Q**375** 1i9	(XIX)	[ה]כוהן המשיח **אשר** יוצק על ר[ו]אשו
4Q**376** 1ii1	(XIX)	האבן השמאלית **אשר** על צדו / השמאלי
4Q**376** 1iii1	(XIX)	ואם במחנה יהיה הנשיא **אשר** לכול העדה
4Q**376** 1iii2	(XIX)	עליה או לכוול דבר **אשר**[
4Q**377** 1ii5	(XXVIII)	]פנים עם אל פנים **כא**[**שר**
4Q**377** 2ii4	(XXVIII)	ארור האיש **אשר** לוא יעמוד וישמור ויע[שה
4Q**377** 2ii6	(XXVIII)	עם אל פנים **כאשר** ידבר / איש עם רעהו
4Q**377** 2ii7	(XXVIII)	**וכא**[**ש**]**ר** ◦◦ש ◦[ ]ר
4Q**377** 2ii12	(XXVIII)	]◦ם **אשר** לוא נבראו {{ל}}מעולם
4Q**378** 3i9	(XXII)	כ]ל הגוים **אשר** / [
4Q**378** 3i10	(XXII)	]**כאשר** עשיתה / [
4Q**378** 3i11	(XXII)	**א**]**שר** משלו בכה / [
4Q**378** 11,2	(XXII)	ה]עמיד דבריו **אשר** דבר / [
4Q**378** 14,4	(XXII)	**א**]**שר** כרת יהוה ל◦[
4Q**378** 20i6	(XXII)	]**אשר**
4Q**378** 22i4	(XXII)	]◦◦ **אשר** כ[רת]ה עם אברהם / [
4Q**379** 6,2	(XXII)	]את תדעו **אשר** אין ל[
4Q**379** 22ii1	(XXII)	] / האדם **אש**[**ר**
4Q**379** 22ii7	(XXII)	בעת **אשר** כ[ל]ה יש[ו]ע[ל]ה[לל ולה]וד[ו]ת
4Q**379** 22ii8	(XXII)	א[רור הא]יש **אשר** יב[נ]ה את [העי]ר הזאת
4Q**380** 1ii3	(XI)	] / **אשר** לכל ב[נ]י ישראל [
4Q**381** 1,9	(XI)	◦[ ]◦ ועוף וכל **אשר** להם לאכל חלבי כל
4Q**382** 9,8	(XIII)	בני הנביאים **א**]**שר** בידיהו אל[אלישע
4Q**382** 21,4	(XIII)	י]שיב◦ דבר כי **אשר**[
4Q**382** 25,1	(XIII)	]**אשר**[ ]לב גי[
4Q**382** 131,1	(XIII)	]**אשר** ו[
4Q**383** 1,4	(XXX)	] / על **אשר** הערותי[
4Q**383** 1,5	(XXX)	] / אליהם **ואש**[**ר**
4Q**384** 3,3	(XIX)	]עד **אש**[**ר**
4Q**384** 8,2	(XIX)	]**כאשר** כתוב[
4Q**385** 2,2	(XXX)	ראיתי רבים מישראל **אשר** אהבו את שמך
4Q**385** 2,8	(XXX)	אנשים ויברכו את יהוה צבאות **אש**[**ר**] / [חים
4Q**385** 3,5	(XXX)	במקום קבו]רתם ישכבו עד **אשר**[
4Q**385** 3,7	(XXX)	]ל [ ]**אשר** [ע]ול מצר[ים
4Q**385** 4,2	(XXX)	ויתבהלו הימים מהר עד **אשר** יאמרו / האדם
4Q**385** 4,6	(XXX)	] / מצער **כאשר** אמרת ל[
4Q**385** 6,5	(XXX)	] / המראה **אשר** ראה יחזק[אל
4Q**385**a 3a-c,4	(XXX)	**כא**]**שר** אמרתי ליע[קוב
4Q**385**a 5a-b,7	(XXX)	]**אשר** לא יתהלכו בד[רכי הכהנים
4Q**385**a 13a-b,4	(XXX)	]י אל **אש**[**ר**]יש◦[
4Q**385**a 15i2	(XXX)	אלי]הם **אשר** לא הקשיבו / [
4Q**385**a 18ia-b,3	(XXX)	[וילך עם ה]שבאים **אשר** נשבו מארץ ירושלים
4Q**385**a 18ia-b,7	(XXX)	ויצום את **אשר** יעשו בארץ שביא[ם]
4Q**385**a 18ia-b,8	(XXX)	ישמעו] בקול ירמיה לדברים **אשר** צוהו אלהים
4Q**385**a 18ia-b,10	(XXX)	ולא יעשו]**כאשר** עשו הם ומלכיהם כהניהם
4Q**385**a 18ii1	(XXX)	] / בתחפנס **א**[**שר** בארץ מצרים
4Q**385**a 18ii6	(XXX)	בארץ תחפנס **אשר** בארץ מצ[רים
4Q**385**a 18ii9	(XXX)	פ[ס]ילי הגוים **אשר** הל[כו אחריהם אבותיכם
4Q**385c** E,2	(XXX)	**א**]**שר** מצ[
4Q**386** 1ii7	(XXX)	אהפך / **כאשר** יאמרו היה השל[ו]ם והשדך
4Q**386** 1ii8	(XXX)	תה[י]ה הארץ / **כאשר** היתה בימי [ ] קדם
4Q**387** 2ii3	(XXX)	בעבור מעלם [**א**]**שר** מעל[ו]בני
4Q**387** 3,4	(XXX)	כהנים שלושה **אשר** לא יתהלכו
4Q**387** A,1	(XXX)	]המה במעלם **אשר**[מעלו] לחלל את ש[ם
4Q**387**a 4,3	(XXX)	]**אשר** להתהל[ך
4Q**388** 3i2	(XXX)	**א**]**שר** / [
4Q**388** 4,2	(XXX)	]◦ **וכאשר** תבוא[ו
4Q**388** 4,3	(XXX)	]נית **וכאשר**[
4Q**388** 4,4	(XXX)	]אל **ואש**[**ר**
4Q**388** 5,1	(XXX)	] **ואש**[**ר**
4Q**388** 6,9	(XXX)	]ושה **אשר** שמ[
4Q**388** 7,4	(XXX)	[ראיתי רבים מי]שראל **אשר** אהבו את ש[מך
4Q**388**a 3,3	(XXX)	**כא**]**שר** אמרתי ליעק[וב
4Q**388**a 7ii2	(XXX)	והפרו את] / הברית **אשר** כ[רתי ע]ם אברהם
4Q**388**a 7ii8	(XXX)	] / שלשה **אשר** ימלכ[ו
4Q**388a** C,4	(XXX)	**א**]**שר** / [
4Q**389** 2,3	(XXX)	] להם ואת **אשר** גמלוני ואשאם[
4Q**389** 5,2	(XXX)	כאשר]אמרו תנה לנו מלך **אשר**[
4Q**389** 8ii5	(XXX)	הסתרתי / פני מ[הם עד] **אשר** ישלימו עונם
4Q**389** A,2	(XXX)	]כדמן **אשר** נשפ[ך על פני השדה
4Q**390** 1,3	(XXX)	ולא יתהלכו[בדר]כי **אשר** אנוכי מצוך
	(XXX)	בדר]כי אשר אנוכי מצוך **אשר** / תעיד בהם
4Q**390** 1,4	(XXX)	ככל **אשר** עשו ישראל / בימי ממלכתו
4Q**390** 1,6	(XXX)	ויבינו בכול **אשר** / עזבו הם ואבותיהם
4Q**390** 1,10	(XXX)	למע[ן] **אשר** לא י[כ]ל[ו]בחמתי
4Q**390** 2i5	(XXX)	ואת כל מצותי **אשר** אצוה א[ותם
4Q**390** 2i6	(XXX)	הפר ה[אלה וה]ברית **אשר** יפרו
4Q**390** 2i8	(XXX)	הרע בעיני **ובאשר** לא חפצתי בחרו
4Q**390** 2i9	(XXX)	ואי]ש **אשר** לר[ע]הו יגזולו
4Q**390** 3,4	(XXX)	כ]ל[ ]**אשר** ונ[
4Q**391** 4,1	(XIX)	]כל **אשר** ב◦[
4Q**391** 19,1	(XIX)	]◦ **אשר** שמ [
4Q**391** 62ii4	(XIX)	] / ◦◦ לי **כאשר** כת[וב
4Q**391** 62ii5	(XIX)	] / ◦◦◦◦ ◦**כאשר** ◦◦[
4Q**391** 66,1	(XIX)	]◦ **אשר**[
4Q**392** 6-9,4	(XXIX)	[ ]◦[ ]ב **אשר** כמוה לא[היתה מן]העולם
4Q**392** 6-9,5	(XXIX)	לאפ[רוחה **אש**]**ר** לקנה נפ[וצותינו קב]ץ
	(XXIX)	לקנה נפ[וצותינו קב]ץ **אשר** לא[
4Q**394** 1-2iv3	(XXI)	[בו שבת] / [ב]שש **אשר** / בו שבת
4Q**394** 3-7ii19	(X)	החטאת כי ירושלים]היא המקום **אשר** / [
4Q**408** 3+3a,8	(XXXVI)	]ל[ ] / **אשר** ברתה את הבקר
4Q**408** 3+3a,10	(XXXVI)	]ל◦◦◦ מתים **אשר** בר[ת]ה את הערב
4Q**408** 10,1	(XXXVI)	]**אשר**[
4Q**408** 11,1	(XXXVI)	האבן כ]**אשר** ◦[
4Q**410** 1,1	(XXXVI)	]עה **אשר**[
4Q**410** 1,3	(XXXVI)	]ת **אשר** רמות לוא י◦[ ]◦[
4Q**413** 1-2,4	(XX)	בשני ד[ור ו]דור **כאשר** גלה אל / ⟦ ⟧[

4Q**414** 7,5 (XXXV)] / היום אשר[
4Q**414** 10,1 (XXXV) ח]סרכה אש[ר
4Q**414** 11ii3 (XXXV) ואמר ברוך אתה אל] / ישראל אשר כ[
4Q**414** 13,9 (XXXV) ברוך אתה אל ישראל] / [אש]ר טה[ר]תה
4Q**414** 23,2 (XXXV)] / אשר ה[
4Q**415** 1i3 (XXXIV)]ת לאשר / [
4Q**415** 11,4 (XXXIV)]ל אשר לוא ביחד[
4Q**415** 21,2 (XXXIV)] / אשר פריו[
4Q**416** 1,11 (XXXIV) וירועו כל אשר התגללו בה
4Q**416** 2ii5 (XXXIV) מהר תן אשר / ◦ לו וקח כיס[כה
4Q**416** 2ii15 (XXXIV) וגם אל תשפל נפשכה לאשר לא ישוה בכה
4Q**416** 2ii16 (XXXIV)]◦ לאשר אין כוחכה אל תגע פן
4Q**416** 2iii4 (XXXIV) כא[שר לקח]תו כן השיבהו
4Q**416** 2iii5 (XXXIV) וגם מכל איש אשר ל‸וא‸ ידעתה אל תקח הון
4Q**416** 2iii17 (XXXIV) המה כור הוריכה וכאשר המשילמה בכה ויצר
(XXXIV) כן עובדם וכאשר / גלה אוזנכה ברז נהיה
4Q**416** 2iv6 (XXXIV) ואשר ימשול בה זולתכה הסיג
4Q**416** 3,6 (XXXIV)] בכל אשר ◦[
4Q**416** 5i1 (XXXIV)]אשר פקיד[
4Q**416** 5i2 (XXXIV)]אשר לא פוקד לכה / [
4Q**417** 2i20 (XXXIV) ואת אשר יטריפכה אכול ואל תוסף
4Q**418** 2+2a-c,3 (XXXIV)]ויפחדו [וי]רעו כול אשר הת[גללו] בה
4Q**418** 8,5 (XXXIV) חייכ[ה בו מהר תן אש]ר לוא יקח כיסכה
4Q**418** 8,16 (XXXIV) תהיה לו לאב לאש]ר אין [כוחכה]
4Q**418** 9+9a-c,4 (XXXIV) וגם מכול איש] / אשר ל[וא ידעתה
4Q**418** 9+9a-c,18 (XXXIV) ה]מה כור הוריכה וכאשר המשיל{{כ}}ם
4Q**418** 12,1 (XXXIV) א]שר אין[
4Q**418** 69ii13 (XXXIV) ובנ[י] / שמים אשר חיים עולם נחלתם
4Q**418** 81+81a,2 (XXXIV) ואתה הבדל מכול אשר שנא
4Q**418** 81+81a,4 (XXXIV) בהתקדשכה לו כאשר שמכה לקדוש קודשים[
4Q**418** 103ii6 (XXXIV)] / כמקור מים חיים אשר הכיל א[ו]ט◦[
(XXXIV) ב]מסחורכה אל תערוב אשר[לרעכה
4Q**418** 103ii8 (XXXIV) תה[יה לכה כ]זורע כלאים אשר הזרע והמלאה
4Q**418** 123ii4 (XXXIV)] / קצו אשר גלה אל אוזן מבינים ברז
4Q**418** 167a+b,4 (XXXIV)]אשר לוא [לאיפה ו]איפה
4Q**418** 167a+b,5 (XXXIV)] / [ ] אשר לוא ביחד [
4Q**418** 177,2 (XXXIV) שח]ת ואבדון אשר בקצהו לוא[
4Q**418** 179,3 (XXXIV) רז]נהיה אשר[
4Q**418** 180,1 (XXXIV)]אשר כש[
4Q**418** 184,2 (XXXIV) א]שר גלה אזנכה ברז נהיה
4Q**418** 199,3 (XXXIV)]◦ [א]שר אל י[
4Q**418** 208,1 (XXXIV) כו]ל אש[ר
4Q**418**a 13,1 (XXXIV) א]שר לוא בי[חד
4Q**418**a 15,2 (XXXIV)] אשר לוא יהיו[
4Q**418**a 15,3 (XXXIV)]אחד למשקלמה וכא[שר
4Q**418**a 18,3 (XXXIV)]יתכה אש[ר
4Q**419** 1,1 (XXXVI) אשר תעשו על פי כול המשפ[טים
4Q**419** 1,2 (XXXVI) אליכם ביד משה ואשר יעשה[
4Q**419** 1,4 (XXXVI)] / יודיע את אשר ל[ו] ואת הט[
4Q**419** 1,7 (XXXVI)] / ויתנם ש[ ]אשר ל[כו]ל עמו ו[
4Q**419** 1,9 (XXXVI)] / כסא אשר רם בהוד[י]עם [
4Q**420** 2,6 (XX)]◦ות אשר דבר[
4Q**421** 1aii-b,8 (XX)]אשר / אשר דבר[
4Q**421** 1aii-b,9 (XX)]אשר / אשר דבר[
4Q**421** 6,3 (XX)]אשר איננו ◦[
4Q**422** I,7 (XIII) השביעי מכול מלאכתו ? אש]ר עשה
4Q**422** II,6 (XIII)] / אשר בחר בה א[ל
4Q**422** S,2 (XIII)] אשר [
4Q**423** 5,1 (XXXIV) ואשר גלה אוזנכה / [ברז נהיה
4Q**423** 5,9 (XXXIV) י]היה בכל [דר]כו אשר בטל◦[
4Q**424** 3,5 (XXXVI)] / אשר לא תבר
(XXXVI) כן דובר לאזן אשר איננה שומעת
4Q**426** 5,3 (XX)]ה א[ת] אשר ◦[
4Q**426** 11,4 (XX) נ]פשו אש[ר ?
4Q**428** 10,7 (XXIX) אטומם] / אוזן בלמודיכה עד אשר[השכלתני
4Q**428** 12i4 (XXIX) ברוך אתה א]דוני אשר נתתה[לעבדכה]
4Q**432** 2,1 (XXIX) נפלאותיכה א]שר הגברתה [בי]
4Q**434** 1ii4 (XXIX) במשפטיך ולדרך אשר הורית[ה
4Q**434** 2,6 (XXIX) כאיש אשר אמו תנחמנו כן ינחמם
4Q**434** 4,1 (XXIX) אברך ש]מך בחיי אשר[הצלתני
4Q**436** 1a+bi3 (XXIX) בעלילותיכה אשר עשיתה בשני קדם
(XXIX) שכל עולם אשר / [שמת]ה לפני ותנצור
4Q**437** 2i4 (XXIX) אברך שמך בחיי אשר הצלתני מקוש גוי[ם]
4Q**437** 4,7 (XXIX) את כבודך ונ]פלא[ות]יך א[שר הצל
4Q**438** 4ai2 (XXIX) נס]תרות אשר / [
4Q**438** 4ii6 (XXIX)] ◦הא[ ]ונפלאותיך אשר הצל◦[
4Q**438** 10,2 (XXIX)]משענותם אשר / [
4Q**439** 1i+2,4 (XXIX) ב]מוסר והעומדים אחריהם אשר / [
4Q**439** 1i+2,7 (XXIX) [ ]◦ו צדיקי פותיים אש[ר
4Q**448** II,5 (XI) ישראל / אשר בארבע / רוחות שמים
4Q**456** 1,3 (XXIX)]המענות אשר / [
4Q**458** 11,2 (XXXVI)] כאשר / [
4Q**460** 3,2 (XXXVI)]◦ן אשר[
4Q**462** 1,8 (XIX)]◦כבודו אשר מאחד ימלא את המים
4Q**462** 1,17 (XIX)]◦ים ואת אשר עשתה לה כן טמאת הע◦[
4Q**462** 1,18 (XIX) נ]שנאתה כאשר היתה לפני הבנותה[
4Q**463** 1,1 (XIX) ויזכור אל את דברו אשר אמר 〚 〛[
4Q**463** 2,4 (XIX)]חה מלבד הימים א[שר
4Q**464** 3ii3 (XIX)] / כאשר אמר לאברה[ם ידוע תדע
4Q**468**a 3 (XXXVI) ר]מש ארץ אשר א[
4Q**468**c 7 (XXXVI) באר] / אשר חפרוה[
4Q**468**c 9 (XXXVI)] / ואשר לא יש/ע[
4Q**468**e 3 (XXXVI)]פותלאיס והנפש אשר ◦[
4Q**468**m 2 (XXXVI)] אשר כנחוש[
4Q**468**dd 1 (XXVIII)]כין ומועדי הרצ[ון אש]ר חק[ק
4Q**469** 10,4 (XXXVI)]אשר י◦◦[
4Q**470** 2,3 (XIX) ו]יקראו
4Q**471** 1,1 (XXXVI)]ה מכ[ו]ל אש[ר
4Q**471** 2,9 (XXXVI) ב]כול הטוב אש[ר
4Q**474** 6 (XXXVI)]◦ה[ ]יה מכול אש[ר]כ◦[ ]לר[
4Q**474** 7 (XXXVI)]◦ו עד אשר יתן לכה[משאלות לבכה
4Q**474** 11 (XXXVI)]ותם אשר ה[י]ה ◦[
4Q**477** 2ii2 (XXXVI)] / אשר[הואה
(XXXVI) וגם אש]ר היה מרע[
4Q**477** 2ii5 (XXXVI)]ה הואה ◦◦ים אשר[
(XXXVI) ואת חנניה נותוס הוכיחו אשר הואה[
4Q**477** 2ii7 (XXXVI)]◦פ הוכ[י]חו אשר רוע ◦[
(XXXVI)]עמו וגם אשר איננו ח◦[
4Q**481**b 3 (XXII)]ד[ ]◦◦[ ]מה אשר / [
4Q**481**e 3 (XXII)]◦ {{אשר}} מחרפו◦[
4Q**485** 1,6 (VII)]◦ אשר יבין[
4Q**487** 1ii6 (VII)] / איש אשר [
4Q**491** 1-3,10 (VII) וכול איש אשר לוא יהיה[טהור ממקורו
4Q**492** 1,9 (VII) מקום המערכה אשר נפלו שם גבורי כת[י]ים
4Q**492** 1,10 (VII) מ[קב]ר אשר נפלו שם בחר[ב]אל[
4Q**496** 8,2 (VII)]אשר בר[
4Q**496** 10,3 (VII) [אות] [הנ]ש‸י‸ [הגדולה] אשר ברוש[
4Q**496** 32,4 (VII)]הרשענו אשר [
4Q**502** 1,5 (VII)]◦ א[ ]אשר חש[
4Q**502** 1,7 (VII)] רעייתו אש[ר

א]שׁר צוה לנ[ו	(VII)	4Q502 5,2
שם אל ישראל אׄ[שר נתן לנו מ]וׄעד	(VII)	4Q502 6-10,8
]ה אל ישראל אשר צוה לבני [	(VII)	4Q502 14,4
הוׄדות֯ [ ]ברוך אל ישראל אשר עזׄר[	(VII)	4Q502 24,2
ברוך אל יש]ראל אשׁרׄ[	(VII)	4Q502 30,3
אש]רׄ שמחנוׄ[	(VII)	4Q502 33,2
א]שר ◦[	(VII)	4Q502 37,2
]אשר חבבׄ[	(VII)	4Q502 95,1
]אׄשר [	(VII)	4Q502 103,2
ברוך אל י]שראל אש[ר	(VII)	4Q502 104,4
] כול אשׁ[ר	(VII)	4Q502 126,2
]אׄשר[	(VII)	4Q502 140,2
] / לילה אשר הו[אה	(VII)	4Q503 1-6iii19
] / [ ]אׄשׁרׄ[	(VII)	4Q503 7-9,8
[אל ישראל א]שר בח[ר] בנו מכול [ה]גוים	(VII)	4Q503 24-25,4
אש]רׄ חשב לוׄ[	(VII)	4Q503 27,3
[מהל]לׄים שמכה אל אורׄ[י]ם אשר חדשתה ◦[	(VII)	4Q503 29-32,9
וענו ואמרו ברוך אל ישר]אׄלׄ אשר / [	(VII)	4Q503 33i+34,6
ברו]ךׄ אתה אלׄ יׄשראל אשר העמדת[	(VII)	4Q503 33i+34,20
וענו ואמרו ברוך] / א[תה א]ל אשׁ[ר	(VII)	4Q503 33ii-36,7
וענו] / [ואמרו בר]וׄך אל א[שר	(VII)	4Q503 33ii-36,11
ל]וׄלה ◦◦[ ]אשרׄ יׄ[ ]לׄ[	(VII)	4Q503 42-44,6
וענו ואמרו ברוך] אל ישראל אׄשׁ[ר] / [	(VII)	4Q503 48-50,3
כול צבאות אל]וׄם אשר[ע]םׄ בניׄ צדק	(VII)	4Q503 48-50,8
אל ישר]אל אשׁ[ר]◦מרתׄ[	(VII)	4Q503 51-55,15
] לילה אשר / [	(VII)	4Q503 56i-58,5
אל יש]ראל אשר [	(VII)	4Q503 67,1
וענו ואמרו] / [ברוך אל ישראל] אשרׄ הודיענוׄ[	(VII)	4Q503 76,2
] / אשר[	(VII)	4Q503 133,2
]אׄשרׄ[	(VII)	4Q503 179,2
]אשר[	(VII)	4Q503 186,1
אל ישרא]ל אשרׄ[	(VII)	4Q503 217,2
אל י]שראׄ[ל אש]רׄ ◦[	(VII)	4Q503 218,2
כגדול כוׄחׄכה אׄשׁ[ר נ]שׁאתׄ[ה] / לאבותינו	(VII)	4Q504 1-2ii7
נפלאותיכה אשר עשיתה לעני גוים	(VII)	4Q504 1-2ii12
]◦וׄתׄיכה אשר כתב מושה ועבדיכה / הנביאים	(VII)	4Q504 1-2iii12
הנביאים אשׁ[ר ש]לחתה ל[קר]תנו הרעה	(VII)	4Q504 1-2iii13
כבודכה / אש{{ב}}ר נקדשתה בתוך עמכה	(VII)	4Q504 1-2iv9
ותזכור בריתכה֯ / אשר הוצאתנו לעיני הגוים	(VII)	4Q504 1-2v10
בכול / [ה]ארצות אשר הדחתם שמה	(VII)	4Q504 1-2v12
[כ]כׄול אשר צויתה ביד מושה עבדכה	(VII)	4Q504 1-2v14
ועתה כיום הזה / אשר נכנע לבנו	(VII)	4Q504 1-2vi5
אבותינו במעלנו ואשר הלכנ֯ו בקרי	(VII)	4Q504 1-2vi6
צרת {{ת}}<<נ>>פ֯י֯שנו א֯שר השלחתה בנו	(VII)	4Q504 1-2vi8
הׄקרובות והרחוקות אׄ[שר הדחתם] / שם	(VII)	4Q504 1-2vi13
] / אשר הצילנו מכול צרה אמ[ן	(VII)	4Q504 1-2vii2
ואבדון וׄהמים וׄכול אשרׄ[בם	(VII)	4Q504 1-2vii8
] / אשר [	(VII)	4Q504 3ii16
א]שׁר רציתה [ל]דׄורותׄ[	(VII)	4Q504 4,2
אלה ידענו באשר חנואׄתׄ[נו]רׄוח קׄ[ודש	(VII)	4Q504 4,5
]קׄיכׄה תורהׄ אשר צוׄ[יתה	(VII)	4Q504 4,8
]◦ אשר ◦◦[	(VII)	4Q504 4,9
א]שר בחׄרת	(VII)	4Q504 4,11
ברוך] אדוני אשר הודי[ענו	(VII)	4Q504 4,14
] / וכאשר בׄנפש[כה	(VII)	4Q504 5ii7
הש]בׄ[ו]עׄה אשר נשב[עתה	(VII)	4Q504 6,18
הנפ]לׄאים אשר עשיׄתהׄ / [	(VII)	4Q504 7,2
א]שר נשאתה / [לאבותינו	(VII)	4Q504 7,13
]בׄר אשר המרו / [את פיכה	(VII)	4Q504 7,14
בג]ןׄ עדן אשר נטעתה המשלתׄ[ה אותו	(VII)	4Q504 8,6
]אשר גאלׄהׄ[	(VII)	4Q504 22,3
]אׄשׁרׄ[	(VII)	4Q505 129,2
א]שׁר צויתׄ[ה	(VII)	4Q506 129,2
אלה ידענו / [בא]שר [חנו]אׄתׄ[נו רוח] הׄקודש	(VII)	4Q506 131-132,11
לזאת] / [בראתנו וזה א]שר נשיב לכהׄ [ברוך	(VII)	4Q508 1,3
] אשר בחר בנו ובריתו	(VII)	4Q508 4,2
א]שר רחמנוׄ בע◦[	(VII)	4Q508 22-23,1
]אשר נתתה להׄ◦[	(VII)	4Q508 40,1
]◦◦◦◦ ◦◦ביׄם אשר על [	(VII)	4Q509 1-2,9
] / [א]שר צׄויתוׄ אׄל[	(VII)	4Q509 1-2,10
ברו]ך אדוניׄ אׄשר שמחׄ[נו	(VII)	4Q509 3,9
] / [ב]נוׄ כאשר דברתהׄ[	(VII)	4Q509 5-6ii6
]◦סה אשר / [	(VII)	4Q509 9-10i3
]◦יכה אשׁ[ר	(VII)	4Q509 10ii-11,9
]אשרׄ בש◦[	(VII)	4Q509 17,5
ברוך א]דוניׄ אשר[	(VII)	4Q509 18,3
]אׄשר דׄ[	(VII)	4Q509 27,2
]כׄוׄל אשרׄ[	(VII)	4Q509 31,5
]◦ אשרׄ[	(VII)	4Q509 35,2
]וׄנדבות רׄצונכה אשרׄ צויתה / ◦[	(VII)	4Q509 131-132ii6
ג]מׄוׄל רׄעתנׄוׄ אשר [	(VII)	4Q509 188,5
ולׄאשרׄ[	(VII)	4Q511 30,3
]אׄשׁר יתהל[	(VII)	4Q511 95,3
]אׄשר [	(VII)	4Q511 145,2
]שר יׄ[ברך וענה] ואמר ברוך	(VII)	4Q512 33+35,6
י]שׂראל אש[ר	(VII)	4Q512 29-32,20
ברוך אתה] / א[ל ישרא]ל אשרׄ נתתה ל[נו	(VII)	4Q512 1-6,8
] / כׄאשר [לקח]תנו לכה לעם	(VII)	4Q512 48-50,6
הנכרׄ וׄלכול הזנות אשרׄ[	(VII)	4Q513 2ii2
]אשר הר[א]הׄ ענני◦[	(VII)	4Q513 3-4,5
]גוׄים אשר / [	(VII)	4Q513 9i2
הער]כׄים א[שר	(VII)	4Q513 17,3
איש]אשר לא החל לטהור ממקׄ[ר]וׄ	(VII)	4Q514 1i4
הרישנ{{יׄ}}הע֯ם֯ אשר לא החל לטהוׄר ממקרו	(VII)	4Q514 1i7
ואל יׄ[ש]תה עמ כול איׄ[ש]אׄשר יׄעׄרוׄך / [	(VII)	4Q514 1i10
]אׄשרׄ ◦[	(VII)	4Q517 12,1
[וכל א]שר בם לוא יסוג ממצות קדושים	(XXV)	4Q521 2ii+4,2
שלוא היו יעשה אדני כאשר דׄ[בר]	(XXV)	4Q521 2ii+4,11
] / אשׁר ברכתׄ אדני ברצונוׄ[	(XXV)	4Q521 2iii3
? יעשה אד]נׄיׄ לוׄ [א]שׁר ל֯ו֯א יעב֯ו֯ד עמ אלה	(XXV)	4Q521 5i+6,4
]ראו [א]תׄ כל אׄ[שר עשה	(XXV)	4Q521 7+5ii1
[אדני האר]ץׄ וׄכל אשר בה ימׄיׄם[	(XXV)	4Q521 7+5ii2
ונגידה לכם צדׄקוׄתׄ אדני אשרׄ[	(XXV)	4Q521 7+5ii7
(ה)ע]יׄר אשר יצאוׄ[משם	(XXV)	4Q522 2,3
]הׄכנעני אשרׄ[	(XXV)	4Q522 3,2
]כׄאׄשׁ[ר	(XXV)	4Q522 5,5
אש]רׄ גרים את חדיתא ואת עוׄשל	(XXV)	4Q522 9i+10,7
]◦נׄי◦[ ] ? [וצ]יׄדון אשרׄ / [	(XXV)	4Q522 9i+10,8
הארץ ?] / יושב אשׁר החטיוׄם	(XXV)	4Q522 9ii10
החטיוׄם אשר לוא דרשתי אׄ[ת מ]שפטׄ הׄ[אורים	(XXV)	
ורש]ית כול אׄ[שר יתנו ל◦◦◦◦ יהיה לה]מׄה	(XXV)	4Q524 6-13,7
]רו ביום אש[ר	(XXV)	4Q524 25,3
]אשר בא עמכם ת◦◦◦◦[	(XXV)	4Q524 25,6
אשר דב]רׄ בחוכמה אשר נתן לו אלוה[ים	(XXV)	4Q525 1,1
] / דׄבׄריׄ תופלה אׄ[שר תועבו]תׄ ממני	(XXV)	4Q525 14ii28
]באשר היתה[	(XXV)	4Q526 2
אשר היו נׄצפנים לחג אׄדׄ[(ו)ני	(XXV)	4Q527 1
ע]מׄך אשׁר תׄברׄך הׄ[	(XXV)	4Q528 2
(ת)ק]בׄוׄץׄ[יר]איך בׄ[ני ?]ישראלׄ אׄשׁ[ר	(XXV)	4Q528 3
אדו]נׄיׄ אשר מלטםׄ [	(XXV)	4Q577 4,2

Text	Vol.	Ref.
כו]ל **אשר** היה חק[וק	(XXV)	4Q**577** 4,3
א]ת הכול **א**[**שר**	(XXV)	4Q**577** 4,4
]◦ה **אשר**[	(XXV)	4Q**577** 8,3
א]**שר** הוא אל חי והו[א	(III)	5Q**10** 1,4
] / **אשר** אמר לוא ה[וכח	(III)	5Q**12** 2
על השבועה **אשר** [	(III)	5Q**12** 3
] / על פני השדה **א**[**שר**	(III)	5Q**12** 4
]לבדם כ**אשר** עש[	(III)	5Q**13** 1,5
א]ת **אשר** צו[ה	(III)	5Q**13** 9,2
]**אשר** תק[	(III)	5Q**17** 4,2
] הנופלים **אשר** [	(III)	6Q**9** 30,2
א]**שר** ידבר[	(III)	6Q**9** 57,2
]**אשר** עזב[	(III)	6Q**10** 21,2
ישוע] / בן יוצדק **אשר**[	(III)	6Q**13** 5
אש]**ר** ישכב עם[	(III)	6Q**15** 5,2
]◦ני האיש הזה **אשר** הוא מבני ה◦[	(III)	8Q**5** 1,2
וירננו כי {{ה}}הראם את **אשר** לוא ידעו	(IV)	11Q**5** XXVI,12
ויהי כול השיר **אשר** דבר ששה ואבעים וארבע	(IV)	11Q**5** XXVII,9
כנבואה **אשר** נתן לו מלפני העליון	(IV)	11Q**5** XXVII,11
א]**שר**[	(XXIII)	11Q**11** II,5
א]**שר** הבדיל[בין] / [האור ובין החושך	(XXIII)	11Q**11** II,11
[וא]ת כול זר[ע הקודש]**אשר** הת[י]צבו לפני[ו	(XXIII)	11Q**11** III,5
הארץ[בהם]**אשר** יעש[ו]על / [כול אי]ש חטא	(XXIII)	11Q**11** III,6
ו]הם יודעים / [רזי פל]או **אשר** אינם [	(XXIII)	11Q**11** III,8
יככה יהוה מ[כה גדול]ה **אשר** לאבדך[	(XXIII)	11Q**11** IV,4
[כול דב]רו **אשר**[בלוא] רחמ[ים] עליך	(XXIII)	11Q**11** IV,6
אשר[בלוא] רחמ[ים] עליך **אש**[**ר**	(XXIII)	
]על כול אלה **אשר**[יורידו]ך לתהום רבה	(XXIII)	11Q**11** IV,7
] / **אשר**[	(XXIII)	11Q**11** V,2
ה]שמש **אש**[**ר** יזרח] / [על ה]צדיק	(XXIII)	11Q**11** V,10
החטאות]**אשר** יעשו ב[שמים] / [ובארץ	(XXIII)	11Q**12** 1,2
]ל ו**אשר** אמר בשנת היובל [הזואת	(XXIII)	11Q**13** II,2
שמוט כול בעל משה יד **אשר** ישה[ברעהו	(XXIII)	11Q**13** II,3
]לאחרית הימים על השבויים **אשר**[	(XXIII)	11Q**13** II,4
]ו**אשר** / מוריהמה החבאו וסתר[ו] ומנחלת	(XXIII)	
נחל[ת מלכי צ]דק **אשר** / ישיבמה אליהמה	(XXIII)	11Q**13** II,5
משפט כ**אשר** כתוב / עליו בשירי דויד	(XXIII)	11Q**13** II,9
בשירי דויד **אשר** אמר אלוהים [נ]צב בע[דת אל	(XXIII)	11Q**13** II,10
ו**אשר** א[מר עד מתי ת]שפוטו עוול	(XXIII)	11Q**13** II,11
בליעל ועל רוחי גורלו **אש**[**ר**	(XXIII)	11Q**13** II,12
כול אלי [הצדק וה]ואה **א**[**שר**	(XXIII)	11Q**13** II,14
הזואת הואה יום ה[שלום **א**]**שר** אמר[	(XXIII)	11Q**13** II,15
ביד ישע]יה הנביא **אשר** אמר[מה]נאוו	(XXIII)	
הו[אה]משיח הרו[ח] כ**אשר** אמר דנ[יאל עליו	(XXIII)	11Q**13** II,18
ישועה]הואה הכתוב עליו **אשר** [	(XXIII)	11Q**13** II,19
]במשפט[י] אל כ**אשר** כתוב עליו[אומר לצי]ון	(XXIII)	11Q**13** II,23
ו**אשר** אמר והעברתמה שו[פר ב]כול	(XXIII)	11Q**13** II,25
אוצרו הטוב **אשר** בשמים להוריד על ארצכמה	(XXIII)	11Q**14** 1ii8
א]**שר** כוננו ידיכה[	(XXIII)	11Q**15** 1,2
ל]וא תחמודו כסף וזהב **אש**[**ר** תוקש בו		11Q**19** II,8
]**אשר** ב[		11Q**19** III,1
ה]כפרת **אשר** עליו זהב טהור[		11Q**19** III,9
והמכבר **א**[**שר**] מלמעלה ל[		11Q**19** III,15
]◦◦◦קומתו והכפרת **אשר** מלמ[עלה מן הארון		11Q**19** VII,9
את העולה עור] / העו[לה] **אשר** לו לו [יהיה		11Q**19** XIII,14
החלבים] / עם שוק התרומה **אש**[**ר** לימין		11Q**19** XV,11
] / [את כול] החלב **אשר** על הקרב		11Q**19** XVI,7
[הכל]יות ואת החלב **אשר** עליה[נה		11Q**19** XVI,8
ויקח הפר השני **אשר** לעם		11Q**19** XVI,14
בדמו ובחלבו כ**אשר** עשה לפר הראישו[ן		11Q**19** XVI,15
ואת כול החל[ב] **אשר** על הק[רבים]		11Q**19** XX,5
כול מנחה **אשר** קרב עמה נסך כ[משפט]		11Q**19** XX,9
[וכול מנחה **א**]**שר** קרב עליה לבונה		11Q**19** XX,10
]**אשר** יבי[או/ובי[ום ← אָשֵׁר		11Q**19** XXIII,2
המכסה את / הקרב ואת **אשר** על הקרבים		11Q**19** XXIII,15
יסירנה ואת החלב **אשר** עליהמה		11Q**19** XXIII,16
החלב אשר עליהמה ואת **אשר** על הכסלים		11Q**19** XXIII,16
מטה יהודה לבד כ**אש**[**ר**] / עשה לעולת הלויים		11Q**19** XXIV,10
כי כול הנפש **אשר** לוא / תתענה בעצם היום		11Q**19** XXV,11
השעיר **אשר** על[ה עליו הגורל ליהוה		11Q**19** XXVI,5
דמו במזרק הזהב **אשר** בי[דו		11Q**19** XXVI,6
כאשר עשה לדם] / הפר **אשר** לו וכפר בו		11Q**19** XXVI,7
וכול האיש / **אשר** יעשה בו מלאכה		11Q**19** XXVII,7
אשר יעשה בו מלאכה או **אשר** לוא יתענו בו		
[ולשלמיכמה ?] בבית **אשר** א[שכין] / שמי עליו		11Q**19** XXIX,3
לכול **אשר** יקריבו / לכול נסכיהמה/נדריהמה		11Q**19** XXIX,5
ולכול מתנותמה **אשר** יביאו לי לרצון לה[מה]		11Q**19** XXIX,6
[את מ]קדשי בכבודי **אשר** אשכין / עליו		11Q**19** XXIX,8
יום הברכה/הבריה **אשר** אברא אני את מקדשי		11Q**19** XXIX,9
כול הימים כברית **אשר** כרתי עם יעקוב		11Q**19** XXIX,10
]בבית **אשר** תבנה [לשמ?]י/ו		11Q**19** XXX,4
]ת **אשר** מסביב עולה מעלות א[		11Q**19** XXX,10
{{א}}לפתח[גג ? ה]היכל **אשר** יהיו באים בו		11Q**19** XXXI,7
ועשה ככול **אשר** אנוכי מדבר אליכה		11Q**19** XXXI,9
[בגדיהמה **אשר** יהי[ו באי]ם [בה]ם למעלה		11Q**19** XXXII,11
אל תוך הארץ **אשר** / יהיו המים נשפכים		11Q**19** XXXII,13
] ובעת **אש**[**ר**		11Q**19** XXXIII,2
]**אשר** עליהמה ומני[חים		11Q**19** XXXIII,4
עמי בבגדי הקודש **אשר** [המה משרתים בהמה]		11Q**19** XXXIII,7
ולכוננות הכסף **אשר** יהיו מעלים במה		11Q**19** XXXIII,14
]**אשר** בין העמודים [		11Q**19** XXXIV,3
ומקטירים אותמה על / האש **אשר** על המזבח		11Q**19** XXXIV,12
כול איש **אשר** לוא[		11Q**19** XXXV,2
] / [הו]א כול איש **אשר** לוא[		11Q**19** XXXV,3
וכול איש **אשר** ? [הוא כו]הן אשר יבוא / א◦◦◦◦		11Q**19** XXXV,5
כו]הן **אשר** יבוא / א◦◦◦◦		
השערים האלה **אשר** / לחצר הפנימית		11Q**19** XXXVI,13
הפנימית לעזרת ה[מז]בח **אשר** ◦◦◦◦[		11Q**19** XXXVII,4
ולזבחי שלמיהמה **אשר** יהיו זובחים		11Q**19** XXXVII,11
[לכירים] / **אשר** יהיו מבשלים שמה		11Q**19** XXXVII,14
]כול עץ **אשר** יבוא ל[חצר הפנימית ?		11Q**19** XXXVIII,7
וילד עד יום / **אשר** ישלים חוק[		11Q**19** XXXIX,8
וכ**אשר** ישאו ממנו את מחצית הש[ק]ל		11Q**19** XXXIX,10
שמ[ות הש]ערים **אשר** ל[ח]צר הזואת		11Q**19** XXXIX,11
ולגרים **אשר** נולד[ו להמה דור] / [שלישי ?		11Q**19** XL,6
ולשרי המאיות **אשר** יהיו עולים / ויושבים שמה		11Q**19** XLII,15
עולת המועד **אשר** / לחג הסוכות שנה בשנה		11Q**19** XLII,16
וכול **אשר** / נותר ממועדיהמה יקדש		11Q**19** XLIII,10
כול **אשר** יוכלו להביא יביאו		11Q**19** XLIII,13
]**אשר** בתוך העיר למ[זרח		11Q**19** XLIV,2
ושתי סוכותיהמה / **אשר** מעל הגג		11Q**19** XLIV,7
וחדריהמה והסוכה / **אשר** מעלהמה		11Q**19** XLIV,9
מן המקצוע **אשר** אצל בני יהודה		11Q**19** XLIV,11
וכ**אשר** י[בואו המשמרות		11Q**19** XLV,3
כול המקדש עד **אשר** [יש]לים שלושת ימים		11Q**19** XLV,8
כול עיר / המקדש **אשר** אשכין שמי בה		11Q**19** XLV,12
ולוא יטמאו את העיר **אשר** אני שוכן / בתוכה		11Q**19** XLV,13
וכול איש **אשר** יטהר מזובו		11Q**19** XLV,15
לנפש לוא יבואו לה עד **אשר** יטהרו		11Q**19** XLV,17
מנוגע לוא יבואו לה עד **אשר** יטהרו		11Q**19** XLV,18

ו**כאשר** יטהר והקריב את	11Q**19** XLV,18
ועד כול הימים **אשר** אْ[ני שוכ]ן בתוכם	11Q**19** XLVI,4
תעשה לו **אשר** יהיו עולים בני ישראל אליו	11Q**19** XLVI,7
מאה באמה **אשר** יהיה / מבדיל בין מקדש	11Q**19** XLVI,9
ויראו ממקדשי / **אשר** אנוכי שוכן בתוכמה	11Q**19** XLVI,12
מקום יד חוץ מן העיר **אשר** יהיו יוצאים שמה	11Q**19** XLVI,13
ובורות בתוכמה / **אשר** תהיה הצואה יורדת	11Q**19** XLVI,15
זה מזה **אשר** יהיו / באים המצורעים	11Q**19** XLVI,17
והזבים והאנשים **אשר** יהיה להמה מקרה	11Q**19** XLVI,18
והעיר / **אֹשר** אקדיש לשכין שמי	11Q**19** XLVII,4
לכול טמאה **אשר** יטמאו בה כול אשר בתוכה	11Q**19** XLVII,5
כול **אשר** בתוכה יהיה / טהור	
וכול **אשר** יבוא לה יהיה טהור	11Q**19** XLVII,6
עור בהמה טהורה **אשר** יזבחו / בתוך עריהמה	11Q**19** XLVII,7
העיר **אשר** / אנוכי משכן את שמי	11Q**19** XLVII,10
בעורות **אשר** יזבחו / במקדש	11Q**19** XLVII,11
זבחי / פגוליהמה **אשר** יזבחו בתוך ארצמה	11Q**19** XLVII,14
ובעורות פגוליכמה **אשר** אנוכי שוכן בתוכה	11Q**19** XLVII,18
הׄהולְכִֻים על ארבע **אשר** / יש לו כרעים	11Q**19** XLVIII,4
ולוא תעשו **כאשר** הגויים עושים בכול מקום	11Q**19** XLVIII,11
בתוך ארצכמה **אשר** תהיו קוברים את מתיכמה	11Q**19** XLVIII,13
ובנגע ובנתק **אשר** לוא יבואו לעריכמה	11Q**19** XLVIII,15
ובלדתמה **אשר** לוא יטמאו בתוכם	11Q**19** XLVIII,16
והצרוע **אשר** בו צרעת נושנת	11Q**19** XLVIII,17
כול בית **אשר** ימות בו המת יטמא	11Q**19** XLIX,5
כול **אשר** בבית וכול הבא אל הבית יטמא	11Q**19** XLIX,6
וכול אוכל **אשר** יוצק עליו מׄ[י]םׄ יטמא	11Q**19** XLIX,7
וכול **אשר** בהמה לכול איש טהור יטמא	11Q**19** XLIX,8
לכול אדם מישראל כול המושקה / **אשר** בהמה	11Q**19** XLIX,10
וביום **אשר** יוציאו ממנו את המת	11Q**19** XLIX,11
ביום **אשר** / יצא המת ממנו יטהרו	11Q**19** XLIX,13
וכול כלים **אשר** יש להמה טהרה	11Q**19** XLIX,15
והאדם כול **אשר** היה בבית	11Q**19** XLIX,16
וכול **אשר** בא אל הבית ירחץ במים	11Q**19** XLIX,17
סלמותמה / ואת הכלים **אשר** בבית	11Q**19** XLIX,19
ובאדם **אשר** לוא הטמא על	11Q**19** XLIX,21
]∘הׄ עד **אשׄר** יזו את הש[נית] / ביום	11Q**19** L,3
וכול / איש **אשר** יגע על פני השדה	11Q**19** L,5
וכול האדם **אשר** יגע בו יכבס בגדו	11Q**19** L,8
כול הימים **אשר** / הוא בתוכה מת תטמא	11Q**19** L,10
כול בית **אשר** תבוא אליו יטמא	11Q**19** L,11
כול איש **אשר** יגע בהמה במותמה / [	11Q**19** L,21
ולוא יטמאו בהמה **אשר** / אני מגיד לכה בהר	11Q**19** LI,6
בכול **אשר** הבדלתי להמה לטמאה	11Q**19** LI,9
הארץ **אשר** אנוכי נותן לכמה לרשתה	11Q**19** LI,16
והאיש / **אשר** יקח שוחד ויטה משפט צדק	11Q**19** LI,17
בארצכמה **כאשר** הגוֺאִֻים עושים בכול מקום	11Q**19** LI,19
תזבחׄ לׄיׄ שור ושה **אשר** יהיה בו כול מום רע	11Q**19** LII,4
כול הבכור **אשר** יולד בבקריכה ובצואנכה	11Q**19** LII,7
תואכלנו שנה כשנה במקום **אשר** אבחר	11Q**19** LII,9
במקום **אשר** אבחרֶ֯ לשום שמי עליו	11Q**19** LII,16
וכול הבהמה / הטהורה **אשר** יש בה מום	11Q**19** LII,17
ועז בתוך עירי **אשר** אנוכי מקדש / לשום שמי	11Q**19** LII,19
בתוכה **אשר** לוא יבוא לתוך מקדשי	11Q**19** LII,20
ומבקריכה כברכתׄיׄ **אשר** אתן / לכה	11Q**19** LIII,3
ובאתה אל המקום **אשר** אשכין / שמי עליו	11Q**19** LIII,9
לפני **כאשר** הקדשתה או נדרתה בפיכה	11Q**19** LIII,10
מוצא שפתיכה תשמור **כאשר** נדרתה נדבה	11Q**19** LIII,13
בפיכה לעשות / **כאשר** נדרתה	11Q**19** LIII,14
נדרה או / את האסר **אשר** אסרה על נפשה	11Q**19** LIII,18
נדריה וכול אסרה **אשר** אסרה על נפשה יקומו	11Q**19** LIII,19
כול נדריה ואסריה / **אשר** אסרה על נפשה	11Q**19** LIII,21
כול **אשר** אסרה על נפשה / יקומו עליה	11Q**19** LIV,4
ככול **אשר** יצא מפיה	11Q**19** LIV,5
כול הדברים **אשר** / אנוכי מצוכה אֻותמֻה היום	
אֻוֺהמופת **אשר** דבר אליכה לאמור / נלכה	11Q**19** LIV,9
ונעבודה אלוהים אחרים **אשר** לוא ידעתמה	11Q**19** LIV,10
יהוה אלוהיכה **אשר** הוציאכה מארץ מצרים	11Q**19** LIV,16
להדיחכה מן הדרך **אשר** צויתכה ללכת בה	11Q**19** LIV,17
אשת חיקכה או ריעיכה **אשר** כנפשכה בסתר	11Q**19** LIV,20
ונעבודה אלוהים אחרים **אשר** לוא ידעתמה	11Q**19** LIV,21
ונעבודה אלוהים **אשר** לוא ידעתמה	11Q**19** LV,4
ואת כול **אשר** בה ואת / כול בהמתה	11Q**19** LV,7
והרביתיכה **כאשר** דברתי לאבותיכה	11Q**19** LV,12
כול מצוותי **אשר** אנוכי מצוכה / היום	11Q**19** LV,13
באחד שעריכה **אשר** / אנוכי נותן לכה	11Q**19** LV,15
איש או אשה **אשר** יעשה את הרע בעיני	11Q**19** LV,16
הדבר **אשר** עליוׄ בׄ[אתה לדרוש/עליתׄהׄ [לדרוש	11Q**19** LVI,2
ועשיתה על פי התורה **אשר** יגידו לכה	11Q**19** LVI,3
הדבר / **אשר** יואמרו לכה מספר התורה	11Q**19** LVI,4
מן המקום **אשר** אבחר לשכין שמי עליו	11Q**19** LVI,5
ושמרתה לעשות / ככול **אשר** יורוכה	11Q**19** LVI,6
ועל פי המשפט **אשר** יואמרו לכה	
לוא תסור מן התורה **אשר** יגידו לכה	11Q**19** LVI,7
והאיש **אשר** לוא ישמע ויעש בזדון	11Q**19** LVI,8
הארץ **אשר** אנוכי נותן לכה וירשתה	11Q**19** LVI,12
ככול הגואים **אשר** סביבותי	11Q**19** LVI,13
תשים עליכה מלך ֻ**אשר** אבחר בוֻ	11Q**19** LVI,14
איש נוכרי **אשר** לוא אחיכה הוא	11Q**19** LVI,15
ביום **אשר** ימליכו אוׄ[תו	11Q**19** LVII,2
איש מלחמה / **אשר** לוא יעוזבוהו לבדו	11Q**19** LVII,7
וכול / הברורים **אשר** יבור יהיו אנשי אמת	11Q**19** LVII,8
יומם ולילה **אשר** יהיו שומרים אותו	11Q**19** LVII,10
ומן גוי נכר **אשר** לוא יתפש בידמה	11Q**19** LVII,11
שנים עשר **אשר** יהיו יושבים עמו יחד למשפט	11Q**19** LVII,13
מבקש לגזול מכול **אשר** יש / לישראל	11Q**19** LVIII,3
גבולמה **אשר** לוא יבוא גדוד אל תוך ארצמה	11Q**19** LVIII,9
לאחיהמה / **אשר** הניחו בעריהמה	11Q**19** LVIII,15
וכול בני ישראל **אשר** / אתו לוא יצא	11Q**19** LVIII,19
עד **אשר** ישאל במשפט האורים / והתומים	11Q**19** LVIII,20
דרכיו **אשר** יצא על פי המשפט אשר / [	11Q**19** LVIII,21
על פי המשפט **אשר** / [	
ואין מושיע מפני רעתמה **אשר** הפרו בריתי	11Q**19** LIX,8
והמלך **אשר** / זנה לבו ועינו	11Q**19** LIX,13
וכול קודשיהמה **אשר** יקדישו לי	11Q**19** LX,3
ולדגים אחד מאלף / **א**{{∘}}**שר** יצודו	11Q**19** LX,5
וכול **אשר** יחרימו ומכס השלל והבזׄ	
והיצהר **אשר** / הקדישו לי לראישונה	11Q**19** LX,6
מאחד שעריכה מכול ישראל **אשר** / הוא גר	11Q**19** LX,12
אל המקום **אשר** אבחר לשכן / שמי	11Q**19** LX,13
כי תבוא אל הארץ **אשר** אנוכי נותן לכה	11Q**19** LX,16
כי הגואים האלה **אשר** / [אתה יורש אותמה	11Q**19** LX,21
ואשׄ[ר ידבר בשם] אלוׄ[הים אח]רׄיׄםׄ / והומת	11Q**19** LXI,1
[א]יׄך נׄדע את הדבר / **אשר** לוא דברו יׄהוה	11Q**19** LXI,3
ואשׄר ידבר הנביא בשם יהוה	
ולוא יבוא הוא הדבר **אשר** לוא דברתי	11Q**19** LXI,4
ולכול חטא **אשר** יחטא על פי שנים / עדים	11Q**19** LXI,6
ועמדו שני האנשים **אשר** להמה ֻהריבֻ	11Q**19** LXI,8
ולפני / השופטים **אשר** יהיו בימים ההמה	11Q**19** LXI,9
ועשיתה לו **כאשר** זמם לעשות לאחיהו	11Q**19** LXI,10

(direct object marker) particle **1-אֵת**

ותשעים לתיתו **אותם** ביד נבוכדנאצר	CD I,6
ומאהרן שורש מטעת לירוש / **את** ארצו	CD I,8
ויודע / לדורות אחרונים **את** אשר עשה בדור	CD I,12
למען / הדבק בהם **את** אלות בריתו	CD I,17
אל בעדתם להשם **את** כל המונם ומעשיהם	CD II,1
עולם ובטרם נוסדו ידע / **את** מעשיהם	CD II,8
ויתעב **את** דורות [ע]מדם ויסתר את פניו	CD II,8
ויסתר **את** פניו מן הארץ / מי עד תומם	
וידע **את** שני מעמד ומספר ופרוש קציהם	CD II,9
ובפרוש שמו שמותיהם **ואת** אשר שנא התעה	CD II,13
במעשי / אל ולבחור **את** אשר רצה	CD II,15
כלא היוֹ בעשותם **את** / רצונם	CD II,20
את / רצונם ולא שמרו **את** מצות עשיהם	CD II,21
הישר בעיניו ויאכלו **את** הדם	CD III,6
להם בקדש עלו ורשו **את** רוחם	CD III,7
ויסגרו / לחרב בעזבם **את** ברית אל	CD III,11
שרירות / לבם לעשות איש **את** רצונו	CD III,12
אשר נותרו מהם הקים אל **את** בריתו	CD III,13
ובני / צדוק אשר שמרו **את** משמרת מקדשי	CD IV,1
הבריאה זכר ונקבה ברא **אותם**	CD IV,21
ויושע והזקנים אשר עבדו **את** העשתרת	CD V,4
וגם מטמאים הם **את** המקדש	CD V,6
כתורה ושוכבים עם הרואה **את** דם זובה	CD V,7
דם זובה ולוקחים / איש **את** בת אחיהו{{ם}}	CD V,8
איש את בת אחיהו{{ם}} **ואת** בת אחותו	
ואם תגלה בת האח **את** ערות אחי / אביה	CD V,10
וגם **את** רוח קדשיהם טמאו ובלשון	CD V,11
למילפנים פקד / אל **את** מ[ע]שיהם	CD V,16
שר האורים ויקם בליעל **את** יחנה	CD V,18
ויקם בליעל את יחנה **ואת** / אחיהו	
במזמתו בהושע ישראל **את** הראשונה	CD V,19
עמדו מסיגי הגבול ויתעו **את** ישראל	CD V,20
וינבאו שקר להשיב **את** ישראל מאחר / אל	CD VI,1
וישמיעם ויחפורו **את** הבאר באר חפרוה שרים	CD VI,3
בארץ דמשק / אשר קרא אל **את** כולם שרים	CD VI,6
הבאים לכרות **את** הבאר במחוקקות	CD VI,9
ולגזול **את** עניי עמו להיות אלמ[נו]ת	CD VI,16
להיות אלמ[נו]ת שללם / **ואת** יתומים ירצחו	CD VI,17
קודש לחול ולשמור **אתׄ** יום השבת כפרושה	CD VI,18
כפרושה **ואת** המועדות / ואת יום התענית	
כפרושה ואת המועדות / **ואת** יום התענית	CD VI,19
החדשה בארץ דמשק / להרים **את** הקדשים	CD VI,20
לאהוב איש **את** אחיהו / כמהו ולהחזיק	
ולדרוש איש **את** שלום / אחיהו ולא ימעל	CD VI,21
הזונות / כמשפט להוכיח איש **את** אחיהו	CD VII,2
ולא ישקץ / איש **את** רוח קדשיו	CD VII,4
בפקד אל **את** הארץ להשיב גמול רשעים	CD VII,9
כאשר אמר והגליתי **את** סכות מלככם	CD VII,14
והגליתי את סכות מלככם / **ואת** כיון צלמיכם	CD VII,15
כאשר אמר והקימותי **את** סוכת דויד הנפלת	CD VII,16
ספרי הנביאים / אשר בזה ישראל **את** דבריהם	CD VII,18
ובעמדו וקרקר / **את** כל בני שת	CD VII,21
לאחיו ושנוא איש **את** רעהו	CD VIII,6
לבבך אתה בא לרשת / **את** הגוים האלה	CD VIII,15
האלה כי מאהבתו **את** אבות<<י>>ך ומשמרו	
אבות<<י>>ך ומשמרו **את** השבועה	
מדרך העם באהבת אל **את** / הראשנים	CD VIII,16
היעירו אחריו אהב **את** הבאים אחריהם	CD VIII,17
ובשנאו **את** בוני החיץ חרה אפו	CD VIII,18

והטף והבהמה וכול **אשר** יהיה בעיר		11Q**19** LXII,10
שלל אויביכה **אשר** אנוכי נותן לכה		11Q**19** LXII,11
מאודה **אשר** לוא מערי הגואים האלה		11Q**19** LXII,12
רק מערי העמים **אשר** אנוכי נותן לכה נחלה		11Q**19** LXII,13
והגרגשי והפרזי **כאשר** צויתיכה		11Q**19** LXII,15
כאשר צויתיכה למען **אשר** / לוא ילמדוכה		
לעשות ככול התועבות **אשר** עשו לאלוהיהם		11Q**19** LXII,16
] / עׄבׄד בהׄ **אשׁר**[לוא משכה בעול		11Q**19** LXIII,1
אל נחל איתן 〚 〛 **אשר** לוא יזרע		11Q**19** LXIII,2
כפר לעמכה ישראל **אשר** פדיתה / יהוה		11Q**19** LXIII,6
האדמה **אשר** אנוכי / נותן לכה נחלה		11Q**19** LXIV,12
עׄלׄ דבר **אשר** לוא זעקׄ[ה] / בעיר		11Q**19** LXVI,2
ואת האיש על דבר **אשר** ענה את אשת רעהו		11Q**19** LXVI,3
חטא מות כיא **כאשר** יקום / איש על רעהו		11Q**19** LXVI,6
כי יפתה איש נערה / בתולה **אשר** לוא אורשה		11Q**19** LXVI,9
לאשה תחת **אשר** ענה לוא יוכל לשלחה		11Q**19** LXVI,11
ואת החלב **אשר** עלי[הנה ואת החלב]	(XXIII)	11Q**20** I,15
החלבים עם שוק התרו]מׄהׄ **אשר** לימין	(XXIII)	11Q**20** I,18
ויקרב את **אשר** [ל]כוׄהׄנים ברישונה[	(XXIII)	11Q**20** I,23
ארבע אמות]מצופות זהב **אש**[ר יהיו מניחים	(XXIII)	11Q**20** IX,1
[מ]קום לכירים **אשר** יהיו מבׄ[שלים] / [שמה	(XXIII)	11Q**20** X,5
ומנוגע לוא יבואו לה עד **אש**]ׄר יטהרו	(XXIII)	11Q**20** XII,10
לה עד אש]ׄר יטהרו **וכאשר** / [יטהר	(XXIII)	
ג]בׄולו **אשר** לוא[ישכון כול] / [עוף טמא	(XXIII)	11Q**20** XII,15
רחב מאה באמה] **אשר** יהיה[מבדי]ל בין מקדש	(XXIII)	11Q**20** XII,21
והזבים]והאנשים **אשר** יה[יה להמה מקרה לילה	(XXIII)	11Q**20** XIII,2
הארץ] / **אשר** אנוכי נותן לכׄמׄ[ה לרשתה	(XXIII)	11Q**20** XV,7
אשת חיקכה או ריעיכה **א**]**שר** כנפשכה	(XXIII)	11Q**20** XVI,2
]**כאשר**[	(XXXIII)	PAM 43.660 35,2
]◦ **אשׁר** ל◦[	(XXXIII)	PAM 43.674 69,1
]**אׄשר** [	(XXXIII)	PAM 43.675 22,1
]ם **אשר**[	(XXXIII)	PAM 43.677 37,2
] **אשר** ◦[	(XXXIII)	PAM 43.679 7,2
] **אשר** ◦◦[	(XXXIII)	PAM 43.679 16,1
]וׄחׄיץ **אשר** ה[	(XXXIII)	PAM 43.684 92,2
]**אׄשר** ח[	(XXXIII)	PAM 43.693 42,1
]◦ **אשׁר**[	(XXXIII)	PAM 43.693 108,1
] **אשר** ◦[	(XXXIII)	PAM 43.695 57,1
] **אשר** [	(XXXIII)	PAM 43.699 118,1
]שות **כאשׁ**[ר	(XXXIII)	PAM 43.700 69,1

Asherah proper noun **אֲשֵׁרָה**

ונוטעים להמה **אשרות** ומקימים להמה מצבות		11Q**19** LI,20

blessed interjection **אַשְׁרֵי**

אשרי כול חוכי לו / פשר הדבר	(V)	4Q**163** 23ii9
א]**שׁרׄי** הגבר[אשר מלא את אשפתו	(V)	4Q**173** 3,1
מׄדׄרש **מאשרי** [ה]איש אשר לוא הלך	(V)	4Q**174** 1-2i14
אשרי אדם נתנה לו / מׄןׄ א◦[	(V)	4Q**185** 1-2ii8
אשרי אדם יעשנה ולא יאל	(V)	4Q**185** 1-2ii13
נכוׄן בׄאים אבות על בנים **אׄ**[**שרי** ?	(XXV)	4Q**521** 2iii2
אשרי תומכי חוקיה ולוא יתמוכו	(XXV)	4Q**525** 2ii+3,1
אש[**רי**] הגלים בה	(XXV)	4Q**525** 2ii+3,2
אשרי דורשיה / בבור כפים	(XXV)	
אשרי אדם השׂיג חוכמה 〚 〛 ויתהלך	(XXV)	4Q**525** 2ii+3,3
]◦תמׄ הבׄחׄירׄ[י]ם **אשריכמ** כול יראי יהוׄהׄ	(XXV)	4Q**528** 5

אששמה ← אַשְׁמָה

מברכים את אל ישועות ו**את** כול מעשי אמתו		1QS I,19
והכוהנים מׄספרים **את** צדקות אל		1QS I,21
והלויים מספרים / **את** עוונות בני ישראל		1QS I,23
והכוהנים מברכים **את** כול / אנשי גורל אל		1QS II,1
והלויים מקללים **את** כול אנשי / גורל בליעל		1QS II,4
והיה / בשׄוׄמעו **את** דברי הברית הזות		1QS II,13
למשכיל להבין וללמד **את** כול בני אור		1QS III,13
נחשבו בבריתו להבדיל **או**תם ואת כול		1QS V,18
בבריתו להבדיל אותם ו**את** כול אשר להם		
כיא הבל כול אשר לוא ידעו **את** בריתו		1QS V,19
להיחד לעדת קודש ודרשו / **את** רוחום ביחד		1QS V,21
המתנדבים ביחד להקים / **את** בריתו		1QS V,22
ולפקוד **את** כול חוקיו אשר צוה		
ולהיות / פוקדם **את** רוחם ומעשיהם שנה		1QS V,24
להוכיׄחׄ / איש **את** רעהו בא[מ]תׄ		1QS V,25
והרבים ישקודו ביחד **את** שלישית כול לילות		1QS VI,7
יהיה לרבים להשיב איש **את** מדעו		1QS VI,9
במעמד האיש השואל **את** עצת / היחד		1QS VI,12
ורוב אנשי בריתם יקר{{ׄי}}בו גמ **את** הונו		1QS VI,19
יקר{{ׄי}}בו גמ את הונו ו**את** מלאכתו		
ולטוׄהׄרה ולערב **את** הונו		1QS VI,22
טהרת רבים שנה אחת ונענשו **את** רביעית לחמו		1QS VI,25
ואשר ישׁוב **את** / רעהו בקשי עורפ		
וׄדבר בקוצר אפים לפׄרוע **את** יסוד עמיתו		1QS VI,26
את יסוד עמיתו באמרות **את** פי רעהו הכתוב		
והאיש אשר יצחה בלוׄ משפט **את** רעהו בדעהא		1QS VII,4
והמוציא **את** יד שמאולו לשוׄח בה		1QS VII,15
ללכת למדבר לפנות שם **את** דרכ הואהא		1QS VIII,13
לעשות **את** רצון אל ככול הנגלה		1QS IX,13
לעת בעת ולמוד **את** כול השכל הנמצא		
הנמצא לפי העתים ו**את** / חוק העת		
אנשי השחת / ולסתר **את** עצת התורה		1QS IX,17
ומי יכול להכיל **את** כבודכה		1QS XI,20
בבוא{ׄי}ם יקהילו **את**כול הבאים	(I)	1QSa I,4
וקראו בא[וזניהמה]**את** / [כ]ול חוקי הברית	(I)	
עדת / הקודש לעבוד **את** עבודת העדהׄ	(I)	1QSa I,13
להביא ולהוציא **את**כול העדה איש בסרכו	(I)	1QSa I,23
אם יוליׄד / [אל]**אׄ**[**ת**]המשיח אתם	(I)	1QSa II,12
לשתותׄ[אל ישלח]איש **את** ידו ברשת / הלחם	(I)	1QSa II,18
כיאׄ[הוא מ]ברך **את** רשית הלחם	(I)	1QSa II,19
דברי ברכׄ[ה] למשכיל לברך **את** יראׄ[י אל	(I)	1QSb I,1
דברי ברכה למׄ[שכיל לברך] **את** בני צדוק	(I)	1QSb III,22
למשכיל לברך **את** נשיא העדה אשר [	(I)	1QSb V,20
כיא רשע מכתי]ׄר **את** הצדיק		1QpHab I,12
] **את** שׄ[ם] קׄודשו / וכן פשר		1QpHab II,4
לוׄא יאמינוא / בשומעם **את** כול הבאׄ[ות		1QpHab II,7
ב[לבו בינ]ה לפשור **אׄת** כול / דברי עבדיו		1QpHab II,8
אשר]בׄידם ספר אל **את** / כול הבאות		1QpHab II,9
]כׄיא הנני מקים **את** / הכשדאים הגוׄי המׄרׄ[		1QpHab II,10
ילכו לכות ולבוז **את** ערי הארץ		1QpHab III,1
הכתיאים אשר / ידושו **את** הארץ בסוס[יהם]		1QpHab III,10
ז]ה אחר זה יבואו / לשחית **את** הא[רץ		1QpHab IV,13
הדבר אשר לוא יכלה אל **את** עמׄוׄ ביד הגוים		1QpHab V,3
ביד בחירו יתן אל **את** משפט כול הגוים		1QpHab V,4
אשר שמרו **את** מצוותו / בצר למו		1QpHab V,5
אשר מאס **את** / התורה בתוך כול עצׄתׄם		1QpHab V,11
ויוסיפו **את** הונם עם כול שללם		1QpHab VI,1
ברי / פשרו אשר המה מחלקים **את** עולם		1QpHab VI,6
המה מחלקים את עולם ו**את** / מסם מאכלם		
לכתוב **את** הבאות על / {{על}} הדור		1QpHab VII,1
לא תקום ולא תטור **את** בני עמך		CD IX,2
לא הקים **את** מצות אל אשר אמר לו		CD IX,7
הוכח / תוכיח **את** רעיך ולא תשא עליו		CD IX,8
לכהנים כי לא ידע מׄוצאיה **את** משפטה		CD IX,15
לעבור / על הפקודים ירא **את** אל		CD X,2
ומעלה לשפוט **את** העדה כי במעל האדם		CD X,8
ביושבי הארץ אמר לסור **את** / דעתם		CD X,9
את / דעתם עד לא ישלימו **את** ימיהם		CD X,10
אמר שמור **את** / יום השבת לקדשו		CD X,16
לעשות **את** עבודת חפצו / השבת		CD X,20
אל ישלח **את** בן הנכר		CD XI,2
את בן הנכר לעשות **את** חפצו ביום השבת		
אל ירם **את** ידו להכותה באגרוף		CD XI,6
אל ישא האומן **את** היונק לצאת ולבוא		CD XI,11
אל ימרא איש **את** עבדו ואת אמתו		CD XI,12
ימרא איש את עבדו ו**את** אמתו ואת שוכרו		
ואת אמתו ו**את** שוכרו בשבת / {{אל}} אל		
אל יחל איש **את** השבת על הון ובצע		CD XI,15
הטמאות להרשותו לטמא **את** המזבח		CD XI,20
או יתאחר ולא ישביתו **את** העבׄודהׄ כולהׄ		CD XI,23
בעיר המקדש לטמא / **את** עיר המקדש בנדתם		CD XII,2
וכל אשר יתעה / לחלל **את** השבת		CD XII,4
לחלל את השבת ו**את** המועדות		
אל ישלח **את** ידו לשפוך דם לאיש		CD XII,6
ו**את** עבדו ואת אמתו		CD XII,10
ואת עבדו ו**את** אמתו אל ימכור / להם		
אל ישקץ איש **את** נפשו / בכל החיה		CD XII,11
למׄחנה ישכיל **את** הרבים במעשי / אל		CD XIII,7
פ]שׄעׄיׄהׄםׄ ו**את** אשר איׄנׄנׄו נקשׄר בשׄ[		CD XIII,19
ו**את** תורת משה אל יזכור כי °°°°°°°°		CD XV,2
וׄאׄםׄ ישׄבׄעׄ וׄעבר וחלל **את** השם		CD XV,3
לכל ישראל לחוק עולם **את** בניהם		CD XV,5
כׄרׄת / משה עם ישראל **את** הברׄ[י]תׄ		CD XV,9
ואל יודיעהו איש **את** / המשפטים		CD XV,10
יתפתׄה בו בדרשו **אתׄ**ו		CD XV,11
וכאשר יקים **או**תו עליו לשׁוב אל		CD XV,12
בׄוׄ יוׄ[דיעה]וׄ המבׄקׄר **או**ׄתו וצוה עליו		CD XV,14
המשטמה מאחריו אם יקים **את** דבריו		CD XVI,5
אמ[ר לאיש]ה להניא **את** שבועתה		CD XVI,10
אל] יקדש איש **את** מאכלׄ / פׄ[יהו]לׄ		CD XVI,14
כׄי הוא אשר אמר איש **אׄת** רׄעיהׄוׄ יצׄ[ו]דו חרם		CD XVI,15
רשעים עליהם בפקד אל **את** הארץ		CD XIX,6
הך **את** הרעה ותפוצינה הצאן		CD XIX,8
והשומרים **או**תו הם עניי הצאן		CD XIX,9
לאחיהו ושנא אׄיש **את** רעהו		CD XIX,18
ולבצע ויעשו {{**אׄתׄ**}} / איש הישר בעׄיׄנׄיׄוׄ		CD XIX,19
לבבך אתה בא לרשת **את** הגוים / האלה		CD XIX,27
האלה כי מאהׄבתו **את** אבותיך ומשמרו		CD XIX,28
אבותיך ומשמרו **את** השבועה		
באהבת אל **את** הראשנים / אשׄר העידו		CD XIX,29
העם אחרי אל ואהב **את** הבאים אחריהם		CD XIX,30
ושונא ומתעב אׄל **את** בוני החיץ		CD XIX,31
אׄל רעהׄוׄ לׄהׄצׄדׄיׄקׄ אׄיׄשׄ **אׄת** אחיו לׄתׄמׄךְ צעׄדׄםׄ		CD XX,18
בקץ מעל ישׄרׄאׄל וׄיׄטמאו **את** המקדש		CD XX,23
וכל אשר פרצׄוׄ **אׄתׄ** גׄבׄול הׄתׄורהׄ מבאׄיׄ הבׄרׄיׄתׄ		CD XX,25
ולא ישׄיׄבׄוׄ / **אׄתׄ** חׄקי הצדק בשׄמׄעׄםׄ		CD XX,33
חׄקי הצדק בשׄמׄעׄםׄ **את**ם ישׄישו וישמחו		
כול / אשר בחר ולשנוא **את** כול אשר מאס		1QS I,4
ולהבי **את** כול הנדבים לעשות חוקי		1QS I,7
הכוהנים / והלויים מברכים **את** אל ישועות		1QS I,19

ולב שלם ולאהוב **את** [שמך]	1QH[a] VIII,16	
אתה הצדקה כי אתה עשיתה **את** כו[ל אלה]	1QH[a] VIII,18	
בר]כת המקו[ר] לברך **את** ע[	1Q**16** 8,2	(I)
אחת בקש]ה אב[ק]ש ממך השבע **את** עשו	1Q**18** 1-2,2	(I)
כי י[וד]ע אתה **את** יצר עשו	1Q**18** 1-2,3	(I)
כי השחית כול בשר **א**]**ת** דרכו על הארץ[	1Q**19** 1,3	(I)
]אביהו וכאשר ראה למך **את**[	1Q**19** 3,4	(I)
]◦ **את** חדרי הבית כחדודי השמש	1Q**19** 3,5	(I)
]ל לבעת **את** [	1Q**19** 3,6	(I)
א]**ת** כל ה[	1Q**19** 5,2	(I)
לאמור [הקהל **א**]**ת** כול הע[ד]ה	1Q**22** 1i2	(I)
וציתה [**א**]**ת** בני / ישרא[ל ד]ברי הת[ו]רה	1Q**22** 1i3	(I)
אותכה] בהר ס[י]ני לצוות **א**[**ותם**] באוזניה[ם]	1Q**22** 1i4	(I)
את הכול / היט[יב] אשר א[עשו]ק מהם		(I)
ו[העידותה ב]ם **את** [ה]שמים ואת [הארץ	1Q**22** 1i5	(I)
את [ה]שמים **ואת** [הארץ כ]י לוא [יא]הבו		(I)
[ויעבדו] **את** / אלי[לי]ם והיו לפ[ח ו]מוקש	1Q**22** 1i7	(I)
[ומועדים] **את** אשר / אנו[כי] מצוך היום	1Q**22** 1i8	(I)
מצוך היום [לע]שות **אותם**	1Q**22** 1i9	(I)
[להכו]ת **אותם** [מכה] רבה בקרב [ה]ארץ		(I)
המ]ה עוברים / **את** [הי]רדן שמה [לרש]תה	1Q**22** 1i10	(I)
דברי התורה עד] לכלות **א**[**ותם** הסכת]	1Q**22** 1i12	(I)
כא]שר א[תה] עובר **את** ה[ירדן] ל[תת] לכה	1Q**22** 1ii2	(I)
[את כול מש]פטיו [**וא**]**ת** כול מש[פטיו	1Q**22** 1ii7	(I)
[ו]עצר **את** השמים [ממ]עלה להמטר	1Q**22** 1ii10	(I)
להמטר ע[ליכ]ם מטר **ואת** ה[מים] למ[טה		(I)
לארץ ל]תת לכם **את** / [התבו]אה		(I)
מצ[וות אשר] צוה[אלוהים] לעשות **אותם**	1Q**22** 1ii11	(I)
[מקץ שבע ש]נים **את** שבת [הארץ תעשה	1Q**22** 1iii1	(I)
ושמרתה **א**]**ת** כו[ל דברי ה]ברית [הא]ל[ה]	1Q**22** 1iii3	(I)
את הנ[וכרי יגוש ואת אחיו]	1Q**22** 1iii6	(I)
יברככם אלו]הים [לכפר לכם] **את** עוונ[ותיכם	1Q**22** 1iii7	(I)
]תך **את** הז[את] / [		(I)
]וסמך **את** יד[יו	1Q**22** 1iv9	(I)
]◦ **את** כול אלה / [		(I)
א]**ת** אש[ר	1Q**22** 44,2	(I)
בני י]ש[רא]ל שמורו **את** הדברים האלה [	1Q**29** 5-7,4	(I)
ב]שלישית **את** כול[	1Q**30** 1,3	(I)
תפלה ליום כפורים זכו[ר א]דוני **א**[**ת**	1Q**34**bis 2+1,6	(I)
את] נקרבכה **ואת** נרח[קכה	1Q**36** 7,3	(I)
]נם ויקח **את**[	2Q**27** 3	(III)
רבים ◦[ ] ויהללו **את** / שם יהוה[	4Q**88** IX,4	(XVI)
כ]י בא לשפט **את** / כל מע[ש]ה	4Q**88** IX,5	(XVI)
ויבר]ך **אותו** שם ויאמר לו	4Q**158** 1-2,7	(V)
לדרכו בברכו **אותו** שם	4Q**158** 1-2,10	(V)
השמש כאשר עבר **את** פנוא[ל	4Q**158** 1-2,11	(V)
דברי יהוה אשר ש[לח]ו **ואת** כול [האותות	4Q**158** 1-2,15	(V)
לי לאמור בהוציאכה **את**[	4Q**158** 1-2,16	(V)
ויעל **את** העולה על המזב[ח	4Q**158** 4,4	(V)
] / **את** קול דברי אמו[ר] להמה	4Q**158** 6,6	(V)
[את אבי]כה **ואת** אמכה[	4Q**158** 7-8,1	(V)
] / **ואת** המשפטים אשר תלמדם	4Q**158** 7-8,4	(V)
] / עליו **את** עולותיכמה ואת שלמיכמה	4Q**158** 7-8,7	(V)
עליו את עולותיכמה **ואת** שלמיכמה		(V)
ואת שלמיכמה **את** צואניכמה[		(V)
תעשה לי לוא תבנה **את**הנה גזית כי חרבכה[	4Q**158** 7-8,8	(V)
אי]ש **את** רעהו באבן[	4Q**158** 9,2	(V)
] יכה איש **את** עבד[ו	4Q**158** 9,3	(V)
ש]לם ישלם המבער **את** הבערה	4Q**158** 10-12,8	(V)
ואת [רש]ע / [	4Q**158** 14i6	(V)

הדור האחרון **ואת** גמר הקץ לוא הודעו	1QpHab VII,2
הודיעו אל **את** / כול רזי דברי עבדיו הנבאים	1QpHab VII,4
ישראל רם לבו ויעזוב **את** אל	1QpHab VIII,10
יתן אל **את** / משפטו בתוך עמים רבים	1QpHab X,3
משפטי אש אשר גדפו ויחרפו **את** בחירי אל	1QpHab X,13
כיא תמלא הארץ לדעת **את** כבוד יהוה	1QpHab X,14
מכבודו / כיא לוא מל **את** עורלת לבו	1QpHab XI,13
לשלם לו **את** / גמולו אשר גמל על אביונים	1QpHab XII,2
הרשע מעשי תועבות ויטמא **את** / מקדש אל	1QpHab XII,8
על כול הגוים / אשר עבדו **את** האבן	1QpHab XIII,2
ואת העץ וביומ / המשפט	
יכלה אל **את** כול עובדי העצבים	1QpHab XIII,3
ואת הרשעים מן הארץ	1QpHab XIII,4
ואפו להשמיד ולהכרית **את** קרן / ◦[	1QM I,4
ואת ראשי הכוהנים יסרוכו אחר כוהן	1QM II,1
את כול אלה יסרוכו במועד שנת השמטה	1QM II,6
העם יכתובו עם אל **ואת** שם ישראל	1QM III,13
השבט יכתובו נס אל **ואת** שם נשי הש[בט	1QM III,15
שם הנשיא הרבוא **ואת** שמות ש◦[	1QM III,16
יכתובו תרומת אל **ואת** שם נשי מררי	1QM IV,1
ואת שם נשי מררי **ואת** שמות שרי אלפיו	
גורלו לאין שארית **ואת** שם שר האלף	1QM IV,2
ואת שם שר האלף **ואת** שמות שרי מאיותיו	
מלחמה בכול בשר עול **ואת** שם שר המאה	1QM IV,3
ואת שם שר המאה **ואת** שמות שרי עשרותיו	
רשעים [ב]גבורת אל **ואת** שם שר החמשים	1QM IV,4
ואת שם שר החמשים **ואת** שמות שרי עושרותיו	
רנות / אל בנבל עשור **ואת** שם שר העשרה	1QM IV,5
שם שר העשרה **ואת** שמות תשעת אנשי תעודתו	
ואת כול פרוש / שמותם יכתובו עליהם	1QM IV,12
ונורא לשול **את** כול / אויבינו לפ[נינ]ו	1QM X,1
לכם עם אויביכם להושיע / **את**כמה	1QM X,5
ארצכמה על הצר הצורר **את**כמה	1QM X,7
ואת גולית הגתי איש גבור חיל	1QM XI,1
ואת / פלשתיים הכנ[י]ע פעמים רבות בשם	1QM XI,2
וברכו על עומדם **את** אל ישראל	1QM XIII,1
את אל ישראל **ואת** כול מעשי אמתו	
וזעמו / שם **את** ב[לי]על ואת כול רוחי גורלו	1QM XIII,2
וזעמו / שם את ב[לי]על **ואת** כול רוחי גורלו	
לבוא המחנה ירננו כולם **את** תהלת המשוב	1QM XIV,2
וברכו שם / כולם **את** אל ישראל	1QM XIV,4
וקרא באוזניהם / **את** תפלת מועד המלח[מה	1QM XV,5
וסדר שם / **את** כול המערכות ככ◦[	1QM XV,6
פי / כול אחיו וחזק **את**[	1QM XV,7
]⟦ ⟧ / **את** כול הסרך הזה יעשו	1QM XVI,3
לפני המערכה וחזק **את** / לבבם ב[	1QM XVI,13
א]ל **ואת** ידיהם במלחמתו	1QM XVI,14
הסרך וברכו שם **את** אל ישראל	1QM XVIII,6
וה]ללו שם [**א**]**ת** אל[	1QM XIX,13
[יקד]ה בשאול תחתיה **ואת** הנו[	1QH[a] IV,13
ואני הבינותי כי **את** אשר בחרתה [תתם] דרכו	1QH[a] IV,21
] / **את** כול מעשיך בטרם בראתם	1QH[a] V,14
בכול ממשלתך כי הראיתם **את** אשר לא ◦[	1QH[a] V,17
ולתעב **את** כול אשר / [שנאתה	1QH[a] VI,10
[אה]בנו וכרחקך **אותו** כן אתעבנו	1QH[a] VI,21
]◦ הוא ותבן בעזר **את** ◦◦[	1QH[a] VI,29
וי]אהבו **אותך** כול הימים וא◦◦◦[	1QH[a] VII,9
ואיכה יוכל כול להשנות **את** דבריכה	1QH[a] VII,14
] עולם לדעת כול **את** כבודך ואת כוחך	1QH[a] VII,20
לדעת כול את כבודך **ואת** כוחך / הגדול	

]◦ל **את** ◦[ ]ותיו ולכפר	(V)	4Q**159** 1ii2
] קחתו **אות**ה יואמר ובקרוה / נאמנות	(V)	4Q**159** 2-4,8
]בקחת מושה **את** [	(V)	4Q**159** 5,4
]שמע שמוא[ל **א**]**ת** דב[רי	(V)	4Q**160** 1,2
לפני עלי ויקום ויפתח **את** ד[לתות	(V)	4Q**160** 1,3
]להגיד **את** המשא לעלי	(V)	4Q**160** 1,4
הו]דיעני **את** מראה האלוהים אל◦[	(V)	4Q**160** 1,5
]**אות**ם ולהבר כפים ל[	(V)	4Q**160** 2,1
] / מחלה **את**[	(V)	4Q**160** 3-4iii1
וחליל יין משתיהם **ואת** פעל יהוה / לא הביטו	(V)	4Q**162** II,3
הם אשר מאסו **את** תורת יהוה	(V)	4Q**162** II,7
ואת אמרת קדוש / ישראל נאצו	(V)	
מע]לה עליה[ם] **את** מי הנהר ה[עצומים	(V)	4Q**163** 2-3,1
ואפרי[ם] **את** / [מנש]ה יחדיו[המה על יהודה	(V)	4Q**163** 4-7i17
]**את** נפשו[	(V)	4Q**163** 14,7
ויעצם **את**[עיניכמה את הנביאים	(V)	4Q**163** 15-16,1
[יתנו **א**]**ות**ו אל יודע ספר לא[מור	(V)	4Q**163** 15-16,3
[ק]דוש ישראל **ואת** יה[וה לוא דרשו	(V)	4Q**163** 25,7
פשרו] / [אש]ר יסדו **את** עצת היחד [ב]כוהנים	(V)	4Q**164** 1,2
] גלה **את** תורת הצ[דק	(V)	4Q**165** 1-2,3
]◦ **את** התורה[ ]שר◦[	(V)	4Q**165** 6,7
אשר ◦◦[וי]שבעו וישכחו **את** אל המ◦[	(V)	4Q**166** II,3
ופישתי מלכסות **את**[ערותה]	(V)	4Q**166** II,9
ועתה אגלה **את** נבלותה לעיני מאה[ביה	(V)	4Q**166** II,10
פשרו אשר יסתי]ר אל **את** פניו מ◦[ ]◦[	(V)	4Q**167** 2,6
]עזבו **את** אל ו[י]לכו בחוקות[	(V)	4Q**167** 7-9,2
]לים [**א**]**ות**ם בכול[	(V)	
מתוך קהלם ועזבו **את** מתעיהם	(V)	4Q**169** 3-4iii5
ופת[אים] / לא יחזקו עוד **את** עצתם	(V)	4Q**169** 3-4iii8
עדת האביונים אשר יקבלו **את** מועד התעות	(V)	4Q**171** 1-2ii9
אשר / יזומו לכלות **את** עושי התורה	(V)	4Q**171** 1-2ii14
על שרי ה[רש]עה אשר הונו **את** עם / קודשו	(V)	4Q**171** 1+3-4iii7
] / ירשו **את** הר מרום ישר[אל וב]קודשו	(V)	4Q**171** 1+3-4iii11
בח[יר]י אל[ויב]קש לשבית **את** / [	(V)	4Q**171** 3-10iv14
יא]ספו **את** צ◦[	(V)	4Q**172** 1,4
השמו בראישונה / **את** מקד[ש י]שראל	(V)	4Q**174** 1-2i6
בני בליעל המכשילים **אות**מה לכלותמ[ה	(V)	4Q**174** 1-2i8
בית יבנה לכה והקימותי **את** זרעכה אחריכה	(V)	4Q**174** 1-2i10
זרעכה אחריכה והכינותי **את** כסא ממלכתו	(V)	
והקימותי **את** סוכת דויד הנופלת	(V)	4Q**174** 1-2i12
הנופל[ת א]שר יעמוד להושיע **את** ישראל	(V)	4Q**174** 1-2i13
]ם ◦[ג]ורל ועשו **את** כול התורה[	(V)	4Q**174** 1-3ii2
]המבלעים **את** צאצאי / [	(V)	4Q**174** 4,1
]ל להאביד **את** קרן [	(V)	4Q**174** 6-7,1
]כול אשר צונו עשו **את** כול[	(V)	4Q**174** 11,2
]◦ **את** כל[	(V)	4Q**174** 20,1
לאמור שמעת **את** קול דברי / העם הזה	(V)	4Q**175** 1
לבבם זה להם לירא **אותי**	(V)	4Q**175** 3
לירא אותי ולשמור **את** כול / מצותי	(V)	
פיהו וידבר אליהסה **את** כול אשר אצונו	(V)	4Q**175** 6
ומחץ / פאתי מואב וקרקר **את** כול בני שית	(V)	4Q**175** 13
ולאמו ל{{א}}<<י>>דעתיכהי **ואת** אחיו	(V)	4Q**175** 16
ואת אחיו לוא הכיר **ואת** בנו לוא / ידע	(V)	
יאמר ארור היש אשר יבנה **את** העיר הזות	(V)	4Q**175** 22
כלי חמס ושבו ובנו **את** / [העיר הזות	(V)	4Q**175** 25
בלי]על לענות **את** עבדיו בו[	(V)	4Q**176** 8-11,15
הכסף ובחנתים] כבחון **את** / [הזהב	(V)	4Q**176** 15,3
]כיא הוא ברא **את** כול[	(V)	4Q**176** 22,2
]א **את** צאצ[אי	(V)	4Q**177** 1-4,12
]אל וידיעהו **את** מספר ◦[	(V)	
ל]הלעין **את** ישרא[ל למנצח] לדויד ביהוה[	(V)	4Q**177** 5-6,7
א]שר עליהם כתוב ורפאתי **את** / [	(V)	4Q**177** 10-11,3
]המכשילים **את** בני האור / [	(V)	4Q**177** 10-11,7
]ר **את** עצת היחד והואה[	(V)	4Q**177** 14,5
]◦ **את** בריתו	(V)	4Q**179** 1i4
] / [ ]◦ הוליד ישחק **את** עשרים ה[	(V)	4Q**180** 1,5
] / [**א**]**ת** ישראל בשבעים השביע ל[	(V)	4Q**181** 2,3
]ה אשר יקשו **את** עורפם[	(V)	4Q**182** 1,2
] / אויביהם ויטמאו **את** מקדשם[	(V)	4Q**183** 1ii1
] / וירצו **את** עוונם בנגיע[הם	(V)	4Q**183** 1ii7
] / יחרפו **א**[**ת** אבי	(XIX)	4Q**200** 1ii1
]וסבול **אות**כה במע[ה	(XIX)	4Q**200** 2,2
וירא **את**[בנו	(XIX)	4Q**200** 5,5
] / [ולוא עוד ראו] **א**[**ו**]**ת**ו והיו המה	(XIX)	4Q**200** 6,2
]וברך **את** / [אלהי עולם	(XIX)	4Q**200** 7i2
]◦ה דבורה אשר הניקה **את** רב[קה	(XXII)	4Q**215** 1-3,1
ויפרקהו ויתן לו **את** חנה אחת מאמהותי[ו	(XXII)	4Q**215** 1-3,2
] / ראישונה **את** זלפה	(XXII)	4Q**215** 1-3,3
ויתן **את** שמה זלפה בשם העיר	(XXII)	
] / ותהר ותלד **את** בלהה אמי	(XXII)	4Q**215** 1-3,4
ותקרא חנה **את** שמה בלהה כי כאשר	(XXII)	
בלהה אמי וינהג לבן **את** חנה אם אמי	(XXII)	4Q**215** 1-3,8
את חנה אם אמי **ואת** שתי בנותיה[	(XXII)	
ונתון לו **את** בלהה אמי	(XXII)	4Q**215** 1-3,10
את בלהה אמי ותלד **את** דן אח[י	(XXII)	
ואתה כתוב לך]**את** [כ]ל[הדב]רים האלה	(XIII)	4Q**216** I,17
ואחר חרפת]ם ויעבודו **את** א[להיהם	(XIII)	4Q**216** II,6
כי] / [עזבו את] חקותי **ואת**[מצותי	(XIII)	4Q**216** II,8
בתוך] / הארץ לשים **א**[**ת** שמי]עליו[וישכן	(XIII)	4Q**216** II,10
ואת העדים יהרוגו] / **ואת** מבקשי [ה]תורה	(XIII)	4Q**216** II,13
את השמ]ים העליונים **ואת** האר[ץ	(XIII)	4Q**216** V,4
עשה באר]ץ ובכל **את** התהו[מות] / מאפלה	(XIII)	4Q**216** V,9
ואת האג]מים **ואת** כל ט[ל הארץ]	(XIII)	4Q**216** VI,2
ואת ה]יערים **ואת** גן ע[ד]ן[	(XIII)	4Q**216** VI,3
עשה יהוה את הש]מש **ואת** הירח	(XIII)	4Q**216** VI,5
הש]מש ואת הירח **ואת** הכוכבים	(XIII)	
◦◦◦[ואת]כל {**ואת** כ[ל} עוף] / [יעופף	(XIII)	4Q**216** VI,12
[וביו]ם הששי **את** כל חי[ת הארץ	(XIII)	4Q**216** VII,1
ואחרי כל אלה] / עשה **את** האדם זכר	(XIII)	4Q**216** VII,2
לעולם ועד **ואת** היום ה[שביעי אגיד להם	(XIII)	4Q**216** VII,12
]ב **את** כל[	(XIII)	4Q**217** 2,5
]◦◦קה **את** הא[	(XIII)	4Q**217** 7,1
[ישמר]ו / [בני ישראל]**את** היום הז[ה	(XIII)	4Q**218** 4
החלב אשר עליהן **ואת** א[שר] / [על הכסלים	(XIII)	4Q**219** I,35
ול[ברך את זרעכה] / **ואת** [שאר זר]עכה	(XIII)	4Q**219** II,33
לעשות **א**]**ת** חג[השבו]ע[ו]ת	(XIII)	4Q**219** II,37
לרצון ת[ז]בחנו **ואת** דמם תזרוק על המזב[ח]	(XIII)	4Q**220** 3
האש אשר על המזבח **ואת** החלב[	(XIII)	4Q**220** 6
החלב[אשר על] / [הקרב **וא**]**ת** ה[ח]לב	(XIII)	4Q**220** 7
ה[ח]לב אשר על הקרבים **ואת** הכליות	(XIII)	
ואת הכליות [ו]**את** ה[חלב אשר עליהן]	(XIII)	
אשר על הכסלים]**ואת** היותרת הכבד	(XIII)	4Q**220** 8
לפני] / [אל עליון והסת]יר **את** [פ]נו ממכה	(XIII)	4Q**221** 1,2
הכריתך מהארץ]**ואת** זרעך [מתח]ת השמים	(XIII)	4Q**221** 1,3
ואתה / צו **את** בני [ישראל לשמור את הדבר	(XIII)	4Q**221** 4,3
בעת [א]שר ראה **את** בנו מחז[יקים בו	(XIII)	4Q**221** 5,2
ויזכר] / **את** כול הרעות אשר הי[ו נחבאות	(XIII)	4Q**221** 5,3
] / ולוא זכר **את** השבועה אשר[נשבע לאביו	(XIII)	4Q**221** 5,4
ויזכור את האלוהים] / [**וא**]**ת** הדברים[	(XIII)	4Q**221** 7,5
לשכב עמה ותסגור] / [**א**]**ת** שער[הבית	(XIII)	4Q**221** 7,11

וישלח את היונה לראות הקלו (XXII) 4Q252 I,14
ומקץ שבעת ימים אחר[ים שלח א]ת ה[יונה (XXII) 4Q252 I,18
מעל הארץ ו]יסר נוח את מכסה התבה[(XXII) 4Q252 I,21
וידע את אשר עשה / לו בנו (XXII) 4Q252 II,5
ולוא / קלל את חם כי אם בנו (XXII) 4Q252 II,7
אם בנו כי ברך אל את בני נוח ובאהלי שם (XXII)
וישלח / אברהם את ידו [ויקח (XXII) 4Q252 III,7
] / [א]ת ברכת אביכה[אברהם (XXII) 4Q252 III,13
ותלד לו את עמלק הוא אשר הכ[ה] / שאול (XXII) 4Q252 IV,1
תמחה אתזכר עמלק / מתחת השמים (XXII) 4Q252 IV,2
] / את ה[(XXII) 4Q252 VI,3
]יעזוב את[(XXII) 4Q253 3,3
] / יגיש את דמו אל [(XXII) 4Q253a 1ii2
נוח מיינו] / וידע את אש[ר עשה לו בנו (XXII) 4Q254 1,3
והלויים מקללים את כול אנשי גורל בל[י]על (XXVI) 4Q257 II,1
] / ואת מעשיהם בתורה על פי (XXVI) 4Q258 II,1
בני אהרון המתנדבים להקים את בריתו (XXVI)
ולפקוד את כל חקיו אשר צוה / לעשות (XXVI)
ולהיות פוקדים את רוחם ומעשיהם / בתורה (XXVI) 4Q258 II,3
להוכיח איש את רעהו ואהבת חסד (XXVI) 4Q258 II,4
] / איש את מד[עו לעצת היחד (XXVI) 4Q258 III,1
ו[איש אשר יוציא] / את ידו[מתח]ת בגד[ו] (XXVI) 4Q259 I,12
המ[ד]ב[רה לפנות שמ]ה את דרך האמת (XXVI) 4Q259 III,4
הנמצא לפני העתים ואת[חוק] / העת[(XXVI) 4Q259 III,9
ול]שקול את בני הצדק לפי ר[ו]חמה (XXVI) 4Q259 III,10
ולסתיר את ע[צת] / התורה[(XXVI) 4Q259 III,14
ולהיות פוקדי]ם א[ת רוחם] (XXVI) 4Q261 1a-b,4
להשמיע קולו ונענש] / את מחצית לחמו (XXXV) 4Q265 4i5
] / ונענש שלושה חודשים א[ת מחצית לחמו (XXXV) 4Q265 4i6
ששה חודשים ונענש] / בם את מחצית לחמו (XXXV) 4Q265 4i8
ששה] / חודשים ונענש במה את מחצית לחמו (XXXV) 4Q265 4i10
] את ה[(XXXV) 4Q265 5,1
יום] השבת ישלח לו את בגדו להעלותו בו (XXXV) 4Q265 6,7
לרעות] / [א]ת [ה]בהמה ילך אלפים אמה (XXXV) 4Q265 7,5
ישמי]ד אל את כול מעשיה להבי כל[ה] (XVIII) 4Q266 1a-b,3
] / {{אפר}} ישיבו את ◦[(XVIII) 4Q266 1a-b,22
]מחה את מע[ ]ה להבי [(XVIII) 4Q266 1c-f,4
לתתו אותם ביד / נב[וכדנא]צר מל[ך] בבל (XVIII) 4Q266 2i10
ומאה[רו]ן ש[ו]רש / [מט]עת לירוש א[ת א]ר[צו (XVIII) 4Q266 2i12
ויסתר את [פנו מן הארץ (XVIII) 4Q266 2ii8
למ{{ל}}פנ[ים פקד אל] את מעשי[הם (XVIII) 4Q266 3ii3
וינבאו שקר להשיב] את ישראל [מ]אחרי [אל (XVIII) 4Q266 3ii9
[ולשמור] את [יום השבת (XVIII) 4Q266 3ii24
משפטם ולא ישקץ אי]ש את [רוח קודשיו (XVIII) 4Q266 3iii5
]הנביא[ים] / [אשר בזה ישראל א]ת ד[בריהם (XVIII) 4Q266 3iii19
ובעומדו] / [וקרקר א]ת כול בני שית (XVIII) 4Q266 3iii22
] / אל את רו[עה אחד] ורעם ב[מרעה (XVIII) 4Q266 4,11
]ור את המשפטי[ם (XVIII) 4Q266 5i3
]את חוקו הצדיקו ב[(XVIII) 4Q266 5ic-d,3
לפרוכת ⟦ ⟧ ואל יוכל את קודש ה[קודשים (XVIII) 4Q266 5ii7
] / מישראל את עצת בני אהרון המ◦[(XVIII) 4Q266 5ii12
] / את האוכל {{וחבו}} ⟦ ⟧ (XVIII) 4Q266 5ii13
לכ]הן וראה הכהן אותו כמראי הבשר החי (XVIII) 4Q266 6i2
וצוה הכוהן וגלחו את ה{{ב}}רוש{{ר}} (XVIII) 4Q266 6i9
וגלחו את ה{{ב}}רוש{{ר}} ואת הנתק לא יגלחו (XVIII)
י{{ש}}ספור הכוהן את השערות המיתות (XVIII) 4Q266 6i10
וילדה זכר [וטמאה א]ת שבעת [הימים] (XVIII) 4Q266 6ii5
או תר לעולה] / [ו]המירה [א]ת ה[שה (XVIII) 4Q266 6ii13
] את מי הנדה [(XVIII) 4Q266 6iii2
] את המוא[ס בת]ורה [(XVIII) 4Q266 7iii5

]◦◦ את בני ישרא[ל (XIII) 4Q221 8-9,1
א]ת בני ישר[א]ל כאש ר על[(XIII) 4Q221 8-9,2
ותברך את {{ע}}אל עליון ק[ונה שמים (XIII) 4Q222 1,4
אשר נתן לי [א]ת י[ע]ק[וב בן טהור (XIII) 4Q222 1,6
האמורי סבבו את בניכה ו]את צואנכה / [(XIII) 4Q223-224 2i5
השבע את עי]שאו אשר לו[א] ירע את יעקוב (XIII) 4Q223-224 2i48
עזבנו ועש]ה עמנו רע את צואנכה נהג (XIII) 4Q223-224 2i51
ואת כול / [מקניכה גזל מפניכה (XIII) 4Q223-224 2i51
הולדתו] / ועתה אני אוהב את יעקוב מ[עישאו (XIII) 4Q223-224 2ii5
[וי]אומר אעשה את אשר [תואמרי לי (XIII) 4Q223-224 2ii16
השמים ואת הארץ]ואת הכול כא[חד (XIII) 4Q223-224 2ii48
למען תיראו אותו ותעבדו] / אות[ו (XIII) 4Q223-224 2ii49
[אם י]הפוך החזיר את ע[ורו ואת שערו (XIII) 4Q223-224 2iv7
וחמישהם ע]מם ויהרוגו את ג[בורי מואב ועמון] (XIII) 4Q223-224 2iv23
והכניעו] / את עורפם ל[היות עבדים (XIII) 4Q223-224 2iv30
שלום עמם] / [ואם יהרוגו או]תם (XIII) 4Q223-224 2iv31
בבגדו ויש]ביר את מוצ[א (XIII) 4Q223-224 2v5
ויתן את[יוסף בית הסוהר מקום (XIII) 4Q223-224 2v6
לספר לפרעו]ה את[אשר אמר לו] / [יוסף (XIII) 4Q223-224 2v17
]ויתן את [הטבעת בידו (XIII) 4Q223-224 2v31
ויכא אותם ב◦◦◦◦◦◦[(XIII) 4Q225 1,3
]ת מצרים וימכור אותם אלוהים ◦[(XIII) 4Q225 1,5
[אמר אד]ני אל א[ב]רהם שא צפא את הכוכבים (XIII) 4Q225 2i5
אשר על שפת הים ואת עפר הארץ (XIII) 4Q225 2i6
אח[רי]כן / [לאברה]ם ויקרא את שמו יסחק (XIII) 4Q225 2i9
וישטים את אברהם בישחק (XIII) 4Q225 2i10
קח את בנכה את ישחק (XIII) 4Q225 2i11
קח את בנכה את ישחק את יחיד[כה (XIII)
קח את בנכה את ישחק את יחיד[כה (XIII)
]וישא אב[רהם] את / [עי]ני[ו (XIII) 4Q225 2i14
] / את בניו מן הארץ (XIII) 4Q225 2ii6
ויברך אל יהוה את יש[חק כל ימי חיו (XIII) 4Q225 2ii10
ויעקוב הוליד את לוי דו[ר שלישי (XIII) 4Q225 2ii11
נת]תי לך את כול [(XIII) 4Q226 4,3
]מיום עוברם את ה[ירדן (XIII) 4Q226 6,4
]◦ את אלה תחת ◦[(XIII) 4Q226 6,5
]לעוברם את[הירדן (XIII) 4Q226 6,6
ויולד את י[עקוב ויעקב הוליד את] / לוי (XIII) 4Q226 7,3
] / ואת [(XIII) 4Q226 8,3
]את כול ימי [(XIII) 4Q227 1,3
ויכתוב את כול / [(XIII) 4Q227 2,4
]שמים ואת דרכי צבאם ואת[החוד]שים (XIII) 4Q227 2,5
ואת דרכי צבאם ואת[החוד]שים / [(XIII)
ואתמ[ה] את כל / [(XIII) 4Q228 1i10
]יחזק ◦אתכמה ב[(XIII) 4Q228 1i11
] / יעשו ואת ישר מ◦[(XIII) 4Q228 1ii3
[ו]בא למצרים ומכר את עפרה (XXXVI) 4Q248 6
]חלץ את[(XXXV) 4Q249 1,2
]ים ואת[(XXXV) 4Q249 2,9
וה]פקדת[י עליכם בהלה א]ת הש[חפת (XXXVI) 4Q249j 1,4
]ואת[(XXXVI) 4Q249l 5
]את המ[(XXXVI) 4Q249p 4
יושת עליו ונתן אי]ש א[ת] (XXXV) 4Q251 8,6
כי תהיה לכוהן ואכל]ה את לחם אישה / [(XXXV) 4Q251 16,1
] / אל יקח איש את א[שת אביו ולא יגלה (XXXV) 4Q251 17,2
לא יקח איש] / את בת אחיו ואת בת (XXXV) 4Q251 17,3
איש] / את בת אחיו ואת בת א[חותו (XXXV)
אל יגלה] / איש את ערות אחות א[מו (XXXV) 4Q251 17,4
עגל]ה ב[נח]ל חלף הנפש את [(XXXV) 4Q251 18,4
ויפ]תח נוח את חלון התבה יום אחד בשבת (XXII) 4Q252 I,13

Text	Source	Reference
אל ימר איש] / **את** עבדו ואת אמ[ת]ו	(XVIII)	4Q**270** 6v17
ימר איש] / את עבדו **ואת** אמ[ת]ו ביום השב[ת	(XVIII)	
ואיש] אשר ימאס [**א**]**ת** משפט הרבים	(XVIII)	4Q**270** 7i11
וקב]ל **את** משפטו מר[צונ]ו	(XVIII)	4Q**270** 7i16
אשר תח[טא בשגגה אשר יביאו] **את** חטאתו	(XVIII)	4Q**270** 7i17
קץ [הפקודה **א**]**ת** אשר [יפ]קידו בכל קצי החרון	(XVIII)	4Q**270** 7ii13
]ה ואם **את** ב[	(XVIII)	4Q**270** 10,2
ו]**את** [א]ח[יהו] / [	(XVIII)	4Q**271** 1,1
] מגורן יורד **את** העשרון מן הח[ומר	(XVIII)	4Q**271** 2,1
טרם ישלחו [הכוה]נים **את** ידם / [לבר]ך	(XVIII)	4Q**271** 2,4
]**ואת** ה◦[	(XVIII)	4Q**271** 2,6
מיד]עמיתך לוא תונו איש **את** עמיתו	(XVIII)	4Q**271** 3,5
בתו יתן איש לאי]ש **את** כול מומיה יספר לו	(XVIII)	4Q**271** 3,8
לו למה יביא עליו **את** משפט / [הארור	(XVIII)	
יקחנה ובלוקחו **אות**ה יעשה כמ[ש]פט	(XVIII)	4Q**271** 3,15
המשטמה / מאחריו אם יקים **את** ד[בריו	(XVIII)	4Q**271** 4ii7
אי]ש על נפשו לסור / **את** התורה	(XVIII)	4Q**271** 4ii10
אמר לאישה / להניא **את** שבועתה אל	(XVIII)	4Q**271** 4ii11
אל יקדש איש **את** מא[כל פיהו לאל	(XVIII)	4Q**271** 4ii14
הוא] אשר אמר איש **א**[**ת**] רעהו / יצ[ודו] חרם	(XVIII)	
]הנודר **א**[**ת**]	(XVIII)	4Q**271** 4ii16
אלימר **את** עבדו ואת / [אמתו	(XVIII)	4Q**271** 5i7
אלימר את עבדו **ואת** / [אמתו ואת שכירו	(XVIII)	
יתאחר ולוא ישביתו **את** העבודה [כולה]	(XVIII)	4Q**271** 5i16
בעיר המקדש לטמא **את** [עיר] / [המקדש	(XVIII)	4Q**271** 5i17
וכול אשר יתעה לחלל **את** השבת	(XVIII)	4Q**271** 5i19
לחלל את השבת **ואת** המו[עדות]	(XVIII)	
אל ישלח איש **את** ידו לשפוך [דם	(XVIII)	4Q**271** 5i21
] / **א**[**ת** נפשו	(XVIII)	4Q**271** 5ii5
את העור]החי **ואת** המת[	(XVIII)	4Q**272** 1i5
וראה הכוהן] **אות**ו כמראי הבשר החי	(XVIII)	4Q**272** 1i10
ת]שב **א**[**ת**] / שבעת הימים[	(XVIII)	4Q**272** 1ii8
] **את** האכל / [	(XVIII)	4Q**273** 4i6
אל יקח איש **את** האש[ה	(XVIII)	4Q**273** 5,4
]מימי ספרה **את** דם ◦◦◦◦◦ עד אשר י[	(XVIII)	4Q**273** 5,5
יחל להפיל **את** תחנונו	(XXXV)	4Q**274** 1i1
ל[ו]א תגאל **את** מחני קד[שי] ישראל	(XXXV)	4Q**274** 1i6
כאש]ר יזו עליו **את** [ה]רי[א]שונה	(XXXV)	4Q**274** 2i1
כול כלי יטבול והנושא **אות**ו / [יטב]ול	(XXXV)	4Q**274** 2i4
רק אל יגע בו **את** לחמו	(XXXV)	4Q**274** 2i7
הקודשים יכבס א[יש] במים **את** / בשרו	(XXXV)	4Q**274** 2i9
ב]גלות אל **את** אישון עינו וקרא / [	(XXXV)	4Q**274** 3i1
הול]כים **את** שבילי ה[	(XXVI)	4Q**275** 1,1
] וחיב **את** הבגדים ושח[ט את] / [ה]פרה	(XXXV)	4Q**276** 2
]פרה [ל]פניו ו<נ>שא **את** דמה בכלי חרש	(XXXV)	4Q**276** 3
והשליך **את** הארז / [ואת האזוב	(XXXV)	4Q**276** 5
ואס]ף **את** אפר הפרה / [	(XXXV)	4Q**276** 7
] / [את]האזוב **ואת** [שני התולעת	(XXXV)	4Q**277** 1ii1
[הנוגע באפר והנושא] / [**א**]**ת** [כלי] החלמה	(XXXV)	4Q**277** 1ii4
החלמה [אש]ר כפרו בם **את** משפט ה[חטאת	(XXXV)	
ואל יז] / איש **א**[**ת**] מי הנדה על טמאי נ[פש]	(XXXV)	4Q**277** 1ii6
וה[מקבלים] / [**א**]**ת** מי [הנ]דה	(XXXV)	4Q**277** 1ii8
[בז]רוק עליהם [הכו]הן **את** מי הנדה לטהר[ם	(XXXV)	4Q**277** 1ii9
ולקח **את** כ[ל	(XXXVI)	4Q**282**s 1
] ורחץ **את** בש[רו במים	(XXXV)	4Q**284** 2i4
]ם **את** ב[	(XXXV)	4Q**284** 9,2
אלה [יטמאו] / [את ה]טנה **ואת** התאנים	(XXXV)	4Q**284**a 1,4
ה]טנה ואת התאנים {{**ואת** הרמנאים}}	(XXXV)	
] **את** מיכאל ג[בריא]ל[שריאל ורפאל	(XXXVI)	4Q**285** 1,3
] צמח דויד ונשפטו **את** / [	(XXXVI)	4Q**285** 7,3

Text	Source	Reference
[יתפ]תה בה בדרשה **אות**ו	(XVIII)	4Q**266** 8i2
בה יודיעהו המבקר **אות**ו ויצוהו עלו	(XVIII)	4Q**266** 8i5
ומע]לה לשפוט **את** [העדה כ]י במעל האדם	(XVIII)	4Q**266** 8iii7
ול]בו על פיהו **א**[**ת**] / [כול באי המחנה	(XVIII)	4Q**266** 9ii14
וה[ואה] ייסר **את** בניהם [ובנותם ?]	(XVIII)	4Q**266** 9iii6
[ע]ל פשעיהם[**וא**]**ת** אשר איננו / [נקשר	(XVIII)	4Q**266** 9iii9
ואש]ר [יצ]חה **את** רעהו שלו בעצה	(XVIII)	4Q**266** 10ii2
ואשר] / [יו]צא **את** ידו מתחת בגד[ו	(XVIII)	4Q**266** 10ii11
] / על הרבים וקבל **את** משפטו מרצונו כאשר	(XVIII)	4Q**266** 11,1
אשר תחטא בשגגה אשר יביאו **את** / חטתו	(XVIII)	4Q**266** 11,2
את / חטתו ⟦ ⟧[ו]**את** אשמו	(XVIII)	4Q**266** 11,3
הגבלתה / לנו אשר **את** עובריהם ארותה	(XVIII)	4Q**266** 11,13
אתה ארותה **את** עובריהם ואנו הקימונו	(XVIII)	4Q**266** 11,14
וארור **את** הנוטה ימין / [ושמאול	(XVIII)	4Q**266** 11,17
אל יתן איש] **את**[	(XVIII)	4Q**266** 12,1
ר]ואים עובד **א**[**ת**	(XVIII)	4Q**266** 13,3
]◦ יעיד **את** רעה [	(XVIII)	4Q**266** 13,4
ויקם] / [בליעל]**את** יחנה וא[ת אחי]הו	(XVIII)	4Q**267** 2,2
ויקם] / [בליעל]את יחנה **וא**[**ת** אחי]הו	(XVIII)	
ויתעו **את** יש[ראל] / [ותשם ה]א[ר]ץ	(XVIII)	4Q**267** 2,4
ויּנבאו שקר לה[ש]יב **את** / [ישר]אל מאחרי אל	(XVIII)	4Q**267** 2,6
ויחפ[ו]ר[ו] / [**א**]**ת** הבאר	(XVIII)	4Q**267** 2,9
אשר קרא] / אל **א**[**ת** כ]ולם שרי[ם]	(XVIII)	4Q**267** 2,13
]ל אל ית[ן] ה[ו]א **א**[**ת**] / [	(XVIII)	4Q**267** 4,9
בע]רובות **ואת** כספו בנש[ך	(XVIII)	4Q**267** 4,10
ידרו]ש **את** א[ו]בות וא[ת] / [ידעוני]ם את[	(XVIII)	4Q**267** 4,11
ידרו]ש את א[ו]בות **וא**[**ת**] / [ידעוני]ם את[	(XVIII)	
ידרו]ש את א[ו]בות וא[ת] / [ידעוני]ם **את**[	(XVIII)	4Q**267** 4,12
]**את** ⟦ ⟧ המו[אס	(XVIII)	4Q**267** 8,6
לוא]הקים **את** מצות אל / [אשר אמר לו	(XVIII)	4Q**267** 9i2
]הם **את** / [	(XVIII)	4Q**267** 14,2
מאות ותשעים [לתתו] **א**[**ות**ם ביד נבוכדנאצר]	(XVIII)	4Q**268** 1,13
]◦ה **את** הקוד[ש	(XVIII)	4Q**268** 3,3
ור]שו **את**[הארץ] / [וילכו אחר רוחם	(XVIII)	4Q**269** 2,1
להוכיח] / איש **את** [אחיהו כמצוה	(XVIII)	4Q**269** 4ii6
עור הבשר החי] **ואת** ה[מת	(XVIII)	4Q**269** 7,4
א]**ות**ו כמ[ראי] הבש[ר החי	(XVIII)	4Q**269** 7,11
אל יבא]איש **את** [	(XVIII)	4Q**269** 8ii1
מ]כול טומא[ה] אשר יעריב **א**[**ת**] / [שמשו	(XVIII)	4Q**269** 8ii5
]והר[וחו]ת או אשר יחלל **את** השם / [	(XVIII)	4Q**270** 2i11
בשמותם לטמא **את** רוח קודשו ◦[	(XVIII)	4Q**270** 2ii11
או] / אשר יגלה **את** רז עמו לגואים	(XVIII)	4Q**270** 2ii13
עמו לגואים או יקלל **א**[**ת** עמו או ידבר] / סרה	(XVIII)	
ב[חוזי אמתו בהמרותו] / **את** פי אל	(XVIII)	4Q**270** 2ii15
עוברי **א**[**ת**	(XVIII)	4Q**270** 2ii17
]ם[ ]◦[ ] **וא**[**ת**	(XVIII)	
]אשר ישקו **א**[**ת**	(XVIII)	4Q**270** 3i21
א]**ת** [לח]ם המצ[ות	(XVIII)	4Q**270** 3aii1
א]**ת** חלב הדגן [	(XVIII)	4Q**270** 3aii2
והשקה **את** / [האשה את מי המרים	(XVIII)	4Q**270** 4,6
א]ל יתן איש **א**[**ת**] / [	(XVIII)	4Q**270** 4,9
]ה **את** אשר ל[	(XVIII)	4Q**270** 4,17
למה יביא] / [עלו **א**]**ת** משפט הארורה	(XVIII)	4Q**270** 5,15
כמוה]כי לא הקים **את**[דברו לדבר א]מת	(XVIII)	4Q**270** 6iii15
אמר] / [לא תקום ולא] תטור **את** בני עמך	(XVIII)	4Q**270** 6iii17
לעבור[על הפקודים ירא **א**]**ת** אל	(XVIII)	4Q**270** 6iv14
שנה [ומעלה לשפו]ט **את** העדה	(XVIII)	4Q**270** 6iv18
ביושבי הארץ [אמר לסור **א**]**ת** דעתם	(XVIII)	4Q**270** 6iv19
דעתם עד אשר לא [ישלי]מו **א**[**ת** ימ]יהם	(XVIII)	
] האומן **את** היונ[ק לצת ולבוא	(XVIII)	4Q**270** 6v16

אשר הקצפתה]**את** יהוה / [אלוהיכה במדבר (XIII) 4Q**364** 26ai4
ואעש]ה **אות**כה / [לגוי עצום (XIII) 4Q**364** 26bi4
ובקברות התאוה מקצפים הייתם] / **את** יהוה (XIII) 4Q**364** 26aii2
עלו] / וראשו **את**[הארץ אשר נתתי לכמה (XIII) 4Q**364** 26aii3
ואשליך **את** [עפרו אל הנחל (XIII) 4Q**364** 26bii+e,1
כי[אם ל]יראה **את** י[הוה אלוהיכה (XIII) 4Q**364** 28a-b,7
[ולאהב]ה **אות**ו ולעבוד[את יהוה (XIII) 4Q**364** 28a-b,8
ותבלעם]ו**את** בתיהמ ואת אהליהמ[ה (XIII) 4Q**364** 30,1
ותבלעם]ואת בתיהמ ו**את** אהליהמ[ה (XIII)
היקום] / [אשר ברג]ליהמה ו**את** כול אשר לק◦[(XIII) 4Q**364** 30,2
עיניכ]מה הרואות **את** כול מע[שה יהוה הגדול] (XIII) 4Q**364** 30,3
ושמרתמ **את**כול מצות[אשר אנו]כ[י] / [מצוה (XIII) 4Q**364** 30,4
ו**את** בניכמה תצוומ למען תחזקו (XIII) 4Q**364** 30,5
וירשתם]**את** הארץ אשר אתמ עברי[ם]שמה (XIII) 4Q**364** 30,6
[ותרא ש]רה **את** בן הגר המצרית א[שר ילדה (XIII) 4Q**365** 1,1
ה]חורטומים בלהטיהמה להוציא **את** הכנים (XIII) 4Q**365** 2,3
אליו]כוה אמר יהוה שלח **את** עמי ויעובדוני (XIII) 4Q**365** 2,7
ובע]מכה ובביתכה **א**[**ת**] / [הערוב (XIII) 4Q**365** 2,8
ו]אני ה[נני מחזק **א**]**ת** לבב פרעוה (XIII) 4Q**365** 6ai6
א]ת לבב פרעוה ו**את** לב[מצר]ים (XIII)
עזה כול הלילה וישם]**את** הים (XIII) 4Q**365** 6ai13
וישב] / [יה]וה עליהמה ⟦ ⟧ **את** מימי הים (XIII) 4Q**365** 6b,4
] / ויסע מושה **א**[**ת** ישרא]ל מים (XIII) 4Q**365** 6aii+6c,8
ושמרתה] **את** כול חוקותיו כול המחלים (XIII) 4Q**365** 6aii+6c,13
העליתנו ממצ]רים להמית **אות**נו ואת [ב]ניננו (XIII) 4Q**365** 7i2
להמית אותנו ו**את** [ב]ניננו [וא]ת מ[קני]נו (XIII)
אותנו ואת [ב]ניננו [ו**א**]**ת** מ[קני]נו בצמא (XIII)
וירא] / יתר חותן מושה **את** כול (XIII) 4Q**365** 7ii2
ולקחתה מן [האיל] **את** כול ה[ח]לב (XIII) 4Q**365** 9bii4
[האיל] את כול ה[ח]לב ו**את**[(XIII)
ו**את** הקרשים צפה / [זהב (XIII) 4Q**365** 12ai2
[וי]עשו **את** שמן המשוחה קודש (XIII) 4Q**365** 12a-bii6
את שמן המשוחה קודש ו**את** קטורת הסמים (XIII)
[וי]עשו **את** מזבח ההולה עצי שטים חמש (XIII) 4Q**365** 12a-bii7
היו ק]רנותיו ויצפו **אות**ו נחושת (XIII) 4Q**365** 12a-bii9
ויעשו **את** כול כלי המזבח את / [הסירות (XIII)
ויעשו את כול כלי המזבח **את** / [הסירות (XIII)
את / [הסירות ו**א**[**ת**] היעים ואת ה]מזרקות (XIII) 4Q**365** 12a-bii10
ואת ה]מזרקות ו**את** המזלגות ואת המחתות (XIII)
ואת המזלגות ו**את** המחתות כול / [כליו עשו (XIII)
[וי]עשו / **את** הבד[ים עצי שטים (XIII) 4Q**365** 12a-bii14
ויצפו אותם נחושת ויבי]או **את** הבדי[ם] (XIII)
]כאשר צוהו יהוה **את** מושה (XIII) 4Q**365** 12biii2
וירקעו **את** / [פחי הזהב ? פתילים לעשות (XIII) 4Q**365** 12biii3
ושש משזר כאשר צוה / יהוה **את** מ{{ות}}שה (XIII) 4Q**365** 12biii7
ויעשו **את** החושן ויעשו את החשן (XIII)
ויעשו **את** החשן כמעשי אפוד (XIII)
] / ו**את** השלך[ואת הינשוף (XIII) 4Q**365** 15a-b,2
את אלה מהמ[ה תואכלו את הארבה (XIII) 4Q**365** 15a-b,4
החרגול] / [למ]ינו ו**את** הח[ג]ב למינו[? (XIII) 4Q**365** 15a-b,5
כי[בס]וכות הושבתי **את** אבותיכם (XIII) 4Q**365** 23,2
בהוציאי **אות**ם מארץ מצר[י]ם אני יהוה (XIII)
וידבר מושה **את** מועדי יהוה אל בני ישראל (XIII) 4Q**365** 23,3
צו **את** בני ישראל לאמור בבואכמה (XIII) 4Q**365** 23,4
לי בארץ לערוך **אות**ם על מזבח העולה (XIII) 4Q**365** 23,6
אותם על מזבח העולה [ו]**את** העגל[י]ם[(XIII)
יקריבו **את** העצים שנים [(XIII) 4Q**365** 23,9
שונאיכם ונסתם ואין רוד]ף **את**כם[(XIII) 4Q**365** 25a-c,1
ושברתי **את** / [גאון עוזכם (XIII) 4Q**365** 25a-c,2
והכריתה את בהמת]כם והמעיטה **את**כם (XIII) 4Q**365** 25a-c,6

יברך] **את**כם אל ע[ליון ויאר פניו (XXXVI) 4Q**285** 8,4
יברכו בי]חד כולמה **את** שם קודשכה / [(XI) 4Q**286** 2,4
א]**ת** דברכה אמן אמן (XI) 4Q**286** 5,8
להל[ל] / [ולבר]ך **את** שם כבודכה (XI) 4Q**286** 7i7
[ו]הוסיפו לברך **את** אל [(XI) 4Q**286** 7i8
ואחר יזעמ[ו] **את** בליעל (XI) 4Q**286** 7ii1
את בליעל / ו**את** כול גורל אשמתו (XI) 4Q**286** 7ii2
חוזי אמ]תו ולהמיר **את** משפ[טי התורה] (XI) 4Q**286** 7ii12
וברכו]**את** שם כבוד אלוהותכ[ה (XI) 4Q**287** 2,8
ויברכו **את** שם קודשכה בברכות[(XI) 4Q**287** 3,1
א]תה בראתה **את** כולמה מחדש[(XI) 4Q**287** 3,4
ותמשל **את** האדם[(XI) 4Q**287** 4,2
ולהמיר] **את** משפטי [התורה (XI) 4Q**287** 6,11
]**את** ◦◦[ ]◦◦ ואל יושע לנ[פשו (XI) 4Q**288** 1,5
]ות **את** גבולה (XX) 4Q**298** 3-4ii3
] / המרה **את** דבר עושו ימחה שמו (XX) 4Q**299** 3aii-b,8
]המשיל **את**כם[י]שראל ואתכם[(XX) 4Q**299** 13a-b,2
]המשיל אתכם[י]שראל ו**את**כם[(XX)
]יע **את** אש[ר (XX) 4Q**299** 57,4
] / במשפט יריב **א**[**ת** (XX) 4Q**299** 59,2
הלוא **את**ו יא[הב (XX) 4Q**302** 2ii6
]◦◦◦ר ו**את**ו ישמר / [(XX)
ו**את** הארץ וכו[ל צבאם (XX) 4Q**304** 1
זר◦◦◦ אשר ישגו ולא יעשו **את**[המצות (XXXVI) 4Q**306** 1,1
] / **אות**ו כל אשר ברית י[שראל (XXXVI) 4Q**306** 1,3
] / ו◦◦רים **את** בשרו וירקו[(XXXVI) 4Q**306** 1,4
] / [וי]בקשו **את** התורה וא[ת] המ[צוה (XXXVI) 4Q**306** 2,3
[וי]בקשו את התורה ו**א**[**ת**] המ[צוה (XXXVI)
] / **את**ישראל בגו[ים]ל[(XXXVI) 4Q**307** 1,7
] להקביל **את**[(XXXVI) 4Q**332** 2,5
בקחתו **את** רבקה[בת בתואל (XIII) 4Q**364** 1a-b,4
] / **אות**ו תראה [(XIII) 4Q**364** 3ii1
ויגד ?] / לה **את** כול הדב[רים האלה ? (XIII) 4Q**364** 3ii5
ו]תקרא **את** / [שמו ? (XIII) 4Q**364** 4a,1
ותתן **או**]**ת**ה / [ליעקוב לאשה (XIII) 4Q**364** 4b+ei3
[עבדתי]**אות**כה[בהן ואלכה ? (XIII) 4Q**364** 4b-eii1
את]ה יד[עתה]**את** אש[ר עבדתיכה (XIII) 4Q**364** 4b-eii6
ויפרוץ לרוב ויברך] / [יהוה **או**]**ת**כה[לרגלי (XIII) 4Q**364** 4b-eii8
[תעשה]לי **את** [ה]דבר הזה[אשובה ארעה (XIII) 4Q**364** 4b-eii10
גם את השני (ו)גם **א**]**ת** הש[לישי (XIII) 4Q**364** 6,3
כי עבדכה ערב]**את** הנער[מעם אבי(ו) (XIII) 4Q**364** 10,3
]**אות**י ברעת (XIII) 4Q**364** 10,7
יכה איש את עבד]ו או **את** אמתו / [? (XIII) 4Q**364** 13a-b,7
מחוץ] / ל[פ]רכת ו**את** המנורה נכח השלחן (XIII) 4Q**364** 17,4
ה]מש[כן תימנה] / ו**את** השלחן תתן על צלעו (XIII) 4Q**364** 17,5
ה[ו]אל{{ה}} מ[ושה] / באר **את** התורה הזואת (XIII) 4Q**364** 20a-c,8
ויורידו א]לינו[וישיבו **א**]**ות**נ[ו דבר (XIII) 4Q**364** 21a-k,14
ותמרו] / **את** פי[יהוה אלוהיכם (XIII) 4Q**364** 21a-k,16
כאשר ישא איש] / **א**[**ת** בנו בכול הדרך (XIII) 4Q**364** 21a-k,23
לכמה את נחל זרד ונ]עבור **את** נח[ל] / [זרד (XIII) 4Q**364** 23a-bi14
] / [**א**]**ת** רוחו ואמץ[את לבבו (XIII) 4Q**364** 24a-c,1
[ארצו החל]ראש לרשת **את** א[רצו (XIII) 4Q**364** 24a-c,4
מלך חשבון] / [האמורי ו]**את** עמו מלחמה[(XIII) 4Q**364** 24a-c,5
]אלוהינו בידנו ונ[כ(ה)]**או**[**ת**ו ואת בניו (XIII) 4Q**364** 24a-c,7
ונ]ל[כ]וד **את** כול עריו ב[עת ההיא (XIII) 4Q**364** 24a-c,8
יואמר יהוה אלי אל ת]ירא **אות**ו (XIII) 4Q**364** 24a-c,18
אל ת]ירא אותו ו**את** כול עמו כ[י בידכה] (XIII)
ואת כול עמו]ו**את** כול ארצו וע[שית]ה לו (XIII) 4Q**364** 24a-c,19
עיניכה]הרואות **את** כול[אשר עשה יהוה ? (XIII) 4Q**364** 25a-c,7
לוא תיר]או **את**מה[כי יהוה אלוהיכם הוא] (XIII) 4Q**364** 25a-c,9

Text	Vol.	Ref.
חזק וא[מץ כ]י תנחיל את[העם הזה	(XXII)	4Q378 3ii+4,10
]שׁע את עמי / [	(XXII)	4Q378 13i4
] את הירד[	(XXII)	4Q378 21,3
]עולמים את לוי ידיד◦[	(XXII)	4Q379 1,2
ו]את ראובן ואת י[הודה	(XXII)	4Q379 1,3
ו]את ראובן ואת י[הודה	(XXII)	
וא]ת גד ואת דן וא[ת	(XXII)	4Q379 1,4
וא]ת גד ואת דן וא[ת	(XXII)	4Q379 1,4
וא]ת גד ואת דן וא[ת	(XXII)	
]ואת שמ[עון	(XXII)	4Q379 2,1
]את יהוה / [	(XXII)	4Q379 3i2
]את תדעו אשר אין ל[	(XXII)	4Q379 6,2
לדרך ואשענה עליך ואת[	(XXII)	4Q379 18,3
א[רור הא]יש אשר יב[נ]ה את [העי]ר הזאת	(XXII)	4Q379 22ii8
כלי חמס ושבו ובנו א[ת] / [העיר ה]זאת	(XXII)	4Q379 22ii11
מי ימלל את שם / יהוה וישמעו כל תהלת[ו]	(XI)	4Q380 1i7
] ואת חכמתו ואת דעת[ו	(XI)	4Q380 6,2
ואת חכמתו ואת דעת[ו	(XI)	
למנשה מלך יהודה בכלו אתו מלך אשור	(XI)	4Q381 33+35,8
נביאים להשכיל וללמד אתכם / [	(XI)	4Q381 69,4
וידברעמכם להשכיל אתכם ולהשיב ממעשי	(XI)	4Q381 69,5a
היד]עתה כי היום ◦◦◦◦ לוקח א[ת	(XIII)	4Q382 9,5
]את רבות וגדולות[	(XIII)	4Q382 12,2
] / שופט את[	(XIX)	4Q384 13,4
ראיתי רבים מישראל אשר אהבו את שמך	(XXX)	4Q385 2,2
ויאמר יהוה / אלי אני אראה[ ]את בני ישראל	(XXX)	4Q385 2,4
וי[ח]יו עם רב אנשים ויברכו את יהוה צבאות	(XXX)	4Q385 2,8
] / [ולהל]ל את יהוה צבאות	(XXX)	4Q385 3,3
]תחת דוני / שמח את נפשי ויתבהלו הימים	(XXX)	4Q385 4,2
הנ[נ]י גודד / את הימים ואת השני[ם	(XXX)	4Q385 4,5
הנ[נ]י גודד / את הימים ואת השני[ם	(XXX)	
]את איבו [	(XXX)	4Q385a 1a-bii2
הממלכה מיד ה]מחזיקים אות[ה	(XXX)	4Q385a 4,3
]ל[ ]את הדרך / [	(XXX)	4Q385a 11i5
]קאה את תע[בות	(XXX)	4Q385a 12,3
או]תם אל בית לא [בנו	(XXX)	4Q385a 12,4
]◦[ ]ל[ ]ואמרה[א]ת / [	(XXX)	4Q385a 15i5
] / את[	(XXX)	4Q385a 15ii2
וה]ורשתי את יון[	(XXX)	4Q385a 16a-b,4
ויקח את כלי בית אלהים את הכהנים	(XXX)	4Q385a 18ia-b,5
ויקח את כלי בית אלהים את הכהנים	(XXX)	
ויצום את אשר יעשו בארץ שביא[ם]	(XXX)	4Q385a 18ia-b,7
]ושמרו את ברית אלהי אבותיהם בארץ	(XXX)	4Q385a 18ia-b,9
דרשו את חקותי ואת מצותי שמ[רו	(XXX)	4Q385a 18ii8
דרשו את חקותי ואת מצותי שמ[רו	(XXX)	
ראיתי רבים מישראל אשר אהב]ו את שמך	(XXX)	4Q386 1i1
ויאמר יהוה אלי אני אראה א]ת בני ישראל	(XXX)	4Q386 1i3
יהוה בן בליעל יחשב לענות את עמי	(XXX)	4Q386 1ii3
] ואת / הרשע אהרג במף	(XXX)	4Q386 1ii5
ואת בני אוציא ממף	(XXX)	4Q386 1ii6
את מועדי בריתי]ותחלל[ו]את [שמי	(XXX)	4Q387 1,3
ביד אי[ב]כם ואשמה[ ]את[ארצכם] / [	(XXX)	4Q387 1,7
והארץ]רצתה את ש[ב]תו[תי]ה בהשמה[	(XXX)	4Q387 1,8
א[קרע]את הממלכה מיד המחזיקים	(XXX)	4Q387 2ii5
הממלכה מיד המחזיקים / אתה	(XXX)	4Q387 2ii6
מעם בימו אשבר את ממלכת [מצרים	(XXX)	4Q387 2iii1
] / [את מצרי]ם ואת ישראל אשבר	(XXX)	4Q387 2iii2
[והש]מותי א[ת]ה[א]רץ ורחקתי את האדם[	(XXX)	4Q387 2iii3
הש]מותי א[ת]ה[א]רץ ורחקתי את האדם[	(XXX)	
ועזבתי] / [ ]את הארץ ביד מלאכי המשטמות	(XXX)	4Q387 2iii4

Text	Vol.	Ref.
ויסרתי]אתכמ{{ה}} שבע על חטאותיכם[	(XIII)	4Q365 25a-c,13
והש]מותי את במותיכם והכרתי את[חמניכם]	(XIII)	4Q365 25a-c,14
והכרתי את[חמניכם] / [ונתתי את פגריכם	(XIII)	
גל(ו)ליכ]ם וגעלה נפשי אתכם	(XIII)	4Q365 25a-c,15
ונתתי א[ת עריכם חורבה]	(XIII)	
שא את רו[א]ש עדת ב[ני ישראל]	(XIII)	4Q365 26a-b,5
תפקוד אותם לצבאותם אתה ואהרון	(XIII)	4Q365 26a-b,7
וא[תכם] / [יהיו איש איש] למטה	(XIII)	4Q365 26a-b,7
] / [החצר ו]את מסך פתח החצר	(XIII)	4Q365 27,1
בי]ום כלות מושה להקים את המ[שכן	(XIII)	4Q365 28,5
על רואש הפרים וע]שה את / [	(XIII)	4Q365 30,2
[וביום ?] את המשכן כ[סה הענן	(XIII)	4Q365 31a-c,3
האנשים אשר שלח] / [מושה לת]ור את הארץ	(XIII)	4Q365 32,3
וישלח אותם] / [מושה]לתור את ארץ כנען	(XIII)	4Q365 32,4
וראית]ם את הארץ מה היאה	(XIII)	4Q365 32,5
את הארץ מה היאה ואת העם היושב עליה	(XIII)	
וי]תורו את הארץ ממדבר צין עד	(XIII)	4Q365 32,10
ויבואו עד נחל אשכול וירגלו אותה	(XIII)	4Q365 32,12
ויוצ(י)א מושה] / את כול[המטות	(XIII)	4Q365 35ii7
וירש או[תה והיתה לבני ישראל	(XIII)	4Q365 36,2
]◦ והיו אוכלים את ◦חטאות / [	(XIII)	4Q365a 2i6
]◦ה את הבית אשר תבנה[	(XIII)	4Q365a 3,1
תב]נה את הקיר שבע א[מות	(XIII)	4Q365a 3,3
] / את החשבונים[	(XIII)	4Q365a 5ii1
] / חשבון ואת[	(XIII)	4Q365a 5ii2
? החי וחצ]ו את כספו / [וגם את המת	(XIII)	4Q366 1,1
אשר הו]צאתי אותם מארץ מצ[רים	(XIII)	4Q366 2,7
ואת הכוס ואת ה[ינשוף	(XIII)	4Q366 5,2
ואת הכוס ואת ה[ינשוף והתנשמת	(XIII)	
האנפה למינו ואת ה[דוכיפת והעטלף	(XIII)	4Q366 5,3
וחללת א]ת שם אלהיך[אני יהוה	(XIII)	4Q367 2a-b,11
ואיש אשר ישכב]את / [זכר משכבי אשה	(XIII)	4Q367 3,3
ואתה לא הודעתני]את אשר תשלח עמי	(XXVIII)	4Q368 1,5
הנני גורש מפניכם את / [האמרי והכנעני	(XXVIII)	4Q368 2,2
ויזנו א]ת בניך אחרי אלוהיהם / [אלהי	(XXVIII)	4Q368 2,8
גוים מפניך והרחבתי א]ת	(XXVIII)	4Q368 2,16
] את פי יהוה אלהיכם	(XXVIII)	4Q368 9,2
כבדו אותו וחרדו מ[	(XXVIII)	
]תוכם וא[ת]לבם	(XXVIII)	4Q368 9,3
ויברכו את שמ [קדש]ו והני הם	(XIX)	4Q370 1i2
וא]ת קשתו נתן[בענן ל]מען	(XIX)	4Q370 1i7
ישר]אל ישמידו א[ותם מארץ] / [	(XXVIII)	4Q371 1a-b,2
במה על הר גובה להק]ניא את י[שר]אל	(XXVIII)	4Q371 1a-b,11
] / את עושה[ ]◦◦ה זרים[	(XXVIII)	4Q372 1,2
] / ואת הכמרים וכבדו את עבדי[	(XXVIII)	4Q372 1,3
ואת הכמרים וכבדו את עבדי[הפסל	(XXVIII)	
ויפץ] / אתם בכל הארצות ובכל[	(XXVIII)	4Q372 1,5
] / ישראל וישמד אתם מארץ[ ]ץ[	(XXVIII)	4Q372 1,6
וישימו את] / ירושלים לעיים ואת הר אלהי	(XXVIII)	4Q372 1,8
במה על הר גבה להקניא את ישראל	(XXVIII)	4Q372 1,12
[נתן] / ביד בני נאכר אכלים את כחו	(XXVIII)	4Q372 1,15
אכלים את כחו ושברים את כל עצמיו	(XXVIII)	
כי אתה בורר את האמת ואין בידך	(XXVIII)	4Q372 1,18
] / את אלהי ואגיד חסדי[ך	(XXVIII)	4Q372 1,25
ה]ר הבשן ש◦[ ] ואת כל ערי[	(XXVIII)	4Q372 2,9
]◦◦◦◦ ואת דמם ידרוש מידם	(XXVIII)	4Q372 3,11
]ם להם את כל / [	(XXVIII)	4Q372 11,2
]ו את הא[	(XXVIII)	4Q372 18,5
] / כל עבדיו את עוג א[	(XXVIII)	4Q373 1a+b,2
ודרש את[כול המצוות] / יהוה	(XIX)	4Q375 1ii7

ורעה כי על [אלה]אנחנו נותנים א[ת	(X)	4Q397 14-21,9
]זכור את מלכי ישרא[ל] והתבנן במעשיהמה	(X)	4Q398 11-13,6
כי על כול אלה אנחנו נות]נים את / [	(X)	4Q398 14-17i1
מלפניו שיתקן / את עצתך והרחיק ממך	(X)	4Q398 14-17ii5
א]ת יהוה [אלוהיכם	(XXXVI)	4Q408 2,1
]אליכם שמה לעשות א[ת	(XXXVI)	4Q408 3+3a,2
ב]כל גבורה הנחה להוצי את[	(XXXVI)	4Q408 3+3a,7
ברתה את הבקר אות להופיע ממשלת אור	(XXXVI)	4Q408 3+3a,8
לעבדתם לברך את שמ קדשך בראתם	(XXXVI)	4Q408 3+3a,9
בר[ת]ה את הערב אות להופיע ממשלת[	(XXXVI)	4Q408 3+3a,10
בר]ך את שם קודשו	(XXIX)	4Q409 1i7
בר]ך את אדון הכול / [	(XXIX)	4Q409 1i8
ועתה אני את א[דני]ברוח / [ראיתי	(XXXVI)	4Q410 1,7
] / ידעתי את [	(XX)	4Q411 1ii6
כי באהבת]אל את איש הרבה לו נחלה	(XX)	4Q413 1-2,2
כיא אתה עשיתה אתי ע[	(XXXV)	4Q414 13,1
]את כ[ו]ל[	(XXXV)	4Q414 22,2
]ואת רוחו בא[	(XXXIV)	4Q415 24,2
] / את אביו [ו]את אמו	(XXXIV)	4Q416 2iv1
את אביו [ו]את אמו וד◦ב[ק באשתו	(XXXIV)	
] / אותכה המשיל בה ותש[	(XXXIV)	4Q416 2iv2
אמת וברז נהיה / פרש את אושה ומעשיה ◦◦◦[	(XXXIV)	4Q417 1i9
וכול[א]ת כ[ו]ל◦◦בא◦[פ]רש למ[ב]ינתם	(XXXIV)	4Q417 1i10
וגם את רוחו לא תבלע כיא בדממה	(XXXIV)	4Q417 2i3
פיהו יהיה כול ואת אשר יטריפכה אכול	(XXXIV)	4Q417 2i20
]אחר ואותכה המש[יל בה	(XXXIV)	4Q418 10a-b,5
] את צורב[	(XXXIV)	4Q418 37,3
] / יודיע את אשר ל[ו] ואת הט[	(XXXVI)	4Q419 1,4
יודיע את אשר ל[ו] ואת הט[	(XXXVI)	
א]ותו ליסרו / [	(XX)	4Q421 1ai6
]ב את ה[	(XIII)	4Q422 II,2
להציל את נוח]ואת בניו א[שתו ונשי	(XIII)	4Q422 II,4
א]ותם / [ו]ישלח להמה	(XIII)	4Q422 III,3
א]ותם / [ו]ישלח להמה את מו[שה	(XIII)	4Q422 III,4
דברו / אל פרעוה לשלח א[ת עמם	(XIII)	4Q422 III,7
ו]יחזק את לב[ו ל]חטוא למען דעת	(XIII)	
ב[בתי]הסה בלירא[ה] איש את אחיו[	(XIII)	4Q422 III,9
ויח[זק]אל את לב [פרעו]ה לבלתי[ש]לח[ם	(XIII)	4Q422 III,11
] את דרכו[	(XIII)	4Q422 C,1
]את צדקתו / [	(XIII)	4Q422 L,1a
]ה את משפט קורח	(XXXIV)	4Q423 5,1
]ואת[	(XXXIV)	4Q423 22,1
]אותם[	(XX)	4Q426 2,3
]ה א[ת] אשר ◦[	(XX)	4Q426 5,3
ברכי נפשי את אדוני {{מ}}על כול נפלאותיו	(XXIX)	4Q434 1i1
כי הציל נפש אביון ואת / ענו לא בזא	(XXIX)	
ויפקח עיניהם לראות את דרכיו	(XXIX)	4Q434 1i3
גם הוא הגישם כי ערבו את רוחם	(XXIX)	4Q434 1i11
להב◦[ ] את חרונו ◦[ ]ה בהם	(XXIX)	4Q434 1i13
וירצו את עונם ואת עון אבותם	(XXIX)	4Q434 1ii3
וירצו את עונם ואת עון אבותם	(XXIX)	
אברכה את / [	(XXIX)	4Q434 2,9
ותבט א[ת כול] / [דרכיכה	(XXIX)	4Q436 1ii1
[ברכי]נפשי את אדוני על כול נפל[אותיו	(XXIX)	4Q437 1,1
נפשי ובמשכל]צדקה חיית את רוחי	(XXIX)	4Q437 2i13
אברך בכ[ול מאודי] את אדוני	(XXIX)	
אותך אדוני זכרתי ונסמך לבי	(XXIX)	4Q437 2i14
ותעב[יר ממני א]ת / [רוח ◦מחיתה	(XXIX)	4Q437 4,5
] כ[י] את כבודך / אלה אבר[ך	(XXIX)	4Q438 4ii6a
הו]ריעני את כול זואת / [	(XXIX)	4Q442 2
האות ביום עזבי את הארץ[בהשמה]	(XXX)	4Q387 2iii5
במעלם אשר[מעלו] לחלל את ש[ם קדשי	(XXX)	4Q387 A,1
א]ת הנהר / [	(XXX)	4Q387a 6,2
ו]יראו את ה◦[	(XXX)	4Q388 6,8
[ראיתי רבים מי]שראל אשר אהבו את ש[מך	(XXX)	4Q388 7,4
]ה אתם כ[	(XXX)	4Q388a 2,5
עזבתנו אלהינו ותמאסו] את חקותי[	(XXX)	4Q388a 3,4
ובימ[ו אעביר] / את ישראל מעם	(XXX)	4Q388a 7ii4
בימו אשבור את מלכות מצרים[	(XXX)	
] / את מצרים ואת ישראל אשבור	(XXX)	4Q388a 7ii5
] / את מצרים ואת ישראל אשבור	(XXX)	
[והשמותי את הארץ] / ורחקתי את האדם[	(XXX)	4Q388a 7ii6
רחקתי את האדם[ו]עזבתי את הארץ בה[שמה	(XXX)	
א]ת שני המ[	(XXX)	4Q388a F,1
וא]רים ראשיכם בהוציאי א[תכם מארץ מצרים	(XXX)	4Q389 2,2
] להם ואת אשר גמלוני ואשאם[	(XXX)	4Q389 2,3
] ואת בניהם הבאתי אל ה[ארץ	(XXX)	4Q389 2,6
[גרפן ועשה תעבות וקרע]תי את מ[מלכתו	(XXX)	4Q389 8ii1
[כי] עזבתי את הארץ ברום לבבם	(XXX)	4Q389 8ii6
מעם[בימו] אשבור א[ת מ]מלכת / [מצרים	(XXX)	4Q389 8ii10
ויעשו גם הם את הרע בעיני ככל	(XXX)	4Q390 1,4
מארץ שבים לבנות / את המקדש	(XXX)	4Q390 1,6
] / [וא]ת[ ]בית[י ומזבחי וא]ת	(XXX)	4Q390 2i2
]בית[י ומזבחי וא]ת מקדש הקד[ש	(XXX)	
ו]ביובל ההוא יהיו / מפרים את כול חקותי	(XXX)	4Q390 2i5
מפרים את כול חקותי ואת כל מצותי	(XXX)	
ואת כל מצותי אשר אצוה א[ותם	(XXX)	
לר[ע]הו יגזולו ויעשוקו איש את רעהו	(XXX)	4Q390 2i9
את מקדשי יטמאו / [את שבתותי	(XXX)	
[את שבתותי יחללו]את[מו]עדי יש[כח]ו	(XXX)	4Q390 2i10
יש[כח]ו ובבני[נכר]יחלל[ו]את זר[ע]ם	(XXX)	
]הם ואת / [	(XXX)	4Q390 2i11
] / [יח]ללו בה ו[א]ת מזב[ח	(XXX)	4Q390 2ii11
] / ואת ארצך לכ[	(XIX)	4Q391 2,2
]את שכרך ותת[	(XIX)	4Q391 4,2
] את כחו א[	(XIX)	4Q391 4,3
]רפא אתכמ[	(XIX)	4Q391 12,2
]את כל[	(XIX)	4Q391 17,2
א]תכמ מ[	(XIX)	4Q391 24,3
]את המון[	(XIX)	4Q391 31,2
]ן אליו את[	(XIX)	4Q391 52,3
]שבי[ ]◦[ ]ל[ ]◦ אותמ[	(XIX)	4Q391 55,6
] / ומגיע[י]ם בה א[ת]יהם וסט[מאים אותה	(X)	4Q394 3-7i7
זבח] / השל[מים] שמניחים אותה מיום ליום	(X)	4Q394 3-7i13
בשל שלוא י[היו] / מסיא[י]ם את העם עוון	(X)	4Q394 3-7i16
פרת החטאת / השוחט אותה והסורף אותה	(X)	4Q394 3-7i17
והסורף אותה והאוסף [א]ת אפרה	(X)	
והסורף אותה והאוסף [א]ת אפרה	(X)	
[א]ת אפרה והמזה את [מי] / החטאת	(X)	
בשל שלוא יהיו] / משיאים את העם עוון	(X)	4Q394 3-7ii14
החטאת ו]מוציאים את דשא / [ה]מזבח	(X)	4Q394 3-7ii18
] / אות[ה במרק זבחם	(X)	4Q395 3
והסורף אותה והאוסף] / את אפ[רה]	(X)	4Q395 9
את אפ[רה] והמזה את[מי החטאת	(X)	
חושבים שאין לזבוח א]ת האם ואת הולד	(X)	4Q396 1-2i2
לזבוח א]ת האם ואת הולד ביום אחד	(X)	
האוכל אנח]נו חושבים שאיאכל את הולד / [	(X)	4Q396 1-2i3
[והם]מתוככים ומטמאי[ם]את זרע[הקודש	(X)	4Q396 1-2iv10
את זרע[הקודש ואף] / את [זרע]ם עם הזונות	(X)	4Q396 1-2iv11
[הבהמה] הטהורה [הנוש]א א{ו}ת{{ה}} נבלתה	(X)	4Q397 1-2,3

לאבותינו בהמרותם **את** פיכה	(VII)	4Q**504** 1-2ii8
ותחס / עליהמה באהבתכה **אותם**	(VII)	4Q**504** 1-2ii9
בעד חטאתם ולמען דעת **את** כוחכה הגדול	(VII)	4Q**504** 1-2ii10
את כוחכה הגדול ו**את** רוב חסדכ[ה]	(VII)	
וזכרתה / **את** נפלאותיכה אשר עשיתה לעני	(VII)	4Q**504** 1-2ii12
ותיסרנו כיסר איש **את** / בנו	(VII)	4Q**504** 1-2iii6
ותרב{{רנו}} ⟦ ⟧ **אות**נו בשני דורותינו / [	(VII)	4Q**504** 1-2iii7
]מת בריתכה כיא **אות**נו בחרתה לכה / [לעם	(VII)	4Q**504** 1-2iii9
עלכן שפכתה אלינו **את** חמתכה	(VII)	4Q**504** 1-2iii10
כיא אהבתה / **את** ישראל מכול העמים	(VII)	4Q**504** 1-2iv5
וכול הגוים ראו **את** כבודכה	(VII)	4Q**504** 1-2iv8
כו{{ו}}ל חמדת ארצם לכבד **את** עמכה	(VII)	4Q**504** 1-2iv11
לכבד את עמכה ו**את** / ציון עיר קודשכה	(VII)	
ולו געלתה **את** ישראל / לכלותם	(VII)	4Q**504** 1-2v7
ותחון **את** עמכה ישראל בכול / [ה]ארצות	(VII)	4Q**504** 1-2v11
[כי]א יצקתה **את** רוח קודשכה עלינו	(VII)	4Q**504** 1-2v15
כיא / אתה עשיתה **את** כול אלה	(VII)	4Q**504** 1-2vi4
אשר נכנע לבנו רצינו **את** עווננו	(VII)	4Q**504** 1-2vi5
רצינו את עווננו ו**את** עוון / אבותינו	(VII)	
לוא געלה נפשנו להפר / **את** בריתכה	(VII)	4Q**504** 1-2vi8
אשר השלחתה בנו **את** אויבינו	(VII)	
כיא אתה / חזקתה **את** לבבנו	(VII)	4Q**504** 1-2vi9
והצילה **את** עמכה ישר[אל מכול] / הארצות	(VII)	4Q**504** 1-2vi12
ברכו] / **את** שם קודשו תמיד בש[	(VII)	4Q**504** 1-2vii5
]ויברא **את** / [	(VII)	4Q**504** Verso 2vii5
]**את** רוח [	(VII)	4Q**504** 4,20
]תה מישר **את** / [	(VII)	4Q**504** 7,1
]ך **אות**נ[ו	(VII)	4Q**504** 12,2
]**את** ארצכה / [	(VII)	4Q**504** 26,6
] **את** מנו[	(VII)	4Q**504** 47,2
] / **אות**כ[ה	(VII)	4Q**509** 12ii4
]א◦ ו**את** ◦◦◦[	(VII)	4Q**509** 58,4
] **את** שגר [	(VII)	4Q**509** 131-132ii11
] **את** בריתכ[ה	(VII)	4Q**509** 188,2
]◦◦[ ]ו**אות**כ[	(VII)	4Q**509** 198,1
] / **את** אלה לוא יעשה[ ]אדם[	(VII)	4Q**511** 30,6
ואיכה]יוכל איש לתכן **את** ריח[אלוהים]	(VII)	
]**אות**ם [	(VII)	4Q**511** 69,2
] **את** בגדיו ו[	(VII)	4Q**512** 36-38,11
]מה ונתון **את**[י]דו לש[	(VII)	4Q**512** 21-22,1
]**את** ה[	(VII)	4Q**512** 23,3
]**את** כול / [	(VII)	4Q**512** 15i-16,6
]◦[ו]כבס **את** בגדיו במ[ים ורחץ	(VII)	4Q**512** 11,3
] / וכסה **את** בגדיו וברך ע[ל ברכיו	(VII)	4Q**512** 11,4
י]ברך **את**[אל	(VII)	4Q**512** 17,1
] / **את** כול הד[ברים האלה יעשה	(VII)	4Q**512** 7-9,1
ואחר[יוזה עליו] / **את** מימי ה[ז]ית לטהרו	(VII)	4Q**512** 1-6,6
מימי ה[ז]ית לטהרו ו**את** כול[	(VII)	
ואח[ר ה]וזותו **את** מימ[י הזיה יברך	(VII)	4Q**512** 1-6,7
]**את** מעשיהם ואת[	(VII)	4Q**512** 1-6,15
]את מעשיהם ו**את**[	(VII)	
] / [ו**א**]**ת** בני ישראל [	(VII)	4Q**513** 10ii2
] / **אות**ם בט[	(VII)	4Q**513** 10ii4
] / [ו]**את** הש◦[	(VII)	4Q**513** 10ii5
]בה **את** המקדש[	(VII)	4Q**513** 20,3
ואחר יא{{ת}}‹‹כ››לו **את** לחמם	(VII)	4Q**514** 1i6
ואחר יאכלו **את** לחמם / כמ[שפט	(VII)	4Q**514** 1i9
] / ו**את**[	(XXV)	4Q**521** 1ii9
הלוא בזאת תמצאו **את** אדני כל המיחלים	(XXV)	4Q**521** 2ii+4,4
כי יכבד **את** חסידים על כסא מלכות	(XXV)	4Q**521** 2ii+4,7
אויבינו ו◦[ ]◦ביך **את** כול ◦[	(XXIX)	4Q**449** 1,5
]**את** גבורות א[	(XXIX)	4Q**452** 2
] בכל אמנה הגידו **את** ◦[	(XXXVI)	4Q**455** 2
]לוא ידעו **את**[	(XXXVI)	4Q**458** 1,4
חר]ב מחרבת ויך **את** עצ הרשע / [	(XXXVI)	4Q**458** 1,9
] / ויאבדהו ו**את** חילו[	(XXXVI)	4Q**458** 2ii3
] / ותבלע **את** כל הערלים ותק◦◦[	(XXXVI)	4Q**458** 2ii4
]מים **את** [	(XXXVI)	4Q**458** 7,1
] / ידעו **את** אדני אלהי[הם	(XXXVI)	4Q**459** 1,2
]ד ויקרא **את** שמו ◦[	(XXXVI)	4Q**460** 7,4
] וראה יהוה **את** שיבתם א[	(XXXVI)	4Q**461** 1,10
את שם ו**א**]**ת** חם ואת יפת[	(XIX)	4Q**462** 1,2
את שם וא]ת חם ו**את** יפת[	(XIX)	
אשר מאחד ימלא **את** המים ואת הארץ[	(XIX)	4Q**462** 1,8
מאחד ימלא את המים ו**את** הארץ[	(XIX)	
]ל **את** הממשלה לבדו עמו היה	(XIX)	4Q**462** 1,9
]◦ם ו**את** אשר עשתה לה כן טמאת	(XIX)	4Q**462** 1,17
ויזכור **את** {{ישרא}} ירושלם ה◦[	(XIX)	4Q**462** 1,19
ויזכור אל **את** דברו אשר אמר ⟦ ⟧[	(XIX)	4Q**463** 1,1
]**את** אויביהמה עליהמ[ה	(XIX)	4Q**463** 2,5
]◦ר אמר לתת לו **א**[**ת** הארץ	(XIX)	4Q**464** 7,3
ה]רוג **את** רוב הגבר[ים	(XXXVI)	4Q**468**e 2
] **את** הארץ / [	(XXXVI)	4Q**468**f 2
]◦◦ לעשות ולהעשות **את** כל התורה / [	(XIX)	4Q**470** 1,4
] / **את** כול רעו מש[מ]רי פני מלך	(XXXVI)	4Q**472** 1,4
] / פלא **את**[	(XXII)	4Q**473** 1,2
ל]שא[ו]ל **את** יהוה כיא[י]ת[ן לה]בן[	(XXXVI)	4Q**474** 4
בתוכם והגיד להמה **את** כול ה[משפטים ?]	(XXXVI)	4Q**475** 3
]לבן אהוב וידרישו **את** כולה וצ[דקה ?]	(XXXVI)	4Q**475** 7
ל]הזכיר **את** נעותם וא[ת	(XXXVI)	4Q**477** 1,2
ל]הזכיר את נעותם ו**א**[**ת**	(XXXVI)	
נפשמה ולהוכיח **א**[**ת**	(XXXVI)	4Q**477** 2i2
ו]**את** יוחנן בן אר[	(XXXVI)	4Q**477** 2ii3
ו**את** חנניה נותוס הוכיחו אשר הואה[	(XXXVI)	4Q**477** 2ii5
] / [להע]כיר **את** רוח היח[ד ו]גם לערב	(XXXVI)	4Q**477** 2ii6
היח[ד ו]גם לערב **א**[**ת**	(XXXVI)	
]ורו וגם אוהב **את** שיר בשרו [ולא הוכיחו	(XXXVI)	4Q**477** 2ii8
ו**את** חנניה בן שמ[עון הוכיחו	(XXXVI)	4Q**477** 2ii9
וג]ם אוהב **את** טוב[הצואר	(XXXVI)	4Q**477** 2ii10
]◦ ולא ישכח **את**[	(XXII)	4Q**478** 3
] / **את** עבודת[	(XXII)	4Q**479** 1,3
] / ו**את** [	(XXII)	4Q**479** 1,8
]◦ כמדבר ו**את** / [	(XXII)	4Q**481**b 4
]◦ ואהיה עמו ו**את**[	(XXII)	4Q**481**d 3,3
ומלאה המ[ע]רכה השנית **את** עונתה ושבו	(VII)	4Q**491** 1-3,16
] / וחזק **את** ידיהמה בגבורות פלאו	(VII)	4Q**491** 10ii14
ואמץ] / [**א**]**ת** ידיהמה במלחמתו	(VII)	4Q**491** 11ii12
]ה ורוממו **את** גבורות[	(VII)	4Q**491** 16,5
על חללי[כתיים והללו שם]**את** אל ישראל	(VII)	4Q**492** 1,12
ואחרי כן יפתחו **א**[**ת**] הש[ערי]ם	(VII)	4Q**493** 2
את[כול אלה	(VII)	4Q**496** 7,2
] / עם[אל ו]**א**[**ת** שם ישראל]	(VII)	4Q**496** 10,4
ו]א[ת שם ישראל] ו**את** [שם] הנשי [ו]ארו[ן	(VII)	
לאין ש]ארי[ת ו]**את**[שם--]	(VII)	4Q**496** 16,6
] **אות**ו 10 [	(VII)	4Q**498** 15,1
מברך]**את** אל ישראל [ ]ה / [	(VII)	4Q**502** 6-10,14
]**את** כו[ל	(VII)	4Q**502** 13,1
יב]רכו **את** אל ישראל[	(VII)	4Q**502** 105-106,1
]יברכו **את**[	(VII)	4Q**503** 27,4
] / ו**אות**ו [	(VII)	4Q**503** 40ii-41,1

Text	Vol.	Reference
] / ואת חק חסד{{יך}}ך ואתר אותם	(XXV)	4Q521 2iii1
את חק חסד{{יך}}ך ואתר אותם ב[	(XXV)	4Q521 2iii1
] / ואת שבט[ו ו]רממו[	(XXV)	4Q521 2iii6
]ראו [א]ת כל א[שר עשה	(XXV)	4Q521 7+5ii1
כ]ל[כם]העושים את הטוב לפני אדנ[י	(XXV)	4Q521 7+5ii4
יהי[ו כאשר] / [יקי]ם המחיה את מתי עמו	(XXV)	4Q521 7+5ii6
]את אדם / [	(XXV)	4Q521 8,6
בר]ך את אדני / [	(XXV)	4Q521 8,11
א]ת ביתו[	(XXV)	4Q522 2,1
]את יושב [	(XXV)	4Q522 2,2
]את הארץ לה[	(XXV)	4Q522 7,3
ושמע[ו] [את ההר ו]את הנג[ב	(XXV)	4Q522 8,1
ודן לוא הכה גם הוא את[	(XXV)	4Q522 8,2
]וישכר את בית שן ואשר א[ת] ה[	(XXV)	4Q522 8,3
]וישכר את בית שן ואשר א[ת] ה[	(XXV)	
את צ]ידון ואת כב[ו]ל[	(XXV)	4Q522 8,4
]ם ואת עין קבוצות את צוף	(XXV)	4Q522 9i+10,2
]ם ואת עין קבוצות את צוף	(XXV)	
וזבולון את] בקע{{ת}} ואת בית צפור את / [	(XXV)	4Q522 9i+10,3
את] בקע{{ת}} ואת בית צפור את / [	(XXV)	
ו]כו את כול בקעת מצפא את / [	(XXV)	4Q522 9i+10,4
ו]כו את כול בקעת מצפא את / [	(XXV)	
ו]את היכלים את יעפור ואת / [	(XXV)	4Q522 9i+10,5
ו]את היכלים את יעפור ואת / [	(XXV)	
ו]את היכלים את יעפור ואת / [	(XXV)	
]בא ואת מנו את עין כובר	(XXV)	4Q522 9i+10,6
]בא ואת מנו את עין כובר	(XXV)	
אש]ר גרים את חדיתא ואת עושל / [	(XXV)	4Q522 9i+10,7
אש]ר גרים את חדיתא ואת עושל / [	(XXV)	
וי]הודה את באר שבע [וא]ת בעלות / [את	(XXV)	4Q522 9i+10,11
וי]הודה את באר שבע [וא]ת בעלות / [את	(XXV)	
ו]את קעילה את עדולם ואת / [	(XXV)	4Q522 9i+10,12
ו]את קעילה את עדולם ואת / [	(XXV)	
ו]את קעילה את עדולם ואת / [	(XXV)	
את]גזר ואת תמנו ואת גמזון	(XXV)	4Q522 9i+10,13
את]גזר ואת תמנו ואת גמזון	(XXV)	
ואת תמנו ואת גמזון ואת / [	(XXV)	
]חקר וקטר[ון] ואפרנים ואת שכות / [	(XXV)	4Q522 9i+10,14
חורון התחת[ו]ן והעל[יון]את / [	(XXV)	4Q522 9i+10,15
א]ת גולת עליונה [וא]ת התח[תונ]ה	(XXV)	4Q522 9i+10,16
א]ת גולת עליונה [וא]ת התח[תונ]ה / [	(XXV)	
לבו]א[לצי]ון להשכין שם את אהל מו[עד	(XXV)	4Q522 9ii2
והואה יקח] / את סלע ציון ויורש משם	(XXV)	4Q522 9ii4
ויורש משם את כל האמורי מיר[ושלם	(XXV)	
לבנות את הבית ליהוה אלוהי ישראל	(XXV)	4Q522 9ii5
לוא דרשתי א[ת מ]שפט ה[אורים והתומים	(XXV)	4Q522 9ii10
ועתה נ[ש]כינה את א[הל מ]ועד	(XXV)	4Q522 9ii12
וישו]ע את א[הל מו]עד מבית [אל	(XXV)	4Q522 9ii13
] אותם ולוא ◦[	(XXV)	4Q522 11,2
]תסוב[בו]ן את[	(XXV)	4Q523 1-2,8
והכום לפי חרב ונ]שא א[ת שללמה	(XXV)	4Q524 5,2
ונתתי [א]ת כול אויביו לפניו	(XXV)	4Q524 6-13,2
ונתן לכוהן] את האזרוע [עד עצם השכם	(XXV)	4Q524 6-13,6
הגואים] / [ויקלל את ע]מו את בני ישראל[	(XXV)	4Q524 14,4
איש] / [את בת בנו א]ו את ב[ת בתו	(XXV)	4Q524 15-22,5
טרם תשמע את מליהם ה[קשיבה	(XXV)	4Q525 14ii23
א]ת הכול א[שר	(XXV)	4Q577 4,4
] ואת קרדה את[	(III)	5Q9 1,2
] ואת קרדה את[	(III)	
]את צידון [	(III)	5Q9 2,1
]◦א ואת ◦[	(III)	5Q9 2,2
א]ת בית תפ[וח ?	(III)	5Q9 3,2
א]ת עין צידון [	(III)	5Q9 4,1
א]ת כוכבה ואת[	(III)	5Q9 5,1
א]ת כוכבה ואת[	(III)	
] ואת שרדי ואת[	(III)	5Q9 5,2
] ואת שרדי ואת[	(III)	
]ואת קטנ◦[	(III)	5Q9 6,1
]ד ואת צרדה[	(III)	5Q9 6,2
ל]מנות [א]ת הכול [	(III)	5Q10 1,5
]ואת לוי ה[ ]◦תה ותתן לו לאגוד / [	(III)	5Q13 2,7
א]ת אשר צו[ה	(III)	5Q13 9,2
א]ת הירדן ב[	(III)	5Q17 1,3
א]ת פלשתיים ◦◦[	(III)	6Q9 32,1
ו]ירא א֯ת[ ] ד[	(III)	6Q9 58,2
[עמדו מסיגי הגבול ו]יתעו את ישראל	(III)	6Q15 3,3
] / את עמי [	(III)	6Q21 2
שאגה נפשי להלל את שמכה להודות ברנה	(IV)	11Q5 XIX,8
גם אני את / שמכה אהבתי ובצלכה	(IV)	11Q5 XIX,11
ותן לי את שאלתי ובקשתי	(IV)	11Q5 XXIV,4
יהוה בתורתכה ואת משפטיכה למדני	(IV)	11Q5 XXIV,8
רבים מעשיכה ועמים יהדרו את כבודכה	(IV)	11Q5 XXIV,9
{{ה}}הראם את אשר לוא ידעו	(IV)	11Q5 XXVI,12
והגבעות לוא יגידו עלי העצים את דברי	(IV)	11Q5 XXVIII,6
את דברי והצואן את מעשי	(IV)	
ומי ידבר ומי יספר את מעשי אדון	(IV)	11Q5 XXVIII,7
שלח נביאו למושחני את שמואל / לגדלני	(IV)	11Q5 XXVIII,8
א]ת האר[ץ	(XXIII)	11Q11 I,6
]את השד[	(XXIII)	11Q11 I,10
אשר עשה] את השמים / [ואת הארץ	(XXIII)	11Q11 II,10
מי ע[שה את האותות] / [ואת המופ[תים האלה	(XXIII)	11Q11 III,3
יהוה הוא[ה אשר] / עשה את ה[אלה	(XXIII)	11Q11 III,4
משביע לכול מ[לאכיו] / [וא]ת כול זר[ע	(XXIII)	11Q11 III,5
ה[ק]צבו לפני[ו ויעיד א]ת / [כול הש]מים	(XXIII)	
]ותלד לו בן ויקרא את שמ[ו שת]	(XXIII)	11Q12 1,5
ויקח קין את אחות[ו] / [און לו לאשה	(XXIII)	11Q12 1,7
] / את חומ[ו]ת יהודה ובר[ ]ע[	(XXIII)	11Q13 III,9
יברך אתכם אל עליון ויאר פניו	(XXIII)	11Q14 1ii7
ויפתח לכם את / אוצרו הטוב אשר בשמים	(XXIII)	
[הנני גורש מפניכה] את הא[מורי ואת הכנעני]		11Q19 II,2
החתי ואת הגרגשי] ואת הפ[רזי ואת החוי		11Q19 II,3
ואת פסילי אל[והיהמה תשרופון] / [באש		11Q19 II,7
] ו{{י}}את כול כליו יעשו זהב טהו[ר		11Q19 III,8
מזבח] קטורת הסמים ואת השולח[ן		11Q19 III,10
א]מה ובאתה את האולם [		11Q19 IV,8
וחצו את כ[ול] האילים והסלים		11Q19 XV,4
ואת שתי] / הכליות ואת [ה]חלב [אשר עליהנה		11Q19 XV,7
ואת האלי[ה תמימה לעומת עציהה		11Q19 XV,8
ואת סלי הלחם ת[נופה לפני יהוה		11Q19 XV,12
מלא / י[דו] ל[ל]ב[ו]ש את הבגדים תחת אבי[הו		11Q19 XV,16
והקטיר א[ת חלב הפר הראישון		11Q19 XVI,6
החלב אשר על הקרב וא[ת יותרת הכבד		11Q19 XVI,7
ואת שתי] / [הכל]יות ואת החלב		11Q19 XVI,8
החלב אשר על] / הכסלים ואת מנחתו		11Q19 XVI,9
ואת מנחתו ואת נס[כו כמשפטמה		
ואת עורו עם פרשו ישרופו		11Q19 XVI,11
ואת[חלבו ואת] / [מנ]חתו ואת נ[סכו] יקט[י]ר		11Q19 XVI,17
ואת] / [מנ]חתו ואת נ[סכו] יקט[י]ר		11Q19 XVI,18
ע]שרי[ם] שנה ומעלה יעשו אותו		11Q19 XVII,8
כול מושבותיה]מה ואחר יעלו את האיל		11Q19 XVIII,9

מיום הֹביאכמה **את** העומר / [התנופה	11Q**19** XVIII,11
והקטירו] **את** עול[ת הבכורים ?] / [	11Q**19** XIX,2
מיום הביאכמה **את** המנחה חרשה ליהו[ה]	11Q**19** XIX,11
את הקרב] **ואת** כול החל[ב] אשר על הקֹ[רבים]	11Q**19** XX,5
על]הכליות יסירנה **ואת** החלב [אשר] ע[ליהנה]	11Q**19** XX,6
הכסלים **וא**]**ת** האליה לעומת העצה	11Q**19** XX,7
חרבה יקמוצו ממנה **את** / [אזכר]תֹהֹ	11Q**19** XX,10
ויֹקטירו על המזבח **ואת** הנותר מהמה יוכלו	11Q**19** XX,11
האי]לֹם ומן הכבשים **את** שוק הימין	11Q**19** XX,15
הכבשים את שוק הימין **ואת** החזה	
הימין ואת החזה **ואת** / [הלחיים	
ואת הקבה] **ואת** האזרוע עד עצם השכם	11Q**19** XX,16
עד עצם השכם ויניפו **אות**מה תנופה	
וֹשחטו בני לוי **אֹ**[**ת**	11Q**19** XXII,4
[וזר]קֹו [הכוהנים בני] אֹהֹרֹוֹן **את** דמם	11Q**19** XXII,5
וא]**ת** חלבמה יקֹטירו על מזבחֹ הֹ[עולה	11Q**19** XXII,6
ומן הכבשים תרומה ?] / **את** שוק הימין	11Q**19** XXII,9
את שוק הימין **ואת** חזי התנופה ולראשיֹתֹ[	
ולראשיֹתֹ[את האזרוע ו]**את** / הלחיים	
ו]את / הלחיים **ואת** הקבה לכוהנים יהיה	11Q**19** XXII,10
כמשפטמֹה וללויים / **את** השכם	11Q**19** XXII,11
וֹהֹ[קרי]ב הכוהן הגדֹ[ו]לֹ **אֹת**[עולת הלויים]	11Q**19** XXIII,9
ואחריה יקטֹיר **את** עולת מטה יהודה	11Q**19** XXIII,10
ושחטו לפניו **את** שעיר העזים לראישונה	11Q**19** XXIII,11
והעלֹה **אֹת** / דמו למזבח במזרק	
וזרק **את** דמו על יסו[ד] / עזרת המזבח	11Q**19** XXIII,13
יסו[ד] / עזרת המזבח סביב **ואת** חלבו יקטיר	11Q**19** XXIII,14
המזבח החלב המכסה **את** / הקרב	
המכסה את / הקרב **ואת** אשר על הקרבים	11Q**19** XXIII,15
ואת אשר על הקרבים **ואת** יותרת הכבד	
עם הכליות / יסירנה **ואת** החלב	11Q**19** XXIII,16
החלב אשר עליהמה **ואת** אשר על הכסלים	
ואת / [	11Q**19** XXIII,17
]**אֹת** הראוֹ[ש	11Q**19** XXIV,1
]ת **ואת** ה◦[	11Q**19** XXIV,2
וביום השלישי יעשה / **את** עולת ראובן לבד	11Q**19** XXIV,14
את עולת ראובן לבד **ואת** עולת שמעון לבד	
ותענו בו **את** נפשותיכמה כי כול הנפש	11Q**19** XXV,11
[ו]שחט **את** השעיר אשר על[ה עליו	11Q**19** XXVI,5
הגורל ליהוה והעלה] / **את** דמו בֹמזרק הזהב	11Q**19** XXVI,6
ואת חלבו ואת מנחת / נסכו	11Q**19** XXVI,7
ואת חלבו **ואת** מנחת / נסכו יקטיר על מזבח	
יקטיר על מזבח העולה **ואת** בשרו ואת עורו	11Q**19** XXVI,8
ואת בשרו **ואת** עורו ואת פרשו	
ואת עורו **ואת** פרשו / ישרופו אצל פרוֹ	
ורחץ **את** ידיו ואת רגליו	11Q**19** XXVI,10
ורחץ את ידיו **ואת** רגליו מדם החטאת	
והתודה על רואשו **את** כול עוונות בני ישראל	11Q**19** XXVI,11
ונשא השעיר **את** כול עוונות	11Q**19** XXVI,13
אחר יעשהֹ **את** הפֹר ואת ה[אי]ל	11Q**19** XXVII,3
אחר יעשהֹ את הפֹר **ואת** ה[אי]ל ואת[הכבשים	
הפֹר ואת ה[אי]ל **ואת**[הכבשים כמש]פטמה	
וקדשתמה **אות**ו לזכרון בכול מושבותיכ֯מ֯ה	11Q**19** XXVII,9
אשכין / עליו **את** כבודי	11Q**19** XXIX,9
אברא אני **את** מקֹדשי / להכינו לי	
ועשי]תה **את** מסבה צפון להיכל בית מרובע	11Q**19** XXX,5
יהיו מניחים [ש]םֹ עליהמה / **את** בגדיהמֹה	11Q**19** XXXII,11
]מֹם **ואתֹ**[	11Q**19** XXXIII,3
ולוא] / יֹהֹיֹוֹ מקדשים **אתֹ** עמֹי בֹבגדיֹ הקֹוֹדֹש	11Q**19** XXXIII,7
הכסף אשר יהיו מעלים במה **את** הקרבים	11Q**19** XXXIII,14
במה את הקרבים **ואת** / הֹרֹגלים על המזבח	11Q**19** XXXIII,14
] / [ופותח?]ים וסוגרים **את** הגלגלים	11Q**19** XXXIV,5
] / ואוסרים **אתֹ** רֹאֹשי הֹפֹרים אל הטבעות	11Q**19** XXXIV,6
אחר יהיו שֹוחֹטים **אות**מה	11Q**19** XXXIV,7
וֹיהיו כונסים **א**[**ת** הדם] במזרקות	
וֹזורקים **אותֹ**וֹ עֹל יסוד המזבח סביב	11Q**19** XXXIV,8
ופותחים / **את** הגלגלים וֹפֹוֹשטים את עורות	11Q**19** XXXIV,9
וֹפֹוֹשטים **את** עורות הפרים מעל לבשרסה	11Q**19** XXXIV,9
מעל לבשרסה ומנתחים / **אות**מה לנתחיהמה	11Q**19** XXXIV,10
וֹמולחים **את** הנתחים במלחֹ ומרחצים	
ומרחצים **את** / הקרבים ואת הכרעים	
ומרחצים את / הקרבים **ואת** הכרעים	11Q**19** XXXIV,11
ומולחים בֹמלח ומקטירים **אות**מה על / האש	
והקטירוֹ הכוהנים בני אהרון **את** הכול	11Q**19** XXXIV,13
אשר בה]מֹהֹ מלא **את** / ידיו גם המה יומתו	11Q**19** XXXV,6
וקדשת{{מ}}ה **את** סֹ[בי]ב למזבח ולהיכל	11Q**19** XXXV,8
] / [**א**]**תֹ** זבחֹיֹ שלמי בנֹי ישראל ◦◦◦◦◦	11Q**19** XXXVII,5
אשר יהיו מבשלים שמה **אֹתֹ** זבחיהמה	11Q**19** XXXVII,14
[ו]**את** הֹחטאות / [	
וכאשר ישאוֹ ממנוֹ **את** מחצית הֹש[ק]לֹ לי	11Q**19** XXXIX,10
]ללבוש **את** הב[גדים	11Q**19** XL,1
עד {{ע}}ה֯ע֯לות **את** עולת המועד	11Q**19** XLII,16
כי ככה יהיו אוכלים **אות**ו / מֹחג הבכורים	11Q**19** XLIII,5
יהיו אוכלים **את** הדגן / עד השנה השנית	11Q**19** XLIII,6
ימכרוהו בכסף והביאו **את** הכסף	11Q**19** XLIII,14
וחלקתה **את** [הנשכות וחדריהמה ?	11Q**19** XLIV,3
ומטהרים **את** / הנשכות זואת אחרי זאות[	11Q**19** XLV,5
ולוא יטמאו **את** העיר אשר אני שוכן / בתוכה	11Q**19** XLV,13
ורחץ **את** כול בשרו במים חיים	11Q**19** XLV,16
וכאשר יטהר והקריב **את** / [	11Q**19** XLV,18
וקדשו **את** מקדשי ויראו ממקדשי	11Q**19** XLVI,11
ולוא תטמאו **את** העיר אשר / אנוכי משכן	11Q**19** XLVII,10
אנוכי משכן **את** שמי ומקדשי בתוכה	11Q**19** XLVII,11
במקדש בהמה יהיו מביאים **את** יינמה	11Q**19** XLVII,12
יהיו מביאים את יינמה **ואת** שמנמה	
ולוא יגאלו **את** מקדשי בעורות	11Q**19** XLVII,13
המקדש תביאו ולוא תטמאו / **את** מקדשי	11Q**19** XLVII,18
ולוא תטמאו **את** / ארצכמה	11Q**19** XLVIII,10
המה / קוברים **את** מתיהמה	11Q**19** XLVIII,12
תהיו קוברים **את** מתיכמה בהמה	11Q**19** XLVIII,13
והסגר?]תֹמה **אות**מה שֹ[בעת ימים ?	11Q**19** XLIX,2
] / **את** עריכמה בנגע הצרעת	11Q**19** XLIX,4
ביום אשר יוציאו ממנו **את** המת	11Q**19** XLIX,11
יכבדו **את** הבית מכול / תגאולת שמן	
יצא המת ממנו יטהרו **את** הבית	11Q**19** XLIX,14
ממנו יטהרו את הבית **ואת** כול כליו	
ויכבסו סלמותמה / **ואת** הכלים אשר בבית	11Q**19** XLIX,19
עד אשר יזו **את** הש[נית] / ביום השביעי	11Q**19** L,3
והזהרתמה **את** / בני ישראל	11Q**19** LI,5
ולוא ישקצו / **את** נפשותמה בכול אשר הבדלתי	11Q**19** LI,9
בכול שעריכה ושפטו **את** העם / משפט צדק	11Q**19** LI,11
וירשתה / **את** הארץ אשר אנוכי נותן לכמה	11Q**19** LI,16
ושור ושה **אות**ו ואת בנו	11Q**19** LII,6
שור ושה אותו **ואת** בנו לוא תזבח	
תזבחנו לעשות **אות**ו עולה או זבח שלמים	11Q**19** LII,15
וזרקו **את** דמו על יסוד מזבח העולה	11Q**19** LII,21
על יסוד מזבח העולה **ואת** חלבו יקטירו	
ולוֹא תואכל **את** הנפש עם הבשר	11Q**19** LIII,6
ושמע אביה **את** נדרה או / את האסר	11Q**19** LIII,17
את נדרה או / **את** האסר אשר אסרה על נפשה	11Q**19** LIII,18

או את שיו או **את** חמורו / נדחים	11Q19 LXIV,13	
לוא תקח **את** האם על הבנים	11Q19 LXV,4	
האם על הבנים שלח תשלח **את** האם		
ואת הבנים / תקח לכה		
ואמר **את** האשה הזואת לקחתי ואקרבה	11Q19 LXV,8	
והוציאו / **את** בתול הנערה אל הזקנים	11Q19 LXV,10	
את בתי נתתי לְאיש הזה	11Q19 LXV,11	
ולקחו זקני העיר / ההיא **את** האיש ההוא	11Q19 LXV,14	
ויסרו **אותו** וענשו אותו מאה		
ויסרו אותו וענשו **אותו** מאה		
ו]יומתוּ **אֿת** הַנַּעֲרָה עַל דבר אשר לוא זעקֽ[ה]	11Q19 LXVI,2	
ואת האיש על דבר	11Q19 LXVI,3	
אשר ענה **את** אשת רעהו ובערתה / הרע		
בשדה מצאה האיש **אֶֽת** האשתֽ במקום רחוק	11Q19 LXVI,4	
לוא יקח / איש **את** אשת אביהו	11Q19 LXVI,12	
לוא יקח איש **את** אשת / אחיהו		
לוא יקח איש **את** אחותו בת אביהו	11Q19 LXVI,14	
לוא / יקח איש **את** אחות אביהו	11Q19 LXVI,15	
את אחות אביהו או **את** אחות אמו כי זמה היא		
לוא / יקח איש **את** 〚 〛 / בת אחיהו	11Q19 LXVI,16	
ואת ש]תי הכליות **ואת** החלב אשר עלי[הנה	11Q20 I,15	(XXIII)
האלי]תֿ לעומת עציהה **ואת** יותרת הכבד[	11Q20 I,16	(XXIII)
ומלא י]דֿו ללבוש **את** הבגדים[תחת]אֿביהו	11Q20 I,22	(XXIII)
ויקרב **את** אשר [ל]כוֿהֿנים ברישונה[	11Q20 I,23	(XXIII)
]**ואתֿ** החלב] / [אשר עליהנה	11Q20 II,6	(XXIII)
א]תֿ האילים ואת הנסך	11Q20 IV,11	(XXIII)
א]תֿ האילים **ואת** הנסך		(XXIII)
ואת / [יותרת הכבד ועל הכליות	11Q20 IV,15	(XXIII)
ומן הכֿבֿשים **את** שוק הימין / [ואת החזה	11Q20 IV,25	(XXIII)
ואת הקב]ה **ואת** האזרוע [ע]ד עצם השכם	11Q20 IV,26	(XXIII)
ואת השכם הֿנשאר מן האזרוע / [	11Q20 V,3	(XXIII)
במקצ]ע המזרחי צפונה **ואתֿ** ∘∘ [ ]	11Q20 X,6	(XXIII)
]וקדשו **את** מ[קדשי] / [ויראו ממקדשי	11Q20 XII,22	(XXIII)
ולוא ישקצו] / **את** נפשותיהמה בכו[ל	11Q20 XV,3	(XXIII)
]ים **את** [ ] עליהםֽ / [	11Q20 31,3	(XXIII)
]**אֿת** הדֿבֿרים[	PAM 43.668 6,1	(XXXIII)
] **את** ה∘[	PAM 43.672 75,1	(XXXIII)
] **את** צפון[	PAM 43.674 12,1	(XXXIII)
] **את** הבר∘∘[	PAM 43.676 13,2	(XXXIII)
]∘ **את** הד∘[	PAM 43.676 37,2	(XXXIII)
] **את** לבבו כל[	PAM 43.679 22,1	(XXXIII)
]המה ∘∘∘ **אתֿ** א∘[	PAM 43.680 53,2	(XXXIII)
] **את** הר∘[	PAM 43.684 80,1	(XXXIII)
] / **אותמה** ∘[	PAM 43.686 30,2	(XXXIII)
] / **את** הי∘[	PAM 43.686 30,3	(XXXIII)
] **את**כֿמֿ ∘[	PAM 43.690 64,1	(XXXIII)
] **ואת** ה[	PAM 43.692 1,1	(XXXIII)
] **את** הֿ∘[	PAM 43.692 78,2	(XXXIII)
]∘חֿר **את** בֿו[	PAM 43.692 81,2	(XXXIII)
] **אתֿ** ה[	PAM 43.698 19,1	(XXXIII)
]כֿל **את** [	PAM 43.698 59,2	(XXXIII)
]כֿי **את**ֿי / [	PAM 43.700 43,1	(XXXIII)
]יֿ **את** אר∘[	PAM 43.700 47,2	(XXXIII)
] / **את** חסדי מחולנ[	KhQ1 4	(XXXVI)
] / **וא‹ת›** תחומיֿ הבית ו[	KhQ1 6	(XXXVI)
] / לו **את** חֿסֿ[די	KhQ1 10	(XXXVI)
] / **ואת** ∘∘∘[	KhQ1 11	(XXXVI)

with preposition **אֵת-2**

וגם / [הכ]הנים אל יקחו מֿאֿתֿ ישראל [	CD XVI,14

ואם / הנא יאנה אביה **אותה** ביום שומעו	11Q19 LIII,20
הדברים אשר / אנוכי מצוכה **אֽותמֽה** היום	11Q19 LIV,6
כי / מנשה אנוכי **את**כמה לדעת הישכם	11Q19 LIV,12
הישכם אוהבים **את** יהוה / אלוהי אבותיכמה	
יהוה / אלוהיכמה תלכון **ואותו** תעבודון	11Q19 LIV,14
ואותו תעבודון **ואותו** תיראו ובקולו	
וידיחו **את** כולֿ [י]ושֿבֿי / עירמה	11Q19 LV,3
בישראל הכה תכה **את** כול יושבי / העיר	11Q19 LV,6
לפי חרב החרם **אותה**	11Q19 LV,7
לפי חרב החרם אותה **ואת** כול אשר בה	
ואת כול אשר בה **ואת** / כול בהמתה	
ואת כול שללה תקבוץ	11Q19 LV,8
ושרפתה באש **את** העיר ואת כול שללה	11Q19 LV,9
את העיר **ואת** כול שללה כליל ליהוה	
איש או אשה אשר יעשה **את** הרע בעיני	11Q19 LV,16
לכה עליו / ושמעתה **את** הדבר הזה ודרשתה	11Q19 LV,19
הזואת בישראל והוצאתה / **את** האיש ההוא	11Q19 LV,21
את האיש ההוא או **את** האשה ההיא וסקלתמה	
והגי]דו לכה **את** המשפט	11Q19 LVI,2
ולוא ישיב **את** העם מצרים למלחמה	11Q19 LVI,16
וכתבו / לו **את** התורה הזואת	11Q19 LVI,21
ביום אשר ימליכו **או**[תו את ראוש] בני ישראל	11Q19 LVII,2
יומם ולילה אשר יהיו שומרים **אותו**	11Q19 LVII,10
ושתי הידות יהיו שומרים / **את** עריהמה	11Q19 LVIII,9
יהיו שומרים / את עריהמה **ואת** גבולמה	
ושלחו לו מחצית העם **את** אנשי / הצבא	11Q19 LVIII,10
והיה אם נצחו / **את** אויביהמה	11Q19 LVIII,12
והכום לפי {{∘}}חרב ונשא **את** שללמה	
ולוא אענה / **את**מה מפני רוע מעלליהמה	11Q19 LIX,7
הפרו בריתי / **ואת** תורתי געלה נפשמה	11Q19 LIX,9
ואם בחוקותי ילך **ואת** מצוותי ישמור	11Q19 LIX,16
ונתתי **את** כול אויביו לפניו	11Q19 LIX,19
[א]יך נדע **את** הדבר / אשר לוא דברו	11Q19 LXI,2
וישוב אל / ביתו פן ימס **את** לבב אחיו כלבבו	11Q19 LXII,4
והכיתה **את** זכורה לפי חרב	11Q19 LXII,9
תבוז / לכה ואכלתֽה **את** שלל אויביכה	11Q19 LXII,11
כול נשמה כי החרם תחרים **את** החתי	11Q19 LXII,14
החרם תחרים את החתי **ואת** האמורי והכנעני	
והורידו זקני]הֿעֿיֿרֿ הֿהֿיֿאֿ **אתֿ** / העגל[ה]	11Q19 LXIII,1
ולוא יעבד וערפו שמה **את** העגלה	11Q19 LXIII,2
ירחצו **את** ידיהמה על ראוש העגלה	11Q19 LXIII,5
ואמרו ידינו / לוא שפכו **את** הדם הזה	11Q19 LXIII,6
ואתה תבער / **את** דם נקי מישראל	11Q19 LXIII,8
ונתתי **אות**מה בידכה ושביתה	11Q19 LXIII,10
ושביתה **את** שביו / וראיתה בשביה	
וגלחתה **את** ראושה ועשיתה את צפורניֽהֽ	11Q19 LXIII,12
וגלחתה את ראושה ועשיתה **את** צפורניֽהֽ	
והסירותה / **את** שלמות שביה מעליה	11Q19 LXIII,13
וישבה בביתכה ובכתה **את** אביה	
ובכתה את אביה **ואת** אמה חודש / ימים	
ויסרו **אותו** ולוא[י]שמע אליהמה	11Q19 LXIV,3
ומשלים **את** עמו לגוי נכר	11Q19 LXIV,7
ותליתמה **אותו** על העץ וימת	11Q19 LXIV,8
שלושה עדים / יומת והמה יתלו **אותו** העץ	11Q19 LXIV,9
ויקלל **את** עמו ‹‹ו››את בני ישראל	11Q19 LXIV,10
ויקלל את עמו ‹‹ו››**את** בני ישראל	
ותליתמה גם **אותו** על העץ / וימות	
ולוא תטמא **את** האדמה אשר אנוכי / נותן	11Q19 LXIV,12
לוא תראה **את** שור אחיכה	11Q19 LXIV,13
תראה את שור אחיכה או **את** שיו	

4Q504 3ii17 (VII)]פנים אל פנים]דבר[ת]ה אות[ו
4Q511 52-59,4 (VII) אלי מלך הכב[ו]ד כיא מאתכה משפט[
4Q511 52-59,5 (VII) ארו]ח̇ים ומאתכה סוד לכול יראיכה
4Q522 9ii7 (XXV) פינ]חס[ואהרון ?] ואות[יר]צה ב[כול ימי חיו
4Q522 9ii11 (XXV) ה̇אורים והתומים] / מאתכה והשלוני
4Q524 6-13,5 (XXV) הכ]והנים מ[את ה]עם [מא]ת זובחי הזב[ח
4Q524 6-13,7 (XXV) [מאת בני ישרא]ל ו?מא]ת מת[נות ד]מעיהם
11Q19 XXIX,5 המשפט הזה / תמיד מאת בני ישראל
11Q19 XXIX,8 [ו]שכנתי / אתמה לעולם ועד
11Q19 LVIII,20 וכול בני ישראל אשר / אתו לוא יצא
11Q19 LX,7 והשכם מאת זובחי הזבח
11Q21 1,5 (XXIII) ת]מיד מאת[בני ישראל

אַת ← אוֹת

את ← אַתָּה

אַתְּ ← אתי

את (indeterminate)

1QHa 59,2] ◦◦◦ את [
1Q16 11,2 (I)]ל את ◦[
1Q22 1iv4 (I)]את̊[
1Q22 41,1 (I)] את [
1Q70 30,1 (I)] את [
4Q167 7-9,2 (V)] את יש[ ]
4Q167 19,2 (V)]וה את ◦[
4Q167 32,1 (V)]את[
4Q169 3-4iii9 (V)]◦ים את מ[ ]
4Q172 11,1 (V)]את[
4Q174 17,2 (V)]מה את פ[
4Q226 8,4 (XIII)] / את◦[
4Q249 1,8 (XXXV)]את̊[ ]◦ת
4Q249i 2,2 (XXXVI)]את[
4Q266 6iii9 (XVIII)]מט א̊[ת] / [
4Q266 7ii8 (XVIII)]ר את נ◦[
4Q266 64,1 (XVIII)]את אל[
4Q267 4,5 (XVIII)] את / [
4Q267 17,1 (XVIII)]את̊[
4Q270 3i19 (XVIII)] את̊ [
4Q273 2,2 (XVIII)]ל א̊ת̊ ◦◦◦[
4Q280 1,1 (XXIX)] את [
4Q282d 2 (XXXVI)] את̊ / [
4Q300 8,5 (XX)]לה אתכם תומכי רזים א[
4Q371 9,3 (XXVIII)]את ב̊[
4Q385a 3a-c,8 (XXX)]את ש[ ]◦א◦[
4Q385c D,1 (XXX)]ל̊ה̊ את̊ [
4Q386 1ii9 (XXX)] ◦ל[] את [
4Q388a I,2 (XXX) ◦] את ש[
4Q391 55,1 (XIX)]ר̊ את [
4Q391 61,1 (XIX)]ה̊ א̊ת ◦ [
4Q422 G,2 (XIII)]◦יות את [
4Q458 2ii2 (XXXVI)] / את מ◦[
4Q464 5i4 (XIX)]ם̊ את / [
4Q502 94,5 (VII)]י̊ את א̊[
4Q509 15i5 (VII)]ש̊ את / [
4Q509 235,2 (VII) ◦] את̊[
4Q509 250,1 (VII)] א̊ת̊ ע̊◦[
4Q521 15,4 (XXV)]את א[
4Q522 4,3 (XXV)]◦◦◦[ ] את ◦[

1QS VI,2 מגוריהם כול הנמצא איש את רעהו
1QS VI,3 מעצת היחיד אל ימש מאתם איש / כוהן
1QS VI,12 וכול איש אשר יש אתו דבר לדבר לרבים
1QS VI,13 על רגלוהי ואמר יש אתי דבר לדבר לרבים
1QS VII,5 ואשר ידבר את רעהו במרום
1QS VII,16 ילכ רכיל לשלח הואה מאתם
1QS VIII,20 אנשי התמים קודש איש את רעהו
1QS IX,19 היחד לה{{◦}}לכ תמים איש את רעהו
1QS X,18 כיא את אל משפט כול חי
1QSa II,12 (I) אם יוליד / [אל]א̊[ת]המשיח אתם
1QM IV,2 ועל אות המאה יכתובו מאת / אל
1QM VII,5 בשרו כול אלה לוא ילכו אתם למלחמה
1QM VII,6 ביום המלחמה לוא ירד אתם
1QM XI,4 לכה המלחמה ומאתכה הגבורה / ולוא לנו
1QM XII,2]◦פר שמות כול צבאם אתכה במעון קודשכה
1QM XII,8 קדוש אדוני ומלך הכבוד אתנו עם קדושים
1QM XVIII,6 והכוהנים והל[ויי]ם אשר / אתו ורא[שי
1QM XIX,1 אדירנו ומלך הכבוד אתנו וצ[בא
1QHa VII,22] ומאתך דרך כול חי
1QHa X,22 לעדת בליעל לא ידעו כיא מאתכה מעמדי
1QHa X,23 בחסדיכה תושיע נפשי כיא מאתכה מצעדי
והמה מאתכה גרו / על נפשי בעבור
1QHa X,33 אפס כי [לא יד]עו כי מאתך מצעדי וישימוני
1QHa XIX,8 ובכוחכה כול גבורה וכול כבוד אתכה הוא
1QHa XXIII,3 כיא אתכה אור ל[
4Q158 4,7 (V)] / אתם להי[ו]ת להמה ול[ע]ם
4Q176 3,3 (V) אתה כיא תעבר] / [במים] את̊ך
4Q176 8-11,12 (V) וחסדי מאת̊כי לוא ימוש[
4Q200 4,7 (XIX) בני / ח̇ך אתי ואני אשלח̇ מלאכים
4Q219 II,24 (XIII) ונאצ]ה̇ ותבל ואין אמת אתם
4Q219 II,34 (XIII) ויצא מאתוה שמח
4Q223-224 1i4 (XIII) [ויכל לד]ב̇ר אתו ויעלה̇[מעליו
4Q223-224 2i53 (XIII) והישר כי א[ין אתו רעה / [כי אם טוב
4Q256 IX,9 (XXVI) אנשי] / הקודש ואל יוכל אתו [בי]ח̇ד
4Q256 XVIII,2 (XXVI) הי]ח̇ד להלך תמים איש את רעהו
4Q258 I,8 (XXVI) אנשי / [הקד]ש ואל יוכל אתו ב[יחד
4Q258 II,6 (XXVI) בכל מגוריהם כל הנמצא את רעהו
4Q258 II,8 (XXVI) מ[עצת היחד אל ימש מא]תם כו[הן
4Q258 VIII,3 (XXVI) להלך תמים איש את / [רעהו בכל ה]נגלה
4Q259 III,18 (XXVI) ה̇יחד ל̇ה̇[לך תמים איש]את רעיו בכל הנגלה
4Q260 IV,5 (XXVI) כ[י]את אל̇[משפט] / כול חי
4Q261 6a-e,3 (XXVI) ילך רכיל ו[שלחוהו]מא[ת]ם ו[לא ישוב] ע̇וד
4Q266 6i14 (XVIII) [ומ]שפט הזב את זובו כול איש א[שר זו]ב
4Q273 4i10 (XVIII) מא]ת̊ם / [
4Q288 2,1 (XI) איש] את רעיו [
4Q300 8,6 (XX) ת]רעו היש אתכם בינה ואם̇[
4Q365 7i4 (XIII) וקח אתכה מזקני העדה
4Q367 2a-b,12 (XIII) ולא תגזל לא תלין פעלת]ש̇כיר אתך עד בק̇[ר
4Q372 3,7 (XXVIII) יהוה פתח פי ומאתו [ד]ברי לשוני
4Q381 1,7 (XI)] / את א[שתו
4Q415 9,7 (XXXIV)] / יחד ממשל זכר את נ[קבה
4Q416 3,2 (XXXIV)]◦◦ כי מאתו נחלת כל חי
4Q417 19,4 (XXXIV)]ל̇[ ]ל̇ מ̇צוה י̇תה̇לך בצדק את רע̇[הו
4Q418 69ii14 (XXXIV) כ]בוד ורוב הדר אתם [
4Q418 81+81a,10 (XXXIV)] / אתכה המה ובידכה
4Q423 5,7 (XXXIV) א]י̇ש שכל את בעל אולת ה̇[
4Q468g 5 (XXXVI)] / לחם את הכרכים̇[
4Q491 1-3,10 (VII) לו̇[א יב]ו̇א אתמה למלחמה
4Q504 1-2v8 (VII) כלותם להפר בריתכה אתם
4Q504 3ii13 (VII) ותכרות אתנו ברית בחו̇[רב

Text	Reference	Vol.
] / **את**[	6Q**9** 24ii1	(III)
]**את**[	6Q**18** 7,2	(III)
] **את** [	11Q**5** XXVIII,14	(IV)
] / **את** [	11Q**11** 2ii6	(XXIII)
]**את** ב[	11Q**11** I,8	(XXIII)
] **את** ◦[	PAM 43.683 79,1	(XXXIII)
] / **את** ח[	PAM 43.674 54,2	(XXXIII)
]◦ **את** ◦[	PAM 43.680 33,3	(XXXIII)
] **את** ׳[	PAM 43.688 24,2	(XXXIII)
]◦צא **את** ג◦[	PAM 43.699 82,1	(XXXIII)
] **את** [	PAM 44.102 43,1	(XXXIII)

to come, bring verb **אתה**

Text	Reference	Vol.
ומכר את עפרה ו**את**[ה] / אל עיר המקדש	4Q**248** 6	(XXXVI)

you (m. sing.) personal pronoun **אַתָּה, אַתְּ, עַתָּה**

Text	Reference	Vol.
ובישר לבבך **אתה** בא לרשת / את הגוים	CD VIII,14	
וביושׁר לבבך **אתה** בא לרשת את הגוים	CD XIX,27	
וענו ואמרו ארור **אתה** בכול מעשׂי רשע	1QS II,5	
ארור **אתה** לאין רחמימ כחושך מעשיכה	1QS II,7	
וזעום **אתה** / באפלת אש עולמים		
ברוכ **אתה** אלי הפותח לדעה	1QS XI,15	
אתה הוריתה / כול דעה וכול הנהׄיה	1QS XI,17	
ואתה תּׄ[היה] / [	1QSb I,6	(I)
ואתה / כמלאך פנים במעון קודש	1QSb IV,24	(I)
כׄי **אתה** שלותה גוים רבׄים	1QpHab VIII,15	
ואשר / אמר כי **אתה** שלותה גוים רבים	1QpHab IX,3	
שבעתה / קלון מבוד שתה גם **אתה**	1QpHab XI,9	
ואשר הגיד לנו כיא **אתה** בקרבנו אל גדול	1QM X,1	
/ **ואתה** אל נ[	1QM XII,7	
ואׄ[ת]הׄ אל אבותינו שמכה נברכה	1QM XIII,7	
ואתה / עשיתה בליעל לשחת מלאך משטמה	1QM XIII,10	
כ]יׄא **אתה** יעדתנו למ◦[	1QM XIII,18	
ואתה הקימותה / נופלים בעוזכה	1QM XIV,10	
כטובׄכה בנו **ואתה** אל הצׄדק עשיתה	1QM XVIII,8	
{{ו}} כ‹‹י››א **אתה** ידעתה למועדנו	1QM XVIII,10	
לנו לׄרדוף המונם כיא **אתה** / [	1QM XVIII,12	
אתה הצדקה ולשמך	1QH^{a} IV,20	
ברוך] **אתה** אדוני א[שר	1QH^{a} V,4	
אתה הוא [אדוני	1QH^{a} V,7	
]**אתה** גליתה דׄרׄכׄי ◦◦◦ מעשי רע חוכמה	1QH^{a} V,9	
כי **אתה** הכינותמה מקדם עולם ומעשה	1QH^{a} V,16	
כי **אתׄהׄ** ◦[	1QH^{a} V,18	
] **ואׄתה** תהיה / לעולמי עד		
כי **אתה** צדיק ואמת כול בחיריך	1QH^{a} VI,15	
רק **אתה** [ברא]תה / צדיק ומרחם הכינותו	1QH^{a} VII,14	
אתה יצרתה רוח ופעולתה הכינותׄ[ה	1QH^{a} VII,22	
לעלילות רשעה כיא / אל אמת **אתה**	1QH^{a} VII,25	
ברוך **אתה** אדוני יׄוׄצׄר הׄ[כ]וׄל ור[ב	1QH^{a} VIII,17	
לך **אתה** הצדקה כי אתה עשיתה	1QH^{a} VIII,18	
כי **אתה** עשיתה את כו[ל אלה]		
ובדעתי כי **אתה** רשמתה רוח צדיק	1QH^{a} VIII,19	
] / כׄ[ב]וד **ואתׄ[ה**	1QH^{a} VIII,25	
ואת]הׄ צדקתה בכל מעשיכה	1QH^{a} IX,6	
ולא יודע בלוא רצׄונכה **אתה** יצרתה	1QH^{a} IX,8	
ואתה נטיתה שמים / לכבודכה	1QH^{a} IX,9	
אתה בראתה ארץ בכוחכה / ימים	1QH^{a} IX,13	
אתה אל הדעות כול מעשי הצדקה	1QH^{a} IX,26	
אתה בראתה / רוח בלשון	1QH^{a} IX,27	
ואתה ברחמיכה / וגדול חסדיכה	1QH^{a} IX,31	
ואתה אלי עזרתה נפש עני ורש	1QH^{a} X,34	
כי **אתה** אל תנאץ כל מחשבת / בליעל	1QH^{a} XII,12	
כי **אתה** אל תענה להם לשופטם	1QH^{a} XII,18	
כי **אתה** בראתה צדיק ורשע ◦◦[	1QH^{a} XII,38	
כי אמת **אתה** וצדק כול מׄ[עשיכה	1QH^{a} XII,40	
כי **אתה** אלי סתרתני נגד בני	1QH^{a} XIII,11	
ואתה אלי סגרתה בעד {{ל}}ש{{ו}}ניהם	1QH^{a} XIII,14	
ואתה אלי תשיב {{נפשי}} סערה	1QH^{a} XIII,18	
{{אודכה}} ברוך **את֯ה** אדוני כי לא עזבתה	1QH^{a} XIII,20	
ואת אלי / מרחב פתחתה בלבבי	1QH^{a} XIII,32	
ואתה אל צויתם להועיל מדרכיהם	1QH^{a} XIV,20	
]בׄאמתכה אלי כי **אתה** / תשים סוד על סלע	1QH^{a} XIV,25	
[ו]**אתה** אלי נתת‹נ›י לעפים	1QH^{a} XV,10	
כי **אתה** ידעתה כול יצר מעשה	1QH^{a} XV,13	
ואתה ידעתה יצר עבדכה כי לא	1QH^{a} XV,16	
ואת[ה	1QH^{a} XV,20	
כי **אתה** לי למאור [עו]לם	1QH^{a} XV,25	
כי אל עולם **אתה** וכול דרכיכה יכונו לנצח	1QH^{a} XV,31	
ואתהׄ[א]ל שכתה בעד פריו ברז	1QH^{a} XVI,11	
ואתה אלי שמתה בפי	1QH^{a} XVI,16	
כי **אתה** יסדתה רוחי ותׄדע מזמתי	1QH^{a} XVII,12	
ואתה בר[	1QH^{a} XVII,21	
כי **אתה** אלי ל֯מ֯◦[	1QH^{a} XVII,23	
כי **אתה** מאבי / ידעתני ומרחם	1QH^{a} XVII,29	
ועד שיבה **אתה** תכלכלני כיא / אבי לא	1QH^{a} XVII,34	
כי **אתה** אב לכול בׄנׄי אמתכה	1QH^{a} XVII,35	
הנה **אתה** שר אלים ומלך נכבדים ואדון	1QH^{a} XVIII,8	
/ ברוך **אתה** אדוני אל הרחמיׄםׄ [ורב	1QH^{a} XVIII,14	
כי **אתה** יצרתה רׄוׄ[ח עבדכה וברצו]נכה	1QH^{a} XVIII,22	
ברוך **אתהׄ**[אדוני א]שר נתתה לעׄבׄדׄךׄ	1QH^{a} XIX,27	
ברוך **אתה** אל הרחמים והח֯נ֯ינה	1QH^{a} XIX,29	
ברוך **אתׄ**[ה] / אדוני כי אתה פעלתה אלה	1QH^{a} XIX,32	
ברוך אתׄ[ה] / אדוני כי **אתה** פעלתה אלה	1QH^{a} XIX,33	
] / **ואתה** [	1QH^{a} XIX,36	
]הׄיׄצׄר ◦◦◦ **אתה** עצמתׄהׄ וי◦פׄה [	1QH^{a} XXII,13	
ואתה / ארם על ◦[	1QH^{a} XXIV,11	
ואתה / [	1QH^{a} 2i7	
אתה אׄל ◦◦◦◦◦[	1QH^{a} 3,12	
ואתה גליתה אוזני	1QH^{a} 4,7	
ברוך **אתה** אל הדעות אשר הכינותׄ[ה	1QH^{a} 4,15	
] **אתה** מׄנחם אבל[ים	1QH^{a} 21,3	
אתה תזרע ולא] תׄקצור **אתׄ[ה** תדרך זית]	1Q**14** 17-19,2	(I)
כי ׳[וד]עׄ **אתה** את יצׄר עשו	1Q**18** 1-2,3	(I)
ועמדתׄה [שמ]ה **אתה** / ואלע[זר ב]ן אהר[ון]	1Q**22** 1i2	(I)
כא]שר **אׄ[תה]** עׄובר את הׄ[ירדן]	1Q**22** 1ii2	(I)
] כי **אתה** לי לבן ׳[חיד	1Q**26** 3,2	(XXXIV)
ואתה יהוה לעוׄלׄ[ם] / תהיה כבוׄדׄכׄה	4Q**88** X,13	(XVI)
תגביר תפארת / **אתה** בראתה[	4Q**160** 3-4ii5	(V)
]לכׄה **ואתה** תהיה להמה ות◦[	4Q**160** 6,1	(V)
כי]א **אתה** למרישונה ב◦[	4Q**160** 6,2	(V)
ואתה ישראל עבׄ[די י]עק[ו]בׄ	4Q**176** 1-2i9	(V)
ואמר] לכה עבדי **אתה**[בחרתיכה	4Q**176** 1-2i11	(V)
ואתׄה / צו את בׄני [ישראל לשמור	4Q**221** 4,2	(XIII)
אלי עבדכה העברי א]שר **עתה** אהבׄ[תה	4Q**223-224** 2v3	(XIII)
ואתה מושה בדברי עמׄ[כה	4Q**225** 1,6	(XIII)
ראובן בכורי **אתה** / ורישית אוני יתר שאת	4Q**252** IV,3	(XXII)
פילגשו ו̊[א]מר בׄכׄוׄ[רי]**אׄ[תה**]ל[	4Q**252** IV,6	(XXII)
] **אתׄה**[	4Q**254** 11,2	(XXII)
אר]וׄר **אתה** לאין רחמים כחושך / [מעשיכה	4Q**256** III,1	(XXVI)
וענׄו ואמרו אׄרור / [**א]תׄהׄ**[בכו]לׄ[מעשי רשע	4Q**257** II,2	(XXVI)

א]דוֹר **אתה** / [לאין רחמים כ]חוֹש[ך מעשיכה	(XXVI)	4Q**257** II,3
וענה / [וא]מר ברוך **את** אונ הו הכול	(XVIII)	4Q**266** 11,9
אתה ארותה את עובריהם	(XVIII)	4Q**266** 11,14
[ואמרו [ ] אר]ור **אתה** מלכי רשע	(XXIX)	4Q**280** 2,2
וזעום **אתה** לאין פליטה וארורים עוש[י	(XXIX)	4Q**280** 2,5
וענה ואמר] / ברוך **אתה** אל ישראל[	(XXXV)	4Q**284** 2ii5
וענה ואמר ברוך **את**[ה אל ישראל	(XXXV)	4Q**284** 3,3
]מה כיא **אתה** בראת[ה	(XI)	4Q**286** 6,1
וז]עום **אתה** במ[מש]ל[ת] / [עולתכה	(XI)	4Q**286** 7ii8
א[**ת**ה בראתה את כולמה מחדש[	(XI)	4Q**287** 3,4
]ת קודשו ברוך **אתה** {{אל}}[	(XXIX)	4Q**291** 1,5
] כול גדול **אתה**[	(XXIX)	4Q**291** 3,5
] / [כי **את**]ה ידעתה[את עבודתי	(XIII)	4Q**364** 4b-eii2
את]ה יד[עתה]את אש[ר עבדתיכה	(XIII)	4Q**364** 4b-eii6
] / גדול **אתה** מושיא א[	(XIII)	4Q**365** 6aii+6c,3
תפקוד אותם לצבאותם **אתה** ואהרון	(XIII)	4Q**365** 26a-b,7
ושמחת בחגך **אתה** ובנך	(XIII)	4Q**366** 4i10
רא]ה [**א**]**תה** אומר / [אלי העל את העם	(XXVIII)	4Q**368** 1,4
[ברית ליושב הארץ אשר] **אתה** [בא עליה	(XXVIII)	4Q**368** 2,4
]מכיר ועליתה **אתה** ואהרון / [	(XXVIII)	4Q**368** 5,4
עשה **אתה** בי משפט למען לא יבדו	(XXVIII)	4Q**372** 1,17
ואין **אתה** צריך לכל גוי ועם	(XXVIII)	
כי **אתה** בורר את האמת	(XXVIII)	4Q**372** 1,18
]**אתה** ∘∘[	(XIX)	4Q**374** 3,1
] **אתה** ואין כל[	(XIX)	4Q**374** 10,3
]ו**אתה** תשמור וע[שיתה כו]ל [אשר] ידבר	(XIX)	4Q**376** 1ii3
] / כי **אתה** א[	(XXII)	4Q**378** 18ii3
]∘∘∘ ∘∘[ ]ל[ ]לוא **אתה**[	(XI)	4Q**381** 13,3
משל בגא]ות הים ו**אתה** תשבח גליו	(XI)	4Q**381** 15,4
אתה / [דכאת כחלל רהב	(XI)	
תבל ו]מלאה **אתה** [י]סדתם	(XI)	4Q**381** 15,5
כי רבו צררי נגדך **אתה** ידעתם	(XI)	4Q**381** 31,5
עוני לידעי בינה ו**אתה** להם תשחת	(XI)	4Q**381** 31,6
ו**אתה** תשיתני לעתות ולמיש[	(XI)	4Q**381** 33+35,2
ו**אתה** אלהי תשלח רו[ח]ך ו[תתן	(XI)	4Q**381** 33+35,4
כי רחמון וחנון **אתה** [	(XI)	4Q**381** 47,1
כי נורא **אתה** ∘[	(XI)	4Q**381** 50,3
]**אתה** לשנה[	(XI)	4Q**381** 94,2
למען יהיו לכה ו**אתה** להם ותצדק ∘[	(XIII)	4Q**382** 104,2
] כי **אתה** למוריש ∘∘ [ו]בעלתם	(XIII)	4Q**382** 104,3
]י **אתה**[	(XIII)	4Q**382** 117,1
]ו**אתה** אל ת[	(XIX)	4Q**384** 17,2
אתה הוא יהוה בחרתה באבותינו	(XXIX)	4Q**393** 3,6
בר]וך **אתה** אדני {{יהוה}} [ה]צדיק	(XXXVI)	4Q**408** 3+3a,6a
[ו**את**]ה אל תפע[ל	(XX)	4Q**412** 1,1
וענה ואמר ברוך **א**[**תה** אל ישראל	(XXXV)	4Q**414** 2ii-4,6
כיא **אתה** עשיתה אתי ע[	(XXXV)	4Q**414** 13,1
ברוך **את**[ה אל[ישראל	(XXXV)	4Q**414** 21,1
וענה ואמר] / ברוך **א**[**תה** אל ישראל	(XXXV)	4Q**414** 27-28,2
] / אביון **א**[**ת**]ה ומלכ[ים	(XXXIV)	4Q**415** 6,2
מהר [שלם ו**אתה** תשוה בו	(XXXIV)	4Q**416** 2ii4
ו**אתה** אל תבטח למה תשנא	(XXXIV)	4Q**416** 2ii14
אל תדרוש תענוג ו**אתה** / [ ] חסר לחם	(XXXIV)	4Q**416** 2ii19
ו**אתה** רוש פן / [ ] תבוז חייכה	(XXXIV)	4Q**416** 2ii20
]כה / וזכור כי ראש **אתה** [	(XXXIV)	4Q**416** 2iii2
אביון **אתה** אל תתאו זולת נחלתכה	(XXXIV)	4Q**416** 2iii8
אביון **אתה** אל תאמר רש אני ול[וא	(XXXIV)	4Q**416** 2iii12
ואם רש **אתה** כשה∘[	(XXXIV)	4Q**416** 2iii19
] / ו**אתה** ליחד עם אשת חיקכה	(XXXIV)	4Q**416** 2iv5
ו**אתה** מבין שמחה בנחלת אמת וב∘[	(XXXIV)	4Q**416** 4,3
ו]**אתה** מב[י]ן[	(XXXIV)	4Q**417** 1i1
ו**אתה** / מבין רוש פעלתכה בזכרון	(XXXIV)	4Q**417** 1i13
ו**אתה** בן מבין הבט [ ] ברז	(XXXIV)	4Q**417** 1i18
ו**אתה** אם תחסר טרף מחסורכה ומותריכה	(XXXIV)	4Q**417** 2i17
]וגם **אתה**[בן מבין	(XXXIV)	4Q**417** 2i28
ו**אתה**[	(XXXIV)	4Q**417** 2ii+23,6
] / כי **אתה** עב[ר	(XXXIV)	4Q**417** 2ii+23,18
]**אתה** נ∘[	(XXXIV)	4Q**417** 25,1
וא[**תה** ת]שוה בו כיא כיס צ[פוניכה	(XXXIV)	4Q**418** 8,4
ו**אתה**[	(XXXIV)	4Q**418** 8,14
אביון / **אתה** אל תתאו זולת[נחלתכה	(XXXIV)	4Q**418** 9+9a-c,7
[אביון **א**]**תה** אל תאמר רש אני	(XXXIV)	4Q**418** 9+9a-c,13
בחי]רו ו**אתה** [	(XXXIV)	4Q**418** 21,1
]ו**אתה** [	(XXXIV)	4Q**418** 28,3
וא[**תה** התבונן / [	(XXXIV)	4Q**418** 68,5
ו**אתה** בן [מבין	(XXXIV)	4Q**418** 69ii15
ו**אתה** כמקור עולם הלל ∘[א]ז	(XXXIV)	4Q**418** 81+81a,1
ו**אתה** הבדל מכול אשר שנא	(XXXIV)	4Q**418** 81+81a,2
ו**אתה** / בזה כבדהו בהתקדשכה	(XXXIV)	4Q**418** 81+81a,3
ו**אתה** {{ל}}הלוא לכה טובי	(XXXIV)	4Q**418** 81+81a,6
] / מעשיכה ו**אתה** דרוש משפטיו	(XXXIV)	4Q**418** 81+81a,7
ו**אתה** שכל[פ]תח לכה ובאוצרו	(XXXIV)	4Q**418** 81+81a,9
ו**אתה** מבין אם בחכמת ידים המשילכה	(XXXIV)	4Q**418** 81+81a,15
]∘∘∘ ו**אתה** ידעתה[	(XXXIV)	4Q**418** 83,1
]∘**אתה** לוא תמוך [	(XXXIV)	4Q**418** 87,14
] ו**אתה** / [	(XXXIV)	4Q**418** 101i4
[ו]**אתה** מבין בהביטכה בכול	(XXXIV)	4Q**418** 123ii5
ו**אתה** באמת התהלך עם כול דורשי	(XXXIV)	4Q**418** 126ii11
ו**אתה** מ[בין	(XXXIV)	4Q**418** 126ii12
הוניתה בהליכמה וגם **אתה** ת∘[	(XXXIV)	4Q**418** 127,4
] / [ ] איש רו∘ **אתה**[	(XXXIV)	4Q**418** 148ii4
]**אתה** מב[ין	(XXXIV)	4Q**418** 168,4
א[**תה** מבין בהוות מדהבה אל ת[	(XXXIV)	4Q**418** 176,3
]**אתה** רש ונדיבים ∘[	(XXXIV)	4Q**418** 177,5
את]ה דע רזיו כ∘[	(XXXIV)	4Q**418** 177,7a
]] [ ] ו**אתה** [	(XXXIV)	4Q**418** 182,2
א[תה [	(XXXIV)	4Q**418** 185a+b,5
]∘ **אתה**[ובניכה	(XXXIV)	4Q**418** 188,8
]הל ו**אתה** יגעתה	(XXXIV)	4Q**418** 206,5
]מבין **אתה** ו∘∘[	(XXXIV)	4Q**418a** 7,2
מב]ין **אתה** ומלכים / [	(XXXIV)	4Q**418a** 7,3
אם א[יש אדמה **אתה**[	(XXXIV)	4Q**423** 5a,2
]פתח **אתה** וב∘[	(XXXIV)	4Q**423** 21,1
]לנצח והמלכ[ים]**אתה** משפיל וא[ת]ה[	(XXIX)	4Q**433** 1,4
והמלכ[ים]אתה משפיל ו**א**[**ת**]**ה**[	(XXIX)	
ברוך]**אתה** אלי הזכי בכול	(XXIX)	4Q**440** 3i20
אתה י[	(XXIX)	4Q**443** 1,7
] / **אתה** ∘[	(XXIX)	4Q**443** 6ii3
כ]יא לוא **אתה** עזבתה לעבדכה / [	(XXXVI)	4Q**460** 9i5
]**אתה** / [	(XXXVI)	4Q**468f** 6
]∘מועדיה ו**אתה**[	(XXII)	4Q**478** 4
ו**אתה** עשיתה[בליעל לשחת מלאך משטמה	(VII)	4Q**495** 2,3
ברו]ך **אתה** אל ישראל אשר העמדת[	(VII)	4Q**503** 33i+34,20
וענו ואמרו ברוך] / **א**[**תה** א]ל אש[ר	(VII)	4Q**503** 33ii-36,7
ו**אתה** [	(VII)	4Q**503** 48-50,5
]**אתה**[	(VII)	4Q**503** 87,4
]לות **אתה** עשיתם / [	(VII)	4Q**504** 1-2ii18
כיא **אתה** / אל חי לבדכה	(VII)	4Q**504** 1-2v8
לכה **אתה** אדוני הצדקה	(VII)	4Q**504** 1-2vi3
כיא / **אתה** עשיתה את כול אלה	(VII)	4Q**504** 1-2vi4

Reference	Vol.	Text
4Q**504** 1-2vi8	(VII)	כיא אתה / חזקתה את לבבנו
4Q**504** 4,4	(VII)	כי]א אתה אל הדעות[ו]כול מחשב[ת
4Q**504** 4,7	(VII)	אתה פדינו וסלח[נא]לעווננו
4Q**504** 6,10	(VII)	]◦ אתה בקרבנו בעמוד אש
4Q**504** 6,13	(VII)	]כיא אתה ה[
4Q**504** 8,2	(VII)	]קתנו ואתה חי עול[מים
4Q**504** 8,10	(VII)	ואתה ידעתה ◦[
4Q**508** 2,4	(VII)	]ואתה ידעתה הנסתרות והנגל[ות
4Q**508** 5,1	(VII)	]תנו ואתה [
4Q**509** 16,6	(VII)	ל]וא הביטו כי א[תה] / [
4Q**509** 139,1	(VII)	] ואתה[
4Q**509** 144,1	(VII)	] ואתה[
4Q**509** 147,2	(VII)	] אתה[
4Q**511** 8,12	(VII)	]אתה אל[וה]י ה[א]ל[והים
4Q**511** 16,4	(VII)	בר]וך אתה אלוהי אל[ים
4Q**511** 28-29,6	(VII)	]◦◦ ואתה[ ]ל[
4Q**511** 30,3	(VII)	אתה אלי התמתה בעד כולם
4Q**511** 52-59,1	(VII)	]דתם ואתה אלי[אל חנון ורחום
4Q**511** 52-59,4	(VII)	ברוך את]ה אלי מלך הכב[ו]ד
4Q**512** 33+35,6	(VII)	י[ברך וענה] ואמר ברוך אתה / [אל
4Q**512** 29-32,1	(VII)	] ברוך א[תה אל ישראל] / [
4Q**512** 29-32,8	(VII)	וברך וענ[ה] ואמר ברוך אתה[אל ישראל
4Q**512** 29-32,21	(VII)	ברוך]אתה אל יש[ראל
4Q**512** 1-6,2	(VII)	וענה ואמ[ר ברוך] / [את]ה אל ישראל
4Q**512** 40-41,3	(VII)	]וענה ואמר / [ב]רוך את אל ישר[אל
4Q**512** 42-44ii3	(VII)	וענה] / ואמר ברוך[א]תה[אל י]ש[ראל
4Q**512** 51-55ii10	(VII)	] / אתה קדשתה ל[כה
4Q**512** 64,5	(VII)	]◦[ ]אתה אל יש[ראל
4Q**512** 73,5	(VII)	]אתה א[
4Q**512** 145,2	(VII)	]אתה[
5Q**11** 1i3	(III)	ארור] אתה / [
5Q**11** 1i6	(III)	ארו]ר אתה
11Q**5** XIX,4	(IV)	נפש כול / חי נשמת כול בשר אתה נתתה
11Q**5** XIX,16	(IV)	כי אתה יהוה שבחי
11Q**5** XXIV,13	(IV)	כבוד אתה יהוה / על כן שאלתי מלפניכה
11Q**6** 4-5,6	(XXIII)	נפש כול ח]י נשמת כול בשר אתה [נתתה
11Q**11** V,6	(XXIII)	וא]מרתה אליו / מי אתה [הילוד מ]אדם
11Q**11** V,7	(XXIII)	חושך אתה ולוא אור
11Q**15** 1,6	(XXIII)	]אתה בראתה כול רוח ול◦◦[
11Q**16** 1,1	(XXIII)	]◦ אתה יצרת[ה
11Q**19** XLVIII,7		כי עם קדוש אתה ליהוה אלוהיכה
11Q**19** XLVIII,10		כי עם קדוש אתה ליהוה אלוהיכהמה
11Q**19** LIV,21		לוא ידעתמה אתה / [ואבותיכה
11Q**19** LXIII,7		ואתה תבער / את דם נקי מישראל
PAM 43.673 27,1	(XXXIII)	] אתה[

אַתָּה ← עַתָּה

you (f. sing) personal pronoun **אתי**

Reference	Vol.	Text
4Q**223-224** 2ii11	(XIII)	ואת]י אל תדאיגי [על יעקו]ב כי שומר

you (m. plur.) personal pronoun **אַתֶּם, אַתֶּמָה**

Reference	Vol.	Text
1QM X,3		שמעה ישראל אתמה קרבים היום למלחמה
1QM XVII,2		ואתמה זכורו משפט[נדב ו]אב[י]הוא
1QM XVII,4		[ ] / ואתם התחזקו ואל תיראום [
1QM XVII,8		ואתם בני בריתו / התחזקו במצרף
4Q**185** 1-2i9	(V)	ואתם בני אדם א[
4Q**185** 1-2ii7	(V)	ואתםה / מה ת◦[ ]◦◦[
4Q**200** 6,8	(XIX)	לפני] / [הגוים] אשר אתמה נדחים בהמה
4Q**228** 1i10	(XIII)	ואתמ[ה] את כל / [
4Q**299** 10,8	(XX)	]אתם לתכן כול עבודת[
4Q**299** 70,3	(XX)	]לחול ואת[ם
4Q**364** 30,6	(XIII)	הארץ אשר אתמ עברי[ם]שמה / [לרשתה
4Q**365** 6ai3	(XIII)	י[הו]ה ילחם לכמה[וא]תמה / [תחרישון
4Q**365** 22a-b,1	(XIII)	ושמר]תם א[תם את חוקותי ואת משפטי
4Q**368** 10i6	(XXVIII)	ומה יתנדב ואתם [
4Q**379** 13,1	(XXII)	]גלים לפניו ואתם לשנ◦ה תה◦[
4Q**396** 1-2iii8	(X)	ואתם יודעים / [שעל השוגג שלוא
4Q**396** 1-2iv9	(X)	[וא]תם יודעים שמקצת הכהנים
4Q**397** 6-13,14	(X)	ואת]מה יוד[עים] / [שמקצת הכוהנים
4Q**397** 14-21,8	(X)	ואתם י[ודעים שלוא] / [י]מצא בידנו
4Q**418** 69ii6	(XXXIV)	אתם[ ]ל נוצרתם ולשחת עולם
4Q**418** 69ii10	(XXXIV)	ואתם בחירי אמת ורודפי[
4Q**471**a 5	(XXXVI)	]◦◦ תתגברו למלחמה ואתם נחשבתם / [
4Q**491** 14-15,7	(VII)	ואת[מה
4Q**509** 40,2	(VII)	]אתם[
4Q**579** 2,1	(XXV)	]ם ואתם ◦◦[
11Q**14** 1ii3	(XXIII)	]ישראל ברוכים א[תם] / בשם אל עליון ◦[
11Q**19** XLVIII,7		בנים אתמה / ליהוה אלוהיכמה לוא תתגדדו
11Q**19** LXI,15		ואמר אליהמה שמע ישראל אתמה קרבים

אַתֶּמָה ← אַתֶּם

formerly adverb **אֶתְמוֹל**

Reference	Vol.	Text
4Q**251** 8,4	(XXXV)	ואם שור נ]גח הוא מאתמול / [שלשום

אתן ← אֶתְנַן-1

wages noun **אֶתְנַן-1, אתן**

Reference	Vol.	Text
4Q**166** II,18	(V)	[ותאנתה] אשר אמרה אתנם הם לי
PAM 43.679 20,2	(XXXIII)	] אתננך / [

beth, second letter of the alphabet ב

KhQ3 3 (XXXVI) עפצקר/אאבגדהוזחט

in, at, with preposition ב

CD I,1, 2, 3, 4, 5, 6, 8 (2), 10, 11, 12 (2), 14, 15, 16, 17, 18 (2), 19, 20; II,1, 2, 5, 6, 7 (2), 10, 11, 12, 13, 14, 16 (2), 17 (4), 18, 20 (2), 21; III,1 (2), 2 (2), 3, 4, 5 (2), 6, 7 (2), 8, 9 (4), 10 (2), 11 (2), 12 (2), 14, 16, 17 (2), 18, 19, 20, 21; IV,1, 4, 8, 10, 12, 13 (2), 16 (2), 18, 19, 20 (2), 21; V,2, 3 (2), 11, 13, 16, 17, 18, 19 (2), 20, 21; VI,1, 4, 5, 7, 9, 10 (2), 11 (2), 13, 15 (2), 16, 19, 21; VII,1, 5 (2), 9, 10 (2), 12, 20, 21; VIII,2 (2), 5 (2), 6, 7, 8 (2), 9, 12 (2), 13, 14 (2), 16, 18, 19 (2), 21 (2); IX,1, 3, 4, 6 (4), 7, 11, 12, 17, 18 (2), 22; X,3, 6 (2), 8, 9 (2), 10, 11, 12 (3), 13 (2), 14, 17, 18, 19, 20, 21, 22, 23 (2); XI,1, 2, 3, 4 (2), 5, 6 (2), 8, 9, 10 (2), 11, 12, 13, 14 (2), 15 (2), 17 (2), 19 (2), 22; XII,1, 2 (2), 8, 10, 11, 12, 13, 14 (3), 16 (2), 17 (2), 18 (2), 21, 23 (2); XIII,2 (2), 3, 4, 5 (2), 6, 7, 8 (2), 10, 12 (2), 16, 18, 19, 21; XIV,1, 3, 4, 7, 8, 9, 11, 14, 20, 22; XV,1 (2), 2, 3, 5, 6, 7 (2), 8, 9, 10, 11 (2), 12 (2), 14, 17; XVI,2, 4 (2), 6 (2); XIX,5, 6 (2), 7 (2), 10 (2), 11, 12, 14 (2), 16, 17 (2), 19, 20 (2), 21 (2), 24, 26, 27 (2), 29, 31 (2), 32, 33 (2), 34, 35 (2); XX,3 (2), 4, 5, 6 (2), 7 (3), 8, 9 (2), 10, 12 (2), 13, 15, 16, 17, 18, 23, 24 (2), 25, 27 (2), 29 (2), 30, 31, 32, 33, 34 (2)

1QS I,2, 3 (2), 5, 6 (2), 8 (2), 10, 11, 12 (2), 13, 14, 16 (2), 18 (3), 20, 21, 23, 24, 25, 26 (2); II,2 (2), 3 (2), 5, 6 (2), 8 (2), 9, 10, 11, 12 (2), 13 (2), 14, 15 (2), 16, 17 (2), 19, 20 (2), 21 (2), 22, 24, 25, 26; III,1, 2 (2), 3 (3), 4 (3), 5 (2), 6 (2), 7 (3), 8 (2), 9 (2), 10, 11, 13, 14 (2), 16 (2), 17, 18, 19, 20 (3), 21 (2), 22, 23; IV,1, 2 (3), 3, 4 (2), 5, 6 (2), 7 (2), 8, 9, 10 (2), 11, 12 (3), 13 (3), 15 (3), 16 (2), 18 (3), 19 (2), 20, 21, 22 (3), 23, 24 (4), 25; V,1, 2 (2), 3, 4 (2), 5, 6 (2), 7, 8 (3), 9, 10 (2), 11 (3), 12 (4), 13 (2), 14 (3), 15, 17 (3), 18, 20 (2), 21 (3), 22, 23, 24, 25 (3), 26 (2); VI,1 (2), 2, 3, 5, 6 (3), 7 (2), 8 (3), 9, 10, 11 (2), 12, 14, 15 (3), 16 (2), 17, 18 (3), 20 (3), 21 (2), 22 (2), 24 (3), 25, 26 (3), 27; VII,1, 2 (3), 3 (2), 4 (2), 5 (2), 6 (2), 7, 8, 9 (2), 10 (2), 11, 14, 15 (2), 16, 18 (2), 19 (3), 20 (3), 21, 22, 23, 24, 25 (2); VIII,1 (2), 3 (3), 4 (4), 5, 9 (2), 10 (4), 11, 12 (2), 13, 14 (2), 15 (2), 16, 17 (2), 18 (2), 19 (2), 20, 21 (2), 22 (2), 23, 24, 26 (3); IX,1, 2, 3 (2), 5, 6, 7 (2), 8, 9, 10 (3), 12, 13, 14, 17, 18 (3), 19, 20, 21, 22 (2), 23 (2), 24 (3), 25 (2), 26; X,1 (3), 2 (2), 3, 4, 5 (4), 6 (3), 8 (3), 9 (2), 10 (2), 12, 13 (2), 15 (4), 16 (3), 17 (2), 18 (2), 19, 20, 21 (3), 22 (2), 23 (2), 24, 25, 26; XI,1 (2), 2, 3 (3), 4, 5 (2), 7, 11 (2), 12 (2), 13 (2), 14 (3), 16, 17, 18, 19 (3), 20

1QSa I,1 (2), 3, 4 (2), 5 (2), 6, 7 (2), 8 (2), 9 (3), 10, 11 (2), 12 (3), 14, 15, 16, 18, 19 (2), 20, 21 (2), 22 (2), 23; II,1, 2, 3, 4 (2), 5 (2), 6, 7, 15, 18, 20, 21

1QSb I,2 (2), 5 (3); II,22, 24, 26, 27 (2); III,2, 3, 4 (2), 23 (2), 24 (2), 25, 27, 28; IV,2, 22, 23 (2), 24 (2), 25 (2), 27 (2); V,6, 7, 22 (2), 23, 24 (3), 28

1QpHab I,6, 11; II,4, 7, 8, 9, 13 (2), 15; III,1, 5 (2), 10 (2), 12; IV,2, 3, 6, 7 (2), 8 (2), 9, 11; V,2, 3, 4 (2), 6, 7 (2), 8, 10, 12, 13 (2), 14; VI,5, 7, 10, 14; VII,3, 12, 14, 16; VIII,1, 3, 9, 10 (2), 11, 13, 17; IX,1, 2 (2), 6, 8, 9, 10, 11 (2), 13; X,1 (2), 4, 5 (2), 6 (2), 7, 8, 10 (2), 11, 12, 16; XI,5, 6, 8, 13; XII,1, 8, 14; XIII,2

1QM I,1 (3), 2 (3), 3 (3), 4 (4), 8, 9 (2), 10, 11, 12 (3), 13, 14, 16, 17; II,2 (2), 3 (2), 6 (3), 8 (2), 9, 10 (6), 11 (6), 12 (5), 13 (3), 14 (2); III,1, 2 (2), 4, 5, 6 (2), 7 (2), 8, 10, 11, 13; IV,1, 2, 3, 5, 6, 7, 8, 9, 11, 12, 13; V,3, 4, 6, 7, 8, 10, 11, 12, 14 (2), 16, 17; VI,3 (2), 5, 6 (2), 12, 15, 16; VII,3, 4 (2), 6, 7, 9, 10, 11, 12 (2), 13, 14, 15; VIII,2, 3, 5, 6, 8 (2), 11, 13, 17 (2); IX,1 (2), 3 (2), 5, 6, 7, 8 (2); X,1, 2, 5, 6 (2), 7 (2), 8 (2); XI,1, 2 (3), 3 (2), 5 (2), 7, 8, 9 (2), 10 (2), 11 (2), 13 (2), 14 (3), 16 (2), 17; XII,1 (2), 2 (2), 3 (2), 5 (2), 7 (2), 8, 9, 11, 12, 13 (2), 15 (2); XIII,2, 3 (2), 4 (3), 5, 8 (2), 9, 10, 11 (2), 12 (3), 13 (3), 15 (2); XIV,1, 2, 4, 5, 6, 7 (2), 9 (2), 11, 12, 13, 14, 16; XV,1 (2), 3, 4, 9, 12, 13; XVI,1, 3, 6 (2), 8, 9 (2), 11 (3), 12, 14 (2), 15, 16, 17; XVII,1, 2, 4, 5, 6 (2), 7 (2), 8 (3), 9, 11 (2), 12 (2), 13, 14, 15 (2), 16; XVIII,1 (2), 2, 3, 5, 8, 11, 12, 13, 17; XIX,3, 5, 7 (2), 9, 11

1QHa IV,2, 3, 4, 7 (2), 8, 9, 12, 13 (2), 14, 15, 17, 19, 21, 22 (2), 23, 24 (3), 25; V,4 (2), 8 (2), 13, 14, 15 (2), 16, 17, 19, 20 (3), 22 (2), 23 (2), 25 (2); VI,1, 2, 3, 6, 8, 13 (3), 17 (2), 18 (2), 20 (2), 21, 24, 25, 26, 27, 29; VII,10 (3), 12 (2), 13, 14, 15 (2), 16, 18 (3), 19 (2), 23 (2), 27; VIII,2, 3 (2), 4 (2), 11, 13 (3), 14 (2), 15 (2), 16 (3), 18, 19, 20, 21 (3), 23 (2), 26, 27; IX,4, 6 (2), 7 (2), 8, 10, 11, 13, 14 (2), 15, 16 (2), 17, 19 (2), 22, 23 (3), 24 (2), 28 (2), 29, 30, 31 (2), 37, 38; X,4, 7, 8, 11, 12, 13, 17, 18 (2), 19, 20, 21, 22, 23, 24 (2), 25 (2), 26, 28 (3), 29 (2), 34, 35, 36, 37, 39; XI,1, 4, 6, 7, 8, 9 (3), 10, 11 (2), 12, 13, 14, 15 (2), 16 (2), 20, 21, 22, 23, 24 (2), 25, 26, 27 (2), 29, 30 (2), 31, 32, 33, 34 (3), 35, 36, 40, 41; XII,4, 7, 8 (3), 10 (2), 12 (2), 14 (3), 15, 16, 17 (2), 19 (2), 20 (2), 21 (2), 22 (2), 23 (3), 24, 25 (2), 26, 27 (2), 28, 29, 30, 31, 32, 34 (2), 35 (2), 36, 37 (2), 39; XIII,3, 4, 5 (2), 6 (2), 8, 9, 11, 12 (2), 13 (2), 15, 16 (4), 17, 21, 24, 25 (3), 28, 29 (2), 30 (2), 33 (3), 34 (2), 35, 36 (2); XIV,2, 5, 6, 7 (2), 8 (2), 9 (3), 10, 11 (2), 13, 14 (3), 18 (2), 19 (2), 20 (2), 21, 22 (3), 25 (3), 27, 28, 29, 32, 35 (2); XV,2, 4, 6, 7 (2), 10, 12, 14, 17, 18, 19, 20, 21, 24 (2), 25, 26, 27 (3), 28 (2), 30 (3), 32, 34 (2), 35, 36; XVI,4 (3), 6 (2), 8, 9, 10, 11 (2), 13, 14, 16, 18, 19, 21, 22, 23 (3), 24, 27 (2), 30, 34, 35 (3), 37 (2); XVII,2, 3, 4 (2), 5, 7 (2), 8, 9, 10 (3), 11, 13 (2), 14 (2), 15, 17, 18, 22, 23 (2), 26 (2), 28 (2), 31 (2), 32 (2), 34 (2), 36, 39; XVIII,2 (2), 4 (2), 5, 6 (3), 7 (2), 8, 9, 10, 11, 16 (2), 17, 18, 19, 20 (3), 21 (2), 23 (2), 25, 29, 30 (2), 32, 33 (2), 34 (2), 35, 36; XIX,1, 2, 3, 4 (4), 5 (3), 6 (2), 7 (2), 8 (2), 9 (2), 10, 11, 13, 14, 15, 18 (2), 20, 21 (2), 22a, 23, 24 (2), 26, 28 (2), 30 (2), 31, 32 (2), 33; XX,2, 3 (2), 5 (2), 6 (3), 7, 8 (2), 9, 11, 12 (2), 13, 20, 21, 22, 26 (2), 28, 34, 35, 36 (2); XXI,4, 7, 9, 12 (2), 13, 14; XXII,1, 3, 5, 10, 11 (2), 12, 14; XXIII,5, 7, 8 (2), 9, 10 (2), 11, 13; XXIV,7, 9 (2), 11, 14 (2); XXVII,3, 5, 7, 9, 11, 13; 2i3 (3), 7 (2), 10, 15; 2ii5, 6, 10, 16 (2); 3,5 (2), 9, 14 (2); 4,6, 8, 10, 11, 16, 17, 18; 5,3, 7, 9, 12; 10,4, 7, 8 (2), 9; 11,2, 6, 9, 10; 21,4; 23,3; 24,1; 25,1, 2; 27,3; 28,2; 37,1; 41,1; 45,2, 4 (2), 5, 6, 7; 46i3, 4, 5; 46ii5; 48,3, 5; 53,2; 54,1, 2; 56ii4; 58,6; 63,2; 65,4

1Q**14** 1-5,1, 5; 7,4; 8-10,1, 8; 17-19,4

1Q**16** 2,1; 8,1; 9-10,2

1Q**17** 2, 3

1Q**18** 1-2,3

1Q**19** 1,2; 13-14,1, 2, 3; 16,1

1Q**22** 1i1, 2, 4 (2), 9; 1ii8, 10; 1iii2, 6, 8, 9, 11; 1iv1 (2), 2, 3, 4, 10; 44,1

1Q**25** 1,6, 8; 5,5; 6,2; 13,1

1Q**26** 1,1, 4, 6 (3), 7; 2,4

1Q**27** 1i3, 5, 9, 10, 11; 1ii5, 6 (2), 8; 9-10,2, 3, 4

1Q**29** 1,3; 2,2; 3-4,4; 13,4

1Q**30** 5,1

1Q**31** 2,3

1Q**34**bis 2+1,3; 3i2, 3, 4, 6; 3ii3 (2), 4 (2), 5 (2), 6, 7

1Q**35** 1,2, 8, 9, 10; 2,1

1Q**36** 1,3; 7,1; 9,2; 14,2, 3; 16,3; 25ii5

1Q**37** 1,1

1Q**38** 1,1 (2), 2; 4,5; 8,1

1Q**39** 1,6

1Q**40** 9,1

1Q**44** 1

1Q**46** 6,1

1Q50 1,1; 2,4
1Q51 2, 3, 4
1Q57 2
1Q69 15,1; 37,1
2Q21 1,2 (2), 6
2Q22 II,3
2Q23 1,5, 8; 6,3, 4
2Q25 1,3
2Q28 2,2
3Q5 3,4; 5ii2
3Q9 1,1; 3,4
3Q14 1,3; 19,1
3Q15 I,1 (2), 5, 6 (2), 7 (2), 9, 11, 13 (2); II,1, 3 (2), 5 (3), 6, 7, 8, 9 (2), 10, 11, 13 (3); III,1, 8 (3), 11 (2), 12; IV,1 (3), 2, 3 (2), 6, 7, 9 (2), 11 (2), 13; V,1, 5 (2), 7, 12 (2), 13; VI,5, 7, 9, 11 (2), 14 (2); VII,3, 5, 8 (2), 11; VIII,1, 4 (2), 8, 10, 11 (2), 14 (3); IX,1 (2), 4, 7 (2), 8, 10, 11 (2), 14 (2), 15, 16, 17 (3); X,1, 3, 4, 5 (2), 8 (2), 9, 15, 17; XI,1, 3, 5, 7 (2), 8, 9, 10, 11, 12 (2), 13, 15, 16; XII,2, 4, 6, 8, 10 (3)
4Q88 VIII,8, 10; IX,10; X,10
4Q158 1-2,4, 10, 12, 16; 3,2; 4,5; 5,4; 7-8,4, 10 (2), 13; 9,2, 5; 10-12,9, 12; 13,3; 14i4, 6, 7
4Q159 1ii4, 5, 7; 2-4,2, 5, 6, 7, 8, 9 (2); 5,3, 4, 6
4Q160 3-4ii4 (3)
4Q161 2-4,5; 5-6,2, 11 (2), 12; 8-10,2 (2), 6, 7, 8, 9, 17, 18, 20 (2), 24
4Q162 II,2 (3), 6, 7, 8, 9 (2), 10; III,3
4Q163 1,4; 4-7i3, 5; 4-7ii10, 12, 15; 8-10,8; 12,2; 13,4; 18-19,2; 21,4, 12, 13; 23i17; 23ii3, 11, 12, 15; 24,1; 25,2 (2); 29,1; 44,4
4Q164 1,1, 3, 6
4Q165 1-2,4; 4,2; 5,4 (2)
4Q166 I,7, 8 (2), 12, 16; II,6, 8, 12 (2), 16
4Q167 2,3, 5; 3,3; 4,1; 7-9,2 (2); 11-13,4; 20,1
4Q169 1-2,3, 4, 6, 11; 3-4i2, 4, 5, 7, 8; 3-4ii1, 2, 6 (3), 7 (2), 8, 9; 3-4iii3, 4 (2); 3-4iv1, 2, 3 (2), 4 (2), 7, 8; 5,3
4Q171 1-2i14, 16, 17 (2), 18, 19; 1-2ii1 (3), 7, 10, 13, 14, 15, 16, 18 (3), 19, 26; 1+3-4iii1, 2, 3 (2), 4 (2), 6, 14, 16; 3-10iv3, 7, 10 (2), 11 (2), 12, 15, 27; 12,1
4Q172 1,2; 3,1; 4,1; 5,2
4Q174 1-2i1, 2, 5, 6 (2), 8, 9, 12, 14, 15, 16, 19; 1-3ii3, 5; 4,2, 5; 5,4; 6-7,5
4Q175 6, 7, 15, 18, 21 (2), 22, 23, 27 (3), 28 (2), 29
4Q176 1-2i1, 6, 7 (2); 3,3; 6-7,3; 8-11,4, 9 (2), 10, 11, 13, 14, 15; 14,5; 17,4; 19,2; 20,1; 21,2; 22,1; 26,3
4Q177 1-4,5 (2), 7 (2), 8 (2), 11, 12, 13, 16; 5-6,5, 7, 9, 11; 7,3; 9,2, 3, 5 (2), 6, 8; 10-11,6; 12-13i2, 4, 5, 6, 8, 10; 14,2, 3
4Q178 1,2 (2); 2,2, 5
4Q179 1i3, 6, 11, 13; 1ii6, 10; 2,3
4Q180 2-4ii10
4Q181 1,1 (2), 2, 3, 4 (2); 2,3, 8, 9
4Q182 1,3, 4
4Q183 1ii3, 6, 7
4Q184 1,2, 3 (2), 4, 6, 7 (4), 9, 10, 11, 12 (2), 13, 15, 17 (3); 2,2 (2); 3,3; 4,5; 5,4 (2); 6,1
4Q185 1-2i15; 1-2ii14, 15 (2); 1-2iii15; 3,4
4Q186 1ii7 (2), 9; 1iii5; 3,2
4Q200 2,2, 5; 5,2; 6,4 (2), 8; 7ii4; 8,3
4Q215 1-3,2, 3
4Q215a 1ii3, 7 (2), 9, 10, 11; 2,5
4Q216 I,3; II,2, 9, 14, 15; V,2, 9, 12; VI,4, 6 (2), 9, 11, 13; VII,3 (2), 4, 5 (2), 6, 8, 10, 11 (2)
4Q218 3
4Q219 II,12, 20, 25, 26, 29 (2), 30, 31 (2), 33, 35, 36
4Q220 4
4Q221 1,7 (2); 2i1, 2; 4,8; 5,2, 5
4Q223-224 1i2, 3; 2i4; 2ii6, 10, 14, 51, 52; 2iii13 (2); 2iv2, 7, 10, 27; 2v4
4Q225 1,6, 9; 2i2, 10
4Q226 1,2; 2,2; 3,1
4Q228 1i5, 6, 7, 9, 13; 2,2
4Q248 2, 3, 4 (2), 8
4Q249 1,4, 6, 7, 13; 2,8
4Q249a 1,4, 5
4Q249d 5
4Q249e 1i-3,5, 7
4Q249g 3-7,7
4Q249z 76,2
4Q251 1-2,5 (2), 6, 7; 4-7i5; 8,1; 10,8; 12,2; 16,2; 18,1, 3, 4, 6; 20ii2
4Q252 I,2, 3, 4 (6), 6, 7, 8 (4), 10, 11 (2), 13, 14, 16, 17 (2), 20, 22 (2); II,1 (2), 2 (3), 3 (3), 7, 8, 10, 12; III,5; IV,2; V,1
4Q254 3,4, 9; 7,2
4Q255 1,3; 2,1 (2), 2, 4, 5, 8
4Q256 II,1 (2); III,1, 3; IX,4, 7 (2); XVIII,1, 2, 3, 6; XIX,1, 2, 3 (2), 4, 5; XX,1, 3, 4 (2)
4Q257 I,1; II,2, 4, 8; III,3, 4 (2), 5, 6 (2), 10, 13; V,4; VI,4
4Q258 I,1, 2 (2), 3, 4, 5, 6 (3), 8, 12; II,1, 2 (2), 3, 4 (2), 5 (3), 6 (3), 7; VI,6, 7; VII,1 (2), 2, 3, 4, 6, 7 (2), 8, 9 (2); VIII,2, 3 (3), 4 (2), 5, 6, 7 (2), 8, 11, 12; IX,1, 2 (2), 3 (2), 4 (2), 7 (2), 8, 9 (2), 10; X,1, 3, 6; XII,4
4Q259 I,15; II,3, 11 (3), 13, 18 (2); III,1, 3 (2), 5, 6, 17, 18, 19; IV,1, 3, 4, 6
4Q260 II,1, 3, 4; III,1; IV,2 (2), 3, 4, 6; V,1, 2 (2), 3, 4, 5 (2)
4Q261 1a-b,3, 5; 4a-b,4; 5a-c,2, 3
4Q262 1,1, 2; A,3; B,4, 5
4Q263 2, 5
4Q264 1, 3, 6, 7, 8
4Q264a 1,1, 4 (2), 5, 6 (2), 7; 2-3,1, 7 (2)
4Q265 1,3; 2,2; 4i8, 9, 10, 11 (2), 12; 4ii1, 6; 5,3; 6,2, 3 (2), 4, 5, 6, 7; 7,1, 4, 7, 10, 11, 14, 17 (2); b,5
4Q266 1a-b,2, 4, 8, 14, 15, 17; 1c-f,2; 2i4, 8, 10, 12, 15, 16, 18 (2), 21; 2ii1, 13, 22; 3ii4, 5, 6 (2), 8, 21; 3iii24; 3ii3; 4,8, 11; 5i8, 9, 10, 11, 15, 18, 19; 5ic-d,2; 5ii3, 4, 6, 9, 11, 13, 14, 15; 6i3, 4, 6 (3), 7, 11, 12; 6ii4, 11; 6aiii4; 6iii6, 7 (2); 6iv3, 4, 5; 7i4; 7ii9; 8i2 (2), 3 (2), 5; 8ii9; 8iii5, 6, 7, 10; 9i1; 9iii3, 5, 7, 8; 10i2, 12; 10ii1, 2, 3, 4, 5, 7, 12, 14; 11,1, 2, 4 (2), 5 (4), 6, 7 (3), 8, 9, 10, 11, 17, 18; 15,2; 16a,3; 18,2
4Q267 2,2 (2), 5, 6, 10, 14; 4,6, 8, 10 (2), 11; 5ii4; 5iii3, 5; 6,3, 6; 7,4; 9ii2, 9; 9v1, 2, 4, 6, 11, 12
4Q268 1,3, 7, 8 (2), 9, 10 (2), 15
4Q269 2,3 (2), 4 (2), 6; 4ii4; 7,2, 12, 13; 8ii1, 4; 9,6; 10ii6, 10; 11i7
4Q270 1i1, 3; 1bii3; 2i1, 10 (2), 16, 18; 2ii11, 12, 14, 18 (2), 21 (2); 3ii14 (2), 17, 18 (2), 20; 5,18, 21; 6iii18, 19; 6iv17, 18, 19 (2), 20, 21; 6v12, 15, 17, 19, 20 (2); 7i2 (2), 4, 5, 14, 15, 17, 18, 21 (2); 7ii13
4Q271 2,5, 8, 11, 12; 3,1, 6, 7 (2), 9, 11, 13 (2), 15; 4ii4, 6; 5i1 (2), 2, 3, 5, 6, 7, 8, 9 (2), 10, 11, 15, 17, 18
4Q272 1i2, 6, 11; 1ii7 (2), 10, 11, 15
4Q273 1,1; 2,1; 4ii6; 6,1
4Q274 1i2 (2), 3 (2), 4 (3), 5 (2), 6, 7 (2), 8 (2), 9; 2i2 (2), 3, 4, 6, 7 (2), 8 (2), 9; 2ii6; 3i6, 8; 3ii6, 8, 9 (2), 11
4Q275 1,3, 5; 2,2; 3,2, 6
4Q276 1 (2), 3, 4 (2)
4Q277 1ii3, 4, 5, 8 (2), 11; 2,3, 4
4Q278 5, 6, 8
4Q280 2,2, 3, 4, 6
4Q282c 4
4Q282i 3
4Q282n 2

4Q282o 2
4Q284 1,5; 2i2 (3); 2ii1; 3,2, 5; 4,3, 4, 5, 6; 5,3
4Q284a 1,3, 7, 8; 2,2
4Q285 3,3; 4,7, 9; 7,5; 8,5, 6, 9, 12; 10,8
4Q286 1ii1, 9 (2), 10 (2), 11; 2,1, 2 (2), 3; 3,3, 6; 5,1, 7; 6,2; 7i3, 4, 5, 7; 7ii1, 2, 3 (2), 4, 6, 7, 8, 10; 10,1; 11,2; 12,2, 3; 16,2; 17b,2; 18,1; 20,9 (2), 10; 13,1; 14,1, 2
4Q287 1,2, 3; 2,7, 10, 11, 13; 3,1; 4,1 (2), 4; 5,9, 10 (2), 11; 6,8, 9; 9,13
4Q288 1,6 (2); 2,2
4Q289 1,1, 4, 5
4Q290 3
4Q291 3,3
4Q292 2,2, 4
4Q293 1,2
4Q298 1-2i2 (2); 2ii2; 3-4i2, 5; 3-4ii9, 10
4Q299 2,2, 3; 4,2; 5,3; 6i5, 7, 11; 6ii14; 7,5; 8,5, 6; 13a-b,3; 14,3; 18,2 (2); 21,1, 2; 29,3; 30,2, 3; 31,2, 4; 33,2, 4; 35,2; 37,3; 38,2; 42,1; 48,2; 53,2, 3, 9, 12; 54,2, 4; 56,2, 3; 57,2; 59,2, 3; 61,2; 69,1; 76,4; 77,2; 79,6; 83,2, 3; 87,2; 101,2
4Q300 1aii-b,1, 2 (2), 3; 7,2, 3; 8,4; 9,2; 11,2
4Q301 2b,1, 3 (4), 4, 6; 3a-b,4 (2), 5 (2), 6 (4), 7, 8; 4,3, 4
4Q302 1i3, 11, 12; 1ii1, 2, 3; 2ii2, 5 (2); 2iii7; 3ii5, 6, 8, 9, 10 (3); 9,1
4Q303 5, 7
4Q305 1ii1
4Q306 1,7; 2,4
4Q307 1,7; 2,2
4Q317 1+1aii2, 5 (2), 7 (2), 10 (2), 12 (2), 13, 15 (2), 16, 18 (2), 20, 24, 25, 26 (2), 27, 28, 30, 32, 33; 2,24, 26, 27, 28, 29, 31, 32, 33; 3,28, 29, 30, 31, 32, 33; 4,30, 32; 5,4, 6, 8; 6,2, 4 (2), 6; 7ii3, 4, 12 (2), 13, 14, 15, 16 (2), 17, 18, 19, 20; 9,10; 10,3, 4, 5, 6; 11,1, 2, 5; 12,7, 8; 14,6, 7, 8, 9, 10; 20,2, 3, 4; 21,2, 3, 4; 22,2, 3; 23,2; 24,2, 3; 25,4, 5; 27,2, 4, 5; 28,2; 33,1, 2, 3; 35,3; 36,2, 3; 39,2; 40,2; 44,1; 45,2; 47ii1; 51,2; 59,3
4Q319 IV,10 (2), 11 (2), 12, 14, 15, 16, 17, 18, 19; V,3, 4, 5, 6, 7, 8 (2), 10 (2), 11 (2), 13 (2), 14, 15 (2), 16 (2), 17, 19; VI,2, 3 (3), 4 (2), 5, 6 (2), 8, 9, 12, 13, 14 (2), 15, 16 (2), 17, 19; 10,6; 13,1 (3), 2, 3; 20,1; 34,1; 68b,1; 73,3, 6; 77,3
4Q320 1i2, 3 (2), 4, 6 (2), 7 (2), 8 (2), 9 (2), 10 (2), 11 (2), 12 (2), 13 (2), 14 (2); 1ii1 (4), 2 (4), 3 (4), 5 (4), 6 (4), 7 (3), 8 (3), 9 (2), 10 (2), 11 (2), 12 (2), 13; 2,9 (2), 10 (4), 11 (4), 12 (4), 13 (3), 14 (3); 3i11; 3ii9; 4ii13, 14; 4iii2 (2), 3, 4 (2), 5 (2), 6 (2), 7, 12, 13; 4iv1 (2), 2 (2), 3 (2), 4, 7 (2), 8 (2), 9 (2), 10; 4v2, 3, 5, 6, 7, 10 (2), 11, 12; 4vi1 (2), 2 (2), 6 (2), 7 (2), 8, 9, 10, 11
4Q321 I,1 (3), 2 (4), 3 (5), 4 (4), 5 (5), 6 (3), 7 (5), 8 (4); II,1 (3), 2, 3 (6), 4 (7), 5 (5), 6 (5), 7 (5), 8 (4); III,3 (4), 4 (4), 5 (4), 6 (4), 7 (6), 8 (4); IV,1 (6), 2 (7), 3 (7), 4 (5), 5 (5), 6 (2), 7 (2), 8 (3); V,1 (3), 2 (5), 3 (4), 4 (5), 5 (4), 6 (2), 7 (2), 8 (3), 9 (7); VI,1 (2), 2, 3, 4 (2), 5 (3), 6 (3), 7 (5), 8 (4), 9 (4); VII,3, 5
4Q321a I,4, 5 (3), 6; II,1, 2, 3, 4 (2), 5, 6, 7; III,4, 5 (3), 7 (2), 8, 9; IV,7, 8 (2); V,1, 2 (2), 3 (4), 4 (5), 5 (4), 6 (4), 7 (4), 8, 9 (3), 10 (2)
4Q322 1,1, 2a (2), 3, 3a
4Q322a 1,7
4Q323 1 (2), 2 (2)
4Q324 1,2, 3 (2), 4, 5 (3), 6, 7 (2)
4Q324a 1ii1, 2 (2), 3, 4 (4)
4Q324b 1,1, 2; 2,1, 2
4Q324d 2,2 (2), 3 (2); 3ii2, 4a, 4 (2); 6,2; 8,2; 9,3
4Q324e 1,2; 3,2; 5,1; 6,1; 11,2
4Q325 1,1 (2), 2 (3), 3 (2), 4 (4), 5 (4), 6 (2); 2,1 (2), 2, 3
4Q326 1 (2), 2 (2), 4 (2), 5 (2)
4Q328 1, 6
4Q329 2a-b,4 (2)
4Q329a 1, 3, 4, 6 (2)
4Q330 1ii1 (2), 2, 3; 2,2
4Q332 1,1, 2, 3; 2,1, 3, 4; 3,3
4Q334 1,1 (2); 3,4 (2); 4,2 (2), 4; 5,1; 6,1, 2; 7,2, 4
4Q337 1, 2, 4
4Q340 2
4Q348 20
4Q364 1a-b,4; 3ii2; 4b-eii11, 13; 8ii1; 10,6, 7; 11,5; 13a-b,6; 14,2; 17,3; 19a-b,8 (2), 9, 10, 11, 15; 20a-c,7 (3), 9; 21a-k,1, 16, 17; 22,2; 23a-bi1 (2), 5; 24a-c,7, 8, 9, 12; 26bi8; 26aii1, 2; 26bii+e,6; 32,2; T,2
4Q365 2,2, 3, 6, 8 (3); 3,2 (2); 6ai1, 7 (2), 9; 6b,2, 6; 6aii+6c,5, 8, 12, 13; 7i2; 10,3, 4 (4); 12biii1, 4 (3), 9, 12; 16,1, 2 (2); 19,4; 20,2; 23,1 (2), 2, 4, 6, 10; 25a-c,7, 11, 12; 26a-b,4 (2), 6; 27,4; 32,4, 6, 7 (2), 8 (2), 13 (3); 34,1; 35ii1; 36,6; 37,4; 38,2 (2)
4Q365a 1,2, 7; 2i2; 2ii1, 2 (2), 3, 4, 5, 6 (2), 8 (2), 10; 3,5; 5i6
4Q366 1,7, 9; 4i2, 10
4Q367 1a-b,4; 3,5
4Q368 2,4, 5, 10; 9,1; 10i4, 5, 7; 10ii6, 7
4Q369 1i4, 7; 1ii6, 7, 9, 12; 2,2, 3, 4; 3,4; 4,3
4Q370 1i2 (2), 3, 5; 1ii4
4Q371 1a-b,4, 9; 7,1, 3, 4
4Q372 1,4, 5 (2), 7, 10 (2), 11 (2), 12, 13, 14 (2), 15, 16, 17, 18 (2), 21, 30; 2,2, 3 (2), 8 (2), 13; 3,7, 10 (2); 4,6; 6,5; 8,4; 13,2; 15,3; 16,2; 18,1
4Q373 1a+b,4
4Q374 1a-b,3; 2ii2, 3 (2), 5, 7, 8; 3,3; 6,1; 9,3
4Q375 1i2, 4, 8; 1ii4
4Q376 1ii1; 1iii1
4Q377 2ii2, 5, 7, 10, 11; 5-6,1
4Q378 3i11; 6i3; 11,5; 12,2; 14,2; 19ii4, 6 (2); 22i1, 2, 3; 23,3; 26,5
4Q379 1,1; 3i5; 10,3 (2); 12,3 (2), 4; 13,2; 15,1, 3 (2), 4; 17,3 (2); 18,2, 6, 7; 22ii3, 7 (2), 8, 9, 13 (3), 14; 26,2; 28,3, 4
4Q380 1i9, 10; 1ii9; 2,3, 4; 5,2; 7i3; 7ii2
4Q381 1,3 (2), 7 (4), 8 (3), 10; 6,2; 7,2; 10-11,2, 3, 5; 14+5,3; 15,6 (2), 9; 17,2, 3; 19i1, 3; 24a+b,7, 9, 11; 31,1, 2, 3, 7; 33+35,3, 5, 6, 8, 10; 37,3; 41,2, 3; 44,4; 45a+b,3, 4; 46a+b,3, 7, 8; 47,2; 48,3, 4, 7; 50,4 (2); 52,2; 69,1, 2, 4 (2), 5 (2), 7; 76-77,9, 10 (2), 12, 13, 14, 15; 78,2; 85,3; 86,3; 93,1; 102,2; 103,2
4Q382 1,4; 9,8; 12,3; 15,2, 6; 25,4; 31,2; 43,3; 49,7, 8; 104,1, 4 (2), 7; 109,1; 110,1; 124,2
4Q383 1,3; B,1 (2)
4Q384 14,1; 20,4
4Q385 2,3; 6,2 (2), 8 (2), 10, 11, 12
4Q385a 1a-bii4, 6; 3a-c,2, 8, 9; 5a-b,7; 6,2; 16a-b,5; 17a-eii3, 4, 7 (3), 8, 9; 18ia-b,4, 7, 8, 9; 18ii1, 6 (2); Dii1; E,2
4Q385b 1,3 (2), 5, 6
4Q386 1ii2, 6, 8 (2); 1iii1 (2), 3
4Q387 1,5, 7, 8, 9; 2ii1, 2 (2), 3, 4 (2), 7 (2); 2iii1, 4, 5; 3,2, 4, 6, 7 (2), 8; 4i1; A,1, 2, 4, 5
4Q387a 1,3; 3,2; 5,3
4Q388a 2,2; 3,2 (2), 7; 7ii3, 4, 6; D,1
4Q389 1,2, 4, 7; 2,2, 5; 6,2; 7,3; 8ii3, 4, 5, 6; A,3; E,2
4Q390 1,2, 3, 4 (2), 5, 6 (2), 7, 9 (2), 10 (2), 11, 12 (2); 2i4 (2), 6, 7 (2), 8 (2), 10; 2ii5, 8, 9, 10, 11; 3,3; 4,2
4Q391 5,2; 10,2, 4; 11,2; 24,1; 25,1; 31,1; 32,2; 52,1; 55,3; 62i3; 62ii3; 65,2, 9
4Q392 1,3, 5, 6, 8; 2,2 (2), 4, 5; 6-9,4
4Q393 1ii-2,2, 3, 4, 6 (2), 10; 3,3, 5, 6
4Q394 1-2i3, 5, 6; 1-2ii5; 1-2iii2, 3, 4, 5, 6, 8, 9, 10; 1-2iv4, 5, 7; 1-2v2, 3, 5; 3-7i7, 9, 10, 11, 14, 15 (2), 19; 8iii6, 10; 8iv5, 11
4Q395 2, 7, 10

4Q**396** 1-2i1, 2; 1-2ii7; 1-2iii1, 3, 6, 7; 1-2iv1, 4
4Q**397** 6-13,4, 12; 14-21,5, 8, 9, 10 (3), 11, 14 (2), 15; 23,2
4Q**398** 5,4; 11-13,1, 2, 4 (2), 6; 14-17i6, 7; 14-17ii4, 6 (3), 7
4Q**399** 1ii3
4Q**400** 1i1, 2, 3, 4 (2), 9, 11, 13 (3), 14, 15, 17, 18; 1ii4, 9, 21; 2,1 (2), 2, 4, 5, 6, 7; 3i9
4Q**401** 1-2,1, 4; 3,2; 5,3, 4, 6; 11,3; 12,1, 2; 13,3; 14i5, 7, 8; 14ii8; 16,2, 4; 17,4; 20,2; 24,3; 29,1; 36,2; 37,3
4Q**402** 1,1, 2; 2,4; 4,7, 10; 5,2; 7,2; 9,3; 11,2
4Q**403** 1i1, 2 (2), 3 (2), 4, 5 (3), 6, 7, 10, 11, 13, 14, 16, 17 (4), 19 (3), 20 (2), 21 (3), 22, 23 (2), 24 (2), 25, 26 (2), 29, 30 (2), 31, 32 (2), 34, 36 (3), 37 (2), 38, 39 (2), 40 (4), 41, 45; 1ii2, 4, 13 (2), 14, 16, 18, 19 (3), 20, 21, 22, 23, 24, 27, 31 (2), 32, 35, 46; 2,4
4Q**404** 1,1; 2,2, 3, 5; 4,3, 10; 5,4, 7; 11,1, 2
4Q**405** 2,2; 3i15; 3ii1, 2, 4, 5 (2), 6 (2), 7, 8, 10, 13, 16; 4-5,3; 6,1, 6, 8; 7,3, 4; 8-9,3 (3); 11,4, 5 (2); 13,2, 3 (2), 4 (3), 5 (3), 6; 14-15i5, 7; 15ii-16,3, 4, 7; 17,4, 6; 18,3, 5; 19,4; 20ii-22,2 (2), 3, 5, 7 (2), 8, 9, 10, 11, 12 (4), 13, 14 (2); 23i2, 7, 8 (4), 10 (4), 12 (2), 13; 23ii2, 7, 8, 9, 11, 12 (2), 13 (2); 25,2; 33,1; 36,2; 38,1; 42,1; 46,2; 64+67,2; 66,1; 68,2; 74,1; 79,1; 83,3; 88,1
4Q**406** 3,3
4Q**407** 1,4, 5
4Q**408** 2,3; 3+3a,4, 6, 7 (2), 8, 9 (3); 7,1; 11,2
4Q**409** 1i3, 5, 9, 11; 1ii4, 5, 9; 3,2
4Q**410** 1,6 (2), 7
4Q**411** 1ii1, 10
4Q**412** 1,4, 6, 7, 9
4Q**413** 1-2,1 (2), 2, 4
4Q**414** 1ii-2i4, 5; 2ii-4,3, 5; 7,6, 8, 10; 8,2; 11ii1; 12,3; 13,4, 5, 7, 9; 14,1; 17,2; 19,1; 30,1; 32ii3
4Q**415** 2i+1ii3, 4, 6; 2ii2, 3, 7 (2); 5+3,2; 6,3, 4, 5; 9,6, 8; 11,4, 6, 7, 8, 9, 10, 11, 13; 13,3, 4; 24,1; 25,1
4Q**416** 1,3, 11, 14; 2i4, 5 (2), 19, 21; 2ii3 (2), 4, 5, 6, 7, 8, 12, 15, 17 (3), 18, 20; 2iii3, 4 (2), 6, 7 (2), 8, 9, 10 (2), 11, 13 (3), 14, 15, 16, 17, 18, 20 (2), 21; 2iv2, 3, 6 (2), 7, 9, 11, 12; 3,1, 2, 3, 6, 7; 4,3; 6,1; 9,1; 16,2; 18,3
4Q**417** 1i2, 5, 7, 8, 11 (2), 13, 14, 18, 20, 21, 22, 23, 24 (2), 25 (2), 26; 1ii3, 10, 14; 2i1 (2), 2, 3, 5, 6, 8, 10 (2), 14, 16, 24, 27; 2ii+23,5 (2), 6, 7, 8, 10, 22, 23, 25; 3,1, 3; 14,5; 19,3 (2), 4; 26,2
4Q**418** 1,1; 2+2a-c,3, 6; 7a,2; 7b,10; 8,2, 3, 7, 9; 9+9a-c,2, 5, 6, 8, 9 (2), 10, 12, 13, 14 (2), 15, 17; 10a-b,1, 8; 18,2; 19,2; 31,1; 37,2; 43-45i2, 3, 4, 8, 14, 15, 16; 46,1; 47,1, 4; 55,3, 4 (2), 7, 8; 58,3; 69ii3, 4, 9, 11 (2), 12 (2), 13, 14 (2), 15 (2); 71,3 (2); 77,2, 3, 4; 81+81a,1, 3, 4 (3), 6, 7, 8 (2), 9, 10, 11 (2), 14 (2), 15, 19; 85,2; 87,4, 10, 11, 12; 88ii2, 4, 7 (2), 8; 89,1, 2; 91,1; 101ii3, 5; 102a+b,1, 3, 5; 103ii3 (2), 4, 7 (3), 8 (2), 9; 107,4; 116,1; 119,3; 122i5, 6; 123ii3 (2), 4, 5 (2); 126ii2, 3, 4, 5, 8, 9, 10, 11, 12; 127,2, 4, 5, 6 (2); 128+129,4; 137,3; 138,2, 3; 139,2; 140,4; 147,5; 148ii2, 7, 8; 149,4; 158,4; 159ii3 (2), 4; 167a+b,1, 2, 5, 6 (2), 7; 169+170,2, 3, 4; 172,4, 5, 7, 8, 9, 10, 11, 13, 14; 173,5; 176,2, 3; 177,2; 182,3; 184,1, 2 (2); 188,7; 190,2; 197,2; 198,1, 2; 199,1; 200,1; 204,2; 207,4; 210,2; 211,2, 3; 212,2; 219,2; 223,3; 227,4; 229,3; 238,2, 3; 240,2; 241,2; 243,5; 244,2; 250,1, 3; 252,1; 259,1, 2; 260,2; 287,2; 290,1; 295,1
4Q**418**a 4,2; 8,2; 13,1; 16,2, 4; 22,3
4Q**419** 1,2, 3, 5, 9, 12; 2,2; 4,1; 6,1; 7,1; 8ii2, 3
4Q**420** 1aii-b,1 (2), 2 (2), 3, 6, 7; 2,8, 9
4Q**421** 1ai1; 1aii-b,6, 12, 13, 14; 2,1; 4,2; 8,1; 10,1; 11,5; 12,2, 3 (2); 13,6
4Q**422** I,6, 12; II,6; III,4, 5, 8 (4), 9 (2), 10 (2), 11; N,2
4Q**423** 1-2i2, 4, 6, 7; 3a,2, 3; 4,2 (2); 5,3, 4, 5, 6 (2), 9 (2), 10; 7,6; 8,2; 10,1; 11,2; 12,3; 13,4; 16,1; 23,2
4Q**424** 1,5, 6, 9, 10 (2), 12; 2,3; 3,1 (3), 2, 5, 6, 8, 11
4Q**425** 1+3,6; 5,3; 6,3, 4
4Q**426** 1i4, 9, 12; 1ii4; 4,4
4Q**427** 1,2, 4; 2,1; 3,1, 2; 4,2; 7i8, 9, 12, 13, 14 (2), 15, 16, 17, 18, 21, 22 (2); 7ii4, 6, 9 (2), 11, 13 (3), 15, 17, 23 (2); 8i7, 10 (2), 11; 8ii12, 18; 10,3, 4; 11,3, 4
4Q**428** 4,1; 5,4 (2), 5, 6; 6,2; 7,1; 10,2, 3, 4, 5, 6, 7, 12 (2); 12ii1, 2; 13,8; 15,1; 16,1; 17,3; 18,3 (2), 4; 19,5; 20,3; 28,2; 33,2; 46,1; 48,1; 49,2; 60,2
4Q**429** 1i1; 1ii1, 2, 4; 3,2, 4, 6, 7; 4i12; 4ii12
4Q**430** 4, 7
4Q**431** 1,2, 3, 4, 8; 2,2, 3, 8 (2)
4Q**432** 3,1; 5,2, 4; 6,1, 2, 4, 5; 7,1, 4; 10,1; 12,3
4Q**433** 1,8; 2,1
4Q**433**a 1,3, 5; 2,3 (2), 7, 8; 3,5, 6, 8; 4,6
4Q**434** 1i3, 4, 5, 6 (2), 7 (2), 8 (2), 10 (3), 11, 13; 1ii1, 3, 4; 2,6, 8; 4,1; 6,2 (2), 3; 7a,2; 7b,2
4Q**435** 1,6; 2i2; 2ii5; 5,3
4Q**436** 1a+bi1 (2), 3 (2), 5, 8 (2), 9 (3); 1ii1
4Q**437** 2i3, 4, 5 (2), 6 (2), 8 (2), 9, 10, 12, 13, 14, 15, 16 (2); 6,1; 9,1; 10,1
4Q**438** 1,2; 2,1; 3,2, 3; 4ii1, 2, 4, 5; 6,2
4Q**439** 1i+2,2
4Q**440** 1,1, 4; 3i15, 20, 22
4Q**440**a 4
4Q**441** 8
4Q**443** 1,12; 2,4, 7; 4,2; 6ii4; 7,2
4Q**444** 1-4i+5,1, 2, 3, 4 (2); 4ii3
4Q**445** 1,2
4Q**446** 1,4
4Q**448** I,10; II,5; III,1, 2
4Q**449** 1,1, 3; 3,1
4Q**451** 2, 3
4Q**454** 3, 6
4Q**455** 2
4Q**457**a I,9
4Q**457**b I,4; II,1, 3, 4
4Q**458** 1,3; 2i4; 2ii6; 4,2 (2)
4Q**460** 6,2; 7,3; 8,2, 3 (2), 4 (2); 9i3 (2), 8, 9
4Q**461** 1,2 (2), 3
4Q**462** 1,4, 6, 11, 13 (2), 16
4Q**463** 1,2 (2)
4Q**464** 1,1, 2; 3i4
4Q**464**a 3
4Q**468**a 4
4Q**468**b 4
4Q**468**f 3
4Q**469** 9,1
4Q**470** 1,3 (2); 3,4, 5, 6
4Q**471** 2,3, 6, 7
4Q**471**a 2, 6, 7
4Q**471**c 1,3, 4, 5
4Q**472** 1,1
4Q**473** 2,2, 4
4Q**474** 2, 3
4Q**475** 1, 3, 4
4Q**476** 1,4; 3ii3
4Q**480** 1ii1
4Q**481**a 3,3, 5
4Q**481**c 5, 9
4Q**481**d 2,3; 6,1

4Q485 5,2
4Q486 5, 6
4Q487 1i4; 1ii3, 4, 5; 2,2, 5, 9; 6,6; 9,3; 37,2
4Q491 1-3,4, 5, 6 (2), 7, 8 (2), 10, 13, 14 (2), 16, 17 (2); 5-6,1; 8-10i4, 5, 6 (2), 7, 12, 13, 15 (2), 16; 10ii8, 10, 11, 12, 14, 15 (2); 11i9 (2), 10, 12 (2), 13 (3), 14 (2), 15 (2), 16, 17 (2), 20 (2), 21 (2), 23; 11ii5, 7, 8, 12 (2), 13 (3), 18, 20, 21 (2), 22, 23; 13,2, 4; 14-15,8 (2); 18,4; 21,3; 22,2; 24,4; 25,2; 27,2
4Q492 1,5, 8, 10, 12
4Q493 2, 3 (2), 6, 7, 8 (3), 10 (3), 11 (2)
4Q494 5
4Q496 3,3; 5-6,2, 3 (2), 4; 7,3; 8,2; 10,3; 13,1, 3, 4; 17,2, 4; 37,2
4Q497 4,2; 5,2; 28,2; 47,2
4Q498 6,1; 8,1; 9,2; 11,2
4Q499 7,3; 8,2; 14,3; 48,2
4Q500 1,3
4Q501 4, 7, 8 (2)
4Q502 2,4, 7; 6-10,5, 6, 9, 10, 12, 16; 16,3; 19,1; 21,1, 3, 5; 23,4; 24,3, 4, 5; 29,2; 35,1, 2; 68,2; 94,1; 96,5; 102,1; 108,2; 110,2; 116,2; 130,2; 143,2; 144,1; 146,2; 161,1; 162,3; 163,3; 174,2; 177,1; 202,1; 218,1; 250,1; 302,1
4Q503 1-6iii1, 3, 5, 6, 7, 8, 15, 18, 20, 23; 7-9,2, 6, 7; 11,2, 4 (2); 14,2; 15-16,2, 4, 5, 6, 14; 21-22,1; 24-25,4 (2); 29-32,2, 8, 10 (2), 11, 21, 22; 33i+34,9, 18, 21; 33ii+35-36,1, 2, 4, 23; 37-38,13, 23; 40ii-41,2, 3, 4; 42-44,3; 45-47,2; 48-50,1, 5; 51-55,9, 13, 14; 56i-58,8; 56ii3; 62,2; 64,1, 4; 68,1; 72,7, 8; 73,3, 4; 74,1; 75,4; 77ii2; 84,5; 88,5; 89,2; 91,2; 92,1, 3; 99,2; 104,2; 105,1; 107,2, 3; 112,2; 121,2; 132ii1; 134,1; 137,2; 140,2; 146,1; 174,1; 204,1; 216,4
4Q504 1-2ii8 (2), 9, 13 (3), 15; 1-2iii4, 7, 11 (2), 13, 17; 1-2iv3 (2), 5, 9; 1-2v3, 5, 6, 7, 11 (2), 13, 14, 16, 17 (2), 18, 19 (2), 20, 21; 1-2vi6 (2), 7 (2), 8 (2), 14; 1-2vii4, 5; 3ii6, 7 (2), 13, 17, 19; 4,5, 6, 7, 8, 9, 13; 5i6; 5ii1, 5 (2), 6, 7; 6,3, 5, 9, 10 (2), 11, 17, 19; 7,11; 8,4, 5, 7, 13; 10,2; 17ii4; 18,5; 20,1; 29,2
4Q505 123,1; 127,1; 128,2
4Q506 125+127,3; 131-132,8, 13
4Q507 1,2 (2)
4Q508 1,2; 2,1; 4,2; 13,1, 2; 19,1; 21,1, 3; 22-23,1; 30,2; 36,1; 39,1, 2
4Q509 1-2,5; 3,7; 5-6ii2; 7,2 (2), 5; 8,5; 12i-13,4, 5; 16,2, 5; 29,1; 32,2, 3; 37,2; 46,1; 50,1; 55,3; 58,5; 97-98i4, 5, 8; 116,1; 131-132i11; 131-132ii9, 17; 183,5; 184i10; 189,5; 192,2; 194,2, 3; 218,1; 223,2; 228,2; 233,2; 242,1; 257,2
4Q510 1,1, 6, 7, 8; 2,1, 4
4Q511 1,2, 3, 5, 6, 7, 8; 2i5, 6, 8, 10; 2ii5, 9, 10 (2); 3,1; 8,2, 5, 6, 8; 10,7, 8, 10 (2), 11, 12 (2); 11,4; 12,3; 16,3; 18ii3, 5, 8, 9, 10; 20i3; 24,4; 28-29,2, 3, 4; 30,4 (2), 5 (2); 35,1, 2 (2), 3, 5, 6, 7; 37,2; 41,1; 42,4, 8; 43,2, 8; 44-47,1; 48-49+51,1, 2, 3, 5, 7; 52+54-5+57-9,7; 63i6; 63-64ii1, 2 (2), 3, 4, 5 (2); 63iii1, 2, 4 (2), 5; 68,4; 71,3; 81,2, 5; 82,2; 93,1; 95,2; 98,1; 102,2; 108,2; 111,4; 122,2; 151,2
4Q512 33+35,1, 5, 9; 34,16; 29-32,6; 21-22,2; 24-25,3, 5; 27,1; 15i-16,2, 4; 14ii2; 11,3; 18,3; 7-9,2; 1-6,1, 3, 4 (2), 16; 40-41,1, 2, 5; 42-44ii5; 51-55ii7; 56-58,1; 64,7; 77,3; 80,1; 81,1; 112,1; 133,1; 145,3; 152,1; 177,1, 2; 183,1; 227,3
4Q513 1-2i2; 2ii1, 4 (2), 6; 3-4,3; 10ii3, 4, 6; 11,4; 12,1; 13,4; 14,4; 17,2; 32,2
4Q514 1i3, 5 (2), 6, 7, 8 (2), 9, 11; 2,3
4Q515 4,1
4Q518 33,2
4Q519 2,1
4Q520 1,2
4Q521 2ii+4,2, 3, 4 (2), 5, 6, 9; 2iii1, 3, 4, 5; 7+5ii2; 9,2, 3; 10,4
4Q522 9i+10,10; 9ii7; 22-25,1, 5 (2)
4Q523 1-2,6
4Q524 2,3; 14,2; 25,3
4Q525 1,1; 2ii+3,1, 2 (3), 3 (2), 4 (3), 5 (2), 6 (3), 7 (2); 2iii1, 2, 4, 7; 4,3; 5,2, 6 (2), 7 (2), 9, 10, 11, 12, 13 (2); 6ii1, 4 (2), 5; 7,2, 3; 8,1; 9,3; 11-12,2, 3; 13,2, 4; 14ii1, 3, 5 (2), 6, 7, 10, 13 (2), 15, 16, 19, 20, 21, 22, 24, 25, 26 (2), 27 (2); 15,1, 2, 3 (2), 4, 5 (2); 16,3, 6; 17,6; 18,2, 4; 20,1; 21,5, 6, 8; 23,2, 4, 5, 7, 8; 24ii5; 29,3; 30,3
4Q526 2
4Q528 4
4Q577 1,2
4Q579 1,1
5Q10 1,2
5Q11 1ii2
5Q13 1,7, 9, 12; 2,5, 6, 9; 4,2, 4; 5,3; 8,3; 10,2
5Q14 3
5Q16 1,4; 3,3
5Q18 1,2
5Q25 2,1
6Q9 4,1; 21,1; 22,2; 23,2; 33,2
6Q10 1ii5
6Q11 3
6Q12 4
6Q13 6, 8, 9
6Q15 3,1, 2, 4; 5,5
6Q17 1
6Q18 2,8; 3,3; 5,2, 3; 8,1, 2; 11,2
6Q24 2,1
8Q5 1,1
11Q5 XVIII,9, 11 (2), 12; XIX,2, 3, 6, 8, 10, 12 (2), 15 (2), 16, 17, 18; XXI,11 (2), 12, 13, 15, 16 (3); XXII,1 (2), 3, 4, 5, 6, 7, 10, 11, 12, 15; XXIV,8, 10, 13; XXVI,11, 14 (3); XXVII,3; XXVIII,4, 5, 9, 10 (2), 11 (2)
11Q6 4-5,10, 13, 15
11Q11 I,4; IV,5, 9, 10, 11; V,4, 5, 9
11Q12 1,1, 2, 4, 9; 2,1, 2; 5,1, 3; 8,3; 9,2
11Q13 II,2, 7, 8, 10 (3), 12, 14, 20, 21, 23; III,7, 8 (2), 15; 6,5; 7,4, 10; 10,2
11Q14 1ii2, 4, 8, 9, 11, 12, 13, 14, 15
11Q15 1,4 (2); 4,1
11Q16 1,2, 3, 4; 2,6
11Q17 III,8, 10; IV,7 (2); VI,9; VII,3, 4 (2), 10, 13, 14; VIII,3, 4, 9; IX,5, 6; X,2, 3 (2), 4 (2), 5, 6; 28,4
11Q19 III,1, 5, 13; IV,9, 10, 11, 13; V,5, 10, 14; VI,3, 4; VIII,11; XI,9 (2), 10 (2), 12 (2), 13; XIII,17; XIV,4, 7, 9; XV,18; XVI,12, 14, 15 (2), 16; XVII,4, 6, 8, 9, 10, 11, 12, 15, 16; XVIII,10; XIX,15; XX,11, 12; XXI,5, 9 (2), 10; XXII,1, 13 (2), 14, 15, 16; XXIII,12 (2); XXIV,12, 13, 14, 15, 16; XXV,2, 8, 9 (2), 10 (2), 11, 12 (2); XXVI,6 (2), 7, 9, 13; XXVII,5, 6, 7 (2), 9, 10; XXVIII,0, 6, 9; XXIX,3, 4, 8, 10; XXX,4, 6, 7, 9 (2); XXXI,6, 7 (2), 9; XXXII,6, 8, 9, 12 (2), 14, 15 (2); XXXIII,2, 7, 12, 14, 15; XXXIV,1, 6, 7, 10, 11; XXXV,13, 14 (2); XXXVI,7 (2), 8 (2), 9, 10, 13; XXXVII,8, 9, 12, 13; XXXVIII,12, 13, 15 (2); XXXIX,7, 9, 12, 14, 15, 16 (2); XL,8, 10, 11 (3), 12, 13 (2), 14; XLI,4, 6, 7, 8, 9, 10, 11, 13, 14, 15, 16; XLII,7, 11, 13 (2), 17; XLIII,2 (2), 3, 4, 11, 12, 14 (2), 15, 16, 17 (2); XLIV,2; XLV,4 (2), 9 (2), 10, 12, 14 (2), 15, 16; XLVI,3, 4, 6, 9, 12, 14; XLVII,5 (2), 8 (2), 9, 11 (2), 12 (2), 13, 14, 16 (2), 17, 18 (2); XLVIII,5 (2), 6 (2), 9, 10, 11, 12, 13 (2), 14 (2), 15 (3), 16 (4), 17 (2); XLIX,3 (3), 4, 5 (2), 6, 8, 10, 11, 13 (2), 16, 17 (2), 18, 19 (2), 21 (2); L,4, 5 (2), 6 (3), 8 (2), 10, 11, 12, 14 (2), 15, 21 (2); LI,2, 5, 6, 7, 8, 9, 11, 12, 14, 19 (2); LII,3, 4, 6, 7 (2), 8, 9, 10 (2), 11, 12, 13 (2), 14 (2), 16, 17 (2), 19, 20; LIII,4 (2), 6, 10, 12 (2), 13, 17 (3), 20; LIV,3,

8, 13 (3), 14, 15, 17, 20; LV,2, 6, 7, 9, 11, 13, 15 (2), 16, 20, 21; LVI,4, 8, 11, 13, 14, 18, 20; LVII,2, 4, 5, 7, 11, 21; LVIII,4, 15, 18, 20, 21; LIX,2 (2), 3, 4, 5 (2), 10 (2), 16, 19, 20; LX,10, 11, 13, 17, 18; LXI,1, 2, 3, 4, 6, 7, 8, 9, 10, 11, 12 (5); LXII,5, 7, 9, 10; LXIII,1, 3 (2), 5, 7, 10, 11 (2), 13, 14; LXIV,2 (2), 3, 5 (2), 7 (2), 9, 11; LXV,2 (2), 6; LXVI,2, 3, 4 (2), 5, 7

11Q**20** I,23; III,23; IV,10; V,9, 12, 13, 19, 20, 22; VI,8, 9, 13, 14; VII,22; XII,6, 25; XIV,3, 4, 9, 15, 21; XV,2, 3; XVI,2; 32,2; 33,2, 3
11Q**21** 3,4
11Q**22** 1,2
11Q**29** 2, 3
11Q**30** 9,1; 12,1
PAM 43.670 59,1
PAM 43.671 5,1
PAM 43.673 33,1
PAM 43.674 7,2
PAM 43.675 27,2
PAM 43.676 10,1; 11,1; 40,2; 55,1; 57,1
PAM 43.677 10,3; 17,2
PAM 43.678 4,2
PAM 43.679 1,3; 7,3; 10,4
PAM 43.680 39,2
PAM 43.683 49,1
PAM 43.685 21,2
PAM 43.688 89,2; 100,2
PAM 43.689 77,1
PAM 43.692 80,1
PAM 43.694 2,1
PAM 43.695 72,2
PAM 43.698 25,2; 50,1; 78,2
PAM 43.699 11,2
PAM 44.102 36,3; 66,3
KhQ**1** 1, 2, 12

entrance noun בָּאָה

3Q**15** II,12	(III)	ביאתו תחת הסף הגדול
3Q**15** III,9	(III)	ביאתא / תחת הפנא המערבית
3Q**15** IV,3	(III)	]°° בביאתך / אמות ארבע[ין
3Q**15** V,13	(III)	בקבר שבנחל הכפא / בביאה מירחו לסככא
3Q**15** XI,13	(III)	בבית {א}אשדתין באשיח / בביאתך לימומית
3Q**15** XII,1	(III)	ככ 5 ככרין ששין ביאתו מן המ<ע>רב
4Q**322** 1,3	(XXI)	בעשרים ושלו]שה בה ביאת יקים
4Q**323** 3	(XXI)	[בשמונה עשר בו ביא]ת יחזקאל
4Q**323** 5	(XXI)	]ביאת / [
4Q**324** 1,1	(XXI)	בעשרים ושלושה בה] ביאת [אלישיב
4Q**324** 1,4	(XXI)	בעשרים [ושמונה ב]ה ביאת אמ[ר]
4Q**324** 1,5	(XXI)	באר[ב]עה בה ביאת ח[זיר] / [
4Q**324** 1,7	(XXI)	בשביעי ביאת[הפצץ]
4Q**324**a 1ii2	(XXI)	ב]ע[שרים ואחד] / [בו]א ב[י]א[ת ש]עור]ים[
	(XXI)	]בעשרים ושמונא בוא ביאת מלכ[יה]
4Q**324**a 1ii4	(XXI)	] / בא[רבע]ה בע[ש]רי ביאת מי[מ]י[ן
4Q**332** 1,2	(XXXVI)	] / [בארבעה עשר בו ביא]ת ידעיה
4Q**333** 1,6	(XXXVI)	ב]י[את] גמול / [

worthless thing, wild grapes noun בָּאוּשׁ

1QH[a] XVI,25		ב]שפתו יהפכו כעצי באושים
4Q**433**a 2,7	(XXIX)	ובפריו לוא יראה באוש[ים

to make plain verb באר

1QpHab VI,15		כתוב חזון ובא]ר על הלוחות למען ירוץ
1Q**22** 1ii8	(I)	[הבו לכם חכמים אשר י]עשו לבאר / [לכם
4Q**364** 20a-c,8	(XIII)	ה[ו]אל{{ה}} מ[ושה] / באר את התורה הזואת
4Q**381** 22,1	(XI)	]תבאר[
4Q**508** 24,2	(VII)	]בארתנו ועולי°[

well, pit noun בְּאֵר-1

CD III,16		ויחפרו באר למים רבים
CD VI,3		ויחפורו את הבאר באר חפרוה שרים
		ויחפורו את הבאר באר חפרוה שרים
CD VI,4		הבאר היא התורה
CD VI,9		הם / הבאים לכרות את הבאר במחוקקות
CD XIX,34		ושבו ויבגדו ויסורו מבאר מים החיים
4Q**225** 2i13	(XIII)	ויק[ום וי]ל[ך] מן הבארות על ה[ר מוריה] / [
4Q**266** 3ii11	(XVIII)	הבאר היא הת[ורה וחופריה] / [המה
4Q**267** 2,9	(XVIII)	ויחפ[ו]ר[ו] / [א]ת הבאר
	(XVIII)	אשר אמר מושה באר חפ[ר]וה שרים
4Q**267** 2,11	(XVIII)	הבאר [הי]אה התור[ה
4Q**525** 24ii9	(XXV)	] / באר מימי מע[ין
11Q**20** XII,25	(XXIII)	המערב לעיר בתים ומקו]רים ובירות בתוכ[מה]

Beer-sheba proper noun בְּאֵר שֶׁבַע

4Q**464** 7,2	(XIX)	מבאר]שבע ללכת חרן וע[
4Q**522** 9i+10,11	(XXV)	וי]הודה את באר שבע [וא]ת בעלות

Beeroth proper noun בְּאֵרֹת

4Q**364** 27,3	(XIII)	] / [ובני ישראל נסעו] מבארות בני יעקן

בָּאֻשׁ ← בָּאוּשׁ

Babylon proper noun בָּבֶל

CD I,6		לתיתו אותם ביד נבוכדנאצר מלך בבל
4Q**163** 4-7ii4	(V)	פשר הדבר על חבל בבל[
4Q**163** 8-10,1	(V)	[פשר הדב]ר על כלה בבל[
4Q**163** 25,1	(V)	]מלך בבל °[
4Q**165** 8,1	(V)	מל]ך בבל אשר י[
4Q**266** 2i11	(XVIII)	לתתו אותם ביד / נב[וכדנא]צר מל[ך] בבל
4Q**385**a 18ia-b,4	(XXX)	ויבאו / [לרבלה אל]מלך בבל[
4Q**385**a 18ia-b,6	(XXX)	חרים]ובני ישראל ויביאם בבל
4Q**385c** A,2	(XXX)	] / בבל[
4Q**386** 1iii1	(XXX)	ודל לא יחן ויביא אל בבל
	(XXX)	ובבל ככוס ביד יהוה
4Q**386** 1iii3	(XXX)	] / בבבל
4Q**386** 1iii6	(XXX)	] / לבב[ל

portion, spoil noun בַּג

4Q**513** 2ii4	(VII)	] / ולבג[מ]לאכי ולכפר {{במה}} בהם

to act treacherously, betray verb בגד

CD I,12		בדור אחרון בעדת בוגדים / הם סרי דרך
CD VIII,5		לא סרו מדרך / בוגדים ויתגוללו בדרכי זונות
CD XIX,17		ולא סרו מדרך בוגדים ויתגללו בדרכי זנות
CD XIX,34		ושבו ויבגדו ויסורו מבאר מים החיים
1QS VII,18		לבגוד באמת / וללכת בשרירות לבו
1QS VII,23		ושבה רוחו לבגוד ביחד ויצא מלפני הרבים
1QpHab II,1		]הבוגדים עם איש / הכזב כי לוא[
1QpHab II,3		ועל הבוג[דים בברית] החדשה
1QpHab II,5		פשר הדבר[על הבו]גדים לאחרית א / הימים
1QpHab V,8		למה תביטו בוגדים ותחריש בבלע / רשע
1QpHab VIII,3		ואף כיא הון יבגוד גבר יהיר
1QpHab VIII,10		ויעזוב את אל ויבגוד בחוקים בעבור / הון

וכבס בגדיו ורחץ / ביום הראישון — 11Q19 XLV,8
וביום השלישי יכבס בגדיו ורחץ ובאה השמש — 11Q19 XLV,9
ויכבס ביום / השביעי בגדיו — 11Q19 XLV,16
ובגדים ושקים ועורות יתכבסו — 11Q19 XLIX,16
ויכבס בגדיו ביום הראישון — 11Q19 XLIX,17
וירחצו ויכבסו בגדיהמה וכליהמה — 11Q19 XLIX,20
האדם אשר יגע בו יכבס בגדו ורחץ — 11Q19 L,8
וכבס בגדיו / ורחץ ב{{מ}}ים — 11Q19 L,13
וביום השלישי יזה ויכבס בגדיו ורחץ — 11Q19 L,14
וביום השביעי יזה שנית וכבס בגדיו ורחץ — 11Q19 L,15
וכול הכלים ובגדים ועורות — 11Q19 L,16
ויכבס בגדיו ורחץ [במים — 11Q19 LI,3
וכבס / בגדיו ורחץ במים — 11Q19 LI,5
ומלא י]דו ללבוש את הבגדים[תחת]אביהו (XXIII) — 11Q20 I,22
וכבס] / בגדי[ו (XXIII) — 11Q20 XIV,19
]בגדיה[(ם) (XXXIII) — PAM 43.690 2,1

בְּגָדוֹת ← בּוֹגְדוֹת

on account of, because preposition **בִּגְלַל**

מ]שפט בגלל הון / [(XX) — 4Q300 5,2
וכ[רמו כלאים] / [ב]גלל שהם קדושים (X) — 4Q396 1-2iv8
וכרמו כלאי]ם ב[ג]לל שה[מה קדושים (X) — 4Q397 6-13,14
כול עושה / אלה ובגלל התועבות האלה — 11Q19 LX,20

separation, alone noun **בַּד-1**

ויעלו מעשי דויד מלבד דם אוריה — CD V,5
לכהן / והיה לו לבד מאיל האשם — CD IX,14
והובדל האיש מן הטהרה לבד — CD IX,21
כי כן כתוב מלבד שבתותיכם — CD XI,18
כיא אל שמן בד בבד עד קץ / אחרון — 1QS IV,16
כיא אל שמן בד בבד עד קץ / אחרון
כיא בד בבד שמן אל עד קץ — 1QS IV,25
כיא בד בבד שמן אל עד קץ נחרצה ועשות
וישכב שם] / [כיא הואה] לבדו היה הולך (I) — 1Q17 6
] ו[ותר י]עק[וב ל]בדו שמה (V) — 4Q158 1-2,3
ול]בנה זכה ב[ד] בבד (V) — 4Q158 13,3
ול]בנה זכה ב[ד] בבד (V)
]ים לבדם יחרמו / ואם לוא ימצא ש[(XXII) — 4Q252 III,4
והיה לו] לב[ד מא]יל (XVIII) — 4Q267 9i8
כי כן] כתוב מלבד שבתותיכם (XVIII) — 4Q270 6v21
כי כ]ן כתוב מלבד שבתותיכם (XVIII) — 4Q271 5i12
מדוע אתה] / יושב לבדכה (XIII) — 4Q365 7ii3
]נגב מלבד הע◦◦[(XIII) — 4Q365 A,3
[אחר חטאת]מלבד עולת הת[מיד (XIII) — 4Q366 3,2
ושע]יר חטאת אחד מלבד / [עולת התמיד (XIII) — 4Q366 4i2
ושעיר ח]טאת אחד מלבד עולת התמיד (XIII) — 4Q366 4i6
]ה לבדכה[(XIII) — 4Q382 7,2
ימי ממלכתו הרישונים מלבד העולים רישונה (XXX) — 4Q390 1,5
ואל לכה לבדכה תרחב [נפשכה בראשכה (XXXIV) — 4Q417 2i9
בשפתי עוז ולשון נצח הרימו לבד קולכמה (XXIX) — 4Q427 7i16
]חה מלבד הימים א[שר (XIX) — 4Q463 2,4
כיא אתה / אל חי לבדכה ואין זולתכה (VII) — 4Q504 1-2v9
] אדם לבד[ו (VII) — 4Q511 96,3
]א[ ] מלבד שבתות (VII) — 4Q513 3-4,3
]לבדם כאשר עש[(III) — 5Q13 1,5
ועשיתמה שעיר עזים לחטאת] / לבד הוא — 11Q19 XIV,11
ושרפו כולו שמה לבד מחלבו חט[את] / הוא — 11Q19 XVI,13
ול]כבש וכבש] / וארביה לבד יהי[ו ומנח]תה — 11Q19 XXIV,8
הזואת יעשה עולת מטה יהודה לבד — 11Q19 XXIV,10

וקלס לבוגדים סוד אמת ובינה לישרי דרך — 1QH[a] X,10
ל]בגוד לו ◦[(I) — 1Q14 11,5
ונתתה רשעים [כ]ופרנו וב[וג]דים / [(I) — 1Q34bis 3i5
] / לבגוד רבים הוא[(V) — 4Q163 4-7ii6
]לבך ותבגוד[(XIII) — 4Q221 16,5
מדוע נבגוד איש[ב]אחיהו (XXXV) — 4Q265 3,2
עמו בישוד עם וגם לבגו<ד> ◦מ◦ ◦[(XVIII) — 4Q266 5ii9
]בוגדה ב◦◦◦◦[(XIII) — 4Q382 25,6
] / [ ]◦בוגדים[(XXIX) — 4Q439 1i+2,8
עד]ת בוגד[ים (III) — 6Q30 3
האיש אשר תזוע]רוחו לבגוד ב[אמת (XXIII) — 11Q29 2

garment noun **בֶּגֶד-2**

אל יקח איש עליו בגדים צואים — CD XI,3
ואשר יוציא ידו מתוחת בגדו והואה / פוח — 1QS VII,13
כוהנים מבני אהרון לובשים בגדי שש לבן — 1QM VII,10
ופרי מגבעות בראשיהם בגדי מלחמה — 1QM VII,11
ובבוקר יכבסו בגדיהם ורחצו / מדם — 1QM XIV,2
לך רשתה מכון עז [[ ]] וחבלתה]בגדי כתם (III) — 2Q18 2,10
ע]ל העם ועל ב[ג]די[הם (V) — 4Q159 1ii16
כ]סא כבוד נזר ק[ודש] ובגדי רוקמו[ת (V) — 4Q161 8-10,19
מכוהני השם ובידו בגדי[(V) — 4Q161 8-10,24
]תוכן כבגד על הא[(V) — 4Q172 2,2
וילבש]הו בגדי[שש וישים את רביד הזהב (XIII) — 4Q223-224 2v30
יוציא] / את ידו[מתח]ת בגד[ו] והוא[ה פוח (XXVI) — 4Q259 I,12
יוציא את ידו מת]חת בגדו / [והוא פוח (XXVI) — 4Q261 5a-c,8
השבת אל[יקח איש עליו בגדי]ם צואים (XXXV) — 4Q265 6,2
אל י[תלב]ש איש בבגדים א[שר]בהם עפר (XXXV) — 4Q265 6,3
יום] השבת ישלח לו את בגדו להעלותו בו (XXXV) — 4Q265 6,7
]להעט[ ] ויכבס בגד[ו (XVIII) — 4Q266 6ic,3
[יו]צא את ידו מתחת בגד[ו והואה פוח (XVIII) — 4Q266 10ii11
ובמקום כתוב קרעו לבבכם ואל בגדיכם (XVIII) — 4Q266 11,5
[ואשר יוציא את] ידו מתחת בגדו והו[א פוח (XVIII) — 4Q270 7i3
כתוב] / קרעו לבבכם ואל בגדיכם (XVIII) — 4Q270 7i19
אל יב[א איש [כול עור ובגד ומן / כל הכלי[(XVIII) — 4Q271 2,10
וכבס בג[ד]יו [ורחץ במים (XVIII) — 4Q272 1ii6
ורחץ במים ויכבס בגדיו ואחר יואכל (XXXV) — 4Q274 1i3
ואם נגעה תכבס בגדיה ורחצה ואחר תוכל (XXXV) — 4Q274 1i5
והנושא אותו / [יכב]ס והבגד אשר תהיה עליו (XXXV) — 4Q274 2i5
ורח[ץ] / [ולבש כו]ל הבגד אשר לוא נגעה בו (XXXV) — 4Q274 2i7
אמ לוא נגע בו ב[גדו ורחץ] במים (XXXV) — 4Q274 2i8
וחיב את הבגדים ושח[ט את] / [ה]פרה [ל]פניו (XXXV) — 4Q276 2
והנושא [את ב]גדי ו[רח]ץ וטמא עד ה[ע]רב (XXXV) — 4Q277 1ii13
ועל בניו ועל] / בגדיהמה וקדש אהרון (XIII) — 4Q365 9bii3
וקדש אהרון ובג[דיו] ובניו [ובגדי בניו (XIII)
[את בג]דיו ובמים [(XXXV) — 4Q414 11ii1
בזויה ועדה ובגדיה[(XIX) — 4Q462 1,16
המקדש לוא יביאום [כ]יא]אלה בגדי מל[חמה] (VII) — 4Q491 1-3,18
] את ב[גדיו ו[(VII) — 4Q512 36-38,11
]◦[ו]כבס את בגדיו במ[ים ורחץ את בשרו (VII) — 4Q512 11,3
] / וכסה את בגדיו וברך ע[ל ברכיו (VII) — 4Q512 11,4
בג]דיו ועט[ה (VII) — 4Q512 18,2
]בגדיו (VII) — 4Q512 1-6,5
] / יכבס בגדי[ו] במים [(VII) — 4Q512 51-55ii7
ותולעת] / שני עם כול בגדי [(XXV) — 4Q525 2iii6
מלא / י[דו ל]ל[ב]ש את הבגדים תחת אבי[הו — 11Q19 XV,16
יהיו מניחים [ש]ם עליהמה / את בגדיהמה — 11Q19 XXXII,11
ולוא] / יהיו מקדשים את עמי בבגדי הקודש — 11Q19 XXXIII,7
והוא אין הוא לבוש בג[די הקודש — 11Q19 XXXV,6
]ללבוש את הב[גדים — 11Q19 XL,1

11Q19 XXIV,14 — השלישי יעשה / את עולת ראובן לבד
ואת עולת שמעון לבד
11Q19 XXIV,15 — וביום הרביעי / יעשה עולת יששכר לבד
11Q19 XXIV,15 — ועולת זבולון לבד
11Q19 XXIV,16 — וביום החמישי / יעשה עולת גד לבד
ועולת אשר לבד
11Q19 XXV,14 — אחד לחטאת לבד מחטאת הכפורים
11Q19 XXIX,5 — תמיד מאת בני ישראל לבד מנדבותמה
11Q19 LVII,7 — לוא יעוזבוהו לבדו ויתפש ביד הגואים
11Q19 LVII,18 — אשה אחרת כי / היאה לבדה תהיה עמו
11Q19 LX,15 — חלק כחלק / יואכלו לבד ממכר על האבות
11Q19 LXVI,5 — האיש השוכב עמה לבדו

pole, bar noun **בַּד-2**

3Q15 II,11 (III) — מן המזרח / בשן הסלע בדין
3Q15 VII,10 (III) — חפר אמות שש / בדין
3Q15 IX,3 (III) — וגב שעת שבע / בדין אסתרין ארבע
4Q365 12a-bii13 (XIII) — הקצוות למכבר הנחושת בתי]ם לבדים
4Q365 12a-bii14 (XIII) — [וי]עשו / את הבד]ים עצי שטים
(XIII) — אותם נחושת ויבי]או את הבדי[ם]

linen noun **בַּד-3**

1QM VII,10 — בגדי שש לבן כתונת בד ומכנסי בד
כתונת בד ומכנסי בד וחוגרים באבנט בד
וחוגרים באבנט בד שש משוזר
4Q491 1-3,18 (VII) — ואבנט ב[ד שש משוזר תכלת וארגמן

olive press noun **בַּד**

4Q284a 1,7 (XXXV) — ואם ילאצו [זיתים] / [בב]ד אל יגאלם

(indeterminate) **בד**

4Q382 112,2 (XIII) —] בד [

separation, alone noun **בָּדָד**

4Q179 2,4 (V) —] / [איכה ישבה] בדד העיר[
4Q274 1i1 (XXXV) — בדד לכול הטמאים ישב ורחוק
4Q396 1-2iii5 (X) — כי בדד / [יהיו מחוץ לבית
4Q504 6,9 (VII) —]◦[ש]כנו בדד ובגוים לוא נתחשב

tin noun **בְּדִיל**

4Q271 2,9 (XVIII) — והכסף [והנחושת וה]בדיל והעו[פרת

to be separate, exclude, distinguish verb **בדל**

CD V,7 — אין הם / מבדיל כתורה
CD VI,14 — ולהבדל / מבני השחת
CD VI,17 — ואת יתומים ירצחו ולהבדיל בין הטמא לטהור
CD VII,3 — לנטור / מיום ליום ולהבדל מכל הטמאות
CD VII,4 — איש את רוח קדשיו כאשר הבדיל אל להם
CD IX,21 — והובדל האיש מן הטהרה
CD IX,23 — ועל אחד להבדיל הטהרה
CD XII,19 — המשפטים האלה להבדיל בין / הטמא לטהור
1QS II,16 — ויבדילהו אל לרעה
1QS V,1 — צוה לרצונו להבדל מעדת / אנשי העול
1QS V,10 — יקים בברית על נפשו להבדל מכול אנשי העול
1QS V,18 — לוא נחשבו בבריתו להבדיל אותם
1QS VI,25 — והואה יודע ויבדילהו מתוכ טהרת רבים
1QS VII,1 — הואה קורה בספר או מברכ והבדילהו
1QS VII,3 — ונענש שנה / אחת ומובדל על נפשו
1QS VII,5 — ונענש שנה אחת / ומובדל
1QS VII,16 — והבדילהו שנה אחת מטהרת הרבים
1QS VIII,11 — ‸יבדלו‸ קודש בתוכ עצת אנשי היחד
1QS VIII,13 — ‸בתכונים האלה‸ יבדלו מתוך מושב הנשי העול
1QS VIII,24 — ואם בשגגה יעשה והובדל מן הטהרה
1QS IX,5 — בעת ההיאה יבדילו אנשי / היחד
1QS IX,9 — לוא הזכו דרכם להבדל מעול
1QS IX,14 — להבדיל ולשקול בני הצדוק לפי רוחום
1QS IX,20 — והבדל מכול איש
1QSb V,2 (I) —] / הבדלתה מ[ן
1QH[a] VI,11 — כי לפי רוחות תב[ד]ילם בין / טוב לרשע[
1QH[a] XIII,29 — ולא בהבדל[ממש]פחות
1QH[a] XV,12 — להבדיל בי בין צדיק לרשע
1Q34bis 3ii6 (I) — ות[תנ]ם להבדל לך לקודש מכול העמים
4Q216 VI,6 (XIII) — ביום ובלילה ולהב[דיל בין] / [אור לחשך
4Q254 8,7 (XXII) —] / והבדיל בי[ן
4Q256 IX,2 (XXVI) — ולהבדל מעדת א[נשי העול
4Q256 IX,8 (XXVI) — ולהבדל מ[כו]ל אנשי העול
4Q258 I,2 (XXVI) — ולבדל מעדת אנשי העול
4Q258 VI,6 (XXVI) —]יבדלו מ[תוך מושב] / אנשי [העול
4Q258 VII,1 (XXVI) — והבדילהו מן הטהרה ומן העצה
4Q258 VII,6 (XXVI) — יבדלו בית אהרון לקודש
4Q259 III,3 (XXVI) — יבדלו ממ[ו]שב אנשי ה[עול
4Q259 IV,1 (XXVI) — ו]הב[דל מכול אשר לוא הסיר דרכיו]
4Q261 3,3 (XXVI) — והב[דילהו מתוך טהרת] / [רבים שנה אחת
4Q265 4i7 (XXXV) — והבדיל[והו מן הטהרה ששה חודשים
4Q265 4i12 (XXXV) — ו]הבדילהו ששה חודשים
4Q266 3ii20 (XVIII) — ל[ה]ב[ד]ל מבני / [העו]ל
4Q266 3ii23 (XVIII) — [ירצח]ו להבד[יל בין הטמא לטהור
4Q266 6i13 (XVIII) — [תור]ת הצרעת לבני אהרון להבדיל ל[
4Q266 6ic,2 (XVIII) —]והבדל ואם ◦◦◦[
4Q266 10ii2 (XVIII) — [והו]בדל שנה אחת ונע[נ]ש / ש[שה חודשים]
4Q266 10ii10 (XVIII) — והובדל ששה [חודשים
4Q269 4ii7 (XVIII) — [ו]ל[ ]הב[דל מכל הטמאות כמשפטם
4Q270 6iv13 (XVIII) — ועל פי עד אחד לה[בדיל מן הטהרה
4Q270 7i9 (XVIII) — [ו]הו[בדל שתי שנים]רש[ונ]ענש ששים [יום
4Q271 2,3 (XVIII) — אל יבדל איש להרים לשה [אח]ד
4Q284 5,3 (XXXV) — הבד]ילנו ברצונו / [
4Q377 1i1 (XXVIII) —]◦הב ◦[ ]ב[ ]להבדי[ל בין
4Q380 7ii3 (XI) —] / ויבדלהו מאפלה ואור[
4Q392 1,5 (XXIX) — ואין עמו להבדיל בין האור / לחשך
4Q392 1,6 (XXIX) — כי לבני[אד]ם הבדילם לא[ור] יומם
4Q394 8iv6 (X) — המוצקות אינמ מבדילות בין הטמא / [ל]טהור
4Q396 1-2ii8 (X) — המוצקות] / אינם מבדילות בין הטמא לט[הור
4Q418 81+81a,1 (XXXIV) — א]ז הבדילכה בכול / רוח בשר
4Q418 81+81a,2 (XXXIV) — ואתה הבדל מכול אשר שנא
4Q418 126ii8 (XXXIV) — ושלום עד ורוח חיים להבדיל[
4Q418 221,4 (XXXIV) —]נא ודעו משפטו ואז תבד‸י‸לו ב[ין
4Q509 213,2 (VII) —] ותבדילנ[ו
4Q512 1-6,16 (VII) —] בנגע נדה להבדל[מן] / [
4Q512 40-41,3 (VII) — ותב]דל לנו בין / הטמא לטהור[
11Q5 XXVI,11 (IV) — מבדיל אור מאפלה שחר הכין בדעת / לבו
11Q11 II,11 (XXIII) — הבדיל[בין] / [האור ובין החושך
11Q19 XVI,12 — במקום מובדל לחטאות שמה ישר[ופו אותו
11Q19 XXXV,11 — מובדלים זה מזה לחטאת הכוהנים ולשעירים
11Q19 XXXV,13 — כי מובדלים יהיו מקומותמה זה מזה
11Q19 XLVI,10 — יהיה / מבדיל בין מקדש הקודש לעיר
11Q19 XLVI,17 — שלושה מקומות למזרח העיר מובדלים זה מזה
11Q19 XLVIII,13 — כי אם מקומות / תבדילו בתוך ארצכמה
11Q19 LI,9 — בכול אשר הבדלתי להמה לטמאה
11Q20 XII,21 (XXIII) — יהיה[מבדי]ל בין מקדש / [הקודש לעיר
PAM 43.666 30,1 (XXXIII) —] יבד[ל

figure, form, brocade, embroidery noun **בְּדָן, אבדן**

ואבני חפץ אבדני ריקמה מעשה חרש מחשבת		1QM V,6
אבני חפץ בדני ריקמה מעשי חרש מחשבת		1QM V,9
] / אמתו צורי בדْ[ני	(XI)	4Q400 3ii+5,3
]בדני[	(XI)	4Q401 33,2
]בْדנْי / [	(XI)	4Q402 3i5
] / ורוחות אלוהים בדני להבת אש סביבה לْ[	(XI)	4Q403 1ii9
מפותח באלמי מבואי מלך בْדני רוח אורים[	(XI)	4Q405 14-15i5
מ]לْך בדני אْ[ור] כבוד רוחי / [	(XI)	
מעשי רוקמות פْלא בדני אלוהים חיים ◦[	(XI)	4Q405 14-15i6
בדבירי מלך בדْנْ[י א]לْ[והים ומ]דْמֹוْת ◦[	(XI)	4Q405 14-15i7
]תْ כול מחקת ה◦[ ]מْה בדני אלו[הים	(XI)	4Q405 15ii-16,4
ושבחהו בדני אלוהים רוחי קْ[ודש קודשים	(XI)	4Q405 19,2
רוחי]רוקמה{{ות}}[ב]דני צורות אלוהים	(XI)	4Q405 19,5
כול מעשיהם / וצורות בדניהם מלאْכי קודש	(XI)	4Q405 19,7
]בْדני [	(XI)	4Q405 38,2
]בדני פ[לא הודו למלך] / [הכבו]דْ [בקול	(XXIII)	11Q17 V,5
ב]דْניהם כרוביْ[	(XXIII)	11Q17 V,9
ושבחוהו ב]דْני אלוהْ[ים רוחי	(XXIII)	11Q17 VI,3
]◦ל בדני כב[וד מדרס] / דביר[י פלא	(XXIII)	
כול מעשיהם וצו]רْת בדניהם מלْ[אכי קודש	(XXIII)	11Q17 VI,7
]ם אור וחושך ובדני[	(XXIII)	11Q17 X,5

void noun **בֹּהוּ**

] המה לתהו ולבהו תשוקתם		1QM XVII,4
או]ר במקום תהווב[הו	(XX)	4Q303 5

to dismay, terrify, hasten verb **בהל**

]וْנפשי נבהלה מארה ועתה יהוה עד מתי	(V)	4Q177 12-13i3
] / מתבהלת לינוק ותואמר מה מתבהלת	(XXII)	4Q215 1-3,5
ותואמר מה מתבהלת היאה בתי	(XXII)	
שמח את נפשי ויתבהלו הימים מהר	(XXX)	4Q385 4,2
ומכוח גבורْ[ת]ו יבהלו ויתפזרו כול	(VII)	4Q510 1,3
לפחד ולבْ[הל] / כול רוחי מלאכי חבל	(VII)	4Q510 1,4
]יْבْהלו ויחפ[זו	(VII)	4Q511 37,5

calamity noun **בֶּהָלָה**

ומעוז מותני היה לבהלה ותשבר זרועי מקניה		1QH[a] XVI,33

animal, cattle noun **בְּהֵמָה**

אל ילך איש אחר הבהמה לרעותה		CD XI,5
אל יילד איש בהמה ביום השבת		CD XI,13
אל ימכר איש בהמה / ועוף טהורים לגוים		CD XII,8
ידושו את הארץ בסוס[יהם] ובבהמתם		1QpHab III,10
והבהמות המה פתאי יהודה עושה / התורה		1QpHab XII,4
]בבהמות ו[	(I)	1Q25 6,2
]אْו שור או שה או כול בהמה לשמוْר[	(V)	4Q158 10-12,11
ו]כْיْא ישאל אי[ש מעם] רעהו בהْמْהْ	(V)	4Q158 10-12,13
עני יהיה וזה בהמתו שור	(V)	4Q186 1ii9
ה]ואה בהבתْו ◦◦◦[	(V)	4Q186 2i9
תْ[אכל כל ד]ם לחיה ולבהמה ולכל עוף	(XIII)	4Q220 2
] בהמה ולמשוך מים מבור / [	(XXXV)	4Q251 1-2,3
הא]דْם והבהמה הטמْאْ[ה והטהורה] / [	(XXXV)	4Q251 10,4
אך]בْכור האדם והבהמה הْטמאה / [	(XXXV)	4Q251 10,5
אْל יאכל איש בשר בהמה [ ]][	(XXXV)	4Q251 12,3
]◦◦◦◦[ ]הْבהמה הטמאה אשר[	(XXXV)	4Q251 14,1
אל יעל איש בהמה אשר תפול / אْל הْמים	(XXXV)	4Q265 6,5
לרעות] / [א]ת [ה]בْהמה ילך אלפים אמהْ	(XXXV)	4Q265 7,5
ומעשר בהْ[מתם מן הבקר] / והצון	(XVIII)	4Q270 2ii7
ופדוْ[י בכור הבה]מْה הטמאה	(XVIII)	4Q270 2ii8
או ישחט בהמה וחיה עבר[ה	(XVIII)	4Q270 2ii15
והוא יודע אשר הוא מועל בו באדם ובْהْמْה	(XVIII)	4Q271 3,7
אל ילך א]יْש אחר בהמה לרעותה חוץ מעירו	(XVIII)	4Q271 5i2
א]ל יילד איש בהמה בשבת	(XVIII)	4Q271 5i8
ב]המות ועוף ורמש ודג [י]מים	(XI)	4Q287 3,3
ותהי הכנים באד]םْ [ובב]הْמה	(XIII)	4Q365 2,2
ותהי הכנים באדם ובבה]מْה	(XIII)	4Q365 2,4
] באדםْ ובבהמْ[ה בכול ארץ מצרים	(XIII)	4Q365 3,2
] / [ו]לْ[ב]המות בשדה ולעובר ולשב	(XXVIII)	4Q368 10ii6
] / חיות וירמסוויו בהמות	(XXVIII)	4Q368 10ii7
] נפלה בהמה בכْל / [	(XXVIII)	4Q372 4,6
ועל בהْ[מתו הטהורה] / כתוב שלוא לרבעה	(X)	4Q396 1-2iv5
ויגוף ברב[ר את/כול] / מקניהסה ובהמתם	(XIII)	4Q422 III,9
וכו]לْ[צאצאי מגרשים לבהמ]תْ[מה	(XXV)	4Q524 6-13,8
]הלצْים בבהמת[	(III)	5Q10 1,2
מאדם עד]בהמה ועד חْ[יה ועד עוף	(XXIII)	11Q12 7,2
כול עור בהמה טהורה		11Q19 XLVII,7
כול / נבלה בעוף ובבהמה לוא תואכלו		11Q19 XLVIII,6
וכול הבהמה / הטהורה אשר יש בה מום		11Q19 LII,16
ואת / כול בהמתה תכה לפי חרב		11Q19 LV,8
וכול בכוْרْ[בבהמ]תמה/בכ[ורותי]המה ← בְּכוֹר		11Q19 LX,2
] / לבהמתמה וכול קודשיהמה אשר יקדישו		11Q19 LX,3
הנשים והטף והבהמה וכול אשר יהיה בעיר		11Q19 LXII,10

בֹּהֶן ← בּוֹהֶן

bright spot, scab noun **בַּהֶרֶת**

שאת א]ו ספْחת או ב[הרת	(XVIII)	4Q272 1i1

? verb **בהת**

] בהת ה◦[	(VII)	4Q513 20,1

to come verb **בוא**

ועתה שמעו אלי כל באי ברית		CD II,2
ונהיית עד מה יבוא בקציהם לכל שני עולם		CD II,10
בו הבו באי הברית הראשנים		CD III,10
וכל הבאים אחריהם / לעשות כפרוש התורה		CD IV,7
ובאי התבה שנים שנים באו אל התבה		CD V,1
ובאי התבה שנים שנים באו אל התבה		
ונדיבי העם הם / הבאים לכרות את הבאר		CD VI,9
וכל אשר הובאו בברית / לבלתי בוא		CD VI,11
לבלתי בוא אל המקדש להאיר מזבחו חנם		CD VI,12
כמצאתْ באי הברית החדשה בארץ דמשק		CD VI,19
בבוא הדבר אשר כתוב בדברי ישעיה		CD VII,10
אשר אמר יבוא עליך ועל עמך		CD VII,11
אשר / באו מיום סור אפרים מעל יהודה		CD VII,12
והכוכב הוא דורש התורה / הבא דמשק		CD VII,19
וכן משפט כל באי בריתו		CD VIII,1
ראש מלכי יון הבא לעשות / בהם נקמה		CD VIII,11
אתה בא לרשת / את הגוים האלה		CD VIII,14
אהב את הבאים אחריהם כי להםْ / ברית		CD VIII,17
כל האנשים אשר באו בברית החדשה		CD VIII,21
וכל איש מביאו / הברית אשר יביא על רעהו		CD IX,2
אשר יביא על רעהו דבר אשר לא בהוכח		CD IX,3
והביאו בחרון אפו או ספר לזקניו		CD IX,4
יקח איש עליו בגדים צואים או מובאים בגז		CD XI,3
אל יוצא ממנה / ואל יבא אליה		CD XI,9
אל ישא איש / עליו סמנים לצאת ולביא בשבת		CD XI,10
את היונק לצאת ולבוא בשבת		CD XI,11
וכל הבא אל / בית השתחות		CD XI,21

הבא]ות עליהם / [אזעק אליכה חמס — 1QpHab I,3
בשומעם את כול הבאׄ[ות ע]לׄ הדור האחרון — 1QpHab II,7
ספר אל את / כול הבאות על עמו — 1QpHab II,10
לחמס **יבוא** מגמת / פניהם קדים — 1QpHab III,8
וממרחק / **יבואו** מאיי הים — 1QpHab III,11
ז]ה אחר זה **יבואו** / לשחית את הא[רץ — 1QpHab IV,12
לכתוב את **הבאות** על / {{על}} הדור האחרון — 1QpHab VII,1
אם יתמהמה חכה לו כיא **בוא** יבוא — 1QpHab VII,9
אם יתמהמה חכה לו כיא בוא **יבוא**
כיא / כול קיצי אל **יבואו** לתכונם — 1QpHab VII,13
עמלם לריק בעבור **יבואו** / למשפטי אש — 1QpHab X,12
בשובם מן המלחמה **לבוא** המערכה — 1QM III,10
המשוב / ממלחמת האויב **לבוא** אל העדה — 1QM III,11
וכול נער זעטוט ואשה לוא **יבואו** למחנותם — 1QM VII,3
בגדי מלחמה ואל המקדש לוא / **יביאום** — 1QM VII,12
בחצוצרות המשוב **ובאו** ליד המערכה — 1QM VIII,2
ולוא **יבואו** / אל תוך החללים — 1QM IX,7
כיא **תבוא** מלחמה / בארצכמה — 1QM X,6
פתחי / שערׄ[י]ךׄ תמיד **להביא** אליך חיל גואים — 1QM XII,14
העלותם מעל החללים **לבוא** המחנה — 1QM XIV,2
השמש **לבוא** ביום ההואה — 1QM XVIII,5
ובבוקרׄ **יבואו** עׄדׄ מׄקׄום המערכה / [— 1QM XIX,9
ולא **אביא** בסוד אׄ[מתך — 1QH[a] VI,21
]שׄפת **הביא** במספר / [— 1QH[a] VIII,2
כיא **באו** בנים עד משברי מות — 1QH[a] XI,8
ולבוא ביחׄד עם עדת בני שמים — 1QH[a] XI,22
]ל בל **יבוא** °°°°ב [— 1QH[a] XI,39
ויבאו / לדורשכה מפי נביאי כזב — 1QH[a] XII,15
ותביאהו במצׄ[ף כז]הׄב במעשי אש — 1QH[a] XIII,16
ואף **לבאי** בריתי ורגן ותלונה לכול נועדי — 1QH[a] XIII,23
ויבוא בעצמׄיׄ / להכשיל רוח — 1QH[a] XIII,35
ותׄביאני בעצת [קודשכה — 1QH[a] XIV,5
כי **הביאותהׄ** אׄ[מתכה וכ]בׄודכה — 1QH[a] XIV,12
ואהיה / **כבא** בעיר מצור ונעוז בחומה — 1QH[a] XIV,25
וכול **באיה** בל ימוטו — 1QH[a] XIV,27
כי לא **יבוא** זר בׄ[שע]רׄיה דלתי מגן לאיׄן
בל **יבוא** גדוד בכלי מלחמתו — 1QH[a] XIV,28
ומעביר שוט שוטף בל **יבוא** במבצׄר [— 1QH[a] XIV,35
וכול בני / אמתכה **תביא** בסליחות — 1QH[a] XV,30
ולהט אש מתהפכת בל י[**בוא** ב]מעין חיים — 1QH[a] XVI,12
ונהמתי עד תהום **תבוא** — 1QH[a] XVIII,33
ויבואו בלבבי ויגעו בעצמׄי °[— 1QH[a] XIX,21
הבי]אותה בברית עמכה ותגלה לב עפר — 1QH[a] XXI,9
] השבתה **להביא** בברית עמכה — 1QH[a] XXI,13
ויבוא[ו — 1QH[a] 4,8
] / לוא **יבוא** כי°[— 1QH[a] 47,4
] / **יבׄוא** [— 1QH[a] 56ii2
והיהׄ [א]שר **יבואו** עׄ[לי]הם כול הקלל[ות] — 1Q**22** 1i10 (I)
] **להביא** מ[— 1Q**25** 6,4 (I)
ולוא / ידעו מה אשר **יבוא** עליהמה — 1Q**27** 1i4 (I)
נכון הדבר **לבוא** ואמת המשא — 1Q**27** 1i8 (I)
]**מביא** [ל]מתים ות°[— 1Q**27** 13,2 (I)
]° **בבואׄ**[— 1Q**44** 1 (I)
]ת **ובאו** [— 1Q**46** 4,1 (I)
]**מׄביא** הצא [— 1Q**70**bis 2 (I)
]**יבוא** אל א[רץ — 3Q**5** 3,2 (III)
תחת / המעלות **הבואת** למזרח — 3Q**15** I,2 (III)
באמא **הבאׄ[ה**]°° בביאתך — 3Q**15** IV,3 (III)
באשיח שיבית הכרם **בבואך** / לסמול רׄגמות — 3Q**15** X,5 (III)
כ]יׄ **בא** לשפט אתׄ / כל מעׄ[ש]הׄ — 4Q**88** IX,5 (XVI)

אל / בית השתחות אל **יבא** טמא כבוס — CD XI,22
ואחר / **יבוׄא** אל הקהל — CD XII,6
אל ימכור / להם אשר **באו** עמו בברית אברהם — CD XII,11
וכל החגבים במיניהם **יבאו** באש או במים — CD XII,14
ויצא הגוׄרל לצאת **ולבוא** על פיהו — CD XIII,4
לצאת ולבוא על פיהו כל **באי** המחנה
ובא הכהן ועמד במחנה — CD XIII,5
אל ימשול איש / מבני המחנה **להבׄיאׄ** איש — CD XIII,13
ואיש מכׄל **באי** בריׄת אׄל אׄל ישא וׄאל יתׄ[ן] — CD XIII,14
אשׄר לׄא **באו** מׄיׄוׄם סור אפרים מעל יהודה — CD XIV,1
על פיהו **יבאו** באי העדה / איש בתרו — CD XIV,10
על פיהו יבאו **באי** העדה / איש בתרו
כׄי אם שבועׄת **הבאׄיׄם** / באׄלות הברית — CD XV,1
והבׄא בבׄרית לכל ישראל לחוק עולם — CD XV,5
ונ]ער זׄ[עטו]טׄ אׄל / **יׄבׄוׄאׄ** אׄ[ש — CD XV,17
בבוא הדבׄר אשר כתוב ביד זכריׄה — CD XIX,7
ימסרו לחרב **בבוא** משיח / אהרן וישראל — CD XIX,10
וכן משפט לכל **באׄיׄ** / בריתׄו — CD XIX,13
כי **באו** {{בׄאׄוׄ}} בברית תשובׄה — CD XIX,16
כי באו {{**בׄאׄוׄ**}} בברית תשובׄה
ראש / מלכי יון **הׄבא** עליהם לנקם נקמׄה — CD XIX,24
וביושׁר לבבך אתה **בא** לרשת את הגוים — CD XIX,27
ואהב את **הבאים** אחריהם כי להם / בׄרׄיׄתׄ — CD XIX,30
כׄן כל האנשים אשר **בׄאׄוׄ** בבׄריׄת / החדשה — CD XIX,33
המשפט / לכל **באי** עדת אנשי תמים הקדש — CD XX,2
אשר פרצׄו אׄתׄ גׄבול התׄורהׄ **מבׄאׄיׄ** הבׄרׄיׄתׄ — CD XX,25
במשפטים האלה לׄצׄאת / וׄ**לׄבוׄא** על פי התורה — CD XX,28
ולהבי את כול הנדבים לעשות חוקי אל — 1QS I,7
וכול הנדבים לאמתו **יביאו** כול דעתם — 1QS I,11
וכול **הבאים** בסרכ היחד יעבורו בברית — 1QS I,16
בגלולי לבו לעבור / **הבא** בברית הזות — 1QS II,12
וכול **באי** הברית יענו ואמרו אחריהם — 1QS II,18
וכול המואס **לבוא** / [בברית א]ל — 1QS II,25
וכוחו והונו לוא **יבואו** בעצת יחד — 1QS III,2
כול **הבא** לעצת היחד / יבוא בברית אל — 1QS V,7
כול הבא לעצת היחד / **יבוא** בברית אל — 1QS V,8
אל **יבוא** במים לגעת בטהרת אנשי הקודש — 1QS V,13
וכיא **יבוא** בברית לעשות ככול החוקים — 1QS V,20
וגמ אל **יביא** איש על רעהו דבר לפני הרבים — 1QS VI,1
ואם ישיג מוסר **יביאהו** / בברית — 1QS VI,14
ואחר **בבואו** לעמוד לפני הרבים — 1QS VI,15
איש את רעהו / כול **הבא** בעצת הקודש — 1QS VIII,21
עד **בוא** נביא ומשיחי אהרון וישראל — 1QS IX,11
עם מבוא יום ולילה **אבואה** בברית אל — 1QS X,10
אברכ שמו בראשית צאת **ובוא** / לשבת — 1QS X,13
ברחמיו הגישני ובחסדיו **יבוא** / משפטי — 1QS XI,13
בבוא{י}ם יקהילו אתכול הבאים — 1QSa I,4 (I)
יקהילו אתכול **הבאים** מטף עד נשים — (I)
עשר שנים[ ]**בוא** בטב — 1QSa I,8 (I)
יעבר] / [על] הפקודים **לבוא** בגורל — 1QSa I,9 (I)
ובן חמשועשרים שנה **יבוא** להת[יצ]ב — 1QSa I,12 (I)
]בעׄבודוׄתׄ / [לצא]ת **ולבוא** לפני העדה — 1QSa I,17 (I)
וכול איש פותי / אל **יבוא** בגורל — 1QSa I,20 (I)
להביא ולהוציא אתכול העדה — 1QSa I,23 (I)
להיות כול **הבא** / עת[יד ל]הׄנה — 1QSa I,26 (I)
מׄכול טמאותׄ / האדם אל **יבוא** בקהל אל{ה} — 1QSa II,4 (I)
אל **יב[ואו**]אלה להתיצב — 1QSa II,8 (I)
ואל תוך[העדה ל]א **יבוא** האיש — 1QSa II,10 (I)
יבוא[הכוהן]רואש כול עדת ישראל — 1QSa II,12 (I)
] עׄולם **יביאכהׄ** [— 1QSb I,26 (I)

Text	Vol.	Ref.
וכול הבא [לעצת היחד יקים על נפשו]	(XXVI)	4Q256 IX,6
וכוה[ו והו]נ[ו]ל[וא]יבוא[ו]בעצת יחד	(XXVI)	4Q257 III,3
וכל הבא לעצת / [היח]ד יק[י]ם על נפשו	(XXVI)	4Q258 I,5
וגם אל יבא איש על רעהו דבר לרבים	(XXVI)	4Q258 II,5
ע[ם מבוא] יום[ו]ל[י]לה אבואה בברית / [אל	(XXVI)	4Q258 IX,9
ובבוא[מועדים לימי חודש יחד תקופתם	(XXVI)	4Q260 II,3
[וגם]אל יבא[איש על רעהו דבר	(XXVI)	4Q263 1
[וא׳]ש אשר יבוא לה[וסי]ף אל עצת ה[יח]ד	(XXXV)	4Q265 4ii3
]יבוא הוא ◦[	(XXXV)	4Q265 4ii9
לא היה לו עד] / אשר לא הובא אל גן עדן	(XXXV)	4Q265 7,12
עד אשר לא הובאה אצ[לו אל גן עדן	(XXXV)	4Q265 7,13
ישמי]ד אל את כול מעשיה להבי כל[ה]	(XVIII)	4Q266 1a-b,3
]מחה את מע[ ]ה להבי [	(XVIII)	4Q266 1c-f,4
ו]כול אשר הובא / [בברי]ת	(XVIII)	4Q266 3ii17
[וכן מ]שפט / כול באים בבר[י]תו	(XVIII)	4Q266 3iii24
וראה הכוהן וה]נא באה הרוח ברוש	(XVIII)	4Q266 6i6
ואל ת[בו] / אל המקדש עד בו השמש	(XVIII)	4Q266 6ii3
עד בו השמש ביום השמיני	(XVIII)	4Q266 6ii4
] / בוא◦[	(XVIII)	4Q266 7iii1
וכול היותו אויל / [ומ]שוגע אל יבו	(XVIII)	4Q266 8i7
ויצא הגורל לצאת ול]בו על פיהו	(XVIII)	4Q266 9ii14
לתורת נגע יהיה באיש] ובא / [הכוהן	(XVIII)	4Q266 9ii15
אשר] / לו בא [מיום סור אפרים מעל יהודה]	(XVIII)	4Q266 9iii18
על פי]הו יבאוו [באי] הע[ד]ה / [איש בתרו]	(XVIII)	4Q266 10i3
תחטא בשגגה אשר יביאו את / חטתו	(XVIII)	4Q266 11,2
]לצא[ת] ולבוא ע[ל פי] / [התורה	(XVIII)	4Q267 3,6
]מחול לוא יביאנו / [	(XVIII)	4Q267 4,4
בני המחנה ל]הביא איש אל [הע]דה	(XVIII)	4Q267 9iv10
מועד פקוד אל את ה]ארץ בבו[א ה]דבר	(XVIII)	4Q267 9v2
בבו[א ה]דבר אשר דבר יבואו / [על עמכה	(XVIII)	
ימים אש]ר לוא באו [מ]יום סור א[פ]רים	(XVIII)	4Q267 9v3
]אחרונות הלוא כן תבואינה[	(XVIII)	4Q268 1,1
] אשר יבוא במה כי ה[	(XVIII)	4Q268 1,3
ויבינו בכול נהיות עד מה יבוא במה	(XVIII)	4Q268 1,8
בו חבו] באי הברית הראישונים	(XVIII)	4Q269 2,5
]אל יבא איש כול ע[ור ובגד]	(XVIII)	4Q269 8ii3
פקוד אל את הארץ] / בב[וא הדבר	(XXXVI)	4Q269 10ii6
עשו] / [ה]גואים פסל אל יבא איש אל טהרת[ו	(XVIII)	4Q270 3iii21
]יבא איש אשה להאלותה / [	(XVIII)	4Q270 4,1
לא יב]יאה כי אם דמה יצוא	(XVIII)	4Q270 4,4
אל יבא איש[אשה בברי]ת הקוד[ש]	(XVIII)	4Q270 5,17
כל [א]יש מבאי הב[רית אשר י]ביא על רעהו	(XVIII)	4Q270 6iii17
אשר י]ביא על רעהו [דבר אש]ר / [לא בהוכח	(XVIII)	
והביאו בח[רון] אפו או ספר [לזקנו	(XVIII)	4Q270 6iii18
אל [י]וצא ממנה ואל יבא [אליה	(XVIII)	4Q270 6v14
אל ישא] / א[י]ש עלו סמנים לצת ולבוא	(XVIII)	4Q270 6v15
אי[ש] אשר / [יתיס]ר ? יבוא וידיעהו לכוהן	(XVIII)	4Q270 7i16
אל יבא[איש את	(XVIII)	4Q271 2,8
אל יביאהו / איש אל טהר[תו	(XVIII)	4Q271 2,9
כי אם מן החד]ש הבא מן הכור◦◦◦	(XVIII)	4Q271 2,10
אל יב[א איש]כול עור ובגד	(XVIII)	
למה יביא עליו את משפט / [הארור	(XVIII)	4Q271 3,8
אל יבא איש / [אשה בברית ? הקו]דש	(XVIII)	4Q271 3,10
[אל יוצא ממנה וא]ל יב{{י}}א אל[יה]	(XVIII)	4Q271 5i5
[אל] ישא איש / [עליו סמנים לצא]ת ולבוא	(XVIII)	4Q271 5i6
אל / [ישא האומן את] היונק לצאת ולבוא	(XVIII)	4Q271 5i7
הבא]אל בית ההשתחוות אל יבוא טמא כבוס	(XVIII)	4Q271 5i15
ושמרוהו עד [שבע] / [שנים ואחר יב]וא לקהל	(XVIII)	4Q271 5i21
] / [ו]בא ה[כוהן ועמד במחנה	(XVIII)	4Q271 5ii20
בבוא הרו[ח ואחזה] / [בגיד	(XVIII)	4Q272 1i2

Text	Vol.	Ref.
] / אבותי לבוא אל[	(V)	4Q158 3,3
] / בא הא[לוהים ובע]בו[ר] תהיה י[ר]את[ו	(V)	4Q158 6,3
אם] בגפיו בא בגפיו יצא א[ם	(V)	4Q158 7-8,10
כיא הואה זה עד יהוה יבוא דבר שניהמה[	(V)	4Q158 10-12,10
איש ממנה גורן וגת הבא לגור[ן	(V)	4Q159 1ii3
ואל ביתו לוא יבוא להניחו[	(V)	4Q159 1ii5
]בא אל עיתה עבר [במגרון] למכמ[ש]	(V)	4Q161 5-6,5
]פתגם לאחרית הימים לבוא ◦[	(V)	4Q161 5-6,10
] / הבאי[ם	(V)	4Q162 III,6
] / תבי ◦[	(V)	4Q162 III,9
]בוא והואה / [	(V)	4Q163 4-7i4
]ר בואו[	(V)	4Q163 12,1
]הבאה ◦[	(V)	4Q163 36,4
אשר הלך ארי לביא שם גור ארי	(V)	4Q169 3-4i1
בקש לבוא ירושלים בעצת דורשי החלקות	(V)	4Q169 3-4i2
] / אשר תבוא כוסם אחר מנשה[	(V)	4Q169 3-4iv6
חזקי מבצ]ריך בואי בטי[ט	(V)	4Q169 5,3
יה]וה ישחק לו כיא ראה / כיא בא יומו	(V)	4Q171 1-2ii13
ולטבוח ישרי דרך חרבם תבוא בלבם	(V)	4Q171 1-2ii16
בעת המצרף הבאה עליהם ואל יפדם	(V)	4Q171 1-2ii18
עד קרנ]ות המזבח יב[או	(V)	4Q173 5,3
ועד הואה הבית אשר לוא יבוא שמה / [	(V)	4Q174 1-2i3
כאשר באו במחשבת[ב]ל[י]על	(V)	4Q174 1-2i8
היאה עת המצרף הב[אה	(V)	4Q174 1-3ii1
]ר הביאמה להיות	(V)	4Q174 4,6
[כיא אתך א]ני ממזרח אבי[א זרעך	(V)	4Q176 4-5,2
ולתימן] אל תכלאי הב[יאי בני מרחוק	(V)	4Q176 4-5,3
]כי לוא[יוסי]ף יבוא[בך עוד ערל וטמא	(V)	4Q176 12-13,2
והב]איתי] / [את השלשית באש	(V)	4Q176 15,2
]◦או אל וקדושו שמו ובאו ציון בסמחה	(V)	4Q177 12-13i10
]◦ ובאי מועד אין בם כל ערי / [	(V)	4Q179 1i11
ולהטות פעמיהם מדרכי צדק להביא זד[ו]ן	(V)	4Q184 1,16
]אל תבוא ב[	(V)	4Q184 6,2
מבי [	(V)	4Q186 3,1
לעשות לשרה בתו בא [אליו] / טו[ב]יה	(XIX)	4Q200 4,2
וכאשר בא יעקוב אבי אל לבן	(XXII)	4Q215 1-3,7
[כיא] / באה עת הצדק ומלאה הארץ	(XXXVI)	4Q215a 1ii5
] / בא קצהשלום וחוקי האמת	(XXXVI)	4Q215a 1ii6
כיא בא ממשל הצדק הטוב וירם	(XXXVI)	4Q215a 1ii10
והיה כן בבו]א על[י]ה[ם] כל הדברים / [האלה	(XIII)	4Q216 I,15
]השנה אשר מת בה אברהם בא[ו יצחק	(XIII)	4Q219 II,36
ול[א]תב[וא עליו השמש] / [ממחרת	(XIII)	4Q220 10
ותבו[א אל יצ]חק / [ותאמר לו	(XIII)	4Q223-224 2i47
ויבו[או כול בניה ובניו לבכות	(XIII)	4Q223-224 2iii17
ומכול נפשו]להורגו[ו]בא ומדחק	(XIII)	4Q223-224 2iv13
אדני הנני בא ערירי ואלי[עזר] / [בן ביתי]	(XIII)	4Q225 2i3
ויבוא שר המ[ש]טמה / [אל אל]והים	(XIII)	4Q225 2i9
]◦מה מאז בואה[ם	(XIII)	4Q226 6,3
ואחריו יב]וא השבוע החמ[ישי ובסופו	(XXXVI)	4Q247 2
וש[ב מנא] / [ו]בא למצרים ומכר את עפרה	(XXXVI)	4Q248 6
ולצאת ול]בוא[לפני העדה לפי]	(XXXVI)	4Q249c 7
יקהילו] / [את כול ה]באים[מטף עד נשים	(XXXVI)	4Q249g 1-2,5
לבלתי התחזק בתוך העדה אל י]בו[או] / [אלה	(XXXVI)	4Q249h 1-2,1
הוא חלות החמץ אשר יביאו [בי]ום ה[בכורים]	(XXXV)	4Q251 9,4
] / עד יום בא לחם הבכורים אל ◦[	(XXXV)	4Q251 9,6
ארבע מאות ושמונים לחיי נוח בא קצם לנוח	(XXII)	4Q252 I,1
ולוא / מצאה מנוח ותבוא אליו [אל]התבה	(XXII)	4Q252 I,15
ויוסף לשלחה ותבוא אליו ועלי זית טרף בפיה	(XXII)	4Q252 I,16
ויבוא חרן ואב[רם ש]בעים שנה	(XXII)	4Q252 II,9
עד בוא משיח הצדק צמח / דויד	(XXII)	4Q252 V,3

וראה] / הכהן והנה באה הרו[ח	(XVIII)	4Q273 4ii11
[יתן אותו על] / הארץ אם יבואו עליה מ[ים	(XXXV)	4Q274 3ii7
יאבואו במים ויט[ה]רו מטמאת הנפש	(XXXV)	4Q277 1ii8
וכ]ול המואס לבוא [בברית אל	(XXIX)	4Q280 2,7
]◦ בבוא שמש היום הש[ביעי	(XXXV)	4Q284 3,2
ולקטם / [איש] אשר לוא הוב[א בב]רית	(XXXV)	4Q284a 1,6
]ויביאוהו לפני נשיא[העדה	(XXXVI)	4Q285 4,10
]תו באי[	(XXXVI)	4Q285 6,2
הכוה]נים {{ו}}באי[הברית	(XI)	4Q289 2,3
]◦ ושלישיו להביא[	(XX)	4Q302 1b,6
וכן תבו]א ליום	(XXVIII)	4Q317 1ai19
וכן תבו]א ליום / [	(XXVIII)	4Q317 1ai26
וכן ת]בוא ליום / [	(XXVIII)	4Q317 1ai27
וכן תבו]א ליום / [	(XXVIII)	4Q317 1ai28
וכן תב]וא ליום / [	(XXVIII)	4Q317 1ai29
וכן תבו]א ליום / [	(XXVIII)	4Q317 1ai30
וכן תבו]א ליום / [	(XXVIII)	4Q317 1ai31
וכן ת]בוא / [	(XXVIII)	4Q317 1ai33
תכס[ה ארבע עשרא וכן] / תבוא ליום	(XXVIII)	4Q317 1+1aii6
תגלה שלוש] / וכן תבוא ללילה	(XXVIII)	4Q317 1+1aii14
תגל[ה ארבע וכן] / תבוא ללילה	(XXVIII)	4Q317 1+1aii16
תגלה חמש וכן תבו[א ללילה	(XXVIII)	4Q317 1+1aii17
ובבוא [השמש יכלה כול אורה	(XXVIII)	4Q317 1+1aii28
תכסה מחלוקת אחת וכן] / ת[ב]וא ליום	(XXVIII)	4Q317 1+1aii31
תכסה שלוש עשרא וכן ת[בוא ליום	(XXVIII)	4Q317 2,25
]◦א וכן תב[וא ליום	(XXVIII)	4Q317 2,26
]◦ ובבוא השמש יכלה כול אורה[	(XXVIII)	4Q317 2,28
ב]ו תגלה מחלוקת אחת וכן תבוא[ללילה	(XXVIII)	4Q317 2,30
] בו תגלה שתים וכ[ן] תבוא לל[ילה	(XXVIII)	4Q317 2,31
] בו תגלה שלוש וכן תבוא ללי[לה	(XXVIII)	4Q317 2,32
]בו תגלה ארבע וכן תבוא לליל[ה]	(XXVIII)	4Q317 2,33
ובבוא השמ[ש יכלה כול אורה להכסות]	(XXVIII)	4Q317 3,33
ע]ש[תי ע]שרא וכן תב[וא ללילה	(XXVIII)	4Q317 4,26
שלו]ש עשרא וכן ת[בוא ללילה	(XXVIII)	4Q317 4,28
ארבע]עש[ר]א וכן ת[בוא ללילה	(XXVIII)	4Q317 4,29
וכן]תבו[א ללילה	(XXVIII)	4Q317 5,1
וכן תב]וא ללי[לה	(XXVIII)	4Q317 5,3
וכן תב]וא ללילה 〚 〛[	(XXVIII)	4Q317 5,5
וכ]ן תבוא ללי[לה	(XXVIII)	4Q317 5,7
וכ]ן תבוא [	(XXVIII)	4Q317 6,3
]עשרא וכן ת[בוא	(XXVIII)	4Q317 6,5
וכן] תבו[א	(XXVIII)	4Q317 8,1
וכן]תבוא [	(XXVIII)	4Q317 8,2
]ת[בוא ליום	(XXVIII)	4Q317 9,3
תכ]סה ת[שע וכן]תבו[א ליום	(XXVIII)	4Q317 9,4
תכסה ע]שר וכן ת[ב]ו[א ליום	(XXVIII)	4Q317 9,5
תגלה מחלוק[ת] / [אחת]וכן תבו[א ללילה	(XXVIII)	4Q317 9,14
וכן]תבוא ללי[לה	(XXVIII)	4Q317 15,3
וכ]ן תבוא ל[לילה	(XXVIII)	4Q317 15,4
וכן] תבוא ללי[לה	(XXVIII)	4Q317 15,5
וכן]תבוא ללילה[	(XXVIII)	4Q317 15,6
וכן תב]וא לליל[ה] / [	(XXVIII)	4Q317 16i2
וכן תבו]א ללילה / [	(XXVIII)	4Q317 16i3
ובבו]א השמ[ש יכלה כול אורה	(XXVIII)	4Q317 24,4
וכן ת]בוא לי[ום	(XXVIII)	4Q317 29,2
וכ]ן תבוא[	(XXVIII)	4Q317 31,2
וכ]ן תבוא[	(XXVIII)	4Q317 32,2
וכן]תבו[א	(XXVIII)	4Q317 38,2
ובבו[א השמש יכלה כול אורה	(XXVIII)	4Q317 44,1
וכן תבו]א לל[ילה	(XXVIII)	4Q317 52,1
] יוחנן להבי אל◦	(XXXVI)	4Q331 1i7
]ביסוד באה שלמציון ◦[	(XXXVI)	4Q332 2,4
[בו]אכה אש[ור]ה[על פני כול אחיו	(XIII)	4Q364 1a-b,1
[והביא]תה שם מ[בית לפרכת את ארון	(XIII)	4Q364 17,1
ואומר אליכם ב]אתמה עד הר[האמורי	(XIII)	4Q364 21a-k,7
] / ויבואו וירשו[את הארץ אשר נשבעתי	(XIII)	4Q364 28a-b,4
ובקעהו וי[בו]או בני / [ישראל בתוך הים	(XIII)	4Q365 6ai5
כי בא[סוס פרעוה 〚 〛 ברכבו	(XIII)	4Q365 6b,3
ויבואו מרתה [ולוא י]כולו לשתות	(XIII)	4Q365 6aii+6c,9
כיא יבוא[אלי העם לדרוש אלוהים	(XIII)	4Q365 7ii4
ויצפו אותם נחושת ויבי]או את הבדי[ם]	(XIII)	4Q365 12a-bii14
במים יב[וא וטמא עד הערב	(XIII)	4Q365 16,2
צו את בני ישראל לאמור בבואכמה אל הארץ	(XIII)	4Q365 23,4
[כול]הבא לעבור עבודת עבודה[	(XIII)	4Q365 28,1
הארץ ממדבר צין עד רחוב לבו חמת	(XIII)	4Q365 32,10
ועלו לנגב ויבואו / [?	(XIII)	
ויבואו עד נחל אשכול וירגלו אותה	(XIII)	4Q365 32,12
]ה מנחת הקורבנים הבאה עליה / [	(XIII)	4Q365a 2i4
] / שבע אמות {{יו}}לפנימה באים מקיר החצר	(XIII)	4Q365a 2ii5
[ו]אל המקדש לא[ת]בוא עד מלאות[ימי טהרה	(XIII)	4Q367 1a-b,6
לבן] או לבת תביא[כבש בן] / שנתו לעלה	(XIII)	4Q367 1a-b,8
] / ובאות בחדרי בטן לדעת מחשב[	(XXVIII)	4Q368 10i5
] לו יבואו [	(XXVIII)	4Q371 1a-b,2
נביא / [נ]אמן הואה ובאתה עם השבט ההואה	(XIX)	4Q375 1i7
יהו]ה אלוהיך באו עלידה / [	(XXII)	4Q378 3i8
השנה ליובלים לתחלת בואתם לארץ / כנען	(XXII)	4Q379 12,5
שועתי ל]פניו באזניו תבוא	(XI)	4Q381 24a+b,9
כ]ל דרכו תבואינא אל עו◦[	(XI)	4Q381 31,3
] ולהביא ◦◦ [	(XIII)	4Q382 38,9
]◦◦◦◦◦היביא[	(XIII)	4Q382 154,1
]◦◦◦ ויבוא עד א[	(XXX)	4Q383 3,3
נשבו מארץ ירושלים ויבאו / [לרבלה	(XXX)	4Q385a 18ia-b,3
הכהנים / [החרים]ובני ישראל ויביאם בבל	(XXX)	4Q385a 18ia-b,6
ואמרת הנה בא יום אבדן גוים [	(XXX)	4Q385b 1,2
] / ודל לא יחן ויביא אל בבל	(XXX)	4Q386 1iii1
]ה באנו ובא[	(XXX)	4Q386 2,1
]◦ וכאשר תבוא[ו	(XXX)	4Q388 4,2
] ואת בניהם הבאתי אל ה[ארץ	(XXX)	4Q389 2,6
]י ותב[או	(XXX)	4Q389 4,1
] ויביאם בשער כב◦[	(XXX)	4Q389 A,3
]◦ כי אלה יבואו עליהם[	(XXX)	4Q390 2i3
סרגן [הג]וים[ואין]לבוא למקדש[	(X)	4Q394 3-7i8
ואין לבו]א עליהם / [	(X)	4Q394 8iii13
ואין להבי]אם / [למקדש	(X)	4Q394 8iii15
והמה באים לטה[ר]ת המקדש	(X)	4Q394 8iv4
ואין להבי למחני הק[ו]דש כלבימ	(X)	4Q394 8iv8
וכרו]ת השפכת שהם באים / [בקהל	(X)	4Q396 1-2i5
והמה / באים לטהרת המקדש	(X)	4Q396 1-2ii6
שלוא י]בואו {{לט}} עם טהרת הקוד[ש	(X)	4Q396 1-2iii5
ונעלה ממנו להביא {{ח}} / [חטאת	(X)	4Q396 1-2iii9
עד בוא השמש ביום השמיני	(X)	4Q396 1-2iv1
]שיבוא[ו	(X)	4Q397 14-21,2
שלו]א תביא תועבה א[ל ביתכה	(X)	4Q397 14-21,6
בדברים האלה ומלבוא ע[מהם]לגב אלה	(X)	4Q397 14-21,8
בספר]מושה ובס[פרי הנביאי]ם שיבואו [	(X)	4Q397 14-21,15
]שיובא[ו	(X)	4Q397 22,2
י]בואו[	(X)	4Q398 4,1
[הבר]כו[ת ש]באו[ו ◦[ ]◦[ ]בימי שלומוה	(X)	4Q398 11-13,1
ואף הקללות / [ש]באו בימי [יר]ובעם	(X)	4Q398 11-13,2
וצדקיה מלך יהוד[ה] / [ש]יב[י]אם ב[	(X)	4Q398 11-13,3

Text	Vol.	Ref.
תבוא רומ֯[	(XXV)	4Q**525** 15,2
תב[וא	(XXV)	4Q**525** 15,8
עו]שׁ֯י זמה **בוא֯ו֯** אלי ה◦[	(XXV)	4Q**525** 22,2
] **ויבאו** כול [	(III)	5Q**9** 6,3
]ם֯ כל **בא**[	(III)	5Q**16** 2,1
]ובקציר **באת֯**[י	(III)	6Q**11** 3
באה לי בתרה ועד / סופה אדורשנה	(IV)	11Q**5** XXI,11
ושלום / ותוחלת ישועתך **לבוא**	(IV)	11Q**5** XXII,3
ואל תשכחני ואל **תביא**ני בקשות ממני	(IV)	11Q**5** XXIV,10
כי]**י֯בוא** אליך בלי֯[לה וא]מרתה אליו	(XXIII)	11Q**11** V,5
הצ]דיק **לבוא֯**[	(XXIII)	11Q**11** V,12
]ר **תבוא** ע[	(XXIII)	11Q**15** 2,5
אתה]**בא** אליהם פן יהיו למו[קש בקרבכה		11Q**19** II,5
ולוא **תב[יא** תועבה אל ביתכה]		11Q**19** II,9
לה]**ביא** בהמה אש פנימה		11Q**19** III,13
א]מ֯ה **ובאתה** את האולם [		11Q**19** IV,8
כאשר]**י֯בואו** א֯[		11Q**19** VIII,14
שׁ֯ב֯ע֯ שבתות תמימות מיום **ה֯ביא**כמה את העומר		11Q**19** XVIII,11
והביאותמה מנחה חדשה ליהוה ממושבותיכמה		11Q**19** XVIII,13
מיום **הביא**כמה את המנחה חדשה ליהו֯[ה]		11Q**19** XIX,11
ו[**הביאות]מה** יין חדש לנסך ארבעה הינים		11Q**19** XIX,14
]אשר **יבי[או**/ובי[ום ← יום		11Q**19** XXIII,2
ובא אל / השעיר החי והתודה על רואשו		11Q**19** XXVI,10
ו֯ל֯כול מתנותמה אשר **יב֯יאו** לי לרצון		11Q**19** XXIX,6
ה]היכל אשר יהיו **באים֯** בו לעלית ההיכל		11Q**19** XXXI,7
בגדיהמ֯ה אשר יהי[ו **באי]ם֯** [בה]ם למעלה		11Q**19** XXXII,11
] / **בב֯ואם** לש֯רת בקודש		11Q**19** XXXII,12
]ים **באים** [		11Q**19** XXXIII,1
והבאי]ם אליה֯מ֯ה ? ו֯ה֯יוצאים מ֯המה		11Q**19** XXXIII,6
[הוא כו]ה֯ן אשר **יבוא** / א֯◦◦◦◦		11Q**19** XXXV,5
והש[ע]ר֯י֯ם **הבאים֯** ב֯מה / וה֯[יו]צאים במה		11Q**19** XXXVI,7
והשערים **באים** פנימה אל תוך החצר		11Q**19** XXXVI,14
]כ֯ו֯ל֯ עץ אשר **י֯ב֯ו֯א֯** ל[חצר הפנימית ?		11Q**19** XXXVIII,7
]ל֯ו֯א֯ **תבוא** ב֯ה֯ אשה וילד עד יום		11Q**19** XXXIX,7
אחר **יבואו** מבן / עשרי֯ם֯ [שנה ומעלה		11Q**19** XXXIX,10
ולפניםה **באים** מקיר החצר		11Q**19** XLI,13
כול אשר יוכלו **להביא** יביאו		11Q**19** XLIII,13
כול אשר יוכלו להביא **יביאו**		
ימכרוהו בכסף **והביאו** את הכסף		11Q**19** XLIII,14
וכאשר י[**בואו** המשמרות ויצאו ?		11Q**19** XLV,3
ויצאו ? ה]שני יהיה **בא** לשמאול[		
זה[**ב]א֯** וזה י֯וצא ליום השמיני		11Q**19** XLV,5
מקרה לילה לוא **יבוא** אל / כול המקדש		11Q**19** XLV,7
יכב֯ס בגדיו ו֯רחץ֯ **ובאה** השמש אחר / יבוא		11Q**19** XLV,9
ו֯רחץ֯ ובאה השמש אחר / **יבוא** אל המקדש		11Q**19** XLV,10
ולוא **יבואו** בנדת טמאתמה אל מקדשי		
לוא **יבוא** אל כול עיר / המקדש		11Q**19** XLV,11
כול איש עור / לוא **יבואו** לה כול ימיהמה		11Q**19** XLV,13
אחר **יבוא** אל עיר / המקדש		11Q**19** XLV,16
וכול טמא לנ֯פ֯ש לוא **יבואו** לה עד אשר יטהרו		11Q**19** XLV,17
ומנוגע לוא **יבואו** לה עד אשר יטהרו		11Q**19** XLV,18
עולים בני ישראל אליו / **לבוא** אל מקדשי		11Q**19** XLVI,8
ולוא יהיו **באים** בלע אל תוך / מקדשי		11Q**19** XLVI,10
מובדלים זה מזה אשר יהיו / **באים** המצורעים		11Q**19** XLVI,18
וכול אשר **יבוא** לה יהיה טהור		11Q**19** XLVII,6
יזבחו / בתוך עריהמה לוא **יביאו** לה		11Q**19** XLVII,8
לוא **יביאו** / כי כבשרמה תהיה טהרתמה		11Q**19** XLVII,9
יהיו **מביאים** את יינמה ואת שמנמה		11Q**19** XLVII,12
טהרת המקדש בעורות המקדש **תביאו**		11Q**19** XLVII,17
ובנגע ובנתק אשר לוא **יבואו** לעריכמה		11Q**19** XLVIII,15
]ו֯אנחנו מכ֯יר֯ים **שב֯או֯ו** מקצת הבר֯כות	(X)	4Q**398** 11-13,3
ו֯היא כי / [**יבו]א** ע֯ליך [כול הדברים] ה֯א֯לה	(X)	4Q**398** 14-17i6
] **בבואם** עם אלוה֯[י] / [	(XI)	4Q**402** 1,2
]◦ל **יבואו** ◦[	(XI)	4Q**402** 8,4
] / ואחר **יבוא** במים[ורחץ את בשרו	(XXXV)	4Q**414** 2ii-4,5
]◦ **בבוא**[	(XXXV)	4Q**414** 19,1
בכל מוסר **הבא** שכמכה ובכל֯[	(XXXIV)	4Q**416** 2iii13
]◦מים **בבוא**כה ב֯[	(XXXIV)	4Q**416** 18,3
פעלתכה בזכרון הש֯[לום כי]**בא**	(XXXIV)	4Q**417** 1i14
ה]**בא֯** [	(XXXIV)	4Q**417** 2i17
] / [ ]ר֯ש **הבא** בטנאיכה ובאסמיכה	(XXXIV)	4Q**418** 103ii3
ואותה נפשכה כי **תבוא** בפתחיה וקברת	(XXXIV)	4Q**418** 127,2
ב]**ב֯וא**כה למנוח֯[תו	(XXXIV)	4Q**418** 188,3
] **הבא** ביחד[	(XXXIV)	4Q**418** 199,1
תוא]ב֯ד עולה כיא **יבוא** סוף [	(XXXIV)	4Q**418** 211,4
]ל֯[ ]◦**בבו֯א֯** לר֯[ ]◦◦[	(XXXIV)	4Q**418**a 16,4
ואל **יבא** בשער חצרו ובשע֯[ר	(XX)	4Q**421** 12,3
אל **יבי]א֯** ממקומו חנם֯	(XX)	4Q**421** 12,4
יבי]א֯ ממקומו חנם֯ ואם **בא** כ֯[ו]ל[	(XX)	
] **ויביאו** ד֯ב֯ר֯ו / אל פרעוה לשלח א֯[ת	(XIII)	4Q**422** III,6
ויבא ארב֯ה֯ לכסות עין ה֯א[רצ]	(XIII)	4Q**422** III,10
ועם מתמ֯[ו]טט אל / **תבוא** בכור	(XXXVI)	4Q**424** 1,5
] / ואל **יביא**ני עד[	(XX)	4Q**426** 1ii7
המ]ל֯כ֯ רע לקדושים ולוא **יבא** / [	(XXIX)	4Q**427** 7i10
]כ֯ו֯ר֯ **ת֯ובא** ◦[	(XXIX)	4Q**437** 3,2
] / [ר]בה וצוארי **הביאו֯תי** בעולך ומ֯ו֯סר֯[	(XXIX)	4Q**438** 3,3
י]**בואו** לכה ואחזתה [	(XXXVI)	4Q**460** 7,10
ק]ץ החושך וקץ האור **בא** ומשלו לעולם	(XIX)	4Q**462** 1,10
]**ל֯ב֯יא** מאה צוא֯[ן	(XIX)	4Q**464** 7,6
] / **ויבאו**[	(XXXVI)	4Q**468**c 4
יב]ו֯א צדקיה ביום [הה]וא בב[רי]ת֯	(XIX)	4Q**470** 1,3
ורעה] / **יב[יא**]ע֯ליכה והשמידכה֯ [	(XXII)	4Q**473** 2,5
כ]ו֯ל ה[**ב]אים** ע[ם	(XXXVI)	4Q**474** 9
רוח אליהו על אליש]ע֯ **ויבאו** לקרת / [אלישע	(XXII)	4Q**481**a 2,4
לו֯[א **יב]ו֯א** אתמה למלחמה כיא מלאכי קודש	(VII)	4Q**491** 1-3,10
ולוא ירומם זולתי ולו֯א֯ **יבוא** ב֯יא	(VII)	4Q**491** 11i13
מיא הו֯[א]**כ֯ב֯א֯י֯**ם ישו֯בו{{ם}}<<ס֯ף֯>>ר / [	(VII)	4Q**491** 11i15
פתחי] / שעריך תמיד **להביא** אל[יך] חיל גוים	(VII)	4Q**492** 1,6
[וב]בוקר **יבו֯או** עד מקום ה֯מערכה	(VII)	4Q**492** 1,9
להם בחצ֯ו֯[צ]ר֯ות המש֯[ו]ב֯ / **לבוא** השערים	(VII)	4Q**493** 9
ובשובם ממלחמת האוי]ב **לב֯[וא**	(VII)	4Q**496** 11,2
]**ה֯בי֯א֯**[	(VII)	4Q**497** 2,5
]**הבא** לש[	(VII)	4Q**502** 94,4
י]מ֯לאו ימיו **לב֯[ו]א֯** במ֯[	(VII)	4Q**502** 102,1
ולשמכה / הגדול **ויביאו** מנחתם כסף	(VII)	4Q**504** 1-2iv10
[**לה]ביא** ברכו֯תיכה לנו ל{{מ֯}}פקו֯דכה	(VII)	4Q**504** 1-2v16
◦◦ **ונבו֯אה** בצרות / [ונגי]עים֯	(VII)	4Q**504** 1-2v17
על כנפי]נ֯שרים **ותביא**נו אליכה	(VII)	4Q**504** 6,7
]**ב֯ו֯א**[	(VII)	4Q**504** 38,1
]◦כל **בא֯** [	(VII)	4Q**509** 193,2
י]**ב֯י֯או**ם[	(VII)	4Q**511** 21,1
] / כיא טה֯רתני **ו֯תביא**ני ב֯[	(VII)	4Q**512** 39ii2
ותטהרני֯ מ֯ערות נדה ו֯תכפר֯ **לבוא** [	(VII)	4Q**512** 29-32,9
] / ואחר **יבוא**[	(VII)	4Q**512** 42-44ii2
] / נכו֯ן **ב֯אים** אבות על בנים א֯[שרי ?	(XXV)	4Q**521** 2iii2
] / ל֯ו֯א֯ [יכל]נ֯[ו **לבו]א֯**[לצי]ו֯ן להשכין שם	(XXV)	4Q**522** 9ii2
ועצי] / ארזים וברושים **יב֯י֯א֯**[מ]ל֯בנון לבנותו	(XXV)	4Q**522** 9ii6
]אשר **בא** עמכם ת◦◦◦◦[	(XXV)	4Q**524** 25,6
] / ובל **תבוא**כה חרפת שונא ו֯[	(XXV)	4Q**525** 14ii8
וחלצכה מכול רע וא֯ל **יבוא**כה פחד ◦[	(XXV)	4Q**525** 14ii12

11Q19 XLIX,6 כול אשר בבית וכול הבא אל הבית יטמא
11Q19 XLIX,17 וכול אשר בא אל הבית ירחץ במים ויכבס
11Q19 L,4 וטהר[ו לע]רב כבוא השמש
11Q19 L,11 כול בית אשר תבוא אליו יטמא
11Q19 L,13 ואם / לתוך הבית יבוא עמה יטמא שבעת ימים
11Q19 L,15 וכבס בגדיו ורחץ ובאה השמש / וטהר
11Q19 LI,5 ורחץ במים ובאה השמש אחר יטהר
11Q19 LI,15 ובאתה וירשתה / את הארץ
11Q19 LII,20 לוא יבוא לתוך מקדשי וזבחו שמה
11Q19 LIII,9 וכול נדריכה תשא ובאתה אל המקום
11Q19 LIV,9 ונתן אליכה אות או / מופת ובא אליכה
11Q19 LVI,2 אשר עליו בׄ[אתה לדרוש/עליתה [לדרוש ← עלה
11Q19 LVI,12 כי תבוא אל הארץ אשר אנוכי נותן לכה
11Q19 LVIII,6 ואם עם רב בא לארץ ישראל
11Q19 LVIII,9 גבולמה אשר לוא יבוא גדוד אל תוך ארצמה
11Q19 LVIII,18 ולוא יצא עד יבוא לפני הכוהן הגדול
11Q19 LVIII,19 ועל פיהו יבוא הוא וכול בני ישראל
11Q19 LIX,11 והביאותים / לארץ אבותיהמה ופדיתים
11Q19 LX,12 וכי יבוא הלוי מאחד שעריכה מכול
11Q19 LX,16 כי תבוא אל הארץ אשר אנוכי נותן לכה
11Q19 LXI,4 ולוא יבוא הוא הדבר אשר לוא דברתי בזדון
11Q19 LXIII,12 והביאותה אל תוך ביתכה
11Q19 LXIII,14 ואת אמה חודש / ימים אחר תבוא אליה
11Q20 IV,23 (XXIII) ביום ההוא תאכל ולוא תבו[א ע[ל]י[ו ה]שׁמשׁ
11Q20 XI,21 (XXIII)]באים / [
11Q20 XI,23 (XXIII) השני י]היה בא / [לשמאול
11Q20 XII,11 (XXIII)]ק לוא יבוא אל ה̇מקדש̇ [
11Q20 XII,20 (XXIII) עולים]בׄנׄי יש[ראל א]ליו לבוא אל מק[דשי
11Q20 XIII,3 (XXIII) והבאים[
11Q20 XV,1 (XXIII) ורחץ במים] / ובאה השמ[ש אחר יטהר
11Q21 3,2 (XXIII)] / לבוא אל עירי [
PAM 43.661 25,2 (XXXIII)]ה̇ביא[
PAM 43.673 15,2 (XXXIII)]יבוא בי◦[
PAM 43.685 12,2 (XXXIII)]ם בוא̇[
PAM 43.686 23,1 (XXXIII)]◦ לבוא י[
PAM 43.686 73,1 (XXXIII)]◦באות ◦[
PAM 43.698 27,1 (XXXIII) כו]ל באי ברי̇[ת
PAM 43.698 64,1 (XXXIII)]יביא [

treachery noun **בוגדות**

4Q469 3,4 (XXXVI)]◦א כולמה אנשי בוג[דות

בוד ← כָּבוֹד

thumb, big toe noun **בּוֹהֶן**

4Q365 9bii1 (XIII) ועל בׄ[והן ידם הימנית
11Q20 II,2 (XXIII) על] הבוהן / [

to despise, defraud verb **בוז**

1QpHab IV,2 ילעיגו על רבים ובזו על נכבדים במלכים
4Q416 2ii21 (XXXIV) ואתה רׄוׄשׁ פׄןׄ / [ ] תבוז חייכה
4Q418 8,11 (XXXIV) לו אף הו[ן] בלו[ ]תׄנׄי פן יומר בזני
4Q424 3,3 (XXXVI) ולהרשיע ר̇[שע] / גם הוא יהיה לבוז
4Q481e 1 (XXII)]בזו לדברי פיכה [לא שמעו

contempt, shame noun **בוז-1**

1QM XII,7]◦נו בוז למלכים לעג / וקלס לגבורים
1QM XIV,12 ולנכבדיהם / תשיב לבוז
1QHa X,33 וישימוני לבוז / וחרפה בפי כל דורשי רמיה
1QHa XVI,14 ואני הייתי לבׄזאי {{◦}}נׄהרות / שוטפים
1QHa XVII,25 ובוז צרי לי לכליל כבוד
1Q25 1,7 (I)] / בוז על נדיבים [
4Q428 3,2 (XXIX) וישימונ]י לבוז וחׄר[פה בפי כול דורשי] / [רמיה
4Q446 2,2 (XXIX) ובוז]מׄבׄוׄז ושד משד וגבׄ◦ר◦[
4Q487 10,4 (VII)]לׄבוז א[
4Q491 8-10i9 (VII) ולׄנׄכׄ[בדיהמה תשיב] לׄבׄוׄז
4Q491 11i15 (VII) [מ]יא לבוז נחשב ביא ומיא בכבודי

to confuse verb **בוך**

4Q412 1,4 (XX)] / [ו]תׄבׄוׄך באמרי ע̇[ ]◦[ ]בׄינה הוציא מליׄםׄ[

to trample verb **בוס**

3Q15 VIII,3 (III) שמזרח אחׄזׄרׄ / כלי דמע וספרין אל תׄבׄוׄסׄ

unripe grape noun **בּוֹסֶר**

11Q19 XXI,7 ולוא יאוכ[ל]ו כול ענׄב פר[י] ב[ו]סר מן הגפנים

desolation noun **בּוּקָה**

1QS X,15 ובמכון צרה עם בוקה / אברכנו
4Q260 IV,1 (XXVI) [ובמכון] צרה עם בוקא [אברכנו]

morning noun **בּוֹקֶר, בֹּקֶר-2**

1QS X,10 ועם מוצא ערב ובוקר אמר חוקיו
1QM XIV,2 ובבוקר יכבסו בגדיהם ורחצו / מדם
1QM XIV,14 יומם ולילה / ומוצאי ערב ובוקר
1QM XIX,9 [ב]ל[י]לה ההוא למנוח עד הבוקר
ובבוקר יבואו עׄדׄ מׄקׄוׄם המערכה / [
1QHa XX,6 בתקופתו לׄפׄנות בוקר ובקצ / האספו
1QHa 4,3 ע]רב ובוקר עם ◦[
4Q162 II,2 (V) הוי משכימי בבקר שכר
4Q260 III,3 (XXVI) וע[ם מוצא ערב / וׄבׄוקר א̇[ומר חוקיו
4Q320 1i3 (XXI) מערב עד בוקר ב4 בשבת / [ג]מׄוׄל
4Q364 G,1 (XIII)]◦מ עד בׄ[וקר ?
4Q365 2,6 (XIII) ויואמר] יׄהׄוׄהׄ אל מושה השכם בבוקר
4Q365 7ii3 (XIII) העם נצבים על[יך מן (ה)בוק]רׄ וׄעׄ[ד (ה)ערב
4Q365 31a-c,4 (XIII) על] / [המשכן כמר]אׄה אש עד בוקר[
4Q367 2a-b,12 (XIII) לא תלין פעלת]שכיר אתך עד בׄקׄ[ר
4Q408 3+3a,8 (XXXVI) אשר ברתה אׄת הבׄקר אות
4Q408 4,2 (XXXVI)]לׄ ולבקר
4Q408 5,1 (XXXVI) הב[ק]ר אות[
4Q492 1,9 (VII) [וב]בוקר יבואו עד מקום המׄערכה
4Q502 27,2 (VII) משרתי]ם לכה תמׄיד [ע]רב ובוקר ע◦[
4Q503 39,3 (VII) דג]לי ערב ובוקר מׄלׄ◦ שלומנו
6Q11 4 (III) מן הב[ק]ר עד הערב ◦[
11Q19 XIII,15 תעשה בין הער[ב]יׄםׄ / כמנח[ת ה]בוקר

pit, cistern, well noun **בור**

CD XI,13 ואם תפיל אל בור / ואל פחת אל יקימה בשבת
1Q22 1ii3 (I) ובורׄוׄת חצוב[ים א]שר לו[א] / [ח]צׄבתה
3Q15 I,6 (III) בבור הגדול שבחצר / הפרסטלין
3Q15 II,1 (III) בבור המלה שתחת המעלות / ככרין
3Q15 II,6 (III) ובתכו / בור בׄ[ו] כׄלין וכסף ככרין שבעין
3Q15 II,7 (III) בבור שנגד השער המזרחי / רחוק
3Q15 II,10 (III) בבור שתחת החומא מן המזרח
3Q15 IV,1 (III) בבור הגדול שבׄ[ ]◦קה בעמוד / בצפונו
3Q15 XII,3 (III) השחורא בידן תחת ספ / הבור ככרין 42
4Q158 10-12,2 (V)]הבור ישׄ[לם
4Q165 3,1 (V) יורדי אל אבני] בור כפגר [מובס
4Q184 1,6 (V)] / מעמקי בור
4Q186 1ii7 (V) בבית האור שש ושלוש בבור / החושך

4Q251 1-2,3	(XXXV)	] בהמה ולמשוך מים מבור / [
4Q270 6v18	(XVIII)	ואם יפול אל בור ואל פחת אל [יקימה בשבת
4Q271 5i8	(XVIII)	ואם תפול אל בור / [ואל פחת
4Q271 5i11	(XVIII)	[אל מקום מים ואל בו]ר אל יעלה [אי]ש
4Q525 23,3	(XXV)	] / ולרדת אל ירכתי בור ול◦[
11Q19 XLVI,14		המערב לעיר בתים ומקורים ובורות בתוכמה
PAM 43.698 63,2	(XXXIII)	]◦ בור ◦[

cleanness noun **בּוֹר, בֹּר-1**

1QS IX,15		ואיש כבור כפיו לקרבו
4Q258 VII,13	(XXVI)	ואיש]כבר כ[פיו לקרבו]
4Q259 III,12	(XXVI)	]ואיש כבור כפיו לקרבו
4Q525 2ii+3,3	(XXV)	אשרי דורשיה / בבור כפים

knee noun **בּוֹרֶךְ**

4Q491 8-10i4	(VII)	ולגמוגי בורכים חוזק מעמד ואומץ מ[תנים]

to be ashamed verb **בּוֹשׁ-1**

4Q163 18-19,5	(V)	לוא] / [עתה יבו]ש יעקוב
4Q171 1-2ii26	(V)	ל[וא י]בושו ב[עת רעה
4Q173 3,3	(V)	]לוא יבושו כ[י ידברו את אויבים
4Q176 8-11,5	(V)	]אל תיר[אי כיא] לוא {{◦◦◦}} תבושי[
4Q381 39,2	(XI)	]יבשו[
4Q382 105,4	(XIII)	] / ויבושו עמכ[ה
4Q437 2i6	(XXIX)	לוא]הבישותה אוהבי ביא חוקיכה לוא שכחתי

shame noun **בּוֹשֶׁת, בֹּשֶׁת**

1QS IV,23		ואין עולה יהיה לבושת כול מעשי רמיה
1QpHab IX,13		יעצתה בשת / לביתכה קצוות עמים רבים
1QH[a] XII,23		ולא טחתה בבושת פני / כול הנדרש[י]ם לי
1QH[a] XIII,35		ויגון / יסובבוני ובושת על פנים
1QH[a] XVII,20		] ואם לבושת פנים כו[
1QH[a] XVII,22		בו]שת פנים וכלמה לנרגני בי
4Q176 8-11,5	(V)	כיא בשת / [עלומי]כי תשכחי[
4Q382 49,8	(XIII)	בבו]שת פנים ובכלמה[
4Q509 18,1	(VII)	לעול]מי עד ולנו בוש[ת הפנים
4Q511 2ii4	(VII)	] / ובושת פנים למספר אב[

plunder noun **בַּז**

4Q169 3-4ii5	(V)	ובז וחרחור בינותם וגלות מפחד
4Q524 25,5	(XXV)	]◦א בז ישראל[
11Q19 LIX,8		והיו לאוכלה / ולבז/ו ולמשוסה ואין מושיע
11Q19 LX,5		וכול אשר יחרימו ומכס השלל והבז
11Q19 LX,8		והמכס מן / השלל ומן הבז ומן הציד לעוף

to despise verb **בּזה**

CD VII,18		ספרי הנביאים / אשר בזה ישראל את דבריהם
CD IX,4		או ספר לזקניו להבזותו נוקם הוא ונוטר
1QpHab IV,5		מושלי הכתיאים אשר יבזו על / מבצרי העמים
1QH[a] XII,22		וידי על כול בוזי
1QH[a] XIII,20		לא עזבתה יתום ולא בזיתה רש
4Q270 6iii18	(XVIII)	ספר [לזקנו להב]זתו נוקם הוא [ונו]טר
4Q285 3,4	(XXXVI)	]י כתיים יבזם[
4Q365 6aii+6c,1	(XIII)	בזית ע[
4Q396 1-2iii10	(X)	העושה ביד רמה כת]וב שהואה בוזה ומג[ד]ף
4Q397 6-13,9	(X)	העושה ביד רמה כתוב שהו]אה ב[וזה ו]מגד[ף]
4Q431 1,1	(XXIX)	]נבזה כמונ[י
4Q434 1i2	(XXIX)	ואת / ענו לא בזא ולא שכח צרת דלים
4Q437 1,2	(XXIX)	ואת] / [ענו לא]בזה ולוא שכח צרת ד[לים
4Q508 21,2	(VII)	]ובז]ינו ואורחינו ואביונינו ◦[

plunder noun **בִּזָּה**

4Q458 1,10	(XXXVI)	]ל[ ]הצרים לבזה
4Q462 1,14	(XIX)	יו]שבי פלשת ומצרים לבזה וחורבה ויעמידוה[

to plunder verb **בזז**

1QpHab III,1		במישור ילכו לכות ולבוז את ערי הארץ
4Q383 A,3	(XXX)	]אבותם בוזזי אמותם הפוחזים [
11Q19 LXII,10		אשר יהיה בעיר כול שללה תבוז / לכה

to scatter verb **בזר**

4Q174 4,5	(V)	]ובקש בכול כוחו לבזרמה / [
4Q371 1a-b,1	(XXVIII)	הארצות ובכול הגוים] יבזרם ◦[
11Q19 LIX,2		] / [ו]יבזרום בארצות רבות והיו[ל]ש[מה

בח ?

1Q22 46,2	(I)	]◦ בח ◦◦[

young man noun **בָּחוּר**

4Q184 1,14	(V)	להטות דרך ולבחורי צדק / מנצור מצוה

tested adjective **בחין**

4Q381 24a+b,6	(XI)	ויהללהו בחיניו ויאמרו קום א[להי

chosen noun **בָּחִיר**

CD IV,3		ובני צדוק הם בחירי / ישראל קריאי השם
1QS VIII,6		ובנ{{י}}חירי רצון לכפר בעד הארצ
1QS IX,14		ובבחירי העת להחזיק על פי / רצונו
1QS IX,17		ומשפט צדק לביחרי / דרכ איש כרוחו
1QS XI,16		כאשר רציתה לבחירי אדם להתיצב / לפניכה
1QpHab V,4		וביד בחירו יתן אל את משפט כול הגוים
1QpHab IX,12		בעבור [א]שר הרשיע / על בחירו
1QpHab X,13		משפטי אש אשר גדפו ויחרפו את בחירי אל
1QM XII,1		ובחירי עם קודש / שמתה לכה ב◦[
1QM XII,5		ועם בחירי שמים נוצ[חים
1QH[a] VI,15		כי אתה צדיק ואמת כול בחיריך
1QH[a] X,13		ותשימני נס לבחירי צדק ומליץ דעת ברזי פלא
1Q14 8-10,7	(I)	ולכ[ו]ל המתנדבים לוסף על בחירי / [אל
1Q19 15,2	(I)	ב]חירי כי אל כונן [
1Q31 2,2	(I)	] / ובחירי[
1Q37 1,3	(I)	]בחירי ישראל למל[
4Q164 1,3	(V)	] / עדת בחירו כאבן הספיר בתוך
4Q165 6,1	(V)	[ב]חירי ישראל א[
4Q169 1-2,8	(V)	] בחיר[י
4Q171 1-2ii5	(V)	פשרו / המה עדת בחירו עושי רצונו
4Q171 1+3-4iii5	(V)	] / עדת בחירו אשר יהיו רשים ושרים ◦[
4Q171 3-10iv12	(V)	ועם / בחירו ישמחו בנחלת אמת
4Q171 3-10iv14	(V)	]◦ ל◦[ ]על בח[יר]י אל[ויב]קש לשבית את / [
4Q171 11,2	(V)	] / בחיר[י] ישראל[ ]◦א◦[
4Q174 1-2i19	(V)	]בחירי ישראל באחרית הימים
4Q177 27,2	(V)	]בחירי[
4Q215a 1ii3	(XXXVI)	ויצרופו בם לבחירי צדק ויתמ כול רשעמ
4Q258 VIII,2	(XXVI)	ולהוכיח דעת אמת ומשפט צדק לבחירי דרך
4Q259 II,15	(XXVI)	ובחיר[י] רצ[ו]ן[לכפר בעד] הארצ[
4Q259 III,16	(XXVI)	דעת אמת ומשפט / צדק לבח[ירי דרך
4Q266 15,5	(XVIII)	]◦ לבחירי ◦◦◦[
4Q285 1,4	(XXXVI)	] עם בחירי[
4Q286 7i2	(XI)	וכו]ל בחיריהמה / [
4Q301 3a-b,7	(XX)	ל]בחיריו ונהדר[הואה ברום קו]דשו
4Q374 2ii5	(XIX)	ויטע ל[נ]ו בחירו בארץ חמדות כל הארצות
4Q380 1i11	(XI)	[בח]יריו לש[מח בשמחת גויו]
4Q416 2ii14	(XXXIV)	כי אתה עבדו ובחי]רו

Reference	Vol.	Text
4Q**418** 8,14	(XXXIV)	כי אתה עבדו ו**בחי]רו**
4Q**418** 21,1	(XXXIV)	**בחי]רו** ואתה [
4Q**418** 69ii10	(XXXIV)	ואתם **בחירי** אמת ורודפי[
4Q**438** 3,2	(XXIX)	] / נדיביכה ו**בחיריכה** לוא התעברתי ו◦◦◦◦[
4Q**491** 5-6,1	(VII)	ו**בחירי** / [עם קודש שמתה לכה
4Q**528** 5	(XXV)	]◦תם ה**בחיר[י]ם** אשריכם כול יראי יהוה
11Q**15** 2,4	(XXIII)	] לעיני **בחיר[**י

to try, test, prove verb **בחן**

Reference	Vol.	Text
CD XIII,3		ואם אין הוא **בחון** בכל אלה
		ואיש מהלוים **בחון** / באלה
1QS IX,2		אכ השוגג / **יבחן** שנתים ימים לתמים דרכו
1QSb III,23	(I)	לחזק בריתו ל[עולם ול**ב]חון** כול משפטיו
1QSb IV,20	(I)	]לו **לבחון** [
1QM XVI,11		ול**בחון** בם כול חרוצי המלחמה
1QM XVI,15		]ל[ב]ב עמו **יבחן** במצרף ולוא [
1QM XVII,1		]◦ **בחוני** מצרף
1QH^a X,13		ומליץ דעת ברזי פלא **לבחון** / [אנשי] אמת
1QH^a 2i8		]רצונכה ע[ל הבנים **תבחננני** / [
4Q**176** 15,3	(V)	את הכסף ובחנתים] **כבחון** את / [הזהב
4Q**177** 10-11,10	(V)	]**לבוחנם** ולצורפם / [
4Q**185** 3,2	(V)	אל]הים **יבחן** כל ◦◦[
4Q**215**a 1ii11	(XXXVI)	ותושיה **נבחנו** במחש[בת ק[ו]דש[ו
4Q**258** VII,3	(XXVI)	אך / שנתים[י]מים **יבחן** לתמים דרכו
4Q**299** 1,6	(XX)	]◦◦ם **נבחנה** דברים / [
4Q**299** 3aii-b,14	(XX)	]◦שבו כי לבנו **בחן** וינחילנו[
4Q**378** 6ii1	(XXII)	**ב]חנני** ויתנג[
4Q**378** 6ii3	(XXII)	] / לבי כי אלהים **יבחן** מל[
4Q**378** 6ii4	(XXII)	] / **ויבחן**
4Q**379** 3i3	(XXII)	]◦ז ירימו **בחנ[ים** / [
4Q**381** 46a+b,5	(XI)	**ב]חנת** כל ובחרים כמנחת תטהר לפניך
4Q**381** 48,4	(XI)	] / בי יראיך ו**לבחן** ש[
4Q**382** 38,2	(XIII)	**בחנתני** כי ◦◦◦◦[
4Q**415** 6,4	(XXXIV)	] / ברז נהיה **בחן** אלה ו◦[
4Q**415** 11,13	(XXXIV)	] / מכוניה לוא תמצא באלה **בחנהה**[
4Q**418** 236,4	(XXXIV)	] **בחנה** [
4Q**434** 1i7	(XXIX)	ברוב רחמו משפטי עונו למען **בוחנם**
4Q**443** 2,4	(XXIX)	לוא **תבחן**[
4Q**443** 10,2	(XXIX)	]ה ו**לבחו[ר/ן** ← בחר
4Q**491** 11ii12	(VII)	ואמר יקום א]ל ולב עמו **יבחן** במצרף
11Q**5** XXII,10	(IV)	**נבחן** אדם כדרכו א{{נ}}יש כמעשיו

testing noun **בֹּחַן**

Reference	Vol.	Text
1QS VIII,7		היאה חומת ה**בחן** פנת יקר
1QH^a XIV,26		ל[נ]סות אבני **בחן** לבנות[חומת] / עוז
1QH^a XV,9		וכול קירותי לחומת **בחן** ללוא תזע{{ז}}עוע
4Q**259** II,16	(XXVI)	היאה חומת ה**בחן** פ[נת יקר ב]ל [יזדעזעו

(indeterminate) בחן

Reference	Vol.	Text
4Q**502** 13,3	(VII)	]**בחן** ◦[

to choose verb **בחר**

Reference	Vol.	Text
CD I,18		**ויבחרו** במהתלות ויצפו / לפרצות
CD I,19		ויצפו / לפרצות **ויבחרו** בטוב הצואר
CD II,7		כי לא **בחר** אל בהם מקדם עולם
CD II,15		ולהבין במעשי / אל ו**לבחור** את אשר רצה
CD III,2		בשמרו מצות אל ולא **בחר** / ברצון רוחו
CD III,11		בעזבם את ברית אל **ויבחרו** ברצונם
CD VIII,8		**ויבחרו** איש בשרירות לבו
CD XIX,20		**ויבחרו** איש בשרירות לבו
1QS I,4		ולאהוב כול / אשר **בחר**
1QS IV,22		כיא בם **בחר** אל לברית עולמים
1QS X,12		**הבחרה** באשר / יורני וארצה
1QS XI,7		לאש{{◦}}ר **בחר** אל נתנם לאוחזת עולם
1QSb I,2	(I)	**ויבחר** בם לברית / עולם א[שר ת]עמוד
1QSb III,2	(I)	וב[כ]ו[]ל יושבי לכה[ונתכה]ה / **יבחר**
1QSb III,23	(I)	הכוהנים אשר / **בחר** בם אל לחזק בריתו
1QSb III,25	(I)	כול חוקיו ויתהלכו כאש[ר] / **בחר**
1QSb IV,22	(I)	כיא] **בחר** בכה [
1QM II,7		וכול ראשי אבות העדה **בחרים** להם
1QM X,9		ומיא --- כעמכה ישראל אשר **בחרתה** לכה
1QH^a IV,21		כי את אשר **בחרתה** [תתם] דרכו
1QH^a VII,19		**ויבחרו** באשר שנאתה
1QH^a VII,23		כי בם **בחרתה** מכול
1QH^a VIII,19		ואני **בחרתי** להבר כפי כרצו[נ]ך
1QH^a VIII,22		אשר **בח[ר]תה** לאוהביך
1QH^a XII,4		ב]דרך עולם ו[בנתיבות אשר **בחרתה** מ◦◦◦◦[
1QH^a XII,17		כי לא **בחרו** בדר[ך לב]כה ולא האזינו
1QH^a XVII,10		**ואבחרה** במשפטי ובנגיעי
1QH^a XVIII,26		כי **בחרתה** [
1Q**22** 1i7	(I)	יעזב[ו]ני **ויב]חר[ו** בשקוצי ה]גו[ים
1Q**34**bis 3ii5	(I)	**ותבחר** לך עם בקץ רצונך
4Q**160** 7,4	(V)	]◦דוני **ובחרתי** לשכוב לפני יצוע[
4Q**171** 1-2i19	(V)	התעה רבים באמרי / שקר כיא **בחרו** בקלות
4Q**176** 1-2i9	(V)	ישראל עב[די י]עק[ו]ב [אשר **ב]חרת[י]**כה
4Q**177** 14,1	(V)	]**ובחר**[ ]הכבוד אשר ויואמ[ר
4Q**216** VII,11	(XIII)	**ובחר** בזרע יעקוב ב[כל מאשר
4Q**266** 2i22	(XVIII)	דרשו] בחלקות / [**וי]בחרו** [ב]מה[תלות
4Q**266** 3iv5	(XVIII)	**ובח[רו]** / [איש בשרירות לבו
4Q**266** 11,11	(XVIII)	ובאבותינו **בחרתה** לזרעם נתתה חוקי אמתכה
4Q**291** 1,4	(XXIX)	]◦י מצותיו **ובוחרי** רצ[ונו
4Q**299** 55,4	(XX)	]אשר **בחרו** בה◦ א[
4Q**365** 35ii1	(XIII)	[האיש] אש[ר **אבח]ר** בו מ[טהו יפרח
4Q**375** 1i8	(XIX)	המקום אשר **יבחר** אלוהיכה באחד שבטיכה
4Q**381** 46a+b,5	(XI)	ב]חנת כל **ובחרים** כמנחת תטהר לפניך
4Q**381** 76-77,14	(XI)	הוא **בחר** בכ[ם
4Q**390** 2i8	(XXX)	ובאשר לא חפצתי **בחרו** להתגבר להון
4Q**393** 3,6	(XXIX)	אתה הוא יהוה **בחרתה** באבותינו למקדם
4Q**394** 8iv11	(X)	והיא המקום / **שבחר** בו מכל שבטי [ישראל
4Q**396** 1-2iii1	(X)	היא המקום] / **שבחר** בו מכל שבטי י[שראל
4Q**418** 45ii13	(XXXIV)	**בחר** וב[
4Q**418** 55,5	(XXXIV)	ולא שחרו בינ[ה וברצון אל לו]א **בחרו**
4Q**418** 234,2	(XXXIV)	]כה **נבחר**[
4Q**419** 1,5	(XXXVI)	]**ויבחר** בזרע אהרון להע[מיד אותם
4Q**422** II,6	(XIII)	] / אשר **בחר** בה א[ל
4Q**424** 1,3	(XXXVI)	] חיין **יבחר** לבניתה ותפל טח קירו
4Q**426** 4,4	(XX)	**ב]חר** בשרים ת[
4Q**443** 10,2	(XXIX)	]ה **ולבחו[ר/ן** ← בחן
4Q**448** I,10	(XI)	אוה] / משכנו בציון **ב[וחר** לנצח בירושלים
4Q**460** 7,3	(XXXVI)	] ◦ים ולוא **בחר** ב[
4Q**471** 2,7	(XXXVI)	למאוס בטו]ב **ולבחור** ברע ולה[
4Q**471**a 7	(XXXVI)	**ויבחר** ב[ם]◦[ ] לזעקה / [
4Q**475** 1	(XXXVI)	י]**בחר** ובחי צדק[
4Q**503** 24-25,4	(VII)	[אל ישראל א]שר **בח[ר]** בנו מכול [ה]גוים
4Q**504** 1-2iii9	(VII)	כיא אותנו **בחרתה** לכה / [לעם מכול]הארץ
4Q**504** 1-2iv3	(VII)	העיר אשר **בח]רתה** בה מכול ה{{ל}}ארץ
4Q**504** 1-2iv5	(VII)	**ותבחר** בשבט / יאודה ובריתכה הקימותה
4Q**504** 4,11	(VII)	א]שר **בחרת** מולה עורלת[לבנו
4Q**508** 4,2	(VII)	] אשר **בחר** בנו ובריתו [
4Q**511** 11,11	(VII)	] **בחר** לכל[

4Q525 21,4	(XXV)	] וזמה תבחר[
5Q13 1,6	(III)	]בחרתה מבני א[לי]ם ו◦[
5Q13 2,8	(III)	] בחרתה [בני] לוי לצאת / [
11Q5 XXVIII,10	(IV)	היפים בשערם לוא בחר יהוה אלוהים בם
11Q19 LII,9		תואכלנו שנה בשנה במקום אשר אבחר
11Q19 LII,16		במקום אשר אבחר לשום שמי עליו
11Q19 LVI,5		מן המקום אשר אבחר לשכין שמי עליו
11Q19 LVI,14		שם תשים עליכה מלך אשר אבחר בו
11Q19 LX,10		כי במה בחרתי מכול שבטיכה / לעמוד לפני
11Q19 LX,13		אל המקום אשר אבחר לשכן / שמי
11Q19 LXIII,3		הכוהנים בני לוי כי בהמה בחרתי לשרת לפני
PAM 43.666 91,1	(XXXIII)	]בחור [
PAM 43.676 32,2	(XXXIII)	]בחור א◦[

to trust verb **בטח-1**

1QpHab XII,11		כיא בטח יצר יצריו עליהו / לעשות אלילים
1QM XI,2		ביד דויד עבדכה כיא בטח בשמכה הגדול
4Q163 25,8	(V)	] / [פשרו] על העם אשר יב[טחו
4Q372 2,11	(XXVIII)	] המבטיח עמו על [ ]◦רת◦[
4Q381 44,3	(XI)	ל]קויך ומציל לבטוחים[בך
4Q381 45a+b,3	(XI)	ואני בך בטחתי[
4Q393 1ii-2,8	(XXIX)	ותמיד על סל[יחתך בטח]ו / גוים
4Q416 2ii14	(XXXIV)	ואתה אל תבטח למה תשנא
4Q418 55,4	(XXXIV)	]ובטוח בכול דרכינו
4Q418a 19,1	(XXXIV)	]תבטח ◦[ ] / [
4Q421 11,2	(XX)	ב]טוח לאכול ולשתות ממנו
4Q438 2,1	(XXIX)	בטחו בא[
4Q511 38,2	(VII)	]◦ בטחתי[

security noun **בֶּטַח-1**

1QH[a] XX,2		אשכנ]ה לבטח במעון קו[דש ב]ש{{◦}}קט
4Q163 23ii4	(V)	תושעון] / [בהש]קט ובבטח תהיה גבורתכמה
4Q365 23,5	(XIII)	וישבתם עליה לבטח תקריבו ע{{ש}}צים
4Q382 43,1	(XIII)	ב]טח לבית יש[ראל] / [
4Q418b 1,5	(XXXIV)	]שלך לבטח[
4Q427 3,2	(XXIX)	[ואשבה לב]טח במעון שק[ט ושלוה ב]שלומ
4Q428 12ii1	(XXIX)	לבטח במ[עון שלום
4Q522 9ii8	(XXV)	כי] ידיד יהו[ה]ישכון לבטח

to cease verb **בטל**

4Q523 3,2	(XXV)	א]ל ? יבטלון פסי/ה[

belly, womb, scabbard noun **בֶּטֶן-1**

1QpHab VI,12		ועל פרי / בטן לוא ירחמו
1QM V,13		והבטן ארבע גודלים וארבעה טפחים עד הבטן
		ארבע גודלים וארבעה טפחים עד הבטן
		והבטן מרוגלת הנה / והנה חמשה טפחים
4Q185 1-2iii12	(V)	] / אל כל חדרי בטן ויחפש כלותו[
4Q368 10i5	(XXVIII)	] / ובאות בחדרי בטן לדעת מחשב[
4Q415 9,2	(XXXIV)	] / להורות בטנכה לכ[ה
4Q423 3,4	(XXXIV)	ע]ם ראשית פרי בטנכה ובכור כל [בהמתכה
4Q423 3a,3	(XXXIV)	] בפרי בטנו דל◦◦[
4Q502 20,3	(VII)	מ]עיו לפרי ב[טן
4Q502 163,3	(VII)	]◦ בפרי בט[ן
4Q502 180,2	(VII)	]בטן ◦[
4Q503 183,1	(VII)	]פרי בטנ[
4Q503 221,2	(VII)	]◦פרי בט[נ
4Q525 14ii19	(XXV)	] / הפק דעת לבטנכה ובגו[יתכ]ה הגה[

duct, conduit noun **בִּיבָא**

3Q15 XII,8	(III)	בביבא הגדולא של הברך כלבית

בִּיבָה ← בִּיבָא

בְּיַחַד ← יַחַד

to understand, consider verb **בין**

CD I,1		ועתה שמעו כל יודעי צדק ובינו במעשי / אל
CD I,8		ויבינו בעונם וידעו כי / {{אנשים}} אשימים
CD I,10		ויבן אל אל מעשיהם
CD II,14		ואגלה עיניכם לראות ולהבין במעשי / אל
CD VI,2		ויקם מאהרן נבונים ומישראל / חכמים
CD VIII,12		ובכל אלה לא הבינו בוני החיץ
CD X,6		ומישראל / ששה מבוננים בספר ההגו
CD XIII,2		אל ימש איש כהן מבונן בספר ההגי
CD XIII,5		ועמד במחנה והבינו / המבקר בפרוש התורה
CD XIII,8		ויבינם בגבורות פלאו
CD XIV,7		ועד בן ששים מבונן בספר / ההגי
CD XIX,24		ובכל אלה לא הבינו בוני / החיץ וטחי תפל
1QS III,13		למשכיל להבין וללמד את כול בני אור
1QS IV,22		והתגולל / ברוח נדה להבין ישרים בדעת עליון
1QS VI,15		והת{{ל}}בינהו בכול משפטי היחד
1QS XI,19		ולהתבונן בכול נפלאותיכה עם כוח
1QS XI,22		ויוצר יד ולעצת מה יבין
1QSa I,5	(I)	ולהבינם בכול משפטיהמה
1QSa I,28	(I)	כול / ח[כמי]העדה והנבונים והידעים
1QH[a] IV,21		ואני הבינותי כי את אשר בחרתה [תתם] דרכו
1QH[a] V,2		] ולהבין פותאים[
1QH[a] V,3		]◦ת ולהבין אנוש[
1QH[a] V,19		להבין / בכול אלה ולהשכיל בסוד[
1QH[a] V,27		]ק להתבונן [
1QH[a] IX,37		ואו]ילי לב לא יבינו / אלה
1QH[a] X,18		לפתוח מקור דעת לכול מבינים
1QH[a] XV,32		ובעל הבל להתבונן במעשי פלאך / הגדולים
1QH[a] XVIII,2		ולא יתבונן כול בחוכ[מתכה] / [
1QH[a] XVIII,21		ובהביני ב◦[
1QH[a] XIX,4		ואני מה כיא / [הבינ]ותני בסוד אמתכה
1QH[a] XIX,20		ותשובת אנוש א[תבוננה ואכירה]לחטאה
1QH[a] XIX,28		נתתה לעבדך / שכל דעה להבין בנפלאותיכה
1QH[a] XX,27		ומה] יבין / [במ]עשיו
1QH[a] XX,33		ואיכה אבין כיא אם השכלתני
1QH[a] 10,11		]◦◦ב מבין למש[פט
1Q27 1i3	(I)	ידעו רז נהיה ובקדמוניות לוא התבוננו
1Q34bis 3ii3	(I)	ולא הבין זרע האד[ם] בכל אשר הנחלתו
1Q34bis 3ii4	(I)	ולא הבינו בכוחך הגדול ותמאס
2Q27 4	(III)	] ולו יבינו מוע[
4Q160 3-4ii6	(V)	י]בינו רבים כיא עמכה הואה[
4Q169 3-4iii4	(V)	ורבים יבינו בעוונם ושנאום
4Q171 1-2ii6	(V)	ואין רשע / ואתבוננה על מקומו ואיננו
4Q223-224 2v28	(XIII)	[הנמצא אי]ש נב[ון וחכם כזה
4Q249a 1,2	(XXXVI)	ולהב[ינם בכול משפטיהם פן ישגו]
4Q249e 1i-3,1	(XXXVI)	ולהבי]נם / [בכול משפטיהם פן ישגו
4Q256 XXIII,1	(XXVI)	מה ישיב חמר ויוצר יד לעצת]מה יבין
4Q264 10	(XXVI)	מה ישיב חמר ויוצר י]ד לעצת מה יבין
4Q266 1a-b,21	(XVIII)	] / עמדתה ותתבונן [
4Q266 1a-b,24	(XVIII)	לא] / התבונ[נתה
4Q266 2i5	(XVIII)	ויבינו / [בכול נהיות עד מה יבוא בם
4Q266 2i14	(XVIII)	ויבן אל אל מעש[יהם כי בלב שלם דרשוהו
4Q266 3ii10	(XVIII)	ויקם מאהרון נ]בונים ומישראל [ח]כמים

אלה שחר תמיד והתבונן[בכו]ל / תוצאותמה (XXXIV) 4Q417 1i12
ואתה / מבין רוש פעלתכה בזכרון הש[לום (XXXIV) 4Q417 1i14
ואתה בן מבין הבט ⟦ ⟧ ברז נהיה (XXXIV) 4Q417 1i18
] / [הב]ינה בין רוב למעט (XXXIV) 4Q417 1i20
] / בן משכיל התבונן ברזיכה ובאוש[(XXXIV) 4Q417 1i25
וברצונו היו והואה מבין ◦[(XXXIV) 4Q417 1ii10
] / בלוא צוה נבונות בשר (XXXIV) 4Q417 1ii14
הת]בונן מוארה בכול ת◦[(XXXIV) 4Q417 3,3
]ל להבין צדיק בין טוב לרע[(XXXIV) 4Q418 2+2a-c,7
כי]א יצר בשר הואה ומביני◦[(XXXIV) 4Q418 2+2a-c,8
]ה הבן / [(XXXIV) 4Q418 17,2
]◦◦ תבינו במחשב[ות (XXXIV) 4Q418 46,1
וא]תה התבונן / [(XXXIV) 4Q418 68,5
ואז תבין במשפט אנוש ומשקל[(XXXIV) 4Q418 77,3
ואתה מבין אם בחכמת ידים המשילכה (XXXIV) 4Q418 81+81a,15
] / התבונן מודה ומיד כול משכילכה (XXXIV) 4Q418 81+81a,17
ואתה]מבין באמת מיד כול חכמת ידי{{ם}}כה (XXXIV) 4Q418 102a+b,3
]ה הבן במסחורכה ואל / [(XXXIV) 4Q418 122i5
] / קצו אשר גלה אל אוזן מבינים ברז נהיה[(XXXIV) 4Q418 123ii4
[ו]אתה מבין בהביטכה בכול אלה ◦◦[(XXXIV) 4Q418 123ii5
ואתה מ[בין (XXXIV) 4Q418 126ii12
]תבונן בעבו[(XXXIV) 4Q418 147,5
] התב[ונן (XXXIV) 4Q418 147,6
] / מבין במעשיכה [(XXXIV) 4Q418 158,4
]אתה מב[ין (XXXIV) 4Q418 168,4
א]תה מבין בהוות מדהבה אל ת[(XXXIV) 4Q418 176,3
]כל יבין [(XXXIV) 4Q418 189,2
]◦נו אוילי לב / [(XXXIV) 4Q418 205,2
] נביאים ולהבין כול פותיים[(XXXIV) 4Q418 221,2
ולהו]סיף לקח למבינים ⟦ ⟧[(XXXIV) 4Q418 221,3
ו]תתבוננו לדעת טוב[(XXXIV) 4Q418 221,5
]מבין מכון כ[ ]◦[(XXXIV) 4Q418 227,1
התבו]נן בנהיי ע[ולם (XXXIV) 4Q418 238,3
]מבין [(XXXIV) 4Q418 273,1
]מבין אתה ו◦◦[(XXXIV) 4Q418a 7,2
מב]ין אתה ומלכים (XXXIV) 4Q418a 7,3
]יבינום באמונה ו◦[(XXXIV) 4Q418a 8,2
] / ⟦ ⟧ הב[ן (XXXIV) 4Q418a 10,4
אי]ש משכיל ונבון / ידלם ישח[(XX) 4Q421 1aii-b,10
בטרם יש]מע ולוא ידבר בטרם / יבין (XX) 4Q421 1aii-b,14
ה]תבונן בכל תבואתכה ובעבודתכה (XXXIV) 4Q423 5,6
]ל[ה]בין לבבכמה (XXXIV) 4Q423 7,7
כי לא יבין משפטם להצדיק צדיק (XXXVI) 4Q424 3,2
] / יתבונן ואגידה לכמה[(XX) 4Q426 1ii3
] / ואתבוננו בפעל{{ו}}ת אנו[ש (XX) 4Q426 1ii4
ות[שובת]אנוש אתבוננה ואכירה א[בל חטאה (XXIX) 4Q427 1,3
גליתה] / אוזני ולבי להבין באמתכ[ה (XXIX) 4Q428 10,6
ובעל [הבל להתב]ונן ב[מעשי פלאכה הגדולים] (XXIX) 4Q432 12,3
וישרים יוסיפו לקח להתבונן / בעלילותיכה (XXIX) 4Q436 1a+bi2
הבינותי כול ◦[(XXIX) 4Q443 2,8
]◦ אשר יבי[ן (VII) 4Q485 1,6
ת]בונן ב[(VII) 4Q487 17,2
]◦ת ולהבינינו לתעודות / [(VII) 4Q504 1-2ii17
]ה להתבונן בכול חוק[י (VII) 4Q504 6,3
]שר תבואתה להתבו[נן (VII) 4Q504 6,4
ברוך]אדוני המבינינו ב[(VII) 4Q509 4,4
] / מבלי מבין הנשברים מבלי[חובש (VII) 4Q509 12i-13,3
ולוא הבי]ן ז[רע]האדם / [בכול אשר הנחלתו (VII) 4Q509 97-98i2
ולוא הב]ינו בכוחכה / [הגדול (VII) 4Q509 97-98i4
בדע[ת] / [אלוה]ים הנבונה (VII) 4Q511 2i7

ומי[שרא]ל [ששה מבו]ננים ⟦ ⟧ בספר ההגי (XVIII) 4Q266 8iii5
ויבי[נם בגבורות פלאו] (XVIII) 4Q266 9ii18
והואה בעצה וכן יבן ל[מגרש] (XVIII) 4Q266 9iii5
]ה לוא הבינותה / [(XVIII) 4Q267 1,6
ויקם / [מאה]רון נבונים ומישראל חכמים (XVIII) 4Q267 2,8
וכול אשר אינו] / ממהר לה[בין (XVIII) 4Q267 5iii3
ועד בן ששים / [שנ]ה מבונן [בספר] ההגי (XVIII) 4Q267 9v12
ויבינו בכול נהיות עד מה יבוא במה (XVIII) 4Q268 1,8
שמעו לי כול יודעי צדק ובינו במעש[י] אל (XVIII) 4Q268 1,9
[ויב]ינו בעוו[נמה וידעו כי] / [אשמים (XVIII) 4Q268 1,15
ובהבינכם במעשי דור ודור[(XVIII) 4Q270 2ii21
ומישר[א]ל [ששה] / מבוננים בספר ההג[י (XVIII) 4Q270 6iv17
]◦◦◦◦ם התבונן[(XXXVI) 4Q281d 2
[ורוד]פי צדק הבי[נ]ו במלי ומבקשי (XX) 4Q298 1-2i2
] / התבונן ◦[(XX) 4Q298 2ii3
אספ]ר בעבור תבינו בקץ / עולמות (XX) 4Q298 3-4ii9
]◦◦ ומה יתבונן גב[ר] בלוא ידע (XX) 4Q299 8,5
]◦ מבין ◦[(XX) 4Q299 34,3
]התב[וננו (XX) 4Q299 43,3
]א בונו◦[(XX) 4Q299 46,2
]◦ / הבינו נא בזאת החכמים (XX) 4Q302 2ii2
]מבינים שמעו ו◦[(XX) 4Q303 1
] / אני ידעת[י] והתבוננתי וה◦◦ [ ]ל[(XXVIII) 4Q372 1,31
הנו]תן לו שכל להבין לבנות ◦[(XXVIII) 4Q372 2,5
]וע ולבב להבין חק[יך (XXVIII) 4Q372 3,3
ל]א מבינים בלבבם [(XXVIII) 4Q372 8,4
כ]י לא יבינו ולא יד[עו (XXVIII) 4Q372 8,6
] / יבינו בחוקות מושה (XXVIII) 4Q377 2ii2
]תו והבינותי / [(XXII) 4Q379 22i4
] / [י]תבונן בגבורת ח◦◦[(XI) 4Q380 7ii2
] / פי ולפתאים ויבינו ולאין לב ידעון (XI) 4Q381 1,2
]תפארת הדו ואני משיחך אתבוננתי / [(XI) 4Q381 15,7
מח]שבתיך מי יבין להמא (XI) 4Q381 31,5
ואבינא ואין מבין אשכיל ולו ◦[ ]◦◦[(XI) 4Q381 45a+b,1
ואבינא ואין מבין אשכיל ולו ◦[ ]◦◦[(XI)
]מביניך ואשכילה [(XI) 4Q381 47,3
]◦ הבינו ותהי לכם [(XI) 4Q381 49,2
לחכמה מפי תצא ותבינ[ו (XI) 4Q381 76-77,8
]רי הבן[(XI) 4Q381 85,1
]תבינו בכול נו[(XIII) 4Q382 15,2
]◦אתבונן[(XXX) 4Q385c F,3
ויאמר אלי התבונן / בן אדם באדמת ישראל (XXX) 4Q386 1ii1
]אשמות לא הבינו (XXX) 4Q387 A,4
ויבינו בכול אשר / עזבו הם ואבותיהם (XXX) 4Q390 1,6
ולא ידעו ולא יבינו כי קצפתי עליהם במועלם (XXX) 4Q390 2i7
ואף] / [כתב]נו אליכה שתבין בספר מושה (X) 4Q397 14-21,10
]זכור את מלכי ישרא[ל] והתבנן במעשיהמה (X) 4Q398 11-13,6
הבן בכל אלה ובקש מלפניו (X) 4Q398 14-17ii4
מי יבין באלה / [(XI) 4Q401 16,4
]נבון במ◦[(XI) 4Q401 20,2
ואין בידעים נגלי פלא]להבין לפני ע[שותו (XI) 4Q402 4,14
הנאמן / בכ[ל פקודיך] המבין בכ[ל ש]כל (XXXVI) 4Q408 3+3a,7
וחוכמה אלמדכמה והתבוננו בדרכי אנוש (XX) 4Q413 1-2,1
]ראישונים ובינו בשני ד[ור ו]דור כאשר (XX) 4Q413 1-2,4
]מבינים כי לפיא רוחות ית[כנו (XXXIV) 4Q415 11,5
ספר לו ובגויתיה הבינה[ו (XXXIV) 4Q415 11,6
] / התהלכה התבונן מוארה אם זכר[(XXXIV) 4Q415 11,12
רז נהיה דרוש והתבונן בכל דרכי אמת (XXXIV) 4Q416 2iii14
ואתה מבין שמחה בנחלת אמת וב◦[(XXXIV) 4Q416 4,3
ו]אתה מב[י]ן[(XXXIV) 4Q417 1i1

]◦◦ הנבונ◦[	(VII)	4Q511 96,2
ב]ד̇עתו הנבונה[	(VII)	4Q511 96,4
ורעבי̇ם יעשׂר / ונב̇[ונים ?	(XXV)	4Q521 2ii+4,14
נבונים יפיקו[	(XXV)	4Q525 5,10
] / לבלתי הבן מרוח מתע̇[ת/תעת ?	(XXV)	4Q525 6ii2
] / ועתה מבין שמעה לי ושים לבכה	(XXV)	4Q525 14ii18
] / בה תעו נבונים[	(XXV)	4Q525 16,3
ונ]ב̇ון תביע אמרה̇ [	(XXV)	4Q525 24ii1
]◦ל להבין במעש̇[י	(III)	5Q13 1,9
ו]מערמיה אתבונן כפי הברותי אל	(IV)	11Q5 XXI,17
הבינני יהוה בתורתכה ואת משפטיכה למדני	(IV)	11Q5 XXIV,8
ו̮סופר / ונבון ותמים בכול דרכיו	(IV)	11Q5 XXVII,3
ויתן / לו יהוה רוח נבונה ואורה	(IV)	11Q5 XXVII,4
]י̇תבונ◦[	(XXXIII)	PAM 43.677 42,2

between, among preposition בַּיִן, בן

ואת יתומים ירצחו ולהבדיל בין הטמא לטהור		CD VI,17
ולהודיע בין / הקודש לחול		
כאשר אמר בין איש לאשתו		CD VII,8
אמר בין איש לאשתו ובין אב / לבנו		
להבדיל בין / הטמא לטהור		CD XII,19
הטמא לטהור ולהודיע בין הקודש לחול		CD XII,20
כאשר אמר ̮בין̮ איש לאשתו		CD XIX,5
אמר ̮בין̮ איש לאשתו ובין א̇ב לבנו		
ו̇ש̇ב̇ת̇ם̇ ו̇ר̇א̇י̇ת̇ם̇ ב̇ין צדיק̇ / ורשע		CD XX,20
ב̇ין צדיק̇ / ורשע בין עבד̇ א̇ל לאשר לא עבד̇ו̇		CD XX,21
במפלגיהן לפי נחלת איש בין רוב למועט		1QS IV,16
ויתן איבת עולם בין מפלגות̮ם̮		1QS IV,17
ודרשו / את רוחום ביחד בין איש לרעהו		1QS V,21
בי]ן ר̇וב למועט [זה על] זה יכבדו	(I)	1QSa I,18
והסגר מחורץ בין הצמידים כמעשי / עמוד		1QM V,9
יצאו שלושה דגלי בינים ועמדו בין המערכ̇ות		1QM VI,1
יצאו שני דגלי בינים ועמדו בין שתי המערכות		1QM VI,4
ורוח יהיה / בין כול מתניהמה למקום היד		1QM VII,7
ויצאו מן השער התיכון אל בין המערכות		1QM VII,9
ובצאת הכוהנים / אל בין המערכות		1QM VII,14
[ועמ]ד̇ו בין שתי המ̇ע̇ר̇כ̇ו̇ת̇ ו◦◦[		1QM VII,18
דגלי בינים מן השערים ועמדו בין המערכות		1QM VIII,4
ועמדו ראשים בין המערכות		1QM XVI,4
ועמדו בין המערכות		1QM XVI,12
כי לפי רוחות ת̇ב̇[ד]ילם בין / טוב לרשע[		1QH^{a} VI,11
למשפט תרשיע להבדיל בי בין צדיק לרשע		1QH^{a} XV,12
להודי]ע בין ט◦◦[		1QH^{a} 24,3
]כ̇ה̇ כ̇אשר̇ יסו◦ ב̇[י]ן̇ [	(I)	1Q39 1,5
]ם בין[	(I)	1Q69 26,1
בין שני הבינין שבעמק עכון	(III)	3Q15 IV,6
שבי ובז וחרחור בינותם וגלות מפחד אויב	(V)	4Q169 3-4ii5
] / הגוים בנותם[	(V)	4Q169 3-4iii1
סרכ̇◦[ע]י̇ניו̇ בין שחורות וב[ין] ה̇גמריות	(V)	4Q186 2i1
סרכ̇◦[ע]י̇ניו̇ בין שחורות וב[ין] ה̇גמריות	(V)	
להפר הברית אשר א]נ̇כ̇י כורת ביני ובינך	(XIII)	4Q216 I,14
הברית אשר א]נ̇כ̇י כורת ביני ובינך היום	(XIII)	
וישמח כי שוה]ב̇י̇נ̇יהמה ו[יצאו מן] / א[צלו	(XIII)	4Q223-224 2iii9
ושבתם וראיתם]בין צדיק לרשע	(XXII)	4Q253a 1i4
] / ו̇הבדיל ב̇י̇[ן	(XXII)	4Q254 8,7
]בין ד̇י◦[	(XXXVI)	4Q281e 4
]ל̇[ ]◦ ו̇שופטים בין אביו̇[ן	(XX)	4Q299 10,7
]ח̇ול בין ה̇ט̇◦[	(XX)	4Q299 13a-b,1
] / וב◦◦◦ בין איש[	(XX)	4Q299 76,4
] / בעבור ידעו בין ט[וב ובין רע	(XX)	4Q300 3,2
]ן בין א[	(XX)	4Q301 10,2
והמצפה אשר אמר יצף] / [יהוה ב]י̇ני ובינכ̇[ה	(XIII)	4Q364 5a-bi3
יצף] / [יהוה ב]י̇ני ובינכ̇[ה כי נסתר איש מרעהו	(XIII)	
והנה המצבה] / [אשר ירית(י)] ביני ובינכ̇[ה	(XIII)	4Q364 5a-bi6
והנה המצבה] / [אשר ירית(י)] ביני ובינכ̇[ה	(XIII)	
ה̇פרכת לכמה בי̇ן ה̇קדש ובי̇ן̇ קדש הקדש̇י̇ם[	(XIII)	4Q364 17,2
ה̇פרכת לכמה בי̇ן ה̇קדש ובי̇ן̇ קדש הקדש̇י̇ם[	(XIII)	
]מול סופ ב̇י̇[ן פ(א)ר(א)ן ובין תופל	(XIII)	4Q364 20a-c,2
]ב̇י̇ן תו לתו שלוש א̇מ̇ו̇ת̇ וחצי	(XIII)	4Q365a 2i10
ובין שער לשע̇ר תע̇ש̇ה̇[	(XIII)	4Q365a 2ii7
ל̇[א יבקר ⟦ ⟧]ב̇י̇ן̇ טוב לרע	(XIII)	4Q367 3,10
]◦ ◦ת ב̇שמי̇ם̇ מ̇תהלכות ב̇י̇ן̇ כ̇[וכבים	(XXVIII)	4Q368 10i4
] / רעתם בדעתם בי[ן טוב לרע	(XIX)	4Q370 1ii4
]בין ה◦[	(XXVIII)	4Q377 1i5
]◦ ו̇[שפט]תי ב[י]ן א̇יש לרעהו	(XXVIII)	4Q377 1i6
ב[י]ן א̇יש לרעהו ובין א̇ב לב̇נ̇ו̇	(XXVIII)	
ובין א̇ב לב̇נ̇ו̇ ו̇ב̇י̇ן̇ איש ל̇גר̇[ו	(XXVIII)	
ואין ע̇מו להבדיל ב̇י̇ן האור / לחשך	(XXIX)	4Q392 1,5
]ו̇ב̇י̇ן̇ ◦[	(XXIX)	4Q392 4,2
א̇ינ̇מ מ̇ב̇ד̇י̇לות בין הטמא / [ל]ט̇הור	(X)	4Q394 8iv6
אינם מבדילות בין הטמא לט[הור	(X)	4Q396 1-2ii8
] / מבינותם ירוצו א̇[לו]הים ̮כ̮מ̇ר̇אי ג̇ח̇לי[אש	(XI)	4Q403 1ii6
מלאכי קודש יצא ומבין / [ג]לגלי כבודו	(XI)	4Q405 20ii-22,9
]ו̇ מבין כול דגליה̇[ם] בעבר̇[יהם	(XI)	4Q405 20ii-22,14
] / להכון צדק בין טוב לר̇ע̇ ל[	(XXXIV)	4Q416 1,15
ואז תדע בי̇ן̇ [טו]ב ל̇[רע כ]מ̇ע̇ש̇י̇[הם	(XXXIV)	4Q417 1i8
כי לא ידע בין / [טו]ב̇ לרע כמשפט [ר]וחו̇[	(XXXIV)	4Q417 1i17
] / [הב]י̇נ̇ה̇ בין רוב למעט	(XXXIV)	4Q417 1i20
]ל̇ להבין צדיק בין טוב לרע̇[	(XXXIV)	4Q418 2+2a-c,7
הבינ]ה̇ בין רב ל[מעט]ובסוד̇[כמה	(XXXIV)	4Q418 43-45i15
] תדע בי̇ן̇[	(XXXIV)	4Q418 78,1
לכף רגל̮י̮כה כיא אל דורש בי̇ן̇[	(XXXIV)	4Q418 88ii6
]ב̇י̇ן̇ ◦[	(XXXIV)	4Q418 117,2
מל]אכי̇ו̇ ו̇בין [	(XXXIV)	4Q418 164,2
ו̇דעו משפטו̇ ואז תבד̮י̮לו ב̇[ין	(XXXIV)	4Q418 221,4
ב]י̇ן דרכו ודרך / [	(XXXIV)	4Q423 1-2i8
]כ̇תו̇ב א[ ]◦◦◦ק̇ה̇ ב̇י̇ן̇ א̇[	(XXIX)	4Q438 6,1
ואלפים אמה יהיה בין ה[מחנות למקום היד	(VII)	4Q491 1-3,7
ורוח ישימו בין המערכות[ובין המערכות]	(VII)	4Q491 1-3,11
נלח]מ̇ים זו̇א̇ת̇ אחר זואת ואין רוח ביניהמה	(VII)	4Q491 13,7
]ו̇ב̇י̇ן̇ כול העדה א◦[	(VII)	4Q491 16,2
והכוהנים יצאו מבין החללים ו̇עמ̇[דו מזה ו]מ̇ז̇ה̇	(VII)	4Q493 4
להתקרב בין המערכות בחצוצרות̇[החללים	(VII)	4Q493 7
ותנובת] / [ארץ לדע]ת̇ בין צדיק לרשע	(VII)	4Q508 1,1
ותב]דל לנו בין / ה̇טמא לטהור̇[	(VII)	4Q512 40-41,3
]כ̇ותל ב[י]ן / [	(XXV)	4Q521 8,1
עו]ד̇ רשע ביניהם / [	(XXV)	4Q521 10,3
ומבין[גלגלי כבודו כמראי אש רוחות	(XXIII)	11Q17 VII,12
]◦ים ורובד {{הי}} בין ה[		11Q19 IV,4
]◦◦◦ ובין העמוד לע[מוד		11Q19 XXXIV,2
]א̇שר בין ה̇עמודים [		11Q19 XXXIV,3
]◦◦◦◦ים אל בין ה̇גלג[לים		11Q19 XXXIV,4
תבנ?]ה ב̇ין ◦◦◦◦[		11Q19 XXXVII,3
ותאים עשוים לקיר בחוץ ובין התאו לתאו שלו̇ש̇		11Q19 XXXVIII,15
ו̇ב̇ין שער לשער / מדה מן פנה למזרח		11Q19 XXXIX,13
ו̇ת̇אים [ע]שוים בי̇ן̇ לשעריו מחוץ		11Q19 XL,10
ובין שער לשע̇ר [מדה] שלוש מאות וששים		11Q19 XL,13
ובין {{ע}} שער לשער תעשה פנימה		11Q19 XLI,17
ובין שער / לשע̇ר [תעשה שמונה] עש̇ר̇ה נשכה		11Q19 XLII,4
בין שער לשער יהיו		11Q19 XLII,17

Reference	Vol.	Text
11Q19 XLVI,10		אשר יהיה / מבדיל **בין** מקדש הקודש
11Q19 XLVIII,8		ולוא תשימו קורחה **בין** עיניכמה
11Q19 XLVIII,13		**בין** ארבע / ערים תתנו מקום לקבור בהמה
11Q19 LVIII,14		הכול וחצו מחצית השאר **בין** תופשי המלחמה
11Q20 XII,21	(XXIII)	אשר יהיה[מבדי]ל **בין** מקדש / [הקודש לעיר
PAM 43.661 30,2	(XXXIII)	]**בין** ◦[
PAM 43.667 55,2	(XXXIII)	]**ובין** [
PAM 43.668 8,1	(XXXIII)	] **בין** ה[
PAM 43.684 97,1	(XXXIII)	] **בין** ◦[

understanding noun בִּין

Reference	Vol.	Text
4Q403 1i37	(XI)	ושופט בגבורתו לכול רוחי **בין**

tamarisk noun בִּין

Reference	Vol.	Text
3Q15 IV,6	(III)	בין שני **הבינין** שבעמק עכון

understanding noun בִּינָה

Reference	Vol.	Text
CD V,16		לא עם **בינות** הוא
CD V,17		אבד עצות מאשר אין בהם **בינה**
1QS IV,3		וטוב עולמים ושכל **ובינה** וחכמת גבורה
1QS XI,1		לנמהר[ים להודיע] / לתועי רוח **בינה**
1QpHab II,8		ב[לבו **בינ]ה** לפשור את כול / דברי עבדיו
1QM X,10		עם קדושי ברית ומלומדי חוק משכילי **בינ[ה**
1QM X,16		]◦ה אלה ידענו **מבינתכה** אשר ס◦[ ] / [
1QHa V,6		]◦ת כול **בינה** ו◦[
1QHa V,8		]**בינתך** לא / [
1QHa VI,3		] שכל ומבקשי **בינה** ב[
1QHa VI,8		]אדוני הנותן בלב עב[דך]**בינה** / [
1QHa VI,12		ואני ידעתי **מבינתך** / כי ברצונכה בא[דם
1QHa VI,13		ר]וח קודשך וכן הגישני **לבינתך**
1QHa VII,12		ואני ידעתי **בבינתך** כיא לא ביד בשר ◦[
1QHa IX,21		אלה ידעתי **מבינתכה** כיא גליתה אוזני
1QHa IX,23		ונעוה בלא / **בינה** ונבעתה במשפטי צדק
1QHa X,10		וקלס לבוגדים סוד אמת **ובינה** לישרי דרך
1QHa X,17		אשר הכינותה בפי ותלמדנו **בינה**
1QHa X,19		לעם לא **בינות** להלבט במשגתם
1QHa XII,7		רמיה התעום וילבטו בלא **בינה**
1QHa XIII,26		ולמען / אשמתם סתרת מעין **בינה** וסוד אמת
1QHa XIX,12		לסוד ע[ולם] ומרות נעוה **לבינתכה**
1QHa XXIII,11		לה]שמיע ליצר **מבינתו** ולמליץ באלה
1QHa 4,12		]ל◦ פתחתה לבבי **לבינתכה** ותגל או[זני
1Q29 13,2	(I)	]וכול **בינות** עד[
1Q40 1,3	(I)	] **כבינת** [
4Q158 1-2,8	(V)	] / [ד]עת **ובינה** ויצילכה מכול חמס ו◦[
4Q161 8-10,12	(V)	רוח חכמ]ה **ובינה** רוח עצ[ה וגבורה]
4Q266 3ii4	(XVIII)	[כי עם] בלא **בינות** הוא[גוי אוב]ד
4Q286 1ii6	(XI)	ומקור {{מ}}**בינה** מקור ערמה ← מְבִינָה
4Q286 2,6	(XI)	]דעת **ב[ינ]ה**
4Q298 3-4i9	(XX)	]◦ אוצר **בינות** / [
4Q298 3-4ii5	(XX)	ואנשי / **בינה** ה[וסיפו לק]ח ודורש[י] משפט
4Q299 8,6	(XX)	ה]**בינה** יצר לבנ[ו] ברוב שכל גלה
4Q299 8,7	(XX)	]יצר **בינה** לכול רודפי דעת וה◦[
4Q300 1aii-b,2	(XX)	וברזי עד לא הבטתם **ובבינה** לא השכלתם
4Q300 5,1	(XX)	]מחשבת **בי[נה]** / [
4Q300 8,6	(XX)	ת]דעו היש אתכם **בינה** ואם[
4Q301 1,2	(XX)	וחוקרי שורשי **בינה** עם תומכי ר[זי פלא
4Q301 2b,1	(XX)	החידה לכמה חו‹ק›רי בשור{{ש}}שי **בינה**
4Q301 4,2	(XX)	]ת◦ כל רוח **בינתו** לוא ידע[ו
4Q372 3,2	(XXVIII)	]ך חכמה **ובינה** הל◦[
4Q372 3,5	(XXVIII)	[ו]לבב ללמד **בינה** פה[להג]יד משפט
4Q378 20ii2	(XXII)	]ן **בינה** לו [
4Q381 31,6	(XI)	לא]תכחד עוני לידעי **בינה**
4Q381 76-77,13	(XI)	היש **בינה** תלמדו [
4Q382 49,5	(XIII)	]לוא איש **בינה** ומ[
4Q400 1i6	(XI)	]דעת עמ **בינות** כבודי אלוהים
4Q400 2,9	(XI)	**ובינתו** מכול ידע[י
4Q401 17,4	(XI)	]ת יו[ד]עי **בבינת** נס[תרות
4Q402 3ii7	(XI)	] / אור **ובינ[ה** / מסיר שנ[
4Q402 4,3	(XI)	כ]**בינתו** חרת ח[וקי
4Q403 1ii23	(XI)	ודעת **בינתם** לשבע[
4Q405 17,3	(XI)	]יהם רוחי דעת **ובינה** אמת / [
4Q405 23ii13	(XI)	]דעת **בינתו** ובשכל [כב]ודו◦◦◦[
4Q412 1,4	(XX)	]◦[ ]**בינה** הוציא מלים[
4Q416 1,16	(XXXIV)	] / [י]צר בשר הואה **ומבינו[ת**
4Q416 2iii13	(XXXIV)	]◦ צרוף לבכה וברוב **בינה** / מחשבותיכה
4Q417 27,2	(XXXIV)	] **בינה** ש[
4Q418 9+9a-c,14	(XXXIV)	וברוב **בינה** מחשבתיכה / [רז נהיה דרוש
4Q418 55,5	(XXXIV)	ולא שחרו **בינ[ה** וברצון אל לו]א בחרו
4Q418 55,6	(XXXIV)	להכין כול[דרכיהם על **ב]ינה**
4Q418 55,9	(XXXIV)	וירדפו אחר כול שורשי **בינה**
4Q418 58,2	(XXXIV)	]מוד וכול רוח **בינה**[
4Q418 69ii11	(XXXIV)	יגענו **בבינה** ושקדנו לרדוף דעת ◦[
4Q418 73,1	(XXXIV)	]כול רוח **ב[ינה**
4Q418 148ii6	(XXXIV)	] / **בינה** לקדמוניות שים ל◦[
4Q418 163,2	(XXXIV)	]◦ת **בינה**[
4Q418 165,3	(XXXIV)	]שכילו **בינ[ה**
4Q418 177,4	(XXXIV)	]◦ וקח **בינה** האזינה ל◦[
4Q418 193,1	(XXXIV)	]ו **בינה**[
4Q418 240,2	(XXXIV)	] / **ובבינת** [
4Q418 302,3	(XXXIV)	] / **בינה**[
4Q420 1aii-b,7	(XX)	בצדק נגא[ל] / **בבינה** כל[
4Q421 1ai2	(XX)	כול ח]כמתו ודעתו **ובינתו** וטובו [ביחד] / [אל
4Q421 1aii-b,17	(XX)	בצדק נגאל **בבינ]ה** כול
4Q426 1i4	(XX)	]נתן אל בלבבי דעה **ובינה** / [
4Q426 10,2	(XX)	]איש **בינה** ◦[
4Q436 1a+bi1	(XXIX)	**בינה** לחזק לב נדכה
4Q444 1-4i+5,3	(XXIX)	ורוח דעת **ובינה** אמת וצדק שם אל בל[בבי
4Q502 2,4	(VII)	]לה שכל **ובינה** בתוך[
4Q503 51-55,13	(VII)	ה]ודיענו במחשבת **בינתו** הגד[ולה]
4Q503 216,3	(VII)	]ר **בינה** ◦[
4Q504 5ii8	(VII)	] / **לבינתכה** וכ[
4Q504 8,5	(VII)	**ובינה** ודעת [מלאתה אותו
4Q509 199,2	(VII)	]**לבינת**[
4Q510 1,6	(VII)	לתעות רוח **בינה** ולהשם לבבם
4Q511 18ii6	(VII)	]ורוח **בינתי** ו◦◦ה עבודת רשעה
4Q511 18ii8	(VII)	כיא / האיר אלוהים דעת **בינה** בלבבי
4Q511 48-49+51,1	(VII)	]ת **בינתו** נתן [ב]לב[בי
4Q511 186,1	(VII)	]**בינת**[
11Q17 VIII,2	(XXIII)	]פלא דעת **ובינ[ה**
PAM 43.698 23,3	(XXXIII)	] / **בינו**[

fighter, infantry noun בֵּינַיִם, בֵּנַיִם

Reference	Vol.	Text
1QM I,14		]◦ ◦דגלי **הבנים** יהיו להמס לבב
1QM III,1		לצאת אנשי **הבנים** וחצוצרות תרועות החללים
1QM III,7		ועל חצוצרות מקרא אנשי **הבנים**
1QM VI,1		ואחריהם יצאו שלושה דגלי **בינים**
1QM VI,4		ואחריהם יצאו שני דגלי **בינים**
1QM VI,9		פרשים יצאו עם אלף מערכת אנשי **הבינים**
1QM VI,12		עם אנש[י] **הבנים** סוסים זכרים קלי רגל
1QM VII,16		וחמשים אנשי **בינים** יצאו מן השער האחד

1QM VII,17		אנשי]בינים מן השערים
1QM VIII,4		ויצאו / שלושה דגלי בינים מן השערים
1QM IX,3		ויצאו אליהם כול אנשי הבינים
1QM XVI,4		וי]צאו אנשי הבינים ועמדו ראשים
1QM XVI,11		וחללי הבינים יחלו לנפול ברזי אל
1QM XVII,13		ואנשי הבינים ישלחו ידם בחיל / הכתיים
4Q**427** 7ii21	(XXIX)	דברנו לכה ולוא לאיש ב[נים
4Q**428** 21,3	(XXIX)	דבר]נו לכה ולוא / [לאי]ש בינים [
4Q**491** 1-3,12	(VII)	אלה אנשי ה[בינ]ים ולעומתמה אנש[י הרכב
4Q**491** 10ii9	(VII)	] / יחלו אנשי הבינ[י]ם[ידמה
4Q**491** 11ii9	(VII)	וחללי הבינים יחלו לנפול[ברזי אל
4Q**493** 3	(VII)	יפתחו א[ת] הש[ערי]ם לאנשי / הבנים
4Q**493** 6	(VII)	הח]ללי[ם] / [ו]לכול מערכות הבנים לוא יגשו

egg noun **בֵּיצָה, בֵּצָה**

CD V,14		קורי / עכביש קוריהם וביצי צפעונים ביציהם
		קורי / עכביש קוריהם וביצי צפעונים ביציהם
4Q**266** 3ii2	(XVIII)	[וביצי צפע]ונים ב[י]ציה[ם
11Q**19** LXV,3		או על הארץ ? / אפרוחים או בצים
		רובצת על האפרוחים או על הבצים

to spend the night verb **בית**

1QH[a] 5,4		ורוחות רשעה תבית מא[

house, receptacle noun **בַּיִת-1**

CD III,19		ויבן להם בית נאמן בישראל
CD IV,11		האלה אין עוד להשתפח לבית יהודה
CD V,15		כהר ביתו יאשם כי אם נלחץ
CD VII,11		ועל עמך ועל בית אביך ימים
CD VII,12		שני בתי ישראל / שר אפרים מעל יהודה
CD XI,7		אם / סוררת היא אל יוציאה מביתו
		אל יוציא איש מן הבית / לחוץ
CD XI,8		לחוץ ומן החוץ אל בית
CD XI,10		אל יטול בבית מושבת / סלע ועפר
CD XI,22		וכל הבא אל / בית השתחות אל יבא טמא
CD XII,18		יתד בכותל / אשר יהיו עם המת בבית
CD XX,10		אין להם חלק בבית התורה
CD XX,13		{{י}} ולמשפחותיהם חלק בבית התור
CD XX,22		בית פלג אשר יצאו מעיר הקדש
1QS II,22		כול איש ישראל איש בית מעמדו ביחד אל
1QS II,23		ולוא ישפל איש מבית מעמדו ולוא ירום ממקום
1QS V,6		לקודש באהרון ולבית האמת בישראל
1QS VIII,5		למטעת עולם בית קודש לישראל
1QS VIII,9		ולקריב ריח ניחוח ובית תמים ואמת בישראל
1QS IX,6		יבדילו אנשי / היחד בית קודש לאהרון
		להיחד קודש קודשים ובית יחד לישראל
1QpHab IV,11		אשר בעצת בית אשמ[תם]יעבורו איש
1QpHab V,9		פשרו על בית אבשלום / ואנשי עצתם
1QpHab VIII,1		על כול עושי התורה בבית יהודה
1QpHab VIII,2		אשר / יצילם אל מבית המשפט בעבור עמלם
1QpHab IX,12		הוי הבוצע בצע רע לביתו לשום / במרום קנו
1QpHab IX,14		יעצתה בשת / לביתכה קצות עמים רבים
1QpHab X,3		הוא בית המשפט אשר יתן אל את / משפטו
1QpHab XI,6		לבלעו בכעס / חמתו אבית גלותו
1QM III,4		בהאספם לבית מועד יכתובו תעודות אל
1QM VI,15		]◦◦חות ובתי ראשים ושוקים
1QM X,18		]ל◦◦ ביתו הכו[
1Q**14** 20-21,2	(I)	]אנש[י בי]תו [
1Q**16** 3-7,3	(I)	פשרו בי[ת היא
1Q**19** 3,5	(I)	]◦ את חדרי הבית כחדורי השמש [
1Q**22** 1ii3	(I)	[ער]ים גדולות / [וטובו]ת ובת[י]ם מלאים
3Q**5** 3,3	(III)	רא]שי בית יע[קוב
3Q**15** II,5	(III)	בצריח שבחצר בתי העצין
3Q**15** X,15	(III)	בים בית חמים שלוחי לתחת / השקת
3Q**15** XI,16	(III)	במבא די[רת]בית המשכב המערבי
4Q**158** 10-12,9	(V)	בע]ל הבית לפני האלוהים
4Q**159** 1ii4	(V)	יאוכלנה וכנס לו ולב[יתו
4Q**159** 1ii5	(V)	ואל ביתו לוא יבוא להניחו[
4Q**160** 1,1	(V)	כ]יא נשב[עתי ל]בית [עלי
4Q**161** 8-10,3	(V)	פשרו על הכ]תיאים אש[ר] יכת[ו] בית ישראל
4Q**163** 4-7ii11	(V)	ופליטת] / בית יעקוב להש[ען על מכהו
4Q**169** 3-4iv1	(V)	הם רשע[י חיל]ה בית פלג הנלוים על מנשה
4Q**171** 1-2ii13	(V)	פשרו על עריצי הברית אשר בבית יהודה
4Q**173** 5,2	(V)	]בית מכשול[
4Q**174** 1-2i2	(V)	הואה הבית אשר[
4Q**174** 1-2i3	(V)	הואה הבית אשר לוא יבוא שמה / [
4Q**174** 1-2i10	(V)	כיא בית יבנה לכה והקימותי את זרעכה
4Q**174** 4,4	(V)	]לבית יהודה קשות לשוטמם / [
4Q**176** 16,3	(V)	ב]ית קודש ולתת מילת איש ל[
4Q**179** 1ii7	(V)	] / אשפותות מדור בית ◦[
4Q**184** 1,10	(V)	שעריה שערי מות בפתח ביתה תצעד
4Q**185** 1-2iii11	(V)	]ם עשה לביתו וי◦[
4Q**186** 1ii7	(V)	רוח לו בבית האור שש ושלוש בבור החושך
4Q**186** 1iii5	(V)	ורוח לו בבית / [החושך ש]מונה ואחת
4Q**186** 1iii6	(V)	בבית / [החושך ש]מונה ואחת מבית האור
4Q**223-224** 2v7	(XIII)	ויהי שמ]ה בית הס[והר ויתן לו יהוה
4Q**249** 1,3	(XXXV)	]בית ונתן[
4Q**249** 1,13	(XXXV)	]בבית[
4Q**249** 2,5	(XXXV)	]ורד בית [
4Q**249** 2,9a	(XXXV)	] מבית[
4Q**249** 4,4	(XXXV)	]בית ◦[
4Q**251** 1-2,5	(XXXV)	החוץ אל הבית]ומן הבית אל הח[וץ
4Q**258** I,5	(XXVI)	המתנדב לקדש באהרן ובית אמת לישראל
4Q**258** VII,6	(XXVI)	בעת ההיא יבדלו בית אהרון לקודש
4Q**259** II,17	(XXVI)	ו]ל[ק]ר[יב]ניחוח ובית / תמים
4Q**264**a 2-3,7	(XXXV)	] / בבית או בעיר ◦[
4Q**266** 5ii7	(XVIII)	] / מבית לפרוכת 〚 〛
4Q**266** 10i10	(XVIII)	ו]לו יכרת בית החבר מידם
4Q**270** 2i16	(XVIII)	שם רע ב]בתוליה בבית / [אביה
4Q**270** 3ii13	(XVIII)	[וכל הלקט] עד סאה לבית הסאה
4Q**270** 3ii17	(XVIII)	[בשרפה ונפרס] מסאה לבית סאה מעשרה בה
4Q**270** 3ii19	(XVIII)	על שתי] חלות התרומה לכל בתי ישראל
4Q**270** 7i2	(XVIII)	יהלך] / [לפני רעהו ערו]ם בבית או בשדה
4Q**271** 2,5	(XVIII)	] בית לאיש ימכור ובחסנ[
4Q**271** 3,13	(XVIII)	עליה ש]ם רע בבתוליה בבית אביה
4Q**271** 5i4	(XVIII)	אל יוצא] איש מן הבית לחוץ ומן החוץ לבית
	(XVIII)	אל יוצא] איש מן הבית לחוץ ומן החוץ לבית
4Q**271** 5i6	(XVIII)	אל יטול בבית מושבת סלע ועפר
4Q**271** 5i15	(XVIII)	וכול הבא]אל בית ההשתחוות אל יבוא טמא
4Q**274** 1i2	(XXXV)	ומערב צפון לכול בית מושב ישב רחוק
4Q**299** 1,4	(XX)	]בית מולדים נשטרה / [
4Q**299** 3aii-b,13	(XX)	]ל [מ]חשבת בית מולדים פתח לפ[ניהם
4Q**299** 5,5	(XX)	]ובית מולדים[
4Q**364** 30,1	(XIII)	ותבלעם]ואת בתיהמ ואת אהליהמ[ה
4Q**365** 2,8	(XIII)	ובעבדיכ[ה ובע]מכה ובביתכה
4Q**365** 12a-bii13	(XIII)	ל[ארבע הקצוות למכבר הנחושת בתי]ם לבדים
4Q**365** 21,1	(XIII)	וכפר בעדו וב]עד ביתו[ושחט את פר החטאת
4Q**365** 23,6	(XIII)	ולכול מלאכ[ת] / [הב]ית אשר תבנו לי
4Q**365** 23,8	(XIII)	ולד[ל]תות ולכול מלאכת הבית יקרי[בו
4Q**365** 26a-b,8	(XIII)	איש רואש לבית אבותו יה[י]ו[וא]ל[ה שמות]

4Q365 35ii4	(XIII)	לנשי אחד לׄ[ב]ית אבותם[שנים עשר מטות
4Q365 35ii6	(XIII)	והנה] / פׄרׄחׄ מטׄה אׄ[הר]ןׄ לבׄיׄ[ת לוי
4Q365a 3,1	(XIII)	]◦ה את הבית אשר תבנה[
4Q366 4ii10	(XIII)	] / תשמׄ◦[ ]לׄבׄיׄתׄ[ ]◦◦ [
4Q368 5,3	(XXVIII)	]םׄ למספרׄ כׄ[ו]לׄ בית אבותם / [
4Q379 38,1	(XXII)	]הׄבית[
4Q382 21,3	(XIII)	]◦י בתיה[ם
4Q382 43,1	(XIII)	ב]טח לבית ישׄ[ראל] / [
4Q385a 11ii1	(XXX)	]יׄגעו בית[בבית
4Q385a 12,4	(XXX)	או]תׄם אל בית לא [בנו
4Q385a 18ia-b,5	(XXX)	ויקח את כלי בית אלהים את הכהנים
4Q385a I,1	(XXX)	וׄבית ◦[
4Q390 2i2	(XXX)	] / [וא]תׄ[ ]ביתׄ[י ומזבחי וא]ת מקדש הקדׄ[ש
4Q391 56,3	(XIX)	]◦ בית ישראל [
4Q393 3,8	(XXIX)	לתׄתׄ לנו בתים מׄלאים / [כול טוב
4Q396 1-2iii8	(X)	צרועים באים ע]םׄ טהרת הקודש לבית
4Q397 6-13,8	(X)	הצ[רועים באים עם] טהרת הׄ[קוד]שׄ לביתׄ
4Q405 15ii-16,6	(XI)	]◦ פלא מביתה ליקרׄהׄ הדביר[
4Q410 1,9	(XXXVI)	]רׄ משא ועל בית יׄ[
4Q415 2ii7	(XXXIV)	] / בבית מכוׄ[רותיך]ובבריתך ת[
4Q415 2ii9	(XXXIV)	]מׄבׄית מולדים [
4Q415 6,5	(XXXIV)	] / מבית ◦וׄ[ ]ובׄמשק[ל
4Q416 17,4	(XXXIV)	]ביתכה ◦[
4Q417 4ii4	(XXXIV)	] / לבׄיתכה שד◦כׄהׄ[
4Q418 87,5	(XXXIV)	]לׄה מבית ◦[
4Q418 101ii3	(XXXIV)	] / ואל תהי בׄביתו כיׄ[
4Q418 178,2	(XXXIV)	ב]בׄיׄתכה תעזור ⟦ ⟧[
4Q418 178,3	(XXXIV)	תמ]צא בית מכונים [
4Q422 III,8	(XIII)	וכנים בכול גבולׄ[ם]עׄרוב [בב]תיהםה
4Q422 H,1	(XIII)	]כביתׄ[
4Q472 2,3	(XXXVI)	] / [ב]לׄישנה דבי ליחד נזירׄ[י
4Q487 4,3	(VII)	]בׄיׄת נׄ[
4Q491 1-3,9	(VII)	י]אצאו מחוצה למחנות אל בית מוׄ[עד
4Q502 53,2	(VII)	]◦ ובתיׄנׄ[ו
4Q502 94,1	(VII)	]בׄבית הׄ[
4Q502 221,1	(VII)	]ביׄת[
4Q504 1-2iv12	(VII)	ואת / ציון עיר קודשכה ובית תפארתכה
4Q505 125,2	(VII)	פסחת]הׄ עלבׄתׄינו [
4Q509 151,2	(VII)	] מביׄתׄ[
4Q511 8,11	(VII)	ב]בׄתי כבודם יחברוׄ[
4Q522 2,1	(XXV)	א]תׄ בׄיׄתׄוׄ[
4Q522 9ii5	(XXV)	עם לבבו] / לבנות את הבית ליהוה
4Q522 22-25,4	(XXV)	[כסאות למ]שפט כסאות לבית דויד
4Q525 16,7	(XXV)	] / בׄיׄת ודלׄתׄ[ות
4Q525 24ii4	(XXV)	כי] / ביתי בׄית ◦[
	(XXV)	כי] / ביתי בׄיׄת ◦[
4Q525 24ii5	(XXV)	] / ביתי
6Q20 4	(III)	] / בית האוׄ[
11Q5 XIX,17	(IV)	ישמׄחו אחי עמי ובית אבי השוממים בחונכה
11Q12 1,9	(XXIII)	הריאשון ליובל החמי]שי נבנו הבתים באר[ץ]
11Q19 III,4		בי]ת לשׄום שמי עליו כ[ול
11Q19 IV,3		סביב לקירות ? ה]בית
11Q19 XXV,16		הכוהן הגדול עליו ועל בית אביהו
11Q19 XXIX,3		] בׄבית אשׄר א[שכין] / שמי עליו
11Q19 XXX,4		]בבית אשר תבנה [לשמ?]י/ו / עלי◦[
11Q19 XXX,5		ועשי]תׄה את מסבה צפון להיכל בית מרובע
11Q19 XXXI,5		]הכוהן המשנה / אׄלׄ בׄיׄתׄ[
11Q19 XXXI,6		ובעלית הב[ית הזה תעשה שע]רׄ פתוח לׄגג
11Q19 XXXI,8		[כו]לׄ בית המסבה הזואת צפו זהב קירותיו
		ושעׄריׄו וגגו מבית / [ומ]בחוץ
11Q19 XXXI,10		וׄעׄשיתה בית לכיור נגב מזרׄחׄ מרובע
11Q19 XXXII,8		וׄעׄשׂׄיׄ[ת]הׄ ? בקיר הבית / הזה בתׄ[ים ? פני]מה
11Q19 XXXII,9		בקיר הבית / הזה בתׄ[ים ? פני]מה
11Q19 XXXII,11		[בה]ם למעלה מׄעל לׄבית הׄמׄ[
11Q19 XXXII,12		[ו]עשיתה תעׄלׄהׄ סׄביׄב לכיור אצל ביתו
11Q19 XXXIII,5		]◦◦◦ ביׄ[ת] הׄכׄיׄוׄר ומׄ◦◦שׄ◦◦םׄ [
11Q19 XXXIII,8		ועשיתמה בית למזרׄח בית ה[כ]יו[ר]
		ועשיתמה בית למזרׄח בית ה[כ]יו[ר]
11Q19 XXXIII,9		וׄ[כ]ול בנינוׄ ומׄקרותיו כׄביתׄ הׄכיור
11Q19 XXXIII,10		ומדרומו זה נוכח זה כמדת שערׄ[י] ביתׄ / הכיור
11Q19 XXXIII,11		וכול הבית הזה כולו קירו עשוׄיׄ
11Q19 XXXIII,13		מדולתים בתים לכלי המזבח
11Q19 XXXVII,8		וׄע[ש]יתמה בחׄ[צר פ]נׄימה בׄ[י]תׄ מ[ו]שבות
11Q19 XLII,7		ובית מעלות תׄעשה אצל קירות השערים
11Q19 XLII,14		לנשיאים לראשי בתי האבות לבני ישראל
11Q19 XLVI,14		חוץ לצפון המערב לעיר בתים ומקורים
11Q19 XLVIII,12		וגם בתוך בתיהמה המה קוברים
11Q19 XLIX,5		כול בית אשר ימות בו המת יטמא
11Q19 XLIX,6		יטמא / שבעת ימים כול אשר בבית
		וכול הבא אל הבית יטמא / שבעת ימים
11Q19 XLIX,11		יכבדו את הבית מכול / תגאולת שמן
11Q19 XLIX,14		יטהרו את הבית ואת כול כליו
11Q19 XLIX,16		כול אשר היה בבית / וכול אשר בא אל הבית
11Q19 XLIX,17		וכול אשר בא אל הבית ירחץ במים
11Q19 XLIX,19		ואת הכלים אשר בבית
11Q19 L,11		כול בית אשר תבוא אליו יטמא
11Q19 L,13		ואם / לתוך הבית יבוא עמה יטמא שבעת ימים
11Q19 LI,14		ומטמא הבית בעוון / החטאה
11Q19 LIII,17		אסרה אסר על נפשה / בבית אביה בשבועה
11Q19 LIV,17		ופדיתיכה / מבית עבדים להדיחכה מן הדרך
11Q19 LVII,16		כי אם מבית אביהו יקח לו אשה
11Q19 LVII,19		ונשא / לו אחרת מבית אביהו ממשפחתו
11Q19 LVII,21		שדה וכרם וכול הון ובית וכול חמוד
11Q19 LXII,2		ילך וישוב אל] / בׄיׄתׄוׄ [פן ימות במלחמה
11Q19 LXII,4		ילך וישוב אל / ביתו פן ימס את לבב אחיו
11Q19 LXIII,12		והביאותה אל תוך ביתכה וגלחתה את ראושה
11Q19 LXIII,13		וישבה בביתכה ובכתה את אביה
11Q19 LXIV,15		ואספתו אל תוך ביתכה והיה עמכה עד דרוש
11Q19 LXV,5		כי תבנה בית חדש / ועשיתה מעקה לגגו
11Q19 LXV,6		ולוא תשום דמים בביתכה
11Q20 IX,2	(XXIII)	אליהם למע]לה מעׄ[ל]לבׄיׄתׄ[
PAM 43.677 22,3	(XXXIII)	]⟦ ⟧ ביתי ולא שׁ◦[
PAM 43.680 8,2	(XXXIII)	] וביׄת[
KhQ1 6	(XXXVI)	] / וא<ת> תחומׄיׄ הבית וׄ[

Beth proper noun בֵּית

4Q365 37,5	(XIII)	]מׄים עד ביתׄ[

Beth Ahzar proper noun בֵּית אחצר

3Q15 VIII,1	(III)	[בא]מא שבדרך מזרח ביתׄ / אחׄצר

Bethel proper noun בֵּית אֵל

1Q17 3	(I)	ויבוא אל לוז א]שׄר בהר היא בית אל
4Q379 26,2	(XXII)	]אל סׄכׄוׄ בבית אלׄ / [
4Q464 9,2	(XIX)	]בׄית אל[
4Q522 9ii13	(XXV)	וישו]ע את אׄ[הל מו]עד מבית [אל
5Q13 2,6	(III)	]אל יעקוב ה[ו]דׄעתהׄ בבית אל / [
11Q19 XXIX,10		כברית אשר כרתי עם יעקוב בבית אל

Beth Eshdatain proper noun **בֵּית אשדתין**

3Q**15** XI,12 (III) **בבית {א}אשדתין** באשיח / בביאתך לימומית

Beth (Hab)baruch proper noun **בֵּית הַבָּרָךְ**

3Q**15** XII,8 (III) הגדולא של הברך כל**בית הברך**

Beth Horon proper noun **בֵּית חוֹרוֹן**

4Q**522** 9i+10,15 (XXV) את]**בית חורון** התחת[ו]ן

Beth (Ha)jeshimoth proper noun **בֵּית הַיְשִׁימוֹת**

4Q**378** 14,2 (XXII) [על ירדן] ירחו ב**בית הישימות**[עד אבל השטים

Beth (Hac)cherem proper noun **בֵּית הַכֶּרֶם**

3Q**15** X,5 (III) באשיח שי**בית הכרם** בבואך / לסמול

Beth (Ham)marah proper noun **בֵּית הַמָּרָה**

3Q**15** II,3 (III) במערת **בית המרה** הישן בדיבר / השלישי

Beth Zippor proper noun **בֵּית צִפּוֹר**

4Q**522** 9i+10,3 (XXV) וזבולון את] בקע{{ת}} ואת **בית צפור** את /]

Beth (Hak)koz proper noun **בֵּית הַקֹּץ**

3Q**15** VII,9 (III) שאצלה בקר[ב]ו ל / **בית הקץ**

בֵּית שְׁאָן ← בֵּית שָׁן

Beth Shean proper noun **בֵּית שָׁן**

4Q**522** 8,3 (XXV)]וישכר את **בית שן** ואשר א[ת] ה[

Beth Sham (?) proper noun **בֵּית שם**

3Q**15** XII,6 (III) בפי המבוע של **בית שם** כל<י> כסף

Beth Tamar proper noun **בֵּית תָּמָר**

3Q**15** IX,14 (III) שיבצפון פי הצוק של **בית** / **תמר**

Beth Tappuah proper noun **בֵּית תַּפּוּחַ**

5Q**9** 3,2 (III) א]ת **בית תפ[וח** ?

balsam noun **בָּכָא**

4Q**163** 30,2 (V)]ה **בכא** ל[
4Q**500** 1,2 (VII) **בכ]איכה** ינצו ו◦[ ]◦[ ]◦[

to weep, mourn verb **בכה**

4Q**179** 2,9 (V)]◦יה כמשכלות / ליחידיהן **בכו** תבכה ירו[שלים
(V)]◦יה כמשכלות / ליחידיהן בכו **תבכה** ירו[שלים
4Q**225** 2ii5 (XIII)] / מלאכי קודש עומדימ **בוכים** על[המזבח
4Q**364** 22,1 (XIII) ותשו]ב[ו ות]**בכ[ו** לפני יהוה
4Q**378** 14,1 (XXII)]**ויבכו** בני[ישראל את מושה בערבת מואב]
4Q**383** 1,2 (XXX)] / ואני ירמיה **בכו** אב[כה
] / ואני ירמיה בכו **אב[כה**
11Q**11** I,2 (XXIII)]**ובוכה**ו [
11Q**19** LXIII,13 וישבה בביתכה **ובכתה** את אביה

firstborn (m.) noun **בְּכוֹר, בכר**

1QH[a] XI,7]ואהיה בצוקה כמו אשת לדה מ**בכריה**
1Q**19** 3,3 (I) **ב]כור** הולד כי נכבדים [
4Q**163** 8-10,13 (V) **ב[כורי** דלים ו]אביונים / [לבטח ירבצו
4Q**175** 22 (V) **בבכורו** / ייסדנה ובצעירו יציב דלתיה
4Q**251** 10,5 (XXXV) אך]**בכור** האדם והבהמה הטמאה
4Q**251** 10,7 (XXXV) הו]א כ**בכור** ותבואת עץ / [וכול עץ מאכל
4Q**252** IV,3 (XXII) ברכות יעקוב ראובן **בכורי** אתה
4Q**252** IV,6 (XXII) ו[א]מר **בכו[רי**]א[תה]ל[
4Q**270** 2ii8 (XVIII) ופדוי **בכ[ור** אדם וראשית גז] / הצון וכסף
4Q**299** 52,4 (XX)] / **בכור**[
4Q**364** 12,2 (XIII) שכל] / [את ידיו כי מנש]ה ה**בכור**
4Q**369** 1ii6 (XIII) ותשימהו לכה בן **בכו[ר**
4Q**379** 22ii8 (XXII) **בבכר**[ו ייסדנה] / וב[צ]עי[רו י]ציבדלתיה
4Q**416** 2ii13 (XXXIV) והייתה]לו לבן **בכור** וחמל עליכה
4Q**418** 81+81a,5 (XXXIV) הרבה מואדה וישימכה לו **בכור** ב[
4Q**423** 3,4 (XXXIV) ע]ם ראשית פרי בטנכה **ובכור** כל [בהמתכה
4Q**423** 8,4 (XXXIV)]וישימכה לו כ**בכור**
4Q**426** 1ii2 (XX)] / **בכור** ארים ש[
4Q**458** 15,1 (XXXVI)]**בכורי**[
4Q**504** 1-2iii6 (VII) כיא קרתה / [לי]שראל בני **בכורי**
4Q**504** 26,5 (VII)]**בכור** / [
11Q**19** LII,7 כול ה**בכור** אשר יולד בבקריכה ובצואנכה
11Q**19** LII,8 לוא תעבוד ב**בכור** שורכה
ולוא תגוז **בכור** / צואנכה
11Q**19** LX,2 וכול **בכור**[בבהמ]תמה/**בכ[ורותי]**המה

early fruit noun **בִּכּוּרָה**

4Q**365** 32,9 (XIII) והימים ימי **בכורות** ענבים

first fruit noun **בִּכּוּרִים**

4Q**251** 9,2 (XXXV) אם [הניף הכוהן] / ראשיתם ה**בכורים** המלאה
4Q**251** 9,4 (XXXV) ולחם] / **בכורים** הוא חלות החמץ
4Q**251** 9,5 (XXXV) אשר יביאו [בי]ום ה[בכורים] / **בכורים** הם
4Q**251** 9,6 (XXXV)] / עד יום בא לחם ה**בכורים** אל ◦[
4Q**365**a 2i2 (XIII)]בני ישראל וביום ה**בכורים** / [
4Q**409** 1i1 (XXIX) וברך בי]מי ה**ב[כורים]** / [לדגן לתירוש וליצהר
4Q**509** 131-132ii5 (VII) [תפלה ליום ה]**בכורים** זכורה א[דו]ני מועד / [
11Q**19** XI,11 ובחג השבועות הוא חג] ה**בכורים** למנחת החטים
11Q**19** XVIII,14 [לחם סו]ל[ת] חמץ חדש **בכורים** ליהוה
11Q**19** XIX,5 ה]**בכורים** [ל]כוהנים יה[יו
11Q**19** XIX,6 מנחה חד]שה לחם ה**בכורים**
11Q**19** XIX,9 חג ש]בועות הוא וחג **בכורים** לזכרון
11Q**19** XIX,12 ליהו[ה] / [את] לחם ה**בכורים**
11Q**19** XXI,16 על מזבח העולה **בכורים** לפני יהוה
11Q**19** XXXVII,10 לכוהנים לז[ב]חיהמה ול**בכורים** ולמעשרות
11Q**19** XLIII,3]ובימי ה**בכורים** לדגן לת[ירוש וליצהר]
11Q**19** XLIII,6 יהיו אוכלים אותו / מחג ה**בכורים**
11Q**19** XLIII,7 השנה השנית עד יום חג ה**בכורים**
11Q**20** III,21 (XXIII) ברובע]היום יקר[יבו את עול]ת ה**בכור[ים**
11Q**20** IV,1 (XXIII) ל]חם ה**בכורים** שבעה שבו[עות
11Q**20** V,17 (XXIII) על מזבח העו]ל[ה **בכ]ורים** / [לפני יהוה
11Q**20** X,2 (XXIII) לכוהנים לזבחיהמה ולב]**כורים** ולמעשרות

weeping, mourning noun **בְּכִי**

4Q**165** 4,2 (V) כי מעלה הלוחית] / [ב]**בכי** יעלה ב[ו
4Q**266** 11,5 (XVIII) אחר / כתוב לשוב אל אל ב**בכי** ובצום
4Q**387** A,3 (XXX)]ק[ר]אתי ל**בכי** ולמספד והמה אמר[ו
4Q**391** 25,3 (XIX)]ועליך קינות ו**בכי** [
4Q**509** 12i-13,6 (VII) תז]כור / יגון ו**בכי** תתרעה אסירי[ם

בכר ← בְּכוֹר

no, never, without negative particle **בַּל-1**

1QS VIII,7 פנת יקר **בל** / יזדעזעו יסודותיהו
1QS VIII,8 בל / יזדעזעו יסודותיהו ו**בל** יחישו ממקומם
1QH[a] VIII,2] קדש **בל** יטה[ ] לאש[ ]◦ר ל◦[

Reference	Vol.	Text
1QH[a] XI,39		]ל בל יבוא ◦◦◦◦ב [
1QH[a] XIV,21		וערל וטמא ופריץ / בל יעוברנה
1QH[a] XIV,27		וכול באיה בל ימוטו
1QH[a] XIV,28		בל יבוא גדוד בכלי מלחמתו
1QH[a] XIV,35		ומעביר שוט שוטף בל יבוא במבצר [
1QH[a] XV,7		ורוח / קודשכה הניפותה בי בל אמוט
1QH[a] XVI,12		ולהט אש מתהפכת בל י[בוא ב]מעין חיים
1QH[a] XVI,13		לא ישתה מי קודש בל ינובב פריו
4Q175 20	(V)	מחץ מתנים קמו ומשנאו / בל יקומו
4Q184 1,16	(V)	צדק להביא זו[ן]ן ◦]במה בל ערוכי[ם
4Q259 II,16	(XXVI)	פ[נת יקר ב]ל [יזדעזעו וב]ל יחישו ממקומם
	(XXVI)	פ[נת יקר ב]ל [יזדעזעו וב]ל יחישו ממקומם
4Q405 23i4	(XI)	בל ימוטו לעולמים אלוהי / [
4Q413 1-2,3	(XX)	מ]שמע אוזניו ומראה עינו בל יחיה
4Q418 189,2	(XXXIV)	]בל יבין [
4Q418a 12,4	(XXXIV)	]ובל יעבוד [
4Q422 III,9	(XIII)	ואפלה ב[בתי]המה בלירא[ה] איש את אחיו[
4Q436 1a+bi5	(XXIX)	לבי פקדתה וכליותי שננתה בל ישכחו חוקיכה
4Q436 1a+bi8	(XXIX)	ותשם / [עליהמה]מוסר בל יהגו בפעולות אדם
4Q446 2,5	(XXIX)	]בכה בל ישאלו על פ◦[
4Q491 11i12	(VII)	בל ישבו בו כול מלכי קדם ונדיביהמה
4Q499 4,2	(VII)	]ל בל יראו [
4Q512 42-44ii5	(VII)	] / בל יטהרו במי רח[ץ] ואני[
4Q525 14ii6	(XXV)	בל תתמוטט[
4Q525 14ii8	(XXV)	] / ובל תבואכה חרפת שונא ו[

sandalwood noun **בלג**

Reference	Vol.	Text
3Q15 I,9	(III)	בתל של כחלת כלי דמע בלגין

בִּלְגָּא ← בִּלְגָּה

Bilgah proper noun **בִּלְגָּה, בִּלְגָּא**

Reference	Vol.	Text
4Q319 9,2	(XXI)	השנית ידעיה] / [מימין אלישיב ב]ל[ג]ה פתחיה
4Q319 11,2	(XXI)	]בלגה אות[
4Q320 1i9	(XXI)	[4 בבלג]ה ל30 ב29 ברביעי
4Q320 1ii13	(XXI)	שבת בבל[גה ל29 ב14 בתשיעי]
4Q321 IV,1	(XXI)	וד]וקה באחד ב[בלג]א באר[בעה] וע[שרי]ם
4Q321 V,1	(XXI)	החמיש[י] בב[לגא הששי ביח]זק[אל]
4Q321 V,5	(XXI)	[ה]רביעי [בב]לגא החמישי בפ[ת]חיה
4Q321 V,9	(XXI)	השלישי בבלגא בחזיר / [בוא חג]השבועים
4Q321a III,8	(XXI)	ודוקו בחמשה ב]בלגא / [באחד ועשרים בוא
4Q324 1,4	(XXI)	בע[שרים] / [ואחר בה ביאת בלג]ה
4Q324i 1b,2	(XXVIII)	בל]גה [
4Q325 3,1	(XXI)	ש]בת ב[לגה
4Q328 3	(XXI)	ב]שנית [י]דעיה בלגה ש[עו]רים ח[זיר]

worn-out adjective **בָּלֶה**

Reference	Vol.	Text
6Q10 15,2	(III)	] ובלות מ[

confusing noun **בַּלָּה**

Reference	Vol.	Text
1QM X,14		תבנית אדם ותול[ ]עו בלת לשון ומפרד עמים

Bilhah proper noun **בִּלְהָה-1**

Reference	Vol.	Text
4Q215 1-3,1	(XXII)	עם אחיות אבי בלהה א[
4Q215 1-3,4	(XXII)	] / ותהר ותלד את בלהה אמי
	(XXII)	ותקרא חנה את שמה בלהה כי כאשר נולדה[
4Q215 1-3,5	(XXII)	ותקרא עוד בלהה[
4Q215 1-3,8	(XXII)	] / אבי בלהה אמי וינהג לבן את חנה
4Q215 1-3,10	(XXII)	ונתון לו את בלהה אמי ותלד את דן אח[י
4Q252 IV,6	(XXII)	הוכיחו אשר / שכב עם בלהה פילגשו

tribute noun **בְּלוֹ**

Reference	Vol.	Text
4Q416 2ii10	(XXXIV)	אף הון בלו / [
4Q418 8,11	(XXXIV)	[ואל תותר לו אף הו]ן בלו[ ]תני פן יומר בזני

without, not negative particle **בְּלִי**

Reference	Vol.	Text
1QH[a] XIII,15		כחרב אל תערה בלי ה[כו]תה נפש עבדכה
4Q162 II,4	(V)	לכן גלה עמי מבלי דעת וכבודו מתי רעב
4Q162 II,5	(V)	ופערה פיה לבלי חוק / וירד הדרה
4Q385a 11ii3	(XXX)	] / ובלי נשע[נו
4Q405 23i11	(XI)	ולוא על אמרי / מלך בלי יתכו—נו
4Q416 2iv9	(XXXIV)	הניא[ה מב]ל[י עשות מוצא] / שפתיכה
4Q417 2i16	(XXXIV)	ובלי סליחה[א]יכה [יקום לפניו
4Q417 2i19	(XXXIV)	ואם תחסר לוא מבלי הון מחסורכה
4Q418 35,5	(XXXIV)	]מבלי מ[
4Q468i 1	(XXXVI)	]בלי ליו[
4Q509 12i-13,1	(VII)	המנודחים התועים מבלי[משיב
4Q509 12i-13,2	(VII)	] / [מ]בלי אומץ הנופלים מבלי[מקים
	(VII)	] / [מ]בלי אומץ הנופלים מבלי[מקים
4Q509 12i-13,3	(VII)	] / מבלי מבין הנשברים מבלי[חובש
	(VII)	] / מבלי מבין הנשברים מבלי[חובש

worthless noun **בְּלִיַּעַל**

Reference	Vol.	Text
1QH[a] XII,10		זממו עלי בליעל להמיר תורתכה
4Q425 1+3,7	(XX)	]◦◦◦ איש בלי[על] איש שוע עינים[
4Q511 18ii5	(VII)	ו[ב]מוצא שפתי ולוא בליעל
11Q19 LV,3	(XXIII)	יצאו אנש[י]ם [ב]ני [בלי]על מקרבכה

Belial proper noun **בְּלִיַּעַל**

Reference	Vol.	Text
CD IV,13		ובכל השנים האלה יהיה / בליעל משולח
CD IV,15		שלושת מצודות בליעל אשר אמר עליהם לוי
CD V,18		ויקם בליעל את יחנה ואת / אחיהו במזמתו
CD VIII,2		לכלה ביד בליעל הוא היום / אשר יפקד אל
CD XII,2		כל איש אשר ימשלו בו רוחות בליעל
CD XIX,14		לפקדם לכלה ביד בליעל
1QS I,18		ואימה ומצרף / נסוים בממשלת בליעל
1QS I,24		אשמתם וחטאתם בממשלת / בליעל
1QS II,5		והלויים מקללים את כול אנשי / גורל בליעל
1QS II,19		יעשו שנה בשנה כול יומי ממשלת בליעל
1QS X,21		ובליעל לוא אשמור בלבבי
1QM I,1		בגורל בני חושך בחיל בליעל בגדוד אדום
1QM I,5		וכלת עולמים לכול גורל בליעל
1QM I,13		ושלושה יתאזרו חיל בליעל למשוב גורל / [
1QM IV,2		יכתובו אף אל בעברה על / בליעל
1QM XI,8		להפיל גדודי בליעל שבעת / גוי הבל
1QM XIII,2		מעשי אמתו וזעמו / שם את ב[לי]על
1QM XIII,4		וארור בליעל במחשבת משטמה וזעום הואה
1QM XIII,11		ואתה / עשיתה בליעל לשחת מלאך משטמה
1QM XIV,9		] בממשלת בליעל
1QM XV,3		ונגד כול חיל / בליעל הנועדים עמו ליום ◦[
1QM XVIII,1		]ובה[נ]שא יד אל הגדולה על בליעל
1QM XVIII,3		]◦ משאת יד אל ישראל על כול המון בליעל
1QH[a] X,16		ומזמות בליעל [כול] / מחשבותם
1QH[a] X,22		והמה סוד שוא לעדת בליעל
1QH[a] XI,28		וקץ חרון לכול בליעל וחבלי מות אפפו
1QH[a] XI,29		וילכו נחלי בליעל על כול אגפי רום
1QH[a] XI,32		ויבקעו לאבדון נחלי בליעל ויהמו מחשבי תהום
1QH[a] XII,13		כי אתה אל תנאץ כל מחשבת / בליעל
		והמה נעלמים זמות בליעל / יחשובו
1QH[a] XIII,26		[ודברי]בליעל פתחו / לשון שקר
1QH[a] XIII,39		ונחלי / [ב]ל[י]על אפפו נפשי ל◦[ ]ל[

יועץ בליעל / עם לבבם [ ]∘∘ — 1QH^a XIV,21
כי בליעל עם הופע יצר / הוותם — 1QH^a XV,3
]א[ ]∘[ב]ליעל וא∘[(I) — 1Q40 9,3
נד[ר]ך שלם כי אין / בקרבך בליעל (XVI) — 4Q88 X,10
ונצלו מכול פחי / בליעל (V) — 4Q171 1-2ii10
מכ[ול] / בני בליעל המכשילים אותמה (V) — 4Q174 1-2i8
באו במחשבת[ב]ל[י]על להכשיל ב[ני] / או[ר] (V)
עליהמה מחשבות און למ[נ]פשו לבליעל (V) — 4Q174 1-2i9
] / בליעל (V) — 4Q174 1-3ii2
]היאה העת אשר יפתח בליעל / [(V) — 4Q174 4,3
ואנה איש ארור אחד בליעל (V) — 4Q175 23
בלי]על לענות את עבדיו בו[(V) — 4Q176 8-11,15
ג]ורל אור אשר היה מתאבל בממשלת בל[יעל (V) — 4Q177 1-4,8
ב]ליעל ונסלו להם לעולם וברכם[(V) — 4Q177 1-4,10
]∘ל אנשי בליעל וכול האספסוף / [(V) — 4Q177 10-11,4
ב]ליעל להאבידמה בחרונו (V) — 4Q177 12-13i4
]∘∘ח לבליעל / [(V)
]∘מה ואחיהמה במחשבל בליעל ויחזק עליו[(V) — 4Q177 12-13i6
יעזור לכול בני אור מיד בליעל[(V) — 4Q177 12-13i7
ב]ל[יע]ל וכול אנשי גורלו ו∘[(V) — 4Q177 12-13i11
] / בליעל י[(V) — 4Q177 12-13ii2
] / בליע[ל (V) — 4Q177 12-13ii7
]בליעל[(V) — 4Q178 10,1
וישמע בליעל אל[שר המשטמה (XIII) — 4Q225 2ii14
]∘ בליעל וכא[שר (XXII) — 4Q253 3,2
והלויים מקללים את כול אנשי גורל בל[י]על (XXVI) — 4Q257 II,1
ובליעל לוא אשמור בלבבי (XXVI) — 4Q260 V,2
ל[פ]קידם [לכלה ב]יד / [ב]ליעל (XVIII) — 4Q266 3ii25
כו]ל איש אשר ימשולו בו רוחות בליעל (XVIII) — 4Q271 5i18
ואחר יזעמ[ו] את בליעל / ואת כול גורל אשמתו (XI) — 4Q286 7ii1
וענו ואמרו ארור [ב]ליעל ב[מ]חשבת משטמתו (XI) — 4Q286 7ii2
וזעומים / כול בני בלי[על] בכול עונות (XI) — 4Q286 7ii6
ויאמר יהוה בן בליעל יחשב לענות את עמי (XXX) — 4Q386 1ii3
ו[ת]הי / ממשלת בליעל בהם להסגירם לחרב (XXX) — 4Q390 2i4
והרחיק ממך מחשב{{ו}}ת רעה ועצת בליעל (X) — 4Q398 14-17ii5
ודברי ב[ליעל פתחו לשון שקר] (XXIX) — 4Q429 2,8
יועץ[בליע]ל עם לבב[ם] (XXIX) — 4Q429 4i11
[וי]ל[כו נח]ל[י]בליעל על כו[ל אגפי רום (XXIX) — 4Q432 6,4
] / בליעל בעל∘[(XXIX) — 4Q433a 4,2
]ויגער בליעל ∘[(XIX) — 4Q463 2,3
]בליעל[(XXIX) — 4Q471c 1,6
המ[פ]ליא חסדיך בנו בממשלת בלי[על] (VII) — 4Q491 8-10i6
]תו[כ]מעט לבליעל וברית אל שלום [לי]שראל (VII) — 4Q491 11ii18
בליע]ל לכל[(VII) — 4Q491 14-15,10
גור]ל בליעל (VII) — 4Q496 3,5
]בליעל / [(VII) — 4Q511 103,4
ב]ני בל[יעל (XXV) — 4Q525 25,2
]∘יד בליעל ולוא י[(III) — 5Q13 5,2
]בבליעל ו[(III) — 6Q18 3,3
[את כול]בני בל[יעל אמן אמן] סלה [(XXIII) — 11Q11 VI,3
פשרו על בליעל ועל רוחי גורלו (XXIII) — 11Q13 II,12
ויצי]ל[מה מיד]בליעל ומיד כול ר[וחי גורלו] (XXIII) — 11Q13 II,13
]ר הוסרה מבליעל ותש[וב (XXIII) — 11Q13 II,22
מלכי צדק אשר יצי]ל[מה מי]ד בליעל (XXIII) — 11Q13 II,25
] / יתממ[ו] בליעל באש[(XXIII) — 11Q13 III,7
]בליעל ימרו ∘[(XXIII) — 11Q13 5,3

to mix verb בלל

סולת מנחתו בלולה ב[ש]מ[ן] (XIII) — 4Q220 4
]∘ נבלת / [(XIX) — 4Q464 3i5
] / סולת בלולה [בשמן כתית רביעית ההין — 11Q19 XIII,12
[ומנ]חה סולת בלול[ה שלושה עשרונים — 11Q19 XIV,2
ושני] / עשרונים סולת מנחה בלולה[בשמן — 11Q19 XIV,15
ונסכו כמשפט עשרון סולת ב]לולה[בשמן (XXIII) — 11Q20 III,10
שלושה עשרונים סולת בלול]ה בשמן (XXIII) — 11Q20 V,20

to swallow, destroy verb **בלע-1**

ותחריש בבלע / רשע צדיק ממנו — 1QpHab V,8
רדף אחר מורה הצדק לבלעו בכעס / חמתו — 1QpHab XI,5
מועד מנוחת יום הכפורים הופע אליהם לבלעם — 1QpHab XI,7
וכוס חמת / [א]ל תבלענו — 1QpHab XI,15
ורוח עועיים תבלעני מהוות פשעם — 1QH^a XV,5
ואשיבה למבלעי דבר / ולמשתוחיחי בי תוכחת — 1QH^a XVII,8
]ובלע דרך[(V) — 4Q163 1,3
[אולי יעש]ה זרים יבלעוה[ו (V) — 4Q167 11-13,7
]המבלעים את צאצאי / [(V) — 4Q174 4,1
א]להי באפך תבלעם ותא[כלם אש (XI) — 4Q381 17,3
] / פתיים כי בלע יבלעם (XXXVI) — 4Q424 1,13
] / פתיים כי בלע יבלעם (XXXVI)
] / ותבלע את כל הערלים ותק∘∘[(XXXVI) — 4Q458 2ii4
] / ויבלעוה [(XXXVI) — 4Q468c 11
ולוא יהיו באים בלע אל תוך / מקדשי — 11Q19 XLVI,10

to confuse verb **בלע-3**

כי תתבלע / כול חכמתם בהמות ימים — 1QH^a XI,14
מב]לעים על כן / [(V) — 4Q163 4-7i7
ואל תתבלע בה פן תסיג / גבולכה (XXXIV) — 4Q416 2iii8
וגם את רוחו לא תבלע כיא בדממה דברת[ה (XXXIV) — 4Q417 2i3
ו]א[ל] תת[בלע בה פן תסיג גבו]לכה (XXXIV) — 4Q418 9+9a-c,7
מח]שבותו לבלע[(XXXIV) — 4Q418 16,4
כי] תתבלע כול חוכמתמה בה[מות ימים] (XXIX) — 4Q432 5,2

without, no, not preposition בִּלְעֲדֵי

במחשבתו יכינו ומבלעדיו לוא יעשה — 1QS XI,11
כיא מבלעדיכה לוא תתם דרכ — 1QS XI,17
ואדעה כי לא יצדק איש מבלעדיך — 1QH^a VIII,20
פי רצ[ונכה נ]היה כול ומבלעדיך לא יעשה — 1QH^a IX,20
ומבלעדיכה לא יעשה כול — 1QH^a XVIII,9
] עשיתם ומבלעדיכה לוא יעשה[— 1QH^a 3,13
כי מבלעדיך / [לא תתם דרך (XXVI) — 4Q264 4
]דע מבלעדיכה[(XIII) — 4Q369 5,2
כיא אין אלוה מבלעדיו ואין צור כמוהו [(XXVIII) — 4Q377 2ii8

body of water noun בלעה

שך אור ותיה אגמים וכל בלעה ו∘∘∘ר ל∘[(XI) — 4Q381 1,4

Balaam proper noun **בִּלְעָם-1**

ויאמר נאום בלעם בנבעור ונאם הגבר (V) — 4Q175 9

except negative particle בִּלְתִּי

וכל אשר הובאו בברית / לבלתי בוא — CD VI,12
כל חרצובות קשריהם לבלתי היות עשוק — CD XIII,10
וכל פת[י שו]גה / וכהה עינים לבל[תי — CD XV,16
יומי מואסו במשפטי / אל לבלתי התיסר — 1QS III,6
ובהיותם אשים / גבולי לבלתי שוב — 1QS X,11
וכול איש מנוגע באלה לבלתי / החזיק מעמד (I) — 1QSa II,4
או איש זקן כושל לבלתי התחזק בתוך העדה (I) — 1QSa II,7
ובשבועה הקימותי על נפשי לבלתי חטוא לך — 1QH^a VI,17
[ו]לבלתי עשות מכול הרע בעיניך — 1QH^a VI,18
ולהתם / כוח לבלתי החזק מעמד — 1QH^a XIII,29

ויצו עליהיהם לבלתי ימכר ממכרת עבד	(V)	4Q**159** 2-4,3
[וכול איש מנוגע באלה לב]לתי[החזיק מעמד	(XXXVI)	4Q**249**g 3-7,2
ובהיותם אשים גבולי ל]בלתי שוב	(XXVI)	4Q**260** III,3
ו]כול אשר הובא / [בברי]ת לבל[תי בוא	(XVIII)	4Q**266** 3ii18
וכה עינים לבלתי ראות	(XVIII)	4Q**266** 8i7
]ך לבלתי רום / מת[כונה	(XX)	4Q**298** 3-4ii2
לב]לתי המו[	(XX)	4Q**299** 4,1
ה]סגיר בעד עד מים לבל[תי	(XX)	4Q**299** 8,9
אשר עמ]י יושב עליה לב[לתי היות שם ערוב]	(XIII)	4Q**365** 2,10
] / לבלתי[	(XXX)	4Q**385**a 11ii4
ולא שמע] / להם ירמי[ה ל]בלתי דרוש	(XXX)	4Q**385**a 18ii3
]ם לבלתי ה[	(XXXV)	4Q**414** 24,2
לב]לתי / [	(XXXIV)	4Q**416** 2i1
מה הואה יתיד בכול מעשה לבלתי °°[	(XXXIV)	4Q**417** 2i6
[א]ם תאיץ ידכה לבלתי של[וח	(XXXIV)	4Q**417** 2ii+23,1
ב]לתי הונות[	(XXXIV)	4Q**418** 97,1
]ה לבלת[י	(XXXIV)	4Q**418** 254,1
]ל[ב]לתי אכול מעצ הד[עת טוב ורע	(XIII)	4Q**422** I,10
ויח[זק]אל את לב [פרעו]ה לבלתי[ש]לח[ם	(XIII)	4Q**422** III,11
]ה[ל]בלתי / [	(XXXIV)	4Q**423** 7,5
]° בער לבו לבלתי ה[	(XX)	4Q**425** 1+3,2
ולהתם / [כוח ל]בלתי החזק מ[עמד	(XXIX)	4Q**429** 3,1
ומכו]ל נגע צוה לבלת[י הנגף]	(XXIX)	4Q**434** 1i11
]לעת צויתם לבלתי / [	(XXXVI)	4Q**471**a 1
]כה עלפנינו לבלתי נ°[	(VII)	4Q**504** 3ii9
ותקם עליו לבלתי ס[ור	(VII)	4Q**504** 8,8
]לבלתי[	(VII)	4Q**505** 120,2
]לבלתי הרא[ות	(VII)	4Q**508** 19,2
וישיתה]לנגד עיניו לבלתי לכת בדרכי[	(XXV)	4Q**525** 2ii+3,7
] / לבלתי הבן מרוח מתע[ת/תעת ?	(XXV)	4Q**525** 6ii2
רק חזק לבלתי אכול הדם		11Q**19** LIII,5
ויעש בזדון לבלתי / שמוע אל הכוהן		11Q**19** LVI,8

high place, back noun **בָּמָה**

בעורף אויביכה ורגלכה על במותי חלל		1QM XII,11
יצא מ]מקומו / [וירד על במ]ותי האר[ץ	(I)	1Q**14** 1-5,3
ומה במות יהודה / [הלא ירושלם	(I)	1Q**14** 8-10,5
והש]מותי את במותיכם והכרתי את[חמניכם]	(XIII)	4Q**365** 25a-c,14
ואת הר]אלוהי לבמו[ת יער] / [	(XXVIII)	4Q**371** 1a-b,5
ואת הר אלהי לבמות יע[ר	(XXVIII)	4Q**372** 1,8
ועשים להם במה על הר גבה	(XXVIII)	4Q**372** 1,12
] / במותי דעת ובהדום רגליו ג[	(XI)	4Q**403** 1ii2
] / על כסא עון ועל במות כנס[תם	(XXV)	4Q**525** 14ii2
ועל במות[י א]ויביכה תדרוך	(XXV)	4Q**525** 14ii11

בן ← בַּיִן

son, descendant, child noun **בֵּן-1**

ועתה בנים שמעו לי ואגלה עיניכם		CD II,14
ובניהם אשר כרום ארזים גבהם		CD II,19
בה תעי בני נח ומשפחותיהם		CD III,1
בני יעקב תעו בם ויענשו לפני משגותם		CD III,4
ובניהם במצרים הלכו בשרירות לבם		CD III,5
ובניהם בו אבדו ומלכיהם בו נכרתו		CD III,9
הכהנים והלוים ובני / צדוק אשר שמרו		CD III,21
את משמרת מקדשי בתעות בני ישראל		CD IV,1
ובני צדוק הם בחירי / ישראל קריאי השם		CD IV,3
דבר אל ביד ישעיה הנביא בן / אמוץ לאמר		CD IV,13
אמר עליהם לוי בן יעקב		CD IV,15
ולהבדל / מבני השחת ולהנזר מהון הרשעה		CD VI,15
ולקחו / נשים והולידו בנים		CD VII,7
בין איש לאשתו ובין אב / לבנו		CD VII,9
כתוב בדברי ישעיה בן אמוץ הנביא		CD VII,10
וקרקר / את כל בני שת		CD VII,21
הדבר אשר אמר ירמיהו לברוך בן נרייה		CD VIII,20
לא תקום ולא תטור את בני עמך		CD IX,2
וביסודי הברית מבני חמשה / ועשרים שנה		CD X,6
מבני חמשה / ועשרים שנה עד בני ששים שנה		CD X,7
ואל יתיצב עוד מבן / ששים שנה ומעלה		
אל ישלח את בן הנכר לעשות את חפצו		CD XI,2
המועדות לא יומת כי על בני האדם / משמרו		CD XII,4
וירחם עליהם כאב לבניו		CD XIII,9
אל ימשול איש / מבני המחנה להביא איש		CD XIII,13
ואל ית[ן] לבני השחר כי / אם כף לכף		CD XIII,14
והלוים שנים ובני ישראל שלשתם והגר רביע		CD XIV,4
והלוים שנים ובני ישראל / שלושתם		CD XIV,5
מבן שלושים שנה ועד בן ששים		CD XIV,7
מבן שלושים שנה ועד בן ששים		
מבן שלשים שנה [ע]ד בן חמשים שנה		CD XIV,9
מבן שלשים שנה [ע]ד בן חמשים שנה		
לחוק עולם את בניהם אשר יגיעו		CD XV,5
והולידו בנים / ויתהלכו על פי התורה		CD XIX,3
בין איש לאשתו ובין אב לבנו		CD XIX,5
ויעז לבם ויתגברו / על כל בני תבל		CD XX,34
ולאהוב כול בני אור איש / כגורלו		1QS I,9
ולשנוא כול בני חושך איש כאשמתו		1QS I,10
והלויים מספרים / את עוונות בני ישראל		1QS I,23
ונכרת מתוך כול בני אור בהסוגו		1QS II,16
איש לרעהו בעצת קודש ובני סוד עולמים		1QS II,25
וללמד את כול בני אור בתולדות כול בני איש		1QS III,13
בתולדות כול בני איש / לכול מיני רוחותם		
ביד שר אורים ממשלת כול בני צדק		1QS III,20
וביד מלאך / חושכ כול ממשלת בני עול		1QS III,21
ובמלאך חושך תעות / כול בני צדק		1QS III,22
וכול רוחי גורלו להכשיל בני אור		1QS III,24
ומלאכ אמתו עזר לכול / בני אור		1QS III,25
ביצר סמוכ ורוב חסדים על כול בני אמת		1QS IV,5
אלה סודי רוח לבני אמת תבל		1QS IV,6
באלה תולדות כול בני איש		1QS IV,15
יזקק לו מבני איש להתם כול רוח עולה		1QS IV,20
וחכמת בני שמים להשכיל תמימי דרכ		1QS IV,22
וינחילן לבני איש לדעת טוב [		1QS IV,26
ומשובים על פי בני צדוק הכוהנים		1QS V,2
לכול הנגלה ממנה לבני צדוק הכוהנים		1QS V,9
ומעשיו בתורה על פי בני אהרון המתנדבים		1QS V,21
רק בני אהרון ימשלו במשפט ובהון		1QS IX,7
להבדיל ולשקול בני הצדוק לפי רוחום		1QS IX,14
ומזמת ערמה מבני אדם מקור צדקה		1QS XI,6
ועם בני שמים חבר סודם לעצת יחד		1QS XI,8
יטהרני מנדת / אנוש וחטאת בני אדם		1QS XI,15
והקם לבן אמתכה כאשר רציתה לבחירי אדם		1QS XI,16
ומה אפ הואה בן ‸האדם במעשי פלאכה		1QS XI,20
להתה]לך / על פי משפט בני צדוק הכוהנים	(I)	1QSa I,2
ובנ[ן] עשרים שנ[ה יעבר] / [על] הפקודים	(I)	1QSa I,8
ובן חמשועשרים שנה יבוא להת[יצ]ב	(I)	1QSa I,12
ובן שלושים שנה יגש לריב ריב / ומ[ש]פט	(I)	1QSa I,13
בכול משפחותם [על פ]י בני / [אהר]ון	(I)	1QSa I,15
ובני לוי יעמודו איש במעמדו	(I)	1QSa I,22
יעמודו איש במעמדו / על פי בני אהרון	(I)	1QSa I,23
למספר כול צבאותם על פי בני צדוק הכוהנים	(I)	1QSa I,24

Reference	Vol.	Text
1QSa I,27	(I)	הנקראים לעצת היחד מ**בן** עש
1QSa II,3	(I)	לעצת היׄחד בישראל / לפני **בני** צדוק הכוהנים
1QSb III,22	(I)	דברי ברכה למֹ[שכיל לברך] את **בני** צדוק
1QM I,1		משלוח יד **בני** אור להחל בגורל בני חושך
		להחל בגורל **בני** חושך בחיל בליעל
		בגדוד אדום ומואב ו**בני** עמון / וחׄ◦[
1QM I,2		**בני** לוי ובני יהודה ובני בנימין
		בני לוי ו**בני** יהודה ובני בנימין
		ובני יהודה ו**בני** בנימין גולת המדבר
1QM I,3		בשוב גולת **בני** אור ממדבר העמים
1QM I,6		]**בני** יפת
1QM I,7		לאין שארית ופלטה לוא תהיה / לֿ[**בנ**]י חושך
1QM I,9		ושמחה ואורך ימים לכול **בני** אור
1QM I,10		לו מאז למלחמת כלה ל**בני** חושך
1QM I,11		**בני** אור וגורל חושך נלחמים יחד
1QM I,13		שלושה גורלות יחזקו **בני** אור לנגוף רשעה
1QM I,16		]אמת לכלת **בני** חושך אׄזֿ[
1QM II,4		ולכול ימי השנה מ**בן** חמשים שנה ומעלה
1QM II,10		ובשנית ב**בני** לוד
1QM II,11		ובשלישית / ילחמו בשאר **בני** ארם
		ברביעית ובחמישית ילחמו ב**בני** ארפכשד
1QM II,12		ששית ובשביעית ילחמו בכול **בני** אשור
		בשנה השמינית ילחמו ב**בני** / עילם
1QM II,13		בתשיעית ילחמו ב**בני** ישמעאל וקטורה
		אחריהם תחלק המלחמה על כול **בני** חם / לֿ[
1QM III,6		אל לנקמת אפו בכול **בני** חושך
1QM III,9		יכתובו נגף אל כול **בני** חושך לוא ישוב אפו
1QM VI,14		מ**בן** שלושים שנה עד בן חמש וארבעים
		מבן שלושים שנה עד **בן** חמש וארבעים
		מ**בן** ארבעים שנה ועד בן חמשים
		מבן ארבעים שנה ועד **בן** חמשים
1QM VII,1		הסרך יהיו מ**בן** ארבעים שנה ועד בן חמשים
		הסרך יהיו מבן ארבעים שנה ועד **בן** חמשים
		מ**בן** {{◦◦}}חמ{{◦}}שִׁים שנה ועד בן {{◦◦}}שִׁשִים
		מבן {{◦◦}}חמ{{◦}}שִׁים שנה ועד **בן** {{◦◦}}שִׁשִים
1QM VII,2		מ**בן** ארבעים שנה ועד בן חמשים
		מבן ארבעים שנה ועד **בן** חמשים
1QM VII,3		יהיו מ**בן** חמש ועשרים שנה ועד בן שלושים
		יהיו מבן חמש ועשרים שנה ועד **בן** שלושים
1QM VII,10		בין המערכות שבעה / כוהנים מ**בני** אהרון
1QM X,14		ומבקע תהֻוֻמות / מעשי חיה ו**בני** כנף
1QM XI,6		ומחץ פאתי מואב וו קרקר כול **בני** שית
1QM XI,14		ולהצדיק משפט אמתכה בכול **בני** איש
1QM XIII,16		]ל למעמד עולמים לכלות כול **בני** חושך
1QM XIV,17		] / [כו]לֿ [**ב**]**נ**י חושך ואור גודלכה י◦[
1QM XV,7		ואמר חזקו ואמצו והיו ל**בני** חיל
1QM XVI,11		] לעׄזׄרׄת **בני** חׄושך וחללי הבינים יחלו
1QM XVII,2		זכורו משפׄחׄ[נדב ו]אׄבׄ[י]הׄוא **בני** אהרון
1QM XVII,8		וכול **בני** אמתו יגילו בדעת עולמים
		ואתם **בני** בריתו / התחזקו במצרף אׄל
1QM XVIII,2		ונפלו **בני** יפת לאין קום
1QH[a] IV,8		]◦ בנגיעי **ב**[**נ**]**י** אדם
1QH[a] VIII,27		]לֿ[ ] **בן** אמת[ך
1QH[a] IX,27		ול**בני** האדם עבודת העוון
1QH[a] IX,34		ול**בני** אנוש כול נפלאותיכה אשר הגברתה ◦[
1QH[a] X,24		והגבירכה בי נגד **בני** / אדם כיא בחסדכה
1QH[a] XI,8		כיא באו **בנים** עד משברי מות
1QH[a] XI,22		ולבוא ביחׄד עם עדת **בני** שמים
1QH[a] XII,30		לֻוֻא לאנוש צדקה ולֻוֻא ל**בן** אדם תום / דרך
1QH[a] XII,32		להתם דרך ל**בני** אדם למען ידעו כול מעשיו
		ורוב רחמיו על כול **בני** / רצונו
1QH[a] XIII,7		]◦◦ בתוך / לביאים מועדים ל**בני** אשמה
1QH[a] XIII,8		מכמרת על פני מים וצידים ל**בני** עולה
1QH[a] XIII,11		כי אתה אלי סתרתני נגד **בני** אדם
1QH[a] XIII,15		ולמען הגבירכה ֻבי ֻלנגד **בני** אדם
1QH[a] XIII,25		וברז חבתה בי ילכו רכיל ל**בני** הוות
1QH[a] XIV,11		אנשי עצתכה בתוך **בני** אדם
1QH[a] XIV,13		ואין מליץ **בנים** לק[דושיכה
1QH[a] XIV,18		בשביבי נוגהו יבערו כול **בנׄ**[י עולה
1QH[a] XIV,29		וכול **בני** אמׄתו יעורו להׄתׄםׄ[בני] / רשעה
1QH[a] XIV,30		וכול **בני** אשמה לא יהיו עוד
1QH[a] XV,11		ולא מענה לשון לכול **בׄני** אשמה
1QH[a] XV,20		ותשימני אב ל**בני** חסד / וכאומן לאנשי מופת
1QH[a] XV,29		וכול **בני** / אמתכה ֻתביא ֻבסליחות לפניכה
1QH[a] XVII,35		כי אתה אב לכול **בׄנׄי** אמתכה
1QH[a] XVIII,27		ול**בני** אמתכה נתתה שכׄלֿ[
1QH[a] XVIII,28		וכן ל**בן** אדׄ[ם
1QH[a] XIX,6		ואספרה כבודכה בתוך **בני** אדם
1QH[a] XIX,9		ורחמיכה לכול **בני** רצונכה
1QH[a] XIX,11		ואשמת מעל להוחד עׄ[ם] **בני** אמתך
1QH[a] 2i3		]◦◦ {{וב}}ארצכה וב**בני** אלים ובבנׄ◦[
1QH[a] 2i8		]רצונכה ֻוֻעל ה**בנים** תבחנני / [
1QH[a] 2i10		**ב**]**נׄיׄ** אלים להחיד עם בני שמים / [
		ב]נׄיׄ אלים להחיד עם **בני** שמים / [
1QH[a] 2ii13		]עׄבדתה מ**בני** / אל ש◦[
1QH[a] 10,9		הודעׄ[תה ע]םׄ **בני** איש בתו[ך בני]אדם[
1QH[a] 11,4		]◦ ◦רוחם **בׄנׄי** איש לפי שכלו וׄח[
1QH[a] 36,2		] **בׄנׄך** ולספר [
1QH[a] 37,2		]כה **בני** ◦[
1Q**19** 11,1	(I)	כ]ל **בני**[
1Q**22** 1i3	(I)	ועמדתהֿ [שמ]ה אתה / ואלע[זר **ב**]**ן** אהר[ון]
	(I)	וצויתהֿ [א]ת **בני** / ישרא[ל ד]בׄרׄיׄ התׄ[ו]רה
1Q**22** 1i6	(I)	כׄאׄשׄ[ר] צׄויתי [אותם] ה[מה] ו**בנׄי**[הם
1Q**22** 1i11	(I)	ויקרא מושה לאלעזר **בן** / [אהרון]
1Q**22** 1ii11	(I)	וׄ[יוסף לדב]ר מושה אל **בׄנׄ**[י ישרא]לֿ
1Q**22** 1iv5	(I)	]**בֿני** ישֿר[אל] / [
1Q**26** 3,2	(XXXIV)	] כי אתה לי ל**בן** יׄ[חיד
1Q**36** 25ii5	(I)	] / ב**בני** איש [
1Q**45** 9,1	(I)	] **בני** [
1Q**46** 5,1	(I)	]מׄ**בני** אׄ[
2Q**20** 1,4	(III)	וימות יוסף]**ב**[**ן**]מאה ו[עשר שנים]
3Q**4** 1	(III)	חזון ישעיה **בן** א[מוץ אשר חזה על יהודה
3Q**14** 16,1	(III)	]עׄ **בני** [
3Q**15** XI,9	(III)	בקבר **בני** העבׄט הירחי
4Q**159** 5,2	(V)	**בני** לוׄ[י
4Q**161** 2-4,1	(V)	]◦י **בני**[
4Q**163** 11ii4	(V)	בני חכמים] / אניׄ **בני** מ[לכי קדם
4Q**163** 22,3	(V)	]**בני** צדוק[
4Q**174** 1-2i1	(V)	ולוא יוסי]ף **בן** עולהֿ[לענות]וׄ כאשר בראישונה
4Q**174** 1-2i4	(V)	ועׄמׄוני ומואבי וממזר ו**בן** נכר וגר עד עולם
4Q**174** 1-2i8	(V)	יניח להמה מכ[ול] / **בני** בליעל
	(V)	באו במחשבת[ב]ל[י]על להכשילֿ **בֿ**[**ני**] / אוׄ[ר]
4Q**174** 1-2i11	(V)	אני אׄהׄיׄהׄ לוא לאב והוא יהיה לי ל**בן**
4Q**174** 1-2i17	(V)	המה **בני** צדוק וׄאׄ[נ]שי עצׄתׄ[מ]ה
4Q**175** 4	(V)	למעאן יטב להמ ול**בני**הם לעולם
4Q**175** 9	(V)	ויאמר נאום בלעם **בנ**בעור
4Q**175** 13	(V)	ומחץ / פאתי מואב וקרקר את כול **בני** שית
4Q**175** 16	(V)	ואת אחיו לוא הכיר ואת **בנו** לוא / ידע
4Q**175** 28	(V)	ונצה גדולה ב**בני** / [יעקוב ושפכו ד]ם כמים
4Q**177** 10-11,7	(V)	]המכשילים את **בני** האור / [

]גם הכוהנים בני / [אהרון	(XXXV)	4Q**264**a 1,2
כי רבים[ ]בני / [שוממה מבני בעולה	(XXXV)	4Q**265** 1,4
]בנו בן ◦[	(XXXV)	4Q**265** e,1
[פרוש המשפטים משכיל לב]ני אור	(XVIII)	4Q**266** 1a-b,1
לקץ הר]שע ל[ה]ב[ד]ל מבני / [העו]ל	(XVIII)	4Q**266** 3ii20
ובעומדו] / [וקרקר א]ת כול בני שית	(XVIII)	4Q**266** 3iii22
]בני צדוק הכהנים הנה המ[ה] / [	(XVIII)	4Q**266** 5i16
איש] / מבני אהרון אשר ישבה לגואים [	(XVIII)	4Q**266** 5ii5
] / איש מבני אהרון אשר ינדד לעב[וד	(XVIII)	4Q**266** 5ii8
] / מישראל את עצת בני אהרון המ◦[	(XVIII)	4Q**266** 5ii12
זה משפט [תור]ת הצרעת לבני אהרון	(XVIII)	4Q**266** 6i13
בנ]י עמו כי א[ם] / בהוכח ענות	(XVIII)	4Q**266** 7i3
וביש[ודי הברית מב]ני חמש [ו]עשרים [שנה	(XVIII)	4Q**266** 8iii6
מב]ני חמש [ו]עשרים [שנה ועד] בן ששים שנה	(XVIII)	
וה[ואה] ייסר את בניהם [ובנותם	(XVIII)	4Q**266** 9iii6
מבן] שלושים [שנה עד ב]ן [ח]משים [שנה	(XVIII)	4Q**266** 10i2
בתורת מושה לו יחשב / בכול בני אמתו	(XVIII)	4Q**266** 11,7
]בני ה[	(XVIII)	4Q**266** 59,1
והלויים] שניים ובני ישראל / [ש]לשיים	(XVIII)	4Q**267** 9v7
מבן שלושים שנה ועד בן ששים / [שנ]ה	(XVIII)	4Q**267** 9v11
מבן שלושים שנה ועד בן ששים / [שנ]ה	(XVIII)	
מבן [ש]לושים [ש]נה / [וע]ד בן חמש[ים שנה	(XVIII)	4Q**267** 9v13
מבן [ש]לושים [ש]נה / [וע]ד בן חמש[ים שנה	(XVIII)	4Q**267** 9v14
ויחר אף]אל בעדתם ובני[ה]ם ב[ו] / [אבדו	(XVIII)	4Q**269** 2,3
לתת]לבני אהרון המטעת [הרביעית	(XVIII)	4Q**270** 2ii6
י]קחנה או לב[נו] / [	(XVIII)	4Q**270** 4,16
לכל ישראל לחוק עולם את] בניהם	(XVIII)	4Q**270** 6i21
[לא תקום ולא] תטור את בני עמך	(XVIII)	4Q**270** 6iii17
ולא יתיצב עוד מבן ששים שנה [ומעלה	(XVIII)	4Q**270** 6iv18
בתורת משה לא יחשב בכל ב]ני אמת[ו	(XVIII)	4Q**270** 7i20
זה [משפט הצ]רע[ת לב]ני אהרון [להבדיל	(XVIII)	4Q**272** 1ii2
ולכוה]נים בני אהרון יצא הגור[ל הראשון	(XXVI)	4Q**279** 5,4
יבדילהו אל]לרעה מתוך בני הא[ור	(XXIX)	4Q**280** 2,1
]ילדת ובן[	(XXXVI)	4Q**281**c 5
] / לבני בריתכה [	(XXXV)	4Q**284** 4,2
וזעומים / כול בני בלי[על] בכול עונות מעמדמה	(XI)	4Q**286** 7ii6
בשקל הקוד]ש בני א[הרון	(XI)	4Q**286** 17b,1
[דבר]י משכיל אשר דבר לכול בני שחר	(XX)	4Q**298** 1-2i1
] / מה אב לבנים מאיש[	(XX)	4Q**299** 6ii5
]בני יש[ראל	(XX)	4Q**299** 39,1
]◦ לבני ישר[אל	(XX)	4Q**299** 68,2
]בני[	(XXXVI)	4Q**307** 3,1
ב4 / בשבת בני גמול	(XXI)	4Q**320** 4ii14
ב3 בשבת בני מעוזיה הפסח	(XXI)	4Q**320** 4iii2
בן[	(XXXVI)	4Q**331** 1ii1
]◦ בן ◦[	(XXXVI)	4Q**331** 2,2
ואלה תולדות] / [י]שחק בן אברהם	(XIII)	4Q**364** 1a-b,2
] / אחרי יעקוב בנה[ותבך ⟦ ? ⟧]	(XIII)	4Q**364** 3ii6
יהוה אל מושה] לאמור דבר אל בני יש[ראל	(XIII)	4Q**364** 15,5
]מן בן ע[שרים ?	(XIII)	4Q**364** 18,6
[חלוצים תעברו לפני א]חיכמ ב[ני ישראל	(XIII)	4Q**364** 25a-c,2
ואת בניכמה תצוומ למען תחזקו	(XIII)	4Q**364** 30,5
ב]ני ישראל[	(XIII)	4Q**364** FF,2
[ותרא ש]רה את בן הגר המצרית	(XIII)	4Q**365** 1,1
מה תזעק אלי דבר אל בני ישראל / [ויסעו	(XIII)	4Q**365** 6ai4
וי[בו]או בני / [ישראל בתוך הים ביבשה	(XIII)	4Q**365** 6ai5
ואת [ב]נינו [וא]ת מ[קני]נו בצמא	(XIII)	4Q**365** 7i2
ועל תנוך אוזן בניו הימנית ועל ב[והן ידם	(XIII)	4Q**365** 9bii1
וקדש אהרון ובג[דיו] ובניו [ובגדי בניו אתו	(XIII)	4Q**365** 9bii3
והאבנים על שמות בני ישר[אל]	(XIII)	4Q**365** 12biii12
]מלאך אמתו יעזור לכול בני אור מיד בליעל[	(V)	4Q**177** 12-13i7
ו◦[ ] לעד ונאספו כול בני א[ור	(V)	4Q**177** 12-13i11
] / עלומיה שוממו בני ◦[	(V)	4Q**179** 1ii5
]ו על לחיה על בניה / [	(V)	4Q**179** 2,9
]ל בחטאת בני אדם ולמשפטים גדולים	(V)	4Q**181** 1,1
לפי מרדאתם מסוד בני ש[מים] וארץ	(V)	4Q**181** 1,2
והפלא כבודו הגיש מבני תבל להתחשב עמו	(V)	4Q**181** 1,3
בדרכי שוחה ולפתות בחלקות בני איש	(V)	4Q**184** 1,17
]בן אדם ורוחו ◦[	(V)	4Q**184** 4,4
ואתם בני אדם א[	(V)	4Q**185** 1-2i9
]לשארית לבניכם אחריכם	(V)	4Q**185** 1-2ii2
שמעתי בני יצל תמרו דברי יהוה	(V)	4Q**185** 1-2ii3
וכול ימיכה בני לאלהים הי[ה ז]כר[	(XIX)	4Q**200** 2,3
]וכארך ידכה בני היה[עושה	(XIX)	4Q**200** 2,6
אם יהיה לכה בנ[י רוב	(XIX)	4Q**200** 2,7
ויומר רעואל לטוביה בני / חך אתי	(XIX)	4Q**200** 4,6
ל]קרת בנו עד ◦[	(XIX)	4Q**200** 5,1
]◦ בני [	(XIX)	4Q**200** 5,6
הודו לו בני ישר[אל לפני] / [הגוים]	(XIX)	4Q**200** 6,7
דברי תודת טובי וימ]ות בשלום בן[	(XIX)	4Q**200** 7ii4
והו]א בן שמונה וחמש[ים	(XIX)	4Q**200** 7ii5
וכאשר היתה רחל לוא ילדה בנים ◦◦[	(XXII)	4Q**215** 1-3,9
ויהי בשנה הראשונה]לצאת בנ[י ישראל]	(XIII)	4Q**216** I,4
]בני [	(XIII)	4Q**217** 8,3
והנא אני בן שתים[ושבעים ומאת שנה	(XIII)	4Q**219** I,13
הישר בני בשל[ום יחזק] / [אתכה אל ע]ליון	(XIII)	4Q**219** II,31
ואתה / צו את בני [ישראל לשמור את הדבר	(XIII)	4Q**221** 4,3
וחמה] / בעת [א]שר ראה את בנו	(XIII)	4Q**221** 5,2
ויצאו שמעון ובנימין וחנוך] בן רוב[ן למערב]	(XIII)	4Q**221** 6,4
]◦◦ את בני ישרא[ל	(XIII)	4Q**221** 8-9,1
א]ת בני ישר[א]ל כאש ר על[	(XIII)	4Q**221** 8-9,2
ואלוהי יצחק ואלוהי י]עקוב ב[ני התמים	(XIII)	4Q**223-224** 2ii13
ויאמר לו]אין לבני הא[דם] / [ולנ]חשים	(XIII)	4Q**223-224** 2iv3
ואתה תשנאני אותי ואת]בני ע[ד] / [עול]ם	(XIII)	4Q**223-224** 2iv5
[עמכה שלום הכרת אתה ונכ]רתים בניכה	(XIII)	4Q**223-224** 2iv12
א[ז]אמר לבניו / [ולעבדיו	(XIII)	4Q**223-224** 2iv14
ואז יצאו]בני יעקוב[המה ועבדיהם	(XIII)	4Q**223-224** 2iv20
]נה בניו בקש◦◦[	(XIII)	4Q**223-224** 52,2
ויולד בן אח[רי]כן / [לאברה]ם ויקרא את	(XIII)	4Q**225** 2i8
קח את בנכה את ישחק את יחיד[כה	(XIII)	4Q**225** 2i11
] / את בניו מן הארץ	(XIII)	4Q**225** 2ii6
כי יהושע ב]ן נון הוא עובר	(XIII)	4Q**226** 4,1
א]רץ אל תוך בני האדם ויעד על כולם	(XIII)	4Q**227** 2,3
]בני לוי ועם האר[ץ	(XXXVI)	4Q**247** 5
ו]בכן יאכלו[את] / [בשר בנ]יהם ובנותי[ה]ם	(XXXVI)	4Q**248** 4
תכלינה] / כל אלה ישובו בני[ישראל	(XXXVI)	4Q**248** 10
ובן שנא[יעבר על הפק]ודים	(XXXVI)	4Q**249**e 1i-3,6
וידע את אשר עשה / לו בנו הקטן	(XXII)	4Q**252** II,6
ולוא / קלל את חם כי אם בנו	(XXII)	4Q**252** II,7
כי ברך אל את בני נוח ובאהלי שם ישכון	(XXII)	
בן מאה ואר[ב]עים שנה תרח בצאתו	(XXII)	4Q**252** II,8
תמנע היתה פילגש לאליפז בן עשיו	(XXII)	4Q**252** IV,1
]שני בני היצהר אשר[	(XXII)	4Q**254** 4,2
]הכל רוחות בני איש / [	(XXVI)	4Q**255** A,4
ולשנוא כול]בני חשך	(XXVI)	4Q**256** I,9
והלויים מספרים את ע]וונות בני י[שראל	(XXVI)	4Q**256** II,6
את מעשיהם בתורה על פי בני אהרון	(XXVI)	4Q**258** II,1
יטהרני מנדת אנוש וחטאת ב]ני א[דם]	(XXVI)	4Q**258** XIII,2
ול]שקול את בני הצדק לפי ר[ו]חמה	(XXVI)	4Q**259** III,10
יטהרני מנדת א]נוש וחטאת בני אדם	(XXVI)	4Q**264** 2

ויאמר יהוה אלי בן[אדם אמ]וֹרׄ להםׄ[(XXX) 4Q385 3,4
הלא ממהרים הימים למען יירשו בני ישראל (XXX) 4Q385 4,3
]לׄ[ ]וֹבני ישראׄ[ל (XXX) 4Q385a 12,6
את הכהנים / [החרים]וֹבׄני ישראל ויביאם בבל (XXX) 4Q385a 18ia-b,6
דבר אל] / בני ישראל ואל בני יהודה ובנימים (XXX) 4Q385a 18ii7
דבר אל] / בני ישראל ואל בני יהודה ובנימים (XXX)
וגם מן בׄ[ני] / [הברית ו]עׄרב יפולו בשעׄרׄ[י (XXX) 4Q385b 1,4
]עמו מבני ישראׄ[ל (XXX) 4Q385c F,2
אני אראה א]ת בני ישראל וידעו / [כי אני יהוה (XXX) 4Q386 1i3
ויאמר אלי התבונן / בן אדם באדמת ישראל (XXX) 4Q386 1ii2
ויאמׄר יהוה בן בליעל יחשב לענות את עמי (XXX) 4Q386 1ii3
ואת בני אוציא ממף ועל ש[א]רם אהפך (XXX) 4Q386 1ii6
ובׄנׄיׄ ישראל זעקים / [מפני על כבד בארצות (XXX) 4Q387 2ii10
ו[ז]עׄקו[ ]בׄני ישראל לאלהים[ ]◦◦[(XXX) 4Q387 4i3
]ואל בן נׄ[כר (XXX) 4Q387a 4,7
] / בנׄךׄ[(XXX) 4Q388a A,1
י]רמיה בן חלקיה מארץ מצר[ים (XXX) 4Q389 1,5
] ואת בניהם הבאתי אל ה[ארץ (XXX) 4Q389 2,6
ובני ישראל / [זעקים מפ]ני על כבד בארצות (XXX) 4Q389 8ii2
וא]שוב[ונתתים]ביד בני אהר[ון (XXX) 4Q390 1,2
ומשלו בני אהרון בהמה ולא יתהלכו[בדר]כי (XXX) 4Q390 1,3
ובבני[נכר]יׄחׄלׄלׄ[ו]אׄת זר[ע]ם (XXX) 4Q390 2i10
]בׄניהם / [(XXX) 4Q390 2i12
]בׄנׄיׄ יׄשׄרׄאׄל לׄ[(XIX) 4Q391 36,5
]נפשות בניכמ וׄ◦ [ ]◦ אׄובדות[(XIX) 4Q391 55,4
]וׄיׄשׄא בׄנימ לׄ[(XIX) 4Q391 77,4
ב]שמים / ממעל ולחקר דרכי בני האדם (XXIX) 4Q392 1,4
בׄין האור / לחשך כי לבני[אד]םׄ (XXIX) 4Q392 1,6
וצמאון[כלכלנו] / [כא]ב לבׄנׄוׄ (XXIX) 4Q392 6-9,5
כי לבני / [אהרן]ראואי [להיות (X) 4Q394 3-7i19
והמה ב[ני זרע] / קדש משכתוב קודש ישראל (X) 4Q396 1-2iv4
ובני אהרון ק[דושי קדושים] (X) 4Q396 1-2iv8
ש]בׄאׄ[ו]ׄ ◦[ ]◦[ ]בׄימי שלומוה בן דויׄד (X) 4Q398 11-13,1
הׄקׄללות / [ש]בׄאׄוׄ בׄימי [יר]וֹבעׄם בן נבט (X) 4Q398 11-13,2
]בני האדם[(XXXVI) 4Q408 1,1
והתבוננו בדרכי אנוש ובפועלות / בני אדׄ[ם (XX) 4Q413 1-2,2
ישפוט על עבודת רשעה וכל בני אמתוׄ יׄרצוׄ לׄ[(XXXIV) 4Q416 1,10
ובני השמיׄ[ם (XXXIV) 4Q416 1,12
והייתה]לוׄ לבן בכור וחמל עליכה כאיש (XXXIV) 4Q416 2ii13
בתכה לאחׄר יפריד ובניכהׄ[(XXXIV) 4Q416 2iv4
] בני שוׄת וספר זכרון כתוב לפניו (XXXIV) 4Q417 1i15
ואתה בן מבין הבט ⟦ ⟧ ברז נהיה (XXXIV) 4Q417 1i18
] / בׄןׄ משכיל התבונן ברזיכה ובאׄוׄש[(XXXIV) 4Q417 1i25
כול רוח ב]שר ובני השמי[ם (XXXIV) 4Q418 2+2a-c,4
]הׄכׄאׄנׄוש הם כי יעצל ובן אדם כי ידמה (XXXIV) 4Q418 55,11
ובני עולה לוא ימצאו עׄוד[(XXXIV) 4Q418 69ii8
וּבׄ[ני] / שמים אשר חיים עולם נחלתם (XXXIV) 4Q418 69ii12
ואתה בן [מבין (XXXIV) 4Q418 69ii15
ונחלתכה בתוך בני אדם[(XXXIV) 4Q418 81+81a,3
] / כול בני חוה (XXXIV) 4Q418 126ii9
]◦בניׄה שלום ובהתהלכמׄהׄ[(XXXIV) 4Q418 172,7
]ויסגר בעד כול בני ע[ולה (XXXIV) 4Q418 201,2
]הׄ בׄנׄ[ ]דׄברׄתוׄ ודׄכׄ◦לׄכׄ[(XXXIV) 4Q418 222,1
להציל את נוח]וׄאת בניו א[שתו ונשי בניו (XIII) 4Q422 II,4
וישליכו את]⟦ ⟧ / [ב]נׄיהם ליוא[ר]◦[(XIII) 4Q422 III,3
]בניו ◦[(XIII) 4Q422 M,3
ובנים[לגרי]םׄ עם כל אזרחים ידבר / [(XXXIV) 4Q423 5,4
חלקכה ונחלתכה בתוך]בני אדם (XXXIV) 4Q423 8,2
אתה ו]בׄנׄיׄכׄה (XXXIV) 4Q423 9,4
]ןׄ ובן יונה יתׄ[י]דו[ ]איש א[(XXXVI) 4Q424 2,4

על שמו לשנים העשר בני יש[ר]אׄ[ל (XIII) 4Q365 12biii13
וידבר מושה את מועדי יהוׄה אל בני ישראל (XIII) 4Q365 23,3
צו את בני ישראל לאמור (XIII) 4Q365 23,4
]כׄול בני יש[ראל (XIII) 4Q365 26a-b,1
שא את רוׄ[א]ש עדת בׄ[ני ישראל] / [למשפחותם (XIII) 4Q365 26a-b,5
מבׄן עשר[ים שנה ומעלה] / [כול יוצא (XIII) 4Q365 26a-b,6
]במספר שמות כול זׄכר מבן חודש ולמׄעׄלׄ[ה (XIII) 4Q365 27,4
[אשר ישכון ש]מׄה הענן יחׄנו בני[ישראל] (XIII) 4Q365 31a-c,6
[יהוה יסעו ב]ני ישראל וׄעׄ[ל פי יהוה יחנו כול (XIII)
[סוסי למטה]דן[עמיאל ב]ןׄ גׄמלי (XIII) 4Q365 32,1
למטה גד] / [ג(א)ואל ב]ןׄ מיכי (XIII) 4Q365 32,2
למטה אשר סׄתׄור בן מׄי[כאל (XIII)
וידבר מושׄה[א]לׄ בׄנׄיׄ[ישראל (XIII) 4Q365 35ii3
גלעד בן מכיר בן מנשה ממשפחות] / בני יהוספ (XIII) 4Q365 36,4
]בני ישראל וביום הבכורים / [(XIII) 4Q365a 2i2
] / בןׄ[(XIII) 4Q365a 5ii3
ויאמר משה]אׄל בני ישראל ככל אשר צוה יהוה (XIII) 4Q366 4i8
ושמחת בחגך אתה ובנך (XIII) 4Q366 4i10
כבש בן] / שנתו לעלה ובׄ[ן י]וׄנׄה או תׄ[ר (XIII) 4Q367 1a-b,9
צוה יהוה ⟦ ⟧ את]משה אל בניׄ / [ישראל (XIII) 4Q367 3,13
ויזנו א]ת בניך אחריׄ אׄלוהיהם (XXVIII) 4Q368 2,8
]לאׄהׄרון ולאלעזר בנו והפשׄטׄתׄ[ה] / [(XXVIII) 4Q368 5,5
וירד דור ששי וחנוך] בׄנׄוׄ חנוך דור שביע[י] (XIII) 4Q369 1i10
אור עולמים ותשימהו לכה בן בכוׄ[ר (XIII) 4Q369 1ii6
]לו חוקים צדיקים כאב לב[ן (XIII) 4Q369 1ii10
] ישראל על בנ[י (XXVIII) 4Q371 8,2
]כול בני[(XXVIII) 4Q371 9,2 .
] / בני יעקב וישעירו בדׄברי פיהם (XXVIII) 4Q372 1,13
וׄבכל זה יוסף [נתן] / ביד בני נאכר (XXVIII) 4Q372 1,15
ופתח פיהו על / כל בני אהביך (XXVIII) 4Q372 1,21
] / [ב]נׄיהם אשר כרת עם יעקב (XXVIII) 4Q372 3,9
זמרי בן סלוׄא וחמשת מלכי מדין נהרגו[(XXVIII) 4Q372 3,12
]כל בניו ◦[ ] (XXVIII) 4Q372 5,2
]◦יו ולכל בני ל[וי (XXVIII) 4Q372 17,2
פ]רׄ בן בקׄר ואיל [ ] (XIX) 4Q376 1i2
ב[י]ן אׄיש לרעהו ובין אׄב לבׄנׄוׄ וׄבׄיׄןׄ איש לׄגׄרׄ[ו (XXVIII) 4Q377 1i6
]לׄ המאספ מבן עׄשרים שנה / [(XXVIII) 4Q377 2i6
ב]נׄותיך לבניהם ⟦ ⟧ / [(XXII) 4Q378 3i2
] דׄ[ ]מׄה וכׄאב לבׄנׄוׄ ידׄבׄרׄ[ ] (XXII) 4Q378 6i8
]ויבכו בני[ישראל את מושה בערבת מואב] (XXII) 4Q378 14,1
[ויתמו ימי בכי]אׄבל מושה ובני יש[ראל (XXII) 4Q378 14,3
]בׄני / [(XXII) 4Q378 16,1
] {{בבני יעקב (XXII) 4Q379 22ii13
] / אשר לכל ב[נ]י ישראל [(XI) 4Q380 1ii3
עזך לעבדך] והושע לבן אמתך (XI) 4Q381 15,2
לך] אלהי ומי בבני האילים ובכל / [(XI) 4Q381 15,6
]בׄנׄיׄךׄ בׄיׄ מׄן [(XI) 4Q381 19i1
וׄ[תתן רחמיך] / לבן אמתך וחסדיך (XI) 4Q381 33+35,5
ת]לׄמד בׄנׄיׄךׄ[(XI) 4Q381 42,1
]בׄניך מן ◦[(XI) 4Q381 48,2
]ם לבני אדם כיצר מחשב[ות לבם (XI) 4Q381 76-77,2
]שריה בׄן ◦[(XIII) 4Q382 5,3
]אׄלׄ [ ] בן איׄ[זבל (XIII) 4Q382 5,4
אלי]שע בן שׄ[פט (XIII) 4Q382 30,4
]בׄן אדׄ[ם] וׄקׄםׄ אׄ◦[(XIII) 4Q382 40,1
]בׄנׄיׄ[(XIII) 4Q382 78,1
]בׄןׄ[(XIII) 4Q382 101,1
] בני אׄ[(XIII) 4Q382 118,1
אני אראה[ ]את בנׄיׄ ישראל וידעו כי אני יהוה (XXX) 4Q385 2,4
[ויאמר]בן אדם הנבה על העצמות (XXX) 4Q385 2,5

וכול בני עולה לוא יתכלכלו	(VII)	4Q511 1,8
]מבני אדם ומסוד[בשר	(VII)	4Q511 26,3
]◦ לאדם ולבנ[יו	(VII)	4Q511 52-59,2
] / בעלות לבני הנכר ולכול הזנות	(VII)	4Q513 2ii2
] / [וא]ת בני ישראל [	(VII)	4Q513 10ii2
] / מבני אה[רון	(VII)	4Q513 10ii8
]ת בני ישראל / [	(VII)	4Q513 11,2
] / נכון באים אבות על בנים א[שרי ?	(XXV)	4Q521 2iii2
] / בנ[י תמ]ותה ופתח[קברות	(XXV)	4Q521 7+5ii8
כי הנה בן נולד לישי בן פרץ בן יה[ודה	(XXV)	4Q522 9ii3
כי הנה בן נולד לישי בן פרץ בן יה[ודה	(XXV)	
בן נולד לישי בן פרץ בן יה[ודה בן יעקוב	(XXV)	
ובנו הקטן[הואה יבננו	(XXV)	4Q522 9ii6
לו]א יכרת לו [איש] יושב מבניו [על] כס[א	(XXV)	4Q524 6-13,1
ימים רבים על מלכותו הואה ובניו אחרי[ו	(XXV)	4Q524 6-13,3
ו]כ[ול ב]נ[י]יש[ראל ישמעו ויראו	(XXV)	4Q524 14,1
[ויקלל את ע]מו את בני ישראל[	(XXV)	4Q524 14,4
בן אביהו]או בן אמו[כי נדה היאה	(XXV)	4Q524 15-22,3
לוא יקח איש את אשת]בנ[ו כי תועבה היאה	(XXV)	4Q524 15-22,5
] בן [	(XXV)	4Q524 27,1
ו]עתה בנים ש[מעו מוסר ? וא]ל תסור[ו	(XXV)	4Q525 2ii+3,12
לז[רים חל]קכמה וגורלכמה לבני נכר	(XXV)	4Q525 5,8
ועתה] ה[ק]שיבו לי כול בני ה[	(XXV)	4Q525 10,3
ב]ני בל[יעל	(XXV)	4Q525 25,2
(ת)ק]בוץ[יר]איך ב[ני ?]ישראל אש[ר	(XXV)	4Q528 3
ב]ני האדם / [	(XXV)	4Q577 7,4
פתל]מיס בנו[	(XXV)	4Q578 3
]בחרתה מבני א[לי]ם ו◦[	(III)	5Q13 1,6
] לבני[	(III)	5Q13 7,3
] לבני אהרון [	(III)	5Q20 1,2
]י בני יעקוב[	(III)	5Q25 3,2
]בני[	(III)	6Q9 41,2
] / מבני פינחס וש[	(III)	6Q13 4
ישוע] / בן יוצדק אשר[	(III)	6Q13 5
]מר בן ישחק [	(III)	6Q18 2,7
האיש הזה אשר הוא מבני ה◦[	(III)	8Q5 1,2
כמקריב עתודים ובני בקר / כמדשן מזבח	(IV)	11Q5 XVIII,8
יגילו בניך בקרבך וידידיך	(IV)	11Q5 XXII,7
ויתן לי / ובני אדם מה יוסיף אומ[צם]	(IV)	11Q5 XXIV,15
יהי דויד בן ישי חכם ואור כאור השמש	(IV)	11Q5 XXVII,2
הללויה לדויד בן ישי קטן הייתי מאחי	(IV)	11Q5 XXVIII,3
וצעיר מבני אבי וישימני / רועה לצונו	(IV)	
ומושל בבני / בריתו	(IV)	11Q5 XXVIII,11
[את כול]בני בל[יעל אמן אמן] סלה [	(XXIII)	11Q11 VI,3
]ותלד לו בן ויקרא את שמ[ו שת]	(XXIII)	11Q12 1,5
ויקרא את שמה כמו שם ב]נו חנוך	(XXIII)	11Q12 1,10
ותלד לו ב]ן בש[נה] / [השלישית	(XXIII)	11Q12 2,1
לכפר בו על כול בני [אור ו]אנש[י]גורל	(XXIII)	11Q13 II,8
]כול בני אל	(XXIII)	11Q13 II,14
וערכו הכוהנים בני / [אהרון את הנרות		11Q19 IX,13
איל אחד כבשים בנ[י שנה שבעה תמימים		11Q19 XIV,12
] / מבן עשרי[ם] שנה ומעלה יעשו אותו		11Q19 XVII,8
ואיל וכבשים בני שנה שבעה / תמימים		11Q19 XVII,13
וישמחו בני ישראל לפ[ני] יהוה		11Q19 XXI,8
שמן חדש ממשבות / [מ]טות ב[ני יש]ראל		11Q19 XXI,15
כבשי]ם ב[ני שנה] ארבעה עש[ר ומנחתמה		11Q19 XXII,3
ושחטו בני לוי א[ת		11Q19 XXII,4
אחר יוציאום אל בני ישראל		11Q19 XXII,11
ונתנו בני ישראל לכוה[נ]ים / איל אחד		
מ]טה ומטה [ש]נים עשר בני יעקו[ב		11Q19 XXIII,7
]◦ראג לכ[ו]ל חסרי הון בני צדק[	(XXXVI)	4Q424 3,10
חס[דיו והמון] / רחמיו לכול בני אמתו	(XXIX)	4Q427 7ii14
ולבוא ביחד עם] / בני שמים	(XXIX)	4Q427 7ii18
וצאצאינו]הודעתה עמ בני איש בתוכ בני אדם	(XXIX)	4Q427 8i11
וצאצאינו]הודעתה עמ בני איש בתוכ בני אדם	(XXIX)	
]לבני ◦◦[	(XXIX)	4Q428 19,1
בשביבי נוגהו יבערו כל ב]נ[י עול[ה	(XXIX)	4Q429 4i5
] / עשיתה להם נגד בני אדם ותצילם למענך[	(XXIX)	4Q434 1ii2
]ים ומן בני סוד◦[	(XXIX)	4Q443 1,8
]באברהם בן[תרח	(XIX)	4Q464 1,1
]◦ היו בני חמש עשרא[שנה	(XIX)	4Q464 7,1
בני]עול ובני צד[ק	(XIX)	4Q468b 5
]בני גלעד / [	(XXXVI)	4Q468f 1
] / בני קטורא פלטת[	(XXXVI)	4Q468g 4
]צר לבני הרע השיבונו / [	(XXXVI)	4Q468i 3
]ולבנך ◦[	(XXXVI)	4Q469 10,3
]כול איש מאחיו מבני / [אהרון	(XXXVI)	4Q471 1,2
]ם ש[ ]בן ◦◦◦◦◦ב ל◦◦[	(XXXVI)	4Q474 1
שמח]ה בבן אהוב ל[א]ב[י]ו[ ]על כול[אחיו	(XXXVI)	4Q474 2
השת]בח בבן ידיד[	(XXXVI)	4Q474 3
ל]שא[ו]ל את יהוה כיא[י]ת[ן לה]בן[אחר	(XXXVI)	4Q474 4
[וישראל יהיה לו ?]לבן אהוב	(XXXVI)	4Q475 7
ו]את יוחנן בן אר[	(XXXVI)	4Q477 2ii3
ואת חנניה בן שמ[עון הוכיחו	(XXXVI)	4Q477 2ii9
]לבני יש[ראל	(XXII)	4Q481d 5,2
מב]ן עשרים [ש]נה [ו]מעלה לה[	(VII)	4Q491 4,2
מ]עליכה יפוצו כול בני חושך ואור גודל[כה	(VII)	4Q491 8-10i14
עם אלים אחש[ב ו]כבודיא עם בני המלך	(VII)	4Q491 11i18
ובהתאזר בליעל לעזרת] / [ב]ני חושך	(VII)	4Q491 11ii9
בנ]י אמת ולהסיג לב נמס	(VII)	4Q491 11ii15
] ובתהל[ה] יחד עם בני אלים[	(VII)	4Q491 24,4
והכוהנים בני אהרון יעמודו לפני [ה]מערכות	(VII)	4Q493 1
מאמ]צת לבב ב[ני] / [	(VII)	4Q496 1-2,6
] כול [ל]בני חושך	(VII)	4Q496 3,7
ובני [צדק	(VII)	
יל]חמו בב[נ]י אשמעל וק[טורה	(VII)	4Q496 13,1
כו]ל בני יפת במושב[ותיהם	(VII)	4Q496 13,4
]בני[	(VII)	4Q499 30,2
לזרים נחלתנו ויגיענו לבני נכר	(VII)	4Q501 1
זכור בני בריתכה השוממים / [	(VII)	4Q501 2
הביטה וראה חרפת בני / [עמכה	(VII)	4Q501 5
במצוותיכה ואל יהיה זרעמה מב{{ני ב}}רית	(VII)	4Q501 7
]ם לבני צד[ק	(VII)	4Q502 1,10
]ה אל ישראל אשר צוה לבני [	(VII)	4Q502 14,4
]ת בנים וב[נות] כבו[ ] [	(VII)	4Q502 14,6
]◦ על כול בני[	(VII)	4Q502 48,2
]בני [	(VII)	4Q502 181,2
]ל לבנ[	(VII)	4Q502 222,1
] בנ[	(VII)	4Q502 234,1
]לבני[	(VII)	4Q502 267,2
]◦ת בניהם [	(VII)	4Q502 308,1
ואנו]בני בריתכה נהלל[ה שמכה]	(VII)	4Q503 7-9,3
אל]ים אשר[ע]ם בני צדק וצדק[	(VII)	4Q503 48-50,8
ב]ני יש[ראל	(VII)	4Q503 79,4
ולכבודכה ברתנו ובנים / שמתנו לכה	(VII)	4Q504 1-2iii4
כיא קרתה / [לי]שראל בני בכורי	(VII)	4Q504 1-2iii6
ותיסרנו כיסר איש את / בנו	(VII)	4Q504 1-2iii7
]בנים קראתנ[ו	(VII)	4Q505 126,2
]◦ לבני יה[ודה	(VII)	4Q509 183,7
ותעודות תעניות בני או[ר]	(VII)	4Q510 1,7

כֵּן יעשה לעולת **בני** יהודה אחר הלויים	11Q**19** XXIV,11
יעשה עולת **בני** יְהֻוסף יחד אפרים ומנשה	11Q**19** XXIV,13
כבשי]ם **בּ**[**ני**] שנה שבעֹ[ה תמימים	11Q**19** XXV,5
איל אחד כבשים **בני** שנה שבעה	11Q**19** XXV,13
כול עוונות **בני** ישראל עם / כול אשמתמה	11Q**19** XXVI,11
] / על ֻכולֻ **בּנֹי** ישראל ונסלח להמהֹ[	11Q**19** XXVII,2
ונרצתה ה[ע]ולה ל**בני** ישראל חוקות עולם	11Q**19** XXVII,4
כבשים **בני** שנה ארבעה עשר	11Q**19** XXVIII,10
המשפט הזה / תמיד מאת **בני** ישראל	11Q**19** XXIX,5
והקטירו הכוהנים **בני** אהרון	11Q**19** XXXIV,13
] / [א]תֹ זבחׄי שלמי **בני** ישראל	11Q**19** XXXVII,5
ולוֹא [י]תע[רבו] זבחׄי / שלמי **בני** ישראל	11Q**19** XXXVII,12
העוף ולתורים ל**בני** היונהֹ [	11Q**19** XXXVIII,10
]◦◦סה דור רבי[עי] **בן** / יׄשׂרׄאׄל [	11Q**19** XXXIX,5
]להשתחוות לפני כול עֹ[ד]ת **בנֹי** / ישׂראׄל [	11Q**19** XXXIX,6
אחר יבואו מ**בן** / עשריֹם [שנה ומעלה ?	11Q**19** XXXIX,10
על שמֹ[ות] / **בני** ישׂ[ר]אל שמעֹון לוי ויהודה	11Q**19** XXXIX,12
]**בני** ישראל ולוא ימ[ותו	11Q**19** XL,3
לנשיאים לראשי בתי האבות ל**בני** ישראל	11Q**19** XLII,14
ושמאולו ל**בני** אהרון אחיכה	11Q**19** XLIV,5
ול**בני** יהודה משער יהודה עד / הפנה	11Q**19** XLIV,7
ול**בני** שמעון משער שמעון עד הפנה	11Q**19** XLIV,9
ול**בני** ראובן / מן המקצוע	11Q**19** XLIV,10
מן המקצוע אשר אצל **בני** יהודה	11Q**19** XLIV,11
ומשער / ראובן עד שער יוסף ל**בני** יוסף	11Q**19** XLIV,13
משער יוסף עד שער בנימין ל**בני** קהת	11Q**19** XLIV,14
לבני קהת מ{{ב}}נ{{י}} הלויים	
משעֻרֻ בנימין עד פנת המערב ל**בני** בנימין	11Q**19** XLIV,15
הפנה / הזאת עד שער יששכר ל**בני** יששכר	11Q**19** XLIV,16
כי אני יהוה שוכן בתוך **בני** ישראל לעולם ועד	11Q**19** XLV,14
יהיו עולים **בני** ישראל אליו / לבוא אל מקדשי	11Q**19** XLVI,7
בנים אתמה / ליהוה אלוהיכמה	11Q**19** XLVIII,7
והזהרתמה את / **בני** ישראל מכול הטמ{{ו}}אֻוֻת	11Q**19** LI,6
כי אני יהוה שוכן / בתוך **בני** ישראל	11Q**19** LI,8
שור ושה אותו ואת **בנו** לוא תזבח ביום אחד	11Q**19** LII,6
ביום אחד ולוא תכה אם / על **בנים**	11Q**19** LII,7
למען / ייטב לכה ול**בנ**יכה אחריכה	11Q**19** LIII,7
ואם ישיתכה אחיכה **בן** אביכה או בן אמכה	11Q**19** LIV,19
אחיכה בן אביכה או **בן** אמכה או בנכה	
בן אמכה או **בנ**כה או בתכה / או אשת חיקכה	
יצאו אׄנשׁ[י]ם [ב]**נׄי** [בלי]על מקרבכה	11Q**19** LV,3
יום אשר ימליכו אוׄ[תו את ראוש] **בני** ישראל	11Q**19** LVII,2
מ**בן** / עשרים שנה ועד בן ששים שנה	
מבן / עשרים שנה ועד **בן** ששים שנה	11Q**19** LVII,3
ועל פיהו יבוא הוא וכול **בני** ישראל	11Q**19** LVIII,19
לוא יכרת לו איש יושב מ**בני**ו על כסא מלכות	11Q**19** LIX,17
ימים רבים על מלכותו הוא ו**בני**ו אחריו	11Q**19** LIX,21
ולדגים אחד מן המאה / ומ**בני** היונה	11Q**19** LX,9
ולכוהנים / אחד מן המאה מן **בני** היונה	11Q**19** LX,10
ולברך בשמי הוא וכול **בני**ו כול הימים	11Q**19** LX,11
לוא ימצא בכה מעביר **בנו** ובתו / באש	11Q**19** LX,17
ונגשו הכוהנים **בני** לוי כי בהמה בחרתי	11Q**19** LXIII,3
כי יהיה לאׄישׁ **בׄנׄ** סׄוׄרׄר ומורהׄ/ומוררׄ	11Q**19** LXIV,2
ואמרו אל זקנׄי עירו **בנ**נו זה סורׄר / ומורר	11Q**19** LXIV,4
וכול **בני** ישראל ישמעו ויראו	11Q**19** LXIV,6
ויקלל את עמו‹‹ו››את **בני** ישראל	11Q**19** LXIV,10
לוא תקח את האם על ה**בנים**	11Q**19** LXV,4
ואת ה**בנים** / תקח לכה ל[מ]ען ייטב לכה	
ולוא יגלה כנף אחיהו **בן** אביה או בן אמו	11Q**19** LXVI,13
בן אביה או **בן** אמו כי נדה היא	

וכבשים] / **בׄנׄי**[שנה שבעה	(XXIII)	11Q**20** III,2
וכבש]ים **בני** שנה שבעה ושעיר / [עזים אחד	(XXIII)	11Q**20** IV,7
וזר]קֹו ֻהכוהניםֻ **בני** אהֹ[רון את דמם]	(XXIII)	11Q**20** V,25
וישמחו] / כׄול [**ב**]**נׄי** ישראל	(XXIII)	11Q**20** VI,9
ולוא יתע]רׄבו זבחי שלמי **בני** ישׂ[ראל]	(XXIII)	11Q**20** X,3
]ל**בני** / [	(XXIII)	11Q**20** XI,12
יהיו עולים]**בׄנׄי** ישׂ[ראל א]ליו	(XXIII)	11Q**20** XII,20
]**בני** הֹ[	(XXXIII)	PAM 43.666 18,1
]כֹ**בֹנ**ינו / [	(XXXIII)	PAM 43.683 49,1
]◦ **בן** ברֹ[	(XXXIII)	PAM 43.684 75,2
]םֹ מ**בנֹי**[	(XXXIII)	PAM 43.685 53,1
בת]וׄךׄ **בני** ישׂ[ראל	(XXXIII)	PAM 43.691 43,2
] / בירחו נתן חני **ב**[**ן**	(XXXVI)	KhQ**1** 2
] / לאלעזר **בן** נחמֹני[	(XXXVI)	KhQ**1** 3
] / [יהוס]ף **בנ** נתן[	(XXXVI)	KhQ**2** 3
] / [**ב**]ניו מעין[	(XXXVI)	KhQ**2** 4

Ben Rabbah proper noun **בֶּן רַבָּה**

בנפש **בן רׄבׄהׄ** השׁׄלׄשׁׄי עשתות / זהב 100	(III)	3Q**15** I,5

to build verb **בנה**

ו**יבן** להם בית נאמן בישראל		CD III,19
נבנתה הגדר רחק החוק		CD IV,12
בוני החיץ אשר הלכו אחרי צו		CD IV,19
ובכל אלה לא הבינו **בוני** החיץ וטחי התפל		CD VIII,12
ובשנאו את **בוני** החיץ חרה אפו		CD VIII,18
ובכל אלה לא הבינו **בוני** / החיץ וטחי תפל		CD XIX,24
ושונא מתעב אֹל את **בוני** החיץ		CD XIX,31
הוי / **בונה** עיר בדמים ויכונן קריה בעולה		1QpHab X,6
מטיף הכזב אשר התעה רבים / ל**בנות** עיר שוו		1QpHab X,10
]◦ הוא ו**תבן** בעׄזׄר את ◦◦[		1QH^{a} VI,29
ל[נ]סׄות אבני בחן ל**בׄנׄוׄתׄ**[חומת] / עוז		1QH^{a} XIV,26
לוא **תבנה** אתהנה גזית כי חרבכה[	(V)	4Q**158** 7-8,8
וׄ[אשר] הכינו ל**בנות** לו עדת[	(V)	4Q**171** 1+3-4iii16
ויואמר ל**בנות** לוא מקדש אדם	(V)	4Q**174** 1-2i6
[וה]גׄידׄ לכׄה יהוה כיא בית **יבנה** לכה	(V)	4Q**174** 1-2i10
ויאמר ארור היש אשר **יבנה** את העיר הזות	(V)	4Q**175** 22
ושבו ו**בנו** את / [העיר הזות	(V)	4Q**175** 25
עד אש]רׄ **יבנה** מקדשי / [בתוכם	(XIII)	4Q**216** IV,7
ולכול מלׄאכ[ת] / [הב]ית אשר **תבנו** לי בארץ	(XIII)	4Q**365** 23,6
וחברון שׁ[בע] / [שנים **נבנ**]**תה** לפני צען מצרים	(XIII)	4Q**365** 32,12
]◦ה את הבית אשר **תבנה**[	(XIII)	4Q**365**a 3,1
תב]**נׄה** את הקיר שבע א[מות	(XIII)	4Q**365**a 3,3
הנו]תׄן לו שכל להבין ל**בנות** ◦[	(XXVIII)	4Q**372** 2,5
ויאמר] / אׄ[רור הא]יׄשׁ אשר **יב**[**נ**]**הׄ** את [העי]ר	(XXII)	4Q**379** 22ii8
ושבו ו**בנו** אׄ[ת] / [העיר ה]זאת	(XXII)	4Q**379** 22ii11
מארץ שבים ל**בנות** / את המקדש	(XXX)	4Q**390** 1,5
נ]שנאתה כאשר היתה לפני ה**בנות**ה[	(XIX)	4Q**462** 1,18
]יׄקב תירושכה [**ב**]**נׄוׄי** באבניׄ[	(VII)	4Q**500** 1,3
ויהיה עם לבבו] / ל**בנות** ֻאתֻ הבית	(XXV)	4Q**522** 9ii5
ארזים וברושים יביׄא[מ]לׄבנון ל**בנות**ו	(XXV)	4Q**522** 9ii6
בנה נפשי ואל תמגרה	(IV)	11Q**5** XXIV,5
לשבוע הריאשון ליובל החמי]שי **נבנו** הבתים	(XXIII)	11Q**12** 1,9
ועשיתה את המזבח אבני]ם **בנוי** כולו / [א]בֹנ[ים		11Q**19** XII,10
]בבית אשר **תבנה** [לשמ?]י/ו / עלי◦[		11Q**19** XXX,4
תבנ?]**ה** בֹין ◦◦◦◦[		11Q**19** XXXVII,3
ונשכות **בנוית** וחדריהמה ופרוריהמה		11Q**19** XLII,9
אבני משכיות להשתחות עליהמה ו**בונים** להמה		11Q**19** LI,21
והיתה לתל עולם לוא **תבנה** עוד		11Q**19** LV,10
כי **תבנה** בית חדש / ועשיתה מעקה לגגו		11Q**19** LXV,5

PAM 43.684 84,1 (XXXIII)]◦ו **בוניה** ◦[

Bene-jaakan proper noun **בְּנֵי יַעֲקָן**

4Q**364** 27,3 (XIII)] / [ובני ישראל נסעו] מבארות **בני יעקן**

Benyaban (?) proper noun **בניבן**

4Q**341** 6 (XXXVI)]לגוס **בניבן** בסרי גדי / דלוי הלכוס הרקנוס

building noun **בִּנְיָה**

3Q**14** 3,2 (III) ו]**בנית** משכנ[י

4Q**424** 1,3 (XXXVI)] חיץ יבחר **לבניתה** ותפל טח קירו

4Q**429** 4ii9 (XXIX) לעשות אבני בחן] / **לב[ני]ת** עוז

בֵּנַיִם ← בֵּינַיִם

בִּנְיָמִים ← בִּנְיָמִין

Benjamin proper noun **בִּנְיָמִין, בִּנְיָמִים, בִּנְיָמִן**

1QM I,2 בני לוי ובני יהודה ובני **בנימין** גולת המדבר

4Q**364** 11,2 (XIII) **ולבנימים** נתן שלוש[מאות כסף וחמש חליפות

4Q**372** 1,14 (XXVIII) ללוי וליהודה **ולבנימן** בדבריהם

4Q**377** 2i4 (XXVIII) למ]טה **בנימין** רפיה / [

4Q**385**a 18ii7 (XXX) בני ישראל ואל בני יהודה **ובנימים**

4Q**387**a 5,1 (XXX)] **בנימין** ◦[

11Q**19** XXIV,12 וביום השני יעשה עולת **בנימין** לראישונה

11Q**19** XXXIX,12 [ר]אובן יוסף **ובנימין** לנגב / דרום

11Q**19** XLIV,14 ומשער יוסף עד שער **בנימין**

11Q**19** XLIV,15 ומשער **בנימין** עד פנת המערב לבני בנימין

ומשער בנימין עד פנת המערב לבני **בנימין**

בִּנְיָמִן ← בִּנְיָמִין

building noun **בִּנְיָן**

11Q**19** XXXIII,9 ו[כ]ול **בנינו** ומקרותיו כבית הכיור

בֹּסֶר ← בּוֹסֶר

בָּסָר ← בָּשָׂר

Basri (?) proper noun **בסרי**

4Q**341** 6 (XXXVI)]לגוס בניבן **בסרי** גדי / דלוי הלכוס הרקנוס

because of, for subordinating conjunction **בַּעֲבוּר**

CD I,18 **בעבור** אשר דרשו בחלקות ויבחרו במהתלות

CD XII,7 לשפוך דם לאיש מן הגוים / **בעבור** הון ובצע

וגם אל ישא מהונם כל **בעבור** אשר לא / יגדפו

CD XII,9 ועוף טהורים לגוים **בעבור** אשר לא יזבחום

1QpHab VIII,2 יצילם אל מבית המשפט **בעבור** עמלם

1QpHab VIII,10 ויעזוב את אל ויבגוד בחוקים **בעבור** / הון

1QpHab IX,11 **בעבור** [א]שר הרשיע / על בחירו

1QpHab X,11 ולקים עדה בשקר / **בעבור** כבודה

1QpHab X,12 עמלם לריק **בעבור** יבואו / למשפטי אש

1QM XI,4 הושעתנו פעמים רבות / **בעבור** רחמיכה

1QH[a] V,8 וברזי פלאך ◦[**בע[בור** כבודך ובעומק ◦[

1QH[a] V,16]◦[ ] כם **בעבור** / יספרו כבודך בכול ממשלתך

1QH[a] X,24 על נפשי **בעבור** הכבדכה במשפט רשעים

1QH[a] XII,28 והפלא לנגד רבים **בעבור** כבודכה

1QH[a] XIII,25 **ובעבור** הגד[ילכה] בי ולמען / אשמתם

1Q**69** 10,2 (I)]**בעבור** ◦[

4Q**158** 6,3 (V)] / בא הא[לוהים **ובע[בו[ר]** תהיה י[ר]את[ו

4Q**176** 28,2 (V)] / לי **בעבור** ה[

4Q**215**a 1ii4 (XXXVI) וימח כול רשעם / **בעבור** חס[ד]יו

4Q**267** 4,2 (XVIII)]**בעב[ור**

4Q**267** 9iii2 (XVIII) לשפוך דם לאיש מן הגוים] / **בעב[ור** הון ובצע

4Q**271** 5ii3 (XVIII)] / **ב[עבור**

4Q**274** 1i6 (XXXV) בשבעת / ימיה **בעבור** אשר ל[ו]א תגאל

4Q**298** 3-4ii9 (XX) פתר[י]הם[אספ]ר **בעבור** תבינו בקץ / עולמות

4Q**300** 3,2 (XX)] / **בעבור** ידעו בין ט[וב ובין רע

4Q**387** 2ii3 (XXX) ולא אדרש להם / **בעבור** מעלם

4Q**462** 1,15 (XIX)]מיר לרומם לרשע **בעבור** תקבל טמ[אה/את

4Q**504** 3ii12 (VII)]**ובעבור** נאמין ◦[

4Q**505** 124,3 (VII)]◦ה **ובעבור**[נאמין ◦

behind, through, around, for preposition **בַּעַד-1**

CD II,5 ורוב סליחות / לכפר **בעד** שבי פשע

CD III,18 ואל ברזי פלאו כפר **בעד** עונם

CD IV,7 כפר / אל **בעדם** ויצדיקו צדיק וירשיעו רשע

CD IV,10 לכפר / על עונותיהם כן יכפר אל **בעדם**

CD XIV,14 והשופטים / ממנו יתנו **בעד** [יתו]מים

CD XX,34 וכפר אל **בעדם** וראו בישועתו

1QS VIII,6 וב{{י}}חירי רצון לכפר **בעד** הארצ

1QS VIII,10 והיו לרצון לכפר **בעד** הארצ

1QS X,25 ובערמת דעת אשוכ **בעדה** גבול סמוכ

1QS XI,14 וברוב טובו יכפר **בעד** כול עוונותי

1QM II,5 מקטרת ניחוח לרצון אל לכפר **בעד** כול עדתו

1QH[a] IV,12 פשע] עוון וחטאה ולכפר **בע[ד** עוו]ן ומעל

1QH[a] VII,6] / **בעד**[

1QH[a] X,21 ותשוך **בעדי** מכול מוקשי שחת

1QH[a] XI,18 ויסגרו דלתי שחת **בעד** הרית עול

ובריחי עולם **בעד** כול רוחי אפעה

1QH[a] XIII,14 ואתה אלי סגרתה **בעד** {{ל}}ש{{ו}}ניהם

1QH[a] XIII,33 וישוכו **בעדי** בצלמות ואוכלה בלחם

1QH[a] XVI,11 ואתה[א]ל שכתה **בעד** פריו ברז גבורי כוח

1Q**22** 1iv1 (I)]הם [בעד בני ישר]אל **ובעד** הא[רץ]

1Q**22** 24,1 (I) לכפ]ר **בעד** [

4Q**249**v 2 (XXXVI)]**בעדי**[

4Q**266** 2ii5 (XVIII) ורוב סליחות עמו לכפר] / **בעד** כל שבי פ[שע

4Q**266** 3i1 (XVIII) [כפר אל] **בע[דם** ויצדיקו צדיק וירשיעו רשע

4Q**266** 10i7 (XVIII) והשופטי‹‹ם›› / [ממנו ית]נו **בעד** פצ[ועים

(XVIII) וממנו י]חזקו **בעד**[הע]ני והאביון

4Q**269** 4ii3 (XVIII) [ו]ל[החז]יק **בע[ד** עני ואביון וגר

4Q**299** 8,9 (XX) ה]סגיר **בעד** עד מים לבל[תי

4Q**365** 21,1 (XIII) וכפר בעדו וב]**עד** ביתו[ושחט את פר החטאת

4Q**368** 8,3 (XXVIII)]**בעד** [

4Q**375** 1ii6 (XIX) ושחת אותו וכ]פר **בעד** כול העדה

4Q**400** 1i16 (XI) ויכפרו רצונו **בעד** כול שבי פשע

4Q**400** 3i1 (XI)]**בעד** לרום הפלא / [

4Q**417** 2ii+23,7 (XXXIV)] / לנושה בקה **בעד** רעיכה ות◦◦◦ה כול ח[ייכה

4Q**418** 126ii7 (XXXIV)] / ולסגור **בעד** רשעים ולהרים ראוש דלים [

4Q**418** 150,2 (XXXIV)]**בעד**[

4Q**418** 160,3 (XXXIV)] / **בעד**[

4Q**418** 201,2 (XXXIV)]ויסגר **בעד** כול בני ע[ולה

4Q**418** 286,4 (XXXIV)]**בעד** [

4Q**422** II,5 (XIII) ויס]גור אל **בעדם** [

4Q**425** 1+3,2 (XX)]◦ **בעד** לבו לבלתי ה[

4Q**426** 1ii8 (XX)] / תשוך **בעדי**[

4Q**432** 5,6 (XXIX) ויסגרו דלתי שחת ב]**עד** הר[ית עול]

4Q**432** 5,7 (XXIX) [ובריחי עו]לם **בע[ד** כול רוחי אפעה ⟦ ⟧]

4Q**434** 1i11 (XXIX) שלח ויסך **בעד[ם** ומכו]ל נגע צוה לבלת[י

4Q**491** 1-3,4 (VII)]◦ יכפרו **בעדכמ[ה**

4Q502 301,1 (VII)] בעד[
4Q504 1-2ii10 (VII) כיא כפר מֹושה / בעד חטאתם
4Q511 30,3 (VII)] / אתה אלִי תְּמִתה בעד כולם ואין פותח
4Q525 23,6 (XXV)] / בעדם מדעת חוכמה]
5Q16 1,4 (III)]בֹעד שאול ובאספיו יש[

to inquire, seek verb **בעה-1**
4Q88 VIII,14 (XVI) [נ]אֹמר עליכי חלמת / נֹבֹיים תתבֹעך
4Q164 1,1 (V)]ך כול ישראל כפיך בעוך ויסדתיך בספי[רים
11Q5 XXII,14 (IV) קחי חזון / דובר עליך וחלמות נביאים תתבעך

to graze bare verb **בעה-3**
4Q158 10-12,6 (V) וכי יבעה[
4Q158 10-12,7 (V) כת]בואתו אם כול השדה יבעה מיטב שדהו

Beor proper noun **בְּעוֹר**
4Q175 9 (V) ויאמר נאום בלעם בנבעור ונאם הגבר

grazing animal, cattle noun **בְּעִיר**
4Q366 1,9 (XIII) ושלח את] בעירו ובער בשדה

to master, possess, marry verb **בעל**
CD XIV,9 [ע]ד בן חמשים שנה בעול בכל / סוד אנשים
1QM VI,13 מלומדי מלחמה / ובעולים לשמוע [ק]ולות
4Q381 13,1 (XI)]◦ מֹא בעלֹת ומֹא נאצת ו◦◦[
4Q382 104,3 (XIII) [ו]בעלתם והייתה להם]לאב
11Q19 LXIII,14 אחר תבוא אליה ובעלתה והיתה לכה לאשה
11Q19 LXV,7 כי יקח איש אשה ובעלה ושנאה

owner, husband, partner; Baal noun **בַּעַל-1**
CD III,4 ויכתבו אוהבים / לאל ובעלי ברית לעולם
CD IX,11 ישביע בעליו / בשבועת האלה
CD IX,13 כל אשם מושב אשר אין בעלים
CD IX,15 כל אבדה נמֹצאת ואין / לה בעלים
CD IX,16 אם לא נמצא לה בעלים הם ישמרו
1QH^{a} X,14 ובֹעֹל / [של]ום לכול חוזי נכוחות
1QH^{a} XIII,35 ויהפך לי לחמֹי לריב ושקוי לבעל מדנים
1QH^{a} XV,22 ובעלי / רבי כמוץ לפני רוח
1QH^{a} XV,32 ומה הוא איש תהו ובעל הבל
4Q158 10-12,9 (V) בע]ל הבית לפני האלוהים
4Q158 10-12,12 (V) ולקח בעליו ולוא יש[לם
4Q158 10-12,13 (V) אי[ש מעם] רעהו בהמֹה [ונשבר או מת] בעל[יו
4Q176 8-11,6 (V)]כבעלך עושיך •••• / [צבאות] שמו
4Q179 2,6 (V) [כ]אשה עז[ו]בה כעצובה וכעזובת [בע]ל[ה]
4Q179 2,8 (V) וכל בנותיה כאבלות על על בע[לן
4Q251 16,5 (XXXV)]בֹעל אשר אין לו גואל /]
4Q267 9i6 (XVIII) יש]בֹיע בֹ[על]יו / [בשבועת האלה
4Q417 2i12 (XXXIV) היה בעל ריב לחפצכה ואין ◦[
4Q418 126ii6 (XXXIV)] / משפט להשיב נקם לבעלי און ופקודת ש[
4Q418a 16b+17,2 (XXXIV) ר]וחכה בעל מכון ◦[
4Q418a 22,1 (XXXIV) הי]ה ב[על ריב
4Q423 5,7 (XXXIV) א]יש שכל את בעל אולת ה[
4Q424 3,9 (XXXVI)] / [וה]יא בעל ריב לכול מסיגי גבול [ ]
4Q429 3,9 (XXIX) לחמי / [לריב ו]שק[וי] לבעל מ[דנים
4Q432 12,3 (XXIX) [ומה הוא איש תהו] ובעל [הבל
4Q460 9i9 (XXXVI)]◦ ובעלים כיא לוא לאחר באפרים ילקח
11Q13 II,3 (XXIII) כול בעל משה יד אשר ישה] ברעהו

mistress noun **בַּעֲלָה-1**
4Q169 3-4ii7 (V) טובת חן בעלת כשפים הממכרת גוים בזנותה

4Q513 2ii2 (VII)] / בעלות לבני הנכר ולכול הזונות

Bealoth proper noun **בְּעָלוֹת**
4Q522 9i+10,11 (XXV) וי]הודה את באר שבע [וא]ת בעלות / [את

to burn, ignite verb **בער-1**
CD V,13 כלם קדחי אש ומבערי זיקות
1QS II,15 וקנאת משפטיו יבערו בו לכלת עולמים
1QM XI,10 ונכאי רוח תבעיר כלפיד אש
1QH^{a} XIV,18 בשביבי נוגהו יבערו כול בנֹי עולה
והיה]לאש בוערת בכול אנשי / אשמה
1QH^{a} XVI,30 ויפרח כאש בוער עצור בע[צמי] עד ימימיה
1Q22 1ii9 (I) למה יב]עֹר וחרה אף / [אלוהיכם] בכם
4Q158 10-12,8 (V) ש]לם ישלם המבער את הבערה
4Q172 4,4 (V)]בוערת וגם כ◦[
4Q176 20,3 (V)]ולב◦[ ] ולאיבו להֹבֹער עליהים / [
4Q228 1i6 (XIII)]אש בוערת אוכלת בסוד רשעה / [
4Q302 1ii15 (XX)] / לבֹער א[
4Q302 3iii2 (XX)] / יבערו [
4Q364 26bi5 (XIII)]וההר בוער / [באש
4Q368 10ii8 (XXVIII)] / לבעֹר ושית ולו[ ]ת◦◦ ◦◦ עוֹ[
4Q371 6,4 (XXVIII)] בער[ה]להט ◦[
4Q377 2ii7 (XXVIII)]ךֹ הראנו באש בעורה ממעלה [מ]שמים
4Q381 46a+b,9 (XI) ורוחך ◦◦◦ לה / [ ]◦ ואש בעוֹרֹ[ת
4Q386 1ii10 (XXX)] / כא]ש בערת כ◦[
4Q416 2iii4 (XXXIV) בו פן תכוה [ו]באשו תבער גויתכה
4Q418 172,9 (XXXIV)]◦בער בשדה אחר ישל[ם
4Q433a 3,1 (XXIX)]בוער ל◦[
4Q433a 3,5 (XXIX)]◦ ותבער[ ]ו באש להבה[
4Q433a 4,5 (XXIX)] / תבער[
4Q491 8-10i15 (VII) אש בו]ערת במחשכי אבדונים
4Q504 4,21 (VII) ב]וערת מורה[
4Q510 2,4 (VII) א]ש עולמים בוערת בסו[
6Q15 2,1 (III) [כלם ק]ד[חי] אש ומ[בערי] זיקות
11Q20 V,22 (XXIII)]השמן הזה יבעירו בנרות / [בה

to remove, purge verb **בער-2**
4Q366 1,9 (XIII) ובער בשדה אחר / [שלם ישלם משדהו
4Q366 1,10 (XIII) ואם כל השדה י]בער מיטב שדהו
4Q509 143,2 (VII)]◦ ולבער ממנו]
6Q15 5,4 (III) לישחק ולי]עקב להבעיר[
11Q19 LIV,17 ובערת / הרע מקרבכה
11Q19 LVI,10 וימת האיש ההוא ובערתה הרע מישראל
11Q19 LXI,10 לעשות לאחיהו ובערתה הרע מקרבכה
11Q19 LXIII,7 ואתה תבער / את דם נקי מישראל
11Q19 LXIV,6 ובערתה הרע מקרבכה וכול
11Q19 LXVI,3 אשר ענה את אשת רעהו ובערתה / הרע

fire noun **בְּעֵרָה**
4Q158 10-12,8 (V) ש]לם ישלם המבער את הבערה

to terrify verb **בעת**
1QS VII,1 ואם קלל או להבעת מצרה או לכול דבר
1QH^{a} IX,23 ונעוה בלא / בינה ונבעתה במשפטי צדק
1QH^{a} XI,14 ויושבי עפר / כיורדי ימים נבעתים מהמון מים
1Q19 3,6 (I)]ל לבעת את [
4Q432 5,1 (XXIX) [ויושבי עפ]ר כיו[רדי י]מים נבעתים מהמון מים

בְּפִי ← פֶּה

mire noun בֹּץ

1QH[a] XV,2		נשברת מקניה ותטבע בבץ רגלי

בצא ?

1Q70bis 5	(I)	]◦ם בצא [

marsh noun בִּצָּה

4Q411 1ii8	(XX)	] / וגאל בצה ◦[

בֵּצָה ← בֵּיצָה

unassailable adjective בָּצוּר

4Q364 21a-k,19	(XIII)	ערים] / [גדולות ו]בצורו[ת בשמים

Bezalel proper noun בְּצַלְאֵל

4Q365 10,3	(XIII)	הנה קראתי בשם לבצלאל / [בן אורי

to gain, finish verb בצע

1QpHab IX,12		הוי הבוצע בצע רע לביתו
4Q163 4-7ii1	(V)	[והיה] כיא יבצע [אדוני את כול מעשהו

unjust gain, wealth noun בֶּצַע

CD VIII,7		ויתגברו להון ולבצע ויעשו איש הישר בעיניו
CD X,18		אל ישפוכו על הון ובצע
CD XI,15		אל יחל איש את השבת על הון ובצע בשבת
CD XII,7		לאיש מן הגוים / בעבור הון ובצע
CD XIX,19		ויתגברו להון ולבצע
1QpHab IX,5		יקבוצו הון ובצע משלל העמים
1QpHab IX,12		הוי הבוצע בצע רע לביתו
1QH[a] XVIII,23		ולא נתתה / משעני על בצע ובהון[
1QH[a] XVIII,30		]נפש עבדכה תעבה הון / ובצע
4Q258 VIII,6	(XXVI)	ולעזוב למו הון ובצע / [ועמל כפים
4Q270 6v19	(XVIII)	יחל את השבת על] / הון ובצע בשבת
4Q271 5i10	(XVIII)	איש את השב]ת על הון ובצע בשבת
4Q275 2,3	(XXVI)	אנש]י אמת ושונאי בצע[
4Q285 10,3	(XXXVI)	עוז]ב הון[ו]בצע [
4Q390 2i8	(XXX)	בחרו להתגבר להון ולבצע / [ולחמס
4Q457b I,7	(XXIX)	] / חרים בצעם [
11Q19 LVII,9		יראי אלוהים / שונאי בצע וגבורי חיל למלחמה
PAM 43.700 73,1	(XXXIII)	כי]א הון ובצ[ע

to cut off verb בצר-1

1QM XVIII,14		]◦כה ותבצור ממ◦◦[
4Q504 7,7	(VII)	לוא יב]צר ממכה כול / [

breach noun בְּקִיעַ

4Q385 6,4	(XXX)	ומבקיעים ◦[

to split, burst forth verb בקע

1QH[a] X,27		למזורות יבקעו / אפעה ושוא בהתרומם גליהם
1QH[a] XI,32		ויבקעו לאבדון נחלי בליעל
1Q14 1-5,3	(I)	ונמסו ההרי]ם תח[תיו והעמקים ית]בקע[ו] / [
4Q252 I,5	(XXII)	ביום ההוא / נבקעו כול מעינות תהום רבה
4Q365 6ai5	(XIII)	י]רכה על הים ובקעהו וי[בו]או בני / [ישראל
4Q370 1i4	(XIX)	וי]נעו כל / מוסדי אר[ץ ומ]ים נבקעו מתהמות
4Q392 2,4	(XXIX)	]לאין חקר במים עזים מדרך בק[ע

Beka proper noun בקע

4Q522 9i+10,3	(XXV)	וזבולון את] בקע{{ת}} ואת בית צפור את / [

valley, plain noun בִּקְעָה

4Q161 5-6,11	(V)	חר]דה בעלותו מבקעת עכו ללחם בי◦[
4Q176 1-2i8	(V)	העקוב ל[מי]שור[והרכסים לב]קעה
4Q378 11,5	(XXII)	בב]קעה ובהר ארץ חטה ושער[ה]
4Q522 9i+10,4	(XXV)	ו]יכו את כול בקעת מצפא את / [
4Q522 9i+10,19	(XXV)	בק]עת[?

to examine, attend to verb בקר

4Q159 2-4,8	(V)	] קחתו אותה יואמר ובקרוה / נאמנות
4Q521 2ii+4,5	(XXV)	כי אדני חסידים יבקר וצדיקים בשם יקרא

cattle noun בָּקָר

4Q177 5-6,15	(V)	]הרוג בקר ושחוט צואן א[כול בשר
4Q366 1,4	(XIII)	או מכרו חמשה]בקר ישלם / [תחת השור
4Q376 1i2	(XIX)	פ]ר בן בקר ואיל [ ]
4Q394 3-7ii2	(X)	ואף] / [על עו]רות הבק[ר והצאן שהם
4Q396 1-2iii3	(X)	ומעשר הבקר / והצון לכוהנים הוא
11Q5 XVIII,8	(IV)	כמגיש מנחה כמקריב עתודים ובני בקר
11Q19 XLIII,15		ויין ושמן ובקר וצאון ואכלוהו בימי המועדים
11Q19 LII,7		כול הבכור אשר יולד בבקריכה ובצואנכה
11Q19 LIII,3		וז]ב[חת]ה מצואנכה ומבקריכה כברכתי

בֹּקֶר-2 ← בּוֹקֶר

to seek, attempt, request verb בקש

1QS V,11		כיא לוא בקשו ולוא דרשהו בחוקוהי
1QH[a] VI,3		] שכל ומבקשי בינה ב[
1QH[a] VIII,15		ע]ל פשעי ולבקש רוח[
1QH[a] X,21		כי עריצים בקשו נפשי בתומכי / בבריתך
1Q18 1-2,2	(I)	ותאמר לו אחת בקש]ה אב[ק]ש ממך
4Q163 13,4	(V)	]ביום ה[הו]אה יבק[שו
4Q167 2,5	(V)	ובקשו פני בצר / [להם ישחרנני
4Q169 3-4i2	(V)	דמי]טרוס מלך יון אשר בקש לבוא ירושלים
4Q169 3-4iii6	(V)	מאין אבקשה מנחמים לך
4Q171 1-2ii17	(V)	אפרים ומנשה אשר יבקשו לשלוח יד / בכוהן
4Q171 1+3-4iii18	(V)	ולוא[ראיתי צדיק] / נעזב וזרעו מבקש לחם[
4Q171 3-10iv7	(V)	צופה רשע לצדיק ומבקש[להמיתו
4Q171 3-10iv13	(V)	והנה אינ]נו וא[בקשהו] ולוא / [נמצא
4Q171 3-10iv14	(V)	]על בח[יר]י אל[ויב]קש לשבית את / [
4Q173 1,3	(V)	לידידו שנא פשרו א]שר יבקשו[
4Q174 4,5	(V)	]ובקש בכול כוחו לבזרמה
4Q177 1-4,5	(V)	באחרית הימים בעת אשר יבקש ◦[
4Q177 7,2	(V)	]ד אשר יבקשו לחבל[
4Q177 21,2	(V)	]אשר יבקש◦[
4Q177 21,3	(V)	ב]קש ל[
4Q178 1,4	(V)	]בקש הי◦[
4Q185 1-2i12	(V)	יבקשוהו ולא ימצאהו
4Q185 1-2ii14	(V)	] / מרמה לא יבקשנה ובחלקות לא יחזיקנה
4Q200 4,4	(XIX)	ועתה מבקש / [אני אות]כה אבי
4Q216 II,13	(XIII)	ואת מבקשי [ה]תורה ירדופ[ו
4Q223-224 2ii51	(XIII)	כי כול]מבקש ר[עה]לרעהו ביד[ו יפול
4Q298 1-2i2	(XX)	ומבקשי אמונה ש[מע]ו למלי
4Q306 2,3	(XXXVI)	] / [וי]בקשו את התורה וא[ת] המ[צוה
4Q387 1,6	(XXX)	ואב]קש אמונה[ו]לא מצאתי[
4Q387 2ii2	(XXX)	ובק]ש[ו] פ[נ]י בצר להם
4Q389 1,3	(XXX)	]ובקשו על כ[ל
4Q390 2ii8	(XXX)	] / וברמחים לבק[ש
4Q398 11-13,7	(X)	התו]רה היה מצול[ ]מצרות והם מב[ק]שי תורה
4Q398 14-17ii4	(X)	הבן בכל אלה ובקש מלפניו שיתקן / את עצתך
4Q412 1,6	(XX)	צ]דיק ? למבקשי[בינה

4Q418 17,3 (XXXIV)]**בקשהו** / [
4Q418 102a+b,4 (XXXIV) ואז ידרוש חפצכה לכול **מבקשיו** [
4Q418 107,1 (XXXIV) **בק]שו** ואז תמצ[א
4Q418 159i2 (XXXIV) **ב]קשו** / [
4Q418 239,1 (XXXIV) **]קשו** / [
4Q427 16,2 (XXIX) **]בקשו** אל ◦[
4Q461 1,5 (XXXVI)]ב◦[**ובק]שוהו** וימצאוה[ו
4Q484 20,1 (VII) **]בקש**◦[
4Q511 125,4 (VII) **]בקשו** א◦[
4Q521 2ii+4,3 (XXV) התאמצו **מבקשי** אדני בעבדתו
11Q5 XXI,11 (IV) אני נער בטרם תעיתי **ובקשתיה**
11Q19 LVIII,3]והוא ? [**מבקש** לגזול מכול אשר יש / לישראל
11Q19 LIX,19 מיד שונאיו ומיד / **מבקשי** נפשו לשאתה
PAM 43.668 4,2 (XXXIII)] / **ובקש** [

request noun **בַּקָּשָׁה**

1Q18 1-2,2 (I) ותאמר לו אחת **בקש]ה** אב[ק]ש ממך
4Q251 13,2 (XXXV)]ה כי **הבקשה** ה◦[
11Q5 XXIV,4 (IV) ותן לי את שאלתי **ובקשתי** / אל תמנע ממני

son noun **בַּר-1**

4Q348 1 (XXVII)]ל◦ ◦◦מ◦◦ **בר** אל[עזר
4Q348 9 (XXVII)]◦ ◦◦◦◦יהוחנן **בר** יהוסף ◦[
4Q348 14 (XXVII) בר י]הוסף מתתיה **בר** שמעון אלעזר [בר
4Q348 15 (XXVII) בר] חנן אלעזר **בר** שמעון בר חוני ◦[
(XXVII) בר] חנן אלעזר בר שמעון **בר** חוני ◦[
4Q348 16 (XXVII)]◦ **ב[ר** י]הוחנן יהוסף בר ◦◦◦◦[
(XXVII)]◦ ב[ר י]הוחנן יהוסף **בר** ◦◦◦◦[

grain noun **בַּר-3**

4Q364 11,4 (XIII) ועשר אתונות נושאות] / **בר** ו[לחם ומזון

בֹּר-1 ← בּוֹר

to create verb **ברא-1**

CD IV,21 ויסוד הבריאה זכר ונקבה **ברא** אותם
1QS III,17 והואה **ברא** אנוש לממשלת / תבל
1QS III,25 והואה **ברא** רוחות אור וחושכ
1QM X,12 **הבורא** ארץ וחוקי מפלגיה / למדבר
1QH[a] V,14] / את כול מעשיך בטרם **בראתם**
1QH[a] V,17 **ולברוא** / חדשות להפר קימי קדם
1QH[a] VII,14 וכול מעש]יו / הכינותה בטרם **בראתו**
רק אתה **[ברא]תה** / צדיק
1QH[a] VII,17 ורשעים **בראתה** ל[קץ ח]רונכה
1QH[a] IX,7 ובטרם **בראתם** ידעתה {{כול}} מעשיהם
1QH[a] IX,13 אתה **בראתה** ארץ בכוחכה
1QH[a] IX,27 אתה **בראתה** / רוח בלשון ותדע דבריה
1QH[a] XII,38 כי אתה **בראתה** צדיק ורשע ◦◦[
1Q34bis 3i7 (I)]כי לוזאת **בראתנו**
4Q160 3-4ii5 (V) אתה **בראתה**[
4Q169 1-2,2 (V) ר[ק]עי שמיו וארצו אשר **בר]אם**
4Q176 22,2 (V)]כיא הוא **ברא** את כול[
4Q180 1,2 (V)] / ונהיה כטרם **בראם** הכין פעולות[יהם
4Q180 2-4ii10 (V)]בטרם **בראם** ידע מחשב[ותיהם
4Q215a 1ii9 (XXXVI)] / פעולתם בטרם **הבראם**
4Q215a 2,2 (XXXVI)] / **בראם** לחד[ש
4Q217 2,3 (XIII)]ם וכול[**הנ]ברא** עד היום א[שר
4Q265 3,2 (XXXV) הלוא אל] / [אחד] **בראנו**
4Q286 6,1 (XI)]מה כיא אתה **בראת[ה**
4Q287 3,2 (XI) כול בריאות הבשר כולמה אשר **ברא[תה**
4Q287 3,4 (XI) א]תה **בראתה** את כולמה מחדש[
4Q289 2,1 (XI)] **בראתה** ה[
4Q299 3aii-b,16 (XX) ומה]שמים כ[י] **בראם** ומעש[יהמה
4Q299 6i7 (XX)] בגברתו **ברא** / [
4Q305 1ii1 (XX) **ויברא** בו חיות[ ]◦[
4Q371 2,2 (XXVIII) לעשות רצון **בו]ראי** ו[לזובח זבחי תודה
4Q372 1,24 (XXVIII) לעשות] / רצון **בראי** ולזבח זבחי[תודה
4Q377 2ii12 (XXVIII)]ם אשר לוא **נבראו** {{ל}}מעולם ולעד ◦◦◦◦[
4Q392 1,4 (XXIX) הוא **ברא** חשך[וא]ור לו
4Q393 1ii-2,6 (XXIX) ורוח חדשה / **ברא** בנו וכונן בקרבנו
4Q408 3+3a,3 (XXXVI)](א)ל ישראל [ה]**ברא** הוא ליחד[
4Q408 3+3a,8 (XXXVI) אשר **ברתה** את הבקר אות
4Q408 3+3a,10 (XXXVI)]ל◦ ◦תים אשר **בר[ת]ה** את הערב אות
4Q409 1ii6 (XXIX)] / **בוראך**[
4Q411 1ii12 (XX)] / יהוה **ברא** ה[
4Q411 1ii13 (XX)] / יהוה **ברא** ש[מים
4Q412 4,2 (XX) כ]רצונו **ברא** [
4Q457a I,11 (XXIX)] / **נברא**[
4Q487 1ii2 (VII)] / **ברהו** לעפר כ[
4Q495 2,1 (VII) [אתה]אל **ברתנו** לכ[ה עם עולמים
4Q503 28,2 (VII) **ב]ראם** ערב ו[בוקר
4Q504 1-2iii4 (VII) בשמכה[הז]כרנו ולכבודכה **ברתנו**
4Q504 Verso 2vii5 (VII) **]ויברא** את / [
4Q509 55,3 (VII) **ב]ראתם** ובכוחכה[
11Q15 1,6 (XXIII)]אתה **בראתה** כול רוח ג[ל◦◦
11Q19 XXIX,9 אשר **אברא** אני את מקדשי
PAM 43.677 10,2 (XXXIII)]ר **ברא** [

hail noun **בָּרָד**

4Q381 14+5,2 (XI)]ים עננים עבים שלג [ ] **ו[ברד** וכל ◦[
4Q422 III,10 (XIII) ויך] / **בברד** ארצם ואדמת[ם ב]חנמל
4Q473 2,6 (XXII)] / וירקון שלג קרח **ובר[ד**

Baruch proper noun **בָּרוּךְ**

← בֵּית בָּרוּךְ
CD VIII,20 הוא הדבר אשר אמר ירמיהו **לברוך** בן נרייה

juniper noun **בְּרוֹשׁ**

1QH[a] XVI,5 נט]עתה מטע **ברוש** ותדהר עם תאשור
4Q163 8-10,3 (V) **הברושים** וארז[י לבנון הם
4Q522 9ii6 (XXV) ועצי] / ארזים **וברושים** יביא[מ]לבנון לבנותו

iron noun **בַּרְזֶל**

1QSb V,26 (I) [ו]ישם קרניכה **ברזל** ופרסותיכה נחושה
1QM V,10 והלוהב **ברזל** לבן מאיר מעשי חרש מחשבת
1QM V,11 והכידנים **ברזל** ברור טהור בכור
1QH[a] XIII,37]ובריחי **ברזל** ודלתו[ת נחושת לאין] / [פתוח
4Q161 8-10,2 (V) סבכי [היער] **בברזל** ולבנון באדיר / [יפול
4Q161 8-10,6 (V) אמ]ר וניקפו סובכי [ה]יער **בברזל** ה[מה
4Q378 11,7 (XXII) אשר אב]ניה **ברזל** ומהר[ר]יה נחושה / [
4Q381 46a+b,7 (XI) קרנים קרנים / **ברזל** לנגח בה רבים ונגחו[
4Q525 28,4 (XXV) **בר]זל** ועופר[ת
11Q19 III,7 נחו]שת **וברזל** ואבני גזית לב[
11Q19 XLIX,15 וכול כלי עץ **ברזל** ונחושת

to flee verb **ברח-1**

1Q16 1,1 (I) ב]**ברחו** מלפני [שאול
4Q161 8-10,9 (V)]ים **בברחו** מלפני ל◦[
4Q172 4,2 (V)]העול **ברחו**[
4Q215 1-3,7 (XXII) כאשר בא יעקוב אבי אל לבן **בורח** מלפני עשיו

4Q458 2i4 (XXXVI)]וֹברח בקרֹ[ו]הֹ / [
11Q19 LXIV,9 באיש חטא משפט מות ויברח אל / תוך הגואים

fat adjective **בָּרִי**
1QpHab VI,5 כיא בהם שמן חלקו ומאכלו ברי

בָּרִיא ← בָּרִי

creation, creature noun **בְּרִיאָה, בריה**
CD IV,21 ויסוד הבריאה זכר ונקבה ברא אותם
CD XII,15 במים / עד הם חיים כי הוא משפט בריאתם
4Q181 2,10 (V)] / בריאותיה[
4Q216 V,1 (XIII) כתוב כל דב]רי הבריה
4Q216 V,9 (XIII) ולכל] / רוחות בריותו [אשר עשה בשמים
4Q217 2,2 (XIII)]לכל שׁ[ני]העולם מן הבריאׄ[ה
4Q223-224 43,4 (XIII)]בריאׄ[
4Q225 1,7 (XIII)]הֹבריאה עד יום הֹבריאהֹ[החדשה
(XIII)]הֹבריאה עד יום הֹבריאׄהֹ[החדשה
4Q253 2,3 (XXII)] / טהורים מן הבריאׄהֹ[
4Q266 10ii10 (XVIII) הלך ערום לפני] / הֹ[ב]ריאות
4Q267 1,8 (XVIII)]ד כול בשר ובר[יאה]
4Q286 3,6 (XI)]בֹבֹריאתמהֹ / [
4Q287 3,2 (XI) ויבר]כֹוכה כול בריאות הבשר כולמה
4Q319 IV,11 (XXI) ה]בריאה בארבעה בגֹ[מול
4Q319 IV,17 (XXI)]הבריׄאהֹ / [
4Q320 1i3 (XXI)]לֹ[א]ורהֹ [ב]מחצית השמים ביסוד / [הבריא]הֹ
4Q320 3i10 (XXI) ה]בֹריאה קדש / [
4Q382 105,7 (XIII)] ובריאָה תה[
4Q416 1,17 (XXXIV)] / ◦ראתיו כי ה◦[
4Q504 1-2vii9 (VII)] / כול בריאותיו תמיד לעולמ[י עד אמן אמן]
6Q15 1,3 (III) ויסוד הברי]אה זכר [ונקבה ברא אותם]
11Q19 XXIX,9 עד יום הברכה/הבריה ← בְּרָכָה-1

בריה ← בְּרִיאָה

bar noun **בְּרִיחַ**
1QH[a] XI,18 ובריחי עולם בעד כול רוחי אפעה
1QH[a] XIII,37]ובריחי ברזל ודלתו[ת נחושת לאין] / [פתוח
1QH[a] XIV,28 ובריחי עוז ללוא ישוברו
4Q365 12ai3 (XIII) ויצף את הב]ריחים זהב
4Q385a 17a-eii6 (XXX) ו]אין קץ לבריח[יך]
4Q415 7,2 (XXXIV)] / ובריחיכה נחושׁ[ת
4Q429 4ii11 (XXIX) ובר[י]חׄי עוׄ[ז] ללו ישוברו
PAM 43.690 16,2 (XXXIII)] הבריחׄ[

covenant noun **בְּרִית**
CD I,4 ובזכרו ברית ראשנים השאיר שאירית / לישראל
CD I,17 למען / הדבק בהם את אלות בריתו
CD I,18 להסגירם לחרב נקמת נקם / ברית
CD I,20 ויעבירו ברית ויפירו חוק
CD II,2 ועתה שמעו אלי כל באי ברית
CD III,4 ויכתבו אוהבים / לאל ובעלי ברית לעולם
CD III,10 בו חבו באי הברית הראשנים
CD III,11 ויסגרו / לחרב בעזבם את ברית אל
CD III,13 הקים אל את בריתו לישראל עד עולם
CD IV,9 כברית אשר הקים אל לראשנים
CD V,12 ובלשון / גדופים פתחו פה על חוקי ברית אל
CD VI,2 ויזכר אל ברית ראשנים
CD VI,11 וכל אשר הובאו בברית / לבלתי בוא
CD VI,19 התענית כמצאת באי הברית החדשה
CD VII,5 על פי כל יסורו ברית אל נאמנות להם
CD VIII,1 וכן משפט כל באי בריתו
CD VIII,18 הבאים אחריהם כי להם / ברית האבות
CD VIII,21 האנשים אשר באו בברית החדשה בארץ דמשק
CD IX,3 וכל איש מביאו / הברית
CD X,6 בספר ההגו וביסודי הברית
CD XII,11 אשר באו עמו בברית אברהם
CD XIII,14 ואיש מכל באי ברית אל אל ישא
CD XIV,2 וכל המתהלכים באלה / ברית אל נאמנות להם
CD XV,2 אם שבועת הבאים / באלות הברית
CD XV,3 ואם באלות הברית ישביעהו / השפטים
CD XV,5 והבא בברית לכל ישראל לחוק עולם
CD XV,6 על הפקודים בשבועת הברית יקימו עליהם
CD XV,8 יפקדוהו בשבועת הברית אשר כרת / משה
CD XV,9 הבר[י]ת לשוב א]ל תורת משה
CD XVI,1]◦◦◦ / עמכם ברית ועם כל ישראל
CD XVI,12 אם לעבור ברית היא יניאה ואל יקימנה
CD XIX,1 ככ שומר הברית והחסד
CD XIX,13 הנשארים הסגרו לחרב נוקמת נקם ברית
CD XIX,14 וכן משפט לכל באי / בריתו
CD XIX,16 כי באו {{באו}} בברית תשובה
CD XIX,31 הבאים אחריהם כי להם / ברית אבות
CD XIX,33 כל האנשים אשר באו בברית / החדשה
CD XX,12 ומאסו / בברית {{ה}} ואמנה אשר קימו בארץ
אשר קימו בארץ דמשק והוא ברית החדשה
CD XX,17 ושבי פשע יעקב שמרו ברית אל
CD XX,25 מבאי הברית בהופע / כבוד אל לישראל
CD XX,29 בלכתנו קרי בחקי הברית / ואמת משפטיך
1QS I,8 הנדבים לעשות חוקי אל / בברית חסד
1QS I,16 הבאים בסרכ היחד יעבורו בברית
1QS I,18 ובעוברם בברית יהיו הכוהנים / והלויים
1QS I,20 העוברים בברית אומרים אחריהם אמן אמן
1QS I,24 [וכו]ל העוברים בברית מודים אחריהם
1QS II,10 וכול העוברים בברית אומרים אחר המברכים
1QS II,12 לעבור / הבא בברית הזות
1QS II,13 והיה / בשומעו את דברי הברית הזות
1QS II,16 ודבקו בו כול / אלות הברית הזות
1QS II,18 וכול באי הברית יענו ואמרו אחריהם אמן אמן
1QS III,11 לפני אל והיתה לו לברית / יחד עולמים
1QS IV,22 כיא בם בחר אל לברית עולמים
1QS V,2 על פי בני צדוק הכוהנים שומרי הברית
1QS V,3 רוב אנשי / היחד המחזקים בברית
1QS V,5 ליסד מוסד אמת לישראל ליחד ברית / עולם
1QS V,8 הבא לעצת היחד / יבוא בברית אל
1QS V,9 הכוהנים שומרי הברית ודורשי רצונו
ודורשי רצונו ולרוב אנשי בריתם
1QS V,10 ואשר יקים בברית על נפשו
1QS V,11 כיא לוא החשבו בבריתו כיא לוא בקשו
1QS V,12 ולנקום נקם באלות ברית
1QS V,18 כול אשר לוא נחשבו בבריתו להבדיל אותם
1QS V,19 כיא הבל כול אשר לוא ידעו את בריתו
1QS V,20 וכיא יבוא בברית לעשות ככול החוקים האלה
1QS V,22 המתנדבים ביחד להקים / את בריתו
המתנדבים לשוב ביחד לבריתו
1QS VI,15 ואם ישיג מוסר יביאהו / בברית לשוב לאמת
1QS VI,19 על פי הכוהנים ורוב אנשי בריתם
1QS VIII,9 לאהרון בדעת כולם לברית משפט
1QS VIII,10 להקם {{◦◦◦◦◦}} ברית לחו{{◦◦}}קות עולם
1QS VIII,16 וכול איש מאנשי היחד ברית / היחד
1QS X,10 עם מבוא יום ולילה אבואה בברית אל

משפט בני צדוק הכוהנים ואנושי בריתם	(I)	1QSa I,2
אנושי עצתו אשר שמרו בריתו בתוך רשעה	(I)	1QSa I,3
וקראו בא[וזניהמה]את / [כ]ול חוקי הברית	(I)	1QSa I,5
ישכילוהו בחוקי הברית ול[קחת] / [מו]סרו	(I)	1QSa I,7
שׂוֹמרי מצוותיו / ומחזקי בבְּ[רי]תׄ קודשו	(I)	1QSb I,2
ויבחר בם לברית / עֹולם אֹ[שר ת]עמוד לעד	(I)	
] / וברית עולם יחונכה וירנׄ[ינכה	(I)	1QSb II,25
אשר / בחר בם אל לחזק בריתו לׄ[עולם	(I)	1QSb III,23
וברית כהונת [עולם יח]דש לכה	(I)	1QSb III,26
ובריתׄ הׄ[י]חׄד יחדש לו	(I)	1QSb V,21
] / ולהקים בריתו קודשׄ[	(I, XXVI)	1QSb V,23
בברית] החדשה כ[י]א לוא / האמינו בברית אל		1QpHab II,4
המה עריצׄ[י הבר]ית אשר לוא יאמינוא		1QpHab II,6
אשור ועמהם בעזר מרשיעי ברית		1QM I,2
עם קדושי ברית ומלומדי חוק משכילי בינׄ[ה		1QM X,10
וברית שלומכה חרתה למו בחרט		1QM XII,3
וברית [כ]רתה לאבותינו		1QM XIII,7
ומחיה לבריתכה / ולסׄ[פר]מעשי אמתכה		1QM XIII,8
ברוך אל ישראל השומר חסד לבריתו		1QM XIV,4
אל החסדים השומר ברית לאבותינו		1QM XIV,8
רזי שטמתו לוא הדיחונׄ[ו] / מבריתכה		1QM XIV,10
] / ואיתמר החזיק לו לברית [		1QM XVII,3
להאיר בשמחה בׄרית ישראל		1QM XVII,7
ואתם בני בריתו / התחזקו במצרף אל		1QM XVII,8
ובריתכה שמרתה לנו מאז		1QM XVIII,7
פתחתה לנו פעמׄים רבות / למע[ן ב]ריתכה		1QM XVIII,8
]ש ואל כול ברית אדם אביט [		1QH^a IV,27
]שבו / [אל ב]ריתך		1QH^a VI,22
הכינותו למועד רצון להשמר בבריתך		1QH^a VII,15
וימאסו בבׄרׄיתׄךׄ[ואמת]ך תעבה נפשם		1QH^a VII,18
ולדבוק באמת בריתך		1QH^a VIII,16
כול נגע מכשול מחוקי בריתך		1QH^a VIII,24
בקשו נפשי בתומכי / בבריתךה		1QH^a X,22
ותחזק נפשי בבריתך		1QH^a X,28
אודכה אדוני כיא האירותה פני לבריתכה		1QH^a XII,5
יתפשו במחשבותם אשר נזורו מבריתכה		1QH^a XII,19
הנדרש[י]םׄ לי הנועדים יחד לבריתכה		1QH^a XII,24
בקום רשעים על בריתך		1QH^a XII,34
ואני אמרתי בפשעי נעזבתי מבריתכה		1QH^a XII,35
]◦◦ אתחזקה בבריתכה עד [		1QH^a XII,39
וסוד אמת אמצתה בלבבי		1QH^a XIII,9
ומדנים לרעי קנאה ואף לבאי בריתי		1QH^a XIII,23
ובכול הוותם / לאׄ החתתה מבריתכה		1QH^a XV,8
ות[למדני]בׄבריתכה ולשוני כלמודיך		1QH^a XV,10
כי ב]צדקתכה העמדתני / לבריתכה		1QH^a XV,20
] שש לבי בבריתכה ואמתכהׄ / תשעשע נפשי		1QH^a XVIII,30
הבי]אותה בברית עמכה ותגלה לב עפר		1QH^a XXI,9
] השבתה להביא בברית עמכה		1QH^a XXI,13
ואני בקצי אתמוכה / בברׄיׄ[תכה		1QH^a XXII,11
מתחזק בבריתכה / ועומד לפניכה [		1QH^a XXIII,9
וטוב על פניהם] / בדעתם ברית חסדיׄ[ו		1QH^a XXVII,7
]◦ו◦ אנושי ברית פותו בם		1QH^a 4,8
ויעׄ[ברו כול מקרא קו]דש ושבת הׄברית	(I)	1Q22 1i8
ויהיה / [אשר בכלו]תׄנׄי ל[תת]ברית	(I)	1Q22 1ii8
ושמרתה א]ת כוׄ[ל דברי ה]בׄריתׄ [הא]ל[ה]	(I)	1Q22 1iii3
ב]רׄית ה[	(I)	1Q22 42,2
]בׄרית עליׄלׄ◦[	(I)	1Q30 4,2
עם בקץ רצונך כי זכרת בריתך	(I)	1Q34bis 3ii5
ותחדש בריתך להם במראת כבׄ[ו]ד	(I)	1Q34bis 3ii6
]ולכול אנשי בריתׄ[	(I)	1Q36 7,2
גבו]רׄות/ב]רׄית כבודו [← גְּבוּרָה	(I)	1Q54 2
[והמה כאדם ע]ברו ברית פשר[ו	(V)	4Q167 7-9,1
פשרו על עריצי הברית אׄשר בבית יׄהודה	(V)	4Q171 1-2ii13
המה עריצי הבׄ[רית ר]שעי ישראל	(V)	4Q171 1+3-4iii12
[שמרו אמרתכה] ובריׄתׄ[כה ינצרו]	(V)	4Q174 6-7,4
כי שמר אמרתכה ובריתך ינצר	(V)	4Q175 17
]שׄ◦א◦ת בריתו ⟦ ⟧ ול◦[	(V)	4Q176 16,5
]◦ את בריתו ⟦ ⟧	(V)	4Q179 1i4
] / בבריתו הושיע אל וימלט[	(V)	4Q183 1ii3
]◦עשה דברי ברי[ת	(V)	4Q185 3,3
ואתׄ[מצותי ואת מועד]י בריתי[ואת שבתותי	(XIII)	4Q216 II,8
וקראו באוזניהם את כול] / [חוקי הבר]יׄת	(XXXVI)	4Q249a 1,2
ישכילוהו] / [בחוקי הבר]יׄ[ת ולקחת מוסרו	(XXXVI)	4Q249a 1,6
כי המחקק היא ברית המלכות	(XXII)	4Q252 V,2
לו ולזרעו נתנה ברית מלכות עמו	(XXII)	4Q252 V,4
]בסרך היחד יעבורו [ ]אׄ בברׄ[ית] / [לפני אל	(XXVI)	4Q256 II,1
]וכול העוברׄיׄםׄ בבריתׄ / [אומרים	(XXVI)	4Q256 III,3
בני אהרון המתנדבים להקים את בריתו	(XXVI)	4Q258 II,1
ואמת בישרא]ל להקים ברית לחקות עולם	(XXVI)	4Q258 VI,3
וכל אי]שׁ מאנשי ברית ה[יחד	(XXVI)	4Q258 VI,8
ע[ם מבוא] יום[ו]ל[י]לה אבואה בברית / [אל	(XXVI)	4Q258 IX,9
לאהר[ון בדעת כולם]לׄברׄ[ת משפט	(XXVI)	4Q259 II,17
] / [את ברי]תׄו ולׄ[פקוד את כל ח]וׄקׄו	(XXVI)	4Q261 1a-b,1
למען הדבק בהם את א]לות בריתו	(XVIII)	4Q266 2i20
ו]כול אשר הובׄאׄ / [בברי]ת לבל[תי בוא	(XVIII)	4Q266 3ii18
[וכן מ]שפט / כׄול בׄאים בברׄ[י]תׄו	(XVIII)	4Q266 3iii24
ויזׄכור אל בׄרית רי[שו]נׄים	(XVIII)	4Q267 2,7
מחזי]קי הבׄריתׄ[	(XVIII)	4Q267 3,4
]בברית [	(XVIII)	4Q267 4,8
יק]רׄב לבׄרׄ[ית	(XVIII)	4Q267 8,1
וכול המתה]ל[כי]םׄ באל[ה] ברית אל נאׄמׄנת	(XVIII)	4Q267 9v4
בו חבו] באי הברית הראישונים	(XVIII)	4Q269 2,5
אל יבא איש אשה בברי]תׄ קוד[ש]	(XVIII)	4Q269 9,4
אל יבא אׄיׄשׄ[אשה בברי]תׄ הקודׄ[ש]	(XVIII)	4Q270 5,17
כׄל [א]יש מבאי הבׄ[רית אשר י]ביא על רעהׄוׄ	(XVIII)	4Q270 6iii17
וביסו]דׄי הבריתׄ [מבן ח]מׄש וׄעשרים שנׄה	(XVIII)	4Q270 6iv17
יכׄרׄוׄת [את בית ישראל ואת בית יהודה] ברית	(XVIII)	4Q271 4ii2
ועל הברׄ[י]ת הׄ[זות ? דבר ביד מושה]	(XVIII)	
הדׄ[ברי]םׄ האׄלה כרתי עמכה ברית	(XVIII)	4Q271 4ii3
אם לעבור ברית היא יניא[ה ואל יקימנה	(XVIII)	4Q271 4ii12
מׄזׄמתכה בלבבׄמה לזום על ברית אׄלׄ[	(XXIX)	4Q280 2,6
]בריׄתם מ[	(XXXVI)	4Q282a 2
] / לבני בריתכה [	(XXXV)	4Q284 4,2
ולקטםׄ / [איש] אשר לוא הוב[א בב]רׄית	(XXXV)	4Q284a 1,6
]ברית ה◦[	(XX)	4Q299 83,4
] / אותׄו כל אשׁרׄ ברית יׄ[שראל	(XXXVI)	4Q306 1,3
בארבעה ע]שר בה [ביאת ישבאב] בׄרית	(XXI)	4Q324 1,3
]◦ברית באחד עשׂר בשביעי ביאתׄ[הפצץ]	(XXI)	4Q324 1,7
קשתו נתןׄ[בענן ל]מען יזכור ברית / [	(XIX)	4Q370 1i7
נתן ח]קׄים תורות ומצות בברית	(XI)	4Q381 69,5
]וׄלׄהפיר ברית כרת לכם	(XI)	4Q381 69,8
ולׄתמוך בבׄריתכׄה ולׄהיות לבׄבׄםׄ ◦[	(XIII)	4Q382 104,1
]שׄה מחללי הברית מט[מאי	(XXX)	4Q383 A,2
]לבׄרית ש[	(XIX)	4Q384 9,4
[כי אני יהוה] הגואל עמי לתת להם הברית	(XXX)	4Q385 2,1
[ותשכחו את]מׄועדי בריתי ותחׄ[ללו את שמי	(XXX)	4Q385a 3a-c,6
והורד [בימיהם גאון מרשיעי] / [ברי]תׄ[	(XXX)	4Q385a 5a-b,9
]וׄשמרו את ברית אלהי אבותיהם בארׄץׄ / [בבל	(XXX)	4Q385a 18ia-b,9
[והורד]בׄימיהם גאון מרישיעי בריתׄ	(XXX)	4Q387 3,6
להלחם אׄ[י]ש ברעהו / על התורה וׄעל הברית	(XXX)	4Q387 3,8

כי אני יהוה הגואל] / [עמי לתת להם ה]ברית	(XXX)	4Q**388** 7,3
ותשכחו את] / [מועדי ברי]תי	(XXX)	4Q**388**a 3,5
והפרו את] / הברית אשר כ[רתי ע]ם אברהם	(XXX)	4Q**388**a 7ii2
ישכחו חוק ומועד ושבת וברית	(XXX)	4Q**390** 1,8
מיום הפר ה[אלה וה]ברית אשר יפרו	(XXX)	4Q**390** 2i6
] / ובבריתו תדבק נפשם	(XXIX)	4Q**392** 1,3
האל הנאמן שומר [ה]ברית והחסד לאהב[יך	(XXIX)	4Q**393** 3,2
] / באמת בריתכ[ה	(XXXV)	4Q**414** 2ii-4,3
] / פן תפרעי ברית קודׄ[ש	(XXXIV)	4Q**415** 2ii4
] / בבית מכו[רותיך]ובבריתך ת[	(XXXIV)	4Q**415** 2ii7
מע]שי ברית לוא ידרשו[	(XXXIV)	4Q**418** 188,6
] / ביד כוהניו כיא המה נאמני ברי[ת אל	(XXXVI)	4Q**419** 1,3
מעשי ברי]ת ולא ידורשוהו / [	(XXXIV)	4Q**423** 9,2
ויכרות להם ברית לשלום עם עוף / [הש]מם	(XXIX)	4Q**434** 7b,2
ותנצור תורתכה לפני ובריתכה אמנתה לי	(XXIX)	4Q**436** 1a+bi4
ולהעבי]ר בברית אנשי סודי	(XXIX)	4Q**439** 1i+2,2
געלתים לכלות]ם להפר בריתי וחסדי מהמה	(XIX)	4Q**463** 1,3
יב]וא צדקיה ביום [הה]וא בב[רי]ת / [	(XIX)	4Q**470** 1,3
]אכרתה עמך[בר]י[ת]לעיני הקהל / [	(XIX)	4Q**470** 1,6
ל]שמר עדוות בריתנו[	(XXXVI)	4Q**471** 2,2
]◦ם ותשקרו בבריתו / [	(XXXVI)	4Q**471**a 2
[ובכו]ל[רזי שטמתו לוא ה]ד[יחונ]ו מבריתך	(VII)	4Q**491** 8-10i7
וברית אל שלום [לי]שראל בכול מועדי[	(VII)	4Q**491** 11ii18
עם] / [קדושי] ברית ומ[לומדי חוק	(VII)	4Q**495** 1,2
]ר ברית[	(VII)	4Q**497** 1,5
זכור בני בריתכה השוממים / [	(VII)	4Q**501** 2
ואל יהיה זרעמה מב{{ני ב}}רית	(VII)	4Q**501** 7
ואנו]בני בריתכה נהלל[ה שמכה]	(VII)	4Q**503** 7-9,3
באהבתכה אותם ולמען בריתכה	(VII)	4Q**504** 1-2ii9
]מת בריתכה כיא אותנו בחרתה לכה	(VII)	4Q**504** 1-2iii9
] / בריתכה ול[	(VII)	4Q**504** 1-2iii18
ובריתכה הקימותה לדויד	(VII)	4Q**504** 1-2iv6
לכלותם להפר בריתכה אתם	(VII)	4Q**504** 1-2v8
ותזכור בריתכה / אשר הוצאתנו לעיני הגוים	(VII)	4Q**504** 1-2v9
לוא געלה נפשנו להפר / את בריתכה	(VII)	4Q**504** 1-2vi8
]בריתו וישב / [	(VII)	4Q**504** Verso 2vii9
ותכרות אתנו ברית בחו[רב	(VII)	4Q**504** 3ii13
] אשר בחר בנו ובריתו [	(VII)	4Q**508** 4,2
]שכחנו בריתכ[ה	(VII)	4Q**509** 18,2
ותחדש ברי]תכה להם במראת / [כבוד	(VII)	4Q**509** 97-98i8
] את בריתכ[ה	(VII)	4Q**509** 188,2
ועם כול / [אנ]שי ברית ד◦◦[	(VII)	4Q**511** 63-64ii5
להשמיע שלום / לכול אנשי ברית	(VII)	4Q**511** 63iii5
י]מי כבודכה / ובר[ית	(VII)	4Q**512** 1-6,12
]ישמרו ברי[ת	(XXV)	4Q**521** 10,2
]ה לברי[ת	(XXV)	4Q**577** 6,3
] על ברית אל[	(III)	5Q**13** 28,3
ויזכור אל ברית ריאשוני[ם	(III)	6Q**15** 3,5
]ברית אל בלבבם [	(III)	6Q**15** 5,5
]ברית[	(III)	6Q**16** 3,1
ומושל בבני / בריתו	(IV)	11Q**5** XXVIII,12
כול בני הצדק המה]מקימ[י] הברית	(XXIII)	11Q**13** II,24
הש]מר לכה פן תכרות בר[ית ליושב הארץ]		11Q**19** II,4
כברית אשר כרתי עם יעקוב בבית אל		11Q**19** XXIX,10
יעשה את הרע בעיני / לעבור בריתי		11Q**19** LV,17
הפרו בריתי / ואת תורתי געלה נפשמה		11Q**19** LIX,8
ולוא ת]שבית ברית מלח לעולם	(XXIII)	11Q**20** IV,24
]◦ בבריתו [	(XXXIII)	PAM 43.675 27,2
ויובל ובר[ית	(XXXIII)	PAM 43.686 30,1
]◦◦ לברית ל[	(XXXIII)	PAM 43.688 65,1
]ברית ◦[	(XXXIII)	PAM 43.692 55,2
כו]ל באי ברי[ת	(XXXIII)	PAM 43.698 27,1
]◦ל ברית[	(XXXIII)	PAM 43.700 32,1

to kneel verb **1-ברך**

] / וכסה את בגדיו וברך ע[ל ברכיו	(VII)	4Q**512** 11,4

to bless verb **2-ברך**

יהיו הכוהנים / והלויים מברכים את אל ישועות		1QS I,19
והכוהנים מברכים את כול / אנשי גורל אל		1QS II,1
ואומרים יברככה בכול / טוב		1QS II,2
אומרים אחר המברכים והמקללים אמן אמן		1QS II,10
יתברכ בלבבו לאמור שלום יהי לי		1QS II,13
ויחד יואכלו / ויחד יברכו ויחד יועצו		1QS VI,3
ישלח ידו לרשונה להברך בראשית הלחם		1QS VI,5
ישלח ידו לרשונה / להברכ בראשית הלחם		1QS VI,6
ולדרוש משפט / ולברכ ביחד		1QS VI,8
הואה קורה בספר או מברכ		1QS VII,1
ובצו]קה יברכ עושיו		1QS IX,26
] שפתים יברכנו / עם קצים אשר חקקא		
תרומת שפתים הברכנו כחוק חרות לעד		1QS X,6
אברכ שמו בראשית צאת ובוא		1QS X,13
ואברכנו תרומת מוצא שפתי ממערכת אנשים		1QS X,14
ואימה ובמכון צרה עם בוקה / אברכנו		1QS X,16
ברוכ אתה אלי הפותח לדעה		1QS XI,15
כיא[הוא מ]ברך את רשית הלחם / והתירו[ש	(I)	1QSa II,19
[ואחר יבר]כו כול עדת היחד	(I)	1QSa II,21
דברי ברכ[ה] למשכיל לברך את ירא[י אל	(I)	1QSb I,1
יב{{רככה}}רככה א[דוני ממעון קודשו	(I)	1QSb I,3
יברככה אדוני מ[מעון קו]דשו	(I)	1QSb III,25
ועצת כול בשר בידכה יברך	(I)	1QSb III,28
ברוש קדושים ועמכה לב[רך	(I)	1QSb IV,23
למשכיל לברך את נשיא העדה אשר [	(I)	1QSb V,20
] וברכה/יבר<כ>כה ◦[← בְּרָכָה-1	(I)	1QSb 15,2
וברכו על עומדם את אל ישראל		1QM XIII,1
וענו ואמרו ברוך אל ישראל		1QM XIII,2
וב[ר]וכים / כול משרתיו בצדק יודעיו		
וא[ת]ה אל אבותינו שמכה נברכה לעולמים		1QM XIII,7
וברכו שם / כולם את אל ישראל		1QM XIV,3
וענו ואמרו ברוך אל ישראל השומר חסד		1QM XIV,4
] הסרך וברכו שם את אל ישראל		1QM XVIII,6
וענו ואמרו ברוך שמכה אל [אלי]ם		
ולברך / [את שם קודשך		1QH^{a} VI,9
] / ב[רוך אתה אדוני		1QH^{a} VII,8
ברוך אתה אדוני יוצר ה[כ]ול		1QH^{a} VIII,17
כול יודעיכה לפי שכלם יברכוכה לעולמי [עד]		1QH^{a} IX,31
מקהלם אברכה שמכה		1QH^{a} X,30
{{אודכה}} ברוך אתה אדוני כי לא עזבתה יתום		1QH^{a} XIII,20
⟦ ⟧ / ברוך אתה אדוני אל הרחמים		1QH^{a} XVIII,14
אברכה שמכה ואספרה כבודכה		1QH^{a} XIX,6
יברכוכה כפי שכל[ם		1QH^{a} XIX,25
ברוך אתה[אדוני א]שר נתתה לעבדך / שכל		1QH^{a} XIX,27
ברוך אתה אל הרחמים		1QH^{a} XIX,29
ברוך את[ה] / אדוני כי אתה פעלתה אלה		1QH^{a} XIX,32
ברוך אתה אל הדעות אשר הכינות[ה		1QH^{a} 4,15
בכול היותי ושמכה אברכה תמיד		1QH^{a} 4,17
] וברכו שמ◦◦[		1QH^{a} 38,2
במקהלות ברכו אלוהי[ם	(I)	1Q**16** 8,1
בר]כת המקו[ר] לברך את ע[	(I)	1Q**16** 8,2
ברוך אדוני אשר שמחנ[ו	(I)	1Q**34**bis 2+1,4

Reference	Vol.	Text
1Q**34**bis 3i7	(I)	]לך ברוך / [
3Q**14** 12,2	(III)	]ברך ו[
4Q**158** 1-2,7	(V)	ויבר]ך אותו שם
4Q**158** 1-2,10	(V)	] / וילך לדרכו בברכו אותו שם
4Q**171** 1+3-4iii9	(V)	כיא מבורכ[ו יר]שו ארץ ומקוללו[ו יכר]תו
4Q**173** 4,2	(V)	[ברכת י]הוה על[יכ]ם בר[כנו אתכם בשם יהוה
4Q**175** 19	(V)	ברך •••• חילו ופעל ידו תרצה
4Q**177** 1-4,10	(V)	ונסלו להם לעולם וברכם[
	(V)	ה]גיד כיא לעולם יברכם[
4Q**200** 6,2	(XIX)	והיו המה {{תומהים}} מברכים ו[מהללים
4Q**200** 7i2	(XIX)	]וברך את / [אלהי עולם
4Q**215**a 1ii8	(XXXVI)	כול לש[ו]ן / תברכנו וכול אנש ישתחוו לו[
4Q**216** V,10	(XIII)	אז ראינו מעשיו ונ[ברכהו] / על כל [מ]עשיו
4Q**219** II,29	(XIII)	וברככה בכול מעשיכה
4Q**221** 1,7	(XIII)	וברככ[ה] בכו[ל מעשיך
4Q**221** 12,2	(XIII)	] / יוכל ל◦◦י ולברכ◦[
4Q**222** 1,4	(XIII)	ותפתח פיה ותברך את {{ע}}אל עליון
4Q**222** 1,5	(XIII)	ותא{{ו}}מר ברוך יהוה אלוה[ים
4Q**225** 2ii10	(XIII)	ויברך אל יהוה את יש[חק כל ימי חיו
4Q**226** 7,2	(XIII)	ויברך יהוה[את ישחק כל ימי] / חיו
4Q**252** II,7	(XXII)	כי אם בנו כי ברך אל את בני נוח
4Q**252** III,12	(XXII)	] / אל שדי יב[רך
4Q**256** XIX,4	(XXVI)	תרומת שפתים אברכנו כח[וק]חרות לעד
4Q**256** XX,2	(XXVI)	וא[ברכנו] / [תרומת מוצא שפתי
4Q**257** II,7	(XXVI)	אומרים אח]ר המברכים[והמקללים] / [אמן אמן
4Q**258** II,7	(XXVI)	ויחד יוא]כלו י[ח]ד יברכו ויחד יועצ[ו
4Q**258** VIII,10	(XXVI)	ותרומת שפתים י]ברכנו עם [קצים]
4Q**258** IX,3	(XXVI)	תרומת]שפת[ים] אברכנו כחק / [ח]רות לעד
4Q**258** X,2	(XXVI)	בראשית משלח ידי] / ורגלי אברך[שמו
4Q**261** 2a-c,1	(XXVI)	ויחד יואכלו ויחד יבר]כו[
4Q**264**a 1,8	(XXXV)	דברי] / [קודש כחוק ויד]בר לברך אל
4Q**266** 11,9	(XVIII)	וענה / [וא]מר ברוכ את אונ הו הכול
4Q**271** 2,5	(XVIII)	ישלחו [הכוה]נים את ידם / [לבר]ך לריאשונה
4Q**282**m 1	(XXXVI)	]◦ברוך[
4Q**284** 2ii5	(XXXV)	וענה ואמר] / ברוך אתה אל ישראל[
4Q**284** 3,3	(XXXV)	וענה ואמר ברוך את[ה אל ישראל
4Q**284** 7,1	(XXXV)	וענה ו]אמר ב[רוך אתה אל ישראל
4Q**285** 8,3	(XXXVI)	] / [ובר]ך שם קודשו ל[ע[ו]למי עד[
4Q**286** 7i7	(XI)	להל[ל] / [ולבר]ך את שם כבודכה
4Q**286** 7i8	(XI)	[ו]הוסיפו לברך את אל [
4Q**287** 3,1	(XI)	ויברכו את שם קודשכה בברכות[
4Q**287** 5,11	(XI)	ויברכ]וכה ביח[ד] כולמה אמן א[מן
4Q**289** 1,3	(XI)	] לאמת אל ולברך שמו והו[
4Q**289** 1,6	(XI)	[וענו ואמר]ו ברוך[
4Q**291** 1,3	(XXIX)	]ל◦לברך שם אל ◦◦ עליו[ן
4Q**291** 1,5	(XXIX)	]ת קודשו ברוך אתה {{אל}}[
4Q**292** 2,3	(XXIX)	כה]ם מהם אלף פעמים וברכתמה / [
4Q**319** IV,9	(XXI)	]ברוך[
4Q**364** 12,2	(XIII)	ו[יבר]כ[את] יה[וסף ויואמר ⟦ ? ⟧]
4Q**370** 1i2	(XIX)	ויברכו את שמ [קדש]ו
4Q**372** 1,26	(XXVIII)	] / אהללך יהוה אלהי ואב[ר]כך ◦◦ כל[
4Q**379** 15,2	(XXII)	]כל ומבר[כים
4Q**379** 16,1	(XXII)	]ומברכ[י]ם המה ◦[
4Q**379** 17,2	(XXII)	]ים ומברכים [
4Q**379** 22ii5	(XXII)	] / ברוך יהוה אלהי י[שראל
4Q**383** 4,2	(XXX)	וי]אמר ברוך עם[
4Q**385** 2,8	(XXX)	ויברכו את יהוה צבאות אש[ר] / [חים
4Q**400** 3ii+5,5	(XI)	] / לברך לידעי[
4Q**401** 13,3	(XI)	השלי]שי בכוהני רוש מבר[ך
4Q**401** 38,1	(XI)	]ברכו[
4Q**403** 1i16	(XI)	]יברכ בשב[ע]ה דברי פלא
	(XI)	וברך לכול[נועד]י צדק[בשבעה ד]ברי פלא[
4Q**403** 1i17	(XI)	הרביעי] / בנש[יאי רו]ש יברך בש[ם]
	(XI)	]וברך ליוסד[י הוד]בשב[עה] / דבר[י פלא
4Q**403** 1i18	(XI)	ו]ברך לכול א[לי קרו]בי{{ם}} דעת אמ[תו
4Q**403** 1i19	(XI)	החמיש[י] / בנש[יאי רוש] יברך בשם
4Q**403** 1i20	(XI)	וב]ר[ך]לכול מודי לו בשבעה [דב]רי הוד
4Q**403** 1i21	(XI)	הששי בנשיאי רוש יברך בשם[גבורות] אלים
4Q**403** 1i22	(XI)	וברך לכול תמימי דרך ב[ש]בעה דברי פלא
4Q**403** 1i23	(XI)	וברך לכול חוכי לו בשבעה דבר[י]פלא
4Q**403** 1i24	(XI)	[השב]יעי בנשיאי רוש / יברך בשם קודשו
4Q**403** 1i25	(XI)	וברך לכול נו[עדי]צד[ק מה]ללי מלכות כבודו[
4Q**403** 1i27	(XI)	ו]ברכו לנועדי צדק וכול ברוכיו[
	(XI)	ו]ברכו לנועדי צדק וכול ברוכיו[
	(XI)	ברו]כי עו[ל]מ[ים
4Q**403** 1i28	(XI)	ברוך [ה]אד[ו]ן מל[ך ה]כול מעלה לכול ברכה
	(XI)	וברך לכול קדו]שים מברכ[יו ומצדי]קי[ו]
4Q**403** 1i29	(XI)	[וב]רך לכול ברוכי עד
	(XI)	[וב]רך לכול ברוכי עד
4Q**403** 1ii15	(XI)	וברכו פלא כרוביהם ואופניה[ם
4Q**404** 2,1	(XI)	]דברי פלא וברך לכול[
4Q**404** 2,2	(XI)	]רוש יברך בשם גבורו[ת] אל[ים
4Q**404** 2,3	(XI)	]פלאיו וברך לכול תמימ[י] דרך בשבע[ה
4Q**404** 2,4	(XI)	] וברך לכול חוכי לו [בש]בעה דברי פ[לא
4Q**404** 2,5	(XI)	ר]וש יברך ב[שם
4Q**404** 2,6	(XI)	] וברך לכול מ[רימי
4Q**404** 2,11	(XI)	מ]ברכיו[
4Q**405** 3ii2	(XI)	] / [ד]ברי פלא וברך בשבעה דבר[י
4Q**405** 3ii5	(XI)	] / [י]ברך בשבעה דברי פלא וברך לכול[
	(XI)	וברך לכול[נועדי צ]דק בש[בעה
4Q**405** 3ii6	(XI)	] / בנשיאי רוש יברך בשם ה[וד המלך
4Q**405** 3ii7	(XI)	] / וברך ליסודי ה[ו]ד בשבע[ה
4Q**405** 3ii17	(XI)	] / למגני עוז וב[רך
4Q**405** 13,3	(XI)	[החמי]שי בנש[יאי] / [משני]פלא יברך בשם[
	(XI)	ו]ברך לכול נמהרי / [רצו]ן אמתו
4Q**405** 13,5	(XI)	הששי במשני / [נשי]אי פלא יברך בשם
4Q**405** 13,6	(XI)	[וב]רך לכול תמימי דרך[בשבעה דברי פלא
4Q**405** 15ii-16,5	(XI)	וברכו ל[
4Q**405** 19,7	(XI)	קול דממת שקט אל[והי]ם מברכים / [
4Q**405** 20ii-22,7	(XI)	יפולו לפנו ה[כרו]בים וב[ר]כו בהרומם
4Q**405** 20ii-22,8	(XI)	כסא מרכבה מברכים ממעל לרקיע הכרובים
4Q**405** 23i9	(XI)	מברכים ומהללים כול רוחות / אלוהים
4Q**405** 23ii12	(XI)	ו]ברכו לאלוהי דעת בכול מעשי כבודו
4Q**405** 29,1	(XI)	]ם ובר[ך
4Q**408** 3+3a,6	(XXXVI)	בר]וך אתה אדני {{יהוה}} [ה]צדיק
4Q**408** 3+3a,9	(XXXVI)	] / לעבדתם לברך את שמ קדשך
4Q**408** 3+3a,11	(XXXVI)	]◦ מעמל לברך [את שמ קדשך
4Q**409** 1i3	(XXIX)	הל]ל וברך בימי / [מועד העצים
4Q**409** 1i7	(XXIX)	בר]ך את שם קודשו
4Q**409** 1i8	(XXIX)	בר]ך את אדון הכול / [
4Q**409** 1i10	(XXIX)	]הלל וברכ והודו / [
4Q**409** 1ii2	(XXIX)	] / הלל וב[רך
4Q**409** 1ii7	(XXIX)	] / וברך[
4Q**414** 1ii-2i1	(XXXV)	וענה ו]אמר ברוך / [אתה אל ישראל
4Q**414** 2ii-4,6	(XXXV)	וענה ואמר ברוך א[תה אל ישראל
4Q**414** 11ii2	(XXXV)	]וברך
4Q**414** 27-28,2	(XXXV)	וענה ואמר] / ברוך א[תה אל ישראל
4Q**414** 31,2	(XXXV)	] / ברוך[אתה אל ישראל אשר
4Q**414** 34,1	(XXXV)	ב]רך
4Q**417** 1ii6	(XXXIV)	] / ◦ברך שמו [

] / הלל אל ועל כול נגע בר[ך	(XXXIV)	4Q417 1ii9
שפתיכה פתח מקור לברך קדושים	(XXXIV)	4Q418 81+81a,1
] דבר לברך ◦[	(XX)	4Q421 2,2
ברכו המפלי גאות ומודיע עוז ידו	(XXIX)	4Q427 7i18
יומרו ברוכ אל ה[מפ]לי [פ]לאות גאות	(XXIX)	4Q427 7ii12
ומועד למועד י[בר]כו / [בקול	(XXIX)	4Q427 8i8
ברכי נפשי את אדוני	(XXIX)	4Q434 1i1
וברוך שמו כי הציל נפש אביון	(XXIX)	
אברכה את / [	(XXIX)	4Q434 2,9
]ברוך שם עליו[ן	(XXIX)	4Q434 2,10
]ברכי[	(XXIX)	4Q434 2,11
]אברכה[	(XXIX)	4Q434 3,2
על כול זו]את אברך שמך בחיי	(XXIX)	4Q437 2i4
אברך בכ[ול מאודי] את אדוני	(XXIX)	4Q437 2i13
על כול אלה א[ברך	(XXIX)	4Q437 4,6
] כ[י] את כבודך / אלה אבר[ך	(XXIX)	4Q438 4ii6
]מוע[ד] ברוך אל[	(XXIX)	4Q440 2,2
מח]שבת כבודכה ברוך / [	(XXIX)	4Q440 3i24
ועל ממלכתכ / יתברכ שמכ	(XI)	4Q448 II,9
] / ממלכה להברכ[	(XI)	4Q448 III,6
]ויברכהו וי[ואמר	(XXXVI)	4Q460 5,1
בדרך הטובה הואה ישמורכה ?] / ויברככה	(XXII)	4Q473 2,4
[וע]נו ואמרו ברוך א[ל]י[שראל ה]שומר חסד	(VII)	4Q491 8-10i2
בר]וך שמך אל ה[ח]סדים	(VII)	4Q491 8-10i6
]נברכ[	(VII)	4Q496 26,1
כולנו / [מברכי]ם שם אל ישראל	(VII)	4Q502 6-10,8
מב]רכים בתוכנו / [	(VII)	4Q502 6-10,12
[וענו]ואמרו ברוך[א]ל[ישראל	(VII)	4Q502 19,6
]ברוך אל ישראל אשר עזר[	(VII)	4Q502 24,2
]מברכי[ם	(VII)	4Q502 30,1
] ולברך[	(VII)	4Q502 30,4
]ברוך [	(VII)	4Q502 31,1
] ויבר[ך	(VII)	4Q502 31,2
]אשישים ונשים ומבר[כים	(VII)	4Q502 34,3
]ברוך אל / [	(VII)	4Q502 96,2
יבר]ך להם [	(VII)	4Q502 97,1
]ברוך [	(VII)	4Q502 101,3
יב]רכו את אל ישראל[	(VII)	4Q502 105-106,1
ואמ]רו ברו[ך	(VII)	4Q502 125,4
]וברך[	(VII)	4Q502 139,2
]יברכ[ו	(VII)	4Q502 161,2
]ברך[	(VII)	4Q502 183,1
]◦◦ וברכו א◦[	(VII)	4Q502 284,2
]רקיע השמ[י]ם יברכו	(VII)	4Q503 1-6iii1
וענ[ו ואמרו] / ברוך א[ל ישראל	(VII)	4Q503 1-6iii2
בחמשה[לחודש בע]רב יברכו	(VII)	4Q503 1-6iii6
וענו [וא]מרו ברוך א[ל ישראל]	(VII)	
]להאיר על הארץ יברכו	(VII)	4Q503 1-6iii12
וענו וא]מרו בר[וך אל] ישראל[	(VII)	4Q503 1-6iii18
כו]ל לשוני דעת ברך ◦◦כ[	(VII)	4Q503 7-9,4
וענו ואמר]ו ברוך אל יש[ראל	(VII)	4Q503 7-9,6
]ברוך[א]ל[ישראל	(VII)	4Q503 7-9,8
יבר]כו	(VII)	4Q503 17,1
]בממשל אור היומם ברוך [	(VII)	4Q503 15-16,6
ברו]ך אל ישראל המפל[יא	(VII)	4Q503 15-16,8
וא]מרו ברוך[	(VII)	4Q503 19,1
השמש להאיר]על הארץ יברכו[	(VII)	4Q503 24-25,3
]יברכו את[	(VII)	4Q503 27,4
א]ל יברך ישורו[ן	(VII)	4Q503 29-32,6
השמש להאיר ע]ל[הא]רץ יברכו[	(VII)	4Q503 29-32,7
[בש]בעה עשר לחו[דש ב]ערב יברכו	(VII)	4Q503 29-32,12
בש[מונה עשר לחודש בערב י]ברכו	(VII)	4Q503 29-32,22
וענו ואמרו ב[רוך אל ישראל	(VII)	
אחד ועשרים ל]חודש ב[ע]רב יברכו	(VII)	4Q503 33i+34,18
ברו]ך אתה אל ישראל אשר העמדת[	(VII)	4Q503 33i+34,20
וענו] / [ואמרו בר]וך אל א[שר	(VII)	4Q503 33ii-36,11
וענו ואמרו] ברוך אל / [	(VII)	4Q503 33ii-36,22
ל]חודש[ב]ערב יבר[כ]ו	(VII)	4Q503 42-44,4
]וענו [ואמרו]ברוך [	(VII)	4Q503 45-47,6
השמש לה]איר על[ה]ארץ יברכו	(VII)	4Q503 48-50,7
וענו וא[מרו] ברוך אל יש[ראל]	(VII)	
וענו וא]מרו ברוך אל יש[ראל	(VII)	4Q503 51-55,6
וענ]ו ואמרו ברוך אל ישראל [	(VII)	4Q503 51-55,12
]ולברך / [	(VII)	4Q503 56i-58,11
השמש להאיר] על הארץ יברכו[	(VII)	4Q503 64,7
]וענו ואמרו ב[רוך אל ישראל	(VII)	4Q503 65,1
ברוך אל [ישראל	(VII)	4Q503 65,4
יב]רכו	(VII)	4Q503 68,4
ברוך אל ישר[אל	(VII)	4Q503 69,2
ברו]ך אל י[שראל	(VII)	4Q503 74,3
לחודש בע]רב יברכ[ו	(VII)	4Q503 76,1
] ברוך[	(VII)	4Q503 80,2
יב]רכו[	(VII)	4Q503 87,3
] ברו[ך	(VII)	4Q503 109,1
]ברוך אל[ישראל	(VII)	4Q503 139,1
יבר]כו	(VII)	4Q503 152,3
י]ברכו[	(VII)	4Q503 163,3
]ותברכנ[ו	(VII)	4Q503 222,1
]יבר[כו	(VII)	4Q503 223,1
]ים ברוך הא[ל]הניחנו ◦[	(VII)	4Q504 3ii2
] ברוך אדוני[	(VII)	4Q504 6,20
ב]רוך / [	(VII)	4Q504 7,19
ב]רוך אדוני [	(VII)	4Q507 2,2
]כה[ב]רוך אד[וני	(VII)	4Q507 3,1
ברו]ך אדוני אשר שמח[נו	(VII)	4Q509 3,9
] וברכתה / [	(VII)	4Q509 9-10i2
] / ברוך [	(VII)	4Q509 23ii2
]ם ברוך אדוני המנ[	(VII)	4Q509 206,1
ובכול / רוחות ממשלתה תמיד יב[רכו]הו	(VII)	4Q511 1,3
בר]וך אתה אלוהי אל[ים	(VII)	4Q511 16,4
בר]וכים ⟦ ⟧ ל[ ]◦ ⟦ ⟧	(VII)	4Q511 52-59,6
]◦חם אברכה שמכה ובמועדי תעודותי	(VII)	4Q511 63-64ii2
יברכו כול מעשיכה / תמיד וברוך שמכה	(VII)	4Q511 63iv1
וברוך שמכה / לעולמי עד אמן אמן	(VII)	4Q511 63iv2
]◦◦ ולברכו / [	(VII)	4Q511 116,2
]ברוך אנו ב◦[	(VII)	4Q511 129,2
ב]רוך[	(VII)	4Q511 169,1
]שר י[ברך וענה] ואמר ברוך אתה / [אל	(VII)	4Q512 33+35,6
]שר י[ברך וענה] ואמר ברוך אתה / [אל	(VII)	
] ברוך א[תה אל ישראל] / [	(VII)	4Q512 29-32,1
]וברך שם[את אל ישראל	(VII)	4Q512 29-32,5
וברך וענ[ה] ואמר ברוך אתה[אל ישראל	(VII)	4Q512 29-32,8
וברך וענ[ה] ואמר ברוך אתה[אל ישראל	(VII)	
וב]רך שם / [את אל ישראל	(VII)	4Q512 15i-16,11
י]ברך את[אל	(VII)	4Q512 17,1
ובר]ך וענה ואמ[ר ברוך] / [את]ה אל ישראל	(VII)	4Q512 1-6,1
וברך]וענה ואמר / [ב]רוך את אל ישר[אל	(VII)	4Q512 40-41,3
וברך וענה] / ואמר ברוך[א]תה[אל י]ש[ראל	(VII)	4Q512 42-44ii3
] / יברך וענה ואמ[ר ברוך אתה אל ישראל	(VII)	4Q512 51-55ii8
] / ב◦[ ]◦ ברוך[ ]◦[	(VII)	4Q512 69,3

blessing noun בְּרָכָה-1

Text	Reference	Vol.
כול ברכות עד ושמחת עולמים בחיי נצח	1QS IV,7	
דברי ברכ֯[ה] למשכיל לברך את יראי[אל	1QSb I,1	(I)
ויחו]נכה בכול ברכ[ות שמים	1QSb I,5	(I)
דברי ברכה למ[שכיל לברך] את בני צדוק	1QSb III,22	(I)
ברכות [עול]ם עטרת רואשכה קוד[ש	1QSb IV,3	(I)
] וברכה/וברכ<כ>כה ◦[← ברך-2	1QSb 15,2	(I)
] לשלום וברכה כבוד ושמחה ואורך ימים	1QM I,9	
וחסדי ברכו[תיכה] וברית שלומכה חרתה למו	1QM XII,3	
מלא ארצכה כבוד ונחלתכה ברכה	1QM XII,12	
שלום וברכה לגורל אל	1QM XVII,7	
מלא ארצכה כבוד ונחלתכה ברכה	1QM XIX,4	
ולשמך הברכה לעול[ם	1QH^a IV,20	
] נגע ובברכות ◦[	1QH^a 21,4	
]וברכה ב[	1QH^a 54,2	
בר]כת המקו[ר] לברך את ע֯[	1Q16 8,2	(I)
בברכא שבמזרח כחלת במקצע / הצפני	3Q15 II,13	(III)
אז]כרך לברכה [ציון	4Q88 VII,14	(XVI)
פעמים רבות אזכרך / [לברכ]ה ציון	4Q88 VIII,10	(XVI)
◦◦◦ ברכות נכבדים תקבלי	4Q88 VIII,12	(XVI)
]לברכה להארץ / [	4Q158 14i3	(V)
בכול ברכו[ת האמת להיותכה] / לברכה[	4Q219 II,33	(XIII)
להיותכה] / לברכה[בכול הא]רץ	4Q219 II,34	(XIII)
] / [א]ת ברכת אביכה[אברהם	4Q252 III,13	(XXII)
ברכות יעקוב ראובן בכורי אתה	4Q252 IV,3	(XXII)
ע]ל ב[רכות	4Q254 7,5	(XXII)
]וברכות אמת בקצי מ[ועד] / [	4Q286 7i4	(XI)
ויברכו את שם קודשכה בברכות[	4Q287 3,1	(XI)
מ]עלה לכל ברכ[ה]ו◦[	4Q291 1,6	(XXIX)
ברום קו]דשו גדול הואה בברכות[	4Q301 3a-b,7	(XX)
]ם ועד בכל ברכות[	4Q379 15,1	(XXII)
באח]רית הימים הבר[כה ו]הקללה	4Q397 14-21,13	(X)
הברכ]ות ש[באו	4Q397 14-21,16	(X)
[הבר]כו[ת ש]בא[ו]◦ [ ]◦[ ]בימי שלומוה	4Q398 11-13,1	(X)
שבאו מקצת הברכות והקללות	4Q398 11-13,3	(X)
באחרי[ת] הימים הברכה / [וה]קללא	4Q398 14-17i6	(X)
מל[ך ה]כול מעלה לכול ברכה ות[שבחות	4Q403 1i28	(XI)
ושלוה ב]שלום וברכה[באהלי] / [כבוד	4Q427 3,2	(XXIX)
שבת פחד נפתח מקור לב[רכת עד	4Q427 7ii5	(XXIX)
]לעולם ומ[ק]ור ברכה / [	4Q427 8i18	(XXIX)
ברכ[ה	4Q427 13ii1	(XXIX)
שבת פחד נפתח מקור לברכת עד	4Q431 2,4	(XXIX)
פקדם ל֯ברכהל֯◦◦[	4Q448 III,4	(XI)
◦◦◦הברכ◦◦[ ]◦◦[ ]◦[	4Q455 1	(XXXVI)
יהפוך ? [ ] / [חב]ליהם לברכה [ ] ושלום ג◦[	4Q472 1,3	(XXXVI)
שלום ו]ברכה	4Q491 17,5	(VII)
] / זרע ברכה זקנים וזק[נות	4Q502 19,2	(VII)
] ברכת אל ◦[	4Q502 45,1	(VII)
]ברכת שם[	4Q502 98,4	(VII)
ופג{{ר}}ע רע כיאם שלום וברכה ממ[	4Q504 1-2iv13	(VII)
רוח קודשכה עלינו / [לה]ביא ברכו[ת]יכה לנו	4Q504 1-2v16	(VII)
בר[כות למ]לך הכבוד	4Q510 1,1	(VII)
] משפטים למעשי כול ומשיב ברכות [	4Q511 52-59,3	(VII)
] / אשר ברכת אדני ברצונו[	4Q521 2iii3	(XXV)
ב]רכות יעקוב / [	4Q521 8,7	(XXV)
]ורוב שלום [ע]ם[ ] כול ברכות[עד	4Q525 11-12,1	(XXV)
]ברכות[	6Q16 3,4	(III)
אזכירך לברכה ציון בכול מודי	11Q5 XXII,1	(IV)
אזכירך לברכה בכול לבבי אברכך	11Q5 XXII,12	(IV)
צדק עולמים תשיגי וברכות נכבדים תקבלי	11Q5 XXII,13	(IV)

Text	Reference	Vol.
]◦ ו]ברך [וענה ואמר	4Q512 72,6	(VII)
י]ברך[	4Q512 78,2	(VII)
ב]רוך א[	4Q512 84,1	(VII)
]ברכ[	4Q512 96,1	(VII)
]ברך [	4Q512 146,2	(VII)
] ברוך [	4Q513 14,2	(VII)
]◦ ברוך [	4Q519 1,4	(VII)
בר]ך את אדני / [	4Q521 8,11	(XXV)
] / תתברך בעת מוטך תמצא מ[שען	4Q525 14ii7	(XXV)
ע]מך אשר תברך ה[	4Q528 2	(XXV)
ברוך יהוה עושה צדקות מעטר חסידיו	11Q5 XIX,7	(IV)
אני אהבתיך ברוך לעולמים זכרך	11Q5 XXII,2	(IV)
אזכירך לברכה בכול לבבי אברכך	11Q5 XXII,12	(IV)
ברוך עושה / ארץ בכוחו מכין תבל	11Q5 XXVI,13	(IV)
בר[וך יהוה] / [עושה צדקות מעטר חסידיו	11Q6 4-5,8	(XXIII)
]וברכם בשם [אל] / [י]שראל	11Q14 1ii2	(XXIII)
]ישראל ברוכים א[תם] / בשם אל עליון	11Q14 1ii3	(XXIII)
] וברוך שם קודש[ו] / לעולמי עד וברוכים [	11Q14 1ii4	(XXIII)
] וברוך שם קודש[ו] / לעולמי עד וברוכים [	11Q14 1ii5	(XXIII)
]תו וברוכים כול / מלאכי קודשו		(XXIII)
יברך אתכם אל עליון	11Q14 1ii7	(XXIII)
[בשבע זמרות נפל]אותיה לברך ל[מלך הקודש	11Q17 III,4	(XXIII)
בשבעה] / [דברי פ]לא לברך[	11Q17 III,11	(XXIII)
בשבעה] / [דברי פ]לא [ו]ברך לכ[ול	11Q17 III,12	(XXIII)
ו]ברכו בהרומם[קול דממת אלוהים	11Q17 VII,10	(XXIII)
]קיר מברכים ומהללים לאלוהי / אלים	11Q17 VIII,6	(XXIII)
ולשרת ולברך בשמי הוא וכול בניו	11Q19 LX,11	
לשרת לפני ולברך בשמי	11Q19 LXIII,3	
]בכן יברך / [	PAM 43.676 10,1	(XXXIII)

knee noun בֶּרֶךְ

← בּוֹרֶךְ

Text	Reference	Vol.
ונותן לנמוגי ברכים חזוק מעמד	1QM XIV,6	
וילכו ברכי / כמים מוגרים במורד	1QH^a XII,33	
וילכו כמים ברכי ואין לשלוח פעם	1QH^a XVI,34	
יכ]שלון ברכים וש[ ]ן / [	2Q23 1,10	(III)
ו]פיק[ב]רכים וחלחלה בכול מתנ[ים	4Q177 14,3	(V)
] / ברכי	4Q381 48,6	(XI)
ולנ֯מוגי בורכים חוזק מעמד ואומץ מ[תנים	4Q491 8-10i4	(VII)

blessing noun בֶּרֶךְ

Text	Reference	Vol.
וקול ברך מראשי דבירו [	4Q403 1ii11	(XI)
] / וקול הברך {{נשמע}} נכבד למשמע אלוהים	4Q403 1ii12	(XI)
] / הברך	4Q403 1ii13	(XI)
[תהלת]ברך ב[לשון הראישון	4Q403 1ii32	(XI)
]ל ברך[	4Q404 7,3	(XI)
ב]רך [	4Q404 16,2	(XI)
ל]שון ברך ומדמות / [	4Q405 14-15i2	(XI)
ק]ול ברך למלך מרוממים והלל פלאיהם	4Q405 14-15i3	(XI)
וקול דממת ברכ בהמון לכתם	4Q405 20ii-22,12	(XI)
ודממ[ת] ברך אלוהים בכול מחני אלוהים	4Q405 20ii-22,13	(XI)
וקול ברך מכול מפלגיו מספרה רקיעי כבודו	4Q405 23i7	(XI)
וקול דממת ב]רך בהמון [לכתם	11Q17 VII,14	(XXIII)

cistern (?) noun ברך

Text	Reference	Vol.
בביבא הגדולא של הברך כלבית הברך	3Q15 XII,8	(III)

בָּרֵךְ ← בֵּית בָּרֵךְ

11Q**14** 1ii9 (XXIII) להוריד על ארצכםה / גשמי **ברכה**

11Q**17** III,5 (XXIII)]ע שבע תהלי **בר**[**כות** כבוד אדון

11Q**17** X,4 (XXIII) ת]עודותיו / [ו]כול **ברכות** שלומ[ו

11Q**17** 30,5 (XXIII) ת]הלי **ברכות** כבוד ה[

11Q**19** XXIX,9 עד יום **הברכה**/הבריה ← בְּרִיאָה

11Q**19** LIII,3 ומבקריכה כ**ברכתי** אשר אתן / לכה

pool noun **בְּרֵכָא**

3Q**15** II,13 (III) **בברכא** שבמזרח כחלת במקצע / הצפני

בְּרֵכָא ← בְּרֵכָא

בַּרְנֵע ← קָדֵשׁ-2 בַּרְנֵעַ

lightning, flash noun **1-בָּרָק**

1QHa IX,12 זקים ו**ברקים** לעבודתם

4Q**169** 3-4ii4 (V) פרש מעלה להוב / ו**ברק** חנית ורוב חלל

4Q**174** 16,3 (V)]ו**ברקי**[

4Q**286** 3,4 (XI) זק]ים ו**ברקים** ∘∘[ ]מלאכי ע[נני] מטר

4Q**299** 6i4 (XX) **ברק]ים** עשה לנצח גשמים / [

4Q**392** 1,9 (XXIX) ר]וחות ו**ברקים** [מלאכיו ומ]שרתי דבי[ר

PAM 43.679 11,3 (XXXIII)]∘ ימטר **ברקים**[

PAM 43.697 95,2 (XXXIII)]**ברקים**[

flash noun **בָּרְקָה**

1QM VI,2 יכתובו **ברקת** חנית לגבורת אל

emerald noun **בָּרֶקֶת**

4Q**365** 9a-bi3 (XIII) אודם פטדה וב]**רקת** הטור ה[אחד

4Q**365** 12biii10 (XIII) אודם] / פטדה ו**ברקת** הטור האחד

to purify, purge, select verb **1-ברר**

CD X,4 עד עשרה אנשים **ברורים** / מן העדה

1QS I,12 והונם ביחד אל ל**ברר** דעתם באמת חוקי אל

1QS IV,20 ואז **יברר** אל באמתו כול מעשי גבר

1QM V,11 והכידנים ברזל **ברור** טהור בכור

1QM V,14 ויד הכידן קרן **ברורה** מעשה חושב

1QHa V,26 **ב]רורים** לחפציהם

1QHa VI,4] עוני ו**ברורי** מצרף [

1QHa VII,10 ובכול לב ובכול נפש **ברותי** ∘∘∘∘[

1QHa VIII,19 ואני בחרתי ל**הבר** כפי כרצו[נ]ך

3Q**5** 2,2 (III)] יהיו **ברורים** לה∘[

4Q**160** 2,1 (V)]אותם ול**הבר** כפים ל[

4Q**177** 9,3 (V)]יהם ברוב **הברורי**[ם

4Q**184** 3,2 (V)]תמיד **הבר** אליו ∘[

4Q**266** 4,12 (XVIII)]ו**ברר** לו [

4Q**266** 8iii4 (XVIII) [עד עשרה אנ]שים **ברורים** מן העד[ה]

4Q**270** 6iv16 (XVIII) [עד] / עשרה אנשים **ברורי**[ם מן הע]דה

4Q**271** 3,14 (XVIII) נשים] נאמנות וידעות **ברורות** ממאמר המבקר

4Q**369** 1ii5 (XIII)] / ומשפטיכה הטובים **ברותה** לו ל∘[

4Q**372** 1,18 (XXVIII) כי אתה **בורר** את האמת

4Q**378** 19ii4 (XXII) ואנחנו **הברנו** בכח[

4Q**424** 3,5 (XXXVI)] / אשר לא **תבר**

4Q**464** 3i9 (XIX) אהפך] אל עמים שפה **ברורה** / [

4Q**502** 313,1 (VII)]**ברור**[

4Q**511** 35,3 (VII) למקדש עולמים וטהרה **בנברים**

4Q**511** 80,1 (VII)]**ברורי**[

4Q**525** 28,1 (XXV)]**הבר** א[

11Q**5** XXI,17 (IV) ו]מערמיה אתבונן כפי **הברותי** אל / [

11Q**19** LVII,5 ו**ברר** לו מהמה אלף אלף / מן המטה

11Q**19** LVII,8 וכול / **הברורים** אשר יבור יהיו אנשי אמת

וכול / הברורים אשר **יבור** יהיו אנשי אמת

11Q**21** 1,3 (XXIII)]נחושת **ברור**[

to sharpen verb **2-ברר**

4Q**437** 2i9 (XXIX) ותשימני לחץ **ברור** בסת[ר] כפך הסתרתני

spice, perfume noun **בֹּשֶׂם**

4Q**433**a 2,9 (XXIX) משורשיו לוא ינתקו מערוגת **בשמו** כי[

to bear news verb **בשׂר**

1QHa XXIII,14] כאמתכה **מבשר** ו[ ]∘ טובכה

ל**בשר** ענוים לרוב רחמיכה / [

4Q**428** 14,4 (XXIX) כאמתכה **מב]שר** ול[ספר טובכה

4Q**432** 3,4 (XXIX) **מבשר** שלום[לכול הוות שמועתי] / [

4Q**440** 3i16 (XXIX)] ול**בשר** שלום ע[ול]ם / [

4Q**521** 2ii+4,12 (XXV) כי ירפא חללים ומתים יחיה ענוים **יבשר**

11Q**13** II,16 (XXIII)]נאוו / על הרים רגל[י] **מבש[ר** מ]שמיע שלום

(XXIII) **מב[שר** טוב משמיע ישוע]ה

11Q**13** II,18 (XXIII) וה**מבשר** הו[אה]משיח הרו[ח]

flesh, meat, kin, human noun **בָּשָׂר, בָּסָר**

CD I,2 כי ריב לו עם כל **בשר** ומשפט יעשה

CD II,20 כל **בשר** אשר היה בחרבה כי גוע

CD VII,1 ולא ימעל איש בשאר **בשרו**

CD VIII,6 ויתעלמו איש בשאר **בשרו** / ויגשו לזמה

CD XIX,19 ויתעלמו איש / בשאר **בשרו** ויגשו לזמה

1QS III,9 לכול חוקי אל יטהר / **בשרו** להזות במי נדה

1QS IV,21 להתם כול רוח עולה מתכמי / **בשרו**

1QS IX,4 ולרצון לארץ מ**בשר** עולות ומחלבי זבח

1QS XI,7 ומקוה / גבורה עם מעין כבוד מסוד **בשר**

1QS XI,9 ואני לאדם רשעה ולסוד **בשר** עול

1QS XI,12 ואמ אכשול בעוון **בשר** משפטי בצדקת אל

1QSa II,5 (I) וכול מנוגע ב**בשרו** נכאה רגלים או / ידים

1QSa II,6 (I) חרש או אלם או מום מנוגע ב**בשרו**

1QSb III,6 (I)]ם **מבשר** ועם מלאכי ק[ודש

1QSb III,28 (I) ועצת כול **בשר** בידכה יברך

1QpHab IX,2 עשו בו ונקמות בגוית **בשרו**

1QM IV,3 מאת / אל יד מלחמה בכול **בשר** עול

1QM VII,4 חגר או איש אשר מום עולם ב**בשרו**

1QM VII,5 או איש מנוגע בטמאת / **בשרו**

יהיו אנשי נדבת מלחמה ותמימי רוח ו**בשר**

1QM XII,12 וחרבכה / תואכל **בשר** אשמה

1QM XV,13]∘ט על כול **בשר**

1QM XVII,8 משרת מיכאל וממשלת / ישראל בכול **בשר**

1QM XIX,4 צריכ]ה וחרבך תואכל **בשר**

1QHa IV,25 ממש]לתם בתכמי כי רוח **בשר**[ל]עבדך

1QHa V,3] **בשר** וסוד רוחו[ת

1QHa V,19]∘א רוח **בשר** להבין / בכול אלה

1QHa V,22 ומופת דורות דרי∘[ ]∘∘[לכול] **בשר**

1QHa VI,28]ש ות∘∘∘[ ] כה ימשול **בשר** [ ]שב / [

1QHa VII,12 כיא לא ביד **בשר** ∘[ולא ל]אדם / דרכו

1QHa VII,17 ותרם / מ**בשר** כבודו

1QHa VII,21 ומה אף הוא **בשר** כי ישכיל [

1QHa XII,29 מי **בשר** כזאת

1QHa XV,17 ומחסי **בשר** אין לי [

1QHa XVI,31 התם כוח לקצים ולכלות **בשר** עד מועדים

1QHa XVI,33 כמים לבי וימס / כדונג **בשרי**

1QHa XVII,16 וגבר [מגב]ר / ישכיל ו**בשר** מיצר ח[מר] יכבד

1QHa XVIII,23]בי ויצר **בשר** לא שמתה לי מעוז

Reference	Vol.	Text
1QH^a XXI,6		ומה בשר / [
1QH^a XXI,8		] צבא דעת לספר לבשר גבורות
1QH^a XXIV,5		] יצר בשר / ◦ד קצ[
1QH^a XXIV,9		] ורזי פשע להשנות / בשר ב[
1QH^a XXIV,13		]רמות כוח ורוב בשר להרשיע / בקץ[
1QH^a XXVII,10		מה בשר לאלה
1QH^a 2ii6		] ממזרים להרשיע בבשר / י◦[
1QH^a 2ii9		]◦תי לבשר
1QH^a 3,3		]נתיבות שלום ועם בשר להפליא[
1QH^a 5,10		ואוזן בשר גליתה ו[
1QH^a 45,6		]רבים בבסר כי כול רוחות[
1Q34bis 3i3	(I)	]ם בעצמותם חרפה לכל בשר
1Q36 14,2	(I)	]◦אים בתכמי בש[ר
2Q23 1,3	(III)	]ובשר הרבה אכלתמה / [
4Q169 3-4ii6	(V)	ואף בגוית בשרם יכשולו בעצת אשמתם
4Q171 1-2ii11	(V)	והתדשנו בכול תענוג / בשר
4Q181 1,2	(V)	ומחלים רעים / בבשר לפי גבורות אל
4Q220 4	(XIII)	[ואת כל]בשר העלה תקט[י]ר על המז[בח
4Q228 1ii1	(XIII)	]בשר ולוא / משפחת הגוי[ם
4Q251 1-2,6	(XXXV)	]מיא נדה בש[ר]ו ביום [ה]שבת / [
4Q251 1-2,7	(XXXV)	] בי[ו]ם הששי בשר ער[וה]
4Q251 12,2	(XXXV)	ואל יאכל בשרו כי ◦[
4Q251 12,3	(XXXV)	אל יאכל איש בשר בהמה ⟦ ⟧[
4Q251 20ii2	(XXXV)	] / בבשר[ו
4Q255 2,3	(XXVI)	ובענות] / נפשו לכול חוקי אל יטהר בש[רו
4Q257 III,12	(XXVI)	ובענות נפשו] / [לכול חוקי אל יטהר בש]רו
4Q266 2i7	(XVIII)	כי ריב לו עם] כול בשר
4Q266 6i2	(XVIII)	הכהן אותו כמראי הבשר החי וכ[
4Q266 6i9	(XVIII)	וגלחו את ה{{ב}}‹‹ר››ש{{ר}} ← ראש
4Q266 6i15	(XVIII)	כול איש א[שר זו]ב יז[וב] / מבשר[ו
4Q266 6ib,1	(XVIII)	]הבשר [
4Q267 1,8	(XVIII)	]ר כול בשר ובר[יאה]
4Q269 4ii5	(XVIII)	ולוא ימעל איש בשאר] / בשר[ו
4Q269 6,2	(XVIII)	ויתעלמו איש בשא]ר בשרו[ויגשו לזמה]
4Q269 7,7	(XVIII)	[שבעת ימים עד אשר יצ]מח הבשר
4Q269 7,8	(XVIII)	החיים עולה ו]יורדת והבשר[צמח נרפא הנגע ?
4Q269 7,9	(XVIII)	יראנה הכוה]ן לעור הב[שר
4Q269 7,11	(XVIII)	כמ[ראי] הבש[ר החי
4Q272 1i7	(XVIII)	ויורדת [ו]הבשר צמח / [נרפא הנגע ? טהורה ?
4Q272 1i8	(XVIII)	יראנה הכוהן לעור הבש[ר] / [
4Q272 1i10	(XVIII)	הכוהן] אותו כמראי הבשר החי [
4Q273 4ii4	(XVIII)	[ו]הבשר צמח נרפא מן[הנגע ? טהורה
4Q273 4ii5	(XVIII)	יראנה הכהן] / לעור ה[ב]שר ◦◦◦◦◦[
4Q273 4ii7	(XVIII)	אותו כמראי] / הבשר [החי
4Q274 2ii1	(XXXV)	הקודשים יכבס א[יש] במים את / בשרו
4Q277 1ii10	(XXXV)	לוא] / [יתקדשו] כיא אם [י]טהרו
4Q277 2,5	(XXXV)	]ר בשר זב[ח
4Q284 2i4	(XXXV)	] ורחץ את בש[רו במים
4Q287 3,2	(XI)	ויבר]כוכה כול בריאות הבשר
4Q301 5,3	(XX)	מ]ה בשר כיא [
4Q306 1,4	(XXXVI)	] / ו◦◦רים את בשרו וירקו[
4Q368 3,3	(XXVIII)	]בשר נהפך [
4Q375 1ii5	(XIX)	] / בשר האי[ל
4Q377 2ii11	(XXVIII)	ידבר מפיהו כיא מי מבש[ר]כמוהו
4Q381 29,3	(XI)	מנש]מת רוח אפך יאבדו כל בש[ר
4Q381 57,2	(XI)	]בשר ◦[
4Q387 A,2	(XXX)	]בערותם לקרוב איש אל שאר בשרו[
4Q391 30,2	(XIX)	]בשרך[
4Q392 1,8	(XXIX)	אנחנו / בשר הלוא נשכיל במה עמנו
4Q394 3-7i10	(X)	בה את] / בשר זבחיהם ומ[ ]ים בעזר[ה
4Q394 3-7i14	(X)	המנ[חה נאכלת] על החלבים והבשר
4Q394 8iv9	(X)	מקצת [ע]צמות המק[דש ו]הבשר עליהם
4Q397 6-13,3	(X)	מקצת ע]צמות המ[קדש ו]הבשר ע[ליהם
4Q411 1ii11	(XX)	] / בשר יהו[ה ברא
4Q416 1,12	(XXXIV)	ותהמות פחדו ויתערערו כל רוח בשר
4Q416 1,16	(XXXIV)	] / [י]צר בשר הואה ומבינו[ת
4Q416 2ii3	(XXXIV)	ידו[ונאספה רוח כול] / בשר
4Q416 2iii21	(XXXIV)	בהתחברכה יחד התהלך עם עזר בשרכה[
4Q416 2iv4	(XXXIV)	[תשוקתה ותהיה] / לך לבשר אחד
4Q417 1i17	(XXXIV)	ועוד לוא נתן הגוי לרוח בשר
4Q417 1ii14	(XXXIV)	] / בלוא צות נבונות בשר
4Q417 3,4	(XXXIV)	]בשר עם תענית [
4Q418 2+2a-c,4	(XXXIV)	כול רוח ב]שר ובני השמי[ם
4Q418 2+2a-c,8	(XXXIV)	כי]א יצר בשר הואה ומביני◦[
4Q418 10a-b,6	(XXXIV)	הפרידה ואליכה תהיה ל]בשר אחד
4Q418 81+81a,2	(XXXIV)	◦[א]ז הבדילכה בכול / רוח בשר
4Q418 101ii5	(XXXIV)	] / בשרו לוא ימעל בבשרו[
	(XXXIV)	] / בשרו לוא ימעל בבשרו[
4Q418 103i9	(XXXIV)	]◦בשר / [
4Q418 103ii9	(XXXIV)	יחדו ? וג]ם הונכה עם בשרכה[
4Q418a 16b+17,3	(XXXIV)	]◦ה עם עזר ב[שרכה
4Q427 7ii16	(XXIX)	והפלא סליחות מה בשר לאלה
4Q427 11,1	(XXIX)	בנתיבות שלום ועם]בשר[להפליא כאלה
4Q428 3,7	(XXIX)	ובתעודות] / [כוננתני להחזיק ב]שר[
4Q428 13,6	(XXIX)	בנתיבות שלום]ועם בשר [להפלי]א כאלה
4Q428 15,7	(XXIX)	ו]רוב בשר[להרשיע בקצי חרונכה] / [
4Q428 18,1	(XXIX)	ואוזן בשר גליתה ו[
4Q444 1-4i+5,3	(XXIX)	ב]תכמי בשר
4Q477 2ii8	(XXXVI)	]ורו וגם אוהב את שיר בשרו
4Q491 10ii16	(VII)	] / בשר כאם עפה
4Q491 11i14	(VII)	לוא כבשר תאו[תי
4Q492 1,4	(VII)	גוים] / צריכה וחרבך[תואכל ב]שר
4Q504 8,9	(VII)	]בשר הואה ולעפר ה[
4Q511 7,3	(VII)	] לכול בשר / [
4Q511 28-29,4	(VII)	]ה [ ]◦◦ות ועולה בתכמי בשרי / [
4Q511 35,1	(VII)	] / א[לו]הים בכול בשר
4Q511 48-49+51,4	(VII)	כיא בתכמי / בשרי יסוד ד◦[
4Q512 36-38,17	(VII)	]נכה מכול ערו[ת]בשרנו לח[
4Q512 27,2	(VII)	]בשרו וכ[
4Q525 10,5	(XXV)	וכול בשר אל ‹‹י››צדק א[ל
6Q15 4,4	(III)	ולא ימעל] / [איש בשאר בש]ר[ו
11Q5 XIX,4	(IV)	נשמת כול בשר אתה נתתה
11Q6 4-5,6	(XXIII)	נשמת כול בשר אתה [נתתה
11Q12 7a,1	(XXXVI)	וישם מדמו ע]ל בשר [הקרבן אשר על המזבח
11Q19 XXIV,6		המנחה ואת ?] הבשר לריח [ניחוח
11Q19 XXVI,8		יקטיר על מזבח העולה ואת בשרו ואת עורו
11Q19 XXXIV,9		את עורות הפרים מעל לבשרסה
11Q19 XLV,16		ורחץ את כול בשרו במים חיים
11Q19 XLVII,10		לוא יביאו / כי כבשרמה תהיה טהרתמה
11Q19 XLVII,15		כי כטהרת בשרו כן יטהרו העורות
11Q19 XLVIII,9		ושרטת על נפש לוא תתנו בבשרכמה
11Q19 LI,4		מעצמותמה ומנבלתמה עור ובשר וצפורן
11Q19 LII,18		קרוב למקדשי כי בשר פגול הוא
11Q19 LII,19		לוא תואכל בשר שור ושה ועז
11Q19 LIII,2		כי א]ותה נפשכה לאכול ב[שר
11Q19 LIII,3		בכול אות נפשכה] / תואכל בש[ר
11Q19 LIII,6		ולוא תואכל את הנפש עם הבשר

to boil, ripen verb בשל

Reference	Vol.	Text
1Q30 5,1	(I)	]בבשול [

4Q394 3-7i9	(X)	ועל זבח החטאת] / שהם מבשלים [אות]ה
11Q5 XXI,12	(IV)	גם גרע נץ בבשול ענבים ישמחו לב
11Q19 XXXVII,14		מקום [לכירים] / אשר יהיו מבשלים שמה
11Q20 X,5	(XXIII)	[מ]קום לכירים אשר יהיו מב[שלים] / [שמה

boiled adjective בָּשֵׁל

4Q274 3i9	(XXXV)	] או קשות בשלה וא[י]ש]אשר יש◦ / [

Bashan proper noun בָּשָׁן

4Q364 20a-c,6	(XIII)	ואת ע]וג מ[לך] הב[שן]
4Q364 24a-c,15	(XIII)	ונעלה דרך הבשן למלחמה
4Q372 2,9	(XXVIII)	ה]ר הבשן ש◦[ ] ואת כל ערי[

בֹּשֶׁת ← בּוֹשֶׁת

daughter noun בַּת-1

CD V,8		ולוקחים / איש את בת אחיהו{{ם}}
		את בת אחיהו{{ם}} ואת בת אחותו
CD V,10		ואם תגלה בת האח את ערות אחי / אביה אביה
1QM XII,15		בנו]ת עמי צרחנה בקול רנה
1QM XIX,7		]בנות עמי הבענה בקול רנה
1Q61 1,1	(I)	] בת◦[
4Q161 5-6,7	(V)	צהלי] קולכי בת גלים
4Q161 5-6,9	(V)	[ינפף]ידו הר בת ציון גבעת ירושלים[
4Q175 29	(V)	ושפכו ד]ם כמים על חל בת ציון ובחוק / [
4Q179 1ii4	(V)	] / לעוליהן ובת עמי אכזריה[
4Q179 1ii13	(V)	] / בנות ציון {{היקרים}} הרכות עמם
4Q179 2,5	(V)	וכל [בנ]ותיה עזוב[ות
4Q179 2,8	(V)	וכל בנותיה כאבלות על על בע[לן
4Q186 2i2	(V)	]והיאה תרגל ובת קולו עניה
4Q200 1ii2	(XIX)	] / חיה לכה בת[יחידה
4Q200 4,2	(XIX)	אשר נשבע רעואל לעשות לשרה בתו
4Q215 1-3,5	(XXII)	ותואמר מה מתבהלת היאה בתי
4Q215 1-3,8	(XXII)	וינהג לבן את חנה אם אמי ואת שתי בנותיה[
4Q248 4	(XXXVI)	ו]בכן יאכלו[את] / [בשר בנ]יהם ובנותי[ה]ם
4Q251 17,3	(XXXV)	לא יקח איש] / את בת אחיו
	(XXXV)	את בת אחיו ואת בת א[חותו
4Q251 17,7	(XXXV)	] / אל יקח איש בתו נ[ערה לאיש זר
4Q270 2ii16	(XVIII)	[או יקרב א]ל בת[אחיו
4Q364 4b+ei6	(XIII)	ותאומר לאה אשר]ני כי אשרני בנות
4Q365 N,1	(XIII)	]ה ובנותיהמ[ה
4Q367 1a-b,8	(XIII)	ימי ט[הרה לבן] או לבת תביא[כבש
4Q378 3i2	(XXII)	ב]נותיך לבניהם ⟦ ⟧ / [
4Q378 10,1	(XXII)	[ב]נותיהם ◦[
4Q378 10,2	(XXII)	] / תקח מבנותיה[ם
4Q416 2iv4	(XXXIV)	בתכה לאחר יפריד ובניכה[
4Q418 10a-b,6	(XXXIV)	בתכה ל[אחר יפריד ובניכה
4Q418 86,1	(XXXIV)	]◦ לעברתו וכאב על [ב]נ[ו]ת◦[
4Q464 7,8	(XIX)	]אן בנות שכ[ם
4Q492 1,7	(VII)	בנות עמי הבענה[ב]קול רנה
4Q502 2,3	(VII)	]ת לו בת אמת ומתהל[כת
4Q502 14,6	(VII)	]ת בנים וב[נות] כבו[ ][
4Q504 1-2iii16	(VII)	] / לקחת בנות[
4Q508 4,1	(VII)	]ה[ ]בנותיה השוממות[
4Q524 15-22,5	(XXV)	לוא יקח איש] / [את בת בנו א]ו את ב[ת בתו
11Q12 1,7	(XXIII)	בשבוע הששי הוליד את אזו]רה בתו
11Q19 XL,6		ו]לבנותיהמה ולגרים אשר נולד[ו להמה
11Q19 LIV,19		בן אמכה או בנכה או בתכה / או אשת חיקכה
11Q19 LVII,16		ואשה לוא ישא מכול / בנות הגויים
11Q19 LX,17		לוא ימצא בכה מעביר בנו ובתו / באש
11Q19 LXV,11		את בתי נתתי לאיש הזה לאשה
11Q19 LXV,12		לוא מצאתי לבתכה בתולים
11Q19 LXV,13		ואלה בתולי / בתי
11Q19 LXVI,14		לוא יקח איש את אחותו בת אביהו
		את אחותו בת אביהו או בת אמו תועבה היא
11Q19 LXVI,17		לוא / יקח איש את ⟦ ⟧ / בת אחיהו
		בת אחיהו או בת אחותו כי תועבה היא
PAM 43.697 91,1	(XXXIII)	]◦ בנת ◦[

bath (liquid measure) noun בַּת-2

4Q159 1ii13	(V)	]האיפה והבת תכון א[חד
4Q271 2,2	(XVIII)	]האיפה והבת{{ב}} תכון אחד שניהן[
4Q513 1-2i4	(VII)	[האיפה וה]בת [מ]המה הטמ[אה] תכון אחד
	(VII)	[כאיפת ה]דגן בת היין

בְּתוֹךְ ← תָּוֶךְ

virginity noun בתול

11Q19 LXV,10		והוציאו / את בתול הנערה אל הזקנים השער

virgin noun בְּתוּלָה

CD XIV,15		ולבתולה אשר / אין לה ג[ואל]
3Q5 4,1	(III)	]ולת[ ]◦ושלים[
4Q159 2-4,8	(V)	כי יוצו איש שם רע על בתולת ישראל
4Q282i 2	(XXXVI)	]בי בתולתי ◦[
4Q502 19,3	(VII)	בחורים] / ובתולות נערים ונע[רות
11Q19 LXV,15		הנערה כי הוציא שם רע על בתולת ישראל
11Q19 LXVI,9		כי יפתה איש נערה / בתולה אשר לוא אורשה

virginity noun בְּתוּלִים

4Q269 9,6	(XVIII)	אשה אשר עליה ש]ם רע בבתולי[ה]
4Q270 2i16	(XVIII)	או אשר עליה שם רע ב]בתוליה בבית / [אביה
4Q271 3,13	(XVIII)	וכול / [אשר עליה ש]ם רע בבתוליה
11Q19 LXV,9		ולוא מצאתי לה בתולים ולקח אבי הנערה
11Q19 LXV,12		לוא מצאתי לבתכה בתולים ואלה בתולי / בתי
		מצאתי לבתכה בתולים ואלה בתולי / בתי

part noun בֶּתֶר-1

4Q385a 17a-eii1	(XXX)	]הבתר וא[ ] / [

ג

gimel, third letter of the alphabet ג

KhQ**3** 3 (XXXVI) פ צ ק ר / א א ב ג ד ה ו ז ח ט / י

proud adjective גֵּאֶה

1QH[a] XXVI,2 ולהש]פיל נועדות רומ גאי[ם עולם

4Q**391** 32,1 (XIX)]°]הל גאים / [

4Q**427** 7i20 (XXIX) ולהשפיל נועדות רומ גאים עולם

pride noun גַּאֲוָה

4Q**525** 6ii6 (XXV) בלוא ?] / גאוה ומרימת לוא[

4Q**525** 13,4 (XXV)]גאוה תנחל ובתכמיה[

defilement, stain noun גָּאוּל

CD XII,16 אשר יגואלו בטמאת האדם לגאולי שמן

4Q**257** III,4 (XXVI) ב]סאון רש[ע] / מחרשו וגא[ולי]ם בש[י]בתו

4Q**271** 5ii9 (XVIII)] / לג[אולי שמן בהם

4Q**286** 7ii9 (XI) ורשעתכ]ה עם כול ג[אולי שאו]ל

pride, majesty noun גָּאוֹן

4Q**387** 3,6 (XXX) [והורד]בימיהם גאון מרישיעי ברית

4Q**509** 58,7 (VII) ג]אונו יא[

majesty, pride, rising noun גֵּאוּת

4Q**163** 4-7i14 (V) ותצית / [בסבכי היער ויתאבכו גא]ות עשן

4Q**365** 6aii+6c,2 (XIII)] / כי גאות[ ]לע[

4Q**365** 6aii+6c,7 (XIII)] / [עו]שה גאות ⟦ ⟧

4Q**381** 15,4 (XI) אתה משל בגא]ות הים ואתה תשבח גליו

4Q**427** 7i18 (XXIX) ברכו המפלי גאות ומודיע עוז ידו

4Q**427** 7ii12 (XXIX) יומרו ברוכ אל ה[מפ]לי [פ]לאות גאות

to redeem verb גאל-1

CD XIV,16 ולבתולה אשר / אין לה ג[ואל]

4Q**158** 14i5 (V)]°°ול ֹיד ֹ מצרים וגאלתים / [

4Q**168** 1,4 (V) שם תנצלי שם] / [יגא]לך [י]הוה מ[כף איביך

4Q**176** 3,2 (V) [אל תיר]א כיא גאלתיך [קראתי בשמך לי

4Q**176** 8-11,4 (V) •••• חנם נמכרתם ולוא] בכסף תגאלו

4Q**176** 8-11,7 (V) וגאליכי קדוש יש[ראל א]ל[והי כו]ל [הא]רץ

4Q**176** 8-11,10 (V) ובחסדי עולמ רחמתיכה אמר גואלך ••••

4Q**185** 1-2ii10 (V) ט]ב ימדה וכל עמו גאל / והרג ש°°°°[

4Q**251** 14,2 (XXXV) לוא יקריבו ממנה י]גאלו

4Q**251** 16,5 (XXXV)]בעל אשר אין לו גואל / [

4Q**266** 10i9 (XVIII) [ולבתולה אש]ר אי[ן] ל[ה] גואל

4Q**284**a 1,7 (XXXV) אל יגאלם בכ[ול מו]דו

4Q**367** 3,7 (XIII) ואם ⟦ ⟧ גאול יגאל / [איש ממעש]רו

(XIII) ואם ⟦ ⟧ גאול יגאל / [איש ממעש]רו

4Q**381** 24a+b,5 (XI)] / גאל ליהודה מכל צר ומאפרים

4Q**385** 2,1 (XXX) [כי אני יהוה] הגואל עמי לתת להם הברית

4Q**411** 1ii8 (XX)] / וגאל בצה °[

4Q**420** 1aii-b,6 (XX) בצדק נגא[ל] / בבינה כל[

4Q**471**a 3 (XXXVI) ות]אמרו נלחמה מלחמותיו כיא גאלנו / [

11Q**5** XVIII,15 (IV) ברכו את] יהוה גואל עני מיד / זר[ים

to defile verb גאל-2

CD XII,16 והאבנים / והעפר אשר יגואלו בטמאת האדם

1QM IX,8 להתגאל בדם טמאתם כיא קדושים המה

4Q**274** 1i6 (XXXV) ל[ו]א תגאל את מחני קד[שי] ישראל

4Q**379** 3i5 (XXII)] ולא יתגאלו בכל / [

4Q**513** 13,3 (VII)]° עושים ומגאלי[ם] / [

4Q**513** 13,4 (VII) מגו]אלים בשמן °[

11Q**19** XLVII,13 ולוא יגאלו את מקדשי בעורות

גֹּאֵל ← גּוֹאֵל

(indeterminate) גאל

4Q**504** 22,3 (VII)]אשר גאלה[

redemption noun גְּאֻלָּה

4Q**504** 5ii4 (VII)]°ובך נחגה גאל[תנו

4Q**506** 124,4 (VII) °ובך נחג]ה גאלתנו[

back; on, upon noun גַּב-1

3Q**15** IX,2 (III) וגב שעת שבע / בדין אסתרין ארבע

3Q**15** IX,4 (III) בתכלת השני גב צריח הצופא / מזרח

4Q**385** 6,10 (XXX) והית[ה יד] / אדם מחברת מגבי החיות

4Q**397** 14-21,8 (X) ומלבוא ע[מהם]לגב אלה

cistern noun גֶּבֶא

CD X,12 וכל גבא בסלע אשר אין בו די / מרעיל

4Q**270** 6iv21 (XVIII) וכל גבא [בסלע אשר אין בו די מרעיל

to be high verb גבה

4Q**302** 2ii3 (XX) אם יהיה / לאיש עץ טוב ויגבה עד לשמים[

4Q**379** 11,2 (XXII)]°°°°°ם הגביהו [

4Q**431** 2,8 (XXIX) לרום עולם ועד ש]חקים יגביה בקומה

4Q**459** 1,1 (XXXVI)] / לבנון לב[ ] הגביהו רצון[

4Q**511** 40,2 (VII)]ות והגבה[תה

high adjective גָּבֹהַּ, גָּבוֹהַּ

1QH[a] XXVII,3 ועד שחקים] / וגבוה בקומה

4Q**225** 2i12 (XIII) על אחד ההרים[הגבוה]ים

4Q**372** 1,12 (XXVIII) במה על הר גבה להקניא את ישראל

4Q**391** 65,7 (XIX)]אמה וגבוה חמש°°°[

4Q**436** 1ii3 (XXIX) גבה לב ורום עינים התנ°°תה ממני

4Q**481**c 3 (XXII)]°ה אל הר גבה[

11Q**5** XXVIII,9 (IV) הגבהים בקומתם / היפים בשערם

PAM 43.682 13i2 (XXXIII)]גבהה / [

גֹּבַהּ ← גּוֹבַהּ

pride, loftiness noun גַּבְהוּת

CD I,15 ויתעם בתוהו לא דרך להשח גבהות עולם

4Q**266** 2i19 (XVIII) ולוא דרך להשח גבהו[ת עולם

4Q**427** 7ii8 (XXIX) כיא השפיל גבהות רוח לאין שרית

גָּבוֹהַּ ← גָּבֹהַּ

boundary, restriction, realm noun גְּבוּל, גְּבֻל

CD I,16 ולסיע גבול אשר גבלו ראשנים בנחלתם

CD V,20 עמדו מסיגי הגבול ויתעו את ישראל

CD XIX,16 כמשיגי / גבול עליהם אשפך כמים עברה

CD XX,25 וכל אשר פרצו את גבול התורה

1QS X,11 ובהיותם אשים / גבולי לבלתי שוב

1QS X,25 ובערמת דעת אשוכ בעדה גבול סמוכ

1QH[a] X,8 ותעמד פעמי בגבול רשעה

1QH[a] XI,24 כיא התיצבתי בגבול רשעה

Text	Vol.	Reference
להתהלך לפניך ב**גבול** / [צדיק]ים		1QH^a XV,14
]**גבולם** / [	(I)	1Q**69** 40,1
ואין שרפ[ון בג]**בליהם**	(XVI)	4Q**88** IX,9
]ועד **גבול** ירושלים[	(V)	4Q**161** 5-6,13
]כול **גבול** ישרא[ל] ל̇ים[	(V)	4Q**169** 5,2
]למסיגי **גבול** וכלה יעשה [לפועלי] / רשעה̇ [	(XVIII)	4Q**266** 1a-b,4
ו]להסיע **גבול** / אשר גבלו רישו[נים בנחלתם	(XVIII)	4Q**266** 2i19
ע]מ̇דו מסגי **גבול** [ויתעו את] / [ישראל	(XVIII)	4Q**266** 3ii7
עמדו] מ̇סיג̇י [ג]**בול** ויתעו את יש[ראל]	(XVIII)	4Q**267** 2,4
]מ̇שסיגי הגב[ו]ל̇[	(XVIII)	4Q**271** 1,2
]מ̇{{ש}}ס̇יגי הגב[ו]ל̇[	(XXIX)	4Q**280** 3,2
]ו̇ת את **גבולה**	(XX)	4Q**298** 3-4ii3
]**גבול** ארץ / [	(XXII)	4Q**379** 4,1
[ג]**בול** [	(XXII)	4Q**379** 31ii1
]**גבול** גדולה[	(XXX)	4Q**383** 5,2
] ב**גבול**סובנחלתם / [	(XI)	4Q**400** 1i13
] / רום שבעת **גבולי** פלא בחוקות מקדשיו	(XI)	4Q**403** 1ii21
ברז הפלא לשבעת **גבולי** קוד[ש קדשים	(XI)	4Q**403** 1ii27
ולוא יתמהמהו מ**גבולו**	(XI)	4Q**405** 23i11
שב]עת **גבולי** קו[דש	(XI)	4Q**405** 44,1
ג]**בול** מ◦[	(XI)	4Q**405** 55,1
הב̇קר אות להופיע ממשלת אור ל**גבול** יומם̇	(XXXVI)	4Q**408** 3+3a,8
ואל תתבלע בה פן תסיג / **גבולכה**	(XXXIV)	4Q**416** 2iii9
אשר ימשול בה זולתכה הסיג **גבול** חייהו	(XXXIV)	4Q**416** 2iv6
ו]א̇[ל] תת[בלע בה פן תסיג **גבו**לכה	(XXXIV)	4Q**418** 9+9a-c,7
]ל̇[ ]שדותיו **גבולו**[	(XX)	4Q**420** 1aii-b,7
וכנים בכול **גבול**[ם] ע̇רוב [בב]תיהםה	(XIII)	4Q**422** III,8
לכסות עין הא̇[רץ] חסל כבד בכו̇ל **גבולם**	(XIII)	4Q**422** III,10
[וה]ו̇א בעל ריב לכול מסיגי **גבול** [ ]	(XXXVI)	4Q**424** 3,9
]**גבולי** י̇[	(VII)	4Q**482** 6,2
כיא א[ין] משחית ב**גבוליהם**	(VII)	4Q**511** 1,6
יהיו שומרים / את עריהמה ואת **גבולמה**		11Q**19** LVIII,9
ג]**בולו** אשר לוא[ישכון כול] / [עוף טמא	(XXIII)	11Q**20** XII,15

boundary noun גְּבוּלָה, גְּבֻלָה

Text	Vol.	Reference
ועבודת הצדק פלג **גבולותם** / בדורותם	(XXXVI)	4Q**215a** 1ii9
ו**גבולות** הגבלתה / לנו	(XVIII)	4Q**266** 11,12
]ומספר **גבלותיה** / [	(XX)	4Q**298** 3-4ii1
] / **גבולותיו**[	(XX)	4Q**298** 5ii9
] / שם **גבולות**[	(XX)	4Q**298** 5ii10
]**גבולותיה**[	(XX)	4Q**299** 78,2

mighty, warrior adjective גִּבּוֹר, גִּבֹּר

Text	Vol.	Reference
ו**גבורי** חיל נכשלו בם		CD II,17
ומלכיהם בו נכרתו ו**גיבוריהם** בו / אבדו		CD III,9
המ[ה קלים ו**גבורים** / במלחמה לאבד רבים[		1QpHab II,12
לבב ולחזיק יחד בכול **גבורי** חיל		1QM X,6
ואת גולית הגתי איש **גבור** חיל		1QM XI,1
וביד כורעי עפר להשפיל **גבורי** עמים		1QM XI,13
]◦נו ב̇וז למלכים לעג / וקלס ל**גבורים**		1QM XII,8
מלאכים בפקודינו / ו**גבור** המלח[מה] בעדתנו		1QM XII,9
קומה **גבור** שבה שביכה איש כבוד		1QM XII,10
]ל̇[ ]הם **גבורי** המלחמה ירושלי̇ם [		1QM XII,17
ולכול **גבוריהם** אין מעמד		1QM XIV,8
]לכול **גבוריהם** אין מציל		1QM XIV,11
ג]**בורי** אלים מתאזרים למלחמ̇ה		1QM XV,14
]◦ ולב **גבורים** מגנתה לאין מעמד		1QM XVIII,13
לג]**בורים**		1QM XIX,1
ג]**בורי** כתיים והמון אשור		1QM XIX,10
ואני אמרתי חנו עלי **גבורים**		1QH^a X,25
ומלחמת **גבורי** / שמים תשוט בתבל		1QH^a XI,35
אריות שוברי עצם אדירים ושותי ד[ם] **גבורים**		1QH^a XIII,7
ו**גבורי** פלא משר{{י}}תיכה		1QH^a XIII,21
וירדוף **גבור** קשתו ויפתח מצור [		1QH^a XIV,30
ולכול **גב̇ורי** מלחמות אין מנוס		1QH^a XIV,33
ואת̇[א]ל שכתה בעד פריו ברז **גבורי** כוח		1QH^a XVI,11
חיל **גבורים** על רוב עד◦◦[		1QH^a XVIII,24
ואפחדה בשומעי משפטיכה עם **גבורי** / כוח		1QH^a XVIII,34
בכו]ח עם **גבוריכה**		1QH^a 10,8
] ומי מתכן **גבורי**[ם		1QH^a 16,5
אדון] אדונים וגב[**ור** גבורים	(I)	1Q**19**bis 2,5
] **גבור** [	(I)	1Q**40** 2,1
]כול הגואים ו**גבורים** יחתו ונמס ל[בם	(V)	4Q**161** 8-10,4
רמי] הקומה גדועים המה **גבורי** כת̇[יאים	(V)	4Q**161** 8-10,5
[פ]ש̇רו הם אנשי [ח]י̇לה **גבור**[י מ]לחמתה	(V)	4Q**169** 3-4iii11
וטפו ילכו בשבי **גבוריו** ונכבדיו בחרב̇[	(V)	4Q**169** 3-4iv4
] / [וי]לדו להם **גברים**	(V)	4Q**180** 1,8
[ ]האדם וילד̇[ו] להמה **גבור**[ים	(V)	4Q**181** 2,2
אצל הבירה בארבעת אלפים] / **גבור** למלחמה	(XIII)	4Q**221** 5,7
כי שומר י̇ע̇[קו]ב גדול ו**גבור** / [ונכבד	(XIII)	4Q**223-224** 2ii11
ויהרוגו את ג[**בורי** מואב ועמון]	(XIII)	4Q**223-224** 2iv23
כי] / **גבורי** חיל נ̇כש̇[לו בם מלפנים	(XVIII)	4Q**266** 2ii17
ו]**גבורי** ח̇[יל נכשלו בם מלפני]ם̇	(XVIII)	4Q**270** 1i2
ובמ]משלותמה **גבורי** אלים בכוח̇ / [	(XI)	4Q**286** 2,2
] ו**גב**[ו]**ר̇י̇** חיל יחזקו מ[עמד	(XX)	4Q**299** 10,2
ג]**בורי** צדק [	(XX)	4Q**299** 72,2
והג[**בור**]**ים** לוא נמלטו	(XIX)	4Q**370** 1i6
וקלו] / יקרא אל אל **גבור** להושיעו מידם	(XXVIII)	4Q**372** 1,16
] / כי אל גדול קדוש **גבור** ואדיר נורא	(XXVIII)	4Q**372** 1,29
]מ̇לכים **גבורי** / [	(XXVIII)	4Q**372** 5,1
יהוה כמה **גב**[ו]**ר**	(XI)	4Q**381** 1,2
]א̇דני האדונים **גבור** ונפלא ואין כמהו	(XI)	4Q**381** 76-77,14
גוים גדולים] **גבורי**{{ם}} החיל	(XXIX)	4Q**393** 3,8
גבו]ר̇תם ל**גבורי** עוז / [	(XI)	4Q**402** 1,4
בלשון הרב̇[יעי] ל**גבור** על כו̇ל̇[אלוהים]	(XI)	4Q**403** 1i2
יברך בשם[גבורות] אלים לכול **גבורי** שכל	(XI)	4Q**403** 1i21
יברך בשם גב[ורות אלים לכול ג]**בורי** שכל	(XI)	4Q**405** 13,5
ה[ג]**בו**ר̇ ב̇כח הח̇[סיד במש]פטיך	(XXXVI)	4Q**408** 3+3a,6
] / [עצם אדירים ושותי דם **גב**[ו]**רים**	(XXIX)	4Q**429** 1i1
בל יבוא גדוד [משמר **גבורים** ב̇ח̇לוות[	(XXIX)	4Q**432** 7,1
כב]ס̇יבו ⟦ ⟧ פן יורה **גבו**[ר	(XXIX)	4Q**432** 7,2
]◦[ ]בארצ אל יתהללו ה**גבורים** [בגבורתם	(XXXVI)	4Q**460** 8,2
אין **גבו**[ר כמוהו ואין אדיר̇[	(XXXVI)	4Q**460** 8,5
ה]רוג את רוב ה**גב**[ו]**רים**	(XXXVI)	4Q**468e** 2
]**גבור̇** ◦[	(VII)	4Q**487** 41,2
ול**גבו**[ריהמה] / אין מע[מד	(VII)	4Q**491** 8-10i5
לעג וקלס] / ל**גבורים** כ̇[יא קדוש אדירנו	(VII)	4Q**492** 1,1
אש̇ר נ̇פלו שם **גבורי** כת[י]ים	(VII)	4Q**492** 1,9
וממש̇[לתו] / על כול **גבורי** כוח	(VII)	4Q**510** 1,3
]ם̇ ואש / **גבור**◦[	(VII)	4Q**511** 44-47,4
] בשמכה[ג]**בור** אני מירא ומע̇[	(III)	8Q5 1,1
קומה **גב**[ו]**ר** שבה פל̇[שתים	(XXIII)	11Q**14** 2,2
שונאי בצע ו**גבורי** חיל למלחמה		11Q**19** LVII,9
אנשי המלחמה כול **גבורי** / החיל		11Q**19** LVIII,16
]ה̇**גבורים** י̇◦◦◦[	(XXXIII)	PAM 43.680 53,1
] **גבור̇**[	(XXXIII)	PAM 43.689 31,1

mighty deed, strength noun גְּבוּרָה, גְּבֻרָה

Text	Vol.	Reference
וכוח ו**גבורה** וחמה גדולה בלהבי אש		CD II,5
ויבינם ב**גבורות** פלאו		CD XIII,8

Reference	Vol.	Text
CD XIII,11		ושוכלו וכוחו וגבורתו והונו
1QS I,21		מספרים את צדקות אל במעשי גבורתום
1QS IV,3		ובינה וחכמת גבורה מאמנת בכול / מעשי אל
1QS X,12		רום כבוד וגבורת כול לתפארת עולם
1QS X,16		ובגבורתו אשוחח ועל חסדיו אשען
1QS XI,5		היאה / סלע פעמי וגבורתו משענת ימיני
1QS XI,7		מקור צדקה ומקוה / גבורה עמ מעין כבוד
1QS XI,20		בכול נפלאותיכה עם כוח / גבורתכה
1QSb V,21	(I)	] / [גבור]תו וברית ה[י]חד יחדש לו
1QSb V,25	(I)	וגבורת עולם רוח דעת ויראת אל
1QM I,11		וגורל חושך נלחמים יחד לגבורת אל
1QM I,14		וגבורת אל מאמצת ל[בב בני אור
1QM III,5		ועל חצוצרות מסעיהם יכתובו גבורות אל
1QM III,8		ועל חצוצרות החללים יכתובו יד גבורת אל
1QM IV,4		יכתובו חדל / מעמד רשעים [ב]גבורת אל
1QM IV,12		שלומי אל גבורת אל כלת אל בכול גוי הבל
1QM VI,2		יכתובו ברקת חנית לגבורת אל
1QM VI,6		ולהכניע מערכת / אויב בגבורת אל
1QM X,5		להחזיק בגבורת אל ולשוב כול / מסי לבב
1QM X,9		כמעשיכה הגדולים / וכגבורתכה החזקה
1QM XI,4		ומאתכה הגבורה / ולוא לנו
1QM XI,9		ובשלום לגבורת פלא ולב נמס לפתח תקוה
1QM XI,11		]◦עד גבורת ידכה בכתיים
1QM XIII,9		לס[פר]מעשי אמתכה ומשפטי גבורות פלאכה
1QM XIII,13		בגורל אמתכה נשמ חה ביד / גבורתכה
1QM XIII,14		ועם / אביונים יד גבורתכה
1QM XIV,5		ויקרא כושלים ל[גבורו]ת פלא
1QM XIV,6		ולפתוח פה לנאלמים לרנן בגבור[ת
1QM XIV,13		נהללה שמכה / ובגבורותיכה נרוממה ת◦[
1QM XV,10		וגבורתם כעשן נמלח
1QM XVI,1		ובקדושי עמו יעשה גבורה
1QM XVII,6		לגורל [פ]דותו בגבורת מלאך האדיר
1QM XVIII,11		ממ[ש]לת אויב לאין עוד ויד גבורתכה
1QM XVIII,13		לכה הגבורה ובידכה המלחמה
1QH[a] V,4		]בכוח גבורתך / [
1QH[a] IX,5		] / ומעין הגבו[רה
1QH[a] XI,10		יגיח / מכור הריה פלא יועץ עם גבורתו
1QH[a] XII,19		אתה אל תענה להם לשופטם / בגבורתכה[
1QH[a] XII,29		ולהודיע / לכול החיים גבורותיכה
1QH[a] XII,32		למען ידעו כול מעשיו בכוח גבורתו
1QH[a] XIII,20		כי גבורתכה [לאין חק]ר
1QH[a] XIV,11		נפלאותיכה ובגבורות[יכה יש]וחחו
1QH[a] XVII,16		ורוח מרוח תגבר וכגב[ורת]כה אין / בכוח
1QH[a] XVII,25		לכליל כבוד וכשלוני לגבורת / עולם
1QH[a] XVII,27		ולמכשולי גבורת פלא
1QH[a] XVIII,10		ואין לנגד כבודכה ולגבורתכה אין מחיר
1QH[a] XIX,5		ואזמרה בחסדיכה ובגבורתכה אשוחחה
1QH[a] XIX,8		ובכוחכה כול גבורה וכול כבוד אתכה הוא
1QH[a] XX,13		דעת ברז שכלכה ומעין גבור[תכה
1QH[a] XX,29		ומקוי כבוד ומקור דעת וגבור[ה] א◦המה ל[
1QH[a] XXI,8		לספר לבשר גבורות וחוקי נכונות
1QH[a] XXIII,8		] / בכוח גבורתכה [
1QH[a] XXVII,6		המפלי פלאות גאות] / {{להודיע גבורה}}
1QH[a] XXVII,9		כיא ראינו קנאתכה] / בכוח גבורה
1QH[a] 16,8		גב]ורתכה [
1QH[a] 48,4		]דש על ידי גבורת[
1Q54 2	(I)	גבו]רות/ב]רית כבודו [← בְּרִית
4Q163 23ii4	(V)	ובטח תהיה גבורתכמה ולוא אביתמה
4Q181 1,2	(V)	ומחלים רעים / בבשר לפי גבורות אל
4Q215a 1ii7	(XXXVI)	] / בדרכי אל[ו]בגבורות מעשיו[
4Q249n 1,2	(XXXVI)	גבו]רותיכ[ה
4Q256 II,5	(XXVI)	מספרים את צדקות אל במעשי] גבורת[ו
4Q256 XX,4	(XXVI)	בהפלא מודה ובגבורתו / [אשוחח
4Q260 IV,2	(XXVI)	בהפלא מאדה ובגבורות[יו א]שוחח
4Q264 7	(XXVI)	ולהתבונן]בכל נפלאותיך עם כוח גבורתך
4Q286 1ii5	(XI)	פ[לא] / [הוד]ות ומקוה גבורות הדר תשבוחות
4Q299 5,2	(XX)	גב]ורות רזי אור ודרכי חוש[ך
4Q299 6i7	(XX)	] בגברתו ברא / [
4Q299 6i16	(XX)	]◦ת כול גבורה / [
4Q299 33,4	(XX)	]מה גבורה בלוא[
4Q299 45,3	(XX)	ג]בורה [
4Q299 53,6	(XX)	ג]בורתו וחזק[
4Q370 1ii7	(XIX)	] / גבורת יהוה זכרו נפל[אות
4Q372 16,2	(XXVIII)	]◦ ברוח גבורה[
4Q372 17,1	(XXVIII)	]◦ עם גבורה וא[
4Q379 22i2	(XXII)	]גבורתיו / [
4Q380 7ii2	(XI)	] / [י]תבונן בגבורת ח◦◦[
4Q381 33+35,3	(XI)	ונתהלל בגברתך כי אין חקר[
4Q392 3,3	(XXIX)	]ל ידו וגבורתו יע[
4Q402 1,4	(XI)	גבו]רתם לגבורי עוז / [
4Q402 3ii10	(XI)	] / גבורתו צ[
4Q402 8,3	(XI)	]ם הגבורה ◦[
4Q403 1i2	(XI)	לגבור על כול[אלוהים] בשבע גבורות פלאה
4Q403 1i3	(XI)	ושבח לאלוהי / גבורות שבעה
4Q403 1i22	(XI)	בשבעה / [ד]ברי גבורות פלאו
4Q403 1i37	(XI)	ושופט בגבורתו לכול רוחי בין
4Q403 1i39	(XI)	והודותם במשוב יד גבורתו למשפטי שלומים
4Q404 2,2	(XI)	]רוש יברך בשם גבורו[ת] אל[ים
4Q405 3i16	(XI)	ש]בע ג[בורות]
4Q405 13,5	(XI)	יברך בשם גב[ורות אלים לכול ג]בורי שכל
	(XI)	בשבעה דברי גבורות פלאו
4Q405 17,4	(XI)	]טוהר מלאכי כבוד בגבורת / [
4Q408 3+3a,7	(XXXVI)	המבין בכ[ל ש]כל הנער[ב]כל גבורה
4Q417 1i13	(XXXIV)	ע[וזו ע]ם רזי פלאו וגבורות מעשיו
4Q418 43-45i10	(XXXIV)	עוזו עם רזי פל]או וגבורו[ת מעשיו
4Q418 95,1	(XXXIV)	] ג[ב]ורת[
4Q418 159ii3	(XXXIV)	] / בצדקו ובכוח גבו[רתו
4Q418 192,2	(XXXIV)	]וגבורת[
4Q418a 14,1	(XXXIV)	]גבורותכה [
4Q427 7ii10	(XXIX)	וגב[ורת עד עם] / מצעדם
4Q427 7ii12	(XXIX)	ומגדיל להופיע גבורה[ומצדיק] / בדעת
4Q427 7ii15	(XXIX)	כיא ראינו קנאתכה בכוח גבורתכה
4Q427 7ii23	(XXIX)	מ[כין ב]עוזו ארצ בגבור[תו עושה]
4Q428 6,1	(XXIX)	] / גבור[ת]ם ויפולו מגבור[תם
	(XXIX)	] / גבור[ת]ם ויפולו מגבור[תם
4Q432 7,3	(XXIX)	]לי גבורתם ויפולו[מגבורתם
4Q441 8	(XXIX)	] / י[ ]◦[ ]ובגבור[ה/ות
4Q452 2	(XXIX)	]את גבורות א[
4Q470 3,4	(XIX)	ל]החלימם ולעוזרם ברוח ג[בורתו
4Q491 8-10i3	(VII)	ויקרא כושלים] / [ל]גבורות פלא
4Q491 8-10i4	(VII)	ולפתוח פי] / נאלמים בגבורת אל[
4Q491 8-10i10	(VII)	ו[בגב]ורתכה נרוממ[ה] / [תפארתכה
4Q491 10ii14	(VII)	] / וחזק את ידיהמה בגבורות פלאו
4Q491 11i9	(VII)	בכו]ח גבורתו ירננ[ו]צד[יקי]ם
4Q491 16,5	(VII)	]ה ורוממו את גבורות[
4Q492 2,1	(VII)	ג]בורתו על כול[הג]וים [
4Q503 1-6iii5	(VII)	בכו]ח יד גבורת[ו
4Q504 1-2vi9	(VII)	ולמען נספר גבורתכה לדורות / עולם
4Q504 5i4	(VII)	גב]ורתכה לדורות[עולם] / [
4Q506 162,1	(VII)	ג]בורה[

4Q**510** 1,2 (VII)] לאלוהי דעות תפארת ג[**בור**]**ות** אל אלים
4Q**510** 1,3 (VII) ומכוח **גבורׄ[ת**]ו יבהלו ויתפזרׄו כול
4Q**511** 2ii7 (VII)] / אלוהׄי **גבורׄות** יעדׄם לׄ[
4Q**511** 3,4 (VII)]◦ **הגבורות** וכחכום[
4Q**511** 15,4 (VII) ל]פׄני **גבורתו**[ ]◦◦[
4Q**511** 17,3 (VII)]**גבורׄה** אין משא[
4Q**511** 18ii3 (VII)]כׄ[ג]**בׄורתו** / [
4Q**511** 19,5 (VII)]**גׄבורות** פלאוׄ[
4Q**511** 26,4 (VII)]**גׄבורותיו** ו[מ]וׄפתׄ[יו
4Q**511** 35,7 (VII) לפחד] / **בגבורתו** כוׄ[ל]רוחי ממזרים
4Q**511** 40,3 (VII)]הׄ וכׄ**גב[ורתכה**
4Q**511** 81,2 (VII)] ובכוח **גב[ורתו**
4Q**511** 83,2 (VII)]◦ת **גבורׄ**[
4Q**511** 103,3 (VII)]◦ **גבורתו** / [
4Q**511** 179,1 (VII) ג]**בׄוׄרׄתׄ**[
6Q**9** 45,2 (III) כוח] **וגבורא** [
11Q**5** XXVIII,13 (IV) תחלת **גב[ו]רׄה** לׄ[דוי]ד משמשחו נביא אלוהים
11Q**11** III,4 (XXIII) הואׄ[ה אשר] / עשה את הׄ[אלה **בגבור]תׄו**
11Q**17** VII,6 (XXIII) ג]**בורת** פלא[
11Q**17** VIII,5 (XXIII) ומרוממים **גבורות** אלו[הי
11Q**30** 1,2 (XXIII)]**גׄבורה** מ◦[

bald forehead noun **גַּבַּחַת**

4Q**266** 6i lft margin (XVIII)]{{שׂפחׂ[ת] **גׄבׄחׄת** ת◦חבׄהׄ}} / [

Gebim proper noun **גֵּבִים**

4Q**161** 5-6,8 (V) [נדדה]מׄדמנה ישבי **הגׄבׄים** הׄעיזו

to border verb **גבל**

CD I,16 ולסיע גבול אשר **גבלו** ראשנים בנחלתם
4Q**266** 2i20 (XVIII) ו]להסיע גבול / אשר **גבלו** רישוׄ[נים בנחלתם
4Q**266** 11,12 (XVIII) וגבולות **הגבלתׄה** / לנו
4Q**511** 40,1 (VII)]◦ **הׄגׄבלׄ[תה**

גְּבֻל ← גְּבוּל

גְּבֻלָה ← גְּבוּלָה

Geba proper noun **גֶּבַע**

4Q**161** 5-6,6 (V) עברו] מׄעברה **גבעׄ** מלון למו חר[דה הרמה

hill noun **גִּבְעָה-1**

4Q**161** 5-6,9 (V) [ינפף]יׄדו הר בת ציון **גבעת** ירושלים[
4Q**163** 23ii8 (V) על רואש הר / וׄכׄנׄסׄ על **גבעה**
4Q**176** 1-2i8 (V) [וכול הר וגב]**עׄהׄ** ישפלו
4Q**176** 8-11,12 (V) [כיא ההר]ים ימושו **והגבעות** תתמוטטנה
4Q**286** 5,2 (XI) וכו]ל יקומה[הרים וכו]ל **גבע[ו]תׄ** גׄיאות
4Q**380** 2,2 (XI)]◦הׄרים **וגבעות**[
4Q**511** 30,5 (VII) וישקׄ[ו]ל בפלסׄ[ ]הרים **וׄגׄבׄעׄוׄתׄ** בׄמוׄזנׄ[ים
11Q**5** XXVIII,6 (IV) ההרים לוא יעידו לו **והגבעות** לוא יגידו

Gibeah proper noun **גִּבְעָה-2**

4Q**177** 1-4,13 (V)]תקעׄו שופר **בגבעה** השופר הואה ספר[

to be strong, prevail, strengthen, confirm verb **גבר**

CD VIII,7 ויגשו לזמה **ויתגברו** להון ולבצע
CD XIX,19 ויגשו לזמה **ויתגברו** להון ולבצע
CD XX,33 ויעז לבם **ויתגברׄו** / עׄלׄ כל בני תבל
1QSb V,28 (I) ובשם קודשו **יגברכה** / והייתה כא[ריה
1QpHab XI,12 פשרו על הכוהן אשר **גבר** קלונו מכבודו
1QM XIII,15 להשפיל חושך **ולהגביר** אור ול[
1QHa IX,34 לבני אנוש כול נפלאותיכה אשר **הגברתה** ◦[
1QHa X,24 **והגבירכה** בי נגד בני / אדם
1QHa XII,8 ולא יחשבוני **בהגבירכה** בי
1QHa XII,23 כיא / לא יחשבונׄ[י ע]ד **הגבירכה** בי
1QHa XII,27 ובי האירותה פני רבים **ותגבר** עד לאין מספר
1QHa XII,28 ובסוד פלאכה **הגברתה** עמדי
1QHa XIII,15 ולמען **הגבירכה** ב͏ִי ͏ְלנגד בני אדם
1QHa XVI,35 ולשון **הגברתה** בפי בלא נאספה
1QHa XVII,16 ורוח מרוח **תגבר** וכגב[ורת]כה אין / בכוח
1QHa XVII,21]**תגבר** צרי עלי למכשול ל◦[
1QHa XVII,38 אודכה אדוני כי] **הגברתה** עד אין מס[פר] / [
1QHa XIX,3 וביצר חמר **הגברתה** מודה ͏ֻמודה͏ֿ
1QHa XXI,7 ובמחשבתכה **להגביר** ולהכין כול לכבודכה
1QHa XXIII,8] לשמכה **ויתגבר** בכבוׄ[דכה]
1Q**19** 1,2 (I) רשעי]ם **גברו** בׄארץ וׄ[
1Q**36** 17,2 (I)]דע רוחיכה **לגבר** אוׄשׄיׄ[
4Q**88** X,11 (XVI) תרם ידך / **תגבׄרׄ** ימינׄך
4Q**160** 3-4ii4 (V) ובזעם שונאי עמכה **תגביר** תפארת
4Q**252** I,7 (XXII) **ויגברו** המים על הארץ חמשים ומאת יום
4Q**372** 2,7 (XXVIII) כי נתן לך עוז **לגבׄ[ר**
4Q**374** 2ii8 (XIX) ובהאירו פנו אליהם [ ]לׄמרפאויׄ**גבירו** לבׄ[ם]
4Q**381** 44,2 (XI)]כׄיׄ ארץ זו **הגברת** [בה
4Q**390** 2i8 (XXX) ובאשר לא חפצתי בחרו **להתגבר** להון ולבצע
4Q**400** 1i9 (XI) וחוק בחוק **יגברו** לשבעה / [
4Q**401** 3,3 (XI) **תג]בׄרׄ**[ ]שבע לנשיאׄ[י
4Q**401** 3,4 (XI) מ]שניהו **תגבר**[
4Q**401** 14ii5 (XI)] / **יגבר** אׄ[לוהים
4Q**403** 1ii28 (XI) ולש]ון השלׄ[ישי **ת]גׄבר** שבע[ה מרביעי לו
4Q**405** 11,3 (XI) ולשו]ןׄ / משניו **תגברׄ** משלישי לו
(XI) [ו]לשון שלישי **תגבר** [שבעה מרביעי לו
(XI) ולשון ה]רׄבׄ[י]עי **תגבר** שבעהׄ בלשון החמישי לׄו
4Q**405** 11,4 (XI) ולשון החמישי **תגבר** שׄ[בעה בלשון הששי]לו
4Q**405** 11,5 (XI) ולשון הששי / **תגב[ר]** שבעה בלשון הׄ[שב]יעי לו
(XI) ובלשון הׄשביעי **תׄ[גבר**
4Q**422** II,8 (XIII) המי]ם **גב[רו**]עׄלׄ[הארצ
4Q**427** 7ii9 (XXIX) ועד שׄחׄקׄים **יגבירהו** בקומה
4Q**432** 2,1 (XXIX) א]שׄר **הגברתה** [בי] / [לנגד בני אדם
4Q**471**a 5 (XXXVI)]◦◦ **תתגברו** למלחמה ואתם נחשבתם / [
4Q**501** 9 (VII) ולוא שמוכה לנגדמה **ויתגברו** על עני ואביון
4Q**503** 67,3 (VII)]לׄיׄלה **להגבירׄ**[
4Q**505** 127,3 (VII)] / **התגברתהׄ**[
4Q**525** 14ii4 (XXV)] / תהׄ[ל]לׄ וׄמפני דברך **יתגׄבׄ[רו**
4Q**525** 17,5 (XXV)]**גׄבר**[ ] סביב◦[

man noun **גֶּבֶר-1**

CD XIX,8 חרב עורי על / רועי ועל **גבר** עמיתי נאם אל
1QS IV,20 ואז יברר אל באמתו כול מעשי **גבר**
1QS IV,23 יריבו רוחי אמת ועול בלבב **גבר**
1QS X,18 לאיש גמול / רע בטוב ארדפ **גבר**
1QpHab VIII,3 ואף כיא הון יבגוד **גבר** יהיר
1QHa X,17 ויהפוכו לשוחה חיי **גבר** אשר הכינותה בפי
1QHa XI,9 והרית **גבר** הצרה בחבליה
1QHa XI,10 ויפלט **גבר** ממשברים
1QHa XVII,15 אנוש מאנוש יצדק **וגבׄרׄ** [מגב]רׄ / ישכיל
אנוש מאנוש יצדק וגבׄרׄ [**מגב]רׄ** / ישכיל
1QHa XIX,20 מעיני / בדעתי יצרי **גבר**
1QHa 4,4]עי **גבר** וממכ◦[
4Q**159** 2-4,6 (V) אל יהיו כלי **גבר** על אשה
4Q**173** 3,1 (V) א]שׁרׄיׄ **הגבר**[אשר מלא את אשפתו מהם

נאום בלעם בנבעור ונאם הגבר / שהתם העין (V) 4Q**175** 9
לאיש גמול רע לטוב [ארדוף]גבר (XXVI) 4Q**260** IV,5
ומה {ו}הוא אשר יעשה ג[בר (XX) 4Q**299** 3aii-b,7
]◦ עבֹוֹדת גבר / [(XX) 4Q**299** 6i18
]◦◦ וּמה֯ יתבונן גבֿ[ר] בלוא ידֹעֹ (XX) 4Q**299** 8,5
]תֿ גבר ומה מע[שה (XX) 4Q**300** 6,2
לאדם מ]רשע ומהֹ רֹם לגבר מצדקֹ[(XX) 4Q**300** 7,1
ראוי להזהר מכול ת]עֹרובת [ה]גֿבר (X) 4Q**394** 8iii18
ואז תדע מר לאיש ומהֹ מתוק לגבר (XXXIV) 4Q**416** 2iii15
כי כאב לאיש כן אביהוֹ וכאדנים לגבר כן אמו (XXXIV) 4Q**416** 2iii16
[ואז תדע מר לא]יֹש ומה מתוק לגבר (XXXIV) 4Q**418** 9+9a-c,16
[ולוא נסתר עמל מעיני בדעתי יצרי ג]בֿרֿ (XXIX) 4Q**427** 1,3
]עֿל כֿוֹל מופתי גבר (VII) 4Q**511** 48-49+51,5
]וֿבכול גבֹרֿ[(VII) 4Q**513** 14,4
]ל גברֹ[(XXXIII) PAM 43.673 26,1

גִּבֹּר ← גִּבּוֹר

גְּבֻרָה ← גְּבוּרָה

Gabriel proper noun גַּבְרִיאֵל
מיכאל וגבריאל ל◦[1QM IX,16
מיכאל ואוריאל רפ]אל וגבריאל [(I) 1Q**19**bis 2,4
] את מיכאל ג[בריא]לֿ[שריאל ורפאל (XXXVI) 4Q**285** 1,3

roof noun גָּג
תעשה שע]רֹ פתוח לֹגג ההֹיכל 11Q**19** XXXI,6
ושעֹרֹיֹוֹ וגגו מבית / [ומ]בחוץ 11Q**19** XXXI,8
חמש [וארבעים באמה עד מק]רת גג[ו 11Q**19** XXXVI,6
המשקוף לגובה ?]מֿקרת הגֿג[מן המשקוף] / [11Q**19** XXXIX,2
השני ולשלישי / ולגג 11Q**19** XLII,9
ועל גג השלישית / תעשה עמודים 11Q**19** XLII,10
ושתי סוכותיהמה / אשר מעל הגג 11Q**19** XLIV,7
ועל] גגי השערים [אשר] / לחצר החיצונה 11Q**19** XLVI,2
ועשיתה מעקה לגגו ולוא תשום דמים בביתכה 11Q**19** LXV,6

Gad proper noun גָּד
← דִּיבוֹן גָּד
] / ולגד א[מר ברוך מרחיב גד (V) 4Q**174** 9-10,3
ויצא יהודה]רֿאשון ונפתלי וגדֿ[עמו (XIII) 4Q**223-224** 2iv21
ומשער זבולון עד שער גד ששיֿםֿ[ושלוש מאות (XIII) 4Q**365**a 2ii1
ושלוש מאות באמה]וֿמש[ער ג]דֿ עֿ[ד (XIII)
]וֿמרֿי למטה גד אליו / [(XXVIII) 4Q**377** 2i5
וא]ת גדֹ ואת דן וא[ת (XXII) 4Q**379** 1,4
וביום החמישי / יעשה עולת גד לבד 11Q**19** XXIV,16
יששכר זבולון וגד לים דן נפֹתלֹי וֿאֿשֿר לצפון 11Q**19** XXXIX,13

גִּד ← גִּיד

גִּדְגָּד ← גִּדְגָּדָה

Gidgadah proper noun גִּדְגָּדָה
ויחנו] / [בחור הגדגד]הֹ (XIII) 4Q**364** 19a-b,2

to cut verb גדד-1
הנֹ[נ]יֹ גוֹֿדד / את הימים ואת השני[ם (XXX) 4Q**385** 4,4
לוא תתגדדו ולוא תשימו קורחה בין עיניכמה 11Q**19** XLVIII,8

to band together, conspire verb גדד-2
ויפירו חוק ויגודו על נפש צדיק CD I,20
וי̊גו֯[ד]ו֯ על / [נפש צדיק (XVIII) 4Q**266** 2i23

bank noun גָּדָה
והלך על כל גדו[תיו (V) 4Q**163** 2-3,2
והיורדן סלֹא מיֿ[ם] עֹל כל גדותיו (XXII) 4Q**379** 12,6

band, troop noun גְּדוּד-2
בחיל בליעל בגדוד אדום ומואב 1QM I,1
]פלשת ובגדודי כתיי אשור 1QM I,2
]לכול גדודיהם בשוב גולת בני אור ממדבר 1QM I,3
להפיל גדודי בליעל שבעת / גוי הבל 1QM XI,8
בל יבוא גדוד בכלי מלחמתו 1QH[a] XIV,28
] / כיחכה איש גדודֿ[ים חבר כהנים (V) 4Q**163** 23ii14
פש]רֿו רובכה הם גדודי חילו אֿ[שר בירושלי]םֿ (V) 4Q**169** 3-4i10
ויהרוגו את גד]וֿדי מואֿ[ב ועמון] (XIII) 4Q**221** 6,2
לוא יבוא גדוד אל תוך ארצמה 11Q**19** LVIII,9

great adjective גָּדוֹל, גָּדֹל
וכוח וגבורה וחמה גדולה בלהבי אש CD II,5
{{מ}}שפטים / גדולים לכלת עולם לאין שרית 1QS V,13
איש לרעהו הקטן לגדול 1QS V,23
וישמעו הקטן לגדול למלאכה ולממון 1QS VI,2
בהתחדשם יום גדול לקודש קודשים 1QS X,4
ובקצו יצא בחמה גדולה להלחם במלכי הצפון 1QM I,4
בו יתקרבו לנחשיר גדול עדת אלים 1QM I,10
לגבורת אל בקול המון גדול ותרועת אלים 1QM I,11
]וֿבֿגוֿרל השביעי יד אל הגדולה מכנעת / [1QM I,14
]לֹ[ ]◦ון גדול ◦◦◦[1QM I,17
והקדמוני עד המדבר הגדול 1QM II,12
על האות הגדולה אשר בראש כול העם 1QM III,13
תרועת מלחמה גדולה להמס לב אויב 1QM VIII,10
]רות קול תרועה / גדולה לנצח מֹלֹ[חמה 1QM VIII,16
כיא אתה בקרבנו אל גדול ונורא 1QM X,1
כמעשיכה הגדולים / וכגבורתכה החזקה 1QM X,8
כיא בטח בשמכה הגדול ולוא בחרב וחנית 1QM XI,2
בכוחכה ובעוז חילכה הגדול 1QM XI,5
כיא גדולה מֿ[חשבת כבו]דֹכה ורזי נפלאותיכה 1QM XIV,14
]קול גדול 1QM XVI,8
]וֿבהֿ[נ]שא יד אל הגדולה על בליעל 1QM XVIII,1
ולהשכיל בסוֹדֿ[פלאך ה]גדול 1QH[a] V,20
[או]דֿך אדוני כגדול כוחך ורוב נפלאותיך 1QH[a] VI,23
]ם וגדול / [ ]רֿים הסולח לשבי פשע
הכינותם לעשות בם שפטים גדולים 1QH[a] VII,19
כבודך ואת כוחך / הגדול 1QH[a] VII,21
ולהגישני ברצונך כגדול חסדיך [1QH[a] VIII,21
]גדול העצה[1QH[a] IX,5
ואתה ברחמיכה / וגדול חסדיכה 1QH[a] IX,32
אשר עליה / ויתמוגגו בהווה ג[דו]לה 1QH[a] XI,34
להתבונן במעשי פלאך / הֿגֿדֿוֹֿלֿיֿםֿ 1QH[a] XV,33
ומי / בכול מעשי פלאכה הגדולים יעצור כוח 1QH[a] XVIII,11
] / לחסדכה בגדול טובכה ורוֿ[ב רחמיך 1QH[a] XVIII,16
והתֿ֯נינה כגדו[ל כו]חֹכה ורוב אמתכה 1QH[a] XIX,29
לחוקות מאור גדול בפנות ערב 1QH[a] XX,5
ג]דול והֿואה פלא 1QH[a] XXII,2
ל[תת] לֿכֿה [ער]ים גדולות / [וטובו]ת (I) 1Q**22** 1ii2
] מאור גדו[ל] לֹמועד הֹ[(I) 1Q**34**bis 3ii1
ולא הבינו בכוחך הגדול ותמאס בם (I) 1Q**34**bis 3ii4
]אֹכה הגדולים (I) 1Q**35** 1,6
בבור הגדול שבחצר / הפרסטלין (III) 3Q**15** I,6
ביֹאתו תחת הסף הגדול (III) 3Q**15** II,12

Reference	Vol.	Text
3Q15 IV,1	(III)	בבור הגדול שב[ ]◦קה בעמוד / בצפונו
3Q15 V,3	(III)	תח[ת האבן] / הגדולא חפור אמ[ות]
3Q15 V,9	(III)	עד הרגם הגדול / אמות ששין חפור
3Q15 VII,1	(III)	שבמגזת הכוהן / הגדול חפור [אמות] / תשע
3Q15 VII,4	(III)	] / האשיח הצפו[ני הגד]ול / בארבע רוח[ות
3Q15 X,4	(III)	מהנחל / הגדול בקרקעו ככ 12
3Q15 XI,7	(III)	תחת המסמא ה / גדולא שבשילוחו
3Q15 XII,8	(III)	בביבא הגדולא של הברך כלבית הברך
4Q88 VII,16	(XVI)	ג]דולה תק[ותך ציון]
4Q161 8-10,8	(V)	על ה]כתיאים אשר ינת[נו] ביד גדולו[
4Q169 3-4i5	(V)	]על כפיר החרון אשר יכה בגדוליו
4Q169 3-4i11	(V)	א[שר בירושלי]ם וכפיריו הם / גדוליו[
4Q169 3-4iii9	(V)	אמון הם מנשה והיארים הם גד[ו]לי מנשה
4Q169 3-4iv2	(V)	וכול ג[דו]ל[יה רותקו] / בזקים
4Q175 28	(V)	וע]שו חנופה בארץ ונצה גדולה בבני / [יעקוב
4Q176 8-11,9	(V)	רגע] קטנה עזבתיך וברחמים גדולים אקבצך
4Q176 20,2	(V)	]ויהי קצף גדול על מעשי הדור / [
4Q177 1-4,15	(V)	או]תות{{ת}} גדולות על ה[
4Q177 12-13i9	(V)	ויד אל הגדולה עמהמה לעוזרם
4Q181 1,1	(V)	ולמשפטים גדולים ומחלים רעים
4Q200 6,3	(XIX)	מודים אותו על מע]שו הגדול ותומהים
4Q200 6,7	(XIX)	ג]דול[ה] ומה אשר יפצה מידו
4Q216 V,11	(XIII)	שבעה]מעשים גדולים ע[שה ביום הראשון]
4Q216 VI,7	(XIII)	ויתן השמש לאות גד]ול [על הארץ]
4Q216 VI,11	(XIII)	[וביום החמישי ברא את התנינים הגדו]לים
4Q216 VI,14	(XIII)	את]שלו[שה המיני]ם הגד[ולים האלה]
4Q221 17,2	(XIII)	] אחד גדו[ל
4Q223-224 2ii11	(XIII)	כי שומר יע[קו]ב גדול וגבור / [ונכבד
4Q223-224 2ii48	(XIII)	] / והג[דול אשר עשה את השמים
4Q254 5-6,2	(XXII)	]ן הגדולים[
4Q256 XIX,2	(XXVI)	בהתחדשם יום גדול לקודש קודשים
4Q258 II,3	(XXVI)	איש לרעה[ו]הקטן לגדול
4Q258 II,7	(XXVI)	ויש[מעו הקטן] / לגדול למלאכה ולה[ון
4Q258 IX,1	(XXVI)	בהתחדשם יום גדול לקודש קודשים
4Q263 3	(XXVI)	[וישמ]ע הקטן לגדול למלכאה ולה[ון
4Q265 7,4	(XXXV)	ולא ירחצו ולא] / [יכב]סו [בי]ום גדול
4Q266 1a-b,18	(XVIII)	לעשות] / קטנה וגדולה ל◦[
4Q282h 4	(XXXVI)	]◦ גדול פ[
4Q286 1ii5	(XI)	ומקוה גבורות הדר תשבוחות וגדול נוראות
4Q291 3,5	(XXIX)	] כול גדול אתה[
4Q301 3a-b,4	(XX)	ונכבד הו[א] בא[ו]רך אפיו [וגדו]ל הואה
4Q301 3a-b,7	(XX)	ונהדר[הואה ברום קו]דשו גדול הואה בברכות[
4Q301 5,4	(XX)	א]ור גדול ונכב[ד הואה
4Q306 3,4	(XXXVI)	]קצף גדו[ל
4Q348 13	(XXVII)	]◦◦◦◦וס כוהן גדול ◦◦◦[
4Q364 21a-k,1	(XIII)	] / [פנים] במשפט כקטן כגדול תשמ[עון
4Q364 31,1	(XIII)	וירשתם ג]וים גד[ולים ועצומים ?
4Q365 6aii+6c,3	(XIII)	] / גדול אתה מושיא א[
4Q367 2a-b,14	(XIII)	תשא פני דל ולא תהדר]פני גדו[ל
4Q368 10i7	(XXVIII)	]ל◦◦ גדולים המפלי לעיניכם בארץ[
4Q368 10i8	(XXVIII)	] מחלים / רעים ומכה גד[ו]לה ונגעים לאין [
4Q372 1,18	(XXVIII)	אצב[ע ידך]גדולה וחזקה מכל אשר בתבל
4Q372 1,19	(XXVIII)	גם רחמיך רבים וחסדיך גדלים לכל דרשיך
4Q372 1,29	(XXVIII)	כי אל גדול קדוש גבור ואדיר נורא ונפלא[
4Q375 1i3	(XIX)	מחרון אפו הגדול / [להושיעכ]ה ממצוקותיכה
4Q378 3ii+4,6	(XXII)	] / איש ישר וגדול [
4Q378 26,5	(XXII)	]מפתים גדולים ובחמה יעצר[
4Q379 4,3	(XXII)	]ה וגדולה / [
4Q379 22ii13	(XXII)	לעוז רשע] / [בארץ ר]ש{{ה}}עה גדלה
4Q379 22ii14	(XXII)	[ועשו חנופה] בארץ ונאצה גדלה
4Q379 36,1	(XXII)	]◦◦ה וגדולה[
4Q381 53i3	(XI)	]גדלות / [
4Q381 76-77,15	(XI)	מעמים ר]בים ומגויים גדולים להיות לוא לעם
4Q382 12,2	(XIII)	]את רבות וגדולות[
4Q383 5,2	(XXX)	]גבול גדולה[
4Q385a 17a-eii9	(XXX)	ועל / [נכבדיה ירו]גורל וכל [גדול]יה בזק[ים]
4Q400 3i5	(XI)	ג]דולות / [
4Q403 1ii34	(XI)	] / ראוש פלאיו להלל גדול[
4Q416 3,4	(XXXIV)	]לא תובד צרה כי גדלים רחמי אל ואין קץ[
4Q417 1ii8	(XXXIV)	] / גדולים רחמי א[ל
4Q427 7ii7	(XXIX)	ה]שמיעו ואמ[ו]רו גדול אל ע[ושה פלא]
4Q427 8i13	(XXIX)	בי]חד רנה גדול אל המפלי / [
4Q431 2,6	(XXIX)	השמיעו וֿאמורו גדול אל עושה / [פלא
4Q434 1i13	(XXIX)	חרונו ◦[ ]ה בהם וגדו[ל
4Q440 1,1	(XXIX)	ביום ה]רביעי פתחתה מאור גדול בממש[לת
4Q451 1	(XXIX)	ש]מכה [ה]גדול ואל יחל[
4Q491 11ii7	(VII)	השופרות יריעו תרועת מלחמה] / בקול גדול
4Q496 3,3	(VII)	יצא בחמה]גדולה ל[ה]ל[ח]ם ב[מלכי צפון
4Q503 18,3	(VII)	]ר גדול מ[
4Q503 51-55,13	(VII)	ה]ודיענו במחשבת בינתו הגד[ולה]
4Q504 1-2ii10	(VII)	ולמען דעת את כוחכה הגדול
4Q504 1-2iv10	(VII)	ולשמכה / הגדול ויביאו מנחתם כסף וזהב
4Q504 3ii10	(VII)	שם קו]דשכה הגדול[
4Q504 6,21	(VII)	]נחקר גדולות[יכה
4Q505 129,1	(VII)	ולשמכ]ה הגדול[
4Q509 58,8	(VII)	]גדולים כול א◦[
4Q511 52-59,2	(VII)	מ]קור הטוהר מקוי הכבוד גדול הצד[ק
4Q511 73,1	(VII)	]י הכווה גדול / [
4Q511 100,1	(VII)	]גדול ◦[
5Q10 1,3	(III)	]כיא מלך גדול א[ני] א[מר יהוה צבאות
11Q5 XXII,2	(IV)	גדולה תקותך ציון
11Q5 XXVI,9	(IV)	גדול וקדוש יהוה קדוש קדושים
11Q11 II,6	(XXIII)	]הגד[ול]והי / [
11Q11 III,10	(XXIII)	וייראו[ו את המכה ה]גדולה הזוא[ת]
11Q11 III,12	(XXIII)	ג]דולה ו[
11Q11 IV,1	(XXIII)	[ו]גדול[
11Q11 IV,2	(XXIII)	] / והגדול ב[
11Q11 IV,4	(XXIII)	] / יככה יהוה מ[כה גדול]ה אשר לאבדך[
11Q19 XV,15		ואם הכוהן הגדול יהיה עומד[לשרת
11Q19 XXI,6		ואחריהמה כול העם מגדו[ל ו]עד [קטן]
11Q19 XXIII,9		וה[קרי]ב הכוהן הגד[ו]ל את[עולת הלויים]
11Q19 XXV,16		יקריב הכוהן הגדול עליו ועל בית אביהו
11Q19 XXXI,5		הכוהן הג]דול
11Q19 LI,14		ועושה אשמה גדולה ומטמא הבית
11Q19 LVIII,18		עד יבוא לפני הכוהן הגדול
11Q20 I,21	(XXIII)	ואם[הכוה]ן הגדול[יהיה עומד לכהן]
11Q20 I,24	(XXIII)	ואחריהמה הכ[ו]הן הגדול וכול הכ[והנים
11Q20 XV,6	(XXIII)	ועושה אשמה גדול[ה ומטמא הבית
PAM 43.676 20,2	(XXXIII)	] גדול ולקט[
PAM 43.695 18,1	(XXXIII)	גדלות ◦◦[
PAM 43.697 94,1	(XXXIII)	]ם הגדול[

great noun גְּדוֹל

Reference	Vol.	Text
4Q427 7i15	(XXIX)	הבו גדול לאלנו וכבוד למלכנו

greatness noun גְּדוּלָּה

Reference	Vol.	Text
11Q5 XVIII,5	(IV)	להשכיל לחסרי לבב גדולתו

slander noun גִּדּוּף

Reference	Vol.	Text
CD V,12		ובלשון / גדופים פתחו פה על חוקי ברית אל

1QS IV,11 ולשון גדופים עורון עינים וכבוד אוזן
4Q433a 4,3 (XXIX)] / גדופים[
4Q501 6 (VII) מלפני לשון גדופיה{{מ}}‹‹ם››{{ה}}
4Q511 24,3 (VII)]גדופיה֯[ם

reviling, slander noun גְּדוּפָה
1QH[a] X,35 ובגדפותם לא החתותני / לעזוב עבודתכה
4Q428 3,4 (XXIX) ובגדפו]ת֯ם לוא[החתותני לעזוב] / עב֯ו[דתכה

Gaddi proper noun גַּדִּי
4Q341 6 (XXXVI)]לגוס בניב[ן בסרי גדי / דלוי הלכוס הרקנוס

kid (young goat) noun גְּדִיָּה
11Q5 XXVIII,4 (IV) רועה לצונו ומושל בגדיותיו

tassel, plait noun גָּדִיל
1QM V,5 והמגן מוסב מעשי גדיל שפה
1QM V,8 כמעשי / גדיל שפה בזהב וכסף ונחושת
4Q405 15ii-16,1 (XI)] / גדיל שפה֯[

to grow up, become great, increase verb גדל, קדל
1QM XI,15 ולהתגדל ולהתקדש לעיני שא֯ר הג֯ו֯ים
1QM XVIII,7 כיא / הגדלתה עם עמכ֯[ה]◦ להפליא
1QH[a] VII,15 ולהג֯ד֯י֯ל֯ עליו / בהמון רחמיך
1QH[a] XII,29 ומה יצר חמר להגדיל פלאות
1QH[a] XIII,24 ג[ם או]כלי לחמי / עלי הגדילו עקב
1QH[a] XIII,25 ובעבו֯ר הגד֯[ילכה] בי
1QH[a] XIV,10 ולמענכה עשי֯[תה] לג֯ד֯ל תורה
1QH[a] XIV,15]ע֯ד עולם לגדל נצר לעופי מטעת עולם
1QH[a] XV,19 להציץ / מ֯ט֯ע ולגדל נצר להעיז בכוח
1QH[a] XXVII,6 ומג֯ד֯[יל להופיע גבורה בדעת
1Q26 1,8 (XXXIV)]◦◦[ ]ל[א ת]ג֯דלכה נגד כ֯ו֯ל֯[
4Q216 VI,9 (XIII) וגדל בא֯[רץ את] / [שלושה המינים האלה
4Q248 3 (XXXVI) ו[על אל] / [אלי]ם֯ ה֯גד֯י֯[ל
4Q364 18,2 (XIII) ועתה יגד֯ל֯[נא כוח אדוני
4Q374 4,3 (XIX) הג]דילנ[ו
4Q381 33+35,9 (XI) כי הגדל[ת רחמיך]ואני הרביתי אשמה
4Q403 1i31 (XI) יקדילו קדושי אלוהים למלך הכבוד
4Q405 3i11 (XI)]וגדל / [
4Q405 12,3 (XI)] / ו֯ג֯ד֯ל֯[
4Q427 7ii12 (XXIX) ומגדיל להופיע גבורה֯[ומצדיק] / בדעת֯
4Q428 20,3 (XXIX) [ספרתי בעדת קדושי]כ֯ה בהגדל
4Q434 7a,3 (XXIX)]◦◦ מ֯הלל וגדל
4Q448 I,8 (XI) ועל מפארו י֯[גדיל חסדו
4Q452 1 (XXIX)]הי֯ מה גדל֯ת֯[
4Q456 1,1 (XXIX)]◦ נגדל֯[ ] / [ ]
4Q521 5i+6,7 (XXV) [ובעבור רוב]מזון אמונ֯[י]ם֯ יגדלו
6Q9 24i3 (III)]לגדלו֯
11Q5 XVIII,14 (IV) ועל מפאריו יגדל חסדו
11Q5 XXVIII,9 (IV) נביאו למושחני את שמואל / לגדלני
11Q21 3,3 (XXIII)] / תרנגול לו֯א֯ תגד[לו

גֹּדֶל ← גּוֹדֶל

גָּדֹל ← גָּדוֹל

to hew verb גדע
1QM XIV,11 הקימותה נופלים בעוזכה ורמי קומה֯ תגד[ע
4Q159 2-4,1 (V)]ג֯ד֯או שוקד משפח֯[ת
4Q161 8-10,1 (V) ורמי הקו]מ֯ה [גדועי]ם֯ / [והגבהים ישפלו
4Q161 8-10,5 (V) רמי] הקומה גדועים המה גבורי כת֯[יאים
4Q491 8-10i8 (VII) נופלים בעוז]כ֯ה ורמי קומה תגדע ל[השפילם]

to blaspheme verb גדף
CD XII,8 בעבור אשר לא / יגדפו כי אם בעצת חבור
1QpHab X,13 למשפטי אש אשר גדפו ויחרפו את בחירי אל
4Q271 5ii2 (XVIII) י֯ג֯[דפו כי אם
4Q371 1a-b,12 (XXVIII) ב]ד֯ב֯ר֯י֯ פ֯[יה]מ֯ה ל֯ג֯[דף] / [על אוהל ציון
4Q372 1,13 (XXVIII) וישעירו בד֯ברי פיהם לג֯ד֯ף על אהל ציון
4Q396 1-2iii10 (X) ביד רמה כת]וב שהואה בוזה ומג[ד]ף֯
4Q397 6-13,9 (X) ביד רמה כתוב שהו]א֯ה ב֯[וזה ו]מ֯ג֯ד֯[ף]

blasphemer noun גַּדְּפָן
4Q385a 4,6 (XXX) בימים ההמה יהיה] / [מלך והוא גד]פן
4Q387 2ii8 (XXX) בימים / ההמה[י]ה֯[יה מלך וה]וא גדפן
4Q388a 7ii3 (XXX) בימים] / ההמה יקום מלך [לגו]י֯ם גדפן
4Q389 8ii9 (XXX) בימים ההמה י]קום מלך לגוים גדפן

wall noun גָּדֵר
CD IV,12 נבנתה הגדר רחק החוק
4Q162 I,1 (V) ויהי לבער פר]ץ גדרו ויהי למרמס
11Q13 III,10 (XXIII)] / גדר ולשא֯ת ע֯מוד וכ֯פר ◦[

back, midst noun גַּו
4Q166 II,4 (V)] / מצוותיו השליכו אחרי גום
11Q5 XXII,6 (IV) טהר חמס מגוך שקר / ועול נכרתו ממך

גוֹאי ← גּוֹי

defilement noun גֹּואַל
1QS III,2 כיא בס֯און רשע מחרשו וגוא֯לים / בשו֯בתו

height noun גּוֹבַה, גֹּבַה
CD II,19 ובניהם אשר כרום ארזים גבהם
3Q15 I,14 (III) בירד אל סמל / גבה מן הקרקע אמות שלוש
4Q215a 1ii11 (XXXVI) ומודה גבה[ ]השכל ערמה ותושיה נבחנו
4Q264a 2-3,3 (XXXV)]ג֯ובהו ◦[
4Q365a 2ii6 (XIII)] / באמה וגובהמה שמונה ועשרים באמה עד
4Q365a 2ii8 (XIII) ואורכו עשרים באמה וגובהו ארבע֯[עשרה
4Q379 31ii5 (XXII)] / גבה ה֯◦[
11Q19 IV,10]◦ וגובה ששים באמ֯[ה
11Q19 IV,11 ש]ת֯ים עשרה באמה וג֯[ובה ?
11Q19 V,7 עשר]אמות כול גובה [הכיור
11Q19 VI,4 וגו]ב֯ה֯ה אר[בעים] בא[מ]ה֯ ומקר֯[אה
11Q19 VI,5] עשר אמות כ֯ול גובה הכיור והחל֯[ונים
11Q19 VI,7 ו[גוב]ה֯ו אחת [ועשרים באמה]
11Q19 XXXI,11 וגבה / [ע]שר֯י֯ם֯ א֯מ֯ה[
11Q19 XXXI,13 ו֯ר֯ו֯חב השע֯רים ארבע אמות וגובהמה שבע֯
11Q19 XXXII,9 וגובהמה / מן הארץ ארבע אמ[ות
11Q19 XXXIII,12 וגובה֯מ֯ה֯ ארבע אמות
11Q19 XXXVI,6 [וגוב]ה֯ו֯ חמש [וארבעים באמה
11Q19 XXXVI,8 וגובהמ֯ה֯ / שמונה ו֯[ע]שרים באמה
11Q19 XXXVI,9 וגובה / המקר֯ה מ֯ן המשקוף ארבע עשרה באמה
11Q19 XXXVIII,14 וגובה שמו֯נ֯[ה] / ועשר֯ים באמה
11Q19 XL,9 וגובה תשע / ורבעים ב֯אמה
11Q19 XL,12 וגובהמה שבעים / באמה
11Q19 XLI,14 וגובהמה / שמונה ועשרים באמה
11Q19 XLII,12 מקום לסוכות גבהים שמונה אמות

Gog proper noun גּוֹג

1QM XI,16 ע]שׂותכה שפטים בגוג ובכול קהלו
4Q**523** 1-2,5 (XXV)]גוג וםגוג ◦[

to attack verb גוד

4Q**491** 11i17 (VII) ומיא יגוד{{ו}}נׂיא בפת[חי פיא

thumb noun גּוּדָל

1QM V,13 והבטן ארבע גודלים וארבעה טפחים עד הבטן
4Q**491** 11i17 (VII) ומיא יגוד{{ו}}נׂיא בפת[חי פיא

greatness, exaltation noun גּוֹדֶל, גֹּדֶל

1QM I,8 ובמועד אל יאיר רום גודלו לכול קצי / ◦[
1QM IV,8 יכתובו על אותותם רומם אל גדל
1QM XIV,17] / [כו]ל [ב]ני חושך ואור גודלכה י◦[
4Q**163** 4-7ii2 (V) אפקד על פרי / [גד]ל לבב מלך א[שור
4Q**403** 1i8 (XI) שב]ע תה[לי ברכותיו שב]ע / [תהל]י גדל[
4Q**404** 1,3 (XI) ת]הלי ג[דל
4Q**405** 3i10 (XI)]גדל[ ] / [
4Q**405** 64+67,3 (XI)]שבע תהלי גד[ל
4Q**427** 7i23 (XXIX)] רחמים למפרי טוב גודלו ומקור
4Q**491** 8-10i14 (VII) יפוצו כול בני חושך ואור גודל[כה
4Q**504** 1-2ii7 (VII) אנא אדני עשה נא כמוכה כגדול כוחכה
4Q**509** 275,1 (VII) א]פקוד על פרי ג[ודל לבב

pride noun גֵּוָה-2

1QS IV,9 ושפול ידים בעבודת צדק רשע ושקר גוה
1Q**29** 13,3 (I)]רשע ושר גוה [

young pigeon noun גּוֹזָל

4Q**418** 172,8 (XXXIV) מחיות {{וב}}השדה ומגוזל ◦[

nation, people, heathen noun גּוֹי, גּוֹאי, גֹּי

CD V,17 הם גוי אבד עצות מאשר אין בהם
CD VIII,15 אתה בא לרשת / את הגוים האלה
CD IX,1 יחרים אדם מאדם בחוקי הגוים להמית הוא
CD XI,15 אל ישבית איש במקום קרוב / לגוים בשבת
CD XII,6 לשפוך דם לאיש מן הגוים / בעבור הון ובצע
CD XII,9 אל ימכר איש בהמה / ועוף טהורים לגוים
CD XIV,15 ולאשר ישבה לגוי נכר
CD XIX,27 אתה בא לרשת את הגוים / האלה
1QSa I,21 (I) ולהתיצב במלחמה להכניע גוים
1QpHab II,11 מקים את / הכשדאים הגוי המר[והנמ]הר
1QpHab III,5 ואמתם על כול / הגואים
1QpHab V,3 לוא יכלה אל את עמו ביד הגוים
1QpHab V,4 יתן אל את משפט כול הגוים
1QpHab VI,9 כן יריק חרבו תמיד / להרוג גוים
1QpHab VIII,5 ויאספו אלו כול הגוים
1QpHab VIII,15 כי אתה שלותה גוים רבים
1QpHab IX,3 כי אתה שלותה גוים רבים
1QpHab XII,13 פשר הדבר על כול / פסלי הגוים
1QpHab XIII,1 פשרו על כול הגוים / אשר עבדו את האבן
1QM II,7 אנשי מלחמה לכול ארצות הגויים
1QM IV,12 אל גבורת אל כלת אל בכול גוי הבל
1QM VI,6 לשלם גמול רעתם לכול גוי הבל
1QM IX,9 יחלו שמן משיחת כהונתם בדם / גוי הבל
1QM XI,9 להפיל גדודי בליעל שבעת / גוי הבל
1QM XI,15 ולהתקדש לעיני שאר הגוים
1QM XII,11 מחץ גוים צריכה וחרבכה / תואכל בשר
1QM XII,14 ך תמיד להביא אליך חיל גואים
1QM XIV,5 וקהל גויים אסף לכלה אין שארית
1QM XIV,7 ובתמימי דרך יתמו כול גויי רשעה
1QM XV,1]דת מלחמה {{על}} בכול הגויים
1QM XV,2 בפדות עולמים / וכלה לכול גוי רשעה
1QM XV,13]אל על כול הג[וים
1QM XVI,1 אל ישראל קרא חרב על כול הגואים
1QM XIX,6]חיל גוים
1QM XIX,10 והמון אשור וחיל כול הגוים
1QH^{a} XIV,12 וידעו כול גוים אמתכה וכול לאומים כבודכה
1QH^{a} 45,4]בר֯ש<ע>תם ולשלחם גוי ב[
1Q**22** 1i7 (I) ויב]חר[ו בשקוצי ה]גו[ים ותו]עבותיהם
1Q**27** 1i10 (I) מי גוי חפץ אשר יעושקנו חזק ממנו
1Q**27** 1i11 (I) מי גוי אשר לוא עשק רעה[ו]
1Q**55** 2 (I)]◦ או גוים א◦[
4Q**159** 2-4,2 (V)] / לעיני ישר[אל ל]וא יעבודו הגויים בזר[ים
4Q**161** 8-10,4 (V)]כול הגואים וגבורים יחתו ונמס ל[בם
4Q**161** 8-10,20 (V) ובכול הג[ואי]ם ימשול ומגוג[
4Q**166** II,13 (V) לקלו[ן] / וחרפה לעיני הגואים
4Q**166** II,16 (V)]עדות יוליכו במועדי הגואים ו◦[
4Q**167** 10,3 (V)] / [ר]שעי הגואי[ם
4Q**169** 3-4i1 (V)]מדור לרשעי גוים
4Q**169** 3-4ii1 (V) אשר לא ישמע קולם עוד בגוים
4Q**169** 3-4ii5 (V) לא ימוש מקרב עדתם חרב גוים
4Q**169** 3-4ii7 (V) הממכרת גוים בזנותה ומשפחות ב[כש]פיה
4Q**169** 3-4ii11 (V) וגלית שולי[ך] על פניך והראת גוים מער[ך]
4Q**169** 3-4iii1 (V)] / הגוים בנותם[
4Q**171** 1-2ii19 (V) ואחר[י] כן ינתנו ביד עריצי גואים למשפט
4Q**171** 3-10iv10 (V) לתתו / ביד עריצ[י] גואים לעשות בו[משפט
4Q**174** 1-2i18 (V) [למה רגש]ו גויים ולאומים יהג[ו ריק
4Q**174** 1-2i19 (V) גו]יים וה[
4Q**216** II,6 (XIII) ויל[כו אחר] / [הג]וים ו[אחר כ]ל[מתם
4Q**216** II,14 (XIII) ונת[תי אותם ביד הגוי]ם לש[בי]
4Q**216** II,15 (XIII) הארץ ו]אפיצם בכל הגוי[ם]
4Q**216** II,17 (XIII) כן ישובו] אלי מתוך הגוי[ם בכל לבם]
4Q**216** VII,13 (XIII) עם סגולה] / מכל הגוים
4Q**228** 1ii2 (XIII)]בשר ולוא / משפחת הגוי[ם
4Q**228** 2,2 (XIII)]אור בגו[ים
4Q**248** 8 (XXXVI) והפך בארצות גוים ושב למצרי[ם וככלות]
4Q**258** I,12 (XXVI)]ם גוים ושבעות וחרמים ונדרים בפיהם
4Q**266** 5ii5 (XVIII) איש] / מבני אהרון אשר ישבה לגואים [
4Q**266** 10i8 (XVIII) ולאשר ישבה לגי נכר
4Q**269** 8ii2 (XVIII) [והבדיל והעופרת א]שר עשו הגואים פ[סל]
4Q**270** 2ii13 (XVIII) אשר יגלה את רז עמו לגואים
4Q**270** 3iii21 (XVIII) והבדיל והעפרת אשר עשו] / [ה]גואים פסל
4Q**270** 6iii16 (XVIII) יחרים אד]ם מאדם [בח]וקי הגואים להמית הוא
4Q**271** 5i9 (XVIII) אל ישבות איש במקום קרוב לגוים בשבת
4Q**275** 1,5 (XXVI)]עמים וגוים באר[ץ
4Q**287** 5,8 (XI) חיל ה]מון גויים לת[ת
4Q**299** 1,3 (XX)]מי גוי אשר לוא גזל / [הון
4Q**299** 10,3 (XX) ר]ם על כול גואים ישרא[ל
4Q**307** 1,7 (XXXVI)] / אתישראל בגו[ים]ל[
4Q**364** 31,1 (XIII) וירשתם ג[וים גד[ולים ועצומים ?
4Q**371** 1a-b,9 (XXVIII)] בגוי נכר[ובכול תבל מפצפצים]
4Q**372** 1,4 (XXVIII) ויתנם ביד הגוים ל[
4Q**372** 1,7 (XXVIII) לא יניחו להם] / הגוים יתד עומדת בגי החזון
4Q**372** 1,11 (XXVIII)] / בגוי נאכר ובכל תבל מפצפצים
4Q**372** 1,16 (XXVIII) ואלהי אל תעזבני ביד הגוים
4Q**372** 1,17 (XXVIII) ואין אתה צריך לכל גוי ועם / לכל עזרה
4Q**372** 3,8 (XXVIII) ולא יתן לגוי אחר חקיו
4Q**372** 3,10 (XXVIII) להשמידו ביד גוים כל הנגעים בנחל[תו

4Q**372** 9,3 (XXVIII) א]שר יכלו כלהגוים ◦[
4Q**372** 15,2 (XXVIII)]הגוים ול◦[
4Q**374** 2ii2 (XIX)] / וירוממו גוים באף[
4Q**377** 1i5 (XXVIII)] הגויים ◦פ[
4Q**378** 3i9 (XXII) כ]ל הגוים אשר / [
4Q**381** 33+35,10 (XI) ה]וא הרימני למעלה על גוי [
4Q**381** 76-77,15 (XI) מעמים ר]בים ומגויים גדולים להיות לוא לעם
4Q**381** 76-77,16 (XI) ולעליון על כל גוי הארץ ולהש◦[
4Q**382** 128,2 (XIII)]גוי[
4Q**385**a 4,8 (XXX) [והממלכה]תשוב לגוים רבים
4Q**385**a 18ii9 (XXX) ואל תלכו] / אחרי פ[ס]ילי הגוים
4Q**385b** 1,2 (XXX) הנב]א ואמרת הנה בא יום אבדן גוים [
4Q**387** 2ii10 (XXX)]לל[תשוב]לגוים רבים
4Q**387**a 9,2 (XXX)]ם לגוי וגוי עם ועם [
(XXX)]ם לגוי וגוי עם ועם [
4Q**388**a 7ii3 (XXX) בימים] / ההמה יקום מלך [לגו]ים גדפן
4Q**389** 8ii2 (XXX) והממלכה תשוב לגוים רבים
4Q**389** 8ii9 (XXX) בימים ההמה י]קום מלך לגוים גדפן
4Q**393** 1ii-2,9 (XXIX) ותמיד על סל[יחתך בטח]ו / גוים
4Q**394** 3-7i8 (X) ואין לאכול] / סרגן [הג]וים[
4Q**394** 3-7i11 (X) ועל זבח הגוים [אנחנו חושבים
4Q**434** 1i7 (XXIX) והרבה רחמי[ו ה]חביאם בגוים ו[
4Q**434** 1i8 (XXIX)] / אדם הצילם שפעת גיים לא שפטם
4Q**434** 2,2 (XXIX)] / גיים ל[ש]חת ולאומים יכרות
4Q**434** 2,7 (XXIX)] וכל גוים / [
4Q**435** 1,6 (XXIX) והרבה רחמיו החביאם] / בגואים[
4Q**437** 2i4 (XXIX) בחיי אשר הצלתני מקוש גוי[ם] / [
4Q**437** 2i5 (XXIX) ותשמור נפשי בגוים ובג◦[ ] / [
4Q**437** 2i10 (XXIX) פן אטבע בו ומשבולת גוים פן [ת]שוטפני
4Q**457b** I,2 (XXIX)] / הגוים[
4Q**467** 1+2,3 (XXXVI)]הגוים לישראל כ◦[
4Q**491** 8-10i3 (VII) וקהל גו[אים]אסף לכלה
4Q**491** 8-10i5 (VII) ובתמימ[י] דרך יתם כול גואי רשעה
4Q**491** 14-15,6 (VII) כיא יד] אל נטויה על כול הגואים לוא [
4Q**492** 1,6 (VII) תמיד להביא אל[יך] חיל גוים
4Q**492** 2,1 (VII) ג]בורתו על כול[הג]וים [
4Q**493** 4 (VII) המלחמה[לשלוח] יד במערכות / גויים
4Q**503** 24-25,4 (VII) א]שר בח[ר] בנו מכול [ה]גוים ב[
4Q**504** 1-2ii12 (VII) נפלאותיכה אשר עשיתה לעני גוים
4Q**504** 1-2iii3 (VII)]ש הן / כול הגוים[כא]ין נגרכה[כ]תהוו
4Q**504** 1-2iii5 (VII) נו לכה לעיני כול הגוים
4Q**504** 1-2iv8 (VII) וכול הגוים ראו את כבודכה
4Q**504** 1-2v10 (VII) בריתכה / אשר הוצאתנו לעיני הגוים
4Q**504** 1-2v11 (VII) ולוא עזבתנו / בגוים
4Q**504** 4,10 (VII) ממלכת]כוהנים וגוי קדוש [ ]◦[
4Q**504** 6,9 (VII)]◦[ש]כנו בדד ובגוים לוא נתחשב
4Q**504** 26,4 (VII)]גוים / [
4Q**504** 48,1 (VII)] מגוי ◦[
4Q**505** 123,1 (VII)] ובגוים[
4Q**505** 125,4 (VII)]כול הגוים [
4Q**509** 46,1 (VII)] בגויכה [
4Q**509** 183,1 (VII)] הגוים [
4Q**511** 28-29,1 (VII)]◦ מגויים / [
4Q**513** 9i2 (VII)]גוים אשר / [
4Q**522** 5,3 (XXV) ה]גוים האל[ה
6Q**10** 1ii5 (III)] / בגוי[ם
6Q**12** 4 (III) להאבי]דם בגויים ולזרות[ם בארצות
11Q**14** 2,1 (XXIII)]טי הגוי הנב[ל
11Q**19** XLVIII,11 ולוא תעשו כאשר הגויים עושים
11Q**19** LI,19 כאשר הגואים עושים בכול מקום
11Q**19** LVI,13 אשימה עלי מלך ככול הגואים אשר סביבותי
11Q**19** LVII,7 ויתפש ביד הגואים
11Q**19** LVII,11 ומן גוי נכר אשר לוא יתפש בידמה
11Q**19** LVII,16 ואשה לוא ישא מכול / בנות הגויים
11Q**19** LVIII,3 ה{{◦}}יה כי ישמע המלך על כול גוי ועם
11Q**19** LX,17 לוא תלמד לעשות / כתועבות הגויים ההמה
11Q**19** LX,21 כי הגואים האלה אשר / [אתה יורש אותמה
11Q**19** LXII,12 אשר לוא מערי הגואים האלה / המה
11Q**19** LXIV,7 ומשלים את עמו לגוי נכר ועושה רעה
11Q**19** LXIV,10 ויברח אל / תוך הגואים ויקלל את עמו
PAM 43.696 51,1 (XXXIII)] הגוים ◦[

body noun **גְּוִיָּה**

CD II,19 כרום ארזים גבהם וכהרים גויותיהם כי נפלו
1QpHab IX,2 רעים עשו בו ונקמות בגוית בשרו
1QH[a] XVI,32 כי נשבת מעוזי מגויתי וינגר כמים לבי
4Q**169** 3-4ii4 (V) וכבוד פגר ואין קץ לגויה וכשלו וגויתם
(V) ואין קץ לגויה וכשלו וגויתם
4Q**169** 3-4ii6 (V) ואף בגוית בשרם יכשולו בעצת אשמתם
4Q**225** 3ii12 (XIII)] / גויה ל[
4Q**299** 65,5 (XX)]◦לת לגויתו וא◦[
4Q**415** 11,6 (XXXIV) מומיה ספר לו ובגויתיה הבינה[ו
4Q**416** 2ii18 (XXXIV) תערבהו בנחלתכה פן יוריש גויתכה
4Q**416** 2iii4 (XXXIV) פן תכוה [ו]באשו תבער גויתכה
4Q**418** 127,3 (XXXIV)]◦◦ גו[י]תכה והייתה למאכל שן
4Q**418** 167a+b,6 (XXXIV) מומיה ספר לו ובגוי[תיה הבינהו
4Q**511** 48-49+51,4 (VII) וב]גויתי מלחמות
4Q**525** 14ii19 (XXV) הפק דעת לבטנכה ובגו[יתכ]ה הגה[

head noun **גּוּלְגּוֹלֶת**

4Q**365** 26a-b,6 (XIII) אבות]ם במספר כתב שמות לגולגלותם

captivity, exile noun **גּוֹלָה**

1QM I,2 ובני יהודה ובני בנימין גולת המדבר
1QM I,3]לכול גדודיהם בשוב גולת בני אור
4Q**169** 3-4iv1 (V) גם היא בגולה ה[לכה בשבי
4Q**385**a 17a-eii7 (XXX) לוב בסעדך והיא בגולה תלך בש[בי] / [
4Q**391** 77,2 (XIX)]א מנים גולתו[
6Q**9** 1,2 (III)]ומה עד הגול[ה

lake, basin noun **גּוּלָּה**

4Q**522** 9i+10,16 (XXV) א]ת גולת עליונה [וא]ת התח[תונ]ה / [

Goliath proper noun **גּוֹלְיָת**

1QM XI,1 ואת גולית הגתי איש גבור חיל

to die verb **גוע**

CD II,20 כל בשר אשר היה בחרבה כי גוע

גוף ← גַּף

brimstone, sulfur noun **גּוֹפְרִית, גָּפְרִית**

1QpHab X,5 בתוכם ירשיענו ובאש גופרית ישפטנו
4Q**387** 4i4 (XXX) וגשם שוטף וא]בנ[י א]ל[גב]יש אש וגפרית [
4Q**525** 15,6 (XXV) יור]ישך [ ]סודו להבי גופרית ומכונתו א[ש

to sojourn, dwell verb **1-גור**

CD IV,6 ושני / התגוררם ופירוש מעשיהם
CD VI,5 היוצאים מארץ יהודה ויגורו בארץ דמשק
1QH[a] XI,25 ותגור נפש אביון עם מהומות רבה

אודכה אדוני כי לא עזבתני **בגורי** בעם ◦◦◦ [		1QH[a] XIII,5
]◦**גרתי** עמו מועْדי ונלויתי ֻלוֻ מ◦[	(V)	4Q**160** 7,2
היוצאים מ]ארץ יהודה **ויגורו** [בארץ דמשק]	(XVIII)	4Q**266** 3ii12
היוצْ[אי]םْ מארץ יْ[הוד]הْ וْיْ[**גורו** במגו]רْיْ֯ [דמשק	(XVIII)	4Q**267** 2,12
ולגר] הْגْרْ בْ[תוכם כי לכול העם	(XIII)	4Q**365** 34,1
]וْלْ**גْוْרْ** ◦[	(VII)	4Q**517** 31,1
אש]ר֯ **גרים** את חדיתא ואת עוֹשל / [	(XXV)	4Q**522** 9i+10,7
הוא **גר** שמה בכול אות נפשו		11Q**19** LX,13

to attack verb **גור-2**

והמה מאתכה **גרו** / על נפשי		1QH[a] X,23
כי כול **גרי** למשפט תרשיע		1QH[a] XV,12

to fear verb **גור-3**

ולוא **תגורו** ממנו / להמיתו		11Q**19** LI,17
בזדון דברו הנביא לוא **תגור** / ממנו		11Q**19** LXI,4

cub noun **גור-1**

אשר הלך ארי לביא שם **גור** ארי / [ואין מחריד	(V)	4Q**169** 3-4i1
] ארי טורף בדי **גוריו** ומחנק ללביותיו טרף	(V)	4Q**169** 3-4i4

lot, membership noun **גוֹרָל**

ויצא **הגוْרל** לצאת ולבוא על פיהו		CD XIII,4
במקומו כפי נחْלתו **בגורל** האْ[ור]		CD XIII,12
כמי שלא נפל **גורלו** בתוך למודי אל		CD XX,4
{{אשר אין}} / {{**גורלו** בתוך אْ}}		CD XX,6
ולאהוב כול בני אור איש / **כגורלו** בעצת אל		1QS I,10
והכוהנים מברכים את כול / אנשי **גורל** אל		1QS II,2
והלויים מקללים את כול אנשי / **גורל** בליעל		1QS II,5
יתן **גורלו** בתוך ארורי עולמים		1QS II,17
ולוא ירום ממקום **גורלו**		1QS II,23
וכול רוחי **גורלו** להכשיל בני אור		1QS III,24
וכירשתו **בגורל** עול ירשע בו		1QS IV,24
לדעת טוב [ו]לْ[ה]פיל **גורלות** לכול חי		1QS IV,26
על פיהם יצא תכון **הגורל** לכול דבר		1QS V,3
וכאשר יצא **הגורל** על עצת הרבים		1QS VI,16
ואם יצא לו **הגורל** / לקרוב לסוד היחד		1QS VI,18
ואם יצא לו / **הגורל** לקרבו ליחד		1QS VI,22
ועל פיהם יצא **והגורל** לכול תכון אנשי היחד		1QS IX,7
וינחי{{◦}}ֻלֻם **בגורל** / קדושים		1QS XI,7
יעבר] / [על] הפקודים לבוא **בגורל**	(I)	1QSa I,9
יצא **הגורל** להתי[צב]בעْבודֻתֻ	(I)	1QSa I,16
אל יבוא **בגורל** להתיצב על עדת ישראל	(I)	1QSa I,20
ומפיל **גורל** עם מלאכי פנים	(I)	1QSb IV,26
משלוח יד בני אור להחל **בגורל** בני חושך		1QM I,1
וקץ ממשל לכול אנשי **גורלו**		1QM I,5
וכלת עולמים לכול **גורל** בליעל		
בני אור **וגורל** חושך נלחמים יחד		1QM I,11
שלושה **גורלות** יחזקו בני אור לנגוף רשעה		1QM I,13
ושלושה יתאזרו חיל בליעל למשוב **גורל** / [		
]וْבْ**גْורל** השביעי יד אל הגדולה מכנעת / [		1QM I,14
ובכול אנשי **גורלו** לאין שארית		1QM IV,2
וזْעْמו / שם אْתْ בْ[לי]על ואת כול רוחי **גורלו**		1QM XIII,2
וארורים כול רוחי **גורלו** במחשבת / ⟦ ⟧ רשעם		1QM XIII,4
כיא המה **גורל** חושך וגורל אל		1QM XIII,5
וגורל אל לאור / [עולמ]יْם		
ובגורל אור הפלתנו / לאמתכה		1QM XIII,9
וכול רוחי / **גורלו** מלאכי חבל		1QM XIII,12
ואנו בْ**גורל** אמתכה נשמ חה ביד / גבורתכה		
וגורל אל בפדות עולמים		1QM XV,1
וישלח עזר עוْלْמْים **לגוْרْל** [פ]דْותו		1QM XVII,6
בשמחה בْרית ישראל שלום וברכה **לגורל** אל		1QM XVII,7
ובגורל השל[י]שْ[י		1QM XVII,16
ותפל לאיש **גורל** עולם עם רוחות / דעת		1QH[a] XI,22
בגבול רשעה / ועם חלכאים **בגורל**		1QH[a] XI,25
בנפול קו על משפט **וגורל** אף / על נעזבים		1QH[a] XI,27
ובגורל יחד עם מלאכי פנים		1QH[a] XIV,13
ויהיו שריכה **בגור**[ל עולם		1QH[a] XIV,14
[אודכ]ה אדוני כْיْ לוא ֻהפלתֻ **גורלי**		1QH[a] XV,34
עْ[ם] בני אמתך **ובגורל** עם / קדושיכה		1QH[a] XIX,11
]◦◦ **בגורל** צד[י]ק ולרשעים גْ[ו]רْל / [	(I)	1Q**34**bis 3i2
]◦◦ בגורל צד[י]ק ולרשעים גْ[ו]**רْל** / [	(I)	
]◦ עולם עם קדושיכה ובגוْ[**רל** / [	(I)	1Q**36** 1,3
] / **גْוْרْלו** מעמדי[	(V)	4Q**164** 1,8
ועל נכבדיה יורו **גורל**	(V)	4Q**169** 3-4iv2
]ם ◦[ג]**וْרל**	(V)	4Q**174** 1-3ii2
]**גْורלْ**[	(V)	4Q**174** 17,1
]רזי הפיל **גורל**[	(V)	4Q**176** 16,2
ג]**ורל** אור אשׁר הْיْה מתאבל בממשלת בל[יעל	(V)	4Q**177** 1-4,8
וْכול אנשי **גורלו** ו◦[	(V)	4Q**177** 12-13i11
במעמד לחיי עולם **ובגורל** עם קדושיו בْ[	(V)	4Q**181** 1,4
מ]לאו איש לפי **גורלו** אשר הْפْ[י]ל[	(V)	4Q**181** 1,5
לבוא בתוך משפחתו]**בגוْרْ**[ל בעדת] / [קודש	(XXXVI)	4Q**249**d 5
[לבוא בגו]**רל** בתוْ[ך משפחתו בעד]תْ קוד[ש	(XXXVI)	4Q**249**e 1i-3,7
והלוייםْ מקללْיםْ את כול אנשי **גורלْ** בْלْ[י]על	(XXVI)	4Q**257** II,1
וינחי]לْם בגו[**רל** קדושים	(XXVI)	4Q**258** XII,4
במקומו כפי נח]לתו **בגורל** האוْ[ר]	(XVIII)	4Q**267** 9iv9
ולכוה]נْים בני אהרון יצא **הגורْ**[ל הראשון	(XXVI)	4Q**279** 5,4
והגורْ[ל השני	(XXVI)	4Q**279** 5,5
ו]הْ**גורל** הרביעי לגרْ[ים	(XXVI)	4Q**279** 5,6
] / **בגורל** אْ[מת]כה לْכْ[	(XXXV)	4Q**284** 4,3
יזעמ[ו] את בליעל / ואת כול **גורל** אשמתו	(XI)	4Q**286** 7ii2
וארורים כולْ רْוْ[חי גו]**רْלו** במחשבת רשעמה	(XI)	4Q**286** 7ii3
כיאْ[המה **גור**]לْ חושך	(XI)	4Q**286** 7ii4
כי]א המה גْ[**ורל** חושך	(XI)	4Q**287** 6,4
לתת את הארץ בנחלה] / **בגורל** לْ[בני ישראל	(XIII)	4Q**365** 36,6
עד]ת קדוש קדושים **גורל** מלך מלכים ◦[	(XI)	4Q**381** 76-77,7
ועל / [נכבדיה ירו]**גורל**	(XXX)	4Q**385**a 17a-eii9
]א **בגורלْ** למטותיה[ם	(XXX)	4Q**387** 4i1
]אלוהי אורים בכול **גורْ**[ל	(XI)	4Q**405** 46,2
לובכול[א]לْ[ים] / הפיל **גורלכה**	(XXXIV)	4Q**418** 81+81a,5
]◦◦[ ]וْימْי **גורלה** וْ[	(XXXIV)	4Q**418** 86,2
יצ]א **הגוْרْל** הרישון וכן יצْאْו / [	(XX)	4Q**421** 1ai4
[בנפול קו על משפט וג]**וْרל**	(XXIX)	4Q**428** 5,2
] / **גורלם**◦[	(XXIX)	4Q**439** 1ii3
ת]שעה וארבעים **גורלות** אור שבעْ[	(XXIX)	4Q**440** 1,2
]מْמשלת רוחי **גורלו** במש◦◦[	(XXIX)	4Q**449** 1,3
]י באשמת **גורלו**ْ[	(XXXVI)	4Q**471** 2,6
]לْ **לגורْ**[ל	(XXXVI)	4Q**471** 3,4
{{להכני]עْ אוْיْ}} בג[ו]**רْל** {{ל}}שבט ֻושבט	(VII)	4Q**491** 1-3,8
]שْ וכול רוחי **גורל**[ו	(VII)	4Q**491** 14-15,10
גור]ל בליעל	(VII)	4Q**496** 3,5
]בْ**גורלות** לילהْ[	(VII)	4Q**503** 1-6iii15
] / חמש[ה **גור**]ל[**ות** אור	(VII)	4Q**503** 1-6iii21
וע]מדנו לגוْ[**רלנו**	(VII)	4Q**503** 33i+34,16
] / מْ**גורל** ממשלתוْ[	(VII)	4Q**503** 37-38,16
כיא שלושה עשْ[ר]**גורלות** חושך [	(VII)	4Q**503** 39,2
]◦א **גורלות** [ ]עْרْ ◦◦[	(VII)	4Q**503** 51-55,2
] **גורלות** אור למען נْדע באותוْ[ת] / [	(VII)	4Q**503** 51-55,14
ג]**ורלי** חושך[	(VII)	4Q**503** 76,4

Reference	Period	Text
4Q**503** 215,4	(VII)	]גורלי ח[ושך
4Q**503** 218,3	(VII)	]גורל[ ]◦ה הסב[
4Q**510** 2,1	(VII)	]דם בגורל רשע
4Q**511** 2i5	(VII)	] / [ג]ורלו רשית ביעקוב ונחלת אל[והי]ם[
4Q**511** 2i8	(VII)	]גורל אלוהים עם מלא[כי]מאורות כבודו
4Q**511** 2i9	(VII)	להתהלך[ב]גורל / [אלוהים]לפי כבוד[ו
4Q**511** 2i10	(VII)	ו]לשרתו בגורל עם כסאו
4Q**512** 64,7	(VII)	]מ[ ]התקש בגור[ל
4Q**525** 5,8	(XXV)	אל] / [ת]עזובו לז[רים חל]קכמה וגורלכמה
11Q**13** II,8	(XXIII)	על כול בני [אור ו]אנש[י]גורל מל[כי]צדק[
11Q**13** II,12	(XXIII)	פשרו על בליעל ועל רוחי גורלו אש[ר
11Q**19** XXVI,4		גורלות] גורל א[חד ליהוה וגורל אחד לעזזאל]
PAM 43.678 25,2	(XXXIII)	]גורלכ◦[

threshing floor noun גּוֹרֶן, גֹּרֶן

Reference	Period	Text
CD XII,9		ומגורנו / ומגתו אל ימכר להם
4Q**159** 1ii3	(V)	ו]עשה איש ממנה גורן וגת הבא לגור[ן
	(V)	ו]עשה איש ממנה גורן וגת הבא לגור[ן
4Q**167** 3,4	(V)	]לגרנו[ת
4Q**271** 2,1	(XVIII)	] מגורן יורד את העשרון מן הח[ומר
4Q**433** 1,3	(XXIX)	]◦וחך כעור כמגרן ואהיה כמו אין

clod noun גּוּשׁ

Reference	Period	Text
4Q**264**a 2-3,6	(XXXV)	] / ועץ וכול גוש ◦[

fleece noun גֵּז

Reference	Period	Text
CD XI,3		אל יקח איש עליו בגדים צואים או מובאים בגז

to shear verb גזז

Reference	Period	Text
11Q**19** LII,8		ולוא תגוז בכור / צואנכה

cut stone noun גָּזִית

Reference	Period	Text
4Q**158** 7-8,8	(V)	לוא תבנה אתהנה גזית כי חרבכה[
11Q**19** III,7		נחו]שת וברזל ואבני גזית לב[

to rob verb גזל

Reference	Period	Text
CD VI,16		ולגזול את עניי עמו להיות אלמ[נו]ת
1QpHab VIII,11		ויגזול ויקבוץ הון אנשי חמס אשר מרדו
1QpHab XII,10		המה ערי יהודה אשר / גזל הון אביונים
1Q**27** 1i11	(I)	מי / יחפץ כי יגזל ברשע הונו
1Q**27** 1i12	(I)	איפה עם אשר לוא / גזל הו[ן] ל[אחר
4Q**299** 1,3	(XX)	]מי גוי אשר לוא גזל / [הון
4Q**299** 54,2	(XX)	]ם עשוק וגזול ב◦◦◦[
4Q**390** 2i9	(XXX)	ואי]ש אשר לר[ע]הו יגזולו
4Q**460** 9i11	(XXXVI)	וישראל נגזל אליה מעם עריץ [
11Q**19** LVII,21		ובית וכול חמוד בישראל וגזל
11Q**19** LVIII,3		[והוא ?] מבקש לגזול מכול אשר יש / לישראל

robbery noun גָּזֵל

Reference	Period	Text
1QpHab X,1		בעשק וכפיס עצה בגזל

stem, trunk noun גֶּזַע, גֵּיזַע

Reference	Period	Text
1QH[a] XVI,7		ויפתח למים חיים וגזעו / ויהי למקור עולם
1QH[a] XVI,8		ומרמס גיזעו לכל עוברי / דרך
1QH[a] XVI,23		]◦ בארץ גזעם
1QH[a] XVI,24		יהיה כערע[ר בערבה ו]גזעו כחרלים במלחה
4Q**285** 7,2	(XXXVI)	ויצא חוטר מגזע ישי / [ונצר משורשיו יפרה

Gezer proper noun גֶּזֶר-2

Reference	Period	Text
4Q**522** 9i+10,13	(XXV)	את]גזר ואת תמנו ואת גמזון

Gehazi proper noun גֵּחֲזִי

Reference	Period	Text
CD VIII,21		לברוך בן נרייה ואלישע / לגחזי נערו

coal noun גַּחֶלֶת

Reference	Period	Text
4Q**264**a 2-3,2	(XXXV)	אל יער איש] גחלי אש [
4Q**381** 28,1	(XI)	]לפניו ו[ב]גחלי אש יפזר[
4Q**385** 6,12	(XXX)	והיה בתוך גחלים חיות כגחלי אש[
	(XXX)	והיה בתוך גחלים חיות כגחלי אש[
4Q**403** 1ii6	(XI)	מבינותם ירוצו א[לו]הים כמראי גחלי[אש

valley noun גַּי, גַּיְא

Reference	Period	Text
1Q**46** 3,1	(I)	]◦ גיא ג[
3Q**15** IV,13	(III)	ביגר של גי הסככא
3Q**15** VIII,4	(III)	בגי החיצונא בתך חרה / על האבן
3Q**15** X,8	(III)	בים של גי איך בצדו המערבי / אבן
4Q**176** 1-2i7	(V)	כול גיא ינשא / [וכול הר וגב]עה ישפלו
4Q**286** 5,2	(XI)	וכו]ל יקומה[הרים וכו]ל גבע[ו]ת גיאות
4Q**371** 1a-b,4	(XXVIII)	להמה[הגוים] / [יתד עומדת]בגי החזיון[
4Q**372** 1,7	(XXVIII)	להם] / הגוים יתד עומדת בגי החזון
4Q**521** 7+5ii11	(XXV)	] / וגי מות ב[

גי ← גוי

גַּיְא ← גַּי

sinew, artery noun גִּיד, גִּד

Reference	Period	Text
4Q**266** 6i7	(XVIII)	ברוש או {ו}בזקן באוחז{{ת}}ה / בגיד
4Q**266** 6i12	(XVIII)	מן הח[יות] / על המיתות והגיד נמלא [ד]ם
4Q**269** 7,2	(XVIII)	בבוא הרוח ? וא]חזה בגיד ו[ש]ב הדם
4Q**272** 1i3	(XVIII)	למ]עלה ולמטה והגיד ר◦◦[
4Q**272** 1i6	(XVIII)	עד אשר י]שוב הדם לגיד[
4Q**272** 1ii1	(XVIII)	[ו]הגיד נמלא דם ורוח החיים עולה
4Q**385** 2,6	(XXX)	ויעלו עליהם גדים ויקרמו עור / [מלמעלה
4Q**386** 1i6	(XXX)	ויעלו עליהם גדי]ם ויקרמו עור / [עליהם
4Q**386** 1i7	(XXX)	ויקרמו עור ויע]ל[ו] עליהם גדים

גֵּיזַע ← גֶּזַע

to burst forth verb גיח

Reference	Period	Text
1QH[a] XI,9		ובחבלי שאול יגיח / מכור הריה פלא יועץ

גֵּיחֲזִי ← גֵּחֲזִי

to rejoice verb גיל

Reference	Period	Text
1QpHab V,15		על כן ישמח / [ויגי]ל[ויקטר למכמרתו
1QM XII,13		והגלנה כול ערי יהודה
1QM XIII,13		ונשישה בישועתכה ונגילה בעז[תכה
1QM XVII,8		וכול בני אמתו יגילו בדעת עולמים
1QM XIX,5		ציון שמחי מואדה והגלנה כול ערי יהו[דה
1QH[a] XVII,35		ותגל / עליהם כמרחמת על עולה
1QH[a] XX,22		ובקץ כבודכה יגילו ולפי מ[
4Q**88** X,8	(XVI)	שמחתכה / שמחה שמחתכה וגילה גילך
4Q**379** 17,5	(XXII)	א]לעזר ואיתמר אגילה ◦◦◦ / [
4Q**381** 33+35,5	(XI)	א]רננה ואגילה בך נגד יורא[יך]
4Q**384** 4,2	(XIX)	]גילי גיל א[
	(XIX)	]גילי גיל א[
4Q**405** 23i7	(XI)	וכול ר[וחי] רקי[ע]י / הטוהר יגילו בכבודו
4Q**434** 2,3	(XXIX)	ויגילו וכבודו מלוא[כל הארץ
4Q**491** 11i9	(VII)	ירננ[ו]צד[יקי]ם ויגילו קדושים ב[
4Q**509** 57,2	(VII)	] / וגילו[

יגילו לאלוהי צדק ברנ[ות]ישועות (VII) 4Q**511** 1,5
]יגילו באלוהים[(VII) 4Q**511** 8,2
ע]ליה **יגילו**[(VII) 4Q**511** 27,2
י]**גילו** באלוהים רנה (VII) 4Q**511** 28-29,2
]**יגילו** [(VII) 4Q**511** 140,3
] / **גלה** הארץ בכל מקו[ם (XXV) 4Q**521** 2iii4
אש[רי] **הגלים** בה ולוא יביעו בדרכי אולת (XXV) 4Q**525** 2ii+3,2
יגילו בניך בקרבך וידידיך (IV) 11Q**5** XXII,7

joy noun 1-גִּיל
שמחה שמחתכה וגילה **גילך** (XVI) 4Q**88** X,8
ל[מזמו]ר בשמחת אלוהים **וגיל** בכול קדושים (XI) 4Q**403** 1i40
[ואהלל] **בגיל** לבי [ט]ובתו (XXIX) 4Q**437** 2i14
] / כי כל ישראל **בגיל**[(XXV) 4Q**521** 2iii5

rejoicing noun גִּילָה
יכתובו **גילות** אל במשוב שלום 1QM III,11
קול **גילות** רנה השקיט (XI) 4Q**405** 20ii-22,13

גֵּיר ← גֵּר

heap, building noun 1-גַּל
מפי **גל** פתחו בשולי האמא מן הצפון (III) 3Q**15** I,11

wave noun 2-גַּל
בהרגש **גליהם** רפש / וטיט יגרישו 1QH[a] X,12
יבקעו / אפעה ושוא בהתרומם **גליהם** 1QH[a] X,28
ויתגרשו לרום **גלים** / ומשברי מים 1QH[a] XI,15
בזעף / ימים **גליהם** וכול משבריהם עלי 1QH[a] XIV,23
] **גליהם** ביד ◦[(XX) 4Q**299** 21,2
]**גלים** לפניו ואתם לשנ◦ה תה◦[(XXII) 4Q**379** 13,1
בגא]ות הים ואתה תשבח **גליו** (XI) 4Q**381** 15,4
]הם ובדעה כול **גליהם** (XXXIV) 4Q**418** 69ii4
] / **גליהם**[(XXXIV) 4Q**418** 160,1

גל ← גַּר פלע

wheel, curve, orb noun 1-גַּלְגַּל
יהיה **גלגל** השמש / רחוק מן השער מלואו CD X,15
] / רחבים **וגלגלים**[(V) 4Q**186** 1i5
ישובו מלאכי קודש יצא ומבין / [ג]**לגלי** כבודו (XI) 4Q**405** 20ii-22,10
]◦◦◦◦ים אל בין **הגלג[לים** 11Q**19** XXXIV,4
] / [ופותח?]ים וסוגרים את **הגלגלים** 11Q**19** XXXIV,5
ופותחים / את **הגלגלים** ופושטים את עורות 11Q**19** XXXIV,9

גֻּלְגֹּלֶת ← גולגולת

to uncover, remove, reveal verb גלה
ואגלה אזנכם בדרכי / רשעים CD II,2
ועתה בנים שמעו לי **ואגלה** עיניכם לראות CD II,14
לגלות / להם נסתרות אשר תעו בם CD III,13
ויטמון / **נגלה** עד עמוד צדוק CD V,5
ואם **תגלה** בת האח את ערות אחי CD V,10
כאשר אמר **והגליתי** את סכות מלככם CD VII,14
וכל אשר **נגלה** מן התורה לרוב / המחנה CD XV,13
ולחושבי / שמו ◦עד **יגלה** {{צ}} ישע CD XX,20
כול / **הנגלות** למועדי תעודותם 1QS I,9
לכול **הנגלה** ממנה לבני צדוק הכוהנים 1QS V,9
והנגלות עשו ביד רמה 1QS V,12
תמימים בכול **הנגלה** מכול / התורה 1QS VIII,1
ביד מושה לעשות ככול **הנגלה** עת בעת 1QS VIII,15
וכאשר **גלו** הנביאים ברוח קודשו 1QS VIII,16
לעשות את רצון אל ככול **הנגלה** לעת בעת 1QS IX,13
איש את רעהו בכול **הנגלה** להם 1QS IX,19
ואחר **תגלה** להם הדעת כמי / היים 1QpHab XI,1
ורואי / מלאכי קודש **מגולי** אוזן 1QM X,11
] **מגולה** בלוא משפ[ט 1QH[a] IV,2
]אתה **גליתה** דרכי ◦◦◦ מעשי רע 1QH[a] V,9
ונגלתה צדקתך לעיני כול מעשיך 1QH[a] VI,16
אלה ידעתי מבינתכה כיא **גליתה** אוזני 1QH[a] IX,21
ותורתכה חבתה ב[י]עד קץ / **הגלות** ישעכה 1QH[a] XIII,12
אתה אלי] / **גליתה** אוזני [למו]סר 1QH[a] XIV,4
] / [ונפל]אותי[כ]ה **גליתה** לי ואביט [1QH[a] XIX,17
ומה או[מר] / בלוא **גליתה** לבי 1QH[a] XX,34
איכ]ה אביט בלוא **גליתה** עיני 1QH[a] XXI,4
הבי]אותה בברית עמכה **ותגלה** לב עפר 1QH[a] XXI,9
] / **ותגל** אוזן עפר[ ]ת ול[1QH[a] XXIII,4
ולגלות נסתרות לה[רים כושלים] 1QH[a] XXVI,1
]ומאור **גליתה** ולוא להשיב / [1QH[a] 2i12
]פלא רזיכה **גליתה** / לב◦[1QH[a] 2ii8
ואתה **גליתה** אוזני 1QH[a] 4,7
פתחתה לבבי לבינתכה **ותגל** או[זני 1QH[a] 4,12
ואוזן בשר **גליתה** ו[1QH[a] 5,10
] כאשר **גלה** אוזנכה ברז נהי[ה (XXXIV) 1Q**26** 1,4
וגלה הרשע מפני הצדק (I) 1Q**27** 1i5
הרשע מפני הצדק **כגלות** [ח]ושך מפני / אור (I)
והצדק **יגלה** כשמש תכון / תבל (I) 1Q**27** 1i6
]אל **גלה** לב[(I) 1Q**27** 2,1
לכן **גלה** עמי מבלי דעת (V) 4Q**162** II,4
] **גלה** את תורת הצ[דק (V) 4Q**165** 1-2,3
ועתה **אגלה** את נבלותה לעיני מאה[ביה (V) 4Q**166** II,10
וגלית / שולי[ך] על פניך (V) 4Q**169** 3-4ii10
יגלו מעשיהם הרעים לכול ישראל (V) 4Q**169** 3-4iii3
ובה[ג]**לות** כבוד יהודה / ידודו פתאי אפרים (V) 4Q**169** 3-4iii4
אשר / מחזה שדי יחזה נופל **וגלו** עין (V) 4Q**175** 11
כצ]פור ממקומו **וגל**[ה (V) 4Q**177** 5-6,9
כי **גל**[ה] / כנף אביהו (XIII) 4Q**221** 4,1
ר]מיה **להגלות** ועו[לה (XXVIII) 4Q**238** 2
] / אל **יגל** איש ערות [(XXXV) 4Q**251** 17,6
ובכל נפש כל **הנגלה** מן / הת[ורה (XXVI) 4Q**258** I,6
איש את / [רעהו בכל ה]**נגלה** להם (XXVI) 4Q**258** VIII,4
לע]שות רצון אל ככול **הנגלה** [לעת בעת] (XXVI) 4Q**259** III,8
לה[לך תמים איש]את רעיו בכל **הנגלה** להם (XXVI) 4Q**259** III,18
שמעו] / [א]לי **ואג**[ל]ה עיניכם לר]או[ת (XVIII) 4Q**266** 2ii14
] ואמיצי כוח **בנגל**[ה (XVIII) 4Q**266** 5i8
וכול אשר **נגלה** מן התורה לרוב המחנה (XVIII) 4Q**266** 8i4
ויגל ע[יניה]מה בנסתרות (XVIII) 4Q**268** 1,7
או] / אשר **יגלה** את רז עמו לגואים (XVIII) 4Q**270** 2ii13
ב]**גלות** אל את אישון עינו (XXXV) 4Q**274** 3i1
ו]**יגל** בלוא ה[ון ונמכר בלוא מחיר (XX) 4Q**299** 2,2
ה]בינה יצר לבנ[ו] ברוב שכל **גלה** אוזננו (XX) 4Q**299** 8,6
וגלה הרשע מפני הצדק כגולו[ת (XX) 4Q**300** 3,5
כגולו[ת חושך מפני אור (XX)
כן יתם] / [הר]שע לעד והצדק **יגל**[ה] כש[מש (XX) 4Q**300** 3,6
בעשרה בו **תג**[לה שתים (XXVIII) 4Q**317** 1+1aii12
בשנים עשר בו **תג**[ל]ה ארבע (XXVIII) 4Q**317** 1+1aii15
בש[לושה עשר בו] / **תגלה** חמש (XXVIII) 4Q**317** 1+1aii17
בשלושה עשר בו **תגל**[ה שש (XXVIII) 4Q**317** 1+1aii18
וכן] / [י]חל **להגלות** בארבעה לשבת (XXVIII) 4Q**317** 2,29
ב]ו **תגלה** מחלוקת אחת וכן תבוא[ללילה (XXVIII) 4Q**317** 2,30

4Q317 2,31 (XXVIII)] בו **תגלה** שתים וכ֯[ן] תבוא לל֯[י]לה
4Q317 2,32 (XXVIII)] בו **תגלה** שלוש וכן תבוא לל֯[י]לה
4Q317 2,33 (XXVIII)]ב֯ו **תגלה** ארבע וכן ת֯בוא לל֯י֯ל֯[ה]
4Q317 4,31 (XXVIII)]∘∘∘ א֯ורה **להג֯[לות** וכן יחל] / [להכסות
4Q317 5,4 (XXVIII)]שה בו **תג֯[לה**
4Q317 5,6 (XXVIII)]∘ה בו **תגלה**[
4Q317 7ii13 (XXVIII) [בשלושה]ב֯ו **תגלה** [חמש וכן תבוא ללילה
4Q317 7ii14 (XXVIII) [בארבע]ה֯ בו **ת֯גל֯[ה** שש וכן תבוא ללילה
4Q317 7ii15 (XXVIII) [בחמש]ה בו **תג[ל]ה֯** [שבע וכן תבוא ללילה
4Q317 7ii16 (XXVIII) ב֯שש[ה] בו **תגלה**[שמנה וכן תבוא ללילה
4Q317 7ii17 (XXVIII) [בשבע]ה בו **תגלה** ת[שע וכן תבוא ללילה
4Q317 7ii18 (XXVIII) [בשמ]נה ב֯ו **תגלה** ע[שר וכן תבוא ללילה
4Q317 7ii19 (XXVIII) [בתש]עה בו **תגל[ה** עשתי עשרא
4Q317 7ii20 (XXVIII) [בע]שרה ב֯ו **ת֯גלה** ש֯[תים עשרא
4Q317 9,13 (XXVIII) ב[ו **תגלה** מחלוק֯[ת] / [אחת]וכן תב֯ו֯[א ללילה
4Q317 18,1 (XXVIII) לה]**גלות** [
4Q317 20,6 (XXVIII)] / **להג֯ל֯ו֯[ת**
4Q317 45,2 (XXVIII)] בו **ת֯גל[ה**
4Q376 1ii2 (XIX) על צדו / השמאלי **תגלה** לעיני כול הקהל
4Q381 33+35,10 (XI) כי [ ]֯ **גלו** וא[
4Q398 11-13,2 (X) ב֯ימי [יר]ו֯בעם בן נבט ועד **גל֯[ו]ת** ירושלם
4Q413 1-2,4 (XX) ב֯שני ד[ור ו]דור כאשר **גלה** אל / ⟦ ⟧[
4Q416 2iii18 (XXIV) וכאשר / **גלה** אוזנכה ברז נהיה
4Q417 2i26 (XXIV) אל תסתר מנוגע בכה] / פ֯ן **יגלה** חר֯[פ]ת֯כה
4Q418 123ii4 (XXIV) אשר **גלה** אל אוזן מבינים ברז נהיה֯[
4Q418 184,2 (XXIV) א[שר **גלה** אזנכה ברז נהיה ביו֯מ֯[
4Q423 5,1 (XXIV) ואשר **גלה** אוזנכה / [ברז נהיה
4Q423 7,6 (XXIV) [ה]לוא **גלה** / [אוזנכה ברז נהיה
4Q427 1,1 (XXIX) ונסתרותיכה **גלי[ת֯ה** ל֯[י]ו֯אבי֯ט֯[
4Q427 7i19 (XXIX) [ל]ח֯תום רזים **ולגלות** נסתרות
4Q428 10,9 (XXIX) כי **תגל֯[ה** ישועתכה וצדקתכה תכין] / לעד
4Q428 18,1 (XXIX) ואוזן בשר **גליתה** ו[
4Q428 45,2 (XXIX)]**ג֯ליתה** א[וזני
4Q434 1i9 (XXIX) **ויגל** ל֯ה֯ם ת֯ו֯ר֯ות שלום ואמת[
4Q485 3,2 (VII)]**ת֯ג֯לה** [
4Q508 2,4 (VII)]ו֯אתה ידעתה ה֯נסתרו֯ת ו֯**ה֯נ֯ג֯ל֯ות**
4Q524 15-22,2 (XXV) ולו֯א **יגלה֯** [כנף אביהו
11Q19 LXVI,12 ולוא **יגלה** כנף אביהו
11Q19 LXVI,13 ולוא **יגלה** כנף אחיהו בן אביה
PAM 43.676 5,1 (XXXIII)]**גלה** אוזנ֯[
PAM 43.692 56,1 (XXXIII)]**נגלה֯**[

idol, impurity noun **גִּלּוּל**

CD XX,9 ובאחרונים אשר שמו **גלולים** על לבם
1QS II,11 ואמרו ארור **בגלולי** לבו
1QS II,17 בהסוגו / מאחרי אל **בגלוליו** ומכשול עוונו
1QS IV,5 וטהרת כבוד מתעב כול **גלולי** נדה
1QH^a XII,15 ועם שרירות לבם יתורו וידרשוכה **בגלולים**
1QH^a XII,19 כ]**גלוליהם** וכרוב פשעיהם
1Q22 1i7 (I) בשקוצי ה[גו]ים ותו[עבותיהם [וגל]ו֯ליהם
4Q174 1-2i17 (V) אשר לו[א יטמאו עוד] / [**בג[ל[ו]ליהמה**
4Q220 1 (XIII) ואל תלך א[ח֯ר֯ **גלולים** ואחר֯] פסילים
4Q257 V,2 (XXVI) ושהר]ת֯ כבוד מ֯תעבת כול **גלולי** / [נדה

גֹּלָה ← **גּוֹלָה**

? גלוקה

4Q523 1-2,10 (XXV)]נתון **גלו/יקה** [

captivity noun **גָּלוּת**

1QpHab XI,6 לבלעו בכעס / חמתו אבית **גלותו**
4Q169 3-4ii5 (V) ובז וחרחור בינותם **וגלות** מפחד אויב
4Q282h 5 (XXXVI)]ל֯∘ **גלות**[
4Q389 1,6 (XXX)] / [שלו]שים ושש שנה **לגלות** ישראל

to shave verb **גלח**

4Q266 6i9 (XVIII) וצ֯[ו]ה֯ הכוהן **וגלחו** את ה{{[ב]}}ר֯[ו]ש֯{{[ר]}}
(XVIII) ואת הנתק לא **יגלחו**
4Q272 1i18 (XVIII) ואת] הנתק לוא **יגלחו** [למען יספ]ו֯ר [הכוהן]
4Q394 8iv16 (X) ואף כתוב שמעת שיג[**לח** [וכבס] / [
4Q396 1-2iii6 (X) ש{{[ב]}}[מ]עת **שיגלח** וכבס [י]שב מחו֯[ץ
4Q397 6-13,7 (X) שמעת **שיגל[ח֯** ו֯[כבס יש]ב מחו[ץ לאוהלו
11Q19 LXIII,12 והביאותה אל תוך ביתכה **וגלחתה** את ראושה

encircling noun **גָּלִיל-1**

1QM IX,10]∘ **גליל** כ֯פים ומגדלות / וקשת ומגדלות

Galilee proper noun **גָּלִיל-2**

4Q522 9i+10,10 (XXV) ב ?]**גליל** ושנים שב֯[שפל]ת השרון

region noun **גְּלִילָה**

4Q418c 3 (XXXIV)]ל֯ **גלילתו** א֯מ֯[

Gallim proper noun **גַּלִּים**

4Q161 5-6,7 (V) צהלי] ק֯ולכי בת **גלים** הקשיב[י לישה

גליקה ← **גלוקה**

גָּלְיָת ← **גּוֹלְיָת**

to roll, wallow verb **גלל**

CD III,17 והם **התגוללו** בפ֯שע אנוש ובדרכי נדה
CD VIII,5 **ויתגוללו** בדרכי זונות ובהון רשעה
CD XIX,17 **ויתגללו** בדרכי זנות ובהון הרשעה
1QS IV,19 כיא **התגוללה** בדרכי רשע בממשלת עולה
1QS IV,21 **והתגולל** / ברוח נדה
1QH^a IV,19 כי בנדה **התגוללתי** ומסוד ∘[
1QH^a XIV,22]∘∘ מחשבת רשעה **יתגוללו** באשמה
1QH^a XXII,4 ואני איש פשע **ומגולל** / [
4Q177 19,4 (V)]∘**יתגוללו** ה∘[
4Q179 1ii2 (V)] / **ונגוללה** עם המתים ∘[
4Q266 3iv3 (XVIII) [ויתגו]**ללו** בד֯[רכ]֯י זונ֯ות [ובהון רשעה
4Q416 1,11 (XXXIV) וירו֯עו כול אשר **התגללו** בה
4Q418 2+2a-c,3 (XXXIV) [וי]ר֯עו כול אשר **הת֯[גללו]** בה
4Q419 1,12 (XXXVI)] / אהבתם֯ **ויתגוללו** בכול] דרכי
4Q429 4i12 (XXIX) [ויכינו מחשבת]רשעה **ויתגול[ל֯[ו]** באשמתם
4Q525 21,6 (XXV)]∘רים **המגוללים** בסאו֯[
4Q525 22,4 (XXV) רש]ע֯ **יתגוללו** ⟦ ⟧ הל֯[וא

גַּלַל ← **בִּגְלַל**

to lay open verb **גלע**

4Q284a 1,7 (XXXV) אל יגאלם בכ[ול מו]ד֯ו **ל֯גלעמ֯**

Gilead proper noun **גִּלְעָד**

4Q171 13,5 (V) [פשרו על **גלע[ד** וחצי שבט] מנשה
4Q364 24a-c,12 (XIII) בתוך ה֯[נחל ו]עד **ה֯ג֯ל֯ע֯ד֯** ל֯ו֯א֯ / [היתה ?
4Q468f 1 (XXXVI)]ב֯נ֯י **גלעד** / [

also coordinating conjunction גַּם

Reference	Vol.	Text
CD V,6		וגם מטמאים הם את המקדש
CD V,11		וגם את רוח קדשיהם טמאו
CD V,21		על מצות אל ביד משה וגם / במשיחו הקודש
CD XII,7		וגֹם אל ישא מהונם כל
CD XV,1		] / ישבע וגם באלף ולמד וגם באלף ודלת
		וגם באלף ולמד וגם באלף ודלת
CD XVI,13		וגם / [הכ]הנים אל יקחו מאת ישראל
CD XX,29		[ח]טאנו / רשענו גם אנחנו גם אבותינו
		רשענו גם אנחנו גם אבותינו בלכתנו קרי
1QS VI,1		וגמ אל יביא איש על רעהו דבר לפני הרבים
1QS VI,10		וגם אל ידבר לפני תכונו הכתוב / לפניו
1QS VI,17		וגם הואה אל יתערב בהון הרבים
1QS VI,19		יקר{{י}}בו גמ את הונו ואת מלאכתו
1QpHab XI,9		שתה גם אתה והרעל / תסוב עליכה כוס
1QM VI,8		גם המה לימין המערכה ולשמאולה
1QM VII,2		והשוטרים / יהיו גם הם מבן ארבעים שנה
1QM XI,3		וגם ביד מלכינו הושעתנו פעמים
1QH[a] XIII,23		ג[ם או]כלי לחמי / עלי הגדילו עקב
1QH[a] 5,12		] / ביושבי האדמה על האדמה וגם[
4Q**158** 10-12,3	(V)	וגם [את המת יחצון]
4Q**169** 3-4iv1	(V)	גם היא בגולה ה[לכה בשבי
4Q**171** 1+3-4iii17	(V)	נער היי]תי וגם זקנתי
4Q**172** 4,4	(V)	]בוערת וגם כ◦[
4Q**176** 1-2ii4	(V)	גם אלה תשכח[נה ואנכי לוא אשכחך
4Q**176** 22,1	(V)	] וגם אף במקדוש[
4Q**223-224** 2ii3	(XIII)	גם אנוכי יוד[ע ורואה את מעשה יעקוב
4Q**227** 2,4	(XIII)	] וגם על העירים
4Q**252** III,2	(XXII)	עמו]רה וגם / העיר הזאת[
4Q**254** 3,7	(XXII)	וגם ◦[
4Q**258** II,5	(XXVI)	וגם אל יבא איש על רעהו דבר לרבים
4Q**264**a 1,2	(XXXV)	]גם הכוהנים בני / [אהרון אל יביאו כלי שיר
4Q**266** 5ii9	(XVIII)	] / להורות עמו בישוד עם וגם לבגו<ד> ◦מ◦ ◦[
4Q**267** 2,6	(XVIII)	וגם במשיחי הקודש
4Q**269** 13,4	(XVIII)	]וגם[
4Q**270** 10,1	(XVIII)	]וגם אש[
4Q**271** 3,9	(XVIII)	וגם אל יתנהה לאשר לוא הוכן לה
4Q**271** 4ii16	(XVIII)	]גם המשפט[
4Q**274** 1i6	(XXXV)	וגם אל תגע בכול אשה[זב]ה ◦דם לימים רב[ים]
4Q**274** 3i8	(XXXV)	[אם נ]גע הטמא בהסה [ו]גם מן הירק ◦◦[
4Q**332** 1,5	(XXXVI)	]אים וגם ◦[
4Q**365** 2,9	(XIII)	וגם ה[אדמה א]שר המה על[יה
4Q**365** 25a-c,8	(XIII)	והלכתי]גם אני[עמכם בקרי
	(XIII)	והכיתי אתכ]ם ג[ם אני שבע] / [על חטואתיכם
4Q**372** 1,9	(XXVIII)	לחקי] / אל וגם יהודה יחד עמו
4Q**372** 1,19	(XXVIII)	גם רחמיך רבים וחסדיך גדלים
4Q**372** 1,30	(XXVIII)	השמים] / והארץ וגם במעמקי תהום
4Q**377** 1ii8	(XXVIII)	]וגם ◦[ ]◦◦[
4Q**379** 14,1	(XXII)	]◦ יהוה וגם / [
4Q**381** 1,9	(XI)	וכל אשר להם לאכל חלבי כל וגם[
4Q**385**b 1,4	(XXX)	ואדירי ערב וגם מן ב[ני] / [הברית
4Q**390** 1,4	(XXX)	ויעשו גם הם את הרע בעיני
4Q**412** 1,3	(XX)	וגם מעוון לדעתי[
4Q**414** 7,4	(XXXV)	] / וגם אני מב◦[
4Q**416** 2i20	(XXXIV)	וגם / [אתה
4Q**416** 2ii15	(XXXIV)	וגם אל תשפל נפשכה לאשר לא ישוה בכה
4Q**416** 2ii21	(XXXIV)	וגם אל תקל כלי [
4Q**416** 2iii5	(XXXIV)	וגם מכל איש אשר לוא ידעתה אל תקח הון
4Q**416** 10,1	(XXXIV)	]◦ וגם ◦[
4Q**417** 2i3	(XXXIV)	וגם את רוחו לא תבלע כיא בדממה דברת[ה
4Q**417** 2i7	(XXXIV)	וגם אין שונא [ברעיכה לבלתי הריעכה
4Q**417** 2i23	(XXXIV)	וגם מחרפה לנ[ושה בכה
4Q**417** 2i28	(XXXIV)	]וגם אתה[בן מבין
4Q**417** 2ii+23,16	(XXXIV)	] / [ו]גם[בר]צונו ת[ח]זיק ע[בודתו
4Q**417** 26,1	(XXXIV)	]◦אכה וגם[
4Q**418** 7b,6	(XXXIV)	תכזב לו למה ת]שא עוון וגם / [מחרפה
4Q**418** 103ii8	(XXXIV)	]וגם תבואתכה תה[יה לכה כ]זורע כלאים
4Q**418** 103ii9	(XXXIV)	וג]ם הונכה עם בשרכה[
4Q**418** 126ii5	(XXXIV)	וגם לוא נהיו בלוא רצונו ומחוכ[מתו
4Q**418** 127,4	(XXXIV)	]◦רשי חפץ הוניתה בהליכמה וגם אתה ת◦[
4Q**418** 128+129,3	(XXXIV)	] / גם כול חפצ[ ]יכה ת◦[
4Q**418**a 19,2	(XXXIV)	מ]שכיל וגם[ ] / [
4Q**424** 1,3	(XXXVI)	גם היא [
4Q**424** 3,3	(XXXVI)	ולהרשיע ר[שע] / גם הוא יהיה לבוז
4Q**428** 19,2	(XXIX)	]◦ וגם רוחו[ת
4Q**434** 1i11	(XXIX)	בדרך לבו גם הוא הגישם כי ערבו את רוחם
4Q**463** 1,2	(XIX)	גם בהיותם בארצות אויביהמ[ה לא מאסתים
4Q**477** 2ii4	(XXXVI)	] העון עמו וגם רוח פארה עמ[ו
4Q**477** 2ii6	(XXXVI)	[להע]כיר את רוח היח[ד ו]גם לערב א[ת
4Q**477** 2ii7	(XXXVI)	]עמו וגם אשר איננו ח◦[
4Q**477** 2ii8	(XXXVI)	]ורו וגם אוהב את שיר בשרו [ולא
4Q**477** 2ii10	(XXXVI)	וג]ם אוהב את טוב[הצואר
4Q**487** 2,4	(VII)	] גם אל יסתת[ר
4Q**491** 1-3,13	(VII)	וסדר ג<<ם>>{{מע}}<<ה>>וא [את מער]כותיו[
4Q**502** 6-10,8	(VII)	לנו מ]ועד לשמחתנו וגם / [
4Q**502** 14,3	(VII)	]תעודו[ת] וג[ם
4Q**502** 14,7	(VII)	]◦ גם ה[
4Q**502** 37,1	(VII)	וג]ם אנ[י
4Q**502** 343,1	(VII)	]גם ◦[
4Q**503** 40ii-41,3	(VII)	] / {{ג}}<<ש>>ם אל [ישראל ← שם
4Q**504** 1-2v3	(VII)	וגם ארצם / שממה על אויביהמה כיא[
4Q**504** 1-2v18	(VII)	כיא גם / [הו]גענו אל בעווננו
4Q**509** 53,1	(VII)	]◦ וגם אנו מ[
4Q**513** 1-2i3	(VII)	זוזי[ם שנים]וגם מהמה הטמאה
4Q**514** 1i8	(VII)	וגם אל יאכל {{ווזיד}} <<עד>> {{מ}}<<ב>>טמאתו
4Q**522** 8,2	(XXV)	י]היה להם ודן לוא הכה גם הוא את[
5Q**14** 1	(III)	]ים ועל ימים גם על ◦[
6Q**15** 3,4	(III)	[על מצות אל ביד מש]ה וג[ם]במשיחי הקודש[
11Q**5** XIX,11	(IV)	גם אני את / שמכה אהבתי
11Q**5** XXI,12	(IV)	גם גרע נץ בבשול ענבים ישמחו לב
11Q**5** XXIV,17	(IV)	[ואי]שנה חלמתי גם [הקיצותי
11Q**19** V,6		עוביה ארבעים באמ]ה ומקראה גם [
11Q**19** XXXV,7		אשר בה]מה מלא את / ידיו גם המה יומתו
11Q**19** XLVIII,12		וגם בתוך בתיהמה המה קוברים
11Q**19** XLVIII,15		וגם לזבים / ולנשים בהיותמה בנדת טמאתמה
11Q**19** LXIV,10		ותליתמה גם אותו על העץ / וימות
PAM 43.695 94,2	(XXXIII)	] וגם [

Gamul proper noun גָּמוּל

Reference	Vol.	Text
4Q**319** IV,11	(XXI)	ה]בריאה בארבעה בג[מול
4Q**319** IV,12	(XXI)	א[ות גמו]ל בששית
4Q**319** IV,13	(XXI)	אות גמו[ל ברביעית
4Q**319** IV,14	(XXI)	או]ת גמול בשל[י]שית
4Q**319** IV,15	(XXI)	אות גמו[ל אחר השמט]ה
4Q**319** IV,16	(XXI)	אות גמול בשמטה אות ס[וף היובל
4Q**319** IV,18	(XXI)	אות גמו[ל בששית
4Q**319** IV,19	(XXI)	אות ג]מול בחמישית
	(XXI)	אות ג]מול / [ברביעית
4Q**319** V,3	(XXI)	אות]גמ[ול בשמטה
4Q**319** V,4	(XXI)	אות גמול בש[שית

אות גמו]ל בחמישית (XXI) 4Q319 V,6
אות / [ג]מול בשלישית (XXI) 4Q319 V,8
אות ג]מול בשנית (XXI)
אות גמול[בשמטה (XXI) 4Q319 V,10
אות גמול / בששית (XXI)
אות]גמול בחמישית (XXI) 4Q319 V,11
אות גמול ב[שלישית (XXI) 4Q319 V,14
אות [ג]מול ב[שמטה (XXI) 4Q319 V,16
אות ג[מול ברביעית (XXI) 4Q319 V,18
א]ות גמ[ול אחר השמ]טה (XXI) 4Q319 VI,2
אות גמול ב[שמ]טה[(XXI) 4Q319 VI,3
אות גמול בששית (XXI) 4Q319 VI,4
אות] גמול / בח[מי]שית (XXI)
]אות / גמול ב[ר]ביעית (XXI) 4Q319 VI,6
אות גמ[ול ב]שמט[ה] (XXI) 4Q319 VI,11
אות] גמול בששית (XXI) 4Q319 VI,12
אות ג]מול ברביעית (XXI) 4Q319 VI,14
אות] / גמול[בשלישי]ת אות שנה בששית סוף[(XXI) 4Q319 VI,15
בשנה הראישונה] / גמול[אלישיב מעוזיה חופה (XXI) 4Q319 VII,2
] / גמול ה[(XXI) 4Q319 VII,8
גמול[(XXI) 4Q319 14ii1
גמו]ל מימן / [(XXI) 4Q319 15i1
] / גמ[ול (XXI) 4Q319 15ii2
בשב]עית ג[מול (XXI) 4Q319 18,1
]גמ[ול (XXI) 4Q319 23,2
בג]מול ב[ו (XXI) 4Q319 34,1
]◦[ג]מו[ל (XXI) 4Q319 51,1
מערב עד בוקר ב4 בשבת / [ג]מול (XXI) 4Q320 1i4
בו 1 בגמול[ ]ל[29 ב17 בחמשי] (XXI) 4Q320 1ii9
גמו]ל ר[ו]ש כל השנים / [(XXI) 4Q320 3i12
ב4 / בשבת בני גמול (XXI) 4Q320 4ii14
ב1 בגמול הנף העמר (XXI) 4Q320 4vi7
הרא]שונה החוד[ש הראש]ון בג[מול (XXI) 4Q321 IV,8
שנים עשר החודש בגמול (XXI) 4Q321 V,3
ודוקו בששה ב]גמול / [ב]ארבעה ו[עשרים (XXI) 4Q321a III,3
בש]שה בגמו[ל בחמשה עשר בשמיני (XXI) 4Q321a V,2
[בשנה]הראישנה גמול אליש[יב] מועזי[ה] (XXI) 4Q328 2
ב]ו[את] גמול / [(XXXVI) 4Q333 1,6
] בגמול ר◦[(XXXIII) PAM 44.102 66,3

recompense noun **גְּמוּל**

להשיב גמול רשעים / עליהם CD VII,9
להשיב גמול רשעים עליהם CD XIX,6
ויפקוד אחריכה כלה ביד כול משלמי / גמולים 1QS II,7
ולהשב / לרשעים גמולם 1QS VIII,7
לוא אשיב לאיש גמול / רע בטוב 1QS X,17
והואה ישלם לאיש גמולו 1QS X,18
ובכול] / [גמו]לים ישעשעכה ויחונכ[ה (I) 1QSb II,23
לשלם לו את / גמולו אשר גמל 1QpHab XII,3
נקמת אל ריב אל גמול אל כוח אל 1QM IV,12
לשלם גמול רעתם לכול גוי הבל 1QM VI,6
להשיב גמול / רשעים בראש אש[1QM XI,13
]◦יכה ומועדים לרצונכה וגמול[1QM XVIII,14
]ל[א]יש גמולי אמתכ[ה (I) 1Q36 15,3
ול[ו י]שלם[אל ג]מולו לתתו / ביד עריצ[י] (V) 4Q171 3-10iv9
ג]מול נביאי יהודה[(V) 4Q177 1-4,9
ויפקוד אחריכה כלה ביד כול משלמי גמו]ל[ים (XXVI) 4Q257 II,3
לא אשיב לאיש] / גמול [רע בטוב (XXVI) 4Q258 X,7
ו]ל[ה]ש[י]ב לרשעים / גמולם (XXVI) 4Q259 II,16
לוא אש[יב] / לאיש גמול רע לטוב (XXVI) 4Q260 IV,5
הוא ישלם לא[יש גמו]לו (XXVI) 4Q260 IV,6
עוונות רשונים בכול גמולם הר[ע (VII) 4Q504 4,6
עוונות]אבותינו הרישנים / [בכו]ל גמו[לם הרע (VII) 4Q506 131-132,13
ג]מול רעתנו אשר [(VII) 4Q509 188,5
]גמולים לכו[ל (III) 6Q16 1,3
גמולי הרע ישיב ממני דין האמת (IV) 11Q5 XXIV,6

Gimzon proper noun **גִּמְזוֹן**

את]גזר ואת תמנו ואת גמזון ואת / [(XXV) 4Q522 9i+10,13

to reward, produce verb **גמל**

] / ורחמי חסדו גמל עלינו מעולם ועד עולם 1QS II,1
לשלם לו את / גמולו אשר גמל על אביונים 1QpHab XII,3
[הקדשתני ומבטן]אמי גמלתה עלי 1QH[a] XVII,30
כי גמלתנו ו◦[1QH[a] 10,3
]יהם אשר גמלו לנפשם רעה ו[(I) 1Q37 1,2
]◦גמלו[(XIII) 4Q223-224 66,1
] / אם גמל על[(XIX) 4Q384 13,2
] להם ואת אשר גמלוני (XXX) 4Q389 2,3

Gemalli proper noun **גְּמַלִּי**

[סוסי למטה]דן[עמיאל ב]ן גמלי (XIII) 4Q365 32,1

to end, complete verb **גמר**

[ויסח]טו בטהרה ונ[גמר]ה עבודתם (XXXV) 4Q284a 1,8

end noun **גְּמָר**

ואת גמר הקץ לוא הודעו 1QpHab VII,2
עד]הגמר[(XXXVI) 4Q249p 10

coal (?) noun **גמר**

] / ולשני כגמר ◦◦◦◦ ואין מכבה עד י[(XI) 4Q381 24a+b,2

light (?) adjective **גמרי**

ע]יניו בין שחורות וב[ין] הגמריות (V) 4Q186 2i1

garden noun **גַּן**

ומבוע מים בארץ ציה ומשקי / גן 1QH[a] XVI,5
ואת ה]יערים ואת גן ע[ד]ן[בעדן] (XIII) 4Q216 VI,3
לו עד] / אשר לא הובא אל גן עדן (XXXV) 4Q265 7,12
[כי] קדוש גן עדן וכול האב אשר בתוכו (XXXV) 4Q265 7,14
ג]ן ושדה ל[(XVIII) 4Q270 3i21
הלוא גן נ[עים] / [הוא ונחמד (XXXIV) 4Q423 1-2i1
ג[ן נאו]ת / [(XXXIV) 4Q423 1-2i2
בג]ן עדן אשר נטעתה המשלת[ה אותו (VII) 4Q504 8,6

to steal verb **גנב**

וכל האובד / ולא נודע מי גנבו ממאד המחנה CD IX,11
אשר גנב בו ישביע בעליו / בשבועת האלה
]ומת גונב[(V) 4Q158 9,1
] אם יגנוב איש שור או שה (V) 4Q158 10-12,4
ולוא יש[לם ואם] גנוב יגנב[(V) 4Q158 10-12,12
ולוא יש[לם ואם] גנוב יגנב[(V)
וטלוא בעזים] / [וחום בכ]שבים גנוב ה[וא אתי (XIII) 4Q364 4b-eii15
]◦גנב מלבד הע◦◦[(XIII) 4Q365 A,3
]הצבאים גנבו[(XXV) 4Q523 1-2,3
גנ]בו המזלגות ו[(XXV) 4Q523 1-2,4
]גנבי ויתן / [(XXXIII) PAM 44.102 31i2

thief noun **גַּנָּב**

4Q**366** 1,5	(XIII)	אם במחתרת]ימצא ⟦ ⟧ **הגנב** / [והכה(ו) ומת
4Q**444** 1-4i+5,9	(XXIX)	]◦◦קל **והגנב[ים**

theft noun **גְּנֵבָה**

4Q**366** 1,7	(XIII)	אם המצא] תמצא בידו **הגנבה** / [משור

garden noun **גַּנָּה**

3Q**15** XI,6	(III)	נגד **נגת** צדוק תחת המסמא ה / גדולא
4Q**271** 2,4	(XVIII)	מן הגורן] ומן **הגנה** טרם ישלחו [הכוה]נים
11Q**19** XXXVII,2		]חדש **מהגנות** ? לכול הש[

to loathe, reject verb **געל**

1QS II,26		כיא **געלה** / נפשו ביסורי דעת משפטי צדק
1QH[a] XXII,8		**ת]געל**
4Q**184** 1,3	(V)	] / בעול **נגעלי** הוה תמכו שוח
4Q**257** III,1	(XXVI)	כ[י]א **ג[ע]לה** נפשו[ביסורי דעת
4Q**266** 11,7	(XVIII)	כי **געלה** נפשו ביסורי הצדק
4Q**365** 25a-c,15	(XIII)	פגריכם על פגרי גל(ו)ליכ[ם **וגעלה** נפשי אתכם
4Q**389** 8ii4	(XXX)	יען ביען חקתי מאסו ותרתי **געלה** נפשם
4Q**413** 1-2,2	(XX)	וכפי **גועלו** / כל רע[
4Q**458** 12,4	(XXXVI)	] **געל** ראובן[
4Q**504** 1-2v7	(VII)	ולו **געלתה** את ישראל / לכלותם
4Q**504** 1-2vi7	(VII)	לוא **געלה** נפשנו להפר / את בריתכה
4Q**525** 2ii+3,6	(XXV)	]פחד / ובענות נפשו לוא **יגעל[נה**
4Q**525** 23,8	(XXV)	] / **געלתי** ובאנשי לצון[ ]
11Q**19** LIX,9		ואת תורתי **געלה** נפשמה עד יאשמו כול אשמה

to rebuke, drive off verb **גער**

1QM XIV,10		ורוחי [ח]בלו **גערתה** ממ[נו
1QH[a] XVII,11		ולא **גערתה** חיי ושלומי לא הזנחתה
1QH[a] 4,6		]**תגער** בכול שטן משחית ומר[
1Q**16** 9-10,2	(I)	**גערת** [חיית קנה] / [עדת אבירים בעגלי עמים
4Q**169** 1-2,3	(V)	] / **גוע[ר]** בים ויוב[ישהו
4Q**176** 8-11,11	(V)	כן נשבעתי מקצוף עליך עד **ומגעור** בך
4Q**436** 1a+bi10	(XXIX)	] / [לב האבן **ג]ערתה** ממני
	(XXIX)	יצר רע **גער[תה** מן כליותי
4Q**463** 2,3	(XIX)	]**ויגער** בליעל ◦[
4Q**491** 8-10i7	(VII)	[ורוחי חבלו **]גערתה[** ממ]נו

rebuke, threat noun **גְּעָרָה**

1QH[a] XVIII,18		]**גערתך** אין מכשול[
4Q**163** 23ii6	(V)	אלף אחד [מפ]ני **גערת** אחד
	(V)	מפני **גערת** / חמשה תנוסון
4Q**420** 2,10	(XX)	]ל**גערתו** ו◦[
4Q**511** 52-59,7	(VII)	]מ**גערתכה** י[

to shake verb **געש**

4Q**381** 43,1	(XI)	] **תגעש**[

alone noun **גַּף-2**

4Q**158** 7-8,10	(V)	אם] **בגפיו** בא בנפיו יצא א[ם
	(V)	אם] **בגפיו** בא בגפיו יצא א[ם

body noun **גַּף**

4Q**468**g 2	(XXXVI)	] / **גפם** מגפא רבא [

vine noun **גֶּפֶן**

4Q**88** IX,12	(XVI)	עצי / פרי ב◦◦ **גפניהם**
4Q**445** 5,3	(XXIX)	]◦ריה **וגפנ**[
4Q**469** 3,1	(XXXVI)	]**הגפן**[
4Q**479** 3,3	(XXII)	] / **גפנו** וכב[
6Q**11** 6	(III)	]ואמרתה **הגפן** הנטעת אשמ[ר
11Q**19** XXI,7		כול ענב פר[י] ב[ו]סר מן **הגפנים**

גָּפְרִית ← גוֹפְרִית

stranger noun **גֵּר, גֵּיר**

CD VI,21		ולהחזיק ביד עני ואביון **וגר**
CD XIV,4		ובני ישראל שלשתם **והגר** רביע
CD XIV,6		ובני ישראל / שלושתם **והגר** רביע
4Q**169** 3-4ii9	(V)	מלכים שרים כוהנים ועם עם **גר** נלוה
4Q**174** 1-2i4	(V)	ומואבי וממזר ובן נכר **וגר** עד עולם
4Q**267** 9v10	(XVIII)	ובני]ישראל שלישיים / [ו]**הגר** רביעי
4Q**279** 5,6	(XXVI)	ו]הגורל הרביעי **לגר[ים**
4Q**307** 1,6	(XXXVI)	] / יהיה כול **הגר** הנש]אר
4Q**377** 1i6	(XXVIII)	ובין אב לבנו ובין איש **לגר**[
4Q**423** 5,4	(XXXIV)	באמת יפקוד לאבות ובנים[**לגרי[ם**
4Q**498** 7,1	(VII)	]ה **לגיר**[
4Q**520** 45,3	(VII)	]**הגרים** עוז[
11Q**19** XL,6		ו]לבנותיהמה **ולגרים** אשר נולד[ו להמה

Gar Pera proper noun **גַּר פלע**

3Q**15** IX,15	(III)	בצחיאת **גר פלע** / כל שבה חרם

berry noun **גַּרְגֵּר**

4Q**266** 6iii4	(XVIII)	ועללות הכ[רם עד עשרה **גרגרי[ם** [העל]לת / [
4Q**266** 6iii7	(XVIII)	]ובעוללתו עד עשרה **ג[רגרים**
4Q**267** 6,2	(XVIII)	]עד עשרה **גרגרים** העוללת / [
4Q**270** 3ii14	(XVIII)	בה] ובעוללה עד עשרה **ג[רגרים]**

Girgashite proper noun **גִּרְגָּשִׁי**

4Q**377** 1i8	(XXVIII)	החתי האמורי היב[ו]ס[י] **הגרגשי**
11Q**19** II,3		[ואת החתי ואת **הגרגש]י** ואת הפ[רזי ואת החוי
11Q**19** LXII,15		והכנעני / החוי והיבוסי **והגרגשי** והפרזי

to scrape verb **גרד**

11Q**19** XLIX,12		קרקעו וקירותיו לדלתותיו **יגרודו**

gerah (unit of weight) noun **גֵּרָה-2**

4Q**159** 1ii7	(V)	עשרים **גרה** השקל ב[שקל הקודש]
11Q**19** XXXIX,9		לזכרון במושבותיהמה עשרים **גרה** השקל

גְּרִזִים ← גְּרִיזִין

Gerizim proper noun **גְּרִיזִין**

3Q**15** XII,4	(III)	בהר **גריזין** תחת המעלהא של השית העליונא

strong bone noun **גֶּרֶם**

1QH[a] XII,33		רעד ורתת אחזוני וכול **גרמי** ירועו

גֹּרֶן ← גּוֹרֶן

to reduce, withhold verb **גרע-1**

4Q**365**a 3,2	(XIII)	]ל[ ]יסוד ג{י}**רוע** שלוש אמות[
4Q**468**j 2,1	(XXXVI)	]**גרע**[
11Q**5** XXI,12	(IV)	גם **גרע** נץ בבשול ענבים ישמחו לב
11Q**19** LIV,7		לוא תוסיף עליהמה ולוא / **תגרע** מהמה

to drag away verb **גרר**

1QpHab V,13 בח]כה יעלה **ויגרהו** בחרמו
1QHa 3,15]ל עולה ורמיה **יגורו** וחדל זדון[
4Q**420** 2,7 (XX)]לכול **גורריו** ◦[]◦ [

to drive out, divorce verb **גרש-1**

CD XIII,17 וכן **למגרש** והוא ייס[
1QHa X,13 בהרגש גליהם רפש / וטיט **יגרישו**
1QHa XI,32 ויהמו מחשבי תהום בהמון **גורשי** רפש
1QHa XVI,15 כי **גרשו** עלי רפשם
4Q**368** 2,2 (XXVIII) הנני **גורש** מפניכם את / [האמרי והכנעני
11Q**19** LIV,4 ⟦ ⟧ וכול נדר אלמנה **וגרושה**

rain noun **גֶּשֶׁם-1**

1QHa XVI,16 כיורה **גשם** לכול [צמא] ומבוע מים חיים
4Q**252** I,5 (XXII) ויהי **הגשם** על הארץ ארבעים יום
4Q**274** 3ii8 (XXXV) אם יבואו עליה מ[ים כאשר ירד] / **הגשם** עליה
4Q**299** 6i4 (XX) ברק]ים עשה לנצח **גשמים** / [
11Q**14** 1ii9 (XXIII) להוריד על ארצכמה / **גשמי** ברכה

bridge noun **גֶּשֶׁר**

4Q**521** 7+5ii12 (XXV)] / **וגשר** תה[ומ(ות)

to grope verb **גשש**

CD I,9 ויהיו כעורים **וכימגששים** דרך / שנים עשרים
4Q**268** 1,16 (XVIII) ויהיו כעוורים **וכמגש]שים** ד[רך שנים עשרים]
4Q**306** 2,4 (XXXVI) ובכל נפשם היו **כמגששים** ד[רך

wine press noun **גַּת-1**

CD XII,10 ומגורנו / **ומגתו** אל ימכר להם
4Q**159** 1ii3 (V) ו]עשה איש ממנה גורן **וגת** הבא לגורן[
4Q**177** 1-4,15 (V) ויעקוב עומד על **הגתות** ושמח על רדתם[

Gath proper noun **גַּת-2**

4Q**385a** 13a-b,2 (XXX)]הנה **גת** [
6Q**9** 30,1 (III)]עד **גת** ועד [עקרון

Gittite proper noun **גִּתִּי**

1QM XI,1 ואת גולית **הגתי** איש גבור חיל

ד

daleth, fourth letter of the alphabet **ד**

KhQ3 3 (XXXVI) צ ק ר / א א ב ג **ד** ה ו ז ח ט / י כ

who, which subordinating conjunction **דְּ**

4Q**472** 2,3 (XXXVI)] / [ב]לישנה **דבי** ליחד נזיר◦[

to languish verb **דאב**

4Q**418** 127,1 (XXXIV) **ודאבה** נפשכה מכול טוב למות[

despair noun **דְּאָבוֹן**

4Q**418** 54,4 (XXXIV)] **לדאבון** [ ]
4Q**418** 138,3 (XXXIV)]◦שכה **מדאבון** ובעדנ◦[
4Q**450** 1,1 (XXIX)]◦בינו ואין **דאב[ון**
4Q**450** 1,4 (XXIX)]**דאבון** נפש ו[

to be anxious verb **דאג**

4Q**223-224** 2ii11 (XIII) ואת]ה אל **תדאיגי** [על יעקו]ב
4Q**424** 3,10 (XXXVI)]◦**דאג** לכ[ו]ל חסרי הון בני צדק[
4Q**460** 7,6 (XXXVI) א]ל **תדאג** מכול מהומות ◦[

to fly, swoop verb **דאה**

4Q**392** 6-9,7 (XXIX)] / [כנש]ר **ידאה** פ[ורש כנפיו

menstruating, ill adjective **דָּאֶה, דָּוֶה**

4Q**223-224** 2i45 (XIII)] **דאוה** / [לוא נגעה בה כול ימי חייה
4Q**266** 6ii8 (XVIII) נקבה תלד] / [וטמאה שבועים כנדת **ד]אותה**
4Q**274** 1i7 (XXXV) אל יג[ע בזב זוב טמ]א **בדוה** בנדתה
4Q**414** 7,11 (XXXV)] / נקבה **והדו[ה** ?

to glide verb **דבב**

4Q**412** 1,3 (XX) הוציא] / [עלי]כה דבת**דבוב**

bad report, defamation noun **דִּבָּה**

1QHa X,11 ואהיה על עון רשעים / **דבה** בשפת עריצים
4Q**412** 1,3 (XX) הוציא] / [עלי]כה **דבת**דבוב

bee noun **דְּבוֹרָה-1**

CD XII,12 לאכל מהם מעגלי **הדבורים**
4Q**417** 19,3 (XXXIV) ◦] **בדבורה** הלוא ◦◦ת בכנפיה ◦◦◦[
4Q**481d** 1ii5 (XXII)] / **דבורת** ◦[

Deborah proper noun **דְּבוֹרָה-2**

4Q**215** 1-3,1 (XXII)]◦ה **דבורה** אשר הניקה את רב[קה

inner sanctuary, chamber noun **דְּבִיר-1, דיבר**

3Q**15** II,3 (III) במערת בית המרה הישן **בדיבר** / השלישי
4Q**392** 1,9 (XXIX) ר]וחות וברקים [מלאכיו ומ]שרתי **דבי[ר**
4Q**400** 1i4 (XI)] משרתי פנים **בדביר** כבודו
4Q**402** 2,4 (XI)] / **בדביר** מלך ◦[
4Q**402** 7,2 (XI)]ואור **בדב[יר**
4Q**403** 1ii10 (XI) ומשכן רוש רום כבוד מלכותו **דביר[**
4Q**403** 1ii11 (XI) וקול ברך מראשי **דבירו** [
4Q**403** 1ii13 (XI) וכול מחשבי **הדביר** יחושו בתהלי פלא **בדבי[ר**
(XI) וכול מחשבי הדביר יחושו בתהלי פלא **בדבי[ר**
4Q**403** 1ii14 (XI)] / פלא **דביר** לדביר בקול המוני קודש

ובחרון אפו בו **דבר** בו בדבר מות		CD IX,6
וביום השבת אל **ידבר** איש דבר / נבל ורק		CD X,17
אל **ידבר** בדברי המלאכה והעבודה		CD X,19
ו**דבר** סרה כמשפט האוב והידעוני		CD XII,3
ובכל משפטי התורה ל**דברם** כמשפטם		CD XIV,8
אשר יהיה לכל האדם ל**דבר** למבקר		CD XIV,11
לדבר למבקר **ידבר** / לכל ריב ומשפט		
ואשר **ידב**[ר]		CD XIV,21
ביום **דברו** / עם המבקר אשר לרבים		CD XV,7
כאשר **דבר** היו שרי יהודה כמשיגי / גבול		CD XIX,15
ישפטו כי **דברו** תועה על חקי הצדק		CD XX,11
אז **נדברו** איש / אל רעהו להצדיק		CD XX,17
אל **ידבר** אלוהיו באפ או בתלונה		1QS V,25
אל **ידבר** איש בתוך דברי רעהו		1QS VI,10
טרם יכלה אחיהו ל**דבר**		
וגם אל **ידבר** לפני תכונו הכתוב / לפניו		
האיש הנשאל **ידבר** בתרו		1QS VI,11
ובמושב הרבים אל **ידבר** איש כול דבר		
איש אשר יש אתו דבר ל**דבר** לרבים		1QS VI,12
ואמר יש אתי דבר ל**דבר** לרבים		1QS VI,13
אם יומרו לו **ידבר** וכולה מתנדב מישראל		
ו**דבר** בקוצר אפים לפרוע את יסוד עמיתו		1QS VI,26
באחד מן הכוהנים הכתובים בספר **דבר** בחמה		1QS VII,2
ואם בשגגה **דבר** ונענש ששה חודשים		1QS VII,3
ואשר **ידבר** את רעהו במרום		1QS VII,5
ואשר **ידבר** בפיהו דבר נבל שלושה חודשים		1QS VII,9
ול**מדבר** בתוך דברי רעהו / עשרת ימים		
ו**מדברי** און ומקני הון		1QS XI,2
יש דב[ר לאחד מ]אלה ל**דבר** אל עצת הקודש	(I)	1QSa II,9
וב]חרן אף וזעף / אפים **ידברו** עם כול[		1QpHab III,13
ואצפה לראות מה **ידבר** / בי		1QpHab VI,13
] / **וידבר** אל אל חבקוק לכתוב את הבאות		1QpHab VII,1
ויתר על כול / אשר **דברו** הנביאים		1QpHab VII,8
ועמד הכוהן ו**דבר** אל העם		1QM X,2
ו[ש]וטרינו **ידברו** לכול עתודי המלחמה		1QM X,5
ואשר **ד[בר]תה** ביד מושה		1QM X,6
וברוב]רחמיך / [כאשר]**דברתה** ביד מושה		1QH[a] IV,12
מה **אדבר** בלא נודע ואשמיעה בלא סופר		1QH[a] IX,23
והם בל[ו]עג שפה ולשון אחרת **ידברו** לעמך		1QH[a] XII,16
ומה **אדבר** בלא פתחתה פי		1QH[a] XVIII,7
ומה **אדבר** על זות		1QH[a] XX,32
כדעתי **דברתי**		
ומה / **אדבר** כיא אם פתחתה פי		1QH[a] XX,33
]אז **דבר**[	(I)	1Q19 7,1
ויאמר אלי]הם **דברו** [כול דברי התורה	(I)	1Q22 1i12
ו[יוסף ל**דב**]ר מושה אל בנ[י ישרא]ל	(I)	1Q22 1ii11
עד ל[כלות הכוהן ל**דבר**]	(I)	1Q29 1,4
המד]בר אליכה הננ[י	(I)	1Q29 1,5
]ל[ ]**המדבר** שבה]	(I)	1Q29 1,6
דב]רתה ל[	(I)	1Q30 3,1
]ים **ואדברה**]	(I)	1Q49 1,1
]◦ **תדבר** ◦[	(III)	2Q29 1,1
ול]וא **ידבר** ע[מנו	(V)	4Q158 6,2
] / [ל**ד]בר** או אשר **יד**[בר	(V)	4Q158 6,8
] / [לד]בר או אשר **יד[בר**	(V)	
] / [א]שר **ידבר**] הנביא	(V)	4Q158 6,9
] / ראיתמה כי מן השמים **דברתי** עמכמה	(V)	4Q158 7-8,6
] / **דבר** בישראל על נפש על פיהם	(V)	4Q159 2-4,5
אש]ר **דבר** מושה[	(V)	4Q159 5,7
הכוהן מורה ה[צדק אשר] / [ד]**בר** בו אל	(V)	4Q171 1+3-4iii16

] / פלא דביר ל**דביר** בקול המוני קודש	(XI)	4Q403 1ii14
והללו יחד מרכבות **דבירו**	(XI)	4Q403 1ii15
והללוהו ב**דביר** קודש]	(XI)	4Q403 1ii16
שב]עת **דבירי** כהונו[ת	(XI)	4Q405 7,7
בד]**בירי** כבוד מבנית / [מקדש	(XI)	4Q405 14-15i6
בדבירי מלך בדנ[י א]ל[והים	(XI)	4Q405 14-15i7
ת]פארת בפרוכת **דביר** המלך ◦◦[	(XI)	4Q405 15ii-16,3
] / **בדביר** פנו רוקמות[	(XI)	4Q405 15ii-16,4
]פרכות **דבירי** הפלא	(XI)	4Q405 15ii-16,5
]◦ פלא מביתה ליקרה ה**דביר**[	(XI)	4Q405 15ii-16,6
]**בדבירי** קודש מושבי / [	(XI)	4Q405 17,6
]לכלכל קדושים **דביר** מ◦[	(XI)	4Q405 18,2
]**דביר** ימהרו מקול הכבו[ד	(XI)	4Q405 18,4
לבדני]כבוד מדרס / **דבירי** פלא	(XI)	4Q405 19,3
]בר[**דב]יר** מלך	(XI)	
מתחת ל**ד[בירי]** הפלא קול דממת שקט	(XI)	4Q405 19,7
]כרובי קודש אופני אור **בד[ביר**	(XI)	4Q405 20ii-22,3
]**בדבירי**[	(XI)	4Q405 38,1
]**בדבי[ר**	(XI)	4Q405 88,1
תפארת בפרוכת] / **דביר** המלך	(XXIII)	11Q17 V,3
פרכות]**דבירי** הפלא	(XXIII)	11Q17 V,4
]◦ל בדני כב[וד מדרס] / **דביר[י** פלא	(XXIII)	11Q17 VI,4
מתחת ל**דב]ירי** ה[פלא] / קול [דממת שקט	(XXIII)	11Q17 VI,7
מושב ככסא מלכות[י **בדבירי** כבודו	(XXIII)	11Q17 VII,4
מר]כבות הדרו ול**דבירי** קו[דשו	(XXIII)	11Q17 X,7

דִּבְלָתַיִם ← עַלְמֹן דִּבְלָתָיְמָה

to cling verb דבק

למען / **הדבק** בהם את אלות בריתו		CD I,17
כי יחלו למרפא וידקמום		CD VIII,4
לרחוק מכול רע / ו**לדבוק** בכול מעשי טוב		1QS I,5
ו**דבקו** בו כול / אלות הברית הזות		1QS II,15
להתחזק ברוח ק[ודשך] ו**לדבוק** באמת בריתך		1QH[a] VIII,16
קדרות לבשתי ולשוני לחך **תדבק**		1QH[a] XIII,31
]◦ **דבקת**[	(I)	1Q42 1,1
]ה ו**להדביק** [	(XXIX)	4Q280 1,2
תדבק נפשכה לע[	(XIII)	4Q369 1ii11
מחברת מגבי החיות ו**דבקה** ב[כנפיהן	(XXX)	4Q385 6,10
] / ובבריתו **תדבק** נפשם	(XXIX)	4Q392 1,3
וארדה על אר[ר]ה **תדבק** [ב]כה / [	(XXXVI)	4Q410 1,4
] / את אביו [ו]את אמו ו**דב[ק** באשתו	(XXXIV)	4Q416 2iv1
לבשתי / [ו]לשוני לחכי **דבקה**	(XXIX)	4Q429 3,4
]צמאה / [נפשי לכה **ד]בקה** נפש[י אח]ריך	(XXIX)	4Q437 2i16
ו**אדבקה** על נפשי כ[ ]◦ [ ]]	(XXIX)	4Q438 3,1
ול**דב]ק** בנפשך צויתני	(XXIX)	4Q438 4ii2
]**דבק** נפש[	(VII)	4Q499 47,1
ו**תדבק** בנו / [ ]◦[ ]◦◦[ ]◦תיכה	(VII)	4Q504 1-2iii11
ול[ע]לם **אדבק** [במ]יחלים ובחסדו י[	(XXV)	4Q521 2ii+4,9
ובקולו תשמעון / ובו **תדבקון**		11Q19 LIV,15
ולוא **ידבק** / בידכה מאום מן החרם		11Q19 LV,10

joint, mosaic noun דֶּבֶק

כ[ו]ל[מעשי]הם ק[וד]שי **דבקי** פלא[	(XI)	4Q405 19,5
] **דבקים** [		11Q19 V,1

to speak verb דבר-2

כאשר **דבר** אל ביד ישעיה הנביא		CD IV,13
לא נכונו ותועבה / הם **מדברים** בם		CD V,13
ותישם הארץ כי **דברו** סרה על מצות אל		CD V,21

Text	Vol.	Reference
ולשונו **תדבר** / [משפט תורת אלהיו בלבו	(V)	4Q171 3-10iv3
פשרו על] האמת אשׁר **דבר** / [	(V)	4Q171 3-10iv4
אלו]הים **דבר** [בקדשו אעלזה אחלקה שכם	(V)	4Q171 13,3
וידבר •••• אל מושה לאמור	(V)	4Q175 1
אשר **דברו** אליכה היטיבו כול אשר דברו	(V)	4Q175 2
אשר דברו אליכה היטיבו כול אשר **דברו**	(V)	
וידבר אליהמה את כול אשר אצונו	(V)	4Q175 6
לוא ישמע אל דברי אשר **ידבר** הנבי בשמי	(V)	4Q175 7
דברו על לב ירושלים וק[ראו אליה	(V)	4Q176 1-2i5
א]נשי עצתו **וידברו** עליו סרה ויש◦◦[	(V)	4Q177 1-4,14
]**דבר** בש◦[	(V)	4Q178 2,2
] / **דובר**[	(V)	4Q180 2-4ii9
] / לשון יודע **דברה** אלהים עשה ידים[	(V)	4Q185 1-2iii13
] בכן **דבר** טובי וכתוב תהלה בתשבוחת	(XIX)	4Q200 6,4
האבן התורה והמצוה]**בדבר** יהוה[כדברו]	(XIII)	4Q216 I,3
לחודש ה]זה **דבר** יהוה א[ל] / [מושה	(XIII)	4Q216 I,5
[ויכל **לד]בר** אתו ויעלה[מעליו	(XIII)	4Q223-224 1i4
את דברי האלה אשר אנוכי **מ]דבר** לך	(XIII)	4Q223-224 2iv6
ואתה מושה **בדברי** עמ[כה	(XIII)	4Q225 1,6
כאשר **דבר** למושה באחרית הימים	(XXII)	4Q252 IV,2
וגם אל **]ידבר[** לפני תכונו	(XXVI)	4Q256 XI,5
ובמושב]הרבים אל **יד[בר** איש	(XXVI)	4Q256 XI,6
אם יומרו לו **]ידבר** וכול המת[נדב מישראל	(XXVI)	4Q256 XI,8
ואל **ידבר** איש אל רעהו באף או בתלונה	(XXVI)	4Q258 II,5
ובמושב] / הרבים אל **ידב[ר** איש כל דבר	(XXVI)	4Q258 III,2
ולמדב]ר [בתוך] / [דברי רעהו עשרת ימים	(XXVI)	4Q261 5a-c,1
ואל **יד]בר** ד]בר כי אם ל[דבר דברי] / [קודש	(XXXV)	4Q264a 1,7
ל[דבר דברי] / [קודש כחוק **ויד]בר** לברך אל	(XXXV)	4Q264a 1,8
אך **ידבר** לאכול ולש[תות	(XXXV)	
]ים **לדבר** דך אל נב[	(XVIII)	4Q266 1c-f,5
ושלם ה[אונס אם לו] **דבר** / אמת עם רעה	(XVIII)	4Q266 8ii5
הדבר] / אשר **ד[בר** יבו עליך ועל עמך	(XVIII)	4Q266 9iii17
אשר] יהיה לכול [האד]ם **לדבר** לעדה	(XVIII)	4Q266 10i4
ואשר **ידבר** בפיה[ו] דבר נבל	(XVIII)	4Q266 10ii3
ואשר **י]דבר** בתוך דב[רי רעהו	(XVIII)	4Q266 10ii4
וידבר בו הכוהן המופקד[ע]ל הרבים	(XVIII)	4Q266 11,8
]**ואדבר**[	(XVIII)	4Q266 64,2
[ותשם ה]א[ר]ץ כי **דברו** עצה סרה	(XVIII)	4Q267 2,5
בקול] / טרוד **דבר** לו] [לוא פצל] דב[ריו	(XVIII)	4Q267 5iii4
בבו]א ה]דבר אשר **דבר** יבוא] / [על עמכה	(XVIII)	4Q267 9v2
ובכול משפטי התורה **לדברם** / [כ]משפטם	(XVIII)	4Q267 9v12
ואשר **יד]בר** [בפיהו] / [דבר נבל	(XXXVI)	4Q269 11i5
ו]שלם האונס אם לא **דבר** א]מת ע]ם רעהו	(XVIII)	4Q270 6iii14
] **דבר** כן וז[	(XVIII)	4Q270 6iii20
ודבר סרה כ[משפט] / [האוב והידעוני	(XVIII)	4Q271 5i18
הטהרה שתים עשרה באמה **בדברו** אליו	(XXXV)	4Q274 1i2
[דבר]י משכיל אשר **דבר** לכול בני שחר	(XX)	4Q298 1-2i1
והגידו החידה בטרם **נדבר**	(XX)	4Q300 1aii-b,1
אל מושה] לאמור **דבר** אל בני יש[ראל	(XIII)	4Q364 15,5
[יה]וה[א]ל[והינו **דב]ר** אלי[נו] ב[חורב	(XIII)	4Q364 20a-c,9
ויואמר יהוה אלי **דברת[י]** אליכה	(XIII)	4Q364 26bi2
עשרת] / [הדברים אשר **ד[בר** יהוה[אליכם	(XIII)	4Q364 26bii+e,9
]ר **דבר** יה[וה	(XIII)	4Q364 R,2
ולוא שמע אליהמה כאשר **דבר** יהוה	(XIII)	4Q365 2,5
מה תזעק אלי **דבר** אל בני ישראל	(XIII)	4Q365 6ai4
[וי]דבר יה[וה אל מושה ואל אהרון	(XIII)	4Q365 14,1
וידבר מושה את מועדי יהוה אל בני ישראל	(XIII)	4Q365 23,3
וידבר יהוה אל מושה לאמור	(XIII)	4Q365 23,4
וידבר מושה[א]ל ב[ני] ישראל	(XIII)	4Q365 35ii3
]וי[דבר] יהוה אל מ[ש]ה דבר [לאמר	(XIII)	4Q367 1a-b,2

Text	Vol.	Reference
]וי[דבר] יהוה אל מ[ש]ה **דבר** [לאמר	(XIII)	4Q367 1a-b,2
[וידב]ר יה[וה אל משה	(XIII)	4Q367 1a-b,14
וידב[רו בדברי] / [	(XXVIII)	4Q371 1a-b,11
וי]דברו בדב[רי	(XXVIII)	4Q372 1,12
וידברו ◦◦[דברי שקר וכל] / [אמרי כזב	(XXVIII)	4Q372 1,13
וכל] / אמרי כזב **ידברו** להכעיס ללוי	(XXVIII)	4Q372 1,14
והנביא אשר יקום **ודבר** בכה / [סרה	(XIX)	4Q375 1i4
הקהל עד כלות הכוהן **לדבר**	(XIX)	4Q376 1ii2
וע[שיתה כו]ל [אשר] **ידבר** [א]ליכה / [הנביא	(XIX)	4Q376 1ii3
וי]דבר ע[ם]קהל ישראל פנים עם אל פנים	(XXVIII)	4Q377 2ii6
כאשר **ידבר** / איש עם רעהו	(XXVIII)	
וכמלאכ **ידבר** מפיהו כיא מי מבש[ר]כמוהו	(XXVIII)	4Q377 2ii11
ד[ ]מה וכאב לבנו **ידבר**[ ]	(XXII)	4Q378 6i8
ה]עמיד דבריו אשר **דבר** / [	(XXII)	4Q378 11,2
וידברעמכם להשכיל אתכם	(XI)	4Q381 69,5a
]**ידבר** [	(XI)	4Q381 92,1
]**ידבר**[	(XIII)	4Q382 48,6
]**דברת[ה**	(XIII)	4Q382 114,2
] / [כי]פי יהוה **דבר** אלה [ ][ ]	(XXX)	4Q385 4,7
ואדברה בהמה ואשלחה אליהם מצוה	(XXX)	4Q390 1,6
]**ידבר** •••• אלי ל[אמר	(XIX)	4Q391 36,4
]י וישאלוני דברים א◦ **ידבר** א[	(XIX)	4Q391 55,5
הקהל עד כלות ה]כוה[ן **לד[בר**	(XXXVI)	4Q408 11,3
]ל[ ]**המדבר** סרה [	(XXXVI)	4Q408 11,5
[ד]בר / [משפטיכה כמושל צדיק	(XXXIV)	4Q416 2i7
וכלשונו / **דבר** ואז תמצא חפצכה[	(XXXIV)	4Q416 2ii8
וכרוחו **דבר** בו פן י◦[	(XXXIV)	4Q417 2i1
רוחו לא תבלע כיא בדממה **דברת[ה**	(XXXIV)	4Q417 2i3
דב[ר]משפטיכה כמושל צדיק	(XXXIV)	4Q417 2i13
◦[**דב]ר** ביד משה ו[	(XXXIV)	4Q418 184,1
]ה בנ[ ]**דברתו** ודכ◦לכ[	(XXXIV)	4Q418 222,1
בטרם ישמ[ע] / ו[לוא **ידב]ר** ב[טרם יבין	(XX)	4Q420 1aii-b,2
]◦ות אשר **דבר**[	(XX)	4Q420 2,6
]ותד[בר	(XX)	4Q420 4,1
]אשר / אשר **דבר**[	(XX)	4Q421 1aii-b,9
בטרם יש]מע ולוא **ידבר** בטרם / יבין	(XX)	4Q421 1aii-b,13
ובנים[לגרי]ם עם כל אזרחים **ידבר** / [	(XXXIV)	4Q423 5,4
כן **דובר** לאזן אשר איננה שומעת	(XXXVI)	4Q424 3,5
] ואל **ידב[ר**	(XX)	4Q425 6,2
] / **דברנו** לכה ולוא לאיש ב]נים	(XXIX)	4Q427 7ii21
דבר]נו לכה ולוא / [לאי]ש בינים	(XXIX)	4Q428 21,2
] / ואח[ר]**ידברו** אנשי [	(VII)	4Q502 19,5
פ]נים אל פנים **דבר[ת]ה** אות[ו	(VII)	4Q504 3ii17
]**דברתה**[	(VII)	4Q505 128,3
פנ]ים אל פני[ם **ד]ברתה** עמ[ו	(VII)	4Q506 125+127,2
] מושה **ותדבר** אל[יו	(VII)	4Q509 1-2,8
] / [כ]נו כאשר **דברתה**[	(VII)	4Q509 5-6ii6
לרומם שם **דבר[תי** לפחד] / בגבורתו	(VII)	4Q511 35,6
ואני עפר וא[פר מה **אד]בר**	(VII)	4Q511 126,2
שלוא היו יעשה אדני כאשר **ד[בר**	(XXV)	4Q521 2ii+4,11
] **ידב[רו]** / [	(XXV)	4Q521 8,10a
] {{**ידברו**}} / [	(XXV)	4Q521 8,11a
למען] אחי ורעי **אד[ברה**	(XXV)	4Q522 22-25,5
אשר **דבר** בחוכמה אשר נתן לו אלוה[ים	(XXV)	4Q525 1,1
וד]בר א[	(XXV)	4Q525 23,11
]**ידבר** [	(III)	5Q21 2,2
א]שר **ידבר**[	(III)	6Q9 57,2
קחי חזון / **דובר** עליך וחלמות נביאים תתבעך	(IV)	11Q5 XXII,14
כול השיר אשר **דבר** ששה ואבעים וארבע מאות	(IV)	11Q5 XXVII,9
כול אלה **דבר** כנבואה אשר נתן לו	(IV)	11Q5 XXVII,11

כי מי יגיד ומי **ידבר** ומי יספר את מעשׂ֯ אדון	(IV)	11Q5 XXVIII,7
ועשה ככול אשר אנוכי **מדבר** אליכה		11Q19 XXXI,9
א֯ו֯המופת אשר **דבר** אליכה לאמור		11Q19 LIV,9
יומת כי **דבר** סרה / על יהוה אלוהיכה		11Q19 LIV,15
והרביתיכה כאשר **דברתי** לאבותיכה		11Q19 LV,12
אך הנביא אשר יזיד] / ל**ד֯**[בר דבר] ב֯ש֯[מי		11Q19 LXI,1
אשר ל]וא צוי֯[תיו ל]**ד֯ב֯ר**		
[א]י֯ך נ֯דע את הדבר / אשר לוא **דברו** יהוה		11Q19 LXI,3
ואשר **ידבר** הנביא בשם יהוה		
לוא יבוא הוא הדבר אשר לוא **דברתי**		11Q19 LXI,4
בזדון **דברו** הנביא לוא תגור / ממנו		
ונגש הכוהן ו**ידבר** אל העם ואמר אליהמה		11Q19 LXI,15
והוסיפו ה]שו[פטים] / ל֯**ד֯ב֯ר** אל ה֯עם ואמרו		11Q19 LXII,3
ויהי ככלות השופטים / ל**דבר** אל העם		11Q19 LXII,5
דבר י֯ה֯ו֯ה֯ [	(XXXIII)	PAM 43.678 68ii1

word, thing, matter, speech noun **דָּבָר**

בבוא ה**דבר** אשר כתוב בדברי ישעיה בן אמוץ		CD VII,10
בבוא הדבר אשר כתוב ב**דברי** ישעיה בן אמוץ		
ספרי הנביאים / אשר בזה ישראל את **דבריהם**		CD VII,18
הוא ה**דבר** אשר אמר ירמיהו לב֯רוך ב֯ן נרייה		CD VIII,20
יביא על רעהו **דבר** אשר לא בהוכח		CD IX,3
דבר בו ב**דבר** מות		CD IX,6
כל **דבר** אשר ימעל / איש בתורה		CD IX,16
וראה רעיהו והוא אחד אם **דבר** מות הוא		CD IX,17
ואם שנים הם והם מעידים על / **דבר** אחר		CD IX,21
לעד עובר **דבר** מן המצוה ביד רמה		CD X,3
וביום השבת אל ידבר איש **דבר** / נבל ורק		CD X,17
אל ידבר ב**דברי** המלאכה והעבודה		CD X,19
ולכל **דבר** אשׁר י֯ה֯י֯ה ל֯כל האדם		CD XIV,11
מלאך המשטמה מאחריו אם יקים את **דבריו**		CD XVI,5
יקום איש על נפשו / ל֯ע֯שׂות **ד֯ב֯ר** מ֯ן התורה		CD XVI,8
בבוא ה**ד֯ב֯ר** אשר כתוב ביד זכרי֯ה הנביא		CD XIX,7
וי֯קשב / א֯ל֯ א֯ל **ד֯ב֯ר֯י֯ה֯ם֯** וישמ֯ע֯		CD XX,19
ושב֯ו֯ ע֯וד / א֯ל֯ ד֯ר֯ך֯ העם ב**ד֯ברים** מ֯ע֯ט֯י֯ם֯		CD XX,24
בכול אחד / מכול **דברי** אל בקציהם		1QS I,14
והיה / בש֯ו֯מעו את **דברי** הברית הזות		1QS II,13
ואין / לצעוד על אחד מכול **דבריו**		1QS III,11
יצא תכון הגורל לכול **דבר** לתורה		1QS V,3
מרעתם כיא טמא בכול עוברי **דברו**		1QS V,14
כיא ירחק ממנו בכול **דבר**		1QS V,15
כיא כן כתוב מכול **דבר** שקר תרחק		
וכול מנאצי **דברו** ישמיד מתבל		1QS V,19
וגמ אל יביא איש על רעהו **דבר** לפני הרבים		1QS VI,1
וכן ישאלו לעצתם לכול **דבר**		1QS VI,4
ולכול עצה ו**דבר** אשר יהיה לרבים		1QS VI,9
אל ידבר איש בתוכ **דברי** רעהו		1QS VI,10
אל ידבר איש כול **דבר** אשר לוא להפצ הרבים		1QS VI,11
וכול איש אשר יש אתו **דבר** לדבר לרבים		1QS VI,12
ואמר יש אתי **דבר** לדבר לרבים		1QS VI,13
ונשאלו / הכול על **דבריו**		1QS VI,16
ישאלו הרבים על **דבריו** לפי שכלו		1QS VI,18
ישפטו בם במדרש יחד על פי ה**דברים**		1QS VI,24
וא]שר יזכיר **דבר** בשם הנכבד		1QS VI,27
לכול **דבר** אשר לו {{∘∘∘∘∘∘}} הואה קורה		1QS VII,1
כן לנוקם לנפשו כול **דבר**		1QS VII,9
ואשר ידבר בפיהו **דבר** נבל שלושה חודשים		
ולמדבר בתוכ **דב֯רי** רעהו / עשרת ימים		
ישאלו הרבים על **דבריו**		1QS VII,21
וכול **דבר** ה֯נ֯סתר מישראל		1QS VIII,11
אשר יסור מכול המצוה **דבר** ביד רמה		1QS VIII,17
איש מהמה / אשר יעבר **דבר** מתורת מושה		1QS VIII,22
בה֯ו֯נו ועם עצתו לכול / **דבר**		1QS VIII,24
יש **דב֯**[ר לאחד מ]אלה לדבר אל עצת הקודש	(I)	1QSa II,9
דברי ברכ֯[ה] למשכיל לברך את ירא[י	(I)	1QSb I,1
דברי ברכה למ֯[שכיל לברך] את בני צדוק	(I)	1QSb III,22
פשר ה**דבר**[על הבו]גדים לאחרית א / הימים		1QpHab II,5
לפשור א֯ת כול / **דברי** עבדיו הנ֯ביאי֯ם֯[		1QpHab II,9
פשר ה**דבר** אשר לוא יכלה אל את עמ֯ו֯		1QpHab V,3
הודיעו אל את / כול רזי **דברי** עבדיו הנבאים		1QpHab VII,5
[פשר ה**דב**]**ר֯** על הכ֯[והן] אשר ∘[		1QpHab IX,16
פשר ה**דבר** על מטיף הכזב אשר התעה רבים		1QpHab X,9
פשר ה**דבר**[אשר] / בשובם ∘[		1QpHab X,15
פשר ה**דבר** על הכוהן הרשע לשלם לו		1QpHab XII,2
פשר ה**דבר** על כול / פסלי הגוים		1QpHab XII,12
וכול ערות **דבר** רע לוא יראה סביבות		1QM VII,7
ולה֯שמר מכול ערות **דבר** רע		1QM X,1
ס]פר סרך עתו עם כול **דברי** הודותם		1QM XV,5
ואחר ה**דברים** האלה יתקע֯ו֯ ה֯כוהנים֯		1QM XVII,10
ומכשול בכול **דברי** רצונך		1QH^{a} IV,23
ו]**דברך** לא ישוב אחור		1QH^{a} V,24
] וצדק כול מעשיך ו**ד֯ב֯ר֯ך֯** לא ישוב אחור		1QH^{a} V,25
ולברך / [את שם קודשך ו**דבר**]י֯ רצונ֯ך֯[		1QH^{a} VI,10
וכול יודעיך לא ישנו **דבריך**		1QH^{a} VI,15
ואיכה יוכל כול להשנות את **דבריכה**		1QH^{a} VII,14
ואני על **דבריך** קר∘∘[		1QH^{a} VIII,28
אתה בראתה / רוח בלשון ותדע **דבריה**		1QH^{a} IX,28
ותשם **דברים** על קו		
כ֯י֯[א] **ד֯ב֯רים** החליקו למו		1QH^{a} XII,7
ולא האזינו ל**דברכה** כי אמרו / לחזון דעת		1QH^{a} XII,17
וחלכאים על ד֯ב֯רכה ואני אמרתי בפשעי		1QH^{a} XII,35
רוח כושלים ולעות לעאף **דבר**		1QH^{a} XVI,36
ואשיבה למבלעי **דבר** / ולמשתוחיחי בי תוכחת		1QH^{a} XVII,8
[ל]השכיל בכול רזיכה ולשיב **דבר** [		1QH^{a} XX,20
]ב֯ מ֯מ֯כ֯ה / לוא לעבור על **דברכה**		1QH^{a} XX,24
כיא לערל אוזן נפתח **דבר** ולב / [		1QH^{a} XXI,5
ואין מליץ] / ל֯ה֯ש֯יב **דבר** כ֯[פיכה		1QH^{a} XXVII,12
]ל**ד֯ברי**		1QH^{a} 2i9
וצויתה֯ [א]ת בני / ישרא[ל **ד**]**ב֯ר֯י֯** הת֯[ו]רה	(I)	1Q22 1i4
[אלו]הי אלוה[ינו הוציא את ה**דב**]**ר֯י֯ם֯** [הא]לה	(I)	1Q22 1ii6
ולבני]כ֯ם֯ [את] כול **דברי** הת[ורה] ה֯א֯ל֯ה֯	(I)	1Q22 1ii9
נכון ה**דבר** לבוא ואמת המשא	(I)	1Q27 1i8
ה]**ד֯ברים** האלה על פי כול ∘[	(I)	1Q29 5-7,1
בני י]ש[רא]ל שמורו את ה**דברים** האלה [	(I)	1Q29 5-7,4
ולא ידעוך / [בכ]ו֯ל֯ **דברך** וירשיעו מכול	(I)	1Q34bis 3ii4
במראת כב֯[ו]ד ו**דברי** / [רוח] קודשך	(I)	1Q34bis 3ii6
] / הוא בכל דרכיו ד֯**ברי֯ו֯** ולא[	(III)	2Q22 II,3
] / **דברי** יהוה אשר ש[לח]ו ואת כול֯ [	(V)	4Q158 1-2,15
] / את קול **דברי** אמו[ר] ל֯המה נביא[	(V)	4Q158 6,6
] / א֯שר לוא ישמ֯ע֯ [א]ל **ד֯ב֯ר֯**[י	(V)	4Q158 6,7
֯כיא הואה זה֯ עד יהוה יבוא **דבר** שניהמה[	(V)	4Q158 10-12,10
פשר ה**דב֯ר֯**[	(V)	4Q159 5,5
]שמע שמוא[ל א]ת **דב֯**[רי	(V)	4Q160 1,2
]אם תכחד ממני **ד֯**[בר	(V)	4Q160 1,6
פשר ה**דבר** אשר עזבם / [	(V)	4Q162 I,2
פשר ה**דבר** לאחרית הימים לחובת הארץ	(V)	4Q162 II,1
פשר ה**דבר** על ח֯ב֯ל֯ בבל[	(V)	4Q163 4-7ii4
פשר ה**דבר** לאחרית ה֯[ימים	(V)	4Q163 4-7ii14
[פשר ה**דב**]**ר֯** על כל֯ה֯ בבל[	(V)	4Q163 8-10,1
]פשר ה**דבר**[	(V)	4Q163 22,1

פשר הדבר לאחרית הימים	(V)	4Q163 23ii10
פשר הדבר[	(V)	4Q165 1-2,3
פשר הדבר ע[ל	(V)	4Q165 5,2
פשר] / הדבר על מור[ה הצדק	(V)	4Q171 1+3-4iii19
רח]ש ל[ב]י דבר טוב	(V)	4Q171 3-10iv24
פשר הדב[ר	(V)	4Q174 1-2i14
פ]שר הדבר[	(V)	4Q174 1-2i19
] / הדבר[	(V)	4Q174 13,3
שמעת את קול דברי / העם הזה	(V)	4Q175 1
ונתתי דברי / בפיהו וידבר אליהםה	(V)	4Q175 5
והיה האיש / אשר לוא ישמע אל דברי	(V)	4Q175 7
נ]ואש עד דברי תנחומים וכבוד רב כתוב ב[	(V)	4Q176 8-11,13
]לדבריהם[	(V)	4Q177 1-4,1
]◦פשר הדבר אשר יעמוד איש מב◦[	(V)	4Q177 1-4,6
פשר הדב]ר השפיח הו[אה	(V)	4Q177 5-6,2
פ]שר הדבר לנצח לב אנשי / [	(V)	4Q177 10-11,9
]א תועות תשחר תמיד[ל]שנן דברי[ה	(V)	4Q184 1,1
שמעתי בני יצל תמרו דברי יהוה	(V)	4Q185 1-2ii3
]◦עשה דברי ברי[ת	(V)	4Q185 3,3
שים לבך לכל הדב]רים אשר אנכי מגיד לך	(XIII)	4Q216 I,12
כן בבו]א על[י]ה[ם] כל הדברים / [האלה	(XIII)	4Q216 I,15
ואתה כתוב לך]את [כ]ל[הדב]רים האלה	(XIII)	4Q216 I,17
כתוב כל דב]רי הבריה כא[שר] / [בים הששי	(XIII)	4Q216 V,1
ויזכור את האלוהים] / [וא]ת הדברים[	(XIII)	4Q221 7,5
]דברי[	(XIII)	4Q221 17,4
ומשיבים] / על פי הרבים לכול דבר	(XXVI)	4Q256 IX,3
ומשיבים על פי הרבים לכל דבר	(XXVI)	4Q258 I,2
וכל מנאצ]י דברו להשמיד מתבל	(XXVI)	4Q258 I,11
וגם אל יבא איש על רעהו דבר לרבים	(XXVI)	4Q258 II,5
אל ידבר]בכול דברי עבודה או בהון או [	(XXXV)	4Q264a 1,6
ואל יד[בר ד]בר כי אם ל[דבר דברי] / [קודש	(XXXV)	4Q264a 1,7
אשר ישקר] / בדעתו בכול דבר	(XXXV)	4Q265 4i11
[אשר בזה ישראל א]ת ד[בריהם	(XVIII)	4Q266 3iii19
ו]לא פצל דברו להשמיע [קולו איש מאלה	(XVIII)	4Q266 5ii2
]למה ישוג בדבר מות [	(XVIII)	4Q266 5ii3
[ואל י]עש [איש למקח ולממכר] / [ד]בר	(XVIII)	4Q266 9iii2
וכול הד[בר אשר] יהיה לכול [האד]ם	(XVIII)	4Q266 10i4
ואם בדבר מות ינטור ולו[י]שוב / [עוד	(XVIII)	4Q266 10ii1
ואשר ידבר בפיה[ו] דבר נבל	(XVIII)	4Q266 10ii3
ואשר י]דבר בתוך דב[רי רעהו ו]פרע	(XVIII)	4Q266 10ii4
ואשר יאות עמו / ונכתב דברו	(XVIII)	4Q266 11,16
]לוא פצל[דב]ריו ל[השמיע קולו	(XVIII)	4Q267 5iii4
בבו[א ה]דבר אשר דבר	(XVIII)	4Q267 9v2
[אשר י]דעה לעשות מעשה בד[בר	(XVIII)	4Q270 5,18
[עו]בר דבר מן המצו[ה ביד רמה	(XVIII)	4Q270 6iv15
וביום השבת אל ידבר איש] דבר נבל ורק	(XVIII)	4Q270 6v3
ישאלו הרבים] / על דב[רו	(XVIII)	4Q270 7i10
אשר ידעה לעשות מעשה {{מ}}בדבר	(XVIII)	4Q271 3,11
על] פי הד[ברי]ם האלה כרתי עמכה ברית	(XVIII)	4Q271 4ii3
אם יקים את ד[בריו	(XVIII)	4Q271 4ii7
לעשות / דבר מן התורה עד מחיר מות	(XVIII)	4Q271 4ii9
] הדבר לאחי[	(XVIII)	4Q273 9,2
ועל] / [דבר]י כול חוזי אמ[תו	(XXIX)	4Q280 2,7
ד]בריכם [	(XXXV)	4Q284 9,1
א]ת דברכה אמן אמן	(XI)	4Q286 5,8
אל יקום ל]נפשו כול דבר כי ◦[	(XI)	4Q288 1,4
[דבר]י משכיל אשר דבר לכול בני שחר	(XX)	4Q298 1-2i1
]◦◦ם נבחנה דברים / [	(XX)	4Q299 1,6
] / דבר עושו ומה {ו}הוא אשר אשר יעשה ג[בר	(XX)	4Q299 3aii-b,7
] / המרה את דבר עושו ימחה שמו מפי כול[	(XX)	4Q299 3aii-b,8
ולמיניכם אחלקה דברי אליכם[	(XX)	4Q301 1,1
]◦◦◦ כדבריך באפים / [	(XX)	4Q302 1i3
] / דבריו [	(XX)	4Q302 1ii14
להוכח / עמך ולהשיב דבר בריבך	(XX)	4Q302 3ii8
]ה בו בל[ילה] / [וד]ברי תשבוחו[ת]	(XXI)	4Q334 1,2
] / [ודב]רי[תשבוחות]	(XXI)	4Q334 2,2
] / [ש]מונה ו[ד]ברי תשבו[חות] / [	(XXI)	4Q334 3,1
]◦◦ ודב[רי תשבוחות]	(XXI)	4Q334 3,5
לה את כול הדב[רים האלה ?	(XIII)	4Q364 3ii5
אם] / [תעשה]לי את [ה]דבר הזה[	(XIII)	4Q364 4b-eii10
ואכת(ו)ב(ה) על הלוחות] / [את]הדברים	(XIII)	4Q364 26bii+e,5
זה הדב]ר אשר צוה יהוה	(XIII)	4Q365 11i2
ולתודות ולנדבות ולעולות דבר יום[	(XIII)	4Q365 23,7
לעשות כדברו[הרע הזה בקרבך	(XIII)	4Q365 38,1
]כול הדב[ר	(XIII)	4Q365 W,3
ע]ם משה הדברים / [האלה	(XXVIII)	4Q368 1,2
]כבוד יתן יהוה אלהים ל[ ]ה דברי כבודו [	(XXVIII)	4Q368 9,4
אל תמרו דבר[י יהוה	(XIX)	4Q370 1ii9
בני יעק]ב ישעי[רו ב]דברי פ[יה]מה	(XXVIII)	4Q371 1a-b,12
] דברי[ ]שקר וכול אמרי כזב	(XXVIII)	4Q371 1a-b,13
ויודברו בדב[רי	(XXVIII)	4Q372 1,12
וישעירו בדברי פיהם לגדף על אהל ציון	(XXVIII)	4Q372 1,13
להכעיס ללוי וליהודה ולבנימן בדבריהם	(XXVIII)	4Q372 1,14
לא להכיחי עדותיך ולהגיד דברי צדק[ך	(XXVIII)	4Q372 1,28
כי דברי מנפת[ימת]קו	(XXVIII)	4Q372 3,5
יהוה פתח פי ומאתו [ד]ברי לשוני	(XXVIII)	4Q372 3,7
ודברו בי להגיד מי◦[	(XXVIII)	
לצור עליה או לכוול דבר אשר[	(XIX)	4Q376 1iii2
ה]עמיד דבריו אשר דבר / [	(XXII)	4Q378 11,2
] בדבריו ויאמר בת◦◦◦[	(XXII)	4Q379 17,3
]◦בי על [ע]ובי אל וברב ד[ב]רי[ך	(XXII)	4Q379 18,2
]אלוה דבריך אשמור כי ◦[	(XXII)	4Q379 18,5
]אלהי אתאמן בכל דברי[ך	(XXII)	4Q379 18,7
] / דברי[	(XXII)	4Q379 31ii8
ביומי עשה שמים וארץ ובדבר פיו [	(XI)	4Q381 1,3
ולפי דבריו ◦◦◦◦כל [	(XI)	4Q381 1,6
] על רשעה ולהמיר דבריו פיהו מעלא[	(XI)	4Q381 69,9
]◦◦ דברי ותשכילו לחכמה מפי	(XI)	4Q381 76-77,8
מי בכם ישיב דבר ויעמד בהתוכח ע[מו	(XI)	4Q381 76-77,10
י]שיב◦ דבר כי אשר[	(XIII)	4Q382 21,4
]◦הדבר צדק ◦[	(XIII)	4Q382 38,4
] דברי תפלה נתח◦[	(XIII)	4Q382 46,4
]בים דב[ר	(XIII)	4Q382 47,3
דב]רי פי[	(XIII)	4Q382 48,4
] מדבריך ולתמוך בבריתכה	(XIII)	4Q382 104,1
]דבר[	(XIII)	4Q382 125,2
ולא שמ]עו לדברי ירמי[ה	(XXX)	4Q383 2,2
[וישמעו] בקול ירמיה לדברים אשר צוהו	(XXX)	4Q385a 18ia-b,8
[ואלה דב]רי יחזקאל ויהי דבר יהוה אל[י	(XXX)	4Q385b 1,1
[ואלה דב]רי יחזקאל ויהי דבר יהוה אל[י	(XXX)	
קראו הדברים[האלה לפני] / כ[ל בני י]שראל	(XXX)	4Q389 1,6
] / ובדבר[	(XXX)	4Q390 2ii5
]ו וישאלוני דברים א◦ ידבר א[	(XIX)	4Q391 55,5
ול[דר]וש דברי פיה[ו כי אדו]ני אלהי[ם ב]שמים	(XXIX)	4Q392 1,3
עשי]תי למען תצדק בדבר[י]ך	(XXIX)	4Q393 1ii-2,2
] / ובדבריהם ◦◦דר שע[	(XXIX)	4Q393 1ii-2,10
] / אלה מקצת דברינו [	(X)	4Q394 3-7i4
לבני] / הכוהנ[ים] ראו להזהיר בדבר הזה	(X)	4Q394 3-7i15
ראוי[להש]מ[ר בכול הד]ברים[האלה	(X)	4Q394 3-7ii13
ואתם יודעים שהוא כן ו]הדבר כתוב / [עברה	(X)	4Q394 8iii8

לבני הכוהנים] / ראוי לה[ז]הר **בדבר** [הזה	(X)	4Q**395** 7
]א כן ו**הדבר** כתוב עברה	(X)	4Q**396** 1-2i4
ראוי להשמר ב]כול **הדבר**[ים האלה	(X)	4Q**397** 3,1
[ו]מהתערב **בדברים** האלה ומלבוא ע[מהם	(X)	4Q**397** 14-21,8
[כי יבוא עליכה כו]ל **הדבר**[ים האלה	(X)	4Q**397** 14-21,13
העת במצאך מקצת **דברינו** כן	(X)	4Q**398** 14-17ii6
באחרית העת] במצאך **מדברינו** / [כן	(X)	4Q**399** 1ii3
דב]רי / [	(XI)	4Q**400** 3i11
] / ושבעה **דברי**[	(XI)	4Q**400** 3ii+5,4
]◦ שב[עה] / **דברי** פלא[	(XI)	4Q**400** 3ii+5,6
שבעה בשבעה **דברי** רומי פלא	(XI)	4Q**403** 1i1
שבעה בשבע[ה]**דברי** תשבוח[ות פלא	(XI)	4Q**403** 1i3
ש[בעה בש]ב[עה **דב**]רי הדות פל{{ו}}א	(XI)	4Q**403** 1i4
שבעה ב[שבעה **ד**]ברי זמ[רי פלא	(XI)	4Q**403** 1i7
בשב]עה **ד**[ב]רי פל[א וברך לידו]עי עולמ[י]ם[	(XI)	4Q**403** 1i11
ב]שב[עה] **דבר**[י פלא	(XI)	4Q**403** 1i12
וברך ב]שבעה **דברי** [פלא]	(XI)	
בשבעת **ד**[ברי]כ[ב]ו[ד	(XI)	4Q**403** 1i13
בש[בעת **ד**]ברי ר[ו]ם	(XI)	4Q**403** 1i14
]יברכ בשב[ע]ה **דברי** פלא	(XI)	4Q**403** 1i16
וברך לכול[נוער]י צדק[בשבעה **ד**]ברי פלא[	(XI)	
ב[שב]עה **דברי** ה[וד	(XI)	4Q**403** 1i17
]וברך ליוסד[י הוד]בשב[עה] / **דבר**[י פלא	(XI)	4Q**403** 1i18
בשבע]ה **דברי** צדק לרחמי [כ]ב[ודו]	(XI)	
בשבעה **ד**[ברי]רום / אמת[ו	(XI)	4Q**403** 1i19
בשבעה [**דב**]רי הוד / [ל]הודי[פלא]	(XI)	4Q**403** 1i20
בשבעה / [**ד**]ברי גבורות פלאו	(XI)	4Q**403** 1i22
ב[ש]בעה **דברי** פלא ל[ת]מיד	(XI)	
בשבעה **דבר**[י]פלא ל[מ]שוב ר[חמי] חסדיו	(XI)	4Q**403** 1i23
בשב[עה]**דברי** קודש פלא[ו	(XI)	4Q**403** 1i24
בשב[עה **דב**]רי פלא למגני עוז	(XI)	4Q**403** 1i25
בשבעה **ד**[ברי פלא ל]שלום עולמים	(XI)	4Q**403** 1i26
] / ולפי שבועי **ד**[ברי	(XI)	4Q**403** 1ii30
] / בתהלי פלא ב**דב**[רי פ]לא[	(XI)	4Q**403** 1ii31
]**דברי** פלא וברך לכול[	(XI)	4Q**404** 2,1
לכול חוכי לו [בש]בעה **דברי** פ[לא	(XI)	4Q**404** 2,4
] / [**ד**]ברי פלא וברך בשבעה **דבר**[י	(XI)	4Q**405** 3ii2
] / [ד]ברי פלא וברך בשבעה **דבר**[י	(XI)	
] / **דברי** כבוד נפלאותו לכול טהו[רי	(XI)	4Q**405** 3ii3
בשבעת **ד**[ברי רו]ם	(XI)	4Q**405** 3ii4
] / [י]ברך בשבעה **דברי** פלא	(XI)	4Q**405** 3ii5
] / בשבעה **דברי** צדק לרח[מי	(XI)	4Q**405** 3ii8
] / שכל בשבעה **דב**[רי	(XI)	4Q**405** 3ii13
] / דעת בשבעה **ד**[ברי	(XI)	4Q**405** 3ii16
] / **דברי** פלא לש[לום	(XI)	4Q**405** 3ii18
בשבעה **דב**]רי טוב לרחמי כבודו	(XI)	4Q**405** 13,2
בשבעה **דברי** רום טוהר [	(XI)	4Q**405** 13,3
בשבעה **דב**[רי פלא	(XI)	4Q**405** 13,4
בשבעה **דברי** הוד כבודו	(XI)	
בשבעה **דברי** גבורות פלאו	(XI)	4Q**405** 13,5
]בשב[עה] / [**ד**]בר[י פלא למשו]ב[רחמי חסדו	(XI)	4Q**405** 13,7
ד]ברי [	(XI)	4Q**405** 33,3
כ]ל **הדברים** ה[אלה	(XXXVI)	4Q**408** 1,2
לא יד]עתי בכול **דבר** / [	(XXXV)	4Q**414** 1ii-2i5
זכרון כתוב לפניו / לשמרי **דברו**	(XXXIV)	4Q**417** 1i16
] / כיסכה ו**בדבריכה** אל תמעט[	(XXXIV)	4Q**417** 2ii+23,8
]◦ ו**דבר**◦[	(XXXIV)	4Q**417** 20,7
וספר זכרון כתוב לפ]ניו לשומרי **דב**[רו	(XXXIV)	4Q**418** 43-45i12
וברחמים על כול שומרי **דברו** וקנאתו[	(XXXIV)	4Q**418** 81+81a,8
]פן ישוגו **בדברי**[קודש	(XXXIV)	4Q**418** 188,7
] / ו**בדברו** ◦[	(XXXVI)	4Q**419** 8ii2
] / **הדב**[ר	(XXXVI)	4Q**419** 11,3
]בארוך אפים ישיב פתגם וש[ ] / יוציא **דבר**[	(XX)	4Q**420** 1aii-b,3
ע]ל כול **דב**[ר	(XX)	4Q**420** 6,1
] **דבר** לברך ◦[	(XX)	4Q**421** 2,2
]**דברי** קודש כחוק [	(XX)	4Q**421** 13,4
והארץ וכול]צבאם עשה **בדבר**[ו	(XIII)	4Q**422** I,6
] ויביאו **דברו** / אל פרעוה לשלח א[ת עמם	(XIII)	4Q**422** III,6
ויגוף **בדב**[ר את/כול] / מקניהםה ובהמתם	(XIII)	4Q**422** III,8
ואל תשלח **דבר**[ ] / לקח	(XXXVI)	4Q**424** 1,6
]ל מוסר תועבה **דב**[ר]מב[	(XX)	4Q**425** 1+3,1
ו**דברי** ב[ליעל פתחו לשון שקר]	(XXIX)	4Q**429** 2,8
כחרב חדה ולשוני פתחתה **לדברי** קודש	(XXIX)	4Q**436** 1a+bi7
]**דברי** שננתה כחר[ב	(XXXVI)	4Q**440**a 5
]ך כי אל **דבריכ**[ה	(XXIX)	4Q**443** 1,10
ישפוט] יהוה **דברי** פיכה	(XXXVI)	4Q**460** 9i10
ויזכור אל את **דברו** אשר אמר	(XIX)	4Q**463** 1,1
]ויכתב משה **בדברו** ככ[ל	(XIX)	4Q**470** 3,6
]קרב כל**דבר** לאכל [	(XXII)	4Q**481**d 2,4
]בזו **לדברי** פיכה [לא שמעו	(XXII)	4Q**481**e 1
ושבט לפיא פקודיו **לדבר** יום [ביומו]	(VII)	4Q**491** 1-3,8
ואחר **הדבר**[י]ם האלה יתקעו הכוהנים	(VII)	4Q**491** 11ii19
ואחר **הד**]ברים האלה יתקעו[הכוהנים	(VII)	4Q**491** 13,3
דב]רי הה[ודות	(VII)	4Q**491** 14-15,5
] **דבר**[	(VII)	4Q**502** 36,4
]חוליים רעים ורעב וצמא ו**דבר** וחרב / [	(VII)	4Q**504** 1-2iii8
דב]רי כבוד / [	(VII)	4Q**504** Verso 2vii3
]א ו**דברי** קודשך שמענ[ו	(VII)	4Q**504** 3ii8
]◦◦ר למענכה ועל **דבר**[	(VII)	4Q**504** 4,17
דברי המארות	(VII)	4Q**504** Verso 8,1
דברי הודות בתהלי / [	(VII)	4Q**510** 1,1
[אם נבלות] **בדברי** ואין	(VII)	4Q**511** 18ii5
]◦כול **בדבריכה** / [	(VII)	4Q**511** 108,2
ואחר **הדבר**[י]ם הא[לה	(VII)	4Q**512** 24-25,4
את כול **הד**[ברים האלה יעשה הזב	(VII)	4Q**512** 7-9,1
]ל[התקד]ש ו**דבר** אדני ו[	(XXV)	4Q**521** 8,10
] / תה[ל]ל ומפני **דברך** יתגב[רו	(XXV)	4Q**525** 14ii4
אל] / תשובב **בדברי** רעיכה פן י[כ]ין לכה[	(XXV)	4Q**525** 14ii21
] / **דברי** תופלה א[שר תועבו]ת ממני	(XXV)	4Q**525** 14ii28
עלו העצים את **דברי** והצואן את מעשי	(IV)	11Q**5** XXVIII,6
לעשות] / [כול **דב**]רו אשר[בלוא] רחמ[ים]	(XXIII)	11Q**11** IV,6
ו[כן יהי]ה **הדבר** הזה / בשבוע היובל הראישון	(XXIII)	11Q**13** II,6
] תהיה קודש וטהורה / מכול **דבר**		11Q**19** XLVII,5
כי השוחד מטה משפט ומסלף **דברי** הצדק		11Q**19** LI,13
לאסור אסר על נפשו ולוא יחל **דבריו**		11Q**19** LIII,15
כול **הדברים** אשר / אנוכי מצוכה אותמה		11Q**19** LIV,5
לוא / תשמע אל **דבר** הנביא ההוא		11Q**19** LIV,11
והנה אמת נכון **הדבר** / נעשתה התועבה		11Q**19** LV,5
ושמעתה את **הדבר** הזה ודרשתה		11Q**19** LV,19
והנה / אמת נכון **הדבר** נעשתה התועבה הזואת		11Q**19** LV,20
ודרשתה והג[ידו לכה את] / **הדבר**		11Q**19** LVI,2
יגידו לכה ועל פי **הדבר** / אשר יואמרו לכה		11Q**19** LVI,3
יהיו שומרים אותו מכול **דבר** חט		11Q**19** LVII,10
ולוא יעשה כול **דבר** / לכול עצה חוץ מהמה		11Q**19** LVII,14
ונשמרו מכול **דבר** טמאה ומכול ערוות		11Q**19** LVIII,17
ובכול נפשמה ככול **דברי** התורה הזואת		11Q**19** LIX,10
[א]יך נדע את **הדבר** / אשר לוא דברו יהוה		11Q**19** LXI,2
ולוא יהיה **הדבר** / ולוא יבוא הוא הדבר		11Q**19** LXI,3
ולוא יבוא הוא **הדבר** אשר לוא דברתי		11Q**19** LXI,4
או על פי שלושה עדים יקום **דבר**		11Q**19** LXI,7

Reference		Text
11Q19 LXI,11		ולא יוסיפו עוד לעשות כדבר הזה בקרבכה
11Q19 LXV,7		ושם לה עלות דברים / והוציא עליה שם רע
11Q19 LXV,12		והוא שם / לה עלות דברים
11Q19 LXVI,2		ו]ומתו את הנערה על דבר אשר לוא זעק[ה]
11Q19 LXVI,3		ואת האיש על דבר אשר ענה את אשת רעהו
11Q19 LXVI,6		ולנערה לוא תעשו דבר אין לנערה חטא מות
11Q19 LXVI,7		ורצחו נפש כן הדבר הזה
11Q20 XIII,6	(XXIII)	] / דבר ומש[
PAM 43.668 6,1	(XXXIII)	]את הדברים[
PAM 43.678 2,2	(XXXIII)	]ה דבר א[
PAM 43.688 89,2	(XXXIII)	]◦ים ובדברה[
PAM 44.102 12,1	(XXXIII)	]◦ ודברי / [

pestilence noun דֶּבֶר-1

Reference		Text
4Q171 1-2ii1	(V)	בחרב וברעב ובדבר
4Q171 1+3-4iii4	(V)	ורבים / יובדו ברעב ובדבר
4Q285 8,10	(XXXVI)	רעה שבתה] / מן הארץ ואין דב[ר בארצכ]ם
11Q14 1ii14	(XXIII)	רעה שבתה מן / [הארץ ואין דב]ר בארצכם

(indeterminate) דבר

Reference		Text
4Q389 C,2	(XXX)	]מדבר◦[
4Q417 22,3	(XXXIV)	] / ודבר◦ ◦[
4Q487 11,3	(VII)	]ע דבר◦[
4Q498 6,2	(VII)	]◦[ ]דבר[ ]ל[
4Q509 42,2	(VII)	]דבר[

honey noun דְּבַשׁ

Reference		Text
4Q216 II,3	(XIII)	לזרע[כם אתנה ארץ זבת חלב ודב]ש
4Q378 11,6	(XXII)	ו]דבש
	(XXII)	כי ארץ זבת חלב ודבש[ ] / [
4Q385a 14,1	(XXX)	]חלב ודבש / [
4Q386 1ii5	(XXX)	לא יהיה תירוש ותזיז לא יעשה דבש [
5Q13 24,1	(III)	] חלב ודבש ומצר◦[
5Q13 26,2	(III)	] דבש מסלע ◦[
11Q19 LX,9		ומעשר מן הדבש אחד מן החמשים

fish noun דָּג

Reference		Text
CD XII,13		והדגים אל יאכלו כי אם נקרעו / חיים
1QpHab V,12		ותעש אדם כדגי הים / כרמש למשל בו
4Q200 5,2	(XIX)	ומר]ורת הדג בידו ונפוץ [בעיניו]
4Q216 VI,12	(XIII)	ואת כל השרץ ב]מים דגי[ם
4Q287 3,3	(XI)	ב]המות ועוף ורמש ודג [י]מים וכול ◦◦[
11Q19 LX,4		לעוף ולחיה ולדגים אחד מאלף
11Q19 LX,8		לעוף ולחיה ולדגים אחד מן המאה

fish noun דָּגָה

Reference		Text
1QpHab VI,2		הונם עם כול שללם / כדגת הים

banner, standard, division noun דֶּגֶל, דקל

Reference		Text
1QM I,14		]◦ ◦דגלי הבנים יהיו להמס לבב
1QM III,6		יכתובו סדרי דגלי אל לנקמת אפו
1QM IV,10		על החמישית דגלי אל
1QM V,3		סרך לסדר דגלי המלחמה
1QM VI,1		ואחריהם יצאו שלושה דגלי בינים
		הדגל הראישון ישליך אל / מערכת האויב
1QM VI,4		ואחריהם יצאו שני דגלי בינים
		הדגל / הראישון מחזיק חנית ומגן
1QM VI,5		והדגל השני מחזיקי מגן וכידן
1QM VIII,4		ויצאו / שלושה דגלי בינים מן השערים
1QM VIII,14		יתקעו ה[כו]הנים לשלושת הדגלים
1QM IX,4		ועמדו ששה דגלים והדגל המתקרב
		ועמדו ששה דגלים והדגל המתקרב
1QM IX,10		סרך לשנות סדר דגלי המלחמה
1QM XVII,10		יתקעו הכוהנים להם לסדר דגלי המערכה
4Q252 V,3	(XXII)	[ואל]פי ישראל המה הדגלים
4Q286 1ii9	(XI)	ושבועי קודש בתכונמה ודגלי חודשים [
4Q405 20ii-22,14	(XI)	]ו מבין כול דגליה[ם] בעבר[יהם
4Q487 2,3	(VII)	]◦◦מ◦ דגלי ב◦◦[
4Q491 13,4	(VII)	ובעומדם לדגליהמה אי[ש] על [מצבו
4Q502 27,3	(VII)	]עם כול דגלי ירח[ים
4Q503 1-6iii4	(VII)	] / עשר דג[לי
4Q503 7-9,4	(VII)	בריתכה נהלל[ה שמכה] / עם כול דגלי [אור
4Q503 10,2	(VII)	]עם דגלי אור
4Q503 29-32,11	(VII)	] / [ד]גלי לילה
4Q503 29-32,19	(VII)	]דגלי לילה[
4Q503 39,3	(VII)	דג]לי ערב ובוקר מל◦ שלומנו
4Q503 51-55,8	(VII)	]ל דקלי או[ר]◦[
4Q503 64,9	(VII)	]דגל[
4Q503 67,2	(VII)	]דגל שמיני[
4Q503 100,2	(VII)	]◦ו עם דג[לי
11Q19 XXI,5		אלפי ישרא?]ל נשיאי הדגלים בר[י]שונ[ה] / [
11Q19 XXII,2		הדגלי?]ם שרי האלפ[ים עם נשיאי
11Q19 LVII,3		ועד בן ששים שנה לדגליהמה
11Q20 V,9	(XXIII)	ישראל נ]שיאי הדגלים ברישונה / [

grain noun דָּגָן

Reference		Text
1QH[a] XVIII,24		וב]רוב דגן תירוש ויצהר
4Q166 II,1	(V)	אנוכי נתתי לה הדגן [והתירוש] / [והיצהר
4Q166 II,8	(V)	ולקחתי דגני בעתו ותירושי [במועדו
4Q251 9,3	(XXXV)	ראשית המלאה [ו]דגן הואה הדמע ◦[
4Q270 3aii2	(XVIII)	א]ת חלב הדגן [
4Q365a 2i1	(XIII)	]◦ם לדגן וליצהר / [
4Q394 3-7i6	(X)	ועל תרומת ד]גן ה[גוים
4Q394 3-7i8	(X)	ואין לאכול] / סדגן [הג]ויים[
4Q508 13,3	(VII)	]◦◦ ד[גן ו]תירוש ויצהר / [
4Q513 1-2i4	(VII)	[כאיפת ה]דגן בת היין
4Q514 2,1	(VII)	]ר דגן ◦[ ]ן זרע כ[
4Q524 6-13,10	(XXV)	[וללויים מעשר ה]דגן [והתירוש והיצהר
11Q14 1ii10	(XXIII)	ולתת לכם פר[י] / תנובות דגן תירוש ויצהר
11Q19 XXXVIII,4		ובימי הבכורים] לדגן לתירוש ול[יצהר
11Q19 XLIII,3		]ובימי הבכורים לדגן לת[ירוש וליצהר]
11Q19 XLIII,6		מחג הבכורים לדגן החטים יהיו אוכלים
		יהיו אוכלים את הדגן / עד השנה השנית
11Q19 XLIII,14		ולקחו בו דגן / ויין ושמן ובקר וצאון
11Q19 LX,6		וללויים מעשר הדגן והתירוש והיצהר

דרב ?

Reference		Text
4Q281a 3	(XXXVI)	] ל◦◦ב ◦ר העבידנו דדב ◦[

to gallop verb דהר

Reference		Text
4Q169 3-4ii3	(V)	וקול רעש אופן וסוס דהר ומרכבה מרקדה

jar, basket noun דוד

Reference		Text
3Q15 IV,8	(III)	חפור אמות שלוש / שם שני דודין מלאין כסף

דָּוִד ← דָּוִיד

to menstruate verb דוה

Reference		Text
4Q265 7,15	(XXXV)	וטמאה שבעת ימים כימי נדת דותה תטמא

דָּוֶה ← דָּאוֶה

David proper noun **דָּוִיד, דָּוִד**

Reference	Vol.	Text
CD V,2		ודויד לא קרא בספר התורה החתום
CD V,5		ויעלו מעשי דויד מלבד דם אוריה
CD VII,16		והקימותי את סוכת דוד הנפלת
1QM XI,2		הסגרתֹה ביד דויד עבדכה כיא בטח בשמכה
4Q161 8-10,17	(V)	[פשרו על צמח] דויד העומד באחֹ[רית הימים
4Q174 1-2i7	(V)	ואשר אמר לדויד ו[הניחו]תי לכה
4Q174 1-2i11	(V)	הואה צמח דויד העומד עם דורש התורה
4Q174 1-2i12	(V)	והקימותי את סוכת דויד הנופלת
4Q174 1-2i13	(V)	היאה סוכת / דויד הנופלֹ[ת
4Q177 5-6,7	(V)	למנצח] לדויד ביהוהֹ[חסיתי
4Q177 12-13i2	(V)	אֹשר אמר דויד יֹהֹ[ו]הֹ אל באפכה תוֹ[כיחני
4Q252 V,2	(XXII)	[לוא י]כֹרֹת יושב כסֹא לדויד
4Q252 V,4	(XXII)	עד בוא משיח הצדק צמח / דויד
4Q285 7,3	(XXXVI)	] צמח דויד ונשפטו את / [
4Q397 14-21,10	(X)	[ו]בספר[י הנ]בֹיאים ובדויֹ[ד
4Q398 11-13,1	(X)	ש]בֹאֹ[ו]וֹ ◦[ ]◦[ ]בֹימי שלומוה בן דויֹד
4Q398 14-17ii1	(X)	זכור [את] דוֹיֹדֹ שהיא איש חסדים
4Q457b II,2	(XXIX)	] / שמח דֹויד להשיב [
4Q479 1,4	(XXII)	] / זרע דויֹד[
4Q479 1,5	(XXII)	] / דויד יצא[
4Q504 1-2iv6	(VII)	ובריתכה הקימותה לדויד
4Q504 1-2iv6	(VII)	ל{{ד}}<<ה>>יו{{ד}}<<ת>> / כֹרֹעֹי נגיד ← היה
4Q522 22-25,1	(XXV)	[שיר המעלות לדוי]דֹ שמחתי ב[אומרים לי
4Q522 22-25,4	(XXV)	[כסאות למ]שפט כסאות לבית דויד
6Q9 22,4	(III)	] דויד[
11Q5 XXVII,2	(IV)	יהי דויד בן ישי חכם
11Q5 XXVIII,3	(IV)	הללויה לדויד בן ישי קטן הייתי
11Q5 XXVIII,13	(IV)	תחלת גב[ו]רֹה ל[דוי]ד משמשחו נביא אלוהים
11Q11 V,4	(XXIII)	לדויד עֹ[ל
11Q13 II,10	(XXIII)	בשירי דויד אשר אמר אלוהים
11Q14 1i7	(XXIII)	צמח ד]ויד / [

purity, purification noun **דּוֹכִי**

Reference	Vol.	Text
1QS III,9		במי נדה ולהתקדש במי דוכי
4Q255 2,4	(XXVI)	להזות עליו] / מי [דה ולהתקדש בֹמי דוכי
4Q512 1-6,4	(VII)	] / כֹבֹ[ ]◦תֹ◦ במי דוֹכֹ[י]◦◦[

hoopoe noun **דּוּכִיפַת**

Reference	Vol.	Text
11Q19 XLVIII,1		והאנפה למי]נה והדוכֹ[יפת והעטלף

silence noun **1-דּוּמָה**

Reference	Vol.	Text
4Q184 1,7	(V)	ותשׁכון באהלי דומה בתוך מוקדי עולם

silent noun **דּוּמָם**

Reference	Vol.	Text
1QpHab XII,15		]לֹעֹצ הקיצה עֹ[ורי]לֹ[א]בן דומם

judgment noun **דּוֹן**

Reference	Vol.	Text
4Q385 4,1	(XXX)	]תחת דוני / שמח את נפשי

wax noun **דּוֹנַג**

Reference	Vol.	Text
1QH^{a} IV,5		] פוגעות פתע פתאו[ם] כדונ[ג ימס
1QH^{a} XII,33		וימס לבבי כדונג מפני אש
1QH^{a} XVI,33		כמים לבי וימס / כדונג בשרי
1QH^{a} 3,5		ומתוך דונג בֹ[המס לפני אש
1QH^{a} 4,14		] ולבבי כדונג ימס על פשע וחֹטֹאֹתֹ / [
1Q14 1-5,4	(I)	כדו]נֹג מפֹנֹ[י הא]שֹׁ כֹ[מים מגרים
4Q427 11,3	(XXIX)	ומתך דונ]גֹ בהמס לפני אש[

to dance verb **דּוּץ**

Reference	Vol.	Text
4Q200 7i1	(XIX)	]אֹז שמחי ודוצי / [על בני הצדיקים

Dok proper noun **דּוֹק**

Reference	Vol.	Text
3Q15 VII,11	(III)	בדוק תחת פנת המשמרה / המזרחית

crescent moon noun **דּוּק**

Reference	Vol.	Text
4Q321 I,6	(XXI)	ו]דוקה / [בשלושה בחרים ב]שֹׁבֹעֹהֹ בֹוא
4Q321 I,8	(XXI)	ודוֹקֹ[ה]בששהֹ[בא]לֹ[ישי]ב בֹ[ש]שה[בוא
4Q321 II,3	(XXI)	ודוקהֹ בח[משה בשעורים בשנים] / בוא
4Q321 II,4	(XXI)	ודו]קֹה שבת באביה בשנים בֹואֹ
4Q321 II,5	(XXI)	ודוקהֹ [באחד בחופה באחד] בתשיעי
4Q321 II,6	(XXI)	ודֹוֹקֹה בארבע[ה בי]כין בתֹשעה ועשֹ[רים בוא
4Q321 II,7	(XXI)	ודו]קהֹ בששה יויר[יב בת]שֹׁעהֹ ועשֹׂרים בֹ[וא
4Q321 II,8	(XXI)	ודוקֹ[ה]שֹׁבתֹ[ב]מֹימין בֹשמונה ועשרים [בו]א
4Q321 III,4	(XXI)	ודוקה בארבעה באלישיב בשנים ועשֹ[רים בוא
4Q321 III,5	(XXI)	ודוקה שבת י[חזקאל באחד ועשרים בוא
4Q321 III,6	(XXI)	ודוקה [בשלושה בשעורים בתשעה עשר בוא
4Q321 III,7	(XXI)	ודו]קה בארבעה באביה בשמונה עשר בוא
4Q321 III,8	(XXI)	ודוקה באֹחד בחזֹ[יר בשבעה עשר בוא
4Q321 IV,1	(XXI)	וד]וקה באחד בֹ[בלג]אֹ באֹרֹ[בעה] ועֹ[שרי]םֹ בֹוֹ[א]
4Q321 IV,2	(XXI)	ודוקה באֹרבעה / [בדליה בשנים ועשרים]בוא
4Q321 IV,3	(XXI)	ודוקה בחמשה בחֹרים / [באחד ועשרים בוא
4Q321 IV,4	(XXI)	ודוקה שבת באביה באֹחד / [ועשרים בוא
4Q321 IV,5	(XXI)	ודוקה באחדֹ ביֹקֹים בתשעה עשרֹ בֹ[וא]
4Q321 IV,6	(XXI)	ודוֹקה בשלֹ[ושה באמר בת]שעה עשר בוא
4Q321 IV,7	(XXI)	ודוקה בארֹב[עה ביחזק]אל בשמונֹה עש[ר] / [בוא
4Q321a III,5	(XXI)	[ודו]קֹה באחֹ[ד בחרים בארבעה ועשרים בוא
4Q321a IV,8	(XXI)	ודוקֹו בֹ[חמשה בפתחיה בשבעה בוא
4Q321a V,5	(XXI)	ודוקוֹ[בארבעה בישוע בתשעה] / ועשרים בוא
4Q321a V,8	(XXI)	ודוקו שבת [בפצץ בשמונה ועשרים בוא

to dwell verb **1-דּוּר**

Reference	Vol.	Text
4Q252 I,2	(XXII)	ואלוהים / אֹמר לא ידור רוחי באדם
4Q418 148ii2	(XXXIV)	הדרים בה [
4Q418 176,2	(XXXIV)	כ]וֹל הדרים בה ואבלי צדק[
11Q5 XXII,3	(IV)	דור ודור ידורו בך

generation noun **דּוֹר-2, דֹּר**

Reference	Vol.	Text
CD I,12		ויודע / לדורות אחרונים את אשר עשה
		את אשר עשה בדור אחרון בעדת בוגדים
CD II,8		ויתעב את דורות [ע]מדם
CD VII,6		נאמנות להם / לחיותם אלף דור
CD XIX,1		לחיותם לאלפי דוֹרוֹת ככ שומר הברית והחסד
CD XIX,2		ולשמרי מצותי לאלף דור
CD XX,22		לאהביו / ולשמריו לאלף דור
1QS III,14		למעשיהם בדורותם ולפקודת נגועיהם
1QS IV,13		וכול קציהם לדורותם באבל יגון
1QS IV,15		ובמפלגיהן ינחלו כול צבאותם לדורותם
1QSb III,7	(I)	]דֹור עול[ה
1QpHab I,2		תו]חלת דור / [
1QpHab II,7		שומעם את כול הבאֹ[ות ע]ל הדור האחרון
1QpHab VII,2		לכתוב את הבאות על / {{על}} הדור האחרון
1QM X,2		וילמדנו מאז לדורותינו
1QM XIV,9		ועם / כול דורותינו הפלתה חסדיכה
1QH^{a} V,22		ואות היהֹ[ ]עֹולם ומופת דורות דרי◦[
1QH^{a} VI,6		] קודש לדורות ע[ולם] וכול / [
1QH^{a} IX,16		לכוֺל ימי עולם / ודורות נצח למ[עשיהם
		פלגתה עבודתם בכול דוריהם
1QH^{a} IX,17		]◦◦◦יהם ◦◦◦◦◦◦ לדור ודור ופקודת שלומם

1QH^{a} IX,17]∘∘∘יהם ∘∘∘∘∘∘ לדור ודור ופקודת שלומם
1QH^{a} IX,18 ותפלגֶת לכול צאצאיהם למספר דורות עולם
1QH^{a} XIV,11 בתוך בני אדם לספר לדורות עולם
1QH^{a} 5,7] / ועׄדן לדורי נצח
1Q14 17-19,5 (I) פשרו] עלׄ הדור ה[א]חרוׄ[ן
1Q22 1iv4 (I)]ם חוקו[ת עול]ם לדורות[יכם
1Q34bis 2+1,4 (I)] / לדור ודור
(I)] / לדור ודור
4Q158 1-2,9 (V) עד היום הזה ועד דורות עולםׄ[
4Q166 I,10 (V)]הם דור הפקודה / [
4Q171 1+3-4iii1 (V) אשר יהיו אלף דור בישרׄה
4Q176 17,2 (V) דור]ות עולמים ∘[
4Q176 20,2 (V)]ויהי קצף גדול על מעשי הדור / [
4Q177 9,8 (V)]∘רי ערלות לׄישרם בדור הא[חרון
4Q215a 1ii10 (XXXVI) ועבודת הצדק פלג גׄבולותם / בדורותם
4Q216 I,13 (XIII) למען יד]עׄו דורותם כי לא עזבתים
4Q218 4 (XIII)]את היׄוׄם הז[ה לדורו]תׄם ולא יכרתׄוׄ מׄן הא[רץ]
4Q219 II,30 (XIII) מטעת ה]אׄמת בארץ לכול דורות הארץ
4Q219 II,33 (XIII) ואׄתׄ [שאר זר]עכה לכול דורות עולמים
4Q221 1,8 (XIII) [מטעת האמת באר]ץ לכול דורׄ[ות האר]ץׄ
4Q225 2ii11 (XIII) ויעקוב הוליד את לוי דׄוׄ[ר שלישי
4Q226 7,4 (XIII) ויעקב הוליד את] / לוי דור של[ישי
4Q252 V,4 (XXII) ולזרעו נתנה ברית מלכות עמו עד דורות עולם
4Q254a 3,4 (XXII) ויצא יצוא וישוב להודיע לדורות האׄ[חרונים]
4Q266 2i16 (XVIII) את אשר] / עשה בדׄ[ור א]חׄרוׄן [בעדת בוגדים
4Q270 2ii21 (XVIII) ובהבינכם במעשי דור ודורׄ[
(XVIII) ובהבינכם במעשי דור ודורׄ[
4Q273 1,1 (XVIII)] ∘∘∘ם בדור האחרן ל[
4Q365 23,1 (XIII) למׄ[ען ידעו]ׄ דׄוׄ[רותיכם] / כי[בס]וכות הושבתי
4Q369 1i9 (XIII) ומהללאל דור חמישי / [וירד בנו
4Q369 1i10 (XIII) וחנוך] בׄנׄוׄ חנוך דור שביע[י]
4Q369 1ii4 (XIII)] / לזרעו לדורותם אחׄזת עולמים
4Q381 24a+b,6 (XI)] / דור
4Q385a 4,2 (XXX) ומתם]הדור[ההוא אקרע] / [את הממלכה
4Q387 2ii5 (XXX) ומתםׄ הדורׄ[ ]ההוא א[קרע]אׄת הממלכה
4Q387 3,7 (XXX) ויתקרע ישראל בדור הה[וא]
4Q389 9,3 (XXX)]לדרות ש∘[
4Q390 1,7 (XXX) ומתום הדור הׄהוא ביובל השביעי
4Q391 59,2 (XIX)]ל הדור ∘[
4Q397 14-21,11 (X)] / [במעשי] דור ודור ובספר כתוב [
(X)] / [במעשי] דור ודור ובספר כתוב [
4Q398 14-17i3 (X) ובדויד ובמעשי דור ו]דור
4Q413 1-2,4 (XX) ובינו בׄשני ד[ור ו]דׄור כאשר גלה אל / ⟦ ⟧[
(XX) ובינו בׄשני ד[ור ו]דׄור כאשר גלה אל / ⟦ ⟧[
4Q418 68,1 (XXXIV)]ךׄ דור ודורׄ[
(XXXIV)]ךׄ דור ודורׄ[
4Q420 6,2 (XX)]לדרוׄ[תם ?
4Q422 II,2a (XIII) צדיק ? ב]דׄורו ע[ל הארצ ?
4Q422 II,10 (XIII)]∘מחׄ[ר]אות לדורׄ[ות] / עׄוׄלם לחרא[
4Q422 III,7 (XIII) למען דעת א[נשי ישר]אל עד דו[רות]עולׄם
4Q433a 2,6 (XXIX)] / פארה לדורות עולמים ולעשות פר[י
4Q433a 3,10 (XXIX)]לדור[ות
4Q436 1a+bi3 (XXIX) עשיתה בשני קדם שני דור ודור
(XXIX) עשיתה בשני קדם שני דור ודור
4Q460 9i4 (XXXVI) ה]אׄרׄצ אשמות למרום עליון כיא לדור / [
4Q481e 2 (XXII)]ל[עו]לׄםׄ יׄהׄיה וזרעו לדרות אחריהׄ[ם
4Q503 60,3 (VII)]∘ו וׄדורׄ[
4Q503 73,2 (VII)]∘[ ] וׄדׄוׄרׄ[
4Q504 1-2ii11 (VII) ואת רובׄ חסׄדכ[ה] / לדורות עולם
4Q504 1-2iii7 (VII) ותרֶב{{רׄנׄוׄ}} ⟦ ⟧ אותנו בשני דורותינו / [
4Q504 1-2vi9 (VII) ולמען נספר גבורתכה לדורות̭ / עולם
4Q504 4,2 (VII) א]שׄר רציתה [ל]דׄורותׄ[
4Q504 5i4 (VII) גב]וׄרתכה לדורותׄ[עולם] / [
4Q504 7,3 (VII) י̭]שראל̭ [ ] לספר דורות עולם / [
4Q504 8,11 (VII)] לדורׄות עולם[
4Q507 3,2 (VII) דו]רׄוׄתׄ עולם אמן אמן[
4Q509 3,8 (VII) ואנו נספרה נ]פׄלא[ו]תׄיכה לדור ודוׄ[ר
(VII) ואנו נספרה נ]פׄלא[ו]תׄיכה לדור ודוׄ[ר
4Q511 35,6 (VII) ואני מירא אל בקצי דורותי לרומם שם
4Q511 42,5 (VII) ד]וׄרות אשמתי ואצפה אל [
4Q524 25,4 (XXV)]∘ עד דור וׄ[דור
4Q525 30,4 (XXV)] / לכול דו[רות
5Q13 22,4 (III)]∘∘∘∘∘ מ∘∘[ ]∘ה ובדור[
11Q5 XXII,3 (IV) דור ודור ידורו בך ודורות חסידים / תפארתך
(IV) דור ודור ידורו בך ודורות חסידים / תפארתך
(IV) דור ודור ידורו בך ודורות חסידים / תפארתך
11Q5 XXVI,9 (IV) וקדוש יהוה קדוש קדושים לדור ודור
(IV) וקדוש יהוה קדוש קדושים לדור ודור
11Q19 VIII,13 מאת בני ישראל ברית עו]לׄםׄ לדורתם
11Q19 IX,14 תמי]דׄ חוקותׄ עוׄל[ם לדורו]תׄמה
11Q19 XIX,8 חוקות עו]לם לדורותם כולׄ מלאכת עבוׄ[דה
11Q19 XXI,9 [חוק] עולם לדורותי̭הֶמה בכול מושבותיהמה
11Q19 XXII,14 חוקות עולם לדורותיהמה שנה בשנה
11Q19 XXIV,9 חוקוׄתׄ[עולם] / לדורותיכמה לפני יהוה
11Q19 XXV,8 חוקות עולם לׄדורותׄיכׄ[מה בכול מושבותיכמה]
11Q19 XXVII,5 חׄוקות עוׄלם / לדורות̭יהֶמה
11Q19 XXXIX,5]∘∘סה דור רבי[עי] בן / יׄשׄרׄאׄלׄ [
11Q20 VI,7 (XXIII) חוקות] / עולם לדורותיהמה[שנה בשנה

to thresh, trample verb דוש

← דַּיִשׁ

1QpHab III,10 הכתיאים אשר / ידושו את הארץ בסוס[יהם]
4Q299 6ii18 (XX)] / ואם דשׁ יוסיף ל[

1-דוש ← ראש

to push verb דחה

2Q23 1,6 (III)]תדוׄחוׄ[ן] מאבן פנת / [

to hurry verb דחק

4Q223-224 2iv13 (XIII) ומדחק / [כחזיר הבא אל הרומח הדוקר

enough, requisite noun דַּי

CD X,11 במים צואים ומעוטים מדי מרעיל איש
CD X,12 בסלע אשר אין בו די / מרעיל
1QpHab X,7 יהוה צבאות יגעו עמים בדי אש
1QpHab X,8 ולאומים בדי ריק ייעפו
1QM XVI,6 ובעומדם ליד מערכת כתיים כדי הטל
1QM XVII,12 מע]רׄכת כתייׄםׄ כׄדי הטל ירימו איש ידו
4Q169 3-4i4 (V)] ארי טורף בדי גוריו ומחנק ללביותיו
4Q270 6iv20 (XVIII) במים צואים ומעוטים מ]דׄיׄ [מרעיל
4Q271 3,2 (XVIII) וידו לוא ה]שׄיׄגה דיו לה[שיב לו]
4Q491 11ii5 (VII) [מערכת כתיאים כד]יׄ הׄ[ט]לׄ ירימׄ[ו אי]שׄ ידו
4Q491 13,5 (VII) ובהגיע]םׄ לׄמערכת כתיאים כדי הטל
5Q14 5 (III)]מׄעט לו ואין דיוׄ כי ∘[

Dibon Gad proper noun דִּיבוֹן גָּד

4Q364 19a-b,11 (XIII) מעי העברי]םׄ ויחנו בדיבון גׄ[ד

1-דיבר ← דְּבִיר

fisherman noun דַּיָּג

1QHa XIII,8 — ותשמני / במגור עם **דיגים** רבים

judge noun דַּיָּין, דַּיָּן

4Q481 1,2 (XXII)]◦ **דייני** כלאים א◦[

11Q5 XXIV,6 (IV) גמולי הרע ישיב ממני **דין** האמת

to judge verb דין

1QHa XIII,22]**דני** לריב / ומדנים לרעי

1Q14 11,4 (I) י]**דין** אֹויב[ו

11Q13 II,11 (XXIII) ו]עלי[ה] / למרום שובה אל **ידין** עמים

judgment noun דִּין, דִּן

1QHa XVII,9 וארשיעה **דינו** ומשפטכה אצדיק

2Q28 2,2 (III)]שׁ מעמוֹ **דין** לרֹתוֹק בֹ[

4Q299 5,3 (XX)]בֹ**דין** מועדי חום עם קֹצֹ[

4Q443 2,9 (XXIX)]**כדני** ואין [ ][ ][

4Q444 1-4i+5,5 (XXIX)]לֹ[ ]תֹ **דיניה**

PAM 43.673 34,1 (XXXIII)]◦**דין** ◦[

דַּיָּן ← דַּיָּין

hut, lodge noun דִּירָה

3Q15 XI,16 (III) במבא **די**[**רת**]בית המשכב המערבי

place of threshing noun דַּיִשׁ

11Q19 LII,12 ולוא תחסום שור על **דישו**

to crush verb דכא

1QHa XIII,17 וכול היום **ידכאו** נפשי

1QHa XXIII,15 לנד]**כאי** רוח ואבלים לשמחת עולם

4Q487 2,2 (VII)]שׁ **נדכא** בה◦[

to crush verb דכה

4Q184 2,4 (V)]לב **נדכה** התחנן לו[

4Q436 1a+bi1 (XXIX)] / בינה לחזק לב **נדכה** ולנצח לריח בה

4Q436 1ii4 (XXIX)]ה ולבֹ[נד]**כה** נתתה לי יֹצֹ[ר

poor, powerless adjective דַּל-2

4Q382 25,5 (XIII)]וישׁמוֹ **כדל**[

4Q386 1iii1 (XXX)] / **ודל** לא יחן ויביא אל בבל

4Q418 126ii7 (XXXIV) לסגור בעד רשעים ולהרים ראוש **דלים** [

4Q434 1i2 (XXIX) ולא שכח צרת **דלים** פקח עיניו אל דל

(XXIX) ולא שכח צרת דלים פקח עיניו אל **דל**

4Q436 1a+bi1 (XXIX) ולנצח לריח בה לנחם **דלים** בעת צרתמה

4Q437 1,2 (XXIX) ולוא שכח צרת **ד**[**לים** פקח עיניו אל דל

4Q521 2ii+4,13 (XXV) ומתים יחיה ענוים יבשר / ו[**דלי**]**ם** ישבֹ[יע

11Q6 4-5,2 (XXIII)]**ודל** אנוכי כי [

to skip verb דלג

4Q381 48,6 (XI) ואני **אדלג** כאי[ל

4Q405 23i10 (XI) ואין במה **דולג** עלי חוק ולוא על אמרי / מלך

PAM 43.680 6,2 (XXXIII)] **מדלגי**[**ם**

to draw (water) verb דלה-1

4Q421 1aii-b,11 (XX) אי]שׁ משכיל ונבון / **ידלם** ישחֹ[

Dallui (?) proper noun דלוי

4Q341 7 (XXXVI) בניבן בסרי גדי / **דלוי** הלכוס הרקנוס

Delaiah proper noun דְּלָיָה

4Q321 I,5 (XXI) ו]דוקה בשני[ם **בדליה** / [בתשעה בוא

4Q321 II,7 (XXI) בֹ[שלושה **בדלי**[**ה** בֹשנים עשר

4Q328 5 (XXI) [ברביעית שכניה **ד**]**ליה** יקים יה[ויריב

branch noun דָּלִית, דָּלֶת

1QHa XIV,16 וכול נהרות עדן [ישקו את **ד**]**ל**[**י**]**ותיו**

1QHa XVI,9 גיזעוֹ לכל עוברי / דרך **ודליתו** לכל עוף כנף

4Q262 B,1 (XXVI)]תחת **דליתו** ישתו עדֹ[

4Q262 B,2 (XXVI)]שחקים **ודליותו** עדֹ[

4Q302 2ii9 (XX)]רו **ודלתיו** / [

4Q428 8,5 (XXIX) וכול נהרות] עדן ת[לחלחנה] / [**דליו**]**תיו**

4Q433a 2,4 (XXIX)] / שֹריגיוֹ ותפרינה ותרבֹינה **דליותיו** באֹ[

to be poor, abject verb דלל-1

4Q179 1ii6 (V)] / מלפני חורף **בדל** ידיהן[

4Q525 15,3 (XXV)]שרף ובחלחֹ[ל]ה **ידולל** פתן בעליון[

to inflame verb דלק

4Q162 II,3 (V) מאחרי בנשף יין / **ידלקם**

burning (?) noun דֶּלֶק

1QM XVII,1] / ושם שלומם **בדלק** ◦[

to be opened verb דלת

11Q19 XXXIII,13 **מדולתים** בתים לכלי המזבח

door, gate noun דֶּלֶת

CD VI,13 ויהיו מסגירי / **הדלת**

מי בכם יסגור **דלתי**

1QHa XI,18 ויסגרו **דלתי** שחת בעד הרית עול

1QHa XIII,37]ובריחי ברזל **ודלתו**[**ת** נחושת לאין] / [פתוח

1QHa XIV,27 **דלתי** מגן לאין / מבוא ובריחי עוז ללוא ישוברו

4Q160 1,3 (V) ויקום ויפתח את **ד**[**לתות**

4Q175 23 (V) ייסדנה ובצעירו יציב **דלתיה**

4Q266 3ii18 (XVIII) הו]א מסֹגֹר{{◦}} **הדלת**

4Q287 2,3 (XI) קירות אול]מי כבודמה **דלתות** פלאיהמה [

4Q365 23,8 (XIII) **ולד**[**ל**]**תות** ולכול מלאכת הבית

4Q365a 2ii7 (XIII) ומצופים זהב **ודלתותי**המה מצופות זהב טהוב

4Q365a 4,1 (XIII)]◦**הדלתות** ולֹ◦◦◦◦◦◦[

4Q379 22ii9 (XXII) ייסדנה] / ובֹ[צ]עֹי[רו י]ציב**דלתי**ה

4Q412 1,5 (XX) וללשונכה **דלתי** מ[גן

4Q525 15,7 (XXV) **דלתו**]**תיו** כלמות חרפה מנעוליו צומי שחת[

4Q525 16,7 (XXV)] / בֹית **ודלתֹ**[**ות**

11Q11 V,9 (XXIII) [ויסגור **דל**]**תי** נחושת

11Q19 VI,8] **דלתותיו**[

11Q19 XIII,4] / **ודלתו**[**תיו** מצופות זהב טהור

11Q19 XXXVI,11 **ודלתותיו** מצופות זהב טוב

11Q19 XXXIX,3]**ודלתותיה** מצופו[ת ז]הב / [טוב ?]◦◦[

11Q19 XLI,16 **ודלתותיהמה** מצופות / זהב טהור

11Q19 XLIX,12 קרקעו וקירותיו **לדלתותיו** יגרודו

daleth (letter of alphabet) noun דלת

CD XV,1 ולמד וגם באלף **ודלת** כי אם שבועת הבאֹים

דָּלֶת ← דָּלִית

blood noun דָּם

CD III,6 ויאכלו את **הדם**

CD IV,2 עליהם יגישו לי חלב **ודם**

CD V,5		ויעלו מעשי דויד מלבד דם אוריה
CD V,7		ושוכבים עם הרואה את דם זובה
CD XII,6		אל ישלח את ידו לשפוך דם לאיש מן הגוים֯
CD XII,14		יאכלו כי אם נקרעו / חיים ונש[פ]ך֯ ד֯מ֯ם֯
1QpHab IX,8		מדמי אדם וחמס אר֯ץ קריה
1QpHab X,6		הוי / בונה עיר בדמים ויכונן קריה בעולה
1QpHab X,10		התעה רבים / לבנות עיר שוו בדמים
1QpHab XII,1		ושוד בהמות] / יחתה מדמי אדם
1QpHab XII,6		ואשר אמר מדמי / קריה וחמס ארץ
1QM VI,3		יכתובו / זיקי דם להפיל חללים באף אל
1QM VI,17		]ל֯ ו֯לשפוך דם חללי אשמתם
1QM IX,8		להתגאל בדם טמאתם כיא קדושים המה
		[לו]א֯ יחלו שמן משיחת כהונתם בדם / גוי הבל
1QM XIV,3		ורחצו / מדם פגרי האשמה
1QH^a X,32		חשבו להתם דמו / לשפוך על עבודתכה
1QH^a XIII,7		אריות שוברי עצם אדירים ושותי ד[ם] גבורים
1QH^a XV,3		אוזני משמוע דמים
1Q35 1,10	(I)	]מ֯נעורי בדמים ועד / [
4Q158 4,5	(V)	] / באגונות ו֯חצ[י ה]דם זרק על ה֯[מזבח
4Q158 10-12,5	(V)	]והוכה ומת אין לו דמים
	(V)	אם זרחה השמש עליו דמים[
4Q169 3-4ii1	(V)	הוי עיר הדמים כולה [כחש פר]ק֯ מל֯אה
4Q175 29	(V)	ושפכו ד]ם כמים על חל בת ציון
4Q176 1-2i2	(V)	וריבה עם ממלכות על ד֯ם֯[
4Q219 II,17	(XIII)	[ולו תאכלו עוד דם] כי הדם הוא[הנפש
4Q220 2	(XIII)	]ו֯אל ת֯[אכל כל ד]ם לחיה ולבהמה
4Q220 3	(XIII)	ואת דמם תזר֯ו֯ק֯ ע֯ל֯ המזב[ח]
4Q251 21,1	(XXXV)	]ל֯ד֯ם֯[
4Q253a 1ii2	(XXII)	] / יגיש את דמו אל [
4Q265 7,17	(XXXV)	וששים יום וששת ימים] / [תש]ב בדם טוהרה
4Q266 5ii13	(XVIII)	{{ו֯חבו֯}} ⟦ ⟧ וחב ב֯דם [
4Q266 6i12	(XVIII)	והגיד נמלא [ד]ם֯ ור֯[ו]ח החיים עולה
4Q266 6id,1	(XVIII)	]ה֯ שב ה֯ד֯ם֯[
4Q266 9i16	(XVIII)	אל ישלח את ידו לשפ]ו֯ך דם
4Q266 13,5	(XVIII)	] / הדם ⟦ ⟧ הר֯[
4Q266 16a,1	(XVIII)	]כ֯מה מן הדם [
4Q269 7,2	(XVIII)	וא]חזה בגיד ו֯[ש]ב֯ הדם / [למעלה
4Q269 7,3	(XVIII)	]◦ אח֯ר הדם [
4Q269 8ii1	(XVIII)	]◦◦ בדם זבחם ◦[
4Q270 1aii1	(XVIII)	יג]י֯ש֯[ו לי] חלב ודם ⟦ ⟧
4Q270 2ii16	(XVIII)	או אשר ישכב עם] / אשה הרה מקיץ דם
4Q270 4,4	(XVIII)	לא יב]י֯א֯ה֯ כי אם דמה֯ יצו֯א / [לא יצא
4Q272 1i6a	(XVIII)	עד אשר י]שו֯ב֯ הדם לגיד[
4Q272 1ii1	(XVIII)	[ו]ה֯גיד נמלא ד֯ם ורוח הח֯יים עולה
4Q272 1ii8	(XVIII)	כול אשה] / הזבה דם שב֯[עת ימים
4Q272 2,4	(XVIII)	] ד֯ם ◦[
4Q273 5,5	(XVIII)	]מ֯י֯מ֯י֯ ספרה את֯ ד֯ם֯ ◦◦◦◦◦ עד אשר י֯[
4Q274 1i4	(XXXV)	והזבה֯ דם לשבעת הימים אל תגע בזב
4Q274 1i6	(XXXV)	אל תגע בכול אשה֯[זב]ה֯ ◦דם לימים רב[ים]
4Q274 1i7	(XXXV)	כי הנה ד֯ם֯ / הנדה כזוב
4Q276 3	(XXXV)	ו<נ>שא֯ את דמה בכלי חרש
4Q276 4	(XXXV)	והזה מדמה באצבע֯[ו] ש֯ב֯ע / [פעמים
4Q277 1ii3	(XXXV)	הכוהן המ֯כ֯פר בדם הפרה
4Q365 9bii2	(XIII)	ולקחתה מן] / הדם אשר על ה֯מזבח
4Q366 1,6	(XIII)	אם זרחה השמש עליו] דמים לו שלם ישלם
4Q367 1a-b,8	(XIII)	על דם טהרה
4Q367 3,5	(XIII)	] מות / [יומתו ד]מ֯יהם ב֯ם
4Q372 3,11	(XXVIII)	]◦◦◦◦ ו֯א֯ת דמם ידרוש מידם
4Q372 6,5	(XXVIII)	]מ֯דמנו בש◦[
4Q391 62i3	(XIX)	]◦ בדם / [

4Q418 36,2	(XXXIV)	]על דמכה[
4Q422 III,7	(XIII)	ויופך לדם[מימ]יה֯מ֯ה
4Q428 10,4	(XXIX)	ומנעורי בד֯[מים ועד שיבה בעוון בשר
4Q509 5-6ii2	(VII)	]ה ד֯מ֯נו בק֯צ֯ [ ]◦[
4Q512 29-32,10	(VII)	]◦ טוהר {{י֯ו֯}} ו֯דם עולת ר֯צ֯ו֯נ֯כ֯ה֯
4Q525 13,3	(XXV)	]י֯טורו לשפוך דם ב◦[
4Q525 16,5	(XXV)	איש/אנשי] / דמים המ֯י֯[ת(ו)
11Q19 XIII,10		] / ה֯ד֯ם֯ לעמ֯ [
11Q19 XVI,2		מדמו ונ]ת֯נו מן הדם [על תנוך אוזנו הימנית
11Q19 XVI,15		על כול עם] / הקהל בדמו ובחלבו
11Q19 XVI,16		ויתן מדמו באצבעו על קרנות ה֯[מזבח
11Q19 XVI,17		ואת כול] / דמו יזרוק ע[ל אר]ב֯ע פנות
11Q19 XXII,5		[וזר]ק֯ו [הכוהנים בני] א֯ה֯ר֯ו֯ן֯ את דמם
11Q19 XXIII,12		והעלה֯ א֯ת / דמו למזבח במזרק ונת֯[ן
		ונת֯[ן מ]ד֯מו באצבעו על ארבע קרנות מזב֯[ח]
11Q19 XXIII,13		וזרק את דמו על יסו[ד] / עזרת המזבח
11Q19 XXVI,6		והעלה] / את דמו ב֯מזרק הזהב
		וע]שה לד֯[מו כאשר עשה לדם] / הפר
11Q19 XXVI,10		ורחץ את ידיו ואת רגליו מדם החטאת
11Q19 XXXII,15		כי מדם ה֯עולה מתערב במה
11Q19 L,6		ובחלל חרב / או במת או בדם אדם מת
11Q19 LII,11		רק הדם לוא תואכל / על הארץ תשופכנו
11Q19 LII,21		וזרקו את דמו על יסוד מזבח העולה
11Q19 LIII,5		לבלתי אכול הדם על הארץ תשופכנו כמים
11Q19 LIII,6		וכסיתו / בעפר כי הדם הוא הנפש
11Q19 LXIII,6		ידינו / לוא שפכו את הדם הזה
11Q19 LXIII,7		ואל תתן דם נקי בקרב עמכה ישראל
		וכופר להמה הדם
11Q19 LXIII,8		ואתה תבער / את דם נקי מישראל
11Q19 LXV,6		ולוא תשום דמים בביתכה
11Q20 I,25	(XXIII)	]ולקחו זקני הכו֯ה֯ני[ם] מדם הפר
11Q20 I,26	(XXIII)	המזבח באצבעם] / מן הד[ם
PAM 43.674 60,1	(XXXIII)	] כדם י֯◦[

to be like, intend verb **1-דמה**

4Q253 2,2	(XXII)	] / הו֯[] דמה[
4Q378 6i5	(XXII)	]◦לים אל תדמו לאח֯י֯[י]ו֯רדי / [
4Q417 2ii+23,19	(XXXIV)	] / דמה֯ לו לעב֯[ד
4Q418 55,11	(XXXIV)	כי יעצל ובן אדם כי ידמה הלוא / [
4Q418 65,1	(XXXIV)	]ת לוא ידמ֯[
4Q418 103ii4	(XXXIV)	עת בעת דורשם ואל תדם צ֯[
4Q418 172,12	(XXXIV)	]◦שיבה למה תדמה֯[
4Q418a 4,2	(XXXIV)	דורשמ]ה אל תדם בע◦[
4Q427 7i11	(XXIX)	ולכבו]ד֯י לוא ידמה
4Q431 1,2	(XXIX)	] / כמוני ו֯חדל [ה]רע ידמה ב֯[י
4Q431 1,3	(XXIX)	] / תדמה בהריתי [ו]מ֯י֯ ישו֯[ה לי
4Q431 1,7	(XXIX)	ולכבודי] / לוא ידמה כ֯י֯ א֯[ני עם אלים
4Q491 11i12	(VII)	]◦א דומ֯י֯ / [
4Q491 11i13	(VII)	]כבודי לוא {{ידמה}}
4Q491 11i15	(VII)	ומ֯י֯א בכבודי ידמה ל֯י֯א
4Q491 11i16	(VII)	ומיא [כו]ל ר֯ע הדמה ביא
	(VII)	וה֯ור֯י֯ה֯ לוא תדמה / [בהוריתי
4Q491 11i17	(VII)	ומ֯י֯א֯ יועדני וידמה במשפטי / [לוא ידמה
4Q525 2iii4	(XXV)	] / ידמ[ה] בתא֯ר֯ פניהו[

to cease, destroy verb **2-דמה**

4Q418 229,3	(XXXIV)	]להדמות בכו[ל

likeness, image noun **דְּמוּת**

4Q405 14-15i2	(XI)	]ד֯מ֯ו֯ת֯ פ֯ל֯א֯ ר֯וח קוד֯[ש]ק֯ודשים מטל֯[ ]◦[

ל]שון ברך ומ**דמות** / [	(XI)	4Q**405** 14-15i2
[**ודמו]ת** אלוהים חיים מפותח	(XI)	4Q**405** 14-15i5
בדבירי מלך בדנ]י א]ל[והים ומ]**דמות** ◦[	(XI)	4Q**405** 14-15i7
סביב מראי שבולי אש ב**דמות** חשמל	(XI)	4Q**405** 20ii-22,10
ו**דמות** רוח כבוד כמעשי אופירים מאירי[	(XI)	4Q**405** 23ii9
אדם א]בינו יצרתה ב**דמות** כבוד[כה	(VII)	4Q**504** 8,4
]ב**דמו**[ת	(XXIII)	11Q**17** IV,7
ד]מות כפ[	(XXIII)	11Q**17** 37,2

value noun דְּמֵי

] / **דמי** וכ[ול מח]יר לוא ישוה ב◦[	(I)	1Q**27** 1ii8

similarity noun דִּמְיוֹן

לשמוע [ק]ולות ולכול מראי **דמיונים**		1QM VI,13

Demetrius proper noun דמיטרוס

פשרו על **דמי]טרוס** מלך יון	(V)	4Q**169** 3-4i2

to be silent, be dumb verb דמם-1

ואנשי עצתם אשר **נדמו** בתוכחת מורה הצדק		1QpHab V,10
[**דו]ם** ל[יהוה ו]התחולל לו	(V)	4Q**171** 1-2i17

silence, quiet noun דְּמָמָה

]◦לם ורוח עורף קשה ל**דממ**◦[		1QH[a] VIII,5
ואתה אלי תשיב {{נפשי}} סערה ל**דממה**		1QH[a] XIII,18
המו רוח עועיים[לאין] **דממה**		1QH[a] XIV,23
י]שמיעו ב**דממת** / [	(XI)	4Q**401** 16,2
י]שמיעו ב**דמ**[מת	(XI)	4Q**402** 9,3
קו]דשים ברוח **דממת** אלוהי[ם	(XI)	4Q**405** 18,3
ת]הלי פלא ב**דממת** ק[ול	(XI)	4Q**405** 18,5
קול **דממת** שקט אל[והי]ם מברכים / [	(XI)	4Q**405** 19,7
קול **דממת** אלוהים / [נשמע	(XI)	4Q**405** 20ii-22,7
כנפיהם קול[**דממ]ת** אלוהים	(XI)	4Q**405** 20ii-22,8
וקול **דממת** ברכ בהמון לכתם	(XI)	4Q**405** 20ii-22,12
ו**דממ[ת]** ברך אלוהים בכול מחני אלוהים	(XI)	4Q**405** 20ii-22,13
וגם את רוחו לא תבלע כיא ב**דממה** דברת[ה	(XXXIV)	4Q**417** 2i3
]◦ם פתכו ל**דמ**[	(XXXIV)	4Q**418** 34,3

dung noun דֹּמֶן

ופשעים **כדמן** / עלפני אדמה ירמסו	(XI)	4Q**381** 46a+b,7
]**כדמן** אשר נשפ[ך על פני השדה	(XXX)	4Q**389** A,2
וישם אואביהם **כדמן** וכאפר	(XXIX)	4Q**434** 7b,3

tithe, (of) juice, resin noun דֶּמַע

בתל של כחלת כלי **דמע** בלגין ואפודת	(III)	3Q**15** I,9
הכל של ה**דמע** והאצרה שבע ומעסר / שני	(III)	3Q**15** I,10
כלי כסף וזהב של / **דמע** מזרקות כוסות	(III)	3Q**15** III,3
שבמלה מבצפונו / כלי **דמע** לכושי	(III)	3Q**15** III,9
כאלין של / **דמע** ובתכן אצלם	(III)	3Q**15** V,7
כלי **דמע** וספרין אל תבס	(III)	3Q**15** VIII,3
חפור אמות שמונא / **דמ<ע>** הצא ככ 235	(III)	3Q**15** IX,6
כלי **דמע** בתכן אצלם	(III)	3Q**15** XI,1
כלי **דמע** סוח דמע סנה ותכן אצלם	(III)	3Q**15** XI,4
כלי דמע סוח **דמע** סנה ותכן אצלם	(III)	
כלי **דמע** א<ר>ז דמע סוח / ⟦ ⟧ בתכן אצלן	(III)	3Q**15** XI,10
כלי דמע א<ר>ז **דמע** סוח / ⟦ ⟧ בתכן אצלן	(III)	
כלי **דמע** לאה דמ<ע> סירא / בתכן אצלם	(III)	3Q**15** XI,14
כלי דמע לאה **דמ<ע>** סירא / בתכן אצלם	(III)	
וכלי זהב / של **דמע** וכסף	(III)	3Q**15** XII,7
ראשית המלאה [ו]דגן הואה ה**דמע** ◦[	(XXXV)	4Q**251** 9,3
ו?מא]ת מת[נות **ד]מעיהם**	(XXV)	4Q**524** 6-13,7

tears noun דִּמְעָה

ושקוי ב**דמעות** אין כלה		1QH[a] XIII,34
עיני כעש בכבשן ו**דמעתי** כנחלי מים		1QH[a] XVII,5
ושקוי ב**דמעות**[אין כלה	(XXIX)	4Q**429** 3,7

Damascus proper noun דַּמֶּשֶׂק

ויגורו בארץ **דמשק**		CD VI,5
באי הברית החדשה בארץ **דמשק**		CD VI,19
ואת כיון צלמיכם מאהלי **דמשק**		CD VII,15
והכוכב הוא דורש התורה / הבא **דמשק**		CD VII,19
באו בברית החדשה בארץ **דמשק**		CD VIII,21
באו בברית / החדשה בארץ **דמשק**		CD XIX,34
ואמנה אשר קימו בארץ **דמשק**		CD XX,12
הוא דור[ש ה]תורה / [הבא אל] **דמשק**	(XVIII)	4Q**266** 3iii20

Dan proper noun דָּן

ותלד את **דן** את[י	(XXII)	4Q**215** 1-3,10
ולוי] ו**דן** ואשר / [יצאו למזרח הבירה	(XIII)	4Q**223-224** 2iv22
ויהי **דן** נח[ש עלי דרך שפי]פון עלי או[רח	(XXII)	4Q**254** 5-6,4
[סוסי למטה]**דן**[עמיאל ב]ן גמלי	(XIII)	4Q**365** 32,1
ומן הפנה הזואת עד שער **דן**	(XIII)	4Q**365**a 2ii2
וא]ת גד ואת **דן** וא[ת	(XXII)	4Q**379** 1,4
ו**דן** לוא הכה גם הוא את[	(XXV)	4Q**522** 8,2
]על מי **דן** ו◦[	(III)	5Q**9** 5,3
דן נפתלי ואשר לצפון		11Q**19** XXXIX,13
ו]מן הפנה הזואת עד / שער **דן**		11Q**19** XLI,8
וככה משער **דן** עד / שער נפתלי		

דִּן ← דִּין

? verb דנב

] **ידניב** ◦[	(XIII)	4Q**422** E,1

דנה ← **רִנָּה-1**

Daniel proper noun דָּנִיֵּאל

אש]ר כתוב בספר **דניאל** הנביא	(V)	4Q**174** 1-3ii3
]**דניא**[ל	(V)	4Q**178** 12,1
הו[אה]משיח הרו[ח] כאשר אמר **דנ[יאל**	(XXIII)	11Q**13** II,18

knowledge noun דֵּעָה, דֵּעָהא

ולפי **דעתו** היותו אויל ומשוגע		CD XV,15
יוכיחוהו אנשי / **דעות** עד יום ישוב		CD XX,5
מאל ה**דעות** כול הויה ונהייה		1QS III,15
והאיש אשר יצחה בלו משפט את רעהו ב**דעהא**		1QS VII,4
להנחותם ב**דעה** וכן להשכילם ברזי פלא		1QS IX,18
הביטה עיני תושיה אשר נסתרה מאנוש **דעה**		1QS XI,6
ברוכ אתה אלי הפותח ל**דעה** / לב עבדכה		1QS XI,15
אתה הוריתה / כול **דעה**		1QS XI,18
ואני עבדך חנותני ברוח **דעה** ◦[		1QH[a] VI,25
אתה אל ה**דעות** כול מעשי הצדקה		1QH[a] IX,26
ובמחשבתכה / כול **דעה** ובכוחכה כול גבורה		1QH[a] XIX,8
נתתה לעבדך / שכל **דעה** להבין בנפלאותיכה		1QH[a] XIX,28
כי אל ה{{ו}}**ד**{{ו}}**עות** / הכינה		1QH[a] XX,10
ברוך אתה אל ה**דעות** אשר הכינות[ה		1QH[a] 4,15
] / ה**דעות** ◦פי[		1QH[a] 8,9
תומכי רזי פלא אינמה עוד ו**דעה** תמלא תבל	(I)	1Q**27** 1i7
ומלאה הארץ **דעה** ותהלת אל בו◦[	(XXXVI)	4Q**215**a 1ii5

]◦◦ת[ ]ל[מ]קור **דע[ת]ם** כי[4Q**215**a 3,2 (XXXVI)
וכ]תכון העת להנחותם **בדעה** 4Q**256** XVIII,1 (XXVI)
וכתכון / העת ל[הנחות]ם **בדעה** 4Q**258** VIII,3 (XXVI)
וכתכונו העת להנחותם / **בדעה**[4Q**259** III,17 (XXVI)
אתה ה]ורית כל **דעה** וכל הנהיה / [ברצונך 4Q**264** 5 (XXVI)
ותבנית **דעה** ומקור {{מ}}בינה 4Q**286** 1ii6 (XI)
א]ל **הדעות**[4Q**299** 35,1 (XX)
]אל **הדע[ות** 4Q**299** 73,3 (XX)
]◦ות כי **אלדעות** / [4Q**379** 22i6 (XXII)
ש]כל **ודעה** יודעי[4Q**401** 35,1 (XI)
]כיא אל **הדעות** סוד אמת 4Q**417** 1i8 (XXXIV)
כיא]אל **הדעות** סוד אמת 4Q**418** 43-45i6 (XXXIV)
]ת **דעה** ולא שחרו בינ[ה 4Q**418** 55,5 (XXXIV)
הלוא אל [ה]**דעות** / [הואה (XXXIV)
]הם **ובדעה** כול גליהם 4Q**418** 69ii4 (XXXIV)
ו]שוקד[ים] / על כול **דעה** 4Q**418** 69ii11 (XXXIV)
ודעה [לנצח]תשרתנו 4Q**418** 69ii12 (XXXIV)
יביא את כול ח]כמתו **ודעתו** ובינתו 4Q**421** 1ai2 (XX)
]נתן אל בלבבי **דעה** ובינה / [4Q**426** 1i4 (XX)
[לש]ב לכת קוי **דעות** 4Q**427** 7i20 (XXIX)
כיא אל] / **הדעות** הב[ינה ואין אחר עמו 4Q**427** 8ii16 (XXIX)
לעשות כלי דעת לתת לחכמים **דעה** 4Q**436** 1a+bi2 (XXIX)
]**דעה**[4Q**502** 40,3 (VII)
כי]א אתה אל **הדעות**[ו]כול מחשב[ת 4Q**504** 4,4 (VII)
כיא[אתה אל **הדעו]ת** וכול[ם / [מח]שבת ◦[4Q**506** 131-132,9 (VII)
] לאלוהי **דעות** תפארת ג[בור]ות אל אלים 4Q**510** 1,2 (VII)
כיא הופיע כבוד אלוהי / **דעות** 4Q**511** 1,8 (VII)
]**דעות** [4Q**511** 143,2 (VII)

דֵּעָהא ← דֵּעָה

knowledge noun **1-דַּעַת**

אל אהב **דעת** חכמה ותושייה הציב לפניו CD II,3
ערמה **ודעת** הם ישרתוהו CD II,4
אמר לסור את / **דעתם** CD X,10
הנדבים לאמתו יביאו כול **דעתם** וכוחם 1QS I,11
לברר **דעתם** באמת חוקי אל 1QS I,12
ויחונכה **בדעת** עולמים / וישא פני חסדיו לכה 1QS II,3
וחמשים ועשרות **לדעת** כול איש ישראל 1QS II,22
כיא געלה / נפשו ביסורי **דעת** משפטי צדק 1QS III,1
ודעתו וכוחו והונו לוא יבואו בעצת יחד 1QS III,2
ורוח **דעת** בכול מחשבת מעשה 1QS IV,4
וחבא לאמת רזי **דעת** 1QS IV,6
להבין ישרים **בדעת** עליון וחכמת בני שמים 1QS IV,22
בדעת כולם לברית משפט 1QS VIII,9
ולהוכיח **דעת** אמת ומשפט צדק 1QS IX,17
אזמרה **בדעת** וכול נגינתי לכבוד אל 1QS X,9
ולעליון מכין טובי מקור **דעת** ומעון קודש 1QS X,12
משפתי נדות ונפתלות **מדעת** לבי 1QS X,24
בעצת תושיה אספ{{ת}}ר **דעת**
ובערמת **דעת** אשוכ בעדה גבול סמוכ 1QS X,25
כיא ממקור **דעתו** פתח אורו 1QS XI,3
ומידו / תום הדרכ **ובדעתו** נהיה כול 1QS XI,11
ויוריכ]ה **בדעת** קדוש[ים] / [ ]◦[1QSb I,5 (I)
ולמאור [גדול לאור] לתבל **בדעת** 1QSb IV,27 (I)
וגבורת עולם רוח **דעת** ויראת אל 1QSb V,25 (I)
ואחר תגלה להם **הדעת** כמי / היים לרב 1QpHab XI,1
וכול בני אמתו יגילו **בדעת** עולמים 1QM XVII,8
]ה ובחכמת **דעתכה** הכ[י]נותה תע[ו]דתם 1QHa IX,19
שמעו / חכמים ושחי **דעת** ונמהרים 1QHa IX,35
ותשימני נס לבחירי צדק ומליץ **דעת** ברזי פלא 1QHa X,13
שמתה בלבבו לפתוח מקור **דעת** לכול מבינים 1QHa X,18
ותפל לאיש גורל עולם עם רוחות / **דעת** 1QHa XI,23
ויעצורו משקה **דעת** מצמאים 1QHa XII,11
כי אמרו / לחזון **דעת** לא נכון 1QHa XII,18
ואני לפי **דעתי** באמת[כה 1QHa XVIII,20
ולפי **דעתם** יכבדו / איש מרעהו 1QHa XVIII,27
]ש הרביתה נחלתו / **בדעת** אמתכה 1QHa XVIII,29
ולפי **דעתו** ו◦ב◦[
[פ]תחתה לתוכי **דעת** ברז שכלכה 1QHa XX,13
ומקוי כבוד ומקור **דעת** וגבור[ה] א◦המה ל[1QHa XX,29
כדעתי דברתי 1QHa XX,32
] צבא **דעת** לספר לבשר גבורות 1QHa XXI,8
ומליצי **דעת** עם כול צעודי 1QHa 2i6
וכפי **דעתכ**[ה בכ]בודכה ◦[1QHa 10,5
גבוריכה ובהפלא נספרה יחד **בדעת**[אל 1QHa 10,8
]◦יא ממעון **דעת**[1Q**36** 12,2 (I)
] / [**ד]עת** ובינה ויצילכה מכול חמס ו◦[4Q**158** 1-2,8 (V)
רוח עצ[ה וגבורה] רוח **דע[ת]** / [ויראת יהוה 4Q**161** 8-10,12 (V)
לכן גלה עמי מבלי **דעת** וכבדו מתי רעב 4Q**162** II,4 (V)
ולוא שמ[עו] למליץ **דעת** למען / יובדו בחרב 4Q**171** 1-2i19 (V)
וידע **דעת** עליון אשר / מחזה שדי יחזה 4Q**175** 10 (V)
ו[אור וערב אשר הכין **בד]עתו** 4Q**216** V,10 (XIII)
ודעתו וכוח[ו והו]נ[ו 4Q**257** III,3 (XXVI)
וחבא לאמת רזי] **דעת** 4Q**257** V,3 (XXVI)
ולהוכיח **דעת** אמת ומשפט צדק לבחירי דרך 4Q**258** VIII,2 (XXVI)
אזמרה / **בדעת** וכל נגינתי לכבוד אל[4Q**258** IX,8 (XXVI)
ו]להוכיח **דעת** אמת ומשפט / צדק 4Q**259** III,15 (XXVI)
וילמד / עד שנה תמימה ולפי **דעתה** יקרב 4Q**266** 8i6 (XVIII)
וילמדהו[עד שנה תמימה ו]לפ[י] **דעת[ו** יק[רב 4Q**270** 6ii7 (XVIII)
[אמר לסור א]ת **דעתם** 4Q**270** 6iv19 (XVIII)
]**דעת** ב[ינ]ה 4Q**286** 2,6 (XI)
]**דעת** ו◦[4Q**288** 3,2 (XI)
הוסיפו / ענוה והו[סיפו **ד]עת**[י]מי תעודה 4Q**298** 3-4ii8 (XX)
]יצר בינה לכול רודפי **דעת** וה◦[4Q**299** 8,7 (XX)
] / נתן לאדם **דע[ת** 4Q**305** 1ii2 (XX)
בחכמה ובתבונה **ובדעת** ובכול 4Q**365** 10,4 (XIII)
]למרפאויגבירו לב[ם] עוד **ודעת**[4Q**374** 2ii8 (XIX)
]ויוד[ע] **דעת** עליון ומ[4Q**378** 26,1 (XXII)
] ואת חכמתו ואת **דעת**[ו 4Q**380** 6,2 (XI)
]**דעת** עם בינות כבודי אלוהים 4Q**400** 1i6 (XI)
כבודי אלוהים ⟦ ⟧ לקרובי **דעת** / [(XI)
]◦◦◦ **מדעת** / [4Q**400** 1i11 (XI)
] **דעת** בכוהני קורב ומפיהם הורות 4Q**400** 1i17 (XI)
] / להלל כבודכה פלא באלי **דעת** 4Q**400** 2,1 (XI)
ואנשים יספרו הוד מלכותו **כדעתם** ורוממו[4Q**400** 2,3 (XI)
[מה] תרומת לשון עפרנו **בדעת** אל[ים 4Q**400** 2,7 (XI)
]ל[ר]נתנו נרוממה לאלוהי **דעת**[4Q**400** 2,8 (XI)
]רו לש[וני] **דעת** עם חוק [4Q**400** 2,11 (XI)
א]לוהי **דעת** וכ[4Q**401** 11,2 (XI)
]**מדעת** / [4Q**401** 18,1 (XI)
] **מדעת**[4Q**401** 26,1 (XI)
]ים ויפלג **דעת**[4Q**402** 4,2 (XI)
מכ]לכלי מחשב[תו] **ודעת** קדו[שי קדושים 4Q**402** 4,6 (XI)
]כיא מאלוהי **דעת** נהיו כול [הוי עד 4Q**402** 4,12 (XI)
[לכול רו]מי [**ד]עת** בש[בעת ד]ברי ר[ו]ם 4Q**403** 1i14 (XI)
] / **דעת**[אמתו]יברכ בשב[ע]ה דברי פלא 4Q**403** 1i16 (XI)
ו]ברך לכול א[לי קרו]בי{{ם}} **דעת** אמ[תו 4Q**403** 1i18 (XI)
ממיסדי **ד[עת]** בשב[עה]דברי קודש 4Q**403** 1i24 (XI)
אלוהי מרומים הרמים בכול / אלי **דעת** 4Q**403** 1i31 (XI)

4Q403 1i35	(XI)	{{ברצון}} / {{**דעת**}} לאמרי פיהו
	(XI)	כול רוחי עולמים [בר]צון **דעתו**
4Q403 1i36	(XI)	וֿהגו כבודו בלשון כול הוגי **דעת** רנות פלאו
4Q403 1i37	(XI)	כיא הוא]אֿלוהים לכול מרנני {{**דעת**}} עד
4Q403 1i38	(XI)	כיא לכבודו יודו כול אילי **דעת**
4Q403 1i39	(XI)	וירצו **דעתם** במשפֿטי פיהו
4Q403 1i45	(XI)	ויפלא אל הכ]בוד באור אורתם **דע**[**ת**] / [
4Q403 1ii2	(XI)	] / במוֿתי **דעת** ובהדום רגליו גֿ[
4Q403 1ii23	(XI)	ו**דעת** בינתם לשבעֿ[
4Q403 1ii27	(XI)	] / שבע רזי **דעת** ברז הפלא
4Q403 1ii35	(XI)	] / למאירי **דעת** בכול אלי אור[
4Q404 4,2	(XI)	] / [ברצ]וֿ[ן ד]**עתו** [כול מעשיו במשלחם
4Q404 4,4	(XI)	] / [**דע**]**ת** רנוֿתֿ[
4Q404 4,7	(XI)	] / [אי]לֿי **דעת** וכו[ל
4Q404 5,4	(XI)	כ]בֿוֿדֿ באור אורותם **דעת** / [
4Q404 11,4	(XI)	]**דֿעתֿ** [
4Q405 3ii4	(XI)	לכול רומי **דעת** בֿשבעת דֿ[ברי רו]ם
4Q405 3ii16	(XI)	] / **דעתֿ** בשבעה דֿ[ברי
4Q405 6,3	(XI)	]**דעת** ואור למשא יח[ד רקי]עֿ טֿוהר[
4Q405 13,5	(XI)	גבֿ[ורות אלים לכול ג]בֿורי שכל ב**דעת** עולמים
4Q405 17,3	(XI)	]יהם רוחי **דעת** ובינה אמת / [
4Q405 19,4	(XI)	ממולח טוהר [רו]חי **דעת** אמתֿ[ו]צֿדק
4Q405 20ii-22,7	(XI)	כֿפֿיֿ הכבוֿד במשכֿ[ן אלוהי] **דֿעת**
4Q405 23i8	(XI)	במבואי אלי **דעת** בפתחי כבוד
4Q405 23ii12	(XI)	בראשי תרומות לשוני **דעת**[
	(XI)	ו]ברכו לאלוהי **דֿעת** בכול מעשי כבודו
4Q405 23ii13	(XI)	]**דֿעת** בינתו ובשכל [כב]וֿדוֿ◦◦◦[
4Q405 74,1	(XI)	]ע בשבע **דֿעֿת** [
4Q405 74,2	(XI)	]יקדש ו**דֿעת** מ[
4Q412 1,3	(XX)	וֿגם מעוון ל**דֿעֿתֿ**יֿ[
4Q413 1-2,1	(XX)	מזמֿתֿ ד[**עת** מצאו] וחוכמה אלמדכמה
4Q413 1-2,2	(XX)	איש הרבה לו נחלה ב**דעת** אמתו
4Q416 2iii13	(XXXIV)	תאמֿר רש אני ול[וא] / אדרוש **דעת**
4Q418 9+9a-c,13	(XXXIV)	ולֿ[וא] אדרוש **דעתֿ** בכול מוסר
4Q418 55,10	(XXXIV)	ול]פֿיֿ **דעתם** יֿכבדו איש מרעהו
4Q418 69ii11	(XXXIV)	יגענו בבינה ושקדנו לרדוף **דעת** ◦[
4Q418 81+81a,15	(XXXIV)	אם בחכמת ידים המשילכה וֿ**דע**[**ת**
4Q418 95,3	(XXXIV)	]אֿל תחשך **דעת**[
4Q418 117,1	(XXXIV)	]כֿול **דעתֿ**[
4Q418 148ii5	(XXXIV)	] / **דעת** עבודתכה ומשמה תֿ[
4Q418 148ii7	(XXXIV)	] / **דעת** ובכול ספוֿרוֿת אנש[ים
4Q418 268,1	(XXXIV)	]ל **דעֿ**[**ת**
4Q422 I,10	(XIII)	]לֿ[ב]לתי אכול מעץ הדֿ[**עת** טוב ורע
4Q424 3,2	(XXXVI)	אל תמשילהו ברודפי**דעת**
4Q426 1i1	(XX)	כב]וֿד ומדת **דעת** ואורך ימים / [
4Q427 2,1	(XXIX)	רוח התועֿ]הֿ ונעוה ב**דעת** לֿבֿיֿ[
4Q427 7ii4	(XXIX)	[כלת]הֿ רֿמֿיֿהֿ וֿאֿ[ין נעוות בלוא **דעת**
4Q427 7ii13	(XXIX)	ומצדיק] / ב**דעתֿ** לכול מעשיו
4Q427 8i7	(XXIX)	לפי שכלם]וֿכפי **דעת**ֿמֿהֿ בכֿבודכֿהֿ [
4Q428 10,8	(XXIX)	ורוח נעוה בלוא] / **דעת** הכֿאֿתֿה מתכמי
4Q430 6	(XXIX)	]כֿיֿ אמֿרֿ[ו ל]חֿזֿון **דֿעֿתֿ** [לא נכון
4Q431 2,3	(XXIX)	[ואין נ]עוות בלוא **דעת** הופיע אור
4Q432 2,2	(XXIX)	שמעו חכמים ושחי]**דֿעֿת** ונמהרֿ[ים]
4Q436 1a+bi2	(XXIX)	לקומים לעשות כלי **דעת** לתת לחכמים
4Q444 1-4i+5,1	(XXIX)	ואני מיראי אל ב**דעת** אמתו פתח פי
4Q444 1-4i+5,3	(XXIX)	ורוח **דעת** ובינה אֿמֿתֿ וצדק
4Q468a 4	(XXXVI)	]ת במצעדי **דעת**[
4Q502 6-10,15	(VII)	א]שישי ד[**עת**
4Q503 7-9,4	(VII)	כו]ל לשוני **דעת** ברך ◦◦כֿ[
4Q504 8,5	(VII)	נ]פֿתֿחה באפו ובינה ו**דעת** [מלאתה אותו
4Q511 2i6	(VII)	ב**דֿע**[**ת**] / [אלוה]יֿם הנבונה שם [י]שראל
4Q511 18ii8	(VII)	כיא / הֿאֿיר אלוהים **דעתֿ** בינה בלבבי
4Q511 19,3	(VII)	] כ**דֿעתי** [
4Q511 28-29,3	(VII)	[ש]מתה **דעת** בסוד עפרי לה[ללכה
4Q511 43,2	(VII)	] / ב**דעתֿ** כֿ[
4Q511 63-64ii4	(VII)	ברישית כול מחשבת לבב / **דעת** ותרומות
4Q511 71,4	(VII)	]**דעת** ◦◦[
4Q511 93,1	(VII)	]◦ בֿ**דֿעֿ**[**ת**
4Q511 96,4	(VII)	ב]**דֿעתו** הנבונה[
4Q511 124,3	(VII)	]ל **דעת** [
4Q511 131,2	(VII)	] **דעת** ◦◦[
4Q525 14ii19	(XXV)	] / הפק **דעת** לבטנכה ובגוֿ[יתכ]הֿ
4Q525 23,6	(XXV)	] / בעדם מ**דעת** חוכמֿהֿ [
6Q18 5,3	(III)	י]חֿזקו ברוח **דעתֿ**[
11Q5 XIX,14	(IV)	רוח אמונה ו**דעת** חונני אל אתקלה / בעווה
11Q5 XXVI,11	(IV)	מבדיל אור מאפלה שחר הכין ב**דעת** / לבו
11Q12 5,3	(XXIII)	לכן / [נכתב על ע]ץֿ ה**דעת**
11Q17 VII,6	(XXIII)	]כנפי **דעת**[
11Q17 VIII,2	(XXIII)	]פֿלא **דעת** ובינֿ[ה
11Q17 X,6	(XXIII)	]למלאכי ה**דעת** בכול מל[
PAM 43.678 15,2	(XXXIII)	]◦**דעת**[
PAM 43.680 39,2	(XXXIII)	] / ב**דעתֿ**[
PAM 43.682 5,1	(XXXIII)	] **דעתה** [
PAM 44.102 14,3	(XXXIII)	] / ◦◦ **דע**[**ת** ?

thin adjective **דַּק**

4Q186 1ii5	(V)	ושוקיו ארוכות ו**דקות** ואצבעות רגליו / דקות
4Q186 1ii6	(V)	ושוקיו ארוכות ודקות ואצבעות רגליו / **דקות**
4Q186 2i3	(V)	ובת קולו ענוה ושניו / **דקות**
4Q186 2i4	(V)	ו]אצבעות ידיו **דקות** / ואֿרֿו[כ]ות
4Q266 6i7	(XVIII)	והפך מרא{{ת}}ה ל**דק** צוהב

to examine, explain carefully verb **דקדק**

CD XVI,2		לשוב אל / תֿורת משה כֿיֿ בֿהֿ הכל **מדוקדק**
CD XVI,3		הוא **מדוקדק** על ספר מחלקות העתים
4Q271 4ii4	(XVIII)	תורת מֿושה {{כי}} כי בה הכול **מדֿוקדק**
4Q271 4ii5	(XVIII)	הֿוֿאֿ[**מדו**]**קֿדֿק** עֿל סֿפֿרֿ[מח]לֿ[קות העתים

דקל ← דֶּגֶל

to crush verb **דקק**

4Q508 33,1	(VII)	]אֿות **דֿקֿנֿוֿ** ◦[

דר ?

4Q266 1c-f,5	(XVIII)	]יֿם לדבר **דֿרֿ** אל נב[

דר ← דּוֹר-2

thistle noun **דַּרְדַּר**

1QHᵃ XVI,25		ופלגיו / יעל קוץ ו**דרדר** לשמיר ושית ◦[
4Q423 1-2i3	(XXXIV)	האדמה] קוץ ו**דֿרֿדר** תצמיח לכה

south noun **דָּרוֹם**

3Q15 VIII,11	(III)	הצופא / מערב ב**דרום** בצריח / הצופא צפון
3Q15 X,1	(III)	בֿאמֿת הֿ[מים] / **דרום** בעליאה השנית ירידתו
4Q223-224 2iv21	(XIII)	וחמשיהם עמֿ[ם] ל**דרום** / [הבירה
11Q19 XXIII,10		מצפונו ומ**דרומו** זה נוכח זה
11Q19 XXXIX,13		**דרום** יששכר זבולון וגד
11Q19 XL,9		כמדה הזואֿתֿ / למֿזרח ול**דרוֿם** ולים ולצֿ[פו]ןֿ
11Q19 XL,11		ושלושה ב**דרום** ושלושה / לים ושלושה לצפון

Reference	Vol.	Text
11Q**20** 32,2	(XXIII)	]בֿדרום[

southern adjective דָּרוֹמִי

Reference	Vol.	Text
3Q**15** III,1	(III)	בחצ[ר]◦יאט תחת הפנא הדרו / מית
3Q**15** XI,2	(III)	מתחת פנת האסטאן הדרומית / בקבר צדוק

liberty noun **3**–דְּרוֹר

Reference	Vol.	Text
1QS X,8		וברוש שבועיהם למועד דרור
4Q**258** IX,6	(XXVI)	ובראש ש]בֿעֿיהֿם למועדי דרור
4Q**286** 1ii11	(XI)	]וֿשבתות ארץ במחל[קותמה ומו]עדי דרוֿ[ר
11Q**13** II,6	(XXIII)	וקרא להמה דרור לעזוב להמהֿ[

to tread, travel, bend the bow verb דרך

Reference	Vol.	Text
CD I,11		ויקם להם מורה צדק להדריכם בדרך לבו
CD VII,19		כתוב דרך כוכב מיעקב וקם שבט / מישראל
1QM IX,11		ועל דרוך מעט וראשים יוצאים וכנפיםֿ[
1QM XI,6		לאמור דרך כוכב מיעקוב קם שבט מישראל
1QH[a] XIV,30		וידרוך גבור קשתו וֿיפתֿח מצור [
4Q**171** 1-2ii15	(V)	וידרוכו קשתם לפיל עני ואביון
4Q**175** 12	(V)	דרך כוכב מיעקוב ֺויקוםֺ שבט מישראל
4Q**266** 2i15	(XVIII)	ויקם להם מורה צדק] / להדריכם ֺב[ד]רֿךֿ
4Q**266** 3iii20	(XVIII)	כתוב דרךֿ [כוכב מיעקב] / [וקם שב]טֿ מישראל
4Q**269** 5,3	(XVIII)	כתוב] / [דר]ךֿ כוכב מֿ[יעקוב וקם שבט
4Q**298** 5i9	(XX)	]תֿ לדרוך / [
4Q**364** 31,2	(XIII)	כול המקו]םֿ אשר תדרוֿ[ך כף רגליכם בו לכמה]
4Q**525** 14ii11	(XXV)	ועל במותֿ[י א]וֿיביכה תדרוך
11Q**5** XXI,13	(IV)	ישמחו לב / דרכה רגלי במישור

way, path noun דֶּרֶךְ

Reference	Vol.	Text
CD I,9		ויהיו כעורים וכימגששים דרך / שנים עשרים
CD I,11		ויקם להם מורה צדק להדריכם בדרך לבו
CD I,13		בדור אחרון בעדת בוגדים / הם סרי דרך
CD I,15		ויתעם בתוהו לא דרך להשח גבהות עולם
CD II,2		באי ברית ואגלה אזנכם בדרכי / רשעים
CD II,6		כל מלאכי חבל על סררי דרך ומתעבי חק
CD II,16		להתהלך תמים / בכל דרכיו ולא לתור
CD III,15		ודרכי אמתו וחפצי רצונו
CD III,17		והם התגוללו בפֿשע אנוש ובדרכי נדה
CD VIII,4		לא סרו מדרך / בוגדים ויתגוללו בדרכי זונות
CD VIII,5		לא סרו מדרך / בוגדים ויתגוללו בדרכי זונות
CD VIII,9		ויפרעו ביד רמה / ללכת בדרך רשעים
CD VIII,11		וֿיינם הוא / דרכיהֿם
CD VIII,16		המשפט לשבי ישראל סרו מדרך העם
CD XI,1		בדרך וירד לרחוץ ישתה על עֿומדו
CD XV,7		הרשע לכל השב מדרכו הנשחתה
CD XIX,17		ולא סרו מדרך בוֿגדים ויתגללו בדרכי זנות
		ולא סרו מדרך בוֿגדים ויתגללו בדרכי זנות
CD XIX,21		וֿיפֿרֿעוֿ בֿיֿדֿ רֿמֿה ללכת בדרכי רשעים
CD XIX,23		ויינם הוא דרכיהם
CD XIX,29		כן / משֿפֿטֿ לשבי ישֿראל סרו מדֿרך העם
CD XX,18		להֿצֿדֿיֿק אֿיֿשֿ אֿת אחיו לֿתמֿך צעדֿםֿ בדֿרֿךֿ אֿלֿ
CD XX,24		ושבֿו עֿוד / אֿלֿ דֿרֿךֿ העם בדֿברים מעֿטֿיֿםֿ
1QS I,13		וכוחם לתכן / כתם דרכיו
1QS II,2		ההולכים תמים בכול דרכיו
1QS III,3		וחושכ יביט לדרכי אור בעין תמימים
1QS III,6		כיא ברוח עצת אמת אל דרכי איש יכופרו
1QS III,10		להלכת תמים / בכול דרכי אל
1QS III,20		כול בני צדק בדרכי אור יתהלכו
1QS III,21		ובדרכי חושכ יתהלכו
1QS III,26		ועל דרכיהן [כו]לֿ [ ]◦וֿדֿה
1QS IV,1		אחת תעב סודה וכול דרכיה שנא לנצח
1QS IV,2		ואלה דרכיהן בתבל להאיר בלבב איש
		ולישר לפניו כול דרכי צדק אמת
1QS IV,10		ודרכי נדה בעבודת טמאה
1QS IV,11		וכובוד לב ללכת בכול דרכי חושכ
1QS IV,15		ובדרכיהן יתהלכו
1QS IV,17		ותועבת עולה כול דרכי אמת
1QS IV,19		כיא התגוללה בדרכי רשע בממשלת עולה
1QS IV,22		וחכמת בני שמים להשכיל תמימי דרכ
1QS V,4		ואהבת חסד והצנע לכת בכול דרכיהם
1QS V,7		ואלה תכון דרכיהם על כול החוקים האלה
1QS V,11		מכול אנשי העול ההולכים / בדרכ הרשעה
1QS V,24		איש לפי שכלו ותום דרכו ולאחרו כנעוותו
1QS VIII,10		ולחרוצ משפט רשעה {{בֿתֿמֿיֿםֿ דֿרֿךֿ}}
		ביסוד היחד שנתים ימים בתמים דרך
1QS VIII,13		ללכת למדבר לפנות שם את דרכ הואהא
1QS VIII,14		כאשר כתוב במדבר פנוֿ דרך ••••
1QS VIII,18		מכול עול להלכ בתמים דרכ
1QS VIII,21		בעצת הקודש ההולכים בתמים דרכ כאשר צוה
1QS VIII,25		אמ תתם דרכו / במושב במדרש
1QS IX,2		אכ השוגג / יבחן שנתים ימים לתמים דרכו
1QS IX,5		כניחוח צדק ותמים דרכ כנדבת מנחת רצון
1QS IX,9		אשר / לוא הזכו דרכם להבדל מעול
		להבדל מעול וללכת בתמים דרכ
1QS IX,18		ומשפט צדק לביֿחרי / דרכ איש כרוחו
1QS IX,19		{{הֿ}}היאה עת פנות הדרכ / למדבר
1QS IX,20		והבדל מכול איש ולוא הסר דרכו / מכול עול
1QS IX,21		ואלה תכוני הדרכ למשכיל בעתים האלה
1QS X,21		ולוא ארחם / על כול סוררי דרכ
		לוא אנחם בנכאים עד תום דרכם
1QS XI,2		ובידו תום דרכי עמ ישור לבבי
1QS XI,4		משען ימיני בסלע עוז דרכ פעמי
1QS XI,10		כיא לאדם דרכו ואנוש לוא יכין צעדו
1QS XI,11		ומידו / תום הדרכ ובדעתו נהיה כול
1QS XI,13		ומשחת יחלצ נפשי ויכן לדרכ פעמי
1QS XI,17		כיא מבלעדיכה לוא תתם דרכ
1QSa I,2	(I)	ואנושי בריתם אשר סרֿ[ו מלכת ב]דֿרך / העם
1QSa I,17	(I)	ולפי שכלו עם תום דרכו יחזק מתנו
1QSa I,28	(I)	והנבונים והידעים תמימי הדרך ואנושי החיל
1QSb V,22	(I)	ולהתהלך לפניו תמים בכול דרכֿיֿ [
1QpHab VIII,12		ודרכי / ת[ו]עֿבות פעל בכול נדת טמאה
1QpHab XI,13		וילך בדרכי / הרויה למען ספות הצמאה
1QM III,10		ועל חצוצרות דרך המשוב / ממלחמת האויב
1QM XIV,7		ובתמימי דרך יתמו כול גויי רשעה
1QH[a] IV,21		ואני הבינותי כי את אשר בחרתה [תתם] דרכו
1QH[a] V,9		]אתה גליתה דֿרֿכֿיֿ ◦◦◦ מעשי רע חוכמה ואולתֿ[
1QH[a] VI,26		] ולתעב כול דרך עולה
1QH[a] VII,13		ולא ל]אדם / דרכו ולא יוכל אנוש
1QH[a] VII,18		כי הלכו בדרך לא טוב וימאסו בבֿרֿיֿתֿךֿ[
1QH[a] VII,22		] ומאתך דרך כול חי
1QH[a] IX,36		וכול תמימי דרך החזיק[ו
1QH[a] X,10		לבוגדים סוד אמת ובינה לישרי דרך
1QH[a] XII,4		ותנח ב]דרך עולם וֺבֺנתיבות אשר בחרתה
1QH[a] XII,17		כי לא בחרו בדר[ך לב]כֿה
1QH[a] XII,18		לחזון דעת לא נכון ולדרך לבכה לא היאה
1QH[a] XII,21		והולכי בדרך לבכה / יכונו לנצח[
1QH[a] XII,24		וישומעוני ההולכים בדרך לבכה
1QH[a] XII,31		לאנוש צדקה ולֺוֺא לבן אדם תום / דרך
1QH[a] XII,31		ודרך אנוש לֺוֺא תכון כי אם ברוח יצר אל
1QH[a] XII,32		להתם דרך לבני אדם למען ידעו כול מעשיו

1QHa XIV,7		]להתהלך / בדרך לבכה לאין עול
1QHa XIV,20		צויתם להועיל מדרכיהם בדרך קוד[שכה
		צויתם להועיל מדרכיהם בדרך קוד[שכה
1QHa XIV,21		ויתמוטטו מדרך לבכה ובהווה [
1QHa XIV,24		ואין / נתיבת לישר דרך על פני מים
1QHa XV,31		כי אל עולם אתה וכול דרכיכה יכונו לנצח
1QHa XVI,9		ומרמס גיזעו לכל עוברי / דרך
1QHa XX,34		ואיכה אישר דרך כיא אם הכינו[תה מצעדי
1QHa XXIII,12		ותפתח מק[ור] להוכיח ליצר חמר דרכו
1QHa 3,2		]הוא [ ]◦ה נפתחה דרך ל[
1Q17 4	(I)	ויט מן הדרך לימ[ה בלילה הזאת
1Q19 1,3	(I)	כי השחית כול בשר א]ת דרכו על הארץ[
1Q22 1ii8	(I)	ולצוו[ת את] הד[רך אש]ר תלכו בה
1Q30 2,2	(I)	]ל◦ל[ ]טת הדרך [
2Q22 II,3	(III)	] / הוא בכל דרכיו דבריו ולא[
3Q15 VIII,1	(III)	[בא]מא שבדרך מזרח בית / אחצר
4Q88 VIII,4	(XVI)	נבחן אד]ם כדרכו / אנוש כמ[עשיו י]שתלם
4Q158 1-2,10	(V)	] / וילך לדרכו בברכו אותו שם
4Q162 I,5	(V)	]◦נת דרך / [
4Q163 1,3	(V)	]ובלע דרך[
4Q171 1-2i17	(V)	ואל תחר במצליח דרכו באיש / [עוש]ה מזמות
4Q171 1-2ii16	(V)	ולטבוח ישרי דרך חרבם תבוא בלבם
4Q171 1+3-4iii14	(V)	מיהו[ה מצעדי גבר כונ]נו בכול דרכו יחפץ
4Q171 1+3-4iii17	(V)	] / [ודר]כו ישר לאמתו[
4Q171 3-10iv10	(V)	ושמור דרכו ו[י]רוממכה לרשת / ארץ
4Q174 1-2i14	(V)	]סרי מדרך[
4Q176 1-2i7	(V)	קול קורה / במדבר פנו דרך ••••
4Q176 18,2	(V)	]לטו דרכי כול ◦◦◦◦◦◦[
4Q180 2-4i1	(V)	]דרך / [
4Q180 5-6,3	(V)	]דרך שני ימים ◦[
4Q183 1ii5	(V)	] / כול הון רשעה וינזרו מדר[ך
4Q184 1,8	(V)	והיאה ראשית כול דרכי עול
4Q184 1,9	(V)	כיא דרכיה דרכי מות
	(V)	כיא דרכיה דרכי מות
4Q184 1,14	(V)	ותכשילהו ישרים להטות דרך ולבחורי צדק
4Q184 1,16	(V)	ולהטות פעמיהם מדרכי צדק להביא זד[ו]ן
4Q184 1,17	(V)	להשגות אנוש בדרכי שוחה
4Q185 1-2ii1	(V)	חקרו לכם דרך / לחיים מסלה[
4Q200 2,5	(XIX)	] / [בדרכ]י שקר
4Q215a 1ii7	(XXXVI)	] / בדרכי אל[ו]בגבורות מעשיו[
4Q222 1,3	(XIII)	וביושר אתהלך] / [ול]א אשחית דרכי לעולם
4Q223-224 2ii6	(XIII)	כי] / [כו]ל דרכיו ח[מ]ס ורשע ואין ב[ו
4Q227 2,5	(XIII)	]שמים ואת דרכי צבאם ואת[החוד]שים / [
4Q255 2,5	(XXVI)	ופ[עמיו יהכין] / להלכ תמימ בכול דרכי אל
4Q255 A,2	(XXVI)	]דרכי איש / [
4Q256 IX,4	(XXVI)	ואהבת] / חסד והצנע לכת בכול דרכיהמה
4Q256 XVIII,4	(XXVI)	מכול איש אשר לוא הסיר דר]כו מכול עול[
4Q258 I,3	(XXVI)	ואהבת[חסד וה]צנע לכת בכל דרכיהם
4Q258 VII,3	(XXVI)	אך / שנתים[י]מים יבחן לתמים דרכו
4Q258 VII,6	(XXVI)	כניחות / [צדק ותמים]דרך
4Q258 VIII,2	(XXVI)	ומשפט צדק לבחירי דרך איש כרוחו
4Q258 VIII,4	(XXVI)	היא עת פנות הדרך למדבר
4Q258 VIII,5	(XXVI)	]מכל איש אשר לא הסיר דרכיו מכול עול
	(XXVI)	ואלה תכוני הדרך למשכיל בעת[ים] / [האלה
4Q259 III,4	(XXVI)	]ללכת המ[ד]ב[רה לפנות שמ]ה את דרך האמת
4Q259 III,17	(XXVI)	ואם תיתם דרך סוד / היחד לה[לך תמים
4Q259 IV,2	(XXVI)	ואלה תכוני[הדר]ך למשכיל[בעתים האלה
4Q260 V,1	(XXVI)	[אר]חם על כול סוררי דרך לוא אנחם
4Q260 V,2	(XXVI)	לוא אנחם בנכוחים עד תום / ד[רכ]ם
4Q266 1a-b,1	(XVIII)	לב]ני אור להנזר מדר[כי רשעה] / [
4Q266 2i4	(XVIII)	לדור]שי מצוותו ולהולכים בתמים דרך
4Q266 2i15	(XVIII)	מורה צדק] / להדריכם ב[ד]רך לב[ו]
4Q266 2i19	(XVIII)	ויתעם בתהו / ולוא דרך להשח גבהו[ת עולם
4Q266 3iv3	(XVIII)	סרו מדרך בוגדים] / [ויתגו]ללו בד[רכ]י זנות
4Q266 5i19	(XVIII)	]בדרכו להתהלך תמ[ים
4Q266 11,11	(XVIII)	ותתעם בתהו ולו / {ולו} דרך
4Q268 1,7	(XVIII)	ול[הולכים בתמים] / דרך ויגל ע[יניה]מה
4Q268 1,16	(XVIII)	ויהיו כעוורים וכמגש]שים ד[רך שנים עשרים]
4Q270 2ii20	(XVIII)	ואגלה] / לכם דרכי חיים ונתיבות שחת
4Q271 3,9	(XVIII)	[הארור אשר אמ]ר משגה עור בדרך
4Q299 5,2	(XX)	גב]ורות רזי אור ודרכי חוש[ך
4Q299 79,3	(XX)	]דרך חיים[
4Q306 2,4	(XXXVI)	בכל נפשם היו כמגששים ד[רך
4Q364 11,4	(XIII)	ולחם ומזון לאביהו לד[רך
4Q364 11,5	(XIII)	ויואמר אליהמה אל] / תתרגזו בדרך
4Q364 20a-c,3	(XIII)	אחד עשר יום מחורב ד]רך הר ש[עיר
4Q364 23a-bi5	(XIII)	בני עישיו היושב]ים בשעיר מד[ר]כ / [הערבה
4Q364 23a-bi6	(XIII)	ומעציון גבר ונפן ונעבו]ר דרך מדבר מואב
4Q364 24a-c,15	(XIII)	ונעלה דרך הבשן למלחמה ו[יצא עוג
4Q370 1i3	(XIX)	וישפטם יהוה כ[כ]ל דרכיהם
4Q372 1,9	(XXVIII)	והוא על אם הדרכים יעמוד לע[שות
4Q379 18,3	(XXII)	] לדרך ואשענה עליך ואת[
4Q381 31,3	(XI)	כ]ל דרכו תבואינא אל עו◦[
4Q382 115,2	(XIII)	]◦ מן דרך ◦[
4Q385 2,3	(XXX)	אהבו את שמך וילכו / בדרכי[לבך
4Q385a 5a-b,7	(XXX)	]אשר לא יתהלכו בד[רכי הכהנים
4Q385a 11i5	(XXX)	]ל[ ]את הדרך / [
4Q387 3,4	(XXX)	לא יתהלכו בדרכי / [הכהנים ה]ראשנים
4Q390 1,3	(XXX)	ולא יתהלכו[בדר]כי אשר אנוכי מצוך
4Q391 9,3	(XIX)	]דרך ואראה זקנים[
4Q391 11,2	(XIX)	]ני בדרך ו◦ [
4Q391 32,2	(XIX)	]והרוג בדרך
4Q392 1,4	(XXIX)	ב]שמים / ממעל ולחקר דרכי בני האדם
4Q393 1ii-2,6	(XXIX)	ולפשעים דרכיך / וחטאים השב אליך
4Q393 5,3	(XXIX)	ד]רך הט[ובה
4Q397 14-21,12	(X)	ואפ כתוב ש[תסור] מהד[ר]ך וקרת[כה] הרעה
4Q400 1i14	(XI)	]◦[ ]◦◦◦תם לוא יכלכלו כול ◦[ ] דרך
4Q400 1i16	(XI)	]לכול נעוי דרך
4Q403 1i22	(XI)	וברך לכול תמימי דרך ב[ש]בעה דברי פלא
4Q404 2,3	(XI)	וברך לכול תמימ[י] דרך בשבע[ה
4Q405 13,6	(XI)	[וב]רך לכול תמימי דרך[בשבעה דברי פלא
4Q405 20ii-22,12	(XI)	והללו קודש בהשיב דרכיהם
4Q405 23i11	(XI)	לוא ירוצו מדרך ולוא יתמהמהו מגבולו
4Q408 3+3a,6	(XXXVI)	[ה]צדיק בכל דרכיך ה[ג]בר כח הח[סיד
4Q413 1-2,1	(XX)	והתבוננו בדרכי אנוש ובפועלות / בני אד[ם
4Q414 2ii-4,9	(XXXV)	] / [ד]רכי רצונ[כה
4Q416 2iii10	(XXXIV)	כי יגיה אל ת[אר]הו בכול דרכיכה
4Q416 2iii14	(XXXIV)	והתבונן בכל דרכי אמת
4Q417 1i7	(XXXIV)	]בכול דרכיהם עם פקודתם
4Q417 1ii11	(XXXIV)	] / ופקוד כול דרכיכה ע◦[ ]ש [
4Q418 9+9a-c,9	(XXXIV)	כי יגיה אל ת[ארהו בכו]ל דרכיכה
4Q418 9+9a-c,10	(XXXIV)	כי יגיה אל ת[ארהו ב]כול דרכיכה
4Q418 9+9a-c,15	(XXXIV)	והתבונן]בכול דרכי אמת
4Q418 43-45i5	(XXXIV)	[ואולת תכיר מעשה בכו]ל דרכיהמה
4Q418 46,3	(XXXIV)	]לחפציהם וד[רכי
4Q418 55,3	(XXXIV)	]◦ בעמל נכרה דרכיה נרגיע / [
4Q418 55,4	(XXXIV)	בכול קצים]ובטוח בכול דרכינו
4Q418 87,10	(XXXIV)	]אף בכול דרכ[
4Q418 172,4	(XXXIV)	]בתמים דרך עם קץ [
4Q418 197,4	(XXXIV)	]ל דרכ[י

4Q419 1,6 (XXXVI) ד]רׄכיו ולגיש ניחוח אׄ[שה
4Q419 8ii4 (XXXVI)] / מהמה דרכיהם עם פקוד[ת
4Q420 1aii-b,5 (XX) איש]נאמן לוא יסור מדרכי צדק[
4Q421 1aii-b,12 (XX)]ללכת בדרכי אל / לעשות צדקהׄ[
4Q422 C,1 (XIII)] את דרכו[
4Q423 1-2i8 (XXXIV) ב]יׄן דרכו ודרך / [
(XXXIV) ב]יׄן דרכו ודרך / [
4Q423 5,9 (XXXIV) י]היה בכל [דר]כׄו אשר בטׄלׄ[
4Q423 9,3 (XXXIV) פׄןׄ ישוגו ב]דׄרכי קודש / [
4Q425 1+3,6 (XX)] דרכׄיו ובמׄ[ש]קׄל לוׄא י[עשה פעלתו
4Q425 1+3,11 (XX)]ל דרכיוׄ[
4Q428 10,5 (XXIX) ואתה] / אלי כוננתה רגלי בדרךׄ[לבכה
4Q428 10,10 (XXIX) כיא לוא[לאד]םׄ דרכו
4Q428 13,4 (XXIX)]ה נפרשה רשת שוחׄהׄ[ובד]רׄכׄיׄה צמי אׄ[ברון
4Q428 13,5 (XXIX) נפ]תׄחה דרךׄ[
4Q428 14,2 (XXIX) ותפתח מקור] / [להוכיח ליצר חמר ד]רכו
4Q429 4i8 (XXIX) ואתה אל]צׄ[ו]יׄתם להועיל מדר[כׄיׄה[מ]הׄ
4Q429 4i10 (XXIX) ויתמוטט[ו]מׄדרך לבכהׄ[
4Q432 12,2 (XXIX) כי אל] / [עולם אתה וכול] דרכיכה [יכונו
4Q434 1i3 (XXIX) ויפקח עיניהם לראות את דרכיו
4Q434 1i4 (XXIX) ויכן לדרך רגלם בר[ו]בׄ צׄרתם לא עזבם
4Q434 1i10 (XXIX) וילכו בדׄ[רך] / בדרך לבוׄ גם הוא הגישם
4Q434 1i11 (XXIX) וילכו בדׄ[רך] / בדרך לבוׄ גם הוא הגישם
4Q434 1ii4 (XXIX)] / במׄשפטיך ולדרך אשר הורׄיׄתׄ[ה
4Q435 2i3 (XXIX) כול דר]כׄיכה
4Q436 1a+bi5 (XXIX) ותחזק על לב / [נדכה]ללכת בדרכיכה
4Q436 1a+bi6 (XXIX) ותחזק עלי {{׳׳}} לרדוף אחרי דרכׄיׄכׄ[ה]
4Q437 4,5 (XXIX) ולהצניע ללכת בכו[ל דׄרׄכׄי אל
4Q438 4ii5 (XXIX) ולהצניׄע ללׄכׄתׄ / בדרכי אל ∘ [
4Q439 1i+2,1 (XXIX) ל]אסף צדׄיׄ[ק]עׄמי ולהקים דרך / חיים [
4Q464 5ii4 (XIX)] / להשחית הארץ כׄי דׄר[כם
4Q473 2,3 (XXII) שׄ[תי]דׄרכים אחת טובׄ[ה ואחת רעה
4Q473 2,4 (XXII) ואם תלך בדרך הׄ[רעה הואה יארכה
4Q486 4 (VII)]דׄרׄכׄיׄהׄם / [
4Q491 8-10i5 (VII) ובתׄמׄיׄמׄ[י] דׄרׄך יתםׄ כול גואי רשעה
4Q497 6,2 (VII)]∘ דרכיׄ[
4Q499 5,2 (VII)]ל דרכיםׄ[
4Q502 119,1 (VII)]דׄרׄכׄ[
4Q504 1-2v20 (VII) [ולוא]הׄעׄבדתנו להועיל מדרכיׄ[נו
(VII) להועיל מדרכיׄ[נו]בדׄ[רך] / [אשר נלך]בׄהׄ[
4Q504 4,13 (VII) ל]לכת בדרכיכה [
4Q504 8,13 (VII)]האדם בדרכׄיׄ[
4Q504 17ii4 (VII)] / בדרכי הׄ[
4Q505 121,1 (VII) מד]רכינו [
4Q509 296,1 (VII)]∘דׄרׄךׄ[
4Q510 1,9 (VII) י]רוממו[ה]וׄ כׄו[ל תמימׄי דרך
4Q511 2i6 (VII)] / [שומ]ריׄ דרך אלוהים ומסל[ת ק]ודשו
4Q511 10,8 (VII) י]רוממוהו כול תמימי דרך
4Q511 63iii3 (VII) ומולות פעולות / תמימי דרךׄ
4Q517 17,2 (VII)]דרכׄמהׄ[
4Q525 2i+3,4 (XXV) דר]כיה / [
4Q525 2ii+3,2 (XXV) ולוא יתמוכו / בדרכי עולה
(XXV) ולוא יביעו בדרכי אולת
4Q525 2ii+3,4 (XXV) ויתהלך / בתורת עליון ויכן לדרכיה לבו
4Q525 2ii+3,7 (XXV)]לנגד עיניו לבלתי לכת בדרכׄיׄ[
4Q525 5,7 (XXV)] / [?]דׄרכיה [
4Q525 5,9 (XXV)]יׄראי אלוהים יצורו דרכיה ויתהלכו ב[
4Q525 5,12 (XXV)] / יסיבלו ערומים יכרו דרכיה
4Q525 5,13 (XXV) יביטו אוהבי אלוהים יצניעו בה ובדׄרׄ[כי
4Q525 11-12,3 (XXV) לכול הולכים]תמים בכול דרכׄי ולכׄ[ול

4Q525 14ii6 (XXV)] / נגעׄ בדרכיכה
4Q525 14ii16 (XXV)] / יחד יאבלו ובדרכיכה יזכרוכה
4Q525 20,2 (XXV)]הׄ להולכי דרךׄ[
11Q5 XXII,10 (IV) נבחן אדם כדרכו א{{ׄנׄ}}יש כמעשיו ישתלם
11Q5 XXVII,3 (IV) ונבון ותמים בכול דרכיו לפני אל ואנשים
11Q12 7,3 (XXIII) וכולם ה]שחיתו דרכם וׄהׄ[קתם
11Q13 II,24 (XXIII) הברית הסרים מלכת [בד]רׄךׄ העם
11Q19 XXXI,6 (IV) ודׄרׄךׄ עשוי / בשער הזה {{א}}לפתחׄ[
11Q19 XLIII,12 (IV) במרחק מן המקדש דרך שלושת / ימים
11Q19 LII,14 (IV) שעריכה קרוב למקדשי דרך שלושת ימים
11Q19 LIV,17 (IV) להדיחכה מן הדרך אשר צויתכה ללכת בה
11Q19 LVI,18 (IV) לוא / תוסיף לשוב בדרך הזואת עוד
11Q19 LVIII,21 (IV) והצליח בכול דרכיו אשר יצא על פי המשפט
11Q19 LXV,2 (IV) [כ]יׄ יקרׄ[א קן]צׄפור לפניכה בׄדׄרׄך
PAM 43.663 38,1 (XXXIII)]דׄרׄךׄ[
PAM 43.698 43,1 (XXXIII) בד]רׄךׄ מלכׄיׄ[

to seek, examine, interpret verb דרש

CD I,10 כי בלב שלם דרשוהו / ויקם להם מורה צדק
CD I,18 בעבור אשר דרשו בחלקות ויבחרו במהתלות
CD VI,6 קרא אל את כולם שרים כי דרשוהו
CD VI,7 והמחוקק הוא דורש התורה
CD VI,21 ואביון וגר ⟦ ⟧ ולדרוש איש את שלום / אחיהו
CD VII,18 והכוכב הוא דורש התורה / הבא דמשק
CD XIV,16 וׄלנׄעׄ[ר א]שר אׄיׄן לו דׄורׄש
CD XV,11 המׄבקר[ ]∘מׄ∘ יתפתה בו בדרשו אתׄו
1QS I,1 לדרוש / אל בׄ[כול לב ובכול
1QS V,9 הכוהנים שומרי הברית ודורשי רצונו
1QS V,11 כיא לוא בקשו ולוא דרשהו בחוקוהי
1QS V,20 לעדת קודש ודרשו / את רוחום ביחד
1QS VI,6 שם העשרה איש דורש בתורה יומם ולילה
1QS VI,7 לקרוא בספר ולדרוש משפט / ולברכ ביחד
1QS VI,14 להוסיף על עצת היחד ידורשהו האיש הפקוׄד
1QS VI,17 לוא יגע בטהרת / הרבים עד אשר ידרושהו
1QS VIII,12 ונמצאו לאיש / הדורש אל יסתרהו מאלה
1QS VIII,24 ומן העצה ודרשוׄ המשפט
1QSa II,10 (I) לדבר אל עצת הקודש / [ו]דורש[והו]מפיהו
1QSb III,20 (I) ת]דורשהו כיא אל הכין כול אושׄי / [
1QSb V,23 (I)] צר לדׄורׄשׄיׄ[ו
1QHᵃ IV,6] משפט מרוח דורש[כה] נת∘∘∘ / [
1QHᵃ X,15 ואהיה לרוח קנאה לנגד כל דורשי חל[קות
1QHᵃ X,32 מקנאת מליצי כזב / ומעדת דורשי חלקות
1QHᵃ X,34 וחרפה בפי כל דורשי רמיה
1QHᵃ XII,6] אדורשכה וכשחר נכון לאוׄרׄ[תו]םׄ
1QHᵃ XII,14 וידרשוכה בלב ולב ולא נכונו באמתכה
1QHᵃ XII,15 ועם שרירות לבם יתורו וידרשוכה בגלולים
1QHᵃ XII,16 ויבאו / לדורשכה מפי נביאי כזב מפותי תעות
1QHᵃ XII,24 כול הנדרשׄ[י]םׄ לי הנועדים יחד לבריתכה
1QHᵃ XIII,9 וסוד אמת אמצתה בלבבי ומיה ברית לדורשיה
1Q29 5-7,2 (I) ואח]ׄר ידרוש הכוהן לכול רצונו כׄו[ל
4Q159 5,6 (V) ד]רוש הׄתורה בצוקה ו∘[
4Q163 22,2 (V)]ם אשר דרשׄ[
4Q163 23ii10 (V) על עדת דׄ[ורשי] החלקוׄת / אשר בירושלים
4Q163 23ii13 (V)] / לב כיא לדרׄשׄ [
4Q169 3-4i2 (V) בקש לבוא ירושלים בעצת דורשי החלקות
4Q169 3-4i7 (V) בדורשי החלקות אשר יתלה אנשים חיים
4Q169 3-4ii2 (V) פשרו היא עיר אפרים דורשי החלקות
4Q169 3-4ii4 (V) פשרו על ממשלת דורשי החלקות
4Q169 3-4iii3 (V) פשרו על דורשי החלקות אשר באחרית הקץ
4Q169 3-4iii6 (V) פשׄרׄוׄ [על] דׄוׄרׄשׄי / החלקות אשר תובד עצתם

Reference	Vol.	Text
4Q**174** 1-2i11	(V)	הואה צמח דויד העומד עם **דורש** התורה
4Q**174** 23,1	(V)	]◦ **דורש**[
4Q**175** 8	(V)	ידבר הנבי בשמי אנוכי / **אדרוש** מעמו
4Q**176** 14,6	(V)	]אין לוא **דורש**[
4Q**177** 9,4	(V)	]המה עדת **דורשי** ה[חלקות
4Q**177** 10-11,5	(V)	]המה **דורש** התורה כיא אין / [
4Q**179** 1i13	(V)	]שמ[ח]ה לוא נשמ{{ש}}עה בה **ודורש** / [
4Q**219** I,14	(XIII)	**ודרש**[**תי** אותוה בכול לבי
4Q**251** 1-2,5	(XXXV)	]לו **לדרוש** ולקרא בספר ב[שב]ת
4Q**259** III,2	(XXVI)	ונמצ]א לאיש **הדורש** אל י[ס]תרה[ו] / [מ]אלה[
4Q**265** 4ii4	(XXXV)	אם נפל לו [ש]כלו **ודרשה** שנה [אחת
4Q**266** 2i4	(XVIII)	[והוא הכין מועדי רצון **לדור**]**שי** מצוותו
4Q**266** 3iii19	(XVIII)	והכוכב] הוא **דור**[**ש** ה]תורה
4Q**266** 7iii4	(XVIII)	] **ידרוש** מידו [ ]ן[
4Q**266** 8i2	(XVIII)	המבקר למה [יתפ]תה בה **בדרשה** אותו
4Q**266** 10i9	(XVIII)	ולנער אשר אין {{ו}}ל<ו> **דורש**
4Q**266** 11,15	(XVIII)	ואשר **ידרוש** שלומו {{והמשתלח}}
4Q**267** 4,11	(XVIII)	**ידרו**]**ש** את א[ו]בות וא[ת] / [ידעוני]ם את[
4Q**268** 1,6	(XVIII)	והוא הכין [מועדי] רצון **לדורשי** מצוותיו
4Q**270** 2i10	(XVIII)	שע]ירים או **ידרוש** באוב ובידעונים / [
4Q**298** 1-2i3	(XX)	וי]דעים **דר**[**ש**]ו[א]לה והשיב[ו לאורח]חיים
4Q**298** 3-4ii5	(XX)	**ודורש**[**י**] משפט הצניע / לכת
4Q**301** 2b,4	(XX)	]◦ מיא בכם **דורש** פני אור ומא[ור] / [
4Q**370** 1ii1	(XIX)	] / מעון **ודרשו** מ[
4Q**372** 1,19	(XXVIII)	גם רחמיך רבים וחסדיך גדלים לכל **דרשיך**
4Q**372** 3,11	(XXVIII)	]◦◦◦◦ ואת דמם **ידרוש** מידם
4Q**375** 1ii7	(XIX)	ונגש ע]ד לארון העדות **ודרש** את[כול המצוות]
4Q**385**a 16a-b,7	(XXX)	**ידר**]**ושן** ליהוה לאמר[
4Q**385**a 18ii2	(XXX)	] / ויאמרו לו **דרוש**[נא בעדנו לאל]הים[
4Q**385**a 18ii3	(XXX)	ולא שמע] / להם ירמי[ה ל]בלתי **דרוש** להם
4Q**385**a 18ii8	(XXX)	◦[כה תאמר אליהם] / יום יום **דרשו** את חקותי
4Q**387** 2ii2	(XXX)	ולא **אדרש** להם / בעבור מעלם
4Q**389** 2,1	(XXX)	**ת**]**דרשני** הייתי[
4Q**392** 1,3	(XXIX)	ול[**דר**]**וש** דברי פיה[ו כי אדו]ני אלהי[ם ב]שמים
4Q**416** 2ii19	(XXXIV)	אל **תדרוש** תענוג ואתה / ⟦ ⟧ חסר לחם
4Q**416** 2iii9	(XXXIV)	וברז [נ]היה **דרוש** מולדיו ואז תדע / נחלתו
4Q**416** 2iii13	(XXXIV)	אל תאמר רש אני ול[וא] / **אדרוש** דעת
4Q**416** 2iii14	(XXXIV)	רז נהיה **דרוש** והתבונן בכל דרכי אמת
4Q**417** 1i6	(XXXIV)	ולילה הגה ברז נ]היה {{ו}}**דורש** תמיד
4Q**417** 1ii13	(XXXIV)	] / לאמת **תדרוש**
4Q**417** 28,1	(XXXIV)	א]ל**תדרוש**[
4Q**418** 9+9a-c,8	(XXXIV)	[וברז נהיה]**דרו**[**ש** מו]לדו ואז / תדע נחלתו
4Q**418** 9+9a-c,13	(XXXIV)	רש אני ול[וא] **אדרוש** דעת
4Q**418** 69ii7	(XXXIV)	וכול נהיה עולם **דורשי** אמת יעורו למשפטכ[ם
4Q**418** 70,4	(XXXIV)	]**דרשו** ב◦[
4Q**418** 81+81a,7	(XXXIV)	ואתה **דרוש** משפטיו מיד כול יריבכה
4Q**418** 81+81a,18	(XXXIV)	] / הוצא מחסורכה לכול **דורשי** חפץ
4Q**418** 88ii6	(XXXIV)	] / לכף רגליכה כיא אל **דורש** בין[
4Q**418** 96,2	(XXXIV)	**ד**]**רוש** כול אל[ה
4Q**418** 102a+b,4	(XXXIV)	ואז **ידרוש** חפצכה לכול מבקשיו [
4Q**418** 103ii4	(XXXIV)	] / ישוה עת בעת **דורשם** ואל תדם צ[
4Q**418** 103ii5	(XXXIV)	] / כי כולם **ידרשו** לעתם
4Q**418** 107,5	(XXXIV)	]שם עם כול צמחי ארמה כי כל[ם] **ידרש**[**ו**
4Q**418** 126ii4	(XXXIV)	הוא שמם ולחפציהם **ידרש**[**ו**
4Q**418** 126ii11	(XXXIV)	ואתה באמת התהלך עם כול **דורשי** ◦[
4Q**418** 126ii12	(XXXIV)	בידכה אות{{ה}}ו[ומטנאכה **ידרוש** חפצו
4Q**418** 127,4	(XXXIV)	]◦**רשי** חפץ הוניתה בהליכמה
4Q**418** 131,3	(XXXIV)	]**ידרשו** לכה[
4Q**418** 158,3	(XXXIV)	] / [**ד**]**רוש** כול חפצ[
4Q**418** 188,6	(XXXIV)	מע]שי ברית לוא **ידרשו**[
4Q**418** 207,5	(XXXIV)	] / **ידרש** ◦[
4Q**418** 239,3	(XXXIV)	**ד**]**רשם**
4Q**418**a 4,3	(XXXIV)	]כולם **דרוש** אדר[שו
	(XXXIV)	]כולם דרוש **אדר**[**שו**
4Q**418**a 8,3	(XXXIV)	]כה לוא **דרשום** [
4Q**420** 1aii-b,3	(XX)	**ידר**]**ש** אמת משפט ובמחקר צדק
4Q**423** 9,2	(XXXIV)	מעשי ברי]ת ולא **ידורשוהו** / [
4Q**424** 3,1	(XXXVI)	איש שופט בטרם **ידרוש** ומאמין בטרם [
4Q**424** 3,4	(XXXVI)	] / כבד אזן אל תשלח **לדרוש** משפט
4Q**426** 12,2	(XX)	]**דרשו** ומשפחות[
4Q**430** 1	(XXIX)	ו]**ידר**[**שוכה** בלב ולב ולא] / [נכונו באמתכה
4Q**437** 2i1	(XXIX)	]מעדת **דורשי** מ◦[
4Q**437** 9,4	(XXIX)	]תות כול **דורשי** ת[
4Q**475** 2	(XXXVI)	[חוקותיו ?]שכחום ולוא **ידורשום** וארץ[
4Q**475** 6	(XXXVI)	ו]שקטה הארץ לעולמים **וידרשו** ? [ ]יושב[יה
4Q**475** 7	(XXXVI)	לו ?]לבן אהוב **וידרישו** את כולה וצ[דקה
4Q**485** 1,1	(VII)	]ו **תדורש**[
4Q**511** 2ii2	(VII)	] / **ודרושו** למו כ[
4Q**511** 10,9	(VII)	[יפת]חו פה לרחמי אל **ידרושו** למנו
4Q**522** 9ii10	(XXV)	לוא **דרשתי** א[ת מ]שפט ה[אורים והתומים]
4Q**525** 2ii+3,2	(XXV)	אשרי **דורשיה** / בבור כפים
4Q**525** 5,6	(XXV)	]בא[מת ?]א[ל]**תדרשוה** בלב ר[ע
4Q**525** 5,7	(XXV)	שמ]עו אל **ת**[**דר**]**שוה** בלב מרמה ובח[וקי
6Q**15** 4,3	(III)	]**ולדרוש** איש[את שלום אחיהו
11Q**5** XXI,12	(IV)	באה לי בתרה ועד / סופה **אדורשנה**
11Q**19** LIII,11		לוא תאחר לשלמו כי **דרוש** אדורשנו מידכה
		לוא תאחר לשלמו כי דרוש **אדורשנו** מידכה
11Q**19** LV,5		ושאלתה **ודרשתה** וחקרתה היטב
11Q**19** LV,19		**ודרשתה** וחקרתה היטב והנה / אמת נכון הדבר
11Q**19** LVI,1		**ודרשתה** והג[ידו לכה את] / הדבר
11Q**19** LX,19		שואל אוב / וידעונים **ודורש** אל המתים
11Q**19** LXI,9		**ודרשו** השופטים והנה עד שקר
11Q**19** LXIV,15		אל תוך ביתכה והיה עמכה עד **דרוש** / [

grass, springtime noun **דֶּשֶׁא**

Reference	Vol.	Text
1QS X,7		לקיצ ומועד זרע למועד **דשא** מועדי שנים
4Q**256** XIX,6	(XXVI)	לקיץ ומועד זרע ו]מו[ע]ד **דשא** מועדי ש[נים
4Q**258** IX,6	(XXVI)	לקיץ ומועד ז]רע למועד / **דשא** מועדי ש[ני]ם
4Q**509** 3,7	(VII)	וכרביבים על ע]שב במועדי **דשא** ו[

דשא ← דֶּשֶׁן

to become fat, savor verb **דשן**

Reference	Vol.	Text
CD I,8		לירוש / את ארצו **ולדשן** בטוב אדמתו
1QS X,15		ובטרם ארים ידי **להדשן** בעדני תנובת תבל
1QM II,5		**ולהדשן** לפניו תמיד / בשולחן כבוד
1QH[a] XVIII,26		]אדם **ולהדשן** כול מארץ
1Q**34**bis 3i4	(I)	ל]**דשן** בעדי שמים ותנובת ארץ
4Q**171** 1-2ii10	(V)	]י הארץ **והתדשנו** בכול תענוג / בשר
4Q**256** XX,3	(XXVI)	ובטרם ארים ידי]**להדשן** בעדני תנובת / [תבל
4Q**285** 8,8	(XXXVI)	ואכלתם] / [**והדשנת**]**ם** ואין משכלה
4Q**504** 1-2iv14	(VII)	] / ויוא[כ]לו וישבעו **וידשנו**[
11Q**5** XVIII,9	(IV)	ובני בקר / **כמדשן** מזבח ברוב עולות
11Q**14** 1ii11	(XXIII)	ואכלתם **והדשנתם** ⟦ ⟧ ואין משכלה בארצכם

fat noun **דֶּשֶׁן**

Reference	Vol.	Text
4Q**381** 78,5	(XI)	]**דשנם** שנת[
4Q**394** 3-7ii18	(X)	ו]מוציאים את **דשא** / [ה]מזבח

Dothan proper noun דֹּתָן

4Q**418** 290,1 (XXXIV)]בדתן [

he, fifth letter of the alphabet ה

KhQ**3** 3 (XXXVI) קר/אאבגדהוזחט/יכש

the particle ה

CD I,13, 14, 19; II,8, 18; III,6 (2), 10 (2), 16, 20, 21 (3); IV,2, 3 (2), 4 (3), 6, 7, 8 (2), 9 (3), 10 (2), 11, 12 (4), 13, 14, 17 (6), 18 (3), 19 (2), 21; V,1 (3), 2 (2), 4 (2), 6, 7, 9, 10 (2), 14, 18, 19, 20 (2), 21; VI,1, 3, 4 (3), 5, 7 (2), 8, 9 (3), 10, 11 (2), 12, 13, 14 (2), 15 (3), 16, 17, 18 (3), 19 (3), 20; VII,1, 3, 4, 6, 7, 8 (2), 9 (2), 10 (2), 13 (2), 15, 16 (3), 17 (4), 18 (2), 19, 20 (2), 21 (2); VIII,1, 2, 3, 7, 10 (2), 11 (2), 12 (2), 15 (3), 16 (2), 17 (2), 18 (2), 19 (2), 20, 21 (2); IX,1, 3, 8, 9, 10 (2), 11, 12 (2), 13 (2), 14 (2), 18, 21 (2), 22 (2), 23; X,2, 3, 4, 5 (2), 6 (2), 8 (2), 9, 10, 13 (2), 14, 15 (3), 16, 17 (2), 19 (2), 21, 22 (3); XI,2 (2), 5, 7, 8, 11 (2), 13, 15, 18, 20 (2), 21, 22, 23; XII,1, 2, 3 (2), 4 (3), 6 (2), 12 (3), 13 (2), 14, 15 (2), 16 (2), 17, 18, 19 (2), 20 (3), 22, 23 (2); XIII,2, 3, 4 (2), 5, 6 (2), 7 (3), 11, 12, 13 (3), 14, 20, 22; XIV,1, 3 (2), 4 (2), 5 (2), 6 (2), 7, 8 (3), 9, 10, 11, 12, 13 (2), 16, 17, 18; XV,1, 2, 3 (2), 4, 5, 6 (2), 7 (4), 8 (2), 9, 10, 11 (2), 13, 14 (2); XVI,1, 2, 3, 4, 5, 8, 10, 12, 13, 17, 18; XIX,1 (2), 3 (2), 4 (3), 5, 6, 7 (2), 8 (2), 9 (3), 10 (2), 11, 12, 13, 14, 15, 17, 20, 22, 23, 24, 25, 27, 28 (2), 29 (2), 30 (2), 31, 32 (3), 33, 34 (2); XX,1 (2), 2, 3 (2), 6, 7, 8 (2), 10, 11 (2), 12 (2), 13, 14 (2), 15 (2), 22, 23, 24, 25 (3), 26, 27 (2), 28, 29, 31, 32, 33

1QS I,1, 2 (2), 3, 7, 9, 11, 16 (2), 18, 19, 20, 21, 22, 24; II,1, 2, 4, 10 (3), 11 (2), 12 (2), 13 (2), 14 (2), 16 (2), 18, 19, 20, 21, 24, 25; III,7, 15, 19 (4); IV,26; V,1 (3), 2 (3), 3 (3), 6 (3), 7 (4), 8, 9 (3), 10 (3), 11 (2), 12, 13, 16, 17, 18, 20 (3), 21, 22, 23 (2); VI,1, 2 (2), 3, 4 (2), 5 (4), 6 (3), 7 (2), 8 (5), 9, 10 (2), 11 (5), 12 (4), 13 (2), 14 (4), 15 (2), 16 (4), 17 (2), 18 (3), 19 (3), 20 (4), 21 (4), 22, 24 (2), 26, 27 (2); VII,2 (3), 4, 6, 10 (3), 13, 15 (2), 16, 17 (2), 18 (2), 19, 20 (2), 21 (2), 22, 24 (3), 25; VIII,1 (2), 2, 4 (2), 5 (2), 6, 7, 10 (2), 11 (2), 12, 13 (2), 15 (2), 16 (2), 17 (3), 19 (3), 20 (2), 21 (3), 22, 23, 24 (3); IX,1, 2, 3 (2), 5, 6 (2), 7 (2), 8 (3), 9, 10 (2), 12, 13 (4), 14 (3), 16, 17 (2), 18, 19 (3), 20 (2), 21 (2), 22, 23, 24; X,16; XI,10, 11, 15, 18, 20

1QSa I,1 (2), 2, 3, 4, 5, 6 (3), 7 (2), 9, 11, 13 (2), 16 (3), 17, 19, 21, 22, 23, 24 (2), 25 (2), 26, 27 (3), 28 (5), 29; II,1, 2 (3), 3, 4, 5, 7, 8, 9, 10, 11 (2), 12, 13 (2), 17, 18, 19 (3), 20, 21 (2)

1QSb I,4; III,22; V,3, 20, 21

1QpHab I,12, 13, 14; II,1, 2 (2), 3 (2), 5, 6, 7 (3), 8, 9, 10, 11 (3), 12, 14; III,1, 4, 5, 6, 9, 10, 11 (2); IV,5, 6, 8, 10, 13, 14; V,3 (2), 4, 8, 10, 11, 12 (2); VI,1, 2, 7, 10, 15; VII,1, 2 (3), 3, 4, 5, 7 (2), 8, 10, 11, 12 (3); VIII,1, 2, 3, 5 (2), 7, 8 (2), 9, 16; IX,5 (2), 6, 7 (2), 9 (2), 10, 12, 16; X,3, 9 (2), 14, 15 (2); XI,1 (2), 2, 4 (2), 5, 7, 12, 14 (2); XII,2 (3), 3, 4 (2), 5, 7, 8 (2), 12, 13, 14; XIII,1 (2), 2 (2), 3 (2), 4 (2)

1QM I,1, 2, 3 (2), 4 (2), 14 (3); II,1 (3), 2 (2), 3 (3), 4, 5 (2), 6 (4), 7 (3), 8 (2), 9 (3), 10 (3), 12 (4), 13 (2), 14 (3), 16; III,1 (5), 2 (5), 3 (2), 4 (3), 6, 7 (3), 8 (2), 9, 10 (4), 11 (2), 13 (4), 14 (2), 15 (2), 16 (2); IV,1, 2 (2), 3 (2), 4 (2), 5, 8, 9 (4), 10 (4), 11, 13, 15, 16, 17; V,1, 3 (2), 4, 5, 6, 7 (4), 8, 9 (2), 10 (2), 11 (2), 12 (2), 13 (3), 14, 16 (2), 18; VI,1 (3), 2 (4), 3 (2), 4 (2), 5 (3), 6, 8, 9 (3), 10 (3), 11 (4), 12, 13, 14, 17; VII,1 (3), 2 (4), 3, 6, 7, 9 (4), 11, 12 (4), 13 (6), 14 (3), 15 (4), 16 (2), 17 (2), 18 (2); VIII,1 (2), 2 (3), 3 (3), 4 (3), 5, 6, 7, 8 (3), 9 (3), 10, 11 (2), 12, 13 (3), 14 (3), 15 (2), 16; IX,1 (3), 2 (4), 3 (3), 4 (3), 5, 6 (4), 7 (4), 8, 10 (2), 11, 12 (2), 13 (4), 14, 15 (2); X,2 (2), 3, 5, 7 (2), 8, 9 (2), 12, 18; XI,1 (2), 2 (2), 4 (2), 5, 13, 15 (2), 16, 17; XII,8, 9, 17,

18; XIII,1 (3); XIV,2 (3), 3 (3), 4, 8 (2); XV,1, 2 (2), 3, 4 (4), 5, 6 (3), 12 (2), 13; XVI,1, 3 (3), 4 (5), 5 (2), 6, 7 (2), 8 (2), 9 (4), 11 (2), 12 (3), 13 (2); XVII,5, 6, 10 (6), 11, 12, 13 (3), 14 (4), 15, 16; XVIII,1, 3 (2), 4 (2), 5 (5), 6, 8, 10, 12, 13 (2); XIX,1, 9 (3), 10 (2), 11, 12

1QHa IV,14, 20 (2), 24; V,15, 20; VI,8, 18, 24; VII,9, 21; VIII,12, 17 (3), 18; IX,5 (2), 21 (2), 22 (5), 23, 26 (3), 27 (4); X,20; XI,24, 33 (2), 35; XII,24 (3), 26, 29; XIII,17; XV,33; XVI,17, 22; XVII,18, 32; XVIII,11, 14, 15; XIX,6, 18, 29 (2); XX,10; XXI,11, 16; XXII,8, 13; XXVII,8; 2i8; 3,11, 14, 18; 4,15; 5,12 (2), 13; 8,9

1Q14 1-5,3; 7,3; 8-10,4, 6, 7, 8; 17-19,3, 5 (2); 22,2

1Q15 2

1Q16 8,2

1Q17 4, 5

1Q19 1,3; 3,5 (2); 11,2

1Q19bis 2,1

1Q22 1i1, 2, 3, 4 (2), 6, 8, 9, 10; 1ii1, 2, 4, 6, 8, 9 (2), 10 (2); 1iii1, 4, 6, 7, 9, 10; 1iv1, 5, 7, 8, 10 (2), 11; 42,2; 46,1

1Q25 1,4; 4,7; 5,2, 6

1Q26 3,1

1Q27 1i5 (3), 6 (2), 8 (2), 9 (2); 1ii3, 4 (2), 10; 9-10,1

1Q29 1,2, 4, 6; 2,2 (2); 3-4,5; 5-7,1, 2, 3, 4 (2), 6

1Q30 1,2; 2,2; 3,3 (2)

1Q31 1,1 (2)

1Q34bis 2+1,3; 3ii1, 3, 4, 6

1Q35 1,6

1Q36 1,4; 11,2

1Q39 1,3

1Q41 1,2; 3,1

1Q50 1,3, 4

2Q22 I,2

2Q23 1,7

2Q25 1,2 (2); 2,4

3Q4 6

3Q5 4,2

3Q7 2,1; 5,3

3Q14 3,3

3Q15 I,2 (2), 5, 6, 7, 8 (2), 10 (3), 11 (2), 12, 13, 14; II,1 (2), 3 (2), 4, 5, 7 (2), 10 (2), 11, 12 (2), 14; III,1 (2), 5 (3), 10 (2), 12; IV,1, 3, 6, 9 (2), 11, 13; V,1, 2, 3, 8, 9 (2), 12; VI,1, 3, 7, 8 (2), 11, 12, 14; VII,1, 4 (2), 9, 11, 12, 14 (2), 15; VIII,4, 5, 8, 10 (2), 12, 14; IX,1, 4 (2), 7 (2), 10, 11 (2), 14, 17; X,1, 3, 4, 5, 8, 10, 12, 13, 16; XI,2 (2), 3, 5 (2), 6 (2), 8, 9 (2), 16 (2); XII,1, 2 (2), 3, 4 (3), 6, 7, 8 (3), 9, 11 (2)

4Q88 IX,7, 9

4Q158 1-2,9 (2), 11, 12, 13 (2); 3,2; 4,2, 4 (2), 5; 5,2, 5; 6,3, 4, 5 (2); 7-8,4, 5, 6, 9; 10-12,2, 5, 7, 8 (2), 9 (2); 14i2, 3

4Q159 1ii3, 5, 6, 7, 8 (2), 9 (2), 10 (2), 11, 12, 13 (2), 14, 16; 2-4,2, 4 (2); 5,5, 6

4Q160 1,4, 5

4Q161 1,4; 5-6,2, 3, 8, 10; 8-10,4, 5, 17, 20, 21, 24

4Q162 I,2; II,1 (5), 2, 6, 9 (2), 10; III,5, 6

4Q163 2-3,1 (2), 4; 4-7i6; 4-7ii4, 8, 10, 14 (2); 8-10,3, 5 (2), 11; 11i5; 12,5; 13,2, 3, 4; 14,2; 15-16,2; 21,2, 7 (2); 22,1, 5; 23ii10 (3), 14a; 25,8; 27,1, 2; 30,3; 35,1; 36,4; 57,1

4Q164 1,2 (2), 3 (2), 5 (2), 6

4Q165 1-2,1, 3 (2), 4; 5,2, 6; 6,7; 9,3

4Q166 I,10; II,1, 3, 5, 13, 16

4Q167 2,2, 3; 10,3; 11-13,9; 19,1

4Q169 1-2,2, 3 (2), 6, 10; 3-4i2, 5, 6, 7, 8, 11; 3-4ii1, 2 (2), 4, 7, 12 (2); 3-4iii1, 3 (3), 7, 9 (2); 3-4iv1, 3

4Q171 1-2i18; 1-2ii2, 3, 6, 7, 9 (2), 10, 13, 14 (2), 18 (2), 22; 1+3-4iii1, 3, 7, 8, 10 (2), 12, 15 (2), 19; 3-10iv2, 4, 8 (3), 14, 19

4Q172 2,1, 2; 4,2; 5,2

4Q173 1,4, 5, 7; 2,1, 2; 3,1; 5,3, 4

4Q174 1-2i1, 2 (2), 3, 8, 11 (2), 12 (2), 13, 14, 15, 16 (3), 17, 19 (2); 1-3ii1 (2), 2, 3; 4,1, 3; 5,4; 6-7,3, 7; 9-10,1 (2), 2; 11,1; 13,3; 15,2

4Q175 2 (2), 4, 6, 7, 9, 10, 15, 22 (3)

4Q176 1-2i1, 8, 10; 8-11,2, 12; 17,7, 8; 20,2

4Q177 1-4,5, 6, 9, 12, 13, 14, 15 (2), 16; 5-6,1 (2), 2 (2), 3, 4, 5, 9, 12, 13 (2), 16 (2); 7,3, 4, 5; 8,4; 9,3, 4, 6, 8; 10-11,4, 5, 7 (2), 9; 12-13i2, 8, 9 (2); 14,1, 5; 15,2; 19,4; 20,4

4Q178 1,3, 5, 6; 2,3; 3,4; 7,1; 9,2, 3

4Q179 1ii2, 9, 10, 11, 13 (2); 2,4

4Q180 1,1, 5, 7; 2-4ii3, 9; 5-6,2

4Q181 2,2

4Q182 1,1; 2,1

4Q183 1ii6

4Q185 1-2i13; 1-2ii1, 11

4Q186 1i6; 1ii6 (2), 7, 8 (2), 9; 1iii6; 2i1, 7

4Q200 2,5; 5,2; 6,1 (2), 3, 5; 7ii2; 8,1

4Q215 1-3,3

4Q215a 1ii4, 5 (2), 6 (2), 9, 10 (2), 11

4Q216 I,4, 5, 6 (3), 14, 15, 17; II,4, 5 (2), 10, 15, 17; V,1, 4 (2), 5 (2), 6, 7, 8, 9, 12, 14; VI,4, 5 (2), 11, 14; VII,1, 2, 3 (2), 4 (2), 6, 8, 9 (2), 12 (2), 13, 14, 17 (3)

4Q217 1,2, 3; 2,1, 2 (2), 3; 7,1

4Q218 2, 3, 4 (3)

4Q219 I,11, 32, 33, 34, 35, 36; II,11, 17, 27, 30, 31 (2), 35, 36

4Q220 3, 4 (2), 5 (3), 6 (3), 7 (4), 8 (3), 10

4Q221 1,3, 4, 9; 3,4; 4,5; 5,3, 4; 7,5, 8; 19,2

4Q222 3,3

4Q223-224 1i1, 3; 2i54 (2); 2ii5, 8, 48 (2), 52; 2iii8, 10; 2iv3, 7, 9, 11; 2v7, 11, 12, 29 (2); 3ii1; 44,4

4Q225 1,1, 7 (2), 10; 2i1 (2), 5, 6 (3), 9, 12, 13; 2ii6 (2), 13, 14; 3ii10

4Q226 1,4, 5, 6 (2); 3,3; 5,2; 6,4; 7,6; 11,2

4Q227 1,1; 2,3, 4, 6

4Q228 1i2; 1ii1, 2

4Q247 2 (2), 5

4Q248 7, 9

4Q249 2,3, 6, 7; 12,5

4Q249c 6

4Q249d 3

4Q249e 1ii4

4Q249g 3-7,6

4Q249j 1,4

4Q249k 4

4Q249p 4, 9, 10

4Q250 4

4Q251 1-2,4 (2), 5 (2), 7; 3,1; 8,3; 9,2 (2), 3 (2), 4 (2), 6; 10,3, 4 (2), 5 (3), 6 (2), 8 (2); 13,2; 14,1 (2), 2; 15,3; 16,3; 17,1; 18,2, 4

4Q252 I,3, 4 (2), 5 (2), 6, 7 (3), 8, 9 (3), 10 (3), 11 (2), 12, 13 (2), 14 (3), 15, 17, 18 (2), 19, 21 (2), 22; II,1, 2 (3), 4, 6, 11 (3), 12; III,3 (2), 5; IV,2, 3; V,2 (2), 3 (2), 5 (2); VI,3

4Q253 1,3; 2,1, 3, 5; 3,1

4Q253a 1i5; 1ii3

4Q254 1,2 (2); 4,2, 4; 5-6,2

4Q254a 1-2,1, 2 (2), 4; 3,2, 4, 5

4Q255 1,1; A,4

4Q256 II,1, 3, 12; III,3; IX,3, 6 (2), 8 (2), 9, 11; XI,6, 8, 11, 12; XVIII,1, 3, 7

4Q**257** II,1, 7
4Q**258** I,1 (2), 2 (2), 5 (3), 6, 7 (3), 8, 9, 10; II,1, 2, 3 (2), 6, 10; III,2; VI,4, 5, 8, 12; VII,1 (3), 2, 3, 4, 6 (2), 7; VIII,1, 2, 3 (2), 4 (2), 5, 6 (2), 7, 8
4Q**259** I,7 (2), 11, 14; II,5, 6, 7, 13 (2), 15, 16; III,2, 4 (3), 6, 8, 9 (2), 10 (2), 14, 15, 16, 18 (2); IV,1, 3, 4
4Q**260** I,2; IV,3
4Q**261** 1a-b,4; 2a-c,5; 4a-b,1; 5a-c,7; 6a-e,4
4Q**262** B,4
4Q**263** 3
4Q**264** 5
4Q**264**a 1,2, 3 (2), 7
4Q**265** 1,3; 3,3; 4i7; 4ii1, 2, 3, 4, 5, 6 (3), 8 (2); 5,1 (2); 6,1, 2, 4, 5, 6 (3), 7, 8; 7,1, 7, 8, 9, 10, 11, 14; b,5
4Q**266** 1a-b,2, 6; 1c-f,1, 3; 2i18; 2ii18; 3i3; 3ii6, 11 (2), 18; 3iii18, 21, 23 (2); 5i3, 5, 12, 14, 16, 17 (2); 5ii4, 7, 10, 11, 13, 15; 6i1, 2 (3), 3 (3), 4 (3), 5 (2), 6, 8, 9 (3), 10 (4), 11 (4), 12 (3), 13 (2), 14; 6ib,1; 6id,1; 6ii1, 4 (3), 13; 6aiii2; 6iii2, 4, 5; 6iv2 (3), 3, 4, 9; 7ii6, 10; 7iii2 (2), 3, 5; 8i2, 4 (2), 5, 9 (2); 8ii2 (2), 3, 5; 8iii4 (3), 5, 7; 9ii2; 10i1, 3, 4, 5, 6 (2), 7, 10, 11, 14; 10ii7, 10, 12, 13; 11,1, 2, 5, 6 (3), 7, 8 (4), 9 (3), 12, 14 (2), 15, 16, 17 (3), 18 (2), 19, 20; 13,1, 5; 15,1; 16a,1; 16b,2; 23,1; 34,1; 49,1; 52,2; 59,1; 66,1
4Q**267** 2,1, 4, 6, 9, 11 (2), 12, 15; 3,4; 6,2; 8,4, 6; 9iv2, 9; 9v6, 7, 8, 10 (2), 11, 12 (2), 13; 9vi1; 10,2
4Q**268** 2,1; 3,3
4Q**269** 2,5 (2); 4i1; 5,1, 2; 7,1, 2, 3, 4, 7 (2), 8, 9, 10, 11, 12, 13; 8ii2 (3), 3, 5; 11i4; 11ii+15,1
4Q**270** 1bii3; 2i11 (2); 2ii6, 8 (2), 9 (2), 14; 3i17; 3ii12, 13, 15, 16, 19, 20; 3aii1, 2; 3iii15, 19, 20; 4,2, 5, 6, 8, 12, 14, 19; 5,15, 17; 6ii6, 10, 18; 6iii14, 16, 17; 6iv3, 11, 15 (2), 16, 17 (2), 18, 19, 20; 6v4, 16 (2), 17; 7i6, 11, 12, 13, 14 (2), 15, 17, 18, 19, 20 (3), 21; 7ii11, 12, 13, 14, 15
4Q**271** 1,2; 2,1 (2), 2 (2), 3 (2), 4, 6 (2), 9 (3), 10 (2), 11, 12 (2), 13; 3,2, 14; 4ii2 (2), 3 (2), 4, 6, 9, 10, 13 (2), 16 (2); 5i4 (2), 7, 13, 15, 16, 17, 19 (2), 20; 5ii20
4Q**272** 1i2, 3, 5 (3), 6a, 6, 7 (2), 8 (2), 9 (2), 10 (2), 11, 14, 15, 16, 18, 19 (2), 20; 1ii1 (2), 7, 8, 9 (2), 13, 15, 16
4Q**273** 1,1; 2,1; 4i6; 4ii3 (2), 4, 5, 6, 7, 10, 11 (2); 5,4; 6,1; 9,2
4Q**274** 1i1, 2 (2), 3, 4 (3), 7, 8 (3), 9 (2); 2i2 (2), 3, 4 (2), 5 (2), 7 (2), 9; 2ii6; 3i8 (2); 3ii2, 4, 6, 7, 8 (2), 12
4Q**275** 1,2, 3; 2,1, 5; 3,1, 3
4Q**276** 2, 5, 7, 9
4Q**277** 1ii1, 3 (3), 4 (2), 5 (3), 6, 7 (3), 8, 9, 13 (2); 2,4
4Q**278** 7
4Q**279** 3,1; 5,2, 4, 5, 6 (2)
4Q**280** 2,1, 7; 3,2
4Q**281**e 2
4Q**282**j 7
4Q**282**q 1
4Q**284** 1,5, 8; 2ii4 (2); 3,2 (2); 4,6; 5,1
4Q**284**a 1,3, 4 (2); 2,4
4Q**285** 3,2; 4,2, 6 (3), 7, 9 (2); 7,1, 4; 8,7, 10
4Q**286** 4,4; 5,1; 7i1; 7ii1, 5, 7; 12,1; 20,4
4Q**287** 3,2; 4,2; 5,13
4Q**288** 1,1
4Q**289** 1,4, 5; 2,1
4Q**290** 3
4Q**291** 1,2
4Q**292** 2,4
4Q**293** 1,3
4Q**298** 5ii8
4Q**299** 1,2; 3aii-b,1, 3; 6ii2, 17; 9,1; 19,1; 28,1; 30,4; 32,2, 3; 35,1; 42,4; 55,2; 64,1; 69,3; 73,3; 76,3; 79,8; 81,1
4Q**300** 1aii-b,1 (2), 2 (2), 3; 3,5 (2), 6; 6,1; 9,2; 13,1
4Q**301** 2b,1
4Q**302** 2ii2
4Q**304** 1, 2
4Q**306** 1,1, 5, 6 (2); 2,3 (2), 5
4Q**307** 1,6 (2)
4Q**313** 2,1
4Q**317** 1+1aii8; 2,28; 3,33; 7ii5; 24,4
4Q**319** IV,13, 17, 18, 19; V,5 (3), 7, 9, 12 (2), 13; VI,9, 11, 14, 16, 18, 19; VII,7, 8; 9,3; 10,4; 12,2, 3; 13,1 (2), 4, 5; 22,2; 27,1; 30,1; 62,2; 74a,1; 77,5; 89,2; 92,3
4Q**320** 1i1, 2, 4; 1ii3, 4 (2); 2,13, 14; 3i9, 12, 13 (2); 3ii12, 13, 14; 4ii10; 4iii1 (2), 2, 3, 4, 5, 6, 7, 9, 11, 12, 13; 4iv2, 3, 4, 6, 7, 8, 9 (2); 4v1, 2, 3 (2), 4, 5, 6, 7, 10, 11, 12 (2), 13; 4vi1, 2, 5, 6, 7, 8 (2), 9; 10,1
4Q**321** I,4, 5, 6; II,8 (2); III,6, 7; IV,6, 7, 8; V,1 (3), 2 (3), 3 (4), 4 (5), 5 (5), 6, 7 (3), 8 (2), 9 (5); VI,1, 2 (2), 3, 4, 5, 6 (2), 7 (5), 8 (5), 9 (5)
4Q**321**a II,8; IV,6; V,8, 9
4Q**322** A,2
4Q**323** 4
4Q**324**a 1ii3, 4
4Q**324**d 1,1; 3ii2, 3; 5,1; 6,3; 7ilftmarg,0; 7ii2; 12,2
4Q**325** 1,3 (2), 6 (2), 7; 2,4; 3,2
4Q**326** 3
4Q**328** 1 (2), 2
4Q**329** 2a-b,2, 3 (2), 4, 5
4Q**329**a 5
4Q**330** 1ii1, 3; 2,4; 3,2
4Q**332** 1,6
4Q**333** 1,5
4Q**340** 1
4Q**348** 18
4Q**364** 2,1; 3ii5; 4b-eii10; 5a-bi2; 6,3; 7,2; 8ii1; 9a-b,10 (2); 10,3; 12,2; 14,2, 3, 4 (2), 5 (2); 17,2 (3), 3 (4), 4 (2), 5; 19a-b,8, 10, 14; 20a-c,6, 8 (2); 21a-k,1, 24; 24a-c,11, 12 (3), 14 (2), 15; 25a-c,7; 26bi5; 26bii+e,4, 5 (2), 8 (2); 28a-b,3; 30,3, 6, 7; 32,3, 4; K,3; BB,2
4Q**365** 1,1; 2,2, 3, 4, 9; 3,3; 6ai1, 2, 5, 8, 9, 11, 13; 6b,4, 6; 6aii+6c,10, 11, 12, 13; 7i3, 4 (2); 7ii1, 3; 8a-b,1, 2 (2), 3; 9a-bi3 (2), 4; 9bii1, 2 (2), 4; 12ai2; 12a-bii6 (2), 7, 9, 10 (2), 14 (2); 12biii4 (4), 7 (2), 10 (4), 11 (2), 12, 13; 15a-b,2, 3, 4, 5; 17a-c,2, 5; 18,1, 4; 19,3; 20,1; 22a-b,2 (2), 3, 4; 23,1, 4, 6 (2), 8, 9 (2), 10 (2), 11; 24,3; 27,1 (2), 2, 3 (2); 28,1, 5; 31a-c,3, 5 (2), 6, 15; 32,3, 5 (3), 6, 7, 8, 9 (2), 10, 11, 14; 33a-b,2 (2); 34,1, 3; 37,2 (2); A,3, 4; Q,2; R,1; W,3; X2
4Q**365**a 1,2, 5, 6; 2i2, 3 (2), 4 (2), 5 (3); 2ii2 (2), 5 (2), 6 (2), 8, 9 (2), 10; 3,1, 3, 5; 4,1; 5i2, 3, 4 (2), 5; 5ii1
4Q**366** 1,5, 7; 2,5; 3,2; 4i6; 5,2 (2), 3 (2)
4Q**367** 1a-b,4, 6, 11, 13; 3,6 (3), 9 (2)
4Q**368** 1,2; 2,9; 5,2; 6,2; 10i7
4Q**369** 1ii5
4Q**370** 1i2, 3, 4, 5, 6 (3), 8
4Q**371** 1a-b,4; 7,5
4Q**372** 1,3, 4, 5, 7 (2), 9, 16, 18, 27, 30; 2,4, 9, 11, 13; 3,1, 10; 6,1; 9,1, 3, 5; 14,2 (2); 15,2; 16,1; 19,3
4Q**373** 1a+b,4, 5
4Q**374** 2i4; 2ii3, 5
4Q**375** 1i1, 2, 3, 4, 5, 7 (2), 8, 9 (2); 1ii5, 6, 7, 9
4Q**376** 1i1 (2); 1ii1 (2), 2 (3); 1iii1 (4), 3
4Q**377** 1i2, 5 (2), 8 (5); 2i6, 8; 2ii3, 4, 5, 8 (2), 9 (3), 10, 11
4Q**378** 3i4, 9; 3ii+4,4, 7 (2); 10,4; 11,3; 13i5; 14,2; 21,2, 3; 23,3; 26,2, 6

4Q**379** 12,1, 2, 4, 5, 6, 7 (2); 13,3; 18,1; 22ii1, 8; 38,1
4Q**381** 15,4, 6; 16,1; 24a+b,4, 10; 31,7, 8; 40,2; 69,2, 6; 76-77,14, 16; 78,6
4Q**382** 2,2; 9,2, 3, 4, 5, 10; 15,1; 38,4; 49,4, 7; 55,2; 105,5, 6; 111,4; 114,1; 118,2; 127,1
4Q**383** 6,1; A,2, 3; B,2
4Q**384** 9,2, 3; 10,6; 20,3
4Q**385** 2,1 (2), 5, 7; 3,2, 6; 4,2, 3 (2), 5 (2); 6,5, 7 (2), 9, 10 (2), 11, 13 (3), 14 (2)
4Q**385**a 3a-c,3, 9; 4,2, 4, 7; 5a-b,4; 11i5; 13a-b,6; 15i3; 16a-b,5, 6; 17a-eii1, 3, 4; 18ia-b,2, 4, 5, 6, 7; 18ii9; B,1; K,2
4Q**386** 1i4; 1ii4, 6, 7 (3), 9
4Q**387** 1,5; 2ii5 (5), 8; 2iii3 (2), 4 (2), 5 (2), 7; 3,1, 7, 8 (2); 4i2
4Q**387**a 6,2; 7,1
4Q**388** 6,5, 6
4Q**388**a 3,1; 4,2; 6,3; 7ii2, 3, 6 (2), 9, 10
4Q**389** 1,4, 6; 2,6; 4,2; 8ii2, 5, 6, 7 (2)
4Q**390** 1,4, 5 (2), 6, 7 (3), 8 (2), 9, 11, 12; 2i2, 4, 5, 6, 7, 8; 2ii9
4Q**391** 1,2; 6-7,1; 22,1; 25,2; 55,3; 59,2; 65,8, 10; 66,2
4Q**392** 1,4, 5, 9; 2,3 (2); 3,5; 4,1; 6-9,3, 4
4Q**393** 1ii-2,2; 3,2 (3), 5, 8; 5,3
4Q**394** 1-2ii7, 8; 1-2v6; 3-7i2, 6, 11, 12, 13, 14 (3), 15 (2), 16 (2), 17 (4), 18 (2), 19 (2); 3-7ii2, 13, 14, 16, 19; 8iii7, 8, 9, 16, 19; 8iv2, 4, 5, 6 (2), 7 (2), 8, 9 (2), 10 (2), 12; 8v11, 13; 9,2
4Q**395** 5, 6, 8, 9, 12
4Q**396** 1-2i2 (2), 3, 4, 5; 1-2ii1, 3, 6, 8, 9; 1-2iii2 (2), 3, 4 (2), 5, 8, 11; 1-2iv1 (2), 2, 3 (2), 4 (3), 9 (2), 11
4Q**397** 1-2,3, 4; 3,1, 2; 4,2; 5,1, 5; 6-13,3 (3), 5, 8 (2), 11 (3), 12 (3); 14-21,4 (2), 5 (2), 7 (2), 8, 12 (2), 13 (4)
4Q**398** 1-3,1, 2; 5,4; 7,1, 2; 11-13,1, 3 (2), 4, 5; 14-17i6 (3); 14-17ii3, 6, 7 (2)
4Q**399** 1ii4
4Q**400** 1i1 (2), 7, 20; 1ii8; 3i1, 2; 3ii+5,9
4Q**401** 15,2
4Q**402** 8,3, 5
4Q**403** 1i1, 2, 3 (2), 4, 5, 6, 13, 18, 21, 30 (3), 31 (2), 38; 1ii12, 13 (2), 18 (2), 23, 24, 25, 26, 27, 28, 29, 32, 33, 36
4Q**405** 3ii11, 15; 8-9,1; 11,4 (3), 5 (2); 12,2; 13,4; 15ii-16,3, 5, 6, 7; 18,4; 19,7, 8; 20ii-22,6, 7 (2), 8, 9 (2); 23i7, 9; 23ii11; 50,2; 56,1; 94,2
4Q**406** 1,4 (2), 5; 3,3
4Q**408** 1,1, 2 (2); 2,4; 3+3a,6 (3), 7 (3), 8, 9, 10; 11,2, 5
4Q**409** 1i1, 6, 8, 9
4Q**410** 1,8
4Q**411** 1ii12
4Q**412** 1,2
4Q**414** 7,2, 5, 11; 13,10; 23,3
4Q**415** 2ii3; 13,3
4Q**416** 1,7, 12, 13; 2iii7, 17
4Q**417** 1i8, 14 (2), 16, 19; 2i2 (2); 3,2; 13,4, 5; 20,1, 6
4Q**418** 2+2a-c,4; 8,12; 34,2; 43-45i1, 6, 11; 45ii15; 46,2; 55,7; 65,2; 68,2; 69ii5, 9; 71,2; 81+81a,12; 103ii8 (2), 9; 104,1; 123ii3; 126ii10; 127,2; 130,3; 140,2; 148ii2; 150,3; 159ii2; 172,2, 8, 13; 176,2; 185a+b,2; 239,2
4Q**418**c 10
4Q**419** 1,1, 4; 6,2; 11,3
4Q**421** 1ai3, 4 (2); 13,2 (2), 6
4Q**422** I,8 (2), 10; II,3, 4, 5, 6 (2), 7 (2), 8; 7,2; III,2, 8, 10; T,2
4Q**423** 1-2i7 (2); 5,5, 6; 13,4; 14,2
4Q**426** 1i12
4Q**427** 7i6, 18, 21; 7ii12, 14, 15; 8i13; 8ii16; 16,3
4Q**428** 20,2
4Q**431** 1,6
4Q**433** 1,4
4Q**433**a 2,5
4Q**434** 7b,3
4Q**439** 1i+2,4
4Q**440** 3i20, 23
4Q**443** 1,9
4Q**444** 1-4i+5,6 (2), 8, 9
4Q**448** II,2; III,8
4Q**449** 1,2 (2); 3,2
4Q**455** 1
4Q**456** 1,3
4Q**457**b I,2
4Q**458** 1,2, 8 (2), 9, 10; 2i2, 3, 5, 6; 2ii4, 5; 9,1; 15,2
4Q**460** 2,2; 5,2; 7,2, 9; 8,2; 9ii2
4Q**461** 4,2
4Q**462** 1,7, 8 (2), 9 (2), 10 (2), 11, 17
4Q**463** 2,2, 4
4Q**464** 3i8; 3ii2; 5ii3, 4
4Q**465** 3
4Q**466** 4
4Q**467** 1+2,3
4Q**468**e 2, 3
4Q**468**f 2
4Q**468**g 5
4Q**468**i 3
4Q**468**dd 1, 3
4Q**469** 2,2; 3,1
4Q**470** 1,4, 5, 6; 2,1 (2); 3,3, 5
4Q**471** 2,9
4Q**473** 2,4
4Q**474** 9
4Q**475** 3, 6
4Q**476** 3ii5, 7
4Q**476**a 1,2
4Q**477** 2i1, 3; 2ii3, 4, 6
4Q**483** 1,2
4Q**487** 38,2
4Q**491** 1-3,5 (3), 6, 7 (3), 8, 9 (5), 10, 11 (6), 12, 13 (4), 14 (5), 15 (3), 16 (4), 17 (4), 19 (2); 4,3 (2); 8-10i6 (2), 13, 17; 10ii7, 9, 10, 11 (2), 12, 13 (2); 11i15, 16, 18, 20; 11ii6, 7, 8, 9, 16 (2), 17, 19 (3), 20, 21 (2), 22, 23 (2); 12,4; 13,2, 3, 6 (2), 8; 14-15,5, 6, 7 (2); 16,2; 17,4; 19,2, 4; 21,1, 2; 23,5; 24,3; 25,1; 30,1
4Q**492** 1,8, 9, 11 (2)
4Q**493** 1 (2), 2 (2), 3 (3), 4 (2), 5 (2), 6, 7 (2), 8, 9 (6), 11, 12, 13, 14
4Q**494** 2 (3), 3, 4
4Q**496** 4,2; 7,4; 10,2, 3, 4, 5, 6; 12,2; 13,2, 3; 16,5; 31,1, 3, 4, 5; 32,2, 3, 6; 57,4
4Q**499** 39,1
4Q**500** 1,4
4Q**501** 2, 3
4Q**502** 2,7; 6-10,6, 9; 11,3; 14,7; 22,4; 24,2; 64,1; 85,2; 94,4; 108,3; 142,1; 163,2
4Q**503** 1-6iii1, 2 (2), 4, 7 (2), 9, 10, 12, 13, 14; 7-9,1; 10,1 (2), 2, 3; 11,3; 17,2; 18,2; 14,1; 15-16,6, 8, 9; 24-25,3; 29-32,4, 20, 23; 33i+34,1, 7, 19; 33ii+35-36,1 (2), 10; 40ii-41,4; 51-55,6a, 13; 60,2; 61,1; 64,7, 8; 66,1; 70-71,4 (2); 72,3, 4; 76,3 (2); 82,3; 86,4; 133,1; 135,2; 146,2; 204,1; 216,2; 224,1
4Q**504** 1-2ii10; 1-2iii3, 5, 10, 13 (2), 14; 1-2iv3, 5, 8 (2), 10; 1-2v10, 18; 1-2vi3, 4, 13 (3), 14 (2), 17; 1-2vii4, 7, 8; 3ii2, 5, 10, 14 (3), 15; 4,3, 4, 6; 5ii6; 8,13; 8V1; 22,4; 26,8

4Q505 124,2; 125,4; 129,1
4Q506 124,5; 131-132,11, 12
4Q507 2,1
4Q508 2,4 (2); 4,1
4Q509 1-2,5; 4,4; 5-6ii4, 5; 7,5; 8,1; 12i-13,1 (2), 2, 3; 97-98i2; 131-132ii9; 183,1; 188,4 (2); 205,2; 206,1; 212,1; 232,2; 286,1
4Q510 1,1, 6
4Q511 1,4; 2i7; 3,4; 8,12; 11,8; 15,6; 30,5; 37,3; 42,6; 52+54-5+57-9,1 (2), 2 (3), 4; 63-64ii5; 73,1; 90,1; 96,2, 4; 115,2; 192,1
4Q512 34,16, 17; 23,2, 3; 24-25,4 (2); 15i-16,9; 7-9,1; 1-6,1, 9, 12; 40-41,4; 42-44ii6; 48-50,4, 5; 51-55ii4, 9 (2), 12; 56-58,3; 64,4; 185,2
4Q513 1-2i3, 4 (3), 5 (2); 2ii2 (2), 3, 5; 10ii5, 7; 18,3, 4; 20,3
4Q514 1i2, 5 (2), 6, 7, 8 (2)
4Q520 45,3
4Q521 2ii+4,1, 4; 2iii4; 7+5ii4 (2), 6
4Q522 1,1; 3,2; 5,3; 7,3; 8,1; 9i+10,10, 15 (2), 16; 9ii3, 4, 5, 6, 8, 9 (2), 10
4Q523 1-2,3, 4; 4,1
4Q524 6-13,5, 6; 15-22,1
4Q525 2ii+3,2; 2iii1; 10,3, 7; 14ii22; 19,4, 5 (2); 21,6; 29,3; 30,2; 31,2; 38,2; 39,2
4Q527 3
4Q528 4, 5 (2)
4Q577 4,4; 7,4
5Q10 1,2, 5; 2,2
5Q12 3, 4, 5
5Q13 1,2; 4,1; 9,3
5Q14 4
5Q17 1,2, 3
6Q9 1,2; 21,3; 29,2; 30,2; 56,1; 57,1
6Q11 4, 6
6Q12 3
6Q15 2,2; 3,4
6Q18 6,2; 11,1; 20,2
6Q20 2, 4, 5
8Q5 1,2 (3), 3, 4; 2,5, 6
11Q5 XVIII,5, 6; XIX,17 (2); XXII,4; XXIV,6 (2); XXVII,2, 5, 6 (2), 7, 8 (3), 9, 10 (2), 11; XXVIII,5, 6 (3), 7, 8, 9 (3), 10, 11 (2)
11Q11 I,6, 9, 10; II,3, 6, 10; III,1, 2, 3, 4, 6, 10; IV,2, 3 (2), 8, 10; V,2, 5, 6, 8
11Q12 1,4, 8, 9, 11; 2,2; 4,3; 5,2, 3, 4; 8,4, 6
11Q13 II,2, 4 (2), 6 (2), 7 (5), 9 (2), 14, 15 (3), 17 (2), 18 (2), 19, 20 (2), 24 (3); III,6, 17; 7,7
11Q14 1ii8, 10; 2,1 (2)
11Q17 I,4; VI,7; VII,9; VIII,6, 7; IX,5; X,6 (2); 28,5
11Q19 II,2, 3; III,6, 10 (2), 11, 13, 14, 15; IV,4, 5, 7 (2), 8; V,9, 10, 11; VI,5 (2), 8 (2); VII,1, 3, 4, 9, 11 (2), 12, 14; VIII,9, 10, 11, 13; IX,9, 13; X,9; XI,10 (2), 11 (2), 12, 13, 14; XIII,9, 10, 14, 17; XIV,3, 6, 8, 9, 10, 14, 16 (2), 18; XV,3, 6, 7, 8 (2), 11, 12 (2), 14, 15 (2), 16, 17 (2), 18; XVI,2, 3, 7 (2), 8, 9, 14 (2), 15 (2), 16 (2), 17, 18; XVII,3 (2), 6, 7, 10, 12 (2), 15; XVIII,2, 3 (2), 6, 7, 9, 10, 11, 12 (2), 15 (2); XIX,6, 7, 11, 12, 13 (2), 15 (5); XX,4, 5 (2), 6 (2), 7 (2), 11 (2), 12 (2), 13, 15 (3), 16 (2); XXI,2, 4, 5, 6, 7, 12, 13, 14, 15 (2), 16; XXII,2, 6, 7, 9 (2), 10 (2), 11, 13 (2), 15 (4), 16; XXIII,8 (2), 9 (2), 11, 13 (2), 14 (4), 15 (4), 16 (2), 17 (2); XXIV,1, 2, 3, 4, 6, 10 (2), 11 (2), 12, 13, 14, 15, 16; XXV,7 (2), 8, 9, 10 (3), 11, 12 (2), 14, 15, 16 (2); XXVI,3, 5, 6, 7 (2), 8, 9 (2), 10, 11 (2), 12, 13 (2); XXVII,3 (2), 4 (2), 5 (2), 6, 8 (2), 10; XXVIII,0 (2), 2, 3, 6, 9; XXIX,4 (2), 9, 10; XXXI,2, 4 (2), 6 (2), 7 (2), 8 (2), 11 (2), 12 (2), 13 (2); XXXII,6, 7, 8 (2), 9, 10, 11, 12, 13 (2), 14 (2), 15; XXXIII,5, 6, 7, 8, 9, 11 (3), 13, 14 (2), 15 (2); XXXIV,2, 3, 4, 5, 6 (2), 8, 9 (2), 10, 11 (2), 12 (2), 13 (2), 14, 15; XXXV,1, 10, 11, 12, 14 (2), 15 (3); XXXVI,3, 4 (2), 7 (2), 8 (2), 9 (2), 10 (2), 12 (3), 13 (2), 14 (3); XXXVII,2 (2), 4 (2), 6 (2), 7, 9 (3), 12, 13, 14; XXXVIII,6, 9, 10 (2), 13, 15; XXXIX,2, 4, 8, 9, 10, 11, 14, 15, 16; XL,1, 4, 7, 8, 9, 10, 12, 13, 15 (2); XLI,2, 7 (2), 11, 12 (2), 13, 14, 15; XLII,2, 3, 7, 8 (3), 10 (2), 12, 13, 14 (2), 15 (2), 16, 17; XLIII,2, 3, 4, 6 (3), 7 (4), 8 (3), 9 (4), 10, 12 (2), 14, 15, 16, 17 (2); XLIV,2, 7, 8 (2), 9, 10, 11, 14, 15 (2), 16; XLV,4, 5, 6 (2), 8, 9 (3), 10, 12, 13, 16, 17; XLVI,2, 3, 4, 5, 6, 10, 13, 14, 15, 16, 17, 18 (3); XLVII,3, 10, 15, 17 (2); XLVIII,1, 3 (4), 4 (3), 5, 11, 17 (2); XLIX,4, 5, 6 (2), 7, 9 (2), 11 (2), 14 (2), 16, 17 (2), 18, 19 (2), 21; L,2, 3, 4 (2), 5, 6, 7 (3), 8, 10, 12 (2), 13, 14 (2), 15 (2), 16, 17 (2), 20 (5), 21 (3); LI,3, 4, 5, 6, 7, 11, 13 (2), 14, 15, 16 (3), 19; LII,7, 8, 11 (3), 12, 16, 17, 21; LIII,4 (2), 5 (2), 6 (4), 7 (2), 9, 15, 18; LIV,5, 6, 9 (2), 11 (4), 15 (3), 17, 18; LV,5, 6 (2), 7 (2), 9, 11, 14 (3), 16, 18, 19 (2), 20 (3), 21 (4); LVI,1, 2 (2), 3 (2), 4, 5, 6, 7, 8, 9 (2), 10 (4), 11, 12, 13, 16, 18, 21 (3); LVII,1 (2), 6, 7, 8, 12 (2), 16; LVIII,3, 4 (3), 5 (2), 7, 8 (2), 10 (2), 11 (2), 13, 14 (3), 16 (2), 17, 18 (3), 19, 20, 21 (2); LIX,10 (2), 13, 15, 17 (2); LX,1, 2, 5 (2), 6 (3), 7 (3), 8 (4), 9 (3), 10 (2), 11, 12, 13, 14 (2), 15, 16, 17 (2), 19, 20 (2), 21 (2); LXI,2 (3), 3 (2), 4 (2), 8 (4), 9 (4), 10, 11 (2), 14, 15 (2); LXII,3 (4), 4, 5 (2), 7 (2), 10 (3), 12 (3), 13, 14 (3), 15 (4), 16; LXIII,1 (2), 2 (2), 3, 4 (4), 5 (2), 6 (2), 7, 8 (2); LXIV,6, 8, 9, 10 (2), 11 (2), 12 (2); LXV,2, 3 (3), 4 (4), 6, 8 (2), 9, 10 (4), 11 (2), 13 (4), 14 (3), 15; LXVI,1 (2), 2, 3, 4 (3), 5 (3), 7 (2), 8 (2), 9, 10 (3)
11Q20 I,10, 13 (2), 15 (2), 16, 17, 18, 21, 22, 24 (3), 25 (3), 26 (2); II,2, 3; III,21 (2); IV,1, 3, 6 (2), 10, 11 (2), 13, 14, 25 (2), 26 (2); V,1, 2 (2), 3 (3), 5 (2), 6, 9, 11 (2), 14, 15 (2), 16, 19, 20 (2), 22 (2), 23, 25; VI,3, 8, 14, 16; VII,22, 23; IX,3; X,1 (3), 6; XII,8, 11, 12, 16, 19; XIII,2, 3; XIV,2, 18, 23; XV,1, 2; XVI,3, 4
11Q21 1,2; 2,2; 3,4, 5
11Q25 4,1
PAM 43.663 3,1
PAM 43.665 25,2
PAM 43.668 6,1
PAM 43.670 32,1
PAM 43.672 63,2
PAM 43.674 14,2
PAM 43.675 24,2
PAM 43.676 12,1; 13,2; 17,2; 37,2; 56,1
PAM 43.677 18,1; 22,2; 25,1 (2); 27,2
PAM 43.678 30,1; 61,1; 62,1
PAM 43.680 24,2; 50,3; 53,1
PAM 43.682 13ii3
PAM 43.685 68,1
PAM 43.686 30,3, 4
PAM 43.688 81,1
PAM 43.690 16,2
PAM 43.692 1,1; 3,1; 80,1
PAM 43.696 51,1; 74,1
PAM 43.697 94,1
PAM 43.698 1,1; 73,1
PAM 43.701 119,1
PAM 44.102 37,2

(interrogative) interrogative particle הֲ

1QpHab VIII,6		הלוא כולם משל עליו ישאו
1QpHab VIII,13		הלוא פת◦[ ]אום ויקומו / {{ו}}נ֯[ש]כ֯יך
1QpHab X,6		הלוא / הנה מעם יהוה צבאות יגעו
1Q**14** 7,2	(I)	]הלוא ◦[
1Q**14** 8-10,2	(I)	ה֯לא / [שומרון ומה במות יהודה הלא

1Q27 1i8 (I) הלוא כול / העמים שנאו עול וביד
1Q27 1i9 (I) הלוא מפי כול לאומים שמע האמת
1Q27 1i10 (I) היש שפה ולשון מחזקת בה
1Q27 12,2 (I)] / היש ערכ◦[
4Q164 2,1 (V)]◦ וכולם תלוא[
4Q169 3-4iii8 (V) התיטיבי מני אמ[ון הישבה ב]יארים
4Q185 1-2ii4 (V) הלוא טוב יום / אחד[
4Q252 I,14 (XXII) וישלח את היונה לראות הקלו המים
4Q268 1,1 (XVIII)]אחרונות הלוא כן תבואינה[
4Q299 1,2 (XX) היש שפה ולשן / [מחזקת בה
4Q300 8,6 (XX) ת]דעו היש אתכם בינה ואם[
4Q301 6,4 (XX)]הלוא ◦◦◦[
4Q302 2ii6 (XX) הלוא אתו יא[הב
4Q365 32,5 (XIII) החזק הוא[ה] / [יה]יה או רפה
4Q365 32,6 (XIII) המעט הואה ואם רב
(XIII) הטובה / [ה]יאה ואם רעה
4Q365 32,7 (XIII) המחנים אם במבצרי[ם]
4Q365 32,8 (XIII) [ומ]ה הארץ השמנה אם רזה
(XIII) היש בה עץ אם אין בה
4Q381 13,2 (XI)]◦שנך הלוא תכיר
(XI) הלוא תדע כ[י
4Q381 74,1 (XI)]הלוא [
4Q381 76-77,13 (XI) היש בינה תלמדו [
4Q382 104,7 (XIII) הנתתה להם ביד מושה[התורה
4Q385 4,3 (XXX) הלא ממהרים הימים למען יירשו בני ישראל
4Q392 1,8 (XXIX) הלוא נשכיל במה עמנו לע[שות
4Q417 2i11 (XXXIV) הלוא[שים ששון לנכאי רוח]
4Q417 19,3 (XXXIV)]◦ בדבורה הלוא ◦◦ת בכנפיה י◦◦[
4Q418 47,2 (XXXIV) ע]בודתם היעצל כי[
4Q418 55,5 (XXXIV) הלוא אל [ה]דעות / [הואה
4Q418 55,7 (XXXIV)]מעש[ה]הלוא שלום והשקט [ ]
4Q418 55,11 (XXXIV)]◦[ ]הכאנוש הם כי יעצל ובן
(XXXIV) כי יעצל ובן אדם כי ידמה הלוא / [
4Q418 55,12 (XXXIV)]עד והם אחזת עולם ינחלו הלוא ראיתם / [
4Q418 69ii3 (XXXIV)]◦[ ]◦◦רתם הלוא באמת יתהלכו / [
4Q418 69ii12 (XXXIV) הלוא באמת ישעשע לעד ודעה
4Q418 69ii13 (XXXIV) האמור יאמרו יגענו בפעלות אמת ויעפ[נו]
4Q418 69ii14 (XXXIV) הלוא באור עולם יתהל[כו
4Q418 81+81a,6 (XXXIV) ואתה {{ל}}הלוא לכה טובי ובאמונתי
4Q418 184,4 (XXXIV)]הלשכון[
4Q418 211,3 (XXXIV)]ם בכול עובודתמה הלו[א
4Q423 1-2i1 (XXXIV) הלוא גן נ[עים] / [הוא ונחמד]ל[ה]שכיל
4Q469 2,2 (XXXVI)]הלוא לקחו מוסר וה[עומדים / [
4Q511 30,4 (VII) אענה] / הימדו בשועל אנשים מי רבה
4Q521 2ii+4,4 (XXV) הלוא בזאת תמצאו את אדני כל
4Q525 16,2 (XXV)] / השריתה [
4Q525 22,4 (XXV) רש]ע יתגוללו ⟦ ⟧ הל[וא
11Q19 LIV,12 אנוכי אתכמה לדעת הישכם אוהבים את יהוה
PAM 43.685 31,1 (XXXIII)]השפטך ⟦ ⟧[
PAM 43.693 109,2 (XXXIII)]היקח[

behold! interjection **הֵא**

4Q504 7,17 (VII)]ר ראו הא / [
PAM 43.693 61,3 (XXXIII)]⟦ ⟧ הא [

difference noun **הֶבְדֵּל**

4Q300 6,1 (XX) י]דעו ההב[דל

greedy noun **הַבְהֵב**

4Q426 2,1 (XX)]איש הבהב ל[וא] ישר[

vanity, futility, breath noun **הֶבֶל-1**

1QS V,19 ולוא ישען איש הקודש על כול מעשי / הבל
כיא הבל כול אשר לוא ידעו את בריתו
1QM IV,12 גבורת אל כלת אל בכול גוי הבל
1QM VI,6 לשלם גמול רעתם לכול גוי הבל
1QM IX,9 שמן משיחת כהונתם בדם / גוי הבל
1QM XI,9 להפיל גדודי בליעל שבעת / גוי הבל
1QM XIV,12 וכול יקום הבלי[הם
1QH[a] XV,32 ובעל הבל להתבונן במעשי פלאך / הגדולים
1QH[a] 48,3]מכה בהבל או◦[
4Q184 1,1 (V) [הזונ]ה תוציא הבל ובו[
4Q258 I,10 (XXVI) ולא ישענו על [כל מע]שי ההבל
(XXVI) כי הבל כל אשר[לא ידעו] / [את בריתו
4Q267 4,11 (XVIII)]ה בהבל כי ◦◦◦◦ [
4Q299 64,3 (XX)]◦◦ ◦הבל ◦[
4Q496 15,5 (VII) גוי הב]ל[
4Q511 15,5 (VII)]◦◦ה רוחי הבלים ל[

Abel proper noun **הֶבֶל-2**

11Q12 1,6 (XXIII) זרע ב]ארץ אחר תחת הבל כיא הרגו / [קין

place, plot noun **הבסה**

3Q15 XI,5 (III) בהבסה ראש הסלע הצופא מערב / נגד

to meditate, speak, moan, mutter verb **הגה-1**

1QH[a] XIX,21]ים ולהגות הגי / ואנחה בכנור קינה
4Q174 1-2i18 (V) [למה רגש]ו גויים ולאומים יהג[ו ריק
4Q179 2,10 (V)]ל◦ והגתה
4Q294 4 (XXXVI)] יהגה יום[
4Q403 1i36 (XI) והגו כבודו בלשון כול הוגי דעת
(XI) והגו כבודו בלשון כול הוגי דעת
4Q403 1i37 (XI) דעת רנות פלאו / בפי כול הוגי [בו
4Q405 4-5,5 (XI) דעת רנות פלאו בפי כול] / ה[וגי בו
4Q412 1,6 (XX) ועתה בני שמע] / לי צדק הגה בהמה[
4Q418 43-45i4 (XXXIV) יום ו]לילה הגה ברז נהיה[ודרוש תמיד
4Q427 1,4 (XXIX) ולהגו]ת הגי יג[ון ו]אנחה בכנור ק[ינה
4Q436 1a+bi8 (XXIX) בל יהגו בפעולות אדם בשחת שפתיו
4Q525 2ii+3,6 (XXV)]כי בה יהגה תמיד ובצרתו ישוחח[בה
4Q525 14ii19 (XXV) הפק דעת לבטנכה ובגו[יתכ]ה הגה[
4Q525 23,7 (XXV)] / הפך פן יהגו באמרי[

הגו ← הגי

הָגוּי ← הגי

meditation, Hagi (?) noun **הגי, הָגוּי, הגו**

CD X,6 ומישראל / ששה מבוננים בספר ההגו
CD XIII,2 ימש איש כהן מבונן בספר ההגי
CD XIV,8 ועד בן ששים מבונן בספר / ההגי
1QSa I,7 (I) נע[וריו] / [לל]מדהו בספר ההגי
4Q266 8iii5 (XVIII) [ששה מבו]ננים ⟦ ⟧ בספר ההגי
4Q267 9v12 (XVIII) בן ששים / [שנ]ה מבונן [בספר] ההגי
4Q270 6iv17 (XVIII) [ששה] / מבוננים בספר ההג[י
4Q417 1i16 (XXXIV) והואה חזון ההגוי לספר זכרון
4Q417 1i17 (XXXIV) ועוד לוא נתן הגוי לרוח בשר

meditation noun **הֶגִי, הֲגִיא**

1QH[a] XIX,2 מעיני ויגון[ ]◦◦◦◦◦ ◦◦◦◦[ ] / בהגי לבי
1QH[a] XIX,21]ים ולהגות הגי / ואנחה בכנור קינה
4Q427 1,4 (XXIX) ולהגו]ת הגי יג[ון ו]אנחה בכנור ק[ינה

4Q427 7i17 (XXIX) [בכ]ול קצים השמיעו הגידנה הביעו
4Q491 11i21 (VII) ה]שמיעו בהגיא רנה [

הֲגִיא ← הֲגִי

meditation noun **הִגָּיוֹן**

4Q445 1,3 (XXIX)]הגיוני◦[

Hagar proper noun **הָגָר**

4Q254 2,2 (XXII) ה]גר ע◦[
4Q365 1,1 (XIII) [ותרא ש]רה את בן הגר המצרית

הַד ← הוד-1

הֲדָה ← הוֹדָה

footstool noun **הֲדוֹם**

4Q286 1ii1 (XI) מושב יקרכה והדומי רגלי כבודכה
4Q403 1ii2 (XI)] / במותי דעת ובהדום רגליו ג[
11Q17 X,7 (XXIII) לכסאי כבודו ולהדום ר[גליו

הֲדֹם ← הֲדוֹם

to thrust verb **הדף**

4Q393 1ii-2,7 (XXIX) וא[ל רו]ח נשברה מלפניך תהדף

to honor, glorify verb **הדר**

4Q299 6ii6 (XX)] / כיא אם ארץ להדר ◦[
4Q301 3a-b,4 (XX) [וגדו]ל הואה ברוב חמת[ו ו]נ[הדר] / [
4Q301 3a-b,6 (XX) [ונ]כבד אל בעם קודשו ונהדר ה[ואה] / [
4Q301 3a-b,7 (XX) ל]בחיריו ונהדר[הואה ברום קו]דשו
4Q301 4,4 (XX)]זהר נהדר הואה ב[
11Q5 XXIV,9 (IV) וישמעו רבים מעשיכה ועמים יהדרו את כבודכה

majesty, honor noun **הָדָר**

1QS IV,8 וכליל כבוד / עם מדת הדר באור עולמים
1QSb III,25 (I) וישימכה מכלול הדר בתוך / קדושים
1QSb V,19 (I) פחדכה [על] כול שומעי שמעכה והדריכה
1QH[a] V,23] בהדרך תפארנו ותמ◦◦◦◦[ר]וב עדנים
1QH[a] XX,15]◦ הדר כבודכה לאור עול[ם
1Q19 13-14,2 (I) י]נשא בהדר כבוד ותפארת[
4Q162 II,6 (V) לבלי חוק / וירד הדרה והמנה ושאנה
4Q286 1ii4 (XI) ומאורי פלא / [הו]ד והדר ורום כבוד
4Q286 1ii5 (XI) ומקוה גבורות הדר תשבוחות וגדול נוראות
4Q286 2,1 (XI)]ם בעוז הדרמה וכול רוחי משאי מקד[ש]
4Q287 2,2 (XI) תב]ניות הדרמה [
4Q287 2,12 (XI)]כול משרת[יכה בתפארת]הדרמה מלאכי / [
4Q299 9,3 (XX) מ]לך נכבד והדר מלכותו מלא[
4Q301 3a-b,8 (XX)]הדרם ות[
4Q381 17,2 (XI)]בהדר תשוף על יהודה וי[
4Q381 86,4 (XI) הו]ד והדר[ך
4Q401 32,2 (XI) ה]דר מל[כות
4Q401 36,2 (XI)]בהדר י◦[
4Q403 1i32 (XI) כי בהדר תשבחות כבוד מלכותו
4Q403 1i33 (XI) תשבחות כול / אלוהים עם הדר כול מלכ[ותו
4Q405 14-15i6 (XI) ב]תוך רוחי הדר מעשי רוקמות
4Q405 19,6 (XI) למעשי ל[בנ]י הוד והד[ר]אלוהים חיים
4Q405 23ii7 (XI) רוחות רוקמה כמעשי אורג פתוחי צורות הדר
4Q405 24,2 (XI)] רוחי הוד והדר רא]שי
4Q405 73,1 (XI)]למ◦◦◦ל הדר[
4Q416 2iii10 (XXXIV) למכבדיכה תן הדר / ושמו הלל תמיד
4Q416 2iii18 (XXXIV)]הדר פניהמה / למען חייכה
4Q418 9+9a-c,11 (XXXIV) תן ה[ד]ר ושמו הלל תמיד
4Q418 55,10 (XXXIV) ולפי שכלו ירבה הדרו
4Q418 69ii14 (XXXIV) כ]בוד ורוב הדר אתם [
4Q418 81+81a,13 (XXXIV)] / עם כול קצים הדרו פארתו למטעת עו[לם
4Q491 12,4 (VII)] ואני הדר ה[
4Q510 1,3 (VII) ויתפזרו כול ויחפזו מהדר מע[ון]
4Q513 14,5 (VII)]הדר בו[
4Q525 11-12,2 (XXV) עם]מדת הדר לכ[ו]ל תומכי בי [
4Q525 14ii5 (XXV)] / בכ[ו]ל הדר ונחמד בכ[ול ?
4Q525 22,5 (XXV) ב]הדריו אקבוץ חרוז[
4Q525 26,4 (XXV) ע]נקי הדר [ ]][
11Q5 XXVI,9 (IV) לפניו הדר / ילך ואחריו המון מים רבים
11Q17 VI,10 (XXIII)]פלאי הוד וה[דר
11Q17 IX,6 (XXIII)]עולמים ב[הוד ו]הדר ל◦[
11Q17 IX,8 (XXIII)]ה[ו]ד [ו]הדר ◦[
11Q17 X,4 (XXIII)]מלה ובהדר / תשבוחותו בכול רקי[עי
11Q17 X,7 (XXIII) מר]כבות הדרו ולדבירי קו[דשו

הו ← הוא

he, it personal pronoun **הוא, הואה, הו**

CD III,20 וכל כבוד אדם להם הוא כאשר / הקים אל
CD IV,16 אשר הוא תפש בהם בישראל
CD IV,19 החיץ אשר הלכו אחרי צו הצו הוא מטיף
CD V,10 ומשפט העריות לזכרים / הוא כתוב
CD V,16 בעלילותיהם כי לא עם בינות הוא
CD VI,7 והמחוקק הוא דורש התורה
CD VII,17 המלך / הוא הקהל
CD VII,18 והכוכב הוא דורש התורה / הבא דמשק
CD VII,20 השבט הוא נשיא כל העדה
CD VIII,2 לכלה ביד בליעל הוא היום / אשר יפקד אל
CD VIII,10 ו[יי]נם הוא / דרכיהם
CD VIII,11 וראש הפתנים הוא ראש מלכי יון
CD VIII,20 הוא הדבר אשר אמר ירמיהו לברוך בן נריה
CD IX,1 יחרים אדם מאדם בחוקי הגוים להמית הוא
CD IX,4 לזקניו להבזותו נוקם הוא ונוטר
CD IX,5 כי אם נוקם הוא לצריו ונוטר הוא לאויביו
כי אם נוקם הוא לצריו ונוטר הוא לאויביו
CD IX,12 והשומע אם יודע הוא ולא יגיד ואשם
CD IX,17 וראה רעיהו והוא אחד אם דבר מות הוא
וראה רעיהו והוא אחד אם דבר מות הוא
CD X,16 כי הוא אשר אמר שמור את / יום השבת
CD XII,1 [ ]ת / קודש הוא
CD XII,15 או במים / עד הם חיים כי הוא משפט בריאתם
CD XIII,3 ואם אין הוא בחון בכל אלה
CD XIII,6 ואם פתי הוא הוא יסגירנו כי להם / המשפט
ואם פתי הוא הוא יסגירנו כי להם / המשפט
CD XIII,17 וכן למגרש והוא ייס[
CD XIV,20] ◦א[ש]ר ישקר בממון והוא נודע ו◦[
CD XV,4 אם עבר אשם הוא והתודה והשיב ולא ישא
CD XV,14 נגלה מן התורה לרוב / המחנה והוא שגה בו
CD XVI,3 הנה הוא מדוקדק על ספר מחלקות העתים
CD XVI,15 כי הוא אשר אמר איש את רעיהו יצ[ו]דו חרם
CD XIX,15 הוא היום אשר יפקד אל כאשר דבר
CD XIX,23 התנינים / מלכי העמים ויינם הוא דרכיהם
וראש פתנים הוא ראש / מלכי יון
CD XX,3 הוא האיש הנתך בתוך כור
CD XX,12 אשר קימו בארץ דמשק והוא ברית החדשה

Text	Group	Reference
ובקץ ההוא יחרה / אף אל בישראל		CD XX,15
והואה יכלכלם בכול חפציהם		1QS III,17
והואה ברא אנוש לממשלת / תבל		
והואה ברא רוחות אור וחושכ		1QS III,25
והואה ידע פעולת מעשיהן		1QS IV,25
אשר נשמה באפו כיא במה נחשב הואה		1QS V,17
וגם הואה אל יתערב בהון הרבים		1QS VI,17
והואה יודע ויבדילהו מתוכ טהרת רבים		1QS VI,25
לכול דבר אשר לו {{◦◦◦◦◦◦}} הואה קורה בספר		1QS VII,1
והואה / פוח ונראתה ערותו		1QS VII,13
ואיש ברבים ילכ רכיל לשלח הואה מאתם		1QS VII,16
והואה ישלם לאיש גמולו		1QS X,18
ומה אפ הואה בן האדם במעשי פלאכה		1QS XI,20
והואה מעפר מגבלו ולחם רמה מדורו		1QS XI,21
והואה מצירוק / חמר קורצ ולעפר תשוקתו		
ל]א יבוא האיש כיא מנוגע / [ה]וא	(I)	1QSa II,11
] הוא מורה הצדק / [		1QpHab I,13
כיא הוא אשר אמר לרשת משכנות לוא לו		1QpHab III,2
איום / ונורא הוא ממנו משפטו ושאתו יצא		1QpHab III,3
כי]א הוא אשר / אמר מגמ[ת פניהם קדים		1QpHab III,13
והוא / לכול מבצר ישחק ויצבור עפר		1QpHab IV,3
כיא הוא אשר אמר טהור עינים מראות / ברע		1QpHab V,6
הרחיב כשאול נפשו והוא כמות לוא ישבע		1QpHab VIII,4
פשרו הוא בית המשפט אשר יתן אל		1QpHab X,3
כיא הלבנון הוא / עצת היחד		1QpHab XII,3
כיא הואה יום יעוד לו מאז למלחמת כלה		1QM I,10
וזעום הואה במשרת אשמתו		1QM XIII,4
ה]הואה על עומדם נגד מחני כתיים		1QM XVI,3
ביום ההואה יעמוד כוהן הרואש		1QM XVIII,5
[ב]ל[י]לה ההוא למנוח עד הבוקר		1QM XIX,9
אתה הוא [אדוני		1QH^{a} V,7
והוא / מבנה עפר ומגבל מים ◦[		1QH^{a} V,20
]◦ הוא ותבן בעזר את ◦◦[		1QH^{a} VI,29
ומה אף הוא בשר כי ישכיל [		1QH^{a} VII,21
והוא בעוון / מרחם ועד שבה באשמת מעל		1QH^{a} XII,29
ומה הוא איש תהו ובעל הבל		1QH^{a} XV,32
ומה אפהו אדם		1QH^{a} XVIII,3
ואדמה הוא [		
ומה אפהוא שב לעפרו כי יעצור כ[ו]ח		1QH^{a} XVIII,12
כול גבורה וכול כבוד אתכה הוא		1QH^{a} XIX,8
ומה אפהו שב אל עפרו		1QH^{a} XX,31
ג]דול והואה פלא		1QH^{a} XXII,2
]הוא [ ]◦ה נפתחה דרך ל[		1QH^{a} 3,2
כיא הוא ידע למ[		1QH^{a} 3,7
ומה אפה[ו אדם		1QH^{a} 4,10
מורי הצדק אשר הואה / [יורה התורה	(I)	1Q14 8-10,6
יצר עשו אשר הו[א] / [רע מנעוריו	(I)	1Q18 1-2,3
וי]הי הוא[	(I)	1Q19 1,1
א]שר אנוכי [מצו]ך היום / [כי] הוא חי[יכה]	(I)	1Q22 1ii5
]הנפש אשר ה[ואה] / [	(I)	1Q22 1iv7
ה]וא נ◦[	(I)	1Q22 43,3
]◦נו מה הוא היותר ל[	(I)	1Q27 1ii3
]כם מה הוא ב◦[	(I)	1Q27 9-10,2
]ל הוא ובר[	(I)	1Q27 9-10,4
] / הוא בכל דרכיו דבריו ולא[	(III)	2Q22 II,3
שתין / הו הפתח ככרין שלש מאות	(III)	3Q15 X,10
מי הו]א / [זנה אבד צדק	(XVI)	4Q88 VIII,2
או מי]הוא זנה / מלט[בעולו	(XVI)	4Q88 VIII,3
] / ביום ההואה ויאמר אל תוא[כל	(V)	4Q158 1-2,12
]ל[א]דוננו והוא[	(V)	4Q158 7-8,11
א]שר יואמר כיא הואה זה עד יהוה יבוא דבר	(V)	4Q158 10-12,10
ק]ודש הוא קודש קדשים / [	(V)	4Q158 13,2
והעלהו / [אל ה]שמים הואה [	(V)	4Q160 3-4ii3
י]בינו רבים כיא עמכה הואה[	(V)	4Q160 3-4ii6
] / הוא[	(V)	4Q162 III,4
]◦ הואה[	(V)	4Q163 1,2
]בוא והואה / [	(V)	4Q163 4-7i4
]הואה הזנב / [	(V)	4Q163 4-7i6
] / לבגוד רבים הוא[	(V)	4Q163 4-7ii6
] / והיה ביום ההואה [לוא יוסיף עוד	(V)	4Q163 4-7ii10
]הוא[	(V)	4Q163 12,11
]ביום ה[הו]אה יבק[שו	(V)	4Q163 13,4
]הוא אבדן ◦[	(V)	4Q163 14,3
[ואמר לוא אוכל כיא] חתום הוא[	(V)	4Q163 15-16,4
]הוא בי[	(V)	4Q163 20,4
ה[שמרים] / [אותי כיא דבר יהוה] הואה ⟦ ⟧[	(V)	4Q163 21,8
]◦אם ההואה[	(V)	4Q163 22,5
]הואה[	(V)	4Q163 30,4
הואה זמות יעץ [לחבל ענוים באמרי שקר	(V)	4Q165 6,5
]וטרפו הוא ההון אשר קב[צו כוה]ני ירושלים	(V)	4Q169 3-4i11
הואה הבית אשר[	(V)	4Q174 1-2i2
הואה הבית אשר לוא יבוא שמה	(V)	4Q174 1-2i3
[לעו]לם אני אהיה לוא לאב והוא יהיה לי לבן	(V)	4Q174 1-2i11
הואה צמח דויד העומד עם דורש התורה	(V)	
י]דע כיא הואה מ◦[	(V)	4Q174 5,3
אענה אתו אמרתי] עמי והואה / [	(V)	4Q176 15,4
]כיא הוא ברא את כול[	(V)	4Q176 22,2
]תקעו שופר בגבעה השופר הואה ספר[	(V)	4Q177 1-4,13
]◦[הו]אה ספר התורה שנית אשר[	(V)	4Q177 1-4,14
השנה שפ[יח פשר הדב]ר השפיח הו[אה	(V)	4Q177 5-6,2
]ר את עצת היחד והואה[	(V)	4Q177 14,5
והוא חרות ל[	(V)	4Q180 1,3
]◦ין הוא אשר שכן ◦[	(V)	4Q180 2-4ii1
והוא כצל י◦◦◦◦ על האו[ר]	(V)	4Q185 1-2i13
]◦◦ה הוא ◦◦[	(V)	4Q185 1-2ii7
] / והוא[	(V)	4Q185 1-2iii9
והואה מן העמוד השני	(V)	4Q186 1ii6
וזה הואה המולד אשר הואה ילוד עליו	(V)	4Q186 1ii8
וזה הואה המולד אשר הואה ילוד עליו	(V)	
ויושבות על סרכמה והואה לוא ארוך	(V)	4Q186 2i3
ולוא קצר והואה ממיל◦[	(V)	4Q186 2i4
]מולדו ילוד הו[אה עליו	(V)	4Q186 2i8
ה]ואה בהבתו ◦◦◦[	(V)	4Q186 2i9
]הוא / [	(V)	4Q186 2ii1
] / והוא אין [יודע אותי	(XIX)	4Q200 3,2
לכול העולמים היאה מלכותו אשר הואה[מכה]	(XIX)	4Q200 6,5
והוא]ה מרחם מוריד עד שאולה תחתיה	(XIX)	4Q200 6,6
והואה מעלה מתהו[ם]	(XIX)	
כיא הוא אדוניכ[מה] והוא אלה[יכמה] / [	(XIX)	4Q200 6,9
כיא הוא אדוניכ[מה] והוא אלה[יכמה] / [	(XIX)	
והו]א בן שמונה וחמש[ים	(XIX)	4Q200 7ii5
כיא הואה[	(XXXVI)	4Q215a 1ii8
ולבלתי טמאו כי] / קדוש הוא [מ]כל הימים	(XIII)	4Q218 2
ואת בשרו אכול ביום ה]הואה	(XIII)	4Q219 I,38
[ולו תאכלו עוד דם] כי הדם הוא[הנפש	(XIII)	4Q219 II,17
א]ת חג[השבו]ע[ו]ת הו[א] מוע[ד הבכורים	(XIII)	4Q219 II,37
ואת בשרו אכול ביום]ההוא ומחרת	(XIII)	4Q220 10
ב]חיו [עד] אשר ה[וא] / [זקן מפני הרעה	(XIII)	4Q221 3,1
הדבר הז]ה כי משפט / מות הואה	(XIII)	4Q221 4,4
וזרע קודש כי שלכה] / [הוא]ה	(XIII)	4Q222 1,7

Text	Vol.	Reference
כי בכול לבו] / הוא מכבדנו ועושה רצוננו	(XIII)	4Q223-224 2ii4
כי]אחיכה הו]א ודומה לכה הו]א	(XIII)	4Q223-224 2iv17
ודומה לכה הו]א וכמוכה הוא	(XIII)	
וכמוכה הוא / [אצלנו לכבוד	(XIII)	
]ם הואה ◦◦◦אל◦תם [	(XIII)	4Q225 1,2
]ה עומד ויקם הו]אה	(XIII)	4Q225 1,8
ואלי[עזר] / [בן ביתי] הואה וירשני	(XIII)	4Q225 2i4
] היובל הזה כי קדש הוא[	(XIII)	4Q226 1,6
כי יהושוע ב]ן נון הוא עובר לפ[ני	(XIII)	4Q226 4,1
]ההו]אה	(XIII)	4Q226 11,2
]◦הוא ל[	(XIII)	4Q228 4,1
ואם שור נ]גח הוא מאתמול / [שלשום	(XXXV)	4Q251 8,4
אל יאחר איש כי [תירוש] / הואה	(XXXV)	4Q251 9,3
ראשית המלאה [ו]דגן הואה הרמע ◦[	(XXXV)	
ולחם] / בכורים הוא חלות החמץ	(XXXV)	4Q251 9,4
הו]א כבכור ותבואת עץ / [וכול עץ מאכל	(XXXV)	4Q251 10,7
קדש קד]שים הוא והי[ה	(XXXV)	4Q251 15,1
ביום ההוא / נבקעו כול מעינות תהום רבה	(XXII)	4Q252 I,4
ה[וא יו]ם שבעה עשר בחודש השביעי	(XXII)	4Q252 I,10
יום אחד בשבת הוא יום עשרה	(XXII)	4Q252 I,13
ולוא] / יספה לשוב עוד הוא יום אח[ד	(XXII)	4Q252 I,19
ביום ההוא יצא נוח מן התבה	(XXII)	4Q252 II,2
ותלד לו את עמלק הוא אשר הכ[ה] / שאול	(XXII)	4Q252 IV,1
]ראובן הוא / ראשית ער◦◦[	(XXII)	4Q252 IV,6
] / הו[ ] דמה[	(XXII)	4Q253 2,2
] / ההוא[	(XXII)	4Q253a 1ii3
]תרגמן הואה אשר היה כ◦[	(XXII)	4Q254 16,2
כיא את אל מ]שפט כול חי והואה [ישלם לאיש]	(XXVI)	4Q256 XX,7
והוא[ה פוח ונראתה ערותו]	(XXVI)	4Q259 I,12
הואה[מד]ר[ש התורה אש]ר צוה ביד משה	(XXVI)	4Q259 III,6
אל[משפט] / כול חי הוא ישלם לא[יש גמו]לו	(XXVI)	4Q260 IV,6
והוא יודע והב[דילהו מתוך טהרת] / [רבים	(XXVI)	4Q261 3,3
ולחם ר]מה מדורו והוא מצורדקחמר / [קורץ	(XXVI)	4Q264 9
]יבוא הוא ◦[	(XXXV)	4Q265 4ii9
]הואה ◦[	(XXXV)	4Q265 c,2
הו]◦א חקוק קצ חרון לעם לא ידעהו	(XVIII)	4Q266 2i3
[כי עם] בלא בינות הוא[גוי אוב]ד עצות	(XVIII)	4Q266 3ii4
להאיר מזבחו הו]א מסגר{{◦}} הדלת	(XVIII)	4Q266 3ii18
והכוכב] הוא דור[ש ה]תורה	(XVIII)	4Q266 3iii19
השבט ה[וא נ]שי [כו]ל [העדה	(XVIII)	4Q266 3iii21
מרא{{ת}}ה לדק צוהב כי כעשב / הוא	(XVIII)	4Q266 6i8
אל המת בשבעת הימים טמא הואה	(XVIII)	4Q266 6i11
תבו אל המקדש] / [כי מ]שפט מות הו[אה	(XVIII)	4Q266 6ii10
]◦ הואה מ◦ / [	(XVIII)	4Q266 7iii7
והו[א שג]ה בה יודיעהו המבקר	(XVIII)	4Q266 8i5
]◦ אנוס / הוא [ע]ד אשר יוסר ושלם ה[אונס	(XVIII)	4Q266 8ii5
וכן לכול לוק[ח אשה] / והואה בעצה	(XVIII)	4Q266 9iii5
וה[ואה] ייסר את בניהם [ובנותם	(XVIII)	4Q266 9iii6
וענה / [וא]מר ברוך את אונ הו הכול	(XVIII)	4Q266 11,9
] הוא ה[	(XVIII)	4Q266 16b,2
]ר ה[ו]אה יא[	(XVIII)	4Q266 24,2
]הוא ⟦ ⟧[	(XVIII)	4Q266 36,2
]ל אל ית[ן] ה[ו]א א[ת] / [	(XVIII)	4Q267 4,9
וה[וא] חקק קצי ח[רון לעם	(XVIII)	4Q268 1,5
לא ידעהו] / והוא הכין [מועדי] רצון	(XVIII)	4Q268 1,6
והכוכב ה[ואה דורש התורה	(XVIII)	4Q269 5,2
לוא הוכן לה] כיא הוא כלאים / [שור וחמור	(XVIII)	4Q269 9,2
ואם אין]הוא / [בחון בכול אלה	(XXXVI)	4Q269 10i5
והו[א] יי[סר את בניהם ובנותם	(XXXVI)	4Q269 10ii2
לא הו]כן לה כי ה[וא כלאים שור וחמור	(XVIII)	4Q270 5,16

Text	Vol.	Reference
הברית ישביעו השפטים אם עבר אשם] הוא	(XVIII)	4Q270 6i20
מאדם [בח]וקי הגואים להמית הוא	(XVIII)	4Q270 6iii16
[לזקנו להב]זתו נוקם הוא [ונו]טר	(XVIII)	4Q270 6iii18
[ואין כתוב כי א]ם נוקם הוא ל[צרו	(XVIII)	4Q270 6iii19
ו]נוטר הוא לאויבו אם החריש לו	(XVIII)	
כי הו]א אשר א[מר] / [שמור את יום השבת	(XVIII)	4Q270 6v2
והו[א פוח ונראתה ערותו	(XVIII)	4Q270 7i3
] בכול אשר הוא יודע אשר ימצא ◦◦◦◦[	(XVIII)	4Q271 3,6
]◦ והוא יודע אשר הוא מועל בו באדם	(XVIII)	4Q271 3,7
אשר הוא מועל בו באדם ובהמה	(XVIII)	
הוא[מדו]קדק על ספר[מח]ל[קות	(XVIII)	4Q271 4ii5
] / הוא יסגירנו [כי להם המשפט	(XVIII)	4Q271 5ii21
כי כעשב] הוא אשר [	(XVIII)	4Q272 1i16
]הואה [	(XVIII)	4Q272 2,2
]◦◦◦◦◦◦◦◦◦◦◦נה היא אשר הוא י[	(XVIII)	4Q273 5,3
]א הואה אשם והכה [	(XVIII)	4Q273 6,2
כי הוא אשר אמר טמא טמא	(XXXV)	4Q274 1i3
]רו הוא והיא טמאה [	(XXXV)	4Q274 3i5
וי]רשו בנחלתם כי הוא אל[נאמן	(XXVI)	4Q275 2,2
כי[א מ]כפר הוא על הטמ[א]	(XXXV)	4Q277 1ii7
וזעום הוא במשרת אשמתו	(XI)	4Q286 7ii3
]הוא בשמו יתהללו כל / [	(XXIX)	4Q291 3,3
]הוא / [	(XX)	4Q299 3ai4
] / דבר עושו ומה {ו}הוא אשר יעשה ג[בר	(XX)	4Q299 3aii-b,7
] / הו[אה מק]דם עולם הואה שמו ולע[ולם	(XX)	4Q299 3aii-b,12
] / הו[אה מק]דם עולם הואה שמו ולע[ולם	(XX)	
] / הוא י◦[ ]ל[ ]מ[	(XX)	4Q299 6ii19
]הוא א[	(XX)	4Q299 7,1
] / מול איש והוא רחוק מ◦[	(XX)	4Q299 7,4
]הוא הכין ע[	(XX)	4Q299 8,1
]ן הוא ◦[	(XX)	4Q299 8,3
]כול שכל מעולם הוא לוא ישנה[	(XX)	4Q299 8,8
] הוא א[	(XX)	4Q299 23,2
]◦שלו מה הוא המצו[ה	(XX)	4Q299 32,2
ה]וא יהיה[	(XX)	4Q299 36,2
]הוא ◦[	(XX)	4Q299 46,3
]◦ינו שיר הואה[	(XX)	4Q299 65,2
הו]א קדוש הוא[	(XX)	4Q299 72,1
הו]א קדוש הוא[	(XX)	
]◦ והוא[	(XX)	4Q299 77,3
]ארץ צביו והוא ◦[	(XX)	4Q299 79,5
]הוא ◦[	(XX)	4Q299 86,3
]◦ב והוא ◦◦[	(XX)	4Q300 4,3
]והוא רחו[ק	(XX)	4Q300 6,4
] לאיש וה[וא	(XX)	4Q300 8,8
]מעולם הוא וע[ד עולם	(XX)	4Q300 9,3
] / מה נכבד לבב והוא ממש[ל	(XX)	4Q301 2a,2
מה אדיר לכם והוא למש[ל]◦[ ]מה שר [	(XX)	4Q301 2b,2
]ה ונכבד הו[א] בא[ו]רך אפיו [וגדו]ל הואה	(XX)	4Q301 3a-b,4
[וגדו]ל הואה ברוב חמת[ו ו]נ[הדר] / [	(XX)	
]הואה בהמון רחמיו ונורא הואה במזמת אפו	(XX)	4Q301 3a-b,5
]הואה בהמון רחמיו ונורא הואה במזמת אפו	(XX)	
ונורא הואה במזמת אפו נכבד הוא[	(XX)	
[ונ]כבד אל בעם קודשו ונהדר ה[ואה] / [	(XX)	4Q301 3a-b,6
גדול הואה בברכות[	(XX)	4Q301 3a-b,7
]זהר נהדר הואה ב[	(XX)	4Q301 4,4
]ל◦◦ר הואה למו הואה[	(XX)	4Q301 6,3
]ל◦◦ר הואה למו הואה[	(XX)	
נכב]ד הואה [	(XX)	4Q301 9,3
]אל◦[ ]◦ והוא / [	(XX)	4Q302 1i1

]כי הוא יה / [	(XX)	4Q302 1i8
כרא]שית הו[א לכוהנים ומעשר הבקר והצאן	(XXXVI)	4Q313 2,2
השבי[עי] / במועזיה הואה יום הזכרון	(XXI)	4Q321 V,2
[השביעי באביה] [הואה י]ום[הזכרון בישוע	(XXI)	4Q321 VI,1
השביעי / באמר הואה יום הזכר[ון	(XXI)	4Q321 VI,9
יו]ם שני בחפה שהו[א שנים בתשיעי	(XXI)	4Q322 1,3a
יום ששי בח]זיר שהוא עשרה בשביעי	(XXI)	4Q324 1,6
ש]הוא / [	(XXI)	4Q324a 1i1
]ה שהוא [ע]שרים בחודש[	(XXXVI)	4Q332 2,3
בי]חזקאל שהוא / [	(XXXVI)	4Q333 1,3
ש]הוא / [	(XXXVI)	4Q333 1,7
[וחום בכ]שבים גנוב ה[וא אתי	(XIII)	4Q364 4b-eii15
] / [? הוא]ה וכול עמו למלחמה	(XIII)	4Q364 24a-c,6
לקראתנ]וה הוא[ו]כול עמו למלחמה א[דרעי	(XIII)	4Q364 24a-c,16
הזה והנה עם קשה עורף ה]וא	(XIII)	4Q364 26bi3
כול אשר הוא עושה לעמ [ויואמר מה הדבר	(XIII)	4Q365 7ii2
וחבר אפדותו / ממנו הואה כמעשהו	(XIII)	4Q365 12biii6
[ארבע]רגלים[ש]קץ הא[ו לכמה	(XIII)	4Q365 15a-b,6
החזק הוא[ה] / [יה]יה או רפה	(XIII)	4Q365 32,5
המעט הואה ואם רב	(XIII)	4Q365 32,6
ומה הארץ אשר הואה יושב בה	(XIII)	
ומה הערים אשר הואה יושב בהן	(XIII)	4Q365 32,7
למקום ההואה קראו נחל אשכ[ו]ל	(XIII)	4Q365 32,14
] / אשר הוא[	(XIII)	4Q365 V,2
מפרי ⟦ ⟧ העץ / [ליהוה הו]א קדש ליהוה	(XIII)	4Q367 3,7
] / ועד עולם הוא ירחם [	(XIX)	4Q370 1ii6
והוא על אם הדרכים יעמוד לע[שות	(XXVIII)	4Q372 1,9
] / אחד הוא	(XXVIII)	4Q372 3,12
וכיא יקום השבט / [אשר] הואה ממנו	(XIX)	4Q375 1i6
ואמר לוא יומת כיא צדיק הואה	(XIX)	
נביא / [נ]אמן הואה ובאתה עם השבט ההואה	(XIX)	4Q375 1i7
ובאתה עם השבט ההואה וזקניכה ושופטיכה	(XIX)	
]כי כן הוא ◦[	(XXII)	4Q378 20ii3
]איש הוא מהם ב[	(XXII)	4Q379 32,3
] / כי הוא זה שמרו אמ[	(XI)	4Q380 1ii2
] / נפלאות הוא בימי עשה שמים	(XI)	4Q381 1,3
] רחמון הוא ולא בפעם ה◦[	(XI)	4Q381 10-11,3
ה]וא הרימני למעלה על גוי [	(XI)	4Q381 33+35,10
הוא בחר בכ[ם	(XI)	4Q381 76-77,14
]◦ ליום הואה [	(XIII)	4Q382 55,3
ממלכתו] / [וגם המלך]ההוא למלכים	(XXX)	4Q385a 4,7
שבת]שבתון הוא [	(XXX)	4Q385a A,1
ומתם הדור[ ]ההוא א[קרע]את הממלכה	(XXX)	4Q387 2ii5
בימים / ההמה[י]ה[יה מלך וה]וא גדפן	(XXX)	4Q387 2ii8
[את] ממלכ[תו והמלך ה]הוא למכל[י]ם	(XXX)	4Q387 2ii9
ויתקרע ישראל בדור הה[וא] להלחם	(XXX)	4Q387 3,7
ביו]ם ההוא[	(XXX)	4Q387a 7,1
ומתום הדור ההוא ביובל השביעי	(XXX)	4Q390 1,7
ו]ביובל ההוא יהיו / מפרים את כול חקותי	(XXX)	4Q390 2i4
]רות הוא קשת ◦[···	(XIX)	4Q391 36,3
]ההוא בנפול[	(XIX)	4Q391 55,3
הוא ברא חשך[וא]ור לו	(XXIX)	4Q392 1,4
כרצונך אלוהי ה[י]ה הוא ותע[ז]וב עמך ונחלתך	(XXIX)	4Q393 3,4
אתה הוא יהוה בחרתה באבותינו למקדם	(XXIX)	4Q393 3,6
]הוא מחנה / ער[י]הם חוצ מם[חנה	(X)	4Q394 3-7ii17
הנטע / בארצ ישראל כראשית הוא לכוהנים	(X)	4Q396 1-2iii3
הבקר / והצון לכוהנים הוא	(X)	4Q396 1-2iii4
העושה ביד רמה כת]וב שהואה בוזה ומג[ד]ף	(X)	4Q396 1-2iii10
כמשפט המת או החלל הוא	(X)	4Q396 1-2iv3
העושה ביד רמה כתוב שהו]אה ב[וזה ו]מגד[ף	(X)	4Q397 6-13,9

וזה הוא אחרית הימים שישובו בישראל	(X)	4Q398 11-13,4
כיא הו[א אל אלים]לכול ראשי מרומים	(XI)	4Q403 1i34
](א)ל ישראל [ה]ברא הוא ליחד[	(XXXVI)	4Q408 3+3a,3
]רים וה[וא]הפר ת[ורת אל	(XXXVI)	4Q410 1,10
] / לאדם והוא ב[	(XX)	4Q411 1ii5
] / ההואה [	(XXXV)	4Q414 7,2
כי אל אמת הוא ומקדם שני[עולם	(XXXIV)	4Q416 1,14
] / [י]צר בשר הואה ומבינו[ת	(XXXIV)	4Q416 1,16
]שאל טרפכה כי הוא / פתח רח[מיו	(XXXIV)	4Q416 2i22
והואה חזון ההגוי לספר זכרון	(XXXIV)	4Q417 1i16
] / וברצונו היו והואה מבין ◦[	(XXXIV)	4Q417 1ii10
] / יצדק כמוכה הואה	(XXXIV)	4Q417 2i5
כיא הואה {{כיא הואה}} שר בש[רים	(XXXIV)	
כיא הואה {{כיא הואה}} שר בש[רים	(XXXIV)	
כיא מה הואה יתיד בכול מעשה לבלתי ◦◦[	(XXXIV)	4Q417 2i6
] / ט[ר]פכה כי הוא פתח רחמיו[	(XXXIV)	4Q417 2ii+23,2
לעו]לם [ו]לעד[ ]הואה יד[	(XXXIV)	4Q417 20,4
]בכול קצי עד כיא אל אמת הוא[	(XXXIV)	4Q418 2+2a-c,6
כי]א יצר בשר הואה ומביני◦[	(XXXIV)	4Q418 2+2a-c,8
כול[דרכיהם על ב]ינה הוא פלג לנוחלי אמת	(XXXIV)	4Q418 55,6
והנזר מכול תעבות נפש[כי]א הוא עשה כול	(XXXIV)	4Q418 81+81a,2
ויורישם איש נחלתו והוא חלקכה ונחלתכה	(XXXIV)	4Q418 81+81a,3
] / פרשם באמת הוא שמם ולחפציהם ידרש[ו	(XXXIV)	4Q418 126ii4
] אבות כיא נחמד ה[וא	(XXXIV)	4Q418 188,5
] רש הוא וא[ביון	(XXXIV)	4Q418 249,3
]הוא[	(XXXIV)	4Q418 278,2
] כיא הואה [	(XXXIV)	4Q418a 2,3
] / הוא חי עולם וכב[ו]דו לע[ד	(XXXVI)	4Q419 1,10
]◦ה הוא והוא / [	(XXXVI)	4Q419 8i4
]◦ה הוא והוא / [	(XXXVI)	
]הואה[ ]◦הי◦[	(XIII)	4Q422 T,3
הו]א פלג [נ]חלת כל מושלים ויצר כל[	(XXXIV)	4Q423 5,3
והוא פעולת / [מעשיהמה ידע	(XXXIV)	
אבו]ת כי נחמד הוא / [	(XXXIV)	4Q423 9,1
ולהרשיע ר[שע] / גם הוא יהיה לבוז	(XXXVI)	4Q424 3,3
] / [וה]וא בעל ריב לכול מסיגי גבול [	(XXXVI)	4Q424 3,9
]◦נה הואה[	(XX)	4Q425 5,2
בד[רך] / בדרך לבו גם הוא הגישם	(XXIX)	4Q434 1i11
] ההוא אל תירא ואל[תחת	(XXXVI)	4Q460 7,9
]◦ לשון הוא[	(XIX)	4Q464 2,2
]◦ עד עולם כיא הואה / [	(XIX)	4Q464 3i7
] הוא מי◦ [	(XIX)	4Q464 11,4
]◦ל[ ]◦ר◦ הוא ש[	(XXVIII)	4Q468cc 2
יב]וא צדקיה ביום [הה]וא בב[רי]ת / [	(XIX)	4Q470 1,3
]והואה נותן [לפניכה את החיים	(XXII)	4Q473 2,2
הוכיחו אשר] / הואה קצר אפים [	(XXXVI)	4Q477 2ii4
]ה הואה ◦◦◦ים אשר[	(XXXVI)	4Q477 2ii5
ואת חנניה נותוס הוכיחו אשר הואה[	(XXXVI)	
]ף והוא / [	(XXII)	4Q481a 3,1
היום ההואה מכול שבטיהמה[י]אצאו מחוצה	(VII)	4Q491 1-3,9
לוא יהיה[טהור ממקורו בלי]לה ההואה	(VII)	4Q491 1-3,10
הנצבה למלחמת היום ההואה לעבור לכול[	(VII)	4Q491 1-3,11
וסדר ג<<ם>>{{מע}}<<ה>>וא [את מער]כותיו[	(VII)	4Q491 1-3,13
מיא הו[א]כבאי ים ישובו{{ם}}<<ספ>>ר / [	(VII)	4Q491 11i15
ה]ואה אבי[נו	(VII)	4Q502 39,3
]והואה[	(VII)	4Q502 188,2
]הוא[	(VII)	4Q502 279,1
] / לילה אשר הו[אה	(VII)	4Q503 1-6iii19
]הואה לילת ה[ ]ולעו עד אתחב◦◦ו◦[	(VII)	4Q503 39,2a
]בשר הואה ולעפר ה[	(VII)	4Q504 8,9

Text	Vol.	Reference
] הוֹאה֯[	(VII)	4Q510 9,1
ומח]שבת כול לבב הואה / [ידע	(VII)	4Q511 22,4
הואה / ידע וברזיו֯ ◦◦[	(VII)	4Q511 48-49+51,6
]◦ הוא[ה] / [	(VII)	4Q511 111,2
ביום]ההואה [	(VII)	4Q512 64,4
לוא ? י]ה֯יה להם ודן לוא הכה גם הוא את֯[	(XXV)	4Q522 8,2
]ל◦ הואה מרא֯ם֯[	(XXV)	4Q522 11,3
]ה֯וֹא֯[ה	(XXV)	4Q522 11,4
ויאר]ך ימים רבים ע֯ל מ֯לכותו הואה	(XXV)	4Q524 6-13,3
···]◦ ה֯[ואה נחלותם	(XXV)	4Q524 6-13,5
א]שר הוא אל חי ו֯הו֯[א	(III)	5Q10 1,4
א]שר הוא אל חי ו֯הו֯[א	(III)	
ביום ההו]א֯ה יהיה ישראל ע◦◦[	(III)	6Q12 1
]◦ני האיש הזה אשר הוא מבני ה◦[	(III)	8Q5 1,2
כי עליון הואה אדון / יעקוב	(IV)	11Q5 XVIII,6
הכול הוא שמע והוא האזין	(IV)	11Q5 XXVIII,8
הכול הוא שמע והוא האזין	(IV)	
יהוה הוא֯[ה אשר] / עשה את ה֯[אלה	(XXIII)	11Q11 III,3
ריא]שון הוא[ה] / [כתב תעודה	(XXIII)	11Q12 4,2
ויהי] / הואה[יושב לבדו ומביט ויבוא	(XXIII)	11Q12 8,5
ויגד לו כיא]הוא יוצא מ[חרן ללכת ארצה]	(XXIII)	11Q12 9,3
ויו֯]ם הכפ]ו֯רים ה[וא]ה ס֯[וף]ה֯[יו]בל העשירי	(XXIII)	11Q13 II,7
כיא / הואה הקץ֯ ל֯שנת הרצון	(XXIII)	11Q13 II,9
ובעזרו כול אלי [הצדק וה]ו֯אה א[שר	(XXIII)	11Q13 II,14
] / הזואת הואה יום ה֯[שלום א]שר אמ֯ר֯[	(XXIII)	11Q13 II,15
והמבשר הו[אה]מ֯שיח הרו֯[ח]	(XXIII)	11Q13 II,18
ומבשר] / טו֯ב֯ משמי[ע ישועה]הואה	(XXIII)	11Q13 II,19
ואל[ו]היך֯ הוֹאה / [	(XXIII)	11Q13 II,24
]והוא[ה] יגיד֯[	(XXIII)	11Q13 5,2
ותעב תתעבנו] / [כי]ח֯רם הוֹא		11Q19 II,11
כי יהוה קנא] / [שמו] אל קנא הוא		11Q19 II,12
ועשיתמה שעיר עזים לחטאת] / לבד הוא		11Q19 XIV,11
הוא אשה ריח ניחוח ל֯[פני יהוה		11Q19 XVI,10
שמה לבד מחלבו ח֯ט֯[את] / הוֹא		11Q19 XVI,14
נ֯[סכ]ו יקט[י]ר֯ המזבח חטאת קהל הוא֯		11Q19 XVI,18
חג ש]ב֯ועות הוא וחג בכורים לזכרון לעול֯[ם]		11Q19 XIX,9
ביום ההוא ת֯א[כל] / [ולוא תבוא עליו] השמש		11Q19 XX,12
יום כפורים הוא ותענו בו את נפשותיכמה		11Q19 XXV,11
ישרופו אצל פרו֯ חטאת הקהל הוא		11Q19 XXVI,9
[ו]לשעיר אשה / ר֯יח ניחוח הוא ליהוה		11Q19 XXVIII,6
] / [הו]א כול איש אשר לוא֯[		11Q19 XXXV,3
]הוא אין / הוא֯ כ֯ו֯ה֯ן֯ י֯[ו]מת		11Q19 XXXV,4
]הוא אין / הוֹא֯ כ֯ו֯ה֯ן֯ י֯[ו]מת		11Q19 XXXV,5
והוא אי֯ן הוא֯ לבוש בג֯[די הקודש		11Q19 XXXV,6
והוא אי֯ן הוֹא֯ לבוש בג֯[די הקודש		
בימי המעשה לאונמה כי קודש הוא		11Q19 XLIII,16
כמשפט התורה הזואת טמא הוא		11Q19 L,7
כול הימים אשר / הוא בתוכה מת תטמא כקבר		11Q19 L,11
לוא תזבח ⟦ ⟧ קרוב למקדשי כי בשר פגול הוא		11Q19 LII,19
וכסיתו / בעפר כי הדם הוא הנפש		11Q19 LIII,6
לוא / תשמע אל דבר הנביא ההוא		11Q19 LIV,11
או לחולם החלום ההואה		
והנביא ההוא או חולם החלום יומת		11Q19 LIV,15
והוצאתה / את האיש ההוא או את האשה ההיא		11Q19 LV,21
וימת האיש ההוא ובערתה הרע מישראל		11Q19 LVI,10
איש נוכרי אשר לוא אחיכה הוא		11Q19 LVI,15
ועל פיהו יבוא הוא וכול בני ישראל		11Q19 LVIII,19
ויארך ימים רבים על מלכותו הוא ובניו אחריו		11Q19 LIX,21
ולברך בשמי הוא וכול בניו כול הימים		11Q19 LX,11
מכול ישראל אשר / הוא גר שמה		11Q19 LX,13
והומת הנביא ההוא		11Q19 LXI,2
ולוא יבוא הוא הדבר אשר לוא דברתי בזדון		11Q19 LXI,4
כי קבור תקוברמ{{ה}} ביום ההוא		11Q19 LXIV,11
והנה שנאה והוא שם / לה עלות דברים		11Q19 LXV,11
ולקחו זקני העיר / ההיא את האיש ההוא		11Q19 LXV,14
כמ]שפט עולה הואה אשה ריח / [ניחוח ליהוה	(XXIII)	11Q20 V,21
]שבתון הוא֯ [	(XXXIII)	PAM 44.102 35,1

הוּאָה ← הוא

הואהא ← יהוה

הוֹד-1, הֹד noun **splendor**

Text	Vol.	Reference
ויחשך מאור פני לאפלה והודי נהפך למשח֯ו֯ר		1QH[a] XIII,32
ושביבי נוגה וזהרי הוד נה[ור]֯י א֯ורים	(XI)	4Q286 1ii3
ומא֯ורי פלא / [הו]ד והדר ורום כבוד	(XI)	4Q286 1ii4
הוד ו֯[הדר	(XXVIII)	4Q372 1,30
כי אתה]ת֯פארת הדו ואני משיחך אתבננת֯י / [	(XI)	4Q381 15,7
חקיך והודך ותפארת[ך	(XI)	4Q381 46a+b,3
הו]ד֯ך והדר[ך	(XI)	4Q381 86,4
]הו֯ד֯ו֯[	(XIII)	4Q382 98,3
מאלוהים{{ים}} ואנשים יספרו הוד מלכותו	(XI)	4Q400 2,3
]בהוד[	(XI)	4Q401 37,3
יברך בש[ם] ה֯ו֯[ד המ]ל֯ך לכ֯[ול] הול[כי יו]שר	(XI)	4Q403 1i17
ב֯[שב]ע֯ה דברי ה֯[וד]ו֯ב֯ר֯ך ליוסד֯[י הוד	(XI)	
בשבעה [דב]ר֯י הוד / [ל]הודי֯[פלא]	(XI)	4Q403 1i20
בשבעה [דב]ר֯י הוד / [ל]הודי֯[פלא]	(XI)	4Q403 1i21
כול אלוהים שבחו לאלוה[י ת]שבחות הוד	(XI)	4Q403 1i32
הודו כ֯ל אלי הוד ל֯מ֯[ל]ך֯ ההוד	(XI)	4Q403 1i38
הודו כ֯ל אלי הוד ל֯מ֯[ל]ך֯ ההוד	(XI)	
]ע֯ פלא נפלא הוד / [	(XI)	4Q404 5,3
] / בנשיא֯י ר֯וש יברך בשם ה[וד המלך	(XI)	4Q405 3ii6
] / וברך ליסודי ה[ו]ד֯ בשבע֯[ה	(XI)	4Q405 3ii7
] / הוד להודי פלא השש֯י֯[	(XI)	4Q405 3ii11
] / הוד להודי פלא השש֯י֯[	(XI)	
]◦ פלא נפלא[ ]ה֯ו֯ד֯ [	(XI)	4Q405 6,6
לכול מודי]ל֯ו֯ בשבעה דברי הוד כ֯ב֯ו֯ד֯ו֯	(XI)	4Q405 13,4
צורות כבוד למעשי ל֯[בנ]◦ הוד והד[ר	(XI)	4Q405 19,6
[והו]ד֯ רקיע האור י֯רננו	(XI)	4Q405 20ii-22,9
] ר֯וח֯י הוד והדר רא[שי	(XI)	4Q405 24,2
]מ֯ות הוד[	(XXXIV)	4Q418 188,2
[להת]ם֯ רזי ה֯[וד]ולהק֯[ים פל]א֯ו֯ת֯ כבוד	(XXIX)	4Q427 7i21
פרח כציץ יציץ להו]ד֯ עולם	(XXIX)	4Q428 8,2
[ויחשך]מאור פני לאפלה והודי֯[נהפך למשחית	(XXIX)	4Q429 3,5
]ל֯[ ]ו ה֯וד / [	(XXIX)	4Q476 3i3
ואני משכיל משמיע הוד תפארתו לפחד	(VII)	4Q510 1,4
היתה לי למלמדי אתן / הודי	(IV)	11Q5 XXI,15
]לחות / בהוד תשב֯[וחות	(XXIII)	11Q17 IV,7
]פ֯לא֯י הוד וה֯[דר	(XXIII)	11Q17 VI,10
]א֯ באור אור֯י֯ם֯ הוד [	(XXIII)	11Q17 VIII,3
ה֯]וד֯ [ו]הדר ◦[	(XXIII)	11Q17 IX,8

הוֹדָה, הֹדָה noun **praise; thanksgiving**

Text	Vol.	Reference
בהודות אפתח פי וצדקות אל תספר		1QS X,23
ש֯מחת֯ אל הודות אל תהלת אל שלום אל		1QM IV,14
ס]פר סרך עתו עם כול דברי הודותם		1QM XV,5
ותתן בפי הודות ובלשוני / [תהל]ה		1QH[a] XIX,4
ותשם בפי עבד֯כ֯ה֯ ה֯ו֯ד֯ו֯ת֯ ◦[		1QH[a] XIX,33
[למשכיל ה]ודות ותפלה ל֯ה֯תנ֯פ֯ל֯ והתחנן תמיד		1QH[a] XX,4
וש֯ק֯וצ֯י֯ם֯ לוא ימצא / בה בהוד֯[ות אפ]ת֯[ח]	(XXVI)	4Q260 V,5

] סרך הדות לי̊שראל̇ / [	(XXXV)	4Q284 1,6
ורום תפארת פ[לא] / [הוד]ות ומקוה גבורות	(XI)	4Q286 1ii5
תה]לת̇ [ה]ו̇ד̇ו̇ת בלשון החמיש[י	(XI)	4Q403 1i3
ל[מ]ל̇[ך] הכבוד / בשבעת הו̇[ד]ו̇ת פלאיה	(XI)	4Q403 1i4
בש]ב̇[עה דב]ר̇י הדות פל{{ו}}א	(XI)	
במשפ̇טי פיהו והודותם במשוב יד גבורתו	(XI)	4Q403 1i39
] / הוד̇[ות	(XI)	4Q403 1ii38
]הודות ◦[	(XI)	4Q404 20,2
] / תן הדות לשמו̇[	(XX)	4Q412 1,8
למשכיל הודות̇[ותפלה ⟦ ? ⟧ להתנפל	(XXIX)	4Q427 8ii10
] ה̇ודו̇[	(XXIX)	4Q429 6,1
]◦◦ ובלשוני מנות הודו̇[ת	(XXIX)	4Q446 1,4
[כול הו]ד̇ות המלחמה יספרו שמה	(VII)	4Q491 8-10i17
דב]ר̇י הה̇[ודות	(VII)	4Q491 14-15,5
]◦[ ]ש תעודת הה[ודות	(VII)	4Q502 6-10,9
]]ה̇ אי̊ש ה הודות]	(VII)	4Q502 24,2
]הודות◦[	(VII)	4Q502 41,2
כב]ודכה בהודו̇[ת	(VII)	4Q502 108,2
]ב̇הודו̇[ת	(VII)	4Q502 146,2
] אחות הו̇דו̇ת̇[	(VII)	4Q503 51-55,3
] / הודות ◦◦◦ ביום השבת	(VII)	4Q504 1-2vii4
דברי הודות בתהלי / [	(VII)	4Q510 1,1
] / הודות צדקו ו̇◦[	(VII)	4Q511 48-49+51,2
ואחורתם חוקי הודות כבודכה	(VII)	4Q511 63-64ii3

desire noun **הַוָּה-1**

]מ̇י הותנה / [	(VII)	4Q513 10i9

הֹוָה ← הוֹוָה

destruction, threat noun **הוֹוָה, הֹוָה**

בהויות חושכ עד / כלותם לאין שרית		1QS IV,13
ותרועת אלים ואנשים ליום הווה		1QM I,11
וכול יקום הוותם מהר ימלו / [ ]ץ בק[		1QM XV,11
לאבל יג[וני] / [מבשר ש]לום לכול הוות[י		1QH[a] X,6
לעזוב עבודתכה מפחד הוות רש̇ע̇י̇ם		1QH[a] X,36
עם מהומות רבה והוות מדהבה עם מצעדי		1QH[a] XI,25
וארץ / תצרח על ההווה הנ̇ה̇יה בתבל		1QH[a] XI,33
כול אשר עליה / ויתמוגגו בהווה ג[דו]לה		1QH[a] XI,34
]◦◦ תסתירני מהוות מ̇ה̇ומ̇ה̇ א◦◦ ד◦◦◦ / [		1QH[a] XI,38
חבתה בי ילכו רכיל לבני הוות		1QH[a] XIII,25
והמה הוות לבם יחשובו [ודברי]ב̇ליעל פתחו		1QH[a] XIII,26
] / והווה לאין חקר וכלה לאי̇ן̇		1QH[a] XIV,3
ו̇י̇תמוטטו מדרך לבכה ובהווה [		1QH[a] XIV,21
לכלה ורוח עועים תבלעני מהוות פשעם		1QH[a] XV,5
ובכול הוותם / לא̇ החתתה מבריתכה		1QH[a] XV,7
ואין פה לרוח הוות ולא מענה לשון		1QH[a] XV,11
] / בעול נגעל̇י ה̇וה תמכו שוח	(V)	4Q184 1,3
]ה̇יתה הווה ע̇[	(XI)	4Q381 76-77,3
א]ת̇ה̇ מבין בהוות מדהבה אל ת̇[	(XXXIV)	4Q418 176,3
כי סבבוני בה̇[וות לבם	(XXIX)	4Q429 3,4

woe!, ah! interjection **הוֹי**

ויומרו הוי המרבה ולוא לו		1QpHab VIII,7
הוי הבוצע בצע רע לביתו		1QpHab IX,12
הוי / בונה עיר בדמים ויכונן קריה		1QpHab X,5
הוי משקה רעיהו מספח / חמתו		1QpHab XI,2
הוי / הו̇[י אומר]לע̇צ הקיצה ע̇[ורי		1QpHab XII,14
הוי / הו̇[י אומר]לע̇צ הקיצה ע̇[ורי		1QpHab XII,15
]והוי עליכה והוי[על	(III)	2Q23 1,2
]והוי עליכה והוי[על	(III)	2Q23 1,2
הוי משכימי בבקר שכר ירדפו מאחרי בנשף	(V)	4Q162 II,2
הוי עיר הדמים כולה [כחש פר]ק̇ מל̇אה	(V)	4Q169 3-4ii1
הו̇י כל ארמונותיה שממו / [	(V)	4Q179 1i10
הוי היה לכול נוחליה	(V)	4Q184 1,8
הוי אחי עליכמה / [	(XXII)	4Q378 6i7
הו̇י לכול מפר̇י̇ה̇ / [	(VII)	4Q511 63iii5
] / הוי[	(III)	6Q18 1,7

הוֹלָה ← עוֹלָה

delusion, deception noun **הוֹלֵל**

ולהמיר בהולל יצר סמוך אשר / ה[		1QH[a] X,36
] / בהולל מעשיהם כי נמאסו למו		1QH[a] XII,8
כי אין הולל בכול מעשיך		1QH[a] XII,20

wealth, property noun **הוֹן, הִין**

הראשונה היא הזנות השנית ההין		CD IV,17
ולהבדל מבני השחת ולהנזר מהון הרשעה		CD VI,15
בנדר ובחרם / ובהון המקדש		CD VI,16
ויתגוללו בדרכי זונות ובהון רשעה		CD VIII,5
ויגשו לזמה ויתגברו להון ולבצע		CD VIII,7
ו̇על ההון יקבלו שני / עידים נאמנים		CD IX,22
אל ישפוכו על הון ובצע		CD X,18
אל יחל איש את השבת על הון ובצע בשבת		CD XI,15
לשפוך דם לאיש מן הגוים̇ / בעבור הון ובצע		CD XII,7
וגם אל ישא מהונם כל בעבור אשר לא / יגדפו		
ו̇שוכלו וכוחו וגבורתו והונו		CD XIII,11
ויתגללו בדרכי זנות ובהון הרשעה		CD XIX,17
ויגשו לזמה ויתגברו להון ולבצע		CD XIX,19
אל {{ית}} יאות איש עמו בהון ובעבודה		CD XX,7
יביאו כול דעתם וכוחם / והונם ביחד אל		1QS I,12
לתכן / כתם דרכיו וכול הונם כעצת צדקו		1QS I,13
ודעתו וכוחו והונו לוא יבואו בעצת יחד		1QS III,2
להיות ליחד בתורה ובהון		1QS V,2
לכול דבר לתורה ולהון ולמשפט		1QS V,3
ואשר לוא ייחד עמו בעבודתו ובהו{{◦}}נ̇ו̇		1QS V,14
ואשר לוא יוכל מהונם כול ולוא ישתה		1QS V,16
מעשיהם לנדה / לפניו וטמא בכול הונ{{ו}}ם		1QS V,20
וגם הואה אל יתערב בהון הרבים		1QS VI,17
יקר{{י̇}}בו גמ את הונו ואת מלאכתו		1QS VI,19
ולמשפט ולטו̇ה̇רה ולערב את הונו		1QS VI,22
ימצא בם איש אשר ישקר / בהון		1QS VI,25
ואם בהון היחד יתרמה לאבדו		1QS VII,6
י̇תערב / עמו בטהרתו או בהונו אש[ר		1QS VII,25
ולוא יתערב איש מאנשי הקודש בה̇ו̇נ̇ו		1QS VIII,23
בני אהרון ימשלו במשפט ובהון		1QS IX,7
והון אנשי הקודש ההולכים בתמים		1QS IX,8
אל יתערב ה̇ונם עם הון אנשי הרמיה		
אל יתערב הונם עם הון אנשי הרמיה		
ברוח הסתר לעזוב למו הון ועמל כפים		1QS IX,22
ולהון חמס לוא תאוה נפשי		1QS X,19
שולחי אצבע ומדברי און ומקני הון		1QS XI,2
] כול הון תבל להב̇[י]רכה ממקור / [עולם	(I)	1QSb III,19
ויוסיפו את הונם עם כול שללם		1QpHab VI,1
ואף כיא הון יבגוד גבר יהיר		1QpHab VIII,3
ו̇יבגוד בחוקים בעבור / הון		1QpHab VIII,11
ויגזול ויקבוץ הון אנשי ח̇מס אשר מרדו באל		
והון עמים לקח לוסיף עליו		1QpHab VIII,12
אשר יקבוצו הון ובצע משלל העמים		1QpHab IX,5

1QpHab IX,6 ולאחרית הימים ינתן **הונם** עם שללם
1QpHab XII,10 המה ערי יהודה אשר / גזל **הון** אביונים
1QH[a] VI,20 [ולא] אמיר **בהון** אמתך ובשוחד כול משפטיך
1QH[a] VII,23 ואני ידעתי כיא / לא ישוה כול **הון** באמתך
1QH[a] XVIII,23 נתתה / משעני על בצע **ובהון**[
1QH[a] XVIII,29]נֿפֿש עבדכה תעבה **הֿוֿן** / ובצע
1Q**27** 1i11 (I) מי / יחפץ כי יגזל ברשע **הונו**
1Q**27** 1i12 (I) איפה עֿם אשר לוא / גזל **הֿוֿ[ן]** ל[אחר
1Q**27** 1ii6 (I)] / בלוא **הון** ונמכר בלוא מחיר
2Q**33** 5,1 (III)]**מהון** כול ◦[
4Q**160** 7,3 (V)]יחלתי פניה רכוש **והון** ומחיר[
4Q**169** 3-4i11 (V)]וטֿרפו הוא **ההֿוֿן** אשר קבֿ[צו כוה]נֿי ירושלים
4Q**183** 1ii5 (V)] / כול **הון** רשעה וינזרו מדר[ך
4Q**257** III,3 (XXVI) ודעתוֿ וֿכוחֿ[ו **והו]נֿ[ו**]לֿ[וא]יבואֿ[ו]בעצת יחד
4Q**258** I,2 (XXVI) ולהיות יחֿד בתורֿ[ה] **ובהון**
4Q**258** I,3 (XXVI) לכל דבר / לתורה **ולהון** ולעשות ענוה
4Q**258** II,7 (XXVI) הקטן] / לגדול למלאכה **ולה[ון**
4Q**258** VII,7 (XXVI) בני אה]רון[ימש]ל[ו ב]משפט ו**בהון**
(XXVI) **והו[ן** אנשי הקודש] / [ההלכ]ים בתמים
4Q**258** VII,8 (XXVI) אֿל יתע[רב הונם עם] **הון**[אנשי הר]מי[ה
4Q**258** VIII,6 (XXVI) ולעזוב למו **הון** ובצע / [ועמל כפים
4Q**259** IV,4 (XXVI) לעֿזֿ[וב] / למֿו **הֿוֿ[ן** ועמל כפים
4Q**260** IV,7 (XXVI) לוא אקנֿ[א]בֿ[רוח] / רשעה **ולהון** חמֿ[ס
4Q**263** 3 (XXVI) [וישמ]ע הקטֿן לגדול למלכאה **ולהֿ[ון**
4Q**264**a 1,6 (XXXV) ידבר]בֿכול דברי עֿבודה או **בהון** או [
4Q**266** 11,15 (XVIII) והאיש / אשר יוכל **מֿהונם**
4Q**267** 9iii2 (XVIII) וגם אל יש]אֿ אֿי[ש] **מֿהונם** [כול
4Q**270** 6iv12 (XVIII) ועל **ההו[ן** [יקבלו ש]ני עֿדים נאמֿנֿ[ים]
4Q**270** 6v19 (XVIII) אל יחל את השבת על] / **הֿון** ובצע בשבת
4Q**271** 5i10 (XVIII) [אל יחל איש את השב]תֿ על **הון** ובצע בשבת
4Q**285** 10,3 (XXXVI) עוז]ב **הוֿ[ן** ו]בֿצע [
4Q**286** 17b,2 (XI) ימשלו ב]מֿשפט **ובהון** וה◦[
4Q**299** 2,2 (XX) ו]יגל בלוא **ה[ון** ונמכר בלוא מחיר
4Q**299** 6ii13 (XX)] / מאיש נוֿאל **הון** הון ◦[
(XX)] / מאיש נוֿאל הון **הון** ◦[
4Q**300** 5,2 (XX) מ]שֿפט בגלל **הון** / [
4Q**301** 6,2 (XX)]ר **הֿ[ו]נֿו** וצעד כבו[דו
4Q**378** 20ii5 (XXII)] / ולתת **הון** ל[
4Q**390** 2i8 (XXX) ובאשר לא חפצתי בחרו להתגבר **להון** ולבצע
4Q**416** 2ii6 (XXXIV) בכל **הון** אל תמר רוח קוֽדשכה
4Q**416** 2ii10 (XXXIV) אף **הון** בלוֿ / [
4Q**416** 2ii17 (XXXIV) [אל תמ]כֿור נֿפשכה **בהון**
4Q**416** 2iii5 (XXXIV) לֽוֽא ידעֿתה אל תקח **הון** / פן יוסיף
4Q**417** 2i19 (XXXIV) וֿאֿם תחסר לוא מבֿליֿ **הון** מחסורכה
4Q**417** 2i21 (XXXIV) אם **הון** אנש[י]ם תלוה למחסורכֿה
4Q**417** 2ii+23,23 (XXXIV)] / ואל תערב **הון** בנחלתֿ[כה
4Q**418** 8,3 (XXXIV)]וֿ אֿם **בהון** [ישה הנושה בו מהר] / [שלם
4Q**418** 8,11 (XXXIV)] / [ואל תותר לו אף **הו]ןֿ** בלוֿ[ ]תֿני
4Q**418** 9+9a-c,4 (XXXIV) אל תקח **ה]ון** פן[יוסף על רישכה
4Q**418** 101ii4 (XXXIV)] / יחמול על **הֿוֿנֿוֿ** היה לֿ◦[
4Q**418** 103ii9 (XXXIV) וג]םֿ **הונכה** עם בשרכה[
4Q**418** 123i3 (XXXIV)]◦כֿול **הון** / [
4Q**418** 180,3 (XXXIV)]לֿ**הֿון** אֿ[
4Q**420** 1ai4 (XX) **ה]וֿןֿ** רשעים / [
4Q**423** 6,5 (XXXIV)]וֿ **הון** וצ◦[
4Q**423** 22,2 (XXXIV)]עֿרמה **והוֿן**[
4Q**424** 1,8 (XXXVI) אל תאמֿ[ר ממנו] / לקחת **הון** למחסורך
4Q**424** 1,10 (XXXVI) איש רע עין אל תמשל **בהֿוֿ[נך**
4Q**424** 3,10 (XXXVI)]◦דֿאג לכֿ[ו]ל חסרי **הון** בני צדק[
4Q**424** 3,11 (XXXVI)]◦◦ר בכול **הון**[

4Q**435** 4,2 (XXIX)] / **הוֿן**[
4Q**525** 8,4 (XXV)]**הֿון** עמֿ[
6Q**10** 4,4 (III)]**מהוֿןֿ**[
11Q**16** 2,5 (XXXVI)]◦ה לו **והון** ועושֿ[ר
11Q**19** LVII,21 ולוא יחמוד / שדה וכרם וכול **הון**
PAM 43.700 73,1 (XXXIII) כי]א **הון** ובֿצֿ[ע

Hor proper noun **הוֹר**
4Q**364** 19a-b,8 (XIII) ומאת] שנֿה במותו **בהור** ההר

teaching noun **הוֹרָה**
4Q**400** 1i17 (XI) ומפיהם **הורות** כול קדושים עם משפטי / [

הוֹרָיָה ← הֹרָיָה

Ararat noun **הוררט**
4Q**252** I,10 ששי נחה התבה על הרי **הוררט**

sprinkling noun **הַזָּיָה**
4Q**512** 1-6,6 (VII) ואחר[יוזה עליו] / את מימי **ה[ז]יֿתֽ** לטהרו

she, it personal pronoun **הִיא, הִיאָה**
CD I,13 **היא** העת אשר היה כתוב עליה
CD III,18 ובדרכי נדה / ויאמרֿוֿ כי לנו **היא**
CD IV,17 הראשונה **היא** הזנות השנית ההין
CD V,9 אחות אמך לא תקרב שאר אמך **היא**
CD V,11 בת האח את ערות אחי / אביה **והיא** שאר
CD VI,4 הבאר **היא** התורה וחופריה הם / שבי ישראל
CD XI,7 אם / סוררת **היא** אל יוציאה מביתו
CD XVI,11 לאֿ [י]דענֿה הֿם להקים **היא** ⟦ ⟧ ואם להניא
CD XVI,12 אם לעבור ברית **היא** יֿניאה ואל יקימֿנה
1QS VIII,7 **היאה** חומת הבחן פנת יקר בל / יזדעזעו
1QS VIII,15 **היאה** מדרש התורה אֿ[ש]רֿ צוה ביד מושה
1QS IX,5 בעת **ההֿיאה** יבדילו אנשי / היחד
1QS IX,19 {{הֿ}}**היאה** עת פנות הדרכ / למדבר
1QS XI,4 כיא אמת אל **היאה** / סלע פעמי
1QpHab I,9 מ]רֿיבה וח[ ]הֿ **היֿאה** / [
1QpHab XII,7 הקריה **היא** ירושלם / אשר פעל בה הכוהן
1QM I,11 **והיאה** עת / צרה ע[ ]ל עם פדות אל
1QM II,9 לצאת לצבא כיא שבת / מנוח **היאה** לישראל
1QM XV,1] / כיא **היאה** עת צרה לישרֿ[אל
1QM XVIII,3 בעת **ההיאה** יריעו הכוהנים / [
1QH[a] XII,13 ועצתכה **היא** תקום ומחשבת לבכה תכון לנצח
1QH[a] XII,18 לחזון דעת לא נכון ולדרך לבכה לא **היאה**
1QH[a] XX,9 ותעודת הויֿה **והיאה** תהיה
1Q**17** 3 (I) ויבוא אל לוז א]שֿר בהר **היא** בית אל
4Q**159** 2-4,7 (V) ואל ילבש כתונתֿ אשה כיא [ת]ועבה **הוא**
4Q**161** 1,2 (V) שאר י]שֿראל **היאה**[
4Q**161** 1,4 (V) מו]עֿדיֿ הכוהנים כיא **היא[ה**
4Q**162** II,10 (V) **היא** עדת אנשי הלצון אשר בירושלים
4Q**163** 2-3,4 (V)]עֿ[ ]ם התרה **היא** רֿציֿן רעֿ[ו
4Q**163** 8-10,7 (V) וידו הנטויה] / [ומי ישי]בנה **היאה** מֿ◦[
4Q**163** 29,2 (V)]לֿה **היא**[
4Q**169** 1-2,7 (V) ופרחֿ לבנון **היא**[
4Q**169** 3-4ii2 (V) פשרו **היא** עיר אפרים דורשי החלקות
4Q**169** 3-4iv1 (V) גם **היא** בגולה ה[לכה בשבי
4Q**172** 1,3 (V) פש]רֿו **היאֿהֿ** הֿצֿ◦◦[
4Q**174** 1-2i12 (V) סוכת דויד הנופלת **היאה** סוכת / דויד הנופלֿ[ת
4Q**174** 1-3ii1 (V) **היאה** עת המצרף הב[אה
4Q**174** 1-3ii3 (V) **היאה** ה[

Reference	Vol.	Text
4Q**174** 4,3	(V)	]**היאה** העת אשר יפתח בליעל / [
4Q**177** 5-6,10	(V)	]◦◦ם **היא**[
4Q**177** 12-13i8	(V)	]ולפזר[ם] בארץ ציה ושממה **היא** עת ענות המ◦[
4Q**184** 1,8	(V)	ו**היאה** ראשית כול דרכי עול
4Q**184** 1,11	(V)	ו**ה[י]א** במסתרים תארוב ◦[
4Q**186** 2i2	(V)	]ו**היאה** תרגל ובת קולו עניה
4Q**200** 6,5	(XIX)	אלהים]חי אשר לכול העולמים **היאה** מלכותו
4Q**215** 1-3,5	(XXII)	ותואמר מה מתבהלת **היאה** בתי
4Q**225** 2i1	(XIII)	]ת תכרת הנ[פש] **ההיא** / [מקרב ע]מיה[
4Q**251** 12,3	(XXXV)	ה]**יא**
4Q**251** 18,5	(XXXV)	]◦ה חליפה **היא** כל אשר הכרת ע[ליו
4Q**252** V,2	(XXII)	כי המחקק **היא** ברית המלכות
4Q**252** V,6	(XXII)	]◦ **היא** כנסת אנשי / [
4Q**254** 15,2	(XXII)	]**היאה**[
4Q**258** VII,6	(XXVI)	בעת **ההיא** יבדלו בית אהרון לקודש
4Q**258** VIII,4	(XXVI)	**היא** עת פנות הדרך למדבר
4Q**259** II,16	(XXVI)	**היאה** חומת הבחן פ[נת יקר ב]ל [יזדעזעו
4Q**259** III,19	(XXVI)	**היאה** [עת פנות הדרך]למדבר
4Q**265** 6,6	(XXXV)	ואם נפש אדם **היא** אשר תפול אל המים
4Q**265** e,2	(XXXV)	]**היא** [
4Q**266** 3ii11	(XVIII)	הבאר **היא** הת[ורה
4Q**266** 6i3	(XVIII)	צרעת]**היאה** האוחז{{ת}}ה בעור החי
4Q**266** 6i5	(XVIII)	צ]רעת ממארת **היא**
4Q**266** 6ii2	(XVIII)	ואם ראתה [עו]ד ו**היאה** לו [בעת] / [נדתה]
4Q**266** 6ii3	(XVIII)	ו**היאה** אל תוכל קודש
4Q**266** 6iii8	(XVIII)	ופר]י תבואותו אם [שלמה **הי]א** נקפה / [אחת
4Q**266** 58,4	(XVIII)	]רת **היא**[
4Q**267** 2,11	(XVIII)	הבאר [**הי]אה** התור[ה
4Q**269** 7,1	(XVIII)	]מה **היא** והספחת מכתעץ / [ואבן
4Q**270** 3ii13	(XVIII)	ו**היא** אשר ז[רעה] / אין בה תרו[מה
4Q**270** 3ii15	(XVIII)	[ופרי תבואתו אם] שלמה **היא** נקפה[אחד]
4Q**271** 3,4	(XVIII)	[גבר על איש ואשה] כאחת כי תועבה **היא**
4Q**271** 4ii11	(XVIII)	לוא ידענה א]ם להקים **היא** ואם / להניא
4Q**271** 4ii12	(XVIII)	אם לעבור ברית **היא** יניא[ה ואל יקימנה
4Q**271** 5i3	(XVIII)	אם סוררת **הי[א** אל יוצי]אה / [מביתו
4Q**272** 1i13	(XVIII)	צרעת מ]מארת **היא**
4Q**273** 4ii10	(XVIII)	צרעת ממארת] / **היא**
4Q**273** 5,3	(XVIII)	]◦◦◦◦◦◦◦◦◦◦◦◦נה **היא** אשר הוא י[
4Q**274** 3i5	(XXXV)	]רו הוא ו**היא** טמאה [
4Q**285** 4,7	(XXXVI)	וינוס]ו מפני ישראל בעת **ההיאה**[
4Q**285** 4,9	(XXXVI)	ושבו אל היבשה בעת **ההי[אה**
4Q**299** 6ii8	(XX)	] / עמים מ**ההיא** אשר[
4Q**299** 24,2	(XX)	]**היאה** מ[
4Q**300** 1aii-b,4	(XX)	] שמו כי[מ]ה **היא** חכמה / נכחדת[
4Q**313** 1,1	(XXXVI)	וירושלים מחנה **הי]א** וחו[צה למחנה הוא חוצה
4Q**322**a 1,9	(XXVIII)	]ש**היא**[
4Q**365** 10,1	(XIII)	לכמה קוד]ש [ ]ת[]ה[י]א לכמה [**הי]א** ליה[וה
4Q**365** 32,5	(XIII)	וראית]ם את הארץ מה **היאה**
4Q**365** 32,7	(XIII)	אשר הואה יושב בה הטובה / [**ה]יאה**
4Q**367** 3,11	(XIII)	והיה]**היא** ותמורתו / [יהיה קדש לא יגאל
4Q**369** 1ii2	(XIII)	] / **היאה** צבי תבל ארצכה
4Q**379** 12,5	(XXII)	**היא** השנה ליובלים לתחלת בואתם לארץ
4Q**380** 1i2	(XI)	ירו]שלם **היא** / [
4Q**381** 1,1	(XI)	ונפלאתו אשיחה ו**היא** תהיה לי למורה משפט [
4Q**385**a 17a-eii7	(XXX)	ו**היא** בגולה תלך בש[בי] / [
4Q**388a** C,3	(XXX)	]**היא** / [
4Q**394** 3-7i12	(X)	]שא **היא**[כ]מי שזנת אליו
4Q**394** 3-7ii17	(X)	וי]רושלי[ם] / מחנה **היא** וחו[צה] למחנה[
4Q**394** 3-7ii19	(X)	כי ירושלים]**היא** המקום אשר
4Q**394** 8iv10	(X)	כי / ירושלים **היאה** מחנה הקדש
4Q**394** 8iv10	(X)	ו**היא** המקום / שבחר בו מכל שבטי [ישראל
4Q**394** 8iv11	(X)	כי] ירושלים **היא** ראש / מ[חנות ישראל
4Q**396** 1-2iii1	(X)	כי יר]ושלים **היא** ראש / [מ]חנות ישראל
4Q**397** 3,3	(X)	וירושלים **הי]א** מחנה וחוצה ל[מחנה
4Q**397** 6-13,4	(X)	כי י[רושלים ראש מחנות ישראל]**היאה**
4Q**397** 14-21,7	(X)	כי] / התועבה שנואה **היאה**
4Q**415** 9,6	(XXXIV)	] / בה הכינה כיא **היאה** תכון[
4Q**416** 2iv5	(XXXIV)	ליחד עם אשת חיקכה כי **היא** שאר ער[ותכה
4Q**417** 3,5	(XXXIV)	]◦◦◦ **היאה** וארוכה [
4Q**418** 10a-b,7	(XXXIV)	ליחד עם אשת]חיקכה כיא **היא** ש[אר ערותכה
4Q**418** 104,1	(XXXIV)	]**ההיא** י◦[
4Q**421** 11,4	(XX)	]כיא מלאכת צ[דק]**היאה** אל יחל[
4Q**424** 1,3	(XXXVI)	גם **היא** [
4Q**427** 8ii15	(XXIX)	ותעודת] / הווה ו**היא**[ה תהיה
4Q**428** 55,1	(XXIX)	] **היא**[
4Q**464** 11,1	(XIX)	] / **היא**[
4Q**470** 1,5	(XIX)	ב]עת **ההיא** יאמר מ[יכ]אל אל צדקיה / [
4Q**496** 3,4	(VII)	ו**היאה** עת[ישועה
4Q**504** 7,6	(VII)	]**היאה** לוא תקצר / [
4Q**504** 7,8	(VII)	]◦ה **היאה** / [
4Q**524** 15-22,4	(XXV)	כי]תועבה **היאה**[
5Q**20** 3,2	(III)	]◦ **היא** לה[
6Q**9** 38,2	(III)	]ח לו ו**היא** מ[
11Q**13** II,23	(XXIII)	[צי]ון ה[**יאה**] / [עדת כול בני הצדק
11Q**13** 7,2	(XXIII)	]מה **היא**[ה
11Q**19** LV,7		תכה את כול יושבי / העיר **ההיא** לפי חרב
11Q**19** LV,21		או את האשה **ההיא** וסקלתמה באבנים
11Q**19** LVII,18		כי / **היאה** לבדה תהיה עמו
11Q**19** LXIII,1		והורידו זקני]העיר **ההיא** את / העגל[ה]
11Q**19** LXIII,4		וכול זקני העיר **ההיא** הקרובה אל החלל
11Q**19** LXV,13		ופרשו השלמה לפני זקני העיר **ההיא**
11Q**19** LXV,14		ולקחו זקני העיר / **ההיא** את האיש ההוא
11Q**19** LXVI,1		שניהמה אל שער] העיר **ההיא**
11Q**19** LXVI,9		ו**היא** רויה לו מן החוק
11Q**19** LXVI,13		בן אביה או בן אמו כי נדה **היא**
11Q**19** LXVI,14		בת אביהו או בת אמו תועבה **היא**
11Q**19** LXVI,15		אחות אביהו או את אחות אמו כי זמה **היא**
11Q**19** LXVI,17		בת אחיהו או בת אחותו כי תועבה **היא**
11Q**20** I,19	(XXIII)	עולה **היא** אשה ריח ניחוח[לפני יהוה
PAM 43.673 21,2	(XXXIII)	] **היא** לי ◦◦◦[
PAM 43.697 93,2	(XXXIII)	] **היא** הי◦[

הִיאָה ← הִיא

shout noun **הֵידָד**

Reference	Vol.	Text
4Q**174** 9-10,1	(V)	ו**ההיד[ד**

to be verb **היה**

Reference	Vol.	Text
CD I,9		**ויהיו** כעורים וכימגששים דרך
CD I,13		היא העת אשר **היה** כתוב עליה
CD II,10		ופרוש קציהם לכל / **הוי** עולמים
		הוי עולמים **ונהיית** עד מה יבוא בקציהם
CD II,20		כל בשר אשר **היה** בחרבה כי גוע
		ויהיו כלא היו בעשותם את / רצונם
CD II,20		ויהיו כלא **היו** בעשותם את / רצונם
CD IV,12		ובכל השנים האלה **יהיה** / בליעל משולח
CD V,3		בספר התורה החתום אשר / **היה** בארון
CD VI,12		**ויהיו** מסגירי / הדלת
CD VI,16		ולגזול את עניי עמו **להיות** אלמ[נו]ת שללם
CD VIII,3		**היו** שרי יהודה אשר תשפוך עליהם העברה

והיה לו לבד מאיל האשם		CD IX,14
ואין / לה בעלים והיתה לכהנים		CD IX,15
העת אשר יהיה גלגל השמש / רחוק מן השער		CD X,15
ואל יאכל ואל ישתה כי אם היה במחנה		CD X,23
ואם בסוכה יהיה אל יוצא ממנה		CD XI,8
או יתד בכוֹתל / אשר יהיו עם המת בבית		CD XII,18
ואם / משפט לתורת נגע יהיה באיש		CD XIII,5
ויספר לפֿניהֹם נהיות עולם בפרתיה		CD XIII,8
לבֿלתי הֿיות עשוק ורצוץ בעדתו		CD XIII,10
דבר אשֿר יהֿיה לֿכל האדם לדבר למבקר		CD XIV,11
שנה תמֿימה וֿלפי דעתוֿ היוֿתו אויֿל ומשוגע		CD XV,15
ישבו כסרך / הארץ אֿשר היה מקדם		CD XIX,3
כאשר היה בקץ פקדת הראשון		CD XIX,11
כאשר דבר היו שרי יהודה כֿמשיגי / גבול		CD XIX,15
ולאֿ יֿהֿיה להם {{י}} ולמשפחותֿיהם חלק		CD XX,13
יהיו הכוהנים / והלויים מברכים		1QS I,18
ולוא יהיה לכה שלום בפי כול אוחזי אבות		1QS II,9
והיה / בשומעו את דברי הברית		1QS II,12
יתברכ בלבבו לאמור שלום יהי לי		1QS II,13
כיא הכול יהיו ביחד אמת וענות טוב		1QS II,24
טמא טמא יהיה כול יומי מואסו במשפטי / אל		1QS III,5
והיתה לו לברית / יחד עולמים		1QS III,11
מאל הדעות כול הויה ונהייה		1QS III,15
מאל הדעות כול הויה ונהייה		
ולפני היותם הכין כול מחשבתם		
ובהיותם לתעודותם כמחשבת כבודו		1QS III,16
ובחכמת כבודו נתן קצ להיות עולה		1QS IV,18
ואין עולה יהיה לבושת כול מעשי רמיה		1QS IV,23
מעדת / אנשי העול להיות ליחד בתורה		1QS V,2
ולהיות / פוקדם את רוחם ומעשיהם		1QS V,23
ובכול מקום אשר יהיה שם עשרה אנשים		1QS VI,3
והיה כיא יערוכו השולחן לאכול		1QS VI,4
ואל ימש במקום אשר יהיו שם העשרה איש		1QS VI,6
ולכול עצה ודבר אשר יהיה לרבים		1QS VI,9
ויהי עצתו / ליחד ומשפטו		1QS VI,22
ולוא היה אנוש ונענש ששה חודשים		1QS VII,12
וכול איש אשר יהיה בעצת היחד		1QS VII,22
]הרבים והיה משפטו כמוהו לשל[חו		1QS VII,25
בהיות אלה בישראל / נכונה {{ה}}עצת היחד		1QS VIII,4
והיו לרצון לכפר בעד הארצ		1QS VIII,10
ובהיות אלה ליחד בישראל / בתכונים		1QS VIII,12
בהיות אלה בישראל ככול התכונים		1QS IX,3
ולהיות איש מקנא לחוק ועתי ליום		1QS IX,23
יברכ עושיו ובכול אשר יהיה יספֿ[ר חסדיו		1QS IX,26
לראשי / מועדים בכול קצ נהיה		1QS X,5
ובכול היותי חוק חרות בלשוני		1QS X,8
ובהיותם אשים / גבולי לבלתי שוב		1QS X,10
ואורת לבבי ברז / נהיה והויא עולם		1QS XI,4
ואורת לבבי ברז / נהיה והויא עולם		
בהויֿא עולם / הביטה עיני תושיה		1QS XI,5
קודש למטעת עולם עם כול / קצ נהיה		1QS XI,9
תום הדרכ ובדעתו נהיה כול		1QS XI,11
וכול הויה במחשבתו יכינו		
וכול הנהֿיה ברצונכה היה		1QS XI,18
וכול הנהֿיה ברצונכה היה		1QS XI,18
ואם תעודה תהיה לכול הקהל למשפט	(I)	1QSa I,25
וקדשום שלושת ימים להיות כול הבא	(I)	1QSa I,26
ואתה תֿ[היה] / [	(I)	1QSb I,6
ות]הֿיה סביב משרת בהיכל / מלכות	(I)	1QSb IV,25
והייתה כֿ[	(I, XXVI)	1QSb V,24
והיה / צדק אזור [מותניכה	(I)	1QSb V,25
ובשם קודשו יגברכה / והייתה כא[ריה	(I)	1QSb V,29
ויקיצו מזעזיעיכה והיתה למשיסות למו		1QpHab VIII,14
] / להיות אבניה בעשק וכפיס עצה בגזל		1QpHab X,1
ולהרותם / במ[ע]שי שקר להיות עמלם לריק		1QpHab X,12
והיתה מהומה / ג[		1QM I,5
ופלטה לוא תהיה / לֿ[בנ]י חושך		1QM I,6
ובכול צרותמה לוא נהיתה כמוה		1QM I,12
]◦ ◦דֿגֿלי הבנים יהיו להמס לבב		1QM I,14
להיות משרתים / בתמיד לפני אל		1QM II,1
יהיו אנשי השם / קריאי המועד		1QM II,6
והיתה לאל ישראל המלוכה		1QM VI,6
ויהיו הפרשים על רכב אנשי הסרך		1QM VI,11
ופרשי הסרך יהיו מבן ארבעים שנה		1QM VI,14
] / ואנשי הסרך יהיו מבן ארבעים שנה		1QM VII,1
וסורכי המחנות יהיו מבן {{◦◦}}חמ{{◦}}שים שנה		
והשוטרים / יהיו גם הם מבן ארבעים שנה		1QM VII,2
ועורך הצידה כולם יהיו מבן חמש ועשרים שנה		1QM VII,3
כולם יהיו אנשי נדבת מלחמה ותמימי רוח		1QM VII,5
וכול / איש אשר לוא יהיה טהור ממקורו		1QM VII,6
ורוח יהיה / בין כול מחניהמה למקום היד		
הכוהן האחר יהיה מהלך		1QM VII,12
וביד הששה יהיו / חצוצרות המקרא		
החצוצרות תהיינה מריעות לנצח		1QM VIII,1
והראשים יהיו נפשטים לסדריהם איש למעמדו		1QM VIII,6
ובח[צו]צֿרות יהיו / הכוהנים מריעים		1QM VIII,11
והכוהנים יהיו מריעים בחצוצרות / החללים		1QM IX,1
ובנפול החללים יהיו הכוֹ[הנ]ים מריעים		1QM IX,7
ומגני המגדלות יהיו ארוכים שלוש אמות		1QM IX,12
והאביד שריד מֿעיר והיה אויב ירשה		1QM XI,7
ובכול תעודות כבודכה היה זכר [		1QM XIII,8
וענה ואמר חזקו ואמצו והיו לבני חיל		1QM XV,7
[והכוהני]ם יהיו מריעים בחצוצרות החללים		1QM XVI,9
] / ישראל כול הויה ונהיה		1QM XVII,5
] / ישראל כול הויה ונהיה		
]ל בכול נהיי עולמים		
והכוהנים / יהיו מריעים בֿ[חצוצרות החללי]םֿ		1QM XVII,15
עמנו הפלא וֿפלא ומאז לוא נהיתה כמוהה		1QM XVIII,10
ל]הֿיות זרעם לפניך כול הימים		1QH^{a} IV,14
להפר קימי קדם ול[הק]ים נהיות עולם		1QH^{a} V,18
] וֿאתה תהיה / לעולמי עד		
ואם ירשע ואות היהֿ[ ]עֿולם ומופת דורות		1QH^{a} V,22
כי מידך היתה זאת ובלוא רֿ◦◦[ ]ל◦[ ]ל[		1QH^{a} VI,27
לעיני כול מעשיך ולהיות לאות ◦◦[		1QH^{a} VII,20
] לא תהיה לפניך		1QH^{a} VII,25
]היו ולא יעשה כול / [		1QH^{a} VIII,6
בטרם / היותם למלאכי קֿ[ודשכה		1QH^{a} IX,11
בטרם / היותם ועל פי רֿצֿ[ונכה נ]הֿיה		1QH^{a} IX,20
ועל פי רֿצֿ[ונכה נ]הֿיה כול		
ותכן פרי שפתים בטרם היותם		1QH^{a} IX,28
והיו ליצר סמוך[		1QH^{a} IX,35
ואהיה פח לפושעים ומרפא לכול / שבי פשע		1QH^{a} X,8
ואהיה על עון רשעים / דבה בשפת עריצים		1QH^{a} X,10
ואני הייתי נגינה לפושעים		1QH^{a} X,11
ואהיה איש ריב למליצי תעות		1QH^{a} X,14
ואהיה לרוח קנאה לנגד כל דורשי חל[קות]		1QH^{a} X,15
]וֿאהיה בצוקה כמו אשת לדה מבכריה		1QH^{a} XI,7
וארץ / תצרח על ההווה הנֿהֿיה בתבל		1QH^{a} XI,33
אודכה אדוני כיא הייתה לי לחֿומת עוז		1QH^{a} XI,37
ואני הייתי על ע[		1QH^{a} XIII,22

והיה כנור ונבל ותוף וחליל	(V)	4Q**162** II,3
ותהי נבלתם כסחה בקרב החוצות	(V)	4Q**162** II,9
וה]יו מטות כנפו מלא רחב ארצכ[ה	(V)	4Q**163** 2-3,3
] / **והיה** ביום ההואה [לוא יוסיף עוד	(V)	4Q**163** 4-7ii10
כי אם **יהיה** עמכה י[שראל כחול הים	(V)	4Q**163** 4-7ii13
ותהי לכמה ח[זות הכול כדברי	(V)	4Q**163** 15-16,2
ובטח **תהיה** גבורתכמה ולוא אביתמה	(V)	4Q**163** 23ii4
ובערום **להיות** לקלו[ן] / וחרפה לעיני הגואים	(V)	4Q**166** II,12
] / [פ]שר[ו א]שר **היו** בעמים[	(V)	4Q**167** 11-13,4
] / כי ש[בבי]ם **היה** ע[גל שמרון	(V)	4Q**167** 11-13,5
]**להיו**[ת	(V)	4Q**167** 33,1
והיה כול רואיך ידודו ממך	(V)	4Q**169** 3-4iii2
גם את תשכרי] / **ותהי** נעלמה	(V)	4Q**169** 3-4iv5
והיה [חילם למ]שיסה ו[בתיהם	(V)	4Q**170** 1-2,1
]**להיות** ע[ם] / עדת בחירו אשר יהיו רשים	(V)	4Q**171** 1+3-4iii4
] / עדת בחירו אשר **יהיו** רשים ושרים ◦[	(V)	4Q**171** 1+3-4iii5
נער **היי]תי** וגם זקנתי ולוא[ראיתי צדיק]	(V)	4Q**171** 1+3-4iii17
]**בהיותו** עמם[	(V)	4Q**172** 4,1
פשרו] אשר **יהיו** ק[הל	(V)	4Q**173** 3,2
לבנות לוא מקדש אדם **להיות** מקטירים בוא	(V)	4Q**174** 1-2i6
אני **אהיה** לוא לאב והוא יהיה לי לבן	(V)	4Q**174** 1-2i11
אני אהיה לוא לאב והוא **יהיה** לי לבן	(V)	
ויהי כחזקת[היד ויסרני מלכת בדרך]	(V)	4Q**174** 1-2i15
]ר הביאמה **להיות** / [	(V)	4Q**174** 4,6
מי ינתן **ויהיה** לבבם זה להם לירא אותי	(V)	4Q**175** 3
והיה האיש / אשר לוא ישמע אל דברי	(V)	4Q**175** 6
עומד **להיות** פ[ח י]קוש לעמו	(V)	4Q**175** 24
]◦מ◦[**לה]יות** שניהמה כלי חמס	(V)	4Q**175** 25
והצדק בעמכה **והיו**[	(V)	4Q**176** 1-2i1
והיה העקוב ל[מי]שור[והרכסים לב]קעה	(V)	4Q**176** 1-2i8
]**ויהי** קצף גדול על מעשי הדור / [	(V)	4Q**176** 20,2
]נו טרם **הייתם** ובע◦[	(V)	4Q**176** 22,3
]שמתיה **להיות**[	(V)	4Q**176** 23,2
]◦ **נהיה** כמש[פחות הארצות	(V)	4Q**177** 1-4,3
ו]**היו** כאש לכול תבל	(V)	4Q**177** 1-4,7
ג]ורל אור אשר **היה** מתאבל בממשלת בל[יעל	(V)	4Q**177** 1-4,8
]אשר **היה** מתאבל[	(V)	
]**היה** לשרפת אש והפכה [	(V)	4Q**179** 1i5
]חצרות קודשנו **היו** / [	(V)	4Q**179** 1i7
]נחלתנו **היתה** כמדבר ארץ לוא / [	(V)	4Q**179** 1i12
] / **ונהיה** כטרם בראם הכין פעולות[יהם	(V)	4Q**180** 1,2
הוי **היה** לכול נוחליה	(V)	4Q**184** 1,8
] / ואיש אשר **יהיה** ק[	(V)	4Q**186** 1i4
עני **יהיה** וזה בהמתו שור	(V)	4Q**186** 1ii9
]**יהיה** תוך / [	(V)	4Q**186** 1iv2
וכול ימיכה בני לאלהים **הי[ה** ז]כר[	(XIX)	4Q**200** 2,3
אמת **היה**[עושה כ]ול ימי ח[ייכה	(XIX)	4Q**200** 2,4
יה]יה עמך	(XIX)	4Q**200** 2,5
]וכארך ידכה בני **היה**[עושה	(XIX)	4Q**200** 2,6
אם **יהיה** לכה בנ[י רוב	(XIX)	4Q**200** 2,7
אם **יהיה** לך מעט כמעט[	(XIX)	4Q**200** 2,8
והיו המה {{תומהים}} מברכים ו[מהללים	(XIX)	4Q**200** 6,2
וכאשר **היתה** רחל לוא ילדה בנים ◦◦[	(XXII)	4Q**215** 1-3,9
ולהיות יחד[עמנו שבתים	(XIII)	4Q**216** VII,13
והייה משמרוה ע[ל הטוב	(XIII)	4Q**219** II,21
והיי]ה בשבוע הרישון לשלושה וא[רבעים	(XIII)	4Q**219** II,35
ויזכר] / את כול הרעות אשר **הי[ו** נחבאות	(XIII)	4Q**221** 5,3
והואה] / **היה** מתאבל על אשתו	(XIII)	4Q**221** 5,6
נפרדו שרים מאמן כי ל]וא **היתה** אח[לי	(XIII)	4Q**223-224** 2iv8
ואם]**יהיה** לבם [עליהם] ל[היטיב] / [עליה]ם	(XIII)	4Q**223-224** 2iv9

ותהי לכאיב אנוש ונגע נמאר בתכמי עבדכה		1QH[a] XIII,28
ויהיו שריכה בגור[ל עולם		1QH[a] XIV,14
והיה לי[לאין] / חקר		1QH[a] XIV,16
ו]**היה** מעין אור למקור / עולם		1QH[a] XIV,17
[**והיי]תי** כמלח באוניה בזעף / ימים גליהם		1QH[a] XIV,22
ואהיה / כבא בעיר מצור ונעוז		1QH[a] XIV,24
בני] / רשעה וכול בני אשמה לא **יהיו** עוד		1QH[a] XIV,30
כי בליעל עם הופע יצר / **היותם**		1QH[a] XV,4
והיו להפריח נצר למטעת עולם		1QH[a] XVI,6
וגזעו / **ויהי** למקור עולם		1QH[a] XVI,8
ואני **הייתי** לבזאי {{◦}}נהרות / שוטפים		1QH[a] XVI,14
ויהיו לנחל שוטף ע[ל		1QH[a] XVI,17
]◦ **ויהיו** למי מ[בול] / לח ויבש		1QH[a] XVI,18
ואם אשיב יד **יהיה** כערע[ר בערבה		1QH[a] XVI,24
ואהיה כאיש נעזב ב◦[		1QH[a] XVI,27
ומעוז מותני **היה** לבהלה ותשבר זרועי מקניה		1QH[a] XVI,33
ותהי תוכחתכה לי לשמחה וששון		1QH[a] XVII,24
]ל ובלוא רצונכה לא **יהיה**		1QH[a] XVIII,2
ורוחי [אמת] להתחדש עם כול / **נהיה**		1QH[a] XIX,14
ותעודת **הויה** והיאה תהיה		1QH[a] XX,9
ותעודת הויה והיאה **תהיה**		
וזולתה לוא **היה** ולוא יהיה עוד		1QH[a] XX,10
וזולתה לוא היה ולוא **יהיה** עוד		
[**וה]יה** לרוב חסד וקנאת כלה והשב◦[		1QH[a] XX,14
נ]תתה באוזן עפר **ונהיות** עולם חקותה		1QH[a] XXI,12
ל]**היות** לו מתחזק בבריתכה		1QH[a] XXIII,9
]כה אוחיל בכול **היותי** ושמכה אברכה תמיד		1QH[a] 4,17
] / ◦◦ לוא **יהיו** עוד ותשם מקום ר[		1QH[a] 5,5
]◦ **נהיה** בתבל [		1QH[a] 28,2
י]הוה [אדני **יהי]ה** בכם / [	(I)	1Q**14** 1-5,1
אף [יהוה] / [יבוא עליהם]**והיו** ל◦ת◦◦[	(I)	1Q**15** 6
וישכב שם] / [כיא הואה] לבדו **היה** הול[ך	(I)	1Q**17** 6
וי]**הי** הוא[	(I)	1Q**19** 1,1
והיו לפ[ח ו]מוקש ויע[ברו כול מקרא קו]דש	(I)	1Q**22** 1i8
והיה [א]שר יבואו ע[לי]הם כול הקלל[ות]	(I)	1Q**22** 1i10
ויהיה / [אשר בכלו]תני ל[תת]ברית	(I)	1Q**22** 1ii7
ו]**יהי** כי [שמוע תשמע] לעשות [את המצוה	(I)	1Q**22** 1iii4
כי **ה]יו** שטים / [במדבר אבו]תיכם עד יום[	(I)	1Q**22** 1iii9
] **היה** יש[ראל	(I)	1Q**25** 12,2
]ברז **נה[יה**	(XXXIV)	1Q**26** 1,1
כאשר גלה אוזנכה ברז **נהי[ה**	(XXXIV)	1Q**26** 1,4
ולוא ידעו רז **נהיה** ובקדמוניות לוא התבוננו	(I)	1Q**27** 1i3
ונפשמה לוא מלטו מרז **נהיה** ⟦ ⟧	(I)	1Q**27** 1i4
וזה לכם האות כי **יהית** בהסגר מולדי עולה	(I)	1Q**27** 1i5
]כי **יהיה**[	(I)	1Q**69** 33,1
כי כול מצרים]**היו** נותנים ⟦ ⟧ כב[ודם	(III)	2Q**20** 1,3
]◦[ ]◦מיו חל[י]פה **להיות**[	(III)	3Q**5** 1,1
] **יהיו** ברורים לה◦[	(III)	3Q**5** 2,2
]כח **בהיו**◦[	(III)	3Q**14** 19,1
ואתה יהוה לעול[ם] / **תהיה** כבודכה	(XVI)	4Q**88** X,14
] / אתם **להי[ות]** להמה ול[ע]ם לאלוהים ◦[	(V)	4Q**158** 4,7
] / בא הא[לוהים ובע]בו[ר] **תהיה** י[ר]את[ו	(V)	4Q**158** 6,3
] / **והיה** הלבב הזה להמה ליראה[	(V)	4Q**158** 6,5
אל **יהיו** כלי גבר על אשה	(V)	4Q**159** 2-4,6
ועזרתה **היה** לו והעלהו / [אל ה]שמים	(V)	4Q**160** 3-4ii2
]לכה ואתה **תהיה** להמה ות◦[	(V)	4Q**160** 6,1
]פני **יהי** ע[	(V)	4Q**160** 7,1
א]שר אמר אם **הי[ה** עמכה ישראל כחול הים]	(V)	4Q**161** 2-4,2
ויהי לבער פר]ץ גדרו **ויהי** למרמס	(V)	4Q**162** I,1
מפני החרב והרעב **והיה** / בעת פקדת הארץ	(V)	4Q**162** II,1

אל [י]הי[ו כלי] / [גבר על איש	(XVIII)	4Q271 3,3
וא[ם בסו]כה יהיה / [אל יוצא ממנה	(XVIII)	4Q271 5i4
טמא טמא / יקרא כול ימי היות[ו בו הנ]גע	(XXXV)	4Q274 1i4
והבגד אשר תהיה עליו והכלי אשר ישאנה	(XXXV)	4Q274 2i5
ואמ במחנה יהיה איש אשר לוא השיגה ידו	(XXXV)	4Q274 2i6
]ל֯ אם היה֯[	(XXVI)	4Q275 2,7
ולוא יהיה לכה שלו[ם] בפי כול אוחזי אבו[ת	(XXIX)	4Q280 2,4
] / והיה בעת הנגע֯[	(XXXV)	4Q284 4,6
כאשר הי֯ה כתוב֯[בספר יחזקאל הנביא	(XXXVI)	4Q285 4,3
]משפחות האדמה להיות֯[	(XI)	4Q287 5,13
] / כן יהיה כ֯[	(XX)	4Q299 6ii11
ה]וא יהיה[	(XX)	4Q299 36,2
]ליו להי[ות]ל֯[	(XX)	4Q299 79,9
עו]ד֯ לא תהיה[	(XX)	4Q300 1aii-b,5
ונפשם לא מלטו מרז נ֯[היה	(XX)	4Q300 3,4
]ה ולא היה מה רז א֯ם֯[	(XX)	4Q300 8,7
]◦ תבנית זכר ללוא היה֯[	(XX)	4Q301 2b,5
א֯ם יהיה / לאיש עץ טוב ו֯יגבה עד לשמים[	(XX)	4Q302 2ii2
]שהיו֯ ⟦ ⟧	(XX)	4Q302 8,3
]ר יהיה [	(XX)	4Q302 17,2
ובכל נפשם היו֯ כמגששים ד[רך	(XXXVI)	4Q306 2,4
] / יהיה כול הגר הנש[אר	(XXXVI)	4Q307 1,6
מפדן ארם] / [אחות לבן ות]ה֯י[ה] ל֯[ו לאשה	(XIII)	4Q364 1a-b,5
ונגפו אשה הרה ויצא(ו) ?]ו֯לוא יהיה֯	(XIII)	4Q364 13a-b,9
מושה על[ה אלי] ה֯הר וה[יה שם	(XIII)	4Q364 14,3
]הדברים אשר היו על הלו[חות הראישונים	(XIII)	4Q364 26bii+e,5
ובכול עפר הארץ היה כנים / [בכול ארץ	(XIII)	4Q365 2,2
לשחין פורח אבעבועות] / רעות ו֯יה[י] ו◦◦◦[	(XIII)	4Q365 3,2
מפני ה[שח]ין כי ה֯[יה השחין בחרטומים	(XIII)	4Q365 3,3
מ]מ֯חנה מצרים לה֯י[ו]ת במחנה / [ישראל ?	(XIII)	4Q365 6ai9
ויה[י] הענן חושך / [?	(XIII)	4Q365 6ai11
]ת֯[ ]ה֯[י]א לכמה [הי]א ליה[וה	(XIII)	4Q365 10,1
רבוע הי[ה] כפול ע֯[שה את החשן]	(XIII)	4Q365 12biii8
לה[יות לכמה לאלוהים והייתם קדושים	(XIII)	4Q365 17a-c,6
והיו לכה ימי[ש]ב֯[ע] / [?	(XIII)	4Q365 24,2
למטה א֯יש רואש לבית אבותו יה[י]ו֯[	(XIII)	4Q365 26a-b,8
העם היושב֯ עליה החזק ה֯וא[ה] / [יה]יה֯	(XIII)	4Q365 32,6
]◦ והיו אוכלים את ◦חטאות / [	(XIII)	4Q365a 2i6
והמת י]היה לו	(XIII)	4Q366 1,3
משפ]ט אחד יהיה ל֯כ֯ם֯[כגר כאזרח יהיה	(XIII)	4Q366 2,2
כשכיר כתושב] / [יהי]ה֯ עמך	(XIII)	4Q366 2,5
פ]ן֯ יהיה לך למוקש בקרבכם	(XXVIII)	4Q368 2,4
]עו כי מ֯מלכה כול הווה ונ֯ו֯[	(XIII)	4Q369 3,2
]תהיה בכה[	(XXVIII)	4Q371 7,1
] / להיות יחד עם שני אחיו	(XXVIII)	4Q372 1,10
[ב]ניהם אשר כרת עם יעקב להיות עמו	(XXVIII)	4Q372 3,9
י]ובלים מספרם היה [	(XXVIII)	4Q372 9,2
]להיות ל◦[	(XIX)	4Q374 1a-b,4
ואם במחנה יהיה הנשיא אשר לכול העדה	(XIX)	4Q376 1iii1
]◦◦ ממכה והייתה לא֯[כלה / [	(XXII)	4Q378 3i5
אלוהי]ך להיות לו / [	(XXII)	4Q378 3i13
]◦ היתה כמוה / [	(XXII)	4Q379 4,4
]ם והיו להם [	(XXII)	4Q379 11,3
]י֯ש֯◦ט האיש ה֯יותה ◦◦צל֯[	(XXII)	4Q379 18,1
ל]היות לי ארנ[ונ]◦ כאב א◦[	(XXII)	4Q379 18,4
[עומר]לה[יו]ת פח יקוש לעמו	(XXII)	4Q379 22ii10
]ן֯ להיות שניהם כלי חמס	(XXII)	4Q379 22ii11
והיא תהיה לי למורה משפט [	(XI)	4Q381 1,1
ותהי לי תכחתך ל֯[שמחת] / עלם	(XI)	4Q381 33+35,3
]◦ הבינו ותהי לכם [	(XI)	4Q381 49,2

אז יהיה בלב֯[עליכה שלום	(XIII)	4Q223-224 2iv10
ויהי / [לכה כוח כי לוא נהרוג את אחיכה	(XIII)	4Q223-224 2iv16
הרעב אשר יהי[ה֯ על כו[ל הארץ	(XIII)	4Q223-224 2v19
וי]ה֯י למ֯[אכל לשבע שני הרעב	(XIII)	4Q223-224 2v26
]מת היה֯ / [	(XIII)	4Q223-224 46,2
וא֯[ף] אם לוא ככה יהיה זרעכה	(XIII)	4Q225 2i7
] / לא יהיה אהב	(XIII)	4Q225 2ii10
]ל֯מחשף יה֯[יה	(XIII)	4Q226 11,1
]צ֯ ו֯הי֯ת[	(XXXV)	4Q249 13,2
]לה֯י[ות] / [כול הבא עתיד להנה	(XXXVI)	4Q249b 2
והריקתי אחריכם חרב ו[ה֯י֯ת֯[ה ארצכם שממה	(XXXVI)	4Q249l 1
]היתה֯[	(XXXVI)	4Q249m 2
ושדה החרם תהיה֯ אחזת [הכוהן	(XXXV)	4Q251 14,2
קדש קד]שים הוא ו֯ה֯י[ה	(XXXV)	4Q251 15,1
ומי מבול היו על הארץ	(XXII)	4Q252 I,3
ויהי הגשם על / הארץ ארבעים יום	(XXII)	4Q252 I,5
והמים הי[ו]ה֯לוך וחסור עד החודש [הע]שירי	(XXII)	4Q252 I,11
ויהי מ֯קץ ארבעים יום להראות ראשי ההרים	(XXII)	4Q252 I,12
ויומר ארור כנען עבד עבדים יהייה לאחיו	(XXII)	4Q252 II,6
]ל֯ם תהי[ה	(XXII)	4Q252 III,14
תמנע היתה פילגש לאליפז בן עשיו	(XXII)	4Q252 IV,1
שליט משבט יהודה בהיות לישראל ממשל	(XXII)	4Q252 V,1
והיו לי / [אמר יהוה צבאות	(XXII)	4Q253a 1i2
ויהי דן נח[ש עלי דרך שפי]פון עלי או[רח	(XXII)	4Q254 5-6,4
]תרגמן הואה אשר היה כ◦[	(XXII)	4Q254 16,2
ו֯ה֯יתה [לו לברית] / [יח]ד֯ עולמי[ם	(XXVI)	4Q255 2,8
עו]ל֯[ם לר]אשי מועדים בכול קץ נהיה	(XXVI)	4Q256 XIX,3
ולהיות יחד֯ בתור[ה] ובהון	(XXVI)	4Q258 I,2
ולהיות פוקדים את רוחם ומעשיהם	(XXVI)	4Q258 II,3
והיה כי [יערכו השלחן לאכול	(XXVI)	4Q258 II,9
ובהיות אלה[בישראל]יבדלו מ[תוך מושב	(XXVI)	4Q258 VI,6
[בהיו]ת אלה בישראל ליחד כתכונים	(XXVI)	4Q258 VII,4
ולהיות איש מקנא לחוק ועתי ליו֯ם [נקם	(XXVI)	4Q258 VIII,7
בכל קץ נהיה בראשית ירחים למועדיהם	(XXVI)	4Q258 IX,2
ובכל היותי חוק [ח]רות ב[לשוני	(XXVI)	4Q258 IX,7
]ו֯בהיותם אשיב / [גבולי לבלתי שוב	(XXVI)	4Q258 IX,10
ולוא] / היה א֯נ֯ו֯ש[ונע]נש [ש]שה ח֯[ודשים	(XXVI)	4Q259 I,10
והיה משפטו / [כמוהו לשלח אותו	(XXVI)	4Q259 II,8
ובהיו]ת אלה ל[ב]יחד֯ ב֯ז֯ל֯	(XXVI)	4Q259 III,3
ול]א היה֯ א֯נו֯ש / [ונענש ששה חודשים	(XXVI)	4Q261 5a-c,6
[ובכל]מ֯[ק]ו֯ם אשר יהיה֯ שם[עשרה אנשים	(XXVI)	4Q263 4
וכל הנהיה / [ברצונך היה ואין אחר זולתך	(XXVI)	4Q264 5
[ב]היות בעצת היחד חמשה ע[שר אנשים	(XXXV)	4Q265 7,7
וקודש לא] / [ה]יה לה	(XXXV)	4Q265 7,13
והיאה העת] / אשר היה֯ [כתו]ב֯ עליה[	(XVIII)	4Q266 2i17
ויהיו] / כלו ה[יו בעשותם את רצונם	(XVIII)	4Q266 2ii20
היו [שרי] / [יהודה ב]ו֯ם אשר [תשפוך עליהם	(XVIII)	4Q266 3iii25
]ו֯היה [	(XVIII)	4Q266 4,12
וכול היותו אויל / [ומ]שוגע אל יבו	(XVIII)	4Q266 8i6
אשר יהי[ו עם / [המת בבית אחד וטמאו	(XVIII)	4Q266 9ii4
ו֯כול הד[בר אשר] יהיה לכול [האר]ם֯ ל֯דבר	(XVIII)	4Q266 10i4
]היה֯[	(XVIII)	4Q266 70,2
ואם משפט לתורת נ]גע יהיה֯[באיש	(XVIII)	4Q267 9iv1
לבלתי ה[יות עשוק ורצוץ֯ [בעדתו]	(XVIII)	4Q267 9iv7
ויבינו בכול נהיות עד מה יבוא במה	(XVIII)	4Q268 1,8
ואם משפט לתורת נגע יהי[ה֯	(XXXVI)	4Q269 10i7
עשרון אחד תהיה האחת֯ / [	(XVIII)	4Q270 3ii20
אם] א֯מרה א֯נו֯סה היתי / [	(XVIII)	4Q270 4,3
] והיו [	(XVIII)	4Q270 6iii20
ואם בסוכה] / יהיה אל [י]וצא ממנה	(XVIII)	4Q270 6v14

] להשכיל בכם אם תהיו לוא ואם [	(XI)	4Q381 69,7
]ואהיה [	(XI)	4Q381 74,2
]היתה הווה ע[	(XI)	4Q381 76-77,3
ומגויים גדולים להיות לוא לעם למשל בכל[	(XI)	4Q381 76-77,15
ולתמוך בבריתכה ולהיות לבבם ∘[	(XIII)	4Q382 104,1
] כפים למען יהיו לכה	(XIII)	4Q382 104,2
למוריש ∘∘ [ו]בעלתם והייתה להם[ ]לאב	(XIII)	4Q382 104,3
]∘כה ל∘∘ להיות[	(XIII)	4Q382 110,2
וא]לה מתי יהיו והיככה ישתלמו חסדם	(XXX)	4Q385 2,3
עצמו ופרק / [אל פרקו ויה]י כן	(XXX)	4Q385 2,6
ו]אמרה יהוה מתי יהיו אלה	(XXX)	4Q385 2,9
והיו עמי ה[	(XXX)	4Q385 6,1
ב[אח]ת היה נשמה ופניהם זה בעקר ז[ה	(XXX)	4Q385 6,8
והית[ה יד] / ארם מחברת מגבי החיות	(XXX)	4Q385 6,9
והיה בתוך גחלים חיות כגחלי אש[	(XXX)	4Q385 6,12
והחיות והאופנים ויה[י	(XXX)	4Q385 6,13
וי]הי קול[מעל רקיע	(XXX)	4Q385 6,14
ויהי ירמיה מקונן ∘[	(XXX)	4Q385a 18ii4
ויהי דבר יהוה אל[י]לא[מר בן]	(XXX)	4Q385b 1,1
ותהי חלחלה[ ]בפוט ותהי חרב במ[צרים]	(XXX)	4Q385b 1,3
ותהי חלחלה[ ]בפוט ותהי חרב במ[צרים]	(XXX)	
ו]פרק אל פרקו ויהי / [כן	(XXX)	4Q386 1i5
ולא אניח לו ומשרו לא יהיה	(XXX)	4Q386 1ii4
ומנצפה לא יהיה תירוש ותזיז לא יעשה דבש [	(XXX)	4Q386 1ii5
כאשר יאמרו היה השל[ו]ם והשדך	(XXX)	4Q386 1ii7
תה[י]ה הארץ / כאשר היתה בימי [ ] קדם	(XXX)	
תה[י]ה הארץ / כאשר היתה בימי [ ] קדם	(XXX)	4Q386 1ii8
והיתה[	(XXX)	4Q386 1iii3
בימים / ההמה[י]ה[יה מלך וה]וא גדפן	(XXX)	4Q387 2ii8
ואלה מתי יהי]ו וא[י]ככה ישתלמו חסד[ם	(XXX)	4Q388 7,5
ארב]עים שנה ויה[י	(XXX)	4Q388a 2,3
ת]דרשני הייתי[	(XXX)	4Q389 2,1
]ארבעים שנה ויהי [	(XXX)	4Q389 2,8
ו[ת]הי / ממשלת בליעל בהם	(XXX)	4Q390 2i3
ו]ביובל ההוא יהיו / מפרים את כול חקותי	(XXX)	4Q390 2i4
] היה ב[	(XIX)	4Q391 21,1
] ויה[י	(XIX)	4Q391 42,1
]היו ∘[ ]חרו ∘ [	(XIX)	4Q391 64,3
כרצונך אלוהי ה[י]ה הוא ותע[ז]וב עמך	(XXIX)	4Q393 3,4
והיה[	(XXIX)	4Q393 8,1
שלוא י[היו] / מסיא[י]ם את העם עוון	(X)	4Q394 3-7i15
לכול אלה להערי[בו]ת השמש להיות טהורים	(X)	4Q394 3-7i18
בשל שא יהיה הטהר מזה על הטמה	(X)	4Q394 3-7i19
]היה ∘[ ]∘∘∘ העם[	(X)	4Q394 9,2
לכול אלה להעריבות השמש] / להיות טהור[י]ם	(X)	4Q395 10
הטמא כי לבני] / אהרן ראוי להיו[ת] מ[	(X)	4Q395 11
ונשים]ל[ו]קח[ים להיו]תם עצם	(X)	4Q396 1-2i6
ולהיות יראים מהמקדש[	(X)	4Q396 1-2ii1
ועתה בהיות טמאתם עמהם	(X)	4Q396 1-2iii7
ועל לבוש[ו כתוב שלוא] / יהיה שעטנז	(X)	4Q396 1-2iv7
ולהיו]תמה עצם אחת [	(X)	4Q397 5,2
שלוא יבואו עם טהרת הקודש כי בדד י]היו	(X)	4Q397 6-13,6
] יהיה מת[	(X)	4Q397 14-21,3
שמי מהם / שהיא ירא[את	(X)	4Q398 11-13,7
התו]רה היה מצול[ ]מצרות והם מב[ק]שי תורה	(X)	4Q398 11-13,7
וכתוב והיא כי / [יבו]א עליך [כול הדברים]	(X)	4Q398 14-17i5
זכור [את] דויד שהיא איש חסדים	(X)	4Q398 14-17ii1
[ו]אף / היא [נ]צל מצרות רבות ונסלוח לו	(X)	4Q398 14-17ii2
]בקדושיעד קדושי קדושים ויהיו לו לכוהני / [	(XI)	4Q400 1i3
ב]היותו טמא[ ]ת ולוא ∘∘∘[	(XI)	4Q402 4,4

]יה ולוא יהי[ו]ים ליחד כ[ ]∘[	(XI)	4Q402 4,5
]אלוהים במלחמת שחקים והיתה[	(XI)	4Q402 4,10
]כיא מאלוהי דעת נהיו כול [הוי עד	(XI)	4Q402 4,12
עם כול הויי / [עול]מ[י]ם	(XI)	4Q403 1i22
לאמרי פיהו יהיו כ[ול אלי רום	(XI)	4Q403 1i35
[פיה]ו יה[יו	(XI)	4Q404 4,1
לאמרי] / פיהו יהי[ו כול אלי רום	(XI)	4Q405 4-5,3
עם כול הויי עולמים	(XI)	4Q405 13,6
] / והיה ביום[	(XXXV)	4Q414 7,10
]להיות [	(XXXV)	4Q414 8,3
] / ולהיות בטהרת צ[דק	(XXXV)	4Q414 13,4
[וה]יה א[יש או אשה בהנגשו	(XXXV)	4Q414 27-28,1
]∘תהי כ[ו]ל / [	(XXXIV)	4Q415 2i+1ii1
] / ברז נהיה בחן אלה ו∘[	(XXXIV)	4Q415 6,4
כיא נגף] / באו[פ]ל[ ]תהיה לו כמכשול לפניו	(XXXIV)	4Q415 11,7
]∘יה ברז נ[היה	(XXXIV)	4Q415 24,1
נ]היה בה[	(XXXIV)	4Q415 25,1
הבט ברז נהיה / [וקח מולדי ישע	(XXXIV)	4Q416 2i5
לאשר לא ישוה בכה ואז תהי[ה] / [לו לאב	(XXXIV)	4Q416 2ii15
טוב היותכה עבד ברוח וחנם תעבוד נוגשיכה	(XXXIV)	4Q416 2ii17
לכבודכה התהלך וברז [נ]היה דרוש מולדיו	(XXXIV)	4Q416 2iii9
רז נהיה דרוש והתבונן בכל דרכי אמת	(XXXIV)	4Q416 2iii14
וכאשר / גלה אוזנכה ברז נהיה כבדם	(XXXIV)	4Q416 2iii18
] / מרז נהיה בהתחברכה יחד	(XXXIV)	4Q416 2iii21
נ]היה וקח[	(XXXIV)	4Q416 7,1
]תה והיית [	(XXXIV)	4Q416 11,1
ר]ז נהיה ⟦ ⟧ ודע / [	(XXXIV)	4Q416 17,3
יומם ולילה הגה ברז נ]היה {{ו}}דורש תמיד	(XXXIV)	4Q417 1i6
וברז נהיה / פרש את אושה ומעשיה	(XXXIV)	4Q417 1i8
בן מבין הבט ⟦ ⟧ ברז נהיה ודע / [	(XXXIV)	4Q417 1i18
]ציכה ברז נהיה[ ]∘[	(XXXIV)	4Q417 1i21
] / ברז נה[י]ה[	(XXXIV)	4Q417 1ii3
] / וברצונו היו והואה מבין ∘[	(XXXIV)	4Q417 1ii10
הבט ברז] / נהיה וקח מולדי ישע	(XXXIV)	4Q417 2i11
היה בעל ריב לחפצכה ואין ∘[	(XXXIV)	4Q417 2i12
היה כאיש עני בריבך משפטו[	(XXXIV)	4Q417 2i14
] / פיהו יהיה כול ואת אשר יטריפכה	(XXXIV)	4Q417 2i20
] / תיעצנו והיית לו[	(XXXIV)	4Q417 2ii+23,17
] / ואז תהיה לו לע[בד	(XXXIV)	4Q417 2ii+23,20
רז]נהיה [	(XXXIV)	4Q418 5,1
וכאשר גלה או]זנכה ברז נ[היה כבדם	(XXXIV)	4Q418 10a-b,1
]היה ז[	(XXXIV)	4Q418 39,1
והבט ברז נהיה מעשי]קדם למה נהיה	(XXXIV)	4Q418 43-45i2
נהיה מעשי]קדם למה נהיה ומה נהיה במ[ה	(XXXIV)	
]למה הויא ולמה נהיה במה[	(XXXIV)	4Q418 43-45i3
]למה הויא ולמה נהיה במה[	(XXXIV)	
יום ו]לילה הגה ברז נהיה[ודרוש תמיד	(XXXIV)	4Q418 43-45i4
ואתה בן מבין הב]ט ברז נהיה[	(XXXIV)	4Q418 43-45i14
]ברז נהיה[ ]ל[	(XXXIV)	4Q418 43-45i16
]ושקד יהיה בלבבנו [בכול קצים	(XXXIV)	4Q418 55,4
ומה] השקט ללוא היה ומה משפט ללוא נוסד	(XXXIV)	4Q418 69ii5
וכול נהיה עולם דורשי אמת	(XXXIV)	4Q418 69ii7
]רז נהיה וקח תולדות[א]דם וראה בכוש[ר	(XXXIV)	4Q418 77,2
וקח ברז נהיה על [מ]שקל קצים	(XXXIV)	4Q418 77,4
ובאמת תמלא נ[ח]לתכה והיית ה[	(XXXIV)	4Q418 88ii8
] / ואל תהי בביתו כי[	(XXXIV)	4Q418 101ii3
] / יחמול על הונו היה ל∘[	(XXXIV)	4Q418 101ii4
] / למה יהיה כלאים כבפרד	(XXXIV)	4Q418 103ii7
והייתה כלוב[ש שעטנז]בצמר	(XXXIV)	
]וגם תבואתכה תה[יה לכה כ]זורע כלאים	(XXXIV)	4Q418 103ii8

]בים ולוא היו ◦[	(XXVIII)	4Q**468**cc 7
והיו עמו תמיד ושׁ[רתו] / [לפניו	(XXXVI)	4Q**471** 1,3
ל]מען יהיו מלמדי ה[רב] / [לצאת לצבא	(XXXVI)	4Q**471** 1,7
]ותם אשר ה[י]ה ◦[	(XXXVI)	4Q**474** 11
ולוא יהיה עוד אשמות בארץ	(XXXVI)	4Q**475** 4
ולוא יהיה עוד אשמות בארץ ולוא יה[יה עוד	(XXXVI)	
והיתה כול תבל כעש וכול ישׁ[בי בה כציץ	(XXXVI)	4Q**475** 5
]כולכם תהיו בשלום [	(XXIX)	4Q**476** 1,4
וגם אש]ר היה מרע[	(XXXVI)	4Q**477** 2ii2
]◦ ואהיה עמו ואת[	(XXII)	4Q**481**d 3,3
]ל[עו]לם יהיה וזרעו לדרות אחריה[ם	(XXII)	4Q**481**e 2
]ה היות [	(VII)	4Q**487** 13,3
החרש[וה]מ[צ]רף ופקודים להיות אנ[שי	(VII)	4Q**491** 1-3,7
ואלפים אמה יהיה בין ה[מחנות למקום היד	(VII)	
וכול איש אשר לוא יהיה[טהור ממקורו	(VII)	4Q**491** 1-3,10
שלושׁ מערכות אורבים יהי[ו מרח]וק	(VII)	4Q**491** 1-3,12
והיו כול המערכו[ת]הנגשות למלחמת האו[יב	(VII)	4Q**491** 1-3,14
והיתה לאל[המלוכ]ה ולעמו	(VII)	4Q**491** 11ii17
]ל והיתה[	(VII)	4Q**491** 14-15,7
] והיתה צר[ה	(VII)	4Q**491** 36,1
והיתה מ[הומה	(VII)	4Q**496** 3,5
י]היו א[נ]שי ה[שם	(VII)	4Q**496** 7,4
]היה [	(VII)	4Q**497** 2,2
ואל יהיה זרעמה מב{{ני ב}}רית	(VII)	4Q**501** 7
]לו מהיות קוד[ש	(VII)	4Q**502** 1,6
י]חד להיות ל[	(VII)	4Q**502** 2,5
]להיות / [	(VII)	4Q**502** 6-10,16
היום]הזה להיות ◦[	(VII)	4Q**502** 22,4
]היות[	(VII)	4Q**502** 26,1
]ר ולהיות[	(VII)	4Q**502** 35,4
ה]יותם ◦[	(VII)	4Q**502** 42,3
]היות[	(VII)	4Q**502** 172,2
]להיות[	(VII)	4Q**502** 312,1
] לילה להיות מהללים[ ] עמנו[	(VII)	4Q**503** 64,5
להיות[שמכ]ה שם לעולם	(VII)	4Q**504** 1-2iv4
ל{{ד}}<<ה>>יו{{ד}}<<ת>> / כרעי נגיד ← דויד	(VII)	4Q**504** 1-2iv6
]◦שמ◦[ ]◦[ ]◦היה[	(VII)	4Q**504** 1-2vii1
אשר] / [רצי]תה היו[	(VII)	4Q**506** 131-132,7
] / ועד היותנו צעדינו עם נדה יב[	(VII)	4Q**507** 1,3
] היתה / [	(VII)	4Q**509** 131-13**2**i18
]◦ם עלי ארץ להיות ק◦[	(VII)	4Q**509** 131-132ii8
]כול היות ב◦[	(VII)	4Q**509** 198,2
ושופט בצד[ק מ]הויי עד / [ע]ד נהיי עולמים	(VII)	4Q**511** 10,10
ושופט בצד[ק מ]הויי עד / [ע]ד נהיי עולמים	(VII)	4Q**511** 10,11
והיו / כוהנים עם צדקו צבאו ומשרתים	(VII)	4Q**511** 35,3
]היו ◦◦[	(VII)	4Q**511** 154,2
בע]רי מושב[ותם] / ולהיות עם[קודש	(VII)	4Q**512** 7-9,4
אשר י]טמא בו / [וה]יה [אי]שׁ או אשה[ ]	(VII)	4Q**512** 40-41,2
]להיות[	(VII)	4Q**512** 62,1
] / והי[ה	(VII)	4Q**512** 74,4
]ר היה[	(VII)	4Q**512** 77,4
ונכבדות שלוא היו יעשה אדני כאשר ד[בר]	(XXV)	4Q**521** 2ii+4,11
ולמות יהי[ו כאשר] / [יקי]ם המחיה	(XXV)	4Q**521** 7+5ii5
]לוא תה[יה	(XXV)	4Q**521** 9,1
לוא ? י]היה להם ודן לוא הכה גם הוא את[	(XXV)	4Q**522** 8,2
ובכו]ל / היותו בה[ישכיל וישיתה	(XXV)	4Q**525** 2ii+3,7
ובדרכיכה יזכרוכה והייתה ט[וב	(XXV)	4Q**525** 14ii16
ת]היה שמחה[	(XXV)	4Q**525** 19,2
]◦היה[	(XXV)	4Q**525** 40,2
]באשר היתה[	(XXV)	4Q**526** 2
] / כול הנהיה בה למה היה ומה יהיה בו[	(XXXIV)	4Q**418** 123ii3
] / כול הנהיה בה למה היה ומה יהיה בו[	(XXXIV)	
] / כול הנהיה בה למה היה ומה יהיה בו[	(XXXIV)	
אשר גלה אל אוזן מבינים ברז נהיה[	(XXXIV)	4Q**418** 123ii4
וגם לוא נהיו בלוא רצונו ומחוכ[מתו	(XXXIV)	4Q**418** 126ii5
והייתה למאכל שן ולחומי רשף	(XXXIV)	4Q**418** 127,3
]יה ואז / [	(XXXIV)	4Q**418** 148i4
]שחת עולם והיה לכה כב[וד	(XXXIV)	4Q**418** 162,4
]א יהיו ב◦[מה	(XXXIV)	4Q**418** 167a+b,3
כי]א נגף באפלה וה[יה	(XXXIV)	4Q**418** 167a+b,7
]רז נהיה[	(XXXIV)	4Q**418** 172,1
]מה בחרב היו[	(XXXIV)	4Q**418** 172,14
רז]נהיה אשר[	(XXXIV)	4Q**418** 179,3
א]שר גלה אזנכה ברז נהיה ביום[	(XXXIV)	4Q**418** 184,2
נהי]ות עולם / [	(XXXIV)	4Q**418** 190,3
]◦ נהיה הודיע אל נח[לת	(XXXIV)	4Q**418** 201,1
]למחשבתו והייתה[	(XXXIV)	4Q**418** 227,2
התבו]נן בנהיי ע[ולם	(XXXIV)	4Q**418** 238,3
רז] / נהיה [	(XXXIV)	4Q**418**a 11,2
] אשר לוא יהיו[	(XXXIV)	4Q**418**a 15,2
אז תהי]ה לו לאב [ ] / [	(XXXIV)	4Q**418**a 19,3
הי]ה ב[על ריב	(XXXIV)	4Q**418**a 22,1
רז] נהיה כי אין סו[ף	(XXXIV)	4Q**418**c 8
]היה ואת◦[	(XXXVI)	4Q**419** 2,3
]◦◦ היה משק[ל צדק	(XX)	4Q**420** 3,2
והיה חינם אל ישאב ממנו ◦[	(XX)	4Q**421** 11,3
וארב[עים] / לילה היה ה[גשם] ע[ל] [הארצ	(XIII)	4Q**422** II,8
ולוא עוד] היות מבול[לשחת הארצ	(XIII)	4Q**422** II,11
]היות שׁ[	(XIII)	4Q**422** B,3
ברז]נהיה	(XXXIV)	4Q**423** 3,2
י]היה בכל [דר]כו אשר בטל◦[	(XXXIV)	4Q**423** 5,9
ב]היותם ומש[	(XXXIV)	4Q**423** 15,3
ולהרשיע ר[שע] / גם הוא יהיה לבוז	(XXXVI)	4Q**424** 3,3
]לה לוא יהיו / [	(XX)	4Q**426** 1i8
ותעודת] / הווה והיא[ה תהיה	(XXIX)	4Q**427** 8ii15
והיו / [שריכה בגורל אלים	(XXIX)	4Q**428** 8,1
והיה לימים ל[אין חקר והתאזרו]על תבל	(XXIX)	4Q**428** 8,5
]ר ונהיו[ת	(XXIX)	4Q**428** 69,2
ותהי לכאוב אנוש ונגע נמאר	(XXIX)	4Q**429** 2,11
וא[היה כבא בעיר מצור ונעוז בחומה נשגבה]	(XXIX)	4Q**429** 4ii5
ואשמה לוא ת]היה עוד	(XXIX)	4Q**431** 2,6
]◦וחך כעור כמגרן ואהיה כמו אין	(XXIX)	4Q**433** 1,3
ועליו ואבו יהיו בו ו[	(XXIX)	4Q**433**a 2,8
והיה בו צב[א השמ]ים ו[א]רצם	(XXIX)	4Q**434** 2,8
כ]בודכה לכול הויה / [	(XXIX)	4Q**440** 3i19
]יהי ח◦[	(XXIX)	4Q**441** 2
ויהיו לרוחי ריב במבניתי חוק[י	(XXIX)	4Q**444** 1-4i+5,2
יהו שלום כלם / ועל ממלכתכ	(XI)	4Q**448** II,7
] / לקרוב להיות ב[	(XI)	4Q**448** III,3
] / והיו[	(XXXVI)	4Q**459** 2,2
]תהיה הא[	(XXXVI)	4Q**460** 7,2
י]הודה להיותלו כוה[ן	(XXXVI)	4Q**460** 7,5
היה האור עמהם ועלינו היה[	(XIX)	4Q**462** 1,9
האור עמהם ועלינו היה[	(XIX)	
]ל[י]שראל כי בתוכנו היה עם החביב יעק[וב	(XIX)	4Q**462** 1,11
נ]שנאתה כאשר היתה לפני הבנותה[	(XIX)	4Q**462** 1,18
גם בהיותם בארצות אויביהמ[ה לא מאסתים]	(XIX)	4Q**463** 1,2
ויהי מלא[חכמה] / [לכול דורש ?]	(XIX)	4Q**463** 1,3
] / יהיה שם יכלון מי ה[	(XIX)	4Q**464** 5ii3
]◦ היו בני חמש עשרא[שנה	(XIX)	4Q**464** 7,1

וה]יו שמ[ות הש]ערים אשר ל[ח]צר הזואת	11Q**19** XXXIX,11
]ה **להיות** משרת[ים	11Q**19** XL,2
והיו הסוכות / נעשות עליהמה	11Q**19** XLII,12
האלפים ולשרי המאיות אשר **יהיו** עולים	11Q**19** XLII,15
בין שער לשער **יהיו**	11Q**19** XLII,17
כי ככה **יהיו** אוכלים אותו / מחג הבכורים	11Q**19** XLIII,5
לדגן החטים **יהיו** אוכלים את הדגן	11Q**19** XLIII,6
משער] / [שמעו]ן עד שער יהודה **יהיו** לכוהנים [	11Q**19** XLIV,4
ויצאו ? ה]שני **יהיה** בא לשמאול[ובבואו	11Q**19** XLV,3
ולוא [**יהי]ו** מתערבים אלה באלה	11Q**19** XLV,4
ולוא **תהיה** שמה / תערובת	11Q**19** XLV,6
וא[יש] כי **יהיה** לו מקרה לילה לוא יבוא	11Q**19** XLV,7
ל]**היות** בתוך מקדשי לעו[לם] / ועד	11Q**19** XLVI,3
תעשה לו אשר **יהיו** עולים בני ישראל אליו	11Q**19** XLVI,7
אשר **יהיה** / מבדיל בין מקדש הקודש לעיר	11Q**19** XLVI,9
ולוא **יהיו** באים בלע אל תוך / מקדשי	11Q**19** XLVI,10
מקום יד חוץ מן העיר אשר **יהיו** יוצאים שמה	11Q**19** XLVI,13
אשר **תהיה** הצואה יורדת אל תוכמה	11Q**19** XLVI,15
ולוא **תהיה** נראה לכול רחוק / מן העיר	
אשר **יהיו** / באים המצורעים והזבים	11Q**19** XLVI,17
והאנשים אשר **יהיה** להמה מקרה	11Q**19** XLVI,18
ומקד[שי בתוכה] **תהיה** קודש וטהורה	11Q**19** XLVII,4
כול אשר בתוכה **יהיה** / טהור	11Q**19** XLVII,5
וכול אשר יבוא לה **יהיה** טהור	11Q**19** XLVII,6
וכול אוכל / וכול מושקה **יהיו** טהורים	11Q**19** XLVII,7
כי בעריהמה **יהיו** עושים / בהמה מלאכתמה	11Q**19** XLVII,8
לוא יביאו / כי כבשרמה **תהיה** טהרתמה	11Q**19** XLVII,10
בהמה **יהיו** מביאים את יינמה	11Q**19** XLVII,12
אשר **תהיו** קוברים את מתיכמה בהמה	11Q**19** XLVIII,13
וגם לזבים / ולנשים **בהיות**מה בנדת טמאתמה	11Q**19** XLVIII,16
והאדם כול אשר **היה** בבית	11Q**19** XLIX,16
ואשה כי **תהיה** מלאה וימות ילדה במעיה	11Q**19** L,10
יהי]ו טמאים / [לכמה ולוא]תטמאו בהמ[ה	11Q**19** LI,1
וקדשתמה **והיו** קדושים	11Q**19** LI,8
אשר הבדלתי להמה לטמאה **והיו** / קדושים	11Q**19** LI,9
תזבח לי שור ושה אשר **יהיה** בו כול מום רע	11Q**19** LII,4
ואם **יהיה** / בו מום פסח או עור	11Q**19** LII,9
דרוש אדורשנו מידכה / **והיה** בכה לחטאה	11Q**19** LIII,12
ואם תחדל ולוא תדור לוא **יהיה** בכה חטאה	
והיתה לתל עולם לוא תבנה עוד	11Q**19** LV,10
והיה בשבתו על כסא ממלכתו	11Q**19** LVI,20
אלף אלף / מן המטה **להיות** עמו	11Q**19** LVII,6
וכול / הברורים אשר יבור **יהיו** אנשי אמת	11Q**19** LVII,8
והיו עמו תמיד / יומם ולילה	11Q**19** LVII,9
אשר **יהיו** שומרים אותו מכול דבר חט	11Q**19** LVII,10
אשר **יהיו** יושבים עמו יחד למשפט	11Q**19** LVII,13
כי / היאה לבדה **תהיה** עמו כול ימי חייה	11Q**19** LVII,18
וה{{∘}}יה כי ישמע המלך על כול גוי	11Q**19** LVIII,3
ושתי הידות **יהיו** שומרים / את עריהמה	11Q**19** LVIII,8
והיה אם נצחו / את אויביהמה ושברום	11Q**19** LVIII,11
והיו[ל]ש[מה]למשל ולשנניה ובעול כבד	11Q**19** LIX,2
ובכול זה **יהיו** עריהמה לשומה ולשרקה	11Q**19** LIX,4
והיו / אויביהמה שוממים במה	
ואסתיר פני מהמה **והיו** לאוכלה / ולבז	11Q**19** LIX,7
והייתי להמה לאלוהים להמה יהיו לי לעם	11Q**19** LIX,13
והייתי להמה לאלוהים להמה **יהיו** לי לעם	
והיתי עמו והושעתיהו מיד שונאיו	11Q**19** LIX,18
תמים **תהיה** עם יהוה אלוהיכה	11Q**19** LX,21
ולוא **יהיה** הדבר / ולוא יבוא הוא הדבר	11Q**19** LXI,3
ולפני / השופטים אשר **יהיו** בימים ההמה	11Q**19** LXI,9

אשר **היו** נצפנים לחג אד[(ו)ני	(XXV)	4Q**527** 1
כו]ל אשר **היה** חק[וק	(XXV)	4Q**577** 4,3
]**היות** לידועים מש[	(XXV)	4Q**579** 1,3
] **והיה** ישוע[	(III)	5Q**9** 1,1
והי[ה	(III)	5Q**11** 1ii1
] / **יהיו** נק[	(III)	5Q**12** 1
]טמא טמא **יהיה**[כול] י[מי	(III)	5Q**13** 4,3
]**להיות**[	(III)	5Q**18** 4,2
] / **ויהי** ל∘[	(III)	5Q**22** 3
ביום ההו]אה **יהיה** ישראל ע∘∘[	(III)	6Q**12** 1
] / **והיה** בימ[ים ההם	(III)	6Q**13** 8
]לחי עולמים **ויהי**[	(III)	6Q**18** 2,5
למות / **הייתי** בחטאי ועוונותי לשאול	(IV)	11Q**5** XIX,10
ועלה **היתה** לי למלמדי אתן / הודי	(IV)	11Q**5** XXI,14
יהי דויד בן ישי חכם	(IV)	11Q**5** XXVII,2
ויהי כול השיר אשר דבר ששה ואבעים וארבע	(IV)	11Q**5** XXVII,9
ויהי הכול ארבעת אלפים וחמשים	(IV)	11Q**5** XXVII,10
הללויה לדויד בן ישי קטן **הייתי** מאחי	(IV)	11Q**5** XXVIII,3
ויהי בשב[עה לשבוע הששי]	(XXIII)	11Q**12** 9,2
ו[כן **יהי]ה** הדבר הזה / בשבוע היובל הראישון	(XXIII)	11Q**13** II,6
]**היו** כול ∘[	(XXIII)	11Q**17** 35,2
פן **יהיו** למו[קש בקרבכה		11Q**19** II,5
]ומנקיותיו **יהיו** זהב טהור ומחתו[ת		11Q**19** III,12
]**היה** הפרוכ[ת		11Q**19** VII,14
וה[יה ה]ל[ח]ם הזה [לכוהני]ם		11Q**19** VIII,13
]∘∘∘ל מרותיו **יהיו** / [		11Q**19** XII,8
ואם הכוהן הגדול **יהיה** עומד[לשרת		11Q**19** XV,15
קדוש י]**היה** כול ימיו[		11Q**19** XVI,4
מקרא קודש **יה]יה** היום הזה להמה		11Q**19** XVII,3
חו]קות עולם **יהיה** זה להמה		11Q**19** XVIII,8
שני]עשרונים סולת **תה[יה**]החלה האחת		11Q**19** XVIII,15
ה]בכורים [ל]כוהנים **יה[יו**		11Q**19** XIX,5
והיה היו[ם הזה] / [מקרא קודש ?		11Q**19** XIX,7
שבע שבתות תמימות **תהיינה** עד ממוחרת השבת		11Q**19** XXI,13
ואת הקבה לכוהנים **יהיה** למנה כמשפטמה		11Q**19** XXII,10
ארביה לבד **יהי[ו** ומנח]תה ונסכה עליה		11Q**19** XXIV,8
שבתון **יהיה** / לכמה היום הזה		11Q**19** XXV,9
פעם אחת בשנה **יהיה** היום הזה להמה לזכרון		11Q**19** XXVII,5
כי שבת שבתון **יהיה** [לה]מה		11Q**19** XXVII,6
שבת שבתון מקרא קודש **יהיה** לכמה		11Q**19** XXVII,8
ורציתים **והיו** לי לעם ואנוכי אהיה להם לעולם		11Q**19** XXIX,7
ואנוכי **אהיה** להם לעולם [ו]שכנתי / אתמה		
אשר **יהיו** באים בו לעלית ההיכל		11Q**19** XXXI,7
יהיו מניחים [ש]ם עליהמה / את בגדיהמה		11Q**19** XXXII,10
אשר **יהי[ו** באי]ם [בה]ם למעלה		11Q**19** XXXII,11
אל תוך הארץ אשר / **יהיו** המים נשפכים		11Q**19** XXXII,14
ולוא / **יהיה** נוגעים בהמה כול אדם		11Q**19** XXXII,15
ולוא] / **יהיו** מקדשים את עמי בבגדי הקודש		11Q**19** XXXIII,7
אשר **יהיו** מעלים במה את הקרבים		11Q**19** XXXIII,14
אחר **יהיו** טובחים אותמה		11Q**19** XXXIV,7
ויהיו כונסים א[ת הדם] במזרקות		
והיה קודש קודשים לעולם ועד		11Q**19** XXXV,9
ולוא **יהיו** מערבים כולו אלה / באלה		11Q**19** XXXV,12
כי מובדלים **יהיו** מקומותמה זה מזה		11Q**19** XXXV,13
וככה **תהיה** מדת כול השערים האלה		11Q**19** XXXVI,13
ולזבחי שלמיהמה אשר **יהיו** זובחים		11Q**19** XXXVII,11
אשר **יהיו** מבשלים שמה את זבחיהמה		11Q**19** XXXVII,14
שמה ?] **יהיו** אוכלים[		11Q**19** XXXVIII,1
]**יהיו** אוכלים ושותים[		11Q**19** XXXVIII,3
שמה **יהיו** אוכלים [את התבואות/החטאות ?]		11Q**19** XXXVIII,10

Text	Reference	Vol.
והיה כקרובכה למלחמה	11Q19 LXI,14	
ויהי ככלות השופטים / לדבר אל העם	11Q19 LXII,4	
והיה אם / שלום תענכה ופתחה לכה	11Q19 LXII,6	
והיה כול העם הנמצאים בה יהיו / לכה למס	11Q19 LXII,7	
העם הנמצאים בה יהיו / לכה למס ועבדוכה		
וכול אשר יהיה בעיר כול שללה תבוז / לכה	11Q19 LXII,10	
ועל פיהמה יהיה כול ריב וכול נגע	11Q19 LXIII,4	
תבוא אליה ובעלתה והיתה לכה לאשה	11Q19 LXIII,14	
כי יהיה לאיש בן סורר ומורה/ומורד	11Q19 LXIV,2	
כי / יהיה איש רכיל בעמו	11Q19 LXIV,7	
כי יהיה באיש חטא משפט מות	11Q19 LXIV,9	
ואספתו אל תוך ביתכה והיה עמכה עד דרוש	11Q19 LXIV,15	
ולוא / תהיה לאשה תחת אשר ענה	11Q19 LXVI,11	
הכוהנים] יהיו מקריבים ליהוה עולה[	11Q20 I,14	(XXIII)
הבכורים]לכוהנים יהיו ואכלום	11Q20 III,23	(XXIII)
ולכוהנים י]היה שוק התרומה וחזה / [התנופה	11Q20 V,1	(XXIII)
אשר יהיו מב[שלים] / [שמה את זבחיהמה	11Q20 X,5	(XXIII)
השני י]היה בא / [לשמאול	11Q20 XI,23	(XXIII)
אשר יהיה[מבדי]ל בין מקדש / [הקודש	11Q20 XII,21	(XXIII)
]והאנשים אשר יה[יה להמה מקרה לילה	11Q20 XIII,2	(XXIII)
והכיר וכנו יה[יו נחושת מרוק	11Q21 1,2	(XXIII)
תהיה עדי נגה באהבתכ לאלהיכ	11Q22 1,2	(XXIII)
] הייתי[	11Q22 2,2	(XXIII)
] תהיה לראו[ש	11Q30 8,1	(XXIII)
]יהיה[ ] ל◦[	PAM 43.664 21,2	(XXXIII)
] היה [	PAM 43.668 68,1	(XXXIII)
]היו ◦◦◦ים	PAM 43.677 6,1	(XXXIII)
]להיות יחד ע[	PAM 43.680 3,1	(XXXIII)
ו]יהי ח◦[	PAM 43.688 114,1	(XXXIII)
]והיה[	PAM 43.689 70,2	(XXXIII)
]ה היה ו◦[	PAM 43.699 45,1	(XXXIII)

how? interrogative article הֵיכָכָה, הֵכָה

Text	Reference	Vol.
היככה יהרוגו אי[ש את אויבו ואת ואת צרו	4Q223-224 2iv5	(XIII)
וא]לה מתי יהיו והיככה ישתלמו חסדם	4Q385 2,3	(XXX)
ואלה מתי יהיו ו]הכה ישתלמו חסדם	4Q386 1i2	(XXX)

temple, palace noun הֵיכָל

Text	Reference	Vol.
ות]היה סביב משרת בהיכל / מלכות	1QSb IV,25	(I)
כסף וזהב ואבני / חפץ בהיכל[ו]תיכה	1QM XII,13	
]בהיכלותיך	1QM XIX,5	
]ש בהיכלי מ[לכותכה	4Q287 2,11	(XI)
]היכל מלכותו[	4Q301 5,2	(XX)
]בים בהיכלי מלך [	4Q400 1i13	(XI)
בחלקותיך כסף] / [וזה]ב בהיכלותיך	4Q492 1,5	(VII)
היכ]ל וכל כלי קדשו / [	4Q521 8,8	(XXV)
ו]את היכלים את יעפור ואת / [	4Q522 9i+10,5	(XXV)
ו]להיכלי כבודו ולרקיעי / [	11Q17 X,8	(XXIII)
ועשי]תה את מסבה צפון להיכל	11Q19 XXX,5	
ורחוק מקיר / [ה]היכל שבע אמות	11Q19 XXX,7	
וגובהו ארבעים אמה ?]כהיכל	11Q19 XXX,8	
תעשה שע]ר פתוח לגג ההיכל	11Q19 XXXI,6	
בשער הזה {{א}}לפתח[גג ? ה]היכל	11Q19 XXXI,7	
אשר יהיו באים בו לעלית ההיכל		
וקדשת{{מ}}ה את ס[בי]ב למזבח ולהיכל	11Q19 XXXV,8	
ועשיתה מקום למערב ההיכל סביב	11Q19 XXXV,10	

where? interrogative particle הֵיכָן

Text	Reference	Vol.
היכן חלקך אמון ה[ש]כנה ביארי[ם]	4Q385a 17a-eii4	(XXX)

hin (liquid measure) noun הִין

Text	Reference	Vol.
ויין לנסך] / [ח]צי/[מחצ]ית ההין ל[פר האחד	11Q19 XIV,3	
ויין רביעית] / [ההי]ן לכבש האחד	11Q19 XIV,6	
סולת בלולה בשמן] / מחצית ההין [לפר האחד	11Q19 XIV,14	
ויין לנסך תקריבו] / של[ישית] ההין	11Q19 XIV,16	
ו]יין לנסך רביעית ההין / [	11Q19 XVIII,6	
יין חדש לנסך ארבעה הינים מכול מטות	11Q19 XIX,14	
מכול מטות ישראל / ש[לישית] ההין	11Q19 XIX,15	
מחצית ההין אחד מן המטה שמן חדש כתית	11Q19 XXI,15	
סולת בלולה ברביעית] ההין	11Q19 XXVIII,010	
מכול מטות] ישראל שלישית ההין על / [המטה	11Q20 IV,3	(XXIII)
סולת בלולה בשמן שלישית הה]ין שמן לאיל	11Q20 IV,6	(XXIII)
ממשבות מטות בני יש]ראל מחצית ההין	11Q20 V,16	(XXIII)
סולת בלול]ה בשמן הזה מחצית ההין / [	11Q20 V,20	(XXIII)

הין ← הוֹן

הֵכָה ← הֵיכָכָה

offering of praise noun הִלּוּלִים

Text	Reference	Vol.
יקדישו לי עם כול קוד[ש] / הלוליהמה	11Q19 LX,4	

step, path noun הָלִיךְ

Text	Reference	Vol.
]◦כה ומצא הליכי י◦[	4Q418 103ii5	(XXXIV)
]◦רשי חפץ הוניתה בהליכמה וגם אתה ת◦[	4Q418 127,4	(XXXIV)

walking noun הֲלִיכָה

Text	Reference	Vol.
כול אשר עש]ה עמנו מיום [ה]ליכת אחיהו	4Q223-224 2i50	(XIII)

to walk, go verb הלך

Text	Reference	Vol.
ובכל הולכי / תמים תעבה נפשם	CD I,20	
להתהלך תמים / בכל דרכיו	CD II,15	
בלכתם בשרירות / לבם נפלו עידי השמים	CD II,17	
אברהם לא הלך בה ויע[ל או]הב בשמרו	CD III,2	
ובניהם במצרים הלכו בשרירות לבם	CD III,5	
בוני החיץ אשר הלכו אחרי צו	CD IV,19	
חקק המחוקק / להתהלך במה בכל קץ	CD VI,10	
כל המתהלכים / באלה בתמים קדש	CD VII,4	
והולידו בנים והתהלכו על פי התורה	CD VII,7	
ויפרעו ביד רמה / ללכת בדרך רשעים	CD VIII,9	
אל יתהלך איש בשדה לעשות את עבודת חפצו	CD X,20	
אל יתהלך חוץ לעירו {{א}} על אלף באמה	CD X,21	
אל ילך איש אחר הבהמה לרעותה	CD XI,5	
ואלה החקים / למשכיל להתהלך בם	CD XII,21	
וכמשפט / הזה יתהלכו זרע ישראל	CD XII,22	
המתהלכים באלה בקץ הרשעה	CD XII,23	
וכל המתהלכים באלה / ברית אל	CD XIV,1	
והולידו בנים / ויתהלכו על פי התורה	CD XIX,4	
ויפרעו ביד רמה ללכת בדרכי רשעים	CD XIX,21	
כי הולך רוח ושקל {{ספת}} סופות	CD XIX,25	
אפו בם ובכל / ההלכים אחריהם	CD XIX,32	
אשר יתהלכו / בו אנשי תמים הקדש	CD XX,6	
וילכו בשרירות / לבם	CD XX,9	
רשענו גם אנחנו גם אבותינו בלכתנו קרי	CD XX,29	
ולוא ללכת עוד בשרירות לב אשמה	1QS I,6	
להיחד בעצת אל ולהתהלכ לפניו תמים	1QS I,8	
לסור מחוקי אמתו ללכת ימין ושמאול	1QS I,15	
[וא]בותינו מלפנינו בל{{ה}}כתנו / [	1QS I,25	
אנשי גורל אל ההולכים תמים בכול דרכיו	1QS II,2	
כיא בשרירות לבי אלכ	1QS II,14	

וברז חבתה בי **ילכו** רכיל לבני הוות	1QH^{a} XIII,25	
]לֿ**התהלך** / בדרך לבכה לאין עול	1QH^{a} XIV,6	
להתהלך לפניך בגבול / [צדיק]ים֯	1QH^{a} XV,14	
[ורג]לי נ֯לכד֯ה בכבל **וילכו** כמים ברכי	1QH^{a} XVI,34	
]רתים עם צבאכה **ומתהלכים** / [	1QH^{a} 2i14	
ותל]כו במועצותם ל[מען תתי אתך לשמה]	1Q**14** 17-19,4	(I)
[ויצא יעקב מבאר שבע ל]**ל֯כת** חרן	1Q**17** 2	(I)
[כיא הואה] לבדו היה **הול֯[ך**	1Q**17** 6	(I)
מיום **ל[כת** אחיו י]עקב אל חרן [עד היום	1Q**18** 1-2,4	(I)
ולצוו֯[ת את] ה֯ד֯[רך אש]ר **תלכו** בה	1Q**22** 1ii8	(I)
העמים שנאו עול וביד כולמ[ה] **יתהלך**	1Q**27** 1i9	(I)
]ם֯ [ו]ל[ה]**תהלך** [צד]יק בכול [	1Q**51** 3	(I)
]**לכו** ב[	3Q**10** 2,2	(III)
] / **וילך** לדרכו בברכו אותו	4Q**158** 1-2,10	(V)
] / אל אהרון לאמור **לך** לקרא֯[ת	4Q**158** 1-2,14	(V)
] / **ללכת֯** ע֯ב֯דים והנה המה שלושי[ם	4Q**158** 1-2,17	(V)
] / ויאמר יהוה אל מושה **לך** אמור להמה	4Q**158** 7-8,3	(V)
ועלה] על כל אפיקו **והלך** על כל גדו[תיו	4Q**163** 2-3,2	(V)
] / **ילכו** בש֯[בי	4Q**163** 4-7ii15	(V)
]ע֯דות **יוליכו** במועדי הגואים ו◦[	4Q**166** II,16	(V)
]ע֯זבו את אל ו[י]**לכו** בחוקות[	4Q**167** 7-9,2	(V)
אשר **הלך** ארי לביא שם גור ארי	4Q**169** 3-4i1	(V)
לאחרית הימים אשר בכחש ושקר֯[ים י]**תהלכו**	4Q**169** 3-4ii2	(V)
גם היא בגולה **ה[לכה** בשבי	4Q**169** 3-4iv1	(V)
נשיו עילוליו וטפו **ילכו** בשבי	4Q**169** 3-4iv4	(V)
מאשרי [ה]איש אשר לוא **הלך** בעצת רשעים	4Q**174** 1-2i14	(V)
ויקום משמה **ללכת֯**[	4Q**177** 1-4,13	(V)
]ץ לה איש ו֯**ילך** ד֯◦[	4Q**177** 5-6,10	(V)
הקצים אשר עשה אל ק֯ץ **להתה֯[לך**	4Q**180** 1,1	(V)
ויתן להם לב אחד **ללכ[ת**	4Q**183** 1ii4	(V)
רגליה֯ לה֯רשיע ירדו **וללכת** בא֯שמות[פשע	4Q**184** 1,3	(V)
סמוכי ◦[ ]◦ להביל בפחז **והולכי** ישר	4Q**184** 1,15	(V)
] / **ללכת֯** [שמה	4Q**200** 3,4	(XIX)
אשר תשלחני֯ ו֯**הלכתי** אל אבי	4Q**200** 4,5	(XIX)
וילך בשבי וישלח לבן ויפרק֯ה֯ו	4Q**215** 1-3,2	(XXII)
כל אשר א]צוך֯ ו֯**יל[כו** אחר] / [הג]ו֯ים	4Q**216** II,5	(XIII)
ורחצתה במים בטרם **ת]ל֯ך֯** להקטיר֯ / [	4Q**219** II,13	(XIII)
ויקלל] / [אותי ל]וא **אלך** כי אם י֯[שלחני	4Q**222** 2,2	(XIII)
ויק֯[ום וי]**ל֯[ך]** מן הבארות על ה֯[ר מוריה] / [	4Q**225** 2i13	(XIII)
]י֯**לכו** א[ל	4Q**226** 13,2	(XIII)
]ל֯מ **י֯לכ֯ו֯**	4Q**228** 1i10	(XIII)
ל]ך֯ לך מ֯י[	4Q**249**p 6	(XXXVI)
ונפל למש]כ֯בו / [אם יקום] וה֯[**תהלך** בחוץ	4Q**251** 4-7i4	(XXXV)
והמים הי[ו]**ה֯לוך** וחסור עד החודש [הע]שירי	4Q**252** I,11	(XXII)
ופ֯[עמיו יהכין] / **להלכ** תמימ בכול ד֯רכ֯י֯ א֯ל֯	4Q**255** 2,5	(XXVI)
ואהבת] / ח֯סד והצנע **לכת** בכול דרכיה֯מ֯ה֯	4Q**256** IX,4	(XXVI)
בתוך אנשי הי]ח֯ד **להלך** תמים איש את רעהו	4Q**256** XVIII,2	(XXVI)
ואהבת֯[חסד וה]צ֯נע **לכת** בכל דרכיהם	4Q**258** I,3	(XXVI)
[אשר]ל֯א **ילך** איש בשרירות לבו	4Q**258** I,4	(XXVI)
]ו֯באלה **יתהלכ֯ו** בכל מגוריהם	4Q**258** II,6	(XXVI)
ושב במדרש ובעצה אם לא **הלך** עוד / בשגגה	4Q**258** VII,1	(XXVI)
[ויחד ליש]ר֯אל **ההלכים** בתמ֯י֯[ם	4Q**258** VII,7	(XXVI)
והו֯ן[אנשי הקודש] / [**ההלכ]ים** בתמים א֯ל	4Q**258** VII,8	(XXVI)
להתהלך ב[תמים דרך ומכל עצת התורה	4Q**258** VII,9	(XXVI)
ואמת בתוך אנשי היחד **להלך** תמים	4Q**258** VIII,3	(XXVI)
ואשר **י֯ה֯[לך** לפני רעהו ערום	4Q**259** I,9	(XXVI)
ויצא מלפנ]י֯ הרבים **ללכת** / [בשרירות לבו	4Q**259** II,6	(XXVI)
ו֯**ה֯ת֯הלך** עם כול / [במדת] האמת	4Q**259** II,12	(XXVI)
ממ֯[ו]שב / א֯נ֯ש֯י֯ ה֯[עול]**ל֯ל֯כת** המ֯[ד]ב֯[רה	4Q**259** III,4	(XXVI)
ואם תיתם דרך סוד֯ / ה֯יחד **ל֯ה֯[לך** תמים	4Q**259** III,18	(XXVI)

המואס לבוא / [בברית א]ל **ללכת** בשרירות לבו	1QS II,26	
ויהכין פעמיו **להלכת** תמים / בכול דרכי אל	1QS III,9	
וישם לו שתי רוחות **להתהלכ** בם	1QS III,18	
ממשלת כול בני צדק בדרכי אור **יתהלכו**	1QS III,20	
ממשלת בני עול ובדרכי חושכ **יתהלכו**	1QS III,21	
והצנע **לכת** / בערמת כול וחבא לאמת	1QS IV,5	
ופקודת כול **הולכי** בה למרפא	1QS IV,6	
וכובוד לב **ללכת** בכול דרכי חושכ	1QS IV,11	
ופקודת / כול **הולכי** בה לרוב נגו֯עים	1QS IV,12	
ובדרכיהן **יתהלכו** וכול פעולת / מעשיהם	1QS IV,15	
ריב על כול משפטיהן כיא לוא יחד **יתהלכו**	1QS IV,18	
יתהלכו בחכמה ואולת וכפי נחלת איש	1QS IV,24	
ומשפט ואהבת חסד והצנע **לכת** בכול דרכיהם	1QS V,4	
אשר לוא **ילכ** איש בשרירות לבו		
המתנדבים יחד לאמתו **ולהתלכ** ברצונו	1QS V,10	
אנשי העול **ההולכים** / בדרכ הרשעה		
ב{{◦}}א֯לה / **יתהלכו** בכול מגוריהם	1QS VI,2	
ואשר **יהלכ** לפני רעהו ערום	1QS VII,12	
והאיש אשר **ילכ** רכיל ברעהו	1QS VII,15	
ואיש ברבים **ילכ** רכיל לשלח הואה מאתם	1QS VII,16	
לבגוד באמת / **וללכת** בשרירות לבו	1QS VII,19	
ויצא מלפני / הרבים **ללכת** בשרירות לבו	1QS VII,24	
ואהבת חסד והצנע **לכת** איש אמ רעהו	1QS VIII,2	
ולהתהלכ עם כול ב{{◦}}מדת האמת	1QS VIII,4	
יבדלו מתוך מושב הנשי העול **ללכת** למדבר	1QS VIII,13	
יזכו מעשיו מכול עול **להלכ** בתמים דרכ	1QS VIII,18	
ואלה המשפטים אשר **ילכו** בם אנשי התמים	1QS VIII,20	
הבא בעצת הקודש **ההולכים** בתמים דרכ	1QS VIII,21	
ובית יחד לישראל **ההולכים** בתמים	1QS IX,6	
והון אנשי הקודש **ההולכים** בתמים	1QS IX,8	
להבדל מעול **וללכת** בתמים דרכ	1QS IX,9	
לוא יצאו **ללכת** / בכול שרירות לבם		
אלה החוקים למשכיל **להתהלכ** בם עם כול חי	1QS IX,12	
בתוך / אנשי היחד **לה{{◦}}לכ** תמים	1QS IX,19	
נעוות לבבי / לסוד רמה **והולדי** חושכ	1QS XI,10	
להתה]לך / על פי משפט בני צדוק הכוהנים	1QSa I,1	(I)
והולכים תמים [בכול דרכי אמ]ת֯ו֯	1QSb I,2	(I)
ויתהלכו כאש[ר] / בחר	1QSb III,24	(I)
ולהתהלך לפניו תמים בכול דרכ֯י֯ [	1QSb V,22	(I)
] / ובמישור **ילכו** לכות ולבוז את ערי הארץ	1QpHab III,1	
וב֯נכל ומרמה / **ילכו** עם כול העמים	1QpHab III,6	
וילך בדרכי / הרויה למען ספות הצמאה	1QpHab XI,13	
הלוך ואור עד תום כול מועדי חושך	1QM I,8	
וב{{ב}}**לכתם** למל֯חמה יכתובו על אותותם	1QM IV,6	
בצאתם / מירושלים **ללכת** למלחמה עד שובם	1QM VII,4	
כול אלה לוא **ילכו** אתם למלחמה	1QM VII,5	
הכוהן האחד יהיה **מהלך** על פני כול	1QM VII,12	
כיא אלוהיכם **הולך** עמכם להלחם לכם	1QM X,4	
בחוקי חושך **יתהלכ֯ו** ואליו [תש]ו֯קתמה יחד	1QM XIII,12	
] המלחמה **ילכו** וחנו נגד מלך הכתיים	1QM XV,2	
והתהלך הכוהן החרוץ למועד נקם	1QM XV,6	
]ר על רוחות / [רשעה לה]**תהלך** בכול	1QH^{a} IV,24	
]ש֯ **התהלכו**	1QH^{a} V,3	
להשמר בבריתך **ולתהלך** בכול	1QH^{a} VII,15	
כי **הלכו** בדרך לא טוב וימאסו בב֯ר֯י֯ת֯ך֯[	1QH^{a} VII,18	
ואתהלכה במישור לאין חקר	1QH^{a} XI,20	
וילכו נחלי בליעל ע֯ל֯ כול אגפי רום	1QH^{a} XI,29	
והולכי בדרך לבכה / יכונו לנצח[	1QH^{a} XII,21	
וישומעוני **ההולכים** בדרך לבכה	1QH^{a} XII,24	
וילכו ברכי / כמים מוגרים ב֯מורד	1QH^{a} XII,33	

בשם ה[וד המלך לכול הו]ל[כי	(XI)	4Q405 3ii6
בלכתמה ל[	(XI)	4Q405 20ii-22,5
ובלכת האופנים ישובו מלאכי קודש	(XI)	4Q405 20ii-22,9
רוחות [א]לוהים חיים מתהלכים תמיד	(XI)	4Q405 20ii-22,11
וקול דממת ברכ בהמון לכתם	(XI)	4Q405 20ii-22,12
בתכון ⟦ ⟧ א[מ]תו והלכו / [ ]ל[	(XI)	4Q405 23i13
]מתהלכים[	(XI)	4Q405 25,3
ה]צנע ל[כת	(XXXVI)	4Q408 15,1
] / להתהלך לפ[ניכה	(XXXV)	4Q414 12,2
]כיו בהתהלכו תמים / ב[ ]◦◦◦יכה ◦[	(XXXIV)	4Q415 2i+1ii3
] / התהלכה התבונן מוארדה אם זכר[	(XXXIV)	4Q415 11,12
ואם[ ]ישיבכה לכבודכה התהלך	(XXXIV)	4Q416 2iii9
ואז תדע / נחלתו ובצדק תתהלך	(XXXIV)	4Q416 2iii10
בהתחברכה יחד התהלך עם עזר בשרכה[	(XXXIV)	4Q416 2iii21
ב[רוחה] / המשילך להתהלך ברצונכה	(XXXIV)	4Q416 2iv7
להתהלך / ב[יצר]מבינתם ויפרש לא◦[	(XXXIV)	4Q417 1i10
עם התהלכו[ת]מים[בכול מ]עשיו	(XXXIV)	4Q417 1i12
]ת כול חי והתהלכו הפקוד על מעש[י	(XXXIV)	4Q417 1i19
] / התהלך תמ[ים	(XXXIV)	4Q417 1ii5
ודע במה תתהלך עמו [	(XXXIV)	4Q417 2i8
]עמה התהלך ב◦◦[	(XXXIV)	4Q417 14,3
]ל מצוה יתהלך בצדק את רע[הו	(XXXIV)	4Q417 19,4
ואם / יושיבוכה לכ[בו]ד ב[ה ה]תהלך	(XXXIV)	4Q418 9+9a-c,8
ואז / תדע נחלתו ובצדק תתהלך בו	(XXXIV)	4Q418 9+9a-c,9
{{ואז [תדע]נח[ל]תו ובצדק תתהלך	(XXXIV)	4Q418 9+9a-c,10
לכול מעשיה ל]התהלך ביצר מ[בינתו	(XXXIV)	4Q418 43-45i8
עם הת]הלכו [תמים בכול מעשיו	(XXXIV)	4Q418 43-45i9
ודע בנחלת כול חי והת]הלכו / [הפקוד	(XXXIV)	4Q418 43-45i14
רש]עה יתהלכו[ ]מעת ל[עת] / [	(XXXIV)	4Q418 47,3
]הלכו / [	(XXXIV)	4Q418 59i1
]◦[ ]◦◦רתם הלוא באמת יתהלכו / [	(XXXIV)	4Q418 69ii3
הלוא באור עולם יתהל[כו	(XXXIV)	4Q418 69ii14
ובאמונתי הלך תמיד[	(XXXIV)	4Q418 81+81a,6
בו יתהלכו כול נוחלי ארץ כי בשמ[ים	(XXXIV)	4Q418 81+81a,14
] / אוט לכול הולכי אדם	(XXXIV)	4Q418 81+81a,16
באמת הל[כ	(XXXIV)	4Q418 87,11
הת]הלככה ואז ידרוש חפצכה לכול מבקשיו [	(XXXIV)	4Q418 102a+b,4
⟦ ⟧ ואתה באמת התהלך עם כול דורשי ◦[	(XXXIV)	4Q418 126ii11
בעו]לה התהלכתה ואנ◦[	(XXXIV)	4Q418 147,4
ה]הת[ה]ל[כ	(XXXIV)	4Q418 149,7
] / התהלככה ולמח[סור	(XXXIV)	4Q418 159ii5
]עם פקו[דתו]ובהתה[לכו	(XXXIV)	4Q418 169+170,2
]◦בניה שלום ובהתהלכמה[	(XXXIV)	4Q418 172,7
]הלכו כול צ[דיקי	(XXXIV)	4Q418 177,6
בהת]הלככה לוא[	(XXXIV)	4Q418 181,2
ה]תהלכה [	(XXXIV)	4Q418 196,1
]◦ה לכה ואל[	(XXXIV)	4Q418 249,2
]◦ והלככה [	(XXXIV)	4Q418 251,2
המ]שילכה להתה[לך	(XXXIV)	4Q418a 18,4
]ללכת בדרכי אל / לעשות צדקה[בזות	(XX)	4Q421 1aii-b,12
וכן התהלך וכ[ל]ת[בואתכה	(XXXIV)	4Q423 3,2
[לש]ב לכת קוי דעות ולהשפיל נועדות רומ	(XXIX)	4Q427 7i20
]ים להתהלך / [	(XXIX)	4Q428 13,5
מדר]כיה[מ]ה / [בדרך קודש אשר י]לכו[בה	(XXIX)	4Q429 4i9
[וי]ל[כו נח]ל[י]בליעל על כו[ל אגפי רום	(XXIX)	4Q432 6,4
וכלב א[ח]ר נתן להם וילכו בד[רך]	(XXIX)	4Q434 1i10
ותחזק על לב / [נדכה]ללכת בדרכיכה	(XXIX)	4Q436 1a+bi5
] וילכו אח[ר	(XXIX)	4Q437 9,2
ולהצניע ללכת / בדרכי אל ◦ [	(XXIX)	4Q438 4ii4
]ק[ ]וילכו רבים[	(XXXVI)	4Q440b 2
ובאלה יתהל[כו בכול מגוריהם	(XXVI)	4Q263 2
לרעות] / [א]ת [ה]בהמה ילך אלפים אמה	(XXXV)	4Q265 7,5
רצון לדור]שי מצוותו ולהולכים בתמים דרך	(XVIII)	4Q266 2i4
ויפרעו ביד רמה] לל[כ]ת	(XVIII)	4Q266 3iv6
יתהל]כו בם ⟦ ⟧ כול שבי ישראל	(XVIII)	4Q266 5i15
]בדרכו להתהלך ת[מ]ים	(XVIII)	4Q266 5i19
אלה החוקים למשכיל]ל[ה]ת[ה]לך / [בם	(XVIII)	4Q266 9ii7
ואשר יהלך לפני רע[הו ערום בבית	(XVIII)	4Q266 10ii9
והאיש]אשר ילך[רכיל] / [בר]עה[ו	(XVIII)	4Q266 10ii14
ועל ישראל כתוב אלכה לי / אל קצי [ה]שמים	(XVIII)	4Q266 11,3
]ל במה יתה[לכו	(XVIII)	4Q266 15,2
]המ[ת]הלכ[ים	(XVIII)	4Q266 23,1
ואלה המשפטים ? למשכיל להת]הלך בם	(XVIII)	4Q267 9v1
וכול המתה]ל[כי]ם באל[ה] ברית אל	(XVIII)	4Q267 9v4
בבית או בשדה ה[לך] ע[רום לפני הבריאות]	(XVIII)	4Q270 7i2
וע]ל / ישראל כתוב אלכה לי אל קצה הש[מים	(XVIII)	4Q270 7i18
הול]כים את שבילי ה[	(XXVI)	4Q275 1,1
ת]כונם להתהלך / [	(XX)	4Q298 3-4i8
ודורש[י] משפט הצניע / לכת יו[דעי הדרך	(XX)	4Q298 3-4ii6
ה]לכו בה[	(XX)	4Q299 13a-b,3
]◦◦עו להולכי פתי בכל [	(XX)	4Q300 8,4
]הולכי פותי ואנשי מחשבת	(XX)	4Q301 1,3
] / עינים התורה הולכת ומר◦[	(XXXVI)	4Q306 2,5
[האלוהים אשר הת]הלכו א[בותי]לפניו	(XIII)	4Q364 12,3
והתה]לך בחוץ על מש[ענתו	(XIII)	4Q364 13a-b,6
ויסע מלאך]הא[לוהים ה]הולך לפני	(XIII)	4Q365 6ai8
ה]הולך לפני מחנה ישראל וי[ל]ך / [מאחריהמה	(XIII)	
ויסע מושה א[ת ישרא]ל מים וילכו במדבר ש[ור	(XIII)	4Q365 6aii+6c,8
כול ההולך א[ל גחון וכול הולך על ארבע	(XIII)	4Q365 17a-c,2
בזואת לוא תשמעו ל]י והלכתם עמי בקרי	(XIII)	4Q365 25a-c,12
והלכת[י ?	(XIII)	
]◦ ◦ת בשמים מתהלכות בין כ[וכבים	(XXVIII)	4Q368 10i4
וישראל עמו או כי ילכו לעיר לצור עליה	(XIX)	4Q376 1iii2
וללכת אחר יהוה אלוהי אבותינו המ◦◦[	(XXVIII)	4Q377 2ii5
]מור ח◦◦◦ ואהלך באמתך ל[	(XI)	4Q381 47,2
אשר אהבו את שמך וילכו / בדרכי[לבך	(XXX)	4Q385 2,2
לא יסבו] / אחור על שתים תלך החיה האחת	(XXX)	4Q385 6,7
אופן חובר אל אופן בלכתן	(XXX)	4Q385 6,11
בהתה]לכם ב[שגגה מלפני	(XXX)	4Q385a 3a-c,2
עשרה יבלי שנים ו]התה[לכתם בשגעון]	(XXX)	4Q385a 4,1
]אשר לא יתהלכו בד[רכי הכהנים	(XXX)	4Q385a 5a-b,7
לוב בסעדך והיא בגולה תלך בש[בי] / [	(XXX)	4Q385a 17a-eii7
וילך ירמיה הנביא / [עמהם עד]הנהר	(XXX)	4Q385a 18ia-b,6
פ[ס]ילי הגוים אשר הל[כו אחריהם אבותיכם	(XXX)	4Q385a 18ii9
והתה[ל]כתם בש[געון]ובעורון ותמהן / הלבב	(XXX)	4Q387 2ii4
אשר לא יתהלכו בדרכי / [הכהנים ה]ראשנים	(XXX)	4Q387 3,4
]אשר להתהל[ך	(XXX)	4Q387a 4,3
]בהתהלככם בשג[גה] מלפ[ני	(XXX)	4Q388a 3,2
ומלאך יה]וה הלך לפני מ[חנה ישראל	(XXX)	4Q388a D,2
]תם ואתהלכה עמהם ב◦[	(XXX)	4Q389 2,7
ולא יתהלכו[בדר]כי אשר אנוכי מצוך	(XXX)	4Q390 1,3
ויתהלכו בשר[ירות לבם	(XXX)	4Q390 1,12
]ההולך אל ב[	(XIX)	4Q391 6-7,1
]הלכו בחייהמ[	(XIX)	4Q391 10,4
ואל ללכת איש בשרירות לבו / [הר]ע	(XXIX)	4Q393 3,3
ואל ללכת איש / בשררו[ת] לבו הרע	(XXIX)	4Q393 3,4
] / לל[כ]ת	(XXIX)	4Q393 8,2
לכ[ול] הול[כי יו]שר ב[שב]עה דברי ה[וד	(XI)	4Q403 1i17
] / לכת ◦רקי[ ]ל[	(XI)	4Q403 1ii5
] / מתהלך סביב רוחות קודש קודשים ◦[	(XI)	4Q403 1ii7

4Q443 7,2	(XXIX)	] לכת ב[
4Q458 2ii5	(XXXVI)	] / ויצדקו והלך על הרום ה[
4Q462 1,5	(XIX)	]◦ים רוקמה הלכנו כי לוקח[
4Q464 7,2	(XIX)	מבאר]שבע ללכת חרן וע[
4Q468b 2	(XXXVI)	באור]משבצתו יתהלכו כול ב◦[
4Q473 2,4	(XXII)	ואם תלך בדרך ה[רעה הואה יאררכה
4Q491 1-3,5	(VII)	]◦◦[לו]א ילכו למערכות האויב [ ] [
4Q502 2,3	(VII)	]ת לו בת אמת ומתהל[כת
4Q502 5,4	(VII)	]◦ה מתהלך[
4Q502 16,3	(VII)	והצנ]ע לכת בערמת [
4Q504 1-2vi6	(VII)	אבותינו במעלנו ואשר הלכנו בקרי
4Q504 4,13	(VII)	ל]לכת בדרכיכה [
4Q504 6,11	(VII)	קוד]שכה הולך לפנינו וכבודכה בתוכ[נו
4Q504 8,7	(VII)	]◦ם ולתהלך בארץ כבוד א◦[
4Q504 12,3	(VII)	]ר הלכנו [
4Q509 30,3	(VII)	]הלכתה[
4Q509 32,1	(VII)	]המה ילכו [
4Q509 47,1	(VII)	]לכנו כ[
4Q511 1,7	(VII)	ורוחי רשע / לו יתהלכו בם
4Q511 2i9	(VII)	[ומ]משלת יחד להתהלך[ב]גורל / [אלוהים
4Q525 2ii+3,3	(XXV)	ויתהלך / בתורת עליון ויכן לדרכיה
4Q525 2ii+3,7	(XXV)	וישיתה]לנגד עיניו לבלתי לכת בדרכי[
4Q525 5,5	(XXV)	ט]והרה התה[לכו
4Q525 5,9	(XXV)	]יראי אלוהים יצורו דרכיה ויתהלכו ב[
4Q525 5,11	(XXV)	] / הולכי תמים יטו עולה
4Q525 14ii13	(XXV)	בטוב ימיכה [ו]ברוב שלום תת[הלך
4Q525 14ii15	(XXV)	] / ובתלמודכה יתהלכו יחד כול יודעיכה
4Q525 15,2	(XXV)	ו]תהלך אליו
4Q525 20,2	(XXV)	]ה להולכי דרך[
4Q525 21,5	(XXV)	]ע בו יתרוממו ויתהלכו[
4Q525 25,3	(XXV)	מ]זקינים תהל[ך
4Q525 27,2	(XXV)	]ם תתהלך [
5Q13 23,3	(III)	]◦ ללכת בשר[ירות לב
6Q10 1ii3	(III)	] / הלכתם [
6Q15 1,1	(III)	[בוני החיץ אשר הל]כו [אחרי צו
11Q5 XXVI,10	(IV)	לפניו הדר / ילך ואחריו המון מים רבים
11Q13 II,24	(XXIII)	המה]מקימ[י] הברית הסרים מלכת [בד]רך העם
11Q19 X,10		]◦ף הולך תולע / [
11Q19 XVII,9		והשכימו והלכו איש לאוהלו[
11Q19 XXXII,13		והתעל[ה] / הולכת [מבית] הכיור למחלה
11Q19 XXXII,14		והולכים אליה ואובדים בתוך הארץ
11Q19 XLVIII,4		ההולכים על ארבע אשר / יש לו כרעים
11Q19 LIV,10		נלכה ונעבודה אלוהים אחרים
11Q19 LIV,14		אחרי יהוה / אלוהיכמה תלכון
11Q19 LIV,17		מן הדרך אשר צויתכה ללכת בה
11Q19 LIV,21		נלכה ונעבודה אלוהים אחרים
11Q19 LV,4		נלכה ונעבודה אלוהים אשר לוא ידעתמה
11Q19 LV,17		והלך ועבד אלוהים אחרים והשתחוה להמה
11Q19 LIX,16		ואם בחוקותי ילך ואת מצוותי ישמור
11Q19 LXII,3		האיש הירא ורך הלבב ילך וישוב אל / ביתו
PAM 43.691 53,2	(XXXIII)	]◦ הלכתי [
PAM 43.693 98,1	(XXXIII)	]ו◦ילכו [

Halcos (?) proper noun הלכוס

4Q341 7	(XXXVI)	בניבן בסרי גדי / דלוי הלכוס הרקנוס

to praise, boast verb 2-הלל

1QS X,17		ובהפתח צרה אהללנו ובישועתו ארננה יחד
1QM XIV,12		עם קודשכה במעשי אמתכה נהללה שמכה
1QM XIX,13		וה]ללו שם [א]ת אל[
1QH^a IX,30		ולהלל שמכה / בפה כול יודעיכה
1QH^a XI,23		עם רוחות / דעת להלל שמכה ביחד רנה
1QH^a XVII,41		]שכלו והלל[ו
1QH^a XIX,24		בפי כולם יהולל / שמכה לעולמי עד
1QH^a XX,3		ואהללה שמכה בתוך יראיכה
1QH^a 2i4		לה]ללכה ולספר כול כבודכה
1QH^a 8,7		] / ולהלל ל[
1Q18 5,2	(I)	]והלל[
1Q57 1	(I)	ה]לל[
2Q23 1,8	(III)	לא]תתהללו בעצביכם / [
3Q6 1,3	(III)	ל]עולם יהללוכ[ה
4Q88 IX,4	(XVI)	] / רבים ◦[ ] ויהללו את / שם יהוה[
4Q88 X,5	(XVI)	ומהם אז יהללו שמים וארץ / יחד יהללו
4Q88 X,6	(XVI)	וארץ / יחד יהללו נא כל כוכבי נשף
4Q88 X,15	(XVI)	תהיה כבודכה לעול[ם וע]ד / [ה]ללו יה [
4Q175 21	(V)	בעת אשר כלה ישוע להלל ולהודות בתהלותיהו
4Q185 1-2ii9	(V)	ואל יתהלל[ו] רשעים לאמור לא ימנה / לי
4Q260 IV,4	(XXVI)	]ובה[פתח] / צרה אהללנו ובישועת[ו
4Q286 7i6	(XI)	להל[ל] / [ולבר]ך את שם כבודכה
4Q291 3,2	(XXIX)	יו]דוך תמיד יהל[ל]וך ועוד / [
4Q291 3,3	(XXIX)	]הוא בשמו יתהללו כל / [
4Q291 3,4	(XXIX)	הל]ליה מעולם ולעולמי[
4Q301 2b,7	(XX)	מ]הללים[
4Q372 1,26	(XXVIII)	] / אהללך יהוה אלהי ואב[ר]כך
4Q372 3,4	(XXVIII)	אהללה יה[וה
4Q372 24,2	(XXVIII)	ה]לליה הל[
4Q379 13,4	(XXII)	]◦ והלל [
4Q379 16,2	(XXII)	]מהלל[י]ם ומרננים[
4Q379 22ii7	(XXII)	כ[ל]ה ישו]ע[ל]ה[לל ולה]וד[ו]ת בתהלות[יו
4Q381 24a+b,6	(XI)	ויהללהו בחיניו ויאמרו קום א[להי
4Q381 33+35,3	(XI)	ונתהלל בגברתך כי אין חקר[
4Q385 3,3	(XXX)	] / [ולהל]ל את יהוה צבאות
4Q400 1i1	(XI)	הללו / [לאלוהי
4Q400 2,1	(XI)	להלל כבודכה פלא באלי דעת ותשבוחות
4Q401 1-2,2	(XI)	] / הללו לאל[והי
4Q401 13,2	(XI)	שו]בוע שני יהלל שבעה ל[
4Q401 14i7	(XI)	]שמי מלכות כב[וד]כה / להלל כבודכה פלא
4Q401 16,5	(XI)	]ב הללוהו קודש / [
4Q401 19,1	(XI)	] הללו [
4Q401 33,1	(XI)	]שם יהל[לו
4Q403 1i25	(XI)	וברך לכול נו[עדי]צד[ק מה]ללי מלכות כבודו[
4Q403 1i30	(XI)	הללו אלוהי מרומימ הרמים בכול / אלי
4Q403 1i41	(XI)	באלה יהללו כול י[סודי קוד]ש קודשים
4Q403 1ii15	(XI)	] / והללו יחד מרכבות דבירו וברכו פלא
4Q403 1ii16	(XI)	והללוהו בדביר קודש[
4Q403 1ii20	(XI)	הללו[לאל אלוהים שבע כהונת קורבו
4Q404 2,7	(XI)	צד]ק מהללי[
4Q405 8-9,2	(XI)	הללו לאלוהי כול מ[
4Q405 23i6	(XI)	הללוהו אלוה[י]ם [ ]לת עומדם
4Q405 23i7	(XI)	ומהללים שעריו / בקול רנה
4Q405 23i9	(XI)	מברכים ומהללים כול רוחות / אלוהים
4Q409 1i3	(XXIX)	הל]ל וברך בימי / [מועד העצים
4Q409 1i6	(XXIX)	ברך את אדו]ן הכול הלל / [וברך
4Q409 1i10	(XXIX)	]הלל וברכ והודו / [
4Q409 1ii2	(XXIX)	] / הלל וב[רך
4Q412 1,7	(XX)	] / בכול פיכה הלל ◦[
4Q414 2ii-4,10	(XXXV)	ואני] / אהלל שמכה כ[
4Q416 2iii11	(XXXIV)	למכבדיכה תן הדר / ושמו הלל תמיד
4Q416 3,5	(XXXIV)	ש]מכה הלל מאד[
4Q417 1ii9	(XXXIV)	] / הלל אל ועל כול נגע בר[ך

הַלְלוּיָה ← הלל-2 and יָה

הֵם ← אִם

הֵם ← הֵמָּה

they (m.) personal pronoun הֵמָּה, הֵם

CD I,9 וידעו כי / {{אנשים}} אשימים הם
CD I,13 עשה בדור אחרון בעדת בוגדים / הם סרי דרך
CD II,4 הציב לפניו / ערמה ודעת הם ישרתוהו
CD III,1 ומשפחותיהם בה הם נכרתים
CD III,17 והם התגוללו בפשע אנוש ובדרכי נדה
CD IV,2 בתעות בני ישראל / מעליהם יגישו לי חלב ודם
הכהנים הם שבי ישראל / היוצאים מארץ יהודה
CD IV,3 ובני צדוק הם בחירי / ישראל קריאי השם
CD IV,20 הם ניתפשים בשתים בזנות לקחת / שתי נשים
CD V,6 וגם מטמאים הם את המקדש
אשר אין הם / מבדיל כתורה
CD V,13 לא נכונו ותועבה / הם מדברים בם
CD V,17 הם גוי אבד עצות מאשר אין בהם
CD VI,4 הבאר היא התורה וחופריה הם / שבי ישראל
CD VI,8 ונדיבי העם הם / הבאים לכרות את הבאר
CD VII,15 ספרי התורה הם סוכת / המלך
CD VII,17 וכיון הצלמים הם ספרי הנביאים
CD VIII,10 התנינים הם מלכי העמים
CD IX,16 אם לא נמצא לה בעלים הם ישמרו
CD IX,20 ואם שנים הם והם מעידים על / דבר אחד
ואם שנים הם והם מעידים על / דבר אחד
CD IX,22 אם נאמנים / הם וביום ראות האיש יודיעה
CD XII,15 יבאו באש או במים / עד הם חיים
CD XV,13 בכל לב ובכל נפש / נמצאים הם ממנו
CD XIX,9 והשומרים אותו הם עניי הצאן
1QSa I,3 (I) המה אנושי עצתו אשר שמרו בריתו
1QpHab II,6 המה עריצ]י הבר]ית אשר לוא יאמינוא
1QpHab II,12 פשרו על הכתיאים א[שר המ]ה קלים וגבורים
1QpHab VI,3 פשרו אשר המה / זבחים לאותותם
1QpHab VI,4 וכלי מלחמותם המה / מוראם
1QpHab VI,6 פשרו אשר המה מחלקים את עולם
1QpHab IX,7 ביד / חיל הכתיאים ⟦ ⟧ כיא המה יתר העמים
1QpHab XII,4 והבהמות המה פתאי יהודה עושה / התורה
1QpHab XII,9 וחמס ארץ המה ערי יהודה אשר / גזל הון
1QpHab XII,14 והמה לוא יצילום ביום המשפט
1QM VI,8 יעמודו גם המה לימין המערכה ולשמאולה
1QM VI,14 ועד בן חמשים והמה / ורכ[ב
1QM VI,17 אלה המה ה◦]
1QM VII,2 והשוטרים / יהיו גם הם מבן ארבעים שנה
1QM IX,8 להתגאל בדם טמאתם כיא קדושים המה
1QM XIII,5 וזעומים המה בכול עבודת נדת טמאתם
בכול עבודת נדת טמאתם כיא המה גורל חושך
1QM XV,9 כיא המה עדת רשעה ובחושך כול מעשיהם
1QM XVII,4] המה לתהו ולבהו תשוקתם
1QH^a VII,24 בם בחרתה מכול / ולעד הם ישרתוך
1QH^a X,22 והמה סוד שוא לעדת בליעל
1QH^a X,23 והמה מאתכה גרו / על נפשי
1QH^a X,29 והם רשת פרשו לי תלכוד רגלם
1QH^a XII,6 והמה עמכה [יתעו]
1QH^a XII,9 והמה מליצי / כזב וחוזי רמיה
1QH^a XII,13 והמה נעלמים זמות בליעל / יחשובו
1QH^a XII,16 והם בל[ו]עג שפה ולשון אחרת ידברו
1QH^a XIII,26 והמה הוות לבם יחשובו

4Q418 9+9a-c,11 (XXXIV) תן ה[ד]ר ושמו הלל תמיד
4Q418 81+81a,1 (XXXIV) ואתה כמקור עולם הלל ◦]
4Q418 126ii10 (XXXIV) ובאמונתו ישיחו כול היום תמיד יהללו שמו
4Q427 1,6 (XXIX) בפ]י כולמה [יהו]לל שמכ[ה לעולמי עד
4Q427 3,3 (XXIX) וא[ה]ללה שמכ[ה בתוך יר]איכה
4Q427 7i14 (XXIX) הרנינו באהלי ישועה הללו במעון / [קודש
4Q428 20,1 (XXIX)]ם ירננו לזמר ולהלל ל[
4Q433 1,7 (XXIX) ע]ליון יהלל[
4Q434 7a,3 (XXIX)]◦◦ מהלל וגדל
4Q437 2i14 (XXIX) ואהלל] בגיל לבי [ט]ובתו
4Q448 I,1 (XI) הללויה מזמו[ר] שיר[
4Q456 1,2 (XXIX)]הללו יה / [
4Q456 2,3 (XXIX)]ו הללו יה
4Q460 8,2 (XXXVI)]◦[ ]בארצ אל יתהללו הגבורים [בגבורתם
4Q473 1,1 (XXII) [וי]הללכה[
4Q481c 5 (XXII)]ורה והללו בכל פיהם[
4Q491 8-10i10 (VII) ו]אנו עמכה [ב]מעשי אמתכה נהלל[ה שמכ[ה
4Q502 6-10,3 (VII) ק]ץ שמחה להלל שמו / [
4Q502 94,2 (VII)] ומהללים [
4Q503 7-9,3 (VII) ואנו [בני בריתכה נהלל[ה שמכה
4Q503 29-32,9 (VII)] / [מהל]לים שמכה אל אור[י]ם
4Q503 29-32,13 (VII)]ל[ה]לל[א]ל[
4Q503 37-38,21 (VII)] / [מ]הללים עמנו ◦[
4Q503 40ii-41,6 (VII)] / והללו ל[כה
(VII) ברוך אתה אל ישרא]ל ומהולל שם[קודשכה
4Q503 64,5 (VII)] לילה להיות מהללים[ ]עמנו[
4Q503 108,2 (VII)]ומהללי[ם
4Q503 143,1 (VII)]מהל[לים
4Q509 22,4 (VII)] ולהלל [
4Q509 209,3 (VII)]הולל◦◦[
4Q511 28-29,3 (VII) [ש]מתה דעת בסוד עפרי לה[ללכה
4Q511 35,5 (VII) ומשרתים מלאכי כבודו / יהללוהו בהפלא
4Q512 39ii1 (VII)]ואני אה[ל]לה ש[מכה
4Q518 5,1 (VII)]הלל◦[
4Q525 14ii4 (XXV)] / תה[ל]ל ומפני דברך יתגב[רו
6Q18 6,5 (III)]הלל אל[
11Q5 XIX,8 (IV) שאגה נפשי להלל את שמכה להודות ברנה
11Q5 XXVIII,3 (IV) הללויה לדויד בן ישי קטן הייתי מן אחי
11Q17 VI,8 (XXIII) מהל]לים תמיד כ[ו]ל[
11Q17 VIII,6 (XXIII)]קיר מברכים ומהללים לאלוהי / אלים המ◦[
PAM 43.663 38,2 (XXXIII)]◦◦ה הלל[

to be mad, mock verb הלל-3

1QH^a XI,33 ויתהוללו כול אשר עליה / ויתמוגגו בהווה
1QH^a XII,12 להתהולל במועדיהם להתפש במצודותם
1QH^a XII,17 ידברו לעמך / להולל ברמיה כול מעשיהם
1QH^a XVIII,33 ויתהולל לבי בחלחלה ומותני ברעדה
4Q171 1-2ii14 (V)]ת הוללים בחרי / [
4Q177 5-6,1 (V)]ה ההוללים אשר י[ ]בא על אנשי הי[חד
4Q177 5-6,4 (V)]אמרו ההוללי[ם

(indeterminate) הלל

4Q176 35,2 (V)]◦הולל[

praise noun הלל

4Q403 1ii33 (XI)] / הפלא והלל לאדון כול אל[י
4Q403 1ii34 (XI)] / ראוש פלאיו להלל גדול[
4Q405 14-15i3 (XI) והלל פלאיהם לאל אלים[
4Q405 20ii-22,12 (XI) והללו קודש בהשיב דרכיהם

יבואו באש או במי]ם עד הם ה֯[יים (XVIII) 4Q266 9ii1
וחופריה] המה שבי י֯[שרא]ל (XVIII) 4Q267 2,11
המחזיקים בשם] / [הקו]ד֯ש המה א֯[נשי (XVIII) 4Q267 5ii2
]ה והמ֯ה [(XVIII) 4Q269 13,3
]ות עולם המה (XVIII) 4Q273 5,4
המ]שפט והמ]ה (XVIII) 4Q279 2,2
וזעומים המה במחשבות נדת [ט]מאתמה (XI) 4Q286 7ii4
]המה לאל עול[ם (XI) 4Q286 8,1
]המה [(XI) 4Q286 8,3
]ה֯מה ו[(XI) 4Q287 2,1
]המה ע֯[(XI) 4Q287 2,2
כי]א המה ג֯[ורל חושך ופקודתמה לשחת (XI) 4Q287 6,4
וג֯ם ה֯[אדמה א]שר המה על֯יה (XIII) 4Q365 2,9
בני ישראל] / אשר המה מ֯ל֯[נים]עליכ֯[ם (XIII) 4Q365 35ii2
] / [ו]ה֯ם ע֯ל מ֯שכבו (XXVIII) 4Q368 10i6
והני הם אז עשו הרע בעיני (XIX) 4Q370 1i2
]ה֯מה[(XXII) 4Q378 9,1
]◦ בימים ה֯המ֯[ה (XXII) 4Q378 23,3
]ומברכ֯[י]ם המ֯ה ◦[(XXII) 4Q379 16,1
]י֯ ה֯ם [(XIII) 4Q382 137,1
המ]ה ית֯ר֯[(XXX) 4Q385a 16a-b,1
ולא יעשו]כאשר עשו הם ומלכיהם כהניהם (XXX) 4Q385a 18ia-b,10
בימים / ההמה[י]ה֯יה מלך וה]וא גדפן (XXX) 4Q387 2ii8
]המה במעלם אשר[מעלו] (XXX) 4Q387 A,1
]ק[ר]אתי לבכי ולמספד והמה אמר[ו (XXX) 4Q387 A,3
בימים] / ההמה יקום מלך [לגו]י֯ם גדפן (XXX) 4Q388a 7ii3
ויעשו גם הם את הרע בעיני (XXX) 4Q390 1,4
ויבינו בכול אשר / עזבו הם ואבותיהם (XXX) 4Q390 1,7
]ה ה֯מ֯ה ◦ [(XIX) 4Q391 69,1
]ל֯ שהם מ[קצת דברי] / [ה]מ֯עשים (X) 4Q394 3-7i4
ועל זבח החטאת] / שהם מבשלי֯ם [אות]ה֯ (X) 4Q394 3-7i9
והמה בא֯ימ֯ לטה[ר]ת֯ המקדש (X) 4Q394 8iv4
אנחנ֯ו אומר[ים] שהם שאין בהמ / [ט]הרה (X) 4Q394 8iv5
שהם / אוכלימ֯ מקצת [ע]צ֯מות המ֯ק֯[ד]ש (X) 4Q394 8iv8
וכרו]ת השפכת שהם באים / [בקהל (X) 4Q396 1-2i5
והמה / באים לטהרת המקדש (X) 4Q396 1-2ii5
אנחנו] / אומרים שהם שאין בהם [טהרה (X) 4Q396 1-2ii7
כלבים שהם אוכל֯[ים מקצת עצמות המקדש (X) 4Q396 1-2ii10
והמה ב[ני זרע] / קדש (X) 4Q396 1-2iv4
[ב]גלל שהם קדושים ובני אהרון ק[דושי קדושים] (X) 4Q396 1-2iv8
]ת֯ שהמ[ה (X) 4Q397 1-2,4
ב֯[ג]לל שה[מה קדושים ובני אהרון קדושי קדושים (X) 4Q397 6-13,14
התו]ר֯ה היה מצו֯[ ]מצרות והם מ֯ב֯[ק]שי תורה֯ (X) 4Q398 11-13,7
ה]מ֯ה שרי / [(XI) 4Q400 1i12
המה נכבדים בכול מחני אלוהים ונוראים (XI) 4Q400 2,2
המה נכבדים בכול מחני֯ א֯לוהים ונו]ראים (XI) 4Q401 14i8
כיא ממעשי כבודו ה]מ֯ה לפנ֯י[(XI) 4Q402 4,15
כי / המה כ֯ור הוריכה (XXXIV) 4Q416 2iii17
כיא ה]מ֯ה כור הוריכה (XXXIV) 4Q418 9+9a-c,18
]◦[ ]ה֯כאנ֯וש הם כי יעצל (XXXIV) 4Q418 55,11
והם אחוזת עולם ינחלו הלוא ראיתם (XXXIV) 4Q418 55,12
] / אתכה המה ובידכה להשיב אף (XXXIV) 4Q418 81+81a,10
] / ביד כוהניו כיא המה נאמני ברי֯]ת אל (XXXVI) 4Q419 1,3
]ת֯ ה֯ריב והמה לו֯[(XXXVI) 4Q419 6,2
והם בל]ועג שפה ולשון] / [אחרת ידברו (XXIX) 4Q430 4
מש]כ֯יל֯י ת֯בונה המה רואים (XXIX) 4Q446 2,3
] / הם מאוסי אלוהי[ם (XXIX) 4Q476 2,5
ומ]מ֯רא ה֯ם[(VII) 4Q482 1,3
גם]המה על מעמדמה (VII) 4Q491 1-3,15
בר]וכים ⟦ ⟧ ל[ ]◦[⟦ ⟧ המה [(VII) 4Q511 52-59,6

והם ישיבו בפי כבודכה ויהיו שריכה 1QH[a] XIV,14
והמה נצמדי תעודתי פותו במ◦[1QH[a] XIV,19
והם לוא יוכלו / [1QH[a] XXII,2
ה[מה] ובנ֯י[הם כול] הימים אשר המה [חיים (I) 1Q22 1i6
כול] הימים אשר המה [חיים על האר]מה (I)
המ]ה עוברים / את [הי]רדן שמה [לרש]תה (I) 1Q22 1i9
] / המ[ה (I) 1Q25 1,2
ה]מ֯[ה ו]נ֯אצו ולוא֯ [(I) 1Q25 4,6
] / ללכת֯ ע֯בדים והנה המה שלושי[ם (V) 4Q158 1-2,17
רמי] הקומה גדועים המה גבורי כת֯[יאים (V) 4Q161 8-10,5
וני֯קפו סובכי [ה]יער בברזל ה]מה (V) 4Q161 8-10,6
אלה הם אנשי הלצון / אשר בירושלים (V) 4Q162 II,6
הם אשר מאסו את תורת יהוה (V) 4Q162 II,7
]◦ המ֯ה אש֯[ר (V) 4Q163 20,3
]ם֯ והמה ◦[(V) 4Q163 23ii1
נפץ ו]זר֯ם֯ כלי מלחמה ה֯מ֯ה[(V) 4Q163 25,3
]הם דור הפקודה / [(V) 4Q166 I,10
והמה / לוא יושיעום מצרותיהם (V) 4Q166 II,13
אתנם הם לי [אשר נתנו] / [לי מאהב]י (V) 4Q166 II,18
פ]שרו הים הם כל הכ֯[תיים (V) 4Q169 1-2,3
פש]ר֯ו רובכה הם גדודי חילו (V) 4Q169 3-4i10
חילו א֯[שר בירושלי]ם֯ וכפיריו הם / גדוליו[(V)
] / ומלאכיו הם צירו אשר לא ישמע קולם (V) 4Q169 3-4ii1
פשרו אמון הם מנשה והיארים הם גד[ו]לי מנשה (V) 4Q169 3-4iii9
פשרו אמון הם מנשה והיארים הם גד[ו]לי מנשה (V)
[פ]ש֯ר֯ו הם אנשי [ח]י֯לה גבור[י מ]לחמתה (V) 4Q169 3-4iii11
פשרו הם רשע֯[י חיל]ה֯ בית פלג (V) 4Q169 3-4iv1
וקואי יהוה המה ירשו ארץ (V) 4Q171 1-2ii4
פשרו / המה עדת בחירו עושי רצונו (V) 4Q171 1-2ii5
המה עריצי הב֯[רית ר]שעי ישראל (V) 4Q171 1+3-4iii12
וזרע ר֯[שעים נכרת] ה֯מה עריצ֯י / [(V) 4Q171 3-10iv1
ה]מ֯ה שבע מחלקות / ש֯ב֯י יש֯[ראל (V) 4Q171 3-10iv23
והמה אשר כתוב עליהמה בספר יחזקאל (V) 4Q174 1-2i16
המה בני צדוק וא֯[נ]שי עצ֯ת֯[מ]ה רו◦[(V) 4Q174 1-2i17
]כ֯יא המה[(V) 4Q174 14,3
]המה ◦[(V) 4Q174 19,2
והמ֯ה אשר כתוב עליהם באחרית [הימים (V) 4Q177 1-4,7
] לאנשי עצתו המה החרב ואשר אמר[(V) 4Q177 1-4,16
]המה העונה השמינית[(V) 4Q177 5-6,13
א]ין שלום אשר המה ד◦[(V) 4Q177 5-6,14
]המה ע֯דת דורשי ה[חלקות (V) 4Q177 9,4
]המה דור֯ש התורה כיא אין / [(V) 4Q177 10-11,5
ה]מה ואר֯[ר]י֯ כול חפצ֯י[בם (V) 4Q177 14,2
]ם מאלונ֯י ממרה מלאכ֯י֯ם֯ המ֯ה[(V) 4Q180 2-4ii4
אשלח֯ מלאכים אל טובי אב[יכ]ה֯ וה[מה] / [(XIX) 4Q200 4,7
והיו המה {{תומהים}} מברכים ו֯[מהללים (XIX) 4Q200 6,2
ובימי]ם ההמה / [אם יחיה אדם יובל (XIII) 4Q221 3,4
]◦◦ המה מושיעי֯ם[(XIII) 4Q226 5,1
כו֯[ל ה]י֯מ֯ים ההמ֯[ה (XIII) 4Q226 5,2
]ח֯לבים חלה הם[(XXVIII) 4Q238 3
מלכת] / [בדרך ה]ע֯ם [ה]מ֯ה א֯[נושי עצתו (XXXVI) 4Q249g 1-2,3
אש֯ר יביאו [בי]ו֯ם ה֯[בכורים] / בכורים הם (XXXV) 4Q251 9,5
ויליד ביתו ה]ם֯ יאכלו בלחמו (XXXV) 4Q251 16,2
[ואל]פי ישראל המה הדגלים (XXII) 4Q252 V,3
] / [ ]ד֯ כיא אנשי הי[ח]ד֯ ה֯מ֯[ה (XXII) 4Q254 4,4
וידעו / כי אשמים המה [ויהיו כעוורים (XVIII) 4Q266 2i13
[וכיניי הצלמי]ם המה ספר[י] הנביא[ים (XVIII) 4Q266 3iii18
המחזי]ק֯ים בשם קוד[ש ה]ם֯ / [(XVIII) 4Q266 5i9
]בני צדוק הכהנים הנ֯ה המ֯[ה] / [(XVIII) 4Q266 5i16
ו֯בכול נפש נקיאים / הם [ממנו]אם ימעל (XVIII) 4Q266 8i4

4Q513 2ii6 (VII)] / **המה** מ[ ] ור[ ]◦ אשמה בחללם
4Q513 5,2 (VII)] **המה**
4Q513 15,3 (VII)] **המה** א◦[
4Q513 19,1 (VII)]**המה** ש[
4Q513 26,1 (VII)]ת **המה** [
4Q513 29,2 (VII)]**המ**[ה
4Q524 1,2 (XXV) ואשר לוא מלא את ידיו גם **המ**[ה יומת[ו
11Q11 III,7 (XXIII) ו]**הם** יודעים / [רזי פל]או
11Q13 II,5 (XXIII) **והמה** נחל[ת מלכי צ]דק אשר / ישיבמה
11Q13 II,17 (XXIII) פשרו ההרים[**המה**] הנביאי[ם **המה** א[
11Q19 XXXV,7 בה]מה מלא את / ידיו גם **המה** יומתו
11Q19 XLVIII,11 **המה** / קוברים את מתיהמה
11Q19 XLVIII,12 וגם בתוך בתיהמה **המה** קוברים
11Q19 L,18 וכול כלי / חרש ישברו כי טמאים **המה**
11Q19 LI,19 **המה** / זובחים ונוטעים להמה אשרות
11Q19 LII,4 בו כול מום רע כי תועבה **המה** / לי
11Q19 LII,5 שור ושה ועז **והמה** מלאות כי תועבה המה לי
ועז והמה מלאות כי תועבה **המה** לי
11Q19 LIX,5 **והמה** בארצות אויביהמה מתאנחים
11Q19 LIX,20 ומשל בהמה / כרצונו **והמה** לוא ימשולו בו
11Q19 LX,17 לעשות / כתועבות הגויים **ההמה**
11Q19 LX,19 כי תועבה **המה** לפני כול עושה / אלה
11Q19 LXI,9 ולפני / השופטים אשר יהיו בימים **ההמה**
11Q19 LXII,13 לוא מערי הגואים האלה / **המה**
11Q19 LXIV,9 ועל פי שלושה עדים / יומת **והמה** יתלו אותו
PAM 43.676 51,1 (XXXIII)]**המה** כ◦[

to roar verb המה

1QHa X,12 **ויהמו** כנחשולי ימים בהרגש גליהם
1QHa X,16 [וכול]אנשי רמיה עלי **יהמו** כקול המון
1QHa XI,13 **ויהמו** שחקים בקול המון
1QHa XI,15 כי תתבלע / כול חכמתם **בהמות** ימים
1QHa XI,32 **ויהמו** מחשבי תהום בהמון גורשי רפש
1QHa XI,34 **ויהם** זבול קודשו באמת / כבודו
1QHa XIII,29 **ויהמו** / בכנור ריבי ובנגינות
1QHa XIII,31 **ויהם** עלי לבי
1QHa XIV,23 **המו** רוח עועיים[לאין] דממה
1QHa XIV,24 **ויהם** תהום לאנחתי ונפ[שי
1QHa XV,5 **ויהם** לבי לכלה ורוח עועיים תבלעני
1QHa XVI,28 **יה**[מה עלי כיורדי שאול
1QHa 4,13 **ויהם** לבי ◦[
4Q429 3,2 (XXIX) **ויהמו** בכנור ריבי[ובנגינות
4Q429 4ii4 (XXIX) **ויהם** ת[הום לאנחתי ונגש חיי
4Q432 5,2 (XXIX) כי] תתבלע כול חוכמתמה **בה**[מות ימים]
4Q517 58,1 (VII)] **יהמ**[

multitude, abundance, tumult noun הָמוֹן, הָמֹן

CD II,1 להשם את כל **המונם** ומעשיהם לנדה לפניו
1QM I,11 בקול **המון** גדול ותרועת אלים
1QM XII,12 **המון** מקנה בחלקותיכה כסף וזהב
1QM XV,11 וגבורתם כעשן נמלח וכול קהל / [ה]**מונם** ◦◦[
1QM XVIII,3]◦ משאת יד אל ישראל על כול **המון** בליעל
1QM XVIII,12 היום אץ לנו לרדוף **המונם** כיא אתה / [
1QM XIX,4 **ה**[**מון**
1QM XIX,10 ג]בורי כתיים **והמון** אשור וחיל כול הגוים
1QHa VII,16 ולהגדיל עליו / **בהמון** רחמיך
1QHa X,16]אנשי רמיה עלי יהמו כקול **המון** מים רבים
1QHa X,27 **וכהמון** מים רבים שאון קולם נפץ
1QHa XI,13 ויהמו שחקים בקול **המון**
1QHa XI,14 ויושבי עפר / כיורדי ימים נבעתים **מהמון** מים
1QHa XI,16 ומשברי מים **בהמון** קולם
1QHa XI,32 ויהמו מחשבי תהום **בהמון** גורשי רפש
1QHa XI,34 כיא ירעם אל **בהמון** כוחו
1QHa XII,36 ובזוכרי כוח ידכה עם / **המון** רחמיכה
1QHa XII,37 כי נשענ[תי] / בחסדיכה **והמון** רחמיכה
1QHa XIII,2] / סליחותיכה **והמון** [רחמיכה
1QHa XIV,7 ואנחמה על **המון** עם
1QHa XIV,9 ובחסדיך תשפטם **בהמון** רחמים
1QHa XV,30 **ובהמון** ר[ח]מיכה / להעמידם לפניכה
1QHa XV,35] **ובהמון** רחמיכה לכול משפטי / [ ]
1QHa XVII,8 מקץ / לקץ תשת[ע]שע נפשי **בהמון** רחמיכה
1QHa XVII,34 **והמון** [רח]מים בהשפטכה בי
1QHa XVIII,21 **ה**[**מון** רחמיכה ולסליחותיכה / אקוה
1QHa XIX,29 ורוב אמתכה **והמו**[ן] חסדיכה בכול מעשיכה
1QHa 23,3]◦ **בהמון** רנה [
4Q162 II,5 (V) וכבודו מתי רעב / **והמנו** צחי צמא
4Q162 II,6 (V) וירד הדרה **והמנה** ושאנה עליז בא
4Q171 1-2ii21 (V) טוב מעט לצדיק **מהמון** רשעים רבי[ם
4Q287 5,8 (XI) חיל ה[**מון** גויים לת[ת
4Q301 3a-b,5 (XX)]הואה **בהמון** רחמיו ונורא הואה במזמת אפו
4Q370 1i8 (XIX)]מי המבול ל[שחת ולוא יפ]תחו **המון** מים
4Q391 31,2 (XIX)]את **המון**[
4Q402 4,9 (XI)]אלוהים ירוצו לפקוד[תו] וקול **המון**[
4Q403 1ii14 (XI)] / פלא דביר לדביר בקול **המוני** קודש
4Q405 18,6 (XI)]**המון** ◦[
4Q405 20ii-22,8 (XI)]**והמון** רנה ברים כנפיהם קול[דממ]ת אלוהים
4Q405 20ii-22,12 (XI) וקול דממת ברכ **בהמון** לכתם
4Q418 116,1 (XXXIV)]◦מים **ובהמון** קו[לם
4Q428 10,2 (XXIX) **ובהמון** רחמיכה לכ[ול משפטי צדק
4Q432 5,1 (XXIX) [ויושבי עפ]ר כיו[רדי י]מים נבעתים **מהמון** מים
4Q432 5,4 (XXIX) ומשברי] / [מים] **בהמון** קול[ם
4Q492 1,9 (VII) **והמו**[ן אשור וחיל כול הגוים] / [הנקהלים
4Q501 8 (VII)] אליהמה **בהמון** כוחכה ועשה בהמה נקמה
11Q5 XXVI,10 (IV) לפניו הדר / ילך ואחריו **המון** מים רבים
11Q17 VII,14 (XXIII) וקול דממת ב[רך **בהמון** [לכתם והללו קודש
PAM 43.688 80,2 (XXXIII)]◦ים **המון**[

horde noun הֲמֻלָּה

4Q301 1,4 (XX)]עורף ◦◦ קודק[וד כ]ל [ה]**מולת** עמים עם ◦◦◦

to make a noise, confuse verb המם-1

4Q381 28,2 (XI) **ויהמם** וי◦[
4Q419 8ii4 (XXXVI)] / **מהמה** דרכיהם עם פקוד[ת

from preposition הֵמֶן

4Q386 1ii4 (XXX) **והמן** הטמא זרע לא ישאר

הָמֹן ← הָמוֹן

behold interjection הֵן

4Q266 60,1 (XVIII)]◦◦ **הן**[
4Q482 3,3 (VII)]ל **הן** א[
4Q504 1-2iii2 (VII)]ש **הן** / כול הגוים[כא]ין נגדכה[
PAM 43.690 67,1 (XXXIII)] **הן** [

הֵנָּא ← הֵנֵּה

הֵנָּא ← הֵנֵּה-1

here, now adverb **הֵנָּה-1, הֵנָּא**

Reference	Vol.	Text
CD II,17		נכשלו בם מלפנים ועד **הנה**
CD III,20		לא עמד כמהו למלפנים ועד / **הנה**
1QS IV,23		עד **הנה** יריבו רוחי אמת ועול
1QSa I,27	(I)	להיות כול הבא / עת[יד ל]**הׄנה**
1QM V,13		והבטן מרוגלת **הנה** / והנה חמשה טפחים
1QM V,14		והבטן מרוגלת הנה / **והנה** חמשה טפחים
4Q184 1,13	(V)	]עיניה **הנה** והנה ישכילו
	(V)	]עיניה הנה **והנה** ישכילו
4Q481a 1,1	(XXII)	]◦שעו לו **להנא**[

they (f.) personal pronoun **הֵנָּה-2**

Reference	Vol.	Text
1QS III,18		**הנה** רוחות / האמת והעול
1QH[a] 2i7		]שה אפר בידם לוא **הנה**
4Q365 12biii12	(XIII)	והאבנים על שמות בני ישׂרׄ[אל] **הנה**

behold interjection **הִנֵּה, הִנֵּא, אִנֵּה**

Reference	Vol.	Text
CD IV,4		**הנה** פרוש / שמותיהם לתולדותם וקץ
CD XVI,3		**הנה** הוא מדוקדק על ספר מחלקות העתים
1QpHab II,10		]כיא **הנני** מקים את / הכשדאים הגוי המרׄ[
1QpHab VII,14		**הנה** עופלה לוא יושרה / [נפשו בו]
1QpHab X,7		הלוא / **הנה** מעם יהוה צבאות יגעו עמים
1QH[a] VIII,17		**הנה** הואלתה לעשׂ[ות בי] / חסד
1QH[a] XVIII,8		**הנה** אתה שר אלים ומלך נכבדים
1Q14 1-5,2	(I)	כי הנ]**ה** י[הוה יצא מ]מקומו
1Q29 1,5	(I)	המד]בר אליכה **הנ**[
2Q23 1,9	(III)	]נו **הנה** ממזרח ומצפון / [
4Q88 X,11	(XVI)	**הנא** אואבים / יובדו
4Q158 1-2,17	(V)	] / ללכת עֹבֹדים **והנה** המה שלושי[ם
4Q167 21,1	(V)	]**הנה** / [
4Q169 3-4ii8	(V)	**הנני** אלי[כה] / נא[ם יהוה צבאות
4Q169 3-4ii10	(V)	**הנני** אליך נאם יהוה צ[באו]ת
4Q175 23	(V)	**ואנה** אׄישׄ ארור אחד בליעל
4Q177 1-4,12	(V)	]עתה **הנה** הכול כתוב בלוחות אשר[
4Q185 1-2i9	(V)	]כי **הנׄה** / כח[צ]יר יצמח מארצו
4Q186 1ii4	(V)	]◦◦ות **וה**[**נ**]**ה**ׄ נׄצׄי[ו]ת / ושוקיו ארוכות ודקות
4Q219 I,13	(XIII)	**והנא** אני בן שתׄי[ם] ושבעים ומאת שנה
4Q223-224 1i5	(XIII)	וירא במראה] / [הלי]לה **והנה** מׄלׄאך
4Q225 2i3	(XIII)	אדני **הנני** בא ערׄיׄרׄי ואלי[עזר] / [בן ביתי]
4Q225 2ii9	(XIII)	ויקרא] / אברהם אברהם ויאמר **הנני**
4Q249g 3-7,10	(XXXVI)	**הנ**[**ה**] מׄ[ושב אנשי] / [השם קריאי מועד
4Q249h 1-2,5	(XXXVI)	]**הׄנׄה** מו[שב אנשי השם] / [קריאי מועד
4Q252 I,22	(XXII)	וירא **והנה** [חרבו פני הארמה ברבי]עי
4Q266 5i16	(XVIII)	]בני צדוק הכהנים **הנׄה** המׄ[ה] / [
4Q266 6i4	(XVIII)	**והנא** נוסף מן החי[אל] / [המת
4Q266 6i6	(XVIII)	וראה הכוהן **וה**[**נ**]**א** באה הרוח ברוש
4Q270 7ii14	(XVIII)	**הנה** הכול כׄ[תוב] / על מדרש [ה]תׄוׄרׄה
4Q271 4ii5	(XVIII)	**הנה הׄוׄא**[מדו]קׄדׄק עׄל סׄפׄרׄ[מח]לׄ[קות העתים
4Q272 1i12	(XVIII)	[ו]**הנה** נוסף מׄ[ן החי] / [אל המת
4Q272 1i14	(XVIII)	ו]רׄאה הכוהן **וה**[**נה**] / [באה הרוח בראש
4Q273 4ii9	(XVIII)	] / [ו]**הׄנׄה**ׄ [נוסף מן ה]חׄי אל[המת
4Q273 4ii11	(XVIII)	וראה] / הכהן **והנה** באה הרו[ח
4Q274 1i7	(XXXV)	כי **הנה** דם / הנדה כזוב
4Q302 10,1	(XX)	]◦מׄר ◦[]ו **והנׄהׄ** [
4Q364 4b-eii22	(XIII)	ויואמר יעקוב ויואמר] / **הׄ**[**נני**
4Q364 26bi6	(XIII)	ואר]**א והנה** / [חטאתמה ליהוה אלוהיכם
4Q364 B,3	(XIII)	[/ **הנה**[
4Q365 5,1	(XIII)	[ו]יׄראו **והנה** מצרים נסעים אחריהמׄ[ה
4Q365 6ai6	(XIII)	ו]אני **הׄ**[**נני** מחזק א]ת לׄבׄב פׄרׄעׄוׄהׄ
4Q365 10,3	(XIII)	ראה **הנה** קראתי בשם לבצלאל / [בן אורי
4Q365 19,3	(XIII)	וראה(ו)] / [הכוהן **והנ**]**ה** נהפך הנׄגׄ[ע ללבן
4Q368 2,2	(XXVIII)	והשמי]דך מ[הר] **הׄנׄני** גׄוׄרׄשׄ מׄפׄניכם
4Q370 1i2	(XIX)	ויברכוׄ את שמ [קדש]ׄ **והני** הם אז עשו הרע
4Q379 22ii9	(XXII)	**והׄנׄהׄ**[אר]וׄרׄ אׄ[יש בליעל] / [עומד]לׄהׄ[יו]ת פח
4Q381 31,6	(XI)	**הנני** ואׄכׄכׄהׄ / [
4Q385 4,4	(XXX)	**הנ**[**נ**]ׄי גודר / את הימים ואת השני[ם
4Q385a 13a-b,2	(XXX)	]**הנה** גת [
4Q385b 1,2	(XXX)	הנב]א ואמרת **הנה** בא יום אבדן גוים [
4Q386 1ii2	(XXX)	ואמר ראיתי יהוה **והנה** חרבה
4Q393 1ii-2,3	(XXIX)	**הׄנׄה** בעונותינו נסכׄנׄ[ו] / בׄטׄ[מאת
4Q411 1ii4	(XX)	] / **הנא** החלתי לׄ[
4Q439 1i+2,5	(XXIX)	]**והׄנׄהׄ** כול עירי נהפכה לסיריםׄ[
4Q439 1i+2,6	(XXIX)	**ה**[**נ**]**ה** כול שופטי נמצאו אוׄיׄלׄ[ים
4Q462 1,13	(XIX)	]**והנה** נתנו במצרים שנית בקצ ממלכה
4Q481c 7	(XXII)	]◦א **והנה** מכה על מכה [
4Q491 14-15,3	(VII)	ואנו **הננו** עוׄמׄדים להתקרׄבׄ [
4Q502 34,2	(VII)	]◦[ ]ים **והנׄנׄוׄ** [ ]◦[ ]◦◦[
4Q509 5-6ii7	(VII)	] / [**ה**]**נׄכׄה** שוכב עם אבׄ[ותיכה
4Q522 9ii3	(XXV)	כי **הנה** בן נולד לישי בן פרץ בן יה[ודה
4Q522 9ii11	(XXV)	**וה**[**נ**]**הׄ** נתתיו עבד לע[ם בני יש]רׄאׄ[ל
11Q5 XVIII,13	(IV)	**הנה** / עיני יהוה על טובים תחמל
11Q19 LV,5		**והנה** אמת נכון הדבר / נעשתה התועבה
11Q19 LV,19		**והנה** / אמת נכון הדבר נעשתה התועבה
11Q19 LXI,9		ודרשו השופטים **והנה** עד שקר העיד
11Q19 LXV,11		**והנה** שנאה והוא שם / לה עלות דברים
PAM 43.678 6,4	(XXXIII)	]**הנה** יה[וה
PAM 43.691 54,2	(XXXIII)	ו]**הנה** שׁא[ול

? **הנות**

Reference	Vol.	Text
4Q178 12,2	(V)	[**הנות** ◦[

waving noun **הֲנִיפָה**

Reference	Vol.	Text
11Q19 XVIII,10		האיל אחׄדׄ פׄעם / [אחת] ביום **הניפת** העומר

waving noun **הָנֵף**

Reference	Vol.	Text
4Q320 4iii3	(XXI)	בׄ1 [ב]רׄעׄ[יה] **הנף** ה[עמר]
4Q320 4iii13	(XXI)	[ב1] במיׄ[מ]ןׄ **הנף** הׄעמר
4Q320 4iv8	(XXI)	ב1 בשכניה **הנף** העׄמר
4Q320 4v2	(XXI)	ב1 [ביש]בׄאב **הנף** העמר
4Q320 4v11	(XXI)	[ב1] בׄפׄצׄצ **הנף** העמר
4Q320 4vi7	(XXI)	בׄ1 בגמול **הנף** העמר
4Q321 V,4	(XXI)	בׄ[מ]ימי[ן] בׄ[וא **הנף** העומר
4Q321 V,9	(XXI)	בשכׄנׄ[י]ׄה בוא **הנף** העומר
4Q321 VI,7	(XXI)	בׄפׄ[צ בו]אׄ **הׄנף** העומר
4Q513 3-4,2	(VII)	]**הנף** עמר [
11Q19 XI,10		וׄבׄחׄגׄ המצות וׄביום **הנף** העומר

hush! interjection **הַס**

Reference	Vol.	Text
1QpHab XIII,1		**הס** מלפניו כול הרץ

to be silent verb **הסה**

Reference	Vol.	Text
1QH[a] XVIII,15		]לׄסׄפׄרׄ / נפלאותכה ולא **להס** יומם ולׄ[ילה
4Q509 195,1	(VII)	[**והוסי** [

setting (sun) noun **הָעֲרִיבוּת**

Reference	Vol.	Text
4Q394 3-7i18	(X)	**להערי**[**בו**]**ת** השמש להׄיות טהורימ

to turn, change, overthrow verb **הפך**

Reference	Vol.	Text
1QH[a] X,17		**ויהפוכו** לשוחה חיי גבר אשר הכינותה
1QH[a] XI,7		כיא **נהפכו** צירׄיׄהׄ / וחבל נמרץ על משבריה

1QH[a] XI,11 ובמולדיו יהפכו כול צירים / בכור הריה
1QH[a] XIII,32 ויחשך מאור פני לאפלה והודי נהפך למשחור
1QH[a] XIII,35 ויהפך לי לחמׄי לריב ושקוי לבעל מדנים
1QH[a] XVI,12 ולהט אש מתהפכת בל י[בוא ב]מׄעין חיים
1QH[a] XVI,25 ב]שפתו יהפכו כעצי באושים
4Q166 II,17 (V)]נהפכה להם לאבל
4Q179 1i5 (V)]היה לשרפת אש והפכה [
4Q223-224 2iv7 (XIII) [אם י]הׄפׄוׄך החזיר את עׄ[ורו ואת שערו
4Q248 8 (XXXVI) וׄהפך בארצות גוים ושב למצרׄ[י]ם
4Q266 6i7 (XVIII) והפך מרא{{ת}}ה לדק צוהב
4Q299 34,2 (XX)]תוׄ ואם יהפכׄו
4Q365 19,3 (XIII) וראה(ו) / [הכוהן והנ]הׄ נהפכ הנגׄ[ע ללבן
4Q368 3,3 (XXVIII)]בשר נהפׄךׄ [
4Q386 1ii6 (XXX) ואת בני אוציא ממף ועל ש[א]רם אהפך
4Q418 34,3 (XXXIV)]◦ם פׄהׄכו לדמ[
4Q422 III,7 (XIII) ויופך לדם[מימ]יהמׄה
4Q426 11,2 (XX)]הׄפכה{{נ}} ישכון לׄ[
4Q432 4,1 (XXIX) ומזמות בליעל כול מחשבותם] ויהׄופכו
4Q439 1i+2,5 (XXIX)]והׄנׄה כול עירי נהפכה לסירׄיםׄ[
4Q501 4 (VII) ויופכו / [על
4Q525 23,7 (XXV)] / הפך פן יהגו באמרׄיׄ[

overthrow noun **הֲפֵכָה**

4Q487 1ii5 (VII)] / בהפכה ושכ[

הפץ ← חֵפֶץ

הַפִּצֵּץ ← פִּצֵּץ

Haza (?) proper noun **הצא**

3Q15 IX,6 (III) חפור אמות שמונא / דמ<ע> הצא ככ 235

הַקּוֹץ ← קוֹץ-3

mountain noun **הַר**

CD II,19 כרום ארזים גבהם וכהרים גויותיהם כי נפלו
CD V,15 כהר ביתו יאשם כי אם נלחץ
1QH[a] IV,13 [כי ירגזו]מוסדי הרים ואש [יקד]ה בשאול
1QH[a] XI,31 יסודי הרים לשרפה ושורשי חלמיש לנחלי זפת
1Q14 1-5,3 (I) ונמסו ההריׄםׄ תחׄ[תיו והעמקים ית]בׄקׄעׄ[ו] / [
1Q17 3 (I) ויבוא אל לוז א]שׄר בהר היא בית אל
1Q22 1i4 (I) התׄ[ו]רה אשר צויתׄ[י אותכה] בׄהר ס[י]ני
3Q15 XII,4 (III) בהר גריזין תחת המעלהא של השית
4Q158 5,5 (V)]◦ ההר וק[דשתו
4Q161 5-6,9 (V) עוד [היום בנב לעמד] / [ינפף]ידו הר בת ציון
4Q162 II,9 (V) וירגזו / ההׄרׄיׄםׄ ותהי נבלתם כסחה בקרב
4Q163 23ii7 (V) עׄדׄ אם נותרתׄמה כתרן על רואש הר
4Q163 24,1 (V)]בהר יׄהוה
4Q163 57,1 (V)]הור ההר ◦◦ אוכל[
4Q169 1-2,9 (V) הרׄ[י]ם רעשו ממנו
4Q171 1+3-4iii11 (V)] / ירשו את הר מרום ישר[אל
4Q176 1-2ii2 (V)] / פצחו הרים כיא נחם אלוׄ[הי]ם עמו
4Q176 8-11,12 (V) [כיא ההר]ים ימושו והגבעות תתמוטטנה
4Q177 8,4 (V)]סף ההר ספ◦[
4Q177 14,6 (V)] הרי ◦◦◦◦◦[ ]לׄ[
4Q180 5-6,4 (V)]אׄ הרׄ ציון ירושלׄ[י]ם
4Q216 I,4 (XIII) כדברו] / כדברו] / [אליו עלה]אל ראש ההׄ[ר
4Q216 I,6 (XIII) לאמר עלה אלי]ההרׄ[ה
4Q225 2i12 (XIII) לעולה על אחד ההריםׄ[הגבוה]יׄם
4Q225 2i13 (XIII) ויקׄ[ום וי]לׄ[ך] מן הבארות על הׄ[ר מוריה] / [
4Q252 I,10 (XXII) ויום / הששי נחה התבה על הרי הורדט
4Q252 I,12 (XXII) באחד בו יום רביעי / לשבת נראׄו ראשי ההרים
4Q252 I,13 (XXII) מקׄץׄ ארבעים יום להראות ראשי / ההרׄ[י]ם
4Q262 B,3 (XXVI) בה]רׄי מרום ינובב פרׄיׄ[ו
4Q266 2ii19 (XVIII) אשר כארזים גבהם] / [וכ]הׄרים[גויותיהם
4Q285 4,4 (XXXVI) מיד ימינכה אפיל]על הרי יׄ[שראל
4Q299 6i8 (XX)]אׄ[ ]◦ל [ה]ריה כול / [
4Q364 14,2 (XIII) ויתיצבו ?] / בתחתיתׄ ההר [ ][ ]
4Q364 14,3 (XIII) עלׄ[ה אלי] הׄהר וה[יה שם
4Q364 19a-b,8 (XIII) שנהׄ במותו בהור ההר
4Q364 19a-b,13 (XIII) ויסעו מהׄ[רי העברים] / [ויחנו בערבות מואב
4Q364 20a-c,3 (XIII) אחד עשר יום מחורב ד]רך הרׄ שׄ[עיר
4Q364 21a-k,7 (XIII) ואומר אליכם ב]אׄתמה עד הר[האמורי
4Q364 24a-c,14 (XIII) וׄ[ער]יׄ ההרׄ[וכול אשר צוה ?]לׄ[נו]
4Q364 26bi5 (XIII) וארד(ה) מן ההר]וההר בוער / [באש
4Q364 26bii+e,4 (XIII) ועלה אלי ההר ועשיתה ארון ע]ץ
4Q364 28a-b,3 (XIII)] / ההר אמר יהׄ[וה אלי קום לכה
4Q365 6b,2 (XIII) תביאמו ותטעמו] / בהר נחלתכה
4Q370 1i1 (XIX) [ו]יׄעטר הרים תנוׄ[בה ו]שׄפך אכל עלׄ פניהם
4Q372 1,8 (XXVIII) ואת הר אלהי לבמות יעׄ[ר
4Q372 1,11 (XXVIII) כל הריהם שממים מׄהם ◦◦[
4Q372 1,12 (XXVIII) ועשים להם בׄמה על הר גבה
4Q372 2,9 (XXVIII) הׄ[ר] הבשן ש◦[ ] ואת כל
4Q377 2ii6 (XXVIII)] / לנו מהר סינ◦[
4Q377 2ii8 (XXVIII) ועל הׄארץ עמד על ההר להודיעׄ
4Q378 11,5 (XXII) בב]קעה ובהר ארץ חטה ושערׄ[ה] / [
4Q378 11,7 (XXII) אשר אב]ניה ברזל ומהׄ[ר]יׄה נחושה / [
4Q380 2,2 (XI)]◦הׄרים וגבעות[
4Q385a 16a-b,6 (XXX) הה]ר והלבנון ירשוׄ[
4Q385a 17a-eii8 (XXX)]עׄלליה יׄ[רטש]וׄ[ ]בׄראשׄ[הר]ים
4Q418b 1,3 (XXXIV)] / יׄעלו הרים וירדו תהמוׄ[ת נפשם
4Q481a 2,6 (XXII) וישלכהו באחד ה[הר]ים
4Q481c 3 (XXII)]◦ה אל הר גבהׄ[
4Q511 30,5 (VII) וישקׄ[ו]ל בפלסׄ[ ]הרים וגׄבׄעׄוׄתׄ במׄוׄזנׄ[י]ם
4Q512 153,1 (VII)] הר ◦[
4Q522 1,1 (XXV) וירדו מן ההׄ[ר
11Q5 XXVI,13 (IV) מעטר הרים תנובות [ ] {{ו}}אוכל טוב
11Q5 XXVIII,5 (IV) ההרים לוא יעידו / לו והגבעות לוא יגידו
11Q13 II,16 (XXIII) מה [נאוו / על הרים רגל[י]
11Q13 II,17 (XXIII) פׄשרו ההריׄםׄ[המה] הנׄביאׄ[י]ם]המה א[
11Q19 LI,7 אני מגיד לכה בהר הזה ולוא יטמאו
11Q20 XV,2 (XXIII) אני מגיד] / לכ{{מׄ}}ה בהר הזה
PAM 43.675 7,1 (XXIII)] הר ◦[
XQ7 5 (XXXIV)]ךׄ בהריׄ[ ] / [

הֹר ← הוֹר

to slay verb **הרג**

1QpHab VI,9 על כן יריק חרבו תמיד / להרוג גוים
4Q177 5-6,15 (V)]הרוג בקר ושחוט צואן א[כול בשר
4Q185 1-2ii11 (V) וׄכל עמׄוׄ גׄאל / והרג ש◦◦◦◦[
4Q221 6,3 (XIII) ויׄ[הרוגו] / [את גדודי פלשת
4Q223-224 2iv5 (XIII) היככה יהרוגו אי[ש את אויבו ואת צרו
4Q223-224 2iv13 (XIII) הרע עישאו מלבו עליו ומכול נפשו]להורגוׄ[
4Q223-224 2iv23 (XIII) ויהרוגו את ג[בורי מואב ועמון]
4Q223-224 2iv24 (XIII) ויהׄ[רוגו הם את גבורי] פלשת
4Q223-224 2iv25 (XIII) ו]הרגו מאד[ם] / [ומחורים ארבע מאות
4Q332 3,2 (XXXVI) ראש הכת]יׄאים הרג שׄ[
4Q333 1,4 (XXXVI)]הרׄג אמליוס / [
4Q333 1,8 (XXXVI)]הׄרׄג אמליוס

4Q**372** 3,12 (XXVIII) זמרי בן סלוֹא וחמשת מלכי מדין **נהרגו**[

4Q**386** 1ii6 (XXX)] ואת / הרשע **אהרג** במף

4Q**391** 32,2 (XIX)]**וֿהרוג** בֿדֿרֿךֿ

4Q**468**e 2 (XXXVI) **ה]רֿוג** את רוב הגבֿרֿ[ים

11Q**11** III,9 (XXIII) ו]**להרוג** נפש / [

11Q**12** 1,6 (XXIII) זרע ב]אֿרץ אחר תחת הבל כיא **הרגו** / [קין

slaughter noun הֲרֵגָה

1QH[a] VII,17 ומרחם הקדשתם ליום **הרגה**

to conceive verb הרה

1QH[a] XI,11 מרץ במולדיהם ופלצות **להורותם**

1QH[a] XVII,30 ומשדי **הֹוֽרִיתִי** רחמיך / לי

4Q**215** 1-3,4 (XXII)] / **ותהר** ותלד את בלהה אמי

4Q**415** 9,2 (XXXIV)] / **להורות** בטנכה לכֿ[ה

4Q**415** 11,11 (XXXIV)] / וֿאם נפרדֿה **בהריֿת**כה קח מֿוֿ[לדיה

4Q**416** 2iii17 (XXXIV) כי / המה כֿוֿר **הוריכה** וכאשר המשילמֿה

4Q**416** 9,1 (XXXIV)]**בהורת** ∘∘[

4Q**418** 9+9a-c,18 (XXXIV) כיא ה]מֿה כור **הוריכה** וכאשר המשיל{{כ}}ם

4Q**423** 1-2i5 (XXXIV) ילדה וכל רחמי **הורֿ**[ת

4Q**423** 3,3 (XXXIV) ועל פיהו **הרתה** כֿלֿ[רחם

4Q**428** 10,3 (XXIX) ואני איש טמא ומרחם] / **הֿוריתי**

pregnant adjective הָרָה

4Q**270** 2ii16 (XVIII) וחיה עבר[ה או אשר ישכב עם] / אשה **הרה**

pregnant woman noun הָרִיָּה

1QH[a] XI,8 על משבריה להחיל בכור **הריה**

1QH[a] XI,9 **והרית** גבר הצרה בחבליה

1QH[a] XI,10 ובחבלי שאול יגיח / מכור **הריה** פלא יועץ
בהריתו החישו כול / משברים

1QH[a] XI,12 ובמולדיו יהפכו כול צירים / בכור **הריה**
והרית אפעה לחבל נמרץ ומשברי שחת

1QH[a] XI,18 ויסגרו דלתי שחת בעד **הרית** עול

4Q**428** 4,1 (XXIX)] / [צירים] בֿכֿוֿרֿ {{**הרֿיה**}}[בכור הריה

4Q**432** 5,6 (XXIX) ויסגרו דלתי שחת ב]עֿד **הרֿ**[ית עול]

teaching noun הֹרָיָה, הוֹרָיָה

4Q**427** 7i7 (XXIX) תרמה **בהר]יֿתי** / [ומי ישוה לי

4Q**431** 1,3 (XXIX)] / תרמה **בהריתי** [ו]מֿיֿ ישוֿ[ה לי

4Q**491** 11i16 (VII) **והֿורֿיה** לוא תרמה / [בהוריתי

to destroy verb הרס

1QpHab IV,8 **והרסום** בעוון היושבים / בהם

Hyrcanus proper noun הרקנוס

4Q**332** 2,6 (XXXVI)]ב **הרקנוס** מרֿדֿ[בארסטבולוס] / [

4Q**341** 7 (XXXVI) גדי / דלוי הלכוס **הרקנוס** וני

prostration, worship noun הִשְׁתַּחֲווּת, הִשְׁתַּחֲוּת

CD XI,22 וכל הבא אל / בית **השתחות**

4Q**271** 5i15 (XVIII) וכול הבא]אֿל בית **ההשתחוות**

הִשְׁתַּחֲוּת ← הִשְׁתַּחֲווּת

ו

waw, sixth letter of the alphabet ו

KhQ**3** 3 (XXXVI) ר / א א ב ג ד ה ו ז ח ט / י כ ש ט

and coordinating conjunction ו

CD I,1 (2), 2, 3, 4 (2), 5 (2), 6, 7 (2), 8 (3), 9 (2), 10, 11 (2), 15 (2), 16, 18 (2), 19 (3), 20 (4), 21 (3); II,1, 2 (2), 3, 4 (2), 5 (3), 6, 7 (2), 8 (2), 9 (3), 10, 11 (2), 12 (2), 13 (2), 14 (3), 15 (2), 16 (2), 17 (2), 19 (2), 20, 21; III,1, 2 (2), 3 (4), 4 (2), 5, 6 (3), 7 (2), 8 (2), 9 (3), 10 (2), 11 (2), 12, 14, 15 (2), 16 (2), 17 (3), 18 (3), 19 (2), 20, 21 (2); IV,2, 3 (2), 5 (3), 6, 7 (3), 10, 12, 14 (2), 16, 18, 21 (2); V,1 (2), 2, 4 (4), 5, 6 (2), 7 (2), 8 (2), 9, 10 (2), 11 (3), 12, 13, 14, 16, 18 (3), 20 (2), 21 (2); VI,1, 2 (3), 3 (2), 4, 5, 6, 7, 8, 10, 11, 12, 13, 14, 15 (2), 16 (2), 17 (3), 18 (2), 19, 21 (4); VII,1, 2, 3 (2), 6 (2), 7 (3), 8, 9, 11 (2), 13 (2), 14, 15, 16, 17 (2), 18, 19, 20 (2); VIII,1 (2), 4, 5 (4), 6 (2), 7 (4), 8 (3), 10 (2), 11, 12 (2), 13, 14 (2), 15, 16, 18 (2), 19 (2), 20; IX,2 (3), 4 (2), 5 (2), 6, 8, 10, 11, 12 (3), 13, 14 (3), 15, 17 (3), 18, 19 (3), 20 (2), 21, 22 (2), 23 (2); X,4, 5 (2), 6, 7 (2), 8, 9, 11, 12, 13, 17, 18 (2), 19, 22, 23 (2); XI,1 (2), 8 (2), 9, 10, 11 (2), 12 (2), 13, 14, 15, 16 (2), 17 (2), 19 (3), 21 (2), 22, 23; XII,3 (3), 4, 5 (3), 7 (2), 9 (2), 10 (3), 12, 13, 14 (2), 15 (2), 16, 17, 18, 20 (2), 21 (2), 22 (2); XIII,1 (3), 2 (2), 3 (2), 4 (3), 5 (3), 6, 7, 8 (2), 9 (2), 10, 11 (5), 12, 14 (2), 15 (2), 16 (2), 17 (2), 18, 19, 20; XIV,1, 2, 3, 4 (4), 5 (2), 6 (4), 7, 8 (2), 10, 11, 12 (2), 13 (2), 14 (3), 15 (3), 16 (2), 17, 18, 19 (2), 20 (2), 21; XV,1 (4), 2, 3 (4), 4 (3), 5 (2), 6, 9, 10, 12 (2), 13, 14 (3), 15 (3), 16; XVI,1, 2, 4 (2), 6, 11, 12 (2), 13, 15; XIX,1, 2 (2), 3 (2), 4 (2), 5 (2), 6, 8 (2), 9 (2), 10, 11, 12 (2), 13 (2), 17 (3), 18 (4), 19 (4), 20 (2), 21 (2), 22, 23 (2), 24, 25 (3), 26, 27, 28, 30, 31 (4), 32 (3), 33 (2), 34 (3), 35; XX,1 (2), 2, 6, 7, 8, 9 (3), 11, 12 (2), 13 (4), 15, 16 (3), 17, 18, 19 (3), 20 (3), 21 (2), 22, 23 (3), 25, 26, 27, 28 (3), 30 (3), 31 (2), 32 (2), 33 (3), 34 (2)

1QS I,2, 3 (2), 4, 5 (4), 6 (2), 7, 8, 9, 10, 11 (2), 12 (2), 13 (2), 14 (2), 15 (2), 16, 17 (3), 18, 19 (3), 21, 22 (2), 23 (2), 26 (2); II,1 (3), 2, 3 (3), 4 (2), 5 (2), 6, 7, 8, 9, 10 (2), 11 (3), 12 (2), 14, 15 (2), 16 (2), 17, 18 (2), 20, 21 (2), 22 (2), 23 (2), 24 (3), 25 (2); III,1, 2 (4), 3 (2), 4 (2), 5 (2), 7, 8 (3), 9 (2), 10 (3), 11, 13, 14, 15 (2), 16 (2), 17 (2), 18, 19 (2), 20, 21 (2), 22 (4), 23 (2), 24 (3), 25 (3), 26; IV,1 (2), 2 (3), 3 (7), 4 (4), 5 (3), 6 (2), 7 (4), 9 (5), 10 (4), 11 (5), 12, 13 (2), 14, 15 (3), 17 (3), 18 (3), 19, 20, 21 (3), 22, 23 (3), 24 (5), 25 (2), 26; V,1 (2), 2 (3), 3 (3), 4 (3), 5 (3), 6 (4), 7, 8, 9 (3), 10 (2), 11, 12 (2), 14 (2), 15, 16 (4), 18 (2), 19 (2), 20 (3), 21, 22 (2), 23 (3), 24 (3), 25 (2), 26 (2); VI,1, 2 (3), 3 (3), 4 (3), 6 (3), 7 (2), 8 (4), 9 (3), 10, 11 (2), 12, 13 (3), 14 (2), 15 (4), 16 (2), 17 (2), 18 (3), 19 (2), 20 (2), 21 (2), 22 (4), 23, 24, 25 (4), 26, 27; VII,1 (2), 2 (3), 3 (4), 4 (3), 5 (4), 6 (3), 8 (4), 9 (3), 10 (3), 11 (3), 12 (5), 13 (4), 14 (4), 15 (3), 16 (3), 17 (4), 18 (2), 19 (2), 20 (3), 21 (3), 22, 23 (2), 24, 25; VIII,1, 2 (4), 3 (2), 4 (3), 5, 6 (2), 8, 9 (3), 10 (3), 11 (2), 12, 16 (2), 18 (2), 19 (2), 20, 23 (3), 24 (4), 25, 26; IX,1, 2 (2), 4 (4), 5, 6, 7 (3), 8, 9 (2), 10, 11 (2), 12 (3), 13 (2), 14 (2), 15 (3), 16 (3), 17 (3), 18 (2), 20 (3), 21, 22 (2), 23 (2), 24 (3), 25, 26; X,1, 2 (2), 4, 5, 6, 7, 8 (3), 9 (3), 10 (4), 11 (3), 12 (3), 13 (3), 14 (3), 15 (3), 16 (3), 17 (3), 18, 19 (3), 20 (2), 21 (2), 22 (5), 23 (2), 24, 25 (2), 26 (2); XI,1 (3), 2 (3), 3 (3), 4, 5 (2), 6 (2), 7, 8 (2), 9 (2), 10 (3), 11 (4), 12, 13 (4), 14 (2), 15 (2), 16, 17, 18 (3), 19 (2), 20 (2), 21 (4), 22 (3)

1QSa I,1, 2, 4, 5, 6 (2), 7 (2), 8, 9, 11 (3), 12 (3), 13, 14 (2), 15, 16, 17 (2), 19 (2), 20, 21, 22 (2), 23, 24 (2), 25, 26, 28 (3), 29 (4); II,1 (3), 3, 4, 5, 9, 10, 12, 13, 14 (2), 15 (2), 17 (2), 19, 20 (2), 21

1QSb I,2 (3), 6 (2); II,23, 24, 25 (2), 26, 27 (2); III,1, 2 (2), 5, 6, 18, 23, 24 (3), 25, 26 (2), 27 (2), 28; IV,1 (3), 2 (2), 3, 22, 23 (2), 24 (2), 26 (3), 27 (3), 28 (2); V,3, 7, 8, 18, 19, 21, 22, 23 (2), 24 (2), 25 (3), 26, 28, 29 (3)

1QpHab I,1, 6, 8 (2), 9, 15; II,3, 5, 10, 12, 14 (2); III,1 (2), 3 (2), 4, 5 (3), 6 (2), 7, 10 (2), 12 (3); IV,1, 2, 3 (3), 4 (2), 6, 7 (3), 8, 9 (2); V,1, 2, 4 (2), 8, 10, 11, 12, 13, 14; VI,1, 2, 3, 4, 5, 6, 9, 11 (3), 13 (2), 14 (2); VII,1, 2, 3, 6, 7, 9; VIII,2, 3 (2), 4, 5 (2), 6, 7 (2), 9, 10 (2), 11 (2), 12 (2), 13, 14 (3), 15; IX,2 (2), 3, 5, 6, 8 (2), 10, 14; X,1 (2), 2, 4, 5 (2), 6, 8, 10, 11, 13; XI,1, 6, 8, 9, 10, 13, 14, 15; XII,1 (2), 4, 6, 7, 8, 9, 11, 13, 14; XIII,2 (2), 4

1QM I,1 (2), 2 (5), 3, 4 (3), 5 (3), 6 (4), 8 (3), 9 (5), 10, 11 (4), 12 (2), 13, 14 (2), 15; II,1 (3), 2 (3), 3 (3), 4 (4), 5 (2), 6 (2), 7, 8, 9 (2), 10 (4), 11 (3), 12 (3), 13 (2), 14, 17; III,1 (4), 2 (2), 3 (3), 4, 5 (2), 6 (2), 7, 8 (2), 9, 10 (2), 13, 14 (2), 15, 16, 17; IV,1 (4), 2 (4), 3 (3), 4 (2), 5 (2), 6 (2), 7 (2), 8, 11 (2), 12, 13; V,1 (4), 2, 3, 4, 5 (4), 6 (5), 7 (3), 8 (4), 9 (2), 10 (3), 11 (3), 12 (2), 13 (5), 14 (4), 16, 17; VI,1 (3), 2 (2), 3, 4 (3), 5 (4), 6 (2), 8 (3), 9 (2), 10 (3), 11, 12 (3), 13 (4), 14 (4), 15 (5), 16 (4), 17; VII,1 (5), 2 (5), 3 (5), 4, 5 (4), 6, 7, 9 (2), 10 (2), 11 (5), 12, 13 (5), 14 (2), 15 (2), 16 (3), 17, 18; VIII,2 (2), 3 (2), 4 (2), 5 (2), 6 (2), 7 (2), 8 (2), 9 (2), 10, 11, 13, 14, 18; IX,1 (2), 2 (2), 3 (2), 4 (3), 5, 6 (3), 7 (2), 10, 11 (5), 12 (3), 13, 14 (2), 16; X,1 (3), 2 (3), 3, 4, 5 (2), 6 (2), 7 (2), 8 (2), 9 (2), 10 (3), 11, 12 (3), 13 (4), 14 (3), 15 (3); XI,1 (2), 2 (3), 3, 4 (3), 5 (4), 6 (2), 7 (5), 9 (3), 10 (2), 11 (3), 13, 14 (2), 15 (2), 16; XII,1 (2), 2, 3 (2), 4 (2), 5, 7 (2), 8 (2), 9 (4), 10 (2), 11 (2), 12 (3), 13 (2), 14 (3), 15; XIII,1 (6), 2 (5), 4 (3), 5 (2), 7 (4), 8 (2), 9 (3), 10 (4), 11 (4), 12 (2), 13 (3), 14 (2), 15 (3), 16; XIV,2 (3), 3 (2), 4 (4), 5 (3), 6 (2), 7 (3), 8 (3), 9, 10 (2), 11 (3), 12 (2), 13 (3), 14 (3), 15, 16, 17; XV,1, 2 (4), 4 (5), 5, 6, 7 (5), 8 (4), 9 (2), 10 (3), 11, 14; XVI,1, 3, 4 (3), 5 (2), 6, 7 (3), 8 (2), 9, 11 (3), 12 (2), 13 (4), 14, 15 (3); XVII,1 (3), 2, 3, 4 (5), 5 (3), 6, 7 (2), 8 (2), 9, 10 (2), 11 (2), 12, 13, 14 (2), 15, 16; XVIII,1 (2), 2 (3), 4 (2), 5 (2), 6 (4), 7 (2), 8, 10 (4), 11, 12 (2), 13 (3), 14 (3); XIX,1 (2), 2, 3, 4 (2), 5, 6 (2), 7, 8, 9, 10 (2), 11, 12 (2); 3,2

1QHa IV,4, 10, 11, 12 (3), 13 (2), 14, 15 (2), 17, 18 (4), 19 (3), 20 (2), 21 (2), 22 (2), 23, 24, 27, 28; V,2, 3 (2), 5, 6 (3), 8 (2), 9, 10 (2), 11 (2), 13, 14, 15 (2), 16 (2), 17, 18 (2), 19, 20 (3), 21 (2), 22 (3), 23 (2), 24 (2), 25 (3), 26, 27, 28; VI,1, 2, 3 (2), 4, 5 (2), 6 (2), 9 (3), 10, 12, 13 (2), 14, 15 (3), 16, 17, 18, 19 (3), 20, 21 (2), 23 (3), 24, 25 (2), 26 (3), 27, 28, 29, 30; VII,2, 9, 10 (3), 11, 12, 13 (2), 14, 15 (3), 16 (4), 17 (2), 18 (2), 19, 20 (2), 21, 22 (3), 23 (2), 24 (3), 25, 26; VIII,1, 3, 4, 5 (2), 6, 7, 10, 11, 13, 14, 15 (2), 16 (5), 17, 18 (2), 19 (3), 20 (2), 21, 22, 23, 24, 25 (4), 26 (3), 28; IX,4 (2), 5 (2), 6, 7 (2), 8, 9 (3), 10, 12, 14 (2), 16 (2), 17 (2), 18, 19 (2), 20 (2), 21 (2), 22 (3), 23 (2), 24, 25 (4), 26, 27 (3), 28 (3), 29 (3), 30 (3), 31, 32, 34, 35 (3), 36, 37, 38; X,5, 6, 7 (2), 8 (4), 9 (2), 10 (3), 11, 12 (2), 13 (3), 14 (3), 15, 16, 17 (2), 18, 19, 21, 22, 23 (2), 24, 25, 26 (2), 27 (2), 28 (3), 29 (3), 31, 32, 33, 34 (3), 35 (2), 36, 37, 39; XI,1, 5 (2), 6, 7 (2), 8, 9 (2), 10, 11 (3), 12 (3), 13 (2), 14, 15, 16 (2), 17, 18 (2), 19, 20 (2), 21, 22 (2), 23 (2), 24 (2), 25 (3), 26 (2), 27 (2), 28 (3), 29, 30 (2), 31 (3), 32 (3), 33 (2), 34 (2), 35 (4), 36 (3), 38; XII,4, 5, 6 (2), 7 (2), 8, 9 (4), 10, 11 (2), 13 (3), 14 (4), 15 (4), 16 (2), 17, 18, 19, 20 (2), 21 (3), 22 (2), 23 (2), 24 (2), 25 (3), 26 (2), 27 (2), 28 (3), 29 (2), 30 (3), 31, 32, 33 (5), 35 (3), 36 (2), 37 (2), 38 (2), 40; XIII,2, 3, 4, 6 (3), 7 (2), 8 (2), 9 (3), 10 (3), 11, 12, 13 (2), 14 (3), 15, 16 (2), 17 (2), 18 (2), 20 (2), 21 (2), 22, 23 (4), 24 (2), 25 (4), 26 (2), 27, 28 (3), 29 (3), 30 (3), 31 (3), 32 (3), 33 (3), 34 (3), 35 (4), 36, 37 (4); XIV,3 (2), 5 (2), 6 (2), 7 (2), 8 (2), 9 (3), 10 (3), 11, 12 (2), 13 (2), 14 (2), 15, 16 (3), 17 (2), 19, 20 (4), 21 (2), 23 (2), 24 (3), 25 (2), 26 (2), 27, 28, 29 (2), 30 (3), 31 (2), 32 (2), 33, 34 (2), 35, 36; XV,2, 4 (3), 5 (2), 6, 7 (2), 8 (2), 9 (2), 10 (2), 11 (2), 13 (2), 14, 15 (2), 16, 17 (2), 18, 19 (2), 20 (3), 21 (3), 22 (3), 23 (2), 24, 25, 27 (2), 28 (3), 29 (2), 30, 31, 32 (3), 34, 35 (3), 36; XVI,4 (2), 5, 6, 7 (3), 8 (3), 9 (2), 10 (2), 11 (2), 12 (3), 14 (3), 16 (3), 17 (2), 18, 19 (2), 20 (3), 21 (2), 23 (2), 24 (2), 25 (2), 26 (2), 27, 28 (2), 29, 30, 31 (2), 32 (3), 33 (2), 34 (3), 35 (2), 36, 38; XVII,2, 3, 4, 5, 6 (4), 7, 8, 9 (3), 10 (3), 11 (3), 12 (2), 13 (3), 14 (2), 15 (2), 16 (3), 17 (2), 18 (2), 19, 20 (2), 21, 22, 24 (3), 25 (3), 26, 27 (2), 28, 30 (2), 31 (2), 32 (3), 33 (3), 34 (2), 35 (2), 36, 41; XVIII,2 (2), 3 (2), 4 (2), 5 (3), 6, 7 (2), 8 (3), 9 (3), 10 (4), 12, 15 (2), 16, 18, 20 (2), 21 (2), 22, 23 (2), 24, 25 (2), 26 (2), 27 (2), 28, 29 (2), 30 (3), 31 (2), 32 (3), 33 (3), 34 (2), 35, 36 (2); XIX,1, 3 (2), 4 (3), 5 (3), 6 (2), 7 (3), 8 (2), 9 (2), 10 (2), 11 (2), 12, 13 (2), 14, 15, 17 (2), 18 (2), 19, 20 (2), 21 (3), 22a, 22 (4), 23 (2), 24, 26 (4), 27, 29 (3), 30, 31 (2), 32, 33, 34 (4), 35, 36, 38; XX,2, 3 (2), 4 (2), 5, 6, 7, 8, 9 (2), 10 (3), 11 (2), 12, 13, 14 (2), 16, 19, 20, 21, 22 (3), 23, 24, 25 (3), 26, 27 (2), 28, 29 (3), 30 (2), 31 (2), 32 (3), 33 (2), 34, 35, 36 (2), 39; XXI,4, 5, 6 (2), 7 (2), 8, 9, 10, 11, 12, 13, 14, 15, 16; XXII,2 (2), 3, 4 (2), 5, 6, 8, 9, 10, 12 (2), 13, 15; XXIII,1, 4 (2), 5, 8, 10 (2), 11, 12 (2), 13, 14, 15; XXIV,6, 8, 10, 11, 13 (2); XXVI,1; XXVII,1, 2, 3 (2), 4, 5, 6, 8, 9, 10, 11; 2i2, 3 (3), 4 (3), 6 (2), 7, 8 (2), 9 (2), 11, 12 (2), 14, 16; 2ii5, 11, 12; 3,3, 4 (2), 5, 7, 8, 9, 10 (2), 11, 13, 15 (2), 16 (2), 17; 4,3, 4, 5, 6, 7, 8, 9, 10 (2), 11, 12, 13, 14 (2), 16, 17, 19 (2); 5,4, 5, 7 (2), 8, 9 (2), 10 (2), 11, 12 (2), 13, 14; 8,4, 6, 7, 8; 10,3, 5, 6, 7 (3), 8, 9; 11,4, 6 (2), 7, 9; 16,4, 5; 21,2, 4; 24,4; 27,2; 35,3; 36,2; 37,1; 38,2; 45,1, 3, 4, 5; 47,5; 49,1; 54,1, 2; 56ii1, 3, 4; 58,4; 63,1, 2; 65,3; 66,2

1Q14 1-5,5; 8-10,5, 7; 11,2; 14,1; 17-19,1, 3, 6; 22,2; 23,1

1Q15 6

1Q17 4

1Q18 5,2

1Q19 1,2, 4; 3,4; 13-14,2, 3; 21,1

1Q19bis 2,3, 4, 5

1Q22 1i2 (2), 3 (3), 5 (2), 6, 8 (3), 10 (3), 11 (2), 12; 1ii1 (3), 3, 4 (3), 5 (2), 7, 8, 9, 10, 11; 1iii4, 5, 11; 1iv1 (3), 2, 4, 9, 10; 25,1

1Q25 1,3 (2), 5, 6; 3,2; 4,3, 4, 6, 7; 6,2, 3; 15,2

1Q26 1,5, 6 (2), 7 (2); 2,3, 4

1Q27 1i3 (3), 4, 5 (2), 6 (3), 7 (3), 8 (2), 9, 10, 12; 1ii2, 4, 6, 8, 10; 9-10,3, 4; 13,2, 3

1Q29 2,4 (2); 12,1; 13,2, 3, 4; 14,1

1Q30 1,5, 6; 4,1; 11,1

1Q31 2,2

1Q34bis 2+1,4; 3i1, 2, 3, 4, 5 (2), 6, 7; 3ii2 (2), 3 (3), 4 (3), 5 (2), 6 (3), 7 (2), 8

1Q35 1,8, 10, 11

1Q36 1,3; 7,2, 3; 14,3, 4; 15,2; 16,3; 18,1; 21,1; 25ii2, 3

1Q37 1,2

1Q38 4,2

1Q39 1,4

1Q40 6,2, 3; 9,2, 3

1Q41 1,1

1Q45 4,1

1Q46 4,1

1Q49 1,1

1Q50 1,2, 4, 5

1Q51 1, 2

1Q52 1 (2)

1Q53 1, 2

1Q54 3

1Q69 16,1

1Q70 Recto 7,1

1Q70bis 4

2Q**19** 4, 5
2Q**20** 1,4; 3,1
2Q**21** 1,2, 4 (2), 5
2Q**22** I,2, 3; II,3, 4
2Q**23** 1,2 (2), 3, 5, 9, 10; 3,2
2Q**27** 2, 3, 4
2Q**29** 1,2
2Q**33** 2,2; 5,2; 6,1
3Q**4** 2 (2)
3Q**5** 1,2 (2), 3; 2,1 (2); 5ii2
3Q**6** 1,2
3Q**7** 1,1, 2; 2,3; 6,2
3Q**8** 2,1, 2
3Q**9** 3,4
3Q**11** 1,2; 2,3
3Q**14** 12,2
3Q**15** I,3, 9, 10 (2); II,4, 5, 6, 9; III,2, 4; V,7; VIII,3, 7, 13; IX,2; X,7, 11; XI,4; XII,5 (2), 6, 7, 11, 12 (3), 13
4Q**88** VIII,14; IX,4, 9 (2), 10, 12, 14; X,5 (2), 8, 12, 13
4Q**158** 1-2,2, 3 (2), 4, 5, 6 (2), 7, 8 (3), 9, 10 (2), 12, 15, 17; 3,1; 4,4, 5, 6, 7; 5,3, 5; 6,4, 5; 7-8,1, 3, 4 (2), 5 (2), 7, 11, 12; 10-12,3, 4, 5 (2), 6, 7, 12 (2); 14i2, 4, 5, 6
4Q**159** 1ii2, 3, 4 (2), 5, 9, 13, 16; 2-4,1, 3 (2), 4 (2), 5, 7, 8, 9 (4), 10; 5,1, 3, 6
4Q**160** 1,3 (2), 4 (2); 2,1; 3-4ii2 (2), 4 (2), 5 (2), 6; 5,2; 6,1 (2); 7,2, 3 (2), 4
4Q**161** 1,3; 2-4,3, 4, 8, 9; 5-6,3, 12 (2), 13; 8-10,2, 3, 4 (2), 6, 7, 11, 12, 14, 16, 18, 19, 20 (2), 21, 22, 23 (2), 24
4Q**162** I,1, 3, 4 (2); II,1 (2), 3 (5), 4 (2), 5 (2), 6 (3), 7, 8 (3), 9; III,1
4Q**163** 1,3; 2-3,2 (2), 6; 4-7i4, 5, 13, 16, 17; 4-7ii7, 10; 8-10,3, 4, 5; 11ii1; 12,4, 6, 7; 15-16,1, 2; 17,1; 18-19,6; 20,2; 21,3, 4, 15; 23ii1, 3, 4 (3), 5, 8 (3), 12, 17, 18; 25,2, 6, 7; 27,2; 34,3
4Q**164** 1,1, 2, 5, 6; 2,1
4Q**165** 1-2,2 (2), 4; 4,1; 5,6; 6,2, 4
4Q**166** I,4, 5, 7, 8 (2), 9; II,2, 3, 5 (2), 6, 8 (2), 9 (2), 10, 12, 13 (2), 14, 15 (2), 16, 17, 19 (2)
4Q**167** 2,5, 7; 7-9,2; 10,1; 15,1; 18,1; 21,2; 24,1; 34,1
4Q**169** 1-2,2, 3, 4, 5, 7 (2), 8, 10; 3-4i3, 4, 5, 6, 9 (2), 10 (2), 11; 3-4ii1, 2, 3 (4), 4 (6), 5 (4), 6 (2), 7, 8 (2), 9 (3), 10, 11 (2); 3-4iii1 (2), 2, 4 (4), 5 (3), 7 (3), 9, 10; 3-4iv2 (2), 4 (2), 5
4Q**170** 1-2,1 (3)
4Q**171** 1-2i15, 17, 19; 1-2ii1 (4), 4, 5 (2), 6 (2), 7, 8 (2), 9, 10 (2), 12, 14, 15 (2), 16 (2), 17, 18 (2), 19; 1+3-4iii1, 2 (2), 3, 4, 5a, 5, 8, 9 (3), 11, 12, 16, 17 (2), 18 (3), 20; 3-10iv1, 3, 7, 8, 9 (3), 10 (2), 11, 13 (2), 17, 18 (2), 19, 20 (2), 21, 26; 13,5, 6
4Q**172** 1,2; 4,4; 6,2
4Q**173** 4,1; 5,5
4Q**174** 1-2i1, 3, 4 (5), 5, 6, 7 (2), 9, 10 (2), 11, 12, 15, 16, 17, 18 (2), 19; 1-3ii2 (2), 4a (3); 4,5, 7; 5,2; 6-7,4, 5, 7; 9-10,1, 3; 16,3
4Q**175** 1, 3 (2), 4, 5, 6 (2), 9 (3), 10, 11 (2), 12 (3), 13, 14 (2), 15, 16 (3), 17 (2), 18, 19 (2), 21, 22, 23 (2), 24 (2), 25 (2), 26, 27 (2), 28, 29
4Q**176** 1-2i1 (3), 2, 3, 4 (2), 5, 8, 9, 10; 1-2ii5; 3,3; 8-11,7, 8, 9, 10, 11, 12 (2), 13; 15,4, 5; 16,3, 4, 5; 17,7; 19,2; 20,1, 2, 3 (2); 21,3; 22,1, 3; 30,3; 32,1
4Q**177** 1-4,6, 7, 9, 10 (2), 11 (2), 12 (2), 13 (2), 14 (2), 15 (2), 16; 5-6,8, 9, 10, 15; 7,6; 9,5, 7 (2); 10-11,3, 4, 10, 11; 12-13i3 (2), 6 (2), 8 (2), 9, 10 (3), 11 (3); 14,1, 2, 3, 5; 19,3, 6
4Q**178** 1,1, 5; 2,1, 5; 3,3; 4,3; 5,1; 6,3; 7,1; 9,2; 11,2
4Q**179** 1i2, 5, 6, 9 (2), 11, 13; 1ii2, 4, 8, 10, 11; 2,5, 6 (2), 7, 8, 10
4Q**180** 1,2, 3, 7, 8, 9, 10; 2-4ii6, 9
4Q**181** 1,1 (2), 2 (2), 3, 4; 2,2, 4, 6, 8
4Q**182** 1,3
4Q**183** 1ii1, 2, 3, 4, 5, 6, 7, 9
4Q**184** 1,1, 2 (3), 3, 4, 5, 6, 7 (2), 8 (2), 9, 10, 11 (2), 12 (2), 13 (2), 14 (4), 15, 16, 17; 2,2, 3, 5, 6; 3,5; 4,3, 4; 5,4, 5
4Q**185** 1-2i4, 5, 6, 7 (2), 9, 10, 11 (2), 12 (3), 13 (3), 15; 1-2ii1, 2, 5 (2), 6, 7, 9, 10 (3), 11, 12 (5), 13 (3), 14, 15 (2); 1-2iii2, 3, 9, 10, 11, 12, 14; 4i2; 4ii2, 3 (2); 5,1; 6,2
4Q**186** 1i4, 5, 6; 1ii4, 5 (3), 6 (2), 7, 8, 9; 1iii1, 2, 3 (2), 4 (2), 5 (3), 6 (2); 2i1 (2), 2 (3), 3 (2), 4 (2), 5 (3), 6, 7
4Q**200** 1ii4, 5; 2,2, 3, 6 (2); 3,2, 3; 4,3, 4, 5, 6, 7 (2); 5,2, 4, 5; 6,1, 2 (2), 3, 4 (2), 6, 7, 8, 9; 7i1, 2; 7ii4, 5; 8,3; 9,2
4Q**215** 1-3,2 (4), 3, 4 (3), 5 (2), 7 (2), 8 (2), 9 (2), 10 (2)
4Q**215a** 1ii2, 3 (4), 4, 5 (2), 6 (2), 8, 9, 10, 11 (2); 2,3; 3,1
4Q**216** I,14, 16 (2); II,3 (2), 4, 5, 6 (2), 7 (4), 8, 11, 12, 13, 14 (2), 16 (2); IV,4, 5, 8, 9; V,2, 4, 5, 6, 7, 8 (3), 9, 10 (3), 11, 12; VI,2, 3, 5 (2), 6 (2), 7 (2), 8, 9, 12, 13; VII,2, 3 (2), 5, 8, 10, 11, 12 (2), 13, 15 (2), 16 (2), 17 (2)
4Q**217** 1,1; 2,1, 3; 5,2; 12,3
4Q**218** 3, 4
4Q**219** I,12, 13, 14, 35, 36, 37, 38; II,20, 21, 24 (2), 25, 26 (2), 27 (2), 28 (2), 29 (2), 30, 32 (2), 33, 34, 35
4Q**220** 1, 2 (3), 3, 6, 7, 8, 9, 10 (2)
4Q**221** 1,1, 2, 3, 5, 6 (2), 7, 8; 4,2, 6; 5,4, 5, 7; 6,1, 3; 12,2; 16,5, 6
4Q**222** 1,2, 4 (2), 5 (2), 7; 2,3; 3,3; 4,1
4Q**223-224** 1i1, 4, 5; 2i47, 49, 51; 2ii4, 5 (2), 6 (3), 8, 9, 11, 14 (2), 20, 48 (2), 49, 50, 52; 2iii9 (2), 10, 11 (2), 12 (2), 14, 16, 17; 2iv6, 7, 10, 12, 13, 16, 17, 18, 21 (2), 22 (3), 23 (2), 24, 31; 2v1, 4, 6, 22, 24, 29, 31; 44,3; 50,1; 57,1; 67,1
4Q**225** 1,3, 4, 5, 6, 8, 9; 2i3, 4, 5, 6, 7 (2), 8 (2), 9 (2), 10 (2), 12, 13, 14; 2ii1, 2, 3, 6, 7 (2), 8, 9 (2), 10, 11, 12 (3), 13, 14; 3i11; 3ii13
4Q**226** 1,3, 4; 3,2, 4; 4,2; 7,2, 3, 5, 6; 8,3
4Q**227** 2,3, 4 (2), 5 (2)
4Q**228** 1i4, 8, 10, 12, 13; 1ii1, 3
4Q**234** 2
4Q**238** 2, 4, 5
4Q**247** 5
4Q**248** 2 (2), 4, 5, 6 (2), 7, 8 (2)
4Q**249** 1,3, 6, 7; 2,3, 9; 7,3; 9a,3; 13,2, 6
4Q**249a** 1,2, 3
4Q**249d** 1,2
4Q**249e** 1i-3,2, 6, 8; 1ii3
4Q**249f** 1-3,4
4Q**249k** 2
4Q**249l** 5
4Q**249q** 3, 4
4Q**249r** 1,3; 2a-b,1
4Q**249w** 5
4Q**249y** 1,2
4Q**249z** 2,1; 12,3; 19,1, 2; 35,3; 43,4; 46,2; 48,2; 54,3; 84,2; 98,2
4Q**250** 9
4Q**250h** 1
4Q**250j** 4,1
4Q**251** 1-2,3, 5 (2); 4-7i4 (2); 7ii4; 8,2, 3 (2); 9,1; 10,4, 5, 6, 7, 8; 12,1, 2, 4, 5, 6; 14,2; 15,1, 3; 17,3, 5; 20ii1
4Q**252** I,1 (2), 2 (2), 3, 5 (2), 6 (2), 7 (2), 8, 9 (3), 11 (2), 12, 14 (2), 15 (2), 16 (3), 17, 18, 20, 22 (2); II,1 (2), 3, 4, 5 (2), 6 (2), 7, 8, 9 (3), 10, 11 (2); III,2, 5 (2), 6 (3), 8; IV,1, 4 (2), 6; V,4
4Q**253** 1,2; 3,2
4Q**253a** 1i1, 2, 5; 1ii1
4Q**254** 1,2, 3; 3,7; 5-6,1, 4; 8,3 (2), 7

4Q254a 1-2,2 (2), 3 (2), 4; 3,4 (2), 5

4Q255 1,6; 2,1, 2 (2), 4 (2), 6, 7 (2), 8; A,5

4Q256 II,2, 3, 12; III,2, 3; IX,2, 4, 6 (2), 7, 8 (2), 9 (2), 10; XI,8; XVIII,1; XIX,2, 4; XX,2, 4, 5, 7

4Q257 I,1; II,1 (3); III,2, 3 (2), 4, 5, 6, 14; V,1, 4, 7; VI,3

4Q258 I,1, 2 (4), 3 (5), 5 (3), 6, 8, 9 (3), 10, 11, 12 (3); II,1 (2), 2, 3 (3), 4 (2), 5 (2), 6 (2), 7 (2), 9, 10; VI,5, 6; VII,1 (5), 2, 3 (2), 5 (4), 7 (2), 9; VIII,1 (4), 2 (4), 3 (2), 5, 6 (2), 7 (3), 8; IX,1, 2, 4, 7 (2), 8, 10; X,2, 6

4Q259 I,6, 8, 9 (2), 11 (2), 12, 13 (2), 14 (2); II,3, 4, 8, 10, 11, 12 (2), 13, 15, 17, 18; III,8, 9 (2), 11 (2), 12, 13, 14 (2), 15, 16, 17, 19; IV,2, 4, 6

4Q260 I,2; II,3; III,3; IV,1, 2 (2), 3, 4, 7 (2), 8, 9; V,2 (2), 3 (2), 4 (2)

4Q261 1a-b,1, 2, 3; 3,3 (2); 5a-c,5; 6a-e,3, 4

4Q262 1,1, 2; B,2

4Q263 2, 3

4Q264 1,1, 2, 5, 6, 8, 9

4Q264a 3, 7, 8; 2-3,6 (2)

4Q265 3,3; 4i6, 7, 8, 9, 10, 11; 4ii1, 2, 4, 5 (2), 6; 5,2; 6,4, 6, 7, 8; 7,2, 4, 9, 10 (2), 12, 14, 15 (2), 16 (2); a,1 (2), 2; c,3; i2

4Q266 1a-b,4, 5, 17, 18, 21, 23 (2), 25; 2i2, 4, 5 (2), 6, 7 (2), 8, 9 (2), 11, 12, 14, 18, 19, 22; 2ii1, 2, 3, 4, 8, 9; 3ii6, 10 (2), 12, 13, 21 (2); 3iii23; 3iv4, 5; 4,8 (2), 9, 11, 12 (2); 5i8, 12, 14, 17; 5ii1, 7, 9, 10, 13 (2), 14; 6i2 (2), 3, 4 (2), 5 (2), 6, 7 (2), 8 (3), 9 (3), 10 (2), 11, 12 (3); 6ic,2 (2), 3; 6ii2 (2), 3 (2), 5 (2), 8; 6aiii2; 6iii4, 5, 7 (2); 6iv2, 3 (2), 4, 6; 6aiv2; 7i3, 4, 5; 8i2, 3, 4, 5 (3), 6 (2), 7 (3); 8ii5, 6, 8, 10; 8iii4, 5, 6 (2); 9ii2, 15, 18; 9iii4 (2), 5 (2), 6, 7 (2), 8, 19; 10i4, 6 (2), 7, 8 (2), 9 (3), 11, 12, 13; 10ii1 (3), 2, 3 (2), 8 (3), 9, 10, 12 (2), 13, 14; 11,1, 3, 4 (2), 5 (4), 8 (2), 9 (2), 10 (3), 11 (2), 12 (3), 13 (2), 14 (3), 15 (3), 16 (3), 17, 18, 19; 15,4; 17,1; 29,2; 37,2; 64,2; 65,1; 66,2

4Q267 1,5, 7, 8; 2,2, 4, 6 (2), 7 (2), 8 (3), 12; 3,6; 4,6, 9, 10, 11; 5ii6; 5iii2, 3, 6, 7; 6,1, 5, 6; 7,1, 3, 5, 6; 9iv5, 7, 8 (2); 9v6, 7, 8, 10, 11, 12, 13; 9vi1, 3; 11,2; 12,1

4Q268 1,2 (2), 5, 6 (2), 7 (3), 8, 9 (2), 11, 12, 13, 14 (2); 2,1

4Q269 2,2, 3, 4, 6; 5,2; 6,1; 7,1, 2, 4, 6, 7, 8; 8ii2; 9,8; 10ii1, 2, 3, 10a; 11i1, 2, 6; 11ii+15,1, 2; 13,1, 3, 4

4Q270 1i1, 2; 1aii1; 2i10, 11; 2ii7, 8 (3), 9, 10, 14, 15, 17, 19 (2), 20, 21 (2); 3i20, 21; 3ii13, 14, 16, 17; 3iii20 (2); 4,5, 6; 6ii7, 8 (3); 6iii15, 16, 18, 19, 20 (2); 6iv13, 15, 16 (2), 17 (2), 18, 19, 21; 6v3, 4, 14, 15, 17, 18 (2), 19 (2), 20 (2); 7i1, 3, 5, 10, 11 (2), 12 (2), 13 (2), 14 (2), 16, 17, 18, 19 (3), 21; 7ii11, 14 (2); 8,1; 10,1, 2

4Q271 2,2 (2), 4, 5 (2), 6, 8, 9 (2), 10 (2); 3,2, 3, 4, 5, 7 (3), 9, 10 (4), 11, 12, 14, 15; 4ii1, 2, 3, 6, 11, 15; 5i4 (2), 6 (2), 7 (2), 8, 10 (2), 11 (2), 13, 15, 16, 18, 19 (2), 20 (2); 5ii4

4Q272 1i2, 3 (2), 5, 6a, 7, 9, 11, 14, 17; 1ii1 (2), 3, 6, 7, 9, 11, 15, 18

4Q273 4ii10, 11; 5,2; 6,2; 7,2; 9,1

4Q274 1i1, 2, 3 (3), 4 (3), 5 (4), 6, 7 (2), 8 (2), 9 (2); 1ii2, 7; 2i1 (2), 4, 5 (2), 6 (2), 7, 8, 9 (2); 2ii1, 2, 6, 7, 8; 3i1, 2, 5, 6, 7 (2), 9; 3ii3, 5

4Q275 1,4 (2), 5; 2,1, 3; 3,1, 3

4Q276 2 (2), 3, 4, 5

4Q277 1ii1, 3, 5, 7 (2), 8, 10 (2), 12, 13 (3)

4Q279 2,2; 3,1; 4,1; 5,3 (2), 5

4Q280 1,2; 2,4, 5 (2)

4Q281a 1

4Q281b 1, 2

4Q281c 2, 4, 5

4Q281f 1

4Q282c 5

4Q282j 5, 6

4Q282l 1

4Q282n 1

4Q282q 2

4Q282s 1, 2

4Q284 2i4; 2ii2; 3,3 (2); 4,4, 6; 7,2

4Q284a 1,4 (2), 5, 6, 8 (2); 2,3 (2)

4Q285 1,1, 2; 3,2; 4,2, 5, 8, 9, 10; 7,1, 2, 3, 4, 5 (2); 8,6 (2), 7, 8 (2), 10, 12; 9,1, 4; 10,4, 8, 9, 10

4Q286 1ii1 (2), 2 (3), 3 (3), 4 (4), 5 (3), 6 (3), 7 (3), 8 (4), 9 (2), 10, 11, 12, 13; 2,1, 5, 7; 3,4, 5 (2); 5,1 (2), 2, 3, 4 (3), 5, 6 (2), 7, 9, 10; 6,2; 7i3, 4, 5; 7ii1, 2 (3), 3 (2), 4 (2), 5 (2), 7 (2), 8, 9, 11, 12 (2); 8,2; 9,4; 12,1; 17a,1; 17b,2 (2); 19,2; 20,2, 9, 10; 13,2; 14,1

4Q287 1,1; 2,1, 4, 6, 9; 3,1, 3 (4); 4,2; 5,12; 6,5, 8, 10; 8,13 (2)

4Q288 1,5, 6, 7; 3,2

4Q289 1,3 (2); 2,2, 3

4Q290 3

4Q291 1,2, 4; 3,2, 4

4Q292 2,3

4Q293 1,4; 2,1 (2)

4Q298 1-2i2, 3, 4; 3-4i2, 10; 3-4ii1, 3, 4 (2), 5, 6, 7, 8, 10; 5ii7, 8

4Q299 1,2, 8; 3aii-b,2, 3, 4 (2), 5, 7 (2), 10 (2), 11, 12, 13, 14, 15 (2), 16; 4,3, 4; 5,2, 4, 5; 6i5, 6, 14, 17; 6ii2, 10, 12, 14, 16, 18; 7,4, 6; 8,5 (2), 6, 7; 9,3; 10,2, 4 (2), 5, 11; 12,3; 13a-b,2; 14,3; 18,2; 21,3, 4; 26,2; 29,3; 32,3; 33,2, 3; 34,2; 40,1; 44,1, 3; 47,2; 48,2; 53,4, 6, 8, 9; 54,2; 55,5; 59,7; 60,2, 4; 62,2, 3; 63,1, 3; 65,3, 5, 6; 66,1; 68,1; 69,2; 70,3; 71,2, 3, 4; 73,2; 74,4; 76,1, 4; 77,3; 79,5, 6; 80,2; 82,5; 95,1; 103,2

4Q300 1ai4; 1aii-b,1 (2), 2 (3), 3 (2); 3,3, 4, 5, 6; 4,3; 5,4; 6,2, 4; 7,1, 2; 8,2, 4a, 6, 7, 8; 9,3; 10,2; 11,2 (2)

4Q301 1,1, 2 (2), 3; 2a,1, 2; 2b,1, 2, 3, 4; 3a-b,4, 5, 6 (2), 7, 8 (2); 4,3; 5,4, 5; 6,2; 7,1

4Q302 1i1, 9, 12; 1ii5, 10, 11, 12, 13; 1b,5, 6; 2ii3, 4, 5 (2), 6, 9; 2iii6, 7; 3ii7, 8, 9, 10; 3iii1, 3; 3bii7; 7,1; 10,1; 11,1; 15,1

4Q303 1, 2, 4, 5, 8 (2)

4Q304 1 (2)

4Q305 1ii1, 3

4Q306 1,1, 2, 4 (2), 5 (2), 6, 8; 2,3, 4, 5, 6

4Q307 4,1; 8,1

4Q313 1,1

4Q317 1+1aii1, 3, 14, 17, 21, 27, 28, 29, 30, 32, 33; 2,24, 25, 26, 28a (2), 28, 30, 31, 32, 33; 3,33, 33a; 4,26, 27, 28, 29, 31a; 6,5; 9,5, 6, 7, 14; 10,3, 6; 22,1, 4a; 24,4a; 44,1; 50,3; 59,3

4Q319 VI,10; 17,2; 60,2; 68b,1

4Q320 4ii10, 12, 13; 6,3, 4

4Q321 I,1, 3, 4 (2), 5 (2), 7, 8; II,3, 5 (2), 6 (3), 7, 8 (2); III,4 (2), 5, 6, 8; IV,1, 2 (2), 3, 4, 5, 6, 7; V,5

4Q321a I,6; II,3, 6; III,4, 7; IV,8; V,5, 6, 7, 8

4Q322 1,3

4Q322a 1,6; 2,3

4Q324a 1ii2

4Q324c 1,1; 2,2

4Q324d 7ii1; 10,1, 2

4Q324e 4a,2

4Q325 1,2 (2), 3, 5; 2,3

4Q331 8,1

4Q332 1,3, 5

4Q334 3,1, 3, 5; 4,1; 5,2; 6,2

4Q337 4

4Q340 3

4Q348 5

4Q364 1a-b,5; 2,3; 3ii3, 4, 7; 4a,2; 4b-eii5, 8, 13, 21; 5a-bi3, 4, 6; 5bii8, 10 (2), 13; 8ii2 (2); 9a-b,3, 5, 8; 10,4; 11,2, 4 (2), 5, 6, 7; 12,2, 3; 13a-b,9; 14,3 (2), 4, 5, 6; 15,2; 17,2, 3, 4, 5; 18,2; 19a-b,1, 2, 7, 8, 9, 11, 12,

13, 14; 21a-k,5, 15, 18; 22,2 (2); 23a-bi1, 2, 12; 24a-c,1, 6 (2), 7, 9, 12, 14, 15 (2), 18, 19 (2); 26bi5, 6, 7, 10; 26aii1, 2, 3, 4; 26c-d,3, 4; 26bii+e,1, 2, 3, 4 (2), 6; 28a-b,1, 4 (2), 6, 8; 30,1 (2), 2, 4, 5, 8; 32,2; D,2; H,1; L,2; N,2; U,2; X2; EEii2

4Q365 2,2, 4, 5, 6, 7 (2), 8 (2), 9, 11; 3,2 (3); 5,1, 2; 6ai1, 5 (2), 6, 7, 8, 10, 11, 12; 6b,3, 5 (2); 6aii+6c,4, 6, 8 (2), 9, 10 (2), 11 (3), 12; 7i2, 3, 4; 7ii3 (2), 4; 8a-b,3; 9a-bi2, 4; 9bii1 (2), 2, 3 (3), 4 (2); 10,4 (3); 11i3 (2); 12ai1, 2, 4; 12a-bii6, 7, 8 (2), 9 (2), 10 (2), 11, 12; 12biii1, 3 (2), 4 (3), 5, 6 (3), 7 (2), 8 (2), 9 (2), 10 (3), 11 (3), 12, 14; 13,2; 15a-b,2, 3, 5; 19,4; 22a-b,4; 23,3, 4, 5 (2), 7 (4), 8 (2), 11; 24,2, 3; 25a-c,2, 3, 6 (2), 7, 9, 11, 12 (2), 14, 15 (2), 16; 26a-b,7 (2); 27,2, 3, 4; 28,2 (2), 3 (2); 31a-c,6, 15; 32,3, 4, 5, 6 (2), 7 (2), 8 (2), 9, 10 (2), 11 (4), 12 (2), 13 (2), 15; 34,3, 4; 35ii3; 36,2, 3, 5; 37,2, 3, 4; B,3; E,2; I2; L,2; N,1

4Q365a 1,4, 5; 2i1, 2, 3, 5, 6, 8, 10; 2ii1 (2), 2 (4), 3 (2), 4 (3), 5 (2), 6 (4), 7 (3), 8 (2), 9 (2), 10, 11; 3,4; 4,1; 5i3, 4, 5; 5ii2

4Q366 1,9, 10; 2,4, 6 (2); 3,4, 5, 7, 8; 4i4, 5 (2), 7 (2), 10 (3); 4ii7; 5,2 (2), 3 (2)

4Q367 1a-b,2, 3, 4, 5, 7 (2), 9, 10, 12; 2a-b,2, 10; 3,7, 8, 9, 11

4Q368 1,6; 2,3, 5, 7, 11, 12; 3,2, 4; 5,4 (2), 5 (2); 8,2; 9,2, 3 (3), 5 (2); 10i5, 6 (2), 8 (2); 10ii5 (3), 6 (3), 7, 8 (2)

4Q369 1i9; 1ii2, 3, 4, 5, 6, 7, 8, 9 (2); 2,1, 2, 4; 3,2

4Q370 1i1 (2), 2 (3), 3 (3), 4, 5, 6 (3), 7 (2), 9; 1ii1, 3, 5, 6, 8

4Q371 1a-b,4, 10, 11, 13; 2,2; 4,4; 6,2; 9,1

4Q372 1,3 (2), 4, 5, 6, 7, 8, 9 (2), 10, 11, 12 (2), 13 (2), 14 (3), 15 (2), 16 (2), 17 (3), 18 (2), 19 (2), 20 (2), 22, 23 (2), 24, 25, 26, 27 (2), 28 (2), 29 (2), 30 (3), 31 (2); 2,3, 8, 9; 3,2, 3, 5, 6 (2), 7 (2), 8 (2), 11, 12; 4,3, 7; 7,5, 6 (2); 8,2, 6, 7; 10,2; 12,2, 3; 14,2; 15,2; 17,1, 2; 18,2, 3, 4; 22,1

4Q373 1a+b,1, 3 (2), 6, 7

4Q374 1a-b,2; 2i6; 2ii1, 2, 3, 4 (3), 5, 6, 7 (2), 8 (3), 9 (3), 10; 4,1, 2; 7,3; 8,3; 10,2, 3

4Q375 1i1, 2, 3, 4 (2), 5, 6, 7 (3); 1ii3, 5, 6, 7, 8, 9

4Q376 1i2; 1ii1, 2, 3 (2); 1iii1 (2), 2

4Q377 1i6 (3), 7 (2), 9; 1ii7, 8; 2i8, 10; 2ii1, 3 (2), 4 (2), 5, 6, 7, 8 (2), 9 (2), 10 (3), 11, 12 (2); 3,2

4Q378 3i1, 3, 5, 6 (2), 7 (2); 3ii+4,3, 4, 6, 8, 9, 10 (2), 11; 6i8; 6ii1, 2, 4 (2), 6, 7, 8; 8,2, 3; 9,2; 10,3, 4; 11,4, 5 (2), 6, 7, 8; 14,1, 3, 5; 18ii4; 19i1; 19ii3, 4, 5, 6; 20ii5; 21,1; 22i1; 22ii5; 23,1; 24,2; 26,1 (2), 3, 4, 5, 6

4Q379 1,1, 3, 4 (2), 6; 2,1; 3i4, 5; 4,2, 3; 10,2, 3; 11,3; 12,1, 6 (2); 13,1, 3, 4; 14,1; 15,1, 2, 3 (2); 16,1, 2, 3; 17,2, 3, 4 (2), 5; 18,2, 3 (2), 6; 22i3, 4, 5; 22ii4, 9 (2), 10 (2), 11 (2), 12 (2), 13 (2), 14; 27,2, 3; 28,3; 30,3; 32,1, 5, 6; 34,2; 36,1

4Q380 1i3, 8, 9; 1ii5, 9; 2,2; 4,4; 5,3; 6,2 (2); 7ii3 (2)

4Q381 1,1 (2), 2 (3), 3 (2), 4 (3), 5 (3), 6 (3), 7 (2), 9 (3), 10 (2), 11 (2); 3,1; 10-11,2, 3, 5 (2); 13,1 (2); 14+5,2 (2), 3; 15,1, 2, 3, 4, 6 (2), 7, 8, 9, 10 (2); 17,2, 3; 19i3, 4; 19ii4, 5; 20,3; 24a+b,2 (2), 5, 6 (2), 7 (2), 8 (2), 9, 10, 11; 26,1; 27,2; 28,1, 2 (2); 29,2 (2); 31,2 (2), 5, 6 (3), 7, 8, 9; 33+35,1 (2), 2 (3), 3 (2), 4 (4), 5 (3), 6, 9 (3), 10 (2), 11; 36,2; 40,3; 43,2; 44,3; 45a+b,1 (5), 2 (2), 3, 4; 46a+b,2 (2), 3 (3), 4 (2), 5 (3), 6 (2), 7 (3), 8 (2), 9; 47,1, 2, 3; 48,1, 3, 4, 5, 6, 7, 8; 49,2; 50,2, 4 (2), 5; 52,3; 53ii4; 58,1; 69,2, 3, 4 (2), 5a (2), 5, 6, 7, 8 (3), 9; 72,1; 74,2; 75,2, 3; 76-77,1, 4 (2), 8 (2), 9 (2), 10, 11, 12, 14 (2), 15, 16 (3); 78,2, 3, 4, 6; 79,3; 84,2; 85,2, 3; 86,3, 4, 5; 87,1, 2; 98,2; 102,1; 103,2

4Q382 1,2, 3; 6,2; 9,3, 4, 9; 12,2, 5, 6; 13,1; 15,1; 18,1; 21,2; 23,1, 2; 25,5; 26,1; 31,4; 38,1 (2), 3, 5, 9, 10; 40,1; 49,5, 8, 9, 10; 55,2; 56,1; 67,1; 79,2, 4; 80,1; 96,1; 104,1 (2), 2 (2), 3 (2), 8, 9; 105,3, 4, 7; 107,2; 109,1; 111,6; 112,1, 3; 117,2; 119,2; 127,2; 130,2; 131,1; 133,1; 135,2; 143,1, 2; 145,4; 149,1

4Q383 1,2, 5; 2,3; 3,2, 3; 4,3; B,1; C,2

4Q384 1,1; 3,1; 9,1; 10,5; 13,5; 14,1; 17,1, 2; 18ii1; 20,1

4Q385 2,2, 3 (2), 4, 5 (3), 6 (3), 7 (2), 8 (2), 9, 10; 3,1, 2 (2), 3, 4, 6; 4,2, 4, 5; 6,1, 2, 3, 4, 6, 7, 8, 9 (3), 10 (2), 11, 12, 13 (4)

4Q385a 1a-bii3, 4, 5 (2), 6, 7; 2,2; 3a-c,5, 6, 7 (2), 9; 4,4, 6, 7, 8; 5a-b,8, 9; 6,1, 3; 9,2; 11i3; 11ii2, 3; 12,6; 13a-b,5; 14,1; 15i3, 5; 15ii3; 16a-b,3 (3), 6, 8; 17a-eii1, 5, 7, 8 (2), 9; 18ia-b,3, 5, 6 (3), 7, 9, 10; 18ii2, 4 (2), 7 (2), 8; B,2; Dii2; G,2; H,2; I1; J,1; K,2

4Q385b 1,1, 2, 3 (2), 4 (4)

4Q385c C,1; E,1

4Q386 1i3, 5, 6; 1ii1 (2), 2 (2), 3 (2), 4 (3), 5 (3), 6 (2), 7 (2); 1iii1 (3), 3; 2,1, 2

4Q387 1,3, 4, 5, 7; 2ii1, 2 (2), 4 (3), 5, 6 (2), 7, 8 (2), 9, 10, 11; 2iii2 (2), 3, 4, 5; 3,6, 7, 8 (3), 9 (2); 4i3, 4; A,3 (2), 5

4Q387a 3,1; 4,2, 5, 6, 7; 9,2 (2)

4Q388 3ii2; 4,2, 3, 4; 5,1; 6,3, 7, 10; 7,2, 5, 6, 7 (2)

4Q388a 2,3; 3,5, 6; 7ii1, 2, 3 (2), 5 (2), 6, 10; A,2; H,2; I3

4Q389 1,3, 6; 2,3 (2), 4, 5, 6, 7, 8; 4,1; 6,1; 8ii2 (2), 3, 4, 5, 6, 7, 8 (2), 9; 9,2; A,3; E,2

4Q390 1,3 (2), 4, 6 (3), 7 (2), 8 (5), 9 (3), 10, 11 (2), 12 (2); 2i3, 5, 6 (2), 7 (3), 8 (3), 9, 10, 11; 2ii5, 7, 8, 10, 11; 3,3, 4; 8,2

4Q391 1,3; 2,1, 2; 4,2; 5,1; 6-7,2; 8,1; 9,1, 3; 10,3; 11,2; 20,2; 24,1; 25,2, 3 (2); 26,2; 32,2; 33,3; 36,1, 2; 38,3; 42,1; 50,2; 52,6; 55,4, 5; 56,2; 57,1; 59,3; 62ii1, 2; 63,1; 65,4, 7, 8; 67,1; 72,1; 76,1; 77,4

4Q392 1,1, 2, 3 (2), 4, 5 (3), 6 (2), 7 (2), 8, 9; 2,2, 3; 3,3, 4, 6; 4,2; 6-9,1, 2, 3, 4, 5; 10,3

4Q393 1ii-2,2, 5, 6 (2), 7 (2), 8, 9, 10; 3,2, 3, 4 (3), 5 (4), 6, 7, 8, 9; 7,1; 8,1

4Q394 1-2i4; 1-2ii4, 8; 1-2iii7; 1-2iv6; 1-2v4; 3-7i2 (2), 6, 7 (2), 10, 11, 13, 14, 16, 17 (3); 3-7ii15 (2), 16, 17, 19; 8iii9, 20; 8iv2 (2), 3, 4, 6, 7, 8, 10, 13; 10,1

4Q395 8, 9

4Q396 1-2i2, 4; 1-2ii1, 3, 4 (3), 5 (2), 6, 9; 1-2iii2, 3, 4 (2), 6, 7, 8, 9, 10; 1-2iv1, 3, 4 (2), 5, 6, 7 (2), 8, 9, 10

4Q397 1-2,1, 2; 3,3; 5,1, 3, 4; 6-13,3, 4, 5, 7, 9, 12, 13; 14-21,3, 4 (2), 5, 8 (2), 9 (2), 10, 11 (2), 12 (3), 14 (2), 15; 22,3; 23,1

4Q398 7,1; 11-13,1, 2 (2), 3 (2), 4, 5 (3), 6 (2), 7; 14-17i4, 5 (2), 7, 8; 14-17ii2 (2), 3, 4 (2), 5 (2), 7 (2), 8

4Q400 1i2, 3, 5, 7, 9, 13, 14, 15, 16, 17, 18; 1ii2, 13, 17; 2,1, 2, 3 (2), 4, 5, 6 (2), 9; 3ii+5,4

4Q401 1-2,1, 3; 11,2; 14i8; 15,4; 17,6; 27,1; 31,1; 35,1

4Q402 2,1; 3ii7, 9; 4,2, 4, 5, 6, 9, 10; 7,2; 10,2; 11,4

4Q403 1i2, 14, 16, 17, 22, 23, 25, 26, 27, 28, 33, 34, 36, 37, 38, 39 (2), 40, 41, 43; 1ii2, 4, 9, 10, 11 (2), 12 (2), 13, 14, 15 (3), 16, 18, 20, 23, 25 (2), 26, 29, 30, 33; 2,3

4Q404 1,2; 2,1, 3, 4, 6; 4,7; 12,1; 17,2

4Q405 3i11; 3ii2, 4, 5, 7, 17; 4-5,2; 6,2, 3; 7,8; 8-9,4; 11,4 (2), 5; 12,3; 14-15i2, 3 (2); 15ii-16,2, 5; 17,3, 5; 19,2, 6, 7; 20ii-22,5, 7 (2), 8, 9 (2), 10, 12 (3), 13; 23i3, 6, 7 (2), 8, 9 (2), 10 (3), 11, 13; 23ii3, 9, 10, 13; 24,2; 25,2; 29,1; 32,1; 40,1, 2; 44,2; 59,1; 66,2; 72,2; 74,2

4Q408 3+3a,9; 4,2; 15,2

4Q409 1i3, 10 (2); 1ii2, 3, 7; 2,1

4Q410 1,4, 5, 6, 7, 8, 9, 10

4Q411 1ii5, 7, 8, 9

4Q412 1,3, 5, 10; 4,3, 4

4Q413 1-2,1 (3), 2, 3 (2), 4

4Q414 1ii-2i3; 2ii-4,1, 2, 5, 6 (2); 7,4, 10, 11; 11ii1, 2; 13,3, 4, 5 (2), 6, 8, 10; 14,1; 21,2; 23,3; 29,2; 31,1; 32ii3

4Q415 1i5; 2i+1ii4, 6, 9; 2ii2, 3, 5 (2), 7; 6,2, 4, 5; 7,2, 3; 9,9, 10, 11; 11,3, 6, 8, 10, 11; 13,3; 21,3; 23,1; 24,2

4Q416 1,2, 3, 5, 7, 8, 9, 10, 11 (2), 12 (3), 13 (2), 14, 16; 2i6, 16, 17 (2), 19, 20 (2); 2ii2, 3, 4, 6, 7, 8 (3), 10 (2), 11, 12, 13, 14 (2), 15 (2), 16, 17 (2), 18, 19 (3), 20, 21; 2iii2 (2), 3, 5 (2), 6 (2), 7 (3), 8, 9 (3), 10,

11 (3), 12, 13 (2), 14 (2), 15 (2), 16 (2), 17 (3), 18, 19 (2); 2iv1, 2, 3, 4, 5, 6, 7 (2), 8, 9, 13; 3,1, 2, 4; 4,3 (2); 7,1, 2 (2), 3; 8,1; 10,1; 11,1; 17,3; 18,2

4Q**417** 1i3, 5, 6 (3), 7, 8 (2), 9 (3), 10, 11 (2), 12, 13 (3), 14, 15, 16 (2), 17, 18 (2), 19 (2), 20, 22, 23, 25, 27 (2); 1ii9, 10 (2), 11; 2i1, 2, 3, 4 (2), 7 (2), 8, 9, 10, 11 (3), 12 (2), 14, 15 (3), 16 (2), 17 (2), 18 (2), 19, 20 (2), 22 (2), 23, 24, 25 (2), 28; 2ii+23,3, 4, 5, 6, 7, 8, 11, 17, 20, 21, 22, 23, 24, 26; 3,1, 5; 5,2, 4; 6,1, 3; 7,1, 2; 13,3; 19,2; 20,3, 5, 6, 7; 22,3; 24,2; 26,1; 29i1

4Q**418** 1,1, 2 (2), 3, 5; 2+2a-c,2, 3, 4 (3), 5, 8; 7a,1 (2), 2; 7b,5, 6, 10, 11; 8,2, 5, 8, 10, 11, 12, 13, 14; 9+9a-c,5, 6, 7, 8, 9, 10 (2), 11, 12, 13, 14 (2), 15, 16, 18 (2); 10a-b,5, 9; 11,3; 21,1; 27,1; 28,3; 30,2; 33,1; 34,2, 4; 37,2; 38,3, 4; 40,2; 43-45i2, 3, 7, 10, 11, 13, 15; 45ii13, 16; 46,3; 47,4; 54,2; 55,1, 4 (2), 5, 7, 9 (2), 10, 11, 12; 58,2, 3; 60,3; 64,2; 65,2 (2), 3; 66,2; 68,1, 2, 3; 69ii2, 4 (2), 5 (2), 6, 7, 8, 9, 10 (2), 11, 12 (3), 13, 14, 15; 70,2, 3; 71,3; 76,2, 3; 77,2 (2), 3 (2), 4 (2); 79,3; 81+81a,1, 2 (2), 3 (4), 4, 5 (2), 6 (3), 7, 8 (3), 9 (3), 10 (2), 11, 12, 15 (2), 16 (2), 17, 18, 19 (2), 20; 83,1; 86,1, 2 (2), 3; 87,2, 4, 8, 9, 12, 15; 88ii2, 4, 5, 7, 8 (2); 89,1; 101i4; 101ii3; 102a+b,2 (2), 4, 5; 103ii3, 4 (2), 5 (2), 7 (3), 8 (4), 9; 105,2; 106,2; 107,1, 2, 4; 113,2, 3; 116,1; 118,2; 122i4, 5, 7; 122ii5; 123i4; 123ii2, 3; 126ii3, 4, 5 (2), 6, 7 (2), 8 (2), 9 (2), 10 (2), 11, 12 (3), 13 (2), 14, 15, 16; 127,1 (2), 2 (3), 3 (2), 4, 5, 6, 7; 137,4 (2); 138,2, 3, 4; 144,2, 3; 147,4, 8; 148i4; 148ii5, 7, 8; 149,1, 2, 3; 158,5; 159ii2, 3, 5, 6; 160,2; 162,1, 4, 5; 163,1; 164,1, 2, 3; 167a+b,4, 6, 7; 169+170,2, 3, 4; 172,2, 7, 8 (2), 10, 13; 173,5; 176,2; 177,2, 3, 4, 5; 181,1; 182,1, 2; 183a+b,1; 184,1, 3 (3); 187,2; 192,2; 195,2; 196,2; 197,2, 3; 198,2; 200,1; 201,2; 206,3, 4, 5; 207,3, 6; 209,1; 211,2; 220,3; 221,1, 2, 4 (2); 222,1, 2, 3; 223,2, 3; 227,2, 3; 235,1; 236,1; 237,2; 238,1, 2; 240,1, 2; 243,2, 5; 244,2; 249,2, 3; 251,2; 263,1; 271,1; 277,1; 279,2; 284,1, 2; 286,3; 296,1

4Q**418a** 3,3; 7,2, 3; 8,2; 10,3; 11,3; 12,4; 15,3, 4; 19,2; 22,2; 24,1, 4; 25,2

4Q**418b** 1,3, 4 (2)

4Q**418c** 2, 7

4Q**419** 1,2, 4, 5, 6, 7 (2), 8, 10, 11, 12; 2,3, 4; 4,3 (2); 6,2; 8i4; 8ii2, 3, 5, 7; 9,1; 11,1

4Q**420** 1aii-b,2 (2), 3, 4, 6; 2,5, 8 (2), 10; 4,1

4Q**421** 1ai2 (3), 4; 1aii-b,5, 10, 13, 16; 3,2; 4,2; 5,2; 11,1, 2, 3, 5; 12,2 (2), 3 (2), 4; 13,2

4Q**422** I,7, 8, 11, 12; II,1, 4 (2), 5 (2), 7, 8, 10 (2), 12 (2); 9,1; III,1, 5 (2), 6 (2), 7, 8 (3), 9 (2), 10 (2), 11 (2); G,1; I2, 3

4Q**423** 1-2i1 (3), 2 (2), 3 (2), 5, 7, 8, 9; 2ii9; 3,2 (2), 3, 4, 5; 3a,2; 4,1; 5,1a, 1, 2, 3 (2), 4, 5 (2), 6, 10; 6,3, 5; 7,3, 4; 8,2, 4; 9,2; 12,2; 15,3; 21,1; 22,1, 2

4Q**424** 1,3, 4, 5, 6, 12; 2,2, 4; 3,1 (2), 2, 5, 6

4Q**425** 1+3,5 (2), 6, 8; 5,4; 6,2, 4

4Q**426** 1i1 (2), 2, 4, 5, 10, 11, 14; 1ii3, 4, 6 (2), 7; 2,2; 4,3a; 7,1; 12,2, 3 (2), 4

4Q**427** 1,1, 2 (2), 3 (2), 5; 2,1, 2, 3; 3,2, 3; 7i10, 12, 15, 16, 17, 18, 19 (2), 20, 21, 22, 23; 7ii4 (2), 5, 6, 7, 8, 9 (3), 10 (2), 11 (2), 12, 13, 14, 15, 16 (2), 17, 18, 21, 23; 8i6, 7, 8, 9, 10, 18, 19; 8ii14, 15, 17, 21; 9,1; 10,5; 11,2, 4; 12,1

4Q**428** 3,2, 4; 5,6; 6,1, 2; 8,1, 4, 5; 10,1, 2, 4, 6, 8, 12; 12i2, 3; 13,6, 7; 14,2, 4; 15,1, 4; 18,1 (2), 2, 3, 5; 19,2, 3, 4; 20,1, 2, 3; 21,2, 5; 25,3; 26,3; 29,1; 48,3; 49,1; 57,2; 69,2

4Q**429** 1i1, 2; 2,8, 9, 11 (2), 12; 3,2, 3, 5, 6, 7, 8, 11; 4i9, 10, 11, 12; 4ii1, 2, 4, 5, 8, 11; 6,3

4Q**430** 2, 3, 4

4Q**431** 1,2; 2,1, 3, 6, 7, 8, 9

4Q**432** 2,2; 3,2 (2), 5; 4,1; 5,1; 6,3; 7,3, 4; 11,1; 12,3; 14,1

4Q**433** 1,1, 2 (2), 3 (2), 4 (2); 2,1, 2; 3,2

4Q**433a** 1,5; 2,3, 4 (2), 5 (2), 6, 7, 8 (3); 3,4a, 5, 8; 4,6

4Q**434** 1i1 (2), 2 (3), 3 (2), 4 (3), 5 (4), 6 (2), 7 (2), 8 (2), 9 (4), 10 (3), 11, 12, 13; 1ii2, 3 (3), 4; 2,2 (2), 3 (3), 4, 5, 7 (3), 8 (2); 4,2; 7a,3; 7b,2, 3 (4)

4Q**435** 2i1, 4; 3,1

4Q**436** 1a+bi1 (2), 2, 3, 4 (3), 5, 6 (2), 7 (3), 9 (2), 10; 1ii1, 2, 3, 4

4Q**437** 1,2; 2i2, 3, 5 (3), 7 (2), 9 (2), 10 (2), 11, 12 (2), 14, 15; 2ii13, 14; 4,3, 4, 5; 9,2

4Q**438** 3,1, 2 (2), 3 (2); 4ii3, 4 (2), 5, 6; 5,2, 3; 6,2; 9,1

4Q**439** 1i+2,1, 2, 3, 4, 5; 1ii2

4Q**440** 1,2; 2,3; 3i16, 18, 22, 25

4Q**440a** 4

4Q**440b** 2

4Q**441** 8

4Q**443** 1,6, 7, 8, 9, 11, 12, 13, 16, 17; 2,2, 3, 5, 7 (2), 9; 4,5; 5,2; 10,2

4Q**444** 1-4i+5,1 (2), 2, 3 (3), 4 (3), 6, 8, 9; 6,3

4Q**445** 3,2; 5,3

4Q**446** 1,3, 4; 2,2 (2), 4

4Q**447** 1

4Q**448** I,5, 7, 8; II,3, 8; III,2, 7

4Q**449** 1,1, 2, 4, 5

4Q**450** 1,1, 2, 4

4Q**451** 1, 2, 3 (2)

4Q**454** 3

4Q**457a** I,5, 6, 7

4Q**457b** I,3, 6; II,1, 6, 7

4Q**458** 1,6, 8, 9; 2i2, 4; 2ii3 (2), 4 (2), 5 (2); 4,3; 7,2; 9,2

4Q**459** 1,3; 2,2

4Q**460** 4,2; 5,1 (2), 3; 6,3; 7,3, 4, 7, 8, 9, 10; 8,3 (2), 4, 5, 6, 7; 9i2, 3, 6, 7, 8, 9, 10, 11

4Q**461** 1,2, 3, 4 (2), 5, 6 (2), 8 (2), 10; 2,2; 3,2

4Q**462** 1,2, 3 (2), 8, 9, 10 (2), 12 (3), 13 (2), 14 (3), 16 (4), 17, 19; 2,2

4Q**463** 1,1, 3 (2), 4 (2); 2,3; 3,2

4Q**464** 3ii2, 4 (2), 5; 5ii1 (2), 2; 6,2, 3; 7,2

4Q**464a** 2 (2)

4Q**467** 1+2,2

4Q**468a** 5

4Q**468b** 3, 5

4Q**468c** 1, 2, 3, 4, 5, 6, 9, 11, 12

4Q**468e** 3

4Q**468g** 3 (3), 6

4Q**468o** 1

4Q**468r** 1,2

4Q**468cc** 6, 7

4Q**468dd** 1

4Q**469** 2,2; 6,2, 3; 10,3

4Q**470** 1,4, 7; 3,1, 2, 4, 5, 6

4Q**471** 1,3 (2), 4, 5, 6; 2,4, 7 (2), 8

4Q**471a** 2, 4, 5, 6, 7, 8

4Q**471c** 1, 2, 3

4Q**472** 2, 3, 5, 6; 2,4

4Q**473** 1,3; 2,2, 4 (2), 5, 6 (2)

4Q**474** 10, 12, 14

4Q**475** 1, 2 (2), 3, 4 (2), 5 (3), 6, 7 (2)

4Q**476** 3ii4

4Q**477** 1,2; 2i2; 2ii4, 5, 7, 8, 9

4Q**478** 2, 3, 4

4Q**479** 1,1, 7, 8; 2,3; 3,2, 3, 4

4Q**480** 1i5

4Q**481a** 2,3, 4; 3,1, 3, 4 (2)

4Q**481b** 2, 4, 6

4Q**481c** 5, 6, 7, 8

4Q**481**d 3,3 (2); 4,2; 5,1, 3; 6,1
4Q**481**e 2
4Q**482** 1,2
4Q**483** 1,1
4Q**484** 5,1, 2
4Q**485** 1,3, 4
4Q**486** 6
4Q**487** 1i3; 1ii5; 2,8; 4,2; 5,4; 6,4; 7,2, 6; 11,1; 12,3; 13,4; 16,2, 3; 17,3; 19,2; 21,2; 38,2
4Q**491** 1-3,1, 3 (2), 4 (2), 5 (2), 6 (5), 7 (3), 8 (2), 9 (3), 10 (4), 11, 12 (3), 13 (4), 14 (4), 15 (2), 16 (3), 17 (3), 18; 4,3; 5-6,1; 7,2; 8-10i2, 3 (3), 4 (2), 5 (2), 7, 8 (2), 9 (3), 10, 11 (3), 12, 13, 14 (2), 17; 10ii11, 12, 13 (2), 14 (3), 15, 17 (2); 11i9, 10, 11, 12, 13 (3), 14, 15, 16 (3), 17 (4), 18, 21; 11ii2, 6, 7, 8, 9, 11 (2), 12 (2), 13, 14, 15, 17 (2), 18, 19, 20, 21, 22; 12,2, 4, 5; 13,4, 6 (2), 7, 8 (2); 14-15,1, 2, 3, 5 (2), 7 (3), 9 (2), 10; 16,2, 5; 17,2, 3, 4, 5, 7; 18,4; 19,1; 21,2; 23,3; 24,4; 32,1; 36,1
4Q**492** 1,4, 6 (2), 8 (2), 9, 11, 12, 13
4Q**493** 1, 2 (2), 3, 4 (2), 5 (2), 6, 7, 8, 9 (2), 11, 14 (2)
4Q**494** 2 (3), 3 (2), 4
4Q**495** 1,2; 2,3
4Q**496** 1-2,7; 3,4, 5, 6, 7; 5-6,2; 7,3; 8,5, 6; 10,4; 13,1, 3; 15,3; 17,1, 3; 20,1; 21,2; 22,3; 23,1; 24,2; 26,2; 31,2; 32,3; 57,3; 58,5; 98,3
4Q**497** 9,3; 15,2; 21,2; 34,1; 42,2; 47,2
4Q**498** 2,2; 9,2
4Q**499** 2,6; 4,3; 17,2; 24,2; 28,1; 37,3; 40,1, 2; 48,1; 49,2; 50,1; 51,2
4Q**500** 1,2, 5
4Q**501** 1, 2, 3 (2), 4, 5 (2), 6, 7, 8, 9 (3)
4Q**502** 1,3; 2,3, 4, 6; 6-10,2 (2), 4, 5 (2), 6 (3), 7 (2), 8, 10; 12,4; 14,3, 5, 6; 19,1, 2, 3 (2), 4, 5, 6; 20,4; 21,4; 24,5; 27,2; 28,1, 3; 30,4; 31,2; 34,2, 3 (2), 4; 35,4; 41,3; 46,1; 47,2; 53,2; 76,1; 77,1; 94,2; 96,4; 101,1; 105-106,2; 108,3; 113,2; 121,3; 122,2; 126,1; 133,1, 2; 138,1; 139,2; 143,2; 145,2; 163,1, 2; 169,2; 182,1; 188,2; 225,1; 238,1; 246,1; 250,1; 256,2; 266,2; 284,2; 288,2; 296,1
4Q**503** 1-6iii1 (2), 2, 6, 7, 8, 12, 13, 18, 22, 23; 10,2; 11,3, 4; 17,1; 13,2; 15-16,4, 5, 9; 21-22,1; 24-25,5; 27,2; 28,2, 4; 29-32,1, 4, 10, 12, 22 (2), 23; 33i+34,7, 18 (2), 19; 33ii+35-36,1, 6; 37-38,13, 15, 23 (2); 39,3; 40ii-41,1, 2, 4, 6 (2); 42-44,4 (2), 5; 45-47,3, 6; 48-50,4, 5, 7 (2), 8; 51-55,12, 17; 56i-58,11; 56ii3, 4; 60,2, 3; 61,2; 64,8; 65,1 (2), 3; 68,4; 70-71,3; 73,2; 74,5; 77i4; 79,3; 82,2; 84,3; 92,3; 108,2; 109,2; 111,2; 127,1, 2; 132ii1, 2; 149,2; 152,1, 3; 174,1; 215,8; 216,2, 4; 218,4; 221,1 (2); 222,1
4Q**504** 1-2ii8 (2), 9, 10 (2), 11 (2), 13 (2), 14 (3), 15, 16, 17, 19; 1-2iii3, 4 (2), 6, 7, 8 (4), 11, 12, 15, 17, 18, 21; 1-2iv5, 6, 7, 8, 9, 10 (3), 11, 12 (2), 13 (2), 14 (3), 15; 1-2v3 (2), 5, 6, 7, 9 (2), 10, 11, 13, 17, 18; 1-2vi2, 4, 5, 6 (2), 7, 9, 10, 11 (2), 12 (3), 13, 15; 1-2vii6, 7, 8 (3), 12; Verso 2vii5, 8, 9; 3ii8, 12, 13, 14, 15 (3), 16, 18; 4,3, 7 (2), 10, 17; 5i3; 5ii5, 7, 8; 6,1, 2, 6, 7 (2), 8 (2), 9 (2), 10, 11, 14 (2), 16, 17; 7,10, 11, 15 (2); 8,2, 3, 5 (2), 7, 8, 9, 10, 12, 14; 9,6, 7; 10,2; 11,4; 14,2; 17ii2, 3; 18,3, 4; 24,2; 29,1; 34,2
4Q**505** 123,1; 124,3, 4, 6 (2)
4Q**506** 131-132,1, 8, 9; 147,3; 152,3
4Q**507** 1,2 (2), 3
4Q**508** 1,1, 2; 2,1, 2, 3, 4 (2), 6; 3,2, 3; 4,2; 5,1; 9,1; 11,1, 2; 13,2, 3; 15,1; 17,1; 21,2 (3), 3; 24,2; 30,2; 39,1; 40,2; 41,2, 3
4Q**509** 1-2,8; 3,1, 3, 4, 7, 8; 4,3; 5-6ii5; 7,2, 6; 8,7; 9-10i2; 12i-13,6; 10ii-11,3, 5, 6; 16,4, 8; 12ii5; 18,1; 22,4; 28,4, 6; 29,2; 31,4, 6, 7; 36,2; 37,2; 41,2; 50,2; 53,1, 2; 55,3; 56,1; 57,2; 58,4; 66,2; 83,2; 90,2; 97-98i9; 107,1; 131-132ii6; 134,1; 139,1, 2; 143,2; 144,1, 2; 148,4; 152,2; 153,2; 155,1; 166,2; 183,2, 4, 5; 184i4, 5, 10; 184ii7; 188,3, 4; 189,3; 195,1; 198,1; 199,1; 204,3; 213,2; 219,1; 225,1; 229,2; 237,2; 245,2; 286,1; 288,1; 291,1; 292,1
4Q**510** 1,2, 3 (3), 4 (2), 5 (2), 6 (3), 7 (2), 9 (2); 2,1, 2, 3
4Q**511** 1,2 (2), 4, 6, 8; 2i2, 3, 4, 5, 6; 2ii2, 3, 4, 8, 10; 3,2, 3, 4, 5, 6, 7, 8; 5,1; 8,5; 10,7, 10, 11, 12; 11,1, 3, 10; 13,1; 15,6; 16,5; 18ii5 (3), 6 (2), 7, 8, 9, 10; 18iii9; 20i2, 4; 22,3; 23,1; 24,5; 26,2, 3, 4; 28-29,2, 3, 4 (2), 6; 30,2 (3), 3 (2), 4, 5 (2); 34,2; 35,1 (2), 2, 3 (2), 4, 6; 36,2 (2), 4; 37,3, 4, 5; 38,1; 40,2, 3; 42,4, 5, 6, 7, 10; 43,3, 4, 9; 44-47,2, 3, 5; 48-49+51,2 (2), 5, 7; 52+54-5+57-9,1 (2), 2, 3, 5; 60,1; 63-64ii2 (2), 3, 4 (3), 5; 63iii1 (2), 2 (2), 3, 4, 5; 63iv2; 70,2; 71,2; 74,1; 75,1; 81,2; 85,2; 105,1; 115,1; 116,2; 121,2; 122,3; 124,2; 130,2; 136,1 (2); 137,4; 144,2; 146,2; 147,2; 157,1; 163,2; 164,1; 168,1; 173,1; 193,1
4Q**512** 39ii1, 2; 36-38,11; 33+35,1, 3 (2), 6, 8; 29-32,4, 5, 8 (4), 9 (2), 10 (2), 17, 19; 21-22,1; 24-25,4; 27,2; 15i-16,3, 13; 15ii4; 11,4 (2); 18,2; 7-9,3 (2), 4; 1-6,1 (3), 5 (2), 6, 7, 9 (3), 10, 11, 12 (3), 13, 14, 15; 40-41,2 (2), 5; 42-44ii2, 3, 5; 45-47ii1; 48-50,2, 4, 5; 51-55ii8 (2); 56-58,3; 64,2, 6, 8; 65,2; 66,3; 69,2; 72,3; 74,2, 3, 4; 75,2; 85,3; 89,3; 91,1; 105,3; 109,1; 139,1; 140,2; 151,2; 192,1; 226,3; 227,2
4Q**513** 1-2i3, 4, 5 (2); 2ii2, 4 (2), 6, 7; 3-4,5, 6; 9ii5; 12,1, 2, 3; 13,1, 3; 14,4; 17,2; 22,2; 24,3; 27,2
4Q**514** 1i3 (2), 5, 6 (3), 7 (2), 8 (3), 9 (3), 10; 2,3
4Q**515** 1,2; 3ii1; 8,2; 20,1; 21,1; 23,1
4Q**516** 8,1
4Q**517** 20,1; 21,2; 23,1; 31,1; 33,1
4Q**518** 3,1, 2; 33,2; 37,1
4Q**519** 15,2; 53,1; 54,1; 60,2
4Q**520** 1,3; 39,1
4Q**521** 1ii3, 5, 7, 8, 9; 2ii+4,1, 5, 6 (2), 9 (2), 10, 11, 12, 13 (2), 14 (2), 15; 2iii1 (2), 6; 5i+6,5, 6; 7+5ii2, 3 (2), 5, 7 (2), 8, 9, 10, 11, 12, 14; 8,8, 9, 10 (2); 9,2; 12,1
4Q**522** 1,1, 2; 4,1, 2; 7,2; 8,1, 2, 3 (2), 4; 9i+10,2, 3, 5, 6, 7, 9, 10, 12, 13 (3), 14 (3), 15; 9ii4, 5, 6 (2), 7, 9 (2), 11 (2), 12; 11,2; 14,1; 22-25,5
4Q**523** 1-2,4, 5
4Q**524** 6-13,2 (2), 3, 4 (2), 6 (2), 7; 15-22,2, 7, 8; 23,4; 24,2; 25,1, 4; 31,2; 36,1
4Q**525** 1,2; 2ii+3,1 (2), 2, 3 (2), 4 (3), 5 (3), 6 (2), 8, 9; 2iii5, 7 (3); 4,4; 5,3, 7, 8, 9, 10, 11, 12, 13; 6ii1, 4, 5, 6; 7,2; 10,1, 4 (4), 5 (2), 6; 11-12,1, 3; 13,1, 4; 14ii2, 3, 4, 5, 8 (2), 9, 10, 11 (2), 12 (2), 14, 15, 16 (2), 18 (2), 19, 22, 24, 25 (2), 26, 28; 15,1, 3, 4, 5, 6; 16,4, 6, 7; 17,6; 18,4; 20,1, 3; 21,1, 4, 5, 8, 9; 22,3, 6; 23,2, 3 (2), 8, 9; 24ii2, 3, 8; 25,4; 27,3; 28,2, 4, 5; 29,2; 30,3; 32,2; 34,3; 44,1
4Q**528** 4
4Q**577** 1,2; 4,5; 7,1, 3; 8,2
4Q**579** 1,2; 2,1
5Q**9** 1,1, 2; 2,2; 5,1, 2 (2), 3; 6,1, 2, 3
5Q**10** 1,4
5Q**11** 1ii1
5Q**12** 5
5Q**13** 1,3, 6, 7, 8; 2,7 (2), 10; 4,2; 5,2; 6,3, 4
5Q**14** 1, 5
5Q**16** 1,2, 4, 5, 6; 2,2; 3,3; 4,2; 6,2
5Q**17** 5,2
5Q**18** 1,3; 2,3
5Q**19** 1,2
5Q**22** 3
5Q**25** 1,2; 2,1; 9,2
6Q**9** 2,3; 21,1; 25,3; 28,1; 30,1; 32,2; 33,3, 4; 38,2; 45,2; 67,3, 4
6Q**10** 1ii2; 9,1; 12,1; 14,1; 15,2; 17,2; 18,2
6Q**11** 3, 6
6Q**12** 3, 4

6Q13 4, 8
6Q15 2,1; 3,3, 4, 5; 4,3
6Q18 1,2; 2,2, 3, 5; 3,3; 5,1; 10,2; 13,3; 20,1; 21,2
6Q20 6, 7, 10
6Q24 4,2
6Q30 5
8Q5 1,1, 3; 2,2, 5, 6
11Q5 XVIII,1, 2 (2), 3, 7 (2), 8, 10, 11, 14, 16; XIX,1, 3, 5, 6, 8, 10 (2), 11, 12, 13, 14 (2), 15 (2), 16, 17; XXI,11 (2), 14 (2), 15 (2), 16 (2); XXII,2, 3 (3), 4, 5, 6, 7 (2), 8, 9, 11, 13, 14 (2); XXIV,4 (2), 5 (2), 8, 9 (2), 10 (2), 11, 12, 13, 14, 15, 16; XXVI,9 (2), 10 (2), 11 (2), 12, 13, 14, 15; XXVII,2 (2), 3 (4), 4 (2), 5 (2), 6 (3), 7 (3), 8 (2), 9 (4), 10 (2); XXVIII,3 (2), 4 (2), 5, 6 (2), 7 (3), 8, 9, 10 (2), 11 (3)
11Q6 4-5,2, 5, 7, 9
11Q11 1,7; 4,2; I,2; II,2, 3, 4, 8; III,2, 3, 6, 7, 10, 12; IV,2 (2), 3, 5, 8 (2), 10; V,6, 7 (2), 8, 10, 14
11Q12 1,3, 5 (2), 7, 10; 7a,3; 7,1, 2, 3; 8,1; 9,2, 5; 10,1; 13,1
11Q13 II,2, 4, 5 (3), 6 (2), 7, 9, 10, 11 (2), 12, 13 (2), 14 (2), 18, 22, 24, 25 (2); III,2, 4, 9, 10 (2); 5,2; 7,6; 10,1
11Q14 1ii2, 3, 4, 5 (2), 7 (2), 9 (3), 10 (2), 11 (3), 12 (2), 13, 14, 15; 3,2
11Q15 1,3, 5 (2), 6
11Q16 2,3, 4, 5 (2), 6
11Q17 I,8; V,6; VI,5, 10; VII,12; VIII,2, 5, 6, 8, 10; IX,5, 6; X,4 (2), 5 (2), 7 (3), 8 (2)
11Q19 II,3, 6, 7, 8, 9, 11, 15; III,2, 5, 6, 7 (2), 8, 10, 12 (2), 13 (2), 14, 15, 17; IV,4, 7, 8, 9, 10, 11, 12; V,5, 6, 8, 10, 11, 13; VI,4, 5, 7, 8; VII,4, 9, 10, 12, 13; VIII,5, 6, 13; IX,2, 5, 11, 12, 13; X,11, 12, 14; XI,9, 10 (2), 12 (2), 13; XII,9, 13 (2), 15; XIII,4, 5, 9, 17; XIV,9, 18; XV,1, 2, 4, 5, 6, 7, 8, 9 (2), 10, 12, 15, 17, 18; XVI,3, 6, 7, 8, 9 (2), 11, 13, 14 (2), 15, 16, 17, 18; XVII,1, 2, 4 (2), 7 (2), 8 (2), 9 (2), 10, 12 (2), 13 (2), 14 (3), 15 (4); XVIII,3, 9, 10, 13, 16; XIX,4, 6, 7 (2), 9, 14, 15; XX,5, 6, 7, 8, 9, 11 (2), 13 (2), 14, 15 (3), 16 (2); XXI,4, 6, 8, 9, 12, 13, 14; XXII,4, 7, 8, 9 (2), 10 (2), 11, 12 (2), 13 (2), 15 (2), 16; XXIII,5, 7, 9, 10 (2), 11 (2), 12, 13 (2), 14, 15 (2), 16 (3), 17 (2); XXIV,2, 4, 5, 7 (3), 8 (2), 10, 12 (2), 13 (2), 14 (2), 15 (2), 16 (2); XXV,2, 4, 6, 10, 11, 12 (2), 14 (2), 15 (3), 16; XXVI,7 (3), 8 (3), 9, 10 (4), 11, 12 (2), 13; XXVII,2, 3 (2), 4, 6 (2), 7, 9 (2), 10; XXVIII,0, 1, 4, 5 (2), 6, 8 (3), 9 (3), 11 (2); XXIX,1, 3, 6, 7 (3), 8 (2); XXX,1, 3, 6, 7, 8, 9; XXXI,6 (2), 8 (2), 9 (3), 10 (2), 11 (2), 12, 13 (3); XXXII,6, 7, 8, 9 (2), 12, 14 (3); XXXIII,2, 3, 4, 5, 6, 8, 9 (2), 10 (2), 11, 12, 13 (2), 14 (2), 15; XXXIV,2, 5 (2), 6 (2), 7, 8 (2), 9 (2), 10 (2), 11 (3), 12 (3), 13 (3), 15; XXXV,4, 5, 6, 7, 8 (3), 9 (3), 10, 11 (2), 12 (3), 14, 15; XXXVI,2, 5 (2), 7 (2), 8 (2), 9 (2), 10, 11, 12, 13 (2), 14; XXXVII,5, 7, 8 (2), 10 (2), 11 (2), 13; XXXVIII,3, 4 (2), 8, 9, 10, 12, 13 (4), 14 (4), 15 (3); XXXIX,3, 5, 7, 10, 12 (2), 13 (3), 14 (2), 15 (3), 16 (3); XL,3, 5, 6, 8 (2), 9 (5), 10 (2), 11 (2), 12 (3), 13 (2), 14 (2), 15; XLI,3, 5, 6, 7, 8 (2), 9 (2), 10 (2), 11, 12, 13 (2), 14 (2), 15 (2), 16 (2), 17; XLII,2, 3, 4 (2), 5, 7, 8, 9 (4), 10 (2), 11, 12, 13, 15 (2), 16; XLIII,2, 3, 4, 7, 9, 10, 12, 13, 14 (2), 15 (6), 17 (2); XLIV,3, 5 (2), 6 (3), 7, 8 (3), 9, 10 (3), 12 (4), 13, 14, 15, 16; XLV,1, 3, 4 (2), 5 (3), 6, 7, 8 (2), 9 (3), 10 (2), 11, 13, 14, 15 (3), 16, 17 (2), 18 (3); XLVI,3, 4, 5, 6, 9, 10, 11 (3), 13, 14 (2), 15, 16, 18 (2); XLVII,2, 3 (2), 4 (2), 6 (3), 7, 9, 10, 11, 12 (2), 13, 14, 16 (2), 17 (2), 18; XLVIII,1, 3 (2), 4, 5, 6 (2), 8, 9 (2), 10, 11, 12, 14 (2), 15 (4), 16 (2), 17 (2); XLIX,3 (3), 4, 5, 6, 7, 8 (2), 9, 11, 12 (3), 13 (4), 14 (2), 15 (3), 16 (4), 17 (2), 18 (3), 19 (2), 20 (4), 21; L,4 (2), 5, 6, 7, 8 (3), 10 (2), 12 (3), 13, 14 (4), 15 (4), 16 (5), 17, 18, 20 (3), 21 (3); LI,3 (3), 4 (5), 5 (3), 6, 7, 8 (3), 9, 11 (2), 12 (3), 13 (2), 14 (2), 15 (2), 16, 17 (2), 20 (2), 21 (2); LII,2, 3, 4, 5 (4), 6 (4), 7, 8, 9, 11 (2), 12 (2), 13 (4), 15, 16 (2), 19 (2), 20, 21 (2); LIII,3, 4 (3), 5 (2), 6, 7 (3), 9 (2), 10, 11, 12 (3), 14, 15, 16, 17, 18 (2), 19 (2), 20, 21; LIV,3 (2), 4 (2), 6, 8, 9, 10, 13, 14 (3), 15 (2), 16, 17, 19, 21; LV,3, 4, 5 (4), 7 (2), 8, 9 (2), 10 (2), 11, 12 (2), 14, 17 (3), 18, 19 (4), 20, 21; LVI,1 (2), 3 (2), 4, 5, 6, 8 (3), 10 (3), 11 (2), 12 (2), 13, 16, 17 (3), 18 (2), 19 (2), 20 (2); LVII,1, 3 (2), 4 (2), 5 (2), 7 (2), 9 (2), 10, 11 (2), 12 (2), 14 (3), 15, 17, 18 (2), 19, 20 (2), 21 (5); LVIII,3 (3), 4 (2), 5, 6 (3), 7 (4), 8 (2), 9, 10 (2), 11 (2), 12 (4), 13 (2), 14, 15, 16, 17 (4), 18 (2), 19 (3), 21 (2); LIX,2 (3), 3 (3), 4 (5), 5, 6 (5), 7 (2), 8 (3), 9, 10, 11 (3), 12 (3), 13 (2), 14, 16 (3), 17, 18 (3), 19 (2), 20 (3), 21 (3); LX,2 (3), 3, 4 (3), 5 (3), 6 (3), 7 (2), 8 (4), 9 (3), 11 (3), 12, 17, 18 (3), 19 (2), 20; LXI,1, 2 (2), 3 (2), 4, 6, 8 (4), 9 (2), 10 (2), 11 (3), 13 (3), 14, 15 (3); LXII,3 (3), 4, 5, 6 (2), 7 (2), 8 (3), 9 (3), 10 (3), 11, 14 (2), 15 (3); LXIII,2 (2), 3 (2), 4 (3), 5 (2), 6, 7 (3), 8 (2), 10 (2), 11 (3), 12 (4), 13 (3), 14 (3), 15; LXIV,2 (2), 3 (5), 4 (2), 5 (4), 6 (4), 7 (2), 8 (3), 9 (2), 10 (3), 11 (2), 12 (2), 14 (2), 15 (3); LXV,3, 4, 5, 6 (2), 7 (3), 8 (3), 9 (3), 10, 11 (2), 12, 13 (2), 14 (2), 15 (2); LXVI,2, 3 (2), 4 (2), 5 (3), 6, 7, 8, 9 (2), 10 (3), 12, 13
11Q20 I,11, 12, 13, 15, 16, 17 (2), 18, 21, 22, 23, 24 (2), 25 (2); II,6, 7; III,9, 22 (2), 23; IV,5, 7, 9 (2), 11 (2), 12, 15, 18, 25, 26; V,1, 2 (2), 3, 4, 5, 6, 7, 11, 12, 24 (2); VI,3, 6, 13 (2), 14 (2), 15; X,2, 6; XII,10, 12, 22, 25; XIII,2, 3, 5, 6, 8, 9; XIV,5, 9, 11, 15, 16, 18, 22 (2); XV,1, 2, 4, 5 (2), 6; XVI,4, 5, 6; 35,1; 39,1
11Q21 1,1, 2 (2); 2,2
11Q22 1,2; 2,1; 5,1
11Q25 1,2; 4,1
11Q26 1,2
11Q30 4,2; 7,1; 11,1
PAM 43.663 37,1; 47,2
PAM 43.664 10,3
PAM 43.665 25,2
PAM 43.667 55,2
PAM 43.668 3,2; 4,2
PAM 43.669 50,2
PAM 43.672 68,2
PAM 43.673 19,2; 22,2; 28,1
PAM 43.674 16,2, 3; 40,1
PAM 43.675 1,3
PAM 43.676 2ii2; 20,2, 3; 55,1
PAM 43.677 12,1; 13,3; 14,1; 22,3
PAM 43.678 1,3; 10,1; 20,2; 25,1; 26,1; 39ii1; 50,2; 65,1; 69,1
PAM 43.679 1,3; 8,2 (2); 10,3, 4, 5
PAM 43.680 4,1, 2; 8,2; 12,2, 5; 16,2; 30,2; 38,2; 46,1; 53,1
PAM 43.682 2,1; 3,2; 13i3; 20,2; 23,1; 32,3; 43,1; 62,1
PAM 43.683 24,1; 49,2
PAM 43.684 92,2; 98,1
PAM 43.685 10,1; 14,1; 24,1; 52,3; 58,2
PAM 43.686 7,2; 13,2, 3; 30,1 (2); 37,1, 3
PAM 43.688 4,2; 89,2; 108,1
PAM 43.689 20,1; 70,2
PAM 43.691 9,2; 43,1
PAM 43.692 1,1; 4,2; 25,1; 41,1; 78,1; 81,1, 3; 92,2
PAM 43.693 98,1; 111,1
PAM 43.694 22,1
PAM 43.695 4,1; 85,1; 94,2
PAM 43.696 55,1; 61,2; 84,1
PAM 43.697 75,2, 3 (2); 76,2
PAM 43.698 7,2; 9,2; 19,2; 21,2 (2); 63,1; 71,1; 77,2
PAM 43.699 18,1; 45,1
PAM 43.700 36,1; 68,1; 73,1
PAM 44.102 12,1, 2; 14,1, 2; 31i2; 36,2; 40,1; 42,1

KhQ**1** 6 (2), 7, 8, 9, 11, 12
XQ**7** 3

child noun **וָלָד**

4Q**394** 8iii7	(X)	שאיאכל את] **הולד** / [שבמעי אמו
4Q**396** 1-2i2	(X)	לזבוח א]ת האם ואת **הולד** ביום אחד
4Q**396** 1-2i3	(X)	האוכל אנח]נו חושבים שאיאכל את **הולד** / [

Vani (?) proper noun **וני**

4Q**341** 7	(XXXVI)	דלוי הלכוס הרקנוס **וני** ז

ז

zayin, seventh letter of the alphabet ז

4Q**341** 7	(XXXVI)	דלוי הלכוס הרקנוס וני **ז** / [ ] זוחלזלפ
KhQ**3** 3	(XXXVI)	א ב ג ד ה ו **ז** ח ט / י כ ש ט

wolf noun **זְאֵב-1**

1QpHab III,7		וקול מנמרים סוסו וחדו / מ**זאבי** ערב
4Q**223-224** 2iv9	(XIII)	ואם] יעשו / [ה**זאבי]ם** שלם עם הטלים
4Q**458** 8,2	(XXXVI)	] **זאב**[

זאות ← זוֹאת

זאת ← זוֹאת

gift (?) noun **זבד**

4Q**382** 49,3	(XIII)	]◦ **זבד** ◦[ ]][ ]][

lofty abode noun **זְבוּל**

1QS X,3		באופיע / מאורות מ**זבול** קודש
1QM XII,1		וצבאות מלאכים ב**זבול** קודשכה
1QM XII,2		]◦ים ב**זבול** כבודכה
1QH[a] XI,34		בהמון כוחו ויהם **זבול** קודשו באמת / כבודו
4Q**256** XIX,1	(XXVI)	] / מאורות מ**זבול** קודשו
4Q**258** VIII,12	(XXVI)	מפ]ני אור בהופע [מאורות מז]**בול** / [
4Q**298** 3-4i1	(XX)	]**זבול** / [
4Q**403** 1i41	(XI)	עמודי משא ל**זבול** רום רומים
4Q**405** 6,2	(XI)	[עמודי] משא[ל]**זבול** רו[ם רומ]ים
4Q**405** 81,2	(XI)	] מלאכי **זב**[ול
4Q**408** 3+3a,5	(XXXVI)	ב]הפיע פארי כבדו מ**זבול** קד[ש
4Q**468**b 4	(XXXVI)	שמ]ש בצאתה מ**זבול**◦[
4Q**491** 5-6,1	(VII)	ו]צבא [מ]ל[אכי]ם ב**זבול** קוד[שכה
11Q**17** X,8	(XXIII)	פנ]ות מבניתו ולכול ז[**בולי**

Zebulun proper noun **זְבוּלוּן**

3Q**7** 3,2	(III)	]◦ל **זבו**◦[
4Q**365**a 2ii1	(XIII)	ומשער **זבולון** עד שער גד
11Q**19** XXIV,15		עולת יששכר לבד ועולת **זבולון** לבד
11Q**19** XXXIX,13		ובנימין לנגב / דרום יששכר **זבולון** וגד לים
11Q**19** XLI,5		ומשער **זב**[**ולון** עד שער גד
11Q**20** VI,14	(XXIII)	וביום הרביעי יששכר[וז]**בולון** ו[ביום החמישי

to sacrifice verb **זבח**

CD XII,9		ועוף טהורים לגוים בעבור אשר לא **יזבחום**
1QpHab V,14		על כן **יזב]ח** לחרמו על כן ישמח / [ויגי]ל[
1QpHab VI,2		ואשר אמר על כן **יזבח** לחרמו
1QpHab VI,4		פשרו אשר המה / **זבחים** לאותותם
4Q**220** 3	(XIII)	[ואם **תז]בח** עלה זב[ח] שלמים לרצון ת[ז]בחנו
	(XIII)	[ואם תז]בח עלה זב[ח] שלמים לרצון **ת[ז]בחנו**
4Q**251** 12,6	(XXXV)	]ול[ז]**בחה** ממנו הכ[
4Q**368** 2,7	(XXVIII)	ויזנו]אחרי אלוהיהם **ויזבחו** / [לאלוהיהם
4Q**372** 1,24	(XXVIII)	לעשות] / רצון בראי **ולזבח** זבחי[תודה
4Q**385**a 3a-c,7	(XXX)	[ותטמאו את] מקדשי **ותזבחו**[את זבחיכם
4Q**390** 2ii10	(XXX)	] / [א]חוזתם **ויזבחו** בה[
4Q**394** 3-7i14	(X)	והבשר ביום **זו]ב[חם** כי לבני] / הכוהנ[ים]
4Q**395** 4	(X)	] / **זובח**[ים אל
4Q**508** 15,1	(VII)	] **ולזבוח** שו[

4Q513 12,4 (VII)]◦ח יזבח[ ]ל֯[
4Q524 6-13,5 (XXV) משפט הכ]והנים מ[את ה]עֹםׄ [מא]ת זובחי הזב[ח
11Q19 II,13 [וזנו] אחרי אלׄ[והיהמה ו]זבחו ל[אלוהיהמה
11Q19 XVII,7 [פסח ליהוה] וזבחו לפני מנחת הערב
וׄזבחו[במועדו ?] / מׄבׄן
11Q19 XXXVII,11 ולזבחי שלמיהמׄה אשר יהיו זובחיםׄ
11Q19 XLVII,7 עור בהמה טהורה אשר יזבחו / בתוך עריהמה
11Q19 XLVII,11 כי בעורות אשר יזבחו / במקדש
11Q19 XLVII,14 זבחי / פגוליהמה אשר יזבחו בתוך ארצמה
11Q19 XLVII,16 אם / במקדשי תזבחוהו יטהר למקדשי
ואם בעריכמה תזבחוהו וטהר / לעריכמה
11Q19 LI,20 המה / זובחים ונוטעים להמה אשרות
11Q19 LII,4 ולוא / תזבחׄ לׄי שור ושה
11Q19 LII,5 ולוא תזבח לי שור ושה ועז
11Q19 LII,6 אותו ואת בנו לוא תזבח ביום אחד
11Q19 LII,10 כול מום רע לוא תזבחנו לי
11Q19 LII,13 לוא תזבח שור ושה ועז טהורים בכול שעריכה
11Q19 LII,15 כי אם בתוך / מקדשי תזבחנו לעשות אותו
11Q19 LII,18 ממקדשי / סביב שלושים רס לוא תזבח
11Q19 LII,20 לוא יבוא לתוך מקדשי וזבחו שמה
11Q19 LIII,3 תואכל בׄשׄ[ר וז]בׄ[חת]הׄ מצואנכה ומבקריכה
11Q19 LIII,10 וזבחתה שמה לפני כאשר הקדשתה
11Q19 LX,7 והשכם מאת זובחי הזבח והמכס מן / השלל

sacrifice noun **1-זֶבַח**

CD XI,20 כי כתוב זבח / רשעים תועבה
1QS IX,4 ולרצון לארצ מבשר עולות ומחלבי זבח
1QM II,5 על העולות ועל הזבחים לערוך מקטרת ניחוח
4Q174 9-10,1 (V)]◦ה זבח הצדׄ[ק
4Q220 3 (XIII) [ואם תז]בׄח עלה זׄבׄ[ח] שלמים לרצון תׄ[ז]בׄחנו
4Q258 VII,5 (XXVI) ולרׄצוׄן לאר[ץ מבשר] עלות וחלבי זבחים
4Q264a 1,3 (XXXV) על כול]העולות והזבחים אשר / [
4Q265 3,3 (XXXV) [אל] יואכל נער זעטוט ואשה [בזב]חׄ הפסחׄ
4Q269 8ii1 (XVIII)]◦◦ בדם זבחׄם ◦[
4Q271 5i14 (XVIII) כי] כתובׄ זבח רשעים תעוׄבׄהׄ
4Q277 2,2 (XXXV)]מׄזבחו ◦[
4Q277 2,5 (XXXV)]רׄ בשר זׄבׄ[ח
4Q320 3ii9 (XXI)] / בזבחׄיׄ[ם
4Q372 1,24 (XXVIII) לעשות] / רצון בראי ולזבח זבחי[תודה
4Q394 3-7i10 (X) בה את] / בשר זבחיהםׄ וׄמׄ[ ]יׄם בעׄזׄרׄ[ה
4Q394 3-7i11 (X) אוׄתׄה] / במרק זבחׄםׄ
(X) ועל זבׄחׄ הגוים [אנחנו חושבים שהם זובחים]
4Q395 1 (X) זׄבׄ[ח החטאת שהם מבשלים אותה
4Q395 5 (X)] / זבח הׄ[שלמים שמניחים אותה
4Q405 94,2 (XI)]הזבחים עׄ[
4Q421 13,2 (XX) כ]וׄל העולות והזבחים אׄ[
4Q514 2,3 (VII)]וׄבזבח[
4Q524 6-13,5 (XXV) [מא]ת זובחי הזב[ח אם שור אם] / [שה
11Q17 IX,4 (XXIII)]◦ לזבחי קדושים[
11Q19 XXXVII,5] / [א]תׄ זׄבׄחׄיׄ שלמי בׄני ישראל ◦◦◦◦◦ ולכ[והנים
11Q19 XXXVII,10 מקומות עשוים לכוהנים לז[ב]חׄיהמה
11Q19 XXXVII,11 ולׄבכוׄרׄים ולׄמעשרות / ולזבחי שלמיהמׄה
ולוׄאׄ [י]תע[רבו] זבחׄיׄ / שלמׄי בני ישראל
11Q19 XXXVII,12 זבחׄיׄ / שלמי בני ישראל בזבחי הכׄוׄהׄנים
11Q19 XXXVII,14 אשר יהיו מבשלים שמה אׄתׄ זבחיהמה
11Q19 XLVII,13 יגאלו את מקדשי בעורות זבחי / פגוליהמׄה
11Q19 LII,15 לעשות אותו עולה או זבח שלמים
11Q19 LX,7 והשכם מאת זובחי הזבח והמכס מן / השלל
11Q19 LXIII,15 וזבח שלמים לוא תואכל עד יעבורו שבע שנים
11Q20 X,3 (XXIII) ולוא יתע]רׄבו זבחי שלמי בני ישׄ[ראל

זְבֻל ← זְבוּל

proud adjective **זֵד**

1QH^{a} XIV,35] כרתו ◦◦◦◦ / במלחמות זׄדׄים
11Q5 XVIII,13 (IV) כמה רחקה מרשעים אמרה מכול זדים לדעתה

pride, arrogance, presumption noun **זָדוֹן, זודן**

1QS IV,10 ורוב אולת וקנאת זדון מעשי תועבה
1QH^{a} 3,15 עולה ורמיה יגורו וחדל זדוׄןׄ[
1QH^{a} 45,5]איש זׄודן בׄמרבי מעל ועׄ[שק
4Q169 3-4iii4 (V) ושנאום וכארום על זדון אשמתם
4Q184 1,16 (V) ולהטות פעמיהם מדרכי צדק להביא זדׄ[ו]ןׄ ◦[
4Q257 V,8 (XXVI) ורוב אולת וקנ]אׄתׄ זׄדׄון מעשי תוׄ[עבה
4Q385a 4,4 (XXX) ומשל הז[דון בכל הארץ] / [
4Q387 2ii7 (XXX) ומשל / [הז]דון בכׄלׄ[הא]רץ
4Q511 43,8 (VII)] / כׄזדון לבבם בׄתׄ◦◦[
5Q16 2,2 (III)]זדון ערשיו וצ[
11Q19 LVI,8 ויעש בזדון לבלתי / שמוע אל הכוהן
11Q19 LXI,4 הדבר אשר לוא דברתי בזדון דברו הנביא

this (m) demonstrative pronoun **זֶה**

CD IV,18 העולה מזה יתפש בזה והניצל מזה יתפש / בזה
העולה מזה יתפש בזה והניצל מזה יתפש / בזהׄ
העולה מזה יתפש בזה והניצל מזה יתפש / בזהׄ
CD IV,19 העולה מזה יתפש בזה והניצל מזה יתפש / בזהׄ
CD VIII,19 וכמשפט / הזה לכל המואס במצות אל
CD X,4 ⟦ ⟧ וזה סרך לשפטי העדה
CD XII,22 וכמשפט / הזה יתהלכו זרע ישראל ולא יוארו
וזה סרך מושב / [ה]מׄ[חנו]תׄ
CD XIII,7 וזה סרך המבקר למׄחנה
CD XIII,20 וזה מושב המׄחנות לׄכׄל ◦[
CD XIV,17 וזׄה פרׄוׄש מׄוׄשׄבׄ הׄ[
CD XIV,18 וזה פרוש המשפטים אׄשׄר [
CD XIX,32 וכמשׄפׄט הזה לכל המׄאס במצות אל
CD XX,8 וכמשפט הזה לכל המאס בראשונים
1QS II,20 בסרכ לפי רוחותם זה אחר זה
בסרכ לפי רוחותם זה אחר זה
1QS II,21 העם יעבורו בשלישית בסרכ זה אחר זה
בסרכ זה אחר זה לאלפים ומאות / וחמשים
1QS V,1 וזה הסרכ לאנשי היחד
1QS VI,8 {{ה}}‹‹וׄ››זה הסרך למושב הרבים
1QS VIII,19 וכמשפט הזה לכול הנוספ ליחד
1QS X,4 יחד תקופתם עם / מסרותם זה לזה
יחד תקופתם עם / מסרותם זה לזה
1QS X,7 בהשלם חוק / תכונם יום משפטו זה לזה
בהשלם חוק / תכונם יום משפטו זה לזה
1QSa I,1 (I) וזה הסרך לכול עדת ישראל
1QSa I,6 (I) וזה ‸הסרך‸ לכול צבאות העדה
1QSa I,18 (I) [זה על] זה יכבדו איש מרעהו
1QSa II,21 (I) וכחוק הזה יעש[ו] / לכול מע[רכת
1QpHab IV,9 ויעבר וישם זה כוחו / לאלוהו
1QpHab IV,12 איש / מלפני רע‸יֿ‸הו מושלי[הם ז]ה אחר זה
איש / מלפני רע‸יֿ‸הו מושלי[הם ז]ה אחר זה
1QpHab IV,13 וישם]זה כוחו לאלוהו / פשרו[
1QM V,7 אורך הרמח שבע אמות מזה הסגר
1QM V,8 ומחברת הצׄ[ו]רה מזה ומזה לצמיד / סביב
ומחברת הצׄ[ו]רה מזה ומזה לצמיד / סביב
1QM V,12 וספות ישר אל הראוש שתים מזה ושתים מזה
וספות ישר אל הראוש שתים מזה ושתים מזה
1QM VI,8 מזה ומזה יעמודו סדריהם שבע מאות / פרשים

אתות 6]1 מזה ב[שמטה א]תות 2[	(XXI)	4Q319 VI,8
אתות 16 מזה בש[מ]טה / [אתות 2	(XXI)	4Q319 VI,17
] / [ביאת שכניה] בי[ב]שכניה ז[ה	(XXI)	4Q322 1,2
] בשנים ביקים ז[ה	(XXI)	4Q322 1,2a
]מ הזה [	(XXI)	4Q322 A,2
שהוא עשרה בשביעי זה יום / [הכפורים	(XXI)	4Q324 1,6
ז]ה יום ◦ל[	(XXI)	4Q324a 1i2
יום רביעי [ב]מלכיה זה אחד בחודש העשירי	(XXI)	4Q324a 1ii3
ז]ה עש[ר	(XXI)	4Q324c 1,3
בת]שעה לשבט זה[	(XXXVI)	4Q332 2,2
ב]חמישי בידעיה זה[	(XXXVI)	4Q332 3,3
[תעשה]לי את [ה]דבר הזה[	(XIII)	4Q364 4b-eii10
ובדבר] / הזה אינכם מאמינים ביהוה אלוהיכם	(XIII)	4Q364 21a-k,24
למען תתו בידכה כיום] / [הז]ה	(XIII)	4Q364 24a-c,2
מה אעשה לעמ הזה עוד מעט ויסוקלוני	(XIII)	4Q365 7i3
מנח]ת הקנאות ולימין השער הזה / [	(XIII)	4Q365a 2i5
ולחוצה מזה הנשכה ר]וחב	(XIII)	4Q365a 2ii9
ובכל זה יוסף מוטל בארצות לא י]דע	(XXVIII)	4Q372 1,10
ובכל זה יוסף [נתן] / ביד בני נאכר	(XXVIII)	4Q372 1,14
ראשי אבות] / העדה וזה [	(XIX)	4Q375 1ii9
] / ככול המשפט הזה	(XIX)	4Q376 1iii1
]זה / [	(XXVIII)	4Q377 2i3
] / כי הוא זה שמרו אמ[	(XI)	4Q380 1ii2
]◦כעם הזה ◦[	(XIII)	4Q382 127,1
ופניהם זה בעקר ז[ה	(XXX)	4Q385 6,8
ופניהם זה בעקר ז[ה	(XXX)	
וזה להם האות ביום עזבי את הארץ[	(XXX)	4Q387 2iii5
וזה להם האות בשלם / עונם	(XXX)	4Q389 8ii5
]◦ל ממלכה עד היום הזה וי◦◦◦◦[	(XXIX)	4Q392 2,3
הכוהנ[ים] ראו להזהר בדבר הזה	(X)	4Q394 3-7i15
בספר מוש[ה וז]ה	(X)	4Q397 22,3
וזה הוא אחרית הימים שישובו בישראל	(X)	4Q398 11-13,4
] / ומחסורמה זה מז[ה	(XXXIV)	4Q415 9,9
] / ומחסורמה זה מז[ה	(XXXIV)	
] / ולפי זה נ[ ]מכ◦ ה◦[	(XXXIV)	4Q415 9,10
יגידו] / זה לזה	(XXXIV)	4Q416 1,9
יגידו] / זה לזה	(XXXIV)	
]י זה ל[זה וכול פקודתמה	(XXXIV)	4Q418 2+2a-c,1
ואתה / בזה כבדהו בהתקדשכה לו	(XXXIV)	4Q418 81+81a,4
]◦נו ועד היום הזה[	(XXIX)	4Q449 1,2
]מזה לרכב ו{{ל}}פר[שים	(VII)	4Q491 1-3,3
וזה הסרך בחנותמה וב[	(VII)	4Q491 1-3,6
היום הזה יכניענו אל ישר[אל ל]כ[ו]ל[	(VII)	4Q491 11ii16
ועמ[דו מזה ו]מזה למל◦ת / ליד החרף	(VII)	4Q493 4
וככול הסרך הזה הל[ויים]	(VII)	4Q493 9
]ביום הזה ◦[	(VII)	4Q502 2,7
היום]הזה להיות ◦[	(VII)	4Q502 22,4
]ל[ ]ו והי[ו]ם הזה חדש[	(VII)	4Q503 1-6iii2
]הזה ומל[	(VII)	4Q503 60,2
]היום הזה לנו ◦[	(VII)	4Q503 70-71,4
] הלילה הזה לנו [	(VII)	4Q503 76,3
ועתה כיום הזה / אשר נכנע לבנו	(VII)	4Q504 1-2vi4
]הזה וג[	(VII)	4Q509 286,1
]הזה [	(III)	6Q18 11,1
]◦ני האיש הזה אשר הוא מבני ה◦[	(III)	8Q5 1,2
]הזה ומה תשביתו אורו לה[	(III)	8Q5 1,3
מי זה אבד צדק או מי זה מלט / בעולו	(IV)	11Q5 XXII,9
מי זה אבד צדק או מי זה מלט / בעולו	(IV)	
את שמו חנוך]] [זה ריאש[ון] / [	(XXIII)	11Q12 3,2
ועליו אמר וז]ה / [דבר השמטה]	(XXIII)	11Q13 II,2
מזה ומזה יעמודו סדריהם שבע מאות / פרשים		1QM VI,8
כסרך הזה יתקעו ה[כו]הנים לשלושת הדגלים		1QM VIII,14
{{יום}} מועד מלחמה היום הזה / [		1QM XV,12
את כול הסרך הזה יעשו [		1QM XVI,3
[היו]ם הזה [תהיה לע]ם לאלוהי [אלוהי]ך	(I)	1Q22 1ii1
והיום] הזה [אלו]הי אלוה[ינו הוציא את הדב]רים	(I)	1Q22 1ii6
]ת ביום הזה[	(I)	1Q22 1iii9
וזה לכם האות כי יהיה	(I)	1Q27 1i5
ומזה יודע לכמה כי לוא ישוב אחור	(I)	1Q27 1i8
וזה אש[ר	(I)	1Q34bis 3i7
משנא הכתב הזא / ופרושה ומשחותיהם	(III)	3Q15 XII,11
] / עד היום הזה ועד דורות עולם[	(V)	4Q158 1-2,9
] / והיה הלבב הזה להמה ליראה[	(V)	4Q158 6,5
א]שר יואמר ביא הואה זה עד יהוה יבוא דבר	(V)	4Q158 10-12,10
ויסרני מלכת בדרך] / העם הזה	(V)	4Q174 1-2i16
שמעת את קול דברי / העם הזה	(V)	4Q175 2
מי ינתן ויהיה לבבם זה להם לירא אותי	(V)	4Q175 3
זה סרך ט[	(V)	4Q180 1,4
וזה הואה המולד אשר הואה ילוד עליו	(V)	4Q186 1ii8
וזה בהמתו שור	(V)	4Q186 1ii9
כתבו את כול]המעשה הזה והעלהו	(XIX)	4Q200 6,1
בששה עשר לחודש ה]זה דבר יהוה	(XIII)	4Q216 I,5
וזה עם זה נעשו יחד לקדש ולברכה	(XIII)	4Q216 VII,16
וזה עם זה נעשו יחד לקדש ולברכה	(XIII)	
[ישמר]ו / [בני ישראל]את היום הז[ה לדורו]תם	(XIII)	4Q218 4
לשמור את הדבר הז]ה כי משפט / מות הואה	(XIII)	4Q221 4,3
ובכול זה לוא יד[ע יעקוב	(XIII)	4Q221 5,5
ומיום בואו מן חרן עד]היום הזה	(XIII)	4Q223-224 2i54
[וי]עקוב אוהבין ז]ה[את זה	(XIII)	4Q223-224 2ii18
וישן יצחק במטתו ביו]ם הזה שמח	(XIII)	4Q223-224 2iii10
] / הז[ה	(XIII)	4Q223-224 3ii1
] היובל הזה כי קדש הוא[	(XIII)	4Q226 1,6
]וזה / [הסרך ל]כ[ול צבאות העדה	(XXXVI)	4Q249e 1i-3,2
וזה חשבון מעשה ה]תבה	(XXII)	4Q254a 1-2,2
יחד / תקופותיהמה עם מסרו[ת]ם זה לזה	(XXVI)	4Q256 XIX,2
יחד / תקופותיהמה עם מסרו[ת]ם זה לזה	(XXVI)	
בהש]לם חוק / תכונם יום משפטו זה לזה	(XXVI)	4Q258 IX,5
בהש]לם חוק / תכונם יום משפטו זה לזה	(XXVI)	
יחד תקופתם עם מסרותם ז]ה לזה	(XXVI)	4Q260 II,3
יחד תקופתם עם מסרותם ז]ה לזה	(XXVI)	
וזה סרך מושב [ערי ישראל	(XVIII)	4Q266 5ii14
וכמשפט הזה [	(XVIII)	4Q266 6i3
זה משפט [תור]ת הצרעת לבני אהרון	(XVIII)	4Q266 6i13
ו]זה סרך הרבי[ם] להכין כול / [חפציהם	(XVIII)	4Q266 10i5
זה פרוש / [מושב המחנות	(XVIII)	4Q266 10i10
וזה פרוש / [המשפטים אשר יש]פטו בם	(XVIII)	4Q266 10i11
והזה פרוש המשפטים אשר יעשו	(XVIII)	4Q266 11,18
] / וזה פרוש[	(XVIII)	4Q267 7,3
וזה] מ[ו]שב המחנות לכול זרע ישראל	(XXXVI)	4Q269 10ii3
וזה פרוש / [המשפטים אשר ישפטו בם	(XXXVI)	4Q269 11i1
]הזה מ◦[	(XVIII)	4Q270 3i17
וזה סרך לשופטי העדה	(XVIII)	4Q270 6iv15
זה פרוש המשפטים אש[ר] / [יעשו	(XVIII)	4Q270 7ii12
וזה פרו[ש	(XVIII)	4Q271 3,5
זה [משפט הצ]רעת לב[ני אהרון	(XVIII)	4Q272 1ii2
מסרות]מה זה לזה ◦[	(XI)	4Q286 3,7
מסרות]מה זה לזה ◦[	(XI)	
] אתות 17 מזה בשמטה אתות[3	(XXI)	4Q319 IV,17
17 אתו]ת מזה בשמטה / אתות 2	(XXI)	4Q319 V,5
אתות 17 / [מז]ה בשמטה אותות 2	(XXI)	4Q319 V,13

11Q**13** II,6	(XXIII)	ו[כן יהי]ה הדבר **הזה** / בשבוע היובל הראישון
11Q**19** VII,11		[הכרוב האחד מהקצה מזה ומז]**ה** הקצה השני
11Q**19** VIII,13		וה[יה ה]ל[ח]ם **הזה** [לכוהני]ם
11Q**19** IX,4		ושלושה קני המנורה] **מזה** ← **שָׁלוֹשׁ**
11Q**19** X,11		]ומל[מ]עלה **מזה** עמודים / [
11Q**19** XV,3		] / כמשפט **הזה**
11Q**19** XVII,3		מקרא קודש יה]יה היום **הזה** להמה
11Q**19** XVII,10		ובחמשה עשר לחודש **הזה** מקרא קו[דש]
11Q**19** XVIII,2		] לאיל **הזה**[
11Q**19** XVIII,3		יהיה להמה] היום **הזה**
11Q**19** XVIII,8		לדורותמה חו]קות עולם יהיה **זה** להמה
11Q**19** XIX,15		ויקריבו על היין {{**הזה**}} ביום הזה / [ליהוה
		ויקריבו על היין {{הזה}} ביום **הזה** / [ליהוה
11Q**19** XXI,12		וספר[תמ]ה [לכמ]ה מיום **הזה** שבעה שבועות
11Q**19** XXII,13		ואכלום ביום **הזה** בחצר החיצונה
11Q**19** XXII,15		ומן הזתים כי ביום **הזה** יכפרו
11Q**19** XXV,9		תשמחו ביום **הזה** לוא תעשו בו כול מלאכת
11Q**19** XXV,10		שבתון יהיה / לכמה היום **הזה**
		ובעשרה בחודש **הזה** / יום כפורים
11Q**19** XXV,12		לוא / תתענה בעצם היום **הזה** ונכרתה מעמיה
11Q**19** XXVII,5		פעם אחת בשנה יהיה היום **הזה** להמה לזכרון
11Q**19** XXVII,8		יהיה לכמה היום **הזה** / וקדשתמה אותו לזכרון
11Q**19** XXVII,10		ובחמשה עשר יום לחודש **הזה** / [מקרא קודש
11Q**19** XXIX,4		ביומו כתורת המשפט **הזה** / תמיד
11Q**19** XXXI,7		ודרך עשוי / בשער **הזה** {{א}}לפתח[גג ?
11Q**19** XXXII,9		בקיר הבית / **הזה** בת[ים ? פני]מה
11Q**19** XXXIII,10		מצפונו ומדרומו **זה** נוכח זה כמדת שער[י] בית
		ומדרומו זה נוכח **זה** כמדת שער[י] בית
11Q**19** XXXIII,11		וכול הבית **הזה** כולו קירו עשוי חלונים
11Q**19** XXXV,11		מובדלים **זה** מזה לחטאת הכוהנים
		מובדלים זה **מזה** לחטאת הכוהנים
11Q**19** XXXV,13		כי מובדלים יהיו מקומותמה **זה** מזה
		כי מובדלים יהיו מקומותמה זה **מזה**
11Q**19** XXXVIII,9		ולימ[ין ה]שער **הזה** ∘∘∘∘[
11Q**19** XXXIX,15		ומשער {{שמעון}} **הזה** עד שער {{∘∘∘∘∘}} לוי
11Q**19** XLV,5		**זה**[ב]א וזה יוצא ליום השמיני
		זה[ב]א **וזה** יוצא ליום השמיני
11Q**19** XLVI,17		שלושה מקומות למזרח העיר מובדלים **זה** מזה
		שלושה מקומות למזרח העיר מובדלים זה **מזה**
11Q**19** L,7		וטהר כחוק המשפט / **הזה**
11Q**19** LI,7		אני מגיד לכה בהר **הזה** ולוא יטמאו
11Q**19** LV,19		ושמעתה את הדבר **הזה** ודרשתה
11Q**19** LIX,4		ובכול **זה** יהיו עריהמה לשומה ולשרקה
11Q**19** LXI,11		ולוא יוסיפו עוד לעשות כדבר **הזה** בקרבכה
11Q**19** LXIII,6		לוא שפכו את הדם **הזה** ועינינו לוא ראו
11Q**19** LXIV,4		והוציאוהו אל זקני עירו בננו **זה** סורר / ומורר
11Q**19** LXV,11		בתי נתתי לאיש **הזה** לאשה והנה שנאה
11Q**19** LXVI,7		ורצחו נפש כן הדבר **הזה**
11Q**20** IV,6	(XXIII)	שלישית הה]ין שמן לאיל על הנסך **הזה**
11Q**20** V,11	(XXIII)	ביו]ם **הזה** יכפרו על התירוש
11Q**20** V,14	(XXIII)	וספרתמה לכמה מיום]**הזה** שבעה שבועות
11Q**20** V,20	(XXIII)	שלושה עשרונים סולת בלול]ה בשמן **הזה**
11Q**20** V,22	(XXIII)	]השמן **הזה** יבעירו בנרות / [בה
11Q**20** VI,8	(XXIII)	ומן הזתים] / כי ביום **הזה** יכפרו ע[ל כול
11Q**20** XV,2	(XXIII)	אני מגיד] / לכ{{מ}}ה בהר **הזה**
PAM 43.672 11,1	(XXXIII)	] **מזה** ∘[
PAM 43.680 50,3	(XXXIII)	]**הזה** ב[
PAM 43.698 73,1	(XXXIII)	]**הזה** ∘∘ף[
KhQ**1** 5	(XXXVI)	] / מהיום **הזה** ל<ע>ול[ם

gold noun **זָהָב**

1QM V,5		וצורת מחברת מעשה חושב **זהב** וכסף ונחושת
1QM V,8		כמעשי / גדיל שפה **בזהב** וכסף ונחושת
1QM V,10		ושבולת **זהב** טהור בתוך הלהב
1QM V,12		ומראי שבולת / **זהב** טהור חוברת בו
1QM V,14		מעשה חושב צורת ריקמה **בזהב** ובכסף
1QM XII,12		כסף **וזהב** ואבני / חפץ בהיכל[ו]תיכה
1QH[a] XIII,16		ותביאהו במצר[ף כז]**הב** במעשי אש
3Q**15** I,6	(III)	בנפש בן רבה השלשי עשתות / **זהב** 100
3Q**15** II,4	(III)	בדיבר / השלישי עשתות **זהב** ששין וחמש
3Q**15** III,2	(III)	כלי כסף **וזהב** של / דמע
3Q**15** VII,16	(III)	ככ 60 **זהב** ככרין שתים
3Q**15** VIII,7	(III)	כסף / **וזהב** ככ 17
3Q**15** X,11	(III)	ככרין שלש מאות / **זהב** וכלין כופרין עסרין
3Q**15** XI,1	(III)	בארבעת / מקצועות **זהב** כלי דמע
3Q**15** XII,1	(III)	כסף ככ] תשע מאות / **זהב** ככ 5
3Q**15** XII,6	(III)	כל<י> כסף וכלי **זהב** / של דמע
4Q**166** II,2	(V)	] הרביתי **וזהב** {{∘∘ה}} עשו[לבעל
4Q**270** 3iii20	(XVIII)	ומכל **הזהב** ו[הכסף והנחשת
4Q**271** 2,9	(XVIII)	בטהרתו ומכו[ל] / **הזהב** והכסף [והנחושת
4Q**365** 9a-bi4	(XIII)	**זה**]**ב**
4Q**365** 11i3	(XIII)	יביא(ה) את תרומת יהוה **זה**]**ב** וכספ ונחושת
4Q**365** 12ai3	(XIII)	ויצף את הב]ריחים **זהב**
4Q**365** 12biii6	(XIII)	כמעשהו **זהב** תכלת וארגמן ותולעת שני
4Q**365** 12biii7	(XIII)	<<ז>>ה{{ז}}**ב** תכל[ת] / ארגמן ותולעת שני
4Q**365** 12biii14	(XIII)	שרשרות גבלות מעשי] / ע[ב]ות **זהב** טהור
4Q**365**a 2ii7	(XIII)	ומצופים **זהב** ודלתותיהמה מצופות זהב טהוב
	(XIII)	ומצופים זהב ודלתותיהמה מצופות **זהב** טהוב
4Q**372** 8,7	(XXVIII)	כ]סף **וזהב** למכש[ול
4Q**382** 25,4	(XIII)	]בחרט **זהב** מנובב[
4Q**472** 1,5	(XXXVI)	ויביאו ?] / **זהב** ופז מנבלי[
4Q**492** 1,5	(VII)	כסף] / [**וזה**]**ב** בהיכלותיך
4Q**504** 1-2iv10	(VII)	ויביאו מנחתם כסף **וזהב** ואבן יקרה
4Q**522** 9ii5	(XXV)	**זהב** וכסף[נחושת וברזל
4Q**525** 2ii+3,9	(XXV)	ועטרת פז ז]**הב** [תשית על ראו]שו
4Q**525** 2iii2	(XXV)	] / לוא תלקח **בזהב** א[ו (ב)כסף
4Q**525** 2iii7	(XXV)	] / **ובזהב** ופנינים ו[
11Q**19** II,8		ל]וא תחמודו כסף **וזהב** אש[ר תוקש בו
11Q**19** III,5		] בו כסף **וזהב** מכול א[
11Q**19** III,8		ו{{י}}את כול כליו יעשו **זהב** טהו[ר
11Q**19** III,9		ה]כפרת אשר עליו **זהב** טהור[
11Q**19** III,12		]ומנקיותיו יהיו **זהב** טהור ומחתו[ת
11Q**19** IV,14		צ]ף[**זה**]**ב** [
11Q**19** VII,13		ועש[י]תה פרוכת **זהב**[
11Q**19** XXVI,6		והעלה] / את דמו במזרק **הזהב** אשר בי[דו
11Q**19** XXXI,8		[כו]ל בית המסבה הזואת צפו **זהב**
11Q**19** XXXII,10		וגובהמה / מן הארץ ארבע אמ[ות מצופות] זהב
11Q**19** XXXVI,11		ומקורה כיור / ארז מצופה **זהב** טהור
		ודלתותיו מצופות **זהב** טוב
11Q**19** XXXIX,3		]ודלתותיה מצופו[ת ז]**הב** / [טוב ?]∘∘[
11Q**19** XLI,16		ומקורים / באדשכים עץ ארז ומצופים **זהב**
11Q**19** XLI,17		ודלתותיהמה מצופות / **זהב** טהור
11Q**19** LVI,17		למען / הרבות לו סוס וכסף **וזהב**
11Q**19** LVI,19		וכסף **וזהב** לוא ירבה לוא מואדה
11Q**19** LIX,4		מעשי ידי אדם עץ ואבן כסף / **וזהב**
11Q**20** IX,1	(XXIII)	] / [מן הארץ ארבע אמות]מצופות **זהב**
11Q**21** 1,1	(XXIII)	[וכליה יהיו **זה**]**ב** טהור

זורן ← **זָדוֹן**

to warn verb **זהר-2**

4Q394 3-7i15	(X)	לבני] / הכוהנ[ים] ראו להזהיר בדבר הזה
4Q395 7	(X)	לבני הכוהנים] / ראוי לה[ז]הר בדבר [הזה
4Q396 1-2ii2	(X)	שאינם / רואים להזהר מכל תערו[בת
4Q425 4ii5	(XX)	]מזהר ל◦◦◦ט[
11Q19 LI,5		והזהרתמה את / בני ישראל

brightness noun **זהַר, זוֹהַר**

4Q262 B,4	(XXVI)	]ם שבעה בזוהר ה[
4Q286 1ii3	(XI)	ושביבי נוגה וזהרי הוד נה[ור]י אורים
4Q286 1ii4	(XI)	ומק[ור ז]והר ורום תפארת פ[לא] / [הוד]ות
4Q287 2,5	(XI)	זו]הר רוקמת רוחי קודש קוד[שים
4Q301 4,4	(XX)	]זהר נהדר הואה ב[
4Q403 1i42	(XI)	ואור]ל[מש]א יחד רקיע {{זו}} טוהר טהורים
4Q525 17,6	(XXV)	]בזהר[א]ור וא[

this relative pronoun **זוּ**

4Q381 31,1	(XI)	] ברשת זו טמ[נו]◦◦ ◦◦[
4Q381 44,2	(XI)	]כי ארץ זו הגברת [בה
PAM 43.674 14,2	(XXXIII)	]ה הזו ⟦ ⟧[

countenance, splendor noun **זִו, זִיו**

1Q19 13-14,1	(I)	]◦ כי כבוד זוך ◦[
4Q462 1,16	(XIX)	ועז פניה ותשנה בזיוה ועדה ובגדיה[

this (f.) demonstrative pronoun **זוֹאת, זֹאת, זוֹת, זאוֹת**

1QS II,12		לעבור / הבא בברית הזות
1QS II,13		בשומעו את דברי הברית הזות יתברכ בלבבו
1QS II,16		בו כול / אלות הברית הזות ויבדילהו אל
1QS IX,20		הנמצא לעשות בעת הזואת והבדל מכול איש
1QH^{a} VI,27		כי מידך היתה זאת ובלוא ר◦◦[ ]ל◦[ ]ל[
1QH^{a} XII,29		מי בשר כזאת
1QH^{a} XX,32		ומה אדבר על זות
1QH^{a} XXI,3		]◦א ראיתי זות / [
1QH^{a} XXI,11		למי נחשבתי עד זות
1QH^{a} 4,16		] ותפגע בעבדכה זות למענכה
1Q14 1-5,5	(I)	בפשע יעק]ב כול / [זא]ת ובחט[אות
1Q22 1iii4	(I)	ושמטתה [ידכה בש]נה הזא[ת]
1Q22 1iii7	(I)	]תך את הז[את] / [
1Q34bis 3i7	(I)	]כי לזאת בראתנו
4Q158 3,2	(V)	] / בארץ הזות מ◦[
4Q160 3-4ii1	(V)	]עבדכה לוא עצרתי כוח עד זואת כיא / [
4Q162 II,9	(V)	בכל זאת לא שב / [אפו ועוד ידו נטויה
4Q163 8-10,4	(V)	ואשר אמר זוא[ת העצה היעוצה
4Q163 8-10,5	(V)	וזואת היד [הנטויה על כול הגוים]
4Q163 11i5	(V)	]הזאת
4Q163 35,1	(V)	]ב הזוא[ת
4Q175 22	(V)	אשר יבנה את העיר הזות
4Q176 8-11,10	(V)	כימי נוח זות לי אשר / [נשבעתי
4Q186 2i10	(V)	]◦ני זות[
4Q216 II,5	(XIII)	ה[תעודה אל] / התעודה הזאת
4Q216 VII,17	(XIII)	וזאת התעודה והתורה הראש[ונה
4Q221 19,2	(XIII)	]◦מו◦ה הזאו[ת
4Q252 III,3	(XXII)	עמו]רה וגם / העיר הזאת[
4Q274 1i2	(XXXV)	מושב ישב רחוק כמדה הזות
4Q282o 1	(XXXVI)	]זאת הקים[
4Q302 2ii2	(XX)	]◦ / הבינו נא בזאת החכמים
4Q364 5a-bi6	(XIII)	עד הגל הזה ועדה המצבה הזוא]ת
4Q364 20a-c,8	(XIII)	מ[ושה] / באר את התורה הזואת לאמור ⟦ ⟧[
4Q365a 2ii2	(XIII)	ומן הפנה הזואת עד שער דן
4Q367 1a-b,11	(XIII)	[ז]את תורת הי[לדת לזכר או לנקבה
4Q379 22ii8	(XXII)	אשר יב[נ]ה את [העי]ר הזאת
4Q379 22ii12	(XXII)	ובנו א[ת] / [העיר ה]זאת
4Q418 167a+b,3	(XXXIV)	כ]יא זאת תעלה זואת[
	(XXXIV)	כ]יא זאת תעלה זואת[
4Q420 1aii-b,1	(XX)	]בזות לוא ישיב בטרם ישמ[ע]
4Q428 28,2	(XXIX)	]◦א בזות ◦[
4Q433 1,6	(XXIX)	]◦ העמדתני כזאת לעצר[ת א]ל[
4Q437 2i4	(XXIX)	על כול זו]את אברך שמך בחיי
4Q442 2	(XXIX)	הו]דיעני את כול זואת / [
4Q470 2,1	(XIX)	]◦ התורה הז[את
4Q491 13,7	(VII)	והמערכות] / [יהיו נלח]מים זואת אחר זואת
	(VII)	והמערכות] / [יהיו נלח]מים זואת אחר זואת
4Q491 17,8	(VII)	מלח]מה כזו[את
4Q504 1-2v6	(VII)	בכול זואת לוא מאסתה / בזרע יעקוב
4Q509 183,8	(VII)	] זואת ב[
4Q521 2ii+4,4	(XXV)	הלוא בזאת תמצאו את אדני
4Q525 39,2	(XXV)	]הזו[את
11Q11 I,9	(XXIII)	]הזואת[
11Q11 III,10	(XXIII)	וייראו[ו את המכה ה]גדולה הזוא[ת]
11Q13 II,15	(XXIII)	והפ[ ] / הזואת הואה יום ה[שלום א]שר אמר[
11Q19 VIII,10		והיתה ה]לבונה הזואת ללחם לאזכרה
11Q19 XXIV,10		ואחר העולה הזואת יעשה עולת מטה יהודה
11Q19 XXV,8		אחר[תעשו את העולה] / [ה]זואת
11Q19 XXXI,8		[כו]ל בית המסבה הזואת צפו זהב
11Q19 XXXIX,4		האלה אשר ל]חצר הזואת [
11Q19 XXXIX,11		הש]ערים אשר ל[ח]צר הזואת על שמ[ות]
11Q19 XL,4		החצ]ר הזואת ל ◦◦◦[
11Q19 XL,8		ורוח כמדה הזאות / למזרח ולדרום ולים
11Q19 XL,15		עד שער לוי / כמדה הזואת ומשע[ר] לוי
		עד שער יהודה כמדה הזואת
11Q19 XLI,2		וככה מן הפנה] הזואת / עד ש[ער יששכר
11Q19 XLI,7		ו]מן הפנה הזואת עד / שער דן
11Q19 XLIV,16		מן הפנה / הזאת עד שער יששכר
11Q19 XLV,6		ומטהרים את / הנשכות זואת אחרי זאות[
		ומטהרים את / הנשכות זואת אחרי זאות[
11Q19 L,7		יטהר כמשפט התורה הזואת
11Q19 L,17		כמשפט התורה הזואת תעשו להמה
11Q19 LV,6		הדבר / נעשתה התועבה הזואת בישראל
11Q19 LV,20		הדבר נעשתה התועבה הזואת בישראל
11Q19 LVI,18		לוא / תוסיף לשוב בדרך הזואת עוד
11Q19 LVI,21		את התורה הזואת על ספר מלפני הכוהנים
11Q19 LVII,1		וזואת התורה [אשר יכתובו לו
11Q19 LIX,10		ככול דברי התורה הזואת
11Q19 LXV,8		ואמר את האשה הזואת לקחתי
11Q20 VII,22	(XXIII)	]ברובע הי[ו]ם תעלה זואת / [
11Q20 XI,16	(XXIII)	מן הפנה הז]ואת עד ש[ער] / [דן לבני דן
PAM 43.692 3,1	(XXXIII)	] הזאת[

to flow verb **זוב**

4Q266 6i14	(XVIII)	◦ ⟦ ⟧[ומ]שפט הזב את זובו
	(XVIII)	כול איש א[שר זו]ב יז[וב] / מבשר[ו
4Q272 1ii8	(XVIII)	כול אשה] / הזבה דם שב[עת ימים
4Q274 1i4	(XXXV)	והזבה דם לשבעת הימים אל
	(XXXV)	אל תגע בזב ובכול כלי [א]שר יגע
	(XXXV)	ובכול כלי [א]שר יגע בו הזב
4Q274 1i6	(XXXV)	וגם אל תגע בכול אשה[זב]ה ◦דם
4Q378 11,6	(XXII)	כי ארץ זבת חלב ודבש[ ] / [
11Q19 XLVI,18		יהיו / באים המצורעים והזבים
11Q19 XLVIII,15		וגם לזבים / ולנשים בהיותמה בנדת טמאתמה

PAM 43.674 16,2 (XXXIII)] / וזב ד[

discharge noun **זוֹב**

CD V,7 ושוכבים עם הרואה את דם **זובה**

4Q**266** 6i14 (XVIII) [ומ]שפט הזב את **זובו**

(XVIII) כול איש א[שר **זו]ב** יז[וב] / מבשר[ו

4Q**270** 2ii12 (XVIII) או ינוגע בנגע צרעת או **זוב** טמ[אה

4Q**272** 1ii3 (XVIII)] ומש[פט הזב את **זו]בו**

4Q**274** 1i8 (XXXV) כי הנה דם / הנדה **כזוב** ואשר נוגע בו

4Q**277** 1ii11 (XXXV) [בו] / [איש הזב את]**זובו** [

4Q**277** 1ii12 (XXXV)]נגעו [ב]**זובו** כמגע טמאת[ו]

4Q**512** 10,1 (VII)]∘**זוב** טמאתו [

4Q**512** 7-9,2 (VII)] / בטוהרו **מז[ובו**

11Q**19** XLV,15 וכול איש אשר יטהר **מזובו**

to join verb **זוג**

3Q**15** X,9 (III) אבן **שהזדוגא** בעזת שתין / הו הפתח

זוֹהַר ← **זֹהַר**

silver coin, weight noun **זוז**

4Q**513** 1-2i3 (VII)]מחצית / [השקל מעה שתים]עשרה **זוז[ם** שנים

זוחלזלף ?

4Q**341** 8 (XXXVI) הלכוס הרקנוס וני ז / ⟦ ⟧ **זוחלזלפ** / ⟦ ⟧

except, only preposition **זוּלָה**

CD VI,10 **וזולתם** לא ישיגו עד עמד / יורה הצדק

CD XIII,13 להביא איש אל העדה **זולת** פי המבקר

1QS IX,24 **וזולת** רצון אל לו יחפצ

1QS XI,18 ואין אחר **זולתכה** להשיב על עצתכה

1QH^a XV,32 יכונו לנצח / נצחים ואין **זולתכה**

1QH^a XVIII,9 ואין **זולתך** / ואין עמכה בכוח

1QH^a XX,10 ואין אפס **וזולתה** לוא היה

4Q**258** VIII,8 (XXVI) **וזולת** רצון [אל] / [לא יחפץ

4Q**300** 2ii5 (XX)] / רע **זולתו** אהוב[

4Q**379** 22i5 (XXII) אי]ן אלוה **זולתו**

4Q**416** 2iii8 (XXXIV) אתה אל תתאו **זולת** נחלתכה ואל תתבלע בה

4Q**416** 2iv6 (XXXIV) ואשר ימשול בה **זולתכה** הסיג גבול חייהו

4Q**417** 7,2 (XXXIV) כו]ל חי **וזול[ת**

4Q**418** 9+9a-c,7 (XXXIV) אתה אל תתאו **זולת[** נחלתכה

4Q**491** 11i13 (VII) ולוא ירומם **זולתי** ולוא יבוא ביא

4Q**504** 1-2v9 (VII) כיא אתה / אל חי לבדכה ואין **זולתכה**

זוּלָת ← **זוּלָה**

זונות ← **זְנוּת**

to tremble verb **זוע**

1QS VII,18 והאיש אשר **תזוע** רוחו מיסוד היחד

1QS VIII,8 חומת הבחן פנת יקר בל / **יזדעזעו** ˹יסודותיהו˺

1QS XI,4 דרך פעמי מפני כול לוא **יזד עזרע**

1QpHab VIII,14 ויקיצו **מזעזיעיכה** והיתה למשיסות למו

1QH^a XIV,27 לבנות[חומת] / עוז ללוא **תתזעזע**

1QH^a XV,9 קירותי לחומת בחן ללוא **תזד{{ז}}עזע**

4Q**270** 7i8 (XVIII) והאי]ש אשר **תזוע** [רוחו מיסוד היחד

to turn aside verb **זור-2**

1QH^a XII,19 למען יתפשו במחשבותם אשר **נזורו** מבריתכה

זוֹת ← **זוֹאת**

to crawl verb **זחל-1**

1QH^a XIII,27 **וכזוחלי** עפר יורו לחתו[ף מבלגות] פתנים

1Q**14** 23,1 (I)]∘ **וזוחלי** [ארץ המה

to act presumptuously verb **זיד**

4Q**171** 3-10iv15 (V)]**הזיד** ביד רמה / [

4Q**364** 13a-b,2 (XIII) וכי **יז]יד** איש על[רעהו להורגו

4Q**511** 68,4 (VII)]**הזיד** ב∘[

4Q**514** 1i7 (VII) ואל יאכל <<וז>>{{עו}}**ד** בטמאתו ← **עוד**

4Q**514** 1i8 (VII) אל יאכל {{**וזיד**}} <<עד>> {{מ}}<<ב>>טמאתו

11Q**19** LVI,11 העם ישמעו ויראו ולוא **יזידו** עוד בישראל

insolence noun **זידה**

1Q**29** 13,4 (I)]בה מחשבת **זידה** ו∘[

1Q**29** 14,1 (I)] ורוח **זידות**[

זִיו ← **זִו**

breast noun **זִיז-2**

11Q**5** XXII,4 (IV) **זיז** / כבודך יינקו וברחובות

זִיק ← **זִק-2**

firebrand, flaming arrow noun **זִיקָה**

CD V,13 כלם קדחי אש ומבערי **זיקות**

olive noun **זַיִת**

4Q**251** 10,8 (XXXV) [וכול עץ מאכל התאנה והר]מון **והזית**

4Q**252** I,16 (XXII) ותבוא אליו ועלי **זית** טרף בפיה

4Q**270** 3ii15 (XVIII) [וב]נקוף **הזית** [ופרי תבואתו

4Q**393** 3,9 (XXIX) ומקו]י מים כרמים **וזיתים**[ ]נחלת עם [

11Q**19** XXII,15 ויסוכו מן השמן החדש ומן **הזתים**

KhQ**1** 7 (XXXVI)] / והתאנים **הזי[תים**

pure adjective **זַךְ**

4Q**158** 13,3 (V) ול]בנה **זכה** ב[ד] בב[ד

to be clean verb **זכה**

CD X,3 עובר דבר מן המצוה ביד רמה עד **זכו** לשוב

1QS III,4 לוא **יזכה** בכפורים ולוא יטהר במי נדה

1QS VIII,18 עד אשר **יזכו** מעשיו מכול עול

1QS IX,9 אנשי הרמיה אשר / לוא **הזכו** דרכם

1QH^a XVII,15 יצדק / כול במש[פ]טכה ולא **יז[כה** ב]˹ר˺יבכה

1QH^a 4,10 ומי **יזכה** במשפטכה

4Q**257** III,6 (XXVI) לוא **יזכה** בכפו[רים ולו]א יטהר במי נדה

4Q**258** VII,8 (XXVI) אנשי הר]מי[ה]אשר לא **הזכ[ו** דרכם

4Q**393** 1ii-2,3 (XXIX) עשי]תי למען תצדק בדבר[י]ך / **תז[כה**

5Q**13** 4,2 (III)] ולוא **יזכה** בכפור[ים

male noun **זָכוּר**

CD III,7 ויכרת / **זכורם** במדבר להם בקדש

11Q**19** LXII,9 והכיתה את **זכורה** לפי חרב

pure, innocent adjective **זַכַּי**

4Q**440** 3i20 (XXIX) ברוך]אתה אלי **הזכי** בכול / [

to remember verb **זכר**

CD I,4 **ובזכרו** ברית ראשנים השאיר שאירית / לישראל

פעמים רבות **אזכירך** לברכה בכול לבבי (IV) 11Q5 XXII,12
זכורני ואל תשכחני (IV) 11Q5 XXIV,10
ופשעי אל **יזכרו** לי (IV) 11Q5 XXIV,11
בזוכ[רי עוזכה יתקף] / [לבי (XXIII) 11Q6 4-5,13

male noun זָכָר

ויסוד הבריאה **זכר** ונקבה ברא אותם CD IV,21
ומשפט העריות **לזכרים** / הוא כתוב CD V,9
ולוא י[קרב] / אל אשה לדעתה למשכבי **זכר** (I) 1QSa I,10
סוסים **זכרים** קלי רגל ורכי פה 1QM VI,12
כיא במשברי מות תמליט **זכר** 1QH^{a} XI,9
זכר ונק[בה עשה אתם (XIII) 4Q216 VII,2
וילדה **זכר** [וטמאה א]ת שבעת [הימים] (XVIII) 4Q266 6ii5
והסופר אם **זכר** ואם נקבה אל יג[ע בזב (XXXV) 4Q274 1i7
]**זכר** / [(XXXVI) 4Q282j 2
]◦ תבנית **זכר** ללוא היה[(XX) 4Q301 2b,5
]במספר שמות כול **זכר** מבן חודש ולמעל[ה (XIII) 4Q365 27,4
וילדה **זכר** וטמאה] שב[עת] / [ימים (XIII) 4Q367 1a-b,3
וכל מקנך **הזכ[ר** פטר ש]ור ו[שה (XXVIII) 4Q368 2,11
] / יחד ממשל **זכר** את נ[קבה (XXXIV) 4Q415 9,7
] / התהלכה התבונן מואדה אם **זכ[ר** (XXXIV) 4Q415 11,12
ויסוד הברי]אה **זכר** [ונקבה ברא אותם] (III) 6Q15 1,3
אל ישכב איש עם] **זכר** משכבי [אשה (III) 6Q15 5,3
ובצואנכה / **הזכרים** תקדיש לי 11Q19 LII,8
בכור[בבהמ]תמה/בכ[ורות]המה **הזכרים** וכול[11Q19 LX,2

memory, remembrance noun זֵכֶר

ובכול תעודות כבודכה היה **זכר** [1QM XIII,8
ואבד שמכה **וזכרכה** מכו[ל הארץ] (XIII) 4Q219 II,27
ו]אבד שמך[ו]**זכרך** מכול הארץ] (XIII) 4Q221 1,4
באחרית הימים תמחה **אתזכר** עמלק (XXII) 4Q252 IV,2
]**לזכר** קדושים על [(XX) 4Q299 74,3
ובמותכה יפר[ח לעו]לם **זכרכה** (XXXIV) 4Q416 2iii7
ובמותכה יפרח [לעו]ל[ם] **זכרכה**[(XXXIV) 4Q418 9+9a-c,6
אני אהבתיך ברוך לעולמים **זכרך** (IV) 11Q5 XXII,2

(indeterminate) זכר

]◦◦ תרומה **זכר**[(VII) 4Q491 19,3

memorial noun זִכָּרוֹן

וישמע ויכתב ספר **זכרון** לפניו ליראי אל CD XX,19
וימי קודש בתכונם **לזכרון** במועדיהם 1QS X,5
יכתובו **זכרון** נקם במועד / אל 1QM III,7
וחצוצרות **הזכרון** וחצוצרות התרועה 1QM VII,13
יתקעו להמה הכוהנים בחצוצרות / **הזכרון** 1QM XVI,4
חצוצ]רות **הזכרון** ונאספו אליהם כול מערכות 1QM XVIII,4
חקוק לפניכה בחרת **זכרון** לכול קצי נצח 1QH^{a} IX,24
ואין **זכ[רון** לכולמה בארץ (XIII) 4Q221 2i2
וימי] קודש בתכונם **לז[כרון** במועדיהם (XXVI) 4Q256 XIX,4
וימי / קודש בתכונם **לזכרון** במועד]יהם (XXVI) 4Q258 IX,3
מאור]ות כוכבים **לז[כר]ון** שמ[(XX) 4Q299 5,1
ריח נ]יחוח **לזכרון** נב◦[(XX) 4Q299 79,7
4ב ביחזק]אל יום **הזכ[רון** (XXI) 4Q319 13,5
4ב במעוזיה יום **הזכרון** (XXI) 4Q320 4iii6
4ב בשערים יום [הז]**כרו[ן** (XXI) 4Q320 4iv2
[4ב] ביקים יום **הזכרון** (XXI) 4Q320 4v5
השבי[עי] / במעוזיה הואה יום **הזכרון** (XXI) 4Q321 V,2
השביעי בשעורים הואה י]ום **הזכרון** (XXI) 4Q321 V,6
השביעי / באמר הואה יום **הזכר[ון** (XXI) 4Q321 VI,9
הלל וברך] ביום **זכרון** תרועה / [בשופר (XXIX) 4Q409 1i5

ויזכר אל ברית ראשנים CD VI,2
ואת תורת משה אל **יזכור** כי ◦◦◦◦◦◦◦◦ CD XV,2
וא]שר **יזכיר** דבר בשם הנכבד על כול ה◦[1QS VI,27
ונזכרתמה לפני אלוהיכם 1QM X,7
ואתמה **זכורו** משפט[נדב ו]אב[י]הוא בני אהרון 1QM XVII,2
כי **זכרתי** אשמותי עם מעל אבותי 1QH^{a} XII,34
ובזוכרי כוח ידכה עם / המון 1QH^{a} XII,35
] / תפלה ליום כפורים **זכו[ר** א]דוני א[ת (I) 1Q34bis 2+1,6
ותבחר לך עם בקץ רצונך כי **זכרת** בריתך (I) 1Q34bis 3ii5
[**אז]כרך** לברכה [ציון בכול] / [מודי (XVI) 4Q88 VII,14
פעמים רבות **אזכרך** / [לברכ]ה ציון (XVI) 4Q88 VIII,9
יזכרו נפלאים עשה / במצרים ומופתיו (V) 4Q185 1-2i14
וכול ימיכה בני לאלהים הי[ה ז]**כר**[(XIX) 4Q200 2,3
] / ולוא **זכר** את השבועה אשר[נשבע לאביו (XIII) 4Q221 5,4
ויזכור אל ברית רי[שו]נים ויקם / [מאה]רון (XVIII) 4Q267 2,7
קשתו נתן[בענן ל]מען **יזכור** ברית / [(XIX) 4Q370 1i7
] / גבורת יהוה **זכרו** נפל[אות (XIX) 4Q370 1ii7
]יש ה[ח]סדים ועד לעלמיה **זכור** [(XXII) 4Q378 26,6
[**זכ**]רו יהוה ברצנו ויפקדהו (XI) 4Q380 1i9
] / ואני **לאזכרתיך** [במקו]ם ק[דשך] (XI) 4Q381 33+35,11
]לפניו **יזכרו** (XI) 4Q381 50,3
]**זכור** את מלכי ישרא[ל] והתבנן במעשיהמה (X) 4Q398 11-13,6
זכור [את] דויד שהיא איש חסדים (X) 4Q398 14-17ii1
]כה / **וזכור** כי ראש אתה [(XXXIV) 4Q416 2iii2
] לוא **תזכיר**[(XXXIV) 4Q418 200,3
] / [ומוסר א]כזרי לא **אזכור** עוד ולוא ◦ (XXIX) 4Q427 2,3
אותך אדוני **זכרתי** ונסמך לבי ל[פני]ך (XXIX) 4Q437 2i14
[לישועתך אדו]ני את◦[ ]◦ **זכרתי** (XXIX) 4Q437 2i15
זכרתיך על[יצו]עי באשמרות (XXIX) 4Q437 2i16
]משקר ירחק **מהזכירו**[(XXXVI) 4Q455 3
]◦[ ]◦◦ **זכור**[(XXXVI) 4Q460 7,12
] ליעקוב ויא[ ]◦◦ **ויזכור** [(XIX) 4Q462 1,3
ויזכור את {{ישראל}} ירושלם ה◦[(XIX) 4Q462 1,19
ויזכור אל את דברו אשר אמר (XIX) 4Q463 1,1
ל]**הזכיר** את נעותם וא[ת (XXXVI) 4Q477 1,2
זכור כיא / [אנחנו עצור]י עמכה (VII) 4Q501 1
זכור בני בריתכה השוממים / [(VII) 4Q501 2
] **זכו[ר** (VII) 4Q502 120,2
וזכרתה / את נפלאותיכה אשר עשיתה (VII) 4Q504 1-2ii11
רק בשמכה[**הז]כרנו** ולכבודכה ברתנו (VII) 4Q504 1-2iii4
ותזכור בריתכה / אשר הוצאתנו לעיני (VII) 4Q504 1-2v9
זכור אדוני[(VII) 4Q504 3ii5
[ואל **תז]כור** לנו עוונות רשונים (VII) 4Q504 4,6
ז]כור אדוני כיא ש◦[(VII) 4Q504 5ii3
ז]כור נא כיא עמכה כולנו (VII) 4Q504 6,6
זכו[ר אד[ו]נ[י]כיא מעמ[(VII) 4Q504 8,1
]◦ **זכורה**[אדוני כיא (VII) 4Q506 124,3
[ואל]**תזכו[ר** לנו עוונות]אבותינו הרישנים (VII) 4Q506 131-132,12
]◦◦ **זכ[ור** אדוני כי (VII) 4Q507 3,3
[תפלה ליום כפורי]ם **זכורה** אדוני מועד רחמיך (VII) 4Q508 2,2
]◦[ ]ה **זכרתה** קצי[(VII) 4Q508 3,4
תז]כור / יגון ובכי תתרעה אסירי[ם (VII) 4Q509 12i-13,5
]◦ **זכ[ור** (VII) 4Q509 25,1
] / [תפלה ליום ה]בכורים **זכורה** א[דו]ני מועד (VII) 4Q509 131-132ii5
ובדרכיכה **יזכורוכה** והייתה טו]ב (XXV) 4Q525 14ii16
]◦◦ כי **תזכו[ר** (III) 5Q19 2,1
ויזכור אל ברית ריאשונים[(III) 6Q15 3,5
בזוכרי עוזכה יתקף / לבי (IV) 11Q5 XIX,12
אזכירך לברכה ציון בכול מודי (IV) 11Q5 XXII,1
חסדי נביאיך / **תזכורי** (IV) 11Q5 XXII,6

4Q417 1i14 (XXXIV) ואתה / מבין רוש פעלתכה **בזכרון** הש[לום
4Q417 1i15 (XXXIV) וספר **זכרון** כתוב לפניו / לשמרי דברו
4Q417 1i16 (XXXIV) והואה חזון ההגוי לספר **זכרון**
4Q493 2 (VII) והריעו בחצוצרות **הזכרון**
4Q508 32,3 (VII) לכ]מה **לזכר[ון**
4Q512 29-32,10 (VII) ודם עולת רצונכה **וזכרון** ניחו[ח
4Q513 3-4,4 (VII)] לעשות **זכרון** ע[ל
11Q19 X,5]**לזכרון** ? /]
11Q19 XIX,9 וחג בכורים **לזכרון** לעול[ם]
11Q19 XXV,3 שבתון **זכ]רון** תרועה מ[קרא קודש]
11Q19 XXVII,5 היום הזה להמה **לזכרון**
11Q19 XXVII,9 וקדשתמה אותו **לזכרון** בכול מושבותיכמה
11Q19 XXXIX,9 מחצית השקל חוק עולם / **לזכרון**
11Q20 VII,24 (XXIII)]ן שבתון **זכרון** מקרא קודש / [

Zachariel proper noun **זכריאל**
4Q341 9 (XXXVI) **זכריאל** ◦◦י / יתראיתישילא

Zechariah proper noun **זְכַרְיָה**
CD XIX,7 הדבר אשר כתוב ביד **זכריה** הנביא
4Q163 8-10,8 (V) כתו]ב בספר **זכריה** מפ[

to be worthless, glutton verb **זלל-2**
11Q19 LXIV,5 ואננו שומע בקולנו **זולל** וסבא

burning noun **זַלְעוֹפָה**
1QHa XIII,30 **זלעופות** א[חזוני] וחבלים כצירי / יולדה
4Q429 3,3 (XXIX) **[זל]עופות** אחזוני וחבלים [כצי]רי [יולדה
4Q501 6 (VII) **וזלעופות** אחזונו מלפני לשון

זַלְעָפָה ← זַלְעוֹפָה

Zilpah proper noun **זִלְפָּה**
4Q215 1-3,3 (XXII)] / ראישונה את **זלפה**
(XXII) ויתן את שמה **זלפה** בשם העיר אשר נשבה
4Q364 4b+ei5 (XIII) ותלד **זלפ]ה** שפחת לאה / [בן שני ליעקוב

wickedness, plan noun **זִמָּה-1**
CD VIII,7 ויגשו **לזמה** ויתגברו להון ולבצע
CD XIX,19 ויגשו **לזמה** ויתגברו להון ולבצע
1QHa XII,13 והמה נעלמים **זמות** בליעל / יחשובו
1QHa XIII,6 ולא עזבתני **בזמות** יצרי ותעזור משחת חיי
4Q165 6,5 (V) הואה **זמות** יעץ [לחבל ענוים באמרי שקר
4Q167 10,1 (V) ואשר **זמה** [עשו בבית ישראל ראיתי שערירה
4Q177 5-6,6 (V) הוא **ז]מות** יעץ לח[בל ענוים באמרי שקר
4Q223-224 2i52 (XIII) והוא עו]שה[עו]ד **זמה** כאיש / [מרחם עלינו
4Q266 6i15 (XVIII) א]ו א[שר] יעלה [ע]ל[ו] מחשבת **[זמ]ה**
4Q272 1ii4 (XVIII) או אשר יעלה עלו מ]חשבת **זמה**
4Q460 9i10 (XXXVI) וכול **זמתכה** ישיב על עמ[
4Q513 11,3 (VII)]◦ן **זמה** / [
4Q525 21,4 (XXV)] **וזמה** תבחר[
4Q525 22,2 (XXV) עו]שי **זמה** בואו אלי ה◦[
11Q19 LXVI,15 או את אחות אמו כי **זמה** היא

designation, appointment noun **זִמּוּן**
4Q371 7,4 (XXVIII)] לבבי **בזמון** [

branch noun **זְמוֹרָה**
4Q365 32,13 (XIII) [ויכרתו מש]ם **זמורה** ואשכול ענבים אחד בה

זָמִיר-1 ← זָמִר

to plot verb **זמם**
1QpHab XII,6 כאשר **זמם** לכלות אביונים
1QHa XII,10 **זממו** עלי בליעל להמיר תורתכה
1QHa XII,26 תתעם ביד חלכאים / **כזומם** למו
1QHa XVII,20] / **וכזומם** לי ת[
1QHa XVIII,5 ואני עפר ואפר מה **אזום** בלוא חפצתה
4Q171 1-2ii12 (V) **זומם** רשע לצדיק וחורק ע[ליו
4Q171 1-2ii14 (V) אשר / **יזומו** לכלות את עושי התורה
4Q280 2,6 (XXIX) מזמתכה בלבבמה **לזום** על ברית אל[
4Q381 45a+b,2 (XI) הרבו פשעה ועלי **יזמו** / להסגירני
4Q460 9i2 (XXXVI) ולפניכה אפחד כיא כפחד אלוהים **זממ[ת]י** / [
11Q5 XXI,15 (IV) **זמותי** ואשחקה קנאתי בטוב
11Q19 LXI,10 ועשיתה לו כאשר **זמם** לעשות לאחיהו

time noun **זְמָן**
4Q282b 2 (XXXVI)]**לזמנו** ב[
4Q388 3ii3 (XXX)] / **מזמן**[
4Q388 6,3 (XXX)]**מזמן** ומשנהו[

to sing praise verb **זמר-1**
1QS X,9 **אזמרה** בדעת וכול נגינתי לכבוד אל
1QHa XIX,5 **ואזמרה** בחסדיכה ובגבורתכה
1QHa XIX,23 ואז / **אזמרה** בכנור ישועות ונבל שמ[חה
4Q258 IX,7 (XXVI) **אזמרה** / בדעת וכל נגינתי לכבוד אל[
4Q381 31,1 (XI) **אזמרה** ל[ ]◦[ ]◦ני ע◦[ ]ב◦[
4Q401 25,1 (XI)]י**זמרו**[
4Q403 1i7 (XI) ו**[זמר** ל[מל]ך הק[]דוש שבעה ב[שבעה
4Q403 1i39 (XI) **זמרו** לאלוהי עז / במנת רוח
4Q403 1i41 (XI) **זמ[רו]** / אלו[הים נ]ורא כוח[כול רוחי דעת
4Q404 1,2 (XI) **וזמר** [
4Q427 7i13 (XXIX) **זמרו** ידידימ שירו למלכ / [הכבוד
4Q428 20,1 (XXIX)]ם ירננו **לזמר** ולהלל ל[
4Q431 1,9 (XXIX) **זמרו** ידידים שירו למלך הכבוד
4Q491 11i20 (VII)]במעון הקודש **זמרוה[ו**
4Q504 19,2 (VII)]**למזמר**◦[

to prune verb **זמר-2**
1Q22 1iii2 (I) לו]א יז[רע וכרמו לוא] **יזמור** אי[ש]

music (?) noun **זֶמֶר**
4Q403 1i6 (XI) **זמר** עוז [לאלו]הי קו[דש]
4Q403 1i7 (XI) ב[שבעה ד]ברי **זמ[רי** פלא
4Q404 1,1 (XI) תהל]ת **זמר** בל[שון
4Q405 83,2 (XI)] / **זמרי**[

song noun **זָמִר, זָמִיר-1**
4Q266 6aiii4 (XVIII)]**בזמי[ר**

melody, song noun **זִמְרָה-1**
4Q400 3ii+5,1 (XI)] / **זמרות** קודשו [
4Q403 1i9 (XI) תהלי ר]נ[ו]ת עוזו שבע[תהלי **זמירו]ת** קודשו
4Q403 1i40 (XI) **לזמרות** פלא בשמחת עול[מים]
4Q405 64+67,1 (XI) פל]או **זמרת** עו[ז
4Q405 64+67,2 (XI)]בשבעה **זמרות**[פלא
4Q443 1,2 (XXIX) ◦[**זמרה** [
11Q5 XVIII,11 (IV) ומקהל חסידים / **זמרתה**
11Q17 III,3 (XXIII) **זמר]ת** עוז ל[אלוהי קודש]
11Q17 III,4 (XXIII) ל[מלך הקודש שבע בשבע ז]מרות פל[א

Zimri proper noun **זִמְרִי-1**

4Q372 3,12 (XXVIII) **זמרי** בן סלוא וחמשת מלכי מדין

this adjective **זן**

4Q371 1a-b,8 (XXVIII) וב]כול **זן** יוסף[מוטל בארצות]

tail noun **זָנָב**

4Q163 4-7i6 (V)]הואה **הזנב** / [

11Q19 LIX,21 למעלה ולוא למטה לראוש / ולוא **לזנב**

this adjective **זְנָה**

4Q88 VIII,3 (XVI) או מי]הוא **זנה** / מלט[בעולו

to be a harlot verb **זנה-1**

1QpHab V,7 פשרו אשר לוא **זנו** אחר עיניהם

4Q169 3-4ii7 (V) מרוב זנוני **זונה** טובת חן בעלת כשפים

4Q184 1,1 (V) [הזונ]**ה** תוציא הבל וב[

4Q251 16,2 (XXXV) רק **זונה** / [וחללה לוא יאכלו את לחם הקודש

4Q267 9vi4 (XVIII) ו]אשר יקרב **לזנות** / [לאשתו אשר לוא כמשפט

4Q270 7i13 (XVIII) ואשר יקר[ב] / **לזנות** לאשתו אשר לא כמשפט

4Q394 3-7i12 (X)]שא היא[כ]מי **שזנת** אליו

4Q396 1-2iv11 (X) ואף] / את [זרע]ם עם **הזונות**

11Q19 II,15 וה[**זנו** את בניכה אחרי] / [

11Q19 LIX,14 והמלך אשר / **זנה** לבו ועינו ממצוותי

Zanoah proper noun **זָנוֹחַ-1**

PAM 43.694 22,1 (XXXIII)]**וזנוח** ◦[

harlotry noun **זְנוּנִים**

4Q169 3-4ii7 (V) מרוב **זנוני** זונה טובת חן בעלת כשפים

harlotry noun **זְנוּת, זונות**

CD II,16 במחשבות יצר אשמה ועני **זנות**

CD IV,17 הראשונה היא **הזנות** השנית ההין

CD IV,20 **בזנות** לקחת / שתי נשים בחייהם

CD VII,1 להזיר מן **הזונות** / כמשפט

CD VIII,5 ויתגוללו בדרכי **זונות** ובהון רשעה

CD XIX,17 ויתגללו בדרכי **זנות** ובהון הרשעה

1QS I,6 ועיני **זנות** / לעשות כול רע

1QS IV,10 וקנאת זדון מעשי תועבה ברוח **זנות**

4Q169 3-4ii7 (V) הממכרת גוים **בזנותה** ומשפחות ב[כש]פיה

4Q225 1,1 (XIII)]ל בעוון **הזנות** א◦◦[

4Q266 3iv3 (XVIII) [ויתגו]ללו בד[רכ]י **זנות** [ובהון רשעה

4Q269 3,2 (XVIII) המה נתפשים בשתים **בזנו]ת** לק[חת] / [

4Q270 1i1 (XVIII) במ]חשבות יצר אשמה וע[ני] **זנות**

4Q287 8,13 (XI) א]שמה ועיני **זנות** ופעולת [

4Q396 1-2iv4 (X) ועל **הזונות** הנעסה בתוך העם

4Q397 6-13,12 (X) ועל **הזנות** הנע[ס]ה בתוך הע[ם

4Q397 14-21,5 (X) בגלל]החמס **והזנות** אבד[ו

4Q435 2i2 (XXIX)]**זנות** עינים / [הסירותה ממני

4Q436 1ii1 (XXIX) **זנות** עינים הסירותה ממני

4Q458 2i6 (XXXVI)]א **הזנות**

4Q513 2ii2 (VII)] / בעלות לבני הנכר ולכול **הזנות** אשר[

4Q513 2ii5 (VII)] / **הזונות** מאכליהם נשא עוון כי החל כו[

to reject verb **זנח-2**

1QH^{a} XVII,7 ולא **הזנחתני** בחסדיכה

1QH^{a} XVII,11 ולא גערתה חיי ושלומי לא **הזנחתה**

4Q381 46a+b,6 (XI) ושנאי[ם] / כנדה **תזנח**

4Q460 9i7 (XXXVI) נ]פלאות כיא יוכיח על **הזניח** ומי / [

sweat noun **זֵעָה**

4Q422 N,2 (XIII)]**בזעת** אפ[ו/כה

terror noun **זַעֲוָה**

1QS II,6 יתנכה / אל **זעוה** ביד כול נוקמי נקם

1QS IV,12 **לזעות** נצח וחרפת / עד עמ כלמת כלה

4Q257 II,2 (XXVI) יתנכה אל **זעוה** ביד כול נוקמ[י] / [נקם

4Q280 2,3 (XXIX) יתנכה] / אל **לזעוה** ביד נוקמי נקם

youth noun **זַעֲטוּט**

CD XV,16 ונ]ער **ז[עטו]ט** אל / יבוא א[ש

1QM VII,3 וכול נער **זעטוט** ואשה לוא יבואו למחנותם

4Q265 3,3 (XXXV) [אל] יואכל נער **זעטוט** ואשה [בזב]ח הפסח

4Q266 8i8 (XVIII) או חרש או נער **זעטוט** א[ל יבו] איש / [מ]אלה

4Q491 1-3,6 (VII) ואשה ונער **זעטוט** וכול איש מנו[גע בטמאת

4Q502 28,4 (VII) **ז]עטוטי[ם**

4Q502 311,1 (VII) **זע]טוטים**[

to curse, scold verb **זעם**

1QS II,7 **וזעום** אתה / באפלת אש עולמים

1QM XIII,1 **וזעמו** / שם את ב[לי]על ואת כול רוחי גורלו

1QM XIII,4 **וזעום** הואה במשרת אשמתו

1QM XIII,5 **וזעומים** המה בכול עבודת נדת טמאתם

4Q280 2,5 (XXIX) **וזעום** אתה לאין פליטה

4Q286 7ii1 (XI) ואחר **יזעמו[ו]** את בליעל

4Q286 7ii3 (XI) **וזעום** הוא במשרת אשמתו

4Q286 7ii4 (XI) **וזעומים** המה במחשבות נדת [ט]מאתמה

4Q286 7ii5 (XI) **וזעומים** / כול בני בלי[על]

4Q286 7ii8 (XI) **וז]עום** אתה במ[מש]ל[ת] / [עולתכה

4Q287 6,5 (XI) **וז[עומים** כול בני בליעל

4Q525 21,2 (XXV) **]זעומי** אלוהים תמ[

4Q525 23,10 (XXV)] / כי **זעמני** אל [

indignation noun **זַעַם**

4Q160 3-4ii4 (V) **ובזעם** שונאי עמכה תגביר תפארת

4Q431 2,2 (XXIX) שבתה] / [מדה]בה שבת נוגש **בזעם** [

4Q433a 3,4a (XXIX)]י **וזעם** ע[

4Q525 21,9 (XXV)]נכון **וזעמ**[

indignation, anger noun **זעמה**

4Q280 2,4 (XXIX) [ישא פני אפו] / לכה **לזעמה**

to be enraged verb **זעף-1**

1QH^{a} XIV,22 [והיי]תי כמלח באוניה **בזעף** / ימים גליהם

4Q511 35,1 (VII) **ולזע[ף]** / אפי אלוהים במזוקקי שבעתים

rage noun **זַעַף**

1QpHab III,12 וב]חרון אף **וזעף** / אפים ידברו עם כול[

1QH^{a} XV,4 ותכמי עלי כאוניה **בזעף** / חרישית

4Q223-224 2ii52 (XIII) וביום [עברה **בז[ע]ף** אף וחר[ון

4Q436 1ii2 (XXIX) **זעף** אף הסירותה [ממני

to cry out verb **זעק**

1QpHab I,4 פשרו אשר **יז]עקו** על / [

1QpHab IX,15 כיא / אב[ן]מקיר **תזעק** [ו]כפיס מעץ יע[ננה]

4Q163 23ii16 (V) תבכה חנון יחנכה לקול] / **זועקכה**

4Q365 6ai4 (XIII) ויואמר יה]וה [א]ל מושה מה **תזעק** אלי

4Q365 6aii+6c,10 (XIII) **ויזעק** מושה אל [יהוה ?

4Q372 1,15 (XXVIII) **ויזעק** [וקלו] / יקרא אל אל

4Q387 2ii10 (XXX) ובני ישראל **זעקים** / [מפני

Reference		Text
4Q387 4i3	(XXX)	]ה ו[ז]עקו[ ]בני ישראל לאלהים[ ]◦◦[
4Q462 1,12	(XIX)	ויעבודו ויתקימו ויזעקו אל •• •• ◦[
4Q518 31,2	(VII)	] יזעק[
11Q5 XXIV,14	(IV)	למי אזעקה ויתן לי / ובני
11Q19 LIX,6		ומזעיקים מפני עול כבד
		וקראו ולוא אשמע וזעקו ולוא אענה
11Q19 LXVI,2		ו]ומתו את הנערה על דבר אשר לוא זעק[ה]
11Q19 LXVI,7		כי בשדה מצאה זעקה / הנערה המאורשה

cry, outcry noun זְעָקָה

Reference		Text
4Q434 1i3	(XXIX)	ויט אוזניו אל / {{ש}}זעקתם
4Q471a 7	(XXXVI)	ויבחר ב[ם]◦[ ] לזעקה / [
4Q509 28,3	(VII)	] זעקת[

pitch noun זֶפֶת

Reference		Text
1QH[a] XI,31		לשרפה ושורשי חלמיש לנחלי זפת
4Q428 5,7	(XXIX)	לשרפה ושורשי ח]ל[מיש לנח]לי זפת[
4Q433a 3,9	(XXIX)	]נחלי זפת לאכול מ[

fetter noun 1-זֵק

Reference		Text
1QH[a] XIII,37		וזקים ללוא ישוברו
1QH[a] XVI,35		◦◦ע◦◦ יתקו בזקי מכשול ולשון הגברתה בפי
1QH[a] XVI,37		]בזקי משפט ל◦◦לבי פות◦[
4Q169 3-4iv3	(V)	וכול ג[דו]ל[יה רותקו] / בזקים
4Q385a 17a-eii9	(XXX)	וכל [גדול]יה בזק[ים]
4Q429 3,11	(XXIX)	וזקים ללו [ישוברו

firebrand, dart noun זֵק-2, זִיק

Reference		Text
1QM VI,3		יכתובו / זיקי דם להפיל חללים
1QH[a] IX,12		זקים וברקים לעבודתם
4Q286 3,4	(XI)	זק]ים וברקים ◦◦[ ]מלאכי ע[נן]י מטר

to be old verb זקן

Reference		Text
4Q171 1+3-4iii17	(V)	נער היי]תי וגם זקנתי ולוא[ראיתי צדיק]
4Q219 I,12	(XIII)	אני זק[נתי ולוא ידעתי יום מותי
4Q525 25,3	(XXV)	מ]זקינים תהל[ך

beard noun זָקָן

Reference		Text
4Q186 2i1	(V)	וזקנו / ממ◦[ ]והיאה תרגל
4Q266 6i5	(XVIII)	ומשפט נתק הרוש והז[קן] / [
4Q266 6i6	(XVIII)	וראה הכוהן וה]נא באה הרוח ברוש או {ו}בזקן

elder, old adjective זָקֵן

Reference		Text
CD V,4		ויושע והזקנים אשר עבדו את העשתרת
CD IX,4		והביאו בחרון אפו או ספר לזקניו להבזותו
CD XIV,14		יחזיקו ביד עני ואביון ולזקן אשר / [יכר]ע
1QS VI,8		הכוהנים ישבו לרשונה והזקנים בשנית
1QSa II,7	(I)	או איש זקן כושל לבלתי התחזק בתוך העדה
1QpHab VI,11		נערים אשישים וזקנים נשים וטף
1QM XIII,1		ה[כו]הנים והלויים וכול זקני הסרך עמו
2Q19 5	(III)	ויתם את ימי חייו]זקן ושבע ימים [
4Q163 4-7i5	(V)	זקן / [
4Q275 3,1	(XXVI)	והזקנים עמו עד[
4Q365 7i4	(XIII)	עבור לפני העם וקח אתכה מזקני העדה
4Q375 1i7	(XIX)	ובאתה עם השבט ההואה וזקניכה ושופטיכה
4Q381 79,2	(XI)	]⟦ ⟧ זקן לוא יחנו[ ]על[
4Q391 9,3	(XIX)	]דרך ואראה זקנים[
4Q418a 3,2	(XXXIV)	ע]ם כול זק[ני
4Q479 2,2	(XXII)	ז]קניו ◦[
4Q481 1,1	(XXII)	]י זקנים ◦ג◦[

Reference		Text
4Q502 19,2	(VII)	] / זרע ברכה זקנים וזק[נות
	(VII)	] / זרע ברכה זקנים וזק[נות
4Q502 24,4	(VII)	ו]עמדה בסוד זקני[ם] זקנו[ת
	(VII)	ו]עמדה בסוד זקני[ם] זקנו[ת
4Q502 24,6	(VII)	ב]תוך זק[נים
4Q502 57,2	(VII)	]זקנים[
4Q502 107,1	(VII)	]זקנ[ים
4Q502 110,1	(VII)	]עם זקני [
4Q509 16,4	(VII)	]יגון זקנינו ונכבד[ינו] / [
4Q524 14,6	(XXV)	והוציאהו א]ל[ ]זקנ[י]עירו[ואל שער מקומו
11Q19 XV,18		וסמכו זקני הכוהנ[ים את ידיהמה] / [על ראושו
11Q19 XLII,13		בחג הסוכות לזקני / העדה לנשיאים
11Q19 LXIII,4		וכול זקני העיר ההיא הקרובה אל החלל
11Q19 LXIV,4		והוציאוהו אל / זקני עירו
		ואמרו אל זקני עירו בננו זה סורר / ומורר
11Q19 LXV,10		והוציאו את בתול הנערה אל הזקנים השער
11Q19 LXV,11		ואמר אבי הנערה / אל הזקנים
11Q19 LXV,13		ופרשו השלמה לפני זקני העיר ההיא
		ולקחו זקני העיר / ההיא את האיש
11Q20 I,25	(XXIII)	]ולקחו זקני הכוהני[ם] מדם הפר

to raise verb זקף

Reference		Text
1QS VII,11		ואם יז{{◦}}קפו / ונפטר ונענש שלושים יום
4Q385 2,10	(XXX)	ומקץ י]מים יכף עץ ויזקף[
4Q501 4	(VII)	ואין חובש / [כפופים ואין זו]קף
4Q521 2ii+4,8	(XXV)	מתיר אסורים פוקח עורים זוקף כפ[ופים]

to refine verb זקק

Reference		Text
1QS IV,20		יזקק לו מבני איש להתם כול רוח עולה
1QH[a] VI,3		אוה]בי רחמים וענוי רוח מזוקקי / [
1QH[a] XIII,16		וככסף מזוקק בכור נופחים לטהר שבעתים
1QH[a] XIV,8		ותזקקם להטהר מאשמה
4Q177 10-11,1	(V)	כסף צרוף בעליל לארץ מזק]ק שבעתים
4Q177 20,3	(V)	]מזוקק[
4Q427 8i17	(XXIX)	] כיא זוקקה / [
4Q511 35,2	(VII)	ולזע[ף] / אפי אלוהים במזוקקי שבעתים

stranger adjective זָר

Reference		Text
1QH[a] XIV,27		כי לא יבוא זר ב[שע]ריה דלתי מגן
4Q159 2-4,2	(V)	ישר[אל ל]וא יעבודו הגויים בזר[ים
4Q167 11-13,7	(V)	[אולי יעש]ה זרים יבלעוה[ו
4Q174 1-2i5	(V)	ולוא ישמוהו עוד זרים כאשר השמו בראישונה
4Q372 1,2	(XXVIII)	] / את עושה[ ]◦◦ה זרים[
4Q372 3,8	(XXVIII)	ולא יעטרם לכל זר כי[
4Q418 87,7	(XXXIV)	]ערוב זר ב[
4Q426 1i10	(XX)	]ל וכול זר אין / [
4Q501 1	(VII)	אל תתן לזרים נחלתנו ויגיענו לבני נכר
4Q511 18ii10	(VII)	אלוהים שופטי וביד זר לוא / [
4Q525 5,8	(XXV)	אל] / [ת]עזובו לז[רים חל]קכמה
5Q13 26,3	(III)	] זרים בא◦◦ [
11Q5 XVIII,16	(IV)	ברכו את] יהוה גואל עני מיד / זר[ים
PAM 43.683 49,2	(XXXIII)	]וכזרים / [

pond, depression noun זרב

Reference		Text
3Q15 IX,8	(III)	ב<צ>ריח הצופא ים / בזרב

to scatter verb זרה-1

Reference		Text
4Q424 3,4	(XXXVI)	כי ריב אנשים לא יפלס כזורה לרוח[
6Q12 4	(III)	להאבי]דם בגויים ולזרות[ם בארצות

arm noun **זְרוֹעַ, זְרֹעַ**

Reference	Plate	Text
1QH^a XV,2		זר]וע נשברת מקניה ותטבע בבץ רגלי
1QH^a XVI,33		ותשבר זרועי מקניה [וא׳]ן להניף יד
4Q381 15,5	(XI)	לך זרע עם / [גבורה תעז ידך תרום ימינך
4Q381 86,3	(XI)	]ובזרע עזך [

sowing noun **זֵרוּעַ**

Reference	Plate	Text
4Q265 5,1	(XXXV)	]מכול זרועי האד[מה

to rise verb **זרח**

Reference	Plate	Text
4Q158 10-12,5	(V)	אם זרחה השמש עליו דמים[
4Q299 9,2	(XX)	]◦ שרים לי זרח א[ר]ץ למ[
PAM 43.691 8,1	(XXXIII)	]◦ון זורח[

sunrise noun **1-זֶרַח**

Reference	Plate	Text
4Q468k 6	(XXXVI)	] זרחי[ך

rainstorm noun **זֶרֶם**

Reference	Plate	Text
1QM XII,10		וכזרם רביבים להשקות משפט
1QM XIX,2		וכזרם רביבים להשקות משפט
1QH^a X,27		נפץ וזרם להשחית רבים
4Q163 25,3	(V)	נפץ ו]זרם כלי מלחמה המה[
4Q424 1,4	(XXXVI)	] / [מ]סתר מפני זרם
PAM 43.682 31,4	(XXXIII)	] / זרם[

to sow verb **זרע**

Reference	Plate	Text
1Q22 1iii2	(I)	ושדהו לו]א יז[רע וכרמו לוא] יזמור אי[ש]
4Q167 11-13,6	(V)	[כי] רוח יזרעו סופות [יקצרו קמה
4Q249j 1,5	(XXXVI)	ומריבת נפש וזרעת]ם [לריק זרעכם
4Q266 6ii5	(XVIII)	ואשה אשר [תזרי]ע וילדה זכר
4Q367 1a-b,3	(XIII)	א]שה כי תזרע וילדה זכר[
4Q387a 9,3	(XXX)	]ם זורע לחם לפי תבא[תו
4Q396 1-2iv7	(X)	ושלוא לזרוע שדו וכ[רמו כלאים]
4Q418 103ii8	(XXXIV)	]וגם תבואתכה תה[יה לכה כ]זורע כלאים
11Q19 LXIII,2		אשר לוא יזרע ולוא יעבד

seed noun **זֶרַע**

Reference	Plate	Text
CD II,12		ולמלא / פני תבל מזרעם
CD XII,22		וכמשפט / הזה יתהלכו זרע ישראל ולא יוארו
1QS IV,7		ופרות זרע עם כול ברכות עד
1QS X,7		ומועד זרע למועד דשא מועדי שנים
1QSb III,2	(I)	]כול זרעכה
1QSb III,4	(I)	וי]קדש זרעכה בכבוד עולם
1QM XIII,7		ותקימה לזרעם / למועׄ[ד]י עולמים
1QH^a IV,14		ל]היות זרעם לפניך כול הימים
1Q34bis 3ii3	(I)	ולא הבין זרע האד[ם] בכל אשר הנחלתו
4Q171 1+3-4iii2	(V)	ולהם כול נחלת / אדם ולזרעם עד עולם
4Q171 1+3-4iii18	(V)	ולוא[ראיתי צדיק] / נעזב וזרעו מבקש לחם[
	(V)	כול היום] חונן ומלוה וזר[עו לברכה
4Q171 3-10iv1	(V)	לעו]לם נשמדו וזרע ר[שעים נכרת]
4Q174 1-2i10	(V)	והקימותי את זרעכה אחריכה
4Q174 15,3	(V)	]ה כיא זרע[
4Q177 1-4,13	(V)	]ל[ו] ולזרעו [עד] עולם
4Q216 II,3	(XIII)	לזרע[כם אתנה ארץ זבת חלב ודב]ש
4Q216 VII,11	(XIII)	ובחר בזרע יעקוב ב[כל מאשר ראיתי
4Q219 II,33	(XIII)	ול[ברך את זרעכה] / ואת [שאר זר]עכה
4Q221 1,3	(XIII)	[והכריתך מהארץ]ואת זרעך [מתח]ת השמים
4Q225 2i7	(XIII)	וא[ף] אם לוא ככה יהיה זרעכה
4Q252 V,4	(XXII)	כי לו ולזרעו נתנה ברית מלכות עמו
4Q254 3,6	(XXII)	]כיא זרעכה ל◦◦בה[
4Q257 V,4	(XXVI)	ורו]ב שלום באו[רך ימי]ם ופ[ר]ות זרע
4Q258 IX,5	(XXVI)	ומועד ז]רע למועד / דשא מועדי ש[ני]ם
4Q265 7,3	(XXXV)	] / [א]ל יז איש מזרע אהרון מ[י נדה
4Q266 2ii12	(XVIII)	ולמלא פני תבל] / מזר[עם
4Q266 6iii6	(XVIII)	[והיא] אשר זרעה אין בה[תרומה
4Q266 9iii11	(XVIII)	[וזה מושב המחנות לכו]ל זרע / [ישראל
4Q266 11,11	(XVIII)	ובאבותינו בחרתה לזרעם נתתה חוקי אמתכה
4Q267 6,3	(XVIII)	א]שר זרעה אין בה תרומה / [
4Q270 3ii13	(XVIII)	והיא אשר ז[רעה] / אין בה תרו[מה
4Q274 1i8	(XXXV)	ואם תצ[א מאיש] שכבת הזרע מגעו יטמא
4Q274 2i4	(XXXV)	[כו]ל נוגע בשכבת הזרע מאדם עד כול כלי
4Q284 1,8	(XXXV)	]שכבת הזרע / [
4Q287 5,12	(XI)	] קרו[בי]ם אליכה וזר[ע
4Q302 1i7	(XX)	]ר זרע אברהם / [
4Q302 3bi6	(XX)	]◦זרע כ◦ / [
4Q364 30,8	(XIII)	לתת]להמ ולזרע[ם ארץ זבת חלב]
4Q367 3,6	(XIII)	[וכל מעש]ר הארץ מזרע הארץ מפרי ⟦ ⟧ העץ
4Q369 1ii4	(XIII)	] / לזרעו לדורותם אחזת עולמים
4Q381 55,2	(XI)	]זרע בא[
4Q385a 16a-b,3	(XXX)	]עם וזרע ויסב ◦עמו וי[
4Q386 1ii4	(XXX)	והמן הטמא זרע לא ישאר
4Q390 2i10	(XXX)	ובבני[נכר]יחללו]את זר[ע]ם
4Q396 1-2iv10	(X)	[והם]מתוככים ומטמאי[ם] את זרע[הקודש
4Q415 2i+1ii4	(XXXIV)	]ב עולם וזרע / קודשכה לוא[
4Q415 2i+1ii5	(XXXIV)	כ]יא לוא ימוש זרעכה / מנחלת[
4Q418 103ii8	(XXXIV)	הזרע והמלאה ותבוא[ת] / ה[כרם] יקד[ש
4Q419 1,5	(XXXVI)	]ויבחר בזרע אהרון להע[מיד אותם
4Q420 2,5	(XX)	]ים]וזרעם על תנחומ[ים
4Q426 1i2	(XX)	שו]מרי כול מצוותיו וזרע רשעים / [
4Q460 5,3	(XXXVI)	]ל[כ]ה וכז[רעכה
4Q479 1,4	(XXII)	] / זרע דויד[
4Q481e 2	(XXII)	]ל[עו]לם יהיה וזרעו לדרות אחריה[ם
4Q501 7	(VII)	ואל יהיה זרעמה מב{{ני ב}}רית
4Q502 1,4	(VII)	]לעשות זרע[
4Q502 19,2	(VII)	] / זרע ברכה זקנים וזק[נות
4Q502 29,2	(VII)	]בזרע / [
4Q504 1-2iii19	(VII)	] / זרע ישראל[
4Q504 1-2v7	(VII)	בכול זואת לוא מאסתה / בזרע יעקוב
4Q504 5ii1	(VII)	ותבחר] / בזרעם אחריהם ל◦[
4Q509 39,1	(VII)	] לזרע[
4Q509 97-98i2	(VII)	ולוא הבי]ן ז[רע]האדם / [בכול אשר הנחלתו
4Q509 107,2	(VII)	] זרע ◦[
4Q511 165,1	(VII)	]◦◦זרעם[
4Q514 2,1	(VII)	]ר דגן ◦[ ]ץ זרע כ[
11Q11 III,5	(XXIII)	[וא]ת כול זר[ע הקודש]אשר הת[י]צבו לפני[ו
11Q11 V,6	(XXIII)	[הילוד מ]אדם ומזרע הקד[ושי]ם
11Q19 XLV,11		כיא ישכב עם אשתו שכבת זרע
11Q19 LIX,15		אכרית זרעו ממשול עוד על ישראל
11Q20 V,4	(XXIII)	ל]חוק עולם להמה ולזרעמה / [

זְרֹעַ ← זְרוֹעַ

to toss, sprinkle verb **1-זרק**

Reference	Plate	Text
4Q158 4,5	(V)	וחצ[י ה]דם זרק על ה[מזבח
4Q220 3	(XIII)	ואת דמם תזרוק על המזב[ח]
4Q277 1ii9	(XXXV)	[בז]רוק עליהם [הכו]הן את מי הנדה
11Q19 XVI,17		ואת כול] / דמו יזרוק ע[ל אר]בע פנות
11Q19 XXII,5		] / [וזר]קו [הכוהנים בני] אהרון את דמם
11Q19 XXIII,13		וזרק את דמו על יסו[ד] / עזרת המזבח
11Q19 XXXIV,8		וזורקים אותו על יסוד המזבח

11Q**19** LII,21		וזבחו שמה / **וזרקו** את דמו על יסוד מזבח
11Q**20** V,25	(XXIII)	**וזר]קֹו** ֻהכוהנים ֻבני אהֹ[רון את דמם]

dart noun זֶרֶק

1QM VI,2		ישליך אֹל / מערכת האויב שבעה **זרקות** מלחמה
		ועל לוהב **הזרק** יכתובו ברקת חנית לגבורת אל
1QM VI,3		ועל **הזרק** השלישי יכתובו שלהובת חרב
1QM VI,16		]וֹקשת וחצים **וזרקות** מלחמה
1QM VIII,11		יצאו / **זרקות** המלחמה להפיל חללים

span noun זֶרֶת

4Q**365** 9a-bi2	(XIII)	יהיה כפול זרת]אֹורכו **וזרת** רֹ[וחבו
4Q**365** 12biii9	(XIII)	הי[ה] כפול עֹ[שה את החשן] / **זרתֹ** אורכו
	(XIII)	החשן] / זרתֹ אורכו **וזֹרֹתֹ** רחובו כפול
4Q**511** 30,4	(VII)	וֹאֹם **בזרת**[יתכנו שמים

ח

heth, eighth letter of the alphabet ח

KhQ**3** 3	(XXXVI)	א ב ג ד ה ו ז **ח** ט / י כ ש ט

to hide verb חבא

1QS IV,6		בערמת כול **וחבא** לאמת רזי דעת
1QH^{a} XVI,6		במעין רז **מחובאים** בתוך כול עצי מים
1QH^{a} XVI,18		פיתאום יביעו **מחובאים** בסתר [
1QH^{a} XVII,24		**ותחבא** אֹמת לק[ץ
4Q**382** 1,2	(XIII)	]◦ **ויחביאיֹם** חמשים חמֹ[שים
4Q**385** 6,3	(XXX)	] / **וחבא** כמעט ק[ט
4Q**434** 1i7	(XXIX)	למען בוחנם והרבה רחמיֹ[ו ה]**חביאם** בגוֹים
4Q**511** 8,7	(VII)	]לשׂיו **יֹחביאני** [ ]לֹ[
5Q**16** 4,2	(III)	]**חֹבאֹ** וֹל◦[
11Q**13** II,5	(XXIII)	]ואשֹר / מֹורֹיֹהמה **הֹחֹבאֹו** וסֹתֹר[ו]

to love verb חבב

4Q**498** 1i1	(VII)	**חו]בֹב** כנפשי / [
4Q**502** 95,1	(VII)	]אשר **חבבֹ**[
4Q**502** 96,6	(VII)	]◦ **לחבבֹ**

to hide verb חבה

1QH^{a} XIII,11		ותורתכה **חבתה** בֹ[י]עֹדֹ קץ / הגלות ישעכה
1QH^{a} XIII,25		וברז **חבתה** בי ילכו רכיל לבני הוות

commonwealth noun חבור

CD XII,8		אשר לא / יגדפו כי אם בעצת **חבור** ישראל

wound, blow noun חַבּוּרָה

4Q**185** 1-2i14	(V)	◦תֹמו מן [ח]**בורת** אלהים יֹזכרו נפלאים
PAM 43.685 23,2	(XXXIII)	]**חֹבורהֹ**[

beloved noun חָבִיב

4Q**462** 1,11	(XIX)	כֹי בתוכנו היה עם ה**חֹביב** יעק[וב

to destroy, corrupt verb חבל-3

4Q**177** 5-6,6	(V)	הוא ז]מות יעץ **לח[בל** ענוים באמרי שקר
4Q**177** 7,2	(V)	]ד אשר יבקשו **לחבל**[
4Q**416** 2iii6	(XXXIV)	ורוחכה אל **תחבל** / בו
6Q**11** 5	(III)	**חב]לה** ילדה חבל ילד ית[
	(III)	חב]לה ילדה **חבל** ילד ית[
6Q**18** 19,1	(III)	]**חֹבלֹוֹ**[

rope, snare, portion noun חֶבֶל-2

CD XI,17		אל יעלה איש בסולם **וחבל** וכלי
1QH^{a} XI,28		**וחבלי** מות אפפו לאין פלט
4Q**270** 6v20	(XVIII)	אל] / יֹעלה ֻאיש ֻבסֹולם **ובֹחבל** וכלי
4Q**271** 5i11	(XVIII)	אל יעלה [אי]ש בסולם **וחבל** וכלי
4Q**418** 138,2	(XXXIV)	]לֹ **חבֹלֹ** בנחלת אב וֹאֻלֻ[
4Q**418** 148i7	(XXXIV)	] **חבלי** יֹם / [
4Q**428** 5,3	(XXIX)	**וח]בֹלֹיֹ**[מות אפפו לאין פלט

destruction noun חֶבֶל-3

CD II,6		בלהבי אש / בי כל מלאכי **חבל** על סררי דרך
1QS IV,12		לרוב נגוֹעים ביד כול מלאכי **חבל**
1QM XIII,12		וכול רוחי / גורלו מלאכי **חבל**

1QM XIV,10		ורוחי [ח]בלו גערתה ממ[נו
4Q**163** 4-7ii4	(V)	פשר הדבר על **חבל** בבל[
4Q**299** 3aii-b,15	(XX)	]כול רז ו**חבלי** כול מעשה ומה [
4Q**495** 2,4	(VII)	וכול רוחי גורלו] / מלאכי **ח**[בל
4Q**510** 1,5	(VII)	לפחד ולב[הל] / כול רוחי מלאכי **חבל**
4Q**511** 43,6	(VII)	] / רוחי **חבל** למל[

labor pain noun חֵבֶל

1QH^{a} XI,8		כיא נהפכו צירוה / ו**חבל** נמרץ על משבריה
1QH^{a} XI,9		משברי מות / והרית גבר הצרה ב**חבליה**
1QH^{a} XI,9		וב**חבלי** שאול יגיח / מכור הריה פלא יועץ
1QH^{a} XI,11		ו**חבלי** מרץ במולדיהם ופלצות להורותם
1QH^{a} XI,12		והרית אפעה ל**חבל** נמרץ
1QH^{a} XIII,30		זלעופות א[חזוני] ו**חבלים** כצירי / יולדה
1QH^{a} XVII,6		ומ**חבלים** / למשברים תשוחח נפשי
4Q**429** 3,3	(XXIX)	[זל]עופות אחזוני ו**חבלים** [כצי]רי [יולדה
4Q**472** 1,3	(XXXVI)	יהפוך ?] / [**חב**]ליהם לברכה [ ]

to embrace verb חבק

4Q**391** 50,1	(XIX)	]**חבקי**[

Habakkuk proper noun חֲבַקּוּק

1QpHab VII,1		וידבר אל אל **חבקוק** לכתוב את הבאות

to join, associate verb חבר-2

1QS XI,8		ועם בני שמים **חבר** סודם לעצת יחד
1QM V,12		זהב טהור **חוברת** בו לשני עבריו
4Q**365** 12biii5	(XIII)	]כתפות עשו לוא **חוברות** אל שני קצותיו
	(XIII)	ו**חבר** אפדותו / ממנו הואה כמעשהו
4Q**374** 1a-b,3	(XIX)	]ל∘ם ענוה[ ]ב**התחברו** [
4Q**385** 6,10	(XXX)	והית[ה יד] / אדם **מחברת** מגבי החיות
4Q**385** 6,11	(XXX)	]והא[ופ]נ[ים] / אופן **חובר** אל אופן
4Q**416** 2iii21	(XXXIV)	] / מרז נהיה ב**התחבר**כה יחד התהלך
4Q**511** 8,11	(VII)	ב]בתי כבודם **יחברו**[
11Q**5** XVIII,1	(IV)	**החבירו** יחד / להודיע ישעו
11Q**19** LX,18		ומעונן ומנחש ומכשף **חובר** חבר שואל אוב

community, spell noun חֶבֶר-1

CD XIII,15		ואל יעש איש **חבר** למקח ולממכר
CD XIV,16		כל עבודת ה**חבר** ולא / [
1QH^{a} XIII,28		יורו לחתו[ף מבלגות] פתנים / לאין **חבר**
4Q**266** 10i10	(XVIII)	ו]לו יכרת בית ה**חבר** מידם
4Q**267** 9iii3	(XVIII)	לוא יגדפו כי אם בע]צת **חבר** [י]שראל
4Q**429** 2,11	(XXIX)	יורו לחתוף מבלגות פתנים לאין / [**חב**]ר
11Q**5** XVIII,11	(IV)	ועל שתותמה ב**חבר** / יחדיו
11Q**19** LX,18		ומנחש ומכשף חובר **חבר** שואל אוב / וידעונים

companion, friend noun חָבֵר

4Q**249**p 7	(XXXVI)	כו]ל **חברי**[ך
4Q**421** 9,2	(XX)	ח]**בריו** לחזק לבב נג[ועים ?
PAM 44.102 22,2	(XXXIII)	]כ**חבר**[ ]][ ]][

(indeterminate) חבר

4Q**422** III,5	(XIII)	]∘∘∘ **חבר**[ ]מר / וישלחם אל פרעוה[

Hebron proper noun חֶבְרוֹן-1

4Q**365** 32,11	(XIII)	ע]ד **חברון** ושמה אחימון וששי ותלמי
	(XIII)	ו**חברון** ש[בע] / [שנים נבנ]תה לפני צען מצרים

Hebronite proper noun חֶבְרוֹנִי

4Q**365** 27,3	(XIII)	[ומשפח]ות ה**חברוני** ומשפחות העוזיאלי

companion noun חֲבֶרֶת

4Q**502** 246,1	(VII)	] ו**חברת**[

to bind, dress wound verb חבש

4Q**501** 3	(VII)	ואין **חובש** / [כפופים ואין זו]קף

feast noun חַג

4Q**88** X,9	(XVI)	חג **חגיך** נד[ר]יך שלם כי אין / בקרבך
4Q**166** II,15	(V)	והשבתי כול משושה / **ח**[גה חד]שה
4Q**219** II,37	(XIII)	לעשות א]ת **חג**[השבו]ע[ו]ת
4Q**319** 12,2	(XXI)	[ב1 בי]שוע **חג** השבו[עים
4Q**320** 4iii5	(XXI)	ב1 בישוע **חג** השבועים
4Q**320** 4iii9	(XXI)	[ב4 ביד]עיה **חג** הסכות
4Q**320** 4iv4	(XXI)	ב[4 ב]מימן **חג** הסכות
4Q**320** 4v7	(XXI)	[ב4]בישבאב **חג** הסכות
4Q**320** 4v13	(XXI)	[ב1 בייר]יב **חג** ה[שבועים]
4Q**320** 4vi2	(XXI)	ב4 בפצצ **חג** הסכו[ת]
4Q**320** 4vi9	(XXI)	[ב]1 במלכיה **חג** ה[שבועים]
4Q**321** V,1	(XXI)	בישוע בוא **חג** השבוע[ים
4Q**321** V,5	(XXI)	ובחו[פה] בוא **חג** השבועים
4Q**321** VI,2	(XXI)	[בשכני]ה בוא **חג** ה[ס]וכות
4Q**321** VI,9	(XXI)	בפ]צץ בוא **חג** הסכות
4Q**321** VII,4	(XXI)	בגמול בוא] **חג** [הסכות]
4Q**324**d 2,3	(XXVIII)	]בחמשה עשר בו **חג** / [השבועים
4Q**326** 3	(XXI)	ב15 בו] / **חג** המצות יום רביע[י
4Q**365**a 1,2	(XIII)	]ב**חג** המצו[ת] / [
4Q**366** 4i10	(XIII)	ושמחת ב**חגך** אתה ובנך
4Q**503** 1-6iii13	(VII)	ימים אחד ע]שר ל**חגי** שמחה ומועדי כ[בוד]
4Q**503** 33ii-36,23	(VII)	] ב**חג** כבוד / [
4Q**527** 1	(XXV)	] / אשר היו נצפנים ל**חג** אד[(ו)ני
11Q**19** XI,10		ובחג הפסח] וב**חג** המצות וביום הנף העומר
11Q**19** XI,13		וביום הכפורים וב**ח**]ג הסוכות ובעצרת / ∘∘∘[
11Q**19** XVII,11		**חג** מצות שבעת ימים / ליהוה
11Q**19** XIX,9		ו**חג** בכורים לזכרון לעול[ם]
11Q**19** XLII,13		בכול שנה ושנה ב**חג** הסוכות לזקני / העדה
11Q**19** XLII,17		עולת המועד אשר / ל**חג** הסוכות שנה בשנה
11Q**19** XLIII,6		כי ככה יהיו אוכלים אותו / מ**חג** הבכורים
11Q**19** XLIII,7		עד השנה השנית עד יום **חג** הבכורים

locust noun חָגָב-1

CD XII,14		וכל ה**חגבים** במיניהם יבאו באש
4Q**365** 15a-b,5	(XIII)	החרגול] / [למ]ינו ואת ה**ח**[ג]**ב** למינו[
11Q**19** XLVIII,4		והחרגול / למינו וה**חגב** למינו

to stagger, celebrate verb חגג

4Q**88** X,9	(XVI)	**חג** חגיך נד[ר]יך שלם
4Q**374** 2ii9	(XIX)	ויתמוגגו ויתנ[ו]עעו **חגו** לק[ול
4Q**418**b 1,4	(XXXIV)	] / [ינועו] **ויחגו** כשכור
4Q**440**a 6	(XXXVI)	]שתה לוא **יתחגו**∘[
4Q**504** 5ii4	(VII)	]∘ובך **נחגה** גאל[תנו
4Q**506** 124,4	(VII)	∘ובך **נחג**]ה גאלתנו[

to gird verb חגר

1QM VII,10		ומכנסי בד ו**חוגרים** באבנט בד שש משוזר

crippled adjective חִגֵּר

1QM VII,4		וכול פסח או עור או **חגר**

4Q266 8i8 (XVIII) [ו]חגר או פסח או חרש או נער זעטוט
4Q382 38,10 (XIII)]◦◦ וחגר [

sharp adjective חד-1
1QM VIII,9 יריעו בשש חצוצרות / החללים קול **חד** טרוד
1QM VIII,12 יהיו / הכוהנים מריעים קול **חד** טרוד
1QM XVI,7 ח]צוצרות החללים קול **חד** טרוד
1QHa XIII,10 ומתלעותם כחנית **חדה**
4Q436 1a+bi7 (XXIX) ותשם פי כחרב **חדה**
4Q491 13,6 (VII) בח]צוצרות החללים קול **חד** טרוד
4Q493 6 (VII) ותקעו בקול **חד** לצאת אנ[שי] / המלחמה

to be fast verb חדד
1QpHab III,6 וקול מנמרים סוסו **וחדו** / מזאבי ערב

ray, spike noun חִדּוּד
1Q19 3,5 (I)]◦ את חדרי הבית **כחדודי** השמש [

Haditha proper noun חדיתא
4Q522 9i+10,7 (XXV) אש[ר גרים את **חדיתא** ואת עושל / [

to cease, refrain verb חדל-1
1QS V,17 כאשר כתוב **חדלו** לכם מן האדם
1QM IV,3 יכתובו **חדל** / מעמד רשעים [ב]גבורת אל
1QHa 3,15]ל עולה ורמיה יגורו **וחדל** זדון[
4Q431 1,2 (XXIX)(4Q471b 1a-d,3) **וחדל** [ה]רע ידמה ב[י ← חָדֵל
11Q19 LIII,12 ואם **תחדל** ולוא תדור לוא יהיה בכה חטאה

abandoned adjective חָדֵל
4Q471b 1a-d,3 (XXIX)(4Q431 1,2) חדל-1 ← ומי] / כמוני **חדל**[אישים

room, chamber noun חֶדֶר
1QHa XVIII,34 **ובחדרי** שאול תחפש יחד
1Q19 3,5 (I)]◦ את **חדרי** הבית כחדודי השמש [
4Q185 1-2iii12 (V)] / אל כל **חדרי** בטן ויחפש כלותו[
4Q249 1,7 (XXXV)]ר ואם **בח**[דר הבית
4Q249 3,3 (XXXV)]**חדר**[
4Q299 6i14 (XX)]◦כול מקויהם **וחדר** / [
4Q365a 2ii8 (XIII)] / רוחב **החדר** עשר באמה ואורכו עשרים
4Q368 10i5 (XXVIII)] / ובאות **בחדרי** בטן לדעת מחשב[
4Q381 23,2 (XI)]◦ **לחדרי**[
4Q426 5,1 (XX)]**חדרי** שא[ול
11Q15 1,4 (XXIII)]**בחדריכה** בשמותם ב[
11Q19 XLII,3 וכן תעשה] לכול הנשכות **ולחדריה**[מה
11Q19 XLII,5 שמונה] עשרה נשכה **וחדריהמה** / שמונה[עשר
11Q19 XLII,9 ונשכות בנוית **וחדריהמה** ופרוריהמה
11Q19 XLIV,6 שמונה ומאה נשכה **וחדריהמה** ושתי סוכותיהמה
11Q19 XLIV,8 ארבע וחמשים נשכה **וחדריהמה** והסוכה
11Q19 XLIV,10 נשכותמה **וחדריהמה** וסוכותמה
11Q19 XLIV,12 שתים וחמשים נשכות **וחדריהמה** וסוכותמה

to renew verb חדש
1QS X,4 **בהתחדשם** יום גדול לקודש קודשים
1QSb III,26 (I) וברית כהונת [עולם **יח**]**דש** לכה
1QSb V,5 (I)] / **יחדש** לכה[
1QSb V,21 (I) וברית ה[י]חד **יחדש** לו להקים מלכות עמו
1QHa XIX,13 ורוחי [אמת] **להתחדש** עם כול / נהיה
1Q34bis 3ii6 (I) **ותחדש** בריתך להם במראת כב[ו]ד
4Q215a 2,2 (XXXVI)] / בראם **לחד**[ש
4Q215a 3,1 (XXXVI)]להחרים ארץ[ב]חרונו **ולחדשה**[
4Q256 XIX,2 (XXVI) **בהתחדשם** יום גדול לקודש קודשים
4Q258 IX,1 (XXVI) **בהתחדשם** יום גדול לקודש קודשים
4Q260 II,4 (XXVI) **בהתחד**[שם יום גדול לקודש קודשים
4Q286 6,2 (XI)]במועדיהמה **ומחדש** [
4Q382 39,7 (XIII)]**תחדש**[
4Q415 2i+1ii9 (XXXIV)]ם **והתחדש**
4Q418 236,1 (XXXIV)]◦ **והתחדש**[
4Q434 2,2 (XXIX)]**חדש** / מעשי שמים וארץ ויגילו
4Q503 1-6iii2 (VII)]ל[ ]ו והיו[ו]ם הזה **חדש**[
4Q503 29-32,9 (VII) [מהל]לים שמכה אל אור[י]ם אשר **חדשתה** ◦[
4Q503 33ii-36,2 (VII) אשר] / **חדש**[**תה**] שמחתנו באור[היומם

new adjective חָדָשׁ
CD VI,19 כמצאת באי הברית **החדשה** בארץ דמשק
CD VIII,21 באו בברית **החדשה** בארץ דמשק
CD XIX,34 באו בברית / **החדשה** בארץ דמשק
CD XX,12 אשר קימו בארץ דמשק והוא ברית **החדשה**
1QS IV,25 עד קץ נחרצה ועשות **חדשה**
1QpHab II,3 ועל הבוג[דים בברית] **החדשה**
1QHa V,18 ולברוא / **חדשות** להפר קימי קדם
4Q217 1,3 (XIII)] / **החדשה**[
4Q251 9,5 (XXXV) אל יאכל א[י]ש חטים **חדשים**[
4Q269 4ii1 (XVIII)] / [ה]**חדשה** ב[אר]ץ דמשק
4Q269 8ii3 (XVIII)? [אל יביאהו כיא אם] מן **החדש**[הבא מן הכור
4Q271 2,10 (XVIII) אל טהר[תו כי אם מן **החד**]**ש** הבא מן הכור◦◦◦
4Q287 3,4 (XI) א]תה בראתה את כולמה **מחדש**[
4Q393 1ii-2,5 (XXIX) ורוח **חדשה** / ברא בנו וכונן בקרבנו
4Q402 4,11 (XI)]מעשי **חדשות** פל[א]
4Q409 1i2 (XXIX) [לדגן לתירוש וליצהר במ]נחה **חדשה**
4Q474 12 (XXXVI)]ת **וחדשים** ל[
6Q20 6 (III)] / **חדשה** ו[
11Q19 XVIII,13 והביאותמה מנחה **חדשה** ליהוה
11Q19 XVIII,14 [לחם סו]ל[ת] חמץ **חדש** בכורים ליהוה
11Q19 XIX,6 ואכלום בחצר / [הפנימית מנחה **חד**]**שה**
11Q19 XIX,11 מיום הביאכמה את המנחה **חדשה** ליהו[ה]
11Q19 XIX,14 ו[הביאו]מה יין **חדש** לנסך ארבעה הינים
11Q19 XXI,10 [כי החלו] לנסך נסך שכר יין **חדש** על מזבח
11Q19 XXI,14 והקרבתמה שמן **חדש** ממשבות / [מ]טות
11Q19 XXI,15 מחצית ההין אחד מן המטה שמן **חדש** כתית
11Q19 XXII,15 ויסוכו מן השמן **החדש** ומן הזתים
11Q19 XXXVII,2]**חדש** מהגנות ? לכול הש[
11Q19 XLIII,10 למועד יום הקרב שמן **חדש** עלהמזבח
11Q19 LXV,5 כי תבנה בית **חדש** / ועשיתה מעקה לגגו
11Q20 III,24 (XXIII)]ם לחם **חדש** אביבות[ומלילות
11Q20 V,10 (XXIII) מגדול ו[ע]ד קטן יחלו לשתות יין **חדש**

חֹדֶשׁ ← חודש-1

(indeterminate) חדש
4Q384 1,1 (XIX)] **וחדש**[

to sin, be guilty verb חוב
CD III,10 בו **חבו** באי הברית הראשנים
4Q266 5ii13 (XVIII)] / את האוכל {{וחבו}} ⟦ ⟧ **וחב** בדם [
(XVIII) האוכל {{וחבו}} ⟦ ⟧ **וחב** בדם [
4Q276 2 (XXXV)] **וחיב** את הבגדים ושח[ט את] / [ה]פרה

condemnation noun חוֹבָה
4Q162 II,1 (V) הדבר לאחרית הימים **לחובת** הארץ מפני החרב

circle noun **חוג**

]◦ה חוג ימים ומקוי נהרות ומבקע תהומות		1QM X,13

month, new moon noun **חודש-1, חֹדֶשׁ**

שכר / שני ימים לכל חדש לממעט		CD XIV,13
ואם בשגגה דבר ונענש ששה חודשים		1QS VII,3
ואשר יכחס במדעו / ונענש ששה חודשים		1QS VII,4
יעשה רמיה במדעו ונענש ששה חודשים		1QS VII,5
ברעהו יתרמה ונענש שלושה חודשים		1QS VII,6
ונענש {{ששה חודשים}} שנה אחת		1QS VII,8
ואשר ידבר בפיהו דבר נבל שלושה חודשים		1QS VII,9
ערום ולוא היה אנוש ונענש ששה חודשים		1QS VII,12
אשר לוא במשפט ונענש ששה חודשים		1QS VII,18
במבוא מועדים לימי חודש יחד תקופתם		1QS X,3
יתיצבו למועדיהם לחודשיהם ולשבתות		1QM II,4
בחו[דש ע]שתי / עש[ר] באחד ל[חו]דש	(I)	1Q22 1i1
בחו[דש ע]שתי / עש[ר] באחד ל[חו]דש	(I)	1Q22 1i2
] לחודש / [	(I)	1Q22 1iii8
[במדבר אבו]תיכם עד יום[עש]ור לחודש ה[	(I)	1Q22 1iii10
[ביום ע]שר לחודש / [כול עבודה ת]אסר	(I)	
וביום ע[שר ל]חודש יכופר[	(I)	1Q22 1iii11
] לחודש / [	(I)	
והשבתי כול משושה / ח[גה חד]שה ושבתה	(V)	4Q166 II,15
]בחוד]ש השל[ישי בששה עשר לחודש	(XIII)	4Q216 I,5
ואת דרכי צבאם ואת[החוד]שים / [	(XIII)	4Q227 2,5
שש מאות שנה / לחיי נוח בחודש השני	(XXII)	4Q252 I,4
עד יום עשרים וששה בחודש / השלישי	(XXII)	4Q252 I,6
עד יום ארבעה עשר בחודש השביעי	(XXII)	4Q252 I,8
ה[וא יו]ם שבעה עשר בחודש השביעי	(XXII)	4Q252 I,10
והמים הי[ו]הלוך וחסור עד החודש [הע]שירי	(XXII)	4Q252 I,11
הוא יום עשרה / בעש[תי עשר] החודש	(XXII)	4Q252 I,14
יום עשרים] / וארבעה לעשתי עשר החודש	(XXII)	4Q252 I,17
יום אח[ד לשנים עשר] החודש[	(XXII)	4Q252 I,19
ברבי]עי באחד בחודש הריאשון	(XXII)	4Q252 I,22
ובשבעה עשר יום לחודש השני / יבשה הארץ	(XXII)	4Q252 II,1
ב]שבעה עשר לחודש / [	(XXII)	4Q254a 3,1
במבוא מועדים לימי חדש יחד / תקופותיהמה	(XXVI)	4Q256 XIX,1
] / [ששה חוד]שים [וכן לנוקם לנפשו	(XXVI)	4Q259 I,4
ולוא] / היה אנוש[ונע]נש [ש]שה חו[דשים	(XXVI)	4Q259 I,10
אשר לא במשפט ונענש]ש[ש]ה חד[שים	(XXVI)	4Q261 6a-e,5
] / ונענש שלושה חודשים א[ת מחצית לחמו	(XXXV)	4Q265 4i6
והבדילהו ששה] / חודשים ונענש במה	(XXXV)	4Q265 4i10
ו]הבדילהו ששה חודשים	(XXXV)	4Q265 4i12
והובדל] שלושה חודשי[ם	(XVIII)	4Q266 10ii4
[יושבי] המחנות יקהלו בחודש השלישי	(XVIII)	4Q266 11,17
מיום ליום ו]מחודש לחודש	(XVIII)	4Q267 9i1
מיום ליום ו]מחודש לחודש	(XVIII)	
והובדל שנה אחת ונענש שש]ה ח[ד]שים[	(XXXVI)	4Q269 11i8
אשר לא במשפט ונענש ששה חודשי]ם	(XXXVI)	4Q269 11ii+15,5
[וכל יושבי המחנות יקהלו ב]חדש השלישי	(XVIII)	4Q270 7ii11
] בחודש השליש[י	(XXVI)	4Q275 1,3
השנה ו]שנים עשר חודשיה / [	(XXXV)	4Q284 1,4
ושבועי קודש בתכונמה ודגלי חודשים [	(XI)	4Q286 1ii9
] וכול תנופות תבל בחדשים שנ[ים עשר	(XI)	4Q286 5,7
יעברו [מיום] ליום ומחדש לחד[ש	(XXXVI)	4Q306 1,2
[מיום] ליום ומחדש לחד[ש	(XXXVI)	
שכ]ניה ב1 חוד[ש	(XXI)	4Q319 73,3
]חודש[	(XXI)	4Q319 79b,1
לחודש הרישון בשנה / [הרישו]נה	(XXI)	4Q320 1i4
ל30 ב22 בשנים עשר החדש	(XXI)	4Q320 1ii3
ל29 ב2 בעשתי עשר החדש	(XXI)	4Q320 2,13
ביום שנים בשנים עשר החדש	(XXI)	4Q320 2,14
הימים ולשבתת / לחדשים / [ול]שנים	(XXI)	4Q320 4ii11
[ה]חדשים[	(XXI)	4Q320 5,1
בשנים ועשרים בעשתי עשר החודש	(XXI)	4Q321 I,4
בשנ[י]ם ועשרים בשנים עשר החודש	(XXI)	4Q321 I,5
בש[ני]ם[ ]עשר בשנים עשר החודש	(XXI)	4Q321 II,8
בידעיה בשנים בעשתי עשר החודש	(XXI)	4Q321 III,6
בישבאב בשנים בעשתי ע]שר החודש	(XXI)	4Q321 IV,6
בפצץ בשנים בשנים] עשר החודש	(XXI)	4Q321 IV,7
השנה הרא]שונה החוד[ש הראש]ון בג[מול	(XXI)	4Q321 IV,8
עשתי עשר החודש בחזיר	(XXI)	4Q321 V,3
שנים עשר החודש בגמול	(XXI)	
ע[שתי עשר] החודש ביכין	(XXI)	4Q321 V,7
[שני]ם עשר הח[וד]ש [בידעיה	(XXI)	4Q321 V,8
שנים] / עש[ר] החודש ב[מי]מין [	(XXI)	4Q321 VI,3
עש]תי עשר חו[דש] [ ] במ[לאכיה	(XXI)	4Q321 VI,6
עשתי עש[ר ה]חודש בחופה	(XXI)	4Q321 VII,5
בשנים עשר] / בשנים עשר החודש	(XXI)	4Q321a V,8
יום רביעי [ב]מלכיה זה אחד בחודש העשירי	(XXI)	4Q324a 1ii3
]חודש[	(XXI)	4Q324a B,1
וששה בו אחר שבת רוש החודש ה]ש[ני	(XXI)	4Q325 1,3
רוש החודש / [[ ] [ ]] השלישי	(XXI)	4Q325 1,6
רוש ה]חודש הששי	(XXI)	4Q325 2,4
רו]ש החוד[ש	(XXI)	4Q325 3,2
הריש]ונה בחו[דש] הרישו[ן	(XXI)	4Q329 2a-b,4
מימין באחד בחודש הר[אשון	(XXI)	4Q330 1ii1
ב]אחד בחוד[ש הראשון	(XXI)	4Q330 2,2
בחוד]ש הראש[ון	(XXI)	4Q330 2,4
ב]חודש הראשו[ן	(XXI)	4Q330 3,2
בעשרים]ושבעה בחודש[השביעי	(XXXVI)	4Q332 1,3
]ה שהוא [ע]שרים בחודש[	(XXXVI)	4Q332 2,3
בחוד]ש השביעי / [	(XXXVI)	4Q333 1,5
]במספר שמות כול זכר מבן חודש ולמעל[ה	(XIII)	4Q365 27,4
ע]ברו ביבשה בחדש / [הרא]שון	(XXII)	4Q379 12,3
ושוטף / [ב]מימיו מן החדש ה◦[ ]◦י	(XXII)	4Q379 12,7
מן החדש ה◦[ ]◦י עד חדש קציר חטים	(XXII)	
[לח]דש ב[ח]דש למועד במועד ליום ביום	(XI)	4Q381 1,8
[לח]דש ב[ח]דש למועד במועד ליום ביום	(XI)	
השב]ת הראישונה בארבעה לחודש הראישון	(XI)	4Q400 1i1
] ועשרים בח[ודש	(XI)	4Q401 1-2,1
השבת השביעית בשש עשר לחודש	(XI)	4Q403 1i30
בששה עש]ר לחוד[ש	(XI)	4Q404 3,2
]ם בחוד[ש	(XI)	4Q405 68,2
ובששה לחו[דש בערב יברכו	(VII)	4Q503 1-6iii18
ובשני]ם עשר לחודש בערם [יברכו	(VII)	4Q503 11,2
[בש]בעה עשר לחו[דש ב]ערב יברכו	(VII)	4Q503 29-32,12
[ביום אחד ועשרים ל]חודש ב[ע]רב יברכו	(VII)	4Q503 33i+34,18
ל]חודש[ב]ערב יבר[כ]ו	(VII)	4Q503 42-44,4
לח]ודש[בערב יברכו	(VII)	4Q503 215,2
] לחוד[ש בערב יברכו	(VII)	4Q503 215,11
]חודש[	(VII)	4Q503 219,1
]ראשי חודש[ים	(VII)	4Q508 32,2
ו]מועד ק[צ]יר וקיץ ור[אש ח]ודש א / [	(VII)	4Q512 33+35,3
ולקורבן ראשי / החודשים ולכול ימי המועדות	(IV)	11Q5 XXVII,8
זאות עולת חודש בחודשו] / לחודשי השנה ◦◦[		11Q19 XIV,8
ובאחד לחודש ה[ראישון ראוש חודשים		11Q19 XIV,9
[ועש]ו [בארב]עה עשר בחודש הראישון		11Q19 XVII,6
ובחמשה עשר לחודש הזה מקרא קו[דש]		11Q19 XVII,10
ובח[ודש השביעי] / [באחד לחודש		11Q19 XXV,2

11Q19 XXV,7 — מעול]ת התמיד [ועו]לֹתֿ החודש
11Q19 XXV,10 — ובעשרה בחודש הזה / יום כפורים הוא
11Q19 XXVII,10 — ובחֿמשה עשר יום לחודש הזה / [מקרא קודש
11Q19 LXIII,13 — ובכתה את אביה ואת אמה חודש / ימים

to tell verb **חוה-1**

1Q42 1,2 (I) —]◦א חֿוית[

to bow, worship verb **חוה-2**

1QpHab XII,13 — יצרום לעובדם ולשתחות / להסה
1QM XII,14 — והשתחוו לך כול מעניך
1QM XIX,6 — והשתחוו לך [כו]לֿ[מעני]ךֿ /]
4Q215a 1ii8 (XXXVI) — כול לשֿ[ו]ןֿ / תברכנו וכול אנש ישתחוו לוֿ[
4Q216 II,11 (XIII) — וישתחוו לכֿ[ל מע]שֿי תעותֿ[ם
4Q364 8ii2 (XIII) — ותשתֿחֿוינה לאלמתי וֿ[יואמר
11Q16 2,6 (XXXVI) —]בידו וישתחווֿ[לו
11Q19 II,11 — ולוא תשתחוה לא[ל אחר כי יהוה קנא]
11Q19 XXXIX,6 —]להשתחוות לפני כול עֿ[ד]ת בנֿי / ישרֿאל
11Q19 LI,21 — ונותנים אבני משכיות להשתחות עליהמה
11Q19 LII,3 — בכול ארצכה להשתחוֿ[ות] עליה
11Q19 LV,17 — והלך ועבד אלוהים אחרים והשתחוה להמה
PAM 43.678 5,1 (XXXIII) —] נשתחוֿ[ה

Eve proper noun **חַוָּה-2**

4Q418 126ii9 (XXXIV) —] / כול בני חוה ובכוח אל ורוב כבודו

seer noun **חוֹזֶה-1, חֹזֶה**

CD II,12 — ביד משיחו רוח קדשו וחוזֿי / אמת
1QM XI,8 — וביד משיחיכה / חוזי תעודות הגדתה לנו
1QH[a] X,15 — וֿבעֿלֿ / [של]ום לכול חוזי נכוחות
1QH[a] XII,10 — והמה מליצי / כזב וחוזי רמיה
1QH[a] XII,20 — וחוזי תעות לא ימצאו עוד
4Q163 15-16,2 (V) — ואת] / [ר]אשיכמה החֿ[זים] כסה
4Q174 5,4 (V) —]ה בכול החוזים[
4Q280 2,7 (XXIX) — על התורה ועל] / [דבר]ֿי כול חֿוזֿי אמֿ[תו
4Q517 15,1 (VII) —] חזי בֿ[
4Q518 2,1 (VII) —] חזיֿםֿ[

strength noun **חוֹזֶק, חזוק, חֹזֶק**

1QM XIV,6 — ונותן לנמוגי ברכים חזוק מעמד
4Q299 53,6 (XX) — ג]בֿוֿרתו וחזקֿ[
4Q301 2b,3 (XX) —]בֿלוא חוזק וירד בו בשוט
4Q491 8-10i4 (VII) — ולנֿ֯מֿוגי בורכים חוזק מעמד ואומץ מ[תנים]

thread noun **חוּט**

1QpHab IX,14 — קצוות עמיםֿ רבים וחוטֿי[נפ]שכה
1QpHab X,2 — ואשר / אמר קצות עמים רבים וחוטי נפשכה
11Q19 XLIX,3 — ובעץ ארז ובאזוב ובח[וט שני תולעת ?

חוט ?

4Q422 II,8 (XIII) —]◦◦ור חו/יט ולמען / דעתֿ כֿבוד על[יון

shoot noun **חוֹטֶר**

4Q285 7,2 (XXXVI) — ויצא חוטר מגזע ישי / [ונצר משורשיו יפרה
11Q14 1i10 (XXIII) — ויצא חו]טר / [מגזע ישי ונצר משרשיו יפרה

Hivite proper noun **חִוִּי**

4Q377 1i8 (XXVIII) — ה]חֿוי הכנעני החתי האמורי היֿבֿ[ו]סֿ[י]
11Q19 LXII,15 — ואת האמורי והכנעני / החוי והיבוסי והגרגשי
PAM 43.677 25,1 (XXXIII) —]◦◦◦ החוי הגֿ◦[

חוֹכְמָא ← חָכְמָה

חוֹכְמָה ← חָכְמָה

to tremble, take effect verb **חול**

4Q274 2i2 (XXXV) — ואם יח]וֿל עליו השביעי ביומ הֿשבתֿ
4Q511 37,3 (VII) — יזדעזעו יס]וֿדֿותם ותֿחֿול הֿאֿרֿץֿ[

Hul proper noun **חוּל**

1QM II,11 — בעוץ וחול תוגר ומשא אשר בעבר פורת

sand noun **חוֹל-1**

1QpHab III,14 — ויאסוף כח]וֿל שבי
4Q225 2i6 (XIII) — [וספור את]הֿחֿ֯{{כ}}ול אשרֿ עֿל שפת הים

profane adjective **חוֹל**

CD VI,18 — ולהודיע בין / הקודש לחול
CD XII,20 — ולהודיע בין הקודש לחול
4Q299 13a-b,1 (XX) —]חֿול בין הטֿ◦[
4Q299 70,3 (XX) —]לֿחול ואת[ם

mole noun **חוֹלֶד**

4Q372 9,4 (XXVIII) —]◦ מכל חולד עֿ[כבר
11Q19 L,20 — כול שרץ הארץ תטמאו החולד והעכבר

sickness noun **חוֹלִי, חֳלִי**

1QH[a] XVI,26 —]מגור עם חוליים ומ[וד]ע לבֿ[י] / בנגיעים
4Q177 1-4,2 (V) — והסיר יהוה] מֿמֿכֿה כול חלי [
4Q504 1-2iii8 (VII) —]חוליים רֿ֯עים ורֿעב וצמא

Holon proper noun **חולן**

KhQ1 4 (XXXVI) —] / את חסדי מחוֿלנֿ[

brown adjective **חוּם**

4Q364 4b-eii12 (XIII) — וכו]ל שה חוֿםֿ[בכשבים וטלוא ונקוד בעזים]

heat noun **חוֹם**

1QH[a] XVI,23 — ובעת חום יעצור / מעוז
1QH[a] XVI,26 — לפני / חום יבול עליו ולא נפתח עם מבֿוֿ[ע
4Q216 V,8 (XIII) — ומלֿ֯אֿכי הרוחות לקר ול]חֿום ולחרף ולקיֿץֿ[
4Q299 5,3 (XX) —]בֿדין מועדי חֿום עֿם קֿצֿ[י
4Q503 1-6iii4 (VII) —]◦וא חום ה[שמש

wall noun **חוֹמָה, חֹמָה**

1QS VIII,7 — היאה חומת הבחן פנת יקר
1QSb V,23 (I) — לרום עולם וכמגדל עוֿ[ז] בחומה / נשגבה
1QH[a] XI,37 — אודכה אדוני כיא הייתה לי לחֿומת עוז
1QH[a] XIII,37 — וזקים ללוא ישוברו וחומת עוֿזֿ[
1QH[a] XIV,25 — ונעוז בחומה נ{{ס}}שֿ֯גבה עד פלט
1QH[a] XV,8 — ותשימני כמגדל עוז כֿחומה נשגבה
1QH[a] XV,9 — וכול קירותי לחֿומת בחן ללוא תֿזֿ֯{{ז}}עזע
3Q15 II,10 (III) — בבור שֿתֿחת החומא מן המזרח / בשן הסלע
4Q169 3-4iii10 (V) — אשר חילה ים ומים ח[ו]מותיה
4Q175 26 (V) — ויצ]ֿיבו לה חומה ומגדלים לעשות לעוז רשע
4Q176 1-2ii5 (V) — הן על כפים חקותיך] / וחומותֿיֿךֿ נֿגֿ[די תמיד
4Q179 2,6 (V) — כל ארמונתיה וחו[מותיה] / כֿעֿקרה
4Q259 II,16 (XXVI) — היאה חומתֿ הבחן פֿ[נת יקר ב]ל [יזדעזעו
4Q379 22ii12 (XXII) — ויציבו לה חומה ומגדלים לעשות[לעוז רשע]
4Q385a 17a-eii5 (XXX) — חֿ[ילך] ים ומים חמ[תך]
11Q13 III,9 (XXIII) —] / את חומ[ו]תֿ יהֿודה וֿבֿרֿ]עֿ[

]חומת יר[ושלם	(XXIII)	11Q13 7,3

vinegar noun חוֹמֶץ

ולצמאם ישקום חומץ		1QH[a] XII,11

fifth noun חוֹמֶשׁ, חֹמֶשׁ-1

ס]פרים חומשים ◦[	(I)	1Q30 1,4
אשר] / אין להשיבה וחומשה עליה או י[	(XVIII)	4Q270 2ii10

favor noun חון

ובית אבי השוממים בחונכה / ◦◦◦[	(IV)	11Q5 XIX,17

Honi proper noun חוני

בר] חנן אלעזר בר שמעון בר חוני ◦[	(XXVII)	4Q348 15

to pity verb חוס

ותחס / עליהמה באהבתכה אותם	(VII)	4Q504 1-2ii8
לוא / תחוס עינכה עליו		11Q19 LXI,12

חוּפָא ← חוּפָּה

Huppah proper noun חוּפָּה, חוּפָא, חוּפָּהא, חֻפָּא, חֻפָּה-2

[שעורים ישוע חופ]ה ח[זיר גמול	(XXI)	4Q319 9,1
בכ5 בחופא ל29 ב19[בשלשי]	(XXI)	4Q320 1ii7
בכ3 בחופא ל30 בכ5 בשמיני	(XXI)	4Q320 2,10
בכ1 ב[חפ]א [חג הש]בועים	(XXI)	4Q320 4iv1
[ב6] בחפא יום הכפורים	(XXI)	4Q320 4v6
העשירי בחופה	(XXI)	4Q321 V,3
ובחו[פה] בוא חג השבועים	(XXI)	4Q321 V,5
התשיעי ב]חופה	(XXI)	4Q321 V,7
בחופה [בוא יום הכפורים	(XXI)	4Q321 VI,5
עשתי עש[ר ה]חודש בחופה	(XXI)	4Q321 VII,5
בשלושה בחופ]ה בחמש[ה בשמיני	(XXI)	4Q321a III,8
ודוקו] / בששה בחופהא	(XXI)	4Q321a V,7
יו]ם שני בחפה שהו[א שנים בתשיעי	(XXI)	4Q322 1,3a
ישוע שכניה]אלישיב יקים חופא [ישבאב	(XXI)	4Q329 1,2

חוּפָּהא ← חוּפָּה

outside, street noun חוּץ

אל יתהלך חוץ לעירו {{א}} על אלף באמה		CD X,21
לרעותה חוץ מעירו כי / אם אלפים באמה		CD XI,5
אל יוציא איש מן הבית / לחוץ		CD XI,8
מן הבית / לחוץ ומן החוץ אל בית		
ותרמוס עמ]ים כטיט חוצות	(I)	1QSb V,27
ויצא מושה אל מחו]ץ למחנה	(III)	2Q21 1,4
ותהי נבלתם כסחה בקרב החוצות	(V)	4Q162 II,9
גם] / עילוליה ירוטשו בראש כל חוצות	(V)	4Q169 3-4iv2
וי[שביר את הדלת וינוס] ח[וצה מלפניה]	(XIII)	4Q223-224 2v1
[מן החוץ אל הבית]ומן הבית אל הח[וץ	(XXXV)	4Q251 1-2,5
ואשר יקח] / אוכלו חוצה מן המשפט	(XVIII)	4Q270 7i12
לרעותה חוץ מעירו כי [אם אלפים] באמה	(XVIII)	4Q271 5i2
אל יוצא] איש מן הבית לחוץ ומן החוץ לבית	(XVIII)	4Q271 5i4
אל יוצא] איש מן הבית לחוץ ומן החוץ לבית	(XVIII)	
וחו[צה למחנה הוא חוצה ירושלים	(XXXVI)	4Q313 1,1
אם יקום והתה]לך בחוץ על מש[ענתו	(XIII)	4Q364 13a-b,6
ורחב הקיר שתים אמות ולחוצה מזה הנשכה	(XIII)	4Q365a 2ii9
]העם לחוץ מהמה ולוא נראים / [	(XIII)	4Q365a 5i3
]ם לוא נראים האופנים אל החוץ ורחב / [	(XIII)	4Q365a 5i4
או] / [ישחט]מחוצ לםחנה שור וכשב ועז	(X)	4Q394 3-7ii15
וחו[צה] לםחנה[הוא חוצה לירושלים	(X)	4Q394 3-7ii17
]הוא מחנה / ער[י]הם חוצ מם[חנה]ארץ[	(X)	4Q394 3-7ii18
וכבס [י]שב מחוץ / [לאוהלו שבעת י]מים	(X)	4Q396 1-2iii6
וירושלים הי]א מחנה וחוצה ל[מחנה הוא	(X)	4Q397 3,3
ו[כבס יש]ב מחו[ץ לאוהלו שבעת ימים	(X)	4Q397 6-13,7
וי◦[ ]◦חוץ ו◦[	(XIX)	4Q464 5ii1
]מים סביבה מחוץ ◦[	(VII)	4Q491 1-3,6
י]אצאו מחוצה למחנות אל בית מו[עד	(VII)	4Q491 1-3,9
]בחוצות[	(VII)	4Q499 8,2
ט]יט חוצות [	(VII)	4Q509 1-2,3
עורו עם פרשו ישרופו מחו[ץ לעיר המקדש ?		11Q19 XVI,11
וגגו מבית / [ומ]בחוץ ועמודו ומעלותיו		11Q19 XXXI,9
ותאים עשוים לקיר בחוץ		11Q19 XXXVIII,15
ותאים [ע]שוים בין לשעריו מחוץ		11Q19 XL,10
מקיר החצר לחוץ שבע אמות		11Q19 XLI,12
ועשיתה רובד סביב לחוץ מחצר החיצונה		11Q19 XLVI,5
ועשיתה להמה מקום יד חוץ מן העיר		11Q19 XLVI,13
אשר יהיו יוצאים שמה / לחוץ לצפון המערב		11Q19 XLVI,14
ולוא יעשה כול דבר / לכול עצה חוץ מהמה		11Q19 LVII,15
עורו עם פרשו ישרופו]מחוץ ל[עיר]	(XXIII)	11Q20 II,9
ועשיתה להמה מקו]ם יד חוץ מ[ן העיר]	(XXIII)	11Q20 XII,24

statute noun חוֹק, חֹק

ויעבירו ברית ויפירו חוק ויגודו על נפש צדיק		CD I,20
ומתעבי חק לאין שאירית / ופליטה למו		CD II,6
נבנתה הגדר רחק החוק		CD IV,12
ובלשון / גדופים פתחו פה על חוקי ברית אל		CD V,12
יחרים אדם מאדם בחוקי הגוים להמית הוא		CD IX,1
ואלה החקים / למשכיל להתהלך בם		CD XII,20
והבא בברית לכל ישראל לחוק עולם		CD XV,5
וכל המאסים במצות / ובחקים		CD XIX,6
אשר לא יחזיקו באלה החקים לפקדם לכלה		CD XIX,14
כי דברו תועה על חקי הצדק ומאסו / בברית		CD XX,11
בלכתנו קרי בחקי הברית / ואמת משפטיך בנו		CD XX,29
ולא ירימו יד על חקי קדשו ומשפטי / צדקו		CD XX,30
ולא ישיבו / את חקי הצדק בשמעם אתם		CD XX,33
לעשות חוקי אל / בברית חסד		1QS I,7
לברר דעתם באמת חוקי אל		1QS I,12
ולוא לסור מחוקי אמתו ללכת ימין ושמאול		1QS I,15
ובענות נפשו לכול חוקי אל יטהר / בשרו		1QS III,8
ולמשפט / להרשיע כול עוברי חוק		1QS V,7
ואלה תכון דרכיהם על כול החוקים האלה		
ולוא דרשהו בחוקוהי לדעת הנסתרות		1QS V,11
לעשות ככול החוקים האלה		1QS V,20
ולפקוד את כול חוקיו אשר צוה לעשות		1QS V,22
אלה החוקים למשכיל להתהלכ בם		1QS IX,12
השכל הנמצא לפי העתים ואת / חוק העת		1QS IX,14
ולהיות איש מקנא לחוק ועתו ליום נקם		1QS IX,23
ובהאספו על מעון חוקו		1QS X,1
תרומת שפתים הברכנו כחוק חרות לעד		1QS X,6
ובתקופת מועדיהם בהשלם חוק / תכונם		
ובכול היותי חוק חרות בלשוני לפרי תהלה		1QS X,8
ועם מוצא ערב ובוקר אמר חוקיו		1QS X,10
ופשעי לנגד עיני כחוק חרות		1QS X,11
אחלקה / חוק בקו עתים ו[		1QS X,26
וקראו בא[וזניהמה]את / [כ]ול חוקי הברית	(I)	1QSa I,5
וכפי יומיו ישכילוהו בחוקי הברית	(I)	1QSa I,7
וכחוק הזה יעש[ו] / לכול מע[רכת	(I)	1QSa II,21
ובצדק פקדו כול חוקיו	(I)	1QSb III,24
]ת ולוא יאמינו / בחוקי[א]ל[		1QpHab II,15

שלוא שמעו חוק [ומ]שפט וטהרה	(X)	4Q394 8iv2
שלוא]שמעו חוק / ומשפט וטהרה	(X)	4Q396 1-2ii3
חרת חוקיו לכול מעשי רוח	(XI)	4Q400 1i5
וחוק בחוק יגברו לשבעה / [	(XI)	4Q400 1i9
וחוק בחוק יגברו לשבעה / [	(XI)	
]רו לש[וני] דעת עם חוק [	(XI)	4Q400 2,11
שב]עה בחוקי עולמ[ים	(XI)	4Q401 12,2
כבו]דו וחו[ק	(XI)	4Q401 15,4
כ]בינתו חרת ח[וקי	(XI)	4Q402 4,3
] / בח[וק ית]כלכלו לש[רת	(XI)	4Q405 20ii-22,2
ואין במה דולג עלי חוק ולוא על אמרי / מלך	(XI)	4Q405 23i10
]הם מחוק[	(XI)	4Q405 43,3
ותטהרנו לחוקי קודש[כה	(XXXV)	4Q414 2ii-4,1
] / והקם לו חוק כפור[	(XXXV)	4Q414 13,3
]לו וחוקיכה אל תרף	(XXXIV)	4Q416 2ii8
] / בלוא חוק	(XXXIV)	4Q416 2iii20
חרות חוקכה וחקוק כול הפקודה	(XXXIV)	4Q417 1i14
כו]ל חוקי א[ל	(XXXIV)	4Q417 6,2
]ר לו וחקיכ[ה אל תרף	(XXXIV)	4Q418 8,8
כיא בא חרו]ת החוק וחקו[ק כול הפקודה	(XXXIV)	4Q418 43-45i11
]ו וכחוקכה / [	(XXXIV)	4Q418 123i4
]דברי קודש כחוק [	(XX)	4Q421 13,4
]חוק◦◦[ ]מחסור[	(XXXIV)	4Q423 12,1
עם נעלם אל תקח חוק	(XXXVI)	4Q424 1,4
]חוקי ◦[	(XX)	4Q425 5,5
] / חוקי ותקראני[לחסדיכה	(XXIX)	4Q428 10,1
]ך ספר חוקיך	(XXIX)	4Q434 2,13
וכליותי שננתה בל ישכחו חוקיכה	(XXIX)	4Q436 1a+bi5
לוא]הבישותה אוהבי ביא חוקיכה לוא שכחתי	(XXIX)	4Q437 2i6
ויהיו לרוחי ריב במבניתי חוק[י אל	(XXIX)	4Q444 1-4i+5,2
ותתחזק בחוקי אל ולהלחם ברוחי רשעה	(XXIX)	4Q444 1-4i+5,4
כיא לוא לאחד באפרים ילקח חוק[	(XXXVI)	4Q460 9i9
ל]עשות רצונו ולשמור חקיו ו◦[	(XXXVI)	4Q461 1,8
]ם בכול חוקי[	(XXIX)	4Q471c 1,4
]ת לחוק / [	(XXII)	4Q481d 1i4
]בכול חוקיו / [	(VII)	4Q487 1i4
]◦ חוק[	(VII)	4Q487 21,3
]קזה לרכב ו{{ל}}פר[שים	(VII)	4Q491 1-3,3
]ם חוק אל[	(VII)	4Q502 1,2
] / על כול החו[ק]ים והמשפטים הא[לה	(VII)	4Q504 3ii14
]ה להתבונן בכול חוק[י	(VII)	4Q504 6,3
ותקימהום עלינו מועד תענית חוק עו[לם	(VII)	4Q508 2,3
] וחוקי[	(VII)	4Q509 31,4
חוקי / אל בלבבי ואוע[ל	(VII)	4Q511 48-49+51,4
ואחורתם חוקי הודות כבודכה	(VII)	4Q511 63-64ii3
]ה[ ]וחוקי קוד[שכה	(VII)	4Q512 64,6
]חוקי פיכ[ה	(VII)	4Q512 82,2
] חקקי[	(VII)	4Q515 2,1
ואת חק חסד{{יך}}ך ואתר אותם ב[	(XXV)	4Q521 2iii1
אשרי תומכי חוקיה ולוא יתמוכו / בדרכי עולה	(XXV)	4Q525 2ii+3,1
אל ת[דר]שוה בלב מרמה ובח[וקי	(XXV)	4Q525 5,7
] / חוקיה ובתוכחותיה לוא ימאסו	(XXV)	4Q525 5,10
]◦ים בסו[רמ]ה מחוקי אל ל[הרשיע	(XXIII)	11Q13 II,12
]◦ם בחוק יתכל[כ]לו לשרת ל◦[	(XXIII)	11Q17 VII,4
וילד עד יום / אשר ישלים חוק[		11Q19 XXXIX,8
מחצית השקל חוק עולם / לזכרון		
וטהר כחוק המשפט / הזה		11Q19 L,6
והיא רויה לו מן החוק		11Q19 LXVI,9
ל]חוק עולם להמה ולזרעמה	(XXIII)	11Q20 V,4
] בחוקנ[ו	(XXXIII)	PAM 43.678 4,2

ויעזוב את אל ויבגוד בחוקים בעבור / הון		1QpHab VIII,10
]על הכוהן אשר מרד / [ו]ע[ב]ר חוקי[אל		1QpHab VIII,17
עם קדושי ברית ומלומדי חוק משכילי בינ[ה		1QM X,10
הבורא ארץ וחוקי מפלגיה / למדבר		1QM X,12
מלאכי חבל בחוקי חושך יתהלכו		1QM XIII,12
] וחזקתה חוקיך [בהם] לעשות / [		$1QH^a$ VI,5
] / עזוב מכול חוקיך		$1QH^a$ VII,12
]לפניו כול נגע מכשול מחוקי בריתך		$1QH^a$ VIII,24
תכ]נתה לרצונכה ורוחות עוז לחוקיהם		$1QH^a$ IX,10
]מו חוקים ובתעודות נתנו לאזנים / [		$1QH^a$ X,37
ובסוד נעלמים לא שמתה חוקי		$1QH^a$ XV,34
] עולה ובחוק / [אפי לרוב נדה		$1QH^a$ XV,36
לספר לבשר גבורות וחוקי נכונות		$1QH^a$ XXI,8
]חקי[	(I)	1Q16 12,1
]◦ ואין לעבור חוקיהם	(I)	1Q34bis 3ii2
]◦יה לוא עזבו [ח]וקיכה [	(I)	1Q38 2+12,1
מ]אוד בחוקי ב[ ]◦ו ולמ[	(I)	1Q51 2
ופערה פיה לבלי חוק	(V)	4Q162 II,5
ושפכו ד]ם כמים על חל בת ציון ובחוק / [	(V)	4Q175 29
והולכי ישר להשנות ח[וק] להפשיע / ענוים	(V)	4Q184 1,15
מש]פט וחוק[	(V)	4Q184 5,5
] / בא קצהשלום וחוקי האמת ותעודת [ה]צדק	(XXXVI)	4Q215a 1ii6
וכפי יומיו ישכילוהו ב]חוקי ה[ברית	(XXXVI)	4Q249d 3
וכפי יומי]ו / [ישכילוהו]בחוקי [הברית	(XXXVI)	4Q249e 1i-3,5
ובענות] / נפשו לכול חוקי אל יטהר בש[רו	(XXVI)	4Q255 2,3
תרומת שפתים אברכנו כח[וק]חרות לעד	(XXVI)	4Q256 XIX,4
ובתקופ]ת מועדים בהשלם חוק תכונם	(XXVI)	4Q256 XIX,5
ולפקוד את כל חקיו אשר צוה / לעשות	(XXVI)	4Q258 II,1
ולהיות איש מקנא לחוק ועתי ליום [נקם	(XXVI)	4Q258 VIII,7
בה]אספו אל מעון חק[ו	(XXVI)	4Q258 VIII,11
תרומת]שפת[ים] אברכנו כחק / [ח]רות לעד	(XXVI)	4Q258 IX,3
ובתקו[פת מועדיהם בהש]לם חוק / תכונם	(XXVI)	4Q258 IX,4
ובכל היותי חוק [ח]רות ב[לשוני לפרי]תהלה	(XXVI)	4Q258 IX,7
אלה הח[וקים] / למש[כיל להתהלך בה]ם	(XXVI)	4Q259 III,6
ול[פקוד את כל ח]וקו אשר צוה לע[שות]	(XXVI)	4Q261 1a-b,1
] / רכיל בחוק[י] ומצות אל[	(XVIII)	4Q266 1a-b,17
]וחוקי[	(XVIII)	4Q266 4,9
ואלה החו[ק]ים למש[כיל] / [	(XVIII)	4Q266 5i17
]את חוקו הצדיקו ב[	(XVIII)	4Q266 5ic-d,3
אשר יחרים א]דם / מאדם בחוקי [הגואים	(XVIII)	4Q266 8ii9
על פי כול החוקים הנמצאים בתורת מושה	(XVIII)	4Q266 11,6
ובאבותינו בחרתה לזרעם נתתה חוקי אמתכה	(XVIII)	4Q266 11,11
אשר יחרים אד]ם מאדם [בח]וקי הגואים	(XVIII)	4Q270 6iii16
על פי כל החוקים הנמצ{{ו}}א[ים בתורת משה	(XVIII)	4Q270 7i20
וכול חוקיה[ם]◦ים / [	(XXXV)	4Q274 3i2
]חוק תכונם כיא אם[	(XX)	4Q299 20,1
]בחוקים ◦[	(XX)	4Q299 61,2
]◦תם חוק[	(XX)	4Q299 70,1
שמה שם לו חוק ו[משפט ושם נסהו	(XIII)	4Q365 6aii+6c,11
ושמרתה] את כול חוקותיו	(XIII)	4Q365 6aii+6c,13
]לו חוקים צדיקים כאב לב[ן	(XIII)	4Q369 1ii10
]ון לחוקי[א]ל[וגם] / [יהודה יחד עמו	(XXVIII)	4Q371 1a-b,6
וללמד לפשעים חקיך ולכל עזביך תור[תך	(XXVIII)	4Q372 1,27
]וע ולבב להבין חק[יך	(XXVIII)	4Q372 3,3
ולא יתן לגוי אחר חקיו	(XXVIII)	4Q372 3,8
ושמרתה / [את כול החו]קים האלה	(XIX)	4Q375 1i2
חקיך והודך ותפארת[ך	(XI)	4Q381 46a+b,3
נתן ח]קים תורות ומצות בברית העמיד ביד[	(XI)	4Q381 69,5
]מי חוק [	(XI)	4Q381 86,1
ישכחו חוק ומועד ושבת וברית	(XXX)	4Q390 1,8

PAM 43.688 41,2 (XXXIII)] חק [
PAM 43.700 70,2 (XXXIII)]◦ חק חרׄ[

statute noun חוּקָּה, חֻקָּה

1QS VIII,10 להקם {{◦◦◦◦◦}} ברית לחו{{◦◦}}קׄוׄת עולם
1QH[a] XX,5]בתקופות יום לתכונו לחוקות מאור גדול
1Q22 1iv4 (I)]ם חוקו[ת עול]ם לדורות[יכם
1Q57 2 (I)] בׄחקתיך [
4Q163 4-7ii5 (V)] / חקות עמים הׄ◦תׄ◦[
4Q167 7-9,2 (V)]עׄזבו את אל ו[י]לכו בחוקות[
4Q216 II,8 (XIII) ונפלו [ביד אויב כי] / [עזבו את] חקותי
4Q258 VI,3 (XXVI) ואמת בישרא]ל להקים ברית לחקות עולם
4Q259 II,18 (XXVI) ואמת ב[ישרא]ל ל[הקם ברית לחוקו]תׄ עׄ[ו]לׄם
4Q299 78,1 (XX)]חׄוקתיה[
4Q377 2ii2 (XXVIII)] / יבינו בחוקות מושה
4Q381 20,2 (XI)]חקתיךׄ [
4Q385a 18ii8 (XXX) דרשו את חקותי ואת מצותי שמׄ[רו
4Q388a 3,4 (XXX) עזבתנו אלהינו ותמאסו] את חקותיׄ[
4Q389 8ii4 (XXX) ואין משיע להם / יען ביען חקתי מאסו
4Q390 2i5 (XXX) ו]בׄיׄובל ההוא יהיו / מפרים את כול חקותי
4Q403 1ii21 (XI) שבעת גבולי פלׄא בחוקות מקדשיו
11Q12 7,3 (XXIII) וכולם ה]שחיתו דרכם ותׄ[קתם
11Q19 IX,14 תמי]ד חוקותׄ עולׄ[ם לדורו]תׄמה
11Q19 XVIII,8 לדורותמה חו]קׄות עולם יהיה זה להמׄהׄ
11Q19 XXII,14 חוקות עולם לדורותיהמה שנה בשנה
11Q19 XXIV,8 חוקותׄ[עולם] / לדורותיכמה לפני יהוה
11Q19 XXV,8 חוקות עולם לׄדורותיכׄ[מה בכול מושבותיכמה]
11Q19 XXVII,4 חׄוקות עולם / לדורותיׄהׄמה
11Q19 LIX,16 ואם בחוקותי ילך ואת מצוותי ישמור

white noun חוּר-1

4Q405 23ii9 (XI) [מ]לכ רוחי צבעי[טוהר]בׄתוך מראי חור

Hur proper noun חוּר-2

4Q364 14,6 (XIII) (ו)הנה] אהרון וחורׄ[עמכם

hole, cave noun חוֹר, חֹר-2

3Q15 VIII,4 (III) בגי החיצונא בתך חׄרׄהׄ / על האבן
4Q169 3-4i6 (V) וימלא טרף] חׄירה ומעונתו טרפה

drought, heat, waste noun חוֹרֶב

4Q286 5,3 (XI) א]רזה מצולי יערים וכול מדברי חורׄ[ב

Horeb proper noun חוֹרֵב

4Q504 3ii13 (VII) ותכרות אתנו ברית בחוׄ[רב

חוֹרְבָּה ← חָרְבָּה

cricket noun חוֹרְגוֹל

11Q19 XLVIII,3 והס[ל]עׄם/והסוׄ[ל]עׄוׄם למינו והחׄוׄרגול / למינו

Horon proper noun חוֹרוֹן

3Q15 IX,7 (III) בצריחי החורון ב<צ>ריח הצופא ים / בזרב

חוֹרוֹן ← בֵּית חוֹרוֹן

חוֹרְטוֹם ← חַרְטֹם

white scales (?) noun חוריה

4Q200 5,5 (XIX) חוריו]תׄ עיניׄו

winter noun חוֹרֶף, חֹרֶף

4Q179 1ii6 (V)] / מלפני חורף בדל ידיהן[
4Q216 V,8 (XIII) לקר ול]חׄום ולחרף ולקיׄץׄ[
4Q302 2ii5 (XX)] בׄחׄרׄוׄ◦ ובצמה

to rush, shake verb חוּשׁ-1

1QS VIII,8 ובל יחישו ממקומם 〚 〛 מעון קודש
1QpHab III,8 יעופו כנשר חש לאכול
1QH[a] XI,10 בהריתו החישו כול / משברים וחבלי מרץ
1QH[a] XIV,29 ואז תחיש חרב אל בקץ משפט
4Q259 II,16 (XXVI) הבחׄוב]ל יחישו ממקומם
4Q403 1ii13 (XI) וכול מחשבי הדביר יחושו בתהלי פלא
PAM 44.102 26,1 (XXXIII)]תׄחיש מ◦[

dark noun חוֹשֶׁךְ, חֹשֶׁךְ

1QS I,10 ולשנוא כול בני חושך איש כאשמתו
1QS II,7 ארור אתה לאין רחמימ כחושך מעשיכה
1QS III,3 וחושכ יביט לדרכי אור
1QS III,19 וממקור חושך תולדות העול
1QS III,21 וביד מלאך / חושכ כול ממשלת בני עול
כול ממשלת בני עול ובדרכי חושכ יתהלכו
ובמלאך חושך תעות / כול בני צדק
1QS III,25 והואה ברא רוחות אור וחושכ
1QS IV,11 ללכת בכול דרכי חושכ וערמת רוע
1QS IV,13 בהויות חושכ עד / כלותם
1QS X,2 ברשית / אשמורי חושכ כיא יפתח אוצרו
1QS XI,10 נעוות לבבי / לסוד רמה והולדי חושכ
1QM I,1 בני אור להחל בגורל בני חושך
1QM I,7 שארית ופלטה לוא תהיה / לׄ[בנ]י חושך
1QM I,8 הלוך ואור עד תום כול מועדי חושך
1QM I,10 מאז למלחמת כלה לבני חושך
1QM I,11 בני אור וגורל חושך נלחמים יחד לגבורת אל
1QM I,16]אמת לכלת בני חושך אׄזׄ[
1QM III,6 לנקמת אפו בכול בני חושך
1QM III,9 יכתובו נגף אל כול בני חושך לוא ישוב אפו
1QM XIII,5 כיא המה גורל חושך
1QM XIII,11 ובחושׄ[ך
1QM XIII,12 מלאכי חבל בחוקי חושך יתהלכו
1QM XIII,15 ולהשמיד באשמה להשפיל חושך
1QM XIII,16 למעמד עולמים לכלות כול בני חושך
1QM XIV,17] / [כו]לׄ [ב]ני חושך ואור גודלכה י◦[
1QM XV,9 כיא הׄמה עדת רשעה ובחושך כוׄל מעשיהם
1QM XVI,11] לׄעׄזׄרׄת בני חׄושך
1QH[a] XVII,26 כי מאור מחושך / האירותה ליׄ ◦◦[
1QH[a] XX,6 ברשית ממשלת חושך למועד לילה
1QH[a] XX,26 מקוי עפר ומגבלׄ[מים]ה ומדור / חושך
1QH[a] XXI,14 לאור אורתום עד נצח ו◦◦◦ חושך / [
1QH[a] 2i11 ואין תשׄוׄבת חושך
1QH[a] 5,13] / חושך
1Q27 1i5 (I) כגלות [ח]וׄשך מפני / אור
4Q184 1,4 (V)] / מוסדי חושך רוב פשעים בכנפיה [
4Q184 1,6 (V) מלונותיה משכבי חושך
4Q185 1-2ii6 (V)] מן מלאׄכיו כי אין חשך / י◦◦◦[
4Q186 1ii8 (V) רוח לו האור שש ושלוש בבור / החושך
4Q215a 2,3 (XXXVI)] / מימיו וחושך[
4Q215a 2,4 (XXXVI)]חׄושׄך[
4Q255 A,5 (XXVI)]◦ חושכ
4Q256 I,9 (XXVI) ולשנוא כול]בׄני חשך
4Q256 III,1 (XXVI) אר]וׄר אתה לאין רחמים כחושך / [מעשיכה
4Q257 II,4 (XXVI) א]רׄוׄר אׄתהׄ / [לאין רחמים כ]חׄוׄשׄ[ך מעשיכה

4Q**257** III,5 (XXVI) וחושך י[בי]ט ל[דרכי]אור
4Q**286** 7ii4 (XI) כיא[המה גור]ל חושך ופקודתמה / לשחת
4Q**293** 2,1 (XXIX)]אור וחושך וכול ◦[
4Q**299** 5,2 (XX) גב]ורות רזי אור ודרכי חושׁ[ך
4Q**299** 6ii10 (XX)] / חוש[ך] וא[ור
4Q**299** 30,3 (XX) ח]ושך בחושך מ◦[
(XX) ח]ושך בחושך מ◦[
4Q**304** 2 (XX)] / החשך על כן נ◦[
4Q**365** 6ai11 (XIII) ויה[י] הענן חושך / [?
4Q**388a** E,1 (XXX)]חשך כ[
4Q**392** 1,4 (XXIX) הוא ברא חשך[וא]ור לו
4Q**392** 1,6 (XXIX) להבדיל בין האור / לחשך
4Q**419** 8ii5 (XXXVI)] / לחושך ומאוצרו ישב[
4Q**422** III,9 (XIII) ישי[ת חו]שכ בארצם ואפלה ב[בתי]הםה
4Q**427** 8ii12 (XXIX) ברשית ממשלות ח[ושך למועד לילה
4Q**428** 19,3 (XXIX)]מחושך וי◦[
4Q**428** 24,1 (XXIX) ח]ושך להי◦[
4Q**440** 1,3 (XXIX)]רים לשלושת עולמי חושך שבי[עים
4Q**462** 1,10 (XIX) עבר ק]ץ החושך וקץ האור בא
4Q**471** 2,5 (XXXVI) ע]ברי חושכ כיא משפטי[
4Q**491** 8-10i14 (VII) מ]עליכה יפוצו כול בני חושך
4Q**491** 11ii9 (VII) ובהתאזר בליעל לעזרת] / [ב]ני חושך
4Q**496** 3,7 (VII)] כול [ל]בני חושך
4Q**496** 3,8 (VII) כו]ל מועדי חוש[ך
4Q**503** 33i+34,19 (VII)]והלילה לנו רוש ממשל ח[ושך
4Q**503** 39,2 (VII) כיא שלושה עש[ר]גורלות חושך [
4Q**503** 76,4 (VII) ג]ורלי חושך[
4Q**503** 215,4 (VII)]גורלי ח[ושך
4Q**511** 28-29,4 (VII) ומחושך מגב[לי
4Q**525** 15,1 (XXV) חש]ך אופל ◦[
6Q**18** 2,3 (III)]ול חושך ואפ[לה
6Q**18** 2,4 (III) אל ח]ושך תשוקתנ[ו
11Q**11** IV,8 (XXIII)]◦כב וחשך / [בתהום ר]בה מוארה [לוא
11Q**11** IV,11 (XXIII) ב]חושך בכ[ול] / [תעודות]תעניות [
11Q**11** V,7 (XXIII) חושך אתה ולוא אור
11Q**17** X,5 (XXIII)]ם אור וחושך ובדני[

חוֹשֶׁן ← חֹשֶׁן

seal, signet noun **1-חוֹתָם**

4Q**274** 3ii3 (XXXV)] / וכול אשר יש לו חותם [
4Q**300** 1aii-b,2 (XX)]כסלכמה כי חתום מכם[ח]תם החזון
4Q**365** 12biii13 (XIII) פתוחי] / חות[ם]איש על שמו
PAM 43.686 37,1 (XXXIII) ח]ותמי וכ[

father-in-law noun **חוֹתֵן**

4Q**365** 7ii2 (XIII) וירא] / יתר חותן מושה את כול
4Q**365** 7ii4 (XIII) ויואמר מושה לח[ות]נו כיא יבוא[אלי העם

to see verb **חזה**

4Q**175** 11 (V) אשר / מחזה שדי יחזה נופל וגלו עין
4Q**424** 3,3 (XXXVI) איש שוע עינים אל תשלח לחזות לישרים כי[
4Q**481**d 2,3 (XXII)]⟦ ⟧ חזה בה[

breast of sacrificial animal noun **חָזֶה**

11Q**19** XX,15 את שוק הימין ואת החזה ואת / [הלחיים
11Q**19** XXII,9 את שוק הימין ואת חזי התנופה
11Q**19** XXIV,3]החזה עם ה[
11Q**20** V,1 (XXIII) ולכוהנים י]היה שוק התרומה וחזה / [התנופה

חָזֶה ← חוֹזֶה-1

vision noun **חָזוֹן**

1QpHab VII,5 כיא עוד חזון / למועד יפיח לקץ
1QH[a] VI,7] אנשי חזונכה
1QH[a] XII,18 כי אמרו / לחזון דעת לא נכון
3Q**4** 1 (III) חזון ישעיה בן א[מוץ אשר חזה על יהודה
4Q**88** VIII,13 (XVI) קחי חזון [נ]אמר עליכי חלמת / נביים תתבעך
4Q**300** 1aii-b,2 (XX) כי חתום מכם[ח]תם החזון
4Q**300** 1aii-b,3 (XX) ואם תפתחו החזון / תסת[ם מכם
4Q**300** 1aii-b,6 (XX)] / [ח]זון ◦[
4Q**372** 1,7 (XXVIII) לא יניחו להם] / הגוים יתד עומדת בגי החזון
4Q**410** 1,9 (XXXVI) ה]חזון כ[י ר]איתי /]
4Q**417** 1i16 (XXXIV) והואה חזון ההגוי לספר זכרון
4Q**417** 1i22 (XXXIV)]י כול חזון[ ]רע
4Q**430** 6 (XXIX)]כי אמר[ו ל]חזון דעת [לא נכון
11Q**5** XXII,13 (IV) קחי חזון / דובר עליך וחלמות נביאים תתבעך

חזוק ← חוֹזֶק

vision noun **חָזוּת**

4Q**163** 15-16,2 (V) ותהי לכמה ח[זות הכול
PAM 43.692 80,1 (XXXIII)]בחזות הארץ[

vision noun **חִזָּיוֹן**

4Q**371** 1a-b,4 (XXVIII) להמה[הגוים] / [יתד עומדת]בגי החזיון[

pig noun **חֲזִיר**

4Q**223-224** 2iv7 (XIII) [אם י]הפוך החזיר את ע[ורו
4Q**302** 2iii6 (XX)] / ויכסמוהו חז[ירים

Hezir proper noun **חֵזִיר**

4Q**319** 9,1 (XXI) [שעורים ישוע חופ]ה ח[זיר גמול
4Q**319** 13,2 (XXI) ב6] בחזיר[יום הכפורים
4Q**320** 2,11 (XXI) ב4 בחזיר ל29 ב4 בתשיעי
4Q**320** 4iv10 (XXI) ב1] בחזיר [חג השבועים]
4Q**320** 4vi1 (XXI) ב6 בחזיר יום הכפורים
4Q**321** III,5 (XXI) בארבעה בחזיר בארבעה בתשיעי
4Q**321** III,8 (XXI) ודוקה באחד בחז[יר בשבעה עשר בוא
4Q**321** IV,1 (XXI) שבת בחזיר בשבע[ה] / [בששי
4Q**321** V,3 (XXI) עשתי עשר החודש בחזיר
4Q**321** V,7 (XXI) העשירי בחזיר
4Q**321** V,9 (XXI) בחזיר / [בוא חג]השבוע[ים
4Q**321a** I,8 (XXI) ודוקו בחמשה בחזי]ר / [בארבעה עשר בוא
4Q**321a** III,9 (XXI) בארב]עה בחזי[ר בארבעה בתשיעי
4Q**323** 1 (XXI) יום רב]עי בחז[י]ר[זה א]חד בע[שירי]
4Q**324** 1,5 (XXI) באר[ב]עה בה ביאת ח[זיר] / [
4Q**324** 1,6 (XXI) יום ששי בח]זיר שהוא עשרה בשביעי
4Q**325** 2,2 (XXI) ב]תשעה בו שבת חזיר
4Q**328** 3 (XXI) ב]שנית [י]דעיה בלגה ש[עו]רים ח[זיר]

to be strong, hold fast, support verb **חזק**

CD III,12 ובמחזיקים במצות אל / אשר נותרו מהם
CD III,20 המחזיקים בו לחיי נצח
CD VI,21 ולהחזיק ביד עני ואביון וגר
CD VII,13 והמחזיקים / נמלטו לארץ צפון
CD VIII,2 אשר / לא יחזיקו באלה לפוקדם לכלה
CD XIV,14 וממנו יחזיקו ביד עני ואביון ולזקן
CD XIX,14 לכל באי / בריתו אשר לא יחזיקו באלה
CD XX,27 וכל המחזיקים במשפטים האלה

לוא **חזק** למשוב חיו	1QS III,1	
ו**להחזיק** בכול אשר צוה	1QS V,1	
על פי רוב אנשי / היחד **המחזקים** בברית	1QS V,3	
ובבחירי העת **להחזיק** על פי / רצונו	1QS IX,14	
אהבת חסד לנוכנעים ו**חזוק** ידים לנמהרי[ם	1QS X,26	
עם תום דרכו **יחזק** מתנו למעמ[ד	1QSa I,17	(I)
וכול איש מנוגע באלה לבלתי / **החזיק** מעמד	1QSa II,5	(I)
או איש זקן כושל לבלתי **התחזק** בתוך העדה	1QSa II,7	(I)
שומרי מצוותיו / ו**מחזקי** בב[רי]ת קודשו	1QSb I,2	(I)
הכוהנים אשר / בחר בם אל **לחזק** בריתו	1QSb III,23	(I)
שלושה גורלות **יחזקו** בני אור לנגוף רשעה	1QM I,13	
וכולם **מחזיקים** מגני נחושת מרוקה	1QM V,4	
הדגל / הראישון **מחזיק** חנית ומגן	1QM VI,5	
והדגל השני **מחזיקי** מגן וכידן להפיל חללים		
ו**מחזיקים** בידם מגני עגלה ורמח	1QM VI,15	
כול אנשי המערכה **לחזק** ידיהם במלחמה	1QM VII,12	
עתודי המלחמה נדיבי לב **להחזיק** בגבורת אל	1QM X,5	
ו**לחזיק** יחד בכול גבורי חיל	1QM X,6	
על פי / כול אחיו ו**חזק** את[	1QM XV,7	
וענה ואמר **חזקו** ואמצו והיו לבני חיל		
]**התחזקו** למלחמת אל	1QM XV,12	
ועמד לפני המערכה ו**חזק** את / לבבם ב[	1QM XVI,13	
] / ואיתמר **החזיק** לו לברית [	1QM XVII,3	
ואתם **התחזקו** ואל תיראום [	1QM XVII,4	
ואתם בני בריתו / **התחזקו** במצרף אל	1QM XVII,9	
חזק מ◦[ ]ד על רוחות / [רשעה	1QH^{a} IV,23	
] ו**חזקתה** חוקיך [בהם] לעשות / [	1QH^{a} VI,5	
ו**אחזקה** על רבים מ◦◦[	1QH^{a} VII,11	
] / ו**להתחזק** ברוח ק[ודשך	1QH^{a} VIII,16	
ברחמיכה / וגדול חסדיכה **חזקתה** רוח אנוש	1QH^{a} IX,32	
וכול תמימי דרך **החזיק**[ו	1QH^{a} IX,36	
ותסמוך נפשי ב**חזוק** מותנים / ואמוץ כוח	1QH^{a} X,7	
במוס לבי כמים ו**תחזק** נפשי בבריתך	1QH^{a} X,28	
ואקומה ורוחי **החזיקה** במעמד לפני נגע	1QH^{a} XII,36	
]◦◦ **אתחזקה** בבריתכה עד [	1QH^{a} XII,39	
ולהתם / כוח לבלתי **החזק** מעמד	1QH^{a} XIII,29	
ו**תחזקני** לפני מלחמות רשעה	1QH^{a} XV,7	
מה **אתחזק** בלא העמדתני	1QH^{a} XVIII,6	
את]חזק בכוח	1QH^{a} XX,35	
ל]היות לו **מתחזק** בבריתכה / ועומד לפניכה	1QH^{a} XXIII,9	
]עולות עמים / **לחזקם**[	1QH^{a} 2ii15	
ו]מה **יתחזק** לכה	1QH^{a} 3,12	
היש שפה ולשון **מחזקת** בה	1Q27 1i10	(I)
כיא] / [**החז]יקכה**[חיל כיולדה	4Q168 1,2	(V)
ופת[אים] / לא **יחזקו** עוד את עצתם	4Q169 3-4iii8	(V)
ועם יודעי אלוה **יחזיקו**	4Q174 1-3ii4a	(V)
[זרע אבר]הם אהבי אשר **החזקתיכה**[	4Q176 1-2i10	(V)
ואחיהמה במחשבל בליעל ו**יחזק** עליו[	4Q177 12-13i6	(V)
] / מרמה לא יבקשנה ובחלקות לא **יחזיקנה**	4Q185 1-2ii14	(V)
בעת [א]שר ראה את בנו **מחז[יקים** בו	4Q221 5,2	(XIII)
]**יחזק** ◦אתחכמה ב[	4Q228 1i11	(XIII)
לוא]**חזק**[ל]משיב חיו	4Q257 III,2	(XXVI)
להשיב מכל רע ו**להחזיק** בכל אשר צוה	4Q258 I,1	(XXVI)
כול באים בבר[י]תו אשר לו **יחזיקו** [באלה]	4Q266 3iii24	(XVIII)
המחזי]קים בשם קוד[שו ה]ם / [	4Q266 5i9	(XVIII)
וממנו **י]חזקו** בעד[הע]ני והאביון / [ולזקן	4Q266 10i7	(XVIII)
מחזי]קי הברית[	4Q267 3,4	(XVIII)
[ו]**ל[החז]יק** בעד עני ואביון וגר	4Q269 4ii3	(XVIII)
]◦ם עבודתם **יחזקו** / [	4Q299 6i3	(XX)
]נתן ממשל **לחזק** / [	4Q299 6i15	(XX)
] ו**מחזק** כול / [	4Q299 6i17	(XX)
] ונב[ו]ני חיל **יחזקו** מ[עמד	4Q299 10,2	(XX)
][ ] **יחזק** ◦◦ל◦[	4Q299 15,3	(XX)
מ]חזיק ותולדות המ[	4Q299 32,3	(XX)
י]חזיקו ביד ◦◦◦◦[	4Q299 56,3	(XX)
למען **תחזקו** / [ובאתם וירשתם]את הארץ	4Q364 30,5	(XIII)
ו**התחזקתמה** ולקחתם / [בי]רכה מפרי הארץ	4Q365 32,8	(XIII)
חזק וא[מץ כ]י תנחיל את[העם הזה	4Q378 3ii+4,10	(XXII)
ת]חזקנה ידיך[	4Q378 3ii+4,11	(XXII)
אקרע] / [את הממלכה מיד ה]**מחזיקים** אות[ה	4Q385a 4,3	(XXX)
]**ותחזקו** לעבדני בכל לבבכם	4Q387 2ii1	(XXX)
א[קרע]את הממלכה מיד **המחזיקים** / אתה	4Q387 2ii5	(XXX)
רוח קודש קדשים **מחזקות** מעמד קודשם לפני[	4Q405 23ii8	(XI)
] / **חזק** ב◦אה והס[	4Q415 7,3	(XXXIV)
]◦ אם ברצונו **תחזיק** עבודתו	4Q416 2ii12	(XXXIV)
] / **ות[ת]חזק** תמיד	4Q417 1i23	(XXXIV)
] / [ו]גם[בר]צונו **ת[ח]זיק** ע[בודתו	4Q417 2ii+23,16	(XXXIV)
הת]חזק / [	4Q418 43-45i17	(XXXIV)
]ל[ ]ה **התחזק** / [	4Q418 68,6	(XXXIV)
וכ]ול **מחזיקי** רשעה יבוש[ו	4Q418 69ii8	(XXXIV)
ח]בריו **לחזק** לבב נג[ועים ?	4Q421 9,2	(XX)
ו]**יחזק** את לב[ו ל]חטוא	4Q422 III,7	(XIII)
]ם **ויח[זק**]אל את לב [פרעו]ה	4Q422 III,11	(XIII)
ולהתם / [כוח ל]בלתי **החזק** מ[עמד	4Q429 3,1	(XXIX)
] / בינה **לחזק** לב נדכה ולנצח לריח בה	4Q436 1a+bi1	(XXIX)
ו**תחזק** על לב / [נדכה]ללכת בדרכיכה	4Q436 1a+bi4	(XXIX)
וכליותי פתחתה ו**תחזק** עלי	4Q436 1a+bi6	(XXIX)
רגלי **חזקתה** / [	4Q436 1a+bi8	(XXIX)
ובידכה **החזקתה** בימיני ותשלחני ביש[ר	4Q436 1a+bi9	(XXIX)
]זה ו**תתחזק** בחוקי אל ולהלחם ברוחי רשעה	4Q444 1-4i+5,4	(XXIX)
] / ו**חזק** את ידיהמה בגבורות פלאו	4Q491 10ii14	(VII)
ולהסיג לב נמס **לחזק** ל[ב	4Q491 11ii15	(VII)
ו]ענה ואמר אליהמה **חזקו** ואמצו[	4Q491 14-15,5	(VII)
כיא אתה / **חזקתה** את לבבנו	4Q504 1-2vi9	(VII)
חזק לבנו לעשות[	4Q504 4,12	(VII)
] / רגל ו**התחזקו** [	4Q525 29,2	(XXV)
ול]**החזיק** [ביד עני ואביון] / [וגר	6Q15 4,2	(III)
י]חזקו ברוח דעת[	6Q18 5,3	(III)
החזק / [ביהוה אלוהי אלים	11Q11 II,9	(XXIII)
רק **חזק** לבלתי אכול הדם על הארץ	11Q19 LIII,5	
וכי אם **תחזק** המלחמה עליו	11Q19 LVIII,10	
ו**החזיק** בה ושכב עמה והומת האיש	11Q19 LXVI,5	
]**חזק**[	PAM 43.684 64,1	(XXXIII)
ה]חזיקו[	PAM 43.699 28,2	(XXXIII)

strong, severe adjective חָזָק

קרב ונחשיר **חזק** לפני אל / ישראל	1QM I,9	
הגדולים / וכגבורתכה **החזקה**	1QM X,9	
] **חזקים** למוס לבבי ומאמצי [כוח]	1QH^{a} X,6	
עזרתה נפש עני ורש / מיד **חזק** ממנו	1QH^{a} X,35	
מי גוי חפץ אשר יעושקנו **חזק** ממנו	1Q27 1i10	(I)
ח]זק[ות]לכו[ל	4Q299 15,2	(XX)
] וריב על **חזק** ע[	4Q299 53,8	(XX)
העם היושב עליה **החזק** הוא[ה] / [יה]וה	4Q365 32,5	(XIII)
אצב[ע ידך]גדולה ו**חזקה** מכל אשר בתבל	4Q372 1,18	(XXVIII)
] כיא **חזק** עורפם / [	4Q468i 2	(XXXVI)
]ארצ◦{{ת}} **חזק** ◦[	4Q468cc 3	(XXVIII)
י]ד **חזק** מ[	4Q525 28,3	(XXV)

חֹזֶק ← חוזק

(indeterminate) חזק

Text	Vol.	Reference
]◦ר וחזק[	(XXXIII)	PAM 43.692 81,1
]רתו חזק [	(XXXIII)	PAM 43.692 83,2

strength, force noun חֶזְקָה

Text	Vol.	Reference
לאחרית [ה]ימים ויהי כחזקת[היד	(V)	4Q**174** 1-2i15

to go around, return, repent, restore verb חזר

Text	Vol.	Reference
] יחזר עמכה תמ◦[	(XXXVI)	4Q**468**bb 2

חֵט ← חֵטְא

to miss, sin verb חטא

Text	Vol.	Reference
ויתודו לפני אל [ח]טאנו / רשענו		CD XX,28
נעוינו / [פ]שענו [חט]אנו הרשענו		1QS I,25
ת]חשכהו מחטוא לך ולשוב לו		1QH^{a} IV,22
] עבדך מחטוא לך ומכשול בכול דברי רצונך		1QH^{a} IV,23
ובשבועה הקימותי על נפשי לבלתי חטוא לך		1QH^{a} VI,17
מ[חטיאי אדם בדבר ולמוכיח בשער	(V)	4Q**163** 18-19,3
חטאת]ה בשבוע[ה]	(XIII)	4Q**223-224** 2iv2
אמר ביד / מושה על הנפש אשר תחטא בשיגגה	(XVIII)	4Q**266** 11,2
א[מ]ר ביד משה על הנפש אשר תח[טא בשגגה	(XVIII)	4Q**270** 7i17
[וא]ם נפש אחת תחט[א בשגגה	(XIII)	4Q**365** 34,2
ו]יחזק את לב[ו ל]חטוא	(XIII)	4Q**422** III,7
ח]טאנו ל[כה	(VII)	4Q**503** 81,3
]◦◦ והצלתנו מחטוא לכה	(VII)	4Q**504** 1-2ii16
יושב אשר החטיום	(XXV)	4Q**522** 9ii10
ולכול חטא אשר יחטא על פי שנים / עדים		11Q**19** LXI,6

sin noun חֵטְא, חֵט

Text	Vol.	Reference
ולא תשא עליו חטא		CD IX,8
והשיב ולא ישא חטא / ויומות		CD XV,4
ולוא תשא עליו]חטא	(XVIII)	4Q**267** 9i3
ואני אכחש לפניך על ח[ט]י	(XI)	4Q**381** 33+35,9
]חטאכמ[ה] / מחשכיה[ ]יצרחו על ריבכם	(XXXIV)	4Q**418** 69ii6
] / חטא[ ]כלת[	(XXXIV)	4Q**418** 101ii2
]עבר חט[א	(XXIX)	4Q**438** 7,2
למות / הייתי בחטאי ועוונותי לשאול מכרוני	(IV)	11Q**5** XIX,10
]אשר יעש[ו]על / [כול אי]ש חטא	(XXIII)	11Q**11** III,7
ובכול אלי אשמות לשאת / חטא אשמה		11Q**19** XXXV,15
יהיו שומרים אותו מכול דבר חט		11Q**19** LVII,10
ולכול חטא אשר יחטא על פי שנים / עדים		11Q**19** LXI,6
כי יהיה באיש חטא משפט מות		11Q**19** LXIV,9
ולנערה לוא תעשו דבר אין לנערה חטא מות		11Q**19** LXVI,6
]חטא עד ע[	(XXXIII)	PAM 43.661 1,1

sinner adjective חַטָּא

Text	Vol.	Reference
בדרכי רשעים] / ומכול שבילי חט[אים	(XVIII)	4Q**266** 2ii3
ולפשעים דרכיך / וחטאים השב אליך	(XXIX)	4Q**393** 1ii-2,7

sin, sin offering noun חֲטָאָה

Text	Vol.	Reference
ל[שאת פשע] עוון וחטאה ולכפר בע[ד עוו]ן		1QH^{a} IV,12
הנדה כור העוון ומבנה החטאה רוח התועה		1QH^{a} IX,22
ומה יספר אנוש חטאתו ומה יוכיח על עוונותיו		1QH^{a} IX,25
יש מקוה לשבי פשע ועוזבי חטאה בה[		1QH^{a} XIV,6
ואכירה]לחטאה ויגון / אשמה		1QH^{a} XIX,20
ולבבי כדונג ימס על פשע וחטאה / [		1QH^{a} 4,14
]א תפלה על חטאתינו / [	(XXII)	4Q**378** 6i4
ומטמא הבית בעוון / החטאה		11Q**19** LI,15
דרוש אדורשנו מידכה / והיה בכה לחטאה		11Q**19** LIII,12
ולוא תדור לוא יהיה בכה חטאה		11Q**19** LIII,12
ח]טאה ה◦[	(XXXIII)	PAM 43.684 98,2

sin, sin offering noun חַטָּאת, חַטָּת

Text	Vol.	Reference
ולא נזרו מעם / ומחטאתם		CD XIX,21
וכול פשעי אשמתם וחטאתם בממשלת / בליעל		1QS I,23
וברוח יושר וענוה תכופר חטתו		1QS III,8
וכול חטאתם ועוונותם ואשמתם		1QS III,22
לכפר על אשמת פשע ומעל חטאת		1QS IX,4
עוונותי פשעי חטאתי {{◦◦◦◦}}עם נעוות לבבי		1QS XI,9
יטהרני מנדת / אנוש וחטאת בני אדם		1QS XI,15
בפשע יעק]ב כול / [זא]ת ובחט[אות בית ישראל	(I)	1Q**14** 1-5,5
חט]אותיך [	(I)	1Q**22** 12,5
בראישונה / את מקד[ש י]שראל בחטאתמה	(V)	4Q**174** 1-2i6
לקחה מיד ◦◦◦◦ כפלים בכול חטותיהא	(V)	4Q**176** 1-2i6
]חטאותינו / [	(V)	4Q**179** 1i15
]חטאתמה ◦[	(V)	4Q**180** 2-4ii5
]ל בחטאת בני אדם ולמשפטים גדולים	(V)	4Q**181** 1,1
דרכיה דרכי מות ואורחותיה שבילי חטאת	(V)	4Q**184** 1,9
וברוח ישר וענו[ה תכופ]ר חט[תו	(XXVI)	4Q**255** 2,2
לכפר על אשמת פשע / [ומע]ל[חטא]ת	(XXVI)	4Q**258** VII,5
ובצדקתו יטהרני מנדת א]נוש וחטאת בני אדם	(XXVI)	4Q**264** 2
[ויכפר עוונם ממנ]חה וחטת ◦[	(XVIII)	4Q**266** 10i13
אשר יביאו את / חטתו ⟦ ⟧[ו]את אשמו	(XVIII)	4Q**266** 11,3
אשר יביאו] את חטאתו ו[את אשמו	(XVIII)	4Q**270** 7i17
אכלתי ומים לוא]שתיתי על כ[ו]ל חטאותיכם	(XIII)	4Q**364** 26bi11
אל קשי העם הזה ואל רשעו ואל חט]אתו	(XIII)	4Q**364** 26c-d,1
ליסרה אתכם שבע על חטוא]תיכם	(XIII)	4Q**365** 25a-c,2
ויספתי עליכם מכה]שבע על חטאותיכם	(XIII)	4Q**365** 25a-c,5
ויסרתי]אתכמ{{ה}} שבע על חטאותיכם[	(XIII)	4Q**365** 25a-c,13
]◦ והיו אוכלים את ◦חטאות / [	(XIII)	4Q**365**a 2i6
ושע]יר חטאת אחד מלבד / [עולת התמיד	(XIII)	4Q**366** 4i2
ושעיר ח]טאת אחד מלבד עולת התמיד	(XIII)	4Q**366** 4i6
ועשה אתם הכהן אחד] / חטאת ואחד עלה	(XIII)	4Q**367** 2a-b,2
]ושעיר עז[ים אחד אשר] / לחטאת יק[ח	(XIX)	4Q**375** 1ii6
]כול חטאות[	(XIII)	4Q**382** 7,4
]תנו וחטא[ות] / [	(XIII)	4Q**382** 13,1
] חטא[ת] ◦◦ וה◦[	(XIII)	4Q**382** 49,9
]לכה וחט[את/אות	(XIII)	4Q**382** 107,2
ל]פי חטאתם[	(XXX)	4Q**387**a 9,4
אלוהינו הסתר / פניך מחט[או]תינ[ו	(XXIX)	4Q**393** 1ii-2,5
ואפ על טהרת פרת החטאת	(X)	4Q**394** 3-7i16
והמזה את [מי] / החטאת	(X)	4Q**394** 3-7i18
ואף על טהרת פרת החט[את	(X)	4Q**395** 8
החט]את [ומוצי]אים [את דשא המזבח	(X)	4Q**397** 3,4
ונעל]ה ממנו [להביא] חטאת	(X)	4Q**397** 6-13,9
ושב אפו ועבר על חטאותכה	(XXXIV)	4Q**417** 2i15
]◦ה חטתו ו[	(VII)	4Q**487** 4,2
כיא כפר מושה / בעד חטאתם	(VII)	4Q**504** 1-2ii10
וחמתכה מעמכה ישראל על כול חט[אתם]	(VII)	4Q**504** 1-2ii11
העבדנו צור בחט[תנו]	(VII)	4Q**504** 1-2v19
ות[ט]הרנו / מחטתנו למענכה	(VII)	4Q**504** 1-2vi3
וסלח[נא]לעווננו ולח[טתנו] / [	(VII)	4Q**504** 4,7
וסלח נא לעווננו ולח]טתנו	(VII)	4Q**506** 131-132,14
]חטתנ[ו	(VII)	4Q**508** 5,2
] נגד כול חטאתנו[	(VII)	4Q**508** 41,1
ח]טאות ◦[	(VII)	4Q**511** 181,2
]חטתי ◦[	(VII)	4Q**512** 29-32,18
]חטאתי ה◦[	(VII)	4Q**512** 28,4
]◦ חטת[	(VII)	4Q**512** 99,2

4Q513 22,2 (VII)]חטת וא[
4Q525 10,4 (XXV)] וענוה ויושר ולחטאת ולתו[ם
11Q5 XIX,13 (IV) סלחה יהוה לחטאתי / וטהרני מעווני
11Q5 XXIV,7 (IV) אל תשפטני כחטאתי
11Q5 XXIV,11 (IV) חטאת נעורי הרחק ממני
11Q6 4-5,14 (XXIII) סלחה יהוה לח[טאתי וטהרני] / [מעווני
11Q19 XVI,12 על עצים באש ?] / במקום מובדל לחטאות
11Q19 XVI,13 ושרפו כולו שמה לבד מחלבו חט[את] / הוא
11Q19 XVI,18 ואת נ[סכו] יקט[י]ר המזבח חטאת קהל הוא
11Q19 XVII,14 ושעיר עזים אחד לחטאת ומנחתמה ונסכמה
11Q19 XVIII,4 והקריבו שעיר]עזים לחטאת ל[
11Q19 XXV,14 שעיר / עזים אחד לחטאת
לבד מחטאת הכפורים
11Q19 XXV,15 ולחטאת הכפורים תקריבו / אלים שנים
11Q19 XXVI,9 פרשו / ישרופו אצל פרו חטאת הקהל הוא
11Q19 XXVI,10 ורחץ את ידיו ואת רגליו מדם החטאת
11Q19 XXVI,12 לכול חטאתמה ונתנמה על רואש השעיר
11Q19 XXVIII,4 ושעיר עזים אחד [לחטא]ת [ומ]נ[חתמה
11Q19 XXVIII,8 ושעיר עזים אחד לחטאת ומנחתם ונסכם
11Q19 XXVIII,11 ושעיר עזים אחד לחטאת למנחתמה
11Q19 XXXV,11 פרור עמודים עומדים / לחטאת ולאשם
מובדלים זה מזה לחטאת הכוהנים ולשעירים
11Q19 XXXV,12 ולחטאות העם ולאשמותמה
11Q19 XXXV,14 למען לוא / ישוגו הכוהנים בכול חטאת העם
11Q19 XXXVII,14 [ו]את החטאות / [

wheat noun **חִטָּה**

4Q251 9,5 (XXXV) אל יאכל א[י]ש חטים חדשים[
4Q364 4b+ei8 (XIII) [וילך ראובן בימי קציר חטי]ם אחר יעקו[ב
4Q378 11,5 (XXII) בב]קעה ובהר ארץ חטה ושער[ה] / [
4Q379 12,7 (XXII) עד חדש קציר חטים / [
11Q19 XI,11 הוא חג] הבכורים למנחת החטים
11Q19 XVIII,14 סו]ל[ת] חמץ חדש בכורים ליהוה לחם חטים
11Q19 XLIII,6 מחג הבכורים לדגן החטים יהיו אוכלים את הדגן

חֹטֶר ← חוֹטֶר

חַטָּת ← חַטָּאת

living, alive adjective **חַי-1**

CD XII,14 והדגים אל יאכלו כי אם נקרעו / חיים
CD XII,15 יבאו באש או במים / עד הם חיים
CD XII,21 למשכיל להתהלך בם עם כל חי
CD XIX,34 ויבגדו ויסורו מבאר מים החיים
1QS IV,26 ו]ל[ה]פיל גורלות לכול חי לפי רוחו ב◦[
1QS IX,12 למשכיל להתהלכ בם עם כול חי
1QS X,17 ואדעה כיא בידו משפט / כול חי
1QS X,18 כיא את אל משפט כול חי
1QH[a] VII,22] ומאתך דרך כול חי
1QH[a] X,20 כי שמתה נפשי בצרור החיים
1QH[a] XII,29 ולהודיע / לכול החיים גבורותיכה
1QH[a] XVI,7 ויפתח למים חיים וגזעו / ויהי למקור עולם
1QH[a] XVI,16 גשם לכול [צמא] ומבוע מים חיים
4Q158 10-12,6 (V)]חמור עד שה חיים אחד שנים ישלם
4Q169 3-4i7 (V) בדורשי החלקות אשר יתלה אנשים חיים / [
4Q169 3-4i8 (V) כי לתלוי חי על העץ [יק]רא הנני אלי[כה
4Q200 6,5 (XIX) וא[מור] / [ברוך אלהים]חי
4Q200 6,9 (XIX) ורוממו] / [אותו לפני כו]ל חי
4Q256 XX,5 (XXVI) וא]דעה כי בי]דו משפט כול חי
4Q256 XX,7 (XXVI) כיא את אל מ]שפט כול חי והואה [ישלם לאיש]

4Q259 III,7 (XXVI) למש[כיל להתהלך בה]ם עם כול חי
4Q260 IV,3 (XXVI) משפט כול חי[בידו ואמת כול מ]עשי[ו
4Q260 IV,6 (XXVI) כ[י]את אל[משפט] / כול חי
4Q266 6i2 (XVIII) וראה הכהן אותו כמראי הבשר החי וכ[
4Q266 6i3 (XVIII) צרעת]היאה האוחז{{ת}}ה בעור החי
4Q266 6i4 (XVIII) והנא נוסף מן החי[אל] / [המת
4Q266 6i10 (XVIII) י{{ש}}ספור הכוהן את השערות המיתות והחיות
4Q266 6i11 (XVIII) וראה אם יו{{ש}}סף מן / {{כ}} החי אל המת
(XVIII) ואם לו ליוסף מן הח[יות] / על המיתות
4Q266 9ii1 (XVIII) יבואו באש או במי]ם עד הם ח[יים
4Q269 7,12 (XVIII)] בעור הח[י
4Q272 1i5 (XVIII) [וראה הכוהן את העור]החי ואת המת[
4Q272 1i10 (XVIII) וראה הכוהן] אותו כמראי הבשר החי [
4Q272 1i11 (XVIII) היא האוח]זת בעור החי
4Q272 1i19 (XVIII) וראה אם יוסף] מן החי אל המ[ת
4Q272 1i20 (XVIII) ואם לוא ליוסף מ]ן החיות אל [המתות] / [
4Q272 1ii16 (XVIII) המים] / החיי[ם] שני[
4Q273 4ii9 (XVIII) [ו]הנה [נוסף מן ה]חי אל[המת
4Q299 6ii2 (XX)] / ועליכם החי ◦[
4Q299 29,3 (XX)]כל חי ובמדה[
4Q365 19,2 (XIII)] / [הבשר הח]י טמ[א הוא צרעת היא
4Q403 1i44 (XI) רו]חי קו[ד]ש קודשים אלוהים חיים[
4Q405 6,5 (XI)]רוחי קוד[ש ק]דשים [אלוהים]חיים[
4Q405 14-15i5 (XI) [ודמו]ת אלוהים חיים מפותח באלמי מבואי מלך
4Q405 14-15i6 (XI) מעשי רוקמות פלא בדני אלוהים חיים ◦[
4Q405 14-15i8 (XI) אלוהים ח]יים מ◦[ ] / [ ]
4Q405 19,4 (XI) [צ]ורות אלוהים חיים צורי רוחות / מאירים
4Q405 19,6 (XI)]אלוהים חיים כול מעשיהם
4Q405 20ii-22,11 (XI) רוחות [א]לוהים חיים מתהלכים תמיד
4Q416 2ii2 (XXXIV) ולתת טרף] / לכל חי ואין ◦[
4Q416 3,2 (XXXIV)]◦◦ כי מאתו נחלת כל חי ובידו פק◦[
4Q417 1i19 (XXXIV) ודע / [ ]ת כול חי והתהלכו הפקוד על מעש[י
4Q417 7,2 (XXXIV) כו]ל חי וזול[ת
4Q418 103ii6 (XXXIV)] / כמקור מים חיים אשר הכיל א[ו]ט◦[
4Q418 180,2 (XXXIV)]ת כול חי[
4Q419 1,10 (XXXVI)] / הוא חי עולם וכב[ו]דו לע[ד
4Q422 I,8 (XIII) לרדות ? בכול הנפ]ש החיה
4Q502 39,2 (VII)]◦ כול חי ק[
4Q504 1-2v2 (VII) עזבו] / מקור מים חיים א[
4Q504 1-2v9 (VII) כיא אתה / אל חי לברכה ואין זולתכה
4Q504 6,22 (VII)]רוח כול חי[
4Q504 8,2 (VII)]קתנו ואתה חי עול[מים
4Q504 8,12 (VII)] אל חי וידכה[
5Q10 1,4 (III) א]שר הוא אל חי והו[א
6Q18 2,5 (III)]ל]חי עולמים ויהי[
11Q5 XIX,2 (IV) חי חי יודה לכה יודו לכה כול מוטטי רגל
(IV) חי חי יודה לכה יודו לכה כול מוטטי רגל
11Q5 XIX,4 (IV) כי בידכה נפש כול / חי
11Q5 XXIV,7 (IV) כי לוא יצדק לפניכה כול חי
11Q5 XXVI,13 (IV) {{ה}}אוכל טוב לכול חי
11Q6 4-5,4 (XXIII) ח[י] חי יודכה לכה
(XXIII) ח[י] חי יודכה לכה
11Q6 4-5,6 (XXIII) כי בידכה נפש כול ח[י
11Q17 VI,5 (XXIII) צורות אלוהי]ם חיים [צורי רוחות מאיר]ים
11Q19 XXVI,11 ובא אל / השעיר החי והתודה על רואשו
11Q19 XLV,16 ורחץ את כול בשרו במים חיים
PAM 43.682 33,2 (XXXIII)] חי עמך[

חיד ← יַחַד

riddle noun חִידָה

1QpHab VIII,6		הלוא כולם משל עליו ישאו ומליצי חידות לו
4Q300 1aii-b,1	(XX)	אמרו המשל והגידו החידה בטרם נדבר
4Q301 1,2	(XX)	מ]של וחידה וחוקרי שורשי בינה
4Q301 2b,1	(XX)	ומה החידה לכמה חו‹ק›רי בשור{{ש}}שי בינה

to live verb חיה

CD III,16		וחפצי רצונו אשר יעשה / האדם וחיה בהם
CD III,17		ויחפרו באר למים רבים / ומואסיהם לא יחיה
CD VII,6		ברית אל נאמנות להם / לחיותם אלף דור
CD XIX,1		] / נאמנות להם לחיותם לאלפי דורות
1QHa XVI,36		קול [לש]ון לימודי∘∘ לחיות רוח כושלים
1Q45 4,1	(I)	] ואחיה[
2Q19 4	(III)	שלושה יובלים חיה ואר[בעה שבועי שנים
4Q163 31,1	(V)	] יחיה[
4Q171 1+3-4iii1	(V)	שבי המדבר אשר יחיו אלף דור בישרה
4Q171 1+3-4iii3	(V)	פשרו א[שר] יחים ברעב במועד ה[תע]ות
4Q200 1i3	(XIX)	מאש]ר לחיות כי חרפות / [שקר שמעתי
4Q200 1ii2	(XIX)	] / חיה לכה בת[יחידה
4Q221 4,7	(XIII)	[כי]א אין לו לחיות {{ים[אחד}} יום אחד בארץ
4Q251 12,4	(XXXV)	נב]לות וטרפה אשר לא חיה כי[
4Q266 1a-b,7	(XVIII)	נסתרו] / מאנוש [מספר י]מים אשר חי כ[ו]ל [
4Q266 11,12	(XVIII)	ומשפטי קודשכה אשר יעשה האדם וחיה
4Q381 31,5	(XI)	כי אחיה [
4Q381 103,2	(XI)	]ויחי בכל[
4Q385 2,8	(XXX)	וי[ח]יו עם רב אנשים ויברכו את יהוה
4Q413 1-2,3	(XX)	מ]שמע אוזניו ומראה עינו בל יחיה
4Q418 88ii7	(XXXIV)	] / בידכה לחיות ונאספתה ביגונ[
4Q426 1i6	(XX)	א/י]חיהו / [← אָח-2
4Q435 5,3	(XXIX)	ו]במשקל[ ]צדקה חיית[ה את רוחי
4Q437 2i13	(XXIX)	ובמשקל]צדקה חיית את רוחי
4Q442 1	(XXIX)	]∘שבע יחיה לעולם אודה / [
4Q504 6,17	(VII)	אשר יעשה אותם ה]אדם וחי בם ב∘[
4Q521 2ii+4,12	(XXV)	כי ירפא חללים ומתים יחיה ענוים יבשר
4Q521 7+5ii6	(XXV)	ולמות יהי[ו כאשר] / [יקי]ם המחיה את מתי עמו
6Q9 27,1	(III)	] למען ת[חיה
11Q19 LI,15		צדק צדק תרדוף למען תחיה
11Q19 LXII,13		לוא תחיה / כול נשמה כי החרם תחרים

animal, beast, creature noun חַיָּה-1

CD XII,12		אל ישקץ איש את נפשו / בכל החיה והרמש
CD XII,13		עד כל נפש / החיה אשר תרמוש במים
1QM X,14		ומבקע תהומות / מעשי חיה ובני כנף
1QHa XVI,8		ובנצר עליו ירעו כול ח[י]ת יער
1QHa XVI,19		מ[בול] / לח ויבש מצולה לכול חיה ועו[ף
1Q16 9-10,3	(I)	פשרו חיית ק[נה היא
1Q34bis 3i4	(I)	בעדי שמים ותנובת ארץ לח[י]ת / [
4Q166 II,19	(V)	ושמתים ליער ואכלתם ח[ית השדה]
4Q179 1i9	(V)	]∘ לחיה ואין ∘[ ]ורחובותיה / [
4Q216 VII,1	(XIII)	[וביו]ם הששי את כל חי[ת הארץ
4Q216 VII,3	(XIII)	ובכל אשר יעופף] / ובחיה ובכל הרמש
4Q220 2	(XIII)	]ואל ת[אכל כל ד]ם לחיה ולבהמה
4Q270 2ii15	(XVIII)	או ישחט בהמה וחיה עבר[ה
4Q305 1ii1	(XX)	ויברא בו חיות[ ]∘[
4Q365 14,2	(XIII)	זואת] / [ה]חיה אש[ר תאכלו מכול הבהמה
4Q367 1a-b,1	(XIII)	החיה הנאכלת ובין החי]ה אשר[לא] / [תאכל
4Q368 10ii7	(XXVIII)	] / חיות וירמסוויו בהמות
4Q381 76-77,1	(XI)	] אלי חיות ועוף הקבצו[
4Q382 105,6	(XIII)	] / ∘החיות ∘∘[
4Q385 6,6	(XXX)	] / נגה מרכבה וארבע חיות חית[

2-חַיָּה ("living creature")

4Q385 6,6	(XXX)	] / נגה מרכבה וארבע חיות חית[
4Q385 6,7	(XXX)	על שתים תלך החיה האחת ושתי רגל[יה
4Q385 6,10	(XXX)	והית[ה יד] / אדם מחברת מגבי החיות
4Q385 6,12	(XXX)	והיה בתוך גחלים חיות כגחלי אש[
4Q385 6,13	(XXX)	] / והאופנים והחיות והאופנים ויה[י
4Q385a 16a-b,5	(XXX)	והשלחת]י החיה בכן ה∘∘[
4Q418 172,8	(XXXIV)	]∘ר מחיות {{וב}}השדה ומגוזל ∘[
4Q418 206,3	(XXXIV)	]מם חיה ועוף כיא / [
4Q422 II,2a	(XIII)	]∘ו אל חיה [
4Q434 7b,3	(XXIX)	עם עוף / [הש]מים וחית הארץ
4Q511 1,4	(VII)	יב[רכו]הו בקציהם / הימים וכול חיתם
11Q12 7,2	(XXIII)	וכול בשר השחית] / [דרכו מאדם עד]בהמה
11Q14 1ii13	(XXIII)	וחיה רעה שבתה מן / [הארץ
11Q19 LX,4		ומכס תרומתמה לעוף ולחיה ולדגים
11Q19 LX,8		ומן הציד לעוף ולחיה ולדגים
PAM 44.102 70,2	(XXXIII)	]ב לחית א∘[

חיט ← חוט

life noun חַיִּים

CD III,20		המחזיקים בו לחיי נצח וכל כבוד אדם להם
CD IV,21		בשתים בזנות לקחת / שתי נשים בחייהם
1QS I,1		]שים לחיו [ספר סר]כ היחד
1QS II,3		ויאר לבכה בשכל חיים ויחונכה בדעת עולמים
1QS III,1		לוא חזק למשוב חיו ועם ישרים לוא יתחשב
1QS III,7		יכופרו כול / עוונותו להביט באור החיים
1QS IV,7		ושמחת עולמים בחיי נצח
1QM XII,3		וברית שלומכה חרתה למו בחרט חיים
1QHa X,17		ויהפוכו לשוחה חיי גבר אשר הכינותה בפי
1QHa XIII,6		ולא עזבתני בזמות יצרי ותעזור משחת חיי
1QHa XV,15		בגבול / [צדיק]ים לשביליך כבוד {{וחיים}}
1QHa XVI,6		עצי / חיים במעין רז
1QHa XVI,12		ולהט אש מתהפכת בל י[בוא ב]מעין חיים
1QHa XVI,14		ויחשוב בלא האמין למקור חיים
1QHa XVI,29		יחפש רוחי כי הגיעו לשחת ח[יי
1QHa XVII,6		] עמד לי / מרחוק וחיי מצד
1QHa XVII,11		ולא גערתה חיי ושלומי לא הזנחתה
1QHa 45,7		]הרשיעו בחייהם [
1Q22 1ii5	(I)	[כי] הוא חי[יכה] ואורך ימ[יכה]
1Q26 3,1	(XXXIV)	] קדושי החים [
1Q35 2,1	(I)	]∘∘ במעין חיים / [
2Q20 1,2	(III)	ואין כול רעה]כול י[מ]י חיי יוסף
4Q181 1,4	(V)	לעדת קודש במעמד לחיי עולם ובגורל עם
4Q181 1,6	(V)	]לחיי ע[ו]ל[ם
4Q185 1-2ii2	(V)	חקרו לכם דרך / לחיים מסלה[
4Q200 2,4	(XIX)	אמת היה[עושה כ]ול ימי ח[ייכה
4Q221 3,1	(XIII)	והנה לוא השלים ארבעה יובלים ב]חיו
4Q222 1,1	(XIII)	] / [כול]ימי חי{{א}}י לא[אקח לי אשה
4Q223-224 2i46	(XIII)	אם[תקרבנה שנ]י לשני חי[יך]
4Q223-224 2ii52	(XIII)	ויכרת מארץ] / הח[יים וזרעו יאבד
4Q223-224 2iii19	(XIII)	ותכבד את יעקוב ובכול י]מי חייה
4Q226 7,3	(XIII)	ויברך יהוה[את ישחק כל ימי] / חיו
4Q228 1i9	(XIII)	חי]י נצח
4Q252 I,1	(XXII)	[ב]שנת ארבע מאות ושמונים לחיי נוח
4Q252 I,4	(XXII)	בשנת שש מאות שנה / לחיי נוח
4Q252 II,1	(XXII)	באחת ושש מאות שנה לחיי נוח
4Q255 1,1	(XXVI)	]ם ל[ח]יו ספר סרכ היחד / [לדרוש
4Q257 III,2	(XXVI)	לוא]חזק[ל]משיב חיו
4Q257 V,5	(XXVI)	ושמחת עולמים בחי]י נצ[ח ו]כליל כבוד
4Q266 6i12	(XVIII)	והגיד נמלא [ד]ם ור[ו]ח החיים עולה ויורדת

Reference	Vol.	Text
4Q270 2ii20	(XVIII)	ואגלה] / לכם דרכי חיים
4Q272 1i7	(XVIII)	והנה רו]ח החיים עולה ויורדת
4Q272 1ii1	(XVIII)	[ו]הגיד נמלא דם ורוח החיים עולה וי[ורדת
4Q298 1-2i3	(XX)	וי]דעים דר[ש]ו[א]לה והשיב[ו לאורח]חיים
4Q299 79,3	(XX)	]דרך חיים[
4Q368 9,3	(XXVIII)	]וחיים ◦[
4Q381 31,8	(XI)	]◦◦◦◦ מספר החי[י]ם[ו]מפחדי יתמו
4Q382 9,10	(XIII)	]ה כול הירד חי[ים שאולה
4Q382 104,7	(XIII)	]ו ב◦◦◦ חיכה הנתתה להם ביד מושה[
4Q385a 17a-eii2	(XXX)	]◦◦ ימי חייהם[ ] / בעפי עץ החיים
4Q385a 17a-eii3	(XXX)	]◦◦ ימי חייהם[ ] / בעפי עץ החיים
4Q391 10,2	(XIX)	מ]לכים בחייהם [
4Q391 10,4	(XIX)	]הלכו בחייהמ[
4Q416 2i5	(XXXIV)	ואל תשמח באבלכה פן תעמל]בחייכה
4Q416 2ii5	(XXXIV)	לנושה בכה בעד רעיכה נת]תה כל חייכה בו
4Q416 2ii21	(XXXIV)	ואתה רוש פן / ⟦ ⟧ תבוז חייכה
4Q416 2iii19	(XXXIV)	]הדר פניהמה / למען חייכה וארוך ימיכה
4Q416 2iv6	(XXXIV)	ואשר ימשול בה זולתכה הסיג גבול חייהו
4Q417 2i10	(XXXIV)	ואל תשמח באבלכה פן תעמל בחיכ[ה
4Q417 2i21	(XXXIV)	ואל תוסף עוד פ[ן תקציר] / ⟦ ⟧ חייכה
4Q417 2ii+23,7	(XXXIV)	לנושה בדה בעד רעיכה ות◦◦◦ה כול ח[ייכה בו
4Q418 7b,4	(XXXIV)	ואל תוסף עוד פן תק]ציר חייכה
4Q418 8,5	(XXXIV)	כו]ל חייכ[ה בו מהר תן אש]ר לוא יקח כיסכה
4Q418 69ii13	(XXXIV)	ובנ[י] / שמים אשר חיים עולם נחלתם
4Q418 71,2	(XXXIV)	]ה החיים / [
4Q418 71,3	(XXXIV)	]◦ בחיים ובך / [
4Q418 88ii2	(XXXIV)	] / בחייכה ושלומכה לרוב שני[
4Q418 91,1	(XXXIV)	]אנה בחייכה [
4Q418 103ii9	(XXXIV)	]חייכה יתמו יחד ובחייכה לוא תמצא
	(XXXIV)	]חייכה יתמו יחד ובחייכה לוא תמצא
4Q418 126ii8	(XXXIV)	] / בכבוד עולם ושלום עד ורוח חיים
4Q418 149,4	(XXXIV)	הת]ענגתה בחי[
4Q434 4,1	(XXIX)	אברך ש]מך בחיי אשר[הצלתני
4Q437 2i4	(XXIX)	על כול זו]את אברך שמך בחיי אשר הצלתני
4Q437 2i11	(XXIX)	ומשאול העלות נפ[ש]י חיים נתתה[לפני]
4Q437 4,4	(XXIX)	]אורח חיים ו[ללכת בא]הבת חסד
4Q439 1i+2,2	(XXIX)	צדי[קי]עמי ולהקים דרך / חיים [
4Q458 1,8	(XXXVI)	]לחיים ושלך המלאך הריש[ו]ן / [
4Q475 1	(XXXVI)	ציו]ן[? י]בחר ובחיי צדק[
4Q502 24,3	(VII)	הר]בות חייך בתוך עם עולמי[ם
4Q504 1-2vi14	(VII)	כול הכתוב בספר החיים[
4Q508 39,1	(VII)	] ואנו חיינו בלב יגון י[ומם
4Q508 39,2	(VII)	]לוא נאמין בחיינו ⟦ ⟧[
4Q511 2i4	(VII)	שמחת] / [ע]ולמים וחיי נצח לאיר אור [
4Q525 15,8	(XXV)	]לוא ישיגו אורחות חיים
6Q18 2,2	(III)	]חיי נצח וכב[וד
11Q19 LVII,18		לבדה תהיה עמו כול ימי חייה
PAM 43.682 39,1	(XXXIII)	]לחיים [

to writhe, birth, wait verb 1-חיל

Reference	Vol.	Text
1QHa XI,8		וחבל נמרץ על משבריה להחיל בכור הריה
4Q171 1-2i17	(V)	[דו]ם ל[יהוה ו]התחולל לו
4Q252 I,15	(XXII)	ויחל עוד שבעת ימים א[חרים]
4Q265 1,4	(XXXV)	[רני עקרה לא ילדה פצחי רנה ו]צהלי לא חלה
4Q393 1ii-2,4	(XXIX)	] [ח]ולל[נו] [

strength, wealth, army noun חַיִל

Reference	Vol.	Text
CD II,17		וגבורי חיל נכשלו בם מלפנים
1QSa I,28	(I)	ואנושי החיל עם / [שרי השב]טים
1QpHab IX,7		ינתן הונם עם שללם ביד / חיל הכתיאים
1QM I,1		להחל בגורל בני חושך בחיל בליעל
1QM I,13		ושלושה יתאזרו חיל בליעל למשוב גורל / [
1QM II,8		יחלוצו / להם אנשי חיל לצאת לצבא
1QM VI,6		לאל ישראל המלוכה ובקדושי עמו יעשה חיל
1QM VI,13		והרוכבים עליהם אנשי חיל
1QM X,6		ולחזיק יחד בכול גבורי חיל
1QM XI,1		ואת גולית הגתי איש גבור חיל
1QM XI,5		ולוא כוחנו ועצום ידינו עשה חיל
		כיא בכוחכה ובעוז חילכה הגדול
1QM XI,7		אויב ירשה וישראל ⟦ ⟧ עשה חיל
1QM XII,11		איש כבוד ושול / שללכה עושי חיל
1QM XII,14		להביא אליך חיל גואים ומלכיהם ישרתוך
1QM XV,2		נגד מלך הכתיים ונגד כול חיל / בליעל
1QM XV,7		חזקו ואמצו והיו לבני חיל
1QM XVII,13		ואנשי הבינים ישלחו ידם בחיל / הכתיים
1QM XIX,3		וש]ול שללכה עושי חיל
1QM XIX,6		]חיל גוים
1QM XIX,10		ג]בורי כתיים והמון אשור וחיל כול הגוים
1QHa XVIII,15		]◦ לך כול החיל ◦[
1QHa XVIII,24		חיל גבורים על רוב עד◦◦[
4Q161 1,3	(V)	]אילי אנשי חילו ופ◦[
4Q169 3-4i10	(V)	פש]רו רובכה הם גדודי חילו א[שר בירושלי]ם
4Q169 3-4iii10	(V)	מים סביב לה אשר חילה ים ומים ח[ו]מותיה
4Q169 3-4iii11	(V)	[פ]שרו הם אנשי [ח]ילה גבור[י מ]לחמתה
4Q175 19	(V)	ברך ◦◦◦◦ חילו ופעל ידו תרצה
4Q266 2ii17	(XVIII)	כי] / גבורי חיל נכש[לו בם מלפנים
4Q270 1,2	(XVIII)	ו]גבורי ח[יל נכשלו בם מלפני]ם
4Q281e 5	(XXXVI)	]פקיד חי[ל
4Q299 10,2	(XX)	] וגב[ו]רי חיל יחזקו מ[עמד
4Q365 6ai7	(XIII)	ואכבדה בפ]רעוה[ובכו]ל חילו ברכבו ובפרשיו
4Q382 31,3	(XIII)	]לקצ יעמוד איש חיל[
4Q385a 17a-eii5	(XXX)	מים סביב לך ח[ילך] ים ומים חמ[תך]
4Q393 3,8	(XXIX)	גבורי{{ם}} החיל ועצומי כח
4Q424 3,8	(XXXVI)	איש חיל יקנא ל◦[
4Q458 2ii3	(XXXVI)	] / ויאבדהו ואת חילו[
4Q460 8,3	(XXXVI)	]בכוחם ומלכים בחיל עוזם ושרים[
4Q491 11i10	(VII)	]חיל / [ ]ם[ ]◦[ ]מים ועצת אביונים
4Q492 1,6	(VII)	פתחי] / שעריך תמיד להביא אל[יך] חיל גוים
11Q19 LVII,9		יראי אלוהים / שונאי בצע וגבורי חיל למלחמה
11Q19 LVIII,17		חמישית העם אנשי המלחמה כול גבורי / החיל

rampart, fosse noun חֵיל, חֵל

Reference	Vol.	Text
4Q175 29	(V)	ושפכו ד]ם כמים על חל בת ציון
4Q522 22-25,5	(XXV)	יהי שלום] בח[י]לך [ש]ל[ו]ם באר[מנותיך
11Q19 XLVI,9		ועשיתה חיל סביב למקדש רחב מאה באמה

חֵילְכָא ← חֵלְכָא

חִינָּם ← חִנָּם

wall noun חַיִץ

Reference	Vol.	Text
CD IV,19		בוני החיץ אשר הלכו אחרי צו
CD VIII,12		ובכל אלה לא הבינו בוני החיץ וטחי התפל
CD VIII,18		ובשנאו את בוני החיץ חרה אפו
CD XIX,25		ובכל אלה לא הבינו בוני / החיץ וטחי תפל
CD XIX,31		ומתעב אל את בוני החיץ וחרה {{אפ}} אפו
4Q424 1,3	(XXXVI)	] חיץ יבחר לבניתה ותפל טח קירו
PAM 43.684 92,2	(XXXIII)	]וחיץ אשר ה[

outer adjective חִיצוֹן

3Q15 VIII,4	(III)	בגי החיצונא בתך חרה / על האבן
11Q19 XXI,3		ביום הזה בחצר החיצו]נה לפני יהוה
11Q19 XXII,13		ביום הזה בחצר החיצונה / לפני יהוה
11Q19 XXXVII,9		אצל קיר [החצר] החיצון
11Q19 XLVI,3		גגי השערים [אשר] / לחצר החיצונה
11Q19 XLVI,5		רובד סביב לחוץ מחצר החיצונה
11Q20 XII,16	(XXIII)	גגי השערים אשר]לחצר החי[צונה

bosom, embrace noun חֵיק

1QH[a] XV,21		]וכשעשע עולול בחיק / אומניו
1QH[a] XVII,31		ובחיק אומנתי [
1QH[a] XVII,36		וכאומן בחיק תכלכל לכול מעש[י]כה
4Q415 2ii3	(XXXIV)	] / כול היום ובחיקו בר[
4Q416 2ii21	(XXXIV)	ח]יקכה
4Q416 2iv5	(XXXIV)	ואתה ליחד עם אשת חיקכה
4Q416 2iv13	(XXXIV)	] / אשת חיקכה וחרפ[
4Q418 10a-b,7	(XXXIV)	[ואתה ליחד עם אשת]חיקכה
4Q486 6	(VII)	]◦ ובחיקכם / [
4Q509 134,1	(VII)	]◦ ◦מ◦ם וחיק[
11Q19 LIV,20		בנכה או בתכה / או אשת חיקכה או ריעיכה
PAM 43.678 51,2	(XXXIII)	]מחיק[

חיר ← חור

חִירוֹם ← חִירֹם

Hiram proper noun חִירֹם

PAM 44.102 25,1	(XXXIII)	]◦◦ חירם עש◦[

roof of mouth noun חֵךְ

1QH[a] XIII,31		קדרות לבשתי ולשוני לחך תדבק
4Q429 3,4	(XXIX)	קדרות לבשתי] / [ו]לשוני לחכי דבקה

to wait, be patient verb חכה

1QpHab VII,9		אם יתמהמה חכה לו כיא בוא יבוא
4Q163 23ii8	(V)	ולכן יחכה אדוני לחנ[נכ]מה
4Q163 23ii9	(V)	אשרי כול חוכי לו
4Q163 23ii14	(V)	] / כיחכה איש גדוד[ים חבר כהנים
4Q200 4,7	(XIX)	ויומר רעואל לטוביה בני / חך אתי
4Q381 31,7	(XI)	תגיר]לחכי עלידי חרב ביום עברה
4Q403 1i23	(XI)	וברך לכול חוכי לו בשבעה דבר[י]פלא
4Q404 2,4	(XI)	וברך לכול חוכי לו [בש]בעה דברי פ[לא
4Q405 13,6	(XI)	[וברך]לכול ח[וכי]ל[ו

hook noun חַכָּה

1QpHab V,13		בח]כה יעלה ויגרהו בחרמו

to be wise verb חכם

4Q380 4,3	(XI)	] / החכים ל[
4Q511 3,4	(VII)	וכחכום[

wise adjective חָכָם

CD VI,3		ויקם מאהרן נבונים ומישראל / חכמים
1QSa I,28	(I)	כול / ח[כמי]העדה והנבונים והידעים
1QSa II,16	(I)	ראשי א[בות הע]דה עם חכמ[י עדת הקודש
1QH[a] IX,35		שמעו / חכמים ושחי דעת ונמהרים
1QH[a] XI,14		וחכמיה כולמו כמלחים במצולות
4Q225 3i11	(XIII)	]עלמו [ ]וחכם / [
4Q249f 1-3,6	(XXXVI)	ראשי אבות העדה]עם חכמ[י עדת הקודש]
4Q266 3ii10	(XVIII)	ויקם מאהרון נ]בונים ומישראל [ח]כמים
4Q267 2,8	(XVIII)	ויקם / [מאה]רון נבונים ומישראל חכמים
4Q299 3aii-b,4	(XX)	] / חכם וצדיק כי לוא לאיש[
4Q301 2a,1	(XX)	] / משפטי כסיל ונחלת חכמ[ים
4Q302 2ii2	(XX)	הבינו נא בזאת החכמים
4Q411 1ii7	(XX)	] / מי חכם ו◦[
4Q418 81+81a,20	(XXXIV)	וכול חכמי לב השכילו[
4Q428 6,2	(XXIX)	] / חכמים בערמתם
4Q432 5,1	(XXIX)	וח[כמיהם למו] / [כמלחים במ]צולו[ת
4Q436 1a+bi2	(XXIX)	לעשות כלי דעת לתת לחכמים דעה
4Q468a 2	(XXXVI)	כ]ול חכמי לב[
4Q525 5,8	(XXV)	כי חכמ[ים
4Q525 23,4	(XXV)	כי אני חכ[ם
4Q525 A,1	(XXV)	]◦י חכמ[
11Q5 XXVII,2	(IV)	יהי דויד בן ישי חכם ואור כאור השמש
11Q19 LI,14		ומעור / עיני חכמים ועושה אשמה גדולה

wisdom noun חָכְמָה, חוֹכְמָה, חוֹכְמָא

CD II,3		אל אהב דעת חכמה ותושייה הציב לפניו
1QS IV,3		וטוב עולמים ושכל ובינה וחכמת גבורה
1QS IV,18		ברזי שכלו ובחכמת כבודו נתן קץ להיות עולה
1QS IV,22		וחכמת בני שמים להשכיל תמימי דרכ
1QS IV,24		יתהלכו בחכמה ואולת וכפי נחלת איש
1QH[a] V,9		]אתה גליתה דרכי ◦◦◦ מעשי רע חוכמה ואולת[
1QH[a] IX,7		ובחכמתכ[ה] ה[כינותה דורות]עולם
1QH[a] IX,14		]◦ביהם הכינותה בחוכמתכה
1QH[a] IX,19		]ה ובחכמת דעתכה הכ[י]נותה תע[ו]דתם
1QH[a] XI,15		כי תתבלע / כול חכמתם בהמות ימים
1QH[a] XVII,17		ולכבודכה אין[חקר ו]לחכמתכה אין מדה
1QH[a] XVII,23		כי ברז חכמתכה הוכחתה בי
1QH[a] XVIII,2		ולא יתבונן כול בחוכ[מתכה] / [
4Q161 8-10,12	(V)	ונח]ה עלו ר[וח] / [יהוה רוח חכמ]ה ובינה
4Q171 3-10iv3	(V)	פי צדיק יהגה] חכמה ולשונו תדבר / [משפט
4Q286 1ii6	(XI)	ומעשי פלאים סוד חוכמא ותבנית דעה
4Q299 3aii-b,5	(XX)	חכמה נכחדת כי] / אם חוכמת עורמת רוע
4Q299 17i2	(XX)	]מחוכמה / [
4Q299 42,4	(XX)	]◦ החכמה[
4Q300 1aii-b,3	(XX)	]כי לא הבטתם בשורש חוכמה
4Q300 1aii-b,4	(XX)	]כל חוכמת[כ]ם כי לכם המ◦[
	(XX)	] שמו כי[מ]ה היא חכמה / נכחדת[
4Q300 3,3	(XX)	] / כל חוכמתם
4Q300 5,5	(XX)	]ה חכמה נכחדת[כי] אם / [
4Q365 10,4	(XIII)	ואמלא אותו רוח אלו]הים בחכמה ובתבונה
4Q372 3,2	(XXVIII)	]ך חכמה ובינה הל◦[
4Q372 4,3	(XXVIII)	]חכמה ועשיתי / [
4Q380 6,2	(XI)	] ואת חכמתו ואת דעת[ו
4Q381 76-77,8	(XI)	]◦◦ דברי ותשכילו לחכמה מפי תצא ותבינ[ו
4Q411 1ii1	(XX)	]לו / [ו]תשמח בחכ[מה/ת
4Q413 1-2,1	(XX)	] / מזמת ד[עת מצאו] וחוכמה אלמדכמה
4Q416 2ii12	(XXXIV)	ברצונו תחזיק עבודתו וחכמת אוטו / [
4Q417 1i6	(XXXIV)	ואז תדע אמת ועול חכמה / [ואול]ת ת[
4Q417 1i9	(XXXIV)	לכל חכ]מה ולכל[ע]רמה יצרה
4Q418 8,13	(XXXIV)	תחזיק]עבודתו וחכמת אטו[
4Q418 81+81a,15	(XXXIV)	ואתה מבין אם בחכמת ידים המשילכה
4Q418 81+81a,19	(XXXIV)	ושבעתה ברוב טוב ומחכמת ידיכה[
4Q418 102a+b,3	(XXXIV)	]מבין באמת מיד כול חכמת ידי{{ם}}כה [
4Q418 126ii5	(XXXIV)	וגם לוא נהיו בלוא רצונו ומחוכ[מתו
4Q418 137,2	(XXXIV)	ח]כמת ידים יוסף לכה[
4Q418 139,2	(XXXIV)	]בחוכמת ידיכה / [
4Q418b 1,4	(XXXIV)	[ינועו] ויחגו כשכור וכול ח[וכמתם תתבלע

4Q421 1ai2 (XX) יביא את כול ח]כמתו ודעתו ובינתו
4Q421 1aii-b,10 (XX)]נשׂ[ ]לשׂאת / עול חכמ[ה
4Q424 3,6 (XXXVI) כי נסתרה חכמת לבו ולוא ימשול ב[ה
4Q424 3,7 (XXXVI)] / חכמת ידיו לא ימצא
(XXXVI) איש ידע יפיק חכמה [
4Q428 19,5 (XXIX)] רשעתם בחכמ[ת כבודכה
4Q432 5,2 (XXIX) כי] תתבלע כול חוכמתמה בה[מות ימים]
4Q487 2,8 (VII)]אמת וחוכ[מה
4Q509 16,7 (VII)]חכמתנו ◦◦ל◦[ ]◦ / [
4Q509 55,2 (VII)] חכמתכה[
4Q525 1,1 (XXV) אשר דב]ר בחוכמה אשר נתן לו אלוה[ים
4Q525 1,2 (XXV) לדע]ת חוכמה ומו[סר] להשכיל[
4Q525 2ii+3,3 (XXV) אשרי אדם השיג חוכמה
4Q525 23,6 (XXV)] / בערם מדעת חוכמה [
11Q5 XVIII,3 (IV) כי להודיע כבוד יהוה נתנה חוכמה
11Q5 XXVI,14 (IV) ברוך עושה / ארץ בכוחו מכין תבל בחוכמתו
PAM 43.671 39,2 (XXXIII)]חכמה ◦[
PAM 43.686 9,1 (XXXIII)]ל חוכמה[ ]◦[

חֵל ← חַיִל

milk noun חָלָב
4Q378 11,6 (XXII) כי ארץ זבת חלב ודבש[ ] / [
4Q385a 14,1 (XXX)]חלב ודבש / [
5Q13 24,1 (III)] חלב ודבש ומצר◦[

fat noun חֵלֶב-1
CD IV,2 בתעות בני ישראל / מעליהם יגישו לי חלב ודם
1QS IX,4 ולרצון לארצ מבשר עולות ומחלבי זבח
4Q219 I,34 (XIII) ואת כו]ל ה[ח]לב / [אשר על הקרבים
4Q219 I,35 (XIII) ואת הכליות ו]כול החלב אשר עליהן
4Q220 6 (XIII) ואת החלב[אשר על] / [הקרב
4Q220 7 (XIII) וא]ת ה[ח]לב אשר על הקרבים
4Q238 3 (XXVIII)]חלבים חלה הם[
4Q251 12,5 (XXXV)]ל[ ]ת לנכרי[ ]וחלבה לעשו]ת
4Q258 VII,5 (XXVI) ולרצון לאר[ץ מבשר] עלות וחלבי זבחים
4Q270 1aii1 (XVIII) יג]ישו[לי] חלב ודם
4Q270 3aii2 (XVIII) א]ת חלב הדגן [
4Q365 9bii4 (XIII) ולקחתה מן [האיל] את כול ה[ח]לב ואת[
4Q374 10,4 (XIX)]מחלבי מריא[ים
4Q381 1,9 (XI) וכל אשר להם לאכל חלבי כל וגם[
4Q394 3-7i14 (X)] / שהמנ[חה נאכלת] על החלבים
11Q19 XV,7 ואת שתי] / הכליות ואת [ה]חלב [אשר עליהנה
11Q19 XVI,7 [את כול] החלב אשר על הקרב
11Q19 XVI,8 ואת שתי] / [הכל]ות ואת החלב אשר עליה[נה
11Q19 XVI,13 ושרפו כולו שמה לבד מחלבו חט[את] / הוא
11Q19 XVI,15 בדמו ובחלבו כאשר עשה לפר הראישו[ן
11Q19 XX,5 ואת כול החל[ב] אשר על הק[רבים]
11Q19 XX,6]הכליות יסירנה ואת החלב [אשר] ע[ליהנה
11Q19 XXII,6 וא]ת חלבמה יקטירו על מזבח ה[עולה
11Q19 XXII,7 [ומנחתמה]ונסכמה יקטירו על החלבי[ם
11Q19 XXIII,14 ואת חלבו יקטיר המזבח
החלב המכסה את / הקרב
11Q19 XXIII,16 הכליות / יסירנה ואת החלב אשר עליהמה
11Q19 XXVI,7 ואת חלבו ואת מנחת / נסכו יקטיר על מזבח
11Q19 LII,21 דמו על יסוד מזבח העולה ואת חלבו יקטירו
11Q20 I,15 (XXIII) ואת ש]תי הכליות ואת החלב אשר עלי[הנה
PAM 43.668 1,3 (XXXIII)] / חלבמ[

חֶלֶד ← חוֹלֶד

to entreat, be sick, weak verb חלה
CD VIII,4 כי יחלו למרפא
1QH^a VIII,20 ואחלה פניך ברוח אשר נתתה [בי]
1QH^a XIX,22] ואין נגע להחלות
2Q23 3,3 (III)] חולה כ◦[
4Q160 3-4iii1 (V) מחלה את[
4Q418 130,2 (XXXIV)] / חולים פעולת[
5Q25 1,1 (III) חולה[

bread noun חַלָּה
4Q238 3 (XXVIII)]חלבים חלה הם[
4Q251 9,4 (XXXV) ולחם] / בכורים הוא חלות החמץ
4Q270 3ii19 על שתי] חלות התרומה לכל בתי ישראל
11Q19 VIII,8 ואפיתה אותם שתים עשרה חל]ות
11Q19 XVIII,15 שני]עשרונים סולת תה[יה]החלה האחת
11Q20 I,17 (XXIII) וחלת לחם שמן אחת ורקיק[אחד
PAM 43.693 72,2 (XXXIII)]סלת חל]ות

dream, illusion noun חֲלוֹם, חֲלֹם
4Q88 VIII,13 (XVI) קחי חזון [נ]אמר עליכי חלמת / נביים תתבעך
4Q223-224 2v22 (XIII) ויגיד לפניו את ה]חלומות
11Q5 XXII,14 (IV) קחי חזון / דובר עליך וחלמות נביאים תתבעך
11Q11 V,7 (XXIII) פניך פני / [שו]א וקרניך קרני חלו[ו]ם
11Q19 LIV,8 אם יקום בקרבכה נביא או חולם חלום
11Q19 LIV,11 הנביא ההוא או לחולם החלום ההוא
11Q19 LIV,15 חולם החלום יומת כי דבר סרה / על יהוה

window, niche noun חַלּוֹן
4Q200 1ii5 (XIX)] / [הח]לון ות[ח]תנ[
4Q252 I,13 (XXII) ויפ]תח נוח את חלון התבה
4Q254 1,2 (XXII)] / על הפתחים והח]לונים
11Q19 VI,5] עשר אמות כול גובה הכיור והחלונים
11Q19 XXXIII,11 וכול הבית הזה כולו קירו עשוי חלונים פנימה

Holon proper noun חלון
KhQ1 15 (XXXVI) מן] / חלון [

part, portion, division noun חֲלוּקָּה
4Q491 1-3,6 (VII) וב]חלוקותמה מ[

anguish noun חַלְחָלָה
1QH^a XVIII,33 ויתהולל לבי בחלחלה ומותני ברעדה
4Q177 14,3 (V) ו]פיק[ב]רכים וחלחלה בכול מתנ[ים
4Q385b 1,3 (XXX) ותהי חלחלה[ ]בפוט ותהי חרב במ[צרים]
4Q525 15,3 (XXV)]שרף ובחלח[ל]ה ידולל פתן בעליו[ן

חֳלִי ← חוֹלִי

link, joint noun חליא
3Q15 I,7 (III) בירך קרקעו סתום בחליא / נגד הפתח העליון

flute noun חָלִיל-1
1QS X,9 וחליל שפתי אשא בקו משפטו
1QH^a XIX,23]לה וחליל תהלה לאין / השבת
4Q162 II,3 (V) והיה כנור ונבל ותוף וחליל יין משתיהם
4Q434 1i10 (XXIX) מליהם במשקל תכן וישרם כחלילים

change, reserve noun חֲלִיפָה
1QS VI,7 תמיד {על יפות} <חליפות> איש לרעהו
1QM XVI,12 לצאת מערכה אחרת חליפה למלחמה

] / מ[ ] וּרֿ[ ]◦ אשמה **בחללם** [	(VII)	4Q**513** 2ii6
איש]אשר לא **החל** לטהור ממקֿ[ר]וֿ	(VII)	4Q**514** 1i4
אשר לא **החל** לטהוֿר ממקרו	(VII)	4Q**514** 1i7
ולוא **יחל**[לו את מק]דֿש אלוהׂיהמה		11Q**19** XXXV,7
באים בלע אל תוך / מקדשי ולוא **יחללוהו**		11Q**19** XLVI,11
ולוא **יחל** דבריו ככול היוצא מפיהו יעשה		11Q**19** LIII,15
העם מגדול ו]עֹד קטן **יחלו** לשתות יין חדש	(XXIII)	11Q**20** V,10

slain, defiled adjective **חָלָל**

אנשי הבנים וחצוצרות תרועות **החללים**		1QM III,1
ועל חצוצרות **החללים** יכתובו יד גבורת אל		1QM III,8
גבורת אל במלחמה להפיל כול **חללי** מעל		
ימין אל מועד אל מהומת אל **חללי** אל		1QM IV,7
יכתובו / זיקי דם להפיל **חללים** באף אל		1QM VI,3
יכתובו שלהובת חרב אוכלת **חללי** און		
מחזיקי מגן וכידן להפיל **חללים** במשפט אל		1QM VI,5
]לֿ וֹלשפוך דם **חללי** אשמתם		1QM VI,17
וכול מפשיטי **החללים** ושוללי השלל		1QM VII,2
והכוהנים יריעו בשש חצוצרות / **החללים**		1QM VIII,9
יצאו / זרקות המלחמה להפיל **חללים**		1QM VIII,11
ח֯]ללים֯ / [		1QM VIII,19
] / יחלו ידם להפיל **בחללים**		1QM IX,1
והכוהנים יהיו מריעים בחצוצרות / **החללים**		1QM IX,2
ובנפול **החללים** יהיו הכוֹ[הנ]ים מריעים		1QM IX,7
ולוא יבואו / אל תוך **החללים** להתגאל		1QM IX,8
ידכה בעורף אויביכה ורגלכה על במותי **חלל**		1QM XII,11
ואחר העלותם מעל **החללים** לבוא המחנה		1QM XIV,2
סדרו שם המערכה לפני נפול **חללי** האויב		1QM XIV,3
ח]צוצרות **החללים** קול חד טרוד לנצח מלחמה		1QM XVI,7
הקול יחלו ידם להפיל **בחללי** כתיים		1QM XVI,8
[והכוהני]ם יהיו מריעים בחצוצרות **החללים**		1QM XVI,9
וחללי הבינים יחלו לנפול ברזי		1QM XVI,11
]**חֿלליכם** כיא מאז שמעתםֿ / בֿרֿזי אל		1QM XVI,15
והכוהנים יריעו בחצוצרות / **החלליםֿ**		1QM XVII,13
קו]לֿ[הת]רֿועה יחלו להפיל **בחלליהם**		1QM XVII,14
והכוהנים / יהיו מריעים בֿ[חצוצרות **החללי]םֿ**		1QM XVII,15
] לֿ[ ]◦ל **חללים** / [ ]◦ אל ◦[		1QM XVII,16
וחיל כול הגוים הֿנקהלים אםֿ[ ]◦◦ **חללים** / [		1QM XIX,10
ע]לֿ[**ח]לֿלֿי** כתי[ים		1QM XIX,13
ונפלו]**חֿללים** רבים [	(III)	2Q**23** 1,11
להוב / וברק חנית ורוב **חלל** וכבוד פגר	(V)	4Q**169** 3-4ii4
ואין קץ לכלל **חלליהם** ואף בגוית בשרם	(V)	4Q**169** 3-4ii6
כיא ימצא]**חֿלל** אשר יפול ב[שדה	(XXXV)	4Q**251** 18,3
ח]לֿלֿ[י כתֿייםֿ[ ]לֿ[ ]	(XXXVI)	4Q**285** 7,6
]קֿ[ ]ל **חלליהֿ**[ם	(XXXVI)	4Q**285** 10,6
וֹשלמה כמשפטֿ המת או **החלל** הוֹאֿ	(X)	4Q**396** 1-2iv3
ושלמה כמ]שֿ[פ]ט המת או **החלֿ[ל]** / [הוא]	(X)	4Q**397** 6-13,11
הבינים יחלו ידמה להפי]ל **בחללי** האשמה	(VII)	4Q**491** 1-3,13
יחלו] / **חללי** המצרף לנפול בֿ[רזי] אל	(VII)	4Q**491** 10ii11
וחללי הבינים יחלו לנפולֿ[ברזי אל	(VII)	4Q**491** 11ii9
[קול התרועה יחלו להפ]יֿל **בחללי** האשמֿהֿ	(VII)	4Q**491** 11ii23
יריעו לנצח] / [מלחמה בח]צֿוצרות **החללים**	(VII)	4Q**491** 13,6
יחלו ידמה להפי]ל **בחללים**	(VII)	4Q**491** 18,4
אם מ]תֿו רֿוֿבֿ **חלל[י]םֿ** לאֿין מֿ[קב]רֿ	(VII)	4Q**492** 1,10
]◦ יֿחֿדֿ בֿעֿוֿמֿדם על **חללי**[כתיים	(VII)	4Q**492** 1,12
והכוהנים יצאו מבין **החללים** וֹעמֿ[דו מזה ו]מֿזֿהֿ	(VII)	4Q**493** 4
יחללו שמן כהונתםֿ[בדם **הח]לליֿ**[ם]	(VII)	4Q**493** 5
כֿי ירפא **חללים** ומתים יחיה	(XXV)	4Q**521** 2ii+4,12
]◦פֿ[ ] **חלֿלֿי**	(XXIII)	11Q**14** 1i15
בעצם אדם מת **ובחלל** חרב / או במת		11Q**19** L,5

]◦[ ]◦מיוֿ **חל[י]פה** להֿיוֿת[	(III)	3Q**5** 1,1
]◦ה **חליפה** היא כל אשר הכרת ע[ליו	(XXXV)	4Q**251** 18,5
[ויצאו]**חֿליפות** למלחמה	(VII)	4Q**491** 1-3,12
לצֿאת מערכה אחרת **חליפה** למֿ[לחמה	(VII)	4Q**491** 11ii10

unfortunate, wretched adjective **חֵלְכָא, חֵילְכָא**

התיצבתי בגבול רשעה / ועם **חלכאים** בגורל		1QH[a] XI,25
ומכמרת **חלכאים** על פני מים		1QH[a] XI,26
ולא תתעם ביד **חלכאים** / כזומם למו		1QH[a] XII,25
בקום רשעים על בריתך / **וחלכאים** על ד֯ב֯רכה		1QH[a] XII,35
] / **חֿלכאיםֿ** [על] פני מים	(XXIX)	4Q**432** 6,1
סבבונו **חילכיא** עמכה בלשון שקרמה	(VII)	4Q**501** 4

חֵלְכָה ← חֵלְכָא

to profane, begin verb **חלל-1**

אל **יחל** איש את השבת על הון ובצע		CD XI,15
וכל אשר יתעה / **לחלל** את השבת		CD XII,4
וֹאםֿ ישבֿעֿ וֹעבר **וחלל** את השם		CD XV,3
אשר **החלו** אנשי היחד לתיסר בם		1QS IX,10
משלוח יד בני אור **להחל** בגורל בני חושך		1QM I,1
יחלו ידם להפיל בחללים		1QM IX,1
[לו]אֿ **יחלו** שמן משיחת כהונתם בדם / גוי הבל		1QM IX,8
ועם צאת הקול **יחלו** ידם להפיל בחללי כתיים		1QM XVI,8
וחללי הבינים **יחלו** לנפול ברזי אל		1QM XVI,11
[ועם צאת קו]לֿ[הת]רֿועה **יחלו** להפיל בחלליהם		1QM XVII,14
]**חללו**[	(V)	4Q**179** 3,2
]ויפרעו ביד רמה **להחל**[	(V)	4Q**182** 1,3
]**יחלו** [	(XXXV)	4Q**249** 13,7
] **החיל** [	(XXXV)	4Q**251** 1-2,6
עליתה / משכבי אביכה אז **חללתה** יצועיו עלה	(XXII)	4Q**252** IV,5
]◦וֹ **חולל** מבֿ◦[	(XXII)	4Q**254** 3,8
] / **לחללה** בטמאתם	(XVIII)	4Q**266** 5ii6
]וֹהרֿ[וחו]תֿ אֿוֹ אשר **יחלל** את השם / [	(XVIII)	4Q**270** 2i11
]הֿ או אשר י[**חלל** ?] / [	(XVIII)	4Q**270** 2i19
וכול אשר יתעה **לחלל** את השבת	(XVIII)	4Q**271** 5i19
יחל להפיל את תחנוֹנו	(XXXV)	4Q**274** 1i1
כול אורה להגלות] / וֹכן **יחל** לה[כסות	(XXVIII)	4Q**317** 1+1aii29
כֿוֹל אורהֿ[להכסות וכן] / [י]**חֿל** להגלוֿת	(XXVIII)	4Q**317** 2,29
]ראה הֿ[**חלותי** תת לפניכה את סיחון	(XIII)	4Q**364** 24a-c,3
] ◦**החל** יא◦[	(XIX)	4Q**374** 16,3
]שֿה **מחללי** הברית מט[מאי	(XXX)	4Q**383** A,2
[ותשכחו את]מֿועדי בריתי **ותחֿ[ללו** את שמי	(XXX)	4Q**385**a 3a-c,6
]◦◦◦ [וי]**חֿלל[ו** ש]םֿ אלהים ל[טמא]	(XXX)	4Q**385**a 18ia-b,11
ותשכחו את מועדי בריתי]**ותחללֿ[ו**]אֿת [שמי	(XXX)	4Q**387** 1,3
]המה במעלם אשר[מעלו] **לחלל** את ש[ם קדשי	(XXX)	4Q**387** A,1
ותשכחו את] / [מועדי ברי]תי **ותחל[לו** את שמי	(XXX)	4Q**388**a 3,5
וי[ח]ל[ו] להריב אלה באלה שנים שבעים	(XXX)	4Q**390** 2i6
ובבני[נכר]**וֹחֿללֿ[ו**]אֿת זר[ע]ם	(XXX)	4Q**390** 2i10
] / [**יח]ללו** בה וֹ[א]תֿ מזֿבֿ[ח	(XXX)	4Q**390** 2ii11
] / הנא **החלתי** לֿ[	(XX)	4Q**411** 1ii4
ש]מֿכֿהֿ [ה]גדול ואל **יחלֿ**[	(XXIX)	4Q**451** 1
]◦[ ]◦[ ]◦[ ]◦◦◦ם **חללוֹ**[	(XXXVI)	4Q**469** 3,5
יחלו אנשי הבינ[י]םֿ[ידמה להפיל בחללי כתיאים	(VII)	4Q**491** 10ii9
יחלו ידמ[ה להפיל בחללי כתיאים	(VII)	4Q**491** 11ii7
וחללי הבינים **יחלו** לנפולֿ[ברזי אל	(VII)	4Q**491** 11ii9
] שנה **יחל[ו**	(VII)	4Q**491** 20,3
ולוא **יחללו** שמן כהונתםֿ[בדם הח]לליֿ[ם]	(VII)	4Q**493** 5
]וֹהֿ[**ח]לֿ[ו]** / לשלוח יד בֿמלחמה	(VII)	4Q**493** 7
] / הזֹנות מאכֿליהם נשא עוון כי **החל** כו[	(VII)	4Q**513** 2ii5

וכול זקני העיר ההיא הקרובה אל החלל		11Q19 LXIII,4
בעצם אדם] / מת ובחׄ[לל חרב או במות	(XXIII)	11Q20 XIV,9
]חׄלליכׄ[ם	(XXXIII)	PAM 43.694 57,2

to dream, be strong verb **חלם**

אל תירׄאׄי אמׄיׄ והחלמי[כי אעשה רצונך	(XIII)	4Q222 1,2
ובימים ההמה פרעוה חל[םׄ ש[ני חלומות	(XIII)	4Q223-224 2v18
ל]החלימם ולעוזרם ברוח גׄ[בורתו	(XIX)	4Q470 3,4
נמתי / [ואי]שנה חלמתי גם [הקיצותי	(IV)	11Q5 XXIV,17
אם יקום בקרבכה נביא או חולם חלום		11Q19 LIV,8
דבר הנביא ההוא או לחולם החלום ההואה		11Q19 LIV,11
והנביא ההוא או חולם החלום יומת		11Q19 LIV,15

חֲלֹם ← חֲלוֹם

clay, cement noun **חֲלָמָה**

והנושא] / [אׄ[ת [כלי] החלמהׄ [אשׄ]ר כפרו בם	(XXXV)	4Q277 1ii4

flint noun **חַלָּמִישׁ**

יסודי הרים לשרפה ושורשי חלמיש לנחלי זפת		1QH[a] XI,31
יכו שרשיו בצור חלמיש ו[		1QH[a] XVI,23
ושורשי ח]לׄ[מיש לנח]לׄי זׄפׄתׄ[	(XXIX)	4Q428 5,7

to pass, renew verb **1-חלף**

אז חלף רוח ויעבר וישם זה כוחו		1QpHab IV,9
ועל ענוים רוחו תרחף ואמונים יחליף בכחו	(XXV)	4Q521 2ii+4,6

in exchange for preposition **2-חֵלֶף**

וערפו שמה את עגל]הׄ בׄ[נח]לׄ חלף הנפש את [	(XXXV)	4Q251 18,4
] חלף משכוׄר[	(XXXIV)	4Q418 252,2

to deliver, withdraw, equip verb **חלץ**

ואם יפתח צרתי ומשחת יחלצ נפשי		1QS XI,13
מכול שבטי ישראל יחלוצו / להם אנשי חיל		1QM II,7
ובשני השמטים לוא יחלוצו לצאת לצבא		1QM II,8
ועתה יהוה עד מתי חונני חלצה נפׄ[שי	(V)	4Q177 12-13i3
]תׄחׄלׄץ ◦[	(V)	4Q184 3,1
]חלׄץ אתׄ[	(XXXV)	4Q249 1,2
] לוא חלצכ[	(VII)	4Q505 125,3
וחלצכה מכול רע ואׄל יבואכה פחד ◦[	(XXV)	4Q525 14ii12

loins noun **חֲלָצַיִם**

צדק אזור [מותניכה ואמונ]הׄ אזור חלׄציכהׄ	(I)	1QSb V,26

to be smooth, flatter verb **1-חלק**

כׄיׄ[א] דׄבׄרים החליקו למו ומליצי רמיה הׄתׄעׄוׄם		1QH[a] XII,7
] / וקלס תחלׄ[י]ק ולהליץ יחד בש[וא] עול	(V)	4Q184 1,2

to divide, share verb **2-חלק**

אׄחלקה / חוק בקו עתים ו[		1QS X,25
פשרו אשר המה מחלקים את עולם ואת / מסם		1QpHab VI,6
תחלק המלחמה על כול בני חם / לׄ[		1QM II,13
תחלק המלחמה על כולׄ[בני יפ]תׄ בׄמׄוׄשׄבותיהם		1QM II,14
ונחל[קו] על כול האויב לרדף כלה		1QM IX,6
מערכות המלחמה ונחלקו על כול מׄ[		1QM XVIII,4
]◦ אשׄר יׄחלקוׄ[	(I)	1Q16 3-7,5
ועבדיהם נחל]קים לארבע / [רוחות הבירה	(XIII)	4Q223-224 2iv20
א]בׄיעה רוחי ולמיניכם אׄחלקה דברי אליכםׄ[	(XX)	4Q301 1,1
]◦ שבעים יחלקו / [	(XXX)	4Q385a 11i4
אשר א]חׄריהם תחלקׄ הׄמׄלׄחׄמ[ה	(VII)	4Q496 13,2
וחלקתה את [הנשכות וחדריהמה ?		11Q19 XLIV,3
תחׄ[לק] / שמונה ומאה נשכה וחדריהמה		11Q19 XLIV,5

smooth adjective **1-חָלָק**

ידיו דקות / ואׄרׄו[כ]ות ושוקיו חלקות וכפות	(V)	4Q186 2i5

portion noun **2-חֵלֶק**

אין להם חלק בבית התורה		CD XX,10
ולמשפחותׄיהם חלק בבית התור		CD XX,13
כיא בהם] שמׄן חלקו / [ומאכלו ברי		1QpHab V,15
כיא בהם שמן חלקו ומאכלו ברי		1QpHab VI,5
ואמר לי אני חל[קכה	(XXXIV)	1Q26 1,7
[לכהני]ם לויים כל שׄבׄטׄ ◦◦לׄ[הם]חלק ונחלהׄ[	(XXXVI)	4Q281f 1
היכן חלקך אמון הׄ[ש]כׄנה ביארי[ם	(XXX)	4Q385a 17a-eii4
ויורישם איש נחלתו והוא חלקכה ונחלתכה	(XXXIV)	4Q418 81+81a,3
אל] / [ת]עזובו לזׄ[רים חל]קׄכמה	(XXV)	4Q525 5,8
]לכול אנשי חלׄ[ק	(III)	6Q16 1,2
חלק כחלק / יואכלו לבד ממכר על האבות		11Q19 LX,14
חלק כחלק / יואכלו לבד ממכר על האבות		

smoothness, flattery noun **1-חֶלְקָה**

בעבור אשר דרשו בחלקות ויבחרו במהתלות		CD I,18
לרוח קנאה לנגד כל דורשי חל[קות]		1QH[a] X,15
מקנאת מליצי כזב / ומעדת דורשי חלקות		1QH[a] X,32
תורתכה אשר שננתה בלבבי בחלקות / לעמכה		1QH[a] XII,10
לאחרית הימים על עדת דׄ[ורשי] החלקוׄתׄ	(V)	4Q163 23ii10
לבוא ירושלים בעצת דורשי החלקות / [	(V)	4Q169 3-4i2
בדורשי החלקות אשר יתלה אנשים חיים / [	(V)	4Q169 3-4i7
פשרו היא עיר אפרים דורשי החלקות	(V)	4Q169 3-4ii2
פשרו על ממשלת דורשי החלקות	(V)	4Q169 3-4ii4
פשרו על דורשי החלקות אשר באחרית הקץ	(V)	4Q169 3-4iii3
פשׄרׄוׄ [על] דׄוׄרשי / החלקות	(V)	4Q169 3-4iii7
בדרכי שוחה ולפתות בחלקות בני איש	(V)	4Q184 1,17
] / מרמה לא יבקשנה ובחלקות לא יׄחׄזיקנה	(V)	4Q185 1-2ii14
בעבור אשר דרשו] בחלקות	(XVIII)	4Q266 2i21

plot of land noun **2-חֶלְקָה**

המׄון מקנה בחלקותיכה כׄסׄףׄ וזהב		1QM XII,12
]אׄת חלׄקׄוׄתׄ[	(XIX)	4Q384 10,2

(indeterminate) **חלקה**

]לׄחלקותׄ לׄ◦[	(XXXIII)	PAM 43.678 27,1

Hilkiah proper noun **חִלְקִיָּה**

יׄ]רמיה בן חלקיה מארץ מצר[ים	(XXX)	4Q389 1,5

father-in-law noun **1-חָם**

] חם[	(VII)	4Q503 94,2

hot adjective **2-חָם**

ביׄתׄ בית חׄמים שלוחי לתחת / השקתׄ ככ 17	(III)	3Q15 X,15

Ham proper noun **3-חָם**

אחריהם תחלק המלחמה על כול בני חם / לׄ[		1QM II,13
ולוא / קלל את חם כי אם בנו	(XXII)	4Q252 II,7
]בׄארץ חם ונגועי / [	(XXIX)	4Q454 3
את שם ואׄ]תׄ חם ואת יפתׄ[	(XIX)	4Q462 1,2

חם ← חום

to desire verb חמד

4Q158 7-8,2	(V)	] / [ברע]כה עד שקר לוא **תחמוד** אשת ר[עכה
4Q418 188,5	(XXXIV)	] אבות כיא **נחמד** ה[וא
4Q423 1-2i1	(XXXIV)	וכל עץ נעים **נחמד** להשכיל
4Q423 9,1	(XXXIV)	אבו]ת כי **נחמד** הוא / [
4Q525 14ii5	(XXV)	] / בכ[ו]ל הדר **ונחמד** בכ[ול ?
11Q19 II,8		ל]וא **תחמודו** כסף וזהב אש[ר תוקש בו
11Q19 LVII,20		ולוא **יחמוד** / שדה וכרם וכול הון
11Q19 LVII,21		ובית וכול **חמוד** בישראל וגזל / [

desire, delight noun חֶמֶד

1QH^{a} 11,6		]∘תם ולך **חמד** ובצדק תשימ[
4Q372 2,6	(XXVIII)	לע]שות **חמדו** לעוד כרם [

desirable adjective חָמֵד

4Q374 2ii5	(XIX)	ויטע ל[נ]ו בחירו בארץ **חמדות**

desire noun חֶמְדָּה

4Q434 2,8	(XXIX)	והיה בו צב[א השמ]ים ו[א]רצם **חמדה** / [
4Q504 1-2iv11	(VII)	ואבן יקרה / עם כו{{ו}}ל **חמדת** ארצם

wrath, heat, poison noun חֵמָה

CD II,5		וכוח וגבורה **וחמה** גדולה בלהבי אש
CD VIII,9		**חמת** תנינים יינם / וראש פתנים אכזר
CD XIX,22		**חמת** תנינים יינם וראש פתנים אכזר
1QS VII,2		דבר **בחמה** ונענש שנה / אחת
1QpHab III,12		**ובחמה** יכ[מרו וב]חרן אף
1QpHab XI,3		הוי משקה רעיהו מספח / **חמתו**
1QpHab XI,6		לבלעו בכעס / **חמתו** אבית גלותו
1QpHab XI,14		וכוס **חמת** / [א]ל תבלענו
1QM I,4		ובקצו יצא **בחמה** גדולה להלחם במלכי הצפון
1QH^{a} XI,28		ומתך **חמה** על נעלמים
1QH^{a} XIII,10		**חמת** תנינים כול מזמותם לחתוף
1QH^{a} XIII,27		פתחו / לשון שקר **כחמת** תנינים פורחת לקצים
1QH^{a} XV,29		ולא יוכל כול להתיצב לפני **ח**{{∘}}**מת**דה
1QH^{a} 3,17		]∘∘ח∘∘∘ ∘∘ש∘[ ] לכה **חמה** וקנאה נו∘[
4Q171 1-2ii1	(V)	ועזוב **חמה** ואל / תחר אף להרע
4Q176 6-7,2	(V)	את] / [כוס התר]עלה[את קבע]ת כוס **ח[מתי**
4Q301 3a-b,4	(XX)	[וגדו]ל הואה ברוב **חמת**[ו ו]נ[הדר] / [
4Q378 26,5	(XXII)	]מפתים גדולים **ובחמה** יעצר[
4Q381 78,2	(XI)	]∘ניו באף **וחמה** י[
4Q386 1ii8	(XXX)	בכן אעיר ע[ל]יהם **חמ[ה]**
4Q390 1,10	(XXX)	לא י[כ]ל[ו]**בחמתי** [ו]בהסתר פ[ני] / מהם
4Q429 2,9	(XXIX)	פתחו לשון שקר] / **כחמת** תנינים פורחת לקצים
4Q434 1i6	(XXIX)	ולא יעף כל חרונו **חמתו**
4Q437 9,3	(XXIX)	נתכ]ת **חמת** אל על רוב טורד[
4Q504 1-2ii11	(VII)	ישוב נא אפכה **וחמתכה** מעמכה ישראל
4Q504 1-2iii10	(VII)	עלכן שפכתה אלינו את **חמתכה**
4Q504 1-2v4	(VII)	כיא[נש]פכה **חמתך** / וחרוני אפ{{ו}}<<כ>>ה
4Q504 1-2v18	(VII)	[ונגי]עים ונסויים **בחמת** המציק
4Q504 1-2vi11	(VII)	ועד / עולם ישוב נא אפכה **וחמתכה** ממנו
4Q525 15,4	(XXV)	ארורות נצח **וחמת** תנינים[
4Q525 17,4	(XXV)	**ח]מת** תנין המס[(ת)ה
6Q10 1ii4	(III)	] / לשפוך **ח[מתי** עליכם

חֵמָה ← חוֹמָה

חָמוּד ← חָמֵד

oppression (?) noun חָמוֹץ

4Q383 B,1	(XXX)	]ם במלוא ידיהם[ ]**בחמוץ** ונ[

donkey noun חֲמוֹר-1

4Q158 10-12,6	(V)	]**חמור** עד שה חיים אחד שנים ישלם
4Q254 3,4	(XXII)	]אה **חמורו** ב∘[
4Q271 3,10	(XVIII)	ש]ור **וחמור** ולבוש צמר {ו}ופשתים יחדיו
4Q364 11,3	(XIII)	עשרה **חמורים** נושאי[ם מטוב ? מצרים
4Q368 2,11	(XXVIII)	ופטר **חמור** / [תפדה בשה
4Q418 103ii8	(XXXIV)	ועבודתכה כחור[ש] / בשור **ובח[מו]ר** [י]חד[ו
11Q19 LII,13		ולוא תחרוש בשור **ובחמור** יחדיו
11Q19 LXIV,13		את שיו או את **חמורו** / נדחים והתעלמתה

lizard noun חֹמֶט

11Q19 L,21		והלטאה / והכח **והחמט** והתנשמת
11Q20 XIV,18	(XXIII)	והלטאה והכח] / **והחמ[ט** והתנשמת

fifth adjective חֲמִישִׁי, חֲמִשִׁי

1QM II,11		ברביעית **ובחמישית** ילחמו בבני ארפכשד
1QM IV,10		על **החמישית** דגלי אל
3Q7 5,2	(III)	]∘**שי** יש[
4Q247 2	(XXXVI)	ואחריו יב]וא השבוע **החמ[ישי** ובסופו
4Q252 I,9	(XXII)	ימים יום הרביעי ויום **החמישי** ויום / הששי
4Q266 8ii2	(XVIII)	ונענש הנודר **חמ]ישית** / כסף ערכו[
4Q319 IV,15	(XXI)	או]ת ש[כניה] ב[**ח]מישית**
4Q319 IV,19	(XXI)	אות ג]מול **בחמישית**
4Q319 V,2	(XXI)	א[ות שכניה **בח]משית**[
4Q319 V,6	(XXI)	אות גמו]ל **בחמישית**
4Q319 V,9	(XXI)	אות / שכניה אות [ב]**חמ**<<י>>**שית**
4Q319 V,11	(XXI)	אות]גמול **בחמישית**
4Q319 V,15	(XXI)	אות שכניה **בחמ[ישית**
4Q319 V,19	(XXI)	אות סוף היובל] / [**החמיש**]י בישיבאב[
4Q319 VI,5	(XXI)	אות] גמול / **בח[מי]שית**
4Q319 VI,9a	(XXI)	**הח[מישי** ? ⟦ ? ⟧]ביוב[ל
4Q319 VI,13	(XXI)	א[ות גמול]**בחמישית**
4Q319 VI,16	(XXI)	אות שכניה]**בחמישית** אות סוף היובל
4Q319 23,1	(XXI)	**בח]משית**[
4Q319 71,1	(XXI)	**ח]משית**[
4Q320 1i10	(XXI)	בפת]חיה ל29 ב27 **בחמשי**
4Q321 V,1	(XXI)	**החמיש**[י] בב[לגא
4Q321 V,5	(XXI)	**החמישי** בפ[ת]חיה
4Q321 VI,7	(XXI)	**החמישית**
4Q321 VI,8	(XXI)	**החמישי** בק[ו]ץ[
4Q321a III,4	(XXI)	בחמשה במעוזיה בשבעה] **בחמישי**
4Q324d 5,2	(XXVIII)	]**חמשי**[
4Q324e 2,2	(XXVIII)	]**חמיש**[י
4Q329a 5	(XXI)	**החמשית** מעדיה / בשלשה באמ[ר הפסח
4Q330 1ii3	(XXI)	] / שנה שניה בשנה **הח[משית]** ישבאב ב[
4Q332 3,3	(XXXVI)	ב]**חמישי** בידעיה זה[
4Q367 3,8	(XIII)	**חמישיתו** [יסף ⟦ ⟧ עליו
4Q369 1i9	(XIII)	ומהללאל דור **חמישי** / [וירד בנו
4Q391 65,8	(XIX)	]שות והמשפש **חמשית**[
4Q394 1-2iii10	(XXI)	בשנים / **בחמ[שי]** / [ש]ב[ת]
4Q401 3,5	(XI)	ה]**חמיש**[י
4Q403 1i3	(XI)	תה]לת [ה]ודות בלשון **החמיש**[י]
4Q403 1i18	(XI)	**החמיש**[י] / בנש[יאי רוש] יברך
4Q405 11,4	(XI)	ה]רב[י]עי תגבר / שבעה בלשון **החמישי** לו
	(XI)	ולשון **החמישי** תגבר ש[בעה בלשון הששי]לו
4Q405 13,2	(XI)	[**החמי]שי** בנש[יאי] / [משני]פלא יברך
4Q496 5-6,5	(VII)	**ובחמי]שית** / [

4Q**503** 51-55,19 (VII) ח]**מׄיׄשי** [
11Q**12** 1,4 (XXIII) ו]בׄארבעה לשבוע **הח[מישי]** / [שמחו
11Q**12** 1,9 (XXIII) [ובשנת אחת לשבוע הריאשון ליובל **החמי]שי**
11Q**12** 1,11 (XXIII) ובשבו]עׄ **החׄ[מישי]** / [
11Q**12** 3,1 (XXIII) ותלד לו בן בשבוע **הח]מישי**
11Q**17** 32,1 (XXIII)]**חׄמישי** [
11Q**19** XXIV,15 וביום **החמישי** / יעשה עולת גד לבד
11Q**19** LVIII,7 ושלחו / עמו **חמישית** אנשי המלחמה
11Q**19** LVIII,16 ויצא עמו **חמישית** העם אנשי המלחמה
PAM 43.680 51,4 (XXXIII)]◦**חמישׄ**[
PAM 43.696 10,1 (XXXIII)]◦ **חמישיתו** [

to pity, have compassion verb חמל

1QpHab VI,9 יריק חרבו תמיד / להרוג גוים ולוא **יחמל**
4Q**416** 2ii13 (XXXIV) והייתה]לׄו לבן בכור ו**חמל** עליכה
4Q**417** 19,5 (XXXIV)]◦תכן לחׄמה [ו]**תחמל** על תנוב[תה
4Q**418** 8,14 (XXXIV) [והיית לו לבן בכור ו**חמ]ל** עליכה
4Q**418** 101ii4 (XXXIV)] / **יחמול** על הׄונׄו היה לׄ◦[
11Q**5** XVIII,14 (IV) הנה / עיני יהוה על טובים **תחמל**
11Q**20** XVI,5 (XXIII) ולוא תחוס עינ]כׄה עליו ולוא **תחמל** ע[ליו

to do violence verb **1-חמס**

4Q**390** 2i10 (XXX) כוהניהם **יחמסו** / [
4Q**525** 26,3 (XXV)]◦ משחית כ**חומ[ס**

violence, wrong noun חָמָס

1QS X,19 ולהון **חמס** לוא תאוה נפשי
1QpHab III,8 כנשר חש לאכול כולוׄ ל**חמס** יבוא
1QpHab VIII,11 ויקבוץ הון אנשי **חׄמס** אשר מרדו באל
1QpHab IX,8 מדמי אדם ו**חמס** ארׄץ קריה וכול ^יושבי^ בה
1QpHab XII,1 מדמי אדם ו**חמס** ארץ קריה וכול יושבי בה
1QpHab XII,7 ואשר אמר מדמי / קריה ו**חמס** ארץ
1QpHab XII,9 ו**חמס** ארץ המה ערי יהודה
1QH[a] XIV,5] / מעדת [שו]א ומסוד **חמס**
4Q**158** 1-2,8 (V) [ד]עׄת ובינה ויצילכה מכול **חמס** וׄ◦[
4Q**175** 25 (V) לה]ות שניהמה כלי **חמס**
4Q**223-224** 2ii6 (XIII) כי] / [כו]ל דרכיו **חׄ[מ]סׄ** וׄרׄשׁעׄ
4Q**260** IV,7 (XXVI) ולהון **חמׄ[ס** לוא תאוה]נׄפשי
4Q**371** 7,3 (XXVIII)]**בׄחמס** [ ]וא[
4Q**372** 1,19 (XXVIII) אתה בורר את האמת ואין בידך / כל **חמס**
4Q**379** 22ii11 (XXII) להיות שניהם כלי **חמס**
4Q**397** 14-21,4 (X) **החמ]סׄ** והמעל[
4Q**397** 14-21,5 (X) בגלל]הׄ**חמס** והזנות אבדׄ[ו
4Q**443** 1,7 (XXIX)]ו**חמס** אתה י[
4Q**504** 8,14 (VII) למלוא ^את ה]ארץ^ [**ח]מס** ולשפוׄ[ך דם נקי
11Q**5** XXII,6 (IV) טהר **חמס** מגוך שקר / ועול נכרתו ממך
11Q**19** LXI,7 אם יקום עד **חמס** באיש לענות / בו

leaven noun חָמֵץ

4Q**251** 9,4 (XXXV) חלות ה**חמץ** אשׁר יביאו [בי]וׄם הׄ[בכורים]
11Q**19** XVIII,14 [לחם סו]לׄ[ת] **חמץ** חדש בכורים ליהוה
11Q**19** XX,12 [מצות] יא[וכ]לום הכוהנים לוא תאכל **חמץ**

חֹמֶץ ← חוֹמֶץ

homer (dry measure), heap noun **3-חֹמֶר**

4Q**271** 2,1 (XVIII) מגורן יוׄרד את העשרון מן ה**חׄ[ומר**

mortar, clay noun חֵמָר

1QS XI,22 והואה מצירוק / **חמר** קורצ ולעפר תשוקתו
1QS XI,22 מה ישיב **חמר** ויוצר יד ולעצת מה יבין
1QH[a] IX,21 ואני יצר ה**חמר** ומגבל המים
1QH[a] XI,24 ואני יצר / ה**חמר** מה אני
1QH[a] XI,30 באושי **חמר** תאוכל / וברקוע יבשה
1QH[a] XII,29 ומה יצר **חמר** להגדיל פלאות
1QH[a] XVII,16 ובשר מיצר **חׄ[מר]** יכבד
1QH[a] XIX,3 וביצר **חמר** הגברתה מודה ^מודת^
1QH[a] XX,26 ותשובת עפר ליצר **חמר** בקץ ע◦◦[
1QH[a] XX,32 מצירוק יצר **חמר** ומה / אדבר
1QH[a] XXII,8 ואני יצר ה**חמר** נשענתי / ◦◦◦[
1QH[a] XXIII,12 ותפתׄחׄ מׄק[ור] להוכיח ליצר **חמר** דרכו
1QH[a] 2i8 יצר]**חׄמׄר** ומצו[
1QH[a] 3,18 ואני]יׄצׄר ה**חׄמׄ[ר**
1QH[a] 11,7] לפניך [ ]תהו ויצר **חׄ[מר**
4Q**264** 9 (XXVI) והוא מצוׄרׄוׄקׄ**חׄמׄרׄ** / [קורץ ולעפר תשוקתו
4Q**428** 5,6 (XXIX) באושי]**חׄמר** [תאוכל] וברקיע יב[שה]
4Q**428** 20,2 (XXIX) ואני יצר ה**חמר**[כדעתי] / [ספרתי

five numeral חָמֵשׁ, חֲמִשָּׁה

CD X,6 וביסודי הברית מבני **חמשה** / ועשרים שנה
1QSa I,12 (I) ובמלוא בו ⟦ ⟧ ובן **חמש**ועשרים שנה
1QM II,9 ב**חמש** ושלושים שני העבודה תערך המלחמה
1QM V,14 והבטן מרוגלת הנה / והנה **חמשה** טפחים
1QM VI,11 על רכב אנשי הסרך ששת אלפים **חמש** מאות
1QM VI,14 ימיהם מבן שלושים שנה עד בן **חמש** וארבעים
1QM VII,3 יהיו מבן **חמש** ועשרים שנה ועד בן שלושים
3Q**15** II,4 (III) בדיבר / השלישי עשתות זהב ששין ו**חמש**
3Q**15** II,8 (III) רחוק אמות **חׄ‹מ›ש** עסרא בו כלין
4Q**159** 1ii9 (V) ולחמשים מחצית המׄ[נ]הׄ [עשרים ו]**חמשה** שקל
4Q**159** 1ii11 (V) **חמ]שה** כׄסׄף מעשר הׄ[מנה
4Q**163** 23ii7 (V) מפני גערת / **חמשה** תנוסון
4Q**249**e 1i-3,8 (XXXVI) [ובן **חמ]ש** ועשׄרׄי[ם שנה יבוא להתיצב
4Q**251** 1-2,1 (XXXV) **ח]מׄשה** [
4Q**252** I,7 (XXII) וששה בחודש / השלישי יום **חמשה** בשבת
4Q**252** II,9 (XXII) ו**חמש** שנים ישב / אברם בחרן
4Q**265** 4i5 (XXXV) נענש] / את מחצית לחמו **חמשה** ע[שר ימים
4Q**265** 7,7 (XXXV) [ב]היות בעצת היחד **חמשה** ע[שר אנשים
4Q**266** 8iii6 (XVIII) מב]ני **חמש** [ו]עׄשרים [שנה ועד] בן ששים שנה
4Q**266** 10ii13 (XVIII) והובדל] / [ש]לושים ונענׄשׁ **חׄמשת** [עשר] ימים
4Q**270** 6iv17 (XVIII) [מבן **ח]מׄשׁ** וׄעשרים שנה ועׄ[ד בן ששים] שנה
4Q**317** 1+1aii2 (XXVIII)] / [**בח]משה** בׄוׄ[תכסה שתים] / [ע]שׄרא
4Q**317** 1+1aii17 (XXVIII) בשׁ[לושה עשר בו] / תגלה **חמש**
4Q**317** 1+1aii19 (XXVIII)] / [**בח]מׄשה** עשר [בו תגלה שבע
4Q**317** 1+1aii33 (XXVIII) **בחמשהׄ** ועשׄרׄי[ם בו תכסה שתים
4Q**317** 5,2 (XXVIII) **בח]מׄשה** ◦[
4Q**317** 7ii15 (XXVIII)] / [**בחמש]ה** בו תג[ל]הׄ[שבע
4Q**317** 11,3 (XXVIII) **ב]חׄמשה** [בו
4Q**317** 13,1 (XXVIII)]◦**חמש[ה**
4Q**317** 14,9 (XXVIII)] / **בח[משה**
4Q**317** 17,4 (XXVIII)] / [**בח]מׄשה** עשר[בו
4Q**317** 20,4 (XXVIII)] / **בׄחׄמשהׄ**[
4Q**321** I,3 (XXI) **בחמשה** באמר בשלושה וע[ש]רׄיׄם בעׄשׁ[ירי
4Q**321** II,3 (XXI) ודוקהׄ **בח[משה** בשעורים בשנים] / בוא
4Q**321** II,4 (XXI) בששה בׄשכניׄה **בחמשה**[עשר בשמיני
4Q**321** IV,2 (XXI) באׄחד ביכין **בחמׄשה** בשביעי
4Q**321** IV,3 (XXI) בשלושה ביויריב **בחׄמשה** בשמיניׄ
(XXI) וׄדוקה **בחמשה** בחׄרים / [באחד ועשרים בוא
4Q**321a** III,7 (XXI) **בחמש]הׄ** בשׁ[ביעי
4Q**321a** III,8 (XXI) בשלושה בחופ]הׄ **בׄחמשׁ[ה** בשמיני
4Q**324**d 2,3 (XXVIII)]**בׄחמשה** עשׄר בו חג / [השבועים

4Q325 1,2 (XXI) בעשרים וחמשה בו שבת על ידעיה
4Q365 12a-bii7 (XIII) חמש אמות אורכו וחמש אמות / [רוחבו
(XIII) חמש אמות אורכו וחמש אמות / [רוחבו
4Q365 28,2 (XIII) פקודיהם שמונת אלפים וחמש מאות וששים
4Q372 3,12 (XXVIII) זמרי בן סלוא וחמשת מלכי מדין נהרגו[
4Q391 65,7 (XIX)]אמה וגבוה חמש◦◦◦[
4Q394 1-2iii7 (XXI) בעשרים / וחמשה / בו שבת
4Q464 7,1 (XIX)]◦ היו בני חמש עשרא[שנה
4Q503 1-6iii6 (VII) בחמשה[לחודש בע]רב יברכו
4Q503 1-6iii14 (VII) כיא ה[יו]ם[ההואה בח]משה עשר שער[י אור
4Q503 1-6iii20 (VII)] בו חמש[
4Q503 1-6iii21 (VII)] / חמש[ה גור]ל[ות אור
4Q503 37-38,13 (VII)] / ביום חמשה ו[עשרים לחודש בערב יברכו
11Q12 8,3 (XXIII) ובשבוע הששי] / בחמש[ה בו ישב אברם
11Q19 VII,8]◦◦◦◦◦◦ כולו חמש אמ[ות
11Q19 XVII,10 ובחמשה עשר לחודש הזה מקרא קו[דש]
11Q19 XXVII,10 ובחמשה עשר יום לחודש הזה / [מקרא קודש
11Q19 XXXVI,6 [וגוב]הו חמש [וארבעים באמה עד מק]רת גג[ו

חֹמֶשׁ-1 ← חוֹמֶשׁ

חֲמִשִׁי ← חֲמִישִׁי

fifty numeral **חֲמִשִּׁים**

CD XIII,1 לאלפים ומיאות וחמשים / ועשרות
CD XIV,9 מבן שלשים שנה [ע]ד בן חמשים שנה
1QS II,22 אחר זה לאלפים ומאות / וחמשים ועשרות
1QSa I,14 (I) לשרי מאות שרי ח[מ]שים / [שרי] עשרות
1QSa II,1 (I) ושרי[למאות] / ולחמשים ולעשרות
1QM II,1] / אבות העדה שנים וחמשים
1QM II,4 ולכול ימי השנה מבן חמשים שנה ומעלה
1QM IV,3 ועל אות החמשים יכתובו חדל / מעמד רשעים
1QM IV,4 ואת שם שר החמשים ואת שמות שרי עושרותיו
1QM VI,11 לאנשי סרך המערכות / חמשים למערכה
1QM VI,14 מבן ארבעים שנה ועד בן חמשים
1QM VII,1 מבן ארבעים שנה ועד בן חמשים
מבן {{◦◦}}חמ{{◦}}שים שנה ועד בן {{◦◦}}ששים
1QM VII,2 מבן ארבעים שנה ועד בן חמשים
1QM VII,15 מ]לחמה על חמשים מגן
1QM VII,16 וחמשים אנשי בינים יצאו מן השער האחד
4Q159 1ii9 (V) ולחמשים מחצית המ[נ]ה [עשרים ו]חמשה שקל
4Q200 7ii5 (XIX) והו]א בן שמונה וחמש[ים
4Q223-224 2iv24 (XIII) וזבולון לצפון הבירה וחמ]שיהם עמם
4Q252 I,7 (XXII) ויגברו המים על הארץ חמשים ומאת יום
4Q252 I,8 (XXII) ובסוף חמשים / ומאת יום חסרו המים
4Q254a 1-2,2 (XXII) וחמ[שים אמה] / רוחבה
4Q266 10i2 (XVIII) מבן] שלושים [שנה עד ב]ן [ח]משים [שנה
4Q267 9v14 (XVIII) מבן [ש]לושים [ש]נה / [וע]ד בן חמש[ים שנה
4Q378 3ii+4,7 (XXII) ושרי] / המאיות שרי הח[משים ושרי העשרות
4Q382 1,2 (XIII)]◦ ויחביאים חמשים חמ[שים
(XIII)]◦ ויחביאים חמשים חמ[שים
4Q481a 2,5 (XXII) יש את עבדיך]חמשים אנשים / [בני חיל
4Q491 1-3,10 (VII) לאלפים ולמאיות ולחמשים ולעוש[ר]ות
11Q5 XXVII,7 (IV) ולקורבן השבתות שנים וחמשים שיר
11Q5 XXVII,10 (IV) ויהי הכול ארבעת אלפים וחמשים
11Q19 XIX,13 ממוחרת השבת השביעית תספורו חמשים יום
11Q19 XXI,14 ממוחרת השבת / השביעית תספורו חמשים יום
11Q19 XXXI,11 רחוק מהמזבח חמשים אמה
11Q19 XL,12 ורוחב השערים חמשים באמה
11Q19 XLIV,8 ארבע וחמשים נשכה וחדריהמה
11Q19 XLIV,12 שתים וחמשים נשכות וחדריהמה וסוכותמה
11Q19 LVII,4 ושרי מאיות ושרי חמשים / ושרי עשרות
11Q19 LX,9 ומעשר מן הדבש אחד מן החמשים
11Q19 LXVI,10 האיש השוכב עמה לאבי הנערה חמשים כסף
11Q20 IV,2 (XXIII) תספורו חמשים[יום וה]ק[ר]בתמה / [יין חדש
11Q20 VIII,9 (XXIII) רחוק מהמזבח]חמש[ים] / [אמה

Hamath proper noun **חֲמָת**

4Q365 32,10 (XIII) ממדבר צין עד רחוב לבו חמת

favor, grace noun **חֵן-1**

4Q169 3-4ii7 (V) טובת חן בעלת כשפים הממכרת גוים בזנותה
4Q506 125+127,3 (VII)]◦ רצית[ו וימצ]או חן בע[יניכה
4Q509 99i2 (VII)]◦ מוצא חן / [

to camp verb **חנה-1**

1QM I,3 ממדבר העמים לחנות במדבר ירושלים
1QM XV,2 ילכו וחנו נגד מלך הכתיים
1QH^{a} X,25 ואני אמרתי חנו עלי גבורים
4Q364 19a-b,9 (XIII) וי]סעו מצלמ[ו]נה ויחנו בפו[נון
4Q364 19a-b,10 (XIII) ויסעו מאובות וי]חנו בעי הע[ברים]
4Q364 19a-b,11 (XIII) ויסעו מעי העברי]ם ויחנו בדיבון ג[ד
4Q364 19a-b,14 (XIII) ויחנו על ה[ירדן] / [מבית הישמות
4Q365 31a-c,6 (XIII) [אשר ישכון ש]מה הענן יחנו בני[ישראל]
4Q365 31a-c,11 (XIII) על המשכן לשכון] עליו יחנ[ו בני ישראל]
4Q365 37,3 (XIII)]מנחל ארנון ויחנו[
4Q365 37,4 (XIII)]ו ויחנו באר[נון
4Q434 1i12 (XXIX) ויחן מלאכו סבי[ב] שמרם[
4Q491 1-3,6 (VII) וזה הסרך בחנותמה וב[
11Q19 XLV,5]א / משמר אל מקומו וחנו

Hannah proper noun **חַנָּה**

4Q215 1,2 (XXII) ויתן לו את חנה אחת מאמהותי[ו
4Q215 1,4 (XXII) ותקרא חנה את שמה בלהה
4Q215 1,8 (XXII) וינהג לבן את חנה אם אמי ואת שתי בנותיה[

Enoch proper noun **חֲנוֹךְ-1**

4Q227 2,1 (XIII) ח]נוך אחר אשר למדנוהו / [
4Q369 1i10 (XIII) וירד דור ששי וחנוך] בנו חנוך דור שביע[י]
5Q13 3,2 (III)] חנוך [
11Q12 1,10 (XXIII) שמה כמו שם ב]נו חנוך

gracious adjective **חַנּוּן**

4Q381 47,1 (XI)]ם אלהי כי רחמון וחנון אתה [
4Q499 5,3 (VII)]חנון אב[

ungodliness noun **חֲנוּפָּה**

4Q175 28 (V) וע]שו חנופה בארץ ונצה גדולה בבני / [יעקוב
4Q469 2,3 (XXXVI) חנ]ופות לבמה אני ש[

favor (?) verb **חנות**

4Q382 25,2 (XIII)]ים אלו[ה]י חנו[ת

Honi proper noun **חני**

KhQ1 2 (XXXVI)] / בירחו נתן חני ב[ן
KhQ1 9 (XXXVI)] / וחני [
KhQ1 14 (XXXVI)] / חסדי עבד ח[ני

favor, grace noun **חֲנִינָה**

1QH^{a} XIX,29 ברוך אתה אל הרחמים והחנינה

3Q**5** 2,1 (III)] ואין חנינה ונמ֯[

spear noun חֲנִית

1QM VI,2 יכתובו ברקת חנית לגבורת אל
1QM VI,5 הדגל / הראישון מחזיק חנית ומגן
1QM XI,2 כיא בטח בשמכה הגדול ולוא בחרב וחנית
1QH^a X,26 ולהוב חנית באש אוכלה עצים
1QH^a XIII,10 כחרב שניהם ומתלעותם כחנית חדה
2Q**23** 1,5 (III)]בחרב וחנית / [
4Q**169** 3-4ii4 (V) להוב / וברק חנית ורוב חלל וכבוד פגר

for nothing adverb חִנָּם, חִינָּם

CD VI,12 אל המקדש להאיר מזבחו חנם
CD VI,14 ולא תאירו מזבחי / חנם
1QS VII,11 לוא בעצה וח֯נם עד שלוש פעמים על מושב
4Q**266** 3ii19 (XVIII) ולא תאי]רו מזבחי חנם
4Q**416** 2ii17 (XXXIV) טוב היותכה עבד ברוח וחנם תעבוד נוגשיכה
4Q**417** 2ii+23,22 (XXXIV)] / עבד ברוח וחנם תע֯[בוד
4Q**421** 11,3 (XX)]ס֯פ֯ר והיה חינם֯ אל ישאב ממנו ◦[
4Q**421** 12,4 (XX) אל יבי]א֯ ממקומו חנם֯ ואם בא כ֯[ו]ל[

frost noun חֲנָמַל

4Q**422** III,10 (XIII) ויך] / בברד ארצם ואדמת[ם ב]חנמל

to show favor verb חנן-**1**

1QS II,3 ויאר לבכה בשכל חיים ויחונכה בדעת עולמים
1QS II,8 לוא יחונכה אל בקוראכה
1QSb I,5 (I) ויחו]ננכה בכול ברכ[ות שמים
1QSb II,3 (I) י]ח֯וננ֯כה יש֯[א] / [פניו
1QSb II,22 (I) [ ]יחונכה אדוני בו]
1QSb II,23 (I) ובכול] / [גמו]לים ישעשעכה ויחונכ֯[ה
1QSb II,24 (I)] / י֯ח֯ונכה ברוח קודש וחס֯[ד
1QSb II,25 (I)] / וברית עולם יחונכה וירנ֯[ינכה
1QSb II,26 (I)] / ויחוננכה במשפט צדק [
1QSb II,27 (I)] / ויחוננכה בכול מעשיכ֯ה [
1QH^a IV,18 ולה[תפל]ל ולהתחנן על / [
1QH^a VI,25 ואני עבדך חנותני ברוח דעה ◦[
1QH^a VIII,18 ותחונני ברוח רחמיך ו◦[
1QH^a XX,4 לְהֻתְנַפֵּל והתחנן תמיד מקצ לקצ
4Q**163** 23ii8 (V) ול֯כן יחכה א֯דוני לחנ֯[נכ]מ֯ה
4Q**171** 1+3-4iii9 (V) ולוא ישלם / וצדיק חונן ונותן
4Q**171** 1+3-4iii18 (V) כול היום] חונן ומלוה וזר[עו לברכה
4Q**177** 12-13i3 (V) ועתה יהוה עד מתי חונני חלצה נפ֯[שי
4Q**184** 2,4 (V)]לב נדכ֯ה התחנן לו[
4Q**200** 1ii5 (XIX)] / [הת]לון ות֯[ת]חנן[
4Q**257** II,5 (XXVI)]לוא י֯[חונכה אל בקוראכה
4Q**280** 2,3 (XXIX) לוא יחונכה אל [ב]ק֯וראכ֯ה
4Q**380** 2,5 (XI) כי]ל֯[ח]ס֯ד֯ יחנן יהוה ◦◦[
4Q**381** 79,2 (XI) זקן לוא יחנו[ ]ע֯ל֯[
4Q**386** 1iii1 (XXX)] / ודל לא יחן ויבי֯א אל בבל
4Q**434** 1i3 (XXIX) ברוב רחמיו חנן ענוים
4Q**504** 1-2v11 (VII) ותחון את עמכה ישראל בכול / [ה]ארצות
4Q**504** 4,5 (VII) אלה ידענו באשר חנוא֯ת֯[נו]ר֯וח ק֯[ודש
4Q**506** 131-132,11 (VII) אלה ידענו / [בא]שר [חנו]א֯ת֯[נו רוח] ה֯קודש
4Q**512** 34,15 (VII)]ת֯חנן על כול נסתר[ו]ת֯ אשמ֯[ה
11Q**5** XIX,14 (IV) רוח אמונה ודעת חונני אל אתקלה / בעווה
11Q**6** 4-5,15 (XXIII) רוח אמונה ודעת ח]ו֯נ֯נ֯י אל אתקלה בע[ויה

Hanan proper noun חָנָן

4Q**348** 15 (XXVII) בר] ח֯נן אלעזר בר שמעון בר חוני ◦[

Hananiah proper noun חֲנַנְיָה

4Q**477** 2ii5 (XXXVI) ואת חנניה נותוס הוכיחו אשר הואה[
4Q**477** 2ii9 (XXXVI) ואת חנניה בן שמ[עון הוכיחו

Hanes proper noun חָנֵס

4Q**163** 21,14 (V) כי היו בצען] / [שריו ומלאכיו] חנס יגיעו

to pollute verb חנף

4Q**168** 1,5 (V) [הא]מרים ת֯[חנף ותחז בציון עינינו
4Q**385**a 5a-b,6 (XXX) חנ]פ֯ה֯[
4Q**387** 3,3 (XXX)]ב חנפה אח◦[
4Q**525** 14ii10 (XXV) והתענגתה על א[לוהים]בהחניפ{{ת}}[ם(ה)
4Q**528** 1 (XXV)]ח֯נפ[

godless adjective חָנֵף

4Q**424** 1,12 (XXXVI)] / ובעת קבץ ימצא חנף
4Q**424** 2,3 (XXXVI) חנ]ף אל תערבהו בתוך ענו[י

ungodliness noun ח֯נֶף

1QS IV,10 ורמיה אכזרי / ורוב חנפ קצור אפים

חֲנֻפָּה ← חֲנוּפָּה

to strangle verb חנק

4Q**169** 3-4i4 (V) ארי טורף בדי גוריו ומחנק ללביותיו טרף

lovingkindness, mercy, graciousness noun חֶסֶד-**2**

CD XIII,18]י֯ענוה֯ו֯ ובאהבת חס֯ד
CD XIX,1 שומר הברית והחסד / לאהב ולשמרי מצותי
CD XX,21 ו֯ע֯ש֯ה֯ ח֯ס֯ד֯ ל֯א֯ל֯פ֯י֯ם֯ ל֯א֯הביו / ול֯שמריו
1QS I,8 לעשות חוקי אל / בברית חסד
1QS I,22 ו֯משמיעים כול חסדי֯ רחמים על ישראל
1QS II,1] / ורחמי חסדו ג֯מל עלינו מעולם ועד
1QS II,4 וישא פני חסדיו לכה לשלום עולמים
1QS II,24 וענות טוב ו֯אהבת חסד ומחשבת צדק
1QS IV,4 בכול / מעשי אל ונשענת ברוב חסדו
1QS IV,5 ביצר סמוכ ורוב חסדים על כול בני אמת
1QS V,4 ומשפט ואהבת חסד והצנע לכת בכול דרכיהם
1QS V,25 בא[מ]ת וענוה ואהבת חסד לאיש
1QS VIII,2 ומשפט ואהבת חסד והצנע לכת איש אמ רעהו
1QS X,4 לקודש קודשים ואות נ למפתח חסדיו עולם
1QS X,16 ובגבורתו אשוחח ועל חסדיו אשען כול היום
1QS X,26]◦צדק אהבת חסד לנו֯כנעים וחזוק ידים
1QS XI,12 ואני אם / אמוט חסדי אל ישועתי לעד
1QS XI,13 ברחמיו הגישני ובחסדיו יבוא / מ֯שפטי
1QSb II,24 (I)] / י֯ח֯ונכה ברוח קודש וחס֯[ד
1QM III,6 ומשוב חסדים במשנאי אל
1QM XII,3 וחסדי ברכו֯[תיכה] וברית שלומכה
1QM XIV,4 ברוך אל ישראל השומר חסד לבריתו
1QM XIV,8 ברוך] שמכה אל החסדים השומר ברית
1QM XIV,9 ועם / כול דורותינו הפלתה חסדיכה לשאר֯[ית
1QM XVIII,11]תנו יד חסדיכה עמנו בפדות עולמים
1QH^a IV,18 וארוך אפים / [ורב חס]ד֯ ומעשי ימין עוזך
1QH^a V,11] / [ ]◦ וחסדי עולם לכול ◦◦◦◦◦ לשלום
1QH^a VIII,18 הנה הואלתה לעש֯[ות בי] / חסד
1QH^a VIII,21 ברוח אשר נתתה [בי] להשלים / ח֯ס֯דיך
ולהגישני ברצונך כגדול חסדיך [
1QH^a VIII,25] ורחום א[רו]ך֯ א[פי]ם֯ ◦◦◦ חסד ואמת
1QH^a IX,32 ואתה ברחמיכה / וגדול חסדיכה
1QH^a X,23 ובחסדיכה תושיע נפשי כיא מאתכה מצעדי

Text	Vol.	Reference
והגבירכה בי נגד בני / אדם כיא בחסדכה עמדי		1QHa X,25
כי נשענ[תי] / בחסדיכה והמון רחמיכה		1QHa XII,37
להעלות משאון יחד כול {{נמה}} אביוני חסד		1QHa XIII,22
ובחסדיך תשפטם בהמון רחמים		1QHa XIV,9
ובהמון] חסדכה אוחיל להציץ / מטע		1QHa XV,18
] ותשימני אב לבני חסד / וכאומן לאנשי מופת		1QHa XV,20
ובחסדיכה לאיש [		1QHa XV,27
ותקראני לחסדיכה ולסליחו[תיכה		1QHa XV,35
ולא הזנחתני בחסדיכה		1QHa XVII,7
ובנגיעי רציתי כי יחלתי לחסדיכה		1QHa XVII,10
יש מקוה ב[ח]סדיכה ותוחלה ברוב כוחכה		1QHa XVII,14
ברוך אתה אדוני אל הרחמים [ורב ה]חסד		1QHa XVIII,14
] / לחסדכה בגדול טובכה ורו[ב		1QHa XVIII,16
ואזמרה בחסדיכה ובגבורתכה אשוחחה		1QHa XIX,5
ואביט [ ]י חסד		1QHa XIX,17
[כי] לכה הצדק ובחסדיכה יש◦[		1QHa XIX,18
] ◦[ול]ספר ברוב חסדיכה		1QHa XIX,28
ורוב אמתכה והמו[ן] / חסדיכה בכול מעשיכה		1QHa XIX,30
כאשר יחלתי לטובכה ולחסדיכה אקוה		1QHa XIX,31
[וה]יה לרוב חסד וקנאת כלה והשב◦[		1QHa XX,14
כיא בחסד[ך		1QHa XX,21
בדעתם ברית חסדי[ו והמון רחמיו		1QHa XXVII,7
כרוב חסדיכה תן משמר צדקכה / [		1QHa 2i5
] / חסדיכה ולדעת כול בכבודכה ולפ◦[		1QHa 5,9
]חסד[ו	(I)	1Q16 2,2
ובחסדי עולם רחמתיכה אמר גואלך ••••	(V)	4Q176 8-11,10
והגבעות תתמוטטנה וחסדי מאתיכי לוא ימוש[	(V)	4Q176 8-11,12
כח[צ]יר יצמח מארצו ופרח כציץ חסדו	(V)	4Q185 1-2i10
נ]פשכם כחסדיו הטבים	(V)	4Q185 1-2ii1
] / וחסדיו עלמיה וישועות ◦[	(V)	4Q185 1-2ii13
וימח כול רשעם / בעבור חס[ד]יו	(XXXVI)	4Q215a 1ii4
ואהבת] / חסד והצנע לכת בכול דרכיהמה	(XXVI)	4Q256 IX,4
ואות / למפתח חס[די עו]ל[ם לר]אשי מועדים	(XXVI)	4Q256 XIX,3
להוכיח איש את רעהו ואהבת חסד	(XXVI)	4Q258 II,4
ואות למפתח חסדי עולם / לראשי מועדים	(XXVI)	4Q258 IX,1
ועל חסד[יו אשען] / כול היום	(XXVI)	4Q260 IV,2
ומכוני יוש[ר רב] / חסדים וענות טוב	(XI)	4Q286 1ii8
וענות טוב וחסדי אמת ורחמי עולמים	(XI)	
ח[ס]דו וברוח[	(XI)	4Q286 14,1
ואנשי / אמת רדפ[י צדק]ואהבו חסד	(XX)	4Q298 3-4ii7
]הו כיא אהבת חסד[	(XX)	4Q299 54,3
גם רחמיך רבים וחסדיך גדלים לכל דרשיך	(XXVIII)	4Q372 1,19
] / את אלהי ואגיד חסדי[ך	(XXVIII)	4Q372 1,25
איש חסדים ויו◦[	(XXVIII)	4Q377 2ii12
]חסד לאלפים	(XXII)	4Q378 22i5
]יש ה[ח]סדים ועד לעלמיה זכור [	(XXII)	4Q378 26,6
] / אמת בה וחסדו ◦◦[	(XI)	4Q380 1ii9
רחמיך / לבן אמתך וחסדיך לעבד קרב לך	(XI)	4Q381 33+35,5
כי [תשפט] / עבדיך בצדקך וכחסדיך [	(XI)	4Q381 33+35,6
ר]ב חסדיך[	(XI)	4Q381 46a+b,2
וא]לה מתי יהיו והיככה ישתלמו חסדם	(XXX)	4Q385 2,3
וע]שה חסד[	(XXX)	4Q385a 7,2
ואלה מתי יהיו ו]הכה ישתלמו חסדם	(XXX)	4Q386 1i2
ואלה מתי יהי]ו וא[י]ככה ישתלמו חסד[ם	(XXX)	4Q388 7,5
ו]החסד לאהב[יך ולשמרי מצותיך	(XXIX)	4Q393 3,2
זכור [את] דויד שהיא איש חסדים	(X)	4Q398 14-17ii1
]◦◦ ח]סדיו לסליחות רחמי עולמים	(XI)	4Q400 1i18
] / חסדי אלו[הים	(XI)	4Q400 1ii20
בשבעה דבר[י]פלא ל[מ]שוב ר[חמי] חסדיו	(XI)	4Q403 1i23
] / רחמי חסדו הש[ביעי	(XI)	4Q405 3ii15
ועתה / חסד [	(XX)	4Q413 1-2,4
ח]סדכה אש[ר	(XXXV)	4Q414 10,1
] / אהבהו ובחסד {{עולם}} וברחמים	(XXXIV)	4Q418 81+81a,8
]מוסר ובאהב[ת ח]סד ת◦[	(XXXIV)	4Q418 169+170,3
] ובחסדיכ[ה	(XXXIV)	4Q423 3a,2
] בחסד צדקה וברוב רחמים תחנה / [	(XXIX)	4Q427 7i22
בדעתמה ברוב חס[דיו והמון] / רחמיו	(XXIX)	4Q427 7ii13
וימול עורלות לבם ויצילם למען חסדו	(XXIX)	4Q434 1i4
]חסדך עלי / [	(XXIX)	4Q434 2,11
וחסדיך לי צנה סביב ותשמור נפשי בגוים	(XXIX)	4Q437 2i5
ו[ללכת בא]הבת חסד / [ובמשפט צדק	(XXIX)	4Q437 4,4
ללכת באה]בת חסד ובמשפט צדק	(XXIX)	4Q438 4ii4
לכלות]ם להפר בריתו וחסדו מהמה	(XIX)	4Q463 1,3
ברוך א[ל י]שראל ה]שומר חסד [לבריתו	(VII)	4Q491 8-10i2
בר]וך שמך אל ה[ח]סדים המ[פ]ליא חסדיך	(VII)	4Q491 8-10i6
המ[פ]ליא חסדיך בנו בממשלת בלי[על]	(VII)	
]ר[ ]ל כבודכה ◦◦◦ ואהבת חסד [	(VII)	4Q502 14,5
]חסדים ע[ל	(VII)	4Q502 16,2
] לחסדי[	(VII)	4Q502 254,1
ואת רוב חסדכ[ה] / לדורות עולם	(VII)	4Q504 1-2ii10
ח]סדיכה על עדתנו כש[עירים על	(VII)	4Q509 3,5
הושיעה אלוה[ים] / [שומר חס]ד באמת	(VII)	4Q511 10,10
]חסדיו וכול מחש[בותיו	(VII)	4Q511 26,2
]חסד[י]ו וטהרם וה◦[	(VII)	4Q511 36,2
ורחום]וארוך אפים רב החסד יסוד הא[מת	(VII)	4Q511 52-59,1
]חסדו [	(VII)	4Q511 148,3
]י חסד / [	(VII)	4Q512 56-58,6
ול[ע]לם ארבק [במ]חלים ובחסדו י[	(XXV)	4Q521 2ii+4,9
ואת חק חסד{{יך}}ך ואתר אותם ב[	(XXV)	4Q521 2iii1
] / בחסד ו[	(XXV)	4Q525 30,3
]◦◦ חסדים [	(III)	5Q13 23,2
ועל מפאריו יגדל חסדו	(IV)	11Q5 XVIII,14
ולוא תספר חסדכה תולעה	(IV)	11Q5 XIX,1
בהודיעכה / חסדכה להמה	(IV)	11Q5 XIX,3
ולוא עזב חסדו מהמה	(IV)	11Q5 XIX,6
מעטר חסידיו / חסד ורחמים	(IV)	11Q5 XIX,8
להודות ברנה / חסדיכה להגיד אמונתכה	(IV)	11Q5 XIX,9
ועל חסדיכה אני נסמכתי	(IV)	11Q5 XIX,13
חסדי נביאיך / תזכורי	(IV)	11Q5 XXII,5
חסד ואמת סביב פניו	(IV)	11Q5 XXVI,10
בהודיעכה] חסדכה להם	(XXIII)	11Q6 4-5,5
ולוא ע]זב חסדו מהם	(XXIII)	11Q6 4-5,8
מעטר חסידיו]חסד ורחמים	(XXIII)	11Q6 4-5,9
להודות]ברנה חסדיכה	(XXIII)	11Q6 4-5,10
] / ואהבי חסד ה[	(XXXIII)	PAM 43.676 2ii2
]לחסדו[	(XXXIII)	PAM 43.678 28,1

Hisdai proper noun **חסדי**

Text	Vol.	Reference
] / את חסדי מחול[נ	(XXXVI)	KhQ1 4
] / לו את חס[די	(XXXVI)	KhQ1 10
] / חסדי עבד ח[ני	(XXXVI)	KhQ1 14

to take refuge, trust verb **חסה**

Text	Vol.	Reference
וראו בישועתו כי חסו בשם קדשו		CD XX,34
בכה / אחסיה מכול מ◦◦[		1QHa XVII,29
לעוז / [במעוז פרעוה ולחסו]ת בצל מצ[רים	(V)	4Q163 21,12
]עליון ובשם קודשו חסו תו◦[	(XXIX)	4Q438 6,2
שמכה אהבתי ובצלכה חסיתי	(IV)	11Q5 XIX,12
שמכה אהבתי ובצלכה]חסיתי	(XXIII)	11Q6 4-5,13

shelter noun **חָסוּת**

4Q**163** 21,13 (V) והחסו]ת בצל מצרי[ם לכלמה

godly adjective **חָסִיד**

4Q**175** 14 (V) הבו ללוי תמיך ואורך לאיש **חסידך**
4Q**377** 2i8 (XXVIII)]ל איש ה**חסידים** וישא קולו / [
4Q**380** 2,5 (XI) כי]ל[ח]סיד יחנן יהוה ∘∘[
4Q**408** 3+3a,6 (XXXVI) ה[ג]בר כח הח[סיד במש]פטיך
4Q**509** 50,2 (VII)] ו**חסיד** [
4Q**521** 2ii+4,5 (XXV) כי אדני **חסידים** יבקר וצדיקים בשם יקרא
4Q**521** 2ii+4,7 (XXV) כי יכבד את **חסידים** על כסא מלכות עד
11Q**5** XVIII,10 (IV) ומקהל **חסידים** / זמרתה
11Q**5** XIX,7 (IV) מעטר **חסידיו** / חסד ורחמים
11Q**5** XXII,3 (IV) ודורות **חסידים** / תפארתך
11Q**5** XXII,6 (IV) ובמעשי **חסידיך** תתפארי

locust noun **חסל**

4Q**422** III,10 (XIII) **חסל** כבר בכול גבולם

to muzzle, block verb **חסם**

11Q**19** LII,12 ולוא **תחסום** שור על דישו

wealth noun **חֹסֶן**

4Q**163** 27,3 (V)]∘∘ **חסנכה**[

to lack, decrease verb **חסר**

4Q**252** I,9 (XXII) ובסוף חמשים / ומאת יום **חסרו** המים שני ימים
4Q**252** I,11 (XXII) והמים הי[ו]הלוך ו**חסור** עד החודש [הע]שירי
4Q**307** 8,2 (XXXVI)]לוא **יחס**[ר
4Q**416** 2ii20 (XXXIV) אל תדרוש תענוג ואתה / [ ] **חסר** לחם
4Q**417** 2i17 (XXXIV) ואתה אם **תחסר** טרף מחסורכה ומותריכה [
4Q**417** 2i19 (XXXIV) ואם **תחסר** לוא מבלי הון מחסורכה
(XXXIV) כיא לוא **יחסר** אוצר[
11Q**19** LIX,3 ולשנניה ובעול כבד / וב**חסור** כול

lack adjective **חָסֵר**

4Q**418** 7b,14 (XXXIV) כ]ול **חסרי** / [אוטו ולתת טרף לכול חי
4Q**424** 3,10 (XXXVI)]ראג לכ[ו]ל **חסרי** הון בני צדק[
4Q**502** 3,2 (VII)]ל**חסר**[
11Q**5** XVIII,5 (IV) להשכיל ל**חסרי** לבב גדולתו

חֲפָא ← **חוּפָּה**

חֲפָה-2 ← **חוּפָּה**

to hurry, panic verb **חפז**

1QM X,4 ואל **תחפ**[זו וא]ל תערוצו מפניהם
1QM XV,8 ואל **תחפזו** ואל תערוצו מפניהם
1QH^{a} XX,19] **חפזי** ואין צדיק עמכה [
4Q**510** 1,3 (VII) ויחפזו מהדר מע[ון] / כבוד מלכותו
4Q**511** 37,5 (VII)]יבהלו ויחפ[זו

to delight verb **חפץ-1**

1QS IX,24 וזולת רצון אל לו **יחפצ**
1QH^{a} XVIII,5 ואני עפר ואפר מה אזום בלוא **חפצתה**
1Q**27** 1i10 (I) מי גוי **חפץ** אשר יעושקנו חזק ממנו
1Q**27** 1i11 (I) מי / **יחפץ** כי יגזל ברשע הונו
1Q**34**bis 3ii4 (I) כי לא **תחפץ** / בעו[ל]ה ורשע לא יכון לפניך
4Q**171** 1+3-4iii14 (V) מצעדי גבר כונ]נו בכול דרכו **יחפץ**
4Q**380** 1ii6 (XI) עד מתי / **תחפצו** לעש[ו]ת רעה
4Q**390** 2i8 (XXX) ובאשר לא **חפצתי** בחרו להתגבר להון ולבצע
4Q**509** 97-98i5 (VII) כי לוא **תחפ**[ץ] בעולה[
4Q**524** 15-22,9 (XXV) ועמד ואמר לו]א **חפצ**[תי לקחתה

willing, delighting adjective **חָפֵץ**

4Q**302** 3ii5 (XX)]בנפש **חפצה** [ ] / [

delight, pleasure noun **חֵפֶץ, חפץ**

CD III,15 ו**חפצי** רצונו אשר יעשה / האדם וחיה בהם
CD X,20 לעשות את עבודת **חפצו** / השבת
CD XI,2 לעשות את **חפצו** ביום השבת
CD XIV,12 ו[זה] סרך הרבים להכין כל **חפציהם**
1QS III,17 והואה יכלכלם בכול **חפציהם**
1QS VI,11 אל ידבר איש כול דבר אשר לוא ל**חפצ** הרבים
1QM V,6 וכסף ונחושת ממוזזים / ואבני **חפץ**
1QM V,9 ומזה לצמיד / סביב אבני **חפץ**
1QM V,14 בזהב ובכסף ואבני **חפץ**
1QM XII,13 כסף וזהב ואבני / **חפץ** בהיכל[ו]תיכה
1QH^{a} V,26 ב]רורים ל**חפציהם** ואדעה[
1QH^{a} IX,13 לאוצרות / מחשבת ל**חפציה**[ם
1QH^{a} 3,7]וישמורהו לרזי **חפצו**
4Q**177** 14,2 (V) אשר]בא[רץ ה]מה ואדי[ר]י כול **חפצי**[בם
4Q**179** 1ii10 (V)] / ו**חפץ** אין בו האמונים עלי תול[ע
4Q**416** 1,2 (XXXIV)] / ולתכן **חפצו** [
4Q**416** 2ii8 (XXXIV) וכלשונו / דבר ואז תמצא **חפצכה**[
4Q**417** 2i12 (XXXIV) היה בעל ריב ל**חפצכה** ואין ∘[
4Q**417** 2i18 (XXXIV) א[ם] / תותיר הובל למחוז **חפצו**
4Q**418** 46,3 (XXXIV)]ל**חפציהם** וד[רכי
4Q**418** 81+81a,18 (XXXIV)] / הוצא מחסורכה לכול דורשי **חפץ**
4Q**418** 88ii1 (XXXIV)] / תכין לכ[ול]**חפציכה**[
4Q**418** 94,3 (XXXIV) ח]**פץ** כיא[
4Q**418** 102a+b,2 (XXXIV)]**חפץ** ואמת צדק [ ]כול מעשיו
4Q**418** 102a+b,4 (XXXIV) ואז ידרוש **חפצכה** לכול מבקשיו [
4Q**418** 103ii5 (XXXIV) ואיש כפי **חפצ**[ו
4Q**418** 106,1 (XXXIV)]**חפץ**[
4Q**418** 107,4 (XXXIV)]או{{ט}}י{{ם}} מסחורכה ופעולתכה ב**חפצי** [
4Q**418** 126ii4 (XXXIV) פרשם באמת הוא שמם ול**חפציהם** ידרש[ו
4Q**418** 126ii12 (XXXIV) ובידכה אוט{{ה}}ג ומטנאכה ידרוש **חפצו**
4Q**418** 126ii14 (XXXIV)]פיהו ואל ישים מ**חפצו** כי אל ∘[
4Q**418** 127,4 (XXXIV)]רשי **חפץ** הוניתה בהליכמה
4Q**418** 127,5 (XXXIV) כי אל עשה כול **חפצי** אוט
4Q**418** 128+129,3 (XXXIV)] / גם כול **חפצ**[ ]יכה ת∘[
4Q**418** 138,4 (XXXIV)]לוא יטכה וכל **חפציכה**[
4Q**418** 158,3 (XXXIV)] / [ד]רוש כול **חפצ**[
4Q**419** 8ii1 (XXXVI)] / **חפצו** ∘[
4Q**423** 1-2i6 (XXXIV)] בכל **חפציכה** כי כל תצמיח[לכה
4Q**424** 1,11 (XXXVI)] / יתכן שארכה ל**חפצך** ∘[ ]∘ ∘טר למותירו[
4Q**432** 1,3 (XXIX) ואוצרות מחשבת ל**חפציה**[ם
4Q**525** 2iii3 (XXV) או] / עם כול אבני **חפצ**[
PAM 43.676 43,2 (XXXIII)]**חפץ** ברי∘[
PAM 43.680 42,2 (XXXIII)]**חפץ** עצ[

to dig, search verb **חפר-1**

CD III,16 ו**יחפרו** באר למים רבים
CD VI,3 ו**יחפורו** את הבאר באר חפרוה שרים
ויחפורו את הבאר באר **חפרוה** שרים
CD VI,4 הבאר היא התורה ו**חופריה** הם / שבי ישראל
3Q**15** II,14 (III) **חפור** אמות ∘∘∘ ארבע / ככרין 22
3Q**15** III,6 (III) ית **חפר** אמות שש עסרה כסף / ככ 40
3Q**15** IV,7 (III) **חפור** אמות שלוש / שם שני דודין מלאין כסף

Reference	Group	Text
3Q15 IV,13	(III)	חפור / אמת כסף ככ 12
3Q15 V,3	(III)	חפור אמ[ות] / ש כסף ככ 7
3Q15 V,10	(III)	חפור אמות / שלוש כסף ככ 23
3Q15 V,14	(III)	חפור אמות שבע ככ 32
3Q15 VI,3	(III)	חפור / [א]מות שלוש שם קלל
3Q15 VI,9	(III)	חפר בפתח / אמות תשע ככ 21
3Q15 VI,12	(III)	חפר אמות / שתים עסרה ככ 27
3Q15 VII,1	(III)	חפור [אמות] / תשע ככ[2]2
3Q15 VII,9	(III)	חפר אמות שש / בדין של כסף שש
3Q15 VII,12	(III)	חפור אמות שבע / ⟦ ⟧ ככ 22
3Q15 VII,15	(III)	חפור אמות שלוש עד הטור / ככ 60
3Q15 VIII,5	(III)	חפור אמות שבע / עסרא תחתיה כסף / וזהב
3Q15 VIII,9	(III)	חפור אמות שלוש ככ 4
3Q15 VIII,12	(III)	חפור אמות / עשרין וארבע ככ 66
3Q15 VIII,14	(III)	חפור / אמות אחת עסרה / כסף ככ 70
3Q15 IX,2	(III)	חפור וגב שעת שבע / בדין אסתרין ארבע
3Q15 IX,5	(III)	חפור אמות שמונא / דמ<ע> הצא ככ 235
3Q15 IX,8	(III)	חפור אמות שש עסרה / ככ 22
3Q15 IX,12	(III)	חפור אמות / שבע ככ 9
3Q15 X,13	(III)	חפור רגמות שתין עסרה / ככ 80
4Q267 2,8	(XVIII)	ויחפ[ו]ר[ו] / [א]ת הבאר
4Q267 2,9	(XVIII)	אשר אמר מושה באר חפ[ר]וה שרים
4Q468c 7	(XXXVI)	באר] / אשר חפרוה[

to be ashamed verb **חפר-2**

Reference	Group	Text
4Q176 8-11,5	(V)	ואל תכלמי כי]א לא תחפירי

to search verb **חפש**

Reference	Group	Text
1QH[a] XVI,29		ועם / מתים יחפש רוחי כי הגיעו לשחת ח[יי
1QH[a] XVIII,34		ובחדרי שאול תחפש יחד
4Q185 1-2iii12	(V)	] / אל כל חדרי בטן ויחפש כלותו[

free adjective **חָפְשִׁי**

Reference	Group	Text
4Q525 2ii+3,13	(XXV)	חפ]שיות רעת[

arrow noun **חֵץ**

Reference	Group	Text
1QM VI,16		]וקשת וחצים וזרקות מלחמה
1QH[a] X,26		ויפרו חצים לאין מרפא
1QH[a] XI,16		וכו]ל חצי שחת / עם מצעדם לתהום ישמיעו
1QH[a] XI,27		בהתעופף כול חצי שחת לאין השב
4Q177 5-6,8	(V)	הרשעים ידרכון] / [קשת]ויכינו חצים ע[ל יתר
4Q223-224 2iv16	(XIII)	דרוך אבי קשתכה והשל]ך חצכה
4Q223-224 2iv19	(XIII)	והשל]יך חץ שנ[י והכה את אדורים הא]רמי
4Q428 5,1	(XXIX)	בהתעופף כול ח]צי שחת ל[אין השב
4Q429 4ii12	(XXIX)	עד תום כל ח[צי מלחמות רשעה]
4Q437 2i9	(XXIX)	ותשימני לחץ ברור בסת[ר] כפך הסתרתני

to hew verb **חצב-1**

Reference	Group	Text
1Q22 1ii3	(I)	ובו]רות חצוב[ים א]שר לו[א] / [ח]צבתה
1Q22 1ii4	(I)	ובו]רות חצוב[ים א]שר לו[א] / [ח]צבתה

to divide verb **חצה**

Reference	Group	Text
4Q366 1,1	(XIII)	וחצ]ו את כספו / [וגם את המת יחצון
11Q19 XV,4		וחצו את כ[ול האילים והסלים
11Q19 LVIII,14		וחצו מחצית השאר בין תופשי המלחמה

trumpet noun **חֲצוֹצְרָה**

Reference	Group	Text
CD XI,22		ובהרע חצוצרות הקהל / יתקדם או יתאחר
1QM III,1		] / {{סדרי המלחמה וחצוצרות}}
		סדרי המלחמה וחצוצרות
1QM III,1		וחצוצרות תרועות החללים
		וחצוצרות / המארב וחצוצרות המרדף
1QM III,2		וחצוצרות המרדף בהנגף אויב
		וחצוצרות המאסף בשוב המלחמה
		על חצוצרות מקרא העדה יכתובו קרואי אל
1QM III,3		ועל חצוצרות מקרא ה{{ס}}שרים יכתובו
		ועל חצוצרות המסורות יכתובו סרך אל
		ועל חצוצרות אנשי / השם {{יכתובו}}
1QM III,4		ועל חצוצרות המחנות / יכתובו
1QM III,5		ועל חצוצרות מסעיהם יכתובו גבורות אל
1QM III,6		ועל חצוצרות סדרי המלחמה יכתובו
1QM III,7		ועל חצוצרות מקרא אנשי הבנים
1QM III,8		ועל חצוצרות החללים יכתובו יד גבורת אל
		ועל חצוצרות המארב יכתובו / רזי אל
1QM III,9		ועל חצוצרות המרדף יכתובו נגף אל
1QM III,10		יכתובו על חצוצרות המשוב אסף אל
		ועל חצוצרות דרך המשוב / ממלחמת האויב
1QM VII,13		וביד הששה יהיו / חצוצרות המקרא
		וחצוצרות הזכרון וחצוצרות התרועה
		וחצוצרות התרועה וחצוצרות המרדף
		וחצוצרות המרדף וחצוצרות המאסף
		וחצוצרות המרדף וחצוצרות המאסף
1QM VII,15		ותקעו הכוהנים בשתי חצוצרות המקר[א
1QM VIII,1		החצוצרות תהיינה מריעות לנצח אנשי הקלע
1QM VIII,2		ואחר יתקעו להם הכוהנים בחצוצרות המשוב
1QM VIII,3		ותקעו הכוהנים בחצוצרות המקרא
1QM VIII,5		ותקעו הכוהנים בחצוצרות קול מרודד
1QM VIII,8		והכוהנים יריעו בשש חצוצרות / החללים
1QM VIII,11		ובח[צו]צרות יהיו / הכוהנים מריעים
1QM VIII,13		ואחר יתקעו להם הכוהנים בחצוצרות המשוב
1QM VIII,17		יתקעו] להם הכוהנים / בחצוצ[רות
1QM IX,1		והכוהנים יהיו מריעים בחצוצרות / החללים
1QM IX,3		יתקעו הכוהנים בחצוצרות המקרא
1QM IX,6		ותקעו להמה הכוהנים בחצוצרות המרדוף
1QM X,7		והריעות[מה] בחצוצרות
1QM XVI,3		ואחר יתקעו להמה הכוהנים בחצוצרות
1QM XVI,5		]ים לקול החצוצרות עד התיצבם איש
1QM XVI,7		ח]צוצרות החללים קול חד טרוד
1QM XVI,9		[והכוהני]ם יהיו מריעים בחצוצרות החללים
1QM XVI,12		והכ[ו]הנים יתק[עו] בחצ[ו]צרות המקרא
1QM XVII,10		והראשים נפשטים לקול החצוצרות
1QM XVII,11		ותקעו הכוהנים בחצוצרות תרועה שנית
1QM XVII,12		והכוהנים יריעו בחצוצרות / החללים
1QM XVIII,4		חצוצ]רות הזכרון ונאספו אליהם
4Q285 3,2	(XXXVI)	] הלויא[י]ם וחצ[וצרות
4Q491 1-3,13	(VII)	וחצוצרות התר[ועה יש]מיעו
4Q491 1-3,17	(VII)	והכוהנים בכול עת המריעים בחצוצרות[
4Q491 11ii21	(VII)	והכוהנים יר[יע]ו בחצ[וצר]ות ה[חללים
4Q491 13,4	(VII)	והראשים] / [נפשטים לקול החצו]צרות
4Q491 13,6	(VII)	והכוהנים יריעו לנצח] / [מלחמה בח]צוצרות
4Q493 2	(VII)	והריעו בחצוצרות הזכרון
4Q493 3	(VII)	והכוהנים יריעו בחצוצרות המלחמה[
4Q493 7	(VII)	להתקרב בין המערכות בחצוצרות[החללים
4Q493 8	(VII)	ובמלא עונותם יתקעו להם בחצו[צ]רות
4Q493 10	(VII)	יתקע[ו]להם בח[צוצרות המקרא]
4Q493 11	(VII)	ובמל[אם]בחצוצרות התרועה[
4Q493 13	(VII)	] על חצוצרו[ת]השבתות [כתוב
4Q496 8,5	(VII)	סדרי המלח]מה וחצ[וצרות מקראם
4Q496 8,6	(VII)	] וחצוצר[ות תרועות החללים
4Q496 9,2	(VII)	ע]ל חצו[צרות

ועל חצ]וצרו[ת דרך המשוב	(VII)	4Q**496** 11,3
וע]ל חצוצ[רות מקרא	(VII)	4Q**496** 12,3
]וצרות[ ]◦ול[ ]◦◦[	(VII)	4Q**496** 16,2
חצו]צרות ב[	(VII)	4Q**496** 17,2
]ה וחצוצר[ו]ת [	(VII)	4Q**496** 58,5

half noun חֲצִי

אורך המגן אמתים וחצי ורוחבו אמה וחצי		1QM V,6
אורך המגן אמתים וחצי ורוחבו אמה וחצי		
מזה הסגר והלוהב חצי האמה		1QM V,7
אורך הכידן אמה / וחצי		1QM V,13
וחצ[י ה]דם זרק על ה[מזבח	(V)	4Q**158** 4,5
[פשרו על גלע]ד וחצי שבט] מנשה	(V)	4Q**171** 13,5
[א]רבע עשרא וחצי[	(XXVIII)	4Q**317** 2,28a
ארבע עשרא וחצי[	(XXVIII)	4Q**317** 3,33a
ארבע ע]שרה וחצי ◦[	(XXVIII)	4Q**317** 4,31a
ארבע עשר]א וחצ[י	(XXVIII)	4Q**317** 22,4a
ארבע עשרא ו]חצ[י	(XXVIII)	4Q**317** 37,2a
תחת כרכובו מלמט]ה עד חציו	(XIII)	4Q**365** 12a-bii12
]בין תו לתו שלוש אמות וחצי	(XIII)	4Q**365**a 2i10
] / אמות וחצי רמו ושתים [אמות רחבו	(XXVIII)	4Q**373** 1a+b,3
ויין לנסך] / [ח]צי/[מחצ]ית ההין ← מַחֲצִית		11Q**19** XIV,3

grass noun **1**-חָצִיר

]כי הנה / כח[צ]יר יצמח מארצו	(V)	4Q**185** 1-2i10

courtyard noun חָצֵר

בבור הגדול שבחצר / הפרסטלין	(III)	3Q**15** I,6
בצריח שבחצר בתי העצין	(III)	3Q**15** II,5
בחצ[ר]◦יאט תחת הפנא הדרו / מית	(III)	3Q**15** III,1
]חצרות קודשנו היו / [	(V)	4Q**179** 1i7
]לחצרו[תי]המה למ◦[	(XX)	4Q**299** 62,5
] / להוציאו מחצר ה[כל]בים והי[	(XXXVI)	4Q**306** 1,6
ו]את מסך פתח החצר אשר על המש[כן	(XIII)	4Q**365** 27,1
באים מקיר החצר שש ושלושים באמה	(XIII)	4Q**365**a 2ii5
ואל יבא בשער חצרו ובשע[ר	(XX)	4Q**421** 12,3
]בט לוחצר צדי[קים	(XXXVI)	4Q**440**b 3
]חצר הפ[נ]ימית[		11Q**19** XI,14
ואכלוהו בלילה / בחצרות [ה]קודש		11Q**19** XVII,9
ואת הנותר מהמה יוכלו בחצר / [הפני]מ[י]ת		11Q**19** XX,11
ואכלום ביום הזה בחצר החיצונה		11Q**19** XXII,13
עד המקצוע השני לחצר עשרים / ומאה באמה		11Q**19** XXXVI,12
כול השערים האלה אשר / לחצר הפנימית		11Q**19** XXXVI,14
והשערים באים פנימה אל תוך החצר		
וע[ש]יתמה בח[צר פ]נימה ב[י]ת מ[ו]שבות		11Q**19** XXXVII,8
ובארבעת מקצועות החצר עשית[ה] להמה מקום		11Q**19** XXXVII,13
ועשיתה [ח]צר שנית סב[י]ב ל[חצר הפנ]ימית		11Q**19** XXXVIII,12
כול השערים האלה אשר ל]חצר הזואת [		11Q**19** XXXIX,4
וה]יו שמ[ות הש]ערים אשר ל[ח]צר הזואת		11Q**19** XXXIX,11
החצ]ר הזואת ל ◦◦◦[		11Q**19** XL,4
ועשיתה חצר שליש[י]ת [		11Q**19** XL,5
רו]חב סביב לחצר התיכונה		11Q**19** XL,7
ויוצאים השערים מקיר החצר לחוץ		11Q**19** XLI,12
ולפניסה באים מקיר החצר שש ושלושים באמה		11Q**19** XLI,13
ועל] גגי השערים [אשר] / לחצר החיצונה		11Q**19** XLVI,3
ועשיתה רובד סביב לחוץ מחצר החיצונה		11Q**19** XLVI,5
]לכוהנים יהיו ואכלום בחצ[ר הפנימית] / [	(XXIII)	11Q**20** III,23
בפרור]הפנימי אצל ק[י]ר החצר ה[חיצון]	(XXIII)	11Q**20** X,1
על גגי השערים אשר]לחצר החי[צונה	(XXIII)	11Q**20** XII,16

חֹק ← חוֹק

to carve verb חקה

]ת כול מחקת ה◦[ ]מה בדני אלו[הים	(XI)	4Q**405** 15ii-16,4
]כול מ[חקת	(XXIII)	11Q**17** V,3

חֻקָּה ← חוּקָּה

to inscribe, decree verb חקק

כרוה / נדיבי העם במחוקק		CD VI,4
והמחוקק הוא דורש התורה		CD VI,7
במחוקקות אשר חקק המחוקק / להתהלך במה		CD VI,9
במחוקקות אשר חקק המחוקק / להתהלך במה		
אשר חקקא ברשית ממשלת אור		1QS X,1
כול קיצי אל יבואו לתכונם כאשר חקק / להם		1QpHab VII,13
הכול / חקוק לפניכה בחרת זכרון		1QH^a IX,24
ונהיות עולם חקותה בלב / [האבן		1QH^a XXI,12
בפי עבדכה ובלשונו / חקקתה על קו [		1QH^a XXIII,11
] / חקקתי להם המ[צות	(I)	1Q**25** 1,4
וירא ראשית לו כי שם חלקת] / מחקק[ספון	(V)	4Q**174** 9-10,4
י]עקב חתימה חקק לישחק	(V)	4Q**185** 1-2ii4
קץ ח]קוק [בלוחות השמים	(XXXVI)	4Q**247** 1
המחקק היא ברית המלכות	(XXII)	4Q**252** V,2
הו]◦א חקוק קצ חרון לעם לא ידעהו	(XVIII)	4Q**266** 2i3
כרוה נדיבי העם במחו]קק	(XVIII)	4Q**266** 3ii11
כרוה / נדיבי [העם] במחוקק	(XVIII)	4Q**267** 2,10
וה[וא] חקק קצי ח[רון לעם לא ידעהו]	(XVIII)	4Q**268** 1,5
] / בם חקק אל להעביר בח[רון אפו	(XVIII)	4Q**270** 2ii18
]ץ פלאכה כי מאז חקקתה למו / [	(XIII)	4Q**369** 1i5
]◦תהם ◦◦ץ המחקק ל[	(XIII)	4Q**382** 9,2
צורות אלוהים מחוקקי / סביב ללבני [כ]בודם	(XI)	4Q**405** 19,5
חרות חוקכה וחקוק כול הפקודה	(XXXIV)	4Q**417** 1i14
כי חרות מחוקק לאל על כול ע◦◦[	(XXXIV)	4Q**417** 1i15
כיא בא חרו]ת החוק וחקו[ק כול הפקודה	(XXXIV)	4Q**418** 43-45i11
[ונהיות עול]ם חקותה בלב[האבן	(XXIX)	4Q**427** 10,3
]כין ומועדי הרצ[ון אש]ר חק[ק	(XXVIII)	4Q**468**dd 1
]חקוקים [	(XXV)	4Q**577** 1,3
כו]ל אשר היה חק[וק	(XXV)	4Q**577** 4,3
צורות אלוהים מ]חוקק סב[י]ב	(XXIII)	11Q**17** VI,6
] המחקק[	(XXXIII)	PAM 44.102 37,2

to search verb חקר

חקרו לכם דרך / לחיים מסלה[	(V)	4Q**185** 1-2ii1
וחוקרי שורשי בינה עם תומכי ר[זי פלא	(XX)	4Q**301** 1,2
ומה החידה לכמה חו‹ק›רי בשור{{ש}}שי בינה	(XX)	4Q**301** 2b,1
א]ין לחקור וירש[תם	(XXII)	4Q**378** 11,8
ב]שמים / ממעל ולחקר דרכי בני האדם	(XXIX)	4Q**392** 1,4
ובמחקר צדק / ימצא תוצ[אותיה	(XX)	4Q**420** 1aii-b,3
]נחקר גדולות[יכה	(VII)	4Q**504** 6,21
ושאלתה ודרשתה וחקרתה היטב		11Q**19** LV,5
ושמעתה את הדבר הזה ודרשתה וחקרתה היטב		11Q**19** LV,19

searching noun חֵקֶר

לאין]חקר		1QH^a V,5
ואתהלכה במישור לאין חקר		1QH^a XI,20
כי גבורתכה [לאין חק]ר		1QH^a XIII,20
] / והווה לאין חקר וכלה לאין [		1QH^a XIV,3
ד]ל[י]ותיו והיה לי[לאין] / חקר		1QH^a XIV,17
] מים ולימים לאין חק[ר]		1QH^a XVI,17
]◦ סוף וקצי שלום לאין ח[קר		1QH^a XXI,15

]ם רזי תהום וחקר[י (I) 1Q**27** 13,3
] / ולטובו אין חקר[(V) 4Q**181** 2,6
ובכל [ ]◦ו לאין חקר (V) 4Q**185** 1-2ii15
[רצו]נו ו[אור]עולמי[ם לאין] חקר ב[(XX) 4Q**298** 1-2i4
ונתהלל בגברתך כי אין חקר[(XI) 4Q**381** 33+35,3
ר]שף וכלה ואין ח[קר (XI) 4Q**381** 76-77,4
ועמו אור לאין חקר ואין לדעת[(XXIX) 4Q**392** 1,7
]לאין חקר במים עזים מדרך בק[ע (XXIX) 4Q**392** 2,4
דליותיו והיה לימים לאין חק]ר (XXIX) 4Q**429** 4i2
להגיד אמונתכה לתהלתכה אין חקר (IV) 11Q**5** XIX,9

Hikkar (?) proper noun **1-חקר**

]חקר וקטר[ון] ואפרנים (XXV) 4Q**522** 9i+10,14

חר-2 ← חור

חרא ← אַחַר

to be dry, waste verb **1-חרב**

בעז [פי]כה בשבטכה תחריב ארץ (I) 1QSb V,24
כול העמים שנה בשנה / לחריב ארצות רבות 1QpHab VI,8
חרבו המ[ים מעל הארץ (XXII) 4Q**252** I,21
חר]ב מחרבת ויך את עצ הרשע / [(XXXVI) 4Q**458** 1,9
אפ{{ו}}‹‹כ››ה באש קנאתכה להחריבה (VII) 4Q**504** 1-2v5
]רבו מקורה מקור [(XXV) 4Q**525** 21,7

dry, waste adjective **חָרֵב**

מנחה א]שר קרב עליה לבונה או חרבה 11Q**19** XX,10

sword noun **חֶרֶב**

הסתיר פניו מישראל וממקדשו / ויתנם לחרב CD I,4
להסגירם לחרב נקמת נקם / ברית CD I,17
וירדפום לחרב ויסיסו לריב עם CD I,21
ויסגרו / לחרב בעזבם את ברית אל CD III,11
וכל הנסוגים הוסגרו לחרב CD VII,13
והנסוגים הסגירו לחרב CD VIII,1
כתוב ביד זכריה הנביא חרב עורי על / רועי CD XIX,7
והנשארים ימסרו לחרב בבוא משיח CD XIX,10
והנשארים הסגרו לחרב נוקמת נקם ברית CD XIX,13
על כן יריק חרבו תמיד / להרוג גוים 1QpHab VI,8
יאבדו רבים בחרב / נערים אשישים וזקנים 1QpHab VI,10
ועל הזרק השלישי יכתובו שלהובת חרב 1QM VI,3
כיא בטח בשמכה הגדול ולוא בחרב וחנית 1QM XI,2
ונפל אשור בחרב לוא איש 1QM XI,11
וחרב / לוא אדם תואכלנו
וחרבכה / תואכל בשר אשמה 1QM XII,11
] בחרב אל 1QM XV,3
] אל ישראל קרא חרב על כול הגואים 1QM XVI,1
צריכ]ה וחרבך תואכל בשר 1QM XIX,4
]נפלו שם בחרב אל 1QM XIX,11
ותסגור פי כפירים אשר / כחרב שניהם 1QH^{a} XIII,10
במעון אריות אשר שננו כחרב לשונם 1QH^{a} XIII,13
ותוסף לשונם / כחרב אל תערה 1QH^{a} XIII,15
עם תום כול חר[בות] / מלחמות רשעה 1QH^{a} XIV,28
ואז תחיש חרב אל בקץ משפט 1QH^{a} XIV,29
א]ל חרב[(I) 1Q**38** 10,1
]בחרב וחנית / [(III) 2Q**23** 1,5
]חרב א[(III) 2Q**31** 1,1
לוא תבנה אתהנה גזית כי חרבכה[(V) 4Q**158** 7-8,8
] / [כו]ל העמים תשפוט חרבו (V) 4Q**161** 8-10,21
לחובת הארץ מפני החרב והרעב (V) 4Q**162** II,1
] ◦בחרב ואשר[(V) 4Q**163** 21,4
כי מפ]ני חרבות נדד מפני[(V) 4Q**165** 5,5a
חרב נטושה מפ[ני קשת דרוכה (V) 4Q**165** 5,5
וכפיריכה תאכל חרב והכר[תי מארץ ט]רפה (V) 4Q**169** 3-4i9
אשר לא ימוש מקרב עדתם חרב גוים (V) 4Q**169** 3-4ii5
גבוריו ונכבדיו בחרב[(V) 4Q**169** 3-4iv4
למען / יובדו בחרב וברעב ובדבר (V) 4Q**171** 1-2ii1
חרב פתחו רשעים וידרוכו קשתם (V) 4Q**171** 1-2ii15
ולטבוח ישרי דרך חרבם תבוא בלבם (V) 4Q**171** 1-2ii16
]ם בחרב ולמשפט ◦[(V) 4Q**176** 19,2
]ת בחרב איב[יהם (V) 4Q**177** 1-4,16
] לאנשי עצתו המה החרב (V)
להסגירם לחר[ב נוקמת נקם ברית (XVIII) 4Q**266** 2i21
והנסוגים ה[סגיר]ו לחרב (XVIII) 4Q**266** 3iii23
תגיר]לחכי עלידי חרב ביום עברה (XI) 4Q**381** 31,7
]ר חרבות ורמחים[(XI) 4Q**381** 78,3
ותהי חלחלה[ ]בפוט ותהי חרב במ[צרים] / [(XXX) 4Q**385**b 1,3
]בחרב מצר[ים]תשדד◦[(XXX) 4Q**385**b 1,6
]ם[הנו]פלים בח[רב (XXX) 4Q**387** 3,2
]לפי חרבתיכ[ם (XXX) 4Q**388** 6,4
ואת ישראל אשבור ונתתו לחרב (XXX) 4Q**388**a 7ii5
ביד איביהם והסגרת[ים] / לחרב (XXX) 4Q**390** 1,10
להסגירם לחרב שבוע שנים[(XXX) 4Q**390** 2i4
]מה בחרב היו[(XXXIV) 4Q**418** 172,14
ותשם פי כחרב חדה ולשוני פתחתה (XXIX) 4Q**436** 1a+bi7
תבוא חר]בם בלבם (XXIX) 4Q**437** 2i3
]דברי שננתה כחר[ב (XXXVI) 4Q**440**a 5
חר]ב מחרבת ויך את עצ הרשע (XXXVI) 4Q**458** 1,9
ל]מען יהיו מלמדי ח[רב] / [לצאת לצבא (XXXVI) 4Q**471** 1,7
]חרב ◦[(VII) 4Q**491** 24,2
מחץ גוים] / צריכה וחרבך[תואכל ב]שר (VII) 4Q**492** 1,4
לאין מ[קב]ר אשר נפלו שם בחר[ב]אל[(VII) 4Q**492** 1,10
ורעב וצמא ודבר וחרב / [(VII) 4Q**504** 1-2iii8
]חרבכה [(III) 5Q**21** 1,2
]בחרב[(III) 6Q**18** 11,2
ובחלל חרב / או במת או בדם אדם 11Q**19** L,5
הכה תכה את כול יושבי / העיר ההיא לפי חרב 11Q**19** LV,7
ואת / כול בהמתה תכה לפי חרב 11Q**19** LV,8
והכום לפי {{◦}}חרב ונשא את שללמה 11Q**19** LVIII,12
והכיתה את זכורה לפי חרב 11Q**19** LXII,9

חֹרֶב ← חוֹרֶב

חֹרֵב ← חוֹרֵב

waste noun **חָרְבָּה, חוֹרְבָּה**

]חרבת ◦◦[(XI) 4Q**381** 75,1
ואמר ראיתי יהוה והנה חרבה (XXX) 4Q**386** 1ii2
] / חרבה[ו]רעו[(XXX) 4Q**386** 1iii5
יו]שבי פלשת ומצרים לבזה וחורבה (XIX) 4Q**462** 1,14
יהיו עריהמה לשומה ולשרקה ולחורבה 11Q**19** LIX,4

dry land noun **חָרָבָה**

כל בשר אשר היה בחרבה כי גוע CD II,20
עלכן נ[מחו] כלאש[ר ב]חרבה (XIX) 4Q**370** 1i6

destruction noun **חָרְבָּן**

ובקץ חרבן הארץ עמדו מסיגי הגבול CD V,20
ביובל השביעי / לחרבן הארץ ישכחו חוק (XXX) 4Q**390** 1,8

חַרְגֹּל ← חוֹרְגוֹל

to tremble, fear verb חרד

2Q22 I,3 (III) מ]לחמה לתפש ערי מבצרים ולחריד / [
4Q161 5-6,6 (V) חר]דה הרמה גבעת / [שאול נסה
4Q161 5-6,11 (V) חר]דה בעלותו מבקעת עכו ללחם בי◦[
4Q368 9,2 (XXVIII) כבדו אותו וחרדו מ[
4Q380 2,3 (XI)]יחרדו כל יוסדו בו[

to burn, be angry verb חרה-1

CD I,21 ויחר אף / אל בעדתם
CD II,21 שמרו את מצות עשיהם עד אשר חרה אפו בם
CD III,8 וירגנו באהליהם ויחר אף אל / בעדתם
CD V,16 ויחר אפו בעלילותיהם כי לא עם בינות הוא
CD VIII,13 אשר חרה אף אל בכל עדתו
CD VIII,18 ובשונאו את בוני החיץ חרה אפו
CD XIX,26 ומטיף אדם / לכזב אשר חרה אף אל
CD XIX,31 ומתעב אל את בוני החיץ וחרה {{אפ}} אפו בם
CD XX,15 ובקץ ההוא יחרה / אף אל בישראל
1Q22 1ii9 (I) למה יב]ער וחרה אף / [אלוהיכם] בכם
4Q162 II,8 (V) על כן חרה אף יהוה בעמו
4Q163 56,1 (V)]רעב נחרו[
4Q171 1-2i17 (V) ואל תחר במצליח דרכו באיש
4Q171 1-2ii2 (V) ואל / תחר אך להרע כיא מרעים יכרתו
4Q266 2ii1 (XVIII) ויחר אף אל בע]דתם [להשם את כול המונם
4Q266 2iii5 (XVIII) וי]חר אף / [אל בעדתם
4Q270 6iii19 (XVIII) לו מיום ליום ובחר]ו[ת אפו / [
4Q282j 9 (XXXVI) י]חר אף / [
4Q381 24a+b,10 (XI)]ת כי חרה לו עלה / באפ[ו עשן
4Q415 11,8 (XXXIV) [/ [ ]שלח[ ]נגפו וחרה אפו בס[
11Q5 XXI,15 (IV) חריתי / נפשי בה ופני לוא השיבותי

חָרוּל ← חָרֻל

fury, burning noun חָרוֹן, חָרֹן

CD I,5 ובקץ חרון שנים שלוש מאות / ותשעים
CD IX,4 והביאו בחרון אפו או ספר לזקניו
CD IX,6 ובחרון אפו בו דבר בו בדבר מות
CD X,9 ובחרון אף אל ביושבי הארץ
1QpHab III,12 ובחמה יכ]מרו וב]חר[ן אף וזעף / אפים
1QH[a] VII,17 ורשעים בראתה ל]קץ ח]רונכה
1QH[a] XI,28 וקץ חרון לכול בליעל
1QH[a] XXII,5 ואני בקצי חרון / [
1Q15 3 (I) בטרם לא יבוא עליכ]ם חרון אף י[הוה]
1Q36 18,1 (I)]בם וחרון אפו ◦◦◦[
4Q166 I,12 (V)]אסף בקצי חרון כיא / [
4Q167 2,2 (V)]◦ כפיר החרון כי אנוכי כשחל [לא]פ[רי]ם
4Q169 1-2,11 (V) מי יעמוד ומי / [יקום]בחרון אפו
4Q169 3-4i5 (V) פשרו]על כפיר החרון אשר יכה בגדוליו
4Q169 3-4i6 (V) פשרו על כפיר החרון / [
4Q177 12-13i4 (V) להאבידמה בחרונו אשר לוא יותיר ל[
4Q177 19,5 (V)]◦דריו אקבוץ חרון[
4Q215a 3,1 (XXXVI)]להחרים ארץ[ב]חרונו ולהדשה[
4Q223-224 2ii52 (XIII) וביום]עברה בז[ע]ף אף וחר]ון ובאש בוערת
4Q266 2i3 (XVIII) הו]א חקוק קצ חרון לעם לא ידעהו
4Q266 2i10 (XVIII) ובקץ חרו[ן שנים שלו[ש מאות ותשעים]
4Q266 11,19 (XVIII) את אשר יפק]דו [בכו]ל קצי החרון
4Q268 1,5 (XVIII) ו]ה[וא] חקק קצי ח]רון לעם לא ידעהו]
4Q270 2ii18 (XVIII) בם חקק אל להעביר בח[רון אפו בק]ץ [
4Q270 6iii18 (XVIII) והביאו בח[רון] אפו או ספר [לזקנו
4Q270 6iv19 (XVIII) ובחרון אף אל ביושבי הארץ
4Q270 7ii13 (XVIII) א]ת אשר [יפ]קידו בכל קצי החרון
4Q286 20,10 (XI) וחר]ון אף והתקומם בלוא
4Q288 1,7 (XI)]◦ וחרון אף[והתקומם בלוא משפט
4Q290 3 (XI)]◦◦ ב[קץ] החרון וכיא [
4Q375 1i3 (XIX) ושב אלוהיכה מחרון אפו הגדול
4Q377 2i9 (XXVIII) ו]ישיב חרון א[פו ותסג]רמרים מעינו
4Q393 1ii-2,8 (XXIX) עלפו עמך למען חר[ונך ר]ב
4Q405 23i12 (XI) ל[ו]א ירחם בממשלת עברת כל[ת חרו]נו
4Q416 3,3 (XXXIV)]אל תשקוט עד תום רשעה כי חרון בכל ק[ץ
4Q416 4,1 (XXXIV)] / ק[ ]חרון כי אוהב ◦[
4Q432 6,3 (XXIX) וקו חרון לכול[בליעל
4Q433a 3,4 (XXIX)]זה כן י◦[ ]חרונו לכול ע[
4Q434 1i6 (XXIX) ועברתו לא ה[ו]קד עליהם ולא כלם / בחרונו
(XXIX) ולא יעף כל חרונו חמתו
4Q434 1i13 (XXIX)]ש עברתו להב◦[ ] את חרונו ◦[ ]ת בהם
4Q504 1-2iii11 (VII) [ואת קנא]תכה בכול חרון אפכה
4Q504 1-2v5 (VII) כיא[נש]פכה חמתך / וחרוני אפ{{ו}}<<כ>>ה
4Q525 21,8 (XXV) ב]קבוץ חרון ובארך[אפים
4Q525 22,5 (XXV) ב]הדריו אקבוץ חרון[
4Q525 23,4 (XXV)] / בכור חרון
11Q11 IV,5 (XXIII)] / ובחרון אפו[ישלח]עליך מלאך תקיף[
11Q11 IV,11 (XXIII)]חרון אף י[הוה
11Q19 LV,11 למען אשוב מחרון אפי ונתתי לכה / רחמים

fiery heat noun חַרְחוּר

4Q169 3-4ii5 (V) שבי ובז וחרחור בינותם וגלות מפחד אויב

חַרְחֻר ← חַרְחוּר

engraving tool noun חֶרֶט

1QM XII,3 וברית שלומכה חרתה למו בחרט חיים
4Q382 25,4 (XIII)]בחרט זהב מנובב[

חַרְטוֹם ← חַרְטֹם

magician noun חַרְטֹם, חוֹרְטוֹם, חַרְטוֹם

4Q300 1aii-b,1 (XX) החר]טמים מלמדי פשע
4Q365 2,3 (XIII)]ויע]שו כן [ה]חורטומים בלהטיהמה
4Q365 2,4 (XIII) ויואמרו החרטומים אל פרעוה
PAM 43.676 23,1 (XXXIII)] לחרטמ[ים

burning, heat noun חֳרִי

4Q171 1-2i14 (V)]ת הוללים בחרי / [

Horebbah proper noun חריבה-1

3Q15 I,1 (III) בחריבה שבעמק עכור תחת / המעלות

desolate place noun חריבה

4Q173 5,5 (V) מר]חיבי שמות וחריב[ות

Harim proper noun חָרִים

4Q319 89,3 (XXI)]חרים[
4Q321 III,3 (XXI) ודוק]ה באחד בח[ר]ים בארבעה ועשרי]ם בוא
4Q321 IV,3 (XXI) ודוקה בחמשה בחרים / [באחד ועשרים בוא
4Q321 VI,5 (XXI) החמישי] בח[רי]ם
4Q321 VI,8 (XXI) הר]ביעי] בחרים
4Q321a V,3 (XXI) שבת ב]חרי[ם בארבעה ע[שר בתשיעי
4Q324a 1ii1 (XXI) ביאת ח]ר[ים] בארב[עה עשר בוא
4Q325 1,4 (XXI) בשנים בו שבת חרים

4Q329 1,1 (XXI) יוריב]ידעיה חרים שעו[רים מלכיה
4Q329 2a-b,3 (XXI) ישבאב] / [ח]רים אמר[מלכיה הששית] הפצץ

canal, trench noun חָרִיץ
3Q15 V,8 (III) מעל החריץ של שלומ / ו עד הרגם הגדול

sharp, scorching adjective חֲרִישִׁי
1QH[a] XV,5 ותכמי עלי כאוניה בזעף / חרישית

חָרִם ← חָרִים

nettle noun חָרֻל
1QH[a] XVI,24 יהיה כערע[ר בערבה ו]גזעו כחרלים במלחה

to ban, devote, destroy verb חרם-1
CD IX,1 כל אדם אשר יחרים אדם מאדם בחוקי הגוים
1QM XVIII,5 כ]תיים / להחרימם
4Q215a 3,1 (XXXVI)]להחרים ארץ[ב]חרונו ולהרשה[
4Q251 15,2 (XXXV) וה]חרימו לכוהן לעוברו[
4Q252 III,4 (XXII)]◦ים לבדם יחרמו
4Q364 24a-c,10 (XIII) הח]רמנו לוא השארנו שריד
4Q382 111,1 (XIII)] להחרי[ם
4Q457b I,7 (XXIX)] / חרים בצעם [
11Q19 LV,7 החרם אותה ואת כול אשר בה
11Q19 LXII,14 כי החרם תחרים את החתי ואת האמורי
כי החרם תחרים את החתי ואת האמורי

to net verb חרם-2
11Q19 LX,5 וכול אשר יחרימו ומכס השלל והבז

devoted thing, annihilation, ban noun חֵרֶם-1
CD VI,15 בנדר ובחרם / ובהון המקדש
CD XVI,15 אשר אמר איש את רעיהו יצ[ו]רו חרם
1QM IX,7 על ידי המלחמה עד החרם
3Q15 IX,16 (III) בצחיאת גר פלע / כל שבה חרם
3Q15 XI,7 (III) המסמא ה / גדולא שבשילוחו חרם
4Q251 10,9 (XXXV) כ]תרומה כל חרם לכוהן
4Q251 14,2 (XXXV) ושדה החרם תהיה אחזת [הכוהן
4Q258 I,12 (XXVI)]ם גוים ושבעות וחרמים ונדרים בפיהם [
4Q271 4ii15 (XVIII) אשר אמר איש א[ת] רעהו / יצ[ודו] חרם
4Q379 3i6 (XXII)]חרם לו לעולם[ ]◦◦ / [
11Q19 II,10 [והייתה]חרם כמוהו שקץ תשק[צנו
11Q19 II,11 ותעב תתעבנו] / [כי]חרם הוא
11Q19 LV,11 ולוא ידבק / בידכה מאום מן החרם

net noun חֵרֶם-2
1QpHab V,13 ויגרהו בחרמו / ויספהו במכ[מרתו
1QpHab V,14 על כן יזב]ח לחרמו על כן ישמח
1QpHab VI,2 ואשר אמר על כן יזבח לחרמו

Haran proper noun חָרָן-1
1Q17 2 (I) [ויצא יעקב מבאר שבע ל]לכת חרן
1Q18 1-2,4 (I) מיום ל[כת אחיו י]עקב אל חרן [עד היום
4Q225 2i2 (XIII) יש]ב בחרן עשר[י]ם [ש]נה
4Q252 II,9 (XXII) ויבוא חרן ואב[רם ש]בעים שנה
4Q252 II,10 (XXII) וחמש שנים ישב / אברם בחרן
4Q464 1,2 (XIX)] ◦ בחרן[
4Q464 7,2 (XIX) מבאר]שבע ללכת חרן וע[
4Q516 9,1 (VII)]חרן [

חָרָן ← חָרוֹן

to confuse, reproach verb חרף-3
1QpHab X,13 ויחרפו את בחירי אל
4Q200 1ii1 (XIX)] / יחרפו א[ת אבי
11Q5 XXVIII,14 (IV) רא[י]תי פלשתי / מחרף ממ[ערכות הפלשתים

to designate for marriage verb חרף-4
4Q270 4,14 (XVIII) ה]שופחה החרופה ◦◦א / [

catapult (?) noun חָרָף
4Q493 5 (VII) ו]מזה למל◦ת / ליד החרף והמאבן

חֹרֶף ← חוֹרֶף

reproach, shame noun חֶרְפָּה
1QS IV,12 לזעות נצח וחרפת / עד עמ כלמת כלה
1QH[a] X,9 ותשימני חרפה / וקלס לבוגדים סוד אמת
1QH[a] X,34 וישימוני לבוז / וחרפה בפי כל דורשי רמיה
1Q34bis 3i3 (I)]ם בעצמותם חרפה לכל בשר
4Q166 II,13 (V) להיות לקלו[ן] / וחרפה לעיני הגואים
4Q176 8-11,6 (V) וח]רפת ארמלותך לוא[תזכרי עוד
4Q200 1i3 (XIX) מאש]ר לחיות כי חרפות / [שקר שמעתי
4Q415 1i5 (XXXIV)] וחרפת[
4Q416 2ii3 (XXXIV) בה ו]בחרפת[ו] תכסה פניכה
4Q416 2ii16 (XXXIV) אל תגע פן תכשל וחרפתכה תרבה מאודה
4Q416 2iv13 (XXXIV)] / אשת חיקכה וחרפ[
4Q417 2i23 (XXXIV) וגם מחרפה לנ[ושה בכה
4Q417 2i26 (XXXIV) אל תסתר מנוגע בכה] / פן יגלה חר[פ]תכה
4Q417 2ii+23,5 (XXXIV)]ול בה ובח[רפת]נו תכסה פניכ[ה
4Q417 2ii+23,11 (XXXIV) כול] / מחרפתכה אל וכ[ו]ל[
4Q417 2ii+23,21 (XXXIV)] / וחרפתכה תרבה מ[אודה
4Q418 8,2 (XXXIV) ובח[רפתנו תכסה פניכה
4Q418 177,3 (XXXIV)] וכסה חרפתכה ⟦ ⟧[
4Q418 178,4 (XXXIV) כס]ה חרפתכה[
4Q418a 19,4 (XXXIV) ח]רפתכה[ ]
4Q428 3,2 (XXIX) וישימונ]י לבוז וחר[פה בפי כול דורשי] / [רמיה
4Q481e 3 (XXII)]◦ {{אשר}} מחרפו◦[
4Q501 5 (VII) וראה חרפת בני / [עמכה כיא נכמר]עורנו
4Q525 14ii8 (XXV)] / ובל תבואכה חרפת שונא ו[
4Q525 15,7 (XXV) דלתו]תיו כלמות חרפה מנעוליו צומי שחת[
11Q22 6,1 (XXIII)]◦ו חרפותי[

to decide, cut, appoint verb חרץ-1
1QS IV,20 עד / מועד משפט נחרצה
1QS IV,25 עד קצ נחרצה ועשות חדשה
1QS VIII,10 לכפר בעד הארצ ולחרוצ משפט רשעה
1QM V,9 והסגר מחורץ בין הצמידים כמעשי / עמוד
1QM XV,6 והתהלך הכוהן החרוץ למועד נקם
1QM XVI,11 ולבחון בם כול חרוצי המלחמה
1QH[a] XI,36 ולא תשוב עד כלה ונחרצה לעד ואפס כמוה
4Q161 2-4,3 (V) [שאר ישוב בו כליון חר]וץ ושוטף צד[קה
4Q369 1i6 (XIII)]משפטו עד קץ משפט נחרצה / [
4Q426 9,2 (XX)]◦ו נחרצה[
4Q468r 1,3 (XXXVI)]חרצ◦[
4Q491 10ii13 (VII)] / ונגש הכוהן החרוש למלחמה
4Q509 187,3 (VII)] תחרץ[
4Q518 1,2 (VII)] נחרץ[
4Q525 23,2 (XXV)] / אתנודד וביום נחרצת ? [

bond noun **חֲרְצֻבָּה, חַרְצוּבָּה**

יתר כל **חרצובות** קשריהם לבלתי היות עשוק | | CD XIII,10
] / [מו]טותיהם ולפתוח **חורצ[בות** | (XXIX) | 4Q**437** 2ii14

חַרְצוּבָּה ← חֲרְצֻבָּה

to gnash, sting verb **חרק**

] / [וער]יצים **יחרו[קו** שנים | | 1QH[a] IX,39
דבה בשפת עריצים לצים **יחרוקו** שנים | | 1QH[a] X,11
זומם רשע לצדיק **וחורק** ע[ליו שניו | (V) | 4Q**171** 1-2ii12
ע]ל עיניו **וחרוק** [| (XIX) | 4Q**200** 5,4

earthenware, potsherd noun **חֶרֶשׂ**

כול כלי **חרש** אשר יפ[ו]ל [שרץ לתוכו יטמא] | (XXXV) | 4Q**274** 3ii10
ו‹נ›שא את דמה בכלי **חרש** | (XXXV) | 4Q**276** 3
]בנת **חרש** נ◦[| (III) | 5Q**20** 1,1
וכלי **חרש** יטמאו וכול אשר בהמה | | 11Q**19** XLIX,8
וכול כלי / **חרש** ישברו כי טמאים המה | | 11Q**19** L,18

to plow, engrave, plan verb **חרש-1**

[ואם יצמד] / [עמו ו]**חרש** עול אחד | (XIII) | 4Q**223-224** 2iv11
ועבודתכה **כחור[ש]** / בשור ובח[מו]ר [י]חד[ו | (XXXIV) | 4Q**418** 103ii7
]ובתלמיה **יחרוש** ותמיד[| (XX) | 4Q**420** 2,8
אשר]**יחרוש**[| (VII) | 4Q**482** 2,1
ולוא **תחרוש** בשור ובחמור יחדיו | | 11Q**19** LII,13

to be deaf, silent verb **חרש-2**

אם **החריש** לו מיום ליום | | CD IX,6
למה תביטו בוגדים **ותחריש** | | 1QpHab V,8
אם **החריש** לו מיום ליום ובחר[ו]ת אפו / [| (XVIII) | 4Q**270** 6iii19
]**החריש** משא הריב וא◦◦[| (XXIX) | 4Q**291** 1,2
ה]**חרש** ושועתי הקשב[| (XI) | 4Q**381** 85,2
ולוא יכזב המ[שא ו]לוא [**הח]ריש** / [החזון | (XXXVI) | 4Q**410** 1,8
האסר אשר אסרה על נפשה **והחריש** לה אביה | | 11Q**19** LIII,18

engraver, craftsman noun **חָרָשׁ**

ואבני חפץ אבדני ריקמה מעשה **חרש** מחשבת | | 1QM V,6
בדני ריקמה מעשי **חרש** מחשבת ושבולת | | 1QM V,9
והלוהב ברזל לבן מאיר מעשי **חרש** מחשבת | | 1QM V,10
ומלובן כמראת פנים מעשי **חרש** מ[ח]שבת | | 1QM V,11
והיא] **חרש** עשה[ו ולוא אלהים הוא | (V) | 4Q**167** 11-13,3
ואנשי **החרש**[וה]מ[צ]רף ופקודים להיות אנ[שי | (VII) | 4Q**491** 1-3,7

deaf adjective **חֵרֵשׁ**

פסח או עור או **חרש** או אלם | (I) | 1QSa II,6
[פסח או עור או]**חר[ש** או אלם | (XXXVI) | 4Q**249**g 3-7,4
פסח או **חרש** או נער זעטוט א[ל יבו] איש | (XVIII) | 4Q**266** 8i8
]ת **וחרשים** מש[מוע | (XXVIII) | 4Q**372** 8,2
[וא]ף על **החרשים** שלוא שמעו חוק [ומ]שפט | (X) | 4Q**394** 8iv2
ואפ על **החר[שים** שלוא]שמעו חוק / ומשפט | (X) | 4Q**396** 1-2ii3
]וכ[ו]ל אוזניהם **חרשות** [| (XXXVI) | 4Q**474** 10

(indeterminate) **חרש**

]מנ[י] **חרש**[| (XXIX) | 4Q**437** 5,2

to engrave verb **חרת**

תרומת שפתים הברכנו כחוק **חרות** לעד | | 1QS X,6
ובכול היותי חוק **חרות** בלשוני | | 1QS X,8
ופשעי לנגד עיני כחוק **חרות** | | 1QS X,11
וברית שלומכה **חרתה** למו בחרט חיים | | 1QM XII,3
והוא **חרות** ל[| (V) | 4Q**180** 1,3
תרומת שפתים אברכנו כח[וק]**חרות** לעד | (XXVI) | 4Q**256** XIX,4
תרומת]שפת[ים] אברכנו כחק / [**ח]רות** לעד | (XXVI) | 4Q**258** IX,4
ובכל היותי חוק [**ח]רות** ב[לשוני | (XXVI) | 4Q**258** IX,7
דברו על פני המבקר **כחרת** | (XVIII) | 4Q**266** 11,16
דברו על פני המבקר ⟦ ? ⟧ **כח]רת** | (XXXVI) | 4Q**269** 16,14
]ם **חרתה** טהרת אמת לעמכה לה[| (XXXV) | 4Q**284** 3,4
חרת חוקיו לכול מעשי רוח | (XI) | 4Q**400** 1i5
וחוקי קוד]שים **חרת** למו | (XI) | 4Q**400** 1i15
כ]בינתו **חרת** ח[וקי | (XI) | 4Q**402** 4,3
] / מלך **וחרת** כבודו{{ה}} ה[| (XI) | 4Q**405** 23ii3
חרות חוקכה וחקוק כול הפקודה | (XXXIV) | 4Q**417** 1i14
כי **חרות** מחוקק לאל על כול ע◦◦[| (XXXIV) | 4Q**417** 1i15
חרו]ת החוק וחקו[ק כול הפקודה | (XXXIV) | 4Q**418** 43-45i11
ואחורתם חוקי הודות כבודכה | (VII) | 4Q**511** 63-64ii3

ink; inscription (?) noun **חֶרֶת**

הכול / חקוק לפניכה **בחרת** זכרון | | 1QH[a] IX,24

to spare, refrain verb **חשׂך**

ת]**חשכהו** מחטוא לך | | 1QH[a] IV,22

(indeterminate) verb **חשׂף**

] / **וחשפו**[| (XXII) | 4Q**479** 3,4

to weave, think, account verb **חשב**

לא **יחשבו** בסוד עם | | CD XIX,35
לירא אל **ולחושבי** / שמו | | CD XX,19
לוא חזק למשוב חיו ועם ישרים לוא **יתחשב** | | 1QS III,1
בעין תמימים / לוא **יתחשב** | | 1QS III,4
כיא לוא **החשבו** בבריתו | | 1QS V,11
כיא במה **נחשב** הואה | | 1QS V,17
כיא / כול אשר לוא **נחשבו** בבריתו | | 1QS V,18
מעשה **חושב** זהב וכסף ונחושת ממוזזים | | 1QM V,5
מעשה **חושב** צורת ריקמה בזהב ובכסף | | 1QM V,14
מעשה **חושב** ופרי מגבעות בראשיהם | | 1QM VII,11
]דך ומה **נחשבו** ע◦◦ / [| | 1QH[a] VIII,5
פדית[ה] נפש אביון אשר **חשבו** להתם | | 1QH[a] X,32
כיא ל]א **יחשיבוני** | | 1QH[a] XI,6
ולמי **נחשבתי** ומה כוח לי | | 1QH[a] XI,24
ויהמו **מחשבי** תהום בהמון גורשי רפש | | 1QH[a] XI,32
ההווה הנהיה בתבל וכול **מחשביה** ירועו | | 1QH[a] XI,33
ולא **יחשבוני** בהגבירכה בי | | 1QH[a] XII,8
ומודעי נדחו ממני **ויחשבוני** לכלי אובד | | 1QH[a] XII,9
והמה נעלמים זמות בליעל / **יחשובו** | | 1QH[a] XII,14
כיא / לא **יחשבונ[י** ע]ד הגבירכה בי | | 1QH[a] XII,23
והמה הוות לבם **יחשובו** | | 1QH[a] XIII,26
]כלאי עם תהום **נחשב** לאין[| | 1QH[a] XIII,38
נצר ק[ו]דש למטעת אמת סותר בלוא / **נחשב** | | 1QH[a] XVI,11
ויחשוב בלא האמין למקור חיים | | 1QH[a] XVI,14
ומה **אתחשב** / באין רצונכה | | 1QH[a] XVIII,5
למי **נחשבתי** עד זות | | 1QH[a] XXI,11
מי **חוש[ב** | | 1QH[a] 16,6
]**יחשב** הל[ב]נון ◦[| (V) | 4Q**163** 21,2
נ]חשב[ו | (V) | 4Q**167** 14,2
ולחשוב עליהמה מחשבות און למ[| (V) | 4Q**174** 1-2i9
להתחשב עמו ב[סוד] / [א]לים לעדת קודש | (V) | 4Q**181** 1,3
ויא[מין] / [אברהם ב]אלו[הי]ם **ותחשב** לו צדקה | (XIII) | 4Q**225** 2i8
ועם י[שרים לוא] **יתח[שב]** | (XXVI) | 4Q**257** III,2
בעין תמימים לוא **יתח[שב]** | (XXVI) | 4Q**257** III,5

4Q264a 1,5 (XXXV) אל יחשב איש [בפיהו] / [
4Q266 11,6 (XVIII) לו יחשב / בכול בני אמתו
4Q299 10,4 (XX)]◦ וליצור ולחשוב[
4Q365 12biii7 (XIII) מעשי חושב כמעשה אפוד ‹‹ז››ה{{ז}}ב
4Q365 12biii8 (XIII) ותולעת שני ושש משוזר מעשה חושב
4Q382 105,3 (XIII)] / מראות וחשב ◦[
4Q386 1ii3 (XXX) ויאמר יהוה בן בליעל יחשב לענות את עמי
4Q394 3-7ii16 (X) ואנחנו חושבים שהמקדש[משכן אוהל מועד
4Q394 8iii12 (X) ואף חוש]בים אנחנו / [שאין
4Q396 1-2i3 (X) אנח]נו חושבים שאיאכל את הולד / [
4Q397 4,1 (X) א]נחנו חו]שבים
4Q397 5,3 (X) ואפ חושבים[אנחנו
4Q398 14-17ii3 (X) מקצת מעשי התורה שחשבנו לטוב לך
4Q398 14-17ii7 (X) ונחשבה לך לצדקה בעשותך הישר והטוב
4Q400 2,6 (XI)] / מה נתחשב [ב]ם וכוהנתנו מה במעוניהם
4Q417 1ii15 (XXXIV)] / תחשוב [
4Q417 2i7 (XXXIV) ואיש עול אל תחשוב עזר
4Q421 13,3 (XX)]ם אל יחשב[לו
4Q426 7,2 (XX)]שכל יחש[ב
4Q427 7i13 (XXIX)]לוא יחשב בי
4Q427 7ii16 (XXIX) ומה יחש[ב עפר ואפר]
4Q427 10,2 (XXIX) [ולב האבן]למי נחשב[תי עד זות
4Q429 2,8 (XXIX) והמה הוות לבם] / יחשבו
4Q430 1 (XXIX) [והמה נעלמים זמות בליעל יחשו]בו[
4Q431 1,9 (XXIX) לוא] י[חשב בי]
4Q471a 5 (XXXVI) ◦◦] תתגברו למלחמה ואתם נחשבתם / [
4Q471b 1a-d,1 (XXIX) אני עם אלים א]תחש[ב
4Q487 14,3 (VII)]ים רע יחשוב[
4Q491 11i14 (VII) אני עם אלים את{{ת}}חשב ומכוני בעדת קודש
4Q491 11i15 (VII) [מ]יא לבוז נחשב ביא ומיא בכבודי ידמה ליא
4Q491 11i18 (VII) אניא עם אלים אחש[ב ו]כבודיא עם בני המלך
4Q503 27,3 (VII) אש]ר חשב לו[
4Q504 1-2iii2 (VII) ◦◦]]חשב א[ ]ש הן / כול הגוים[
4Q504 1-2iii3 (VII) כא]ין נגדכה[כ]תהוו ואפס נחשב[ו] לפניכה
4Q504 6,9 (VII)]◦[ש]כנו בדד ובגוים לוא נתחשב
4Q509 141,1 (VII)]חשב [
11Q19 VII,14 מ]עשי חוש[ב
PAM 43.684 75,1 (XXXIII)] חשבו [

ingenious work noun **חֵשֶׁב**
4Q405 23ii10 (XI) וכול מחשביהם ממולח טוהר חשב כמעשי אורג

explanation noun **חֶשְׁבּוֹן-1**
1QS VI,20 וכתבו בחשבון בידו
1QH^a IX,29 ומבעי רוחות לחשבונם להודיע / כבודכה
1Q27 1ii2 (I)]לו שוו חשבונו[ת
4Q254a 1-2,2 (XXII)]וזה חשבון מעשה ה[תבה
4Q286 1ii13 (XI)]אור וחש[בוני
4Q320 9,2 (XXI)]חשבון ◦◦[
4Q324d 7i lft marg (XXVIII) חש]בנות הימים
4Q365a 5ii1 (XIII) את החשבונים[
4Q365a 5ii2 (XIII)] / חשבון ואת[

to be silent, still verb **חשה**
1QM VIII,11 קול השופרות יחישו
1QM IX,1 וכול העם יחשו מקול התרועה
1QM XVI,9 וכול / העם יחשו קול התרועה
4Q491 18,4 (VII) ידמה להפי]ל בחללים וה[שו כול העם

to be dark verb **חשך**
1QH^a XIII,32 ויחשך מאור פני לאפלה
4Q418 95,3 (XXXIV)]אל תחשך דעת[

חָשֵׁךְ ← חוֹשֶׁךְ

amber noun **חַשְׁמַל**
4Q405 20ii-22,10 (XI) סביב מראי שבולי אש בדמות חשמל

breastplate noun **חֹשֶׁן, חוֹשֶׁן**
4Q365 12biii7 (XIII) ויעשו את החושן ויעשו את החשן כמעשי אפוד
(XIII) ויעשו את החושן ויעשו את החשן כמעשי אפוד
4Q405 41,2 (XI)]אות חשני ב[
11Q17 IX,6 (XXIII)]◦ פלא ותבנית חשני / [

to desire passionately verb **חשק**
4Q438 5,2 (XXIX)]מור עורף חשק נפשי ואוהבי[
11Q19 LXIII,11 וראיתה בשביה אשה יפת תואר וחשקתה בה

to destroy (?) verb **חתה**
1QpHab XII,1 ושוד בהמות] / יחתה מדמי אדם וחמס ארץ

Hittite proper noun **חִתִּי**
4Q377 1i8 (XXVIII) ה]חוי הכנעני החתי האמורי היב[ו]ס[י] הגרגשי[
11Q19 LXII,14 כי החרם תחרים את החתי ואת האמורי והכנעני

signature, mark noun **חֲתִימָה**
4Q185 1-2ii4 (V) י]עקב חתימה חקק לישחק

to decree verb **חתך**
4Q252 I,2 (XXII) ויחתכו ימיהם מאה ועשרים / שנה

to seal verb **חתם**
CD V,2 לא קרא בספר התורה החתום
1QH^a XVI,11 ובלא נודע חותם רזו
1QH^a 11,3] מ◦◦ר כול חותם נפ◦◦◦ש ◦[
4Q163 15-16,3 (V) הכול כדברי הספר] / [הח]תום
4Q163 15-16,4 (V) [ואמר לוא אוכל כיא] חתום הוא[
4Q266 1a-b,9 (XVIII)] / חתם [
4Q300 1aii-b,2 (XX)]כסלכמה כי חתום מכם[ח]תם החזון
4Q427 7i19 (XXIX) [ל]חתום רזים ולגלות נסתרות להרימ
4Q509 217,1 (VII)]חתומים[
4Q511 30,1 (VII) חתמתה[
4Q511 30,3 (VII)] / אתה אלי חתמתה בעד כולם ואין פותח

to snatch, abduct verb **חתף**
1QH^a XIII,10 חמת תנינים כול מזומותם לחתוף
1QH^a XIII,27 יורו לחתו[ף מבלגות] פתנים / לאין חבר
4Q429 2,10 (XXIX) יורו לחתוף מבלגות פתנים לאין / [חב]ר

to dig verb **חתר**
4Q419 4,3 (XXXVI)]וחתר ו[

to be dismayed verb **חתת**
1QH^a X,35 ובגדפותם לא החתותני / לעזוב עבודתכה
1QH^a XV,8 ובכול הוותם / לא החתתה מבריתכה
4Q161 8-10,4 (V) [כול הגואים וגבורים יחתו ונמס ל[בם
4Q378 3ii+4,10 (XXII)] / ואל תחת חזק וא[מץ

ט

teth, ninth letter of the alphabet ט

KhQ3 3 (XXXVI) ב ג ד ה ו ז ח **ט** / י כ ש **ט**
KhQ3 4 (XXXVI) ו ז ח **ט** / י כ ש **ט**

sweepings (?), trampling (?) noun טאטאי

1QHa XIII,21 ועם ענוים **בטאטאי** רגלי[כם

טַב ← טַף-1

טַבּוּר ← טַבֶּר

to slaughter verb טבח

4Q158 10-12,4 (V) אם יגנוב איש שור או שה **וטבחו** או מ[כרו
4Q171 1-2ii16 (V) לפיל עני ואביון / **ולטבוח** ישרי דרך
11Q19 XXXIV,7 אחר יהיו **טובחים** אותמה

guard noun טַבָּח

4Q385a 18ia-b,4 (XXX)]מלך בבל[ ]בהכות נבוזרדן רב **הטבחים** / [

immersion, purification (pool?) noun טְבִילָה

3Q15 I,12 (III) הצפון / אמות שש עד ניקרת **הטבילה**

to immerse verb טבל

4Q274 2i4 (XXXV) עד כול כלי **יטבול** והנושא אותו / [יטב]ול
4Q274 2i5 (XXXV) עד כול כלי יטבול והנושא אותו / **[יטב]ול**
(XXXV) והכלי אשר ישאנה **יטבול** / [במי]ם

to sink verb טבע

1QHa XV,2 זר]ע נשברת מקניה **ותטבע** בבץ רגלי
4Q392 2,5 (XXIX) **ויטבי]ענו** במצולת כמו אבן[
4Q437 2i10 (XXIX) [ומטיט]הצלתני פן **אטבע** בו ומשבולת גוים

ring noun טַבַּעַת

4Q365 12a-bii13 (XIII) ויצק לו ארבע / **טבעות** ל[ארבע הקצוות
4Q365 13,1 (XIII) הזהב על] שתי **טבעות** על קצוות[החושן
11Q19 XXXIV,6 ואוסרים את ראשי הפרים אל **הטבעות**
ו[ ] **בטבעות**

center noun טַבֶּר

4Q299 6i10 (XX)]**מטברו** פרש / [

טהו ← טֹהַר

טהוב ← טוֹב-1

clean, pure adjective טָהוֹר, טָהֹר

CD VI,17 ולהבדיל בין הטמא **לטהור**
CD XII,9 אל ימכר איש בהמה / ועוף **טהורים** לגוים
CD XII,20 להבדיל בין / הטמא **לטהור**
1QpHab V,1 **טהור** עינים / מראות ברע
1QpHab V,6 כיא הוא אשר אמר **טהור** עינים מראות / ברע
1QM V,10 ושבולת זהב **טהור** בתוך הלהב
1QM V,11 והכידנים ברזל ברור **טהור** בכור
1QM V,12 ומראי שבולת / זהב **טהור** חוברת בו
1QM VII,6 וכול / איש אשר לוא יהיה **טהור** ממקורו

4Q185 1-2i4 (V)]**טהור** וקדוש
4Q253 2,3 (XXII)] / **טהורים** מן הבריאה[
4Q267 9iii4 (XVIII) אל] / [ימכור איש בהמה ועוף **טהו]רים** ל[גוים
4Q271 2,12 (XVIII) <מ?>איש **טה[ור** מכול טמא]תו
4Q274 3ii4 (XXXV) יטמא] / **לטהור** יותר
4Q277 1ii2 (XXXV) [ואסף] איש **טהור** מכול טמאת ערב
4Q277 1ii6 (XXXV) כיא איש כוהן **טהור** [יזה] / [על]יהן
4Q277 1ii10 (XXXV) כיא אם [י]טהרו **וט[הור]** בשרהם
4Q284 4,4 (XXXV)] / **וטהורים** לפניכה ב[
4Q365 12a-bii6 (XIII) ואת קטורת הסמים **טהור** מ[עש]ה[ר]וק[ח]
4Q365 12biii14 (XIII) שרשרות גבלות מעשי] / ע[ב]ת זהב **טהור**
4Q366 5,4 (XIII)]כל עוף **טהור** ת[אכלו
4Q394 3-7i18 (X) להערי[בו]ת השמש להיות **טהורים**
4Q394 3-7i19 (X) בשל שא יהיה **הטהר** מזה על הטמה
4Q394 8iv7 (X) אינמ מבדילות בין הטמא / **[ל]טהור**
4Q395 10 (X) להעריבות השמש] / להיות **טהור[י]ם**
4Q396 1-2ii8 (X) אינם מבדילות בין הטמא **לט[הור**
4Q397 1-2,3 (X) ואף על עור נבלת] / [הבהמה] **הטהורה**
4Q397 6-13,1 (X) אינם מבדילות בין ה]טמא **לט[הור]**
4Q397 6-13,13 (X) [ועל בהמתו **הטהו]רה** כתוב
4Q398 1-3,1 (X) ואף על ע]ור נבלת [הבהמה] **הטהורה**
4Q400 1i15 (XI) יתקדשו כול קדושי עד ויטהר **טהורי** / [
4Q403 1i13 (XI)]נ[פלאותו לכול] **טהורי** עולמים
4Q403 1i42 (XI) רקיע {{זו}} טוהר **טהורים** למקדש קודש[ו]
4Q403 1ii26 (XI)] / לאל אלים מלך **הטהור**
4Q405 3ii3 (XI)] / דברי כבוד נפלאותו לכול **טהו[רי**
4Q414 1ii-2i2 (XXXV)]**טהורי** מועדו / אורכה[
4Q414 1ii-2i4 (XXXV) להיות]**טהורים** לפניכה / תמ[י]ד[
4Q414 7,3 (XXXV)] / לכה לעם **טה[ור**
4Q414 23,3 (XXXV)] / **הטהור** ו[
4Q414 27-28,3 (XXXV) ותבדל לנו] / [בין]טמא **לט[הור**
4Q418 186,2 (XXXIV)]**טהור**[
4Q435 2i1 (XXIX)] ותשם [לב **ט]הור** תחתיו
4Q436 1a+bi10 (XXIX) האבן ג]ערתה ממני ותשם לב **טהור** תחתיו
4Q460 6,3 (XXXVI)] וכוהניו **טהורי[ם**
4Q504 6,16 (VII) קדו]שים **וטהור[ים**
4Q504 9,3 (VII)]◦ים **טהורים**[
4Q512 15ii5 (VII)] / **טהורי[ם**
4Q512 40-41,4 (VII) ותב]דל לנו בין / הטמא **לטהור**[
4Q512 51-55ii9 (VII)] / **הטהורים**[ו]הקד[ושים
4Q512 133,2 (VII)]◦ **טהור**[
4Q525 2ii+3,1 (XXV)] / בלב **טהור** ולוא רגל על לשונו
11Q19 III,8 ו{{י}}את כול כליו יעשו זהב **טהו[ר**
11Q19 III,9 ה]כפרת אשר עליו זהב **טהור**[
11Q19 III,12]ומנקיותיו יהיו זהב **טהור** ומחתו[ת
11Q19 III,15 נחו]שת **טהור**
11Q19 XXXVI,11 ומקורה כיור / ארז מצופה זהב **טהור**
11Q19 XLI,17 ודלתותיהמה מצופות / זהב **טהור**
11Q19 XLVII,3 [והיו]עריהמה **טהורות** וש[כנתי
11Q19 XLVII,4 תהיה קודש **וטהורה** / מכול דבר
11Q19 XLVII,6 כול אשר בתוכה יהיה / **טהור**
וכול אשר יבוא לה יהיה **טהור**
11Q19 XLVII,7 וכול אוכל / וכול מושקה יהיו **טהורים**
כול עור בהמה **טהורה** אשר יזבחו
11Q19 XLIX,8 וכול אשר בהמה לכול איש **טהור** / יטמא
11Q19 LII,11 תואכלנו הטמא **והטהור** בכה יחדיו
11Q19 LII,13 לוא תזבח שור ושה ועז **טהורים**
11Q19 LII,17 וכול הבהמה / **הטהורה** אשר יש בה מום
11Q19 LIII,4 ואכלתה בשעריכה **והטהור** והטמא בכה יחדיו
11Q21 1,1 (XXIII) [וכליה יהיו זה]ב **טהור**

Reference	Vol.	Text
PAM 43.670 75,1	(XXXIII)	]ש טהור[

to be clean, purify verb טהר

Reference	Vol.	Text
CD X,12		אל יטהר במה כלי וכל גבא בסלע
1QS III,4		ולוא יטהר במי נדה ולוא יתקדש בימים
1QS III,5		ולוא יטהר בכול מי רחצ
1QS III,7		ליחד באמתו יטהר מכול / עוונותו
1QS III,8		ובענות נפשו לכול חוקי אל יטהר / בשרו
1QS IV,21		ולטהרו ברוח קודש מכול עלילות רשעה
1QS V,13		כיא לוא יטהרו / כי אמ שבו מרעתם
1QS XI,14		ובצדקתו יטהרני מנדת / אנוש
1QM VII,2		ושוללי השלל ומטהרי הארץ ושומרי הכלים
1QH[a] VIII,21		לטהרני ברוח קודשך
1QH[a] IX,32		טהרתה מרוב עוון / לספר נפלאותיכה
1QH[a] XI,21		ורוח נעוה טהרתה מפשע רב
1QH[a] XII,37		ולטה[ר]אנוש מאשמה בצדקתכה
1QH[a] XIII,16		וככסף מזוקק בכור נופחים לטהר שבעתים
1QH[a] XIV,8		ותזקקם להטהר מאשמה
1QH[a] XV,30		תביא בסליחות לפניכה לטהרם מפשעיהם
1QH[a] XIX,10		ולמען כבודכה טהרתה אנוש מפשע
1QH[a] XIX,30		שמח נפש עבדכה באמתכה וטהרני / בצדקתכה
1QH[a] 65,3		] / ולטהר פש[
4Q255 2,1	(XXVI)	ליחד באמת[ו] יטה[ר מכול] / עונותו
4Q255 2,3	(XXVI)	ובענות] / נפשו לכול חוקי אל יטהר בש[רו
4Q257 III,6	(XXVI)	ולו]א יטהר במי נדה ולוא יתקד[ש] / [בימים
4Q257 III,7	(XXVI)	ולוא יט]הר[בכו]ל[מי רח]ץ[
4Q262 1,1	(XXVI)	ולא יטהר ב[מי נדה ולא] / [יתקד]ש בימים
4Q270 6iv21	(XVIII)	איש] / אל יטהר בם כל כלי
4Q274 1i7	(XXXV)	כי אם טהרה מ[נד]תה
4Q277 1ii8	(XXXV)	יאבואו במים ויט[ה]רו מטמאת הנפש
4Q277 1ii9	(XXXV)	[בז]רוק עליהם [הכו]הן את מי הנדה לטהר[ם
4Q277 1ii10	(XXXV)	כי לוא] / [יתקדשו] כיא אם [י]טהרו
4Q284 3,5	(XXXV)	לה]טהר במה מכול טמ[את]ם ל[
4Q284 7,2	(XXXV)	ט]הרתם ורוממ[תם
4Q367 1a-b,10	(XIII)	וכפר עליה]וטהרה ממקור[דמיה]
4Q370 1ii3	(XIX)	] / ויטהרם מעונם [
4Q381 45a+b,1	(XI)	]י ואפחד ממך ואטהר / מתעבות הכרתי
4Q381 46a+b,5	(XI)	ובחרים כמנחת תטהר לפניך
4Q381 69,6	(XI)	]רשו שבו על הארץ אז תטהר ויא◦◦[
4Q393 3,5	(XXIX)	ולא יטהרו ויתקדשו / ויתרוממו
4Q400 1i15	(XI)	בם יתקדשו כול קדושי עד ויטהר טהורי / [
4Q414 1ii-2i6	(XXXV)	]י להטהר טרם / [
4Q414 2ii-4,1	(XXXV)	ותטהרנו לחוקי קודש[כה
4Q414 2ii-4,4	(XXXV)	] / להטהר מטמאת[
4Q414 13,2	(XXXV)	] / רצו[נ]כה להטהר לפנ[יכה
4Q414 13,7	(XXXV)	] / מטהר עמו במימי רוחץ[
4Q414 13,9	(XXXV)	ברוך אתה אל ישראל] / [אש]ר טה[ר]תה
4Q414 22,1	(XXXV)	ט]הר[
4Q424 2,2	(XXXVI)	ט]הרהו מעוון משפט א[ל] ומתו[עבות
4Q504 1-2vi2	(VII)	מ[ע]לינו כול פשעי[נ]ו ות[ט]הרנו / מחטתנו
4Q509 307,1	(VII)	] טהר[
4Q511 20i1	(VII)	בצד]קתו יטה[רני] / [
4Q511 36,2	(VII)	]חסד[י]ו וטהרם וה◦[
4Q512 39ii2	(VII)	] / כיא טהרתני ותביאני ב[
4Q512 29-32,9	(VII)	[הצלתני מכו]ל פשעי ותטהרני מערות נדה
4Q512 1-6,2	(VII)	צויתה לטמאי ע]תים להטהר מ[נדת] / [
4Q512 1-6,6	(VII)	ואחר[יוזה עליו] / את מימי ה[ז]יה לטהרו
4Q512 42-44ii5	(VII)	] / כל יטהרו במי רח[ץ] ואני[ה]י[ו]ם[
4Q512 64,8	(VII)	]◦[ ]יום וטה[ר
4Q512 181,3	(VII)	]הטהר[
4Q514 1i4	(VII)	איש]אשר לא החל לטהור ממק[ר]ו
4Q514 1i6	(VII)	ביום[ט]הרתם ירחצו / וכבסו במים וטהרו
4Q514 1i7	(VII)	הרישנ{{י}}העם אשר לא החל לטהור ממקרו
4Q514 1i9	(VII)	ביום / ט[הרת]ם ירחצו וכבסו במים וטהרו
11Q5 XIX,14	(IV)	סלחה יהוה לחטאתי / וטהרני מעווני
11Q5 XXII,6	(IV)	טהר חמס מגוך שקר / ועול נכרתו ממך
11Q5 XXIV,12	(IV)	טהרני יהוה מנגע רע ואל יוסף לשוב אלי
11Q19 XLV,5		ומטהרים את / הנשכות זואת אחרי זאות[
11Q19 XLV,15		וכול איש אשר יטהר מזובו
11Q19 XLV,17		לוא יבואו לה עד אשר יטהרו
11Q19 XLV,18		ומנוגע לוא יבואו לה עד אשר יטהרו
		וכאשר יטהר והקריב את / [
11Q19 XLVII,14		ולוא תטהרו עיר / מתוך עריכמה
11Q19 XLVII,15		כי כטהרת בשרו כן יטהרו העורות
11Q19 XLVII,16		אם / במקדשי תזבחוהו יטהר למקדשי
		ואם בעריכמה תזבחוהו וטהר / לעריכמה
11Q19 XLIX,14		ביום אשר / יצא המת ממנו יטהרו את הבית
11Q19 XLIX,20		ויכבסו בגדיהמה וכליהמה ויטהרו לערב
11Q19 L,4		וטהר[ו לע]רב כבוא השמש
11Q19 L,6		וטהר כחוק המשפט / הזה
11Q19 L,7		ואם לוא יטהר כמשפט התורה הזואת
11Q19 L,8		אשר יגע בו יכבס בגדו ורחץ וטהר / לערב
11Q19 L,16		ורחץ ובאה השמש / וטהר
11Q19 L,18		כי טמאים המה ולוא יטהרו עוד עד / לעולם
11Q19 LI,3		ורחץ [במים ובאה] השמש וטהר
11Q19 LI,5		ורחץ במים ובאה השמש אחר יטהר
11Q20 XII,10	(XXIII)	ומנוגע לוא יבואו לה עד אש]ר יטהרו
11Q20 XIV,11	(XXIII)	אשר יגע בו יכבס בגדו ורחץ] / וטהר ל[ערב
11Q20 XIV,17	(XXIII)	כי טמאים המה ולוא] / יטהרו[עוד עד לעולם
PAM 43.676 14,3	(XXXIII)	]להטהר[

טֹהַר ← טוֹהַר

טָהֹר ← טָהוֹר

purity, purification, pure food noun טָהֳרָה, טוֹהֳרָה

Reference	Vol.	Text
CD IX,21		אחר והובדל האיש מן הטהרה
CD IX,23		ועל אחד להבדיל הטהרה
1QS IV,5		וטהרת כבוד מתעב כול גלולי נדה
1QS V,13		אל יבוא במים לגעת בטהרת אנשי הקודש
1QS VI,16		לעצת היחד לוא יגע בטהרת / הרבים
1QS VI,22		לתורה ולמשפט ולטוהרה ולערב את הונו
1QS VI,25		ויבדילהו מתוכ טהרת רבים שנה אחת
1QS VII,3		ומובדל על נפשו מן טהרת רבים
1QS VII,16		והבדילהו שנה אחת מטהרת הרבים ונענש
1QS VII,19		ברשונה {{◦}}לוא יגע בטהרת הרבים
1QS VII,20		ובשנית לוא יגע {{בטהרת}} משקה הרבים
1QS VII,25		א]שר יתערב / עמו בטהרתו או בהונו
1QS VIII,17		אל יגע בטהרת אנשי הקודש
1QS VIII,24		והובדל מן הטהרה ומן העצה
4Q256 XI,12	(XXVI)	לוא יגע ב]טהרת הרבים
4Q257 V,2	(XXVI)	וטהר]ת כבוד מתעבת כול גלולי / [נדה
4Q258 I,7	(XXVI)	[וא]שר לא יגעו לטהרת אנשי / [הקד]ש
4Q258 VII,1	(XXVI)	והבדילהו מן הטהרה ומן העצה
4Q261 6a-e,2	(XXVI)	[והבדילוהו ש]נה[א]חת מטה[רת הרבים
4Q266 6ii11	(XVIII)	תתן את] / [הי]לד למנקת בטוה[רה
4Q266 10i14	(XVIII)	והוא יודע והבדילו]הו מן הט[הרה]
4Q269 11i4	(XXXVI)	והוא יודע והבדילוהו]מן הטהרה
4Q270 3iii20	(XVIII)	] / [ו]כסו[ת בטה]רתו ומכל הזהב ו[הכסף
4Q270 3iii21	(XVIII)	אל יבא איש אל טהרת[ו •

4Q270 7i6	(XVIII)	והבדילוה]ו מן הטהרה שנ[ה אחת
4Q271 2,8	(XVIII)	]תו בטהרתו ומכו[ל] / הזהב והכסף
4Q271 2,10	(XVIII)	אל יביאהו / איש אל טהר[תו
4Q274 1i2	(XXXV)	ורחוק מן / הטהרה שתים עשרה באמה
4Q274 1i9	(XXXV)	בשבעת ימי טה[רתו א]ל יוכל כאשר יטמא
4Q274 2i3	(XXXV)	אל יגע בטהרה עד אשר ישנה
4Q274 3i6	(XXXV)	לוא יצא] משקו[ ]וכלהו בטהרה
4Q281a 1	(XXXVI)	ולוא טהרה ◦◦[ ]עיני[
4Q284 3,4	(XXXV)	]ם חרתה טהרת אמת לעמכה לה[
4Q284a 1,8	(XXXV)	[ויסח]טו בטהרה ונ[גמר]ה עבודתם
4Q284a 2,2	(XXXV)	]ם ילקוטו בטהר[ה
4Q284a 2,5	(XXXV)	ט]הרת[
4Q367 1a-b,8	(XIII)	על דם טהרה
4Q394 3-7i6	(X)	] / וטהרת [ ]הר[
4Q394 3-7i16	(X)	ואפ על טהרת פרת החטאת
4Q394 8iv2	(X)	שלוא שמעו חוק [ומ]שפט וטהרה
4Q394 8iv4	(X)	והמה באים לטה[ר]ת המקדש
4Q394 8iv6	(X)	אנחנו אומר[ים] שהמ שאין בהמ / [ט]הרה
4Q395 8	(X)	ואף על טהרת פרת החט[את
4Q396 1-2ii4	(X)	שלוא]שמעו חוק / ומשפט וטהרה
4Q396 1-2ii6	(X)	והמה / באים לטהרת המקדש
4Q396 1-2iii5	(X)	שלוא י]בואו {{לט}} עם טהרת הקוד[ש]
4Q396 1-2iii8	(X)	[הצרועים באים ע]ם טהרת הקודש לבית
4Q397 6-13,8	(X)	הצ[רועים באים עם] טהרת ה[קוד]ש לבית
4Q398 1-3,2	(X)	לוא י]גש לטהרת ה[קודש
4Q398 7,2	(X)	]לטהרת הק[
4Q414 7,8	(XXXV)	] / בטהרת ישראל לא[כול ולשתות
4Q414 13,4	(XXXV)	] / ולהיות בטהרת צ[דק
4Q509 223,2	(VII)	] בטה[
4Q511 35,3	(VII)	אלוהים לו למקדש עולמים וטהרה בנברים
4Q512 29-32,7	(VII)	]◦תני לטהרת[
4Q512 15i-16,12	(VII)	ט]הרתי / [
4Q512 11,2	(VII)	[ובמילא]ת לו שבעת ימי טה[רתו
4Q512 7-9,2	(VII)	ט]הרת ישר[אל] / ולאכול ולש[תות
4Q512 1-6,5	(VII)	ומי רחץ לטהרת עתים[
4Q512 40-41,5	(VII)	עבו]ד לכה / [ב]טהרת צדק[
4Q512 42-44ii4	(VII)	על] / פיכה נפרשה טהרת כול [
4Q513 2ii1	(VII)	] / להגיעם בטהרת [הקו]דש כיא טמאים[המה
4Q513 10ii6	(VII)	] / בטהרה ר[
4Q514 1i3	(VII)	ורחץ וכבס בי[ו]ם טהרת[ו
4Q514 1i5	(VII)	וכול טמאי הימים ביום[ט]הרתם ירחצו
4Q514 1i6	(VII)	יא{{ת}}<<כ>>לו את לחמם כמשפט ה[ט]הרה
4Q514 1i9	(VII)	וכל[ט]מאי הימם ביום / ט[הרת]ם ירחצו
4Q525 5,5	(XXV)	ט]והרה התה[לכו
11Q19 XLV,15		וספר לו שבעת ימים לטהרתו ויכבס
11Q19 XLVII,10		לוא יביאו / כי כבשרמה תהיה טהרתמה
11Q19 XLVII,15		כי כטהרת בשרו כן יטהרו העורות
11Q19 XLVII,17		וכול טהרת המקדש בעורות המקדש תביאו
11Q19 XLIX,15		וכול כלים אשר יש להמה טהרה
11Q19 XLIX,21		ויטהרו לערב מהמת לגעת בכול טהרתמה
11Q19 L,2		] / כי מי טהר[ה
11Q19 LXIII,14		ולוא תגע לכה בטהרה עד / שבע שנים
PAM 43.697 85,1	(XXXIII)	]רו טהרת[

טוֹב-1, טהוב adjective **good, pleasant, fine**

1QS I,2		ובכול נפש]לעשות הטוב והישר לפניו
1QS I,5		ולדבוק בכול מעשי טוב
1QS II,3		ואומרים יברככה בכול / טוב
1QS II,24		ביחד אמת וענות טוב ואהבת חסד
1QS IV,3		ואורך אפים ורוב רחמים וטוב עולמים
1QS IV,26		וינחילן לבני איש לדעת טוב [
1QS X,18		לוא אשיב לאיש גמול / רע בטוב ארדפ גבר
1QH^{a} IV,24		בכול אשר שנא[תה ולעשות] הטוב בעיניך
1QH^{a} VI,12		כי לפי רוחות תב[ד]ילם בין / טוב לרשע[
1QH^{a} VII,18		כי הלכו בדרך לא טוב וימאסו בבריתך[
1QH^{a} VIII,27		לעובדך [ולעשות את ה]טוב בעיניך
1Q22 1ii3	(I)	ל[תת] לכה [ער]ים גדולות / [וטובו]ת
1Q27 1ii5	(I)	כן כול טוב ממונו ברו[
1Q35 1,12	(I)	]ת טובה [ ]
4Q169 3-4ii7	(V)	מרוב זנוני זונה טובת חן בעלת כשפים
4Q171 1-2ii21	(V)	טוב מעט לצדיק מהמון רשעים רבי[ם
4Q171 3-10iv24	(V)	רח]ש ל[ב]י דבר טוב / [אומר אני מעשי למלך
4Q178 9,3	(V)	]◦ו הטוב[
4Q179 1ii11	(V)	] / וכתם טוב עדים נושאי{{ם}} הלבו[שים
4Q185 1-2ii1	(V)	נ]פשכם כחסדיו הטבים
4Q185 1-2ii4	(V)	הלוא טוב יום / אחד[
4Q200 2,9	(XIX)	בעש]ותך צדקה שימה טובה[
4Q215a 1ii10	(XXXVI)	כיא בא ממשל הצדק הטוב וירם כסא ה[
4Q257 A,3	(XXVI)	]◦ות טוב[
4Q260 IV,5	(XXVI)	לוא אש[יב] / לאיש גמול רע לטוב [ארדוף
4Q281d 3	(XXXVI)	]טוב ד◦[
4Q285 8,5	(XXXVI)	ויפתח] / [לכם את אוצרו ה]טוב
4Q286 1ii8	(XI)	רב] / חסדים וענות טוב וחסדי אמת
4Q300 3,2	(XX)	] / בעבור ידעו בין ט[וב ובין רע
4Q300 4,4	(XX)	]לשום לט[וב
4Q302 1i5	(XX)	]ם טוביך על כול / [
4Q302 2ii3	(XX)	אם יהיה / לאיש עץ טוב ויגבה עד לשמים[
4Q303 8	(XX)	]ר ושכל טוב ורע ל[
4Q364 2,2	(XIII)	כי טובת[מראה היא
4Q365 32,6	(XIII)	הארץ אשר הואה יושב בה הטובה / [ה]יאה
4Q365a 2ii7	(XIII)	ומצופים זהב ודלתותיהמה מצופות זהב טהוב
4Q367 3,10	(XIII)	ל[א יבקר 〚 〛]בין טוב לרע
4Q369 1ii5	(XIII)	] / ומשפטיכה הטובים ברךתה לו ל◦[
4Q370 1i1	(XIX)	ו]שפך אכל על פניהם ופרי טוב השביע
4Q377 1i9	(XXVIII)	ארץ]טובה ורחבה [מא]רצות עמ[י]ם [א]חרים
4Q378 11,4	(XXII)	]טובה ורחבה ארץ נחלי מים / [
4Q378 13i5	(XXII)	]ך הטובים / [
4Q380 1ii5	(XI)	] / עושה טוב[ה] ושנאי רעים
4Q381 33+35,10	(XI)	ולא תראה בטוב נפשי
4Q382 49,4	(XIII)	]הטוב[
4Q382 111,4	(XIII)	]ה הטובים ◦[
4Q382 123,1	(XIII)	]טובות[
4Q385 6,2	(XXX)	] / בלב טוב ובנ[פש חפצה
4Q393 5,3	(XXIX)	ד]רך הט[ובה
4Q398 14-17ii3	(X)	שחשבנו לטוב לך ולעמך
4Q398 14-17ii7	(X)	בעשותך הישר והטוב לפנו
	(X)	והטוב לפנו לטוב לך / ולישראל
4Q399 1i11	(X)	שחשבנו לטו]ב לך
4Q403 1i5	(XI)	בלשון הששי לאל [ה]טוב
	(XI)	ו]רנן למ[לך ה]טוב שבעה
4Q408 3+3a,9	(XXXVI)	בראתם כי טוב האור
4Q408 3+3a,11	(XXXVI)	ב]ראתם[ ]כי טו]בים[כו]ל[כוכבים
4Q410 1,6	(XXXVI)	] מה {{מ}}באמת טוב ומה {{מ}}בה◦◦[ ]רע / [
4Q411 1ii3	(XX)	] / טוב יום אחד[
4Q416 1,15	(XXXIV)	] / להכון צדק בין טוב לרע ל[
4Q416 2ii17	(XXXIV)	טוב היותכה עבד ברוח
4Q417 1i8	(XXXIV)	ואז תדע בין [טו]ב ל[רע כ]מעשי[הם
4Q417 1i18	(XXXIV)	כי לא ידע בין / [טו]ב לרע כמשפט [ר]וחו[
4Q418 2+2a-c,7	(XXXIV)	]ל להבין צדיק בין טוב לרע[
4Q418 69ii4	(XXXIV)	ועתה אוילי לב מה טוב ללוא / [

4Q418 127,1 (XXXIV) ודאבה נפשכה מכול **טוב** למות]
4Q418 221,5 (XXXIV) ו]תתבוננו לדעת **טוב**[
4Q423 1-2i7 (XXXIV) מואס]הרע יודע **הטוב** / [
4Q423 5,6 (XXXIV) ובעבודתכה השכ[ל בדעת ה]**טוב** עם הרע / [
4Q426 1i11 (XX)]ה ואוכל **טוב** ענפיה / [
4Q426 1ii10 (XX)] / **טוב**[
4Q471 2,7 (XXXVI) למאוס **בטו**[**ב** ולבחור ברע ולה[
4Q471 2,9 (XXXVI) ב]כול **הטוב** אש[ר
4Q473 2,3 (XXII) לפניכה] / ש[תי]דרכים אחת **טוב**[**ה** ואחת רעה
4Q487 24,3 (VII)]ות **טוב** [
4Q502 163,2 (VII) **הטו**[**ב** והישר[
4Q504 3ii15 (VII)] / **והטו**[**בים**
4Q521 2ii+4,10 (XXV)] ופר[י מעש]ה **טוב** לאיש לוא יתאחר
4Q521 5i+6,6 (XXV) [ואז ? יהיה]**טוב** לך
4Q521 7+5ii4 (XXV) כ]ל[כם]העושים את **הטוב** לפני אדנ[י
4Q525 14ii16 (XXV) ובדרכיכה יזכרוכה והייתה **טו**[**ב**
11Q5 XVIII,1 (IV)] / **לטובים** נפשתכמה ולתמימים לפאר עליון
11Q5 XVIII,14 (IV) הנה / עיני יהוה על **טובים** תחמל
11Q5 XXVI,13 (IV) {{ו}}אוכל **טוב** לכול חי
11Q13 II,19 (XXIII) ומבשר] / **טוב** משמי[ע ישועה
11Q14 1ii8 (XXIII) ויפתח לכם את / אוצרו **הטוב**
11Q19 XXXVI,11 ודלתותיו מצופות זהב **טוב**
11Q19 LIII,7 ועשיתה הישר **והטוב** / לפני
11Q19 LV,14 לעשות הישר **והטוב** לפני יהוה אלוהיכה
11Q19 LIX,17 ויעש / הישר **והטוב** לפני
11Q19 LXIII,8 ועשיתה הישר **והטוב** לפני יהוה אלוהיכה
PAM 43.676 17,2 (XXXIII)] **הטובים** י◦כותיך[

goodness, favor noun **טוב**

CD I,8 מטעת לירוש את ארצו ולדשן **בטוב** אדמתו
CD I,19 ויבחרו **בטוב** הצואר ויצדיקו רשע
1QS X,12 מכין **טובי** מקור דעת ומעון קודש
1QS XI,14 וברוב **טובו** יכפר בעד כול עוונותי
1QM XVIII,8]א ענינו **כטובכה** בנו
1QHa V,5]◦ר עם רוב **טוב** [
1QHa V,22 רק **בטובך** / יצדק איש וברוב רח[מיך
1QHa VI,17 [וא]ני ידעתי ברוב **טובך**
1QHa XV,30 לטהרם מפשעיהם ברוב **טובכה**
1QHa XVIII,16] / לחסדכה בגדול **טובכה** ורו[ב רחמיך
1QHa XIX,6 וברוב **טובכה** / תשתעשע נפשי
1QHa XIX,9 **ובטובכה** רוב סליחות
1QHa XIX,31 כאשר יחלתי **לטובכה** ולחסדיכה אקוה
1QHa XX,21] / לתוכחתכה **ולטובכה** יצפו
1QHa XXIII,14]◦ **טובכה** לבשר ענוים לרוב רחמיכה
1QHa 4,13]להשען על **טובכה**
1QHa 4,19]◦ וכבודכה **וטו**[**בכה**
4Q174 9-10,2 (V)] / **טוב** הא[רץ
4Q181 1,3 (V) לעומת רחמי אל לפי **טובו** והפלא כבודו
4Q181 2,6 (V)] / **ולטובו** אין חקר[
4Q185 1-2ii10 (V) וממד[ת **ט**]**ב** ימדה
4Q258 IX,12 (XXVI) ולעליון מ]כון **טובי** מק[ור] / [
4Q264 1 (XXVI) וברוב **טו**[**בו**] / [יכפר בעד כל עונותי
4Q268 1,15 (XVIII) [את ארצו ולדשן **בט**]**וב** אדמתו
4Q379 15,3 (XXII)] / [ ]כל **טוב** ובכ[ל] לשון וב◦[
4Q380 1i10 (XI) ויפקדהו / להראות **בטוב** [ ] / [בח]יריו
4Q405 13,2 (XI) בשבעה דב]רי **טוב** לרחמי כבודו
4Q418 81+81a,6 (XXXIV) ואתה {{ל}}הלוא לכה **טובי**
4Q418 81+81a,19 (XXXIV) ושבעתה ברוב **טוב** ומחכמת ידיכה[
4Q418 126ii9 (XXXIV) ובכוח אל ורוב כבודו עם **טובו** [
4Q421 1ai2 (XX) ודעתו ובינתו **וטובו** [ביחד] / [אל

4Q427 7i23 (XXIX)] רחמים למפרי **טוב** גודלו ומקור
4Q427 7ii13 (XXIX) בדעת לכול מעשיו **וטוב** על פניהמה
4Q434 2,4 (XXIX) בעד אש]מתם / יכפר ורב {**טו**} טוב ינחמם
(XXIX) בעד אש]מתם / יכפר ורב {טו} **טוב** ינחמם
(XXIX) ורב {טו} טוב ינחמם **טוב** הש◦[
4Q434 2,5 (XXIX)]◦ם לאכול / פריה **וטובה**
4Q440 3i22 (XXIX) א]לה ו{{ב}}**טובכה** הכינותה / [
4Q477 2ii10 (XXXVI) וג]ם אוהב את **טוב**[הצואר
4Q506 131-132,8 (VII) נת]תה לו **בטו**[**ב**] / [לב]בם כיא[אתה אל
4Q509 215,2 (VII)] **לטובכה** [
4Q512 40-41,6 (VII)] וברצון / [**טו**]**בכה** ב◦◦כ[
4Q525 14ii13 (XXV) ימלא **בטוב** ימיכה [ו]ברוב שלום תת[הלך
11Q5 XIX,5 (IV) עשה עמנו יהוה / **כטובכה** כרוב רחמיכה
11Q5 XXI,15 (IV) ואשחקה קנאתי **בטוב** ולוא אשוב
PAM 43.678 36,2 (XXXIII)]**טובם** ◦ל[

(indeterminate) טוב

4Q185 1-2iii14 (V)]**טוב** ואם ד◦[
4Q428 64,1 (XXIX)]**טוב** [
PAM 43.676 2i1 (XXXIII)]**טוב** / [

goodness noun **טוֹבָה**

4Q418 81+81a,6 (XXXIV)] / **וטובתי** לכה אתן
4Q437 2i14 (XXIX) [ואהלל] בגיל לבי [**ט**]**ובתו**

Tobit proper noun **טוֹבִי**

4Q200 4,7 (XIX) ואני אשלח מלאכים אל **טובי** אב[יכ]ה
4Q200 6,4 (XIX)] בכן דבר **טובי** וכתוב תהלה בתשבוחת

Tobiah proper noun **טוֹבִיָּה**

4Q200 4,3 (XIX) בא [אליו] / **טו**[**ב**]**יה** ואמור לו
4Q200 4,6 (XIX) ויומר רעואל **לטוביה** בני / חך אתי
4Q340 6 (XIX)] / קווך **טו**[**ביה**

purity, cleansing noun **טֹהַר, טָהָר**

CD X,10 על **הטהר** במים
4Q262 B,5 (XXVI) כ]שמי **טוהר** ב[
4Q265 7,16 (XXXV) ושל[שים ושלשת ימים תשב בדם] / **טהרה**
4Q265 7,17 (XXXV) וששים יום וששת ימים] / [תש]ב בדם **טוהרה**
4Q270 6iv20 (XVIII) על **הטהר** במים
4Q284 6,1 (XXXV)]כ◦◦ **טוהר**[
4Q286 7i6 (XI) ס]וד אלי **טוהר** עם כול ידעי עולמים להל[ל
4Q303 4 (XX)]לאור עולם ושמי **טוה**[**ר**
4Q367 1a-b,8 (XIII) [ובמ]לאות ימי **ט**[**הרה** לבן] או לבת תביא[
4Q400 3i2 (XI)]לשון **הטוהר** / [
4Q403 1i19 (XI) ל[כו]ל[יודעי רזי]◦ **טוהר** בשבעה ד[ברי]רום
4Q403 1i42 (XI) רקיע {{זו}} **טוהר** טהורים למקדש קודש[ו]
4Q405 6,3 (XI)]דעת ואור למשא יה[ד רקי]ע **טוהר**[
4Q405 13,3 (XI)]**טוהר** בשבעה דברי רום טוהר
(XI)]טוהר בשבעה דברי רום **טוהר**
4Q405 17,4 (XI)]**טוהר** מלאכי כבוד בגבורת / [
4Q405 19,4 (XI) מעשי רו[חות] רקיע פלא / ממולח **טוהר**
4Q405 20ii-22,11 (XI) [נ]וגה ברוקמת כבוד צבעי פלא ממולח **טוה**
4Q405 23i7 (XI) וכול ר[וחי] רקי[ע] / **הטוהר** יגילו בכבודו
4Q405 23ii10 (XI) וכול מחשביהם ממולח **טוהר** חשב במעשי אורג
4Q414 7,6 (XXXV)] / במועדי **טוהר** ◦[
4Q429 1ii3 (XXIX) וככסף מזוקק בכור] / נופחים **לטוהר**[שבעתים
4Q511 52-59,2 (VII) מ]קור **הטוהר** מקוי הכבוד גדול הצד[ק
4Q512 33+35,10 (VII)]ר **טוהר**[
4Q512 29-32,10 (VII)]◦ **טוהר** {{יין}} ודם עולת רצונכה

4Q512 15i-16,9	(VII)	]◦ל הטוהר / [
4Q512 7-9,2	(VII)	] / בטוהרו מז[ובו
11Q17 IV,6	(XXIII)	]◦י טו[הר
11Q17 VI,5	(XXIII)	מעש[י רוחו]ת רקיע פלא מ֯[מולח] / טוה[ר
11Q17 VII,5	(XXIII)	]ט֯והר ב◦[
11Q17 IX,5	(XXIII)	]ם֯ הטוהר ברוח קוד[ש] / [
11Q17 IX,7	(XXIII)	]ממולח טוהר צבעי / [

טוֹהֳרָה ← טָהֳרָה

to plaster, seal, cover verb טוח

CD VIII,12		אלה לא הבינו בוני החיץ וטחי התפל
CD XI,9		אל פתח כלי טוח בשבת
CD XIX,25		אלה לא הבינו בוני / החיץ וטחי תפל
1QH[a] XII,23		ולא טחתה בבושת פני / כול הנדרש[י]ם֯ לי
4Q271 5i5	(XVIII)	אל יפתח כלי טוח בשבת֯
4Q424 1,3	(XXXVI)	] חיץ יבחר לבנ֯יתה ותפל טח קירו

to hurl verb טול

1QM VI,4		כול אלה יטילו שבע פעמים ושבו למעמדם
1QM VIII,15		ועם / הטל הראישון יריעו ה֯[
1QM XVI,6		ובעומדם ליד מערכת כתיים כדי הטל
1QM XVII,12		[הבינים ליד מע]ר֯כת כתיי֯ם֯ כ֯די הטל
4Q171 1+3-4iii15	(V)	כ֯יא יפ֯[ול] ל[וא] / יוטל כיא י[הוה סומך ידו]
4Q372 1,10	(XXVIII)	ובכל זה יוסף מוטל בארצות לא י֯[דע
4Q491 11ii5	(VII)	ובעומדם ליד] / [מערכת כתיאים כד]י֯ ה֯[ט]ל
4Q491 11ii21	(VII)	ובהגיעם֯ למ֯[ערכת כתיאים כדי] / ה֯[ט]ל[
4Q491 13,5	(VII)	ובהגיע]ם֯ ל֯מערכת כתיאים כדי הטל

טוּמְאָה ← טֻמְאָה

row noun טוּר

3Q15 VII,15	(III)	חפור אמות שלוש עד הטור
4Q365 9a-bi3	(XIII)	אודם פטדה וב]ר֯קת הטור ה[אחד
	(XIII)	והטו]ר֯ / [השלישי לשם שבו ואח]ל֯מה
4Q365 9a-bi4	(XIII)	והטו[ר הרביעי תרשיש ושוהם
4Q365 12biii9	(XIII)	וימלאו בו ארבעה טורי [אבן
4Q365 12biii10	(XIII)	טור אודם] / פטדה֯ וברקת הטור האחד
	(XIII)	והטור הש֯ני נ֯פך ספיר ויה֯[לום
4Q365 12biii11	(XIII)	והטור הרביעי תרשיש◦ שה֯ם֯

mud noun טִיט

1QSb V,27	(I)	ותרמוס עמ]ים כטיט חוצות
1QH[a] X,13		בהרגש גליהם רפש / וטיט יגרישו
1QH[a] 2i10		]ב֯טיט֯[
4Q160 5,1	(V)	]מטיט יון[
4Q169 5,3	(V)	חזקי מבצ]ר֯י֯ך֯ ב֯ו֯אי בט֯י֯[ט
4Q509 1-2,3	(VII)	ט]י֯ט חוצות [

base, platform noun טִיף

3Q15 XI,17	(III)	במבא די֯[רת]ב֯ית המשכב המערבי / טי֯ף

camp, pen noun טִירָה

4Q433a 3,6	(XXIX)	]◦ל להבת א֯[ש]ב֯טירות צאו֯[ן

dew, mist noun טַל

1QM XII,9		ופרשינו֯[כ]עננים וכעבי טל לכסות ארץ
1QM XIX,2		ט]ל לכ֯סות ארץ וכזרם רביבים
4Q88 IX,8	(XVI)	ונתנו]שמ֯[י]ם טלם / ואין שדפ֯[ון בג]ב֯ליהם
4Q216 VI,2	(XIII)	ואת האג]מ֯ים ואת כל ט֯[ל הארץ]
4Q274 3ii5	(XXXV)	הירק [אשר אין עליו] / מלחת טל יאכל
4Q284a 2,3	(XXXV)	]ו֯טל ולקטם אי[ש
4Q286 3,5	(XI)	]◦ ואגלי ט֯ל ◦[
11Q14 1ii9	(XXIII)	להוריד על ארצכמה / גשמי ברכה טל ומטר

lamb noun טָלֶה

4Q223-224 2iv9	(XIII)	ואם] יעשו / [הזאבי]ם֯ שלם֯ עם֯ הטלים

to defile, be unclean, verb טמא

CD V,6		וגם מטמאים הם את המקדש
CD V,11		וגם את רוח קדשיהם טמאו
CD X,13		אשר נגע בו הטמא וטמא מימיו במימי הכלי
CD XI,20		להרשותו לטמא את המזבח
CD XII,1		לטמא / את עיר המקדש בנדתם
CD XII,17		כפי / טמאתם יטמא הנ֯[ו]גע בם
CD XII,18		וטמאו בטמאת אחד כלי מעשה
CD XX,23		ו֯י֯טמאו את המקדש
1QpHab XII,8		ויטמא את / מקדש אל
4Q183 1ii1	(V)	ויטמאו את מקדשם[
4Q251 18,2	(XXXV)	]האר֯ץ֯ לטמאה֯[ ]◦[
4Q265 7,15	(XXXV)	ו֯טמאה שבעת ימים
	(XXXV)	כימי נדת דותה תטמא
4Q266 9ii3	(XVIII)	כפי ט]מ֯אתם יט֯[מא] / [הנוגע בם
4Q270 2ii11	(XVIII)	] / בשמותם לטמא את רוח קודשו ◦[
4Q271 2,11	(XVIII)	אשר יטמאו לנפש [אדם
4Q271 5i17	(XVIII)	לטמא את [עיר] / [המקדש בנדתם
4Q274 1i8	(XXXV)	ואם ת֯צ֯[א מאיש] ש֯כבת הזרע מגעו יטמא֯
4Q274 1i9	(XXXV)	א]ל יוכל כאשר יטמא לנפ[ש האדם
4Q274 3ii12	(XXXV)	כול] / המשקה י֯[טמא
4Q277 1ii5	(XXXV)	[ויט]מא עד ה[ער]ב֯
	(XXXV)	והנ֯ו֯ג֯ע֯[ב]לחת מי הנדה יט[מא
4Q277 1ii11	(XXXV)	[וא]י֯ן֯ י֯ד֯[יו] שט[ו]פ֯ות במים י֯[טמא]
4Q277 1ii13	(XXXV)	[ויט]מה עד [ה]ערב
	(XXXV)	והנושא [את ב]גדיו ו֯[רח]ץ֯ וטמא עד ה[ע]ר֯ב
4Q365 15a-b,7	(XIII)	כול הנוגע] / [בנבלתם י]ט֯מ֯א֯[עד הערב
4Q365 16,1	(XIII)	] / [יפו]ל֯ ע֯ל֯יו במותם יטמ[א
4Q365 17a-c,5	(XIII)	ולו]א תט֯[מאו את נפשותיכמה בכו]ל ה֯[שרץ
4Q367 1a-b,4	(XIII)	כימי נדת דותה ט]מאה
4Q367 1a-b,7	(XIII)	ואם נקבה תלד] / ו֯טמאה שבעים כ֯נדתה
4Q378 3i1	(XXII)	]ל֯טמאם֯ ול[
4Q383 A,2	(XXX)	]ש֯ה מחללי הברית מט[מאי
4Q390 2i9	(XXX)	איש את רעהו את מקדשי יטמאו
4Q391 9,2	(XIX)	]ר טמאו נפש[
4Q394 3-7i7	(X)	ומ֯גיע֯[י]ם֯ בה א֯[ת]י֯הם וםט[מאים אותה
4Q396 1-2iv10	(X)	ומטמאי֯[ם]את זרע֯[הקודש
4Q512 40-41,1	(VII)	אשר י]טמא בו / [וה]יה [אי]ש֯ או אשה[
4Q513 22,4	(VII)	]מ֯טמ֯א֯[
4Q514 2,2	(VII)	]מטמא◦[
4Q519 23,2	(VII)	]מ֯או֯ [
11Q19 III,6		] ולוא תטמאנו כי אם מן ה֯[
11Q19 XVI,5		לוא]י֯טמא כי קדו֯[ש הוא ליהוה אלוהיו
11Q19 XLV,10		ולוא יבואו בנדת טמאתמה אל מקדשי וטמאו
11Q19 XLV,13		ולוא יטמאו את העיר אשר אני שוכן / בתוכה
11Q19 XLVII,5		מכול דבר לכול טמאה אשר יטמאו בה
11Q19 XLVII,10		ולוא תטמאו את העיר אשר / אנוכי משכן
11Q19 XLVII,17		ולוא תטמאו / את מקדשי ועירי בעורות
11Q19 XLVIII,10		ולוא תטמאו את / ארצכמה
11Q19 XLVIII,15		לוא יבואו לעריכמה וטמאום
11Q19 XLVIII,16		לוא יטמאו בתוכם / בנדת טמאתם
11Q19 XLVIII,17		אשר בו צרעת נושנת או נתק ויטמאנו הכוהן

Text	Vol.	Reference
] / את עריכמה בנגע הצרעת **וטמאו**		11Q**19** XLIX,4
כול בית אשר ימות בו המת **יטמא** / שבעת ימים		11Q**19** XLIX,5
וכול הבא אל הבית **יטמא** / שבעת ימים		11Q**19** XLIX,6
וכול אוכל אשר יוצק עליו מ̇[י]ם̇ **יטמא**		11Q**19** XLIX,7
כול המושקה / **יטמא**		11Q**19** XLIX,8
וכלי חרש **יטמאו** וכול אשר בהמ̇ה		
וכול אשר בהמ̇ה לכול איש טהור / **יטמא**		11Q**19** XLIX,9
והפתוחים **יטמאו** לכול אדם מישראל		
ובאדם אשר לוא **הטמא** על / [		11Q**19** XLIX,21
] / **נטמאו** אין ע̇ו̇[ד		11Q**19** L,3
הימים אשר / הוא בתוכה מת **תטמא** כקבר		11Q**19** L,11
כול בית אשר תבוא אליו **יטמא**		
ואם / לתוך הבית יבוא עמה **יטמא** שבעת ימים		11Q**19** L,13
כול שרץ הארץ **תטמאו** החולד והעכבר והצב		11Q**19** L,20
ולוא]**ת̇טמאו** בהמ̇[ה וכול הנוגע בהמה		11Q**19** LI,2
הנוגע בהמה ב]מותמה **יטמא** / ע̇[ד ה]ערב		
ולוא **יטמאו** בהמה אשר / אני מגיד לכה		11Q**19** LI,6
אשר / אני מגיד לכה בהר הזה ולוא **יטמאו**		11Q**19** LI,7
ומטמא הבית בעוון / החטאה		11Q**19** LI,14
ולוא **תטמא** את האדמה אשר אנוכי / נותן לכה		11Q**19** LXIV,12
]**ט̇מאו** במת / [	(XXIII)	11Q**20** XIV,4
הימים אשר הוא בתוכה] / מת **תטמ̇[א** כקבר	(XXIII)	11Q**20** XIV,12

unclean, defiled adjective טָמֵא, טָמֵה

Text	Vol.	Reference
השנית ההין השלישית / **טמא** המקדש		CD IV,18
ולהנזר מהון הרשעה **הטמא** בנדר		CD VI,15
ולהבדיל בין **הטמא** לטהור		CD VI,17
אשר נגע בו **הטמא** וטמא מימיו במימי הכלי		CD X,13
ביד איש **טמא** באחת / מן הטמאות		CD XI,19
הבא אל / בית השתחות אל יבא **טמא** כבוס		CD XI,22
להבדיל בין / **הטמא** לטהור		CD XII,20
טמא טמא יהיה כול יומי מואסו		1QS III,5
טמא **טמא** יהיה כול יומי מואסו		
כיא **טמא** בכול עוברי דברו		1QS V,14
וטמא בכול הונ{{ו}}ם		1QS V,20
וטמא ופריץ / בל יעוברנה		1QH[a] XIV,20
]◦◦[ ]◦[ ]לאשר להמה **ט̇מא** ול◦[	(V)	4Q**177** 7,6
]ג **טמא** / [	(V)	4Q**186** 1ii1
הא]ד̇ם וה̇בהמה **הט̇מא̇[ה** והטהורה] / [	(XXXV)	4Q**251** 10,4
אך]ב̇כור האדם והבהמה **ה̇טמאה** / [	(XXXV)	4Q**251** 10,5
]ה̇בהמה **הטמא̇ה** אשר[	(XXXV)	4Q**251** 14,1
] / **וטמא**[	(XXXV)	4Q**251** 20ii1
טמא **ט]מ̇[א** יהיה כול] / [יומי]מו̇א̇[סו	(XXVI)	4Q**257** III,7
טמ[א טמא יהיה כל] / [ימי]מ̇ו̇א̇[סו	(XXVI)	4Q**262** 1,3
ואם נקבה תלד **וטמאה** [שבעים כנדתה	(XXXV)	4Q**265** 7,16
לא יר]ח̇ץ **טמא** יה̇[	(XXXV)	4Q**265** f,2
החי אל המת ב̇שבעת הימים **טמא** הואה	(XVIII)	4Q**266** 6i11
ופדו̇[י בכור הבה]מ̇ה **הטמאה**	(XVIII)	4Q**270** 2ii8
הבא]א̇ל בית ההשתחוות אל יבוא **טמא** כבוס	(XVIII)	4Q**271** 5i15
בדד לכול **הטמאים** ישב	(XXXV)	4Q**274** 1i1
איש מכול **הטמאים** [אש]ר̇ [יגע] ב̇ו ורחץ במים	(XXXV)	4Q**274** 1i3
כי הוא אשר אמר **טמא** טמא	(XXXV)	
כי הוא אשר אמר טמא **טמא**	(XXXV)	
וא̇ם נקבה אל יג̇[ע בדם זוב **טמ]א** בדוה בנדתה	(XXXV)	4Q**274** 1i7
ה̇[איש הנ]וגע באדם מ̇כ̇ו̇ל̇ / **הטמאים** האלה	(XXXV)	4Q**274** 1i9
] / שרץ **טמ̇[א**	(XXXV)	4Q**274** 2ii5
]ר̇ו̇ ה̇ו̇א̇ ו̇היא **טמ̇א̇ה̇** [	(XXXV)	4Q**274** 3i5
[אם נ]גע **הטמא** בהסה	(XXXV)	4Q**274** 3i8
] **טמאי** ה̇י̇[מים	(XXXV)	4Q**274** 3ii2
אם יגע ב{{ה}} **הט̇[מא** אל יוכלו] / בשדה	(XXXV)	4Q**274** 3ii8
] **ט̇מאי** / [	(XXXV)	4Q**277** 1i1
ואל יז] / א̇יש א̇[ת] מ̇י הנדה על̇ **ט̇מ̇אי** נ̇[פש]	(XXXV)	4Q**277** 1ii6
כי̇[א מ]כפר הו̇א ע̇ל̇ **הטמ̇[א]**	(XXXV)	4Q**277** 1ii7
ועלו̇ל אל יז על **הטמא**	(XXXV)	
] / וכול מעשה צ̇ד̇י̇ק̇ **הטמ̇[אה**	(XX)	4Q**299** 3aii-b,3
וכול מעשה צדיק **הטמ]אה**	(XX)	4Q**300** 5,4
] / [הבשר הח]י **טמ̇[א** הוא צרעת היא	(XIII)	4Q**365** 19,2
]◦ת כי **טמ̇א̇**[	(XIII)	4Q**382** 111,5
והמן **הטמא** זרע לא ישאר	(XXX)	4Q**386** 1ii4
בשל שא יהיה הטהר מזה על **הטמה**	(X)	4Q**394** 3-7i19
א̇ינמ מ̇ב̇ד̇י̇לות בין **הטמא** / [ל]ט̇הור	(X)	4Q**394** 8iv6
אינם מבדילות בין **הטמא** לט[הור	(X)	4Q**396** 1-2ii8
אינם מבדילות בין ה]**טמא** לט[הור]	(X)	4Q**397** 6-13,1
ו̇א̇[י]ן̇ **טמא** בקודשיהם	(XI)	4Q**400** 1i14
ב]היותו **טמא**[ ]ת ו̇לוא ◦◦◦[	(XI)	4Q**402** 4,4
ותבדל לנו] / [בין]**טמא** לט[הור	(XXXV)	4Q**414** 27-28,3
]ם̇ **טמא**[(ה)	(XX)	4Q**426** 4,5
ו]ע̇ר̇ל **וטמ̇[א** ופריץ] / [בל יעוברנה]	(XXIX)	4Q**429** 4i9
ו̇**ט̇מ̇אים** כנדתם [	(VII)	4Q**511** 2ii8
ותב]דל לנו בין / **ה̇טמא** לטהור̇[	(VII)	4Q**512** 40-41,4
] / **ה̇ט̇מ̇א̇**[	(VII)	4Q**512** 51-55ii4
]ד **טמא**[	(VII)	4Q**512** 61,2
]**טמ̇[א**	(VII)	4Q**512** 86,2
] / להג̇יעם בטהרת [הקו]ד̇ש כיא **טמאי̇ם̇**[המה	(VII)	4Q**513** 2ii1
]◦ב לכל **הט[מ]אים**[	(VII)	4Q**514** 1i2
וכול **טמאי** הימים ב̇יום[ט]ה̇רתם ירחצו	(VII)	4Q**514** 1i5
וכ̇ל[**ט]מ̇אי** הימם ביום / ט[הרת]ם ירחצו	(VII)	4Q**514** 1i8
]**ט̇מא** טמא י̇ה̇י̇ה̇[כול] י̇[מי	(III)	5Q**13** 4,3
]טמא **טמא** י̇ה̇י̇ה̇[כול] י̇[מי	(III)	
אל תשלט בי שטן ורוח **טמאה**	(IV)	11Q**5** XIX,15
וכול **טמא** לנפש לוא יבואו לה		11Q**19** XLV,17
ולו]א יעו̇ף̇ [כול] / עוף **טמא** על מקד̇[שי		11Q**19** XLVI,2
ואם לוא יטהר כמשפט התורה הזואת **טמא** הוא		11Q**19** L,7
וכול הנוגע בו **טמא** עד הערב		11Q**19** L,12
וכול כלי / חרש ישברו כי **טמאים** המה		11Q**19** L,18
יהי]ו **טמאים** / [לכמה ולוא]ת̇טמאו בהמ̇[ה		11Q**19** LI,1
בשעריכה / תואכלנו **הטמא** והטהור בכה יחדיו		11Q**19** LII,11
ואכלתה בשעריכה וה̇טהור **והטמא** בכה יחדיו		11Q**19** LIII,4
וכול **ט]מ̇א** לנפש לוא / [יבואו לה	(XXIII)	11Q**20** XII,9
]ו̇ **וטמ̇[א]** / עד ה̇[ערב	(XXIII)	11Q**20** XIV,22
היוצא מהמה כי]**טמים** / [המה	(XXIII)	11Q**20** XIV,23

טֻמְאָה, טוּמְאָה **uncleanness, ritual impurity** noun

Text	Vol.	Reference
ולהבדל מכל **הטמאות** כמשפטם		CD VII,3
ביד איש טמא באחת / מן **הטמאות**		CD XI,20
והאבנים / והעפר אשר יגואלו **בטמאת** האדם		CD XII,16
כפי / **טמאת̇ם** יטמא הנ̇[ו]גע בם		CD XII,17
וטמאו **בטמאת** אחד כלי מעשה		CD XII,18
ודרכי נדה בעבודת **טמאה** / ולשון גדופים		1QS IV,10
וכול איש מנוגע באחת מ̇כול **טמאות** / האדם	(I)	1QSa II,3
ודרכי / ת[ו]ע̇בות פעל בכול נדת **טמאה**		1QpHab VIII,13
או איש מנוגע **בטמאת** / בשרו		1QM VII,4
להתגאל בדם **טמאתם** כיא קדושים המה		1QM IX,8
וזעומים המה בכול עבודת נדת **טמאתם**		1QM XIII,5
הטמאה ר̇[	(XXII)	4Q**253** 2,1
] / לחללה **בטמאתם**	(XVIII)	4Q**266** 5ii6
כפי **ט]מ̇אתם** י̇ט̇[מא] / [הנוגע בם	(XVIII)	4Q**266** 9ii3
איש טהור מ]כ̇ול **טו̇מ̇א̇[ה]**	(XVIII)	4Q**269** 8ii5
או ינוגע בנגע צרעת או זוב **טמ[אה**	(XVIII)	4Q**270** 2ii12
]**ט̇מאתם**[	(XVIII)	4Q**270** 9,1

הרשע <מ?>איש טה[ור מכול טמא]תו (XVIII) 4Q271 2,12
[ביד איש טמא באח]ת מן הטמאות (XVIII) 4Q271 5i13
[ואסף] איש טהור מכול טמאת ערב (XXXV) 4Q277 1ii2
יאבואו במים ויט[ה]רו מטמאת הנפש (XXXV) 4Q277 1ii8
]נגעו [ב]זובו כמגע טמאת[ו] (XXXV) 4Q277 1ii12
לה]טהר במה מכול טמ[את]ם לו[(XXXV) 4Q284 3,5
וזעומים המה במחשבות נדת [ט]מאתמה (XI) 4Q286 7ii4
היתה]כל הארץ לנדת טמאה בנדת טמאה (XI) 4Q381 69,2
הארץ לנדת טמאה בנדת טמאה (XI)
הנה בעונותינו נסכנ[ו] / בט[מאת (XXIX) 4Q393 1ii-2,4
ועתה בהיות טמאתם עמהם (X) 4Q396 1-2iii7
] טמאות (X) 4Q397 5,3
[ואף בהיות לה[ם ה ט]מאות נ[גע (X) 4Q397 6-13,10
] / להטהר מטמאת[(XXXV) 4Q414 2ii-4,4
מ]מזרים ורוח הטמאה /] (XXIX) 4Q444 1-4i+5,8
]ות הטמאה /] (XXXVI) 4Q458 2i5
]מיר לרומם לרשע בעבור תקבל טמ[אה/את (XIX) 4Q462 1,15
ואת אשר עשתה לה כן טמאת הע◦[(XIX) 4Q462 1,17
ט]מאתו יתקרבו אליכ[ם] אלים ב[(VII) 4Q491 14-15,8
]טמאת[(VII) 4Q504 25,2
]בטמא[ת (VII) 4Q508 19,1
ולוא ימותו בטמא[תם (VII) 4Q509 32,2
] טמאה [(VII) 4Q509 193,1
]טמאת◦[(VII) 4Q509 238,1
]טי טמאה (VII) 4Q511 48-49+51,3
]◦זוב טמאתו [(VII) 4Q512 10,1
] / ו<<מ>>{{ו}}נדות טמאה (VII) 4Q512 1-6,9
]טמאה ◦[(VII) 4Q512 73,4
]טמאה[(VII) 4Q512 89,2
]כול טמאת[(VII) 4Q512 152,2
מעה]עשרה זו[י]ם שנים [ג]ם מהמה הטמאה (VII) 4Q513 1-2i3
מ]המה הט[מא]ה ת]כון אחד [עשרה עשרנים (VII) 4Q513 1-2i4
ושלישת ה[עשרון מהמה הטמ]אה (VII) 4Q513 1-2i5
]◦ טמאתם ◦[(VII) 4Q513 13,5
[וגם אל יאכל עוד] / בטמאתו הרישונה (VII) 4Q514 1i5
ואל יאכל <<וז>>{{עו}}ד בטמאתו (VII) 4Q514 1i7
אל יאכל {{זוב}} <<עד>> {{מ}}<<ב>>טמאתו (VII) 4Q514 1i8
ולוא יבואו בנדת טמאתמה אל מקדשי וטמאו 11Q19 XLV,10
לכול טמאה אשר יטמאו בה 11Q19 XLVII,5
ולנשים בהיותמה בנדת טמאתמה 11Q19 XLVIII,16
לוא יטמאו בתוכם / בנדת טמאתם 11Q19 XLVIII,17
טמא הוא עוד / טמאתו בו 11Q19 L,8
את / בני ישראל מכול הטמ{{ו}}אות 11Q19 LI,6
בכול אשר הבדלתי להמה לטמאה 11Q19 LI,9
ונשמרו מכול דבר טמאה 11Q19 LVIII,17

טָמֵה ← טָמֵא

to hide verb **טמן**

ויטמון / נגלה עד עמוד צדוק CD V,4
ופחים טמנו לנפשי נפלו בם $1QH^a$ X,29
ע]ד כלה ופח לפח יטמונו צמי רשעה [$1QH^a$ 3,8
] ברשת זו טמ[נו]◦◦[(XI) 4Q381 31,1
רשת]טמנו לי ללכודני וירדופו נפ[שי (XXIX) 4Q437 2i2
] / ומוקשים הט[מינו (XXV) 4Q525 16,4

basket noun **טֶנֶא, טֶנֶה**

]טנ[ה (XXXV) 4Q284a 1,2
כי אלה [יטמאו] / [את ה]טנה ואת התאנים (XXXV) 4Q284a 1,4
]רש הבא בטנאיכה ובאסמיכה כי◦[(XXXIV) 4Q418 103ii3
ובידכה אוט{{ה}}ן ומטנאכה ידרוש חפצו (XXXIV) 4Q418 126ii12

טֶנֶה ← טֶנֶא

to stray verb **טעה**

] / ◦עת עם טעיכם [(XIII) 4Q228 1ii4
]◦טעה[(III) 6Q30 2
] טעים ולה [(III) 6Q30 5

to taste verb **טעם**

] / לכול טועמיו ובפריו לוא יראה באוש[ים (XXIX) 4Q433a 2,7

children noun **טַף-1, טַב**

יקהילו אתכול הבאים מטף עד נשים (I) 1QSa I,4
עשר שנים]]בוא בטב (I) 1QSa I,8
נערים אשישים וזקנים נשים וטף 1QpHab VI,11
] / נשיו עילוליו וטפו ילכו בשבי (V) 4Q169 3-4iv4
וכל] הנמצא בה ושלליה / וטפיה ושאר ◦[(XXII) 4Q252 III,6
וה[ואה] ייסר את בניהם [ובנותם ?] / וטפם (XVIII) 4Q266 9iii7
◦]]בית בטפכ[ם (XXV) 4Q523 1-2,6
רק / הנשים והטף והבהמה 11Q19 LXII,10

handbreadth noun **טֶפַח**

והבטן ארבע גודלים וארבעה טפחים עד הבטן 1QM V,13
והבטן מרוגלת הנה / והנה חמשה טפחים 1QM V,14
]טפחים / [(XXIII) 11Q20 31,2

to drip, cut short, stir up verb **טרד**

בשש חצוצרות / החללים קול חד טרוד 1QM VIII,9
יהיו / הכוהנים מריעים קול חד טרוד 1QM VIII,12
ח]צוצרות החללים קול חד טרוד 1QM XVI,7
בקול] / טרוד דבר לו[(XVIII) 4Q267 5iii4
נתכ]ת חמת אל על רוב טורד[(XXIX) 4Q437 9,3
בחצוצרות] / [החללים קול חד ט]ר[ו]ד (VII) 4Q491 11ii6
בח]צוצרות החללים קול חד טרוד (VII) 4Q491 13,6
]מרוה נטרד[ת (XXV) 4Q525 7,5
טרתי נפשי בה וברומיה (IV) 11Q5 XXI,16

burden noun **טֹרַח**

אי]כה [אשא לבדי] טרחכם [ומש]א[כם וריבכם (I) 1Q22 1ii7

before adverb **טֶרֶם**

ובטרם נוסדו ידע / את מעשיהם CD II,7
טרם יכלה אחיהו לדבר 1QS VI,10
ובטרם ארים ידי להדשן בעדני תנובת תבל 1QS X,15
] / את כול מעשיך בטרם בראתם $1QH^a$ V,14
וכול מעש]יו / הכינותה בטרם בראתו $1QH^a$ VII,14
ה]כינותה דורות]עולם ובטרם בראתם ידעתה $1QH^a$ IX,7
בטרם / היותם למלאכי ק]ודשכה $1QH^a$ IX,10
הכ[י]נותה תעו[ו]דתם בטרם / היותם $1QH^a$ IX,19
ותכן פרי שפתים בטרם היותם $1QH^a$ IX,28
להשריש טרם יפריחו ושורשיהם ליוב[ל] ישלחו $1QH^a$ XVI,7
א]מתו בטר[ם (I) 1Q16 2,1
]נו טרם הייתם ובע◦[(V) 4Q176 22,3
] / ונהיה כטרם בראם הכין פעולות[יהם (V) 4Q180 1,2
]בטרם בראם ידע מחשב[ותיהם (V) 4Q180 2-4ii10
] / פעולתם בטרם הבראם (XXXVI) 4Q215a 1ii9
] / למועדים בטרם[(XXXVI) 4Q215a 2,5
ומן הגנה טרם ישלחו [הכוה]נים את ידם (XVIII) 4Q271 2,4
ורחץ ויכבס טרם / [יוכל (XXXV) 4Q274 2i1

4Q**300** 1aii-b,1 (XX) והגידו החידה בטרם נדבר
4Q**414** 1ii-2i6 (XXXV)]י להטהר טרם / [
4Q**418** 81+81a,11 (XXXIV) בטרם תקח נחלתכה מידו כבד קדושיו
(XXXIV) כבד קדושיו ובט[רם
4Q**420** 1aii-b,1 (XX) לוא ישיב בטרם ישמ[ע]
4Q**421** 1aii-b,13 (XX) ולוא ידבר בטרם / יבין
4Q**424** 3,1 (XXXVI) איש שופט בטרם ידרוש ומאמין בטרם [
(XXXVI) איש שופט בטרם ידרוש ומאמין בטרם [
4Q**525** 14ii23 (XXV) ואל] / תשפוך שיח טרם תשמע את מליהם
11Q**5** XXI,11 (IV) אני נער בטרם תעיתי ובקשתיה
11Q**16** 1,2 (XXIII) כ]ול מעשיו בטרם ◦[
11Q**16** 1,4 (XXIII)]◦ותו בטר[ם

to tear verb טרף

1QH^{a} XIII,14 פן יטרפו נפש עני ורש
4Q**169** 3-4i4 (V)] ארי טורף בדי גוריו ומחנק ללביותיו
4Q**417** 2i20 (XXXIV) ואת אשר יטריפכה אכול ואל תוסף עוד
5Q**16** 3,4 (III)]לטרוף צד[ה

prey, food noun טֶרֶף

1QSb V,29 (I)]כה טרף ואין משי[ב]
1QH^{a} XIII,18]◦טרף מכה / אריות
1Q**55** 3 (I)]ל ◦◦◦ ימיש ממנו טרף [
4Q**167** 3,3 (V)]מסך בטרפו[
4Q**167** 38,8 (V)] / טרף[
4Q**169** 3-4i4 (V) ארי טורף בדי גוריו ומחנק ללביותיו טרף
4Q**169** 3-4i11 (V)]וטרפו הוא ההון אשר קב[צו כוה]ני ירושלים
4Q**169** 3-4ii3 (V) לא ימוש טרף וקול שוט וקול רעש אופן
4Q**416** 2i22 (XXXIV)]שאל טרפכה כי הוא / פתח רח[מיו
4Q**417** 2i17 (XXXIV) ואתה אם תחסר טרף מחסורכה ומותריכה [
4Q**417** 2ii+23,2 (XXXIV)] / ט[ר]פכה כי הוא פתח רחמיו[
4Q**417** 2ii+23,3 (XXXIV) ולתת טרף לכ[ול חי
4Q**418** 7b,13 (XXXIV)]לשאל טרפכה / [כיא הוא פתח רחמיו
4Q**418** 81+81a,16 (XXXIV) ומשם תפקוד טרפכה ו[
4Q**429** 1ii6 (XXIX) פלטתה כצפור] / [מפח וכט]ר[ף מפי אריות

plucked adjective טָרָף

4Q**252** I,16 (XXII) ותבוא אליו ועלי זית טרף בפיה

torn noun טְרֵפָה

4Q**169** 3-4i6 (V) וימלא טרף] חירה ומעונתו טרפה
4Q**169** 3-4i9 (V) וכפיריכה תאכל חרב והכר[תי מארץ ט]רפה
4Q**251** 12,4 (XXXV) נב]לות וטרפה אשר לא חיה כי[

י

yod, tenth letter of the alphabet י

KhQ**3** 4 (XXXVI) ג ד ה ו ז ח ט / י כ ש ט

יאאם ← כִּי and אִם

to long verb יאב

4Q**437** 2ii15 (XXIX)] / [ע]ל נפשם לעובדך יאבת[י

יְאוּדָה ← יְהוּדָה

to be foolish verb יאל-1

4Q**299** 6ii13 (XX)] / מאיש נואל הון הון ◦[

to undertake, be willing verb יאל-2

1QH^{a} VIII,17 הנה הואלתה לעש[ות בי] / חסד
4Q**185** 1-2ii13 (V) אשרי אדם יעשנה ולא יאל על[
4Q**364** 20a-c,7 (XIII) ה[ו]אל{{ה}} מ[ושה] / באר את התורה
4Q**528** 4 (XXV)] ותמימיך תואל התמים בכול מ[ל]אכ[ה ?

river, Nile noun יְאֹר, יוֹאר, אוֹר

4Q**169** 3-4iii8 (V) התיטיבי מני אמ[ון הישבה ב]יארים
4Q**169** 3-4iii9 (V) אמון הם מנשה והיארים הם גד[ו]לי מנשה
4Q**249** 1,6 (XXXV) ביא]ר תמות ובי◦[
4Q**286** 5,10 (XI)]ם וכול נחלים יארי מצולות [
4Q**381** 1,4 (XI) שך אור ותיה אגמים וכל בלעה
4Q**385**a 17a-eii4 (XXX) היכן חלקך אמון ה[ש]כנה ביארי[ם]
4Q**422** III,3 (XIII) וישליכו את⟦ ⟧ / [ב]ניהם ליוא[ר]◦[
PAM 43.676 57,1 (XXXIII)]ביאר[

to despair verb יאשׁ

4Q**176** 8-11,13 (V) נ]ואש עד דברי תנחומים וכבוד רב כתוב ב[

produce noun יְבוּל

4Q**502** 6-10,6 (VII) בשמי]נו ואדמתנו וכול יבולה / [

Jebusite proper noun יְבוּסִי

4Q**377** 1i8 (XXVIII) הכנעני החתי האמורי היב[ו]ס[י] הגרגשי[
11Q**19** LXII,15 והכנעני / החוי והיבוסי והגרגשי והפרזי

Jabbok proper noun יַבּוֹק

4Q**364** 24a-c,14 (XIII) [לוא קרבת]ה כול יד נחל היבוק

יבושה ← יַבָּשָׁה

to bring, carry verb יבל

4Q**383** 5,3 (XXX) ה]מטה להובי[ל
4Q**417** 2i18 (XXXIV) א[ם / תותיר הובל למחוז חפצו

יֻבַל ← יוּבַל

to marry a brother's widow verb יבם

4Q**524** 15-22,7 (XXV) ולקחה] לו [לא]שה ויב[מה

brother's wife noun יְבָמָה

4Q**524** 15-22,8 (XXV) לוא יחפוץ האיש לקחת את]יבמתו

יַבֹּק ← יַבּוֹק

to be dry, wither verb **יבש**

1QH^{a} XVI,20 — כ]עופרת במים אדירי[ם] / ◦◦◦◦ אש וי֯֯בשו
4Q**169** 1-2,3 (V) —] / גוע֯[ר] בים ויוב[ישהו
4Q**185** 1-2i11 (V) —]רוחו / ויבש ◦◦◦ וציצו תשא רוח עד אי֯֯קום
4Q**252** II,2 (XXII) — לחודש השני / יבשה הארץ באחד בשבת
4Q**266** 6i8 (XVIII) — ויקי֯ץ שורשו ויבש פרחו
4Q**418** 69ii8 (XXXIV) — וכ]ול מחזיקי רשעה יבש[ו
11Q**5** XXIV,12 (IV) — יבש / שו֯רשיו ממני ואל ינצו ע[ל]יו בי

dry adjective **יָבֵשׁ-1**

1QH^{a} XI,30 — להתם כול עץ לח / ויבש מפלגיהם
1QH^{a} XVI,19 — ויהיו למי מ[בול] / לח֯ ו֯יבש
4Q**428** 5,5 (XXIX) — [לה]ת֯ם֯ [כול עץ] ל֯ח֯[ויב]ש֯ מפלג֯יהם[

dry land noun **יַבָּשָׁה, יבושה**

1QH^{a} IV,4 —]ת ביבושה ומכש[ול
1QH^{a} XI,31 — וברקוע יבשה יסודי הרים לשרפה
1QH^{a} XVI,4 — כי נ]תתני במקור נוזלים ביבשה
4Q**285** 4,9 (XXXVI) — ושבו אל היבשה בעת הה֯י֯[אה
4Q**379** 12,3 (XXII) — ע]ב֯רו ביבשה בחדש / [הרא]שון בשנת הא֯[חד
4Q**428** 5,6 (XXIX) — וברקיע יב[שה] / [יסודי הרים לשרפה
4Q**428** 10,12 (XXIX) — כי[א נתתני במקור נוזלים] / ביבשה

to torment, grieve verb **יגה-1**

4Q**176** 6-7,3 (V) — לשתותה עוד] / [ושמתיה] ביד מוגיך[
4Q**200** 2,1 (XIX) —]ר֯צ֯ו֯נ֯[ה ו]אל ת[וגה רוחה

to remove verb **יגה-2**

4Q**523** 1-2,2 (XXV) —]◦ אוגר/◦ יהונת֯[

sorrow, agony noun **יָגוֹן**

1QS IV,13 — וכול קציהם לדורותם באבל יגון
1QH^{a} X,5 —]ומשמיעי שמחה לאבל יג[וני]
1QH^{a} XIII,13 — ורנת יגוני הכרתה באנחתי
1QH^{a} XIII,34 — ויגון / יסובבוני ובושת על פנים
1QH^{a} XIX,1 — ויג֯ו֯ן[ ]◦◦◦◦◦ ◦◦◦◦[ ] / בהגי לבי
1QH^{a} XIX,20 — ואכירה]לחטאה ויגון / אשמה
1QH^{a} XIX,22a — ואנחה בכנור קינה לכול אבל יג֯[ון
1QH^{a} XIX,22 —] / יגון ומספד מרורים עד כלות עולה
1QH^{a} XIX,26 — ואין יגון ואנחה ועולה ל֯[וא תמצא עוד]
1QH^{a} XIX,32 — וביגוני נחמתני כיא נש<ע>נתי ברחמיכה
4Q**257** V,12 (XXVI) — וכול קציהם לדורותם ב]א֯בל יגון
4Q**274** 1i1 (XXXV) — משכב יג[ו]ן ישכ[ב ו]מ֯ושב אנחה ישב
4Q**417** 14,5 (XXXIV) —] ב֯י֯ג֯ו֯ן֯ [ ]◦[
4Q**418** 88ii7 (XXXIV) —] / בידכה לחיות ונאספתה ביגו֯נ֯[
4Q**418** 200,1 (XXXIV) —]◦ יגון ובמרי֯ר֯[
4Q**427** 1,4 (XXIX) — ולהגו]ת֯ הגי יג֯[ון ו]אנחה בכנו֯ר֯ ק֯[ינה
4Q**427** 7ii5 (XXIX) — אבד] / אבל ונס יגון
4Q**427** 8i19 (XXIX) — כי]א [אין יג]ון ואנחה / [
4Q**429** 3,8 (XXIX) — אנחה ויגון י֯[סובבוני ובושת על פנים
4Q**432** 3,4 (XXIX) — ומשמיעי] / [שמחה לאב]ל֯ [י]גוני
4Q**437** 2i7 (XXIX) — וכול יגוני ראיתה ו֯עונות[◦
4Q**508** 39,1 (VII) —] ואנו חיינו בלב יגון ◦[ומם
4Q**509** 3,3 (VII) — כיא שמחת]נ֯ו֯ מיגוננ֯ו֯ ואספ֯ת֯ה֯[נדחינו
4Q**509** 12i-13,6 (VII) — תז]כ֯ור / יגון וב֯כ֯י ת֯ת֯ר֯ע֯ה אסירי[ם
4Q**509** 16,4 (VII) —]י֯גון זקנינו ו֯נ֯כבד֯[ינו] / [

labor, property noun **יְגִיעַ**

4Q**418** 46,2 (XXXIV) —]ם֯ תכלכל הי֯ג֯י֯ע֯[
4Q**501** 1 (VII) — אל תתן לזרים נחלתנו ויגיענו לבני נכר

to toil, be weary verb **יגע**

1QpHab X,7 — יגעו עמים בדי אש / ולאומים בדי ריק ייעפו
1QpHab X,11 — בעבור כבודה לוגיע רבים בעבודת שוו
4Q**418** 69ii11 (XXXIV) — איכה תא֯מרו יגענו בבינה ושקדנו לרדוף דעת
4Q**418** 69ii13 (XXXIV) — האמור יאמרו יגענו בפעלות אמת
4Q**418** 206,5 (XXXIV) —]ה֯ל ואתה יגעתה
4Q**504** 1-2v19 (VII) — כיא גם / [הו]ג֯ענ֯ו֯ א֯ל֯ בעווננו

gain noun **יָגָע**

4Q**368** 10ii5 (XXVIII) — ול]שית ואין להשב יגע ו◦[

mound of stones noun **יְגָר**

3Q**15** IV,13 (III) — ביגר של גי הסככא חפור / אמת כסף ככ 12
3Q**15** VI,14 (III) — ביגר שבמגזת הכוהן / הגדול
3Q**15** VIII,8 (III) — ביגר של פי צוק הקדרו֯ה / חפור אמות שלוש

hand, part, power, penis noun **יָד, יָיד**

CD I,6 — לתיתו אותם ביד נבוכדנאצר מלך בבל
CD II,6 — וחמה גדולה בלהבי אש / בי כל מלאכי חבל
CD II,12 — ויודיעם ביד משיחו רוח קדשו
CD III,21 — כאשר / הקים אל להם ביד יחזקאל הנביא
CD IV,13 — כאשר דבר אל ביד ישעיה הנביא בן / אמוץ
CD V,18 — מלפנים עמד / משה ואהרן ביד שר האורים
CD V,21 — כי דברו סרה על מצות אל ביד משה
CD VI,21 — ולהחזיק ביד עני ואביון וגר
CD VIII,2 — לפוקדם לכלה ביד בליעל
CD VIII,8 — ויפרעו ביד רמה / ללכת בדרך רשעים
CD IX,9 — השבועה אשר / אמר לא תושיעך ידך לך
CD IX,10 — השפטים או מאמרם הושיע ידו לו
CD IX,18 — והמבקר יכתבהו בידו עד עשותו / עוד
CD X,3 — עובר דבר מן המצוה ביד רמה
CD XI,6 — אל ירם את ידו להכותה באגרוף
CD XI,19 — ביד איש טמא באחת / מן הטמאות
CD XII,6 — אל ישלח את ידו לשפוך דם
CD XIV,13 — ונתנו על י֯ד֯ המבקר
CD XIV,14 — ומ֯מנו יחזיקו ביד עני ו֯אביון ולזק֯ן
CD XIX,7 — בבוא הדב֯ר אשר כתוב ביד זכרי֯ה הנביא
CD XIX,9 — ותפוצינה הצאן / ו֯השי֯בו֯תי יד֯י ע֯ל הצ֯ו֯ע֯רים
CD XIX,12 — אשר אמר {{יחזקא֯ל}} / ביד יחזקא֯ל
CD XIX,14 — לפקדם לכלה ביד בליעל
CD XIX,21 — ו֯יפ֯ר֯ע֯ו֯ ב֯י֯ד֯ ר֯מ֯ה ללכת בדרכי רשעים
CD XX,30 — ולא ירימו יד על חקי ק֯דשו ו֯משפט֯י / צדק֯ו
1QS I,3 — כאשר / צוה ביד מושה וביד כול עבדיו
כאשר / צוה ביד מושה וביד כול עבדיו
1QS II,6 — יתנכה / אל זעוה ביד כול נוקמי נק֯ם
ויפקוד אחריכה כלה ביד כול משלמי / גמולים
1QS III,16 — בידו / משפטי כול והואה יכלכלם בכול
1QS III,20 — ביד שר אורים ממשלת כול בני צדק
וביד מלאך / חושכ כול ממשלת בני עול
1QS IV,9 — ושפול ידים בעבודת צדק רשע ושקר
1QS IV,12 — הולכי בה לרוב נגו֯עים ביד כול מלאכי חבל
1QS V,12 — והנגלות עשו ביד רמה לעלות אפ למשפט
1QS V,16 — ולוא ישתה ולוא יקח מידם כול מאומה
1QS VI,5 — הכוהן ישלח ידו לרשונה להברך
הכוהן ישלח ידו לרשונה / להברכ
1QS VI,19 — ואת מלאכתו אל יד האיש / המבקר

ק[צי] מלחמות **ידיכה** לה{{לחם}}כבד באויבינו 1QM XI,8
שבעת / גוי הבל **ביד** אביוני פדותכה [1QM XI,9
]◦עד גבורת **ידכה** בכתיים 1QM XI,11
כיא **ביד** אביונים תסגיר [או]יבי כול הארצות 1QM XI,13
וביד כורעי עפר להשפיל גבורי עמים
] מלאכיכה לרשות **יד** / במלחמה [1QM XII,4
תן **ידכה** בעורף אויביכה 1QM XII,11
ואנו בגורל אמתכה נשמחה **ביד** / גבורתכה 1QM XIII,12
ועם / אביונים **יד** גבורתכה 1QM XIII,14
אל ישראל מרים **ידו** ב[ ]ת פלאו / [1QM XV,13
ובעומדם **ליד** מערכת כתיים כדי הטל 1QM XVI,6
ירימו איש **ידו** בכלי / מלחמתו
ועם צאת הקול יחלו **ידם** להפיל בחללי כתיים 1QM XVI,8
א]ל̇ ו̇את̇ **י̇דיהם** במלחמתו 1QM XVI,14
התחזקו במצרף אל עד יניף **ידו** ומלא מצרפיו 1QM XVII,9
בחצוצרות תרועה שנית **יידי** התקרב 1QM XVII,11
ירימו איש **ידו** בכלי מלחמתו 1QM XVII,12
ואנשי הבינים ישלחו **ידם** בחיל / הכתיים 1QM XVII,13
]ובה̇[נ]שא **יד** אל הגדולה על בליעל 1QM XVIII,1
]◦ משאת **יד** אל ישראל על כול המון בליעל 1QM XVIII,3
]תנו **יד** חסדיכה עמנו בפדות עולמים 1QM XVIII,11
להסיר ממ̇[ש]לת̇ אויב לאין עוד **ויד** גבורתכה
לכה הגבורה **ובידכה** המלחמה 1QM XVIII,13
תן **ידכה** בעורף אויביך 1QM XIX,3
[כאשר ד̇ברתה **ביד** מושה ל̇[שאת פשע] עוון 1QHa IV,12
כי **מידך** היתה זאת ובלוא ר◦◦[1QHa VI,27
ידעתי בבינתך כיא לא **ביד** בשר ◦[1QHa VII,12
ואדעה כי **בידך** יצר כול רוח [1QHa VII,13
]ות **ובידך** משפט כול̇ם / [1QHa VIII,4
אלי עזרתה נפש עני ורש / **מיד** חזק ממנו 1QHa X,35
ותפד נפשי **מיד** אדירים
ואקומה על מנאצי **וידי** על כול בוזי 1QHa XII,22
ולא תתעם **ביד** חלכאים / כזוממם למו 1QHa XII,25
ובזוכרי כוח **ידכה** עם / המון רחמיכ̇ה 1QHa XII,35
] / על פי רצונכה **ובי̇ד̇כה** משפט כולם [1QHa XIII,4
] / **ובידי** פתחתה מקורם עם מפלגי[ה 1QHa XVI,21
בהניפי **יד** לעזוק / פלגיו יכו שרשיו 1QHa XVI,22
ואם אשיב **יד** יהיה כערע̇[ר בערבה 1QHa XVI,24
[וא]ין להניף **יד** 1QHa XVI,33
ידעתי כי אמת פיכה **ובידכה** צדקה 1QHa XIX,7
אל תשב **ידכה** [1QHa XXIII,9
]שה אפר **בידם** לוא הנה 1QHa 2i7
]עזבתם **ביד** / כול מכ[1QHa 2ii16
]דש על **ידי** גבורת̇[1QHa 48,4
]וסמך את **יד**[יו (I) 1Q22 1iv9
]**מיד** ה◦[(I) 1Q22 46,1
] **מידה** נע[(I) 1Q25 7,2
]ל ריבכה **ובידי** פקד מ̇[שפטכה] (XXXIV) 1Q26 1,7
] פרי **בי̇ד̇כה** ו[(XXXIV) 1Q26 2,4
כול / העמים שנאו עול **וביד** כולמ[ה] יתהלך (I) 1Q27 1i9
ודברי / [רוח] קודשך במעשי **ידיך** (I) 1Q34bis 3ii7
◦ **ובי̇ד** נעלמים לוא / [(I) 1Q35 1,8
]**בידך**/כ]בודך לו[← **כָּבוֹד** (I) 1Q44 2
תחת **יד** אבשלום מן הצד / המערבי (III) 3Q15 X,12
תחת האבן השחורא **בידן** תחת ספ / הבור (III) 3Q15 XII,2
תרם **ידך** / תגבר ימינך (XVI) 4Q88 X,10
אם לוא ילח **ידו** במלאכ̇[ת (V) 4Q158 10-12,9
]◦◦ול **יד** מצרים וגאלתים / [(V) 4Q158 14i5
] / יומת אשר עשה **ביד** רמה (V) 4Q159 2-4,6
[ינפף]**י**̇דו הר בת ציון גבעת ירושלים] (V) 4Q161 5-6,9

וכתבו בחשבון **בידו** ועל הרבים לוא יוציאנו 1QS VI,20
הכתוב לפנוהי / [והו]שיעה **ידו** לוא 1QS VI,27
ואם לוא תשיג **ידו** לשלמו ונענש ששים יום 1QS VII,8
ואשר יוציא **ידו** מתוחת בגדו 1QS VII,13
והמוציא את **יד** שמאולו לשוח בה 1QS VII,15
היאה מדרש התורה א̇[ש]ר̇ צוה **ביד** מושה 1QS VIII,15
יסור מכול המצוה דבר **ביד** רמה 1QS VIII,17
אשר יעבר דבר מתורת מושה **ביד** רמה 1QS VIII,22
ולעושה **ביד** ר̇מה לוא ישוב עוד 1QS IX,1
בר{{◦}}שית משלח **ידי** ורגלי 1QS X,13
ובטרם ארים **ידי** להדשן בעדני תנובת תבל 1QS X,15
ואדעה כיא **בידו** משפט / כול חי 1QS X,16
לנוכנעים וחזוק **ידים** לנמהר̇[ים 1QS X,26
אני לאל משפטי **ובידו** תום דרכי 1QS XI,2
כיא לאל המשפט **ומידו** / תום הדרכ 1QS XI,10
מה ישיב חמר ויוצר **יד** ולעצת מה יבין 1QS XI,22
איש בסרכו על **יד** ראשי / [א]בות העדה (I) 1QSa I,23
נכאה ר̇גלים או / **ידים** פסח או עור (I) 1QSa II,6
אל ישלח]איש את **ידו** ברשת / הלחם (I) 1QSa II,18
ושלח]**ידו** בלחם לפנים (I) 1QSa II,20
ואח[ר יש]ל̇ח משיח ישראל **ידיו** / בלחם (I)
] / **בידכה** [(I) 1QSb I,5
[כול מעד]נים ועצת כול בשר **בידכה** יברך (I) 1QSb III,28
]כ̇ה ◦◦◦ב̇רת **בידכה** / אנשי עצת אל (I) 1QSb IV,23
בידכה / אנשי עצת אל ולוא **ביד** שר̇ **יד**̇[(I) 1QSb IV,24
ולוא **ביד** שר̇ **יד**̇[(I)
א]שר מ̇לא **י**̇[דיכה (I) 1QSb V,17
דברי עבדיו הנביאים[אשר]**בידם** ספר אל 1QpHab II,9
ובאמה ופחד / ינתנו **בידם** 1QpHab IV,8
לוא יכלה אל את עמו **ביד** הגוים 1QpHab V,3
וביד בחירו יתן אל את משפט כול הגוים 1QpHab V,4
לוא ירפו **ידיהם** מעבודת / האמת 1QpHab VII,11
ינתן הונם עם שללם **ביד** / חיל הכתיאים 1QpHab IX,6
ואנשי עצתו נתנו אל **ביד** אויביו לענותו 1QpHab IX,10
ראשית משלוח **יד** בני אור להחל בגורל 1QM I,1
]ו̇בגורל השביעי **יד** אל הגדולה מכנעת / [1QM I,14
]◦ם יתנו **יד** בכל̇[1QM I,17
ועל חצוצרות החללים יכתובו **יד** גבורת אל 1QM III,8
יכתובו מאת / אל **יד** מלחמה 1QM IV,3
ובידם רמח / וכידן 1QM V,6
ויד הכידן קרן ברורה מעשה חושב 1QM V,14
ומחזיקים **בידם** מגני עגלה 1QM VI,15
בין כול מחניהמה למקום **היד** כאלפים באמה 1QM VII,7
כול אנשי המערכה לחזק **ידיהם** במלחמה 1QM VII,12
וביד הששה יהיו / חצוצרות המקרא
שבעה לויים **ובידם** שבעת שופרות היובל 1QM VII,14
ובאו **ליד** המערכה / הראישונה 1QM VIII,2
ועמדו בין המערכות **ולידם** אנשי הרכב 1QM VIII,4
בחצוצרות קול מרודד **ידי** סדר מלחמה 1QM VIII,5
קול נוח וסמוך **ידי** מפשע עד קורבם 1QM VIII,7
ונטו **ידם** בכלי המלחמה 1QM VIII,8
קול חד טרוד לנצח **ידי** מלחמה 1QM VIII,12
יחלו **ידם** להפיל בחללים 1QM IX,1
והרכב / משיבים על **ידי** המלחמה עד החרם 1QM IX,7
ואשר ד̇[בר]ת̇ה **ביד** מושה 1QM X,6
ו̇בכוח **ידכה** רוטשו פגריהם לאין קובר 1QM XI,1
איש גבור חיל / הסגרת̇ה **ביד** דויד עבדכה 1QM XI,2
וגם **ביד** מלכינו הושעתנו פעמים רבות 1QM XI,3
ולוא כוחנו ועצום **ידינו** עשה חיל 1QM XI,5
וביד משיחיכה / חוזי תעודות הגדתה לנו 1QM XI,7

Text		Reference
פשרו על ה]כתיאים אשר ינת[נו] ביד גדולו[	(V)	4Q**161** 8-10,8
]ן בידו ובכול הג[ואי]ם ימשול	(V)	4Q**161** 8-10,20
אחד מכוהני השם ובידו בגדי[	(V)	4Q**161** 8-10,24
ואת פעל יהוה / לא הביטו ומעשי ידו לא ראו	(V)	4Q**162** II,4
אף יהוה בעמו ויט ידו עליו ויכהו	(V)	4Q**162** II,8
וזואת היד [הנטויה על כול הגוים]	(V)	4Q**163** 8-10,5
ואיש] / לוא יצילנה מידי	(V)	4Q**166** II,11
כוהן האחרון אשר ישלח ידו להכות באפרים	(V)	4Q**167** 2,3
]◦יד מלכי יון מאנתיכוס עד עמוד מושלי כתיים	(V)	4Q**169** 3-4i3
]רשעה ביד אל[והי]ם	(V)	4Q**171** 1-2i16
ואל לוא יעזבם / בידם	(V)	4Q**171** 1-2ii15
אשר יבקשו לשלוח יד / בכוהן ובאנשי עצתו	(V)	4Q**171** 1-2ii17
ואל יפדם / מידם	(V)	4Q**171** 1-2ii19
ואחר[י] כן ינתנו ביד עריצי גואים למשפט	(V)	
לתתו / ביד עריצ[י] גואים לעשות בו[משפט	(V)	4Q**171** 3-10iv10
]הזיד ביד רמה / [	(V)	4Q**171** 3-10iv15
יושיעם אל ו[י]צילם מיד ר[שעי	(V)	4Q**171** 3-10iv21
]כות ביד[	(V)	4Q**172** 3,1
מקדש אדני כ]וננו ידיכה	(V)	4Q**174** 1-2i3
ברך •••• חילו ופעל ידו תרצה	(V)	4Q**175** 19
כיא לקחה מיד •••• כפלים בכול חטותיהא	(V)	4Q**176** 1-2i6
[ושמתיה] ביד מוגיך[ ]◦ימי ◦◦◦[	(V)	4Q**176** 6-7,3
]נחלת ידו כי לוא יצדק[	(V)	4Q**176** 18,1
אמתו יעזור לכול בני אור מיד בליעל[	(V)	4Q**177** 12-13i7
ויד אל הגדולה עמהמה לעוזרם מכול רוחו[ת	(V)	4Q**177** 12-13i9
] / ידיהם[	(V)	4Q**177** 15,1
ואין לאל ידנו כי לוא שמענ[ו	(V)	4Q**179** 1i2
] / מלפני חורף בדל ידיהן[	(V)	4Q**179** 1ii6
] / ימשו תכלת ידי קמה מפ[ני	(V)	4Q**179** 1ii12
]ויפרעו ביד רמה להחל[	(V)	4Q**182** 1,3
] / לשון יודע דברה אלהים עשה ידים[	(V)	4Q**185** 1-2iii13
ואצבעות / ידיו עבות ושוקיו עבות	(V)	4Q**186** 1iii4
ו]אצבעות ידיו דקות / וארו[כ]ות	(V)	4Q**186** 2i4
]וכארך ידכה בני היה[עושה	(XIX)	4Q**200** 2,6
ומר]ורת הדג בידו ונפוץ [בעיניו] / [	(XIX)	4Q**200** 5,2
ומה אשר יפצה מידו הודו לו בני ישר[אל	(XIX)	4Q**200** 6,7
]ובידכה[	(XIX)	4Q**200** 8,3
ונתנכה בייד פשעיכה והכריתכ[ה מן הארץ]		4Q**219** II,26
ותפרוש אצבעות] / [י]דיהא ותפתח פיה	(XIII)	4Q**222** 1,4
להרוג את יעקוב] אחיהו ביד ( ) יעקוב ֻינתן	(XIII)	4Q**223-224** 2ii10
כול]מבקש ר[עה]לרעהו ביד[ו יפול	(XIII)	4Q**223-224** 2ii51
ויעזוב בגדו ב]ידה וי[שביר את הדלת	(XIII)	4Q**223-224** 2v1
]ויד[	(XIII)	4Q**223-224** 50,1
נפצ יד עם הק[דש	(XXXVI)	4Q**248** 9
וישלח / אברהם את ידו [ויקח	(XXII)	4Q**252** III,7
]מו מיד ◦◦דה לעד◦[	(XXII)	4Q**254** 3,3
כאשר] צוה ביד מושה / [וביד כול עבדיו	(XXVI)	4Q**255** 1,3
ויפקוד אחריכה כל]ה ביד כול [משלמי גמולים	(XXVI)	4Q**256** III,1
וא]רעה כ[י בי]דו משפט כול חי	(XXVI)	4Q**256** XX,5
יתנכה אל זעוה ביד כול נוקמ[י] / [נקם	(XXVI)	4Q**257** II,2
ואשר יוציא]ידו מת[וחת בגדו	(XXVI)	4Q**258** V,1
היא מדרש התור]ה אשר צוה בי[ד משה	(XXVI)	4Q**258** VI,7
וליד הרמה לא ישוב עוד	(XXVI)	4Q**258** VII,2
ו[איש אשר יוציא] / את ידו[מתח]ת בגד[ו]	(XXVI)	4Q**259** I,12
הואה[מד]ר[ש התורה אש]ר צוה ביד משה	(XXVI)	4Q**259** III,6
הכוהן ישלח] יד[ו] / [	(XXVI)	4Q**261** 2a-c,5
מה ישיב חמר ויוצר י]ד לעצת מה יבין	(XXVI)	4Q**264** 10
כאשר]צוה ביד מוש[ה	(XVIII)	4Q**266** 1c-f,2
לתתו אותם ביד / נב[וכדנא]צר מל[ך] בבל	(XVIII)	4Q**266** 2i10
מלפ]נים עמ[ד מושה ואה]רון ביד ש[ר ה]אור[ים	(XVIII)	4Q**266** 3ii5
דברו עצה סרה על] מצוות אל ביד [מושה	(XVIII)	4Q**266** 3ii8
ל[פ]קידם [לכלה ב]יד / [ב]ליעל	(XVIII)	4Q**266** 3iii24
[ו]אם לוא השיגה יד[ה די שה ולקחה בן יונה	(XVIII)	4Q**266** 6ii12
] ידרוש מידו [ ]ן[	(XVIII)	4Q**266** 7iii4
] / [דבר מן המצוה בי]ד ר[מה עד זכו ל]שוב	(XVIII)	4Q**266** 8iii3
ו]לו יכרת בית החבר מידם	(XVIII)	4Q**266** 10i10
ואשר] / [יו]צא את ידו מתחת בגד[ו	(XVIII)	4Q**266** 10ii11
[והמוציא את י]דו השמ[אלית] / [לש]ח בה	(XVIII)	4Q**266** 10ii13
כאשר אמר ביד / מושה על הנפש אשר תחטא	(XVIII)	4Q**266** 11,1
את אונ הו הכול ובידיך הכול ועושה הכול	(XVIII)	4Q**266** 11,9
דברו עצה סרה על מצוות אל ב[י]ד / [מוש]ה	(XVIII)	4Q**267** 2,5
לוא לפני השופטים או מאמרם הושיע י]דו לו	(XVIII)	4Q**267** 9i5
] / ידו [להכותה באגרוף	(XVIII)	4Q**267** 9ii3
לא תקח מיד[ו כ]ל / [	(XVIII)	4Q**270** 4,7
לא לפני השפטים או מאמרם הושיעה]ידו לו	(XVIII)	4Q**270** 6iv2
[ואשר יוציא את] ידו מתחת בגדו	(XVIII)	4Q**270** 7i3
כ[א]שר / א[מ]ר ביד משה	(XVIII)	4Q**270** 7i17
טרם ישלחו [הכוה]נים את ידם / [לבר]ך	(XVIII)	4Q**271** 2,4
וגם] הכוהנים אל יקחו מיד / ישראל	(XVIII)	4Q**271** 4ii13
[אל ירם איש את] ידו להכותה באגרוף	(XVIII)	4Q**271** 5i3
אל ישלח איש את ידו לשפוך [דם	(XVIII)	4Q**271** 5i21
] / ידה[	(XVIII)	4Q**272** 1ii17
ואמ במחנה יהיה איש אשר לוא השיגה ידו	(XXXV)	4Q**274** 2i6
[וא]ין יד[יו] שט[ו]פות במים י[טמא]	(XXXV)	4Q**277** 1ii11
יתנכה] / אל לזעוה ביד נוקמי נקם	(XXIX)	4Q**280** 2,3
]תה להם ביד כול עבדיכ הנבאים / [	(XXIX)	4Q**292** 2,4
] גליהם ביד ◦[	(XX)	4Q**299** 21,2
]בידך [	(XX)	4Q**299** 31,4
]ביד מלאכ[י	(XX)	4Q**299** 35,2
י]חזיקו ביד ◦◦◦◦[	(XX)	4Q**299** 56,3
]כול בידכם[	(XX)	4Q**299** 77,2
]ובידו משפט כלם וצד[ק	(XX)	4Q**300** 11,2
]יקום אלהים מידכם	(XX)	4Q**302** 3ii6
לתת אות]נו בי[ד האמורי להשמידנו	(XIII)	4Q**364** 21a-k,17
] / [יהוה]אלוהינו בידנו ונ[כ(ה)]או[תו	(XIII)	4Q**364** 24a-c,7
[לוא קרבת]ה כול יד נחל היבוק	(XIII)	4Q**364** 24a-c,14
הרם את מטכה ונטה את י]דכה על הים	(XIII)	4Q**365** 6ai5
ולקחתם / [בי]דכמה מפרי הארץ	(XIII)	4Q**365** 32,9
אם המצא] תמצא בידו הגנבה	(XIII)	4Q**366** 1,7
א]דר ממכה [ו]מידכה כול ממשלת ל[	(XIII)	4Q**369** 3,3
]ם תשלח ידכ[ה	(XXVIII)	4Q**371** 6,3
] / עליון ויתנם ביד הגוים ל[	(XXVIII)	4Q**372** 1,4
ובכל זה יוסף [נתן] / ביד בני נאכר	(XXVIII)	4Q**372** 1,15
יקרא אל אל גבור להושיעו מידם	(XXVIII)	4Q**372** 1,16
ואלהי אל תעזבני ביד הגוים	(XXVIII)	
ואין בידך / כל חמס	(XXVIII)	4Q**372** 1,18
המ]למד ידו למלחמה הנוקם[	(XXVIII)	4Q**372** 2,4
]ויתנם ביד עמו במשפ[טים	(XXVIII)	4Q**372** 2,8
להשמידו ביד גוים כל הנגעים בנחל[תו	(XXVIII)	4Q**372** 3,10
]◦◦◦◦ ואת דמם ידרוש מידם	(XXVIII)	4Q**372** 3,11
ת]חזקנה ידיך[	(XXII)	4Q**378** 3ii+4,11
]ה כי מעשה ידים / [	(XXII)	4Q**378** 15i2
] / וכעבדים אל יד אדונ[יהם	(XXII)	4Q**378** 19ii5
]עמך ביד ישוע משרת עבדך משה / [	(XXII)	4Q**378** 22i2
]דך ביד משה על ישוע למען עמך / [	(XXII)	4Q**378** 22i3
לא] / תושעך ידך	(XI)	4Q**380** 1ii4
]ת לויתן יד תמי◦[	(XI)	4Q**380** 3,1
]ב על יד[	(XI)	4Q**381** 18,3
]אלהי תשלח ידך [	(XI)	4Q**381** 29,4
תגיר]לחכי עלידי חרב ביום עברה	(XI)	4Q**381** 31,7

Text		Reference
]יד / [	(XI)	4Q**381** 37,1
תורות ומצות בברית העמיד ביד[משה]	(XI)	4Q**381** 69,5
]ן ביד ◦[	(XI)	4Q**381** 102,2
]ילה לתתם ביד כול גו◦◦[	(XIII)	4Q**382** 31,2
] עזבתם ביד מלכיה[ם	(XIII)	4Q**382** 104,4
חיכה הנתתה להם ביד מושה[	(XIII)	4Q**382** 104,7
]◦ ביד ◦[	(XIII)	4Q**382** 124,2
]ם במלוא ידיהם[ ]בחמוץ ונ[	(XXX)	4Q**383** B,1
] / ואקחה מידו עול[ה	(XXX)	4Q**385**a 1a-bii7
]ותפרו הכל ביד / [רמה	(XXX)	4Q**385**a 3a-c,9
ובבל ככוס ביד יהוה	(XXX)	4Q**386** 1iii1
]ר ותפרו הכל ב[י]ד [רמה	(XXX)	4Q**387** 1,5
ואתנ]כם ביד אי[ב]כם ואשמה[ ]את[ארצכם]	(XXX)	4Q**387** 1,7
א[קרע]את הממלכה מיד המחזיקים / אתה	(XXX)	4Q**387** 2ii5
ועזבתי] / [ ]את הארץ ביד מלאכי המשטמות	(XXX)	4Q**387** 2iii4
] / [ותפרו הכ]ל ביד ר[מה	(XXX)	4Q**388**a 3,7
ואתנכם ב]יד איביכם ואשמה[את ארצכם	(XXX)	4Q**389** 6,1
וא]שוב[ונתתים]ביד בני אהר[ון	(XXX)	4Q**390** 1,2
ונתתים ביד איביהם והסגרת[ים] / לחרב	(XXX)	4Q**390** 1,9
ואשלח בי]ד עבדי הנביאים	(XXX)	4Q**390** 2i5
]ל ידו וגבורתו יע[	(XXIX)	4Q**392** 3,3
ומן ע[ו]ר[ות]מה ידות כ[לים	(X)	4Q**397** 1-2,2
ואתם י[ודעים שלוא] / [י]מצא בידנו מעל	(X)	4Q**397** 14-21,9
]ש מלו ידיהם[	(XI)	4Q**401** 22,2
והודותם במשוב יד גבורתו למשפטי שלומים	(XI)	4Q**403** 1i39
אם תאיץ ידכה / [לבלתי	(XXXIV)	4Q**416** 2i21
ואם]יקפוץ ידו[ונאספה רוח כול] / בשר	(XXXIV)	4Q**416** 2ii2
אל תשלח ידכה בו פן תכוה	(XXXIV)	4Q**416** 2iii4
]◦◦ כי מאתו נחלת כל חי ובידו פק◦[	(XXXIV)	4Q**416** 3,2
ובמחסורכה יקפץ ידו	(XXXIV)	4Q**417** 2i24
[א]ם תאיץ ידכה לבלתי של[וח	(XXXIV)	4Q**417** 2ii+23,1
] / [אם] יקפוץ ידו ונאספה רו[ח כול בשר	(XXXIV)	4Q**417** 2ii+23,4
] / תשע יד ◦[	(XXXIV)	4Q**417** 22,2
אל תשלח] ידכה ב[ו פן תכוה	(XXXIV)	4Q**418** 9+9a-c,2
א]ל ת[ש]לח ידך[ ] / [	(XXXIV)	4Q**418** 33,3
ואתה דרוש משפטיו מיד כול יריבכה	(XXXIV)	4Q**418** 81+81a,7
] / אתכה המה ובידכה להשיב אף מאנשי רצון	(XXXIV)	4Q**418** 81+81a,10
בטרם תקח נחלתכה מידו כבד קדושיו	(XXXIV)	4Q**418** 81+81a,11
ואתה מבין אם בחכמת ידים המשילכה ודע[ת	(XXXIV)	4Q**418** 81+81a,15
התבונן מודה ומיד כול משכילכה הוסף לקח[	(XXXIV)	4Q**418** 81+81a,17
ושבעתה ברוב טוב ומחכמת ידיכה[	(XXXIV)	4Q**418** 81+81a,19
]{{◦}}משלוח ידכה [	(XXXIV)	4Q**418** 87,13
] / עול תשפוט ובכוח ידיכה ת[	(XXXIV)	4Q**418** 88ii4
] / יק{{ו}}פוץ ידו ממחסורכה וכש[	(XXXIV)	4Q**418** 88ii5
] / בידכה לחיות ונאספתה ביגונ[	(XXXIV)	4Q**418** 88ii7
] ובידך ◦[	(XXXIV)	4Q**418** 89,1
א]ל תשלח ידכה על / [	(XXXIV)	4Q**418** 96,3
מ]חסורכה קח מידו[	(XXXIV)	4Q**418** 97,2
]מבין באמת מיד כול חכמת ידי{{ם}}כה [	(XXXIV)	4Q**418** 102a+b,3
]מבין באמת מיד כול חכמת ידי{{ם}}כה [	(XXXIV)	
] / או [ ]◦ן באמת מיד כול אוט אנשים א[	(XXXIV)	4Q**418** 126ii2
] / ובידכה אוט{{ה}}ן ומטנאכה ידרוש חפצו	(XXXIV)	4Q**418** 126ii12
] / ואם לוא ת{{ס}}שיג ידו למחסורכה	(XXXIV)	4Q**418** 126ii13
]ידכה למותר ופרץ מקניכ[ה	(XXXIV)	4Q**418** 126ii15
ח]כמת ידים יוסף לכה[	(XXXIV)	4Q**418** 137,2
]בחוכמת ידיכה / [	(XXXIV)	4Q**418** 139,2
בי]דכה משפט הצאן ובל[שונכה	(XXXIV)	4Q**418** 172,13
]◦ [דב]ר ביד משה ו[	(XXXIV)	4Q**418** 184,1
] / ידכה[	(XXXIV)	4Q**418** 204,1
]בידכה[	(XXXIV)	4Q**418** 260,2
] / אליכם ביד משה ואשר יעשה[	(XXXVI)	4Q**419** 1,2
] / ביד כוהניו כיא המה נאמני ברי[ת אל	(XXXVI)	4Q**419** 1,3
] אזנים ביד נכבד◦[	(XXXVI)	4Q**419** 6,1
] / אם יקפוץ ידו ונאספה רוח כול [בשר	(XXXVI)	4Q**419** 8ii7
]יעשו ידיו ואסף [	(XIII)	4Q**422** 9,1
ויצר כל[מעש]ה בידו	(XXXIV)	4Q**423** 5,3
] ידיכה בכ[ל	(XXXIV)	4Q**423** 10,1
כאשר צו]ה ביד מש[ה	(XXXIV)	4Q**423** 11,2
נתן א]ל ביד האדם[	(XXXIV)	4Q**423** 13,4
] / ביד עצל אל תפקד אט	(XXXVI)	4Q**424** 1,6
] / חכמת ידיו לא ימצא	(XXXVI)	4Q**424** 3,7
ומודיע עוז ידו / [ל]חתום רזים	(XXIX)	4Q**427** 7i18
[עזבת]ם ביד [כול מבקשי נפשם	(XXIX)	4Q**428** 16,1
ואקומה על מנאצי וי]די ע[ל כול בוזי]	(XXIX)	4Q**432** 9,1
וביד עריצים לא נתנם	(XXIX)	4Q**434** 1i5
וידי נופלי[ם / לקומם לעשות כלי דעת	(XXIX)	4Q**436** 1a+bi1
]ה ובידכה החזקתה בימיני	(XXIX)	4Q**436** 1a+bi9
]אל רב עלי מיד ר[	(XXXVI)	4Q**440**a 3
מעת רעה יציל נפשם גואל] / עני מיד צרים[	(XI)	4Q**448** I,9
] ותנם ביד ידידיכה לכל[ה	(XXIX)	4Q**451** 2
] / מלכיה לעשות בידי[	(XXIX)	4Q**457b** II,4
]הי בהמה ויתנם ביד ר[	(XXXVI)	4Q**461** 1,2
]ידו ולוא ◦[	(XIX)	4Q**464** 6,2
]ידכה לנער וא[ל תעש לו	(XIX)	4Q**464** 6,3
] / [והוא שלח ? י]דים בתוכם	(XXXVI)	4Q**475** 3
] / ידכ[	(XXII)	4Q**479** 1,2
]אקחה מידו[	(XXII)	4Q**481**d 3,4
מלאכיו עם[צבאות]מה לרשות יד[ב]מלחמ[ה	(VII)	4Q**491** 1-3,3
ויד אל תגוף [	(VII)	4Q**491** 1-3,4
וידי]ם רפות ללמד מלחמה	(VII)	4Q**491** 8-10i4
] / וחזק את ידיהמה בגבורות פלאו	(VII)	4Q**491** 10ii14
]ה להודיע ידו בכוח[	(VII)	4Q**491** 11i23
כד]י ה[ט]ל ירימ[ו אי]ש ידו בכלי מ[לחמתו	(VII)	4Q**491** 11ii5
יחלו ידמ[ה להפיל בחללי כתיאים	(VII)	4Q**491** 11ii7
ואמץ] / [א]ת ידיהמה במלחמתו	(VII)	4Q**491** 11ii12
יתקעו הכוהנים תרועה שנית על ידי התקרב	(VII)	4Q**491** 11ii20
כדי] / ה[ט]ל[ירי]מו ידם איש בכלי מלחמתו	(VII)	4Q**491** 11ii21
כדי הטל ירימו ידמה [איש בכלי מלחמתו	(VII)	4Q**491** 13,5
]ף ביד רשע[	(VII)	4Q**491** 25,2
בחצוצרות המלחמה[לשלוח] יד במערכות	(VII)	4Q**493** 3
מזה ו]מזה למל◦ת / ליד החרף והמאבן	(VII)	4Q**493** 5
]וה[ח]ל[ו] / לשלוח יד במלחמה	(VII)	4Q**493** 8
]ידם[	(VII)	4Q**502** 99,1
בכו]ח יד גבורת[ו	(VII)	4Q**503** 1-6iii5
[כ]כול אשר צויתה ביד מושה עבדכה	(VII)	4Q**504** 1-2v14
]המה בידין לעינינו[	(VII)	4Q**504** 3ii19
]ביד מוש[ה	(VII)	4Q**504** 4,8
]מעשי ידיכה / [	(VII)	4Q**504** 7,4
] אל חי וידכה[	(VII)	4Q**504** 8,12
] / [מע]שי ידי◦ ה[	(VII)	4Q**506** 131-132,4
]דו ומידכה[	(VII)	4Q**509** 56,1
ודברי רוח קודשכה ב]מעשי ידיכה	(VII)	4Q**509** 97-98i9
כיא אלוהים שופטי וביד זר לוא / [	(VII)	4Q**511** 18ii10
]◦ ביד אשמה / [	(VII)	4Q**511** 20i3
]◦ כיא בידכה לפתו[ח	(VII)	4Q**511** 42,8
]מה ונתון את[י]דו לש[	(VII)	4Q**512** 21-22,1
]בה תעזוב ב[י]ד משיח[	(XXV)	4Q**521** 9,3
י]ד חזק מ[	(XXV)	4Q**525** 28,3
] / וידי◦[	(III)	5Q**25** 1,2
]נתנוהו ביד[	(III)	6Q**9** 33,2

11Q5 XVIII,9	(IV)	כקטורת {{ריח}} ניחוח מיד / צדיקים
11Q5 XVIII,15	(IV)	ברכו את] יהוה גואל עני מיד / זר[ים
11Q5 XIX,3	(IV)	כי בידכה נפש כול / חי נשמת כול בשר
11Q5 XXI,17	(IV)	ידי פתח[תי ו]מערמיה אתבונן
11Q5 XXVIII,4	(IV)	ידי עשו עוגב ואצבעותי כנור
11Q13 II,3	(XXIII)	שמוט כול בעל משה יד אשר ישה[ברעהו
11Q13 II,13	(XXIII)	ויצי]ל[מה מיד]בליעל ומיד כול ר[וחי גורלו]
11Q13 II,25	(XXIII)	מלכי צדק אשר יצי]ל[מה מי]ד בליעל
11Q13 8,2	(XXIII)	]תקו יד[י
11Q15 1,2	(XXIII)	א]שר כוננו ידיכה[
11Q16 2,6	(XXXVI)	]בידו וישתחוו[לו
11Q19 XV,16		אשר] מלא / י[דו] לל[בו]ש את הבגדים
11Q19 XXVI,6		והעלה] / את דמו במזרק הזהב אשר בי[דו
11Q19 XXVI,10		ורחץ את ידיו ואת רגליו מדם
11Q19 XXVI,13		ושלחו / לעזאזל המדבר ביד איש עתי
11Q19 XXXV,7		אשר בה]מה מלא את / ידיו גם המה יומתו
11Q19 XLVI,13		ועשיתה להמה מקום יד חוץ מן העיר
11Q19 LIII,11		כי דרוש אדורשנו מידכה / והיה בכה לחטאה
11Q19 LV,11		ולוא ידבק / בידכה מאום מן החרם
11Q19 LVII,7		יעוזבוהו לבדו ויתפש ביד הגואים
11Q19 LVII,11		ומן גוי נכר אשר לוא יתפש בידמה
11Q19 LVIII,8		ושתי הידות יהיו שומרים / את עריהמה
11Q19 LIX,3		ועבדו שמה אלוהים מעשי ידי אדם
11Q19 LIX,11		והושעתים מיד אויביהמה
11Q19 LIX,18		והושעתיהו מיד שונאיו ומיד / מבקשי נפשו
		והושעתיהו מיד שונאיו ומיד / מבקשי נפשו
11Q19 LXI,12		עין בעין שן בשן יד ביד רגל ברגל
		עין בעין שן בשן יד ביד רגל ברגל
11Q19 LXII,9		ונתתיה בידכה והכיתה את זכורה
11Q19 LXIII,5		הקרובה אל החלל / ירחצו את ידיהמה
		וענו ואמרו ידינו / לוא שפכו את הדם הזה
11Q19 LXIII,10		ונתתי אותמה בידכה ושביתה את שביו
11Q20 I,22	(XXIII)	ומלא י]דו ללבוש את הבגדים[
11Q20 XII,24	(XXIII)	ועשיתה להמה מקו]ם יד חוץ מ[ן העיר]
11Q20 XVI,6	(XXIII)	ויד[כול העם] / [באחרונה
PAM 43.689 77,1	(XXXIII)	]◦ בידו ה[
KhQ1 12	(XXXVI)	] / וביד◦◦◦ה[

to thank, praise, confess verb ידה-2

CD XV,4		והתודה והשיב ולא ישא חטא / ומות
CD XX,28		ויתודו לפני אל [ח]טאנו / רשענו
1QS I,24		[וכו]ל העוברים בברית מודים אחריהם
1QS XI,15		וחטאת בני אדם להודות לאל צדקו
1QM XII,1		בזבול קודשכה לה[ודות אמת]כה
1QH[a] VI,23		[או]דך אדוני כגדול כוחך
1QH[a] X,20		אודכה אדוני כי שמתה נפשי בצרור
1QH[a] X,31		אודכה אדוני כיא עינכה עמ[דה] על נפשי
1QH[a] XI,19		אודכה אדוני כי פדיתה נפשי משחת
1QH[a] XI,37		אודכה אדוני כיא הייתה לי לחומת עוז
1QH[a] XII,5		אודכה אדוני כיא האירותה פני לבריתכה
1QH[a] XIII,5		אודכה אדוני כי לא עזבתני בגורי בעם
1QH[a] XIII,20		{{אודכה}} ברוך אתה אדוני כי לא עזבתה
1QH[a] XV,6		אודכה אדוני כי סמכתני בעוזכה
1QH[a] XV,26		אוד[כה אדוני] כי השכלתני באמתכה
1QH[a] XVI,4		או[דכה אדוני כי נ]תתני במקור נוזלים ביבשה
1QH[a] XIX,3		אודכה אלי כי הפלתה עם עפר
1QH[a] XIX,15		אודכה אלי ארוממכה צורי
1Q34bis 3i6	(I)	ואנו נודה לשמך לעולם / [
4Q175 21	(V)	אשר כלה ישוע להלל ולהודות בתהלותיהו
4Q200 6,7	(XIX)	ומה אשר יפצה מידו הודו לו בני ישר[אל
4Q264 2	(XXVI)	וחטאת בני אדם להודות[לאל] / [צדקו
4Q289 1,6	(XI)	ולהוד]ות לפניו
4Q291 3,2	(XXIX)	יו]דוך תמיד יהל[ל]וך ועוד / [
4Q364 Ai3	(XIII)	]יודו / [
4Q374 14,2	(XIX)	]רתם מודה קדקד[
4Q379 22ii7	(XXII)	כ[ל]ה ישו[ו]ע[ל]ה[לל ולה]וד[ו]ת בתהלות[יו
4Q381 50,5	(XI)	]◦◦ם ונודך [
4Q401 37,1	(XI)	]הודו ד[
4Q403 1i4	(XI)	בשבעת הו[ד]ות פלאיה יודה לאל הנכבד
4Q403 1i20	(XI)	וב]ר[ך]לכול מודי לו בשבעה [דב]רי הוד
4Q403 1i38	(XI)	הודו כל אלי הוד למ[ל]ך ההוד
	(XI)	כיא לכבודו יודו כול אילי דעת
	(XI)	כול אילי דעת וכול רוחות צדק יודו באמתו
4Q403 1i43	(XI)	רוחי אלוה[ים]להוד[ות עולמי ע]ולמים
4Q404 4,6	(XI)	] / הודו כול אלי[
4Q409 1i10	(XXIX)	]הלל וברכ והודו / [
4Q409 1i11	(XXIX)	הלל וברך ו]הודא בענפי עצ
4Q410 4,1	(XXXVI)	] הודו [
4Q425 4ii4	(XX)	להלל] / [ו]להודות לאל על כו[ל
4Q428 10,11	(XXIX)	א[וד]כה אדוני כי[א נתתני במקור
4Q441 3	(XXIX)	] / אודה[
4Q442 1	(XXIX)	]◦שבע יחיה לעולם אודה / [
4Q502 2,2	(VII)	קו]דשים מודה לאל[
4Q502 7,2	(VII)	]הוד[ו
4Q502 6-10,10	(VII)	]◦ה מודה לאל ומשתבח / [
4Q502 13,2	(VII)	]הודו[
4Q503 1-6iii8	(VII)	ע]ולם ולהודות לו[
4Q504 1-2vi15	(VII)	] / לעובדכה ולהודות ל[שם קודשכה
4Q504 1-2vii4	(VII)	הודו[
4Q504 4,21	(VII)	ב]ערת מודה[
4Q508 1,2	(VII)	ואנו נודה ל[ש]מכ[ה לעולם ועד
4Q510 12,1	(VII)	]מודה / [
4Q511 8,10	(VII)	מ]ודים [ל]אל ⟦ ⟧ כיא [
4Q512 28,2	(VII)	]מודה לשונ[י
4Q521 7+5ii7	(XXV)	ונ[ו]דה ונגידה לכם צדקות אדני אשר[
11Q5 XIX,1	(IV)	כי לוא רמה תודה לכה ולוא תספר חסדכה
11Q5 XIX,2	(IV)	חי חי יודה לכה יודו לכה כול מוטטי רגל
	(IV)	חי חי יודה לכה יודו לכה כול מוטטי רגל
11Q5 XIX,8	(IV)	להלל את שמכה להודות ברנה / חסדיכה
11Q6 4-5,4	(XXIII)	ח]י חי יודכה לכה יודו[לכה]
	(XXIII)	ח]י חי יודכה לכה יודו[לכה]
11Q19 XXVI,11		והתודה על רואשו את כול עוונות בני ישראל
PAM 43.685 21,2	(XXXIII)	] / יודך בשי[ר

beloved adjective יָדִיד

4Q174 8,3	(V)	לבנימן אמ]ר ידיד י[הוה
4Q379 1,2	(XXII)	]עולמים את לוי ידיד◦[
4Q427 7i13	(XXIX)	זמרו ידידים שירו למלכ / [הכבוד
4Q431 1,6	(XXIX)	] / ידיד המלכ רע לקד[ושים
4Q451 2	(XXIX)	] ותנם ביד ידידיכה לכל[ה
4Q458 1,1	(XXXVI)	]ב לידיד מ[
4Q458 1,2	(XXXVI)	]ה הידיד ה[
4Q463 4,2	(XIX)	] / ידיד[
4Q474 3	(XXXVI)	השת]בח בבן ידיד[
4Q522 9ii8	(XXV)	כי] ידיד יהו[ה]ישכון לבטח
11Q5 XXII,7	(IV)	יגילו בניך בקרבך וידידיך אליך נלוו
PAM 43.668 2,2	(XXXIII)	] / ידיד[

to know verb ידע

CD I,1		ועתה שמעו כל יודעי צדק ובינו במעשי / אל

וידעו כי / {{אנשים}} אשימים הם	CD I,8	
ויודע / לדורות אחרונים	CD I,11	
ובטרם נוסדו **ידע** / את מעשיהם	CD II,7	
וידע את שני מעמד ומספר ופרוש קציהם	CD II,9	
ויודיעם ביד משיחו רוח קדשו	CD II,12	
ול**הודיע** בין / הקודש לחול	CD VI,17	
ולא **נודע** מי גנבו ממאד המחנה	CD IX,11	
והשומע אם **יודע** הוא ולא יגיד ואשם	CD IX,12	
והיתה לכהנים כי לא **ידע** מוצאיה את משפטה	CD IX,15	
וידיעהו / לעיניו בהוכיח למבקר	CD IX,17	
עד עשותו עוד לפני אחד ושב **והודיע** למבקר	CD IX,19	
וביום ראות האיש **יודיעה** למבקר	CD IX,22	
ול**הודיע** בין הקודש לחול	CD XII,20	
כי אם **הודיע** / למבקר אשר במחנה	CD XIII,15	
◦א[ש]ר ישכר בממון והוא **נודע** ו◦[	CD XIV,20	
ואל **יודיעהו** איש את / המשפטים	CD XV,10	
והוא שגה בו **יו[דיעה]ו** המבקר אותו	CD XV,14	
על כן נימול {{ב}} אברהם ביום **דעתו**	CD XVI,6	
אל / יניא איש שבועה אשר לא **[י]דענה**	CD XVI,11	
והואה **ידע** פעולת מעשיהן לכול קצי / [מועד]ן	1QS IV,25	
וינחילן לבני איש ל**דעת** טוב	1QS IV,26	
ולוא דרשהו בחוקוהי ל**דעת** הנסתרות	1QS V,11	
כיא הבל כול אשר לוא **ידעו** את בריתו	1QS V,19	
והואה **יודע** ויבדילהו מתוך טהרת רבים	1QS VI,25	
ואל **ידע** בכול עצתם עד אשר יזכו מעשיו	1QS VIII,18	
ואדעה כיא בידו משפט / כול חי	1QS X,16	
ולוא י[קרב] / אל אשה ל**דעתה** למשכבי זכר	1QSa I,10	(I)
מילואת לו עש[רי]ם שנה **בדעתו**[טוב] / ורע		(I)
והנבונים וה**ידעים** תמימי הדרך	1QSa I,28	(I)
ואת גמר הקץ לוא **הודעו**	1QpHab VII,2	
פשרו על מורה הצדק אשר **הודיעו** אל	1QpHab VII,4	
כיא תמלא הארץ ל**דעת** את כבוד יהוה	1QpHab X,14	
]◦ה אלה **ידענו** מבינתכה אשר ס◦[ ] / [	1QM X,16	
ולהתגדל ולהתקדש לעיני שאר הגוים ל**דעת**[	1QM XI,15	
וב[ר]וכים / כול משרתיו בצדק **יודעיו**	1QM XIII,3	
{{ו}} כ‹‹י››א אתה **ידעתה** למועדנו	1QM XVIII,10	
פלג[תה] כול אלה ל**הודיע** כבודך	1QH^{a} V,19	
ואני עבדך **ידעתי** / ברוח אשר נתתה בי [	1QH^{a} V,24	
ואדעה[	1QH^{a} V,26	
ואני **ידעתי** מבינתך / כי ברצונכה בא[דם	1QH^{a} VI,12	
וכול **יודעיך** לא ישנו דבריך	1QH^{a} VI,15	
[וא]ני **ידעתי** ברוב טובך	1QH^{a} VI,17	
ואני **ידעתי** בבינתך כיא לא ביד בשר ◦[	1QH^{a} VII,12	
ואדעה כי בידך יצר כול רוח	1QH^{a} VII,13	
] עולם ל**דעת** כול את כבודך ואת כוחך	1QH^{a} VII,20	
ואני **ידעתי** כיא / לא ישוה כול הון	1QH^{a} VII,22	
ואדעה כי בם בחרתה מכול	1QH^{a} VII,23	
[ו]אני **ידעתי** / כי לך [ ]ל◦◦ ◦[	1QH^{a} VII,25	
] / **ואדעה** כי ברצו[נכה] באיש הרביתה ◦◦◦[	1QH^{a} VIII,13	
] / **בדעתי** בכול אלה ◦מצ◦ה מענה לשון	1QH^{a} VIII,15	
ו**בדעתי** כי אתה רשמתה רוח צדיק	1QH^{a} VIII,19	
ואדעה כי לא יצדק איש מבלעדיך	1QH^{a} VIII,20	
ובטרם בראתם **ידעתה** {{כול}} מעשיהם	1QH^{a} IX,7	
ולא **יודע** בלוא רצונכה אתה יצרתה	1QH^{a} IX,8	
אלה **ידעתי** מבינתכה	1QH^{a} IX,21	
מה אדבר בלא **נודע** ואשמיעה בלא סופר	1QH^{a} IX,23	
אתה בראתה / רוח בלשון **ותדע** דבריה	1QH^{a} IX,28	
ל**הודיע** / כבודכה ולספר נפלאותיכה	1QH^{a} IX,29	
ולהלל שמכה / בפה כול **יודעיכה**	1QH^{a} IX,31	
והמה סוד שוא לעדת בליעל לא **ידעו**	1QH^{a} X,22	
אפס כי [לא **יד]עו** כי מאתך מצעדי	1QH^{a} X,33	
ואדעה כיא יש מקוה לאשר / יצרתה	1QH^{a} XI,20	
כי **הודעתני** ברזי / פלאכה	1QH^{a} XII,27	
ול**הודיע** / לכול החיים גבורותיכה	1QH^{a} XII,28	
ואני **ידעתי** כי ל[ו]א לאנוש צדקה	1QH^{a} XII,30	
למען **ידעו** כול מעשיו בכוח גבורתו	1QH^{a} XII,32	
] / ו**בדעתי** אלה נחמ[תני]◦◦◦[	1QH^{a} XIII,3	
ואדעה כי יש מקוה לשבי פשע	1QH^{a} XIV,6	
[כי **יד]עתי** אשר / תרים למצער מחיה	1QH^{a} XIV,7	
וידעו כול גוים אמתכה	1QH^{a} XIV,12	
כי אתה **ידעתה** כול יצר מעשה	1QH^{a} XV,13	
ואתה **ידעתה** יצר עבדכה כי לא ◦[	1QH^{a} XV,16	
וברזי פלאכה **הודעתני**	1QH^{a} XV,27	
ובלא **נודע** חותם רזו	1QH^{a} XVI,11	
]מגור עם חוליים **ומ[וד]ע** לב[י] / בנגיעים	1QH^{a} XVI,26	
ומשפטכה אצדיק כי **ידעתי** / באמתכה	1QH^{a} XVII,9	
כי אתה יסדתה רוחי **ותדע** מזמתי	1QH^{a} XVII,12	
ואדעה כי יש מקוה ב[ח]סדיכה	1QH^{a} XVII,14	
כי אתה מאבי / **ידעתני** ומרחם [הקדשתני	1QH^{a} XVII,30	
כיא / אבי לא **ידעני** ואמי עליכה עזבתני	1QH^{a} XVII,35	
ובסוד אמ[תכה] / **תודיענו**	1QH^{a} XVIII,5	
ולא **יודע** בלוא רצונכה	1QH^{a} XVIII,9	
כי **הודעתנ[י** א]ל[ה]לספר / נפלאותכה	1QH^{a} XVIII,14	
ואין] / נגע בלוא **ידעתה** ◦[	1QH^{a} XVIII,19	
ואני **ידעתי** כי אמת פיכה	1QH^{a} XIX,7	
כי **הודעתם** בסוד אמתכה	1QH^{a} XIX,9	
ועם **ידעים** ביחד רנה	1QH^{a} XIX,14	
כי **הודעתני** סוד אמת ◦◦◦[	1QH^{a} XIX,16	
ואדעה / [כי] לכה הצדק	1QH^{a} XIX,17	
לא נסתר עמל מעיני / **בדעתי** יצרי גבר	1QH^{a} XIX,20	
ואני משכיל **ידעתיכה** אלי ברוח	1QH^{a} XX,11	
] / **וידעוכה** ובקץ כבודכה יגילו	1QH^{a} XX,22	
ואדעה כיא לכה עשיתה אלה אלי	1QH^{a} XXI,6	
ולוא יעצורו ל**דעת** בכול / [	1QH^{a} XXII,3	
תוד]יעני אלה	1QH^{a} XXII,7	
ואדעה כיא אמת / פיכה [	1QH^{a} XXII,9	
המפלי פלאות גאות] / {{ל**הודיע** גבורה}}	1QH^{a} XXVII,6	
בדעתם ברית חסדי[ו והמון רחמיו	1QH^{a} XXVII,7	
ידעתי / כיא[	1QH^{a} 2ii9	
כיא הוא **ידע** למ[	1QH^{a} 3,7	
אני י]צר העפר **ידעתי** ברוח אשר נתתה בי	1QH^{a} 3,14	
כיא **ידעתי** / [	1QH^{a} 4,16	
] / חסדיכה ול**דעת** כול בכבודכה ולפ◦[	1QH^{a} 5,9	
]**ידעתי** / [	1QH^{a} 7,6	
]לא יעצרו כוח ל**דעת** {{ב}}כבוד[	1QH^{a} 10,4	
ואנחנו ביחד נועדנו ועם **ידעים** [נוס]רה לכה	1QH^{a} 10,7	
] וצאצאינו **הודע[תה** ע]ם בני איש	1QH^{a} 10,9	
ל**הודי]ע** בין ט◦◦[	1QH^{a} 24,3	
י]דעתה / [	1QH^{a} 46i2	
כי **י[וד]ע** אתה את יצר עשו אשר הו[א] / [רע	1Q**18** 1-2,3	(I)
וידעו [כי] אמת נע[שתה] עמהם	1Q**22** 1i11	(I)
ולוא **ידעו** רז נהיה ובקדמוניות לוא התבוננו	1Q**27** 1i3	(I)
ולוא / **ידעו** מה אשר יבוא עליהמה	1Q**27** 1i4	(I)
ומזה **יודע** לכמה כי לוא ישוב אחור	1Q**27** 1i8	(I)
] / אל **ידע** כול מ[	1Q**27** 1ii11	(I)
ולא **ידעוך** / [בכ]ול דברך	1Q**34**bis 3ii3	(I)
וכתב ימינך ל**הודיעם** יסורי כבוד ומעלי עולם	1Q**34**bis 3ii7	(I)
עו]לם הכביר ה**מודיע** אלה[	1Q**36** 1,4	(I)
]ה ול**הודיעו**[	1Q**36** 21,1	(I)
◦[ ]שרים כי **ידעת**[י	2Q**22** II,1	(III)

Text		Reference
]יבון **ידע**[	(III)	3Q**14** 11,1
אם **נוד[ע]** כ[יא שור נג]ח[	(V)	4Q**158** 10-12,3
הו]דיעני את מראה האלוהים אל◦[	(V)	4Q**160** 1,5
וידעו כול עמי ארצותיכה[	(V)	4Q**160** 3-4ii5
[הח]תום אשר [יתנו א]ותו אל **יודע** ספר	(V)	4Q**163** 15-16,3
ויתלב]נו ויצטרפו ועם **יודעי** אלוה יחזיקו	(V)	4Q**174** 1-3ii4a
י]דע כיא הואה מ◦[	(V)	4Q**174** 5,3
ואת בנו לוא **יד]ע** כיא [שמרו אמרתכה]	(V)	4Q**174** 6-7,4
נואם שומע אמרי אל **וידע** דעת עליון	(V)	4Q**175** 10
ולאמו ל{{א}}<<י>>**דעתיכהי**	(V)	4Q**175** 16
ואת אחיו לוא הכיר ואת בנו לוא / **ידע**	(V)	4Q**175** 17
]אל **וידיעהו** את מספר ◦[	(V)	4Q**177** 1-4,12
] / **אדע** [	(V)	4Q**180** 2-4ii2
]בטרם בראם **ידע** מחשב[ותיהם	(V)	4Q**180** 2-4ii10
] / לעיני כול **יודעיו** ◦◦ש[	(V)	4Q**181** 2,5
]יעי **ידעתי**	(V)	4Q**185** 1-2ii7
ויורישנה לצאצאיו **ידעתי** לעמ[ש]וב	(V)	4Q**185** 1-2ii15
] / לשון **יודע** דברה אלהים עשה ידים[	(V)	4Q**185** 1-2iii13
כבר אני **יודע** אשר[אבי איננו] / [מאמין	(XIX)	4Q**200** 4,3
וכתוב אותם בספר למען **יד]עו** דורותם	(XIII)	4Q**216** I,13
וידע[ו] / [כי באמת הייתי עמהם	(XIII)	4Q**216** I,16
וידעו / [כל כי אנכי אלהי ישראל	(XIII)	4Q**216** IV,8
]עולם **אודיע** ◦◦◦[	(XIII)	4Q**217** 12,4
ובכול זה לוא **יד[ע** יעקוב כי המה באים עלו	(XIII)	4Q**221** 5,5
גם אנוכי **יוד[ע** ורואה את מעשה יעקוב	(XIII)	4Q**223-224** 2ii3
אז] **דע** כי / [אהב]ת[י אותכה	(XIII)	4Q**223-224** 2iv11
ואגיד]ה לכמה אשר **תדעו** / [	(XIII)	4Q**228** 1i3
ויקץ נוח מיינו **וידע** את אשר עשה / לו בנו	(XXII)	4Q**252** II,5
]וק **להודיע** לנו[ח	(XXII)	4Q**253** 1,4
ויקץ נוח מיינו] / **וידע** את אש[ר עשה לו בנו	(XXII)	4Q**254** 1,3
ויצא יצוא וישוב **להודיע** לדורות הא[חרונים]	(XXII)	4Q**254**a 3,4
כי הבל כו]ל אשר לוא **י[דעו** את בריתו	(XXVI)	4Q**256** IX,12
וא]דעה כ[י בי]דו משפט כול חי	(XXVI)	4Q**256** XX,5
והוא **יודע** והב[דילהו מתוך טהרת] / [רבים	(XXVI)	4Q**261** 3,3
[ואיש אשר ישקר] / **בדעתו** בכול דבר	(XXXV)	4Q**265** 4i11
[ואשר ישקר בהון] / **בדע[תו** ו]הבדילהו	(XXXV)	4Q**265** 4i12
ועתה שמעו] לי **ואודיעה** לכם מח[שבות אל]	(XVIII)	4Q**266** 1a-b,5
הודיענו נא א[	(XVIII)	4Q**266** 1a-b,19
הו]◦א חקוק קצ חרון לעם לא **ידעהו**	(XVIII)	4Q**266** 2i3
]ועתה שמעו כול **יודעי** / [צ]דק	(XVIII)	4Q**266** 2i6
ויבינו] ב[עו]נם **וידעו** / כי אשמים המה	(XVIII)	4Q**266** 2i12
ויו]דע[ם ביד משיחי רוח קודשו	(XVIII)	4Q**266** 2ii12
והו[א שג]ה בה **יודיעהו** המבקר אותו	(XVIII)	4Q**266** 8i5
ו]ל[ה]**ודיע** / [בין הקודש לחול	(XVIII)	4Q**266** 9ii6
]**ידעו** מ◦[	(XVIII)	4Q**266** 18,1
ועתה שמעו לי כול **יודעי** צדק	(XVIII)	4Q**268** 1,9
]ים **וידעו**[	(XVIII)	4Q**269** 13,1
ועתה שמעו לי כל **יודעי** צדק	(XVIII)	4Q**270** 2ii19
[אשר **י]דעה** לעשות מעשה בד[בר	(XVIII)	4Q**270** 5,18
ואשר **ידע]ה** מעשה [בבית] / [אבי]ה	(XVIII)	
ולא] **נו[דע** מי גנבו ממאוד המחנה	(XVIII)	4Q**270** 6iv3
וידיעהו לכוה[ן המ]ופקד ע[ל הרבים	(XVIII)	4Q**270** 7i16
] בכול אשר הוא **יודע** אשר ימצא ◦◦◦◦[	(XVIII)	4Q**271** 3,6
]◦ והוא **יודע** אשר הוא מועל בו באדם	(XVIII)	4Q**271** 3,7
אשר **ידעה** לעשות מעשה {{מ}}בדבר	(XVIII)	4Q**271** 3,11
ואשר **ידעה** / [מעשה בבית] אביה או אלמנה	(XVIII)	
וידעות ברורות ממאמר המבקר	(XVIII)	4Q**271** 3,14
ע]ל כן נמול [אברהם בי]ום **דע[תו**	(XVIII)	4Q**271** 4ii7
]◦**ידע** הרע ◦[	(XXXVI)	4Q**281**e 2
] וכול [**י]דעיהמה** בתהלי / [	(XI)	4Q**286** 7i3
ס]וד אלי טוהר עם כול **ידעי** עולמים	(XI)	4Q**286** 7i6
וי]דעים דר[ש]ו[א]לה והשיב[ו לאורח]חיים	(XX)	4Q**298** 1-2i3
ועתה / האזינ[ו חכמים] **וידעים** שמעו	(XX)	4Q**298** 3-4ii4
ודורש[י] משפט הצניע / לכת **יו[דעי** הדרך	(XX)	4Q**298** 3-4ii6
בקץ / עולמות ובקד[מ]וניות תביטו **לדעת**	(XX)	4Q**298** 3-4ii10
י]דע ונספרו ריש[ונות	(XX)	4Q**299** 4,4
ומה יתבונן גב[ר] בלוא **ידע** ולוא שמע [	(XX)	4Q**299** 8,5
]ם **ידע**[	(XX)	4Q**299** 68,4
]לוא **ידעתם** ◦[	(XX)	4Q**299** 70,2
י]דעו כיא[	(XX)	4Q**299** 72,3
ואז **תדעו** אם הבטתם	(XX)	4Q**300** 1aii-b,1
] / בעבור **ידעו** בין ט]וב ובין רע	(XX)	4Q**300** 3,2
ולא **ידע[ו** רז נהיה ובקדמוניות לוא התבוננו	(XX)	4Q**300** 3,3
י]דעו ההב[דל	(XX)	4Q**300** 6,1
]עם **יודע**[י	(XX)	4Q**300** 6,3
]**ונודיעה**[	(XX)	4Q**300** 8,4a
ת]דעו היש אתכם בינה ואם[	(XX)	4Q**300** 8,6
]ת◦ כל רוח בינתו לוא **ידע[ו**	(XX)	4Q**301** 4,2
] / ורע[ ]**לדעת**[	(XX)	4Q**305** 1ii3
] / [כי את]ה **ידעתה**[את עבודתי	(XIII)	4Q**364** 4b-eii2
את]ה **יד[עתה**]את אש[ר עבדתיכה	(XIII)	4Q**364** 4b-eii6
אבוא אליך כי] / לוא **ידע**[כי כלתו היא	(XIII)	4Q**364** 9a-b,4
]◦◦ת **הודיעהו** לכול [	(XIII)	4Q**364** 15,3
ו]יד[עתמה היום כי לוא את בניכם]	(XIII)	4Q**364** 29,3
למ[ען **ידעו**] דו[רותיכם] / כי[בס]וכות הושבתי	(XIII)	4Q**365** 23,1
] / ובאות בחדרי בטן **לדעת** מחשב[	(XXVIII)	4Q**368** 10i5
] / רעתם **בדעתם** בי[ן טוב לרע	(XIX)	4Q**370** 1ii4
ובכל זה יוסף מוטל בארצות לא **י[דע**	(XXVIII)	4Q**372** 1,10
] / אני **ידעת[י]** והתבוננתי וח◦◦ [ ]ל[	(XXVIII)	4Q**372** 1,31
כ]י לא יבינו ולא **יד[עו**	(XXVIII)	4Q**372** 8,6
וכל לא **ידעוך** ויתמוגגו ויתנ[ו]עעו חגו	(XIX)	4Q**374** 2ii9
ועל הארץ עמד על ההר **להודיע**	(XXVIII)	4Q**377** 2ii8
]דנו **לדעת** / [	(XXII)	4Q**378** 13i6
]**ויוד[ע]** דעת עליון ומ[	(XXII)	4Q**378** 26,1
]את **תדעו** אשר אין ל[	(XXII)	4Q**379** 6,2
ויבינו ולאין לב **ידעון**	(XI)	4Q**381** 1,2
הלוא **תדע** כ[י	(XI)	4Q**381** 13,2
מד]עך כי **הודעת**<נ>י והשכיל כי השכלתני	(XI)	4Q**381** 15,8
כי רבו צררי נגדך אתה **ידעתם**	(XI)	4Q**381** 31,5
לא]תכחד עוני **לידעי** בינה ואתה להם תשחט	(XI)	4Q**381** 31,6
] / **ונודעה** אלהים ביהו[דה	(XI)	4Q**381** 48,7
היד]עתה כי היום ···· לוקח א[ת	(XIII)	4Q**382** 9,5
אני אראה[ ]את בני ישראל **וידעו** כי אני יהוה	(XXX)	4Q**385** 2,4
]לבבו **לדעת**[	(XXX)	4Q**385**a 8,2
אני אראה א]ת בני ישראל **וידעו** / [כי אני יהוה	(XXX)	4Q**386** 1i3
וידעו כי אני יהוה	(XXX)	4Q**386** 1ii1
[אני אראה את בני ישר]אל **וידעו** כ[י] אני יהוה[	(XXX)	4Q**388** 7,6
ולא **ידעו** / [כ]י[מאסתים	(XXX)	4Q**389** 8ii6
ולא **ידעו** ולא יבינו כי קצפתי עליהם	(XXX)	4Q**390** 2i7
] / **ידעו**	(XXX)	4Q**390** 2ii7
]◦[ ]**ארעה** כי ···· [	(XIX)	4Q**391** 65,5
ועמו אור לאין חקר ואין **לדעת**[	(XXIX)	4Q**392** 1,7
שלוא ראה ולוא שמע לוא / [**י]דע** לעשות	(X)	4Q**394** 8iv4
שלוא ראה ולוא שמע לוא **י[דע**]לעשות	(X)	4Q**396** 1-2ii5
ואתם **יודעים** / [שעל השוגג שלוא יעשה	(X)	4Q**396** 1-2iii8
[וא]תם **יודעים** שמקצת הכהנים וה[עם	(X)	4Q**396** 1-2iv9
ואת]מה **יוד[עים]** / [שמקצת הכוהנים והעם	(X)	4Q**397** 6-13,14
ואתם **י[ודעים** שלוא] / [י]מצא בידנו מעל	(X)	4Q**397** 14-21,8
ובינתו מכול **ידע[י**	(XI)	4Q**400** 2,9
] / לברך **לידעי**[	(XI)	4Q**400** 3ii+5,5

Text	Vol.	Reference
]ת יו]ד[עי בבינת נס[תרות	(XI)	4Q**401** 17,4
ש]כל ודעה יודעי[	(XI)	4Q**401** 35,1
וברך לידו]עי עולמ[י]ם[	(XI)	4Q**403** 1i11
[ו]כם לידוע[י	(XI)	4Q**405** 3ii1
] / נפלאותו לכול יודעי רזי ◦[	(XI)	4Q**405** 3ii9
]בכול ידועי / [ע]ולמים	(XI)	4Q**405** 8-9,3
] / ידעתי את [	(XX)	4Q**411** 1ii6
מ]לי וידעים א[	(XX)	4Q**412** 4,4
לא יד]עתי בכול דבר / [	(XXXV)	4Q**414** 1ii-2i5
]ידע[	(XXXV)	4Q**414** 16,1
] / ◦ודע מל◦[	(XXXIV)	4Q**415** 12,3
מע]שיו ודע ◦[	(XXXIV)	4Q**415** 23,1
] וכמוהו לוה ודע מאג[ר	(XXXIV)	4Q**416** 2i17
וגם מכל איש אשר לוא ידעתה אל תקח הון	(XXXIV)	4Q**416** 2iii5
וברז [נ]היה דרוש מולדיו ואז תדע / נחלתו	(XXXIV)	4Q**416** 2iii9
ואז תדע מה מר לאיש ומה מתוק	(XXXIV)	4Q**416** 2iii15
ר]ז נהיה ⟦ ⟧ ודע / [	(XXXIV)	4Q**416** 17,3
ואז תדע אמת ועול חכמה / [ואול]ת ת[	(XXXIV)	4Q**417** 1i6
ואז תדע בין [טו]ב ל[רע כ]מעשי[הם	(XXXIV)	4Q**417** 1i8
ובכושר מבינות נוד[עו נס]תרי / מחשבתו	(XXXIV)	4Q**417** 1i11
ואז תדע בכבוד ע[וזו ע]ם רזי פלאו	(XXXIV)	4Q**417** 1i13
כי לא ידע בין / [טו]ב לרע כמשפט [ר]וחו[	(XXXIV)	4Q**417** 1i17
הבט ⟦ ⟧ ברז נהיה ודע / [ ]ת כול חי	(XXXIV)	4Q**417** 1i18
]י כול חזון[ ]דע ובכול [	(XXXIV)	4Q**417** 1i22
ודע במה תתהלך עמו [	(XXXIV)	4Q**417** 2i8
וקח מולדי ישע ודע מי נוחל כבוד ועמל	(XXXIV)	4Q**417** 2i11
[וברז נהיה]דרו[ש מו]לדו ואז / תדע נחלתו	(XXXIV)	4Q**418** 9+9a-c,9
היד]עתם אם לא שמעתמה	(XXXIV)	4Q**418** 55,8
] תדע בין[	(XXXIV)	4Q**418** 78,1
]◦◦◦ ואתה ידעתה[	(XXXIV)	4Q**418** 83,1
]יודיע נגד / [	(XXXIV)	4Q**418** 135,2
] תדע שר {{מ}}בשר[ים	(XXXIV)	4Q**418** 140,4
את]ה דע רזיו כ◦[	(XXXIV)	4Q**418** 177,7a
]◦ נהיה הודיע אל נח[לת	(XXXIV)	4Q**418** 201,1
]דעו [	(XXXIV)	4Q**418** 208,2
]נא ודעו משפטו ואז תבדילו ב[ין	(XXXIV)	4Q**418** 221,4
ו]תתבוננו לדעת טוב[	(XXXIV)	4Q**418** 221,5
]דעו[ ]◦[ ]◦ כיא ב[	(XXXIV)	4Q**418** 222,4
] / דע וב[	(XXXIV)	4Q**418**a 11,3
] / יודיע את אשר ל[ו] ואת הט[	(XXXVI)	4Q**419** 1,4
] / כסא אשר רם בהוד[י]עם [	(XXXVI)	4Q**419** 1,9
]עשר לדעת ו◦[	(XX)	4Q**421** 5,2
]◦◦ור חו/יט ולמען / דעת כבוד על[יון	(XIII)	4Q**422** II,9
למען דעת א[נשי ישר]אל עד דו[רות]עולם	(XIII)	4Q**422** III,7
מואס]הרע יודע הטוב / [	(XXXIV)	4Q**423** 1-2i7
] / צעדו איש ידע י◦[	(XX)	4Q**426** 1ii5
ברכו המפלי גאות ומודיע עוז ידו	(XXIX)	4Q**427** 7i18
וטוב על פניהמה בדעתמה ברוב חס[דיו	(XXIX)	4Q**427** 7ii13
ידענוכה אל הצדק והשכלנו[	(XXIX)	4Q**427** 7ii14
ואנחנו ביחד נועדנו ו]עם ידעים נוסרה לכה	(XXIX)	4Q**427** 8i9
וצאצאינו]הודעתה עמ בני איש בתוכ בני אדם	(XXIX)	4Q**427** 8i11
הו]דיעני את כול זואת / [	(XXIX)	4Q**442** 2
]◦ כלו לי כל נודע[י	(XXIX)	4Q**445** 3,1
]לוא ידעו את[	(XXXVI)	4Q**458** 1,4
] / ידעו את ארני אלהי[הם	(XXXVI)	4Q**459** 1,2
]◦יכם ישפלו ולוא ידעו כיא מאס / [	(XXXVI)	4Q**471**a 4
]ה להודיע ידו בכוח[	(VII)	4Q**491** 11i23
]לידעים[	(VII)	4Q**499** 3,3
]ידועים[	(VII)	4Q**502** 28,2
]אור היומם לדעתנו[	(VII)	4Q**503** 7-9,1
כו]ל[א]לה ידענו ב[	(VII)	4Q**503** 7-9,7
הוד]עתנו בתהלי כבודכה [	(VII)	4Q**503** 51-55,9
ה]ודיענו במחשבת בינתו הגד[ולה]	(VII)	4Q**503** 51-55,13
] גורלות אור למען נדע באותו[ת] / [	(VII)	4Q**503** 51-55,14
וענו ואמרו] / [ברוך אל ישראל] אשר הודיענו[	(VII)	4Q**503** 76,2
ולמען דעת את כוחכה הגדול	(VII)	4Q**504** 1-2ii10
אלה ידענו באשר חנואת[נו]רוח ק[ודש	(VII)	4Q**504** 4,5
ברוך] אדוני אשר הודי[ענו	(VII)	4Q**504** 4,14
ואתה ידעתה ◦[	(VII)	4Q**504** 8,10
אלה ידענו / [בא]שר [חנו]את[נו רוח] הקודש	(VII)	4Q**506** 131-132,10
לדע]ת בין צדיק לרשע	(VII)	4Q**508** 1,1
]ואתה ידעתה הנסתרות והנגל[ות	(VII)	4Q**508** 2,4
י]דעת יצרנו מ[	(VII)	4Q**508** 2,5
]ם ידעתה הכול[	(VII)	4Q**509** 5-6ii4
] / נדע◦[	(VII)	4Q**509** 12ii1
ורוממוהו כול יודעי [צדק	(VII)	4Q**511** 2i2
] / [רז]י אלוהים מיא ידע[	(VII)	4Q**511** 2ii6
] / יודע יושר ישרים ביש[	(VII)	4Q**511** 2ii9
ואדעה מחשבתכה[	(VII)	4Q**511** 42,7
הואה / ידע וברזיו ◦◦[	(VII)	4Q**511** 48-49+51,7
לדע]ת חוכמה ומו[סר] להשכיל[	(XXV)	4Q**525** 1,2
לבלתי ?] / דעת מרוח מוהלת ע[	(XXV)	4Q**525** 6ii3
ובתלמודכה יתהלכו יחד כול יודעיכה	(XXV)	4Q**525** 14ii15
]היות לידועים מש[	(XXV)	4Q**579** 1,3
]◦◦ [להו]דיע נסתר[ות	(III)	5Q**13** 1,11
]אל יעקוב ה[ו]דעתה בבית אל / [	(III)	5Q**13** 2,6
]עון כי כל[	(III)	6Q**9** 36,2
להודיע ישעו ואל תתעצלו להודיע עוזו	(IV)	11Q**5** XVIII,2
להודיע ישעו ואל תתעצלו להודיע עוזו	(IV)	
כי להודיע כבוד יהוה נתנה חוכמה	(IV)	11Q**5** XVIII,3
ולספר / רוב מעשיו נודעה לאדם	(IV)	11Q**5** XVIII,4
להודיע לפותאים עוזו	(IV)	
שיחתם בתורת עליון אמריהמה להודיע עוזו	(IV)	11Q**5** XVIII,12
כמה רחקה מרשעים אמרה מכול זדים לדעתה	(IV)	11Q**5** XVIII,13
כול מוטטי רגל בהודיעכה / חסדכה להמה	(IV)	11Q**5** XIX,2
דרכה רגלי במישור כי מנעורי ידעתיה	(IV)	11Q**5** XXI,13
לוא ידעו / מעטר הרים תנובות	(IV)	11Q**5** XXVI,12
ו]הם יודעים / [רזי פל]או אשר אינם [	(XXIII)	11Q**11** III,7
הודע]נו בצ[אתנו] / [לפני יהוה אלוהינו	(XXIII)	11Q**12** 1,1
למע]ן ידעו [בני] / [אדם תקופות השנים	(XXIII)	11Q**12** 4,1
] / ודעו דב◦◦◦[	(XXIII)	11Q**13** III,2
ונעבודה אלוהים אחרים אשר לוא ידעתמה		11Q**19** LIV,10
לדעת הישכם אוהבים את יהוה / אלוהי		11Q**19** LIV,12
ונעבודה אלוהים אחרים אשר לוא ידעתמה		11Q**19** LIV,21
ונעבודה אלוהים אשר לוא ידעתמה		11Q**19** LV,4
[א]יך נדע את הדבר / אשר לוא דברו יהוה		11Q**19** LXI,2
ואם לוא קרוב אחיכה / אליכה ולוא ידעתו		11Q**19** LXIV,15
] ידע[	(XXXIII)	PAM 43.663 3,2
]ל ידע ◦ב[	(XXXIII)	PAM 43.699 53,2
]נדע [	(XXXIII)	PAM 43.701 103,1

intelligence noun **ידע**

Text	Vol.	Reference
איש ידע יפיק חכמה [	(XXXVI)	4Q**424** 3,7

Jedaiah proper noun **יְדַעְיָה**

Text	Vol.	Reference
בשנית] / ידעיה[בלגה שעורים חזיר	(XXI)	4Q**319** VII,3
אביה] / [חופה חזיר יכין יד]עיה	(XXI)	4Q**319** 9,3
יד]עיה שכניה / [	(XXI)	4Q**319** 15i2
[בה 5 בידע]יה ל29 ב30 בו	(XXI)	4Q**320** 1i6
בה 3 בידעיה ל0[3 ב17 בששי]	(XXI)	4Q**320** 1ii10

4Q320 2,13 (XXI) שבת בידעיה ל29 ב2 בעשתי עשר
4Q320 4iii3 (XXI) ב1 [ב]ידעֿ[יה] הנף ה[עמר]
4Q320 4iii9 (XXI) [ב4 ביד]עיה חג הסכות
4Q321 II,2 (XXI) בשלושה ביד]עיה ב[שבעה עשר בששי
4Q321 III,6 (XXI) שבת בידעיה בשנים בעשתי עשר החודש
4Q321 V,2 (XXI) בידעיה בוא[חג ה]סוכות
4Q321 V,4 (XXI) הראשון בידעי[ה]
4Q325 1,2 (XXI) בעשרים וחמשה בו שבת על ידעיה ועלו[
4Q325 1,4 (XXI)] / [בששה בשבת] על ידעיה
4Q328 3 (XXI) ב]שנית [י]דעיה בלגה ש[עו]רים ח[זיר]
4Q329 1,1 (XXI) מעוזיה יויריב]ידעיה חרים שעו[רים מלכיה
4Q332 1,2 (XXXVI) [בארבעה עשר בו ביא]ת ידעיה בששה עש]ר
4Q332 3,3 (XXXVI) ב]חמישי בידעיה זה[

spiritist, divination noun יִדְּעֹנִי
CD XII,3 ודבר סרה כמשפט האוב והידעוני ישפט
4Q267 4,12 (XVIII) ידרו]ש את א[ו]בות וא[ת] / [ידעוני]ם את[
4Q270 2i10 (XVIII) שע]רים או ידרוש באוב ובידעונים / [
11Q19 LX,19 שואל אוב / וידעונים ודורש אל המתים

יִדְּעֹנִי ← יִדְּעוֹנִי

LORD, Yah proper noun יָהּ
4Q88 X,15 (XVI) כבודכה לעולם וע]ד / [ה]ללו יה [
4Q291 3,4 (XXIX) הל]ליה מעולם ולעולמי[
4Q302 1i8 (XX)]כי הוא יה / [
4Q372 24,2 (XXVIII) ה]ללויה הל[
4Q448 I,1 (XI) הללויה מזמו[ר] שיר[
4Q456 1,2 (XXIX)]הללו יה / [
4Q456 2,3 (XXIX)]ו הללו יה
4Q522 22-25,3 (XXV) [עלו שבטים] שבטי יה עדות לישרא[ל
11Q5 XXVIII,3 (IV) הללויה לדויד בן ישי קטן הייתי מאחי

to give verb יהב
4Q175 14 (V) וללוי אמר הבו ללוי תמיך ואורך
4Q427 7i15 (XXIX) בצבא עולם הבו גדול לאלנו וכבוד למלכנו

Judah proper noun יְהוּדָה, יְאוּדָה
CD IV,3 הם שבי ישראל / היוצאים מארץ יהודה
CD IV,11 האלה אין עוד להשתפח לבית יהודה
CD VI,5 הם / שבי ישראל היוצאים מארץ יהודה
CD VII,12 באו מיום סור אפרים מעל יהודה
CD VII,13 שני בתי ישראל / שר אפרים מעל יהודה
CD VIII,3 היו שרי יהודה אשר תשפוך עליהם העברה
CD XIV,1 באו מיום סור אפרים מעל יהודה
CD XIX,15 שרי יהודה כמשיגי / גבול
CD XX,27 ועמהם כל מרשיעי / יהודה בימי מצרפותיו
1QpHab VIII,1 על כול עושי התורה בבית יהודה
1QpHab XII,4 והבהמות המה פתאי יהודה עושה / התורה
1QpHab XII,9 המה ערי יהודה אשר / גזל הון אביונים
1QM I,2 בני לוי ובני יהודה ובני בנימין גולת המדבר
1QM XII,13 והגלנה כול ערי יהודה פתחי / שער[י]ך תמיד
1QM XIX,5 שמחי מואדה והגלנה כול ערי יהו[דה
1Q14 8-10,5 (I) ומה במות יהודה / [הלא ירושלם
1Q15 5 (I) פשר / [הדבר על כול יושבי] ארץ יהודה
1Q25 2,4 (I)] / ליהו[ה/דה ← יהוה
1Q25 3,2 (I) י]הודה ו[
1Q25 5,5 (I) ויה]וה ביהו[דה
3Q4 4 (III)] / ל[עוזיה] מלך יהו[דה
4Q88 X,7 (XVI) שמחה יהודה שמחתכה / שמחה שמחתכה
4Q167 25,1 (V) י]הודה[
4Q169 3-4iii4 (V) ובה[ג]לות כבוד יהודה / ידודו פתאי אפרים
4Q171 1-2ii13 (V) על עריצי הברית אשר בבית יהודה
4Q174 1-3ii1 (V) י]הודה להתם[
4Q174 4,4 (V)]לבית יהודה קשות לשוטמם / [
4Q174 4,7 (V) יה]ודה ואל י[שר]אל י◦[
4Q175 27 (V) ושערוריה באפרים וביהודה
4Q177 1-4,9 (V) ג]מול נביאי יהודה[
4Q177 9,6 (V)]מיהודה בכול העמ[י]ם[
4Q179 1i3 (V)]◦יהודה לקרותנו כל אלה ברוע
4Q223-224 3ii3 (XIII) ובלכת] / יהו[דה
4Q247 4 (XXXVI) צד]קיה מלך יהודה [יגלה
4Q252 V,1 (XXII) לו[א יסור שליט משבט יהודה
4Q266 3ii12 (XVIII) היוצאים מ]ארץ יהודה ויגורו [בארץ דמשק
4Q266 5i10 (XVIII) כי ביהודה נמ[צא קש]ר
4Q267 2,12 (XVIII) היוצ[א]ים מארץ י[הוד]ה
4Q372 1,9 (XXVIII) לחקי] / אל וגם יהודה יחד עמו
4Q372 1,14 (XXVIII) ידברו להכעיס ללוי וליהודה ולבנימן
4Q379 1,3 (XXII) ו]את ראובן ואת י[הודה
4Q381 17,2 (XI)]בהדר תשוף על יהודה ו[
4Q381 24a+b,5 (XI)] / גאל ליהודה מכל צר ומאפרים ◦[
4Q381 31,4 (XI) מ]לך יהודה שמע אל[הי]◦שך ◦◦מ◦ת עז[
4Q381 33+35,8 (XI) תפלה למנשה מלך יהודה בכלו אתו
4Q381 48,7 (XI)] / ונודעה אלהים ביהו[דה
4Q382 38,1 (XIII) יה]ודה וי[ש]ראל וישראל [
4Q385a 18ii7 (XXX) דבר אל] / בני ישראל ואל בני יהודה ובנימים
4Q389 1,2 (XXX)]ה בארץ י[הודה
4Q398 11-13,2 (X) וצדקיה מלך יהוד[ה] / [ש]ב[ו]אם ב[
4Q458 12,3 (XXXVI)] יהודה נ[ ]◦[
4Q460 7,5 (XXXVI) י]הודה להיותלו כוה[ן
4Q481a 3,5 (XXII) נ]שא ביהודה / [
4Q504 1-2iv6 (VII) ותבחר בשבט / יאודה ובריתכה הקימותה
4Q509 183,7 (VII)]◦ לבני יה[ודה
4Q522 3,4 (XXV)]יהוד[ה
4Q522 8,1 (XXV) יהוד]ה ושמע[ו] [את ההר
4Q522 9i+10,11 (XXV) וי]הודה את באר שבע [וא]ת בעלות / [את
4Q522 9ii3 (XXV) בן נולד לישי בן פרץ בן יה[ודה בן יעקוב
11Q13 III,9 (XXIII)] / את חומ[ו]ת יהודה וב[ר] [ע
11Q19 XXIII,10 ואחריה יקטיר את עולת מטה יהודה
11Q19 XXIV,10 העולה הזואת יעשה עולת מטה יהודה לבד
11Q19 XXIV,11 הלויים כן יעשה לעולת בני יהודה אחר הלויים
11Q19 XXXIX,12 שמעון לוי ויהודה בקדם מזרח
11Q19 XXXIX,16 ומשער לוי עד שער יהודה
11Q19 XL,15 ומשע[ר] לוי עד שער יהודה כמדה הזואת
11Q19 XLIV,4 משער / [שמעו]ן עד שער יהודה
11Q19 XLIV,7 ולבני יהודה משער יהודה עד / הפנה ארבע
ולבני יהודה משער יהודה עד / הפנה ארבע
11Q19 XLIV,11 המקצוע אשר אצל בני יהודה עד שער ראובן
11Q20 VI,13 (XXIII) ביום הרישון] / מטות[לוי]ויהודה

Jew, Judean proper noun יְהוּדִי-1
4Q333 2,1 (XXXVI)]איש יהודי א[

LORD, Yahweh proper noun יהוה, ••••, הואהא
1QS VIII,13 למדבר לפנות שם את דרך הואהא
1QS VIII,14 במדבר פנו דרך •••• ישרו בערבה מסלה
1QpHab VI,14 ויענני יהוה / [ויומר כתוב חזון
1QpHab X,7 הלוא / הנה מעם יהוה צבאות יגעו עמים
1QpHab X,14 תמלא הארץ לדעת את כבוד יהוה
1QpHab XI,10 והרעל / תסוב עליכה כוס ימין יהוה

1Q**14** 1-5,1	(I)	י]הוה [אדני יהי]ה בכם / [
1Q**14** 1-5,2	(I)	כי הנ]ה י[הוה יצא מ]מקומו
1Q**15** 3	(I)	בטרם לא יבוא עליכ]ם חרון אף י[הוה]
1Q**15** 4	(I)	[בטרם לא יבוא עליכם יום א]ף יהוה
1Q**25** 2,4	(I)	] / ליהו[ה/דה ← יְהוּדָה
1Q**25** 5,5	(I)	ויה]וה ביהו[דה
1Q**29** 1,7	(I)	]ל[י]הוה אל[
1Q**29** 3-4,2	(I)	י]הוה אלוהיכמה [
2Q**21** 1,4	(III)	ויתפלל לפני יהוה ויתנפ[ל לפני
2Q**22** I,1	(III)	ולא שניתי כי שברו י]הוה אלהינ[ו ל]פי [חרב
2Q**30** 1,1	(III)	]ה יהוה[
4Q**88** IX,5	(XVI)	ויהללו את / שם יהוה[
4Q**88** IX,14	(XVI)	וישבעו [י]ראי יהוה / [
4Q**88** X,13	(XVI)	ואתה יהוה לעול[ם] / תהיה כבודכה לעול[ם
4Q**158** 1-2,7	(V)	ויאמר לו יפרכה יה[וה וירב]כה[
4Q**158** 1-2,15	(V)	] / דברי יהוה אשר ש[לח]ו
4Q**158** 1-2,16	(V)	] / יהוה לי לאמור בהוציאכה את[
4Q**158** 1-2,18	(V)	] / יהוה אלוהים[
4Q**158** 4,8	(V)	]ת ע[]ל[ ]◦ יהוה ◦[
4Q**158** 5,3	(V)	]◦ ויאמר יהוה אל / [
4Q**158** 6,4	(V)	ו[יאמר] יהוה אל מושה ל[אמור
4Q**158** 7-8,3	(V)	] / ויאמר יהוה אל מושה
4Q**158** 10-12,10	(V)	ֻכיא הואה זה ֻעד יהוה יבוא דבר שניהמה[
4Q**161** 8-10,13	(V)	[ויראת יהוה והריחו ביראת] יהוה
4Q**162** II,3	(V)	ואת פעל יהוה / לא הביטו
4Q**162** II,7	(V)	אשר מאסו את תורת יהוה
4Q**162** II,8	(V)	על כן חרה אף יהוה בעמו
4Q**163** 4-7ii19	(V)	כיא כלה ונחרצה] / אדוני יהוה [צבאות
4Q**163** 4-7ii21	(V)	] / לכן כוה אמר אדוני י[הוה
4Q**163** 8-10,6	(V)	[כיא יהו]ה צבאות יע[ץ ומי יפר
4Q**163** 15-16,1	(V)	[עליכ]מה יהוה [רוח ת]רדמה
4Q**163** 21,9	(V)	[הוי בנים סוררים נאם] יהוה
4Q**163** 23ii3	(V)	[כיא] כ[ו]ה אמר [יה]וה קדוש [י]שראל
4Q**163** 23ii9	(V)	כיא אלוהי משפט יהוה
4Q**163** 24,1	(V)	]בהר י[הוה
4Q**163** 25,7	(V)	ואת יה[וה לוא דרשו
4Q**168** 1,4	(V)	[יגא]לך [י]הוה מ[כף איביך
4Q**169** 3-4ii10	(V)	הנני אליך נאם יהוה צ[באו]ת
4Q**170** 1-2,1	(V)	לוא ייטי]ב יהוה ול[ו]א ירע
4Q**171** 1-2ii4	(V)	וקואי יהוה המה ירשו ארץ
4Q**171** 1-2ii12	(V)	יה]וה ישחק לו
4Q**171** 1-2ii24	(V)	וסומך צדיקים] / יה[וה
4Q**171** 1+3-4iii5a	(V)	ואוהבי יהוה כיקר כורים
4Q**171** 1+3-4iii14	(V)	כיא מיהו[ה מצעדי גבר
4Q**171** 1+3-4iii15	(V)	כיא י[הוה סומך ידו]
4Q**171** 3-10iv7	(V)	יה]וה [לוא יעזבנו בידו
4Q**171** 3-10iv10	(V)	קוה אל י]הוה ושמור דרכו
4Q**173** 4,2	(V)	[ברכת י]הוה על[יכ]ם בר[כנו אתכם
4Q**174** 1-2i3	(V)	יהוה ימלוך עולם ועד
4Q**174** 1-2i10	(V)	[וה]גיד לכה יהוה כיא בית יבנה לכה
4Q**174** 1-2i18	(V)	ור]וזנים נוסדו יחד על יהוה
4Q**174** 8,3	(V)	לבנימן אמ]ר ידיד י[הוה
4Q**174** 21,1	(V)	]יהוה ב[
4Q**175** 1	(V)	וידבר •••• אל מושה
4Q**175** 19	(V)	ברך •••• חילו
4Q**176** 1-2i6	(V)	כיא לקחה מיד •••• כפלים
4Q**176** 1-2i7	(V)	פנו דרך •••• ישר ב[ערבה] מסלה
4Q**176** 1-2i9	(V)	[ונגלה כ]בוד ••••
4Q**176** 1-2ii3	(V)	ותאמר ציון] / עזבני ••••
4Q**176** 3,1	(V)	ועתה כ]וא אמר יה[וה בראך יעקב
4Q**176** 8-11,6	(V)	]כבעלך עושיך •••• / [צבאות] שמו
4Q**176** 8-11,8	(V)	כאשה עזובה / [ועצובת] רוח קראך ••••
	(V)	ואשת נעורים כיא[ת]מאס אמר •••• אלוהיך
4Q**176** 8-11,10	(V)	אמר גואלך ••••
4Q**177** 5-6,7	(V)	למנצח] לדויד ביהוה[חסיתי
4Q**177** 10-11,2	(V)	מפ]תחת פתוחה נואם יהוה
4Q**177** 10-11,8	(V)	עד אנה יהו]ה תשכח[ני נצח
4Q**177** 12-13i2	(V)	יה[ו]ה אל באפכה תו[כיחני
4Q**177** 12-13i3	(V)	ועתה יהוה עד מתי
4Q**183** 2,1	(V)	]יהוה ◦[
4Q**183** 3,1	(V)	]יהו[ה
4Q**185** 1-2ii3	(V)	שמעתי בני יצל תמרו דברי יהוה
4Q**216** I,3	(XIII)	]בדבר יהוה[כדברו] / [אליו
4Q**216** I,5	(XIII)	לחודש ה]זה דבר יהוה א[ל] / [מושה
4Q**216** I,7	(XIII)	כ]בוד יה[וה] / [על הר סיני
4Q**219** II,21	(XIII)	ונרצית] / [לפני יהו]ה אל עליון
4Q**222** 1,5	(XIII)	ותא{{ו}}מר ברוך יהוה אלוה[ים
4Q**225** 2ii10	(XIII)	ויברך אל יהוה את יש[חק כל ימי חיו
4Q**226** 7,2	(XIII)	ויברך יהוה[את ישחק כל ימי] / חיו
4Q**248** 5	(XXXVI)	[וה]עביר •••• רוח[ב]ארצותיהם
4Q**306** 3,5	(XXXVI)	]לשם ••••[
4Q**364** 14,3	(XIII)	ויואמר יהוה אל מושה
4Q**364** 18,5	(XIII)	[וי]ואמר[י]הוה סל[חתי כדבריכה
4Q**364** 20a-c,9	(XIII)	[יה]וה[א]ל[והינו דב]ר אלי[נ]ו ב[חורב
4Q**364** 21a-k,8	(XIII)	ראה נתן יהו]ה אלוהינו לפ[ניכה את הארץ
4Q**364** 23ii15	(XIII)	] / י[הוה
4Q**364** 24a-c,3	(XIII)	[ויואמר]יהוה[א]ל[י
4Q**364** 24a-c,13	(XIII)	ה]כול נתן יה[וה]
4Q**364** 24a-c,15	(XIII)	וכול אשר צוה ?]ל[נו] / [יהו]ה אלוהינו
4Q**364** 25a-c,4	(XIII)	עד אשר יניח]יהוה לא[חיכם] כ[כ]מה[
4Q**364** 25a-c,8	(XIII)	כן יע]שה יהוה לכ[ול הממלכות
4Q**364** 26ai4	(XIII)	הקצפתה]את יהוה / [אלוהיכה
4Q**364** 26aii2	(XIII)	מקצפים הייתם] / את יהוה
4Q**364** 26aii5	(XIII)	ממרים הייתם] / עמ יהוה
4Q**364** 26bii+e,2	(XIII)	ואתפלל לפני יהוה ארבעימ [יום
4Q**364** 26bii+e,3	(XIII)	ויואמר יהוה אלי פסלכה שני[לוחות אבנים
4Q**364** 26bii+e,9	(XIII)	[הדברים אשר ד]בר יהוה[אליכם
4Q**364** 28a-b,2	(XIII)	(ו)לוא אבה] / [יה]וה השחִ֯ת[כה ?
4Q**364** 28a-b,3	(XIII)	] / ההר אמר יה[וה אלי קום לכה
4Q**364** 28a-b,7	(XIII)	כי[אם ל]יראה את י[הוה אלוהיכה
4Q**364** K,2	(XIII)	]מר יהו[ה
4Q**364** R,2	(XIII)	]ר דבר יה[וה
4Q**364** T,1	(XIII)	]יה[וה
4Q**365** 2,5	(XIII)	ולוא שמע אליהמה כאשר דבר יהוה
4Q**365** 2,6	(XIII)	ויואמר] יהוה אל מושה השכם בבוקר
4Q**365** 2,7	(XIII)	]כוה אמר יהוה שלח את עמי ויעובדוני
4Q**365** 6ai2	(XIII)	וראו את ישועת יהו]ה אשר[יעשה
4Q**365** 6ai3	(XIII)	י[הו]ה ילחם לכמה[וא]תמה / [תחרישון
4Q**365** 6ai4	(XIII)	ויואמר יה]וה[א]ל מושה מה תזעק אלי
4Q**365** 6b,3	(XIII)	יהוה ימלוך עולם ועד
4Q**365** 6b,4	(XIII)	וישב] / [יה]וה עליהמה ⟦ ⟧ את מימי הים
4Q**365** 6aii+6c,12	(XIII)	תש]מע [לק]ול יהוה אלוהיכה
4Q**365** 10,1	(XIII)	]ה[י]א לכמה [הי]א ליה[וה
4Q**365** 11i2	(XIII)	זה הדב]ר אשר צוה יהוה
4Q**365** 12biii2	(XIII)	]כאשר צוהו יהוה את מושה
4Q**365** 12biii7	(XIII)	כאשר צוה / יהוה את מ{{ות}}שה֯
4Q**365** 14,1	(XIII)	[וי]דבר יה[וה אל מושה ואל אהרון
4Q**365** 17a-c,4	(XIII)	כי]אני יהוה[אלוהיכמה והתקדשתם
4Q**365** 21,2	(XIII)	[גחלי אש מעל המזבח מ]ל[פ]ני יהוה[
4Q**365** 23,2	(XIII)	אני יהוה אלוהיכ[ם]

] יהוה ויקומו כל העם	(XXX)	4Q385 3,2
[ולהל]ל את יהוה צבאות	(XXX)	4Q385 3,3
ויאמר יהוה אלי בן[אדם	(XXX)	4Q385 3,4
ויאמר יהוה אלי לא אש[ו]ב פניך יחזקאל	(XXX)	4Q385 4,4
[כי]פי יהוה דבר אלה	(XXX)	4Q385 4,7
ידר]ושון ליהוה לאמו֯ר[	(XXX)	4Q385a 16a-b,7
ויצא י]רמיה הנביא מלפני יהוה	(XXX)	4Q385a 18ia-b,2
ויהי דבר יהוה א֯ל[י]ל֯א֯[מר	(XXX)	4Q385b 1,1
[אר]ץ וידעו כי אני יהוה	(XXX)	4Q386 1ii1
ואמר ראיתי יהוה והנה חרבה	(XXX)	4Q386 1ii2
ויאמ֯ר יהוה בן בליעל יחשב לענות את עמי	(XXX)	4Q386 1ii3
ובבל ככוס ביד יהוה	(XXX)	4Q386 1iii1
וידעו כ[י] אני יהוה[	(XXX)	4Q388 7,6
ומלאך יה]וה הלך לפנ֯י מ֯[חנה ישראל	(XXX)	4Q388a D,2
]נ֯ל רג֯ל֯י •••• ויא[מר	(XIX)	4Q391 36,1
]ר֯ות הוא קשת •[•••	(XIX)	4Q391 36,3
]ידבר •••• אלי ל[אמר	(XIX)	4Q391 36,4
]מלאך •••• ש֯נ[	(XIX)	4Q391 52,5
]י֯ •••• ה֯◦[	(XIX)	4Q391 55,2
]◦ •••• ◦[	(XIX)	4Q391 58,3
]◦[ ]ארעה כי •••• [	(XIX)	4Q391 65,5
אתה הוא יהוה בחרתה באבותינו למקדם	(XXIX)	4Q393 3,6
א]ת֯ יהוה [אלוהיכם	(XXXVI)	4Q408 2,1
יה]וה בכל מ֯ש֯[פטיך	(XXXVI)	4Q408 2,3
בר]וך א֯תה אדונ֯[י {{י֯הו֯ה֯}} [ה]צדיק	(XXXVI)	4Q408 3+3a,6
]ל[י]הוה אל[והיך	(XXXVI)	4Q408 11,6
] / י֯הוה פן יס֯ח[ר	(XX)	4Q411 1ii2
] / ב֯ש֯ר יהו]ה ברא	(XX)	4Q411 1ii11
] / יהוה ברא ה֯[	(XX)	4Q411 1ii12
] / יהוה ברא ש֯[מים	(XX)	4Q411 1ii13
] / [י]הו֯ה֯[	(XX)	4Q411 1ii17
]◦ ליה֯ו֯ה[	(XXIX)	4Q429 6,2
ישפוט יהוה דברי פיכה	(XXXVI)	4Q460 9i10
]◦ להשיב אל יהוה אלוהיהמה[	(XXXVI)	4Q461 1,9
] וראה יהוה את שיבתם א֯[	(XXXVI)	4Q461 1,10
•••• המ֯ו֯של [ ]◦◦◦[/]	(XIX)	4Q462 1,7
ויעבודו ויתקימו ויזעקו אל •• •• ◦[	(XIX)	4Q462 1,12
]◦ עדת יהוה[	(XXXVI)	4Q466 3
ל]ש֯א֯[ו]ל את יהוה כיא[י]ת֯[ן לה]ב֯[ן] אחר	(XXXVI)	4Q474 4
]א֯ה[ב י]ה֯וה מאודה רחל[	(XXXVI)	4Q474 5
] / [ ]יהו֯ה[	(XXII)	4Q480 1ii2
] יהוה א֯ל[	(XXV)	4Q522 5,4
לבנות א֯ת֯ הבית ליהוה אלוהי ישראל	(XXV)	4Q522 9ii5
כי] ידיד יהו[ה]ישכון לבטח י[רושלם	(XXV)	4Q522 9ii8
להודות לשם יה]וה כי שם [ישבו	(XXV)	4Q522 22-25,3
למען בית יהו]ה֯ [אלוהינו	(XXV)	4Q522 22-25,6
] [א]ש֯ [•]•••• יקט֯י[רון]	(XXV)	4Q524 6-13,4
•••]◦ ה֯[ואה נחלותם	(XXV)	4Q524 6-13,5
כול יראי יהוה ה֯[הולכים בדרכיו	(XXV)	4Q528 5
]◦ל֯ת יהוה ◦[	(III)	8Q5 2,3
כי להודיע כבוד יהוה נתנה חוכמה	(IV)	11Q5 XVIII,3
הנה / עיני יהוה על טובים תחמל	(IV)	11Q5 XVIII,14
ברכו את[יהוה גואל עני מיד / ז֯ר֯[ים	(IV)	11Q5 XVIII,15
אתה נתתה עשה עמנו יהוה / כטובכה	(IV)	11Q5 XIX,4
שמע / יהוה בקול אוהבי שמו	(IV)	11Q5 XIX,6
ברוך יהוה עושה צדקות	(IV)	11Q5 XIX,7
ותצילני / יהוה כרוב רחמיכה	(IV)	11Q5 XIX,11
סלחה יהוה לחטאתי / וטהרני מעווני	(IV)	11Q5 XIX,13
כי אתה יהוה שבחי	(IV)	11Q5 XIX,16
יהוה קראתי אליכה הקשיבה אלי	(IV)	11Q5 XXIV,3

וידבר מושה את מועדי יה֯ו֯ה	(XIII)	4Q365 23,3
וידבר יהוה אל מושה	(XIII)	4Q365 23,4
ו]ע֯ל פ֯י יה֯[וה יסעו]	(XIII)	4Q365 31a-c,12
[ה]מ֯טות לפני יהוה[באוהל העדות	(XIII)	4Q365 35ii5
והקרבתם עולה ליהוה	(XIII)	4Q366 4i4
ככול אשר צוה יהוה / [את משה	(XIII)	4Q366 4i8
]ו֯י֯[דבר] יהוה אל מ֯[ש]ה	(XIII)	4Q367 1a-b,2
והק[ריב]ו לפני]יהוה[וכפר עליה	(XIII)	4Q367 1a-b,10
[וידב]ר֯ יה֯[ו]ה אל משה	(XIII)	4Q367 1a-b,14
[וידבר]יהוה אל משה ל֯א֯[מר	(XIII)	4Q367 2a-b,3
העץ / [ליהוה הו]א קדש ליהוה	(XIII)	4Q367 3,7
השבט העשירי֯ / [יהיה קדש לי]ה֯וה	(XIII)	4Q367 3,10
כי]יהוה קנא שמו אלקנא / [הוא	(XXVIII)	4Q368 2,6
] א֯ת פי יהוה אלהיכם	(XXVIII)	4Q368 9,2
]כ֯ב֯וד יתן יהוה אלהים ל֯[	(XXVIII)	4Q368 9,4
וישבע֯ כל אשר עשה רצוני אמר י֯[ה]וה	(XIX)	4Q370 1i1
והני הם אז עשו הרע בעיני אמר יהוה	(XIX)	4Q370 1i2
וישפטם יהוה כ֯[כ]ל֯ דרכיהם	(XIX)	4Q370 1i3
] / יצדיק יהוה ש[	(XIX)	4Q370 1ii2
] / גבורת יהוה זכרו נפל[אות	(XIX)	4Q370 1ii7
א֯הללך יהוה אלהי ואב֯[ר]כ֯ך֯	(XXVIII)	4Q372 1,26
] יהוה ב֯שמים [	(XXVIII)	4Q372 2,2
אהללה יה֯[ו]ה	(XXVIII)	4Q372 3,4
] / יהוה פתח פי ומאתו [ד]ברי לשוני	(XXVIII)	4Q372 3,7
]ה֯ כי֯ א[הב יהוה / [	(XXVIII)	4Q372 4,4
ולוא שניתי כי שברו יהוה אלהינו	(XXVIII)	4Q373 1a+b,6
]באמר יהוה אליו [	(XIX)	4Q374 9,3
ושבתה עד יהוה אלוהיכה בכול / [לבכה	(XIX)	4Q375 1i2
ודרש את֯[כול המצוות] / יהוה לכול [	(XIX)	4Q375 1ii8
וי]אמר שמ֯[עו]ע֯דת יהוה	(XXVIII)	4Q377 2ii3
וללכת אחר יהוה אלוהי אבותינו המ֯◦◦[	(XXVIII)	4Q377 2ii5
יהו]ה אלוהיך באו עלידה / [	(XXII)	4Q378 3i8
]כי יהוה [אלוהיכ]מה מ֯◦[	(XXII)	4Q378 11,1
]נתן יהוה אלוה[ים	(XXII)	4Q378 12,3
א]שר כרת יהוה ל◦[	(XXII)	4Q378 14,4
]א֯ת יהוה / [	(XXII)	4Q379 3i2
או]י֯ב֯י יהוה ולא / [	(XXII)	4Q379 3i4
]◦ י֯הוה ו֯ג֯ם / [	(XXII)	4Q379 14,1
ברוך יהוה אלהי י֯[שראל	(XXII)	4Q379 22ii5
יה]וה מעולם ועד / [	(XI)	4Q380 1i3
[כי ש]ם֯ יהוה נקרא עליה	(XI)	4Q380 1i5
מי ימלל את שם / י֯הוה וישמעו כל תהלת[ו]	(XI)	4Q380 1i8
[זכ]רו יהוה ברצנו	(XI)	4Q380 1i9
ויזעקו אל]יהוה בצרל֯הם ממצ֯[וקותיהם	(XI)	4Q380 2,4
כי]ל֯[ח]ס֯ד֯ יחנן יהוה ◦◦[	(XI)	4Q380 2,5
יהוה כמה גב[ור	(XI)	4Q381 1,2
תהלה לאיש ה֯אל[הי]ם֯ יהוה אלהים֯[	(XI)	4Q381 24a+b,4
אקרא ליה֯ו֯ה֯ ויענני אלהי עזרתי[	(XI)	4Q381 24a+b,8
על שמי]ם֯ ר֯ומה יהוה ואלה֯[י	(XI)	4Q381 33+35,2
]◦י֯ יהוה ישב במשפטכם לשפט אמת	(XI)	4Q381 76-77,12
]◦ים יהוה א[	(XI)	4Q381 86,2
היד]עתה כ֯י היום •••• לוקח א[ת	(XIII)	4Q382 9,5
כי֯] יהוה֯ שלחנ֯י עד[יריחו	(XIII)	4Q382 11,1
]◦◦◦ת֯ יה֯ו֯[ה	(XIII)	4Q382 53,1
]ר֯ ••[	(XIII)	4Q382 78,2
ויאמר יהוה / אלי אני אראה[	(XXX)	4Q385 2,3
וידעו כי אני יהוה	(XXX)	4Q385 2,4
ויברכו את יהוה צבאות אש[ר] / [חים	(XXX)	4Q385 2,8
ו]אמרה יהוה מתי יהיו אלה	(XXX)	4Q385 2,9
ויאמר יהוה אל[י	(XXX)	

11Q5 XXIV,6 (IV) יהוה / אל תשפטני כחטאתי
11Q5 XXIV,8 (IV) הבינני יהוה בתורתכה ואת משפטיכה
11Q5 XXIV,12 (IV) טהרני יהוה מנגע רע
11Q5 XXIV,13 (IV) כבוד אתה יהוה
11Q5 XXIV,15 (IV) מ֯לפ֯[נ]יכה יהוה מבטחי
11Q5 XXIV,16 (IV) קראתי יהוה ויענני
11Q5 XXIV,17 (IV) ואקרא יהו[ה / [
11Q5 XXVI,9 (IV) גדול וקדוש יהוה קדוש קדושים לדור ודור
11Q5 XXVII,4 (IV) ויתן / לו יהוה רוח נבונה ואורה
11Q5 XXVIII,5 (IV) ואשימה ליהוה כבוד אמרתי אני בנפשי
11Q5 XXVIII,10 (IV) בשערם לוא בחר יהוה אלוהים בם
11Q6 4-5,14 (XXIII) סלחה יהוה לח֯[טאתי וטהרני] / [מעווני
11Q11 I,4 (XXIII)]ב֯יהוה[
11Q11 III,3 (XXIII) יהוה הוא֯[ה אשר] / עשה את ה֯[אלה
11Q11 III,9 (XXIII) אם לוא / [ייראו]מלפני יהוה ל[
11Q11 III,10 (XXIII)]יהוה וייראו[את המכה ה]גדולה
11Q11 III,11 (XXIII)]◦עבדי֯ יהו[ה] / [
11Q11 IV,4 (XXIII)] / יככה יהוה מ[כה גדול]ה אשר לאבדך[
11Q11 IV,11 (XXIII)]חרון אף י֯[הוה
11Q11 V,4 (XXIII) ל]ח֯ש בשם יהו[ה
11Q11 V,8 (XXIII) יהוה [יוריד]ך / [לשאו]ל תחתית
11Q19 XIII,13 נסכו יין רב֯[יעית ההין] / ליהוה
11Q19 XIV,7 ריח] / ניחוח ליהוה ברא[שי חודשיכמה
11Q19 XV,13 עולה היא] / אשה ריח ניחוח לפני י֯הו֯ה֯[
11Q19 XVII,12 חג מצות שבעת ימי֯ם / ליהוה
11Q19 XVII,13 לשבעת הימים הא[לה] / עולה ליה<<ו>>ה
11Q19 XVII,16 וביום השביעי / [עצרת] ל[יה]וה
11Q19 XVIII,13 והביאותמה מנחה חדשה ליהוה
11Q19 XVIII,14 חמץ חדש בכורים ליהוה לחם חטים
11Q19 XIX,11 הביאכמה את המנחה חדשה ליהו[ה]
11Q19 XX,14 וירימו ליהוה תרומה / [מן האי]ל֯ם
11Q19 XXI,3 הזה בחצר החיצו]נה לפני יהו֯ה֯
11Q19 XXI,8 וישמחו בני ישראל לפ[ני] י֯הוה
11Q19 XXI,10 לנסך נסך שכר יין חדש על מזבח יהוה
11Q19 XXI,16 על מזבח העולה בכורים לפני יהוה
11Q19 XXII,8 אשי ריח] / נ֯יחו֯ח֯[ל]י֯הוה
11Q19 XXII,14 בחצר החיצונה / לפני יהוה
11Q19 XXII,16 יכפרו / [ע]ל֯ [כו]ל֯ [יצ]הר הארץ לפני יהוה
11Q19 XXIII,3 העצי]ם֯ ? עולה ליה֯[וה
11Q19 XXIII,17 אשי ריח ניחוח ליהוה
11Q19 XXIV,9 חוק֯ו֯ת֯[עולם] / לדורותיכמה לפני יהוה
11Q19 XXV,4 [ועשיתמה עולה אשה ריח ניחוח ל]פני יהוה
11Q19 XXV,13 והקרבתמה בו עולה / ליהוה פר אחד
11Q19 XXVIII,6 אשה / ריח ניחוח הוא ליהוה
11Q19 XXXIV,14 אשה ריח ניחוח לפני יהוה
11Q19 XXXIX,8 ונתן כופר ?]נ֯פ֯ש֯ו֯ ליהוה מחצית השקל
11Q19 XLV,14 כי אני יהוה שוכן בתוך בני ישראל לעולם
11Q19 XLVIII,7 כי עם קדוש אתה ליהוה אלוהיכה
11Q19 XLVIII,8 בנים אתמה / ליהוה אלוהיכמה
11Q19 XLVIII,10 כי עם קדוש אתה ליהוה אלוהיכהמה
11Q19 LI,7 כי אני יהוה שוכן / בתוך בני ישראל
11Q19 LIII,8 לפני אני יהוה אלוהיכה
11Q19 LIV,12 הישכם אוהבים את יהוה / אלוהי אבותיכמה
11Q19 LIV,13 אחרי יהוה / אלוהיכמה תלכון
11Q19 LIV,16 כי דבר סרה / על יהוה אלוהיכה
11Q19 LV,9 ואת כול שללה כליל ליהוה / אלוהיכה
11Q19 LV,14 לעשות הישר והטוב לפני יהוה אלוהיכה
11Q19 LX,21 תמים תהיה עם יהוה אלוהיכה
11Q19 LXI,3 הדבר / אשר לוא דברו יהוה
ואשר ידבר הנביא בשם יהוה
11Q19 LXIII,7 כפר לעמכה ישראל אשר פדיתה / יהוה
11Q19 LXIII,8 ועשיתה הישר והטוב לפני יהוה אלוהיכה
11Q20 I,14 (XXIII) הכוהנים] יהיו מקריבים ליהוה עולה֯[
11Q20 I,19 (XXIII) [סלי הלחם תנופה ל֯]פני יהוה
11Q20 IV,4 (XXIII) ויקריבו על היין ביום הזה עולה]ליהוה
11Q20 IV,10 (XXIII) ולשעיר עזים אשה ריח ניחוח]ל֯יהוה
11Q20 VI,2 (XXIII) אשה ריח ניחוח] / ליהו֯ה֯[
11Q20 VI,16 (XXIII) [הקריבו בחג] / העצים עולה ליה[וה
11Q20 37,1 (XXIII)] יהוה / [
11Q22 7,1 (XXIII)]יהוה [
PAM 43.663 26,1 (XXXIII)] י֯הו֯ה [
PAM 43.674 40,2 (XXXIII)]◦ל יהו֯ה֯[
PAM 43.678 6,4 (XXXIII)]הנה יה[וה
PAM 43.678 66,1 (XXXIII)] יהוה[
PAM 43.678 68ii1 (XXXIII)] / דבר י֯הו֯ה֯ [
PAM 43.679 6,2 (XXXIII) י]הוה [
PAM 43.679 10,1 (XXXIII)] / לעד יהו֯[ה
PAM 43.682 28,1 (XXXIII)]יהוה אל֯[היכה
PAM 43.684 98,1 (XXXIII)]אם ישוב יה֯[וה
PAM 43.692 40,1 (XXXIII)] יהוה מש֯[
PAM 43.692 57,1 (XXXIII)]י֯הוה [
PAM 43.692 78,1 (XXXIII)] יהוה וה֯[
PAM 43.696 26,1 (XXXIII)]◦ יהוה[

Johanan proper noun **יְהוֹחָנָן, יוֹחָנָן**

4Q331 1i7 (XXXVI)] יוחנן להבי אל◦
4Q348 9 (XXVII)]◦◦◦◦◦י֯הו֯חנן בר יהוסף ◦[
4Q348 16 (XXVII)]◦ ב[ר י]הוחנן יהוסף בר ◦◦◦◦[
4Q477 2ii3 (XXXVI) ו]את יוחנן בן א֯ר֯[

יְהוֹיָרִיב ← **יוֹיָרִיב**

יְהוֹנָתָן ← **יוֹנָתָן**

יְהוֹסֵף ← **יוֹסֵף**

יְהוֹצָדָק ← **יוֹצָדָק**

יְהוֹשֻׁעַ ← **יֵשֻׁעַ**

proud adjective **יָהִיר**

1QpHab VIII,3 ואף כיא הון יבגוד גבר יהיר

precious stone, jasper (?) noun **יָהֲלֹם**

4Q365 12biii10 (XIII) והטור השני נפך ספיר ויה[לום

יָהֲלֹם ← **יָהֲלוֹם**

יוֹאר ← **יְאֹר**

jubilee, ram's horn noun **יוֹבֵל, יֹבֵל**

CD XVI,4 מחלקות העתים / ליובליהם ובשבועותיהם
1QM VII,14 ובידם שבעת שופרות היובל
2Q19 4 (III) שלושה יובלים חיה וא[בעה שבועי שנים
4Q216 VI,8 (XIII) וליוב]לים ולכל תק[ופות השנים]
4Q217 3,5 (XIII)]◦מיובלים֯ / [
4Q221 3,3 (XIII) בטרם ישלימו שני]ם֯ יובלים
4Q226 1,6 (XIII)] היובל הזה כי קדש הוא[
4Q226 2,3 (XIII)]יובלים֯[
4Q227 2,2 (XIII)]ששה יובלי שנים / [

בחו[דש] ה֯רישו[ן] [גמול דליה מעוז]י֯ה֯ **יויריב** (XXI) 4Q329 2a-b,4

day noun יום, ים

קריאי השם העמדים באחרית **הימים** CD IV,4
לא {{נפחת}} נפתח בישראל **מיום** מות אלעזר CD V,3
עמד / יורה הצדק באחרית **הימים** CD VI,11
ולשמור את֯ **יום** השבת כפרושה CD VI,18
ואת **יום** התענית כמצאת֯ באי הברית CD VI,19
ולא לנטור / **מיום** ליום CD VII,3
ולא לנטור / מיום **ליום**
ימים אשר / באו מיום סור אפרים CD VII,11
ימים אשר / באו **מיום** סור אפרים CD VII,12
הוא **היום** / אשר יפקד אל CD VIII,2
אם החריש לו **מיום** ליום ובחרון אפו CD IX,6
אם החריש לו מיום **ליום** ובחרון אפו
וביום ראות האיש יודיעה למבקר CD IX,22
אשר לא מלאו **ימיו** לעבור / על הפקודים CD X,1
כי במעל האדם / מעטו **ימו** CD X,9
את / דעתם עד לא ישלימו את **ימיהם** CD X,10
אל יעש איש **ביום** / {{ממ֯}} הששי מלאכה CD X,14
שמור את / **יום** השבת לקדשו CD X,17
וביום השבת אל ידבר איש דבר / נבל
אל יאכל איש **ביום** השבת כי אם המוכן CD X,22
לעשות את חפצו **ביום** השבת CD XI,2
אל יילד איש בהמה **ביום** השבת CD XI,13
אש֯ר ל֯א באו **מ֯יו֯ם֯** סור אפרים מעל יהודה CD XIV,1
שכר / שני **י֯מ֯י֯ם֯** לכל חדש למ֯מ֯ע֯ט CD XIV,13
ונ]ע֯נש֯ **י֯מ֯י֯ם** ששה CD XIV,21
ביום דברו / עם המבקר אשר לרבים CD XV,7
וביום אשר יקום האיש על נפשו CD XVI,4
על כן נימול {{ב}} אברהם **ביום** דעתו CD XVI,6
הוא **היום** א֯שר יפקד אל כאשר דבר CD XIX,15
לא יכתבו **מ֯יו֯ם** האסף {{יור מורה}} CD XIX,35
יוכיחוהו אנשי / דעות עד **יום** ישוב לעמד CD XX,5
ומיו֯ם֯ / האסף֯ יורה ה֯יחיד CD XX,13
ו֯עמה֯ם כל מר֯ש֯י֯ע֯י / י֯הודה **בי֯ו֯מ֯י** מצרפותיו CD XX,27
יעשו שנה בשנה כול **יומי** ממשלת בליעל 1QS II,19
טמא טמא יהיה כול **יומי** מואסו 1QS III,5
ורוב שלום באורכ **ימים** ופרות זרע 1QS IV,7
כיא **ביומ**{{••}} יוכיחנו 1QS V,26
ואם לוא תשיג ידו לשלמו ונענש ששים **יום** 1QS VII,8
ולמדבר בתוך דברי רעהו / עשרת **ימים** 1QS VII,10
וישן במושב הרבים שלושים **ימים**
ונענש עשרת **ימים** 1QS VII,11
ואם יז{{◦}}קפו֯ / ונפטר ונענש שלושים **יום** 1QS VII,12
ירוק אל תוכ מושב הרבים ונענש שלושים **יום** 1QS VII,13
ונראתה ערותו ונענש שלושים **יום** 1QS VII,14
בסכלות להשמיע קולו ונענש שלושים / **יום** 1QS VII,15
יד שמאולו לשוח בה ונענש עשרת **ימים**
ובמלואת / לו שנתים **ימים** 1QS VII,21
בהכון אלה ביסוד היחד שנתים **ימים** 1QS VIII,10
ולוא ישאל על כול עצה שנתים **ימים** 1QS VIII,25
לוא שגג עוד עד מולאת לו שנתים / **ימים** 1QS VIII,27
אכ השוגג / יבחן שנתים **ימים** לתמים דרכו 1QS IX,2
ולהיות איש מקנא לחוק ועתו֯ **ליום** נקם 1QS IX,23
במבוא מועדים **לימי** חודש יחד תקופתם 1QS X,3
בהתחדשם **יום** גדול לקודש קודשים 1QS X,4
וימי קודש בתכונם לזכרון במועדיהם 1QS X,5
בהשלם חוק / תכונם **יום** משפטו זה לזה 1QS X,7
עם מבוא **יום** ולילה אבואה בברית אל 1QS X,10

]מ֯חלקו֯[ת העתים]ל֯**יובליהם** [ובשבועותיהם (XVIII) 4Q270 6ii17
יו]בל לריע בהמ֯[(XXXVI) 4Q285 3,3
אתות הי]**ובל** / [השני (XXI) 4Q319 IV,16
אות סוף] / ה֯**יובל** השי{{נ}}לשי (XXI) 4Q319 V,5
א֯תות **היובל**[השלישי 17 אתו]ת֯ (XXI)
אתות]◦[ ]**היובל**[הרב]י֯עי א֯תות 17 (XXI) 4Q319 V,12
בש]שית סוף֯ א֯ות֯ [הי]ו֯[**בל** הששי (XXI) 4Q319 VI,7
אתות] / **יובל**[הששי אתות 1[6 (XXI) 4Q319 VI,8
הח[מישי ? ⟦ ? ⟧]ב֯**יובל** (XXI) 4Q319 VI,9
] / **וליוב**[ל (XXI) 4Q319 VI,10
]בחמישית אות סוף **היובל** (XXI) 4Q319 VI,16
]אות הי**וב]לים** [ש]נת יובלים לימ֯י[קדש] (XXI) 4Q319 VI,18
]אות הי]וב]לים [ש]נת **יובלים** לימ֯י[קדש] (XXI)
]**יובלו֯ת** (XXI) 4Q319 59,1
]◦◦ **יוב֯ל** (XXI) 4Q319 79b,2
את]ו֯ת **היובל** השני / [(XXI) 4Q320 3i13
[ול]ש֯נים ולשמטים / **וליובלות** (XXI) 4Q320 4ii13
עד שנת **היובל** יעבד עמ֯[ך (XIII) 4Q366 2,5
י]ובלים מספרם היה [(XXVIII) 4Q372 9,2
]**יובלים** ו֯[(XXVIII) 4Q372 10,2
הי֯א השנה **ליובלים** לתחלת בואתם לארץ (XXII) 4Q379 12,5
מעל[ו]ב֯[י]עד שלמות עשרה / **יבלי** שנים (XXX) 4Q387 2ii4
ומתום הדור ה֯הוא **ביובל** השביעי (XXX) 4Q390 1,7
ו]**ב֯יובל** ההוא יהיו / מפרים את כול חקותי (XXX) 4Q390 2i4
]תום **היוב֯**[ל (XIX) 4Q463 2,2
מאין]ושב ואחר **היובלים**[(III) 6Q12 3
לו את חנוך בקץ **היוב**[ל הרביעי (XXIII) 11Q12 1,8
ו]ב֯קץ **היו[בל]** / [השמיני (XXIII) 11Q12 2,2
ו֯א֯שר אמר בשנת **היובל** [הזואת (XXIII) 11Q13 II,2
ה֯דבר הזה / ב֯ש֯ב֯ו֯ע֯ **היובל** ה֯ראישון (XXIII) 11Q13 II,7
היובל ה֯ראישון אח֯ר ת֯ש֯[עה ה]**יובלים** (XXIII)
ויו]ם הכפ[ו]רים ה[וא]ה ס֯[וף]ה֯[**יו]בל** העשירי (XXIII)
]סוף הי[**ובל** (XXIII) 11Q13 7,7
ויובל ובר֯[ית (XXXIII) PAM 43.686 30,1

stream noun יוּבַל-1

ושורשיהם **ליוב[ל]** ישלחו 1QH[a] XVI,7
ואל **יובל** לא ישלחו שורש 1QH[a] XVI,10

yod (letter of alphabet, substitute for LORD) noun יוד

ובכול מוסדי ארץ משפטי **יוד** (VII) 4Q511 10,12

יְוֹחָנָן ← יְהוֹחָנָן

Jehoiarib proper noun יְוֹיָרִיב, יָרִיב, יְהוֹיָרִיב

ב6] / [**ביוירי]ב** יום הכפורים[(XXI) 4Q319 12,3
ב1 **ביירי֯ב** ל֯30 ב22 בשנים עשר החדש (XXI) 4Q320 1ii3
[התשיעי 31]**י֯י֯ר֯י֯**[ב] (XXI) 4Q320 4i11
[ב]6 **ביירי֯ב** יום הכפורים (XXI) 4Q320 4iii7
[ב1 **בייר]י֯ב** ח֯ג ה[שבועים] (XXI) 4Q320 4v13
ב֯אחד **ביו֯יריב** בש֯[נ]י֯[ם ו֯עשרים֯ בשנים֯ עשר (XXI) 4Q321 I,5
ודו]ק֯ה בששה **יויר[יב]** בת[ש]ע֯ה ועש֯רים ב[וא (XXI) 4Q321 II,7
בשלושה **ביוריב** בח֯משה בשמיני֯ (XXI) 4Q321 IV,3
ביוריב בוא יום הכפורים֯ (XXI) 4Q321 V,2
עש[תי עשר החודש ב]**יויריב**[(XXI) 4Q321 VI,2
התשיעי **ב֯יויר]יב**[(XXI) 4Q321 VI,9
[בחמשה **ביויר]י֯ב** [בתשעה עשר בשלישי (XXI) 4Q321a IV,9
ודוקו באחד] / [**ביוירי]ב** באחד בוא (XXI) 4Q321a V,4
[ברביעית שכניה ד]ליה יקים **יה[ויריב** (XXI) 4Q328 5
השלישית [שכניה דליה יקי]ם֯ **יויריב** (XXI) 4Q329 2a-b,2

] / תפלה ליום כפורים זכו[ר א]דוני א[ת	(I)	1Q34bis 2+1,6
] לפניכה כול הימ[ים	(I)	1Q39 1,3
ב]ימי רעבות[	(I)	1Q42 6,1
]◦או בימי ה[	(I)	1Q69 15,1
ויבכוהו]ארבעים יום כול אנש[י ביתו	(III)	2Q19 2
את ימי חייו]זקן ושבע ימים [	(III)	2Q19 5
ואין כול רעה]כול י[מ]י חיי יוסף	(III)	2Q20 1,2
] / [י]ום המשפט[	(III)	3Q4 6
] / מימים[	(III)	3Q14 1,2
] / עד היום הזה ועד דורות עולם[	(V)	4Q158 1-2,9
] / ביום ההואה ויאמר אל תוא[כל	(V)	4Q158 1-2,12
רק פ[עם] אחת יתננו כול ימיו	(V)	4Q159 1ii7
ונענש שני מנים / ושלח כול ימיו	(V)	4Q159 2-4,10
]פתגם לאחרית הימים לבוא ◦[	(V)	4Q161 5-6,10
פשר הדבר לאחרית הימים לחובת הארץ	(V)	4Q162 II,1
]ם וביום אחד	(V)	4Q163 4-7i5
והיה ביום ההואה [לוא יוסיף עוד	(V)	4Q163 4-7ii10
לאחר]ית הימים על[	(V)	4Q163 13,3
]ביום ה[הו]אה יבק[שו	(V)	4Q163 13,4
אח]רית הימי[ם	(V)	4Q163 14,2
פשר הדבר לאחרית הימים	(V)	4Q163 23ii10
]ימים ב[	(V)	4Q163 49,2
]ביום / [	(V)	4Q167 4,1
]ל יום[	(V)	4Q167 25,2
לאחרית הימים אשר בכחש	(V)	4Q169 3-4ii2
ורוב / פגרי אשמה יפולו בימיהם	(V)	4Q169 3-4ii6
כיא ראה / כיא בא יומו	(V)	4Q171 1-2ii13
ובימי רעב יש[בע]ו כיא רשעים / יובדו	(V)	4Q171 1+3-4iii2
ולמן היום אשר / [צויתי שפטים]	(V)	4Q174 1-2i1
ב]אחרית הימים כאשר כתוב בספר / [	(V)	4Q174 1-2i2
]בצי[ון בא]חרית הימים כאשר כתוב	(V)	4Q174 1-2i12
בספר ישעיה הנביא לאחרית [ה]ימים	(V)	4Q174 1-2i15
]בחירי ישראל באחרית הימים	(V)	4Q174 1-2i19
]יומי {{ה}}עמי[	(V)	4Q174 15,2
ולשמור את כול / מצותי כול היומים	(V)	4Q175 4
כימי נוח זות לי	(V)	4Q176 8-11,10
]ו באחרית הימים בעת אשר יבקש ◦[	(V)	4Q177 1-4,5
]הימים אשר יקבצו עליה[ם	(V)	4Q177 7,4
]לאחרית ה[י]מים אשר אמר דויד	(V)	4Q177 12-13i2
]ת הימים[	(V)	4Q178 2,3
אחר]ית הימי[ם	(V)	4Q178 3,4
]הימים ולוא[	(V)	4Q178 9,2
]דרך שני ימים ◦[	(V)	4Q180 5-6,3
]אחרית הימים על {{ע}}[	(V)	4Q182 1,1
]מיא לאחרית הי[מי]ם[	(V)	4Q182 2,1
הלוא טוב יום / אחד[	(V)	4Q185 1-2ii4
וכול ימיכה בני לאלהים הי[ה ז]כר[	(XIX)	4Q200 2,3
אמת היה[עושה כ]ול ימי ח[ייכה	(XIX)	4Q200 2,4
שלמו להמה ארבע[ת] עשר ימי [החתנה]	(XIX)	4Q200 4,1
]ך היום[	(XIX)	4Q200 8,1
] / מימיו וחושך[	(XXXVI)	4Q215a 2,3
הברית אשר א]נכי כורת ביני ובינך היום	(XIII)	4Q216 I,14
וכל אשר ברא]וישבת בים [השביעי]	(XIII)	4Q216 V,2
וביו[ם השני עשה את הרקיע	(XIII)	4Q216 V,12
עשה {עשה} ביום השל[ישי]	(XIII)	4Q216 VI,4
להאיר על כל הארץ ו]למשל ביום ובלילה	(XIII)	4Q216 VI,6
לימ[ים] ול[ש]בתות ול[חדשים] / [ולמועדים	(XIII)	4Q216 VI,7
[וביו]ם הששי את כל חי[ת הארץ	(XIII)	4Q216 VII,1
] / עשוים ששת ימים [	(XIII)	4Q216 VII,7
ונשבותה ביום הש[ביעי מכל מלאכה	(XIII)	4Q216 VII,8

ועל חסדיו אשען כול היום		1QS X,16
לוא א{{טור}}תפוש {{באפ לשבי}} עד יום נקם		1QS X,19
לכול עדת ישראל באחרית הימים	(I)	1QSa I,1
וכפי יומיו ישכילוהו בחוקי הברית	(I)	1QSa I,7
וקדשום שלושת ימים	(I)	1QSa I,26
על הבו]גדים לאחרית א / הימים		1QpHab II,6
ולאחרית הימים ינתן הונם עם שללם		1QpHab IX,6
ובקץ מועד מנוחת / יום הכפורים		1QpHab XI,7
לבלעם / ולכשילם ביום צום שבת מנוחתם		1QpHab XI,8
והמה לוא יצילום ביום המשפט		1QpHab XII,14
וביומ / המשפט יכלה אל את כול עובדי		1QpHab XIII,2
ושמחה ואורך ימים לכול בני אור		1QM I,9
וביום נפול בו כתיים קרב		
כיא הואה יום יעוד לו מאז		1QM I,10
ותרועת אלים ואנשים ליום הווה		1QM I,11
וביום מלחמתם בכתיים / יצ◦[		1QM I,12
לחודשיהם ולשבתות ולכול ימי השנה		1QM II,4
ומלאים בתכון ימיהם מלומדי מלחמה		1QM VI,12
ותכון / ימיהם מבן שלושים שנה		1QM VI,14
ותמימי רוח ובשר ועתודים ליום נקם		1QM VII,5
לוא יהיה טהור ממקורו ביום המלחמה		1QM VII,6
שמעה ישראל אתמה קרבים היום למלחמה		1QM X,3
כי]א מאז יעדתה לכה יום קרב ר◦◦[		1QM XIII,14
ונגד כול חיל / בליעל הנועדים עמו ליום ◦[		1QM XV,3
כיא {{יום}} מועד מלחמה היום הזה / [		1QM XV,12
כיא {{יום}} מועד מלחמה היום הזה / [		
וסדר[י] ק[ד]ושים / [ ]◦דים ליום [		1QM XV,15
היום מועדו להכניע ולהשפיל		1QM XVII,5
ביום ההואה יעמוד כוהן הרואש		1QM XVIII,5
והיום הופיע / לנו כיא[		1QM XVIII,10
ועתה היום אץ לנו לרדוף המונם		1QM XVIII,12
ל]היות זרעם לפניך כול הימים ושמ[		1QH[a] IV,14
ולהנחילם בכול כבוד אדם [ו]רוב ימים		1QH[a] IV,15
ר]וב עדנים עם שלום / עולם ואורך ימים		1QH[a] V,24
וי]אהבו אותך כול הימים וא◦◦◦[		1QH[a] VII,9
ומרחם הקדשתם ליום הרגה		1QH[a] VII,17
לרוח אדם אשר יצרת בתבל לכול ימי עולם		1QH[a] IX,15
] / ליום עם חד◦◦◦[		1QH[a] XIII,1
וכול היום ידכאו נפשי		1QH[a] XIII,17
כי עששו מכעס עיני ונפשי במרורי יום		1QH[a] XIII,34
ויפרח כאש בוער עצור בע[צמי] עד ימימיה		1QH[a] XVI,30
וברוח קודשכה תשעשעני ועד היום [		1QH[a] XVII,32
ובגבורתכה אשוחחה כול / היום תמיד		1QH[a] XIX,6
]בתקופות יום לתכונו לחוקות מאור גדול		1QH[a] XX,5
אשר ינצל[ו] מיום / [משפט	(I)	1Q14 8-10,8
בטרם לדת חק]כמוץ עבר [י]ום	(I)	1Q15 2a
אשר עש]ה מיום ל[כת אחיו י]עקב אל חרן	(I)	1Q18 1-2,4
ה[מה] ובני[הם כול] הימים אשר המה [חיים	(I)	1Q22 1i6
[ומועדים] את אשר / אנו[כי] מצוך היום	(I)	1Q22 1i9
[היו]ם הזה [תהיה לע]ם לאלוהי [אלוהי]ך	(I)	1Q22 1ii1
[ומצוותי א]שר / [אנוכי] מצוך [הי]ום	(I)	1Q22 1ii2
ושכ[חתה א]שר אנוכי [מצו]ך היום	(I)	1Q22 1ii4
[כי] הוא חי[יכה] ואורך ימ[יכה]	(I)	1Q22 1ii5
[זה] ארבעים / [שנה מ]יום צ[את]נו מארץ	(I)	1Q22 1ii6
]ת ביום הזה[	(I)	1Q22 1iii9
[במדבר אבו]תיכם עד יום[עש]ור לחודש ה[	(I)	1Q22 1iii10
וביום ע[שר ל]חודש יכופר[	(I)	1Q22 1iii11
] וביום [	(I)	1Q22 1iv4
היום[	(I)	1Q27 9-10,1
]ויום[	(I)	1Q29 12,1

במבוא מועדים לימי חדש	(XXVI)	4Q**256** XIX,1
בהתחדשם **יום** גדול לקודש קודשים	(XXVI)	4Q**256** XIX,2
בראשית ירחים למועדיהם / **ימי**[קודש	(XXVI)	4Q**256** XIX,4
בהשלם חוק תכונם **יום** מ[שפטו זה לזה]	(XXVI)	4Q**256** XIX,5
ורו]ב שלום באו[רך **ימי**]**ם** ופ[ר]ות זרע	(XXVI)	4Q**257** V,4
בהכין אלה בי]סוד היחד שנתים **ימים**	(XXVI)	4Q**258** VI,4
ומן המשפט שנת[ים **ימי**]**ם** ושב במדרש	(XXVI)	4Q**258** VII,1
אך / שנתים[י]**מים** יבחן לתמים דרכו	(XXVI)	4Q**258** VII,3
איש מקנא לחוק ועתי **ליום** [נקם	(XXVI)	4Q**258** VIII,7
בהתחדשם **יום** גדול לקודש קודשים	(XXVI)	4Q**258** IX,1
בראשית ירחים למועדיהם **וימי** / קודש	(XXVI)	4Q**258** IX,2
בהש]לם חוק / תכונם **יום** משפטו זה לזה	(XXVI)	4Q**258** IX,5
ע[ם מבוא] **יום**[ו]ל[י]לה אבואה בברית / [אל	(XXVI)	4Q**258** IX,9
ואם יזקפו ונפטר] / ונענש שלושים **יום**	(XXVI)	4Q**259** I,9
ו[נענש שלוש]ים **יום**	(XXVI)	4Q**259** I,11
ונראתה ערותו] / ונענש ששים **יום**	(XXVI)	4Q**259** I,13
ונענש שלשים **י**[**ום**	(XXVI)	4Q**259** I,14
לשות ב[ה ונענש עשרת י]**מי**[**ם**	(XXVI)	4Q**259** I,15
איש מק[נא לחוק ועת]י **ליום**[נקם	(XXVI)	4Q**259** IV,5
ועל חסד[יו אשען] / כול **היום**	(XXVI)	4Q**260** IV,3
ונע]נש[עש]רת **ימים**	(XXVI)	4Q**261** 5a-c,4
ונפטר ממושב ? ונענש ש]לוש[ים י]**ום**	(XXVI)	4Q**261** 5a-c,5
לק[רוא] בכתבו **ביום** [השבת] / [	(XXXV)	4Q**264**a 1,4
]**ביום** השׁ[ב]ת ואל יד[בר ד]בר	(XXXV)	4Q**264**a 1,7
]תענוג **בי**[**ום** השבת	(XXXV)	4Q**264**a 2-3,1
והובדל שלושים] / [יום ונענש ע]שרת **י**[**מ**]**ים**	(XXXV)	4Q**265** 4i3
] / [והבדילהו] שלושים **יום**	(XXXV)	4Q**265** 4i4
יצ[חה את רעהו ונענש] / שלושים **יום**	(XXXV)	4Q**265** 4i9
בדעתו בכול דבר ונענש שלושים **יום**	(XXXV)	4Q**265** 4i11
] / **ביום** השבת אל[יקח איש	(XXXV)	4Q**265** 6,2
א[שר]בהם עפר או [גז] / **ביום** ⟦ ⟧ השבת	(XXXV)	4Q**265** 6,4
מאהלו כלי ומאכ[ל] / **ביום** ⟦ ⟧ השבת	(XXXV)	4Q**265** 6,5
אשר תפול / אל המים **ביום** השבת	(XXXV)	4Q**265** 6,6
]ל **ביום** ה[שבת	(XXXV)	4Q**265** 7,1
יו]**ם** שבת ולא[	(XXXV)	4Q**265** 7,2
ולא ירחצו ולא] / [יכב]סו [**בי**]**ום** גדול	(XXXV)	4Q**265** 7,4
[יכב]סו [בי]ום גדול וצום **ביום** [הכפורים	(XXXV)	
אשה אשר ילדה זכר] / וטמאה שבעת **ימים**	(XXXV)	4Q**265** 7,15
וטמאה שבעת ימים **כימי** נדת דותה תטמא	(XXXV)	
אשר נסתרו] / מאנוש [מספר י]**מים**	(XVIII)	4Q**266** 1a-b,7
ולא לנטור מ]**יום** [ליום	(XVIII)	4Q**266** 3iii4
[הוא הי]**ום** אשר יפקדו [אל]	(XVIII)	4Q**266** 3iii25
ב]**יום** אשר [תשפוך עליהם העברה	(XVIII)	4Q**266** 3iv1
] וראה הכוהן **ביום** השביעי	(XVIII)	4Q**266** 6i4
בשבעת **הימים** טמא הואה	(XVIII)	4Q**266** 6i11
והיאה לו [בעת] / [נדתה] שבעת **ימים**	(XVIII)	4Q**266** 6ii3
עד בו השמש **ביום** השמיני	(XVIII)	4Q**266** 6ii4
[כ]**י**[**מי**] נדת [דאותה	(XVIII)	4Q**266** 6ii6
[מאת]ים **ימים** ונענש מאה יום	(XVIII)	4Q**266** 10ii1
[מאת]ים ימים ונענש מאה **יום**	(XVIII)	
[ונענש עשרת] **ימים**	(XVIII)	4Q**266** 10ii5
[והובדל]שלושים **יום** [ו]נענש עשרת ימים	(XVIII)	4Q**266** 10ii6
[והובדל]שלושים יום [ו]נענש עשרת **ימים**	(XVIII)	
ו[נענש] עשרה **ימים**	(XVIII)	4Q**266** 10ii8
ונפטר [במושב ונענש שלושים] / **יו**[**ם**]	(XVIII)	4Q**266** 10ii9
ונראתה ערותו והובדל שלו]שים / [**יו**]**ם**	(XVIII)	4Q**266** 10ii12
ונענש חמשת [עשר] **ימים**	(XVIII)	4Q**266** 10ii13
לוא באו [מ]**יום** סור א[פ]רים מעל / [יהודה	(XVIII)	4Q**267** 9v3
ב]שבעת[**הימי**]**ם** [ ] / [	(XVIII)	4Q**269** 7,5
והובדל שלושה חדשים ונענ]ש עשרים [**יו**]**ם**	(XXXVI)	4Q**269** 11i6

ואת **היום** ה[שביעי אגיד להם לשובתם	(XIII)	4Q**216** VII,12
אשר ירצה לפניו] / כל **הימים**	(XIII)	4Q**216** VII,14
]ם וכל[הנ]ברא עד **היום** א[שר	(XIII)	4Q**217** 2,3
כי] / קדוש הוא [מ]כל **הימים**	(XIII)	4Q**218** 2
[ישמר]ו / [בני ישראל]את **היום** הז[ה	(XIII)	4Q**218** 4
ידעתי יום מותי כי אני שבע] / **ימי**	(XIII)	4Q**219** I,13
מתח]ת השמים בכול **היימים**	(XIII)	4Q**219** II,31
[מתחת השמים בכו]ל **הי**[**מים**	(XIII)	4Q**221** 1,9
יקומו מע]תה עד **י**[**ו**]**ם** / [המשפט הגדול	(XIII)	4Q**221** 3,2
ובימי]**ם** ההסה / [אם יחיה אדם יובל וחצי	(XIII)	4Q**221** 3,4
הרבה לחיות ו]רוב **ימו**	(XIII)	4Q**221** 3,5
[כי]א אין לו לחיות {{ים[אחר}} יום אחד	(XIII)	4Q**221** 4,7
[בכו]ל **הימ**[**ים** לפני יהוה	(XIII)	4Q**221** 7,8
[כול]**ימי** חי{{א}}י לא[אקח לי אשה	(XIII)	4Q**222** 1,1
מיום [ה]ליכת אחיהו / [יעקוב אל חרן	(XIII)	4Q**223-224** 2i50
עד]**היום** הזה לוא[גרע ממנו	(XIII)	4Q**223-224** 2i54
וינוחו וישנו **ביו**]**ם** [ההוא	(XIII)	4Q**223-224** 2iii10
וישן יצחק במטתו **ביו**]**ם** הזה שמח וישן	(XIII)	
ל[פי חלוקות]**ימי**[הולדתו]	(XIII)	4Q**223-224** 2iii14
ותכבד את יעקוב ובכול י]**מי** חייה [עמו	(XIII)	4Q**223-224** 2iii19
והיו] / [מעלים מס ליעקוב עד **יו**]**ם** יורדם[	(XIII)	4Q**223-224** 2iv33
]הבריאה עד **יום** הבריאה[החדשה	(XIII)	4Q**225** 1,7
]**וביום** אשר ◦[	(XIII)	4Q**225** 1,9
ויהיו כול] / **ימי** אברהם וישחק ויעקוב	(XIII)	4Q**225** 2ii12
כו]ל [ה]**ימים** ההמ[ה	(XIII)	4Q**226** 5,2
]**מיום** עוברם את ה[ירדן	(XIII)	4Q**226** 6,4
]את כול **ימי** [	(XIII)	4Q**227** 1,3
]ל◦**ובימ**[**ים**	(XIII)	4Q**228** 1i13
] / ◦◦◦ **היום**[	(XIII)	4Q**228** 1ii1
[אז תרצה הארץ את שבתתיה כ]ל **ימי**[השמה	(XXXVI)	4Q**249**l 2
]מיא נדה בש[ר]ו **ביום** [ה]שבת / [	(XXXV)	4Q**251** 1-2,6
] **בי**[**ו**]**ם** הששי בשר ער[וה]	(XXXV)	4Q**251** 1-2,7
חלות החמץ אשר יביאו [**בי**]**ום** ה[בכורים]	(XXXV)	4Q**251** 9,4
] / עד **יום** בא לחם הבכורים אל ◦[	(XXXV)	4Q**251** 9,6
ויחתכו **ימיהם** מאה ועשרים / שנה	(XXII)	4Q**252** I,2
ביום ההוא / נבקעו כול מעינות תהום רבה	(XXII)	4Q**252** I,4
ויהי הגשם על / הארץ ארבעים **יום**	(XXII)	4Q**252** I,6
עד **יום** עשרים וששה בחודש / השלישי	(XXII)	
בחודש / השלישי **יום** חמשה בשבת	(XXII)	4Q**252** I,7
המים על הארץ חמשים ומאת **יום**	(XXII)	
עד **יום** ארבעה עשר בחודש השביעי	(XXII)	4Q**252** I,8
ובסוף חמשים / ומאת **יום** חסרו המים	(XXII)	4Q**252** I,9
חסרו המים שני **ימים** יום הרביעי ויום החמישי	(XXII)	
חסרו המים שני ימים **יום** הרביעי ויום החמישי	(XXII)	
חסרו המים שני ימים יום הרביעי **ויום** החמישי	(XXII)	
ויום / הששי נחה התבה על הרי הוררט	(XXII)	
ה[וא **יו**]**ם** שבעה עשר בחודש השביעי	(XXII)	4Q**252** I,10
באחד בו **יום** רביעי / לשבת	(XXII)	4Q**252** I,11
ויהי מקץ ארבעים **יום**	(XXII)	4Q**252** I,12
יום אחד בשבת הוא יום עשרה	(XXII)	4Q**252** I,13
הוא **יום** עשרה / בעש[תי עשר] החודש	(XXII)	
ויחל עוד שבעת **ימים** א[חרים]	(XXII)	4Q**252** I,15
ומקץ שבעת **ימים** אחר[ים שלח א]ת ה[יונה	(XXII)	4Q**252** I,18
ולוא] / יספה לשוב עוד הוא **יום** אח[ד	(XXII)	4Q**252** I,19
ובשבעה עשר **יום** לחודש השני / יבשה הארץ	(XXII)	4Q**252** II,1
ביום ההוא יצא נוח מן התבה	(XXII)	4Q**252** II,2
לימים שלוש מאות ששים וארבעה	(XXII)	4Q**252** II,3
כאשר דבר למושה באחרית **הימים**	(XXII)	4Q**252** IV,2
נוח יצא מן התבה למועד **ימים** ימימה	(XXII)	4Q**254**a 3,2
נוח יצא מן התבה למועד ימים **ימימה**	(XXII)	

ונענש חמשת] / [ע]שר [ימי]ם	(XXXVI)	4Q269 11ii+15,2
או יק]רב אל אשתו ביום / [השבת ?	(XVIII)	4Q270 2i18
]ם יום וע[	(XVIII)	4Q270 3i20
ביום אחד תרומה בה עשרון / [אחד	(XVIII)	4Q270 3ii18
אם החריש לו מיום ליום ובחר[ו]ת אפו	(XVIII)	4Q270 6iii19
אם החריש לו מיום ליום ובחר[ו]ת אפו	(XVIII)	
א[שר] / לא מלאו ימו לעבור[על הפקודים	(XVIII)	4Q270 6iv14
כי במועל [ה]אדם[מע]טו / ימו	(XVIII)	4Q270 6iv19
עד אשר לא [ישלי]מו א[ת ימ]יהם	(XVIII)	
אל ימר איש] / עבדו ואת אמ[ת]ו ביום השב[ת	(XVIII)	4Q270 6v17
ונענש עשר[ת] ימים	(XVIII)	4Q270 7i14
וכול נער אשר לו]א מלאו ימיו	(XVIII)	4Q271 2,13
ביו]ם / [דברו עם המבקר אשר לרבים	(XVIII)	4Q271 4i10
וביום אשר יקים [האיש ע]ל נפשו	(XVIII)	4Q271 4ii6
ע]ל כן נמול [אברהם בי]ום דע[תו	(XVIII)	4Q271 4ii7
ת]שב א[ת] / שבעת הימים[	(XVIII)	4Q272 1ii9
] / הכה[ן בי]ום השביע[י	(XVIII)	4Q273 4ii3
]מימי ספרה את דם ◦◦◦◦◦ עד אשר י[	(XVIII)	4Q273 5,5
טמא טמא / יקרא כול ימי היות [בו הנ]גע	(XXXV)	4Q274 1i4
והזבה דם לשבעת הימים אל תגע בזב	(XXXV)	
א]ל תתערב בשבעת / ימיה	(XXXV)	4Q274 1i6
בכול אשה[זב]ה ◦דם לימים רב[ים]	(XXXV)	
בשבעת ימי טה[רתו א]ל יוכל	(XXXV)	4Q274 1i9
ואם יח]ול עליו השביעי ביומ השבת	(XXXV)	4Q274 2i2
[ ] טמאי הי[מים	(XXXV)	4Q274 3ii2
יו]ם המשפט [	(XXVI)	4Q275 2,5
וארבעת מו]עדי השנה בימי / [	(XXXV)	4Q284 1,5
בבוא] / שמש היום השביעי [	(XXXV)	4Q284 2ii4
]◦ בבוא שמש היום הש[ביעי	(XXXV)	4Q284 3,2
מיום] ל[יו]ם לוא / [	(XI)	4Q286 20,3
]◦ תמו כול [י]ומ[י ממשלת בליעל	(XI)	4Q290 2
] יהגה יום[	(XXXVI)	4Q294 4
והו[סיפו ד]עת[י]מי תעודה	(XX)	4Q298 3-4ii8
]בו וביום[	(XX)	4Q299 18,2
]◦יום ◦◦מס[	(XX)	4Q299 82,4
]ימים י[	(XX)	4Q299 89,2
]ימים [	(XX)	4Q300 2ii1
מ]חזה ימינו[	(XX)	4Q300 8,1
]כיא בו יום הריב ◦[	(XX)	4Q300 9,2
] היום [	(XX)	4Q300 13,1
] / כי יעברו [מיום] ליום ומחדש לחד[ש	(XXXVI)	4Q306 1,2
וכן תבו]א ליום / [	(XXVIII)	4Q317 1ai19
וכן תבוא]ליום / [	(XXVIII)	4Q317 1ai20
וכן תבוא לי]ום / [	(XXVIII)	4Q317 1ai21
וכן תבוא ל]יום / [	(XXVIII)	4Q317 1ai22
וכן תבוא ליו]ם / [	(XXVIII)	4Q317 1ai23
וכן תבוא ל]יום / [	(XXVIII)	4Q317 1ai24
וכן תבוא ל]יום / [	(XXVIII)	4Q317 1ai25
וכן תבו]א ליום / [	(XXVIII)	4Q317 1ai26
וכן ת]בוא ליום / [	(XXVIII)	4Q317 1ai27
וכן תבו]א ליום / [	(XXVIII)	4Q317 1ai28
וכן תב]וא ליום / [	(XXVIII)	4Q317 1ai29
וכן תבו]א ליום / [	(XXVIII)	4Q317 1ai30
וכן תבו]א ליום / [	(XXVIII)	4Q317 1ai31
תכס[ה ארבע עשרא וכן] / תבוא ליום	(XXVIII)	4Q317 1+1aii6
תכסה מחלוקת אחת וכן] / ת[ב]וא ליום	(XXVIII)	4Q317 1+1aii31
ל]יום [[ ]]	(XXVIII)	4Q317 2,23
] תמשול [אור]ה ליום ב[תוך הרקיע	(XXVIII)	4Q317 2,27
וכן ת]בוא לי[ום	(XXVIII)	4Q317 29,2
]יום[	(XXVIII)	4Q317 48,2

]אות הי[וב]לים [ש]נת יובלים לימי[קדש	(XXI)	4Q319 VI,18
ב6] / [ביוירי]ב יום הכפורים[	(XXI)	4Q319 12,3
ב4 ביחזק]אל יום הזכר[ון	(XXI)	4Q319 13,5
]יום [	(XXI)	4Q319 66a,1
י]ום בשכ[ניה	(XXI)	4Q319 77,3
י]ום[	(XXI)	4Q319 85,2
ב2 [במימ]ן ל30 ביום שנים	(XXI)	4Q320 2,14
] / ימים ◦[	(XXI)	4Q320 3ii10
הימים ולשבתת / לחדשים	(XXI)	4Q320 4ii10
ב4 במעוזיה יום הזכרון	(XXI)	4Q320 4iii6
[ב]6 ביריב יום הכפורים	(XXI)	4Q320 4iii7
ב4 בשערים יום [הז]כרו[ן]	(XXI)	4Q320 4iv2
ב6 במלכי[ה] יום הכפ[ורי]ם	(XXI)	4Q320 4iv3
[ב4] ביקים יום הזכרון	(XXI)	4Q320 4v5
[ב6] בחפא יום הכפורים	(XXI)	4Q320 4v6
ב6 בחזיר יום הכפורים	(XXI)	4Q320 4vi1
[ב6] ביכין י[ום הכפורים]	(XXI)	4Q320 4vi11
]150 ימ[י]ם [	(XXI)	4Q320 6,2
ימי]ם 12 / [	(XXI)	4Q320 7i2
]◦ל◦ ימים[	(XXI)	4Q320 8,2
השבי[עי] / במועזיה הואה יום הזכרון	(XXI)	4Q321 V,2
ביויריב בוא יום הכפורים	(XXI)	
השביעי בשעורים הואה י]ום הזכרון	(XXI)	4Q321 V,6
[השביעי באביה] [הואה י]ום[הזכרון	(XXI)	4Q321 VI,1
בישוע] בוא י[ום כפורים]	(XXI)	
הש]ביעי ביקי[ם הואה יו]ם [הזכרון	(XXI)	4Q321 VI,5
השביעי / באמר הואה יום הזכר[ון	(XXI)	4Q321 VI,9
ושלו]שה בה ביאת יקים ויום ר[ביעי ביקים	(XXI)	4Q322 1,3
]◦ בס◦◦[יו]ם שני בחפה שהו[א שנים בתשיעי	(XXI)	4Q322 1,3a
עשרה בשביעי זה יום / [הכפורים	(XXI)	4Q324 1,6
ז]ה יום ◦ל[	(XXI)	4Q324a 1i2
יום[ ]◦[ביאת ח]ר[ים] בארב[עה עשר בוא	(XXI)	4Q324a 1ii1
יום רביעי [ב]מלכיה זה אחד בחודש	(XXI)	4Q324a 1ii3
יו[ם	(XXI)	4Q324a Dii1
י]שוע יום רביע[י	(XXI)	4Q324c 1,2
י]ום הרב[יעי]תקופ[ה	(XXVIII)	4Q324d 3ii3
]עשר בו יו[ם ה]כפורים[	(XXVIII)	4Q324d 3ii4a
חש]בנות הימים	(XXVIII)	4Q324d 7i lft marg
] / יום הש[ני	(XXVIII)	4Q324d 7ii2
] / יום ר[ביעי	(XXVIII)	4Q324d 7ii3
]יו[ם	(XXVIII)	4Q324d 12,1
ב15 בו] / חג המצות יום רביע[י	(XXI)	4Q326 3
ובי]ום שירות / [	(XXI)	4Q334 4,3
]עשר בי[ום	(XXI)	4Q334 5,1
] / וביום ש[ירות	(XXI)	4Q334 6,2
ובי]ום שירות / [	(XXI)	4Q334 7,3
הגל הזה עד ביני] / [ובינכה]היום	(XIII)	4Q364 5a-bi2
ויהיו י]מי ישחק מאת שנה	(XIII)	4Q364 8i2
וחטאתי לאבי כול הימי]מ	(XIII)	4Q364 10,4
ויהי מושה בהר] ארבעים יום	(XIII)	4Q364 15,2
לפני יהוה כראישונה ארבעי]מ יומ	(XIII)	4Q364 26bi10
מצות[אשר אנו]כ[י] / [מצוה אתכם היו]מ	(XIII)	4Q364 30,5
ולמען תארי]כו ימים על הארמ[ה	(XIII)	4Q364 30,7
ישועת יהו]ה אשר[יעשה]לכמה היום	(XIII)	4Q365 6ai2
[בסו]כות תשבו שבעת ימים	(XIII)	4Q365 23,1
ולנדבות ולעולות דבר יום[	(XIII)	4Q365 23,7
]◦◦י המקריבים ביום הריש[ו]ן לוי ◦[	(XIII)	4Q365 23,10
ראו]בן ושמעון[וב]יום הרב[יעי	(XIII)	4Q365 23,11
והיו לכה ימי[ש]ב[ע] / [?	(XIII)	4Q365 24,2
[ויהי בי]ום כלות מושה להקים את המ[שכן	(XIII)	4Q365 28,5

Reference	Vol.	Text
4Q**365** 32,9	(XIII)	והימים ימי בכורות ענבים
4Q**365** 32,9	(XIII)	והימים ימי בכורות ענבים
4Q**365**a 2i2	(XIII)	]בני ישראל וביום הבכורים / [
4Q**367** 1a-b,4	(XIII)	וביום השמ[יני ימול בשר ער]ל[תו
4Q**367** 1a-b,5	(XIII)	ושלשים[יום ושלש]ת[י]מים תשב[בדמ(י)
4Q**367** 1a-b,8	(XIII)	[ובמ]לאות ימי ט[הרה לבן] או לבת
4Q**368** 2,9	(XXVIII)	את חג המצות תש]מרו שבעת הימים
4Q**370** 1ii5	(XIX)	] / יצמחו וכצל ימיהם ע[ל הארץ
4Q**378** 3ii+4,4	(XXII)	ועתה היום [
4Q**378** 23,3	(XXII)	]◦ בימים ההמ[ה
4Q**380** 7i3	(XI)	]◦למה ביוםצרה / [
4Q**381** 1,8	(XI)	למועד במועד ליום ביום
	(XI)	למועד במועד ליום ביום
4Q**381** 24a+b,7	(XI)	]ביום א[ידי
4Q**381** 31,6	(XI)	אלהי ישעי צפנים ימי עמדי ומה יעשה אנוש
4Q**381** 31,7	(XI)	]לחכי עלידי חרב ביום עברה
4Q**382** 9,5	(XIII)	היד]עתה כי היום •••• לוקח א[ת
4Q**382** 26,2	(XIII)	]לימי שו◦[
4Q**382** 55,3	(XIII)	]◦ ליום הואה [
4Q**382** 114,3	(XIII)	י]מים[
4Q**385** 2,10	(XXX)	ומקץ י]מים יכף עץ ויזקף[
4Q**385** 4,2	(XXX)	ויתבהלו הימים מהר
4Q**385** 4,3	(XXX)	יאמרו / האדם הלא ממהרים הימים
4Q**385** 4,5	(XXX)	הנ[נ]י גודד / את הימים ואת השני[ם
4Q**385**a 1a-bii5	(XXX)	] / וישלמו ימיו וישב שלמה ◦◦◦[
4Q**385**a 12,5	(XXX)	י]שראל שנתים י[מים
4Q**385**a 17a-eii2	(XXX)	]◦◦◦[ ]◦◦ ימי חייהם[ ] / בעפי עץ החיים
4Q**385**a 18ii8	(XXX)	◦[כה תאמר אליהם] / יום יום
	(XXX)	◦[כה תאמר אליהם] / יום יום
4Q**385**b 1,2	(XXX)	ואמרת הנה בא יום אבדן גוים [
4Q**386** 1ii8	(XXX)	כאשר היתה בימי [ ] קדם
4Q**387** 2ii7	(XXX)	בימים / ההמה[י]ה[יה מלך וה]וא גדפן
4Q**387** 2iii1	(XXX)	בימו אשבר את ממלכת [מצרים
4Q**387** 2iii5	(XXX)	וזה להם האות ביום עזבי את הארץ[בהשמה]
4Q**387** 3,6	(XXX)	[והורד]בימיהם גאון מרישיעי ברית
4Q**387** A,4	(XXX)	על כן יללו ביום [
4Q**387** A,5	(XXX)	]ביום שמור ויום ◦[
	(XXX)	]ביום שמור ויום ◦[
4Q**387**a 7,1	(XXX)	ביו]ם ההוא[
4Q**388**a 7ii3	(XXX)	ובימ[ו אעביר] / את ישראל מעם
4Q**388**a 7ii4	(XXX)	בימו אשבור את מלכות מצרים[
4Q**389** E,2	(XXX)	]ביום ולילה ללי[לה
4Q**390** 1,5	(XXX)	אשר עשו ישראל / בימי ממלכתו הרישונים
4Q**390** 2i6	(XXX)	שנים שבעים מיום הפר ה[אלה
4Q**391** 65,2	(XIX)	]◦◦◦ כי ביום ב[
4Q**391** 65,9	(XIX)	]ביום אחת[
4Q**391** 70,1	(XIX)	]כימ[י
4Q**392** 2,3	(XXIX)	]◦ל ממלכה עד היום הזה וי◦◦◦◦[
4Q**394** 1-2ii8	(XXI)	ו[יו]ם השנ[י] / [ויום נוסף]
4Q**394** 3-7i3	(X)	השנה שלוש סאת וש[שים וארבעה] / יום
4Q**394** 3-7i13	(X)	השל[מים] שמניחים אותה מיום ליום
	(X)	שמניחים אותה מיום ליום
4Q**394** 3-7i14	(X)	על החלבים והבשר ביום זו[ב]חם
4Q**396** 1-2i2	(X)	האם ואת הולד ביום אחד
4Q**396** 1-2iii7	(X)	[י]שב מחוץ / [לאוהלו שבעת י]מים
4Q**396** 1-2iv1	(X)	מהקו[ד]שים / עד בוא השמש ביום השמיני
4Q**397** 14-21,13	(X)	הדבר[ים האלה באח]רית הימים
4Q**397** 14-21,16	(X)	בי]מי [שלומוה בן דויד ואף הקללות]
4Q**397** 22,1	(X)	שבאוו]מיומ[י ירובעם
4Q**398** 11-13,1	(X)	]בימי שלומוה בן דויד
4Q**398** 11-13,2	(X)	הקללות / [ש]באוו בימי [יר]ובעם בן נבט
4Q**398** 11-13,4	(X)	וזה הוא אחרית הימים שישובו בישראל
4Q**398** 14-17i6	(X)	הדברים] האלה באחרי[ת] הימים
4Q**409** 1i1	(XXIX)	הלל וברך בי]מי הב[כורים]
4Q**409** 1i3	(XXIX)	הל]ל וברך בימי / [מועד העצים
4Q**409** 1i5	(XXIX)	הלל וברך] ביום זכרון תרועה / [בשופר
4Q**409** 1i9	(XXIX)	הלל וברך] בימים האלה / [
4Q**410** 1,7	(XXXVI)	כ]ול ימי עד
4Q**411** 1ii3	(XX)	] / טוב יום אחד[
4Q**414** 7,5	(XXXV)	] / היום אשר[
4Q**414** 7,10	(XXXV)	] / והיה ביום[
4Q**414** 12,3	(XXXV)	] / [ו]ביו[ם
4Q**414** 13,10	(XXXV)	] / [ ]ות עול[מ]ים והיו[ם
4Q**414** 32ii3	(XXXV)	] / ובי[ום
4Q**415** 2ii3	(XXXIV)	] / כול היום ובחיקו בר[
4Q**416** 2iii19	(XXXIV)	למען חייכה וארוך ימיכה
4Q**418** 10a-b,2	(XXXIV)	למען חייכה ואורך]ימיכה
4Q**418** 86,2	(XXXIV)	]◦◦[ ]וימי גורלה ו[
4Q**418** 126ii10	(XXXIV)	ובאמונתו ישיחו כול היום תמיד יהללו שמו
4Q**418** 127,2	(XXXIV)	]צפה כול היום ואותה נפשכה
4Q**418** 137,4	(XXXIV)	]ואורך ימיכה ירבו מודה ושכ[
4Q**418** 137,5	(XXXIV)	]◦ פעלתכה יום תע◦[
4Q**418** 184,2	(XXXIV)	גלה אזנכה ברז נהיה ביום[
4Q**418** 209,1	(XXXIV)	]ולימי[
4Q**418** 212,2	(XXXIV)	]ביום משפטה / [
4Q**418** 223,3	(XXXIV)	]ביום ופתאיה[
4Q**418** 238,4	(XXXIV)	י]מי נצח ◦[
4Q**418** 238,5	(XXXIV)	] יום [
4Q**422** II,7	(XIII)	ארבעים] יום וארב[עים] / לילה
4Q**422** II,12	(XIII)	] / [מו]עדי יום ולילה ◦[
4Q**423** 7,6	(XXXIV)	]ביום אחד
4Q**423** 12,3	(XXXIV)	]◦ בימ[י]ת[בוא]תכה ה[
4Q**425** 6,3	(XX)	אל ?]ישפט ביום [
4Q**426** 1i1	(XX)	כב]וד ומדת דעת ואורך ימים / [
4Q**426** 1i12	(XX)	בסתר מלפני{{ו}} היום / [
4Q**429** 3,8	(XXIX)	ונפשי] / [במרו]רי יום
4Q**432** 11,2	(XXIX)	ונפשי במרו]רי י[ום
4Q**440** 1,4	(XXIX)	]◦ בכול ימי ממשלתו [
4Q**448** III,2	(XI)	] / ביום ועד ערב מ◦◦◦[
4Q**448** III,7	(XI)	] / על יום מלחמה ו◦[
4Q**449** 1,2	(XXIX)	]◦נו ועד היום הזה[
4Q**457a** I,9	(XXIX)	] / בימי[
4Q**463** 2,4	(XIX)	]חה מלבד הימים א[שר
4Q**470** 1,3	(XIX)	יב]וא צדקיה ביום [הה]וא בב[רי]ת / [
4Q**472** 1,1	(XXXVI)	]ביום ◦[
4Q**472** 2,2	(XXXVI)	]כליום [
4Q**476** 1,5	(XXIX)	לק]דש מנוח שבת[ביו]ם[השביעי
4Q**487** 1i5	(VII)	]עו כימי / [
4Q**491** 1-3,8	(VII)	ושבט לפיא פקודיו לדבר יום [ביומו]
4Q**491** 1-3,9	(VII)	היום ההואה מכול שבטיהמה[
4Q**491** 1-3,11	(VII)	המערכה הנצבה למלחמת היום ההואה
4Q**491** 11ii16	(VII)	היום הזה יכניענו אל ישר[אל
4Q**502** 2,7	(VII)	]ביום הזה ◦[
4Q**502** 6-10,14	(VII)	ה]יום אני [
4Q**502** 11,3	(VII)	]ל היו[ם
4Q**502** 20,2	(VII)	אור]ך ימים [
4Q**502** 24,5	(VII)	] ימיכה בשלום ו[
4Q**502** 97,2	(VII)	]שבעת ימי[ם
4Q**502** 102,1	(VII)	י]מלאו ימיו לב[ו]א במ[
4Q**502** 156,1	(VII)	]ימים[

Text	Vol.	Reference
]בּיוֹם[	(VII)	4Q502 202,1
]לֹ[ ]ו והיֹ[ו]ם הזה חדֹש[	(VII)	4Q503 1-6iii2
]הֹיוֹםׄ ארבעה ע[שר	(VII)	4Q503 1-6iii9
כיא ה[יו]םׄ[ההואה בח]משה עשר שעֹר[י אור	(VII)	4Q503 1-6iii14
וֹהֹיוֹםׄ ◦[	(VII)	4Q503 10,2
]◦ אנו היוֹ[ם	(VII)	4Q503 29-32,20
] / שמ[ ]נוֹ חֹ◦[ ]כֹיום[	(VII)	4Q503 33ii-36,3
יו]ם ששׁי / [	(VII)	4Q503 33ii-36,20
] / בֹּיום חמשה ו[עשרים לחודש בערב	(VII)	4Q503 37-38,13
] / וֹביום ששה ו[עשרים לחודש בערב	(VII)	4Q503 37-38,23
] היום[	(VII)	4Q503 61,1
]ם עמנוֹ הֹ[י]וֹם [	(VII)	4Q503 66,1
]היום הֹזה לנו ◦[	(VII)	4Q503 70-71,4
]ׄי היוֹםׄ [	(VII)	4Q503 72,4
] היום[	(VII)	4Q503 82,3
היוֹםׄ[	(VII)	4Q503 133,1
] / בׄיׄ[ום	(VII)	4Q503 140,2
]וביׄ[ום	(VII)	4Q503 174,1
]ׄי יום[	(VII)	4Q503 217,1
]יׄר {{י}}<<ל>>ילה ויום[	(VII)	4Q503 218,4
ל[קר]תנו הרעה באחרית / הימים	(VII)	4Q504 1-2iii14
כסא ישראל לפניך / כול הימים	(VII)	4Q504 1-2iv8
ועתה כיום הזה / אשר נכנע לבנו	(VII)	4Q504 1-2vi4
] / הודות ◦◦ׄ ביום השבת	(VII)	4Q504 1-2vii4
תפלה ביו]ם הרביעי	(VII)	4Q504 3ii5
] / יׄמׄיׄ[	(VII)	4Q506 147,2
] / באחרית הׄימים[	(VII)	4Q509 7,5
]◦◦ ◦[ ]◦כֹה כי ביוֹםׄ ה◦◦[	(VII)	4Q509 131-132ii9
]◦ ימׄיׄםׄ[	(VII)	4Q509 255,1
]יׄמים[	(VII)	4Q511 143,1
] / [ובמילא]תֹ לו שבעת ימי טהֹ[רתו	(VII)	4Q512 11,2
וביום השלישׁי [	(VII)	4Q512 1-6,1
והיום[אני	(VII)	4Q512 1-6,9
י]מי כבודכה / וֹברֹ[ית	(VII)	4Q512 1-6,11
במי רח[ץ] ואנׁי[ה]יׄ[ו]ם[	(VII)	4Q512 42-44ii5
] / ואחר [בוא ה]שמש היום ח[	(VII)	4Q512 48-50,5
]◦[ ]יׄוֹם וֹטֹהֹ[ר	(VII)	4Q512 64,8
]◦כלם כול יׄ[מי	(VII)	4Q512 67,1
] ימי הסגרֹ[ו	(VII)	4Q512 67,2
]ביום שבת לֹ◦◦[	(VII)	4Q513 3-4,3
וֹרחץ וכבס ביׄ[ו]םׄ טהרתֹ[ו	(VII)	4Q514 1i3
וכול טמאי הימים ביום[ט]הֹרתם ירחצו	(VII)	4Q514 1i5
וכול טמאי הימים ביום[ט]הֹרתם ירחצו	(VII)	
וכל[ט]מאי הימם ביום / ט[הרת]ם ירחצו	(VII)	4Q514 1i8
וכל[ט]מאי הימם ביום / ט[הרת]ם ירחצו	(VII)	
לכל] / [ה]יׄמים[ו?]עמו ישכון לֹעד	(XXV)	4Q522 9ii9
]יום[	(XXV)	4Q522 12,1
ויאר]ך ימים רבים על מלכותו הואה	(XXV)	4Q524 6-13,3
ענה] / [לוא יוכל לשלחה כול י]מיו[	(XXV)	4Q524 15-22,2
]רו ביום אש[ר	(XXV)	4Q524 25,3
ישוה בה כול הׄיוםׄ[	(XXV)	4Q525 2iii1
ימלא בטוב ימיכה	(XXV)	4Q525 14ii13
] / אתנודד וביום נחרצתֹ ? [	(XXV)	4Q525 23,2
]הׄיום[	(XXV)	4Q525 38,2
]טׄמא טמא יׄהׄיׄהֹ[כול] יׄ[מי	(III)	5Q13 4,3
מ]יום ורואם מעטו[	(III)	5Q13 24,3
ביר]וֹ[ש]ל[י]םׄ ביום[	(III)	6Q13 6
] / וֹהיה בימׄ[ים ההם	(III)	6Q13 8
] / בימים [	(III)	6Q13 9
]וֹתם ימי / [	(III)	6Q17 2
]◦ם ביום[	(III)	6Q18 8,2
ולכה קויתי / כול היום	(IV)	11Q5 XIX,17
המתאוים ליום ישעך וישישו ברוב כבודך	(IV)	11Q5 XXII,4
לפני המזבח על עולת / התמיד לכול יום	(IV)	11Q5 XXVII,6
עולת / התמיד לכול יום ויום	(IV)	
לכול ימי השנה ארבעה וששים ושלוש / מאות	(IV)	
ולכול ימי המועדות	(IV)	11Q5 XXVII,8
ולים הכפורים שלושים שיר	(IV)	
על כן] / [לא כלה את]שׁני היום[הזה	(XXIII)	11Q12 5,4
פשרו]לֹאׄחֹרית הימים על השבויים אשר[	(XXIII)	11Q13 II,4
ויׄו]ם הכפ]וֹרים ה[וא]ה סֹ[וף]הֹ[יו]בל העשירי	(XXIII)	11Q13 II,7
] / הזואת הואה יום הֹ[שלום א]שר אמֹרֹ[	(XXIII)	11Q13 II,15
וֹביום הנף העומר / [ובפסח השני		11Q19 XI,10
ובששת ימי / [קורבן העצים		11Q19 XI,12
ובימי הש[בתות] תקֹריבו שׁנׄיׄ [כבשים		11Q19 XIII,17
[בכו]לֹ יום ויום [		11Q19 XV,1
[בכו]לֹ יום ויום [		
ימי המלואים לכול] / [יום] ויום		11Q19 XV,5
קדוש י]היה כול ימיו[		11Q19 XVI,4
מקרא קודש יה]יה היום הזה להמה		11Q19 XVII,3
לוא תעשו בו חג מצות שבעת ימיםׄ / ליהוה		11Q19 XVII,11
והקרבתמה בכול יום ויום לשבעת הימים		11Q19 XVII,12
והקרבתמה בכול יום ויום לשבעת הימים		
בכול יום ויום לשבעת הימים הא[לה]		
וביום השביעי / [עצרת] לֹ[יה]וה		11Q19 XVII,15
מקרא קודש יהיה להמה] היום הזה		11Q19 XVIII,3
ביום הניפת העומר		11Q19 XVIII,10
מיום הֹביאכמה את העומר / [התנופה		11Q19 XVIII,11
תספורו / [חמשים] יום		11Q19 XVIII,13
והיה היוֹ[ם הזה] / [מקרא קודש		11Q19 XIX,7
מיום הביאכמה את המנחה חדשה ליהוֹ[ה]		11Q19 XIX,11
ממוֹחרת השבת השביעית תספורו חמשים יום		11Q19 XIX,13
ויקריבו עׄל היין {{הזה}} ביום הזה		11Q19 XIX,15
ביום ההוא תֹא[כל]		11Q19 XX,12
ושמחו ביׄ[ום הזה]		11Q19 XXI,9
וֹספֹר[תמ]ה [לכמ]ה מיוםׄ הזה		11Q19 XXI,12
תשעה / וארבׄעים יום שׁבׄע שבתות תמימות		11Q19 XXI,13
תספורו חמשים יום		11Q19 XXI,14
ואכלום ביום הזה בחצר החיצונה		11Q19 XXII,13
כי ביום הזה יכפרו / [ע]לֹ [כו]לֹ [יצ]הר		11Q19 XXII,15
]אשר יבי[או/ובי[ום ← בוא		11Q19 XXIII,2
[והקריבום ברובע היו?]ם על הֹ[מ]זבח		11Q19 XXIII,8
⟦ ⟧ וביום השני יעשה עולת בנימין		11Q19 XXIV,12
וביום השלישי יעשה / את עולת ראובן לבד		11Q19 XXIV,13
וביום הרביעי / יעשה עולת יששכר לבד		11Q19 XXIV,14
וביום החמישי / יעשה עולת גד לבד		11Q19 XXIV,15
וביום הששי / [יעשה עולת דן לבד		11Q19 XXIV,16
העולה] / [ה]זואת בשלישי[ת] היוםׄ		11Q19 XXV,8
תֹשמחו ביום הזה		11Q19 XXV,9
שבתון יהיהׄ / לכמה היום הזה		11Q19 XXV,10
ובעשרה בחודש הזה / יום כפורים הוא		11Q19 XXV,11
לוא / תתענה בעצם היום הזה		11Q19 XXV,12
פׄעם אחת בשנה יהיה היום הזה להמה לזכרון		11Q19 XXVII,5
מקרא קודש יהיה לכמה היום הזה		11Q19 XXVII,8
ובחׄמׄשה עשר יום לחודש הזה / [מקרא קודש		11Q19 XXVII,10
[והקרב]תֹם ביום ה[ראישון פרים בני בקר		11Q19 XXVIII,03
וֹביום השלישי / [פ]רים עׄשתי עשר		11Q19 XXVIII,6
וביום הרֹ[בי]עי / פרים עשׂרֹ[ה] אלים שנים		11Q19 XXVIII,9
] עוֹלות [דבר יום] ביׄומו כתורת המשפט הזה		11Q19 XXIX,4
אשכין / עליו את כבודי עד יום הברכה/הבריה		11Q19 XXIX,9

11Q19 XXIX,10 להכינו לי כול הימים כברית אשר כרתי
11Q19 XXXIX,7 וילד עד יום / אשר ישׂלׄיׄםׄ חוק]
11Q19 XLIII,2]בימי השבתות ובימ[י
]בימי השבתות ובימ[י
11Q19 XLIII,3]ובימי הבכורים לדגן לת[ירוש וליצהר
11Q19 XLIII,4 באלה הימים יאכל
11Q19 XLIII,7 עד השנה השנית עד יום חג הבכורים
והיין מיום / מועד התירוש עד השנה השנית
11Q19 XLIII,8 עד השנה השנית עד יום מועד / התירוש
11Q19 XLIII,9 והיצהר מיום מועדו עד השנה השנית
11Q19 XLIII,10 למועד יום הקרב שמן חדש עֲלֲהֲמזבח
11Q19 XLIII,13 במרחק מן המקדש דרך שלושת / ימים
11Q19 XLIII,15 ואכלוהו בימי המועדים
11Q19 XLIII,16 ולוא / יואכלו ממנו בימי המעשה
11Q19 XLIII,17 ובימי הקודש יאכל
ולוא יאכל בימי המעשה
11Q19 XLV,5 זה[ב]א וזה יוצא ליום השמיני
11Q19 XLV,8 עד אשר [יש]לים שלושת ימים
11Q19 XLV,9 וכבס בגדיו ורחץ / ביום הראישון
וביום השלישי יכבס בגדיו
11Q19 XLV,12 אשר אשכין שמי בה שלושת ימים
11Q19 XLV,13 עור / לוא יבואו לה כול ימיהמה
11Q19 XLV,15 וספר לו שבעת ימים לטהרתו
ויכבס ביום / השביעי בגדיו
11Q19 XLVI,4 ועד כול הימים אשר א[ני שוכ]ן בתוכם
11Q19 XLIX,6 ימות בו המת יטמא / שבעת ימים
11Q19 XLIX,7 הבא אל הבית יטמא / שבעת ימים
11Q19 XLIX,11 וביום אשר יוציאו ממנו את המת
11Q19 XLIX,13 ביום אשר / יצא המת ממנו יטהרו
11Q19 XLIX,17 ויכבס בגדיו ביום הראישון
11Q19 XLIX,18 וביום השלישי יזו עליהמה מי נדה
11Q19 XLIX,19 וביום השביעי / יזו שנית וירחצו ויכבסו
11Q19 L,4 עד אשר יזו את הש[נית] ביום השביעי
11Q19 L,10 וימות ילדה במעיה כול הימים
11Q19 L,12 וכול כליו שבעת ימים
11Q19 L,13 יבוא עמה יטמא שבעת ימים
11Q19 L,14 וכבס בגדיו / ורחץ ב{{מ}}ים הראישון ← מַיִם
וביום השלישי יזה ויכבס בגדיו
11Q19 L,15 וביום השביעי יזה שנית וכבס בגדיו
11Q19 LI,16 אנוכי נותן לכמה לרשתה כול הימים
11Q19 LII,6 אותו ואת בנו לוא תזבח ביום אחד
11Q19 LII,14 קרוב למקדשי דרך שלושת ימים
11Q19 LIII,20 הנא יאנה אביה אותה ביום שומעו
11Q19 LIV,1 ואם הפר אותמה אחרי] יוׄ[ם] שוׄ[מעו
11Q19 LIV,3 ואׄישה [י]פׄרנו ביום שומעו
11Q19 LIV,6 אשר / אנוכי מצוכה אֻותמ֯ה היום
11Q19 LV,14 מצוותי אשר אנוכי מצוכה / היום לעשות
11Q19 LVII,2 [ונשאו ?] / ביום אשר ימליכו או[תו
11Q19 LVII,18 תהיה עמו כול ימי חייה
11Q19 LIX,15 יושב על כסא / אבותיו כול הימים
11Q19 LIX,21 ויארך ימים רבים על מלכותו הוא ובניו
11Q19 LX,11 הוא וכול בניו כול הימים
11Q19 LXI,9 ולפני / השופטים אשר יהיו בימים ההמה
11Q19 LXIII,14 ובכתה את אביה ואת אמה חודש / ימים
11Q19 LXIV,11 כי קבור תקוברמ{{ה}} ביום ההוא
11Q19 LXV,5 ל[מ]ען ייטב לכה והארכתה ימים
11Q19 LXVI,11 לוא יוכל לשלחה כול ימיו
11Q20 I,20 (XXIII) למלו{{אׄ}} על נפשותמה שבעת ימיׄ[ם]
11Q20 III,21 (XXIII) ברובע]היום יקר[יבו את עול]ת הבכור[ים
11Q20 IV,10 (XXIII) ברובע היום יקריבו / [
11Q20 V,11 (XXIII) ביו]םׄ הזה יכפׄרו על התירוש
11Q20 VI,8 (XXIII) כי ביום הזה יכפרו עׄ[ל כול יצהר הארץ
11Q20 VI,14 (XXIII) וביום הרביעי יששכר[וז]בׄולון
11Q20 VII,22 (XXIII)]ברׄובׄע היׄ[ו]ם תעלה זואת / [
11Q20 XII,5 (XXIII) אשכין שמי בה שלוש]תׄ ימי{{ן}}<<ם>>
11Q20 XII,8 (XXIII) ויכבס ביו]ם השביעי / [בגדיו
11Q20 XIV,1 (XXIII) ע]דׄ יום / [
11Q20 XIV,2 (XXIII) יו]ם השביעי / [
11Q20 XIV,15 (XXIII)] / וב[יו]ם[השביעי יזה שנית וכבס בגדיו
PAM 43.677 10,3 (XXXIII)]◦ן ביוםׄ[
PAM 43.677 20,3 (XXXIII)]רי ימם על[
PAM 43.679 9,3 (XXXIII)]ם יום שב◦◦[
PAM 43.698 1,1 (XXXIII)]חׄנו היוםׄ ◦[
PAM 43.699 11,2 (XXXIII)]ביום ⟦ ⟧[
PAM 44.102 36,2 (XXXIII)]◦ליו יום ויום[
(XXXIII)]◦ליו יום ויום[
PAM 44.102 66,5 (XXXIII)] למיום[
KhQ1 5 (XXXVI)] / מהיום הזה ל<ע>ולׄ[ם

oath (?) noun יומי

4Q381 1,3 (XI)] / נפלאות הוא ביׄוׄמׄי עשה שמים וארץ

by day adverb יוֹמָם

1QS VI,6 העשרה איש דורש בתורה יומם ולילה
1QM XIV,13 עם מ[בו]א יומם ולילה / ומוצאי ערב ובוקר
1QHa XVI,29]תׄתעטף נפשי יומם ולילה / לאין מנוח
1QHa XVIII,15]לסׄפׄר / נפלאותכה ולא להם יומם ול[ילה
1QHa XX,7 מפני{{ת}} אור למוצא לילה ומבוא יומם
4Q299 10,10 (XX)]◦◦ יומםׄ[
4Q391 2,1 (XIX) וׄיׄקׄלׄקל יומםׄ[
4Q392 1,6 (XXIX) לא[ור] יומם ובשמש לילה ירח וכוכבים
4Q408 3+3a,8 (XXXVI) להופיע ממשלת אור לגבול יומםׄ בר[
4Q412 1,10 (XX)] / יומם ולילה
4Q417 2i22 (XXXIV) אל [דומי לכ]הׄ / יומם ולילה
4Q418 69ii5 (XXXIV) ומה יׄאנחו מתים על כׄ[ל יומ]ם
4Q503 1-6iii10 (VII)] אור היומם
4Q503 7-9,1 (VII)]אׄור היומם לדעתנו[
4Q503 10,3 (VII)]היומם תשעה [
4Q503 11,4 (VII) ועדים עמנו במעמד {{בׄמׄעׄ}} יומם[
4Q503 14,1 (VII) או]ר היומם [
4Q503 15-16,6 (VII)]בממשל אור היומם בׄרׄוך [
4Q503 33i+34,1 (VII) או]ר היומם / [
4Q503 51-55,6a (VII)]אׄור היׄומם
4Q508 39,1 (VII) ואנו חיינו בלב יגון יׄ[ומם
4Q508 41,2 (VII)]דה יומם וׄלילה[
4Q512 51-55ii14 (VII)] / יומםׄ[
11Q19 LVII,10 והיו עמו תמיד / יומם ולילה

Javan, Greece proper noun יָוָן-2

CD VIII,11 וראש הפתנים הוא ראש מלכי יון
CD XIX,24 וראש פתנים הוא ראש / מלכי יון
4Q169 3-4i2 (V) פשרו על דמי]טרוס מלך יון
4Q169 3-4i3 (V)]◦יד מלכי יון
4Q248 2 (XXXVI) ומשל ב]מׄצׄרׄים וביׄון
4Q385a 16a-b,4 (XXX) וה]ורשתי את יון[
PAM 43.664 82,1 (XXXIII)] יון [

mire noun יָוֵן

4Q160 5,1 (V)]מטיט יון[

dove noun **יוֹנָה-1**
4Q252 I,14 (XXII) וישלח אֿת היונה לראות הקלו המים
4Q252 I,20 (XXII) ומקץ שלושֿ[ים ואחד ימים משלח את היונ]ה
4Q254a 1-2,1 (XXII)]היונה ◦[
4Q266 6aii1 (XVIII)]יֿונה [
4Q367 1a-b,9 (XIII) ובֿ[ן י]וֿנֿה או תֿ[ר לחטאת]
4Q424 2,4 (XXXVI)]ן ובן יונה יחֿ[י]דו[ ]איש א[
11Q19 XXXVIII,10 העוף֯ ולתורים לבני היונהֿ [
11Q19 LX,9 ומבני היונה ומעשר מן הדבש
11Q19 LX,10 מן בני היונה כי במה בחרתי מ֯כול שבטיכה

Jonathan proper noun **יוֹנָתָן, יְהוֹנָתָן**
4Q448 II,2 (XI) עור קדש / על יונתן המלכ
4Q448 III,8 (XI)] / ליונתן המלֿ[ך
4Q523 1-2,2 (XXV)]◦ אוגו/◦ יהונתֿןֿ[

Joseph proper noun **יוֹסֵף, יְהוֹסֵף**
2Q20 1,2 (III) ואין כול רעה]כול י[מ]◦ חיי יוסף
4Q348 9 (XXVII)]◦◦ ◦◦◦◦◦יהוחֿנן בר יֿהֿוֿסֿףֿ ◦[
4Q348 14 (XXVII) בר י]הוסף מתתיה בר שמעון אלעזר
4Q348 16 (XXVII)]◦ ב[ר י]הוחנן יהוסף בר ◦◦◦◦[
4Q364 10,8 (XIII) ולוא יכול יהוס]פ להתאפֿק / [
4Q364 11,6 (XIII) ויגידו לו לאמור עוד יה[וסף חי
4Q364 12,2 (XIII) ו[יבר]כֿ[את] יה[וסף
4Q365 36,4 (XIII) בן מכיר בן מנשה ממשפחות] / בני יהוספ
4Q371 1a-b,8 (XXVIII) וב]כול זן יוסףֿ[מוטל בארצות]
4Q371 3,2 (XXVIII)]ות יוס[ף
4Q372 1,10 (XXVIII) ובכל זה יוסף מוטל בארצות
4Q372 1,14 (XXVIII) וֿבכל זה יוסף [נתן]
4Q458 12,5 (XXXVI)]יהוסף[
11Q19 XXIV,13 ואחריהֿ / יעשה עולת בני י֯ה֯וסף
11Q19 XXXIX,12 [ר]אובן יוסף ובנימין לנגב / דרום
11Q19 XLIV,13 ומשער / ראובן עד שער יוסף לבני יוסף
ומשער / ראובן עד שער יוסף לבני יוסף
11Q19 XLIV,14 ומשער יוסף עד שער בנימין לבני קהת
PAM 43.676 6,1 (XXXIII)]רֿא יוסף[
KhQ2 3 (XXXVI)] / [יהוס]פ בנ נתןֿ[

Jehozadak proper noun **יוֹצָדָק**
6Q13 5 (III) ישוע] / בן יוצדק אשר[

יוצר ← יֵצֶר-1

יוֹרְדֵּן ← יַרְדֵּן

early rain noun **יוֹרֶה**
1QH[a] XVI,16 ואתה אלי שמתה בפי כיורה גשם
4Q285 8,6 (XXXVI) גשמי ברכה] / [טל ו]מֿטר יוֿ[ר]הֿ ומלקוֿ[ש]
4Q302 2ii5 (XX) ועֿשהֿ פרי שמן ◦◦◦ ◦◦ / יורה ומלקוש ◦◦ֿ◦[
11Q14 1ii9 (XXIII) גשמי ברכה טל ומטר יורה ומלקוש בעתו

יוֹשֻׁעַ ← יֵשׁוּעַ

uprightness, integrity noun **יוֹשֶׁר, יֹשֶׁר**
CD VIII,14 ובישר לבבך אתה בא לרשת / את הגוים
CD XIX,27 וביושֿר לבבך אתה בא לרשת את הגוים
1QS III,8 וברוח יושר וענוה תכופר חטתו
1QH[a] XIV,10 וכי֯ו֯שיר אמֿתֿכה להכינם בעצתכה
4Q184 1,17 (V)] / במעגלי יושֿר להשגות אנוש בדרכי שוחה
4Q223-224 2i49 (XIII) ואֿ[ין] עמו ישר כי / [ירצה הוא אחרי מותך
4Q255 2,2 (XXVI) וברוחֿ ישֿר ועֿנו[ה תכופ]ר חטֿ[תו
4Q286 1ii7 (XI) ומכוני יושֿ[ר רב] / חסדֿיֿםֿ וענות טוב
4Q403 1i17 (XI) לכֿ[ול] הול[כי יו]שר בֿ[שב]עֿה דברי הֿ[וד
4Q511 2ii9 (VII)] / יודע יושֿר יֿשרים בישֿ[
4Q525 10,4 (XXV)] וענוה ויושֿר ולחֿטֿאֿתֿ ולֿתֿ[ום

Jotham proper noun **יוֹתָם**
3Q4 2 (III) ויותם אחז וֿיֿ[חזקיה מלכי יהודה

more, remainder, rest noun **יוֹתֵר**
1Q27 1ii3 (I)]◦נוֿ מה הוא היותר לֿ[
1Q30 1,5 (I)]וֿיותר על ארבעת ◦[
4Q274 3ii4 (XXXV) יטמא] / לטהוֿר יותר כול הירק

appendage noun **יוֹתֶרֶת**
4Q220 8 (XIII)]ואת היותרת הכבד עמ הכליות תסֿירֿ[נה
11Q19 XXIII,15 ואת יותרת הכבד עם הכליות / יסירנה
11Q20 I,16 (XXIII) האלי]הֿ לעומת עציהה ואת יותרת הכבד[

to unite verb **יחד**
1QS I,8 להיחד בעצת אל ולהתהלכ לפניו
1QS III,7 וברוח קדושה ליחד באמתו
1QS V,14 ואשר לוא ייחד עמו בעבודתו
1QS IX,6 להיחד קודש קודשים
1QH[a] XIX,11 להוחד עֿ[ם] בני אמתך
1QH[a] 2i10 ב]נֿיֿ אלים להחיד עם בני שמים / [
4Q174 22,2 (V)]◦ה יחד
4Q256 IX,10 (XXVI) [וא]שר לוא יוחֿדֿ[עמו בהון ובעבודה
4Q392 1,2 (XXIX)]נוֿ לֿהֿחֿיד איש לֿאֿלהים
4Q418 172,3 (XXXIV)]עֿלֿיכה יכונו לוחֿ[ד

Yahad, community noun **יַחַד, חיד, יחיד**
CD XX,32 הראשונים אשֿרֿ / נשפטו בם אנשי היחיד
1QS I,1]שים לחיוֿ [ספר סר]כ היחד
1QS I,12 וכוחם / והונם ביחד אל
1QS I,16 וכול הבאים בסרכ היחד יעבורו בברית
1QS II,22 איש ישראל איש בית מעמדו ביחד אל
1QS II,24 כיא הכול יהיו ביחד אמת וענות טוב
1QS II,26 י]חד אמתו
1QS III,2 והונו לוא יבואו בעצת יחד
1QS III,6 במשפטי / אל לבלתי התיסר ביחד עצתו
1QS III,12 והיתה לו לברית / יחד עולמים
1QS V,1 וזה הסרכ לאנשי היחד המתנדבים לשוב
1QS V,2 מעדת / אנשי העול להיות ליחד בתורה
1QS V,3 ו֯על פי רוב אנשי / היחד המחזקים בברית
1QS V,5 ליסד מוסד אמת לישראל ליחד ברית / עולם
1QS V,6 והנלוים עליהם ליחד ולריב ולמשפט
1QS V,7 החוקים האלה בהאספם ליחד
כול הבא לעצת היחד / יבוא בברית אל
1QS V,16 ואשר לוא ישיב איש מאנשי / היחד
1QS V,20 ככול החוקים האלה להיחד לעדת קודש
1QS V,21 ודרשו / את רוחום ביחד בין איש לרעהו
על פי בני אהרון המתנדבים ביחד
1QS V,22 המתנדבים לשוב ביחד לבריתו
1QS VI,3 יהיה שם עשרה אנשים מעצת החיד
1QS VI,7 והרבים ישקודו ביחד את שלישית כול לילות
1QS VI,8 ולדרוש משפט / ולברכ ביחד
1QS VI,10 להשיב איש את מדעו / לעצת היחד
1QS VI,13 לוא במעמד האיש השואל את עצת / היחד
1QS VI,14 להוסיפ על עצת היחד

Reference	Vol.	Text
1QS VI,15		וַהֲ{{ל}}בינהו בכול משפטי **היחד**
1QS VI,16		ובקורבו לעצת **היחד**
1QS VI,18		ובמולאת לו שנה בתוכ **היחד**
1QS VI,19		לקרוב לסוד **היחד** על פי הכוהנים
1QS VI,21		עד / מולאת לו שנה שנית בתוך אנשי **היחד**
1QS VI,22		ואם יצא לו / הגורל לקרבו **ליחד**
1QS VI,23		ויהֿיֿ עצתו / **ליחד** ומשפטו
1QS VI,24		ישפטו בם במדרש **יחד** על פי הדברים
1QS VII,2		ולוא ישוב עוד על עצת **היחד**
1QS VII,6		ואם בהון **היחד** יתרמה לאבדו
1QS VII,17		והאיש אשר ילון על יסוד **היחד** ישלחהו
1QS VII,18		אשר תזוע רוחו מיסוד **היחד** לבגוד באמת
1QS VII,20		ואחר כול אנשי **היחד** ישב
1QS VII,22		וֿכֿול איש אשר יהיה בעצת **היחד**
1QS VII,23		ושבה רוחו לבגוד **ביחד**
1QS VII,24		לוא ישוב אל עצת **היחד** עוד
		ואיש מאנשי **היחׄ[ד** א]שׁר יׄתערב / עמו
1QS VIII,1		] / בעצת **היחד** שנים עשר איש
1QS VIII,5		אלה בישראל / נכונה {{ה}}עצת **היחד**
1QS VIII,10		בהכון אלה ביסוד **היחד** שנתים ימים
1QS VIII,11		ֿיבדלוֿ קודש בתוכ עצת אנשי **היחד**
1QS VIII,12		ובהיות אלה ֿ**ליחד**ֿ בישראל
1QS VIII,16		וכול איש מאנשי **היחד**
1QS VIII,17		ברית / **היחד** אשר יסור מכול המצוה
1QS VIII,19		וכמשפט הזה לכול הנוספ **ליחד**
1QS VIII,22		ישלחהו מעצת **היחד** / ולוא ישוב עוד
1QS IX,2		ואחר יכתוב בתכונו **ליחד** קודש
1QS IX,6		בעת ההיאה יבדילו אנשי / **היחד**
		ובית **יחד** לישראל ההולכים בתמים
1QS IX,7		והגורל לכול תכון אנשי **היחד**
1QS IX,10		במשפטים הרשונים אשר החלו אנשי **היחד**
1QS IX,19		ברזי פלא ואמת בתוך / אנשי **היחד**
1QS XI,8		בני שמים חבר סודם לעצת **יחד**
1QSa I,26	(I)	או / לעצת **יחד** או לתעודת מלחמה
1QSa I,27	(I)	ה‹א›נשים הנקראים לעצת **היחד**
1QSa II,2	(I)	קיראי מועד הנועדים לעצתׄ **הׄיׄחד** בישראל
1QSa II,11	(I)	[קריאי]מועד לעצת **היחד**
1QSa II,17	(I)	וׄ[אם לשול]חן **יחד** יועד[ו
1QSa II,18	(I)	וערוך השולחן / **היחד**
1QSa II,21	(I)	[ואחר יבר]כו כול עדת **היחד**
1QSb IV,26	(I)	ומפיל גורל עם מלאכי פנים ועצת **יחד**
1QSb V,21	(I)	ובריתׄ **הׄ[י]חׄד** יחדש לו להקים מלכות עמו
1QpHab XII,4		כיא הלבנון הוא / עצת **היחד**
1Q**14** 8-10,8	(I)	[אל עושי התורה] בעצת **היחד**
1Q**31** 1,1	(I)	[כ]ול אנשי **היחד** הׄמׄתׄנׄדׄבי[ם
4Q**164** 1,2	(V)	פשרו] / [אש]ר יסדו את עצת **היחד**
4Q**165** 9,3	(V)	]אנשי **היחׄ[ד**
4Q**171** 1-2ii14	(V)	עושי התורה אשר בעצת **היחד**
4Q**171** 3-10iv19	(V)	]יׄובדו ונכרתו / מׄתׄוך עדת **היחד**
4Q**174** 1-2i17	(V)	]י◦ אׄחׄריהמׄהׄ לׄעׄצׄתׄ **הׄיחד**
4Q**177** 5-6,1	(V)	ההוללים אשר יׄ[ ]בׄא על אנשי **היׄ[חד**
4Q**177** 5-6,16	(V)	]◦ת התורה עושי **היחד** ס◦[
4Q**177** 14,5	(V)	]ר את עצת **היחד** וׄהואה[
4Q**181** 1,1	(V)	לאשמה **ביחד** עם ס◦[
4Q**181** 1,2	(V)	מסוד בני שׁ[מים] וארץ **ליחד** רשעה
4Q**249**e 1i-3,7a	(XXXVI)	] **לׄיחׄ[ד**
4Q**249**g 1-2,1	(XXXVI)	באחרית הימים] / [בה]אספ[ם]**לׄי[חד**
4Q**249**h 1-2,6	(XXXVI)	השם] / [קריאי מועד לעצת **היח]ד**
4Q**252** V,5	(XXII)	]הׄתורה עם אנשי **היחד**
4Q**254** 4,4	(XXII)	] / [ ]**דׄ** כיא אנשי **הי[ח]דׄ** הׄמׄ[ה
4Q**255** 1,1	(XXVI)	ספר סרכ **היחד** / [לדרוש אל בכול לב
4Q**255** 2,1	(XXVI)	וברוח קודשו **ליחד** בׄאׄמׄתׄ[ו]
4Q**255** 2,9	(XXVI)	וׄהיׄתׄה [לו לברית] / [**יח]דׄ** עולׄמׄיׄ[ם
4Q**256** II,1	(XXVI)	וכול הבאים]בסרך **היחד**
4Q**256** IX,5	(XXVI)	ליסד מסׄדׄ אמת לׄישראל **לׄיחׄד**
4Q**256** IX,6	(XXVI)	והנלוים עׄלׄיׄהׄםׄ **ליחד**
4Q**256** IX,8	(XXVI)	התורה על פי] / עצת אׄנׄשׄי **הׄיׄחׄד**
4Q**256** IX,9	(XXVI)	ואל יוכל אתו [**בי]חד**
4Q**256** XVIII,2	(XXVI)	[ברזי פלא ואמת בתוך אנשי **הי]חׄד**
4Q**257** III,1	(XXVI)	לוא י[עבור **ביח]דׄ** אמ[תו]
4Q**257** III,3	(XXVI)	והו]נׄ[ו]לׄ[וא]יבואׄ[ו]בעצת **יחד**
4Q**258** I,2	(XXVI)	מעדת אנשי העול ולהיות **יחׄד** בתורׄ[ה]
4Q**258** I,4	(XXVI)	ליסד[מוסד]אמת לישראל **ליחד**
4Q**258** I,5	(XXVI)	והנלוי[ם] עׄ[לי]הׄם **ליחד**
4Q**258** I,6	(XXVI)	וכל הבא לעצׄת / [**היח]ד**
4Q**258** I,7	(XXVI)	ע]ל[פי] עצת אנש[י] **הׄיׄחׄ[ד**
4Q**258** I,8	(XXVI)	ואשר לא ישיב א]יש מאנשי **היחד**
4Q**258** II,2	(XXVI)	רוב ישראל המתנדבים לשוב **ביחד**
4Q**258** VI,4	(XXVI)	בהכין אלה בי]סוד **היחד** שנתים ימים
4Q**258** VI,5	(XXVI)	יבדלו קודש בתוך עצת אנש]י **היחׄ[ד**
4Q**258** VI,11	(XXVI)	לכל] / [הנוסף]**ליחד**
4Q**258** VII,3	(XXVI)	ונכתב בתכונו **ליחד** קודש
4Q**258** VII,4	(XXVI)	[בהיו]תׄ אלה בישראל **ליחד**
4Q**258** VIII,3	(XXVI)	ברזי פלא ואמת בתוך אנשי **היחד**
4Q**259** II,5	(XXVI)	וכול איש אשר יהיה בעצ]תׄ **היחד**
4Q**259** II,7	(XXVI)	ואיש מ]אׄנשי **היחד** אשר / [יתערב עמו
4Q**259** II,13	(XXVI)	בהיות אלה ב]ישראׄל נכונה עצת **היחד**
4Q**259** III,3	(XXVI)	ובהיו]תׄ אלה ל{בׄ}**יׄחׄדׄ** ֿבׄיׄלֿ
4Q**259** III,18	(XXVI)	ואם תיתם דרך סוׄד / **הׄיחד** לׄהׄ[לך תמים
4Q**261** 3,1	(XXVI)	ויהי ע]צׄתׄוׄ **לׄיׄחׄ[ד** ומשפטו
4Q**261** 6a-e,4	(XXVI)	[והא]יׄש / [אשר ילון על יסו]דׄ **היחד**
4Q**265** 4ii3	(XXXV)	אשר יבוא להׄ[וסי]ףׄ אל עצת **הׄ[יח]דׄ**
4Q**265** 4ii6	(XXXV)	האיש] / הׄמבקר על **היחד** ב[מעשי] התורה
4Q**265** 7,7	(XXXV)	[ב]היות בעצת **היחד** חמשה ע[שר אנשים
4Q**265** 7,8	(XXXV)	עבדיו] / [הנ]ביאים נכונה עצת **היח[ד**
4Q**270** 3iii19	(XVIII)	] / ממשפטי **הי[חד]** שׁלׄ[וש פעמי]םׄ בׄ[
4Q**284**a 2,4	(XXXV)	]אׄיׄש מא[נשי] **היחׄ[ד**
4Q**285** 8,12	(XXXVI)	] / לׄ[**י]חׄד** ובקרבכם [
4Q**286** 7ii1	(XI)	] / עצת **היחד** יומרו כולמה ביחד אמן אמן
4Q**286** 20,4	(XI)	אנש]יׄ **היחד** / [
4Q**288** 1,1	(XI)	אנ]שי **היחׄד**[
4Q**299** 20,3	(XX)	]**יחׄדׄ** רׄובם אם[
4Q**382** 20,2	(XIII)	ה]**יׄחׄדׄ**[
4Q**408** 3+3a,3	(XXXVI)	](אׄ)ל ישראׄל [ה]בׄרׄא הוא **ליחד**[
4Q**414** 7,7	(XXXV)	] / **יחד** ⟦ ⟧[
4Q**427** 7ii9	(XXIX)	ועמ אלים בעדת **יחד** ורפ◦[
4Q**472** 2,3	(XXXVI)	] / [ב]לׄישנה דבי **ליחד** נזירׄ[י
4Q**477** 2ii6	(XXXVI)	] / [להע]כיר את רוח **היחׄ[ד**
4Q**502** 4,3	(VII)	ש]מחת **יחׄ[ד**
4Q**511** 2i9	(VII)	]הׄם תכן למועדי שנה [ומ]משלת **יחד**
PAM 43.674 7,2	(XXXIII)	] **ביחד** / [
PAM 43.694 2,1	(XXXIII)	]**בׄיחד**[
KhQ**1** 8	(XXXVI)	] / וכמׄלותו **לׄיׄחׄדׄ**[

together adverb יַחַד

1QS IV,18	כיא לוא **יחד** יתהלכו
1QS V,3	ולמשפט לעשות אמת **יחד** וענוה
1QS V,5	{יׄאאם} ‹כיא אם› למול **ביחד** עורלת יצר
1QS V,10	ולרוב אנשי בריתם / המתנדבים **יחד** לאמתו
1QS VI,2	**ויחד** יואכלו / ויחד יברכו ויחד יועצו

Text	Reference	Vol.
ויחד יואכלו / **ויחד** יברכו ויחד יועצו	1QS VI,3	
ויחד יואכלו / ויחד יברכו **ויחד** יועצו		
במבוא מועדים לימי חודש **יחד** תקופתם	1QS X,3	
אהללנו ובישועתו ארננה **יחד**	1QS X,17	
בגורל בתוך משפ[ח]תו **ליחד** בעד[ת] קודש	1QSa I,9	(I)
] / **ביחד** עליכה [	1QSb V,6	(I)
נלחמים **יחד** לגבורת אל בקול המון גדול	1QM I,11	
ועורכיה כול העדה **יחד**	1QM II,9	
כיא מלאכי קודש עם צבאותם **יחד**	1QM VII,6	
ולחזיק **יחד** בכול גבורי חיל	1QM X,6	
לאלפיהם ולרבואותם **יחד** עם קדושיכה [	1QM XII,4	
ואליו [תש]וקתמה **יחד**	1QM XIII,12	
ורוממו שמו **ביחד** שמחה	1QM XIV,4	
וכן הוגשתי **ביחד** כול אנשי סודי	1QH^{a} VI,18	
ולבוא **ביחד** עם עדת בני שמים	1QH^{a} XI,22	
להלל שמכה **ביחד** רנה	1QH^{a} XI,23	
כול הנדרש[י]ם לי הנועדים **יחד** לבריתכה	1QH^{a} XII,24	
להעלות משאון **יחד** כול {{נמה}} אביוני חסד	1QH^{a} XIII,22	
ובנגינות **יחד** תלונתם עם שאה ומשואה	1QH^{a} XIII,30	
ובגורל **יחד** עם מלאכי פנים	1QH^{a} XIV,13	
ותדהר עם תאשור **יחד** לכבודכה	1QH^{a} XVI,5	
תהום תבוא / ובחדרי שאול תחפש **יחד**	1QH^{a} XVIII,34	
ועם ידעים **ביחד** רנה	1QH^{a} XIX,14	
וענו]ים ישמיעו **יחד** / בקול רנה	1QH^{a} XIX,25	
] ואנחנו **ביחד** נועדנו	1QH^{a} 10,7	
ובהפלא נספרה **יחד** בדעת[אל	1QH^{a} 10,8	
אז יהללו שמים וארץ / **יחד**	4Q**88** X,6	(XVI)
ופושעים / נשמדו **יחד**	4Q**171** 3-10iv18	(V)
לשוב **יחד** לתורה ב[	4Q**171** 11,1	(V)
ור]וזנים נוסדו **יחד** על יהוה ועל / [משיחו	4Q**174** 1-2i18	(V)
]◦התלוננו **יחד** ול◦[	4Q**177** 19,3	(V)
] / וקלס תחל[י]ק ולהליץ **יחד** בש[וא] עול	4Q**184** 1,2	(V)
ולהיות **יחד**[עמנו שבתים	4Q**216** VII,13	(XIII)
וזה עם זה נעשו **יחד** לקדש[ולברכה	4Q**216** VII,16	(XIII)
יחד / תקופותיהמה עם מסרו[ת]ם זה לזה	4Q**256** XIX,1	(XXVI)
ויחד יוא]כלו י[**ח]ד** יברכו ויחד יועצ[ו	4Q**258** II,7	(XXVI)
ויחד יוא]כלו י[ח]ד יברכו **ויחד** יועצ[ו		(XXVI)
ארננה י]**חד** לוא אש[יב] / לאיש גמול רע	4Q**260** IV,4	(XXVI)
פי רו]ב יש[ראל המתנדבי]ם לשבת **יחד**	4Q**261** 1a-b,2	(XXVI)
יברכו בי]**חד** כולמה את שם קודשכה / [	4Q**286** 2,4	(XI)
עצת היחד יומרו כולמה **ביחד** אמן אמן	4Q**286** 7ii1	(XI)
ויברכ]וכה **ביח[ד]** כולמה אמן א[מן	4Q**287** 5,11	(XI)
וגם יהודה **יחד** עמו	4Q**372** 1,9	(XXVIII)
] / להיות **יחד** עם שני אחיו	4Q**372** 1,10	(XXVIII)
ועמי יאשמו **יחד** עמהם ה[	4Q**381** 79,3	(XI)
] **יחד** לכול תעודותכ[ה] / [	4Q**402** 1,3	(XI)
]יה ולוא יהי[ו]ים **ליחד** כ[ ]◦[	4Q**402** 4,5	(XI)
נשיאי[רוש יברכו **יח]ד** ל[א]ל[ו]הי אלים	4Q**403** 1i26	(XI)
]ל[מש]א **יחד** רקיע {{זו}} טוהר טהורים	4Q**403** 1i42	(XI)
והללו **יחד** מרכבות דבירו	4Q**403** 1ii15	(XI)
ואור למשא **יח[ד** רקי]ע טוהר[	4Q**405** 6,3	(XI)
]ים **יחד**[	4Q**405** 36,1	(XI)
] / **יחד** ממשל זכר את נ[קבה	4Q**415** 9,7	(XXXIV)
]ל אשר לוא **ביחד**[	4Q**415** 11,4	(XXXIV)
בהתחברכה **יחד** התהלך עם עזר בשרכה[	4Q**416** 2iii21	(XXXIV)
ואתה **ליחד** עם אשת חיקכה	4Q**416** 2iv5	(XXXIV)
]חייכה יתמו **יחד** ובחייכה לוא תמצא	4Q**418** 103ii9	(XXXIV)
] אשר לוא **ביחד** [	4Q**418** 167a+b,5	(XXXIV)
]תכנתה **ביחד** רוחמ[ה	4Q**418** 167a+b,6	(XXXIV)
] הבא **ביחד**[	4Q**418** 199,1	(XXXIV)
א]שר לוא בי[**חד**	4Q**418**a 13,1	(XXXIV)
ר]וממו **יחד** בצבא עולם	4Q**427** 7i15	(XXIX)
ואין / [ה]שבת השחוו **ביחד** קהל	4Q**427** 7i18	(XXIX)
ו]בהפלא נספרה **יחד** בעדת אל	4Q**427** 8i10	(XXIX)
בי]**חד** רנה גדול אל המפלי / [	4Q**427** 8i13	(XXIX)
ובכול]קצים / ישמיעו [י]**חד**[ב]ק[ו]ל רנה	4Q**428** 12i2	(XXIX)
]◦ ונעמודה **יח[ד**	4Q**443** 1,6	(XXIX)
]**יחד** / [	4Q**476** 3i6	(XXIX)
כיא מלאכי קודש במערכותמה **יח[ד**	4Q**491** 1-3,10	(VII)
ורוממו] / [שמו ב]**יחד**[שמחה	4Q**491** 8-10i1	(VII)
] עולמים **יחד** ע[ם אלים	4Q**491** 14-15,11	(VII)
] ובתהל[ה] **יחד** עם בני אלים[	4Q**491** 24,4	(VII)
]◦ **יחד** בעומדם על חללי[כתיים	4Q**492** 1,12	(VII)
י]**חד** להיות ל[	4Q**502** 2,5	(VII)
]ת **יחד** ל[	4Q**502** 5,3	(VII)
] / עם כולנו **יחד** ואני ת[רנן לשוני	4Q**502** 19,4	(VII)
] / **יחד** בתוך [	4Q**502** 21,3	(VII)
]◦ו **יח[ד**	4Q**502** 70,2	(VII)
] ושמחת י[**ח]ד** ל[	4Q**502** 105-106,2	(VII)
]**יחד**[	4Q**502** 260,2	(VII)
יח]ד עם קדוש[יו	4Q**511** 8,9	(VII)
]מ**יחד** צ[	4Q**512** 84,2	(VII)
]יה **יחד** ויתם לבו אליה [	4Q**525** 2ii+3,8	(XXV)
] / **יחד** ומשנאיכה י{{ש}}סתופפ[ו	4Q**525** 14ii9	(XXV)
ובתלמודכה יתהלכו **יחד** כול יודעיכה	4Q**525** 14ii15	(XXV)
] / **יחד** יאבלו ובדרכיכה יזכרוכה	4Q**525** 14ii16	(XXV)
פן תלכד בשפתותיכה[ונו]קשתה **יחד** בלש[ון	4Q**525** 14ii27	(XXV)
]◦ התלוננו **יחד** ול◦[	4Q**525** 22,3	(XXV)
החבירו **יחד** / להודיע ישעו	11Q**5** XVIII,1	(IV)
יעשה עולת בני יהוסף **יחד** אפרים ומנשה	11Q**19** XXIV,13	
שנים עשר אשר יהיו יושבים עמו **יחד** למשפט	11Q**19** LVII,13	
]להיות **יחד** ע[	PAM 43.680 3,1	(XXXIII)

(indeterminate) יחד

Text	Reference	Vol.
]◦ת **יחד** [	4Q**502** 6-10,1	(VII)

יַחְדָּו ← יַחְדָּיו

together adverb **יַחְדָּיו, יַחְדָּו**

Text	Reference	Vol.
]אפרים ואפרי[ם] את / [מנש]ה **יחדיו**[	4Q**163** 4-7i18	(V)
]**יחדיו** ◦מץ / [	4Q**250**b 1	(XXXVI)
ולבוש צמר] / [ופשתים **יחדי]ו**	4Q**270** 5,17	(XVIII)
ולבוש צמר {ו}ופשתים **יחדיו**	4Q**271** 3,10	(XVIII)
יחדו וית◦[	4Q**374** 2ii1	(XIX)
כחור[ש] / בשור ובח[מו]ר [י]**חד[ו**	4Q**418** 103ii8	(XXXIV)
ועל שתותמה בחבר / **יחדיו**	11Q**5** XVIII,12	(IV)
הטמא והטהור בכה **יחדיו** כצבי וכאיל	11Q**19** LII,11	
ולוא תחרוש בשור ובחמור **יחדיו**	11Q**19** LII,13	
והטהור והטמא בכה **יחדיו** כצבי / וכאיל	11Q**19** LIII,4	

יְחוּס ← יְחוּשׂ

pedigree; genealogy noun **יְחוּשׂ, יְחוּס**

Text	Reference	Vol.
] / יעלו **ביחוש** ◦[	4Q**275** 3,2	(XXVI)
]יו וכבירות **יחוס** עליו וכ[כ]ה[	4Q**279** 5,3	(XXVI)

Ezekiel, Jehezkel proper noun **יְחֶזְקֵאל**

Text	Reference	Vol.
כאשר / הקים אל להם ביד **יחזקאל** הנביא	CD III,21	
אשר אמר {{**יחזקאל**}} / ביד יחזקאל	CD XIX,11	
אשר אמר {{יחזקאל}} / ביד **יחזקאל**	CD XIX,12	

4Q174 1-2i16	(V)	והמה אשר כתוב עליהמה בספר יחזקאל
4Q177 7,3	(V)	אש]ר כתוב בספר יחזקאל הנ[ביא
4Q319 13,1	(XXI)	ב5 ביחזקאל הפסח]השני
4Q319 13,5	(XXI)	ב4 ביחזק]אל יום הזכר[ון
4Q320 1ii2	(XXI)	ב6 ביחזקאל ל29 ב22 בעשתי [ע]שר
4Q320 4v12	(XXI)	[ב]5 ביחזקאל הפסח השני
4Q320 4vi6	(XXI)	ב3 ביחזקאל הפס[ח]
4Q320 4vi10	(XXI)	[ב]4 ביחזקא[ל יום הזכרון]
4Q321 I,4	(XXI)	ב[ש]שה ביחזקאל בשנים ועשרים
4Q321 II,2	(XXI)	[ודוקה בשנים בי]חז[קאל בארבעה בוא
4Q321 III,5	(XXI)	ודוקה שבת י[חזקאל באחד ועשרים בוא
4Q321 IV,7	(XXI)	ודוקה באר[ב[עה ביחזק]אל בשמונה עש[ר]
4Q321 V,1	(XXI)	הששי ביח]זק[אל]
4Q321 VI,7	(XXI)	ביחזקאל בוא / הפסח [ה]שני
4Q321 VI,9	(XXI)	השמיני ביחזקאל
4Q323 3	(XXI)	[בשמונה עשר בו ביא]ת יחזקאל
4Q329 1,3	(XXI)	[חזיר הפצץ פתחיה יחז]קאל יכ[ין]
4Q331 5,2	(XXXVI)	יחז]קאל ◦]
4Q333 1,3	(XXXVI)	בי]חזקאל שהוא / [
4Q385 4,4	(XXX)	לא אש[י]ב פניך יחזקאל הנ[נ]י גודד
4Q385 6,5	(XXX)	] / המראה אשר ראה יחזק[אל
4Q385b 1,1	(XXX)	[ואלה דב]רי יחזקאל ויהי דבר יהוה אל[י

Hezekiah proper noun יְחִזְקִיָּה

3Q4 2	(III)	ויותם אחז וי[חזקיה מלכי יהודה

only adjective יָחִיד

CD XX,1		האסף {{יור מורה}} / {{◦◦◦}} מורה היחיד
CD XX,14		ומיום / האסף יורה היחיד
1Q26 3,2	(XXXIV)	] כי אתה לי לבן י[חיד
4Q179 2,9	(V)	]◦יה כמשכלות / ליחידיהן בכו תבכה
4Q225 2i11	(XIII)	קח את בנכה את ישחק את יחיד[כה
4Q252 III,9	(XXII)	] / יחידכה מ[מני
4Q416 2ii13	(XXXIV)	וחמל עליכה כאיש על יחידו
4Q417 2i6	(XXXIV)	כיא מה הואה יחיד בכול מעשה לבלתי ◦◦[
4Q424 2,4	(XXXVI)	]ן ובן יונה יח[י]דו[ ]איש א[
4Q509 7,4	(VII)	]יחיד מלפניכה ◦◦[

יחיד ← יַחַד

to wait, hope verb יחל

1QH[a] XV,18		ובהמון] חסדכה אוחיל להציץ / מטע
1QH[a] XVII,10		ובנגיעי רציתי כי יחלתי לחסדיכה
1QH[a] XIX,31		כאשר יחלתי לטובכה
1QH[a] 4,17		]כה אוחיל בכול היותי
4Q160 7,3	(V)	]יחלתי פניה רכוש והון ומחיר[
4Q421 11,4	(XX)	]כיא מלאכת צ[דק]היאה אל יחל[
4Q521 2ii+4,4	(XXV)	בזאת תמצאו את אדני כל המיחלים בלבם
4Q521 2ii+4,9	(XXV)	ול[ע]לם אדבק [במ]יחלים ובחסדו י[

to be warm verb יחם

1QM XVI,16		]◦הם ליחום / בג◦◦◦[

Jannes proper noun יחנה

CD V,18		ויקם בליעל את יחנה ואת / אחיהו
4Q266 3ii6	(XVIII)	ויקם] / [בליעל את י]חנה ו[את אחיהו
4Q267 2,2	(XVIII)	ויקם] / [בליעל]את יחנה וא[ת אחי]הו

genealogy noun יַחַשׂ

4Q266 5ii14	(XVIII)	] / ביחש{{י}}ם

to be good, pleasing verb יטב

1Q22 1i5	(I)	את הכול / היט[יב] אשר א[עשו]ק מהם
1Q27 1ii4	(I)	] / כי אם המטיב והמרע
4Q158 10-12,7	(V)	אם כול השדה יבעה מיטיב שדהו
4Q169 3-4iii8	(V)	התיטיבי מני אמ[ון הישבה ב]יארים
4Q170 1-2,1	(V)	לוא ייטי]ב יהוה ול[ו]א ירע
4Q175 2	(V)	היטיבו כול אשר דברו
4Q175 4	(V)	למעאן יטב להמ ולבניהם לעולם
4Q521 2i+3,7	(XXV)	]◦[ ] ו/ייטב לנו / [
4Q525 10,6	(XXV)	א]ם תטיב יטיב לכה ול[וא]תשוב [
	(XXV)	א]ם תטיב יטיב לכה ול[וא]תשוב [
11Q19 LIII,7		למען / ייטב לכה ולבניכה אחריכה
11Q19 LV,5		ושאלתה ודרשתה וחקרתה היטב
11Q19 LV,19		הדבר הזה ודרשתה וחקרתה היטב
11Q19 LXV,5		ואת הבנים / תקח לכה ל[מ]ען ייטב לכה
PAM 43.683 42,1	(XXXIII)	]◦יטב ⟦ ⟧[

יטריסיסי ?

4Q341 11	(XXXVI)	יתראיתישילא / יטריסיסי / עקילא

יָיד ← יָד

יָים ← יָם

wine noun יַיִן

CD VIII,9		אשר אמר אל עליהם חמת תנינים יינם
CD VIII,10		ויינם הוא / דרכיהם
CD XIX,22		אשר / אמר אל עליהם חמת תנינים יינם
CD XIX,23		ויינם הוא דרכיהם
1Q14 17-19,3	(I)	ול]א תשת ה[י]ין
4Q162 II,2	(V)	בנשף יין / ידלקם
4Q162 II,3	(V)	כנור ונבל ותוף וחליל יין משתיהם
4Q252 II,5	(XXII)	ויקץ נוח מיינו
4Q372 3,5	(XXVIII)	דברי מנפת[ימת]ק[ו ומיין יערבו לש[וני
4Q415 28ii1	(XXXIV)	] / יין[
4Q416 2ii19	(XXXIV)	ואין כסות אל תשת יין ואין אכל
4Q417 2ii+23,24	(XXXIV)	] / כסות אל תשת יין ואין א[כל
4Q513 1-2i4	(VII)	[כאיפת ה]דגן בת היין
11Q19 XIII,12a		] / נסכו יין רב[יעית ההין] / ליהוה
11Q19 XIV,14		ויי]ן לנסך[מחצית ההין
11Q19 XVIII,6		ו]יין לנסך רביעית ההין / [
11Q19 XIX,14		ו[הביאות]מה יין חדש לנסך ארבעה הינים
11Q19 XIX,15		ויקריבו על היין {{הזה}} ביום הזה / [ליהוה
11Q19 XXI,10		נסך שכר יין חדש על מזבח יהוה שנה בשנ[ה]
11Q19 XXXIV,13		ומנחת סולתו עליו / ויין נסכו אצלו
11Q19 XLIII,7		והיין מיום / מועד התירוש עד השנה
11Q19 XLIII,15		ולקחו בו דגן / ויין ושמן ובקר וצאון
11Q19 XLVII,6		יין ושמן וכול אוכל
11Q19 XLVII,12		יהיו מביאים את יינמה ואת שמנמה
11Q19 XLIX,12		מכול / תגאולת שמן ויין ולחת מים
11Q20 V,10	(XXIII)	מגדול ו]עד קטן יחלו לשתות יין חדש
PAM 43.673 53,1	(XXXIII)	]◦יין[

יָרִיב ← יְוֹיָרִיב

to decide, reprove verb יכח

CD VII,2		להוכיח איש את אחיהו כמצוה
CD IX,3		על רעהו דבר אשר לא בהוכח לפני עדים
CD IX,7		אשר אמר לו הוכח / תוכיח את רעיך
CD IX,8		אשר אמר לו הוכח / תוכיח את רעיך

CD IX,18		וידיעהו / לעיניו בהוכיח למבקר
CD XX,4		כפי מעלו {{יח}} יוכיחוהו אנשי / דעות
CD XX,17		ואין שר ואין שופט ואין / מוכיח בצדק
1QS V,24		להוכיח / איש את רעהו בא[מ]ת וענוה
1QS V,26		ביומ{{◦◦}} יוכיחנו ולוא / ישא עליו עוון
1QS IX,16		לוא להוכיח ולהתרובב עמ אנשי השחת
1QS IX,17		ולהוכיח דעת אמת ומשפט צדק לביחרי
1QS X,11		ומשפטו אוכיח כנעוותי
1QSb V,22	(I)	[ו]להוכיח במישור ל[ע]נוי ארץ
1QpHab V,1		למשפט שמתו וצור למוכיחו יסדתו
1QHa IX,25		ומה יוכיח על עוונותיו
1QHa X,4		ומוכי]חי {{אמת}} צדק בכל ח◦[
1QHa XIV,4		אלי] / גליתה אוזני [למו]סר מוכיחי צדק
1QHa XVII,23		כי ברז חכמתכה הוכחתה בי
1QHa XX,28		ומה יתיצב לפני מוכיח בו◦◦[
1QHa XXIII,12		ותפתח מק[ור] להוכיח ליצר חמר דרכו
1QHa 2i6		ומליצי דעת עם כול צעודי ומוכיחי אמת / [
2Q**21** 1,2	(III)	לך משפט באמת ולהוכיח באמו[נ]ה [
4Q**161** 8-10,14	(V)	ולוא למשמע אוזניו יוכי]ח
4Q**161** 8-10,22	(V)	]ולוא למשמע אוזניו יוכיח פשרו אשר[
4Q**177** 12-13i2	(V)	אמר דויד יה[ו]ה אל באפכה תו[כיחני
4Q**252** IV,5	(XXII)	פשרו אשר הוכיחו אשר / שכב עם בלהה
4Q**258** II,4	(XXVI)	להוכיח איש את רעהו ואהבת חסד
4Q**258** II,6	(XXVI)	דבר לרבים / אשר לא בהוכח לפני ע[דים
4Q**258** VIII,1	(XXVI)	ואשר לא יוכיח איש
4Q**258** VIII,2	(XXVI)	בתוך אנשי העול ולהוכיח דעת אמת
4Q**259** III,15	(XXVI)	בתוך אנשי העול ו]להוכיח דעת אמת
4Q**263** 2	(XXVI)	אשר לא] / [בהו]כח לפני עדים
4Q**266** 7i4	(XVIII)	כי א[ם] / בהוכח ענות צדק אליה[ם
4Q**270** 6iv1	(XVIII)	אשר אמר]לא [הו]כח ת[וכיח את רעך
	(XVIII)	אשר אמר]לא [הו]כח ת[וכיח את רעך
4Q**286** 20,2	(XI)	כמצות]מה יוכיחנו וירחם / [
4Q**286** 14,3	(XI)	בהו]כיחו לפני ע[דים
4Q**302** 3ii7	(XX)	ולא עמד לנגדך להוכח / עמך
4Q**368** 10i9	(XXVIII)	]◦◦◦ יוכח◦[
4Q**372** 1,28	(XXVIII)	] / ורע אשר לא להכיחי עדותיך
4Q**372** 18,2	(XXVIII)	ולא יכח[
4Q**381** 76-77,10	(XI)	בכם ישיב דבר ויעמד בהתוכח ע[מו
4Q**417** 2i2	(XXXIV)	] / בלוא הוכח הכשר עבור לו
4Q**418** 222,3	(XXXIV)	]להוכיח פושעים ולה◦◦[
4Q**421** 1aii-b,11	(XX)	י]וכח תוכחת / משכיל
4Q**432** 3,2	(XXIX)	ומוכיחי צדק[בכול חמסי] / [
4Q**460** 9i7	(XXXVI)	כיא יוכיח על הזניח ומי / [
4Q**460** 9i8	(XXXVI)	יו]כיח בעוזביכה אלוהיכה ישראל
4Q**477** 2i2	(XXXVI)	] נפשמה ולהוכיח א[ת
4Q**477** 2ii5	(XXXVI)	ואת חנניה נותוס הוכיחו אשר הואה[
4Q**477** 2ii7	(XXXVI)	]◦פ הוכ[י]חו אשר רוע ◦[
4Q**477** 3,1	(XXXVI)	] הוכיחו[
4Q**511** 18ii8	(VII)	ומוכיחי / צדק עם נעוותי
5Q**12** 2	(III)	] / אשר אמר לוא ה[וכח

Jachin proper noun יָכִין

4Q**320** 2,12	(XXI)	ב6 ביכין ל30 ב30 בעשירי
4Q**320** 4v4	(XXI)	[ב1 ביכ]ין[חג] השבועים
4Q**320** 4vi11	(XXI)	[ב6] ביכין י[ום הכפורים
4Q**321** II,6	(XXI)	ודוקה בארבע[ה בי]כין בתשעה ועש[רים
4Q**321** IV,2	(XXI)	באחד ביכין בחמשה בשביעי ודוקה
4Q**321** V,7	(XXI)	ע[שתי עשר] החודש ביכין
4Q**321** VI,2	(XXI)	העשירי ב]יכין
4Q**321a** V,3	(XXI)	בשמיני ודוקו] / [שבת ביכי]ן בשנים בוא
4Q**329** 1,3	(XXI)	פתחיה יחז]קאל יכ[ין] / [

to be able, prevail verb יכל

1QS XI,20		ומי יכול להכיל את כבודכה
1QpHab V,2		והבט אל עמל לוא תוכל
1QHa VII,13		ולא יוכל אנוש להכין צעדו
1QHa VII,14		ואיכה יוכל כול להשנות את דבריכה
1QHa VII,21		]◦ עפר איך יוכל להכין צעדו
1QHa XV,29		ולא יוכל כול להתיצב לפני ח{{◦}}מתךה
1QHa XIX,24		ומי בכול מעשיכה יוכל לספר [
1QHa XXII,2		והם לוא יוכלו / [
4Q**158** 1-2,6	(V)	]אנשים ותוכל
4Q**163** 57,1	(V)	]הור ההר ◦◦ אוכל[
4Q**170** 1-2,2	(V)	]לוא יוכל[
4Q**219** II,19	(XIII)	וה]ארץ לו תוכל ל[הטהר מדם האדם
4Q**221** 12,2	(XIII)	] / יוכל ל◦◦י ולברכ◦[
4Q**299** 62,4	(XX)	]שנאיכה לוא יוכל[ו
4Q**364** 26c-d,2	(XIII)	מבלי] יכולתה / [יהוה להביאם אל הא]רץ
4Q**365** 6aii+6c,9	(XIII)	[ולוא י]כולו לשתות מים ממרה כי מר[ים
4Q**365** 33a-b,4	(XIII)	וירשנו אותה כי י]כול נוכל
	(XIII)	וירשנו אותה כי י]כול נוכל
4Q**401** 14ii4	(XI)	] / לוא יכול[ו
4Q**511** 30,6	(VII)	ואיכה]יוכל איש לתכן את רוח[אלוהים]
4Q**512** 1-6,11	(VII)	]נדה ולוא יוכ[ל כול
4Q**522** 9ii2	(XXV)	] / לוא [יכל]נ[ו לבו]א[לצי]ון להשכין שם
11Q**19** XLIII,13		כול אשר יוכלו להביא יביאו
		ואם לוא יוכלו / לשאתו ימכרוהו בכסף
11Q**19** LXVI,11		תחת אשר ענה לוא יוכל לשלחה כול ימיו

יל ← יִשְׂרָאֵל

to bear, beget verb ילד

CD VII,7		ולקחו / נשים והולידו בנים
CD XI,13		{{אל}} אל יילד איש בהמה ביום השבת
CD XIX,3		והולידו בנים / ויתהלכו על פי התורה
1QS XI,21		וילוד אשה מה ישב לפניכה
1QSa II,11	(I)	אם יוליד / [אל]א[ת]המשיח אתם
1QHa V,20		ומה ילוד אשה בכול [מעשיך] הנוראים
1QHa XIII,31		זלעופות א[חזוני] וחבלים כצירי / יולדה
1QHa XXI,1		פ]שע ילוד א[שה] / [
1QHa XXI,8		וחוקי נכונות לילוד / [אשה
1QHa XXIII,12		ואשמות ילוד / אשה כמעשיו
1Q**19** 3,3	(I)	ב]כור הולד כי נכבדים [
4Q**180** 1,5	(V)	] / [ ]◦ הוליד ישחק את עשרים ה[
4Q**180** 1,8	(V)	] / [וי]לדו להם גברים
4Q**181** 2,2	(V)	וילד[ו] להמה גבור[ים
4Q**186** 1ii8	(V)	הואה ילוד עליו / ברגל השור
4Q**186** 2i8	(V)	]מולדו ילוד הו[אה עליו
4Q**215** 1-3,4	(XXII)	] / ותהר ותלד את בלהה אמי
	(XXII)	ותקרא חנה את שמה בלהה כי כאשר נולדה[
4Q**215** 1-3,9	(XXII)	וכאשר היתה רחל לוא ילדה בנים ◦◦[
4Q**215** 1-3,10	(XXII)	את בלהה אמי ותלד את דן אח[י
4Q**225** 2i8	(XIII)	ויולד בן אח[רי]כן / [לאברה]ם
4Q**225** 2ii11	(XIII)	ויעקוב הוליד את לוי דו[ר שלישי
4Q**226** 7,3	(XIII)	ויולד את י[עקוב ויעקב הוליד את] / לוי
4Q**252** IV,1	(XXII)	ותלד לו את עמלק
4Q**265** 7,16	(XXXV)	ואם נקבה תלד וטמאה [שבעים כנדתה
4Q**266** 6ii5	(XVIII)	ואשה אשר [תזרי]ע וילדה זכר
4Q**271** 5i8	(XVIII)	א]ל יילד איש בהמה בשבת
4Q**281c** 5	(XXXVI)	]ילדת ובן[

4Q338 II,1	(XXXVI)	]◦◦◦ הוליד ◦◦◦[
4Q338 III,1	(XXXVI)	הו]ליד / [
4Q364 1a-b,3	(XIII)	] / אשר ילדה] לו שרה אשת[ו
4Q367 1a-b,3	(XIII)	א]שה כי תזרע וילדה זכר[וטמאה]
4Q367 1a-b,11	(XIII)	[ז]את תורת הי]לדת לזכר או לנקבה
4Q418 119,3	(XXXIV)	]במצולה נולדת[
4Q422 III,2	(XIII)	] / [ש]תי המיל[דות
4Q457b I,4	(XXIX)	] / יולד בה ◦[
4Q464a 4	(XIX)	]מילדות לפרעוה[
4Q482 1,4	(VII)	]ילוד אש[ה
4Q501 5	(VII)	כ]ה ופארתכה לילוד אשה
4Q506 131-132,6	(VII)	] / [א]דם נולד ב◦[
4Q522 9ii3	(XXV)	הנה בן נולד לישי בן פרץ בן יה[ודה
4Q525 19,1	(XXV)	]נולדים [
11Q12 1,5	(XXIII)	וידע אדם שנית את אשתו]ותלד לו בן
11Q19 XL,6		ולגרים אשר נולד[ו להמה דור] / [שלישי ?
11Q19 XLVIII,16		ובלדתמה אשר לוא יטמאו בתוכם
11Q19 LII,7		כול הבכור אשר יולד בבקריה

child noun **יֶלֶד**

4Q177 5-6,4	(V)	]כיא כולם ילדים[
4Q266 6ii11	(XVIII)	תתן את] / [הי]לד למנקת בטוה[רה
4Q418 162,1	(XXXIV)	]וילד [ ]◦[
4Q423 1-2i5	(XXXIV)	][ ] ילדה וכל רחמי הור[ת
4Q437 2i12	(XXIX)	ובילדי צדק נחמתני
6Q11 5	(III)	חב]לה ילדה חבל ילד ית[
11Q19 XXXIX,7		]לוא תבוא בה אשה וילד
11Q19 L,10		ואשה כי תהיה מלאה וימות ילדה במעיה

girl noun **יַלְדָּה**

6Q11 5	(III)	חב]לה ילדה חבל ילד ית[

born adjective **יִלּוֹד**

4Q264 8	(XXVI)	וילוד אשה / [מה יחשב לפניך
4Q299 28,1	(XX)	]א הילודים[
4Q299 28,2	(XX)	]תמהו כן ילוד[

born adjective **יָלִיד**

4Q365 32,11	(XIII)	ושמה אחימון וששי ותלמי ילידי הענק

to wail verb **ילל**

4Q387 A,4	(XXX)	על כן יללו ביום [
4Q422 G,1	(XIII)	]א יללו ו◦[
4Q422 I,2	(XIII)	]ל ומילל[

sea, west noun **יָם, יַם**

1QS III,4		ולוא יתקדש בימים / ונהרות
1QpHab III,11		וממרחק / יבואו מאיי הים
1QpHab V,12		ותעש אדם כדגי הים / כרמש למשל בו
1QpHab VI,2		עם כול שללם / כדגת הים
1QpHab X,15		כבוד יהוה כמים / יכסו על הים[
1QpHab XI,2		ואחר תגלה להם הדעת כמי / היים לרב
1QM X,13		]◦ה חוג ימים ומקוי נהרות ומבקע תהֹמות
1QM XI,10		וכשלישי מרכבותיו בים סו[ף]
1QH[a] V,15		וכול צאצאיה בימים ובתהומות
1QH[a] IX,14		אתה בראתה ארץ בכוחכה / ימים ותהומות
1QH[a] X,12		ויהמו כנחשולי ימים בהרגש גליהם
1QH[a] XI,6		וישימו נפש[י] כאוניה ב[מ]צולות ים
1QH[a] XI,14		ויושבי עפר / כיורדי ימים נבעתים
1QH[a] XI,15		כי תתבלע / כול חכמתם בהמות ימים
1QH[a] XIV,23		[והיי]תי כמלח באוניה בזעף / ימים גליהם
1QH[a] XVI,17		] מים ולימים לאין חק[ר]
1Q17 4	(I)	ויט מן הדרך לימ[ה בלילה הזאת
3Q15 IX,7	(III)	בצריחי החורון ב<צ>ריח הצופא ים / בזרב
3Q15 X,8	(III)	בים של גי איך בצדו המערבי
3Q15 X,15	(III)	בים בית חמים שלוחי לתחת / השקת
4Q158 14i7	(V)	]לבב ים במצ[ל]ות / [
4Q160 3-4ii4	(V)	כיא תהלתכה / בארצות ובימים[
4Q169 1-2,3	(V)	] / גוע[ר] בים ויוב[ישהו
	(V)	פ]שרו הים הם כל הכ[תיים
4Q169 3-4iii10	(V)	אשר חילה ים ומים ח[ו]מותיה
4Q169 5,2	(V)	]כול גבול ישרא[ל] לים[
4Q225 2i6	(XIII)	]חת{{כ}}ול אשר על שפת הים
4Q253 3,1	(XXII)	]◦ הים [
4Q262 1,2	(XXVI)	ולא / [יתקד]ש בימים ונהרות[
4Q285 4,6	(XXXVI)	אחריהם נש]יא העדה עד הים ה[גדול
4Q286 5,9	(XI)	] ומצור ימים מעיני תהום[
4Q286 5,11	(XI)	]◦ממה ◦◦◦ ימים ◦[
4Q287 3,3	(XI)	ב]המות ועוף ורמש ודג [י]מים
4Q302 3ii10	(XX)	וממ[שלתו] / בארצות בימים ◦[
4Q365 6ai5	(XIII)	ונטה את י]דכה על הים ובקעהו
4Q365 6ai13	(XIII)	כול הלילה וישם]את הים
4Q365 6b,4	(XIII)	וישב] / [יה]וה עליהמה [ ] את מימי הים
4Q365 6aii+6c,8	(XIII)	ויסע מושה א[ת ישרא]ל מים
4Q365 12ai1	(XIII)	לירכתי]ם[ ]ימה
4Q365 33a-b,2	(XIII)	והכנעני יוש]ב על הי[ם ועל יד]הירדן / [
4Q365a 3,4	(XIII)	]עשרה ולימה עש[רה/רים
4Q381 15,4	(XI)	אתה משל בגא]ות הים ואתה תשבח גליו
4Q385a 17a-eii5	(XXX)	מים סביב לך ח[ילך] ים ומים חמ[תך]
4Q416 1,12	(XXXIV)	] / [י]מים ותהמות פחדו
4Q418 148i7	(XXXIV)	] חבלי ים / [
4Q428 8,5	(XXIX)	והיה לימים ל[אין חקר
4Q432 5,1	(XXIX)	[ויושבי עפ]ר כיו[רדי י]מים
4Q491 11i15	(VII)	מיא הו[א]כבא ים ישובו{{ם}}<<סף>>ר / [
4Q491 18,5	(VII)	י]ם סוף ◦[
4Q511 1,4	(VII)	תמיד יב[רכו]הו בקציהם / הימים וכול חיתם
4Q521 1ii4	(XXV)	] / ימה עברת[ם ?
4Q521 7+5ii2	(XXV)	וכל אשר בה ימים[וכל] / [אשר בם]
5Q14 1	(III)	]ים ועל ימים גם על ◦[
11Q19 XXXVIII,14		לכול / רוחותיה לנגב ולים ולצפון
11Q19 XXXIX,13		לים דן נפתלי ואשר לצפון
11Q19 XL,9		למזרח ולדרום ולים ולצ[פו]ן
11Q19 XL,12		ושלושה / לים ושלושה לצפון
PAM 43.682 32,3	(XXXIII)	] / וים[

ים ← יום

small basin noun **ימומית**

3Q15 XI,13	(III)	באשיח / בביאתך לימומית / שלו

right hand, south noun **1-יָמִין**

1QS I,15		לסור מחוקי אמתו ללכת ימין ושמאול
1QS III,10		ולוא לסור ימין ושמאול
1QS XI,4		משען ימיני בסלע עוז דרכ פעמי
1QS XI,5		סלע פעמי וגבורתו משענת ימיני
1QpHab XI,10		תסוב עליכה כוס ימין יהוה
1QM IV,7		יכתובו על אותותם ימין אל מועד אל
1QM VI,8		יעמודו גם המה לימין המערכה ולשמאולה
1QM VIII,5		ולידם אנשי הרכב / מימין ומשמאול
1QH[a] IV,18		וארוך אפים / [ורב חס]ד ומעשי ימין עוזך

1QH^{a} XXIII,7]בימין עוזכה לנהל ◦ל[
1Q34bis 3ii7 (I) וכתב ימינך להודיעם יסורי כבוד
4Q88 X,11 (XVI) תרם ידך / תגבר ימינך
4Q255 2,6 (XXVI) ול[א]לסור ימין / ושמאול
4Q257 III,14 (XXVI) ולוא לסור י]מין ו[שמאל ואין]
4Q266 6aiv2 (XVIII)]ש לימין ואשר [
4Q266 11,17 (XVIII) וארדו את הנוטה ימין /]ושמאול מן ה]תורה
4Q364 23a-bi2 (XIII)]ל[וא]נסור ימין ושמאול
4Q365 6b,5 (XIII) [והמי]ם להם]מה חומה מ]ימינם ומשמאולם
4Q365a 2i5 (XIII) מנח]ת הקנאות ולימין השער הזה / [
4Q451 3 (XXIX)]ובמופתיכה ועוזו ימינכ]ה
4Q491 1-3,14 (VII) והמאסף מימין ומשמאול ובא[חור ובפנים
4Q504 1-2ii14 (VII) [לבלתי סור ממנה ללכת]מימין ושמאול
11Q19 XIII,5] / אחד ◦ ? לימין ואחד ל[שמאול
11Q19 XX,15 ומן הכבשים את שוק הימין
11Q19 XXII,9] / את שוק הימין ואת חזי התנופה
11Q19 XXXVIII,9 ומנחת הקנאות ?] / ולימ[ין ה]שער הזה ◦◦◦◦[
11Q19 XLIV,5] / וכ[ו]ל ימין שער לוי
11Q19 XLV,4 ובבואו ?] / יצא הרישון מימ[י]ן
11Q19 LVI,7 מן התורה אשר יגידו לכה ימין / ושמאול
11Q20 I,18 (XXIII) החלבים עם שוק התרו]מה אשר לימין
11Q20 IV,25 (XXIII) ומן הכבשים את שוק הימין

right adjective יְמִינִי

4Q436 1a+bi9 (XXIX)]ה ובידכה החזקתה בימיני ותשלחני ביש[ר

to turn to the right verb ימן

4Q163 23ii19 (V) כיא תימ[ינו וכיא תשמאילו

right adjective יְמָנִי

1Q29 2,2 (I) הא]בן הימנית בצאת הכו[הן
4Q365 9bii1 (XIII) ועל תנוך אוזן בניו הימנית
11Q19 XVI,3 ידו] / [הימנית ורגלו]הימנית

to oppress, wrong verb ינה

4Q171 1+3-4iii7 (V) שרי ה[רש]עה אשר הונו את עם / קודשו
4Q271 3,5 (XVIII) או קנה מיד]עמיתך לוא תונו איש את עמיתו
4Q418 97,1 (XXXIV) ב]לתי הונות[
4Q418 127,4 (XXXIV)]◦רשי חפץ הוניתה בהליכמה

to suck verb ינק

CD XI,11 אל ישא האומן את היונק לצאת ולבוא בשבת
1QH^{a} XV,21 ויפצו פה כיונ[ק
4Q215 1-3,1 (XXII)]◦ה דבורה אשר הניקה את רב[קה
4Q215 1-3,5 (XXII)] / מתבהלת לינוק ותואמר מה מתבהלת
4Q266 6ii11 (XVIII) תתן את] / [הי]לד למנקת בטוה[רה
4Q270 6v16 (XVIII)] האומן את היונ[ק לצת ולבוא בשבת
4Q271 5i7 (XVIII) אל / [ישא האומן את] היונק לצאת ולבוא
11Q5 XXII,5 (IV) זיז / כבודך יינקו וברחובות תפארתך יעכסו
11Q6 6,2 (XXIII) ברוב כבודך זיז כבודך י]ינקו

to lay a foundation, establish verb יסד-1

CD II,7 ובטרם נוסדו ידע / את מעשיהם
1QS III,25 ועליהון יסד כול מעשה / ל[
1QS V,5 ועורפ קשה ליסד מוסד אמת לישראל
1QSb III,21 (I)] יסד שלומכה לעולמי עד
1QpHab V,1 וצור למוכיחו יסדתו
1QH^{a} XIII,9 ושם למשפט / יסדתני
1QH^{a} XVII,12 כי אתה יסדתה רוחי ותדע מזמתי
4Q164 1,1 (V) ויסדתיך בספי[רים
4Q164 1,2 (V) פשרו] / [אש]ר יסדו את עצת היחד
4Q174 1-2i18 (V) ור]וזנים נוסדו יחד על יהוה ועל / [משיחו
4Q175 23 (V) בבכורו / ייסדנה ובצעירו יציב דלתיה
4Q215a 2,1 (XXXVI) קודשו יסדם ל[
4Q256 IX,5 (XXVI) כי אם ליסד מוסד אמת לישראל
4Q258 I,4 (XXVI) כי אם ליסד[מוסד]אמת לישראל
4Q266 11,9 (XVIII) אשר יסדתה / [ע]מים למשפחותיהם
4Q380 2,3 (XI)]חרדו כל יוסדו בו[
4Q381 15,5 (XI) ו]מלאה אתה [י]סדתם
4Q400 1i10 (XI) י]סדם [ל]ו לקד[ושי קדושים
4Q400 1i19 (XI) יסד לו כוהני קורב קדושי קדושים / [
4Q401 17,5 (XI)]◦ת יסדם לו לקרו]ב
4Q403 1i17 (XI)]וברך ליוסד[י הוד]בשב[עה] / דבר[י פלא
4Q403 1i24 (XI) ממיסדי ד[עת] בשב[עה]דברי קודש
4Q405 3ii7 (XI)] / וברך ליסודי ה[ו]ד בשבע[ה
4Q417 1i26 (XXXIV)] / [י]וסדו בכה כו[ל]◦◦הן עם פעולת[
4Q417 5,2 (XXXIV)] / ללו נוסד ומ[ה
4Q418 69ii5 (XXXIV) ומה משפט ללוא נוסד ומה יאנחו מתים
5Q13 1,3 (III)]◦ה ויוסד ע[ל

יָסֹד ← יְסוֹד

foundation, principle noun יְסוֹד, יְסֹד

CD IV,21 ויסוד הבריאה זכר ונקבה ברא אותם
CD X,6 וביסודי הברית מבני חמשה / ועשרים
CD XIX,4 וכמשפט היסודים כסרך התורה
1QS VI,26 ודבר בקוצר אפים לפרוע את יסוד עמיתו
1QS VII,17 והאיש אשר ילון על יסוד היחד ישלחהו
1QS VII,18 והאיש אשר תזוע רוחו מיסוד היחד
1QS VIII,8 פנת יקר בל / יזדעזעו יסודותיהו
1QS VIII,10 ואין עולה בהכון אלה ביסוד היחד
1QS IX,3 ככול התכונים האלה ליסוד רוח קודש
1QSa I,12 (I) יבוא להתי[צ]ב ביסודות עדת / הקודש
1QH^{a} XI,31 וברקוע יבשה יסודי הרים לשרפה
1QH^{a} XX,8 תמיד בכול / מולדי עת יסודי קצ
4Q249e 1i-3,8 (XXXVI) ועשרי[ם שנה יבוא להתיצב ב]יס[ודות]
4Q258 VI,4 (XXVI) בהכין אלה בי[סוד היחד שנתים ימים
4Q258 VII,4 (XXVI) כתכונים האלה ל[י]סד רוח קודש
4Q261 6a-e,4 (XXVI) [והא]יש / [אשר ילון על יסו]ד היחד
4Q266 5ii9 (XVIII)] / להורות עמו בישוד עם
4Q266 8iii6 (XVIII) בספר ההגי / וביש[ודי הברית
4Q266 10i11 (XVIII) וא[לה יסודות איש[י] הקהל
4Q270 6iv17 (XVIII) מבוננים בספר ההג[י וביסו]די הברית
4Q320 1i2 (XXI)]ל[א]ורת [ב]מחצית השמים ביסוד / [הבריא]ה
4Q365a 3,2 (XIII)]ל[ ]יסוד ג{{י}}רגע שלוש אמות[
4Q402 1,5 (XI)]◦ לכול יסודי פשע / [
4Q403 1i41 (XI) באלה יהללו כול י[סודי קוד]ש קודשים
4Q437 10,2 (XXIX)]יסוד ר[
4Q511 37,3 (VII) יזדעזעו יס[ו]דותם ותחול הארץ[
4Q511 44-47,5 (VII)]א למכותם / ויסוד [
4Q511 48-49+51,4 (VII) כיא בתכמי / בשרי יסוד ד◦[
4Q511 52-59,1 (VII)]וארוך אפים רב החסד יסוד הא[מת
4Q511 73,3 (VII)]ים מיסודו / [
11Q19 XXIII,13 וזרק את דמו על יסו[ד] / עזרת המזבח סביב
11Q19 XXXIV,8 וזורקים אותו על יסוד המזבח סביב
11Q19 LII,21 וזרקו את דמו על יסוד מזבח העולה

lesson, correction noun יִסּוֹר

CD VII,5 בתמים קדש על פי כל יסורו ברית אל
CD VII,8 וכמשפט / היסורים כסרך התורה

Text	Reference	Vol.
כיא געלה / נפשו ביסורי דעת משפטי צדק	1QS III,1	
ולשוב לו ענותו ביסוריך ובנס[יוניך	1QH[a] IV,22	
וכתב ימינך להודיעם יסורי כבוד	1Q34bis 3ii7	(I)
אמתו כי געלה נפשו ביסורי הצדק	4Q266 11,7	(XVIII)
כי געלה נפשו] / ביסורי הצדק	4Q270 7i21	(XVIII)
ויתאפק ביסוריה ובנגועיה ירצה תמ[י]ד	4Q525 2ii+3,4	(XXV)
וביסוריה לוא ימאסו [	4Q525 5,11	(XXV)

יִסְחָק ← יִשְׂחָק

to add, do again verb **יסף**

Text	Reference	Vol.
וכל הנוסף לעדתו יפקדהו למעשיו	CD XIII,11	
והוסיפו הכוהנים והלויים ואמרו	1QS II,11	
מתנדב מישראל / להוסיפ על עצת היחד	1QS VI,14	
וכמשפט הזה לכול הנוספ ליחד	1QS VIII,19	
ויוסיפו את הונם עם כול שללם	1QpHab VI,1	
והון עמים לקח לוסיף עליו עון אשמה	1QpHab VIII,12	
[א]ל תבלענו לוסיף ל[כול את ק]ל[ו]נו	1QpHab XI,15	
] הוסיפו ערמה / צדיקים השביתו עולה	1QH[a] IX,35	
ולכ[ו]ל המתנדבים לוסף על בחירי / [אל	1Q14 8-10,7	(I)
ולא יוסיפו עוד לתעות [ה]קהל ופת[אים]	4Q169 3-4iii7	(V)
ולוא יוסי]ף בן עולה[לענות]ו	4Q174 1-2i1	(V)
]כי לוא[יוסי]ף יבוא[בך עוד ערל וטמא	4Q176 12-13,2	(V)
ויוסף לשלחה ותבוא אליו	4Q252 I,16	(XXII)
ולוא] / יספה לשוב עוד	4Q252 I,19	(XXII)
היונ]ה אשר לוא יספ[ה] / שוב עוד	4Q252 I,20	(XXII)
[ואי]ש אשר יבוא לה[וסי]ף אל עצת ה[יח]ד	4Q265 4ii3	(XXXV)
והנא נוסף מן החי[אל] / [המת	4Q266 6i4	(XVIII)
וראה אם יו{{ש}}סף מן / {{כ}} החי	4Q266 6i10	(XVIII)
ואם לו ליוספ מן הח[יות] / על המיתות	4Q266 6i11	(XVIII)
] / [להו]סיף לו ת[בואתו	4Q266 6iv8	(XVIII)
]סיפו[	4Q267 17,2	(XVIII)
[ו]הנה נוסף מ[ן החי] / [אל המת	4Q272 1i12	(XVIII)
[ו]הוסיפו לברך את אל [	4Q286 7i8	(XI)
ואנשי / בינה ה[וסיפו לק]ח ודורש[י] משפט	4Q298 3-4ii5	(XX)
הצניע / לכת יו[דעי הדרך]הוסיפו אומץ	4Q298 3-4ii6	(XX)
]ואהבו חסד הוסיפו / ענוה	4Q298 3-4ii7	(XX)
והו[סיפו ד]עת[י]מי תעודה	4Q298 3-4ii8	(XX)
] / ואם דש יוסיף ל[	4Q299 6ii18	(XX)
]◦◦ הוסיף[	4Q299 30,5	(XX)
ויום השני השלישי] / [נו]סף	4Q394 3-7i2	(X)
וא]ל תוסף	4Q416 2ii10	(XXXIV)
אל תקח הון / פן יוסיף על רישכה	4Q416 2iii6	(XXXIV)
ולא להוסיף נדר ונדב[ה]	4Q416 2iv7	(XXXIV)
ונחלתכה קח ממנו ואל תוסף עו[ד	4Q417 2i18	(XXXIV)
ואת אשר יטריפכה אכול ואל תוסף עוד פ[ן	4Q417 2i20	(XXXIV)
ומיד כול משכילכה הוסף לקח[	4Q418 81+81a,17	(XXXIV)
ח]כמת ידים יוסף לכה[	4Q418 137,2	(XXXIV)
]סף / [	4Q418 159i3	(XXXIV)
יו]סיף על נחלתו [	4Q418 162,3	(XXXIV)
אל] תוסף עוד[	4Q418 199,2	(XXXIV)
ולהו]סיף לקח למבינים ⟦ ⟧[	4Q418 221,3	(XXXIV)
להו]סיף ? מדתם [	4Q420 2,3	(XX)
וישרים יוסיפו לקח להתבונן / בעלילותיכה	4Q436 1a+bi2	(XXIX)
]כהוסיפ[כם	4Q502 3,1	(VII)
]להוסיף לנו[	4Q503 15-16,10	(VII)
]ם להוסיף ◦◦[	4Q525 1,3	(XXV)
ואל יוסף לשוב אלי	11Q5 XXIV,12	(IV)
מה יוסיף אומ[צם] מלפ[נ]יכה	11Q5 XXIV,15	(IV)
לוא תוסיף עליהמה ולוא / תגרע מהמה	11Q19 LIV,6	
לוא / תוסיף לשוב בדרך הזואת עוד	11Q19 LVI,18	
ולוא יוסיפו עוד לעשות כדבר הזה	11Q19 LXI,11	
]יסף ה[	PAM 43.685 48,2	(XXXIII)

to instruct, warn, rebuke verb **יסר-1**

Text	Reference	Vol.
אשר התוסרו בו הראשנים עד שלים / הקץ	CD IV,8	
והתיסרו במשפטים הראשונים	CD XX,31	
לבלתי התיסר ביחד עצתו	1QS III,6	
לתיסר בם / עד בוא נביא ומשיחי אהרון וישראל	1QS IX,10	
ועם ידעים [נוס]רה לכה	1QH[a] 10,7	
[ע]ד אשר יוסר ושלם ה[אונס	4Q266 8ii5	(XVIII)
וה[ואה] ייסר את בניהם [ובנותם ?]	4Q266 9iii6	(XVIII)
והו[א] יי[סר את בניהם ובנותם	4Q269 10ii2	(XXXVI)
התי]סרו בו הרישונים	4Q270 1bii3	(XVIII)
המ]שפטים א[שר ישפטו]בם כל המתיסרים	4Q270 7i15	(XVIII)
כל אי[ש] אשר / [יתיס]ר ? יבוא	4Q270 7i16	(XVIII)
והתיסרו עד השבוע [השביעי	4Q275 2,1	(XXVI)
יי]סרו בכול[	4Q286 14,2	(XI)
א]ותו ליסרו / [	4Q421 1ai6	(XX)
ו]עם ידעים נוסרה לכה	4Q427 8i9	(XXIX)
]התיסר ◦[	4Q428 36,1	(XXIX)
ותיסרנו כיסר איש את / בנו	4Q504 1-2iii6	(VII)
ותיסרנו כיסר איש את / בנו		(VII)
]כיסר איש[את בנו	4Q504 6,15	(VII)
ויסרו אותו ולוא[י]שמע אליהמה	11Q19 LXIV,3	
ויסרו אותו וענשו אותו מאה כסף	11Q19 LXV,14	

to appoint, meet verb **יעד**

Text	Reference	Vol.
קיראי מועד הנועדים לעצת היחד בישראל	1QSa II,2	(I)
ו[אם לשול]חן יחד יועד[ו או לשתות הת]ירוש	1QSa II,17	(I)
כי יו]עדו עד עשרא אנש[ים]	1QSa II,22	(I)
כיא הואה יום יעוד לו מאז למלחמת כלה	1QM I,10	
כי]א מאז יעדתה לכה יום קרב ר◦◦[	1QM XIII,14	
כ]יא אתה יעדתנו למ◦[	1QM XIII,18	
ונגד כול חיל / בליעל הנועדים עמו ליום ◦[	1QM XV,3	
] / קציך מועד[ ]ל[	1QH[a] V,26	
כול הנדרש[י]ם לי הנועדים יחד לבריתכה	1QH[a] XII,24	
]◦◦ בתוך / לביאים מועדים לבני אשמה	1QH[a] XIII,7	
ורגן ותלונה לכול נועדי	1QH[a] XIII,23	
]מו ויעדכה / במשפטו [	1QH[a] XXIV,6	
ולהש]פיל נועדות רומ גא[ים עולם]	1QH[a] XXVI,2	
] ואנחנו ביחד נועדנו	1QH[a] 10,7	
אם י[ועד העדה את] / [המשיח אתם	4Q249h 1-2,6	(XXXVI)
א]ם ת[ועד העדה והמשיח אתם]	4Q249i 1,1	(XXXVI)
] נועד[י	4Q400 7,1	(XI)
וברך לכול[נועד]י צדק[	4Q403 1i16	(XI)
וברך לכול נו[עדי]צד[ק	4Q403 1i25	(XI)
ו]ברכו לנועדי צדק וכול ברוכיו[	4Q403 1i27	(XI)
מי יכיל] מ[י] בלשון יעודני / [	4Q427 7i9	(XXIX)
ולהשפיל נועדות רומ גאים עולם	4Q427 7i20	(XXIX)
]הנועדים [	4Q449 3,2	(XXIX)
ומיא יועדני וידמה במשפטי	4Q491 11i17	(VII)
] / אלוהי גבורות יעדם ל[	4Q511 2ii7	(VII)

to profit verb **יעל**

Text	Reference	Vol.
מה הועיל פסל כיא פסל יצרו / מסיכה	1QpHab XII,10	
ואתה אל צויתם להועיל מדרכיהם	1QH[a] XIV,20	
]בהם ולוא יועל[	4Q378 23,1	(XXII)
[ולוא]העבדתנו להועיל מדרכי[נו	4Q504 1-2v20	(VII)
חוקי / אל בלבבי ואועי[ל	4Q511 48-49+51,5	(VII)

because subordinating conjunction יַעַן

CD IX,7		יען אשר לא הקים את מצות אל
2Q29 4,2	(III)	]◦ יען[
4Q389 8ii4	(XXX)	ואין משיע להם / יען ביען חקתי מאסו
	(XXX)	ואין משיע להם / יען ביען חקתי מאסו

to be weary verb יעף-1

1QpHab X,8		ולאומים בדי ריק ייעפו
4Q418 69ii13	(XXXIV)	יגענו בפעלות אמת ויעפ[נו] / בכול קצים
4Q434 1i6	(XXIX)	ולא יעף כל חרונו חמתו
PAM 43.689 60,1	(XXXIII)	]מעפ [

Jaaphor proper noun יעפור

4Q522 9i+10,5	(XXV)	ו]את היכלים את יעפור ואת / [

to counsel, plan verb יעץ

CD III,5		הלכו בשרירות לבם להיעץ על / מצות אל
1QS VI,3		ויחד יואכלו / ויחד יברכו ויחד יועצו
1QpHab IX,13		יעצתה בשת / לביתכה קצוות עמים רבים
1QH[a] XI,10		ובחבלי שאול יגיח / מכור הריה פלא יועץ
1QH[a] XIV,21		יועץ בליעל / עם לבבם [
4Q163 8-10,6	(V)	[כיא יהו]ה צבאות יע[ץ
4Q165 6,5	(V)	הואה זמות יעץ [לחבל ענוים באמרי שקר
4Q177 5-6,6	(V)	כאשר [אמר הוא ז]מות יעץ לח[בל ענוים
4Q258 II,7	(XXVI)	ויחד יוא]כלו י[ח]ד יברכו ויחד יועצ[ו
4Q381 45a+b,5	(XI)	] / מתיעצים עלי פתחו לשן שק[ר
4Q381 69,3	(XI)	נ]ועץ אל לבו להשמידם מעליה
4Q416 2ii13	(XXXIV)	]◦◦ תיעצנו[והייתה]לו לבן בכור
4Q417 2ii+23,17	(XXXIV)	] / תיעצנו והיית לו[
4Q422 M,2	(XIII)	]ה יועצ ◦[
4Q429 4i11	(XXIX)	יועץ[בליע]ל עם לבב[ם]

יַעֲקֹב ← יַעֲקוֹב

Jacob proper noun יַעֲקוֹב, יַעֲקֹב

CD III,3		וימסור לישחק וליעקב וישמרו
CD III,4		בני יעקב תעו בם ויענשו
CD IV,15		אשר אמר עליהם לוי בן יעקב
CD VII,19		דרך כוכב מיעקב וקם שבט / מישראל
CD XX,17		ושבי פשע יעקב שמרו ברית אל
1QM XI,6		דרך כוכב מיעקוב קם שבט מישראל
1QM XI,7		וירד מיעקוב והאביד שריד מעיר
1Q14 1-5,4	(I)	בפשע יעק]ב כול / [זא]ת
1Q14 8-10,2	(I)	מה פשע יע]קב הלא / [שומרון
1Q18 1-2,4	(I)	מיום ל[כת אחיו י]עקב אל חרן
3Q5 3,3	(III)	רא]שי בית יע[קוב
4Q158 1-2,3	(V)	] וי[ותר י]עק[וב ל]בדו שמה ויאבק[
4Q158 1-2,6	(V)	וישאל י[ע]קוב [ו]יאמ[ר הגי]ד נא לי
4Q158 3,1	(V)	ויקרא יעקוב[
4Q163 4-7ii11	(V)	ופליטת] / בית יעקוב להש[ען על מכהו
4Q163 18-19,5	(V)	[עתה יבו]ש יעקוב [ולוא עתה פניו יחורו
4Q173 5,6	(V)	]ל ליעקוב[
4Q175 12	(V)	דרך כוכב מיעקוב ויקום שבט מישראל
4Q175 17	(V)	ויאירו משפטיך ליעקוב / תורתכה
4Q176 1-2i9	(V)	ואתה ישראל עב[די י]עק[ו]ב
4Q177 1-4,15	(V)	ויעקוב עומד על הגתות
4Q185 1-2ii4	(V)	י]עקב חתימה חקק לישחק
4Q215 1-3,7	(XXII)	וכאשר בא יעקוב אבי אל לבן
4Q215 1-3,10	(XXII)	יעקו]ב אבי
4Q216 II,2	(XIII)	וליע[ק]וב] / לאמר לזרע[כם אתנה
4Q216 IV,9	(XIII)	ואב לכל בני י]עקב ומלך / [בהר ציון
4Q216 VII,11	(XIII)	ובחר בזרע יעקוב ב[כל מאשר ראיתי
4Q221 5,5	(XIII)	אם יבקש רעה כול ימו] / ליעקוב
4Q221 14,1	(XIII)	]ליעקו[ב
4Q222 1,6	(XIII)	אשר נתן לי [א]ת י[ע]ק[וב בן טהור
4Q223-224 2i48	(XIII)	אשר לו[א] ירע את יעקוב
4Q223-224 2ii5	(XIII)	ועתה אני אוהב את יעקוב מ[עישאו
4Q223-224 2ii9	(XIII)	כי לוא יהרוג את אחיהו יע]ק[ב]
4Q223-224 2ii10	(XIII)	אחיהו ביד ( ) יעקוב ינתן
4Q223-224 2ii11	(XIII)	ואת]י אל תדאיגי [על יעקו]ב
	(XIII)	כי שומר יע[קו]ב גדול וגבור
4Q223-224 2ii13	(XIII)	ואלוהי יצחק ואלוהי י]עקוב ב[ני התמים
4Q223-224 2ii18	(XIII)	[וי]עקוב אוהבין זה[את זה
4Q223-224 2iv15	(XIII)	אל יעק]וב אביהו
4Q223-224 2iv20	(XIII)	ואז יצאו]בני יעקוב[המה
4Q225 2ii11	(XIII)	ויוליד את] / יעקוב
	(XIII)	ויעקוב הוליד את לוי
4Q225 2ii12	(XIII)	ויהיו כול] / ימי אברהם וישחק ויעקוב
4Q226 7,3	(XIII)	ויולד את י[עקוב ויעקב הוליד את] / לוי
4Q226 7,5	(XIII)	והיו כל ימי] / אברהם ישחק ויע[קב ולוי
4Q252 IV,3	(XXII)	ברכות יעקוב ראובן בכורי אתה
4Q364 3ii6	(XIII)	] / אחרי יעקוב בנה[
4Q364 4b+ei8	(XIII)	[וילך ראובן בימי קציר חטי]ם אחר יעקו[ב
4Q364 5a-bi1	(XIII)	וי]עקוב קרא [לו גלעד
4Q364 5bii10	(XIII)	ויואמר לו יעקוב
4Q371 1a-b,12	(XXVIII)	בני יעק]ב ישעי[רו ב]דברי פ[יה]מה
4Q372 1,13	(XXVIII)	] / בני יעקב וישעירו בדברי פיהם
4Q372 1,21	(XXVIII)	כל בני אהביך יעקב
4Q372 3,9	(XXVIII)	אשר כרת עם יעקב להיות עמו
4Q379 17,4	(XXII)	]◦ אברהם יצחק ויעקב ומשה / [
4Q379 19,2	(XXII)	]עבדי [י]עקב לשל◦[
4Q379 22ii13	(XXII)	] {{בבני יעקב ושפ[כו דם}}]
4Q385a 3a-c,4	(XXX)	כא]שר אמרתי ליע[קוב
4Q385a 16a-b,8	(XXX)	]יעקוב ור[
4Q388a 3,3	(XXX)	כא]שר אמרתי ליעק[וב
4Q462 1,3	(XIX)	] ליעקוב ויא[ ]◦◦ ויזכור [
4Q462 1,6	(XIX)	] לעבדים ליעקוב באהב[ה
4Q462 1,11	(XIX)	בתוכנו היה עם החביב יעק[וב
4Q464 7,5	(XIX)	י]עקוב לע[שו
4Q464 7,7	(XIX)	]◦ שנה יעקו[ב
4Q464 8,1	(XIX)	]יעקוב[
4Q467 1+2,2	(XXXVI)	]◦ז אור ליעקב ו[
4Q504 1-2v7	(VII)	לוא מאסתה / בזרע יעקוב
4Q505 124,6	(VII)	לאברהם]ולישחק וליע[קוב
4Q508 3,3	(VII)	ליצ]חק וליעקוב אמנתכ[ה
4Q511 2i5	(VII)	] / [ג]ורלו רשית ביעקוב
4Q521 8,7	(XXV)	ב]רכות יעקוב / [
5Q13 2,6	(III)	]אל יעקוב ה[ו]דעתה בבית אל / [
5Q25 3,2	(III)	]י בני יעקוב[
6Q15 5,4	(III)	לישחק ולי]עקב להבעיר[
11Q5 XVIII,7	(IV)	כי עליון הואה אדון / יעקוב
11Q5 XVIII,16	(IV)	מיד רשעים מקים קרן מיע]קוב ושופט / [
11Q19 XXIII,7		מ]טה ומטה [ש]נים עשר בני יעקו[ב
11Q19 XXIX,10		כברית אשר כרתי עם יעקוב בבית אל
PAM 43.680 46,1	(XXXIII)	]וליעקב / [
PAM 43.699 39,1	(XXXIII)	י]עקוב [
PAM 43.700 46,2	(XXXIII)	]יעקוב[

יַעֲקָן ← בְּנֵי יַעֲקָן

Japheth proper noun **יֶפֶת**

Reference	Vol.	Text
1QM I,6		]בני **יפת**
1QM II,14		תחלק המלחמה על כול[בני **יפ]ת**
1QM XVIII,2		ונפלו בני **יפת** לאין קום וכתיים יכתו
4Q462 1,2	(XIX)	את שם וא]ת חם ואת **יפת**[
4Q496 13,4	(VII)	כו]ל בני **יפת** במושב[ותיהם

to go out verb **יצא**

Reference	Vol.	Text
CD IV,3		הם שבי ישראל / **היוצאים** מארץ יהודה
CD VI,5		הם / שבי ישראל **היוצאים** מארץ יהודה
CD VI,8		אשר / אמר ישעיה **מוציא** כלי למעשיהו
CD VI,19		ואת יום התענית **כמצאת** באי הברית החדשה
CD XI,7		אם / סוררת היא אל **יוציאה** מביתו
		אל **יוציא** איש מן הבית / לחוץ
CD XI,8		ואם בסוכה יהיה אל **יוצא** ממנה
CD XI,10		אל ישא איש / עליו סמנים **לצאת** ולביא
CD XI,11		אל ישא האומן את היונק **לצאת** ולבוא בשבת
CD XIII,4		**ויצא** הגורל לצאת ולבוא על פיהו
		ויצא הגורל **לצאת** ולבוא על פיהו
CD XX,22		בית פלג אשר **יצאו** מעיר הקדש
CD XX,27		המחזיקים במשפטים האלה **לצאת** / ולבוא
1QS IV,19		ואז **תצא** לנצח אמת תבל
1QS V,3		על פיהם **יצא** תכון הגורל
1QS VI,16		וכאשר **יצא** הגורל על עצת הרבים
1QS VI,18		ואם **יצא** לו הגורל / לקרוב לסוד היחד
1QS VI,20		ועל הרבים לוא **יוציאנו**
1QS VI,21		ואם **יצא** לו / הגורל לקרבו ליחד
1QS VII,13		ואשר **יוציא** ידו מתוחת בגדו
1QS VII,15		**והמוציא** את יד שמאולו לשוח בה
1QS VII,23		**ויצא** מלפני / הרבים ללכת בשרירות לבו
1QS IX,7		ועל פיהם **יצא**
1QS IX,9		לוא **יצאו** ללכת / בכול שרירות לבם
1QS X,13		בראשית **צאת** ובוא / לשבת וקום
1QSa I,16	(I)	וכול {{ש}}רו̇ש̇ אבות העדה אשר **יצא** הגורל
1QSa I,17	(I)	**[לצא]ת** ולבוא לפני העדה
1QSa I,23	(I)	להביא **ולהוציא** אתכול העדה איש בסרכו
1QpHab I,14		ע]ל כן **יצא** המשפט / [מעוקל
1QpHab III,3		ממנו משפטו ושאתו **יצא**
1QM I,4		ובקצו **יצא** בחמה גדולה
1QM II,8		יחלוצו / להם אנשי חיל **לצאת** לצבא
		ובשני השמטים לוא יחלוצו **לצאת** לצבא
1QM III,1		בהפתח שערי המלחמה **לצאת** אנשי הבנים
1QM III,7		בהפתח שערי המלחמה **לצאת** למערכת האויב
1QM IV,9		**בצאתם** למלחמה יכתבו על אות הראישונה
1QM VI,1		ואחריהם **יצאו** שלושה דגלי בינים
1QM VI,4		ואחריהם **יצאו** שני דגלי בינים
1QM VI,9		שבע מאתים פרשים **יצאו**
1QM VI,11		הרכב **היוצאים** / למלחמה עם אנש[י] הבנים
1QM VII,3		לוא יבואו למחנותם **בצאתם** / מירושלים
1QM VII,9		**ויצאו** מן השער התיכון אל בין המערכות
1QM VII,13		**ובצאת** הכוהנים / אל בין המערכות
1QM VII,14		**יצאו** עמהמה שבעה לויים
1QM VII,16		וחמשים אנשי בינים **יצאו** מן השער האחד
1QM VII,17		ועם / כול מערכה ומערכה **יצאו** ככול הס[רך
1QM VIII,3		**ויצאו** / שלושה דגלי בינים מן השערים
1QM VIII,10		ועם קול התרועה **יצאו** / זרקות המלחמה
1QM IX,3		**ויצאו** אליהם כול אנשי הבינים
1QM IX,11		וראשים **יוצאים** וכנפים[
1QM IX,13		והמגו[ד]לות / **יוצאים** מן המערכה מאה מגן
1QM XVI,4		**וי]צאו** אנשי הבינים

forest noun **יַעַר-1**

Reference	Vol.	Text
1QHa XVI,8		ובנצר עליו ירדו כול ה̇[ו]ת̇ **יער**
4Q161 8-10,6	(V)	ואשר אמ]ר וני̇ק̇פו סובכי [ה]**יער** בברזל
4Q165 5,4	(V)	**ביער** בערב תלינו א[רחות דדנים
4Q166 II,19	(V)	ושמתים **ליער** ואכלתם ח̇[ית השדה]
4Q216 VI,3	(XIII)	ואת ה]**יערים** ואת גן ע[ד]ן[בעדן]
4Q223-224 2i4	(XIII)	היושבים ב]**יער** בארץ / [כנען
4Q286 5,3	(XI)	א]רזה מצולי **יערים** וכול מדברי חור[ב
4Q371 4,1	(XXVIII)	]◦ **יער** [
4Q372 1,8	(XXVIII)	ואת הר אלהי לבמות **יע[ר**

beautiful adjective **יָפֶה**

Reference	Vol.	Text
1QS VI,7		תמיד {על **יפות**} <חליפות> איש לרעהו
4Q180 2-4ii2	(V)	]ת **יפה** א◦[ ]יפ̇◦[
4Q418 167a+b,5	(XXXIV)	]ו̇חמה **ליפי** מראיה [מבינים
11Q5 XXVIII,9	(IV)	יצאו אחי לקראתו **יפי** התור
	(IV)	**ויפי** המראה הגבהים בקומתם
11Q5 XXVIII,10	(IV)	המראה הגבהים בקומתם / **היפים** בשערם
11Q19 LXIII,11		וראיתה בשביה אשה **יפת** תואר

to appear, shine verb **יפע**

Reference	Vol.	Text
CD XX,3		**בהופע** מעשיו ישלח מעדה
CD XX,6		**ובהופע** מעשיו כפי מדרש התורה
CD XX,25		**בהופע** / כבוד אל לישראל
1QS X,2		**באופיע** / מאורות מזבול קודש
1QpHab XI,7		**הופע** אליהם לבלעם / ולכשילם
1QM I,16		]◦ קדושים **יופיע** בעזרת[
1QM XII,13		**והופיעי** ברנות ירושלים
1QM XVIII,10		והיום **הופיע** / לנו כיא[
1QHa XII,6		וכשחר נכון לאור[תו]ם **הופעתה** לי
1QHa XII,23		**ותופע** לי בכוחכה לאורתום
1QHa XIII,32		ויצרם / **הופיע** לי למרורים
1QHa XV,3		כי בליעל עם **הופע** יצר / הוות
1QHa XV,24		**והופעתי** באור שבעתים בא[ור
1QHa XVII,26		] ובכבודכה **הופיע** אורי
1QHa XVII,31		]ה ומנעורי **הופעתה** לי בשכל משפטכה
1QHa XIX,26		ואמתכה **תופיע** / לכבוד עד ושלום עול{ו}ם
1QHa XXIII,6		**להופיע** / לעיני כול שו̇מעי[כה
1Q36 14,4	(I)	]◦עו **והופי[ע**
4Q176 17,6	(V)	]**יפע** לנו ממ[
4Q258 VIII,12	(XXVI)	**בהופע** [מאורות מז]בול
4Q382 49,6	(XIII)	]לעולם **להופיע** א◦[
4Q408 3+3a,5	(XXXVI)	ב]**הפיע** פארי כבדו מזבול קד[ש
4Q408 3+3a,8	(XXXVI)	אות **להופיע** ממשלת אור לגבול יומם
4Q408 3+3a,10	(XXXVI)	אות **להופיע** ממשלת[חושך לגבול לילה
4Q411 1ii14	(XX)	] / **הופיעו** לא[
4Q418 130,1	(XXXIV)	**תופיע** תבל ◦[
4Q418 200,2	(XXXIV)	למ]ען **תופיע** כש◦[
4Q427 7ii4	(XXIX)	**הופיע** אור וש[מחה תביע
4Q427 7ii5	(XXIX)	**הופיע** שלום שבת פחד נפתח
4Q427 7ii12	(XXIX)	ומגדיל **להופיע** גבורה[ומצדיק] / בדעת
4Q428 12i3	(XXIX)	ואמת]כה **תופיע** לכבוד עד ושלום עו[לם]
4Q428 26,1	(XXIX)	[ ] **יופ[יע**
4Q428 26,2	(XXIX)	] / **[הו]פיע** לה[
4Q431 2,3	(XXIX)	[ואין נ]עוות בלוא דעת **הופיע** אור
4Q431 2,4	(XXIX)	[ונס יגון ה]**ופיע** שלום שבת פחד נפתח
4Q511 1,7	(VII)	כיא **הופיע** כבוד אלוהי / דעות
4Q521 8,5	(XXV)	]ה **יפיעו** / [

Text	Vol.	Reference
ועם צאת הקול יחלו ידם		1QM XVI,8
לצאת מערכה אחרת חליפה למלחמה		1QM XVI,12
ותוצא קוים לרזיהם		1QH^{a} IX,29
ותוצא לנצח משפטם		1QH^{a} XII,25
ושערי עולם להוציא כלי מלחמות		1QH^{a} XIV,31
כי]א יצא אל מ◦[	(I)	1Q14 12,3
[בארבעים] השנה לצא[ת בני י]שר[אל	(I)	1Q22 1i1
ארבעים / [שנה מ]יום צ[את]נו מארץ [מצרים	(I)	1Q22 1ii6
הא]בן הימנית בצאת הכו[הן	(I)	1Q29 2,2
]מביא הצא [	(I)	1Q70bis 2
] / יהוה לי לאמור בהוציאכה את[	(V)	4Q158 1-2,16
בגפיו בא בגפיו יצא א[ם	(V)	4Q158 7-8,10
כי יוצו איש שם רע על בתולת ישראל	(V)	4Q159 2-4,8
]יצאו שמה	(V)	4Q159 5,5
]עמו יצא אחד מכוהני השם	(V)	4Q161 8-10,24
כיא משרש נ]חש י[צא] / [צפע ופריו	(V)	4Q163 8-10,12
כיא] / עתה תצאי מקר[יה ושכנת בשדה	(V)	4Q168 1,3
כול אשר לוא יצא[ו	(V)	4Q171 1+3-4iii4
מהרסיך ומחרביך] / ממך יצ[או	(V)	4Q176 1-2ii6
[הזונ]ה תוציא הבל וב[	(V)	4Q184 1,1
]לפניו תצא רעה לכל עם	(V)	4Q185 1-2ii8
ויהי בשנה הראשונה]לצאת בנ[י ישראל]	(XIII)	4Q216 I,4
ויצא מאתוה שמח	(XIII)	4Q219 II,34
ויצא ראובן / [ויששכר וזבולון לצפון	(XIII)	4Q223-224 2iv23
]עליך לרדת מצרים ולהוצ[יא	(XIII)	4Q226 1,3
] / יצא על ◦[	(XXXVI)	4Q249m 5
ל]א יצאו[	(XXXVI)	4Q250 5
אל]יוצא איש ממקומו כל השבת	(XXXV)	4Q251 1-2,4
ביום ההוא יצא נוח מן התבה	(XXII)	4Q252 II,2
בן מאה ואר[ב]עים שנה תרח בצאתו	(XXII)	4Q252 II,8
ואחר יצא [	(XXII)	4Q252 II,10
] / לצאת אב[רם	(XXII)	4Q252 II,13
]◦◦ נוח יצא מן התבה למועד ימים ימימה	(XXII)	4Q254a 3,2
ויצא יצוא וישוב להודיע לדורות הא[חרונים]	(XXII)	4Q254a 3,4
ויצא יצוא וישוב להודיע לדורות הא[חרונים]	(XXII)	
]◦◦ לפניו כי העו[רב] יצוא יצא ויש[וב	(XXII)	4Q254a 3,5
כי העו[רב] יצוא יצא ויש[וב	(XXII)	
אל יו[צא אי]ש מאהלו כלי ומאכ[ל]	(XXXV)	4Q265 6,4
ואשר] / [יו]צא את ידו מתחת בגד[ו	(XVIII)	4Q266 10ii11
ואנו הקימונו ויצא המשתלח	(XVIII)	4Q266 11,14
שבי י[שרא]ל / היוצ[אי]ם מארץ י[הוד]ה	(XVIII)	4Q267 2,12
המחזיקים במשפטים האלה]לצא[ת] ולבוא	(XVIII)	4Q267 3,6
ויצא הגורל לצ]את / [ולבוא על פיהו	(XXXVI)	4Q269 10i6
ואנו הקימונו וי]צא / [המשתלח	(XXXVI)	4Q269 16,12
לא יב]אה כי אם דמה יצוא / [לא יצא	(XVIII)	4Q270 4,4
אם סוררת היא] / אל [יוצי]אה [מביתו	(XVIII)	4Q270 6v13
ואם בסוכה] / יהיה אל [י]וצא ממנה	(XVIII)	4Q270 6v14
אל ישא] / א[י]ש עלו סמנים לצת ולבוא	(XVIII)	4Q270 6v15
ויצא ו[לא ישוב עוד	(XVIII)	4Q270 7i11
ויצא ולא ישוב עוד	(XVIII)	4Q270 7i13
אם סוררת הי[א אל יוצי]אה / [מביתו	(XVIII)	4Q271 5i3
[אל] ישא איש / [עליו סמנים לצא]ת ולבוא	(XVIII)	4Q271 5i6
אל / [ישא האומן את] היונק לצאת ולבוא	(XVIII)	4Q271 5i7
ואם תצ[א מאיש] שכבת הזרע	(XXXV)	4Q274 1i8
וכול / [אש]ר ימעכו ויצא משקיהם	(XXXV)	4Q274 3i7
ולכוה]נים בני אהרון יצא הגור[ל הראשון	(XXVI)	4Q279 5,4
[אם] / [משק]יהם יוצא כא[שר ימ]עכ כולם	(XXXV)	4Q284a 1,5
ויצא חוטר מגזע ישי / [ונצר משורשיו	(XXXVI)	4Q285 7,2
שורשיה יצ[או	(XX)	4Q298 2ii1
] / להוציאו מחצר ה[כל]בים והי[	(XXXVI)	4Q306 1,6
[הו]ציאנ[ו] מארץ מ[צרים	(XIII)	4Q364 21a-k,17
[ויאמרו הארץ אשר הו]ציאתנ[ו משם	(XIII)	4Q364 26c-d,2
ה]חורטומים בלהטיהמה להוציא את הכנים	(XIII)	4Q365 2,3
ו]תצינה[כו]ל הנשים אחריה ב[תופים	(XIII)	4Q365 6b,6
בהוציאי אותם מארץ מצר[י]ם	(XIII)	4Q365 23,2
[כ]יא תצא [למלחמה ע]ל א[ויביך	(XIII)	4Q365 38,3
ויוצאים ה◦[ ]ר[	(XIII)	4Q365a 2ii4
[הם אשר הו]צאתי אותם מארץ מצ[רים	(XIII)	4Q366 2,7
למועד חודש הא]ביב כי בו יצאת ממצרים	(XXVIII)	4Q368 2,10
] ק◦ [ ] יצוא [	(XXVIII)	4Q368 10i3
ו[י]צא לפני כ[ול ראשי אבות] / העדה	(XIX)	4Q375 1ii8
ויצא עמו בלשנות אש	(XIX)	4Q376 1ii1
ויוצא[	(XXII)	4Q378 3ii+4,3
בשנת הא[חד ו]ארבעים שנה לצאתם מאר[ץ]	(XXII)	4Q379 12,4
ותשכילו לחכמה מפי תצא ותבינ[ו	(XI)	4Q381 76-77,8
יו]צא[	(XIII)	4Q382 21,3
ואת בני אוציא ממף ועל ש[א]רם אהפך	(XXX)	4Q386 1ii6
]בהוציאי[	(XXX)	4Q387a 3,2
וא]רים ראשיכם בהוציאי א[תכם מארץ מצרים	(XXX)	4Q389 2,2
]מלפנו יצאים המא[רות] / [	(XXIX)	4Q392 1,9
]הוציאנו / [	(XXIX)	4Q393 1i8
ו]מוציאים את דשא / [ה]מזבח	(X)	4Q394 3-7ii18
[ומוצי]אים [את דשא המזבח	(X)	4Q397 3,4
ובלכת האופנים ישובו מלאכי קודש יצא	(XI)	4Q405 20ii-22,9
בצאת ובמבוא בשע[ר]י קודש	(XI)	4Q405 23i10
הנער[ב]כל גבורה הנחה להוצי את[	(XXXVI)	4Q408 3+3a,7
[ו]תבוך באמרי יו[ ]◦[ ]בינה הוציא מליט[	(XX)	4Q412 1,4
] / כי ממוצא פיכה נ[פרשה טהרת כול	(XXXV)	4Q414 2ii-4,7
] / הוצא מחסורכה לכול דורשי חפץ	(XXXIV)	4Q418 81+81a,18
]ובצאתם [	(XXXIV)	4Q418 211,2
וש[ ] / יוציא דבר[	(XX)	4Q420 1aii-b,3
יצ]א הגורל הרישון וכן יצאו	(XX)	4Q421 1ai4
יצ]א הגורל הרישון וכן יצאו / [	(XX)	
ע]ל אמתו יוצי[א דברו	(XX)	4Q421 3,3
]בשיבת[ו ו]יציא ◦◦[	(XXIX)	4Q433a 1,3
שמ]ש בצאתה מזבול◦[	(XXXVI)	4Q468b 4
] / דויד יצא[	(XXII)	4Q479 1,5
]ובצאתמה לערוך המלחמה [להכ]ניע[	(VII)	4Q491 1-3,8
מכול שבטיהמה[י]אצאו מחוצה למחנות	(VII)	4Q491 1-3,9
י]צאו אליהמה ה[כוהנ]ים והלויי[י]ם	(VII)	
המערכה[הר]אשונה ת[צא למלחמה	(VII)	4Q491 1-3,15
ופתחו שערי המל]חמה ויצ[או אנשי הבינים	(VII)	4Q491 11ii2
ו[ע]ם צ[א]ת הקול יחלו ידמ[ה להפיל	(VII)	4Q491 11ii7
והכוהנים] / [י]תקעו לצאת מערכה אחרת	(VII)	4Q491 11ii10
והכוהנים יצאו מבין החללים	(VII)	4Q493 4
ותקעו בקול חד לצאת אנ[שי] / המלחמה	(VII)	4Q493 6
ויצאה המערכה השנית	(VII)	4Q493 9
בצאתם יתקע[ו]להם בח[צוצרות המקרא]	(VII)	4Q493 10
ובצאת[השמש	(VII)	4Q503 1-6iii1
] / [וב]צא[ת השמש	(VII)	4Q503 1-6iii12
בצא[ת השמש	(VII)	4Q503 29-32,11
ובצ[א]ת השמש על ה[ארץ יברכו	(VII)	4Q503 33ii-36,1
] / ובצאת[השמש להאיר על הארץ	(VII)	4Q503 40ii-41,4
] / ובצ[את השמש	(VII)	4Q503 56ii3
בצ[את השמש להאיר על הארץ	(VII)	4Q503 92,1
]בצאת[השמש	(VII)	4Q503 137,2
] / [ובצא]ת מאור [היומם על הארץ יברכו	(VII)	4Q503 215,6
ותזכור בריתכה / אשר הוצאתנו לעיני הגוים	(VII)	4Q504 1-2v10
(ה)ע]יר אשר יצאו[משם	(XXV)	4Q522 2,3
בלוא ?] / נכון ומוצאת בלוא[	(XXV)	4Q525 6ii5

Text	Vol.	Reference
] / בענות צדק **הוצא** אמרי[כה	(XXV)	4Q**525** 14ii20
ולפי שומעכה ענה כמוהו **הֹיוֹצא** בוֹ השמֹ[ר	(XXV)	4Q**525** 14ii22
ובארך] / אפים **הוציאם**	(XXV)	4Q**525** 14ii25
] בחרתה [בני] לוי **לצאת** / [	(III)	5Q**13** 2,8
ויוצא / [רוח] מאו[צרותיו	(IV)	11Q**5** XXVI,14
יצאו אחי לקראתו יפי התור	(IV)	11Q**5** XXVIII,9
הודע]נוֹ ב**צ֯[את**נו] / [לפני יהוה אלוהינו	(XXIII)	11Q**12** 1,1
ויגד לו כיא]הוא **יוצא** מ[חרן	(XXIII)	11Q**12** 9,3
ובלכת האופנים ישובו מלאכי קודש **יצ]אֹ**	(XXIII)	11Q**17** VII,12
] **יוצאים** ל◦[		11Q**19** IV,2
אחר **יוציאו**ם אל בני ישראל		11Q**19** XXII,11
וֹהֹ**יוצאים** מֹהמה אל [החצר התיכונה		11Q**19** XXXIII,6
וֹהֹ[יו]**צאים** במה רוחב השער		11Q**19** XXXVI,8
ויוצאים השערים מקיר החצר לחוץ		11Q**19** XLI,12
ובבואו ?] / **יצא** הרישון מימֹ[י]ן		11Q**19** XLV,4
זה[ב]אֹ וזה **יוֹצא** ליום השמיני		11Q**19** XLV,5
ל]עֹת **תצא** הראישונה		11Q**19** XLV,6
יהיו **יוצאים** שמה / לחוץ לצפון המערב		11Q**19** XLVI,13
וביום אשר **יוציאו** ממנו את המת		11Q**19** XLIX,11
ביום אשר / **יצא** המת ממנו יטהרו את הבית		11Q**19** XLIX,14
וכול היו]**צא** מהמֹ[ה במותמה ?		11Q**19** LI,1
ולוא יחל דבריו ככול **היוצא** מפיהו / יעשה		11Q**19** LIII,15
ככול אשר **יצא** מפיה		11Q**19** LIV,5
אשר **הוציא**כה מארץ מצרים		11Q**19** LIV,16
יצאו אנשׁ[י]ם [ב]נֹי [בלי]על מקרבכה		11Q**19** LV,3
והוצאתה / את האיש ההוא		11Q**19** LV,20
לצאת עמו למלחמה על / אויביהם		11Q**19** LVIII,5
למלחמה על / אויביהם **ויצאו** עמו		11Q**19** LVIII,6
ו{{ע}}אֻם **יצא** למלחמה על / אויביו		11Q**19** LVIII,15
ויצא עמו חמישית העם אנשי המלחמה		11Q**19** LVIII,16
ולוא **יצא** עד יבוא לפני הכוהן הגדול		11Q**19** LVIII,18
על פיהו **יצא** ועל פיהו יבוא		11Q**19** LVIII,19
לוא **יצא** מעצת לבו		11Q**19** LVIII,20
והצליח בכול דרכיו אשר **יצא** על פי המשפט		11Q**19** LVIII,21
כי / **תצא** למלחמה על אויביכה		11Q**19** LXI,13
כי **תצא** למלחמה על אויביכה		11Q**19** LXIII,10
והוצ֯יאוהו אל / זקני עירו		11Q**19** LXIV,3
והוציא עליה שם רע		11Q**19** LXV,8
והוציאו / את בתול הנערה		11Q**19** LXV,9
כי **הוציא** שם רע על בתולת ישראל		11Q**19** LXV,15
]**ויצא** ממכרוֹ[	(XXXIII)	PAM 43.691 43,1

to stand verb **יצב**

Text	Vol.	Reference
ואל **יתיצב** עוד מבן / ששים שנה ומעלה		CD X,7
רציתה לבחירי אדם **להתיצב** / לפניכה		1QS XI,16
ולהתֹ[י]**צב** במשמע משפטים	(I)	1QSa I,11
להת[יצ]ב ביסודות עדת / הקודש	(I)	1QSa I,12
ולהתיצב ברואשי אלפי ישראל	(I)	1QSa I,14
אשר יצא הגורל **להתי[צב**]בעֹבודוֺת	(I)	1QSa I,16
אל יבוא בגורל **להתיצב** על עדת ישראל	(I)	1QSa I,20
ולהתיצב במלחמה להכניע גוים	(I)	1QSa I,21
להתיצב [ב]תוֹך עדת אֹ[נ]ושי השם	(I)	1QSa II,8
ואתיצבה על מצורי		1QpHab VI,13
להתיצב תמיד בשערי המקדש		1QM II,3
וראשי משמרותם עם פקודיהם **יתיצבו**		1QM II,4
אלה **יתיצבו** על העולות ועל הזבחים		1QM II,5
המערכה / הראישונה **להתיצב** על מעמדם		1QM VIII,3
עד **התיצבם** איש על מעמדו		1QM XVI,5
עד **התיצ֯[בם** אי]שׁ על מעמד[ו]		1QM XVII,11
להתיצב במעמד עם / צבא קדושים		1QH^{a} XI,21
כיא **התיצבתי** בגבול רשעה		1QH^{a} XI,24
ולא יוכל כול **להתיצב** לפני ח{{◦}}מתךה		1QH^{a} XV,29
יעצור כוח **להתיצב** לפני כבודכה		1QH^{a} XVIII,11
ולהתיצב במעמד לפניכה עם צבא		1QH^{a} XIX,13
ומה **יתיצב** לפני מוכיח בו◦◦[		1QH^{a} XX,28
ולֿהֿתיצב לפני אפכה		1QH^{a} XX,30
ולהתיצב במעמד֯[לפניכה		1QH^{a} XXVII,11
ית]יֹצבו[מלכי ארץ ור]וזנים נוסדו יחד	(V)	4Q**174** 1-2i18
ובשערי֯ קריות **תתיצב** ואין להרג[יעה	(V)	4Q**184** 1,12
כאשר רצית לבחירי אדם **להתי]צ֯ב** לפניך	(XXVI)	4Q**264** 4
ואל **ית[י]צ֯[ב]** / עֹוד [מבן ששים שנה	(XVIII)	4Q**266** 8iii6
]הֹ[ ]ש ואל **יתיצ[ב**	(XVIII)	4Q**267** 4,9
ולאֹ **יתֹיצב** עוד מבן ששים שנה [ומעלה	(XVIII)	4Q**270** 6iv18
י]תיצבו[	(XXXVI)	4Q**307** 5,2
השכם בבוקר **והתיצבתה** לפני פרעֹ[וה]	(XIII)	4Q**365** 2,6
ולהתיצב במעמֹד֯[לפניכה	(XXIX)	4Q**427** 7ii17
י]תֹיצבוֹ [	(VII)	4Q**509** 22,3
]◦ בוֹ **יתיצבו**	(XXV)	4Q**525** 15,4
כול זר֯[ע הקודש]אשר **התֹ[י]צֹבו** לפני[ו	(XXIII)	11Q**11** III,5
ומלאכי / [קודשו **מתיצבי]םֹ** בעדתכם	(XXIII)	11Q**14** 1ii15

oil noun **1-יִצְהָר**

Text	Vol.	Reference
וב]רֹוב דגן תירוש **ויצהר**		1QH^{a} XVIII,24
[אל יאכל איש דגן ותיר]וש **ויצהר**	(XXXV)	4Q**251** 9,1
]שני בני **היצהר** אשר֯[	(XXII)	4Q**254** 4,2
לכם פרי תנובות דגן] / [תירוש וי]**צ֯הר**	(XXXVI)	4Q**285** 8,7
דגן ת]יֹרוֹש **ו֯יצהר֯** וכול תֿבֿנֿוֿאֿבות[	(XI)	4Q**286** 5,6
] / הר◦[ ]שםֹ **ויצהר**[	(XXXVI)	4Q**306** 1,8
מוע]ד֯ **היצ[הר**	(XXVIII)	4Q**324**d 6,3
מ]וֹעד **היצהר**	(XIII)	4Q**365** 23,9
]◦ם לדגן ו**ליצהר** / [	(XIII)	4Q**365**a 2i1
]◦◦ ד֯[גן ו]תֹירוש **ויצהר** / [	(VII)	4Q**508** 13,3
ורשי֯[ת דגנ]ם תירושם וי֯[**צהרם**	(XXV)	4Q**524** 6-13,6
לכם פר֯[י] / תֹנובות דגן תירוש **ויצהר**	(XXIII)	11Q**14** 1ii10
וֹבֹמֹוֹעֹד **הֹיֹצֹהֹר֯** ובששת ימי / [קורבן העצים		11Q**19** XI,12
[ויקריבו מן השמן הזה ראשית ה?]**יצהר**		11Q**19** XXI,16
ביום הזה יכפרו / [ע]ל֯ [כו]ל֯ [**יצ]הר** הארץ		11Q**19** XXII,16
והיצהר מיום מועדו עד השנה השנית		11Q**19** XLIII,9
הדגן והתירוש **והיצהר** אשר / הקדישו לי		11Q**19** LX,6
]**יצה[ר**	(XXXIII)	PAM 43.692 13,1

couch, bed noun **1-יָצוּעַ**

Text	Vol.	Reference
וקום ועם משכב **יצועי** ארננה לו		1QS X,14
] / משברי מות ושאול על **יצועי**		1QH^{a} XVII,4
]◦דוני ובחרתי לשכוב לפני **יצועֹ**[	(V)	4Q**160** 7,4
ערשיה {{**יֹצֹוֹעֹיֹהֹ**}} יצועי שחֹתֹ[	(V)	4Q**184** 1,5
ערשיה {{יֹצֹוֹעֹיֹהֹ}} **יצועי** שחֹתֹ[	(V)	
עליתה / משכבי אביכה אז חללתה **יצועיו**	(XXII)	4Q**252** IV,5
זכרתיך עֹל֯[**יצו]עֹי** באשמרות	(XXIX)	4Q**437** 2i16
] ועל **יצוע[י**	(XXIII)	11Q**30** 11,1

יִצְחָק ← יִשְׂחָק

exit, outlet noun **יְצִיאָה**

Text	Vol.	Reference
על פי **יציאת** המים של הכוז / בא	(III)	3Q**15** VII,14

to spread, lay verb **יצע**

Text	Vol.	Reference
]מֹז **והוֹצעתֹ**[	(VII)	4Q**502** 20,4

to pour, cast verb **יצק**

4Q**365** 12a-bii12 (XIII) ויצק לו ארבע / טבעות ל[ארבע הקצוות
4Q**375** 1i9 (XIX) אשר יוצק על ר[ו]אשו שמן המשיחה
4Q**504** 1-2v15 (VII) [כי]א יצקתה את רוח קודשכה
11Q**19** XLIX,7 וכול אוכל אשר יוצק עליו מ[י]ם יטמא

to form, plan, make pottery verb **יצר**

1QS XI,22 מה ישיב חמר ויוצר יד ולעצת מה יבין
1QpHab XII,10 מה הועיל פסל כיא פסל יצרו / מסיכה
1QpHab XII,11 כיא בטח יצר יצריו עליהו / לעשות אלילים
1QpHab XII,13 על כול / פסלי הגוים אשר יצרום לעובדם
1QH^a VII,22 אתה יצרתה רוח ופעולתה הכינות[ה
1QH^a VIII,17 ברוך אתה אדוני יוצר ה[כ]ול
1QH^a IX,8 אתה יצרתה / כול רוח ופעו[לתה הכינות]ה
1QH^a IX,15 לרוח אדם אשר יצרת בתבל לכול ימי עולם
1QH^a XI,21 ואדעה כיא יש מקוה לאשר / יצרתה מעפר
1QH^a XII,31 כי אם ברוח יצר אל לו / להתם דרך
1QH^a XVIII,6 ואיכה א{{כ}}ש<כ>יל בלא יצרתה / לי
1QH^a XVIII,22 כי אתה יצרתה ר[ו]ח עבדכה
4Q**299** 10,4 (XX)]◦ וליצור ולחשוב[
4Q**416** 2iii17 (XXXIV) וכאשר המשילמה בכה ויצר על הרוח
4Q**417** 1i9 (XXXIV) לכל חכ]מה ולכל[ע]רמה יצרה
4Q**418** 43-45i7 (XXXIV) לכול חכמה ולכול ערמה י]צרה
4Q**418** 69ii6 (XXXIV) אתם[ ]ל נוצרתם ולשחת עולם תשובתכם
4Q**423** 5,3 (XXXIV) ויצר כל[מעש]ה בידו
4Q**498** 2,3 (VII)] יוצר כ[
4Q**504** 8,4 (VII) אדם א]בינו יצרתה בדמות כבוד[כה
4Q**525** 8,1 (XXV) ו]נוצרת בלוא מ[
11Q**16** 1,1 (XXIII)]◦ אתה יצרת[ה

inclination, thought, vessel noun **יֵצֶר-1, יוצר**

CD II,16 ולא לתור במחשבות יצר אשמה ועני זנות
1QS IV,5 ומחשבת / קודש ביצר סמוכ ורוב חסדים
1QS V,5 ועינוהי ומחשבת יצרו
<כיא אם> למול ביחד עורלת יצר
1QS VIII,3 לשמור אמונה בארצ ביצר סמוכ
1QpHab XII,11 כיא בטח יצר יצריו עליהו / לעשות אלילים
1QH^a VII,13 ואדעה כי בידך יצר כול רוח [
1QH^a IX,21 ואני יצר החמר ומגבל המים
1QH^a IX,35 והיו ליצר סמוך[
1QH^a X,9 ערמה לפתיים ויצר סמוך לכול נמהרי לב
1QH^a X,36 ולהמיר בהולל יצר סמוך אשר / ה[
1QH^a XI,23 ואני יצר / החמר מה אני
1QH^a XII,29 ומה יצר חמר להגדיל פלאות
1QH^a XIII,6 ולא עזבתני בזמות יצרי ותעזור משחת חיי
1QH^a XIII,31 ויצרם / הופיע לי למרורים
1QH^a XIV,32 ואין פלט ליצר אשמה לכלה ירמוסו
1QH^a XV,3 כי בליעל עם הופע יצר / הוותם
1QH^a XV,13 כי אתה ידעתה כול יצר מעשה
1QH^a XV,16 ואתה ידעתה יצר עבדכה כי לא ◦[
1QH^a XVII,16 ובשר מיצר ח[מר] יכבד
1QH^a XVIII,23]כי ויצר בשר לא שמתה לי מעוז
1QH^a XIX,3 וביצר חמר הגברתה מודה מודה
1QH^a XIX,20 בדעתי יצרי גבר ותשובת אנוש א[תבוננה
1QH^a XX,26 ותשובת עפר ליצר חמר בקץ ע◦◦[
1QH^a XX,32 מצירוק יצר חמר ומה / אדבר
1QH^a XXI,10 ואני יצר / [חמר
1QH^a XXI,16 ואני יצר העפר ◦◦[
1QH^a XXII,8 ואני יצר החמר נשענתי / ◦◦◦[
1QH^a XXII,13]היצר ◦◦◦ אתה עצמתה וי◦פה [
1QH^a XXII,15 ואני יצר [החמר
1QH^a XXIII,11 לה]שמיע ליצר מבינתו
1QH^a XXIII,12 ותפתח מק[ור] להוכיח ליצר חמר דרכו
1QH^a XXIII,13 ולפתח מ[קו]ר אמתכה ליצר
1QH^a XXIV,5] יצר בשר / ◦ר קצ[
1QH^a 2i17]ל◦◦◦ל עול יצר נתעב / [
1QH^a 2i18 י]צר נתעב
1QH^a 3,5]אשמר ביצר עפר מהתפרד
1QH^a 3,9 ותמו כול יצר רמיה
1QH^a 3,10 ואפס יצר עולה ומעשי רמיה [
1QH^a 3,11 ואני יצר ה[חמר
1QH^a 3,14 אני י]צר העפר ידעתי ברוח
1QH^a 3,18 ואני]יצר החמ[ר
1QH^a 11,7]תהו ויצר ח[מר
1Q**18** 1-2,3 (I) כי י[וד]ע אתה את יצר עשו
4Q**259** II,11 (XXVI) לשמור א]מונה בארצ ביצר סמוך
4Q**270** 1i1 (XVIII) במ]חשבות יצר אשמה וע[יני] זנות
4Q**286** 7ii7 (XI) בכו[ל] מחשבות יצר / א]שמתכה
4Q**299** 8,6 (XX) ה]בינה יצר לבנ[ו] ברוב שכל גלה אוזננו
4Q**299** 8,7 (XX)]יצר בינה לכול רודפי דעת וה◦[
4Q**299** 33,2 (XX) י]צרו ובמח◦[
4Q**302** 1i13 (XX)]ת יצר כל / [
4Q**370** 1i3 (XIX) כ[כ]ל דרכיהם וכמחשבות יצר לבם ה[רע
4Q**381** 76-77,2 (XI)]ם לבני אדם כיצר מחשב[ות לבם
4Q**393** 1ii-2,6 (XXIX) וכונן בקרבנו יצר אמונות
4Q**416** 1,16 (XXXIV)] / [י]צר בשר הואה ומבינו[ת
4Q**417** 1i17 (XXXIV) כ[י]א / כתבנית קדושים יצרו
4Q**417** 1ii12 (XXXIV)] / אל תפתכה מחשבת יצר רע[
4Q**418** 2+2a-c,8 (XXXIV) כי]א יצר בשר הואה ומביני◦[
4Q**418** 43-45i8 (XXXIV) לכול מעשיה ל]התהלך ביצר מ[בינתו
4Q**418** 43-45i13 (XXXIV) כיא כתבנית קדושים יצ]רו
4Q**418** 217,1 (XXXIV) י]צר [
4Q**422** I,12 (XIII)]ביוצר רע ולמעש[י רשעה
4Q**422** P,2 (XIII)] / יצרו [
4Q**428** 13,2 (XXIX)]◦[י]צר[
4Q**428** 13,8 (XXIX) אי]כה אשמר ביצר עפר מה[ת]פרד
4Q**428** 14,3 (XXIX) [ולפתח מקור א]מתכה ליצ[ר אשר סמכתה
4Q**428** 20,2 (XXIX) ואני יצר החמר[
4Q**428** 45,1 (XXIX)]מיצר [
4Q**436** 1a+bi10 (XXIX) יצר רע גער[תה מן כליותי
4Q**436** 1ii4 (XXIX)]ה ולב[נד]כה נתתה לי יצ[ר
4Q**437** 4,2 (XXIX) יצר [סמוך
4Q**438** 4ii2 (XXIX) יצר סמוך[
4Q**508** 2,5 (VII) י]דעת יצרנו מ[
4Q**511** 28-29,3 (VII)]ואני מצירוק יצר / [חמר
4Q**525** 7,4 (XXV)]מיצר מחשב[ות
11Q**5** XIX,15 (IV) ויצר / רע אל ירשו בעצמי

to kindle, burn verb **יצת**

4Q**163** 4-7i13 (V) ותצית / [בסבכי היער ויתאבכו גא]ות עשן

winepress noun **יֶקֶב**

4Q**366** 4i10 (XIII) באספך מגרנ[ך ומיקבך
4Q**500** 1,3 (VII)]יקב תירושכה [ב]נוי באבני[

to burn verb **יקד**

1QM XIV,18 ש]אול תוקד לשרפ[ת
4Q**434** 1i5 (XXIX) ועברתו לא ה[ו]קד עליהם
4Q**491** 8-10i15 (VII) באבדון שאול תוק[ד לשרפת עולמים
4Q**491** 10ii17 (VII)] / ועד שאול תו{{קד}}כל וסוד רשעה [← **אכל**

living thing noun יָקוּם

1QM XIV,12 וכול **יקום** הבלי]הם
1QM XV,11 וכול **יקום** הוותם מהר ימלו / [
4Q**491** 8-10i9 (VII) וכול **יק[ו]ם** / [הבליהמה תתן לאין

living thing (?) noun יקומה

4Q**286** 5,2 (XI) וכו]ל **יקומה**[הרים וכו]ל גבע[ו]ת גׄיאות

fowler noun יָקוֹשׁ

4Q**175** 24 (V) עומד להיות פ[ח י]**קוש** לעמו
4Q**185** 1-2ii5 (V) לעתת מפחד ומפח **יקוש** / [
4Q**379** 22ii10 (XXII) [עומד]להׄ[יו]ת פח **יקוש** לעמו

Jakim proper noun יָקִים

4Q**319** 9,4 (XXI) שעור]ים אביה **י**[**קים** חזיר]
4Q**320** 4iv9 (XXI) ב5 **ביקׄ[י]םׄ** הפסח הׄ[שני]
4Q**320** 4v1 (XXI) [ב30 בשבת בני **יקי]םׄ** הפסח
4Q**320** 4v5 (XXI) [ב4] **ביקים** יום הזׄכרון
4Q**321** I,2 (XXI) בשלושה **ביקים** באׄר[בעה ועשרים בתשיעי
4Q**321** IV,5 (XXI) ודוקה באחד **בׄיׄקׄים** בתשעה עשר בׄ[וא]
4Q**321** V,9 (XXI) **בׄיׄקׄיׄםׄ** בוא הפסח [הש]ני
4Q**321** VI,5 (XXI) הש]ביעׄי **בׄיׄקׄי]ם** הואה יו]ם [הזכרון
4Q**321** VI,8 (XXI) הש]שי **ביקים**
4Q**322** 1,2a (XXI)] בשנים **ביקים** זׄ[ה
4Q**322** 1,3 (XXI) בעשרים ושלו]שׄה בׄה בׄיׄאׄת **יׄקׄים**
4Q**328** 5 (XXI) [ברביעית שכניה ד]ליה **יקים** יהׄ[וריב
4Q**329** 1,2 (XXI) שכניה]אׄלישיב **יׄקׄיׄםׄ** חופא [ישבאב
4Q**329** 2a-b,2 (XXI) השלישית [שכניה דליה **יקי]םׄ** יויריבׄ

dear adjective יַקִּיר

4Q**468**y 3 (XXXVI)]**יקיר** מ[
4Q**503** 29-32,5 (VII) **י]קׄיׄר** לנו

to awake verb יקץ

1QpHab VIII,14 ויקוםו / {{ו}}נׄ[ש]כׄיך **ויקיצו** מזעזיעיכה
4Q**252** II,5 (XXII) **ויקץ** נוח מיינו וידע את אשר עשׂה / לו בנו
4Q**418** 69ii6 (XXXIV) ולשחת עולם תשובתכם כי **תקׄיׄץ** ◦◦]

precious, noble adjective יָקָר

4Q**171** 1+3-4iii5a (V) ואוהבי יהוה **כיקר** כורים
4Q**179** 1ii13 (V)] / בנוֺתֺ ציון {{**היקרים**}} הרכות עׄמׄםׄ ◦◦]
4Q**223-224** 2ii13 (XIII) י]עקוב ב[ני התמים והי]**קׄרׄ**
4Q**405** 15ii-16,6 (XI)]◦ פלא מביתה **ליקרׄהׄ** הדביר[
4Q**504** 1-2iv10 (VII) כסף וזהב ואבן **יקרה**

preciousness, honor noun יְקָר

1QS VIII,7 היאה חומת הבחן פנת **יקר** בל / יזדעזעו
4Q**286** 1ii1 (XI) מושב **יקר**כה והדומי רגלי כׄבׄודכה
4Q**293** 1,2 (XXIX)] **בׄיקר** קרׄןׄ[
4Q**332** 2,1 (XXXVI) ל]תׄת לו **יקר** בערבׄ[ים
4Q**491** 11i14 (VII)] כול **יׄקר** לי בכבוד / [
11Q**17** X,3 (XXIII)]רחמיו **ביקר** ◦]

to snare verb יקשׁ

4Q**525** 14ii27 (XXV) ונו]**קשתה** יחד בלש[ון
4Q**525** 18,1 (XXV)]**תוקשׁׄ**[

to fear verb ירא-1

← **ראה**

1QpHab III,3 איום / **ונורא** הוא
1QM X,1 אתה בקרבנו אל גדול **ונורא**
1QM X,3 אל **תיראו** ואל ירך לבבכמה
1QM XV,8 אל **תיראו** ואל תחׄ[
1QM XVII,4 ואתם התחזקו ואל **תיראום** [
1QH[a] V,20 ומה ילוד אשה בכול [מעשיך] **הנוראים**
4Q**158** 6,5 (V) והיה הלבב הזה להמה **ליראה**[
4Q**175** 3 (V) ויהיה לבבם ֯זה֯ להם **לירא** אותי
4Q**176** 3,2 (V) ויצרך ישראל] / [אל **תיר]אׄ**
4Q**176** 4-5,2 (V) [אל **ת]ירא** [כיא אתך א]נׄיׄ
4Q**176** 8-11,5 (V)]אל **תירׄ[אי** כיא] לוא {{◦◦◦}} תבושי[
4Q**186** 1iii3 (V)] / **מיראות**[
4Q**200** 5,3 (XIX) ויאמר]לו אל **תירא** אבי
4Q**222** 1,2 (XIII) אל **תירׄאׄי** אמׄיׄ והחלמי[כי אעשה רצונך
4Q**266** 1a-b,6 (XVIII) ואודיעה לכם מׄחׄ[שבות אל] / **הנוראׄ**[ות
4Q**286** 1ii5 (XI) הדר תשבוחות וגדול **נוראות** ורפׄאוׄ[ת
4Q**287** 3,1 (XI) **בנור]אות**מה ויברכו את שם קודשכה
4Q**301** 3a-b,5 (XX) **ונורא** הואה במזמת אפו נכבד הוא[
4Q**364** 21a-k,5 (XIII) כול המדבר הגדול וה]**נׄוׄרׄ[א** ההוא
4Q**364** 24a-c,18 (XIII) [ויואמר יהוה אלי אל **ת]יׄרא** אותו
4Q**364** 25a-c,9 (XIII) לוא **תיר]אׄו** אתמה[
4Q**364** 28a-b,7 (XIII) כׄיׄ[אם ל]**יראה** את יׄ[הוה אלוהיכה
4Q**365** 6ai1 (XIII) ויואמר מושה אל הׄ[עם]אׄל **תיראו**
4Q**372** 1,29 (XXVIII) כי אל גדול קדוש גבור ואדיר **נורא** ונפלא[
4Q**381** 31,4 (XI)]◦תך אספׄרׄהׄ נגד **ירׄאׄיך** [ ] ◦◦◦◦[ ]עמדי ◦◦]
4Q**381** 33+35,5 (XI) א]רׄננה ואגילה בך נגד **ירא**[יך]
4Q**381** 46a+b,6 (XI) **ויראיך** לפניך תמיד
4Q**381** 48,4 (XI)] / בי **יראיך** ולבחן שׁׄ[
4Q**381** 50,3 (XI) כי **נורׄא** אתהׄ ◦[
4Q**381** 50,4 (XI) **וירה** ובשקטה במקום [אלהים
4Q**382** 1,3 (XIII)]◦◦ **ירא** מאיזבל ומאחאב ◦[
4Q**385** 6,14 (XXX) רקיע כעין] / הׄקׄרׄחׄ **הנור[א**
4Q**396** 1-2ii1 (X) ולהיות **יראים** מהמקׄדשׁ[
4Q**398** 11-13,7 (X) שמי מהם / שהיא **יראׄ**[את
4Q**400** 2,2 (XI) אלוהים **ונוראים** למוסדי אנשים
4Q**401** 14i8 (XI) אׄלוהים **ונו[ראים** למו]סדי אנשים
4Q**403** 1i42 (XI) זמׄ[רו] / אלוׄ[הים **נ]וׄרא** כוח[כול רוחי דעת
4Q**405** 23i13 (XI) מורא מלך אלוהים **נורא** על [כו]ל אלוהים [
4Q**405** 58,2 (XI)] **נורא**[
4Q**416** 1,11 (XXXIV) כי שמים **יראׄוׄ**[
4Q**418** 2+2a-c,3 (XXXIV) כול אשר התׄ[גללו] בה כי שמים **יראׄ**[
4Q**418** 43-45i1 (XXXIV) הבט ברזי פלא]ׄי אל **הנוראים** תׄשכיל ראש ◦[
4Q**440** 3i23 (XXIX) עומ]ק רזיכה **הנוראים** / [
4Q**444** 1-4i+5,1 (XXIX) ואני **מיראי** אׄל בדעת אמתו פתח פי
4Q**460** 7,9 (XXXVI)] ההוא אל **תירא** ואלׄ[תחת
4Q**487** 5,5 (VII)]א **יׄירא**[
4Q**491** 11i8 (VII)]הׄ{{מׄ}}‹‹פ››ׄלֶ֯ה **נוׄראוׄתׄ**[
4Q**491** 11ii13 (VII) ואל **תיׄ[רא]ו** באמׄןׄ[
4Q**504** 8,3 (VII)]◦אׄ֯ נפלאות מקדם **ונוראות**[משנות עולמים
4Q**511** 8,4 (VII) למשכיל ש]יר שני לפחד **מׄיראיוׄ**[
4Q**511** 11,5 (VII)]עׄרו **מיראיו** [
4Q**511** 20ii2 (VII) **יׄרׄוׄאׄ** ◦]
4Q**511** 35,5 (VII) מלאכי כבודו / יהללוהו בהׄפלא **נוראות**
4Q**511** 35,6 (VII) ואני **מירא** אל בקצי דורותׄי
4Q**511** 111,6 (VII) **מי]ראיו** / [
4Q**511** 111,7 (VII) **מ]יראיו** / [
4Q**511** 121,3 (VII)]**מׄיראיו** כול ◦[
4Q**511** 191,2 (VII)]**מׄיׄראׄ**[
4Q**511** 192,1 (VII)]**הׄנׄורא**[
4Q**521** 1ii5 (XXV)] / **וליראה** א[
4Q**525** 33,2 (XXV) ל]וׄא **תיראוׄ**[

Reference		Text
8Q5 1,1	(III)	] בשמכה[ג]בור אני מירא ומע[
11Q11 III,10	(XXIII)	]יהוה וייראו[את המכה ה]גדולה הזוא[ת]
11Q17 VIII,4	(XXIII)	]אלוהים נוראי כוח כול [
11Q19 XLVI,11		ויראו ממקדשי / אשר אנוכי שוכן בתוכמה
11Q19 LIV,14		ואותו תיראו ובקולו תשמעון
11Q19 LVI,11		וכול / העם ישמעו ויראו ולוא יזידו עוד
11Q19 LXI,11		והנשארים ישמעו ויראו
11Q19 LXI,13		ועם רב ממכה לוא תירא / מהמה
11Q19 LXIV,6		מקרבכה וכול בני ישראל ישמעו ויראו

fear adjective **יָרֵא**

Reference		Text
CD X,2		לעבור / על הפקודים ירא את אל
CD XX,19		ויכתב ספר זכרון לפניו ליראי אל
CD XX,20		◦עד יגלה {{צ}} ישע וצדקה ליראי אל
1QSb I,1	(I)	דברי ברכ[ה] למשכיל לברך את ירא[י אל
1QH[a] XX,3		ואהללה שמכה בתוך יראיכה
4Q88 IX,14	(XVI)	וישבעו [י]ראי יהוה / [
4Q427 3,3	(XXIX)	וא[ה]ללה שמכ[ה בתוך יר]איכה
4Q428 12ii2	(XXIX)	ואהללה שמכה] / בתוך ירא[יכה
4Q511 52-59,5	(VII)	ומאתכה סוד לכול יראיכה ב[
4Q525 5,9	(XXV)	]יראי אלוהים יצורו דרכיה
4Q528 3	(XXV)	(ת)ק]בוץ[יר]איך ב[ני ?]ישראל אש[ר
4Q528 5	(XXV)	כול יראי יהוה ה[הולכים בדרכיו
11Q19 LVII,8		יהיו אנשי אמת יראי אלוהים / שונאי בצע
11Q19 LXII,3		ואמרו מי האיש הירא ורך הלבב

fear noun **יִרְאָה**

Reference		Text
1QS VIII,12		אל יסתרהו מאלה מיראת רוח נסוגה
1QSb V,25	(I)	וגבורת עולם רוח דעת ויראת אל
4Q158 6,3	(V)	] / בא הא[לוהים ובע]בו[ר] תהיה י[ר]את[ו
4Q160 5,3	(V)	]יראתכה על ◦◦ל[
4Q185 1-2ii5	(V)	]◦יראתו ולא לעתת מפחד
4Q378 14,5	(XXII)	פח]דך ויראתך [
4Q511 35,7	(VII)	כו[ל]רוחי ממזרים להכניעם מירא[תו

יָרָבְעָם ← יָרוֹבְעָם

to go down verb **ירד**

Reference		Text
CD XI,1		בדרך וירד לרחוץ ישתה על עומדו
1QM VII,6		לוא ירד אתם כיא מלאכי קודש עם צבאותם
1QM XI,7		וירד מיעקוב והאביד שריד מעיר
1QH[a] XI,14		ויושבי עפר / כיורדי ימים
1QH[a] XVI,28		יה]מה עלי כיורדי שאול
3Q15 I,13	(III)	בשוא המעבא של מנס בירד אל סמל
4Q162 II,6	(V)	וירד הדרה והמנה ושאנה
4Q163 21,11	(V)	ההלכים לר]דת מצרים
4Q174 1-3ii5	(V)	]ה ברדתו מ[
4Q177 1-4,15	(V)	ויעקוב עומד על הגתות ושמח על רדת[
4Q184 1,3	(V)	רגליה להרשיע ירדו וללכת באשמות[פשע
4Q184 1,11	(V)	וכול נוחליה ירדו שחת
4Q200 6,6	(XIX)	והוא]ה מרחם מוריד עד שאולה תחתיה
4Q223-224 2iv33	(XIII)	עד יו]ם יורדם[למצרים
4Q226 1,3	(XIII)	מצוה]עליך לרדת מצרים ולהוצ[יא
4Q238 4	(XXVIII)	א]רד ואראה [
4Q249 2,5	(XXXV)	]ירד בית [
4Q266 6i12	(XVIII)	ור[ו]ח החיים עולה ויורדת בו[נרפא] / הנגע
4Q269 7,8	(XVIII)	[והנה] / [רוח החיים עולה ו]יורדת
4Q271 2,1	(XVIII)	] מגורן יורד את העשרון מן הח[ומר
4Q272 1i7	(XVIII)	והנה רו]ח החיים עולה ויורדת
4Q272 1ii1	(XVIII)	ורוח החיים עולה וי[ורדת
4Q299 6ii17	(XX)	] / משפט כן ירד המ[
4Q364 10,2	(XIII)	ו]הוריד[ו עבדיכה את שיבת] / [עבדכה
4Q378 6i5	(XXII)	]◦לים אל תדמו לאח[י]ורדי / [
4Q379 12,1	(XXII)	המים] היורדים ו◦◦◦◦◦ ◦◦ / [
4Q379 12,2	(XXII)	המים] היורדים עמדו נ[ד / [
4Q381 52,3	(XI)	]וירדו [
4Q381 69,5a	(XI)	]◦כם מן שמים ירד
4Q382 9,10	(XIII)	]ה כול הירד חי[ים שאולה
4Q385a 5a-b,8	(XXX)	והורד [בימיהם גאון מרשיעי] / [ברי]ת[
4Q418 185a+b,1	(XXXIV)	]ליורדי [
4Q418b 1,3	(XXXIV)	] / יעלו הרים וירדו תהמו[ת נפשם
4Q432 5,1	(XXIX)	[ויושבי עפ]ר כיו[רדי י]מים
4Q508 36,1	(VII)	]ברדתנו[
4Q509 256,1	(VII)	]◦ יורד◦◦[
4Q512 56-58,3	(VII)	א]ל המקדש וירד / [
4Q522 1,1	(XXV)	וירדו מן הה[ר
4Q525 23,3	(XXV)	] / ולרדת אל ירכתי בור ול◦[
11Q14 1ii8	(XXIII)	להוריד על ארצכםה / גשמי ברכה
11Q19 XXXII,13		ו/למחלה יורדת [ופוש]טת אל תוך הארץ
11Q19 XXXIV,15		ועשיתה שלשלות יורדות מן מקרת
11Q19 XLVI,15		אשר תהיה הצואה יורדת אל תוכמה
11Q20 XIII,9	(XXIII)	] / והורדת[מה

Jordan proper noun **יַרְדֵּן, יוֹרְדֵּן**

Reference		Text
1Q22 1i10	(I)	המ]ה עוברים / את [הי]רדן שמה [לרש]תה
4Q364 19a-b,14	(XIII)	בערבות מואב על יר]דן יריחו
4Q364 20a-c,7	(XIII)	בעבר הי]רדן בארץ מואב
4Q365 33a-b,2	(XIII)	יוש]ב על הי[ם ועל יד]הירדן / [
4Q379 12,6	(XXII)	והיורדן סלא מי[ם] על כל גדותיו
5Q17 1,3	(III)	א]ת הירדן ב[

to shoot, throw verb **ירה-1**

Reference		Text
1QH[a] XIII,27		וכזוחלי עפר יורו לחתו[ף מבלגות] פתנים
4Q169 3-4iv2	(V)	ועל נכבדיה יורו גורל
4Q429 2,10	(XXIX)	וכ[זוחלי] / עפר יורו לחתוף מבלגות פתנים
4Q432 7,2	(XXIX)	מם בס]ביבו ⟦ ⟧ פן יורה גבו[ר

to teach, show verb **ירה-2**

Reference		Text
CD III,8		ולא שמעו / לקול עשיהם מצות יוריהם
CD VI,11		עד עמד / יורה הצדק באחרית הימים
CD XX,14		ומיום / האסף יורה היחיד
1QS X,13		הבחרה באשר / יורני וארצה כאשר ישופטני
1QS XI,17		אתה הוריתה / כול דעה
1QSb III,23	(I)	ולהורותם / כאשר צוה
1QpHab X,11		ולהרותם / במ[ע]שי שקר
1QH[a] XIV,9		ורוב סליחה וכפיכה להורותם
1Q35 1,9	(I)	]הוריתי בא[ ]ם / [
4Q161 8-10,23	(V)	]וכאשר יורוהו כן ישפוט ועל פיהם[
4Q216 I,7	(XIII)	[והמצוה אשר כתבתי לה]ור[ותם
4Q258 X,1	(XXVI)	באשר יור[ני וארצה כאשר ישופטני
4Q264 5	(XXVI)	אתה ה]ורית כל דעה וכל הנהיה / [ברצונך
4Q266 5ii9	(XVIII)	] / להורות עמו בישוד עם
4Q364 14,4	(XIII)	והמצוא אשר כתבתי להורותם
4Q434 1ii4	(XXIX)	] / במשפטיך ולדרך אשר הורית[ה
11Q19 LVI,6		ושמרתה לעשות / ככול אשר יורוכה

Jeroboam proper noun **יָרוֹבְעָם**

Reference		Text
4Q398 11-13,2	(X)	הקללות / [ש]באו בימי [יר]ובעם בן נבט

green noun יָרוֹק

4Q422 III,11 (XIII) לאכול כול ירוק בא]רצם

Jerusalem proper noun יְרוּשָׁלַיִם, יְרוּשָׁלַםִ

1QpHab IX,4 פשרו על כוהני ירושלם / האחרונים
1QpHab XII,7 פשרו הקריה היא ירושלם
1QM I,3 לחנות במדבר ירושלים
1QM III,11 לבוא אל העדה ירושלים
1QM VII,4 בצאתם / מירושלים ללכת למלחמה
1QM XII,13 ציון שמחי מאדה והופיעי ברנות ירושלים
1QM XII,17 גבורי המלחמה ירושלים [
1Q14 8-10,3 (I) ומה במות יהודה הלא יר]וש[לם
1Q14 11,1 (I) כוהני ירו]ש[ל]ם אשר יתע[ו
1Q16 9-10,2 (I)]לפניו בירושלים
3Q5 4,1 (III)]ולת[ ]◦ושלים[
4Q161 5-6,9 (V) [ינפף]ידו הר בת ציון גבעת ירושלים[
4Q161 5-6,13 (V)]ועד גבול ירושלים[
4Q162 II,7 (V) אלה הם אנשי הלצון / אשר בירושלים
4Q162 II,10 (V) היא עדת אנשי הלצון אשר בירושלים
4Q163 23ii11 (V) על עדת ד[ורשי] החלקות / אשר בירושלים
4Q165 1-2,2 (V) אשר חזה על יהודה] / וירושלם[
4Q168 1,1 (V) [לבת ירוש]לם [עתה למה תריעי רע
4Q169 3-4i2 (V) בקש לבוא ירושלים בעצת דורשי החלקות / [
4Q169 3-4i10 (V) רובכה הם גדודי חילו א[שר בירושלי]ם
4Q169 3-4i11 (V) הוא ההון אשר קב[צו כוה]ני ירושלים
4Q175 30 (V) על חל בת ציון ובחוק[ ]⟦ ⟦ ⟧ ירושלמ
4Q176 1-2i3 (V)] / ירושלים וראה נבלת כוהניכה[
4Q176 1-2i5 (V) דברו על לב ירושלים וק[ראו אליה
4Q176 8-11,2 (V) י]רושלים עיר הקודש
4Q176 8-11,3 (V) התנערי מעפר קומ]י שובי ירושלם
4Q177 12-13i10 (V) ובאו ציון בסמחה וירושלים[
4Q179 1i8 (V)]◦◦תים ירושלים עיר / [
4Q179 2,9 (V) כמשכלות / ליחידיהן בכו תבכה ירו[שלים
4Q180 5-6,4 (V)]א הר ציון ירושלי[ם
4Q200 7ii1 (XIX) ירושלים תהלת[שמחה ישירו
4Q216 IV,10 (XIII) והיתה ציון וירוש]ל[ם קדשה]
4Q217 2,4 (XIII) יר]ושלם ה[ ]◦[
4Q266 5i12 (XVIII) ביושבי ירושלי]ם
4Q267 5ii5 (XVIII) וביושבי] / [ירו]שלים
4Q371 1a-b,5 (XXVIII) וישימו את ירוש]ל[ים לעיים
4Q372 1,8 (XXVIII) וישימו את] / ירושלים לעיים
4Q380 1i2 (XI) ירו]שלם היא / [
4Q380 1i6 (XI) [וכבדו] נראה על ירושלם / [ב]ציון
4Q383 C,3 (XXX) ירו]שלים ⟦ ⟧[
4Q385a 6,4 (XXX)]◦◦ ירושלים ה[
4Q385a 18ia-b,3 (XXX) עם ה]שבאים אשר נשבו מארץ ירושלים
4Q385a 18ii5 (XXX) קינות] / [ע]ל ירושלים
4Q385c D,2 (XXX) ירוש]לים [
4Q387 2iii6 (XXX) [ושב]ו כהני ירושלים לעבוד אלהים אחרים[
4Q391 62ii1 (XIX) ו◦ת ירוש[ל]ם[
4Q394 3-7ii16 (X) וי]רושלי[ם] / מחנה היא
4Q394 8iv10 (X) כי / ירושלים היאה סחנה הקדש
4Q394 8iv11 (X) כי] ירושלימ היא ראש / מ[חנות ישראל
4Q396 1-2ii11 (X) כי ירו[ש]ל[ים היאה מחנה הקודש
4Q396 1-2iii1 (X) כי יר]ושלים היא ראש / [מ]חנות ישראל
4Q397 6-13,4 (X) כי י[רושלים ראש מחנות ישראל]היאה
4Q398 11-13,2 (X) בימי [יר]ובעם בן נבט ועד גל[ו]ת ירושלם
4Q434 2,6 (XXIX) כן ינחמם בירושל[ים כחתן] על כלה
4Q462 1,19 (XIX) ויזכור את {{ישרא}} ירושלם ה◦[
4Q491 16,4 (VII) יקב]צו כול ישראל ירו[שלי]ם[
4Q504 1-2iv3 (VII)]◦מנוחה / בירוש[לים העיר
4Q522 9ii4 (XXV) ויורש משם את כל האמורי מיר[ושלם
4Q522 9ii8 (XXV) כי] ידיד יהו[ה]ישכון לבטח י[רושלם
4Q522 22-25,2 (XXV) עומדות היו] / [רגלינו בשערי]ך ירושלם
(XXV) ירו[של]ם [הבנויה כעיר
4Q522 22-25,4 (XXV) [שאלו שלם י]רושלם ישליו[
6Q13 6 (III) ביר]ו[ש]ל[י]ם ביום[
11Q13 7,3 (XXIII)]חומת יר[ושלם
PAM 43.685 49,2 (XXXIII) י]רושלים

יְרוּשָׁלַםִ ← יְרוּשָׁלַיִם

month noun יֶרַח-1

1QS X,5 ברשית ירחים למועדיהם
4Q256 XIX,3 (XXVI) בראשית ירחים למועדיהם
4Q258 IX,2 (XXVI) בראשית ירחים למועדיהם
4Q502 27,3 (VII)]עם כול דגלי יר[חים
4Q509 131-132i8 (VII) כ]ול ירחי / [

moon noun יָרֵחַ

2Q23 3,2 (III)]מים וירח[
4Q216 VI,5 (XIII) את הש]מש ואת הירח ואת הכוכבים
4Q392 1,6 (XXIX) לילה ירח וכוכבים
4Q458 2i2 (XXXVI) היר]ח והכוכבים / [
11Q19 LV,18 לשמש או לירח או לכול צבא השמים

Jericho proper noun יְרֵחוֹ, יְרִיחוֹ

3Q15 V,13 (III) בביאה מירחו לסככא
4Q364 19a-b,14 (XIII) [ויחנו בערבות מואב על יר]דן יריחו
4Q378 14,2 (XXII) [על ירדן] ירחו בבית הישימות[
4Q382 9,8 (XIII) בני הנביאים א]שר ביריחו אל[אלישע
KhQ1 2 (XXXVI)] / בירחו נתן חני ב[ן

Jerahite (?) proper noun ירחי

3Q15 XI,9 (III) בקבר בני העבט הירחי

descent noun יְרִידָה

3Q15 X,1 (III) בעליאה השנית ירידתו / מלמעלא ככ 9

יְרִיחוֹ ← יְרֵחוֹ

curtain noun יְרִיעָה

4Q388a 2,2 (XXX)] ביריעות עזי[ם

thigh, base noun יָרֵךְ

3Q15 I,7 (III) בירך קרקעו סתום בחליא / נגד הפתח
4Q158 1-2,13 (V)] / על שתי כפות הירך עד ה[יום הזה

remote part, rear noun יַרְכָה

4Q365 12ai1 (XIII) לירכתי]ם[י]מה
4Q382 44,2 (XIII)]◦ירכת[י
4Q525 23,3 (XXV)] / ולרדת אל ירכתי בור ול◦[

Jeremiah proper noun יִרְמְיָה, יִרְמְיָהוּ

CD VIII,20 הוא הדבר אשר אמר ירמיהו לברוך
4Q163 1,4 (V) כאשר כ]תוב עליו ביר[מיה
4Q182 1,4 (V) אשר כ]תוב עליהם בספר ירמ[יה
4Q383 1,2 (XXX)] / ואני ירמיה בכו אב[כה
4Q383 2,2 (XXX) ולא שמ]עו לדברי ירמי[ה
4Q385a 18ia-b,2 (XXX) ויצא]ירמיה הנביא מלפני יהוה

4Q385a 18ia-b,6 (XXX) וילך ירמיה הנביא / [עמהם עד]הנהר
4Q385a 18ia-b,8 (XXX) [וישמעו] בקול ירמיה לדברים
4Q385a 18ii3 (XXX) ולא שמע] / להם ירמי[ה ל]בלתי דרוש להם
4Q385a 18ii4 (XXX) ויהי ירמיה מקונן ◦[
4Q385a 18ii6 (XXX) ויהי דבר יהוה אל] / ירמיה בארץ תחפנס
4Q385a B,1 (XXX) יר]מיהו הנב[יא
4Q389 1,5 (XXX) י]רמיה בן חלקיה מארץ מצר[ים
PAM 43.685 65,1 (XXXIII) י]רמיהו [

יִרְמְיָהוּ ← יִרְמְיָה

to spit verb ירק
4Q306 1,4 (XXXVI)] / ו◦◦רים את בשרו וירקו[

greenery noun יֶרֶק
4Q165 4,3 (V) כי יבש חציר] / [כלה דשא] ירק
4Q274 3i8 (XXXV) הטמא בהסה [ו]גם מן הירק ◦◦[
4Q274 3ii4 (XXXV) כול הירק [אשר אין עליו] / מלחת טל

mildew noun יֵרָקוֹן
4Q473 2,6 (XXII)] / וירקון שלג קרח ובר[ד
11Q14 1ii12 (XXIII) ולוא מוחלה שדפון וירקון לוא יראה

greenish adjective יְרַקְרַק
4Q249 2,7 (XXXV) מת]חת היר[קרק
4Q445 6,2 (XXIX)]ירקרוקים[

to possess, inherit, dispossess verb ירש
CD I,7 שורש מטעת לירוש / את ארצו
CD III,7 עלו ורשו את רוחם ולא שמעו
CD VIII,14 אתה בא לרשת / את הגוים האלה
CD XIX,27 אתה בא לרשת את הגוים / האלה
1QpHab III,2 כיא הוא אשר אמר לרשת משכנות לוא לו
1Q22 1i10 (I) עוברים / את [הי]רדן שמה [לרש]תה
4Q163 31,4 (V)]ו מוריש[
4Q171 1-2ii4 (V) וקואי יהוה המה ירשו ארץ
4Q171 1-2ii8 (V) וענוים ירשו ארץ והתענגו על רוב שלום
4Q171 1+3-4iii9 (V) כיא מבורכ[ו יר]שו ארץ ומקולל[ו יכר]תו
4Q171 1+3-4iii11 (V)] / ירשו את הר מרום ישר[אל
4Q171 3-10iv10 (V) ושמור דרכו ו[י]רוממכה לרשת / ארץ
4Q173 1,7 (V) פשרו על י]ורשי הנחלה[
4Q185 1-2ii14 (V) כן תתן לאבתיו כן ירשנה[
4Q185 1-2ii15 (V) ויורישנה לצאצאיו ידעתי לעמ[
4Q225 2i4 (XIII) ואלי[עזר] / [בן ביתי] הואה וירשני
4Q266 2i12 (XVIII) ש[ו]רש / [מט]עת לירוש א[ת א]רצו
4Q269 2,1 (XVIII) עלו ור]שו את[הארץ] / [וילכו אחר רוחם
4Q275 2,2 (XXVI) וי]רשו בנחלתם כי הוא אל[נאמן
4Q364 24a-c,4 (XIII) ואת] / [ארצו החל]ראש לרשת את א[רצו
(XIII) ואת] / [ארצו החל]ראש לרשת את א[רצו
4Q364 26aii3 (XIII) עלו] / וראשו את[הארץ אשר נתתי לכמה
4Q364 28a-b,4 (XIII) ויבואו ויירשו[את הארץ אשר נשבעתי
4Q365 1,2 (XIII) ואת בנה]כי לא ייאר[ש בן האמה הזואת
4Q365 36,2 (XIII) וירש או[תה והיתה לבני ישראל
4Q374 2i6 (XIX)]וירש / [
4Q378 11,8 (XXII) א]ין לחקור וירש[תם
4Q381 69,6 (XI)]רשו שבו על הארץ אז תטהר ויא◦◦[
4Q382 104,3 (XIII)] כי אתה למוריש ◦◦ [ו]בעלתם והייתה להם[
4Q385 4,3 (XXX) הלא ממהרים הימים למען יירשו בני ישראל
4Q385a 9,3 (XXX)]ירש י[
4Q385a 16a-b,4 (XXX) וה]ורשתי את יון[
4Q385a 16a-b,6 (XXX) הה]ר והלבנון ירשו[
4Q393 3,7 (XXIX) ולהוריש / ל[פ]ניהם[גוים גדולים]
4Q416 2ii18 (XXXIV) ואל תערבהו בנחלתכה פן יוריש גויתכה
4Q418 81+81a,3 (XXXIV) ויורישם איש נחלתו
4Q439 1i+2,3 (XXIX) וי]ורש לנחלתי
4Q502 54,2 (VII)]יהם ייר[שו
4Q522 3,1 (XXV)]יורי[ש
4Q522 9ii4 (XXV) ויורש משם את כל האמורי מיר[ושלם
4Q522 14,1 (XXV)]וירש[ו ?
4Q524 25,7 (XXV)]לוא ירשתמה ⟦ ⟧[ ]◦◦◦[
4Q525 14ii13 (XXV)] / יורישך
4Q525 15,6 (XXV) יור]ישך [ ]סודו להבי גופרית
11Q5 XIX,16 (IV) ויצר / רע אל ירשו בעצמי
11Q19 LI,15 ובאתה וירשתה / את הארץ
11Q19 LI,16 אשר אנוכי נותן לכמה לרשתה כול הימים
11Q19 LVI,12 אשר אנוכי נותן לכה וירשתה וישבתה / בה
11Q19 LX,20 אנוכי מורישם מלפניכה
PAM 43.680 38,1 (XXXIII)] עלו רשו [

possession noun יְרֻשָּׁה
1QS IV,24 וכן ישנא עולה וכירשתו בגורל עול ירשע בו
1QM XI,7 והיה אויב ירשה וישראל ⟦ ⟧ עשה חיל
4Q364 23a-bi13 (XIII) כאשר עשה ישראל לארץ ירוש]תו

Isaac proper noun יִשְׂחָק, יִצְחָק, יִסְחָק
CD III,3 וימסור לישחק וליעקב וישמרו
4Q180 1,5 (V)]◦ הוליד ישחק את עשרים ה[
4Q181 2,1 (V)]◦ ישחק[
4Q185 1-2ii4 (V) י]עקב חתימה חקק לישחק
4Q223-224 2i47 (XIII) ותבו[א אל יצ]חק / [ותאמר לו
4Q225 2i9 (XIII) [לאברה]ם ויקרא את שמו יסחק
4Q225 2i10 (XIII) וישטים את אברהם בישחק
4Q225 2i11 (XIII) קח את בנכה את ישחק את יחיד[כה
4Q225 2ii2 (XIII) ויאמר ישחק אל אברהם [אביו
4Q225 2ii4 (XIII) אמר ישחק אל אביו כ[פות
4Q225 2ii10 (XIII) ויברך אל יהוה את יש[חק כל ימי חיו
4Q225 2ii12 (XIII) ויהיו כול] / ימי אברהם וישחק ויעקוב
4Q226 7,5 (XIII) והיו כל ימי] / אברהם ישחק ויע[קב
4Q234 sideways (XXXVI)] /ישחק [
4Q273 4i9 (XVIII) י]צחק / [
4Q364 1a-b,2 (XIII) ואלה תולדות] / [י]שחק בן אברהם
4Q364 8i2 (XIII) ויהיו י]מי ישחק מאת שנה
4Q364 12,3 (XIII) א[בותי]לפניו אברהם וי[שחק
4Q379 17,4 (XXII)]◦ אברהם יצחק ויעקב ומשה / [
4Q388a 7ii2 (XXX) הברית אשר כ[רתי ע]ם אברהם ועם יצחק[
4Q389 8ii8 (XXX)]עם אברה[ם] וע[ם י]צחק ועם / [יעקוב
4Q393 4,5 (XXIX) אלו]הי אברהם ישחק[ויעקוב
4Q505 124,6 (VII) לאברהם]ולישחק וליע[קוב
4Q508 3,3 (VII) ליצ]חק וליעקוב אמנתכ[ה
4Q509 24,2 (VII)]◦ ישחק[
6Q18 2,7 (III)]מר בן ישחק [

יִשָּׂכָר ← יִשָּׂשכָר

Israel proper noun יִשְׂרָאֵל, יל
CD I,3 הסתיר פניו מישראל וממקדשו
CD I,5 השאיר שאירית / לישראל ולא נתנם לכלה
CD I,7 ויצמח מישראל ומאהרן שורש מטעת
CD I,14 כפרה סורירה / כן סרר ישראל
איש הלצון אשר הטיף לישראל / מימי כזב

ואחר י֯[שב מש]י֯ח **ישראל**	1QSa II,14	(I)
ואח[ר יש]ל֯ח משיח **ישראל** ידיו / בלחם	1QSa II,20	(I)
וכאשר משל / **בישראל** רם לבו	1QpHab VIII,10	
ונחשיר חזק לפני אל / **ישראל**	1QM I,10	
מכול שבטי **ישראל** יחלוצו	1QM II,7	
כיא שבת / מנוח היאה **לישראל**	1QM II,9	
יכתובו עם אל ואת שם **ישראל** / ואהרון	1QM III,13	
ושמות שנים עשר ש֯[בטי **ישרא]ל֯**	1QM III,14	
יכתבו שמו֯[ו]שם **ישראל** ולוי ואהרון	1QM V,1	
ושמות שנים עש֯ר שבטי **ישראל**		
והיתה לאל **ישראל** המלוכה	1QM VI,6	
שמ֯ע֯ה **ישראל** אתמה קרבים היום	1QM X,3	
מיא כמוכה אל **ישראל** בש[מי]ם֯ ובארץ	1QM X,8	
ומיא — כעמכה **ישרא֯ל** אשר בחרתה לכה	1QM X,9	
דרך כוכב מיעקוב קם שבט **מישראל**	1QM XI,6	
מ֯עיר והיה אויב ירשה **וישראל** ⟦ ⟧ עשה חיל	1QM XI,7	
וי]**שראל** למלוך עולמים	1QM XII,16	
וברכו על עומדם את אל **ישראל**	1QM XIII,1	
וענו ואמרו ברוך אל **ישראל**	1QM XIII,2	
מיא כמוכה בכוח אל **ישראל**	1QM XIII,13	
וברכו שם / כולם את אל **ישראל**	1QM XIV,4	
וענו ואמרו ברוך אל **ישראל**		
כיא היאה עת צרה **ליש֯ר[אל**	1QM XV,1	
אל **ישראל** מרים ידו ב[ ]ת פלאו	1QM XV,13	
] אל **ישראל** קרא חרב על כול הגואים	1QM XVI,1	
] / **ישראל** כול הויה ונהיה	1QM XVII,5	
להאיר בשמחה ב֯רית **ישראל**	1QM XVII,7	
וממשלת / **ישראל** בכול בשר	1QM XVII,8	
]◦ משאת יד אל **ישראל** על כול המון בליעל	1QM XVIII,3	
וברכו שם את אל **ישראל**	1QM XVIII,6	
וישראל למלכות ע֯ו֯למים	1QM XIX,8	
לצא֯[ת בני י]**ש֯ר֯[אל** מארץ מ]צרים	1Q**22** 1i1	(I)
וצויתה֯ [א]ת בני / **ישרא[ל** ד]ב֯ר֯י֯ הת֯[ו]רה	1Q**22** 1i4	(I)
[י]**שראל** ושמ֯ע֯	1Q**22** 1ii1	(I)
[ויקרא] מושה ו[יאמר לבני י]**ש֯ר֯אל**	1Q**22** 1ii5	(I)
ו֯[יוסף לדב]ר מושה אל ב֯נ֯[י **ישרא]ל֯**	1Q**22** 1ii11	(I)
]הם [בעד בני **ישר]אל** ובעד הא[רץ]	1Q**22** 1iv1	(I)
]ב֯ני **יש֯ר[אל]** / [	1Q**22** 1iv5	(I)
י]**שראל** ק[	1Q**22** 45,1	(I)
] היה **יש[ראל**	1Q**25** 12,2	(I)
קה/כו]ל **ישראל** [	1Q**29** 3-4,3	(I)
בני י]**ש[רא]ל** שמורו את הדברים האלה [	1Q**29** 5-7,4	(I)
]ע֯ה֯ בו **ישרא[ל**	1Q**37** 1,1	(I)
]ב֯חירי **ישראל** למל[	1Q**37** 1,3	(I)
יש]ר֯אל [	1Q**58** 1,3	(I)
כי רחמיו על **ישרא[ל**	2Q**22** II,2	(III)
]**ישרא[ל**	3Q**14** 14,2	(III)
] / אש֯ר בי֯[**שר]אל** אשר אין לו יאוכלנה	4Q**159** 1ii4	(V)
י]**שראל** שרף֯ מוש[ה	4Q**159** 1ii17	(V)
] / לעיני **יש֯ר֯[אל** ל]ו֯א֯ יעבודו הגויים	4Q**159** 2-4,2	(V)
] / דבר **בישראל** על נפש	4Q**159** 2-4,5	(V)
כי יוצו איש שם רע על בתולת **ישר֯אל**	4Q**159** 2-4,8	(V)
י]**שרא[ל**	4Q**159** 9,1	(V)
שאר י]**שראל** היאה[	4Q**161** 1,2	(V)
פשרו על הכ]ת֯יאים אש֯[ר] י֯כ֯ת֯[ו] ב֯י֯ת֯ **ישראל**	4Q**161** 8-10,3	(V)
ואת אמרת קדוש / **ישראל** נאצו	4Q**162** II,8	(V)
י]**ש֯ר֯א֯ל** ב֯כול / [	4Q**163** 4-7i3	(V)
] / **ישראל** ואשר אמ֯ר֯ [ושאר עץ יערו	4Q**163** 4-7ii7	(V)
ונשען על יהוה קדוש] / [**ישר]אל** באמת	4Q**163** 4-7ii12	(V)
כי אם יהיה עמכה י֯[**שראל** כחול הים	4Q**163** 4-7ii13	(V)

הקים אל את בריתו **לישראל** עד עולם	CD III,13	
לגלות / להם נסתרות אשר תעו בם כל **ישראל**	CD III,14	
ויבן להם בית נאמן **בישראל**	CD III,19	
בתעו֯ת בני **ישראל** / מעליהם	CD IV,1	
הכ֯הנים הם שבי **ישראל** / היוצאים מארץ יהודה	CD IV,2	
ובני צדוק הם בחירי / **ישראל** קריאי השם	CD IV,4	
השנים האלה יהיה / בליעל משולח **בישראל**	CD IV,13	
אשר הוא תפש בהם **בישראל**	CD IV,16	
לא {{נפחת}} נפתח **בישראל** מיום מות אלעזר	CD V,3	
במזמתו בהושע **ישראל** את הראשונה	CD V,19	
עמדו מסיגי הגבול ויתעו את **ישראל**	CD V,20	
וינבאו שקר להשיב את **ישראל** מאח֯ר / אל	CD VI,1	
ויקם מאהרן נבונים **ומישראל** / חכמים	CD VI,2	
הבאר היא התורה וחופריה הם / שבי **ישראל**	CD VI,5	
בהפרד שני בתי **ישראל** / שר אפרים מעל יהודה	CD VII,12	
הם ספרי הנביאים / אשר בזה **ישראל** את דבריהם	CD VII,18	
דרך כוכב מיעקב וקם שבט / **מישראל**	CD VII,20	
וכן המשפט לשבי **ישראל** סרו מדרך העם	CD VIII,16	
ומישראל / ששה מבוננים בספר ההגו	CD X,5	
לא / יגדפו כי אם בעצת חבור **ישראל**	CD XII,8	
סרך מושב ערי **ישראל**	CD XII,19	
וכמשפט / הזה יתהלכו זרע **ישראל**	CD XII,22	
עד עמוד משוח אה֯ר֯ן / **וישראל**	CD XIII,1	
ו֯הלוים שנים ובני **ישראל** שלשתם	CD XIV,4	
והלוים שנים ובני **ישרא֯ל** / שלושתם֯	CD XIV,5	
משי]ח֯ אהרן **וישראל**	CD XIV,19	
והב֯א ב֯ב֯רית לכל **ישראל** לחוק עולם	CD XV,5	
בשבועת הברית֯ אשר כ֯ר֯ת / משה עם **ישראל**	CD XV,9	
]◦◦◦ / עמכם ב֯ר֯ית֯ ו֯עם כל **ישראל**	CD XVI,1	
ופרוש קציהם לעורון / **יש֯ר֯א֯ל** מכל אלה	CD XVI,3	
וגם / [הכ]הנים אל יקחו מא֯ת֯ **ישראל** [	CD XVI,14	
ימסרו לחרב בבוא משיח / אהרן **וישראל**	CD XIX,11	
ואשר אמר משה / **לישראל** לא בצ֯דקתך	CD XIX,27	
כן / מש֯פ֯ט֯ לשבי **יש֯ר֯אל** סרו מ֯דרך העם	CD XIX,29	
עד עמ֯ו֯ד֯ משיח מאה֯ר֯ן **ומישראל**	CD XX,1	
ובקץ ההוא יח֯רה / א֯ף֯ א֯ל֯ **בישראל**	CD XX,16	
וישענ֯ו על אל בקץ מעל **יש֯ר֯א֯ל**	CD XX,23	
ב֯הופע / כ֯ב֯ו֯ד֯ אל **לישראל**	CD XX,26	
ו֯משמיעים כול חסדי֯ רחמים על **ישראל**	1QS I,22	
מספרים / את עוונות בני **ישראל**	1QS I,23	
לדעת כול איש **ישראל** איש בית מעמדו	1QS II,22	
ואל **ישראל** ומלאכ אמתו עזר לכול	1QS III,24	
ליסד מוסד אמת **לישראל** ליחד	1QS V,5	
ולבית האמת **בישראל** והנלוים עליהם	1QS V,6	
ועל פי ר{{י֯}}ב **ישראל** המתנדבים	1QS V,22	
וכולה מת֯נדב **מישראל**	1QS VI,13	
בהיות אלה **בישראל** / נכונה {{ה}}עצת היחד	1QS VIII,4	
למ֯ט֯֯עת עולם בית קודש **לישראל**	1QS VIII,5	
ובית תמים ואמת **בישראל**	1QS VIII,9	
וכול דבר ה֯נ֯סתר **מישראל** ונמצאו לאיש	1QS VIII,11	
ובהיות אלה ל֯יחד֯ **בישראל**	1QS VIII,12	
בהיות אלה **בישראל** ככול התכונים האלה	1QS IX,3	
ובית יחד **לישראל** ההולכים בתמים	1QS IX,6	
עד בוא נ֯ב֯֯יא ומשיחי אהרון **וישראל**	1QS IX,11	
וזה הסרך לכול עדת **ישראל**	1QSa I,1	(I)
לכול האזרח **בישראל**	1QSa I,6	(I)
ו֯מ֯[ש]פט ולהתיצב ברואשי אלפי **ישראל**	1QSa I,14	(I)
להתיצב על עדת **ישראל** לרי[ב מ]שפט	1QSa I,20	(I)
הנועדים לעצת֯ ה֯י֯חד **בישראל**	1QSa II,2	(I)
יבוא[הכוהן]רואש כול עדת **ישראל**	1QSa II,12	(I)

Reference	Vol.	Text
4Q163 23ii2	(V)	יש]ראל[
4Q163 23ii3	(V)	[כיא] כ[ו]ה אמר [יה]וה קדוש [י]שראל
4Q163 25,7	(V)	ולוא שעו על] / [ק]דוש ישראל
4Q164 1,1	(V)	]ך כול ישראל כפיך בעוך
4Q164 1,7	(V)	פשרו על ראשי שבטי ישראל לא[חרית הימים
4Q165 6,1	(V)	ב]חירי ישראל א[
4Q167 10,2	(V)	נטמא] / ישראל פש[רו
4Q169 3-4i8	(V)	]בישראל מלפנים כי לתלוי חי על העץ
4Q169 3-4i12	(V)	א]פרים ינתן ישראל ל[
4Q169 3-4iii3	(V)	יגלו מעשיהם הרעים לכול ישראל
4Q169 3-4iii5	(V)	ועזבו את מתעיהם ונלוו על ישראל
4Q169 3-4iv3	(V)	לקץ האחרון אשר תשפל מלכותו ביש[ראל
4Q169 5,2	(V)	]כול גבול ישרא[ל] לים[
4Q171 1+3-4iii11	(V)	] / ירשו את הר מרום ישר[אל
4Q171 1+3-4iii12	(V)	המה עריצי הב[רית ר]שעי ישראל
4Q171 3-10iv24	(V)	ה]מה שבע מחלקות / שבי יש[ראל
4Q171 11,2	(V)	] / בחיר[י] ישראל[ ]◦א◦[
4Q174 1-2i2	(V)	היום אשר / [צויתי שפטים] על עמי ישראל
4Q174 1-2i6	(V)	כאשר השמו בראישונה / את מקד[ש י]שראל
4Q174 1-2i13	(V)	א]שר יעמוד להושיע את ישראל
4Q174 1-2i19	(V)	]בחירי ישראל באחרית הימים
4Q174 4,7	(V)	יה]ודה ואל י[שר]אל י◦[
4Q174 5,2	(V)	י]שראל ואהרון[
4Q175 12	(V)	ויקום שבט מישראל
4Q175 18	(V)	משפטיך ליעקוב / תורתכה לישראל
4Q175 27	(V)	לעשות לעוז רשע / [ורעה גדלה]בישראל
4Q176 1-2i9	(V)	ואתה ישראל עב[די י]עק[ו]ב
4Q176 1-2ii1	(V)	אשר נ]אמן קדוש יש[ראל ויבחרכה
4Q176 8-11,7	(V)	וגאליכי קדוש יש[ראל
4Q177 1-4,9	(V)	א]לוהי הרחמים ואל ישרא[ל
4Q177 5-6,7	(V)	ל]הלעין את ישרא[ל למנצח] לדויד
4Q181 2,3	(V)	] / [א]ת ישראל בשבעים השביע ל[
4Q185 1-2ii10	(V)	]לישראל וממד[ת ט]ב ימדה
4Q200 6,7	(XIX)	הודו לו בני ישר[אל לפני] / [הגוים]
4Q221 4,8	(XIII)	כול איש] / [אש]ר יעשנה בישראל
4Q221 8-9,1	(XIII)	]◦◦ את בני ישרא[ל
4Q221 8-9,2	(XIII)	א]ת בני ישר[א]ל כאש ר על[
4Q249a 1,4	(XXXVI)	[לכול ה]אז[רח]בי[שראל
4Q249c 2	(XXXVI)	[ברואשי אלפי בני י]שראל[לשרי מאות]
4Q249d 2	(XXXVI)	לכול האזרח בישרא]ל {ו}ומ[ן נעוריו]
4Q249l 6	(XXXVI)	יש]ראל [
4Q252 V,1	(XXII)	שליט משבט יהודה בהיות לישראל ממשל
4Q252 V,3	(XXII)	[ואל]פי ישראל המה הדגלים
4Q253 1,2	(XXII)	י]שראל ו◦[
4Q253a 1ii1	(XXII)	ואיש{{ר}} מישראל אשר יא[
4Q254 5-6,6	(XXII)	] / ישר[אל
4Q254 7,3	(XXII)	רוע]ה אבן ישראל[
4Q254 17,1	(XXII)	י]שראל ב◦[
4Q256 II,6	(XXVI)	את ע]וונות בני י[שראל וכול פשעי אשמתם]
4Q256 IX,5	(XXVI)	כי אם ליסד מסד אמת לישראל
4Q256 IX,6	(XXVI)	ובית] / אמת לישראל והנלוים עליהם ליחד
4Q258 I,4	(XXVI)	כי אם ליסד[מוסד]אמת לישראל
4Q258 I,5	(XXVI)	ובית אמת לישראל והנלוי[ם] ע[לי]הם ליחד
4Q258 II,2	(XXVI)	אשר צוה / לעשות על פי רוב ישראל
4Q258 VI,3	(XXVI)	ובית תמים ואמת בישרא]ל
4Q258 VI,5	(XXVI)	וכל דבר] נ[סתר מיש]ראל
4Q258 VII,4	(XXVI)	[בהיו]ת אלה בישראל ליחד
4Q258 VII,7	(XXVI)	[ויחד ליש]ראל ההלכים בתמי[ם
4Q259 II,13	(XXVI)	העת בהיות אלה ב]ישראל
4Q259 II,18	(XXVI)	ובית / תמים ואמת ב[ישרא]ל

Reference	Vol.	Text
4Q259 III,3	(XXVI)	ובהיו]ת אלה ל{ב}יחד ביל
4Q261 1a-b,2	(XXVI)	[ועל פי רו]ב יש[ראל המתנדבי]ם לשבת יחד
4Q266 2i8	(XVIII)	הסתיר פ[ניו מי]שראל וממקדשו
4Q266 2i9	(XVIII)	השאיר שארית] לישראל ולא / נתנם ל[כלה
4Q266 2iii19	(XVIII)	י]שרא[ל] / [מעלי
4Q266 3ii9	(XVIII)	להשיב] את ישראל [מ]אחרי [אל
4Q266 3ii10	(XVIII)	מאהרון נ]בונים ומישראל [ח]כמים וישמ[יעם
4Q266 3iii21	(XVIII)	[כוכב מיעקב] / [וקם שב]ט מישראל
4Q266 5i11	(XVIII)	]לישראל בעומד [ ]ד / [
4Q266 5i15	(XVIII)	יתהל]כו בם 〚 〛 כול שבי ישראל ◦[
4Q266 5i18	(XVIII)	]בם לכול ישראל כי לויוש[יע אל
4Q266 5ic-d,2	(XVIII)	]כי לכול ישרי לבב בי[ש]ראל / [
4Q266 5ii12	(XVIII)	] / מישראל את עצת בני אהרון המ◦[
4Q266 8iii5	(XVIII)	ומי[שרא]ל [ששה מבו]ננים 〚 〛 בספר ההגי
4Q266 9ii5	(XVIII)	סרך מוש]ב ערי ישראל
4Q266 9ii8	(XVIII)	וכמשפט הזה יתהלכו זרע יש]ראל / [
4Q266 10i12	(XVIII)	עד ממוד משיח אהרון וישראל
4Q266 11,3	(XVIII)	ועל ישראל כתוב אלכה לי
4Q266 38,1	(XVIII)	י]שרא[ל
4Q267 2,2	(XVIII)	]בהרשע י[שראל את] / [הריאש]ונה
4Q267 2,4	(XVIII)	ויתעו את יש[ראל] / [ותשם ה]א[ר]ץ
4Q267 2,7	(XVIII)	לה[ש]יב את / [ישר]אל מאחרי אל
4Q267 2,8	(XVIII)	ויקם / [מאה]רון נבונים ומישראל חכמים
4Q267 2,11	(XVIII)	וחופריה] המה שבי י[שרא]ל
4Q267 5ii4	(XVIII)	] / [לי]שראל בעומד [
4Q267 8,7	(XVIII)	]ל יש[רא]ל[
4Q267 9iii3	(XVIII)	לוא יגדפו כי אם בע]צת חבר [י]שראל
4Q267 9v7	(XVIII)	והלויים] שניים ובני ישראל / [ש]לשיים
4Q267 9v9	(XVIII)	[והלויים שניים ובני]ישראל שלישיים
4Q267 13,1	(XVIII)	י]שראל[
4Q268 1,11	(XVIII)	הסת[יר פניו]מישראל [ו]ממקדשו
4Q268 1,12	(XVIII)	ה[שאיר ש]ארית לישראל ולו[א נתנם לכלה
4Q268 1,14	(XVIII)	וי[צמח מישרא]ל ומא[הרו]ן שור[ש
4Q269 10ii11	(XXXVI)	ובני] / ישראל [שלשיים והגר רביע
4Q269 11i2	(XXXVI)	עד עמוד משיח א]הרון וישראל
4Q270 3ii19	(XVIII)	לכל בתי ישראל אוכלי לחם / [הארץ
4Q270 3ii21	(XVIII)	לפני] השלמו לישראל אל [י]רם איש
4Q270 6iv16	(XVIII)	ומישר[א]ל [ששה] / מבוננים בספר ההג[י
4Q270 7i18	(XVIII)	וע]ל / ישראל כתוב אלכה לי
4Q271 4i11	(XVIII)	הברית אשר כרת מושה עם ישרא]ל
4Q271 4ii5	(XVIII)	קציהם לעורון] / ישראל מכול אלה
4Q271 4ii14	(XVIII)	וגם] הכוהנים אל יקחו מיד / ישראל
4Q273 4i5	(XVIII)	מיש]ראל / [
4Q274 1i6	(XXXV)	ל[ו]א תגאל את מחני קד[שי] ישראל
4Q275 1,2	(XXVI)	בחירי ישרא]ל קריאי השם[
4Q282o 3	(XXXVI)	ואין לי]שראל כלמה[
4Q284 1,6	(XXXV)	] סרך הדות לישראל / [
4Q284 2ii5	(XXXV)	וענה ואמר] / ברוך אתה אל ישראל[
4Q285 4,2	(XXXVI)	נשי]א העדה וכול ישר[אל
4Q285 4,4	(XXXVI)	אפיל]על הרי י[שראל
4Q285 4,7	(XXXVI)	וינוס]ו מפני ישראל בעת ההיאה[
4Q285 8,2	(XXXVI)	וענה] / [ואמר]לפני [כול בני י]שראל
4Q285 10,9	(XXXVI)	] ויש[ר]אל עו◦[
4Q299 10,3	(XX)	ר]ם על כול גואים ישרא[ל
4Q299 13a-b,2	(XX)	]המשיל אתכם[י]שראל ואתכם[
4Q299 39,1	(XX)	]בני יש[ראל
4Q299 66,3	(XX)	]◦ל ישרא[ל
4Q299 68,1	(XX)	יש]ראל ועם[
4Q299 68,2	(XX)	]◦ לבני ישר[אל
4Q299 82,3	(XX)	]◦יתי ישראל[

Reference	Vol.	Text
4Q302 1i10	(XX)	ק]דשו ישרא[ל] / [
4Q306 1,3	(XXXVI)	] / אותו כול אשר ברית י[שראל
4Q307 1,7	(XXXVI)	] / אתישראל בגו[ים]ל[
4Q364 5bii11	(XIII)	[כי אם י]שראל כי שריתה עמ א[לוהים
4Q364 15,5	(XIII)	דבר אל בני יש[ראל
4Q364 19a-b,7	(XIII)	לצאת בני י]שראל מארץ מצרימ
4Q364 28a-b,6	(XIII)	ועתה ישראל מה[יהוה אלוהיכה שואל מעמכה]
4Q364 FF,2	(XIII)	ב]ני ישראל[
4Q365 6ai4	(XIII)	דבר אל בני ישראל / [ויסעו
4Q365 6ai8	(XIII)	ה]הולך לפני מחנה ישראל
4Q365 6ai11	(XIII)	[ויבוא בין מחנה מצרים ובין מחנה יש]ראל
4Q365 6aii+6c,8	(XIII)	] / ויסע מושה א[ת ישרא]ל מים
4Q365 12biii12	(XIII)	והאבנים על שמות בני ישר[אל]
4Q365 12biii13	(XIII)	לשנים העשר בני יש[ר]א[ל
4Q365 23,1	(XIII)	כול האזרח בישראל ישב בסוכות
4Q365 23,3	(XIII)	וידבר מושה את מועדי יהוה אל בני ישראל
4Q365 23,4	(XIII)	צו את בני ישראל לאמור
4Q365 26a-b,1	(XIII)	]כול בני יש[ראל
4Q365 26a-b,7	(XIII)	ומעלה] / [כול יוצא צבא בי]שראל
4Q365 31a-c,6	(XIII)	יסעו ב]ני ישראל וע[ל פי יהוה יחנו
4Q365 32,15	(XIII)	כרתו משמה בני י]שראל וישוב[ו מתור]
4Q365 36,5	(XIII)	ראשי אבות לבני] / ישראל
4Q365a 1,4	(XIII)	ישר]אל ואמרתה[א]ליהם / [
4Q365a 2i2	(XIII)	]בני ישראל וביום הבכורים / [
4Q366 4i8	(XIII)	ויאמר משה]אל בני ישראל
4Q371 1a-b,2	(XXVIII)	ישר]אל ישמידו א[ותם מארץ] / [
4Q371 1a-b,11	(XXVIII)	להק]ניא את י[שר]אל
4Q371 8,2	(XXVIII)	] ישראל על בנ[י
4Q372 1,6	(XXVIII)	] / ישראל וישמד אתם מארץ[
4Q372 1,12	(XXVIII)	במה על הר גבה להקניא את ישראל
4Q372 2,12	(XXVIII)	יש]ראל כי נשבר לפניו[
4Q372 3,10	(XXVIII)	] / [י]שראל כלה להשמידו ביד גוים
4Q372 20,1	(XXVIII)	י]שראל י[
4Q376 1iii2	(XIX)	] / אויבו וישראל עמו
4Q377 1i7	(XXVIII)	כי ◦◦◦ב לכול יש[רא]ל לשל[
4Q377 2ii6	(XXVIII)	וידבר ע[ם]קהל ישראל פנים עם אל פנים
4Q377 3,3	(XXVIII)	]◦ ישראל [
4Q377 5-6,2	(XXVIII)	]תהלה לישראל[
4Q378 14,3	(XXII)	[ויתמו ימי בכי]אבל מושה ובני יש[ראל
4Q378 18ii4	(XXII)	] / [י]שראל ול◦◦[
4Q379 12,8	(XXII)	]◦ ◦◦ ◦ ישראל[
4Q379 22ii5	(XXII)	] / ברוך יהוה אלהי י[שראל
4Q379 22ii13	(XXII)	[בארץ ר]ש{{ה}}עה גדלה בישראל
4Q380 1ii3	(XI)	] / אשר לכל ב[נ]י ישראל [
4Q381 76-77,5	(XI)	ישרא]ל עם סגלתו [
4Q382 1,4	(XIII)	עו]בדיה בא[רץ]ישראל ל[
4Q382 3,2	(XIII)	מל]ך ישראל[
4Q382 4,2	(XIII)	ישר]אל א[
4Q382 15,8	(XIII)	] קדוש ישראל ◦[
4Q382 16,2	(XIII)	מ]שיח ישר[א]ל ◦◦[
4Q382 38,1	(XIII)	יה]ודה וי[ש]ראל וישראל [
	(XIII)	יה]ודה וי[ש]ראל וישראל [
4Q382 43,1	(XIII)	ב]טח לבית יש[ראל] / [
4Q382 43,3	(XIII)	]בישראל כי י[
4Q382 48,5	(XIII)	]ישרא[ל
4Q382 112,4	(XIII)	י]שראל ת◦[
4Q382 132,2	(XIII)	]◦ ישראל [
4Q385 2,2	(XXX)	ראיתי רבים מישראל אשר אהבו את שמך
4Q385 2,4	(XXX)	אני אראה] את בני ישראל וידעו כי אני יהוה
4Q385 4,3	(XXX)	הלא ממהרים הימים למען יירשו בני ישראל
4Q385a 4,5	(XXX)	ומ]מלכת[ישרא]ל תא[בד
4Q385a 5a-b,8	(XXX)	על שם אלהי] / [יש]ראל יקראו
4Q385a 12,5	(XXX)	י]שראל שנתים י[מים
4Q385a 12,6	(XXX)	]ל[ ]ובני ישרא[ל
4Q385a 18ia-b,6	(XXX)	[החרים]ובני ישראל ויביאם בבל
4Q385a 18ii7	(XXX)	דבר אל] / בני ישראל ואל בני יהודה
4Q385c F,2	(XXX)	]עמו מבני ישרא[ל
4Q386 1i3	(XXX)	אני אראה א]ת בני ישראל
4Q386 1ii2	(XXX)	התבונן / בן אדם באדמת ישראל
4Q387 2ii7	(XXX)	וממלכת ישראל תאבד
4Q387 2ii9	(XXX)	ופני מסתרים מישראל
4Q387 2ii10	(XXX)	ובני ישראל זעקים / [מפני
4Q387 2iii1	(XXX)	[את ישרא]ל מעם
4Q387 2iii2	(XXX)	ואת ישראל אשבר ונ[תתו לחרב
4Q387 2iii5	(XXX)	והסתרתי [פני] / [מיש]ראל
4Q387 3,5	(XXX)	על שם אלהי ישראל יקראו
4Q387 3,7	(XXX)	ויתקרע ישראל בדור הה[וא] להלחם
4Q387 4i3	(XXX)	ו[ז]עקו[ ]בני ישראל לאלהים[ ]◦◦
4Q388 7,4	(XXX)	[ראיתי רבים מי]שראל אשר אהבו את ש]מך
4Q388 7,6	(XXX)	[אני אראה את בני ישר]אל וידעו כ[י] אני יהוה[
4Q388a 7ii4	(XXX)	ובימ[ו אעביר] / את ישראל מעם
4Q388a 7ii5	(XXX)	ואת ישראל אשבור ונתתו לחרב
4Q389 1,6	(XXX)	] / [שלו]שים ושש שנה לגלות ישראל
4Q389 1,7	(XXX)	כ]ל בני י]שראל על נהר סור במעמד ד[
4Q389 8ii2	(XXX)	[ופני מסתרים מישרא]ל
	(XXX)	ובני ישראל / [זעקים מפ]ני
4Q389 8ii10	(XXX)	[ובימו אעביר את ישרא]ל מעמ[
4Q389 8ii11	(XXX)	ואת ישרא]ל[אשבור ונתתו לחרב]
4Q390 1,4	(XXX)	ככל אשר עשו ישראל / בימי ממלכתו
4Q391 23,2	(XIX)	]לישרא[ל
4Q391 36,5	(XIX)	]בני ישראל ל[
4Q391 56,3	(XIX)	]◦ בית ישראל [
4Q391 77,1	(XIX)	]◦ ישראל[
4Q393 3,7	(XXIX)	לתת לנו הקימות לאברהם לישראל
4Q394 8iv3	(X)	ולא / [ש]מעו משפטי ישראל
4Q396 1-2ii4	(X)	ולא שמעו מש[פטי] ישראל
4Q396 1-2iii1	(X)	המקום / שבחר בו מכל שבטי י[שראל
4Q396 1-2iii2	(X)	כי יר]ושלים היא ראש / [מ]חנות ישראל
4Q396 1-2iii3	(X)	עצ[י]המאכל הנטע / בארצ ישראל
4Q396 1-2iv5	(X)	ב]ני זרע / קדש משכתוב קודש ישראל
4Q397 6-13,4	(X)	המקום שבחר] בו מכול [שבטי]ישראל
4Q397 6-13,5	(X)	[עצי המאכל הנטע בארץ ישרא]ל
4Q398 11-13,4	(X)	וזה הוא אחרית הימים שישובו בישראל
4Q398 11-13,6	(X)	]זכור את מלכי ישרא[ל]
4Q398 14-17ii8	(X)	הישר והטוב לפנו לטוב לך / ולישראל
4Q399 1ii5	(X)	הישר והטוב לפניו / [לטוב לך ול]ישראל
4Q408 2,2	(XXXVI)	]ע[נו]כל ישראל ◦[
4Q408 3+3a,3	(XXXVI)	](א)ל ישראל [ה]ברא הוא ליחד[
4Q408 3+3a,4	(XXXVI)	יקרא מש]ה אל כל ישראל בראתכ[
4Q414 7,8	(XXXV)	] / בטהרת ישראל לא[כול ולשתות
4Q414 11ii3	(XXXV)	ע[נה ואמר ברוך אתה אל] / ישראל אשר כ[
4Q417 24,1	(XXXIV)	]עמו יש[ראל
4Q422 III,7	(XIII)	למען דעת א[נשי ישר]אל
4Q448 II,4	(XI)	וכל קהל עמכ / ישראל
4Q458 10,1	(XXXVI)	]ישרא[ל
4Q460 9i3	(XXXVI)	]למהומה בישראל ולשערוריה באפרים / [
4Q460 9i8	(XXXVI)	יו]ביח בעוזביכה אלוהיכה ישראל ומי[
4Q460 9i11	(XXXVI)	]אשמות אפרים וישראל נגזל אליה
4Q460 9i12	(XXXVI)	יע]מוד לפניכה ישראל
4Q462 1,4	(XIX)	]◦◦ם לישרא[ל

4Q462 1,11	(XIX)	]ל[י]שראל כי בתוכנו היה עם החביב
4Q462 1,19	(XIX)	ויזכור את {{ישרא}} ירושלם ה◦[
4Q467 1+2,3	(XXXVI)	]הגוים לישראל כ◦[
4Q468g 6	(XXXVI)	] / ישראל וש◦[
4Q481d 5,2	(XXII)	]לבני יש]ראל
4Q491 8-10i2	(VII)	[וע]נו ואמרו ברוך א[ל]י[שראל
4Q491 11i10	(VII)	י]שראל הכינה מאז אמתו
4Q491 11ii16	(VII)	היום הזה יכניענו אל ישר[אל ל]כ[ו]ל[
4Q491 11ii18	(VII)	וברית אל שלום [לי]שראל
4Q491 16,4	(VII)	יקב]צו כול ישראל ירו[שלי]ם[
4Q491 20,2	(VII)	כול שבטי י]שראל לפיא פק[ודיהמה
4Q491 25,1	(VII)	ישר]אל מאל ה[
4Q492 1,8	(VII)	] / למחניכה ו[ישראל למלכות עולמים
4Q492 1,12	(VII)	והללו שם]את אל ישראל
4Q495 1,1	(VII)	[ומיא כעמכה]ישר[אל
4Q496 3,4	(VII)	ולהכרית קרן יש]ראל
4Q502 6-10,2	(VII)	יברך את]אל ישראל וענה וא[מר]
4Q502 6-10,8	(VII)	[מברכי]ם שם אל ישראל א[שר נתן לנו מ]ועד
4Q502 6-10,14	(VII)	מברך]את אל ישראל [ ]ה / [
4Q502 11,2	(VII)	י]שראל[
4Q502 14,4	(VII)	]ה אל ישראל אשר צוה לבני [
4Q502 14,8	(VII)	י]שראל [
4Q502 21,4	(VII)	] / ישראל ו◦[
4Q502 24,2	(VII)	]ברוך אל ישראל אשר עזר[
4Q502 30,3	(VII)	ברוך אל יש]ראל אשר[
4Q502 47,1	(VII)	יש]ראל [
4Q502 101,1	(VII)	אל ישר]אל וע[נו
4Q502 104,4	(VII)	ברוך אל י]שראל אש[ר
4Q502 105-106,1	(VII)	יב]רכו את אל ישראל[
4Q502 163,1	(VII)	] וישרא[ל
4Q502 242,1	(VII)	י]שרא[ל
4Q502 255,2	(VII)	י]שראל [
4Q502 289,1	(VII)	יש]ראל [
4Q503 1-6iii6	(VII)	שלום עליכה] / ישראל[ ]
4Q503 1-6iii10	(VII)	ש[לום עלי]כה ישראל
4Q503 1-6iii17	(VII)	]◦[ע]ולם [עליכה] / ישראל[
4Q503 1-6iii18	(VII)	וענו וא]מרו בר[וך אל] ישראל[
4Q503 7-9,6	(VII)	וענו ואמר]ו ברוך אל יש[ראל
4Q503 14,2	(VII)	ברוך ש]מכה אל ישראל בכ[ול
4Q503 15-16,8	(VII)	ברו]ך אל ישראל המפל[יא
4Q503 15-16,12	(VII)	] אל ישרא[ל
4Q503 15-16,16	(VII)	י]שראל [
4Q503 15-16,17	(VII)	]ישראל [
4Q503 28,4	(VII)	] ישראל וכ[
4Q503 29-32,11	(VII)	שלום אל[ע]ליכה ישראל
4Q503 29-32,21	(VII)	שלום אל עליכה יש]ראל בכול מו[עדי עולם
4Q503 33i+34,6	(VII)	וענו ואמרו ברוך אל ישר]אל אשר / [
4Q503 33i+34,17	(VII)	שלום עליכה ישר]אל
4Q503 33i+34,20	(VII)	ברו]ך אתה אל ישראל אשר העמדת[
4Q503 33ii-36,5	(VII)	] / של[ום] עליכה ישראל[
4Q503 33ii-36,9	(VII)	] / ל◦◦[ ]◦ ישר[אל
4Q503 33ii-36,13	(VII)	שלום] עליכה י[שראל
4Q503 40ii-41,3	(VII)	שלום עליכה י]שראל בכול מ[ועדי לילה
4Q503 40ii-41,6	(VII)	ברוך אתה אל ישרא]ל ומהולל שם[קודשכה
4Q503 42-44,3	(VII)	שלו]ם על[יכ]ה[ישרא]ל בפי כול לש[וני
4Q503 48-50,2	(VII)	שלום עליכה יש]ראל
4Q503 48-50,3	(VII)	וענו ואמרו ברוך] אל ישראל אש[ר] / [
4Q503 48-50,6	(VII)	]ישו[ע]תכה שלום ע[ליכה י]שראל
4Q503 48-50,7	(VII)	וענו וא[מרו] ברוך אל יש[ראל]
4Q503 51-55,6	(VII)	וענו וא]מרו ברוך אל יש[ראל
4Q503 51-55,12	(VII)	וענ]ו ואמרו ברוך אל ישראל [
4Q503 51-55,15	(VII)	אל ישר]אל אש[ר]◦מרת[
4Q503 51-55,17	(VII)	יברכו את אל ישר]אל
4Q503 62,1	(VII)	] אל יש[ראל
4Q503 65,5	(VII)	שלום ע]ליכה [ישרא]ל[
4Q503 66,2	(VII)	ברוך ש]מכה אל ישרא[ל
4Q503 66,3	(VII)	שלום עלי]כה ישראל
4Q503 67,1	(VII)	אל יש]ראל אשר [
4Q503 68,2	(VII)	]ה אל יש[ראל
4Q503 69,2	(VII)	ברוך אל ישר[אל
4Q503 74,3	(VII)	ברו]ך אל י[שראל
4Q503 74,5	(VII)	אל יש]ראל
4Q503 79,4	(VII)	ב]ני יש[ראל
4Q503 90,2	(VII)	]אל יש[ראל
4Q503 92,2	(VII)	וענו ואמרו ברוך אל] / יש[ראל
4Q503 131,2	(VII)	]ישר[אל
4Q503 135,2	(VII)	י]שראל ה[
4Q503 184,1	(VII)	]אל יש[ראל
4Q503 215,5	(VII)	ברוך] / [אתה א]ל ישראל[
4Q503 217,2	(VII)	אל ישרא]ל אשר[
4Q503 218,2	(VII)	אל י]שרא[ל אש]ר ◦[
4Q504 1-2ii11	(VII)	ישוב נא אפכה וחמתכה מעמכה ישראל
4Q504 1-2iii6	(VII)	כיא קרתה / [לי]שראל בני בכורי
4Q504 1-2iii19	(VII)	] / זרע ישראל[
4Q504 1-2iv5	(VII)	כיא אהבתה / את ישראל מכול העמים
4Q504 1-2iv7	(VII)	וישב על כסא ישראל לפניך / כול הימים
4Q504 1-2iv9	(VII)	אש{{ב}}ר נקדשתה בתוך עמכה ישראל
4Q504 1-2v7	(VII)	ולו געלתה את ישראל / לכלותם
4Q504 1-2v11	(VII)	ותחון את עמכה ישראל בכול / [ה]ארצות
4Q504 1-2vi12	(VII)	והצילה את עמכה ישר[אל
4Q504 7,3	(VII)	י]שראל[ ] לספר דורות עולם / [
4Q509 26,1	(VII)	]ישרא[ל
4Q509 44,2	(VII)	י]שרא[ל
4Q511 2i5	(VII)	]◦ל◦◦[ ]ישרא[ל]◦[
4Q511 2i7	(VII)	הנבונה שם [י]שראל [בש]נים עשר מחנות
4Q511 2ii10	(VII)	] / ובישראל מ[ ]רים ב◦ל[
4Q511 76,2	(VII)	י]שראל ◦[
4Q512 29-32,20	(VII)	י]שראל אש[ר
4Q512 29-32,21	(VII)	ברוך]אתה אל יש[ראל
4Q512 11,5	(VII)	] / אל ישר[א]ל[
4Q512 7-9,2	(VII)	ט]הרת ישר[אל] / ולאכול ולש[תות
4Q512 1-6,2	(VII)	וענה ואמ[ר ברוך] / [את]ה אל ישראל
4Q512 1-6,8	(VII)	וענה ואמר ברוך אתה] / א[ל ישרא]ל
4Q512 40-41,3	(VII)	]וענה ואמר / [ב]רוך את אל ישר[אל אשר
4Q512 42-44ii3	(VII)	וענה] / ואמר ברוך[א]תה[אל י]ש[ראל אשר
4Q512 64,5	(VII)	]◦[ ]אתה אל יש[ראל
4Q513 2ii4	(VII)	ולכפר {{במה}} בהם לרצון על י[שראל
4Q513 10ii2	(VII)	] / [וא]ת בני ישראל [
4Q513 11,2	(VII)	]ת בני ישראל / [
4Q521 2iii5	(XXV)	] / כי כל ישראל בגיל[
4Q521 15,3	(XXV)	י]שראל[
4Q522 5,2	(XXV)	] ישראל[
4Q522 9ii5	(XXV)	לבנות את הבית ליהוה אלוהי ישראל
4Q522 9ii11	(XXV)	וה[נ]ה נתתיו עבד ע[ם בני יש]רא[ל
4Q522 22-25,3	(XXV)	עדות לישרא[ל להודות לשם יה]וה
4Q524 6-13,4	(XXV)	ונחלה עם ישרא]ל[
4Q524 6-13,7	(XXV)	יהיה לה]מה [מאת בני ישרא]ל[
4Q524 14,1	(XXV)	ו]כ[ול ב]נ[י]יש[ראל ישמעו ויראו
4Q524 14,4	(XXV)	[ויקלל את ע]מו את בני ישראל[
4Q524 15-22,8	(XXV)	ולוא ימחה שמו מי]שרא[ל

Reference	Vol.	Text
4Q**524** 15-22,9	(XXV)	להקים לאחיהו שם בישרא]ל לוא[אבה יבמי
4Q**524** 25,5	(XXV)	]◦א בז/ו ישראל[
4Q**525** 10,7	(XXV)	]כול[ישרא]ל רעת ה[אדם ?
4Q**528** 3	(XXV)	יר]איך ב[ני ?]ישראל אש[ר
5Q**13** 1,13	(III)	]לכול איש ישראל ◦[
5Q**13** 5,3	(III)	י]שראל בהקימו [
6Q**9** 58,3	(III)	י]שרא[ל
6Q**12** 1	(III)	ביום ההו]אה יהיה ישראל ע◦◦[
6Q**15** 3,2	(III)	במז]מתו בהושע ישר[אל את הראשונה
6Q**15** 3,3	(III)	ו]יתעו את ישראל ותי[שם הארץ
6Q**18** 8,1	(III)	]באל ישר[אל
11Q**11** II,9	(XXIII)	יש]ראל החזק / [
11Q**14** 1ii3	(XXIII)	]וברכם בשם [אל] / [י]שראל
	(XXIII)	]ישראל ברוכים א[תם] / בשם אל עליון ◦[
11Q**19** XVIII,16		[והביאומה ראושי ה]מט[ו]ת לשבטי ישראל
11Q**19** XIX,14		ארבעה הינים מכול מטות ישראל
11Q**19** XIX,16		שנים] עשר אילים כול ראשי אלפי ישראל
11Q**19** XXI,5		ראושי אלפי ישרא?]ל נשיאי הדגלים
11Q**19** XXI,8		וישמחו בני ישראל לפ[ני] יהוה
11Q**19** XXI,15		ממשבות / [מ]טות ב[ני יש]ראל מחצית ההין
11Q**19** XXII,11		אחר יוציאום אל בני ישראל
		ונתנו בני ישראל לכוה[נ]ים / איל אחד
11Q**19** XXVI,11		והתודה על רואשו את כול עוונות בני ישראל
11Q**19** XXVII,2		] / על כול בני ישראל ונסלח להמה[
11Q**19** XXVII,4		ונרצתה ה[ע]ולה לבני ישראל חוקות עולם
11Q**19** XXIX,5		כתורת המשפט הזה / תמיד מאת בני ישראל
11Q**19** XXXVII,5		] / [א]ת זבחי שלמי בני ישראל
11Q**19** XXXVII,12		ולוא [י]תע[רבו] זבחי / שלמי בני ישראל
11Q**19** XXXIX,6		]◦◦סה דור רבי[עי] בן / ישראל [
11Q**19** XXXIX,7		]להשתחוות לפני כול ע[ד]ת בני / ישראל [
11Q**19** XXXIX,12		ל[ח]צר הזואת על שמ[ות] / בני יש[ר]אל
11Q**19** XL,3		]בני ישראל ולוא ימ[ותו
11Q**19** XLII,14		לראשי בתי האבות לבני ישראל
11Q**19** XLV,14		כי אני יהוה שוכן בתוך בני ישראל לעולם
11Q**19** XLVI,7		אשר יהיו עולים בני ישראל אליו
11Q**19** XLIX,9		והפתוחים יטמאו לכול אדם מישראל
11Q**19** LI,6		והזהרתמה את / בני ישראל
11Q**19** LI,8		כי אני יהוה שוכן / בתוך בני ישראל
11Q**19** LV,6		נעשתה התועבה הזואת בישראל
11Q**19** LV,20		נעשתה התועבה הזואת בישראל
11Q**19** LVI,10		וימת האיש ההוא ובערתה הרע מישראל
11Q**19** LVI,11		ויראו ולוא יזידו עוד בישראל
11Q**19** LVII,2		אשר ימליכו או[תו את ראוש] בני ישראל
11Q**19** LVII,21		וכול חמוד בישראל וגזל
11Q**19** LVIII,4		לגזול מכול אשר יש / לישראל
11Q**19** LVIII,5		ועל שרי המאות הנתונים בערי / ישראל
11Q**19** LVIII,6		ואם עם רב בא לארץ ישראל
11Q**19** LVIII,19		ועל פיהו יבוא הוא וכול בני ישראל
11Q**19** LIX,15		אכרית זרעו ממשול עוד על ישראל
11Q**19** LIX,18		איש יושב מבניו על כסא מלכות / ישראל
11Q**19** LX,12		וכי יבוא הלוי מאחד שעריכה מכול ישראל
11Q**19** LXI,15		ואמר אליהמה שמע ישראל אתמה קרבים
11Q**19** LXIII,6		כפר לעמכה ישראל אשר פדיתה / יהוה
11Q**19** LXIII,7		ואל תתן דם נקי בקרב עמכה ישראל
11Q**19** LXIII,8		ואתה תבער / את דם נקי מישראל
11Q**19** LXIV,6		וכול בני ישראל ישמעו ויראו
11Q**19** LXIV,10		ויקלל את עמו ‹‹ו››את בני ישראל
11Q**19** LXV,15		כי הוציא שם רע על בתולת ישראל
11Q**20** IV,3	(XXIII)	ארבעה הינים מכול מטות] ישראל
11Q**20** V,3	(XXIII)	לחוק עולם מאת בני ישר]אל
11Q**20** V,7	(XXIII)	לכול המטות שנים ע]שר שבטי ישראל
11Q**20** V,16	(XXIII)	ממשבות מטות בני יש]ראל
11Q**20** VI,5	(XXIII)	ונתנו בני] / ישראל לכוהנים א[יל אחד
11Q**20** VI,9	(XXIII)	וישמחו] / כול [ב]ני ישראל
11Q**20** X,3	(XXIII)	ולוא יתע]רבו זבחי שלמי בני יש[ראל]
11Q**20** XII,20	(XXIII)	אשר יהיו עולים]בני יש[ראל א]ליו
PAM 43.675 24,4	(XXXIII)	]ישראל א[
PAM 43.675 36,2	(XXXIII)	]◦ לישראל [
PAM 43.677 2,1	(XXXIII)	]ישרא[ל
PAM 43.680 51,3	(XXXIII)	י]שראל[
PAM 43.691 43,2	(XXXIII)	בת]וך בני יש[ראל
PAM 43.692 92,1	(XXXIII)	י]שראל ת[
PAM 44.102 38,1	(XXXIII)	]◦ ישראל [

Issachar proper noun יִשָּׂשכָר, יִשָּׂכָר

Reference	Vol.	Text
3Q**7** 5,2	(III)	]◦שי יש[
4Q**484** 1,1	(VII)	] יששכר
4Q**522** 8,3	(XXV)	]וישכר את בית שן ואשר א[ת] ה[
11Q**19** XXIV,15		וביום הרביעי / יעשה עולת יששכר לבד
11Q**19** XXXIX,13		לנגב / דרום יששכר זבולון וגד
11Q**19** XLI,4		ומשער / יששכר[עד שער זבולון
11Q**19** XLIV,16		עד שער יששכר לבני יששכר
		עד שער יששכר לבני יששכר
11Q**20** VI,14	(XXIII)	וביום הרביעי יששכר[וז]בולון

there is particle יֵשׁ

Reference	Vol.	Text
1QS VI,12		וכול איש אשר יש אתו דבר לדבר לרבים
1QS VI,13		ואמר יש אתי דבר לדבר לרבים
1QSa II,9	(I)	ואם יש דב[ר לאחד מ]אלה לדבר
$1QH^a$ XI,20		ואדעה כיא יש מקוה לאשר / יצרתה
$1QH^a$ XIV,6		ואדעה כי יש מקוה לשבי פשע ועוזבי חטאה
$1QH^a$ XVII,14		ואדעה כי יש מקוה ב[ח]סדיכה
$1QH^a$ XXII,7		כיא יש מקוה לאיש / [
$1QH^a$ 46i3		]◦ יש במזמת / [
1Q**27** 1i10	(I)	היש שפה ולשון מחזקת בה
1Q**27** 12,2	(I)	] / היש ערכ◦[
4Q**256** XI,7	(XXVI)	וכול] איש אשר יש [אתו דבר לדבר
4Q**266** 6i8	(XVIII)	כי כעשב / הוא אשר [י]ש הרחש תחתו
4Q**270** 4,11	(XVIII)	]ם יש / [
4Q**274** 3ii3	(XXXV)	] / וכול אשר יש לו חותם [
4Q**299** 1,2	(XX)	היש שפה ולשן / [מחזקת בה
4Q**300** 8,6	(XX)	ת]דעו היש אתכם בינה ואם[
4Q**365** 32,8	(XIII)	השמנה אם רזה היש בה עץ אם אין בה
4Q**381** 76-77,9	(XI)	אם יש בכם כח להשיבנו ◦[
4Q**381** 76-77,13	(XI)	היש בינה תלמדו [
4Q**391** 29,2	(XIX)	]יש תל[
4Q**416** 2ii10	(XXXIV)	ואם יש להצ[ניע
4Q**418** 8,10	(XXXIV)	]ואם יש להצניע[ ]ד מע[
4Q**418**a 10,2	(XXXIV)	] / יש שו[
11Q**19** XLVIII,5		ההולכים על ארבע אשר / יש לו כרעים
11Q**19** XLIX,15		וכול כלים אשר יש להמה טהרה
11Q**19** LII,17		וכול הבהמה / הטהורה אשר יש בה מום
11Q**19** LIV,12		הישכם אוהבים את יהוה / אלוהי אבותיכמה
11Q**19** LVIII,3		מבקש לגזול מכול אשר יש / לישראל

to sit, dwell, remain, inhabit verb ישב

Reference	Vol.	Text
CD IV,14		פחד ופחת ופח עליך יושב הארץ
CD VII,6		ואם מחנות ישבו כסרך הארץ
CD X,9		ובחרון אף אל ביושבי הארץ
CD XIII,21		]לה לא יצליחו לשבת בארץ ◦[

וכן ישבו וכן ישאלו לכל		CD XIV,6
ואם מחנות ישבו כסרך / הארץ		CD XIX,2
ואיש כתכונו ישבו לפניו		1QS VI,4
הכוהנים ישבו לרשונה והזקנים בשנית		1QS VI,8
ושאר / כול העם ישבו איש בתכונו		1QS VI,9
ואחר כול אנשי היחד ישב		1QS VII,20
בראשית צאת ובוא / לשבת וקום		1QS X,14
וילוד אשה מה ישב לפניכה		1QS XI,21
וישבו / ל[פניו איש] לפי כבודו	(I)	1QSa II,13
ואחר י[שב מש]יח ישראל	(I)	1QSa II,14
וישבו לפניו ראשי / א[לפי ישראל	(I)	
]ישבו לפניהם איש לפי / כבודו	(I)	1QSa II,16
וב]כ[ו]ל יושבי לכה[ונתכ]ה / יבחר	(I)	1QSb III,1
והרסום בעוון היושבים / בהם		1QpHab IV,8
וחמס ארץ קריה וכול יושבי בה		1QpHab IX,8
וחמס ארץ קריה וכול יושבי בה		1QpHab XII,1
ויושבי עפר / כיורדי ימים		1QH^{a} XI,13
וביושבי האדמה על האדמה		1QH^{a} 5,12
] ביושבי / [		1QH^{a} 46i5
אך] / [נבהלה יעשה את כל יוש]בי ה[א]רץ	(I)	1Q15 2
]תשב[	(I)	1Q16 16,1
]המדבר שבה [	(I)	1Q29 1,6
]יושב[	(III)	2Q23 1,1
]אשר יישבו / [	(V)	4Q158 14i8
אל תירא עמי] / [יש]ב ציון[מאשור	(V)	4Q161 2-4,7
[נדדה]מדמנה ישבי הגבים העיזו	(V)	4Q161 5-6,8
] / [ ]◦ל יושבי תבל	(V)	4Q169 1-2,9
]י ישמח [ ]ו[ ] ארים[ ]יושבת[	(V)	4Q176 8-11,16
תאהל שבת ותשכון באהלי דומה	(V)	4Q184 1,7
ושניו / דקות ויושבות על סרכמה	(V)	4Q186 2i3
]יושבות על סרכמה ורוח ל[ו	(V)	4Q186 2i6
וילך] לוא עישאו לארץ[הר]שעיר וישב	(XIII)	4Q223-224 2iii12
יש]ב בחרן עשר[י]ם [ש]נה	(XIII)	4Q225 2i2
]◦על◦ האותות [נ]תתי לך ותשב [	(XIII)	4Q226 1,4
]וישב[ו לפניו ראשי] / [אלפי ישראל	(XXXVI)	4Q249f 1-3,4
וישב]ו ל[פניו ראשי] / [	(XXXVI)	4Q249i 1,5
וחמש שנים ישב / אברם בחרן	(XXII)	4Q252 II,9
[לוא י]כרת יושב כסא לדויד	(XXII)	4Q252 V,2
ותש]ב באיתן קשת[ו	(XXII)	4Q254 7,2
ואי]ש כתכונו יש[בו לפניו	(XXVI)	4Q258 II,8
ואחר כול אנשי היחד יש]ב	(XXVI)	4Q259 II,3
[ועל פי רו]ב יש[ראל המתנדבי]ם לשבת יחד	(XXVI)	4Q261 1a-b,2
וששים יום וששת ימים] / [תש]ב בדם טוהרה	(XXXV)	4Q265 7,17
[כן יש]ב[ו וכן ישאלו] לכול	(XVIII)	4Q267 9v10
לוא יצליחו] / לש[בת בארץ	(XXXVI)	4Q269 10ii4
ובחרון אף אל ביושבי הארץ	(XVIII)	4Q270 6iv19
ומס[עיהם] לכל ישב [מ]חניהם	(XVIII)	4Q270 7ii14
לכל ישב [מ]חניהם וכל י[שב ערי]הם	(XVIII)	
ת]שב א[ת] / שבעת הימים[	(XVIII)	4Q272 1ii8
משכב יג[ו]ן ישכ[ב ו]מושב אנחה ישב	(XXXV)	4Q274 1i1
בדד לכול הטמאים ישב	(XXXV)	
ומערב צפון לכול בית מושב ישב רחוק	(XXXV)	4Q274 1i2
וש[כב] / עליו או אשר ישב עליו	(XXXV)	4Q274 1i5
]אשר תשב / [עליו	(XXXV)	4Q278 4
תבל וכול] יושבי בה	(XI)	4Q286 5,1
] יושבי[	(XX)	4Q299 97,1
] הושיב ג◦[	(XXXVI)	4Q332 1,4
ותשבו ב[קדש ימים רבים	(XIII)	4Q364 22,2
בני עישיו היושב]ים בשעיר	(XIII)	4Q364 23a-bi5
אשר עמ]י יושב עליה לב[לתי היות שם ערוב]	(XIII)	4Q365 2,10
בהר נחלתכה ⟦ ⟧ מכון לשבתכ[ה	(XIII)	4Q365 6b,2
מדוע אתה] / יושב לברכה	(XIII)	4Q365 7ii3
[בסו]כות תשבו שבעת ימים	(XIII)	4Q365 23,1
כול האזרח בישראל ישב בסוכות	(XIII)	
כי[בס]וכות הושבתי את אבותיכם	(XIII)	4Q365 23,2
וישבתם עליה לבטח	(XIII)	4Q365 23,5
ואת העם היושב עליה החזק הוא[ה] / [יה]יה	(XIII)	4Q365 32,5
ומה הארץ אשר הואה יושב בה	(XIII)	4Q365 32,6
ומה הערים אשר הואה יושב בהן	(XIII)	4Q365 32,7
עמלק]יושב[בארץ הנגב והחתי]	(XIII)	4Q365 33a-b,1
והאמורי יושב בהר והכנעני יוש]ב על הי[ם	(XIII)	4Q365 33a-b,2
]◦◦רה היושבים[	(XIII)	4Q365 A,4
]ל יושב ו◦[	(XIII)	4Q365 B,3
ושלשים[יום ושלש]ת[י]מים תשב[ברמ(י) טהרה	(XIII)	4Q367 1a-b,5
ונבלי[ם יו]שבים[בארצם	(XXVIII)	4Q371 1a-b,10
עם אויב יושב עליה וכ◦[	(XXVIII)	4Q372 1,20
ולהשיב ממעשי ישבי / [	(XI)	4Q381 69,5a
]רשו שבו על הארץ אז תטהר ויא◦◦[	(XI)	4Q381 69,6
]◦י יהוה ישב במשפטכם לשפט אמת	(XI)	4Q381 76-77,12
ויואמר אליה]אל אלישע שיבנהנה פה[	(XIII)	4Q382 9,6
]מכול יושבי[ם	(XIII)	4Q382 140,1
] / יענה בארץ לוא נוש[בת	(XXX)	4Q383 1,3
ל]פניו וישבו[	(XIX)	4Q384 20,1
] / וישלמו ימיו וישב שלמה ◦◦◦[	(XXX)	4Q385a 1a-bii5
]כל יושב[י	(XIX)	4Q391 8,2
וכבס [י]שב מחוץ / [לאוהלו שבעת י]מים	(X)	4Q396 1-2iii6
שיגל]ח ו[כבס יש]ב מחו[ץ לאוהלו שבעת ימים	(X)	4Q397 6-13,7
] / באהל לש[בת	(XX)	4Q411 1ii10
ועם נדיבים הושיבכה ובנחלת / כבוד	(XXXIV)	4Q416 2iii11
ואם / יושיבוכה לכ[בו]ד ב[ה	(XXXIV)	4Q418 9+9a-c,8
עם נדיבים / הו[שיב]כה	(XXXIV)	4Q418 9+9a-c,12
ו]אני ישבת[י	(XXIX)	4Q427 6,2
וביושבי[האדמה על האדמה	(XXIX)	4Q428 18,3
ועדת] / [אנשי]מופת הושבתה לפ[ני	(XXIX)	4Q435 5,2
[ועדת אנשי]מופת הוש[בת] לפני	(XXIX)	4Q437 2i12
יו]שבי פלשת ומצרים לבזה	(XIX)	4Q462 1,14
כי]אני ישב[תי ← שוה-1 (4Q431 1,3)	(XXIX)	4Q471b 1a-d,4
וכול יש[בי בה כציץ השדה ?]	(XXXVI)	4Q475 5
וידרשו ? [ ]יושב[יה	(XXXVI)	4Q475 6
בל ישבו בו כול מלכי קדם	(VII)	4Q491 11i12
כיא אני ישבתי ב[	(VII)	4Q491 11i13
וישב עמו בסוד ק[דושים	(VII)	4Q502 19,1
י]שבו בסו[ד	(VII)	4Q502 23,4
וישב על כסא ישראל לפניך / כול / הימים	(VII)	4Q504 1-2iv7
]את יושב [	(XXV)	4Q522 2,2
את (בכול) הארץ ?] / יושב אשר החטיום	(XXV)	4Q522 9ii10
לו]א יכרת לו [איש] יושב מבניו [על] כס[א	(XXV)	4Q524 6-13,1
[תשית על ראו]שו ועם מלכים תוש[יבהו	(XXV)	4Q525 2ii+3,9
מאין]יושב ואחר היובלים[	(III)	6Q12 3
]ישב[	(XXIII)	11Q11 I,11
לוא ישב[ו	(XXIII)	11Q17 VII,4
ויושבים שמה עד {{ע}}העלות את עולת המועד		11Q19 XLII,16
והיושבים במרחק מן המקדש		11Q19 XLIII,12
]יושבים[		11Q19 XLIV,1
אשר א]נוכי נותן לכה לש[בת שם]		11Q19 LV,2
וידיחו את כול [י]ושבי / עירמה		11Q19 LV,3
הכה תכה את כול יושבי / העיר ההיא		11Q19 LV,6
וירשתה וישבתה / בה		11Q19 LVI,12
והיה בשבתו על כסא ממלכתו		11Q19 LVI,20
שנים עשר אשר יהיו יושבים עמו		11Q19 LVII,13

Reference	Vol.	Text
11Q19 LIX,14		לוא ימצא לו איש **יושב** על כסא / אבותיו
11Q19 LIX,17		לוא יכרת לו איש **יושב** מבניו על כסא
11Q19 LXIII,13		**וישבה** בביתכה ובכתה את אביה
PAM 43.676 42,1	(XXXIII)	] **ישבי** שׁ[

Jeshebeab proper noun **יֶשֶׁבְאָב, ישיבאב**

Reference	Vol.	Text
4Q319 V,19	(XXI)	סוף היובל] / [החמיש]י **בישיבאב**[
4Q319 VII,6	(XXI)	בחמישית] / **ישיבאב** [חרים אמר מלכיה
4Q319 15ii1	(XXI)	] / **ישבֿ[אב**
4Q319 16,2	(XXI)	]**ישיבאֿ[ב**
4Q319 22,2	(XXI)	]**ישבֿ[אב**]הרבֿ[יע֯
4Q320 4i14	(XXI)	]השנים עשר 31 [**י֯שבאב**
4Q320 4v2	(XXI)	ב1 [**ביש[בֿאֿב** הנף העמר
4Q320 4v7	(XXI)	[ב4 **[בֿישבאב** חג הסכות
4Q321 I,3	(XXI)	ודוקה בששה **בי[שבאב** / [בעשרה בו[א
4Q321 VI,4	(XXI)	השני] / **ביש[באֿ[בֿ** ב[אמר בוא הפסח השני
4Q324i 1a,2	(XXVIII)	י]**שבאב** [
4Q328 1	(XXI)	]**ישב[אב** בששית הפצין אלה רשי השנים
4Q330 1ii3	(XXI)	] / שנה שניה בשנה הח[משית] **ישבאב** בֿ[

Jeshua proper noun **1-יֵשׁוּעַ**

Reference	Vol.	Text
4Q319 10,6	(XXI)	]◦ **בישו[ע**
4Q319 12,2	(XXI)	[ב1 **בי[שוע** חג השבו[עים
4Q320 1ii6	(XXI)	ב4 **בישוע** ל30 ב20 בשני
4Q320 2,9	(XXI)	ב1 **בֿי[שוע** ל29 ב5 בשביעי]
4Q320 4i13	(XXI)	[העשתי עשר 30 **י[שוע**
4Q320 4iii5	(XXI)	ב1 **בישוע** חג השבועים
4Q321 I,7	(XXI)	בארבֿ[ע]הֿ **בישוע** [ב]עשרים בשני
4Q321 IV,5	(XXI)	בששה **בי[שו[ע** ב[שלושה בעשירי
4Q321 V,1	(XXI)	**בֿישוע** בֿוא חג השבֿועֿ[ים
4Q321 V,3	(XXI)	התשיעי **בישוע**
4Q321a I,5	(XXI)	ודוקו] בשנים **בישוע** בֿ[ששה] / [עשר בוא
4Q324c 1,2	(XXI)	י]**שוע** יום רביע[י

salvation, deliverance noun **יְשׁוּעָה**

Reference	Vol.	Text
CD XX,34		וראוֿ **בֿישועתו** כי חסו בשם קדשו
1QS I,19		הכוהנים / והלויים מברכים את אל **ישועות**
1QS X,17		אהללנו **ובישועתו** ארננה יחד
1QS XI,12		ואני אם / אמוט חסדי אל **ישועתי** לעד
1QM I,5		]אה עת **ישועה** לעם אל
1QM IV,13		יכתובו על אותותם **ישועות** אל נצח אל
1QM XIII,13		ונשישה **בישועתכה** ונגילה בעזֿ[רתכה
1QM XIV,5		ותעודות / **ישועה** לעם פדותו
1QM XVIII,7		ושערי **ישועות** פתחתה לנו פעמֿים רבות
1QHa VI,5		]וצופים **ל[ישועתך** [ ]◦◦[
1QHa VII,16		ולפתוח כול צרת נפשו **לישועת** עולם
1QHa XIX,23		ואז / אזמרה בכנור **ישועות** ונבל שמ[חה
1QHa XX,3		[עם רוחות עולם]בֿאהלי כבֿודֿ **וישועה**
4Q185 1-2ii13	(V)	] / וחסדיו עֿלמיה **וישֿועות** ◦[
4Q256 XX,6	(XXVI)	ובהפתח צרה אהללנו **ובישוע[תו** אֿ[רננה
4Q260 IV,4	(XXVI)	]ובה[פתח] / צרה אהללנו **ובישועתֿ[ו** ארננה
4Q266 4,8	(XVIII)	וכפֿ[ר אל בעדם]וראו **ביש[ועתו**
4Q269 13,2	(XVIII)	]ם **לישועתו** י֯[
4Q282h 2	(XXXVI)	]◦ **ישועתו** [
4Q381 15,9	(XI)	בשמך אלהי נקרא ואל **ישועתךֿ** / [
4Q427 1,5	(XXIX)	ואז אזמרה בכנור] **ישועות** ונבלֿ[שמחה
4Q427 3,3	(XXIX)	וברכהֿ[באהלי] / [כבוד **ויש[ועה**
4Q427 7i14	(XXIX)	הרנינו באהלֿי **ישועה** הללו במעון / [קודש
4Q435 2ii1	(XXIX)	] / **ישו[עה**
4Q438 4ii5	(XXIX)	ורוח **ישועות** הלבשתני
4Q491 11ii17	(VII)	וֿהֿיֿתֿה לאֿל[המלוכ]ה ולעמו **הישועֿ[ה**
4Q491 14-15,7	(VII)	לאל עלי[ון המלוכה ולעמו **הישועה**
4Q503 48-50,6	(VII)	**[י֯שוֿ[ע]תֿכה** שלום ע[ליכה י]שראל
4Q511 1,5	(VII)	יגילו לאלוהי צדק בר֯נֿ[ות]**ישועות**
4Q511 10,8	(VII)	בכנור **ישועות** / [יפת]חו פה֯
4Q511 38,3	(VII)	י]**שועתו** יענהֿ[
11Q5 XXII,3	(IV)	ושלום / ותוחלת **ישועתך** לבוא
11Q5 XXII,8	(IV)	כמה קוו **לישועתך** ויתאבלו עליך תמיד
11Q13 II,16	(XXIII)	מ[שמיע שלום מב[שר טוב משמיע **ישועֿ[ה**

virtue noun **ישור**

Reference	Vol.	Text
1QS XI,2		ובידו תום דרכי עם **ישור** לבבי

Jeshurun proper noun **יְשֻׁרוּן**

Reference	Vol.	Text
4Q503 29-32,6	(VII)	א]ל י֯ברך **י֯שורוֿ[ן**

Jesse proper noun **יִשַׁי**

Reference	Vol.	Text
4Q161 8-10,11	(V)	[ויצא חטר מגזע] **י֯שי** ונצר משֿ[רשיו יפרה
4Q285 7,2	(XXXVI)	ויצא חוטר מגזע **ישי** / [ונצר משורשיו יפרה
4Q522 9ii3	(XXV)	כי הנה בן נולד **לישי** בן פרץ בן יה[ודה
11Q5 XXVII,2	(IV)	יהי דויד בן **ישי** חכם ואור כאור השמש
11Q5 XXVIII,3	(IV)	הללויה לדויד בן **ישי** קטן הייתי מ֯[אחי

ישיבאב ← יֶשֶׁבְאָב

יְשִׁימוֹת ← בֵּית יְשִׁימוֹת

to be desolate verb **ישם**

Reference	Vol.	Text
CD V,21		**ותישם** הארץ כי דברו סרה על מצות אל
6Q15 3,3	(III)	**ותי[שם** הארץ כי דברו סרה] / [על מצות אל

Ishmael proper noun **יִשְׁמָעֵאל, אִשְׁמָעֵל**

Reference	Vol.	Text
1QM II,13		בתשיעית ילחמו בבני **ישמעאל** וקטורה
4Q496 13,1	(VII)	יל[חמו בב[נ]י֯ **אשמעל** וק[טורה

to sleep verb **1-ישן**

Reference	Vol.	Text
1QS VII,10		ואשר ישכוב **וישן** במושב הרבים שלושים ימים
4Q223-224 2iii10	(XIII)	**וי֯שן** שֿ[נת עולמים] / וי֯[מות
4Q261 5a-c,2	(XXVI)	ו]**ישן** במֿוֿ[ש]בֿ / [הרבים שלושים יום
4Q265 4ii1	(XXXV)	[**ויש[ן** במושב הֿרבֿ[ים] ונענש שלוש[ים יום
4Q266 10ii5	(XVIII)	[ואשר ישכֿ[ב ו]**ישן** ב[מו]שֿ[ב הרבים
11Q5 XXIV,17	(IV)	נמתי / [**ואי[שנה** חלמתי גם [הקיצותי

to be old verb **2-ישן**

Reference	Vol.	Text
11Q19 XLVIII,17		והצרוע אשר בו צרעת **נושנת** או נתק

old adjective **יָשָׁן**

Reference	Vol.	Text
3Q15 II,3	(III)	במערת בית המרה **הישן** בדיבר / השל֯ישי

to deliver, save verb **ישע**

Reference	Vol.	Text
CD V,19		**בהושע** ישראל את הראשונה
CD IX,9		השבועה אשר / אמר לא **תושיעך** ידך לך
CD IX,10		השפטים או מאמרם **הושיע** ידו לו
1QS VI,27		[והו]**שיעה** ידו לוא
1QM X,4		להלחם לכם עם אויביכם **להושיע** / אתכמה
1QM X,8		ונזכרתמה לפני אלוהיכם / **ונושעתם** מאויביכם
1QM XI,3		וגם ביד מלכינו **הושעתנו** פעמים רבות
1QHa X,23		ובחסדיכה **תושיע** נפשי כיא מאתכה מצעדי
1QHa 2ii7		]לֿ[ ]◦ כן רוחם **להושיע** / עֿ[
4Q166 II,14	(V)	והמה / לוא **יושיעום** מצרותיהם

4Q171 3-10iv21	(V)	] / יושיעם אל ו[י]צילם מיד ר[שעי
4Q172 8,1	(V)	]להושי[ע
4Q174 1-2i13	(V)	א]שר יעמוד להושיע את ישראל
4Q183 1ii3	(V)	] / בבריתו הושיע אל וימלט[
4Q226 5,1	(XIII)	]◦◦ המה מושיעים[
4Q266 5i18	(XVIII)	]בם לכול ישראל כי לוהוש[יע אל
4Q288 1,5	(XI)	]את ◦◦[ ]◦◦ ואל יושע לנ[פשו
4Q365 6aii+6c,3	(XIII)	] / גדול אתה מושיא א[
4Q372 1,16	(XXVIII)	וקלו] / יקרא אל אל גבור להושיעו מידם
4Q372 8,3	(XXVIII)	]לו◦◦ אשר יושעו[
4Q374 2ii10	(XIX)	]להם [ ]ל◦ להושיע יבע[ ]ש◦◦ ו◦[
4Q380 1ii4	(XI)	לא] / תושעך ידך
4Q381 15,2	(XI)	וחנני תנה עזך לעבדך] והושע לבן אמתך
4Q381 31,2	(XI)	] תושיעני ותעלני מאהלי מות
4Q381 42,2	(XI)	]להושיע לע[
4Q385a 18ii10	(XXX)	כי] / לא יושי[עו] ל[כם]◦ לא ◦[
4Q387 2ii11	(XXX)	ו[אין משי]ע להם / [יען ביען חקתי מאסו
4Q388a D,3	(XXX)	בה]ושע ב[
4Q389 8ii3	(XXX)	ואין משיע להם / יען ביען חקתי מאסו
4Q417 22,2	(XXXIV)	] / תשע יד ◦[
4Q481a 1,1	(XXII)	]◦שעו לו להנא[
4Q511 10,9	(VII)	הושיעה אלוה[ים] / [שומר חס]ד באמת
4Q523 1-2,1	(XXV)	וי]ק/שע[ו]ן לך[← קוש-1
6Q15 3,2	(III)	במז]מתו בהושע ישר[אל את הראשונה
11Q19 LIX,8		ואין מושיע מפני רעתמה אשר הפרו בריתי
11Q19 LIX,11		והושעתים מיד אויביהמה
11Q19 LIX,18		והיתי עמו והושעתיהו מיד שונאיו
11Q19 LXVI,8		זעקה / הנערה המאורשה ואין מושיע לה

salvation noun יֵשַׁע

CD XX,20		◦עד יגלה {{צ}} ישע וצדקה ליראי אל
1QH^a XIII,12		]עד קץ / הגלות ישעכה לי
4Q379 19,1	(XXII)	]משלם ל◦◦ל ישע[
4Q381 24a+b,7	(XI)	] / שמך ישעי
4Q381 31,6	(XI)	אלהי ישעי צפנים ימי עמדי
4Q381 33+35,8	(XI)	]קרוב ישעי לנגד עיניך
4Q381 33+35,9	(XI)	] / לישע פניך אקוה ואני אכחש לפניך
4Q417 2i11	(XXXIV)	הבט ברז] / נהיה וקח מולדי ישע
4Q443 1,12	(XXIX)	י]שעכה ובצד[קכה
4Q510 2,2	(VII)	א]לוהי ישע
11Q5 XVIII,2	(IV)	החבירו יחד / להודיע ישעו
11Q5 XXII,4	(IV)	המתאוים ליום ישעך וישישו ברוב כבודך
PAM 43.676 67,2	(XXXIII)	] ישע ה◦[

Joshua proper noun יֵשֻׁעַ, יְהוֹשֻׁעַ, יוֹשֻׁעַ

CD V,4		מיום מות אלעזר / ויהושע ויושע
		מיום מות אלעזר / ויהושע ויושע
1Q22 1i12	(I)	ויקרא מושה לאלעזר בן / [אהרון] וליש[ו]ע
4Q175 21	(V)	בעת אשר כלה ישוע להלל ולהודות
4Q378 22i2	(XXII)	]עמך ביד ישוע משרת עבדך משה / [
4Q378 22i3	(XXII)	]דך ביד משה על ישוע למען עמך / [
4Q379 22ii7	(XXII)	בעת אשר כ[ל]ה יש[ו]ע ל]ה[לל ולה]וד[ו]ת
4Q522 9ii13	(XXV)	וישאו] / אלעזר[וישו]ע את א[הל מו]עד
4Q522 9ii14	(XXV)	] / ישוע[
5Q9 1,1	(III)	] והיה ישוע[

Isaiah proper noun יְשַׁעְיָה, יְשַׁעְיָהוּ

CD IV,13		כאשר דבר אל ביד ישעיה הנביא בן / אמוץ
CD VI,8		אשר / אמר ישעיה מוציא כלי למעשיהו
CD VII,10		הדבר אשר כתוב בדברי ישעיה בן אמוץ
3Q4 1	(III)	חזון ישעיה בן א[מוץ
3Q4 3	(III)	] / [י]שע[יה]נבא ע[ל יהודה וירושלם
4Q174 1-2i15	(V)	] / אשר כתוב בספר ישעיה הנביא
4Q176 1-2i4	(V)	ומן ספר ישעיה תנחומים[
4Q265 1,3	(XXXV)	] כתוב בס[פר] ישעיה הנביא
4Q285 7,1	(XXXVI)	כאשר כתוב בספר]ישעיהו הנביא
11Q13 II,15	(XXIII)	ביד ישע]יה הנביא

יְשַׁעְיָהוּ ← יְשַׁעְיָה

jasper noun יָשְׁפֵה

4Q365 12biii11	(XIII)	והטור הרביעי תרשיש◦ שהם וישפה[

to be smooth, straight, right verb ישר

1QS IV,2		ולישר לפניו כול דרכי צדק אמת
1QS VIII,14		ישרו בערבה מסלה לאלוהינו
1QpHab VII,14		הנה עופלה לוא יושרה / [נפשו בו]
1QH^a XIV,24		ואין / נתיבת לישר דרך על פני מים
1QH^a XV,14		וכאמתכה לישר פעמי לנתיבות צדקה
1QH^a XX,34		ואיכה אישר דרך כיא אם הכינו[תה מצעדי
4Q171 1+3-4iii17	(V)	] / [ודר]כו ישר לאמתו[
4Q176 1-2i7	(V)	ישר ב[ערבה] מסלה לאלוהינ[ו]
4Q177 9,8	(V)	]◦רי ערלות לישרם בדור הא[חרון
4Q219 II,12	(XIII)	ועשה אותה בני למען תי]שר בכול מעשיכה
4Q219 II,31	(XIII)	הישר בני בשל[ום
4Q259 III,5	(XXVI)	יש]רו בערבה מסלה לאלוהינו
4Q421 1ai5	(XX)	י]תישרו אמרינו / [
4Q432 3,1	(XXIX)	כ[י] ישרתה בלבבי כול[מעשי עולה]
4Q504 7,1	(VII)	]תה מישר את / [
11Q17 VII,7	(XXIII)	י]שרו ל[

straight, correct, upright adjective יָשָׁר

CD III,6		ולעשות איש הישר בעיניו ויאכלו את הדם
CD VIII,7		ויעשו איש הישר בעיניו
CD XIX,20		ויעשו {{את}} / איש הישר בעיניו
CD XX,2		ויקוץ מעשות פקודי ישרים
1QS I,2		]לעשות הטוב והישר לפניו
1QS III,1		ועם ישרים לוא יתחשב
1QS IV,22		להבין ישרים בדעת עליון
1QM V,12		וספות ישר אל הראוש שתים מזה ושתים מזה
1QH^a X,10		לבוגדים סוד אמת ובינה לישרי דרך
4Q171 1-2ii16	(V)	לפיל עני ואביון / ולטבוח ישרי דרך
4Q171 1+3-4iii1	(V)	שבי המדבר אשר יחיו אלף דור בישרה
4Q171 3-10iv16	(V)	וראה] ישר[כיא אח]ר[ית לאי]ש שלום
4Q184 1,14	(V)	ותכשילהו ישרים להטות דרך
4Q184 1,15	(V)	והולכי ישר להשנות ח[וק]
4Q228 1ii3	(XIII)	] / יעשו ואת ישר מ◦[
4Q257 III,2	(XXVI)	ל]משיב חיו ועם י[שרים לוא] יתח[שב
4Q266 5ic-d,2	(XVIII)	]כי לכול ישרי לבב בי[ש]ראל / [
4Q282n 1	(XXXVI)	]וישרים [
4Q299 79,2	(XX)	]ישרים [
4Q365 6aii+6c,12	(XIII)	[ו]הישר בעינו תעשה
4Q378 3ii+4,6	(XXII)	] / איש ישר וגדול [
4Q382 38,6	(XIII)	]ה כי ישר ◦◦◦[
4Q398 14-17ii7	(X)	ונחשבה לך לצדקה בעשותך הישר והטוב
4Q399 1ii4	(X)	ונחשבה לך לצדקה בע]שותך הישר לפניו
4Q424 3,3	(XXXVI)	איש שוע עינים אל תשלח לחזות לישרים
4Q424 3,8	(XXXVI)	איש ישר ירצה במשפט
4Q426 1ii6	(XX)	] / ישר ונחלה ואל[
4Q426 2,1	(XX)	]איש הבהב ל[וא] ישר[

4Q**436** 1a+bi2 (XXIX) **וישרים** יוסיפו לקח להתבונן / בעלילותיכה
4Q**436** 1a+bi9 (XXIX) ובידכה החזקתה בימיני ותשלחני **בישׁ[ר**
4Q**487** 16,3 (VII) **]ישר** ינחלנה ואל ׳◦[
4Q**502** 163,2 (VII) הטו]ב **והישר**[
4Q**504** 17ii5 (VII)] / **ישר** אמן [אמן
4Q**510** 1,9 (VII) רננו צדיקים באלוהי פלא / **ולישרים** תהלי
4Q**511** 2ii9 (VII)] / יודע יושר **ישרים** בישׁ[
4Q**511** 10,7 (VII) **ולישרים** תהלי כבודו / [
4Q**511** 60,1 (VII)]ם **ולישרים**[
11Q**19** LIII,7 ועשיתה **הישר** והטוב / לפני
11Q**19** LV,14 לעשות **הישר** והטוב לפני יהוה אלוהיכה
11Q**19** LIX,17 ויעש / **הישר** והטוב לפני
11Q**19** LXIII,8 ועשיתה **הישר** והטוב לפני יהוה אלוהיכה

יֹשֶׁר ← יוֹשֶׁר

uprightness noun **יִשְׁרָה**

4Q**379** 10,3 (XXII)] / בענותי **ובישרת**[

יְשֻׁרוּן ← יְשׁוּרוּן

peg noun **יָתֵד**

CD XII,17 וכל כלי {{מסמר}} מסמר או **יתד** בכותל
4Q**372** 1,7 (XXVIII) לא יניחו להם] / הגוים **יתד** עומדת בגי החזון

orphan noun **יָתוֹם**

CD VI,17 ואת **יתומים** ירצחו
CD XIV,14 והשופטים / ממנו יתנו בעד **[יתו]מים**
1QH[a] XIII,20 ברוך אתה אדוני כי לא עזבתה **יתום**
1Q**69** 7,1 (I) **]יתום**[
4Q**434** 1i2 (XXIX) פקח עיניו אל דל ושועת **יתומים** שמע
4Q**487** 47,1 (VII) **]יתום**[

to remain, survive verb **יתר**

CD II,11 למען **התיר** פליטה לארץ
CD III,13 ובמחזיקים במצות אל / אשר **נותרו** מהם
1QM II,6 ובשלוש ושלושים שני המלחמה **הנותרות**
1QM II,10 המחלקות ב{{ע}}תש ועשרים **הנותרות**
1QM II,14 ובעשר השנים **הנותרות** תחלק המלחמה
1Q**22** 1iii2 (I) [ואשר **יו]תר** ל[אביונים מן אחי]כה
4Q**158** 1-2,3 (V)] וי[**ותר** י]עק[וב ל]בדו שמה
4Q**163** 12,4 (V)]ויתר **יותר** ◦[
4Q**163** 23ii7 (V) עד אם **נותרתמה** כתרן על רואש הר
4Q**177** 12-13i4 (V) להאבידמה בחרונו אשר לוא **יותיר** ל[
4Q**252** IV,4 (XXII) פחזתה כמים אל **תותר**
4Q**385**a 15i4 (XXX) אל **תותירו** / [
4Q**416** 2ii10 (XXXIV)]ואל **תותר** לו
4Q**417** 2i18 (XXXIV) א]ם / **תותיר** הובל למחוז חפצו
4Q**418** 140,2 (XXXIV)]◦ריכה **הנות[רים**
4Q**424** 1,11 (XXXVI) לחפצך ◦[ ]◦ ◦טר **למותירי**[
11Q**19** XX,11 ואת **הנותר** מהמה יוכלו בחצר / [הפני]מ[י]ת
11Q**19** XLIII,11 וכול אשר / **נותר** ממועדיהמה יקדש

remainder, excess noun **יֶתֶר-1**

1QpHab VII,7 **ויתר** על כול / אשר דברו הנביאים
1QpHab VIII,15 וישלוכה כול **יתר** עמים
1QpHab IX,4 וישלוכה כול / **יתר** עמים
1QpHab IX,7 ביד / חיל הכתיאים ⟦ ⟧ כיא המה **יתר** העמים
4Q**163** 12,4 (V) **]ויתר** יותר ◦[
4Q**252** IV,4 (XXII) בכורי אתה / ורישית אוני **יתר** שאת
4Q**252** IV,4 (XXII) ורישית אוני יתר שאת **ויתר** עוז
4Q**385**a 16a-b,1 (XXX) המ]ה **יתר**[
4Q**487** 1ii3 (VII)] / **יתר** בשרירות[לבו
PAM 43.688 57,2 (XXXIII) **]ליתר**[

Jethro, Jether proper noun **יֶתֶר-3**

4Q**365** 7ii2 (XIII) ויראו] / **יתר** חותן מושה את כול

(indeterminate) **יתר**

4Q**302** 3ii1 (XX)]יד **יתר** / [

Ithra proper noun **יִתְרָא**

4Q**340** 3 (XIX) אשר כונו בשׁ[מותיהם] / **יתרא** ועקו◦[

יתראיתישילא ?

4Q**341** 10 (XXXVI) זכריאל י◦י / **יתראיתישילא** / יטריסיסי

יֹתֶרֶת ← יוֹתֶרֶת

כ

kaph, eleventh letter of the alphabet כ

KhQ3 4 (XXXVI) ד ה ו ז ח ט / י כ ש ט

as, like preposition כ

CD I,9 (2), 13; II,15, 19 (2), 20; III,19, 20; IV,8, 9, 13; V,7, 10, 15; VI,14, 18, 19, 20, 21; VII,2 (2), 3, 4, 6, 7, 8 (2), 14, 16, 19; VIII,18; X,14; XI,21; XII,3, 16, 21; XIII,9 (2), 12; XIV,8; XV,12; XIX,1, 2, 3, 4 (2), 5, 11, 15 (2), 16, 32; XX,4 (2), 6, 8, 10, 15, 16
1QS I,2, 10 (2), 13 (2), 17; II,7; III,10, 16; IV,21, 24 (2); V,8, 17, 20, 24; VI,4, 16; VII,25; VIII,14, 15, 16, 19, 21; IX,3, 5 (2), 13, 15 (3), 18 (2), 22, 24; X,6, 11 (2), 13; XI,16
1QSa I,7, 22; II,15 (2), 21
1QSb III,24 (2); IV,25; V,23, 24, 27 (2), 29
1QpHab III,8, 11; V,12, 13; VI,2; VII,13; VIII,4 (2), 9; X,14; XI,1; XII,6
1QM I,12; II,8; III,14; V,1, 4, 7, 8, 9, 11; VII,7, 17; VIII,14; X,8 (2), 9 (2); XI,4, 5, 9, 10 (2); XII,9, 10; XIII,13, 14; XIV,1; XV,6, 10; XVI,6; XVII,12; XVIII,8, 10; XIX,2
1QHa IV,5; VI,19, 21, 23; VIII,19, 21; X,12, 16, 27, 28; XI,6, 7 (2), 13, 14 (2), 29, 36; XII,6, 9, 19, 21, 26, 29, 33, 34; XIII,5, 10 (2), 13, 15, 16, 27 (2), 30, 36; XIV,9, 10, 15, 22, 25, 36; XV,4, 8 (2), 10, 14, 21 (3), 23, 28 (2); XVI,16, 24 (2), 25, 27, 28, 30, 32, 33, 34, 39; XVII,5 (2), 16, 20, 36 (2); XVIII,4, 31, 32; XIX,25, 29, 31; XX,22, 32; XXIII,12, 13, 14; XXIV,10; XXVII,12; 2i5; 4,14; 10,5; 11,9; 47,5; 48,1
1Q**14** 1-5,4
1Q**15** 2a
1Q**19** 3,4, 5
1Q**22** 1i6
1Q**25** 5,1
1Q**26** 1,4
1Q**27** 1i5, 6 (3); 9-10,3
1Q**29** 1,2
1Q**34**bis 2+1,3
1Q**39** 1,5
1Q**40** 1,3
3Q**15** IX,12; XII,8
4Q**88** VIII,4, 5
4Q**158** 1-2,11
4Q**161** 5-6,12; 8-10,23
4Q**162** II,9; III,2
4Q**163** 4-7ii18; 23ii7, 8, 16
4Q**164** 1,1, 3, 5, 6
4Q**165** 3,1
4Q**166** II,6
4Q**167** 2,2
4Q**171** 1+3-4iii5a, 7, 8
4Q**172** 2,2
4Q**174** 1-2i1, 2, 5, 8, 12, 15; 5,1
4Q**175** 5, 29
4Q**176** 8-11,1, 6, 7, 10; 15,3; 34,1
4Q**177** 1-4,3, 7; 5-6,6; 10-11,1
4Q**178** 3,2
4Q**179** 1i12; 1ii3; 2,5, 6 (2), 7 (3), 8 (2)
4Q**180** 1,2
4Q**184** 4,3
4Q**185** 1-2i8, 10 (2), 13; 1-2ii1
4Q**200** 2,6, 8
4Q**215** 1-3,4, 7 (2), 9
4Q**216** V,1
4Q**217** 6,1
4Q**223-224** 2i52; 2ii12, 48, 53; 2iv7, 11, 17
4Q**249** 14,4
4Q**249**z 17,4
4Q**251** 10,7
4Q**252** III,1; IV,2, 4
4Q**253** 2,4, 5; 3,2
4Q**253**a 1i3
4Q**254** 5-6,3
4Q**255** 2,5
4Q**256** III,1; XIX,4; XXIII,2
4Q**258** II,4 (2), 8; VII,4, 5, 6, 13; VIII,2 (2), 8 (2); IX,3
4Q**259** III,4, 8, 11, 12, 16 (2)
4Q**261** 2a-c,3
4Q**265** 7,15
4Q**266** 2ii20; 3i2; 3iii20, 25; 6i2, 3, 7; 6iv3; 8i2; 8ii7; 10i1; 11,1, 16; 12,3; 13,2
4Q**267** 9iv6
4Q**269** 4ii2; 7,11; 8ii4
4Q**270** 7i13, 16
4Q**271** 2,11; 3,4, 15; 5i14, 18
4Q**272** 1i10, 11; 1ii5
4Q**274** 1i2, 8, 9
4Q**277** 1ii12
4Q**284**a 1,5
4Q**299** 4,3
4Q**300** 3,5, 6
4Q**302** 1i3
4Q**303** 110
4Q**306** 2,4
4Q**332**a 1
4Q**364** 21a-k,1 (2); 25a-c,4; 26bii+e,7; S,1
4Q**365** 2,5; 6ai2; 12biii2, 6 (2), 7 (2); 26a-b,2; 38,1; I2
4Q**366** 4i8
4Q**367** 1a-b,7
4Q**368** 1,3
4Q**369** 1ii7, 10
4Q**370** 1i3 (2); 1ii5
4Q**372** 19,2
4Q**373** 1a+b,4
4Q**376** 1iii1
4Q**377** 1ii5; 2ii6, 7, 8, 11 (2); 5-6,3
4Q**378** 3i10; 6i8; 6ii8; 19ii5
4Q**379** 4,4; 18,4; 22ii14
4Q**381** 1,2; 15,10; 24a+b,2; 33+35,6; 44,4; 46a+b,4, 5, 6, 7; 48,6; 76-77,2, 14
4Q**382** 25,5; 127,1
4Q**384** 8,2
4Q**385** 4,6; 6,3, 12
4Q**385**a 11i3; 18ia-b,10
4Q**386** 1ii7, 8, 10; 1iii1
4Q**387** 1,1
4Q**388** 4,2, 3
4Q**388**a 7ii7
4Q**389** A,2
4Q**390** 1,4; 6,1
4Q**391** 62ii4, 5; 70,1

4Q**392** 2,5; 6-9,4, 5, 6
4Q**393** 3,4
4Q**394** 8iv7
4Q**396** 1-2ii9; 1-2iii3; 1-2iv3
4Q**397** 6-13,5, 12
4Q**400** 2,3
4Q**403** 1ii6
4Q**405** 20ii-22,2, 7, 10; 23ii7, 9, 10
4Q**413** 1-2,2, 4
4Q**414** 2ii-4,8
4Q**415** 2ii1; 9,11; 11,7; 13,5
4Q**416** 2i17; 2ii4, 7, 13; 2iii4, 16 (2), 17 (2), 19
4Q**417** 1i17, 18, 24; 2i1, 5, 13, 14; 3,2; 29i5
4Q**418** 8,14; 9+9a-c,17, 18 (2); 55,11; 74,1; 81+81a,1, 4; 82,1; 86,1; 103ii5, 6, 7 (3); 123i4; 148i5; 167a+b,2, 7; 177,7a; 200,2; 243,4
4Q**418**a 15,3
4Q**418**b 1,4
4Q**421** 13,4
4Q**422** H,1
4Q**423** 7,3; 8,4; 10,2
4Q**424** 1,5; 3,4
4Q**427** 7ii20; 8i7
4Q**428** 3,9; 13,6
4Q**429** 1ii2; 2,9 (2); 4i11
4Q**431** 1,1, 2, 4
4Q**432** 5,1
4Q**433** 1,2 (2), 3 (3), 6
4Q**434** 1i10 (2); 2,6; 7b,3 (2)
4Q**435** 4,4
4Q**436** 1a+bi7
4Q**440**a 5
4Q**443** 2,9
4Q**448** I,2
4Q**458** 11,2
4Q**460** 5,3; 8,5; 9i2
4Q**462** 1,18
4Q**464** 3ii3
4Q**468**m 2
4Q**470** 2,3; 3,6
4Q**472** 2,6
4Q**475** 5
4Q**479** 3,2
4Q**481**b 4
4Q**484** 3,1
4Q**487** 1i5; 19,2
4Q**491** 1-3,19; 4,3; 11i14, 15, 16, 21; 13,5; 17,8; 20,5
4Q**493** 9, 12
4Q**498** 1i1
4Q**499** 1,3; 9,4
4Q**502** 3,1
4Q**503** 33ii+35-36,3
4Q**504** 1-2ii7 (2); 1-2iii6; 1-2iv7; 1-2vi4, 10; 5ii7; 6,7, 15
4Q**509** 3,5; 5-6ii6; 252,1
4Q**511** 2ii8 (2); 3,4; 19,3; 40,3; 43,7, 8; 99,1
4Q**512** 48-50,6
4Q**514** 1i6, 10
4Q**517** 20,1
4Q**521** 2ii+4,11, 14; 7+5ii5
4Q**522** 5,5
4Q**525** 14ii22; 23,9; 26,3; 28,2
4Q**577** 4,6
5Q**13** 1,5
6Q**15** 4,1
6Q**16** 1,1
11Q**5** XVIII,8 (2), 9 (2), 13; XIX,5 (3), 11 (2); XXI,13; XXII,8, 10 (2); XXIV,7; XXVII,2, 11
11Q**6** 4-5,7
11Q**13** II,9, 18, 23
11Q**17** IX,7
11Q**19** II,10; V,4; XIII,7, 15; XV,3, 5, 9; XVI,15; XVIII,5; XIX,4; XX,9; XXII,10; XXIII,5, 10; XXIV,10; XXV,6, 15; XXVIII,5, 8; XXIX,4, 10; XXX,8; XXXI,9; XXXIII,8, 9, 10; XXXIX,10; XL,8 (2), 15 (2); XLII,9, 10; XLV,3, 18; XLVII,10, 15; XLVIII,11; L,4, 6, 7, 11, 17; LI,19; LII,9, 11 (2), 12; LIII,3, 4, 5 (2), 10, 13, 14, 15; LIV,5, 20; LV,12; LVI,6, 13; LIX,10, 20; LX,14 (2), 17; LXI,10, 11, 14; LXII,4 (2), 15, 16; LXVI,6
11Q**20** III,22; IV,5, 9; VI,1, 4; XII,10; XVI,2
PAM 43.660 35,2
PAM 43.668 4,1, 4
PAM 43.670 8,3
PAM 43.673 49,1
PAM 43.674 60,1; 63,2
PAM 43.675 27,3
PAM 43.683 49,2
PAM 43.686 13,2
PAM 43.691 19,1
PAM 43.692 47,2
PAM 43.696 85,2
PAM 43.700 69,1
PAM 44.102 22,2

כ ← כתב

כְּאֵב ← כְּאֵיב

pain noun **כְּאוֹב**

4Q**429** 2,11 (XXIX) ותהי ל**כאוב** אנוש ונגע נמאר / [בתכמי

pain noun **כְּאֵיב**

1QH^{a} XIII,28 ותהי ל**כאיב** אנוש
1QH^{a} XVI,28 ו**כאיב** אנוש לאין עצור]

כאלי ← כְּלִי

to be disgusted, repulsive verb **כאר**

4Q**169** 3-4iii2 (V) [ונ]בלתיך ושמתיך / **כאורה**
4Q**169** 3-4iii4 (V) ושנאום ו**כארום** על זדון אשמתם

כַּאֲשֶׁר ← אֲשֶׁר

to be heavy, honored verb **כבד**

1QS VI,27 וא]שר יזכיר דבר בשם ה**נכבד**
1QSa I,18 (I) [זה על] זה **יכבדו** איש מרעהו
1QSb IV,28 (I) כיא [אתה תק]דש לו ו**תכבד** שמו וקודשיו
1QpHab IV,2 ובזו על **נכבדים** במלכים
1QpHab VIII,7 ולוא לו עד מתי **יכביד** עלו / עבטט
1QM X,10]◦ ושומעי קול **נכבד**
1QM XI,8 לה{{לחם}}**כבד** באויבינו ←**לחם-1**
1QM XIV,11 ול**נכבדיהם** / תשיב לבוז
1QH^{a} VIII,6] להאזין קול **נכבד** [ ]◦ש[

בעבור **הכבדכה** במשפט רשעים		1QHa X,24
ובשר מיצר ח[מר] **יכבד**		1QHa XVII,16
הנה אתה שר אלים ומלך **נכבדים**		1QHa XVIII,8
ולפי דעתם **יכבדו** / איש מרעהו		1QHa XVIII,27
] יענה **נכבדתה** מכול א[לים		1QHa 11,8
ב]כור הולד כי **נכבדים** [	(I)	**1Q19** 3,3
]◦ **יכבד** בתוך [בני ש]מים ו[	(I)	**1Q19** 13-14,3
השמר לכה למה **תכבדכה** ממני ו[	(XXXIV)	**1Q26** 1,5
]רוב כוח **הנכבד**[ים	(I)	**1Q29** 3-4,5
]◦◦[ ]ם **ונכבד** ◦[	(I)	**1Q39** 1,4
◦◦◦ ברכות **נכבדים** תקבלי	(XVI)	**4Q88** VIII,12
ולמתעיהם שמעו **ויכבדום** [	(V)	**4Q166** II,5
נ[כ]בדים ומוש[לים] / יפולו [מ]עם לשונם	(V)	**4Q169** 3-4ii9
והיארים הם גד[ו]לי מנשה **נכבדי** ה[	(V)	**4Q169** 3-4iii9
ועל **נכבדיה** יורו גורל	(V)	**4Q169** 3-4iv2
גבוריו **ונכבדיו** בחרב[	(V)	**4Q169** 3-4iv4
כי בכול לבו / הוא **מכבדנו** ועושה רצוננו	(XIII)	**4Q223-224** 2ii4
[ואשר יזכיר דבר בשם]**הנ[כבד** על כל	(XXVI)	**4Q261** 4a-b,1
שם קוד]שכה **הנכבד** לעולמי ע[ד	(XXIX)	**4Q293** 1,3
מ]לך **נכבד** והדר מלכותו מלא[	(XX)	**4Q299** 9,3
] / מה **נכבד** לבב והוא ממש[ל	(XX)	**4Q301** 2a,2
]ה **ונכבד** הו[א] בא[ו]רך אפיו [וגדו]ל	(XX)	**4Q301** 3a-b,4
ונורא הואה במזמת אפו **נכבד** הוא[	(XX)	**4Q301** 3a-b,5
[ונ]כבד אל בעם קודשו	(XX)	**4Q301** 3a-b,6
א]ור גדול **ונכב[ד** הואה	(XX)	**4Q301** 5,4
נכב]ד הואה [	(XX)	**4Q301** 9,3
כבדו אותו וחרדו מ[	(XXVIII)	**4Q368** 9,2
וכבדו את עבדי[הפסל	(XXVIII)	**4Q372** 1,3
]דעת עם בינות **כבודי** אלוהים	(XI)	**4Q400** 1i6
המה **נכבדים** בכול מחני אלוהים	(XI)	**4Q400** 2,2
הללו] אלוהי / **הנכבד[ים**	(XI)	**4Q400** 3ii+5,9
] כיא **נכבדת** ב[	(XI)	**4Q401** 14i5
המה **נכבדים** בכול מחני אלוהים	(XI)	**4Q401** 14i8
הו[ד]ות פלאיה יודה לאל **הנכבד**	(XI)	**4Q403** 1i4
] / וקול הברך {{נשמע}} **נכבד**	(XI)	**4Q403** 1ii12
]וכבדו ◦[	(XI)	**4Q405** 66,2
]רוב כוח **הנכבד[ים**	(XXXVI)	**4Q408** 2,4
כאב **כבדי** ◦[ ]◦[	(XXXIV)	**4Q415** 2ii1
אל **תתכבד** במחסורכה	(XXXIV)	**4Q416** 2ii20
למכבדיכה תן הדר	(XXXIV)	**4Q416** 2iii10
כבוד אביכה ברישכה / ואמכה במצעדיכה	(XXXIV)	**4Q416** 2iii15
וכאשר / גלה אוזנכה ברז נהיה **כבדם**	(XXXIV)	**4Q416** 2iii18
] / אל **תתכבד** במחסוריכה[	(XXXIV)	**4Q417** 2ii+23,25
[ל]מכבדכה / {{ואז [תדע]נח[ל]תו	(XXXIV)	**4Q418** 9+9a-c,9
למכבדכה}} תן ה[ד]ר ושמו הלל תמיד	(XXXIV)	**4Q418** 9+9a-c,10
כבד אב[יכה בריש]כה [ואמכ]ה במצעדיכה	(XXXIV)	**4Q418** 9+9a-c,17
ול]פי דעתם **יכבדו** איש מרעהו	(XXXIV)	**4Q418** 55,10
]נכבדתי [	(XXXIV)	**4Q418** 75,1
ואתה / בזה **כבדהו** בהתקדשכה לו	(XXXIV)	**4Q418** 81+81a,4
בטרם תקח נחלתכה מידו **כבד** קדושיו	(XXXIV)	**4Q418** 81+81a,11
ומלכים **יכבדוכ[ה**	(XXXIV)	**4Q418** 158,5
] אזנים ביד **נכבד**◦[	(XXXVI)	**4Q419** 6,1
הש[מר ל]כ[ה למה]**תכבדכה** ממנו ו[	(XXXIV)	**4Q423** 4,1
ולנכ[בדיהמה תשיב] לבוז	(VII)	**4Q491** 8-10i9
]מעונתו **ונכבד[**	(VII)	**4Q491** 12,2
לכבד את עמכה ואת / ציון עיר קודשכה	(VII)	**4Q504** 1-2iv11
]גון זקנינו **ונכבד[ינו]** / [	(VII)	**4Q509** 16,4
] **ונכבד**	(VII)	**4Q512** 72,3
כי **יכבד** את חסידים על כסא מלכות	(XXV)	**4Q521** 2ii+4,7
ונכבדות שלוא היו יעשה אדני	(XXV)	**4Q521** 2ii+4,11
ו]**מכבד[ת** בלוא	(XXV)	**4Q525** 7,1
וברכות **נכבדים** תקבלי	(IV)	**11Q5** XXII,13
יוציאו ממנו את המת **יכבדו** את הבית		**11Q19** XLIX,11
]◦ר **יכבדכה** / [	(XXXIV)	XQ7 2

heavy, severe adjective **כָּבֵד-1**

[זעקים מפ]ני על **כבד** בארצות שבים	(XXX)	**4Q389** 8ii3
חסל **כבד** בכול גבולם	(XIII)	**4Q422** III,10
] / **כבד** אזן אל תשלח לדרוש משפט	(XXXVI)	**4Q424** 3,4
ובעול **כבד** / ובחסור כול		**11Q19** LIX,2
ומזעיקים מפני עול **כבד** וקראו		**11Q19** LIX,6

liver noun **כָּבֵד-2**

ואת היותרת על ה]**כבד** עם הכליות תסירנה	(XIII)	**4Q219** I,36
]ואת היותרת **הכבד** עמ הכליות תסיר[נה	(XIII)	**4Q220** 8
ואת יותרת **הכבד** עם הכליות / יסירנה		**11Q19** XXIII,15
ואת יותרת **הכבד**[ומנחתו ונסכו] / [כמשפט	(XXIII)	**11Q20** I,16

כָּבֵד ← כָּבוֹד

to extinguish verb **כבה**

ואין **מכבה** עד י[	(XI)	**4Q381** 24a+b,2
]לכל ורשעים **יכב[ו**	(XI)	**4Q381** 50,2

glory, rank noun **כָּבוֹד, כָּבֹד, בוֹד, כוֹבוֹד, נבוד**

שבתות קדשו ומועדי / **כבודו** עידות צדקו		CD III,15
וכל **כבוד** אדם להם הוא		CD III,20
בהופע / **כבוד** אל לישראל		CD XX,26
ובהיותם לתעודותם כמחשבת **כבודו**		1QS III,16
וטהרת **כבוד** מתעב כול גלולי נדה		1QS IV,5
וכליל **כבוד** / עם מדת הדר באור עולמים		1QS IV,7
וכבוד אוזן קושי עורף וכובוד לב		1QS IV,11
וכובוד לב ללכת בכול דרכי חושך		
ובחכמת **כבודו** נתן קץ להיות עולה		1QS IV,18
ולהם כול **כבוד** אדם		1QS IV,23
עם האספם למעון **כבוד**		1QS X,3
וכול נגינתי **לכבוד** אל		1QS X,9
ומעון קודש רום **כבוד** וגבורת כול		1QS X,12
ומקוה / גבורה עם מעין **כבוד** מסוד בשר		1QS XI,7
ומי יכול להכיל את **כבודכה**		1QS XI,20
וישבו / ל[פניו איש] לפי **כבודו**	(I)	1QSa II,14
אי]ש לפי **כבודו** כמ[עמדו] במחניהם	(I)	1QSa II,15
]ישבו לפניהם איש לפי / **כבודו**	(I)	1QSa II,17
כול עדת היחד א[יש לפי] **כבודו**	(I)	1QSa II,21
]בו / **בכבו[ד** עד	(I)	1QSb III,4
וי]קדש זרעכה **בכבוד** עולם	(I)	
לכבוד אלוהי צבא[ות תעבוד לעולם	(I)	1QSb IV,25
וכבודכה לוא י[תן לאחר	(I)	1QSb V,18
בעבור **כבודה** לוגיע רבים בעבודת שוו		1QpHab X,11
כיא תמלא הארץ לדעת את **כבוד** יהוה		1QpHab X,14
שבעתה / קלון **מבוד**		1QpHab XI,9
וקיקלון / על **כבודכה**		1QpHab XI,11
הכוהן אשר גבר קלונו **מכבודו**		1QpHab XI,12
] לשלום וברכה **כבוד** ושמחה		1QM I,9
ולהדשן לפניו תמיד / בשולחן **כבוד**		1QM II,6
אמת אל צדק אל **כבוד** אל משפט אל		1QM IV,6
רוממ אל גדל אל תשבוחת אל **כבוד** אל		1QM IV,8
]ים בזבול **כבודכה**		1QM XII,2
ואתה אל נ[ ] **בכבוד** מלכותכה		1QM XII,7
ומלך **הכבוד** אתנו עם קדושים		1QM XII,8

] / וכבוד [	1QH^{a} 56ii3	
]◦◦ה כבודו[	1Q14 6,3	(I)
]◦◦ כבודו משעיר[	1Q14 12,2	(I)
]◦ כי כבוד זוך ◦[	1Q19 13-14,1	(I)
] לכבוד אל ב◦[		(I)
י]נשא בהדר כבוד ותפארת[	1Q19 13-14,2	(I)
ותחדש בריתך להם במראת כב[ו]ד	1Q34bis 3ii6	(I)
וכתב ימינך להודיעם יסורי כבוד ומעלי עולם	1Q34bis 3ii7	(I)
]לכבוד רב[	1Q38 2+12,2	(I)
]בידך/כ]בודך לו[← יָד	1Q44 2	(I)
ב]רית כבודו [	1Q54 2	(I)
]היו נותנים ⟦ ⟧ כב[ודם לבני ישראל[	2Q20 1,3	(III)
ואתה יהוה לעול[ם] / תהיה כבודכה	4Q88 X,14	(XVI)
כ]סא כבוד נזר ק[ודש] ובגדי רוקמו[ת	4Q161 8-10,19	(V)
וכבדו מתי רעב / והמנו צחי צמא	4Q162 II,4	(V)
וברק חנית ורוב חלל וכבוד פגר	4Q169 3-4ii4	(V)
ובה[ג]לות כבוד יהודה / ידודו פתאי אפרים	4Q169 3-4iii4	(V)
[ונגלה כ]בוד ···· ואתה ישראל	4Q176 1-2i9	(V)
וכבוד רב כתוב ב[	4Q176 8-11,13	(V)
]ובחר[ ]הכבוד אשר יואמ[ר	4Q177 14,1	(V)
והפלא כבודו הגיש מבני תבל	4Q181 1,3	(V)
וישכן כ]בוד יה[וה] / [על הר סיני	4Q216 I,7	(XIII)
[ישבו לפניהם איש לפ]י כבוד[ו	4Q249f 1-3,7	(XXXVI)
[וישבו לפניו איש לפי]כבוד[ו	4Q249i 1,4	(XXXVI)
]◦ כבודי[	4Q254 9,3	(XXII)
עם האספם למעון כבוד	4Q256 XIX,1	(XXVI)
וטהר]ת כבוד מתעבת כול גלולי / [נדה	4Q257 V,2	(XXVI)
ו]כליל כבוד ע[ם מדת הדר	4Q257 V,5	(XXVI)
וכל נגינתי לכבוד אל[	4Q258 IX,8	(XXVI)
עם האס]פם למעון / כבוד	4Q260 II,3	(XXVI)
]◦ עומק ותחת כב[וד	4Q266 15,4	(XVIII)
והדומי רגלי כבודכה ב[מ]רומי עומדכה	4Q286 1ii1	(XI)
ומדר[ך] / קודשכה ומרכבות כבודכה	4Q286 1ii2	(XI)
[הו]ד והדר ורום כבוד סוד קודש	4Q286 1ii4	(XI)
ומועדי כבוד בתעודות[מה	4Q286 1ii10	(XI)
להל[ל] / [ולבר]ך את שם כבודכה	4Q286 7i7	(XI)
]לשם כבוד[כה	4Q286 11,1	(XI)
קירות אול]מי כבודמה דלתות פלאיהמה [	4Q287 2,3	(XI)
וברכו]את שם כבוד אלוהותכ[ה	4Q287 2,8	(XI)
]כבודו [	4Q299 63,4	(XX)
] כבוד לפתוח[	4Q299 75,2	(XX)
]עת בכול כבודו ומה אפר [ועפר	4Q301 4,3	(XX)
]ד ה[ו]נו וצעד כבו[דו	4Q301 6,2	(XX)
כבוד ועצ[	4Q368 9,3	(XXVIII)
]כבוד יתן יהוה אלהים ל[ ]ה דברי כבודו	4Q368 9,4	(XXVIII)
]כבוד יתן יהוה אלהים ל[ ]ה דברי כבודו		(XXVIII)
] / עינכה עליאה וכבודכה יראה שם ל[	4Q369 1ii3	(XIII)
וכבוד שחקים סמכת[ה עליו	4Q369 1ii8	(XIII)
]◦ה כי בם כבודכ[ה שמת]ה ◦[	4Q369 1ii12	(XIII)
ורעדודיה אחזתם מלפני כבוד אלוהים	4Q377 2ii9	(XXVIII)
]לת כבוד [	4Q381 18,4	(XI)
כי אדר נציב כבודם ועידם / [	4Q381 31,7	(XI)
]לכבוד[	4Q382 50,4	(XIII)
] / שלמות כבוד ופ◦ [	4Q391 62ii2	(XIX)
] משרתי פנים בדביר כבודו	4Q400 1i4	(XI)
] כבודו	4Q400 1i9	(XI)
] / כבוד המלך ⟦ ⟧ ש◦[	4Q400 1ii8	(XI)
] / כבודו בסוד אל[ים	4Q400 1ii9	(XI)
] / ורוממו כבודו ◦[	4Q400 1ii13	(XI)
להלל כבודכה פלא באלי דעת	4Q400 2,1	(XI)

קומה גבור שבה שביכה איש כבוד	1QM XII,10
מלא ארצכה כבוד ונחלתכה ברכה	1QM XII,12
בנו]ת עמי צרחנה בקול רנה עדינה עדי כבוד	1QM XII,15
ובכול תעודות כבודכה היה זכר [	1QM XIII,8
כיא גדולה מ[חשבת כבו]דכה	1QM XIV,14
כיא קדוש אדירנו ומלך הכבוד אתנו	1QM XIX,1
מלא ארצכה כבוד ונחלתכה ברכה	1QM XIX,4
עדינה עדי כבוד ור[ד]ינה במלכות / [	1QM XIX,7
ולהנחילם בכול כבוד אדם [ו]רוב ימים	1QH^{a} IV,15
וברזי פלאך ◦[בע]בור כבודך ובעומק ◦[	1QH^{a} V,8
] / [מע]שיהם כבוד עולם ◦◦[	1QH^{a} V,12
בעבור / יספרו כבודך בכול ממשלתך	1QH^{a} V,17
פלג[תה] כול אלה להודיע כבודך	1QH^{a} V,19
ותרם / מבשר כבודו	1QH^{a} VII,17
לדעת כול את כבודך ואת כוחך / הגדול	1QH^{a} VII,20
כ]בודך מלוא כ[	1QH^{a} VIII,12
ותחונני ברוח רחמיך ו◦[ ]ור כבודך	1QH^{a} VIII,18
] / כ[ב]וד ואת[ה	1QH^{a} VIII,25
ואתה נטיתה שמים / לכבודכה	1QH^{a} IX,10
להודיע / כבודכה ולספר נפלאותיכה	1QH^{a} IX,30
] לכה בכבוד עולם עם כול [	1QH^{a} XI,4
ויהם זבול קודשו באמת / כבודו	1QH^{a} XI,35
והפלא לנגד רבים בעבור כבודכה	1QH^{a} XII,28
וכבודכה / לאין מדה	1QH^{a} XIII,20
להכינם בעצתכה לכבודכה	1QH^{a} XIV,10
וידעו כול גוים אמתכה וכול לאומים כבודכה	1QH^{a} XIV,12
כי הביאותה א[מתכה וכ]בודכה	
והם ישיבו בפי כבודכה	1QH^{a} XIV,14
בגבול / [צדיק]ים לשבילי כבוד	1QH^{a} XV,15
בא[ור אשר הכ]ינותה לכבודכה	1QH^{a} XV,24
ותדהר עם תאשור יחד לכבודכה	1QH^{a} XVI,5
]◦ר עולם לעדן כבוד ופר[	1QH^{a} XVI,20
]נו לפארת כבוד	1QH^{a} XVI,22
ולכבודכה אין[חקר	1QH^{a} XVII,17
ובוז צרי לי לכליל כבוד	1QH^{a} XVII,25
] ובכבודכה הופיע אורי	1QH^{a} XVII,26
ואין לנגד כבודכה ולגבורתכה אין מחיר	1QH^{a} XVIII,10
יעצור כוח להתיצב לפני כבודכה	1QH^{a} XVIII,11
רק לכבודכה עשיתה כול אלה	1QH^{a} XVIII,12
]ובהביטי בכבודכה אספרה / נפלאותיכה	1QH^{a} XVIII,20
ואספרה כבודכה בתוך בני אדם	1QH^{a} XIX,6
וכול כבוד אתכה הוא	1QH^{a} XIX,8
ולמען כבודכה טהרתה אנוש מפשע	1QH^{a} XIX,10
ואמתכה תופיע / לכבוד עד ושלום עול{ו}ם	1QH^{a} XIX,27
ושלוה / [עם רוחות עולם]באהלי כבוד	1QH^{a} XX,3
]◦ הדר כבודכה לאור עול[ם	1QH^{a} XX,15
ובקץ כבודכה יגילו ולפי מ[	1QH^{a} XX,22
ומקוי כבוד ומקור דעת	1QH^{a} XX,29
]◦ לספר כול כבודכה ולהתיצב לפני אפכה	1QH^{a} XX,30
להגביר ולהכין כול לכבודכה / [	1QH^{a} XXI,7
] לשמכה ויתגבר בכבו[דכה]	1QH^{a} XXIII,8
]יכה במעון כבודכה	1QH^{a} XXIV,11
לה]ללכה ולספר כול כבודכה	1QH^{a} 2i4
לכ]בודכה עשיתה כול אלה	1QH^{a} 2i5
]הפלתה אלה לכבודכה ומצידוק / [	1QH^{a} 2i16
]◦ וכבודכה וטו[בכה	1QH^{a} 4,19
] / חסדיכה ולדעת כול בכבודכה ולפ◦[	1QH^{a} 5,9
]לא יעצרו כוח לדעת {{ב}}כבוד[	1QH^{a} 10,4
וכפי דעתכ[ה בכ]בודכה ◦[	1QH^{a} 10,5
כ]בודכה ◦[	1QH^{a} 48,2

] / כבוד מלך אלוהים יספרו במעוני עומדם	(XI)	4Q400 2,5
]ת כבו[ד	(XI)	4Q400 2,12
]י כבוד / [	(XI)	4Q401 6,3
]כבודו / [	(XI)	4Q401 6,6
]שמי מלכות כב[וד]כה	(XI)	4Q401 14i6
להלל כבודכה פלא [באלי דעת	(XI)	4Q401 14i7
]כבודי[	(XI)	4Q401 15,1
כבו]דו וחו[ק	(XI)	4Q401 15,4
כבו]דו	(XI)	4Q401 16,4
]ת כב[וד	(XI)	4Q401 31,2
כבו]דו / [	(XI)	4Q401 34,2
] כבוד / [	(XI)	4Q402 3i3
] / [ו]מזמת כבוד[ו	(XI)	4Q402 3ii13
]◦ הנבוד[	(XI)	4Q402 8,5
[ה]ודות בלשון החמיש[י] ל[מ]ל[ך] הכבוד	(XI)	4Q403 1i3
לנשיאי ר[וש יברך]בשם כ[בו]ד אלוהים	(XI)	4Q403 1i10
בשבעת ד[ברי]כ[ב]ו[ד]נ[פלאותו	(XI)	4Q403 1i13
בשבע]ה דברי צדק לרחמי [כ]ב[ודו]	(XI)	4Q403 1i18
מה]ללי מלכות כבודו[	(XI)	4Q403 1i25
מברכ[יו ומצדי]ק[ו] / בשם כבודו	(XI)	4Q403 1i29
יקדילו קדושי אלוהים למלך הכבוד	(XI)	4Q403 1i31
כי בהדר תשבחות כבוד מלכותו	(XI)	4Q403 1i32
ואלוהות כבודו מעל / לכול מרומי רום	(XI)	4Q403 1i33
והגו כבודו בלשון כול הוגי דעת	(XI)	4Q403 1i36
כיא לכבודו יודו כול אילי דעת	(XI)	4Q403 1i38
ויפלא אל הכ]בוד באור אורתם	(XI)	4Q403 1i45
] / מראי תבנית כבוד לראשי ממלכות	(XI)	4Q403 1ii3
] / כבודו ובכול מהפכיהם	(XI)	4Q403 1ii4
ומשכן רוש רום כבוד מלכותו	(XI)	4Q403 1ii10
ותשבחות רומם למלך הכבוד	(XI)	4Q403 1ii25
כ]בוד באור אורותם דעת / [	(XI)	4Q404 5,4
]ם לכבוד ◦[	(XI)	4Q404 11,3
] / דברי כבוד נפלאותו לכול טהו[רי	(XI)	4Q405 3ii3
ו]יפלא אל [ה]כבוד באור / [	(XI)	4Q405 6,6
אמתו בשבעה דב]רי טוב לרחמי כבודו	(XI)	4Q405 13,2
מודי]לו בשבעה דברי הוד כבודו	(XI)	4Q405 13,4
ר]ות כב[וד	(XI)	4Q405 14-15i1
מ]לך בדני א[ור] כבוד רוחי / [	(XI)	4Q405 14-15i5
בד]בירי כבוד מבנית / [מקדש	(XI)	4Q405 14-15i6
] / כבוד משני עבריהם[	(XI)	4Q405 15ii-16,5
]דו למלך הכבו[ד] בקול רנה[	(XI)	4Q405 15ii-16,7
]טוהר מלאכי כבוד בגבורת / [	(XI)	4Q405 17,4
]כבוד / [	(XI)	4Q405 17,8
]דביר ימהרו מקול הכבו[ד	(XI)	4Q405 18,4
לבדני]כבוד מדרס / דבירי פלא רוחי	(XI)	4Q405 19,2
מחוקקי / סביב ללבני [כ]בודם	(XI)	4Q405 19,6
צורות כבוד למעשי ל[בנ]י הוד והד[ר	(XI)	
]כבודם / [	(XI)	4Q405 20i3
] / מרכבות כבודו [	(XI)	4Q405 20ii-22,3
] ממלכות מושבי כבוד למרכבו[ת	(XI)	4Q405 20ii-22,4
] מרכבות כבודו	(XI)	4Q405 20ii-22,5
ורוממ[ו]הו כפי הכבוד במשכ[ן אלוהי] דעת	(XI)	4Q405 20ii-22,7
האור ירננו {{מ}}מתחת מושב כבודו	(XI)	4Q405 20ii-22,9
ומבין / [ג]לגלי כבודו כמראי אש	(XI)	4Q405 20ii-22,10
ברוקמת כבוד צבעי פלא ממולח טוה	(XI)	4Q405 20ii-22,11
מתהלכים תמיד עם כבוד מרכבות / [ה]פלא	(XI)	
]כסאי{{כה}} כבוד מלכותו	(XI)	4Q405 23i3
וכול ר[וחי] רקי[ע]י / הטוהר יגילו בכבודו	(XI)	4Q405 23i7
מספרה רקיעי כבודו	(XI)	
במבואי אלי דעת בפתחי כבוד	(XI)	4Q405 23i8
ושערי מוצא משמיעים כבוד המלך	(XI)	4Q405 23i9
לוא ישפוט במושבי אפ כבודו	(XI)	4Q405 23i12
] / מלך וחרת כבודו{{ה}} ה[	(XI)	4Q405 23ii3
בתוך כבוד מראי שני צבעי אור	(XI)	4Q405 23ii8
ודמות רוח כבוד כמעשי אופירים	(XI)	4Q405 23ii9
בכול מרומי מקדשי מלכות / כבודו	(XI)	4Q405 23ii12
ו]ברכו לאלוהי דעת בכול מעשי כבודו	(XI)	
]דעת בינתו ובשכל [כב]ודו◦◦◦[ ]	(XI)	4Q405 23ii13
]מלכות כבוד מלך כול א[	(XI)	4Q405 24,3
]כבוד אלוהים ◦[ ]◦◦[	(XI)	4Q405 24,4
]ת כבודו ת[	(XI)	4Q405 35,2
]כבוד[ ]פ[ ]ל מ[	(XI)	4Q405 46,1
]◦הו מתחת כבודו [ ]ל[	(XI)	4Q405 46,3
]הכבוד [	(XI)	4Q405 50,2
]כבוד ב◦[ ]ל[	(XI)	4Q405 73,2
ב]הפיע פארי כבדו מזבול קד[ש	(XXXVI)	4Q408 3+3a,5
אל ישראל] / [אש]ר טה[ר]תה בכבודכ[ה	(XXXV)	4Q414 13,9
ובמחיר / אל תמכור כבודכה	(XXXIV)	4Q416 2ii18
ואם[ ]ישיבכה לכבודכה התהלך	(XXXIV)	4Q416 2iii9
ובנחלת / כבוד המשילכה רצונו שחר תמיד	(XXXIV)	4Q416 2iii12
ברז נהיה כבדם למען כבודכה וב[	(XXXIV)	4Q416 2iii18
] / כבודכה בנחלתכה ◦◦◦[	(XXXIV)	4Q416 2iv11
ואז תדע בכבוד ע[וזו ע]ם רזי פלאו	(XXXIV)	4Q417 1i13
וקח מולדי ישע ודע מי נוחל כבוד ועמל	(XXXIV)	4Q417 2i11
]אמת וכבוד כל◦[	(XXXIV)	4Q417 20,5
ואם / יושיבוכה לכ[בו]ד ב[ה ה]תהלך	(XXXIV)	4Q418 9+9a-c,8
ובנחלת כבוד המשילכה רצ[ונו ש]חר תמיד	(XXXIV)	4Q418 9+9a-c,12
כ]בוד ורוב הדר אתם [	(XXXIV)	4Q418 69ii14
ובכול[א]ל[ים] / הפיל גורלכה וכבודכה	(XXXIV)	4Q418 81+81a,5
] / בכבוד עולם ושלום עד ורוח חיים	(XXXIV)	4Q418 126ii8
ובכוח אל ורוב כבודו עם טובו [	(XXXIV)	4Q418 126ii9
] / ומדת כבודכה ◦[	(XXXIV)	4Q418 159ii6
]שחת עולם והיה לכה כב[וד	(XXXIV)	4Q418 162,4
]תנחל כ[בו]ד[	(XXXIV)	4Q418 185a+b,4
]בודו ו[	(XXXIV)	4Q418 223,2
] / הוא חי עולם וכב[ו]דו לע[ד	(XXXVI)	4Q419 1,10
]◦◦ור חו/יט ולמען / דעת כבוד על[יון	(XIII)	4Q422 II,9
כב]וד ומדת דעת ואורך ימים / [	(XX)	4Q426 1i1
]רע לי בכבו[ד	(XXIX)	4Q427 4,2
ולכבו]די לוא ידמה	(XXIX)	4Q427 7i11
הבו גדול לאלנו וכבוד למלכנו	(XXIX)	4Q427 7i15
[להת]ם רזי ה[וד]ולהק[ים פל]אות כבוד	(XXIX)	4Q427 7i21
כבוד נצח ואין השבת[לעולמי עד]	(XXIX)	4Q427 7ii11
והשכלנו[באמתכה מלך] / הכבוד	(XXIX)	4Q427 7ii15
]וכפי דעתמה בכבודכה [	(XXIX)	4Q427 8i7
והם ישיבו בפי כ]בודכה	(XXIX)	4Q428 8,1
הכאתה מתכמי וכבו[ד לב	(XXIX)	4Q428 10,8
ואמת]כה תופיע לכבוד עד ושלום עו[לם]	(XXIX)	4Q428 12i3
[והמה לוא ישרתוכה במעון כ]בודכה	(XXIX)	4Q428 15,4
למשכיל מ[ש]ל על כבוד ר[	(XXIX)	4Q433a 2,2
ר]וב כבודך [	(XXIX)	4Q434 1i14
ויגילו וכבודו מלוא[כל הארץ	(XXIX)	4Q434 2,3
כסאו לעולם ועד וכבודו ◦[	(XXIX)	4Q434 2,7
] כ[י] את כבודך / אלה אבר[ך	(XXIX)	4Q438 4ii6
מו]עדי כב[וד	(XXIX)	4Q440 2,1
כ]בודכה לכול הויה / [	(XXIX)	4Q440 3i19
מח]שבת כבודכה ברוך / [	(XXIX)	4Q440 3i24
]מעשי כבודו ומשמיע[	(XXIX)	4Q446 1,3
]◦◦ כבוד[ ]לוא ת[	(XXIX)	4Q446 1,6
]◦◦רי כבודו ויפחדו מ◦[	(XXIX)	4Q446 2,4

Text	Reference	Vol.
] / וכבודו עליהמה יראֿ[ה	4Q**457b** II,6	(XXIX)
]◦כבודו אשר מאחד ימלא את המים	4Q**462** 1,8	(XIX)
] / נדיבים לכבוד וד◦[	4Q**472** 2,4	(XXXVI)
] / כבוד לפני מלך ל◦[	4Q**476** 2,6	(XXIX)
] / הכבֿ[וד	4Q**476** 3ii5	(XXIX)
כיא גדולה]מֿחשבת כֿבודכה	4Q**491** 8-10i12	(VII)
]כבודי לוא {{ידמה}}	4Q**491** 11i13	(VII)
] כול יֿקר לי בכבוד / [	4Q**491** 11i14	(VII)
ומֿיא בכבודי ידמה ליֿא	4Q**491** 11i15	(VII)
ו]כֿבודיֿא עם בני המלך	4Q**491** 11i18	(VII)
קומה גבור שבה שביכה איש] / כֿבוֿדֿ	4Q**492** 1,3	(VII)
]כֿבוֿדֿ [ו]שמֿ[חה	4Q**496** 3,9	(VII)
בשולחן] כֿבֿ[ו]דֿ	4Q**496** 7,2	(VII)
]מֿטעכה ופלגֿי כבודכה בֿ[	4Q**500** 1,5	(VII)
]רֿ[ ]ל כבודכה ◦◦◦ ואהבֿת חסד [	4Q**502** 14,5	(VII)
]כבודוֿ[	4Q**502** 18,1	(VII)
]◦◦[ ]◦ כבודם א[	4Q**502** 22,2	(VII)
]כבודֿ[	4Q**502** 57,1	(VII)
]חת כבוד[	4Q**502** 95,2	(VII)
]כבוד [	4Q**502** 99,5	(VII)
כב]וֿדכה בהודוֿ[ת	4Q**502** 108,2	(VII)
]כֿבודֿ[	4Q**502** 155,5	(VII)
כ]בֿודו[	4Q**502** 156,3	(VII)
]כבוֿ[ד	4Q**502** 195,1	(VII)
כ]בֿוֿדֿ[	4Q**502** 287,2	(VII)
]ח לפניו בכול מפלג כבודו	4Q**503** 1-6iii7	(VII)
אחד ע]שר לחגי שמחה ומועדי כ[בוד]	4Q**503** 1-6iii13	(VII)
] / מועדי כבֿ[וד	4Q**503** 1-6iii15	(VII)
] / יֿשלם כב[ודו	4Q**503** 1-6iii16	(VII)
]◦◦ֿו וכבוד בקוד[ש קודשים	4Q**503** 15-16,4	(VII)
]כֿבֿ[ו]דֿםֿ[	4Q**503** 20,1	(VII)
]באור כֿבודו וישמחנֿ[ו	4Q**503** 21-22,1	(VII)
]כֿ[ב]וֿדֿוֿ ◦[	4Q**503** 24-25,2	(VII)
וֿעמנֿ[ו] ברנו{{ד}}<<ת>> כבודכה בֿ[	4Q**503** 29-32,10	(VII)
שערי כ]בוד והלילה / [	4Q**503** 33i+34,7	(VII)
] בחג כבודֿ / [	4Q**503** 33ii-36,23	(VII)
] / כֿבודנו	4Q**503** 37-38,22	(VII)
] / כבודנו [	4Q**503** 40ii-41,5	(VII)
] / כבוד[	4Q**503** 40ii-41,8	(VII)
]שֿבוֿעוֿתֿ כֿבודו וֿ[ה]ל[י]לה לנו[	4Q**503** 42-44,5	(VII)
]שֿיֿ כבודֿ[	4Q**503** 45-47,4	(VII)
]עשר שערי כבו[ד	4Q**503** 51-55,5	(VII)
הוד]עֿתנו בתהלי כבודכה [	4Q**503** 51-55,9	(VII)
כ]בודו [	4Q**503** 51-55,18	(VII)
כ]בֿוֿדו ב◦[	4Q**503** 89,2	(VII)
כ]בודו[	4Q**503** 153,1	(VII)
ולכבודֿכה ברתנו	4Q**504** 1-2iii4	(VII)
וכול הגוים ראו את כבודכה	4Q**504** 1-2iv8	(VII)
] / כבֿוד ול[ ]◦◦◦[	4Q**504** 1-2vii12	(VII)
דב]רֿיֿ כבודֿ / [	4Q**504** Verso 2vii3	(VII)
]◦ליֿכה יתקדש בכבודֿ[	4Q**504** 3ii6	(VII)
] / כֿבוֿ[ד	4Q**504** 3ii18	(VII)
קוד]שכֿה הֿולך לפנינו וכבודכה בתוכ[נו	4Q**504** 6,11	(VII)
]◦רֿ לכבודכה / [	4Q**504** 7,5	(VII)
אדם א]בֿיֿנוֿ יצרתה בדמות כבודֿ[כה	4Q**504** 8,4	(VII)
]◦ם ולתהלך בארץ כבֿוד א◦[	4Q**504** 8,7	(VII)
]כבודנו לֿ[	4Q**504** 47,1	(VII)
]מכה במועדי כבוד ולקדֿ[ש] / [	4Q**508** 13,2	(VII)
]כב[וד	4Q**509** 108,2	(VII)
כ]בֿוֿדכה ◦◦[	4Q**509** 131-132ii2	(VII)
] כבוד לֿ◦[	4Q**509** 278,1	(VII)
ברֿ[כות למ]לך הכבוד	4Q**510** 1,1	(VII)
ויחפזו מהדֿרֿ מעֿ[ון] / כבוד מלכותו	4Q**510** 1,4	(VII)
כיא הופיע כבוד אלוהי / דעות באמֿרֿיֿו	4Q**511** 1,7	(VII)
]גורל אלוהים עם מלֿאֿ[כי]מאורות כבֿודו	4Q**511** 2i8	(VII)
להֿתֿהֿלֿךֿ[ב]גורל / [אלוהים]לֿפֿיֿ כבודֿ[ו	4Q**511** 2i10	(VII)
ב]בֿתי כבודם יחברוֿ[	4Q**511** 8,11	(VII)
ולישרים תֿהלי כבודו / [	4Q**511** 10,7	(VII)
]וֿמלאך כבוֿדֿוֿ / [	4Q**511** 20i2	(VII)
כֿיא למען כבודכה / [ש]מתה דעת בסוד עפרי	4Q**511** 28-29,2	(VII)
ומשרתים מלאכי כבודו	4Q**511** 35,4	(VII)
מ]קור הטֿוהר מקוי הכבוד גדול הצדֿ[ק	4Q**511** 52-59,2	(VII)
ברוך את]הֿ אלי מֿלךֿ הכבֿ[ו]דֿ	4Q**511** 52-59,4	(VII)
ואחורתם חוקי הודות כבודכה	4Q**511** 63-64ii3	(VII)
]בֿכֿבֿוֿדֿוֿ [	4Q**511** 81,5	(VII)
]◦ הכבוֿ[ד	4Q**511** 90,1	(VII)
]יֿם בכבוד [	4Q**511** 95,2	(VII)
]יֿ כבוד / [	4Q**511** 111,5	(VII)
]כֿבודו וה◦[	4Q**511** 124,2	(VII)
]כֿבודֿ[	4Q**511** 208,1	(VII)
י]מי כבודכה / וֿברֿ[ית	4Q**512** 1-6,11	(VII)
] / כבודכֿהֿ[	4Q**512** 51-55ii5	(VII)
] / תנחל כבוד	4Q**525** 14ii14	(XXV)
] / כבֿ[וד	6Q**9** 24ii2	(III)
כ]בודֿ[	6Q**9** 66,2	(III)
]חֿיֿיֿ נצח וכבֿ[וד	6Q**18** 2,2	(III)
]עֿ כבו[ד	6Q**18** 12,1	(III)
כי להודיע כבוד יהוה נתנה חוכמה	11Q**5** XVIII,3	(IV)
ליום ישעך וישישו ברוב כבודך	11Q**5** XXII,4	(IV)
זיז / כבודך יינקו	11Q**5** XXII,5	(IV)
שבחי עליון פודך תשמח נפשי בכבודך	11Q**5** XXII,15	(IV)
ועמים יהדרו את כבודכה	11Q**5** XXIV,9	(IV)
כבוד אתה יהוה / על כן שאלתי מלפניכה	11Q**5** XXIV,13	(IV)
ואשימה ליהוה כבוד אמרתי אני בנפשי	11Q**5** XXVIII,5	(IV)
]כבודו ומעשיו ועמלו	11Q**15** 1,5	(XXIII)
] / [לל]בֿני כבודם [	11Q**17** IV,5	(XXIII)
הודו למלך] / [הכבו]דֿ [בקול רנה	11Q**17** V,6	(XXIII)
]◦ל בֿדני כב[וד מדרס] / דביֿרֿ[י פלא	11Q**17** VI,3	(XXIII)
מושב ככסא מלכות]וֿ בדבירי כבודו	11Q**17** VII,4	(XXIII)
מרכבו]ת כבודו [	11Q**17** VII,5	(XXIII)
מרכבות] כבוד[ו	11Q**17** VII,7	(XXIII)
ומעשי נוגה]ברוקמת כב[וד	11Q**17** VII,13	(XXIII)
]◦ מלך הכבוד ◦[	11Q**17** VIII,7	(XXIII)
]מֿרֿומי כ[בודו	11Q**17** X,2	(XXIII)
כב]וֿדו בא◦[		(XXIII)
כב]וד מעשיו ובאו[ר	11Q**17** X,4	(XXIII)
]קֿודש מלך / הכבוד לכול מעשי אמתֿ[ו	11Q**17** X,6	(XXIII)
משאי קודש / לכסאי כבודו ולהדום רֿ[גליו	11Q**17** X,7	(XXIII)
ו]להיכלי כבודו ולרקיעי / [	11Q**17** X,8	(XXIII)
]יֿ כֿבוד הֿ[	11Q**17** 26a,1	(XXIII)
] / כבודו קול הֿ[	11Q**17** 28,5	(XXIII)
ת]הלי ברכות כבוד ה[	11Q**17** 30,5	(XXIII)
כ]בֿוד [	11Q**17** 36,2	(XXIII)
ואקדשה [את מ]קֿדשי בכבודי	11Q**19** XXIX,8	
אשכין / עליו את כבודי עד יום הברכה/הבריה	11Q**19** XXIX,9	
] / וֿענהו בכֿבוד[	PAM 43.679 10,4	(XXXIII)
]◦ אם כבוד / [	XQ**7** 4	(XXXIV)

Cabul proper noun כָּבוּל

Text	Reference	Vol.
את צ]ידון וֿאֿתֿ כֿבֿ[ו]לֿ[	4Q**522** 8,4	(XXV)

mighty adjective **כַּבִּיר**

4Q279 5,3	(XXVI)	]ו וכבירות יחוס עליו וכ[כ]ה[

fetter noun **כֶּבֶל**

1QH^a XVI,34		[ורג]לי נלכדה בכבל וילכו כמים ברכי

to wash verb **כבס**

CD XI,4		כי אם / כיבסו במים או שופים בלבונה
CD XI,22		הבא אל / בית השתחות אל יבא טמא כבוס
1QM XIV,2		ובבוקר יכבסו בגדיהם ורחצו / מדם
4Q265 7,4	(XXXV)	ולא ירחצו ולא] / [יכב]סו [בי]ום גדול
4Q266 6ic,3	(XVIII)	]להעט[ ] ויכבס בגד[ו
4Q271 5i1	(XVIII)	כי אם כב]סו במים או שופים בלבונה
4Q271 5i15	(XVIII)	]אל בית ההשתחוות אל יבוא טמא כבוס
4Q272 1ii6	(XVIII)	וכבס בג[ד]יו [ורחץ במים
4Q274 1i3	(XXXV)	ורחץ במים ויכבס בגדיו ואחר יואכל
4Q274 1i5	(XXXV)	ואם נגעה תכבס בגדיה ורחצה ואחר תוכל
4Q274 1i9	(XXXV)	ור]חץ וכבס ואח[ר] / [
4Q274 2i1	(XXXV)	ורחץ ויכבס טרם / [יוכל
4Q274 2i9	(XXXV)	ואם / [נגע בו בגדו] וכבס
	(XXXV)	ולכול הקודשים יכבס א[יש] במים
4Q365 17a-c,1	(XIII)	והאוכל]מנ[בל]תם י[כבס בגדיו
4Q396 1-2iii6	(X)	ש{{ב}}מעת שיגלח וכבס [י]שב מחוץ
4Q512 11,3	(VII)	]◦[ו]כבס את בגדיו במ[ים ורחץ
4Q512 51-55ii7	(VII)	] / יכבס בגדי[ו] במים [
4Q514 1i3	(VII)	ורחץ וכבס בי[ו]ם טהרת[ו
4Q514 1i6	(VII)	ביום[ט]הרתם ירחצו / וכבסו במים וטהרו
4Q514 1i9	(VII)	ביום / ט[הרת]ם ירחצו וכבסו במים וטהרו
11Q19 XLV,8		וכבס בגדיו ורחץ / ביום הראישון
11Q19 XLV,9		וביום השלישי יכבס בגדיו ורחץ
11Q19 XLV,15		ויכבס ביום / השביעי בגדיו ורחץ
11Q19 XLIX,13		ואספיו ומשקופיו יכבסו במים
11Q19 XLIX,16		ובגדים ושקים ועורות יתכבסו
11Q19 XLIX,17		ויכבס בגדיו ביום הראישון
11Q19 XLIX,18		וירחצו ויכבסו סלמותמה
11Q19 XLIX,20		ויכבסו בגדיהמה וכליהמה
11Q19 L,8		וכול האדם אשר יגע בו יכבס בגדו ורחץ
11Q19 L,13		וכבס בגדיו / ורחץ ב{{מ}}ים הראישון
11Q19 L,14		וביום השלישי יזה ויכבס בגדיו ורחץ
11Q19 L,15		וביום השביעי יזה שנית וכבס בגדיו ורחץ
11Q19 LI,3		ויכבס בגדיו ורחץ [במים
11Q19 LI,4		וכבס / בגדיו ורחץ במים

to multiply verb **כבר**

1Q36 1,4	(I)	עו]לם הכביר המודיע אלה[

already adverb **כְּבָר-1**

4Q200 4,3	(XIX)	כבר אני יודע אשר[אבי איננו]
4Q200 4,5	(XIX)	כבר / ספרתי לך א[י]ככה עזבתים

Chebar proper noun **כְּבָר-2**

4Q391 65,4	(XIX)	נה]ר כבר ואראה [

lamb noun **כֶּבֶשׂ**

4Q365a 1,6	(XIII)	]◦ות הכבשים אשר לעולה / [
4Q366 4i1	(XIII)	אילם ש]נ[י]ם כבש[ים בני שנה ארבעה עשר
4Q366 4i2	(XIII)	לפרים לאילם ולכבשי]ם במספר[ם כמשפט(ם)
4Q409 1ii3	(XXIX)	] / וכבשים[
4Q418 185a+b,3	(XXXIV)	] לכבשים[
4Q502 6-10,5	(VII)	]◦ותם [כ]בשים וע[זים
11Q19 XIV,6		ויין רביעית] / [ההי]ן לכבש האחד
11Q19 XIV,12		איל אחד כבשים בנ[י שנה שבעה תמימים
11Q19 XIV,18		]כבשים ולשע[יר
11Q19 XVII,13		פרים שנים ואיל וכבשים בני שנה שבעה
11Q19 XVII,15		לפרים ולאלים ול[כב]שים ולשעיר
11Q19 XX,15		תרומה / [מן האי]לם ומן הכבשים
11Q19 XXI,2		ולכול] / [המטה איל אח]ד כבש אחד
11Q19 XXII,3		כבשי]ם ב[ני שנה] ארבעה עש[ר
11Q19 XXII,12		לכוה[נ]ים / איל אחד כבש אחד
		וללויים איל אחד כבש אחד
11Q19 XXII,13		ולכול מטה / ומטה איל אחד כבש אחד
11Q19 XXIII,6		] פר אחד איל אחד כב[ש אחד בן שנתו ?
11Q19 XXV,5		איל אחד כבשי]ם ב[ני] שנה שבע[ה תמימים
11Q19 XXV,13		איל אחד כבשים בני שנה שבעה
11Q19 XXV,15		כמשפטמה לפר לאיל ולכבשים ולשעיר
11Q19 XXVIII,1		כ]כה יעשו ל[ארבעה עשר] / [ה]כבשים
11Q19 XXVIII,5		לפרים ולאל[ים] ולכבשים [ו]לשעיר
11Q19 XXVIII,7		אלים שנים כבשים [א]רבעה עשר
11Q19 XXVIII,9		כמשפט לפרים / לאילים ולכבשים ולשעיר
11Q19 XXVIII,10		אלים שנים כבשים בני שנה ארבעה עשר
11Q19 XXIX,012		איל אחד וכב]שים שב[עה ושעיר חטאת אחד
11Q20 IV,7	(XXIII)	איל אחד וכבש]ים בני שנה שבעה
11Q20 IV,12	(XXIII)	]א וכבשים [בני] שנה ארבעה / [עשר
11Q20 IV,25	(XXIII)	תנופה מן האי]לים ומן הכבשים
11Q20 V,6	(XXIII)	ולבני לוי אי]ל אחד כבש אחד
11Q20 VI,6	(XXIII)	ולכול מטה] / ומטה איל אחד כבש[אחד

to subdue verb **כבשׁ**

4Q322a 2,1	(XXVIII)	]כבשו[ ]ה◦[
4Q385a 17a-ei5	(XXX)	]תכבש / [
4Q422 R,1	(XIII)	]ן כבשו [
4Q483 1,1	(VII)	]וכיבשו[ה

furnace noun **כִּבְשָׁן**

1QH^a XVII,5		עיני כעש בכבשן ודמעתי כנחלי מים

כֹּה ← כוה

to be weak (of eyes), blunt verb **כהה-1**

CD XV,16		וכל פת[י שו]גה / וכהה עינים לבל[תי
1QM XVII,1		ושנן כלי מלחמתה ולוא יכהו עד [
4Q266 8i7	(XVIII)	וכול פתי ושוגה וכה עינים לבלתי ראות
4Q267 5iii2	(XVIII)	]וכול כהה [עיני]ם או [

priesthood noun **כְּהוּנָּה, כוהנה, כְּהֻנָּה, כוהונה**

1QSb III,1	(I)	וב]כ[ו]ל יושבי לכה[ונתכ]ה / יבחר
1QSb III,26	(I)	וברית כהונת [עולם יח]דש לכה
1QM IX,8		[לו]א יחלו שמן משיחת כהונתם
4Q400 1ii19	(XI)	] / כוהונו[ת
4Q400 2,6	(XI)	מה נתחשב [ב]ם וכוהנתנו מה במעוניהם
4Q403 1ii21	(XI)	{{ראשי נשיאי כוה}}[נות פלא
4Q403 1ii22	(XI)	] / כוה[נות]שבע במקדש פלא
4Q405 7,7	(XI)	שב]עת דבירי כהונו[ת
4Q405 7,8	(XI)	]◦◦[כ]הונתו וס[
4Q405 8-9,5	(XI)	]◦ שבע / [כהונ]ות קורבו [
4Q405 8-9,6	(XI)	ראש]י נשיאי / [כו]הונות פל[א]
4Q405 8-9,7	(XI)	]◦◦ל כוה[נות
4Q493 5	(VII)	ולוא יחללו שמן כהונתם[בדם הח]ללי[ם]
4Q503 64,3	(VII)	]◦כהונת ◦[ ]◦◦[ ]◦◦[
4Q503 72,6	(VII)	]כהונת◦ [

]כהונת[	(VII)	4Q503 81,2
כ]הונתו וֿ[	(VII)	4Q513 27,2
כהנ]ה וכל משיחיה / [	(XXV)	4Q521 8,9
]כֿהֿנה ת[	(XXV)	4Q521 11,5

to act as priest verb **כהן**

וצדוק הכוהן] / יכהן שם ראישׁוֹ֯ן֯	(XXV)	4Q522 9ii7

כֹּהֵן ← כּוֹהֵן

כְּהֻנָּה ← כְּהוּנָּה

כּוֹא ← כּוֹה

כובוד ← כָּבוֹד

כּוּבָר ← עֵין כּוּבָר

to burn verb **כוה**

אל תשלח ידכה בו פן תכוה֯	(XXXIV)	4Q416 2iii4
]֯י הֿכוֿוֿה גדול / [	(VII)	4Q511 73,1

thus, here adverb **כּוֹה, כֹּה, כּוֹא**

] כה ימשול בשר [ ]שב / [		1QH[a] VI,28
לכן כֿ[ה אמ]ר אד[וני יהוה צבאות	(V)	4Q161 2-4,6
] / לכן כוה אמר אדוני י[הוה	(V)	4Q163 4-7ii21
לכן כוה א[מר יהוה אל בית יעקוב	(V)	4Q163 18-19,4
] / [כיא] כ[ו]ה֯ אמר [יה]וה קדוש [י]שראל	(V)	4Q163 23ii3
ועתה כ]וֿא אמר יה[וה בראך יעקב	(V)	4Q176 3,1
]כוהֿ אמר יהוה שלח את עמי ויעובדוני	(XIII)	4Q365 2,7
]ש כֿה [	(VII)	4Q513 28,2

כוהונה ← כְּהוּנָּה

priest noun **כּוֹהֵן, כֹּהֵן**

הכהנים והלוים ובנ֯י / צדוק		CD III,21
הכֿהנים הם שבי ישראל		CD IV,2
והתורה המישב לכהן / והיה לו לבד		CD IX,13
והיתה לכהנים כי לא ידע מֿוצאיה		CD IX,15
אל ימש איש כהן מבונן בספר ההגי		CD XIII,2
ובא הכהן ועמד במחנה		CD XIII,5
הכֿהֿנֿיֿםֿ לרֿאשֿוֿנֿה / וֿהלוים שנים		CD XIV,3
הכהנים לראשונה והלוים שנים		CD XIV,5
והכהן אֿשר יפֿקד / אש הֿרבים		CD XIV,6
וגם / [הכ]הנים אל יקחו מאֿתֿ ישראל [		CD XVI,14
יהיו הכוהנים / והלויים מברכים את אל		1QS I,18
והכוהנים מֿספרים את צדקות אל		1QS I,21
והכוהנים מברכים את כול / אנשי גורל אל		1QS II,1
והוסיפו הכוהנים והלויים ואמרו ארור		1QS II,11
הכוהנים יעבורו / ברשונה בסרכ		1QS II,19
בני צדוק הכוהנים שומרי הברית		1QS V,2
לבני צדוק הכוהנים שומרי הברית		1QS V,9
אל ימש מאתם איש / כוהן		1QS VI,4
הכוהן ישלח ידו לרשונה להברך בראשית		1QS VI,5
הכוהן ישלח ידו לרשונה / להברכ בראשית		
הכוהנים ישבו לרשונה והזקנים בשנית		1QS VI,8
על פי הכוהנים ורוב אנשי בריתם		1QS VI,19
ואם באחד מֿן הכוהנים הכתובים בספר		1QS VII,2
וכוהנים שלושה תמימים בכול הנגלה		1QS VIII,1
להתה]לך / על פי משפט בני צדוק הכוהנים	(I)	1QSa I,2
[על פ]֯י בני / [אהר]ון הכוהנים	(I)	1QSa I,16
על פי בני צדוק הכוהנים	(I)	1QSa I,24
לפני בני צדוק הכוהנים	(I)	1QSa II,3
וכול / אֿ[בות בני] אהרון הכוהנים	(I)	1QSa II,13
ברשת / הלחם ו[התירוש] לפני הכוהן	(I)	1QSa II,19
למֿ[שכיל לברך] את בני צדוק הכוהנים	(I)	1QSb III,22
מפי / הכוהן אשר נתן אל ב[לבו בינ]ה		1QpHab II,8
פשרו על הכוהן הרשע		1QpHab VIII,8
פֿ[שר הדבר]עֿל הכוהן אשר מרד		1QpHab VIII,16
פשרו על כוהני ירושלם / האחרונים		1QpHab IX,4
פשרו על הכוהן הֿ[ר]שע		1QpHab IX,9
[פשר הדב]֯ר על הכֿ[והן] אשר ◦[		1QpHab IX,16
פשרו על הכוהן הרשע אשר / רדף		1QpHab XI,4
פשרו על הכוהן אשר גבר קלונו מכבודו		1QpHab XI,12
פשר הדבר על הכוהן הרשע		1QpHab XII,2
אשר פעל בה הכוהן ֗הרשע֗ מעשי תועבות		1QpHab XII,8
ואת ראשי הכוהנים יסרוכו אחר כוהן הראש		1QM II,1
ואת ראשי הכוהנים יסרוכו אחר כוהן הראש		
שבעה / כוהנים מבני אהרון		1QM VII,10
הכוהן האחד יהיה מהלך		1QM VII,12
ובצאת הכוהנים / אל בין המערכות		1QM VII,13
מן הלויים לפני / הכוהנים והלויים		1QM VII,15
ותקעו הכוהנים בשתי חצוצרות המֿקֿרֿ[א		
ואחר יתקעו להם הכוהנים בחצוצרות המשוב		1QM VIII,2
ותקעו הכוהנים בחצוצרות המקרא		1QM VIII,3
ותקעו הכוהנים בחצוצרות קול מרודד		1QM VIII,5
ותקעו להם הכוהנים תרועה שנית קול נוח		1QM VIII,7
והכוהנים יריעו בשש חצוצרות / החללים		1QM VIII,8
ובח[צו]צֿרות יהיו / הכוהנים מריעים		1QM VIII,12
ואחר יתקעו להם הכוהנים בחצוצרות המשוב		1QM VIII,13
כסרך הזה יתקעו הֿ[כו]הֿנים לשלושת הדגלים		1QM VIII,14
יתקעו] להם הכוהנים / בחצוצֿ[רות		1QM VIII,16
והכוהנים יהיו מריעים בחצוצרות / החללים		1QM IX,1
והכוהנים מריעים לנצח מלחמה		1QM IX,2
יתקעו הכוהנים בחצוצרות המקרא		1QM IX,3
ותקעו להמה הכוהנים בחצוצרות המרדוף		1QM IX,6
ובנפול החללים יהיו הכוֿ[הנ]ים מריעים		1QM IX,7
ועמד הכוהן ודבר אל העם		1QM X,2
ואחיו הֿ[כו]הֿנים והלויים וכול זקני הסרך		1QM XIII,1
ועמד כוהן הראש ואחיו הכֿ[והנים]		1QM XV,4
ואחיו הכֿ[והנים] והלויים		
והתהלך הכוהן החרוץ למועד נקם		1QM XV,6
ואחר יתקעו להמה הכוהנים בחצוצרות		1QM XVI,3
ותקעו להם הכוהנים / תרועה סדר		1QM XVI,4
ותקעו להם / הכוהנים תרועה שנֿיֿתֿ[		1QM XVI,6
[והכוהני]ם יהיו מריעים בחצוצרות החללים		1QM XVI,9
והכֿ[ו]הנים יתקֿ[עו] בֿחצֿ[ו]צֿרֿות המקרא		1QM XVI,12
ונגש כוהן הרואש ועמד לפני המערכה		1QM XVI,13
ואחר הדברים האלה יתקעו ֗הכוהנים֗ להם		1QM XVII,10
וֿתקעו הכוהנים בחצוצרות תרועה שנית		1QM XVII,11
והכוהנים יריעו בחצוצרות / החללֿיֿםֿ		1QM XVII,12
והכוהנים / יהיו מריעים בֿ[חצוצרות החללי]םֿ		1QM XVII,14
בעת ההיאה יריעו הכוהנים / [		1QM XVIII,3
ביום ההואה יעמוד כוהן הרואש		1QM XVIII,5
והכוהנים וה[לויי]םֿ אשר / אתו		
ונגש שם כוהן הרוֿ[אש]◦הֿוֿ ◦[		1QM XIX,11
]אני הכוהן [	(I)	1Q22 1iv8
]◦ות לו לכוהֿנֿיֿםֿ [	(I)	1Q27 3,2
עד ל]כלות הכוהן לדֿבֿר [	(I)	1Q29 1,4
הא]בן הימנית בצאת הכו[הן	(I)	1Q29 2,2

וצוה כוהן / [השם	(XXXVI)	4Q285 7,5
]אז י[ ]◦◦ הכוהן [הפ]קיד ברואש[הרבים	(XI)	4Q289 1,4
הכוה]נים {{ו}}באי[הברית	(XI)	4Q289 2,3
]◦ע עמו מכוהן ◦[	(XX)	4Q299 67,3
ה]כוהן אשר כול / [	(XXXVI)	4Q331 1i6
]◦◦◦◦◦וס כוהן גדול ◦◦◦[	(XXVII)	4Q348 13
[וראה] הכוהן[אותו ביום השביעי	(XIII)	4Q365 18,1
וטהרו] / [ה]כוהן מספחת[היא וכבס בגדיו	(XIII)	4Q365 18,2
וכפר הכוה[ן ע]ל[הנפש השוגגת בחטאה	(XIII)	4Q365 34,3
אל פתח אהל מו[עד אל] / [ה]כוה[ן	(XIII)	4Q367 1a-b,10
[וכ]פר עליה הכו[הן וטהרה	(XIII)	4Q367 1a-b,13
לפני / [ה]כוהן המשיח	(XIX)	4Q375 1i9
]◦ני הכוהן המשיח / [	(XIX)	4Q376 1i1
לעיני כול הקהל עד כלות הכוהן לדבר	(XIX)	4Q376 1ii2
]מנין כהנים[	(XXX)	4Q385a 5a-b,2
ויקח את כלי בית אלהים את הכהנים	(XXX)	4Q385a 18ia-b,5
]כאשר עשו הם ומלכיהם כהניהם / [ושריהם	(XXX)	4Q385a 18ia-b,10
[ושב]ו כהני ירושלים לעבוד אלהים אחרים[	(XXX)	4Q387 2iii6
]ים כהנים שלושה אשר לא יתהלכו	(XXX)	4Q387 3,4
כוהניהם יחמסו / [	(XXX)	4Q390 2i10
כי לבני] / הכוהנ[ים] ראו להזהיר בדבר הזה	(X)	4Q394 3-7i15
הכו[הנ]ים ראוי[להש]מ[ר בכול הד]ברים[	(X)	4Q394 3-7ii13
כראשית הוא לכוה]נים ומעשר[הבקר]	(X)	4Q394 8iv13
כראשית הוא לכוהנים ומעשר הבקר / והצון	(X)	4Q396 1-2iii3
ומעשר הבקר / והצון לכוהנים הוא	(X)	4Q396 1-2iii4
יודעים שמקצת הכהנים וה[עם מתערבים]	(X)	4Q396 1-2iv9
ומעשר הבקר]והצ[ון ל]כוהנים [הוא]	(X)	4Q397 6-13,5
קדושי קדושים ויהיו לו לכוהני / [	(XI)	4Q400 1i3
]כוה[ני] קורב משרתי פני מלך קודש	(XI)	4Q400 1i8
]קודש קודשים כו[הני	(XI)	4Q400 1i12
] דעת בכוהני קורב	(XI)	4Q400 1i17
יסד לו כוהני קורב קדושי קדושים / [	(XI)	4Q400 1i19
] אלים כוהני מרומי רום ה[קר]בים / [	(XI)	4Q400 1i20
] לכוהני / [	(XI)	4Q401 4,2
]◦ו כוהנ[י	(XI)	4Q401 11,1
מלכי]צדק כוהן בעד[ת אל	(XI)	4Q401 11,3
השלי]שי בכוהני רוש מבר[ך	(XI)	4Q401 13,3
בכוהני קורב סוד שני במעון פלא	(XI)	4Q403 1ii19
] / רוש מכוהן קורב לראשי עדת המלך	(XI)	4Q403 1ii24
]ורי כול כוהני קורב [	(XI)	4Q405 20ii-22,1
לעיני כל הקהל עד כלות ה]כוהן לד[בר	(XXXVI)	4Q408 11,3
] / ביד כוהניו כיא המה נאמני ברי[ת אל	(XXXVI)	4Q419 1,3
]והשמר לכה פן תשיב ללוי כוה[ן] / [	(XXXIV)	4Q423 5,1a
] וכוהניו טהורי[ם	(XXXVI)	4Q460 6,3
י]הודה להיותלו כוה[ן	(XXXVI)	4Q460 7,5
י]צאו אליהמה ה[כוהנ]ים והלויי[י]ם	(VII)	4Q491 1-3,9
והכוהנים בכול עת המריעים בחצוצרות[	(VII)	4Q491 1-3,17
והכ[והנים יתקעו בחצוצרות המקרא	(VII)	4Q491 10ii11
] / ונגש הכוהן החרוש למלחמה	(VII)	4Q491 10ii13
והכו]הנים יתקעו[להמה תרועה שנית	(VII)	4Q491 11ii4
ונגש כוה[ן הרא]וש וע[מד לפני המער]כ[ה	(VII)	4Q491 11ii11
יתקעו הכוהנים לסדר מלחמה שנית	(VII)	4Q491 11ii19
יתקעו הכוהנים תרועה שנית	(VII)	4Q491 11ii20
והכוהנים יר[יע]ו בחצ[וצר]ות ה[חללים	(VII)	4Q491 11ii21
ע]ם קודשו ממלכות כו[הנים	(VII)	4Q491 16,3
המלח]מה ⟦ ⟧ והכ[והנים	(VII)	4Q491 21,2
והכוהנים בני אהרון יעמודו לפני [ה]מערכות	(VII)	4Q493 1
והכוהנים יריעו בחצוצרות המלחמה[	(VII)	4Q493 3
והכוהנים יצאו מבין החללים	(VII)	4Q493 4
] / והכוהנים והלויים וראשי ה[שבטים	(VII)	4Q494 2

ואח]ר ידרוש הכוהן לכול רצונו	(I)	1Q29 5-7,2
הכו]הן / [	(I)	1Q29 10,1
ביגר שבמגזת הכוהן / הגדול	(III)	3Q15 VI,14
עשר]ה אנשים / וכוהנים שנים	(V)	4Q159 2-4,4
מו]עדי הכוהנים כיא היא[ה	(V)	4Q161 1,4
]עמו יצא אחד מכוהני השם ובידו בגדי[	(V)	4Q161 8-10,24
כ]והנים וא[	(V)	4Q163 12,6
הכ]והן הרשע[	(V)	4Q163 30,3
[אש]ר יסדו את עצת היחד [ב]כוהנים והע[ם	(V)	4Q164 1,2
פשרו ע]ל כוהן האחרון אשר ישלח ידו	(V)	4Q167 2,3
הוא ההון אשר קב[צו כוה]ני ירושלים	(V)	4Q169 3-4i11
מלכים שרים כוהנים ועם עם גר נלוה	(V)	4Q169 3-4ii9
אשר יבקשו לשלוח יד / בכוהן ובאנשי עצתו	(V)	4Q171 1-2ii18
פשרו על הכוהן מורה ה[צדק	(V)	4Q171 1+3-4iii15
פשרו על [הכו]הן הרשע אשר צ[ופ]ה הצד[יק	(V)	4Q171 3-10iv8
כו]הן לאחרית הק[ץ	(V)	4Q173 1,5
] / ירושלים וראה נבלת כוהניכה[	(V)	4Q176 1-2i3
]תורה מכ[והן ועצה מחכם ודבר] מנביא	(V)	4Q177 12-13i1
בני אהרון הכו]הנ[ים קריאי מועד]	(XXXVI)	4Q249f 1-3,2
בני צדוק] / [הכוה]נים[ו]אנ[ושי בריתם	(XXXVI)	4Q249g 1-2,2
כ]תרומה כל חרם לכוהן	(XXXV)	4Q251 10,9
וה]חרימו לכוהן לעוברו[	(XXXV)	4Q251 15,2
והיה]לו[ ]לכוהן והאיש אש[ר	(XXXV)	4Q251 15,3
יהיו הכוהני]ם והל[וים מברכים את אל]	(XXVI)	4Q256 II,3
אל ימש מא]תם כו[הן	(XXVI)	4Q258 II,8
ה]כוהן יש[לח ידו לראשונה לברך בראשית	(XXVI)	4Q258 II,9
שנים עשר]אנשים[ו]כוהנים שלושה	(XXVI)	4Q259 II,9
]גם הכוהנים בני / [אהרון אל יביאו כלי שיר	(XXXV)	4Q264a 1,2
]בני צדוק הכהנים הנה המ[ה] / [	(XVIII)	4Q266 5i16
]◦ אחו הכהנים בעבודה [וא]ל[	(XVIII)	4Q266 5ii4
לכ]הן וראה הכהן אותו כמראי הבשר החי	(XVIII)	4Q266 6i2
לכ]הן וראה הכהן אותו כמראי הבשר החי	(XVIII)	
] וראה הכוהן ביום השביעי	(XVIII)	4Q266 6i4
וצוה הכוהן וגלחו את ה{{ב}}רוש{{ר}}	(XVIII)	4Q266 6i9
י{{ש}}ספור הכוהן את השערות המיתות	(XVIII)	4Q266 6i10
וידבר בו הכוהן המופקד[ע]ל הרבים	(XVIII)	4Q266 11,8
הכוהנים [לרא]יש[ונה והלויים] שניים	(XVIII)	4Q267 9v7
הכוהנים / [ל]ראישונה [והלויים שניים	(XVIII)	4Q267 9v8
והכוהן אשר / [יפ]קד ברואש ה[רב]ים	(XVIII)	4Q267 9v10
]◦ הכוהן מ[	(XVIII)	4Q267 10,2
וראה הכוהן[ביום ה]שביעי	(XVIII)	4Q269 7,7
לוא יראנה הכוה]ן לעור הב[שר	(XVIII)	4Q269 7,9
וראה]הכוהן ב[יום השביעי	(XVIII)	4Q269 7,13
[והכ]וה[ן אשר יפקוד ברואש הרבים	(XXXVI)	4Q269 10ii12
יביאה לפני אי]ש [מן] הכהנים	(XVIII)	4Q270 4,5
וידיעהו לכוהן [המ]ופקד ע[ל הרבים	(XVIII)	4Q270 7i16
טרם ישלחו [הכוה]נים את ידם / [לבר]ך	(XVIII)	4Q271 2,4
וגם] הכוהנים אל יקחו מיד / ישראל	(XVIII)	4Q271 4ii13
וראה] הכוהן ב[יום] / [השביעי	(XVIII)	4Q272 1i6
לוא יראנה הכוהן לעור הבש[ר] / [	(XVIII)	4Q272 1i8
ו]ראה הכוהן וה[נה] / [באה הרוח	(XVIII)	4Q272 1i14
] / הכה[ן בי]ום השביע[י	(XVIII)	4Q273 4ii3
וראה] / הכהן והנה באה הרו[ח	(XVIII)	4Q273 4ii11
ו]לבש הכוהן / [	(XXXV)	4Q276 9
אותו] / [ביד ?] הכוהן המכפר בדם הפרה	(XXXV)	4Q277 1ii3
כיא איש כוהן טהור [יזה] / [על]יהן	(XXXV)	4Q277 1ii6
[בז]רוק עליהם [הכו]הן את מי הנדה	(XXXV)	4Q277 1ii9
ולכוה]נים בני אהרון יצא הגור[ל הראשון	(XXVI)	4Q279 5,4
[לכהני]ם לויים כל שבט ◦◦ל[הם]חלק	(XXXVI)	4Q281f 1
] / כוהן ו◦◦שבו ישת[	(XXXVI)	4Q282q 2

כּוֹל ← כּוּל

Cozibah proper noun **כוזבה**

על פי יציאת המים של הכוז / **בא**	(III)	3Q**15** VII,14

strength, power noun **כּוֹחַ, כֹּחַ-1**

וכוח וגבורה וחמה גדולה		CD II,5
למעשיו ושוכלו וכוחו וגבורתו והונו		CD XIII,11
יביאו כול דעתם וכוחם / והונם ביחד אל		1QS I,11
חוקי אל וכוחם לתכן / כתם דרכיו		1QS I,12
ודעתו וכוחו והונו לוא יבואו בעצת יחד		1QS III,2
בכול נפלאותיכה עם כוח / גבורתכה		1QS XI,19
לפי כוחו יתנו משאו ב[עבו]דת העדה	(I)	1QSa I,19
ויעבר וישם זה כוחו / לאלוהו		1QpHab IV,9
וישם]זה כוחו לאלוהו / פשרו[		1QpHab IV,13
ריב אל גמול אל כוח אל שלומי אל		1QM IV,12
ובכוח ידכה רוטשו פגריהם		1QM XI,1
ולוא כוחנו ועצום ידינו עשה חיל		1QM XI,5
כיא בכוחכה ובעוז חילכה הגדול		
מיא כמוכה בכוח אל ישראל		1QM XIII,13
]בכוח גבורתך / [		1QH[a] V,4
[או]דך אדוני כגדול כוחך ורוב נפלאותיך		1QH[a] VI,23
את כבודך ואת כוחך / הגדול		1QH[a] VII,20
אתה בראתה ארץ בכוחכה / ימים ותהומות		1QH[a] IX,13
ותסמוך נפשי בחזוק מותנים / ואמוץ כוח		1QH[a] X,8
ולמי נחשבתי ומה כוח לי		1QH[a] XI,24
כיא ירעם אל בהמון כוחו		1QH[a] XI,34
ותופע לי בכוחכה לאורתום		1QH[a] XII,23
למען ידעו כול מעשיו בכוח גבורתו		1QH[a] XII,32
ובזוכרי כוח ידכה		1QH[a] XII,35
]◦טרף מכח / אריות		1QH[a] XIII,18
ולהתם / כוח לבלתי החזק מעמד		1QH[a] XIII,29
להכשיל רוח ולכלות כוח		1QH[a] XIII,36
להרים לב[י] / ולהעיז בכוח		1QH[a] XV,17
ולגדל נצר להעיז בכוח ו◦[		1QH[a] XV,19
ואתה[א]ל שכתה בעד פריו ברז גבורי כוח		1QH[a] XVI,11
ימימיה תואכל שלבתה / להתם כוח לקצים		1QH[a] XVI,31
ותוחלה ברוב כוחכה		1QH[a] XVII,14
וכגב[ורת]כה אין / בכוח		1QH[a] XVII,17
ואין עמכה בכוח		1QH[a] XVIII,10
בכול מעשי פלאכה הגדולים יעצור כוח		1QH[a] XVIII,11
אפהוא שב לעפרו כי יעצור כ[ו]ח		1QH[a] XVIII,12
בשומעי משפטיכה עם גבורי / כוח		1QH[a] XVIII,35
ובכוחכה כול גבורה		1QH[a] XIX,8
והתְנינה כגדו[ל כו]חכה ורוב אמתכה		1QH[a] XIX,29
את]חזק בכוח ואיכה אתקומם[		1QH[a] XX,35
]בימין עוזכה לנהל ◦ל[ ] / בכוח גבורתכה [		1QH[a] XXIII,8
]רמות כוח ורוב בשר להרשיע / בקץ[		1QH[a] XXIV,13
כיא ראינו קנאתכה] / בכוח גבורה		1QH[a] XXVII,9
]לא יעצרו כוח לדעת {{ב}}כבוד[		1QH[a] 10,4
בכו]ח עם גבוריכה		1QH[a] 10,8
]רוב כוח הנכבד[ים	(I)	1Q**29** 3-4,5
ולא הבינו בכוחך הגדול	(I)	1Q**34**bis 3ii4
]עבדכה לוא עצרתי כוח עד זואת	(V)	4Q**160** 3-4ii1
]ובקש בכול כוחו לבזרמה / [	(V)	4Q**174** 4,5
]ואין כח לעמוד לפניה	(V)	4Q**185** 1-2i7
בכל עוז כחו ובכל [ ]◦ו לאין חקר	(V)	4Q**185** 1-2ii15
וכוח[ו והו]נ[ו]ל[וא]יבוא[ו]בעצת יחד	(XXVI)	4Q**257** III,3
ולהתבונן]בכל נפלאותיך עם כוח גבורתך	(XXVI)	4Q**264** 7
] ואמיצי כוח בנגל[ה	(XVIII)	4Q**266** 5i8

] / הכוהנים וכן ללויים	(VII)	4Q**494** 3
יסרוכו אחר] / כוהן הרואש ומשנהו	(VII)	4Q**494** 4
ממלכת]כוהנים וגוי קדוש [ ]◦[	(VII)	4Q**504** 4,10
והיו / כוהנים עם צדקו צבאו	(VII)	4Q**511** 35,4
]כוהן[	(VII)	4Q**512** 116,1
] כהנ◦[	(VII)	4Q**517** 22,1
וזה יהיה משפט הכ]והנים מ[את ה]עם	(XXV)	4Q**524** 6-13,5
]בכוהני[	(XXV)	4Q**525** 4,3
]כן הכוהן (◦)◦[	(XXV)	4Q**527** 3
וה[יה ה]ל[ח]ם הזה [לכוהני]ם		11Q**19** VIII,13
וערכו הכוהנים בני / [אהרון את הנרות		11Q**19** IX,13
ואם הכוהן הגדול יהיה עומד[לשרת		11Q**19** XV,15
[אחד ע]ל כול הע[ם] ואחד על הכוה[נים		11Q**19** XV,17
ויקריב את אשר] / [לכוהני]ם בריאש[ונה]		11Q**19** XV,18
וסמכו זקני הכוהנ[ים את ידיהמה]		
ה]כוהנים ויתנו עש[רות ?		11Q**19** XVII,1
תנופה על לחם ? ה]בכורים [ל]כוהנים יה[יו		11Q**19** XIX,5
[מצות] יא[וכ]לום הכוהנים לוא תאכל חמץ		11Q**19** XX,12
ואת הקבה לכוהנים יהיה למנה כמשפטמה		11Q**19** XXII,10
ונתנו בני ישראל לכוה[נ]ים / איל אחד		11Q**19** XXII,11
וה[קרי]ב הכוהן הגד[ו]ל את[עולת הלויים]		11Q**19** XXIII,9
אחד יקריב הכוהן הגדול עליו		11Q**19** XXV,16
ונתן הכו]הן ה[גדול על שני] / [השעירים		11Q**19** XXVI,3
]הכוהן המשנה / אל בית[		11Q**19** XXXI,4
] לכ[והני?]ם ולהקטיר על המזבח / העו[לה		11Q**19** XXXII,7
והקטירו הכוהנים בני אהרון		11Q**19** XXXIV,13
]הוא אין / הוא כוהן י[ו]מת		11Q**19** XXXV,5
וכול איש אשר ? [הוא כו]הן		
מובדלים זה מזה לחטאת הכוהנים		11Q**19** XXXV,11
זה מזה למען לוא / ישוגו הכוהנים		11Q**19** XXXV,14
זבחי שלמי בני ישראל ◦◦◦◦◦ ולכ[והנים		11Q**19** XXXVII,5
בח[צר פ]נימה ב[י]ת מ[ו]שבות לכוהנים		11Q**19** XXXVII,8
[החצר] החיצון / מקומות עשוים לכוהנים		11Q**19** XXXVII,10
זבחי / שלמי בני ישראל בזבחי הכוהנים		11Q**19** XXXVII,12
עד שער יהודה יהיו לכוהנים [		11Q**19** XLIV,4
צרעת נושנת או נתק ויטמאנו הכוהן		11Q**19** XLVIII,17
ויעש בזדון לבלתי / שמוע אל הכוהן		11Q**19** LVI,9
התורה הזואת על ספר מלפני הכוהנים		11Q**19** LVI,21
יכתובו לו מלפני]הכוהנים		11Q**19** LVII,1
ומן הכוהנים שנים עשר		11Q**19** LVII,12
ולכוהנים אחד מאלף וללויים אחד המאה		11Q**19** LVIII,13
ולוא יצא עד יבוא לפני הכוהן הגדול		11Q**19** LVIII,18
ולכוהנים / אחד מן המאה		11Q**19** LX,9
ולפני הכוהנים והלויים ולפני / השופטים		11Q**19** LXI,8
ונגש הכוהן וידבר אל העם ואמר אליהמה		11Q**19** LXI,15
ונגשו הכוהנים בני לוי כי בהמה בחרתי		11Q**19** LXIII,3
ואם[הכוה]ן הגדול[יהיה עומד לכהן]	(XXIII)	11Q**20** I,21
אחד על] / [כול העם ואחד על הכו]הנים	(XXIII)	11Q**20** I,23
ויקרב את אשר [ל]כוהנים ברישונה[	(XXIII)	
ואחריהמה הכ[ו]הן הגדול וכול הכ[והנים	(XXIII)	11Q**20** I,24
ואחריהמה הכ[ו]הן הגדול וכול הכ[והנים	(XXIII)	
]ולקחו זקני הכוהני[ם] מדם הפר	(XXIII)	11Q**20** I,25
הבכורים]לכוהנים יהיו	(XXIII)	11Q**20** III,23
הכוהנ]ים ישתו שמה ריאשונים	(XXIII)	11Q**20** V,8
וזר]קו הכוהנים בני אה[רון את דמם]	(XXIII)	11Q**20** V,25
ונתנו בני] / ישראל לכוהנים א[יל אחד	(XXIII)	11Q**20** VI,5
]ו כוהן [	(XXXIII)	PAM 43.688 98,1

כוהנה ← כְּהוּנָּה

4Q267 5ii1 (XVIII) [ואמ]צי כו[ח בנגלה מן התורה
4Q286 2,2 (XI) ובמ]שלותמה גבורי אלים בכוח / [
4Q299 21,3 (XX)]◦ לוא כול כוח וכ[
4Q365 25a-c,3 (XIII) ותם לריק כוחכמה
4Q370 1i3 (XIX)]וירעם עליהם בכח[ו
4Q372 1,15 (XXVIII) יוסף [נתן] / ביד בני נאכר אכלים את כחו
4Q380 1ii4 (XI) כי כח אלי[ו
4Q381 53i4 (XI) א]ין כח / [
4Q381 76-77,9 (XI) אם יש בכם כח להשיבנו ◦[
4Q382 90,2 (XIII)]מכוח[
4Q382 115,1 (XIII)]ן כוחכה ◦[
4Q391 4,3 (XIX)] את כחו א[
4Q391 24,2 (XIX)]כוח מע[
4Q393 3,5 (XXIX) ואזר כח ועל מי תאיר פניך
4Q393 3,8 (XXIX) ועצומי כח לתת לנו בתים מלאים
4Q403 1i42 (XI) זמ[רו] / אלו[הים נ]ורא כוח[כול רוחי דעת
4Q408 2,4 (XXXVI)]רוב כוח הנכבד[ים
4Q408 3+3a,6 (XXXVI) [ה]צדיק בכל דרכיך ה[ג]בר כח הח[סיד
4Q416 2ii16 (XXXIV)]◦ לאשר אין כוחכה אל תגע פן תכשל
4Q417 2i24 (XXXIV) ובמחסורכה יקפץ ידו כחכה[
4Q418 88ii4 (XXXIV)] / עול תשפוט ובכוח ידיכה ת[
4Q418 126ii9 (XXXIV)] / כול בני חוה ובכוח אל ורוב כבודו
4Q418 159ii3 (XXXIV)] / בצדקו ובכוח גבו[רתו
4Q418 210,2 (XXXIV)]יש בכחו [
4Q423 1-2i3 (XXXIV) וכוחה לא תתן לכה ◦[ ]
4Q423 2ii9 (XXXIV)]ה ולחם / וכוחו[
4Q423 3,1 (XXXIV) ות]ם לריק כו[חכה
4Q427 7ii15 (XXIX) כיא ראינו קנאתכה בכוח גבורתכה
4Q427 7ii20 (XXIX)] / כוח {{להשיב לכה}} כ[אלה
4Q427 7ii23 (XXIX) אל הדעות הנוטה] / שמים בכוחו
4Q428 21,1 (XXIX) ונעצור]כוח לשמוע / [נפלאות
4Q428 21,5 (XXIX) אל הדעות הנ]וטה / [שמים בכו]חו
4Q432 3,3 (XXIX)]למחץ מכתי מנחמי כו[ח
4Q460 5,2 (XXXVI)]הנותן לכה כ[וח
4Q460 8,3 (XXXVI)]בכוחם ומלכים בחיל עוזם
4Q491 11i9 (VII) בכו]ח גבורתו ירננ[ו]צד[יקי]ם
4Q491 11i23 (VII)]ה להודיע ידו בכוח[
4Q491 25,3 (VII)]כוחו יות[
4Q501 8 (VII)] אליהמה בהמון כוחכה ועשה בהמה נקמה
4Q503 1-6iii5 (VII) בכו]ח יד גבורת[ו
4Q504 1-2ii7 (VII) אדני עשה נא כמוכה כגדול כוחכה
4Q504 1-2ii10 (VII) ולמען דעת את כוחכה הגדול
4Q509 55,3 (VII) ב]ראתם ובכוחכה[
4Q509 97-98i4 (VII) ולוא הב]ינו בכוחכה / [הגדול
4Q510 1,3 (VII) וממש[לתו] / על כול גבורי כוח
(VII) ומכוח גבור[ת]ו יבהלו ויתפזרו
4Q511 2ii5 (VII)] / [א]ל[ו]הים הא◦[ ]ד בכוח◦[
4Q511 81,2 (VII)] ובכוח גב[ורתו
4Q502 22,5 (VII)]⟦ ⟧ כח [
4Q521 2ii+4,6 (XXV) ועל ענוים רוחו תרחף ואמונים יחליף בכחו
4Q521 5i+6,6 (XXV) ואמץ כוח / [ובעבור רוב]מזון אמונ[י]ם יגדלו
11Q5 XXVI,14 (IV) ברוך עושה / ארץ בכוחו מכין תבל בחוכמתו
11Q17 VIII,4 (XXIII)]אלוהים נוראי כוח כול [
(XXIII) פל]אי פלאיהם בכוח אלוהי / [עול]מים

star noun כּוֹכָב, כֹּכָב

CD VII,18 והכוכב הוא דורש התורה / הבא דמשק
CD VII,19 דרך כוכב מיעקב וקם שבט / מישראל
1QM XI,6 דרך כוכב מיעקוב קם שבט מישראל
1QH[a] IX,12 מאורות לרזיהם / כוכבים לנתיבות[ם
4Q88 X,6 (XVI) שמים וארץ / יחד יהללו גא כל כוכבי נשף
4Q175 12 (V) דרך כוכב מיעקוב ויקום שבט מישראל
4Q216 VI,5 (XIII) ואת הירח ואת הכוכבים [ויתן] / [אותם ברקיע
4Q223-224 56,2 (XIII)]◦ב כוכב[
4Q225 2i5 (XIII) אל א[ב]רהם שא צפא את הכוכבים
4Q269 5,2 (XVIII) והכוכב ה[ואה דורש התורה הבא אל דמשק
4Q269 5,3 (XVIII) [דר]ך כוכב מ[יעקוב וקם שבט מישראל
4Q299 5,1 (XX) מאור]ות כוכבים לז[כר]ון שמ[ו
4Q368 10i4 (XXVIII)]◦ ◦ת בשמים מתהלכות בין כ[וכבים
4Q381 1,5 (XI)] / לילה וככ[בי]ם וכסילים
4Q392 1,6 (XXIX) לא[ור] יומם ובשמש לילה ירח וכוכבים
4Q458 2i2 (XXXVI) היר]ח והכוכבים / [
4Q502 27,4 (VII)] עם כוכב[י השמים
11Q12 8,4 (XXIII) להביט אל] / הכוכב[ים מערב עד בקר
11Q12 8,6 (XXIII) ויאמר כול אותות] / הכוכ[בים

Cochabah proper noun כוכבה

5Q9 5,1 (III) א]ת כוכבה ואת[

to provide, contain, remain, endure verb כול

1QS III,17 והואה יכלכלם בכול חפציהם
1QS XI,20 ומי יכול להכיל את כבודכה
1QH[a] XVII,34 ועד שיבה אתה תכלכלני
1QH[a] XVII,36 וכאומן בחיק תכלכל לכול מעש[י]כה
4Q185 1-2i8 (V)]ומי יכלכל לעמוד לפני מלאכיו
4Q185 1-2ii12 (V) ומצאה ו◦[ ]◦בה יכילה ועמה[
4Q381 95,1 (XI)]ני יכיל[
4Q393 1i10 (XXIX)]כלכלנו / [
4Q400 1i14 (XI)]◦[ ]◦◦◦תם לוא יכלכלו כול ◦[ ] דרך
4Q402 4,6 (XI) מכ]לכלי מחשב[תו] ודעת קדו[שי קדושים
4Q402 6,3 (XI) יכל]כלו אלי[
4Q405 18,2 (XI)]לכלכל קדושים דביר מ◦[
4Q405 20ii-22,2 (XI)] / בח[וק ית]כלכלו לש[רת
4Q405 23i5 (XI) לכ]לכלם משאי כול כיא אלוהי כלילו / [
4Q418 46,2 (XXXIV)]ם תכלכל היגיע[
4Q418 87,12 (XXXIV)]כיל ובמשקל [
4Q418 103ii6 (XXXIV)] / כמקור מים חיים אשר הכיל א[ו]ט◦[
4Q431 1,5 (XXIX) מזל] / שפתי מי יכיל מ[בלשון יעודני
4Q441 7 (XXIX)] / [ ]◦ר תכיל[
4Q491 11i17 (VII)]ומזל שפתי מיא יכיל
4Q511 1,8 (VII) וכול בני עולה לוא יתכלכלו
4Q511 30,5 (VII) ומי בשליש] / יכול עפר הארץ
11Q17 VII,4 (XXIII)]◦ם בחוק יתכל[כ]לו לשרת ל◦[

all, whole, everyone, everything noun כּוֹל, כֹּל, כּוּל

CD I,1 ועתה שמעו כל יודעי צדק
CD I,2 כי ריב לו עם כל בשר
ומשפט יעשה בכל מנאציו
CD I,20 ובכל הולכי / תמים תעבה נפשם
CD II,1 להשם את כל המונם ומעשיהם
CD II,2 ועתה שמעו אלי כל באי ברית
CD II,6 כל מלאכי חבל על סררי דרך
CD II,9 ופרוש קציהם לכל / הוי עולמים
CD II,10 עד מה יבוא בקציהם לכל שני עולם
CD II,11 ובכולם הקים לו קריאי שם
CD II,16 להתהלך תמים / בכל דרכיו
CD II,20 כל בשר אשר היה בחרבה
CD III,14 נסתרות אשר תעו בם כל ישראל
CD III,20 וכל כבוד אדם להם
CD IV,7 וכל הבאים אחריהם

ובכל השנים האלה יהיה / בליעל משולח	CD IV,12
כלם קדחי אש ומבערי זיקות	CD V,13
קרא אל את **כולם** שרים	CD VI,6
להתהלך במה **בכל** קץ הרשיע	CD VI,10
וכל אשר הובאו בברית	CD VI,11
ולהבדל **מכל** הטמאות כמשפטם	CD VII,3
כל המתהלכים / באלה בתמים קדש	CD VII,4
על פי **כל** יסורו ברית אל	CD VII,5
וכל המואסים בפקד אל את הארץ	CD VII,9
וכל הנסוגים הֻסגרו לחרב	CD VII,13
השבט הוא נשיא **כל** העדה	CD VII,20
וקרקר / את **כל** בני שת	CD VII,21
וכן משפט **כל** באי בריתו	CD VIII,1
וידקמום **כל** מורדים מאשר לא סרו מדרך	CD VIII,4
ובכל אלה לא הבינו בוני החיץ	CD VIII,12
אשר חרה אף אל **בכל** עדתו	CD VIII,13
וכמשפט / הזה **לכל** המואס במצות אל	CD VIII,19
כל האנשים אשר באו בברית החדשה	CD VIII,21
כל אדם אשר יחרים אדם מאדם	CD IX,1
וכל איש מביאו / הברית	CD IX,2
וכל האובד / ולא נודע מי גנבו ממאד המחנה	CD IX,10
כל אשם מושב אשר אין בעלים	CD IX,13
{{**הׄכל**}} וכן כל אבדה נמׄצׄאת	CD IX,14
{{הׄכל}} וכן **כל** אבדה נמׄצׄאת	
כל דבר אשר ימעל / איש בתורה	CD IX,16
וכל גבא בסלע אשר אין בו די / מרעיל	CD X,12
אל ישה ברעהו **כל**	CD X,18
ואל ישאב אל / **כל** כל	CD XI,2
וכל נפש אדם אשר תפול אל {{מים}} מקום	CD XI,16
וכל הבא אל / בית השתחות	CD XI,21
ולא ישביתו את העבודה **כולה**	CD XI,23
כל איש אשר ימשלו בו רוחות בליעל	CD XII,2
וכל אשר יתעה / לחלל את השבת	CD XII,3
וגם אל ישא מהונם **כל**	CD XII,7
ומגתו אל ימכר להם **בכל** מאדו	CD XII,10
אל ישקץ איש את נפשו / **בכל** החיה והרמש	CD XII,12
עד **כל** נפש / החיה אשר תרמוש במים	
וכל החגבים במיניהם יבאו באש	CD XII,14
וכל העצים והאבנים / והעפר	CD XII,15
וכל כלי {{מסמר}} מסמר או יתד בכותל	CD XII,17
למשכיל להתהלך בם עם **כל** חי למשפט	CD XII,21
על / פיהו ישקו **כולם**	CD XIII,3
ואם אין הוא בחון **בכל** אלה	
לצאת ולבוא על פיהו **כל** באי המחנה	CD XIII,4
וישׄקׄוׄדׄ **לכל** מרהובם כרועה עדרו	CD XIII,9
יתר **כל** חרצובות קשריהם	CD XIII,10
וכל הנוסף לעדתו יפקדהו	CD XIII,11
ואיש **מכל** באי ברית אל אל ישא	CD XIII,14
וזה מושב המחנות **לׄכׄל** ◦]	CD XIII,20
וכל המתהלכים באלה / ברית אל	CD XIV,1
להנצילם **מכל** מוקשי שחת	CD XIV,2
וסרך מושב **כל** המחנות	CD XIV,3
יפקדו **כלם** בשמותיהם הכהׄנׄיׄם	
וכן ישבו וכן ישאלו **לכל**	CD XIV,6
מבונן בספר / הׄהׄגׄיׄ **ובכל** משפטי התורה	CD XIV,8
והמבקר אשר / **לׄכׄל** המחנות	CD XIV,9
בעול **בכל** / סוד אנשים	
ולכל לשון רמ[ש]פחותׄם	CD XIV,10
ולכל דבר אשר יׄהׄיה לכל האדם	CD XIV,11
אשר יׄהׄיה **לכל** האדם לדבר למבקר	
לדבר למבקר ידבר / **לכל** ריב ומשפט	CD XIV,12
ו[זה] סׄרך הרבים להכין **כל** חפציהם	
שכר / שׄני יׄמׄיׄם **לכל** חדש לׄמׄמׄעׄט	CD XIV,13
כל עבודת הׄחׄבׄרׄ ולא /]	CD XIV,16
והבא בברית **לכל** ישראל לחוק עולם	CD XV,5
וכן / המשפט **בכל** קץ הרשע	CD XV,7
לכל השב מדרכו הנשחתה	
לשׄ[וב א]ל תׄוׄרׄתׄ משה **בכל** לב ו[בכל] / נפש	CD XV,9
אל הנמצא לעשות **בכ[ל** ק]ץ [הרש]עׄ	CD XV,10
לשוב אל תורת משה **בכל** לב ובכל נפש	CD XV,12
לשוב אל תורת משה בכל לב **ובכל** נפש	
וכל אשר נגלה מן התורה	CD XV,13
וכל פת[י שו]גה / וכׄהׄהׄ עׄיׄנׄיׄם	CD XV,15
]◦◦◦ / עמכם ברית ועם **כל** ישראל	CD XVI,1
תורת משה כׄי בה **הכל** מדוקדק	CD XVI,2
ופרוש קציהם לעורון / ישראל **מכל** אלה	CD XVI,3
כל שבועת אסר אשר יקום איש על נפשו	CD XVI,7
כל אשר / [יק]וׄםׄ אׄיש על נפשו	CD XVI,8
ואל / יקדׄשׄ אׄיׄש **מכל** ◦]	CD XVI,16
וכל המאסים במצות / ובחקים	CD XIX,5
וכן משפט **לכל** באי / בריתו	CD XIX,13
ובכל אלה לא הבינו בוני / החיץ	CD XIX,24
אשר חרה אף אל **בכל** עדתו	CD XIX,26
ובכל / ההלכים אחריהם	CD XIX,31
וכמשפט הזה **לכל** המאס במצות אל	CD XIX,32
כׄן **כל** האנשים אשר באׄו בברית / החדשה	CD XIX,33
וכן המשפט / **לכל** באי עדת אנשי תמים	CD XX,2
ובעבודה / כי ארורוהו **כל** קדושי עליון	CD XX,8
וכמשפט הזה **לכל** המאס בראשונים	
עד תם **כל** אנשי המלחמה	CD XX,14
כולם איש לפי רוחו ישפטו	CD XX,24
וכל אשר פרצו אׄתׄ גׄבול הׄתורהׄ	CD XX,25
וׄעמהם **כל** מרׄשׄיׄעׄי / יהודה ביׄמי מצרפותיו	CD XX,26
וכל המחזיקים במשפטים האלה	CD XX,27
ויעז לבם ויתגברו / עׄל **כל** בני תבל	CD XX,34
וביד **כול** עבדיו הנביאים	1QS I,3
ולאהוב **כול** / אשר בחר	
ולשנוא את **כול** אשר מאס	1QS I,4
לרחוק **מכול** רע	
ולדבוק **בכול** מעשי טוב	1QS I,5
ועיני זנות / לעשות **כול** רע	1QS I,7
ולהבי את **כול** הנדבים לעשות חוקי אל	
כול / הנגלות למועדי תעודותם	1QS I,8
ולאהוב **כול** בני אור איש / כגורלו	1QS I,9
ולשנוא **כול** בני חושך איש כאשמתו	1QS I,10
וכול הנדבים לאמתו יביאו כול דעתם	1QS I,11
וכול הנדבים לאמתו יביאו **כול** דעתם	
וכול הונם כעצת צדקו	1QS I,13
ולוא לצעוד **בכול** אחד / מכול דברי אל	
ולוא לצעוד בכול אחד / **מכול** דברי אל	1QS I,14
ולוא להתאחר / **מכול** מועדיהם	1QS I,15
וכול הבאים בסרכ היחד	1QS I,16
לעשות / **ככול** אשר צוה	1QS I,17
ולוא לשוב מאחרו **מכול** פחד	
ואת **כול** מעשי אמתו	1QS I,19
וכול / העוברים בברית אומרים אחריהם	
ומשמיעים **כול** חסדי רחמים על ישראל	1QS I,22
וכול פשעי אשמתם וחטאתם	1QS I,23
[וכו]ל העוברים בברית מודים אחריהם	1QS I,24
והכוהנים מברכים את **כול** / אנשי גורל אל	1QS II,1

אנשי גורל אל ההולכים תמים **בכול** דרכיו	1QS II,2
ואומרים יברככה **בכול** / טוב	
וישמורכה **מכול** רע	1QS II,3
והלויים מקללים את **כול** אנשי / גורל	1QS II,4
וענו ואמרו ארור אתה **בכול** מעשי רשע	1QS II,5
יתנכה / אל זעוה ביד **כול** נוקמי נקם	1QS II,6
ויפקוד אחריכה כלה ביד **כול** משלמי / גמולים	
ולוא יהיה לכה שלום בפי **כול** אוחזי אבות	1QS II,9
וכול העוברים בברית אומרים אחר המברכים	1QS II,10
ודבקו בו **כול** / אלות הברית הזות	1QS II,15
ונכרת מתוכ **כול** בני אור	1QS II,16
וכול באי הברית יענו ואמרו אחריהם	1QS II,18
ככה יעשו שנה בשנה **כול** יומי ממשלת בליעל	1QS II,19
וכול העם יעבורו בשלישית	1QS II,21
לדעת **כול** איש ישראל איש בית מעמדו	1QS II,22
כיא **הכול** יהיו ביחד אמת וענות טוב	1QS II,24
וכול המואס לבוא / [בברית א]ל	1QS II,25
ונהרות ולוא יטהר **בכול** מי רחצ	1QS III,5
טמא טמא יהיה **כול** יומי מואסו	
דרכי איש יכופרו **כול** / עוונותו	1QS III,6
ליחד באמתו יטהר **מכול** / עוונותו	1QS III,7
ובענות נפשו **לכול** חוקי אל	1QS III,8
ויהכין פעמיו להלכת תמים / **בכול** דרכי אל	1QS III,10
ואין / לצעוד על אחד **מכול** דבריו	1QS III,11
וללמד את **כול** בני אור	1QS III,13
בתולדות **כול** בני איש	
לכול מיני רוחותם באותותם למעשיהם	1QS III,14
מאל הדעות **כול** הויה ונהייה	1QS III,15
ולפני היותם הכין **כול** מחשבתם	
בידו / משפטי **כול**	1QS III,17
והואה יכלכלם **בכול** חפציהם	
ביד שר אורים ממשלת **כול** בני צדק	1QS III,20
וביד מלאך / חושכ **כול** ממשלת בני עול	1QS III,21
ובמלאך חושך תעות / **כול** בני צדק	1QS III,22
וכול חטאתם ועוונותם ואשמתם	
וכול נגויהם ומועדי צרותם	1QS III,23
וכול רוחי גורלו להכשיל בני אור	1QS III,24
ומלאכ אמתו עזר **לכול** / בני אור	
ועליהון יסד **כול** מעשה / לׄ[	1QS III,25
לׄ[ ]◦הן **כול** עבודה ועל דרכיהן [כו]לׄ [	1QS III,26
לׄ[ ]◦הן כול עבודה ועל דרכיהן **[כו]לׄ** [	
אחת אהב אל **לכול** / ⟦ ⟧[מו]עדי עולמים	
ובכול עלילותיה ירצה לעד	1QS IV,1
אחת תעב סודה **וכול** דרכיה שנא לנצח	
ולישר לפניו **כול** דרכי צדק אמת	1QS IV,2
וחכמת גבורה מאמנת **בכול** / מעשי אל	1QS IV,3
ורוח דעת **בכול** מחשבת מעשה	1QS IV,4
ורוב חסדים על **כול** בני אמת	1QS IV,5
וטהרת כבוד מתעב **כול** גלולי נדה	
והצנע לכת / בערמת **כול** וחבא לאמת	1QS IV,6
ופקודת **כול** הולכי בה למרפא	
ופרות זרע עם **כול** ברכות עד	1QS IV,7
וכובוד לב ללכת **בכול** דרכי חושכ	1QS IV,11
ופקודת / **כול** הולכי בה לרוב נגועים	1QS IV,12
לרוב נגועים ביד **כול** מלאכי חבל	
וכול קציהם לדורותם	1QS IV,13
באלה תולדות **כול** בני איש	1QS IV,15
ובמפלגיהן ינחלו **כול** צבאותם לדורותם	
וכול פעולת / מעשיהם במפלגיהן	
בין רוב למועט **לכול** קצי עולמים	1QS IV,16

ותועבת עולה **כול** דרכי אמת	1QS IV,17
וקנאת / ריב על **כול** משפטיהן	1QS IV,18
ואז יברר אל באמתו **כול** מעשי גבר	1QS IV,20
מבני איש להתם **כול** רוח עולה	
ולטהרו ברוח קודש **מכול** עלילות רשעה	1QS IV,21
רוח אמת כמי נדה **מכול** תועבות שקר	
לברית עולמים / ולהם **כול** כבוד אדם	1QS IV,23
ואין עולה יהיה לבושת **כול** מעשי רמיה	
והואה ידע פעולת מעשיהן **לכול** קצי / [מועד]ן	1QS IV,25
ו]לׄ[ה]פיל גורלות **לכול** חי לפי רוחו ב◦[	1QS IV,26
המתנדבים לשוב **מכול** רע	1QS V,1
ולהחזיק **בכול** אשר צוה לרצונו	
יצא תכון הגורל **לכול** דבר לתורה	1QS V,3
ואהבת חסד והצנע לכת **בכול** דרכיהם	1QS V,4
ליחד ברית / עולם לכפר **לכול** המתנדבים	1QS V,6
ולריב ולמשפט / להרשיע **כול** עוברי חוק	1QS V,7
ואלה תכון דרכיהם על **כול** החוקים האלה	
כול הבא לעצת היחד	
יבוא בברית אל לעיני **כול** המתנדבים	1QS V,8
לשוב אל תורת מושה **ככול** אשר צוה	
ככול אשר צוה **בכול** / לב ובכול נפש	
ככול אשר צוה בכול / לב **ובכול** נפש	1QS V,9
ובכול נפש **לכול** הנגלה ממנה לבני צדוק	
להבדל **מכול** אנשי העול ההולכים / בדרכ	1QS V,10
שבו מרעתם כיא טמא **בכול** עוברי דברו	1QS V,14
כיא ירחק ממנו **בכול** דבר	1QS V,15
כיא כן כתוב **מכול** דבר שקר תרחק	
מאנשי / היחד על פיהם **לכול** תורה ומשפט	1QS V,16
ואשר לוא יוכל מהונם	
ולוא יקח מידם **כול** מאומה	
כיא / **כול** אשר לוא נחשבו בבריתו	1QS V,18
להבדיל אותם ואת **כול** אשר להם	
ולוא ישען איש הקודש על **כול** מעשי / הבל	
כיא הבל **כול** אשר לוא ידעו את בריתו	1QS V,19
וכול מנאצי דברו ישמיד מתבל	
וכול מעשיהם לנדה / לפניו	
וטמא **בכול** הונ{{ו}}ם	1QS V,20
וכיא יבוא בברית לעשות **ככול** החוקים האלה	
ולפקוד את **כול** חוקיו	1QS V,22
ומעשיו להשמע **הכול** איש לרעהו הקטן לגדול	1QS V,23
ב{{◦}}אֱלה / יתהלכו **בכול** מגוריהם	1QS VI,2
כול הנמצא איש את רעהו	
ובכול מקום אשר יהיה שם עשרה אנשים	1QS VI,3
וכן ישאלו לעצתם **לכול** דבר	1QS VI,4
והרבים ישקודו ביחד את שלישית **כול** לילות	1QS VI,7
ושאר / **כול** העם ישבו איש בתכונו	1QS VI,9
וכן ישאלו למשפט **ולכול** עצה	
ובמושב הרבים אל ידבר איש **כול** דבר	1QS VI,11
וכול איש אשר יש אתו דבר לדבר	1QS VI,12
אם יומרו לו ידבר **וכולה** מתנדב מישראל	1QS VI,13
לשוב לאמת ולסור **מכול** עול	1QS VI,15
וֲהֲ{{ל}}בינהו **בכול** משפטי היחד	
ונשאלו / **הכול** על דבריו	1QS VI,16
יזכיר דבר בשם הנכבד על **כול** ה◦[	1QS VI,27
או **לכול** דבר אשר לו {{◦◦◦◦◦◦}} הואה קורה	1QS VII,1
וכן לנוקם לנפשו **כול** דבר	1QS VII,9
ואחר **כול** אנשי היחד ישב	1QS VII,20
וֲ**כול** איש אשר יהיה בעצת היחד	1QS VII,22
וכוהנים שלושה תמימים **בכול** הנגלה	1QS VIII,1
שלושה תמימים בכול הנגלה **מכול** / התורה	

ולשופטים ְולשוטרים ְלמספר **כול** צבאותם	(I)	1QSa I,24
ואם תעודה תהיה **לכול** הקהל	(I)	1QSa I,25
להיות **כול** הבא / עת[יד ל]הֿנה	(I)	1QSa I,26
כול / חֿ[כמי]הֿעדה והנבונים והידעים	(I)	1QSa I,27
וכול שופטיהם ושוטריהם ושרי האלפים	(I)	1QSa I,29
וכול איש מנוגע באחת מֿכוֹל טמאוֹתֿ / האדם	(I)	1QSa II,3
וכול איש מנוגע באחת **מֿכוֹל** טמאוֹתֿ / האדם	(I)	
וכול איש מנוגע באֿלה	(I)	1QSa II,4
וכול מנוגע בבשרו נכאה רֿגֿלֿיֿם	(I)	1QSa II,5
יבוא[הכוהן]רואש **כול** עדת ישראל	(I)	1QSa II,12
וכול / אֿ[בות בני] אהרון הכוהנים	(I)	
וכול / ראשי א[בות הע]ֿדה עם חכמֿ[י עדת	(I)	1QSa II,15
[ואחר יבר]כו **כול** עדת היחד	(I)	1QSa II,21
וכחוק הזה יעש[ו] / **לכול** מע[רכת	(I)	1QSa II,22
ויחו]ננכה **בכול** ברכ[ות שמים	(I)	1QSb I,5
יפ]לטכה **מכול** [	(I)	1QSb I,7
כו]ל קצי ע{{ב}}בֿדֿ[יו הנביאים] / [	(I)	1QSb I,27
] / ויחוננכה **בכול** מעשיכֿהֿ [	(I)	1QSb II,27
]כֿה **ובכול** ◦[	(I)	
] על **כול** צאֿצֿ[איכה	(I)	1QSb II,28
וב]**כֿ[ו]ל** יושבי לכהֿ[ונתכ]הֿ / יבחר	(I)	1QSb III,1
ויפקוד **כול** קודש[י]כה ובמוֹ[עדי	(I)	1QSb III,2
]**כול** זרעכהֿ	(I)	
[יש]אֿ / פניו אל **כול** עדתכה	(I)	1QSb III,3
] **מכולםֿ** [	(I)	1QSb III,8
] **כול** הון תבל להכֿ[י]רכה ממקור	(I)	1QSb III,19
כיא אל הכין **כול** אושֿי / [	(I)	1QSb III,20
ולב]חון **כול** משפטיו בתוך עמו	(I)	1QSb III,23
ובצדק פקדו **כול** חוקיו	(I)	1QSb III,24
ובמעשייכה ישֿ[פוט **כו]לֿ** נדיבֿים	(I)	1QSb III,27
וממזל שפתיכה **כול** [שרי] / עמים	(I)	
ועֿצת **כול** בשר בידכה יברך	(I)	1QSb III,28
]כה ויצדיקכה **מכול** ◦◦◦[	(I)	1QSb IV,22
ולכול קצי נצח כיא / [אמת כול מ]שפטיו	(I)	1QSb IV,26
] / [ע]ם עֿתֿ עֿ[ולם ו]עם **כול** קצי עד	(I)	1QSb V,18
וישים] / [א]לֿ פחדכה [על] **כול** שומעי שמעכה	(I)	1QSb V,19
ולהתהלך לפניו תמים **בכול** דרכֿי [	(I)	1QSb V,22
] קצי **כו[ל**	(I)	1QSb 16,1
את **כול** הבאֿ[ות ע]לֿ הדור האחרון		1QpHab II,7
לפשור אֿתֿ **כול** / דברי עבדיו הנֿביאיםֿ[		1QpHab II,8
אשר]בֿידם ספר אל את / **כול** הבאות על עמו		1QpHab II,10
אשר פחדם ואֿמתֿםֿ על **כול** / ֿהגואיםֿ		1QpHab III,4
ובעצה **כול** מחשבתם להרע		1QpHab III,5
ומרמה / ילכו עם **כול** העמים		1QpHab III,6
כולֿוֿ לחמס יבוא מגמת / פניהם קדים		1QpHab III,8
לאכולֿ[את]**כֿול** העמים כנשר		1QpHab III,11
וב]חֿרֿן אף וזעף / אפים ידברו עם **כֿולֿ**[		1QpHab III,13
והוא / **לכול** מבצר ישחק		1QpHab IV,4
כו]ל העמים / לֿ[		1QpHab IV,14
וביד בחירו יתן אל את משפט **כול** הגוים		1QpHab V,4
ובתוכחתם / יאשמו **כל** רשעי עמו		1QpHab V,5
אשר מאס את / התורה בתוך **כול** עצֿתֿם		1QpHab V,12
הים / כרמש למשל בו **כֿולֿ**[ו		1QpHab V,13
ויוסיפו את הונם עם **כול** שללם		1QpHab VI,1
ואת / מסם מאכלם על **כול** העמים שנה בשנה		1QpHab VI,7
הודיעו אל את / **כול** רזי דברי עבדיו הנבאים		1QpHab VII,5
ויתר על **כול** / אשר דברו הנביאים		1QpHab VII,7
כיא / **כול** קיצי אל יבואו לתכונם		1QpHab VII,13
פשרו על **כול** עושי התורה בבית יהודה		1QpHab VIII,1
ויאספו אלו **כול** הגוים		1QpHab VIII,5

ולהתהלכ עם **כול** ב{{◦}}מדת האמת		1QS VIII,4
מעון קודש קודשים / לאהרון בדעת **כולם**		1QS VIII,9
וכול דבר ֿהֿנסתר מישראל		1QS VIII,11
צוה ביד מושה לעשות **ככול** הנגלה עת בעת		1QS VIII,15
וכול איש מאנשי היחד ברית / היחד		1QS VIII,16
אשר יסור **מכול** המצוה דבר ביד רמה		1QS VIII,17
ואל ידע **בכול** עצתם עד אשר יזכו מעשיו		1QS VIII,18
יזכו מעשיו **מכול** עול להלכ בתמים דרכ		
וכמשפט הזה **לכול** הנוסף ליחד		1QS VIII,19
כול הבא בעצת הקודש		1QS VIII,21
כול איש מהמה / אשר יעבר דבר		
ועם עצתו **לכול** / דבר		1QS VIII,23
ולוא ישאל על **כול** עצה שנתים ימים		1QS VIII,25
בהיות אלה בישראל **ככול** התכונים האלה		1QS IX,3
והגורל **לכול** תכון אנשי היחד		1QS IX,7
ומֿ**כול** עצת התורה לוא יצאו		1QS IX,9
לוא יצאו ללכת / **בכול** שרירות לבם		1QS IX,10
למשכיל להתהלכ בם עם **כול** חי לתכון		1QS IX,12
לעשות את רצון אל **ככול** הנגלה		1QS IX,13
ולמוד את **כול** השכל הנמצא לפי העתים		
איש את רעהו **בכול** הנגלה להם		1QS IX,19
ולהשכילם **כול** הנמצא לעשות בעת הזואת		1QS IX,20
והבדל **מכול** איש ולוא הסר דרכו		
ולוא הסר דרכו / **מכול** עול		1QS IX,21
לעשות רצון **בכול** משלח כפים		1QS IX,23
ובכול ממשלו כאשר צוה		1QS IX,24
וכול הנעשה בו ירצה בנדבה		
[ו]**בֿכֿוֹל** אמרי פיהו ירצה		1QS IX,25
ולוא יתאוה **בכול** אשר לוא צוהֿ		
ובכול אשר יהיה יספֿ[ר חסדיו		1QS IX,26
לראשי / מועדים **בכול** קצ נהיה		1QS X,5
ובכול היותי חוק חרות בלשוני		1QS X,8
אזמרה בדעת **וכול** נגינתי לכבוד אל		1QS X,9
ומעוֹן קודש רום כבוד וגבורת **כול**		1QS X,12
ועל חסדיו אשען **כול** היום		1QS X,16
ואדעה כיא בידו משפט / **כול** חי		1QS X,17
בידו משפט / כול חי ואמת **כול** מעשיו		
כיא את אל משפט **כול** חי		1QS X,18
ולוא ארחם / על **כול** סוררי דרכ		1QS X,21
בסלע עוז דרכ פעמי מפני **כול** לוא יזד עזרע		1QS XI,4
למטעת עולם עם **כול** / קצ נהיה		1QS XI,8
ומידו / תום הדרכ ובדעתו נהיה **כול**		1QS XI,11
וךול הויה במחשבתו יכינו		
וברוב טובו יכפר בעד **כול** עוונותי		1QS XI,14
הכן בצדק **כול** מעשיו		1QS XI,16
ובלוֹ רצונכה לוא יעשה **כול**		1QS XI,17
אתה הוריתה / **כול** דעה		1QS XI,18
וכול הנהֿיה ברצונכה היה		
ולהשכיל / **בכול** מחשבת קודשכה		1QS XI,19
ולהתבונן **בכול** נפלאותיכה		
וזה הסרך **לכול** עדת ישראל באחרית הימים	(I)	1QSa I,1
בבוא{י}ם יקהילו **אתכול** הבאים	(I)	1QSa I,4
וקראו בא[וזניהמה]את / **[כ]ול** חוקי הברית	(I)	1QSa I,5
ולהבינם **בכול** משפטיהמה	(I)	
וזה ֿהֿסרך **לכול** צבאות העדה	(I)	1QSa I,6
לכול האזרח בישראל	(I)	
שופטים ושוטרים לשבטיהם **בכול** משפחותם	(I)	1QSa I,15
וכול {{ש}}רוֿשֿ אבות העדה	(I)	1QSa I,16
וכול איש פותי / אל יבוא בגורל	(I)	1QSa I,19
להביא ולהוציא **אתכול** העדה איש בסרכו	(I)	1QSa I,23

כולם יהיו אנשי נדבת מלחמה	1QM VII,5
וכול / איש אשר לוא יהיה טהור ממקורו	
ורוח יהיה / בין **כול** מחניהמה למקום היד	1QM VII,7
וכול ערות דבר רע לוא יראה סביבות	
לוא יראה סביבות **כול** מחניהם	
יהיה מהלך על פני **כול** אנשי המערכה	1QM VII,12
ועם / **כול** מערכה ומערכה יצאו ככול הס[רך	1QM VII,17
ועם / כול מערכה ומערכה יצאו **ככול** הס[רך	
והלויים **וכול** עם השופרות יריעו	1QM VIII,9
להפיל בחללים **וכול** העם	1QM IX,1
ויצאו אליהם **כול** אנשי הבינים	1QM IX,3
כולם שבע מערכות	1QM IX,4
כול אלה ירדופו להשמיד אויב	1QM IX,5
ונחל[קו] על **כול** האויב לרדף כלה	1QM IX,6
ועל **כול** מגני המגדלות / יכתובו	1QM IX,14
ולהשמר **מכול** ערות דבר רע	1QM X,1
לשול את **כול** / אויבינו לפ[נינ]ו	
ו[ש]וטרינו ידברו **לכול** עתודי המלחמה	1QM X,5
להחזיק בגבורת אל ולשוב **כול** / מסי לבב	
ולחזיק יחד **בכול** גבורי חיל	1QM X,6
אשר בחרתה לכה **מכול** עמי הארצות	1QM X,9
וארץ ערבה **וכול** צאצאיה עם פר[ים	1QM X,13
ומחץ פאתי מואב וו קרקר **כול** בני שית	1QM XI,6
כיא ביד אביונים תסגיר [או]יבי **כול** הארצות	1QM XI,13
ולהצדיק משפט אמתכה **בכול** בני איש	1QM XI,14
ובכול קהלו הנק[ה]ל[ים]ל[	1QM XI,16
]◦פר שמות **כול** צבאם אתכה במעון קודשכה	1QM XII,2
] **בכול** מועדי עולמים / ולפקוד צ◦[	1QM XII,3
להשקות משפט **לכול** צאצאיה	1QM XII,10
והגלנה **כול** ערי יהודה פתחי / שער[י]ך	1QM XII,13
והשתחוו לך **כול** מעניך	1QM XII,14
והלויים **וכול** זקני הסרך עמו	1QM XIII,1
ואת **כול** מעשי אמתו	
וזעמו / שם את ב[לי]על ואת **כול** רוחי גורלו	1QM XIII,2
ברוך אל ישראל **בכול** מחשבת קודשו	
וב[ר]וכים / **כול** משרתיו בצדק	1QM XIII,3
וארורים **כול** רוחי גורלו	1QM XIII,4
וזעומים המה **בכול** עבודת נדת טמאתם	1QM XIII,5
ובכול תעודות כבודכה היה זכר [	1QM XIII,8
]ק **וכול** רוחי אמת בממשלתו	1QM XIII,10
וכול רוחי / גורלו מלאכי חבל	1QM XIII,11
]ל למעמד עולמים לכלות **כול** בני חושך	1QM XIII,16
ירננו **כולם** את תהלת המשוב	1QM XIV,2
וברכו שם / **כולם** את אל ישראל	1QM XIV,4
ובתמימי דרך יתמו **כול** גויי רשעה	1QM XIV,7
ולכול גבוריהם אין מעמד	1QM XIV,8
ועם / **כול** דורותינו הפלתה חסדיכה	1QM XIV,9
ובכול רזי שטמתו לוא הדיחונ[ו] / מבריתכה	
]**לכול** גבוריהם אין מציל	1QM XIV,11
וכול יקום הבלי[הם	1QM XIV,12
] / **[כו]ל** [ב]ני חושך ואור גודלכה י◦[	1QM XIV,17
]דת מלחמה {{על}} **בכול** הגויים	1QM XV,1
וכלה **לכול** גוי רשעה	1QM XV,2
וכול ע[	
ונגד **כול** חיל / בליעל הנועדים עמו	
ואחיו הכ[והנים] והלויים **וכול** אנשי הסרך	1QM XV,4
ס]פר סרך עתו עם **כול** דברי הודותם	1QM XV,5
וסדר שם / את **כול** המערכות ככ◦[	1QM XV,6
למועד נקם על פי / **כול** אחיו וחזק את[	1QM XV,7
ובחושך **כול** מעשיהם / ואליו תשוק[תמה	1QM XV,9

ויקבצו אלו **כול** העמים	1QpHab VIII,5
הלוא **כולם** משל עליו ישאו	1QpHab VIII,6
ודרכי / ת[ו]עבות פעל **בכול** נדת טמאה	1QpHab VIII,13
וישלוכה **כול** יתר עמים	1QpHab VIII,15
וישלוכה **כול** / יתר עמים	1QpHab IX,3
וחמס ארץ קריה **וכול** יושבי בה	1QpHab IX,8
וחמס ארץ קריה **וכול** יושבי בה	1QpHab XII,1
פשר הדבר על **כול** / פסלי הגוים	1QpHab XII,12
הס מלפניו **כול** הרץ	1QpHab XIII,1
פשרו על **כול** הגוים / אשר עבדו את האבן	
יכלה אל את **כול** עובדי העצבים	1QpHab XIII,3
]**לכול** גדודיהם בשוב גולת בני אור	1QM I,3
וקץ ממשל **לכול** אנשי גורלו	1QM I,5
וכלת עולמים **לכול** גורל בליעל	
ו[בני צ]דק יאירו **לכול** קצוות תבל	1QM I,8
ואור עד תום **כול** מועדי חושך	
ובמועד אל יאיר רום גודלו **לכול** קצי / ◦[	
כבוד ושמחה ואורך ימים **לכול** בני אור	1QM I,9
ובכול צרותמה לוא נהיתה כמוה	1QM I,12
]ל מלאכי ממשלתו **ולכול** אנשי[	1QM I,15
לחודשיהם ולשבתות **ולכול** ימי השנה	1QM II,4
לכפר בעד **כול** עדתו ולהדשן לפניו	1QM II,5
את **כול** אלה יסרוכו במועד שנת השמטה	1QM II,6
וכול ראשי אבות העדה בחרים להם	1QM II,7
אנשי מלחמה **לכול** ארצות הגויים	
מכול שבטי ישראל יחלוצו / להם	
ועורכיה **כול** העדה יחד	1QM II,9
ובשביעית ילחמו **בכול** בני אשור	1QM II,12
אחריהם תחלק המלחמה על **כול** בני חם	1QM II,13
תחלק המלחמה על **כול**[בני יפ]ת	1QM II,14
]◦ת התרועה **לכול** עבודתם ל[	1QM II,16
להפיץ אויב ולהניס **כול** משנאי / צדק	1QM III,5
לנקמת אפו **בכול** בני חושך	1QM III,6
להפיל **כול** חללי מעל	1QM III,8
יכתובו נגף אל **כול** בני חושך	1QM III,9
סרך אותות **כול** העדה למסורותם	1QM III,13
האות הגדולה אשר בראש **כול** העם	
ובכול אנשי גורלו לאין שארית	1QM IV,2
יכתובו מאת / אל יד מלחמה **בכול** בשר עול	1QM IV,3
ואחריהם **כול** סרך פרוש שמותם	1QM IV,6
ואחריהם **כול** פרוש שמותם	1QM IV,7
עם **כול** פרוש שמותם	1QM IV,8
ופרוש שמותם יכתובו עם **כול** סרכם	1QM IV,11
גבורת אל כלת אל **בכול** גוי הבל	1QM IV,12
ואת **כול** פרוש / שמותם יכתובו עליהם	
אות **כול** העדה אורך ארבע עשרה אמה	1QM IV,15
ועל מ[ ]◦ נשיא **כול** העדה יכתבו שמו[	1QM V,1
וכולם מחזיקים מגני נחושת מרוקה	1QM V,4
כול אלה יטילו שבע פעמים ושבו למעמדם	1QM VI,4
לשלם גמול רעתם **לכול** גוי הבל	1QM VI,6
וכן / יעמודו **לכול** ע[ב]רי המחנה	1QM VI,10
הכול שש מאות וארבעת אלפים	
כול הרכב היוצאים / למלחמה	1QM VI,11
ולכול מראי דמיונים	1QM VI,13
וכולם עתודים בס[	1QM VI,16
וכול מפשיטי החללים ושוללי השלל	1QM VII,2
כולם יהיו מבן חמש ועשרים	1QM VII,3
וכול נער זעטוט ואשה לוא יבואו למחנותם	
וכול פסח או עור או חגר	1QM VII,4
כול אלה לוא ילכו אתם למלחמה	1QM VII,5

וכול קהל / [ה]מונם ◦◦[	1QM XV,10
וכול יקום הוותם מהר ימלו / [	1QM XV,11
]אל על **כול** הג[וים	1QM XV,13
]◦ט על **כול** בשר	
] **כול** רוחי רש[עה	1QM XV,14
] / עד תום **כול** מקוד[	1QM XVI,1
] אל ישראל קרא חרב על **כול** הגואים	
את **כול** הסרך הזה יעשו [	1QM XVI,3
והלוים **וכול** עם / השופרות יריע[ו	1QM XVI,7
וכול / העם יחשו קול התרועה	1QM XVI,8
ולבחון בם **כול** חרוצי המלחמה	1QM XVI,11
] / ישראל **כול** הויה ונהיה	1QM XVII,5
]ל **בכול** נהיי עולמים	
וממשלת / ישראל **בכול** בשר	1QM XVII,8
וכול בני אמתו יגילו בדעת עולמים	
[והלויים **וכו]ל** עם השופרות יריעו	1QM XVII,13
וכול העם יניח[ו] קול התרועה	1QM XVII,14
ועל **כול** ◦[ ]ל ממשלתו במגפת עולמים / [	1QM XVIII,1
]◦ משאת יד אל ישראל על **כול** המון בליעל	1QM XVIII,3
ונאספו אליהם **כול** מערכות המלחמה	1QM XVIII,4
ונחלקו על **כול** מ[	
וכזרם רביבים להשקות משפט **לכ[ול**	1QM XIX,2
ציון שמחי מואדה והגלנה **כול** ערי יהו[דה	1QM XIX,5
והשתחוו לך [**כו]ל**[מעני]ך / [	1QM XIX,6
והמון אשור וחיל **כול** הגוים הנקהלים	1QM XIX,10
וכול ראשי המערכות ופקוד[הם	1QM XIX,12
]ים **מכול** ומ[	1QM 3,2
] עבדך **מכול** פשעיו ◦[	1QH^{a} IV,11
ל]היות זרעם לפניך **כול** הימים	1QH^{a} IV,14
[לשאת כול]פשע ולהשליך **כול** ע[וונותיה]ם	1QH^{a} IV,15
ולהנחילם **בכול** כבוד אדם [ו]רוב ימים	
ומכשול **בכול** דברי רצונך	1QH^{a} IV,23
לה]תהלך **בכול** אשר אהבתה	1QH^{a} IV,24
ולמאוס **בכול** אשר שנא[תה	1QH^{a} IV,27
]ש ואל **כול** ברית אדם אביט [	
לאין]חקר **כול** / [	1QH^{a} V,5
]◦ת **כול** בינה ו◦[	1QH^{a} V,6
וחסדי עולם **לכול** ◦◦◦◦◦ לשלום	1QH^{a} V,11
] / את **כול** מעשיך בטרם בראתם	1QH^{a} V,14
וכול צאצאיה בימים ובתהומות	1QH^{a} V,15
ובתהומות [כ]**כול** מחשבותך לכול קצי עולם	
ובתהומות [כ]כול מחשבותך **לכול** קצי עולם	
בעבור / יספרו כבודך **בכול** ממשלתך	1QH^{a} V,17
וברזי שכלכה פלג[תה] **כול** אלה	1QH^{a} V,19
להבין / **בכול** אלה ולהשכיל בסוד[פלאך	1QH^{a} V,20
ומה ילוד אשה **בכול** [מעשיך] הנוראים	
] וצדק **כול** מעשיך	1QH^{a} V,25
לשפו]ט תבל ולנחול **בכול** ◦[	1QH^{a} VI,6
] קודש לדורות ע[ולם] **וכול** / [	
כו]ל אלה ולה◦[	1QH^{a} VI,9
ולתעב את **כול** אשר / [שנאתה	1QH^{a} VI,10
ולפי / קורבי קנאתי על **כול** פועלי רשע	1QH^{a} VI,14
כי **כול** קרוביך לא ימרו פיך	
וכול יודעיך לא ישנו דבריך	1QH^{a} VI,15
כי אתה צדיק ואמת **כול** בחיריך	
וכול עולה / [ו]רשע תשמיד לעד	
ונגלתה צדקתך לעיני **כול** מעשיך	1QH^{a} VI,16
[ו]לבלתי עשות **מכול** הרע בעיניך	1QH^{a} VI,18
וכן הוגשתי ביחד **כול** אנשי סודי	
ובשוחד **כול** משפטיך	1QH^{a} VI,20
] ולתעב **כול** דרך עולה	1QH^{a} VI,26
ובכול לב[י אברכ]ך / [	
וי]אהבו אותך **כול** הימים וא◦◦◦[	1QH^{a} VII,9
ובכול לב ובכול נפש ברךתי ◦◦◦◦[	1QH^{a} VII,10
ובכול לב **ובכול** נפש ברךתי ◦◦◦◦[	
] סור **מכול** אשר צויתה	1QH^{a} VII,11
] / עזוב **מכול** חוקיך	1QH^{a} VII,12
ואדעה כי בידך יצר **כול** רוח [	1QH^{a} VII,13
ואיכה יוכל **כול** להשנות את דבריכה	1QH^{a} VII,14
ולתהלך **בכול** ולהגדיל עליו / בהמון	1QH^{a} VII,15
ולפתוח **כול** צרת נפשו לישועת עולם	1QH^{a} VII,16
ולא רצו **בכול** אשר / צויתה	1QH^{a} VII,18
כול ◦[ ]◦ך הכינותם	1QH^{a} VII,19
שפטים גדולים / לעיני **כול** מעשיך	1QH^{a} VII,20
] עולם לדעת **כול** את כבודך	
] ומאתך דרך **כול** חי	1QH^{a} VII,22
כיא / לא ישוה **כול** הון באמתך	1QH^{a} VII,23
ואדעה כי בם בחרתה **מכול**	
כיא / אל אמת אתה **וכול** עולה ת[תעב	1QH^{a} VII,25
]◦ **כול** ◦[ ]ו ו◦[	1QH^{a} VIII,1
]◦להק◦ש◦ בפי **כל** מעש◦◦ ◦מל◦[	1QH^{a} VIII,4
]ות ובידך משפט **כולם** / [	
]היו ולא יעשה **כול** / [	1QH^{a} VIII,6
]◦ד אמתך **בכול**[	1QH^{a} VIII,13
]◦◦י כשול **בכול** מ◦[	1QH^{a} VIII,14
] / בדעתי **בכול** אלה ◦מצ◦ה מענה לשון	1QH^{a} VIII,15
ברוך אתה אדוני יוצר ה[**כ]ול**	1QH^{a} VIII,17
ור[ב] העליליה אשר מעשיך **הכול**	
כי אתה עשיתה את **כו[ל** אלה]	1QH^{a} VIII,18
ונפש עבדך ת[עב]ה **כול** / מעשה עולה	1QH^{a} VIII,19
ובכול מעש[י עו]ל[ה	1QH^{a} VIII,23
ואל י◦[ ]לפניו **כול** נגע מכשול	1QH^{a} VIII,24
ואת]ה צדקתה **בכל** מעשיכה	1QH^{a} IX,6
ובטרם בראתם ידעתה {{**כול**}} מעשיהם	1QH^{a} IX,7
כיא מבלעדיכה לא] יעשה **כול**	1QH^{a} IX,8
אתה יצרתה / **כול** רוח ופעו[לתה הכינות]ה	1QH^{a} IX,9
ומשפט **לכול** מעשיהם	
ואתה נטיתה שמים / לכבודכה **כול** [צבאותם	1QH^{a} IX,10
וכול אשר בם / תכ[נ]תה לרצונכ[ה	1QH^{a} IX,14
לרוח אדם אשר יצרת בתבל **לכול** ימי עולם	1QH^{a} IX,15
פלגתה עבודתם **בכול** דוריהם	1QH^{a} IX,16
ופקודת שלומם עם / {עם} **כול** נגיעיהם[	1QH^{a} IX,18
ותפלגה **לכול** צאצאיהם למספר דורות עולם	
למספר דורות עולם / **ולכול** שני נצח [	1QH^{a} IX,19
ועל פי רצ[ונכה נ]היה **כול**	1QH^{a} IX,20
הכול / חקוק לפניכה בחרת זכרון	1QH^{a} IX,23
לכול קצי נצח ותקופות מספר שני עולם	1QH^{a} IX,24
ותקופות מספר שני עולם **בכול** מועדיהם	
אתה אל הדעות **כול** מעשי הצדקה	1QH^{a} IX,26
ולספר נפלאותיכה **בכול** מעשי אמתכה	1QH^{a} IX,30
ולהלל שמכה / בפה **כול** יודעיכה	1QH^{a} IX,31
לספר נפלאותיכה לנגד **כול** מעשיכה	1QH^{a} IX,33
ולבני אנוש **כול** נפלאותיכה אשר הגברתה ◦[	1QH^{a} IX,34
וכול תמימי דרך החזיק[ו	1QH^{a} IX,36
ואל תמאסו **בכול**[משפטי אל	1QH^{a} IX,37
ישרתה בלבבי]**כול** מעשי עול[ה	1QH^{a} X,3
עוני ומוכי]חי {{אמת}} צדק **בכל** ח◦[	1QH^{a} X,4
לאבל יג[וני] / [מבשר ש]לום **לכול** הוות[י	1QH^{a} X,6
ואהיה פח לפושעים ומרפא **לכול** / שבי פשע	1QH^{a} X,8
ויצר סמוך **לכול** נמהרי לב	1QH^{a} X,9

1QH^a X,15	ובעל / [של]ם לכול חוזי נכוחות
	ואהיה לרוח קנאה לנגד כל דורשי חל[קות]
1QH^a X,18	לפתוח מקור דעת לכול מבינים
1QH^a X,21	ותשוך בעדי מכול מוקשי שחת
1QH^a X,25	חנו עלי גבורים סבבום בכל / כלי מלחמותם
1QH^a X,34	וישימוני לבוז / וחרפה בפי כל דורשי רמיה
1QH^a X,38	]◦חת לכול צאצאי[הם] / [
1QH^a XI,4	] לכה בכבוד עולם עם כול [
1QH^a XI,10	בהריתו החישו כול / משברים
1QH^a XI,11	ובמולדיו יהפכו כול צירים / בכור הריה
1QH^a XI,12	לחבל נמרץ ומשברי שחת לכול מעשי פלצות
1QH^a XI,14	וחכמיה כולמו כמלחים במצולות
1QH^a XI,15	כי תתבלע / כול חכמתם בהמות ימים
1QH^a XI,16	וכו]ל חצי שחת / עם מצעדם
1QH^a XI,18	ובריחי עולם בעד כול רוחי אפעה
1QH^a XI,23	ולספר נפלאותיכה לנגד כול מעשיכה
1QH^a XI,26	בהפתח כל פחי שחת
	ויפרשו כול מצודות רשעה
1QH^a XI,27	בהתעופף כול חצי שחת לאין השב
1QH^a XI,28	וקץ חרון לכול בליעל
1QH^a XI,29	וילכו נחלי בליעל על כול אגפי רום
	כאש אוכלת בכול שנאביהם
	להתם כול עץ לח / ויבש מפלגיהם
1QH^a XI,30	ותשוט בשביבי להוב עד אפס כול שותיהם
1QH^a XI,33	וכול מחשביה ירועו
	ויתהוללו כול אשר עליה
1QH^a XI,38	[ותצילני מכו]ל משחיתים
	[ותצילני מכו]ל משחיתים וכול [
1QH^a XII,9	וכול רעי ומודעי נדחו ממני
1QH^a XII,12	כי אתה אל תנאץ כל מחשבת / בליעל
1QH^a XII,17	להולל ברמיה כול מעשיהם
1QH^a XII,20	ותכרת במ[שפ]ט כול אנשי מרמה
	כי אין הולל בכול מעשיך
1QH^a XII,22	וידי על כול בוזי
1QH^a XII,24	ולא טחתה בבושת פני / כול הנדרש[י]ם
1QH^a XII,26	ומפץ לכול עמי הארצות
	להכרית במשפט כול / עוברי פיכה
1QH^a XII,29	ולהודיע / לכול החיים גבורותיכה
1QH^a XII,31	לאל עליון כול מעשי צדקה
1QH^a XII,32	למען ידעו כול מעשיו בכוח גבורתו
	ורוב רחמיו על כול בני / רצונו
1QH^a XII,33	ואני רעד ורתת אחזוני וכול גרמי ירועו
1QH^a XII,40	כי אמת אתה וצדק כול מ[עשיכה
1QH^a XIII,4	ובידכה משפט כולם [
1QH^a XIII,10	חמת תנינים כול מזמותם לחתוף
1QH^a XIII,17	וכול היום ידכאו נפשי
1QH^a XIII,22	להעלות משאון יחד כול {{נמה}} אביוני חסד
1QH^a XIII,23	בריתי ורגן ותלונה לכול נועדי
1QH^a XIII,24	ויליזו עלי בשפת עול כול נצמדי סודי
1QH^a XIV,8	כיא כול / מעשיהם באמתכה ובחסדיך
1QH^a XIV,12	וידעו כול גוים אמתכה וכול לאומים כבודכה
	וידעו כול גוים אמתכה וכול לאומים כבודכה
1QH^a XIV,13	וכ]בודכה / לכול אנשי עצתכה
1QH^a XIV,15	ויצל צל על כול תב[ל
1QH^a XIV,16	וכול נהרות עדן [ישקו את ד]ל[י]ותיו
1QH^a XIV,18	בשביבי נוגהו יבערו כול בנ[י עולה
	והיה]לאש בוערת בכול אנשי / אשמה
1QH^a XIV,23	וכול משבריהם עלי
1QH^a XIV,27	וכול באיה בל ימוטו
1QH^a XIV,28	עם תום כול חר[בות] / מלחמות רשעה
1QH^a XIV,29	וכול בני אמתו יעורו להתם[בני] / רשעה
1QH^a XIV,30	וכול בני אשמה לא יהיו עוד
1QH^a XIV,33	ולכול גבורי מלחמות אין מנוס
1QH^a XV,4	וירועו כול אושי מבניתי
1QH^a XV,7	ובכול הוותם / לא החתתה מבריתכה
1QH^a XV,9	וכול קירותי לחומת בחן
1QH^a XV,11	ולא מענה לשון לכול בני אשמה
1QH^a XV,12	כי כול גרי למשפט תרשיע
1QH^a XV,13	כי אתה ידעתה כול יצר מעשה
	וכול מענה לשון הכרתה
1QH^a XV,22	ותרם קרני על כול מנאצי
1QH^a XV,29	ואין / להשיב על תוכחתכה כול צבי רוח
	ולא יוכל כול להתיצב לפני ח{{◦}}מתךה
	וכול בני / אמתכה תביא בסליחות לפניכה
1QH^a XV,31	כי אל עולם אתה וכול דרכיכה יכונו לנצח
1QH^a XV,35	] ובהמון רחמיכה לכול משפטי / [
1QH^a XVI,6	מחובאים בתוך כול עצי מים
1QH^a XVI,8	ובנצר עליו ירעו כול ח[י]ת יער
	ומרמס גיזעו לכל עוברי / דרך
1QH^a XVI,9	ודליתו לכל עוף כנף
	וירמו עליו כול ע[צי] מים
1QH^a XVI,16	כיורה גשם לכול [צמא] ומבוע מים חיים
1QH^a XVI,19	מ[בול] / לח ויבש מצולה לכול חיה ועו[ף
1QH^a XVI,36	נאלם כול שפתי / מפ◦◦[
1QH^a XVII,15	כי לא יצדק / כול במש[פ]טכה
1QH^a XVII,18	]◦◦◦ / ולכול הנעזב ממנה [
1QH^a XVII,29	בכה / אחסיה מכול מ◦◦[
1QH^a XVII,35	כי אתה אב לכול בני אמתכה
1QH^a XVII,36	וכאומן בחיק תכלכל לכול מעש[י]כה
1QH^a XVIII,2	ולא יתבונן כול בחוכ[מתכה] / [
1QH^a XVIII,3	]◦יכה לא יביט כול
1QH^a XVIII,8	ומלך נכבדים ואדון לכול רוח
	ואדון לכול רוח ומושל בכל מעשה
1QH^a XVIII,9	ומבלעדיכה לא יעשה כול
1QH^a XVIII,11	ומי / בכול מעשי פלאכה הגדולים
1QH^a XVIII,12	רק לכבודכה עשיתה כול אלה
1QH^a XVIII,15	]◦ לך כול החיל ◦[
1QH^a XVIII,26	]אדם ולהדשן כול מארץ
1QH^a XVIII,36	]שה / ומשפט בכול מעשיכה וצדק ◦[
1QH^a XIX,5	ובגבורתכה אשוחחה כול / היום תמיד
1QH^a XIX,8	ובמחשבתכה / כול דעה
	ובכוחכה כול גבורה וכול כבוד אתכה הוא
	ובכוחכה כול גבורה וכול כבוד אתכה הוא
	באפכה כול משפטי נגע
1QH^a XIX,9	ורחמיכה לכול בני רצונכה
1QH^a XIX,11	להתקדש / לכה מכול תועבות נדה
1QH^a XIX,13	ורוחי [אמת] להתחדש עם כול / נהיה
1QH^a XIX,22a	ואנחה בכנור קינה לכול אבל יג[ון
1QH^a XIX,24	ומי בכול מעשיכה יוכל לספר [
	בפי כולם יהולל / שמכה לעולמי עד
1QH^a XIX,30	והמו[ן] / חסדיכה בכול מעשיכה
1QH^a XX,7	בכול / מולדי עת יסודי קצ
1QH^a XX,8	לכול / ממשלתם בתכון נאמנה
1QH^a XX,20	[ל]השכיל בכול רזיכה ולשיב דבר [
1QH^a XX,30	]◦ לספר כול כבודכה
1QH^a XX,36	] / וכול [
1QH^a XXI,7	להגביר ולהכין כול לכבודכה / [
1QH^a XXII,3	ולוא יעצורו לדעת בכול / [
1QH^a XXIII,7	להופיע / לעיני כול שומעי[כה
1QH^a XXIV,9	]צו יעופפו בה כול / מלאכי של[ום

] ממזרים כולֹ[		1QH^{a} XXIV,15
לה]ללכה ולספר כול כבודכה		1QH^{a} 2i4
לכ]בֹודכה עשיתה כול אלה		1QH^{a} 2i5
ומליצי דעת עם כול צעודי		1QH^{a} 2i6
]ם עולה בקצ / כלֹ[		1QH^{a} 2ii11
]יה ולכול מֹביט / [		
]עֹזבתם ביד / כול מכ[		1QH^{a} 2ii17
ותמו כול יצר רמיה		1QH^{a} 3,9
]תגֿעֿר בכול שטן משחית ומר[		1QH^{a} 4,6
]כה אוֿחֿיֿל בכול היותי		1QH^{a} 4,17
ונגד כול מעשֿיֿכֹ[ה		1QH^{a} 5,8
ולדעת כול בכבודכה ולפ◦[		1QH^{a} 5,9
]בֹמדה לכול שני עֹו[לם		1QH^{a} 11,2
] מ◦◦ר כול חותם נפ◦◦◦ש ◦[		1QH^{a} 11,3
מי עשה כול אלה		1QH^{a} 11,5
] יענה נכבֹדֹתֹה מכול א[לים		1QH^{a} 11,8
]◦ם כול שטן ומשחית[		1QH^{a} 45,3
]רֹבים בבסר כי כול רוחותֹ[		1QH^{a} 45,6
] כול / [		1QH^{a} 56i2
בפשע יעק]בֹ כול / [זא]תֹ	(I)	1Q14 1-5,4
ולכ[ו]ל המתנדבים לוסף על בחירי / [אל	(I)	1Q14 8-10,7
ויסדיה אגלה וכו]ל [פסי]ל[יה]	(I)	1Q14 8-10,11
פשרו על כול מל[כי כתיאים	(I)	1Q16 9-10,1
א]ת כל הֹ[	(I)	1Q19 5,2
כ]ל בני[	(I)	1Q19 11,1
]◦ל◦◦◦ם לכלֹ[	(I)	1Q19 15,3
]בֹכל ◦[	(I)	1Q19 16,1
[הקהל א]תֹ כול הֹעֹ[ד]ה ועלה אֹ[ל הר נבו]	(I)	1Q22 1i2
פש[ור לראשי א]בות ללו[י]ים וכול הֹ[כוהנים]	(I)	1Q22 1i3
את הכול / היט[יב] אשר א[עשו]ק מהם	(I)	1Q22 1i4
והיהֹ [א]שר יבואו עֹ[לי]הם כול הקלל[ות]	(I)	1Q22 1i10
[וטובו]ת ובת[י]ם מלאים כֹוֹ[ל טוב	(I)	1Q22 1ii3
[את כול מש]פטיו [וא]תֹ כול מש[פטיו	(I)	1Q22 1ii7
[לכם ולבני]כֹםֹ [את] כול דברי הת[ורה]	(I)	1Q22 1ii9
ושמרתה א]ת כֹוֹ[ל דברי ה]בֹריתֹ [הא]ל[ה]	(I)	1Q22 1iii3
וכו]ל אשר [	(I)	1Q22 1iv6
]שֹמם לכֹ[ול] / [	(I)	
]◦ את כול אלהֹ / [	(I)	1Q22 1iv9
כ]וֹל שנ[ה	(I)	1Q22 42,3
]◦ ונֹארותה בכול תבואתכה	(XXXIV)	1Q26 1,6
ונֹ[קלו]תֹה בכול מעשיכה במֹ[	(XXXIV)	
]ל[א ת]גֹדלכה נגד כֹוֹלֹ[	(XXXIV)	1Q26 1,8
ו]כול [	(XXXIV)	
] כול תבואתכה [	(XXXIV)	1Q26 2,2
]כול ◦[	(I)	1Q27 1i1
וכול תומכי רזי פלא אינמה עוד	(I)	1Q27 1i7
הלוא כול / העמים שנאו עול	(I)	1Q27 1i8
העמים שנאו עול וביד כולמ[ה] יתהלך	(I)	1Q27 1i9
הלוא מפי כול לאומים שמע האמת	(I)	
] / לוא יצלח לכול	(I)	1Q27 1ii5
כן כול טוב ממונו ברוֹ[	(I)	
] / מה מ[ ]מֹחים כי אם כול [	(I)	1Q27 1ii7
וכֹ[ול מח]יר לוא ישוה ב◦[	(I)	1Q27 1ii8
] / לכול העמים ונס◦[	(I)	1Q27 1ii10
] / אל ידע כול מֹ[	(I)	1Q27 1ii11
]לקץ כול די◦[	(I)	1Q27 2,2
]רע מכֹוֹלֹמֹהֹ [	(I)	1Q27 3,1
]אשר כול ◦◦◦[	(I)	1Q27 3,3
] / עֹם כול שפטי[	(I)	1Q27 9-10,4
] / ל[כו]ל [	(I)	1Q27 12,3
קה/כו]ל ישראל [← קָהָל	(I)	1Q29 3-4,3
]◦ בכולם שֹמֹכֹהֹ [	(I)	1Q29 3-4,4
ה]דֹברים האלה על פי כול ◦[	(I)	1Q29 5-7,1
ואח]רֹ ידרוש הכוהן לכול רצונו כֹ[ול	(I)	1Q29 5-7,2
ואח]רֹ ידרוש הכוהן לכול רצונו כֹ[ול	(I)	
לע]שוֹת כו[ל	(I)	1Q29 5-7,5
]וֹכול בינות עד[	(I)	1Q29 13,2
ב]שלישית את כול[	(I)	1Q30 1,3
[כ]ול אנשי היחד הֹמֹתֹנֹדֹבי[ם	(I)	1Q31 1,1
] / פיהם ישקו כול ◦◦[	(I)	1Q31 1,2
]םֹ בעצמותם חרפה לֹכל בשר	(I)	1Q34bis 3i3
]כֹלה בכל מענינו	(I)	1Q34bis 3i6
וכולם [	(I)	1Q34bis 3ii2
]◦ וממשלֿתם בכל תבל	(I)	1Q34bis 3ii3
ולא הבין זרע האדֹ[ם] בכל אשר הנחלתו	(I)	
ולא ידעוך / [בכ]וֹלֹ דברך וירשיעו מכול	(I)	1Q34bis 3ii4
ולא ידעוך / [בכ]וֹלֹ דברך וירשיעו מכול	(I)	
להבדל לך לקודש מכול העמים	(I)	1Q34bis 3ii6
]◦[ ]◦צֹה בכול עוש[י	(I)	1Q36 7,1
]ולכול אנשי בריתֹ[	(I)	1Q36 7,2
]לכול רוחֹ[	(I)	1Q36 15,5
עש]יתה כל אלֹ[ה	(I)	1Q38 4,4
] לפניכה כול הימֹ[ים	(I)	1Q39 1,3
עבו]דֹת כול מלאכֹ[ה/ת	(I)	1Q43 2
]בכול [	(I)	1Q46 6,1
[ו]ל[ה]תהלך [צד]יק בכול [	(I)	1Q51 3
ויבכוהו]ארבעים יום כול אנש[י ביתו	(III)	2Q19 2
עשרה]שבו[עי] שנים כ[ול ימי חיי יוסף]	(III)	2Q20 1,1
ואין כול רעה]כול י[מ]י חיי יוסף	(III)	2Q20 1,2
] / הוא בכל דרכיו ֿדבריֿו ולא[	(III)	2Q22 II,3
] / יתנם למֹשפטֹ וכל[	(III)	2Q22 II,4
]◦ר תעשו כל / [	(III)	2Q23 1,4
]כל מסלות[	(III)	2Q23 6,2
]משול בכל [	(III)	2Q23 6,3
כ]ולֹ[	(III)	2Q25 3,2
ת]מֹהון כול ◦[	(III)	2Q33 5,1
]כֹוֹלֹ אשר ישמחוֹ[בכה	(III)	3Q6 1,1
ע]ל פני כו[ל	(III)	3Q10 1,2
]◦שרי כל א◦[	(III)	3Q11 1,3
וכלוֹה / משקל ככרין שבעשרה	(III)	3Q15 I,3
הכל של הדמע והאצרה שבע ומעסר / שני	(III)	3Q15 I,10
קסאות כל שש מאות ותשעה	(III)	3Q15 III,4
בצחֹיאת גר פלע / כל שבה חרם	(III)	3Q15 IX,16
וכלכליֹה וכסף ככ 60	(III)	3Q15 XII,5
הכֹל ככרין שש מאות	(III)	3Q15 XII,7
הכל משקל ככרין 71 מנין עסרין	(III)	3Q15 XII,9
ופרוט כלֹ / אחד ואח[ד]	(III)	3Q15 XII,12
התפזרו כול מסנאיך	(XVI)	4Q88 VIII,7
ערבה / באף תשבוחתך ציון מעל כל / תֹבל	(XVI)	4Q88 VIII,8
בכֹוֹל מודי אני / [אה]בֹתֹיך	(XVI)	4Q88 VIII,10
כ]יֹ בא לשפט אתֹ / כל מעֹ[ש]הֹ	(XVI)	4Q88 IX,6
יהללו ֿגאֿ כל כוכבי נשף	(XVI)	4Q88 X,6
ויֹתֹפֹרֹדו כול[פו]עֹלי / און	(XVI)	4Q88 X,12
ויצילכה מכול חמס וֹ◦[	(V)	4Q158 1-2,8
ואת כולֹ [האותות	(V)	4Q158 1-2,15
אם כול השדה יבעה	(V)	4Q158 10-12,7
]אֹוֹ שור או שה או כול בהמה לשמֹוֹרֹ[	(V)	4Q158 10-12,11
]ר וכול הרוֿחֿות / [	(V)	4Q158 14i2
אתֹ ◦[ ]ותיו ולכפר לכול פשעיה[ם	(V)	4Q159 1ii2
רק פֹ[עם] אחת יתננו כול ימיו	(V)	4Q159 1ii7

Text	Vol.	Reference
ו]חמשה שקל הכול[	(V)	**4Q159** 1ii9
אל יהיו כלי גבר על אשה כול [	(V)	**4Q159** 2-4,6
ונענש שני מנים / ושלח כול ימיו	(V)	**4Q159** 2-4,10
ושלח כול ימיו כול[	(V)	
]כול[	(V)	**4Q159** 5,8
וידעו כול עמי ארצותיכה[	(V)	**4Q160** 3-4ii5
ואין כמוהו ובכול ערי ה◦[	(V)	**4Q161** 5-6,12
]כול הגואים וגבורים יחתו	(V)	**4Q161** 8-10,4
ובכול הג[ואי]ם ימשול	(V)	**4Q161** 8-10,20
] / [כו]ל העמים תשפוט חרבו	(V)	**4Q161** 8-10,21
בכל זאת לא שב / [אפו	(V)	**4Q162** II,9
ועלה] על כל אפיקו	(V)	**4Q163** 2-3,2
והלך על כל גדו[תיו	(V)	
י]שראל בכול / [	(V)	**4Q163** 4-7i3
אל תש]מחי / [פלשת כ]ולך	(V)	**4Q163** 8-10,12
כ[ול הבאיש על עם לוא יועילו] / [למו	(V)	**4Q163** 21,14
]ה כול ◦[ ]ם ה◦[	(V)	**4Q163** 23ii1
אשרי כול חוכי לו	(V)	**4Q163** 23ii9
]ך כול ישראל כפיך בעוך	(V)	**4Q164** 1,1
ושמתי כדכד] / כול שמשותיך	(V)	**4Q164** 1,4
הנעדרות מהמה כשמש{{ל}} בכול אורו	(V)	**4Q164** 1,6
]◦ וכולם הלוא[	(V)	**4Q164** 2,1
]◦עמוד כיא אל כול [	(V)	**4Q164** 2,2
והשבתי כול משושה / ח[גה חד]שה	(V)	**4Q166** II,14
ושבתה וכול מועדיה	(V)	**4Q166** II,15
]לים [א]ותם בכול[	(V)	**4Q167** 7-9,2
]וכול / [	(V)	**4Q167** 21,2
]כול מכ◦[	(V)	**4Q167** 26,1
פ]שרו הים הם כל הכ[תיים	(V)	**4Q169** 1-2,3
הוי עיר הדמים כולה [כחש פר]ק מלאה	(V)	**4Q169** 3-4ii1
והיה כול רואיך ידודו ממך	(V)	**4Q169** 3-4iii2
יגלו מעשיהם הרעים לכול ישראל	(V)	**4Q169** 3-4iii3
גם] / עילוליה ירוטשו בראש כל חוצות	(V)	**4Q169** 3-4iv2
וכול ג[דו]ל[יה רותקו] / בזקים	(V)	
]כול גבול ישרא[ל] לים[	(V)	**4Q169** 5,2
פשרו על כול השבים / לתורה	(V)	**4Q171** 1-2ii2
כיא כול הממרים / לשוב מעונם יכרתו	(V)	**4Q171** 1-2ii3
פשרו על כול הרשעה לסוף / ארבעים השנה	(V)	**4Q171** 1-2ii6
ולוא ימצא בארץ כול איש / [ר]שע	(V)	**4Q171** 1-2ii7
ונצלו מכול פחי / בליעל	(V)	**4Q171** 1-2ii9
ואחר יתענגו כול ב[ ]י הארץ	(V)	**4Q171** 1-2ii10
והתדשנו בכול תענוג / בשר	(V)	
ולהם כול נחלת / אדם	(V)	**4Q171** 1+3-4iii1
כול אשר לוא יצא[ו	(V)	**4Q171** 1+3-4iii4
כלו כעשן כולו	(V)	**4Q171** 1+3-4iii7
ה[ ]ם נחלת כול ה[ ]◦ל[	(V)	**4Q171** 1+3-4iii10
בכול דרכו יחפץ	(V)	**4Q171** 1+3-4iii14
א]מר כול[	(V)	**4Q172** 1,1
]כול מה[	(V)	**4Q172** 5,3
]ש כול[	(V)	**4Q172** 7,2
]כול[	(V)	**4Q172** 12,1
ו[הניחו]תי לכה מכול אויביכה	(V)	**4Q174** 1-2i7
אשר יניח להמה מכ[ול] / בני בליעל	(V)	
ועשו את כול התורה[	(V)	**4Q174** 1-3ii2
]ובקש בכול כוחו לבזרמה / [	(V)	**4Q174** 4,5
]ה בכול החוזים[	(V)	**4Q174** 5,4
]כול אשר צונו עשו את כול[	(V)	**4Q174** 11,2
]כול אשר צונו עשו את כול[	(V)	
]כול[	(V)	**4Q174** 12,2
היטיבו כול אשר דברו	(V)	**4Q175** 2
ולשמור את כול / מצותי כול היומים	(V)	**4Q175** 3
ולשמור את כול / מצותי כול היומים	(V)	**4Q175** 4
וידבר אליהםה את כול אשר אצונו	(V)	**4Q175** 6
וקרקר את כול בני שית	(V)	**4Q175** 13
להיות פ[ח י]קוש לעמו ומחתה לכול שכניו	(V)	**4Q175** 24
כיא לקחה מיד •••• כפלים בכול חטותיהא	(V)	**4Q176** 1-2i6
כול גיא ינשא	(V)	**4Q176** 1-2i7
א]ל[והי כו]ל [הא]רץ יקרא	(V)	**4Q176** 8-11,7
]◦ על כול א[יש	(V)	**4Q176** 17,3
]לטו דרכי כול ◦◦◦◦◦◦[	(V)	**4Q176** 18,2
]בכול קללת[	(V)	**4Q176** 21,2
]כיא הוא ברא את כול[	(V)	**4Q176** 22,2
]כול[	(V)	**4Q176** 54,1
והסיר יהוה] ממכה כול חלי [	(V)	**4Q177** 1-4,2
ו]היו כאש לכול תבל	(V)	**4Q177** 1-4,7
]עתה הנה הכול כתוב בלוחות אשר[	(V)	**4Q177** 1-4,12
]כיא כולם ילדים[	(V)	**4Q177** 5-6,4
]מיהודה בכול העמ[י]ם[	(V)	**4Q177** 9,6
]◦ל אנשי בליעל וכול האספסוף / [	(V)	**4Q177** 10-11,4
]מלאך אמתו יעזור לכול בני אור	(V)	**4Q177** 12-13i7
לעוזרם מכול רוחו[ת	(V)	**4Q177** 12-13i9
ב]ל[יע]ל וכול אנשי גורלו	(V)	**4Q177** 12-13i11
] לעד ונאספו כול בני א[ור	(V)	
ואדי[ר]י כול חפצי[בם	(V)	**4Q177** 14,2
ו]פיק[ב]רכים וחלחלה בכול מתנ[ים	(V)	**4Q177** 14,3
]שר כל עוונותינו	(V)	**4Q179** 1i2
]◦יהודה לקרותנו כל אלה ברוע [	(V)	**4Q179** 1i3
הוי כל ארמונותיה שממו / [	(V)	**4Q179** 1i10
]◦ ובאי מועד אין בם כל ערי / [	(V)	**4Q179** 1i11
]כול איבינו / [	(V)	**4Q179** 1i14
]◦ים שרתי כל לאומ[ים] שוממה כעזובה	(V)	**4Q179** 2,5
וכל [בנ]ותיה עזוב[ות	(V)	
כל ארמונתיה וחו[מותיה] / כעקרה	(V)	**4Q179** 2,6
וכמסככה כול אורחו[ת]יה	(V)	**4Q179** 2,7
וכל בנותיה כאבלות על על בע[לן	(V)	**4Q179** 2,8
ולהנחיל רשעה כל ◦[	(V)	**4Q180** 1,9
] / [ ]שה כל ◦◦◦◦לא אד◦[	(V)	**4Q180** 2-4ii7
]וארא כיא הכול[	(V)	**4Q180** 2-4ii9
] / לעיני כול יודעיו ◦◦ש[	(V)	**4Q181** 2,5
] / בכול קצותם[	(V)	**4Q181** 2,9
] / כול הון רשעה	(V)	**4Q183** 1ii5
ואין נחלתה בתוך בכול / מאזרי {{◦}}נוגה	(V)	**4Q184** 1,7
והיאה ראשית כול דרכי עול	(V)	**4Q184** 1,8
הוי היה לכול נוחליה	(V)	
ושדדה לכ[ול] / תומכי בה	(V)	
שאו[לה] / כ[ו]ל[	(V)	**4Q184** 1,11
וכול נוחליה ירדו שחת	(V)	
] / כול[	(V)	**4Q184** 1,12
]לפניו תצא רעה לכל עם	(V)	**4Q185** 1-2ii8
וכל עמו גאל / והרג ש◦◦◦◦[	(V)	**4Q185** 1-2ii10
]◦◦[ ] / בכל עוז כחו ובכל [	(V)	**4Q185** 1-2ii15
ובכל [ ]◦ו לאין חקר	(V)	
] / אל כל חדרי בטן	(V)	**4Q185** 1-2iii12
אל]הים יבחן כל ◦◦[	(V)	**4Q185** 3,2
וכול ימיכה בני לאלהים הי[ה	(XIX)	**4Q200** 2,3
אמת היה[עושה כ]ול ימי ח[ייכה	(XIX)	**4Q200** 2,4
[ברוך אלהים]חי אשר לכול העולמים	(XIX)	**4Q200** 6,5
ורוממו] / [אותו לפני כו]ל חי	(XIX)	**4Q200** 6,9
לכו]ל [עולמים	(XIX)	**4Q200** 6,10
] כול / [	(XIX)	**4Q200** 7i3

וימח כול רשעם / בעבור חס[ד]יו	(XXXVI)	4Q215a 1ii3
כיא שלם קצהרשע וכול עולה ת[עבו]ר	(XXXVI)	4Q215a 1ii4
כול לש[ו]ן / תברכנו	(XXXVI)	4Q215a 1ii7
וכול אנש ישתחוו לו[	(XXXVI)	4Q215a 1ii8
בבו]א על[י]ה[ם] כל הדברים / [האלה	(XIII)	4Q216 I,15
ואתה כתוב לך]את [כ]ל[הדב]רים האלה	(XIII)	4Q216 I,17
וישתחוו לכ[ל מע]שי תעות[ם	(XIII)	4Q216 II,11
ו]אפיצם בכל הגוי[ם]	(XIII)	4Q216 II,15
[וישכחו חקותי וכל מצותי]וכל תורותי	(XIII)	4Q216 II,16
ויראה יהוה לעיני]כל	(XIII)	4Q216 IV,8
ובכל את התהו[מות] / מאפלה ושחר	(XIII)	4Q216 V,9
ונ[ברכהו] / על כל [מ]עשיו	(XIII)	4Q216 V,11
ואת כל ט[ל הארץ]	(XIII)	4Q216 VI,2
וליוב]לים ולכל תק[ופות השנים]	(XIII)	4Q216 VI,8
ואת]כל {ואת כ[ל} עוף] / [יעופף	(XIII)	4Q216 VI,12
ואת]כל {ואת כ[ל} עוף] / [יעופף	(XIII)	
[וביו]ם הששי את כל חי[ת הארץ	(XIII)	4Q216 VII,1
ובחיה ובכל הרמש ה[רומש על הארץ	(XIII)	4Q216 VII,3
וקדשם לו עם סגולה] / מכל הגוים	(XIII)	4Q216 VII,13
אשר ירצה לפניו] / כל הימים	(XIII)	4Q216 VII,14
]לכל ש[ני]העולם מן הבריא[ה	(XIII)	4Q217 2,2
]ם וכל[הנ]ברא עד היום א[שר	(XIII)	4Q217 2,3
]ב את כל[	(XIII)	4Q217 2,5
]לכל ב[	(XIII)	4Q217 15,1
כי] / קדוש הוא [מ]כל הימים	(XIII)	4Q218 2
כל [המחלל אתו מות יומת]	(XIII)	
[וכ]ל העשה בו מלאכה ונכרתה [לע]ו[ל]ם	(XIII)	4Q218 3
ואת כו]ל ה[ח]לב / [אשר על הקרבים	(XIII)	4Q219 I,34
ואת הכליות ו]כול החלב אשר עליהן	(XIII)	4Q219 I,35
למען תי]שר בכול מעשיכה	(XIII)	4Q219 II,12
ולהצ]ילך [מ]כול רשף	(XIII)	4Q219 II,22
ואבד שמכה וזכרכה מכו[ל הארץ]	(XIII)	4Q219 II,27
[סורה מכול מ]עשיהמה ומכול תועבותיהמה	(XIII)	4Q219 II,28
ועשה]רצונוה ותצלח בכול	(XIII)	4Q219 II,29
וברככה בכול מעשיכה	(XIII)	
לכול דורות הארץ	(XIII)	4Q219 II,30
[ושמכה מתח]ת השמים בכול היימים	(XIII)	4Q219 II,31
ואת [שאר זר]עכה לכול דורות עולמים	(XIII)	4Q219 II,33
לכול דורות עולמים בכול ברכו[ת האמת	(XIII)	
ולכל עוף אשר[יעופף בשמים]	(XIII)	4Q220 2
ת]קטיר הכול על המזבח אשה ריח ניחוח	(XIII)	4Q220 5
ו]אבד שמך[ו]זכרך מכול הארץ[	(XIII)	4Q221 1,4
{ומכול תועבתם וש[מור משמרת אל עליון]	(XIII)	4Q221 1,6
[ועשה רצונו ות]צלח בכול}	(XIII)	4Q221 1,7
וברככ[ה] בכו[ל מעשיך	(XIII)	
לכול דו[ות האר]ץ	(XIII)	4Q221 1,8
ושמך] / [מתחת השמים בכו]ל הי[מים	(XIII)	4Q221 1,9
ואין זכ]רון לכולמה בארץ	(XIII)	4Q221 2i2
כן ישמדו כול [עובדי] / [	(XIII)	4Q221 2i3
ויזכר] / את כול הרעות	(XIII)	4Q221 5,3
ובכול זה לוא יד[ע יעקוב כי המה באים	(XIII)	4Q221 5,5
[בכו]ל הימ[ים לפני יהוה	(XIII)	4Q221 7,8
[וימש]לו בכול מדרוך כף[רגל	(XIII)	4Q223-224 1i2
וי]משלו בכול ה[גוים כרצונם	(XIII)	4Q223-224 1i3
ואת כול / [מקניכה גזל מפניכה	(XIII)	4Q223-224 2i51
כי] / [כו]ל דרכיו ת[מ]ס	(XIII)	4Q223-224 2ii6
כיא כאבק לפנ[י רוח כ]ן כול שומרי עישאו	(XIII)	4Q223-224 2ii12
ואת הארץ]ואת הכול כא[חד	(XIII)	4Q223-224 2ii48
ותצליחו ב]כ[ו]ל [מע]שיכם ולו[א תאבדו	(XIII)	4Q223-224 2ii50
ואת הבירה כ]ול סביבות[יה	(XIII)	4Q223-224 2iii3
על דבר הרעב אשר יהי]ה על כו[ל הארץ	(XIII)	4Q223-224 2v19
שבע ע]ל כול א[ר]ץ [מצרים	(XIII)	4Q223-224 2v23
וימשילהו]על כול ארץ מצרים	(XIII)	4Q223-224 2v29
נת]תי לך את כול [	(XIII)	4Q226 4,3
כו]ל [ה]ימים ההמ[ה	(XIII)	4Q226 5,2
]אה לכול [	(XIII)	4Q226 12,2
]כול הצדיקים [	(XIII)	4Q227 1,1
]את כול ימי [	(XIII)	4Q227 1,3
ויעד על כולם / [	(XIII)	4Q227 2,3
ויכתוב את כול / [	(XIII)	4Q227 2,4
ואספ]ר לפנו מחלקת עתו וכל / [	(XIII)	4Q228 1i4
ואתמ[ה] את כל / [	(XIII)	4Q228 1i10
ותפשה עם כ[ל אוצרותיה]	(XXXVI)	4Q248 7
תכלינה] / כל אלה ישובו בנ[י ישראל	(XXXVI)	4Q248 10
כ]ל אשר אין ב[	(XXXV)	4Q249 1,4
]וזה / [הסרך ל]כ[ול צבאות העדה	(XXXVI)	4Q249e 1i-3,3
למספר] / כול צבא[ותם	(XXXVI)	4Q249e 1ii2
וכול רא[שי אבות העדה	(XXXVI)	4Q249e 1ii3
ואם תעודה תהיה] / לכול ה[קהל	(XXXVI)	4Q249e 1ii4
יבוא הכוהן רואש]כול[עדת ישראל]	(XXXVI)	4Q249f 1-3,1
[ו]כול[איש בני אהרון הכו]הנ[ים	(XXXVI)	4Q249f 1-3,2
יבוא הכוהן ר]וש כו[ל עדת ישראל]	(XXXVI)	4Q249h 1-2,7
[תעשו את כ]ל[המצות האלה ואם בחקתי	(XXXVI)	4Q249j 1,1
[אז תרצה הארץ את שבתתיה כ]ל ימי[השמה	(XXXVI)	4Q249l 2
כו]ל חברי[ך	(XXXVI)	4Q249p 7
]וכול ק[	(XXXVI)	4Q249q 4
]בכו[ל	(XXXVI)	4Q249z 76,2
]ות כול[	(XXXV)	4Q251 1-2,2
אל]יוצא איש ממקומו כל השבת	(XXXV)	4Q251 1-2,4
כ]תרומה כל חרם לכוהן	(XXXV)	4Q251 10,9
ו]כל המעל אשר ימעל / [איש	(XXXV)	4Q251 16,3
]◦ה חליפה היא כל אשר הכרת ע[ליו	(XXXV)	4Q251 18,5
]כול אשר לא נפש עליו מות בק[בר	(XXXV)	4Q251 18,6
]◦ כל[	(XXXV)	4Q251 19,2
ביום ההוא / נבקעו כול מעינות תהום רבה	(XXII)	4Q252 I,5
[לדרוש אל בכול לב ובכ]ול נפש	(XXVI)	4Q255 1,2
ולא]הוב כ[ו]ל[אשר] / [בחר	(XXVI)	4Q255 1,4
ובענות] / נפשו לכול חוקי אל יטהר בש[רו	(XXVI)	4Q255 2,3
להלכ תמימ בכול דרכי אל	(XXVI)	4Q255 2,5
]הכל רוחות בני איש / [	(XXVI)	4Q255 A,4
ולוא לשוב מאחרו] מכול פ[חד	(XXVI)	4Q256 II,2
ביד כול [משלמי גמולים	(XXVI)	4Q256 III,1
]וכול העוברים בברית / [אומרים	(XXVI)	4Q256 III,3
לכול דבר לתורה[ולהון	(XXVI)	4Q256 IX,3
ואהבת] / חסד והצנע לכת בכול דרכיהמה	(XXVI)	4Q256 IX,4
ליחד [ל]כול[המתנדב לקודש באהרון	(XXVI)	4Q256 IX,5
וכול הבא [לעצת היחד	(XXVI)	4Q256 IX,6
לשוב אל תורת משה בכול לב ו[בכול נפש	(XXVI)	4Q256 IX,7
ולהבדל מ[כו]ל אנשי העול	(XXVI)	4Q256 IX,8
לכול תורה ומשפט	(XXVI)	4Q256 IX,10
כי הבל כו]ל אשר לוא י[דעו את בריתו	(XXVI)	4Q256 IX,12
וכול המת[נדב מישראל	(XXVI)	4Q256 XI,8
ונשאלו] הכול[על דבריו	(XXVI)	4Q256 XI,11
בכול / [הנגלה להם	(XXVI)	4Q256 XVIII,2
להשכילם בכול הנמצא	(XXVI)	4Q256 XVIII,3
איש אשר לוא הסיר דר]כו מכול עול[	(XXVI)	4Q256 XVIII,4
לר]אשי מועדים בכול קץ נהיה	(XXVI)	4Q256 XIX,3
וא]דעה כ[י בי]דו משפט כול חי	(XXVI)	4Q256 XX,5
כיא את אל מ]שפט כול חי	(XXVI)	4Q256 XX,7
] ככול א[שר] / [	(XXVI)	4Q256 XXIII,2

וכול האב אשר בתוכו קודש	(XXXV)	4Q**265** 7,14
בכול קודש [לא תגע	(XXXV)	4Q**265** 7,17
]ל[ ]כול [	(XXXV)	4Q**265** b,6
ישמי]ד אל את כול מעשיה	(XVIII)	4Q**266** 1a-b,3
[מספר י]מים אשר חי כ[ו]ל [	(XVIII)	4Q**266** 1a-b,7
]ועתה שמעו כול יודעי / [צ]דק	(XVIII)	4Q**266** 2i6
כי ריב לו עם] כול בשר	(XVIII)	4Q**266** 2i7
ומשפט יעשה / בכול מנא[צו	(XVIII)	4Q**266** 2i8
ומכול שבילי חט[אים אזיר אתכם	(XVIII)	4Q**266** 2ii3
לכפר] / בעד כל שבי פ[שע	(XVIII)	4Q**266** 2ii5
להתהלך] / [ת]מים [ב]כול [דרכיו	(XVIII)	4Q**266** 2ii16
כו[לם קודחי אש ומבערי זיקות	(XVIII)	4Q**266** 3ii1
כי כ]ול[ם דרשוהו]	(XVIII)	4Q**266** 3ii13
ו]כול אשר הובא / [בברי]ת	(XVIII)	4Q**266** 3ii17
השבט ה[וא נ]שי [כו]ל [העדה	(XVIII)	4Q**266** 3iii21
[וקרקר א]ת כול בני שית	(XVIII)	4Q**266** 3iii22
[וכן מ]שפט / כול באים בבר[י]תו	(XVIII)	4Q**266** 3iii24
[וידקרום ?] כול מוררים	(XVIII)	4Q**266** 3iv2
וכול הנשא[רים	(XVIII)	4Q**266** 5i12
]ות ירחק{{◦}}ו לפי המבקר ו[כו]ל / [	(XVIII)	4Q**266** 5i14
יתהל]כו בם ⟦ ⟧ כול שבי ישראל ◦[	(XVIII)	4Q**266** 5i15
]בם לכול ישראל כי לויוש[יע אל	(XVIII)	4Q**266** 5i18
]ת כל ◦◦[ ]א / [	(XVIII)	
]כי לכול ישרי לבב בי[ש]ראל / [	(XVIII)	4Q**266** 5ic-d,2
]ין וכול א[שר נקל בלשונו	(XVIII)	4Q**266** 5ii1
במחני]הם [ו]עריהם בכ[ול	(XVIII)	4Q**266** 5ii15
כול איש א[שר זו]ב יז[וב] / מבשר[ו	(XVIII)	4Q**266** 6i14
]כול {{נגע}} / [	(XVIII)	4Q**266** 6ie,2
]וכול הלקט[עד סאה לבית ה]סא[ה]	(XVIII)	4Q**266** 6iii5
ו]כול {{עצי הפרי}} וכל עצי המ[אכל	(XVIII)	4Q**266** 6iv2
ו]כול {{עצי הפרי}} וכל עצי המ[אכל	(XVIII)	
[ופשע] ול[ו] אבה ל[כו]ל יו[	(XVIII)	4Q**266** 7i5
] כול המחנה / [	(XVIII)	4Q**266** 7ii6
[הנמצא לעשות בכו]ל קץ [הרשע	(XVIII)	4Q**266** 8i1
לשוב אל תורת מוש[ה]בכול לב ובכול נפש	(XVIII)	4Q**266** 8i3
לשוב אל תורת מוש[ה]בכול לב ובכול נפש	(XVIII)	
וכול אשר נגלה מן התורה	(XVIII)	4Q**266** 8i4
וכול היותו אויל / [ומ]שוגע אל יבו	(XVIII)	4Q**266** 8i6
וכול פתי ושוגה וכה עינים	(XVIII)	4Q**266** 8i7
וכן לכול לוק[ח אשה] / והואה בעצה	(XVIII)	4Q**266** 9iii4
[וזה מושב המחנות לכו]ל זרע / [ישראל	(XVIII)	4Q**266** 9iii11
וכול [המתהלכים באלה ברית אל]	(XVIII)	4Q**266** 9iii19
וה]מבקר שלכול / [המחנות	(XVIII)	4Q**266** 10i1
בעול]בכול ס[ו]ד / [אנשים	(XVIII)	4Q**266** 10i2
ו]לכול לשו[ן ולמשפחותם	(XVIII)	4Q**266** 10i3
וכול הד[בר אשר] יהיה לכול [האד]ם	(XVIII)	4Q**266** 10i4
וכול הד[בר אשר] יהיה לכול [האד]ם	(XVIII)	
לכול ר[יב ומשפט	(XVIII)	4Q**266** 10i5
ו]זה סרך הרבי[ם] להכין כול / [חפציהם	(XVIII)	
ולכול / [עבודת החבר	(XVIII)	4Q**266** 10i9
וכול המואס במשפטים / האלה	(XVIII)	4Q**266** 11,5
על פי כול החוקים הנמצאים בתורת מושה	(XVIII)	4Q**266** 11,6
לו יחשב / בכול בני אמתו	(XVIII)	4Q**266** 11,7
[וא]מר ברוך את אונ הו הכול	(XVIII)	4Q**266** 11,9
ובידיך הכול ועושה הכול	(XVIII)	
ובידיך הכול ועושה הכול	(XVIII)	
וכול {{יו}} / [יושבי] המחנות יקהלו	(XVIII)	4Q**266** 11,16
המשפטים אשר יעשו בכול קץ / [הפקודה	(XVIII)	4Q**266** 11,18
את אשר יפק]דו [בכו]ל קצי החרון	(XVIII)	4Q**266** 11,19
ומסעיהם לכול / [יושב מחניהם	(XVIII)	

לדרוש אל בכול ל]ב ובכו[ל] / [נפש	(XXVI)	4Q**257** I,1
צוה ביד מושה וביד כ]ול / [	(XXVI)	4Q**257** I,2
והלויים מקללים את כול אנשי גורל בל[י]על	(XXVI)	4Q**257** II,1
ארור / [א]תה[בכו]ל[מעשי רשע]אשמתכה	(XXVI)	4Q**257** II,2
יתנכה אל זעוה ביד כול נוקמ[י] / [נקם	(XXVI)	
ולוא יט]הר[בכו]ל[מי רח]ץ[	(XXVI)	4Q**257** III,7
ויהכין פעמיו להלך תמ]ים בכול[דרכי אל	(XXVI)	4Q**257** III,13
וטהר]ת כבוד מתעבת כול גלולי / [נדה	(XXVI)	4Q**257** V,2
להשיב מכל רע ולהחזיק בכל אשר צוה	(XXVI)	4Q**258** I,1
להשיב מכל רע ולהחזיק בכל אשר צוה	(XXVI)	
ומשיבים על פי הרבים לכל דבר	(XXVI)	4Q**258** I,2
ואהבת[חסד וה]צנע לכת בכל דרכיהם	(XXVI)	4Q**258** I,3
ליחד לכל / המתנדב לקדש באהרן	(XXVI)	4Q**258** I,4
וכל הבא לעצת / [היח]ד	(XXVI)	4Q**258** I,5
ל[שוב א]ל [ת]ורת מש[ה]בכל לב ובכל נפש	(XXVI)	4Q**258** I,6
ל[שוב א]ל [ת]ורת מש[ה]בכל לב ובכל נפש	(XXVI)	
ובכל נפש כל הנגלה מן / הת[ורה	(XXVI)	
על פיהם לכל / [תורה]ומשפט	(XXVI)	4Q**258** I,8
כי הבל כל אשר[לא ידעו] / [את בריתו	(XXVI)	4Q**258** I,10
וטמא בכ]ל[הונם]	(XXVI)	4Q**258** I,11
ולפקוד את כל חקיו אשר צוה	(XXVI)	4Q**258** II,1
להשמע הכול איש לרעה[ו]הקטן לגדול	(XXVI)	4Q**258** II,3
]ובאלה יתהלכו בכל מגוריהם	(XXVI)	4Q**258** II,6
בכל מגוריהם כל הנמצא את רעהו	(XXVI)	
ו]ב[כ]ל[מקום אשר יהיה שם עשרה] / אנשים	(XXVI)	4Q**258** II,7
לע]שות כל[הנגלה] / ע[ת בעת	(XXVI)	4Q**258** VI,7
]כל ה[בא]ל[עצת הקודש	(XXVI)	4Q**258** VI,12
יבדלו בית אהרון לקודש לכל ה[	(XXVI)	4Q**258** VII,6
להשכילם בכל הנמצא לעשות	(XXVI)	4Q**258** VIII,4
להבדל]מכל איש אשר לא הסיר דרכיו	(XXVI)	4Q**258** VIII,5
איש אשר לא הסיר דרכיו מכול עול	(XXVI)	
וב]כל ממשלו כאש[ר צוה	(XXVI)	4Q**258** VIII,8
וכ]ל הנעשה בו ירצה כנדבה	(XXVI)	
לראשי מועדים בכל קץ נהיה	(XXVI)	4Q**258** IX,2
ובכל היותי חוק [ח]רות ב[לשוני	(XXVI)	4Q**258** IX,7
אזמרה / ברעת וכל נגינתי לכבוד אל[	(XXVI)	4Q**258** IX,8
והתהלך עם כול / [במדת] האמת	(XXVI)	4Q**259** II,12
למש[כיל להתהלך בה]ם עם כול חי	(XXVI)	4Q**259** III,7
לע]שות רצון אל ככול הנגלה [לעת בעת]	(XXVI)	4Q**259** III,8
לה[לך תמים איש]את רעיו בכל הנגלה להם	(XXVI)	4Q**259** III,18
ולהמשילם בכול / [הנמצא	(XXVI)	4Q**259** III,19
לעשות רצון בכ]ול משל[ח כפים]	(XXVI)	4Q**259** IV,5
וב[כ]ול [ממשלו כ]אשר[צוה	(XXVI)	4Q**259** IV,6
לעשות רצון בכו]ל משלוח / [כפים	(XXVI)	4Q**260** I,1
ובכול ממשלו כאשר צוה]וכול הנעשה	(XXVI)	4Q**260** I,2
ועל חסד[יו אשען] / כול היום	(XXVI)	4Q**260** IV,3
משפט כול חי[בידו	(XXVI)	
כ[י]את אל[משפט] / כול חי	(XXVI)	4Q**260** IV,6
[אר]חם על כול סוררי דרך	(XXVI)	4Q**260** V,1
] / נכסו לכול קד[ושי	(XXVI)	4Q**262** A,1
הכן ב[צד]ק כל מעש[יו]	(XXVI)	4Q**264** 3
אתה ה]ורית כל דעה	(XXVI)	4Q**264** 5
וכל הנהיה / [ברצונך היה	(XXVI)	
ולהשכיל בכל מחשבת / [קדשך	(XXVI)	4Q**264** 6
ולהתבונן]בכל נפלאותיך	(XXVI)	4Q**264** 7
אל ידבר]בכול דברי עבודה	(XXXV)	4Q**264**a 1,6
] / ועץ וכול גוש ◦[	(XXXV)	4Q**264**a 2-3,6
[ואיש אשר ישקר] / בדעתו בכול דבר	(XXXV)	4Q**265** 4i11
]מכול זרועי האד[מה	(XXXV)	4Q**265** 5,1
]בכול כל[	(XXXV)	4Q**265** 5,3

הנה הכו]ל[על [מ]דר[ש] התורה / [האחרון	(XVIII)	4Q**266** 11,20
]◦ כו[ל	(XVIII)	4Q**266** 16b,1
]ת כול[	(XVIII)	4Q**266** 52,3
]ר כול בשר ובר[יאה] / [	(XVIII)	4Q**267** 1,8
אשר קרא] / אל א[ת כ]ולם שרי[ם]	(XVIII)	4Q**267** 2,13
כי כול[ם דרשוהו	(XVIII)	
ועמהם]כול מרש[יעי יהודה]	(XVIII)	4Q**267** 3,3
] / וכ[ו]ל [הנ]שארים [	(XVIII)	4Q**267** 5ii6
כ]ול א[שר	(XVIII)	4Q**267** 5iii1
]וכול כהה [עיני]ם או [	(XVIII)	4Q**267** 5iii2
]וכול אשר נקל בל[שונו	(XVIII)	4Q**267** 5iii3
נק]פו אחד משלושים וכול / [	(XVIII)	4Q**267** 6,5
[וכו]ל / [האובד ולוא נודע מי גנבו	(XVIII)	4Q**267** 9i5
כו]ל אשם / [מושב אשר אין בעלים	(XVIII)	4Q**267** 9i7
ואיש מכו]ל [באי ברית] אל	(XVIII)	4Q**267** 9iv11
[וסרך מושב כ]ול המ[ח]נות	(XVIII)	4Q**267** 9v6
יפקדו [כו]ל[ם] בשמ[ות]יהם	(XVIII)	
[כן יש]ב[ו וכן ישאלו] לכול	(XVIII)	4Q**267** 9v10
ובכול משפטי התורה לדברם / [כ]משפטם	(XVIII)	4Q**267** 9v12
וה[מבקר אשר] ל[כו]ל מחנות	(XVIII)	4Q**267** 9v13
כ]ול / [	(XVIII)	4Q**268** 1,1
ויבינו בכול נהיות עד מה יבוא במה	(XVIII)	4Q**268** 1,8
ועתה שמעו לי כול יודעי צדק	(XVIII)	4Q**268** 1,9
ו]משפט יעשה בכול מנאציו	(XVIII)	4Q**268** 1,10
השבט הואה] / [נשי]א כ[ול העדה	(XVIII)	4Q**269** 5,4
]אל יבא איש כול ע[ור ובגד]	(XVIII)	4Q**269** 8ii3
איש טהור מ]כול טומא[ה]	(XVIII)	4Q**269** 8ii5
]כל / [	(XVIII)	4Q**270** 2i21
ראש]ית כל אשר להם	(XVIII)	4Q**270** 2ii7
ועתה שמעו לי כל יודעי צדק	(XVIII)	4Q**270** 2ii19
על שתי] חלות התרומה לכל בתי ישראל	(XVIII)	4Q**270** 3ii19
ומכל הזהב ו[הכסף והנחשת	(XVIII)	4Q**270** 3iii20
המארדים] לא תקח מיד[ו כ]ל / [	(XVIII)	4Q**270** 4,7
וכל] / [היותו אויל ומשוגע וכ]ל פותה	(XVIII)	4Q**270** 6ii8
כל [א]יש מבאי הב[רית אשר י]ביא	(XVIII)	4Q**270** 6iii17
אל יטהר בם כל כלי וכל גבא [בסלע	(XVIII)	4Q**270** 6iv21
אל יטהר בם כל כלי וכל גבא [בסלע	(XVIII)	
וכל נפש אד[ם אשר תפול אל מקום מים	(XVIII)	4Q**270** 6v19
א[שר ישפטו]בם כל המתיסרים	(XVIII)	4Q**270** 7i15
כל אי[ש] אשר / [יתיס]ר ? יבוא	(XVIII)	
וכל המו[אס במשפטי]ם / האלה	(XVIII)	4Q**270** 7i19
על פי כל החוקים הנמצ{{ו}}אי[ם בתורת משה	(XVIII)	4Q**270** 7i20
אשר [יפ]קידו בכל קצי החרון	(XVIII)	4Q**270** 7ii13
ומס[עיהם] לכל ישב [מ]חניהם	(XVIII)	4Q**270** 7ii14
וכל י[שב ערי]הם	(XVIII)	
הנה הכול כ[תוב] / על מדרש [ה]תורה	(XVIII)	
ומכו[ל] / הזהב והכסף [והנחושת	(XVIII)	4Q**271** 2,8
אל יב[א איש]כול עור ובגד	(XVIII)	4Q**271** 2,10
ומן / כל הכל[י אשר יעשה מ]לאכה בהם	(XVIII)	4Q**271** 2,11
] בכול אשר הוא יודע אשר ימצא ◦◦◦◦[	(XVIII)	4Q**271** 3,6
בתו יתן איש לאי]ש את כול מומיה יספר לו	(XVIII)	4Q**271** 3,8
וכול / [אשר עליה ש]ם רע בבתוליה	(XVIII)	4Q**271** 3,12
כי בה הכול מד[וקדק	(XVIII)	4Q**271** 4ii4
מכול אלה הנה הוא[מדו]קדק	(XVIII)	4Q**271** 4ii5
תשמור להקים כול שב[ועת אסר	(XVIII)	4Q**271** 4ii8
וכול נפש אדם אשר תפול / [אל מקום מים	(XVIII)	4Q**271** 5i10
כו]ל איש אשר ימשולו בו רוחות בליעל	(XVIII)	4Q**271** 5i18
וכול אשר יתעה לחלל את השבת	(XVIII)	4Q**271** 5i19
[והספחת מכת עץ ו]אבן וכול מכה	(XVIII)	4Q**272** 1i2
כ[ול איש] / [אשר יזוב מבשרו	(XVIII)	4Q**272** 1ii3
וכ[ול] / [הנו]גע בה[	(XVIII)	4Q**272** 1ii9
בדד לכול הטמאים ישב	(XXXV)	4Q**274** 1i1
ומערב צפון לכול בית מושב ישב	(XXXV)	4Q**274** 1i2
איש מכול הטמאים [אש]ר [יגע] בו	(XXXV)	4Q**274** 1i3
טמא טמא / יקרא כול ימי היות[בו הנ]גע	(XXXV)	4Q**274** 1i4
אל תגע בזב ובכול כלי [א]שר יגע בו הזב	(XXXV)	
ובכול מודה[א]ל תתערב בשבעת / ימיה	(XXXV)	4Q**274** 1i5
וגם אל תגע בכול אשה[זב]ה	(XXXV)	4Q**274** 1i6
ה[איש הנ]וגע באדם מכול / הטמאים האלה	(XXXV)	4Q**274** 1i8
עד אשר ישנה / [כו]ל נוגע בשכבת הזרע	(XXXV)	4Q**274** 2i4
מאדם עד כול כלי יטבול	(XXXV)	
ורח[ץ] / [ולבש כו]ל הבגד	(XXXV)	4Q**274** 2i7
ולכול הקודשים יכבס א[יש] במים	(XXXV)	4Q**274** 2i9
] / וכול[	(XXXV)	4Q**274** 2ii7
וכול חוקיה[ם]◦ים / [	(XXXV)	4Q**274** 3i2
וכול / [אש]ר ימעכו ויצא משקיהם	(XXXV)	4Q**274** 3i6
] / וכול אשר יש לו חותם [	(XXXV)	4Q**274** 3ii3
יטמא] / לטהור יותר כול הירק	(XXXV)	4Q**274** 3ii4
אל יוכלו] / בשדה בכול מודו	(XXXV)	4Q**274** 3ii9
] / כול כלי חרש אשר יפ[ו]ל [שרץ לתוכו	(XXXV)	4Q**274** 3ii10
[ואסף] איש טהור מכול טמאת ערב	(XXXV)	4Q**277** 1ii2
וכול [הנוגע באפר והנושא]	(XXXV)	4Q**277** 1ii3
וכל אשר יגע [בו]	(XXXV)	4Q**277** 1ii10
כו]ל הנוגע בהם [	(XXXV)	4Q**277** 2,4
]◦ הכול ונגע ◦[	(XXVI)	4Q**279** 3,1
אר]ור אתה מלכי רשע בכול מח[שבות	(XXIX)	4Q**280** 2,2
ולוא יהיה לכה שלו[ם] בפי כול אוחזי אבו[ת	(XXIX)	4Q**280** 2,4
ועל] / [דבר]י כול חוזי אמ[תו	(XXIX)	4Q**280** 2,7
וכ]ול המואס לבוא [בברית אל	(XXIX)	
[לכהני]ם לויים כל שבט ◦◦ל[הם]חלק	(XXXVI)	4Q**281**f 1
] כל / ◦◦◦ [	(XXXVI)	4Q**282**e 1i16
]וכל / [	(XXXVI)	4Q**282**j 6
ולקח את כ[ל	(XXXVI)	4Q**282**s 1
ש]בת לכול [שב]ועי / [	(XXXV)	4Q**284** 1,3
]בכול אשר נגע ב[	(XXXV)	4Q**284** 2i2
לה]טהר במה מכול טמ[את]ם ל[	(XXXV)	4Q**284** 3,5
]מכול [	(XXXV)	4Q**284** 10,1
כא[שר ימ]עכ כולם	(XXXV)	4Q**284a** 1,5
אל יגאלם בכ[ול מו]דו לגלעם	(XXXV)	4Q**284a** 1,7
]מא◦[ ]ם לכו[ל	(XXXV)	4Q**284a** 2,1
נשי]א העדה וכול ישר[אל	(XXXVI)	4Q**285** 4,2
וא]ין כול נגע[ומכשול בעדתכם	(XXXVI)	4Q**285** 8,9
]שנה וכו[ל	(XXXVI)	4Q**285** 9,1
ואופניהמה וכול סודי[המה] / מוסדי אש	(XI)	4Q**286** 1ii2
]ם בעוז הדרמה וכול רוחי משאי מקד[ש] / [	(XI)	4Q**286** 2,1
יברכו בי]חד כולמה את שם קודשכה / [	(XI)	4Q**286** 2,4
] ב[כ]ול עבודתמ[ה	(XI)	4Q**286** 3,3
]◦◦ וכול רוחי ממשלות / [	(XI)	4Q**286** 3,5
]◦◦ה הארץ וכול [א]שר [עליה	(XI)	4Q**286** 5,1
תבל וכול] יושבי בה אדמה וכול מחשביה◦	(XI)	
[ארץ וכו]ל יקומה[הרים וכו]ל גבע[ו]ת	(XI)	4Q**286** 5,2
הרים וכו]ל גבע[ו]ת גיאות וכול אפיקים	(XI)	
גיאות וכול אפיקים ארץ ציי[ה	(XI)	
וכול מדברי חור[ב	(XI)	4Q**286** 5,3
וכול ארזי לבנ[ון	(XI)	4Q**286** 5,5
דגן ת]ירוש ויצהר וכול תבנואבות[	(XI)	4Q**286** 5,6
] וכול תנופות תבל בחדשים שנ[ים	(XI)	4Q**286** 5,7
]ם וכול נחלים יארי מצולות [	(XI)	4Q**286** 5,10
כ]ול סודיהמה א[	(XI)	4Q**286** 5,12
וכו]ל בחיריהמה / [	(XI)	4Q**286** 7i2

4Q**286** 7i3 (XI)] וכול [י]דעיהמה בתהלי / [
4Q**286** 7i6 (XI) ס]וד אלי טוהר עם כול ידעי עולמים
4Q**286** 7i7 (XI) בכול [קצי עו]ל[מים] אמן אמן
4Q**286** 7i8 (XI) כ]ול מ◦◦[ ]אמתו
4Q**286** 7ii1 (XI) יומרו כולמה ביחד אמן אמן
4Q**286** 7ii2 (XI) ואת כול גורל אשמתו
4Q**286** 7ii3 (XI) וארורים כול רו[חי גו]רלו במחשבת רשעמה
4Q**286** 7ii6 (XI) וזעומים / כול בני בלי[על
(XI) בכול עונות מעמדמה עד תוממה
4Q**286** 7ii7 (XI) ורו[ח האב]דון בכו[ל] מחשבות
4Q**286** 7ii9 (XI) ורשעתכ]ה עם כול ג[ולי שאו]ל
4Q**286** 7ii11 (XI) [וארורים כ]ול עוש[י מחשבות רשע]תמה
4Q**286** 10,1 (XI)]בכול ת[
4Q**286** 14,2 (XI) יי]סרו בכול[
4Q**287** 1,3 (XI)]◦מה בכול מועדי / [
4Q**287** 1,4 (XI)]כולמה אמן אמן
4Q**287** 2,7 (XI) ירננו רוחי קודש]קודשים בכול מועד[י
4Q**287** 2,9 (XI)]מה וכול משרתי ק[ודש
4Q**287** 2,12 (XI)]כול משרת[יכה בתפארת]הדרמה
4Q**287** 3,2 (XI) ויבר]כוכה כול בריאות הבשר
(XI) כולמה אשרברא[תה
4Q**287** 3,3 (XI) ועוף ורמש ודג [י]מים וכול ◦◦[
4Q**287** 3,4 (XI) א]תה בראתה את כולמה מחדש[
4Q**287** 4,4 (XI)]◦ב בכול ◦◦[
4Q**287** 5,11 (XI) ויברכ]וכה ביח[ד] כולמה אמן א[מן
4Q**287** 6,1 (XI) יומרו] כולמה [ביחד אמן אמן
4Q**287** 6,3 (XI) וארורים כ]ול רוחי [גורלו במחשבת רשעמה
4Q**288** 1,3 (XI) לה]תם מעשיו מכול [חטא
4Q**288** 1,4 (XI) אל יקום ל]נפשו כול דבר כי ◦[
4Q**289** 1,5 (XI) מלאכי]הקודש בתוך כול [עדתם
4Q**289** 1,7 (XI)]כול [
4Q**289** 2,2 (XI)]ת כולמה ו◦◦[
4Q**289** 3,1 (XI)]ם כול זו◦[
4Q**290** 2 (XI)]◦ תמו כול [י]ומ[י ממשלת בליעל
4Q**291** 1,6 (XXIX) מ]עלה לכל ברכ[ה]ו◦[
4Q**291** 1,7 (XXIX)]◦כל[
4Q**291** 3,3 (XXIX)]הוא בשמו יתהללו כל / [
4Q**291** 3,5 (XXIX)] כול גדול אתה[
4Q**292** 2,4 (XXIX)]תה לה֯ם ביד כול עבדיכ הנבאים / [
4Q**293** 2,1 (XXIX)]אור וחושך וכול ◦[
4Q**293** 3,1 (XXIX)] כול [
4Q**293** 3,2 (XXIX)]בורכה כול[
4Q**294** 5 (XXXVI)]מכול צור[רים
4Q**298** 1-2i1 (XX) [דבר]י משכיל אשר דבר לכול בני שחר
(XX) האזי[נו לי כ]ול אנשי לבב
4Q**298** 1-2i2 (XX) ש[מע]ו למלי בכול / [מ]וצא שפת[י
4Q**298** 3-4i5 (XX)]בכול תבל / [
4Q**299** 1,5 (XX)]אנשי מחשבת לכול / [
4Q**299** 1,8 (XX)]ולכ[ול] / [
4Q**299** 3aii-b,3 (XX)] / וכול מעשה צדיק הטמ[אה
4Q**299** 3aii-b,8 (XX) עושר ימחה שמו מפי כול[
4Q**299** 3aii-b,10 (XX)] / עולם ומזמות כול מעשה ומח[שבות
4Q**299** 3aii-b,11 (XX)] / כול רז ומכין כול מחשבת
(XX)] / כול רז ומכין כול מחשבת
(XX) עושה כול[הנהיות
4Q**299** 3aii-b,15 (XX)]כול רז וחבלי כול מעשה ומה [
(XX)]כול רז וחבלי כול מעשה ומה [
4Q**299** 6i8 (XX)]א[ ]◦ל [ה]ריה כול / [
4Q**299** 6i9 (XX)]◦◦ כל צאצאי֯ה֯ / [
4Q**299** 6i12 (XX)]ו להרות לכול / [

4Q**299** 6i14 (XX)]◦כול מקויהם וחדר / [
4Q**299** 6i16 (XX)]◦ת כול גבורה / [
4Q**299** 6i17 (XX)] ומחזק כול / [
4Q**299** 6ii4 (XX)] / נסתרה מכול תומכ[י
4Q**299** 8,7 (XX)]יצר בינה לכול רודפי דעת וה◦[
4Q**299** 8,8 (XX)]כול שכל מעולם הוא לוא ישנה[
4Q**299** 9,4 (XX)]א עם כול צב[א
4Q**299** 10,3 (XX) ר]ם על כול גואים ישרא[ל
4Q**299** 10,5 (XX)]ושופטים לכול לא[ומים
4Q**299** 10,6 (XX)]◦ על כול מספרם ◦[
4Q**299** 10,8 (XX)]אתם לתכן כול עבודת[
4Q**299** 10,9 (XX)]כול ממ[ש]לותם ◦[
4Q**299** 12,2 (XX)]◦א כול מן[
4Q**299** 15,2 (XX) ח]זק[ות]לכו[ל
4Q**299** 21,3 (XX)]◦ לוא כול כוח וכ[
4Q**299** 21,4 (XX)]ואוצר כול[
4Q**299** 29,3 (XX)]כל חי ובמדה[
4Q**299** 31,2 (XX)]בכול ◦◦[
4Q**299** 36,1 (XX)]לכל כ◦[
4Q**299** 37,2 (XX)]כול מעשה ה[
4Q**299** 48,1 (XX) כו]ל עוב[רי
4Q**299** 48,2 (XX)]ובכול מ◦[
4Q**299** 54,4 (XX)]◦ בכול ◦◦◦ ל◦◦[
4Q**299** 59,3 (XX)] / בכול עוברי פיה[ו
4Q**299** 60,3 (XX)] סגולה מכול [העמים
4Q**299** 60,4 (XX)] וכול מלכי עמי[ם
4Q**299** 67,2 (XX)]◦ כול משפחות[
4Q**299** 67,4 (XX)]לים כל ר[
4Q**299** 69,3 (XX)]◦ כול האדם[
4Q**299** 76,3 (XX)] / כול אבות העדה[
4Q**299** 77,2 (XX)]כול בידכם[
4Q**299** 79,8 (XX)] כול העמים ◦◦[
4Q**299** 99,1 (XX)] לכול ל◦◦[
4Q**300** 1aii-b,4 (XX)]כל חוכמת[כ]ם כי לכם המ◦[
4Q**300** 3,3 (XX)] / כל חוכמתם
4Q**300** 7,3 (XX) כי[א]צדיק בכל[דרכיו
4Q**300** 8,4 (XX)]◦◦עו להולכי פתי בכל [
4Q**300** 11,2 (XX)]ובידו משפט כלם וצד[ק
4Q**301** 1,3 (XX) ואנשי מחשבת לכול עבודת מעשי[הם
4Q**301** 1,4 (XX)]עורף ◦◦ קודק[וד כ]ל [ה]מולת עמים
4Q**301** 4,2 (XX)]ת◦ כל רוח בינתו לוא ידעו[
4Q**301** 4,3 (XX)]עת בכול כבודו ומה אפר [ועפר
4Q**302** 1i5 (XX)]ם טוביך על כול / [
4Q**302** 1i13 (XX)]◦ת יצר כל / [
4Q**303** 6 (XX)]כולמעשיהם עד ק◦[
4Q**303** 7 (XX)]ר בם מלך לכולם[
4Q**304** 1 (XX)] / ואת הארץ וכו[ל צבאם
4Q**306** 1,3 (XXXVI)] / אותו כל אשר ברית י[שראל
4Q**306** 2,4 (XXXVI) בכול לבבם] / ובכל נפשם
4Q**307** 1,4 (XXXVI)]מו תמיד לכול[
4Q**307** 1,6 (XXXVI)] / יהיה כול הגר הנש[אר
4Q**317** 2,28 (XXVIII) ובבוא השמש יכלה כול אורה[להכסות
4Q**317** 37,2 (XXVIII) יכלה]כול[אורה
4Q**320** 3i12 (XXI) גמו]ל ר[ו]ש כל השנים / [
4Q**331** 1i6 (XXXVI) ה]כוהן אשר כול / [
4Q**331** 2,5 (XXXVI)]ת כל[
4Q**331** 9,2 (XXXVI)]כל אש[
4Q**364** 3ii5 (XIII) ויגד ?] / לה את כול הדב[רים האלה ?
4Q**364** 4b-eii11 (XIII) [אעבור]בכול צואנכה[היום
4Q**364** 4b-eii12 (XIII) כול שה נקוד] / [וטלוא וכו]ל שה חום[

]ורתכה וחלחם בכול אר[צות	(XIII)	4Q**369** 2,2
]ל[כ]ול מעשי[כ]ה[	(XIII)	4Q**369** 2,5
]עו כי ממכה כול הווה וניו[	(XIII)	4Q**369** 3,2
[ו]מידכה כול ממשלת ל[	(XIII)	4Q**369** 3,3
]כול ממשלותך בקציהם ◦◦[ ]ל[	(XIII)	4Q**369** 3,4
כלנפש יוכלו	(XIX)	4Q**370** 1i1
וישבעו כל אשר עשה רצוני אמר י[ה]וה	(XIX)	
וישפטם יהוה כ[כ]ל דרכיהם	(XIX)	4Q**370** 1i3
וי]נעו כל / מוסדי אר[ץ	(XIX)	
כל ארבות השמים נפתחו	(XIX)	4Q**370** 1i4
ופצו כל תהמו[ת מ]מים אדרים	(XIX)	
עלכן נ[מחו] כלאש[ר ב]חרבה	(XIX)	4Q**370** 1i6
האדם וה[בהמה וכל]צפר כל כנף	(XIX)	
וב]כול זן יוסף[מוטל בארצות] / [לא ידע	(XXVIII)	4Q**371** 1a-b,8
] דברי[ ]שקר וכול אמרי כזב	(XXVIII)	4Q**371** 1a-b,13
]כול בני[	(XXVIII)	4Q**371** 9,2
ויפץ] / אתם בכל הארצות	(XXVIII)	4Q**372** 1,5
בכל הארצות ובכל[הגוים יבזרם	(XXVIII)	
ובכל זה יוסף מוטל בארצות לא י[דע	(XXVIII)	4Q**372** 1,10
] / בגוי נאכר ובכל תבל מפצפצים	(XXVIII)	4Q**372** 1,11
כל הריהם שממים מהם ◦◦[	(XXVIII)	
ובכל זה יוסף [נתן] / ביד בני נאכר	(XXVIII)	4Q**372** 1,14
ושברים את כל עצמיו עד עת קץ לו	(XXVIII)	4Q**372** 1,15
ואין אתה צריך לכל גוי ועם / לכל עזרה	(XXVIII)	4Q**372** 1,17
ואין אתה צריך לכל גוי ועם / לכל עזרה	(XXVIII)	4Q**372** 1,18
אצב[ע ידך]גדולה וחזקה מכל אשר בתבל	(XXVIII)	
ואין בידך / כל חמס	(XXVIII)	4Q**372** 1,19
וחסדיך גדלים לכל דרשיך	(XXVIII)	
ומכל אחי אשר / נלוו עמי	(XXVIII)	
ופתח פיהו על / כל בני אהביך	(XXVIII)	4Q**372** 1,21
] / עת תשמידם מכל תבל ויתנו[	(XXVIII)	4Q**372** 1,22
וללמד לפשעים חקיך ולכל עזביך תור[תך	(XXVIII)	4Q**372** 1,27
] בתהמות ובכל אבדו[ן	(XXVIII)	4Q**372** 2,3
ה]ר הבשן ש◦[ ] ואת כל ערי[	(XXVIII)	4Q**372** 2,9
] / אמת וכל אמרי פי צ[דק]	(XXVIII)	4Q**372** 3,6
ולא יובדו מחלקותם כי כלם[	(XXVIII)	
חקיו ולא יעטרם לכל זר	(XXVIII)	4Q**372** 3,8
להשמידו ביד גוים כל הנגעים בנחל[תו	(XXVIII)	4Q**372** 3,10
] נפלה בהמה בכל / [	(XXVIII)	4Q**372** 4,6
]כל בניו ◦[	(XXVIII)	4Q**372** 5,2
]יד לכל צבא[	(XXVIII)	4Q**372** 6,3
]כל עובדיהם[	(XXVIII)	4Q**372** 8,8
א]שר יכלו כלהגוים ◦[	(XXVIII)	4Q**372** 9,3
]◦ מכל חולד ע[כבר	(XXVIII)	4Q**372** 9,4
]ם להם את כל / [	(XXVIII)	4Q**372** 11,2
] כל ◦◦◦[	(XXVIII)	4Q**372** 13,1
א]רננה בכל י◦[	(XXVIII)	4Q**372** 15,3
]◦יו ולכל בני ל[וי	(XXVIII)	4Q**372** 17,2
]הם כול רוג[	(XXVIII)	4Q**372** 25,1
] / כל עבדיו את עוג א[	(XXVIII)	4Q**373** 1a+b,2
]כל הרצות / [	(XIX)	4Q**374** 2i4
ל[נ]ו בחירו בארץ חמדות כל הארצות ברי[	(XIX)	4Q**374** 2ii5
וכל לא ידעוך ויתמוגגו ויתנ[ו]עעו	(XIX)	4Q**374** 2ii9
כ]ל אשר ◦[	(XIX)	4Q**374** 9,5
] אתה ואין כל[	(XIX)	4Q**374** 10,3
ושבתה עד יהוה אלוהיכה בכול / [לבבכה	(XIX)	4Q**375** 1i2
בכול / [לבבכה ובכו]ל נפשכה	(XIX)	4Q**375** 1i3
ושחת אותו וכ]פר בעד כול העדה	(XIX)	4Q**375** 1ii6
ודרש את[כול המצוות] / יהוה לכול [	(XIX)	4Q**375** 1ii8
ו[י]צא לפני כ[ול ראשי אבות] / העדה	(XIX)	

כול שה א[שר איננו נקוד וטלוא	(XIII)	4Q**364** 4b-eii14
]◦◦ת הודיעהו לכול [	(XIII)	4Q**364** 15,3
ושמונה שנה עד תם]כל / [	(XIII)	4Q**364** 23a-bi16
] / [? הוא]ה וכול עמו למלחמה	(XIII)	4Q**364** 24a-c,6
ונ]ל[כ]וד את כול עריו ב[עת ההיא	(XIII)	4Q**364** 24a-c,8
]בהמ כול איש ואשה[	(XIII)	4Q**364** 24a-c,9
ה]כול נתן יה[וה]	(XIII)	4Q**364** 24a-c,13
[לוא קרבת]ה כול יד נחל היבוק	(XIII)	4Q**364** 24a-c,14
הוא[ו]כול עמו למלחמה א[דרעי	(XIII)	4Q**364** 24a-c,16
אל ת]ירא אותו ואת כול עמו	(XIII)	4Q**364** 24a-c,18
ואת כול עמו]ואת כול ארצו	(XIII)	4Q**364** 24a-c,19
עיניכה]הרואות את כול[אשר עשה יהוה ?	(XIII)	4Q**364** 25a-c,7
כן יע]שה יהוה לכ[ול הממלכות	(XIII)	4Q**364** 25a-c,8
ומים לוא]שתיתי על כ[ו]ל חטאותיכם	(XIII)	4Q**364** 26bi11
]◦[ ]מו כו[ל	(XIII)	4Q**364** 27,1
ואת כול אשר לק◦[	(XIII)	4Q**364** 30,2
כי עיניכ]מה הרואות את כול מע[שה יהוה	(XIII)	4Q**364** 30,3
ושמרתמ אתכול מצות[	(XIII)	4Q**364** 30,4
]כול[	(XIII)	4Q**364** D,4
]וכול ב[	(XIII)	4Q**364** N,2
ובכול עפר הארץ היה כנים	(XIII)	4Q**365** 2,2
ל[א]בק על כ[ול ארץ מצרים	(XIII)	4Q**365** 3,1
ואכבדה בפ]רעוה[ובכו]ל חילו	(XIII)	4Q**365** 6ai7
ו]תצינה[כו]ל הנשים אחריה ב[תופים	(XIII)	4Q**365** 6b,6
ושמרתה] את כול חוקותיו כול המחלים	(XIII)	4Q**365** 6aii+6c,13
ושמרתה] את כול חוקותיו כול המחלים	(XIII)	
את כול אשר הוא עושה לעמ	(XIII)	4Q**365** 7ii2
וכול העם נצבים על[יך מן (ה)בוק]ר	(XIII)	4Q**365** 7ii3
ולקחתה מן [האיל] את כול ה[ח]לב	(XIII)	4Q**365** 9bii4
ובתבונה ובדעת ובכול / [	(XIII)	4Q**365** 10,4
ויעשו את כול כלי המזבח	(XIII)	4Q**365** 12a-bii9
כול / [כליו עשו נחושת	(XIII)	4Q**365** 12a-bii10
] / וכול שרץ ה[עוף ההולך על ארבע	(XIII)	4Q**365** 15a-b,3
כול ההולך א[ל גחון	(XIII)	4Q**365** 17a-c,2
בכו]ל ה[שרץ הרומש על הארץ	(XIII)	4Q**365** 17a-c,5
כול האזרח בישראל ישב בסוכות	(XIII)	4Q**365** 23,1
ולכול מלאכ[ת] / [הב]ית אשר תבנו לי	(XIII)	4Q**365** 23,5
ולד[ל]תות ולכול מלאכת הבית יקרי[בו	(XIII)	4Q**365** 23,8
]כול בני יש[ראל	(XIII)	4Q**365** 26a-b,1
[ואת מיתרי]ו לכול עבודתו	(XIII)	4Q**365** 27,2
]במספר שמות כול זכר מבן חודש ולמעל[ה	(XIII)	4Q**365** 27,4
ויוצ(י)א מושה] / את כול[המטות	(XIII)	4Q**365** 35ii7
]וכול העם המלחמה[	(XIII)	4Q**365** 37,2
] / כול עמ◦[	(XIII)	4Q**365** V,1
]כול הדב[ר	(XIII)	4Q**365** W,3
]כו[ל] / [	(XIII)	4Q**365**a 1,1
]◦ ולכול המצות אשר / [	(XIII)	4Q**365**a 1,5
א]ורך לכול רוחותיה / [	(XIII)	4Q**365**a 2i9
ככל אשר צוה יהוה / [את משה	(XIII)	4Q**366** 4i8
ואת]כ[ל] ערב[ל]מינו[	(XIII)	4Q**366** 5,1
]כל עוף טהור ת[אכלו	(XIII)	4Q**366** 5,4
וכל / [מעשר בקר] וצאן	(XIII)	4Q**367** 3,8
כל אש[ר יעבר 〚 〛]תחת השבט	(XIII)	4Q**367** 3,9
]שרי הש[בטים ו]כול[ש]פטיהם / [	(XXVIII)	4Q**368** 5,2
]ם למספר כ[ו]ל בית אבותם / [	(XXVIII)	4Q**368** 5,3
]◦ לכול / [	(XIII)	4Q**369** 1i1
]וני כול מו[עדי]הם בקציהם / [	(XIII)	4Q**369** 1i4
]בכול תעודות עד	(XIII)	4Q**369** 1i7
וכו[ל	(XIII)	4Q**369** 1ii4
ומושל בכול תבל ארצכה [	(XIII)	4Q**369** 1ii7

לעיני כול הקהל עד כלות הכוהן לדבר	(XIX)	4Q**376** 1ii2
ועֿ[שיתה כו]ל [אשר] ידבר [א]ליכה	(XIX)	4Q**376** 1ii3
] / ככול המשפט הזה	(XIX)	4Q**376** 1iii1
יהיה הנשיא אשר לכול העדה	(XIX)	
לצור עליה או לכוול דבר אשר[	(XIX)	4Q**376** 1iii2
]צדקתי לעיני כול ◦[	(XXVIII)	4Q**377** 1i3
]◦ה ב◦חה כי ◦◦◦ב לכול ישׂ[רא]ל לשל[	(XXVIII)	4Q**377** 1i7
והקשב כול הקהל ◦◦◦◦[ ]ם [	(XXVIII)	4Q**377** 2ii3
] / לכול מ◦[	(XXVIII)	4Q**377** 2ii5
]◦מה ה[ ]◦ בכו[ל] ◦ [	(XXVIII)	4Q**377** 5-6,1
ו]מצאוכה צרות רבות וכול / [	(XXII)	4Q**378** 3i3
כ]ל הגוים אשר / [	(XXII)	4Q**378** 3i9
] כל תבל בתום [	(XXII)	4Q**378** 12,2
] / [כו]ל שרי א[	(XXII)	4Q**378** 19ii7
] ולא יתגאלו בכל / [	(XXII)	4Q**379** 3i5
]מה כי כל עזזי ר◦◦[	(XXII)	4Q**379** 6,3
והיורדן סלא מי[ם] על כל גדותיו	(XXII)	4Q**379** 12,6
]א לכל עלמי עד / [	(XXII)	4Q**379** 14,3
]ם ועד בכל ברכות[	(XXII)	4Q**379** 15,1
] / [ ]כל טוב ובכ[ל] לשון	(XXII)	4Q**379** 15,3
] / [ ]כל טוב ובכ[ל] לשון	(XXII)	
]אלהי אתאמן בכל דברי[ך	(XXII)	4Q**379** 18,7
]אין כל / [	(XXII)	4Q**379** 22i8
יקוש לעמו ומחתה לכל שכנ[י]ו	(XXII)	4Q**379** 22ii10
]אמת לכל תבל [	(XXII)	4Q**379** 30,2
]ל[ ]◦ אלהינו על כל[	(XXII)	4Q**379** 32,4
]◦ ◦◦ כל[	(XXII)	4Q**379** 40,3
וישמעו כל תהלת[ו]	(XI)	4Q**380** 1i8
] / אשר לכל ב[נ]י ישראל [	(XI)	4Q**380** 1ii3
]יחרדו כל יוסדו בו[	(XI)	4Q**380** 2,3
ואפיקים שך אור ותיה אגמים וכל בלעה	(XI)	4Q**381** 1,4
] / עץ וכל פר[י כר]ם וכל תבואות שדה	(XI)	4Q**381** 1,6
] / עץ וכל פר[י כר]ם וכל תבואות שדה	(XI)	
וברוחו העמידם למשל בכל אלה	(XI)	4Q**381** 1,7
בכל אלה באדמה ובכל [	(XI)	
ועוף וכל אשר להם לאכל חלבי כל וגם[	(XI)	4Q**381** 1,9
ועוף וכל אשר להם לאכל חלבי כל וגם[	(XI)	
]מש בהם וכל צבאיו ומלא[כיו	(XI)	4Q**381** 1,10
עבים שלג [ ] וברד וכל ◦[	(XI)	4Q**381** 14+5,2
ומי בבני האילים ובכל / [	(XI)	4Q**381** 15,6
] / גאל ליהודה מכל צר ומאפרים ◦[	(XI)	4Q**381** 24a+b,5
מנש]מת רוח אפך יאבדו כל בש[ר	(XI)	4Q**381** 29,3
ותעלני מאהלי מות ות[ ]◦ לנפי כל [	(XI)	4Q**381** 31,2
כ]ל דרכו תבואינא אל עו◦[	(XI)	4Q**381** 31,3
]מכל / [	(XI)	4Q**381** 37,2
ב]חנת כל ובחרים כמנחת תטהר לפניך	(XI)	4Q**381** 46a+b,5
] / [ ]לב נמגו כל [אנשי חיל	(XI)	4Q**381** 48,9
]לכל ורשעים יכב[ו	(XI)	4Q**381** 50,2
היתה]כל הארץ לנדת טמאה	(XI)	4Q**381** 69,2
לוא לעם למשל בכל[	(XI)	4Q**381** 76-77,15
שמ]ים וארץ ולעליון על כל גוי הארץ	(XI)	4Q**381** 76-77,16
]לכל אל◦ ב[	(XI)	4Q**381** 94,1
]ני כי כל[	(XI)	4Q**381** 97,2
]ויחי בכל[	(XI)	4Q**381** 103,2
]כול חטאות[	(XIII)	4Q**382** 7,4
]ה כול הירד חי[ים שאולה	(XIII)	4Q**382** 9,10
]תבינו בכול נו[	(XIII)	4Q**382** 15,2
]כול מעולם[	(XIII)	4Q**382** 15,4
]נדח ומשפט כול ◦◦לת[	(XIII)	4Q**382** 23,2
]ילה לתתם ביד כול גו◦◦[	(XIII)	4Q**382** 31,2
] כי לכול רוחות ויש◦[	(XIII)	4Q**382** 31,4
] כול[	(XIII)	4Q**382** 34,1
]לכול[	(XIII)	4Q**382** 35,1
]כול ◦◦[	(XIII)	4Q**382** 83,1
]◦◦◦ ארך אפיכה ורוב כול ◦◦◦[	(XIII)	4Q**382** 104,9
] / כול הארץ ◦[	(XIII)	4Q**382** 105,5
]◦רם מכול[	(XIII)	4Q**382** 111,3
]מכול יושבי[ם	(XIII)	4Q**382** 140,1
]כול שבת [	(XIII)	4Q**382** 142,3
]יכה כול[	(XIII)	4Q**382** 147,1
א]שמת כול הע[ם	(XIX)	4Q**384** 10,6
ויקומו כל העם ויע[מד]ו על[רגליהם	(XXX)	4Q**385** 3,2
]ותפרו הכל ביד / [רמה	(XXX)	4Q**385**a 3a-c,9
וכל [גדול]יה בזק[ים]	(XXX)	4Q**385**a 17a-eii9
ותפרו הכל ב[י]ד [רמה	(XXX)	4Q**387** 1,5
]ותחזקו לעבדני בכל לבבכם	(XXX)	4Q**387** 2ii1
בכל לבבכם / ובכ[ל נפשכם	(XXX)	4Q**387** 2ii2
ומשל / [הז]דון בכל[הא]רץ	(XXX)	4Q**387** 2ii7
]בכל ◦[	(XXX)	4Q**387**a 1,3
] / [ותפרו הכ]ל ביד ר[מה	(XXX)	4Q**388**a 3,7
כ]ול הנת[	(XXX)	4Q**388**a 6,3
]ובקשו על כ[ל	(XXX)	4Q**389** 1,3
ו]כל הנשאר בארץ מצ[רים	(XXX)	4Q**389** 1,4
הדברים[האלה לפני] / כ[ל בני י]שראל	(XXX)	4Q**389** 1,7
]בונם לכול ק[	(XXX)	4Q**389** E,1
ככל אשר עשו ישראל / בימי ממלכתו	(XXX)	4Q**390** 1,4
ויבינו בכול אשר / עזבו הם ואבותיהם	(XXX)	4Q**390** 1,6
ויפרו הכול ויעשו / הרע בעיני	(XXX)	4Q**390** 1,8
ו]ביובל ההוא יהיו / מפרים את כול חקותי	(XXX)	4Q**390** 2i5
ואת כל מצותי אשר אצוה א[ותם	(XXX)	
כ]ל[ ]אשר ונ[	(XXX)	4Q**390** 3,4
]כל י◦[	(XIX)	4Q**391** 3,1
]כל אשר ב◦[	(XIX)	4Q**391** 4,1
]◦ ויפרעה ל[ ]לכל עמו על ◦[	(XIX)	4Q**391** 6-7,2
]כל כעסו על[י]רעם ⟦ ⟧ את◦[	(XIX)	4Q**391** 6-7,3
]כל יושב[י	(XIX)	4Q**391** 8,2
]את כל[	(XIX)	4Q**391** 17,2
]ה בקרבך יפלו כל ה◦[	(XIX)	4Q**391** 25,1
ולא לסור מכ[ול	(XXIX)	4Q**392** 1,2
וכל אפלה לפנו נחה	(XXIX)	4Q**392** 1,5
]וא כי פלא[י]ם כל מעשי אל	(XXIX)	4Q**392** 1,7
]◦ כל אזנ[	(XXIX)	4Q**392** 6-9,6
]◦ל וכול בק◦[	(XXIX)	4Q**392** 10,3
וכו]ל עונותינו מחה	(XXIX)	4Q**393** 1ii-2,5
ויתרוממו למעלה לכול	(XXIX)	4Q**393** 3,6
וכו]לם על[	(X)	4Q**394** 3-7i5
והמזה את [מי] / החטאת לכול אלה	(X)	4Q**394** 3-7i18
המקום / שבחר בו מכל שבטי [ישראל	(X)	4Q**394** 8iv11
להזהר מכל תערו[בת	(X)	4Q**396** 1-2ii2
המקום] / שבחר בו מכל שבטי י[שראל	(X)	4Q**396** 1-2iii1
אנחנו אומרים שכול עצם ש[היא חסרה]	(X)	4Q**396** 1-2iv2
ראוי להשמר ב]כול הדבר[ים האלה	(X)	4Q**397** 3,1
המקום אשר בחר בו] מכול שב[טי ישראל	(X)	4Q**397** 3,5
להזהר]מכול ת[ערובת הגבר	(X)	4Q**397** 5,6
[המקום שבחר] בו מכול [שבטי]ישראל	(X)	4Q**397** 6-13,4
שאנחנו א[ומ]רים שכול[עצם שהיא חסרה	(X)	4Q**397** 6-13,11
והיא] / [כי יבוא עליכה כו]ל הדבר[ים האלה	(X)	4Q**397** 14-21,13
ושבת[ה אלו בכ]ל לבבכה וב[כו]ל נפש[כה	(X)	4Q**397** 14-21,14
ושבת[ה אלו בכ]ל לבבכה וב[כו]ל נפש[כה	(X)	
ושבתה אלו בכל לבבך / [ובכו]ל נפש[ך	(X)	4Q**398** 14-17i7

והגו כבודו בלשון **כול** הוגי דעת (XI) 4Q403 1i36
הוגי דעת רנות פלאו / בפי **כול** הוגי [בו (XI) 4Q403 1i37
כיא הוא]אלוהים **לכול** מרנני {{דעת}} עד (XI)
ושופט בגבורתו **לכול** רוחי בין (XI)
כל אלי הוד למ[ל]ך ההוד (XI) 4Q403 1i38
כיא לכבודו יודו **כול** אילי דעת (XI)
וכול רוחות צדק יודו באמתו (XI)
וגיל **בכול** קדושים לזמרות פלא (XI) 4Q403 1i40
באלה יהללו **כול** י[סודי קוד]ש קודשים (XI) 4Q403 1i41
לזבול רום רומים **וכול** פנות מבניתו (XI)
רקיע רוש מרו[מ]ים **כול** ק[ורותו (XI) 4Q403 1i43
]וקירותו **כ[ו]ל** / [מבנ]יתו מעשי תבנ[יתו (XI)
רו]חי קוד[ש עו]למים ממעל / [מ]**כול** קדו[שים (XI) 4Q403 1i45
ובכול מהפכיהם שערי ◦[(XI) 4Q403 1ii4
וכול מחשבי הדביר יחושו בתהלי פלא (XI) 4Q403 1ii13
וכול מחשביהם [(XI) 4Q403 1ii14
] / הפלא והלל לאדון **כול** אילי[י (XI) 4Q403 1ii33
] / למאירי דעת **בכול** אלי אור[(XI) 4Q403 1ii35
]דברי פלא וברך **לכול**[(XI) 4Q404 2,1
]רוש יברך בשם גבורו[ת] אל[ים ל]**כ[ול** (XI) 4Q404 2,2
וברך **לכול** תמימ[י] דרך בשבע[ה (XI) 4Q404 2,3
] וברך **לכול** חוכי לו [בש]בעה דברי פ[לא (XI) 4Q404 2,4
] וברך **לכול** מ[רימי (XI) 4Q404 2,6
ב]**כול** שבועי תעודו[תם (XI) 4Q404 2,9
] / אלוהים **לכו[ל** (XI) 4Q404 4,5
] / הודו **כול** אלי[(XI) 4Q404 4,6
] / [אי]לי דעת **וכו[ל** (XI) 4Q404 4,7
]מלך אמת [ו]צדק **כול** קירותו / [(XI) 4Q404 5,6
]ה **כו[ל** (XI) 4Q404 5,7
]מלך **כול**[(XI) 4Q404 6,2
] **כול** א[(XI) 4Q404 15,1
]**וכול**[(XI) 4Q404 17,2
מ]עלה **בכו[ל** (XI) 4Q405 2,2
] / דברי כבוד נפלאותו **לכול** טהו[רי (XI) 4Q405 3ii3
] / רום מלכותו **לכול** רומי דעת (XI) 4Q405 3ii4
בשבעת ד[ברי רו]ם **ולכו[ל** (XI)
וברך **לכול**[נועדי צ]דק (XI) 4Q405 3ii5
] / נפלאותו **לכול** יודעי רזי ◦[(XI) 4Q405 3ii9
] / לתמיד עם **כול** [(XI) 4Q405 3ii14
] / [ב]**כול**[ ]שו[בועי (XI) 4Q405 3ii19
ואלוהות כבודו מעל] / [**לכו]ל** מרומי[רום (XI) 4Q405 4-5,2
ל]זבול רו[ם רומ]ים **וכול** פנו[ת] / [(XI) 4Q405 6,2
]**כול**[(XI) 4Q405 7,12
הללו לאלוהי **כול** מ[(XI) 4Q405 8-9,2
כו]ל קדושי[עולמים שניים בכוהני ק]ורב (XI)
]**בכול** ידועי / [ע]ולמים (XI) 4Q405 8-9,3
וברך ל]**כול** איל[י קרובי דעת אמתו (XI) 4Q405 13,2
ו]ברך **לכול** נמהרי / [רצו]ן אמתו (XI) 4Q405 13,3
[וב]רך **לכול** תמימי דרך] בשבעה דברי פלא (XI) 4Q405 13,6
לת]מיד עם **כול** הויי עולמים (XI)
[וברך]**לכול** ח[וכי]ל[ו (XI)
]ת **כול** מחקת ה◦[ ]מה בדני אלו[הים (XI) 4Q405 15ii-16,4
]◦◦[ ]לם **כול**[(XI) 4Q405 15ii-16,8
מדרס / דבירי פלא רוחי אלי עולמים **כול**[(XI) 4Q405 19,3
כ[ו]ל[מעשי]הם ק[וד]שי דבקי פלא[(XI) 4Q405 19,5
כול מעשיהם / וצורות בדניהם (XI) 4Q405 19,6
]ירי **כול** כוהני קורב [(XI) 4Q405 20ii-22,1
ברך אלוהים **בכול** מחני אלוהים (XI) 4Q405 20ii-22,13
]ו מבין **כול** דגליה[ם] בעבר[יהם (XI) 4Q405 20ii-22,14
ו]רננו **כול** פקודיהם אחד א[ח]ר במעסד[ו] (XI)

ושבתה אלו בכל לבבך / [**ובכו]ל** נפש[ך (X) 4Q398 14-17i8
הבן **בכל** אלה ובקש מלפניו (X) 4Q398 14-17ii4
]ה אלוהי **כול** קדושי קדושים (XI) 4Q400 1i2
בעדה **לכול** אלי / [(XI) 4Q400 1i4
חרת חוקיו **לכול** מעשי רוח ומשפטי / [(XI) 4Q400 1i5
]◦◦◦תם לוא יכלכלו **כול** ◦[ ] דרך (XI) 4Q400 1i14
בם יתקדשו **כול** קדושי עד (XI) 4Q400 1i15
]**לכול** נעוי דרך (XI) 4Q400 1i16
ויכפרו רצונו בעד **כול** שבי פשע (XI)
ומפיהם הורות **כול** קדושים עם (XI) 4Q400 1i17
] / ב◦ [ ]◦◦ רוח **כול** ר◦[(XI) 4Q400 1ii5
המה נכבדים **בכול** מחני אלוהים (XI) 4Q400 2,2
ובכול מרומי רום תהלי פלא לפי כול[(XI) 4Q400 2,4
ובכול מרומי רום תהלי פלא לפי **כול**[(XI)
ובינתו **מכול** ידע[י (XI) 4Q400 2,9
] **לכול**[(XI) 4Q400 7,3
]**בכול** רא[שי (XI) 4Q401 1-2,4
] / **כול**ממלכו[ת (XI) 4Q401 5,5
]ת מלך **כ[ול** (XI) 4Q401 13,1
המה נכבדים **בכול** מחני אלוהים (XI) 4Q401 14i8
]◦ **בכול** מ◦[(XI) 4Q401 24,3
כ]ול / [(XI) 4Q401 34,3
]**כול**[(XI) 4Q401 38,2
] יחד **לכול** תעודותכ[ה] / [(XI) 4Q402 1,3
]◦ **לכול** יסודי פשע / [(XI) 4Q402 1,5
כ[ו]ל אלה עשה פל[א במזמת חסדובל (XI) 4Q402 4,11
]כיא מאלוהי דעת נהיו **כול** [הוי עד (XI) 4Q402 4,12
לגבור על **כול**[אלוהים] בשבע גבורות פלאה (XI) 4Q403 1i2
יברך בשם] אמתו **לכול** מע[מדיהם (XI) 4Q403 1i12
בש[בעת ד]ברי ר[ו]ם **ולכול**[אלי] / [(XI) 4Q403 1i14
וברך **לכול**[נועד]י צדק[בשבעה ד]ברי פלא[(XI) 4Q403 1i16
יברך בש[ם] הו[ד המ]לך **לכ[ול**] הול[כי יו]שר (XI) 4Q403 1i17
ו]ברך **לכול** א[לי קרו]בי{{ם}} דעת אמ[תו (XI) 4Q403 1i18
יברך בשם [הוד]נפלאותיו ל[**כו]ל**[יודעי רזי (XI) 4Q403 1i19
וברך] **לכול** נמהרי רצונו בשבעה[דברי פלא (XI) 4Q403 1i20
וב]ר[ך]**לכול** מודי לו בשבעה [דב]רי הוד (XI)
יברך בשם[גבורות] אלים **לכול** גבורי שכל (XI) 4Q403 1i21
וברך **לכול** תמימי דרך ב[ש]בעה דברי פלא (XI) 4Q403 1i22
ל[ת]מיד עם **כול** הויי / [עול]מ[י]ם (XI)
וברך **לכול** חוכי לו בשבעה דבר[י]פלא (XI) 4Q403 1i23
יברך בשם קודשו **לכול** קדושים ממיסדי ד[עת] (XI) 4Q403 1i24
וברך ל]**כול** מרימי / משפטיו (XI)
וברך **לכול** נו[עדי]צד[ק (XI) 4Q403 1i25
וכול נשיאי[רוש יברכו יח]ד (XI) 4Q403 1i26
ב[שם קודשו ב]**כול** / שבועי ת[עודותם (XI)
ו]ברכו לנועדי צדק **וכול** ברוכיו[(XI) 4Q403 1i27
ברוך [ה]אד[ו]ן מל[ך ה]**כול** מעלה (XI) 4Q403 1i28
מעלה **לכול** ברכה ות[שבחות (XI)
[וב]רך **לכול** ברוכי עד (XI) 4Q403 1i29
הללו אלוהי מרומים הרמים **בכול** / אלי דעת (XI) 4Q403 1i30
המקדיש בקודשו **לכול** קדושו (XI) 4Q403 1i31
כול אלוהים שבחו לאלוה[י ת]שבחות הוד (XI) 4Q403 1i32
תשבחות **כול** / אלוהים עם הדר כול מלכ[ותו (XI)
תשבחות כול / אלוהים עם הדר **כול** מלכ[ותו (XI) 4Q403 1i33
ואלוהות כבודו מעל / **לכול** מרומי רום (XI) 4Q403 1i34
כיא הו[א אל אלים]**לכול** ראשי מרומים (XI)
ומלך מלכ[ים]**לכול** סודי עולמים (XI)
יהיו **כ[ול** אלי רום]למוצא שפתיו (XI) 4Q403 1i35
כול רוחי עולמים [בר]צון דעתו (XI)
כול מעשיו / במשלחם (XI)

לנושה בכה בעד רעיכה נת]תה כל חייכה בו (XXXIV) 4Q**416** 2ii5
בכל הון אל תמר רוח קודשכה (XXXIV) 4Q**416** 2ii6
וגם מכל איש אשר לוא ידעתה אל תקח הון (XXXIV) 4Q**416** 2iii5
כי יגיה אל ת[אר]הו בכול דרכיכה (XXXIV) 4Q**416** 2iii10
בכל מוסר הבא שכמכה (XXXIV) 4Q**416** 2iii13
ובכל[ ]◦ צרוף לבכה (XXXIV)
והתבונן בכל דרכי אמת (XXXIV) 4Q**416** 2iii14
וכל שורשי עולה / תביט (XXXIV)
וכל שבועת אסרה לנדר נד[ר (XXXIV) 4Q**416** 2iv8
]◦◦ כי מאתו נחלת כל חי (XXXIV) 4Q**416** 3,2
עד תום רשעה כי חרון בכל ק[ץ (XXXIV) 4Q**416** 3,3
] בכל אשר ◦[(XXXIV) 4Q**416** 3,6
] לכול[(XXXIV) 4Q**416** 14,2
]ש בכול[(XXXIV) 4Q**417** 1i5
]בכול דרכיהם עם פקודתם (XXXIV) 4Q**417** 1i7
לכול קצי עולם ופקודת / עד (XXXIV)
ומעשיה ◦◦◦[לכל חכ]מה ולכל[ע]רמה יצרה (XXXIV) 4Q**417** 1i9
וממשלת מעשיה / לכ[ו]ל◦◦◦למה (XXXIV) 4Q**417** 1i10
וכול[א]ת כ[ו]ל◦◦בא◦[פ]רש למ[ב]ינתם (XXXIV)
וכול[א]ת כ[ו]ל◦◦בא◦[פ]רש למ[ב]ינתם (XXXIV)
לכול מ[עשי]ה להתהלך / ב[יצר]מבינתם (XXXIV)
והתבונן[בכו]ל / תוצאותמה (XXXIV) 4Q**417** 1i12
וחקוק כול הפקודה (XXXIV) 4Q**417** 1i14
כי חרות מחוקק לאל על כול ע◦◦[(XXXIV) 4Q**417** 1i15
ודע / [ ]ת כול חי (XXXIV) 4Q**417** 1i19
]י כול חזון[ ]דע ובכול [(XXXIV) 4Q**417** 1i22
]י כול חזון[ ]דע ובכול [(XXXIV)
] / [י]וסדו בכה כו[ל]◦◦הן עם פעולת[(XXXIV) 4Q**417** 1i26
] / הלל אל ועל כול נגע בר[ך (XXXIV) 4Q**417** 1ii9
] / ופקוד כול דרכיכה ע◦[ ]ש [(XXXIV) 4Q**417** 1ii11
] / בכול עת פן ישבעכה (XXXIV) 4Q**417** 2i1
כיא מה הואה יחיד בכול מעשה (XXXIV) 4Q**417** 2i6
] / לכול נעווֺתכה (XXXIV) 4Q**417** 2i13
] / לוא יעמוד כול ומי יצדק במשפטו (XXXIV) 4Q**417** 2i16
] / פיהו יהיה כול ואת אשר יטריפכה אכול (XXXIV) 4Q**417** 2i20
] / כול מחסוריו אוטו (XXXIV) 4Q**417** 2ii+23,3
ולתת טרף לכ[ול חי (XXXIV)
ות◦◦◦ה כול ח[ייכה בו (XXXIV) 4Q**417** 2ii+23,7
כול] / מחרפתכה אל וכ[ו]ל[(XXXIV) 4Q**417** 2ii+23,11
] וכול[(XXXIV) 4Q**417** 2ii+23,26
הת]בונן מואדה בכול ת◦[(XXXIV) 4Q**417** 3,3
] / [ישמדו]כול א[וילי (XXXIV) 4Q**417** 5,5
כו]ל חוקי א[ל (XXXIV) 4Q**417** 6,2
כו]ל חי וזול[ת (XXXIV) 4Q**417** 7,2
]ל[כו]ל אנ[(XXXIV) 4Q**417** 11,4
] / ◦כול[ ]ל[(XXXIV) 4Q**417** 13,6
]ל[ ]ל מצוה יתהלך בצדק את רע[הו (XXXIV) 4Q**417** 19,4
]ל מעשה וא[ל] תשבות ◦[(XXXIV) 4Q**417** 20,3
] א◦◦◦ כול[(XXXIV) 4Q**417** 20,8a
לפי מחסור צבא]ם ומשפט כולם לו[(XXXIV) 4Q**418** 1,3
וכול[בני אמתו ירצו לו (XXXIV) 4Q**418** 2+2a-c,2
[וי]רעו כול אשר הת[גללו] בה (XXXIV) 4Q**418** 2+2a-c,3
וכול עולה תתם עד ישלם [קץ האמת]◦◦לם (XXXIV) 4Q**418** 2+2a-c,5
]בכול קצי עד כיא אל אמת הוא[(XXXIV) 4Q**418** 2+2a-c,6
כ]ול חסרי / [אוטו (XXXIV) 4Q**418** 7b,14
כו]ל חייכ[ה בו מהר תן (XXXIV) 4Q**418** 8,5
כי יגיה אל ת[ארהו בכו]ל דרכיכה (XXXIV) 4Q**418** 9+9a-c,9
כי יגיה אל ת[ארהו ב]כול דרכיכה (XXXIV) 4Q**418** 9+9a-c,10
ול[וא] אדרוש דעת בכול מוסר (XXXIV) 4Q**418** 9+9a-c,13
[הבא שכמכה]ובכ[ו]ל[(XXXIV) 4Q**418** 9+9a-c,14

וכול עדת משרתי / [(XI) 4Q**405** 23i3
לכ]לכלם משאי כול כיא אלוהי כלילו / [(XI) 4Q**405** 23i5
וכול ר[וחי] רקי[ע]י / הטוהר יגילו בכבודו (XI) 4Q**405** 23i6
וקול ברך מכול מפלגיו (XI) 4Q**405** 23i7
ובכול מוצאי מלאכי קודש לממשלתם (XI) 4Q**405** 23i8
ומהללים כול רוחות / אלוהים (XI) 4Q**405** 23i9
מורא מלך אלוהים נורא על [כו]ל אלוהים [(XI) 4Q**405** 23i13
]לכול משלחותו בתכון ⟦ ⟧ א[מ]תו (XI)
] / קדוש מקדש כול [(XI) 4Q**405** 23ii4
וכול מחשביהם ממולח טוהר (XI) 4Q**405** 23ii10
בכול מרומי מקדשי מלכות / כבודו (XI) 4Q**405** 23ii11
ו]ברכו לאלוהי דעת בכול מעשי כבודו (XI) 4Q**405** 23ii12
]קות מסרותם בכול [ ]ר[ ] קוד[ש (XI) 4Q**405** 23ii13
]מלכות כבוד מלך כול א[(XI) 4Q**405** 24,3
כ]ול פלאו [(XI) 4Q**405** 30,3
]לכול מעש[י (XI) 4Q**405** 33,2
]ר כו[ל (XI) 4Q**405** 39,2
]אלוהי אורים בכול גור[ל (XI) 4Q**405** 46,2
]כול רמ[(XI) 4Q**405** 84,1
כ]ל הדברים ה[אלה (XXXVI) 4Q**408** 1,2
]יע[נו]כל ישראל ◦[(XXXVI) 4Q**408** 2,2
יה]וה בכל מש[פטיך (XXXVI) 4Q**408** 2,3
יקרא מש]ה אל כל ישראל בראתם[(XXXVI) 4Q**408** 3+3a,4
י]ענו כל / [(XXXVI) 4Q**408** 3+3a,5
[ה]צדיק בכל דרכיך ה[ג]בר כח הח[סיד (XXXVI) 4Q**408** 3+3a,6
הנאמן / בכ[ל פקודיך] (XXXVI) 4Q**408** 3+3a,7
המבין בכ[ל ש]כל הנער[(XXXVI)
ב]כל גבורה הנחה להוצי את[(XXXVI)
וב[הכירם]כי בכול[(XXXVI) 4Q**408** 3+3a,9
]כ[י טו]בים[כו]ל[כוכבים (XXXVI) 4Q**408** 3+3a,11
ברך את אדו]ן הכול הלל / [וברך (XXIX) 4Q**409** 1i6
בר]ך את אדון הכול / [(XXIX) 4Q**409** 1i8
]א תעבור לכול ע◦[(XXXVI) 4Q**410** 1,2
כ]ול ימי עד (XXXVI) 4Q**410** 1,7
]◦ לכול עבודה[(XXXVI) 4Q**410** 2,1
] / בכול פיכה הלל ◦[(XX) 4Q**412** 1,7
וכפי גועלו / כל רע[(XX) 4Q**413** 1-2,3
לא יד]עתי בכול דבר / [(XXXV) 4Q**414** 1ii-2i5
] / לפניכה מכול[(XXXV) 4Q**414** 11ii4
]ובכול ◦[(XXXV) 4Q**414** 14,1
]את כ[ו]ל[(XXXV) 4Q**414** 22,2
]◦תהי כ[ו]ל / [(XXXIV) 4Q**415** 2i+1ii1
לכו]ל קצים יפרח / [(XXXIV) 4Q**415** 2i+1ii8
] / כול היום ובחיקו בר[(XXXIV) 4Q**415** 2ii3
] / תהלה [ ]◦י כול אנשים [(XXXIV) 4Q**415** 2ii8
]פן[ ]ם בכול אור◦[(XXXIV) 4Q**415** 5+3,2
מתכונתה בכ]ול[(XXXIV) 4Q**415** 11,1
] / [כ]ול מומיה ספר לו (XXXIV) 4Q**415** 11,6
]וסדו בכול ה[(XXXIV) 4Q**415** 13,4
כל רוח[(XXXIV) 4Q**416** 1,1
וכל פקודתמה י[(XXXIV) 4Q**416** 1,9
וכל בני אמתו ירצו ל[(XXXIV) 4Q**416** 1,10
וירועו כל אשר התגללו בה (XXXIV) 4Q**416** 1,11
ויתערערו כל רוח בשר (XXXIV) 4Q**416** 1,12
וכל עולה תתם עוד (XXXIV) 4Q**416** 1,13
] / בכל קצי עד (XXXIV) 4Q**416** 1,14
בין טוב לרע ל[ ]ר כל משפ[ט (XXXIV) 4Q**416** 1,15
]לכל נעויתכה (XXXIV) 4Q**416** 2i7
למל]א כל מח[סורי אוטו (XXXIV) 4Q**416** 2ii1
ולתת טרף] / לכל חי (XXXIV) 4Q**416** 2ii2

Text	Vol.	Ref.
ל]וֹא ישבות אחד מכול צבאם ה[	(XXXIV)	4Q**418** 126ii1
או [ ]◦ֹן באמת מיד כול אוט אנשים א[	(XXXIV)	4Q**418** 126ii2
ומשקל צדק תכן אל כול מֹ[	(XXXIV)	4Q**418** 126ii3
] / יסתר כול וגם לוא נהיו בלוא רצונו	(XXXIV)	4Q**418** 126ii5
] / כול בני חוה ובכוח אל	(XXXIV)	4Q**418** 126ii9
ובאמונתו ישיחו כול היום תמיד יהללו שמו	(XXXIV)	4Q**418** 126ii10
ואתה באמת התהלך עם כֹול דֹוֹרֹשׁי ◦[	(XXXIV)	4Q**418** 126ii11
ודאבה נפשכה מכול טוב למוֹת[	(XXXIV)	4Q**418** 127,1
]צֹפה כול היום	(XXXIV)	4Q**418** 127,2
כי אל עשה כול חפצי אוט	(XXXIV)	4Q**418** 127,5
כ]ֹי במוזני צדק שקל כול תכוֹנם	(XXXIV)	4Q**418** 127,6
] / גם כול חפצ[ ]ֹיכה ת◦[	(XXXIV)	4Q**418** 128+129,3
]◦◦ם כול ◦[	(XXXIV)	4Q**418** 132,1
]לֹוֹא יטכה וֹכל חפציכה[	(XXXIV)	4Q**418** 138,4
]לכול / [	(XXXIV)	4Q**418** 139,3
כ]ול מעשיכה / [	(XXXIV)	4Q**418** 148i3
] / כול מואסי ב◦[	(XXXIV)	4Q**418** 148ii3
ובכול ספוּרֹוֹת אנש[ים	(XXXIV)	4Q**418** 148ii7
] / [ד]רוש כול חפצ[	(XXXIV)	4Q**418** 158,3
]כול מעשֹׁ[י	(XXXIV)	4Q**418** 165,2
]מֹתכונתה בכֹו[ל	(XXXIV)	4Q**418** 167a+b,1
כו]ל מומיה ספר לו	(XXXIV)	4Q**418** 167a+b,6
]ד֯יו ובכול ◦[	(XXXIV)	4Q**418** 169+170,4
]בֹכוֹל מרעיתמה {{למֹה}} שנה [	(XXXIV)	4Q**418** 172,11
כ]וֹל הדרים בה וֹאבלֹי צדק[	(XXXIV)	4Q**418** 176,2
]הֹלֹכו כול צֹ[דיקי	(XXXIV)	4Q**418** 177,6
]ת כול חיֹ[	(XXXIV)	4Q**418** 180,2
]וֹכוֹל ש[	(XXXIV)	4Q**418** 196,2
]שכילוֹ בכול ולא[	(XXXIV)	4Q**418** 197,2
תמיד בכול [	(XXXIV)	4Q**418** 198,1
]ויסגר בעד כול בני ע[ולה	(XXXIV)	4Q**418** 201,2
כו]ל אש[ר	(XXXIV)	4Q**418** 208,1
]םֹ בכול עוֹבוֹדֹתמה הלוֹ[א	(XXXIV)	4Q**418** 211,3
] נֹבֹיאים ולהבין כֹוֹל פוֹתיים[	(XXXIV)	4Q**418** 221,2
]◦כוֹל◦[	(XXXIV)	4Q**418** 224,2
]להדמות בכו[ל	(XXXIV)	4Q**418** 229,3
] בכל [	(XXXIV)	4Q**418** 250,1
א]גֹר בכול ◦[	(XXXIV)	4Q**418** 252,1
כו]ל צאצ[אי	(XXXIV)	4Q**418** 264,1
]כֹוֹל רוחֹ [	(XXXIV)	4Q**418** 286,1
ע]םֹ כול זק[ני	(XXXIV)	4Q**418**a 3,2
]כֹוֹלֹם דרוש אדֹרֹ[שו	(XXXIV)	4Q**418**a 4,3
]◦ לכול ◦◦[	(XXXIV)	4Q**418**a 8,1
] / וכול קנאתוֹ[	(XXXIV)	4Q**418**a 10,3
]◦ׄי תשובת כֹוֹ[ל	(XXXIV)	4Q**418**a 12,3
] כול נעשֹ[	(XXXIV)	4Q**418**a 20,3
] / כֹוֹלֹ[	(XXXIV)	4Q**418**a 25,1
ויחגו כשכור וכול חֹ[וכמתם תתבלע	(XXXIV)	4Q**418**b 1,4
א]בֹד כֹ[ו]ל עולֹ[	(XXXIV)	4Q**418**c 5
] / אשר תעשו על פי כול המשפֹ[טים	(XXXVI)	4Q**419** 1,1
] / ויתנם שֹׁ[ ]אשֹר לֹ[כו]ל עמֹו וֹ[	(XXXVI)	4Q**419** 1,7
] / אהבתםֹ ויתגוללו בכול[דרכי	(XXXVI)	4Q**419** 1,12
]לוֹא רם בכֹוֹ[ל	(XXXVI)	4Q**419** 2,2
] כול / [	(XXXVI)	4Q**419** 8i5
] / תֹבואות לכול קֹצי עֹולם ◦◦[	(XXXVI)	4Q**419** 8ii6
ונאספה רוח כול [בשר	(XXXVI)	4Q**419** 8ii7
בצדק נגא[ל] / בבינה כֹלֹ[	(XX)	4Q**420** 1aii-b,7
]לכול גודריו ◦[ ]◦[	(XX)	4Q**420** 2,7
ע]ל כול דבֹ[ר	(XX)	4Q**420** 6,1
]ל◦ לסרך הכול איש לפני רע[הו] / [	(XX)	4Q**421** 1ai3
והתבונן]בכול דרכי אמת	(XXXIV)	Q**418** 9+9a-c,15
וכול שורשי עולה / תביט	(XXXIV)	
[ואולת תכיר מעשה בכו]ל דרכיהמה	(XXXIV)	4Q**418** 43-45i5
]ובכל צאצאֹ[יהם	(XXXIV)	4Q**418** 47,4
בכול קצים]וֹבטוח בכול דרכינו	(XXXIV)	4Q**418** 55,4
להכין כול[דרכיהם על ב]ינה	(XXXIV)	4Q**418** 55,6
וירדפו אחר כול שורשי בינה	(XXXIV)	4Q**418** 55,9
]מֹוד וכול רוח בֹיֹנֹהֹ[	(XXXIV)	4Q**418** 58,2
]◦◦ וכל {{נֹ◦◦ה}} צמחיה באמ[	(XXXIV)	4Q**418** 58,3
] והארץ וכֹוֹ[ל	(XXXIV)	4Q**418** 65,2
]הֹם ובדעה כול גליהם	(XXXIV)	4Q**418** 69ii4
ומה יֹאנחוֹ מתים על כֹ[ל יומ]ם	(XXXIV)	4Q**418** 69ii5
וכול נהיה עולם דורשי אמת	(XXXIV)	4Q**418** 69ii7
ואז] / ישמדו כול אוילי לב	(XXXIV)	4Q**418** 69ii8
וכ]וֹל מחזיקי רשעה יבש[ו	(XXXIV)	
וירעמו כול צ[	(XXXIV)	4Q**418** 69ii9
ו]שוקדֹ[ים] / על כול דעהֹ	(XXXIV)	4Q**418** 69ii11
]◦ בכול מֹ[	(XXXIV)	
] / וֹלא עיֹף בכול {{נ}}שני עולם	(XXXIV)	4Q**418** 69ii12
ויעפ[נו] / בכול קציםֹ	(XXXIV)	4Q**418** 69ii14
]בֹסוד אילים כול [	(XXXIV)	4Q**418** 69ii15
]כול רוח ב[ינה	(XXXIV)	4Q**418** 73,1
] על כול עֹ[	(XXXIV)	4Q**418** 73,2
]כול ראוֹי[	(XXXIV)	4Q**418** 74,2
]על כול רוח[	(XXXIV)	4Q**418** 76,1
א]ֹז הבדילכה בכול / רוח בשר	(XXXIV)	4Q**418** 81+81a,1
ואתה הבדל מכול אשר שנא	(XXXIV)	4Q**418** 81+81a,2
והנזר מכול תעבות נפֹשֹׁ[	(XXXIV)	
כי]אֹ הוא עשה כול	(XXXIV)	
ובכול[א]לֹ[ים] / הפיל גורלכה וכבודכה	(XXXIV)	4Q**418** 81+81a,4
ואתה דרוש משפטיו מיד כול יריבכֹהֹ	(XXXIV)	4Q**418** 81+81a,7
מיד כול יריבכֹהֹ בכול מו◦[	(XXXIV)	
וברחֹמים על כול שומרי דברו	(XXXIV)	4Q**418** 81+81a,8
] / פתח [ ]שֹׁיר כול קדֹוֹשים	(XXXIV)	4Q**418** 81+81a,12
וכול הנקרא לשמו קודש◦[	(XXXIV)	
] / עם כול קצֹים הדרוֹ פארתו	(XXXIV)	4Q**418** 81+81a,13
יֹתהלכו כול נוחלי ארץ כי בשמ[ים	(XXXIV)	4Q**418** 81+81a,14
] / אוט לכול הולכי אדם	(XXXIV)	4Q**418** 81+81a,16
ומיד כול משכילכה הוסף לקחֹ[	(XXXIV)	4Q**418** 81+81a,17
] / הוצא מחסורכה לכול דורשי חפץ	(XXXIV)	4Q**418** 81+81a,18
כי אל פלג נחֹלתֹ[ם בכו]לֹ[חי]	(XXXIV)	4Q**418** 81+81a,20
וכול חכמי לב השכלוֹ[	(XXXIV)	
]אף בכול דרכ[	(XXXIV)	4Q**418** 87,10
תכין לכֹ[ול]חֹפֹציכֹהֹ[	(XXXIV)	4Q**418** 88ii1
]בֹכול משלוח[ידכה	(XXXIV)	4Q**418** 89,2
]הֹ על כול ע◦[	(XXXIV)	4Q**418** 91,2
]◦חֹם כול אנ[שי	(XXXIV)	4Q**418** 94,2
ד]רֹוש כול אלֹ[ה	(XXXIV)	4Q**418** 96,2
וֹאמת צדק [ ]כול מעשיו	(XXXIV)	4Q**418** 102a+b,2
מיד כול חכמת ידי{{ם}}כֹהֹ [	(XXXIV)	4Q**418** 102a+b,3
ואז ידרוש חפצכה לכול מבקשיו [	(XXXIV)	4Q**418** 102a+b,4
]◦◦ אכרים עד כול אֹ[	(XXXIV)	4Q**418** 103ii2
] / כֹי כולם ידרשו לעתם	(XXXIV)	4Q**418** 103ii5
]שם עם כול צמחי אדמה	(XXXIV)	4Q**418** 107,5
כי כל[ם] ידרשֹ[ו	(XXXIV)	
]כֹוֹל דעתֹ[	(XXXIV)	4Q**418** 117,1
]לֹהֹ לכול מעדיהֹ[	(XXXIV)	4Q**418** 118,3
]◦כול הון / [	(XXXIV)	4Q**418** 123i3
] / כול הנהיה בה למה היה	(XXXIV)	4Q**418** 123ii3
[ו]אתה מבין בהביטכה בכול אלה ◦◦[	(XXXIV)	4Q**418** 123ii5

Reference	Vol.	Text
4Q427 7i17	(XXIX)	[בכ]ול קצימ השמיעו הגידנה הביעו
4Q427 7ii6	(XXIX)	לב[רכת עד] / ומרפא בכול קצי עולם
4Q427 7ii13	(XXIX)	ומצדיק] / בדעת לכול מעשיו
4Q427 7ii14	(XXIX)	והמון] / רחמיו לכול בני אמתו
4Q427 7ii23	(XXIX)	וכול מחשביהמה מ[כין ב]עוזו
4Q428 3,8	(XXIX)	] / [שחת]לכול צאצאי[עם
4Q428 4,2	(XXIX)	[ומש]ברי שחת לכול[מעשי פלצות
4Q428 5,4	(XXIX)	ב[אש אוכל]ת בכ[ול שנאביהם]
4Q428 5,6	(XXIX)	[עד אפס כו]ל[שותיהם
4Q428 10,2	(XXIX)	ובהמון רחמיכה לכ[ול משפטי צדק
4Q428 10,10	(XXIX)	כ[ול אלה לכבודכה עשיתה]
4Q428 21,5	(XXIX)	וכול מח[שביהם מכין בעוזו
4Q428 46,1	(XXIX)	]בכול[
4Q429 4ii2	(XXIX)	וכל מ[שבריהם עלי
4Q429 4ii12	(XXIX)	עד תום כל ח[צי מלחמות רשעה]
4Q430 5	(XXIX)	לעמך להולל ברמיה כו]ל מעשיהם
4Q431 2,5	(XXIX)	[ומרפא בכו]ל [קצי] עולם
4Q432 3,1	(XXIX)	כ[י] ישרתה בלבבי כול[מעשי עולה]
4Q432 5,2	(XXIX)	כי] תתבלע כול חוכמתמה בה[מות ימים]
4Q432 6,3	(XXIX)	וקו חרון לכול[בליעל
4Q432 6,4	(XXIX)	[וי]ל[כו נח]ל[י]בליעל על כו[ל אגפי רום
4Q432 6,6	(XXIX)	עד אפס] / כול[שותיהם
4Q433a 2,7	(XXIX)	] / לכול טועמיו
4Q433a 3,4	(XXIX)	]זה כן י◦[ ]חרונו לכול ע[
4Q434 1i1	(XXIX)	ברכי נפשי את אדוני {{מ}}על כול נפלאותיו
4Q434 1i6	(XXIX)	ולא יעף כל חרונו חמתו
4Q434 1i11	(XXIX)	ויסך בעד[ם ומכו]ל נגע צוה לבלת[י הנגף]
4Q434 1ii1	(XXIX)	ברעת[ם וב]צר[ת]ם[ומ]כול צרה ה[צל]תם ◦[
4Q434 2,7	(XXIX)	] וכל גוים / [
4Q437 1,1	(XXIX)	[ברכי]נפשי את אדוני על כול נפל[אותיו
4Q437 2i7	(XXIX)	וכול יגוני ראיתה ועונות[י
4Q437 2i13	(XXIX)	אברך בכ[ול מאודי] את אדוני
4Q437 4,5	(XXIX)	ולהצניע ללכת בכו]ל דרכי אל
4Q437 4,6	(XXIX)	על כול אלה א[ברך
4Q437 9,4	(XXIX)	]תות כול דורשי ת[
4Q438 4ii5	(XXIX)	על כול / [
4Q439 1i+2,2	(XXIX)	וכול מלוש / ו◦[
4Q439 1i+2,5	(XXIX)	]והנה כול עירי נהפכה לסירים[
4Q439 1i+2,6	(XXIX)	ה]נה כול שופטי נמצאו אויל[ים
4Q440 1,4	(XXIX)	]◦ בכול ימי ממשלתו [
4Q440 3i15	(XXIX)	]רים [ ]◦ בכו[ל] נצב◦[
4Q440 3i18	(XXIX)	לכו]ל רוח ומבינתכה לכול / [
	(XXIX)	לכו]ל רוח ומבינתכה לכול / [
4Q440 3i19	(XXIX)	כ]בודכה לכול הויה / [
4Q440 3i20	(XXIX)	ברוך]אתה אלי הזכי בכול / [
4Q440 3i21	(XXIX)	]כולנו להעשותנו כיא / [
4Q440b 4	(XXXVI)	]לכול שי[
4Q442 2	(XXIX)	הו]דיעני את כול זואת / [
4Q443 2,8	(XXIX)	הבינותי כול ◦[
4Q443 5,2	(XXIX)	]ו על כול תבל וב◦[
4Q444 1-4i+5,2	(XXIX)	] / אמת לכ[ו]ל[אל]ה
4Q445 3,1	(XXIX)	]◦ כלו לי כל נודע[י
4Q445 4,2	(XXIX)	]◦עים כל עדי◦[
4Q448 II,3	(XI)	על יונתן המלכ / וכל קהל עמכ / ישראל
4Q448 II,7	(XI)	יהו שלום כלם
4Q449 1,5	(XXIX)	כ]ול אויבינו ו◦[ ]◦ביך את כול ◦[
	(XXIX)	כ]ול אויבינו ו◦[ ]◦ביך את כול ◦[
4Q455 2	(XXXVI)	] בכל אמנה הגידו את ◦[
4Q456 1,4	(XXIX)	כ]ול
4Q457b II,5	(XXIX)	] / אלוהינו כול קדושים[
4Q421 1aii-b,17	(XX)	בצדק נגאל בבינ]ה כול / [
4Q421 2,3	(XX)	כו]ל[א]יש לפני[רעהו
4Q421 9,3	(XX)	]ל[כ]לות כל עבדי ר[שע ?
4Q421 10,1	(XX)	אי]ש נאמן בכו[ל דרכו ?
4Q421 11,2	(XX)	לאכול ולשתות ממנו כול ◦[
4Q421 11,6	(XX)	כ]ול ◦[
4Q421 12,2	(XX)	]◦ וכול עבד ואמה לוא יוכל במ[קדש
4Q421 12,4	(XX)	ואם בא כ[ו]ל[
4Q421 13,2	(XX)	כ]ול העולות והזבחים א[
4Q421 13,6	(XX)	]ש בכ[ו]ל הקר[בנות
4Q422 II,7	(XIII)	]קו על הארצ / תחת כול השמ[ים
4Q422 II,13	(XIII)	הכו]ל נתן[
4Q422 III,8	(XIII)	הצפרדעים בכול ארצ[ם
	(XIII)	וכנים בכול גבול[ם]ערוב [בב]תיהםה
	(XIII)	ו[יפג]ע בכול פ[ ]הםה
4Q422 III,10	(XIII)	לה[אביד כו]ל פרי אוכ[ל]ם
	(XIII)	לכסות עין הא[רצ] חסל כבד בכול גבולם
4Q422 III,11	(XIII)	לאכול כול ירוק בא[רצם]ל[
4Q422 III,12	(XIII)	[ויך בכורם]רשית לכו[ל אונם
4Q423 1-2i1	(XXXIV)	]וכל פרי תנובה {{וכל}} וכל עץ נעים
	(XXXIV)	{{וכל}} וכל עץ נעים נחמד להשכיל
	(XXXIV)	{{וכל}} וכל עץ נעים נחמד להשכיל
4Q423 1-2i5	(XXXIV)	וכל רחמי הור[ת
	(XXXIV)	]ל[ ]◦ה ש[ ]תה כל אוטכה / [
4Q423 1-2i6	(XXXIV)	] בכל חפציכה כי כל תצמיח[לכה
	(XXXIV)	] בכל חפציכה כי כל תצמיח[לכה
4Q423 3,2	(XXXIV)	וכן התהלך וכ[ל]ת[בואתכה
4Q423 3,3	(XXXIV)	ועל פיהו הרתה כל[רחם
4Q423 3,4	(XXXIV)	ע]ם ראשית פרי בטנכה ובכור כל [בהמתכה
4Q423 3,5	(XXXIV)	וקדשתי כול[פטר רחם לאלהים
4Q423 4,2	(XXXIV)	ונארותה בכ]ל תבואת[כה
	(XXXIV)	ונכל]מתה בכל מעשיכה במ◦[
4Q423 5,3	(XXXIV)	הו]א פלג [נ]חלת כל מושלים
	(XXXIV)	ויצר כל[מעש]ה בידו
4Q423 5,4	(XXXIV)	וישפו]ט כולם באמת יפקוד לאבות ובנים[
	(XXXIV)	עם כל אזרחים ידבר / [
4Q423 5,6	(XXXIV)	ה]תבונן בכל תבואתכה ובעבודתכה השכ[ל
4Q423 5,8	(XXXIV)	]◦ו כול ה[
4Q423 5,9	(XXXIV)	י]היה בכל [דר]כו אשר בטל◦[
4Q423 6,3	(XXXIV)	]לבכמה ומה אפוא כו[ל
4Q423 6,4	(XXXIV)	]שופט צדק אל לכל[
4Q423 7,4	(XXXIV)	]ל כ[ל מע]שיו ורחמיו / [
4Q423 8,3	(XXXIV)	לק]דש קודשים לכל / [תבל
4Q423 10,1	(XXXIV)	] ידיכה בכ[ל
4Q423 15,2	(XXXIV)	]◦ כל מש[
4Q423 23,3	(XXXIV)	]לכו[ל
4Q424 1,7	(XXXVI)	כי לא יפלס כל ארחותיך
4Q424 3,9	(XXXVI)	[וה]וא בעל ריב לכול מסיגי גבול [
4Q424 3,10	(XXXVI)	]◦דאג לכ[ו]ל חסרי הון בני צדק[
4Q424 3,11	(XXXVI)	]◦◦ר בכול הון[
4Q425 4ii3	(XX)	] / [ב]כול מחשבת קוד[ש(ו)
4Q425 4ii4	(XX)	להלל] / [ו]להודות לאל על כו[ל
4Q426 1i2	(XX)	שו]מרי כול מצוותיו
4Q426 1i9	(XX)	]כול תור בתבל / [
4Q426 1i10	(XX)	]ל וכול זר אין / [
4Q426 10,3	(XX)	י]תעב כול עובדי[
4Q426 10,4	(XX)	כו]ל[ ]מלכים א◦[
4Q426 12,4	(XX)	]וכול שוכני[
4Q427 1,4	(XXIX)	ו]אנחה בכנור ק[ינה]לכול אב[ל יגון
4Q427 1,6	(XXIX)	בפ]י כולמה [יהו]לל שמכ[ה לעולמי עד

] / לעיני כול קהל ל[	(VII)	4Q**491** 1-3,2
]כול נש[יאי	(VII)	4Q**491** 1-3,4
]העדה וכ[ול]הנשיא[ים	(VII)	4Q**491** 1-3,5
וכול איש מנו[גע בטמאת בשרו	(VII)	4Q**491** 1-3,6
היום ההואה מכול שבטיהמה[י]אצאו	(VII)	4Q**491** 1-3,9
והלויי[י]ם וכול שרי המחנות	(VII)	
וכול איש אשר לוא יהיה[טהור ממקורו	(VII)	4Q**491** 1-3,10
היום ההואה לעבור לכול[	(VII)	4Q**491** 1-3,11
והיו כול המערכו[ת]הנגשות למלחמת האו[יב	(VII)	4Q**491** 1-3,14
והכוהנים בכול עת המריעים בחצוצרות[	(VII)	4Q**491** 1-3,17
ככול הסרך [הזה	(VII)	4Q**491** 1-3,19
] / ל[ ] כול ◦◦[	(VII)	4Q**491** 1-3,20
]ככול המשפט[י]ם האלה	(VII)	4Q**491** 4,3
ובתמימ[י] דרך יתם כול גואי רשעה	(VII)	4Q**491** 8-10i5
[ובכו]ל[רזי שטמתו לוא ה]ד[יחונ]ו מבריתך	(VII)	4Q**491** 8-10i7
וכול יק[ו]ם / [הבליהמה תתן לאין	(VII)	4Q**491** 8-10i9
מ]עליכה יפוצו כול בני חושך	(VII)	4Q**491** 8-10i14
]בכול מועדי עולמים	(VII)	4Q**491** 8-10i16
הכינה מאז אמתו ורזי ערמתו בכו[ל	(VII)	4Q**491** 11i10
בל ישבו בו כול מלכי קדם	(VII)	4Q**491** 11i12
] כול יקר לי בכבוד / [	(VII)	4Q**491** 11i14
ומיא [כו]ל רע הדמה ביא	(VII)	4Q**491** 11i16
יכניענו אל ישר[אל ל]כ[ו]ל[	(VII)	4Q**491** 11ii16
שלום [לי]שראל בכול מועדי[עולמים	(VII)	4Q**491** 11ii18
והלויאים]וכול עם השופרות יר[י]עו	(VII)	4Q**491** 11ii22
כו]ל[ ]◦וני◦ ולוא[	(VII)	4Q**491** 12,5
והלויאים וכול[עם השופרות יריעו	(VII)	4Q**491** 13,6
ו]ענו כול העם והרימו קול[אח]ד ואמרו[	(VII)	4Q**491** 13,8
כיא יד] אל נטויה על כול הגואים	(VII)	4Q**491** 14-15,6
] ולהשליך כול פגר[יהמה	(VII)	4Q**491** 14-15,9
]ש וכול רוחי גורל[ו	(VII)	4Q**491** 14-15,10
]ובין כול העדה א◦[	(VII)	4Q**491** 16,2
יקב]צו כול ישראל ירו[שלי]ם[	(VII)	4Q**491** 16,4
]מה ולכול צבא[ות	(VII)	4Q**491** 17,2
בכו]ל קצים נ[	(VII)	4Q**491** 23,2
]ממשלת כול האל[י]ם[	(VII)	4Q**491** 24,3
וכו]ל ראשי המערכות [ופקודיהם	(VII)	4Q**492** 1,11
ג]בורתו על כול[הג]וים [	(VII)	4Q**492** 2,1
[ו]לכול מערכות הבנים לוא יגשו	(VII)	4Q**493** 6
וככול הסרך הזה הל[ויים] / להם מר[י]עים	(VII)	4Q**493** 9
]כמש[פט הזה]יתקעו לכ[ול המ]ערכות	(VII)	4Q**493** 12
ובכו]ל צרותם / [	(VII)	4Q**496** 1-2,3
מ]משלתו ולכ[ול] / [	(VII)	4Q**496** 1-2,7
] כול [ל]בני חושך	(VII)	4Q**496** 3,7
כו]ל מועדי חוש[ך	(VII)	4Q**496** 3,8
ילחמו ב]כול / [	(VII)	4Q**496** 5-6,6
כו]ל בני יפת במושב[ותיהם	(VII)	4Q**496** 13,4
]לכול ◦◦ / [	(VII)	4Q**497** 8i2
]◦◦ ובכול [	(VII)	4Q**497** 47,2
]◦ה כול ◦[	(VII)	4Q**498** 2,4
]ה כול / [	(VII)	4Q**498** 3i2
] בכול לבבכה [	(VII)	4Q**498** 6,1
]כול ובתע[	(VII)	4Q**498** 9,2
]מספר כול[	(VII)	4Q**499** 10,4
] / בכול תבל א◦[	(VII)	4Q**499** 48,2
בשמי]נו ואדמתנו וכול יבולה / [	(VII)	4Q**502** 6-10,6
וכו]ל פרי עצה ומימינו[	(VII)	4Q**502** 6-10,7
כולנו / [מברכי]ם שם אל ישראל	(VII)	
]את כו[ל	(VII)	4Q**502** 13,1
תב]ל[ופקו]דת כול[	(VII)	4Q**502** 16,4

] / אש[ ] כול מעשיה ◦◦[	(XXIX)	4Q**457b** II,8
] / ותבלע את כל הערלים ותק◦◦[	(XXXVI)	4Q**458** 2ii4
א]ל תדאג מכול מהומות ◦[	(XXXVI)	4Q**460** 7,6
]מכול מצוקהת וצרות[	(XXXVI)	4Q**460** 7,7
וכול זמתכה ישיב על עם[	(XXXVI)	4Q**460** 9i10
]כול ◦[	(XXXVI)	4Q**461** 3,1
] כול[	(XIX)	4Q**462** 5,1
]כול הע[	(XXXVI)	4Q**466** 4
]כול[	(XXXVI)	4Q**466** 5
כ]ול חכמי לב[	(XXXVI)	4Q**468**a 2
באור]משבצתו יתהלכו כול ב◦[	(XXXVI)	4Q**468**b 2
] / כי כולם ית◦[	(XXXVI)	4Q**468**c 10
נא]דרו מכול שלת לבם / [	(XXXVI)	4Q**468**i 5
כ]ול הקללה[ ]ל[	(XXVIII)	4Q**468**dd 3
]◦א כולמה אנשי בוג[דות	(XXXVI)	4Q**469** 3,4
]◦◦ לעשות ולהעשות את כל התורה / [	(XIX)	4Q**470** 1,4
]ויכתב משה בדברו ככ[ל	(XIX)	4Q**470** 3,6
]ה מכ[ו]ל אש[ר	(XXXVI)	4Q**471** 1,1
]כול איש מאחיו מבני / [אהרון	(XXXVI)	4Q**471** 1,2
וראשים שנים עשר ל]כול שבט ושב[ט]	(XXXVI)	4Q**471** 1,4
וישר[תו לפני]ו תמיד כ[ו]ל / [הימים	(XXXVI)	4Q**471** 1,6
]ור כול צבאותם באורכ אפ[ים	(XXXVI)	4Q**471** 2,3
]ש ולהניא לבבם מכול מע[שה	(XXXVI)	4Q**471** 2,4
ב]כול הטוב אש[ר	(XXXVI)	4Q**471** 2,9
]ם בכול חוקי[	(XXIX)	4Q**471**c 1,4
] / את כול רעו מש[מ]רי פני מלך [	(XXXVI)	4Q**472** 1,4
]כול כתם [אופירים	(XXXVI)	4Q**472** 1,5
] / [ ]◦[ ]◦ לכל[	(XXXVI)	4Q**472** 2,2
]כליום [	(XXXVI)	
] / וכול הו◦[	(XXII)	4Q**473** 1,3
] / עם כול מלאכ[י חבל ?	(XXII)	4Q**473** 2,7
שמח]ה בבן אהוב לא[ב]י]ו[ ]על כול[אחיו	(XXXVI)	4Q**474** 2
]◦ה[ ]יה מכול אש[ר	(XXXVI)	4Q**474** 6
כ]ול ה[ב]אים ע[ם	(XXXVI)	4Q**474** 9
]וכ[ו]ל אוזניהם חרשות [	(XXXVI)	4Q**474** 10
]כול קומתם [	(XXXVI)	4Q**474** 13
מש]אלתמה ומכול[	(XXXVI)	4Q**474** 14
והגיד להמה את כול ה[משפטים	(XXXVI)	4Q**475** 3
כ]ול תבל ולוא יהיה עוד אשמות בארץ	(XXXVI)	4Q**475** 4
[והיו ? מש]חית וכול משטם	(XXXVI)	4Q**475** 5
והיתה כול תבל כעש וכול יש[בי בה	(XXXVI)	
והיתה כול תבל כעש וכול יש[בי בה	(XXXVI)	
וידרישו את כולה וצ[דקה	(XXXVI)	4Q**475** 7
]כולכם תהיו בשלום [	(XXIX)	4Q**476** 1,4
]כו[ל	(XXIX)	4Q**476** 2,1
] / [ו]כול מרוחקי מלך מ[	(XXIX)	4Q**476** 2,4
] / בכול תב[ל	(XXIX)	4Q**476** 3ii3
]עות המרום כל[	(XXIX)	4Q**476**a 1,2
בכל נפל[אותיו	(XXII)	4Q**480** 1ii1
] מפטיש כול / [	(XXII)	4Q**481**b 5
]ידה והללו בכל פיהם[	(XXII)	4Q**481**c 5
]ש בכל[	(XXII)	4Q**481**c 9
]קרב כלדבר לאכל [	(XXII)	4Q**481**d 2,4
]כול [	(VII)	4Q**482** 5,2
]בכול חוקיו / [	(VII)	4Q**487** 1i4
]◦ כול[	(VII)	4Q**487** 7,7
]◦ וב מכול / [	(VII)	4Q**487** 8,4
]◦ כול[	(VII)	4Q**487** 35,2
]עם כול[	(VII)	4Q**487** 37,1
] כול[	(VII)	4Q**487** 40,2

4Q**502** 19,4 (VII)] / עם כולנו יחד ואני ת[רנן לשוני
4Q**502** 21,1 (VII)] / אל בכול ש°[
4Q**502** 24,1 (VII)]°[ ]°°[ ]כול מועדי[
4Q**502** 27,3 (VII)]עם כול דגלי יר[חים
4Q**502** 32,3 (VII) ס]פר{{ם}} כול[
4Q**502** 39,2 (VII)]°י כול חי ק[
4Q**502** 48,2 (VII)]° על כול בני[
4Q**502** 48,3 (VII)] כול [
4Q**502** 60,2 (VII)]ו מכול [
4Q**502** 84,1 (VII)]כול[
4Q**502** 87,2 (VII) ל]פני כול מ[
4Q**502** 98,2 (VII)]ר לפניו כו[ל
4Q**502** 126,2 (VII)] כול אש[ר
4Q**502** 149,1 (VII)] כול [
4Q**502** 200,1 (VII)]כול [
4Q**502** 250,1 (VII)]ובכול [
4Q**502** 280,1 (VII)]כול [
4Q**503** 1-6iii7 (VII)]ח לפניו בכול מפלג כבודו
4Q**503** 7-9,4 (VII) נהלל[ה שמכה] / עם כול דגלי [אור
(VII) כו]ל לשוני דעת ברך °°כ[
4Q**503** 7-9,7 (VII) כו]ל[א]לה ידענו ב[
4Q**503** 14,2 (VII) ברוך ש]מכה אל ישראל בכ[ול
4Q**503** 15-16,11 (VII)]כול מפלגו לו [
4Q**503** 24-25,4 (VII) א]שר בח[ר] בנו מכול [ה]גוים ב[
4Q**503** 29-32,21 (VII) שלום אל עליכה יש]ראל בכול מו[עדי עולם
4Q**503** 33i+34,21 (VII) [שלום עליכה ישראל] בכול מועד[י] לילה
4Q**503** 37-38,14 (VII) וענו ואמרו ברוך] / אלוהי כול קודש[ים
4Q**503** 40ii-41,3 (VII) שלום עליכה י]שראל בכול מ[ועדי לילה
4Q**503** 40ii-41,7 (VII) ומהולל שם[קודשכה בפי] / כול קדו[שים
4Q**503** 42-44,3 (VII) שלו]ם עלי[כ]ה[ישרא]ל בפי כול לש[וני
4Q**503** 48-50,8 (VII)]אל על כו[ל
4Q**503** 56ii4 (VII)] / וכול [
4Q**503** 153,2 (VII)]כול °[
4Q**503** 216,4 (VII)]° ובכול[
4Q**504** 1-2ii11 (VII) וחמתכה מעמכה ישראל על כול חט[אתם]
4Q**504** 1-2ii13 (VII)]ל[ ]°בנו בכול לב ובכול נפש
(VII)]°בנו בכול לב ובכול נפש ולטעת תורתכה
4Q**504** 1-2iii3 (VII)]ש הן / כול הגוים[כא]ין נגדכה[
4Q**504** 1-2iii5 (VII) ובנים / שמתנו לכה לעיני כול הגוים
4Q**504** 1-2iii11 (VII) [ואת קנא]תכה בכול חרון אפכה
4Q**504** 1-2iv3 (VII) העיר אשר בח]רתה בה מכול ה{{ל}}ארץ
4Q**504** 1-2iv5 (VII) כיא אהבתה / את ישראל מכול העמים
4Q**504** 1-2iv8 (VII) וישב על כסא ישראל לפניך / כול הימים
(VII) וכול הגוים ראו את כבודכה
4Q**504** 1-2iv11 (VII) ואבן יקרה / עם כו{{ו}}ל חמדת ארצם
4Q**504** 1-2v6 (VII) בכול זואת לוא מאסתה / בזרע יעקוב
4Q**504** 1-2v11 (VII) ותחון את עמכה ישראל בכול / [ה]ארצות
4Q**504** 1-2v14 (VII) ולשמוע בקולכה / [כ]כול אשר צויתה
4Q**504** 1-2vi2 (VII) ותשלי]ך מ[ע]לינו כול פשעי[ו]
4Q**504** 1-2vi4 (VII) כיא / אתה עשיתה את כול אלה
4Q**504** 1-2vi8 (VII) בכול צרת {{ת}}<<נ>>פשנו
4Q**504** 1-2vi14 (VII) כול הכתוב בספר החיים[
4Q**504** 1-2vi16 (VII)] / מכול צור{{ע}}ריהמה[
4Q**504** 1-2vii2 (VII)] / אשר הצילנו מכול צרה אמן[אמן
4Q**504** 1-2vii6 (VII)] / כול מלאכי{{ם}} רקיע קודש ו[
4Q**504** 1-2vii7 (VII)] / לשמים הארץ וכול מחשביה[
4Q**504** 1-2vii8 (VII) ואבדון והמים וכול אשר[בם
4Q**504** 1-2vii9 (VII)] / כול בריאותיו תמיד לעולמ[י עד אמן
4Q**504** Verso 2vii4 (VII)] כי כול / [
4Q**504** 3ii14 (VII)] / על כול החו[ק]ים והמשפטים הא[לה

4Q**504** 3ii17 (VII)] / בכול[
4Q**504** 4,3 (VII) ה]ארץ ועבודת כול ה°°[
4Q**504** 4,4 (VII) כי]א אתה אל הדעות[ו]כול מחשב[ת
4Q**504** 4,6 (VII) עוונות רשונים בכול גמולם הר[ע
4Q**504** 4,9 (VII)]בכ[ו]ל[
4Q**504** 6,3 (VII)]ה להתבונן בכול חוק[י
4Q**504** 6,6 (VII) ז]כור נא כיא עמכה כולנו
4Q**504** 6,22 (VII)]רוח כול חי[
4Q**504** 7,7 (VII) לוא יב]צר ממכה כול / [
4Q**504** 17ii2 (VII)]ומכול[
4Q**504** 32,2 (VII)]כול [
4Q**504** 34,2 (VII)]ם וכול י°[
4Q**505** 125,4 (VII)]כול הגוים [
4Q**506** 124,1 (VII)]כה כול מח°[
4Q**506** 125+127,4 (VII)]ו כול °°[
4Q**506** 131-132,9 (VII) כיא[אתה אל הדעו]ת וכולם / [מח]שבת °[
4Q**506** 131-132,13 (VII) עוונות]אבותינו הרישנים / [בכו]ל גמו[לם
4Q**507** 2,1 (VII)] כול ה[
4Q**508** 1,2 (VII) ובישרים] / [תעשה כלה]בכול מענינו
4Q**508** 18,2 (VII)]°קודש עמכול [
4Q**508** 21,3 (VII)]° ואין °°°° בכול °°°[
4Q**508** 30,1 (VII) לכה לכפר[על]יו ע[ל]כול °°° / [
4Q**508** 40,3 (VII)]°ם כול °°[
4Q**508** 41,1 (VII)] נגד כול חטאתנו[
4Q**509** 4,2 (VII)]ילו לכול ח°[
4Q**509** 5-6ii3 (VII)]°°בנו לקראתנו כול[
4Q**509** 5-6ii4 (VII)]ם ידעתה הכול[
4Q**509** 5-6ii5 (VII) כ]ול האלות[
4Q**509** 7,2 (VII) ו]בתהומות ובכול °[
4Q**509** 10ii-11,11 (VII)]ך כול [
4Q**509** 16,2 (VII)]בכול עצב[יהם
4Q**509** 24,3 (VII)]לכול °°[
4Q**509** 31,5 (VII)]כול אשר[
4Q**509** 37,2 (VII)] ובכול [
4Q**509** 58,8 (VII)]גדולים כול א°[
4Q**509** 100,2 (VII)] כול[
4Q**509** 131-13**2**i8 (VII) כ]ול ירחי / [
4Q**509** 131-13**2**i11 (VII)]בכול / [
4Q**509** 131-132ii17 (VII)] / בכול [
4Q**509** 177,2 (VII)]כול ר°ב[
4Q**509** 184i5 (VII)]°ה וכול בר°° / [
4Q**509** 198,2 (VII)]כול הוות ב°[
4Q**509** 204,1 (VII)]כולם / [
4Q**509** 218,1 (VII)] בכול / [
4Q**509** 276,1 (VII)] / מכול רע °[
4Q**510** 1,2 (VII) ג[בור]ות אל אלים אדון לכול קדושים
4Q**510** 1,3 (VII) על כול גבורי כוח ומכוח גבור[ת]ו
(VII) ויתפזרו כול ויחפזו מהדר מע[ון]
4Q**510** 1,5 (VII) ולב[הל] / כול רוחי מלאכי חבל
4Q**510** 1,9 (VII) י]רוממו[ה]ו כ[ו]ל תמימי דרך
4Q**510** 2,1 (VII) וכול[
4Q**510** 2,3 (VII) וכול רוחי [
4Q**511** 1,2 (VII)]°°° וכו[ל
(VII) בא]רץ ובכול / רוחות ממשלתה
4Q**511** 1,4 (VII) יב[רכו]הו בקציהם / הימים וכול חיתם
4Q**511** 1,5 (VII) ישמיעו[ ]י תפארת / כולם
4Q**511** 1,8 (VII) וכול בני עולה לוא יתכלכלו
4Q**511** 2i2 (VII) ורוממוהו כול יודעי [צדק
4Q**511** 2ii3 (VII) וערת ממזרים כ[ו]ל °°[
4Q**511** 3,6 (VII) ופחדו כול °[

על] / פיכה נפרשה טהרת **כול** [	(VII)	4Q**512** 42-44ii4
]ל**כול**[	(VII)	4Q**512** 45-47i4
] / **כול** ט[	(VII)	4Q**512** 45-47ii5
]**כול** משפחות [	(VII)	4Q**512** 51-55ii11
] / ושב מ**כול**[רע	(VII)	4Q**512** 65,2
]◦כלם **כול** י[מי	(VII)	4Q**512** 67,1
] מ**כול** אוכל[	(VII)	4Q**512** 67,3
]ם לפני **כול** שמ[	(VII)	4Q**512** 76,2
] / ל**כול**[	(VII)	4Q**512** 81,2
]◦◦ם ו**כול**[	(VII)	4Q**512** 139,1
]**כול** טמאת[	(VII)	4Q**512** 152,2
בעלות לבני הנכר ול**כול** הזנות אשר[	(VII)	4Q**513** 2ii2
רא[ה]לו להאכילם מ**כול** תרומת הש◦[	(VII)	4Q**513** 2ii3
]לם ב[**כו**]ל / [	(VII)	4Q**513** 11,4
]מ**כול** ש[	(VII)	4Q**513** 13,8
]וב**כול** גבר[	(VII)	4Q**513** 14,4
]**כול** נש[	(VII)	4Q**513** 24,4
]**כול** נדתם [	(VII)	4Q**513** 30,1
]◦ב ל**כל** הט[מ]אים[	(VII)	4Q**514** 1i2
ו**כול** טמאי הימים ביום[ט]הרתם	(VII)	4Q**514** 1i5
ו**כל**[ט]מאי הימם ביום / ט[הרת]ם	(VII)	4Q**514** 1i8
ואל י[ש]תה עמ **כול** אי[ש]אשר יערוך / [	(VII)	4Q**514** 1i10
]**כול**[	(VII)	4Q**517** 30,1
]**כול**[	(VII)	4Q**517** 36,1
]וב**כל**[	(VII)	4Q**518** 33,2
]סו ב**כול** / [	(VII)	4Q**520** 1,2
בזאת תמצאו את אדני **כל** המיחלים בלבם	(XXV)	4Q**521** 2ii+4,4
]◦ ו**כל**ם כקד[ושים ?	(XXV)	4Q**521** 2ii+4,14
] / גלה הארץ ב**כל** מקו[ם	(XXV)	4Q**521** 2iii4
] / כי **כל** ישראל בגיל[	(XXV)	4Q**521** 2iii5
]ראו [א]ת **כל** א[שר עשה	(XXV)	4Q**521** 7+5ii1
] / [אדני האר]ץ ו**כל** אשר בה	(XXV)	4Q**521** 7+5ii2
וכל] / [אשר בם] ו**כל** מקוה מים ונחלים	(XXV)	4Q**521** 7+5ii3
כ]ל[כם]העושים את הטוב	(XXV)	4Q**521** 7+5ii4
] / [ו**כ**]ל מלאכים[	(XXV)	4Q**521** 7+5ii15
היכ]ל ו**כל** כלי קדשו / [	(XXV)	4Q**521** 8,8
כהנ]ה ו**כל** משיחיה / [	(XXV)	4Q**521** 8,9
]◦◦ **כל**[	(XXV)	4Q**521** 16,1
ו]יכו את **כול** בקעת מצפא את / [	(XXV)	4Q**522** 9i+10,4
ויורש משם את **כל** האמורי מיר[ושלם	(XXV)	4Q**522** 9ii4
ויברך ?] / [ב**כו**]ל [מ]עון מן השמי[ם	(XXV)	4Q**522** 9ii8
[אם תשמע בקולי לשמור **כו**]ל מצוות[י	(XXV)	4Q**524** 4,2
ונתתי [א]ת **כול** אויביו לפניו	(XXV)	4Q**524** 6-13,2
ורש]ית **כול** א[שר יתנו ל•••• יהיה לה]מה	(XXV)	4Q**524** 6-13,7
ו]**כו**[ל בכורות בהמה הזכרים	(XXV)	4Q**524** 6-13,8
ו**כו**]ל[צאצאי מגרשים לבהמ]ת[מה	(XXV)	
ו]**כ**[ול ב]נ[י]יש[ראל ישמעו ויראו	(XXV)	4Q**524** 14,1
]מ**כול** א[	(XXV)	4Q**524** 25,2
וב**כו**]ל / היותו בה[ישכיל	(XXV)	4Q**525** 2ii+3,6
ישוה בה **כול** היום[	(XXV)	4Q**525** 2iii1
או] / עם **כול** אבני חפצ[	(XXV)	4Q**525** 2iii3
ותולעת] / שני עם **כול** בגדי [	(XXV)	4Q**525** 2iii6
]**כול** ק◦[	(XXV)	4Q**525** 4,2
ועתה] ה[ק]שיבו לי **כול** בני ה[	(XXV)	4Q**525** 10,3
ו**כול** בשר אל <<י>>צדק א[ל	(XXV)	4Q**525** 10,5
]**כול**[ישרא]ל רעת ה[אדם ?	(XXV)	4Q**525** 10,7
]ורוב שלום [ע]ם[ ] **כול** ברכות[עד	(XXV)	4Q**525** 11-12,1
עם]מדת הדר ל**כ**[ו]ל תומכי בי [	(XXV)	4Q**525** 11-12,2
לכול הולכים]תמים ב**כול** דרכי ולכ[ול	(XXV)	4Q**525** 11-12,3
לכול הולכים]תמים בכול דרכי ול**כ**[ול	(XXV)	
]◦כו ו**כול**[	(VII)	4Q**511** 3,8
]**כול** / [	(VII)	4Q**511** 7,2
] ל**כול** בשר / [	(VII)	4Q**511** 7,3
י]רוממוהו **כול** תמימי דרך	(VII)	4Q**511** 10,8
[שומר חס]ד באמת ל**כול** מעשיו	(VII)	4Q**511** 10,10
וב**כול** מוסדי ארץ משפטי יוד	(VII)	4Q**511** 10,12
]ה ו[מ]קלל ל**כול** ◦[	(VII)	4Q**511** 11,3
י]תפחדו **כול** [	(VII)	4Q**511** 12,2
]**כול** משלוחותיו ◦מע◦◦[	(VII)	4Q**511** 16,2
]אמונת[ ] **כול** [	(VII)	4Q**511** 17,1
ו**כול** מעשי נדה שנתי	(VII)	4Q**511** 18ii7
ושופטי אמונה ב**כול** פשעי / אשמתי	(VII)	4Q**511** 18ii9
] כיא עם **כול** / [	(VII)	4Q**511** 22,2
ומח]שבת **כול** לבב הואה / [ידע	(VII)	4Q**511** 22,4
כו]ל מחשב[	(VII)	4Q**511** 23,4
]חסדיו ו**כול** מחש[בותיו	(VII)	4Q**511** 26,2
] / אתה אלי חתמתה בעד **כול**ם ואין פותח	(VII)	4Q**511** 30,3
] / א[לו]הים ב**כול** בשר	(VII)	4Q**511** 35,1
דבר[תי לפחד] / בגבורתו **כו**[ל]רוחי ממזרים	(VII)	4Q**511** 35,7
י]רועו **כול** מחשביה וכו[ל אשר עליה	(VII)	4Q**511** 37,4
י]רועו כול מחשביה ו**כו**[ל אשר עליה	(VII)	
לוא י]עשה **כול** [	(VII)	4Q**511** 42,2
כ]ול סודי / ◦ית ט◦◦[	(VII)	4Q**511** 44-47,2
]על **כול** מופתי גבר	(VII)	4Q**511** 48-49+51,5
]◦◦◦◦ ריבי **כול** / רוחי ◦◦[	(VII)	4Q**511** 48-49+51,7
] משפטים למעשי **כול** ומשיב ברכות [	(VII)	4Q**511** 52-59,3
ארו]רים ומאתכה סוד ל**כול** יראיכה ב[	(VII)	4Q**511** 52-59,5
]ו **כול**כם רוח[י	(VII)	4Q**511** 60,2
כ]ול קצוו[ת] / [	(VII)	4Q**511** 63i4
]◦ ◦◦◦◦וב**כול** מה רצ◦◦[ ]◦חם אברכה שמכה	(VII)	4Q**511** 63-64ii2
ברישית **כול** מחשבת לבב / דעת	(VII)	4Q**511** 63-64ii3
ובהנכון ל**כול** עבודת אמת	(VII)	4Q**511** 63-64ii4
ועם **כול** / [אנ]שי ברית ד◦◦[	(VII)	
ש]לומי בתודה אר◦[ ]מעשה וב**כול**	(VII)	4Q**511** 63-64ii5
ובלבי סוד רישית **כול** מעשי איש	(VII)	4Q**511** 63iii2
ומשפטים ל**כול** עבודת מעשיהם	(VII)	4Q**511** 63iii3
להשמיע שלום / ל**כול** אנשי ברית	(VII)	4Q**511** 63iii5
ולה[ר]ים בקול פחד הוי ל**כול** מפריה / [	(VII)	
]ש◦◦[ ]ו[ ]ל **כול**[ ]ל[ ]◦[ ]א [ ]ות ח◦[	(VII)	4Q**511** 63iii6
יברכו **כול** מעשיכה / תמיד	(VII)	4Q**511** 63iv1
] **כול** ג[	(VII)	4Q**511** 83,3
]**כול** מ◦[	(VII)	4Q**511** 88,2
] / **כול**[	(VII)	4Q**511** 99,4
]מיראיו **כול** ◦[	(VII)	4Q**511** 121,3
]◦ות ב**כול** ב◦[	(VII)	4Q**511** 122,2
] **כול**[	(VII)	4Q**511** 125,2
]**כול** נעדר◦[	(VII)	4Q**511** 127,3
]י **כול** י[	(VII)	4Q**511** 128,2
]ל**כול** [	(VII)	4Q**511** 134,2
]**כול** כ[	(VII)	4Q**511** 203,1
]פו **כול** לשונות[	(VII)	4Q**512** 36-38,12
]נכה מ**כול** ערו[ת]בשרנו לח[	(VII)	4Q**512** 36-38,17
ולמועד שבת בש[בתו]ת ל**כול** שבועי / [	(VII)	4Q**512** 33+35,1
]תחנן על **כול** נסתר[ו]ת אשמ[ה	(VII)	4Q**512** 34,15
]◦ הצדיק ב**כול** מע[שי]כ[ה	(VII)	4Q**512** 34,16
אל ישראל אשר] / [הצלתני מ**כו**]ל פשעי	(VII)	4Q**512** 29-32,9
]את **כול** / [	(VII)	4Q**512** 15i-16,6
את **כול** הד[ברים האלה יעשה הזב	(VII)	4Q**512** 7-9,1
מימי ה[ז]ית לטהרו ואת **כול**[	(VII)	4Q**512** 1-6,6
] / **כול** מ[ ]◦◦◦ם[	(VII)	4Q**512** 1-6,13

Text	Vol.	Reference
]עֲם כוֹל רוחֹ[י/ות	(XXV)	4Q525 11-12,4
]כול נוחליה תא ⟦ ⟧[	(XXV)	4Q525 13,5
ועתה ש]מעו לי כֹ[ו]לֹ[בני	(XXV)	4Q525 13,6
] / בכֹ[ו]לֹ הדר ונחמד בכֹ[ול ?	(XXV)	4Q525 14ii5
] / בכֹ[ו]לֹ הדר ונחמד בכֹ[ול ?	(XXV)	
וחלצכה מכול רע ואֹל יבואכה פחד ◦[	(XXV)	4Q525 14ii12
ובתלמודכה יתהלכו יחד כול יודעיכה	(XXV)	4Q525 14ii15
וכול שות◦[	(XXV)	4Q525 24ii8
עם כו[ל	(XXV)	4Q525 30,1
] / לכול דו[רות	(XXV)	4Q525 30,4
ותמימיך תואל התמים בכול מֹ[ל]אֹכֹ[ה ?	(XXV)	4Q528 4
]◦תם הבחיר[י]ם אשריכם כול יראי יהוה	(XXV)	4Q528 5
כו]ל אשר היה חק[וק	(XXV)	4Q577 4,3
א]ת הכול א[שר	(XXV)	4Q577 4,4
]כֹכול א[	(XXV)	4Q577 4,6
]להֹ וכול / [	(XXV)	4Q577 7,3
]שחית כול / [	(XXV)	4Q577 7,5
]בֹכלֹ[מ]עש[ה/י	(XXV)	4Q579 1,1
]כל מלאכים ואֹ[	(XXV)	4Q579 1,2
] ויבאו כול [	(III)	5Q9 6,3
ל]מנות [א]ת הכול [	(III)	5Q10 1,5
] כולֹ [	(III)	5Q10 3,1
וכֹוֹל האֹ[ובד	(III)	5Q12 5
]אֹלוהי הכולֹ[	(III)	5Q13 1,2
]לֹכול איש ישראל ◦[	(III)	5Q13 1,13
ה]אֹלהֹ יעשו שנה בשנה כֹ[ול ימי	(III)	5Q13 4,4
]כֹול ◦[	(III)	5Q13 11,1
]תֹיכם תפלו בכול תפלֹ[	(III)	5Q14 3
]ישמידוך מכֹול החֹול[	(III)	5Q14 4
]םֹ כל בא[	(III)	5Q16 2,1
]כול העדֹ[ה	(III)	5Q17 1,2
] / א כול א[	(III)	5Q22 4
]בכל ד◦[	(III)	6Q9 22,2
]בכל מח[	(III)	6Q9 23,2
]עון כי כל[	(III)	6Q9 36,2
] כל ◦[	(III)	6Q9 40,2
]לכול אנשי חל[ק	(III)	6Q16 1,2
]גמולים לכוֹ[ל	(III)	6Q16 1,3
]ל[כו]ל ב[	(III)	6Q16 1,4
]כֹל [	(III)	6Q18 7,4
כ]ול מו[	(III)	6Q18 8,4
]כֹה רבה למעלה מכולֹ[	(III)	8Q5 2,4
]וֹכול הרוחות לפניכה ע[ומדות	(III)	8Q5 2,6
להודיע עוזו ותפארתו / לכול פותאים	(IV)	11Q5 XVIII,3
ותפארתו על כול מעשיו	(IV)	11Q5 XVIII,7
מכול זדים לדעתה	(IV)	11Q5 XVIII,13
חי יודה לכה יודו לכה כול מוטטי רגל	(IV)	11Q5 XIX,2
כי בידכה נפש כול / חי	(IV)	11Q5 XIX,3
נשמת כול בשר אתה נתתה	(IV)	11Q5 XIX,4
ולכה קויתי / כול היום	(IV)	11Q5 XIX,17
אזכירך לברכה ציון בכול מודי	(IV)	11Q5 XXII,1
ויתפזרו כול משנאיך	(IV)	11Q5 XXII,11
באף תשבחתך ציון / מעלה לכול תבל	(IV)	11Q5 XXII,12
בכול לבבי אברכך	(IV)	
כי לוא יצדק לפניכה כול חי	(IV)	11Q5 XXIV,7
אזראו כול מלאכיו	(IV)	11Q5 XXVI,12
{{וֹ}}אוכל טוב לכול חי	(IV)	11Q5 XXVI,13
ותמים בכול דרכיו לפני אל ואנשים	(IV)	11Q5 XXVII,3
על עולת / התמיד לכול יום ויום	(IV)	11Q5 XXVII,6
לכול יום ויום לכול ימי השנה	(IV)	
ולכול ימי המועדות	(IV)	11Q5 XXVII,8
ויהי כול השיר אשר דבר	(IV)	11Q5 XXVII,9
ויהי הכול ארבעת אלפים וחמשים	(IV)	11Q5 XXVII,10
כול אלה דבר כנבואה אשר נתן לו	(IV)	11Q5 XXVII,11
הכול ראה {{וֹ}}אלוה	(IV)	11Q5 XXVIII,7
הכול הוא שמע והוא האזין	(IV)	11Q5 XXVIII,8
נשמת כול בשר אתה [נתתה	(XXIII)	11Q6 4-5,6
הֹ[אלה בגבור]תֹו משביע לכול מֹ[לאכיו]	(XXIII)	11Q11 III,4
[וא]תֹ כול זרֹ[ע הקודש]אשר התֹ[י]צבו	(XXIII)	11Q11 III,5
ועל כול אֹ[דם רשע	(XXIII)	11Q11 III,7
] / כול הארץ[	(XXIII)	11Q11 IV,3
]עֹל כול אלה אשרֹ[יורידו]ךֹ לתהום רבה	(XXIII)	11Q11 IV,7
ב]חושך בכֹ[ול] / [תעודות]תֹעניות [	(XXIII)	11Q11 IV,11
קרא בכו]לֹ עת / אל השמֹ[ים	(XXIII)	11Q11 V,4
וכ]לֹ [עו]ל[ו]תהם יע[ל על המזבח	(XXXVI)	11Q12 7a,2
וירב חמס בארץ וכו]ל ◦◦◦[	(XXIII)	11Q12 7,4
וז]ה / [דבר השמטה] שמוט כול בעל משה יד	(XXIII)	11Q13 II,3
לעזוב להמהֹ[משא]כֹול עוונותיהמה	(XXIII)	11Q13 II,6
לכפר בו על כול בני [אור	(XXIII)	11Q13 II,8
]◦ם עלֹי[המ]ה הת[ ]לפֹ[י]כֹ[ול עש]ותמה	(XXIII)	
ומיד כול רֹ[וחי גורלו]	(XXIII)	11Q13 II,13
ובעזרו כול אלי [הצדק	(XXIII)	11Q13 II,14
]כֹול בני אל	(XXIII)	
]◦מֹ[ ] לכול ◦◦[	(XXIII)	11Q13 II,17
פשרו]ל[ה]שכילמה בכול קצי הע[ולם	(XXIII)	11Q13 II,20
והעברתמה שו[פר ב]כֹולֹ [א]רֹץ	(XXIII)	11Q13 II,25
וברוכים כול / מלאכי קודשו	(XXIII)	11Q14 1ii5
[אין]כול[נגע מ]כשול בעדתכם	(XXIII)	11Q14 1ii13
]אתה בראתה כול רוח וֱלֹ◦◦[	(XXIII)	11Q15 1,6
כ]ול מעשיו בטרם ◦[	(XXIII)	11Q16 1,2
יברך בשם] / [כבוד א]דֹון כ[ו]ל א[לים	(XXIII)	11Q17 III,9
בשבעה] / [דברי פ]לא [ו]ברך לכ[ול	(XXIII)	11Q17 III,12
]כול מֹ[חקת	(XXIII)	11Q17 V,3
וברכו לא]לוהי כול[	(XXIII)	11Q17 V,4
כול / מע[שיהם	(XXIII)	11Q17 VI,5
מהל]לים תמיד כֹ[ו]ל[	(XXIII)	11Q17 VI,8
בלכתמה לוא י]סבו לכול עֹ[	(XXIII)	11Q17 VII,7
]כֹול תבנית רוחי פל[א] / [	(XXIII)	11Q17 VIII,3
]אלוהים נוראי כוח כול [	(XXIII)	11Q17 VIII,4
]וֹכול אושיהם [	(XXIII)	11Q17 VIII,8
]כֹול מעשיה[ם] / [	(XXIII)	11Q17 IX,3
ת]עודותיו / [ו]כול ברכות שלומ[ו	(XXIII)	11Q17 X,4
ובהדר / תשבוחותו בכול רקי[עי	(XXIII)	11Q17 X,5
]קֹודש מלך / הכבוד לכול מעשי אמתֹ[ו	(XXIII)	11Q17 X,6
]למלאכי הדעת בכול מל[	(XXIII)	
]◦ עם כול מוצאי [	(XXIII)	11Q17 X,8
פנ]ות מבניתו ולכול ז[בולי	(XXIII)	
]לכול ד◦[	(XXIII)	11Q17 X,9
]י מלך כו[ל	(XXIII)	11Q17 26b,1
] / ברנות כולֹ[	(XXIII)	11Q17 28,4
]פֹלאיהם כול[	(XXIII)	11Q17 29,3
]מלך כול קדושי עדֹ / [	(XXIII)	11Q17 30,4
]היו כול ◦[	(XXIII)	11Q17 35,2
כו]ל אויביכה מסי[		11Q19 III,3
בי]ת לשום שמי עליו כ[ול		11Q19 III,4
] בו כסף וזהב מכול אֹ[		11Q19 III,5
] ו{{י}}את כול כליו יעשו זהב טהו[ר		11Q19 III,8
והמנורה וכ[ול		11Q19 III,13
וכול מזבח העול[ה		11Q19 III,14
עשר]אמות כול גובה [הכיור		11Q19 V,7

]בֿאמה וכול הכיו[ר	11Q19 V,10
והכול מצופה [זהב טהור	11Q19 V,11
] בכול [	11Q19 V,14
] עשר אמות כֿול גובה הכיור	11Q19 VI,5
והֿכול [מצופה] / [זהב טהור	11Q19 VI,8
למ]עْלֿה מעל כול ◦[	11Q19 VII,6
]◦◦◦◦◦◦ כולו חמש אמֿ[ות	11Q19 VII,8
]כֿוْל הקנה / [	11Q19 IX,9
ומלקחיה כולה ככרים / [זהב טהור	11Q19 IX,11
ואל מול פניה י]אْירו כול נרותיה	11Q19 IX,12
המזבח אבני]ם בנוי כולו / [א]בֿנ[ים שלמות ?	11Q19 XII,10
וכן ת]עשה כול / שׁוْרוْתֿ/קֿיْרוْתֿ ? ◦ב◦[	11Q19 XII,11
כול מלאכת עֿ[בודה לוא תעשו	11Q19 XIV,10
[בכו]לֿ יום ויום [	11Q19 XV,1
[ו]סלי לחם לכול אי[לי המלואים	11Q19 XV,3a
וחצו את כ[ול האילים	11Q19 XV,4
ויקריב פר] / [אחד ע]ל כול הע[ם]	11Q19 XV,17
קדוש י]היה כול ימיו[	11Q19 XVI,4
על ראושו וכרעיו] / עם כול קרביו	11Q19 XVI,13
ושרפו כולו שמה לבד מחלבו	
[לדורותיהמה] בֿכוْלْ מושבותמה	11Q19 XVII,4
כֿול מֿלאכתֿ עבודה לוא תעשו בו	11Q19 XVII,11
והקרבתמה בכול יום ויום	11Q19 XVII,12
כול מלאכת עבודה לוא תעשו בו	11Q19 XVII,16
יכפר ע]לֿ עֿם הקהל מכול אשמת[ם]	11Q19 XVIII,7
כול מלאכת עבֿו[דה לוא] / [יעשה	11Q19 XIX,8
ארבעה הינים מכול מטות ישראל	11Q19 XIX,14
שנים] עשר אֿיֿלים כול ראשי אלפי ישראל	11Q19 XIX,16
וֿאת כול החל[ב] אשר על הקֿ[רבים]	11Q19 XX,5
]והקריْבו כול מנחה אשר קרב עמה	11Q19 XX,9
ועל כול קורבנכמה תתנו מלח	11Q19 XX,13
איל אח]ד כבש אחד לכֿול המטֿ[ות	11Q19 XXI,2
ואחריהמה כול העם מגדוֿ[ל ו]עד [קטן]	11Q19 XXI,6
ולוא יאוכ]לֿ[ו] כול ענֿב פרֿ[י] בֿ[ו]סר	11Q19 XXI,7
[חוק] עולם לדורותיֿהֿמה בכול מושבותיהמה	11Q19 XXI,9
ולכול מטה / ומטה איל אחד כבש אחד	11Q19 XXII,12
ביום הזה יכפרו / [ע]לْ [כו]ל [יצ]הר הארץ	11Q19 XXII,16
ויקטר / הכול על הֿמזבח עם מנחתו	11Q19 XXIII,17
ביום הזה לוא תעשו בו כול מלאכת עב[ודה]	11Q19 XXV,9
כי כול הנפש אשר לוא / תתענה	11Q19 XXV,11
וכפר בו על כול עֿם הֿקהל	11Q19 XXVI,7
ויכפר בו על כול עֿם הֿקהל	11Q19 XXVI,9
והתודה על רואשו את כול עוונות	11Q19 XXVI,11
עם / כול אשמתמה לכול חטאתמה	11Q19 XXVI,12
עם / כול אשמתמה לכול חטאתמה	
ונשא השעיר את כול עוונות	11Q19 XXVI,13
] / על ֿכולֿ בֿנֿי ישראל	11Q19 XXVII,2
ולוא יעשו בֿו כֿול מֿלאכה	11Q19 XXVII,6
וֿכול האיש / אשר יעשה בֿו מלאכה	
וקדשתמה אותו לזכרון בכול מושבותיכֿמֿה	11Q19 XXVII,9
ולוא תעשו כול / מלאכה	
לכול אשר יקריْבו / לכול נסכיהמה/נדריהמה	11Q19 XXIX,5
אשר יקריْבו / לכול נסכיהמה/נדריהמה	11Q19 XXIX,6
וْלْכול מתֿנותמה אשר יבֿיאו לי	
להכינו לי כול הֿימים	11Q19 XXIX,10
ארבע / אֿמות לْכוْלْ רֿוחותיו[	11Q19 XXX,10
[כו]לֿ בית המסבה הזואת צפו זהב	11Q19 XXXI,8
ועשה ככול אשר אנוכי מדבר אליכה	11Q19 XXXI,9
מרובע לכול רוחֿותיו	11Q19 XXXI,10
ולוא / יהיה נוגעים בהֿמה כול אדם	11Q19 XXXII,15
וֿ[כ]ול בנינוֿ וֿמקרותיו כֿבֿיתֿ הֿכיור	11Q19 XXXIII,9
וכול הבית הזה כולו קירו עשוֿיֿ חלוֿנים	11Q19 XXXIII,11
וכול הבית הזה כולו קירו עשוֿיֿ חלוֿנים	
הכול / על המזבח אשה ריח ניחוח	11Q19 XXXIV,13
כול איש אשר לוֿאֿ[	11Q19 XXXV,2
] / [הו]א כול איש אֿשר לוֿאْ[	11Q19 XXXV,3
]ה מ◦◦◦◦ה וכוֿל [	11Q19 XXXV,4
וכול אֿיْשׁ אֿשֿר ? [הוא כו]הֿן	11Q19 XXXV,5
ולוא יהיו מערבים כולו אלה / באלה	11Q19 XXXV,12
למען לוא / ישוגו הכוהנים בכול חטאת העם	11Q19 XXXV,14
ובכול אלי אשמות לשאת / חטא אשמה	
ו]השער רחב אֿרْבֿעֿיْםْ / [באמה] לֿכול רוח	11Q19 XXXVI,5
וככה תהיה מֿדֿתֿ כול השערים האלה	11Q19 XXXVI,13
]חדש מֿהֿגנות ? לֿכֿוֿל הש[	11Q19 XXXVII,2
]כֿוْלْ עץ אשר יֿבْוֿאْ ל[חצר הפנימית	11Q19 XXXVIII,7
וֿכֿכֿהֿ רוחב ואורך לכול / רוחותיֿהֿ לֿנגֿב	11Q19 XXXVIII,13
]להשתחוות לפני כול עֿ[ד]ת בנֿיֿ / ישרֿאלֿ [	11Q19 XXXIX,6
לכול רֿוח ורוח כמדה הזאוֿתֿ	11Q19 XL,8
וכן תעשה] לכול הנשכות ולחדריה[מה]	11Q19 XLII,3
והיו הסוכות / נעשות עליהמה בכול שנה	11Q19 XLII,13
וכול אשר / נותר ממועדיהמה יקדש באש	11Q19 XLIII,10
כול אשר יוכלו להביא יביאו	11Q19 XLIII,13
] / וכֿ[ו]לْ ימין שער לוי	11Q19 XLIV,5
לוא יבוא אל / כול המקדש	11Q19 XLV,8
לוא יבוא אל כול עיר / המקדש	11Q19 XLV,11
כול איש עור / לוא יבואו לה	11Q19 XLV,12
לוא יבואו לה כול ימיהמה	11Q19 XLV,13
וכול איש אשר יטהר מזובו	11Q19 XLV,15
ורחץ את כול בשרו במים חיים	11Q19 XLV,16
וכול טמא לנֿפֿש לוא יבואו לה	11Q19 XLV,17
וכול צרוע / ומנוגע לוא יבואו לה	
וֿכוֿל[עוף טמא לוא יוכל	11Q19 XLVI,3
בתוך מקדשי לעוֿ[לם] / ועד כול הימים	11Q19 XLVI,4
על פי פתחי השערים כולמה	11Q19 XLVI,6
ֿולואֿ תהיה נראה לכול רחוק / מן העיר	11Q19 XLVI,15
וטהורה / מכול דבר לכול טמאה	11Q19 XLVII,5
וטהורה / מכול דבר לכול טמאה	
כול אשר בתוכה יהיה / טהור	
וכול אשר יבוא לה יהיה טהור	11Q19 XLVII,6
יין ושמן וכול אוכל	
וכול מושקה יהיו טהורים	11Q19 XLVII,7
כול עור בהמה טהורה	
עושים / בהמה מלאכתמה לכול צורכיהמה	11Q19 XLVII,9
ואת שמנמה וכול / אוכלמה לעיר מקדשי	11Q19 XLVII,12
וכול טהרת המקדש בעורות המקדש	11Q19 XLVII,17
כול / נבלה בעוף ובבהמה	11Q19 XLVIII,5
וכול תועבה לוא / תואכלו	11Q19 XLVIII,6
תעשו כאשר הגויים עושים בכול מקום	11Q19 XLVIII,11
ובכול עיר ועיר תעשו מקומות למנוגעים	11Q19 XLVIII,14
כול בית אשר ימות בו המת יטמא	11Q19 XLIX,5
כול אשר בבית וכול הבא אל הבית יטמא	11Q19 XLIX,6
כול אשר בבית וכול הבא אל הבית יטמא	
וכול אוכל אשר יוצק עליו מֿ[י]ם יטמא	11Q19 XLIX,7
כול המושקה / יטמא	
וכול אשר בהמֿה לכול איש טהור / יטמא	11Q19 XLIX,8
וכול אשר בהמֿה לכול איש טהור / יטמא	
לכול אדם מישראל	11Q19 XLIX,9
כול המושקה / אשר בהמה	
יכבדו את הבית מכול / תגאולת שמן	11Q19 XLIX,11
ואת כול כליו רחים ומדוכה	11Q19 XLIX,14

וה{{◦}}יה כי ישמע ͘המלך͘ על **כול** גוי		11Q**19** LVIII,3
לגזול **מכול** אשר יש / לישראל		
וללויים אחד מן המאה / מן **הכול**		11Q**19** LVIII,14
אנשי המלחמה **כול** גבורי / החיל		11Q**19** LVIII,16
ונשמרו **מכול** דבר טמאה		11Q**19** LVIII,17
ומכול ערוות ומכול עוון ואשמה		
ומכול ערוות **ומכול** עוון ואשמה		
וכול בני ישראל אשר / אתו לוא יצא		11Q**19** LVIII,19
והצליח **בכול** דרכיו אשר יצא על פי המשפט		11Q**19** LVIII,21
ובעול כבד / ובחסור **כול**		11Q**19** LIX,3
ובכול זה יהיו עריהמה לשומה ולשרקה		11Q**19** LIX,4
געלה נפשמה עד יאשמו **כול** אשמה		11Q**19** LIX,9
אחר ישובו / אלי **בכול** לבבמה		11Q**19** LIX,10
ובכול נפשמה ככול דברי התורה		
ככול דברי התורה הזואת		
איש יושב על כסא / אבותיו **כול** הימים		11Q**19** LIX,15
ונתתי את **כול** אויביו לפניו		11Q**19** LIX,19
] / **וכול** תנופותמה		11Q**19** LX,2
] / וכול תנופותמה **וכול** בכוֹרֹ[בבהמ]תמה		
בכוֹרֹ[בבהמ]תמה הֹזכרים **וכול**[		
וכול קודשיהמה אשר יקדישו לי		11Q**19** LX,3
קודשיהמה אשר יקדישו לי עם **כול** קודֹ[ש]		
וכול אשר יחרימו ומכס השלל והבז		11Q**19** LX,5
כי במה בחרתי מ͘כ͘**ול** שבטיכה		11Q**19** LX,10
ולברך בשמי הוא **וכול** בניו כול הימים		11Q**19** LX,11
ולברך בשמי הוא וכול בניו **כול** הימים		
הלוי מאחד שעריכה **מכול** ישראל		11Q**19** LX,12
אשר / הוא גר שמה **בכול** אות נפשו		11Q**19** LX,13
אשר אבחר לשכן / שמי **ככול** אחיו הלויים		11Q**19** LX,14
כי תועבה המה לפני **כול** עושה / אלה		11Q**19** LX,19
לוא יקום עד אחד באיש **לכול** עוון		11Q**19** LXI,6
ולכול חטא אשר יחטא על פי שנים / עדים		
והיה **כול** העם הנמצאים בה		11Q**19** LXII,7
והטף והבהמה **וכול** אשר יהיה בעיר		11Q**19** LXII,10
כול שללה תבוז / לכה		
לוא תחיה / **כול** נשמה כי החרם תחרים		11Q**19** LXII,14
לוא ילמדוכה לעשות **ככול** התועבות		11Q**19** LXII,16
ועל פיהמה יהיה **כול** ריב וכול נגע		11Q**19** LXIII,4
ועל פיהמה יהיה כול ריב **וכול** נגע		
וכול זקני העיר ההיא הקרובה		
ורגמוהו **כול** אנשי עירו באבֹנֹים / וימות		11Q**19** LXIV,5
וכול בני ישראל ישמעו ויראו		11Q**19** LXIV,6
]צֹפור לפניכה בֹדֹרֹךְ **בֹכול** עֹץ או עֹל הֹאֹרֹץ		11Q**19** LXV,2
לוא יוכל לשלחה **כול** ימיו		11Q**19** LXVI,11
]ולמלואים איל איל **לכֹ[ול** יום ואחד]	(XXIII)	11Q**20** I,12
וחצו את **]כֹול** האילים והסלים	(XXIII)	11Q**20** I,13
ואחריהמה הכֹ[ו]הֹן הגדול **וכול** הכ[והנים	(XXIII)	11Q**20** I,24
שנים [ע]שר אילים **כול** / [ראשי אלפי ישראל	(XXIII)	11Q**20** IV,4
וכו]ל מנחה / [אשר קרב עליה	(XXIII)	11Q**20** IV,20
לוי אי]ל אחד כבש אחד **ולכול** המטה / [	(XXIII)	11Q**20** V,6
חוק עולם לדורותיהמ]ה **בכול** מושבותיהמה	(XXIII)	11Q**20** V,12
וכפ]ר בו על **כול** העדה לפני / [יהוה	(XXIII)	11Q**20** V,19
וישמחו] / **כֹול** [ב]נֹיֹ ישראל	(XXIII)	11Q**20** VI,9
כֹול [ב]נֹיֹ ישראל **בכולֹ**[מושבותיהמה	(XXIII)	
] / **וכול** ◦[	(XXIII)	11Q**20** XIII,5
הכלים ובגדים ועורות] / **וכול** מ[עשה עזים	(XXIII)	11Q**20** XIV,16
בכו[ל אשר הבדלתי להמה לטמאה	(XXIII)	11Q**20** XV,3
וֹכול[	(XXIII)	11Q**20** 35,1
] / **כול**[	(XXIII)	11Q**20** 35,2a
וכו[ל מזבח העולה יעשו נחושת טהור	(XXIII)	11Q**21** 1,1

וכול כלי עץ ברזל ונחושת	11Q**19** XLIX,15
וכול כלים אשר יש להמה טהרה	
והאדם **כול** אשר היה בבית	11Q**19** XLIX,16
וכול אשר בא אל הבית ירחץ במים	11Q**19** XLIX,17
לערב / מהמת לגעת **בכול** טהרתמה	11Q**19** XLIX,21
וכול / איש אשר יגע על פני השדה	11Q**19** L,4
וכול האדם אשר יגע בו יכבס	11Q**19** L,8
כול הימים אשר / הוא בתוכה מת תטמא	11Q**19** L,10
כול בית אשר תבוא אליו יטמא	11Q**19** L,11
וכול כליו שבעת ימים	11Q**19** L,12
וכול הנוגע בו טמא עד הערב	
וכול הכלים ובגדים ועורות	11Q**19** L,16
וכול / מעשה עזים כמשפט התורה הזואת	
וכול כלי / חרש ישברו כי טמאים המה	11Q**19** L,17
כול שרץ הארץ תטמאו	11Q**19** L,20
כול איש אשר יגע בהמה במותמה	11Q**19** L,21
וֹכול הנושא מעצמותמה ומנבלתמה	11Q**19** LI,4
והזהרתמה את / בני ישראל **מכול** הטמ{{ו}}א͘ת͘	11Q**19** LI,6
בכול אשר הבדלתי להמה לטמאה	11Q**19** LI,9
שופטים ושוטרים תתן לכה **בכול** שעריכה	11Q**19** LI,11
אנוכי נותן לכמה לרשתה **כול** הימים	11Q**19** LI,16
כאשר הגו͘א͘ים עושים **בכול** מקום	11Q**19** LI,19
[לו]אֹ תעשה לכה **בכול** ארצכה	11Q**19** LII,3
שור ושה אשר יהיה בו **כול** מום רע	11Q**19** LII,4
כול הבכור אשר יולד בבקריכה	11Q**19** LII,7
פסח או עור או **כול** מום רע לוא תזבחנו לי	11Q**19** LII,10
שור ושה ועז טהורים / **בכול** שעריכה	11Q**19** LII,14
וכול הבהמה / הטהורה אשר יש בה מום	11Q**19** LII,16
וכול נדריכה תשא ובאתה אל המקום	11Q**19** LIII,9
ולוא יחל דבריו **ככול** היוצא מפיהו / יעשה	11Q**19** LIII,15
וקמו / **כול** נדריה וכול אסרה	11Q**19** LIII,19
וקמו / כול נדריה **וכול** אסרה	
ביום שומעו **כול** נדריה	11Q**19** LIII,20
כול נדר] או **כול** שבועת אֹ[סר	11Q**19** LIV,2
וכול נדר אלמנה וגרושה	11Q**19** LIV,4
כול אשר אסרה על נפשה / יקומו עליה	
ככול אשר יצא מפיה	11Q**19** LIV,5
כול הדברים אשר / אנוכי מצוכה ͘אותמ͘ה	
בכול בלבבכם ובכול נפשכמה	11Q**19** LIV,13
בכול בלבבכם **ובכול** נפשכמה	
וידיחו את **כול** [י]ושבֹיֹ / עירמה	11Q**19** LV,3
הכה תכה את **כול** יושבי / העיר ההיא	11Q**19** LV,6
החרם אותה ואת **כול** אשר בה	11Q**19** LV,7
ואת / **כול** בהמתה תכה לפי חרב	11Q**19** LV,8
ואת **כול** שללה תקבוץ אל תוך / רחובה	
ואת **כול** שללה כליל ליהוה / אלוהיכה	11Q**19** LV,9
אם תשמע בקולי לשמור **כול** מצוותי	11Q**19** LV,13
לשמש או לירח או **לכול** צבא השמים	11Q**19** LV,18
ושמרתה לעשות / **ככול** אשר יורוכה	11Q**19** LVI,6
וכול / העם ישמעו ויראו	11Q**19** LVI,10
ואמרתה אשיס͘ה͘ עלי מלך **ככול** הגואים	11Q**19** LVI,13
ושרי ע͘ש͘רות **בכול** עריהמה	11Q**19** LVII,5
וכול / הברורים אשר יבור יהיו אנשי אמת	11Q**19** LVII,7
יהיו שומרים אותו **מכול** דבר חט	11Q**19** LVII,10
ולוא יעשה **כול** דבר / לכול עצה חוץ מהמה	11Q**19** LVII,14
ולוא יעשה כול דבר / **לכול** עצה חוץ מהמה	11Q**19** LVII,15
ואשה לוא ישא **מכול** / בנות הגויים	
היאה לבדה תהיה עמו **כול** ימי חייה	11Q**19** LVII,18
ולוא יחמוד / שדה וכרם **וכול** הון	11Q**19** LVII,21
ובית **וכול** חמוד בישראל וגזל	

] / בכול המקדׁשׁ ◦[	11Q**21** 3,4	(XXIII)
]כול[	PAM 43.661 43,2	(XXXIII)
] כל הׄ[	PAM 43.663 3,1	(XXXIII)
]לתה לכל ◦[	PAM 43.676 5,2	(XXXIII)
]בכול מעונו קדׁ[	PAM 43.676 11,1	(XXXIII)
] כול[	PAM 43.678 9,1	(XXXIII)
] מכול ◦[	PAM 43.678 18,1	(XXXIII)
] אׄת לבבו כל[	PAM 43.679 22,1	(XXXIII)
] כׄול הר◦[	PAM 43.680 4,3	(XXXIII)
] כׄוׄל אנשׁי[	PAM 43.683 19,2	(XXXIII)
] לכול ◦[	PAM 43.684 1,1	(XXXIII)
] כולׄ ◦[	PAM 43.684 18,1	(XXXIII)
] כולׄ [	PAM 43.684 94,1	(XXXIII)
] כׄול צבאׄ[	PAM 43.686 15,2	(XXXIII)
]וכל קרבׄ[ן ?	PAM 43.688 108,1	(XXXIII)
]◦ לאלה לכל ◦[	PAM 43.695 3,1	(XXXIII)
]ל כל מי◦[	PAM 43.697 91,2	(XXXIII)
כו]ל באי ברׄיׄ[ת	PAM 43.698 27,1	(XXXIII)
] כל השׁ[	PAM 43.699 84,1	(XXXIII)
]◦ כול ⟦ ⟧[	PAM 44.102 37,1	(XXXIII)
]◦ וכל ◦[	PAM 44.102 42,1	(XXXIII)
]◦ש מכלׄ[	PAM 44.102 44,1	(XXXIII)
]◦◦ עיכה וכול / [	XQ**7** 3	(XXXIV)

to establish, prepare, ordain verb כּוּן

לא נכונו ותועבׄה / הם מדבׄרים בם	CD V,12	
אל יאכל איש ביום השבת כי אם המוכן	CD X,22	
ו[זה] סׄרׄך הרבים לׄהׄכׄין כל חפציהם	CD XIV,12	
ויהכין פעמיו להלכת תמים / בכול דרכי אל	1QS III,9	
ולפני היותם הכין כול מחשבתם	1QS III,15	
נכונה {{ה}}עצת היחד באמת	1QS VIII,5	
בהכון אלה ביסוד היחד שנתים ימים	1QS VIII,10	
ולעליון מכין טובי מקור דעת ומעון קודש	1QS X,12	
ולוא ארצה עד הכון משפט	1QS X,20	
ואנוש לוא יכין צעדו	1QS XI,10	
ודול הויה במחשבתו יכינו	1QS XI,11	
ומשחת יחלצ נפשי ויכן לדרכ פעמי	1QS XI,13	
הכן בצדק כול מעשיו	1QS XI,16	
ת]דורשהו כיא אל הכין כול אושׁ / [	1QSb III,20	(I)
הוי / בונה עיר בדמים ויכונן קריה בעולה	1QpHab X,6	
ה]כׄינותה / [	1QH^a V,6	
ואלה אשר הכׄ[ינותה	1QH^a V,13	
כי אתה הכינותמה מקדם עולם	1QH^a V,16	
ולא יוכל אנוש להכין צעדו	1QH^a VII,13	
וכול מעש]יׄו / הכינותה בטרם בראתו	1QH^a VII,14	
רק אתה [ברא]תה / צדיק ומרחם הכינותו	1QH^a VII,15	
]◦ך הכינותם לעשות בם שפטים גדולים	1QH^a VII,19	
]◦ עפר איך יוכל להכין צעדו	1QH^a VII,21	
אתה יצרתה רוח ופעולתה הכינוׄתׄ[ה	1QH^a VII,22	
ובחכמתכׄ[ה] ה[כינותה דורות]עולם	1QH^a IX,7	
אתה יצרתה / כול רוח ופׄעוׄ[לתה הכינות]הׄ	1QH^a IX,9	
]◦ביהם הכינותה בחוכמתכה	1QH^a IX,14	
]ה ובחכמת דעתכה הכ[י]נותה תע[ו]דתם	1QH^a IX,19	
ותכן פרי שפתים בטרם היותם	1QH^a IX,28	
ויהפוכו לשוחה חיי גבר אשר הכינותה בפי	1QH^a X,17	
וכשחר נכון לאורׄ[תו]םׄ הופעתה לי	1QH^a XII,6	
ועצתכה היא תקום ומחשבת לבכה תכון לנצח	1QH^a XII,13	
וידרשוכה בלב ולב ולא נכונו באמתכה	1QH^a XII,14	
כי אמרו / לחזון דעת לא נכון	1QH^a XII,18	
והולכי בדרך לבכה / יכונו לנצח[	1QH^a XII,22	
ודרך אנוש ל⟨ו⟩א תכון כי אם ברוח יצר אל לו	1QH^a XII,31	
וכי⟨ו⟩שיר אמׄתׄכה להכינם בעצתכה לכבודכה	1QH^a XIV,10	
ותכן על סלע / מבניתי	1QH^a XV,8	
ותכן לבי / [כל]מודיכה וכאמתכה	1QH^a XV,13	
באׄ[ור אשר הכ]יׄנותה לכבודכה	1QH^a XV,24	
ותכן רגלי במׄישׁוׄ[ר לנצח]	1QH^a XV,25	
וכול דרכיכה יכונו לנצח / נׄצחיׄםׄ	1QH^a XV,31	
] צׄדׄקתכה תכון לעד כי לא [	1QH^a XVI,2	
]ם לפנות על קו נכון	1QH^a XVI,21	
ובאמת נכון סמכתני	1QH^a XVII,32	
רׄוׄ[ח עבדכה וברצו]נכה הכינותני	1QH^a XVIII,22	
והכינותה לי וׄעוׄל[	1QH^a XIX,34	
כי אל ה{{ו}}ד{{ו}}עות / הכינה	1QH^a XX,11	
ואיכה אישר דרך כיא אם הכיׄנוׄ[תה מצעדי	1QH^a XX,34	
ולהכין כול לכבודכה / [	1QH^a XXI,7	
וחוקי נכונות לילוד / [אשה	1QH^a XXI,8	
]א להכין בסוד עמכה / [	1QH^a XXIV,14	
]◦בות מלפניכה כיא נכונו באמתכה	1QH^a 2i15	
ברוך אתה אל הדעות אשר הכינותׄ[ה	1QH^a 4,15	
] / לי מאז כוננתי ל[	1QH^a 47,3	
ב]חׄירי כי אל כוננׄ [	1Q**19** 15,2	(I)
נכון הדבר לבוא ואמת המשא	1Q**27** 1i8	(I)
לא תחפץ / בעׄ[ול]הׄ ורשע לא יכון לפניׄך	1Q**34**bis 3ii5	(I)
כיא מיהוׄ[ה מצעדי גבר כונ]נׄוׄ	4Q**171** 1+3-4iii14	(V)
וׄ[אשר] הכינו לבנות לו עדת[	4Q**171** 1+3-4iii16	(V)
]תׄוׄכׄן כבגד על הא[	4Q**172** 2,2	(V)
מקדש אדני כ]וׄננו ידיכה יהוה ימלוך עולׄם	4Q**174** 1-2i3	(V)
והכינותי את כסא ממלכתו / [לעו]לׄםׄ	4Q**174** 1-2i10	(V)
]ויכינו חציׄם עׄ[ל יתר	4Q**177** 5-6,8	(V)
] / ונהיה כטרם בראם הכין פעולוׄתׄ[יהם	4Q**180** 1,2	(V)
לבה יכין פחוז וכליותיה מקׄ[	4Q**184** 1,2	(V)
בהיות אלה ב]ישראלׄ נכונה עצת היחד	4Q**259** II,13	(XXVI)
בהכין אלה / ⟦ ⟧[	4Q**259** II,18	(XXVI)
ולׄ[ו]אׄ[ארצה עד הכו]ן משפט[	4Q**260** IV,9	(XXVI)
הכן בׄ[צד]ק כל מעשׂ[יו] / [והקם	4Q**264** 3	(XXVI)
ביד עבדיו] / [הנ]ביאים נכונה עצת היח[ד	4Q**265** 7,8	(XXXV)
ו]זה סרך הרבׄ[ם] לׄהכין כול / [חפציהם	4Q**266** 10i5	(XVIII)
וׄהוא הׄכׄיׄן [מועדי] רצון לדורשי מצוותיו	4Q**268** 1,6	(XVIII)
וגם אל יתנה] / [לאשר לא הו]כׄןׄ לה	4Q**270** 5,16	(XVIII)
וגם אל יתנהׄ לאשר לוא הוכן לה	4Q**271** 3,9	(XVIII)
וׄמׄכין כול מחשבת עושה כולׄ[הנהיות	4Q**299** 3aii-b,11	(XX)
] / תכון אחד ולוא ישׂ[בע	4Q**299** 6ii16	(XX)
]הׄוא הכין ע[	4Q**299** 8,1	(XX)
]◦◦מה יכון נ◦[	4Q**299** 34,1	(XX)
וכונׄןׄ בקׄרׄבׄנׄוׄ יצר אמונות	4Q**393** 1ii-2,6	(XXIX)
ולוא על אמרי / מלך בלי יׄתכו-נו	4Q**405** 23i11	(XI)
] / בה הכיׄנה כיא היׄאה תכוׄן[	4Q**415** 9,6	(XXXIV)
וצבא השמים הכׄיׄן עׄ[ל	4Q**416** 1,7	(XXXIV)
] / להכון צדק בין טוב לׄרׄעׄ לׄ[	4Q**416** 1,15	(XXXIV)
להכין כולׄ[דרכיהם על ב]ינה	4Q**418** 55,6	(XXXIV)
לכול דורשי חפץ ואז תכין [	4Q**418** 81+81a,18	(XXXIV)
] / תכין לׄכׄ[ול]חׄפׄציׄכׄהׄ[	4Q**418** 88ii1	(XXXIV)
]הׄכין ◦[	4Q**418** 114,2	(XXXIV)
]כׄיׄ יכונו / [	4Q**418** 122i1	(XXXIV)
] / תכון תבׄל [ ]◦◦[	4Q**418** 159ii7	(XXXIV)
]עׄלׄיכה יכונו לוׄחׄ[ד	4Q**418** 172,3	(XXXIV)
וכול מחשביהמה מׄ[כין ב]עׄוׄזׄוׄ	4Q**427** 7ii23	(XXIX)
כיא אל] / הדעות הכׄ[ינה ואין אחר עמו	4Q**427** 8ii16	(XXIX)
]וׄאנׄיׄ יכינׄנׄיׄ בׄ[	4Q**427** 11,4	(XXIX)
ואתה] / אלי כוננתה רגלי בדרךׄ[לבכה	4Q**428** 10,5	(XXIX)

ויכן לדרך רגלם בר[ו]בֿ צֿרתם	(XXIX)	4Q**434** 1i4
]לתורה הכינותה / [	(XXIX)	4Q**434** 2,12
א]לה וֿ{{ב}}טובכה הכינותה / [	(XXIX)	4Q**440** 3i22
ה]וֿכנתי עלֿ[	(XXIX)	4Q**445** 5,2
הכֿינה מאז אמֿתו ורזי ערמתו בכוֿ[ל	(VII)	4Q**491** 11i10
]הֿכינ◦[	(VII)	4Q**499** 29,2
]תֿכינוֿהֿ[	(VII)	4Q**502** 3,3
ובהנכון לכול עבודת אמת	(VII)	4Q**511** 63-64ii4
]הֿ הכינוֿ[	(VII)	4Q**518** 1,3
] / נכוֿן באים אבות על בנים אֿ[שרי ?	(XXV)	4Q**521** 2iii2
ויתהלך / בתורת עליון ויכן לדרכיה לבו	(XXV)	4Q**525** 2ii+3,4
בלוא ?] / נכון ומוצאת בלואֿ[	(XXV)	4Q**525** 6ii5
]בֿלוא נכון וֿ[	(XXV)	4Q**525** 7,2
אל] / תשובב בדברי רעיכה פן י[כ]וֿן לכהֿ[	(XXV)	4Q**525** 14ii21
וענה נכון בתוך שרים ובשֿ[	(XXV)	4Q**525** 14ii25
]נֿכון וזעמֿ[	(XXV)	4Q**525** 21,9
אשר] / הכינותי ושתו מיֿ[בור/מקור ?	(XXV)	4Q**525** 24ii3
]◦כין / [	(III)	5Q**13** 2,1
מבדיל אור מאפלה שחר הכין בדעת / לבו	(IV)	11Q**5** XXVI,11
עושה / ארץ בכוחו מכין תבל בחוכמתו	(IV)	11Q**5** XXVI,14
א]שר כוננו ידיכֿהֿ[	(XXIII)	11Q**15** 1,2
אברא אני את מקדשי / להכינו לי כול הימים		11Q**19** XXIX,10
והנה אמת נכון הדבר		11Q**19** LV,5
והנה / אמת נכון הדבר		11Q**19** LV,20
]◦◦[ ] יֿכנך [	(XXXIII)	PAM 43.676 17,1
] תכין[	(XXXIII)	PAM 43.690 35,1

ladle noun **כּוֹנָנָה**

ולקשואות ולמחתות / ולכוננות הכסף		11Q**19** XXXIII,14

cup noun **כּוֹס-1**

והרעל / תסוב עליכה כוס ימין יהוה		1QpHab XI,10
וכוס חמת / [א]ל תבלענו		1QpHab XI,14
מזרקות כוסות מנקיאות / קסאות	(III)	3Q**15** III,3
] / אשר תבוא כוסם אחר מנשה[	(V)	4Q**169** 3-4iv6
[כוס התר]עלה[את קבע]תֿ כוס ח[מתי	(V)	4Q**176** 6-7,2
ובבל ככוס ביד יהוה	(XXX)	4Q**386** 1iii1

owl noun **כּוֹס-2**

ואת הכוס ואת הֿ[ינשוף והתנשמת	(XIII)	4Q**366** 5,2

ransom, atonement noun **כּוֹפֶר, כֹּפֶר-4**

]וֿלא תקח כופר לעלילות רשעה		1QH^{a} VII,24
]וכופרֿם [	(I)	1Q**25** 4,4
ונתתה רשעים [כ]ופרנו ובֿ[וג]דים / [	(I)	1Q**34**bis 3i5
]כסף הערכים אשר נתנו איש כֿפר נפשו	(V)	4Q**159** 1ii6
ולו תקח ש]וֿחד וכופר בֿ[דם האדם	(XIII)	4Q**219** II,20

glazed with pitch adjective **כופרי**

זהב וכלין כופרין עסרין	(III)	3Q**15** X,11

furnace, womb, crucible noun **כּוּר**

הוא האיש הנתך בתוך כור		CD XX,3
והכידנים ברזל ברור טהור בכור		1QM V,11
ומקור הנדה כור העוון ומבנה החטאה		1QH^{a} IX,22
נמרץ על משבריה להחיל בכור הריה		1QH^{a} XI,8
ובחבלי שאול יגיח / מכור הריה פלא יועץ		1QH^{a} XI,10
ובמולדיו יהפכו כול צירים / בכור הריה		1QH^{a} XI,12
וככסף מזוקק בכור נופחים לטהר שבעתים		1QH^{a} XIII,16
]כֿור[עונֿ[/ וֿצדתמציקֿ וֿנסוי שחת	(XXXVI)	4Q**215**a 1ii2
כי / המה כֿור הוריכה	(XXXIV)	4Q**416** 2iii17
] / עברה כי עליהמה ינפח כורֿ אֿ[	(XXXIV)	4Q**416** 4,2
כיא ה]מֿה כור הוריכה וכאשר המשיל{{כ}}ם	(XXXIV)	4Q**418** 9+9a-c,18
ועם מתמֿ[ו]טט אל / תבוא בכור	(XXXVI)	4Q**424** 1,5
[צירים] בֿכֿוֿרֿ {{הרֿיה}}[בכור הריה	(XXIX)	4Q**428** 4,1
] / בכור חרון	(XXV)	4Q**525** 23,4

lamb noun **כור**

ואוהבי יהוה כיקר כורים	(V)	4Q**171** 1+3-4iii5a

Ethiopia, Cush proper noun **כּוּשׁ-1**

{{עֿ}} כֿוש עוצמהֿ[ומצרים ואין קצה]	(V)	4Q**169** 3-4iii11
כוש מצריֿ[ם עצמה ו]אין קץ לבריח[יך]	(XXX)	4Q**385**a 17a-eii6
ת]תֿקלקל וכוש ו[פו]ל[ ] ואדירי ערב	(XXX)	4Q**385**b 1,4

fitness, prosperity, nobility noun **כּוֹשֶׁר, כֹּשֶׁר**

] / עלי אין כשר להֿ[תלות	(XIX)	4Q**200** 1ii3
ובכושר מבינות נוֿדֿ[עו נס]תֿרי / מחשבתו	(XXXIV)	4Q**417** 1i11
] / בלוא הוכח הכשר עבור לוֿ	(XXXIV)	4Q**417** 2i2
וקח תולדות[א]דם וראה בכושֿ[ר	(XXXIV)	4Q**418** 77,2

wall noun **כּוֹתֶל**

או יתד בכותל / אשר יהיו עם המת		CD XII,17
]כֿותל ב[י]ן / [	(XXV)	4Q**521** 8,1

to lie, fail verb **כזב**

אשר ל[וא יכז]בֿ יפתח לכה מן השמֿ[ים	(I)	1QSb I,4
כיא עוד חזו אלמועד יפיח לקץ ולוא יכזב		1QpHab VII,6
ולא יכזב לפתוח / השמים לא ימושו		1QH^{a} XVI,16
]◦ מכזבים ולא[	(XXVIII)	4Q**372** 18,4
ולוא יכזב המ[שא ו]לוא [הח]רֿיש / [החזון	(XXXVI)	4Q**410** 1,8
]אל תכזב / לו למה תשה עון	(XXXIV)	4Q**417** 2i22

lie, falsehood noun **כָּזָב**

הלצון אשר הטיף לישראל / מימי כזב		CD I,15
כי / שוקל רוח ומטיף כזב הטיף להם		CD VIII,13
ומטיף אדם / לכזב אשר חרה אף אל		CD XIX,26
אשר שבו / עם איש הכזב כשנים ארבעים		CD XX,15
וכזבים לוא ימצאו בשפתי		1QS X,22
]הֿבוגדים עם איש / הכזב כי לואֿ[		1QpHab II,2
ולוא עזרוהו על איש הכזב ⟦ ⟧ אשר מאס		1QpHab V,11
פשר הדבר על מטיף הכזב אשר התעה רבים		1QpHab X,9
מטיף] / הכזב ואחר תגלה להם הדעת		1QpHab XI,1
ותצילני מקנאת מליצי כזב		1QH^{a} X,31
והמה מליצי / כזב וחוזי רמיה		1QH^{a} XII,10
ויבאו / לדורשכה מפי נביאי כזב		1QH^{a} XII,16
מטֿיף הֿכזב / [אשר הואה יתעה את ה]פֿתֿאים	(I)	1Q**14** 8-10,4
אשר בתלמוד שקרם ולשון כזביהם	(V)	4Q**169** 3-4ii8
[פשר]ו על איש הכזב אשר התעה רבים	(V)	4Q**171** 1-2i18
פשרו] עֿל אֿ[י]ש הכֿזֿבֿ[אשר	(V)	4Q**171** 3-10iv14
]ו כֿזב[	(XXXV)	4Q**251** 25,1
[ומ]רֿמות וכזביֿםֿ לוא ימצאו בשפתי	(XXVI)	4Q**260** V,3
] דבריֿ[ ]שֿקר וכול אמרי כזב	(XXVIII)	4Q**371** 1a-b,13
וכל] / אמרי כזב ידברו להכעיס ללוי	(XXVIII)	4Q**372** 1,14
[ויבאו לדורשכה מפי נביאי] כזב מפותי תעות	(XXIX)	4Q**430** 4
]◦ מלאו כזבֿ[(ים)	(XXV)	4Q**525** 17,3
]◦ש הכזב [	(XXXIII)	PAM 43.696 74,1

כֹּחַ-1 ← כּוֹח

monitor lizard noun **כֹּחַ-2**

11Q**19** L,21		והלטאה / וה**כח** והחמט והתנשמת

to be hidden, effaced verb **כחד**

1QH[a] 2ii12		]ולוא **יכחד** / ∘∘∘[
4Q**160** 1,6	(V)	]אם **תכחד** ממני דׄ[בר
4Q**300** 1aii-b,5	(XX)	] שמוׄ כיׄ[מ]הׄ היא חכמה / **נכחדת**[
4Q**300** 5,5	(XX)	]ה חכמה **נכחדתׄ**[כי] אם / [
4Q**378** 22i1	(XXII)	]משה אלהי ולא **הׄכחדתׄםׄ** באשמתם / [
4Q**381** 31,6	(XI)	לא]**תׄכחד** עוני לידעי בינה

Cohlith proper noun **כחלת**

3Q**15** I,9	(III)	בתל של **כחלת** כלי דמע בלגין ואפודת
3Q**15** II,13	(III)	בברכא שבמזרח **כחלת** במקצע / הצפני
3Q**15** IV,11	(III)	בשית המזרחית שבצפון **כח** / **לת**
3Q**15** XII,10	(III)	בשית שבצח בצפון **כחלת** פתחא צפון

כחס ← כחש

to deceive, lie, shrink verb **כחש, כחס**

1QS VII,3		ואשר **יכחס** במדעו / ונענש ששה חודשים
4Q**88** IX,11	(XVI)	ולוא / **תכחש** [תבו]אותיה
4Q**88** IX,13	(XVI)	ולוא / **יכחׄ[ש** תבואו]תׄיה
4Q**159** 2-4,9	(V)	ואם לוא **כחש** עליה והומתה ואם ב∘[
4Q**265** 4i9	(XXXV)	ואיש אשר **יכחש** במ[(ו)דעו
4Q**367** 2a-b,10	(XIII)	ולא **תכח]שו** ולא תשׄ[קרו איש בעמיתו
4Q**381** 33+35,9	(XI)	ואני **אכחש** לפניך על חׄ[ט]ׄי

lie, deceit noun **כַּחַשׁ**

1QS IV,9		ושקר גוה ורום לבב **כחש** ורמיה אכזרי
1QS X,22		ולוא ישמע בפי / נבלות **וכחש** עוון
4Q**169** 3-4ii2	(V)	לאחרית הימים אשר **בכחש** ושקׄר[ים י]תהלכו
4Q**257** V,7	(XXVI)	ושקר גוה ורום לב]בׄ **כחש** ורמיה אכזׄ[רי]
4Q**260** V,3	(XXVI)	ולוא ישמע בפי / נבלות **וכחש** עוון

false adjective **כֶּחָשׁ**

4Q**225** 2ii8	(XIII)	זה ינסה שר המשטמה אם] / ימצא **כׄחש**

כִּיא ← כִּי-2

כִּיאה ← כִּי-2

that, because, when subordinating conjunction **כִּי-2, כִּיא, כִּיאה**

CD I,2	**כי** ריב לו עם כל בשר
CD I,3	**כי** במועלם אשר עזבוהו הסתיר פניו מישראל
CD I,8	וידעו **כי** / {{אנשים}} אשימים הם
CD I,10	ויבן אל אל מעשיהם **כי** בלב שלם דרשוהו
CD II,7	**כי** לא בחר אל בהם מקדם
CD II,16	**כי** רבים / תעו בם
CD II,19	וכהרים גויותיהם **כי** נפלו
CD II,20	כל בשר אשר היה בחרבה **כי** גוע
CD III,18	ויאמרׄו **כי** לנו היא
CD IV,11	**כי** אם לעמוד איש על / מצודו
CD V,3	**כי** לא {{נפחת}} נפתח בישראל
CD V,15	כהר ביתו יאשם **כי** אם נלחץ
	כי אם למילפנים פקד / אל
CD V,16	ויחר אפו בעלילותיהם **כי** לא עם בינות הוא
CD V,17	**כי** מלפנים עמד / משה ואהרן
CD V,21	ותישם הארץ **כי** דברו סרה על מצות אל
CD VI,6	אשר קרא אל את כולם שרים **כי** דרשוהו
CD VIII,4	תשפוך עליהם העברה / **כי** יחלו למרפא
CD VIII,12	**כי** / שוקׄל רוח ומטיף כזב הטיף להם
CD VIII,15	לרשת / את הגוים האלה **כי** מאהבתו
CD VIII,17	**כי** להםׄ / ברית האבות
CD IX,5	ואין כתוב **כי** אם נוקם הוא לצריו
CD IX,15	והיתה לכהנים **כי** לא ידע מׄוצאיה את משפטה
CD X,8	לשפוט את העדה **כי** במעל האדם / מעטו ימו
CD X,16	**כי** הוא אשר אמר שמור את / יום השבת
CD X,22	אל יאכל איש ביום השבת **כי** אם המוכן
CD X,23	ואל יאכל ואל ישתה **כי** אם היה במחנה
CD XI,3	או מובאים בגז **כי** אם / כיבסו במים
CD XI,5	לרעותה חוץ מעירו **כי** / אם אלפים באמה
CD XI,18	אל יעל איש למזבח בשבת / **כי** אם עולת השבת
	כי כן כתוב מלבד שבתותיכם
CD XI,20	**כי** כתוב זבח / רשעים תועבה
CD XII,4	לא יומת **כי** על בני האדם / משמרו
CD XII,8	לא / יגדפו **כי** אם בעצת חבור ישראל
CD XII,13	והדגים אל יאכלו **כי** אם נקרעו / חיים
CD XII,15	עד הם חייםׄ **כׄי** הוא משפט בריאתם
CD XIII,6	הוא יסגירנו **כי** להם / המשפט
CD XIII,14	וׄאל יתׄ[ן] לבני השחרׄ **כׄיׄ** / אם כף לכף
CD XIII,15	**כׄיׄ** אם הׄודׄיׄעׄ / למבׄקר אשר בׄמׄחׄנׄה
CD XIV,2	להנצילם מכל מוקשי שחת **כי** פׄתאום ונענשׄו
CD XV,1	**כׄי** אם שבועׄתׄ הבׄאׄיׄםׄ / בׄאׄלות הברית
CD XV,2	ואת תורת משה אל יזכור **כי** ∘∘∘∘∘∘∘∘
CD XVI,2	לשוב אל / תׄורת משׄה **כׄי** בׄהׄ הכל מדוקדק
CD XVI,15	]לׄ **כׄי** הוא אשר אמר איש אׄתׄ רׄעיהׄוׄ
CD XIX,16	**כי** באו {{בׄאׄוׄ}} בברית תשובׄה
CD XIX,25	**כי** הולך רוׄח ושקל {{ספת}} סופות
CD XIX,28	לרשת את הגוים / האׄלה **כי** מאׄהׄבתו
CD XIX,30	ואהב את הבאים אחריהם **כי** להם / בׄרׄיׄתׄ
CD XX,8	**כי** ארדוהו כל קדושי עליון
CD XX,11	ישפטו **כי** דברו תועה על חקי הצדק
CD XX,34	וראׄוׄ בׄיׄשועתׄו **כי** חסו בשם קדשׄו
1QS II,14	שלום יהׄי לי / **כיא** בשרירות לבי אלכׄ
1QS II,24	**כיא** הכול יהיו ביחד אמת וענות טוב
1QS II,26	**כיא** געלה / נפשו ביסורי דעת משפטי צדק
1QS III,2	**כיא** בסׄאון רשע מחרשו וגוׄאׄלים / בשׄובתו
1QS III,6	**כיא** ברוח עצת אמת אל דרכי איש
1QS IV,16	**כיא** אל שמן בד בבד עד קץ / אחרון
1QS IV,18	ריב על כול משפטיהן **כיא** לוא יחד יתהלכו
1QS IV,19	תצא לנצח אמת תבל **כיא** התגוללה בדרכי רשע
1QS IV,22	**כיא** בם בחר אל לברית עולמים
1QS IV,25	**כיא** בד בבד שמן אל עד קץ נחרצה
1QS V,5	{יׄאאם} ‹**כיא** אם› למול ביחד עורלת יצר
1QS V,11	**כיא** לוא החשבו בבריתו
	כיא לוא בקשו ולוא דרשהו בחוקוהי
1QS V,13	**כיא** לוא יטהרו / כי אמ שבו מרעתם
1QS V,14	כי אמ שבו מרעתם כיא טמא
	כיא טמא בכול עוברי דברו
1QS V,15	**כיא** ירחק ממנו בכול דבר
	כיא כן כתוב מכול דבר שקר תרחק
1QS V,17	האדם אשר נשמה באפו **כיא** במה נחשב הואה
	כיא / כול אשר לוא נחשבו בבריתו
1QS V,19	**כיא** הבל כול אשר לוא ידעו את בריתו
1QS V,20	**וכיא** יבוא בברית לעשות ככול החוקים האלה
1QS V,26	**כיא** ביומ{{∘∘}} יוכיחנו
1QS VI,4	והיה **כיא** יערוכו השולחן לאכול
1QS VI,11	**וכיא** האיש / המבקר על הרבים
1QS IX,1	**כיא** על {{∘∘}} שגגה אחת יענש שנתים

כיא {{יֹוֹםֹ}} ֻמועדֻ מלחמה היום הזה	1QM XV,12
]חֹלליכם **כיא** מאז שמעתם / בֹרֹזי אל [	1QM XVI,15
כיא / הגדלתה עם עמכֹ[ה]◦ להפליא	1QM XVIII,6
{{ו}} ֻכֻ‹‹יֻ››ֻאֻ אתה ידעתה למועדנו	1QM XVIII,10
והיום הופיע / לנוֹ **כֹיֹאֹ**[	1QM XVIII,11
היום אץ לנו לֹרדוף המונם **כיא** אתה / [	1QM XVIII,12
כיא קדוש אדירנו ומלך הכבוד אתנו	1QM XIX,1
כי בנדה התגוללתי ומסוד ◦[	1QH^{a} IV,19
ואני הבינותי **כי** את אשר בחרתה [תתם] דרכו	1QH^{a} IV,21
ממש]לתם בתכמי **כי** רוח בשרֹ[ל]עֹבדך	1QH^{a} IV,25
לכול ◦◦◦◦◦ לשלום ושחת **כֹיֹ** ◦[	1QH^{a} V,11
כי אתה הכינותמה מקדם עולם	1QH^{a} V,16
כי הראיתם את אשר לא ◦[	1QH^{a} V,17
כי אתֹהֹ ◦[	1QH^{a} V,18
עם שלום / עולם ואורך ימים **כי** [	1QH^{a} V,24
כי לפי רוחות תֹבֹ[ד]ילם בין / טוב לרשע[	1QH^{a} VI,11
ואני ידעתי מבינתך / **כי** ברצונכה בא[דם	1QH^{a} VI,13
כי כול קרוביך לא ימרו פיך	1QH^{a} VI,14
כי אתה צדיק ואמת כול בחיריך	1QH^{a} VI,15
כי אם לפֹּ[י קרבך אי]ש / [אה]בֹנו	1QH^{a} VI,20
כי מידך היתה זאת	1QH^{a} VI,27
] / **כיֻאֻ** [	1QH^{a} VII,7
ואני ידעתי בבינתך **כיא** לא ביד בשר ◦[	1QH^{a} VII,12
ואדעה **כי** בידך יֹצר כול רוח [	1QH^{a} VII,13
כי הלכו בדרך לא טוב	1QH^{a} VII,18
ומה אף הוא בשר **כי** ישכיל [ ]◦ עפר	1QH^{a} VII,21
ואני ידעתי **כיא** / לא ישוה כול הון באמתך	1QH^{a} VII,22
ואדעה **כי** בם בחרתה מכול	1QH^{a} VII,23
כיא / אל אמת אתה וכול עולה ת[תעב	1QH^{a} VII,24
[ו]אני ידעתיֹ / **כי** לך [ ]ל◦◦ ◦[	1QH^{a} VII,26
ואדעה **כי** ברצו[נכה] באיש הרביתה ◦◦◦[	1QH^{a} VIII,13
לך אתה הצדקה **כי** אתה עשיתה את כו[ל אלה]	1QH^{a} VIII,18
ובדעתי **כי** אתה רשמתה רוח צדיק	1QH^{a} VIII,19
ואדעה **כי** לא יצדק איש מבלעדיך	1QH^{a} VIII,20
]לפניו כול נגע מכשול מחוקי בריתך **כי** ◦[	1QH^{a} VIII,24
]◦ם **כיא**[	1QH^{a} IX,4
ידעתי מבינתכה **כיא** גליתה אוזני לרזי פלא	1QH^{a} IX,21
אודכה אֹדוֹני **כי** שמתה נפשי בצרור החיים	1QH^{a} X,20
כֹיֹ עריצים בקשו נפשי בתומכי / בבריתךה	1QH^{a} X,21
לא ידעו **כיא** מאתכה מעמדי	1QH^{a} X,22
ובחסדיכה תושיע נפשי **כיא** מאתכה מצעדי	1QH^{a} X,23
והגבירכה בי נגד בני / אדם **כיא** בחסדכה עמדי	1QH^{a} X,25
אודכה אדוני **כיא** עינכה עמֹ[דה] עֹל נפשי	1QH^{a} X,31
אפס **כי** [לא יד]עו כי מאתך מצעדי	1QH^{a} X,33
אפס כי [לא יד]עו **כי** מאתך מצעדי	
כיא נהפכו צירֹיֹהֹ / וחבל נמרץ משבריה	1QH^{a} XI,7
כיא באו בנים עד משברי מות	1QH^{a} XI,8
כיא במשברי מות תמליט זכר	1QH^{a} XI,9
כי תתבלע / כול חכמתם בהמות ימים	1QH^{a} XI,14
אודכה אדוני **כי** פדיתה נפשי משחת	1QH^{a} XI,19
ואדעה **כיא** יש מקוה לאשר / יצרתה	1QH^{a} XI,20
כיא התיצבתי בגבול רשעה	1QH^{a} XI,24
כיא ירעם אל בהמון כוחו ויהם זבול קודשו	1QH^{a} XI,34
אודכה אדוני **כיא** הייתה לי לחֹומת עוז	1QH^{a} XI,37
אודכה אדוני **כיֻאֻ** האירוֹתה פני לבריתכה	1QH^{a} XII,5
כֹיֹ[א] דֹבֹרים החליקו למו ומליצי רמיה	1QH^{a} XII,7
וילבטו בלא בינה **כיֹאֹ**[	
] / בהולל מעשיהם **כי** נמאסו למו	1QH^{a} XII,8
יחשבוני בהגבירכה בי **כיֻאֻ** ידיחני מארצי	
כי אתה אל תנאץ כל מחשבת / בליעל	1QH^{a} XII,12

ברשית / אשמורי חושכ **כיא** יפתח אוצרו		1QS X,2
ואדעה **כיא** בידו משפט / כול חי		1QS X,16
כיא את אל משפט כול חי		1QS X,18
כיא אני לאל משפטי		1QS XI,2
כיא ממקור דעתו פתח אורו		1QS XI,3
כיא אמת אל היאה / סלע פעמי		1QS XI,4
כיא לאדם דרכו ואנוש לוא יכין צעדו		1QS XI,10
כיא לאל המשפט ומידו / תום הדרכ		
כיא מבלעדיכה לוא תתם דרכ		1QS XI,17
כיאם לפי מילואת לו עש[רי]םֹ שנה	(I)	1QSa I,10
כיא מלאכי / קודש [בעד]תם	(I)	1QSa II,8
ל]א יבוא האיש **כיא** מנוֹגע / [ה]וא	(I)	1QSa II,10
כיאֹ[הוא מ]ברך את רשית הלחם	(I)	1QSa II,19
ת]דורשהו **כיא** אל הכין כול אושֹי / [	(I)	1QSb III,20
ולכול קצי נצח **כיא** / [אמת כול מ]שפטיו	(I)	1QSb IV,26
כיא [אתה תק]דש לו ותכבד שמו	(I)	1QSb IV,28
כיא אל הקימכה לשבט / למושלים	(I)	1QSb V,27
]הֹבוגדים עם איש / הכזב **כי** לואֹ[		1QpHab II,2
כ[י]א לוֹא / האמינו בברית אל [		1QpHab II,3
]**כֹיא** הנני מקים את / הכשדאים		1QpHab II,10
כיא הוא אשר אמר לרשת משכנות לוא לו		1QpHab III,2
כי]א הוא אשר / אמר מגמֹ[ת פניהם קדים		1QpHab III,13
כיא הוא אשר אמר טהור עינים מראות		1QpHab V,6
כיא בהם שמן חלקו ומאכלו ברי		1QpHab VI,5
כיא עוד חזון / למועד יפיח לקץ		1QpHab VII,5
אשר דברו הנביאים **כיא** רזי אל להפלה		1QpHab VII,8
חכה לו **כיא** בוא יבוא ולוא / יאחר		1QpHab VII,9
כיא / כול קיצי אל יבואו לתכונם		1QpHab VII,12
ואף **כיא** הון יבגוד גבר יהיר		1QpHab VIII,3
כי אתה שלותה גוים רבים		1QpHab VIII,15
ואשר / אמר **כי** אתה שלותה גוים רבים		1QpHab IX,3
חיל הכתיאים ⟦ ⟧ **כיא** המה יתר העמים		1QpHab IX,7
כיא / אבֹ[ן]מֹקיר תזעק		1QpHab IX,14
כיא תמלא הארץ לדעת את כבוד יהוה		1QpHab X,14
כיא לוא מל את עורלת לבו		1QpHab XI,13
כיא הלבנון הוא / עצת היחד		1QpHab XII,3
מה הועיל פסל **כיא** פסל יצרו / מסיכה		1QpHab XII,10
ומרי שקר **כיא** בטח יצר יצריו עליהו		1QpHab XII,11
כיא הואה יום יעוד לו מאז		1QM I,10
כיא שבת / מנוח היאה לישראל		1QM II,8
לוא ירד אתם **כיא** מלאכי קודש עם צבאותם		1QM VII,6
להתגאל בדם טמאתם **כיא** קדושים המה		1QM IX,8
ואשר הגיד לנו **כיא** אתה בקרבנו אל גדול		1QM X,1
כיא אלוהיכם הולך עמכם להלחם לכם		1QM X,4
כיא תבוא מלחמה / בארצכמה		1QM X,6
אוזנ]כה אל שועתנו **כיאֹ** ◦[		1QM X,17
] / **כיא** אם לכה המלחמה		1QM XI,1
כיא בטח בשמכה הגדול		1QM XI,2
כיא לכה המלחמה		
כיא בכוחכה ובעוז חילכה הגדול		1QM XI,5
כיא ביד אביונים תסגיר [או]יבי כול הארצות		1QM XI,13
]**כֹיא** תלחם בם מן השמֹ[ים]◦[		1QM XI,17
כיא רוב קדושים [א]לֹה בשמים		1QM XII,1
כיא קדוש אדוני ומלך הכבוד אתנו		1QM XII,8
כיא המה גורל חושך וגורל אל		1QM XIII,5
כי]אֹ מאז יעדתה לכה יום קרב		1QM XIII,14
כ]יֹא אתה יעדתנו למ◦[		1QM XIII,18
כיא גדולה מֹ[חשבת כבו]דֹכה		1QM XIV,14
כיא היאה עת צרה לישרֹ[אל		1QM XV,1
כיא הֹמה עדת רשעה ובחושך כוֹל מעשיהם		1QM XV,9

כי נשענתי באמתכה [	1QHa XVIII,17	
כי אתה יצרתה רׄוׄ[ח עבדכה	1QHa XVIII,22	
כי בחרׄתׄהׄ [	1QHa XVIII,26	
אודכה אלי **כי** הפלתה עם עפר	1QHa XIX,3	
ואני מה **כיא** / [הבינ]ותני בסוד אמתכה		
ואני ידעתי **כי** אמת פיכה	1QHa XIX,7	
כי הודעתם בסוד אמתכה	1QHa XIX,9	
כׄיׄ הודעתני סוד אמת ∘∘∘[	1QHa XIX,16	
וביגוני נחמתני **כיא** נש<ע>נתי ברחמיכה	1QHa XIX,32	
ברוך אתׄ[ה] / אדוני **כי** אתה פעלתה אלה	1QHa XIX,33	
כי אל ה{{ו}}ד{{ו}}עות / הכינה	1QHa XX,10	
כיא אין ע[	1QHa XX,17	
כיא לפני אפכׄ[ה	1QHa XX,18	
כיא בחסדׄ[ך	1QHa XX,21	
כיא צדקתה ואין לנגדכה	1QHa XX,31	
ומה / אדבר **כיא** אם פתחתה פי	1QHa XX,33	
ואיכה אבין **כיא** אם השכלתני		
ואיכה אישר דרך **כיא** אם הכיׄנׄוׄ[תה מצעדי	1QHa XX,34	
כיא לערל אוזן נפתח דבר	1QHa XXI,5	
ואדעה **כיא** לכה עשיתה אלה אלי	1QHa XXI,6	
למי נחשבתי עד זות **כיא** / [	1QHa XXI,11	
כיא יש מקוה לאיש / [	1QHa XXII,7	
ואדעה **כיא** אמת / פיכה [	1QHa XXII,9	
]∘מה במעמד העמדתני **כיא** / [	1QHa XXII,11	
] / **כיא** אתכה אור לׄ[	1QHa XXIII,3	
כיא מעפר לוקחתי ואׄ[	1QHa 2i4	
כׄיׄאׄ מה עפרׄ בכפׄ[ים	1QHa 2i7	
ע]וׄלם ואין תשוֻבת חושך **כיא** / [	1QHa 2i11	
]∘בות מלפניכה **כיא** נכונו באמתכה	1QHa 2i15	
ידעתי / **כיאׄ**[	1QHa 2ii10	
כיא הוא ידע למ[	1QHa 3,7	
כיא לא ∘[	1QHa 3,9	
ואתה גליתה אוזני **כי**[	1QHa 4,7	
כיא ידעתי / [	1QHa 4,16	
] / **כיאׄ**[	1QHa 8,11	
כי גמלתנו ו∘[	1QHa 10,3	
]∘תי∘ [ ]∘ **כי**[	1QHa 23,1	
]**כי** אין כ[	1QHa 35,2	
] צדק **כי**[	1QHa 44,2	
]רׄבים בבסר **כי** כול רוחותׄ[	1QHa 45,6	
] **כיא** אין מ[	1QHa 51,5	
] / **כיא** מאו[	1QHa 65,2	
כי]אׄ יצא אל מׄ∘[	1Q**14** 12,3	(I)
כי יׄ[וד]עׄ אתה את יצרׄ עשו	1Q**18** 1-2,3	(I)
ב]כׄור הולד **כי** נכבדים [	1Q**19** 3,3	(I)
]∘ **כי** כבודׄ זוׄךׄ ∘[	1Q**19** 13-14,1	(I)
ב]חׄירי **כי** אל כונן [	1Q**19** 15,2	(I)
כ]יׄ לוא [יא]הׄבו / כׄאׄשׄ[ר] צׄויתי [אותם]	1Q**22** 1i5	(I)
ו]יהׄיׄ **כי** [שמוע תשמע] לעשות [את המצוה	1Q**22** 1iii4	(I)
כי / [תקרא שמטה] לׄ[א]ל[והי אלוהיכ]םׄ	1Q**22** 1iii5	(I)
כי בשנ[ה] / [הזאת יברככם אלו]היׄםׄ	1Q**22** 1iii6	(I)
]**כי** [	1Q**22** 12,6	(I)
]**כׄי** ת[	1Q**22** 24,2	(I)
]**כׄי** מכרםׄ[	1Q**25** 8,1	(I)
] **כי** אתה לי לבן יׄ[חיד	1Q**26** 3,2	(XXXIV)
וׄזה לכם האות **כׅי** יהיהׅ בהסגר מולדי עולה	1Q**27** 1i5	(I)
ומזה יודע לכמה **כי** לוא ישוב אחור	1Q**27** 1i8	(I)
מי / יחפץ **כי** יגזל ברשע הונו	1Q**27** 1i11	(I)
] / **כי** אם המטיב והמרע	1Q**27** 1ii4	(I)
ונמכר בלוא מחיר **כי** ∘ת∘[	1Q**27** 1ii6	(I)

כי לא בחרו בדר[ך לב]כׄה	1QHa XII,17
כי אמרו / לחזון דעת לא נכון	
כי אתה אל תענה להם לשופטם	1QHa XII,18
כי אין הולל בכול מעשיך	1QHa XII,20
כיא / לא יחשבונׄ[י ע]ד הגבירכה בי	1QHa XII,22
כי הודעתני ברזי / פלאכה	1QHa XII,27
ואני ידעתי **כי** לוֺא לאנוש צדקה	1QHa XII,30
ודרך אנוש לוֺא תכון **כי** אם ברוח יצר אל	1QHa XII,31
כי זכרתי אשמותי עם מעל אבותי	1QHa XII,34
כי נשענ[תי] / בחסדיכה והמׄון רחמיכה	1QHa XII,36
כי תכפר עוון ולטהׄ[ר]אׄנׄוׄש מאשמה	1QHa XII,37
כי אתה בראתה צדיק ורשע ∘∘[	1QHa XII,38
כי אמת אתה וצדק כול מׄ[עשיכה	1QHa XII,40
אודכה אדוני **כי** לא עזבתני בגורי בעם ∘∘∘ [	1QHa XIII,5
כי אתה אלי סתרתני נגד בני אדם	1QHa XIII,11
כי בצרת נפשי לא עזבתני	1QHa XIII,12
ברוך אתהׅ אדוני **כי** לא עזבתה יתום	1QHa XIII,20
כי גבורתכה [לאין חק]רׄ	
כׄיׄ סׄבׄבוׄנׄיׄ[בהוות] לבם	1QHa XIII,31
כי עששו מכעס עיני ונפשי במרורי יום	1QHa XIII,34
כי נאסרתׄיׄ בעבותׄים / לאין נתק	1QHa XIII,36
ואדעה **כי** יש מקוה לשבי פשע	1QHa XIV,6
כׄיא כול / מעשיהם באמתכה	1QHa XIV,8
כי הביאותה אׄ[מתכה וכ]בׄודכה	1QHa XIV,12
]שיב / כׄריׄו **כי** ∘∘[ ]לׄ[ ]תד∘ בה	1QHa XIV,14
כי אתה / תשים סוד על סלע	1QHa XIV,25
כי לא יבוא זר בׄ[שע]רׄיה דלתי מגן	1QHa XIV,27
כי לאל עליון ה[	1QHa XIV,33
כי בליעל עם הופע יצר / הוׄותם	1QHa XV,3
אודכה אדוני **כי** סמכתני בעוזכה	1QHa XV,6
כי תאלמנה שפתי / {שפתי} שקר	1QHa XV,11
כי כול גרי למשפט תרשיע	1QHa XV,12
כי אתה ידעתה כול יצר מעשה	1QHa XV,13
ואתה ידעתה יצר עבדכה **כי** לא ∘[	1QHa XV,16
כי אתה לי למאור [עו]לם	1QHa XV,25
אודׄ[כה אדוני] **כי** השכלתני באמתכה	1QHa XV,26
כי אל עולם אתה וכול דרכיכה יכונו לנצח	1QHa XV,31
[אודכ]ה אדוני **כׄיׄ** לוא הׅפלתהׅ גורלי בעׅדת שו	1QHa XV,34
] צׄדׄקׄתכה תכון לעד **כי** לא [	1QHa XVI,2
וירמו עליו כול ע[צי] מים **כי** במטעתם יתשגשגו	1QHa XVI,9
כי ראה בלא הכיר / ויחשוב בלא האמין	1QHa XVI,13
כי גרשו עלי רפשם	1QHa XVI,15
כי פרׄח נגׄעי / למרורים	1QHa XVI,27
ועם / מתים יחפש רוחי **כי** הגיעו לשחת ח[יי	1QHa XVI,29
כי נשבת מעוזי מגויתי	1QHa XVI,32
ומשפטכה אצדיק **כי** ידעתי / באמתכה	1QHa XVII,9
ובנגיעי רציתי **כי** יחלתי לחסדיכה	1QHa XVII,10
כי אתה יסדתה רוחי ותׄדע מזמתי	1QHa XVII,12
ואדׄעהׄ **כׄיׄ** יש מקוה ב[ח]סדיכה	1QHa XVII,14
כי לא יצדק / כול במשׄ[פ]טכה	
כי אתה אלי לׅמׅ∘[	1QHa XVII,23
כי ברז חכמתכה הוכחתה בי	
וכשלוני לגבורת / עולם **כי** בש∘[	1QHa XVII,26
כי מאור מחושך / האירותה ליׄ ∘∘[	
כי אתה מאבי / ידעתני	1QHa XVII,29
כיא / אבי לא ידעני ואמי עליכה עזבתני	1QHa XVII,34
כי אתה אב לכול בׄנׄיׄ אמתכה	1QHa XVII,35
כי תשכילנו בנפלאות כאלה	1QHa XVIII,4
ומה אפהוא שב לעפרו **כי** יעצור כׄ[ו]חׄ	1QHa XVIII,12
כי הודעתנׄ[י א]ל[ה]לׄסׄפׄרׄ / נפלאותכה	1QHa XVIII,14

ובימי רעב יש[בע]ו **כיא** רשעים / יובדו	(V)	4Q**171** 1+3-4iii2
כיא מבורכ[ו יר]שו ארץ	(V)	4Q**171** 1+3-4iii9
כיא מיהו[ה מצעדי גבר כונ]נו	(V)	4Q**171** 1+3-4iii14
כיא יפ[ול] ל[וא] / יוטל כיא י[הוה סומך ידו]	(V)	
כיא יפ[ול] ל[וא] / יוטל **כיא** י[הוה סומך ידו]	(V)	4Q**171** 1+3-4iii15
רו]ח קודש **כיא** / [	(V)	4Q**171** 3-10iv25
]לוא יבושו **כ**[י ידברו את אויבים בשער	(V)	4Q**173** 3,3
וגר עד עולם **כיא** קדושי שם / י◦[ ]ה[	(V)	4Q**174** 1-2i4
[וה]גיד לכה יהוה **כיא** בית יבנה לכה	(V)	4Q**174** 1-2i10
י]דע **כיא** הואה מ◦[	(V)	4Q**174** 5,3
ואת בנו לוא יד]ע **כיא** [שמרו אמרתכה]	(V)	4Q**174** 6-7,4
]ארץ **כיא** ה[	(V)	4Q**174** 8,2
]**כיא** המה[	(V)	4Q**174** 14,3
]ה **כיא** זרע[	(V)	4Q**174** 15,3
כי שמר אמרתכה ובריתך ינצר	(V)	4Q**175** 17
כיא מלאה צבא]ה **כיא** / נרצה עוונה	(V)	4Q**176** 1-2i5
כיא / נרצה עוונה **כיא** לקחה מיד •••• כפלים	(V)	4Q**176** 1-2i6
] / פצחו הרים **כיא** נחם אלה[ים עמו	(V)	4Q**176** 1-2ii2
[אל תיר]א **כיא** גאלתיך [קראתי בשמך לי	(V)	4Q**176** 3,2
]**כיא**[	(V)	4Q**176** 4-5,5
כיא / [לוא יוסיף יבוא בך עוד ערל	(V)	4Q**176** 8-11,2
ואל תכלמי **כי**]**א** לא תחפירי	(V)	4Q**176** 8-11,5
כיא בשת / [עלומי]כי תשכחי[	(V)	
כיא כאשה עזובה	(V)	4Q**176** 8-11,7
ואשת נעורים **כיא**[ת]מאס אמר •••• אלוהיך	(V)	4Q**176** 8-11,8
]**כי** לוא[יוסי]ף יבוא[בך עוד ערל	(V)	4Q**176** 12-13,2
]נחלת ידו **כי** לוא יצדק[	(V)	4Q**176** 18,1
]**כיא** הוא ברא את כול[	(V)	4Q**176** 22,2
]אות **כי**[	(V)	4Q**176** 32,2
] / **כיא**[	(V)	4Q**176** 41,1
ה]גיד **כיא** לעולם יברכם[	(V)	4Q**177** 1-4,10
]**כיא** כולם ילדים[	(V)	4Q**177** 5-6,4
] **כיא** לוא עם מ[	(V)	4Q**177** 8,3
]המה דורש התורה **כיא** אין / [	(V)	4Q**177** 10-11,5
כי]**א** אמלל אני / [	(V)	4Q**177** 12-13i2
עד עשרה צדיקים בעיר **כיא** רוח אמת ה◦[	(V)	4Q**177** 12-13i5
כי]**א** אין / [	(V)	
] / **כיא** ה[	(V)	4Q**177** 15,2
]ם **כיא**[	(V)	4Q**177** 20,2
ואין לאל ידנו **כי** לוא שמענ[ו	(V)	4Q**179** 1i2
אוי לנו **כי** אף אל עלה[	(V)	4Q**179** 1ii1
]וארא **כיא** הכול[	(V)	4Q**180** 2-4ii9
כיא דרכיה דרכי מות	(V)	4Q**184** 1,9
]**כי** ◦[	(V)	4Q**185** 1-2i3
כי כאש / להבה ישפט[ו	(V)	4Q**185** 1-2i8
]**כי** הנה / כח[צ]יר יצמח מארצו	(V)	4Q**185** 1-2i9
] מן מלאכיו **כי** אין חשך / י◦◦◦[	(V)	4Q**185** 1-2ii6
] / אליה **כי** פני[	(V)	4Q**185** 1-2iii1
מאש]ך לחיות **כי** חרפות / [שקר שמעתי	(XIX)	4Q**200** 1i3
כי בעשות ה[אמת	(XIX)	4Q**200** 2,5
כיא הוא אדוניכ[מה] והוא אלה[יכמה]	(XIX)	4Q**200** 6,9
ותקרא חנה את שמה בלהה **כי** כאשר נולדה[	(XXII)	4Q**215** 1-3,4
כיא שלם קצהרשע	(XXXVI)	4Q**215**a 1ii4
כיא הואה[	(XXXVI)	4Q**215**a 1ii8
כיא בא ממשל הצדק הטוב	(XXXVI)	4Q**215**a 1ii10
]◦◦ת[ ]ל[מ]קור דע[ת]ם **כי**[	(XXXVI)	4Q**215**a 3,2
כי לא עזבתים / [על כל הרע	(XIII)	4Q**216** I,13
כ[י ישכחו את כל מצותי	(XIII)	4Q**216** II,5
]**כי**[	(XIII)	4Q**217** 8,4
[ולו תאכלו עוד דם] **כי** הדם הוא[הנפש	(XIII)	4Q**219** II,17

] / מה מ[ ]מחים **כי** אם כול [	(I)	1Q**27** 1ii7
] / **כי** אם ◦[	(I)	1Q**27** 9-10,2
] **כי** יוגד[	(I)	1Q**30** 7,2
]**כיא** ◦[	(I)	1Q**30** 9,1
]**כי** לזאת בראתנו	(I)	1Q**34**bis 3i7
ותמאס בם **כי** לא תחפץ / בע[ול]ה	(I)	1Q**34**bis 3ii4
ותבחר לך עם בקץ רצונך **כי** זכרת בריתך	(I)	1Q**34**bis 3ii5
]אין **כי** לא ◦[	(I)	1Q**38** 10,2
]**כי** יהיה[	(I)	1Q**69** 33,1
]שרים **כי** ידעת[י	(III)	2Q**22** II,1
] / **כי** רחמיו על ישרא[ל	(III)	2Q**22** II,2
]ים **כי** לא[	(III)	2Q**33** 7,1
ואין שלום **כיא** מכה על מכה	(III)	3Q**5** 1,2
] **כיא**[	(III)	3Q**9** 1,4
כ]י בא לשפט את / כל מע[ש]ה	(XVI)	4Q**88** IX,5
חג חגיך נד[ר]יך שלם **כי** אין / בקרבך בליעל	(XVI)	4Q**88** X,9
] / ראיתמה **כי** מן השמים דברתי עמכמה	(V)	4Q**158** 7-8,6
לוא תבנה אתהנה גזית **כי** חרבכה[	(V)	4Q**158** 7-8,8
וכ]**יא** ינצו[	(V)	4Q**158** 9,4
אם נוד[ע] **כ**[**יא** שור נג]ח[	(V)	4Q**158** 10-12,3
וכי יבעה[	(V)	4Q**158** 10-12,6
כיא יתן איש אל[	(V)	4Q**158** 10-12,8
כיא הואה זה עד יהוה יבוא דבר שניהמה[	(V)	4Q**158** 10-12,10
ו]**כיא** ישאל אי[ש מעם] רעהו	(V)	4Q**158** 10-12,13
ואל ילבש כתונת אשה **כיא** [ת]ועבה הוא	(V)	4Q**159** 2-4,7
כי יוצו איש שם רע על בתולת ישראל	(V)	4Q**159** 2-4,8
כ]**יא** נשב[עתי ל]בית [עלי	(V)	4Q**160** 1,1
]עבדכה לוא עצרתי כוח עד זואת **כיא** / [	(V)	4Q**160** 3-4ii1
כיא תהלתכה / בארצות ובימים[	(V)	4Q**160** 3-4ii3
י]בינו רבים **כיא** עמכה הואה[	(V)	4Q**160** 3-4ii6
כי]**א** אתה למרישונה ב◦[	(V)	4Q**160** 6,2
מו]עדי הכוהנים **כיא** היא[ה	(V)	4Q**161** 1,4
[והיה] **כיא** יבצע [אדוני את כול מעשהו	(V)	4Q**163** 4-7ii1
בכח ידי עשיתי] / [ובחכמת]י **כיא** [נבנותי	(V)	4Q**163** 4-7ii3
כי אם יהיה עמכה י[שראל כחול הים	(V)	4Q**163** 4-7ii13
כיא נשבר שבט [מכך	(V)	4Q**163** 8-10,12
]**כי** הרחקות ◦[	(V)	4Q**163** 13,2
ות[אמרו] / לוא **כיא** על סוס ננוס	(V)	4Q**163** 23ii5
כיא אלוהי משפט יהוה	(V)	4Q**163** 23ii9
] / לב **כיא** לדרש [	(V)	4Q**163** 23ii13
] / **כי**חכה איש גדוד[ים חבר כהנים	(V)	4Q**163** 23ii14
] / [**כ**]**יא** עם בציון [ישב בירושלם	(V)	4Q**163** 23ii15
לאמור זה הדרך לכו בו] / **כיא** תימ[ינו	(V)	4Q**163** 23ii19
ויבטחו על רכב] / [**כ**]**יא** רב	(V)	4Q**163** 25,6
ועל פרשים **כיא** עצמ[ו מאד	(V)	
]◦עמוד **כיא** אל כול [	(V)	4Q**164** 2,2
כי נ[בל נבלה ידבר	(V)	4Q**165** 6,3
]אסף בקצי חרון **כיא** / [	(V)	4Q**166** I,12
ואשובה אל אישי הרא]ישון **כיא** / [טוב לי	(V)	4Q**166** I,15
]◦ כפיר החרון **כי** אנוכי כשחל [לא]פ[רי]ם	(V)	4Q**167** 2,2
] / **כי** שי[בבי]ם היה ע[גל שמרון	(V)	4Q**167** 11-13,5
] / [יאב]דו בו רבים רום רשעה **כי** הב[	(V)	4Q**169** 1-2,6
]בישראל מלפנים **כי** לתלוי חי על העץ	(V)	4Q**169** 3-4i8
]ערי המזרח **כי** השול[י]ם[	(V)	4Q**169** 3-4ii12
כיא בחרו בקלות ולוא שמ[עו] למליץ	(V)	4Q**171** 1-2i19
ואל / תחר אך להרע **כיא** מרעים יכרתו	(V)	4Q**171** 1-2ii2
כיא כול הממרים / לשוב מעונם יכרתו	(V)	4Q**171** 1-2ii3
יה]וה ישחק לו **כיא** ראה / כיא בא יומו	(V)	4Q**171** 1-2ii12
יה]וה ישחק לו כיא ראה / **כיא** בא יומו	(V)	4Q**171** 1-2ii13
כיא אזרוע[ות רשעים תשברנה	(V)	4Q**171** 1-2ii23

Text		Reference
[כי אם עולת השבת] **כי** [כן	(XVIII)	4Q**266** 9i4
כי אם[הודיע למבקר] / [א]שר במחנ[ה	(XVIII)	4Q**266** 9iii2
כי געלה נפשו ביסורי הצדק	(XVIII)	4Q**266** 11,7
]**כי** [	(XVIII)	4Q**266** 26,1
כי דברו עצה סרה על מצוות אל	(XVIII)	4Q**267** 2,5
כי כול[ם דרשוהו ולוא הושבה פארתם	(XVIII)	4Q**267** 2,13
]ה בהבל **כי** ◦◦◦◦ [	(XVIII)	4Q**267** 4,11
]ליו **כי** [ ]ם [	(XVIII)	4Q**267** 6,1
כיא פ[ת]א[ם] עבר[ו] / ויענשו	(XVIII)	4Q**267** 9v5
] אשר יבוא במה **כי** ה[	(XVIII)	4Q**268** 1,3
כי ב[מע]לם [אשר] / [עזבוהו]	(XVIII)	4Q**268** 1,10
כיא אם הוזו כמ[שפט]	(XVIII)	4Q**269** 8ii4
כיא הוא כלאים / [שור וחמור	(XVIII)	4Q**269** 9,2
לא יב]יאה **כי** אם דמה יצוא / [לא יצא	(XVIII)	4Q**270** 4,4
כי ה[וא כלאים שור וחמור	(XVIII)	4Q**270** 5,16
כמוה]**כי** לא הקים את[דברו לדבר א]מת	(XVIII)	4Q**270** 6iii15
כי במועל [ה]אדם[מע]טו / ימו	(XVIII)	4Q**270** 6iv18
כי אין לאמ[ו]ת רוקמה בתוך / [העדה	(XVIII)	4Q**270** 7i14
על איש ואשה] כאחת **כי** תועבה היא	(XVIII)	4Q**271** 3,4
ואשר אמר **כי** [תמכור] / [ממכר	(XVIII)	
כי / [הוא כלאים ש]ור וחמור	(XVIII)	4Q**271** 3,9
אל יקחה איש **כי** אם / [בראות נשים] נאמנות	(XVIII)	4Q**271** 3,13
{{כי}} כי בה הכול מד[וקדק	(XVIII)	4Q**271** 4ii4
{{כי}} **כי** בה הכול מד[וקדק	(XVIII)	
לרעותה חוץ מעירו **כי** [אם אלפים] באמה	(XVIII)	4Q**271** 5i2
]◦ **כי** כ[	(XVIII)	4Q**272** 2,3
] **כי** שבה וכסתה ◦[	(XVIII)	4Q**273** 5,2
כי הוא אשר אמר טמא טמא / יקרא	(XXXV)	4Q**274** 1i3
טמ]א בדוה בנדתה **כי** אם טהרה מ[נד]תה	(XXXV)	4Q**274** 1i7
כי הנה דם / הנדה כזוב	(XXXV)	
אל יז בשבת **כי** / [אמר שמור את] השבת	(XXXV)	4Q**274** 2i2
כי אם איש [יתן אותו על] / הארץ	(XXXV)	4Q**274** 3ii6
וי]רשו בנחלתם **כי** הוא אל[נאמן	(XXVI)	4Q**275** 2,2
כיא איש כוהן טהור [יזה] / [על]יהן	(XXXV)	4Q**277** 1ii6
כי[א מ]כפר הוא על הטמ[א]	(XXXV)	4Q**277** 1ii7
כי לוא] / [יתקדשו] **כיא** אם [י]טהרו	(XXXV)	4Q**277** 1ii10
]◦ **כי** ◦◦מו אל תעוינו ◦[ ]◦ב◦[	(XXXVI)	4Q**281**a 2
]**כי** נפלו ◦[ ] מקו[	(XXXVI)	4Q**281**c 3
כי אלה [יטמאו] / [את ה]טנה	(XXXV)	4Q**284**a 1,3
]**כי** אם ◦[	(XXXV)	4Q**284**a 2,7
כיא אל ע[מכם ומלאכי קודשו	(XXXVI)	4Q**285** 8,10
]מה **כיא** אתה בראת[ה	(XI)	4Q**286** 6,1
כיא[המה גור]ל חושך ופקודתמה / לשחת	(XI)	4Q**286** 7ii4
כי]**א** המה ג[ורל חושך ופקודתמה לשחת	(XI)	4Q**287** 6,4
אל יקום ל]נפשו כול דבר **כי** ◦[	(XI)	4Q**288** 1,4
]◦◦ ב[קץ] החרון **וכיא** [	(XI)	4Q**290** 3
]◦◦ה בנחלתכ **כיא** / [	(XXIX)	4Q**292** 2,2
] / חכם וצדיק **כי** לוא לאיש[	(XX)	4Q**299** 3aii-b,4
] / מעשה אשר לוא יעשה עוד **כיא** אם [	(XX)	4Q**299** 3aii-b,6
]◦שבו **כי** לבנו בחן וינחילנו[	(XX)	4Q**299** 3aii-b,14
ומה]עמים **כ**[י] בראם ומעש[יהמה	(XX)	4Q**299** 3aii-b,16
]◦ שמעו **כי** מה / [היא חכמה נכחדת	(XX)	4Q**299** 3c,3
]**כי** מעפר מבניתם / [	(XX)	4Q**299** 6i13
] / **כיא** אם ארץ להדר ◦[	(XX)	4Q**299** 6ii6
] / ממנו **כי** אם רוח ◦ע[	(XX)	4Q**299** 6ii7
]חוק תכונם **כיא** אם[	(XX)	4Q**299** 20,1
]◦ד **כי** אם[	(XX)	4Q**299** 42,2
]משפט **כיא** צדיק[	(XX)	4Q**299** 53,5
]◦הו **כיא** אהבת חסד[	(XX)	4Q**299** 54,3
]◦הנה **כיא** המ[	(XX)	4Q**299** 55,3

Text		Reference
כי גל[ה] / כנף אביהו	(XIII)	4Q**221** 4,1
כי משפט / מות הואה [ו]נאצ[ה היאה	(XIII)	4Q**221** 4,3
[**כי**]**א** אין לו לחיות {{ים[אחד]}}	(XIII)	4Q**221** 4,7
ויקלל] / [אותי ל]וא אלך **כי** אם י[שלחני	(XIII)	4Q**222** 2,2
וא[ין] עמו ישר **כי** / [ירצה הוא אחרי מותך	(XIII)	4Q**223-224** 2i49
כי שומר יע[קו]ב גדול וגבור / [ונכבד	(XIII)	4Q**223-224** 2ii11
כיא כאבק לפנ[י רוח כ]ן כול שומרי עישאו	(XIII)	4Q**223-224** 2ii12
תמ[ימה] / [וישרה הייתה בכול דרכיה	(XIII)	4Q**223-224** 2iii18
אז] דע **כי** / [אהב]ת[י אותכה	(XIII)	4Q**223-224** 2iv11
[ויאמר לוא אגדל ממ]כה **כי**[אם	(XIII)	4Q**223-224** 2v32
]**כי** קא◦◦[	(XIII)	4Q**223-224** 61,2
]◦◦◦ **כי** ◦[	(XIII)	4Q**223-224** 62,1
ואת עפר הארץ **כי** אם / [יהיו נמ]נים אלה	(XIII)	4Q**225** 2i6
] היובל הזה **כי** קדש הוא[	(XIII)	4Q**226** 1,6
]◦ **כי** קודש[ב]ע[ו]לם עולמים ◦[	(XIII)	4Q**226** 1,7
]**כי** א[ם	(XIII)	4Q**226** 6,7
כי כן כתוב במחלקות / [	(XIII)	4Q**228** 1i9
כ]**יא** [	(XXXV)	4Q**249** 12,2
]◦ר **וכי** ר[	(XXXV)	4Q**249** 13,6
]קדש **כי** ◦[	(XXXV)	4Q**251** 4-7i1
וכ]**י** יריבון א[נשים]	(XXXV)	4Q**251** 4-7i2
כי אם [הניף הכוהן] / ראשיתם הבכורים	(XXXV)	4Q**251** 9,1
אל יאחר איש **כי** [תירוש] / הואה	(XXXV)	4Q**251** 9,2
ואל יאכל בשרו **כי** ◦[	(XXXV)	4Q**251** 12,2
נב]לות וטרפה אשר לא חיה **כי**[	(XXXV)	4Q**251** 12,4
]◦ה **כי** הבקשה ה◦[	(XXXV)	4Q**251** 13,2
]לאכול **כי** תועבה / [היא	(XXXV)	4Q**251** 16,4
ולוא / קלל את חם **כי** אם בנו	(XXII)	4Q**252** II,7
כי אם בנו **כי** ברך אל את בני נוח	(XXII)	
כי המחקק היא ברית המלכות	(XXII)	4Q**252** V,2
כי לו ולזרעו נתנה ברית מלכות עמו	(XXII)	4Q**252** V,4
]התורה עם אנשי היחד **כי** / [	(XXII)	4Q**252** V,5
]ות ש◦◦ **כיא** ק[	(XXII)	4Q**254** 3,5
]**כיא** זרעכה ל◦◦בה[	(XXII)	4Q**254** 3,6
] / [ ]ד **כיא** אנשי הי[ח]ד המ[ה	(XXII)	4Q**254** 4,4
]◦ **כיא**[ ]מי[ ]◦[ ]◦◦[	(XXII)	4Q**254** 16,1
]◦◦ לפניו **כי** העו[רב] יצוא יצא	(XXII)	4Q**254**a 3,5
כי אם ליסד מסד אמת לישראל	(XXVI)	4Q**256** IX,5
וא]דעה **כ**[י בי]דו משפט כול חי	(XXVI)	4Q**256** XX,5
כ[י]**א** ג[ע]לה נפשו[ביסורי דעת]	(XXVI)	4Q**257** III,1
כ[**יא** ב]סאון רש[ע] / מחרשו	(XXVI)	4Q**257** III,3
כי אם ליסד[מוסד]אמת לישראל	(XXVI)	4Q**258** I,4
כי הבל כל אשר[לא ידעו] / [את בריתו	(XXVI)	4Q**258** I,10
והיה **כי** [יערכו השלחן לאכול	(XXVI)	4Q**258** II,9
כי על שגגה אחת יענש שנתים	(XXVI)	4Q**258** VII,2
כ[י]את אל[משפט] / כול חי הוא ישלם	(XXVI)	4Q**260** IV,5
כי מבלעדיך / [לא תתם דרך	(XXVI)	4Q**264** 4
כי אם ל[דבר דברי] / [קודש כחוק	(XXXV)	4Q**264**a 1,7
כי רבים[ ]בני / [שוממה מבני בעולה	(XXXV)	4Q**265** 1,4
]**כי** אין [להת]ק[ד]ם ולהתאחר ממועדיהם	(XVIII)	4Q**266** 2i2
וידעו / **כי** אשמים המה [ויהיו כעוורים	(XVIII)	4Q**266** 2i13
כי למ{{ל}}פנ[ים פקד אל] את מעשי[הם	(XVIII)	4Q**266** 3ii3
]◦יה **כי** ביהודה נמ[צא קש]ר	(XVIII)	4Q**266** 5i10
]בם לכול ישראל **כי** לויוש[יע אל	(XVIII)	4Q**266** 5i18
]**כי** לכול ישרי לבב בי[ש]ראל / [	(XVIII)	4Q**266** 5ic-d,2
והפך מרא{{ת}}ה לדק צוהב **כי** כעשב / הוא	(XVIII)	4Q**266** 6i7
כי א[ם] / בהוכח ענות צדק אליה[ם	(XVIII)	4Q**266** 7i3
כי מלאכ[י] הקוד[ש בתוכם]	(XVIII)	4Q**266** 8i9
] / מב◦[ ] כמוה **כי** לו ה[קים את דברו	(XVIII)	4Q**266** 8ii7
כ]**י** במעל האדם מעט[ו ימו]	(XVIII)	4Q**266** 8iii7

4Q**299** 72,3	(XX)	י]דעו כיא[
4Q**300** 1aii-b,2	(XX)	]כסלכמה כי חתום מכם[ח]תם החזון
4Q**300** 1aii-b,3	(XX)	]כי לא הבטתם בשורש חוכמה
4Q**300** 1aii-b,4	(XX)	]כל חוכמת[כ]ם כי לכם המ◦[
	(XX)	] שמו כי[מ]ה היא חכמה / נכחדת[
4Q**300** 7,3	(XX)	]ש משפט נפשו כי[א]צדיק בכל[דרכיו
4Q**300** 9,2	(XX)	]כיא בו יום הריב ◦[
4Q**301** 5,3	(XX)	מ]ה בשר כיא [
4Q**301** 6,1	(XX)	כי]א אין לו מ[
4Q**302** 1i8	(XX)	]כי הוא יה / [
4Q**303** 9	(XX)	]לוקח ממנה אדם כיא[
4Q**303** 11	(XX)	]לו לאשה כיא ממנו[לקחה זאת
4Q**306** 1,2	(XXXVI)	] / כי יעברו [מיום] ליום
4Q**319** 15ii3	(XXI)	] / כי ◦[
4Q**364** 2,1	(XIII)	המקום כי[ירא לאמור אשתי
4Q**364** 2,2	(XIII)	כי טובת[מראה היא
4Q**364** 3ii7	(XIII)	וירא עישאו כי [ברך ישחק את יעקוב
4Q**364** 4b+ei6	(XIII)	ותאומר לאה אשר]ני כי אשרני בנות
4Q**364** 5bii9	(XIII)	ויואמר] / לוא אשלחכה כי [אם ברכתני
4Q**364** 5bii11	(XIII)	כי שריתה עמ א[לוהים ועם אנשים ותוכל
4Q**364** 10,5	(XIII)	והנער יעל ע]מ אחיהו כי אי[ך ?
4Q**364** 11,7	(XIII)	ויפג לב[ו] כי לו[א האמין להמה
4Q**364** 21a-k,1	(XIII)	כיא המ[שפט] / [לאלוהים הוא
4Q**364** 24a-c,18	(XIII)	כ[י בידכה] / [נתתי אותו
4Q**364** 26aii6	(XIII)	דעתי אתכם 〚 ? 〛] / [כ]יא ל◦[
4Q**364** 28a-b,7	(XIII)	כי[אם ל]יראה את י[הוה אלוהיכה
4Q**365** 1,2	(XIII)	]כי לא ייאר[ש בן האמה הזואת
4Q**365** 3,3	(XIII)	כי ה[יה השחין בחרטומים
4Q**365** 6ai2	(XIII)	כי כא[שר] ראיתמה / [את מצרים היום
4Q**365** 6b,3	(XIII)	כי בא[סוס פרעוה 〚 〛 ברכבו
4Q**365** 6aii+6c,2	(XIII)	] / כי גאות[ ]לע[
4Q**365** 6aii+6c,9	(XIII)	[ולוא י]כולו לשתות מים ממרה כי מר[ים המה
4Q**365** 7ii4	(XIII)	כיא יבוא[אלי העם לדרוש אלוהים
4Q**365** 23,2	(XIII)	כי[בס]וכות הושבתי את אבותיכם
4Q**365** 38,3	(XIII)	[כ]יא תצא [למלחמה ע]ל א[ויביך
4Q**365** L,2	(XIII)	]לשת וכי[
4Q**365** P,1	(XIII)	]ה כי ◦[
4Q**366** 4ii8	(XIII)	] / איש כי[ ]בש [
4Q**367** 1a-b,3	(XIII)	לאמר א]שה כי תזרע וילדה זכר[
4Q**368** 2,10	(XXVIII)	כי בו יצאת ממצרים
4Q**369** 1i5	(XIII)	]ץ פלאכה כי מאז חקקתה למו / [
4Q**369** 1ii12	(XIII)	]◦ה כי בם כבודכ[ה שמת]ה ◦[
4Q**369** 3,2	(XIII)	]עו כי ממכה כול הווה ונוו[
4Q**369** 3,5	(XIII)	]כי כ◦[ ]ל[
4Q**370** 1i5	(XIX)	כיעבר [
4Q**372** 1,18	(XXVIII)	כי אתה בורר את האמת
4Q**372** 1,29	(XXVIII)	] / כי אל גדול קדוש גבור ואדיר נורא
4Q**372** 2,7	(XXVIII)	כי נתן לך עוז לגב[ר
4Q**372** 2,12	(XXVIII)	יש]ראל כי נשבר לפניו[
4Q**372** 3,5	(XXVIII)	להג]יד משפט כי דברי מנפת[ימת]קו
4Q**372** 3,6	(XXVIII)	ולא יובדו מחלקותם כי כלם[
4Q**372** 3,8	(XXVIII)	ולא יעטרם לכל זר כי[
4Q**372** 4,4	(XXVIII)	]ה כי[א]הב יהוה / [
4Q**372** 8,6	(XXVIII)	כ]י לא יבינו ולא יד[עו
4Q**372** 18,1	(XXVIII)	]כי בתבונות[
4Q**372** 19,4	(XXVIII)	ולוא שנית]י כי שב[רו יהוה אלהינו
4Q**373** 1a+b,6	(XXVIII)	ולוא שניתי כי שברו יהוה אלהינו
4Q**373** 1a+b,8	(XXVIII)	] / כי ◦[מלחמה לתפש ערי מבצרים
4Q**375** 1i5	(XIX)	וכיא יקום השבט / [אשר] הואה ממנו
4Q**375** 1i6	(XIX)	ואמר לוא יומת כיא צדיק הואה
4Q**376** 1iii2	(XIX)	כי ילכו לעיר לצור עליה
4Q**377** 1i7	(XXVIII)	]◦ה ב◦חה כי ◦◦◦ב לכול יש[רא]ל לשל[
4Q**377** 2i10	(XXVIII)	]◦ עלינו ונהגה אלינו כיא / [
4Q**377** 2ii8	(XXVIII)	להודיע כיא אין אלוה מבלעדיו
4Q**377** 2ii11	(XXVIII)	ויכס / עליו הענן כיא ◦[
	(XXVIII)	וכמלאכ ידבר מפיהו כיא מי מבש[ר]כמוהו
4Q**378** 3ii+4,10	(XXII)	חזק וא[מץ כ]י תנחיל את[העם הזה
4Q**378** 6i3	(XXII)	]ה כי באש[
4Q**378** 6i6	(XXII)	]עולם עלילותיו כי לעלמיה / [
4Q**378** 6ii3	(XXII)	] / לבי כי אלהים יבחן מל[
4Q**378** 11,1	(XXII)	]כי יהוה [אלוהיכ]מה מ◦[
4Q**378** 11,6	(XXII)	כי ארץ זבת חלב ודבש[
4Q**378** 15i2	(XXII)	]ה כי מעשה ידים / [
4Q**378** 16,3	(XXII)	]ה כי / [
4Q**378** 18ii3	(XXII)	] / כי אתה א[
4Q**378** 20ii3	(XXII)	]כי כן הוא ◦[
4Q**378** 23,2	(XXII)	]ה כי לה[
4Q**379** 4,5	(XXII)	]לם כי אמש / [
4Q**379** 6,3	(XXII)	]מה כי כל עזזי ר◦◦[
4Q**379** 18,5	(XXII)	]אלוה דבריך אשמור כי ◦[
4Q**379** 22i6	(XXII)	]◦ות כי אלדעות / [
4Q**379** 26,3	(XXII)	]◦◦◦ כי ירחקו / [
4Q**380** 1ii2	(XI)	] / כי הוא זה שמרו אמ[
4Q**380** 1ii4	(XI)	לא] / תושעך ידך כי כח אלי[ו
4Q**380** 6,1	(XI)	] נחל כי ע◦◦[
4Q**381** 10-11,2	(XI)	]ורע בעיניו כי השחיתו מ◦[
4Q**381** 13,2	(XI)	הלוא תדע כ[י
4Q**381** 15,8	(XI)	מד]עך כי הודעת<נ>י והשכיל
	(XI)	כי הודעת<נ>י והשכיל כי השכלתני / [
4Q**381** 15,9	(XI)	]כי בשמך אלהי נקרא
4Q**381** 16,1	(XI)	]הארצות כי חמ[
4Q**381** 19ii6	(XI)	] / כי עש[
4Q**381** 24a+b,9	(XI)	] / כי[ ]ה◦צ◦[
4Q**381** 24a+b,10	(XI)	]◦ת כי חרה לו עלה / באפ[ו
4Q**381** 31,2	(XI)	]אשיח בנפלאתיך כי אל [
4Q**381** 31,5	(XI)	כי רבו צררי נגדך אתה ידעתם
	(XI)	ולשנאי נפשי לנגד ע[יני]ך כפיתה כי אחיה [
4Q**381** 31,7	(XI)	כי אדר נציב כבודם
4Q**381** 33+35,3	(XI)	ונתהלל בגברתך כי אין חקר[
4Q**381** 33+35,4	(XI)	כי פשעי רבו ממני ו◦[
4Q**381** 33+35,5	(XI)	כי [תשפט] / עבדיך בצדקך וכחסדיך
4Q**381** 33+35,9	(XI)	כי הגדל[ת רחמיך]ואני הרביתי אשמה
4Q**381** 33+35,10	(XI)	כי [ ]י גלו וא[
4Q**381** 44,2	(XI)	]כי ארץ זו הגברת [בה
4Q**381** 44,4	(XI)	] תשכילה בו כי אין כמ[וך
4Q**381** 47,1	(XI)	]ם אלהי כי רחמון וחנון אתה [
4Q**381** 50,3	(XI)	כי נורא אתה ◦[
4Q**381** 69,1	(XI)	]לכם כי ת◦[
	(XI)	]לם בראותו כי התעיבו עמי [הא]רץ / [
4Q**381** 76-77,11	(XI)	] כי רבים שפטיכם ואין מספר לעדיכם
	(XI)	ואין מספר לעדיכם כי אם[
4Q**381** 79,4	(XI)	ל]א ישפט עולה כי נדחתי ◦◦◦[
4Q**381** 97,2	(XI)	]ני כי כל[
4Q**382** 6,1	(XIII)	] לי כי עיני[
4Q**382** 9,5	(XIII)	היד]עתה כי היום •••• לוקח א[ת
4Q**382** 12,4	(XIII)	]◦ לאיש כי[
4Q**382** 21,4	(XIII)	י]שיב◦ דבר כי אשר[
4Q**382** 31,4	(XIII)	] כי לכול רוחות ויש◦[
4Q**382** 38,2	(XIII)	בחנתני כי י◦◦◦[
4Q**382** 38,6	(XIII)	]ה כי ישר ◦◦◦[

]מ֯ב֯ינים **כי** לפ֯יא רוחות ית[כנו	(XXXIV)	4Q**415** 11,5
כי שמים יראו֯[	(XXXIV)	4Q**416** 1,11
כי אל אמת הוא ומקדם שני֯[	(XXXIV)	4Q**416** 1,14
] / ◦ראתיו **כ֯י** ה◦[	(XXXIV)	4Q**416** 1,17
]ש֯אל טרפכה **כי** הוא / פתח רח֯[מיו	(XXXIV)	4Q**416** 2i22
כי כיס / צפונ֯יכ֯ה֯ פ֯ק֯[דתה לנושה בכה	(XXXIV)	4Q**416** 2ii4
אל תמר רוח קו֯דשכה / **כי** אין מחיר שוה֯ [בה	(XXXIV)	4Q**416** 2ii7
שא ע]י֯נ֯[י]כה ו֯ראה **כי** רבה קנאת / [אנוש	(XXXIV)	4Q**416** 2ii11
]כ֯ה֯ / וזכור **כי** ראש אתה֯ [	(XXXIV)	4Q**416** 2iii2
ובצדק תתהלך **כ֯י** יג֯יה אל ת[אר]ה֯ו֯	(XXXIV)	4Q**416** 2iii10
ושמו ה֯לל תמיד **כי** מראש הרים ראו֯שכה	(XXXIV)	4Q**416** 2iii11
כי כאב לאיש כן אב֯יהו֯	(XXXIV)	4Q**416** 2iii16
כי / המה כ֯ו֯ר הוריכה	(XXXIV)	
ל֯יחד עם אשת ח֯יקכה **כי** ה֯יא שאר ע֯ר֯[ותכה	(XXXIV)	4Q**416** 2iv5
]◦◦ **כי** מ֯אתו נחלת כל חי	(XXXIV)	4Q**416** 3,2
]א֯ל תשקו֯ט֯ עד תום רשעה **כי** חרון בכל ק[ץ	(XXXIV)	4Q**416** 3,3
]ל֯א֯ ת֯וב֯ד֯ צ֯רה **כי** גדלים רחמי אל	(XXXIV)	4Q**416** 3,4
]חרון **כי** אוהב ◦[	(XXXIV)	4Q**416** 4,1
] / עברה **כי** עליהמה ינפח כור֯ א֯[	(XXXIV)	4Q**416** 4,2
]**כ֯י֯א** אל הדעות סוד֯ אמת	(XXXIV)	4Q**417** 1i8
כי חרות מחוקק לאל על כול ע◦◦[	(XXXIV)	4Q**417** 1i15
כ֯[י]א֯ / כתבנית קדושים יצרו	(XXXIV)	4Q**417** 1i16
כי לא ידע בין / [טו]ב֯ לרע כמשפט	(XXXIV)	4Q**417** 1i17
וגם את רוחו לא תבלע **כיא** בדממה דברת[ה	(XXXIV)	4Q**417** 2i3
כיא הואה {{כיא הואה}} שר בש֯[רים	(XXXIV)	4Q**417** 2i5
כיא הואה {{**כיא** הואה}} שר בש֯[רים	(XXXIV)	
כיא מה הואה יתי֯ד בכול מעשה לבלתי ◦◦[	(XXXIV)	4Q**417** 2i6
] / **כיא** מה צעיר מרש	(XXXIV)	4Q**417** 2i10
[**כי]א** לפני֯ [אפו	(XXXIV)	4Q**417** 2i15
לוא מב֯לי֯ הון מחסורכה **כיא** לוא יחסר אוצר֯[	(XXXIV)	4Q**417** 2i19
] / ט֯[ר]פ֯כה **כי** ה֯וא פתח רחמיו[	(XXXIV)	4Q**417** 2ii+23,2
] / ק֯[וד]שכה **כיא** א[י]ן֯ מ֯חיר שוו֯ה֯[	(XXXIV)	4Q**417** 2ii+23,9
]י֯צ◦[כה ור]אה֯ **כ֯י֯א֯**[	(XXXIV)	4Q**417** 2ii+23,15
] / **כי** אתה עב֯[ד	(XXXIV)	4Q**417** 2ii+23,18
]**כי** אל מ֯◦[	(XXXIV)	4Q**417** 11,2
]◦ו֯ **כיא** ◦[	(XXXIV)	4Q**417** 16,1
]מה **כיא** [	(XXXIV)	4Q**417** 18,1
[וי]ד֯עו כול אשר הת֯[גללו] בה **כי** שמים ירא֯[	(XXXIV)	4Q**418** 2+2a-c,3
]ב֯כול קצי עד **כיא** אל אמת הוא[	(XXXIV)	4Q**418** 2+2a-c,6
כי]א יצר בשר הואה ומביני◦[	(XXXIV)	4Q**418** 2+2a-c,8
אל]תאמר רוח קדושה **כיא** א[ין מחיר שוה	(XXXIV)	4Q**418** 8,6
כי יג֯יה אל֯ ת[ארהו ב]כ֯ו֯ל ד֯ר֯כ֯יכה	(XXXIV)	4Q**418** 9+9a-c,10
ושמו הלל תמיד **כיא** מראש ה֯ר֯י֯[ם רא]שכה	(XXXIV)	4Q**418** 9+9a-c,11
כי כאל לאיש כן אביהו	(XXXIV)	4Q**418** 9+9a-c,17
עם אשת]חיקכה **כיא** היא ש֯[אר ערותכה	(XXXIV)	4Q**418** 10a-b,7
]ד֯ **כי** ◦[	(XXXIV)	4Q**418** 28,1
]**כ֯יא** נ֯[	(XXXIV)	4Q**418** 38,2
ע]בו֯דתם ה֯יעצל **כי֯**[	(XXXIV)	4Q**418** 47,2
כיא מלאכי קודש֯[ ]ל[ו] בשמים	(XXXIV)	4Q**418** 55,8
]◦[ ]ה֯כ֯אנ֯וש הם **כי** יעצל	(XXXIV)	4Q**418** 55,11
כי יעצל ובן אדם **כי** ידמה	(XXXIV)	
] / **כיא֯**[	(XXXIV)	4Q**418** 60,2
ולשחת עולם תשובתכם **כי** תק֯י֯ץ֯ ◦◦[	(XXXIV)	4Q**418** 69ii6
] **כיא**[	(XXXIV)	4Q**418** 70,1
והנזר מכול תעבות נפ֯ש֯[**כי]א֯** הוא עשה כול	(XXXIV)	4Q**418** 81+81a,2
יתהלכו כול נוחלי ארץ **כי** בשמ[ים	(XXXIV)	4Q**418** 81+81a,14
] / **כי** אל פלג נ֯ח֯ל֯ת֯[ם בכו]ל֯[חי]	(XXXIV)	4Q**418** 81+81a,20
] / לכף֯ רגלי֯כה **כיא** אל דורש בי֯ן֯[	(XXXIV)	4Q**418** 88ii6
ח]פ֯ץ֯ **כיא֯**[	(XXXIV)	4Q**418** 94,3
] / ואל תהי ב֯ביתו֯ **כי֯**[	(XXXIV)	4Q**418** 101ii3

]צ֯ **כי** עזב ◦ [	(XIII)	4Q**382** 38,7
]ב֯ישראל **כי** י֯[	(XIII)	4Q**382** 43,3
]מ֯ש֯יב רוחו **כי֯**[	(XIII)	4Q**382** 46,2
]◦י **כי** כ֯[	(XIII)	4Q**382** 48,3
] **כ֯י** אתה למ֯ור֯יש ◦◦ [ו]ב֯עלתם	(XIII)	4Q**382** 104,3
]◦ת **כי** טמ֯א֯[	(XIII)	4Q**382** 111,5
]נ֯ר **כי֯**[	(XIII)	4Q**382** 113,2
]**כי** הרב[	(XIII)	4Q**382** 114,1
]◦ ה◦[ ]נ֯ו **כי֯**[	(XIII)	4Q**382** 115,3
]ת֯ים ושלוה **כי** כ֯י◦[	(XXX)	4Q**383** 3,2
]סוע **כי֯**[	(XIX)	4Q**384** 7,3
] **כיא** / ◦[	(XIX)	4Q**384** 11i1
]ת֯קוה **כיא** ר֯[	(XIX)	4Q**384** 17,3
וידעו **כי** אני יהוה	(XXX)	4Q**385** 2,4
וידעו **כי** אני יהוה	(XXX)	4Q**386** 1ii1
וידעו **כ[י]** אני יהוה[	(XXX)	4Q**388** 7,6
]ברנה **כי**[	(XXX)	4Q**388a** D,1
ולא ידעו / [**כ]י֯**[מאסתים ו]שבו ועשו רעה	(XXX)	4Q**389** 8ii7
]ת֯ **כי** אב לשכ֯[	(XXX)	4Q**389** D,1
]◦ **כי** אלה יבואו עליהם[	(XXX)	4Q**390** 2i3
ולא יבינו **כי** קצפתי עליהם במועלם	(XXX)	4Q**390** 2i7
]◦◦◦ **כי** ביומ ב֯[	(XIX)	4Q**391** 65,2
]◦[ ]אדעה **כי** •••• [	(XIX)	4Q**391** 65,5
] ◦◦ ◦◦◦◦ **כ֯י֯** ◦[	(XIX)	4Q**391** 77,3
כי לבני[אד]ם֯ הבדילם לא[ור] יומם	(XXIX)	4Q**392** 1,6
]ו֯א **כי** פלא֯[י]ם כל מעשי אל	(XXIX)	4Q**392** 1,7
]ת **כיא**[	(XXIX)	4Q**393** 3,1
כי לבני / [אהרן]ראואי [להיות	(X)	4Q**394** 3-7i19
שו֯ר֯ וכשב ועז **כי** ◦[בצפון המחנה]	(X)	4Q**394** 3-7ii15
כ֯י שלוא ר֯אה ולוא שמע֯ לוא / [י]ד֯ע לעשות	(X)	4Q**394** 8iv3
כי לחת המוצקות וה֯מ֯קבל מ֯המה	(X)	4Q**394** 8iv7
כי / ירושלי֯ם היאה֯ סחנה הק֯ד֯ש	(X)	4Q**394** 8iv9
כי[בדד] / [יהיו מחוץ לבית	(X)	4Q**394** 8iv15
]◦כפר על[יה]ם֯ **כ֯י** על[	(X)	4Q**394** 9,3
כי שלוא ראה ולוא שמע לוא י[דע]ל֯עשות	(X)	4Q**396** 1-2ii5
כי ירו[ש]ל֯[ים היאה מחנה הקודש	(X)	4Q**396** 1-2ii11
כי בדד / [יהיו מחוץ לבית	(X)	4Q**396** 1-2iii5
ואף֯] / את [זרע]ם֯ ע֯ם הזונ֯ות **כ֯[י** לבני אהרון	(X)	4Q**396** 1-2iv11
כי י[רושלים ראש מחנות ישראל]ה֯יאה	(X)	4Q**397** 6-13,4
] / **כי** באלה[	(X)	4Q**397** 14-21,5
כי על [אלה]א֯נחנו נותנים א[ת	(X)	4Q**397** 14-21,9
ו֯היא **כי** / [יבו]א ע֯ליך֯ [כול הדברים] ה֯א֯ל֯ה	(X)	4Q**398** 14-17i5
] **כיא** נכבדת ב֯[	(XI)	4Q**401** 14i5
] **כיא** לאלוהי אלים [כל]י֯ מ[ל]ח֯מו֯[ת	(XI)	4Q**402** 4,8
]**כ֯יא** מאלוהי דעת נהיו כול [הוי עד	(XI)	4Q**402** 4,12
כי בהדר תשבחות כבוד מלכותו בה	(XI)	4Q**403** 1i32
כיא הו֯[א אל אלים]לכול ראשי מרומים	(XI)	4Q**403** 1i34
כיא לכבודו יודו כול אילי֯ דעת	(XI)	4Q**403** 1i38
לכ]לכלם משאי כול **כיא֯** אלוהי כלילו / [	(XI)	4Q**405** 23i5
]ם **כיא** ממע◦[	(XI)	4Q**406** 1,2
בראתם **כי** טוב האור	(XXXVI)	4Q**408** 3+3a,9
וב[הכירם]**כ֯י** בכו֯ל֯[	(XXXVI)	
ב]ר֯אתם֯[ ]**כ֯[י** טו]ב֯ים[כו]ל֯[כוכבים	(XXXVI)	4Q**408** 3+3a,11
ה]חזון **כ֯[י** ר]איתי / [	(XXXVI)	4Q**410** 1,9
] / **כי** ממוצא פיכה נ֯[פרשה טהרת כול	(XXXV)	4Q**414** 2ii-4,7
]**כי** אני [	(XXXV)	4Q**414** 8,1
כיא אתה עשיתה אתי ע֯[	(XXXV)	4Q**414** 13,1
כ]י֯א לוא ימ֯וש זרעכה / מנחלת[	(XXXIV)	4Q**415** 2i+1ii5
]ע֯ים **כיא**[ ]ל֯[	(XXXIV)	4Q**415** 4,2
] / בה הכ֯ינה **כיא** ה֯יאה תכו֯ן֯[	(XXXIV)	4Q**415** 9,6

כי ל[וא יבוא זר בשעריה דלתי	4Q429 4ii10	(XXIX)
כי[לא בחרו בדרך] / [לבכה	4Q430 5	(XXIX)
]כֹּי אמר[ו ל]חזון דעת [לא נכון	4Q430 6	(XXIX)
לוא ידמה כֹּי א[ני עם אלים מעמדי	4Q431 1,7	(XXIX)
כ[י] ישרתה בלבבי כול[מעשי עולה]	4Q432 3,1	(XXIX)
וירמו עליו כול עצי מ]ים כֹּי / [	4Q432 13,2	(XXIX)
משורשיו לוא ינתקו מערוגת בשמו כי[	4Q433a 2,9	(XXIX)
וברוך שמו כי הציל נפש אביון	4Q434 1i1	(XXIX)
בדרך לבו גם הוא הגישם כי ערבו את רוחם	4Q434 1i11	(XXIX)
] / עוד כי א[ ]◦ קרתם ב◦[	4Q434 1ii5	(XXIX)
כי]א כסאו לעולם ועד	4Q434 2,7	(XXIX)
] כ[י] את כבודך	4Q438 4ii6a	(XXIX)
]כולנו להעשותנו כיא / [	4Q440 3i21	(XXIX)
]ך כי אל דבריכ[ה	4Q443 1,10	(XXIX)
]כֹּיא מלוא◦◦[	4Q454 5	(XXIX)
]◦◦ך כי[	4Q458 1,11	(XXXVI)
]כֹּיא בשמים ◦[	4Q460 6,2	(XXXVI)
]צרות כיא יסובוכ[ה	4Q460 7,8	(XXXVI)
]חיר כיא עת צר[ה	4Q460 7,11	(XXXVI)
ולפניכה אפחד כיא כפחד אלוהים זממ[ת]◦	4Q460 9i2	(XXXVI)
למרום עליון כיא לדור / [	4Q460 9i4	(XXXVI)
כ]יא לוא אתה עזבתה לעבדכה / [	4Q460 9i5	(XXXVI)
נ]פלאות כיא יוכיח על הזניח	4Q460 9i7	(XXXVI)
]◦ ובעלים כיא לוא לאחד באפרים ילקח חוק[	4Q460 9i9	(XXXVI)
כיא הרביתה להכעיס לא[לוהיכה	4Q460 9i12	(XXXVI)
]◦עי כיא ב◦◦[	4Q460 10,1	(XXXVI)
]◦ים רוקמה הלכנו כי לוקח[	4Q462 1,5	(XIX)
ל[י]שראל כי בתוכנו היה עם החביב יעק[וב	4Q462 1,11	(XIX)
]◦ כיא אם [	4Q464 2,1	(XIX)
]◦ עד עולם כיא הואה / [	4Q464 3i7	(XIX)
] / להשחית הארץ כי דר[כם	4Q464 5ii4	(XIX)
] / כי כולם ית◦[	4Q468c 10	(XXXVI)
] כיא חזק עורפם / [	4Q468i 2	(XXXVI)
]לנו מעולם כיא אבותינו / [	4Q468i 4	(XXXVI)
]תי כי [	4Q469 7,1	(XXXVI)
ע]בדי חושב כיא משפטי[	4Q471 2,5	(XXXVI)
ות]אמרו נלחמה מלחמותיו כיא גאלנו / [	4Q471a 3	(XXXVI)
ולוא ידעו כיא מאס / [	4Q471a 4	(XXXVI)
ל]שאו[ל את יהוה כיא ◦]ת[ן לה]ב[ן אחר	4Q474 4	(XXXVI)
]ה כיא ה◦[	4Q475 8	(XXXVI)
]א כי / [	4Q481a 2,1	(XXII)
]כי רבים רחמיך ומרב אשמ[תם	4Q481c 6	(XXII)
]כי לוא [	4Q482 3,2	(VII)
כיא מלאכי קודש במערכותמה יח[ד	4Q491 1-3,10	(VII)
לוא יביאום]כ[יא]אלה בגדי מל[חמה	4Q491 1-3,18	(VII)
כיא לוא ◦[	4Q491 10ii15	(VII)
] / בשר כאם עפה	4Q491 10ii16	(VII)
כיא עתה חר[		(VII)
כיא אני ישבתי ב[	4Q491 11i13	(VII)
כ]יא אניא עם אלים אחשב[	4Q491 11i18	(VII)
מחלליכם] / כיא מאז שמעתם ברז[י אל	4Q491 11ii13	(VII)
ואין רוח ביניהמה כיא [	4Q491 13,7	(VII)
וקלס] / לגבורים כי]א קדוש אדירנו	4Q492 1,1	(VII)
כי]אה ק[דושים	4Q496 15,4	(VII)
זכור כיא / [אנחנו עצור]◦ עמכה	4Q501 1	(VII)
כיא ה[יו]ם ההואה בח]משה עשר שער[◦ אור	4Q503 1-6iii14	(VII)
כיא שלושה עש[ר]גורלות חושך [	4Q503 39,2	(VII)
כיא כפר מושה / בעד חטאתם	4Q504 1-2ii9	(VII)
עשיתה לעיני גוים כיא נקרא שמכה עלינו	4Q504 1-2ii12	(VII)
כיא תרפאנו משגעון ועורון ותמהון / [לבב	4Q504 1-2ii14	(VII)

בטנאיכה ובאסמיכה כי◦[	4Q418 103ii3	(XXXIV)
] / כי כולם ידרשו לעתם	4Q418 103ii5	(XXXIV)
]ה למחסורכה כי[	4Q418 107,3	(XXXIV)
עם כול צמחי אדמה כי כל[ם] ידרש[ו	4Q418 107,5	(XXXIV)
ואל ישים מחפצו כי אל י◦[	4Q418 126ii14	(XXXIV)
ואותה נפשכה כי תבוא בפתחיה	4Q418 127,2	(XXXIV)
]ב לכה כי אל עשה כול חפצי אוט	4Q418 127,5	(XXXIV)
]ל[כ]י במוזני צדק שקל כול תכונם	4Q418 127,6	(XXXIV)
]צדק במשכרתכה כי לעבודתכה[	4Q418 137,3	(XXXIV)
] / כי מארבי לב[	4Q418 158,2	(XXXIV)
]כיא אמרתם [	4Q418 162,2	(XXXIV)
]ה בם כי כמוזני צד[ק	4Q418 167a+b,2	(XXXIV)
כ]יא זאת תעלה זו[את	4Q418 167a+b,3	(XXXIV)
כי]א נגף באפלה וה[יה	4Q418 167a+b,7	(XXXIV)
] אבות כיא נחמד ה[וא	4Q418 188,5	(XXXIV)
] / כי לרצו[נ	4Q418 204,3	(XXXIV)
]מם חיה ועוף כיא / [	4Q418 206,3	(XXXIV)
תוא]בד עולה כיא יבוא סוף [	4Q418 211,4	(XXXIV)
]דעו[ ]◦[ ]◦ כיא ב[	4Q418 222,4	(XXXIV)
]◦יו כיא[	4Q418 224,1	(XXXIV)
]בוד כיא קח משפט קצ◦[	4Q418 228,3	(XXXIV)
] כי [	4Q418 293,1	(XXXIV)
]עושכה כי[	4Q418a 2,2	(XXXIV)
] כיא הואה [	4Q418a 2,3	(XXXIV)
] / כיא אוהב[	4Q418a 9,2	(XXXIV)
]ל כיא [	4Q418a 21,3	(XXXIV)
]כיא לפני אפו ל[וא יעמוד	4Q418a 22,4	(XXXIV)
רז] נהיה כי אין סו[ף	4Q418c 8	(XXXIV)
] / ביד כוהניו כיא המה נאמני ברי[ת אל	4Q419 1,3	(XXXVI)
]כיא מלאכת צ[דק]היאה אל יחל[	4Q421 11,4	(XX)
]כיא אם אלפ[ני]המה[יפלו ?	4Q421 13,1	(XX)
ע]ל הארצ כיא[	4Q422 II,3	(XIII)
] בכל חפציכה כי כל תצמיח[לכה	4Q423 1-2i6	(XXXIV)
]כי / [	4Q423 7,1	(XXXIV)
אבו]ת כי נחמד הוא / [	4Q423 9,1	(XXXIV)
]כי למא◦ ◦ק[	4Q423 13,3	(XXXIV)
אל / תבוא בכור כי כעופרת כן ינתך	4Q424 1,5	(XXXVI)
אל תפקד אט כי לא יצניע מלאכתך	4Q424 1,6	(XXXVI)
ואל תשלח דבר[ ] / לקח כי לא יפלס	4Q424 1,7	(XXXVI)
] / פתיים כי בלע יבלעם	4Q424 1,13	(XXXVI)
כי לא יבין משפטם להצדיק צדיק	4Q424 3,2	(XXXVI)
אל תשלח לחזות לישרים כי[	4Q424 3,3	(XXXVI)
כי ריב אנשים לא יפלס כזורה לרוח[	4Q424 3,4	(XXXVI)
כי נסתרה חכמת לבו	4Q424 3,6	(XXXVI)
]◦תה {{כי אל◦}}[	4Q426 8,2	(XX)
ש]מים כיא[	4Q427 4,3	(XXIX)
כ[י]א אני עם אלימ מעמד[◦	4Q427 7i11	(XXIX)
כיא השפיל גבהות רוח לאין שרית	4Q427 7ii8	(XXIX)
כיא ראינו קנאתכה בכוח גבורתכה	4Q427 7ii15	(XXIX)
כיא העמדתנו לרצ[ו]נכה	4Q427 7ii19	(XXIX)
] כיא זוקקה / [	4Q427 8i17	(XXIX)
כי]א [אין יג]ון ואנחה / [	4Q427 8i19	(XXIX)
כי תגלה ישועתכה וצדקתכה תכין[	4Q428 10,9	(XXIX)
כיא לוא לאד[ם] דרכו כ[ול אלה	4Q428 10,10	(XXIX)
א[וד]כה אדוני כי]א נתתני במקור נוזלים[	4Q428 10,11	(XXIX)
]ועם בשר [להפלי]א כאלה כיא / [	4Q428 13,6	(XXIX)
]ש כיא[	4Q428 35,1	(XXIX)
] כיא[	4Q428 39,1	(XXIX)
]ה כיא [	4Q428 48,2	(XXIX)
כי סבבוני בה[וות לבם	4Q429 3,4	(XXIX)

]◦ר כי ◦[(VII) 4Q515 7,2
כי אדני חסידים יבקר וצדיקים בשם יקרא (XXV) 4Q521 2ii+4,5
כי יכבד את חסידים על כסא מלכות עד (XXV) 4Q521 2ii+4,7
כי ירפא חללים ומתים יחיה ענוים יבשר (XXV) 4Q521 2ii+4,12
] / כי כל ישראל בגיל[(XXV) 4Q521 2iii5
כי הנה בן נולד לישי בן פרץ בן יה[ודה (XXV) 4Q522 9ii3
להודות לשם יה]וה כי שם [ישבו] (XXV) 4Q522 22-25,3
]כי בה יהגה תמיד (XXV) 4Q525 2ii+3,6
כי חכמ[ים (XXV) 4Q525 5,8
כי אני חכ[ם (XXV) 4Q525 23,4
] / כי זעמני אל [(XXV) 4Q525 23,10
]ך כי יו◦[(XXV) 4Q577 2,2
]כיא מלך גדול א[ני] (III) 5Q10 1,3
]מעט לו ואין דיו כי ◦[(III) 5Q14 5
]◦◦א כי תזכו[ר (III) 5Q19 2,1
] כי ת[נ]ק ◦◦[(III) 5Q19 2,2
]עון כי כל[(III) 6Q9 36,2
]◦ כיא[(III) 6Q18 16,2
]כיא לכה המ[(III) 6Q18 20,2
] / כי הא[רץ (III) 6Q20 2
כי להודיע כבוד יהוה נתנה חוכמה (IV) 11Q5 XVIII,3
כי עליון הואה אדון / יעקוב (IV) 11Q5 XVIII,6
כי לוא רמה תודה לכה (IV) 11Q5 XIX,1
כי בידכה נפש כול / חי (IV) 11Q5 XIX,3
כי אתה יהוה שבחי (IV) 11Q5 XIX,16
כי מנעורי ידעתיה (IV) 11Q5 XXI,13
כי לוא יצדק לפניכה כול חי (IV) 11Q5 XXIV,7
וירננו כי {{ה}}הראם את אשר לוא ידעו (IV) 11Q5 XXVI,12
כי מי יגיד ומי ידבר ומי יספר את מעשי אדון (IV) 11Q5 XXVIII,7
]ודל אנוכי כי [(XXIII) 11Q6 4-5,2
אחר תחת הבל כיא הרגו / [קין (XXIII) 11Q12 1,6
כיא ב[יום אכלכם ממנו תמותו (XXIII) 11Q12 5,3
[ויומת באבנ]ו כיא [(XXIII) 11Q12 6,2
]שון מושה כיא ◦[ ] ◦◦ [(XXIII) 11Q13 I,12
וסתר[ו] ומנחלת מלכי צדק כי[א (XXIII) 11Q13 II,5
כיא / הואה הקץ לשנת הרצון למלכי צדק (XXIII) 11Q13 II,8
כיא אל עמכם ומלאכי / [קודשו (XXIII) 11Q14 1ii14
כיא רציתה [בו (XXXVI) 11Q16 2,2
] ולוא תטמאנו כי אם מן ה[11Q19 III,6
לוא]יטמא כי קדו[ש הוא ליהוה אלוהיו 11Q19 XVI,5
] וישמחו כי כופר עליהמה[11Q19 XVII,2
כי ביום הזה יכפרו / [ע]ל [כו]ל [יצ]הר 11Q19 XXII,15
כי כול הנפש אשר לוא / תתענה 11Q19 XXV,11
כי שבת שבתון יהיה [לה]מה 11Q19 XXVII,6
כי מדם העולה מתערב במה 11Q19 XXXII,15
כי מובדלים יהיו מקומותמה זה מזה 11Q19 XXXV,13
כי ככה יהיו אוכלים אותו / מחג הבכורים 11Q19 XLIII,5
לוא יאכל עוד / כי קדש 11Q19 XLIII,12
בימי המעשה לאונמה כי קודש הוא 11Q19 XLIII,16
וא[יש] כי יהיה לו מקרה לילה לוא יבוא 11Q19 XLV,7
ואיש כיא ישכב עם אשתו שכבת זרע 11Q19 XLV,11
כי אני יהוה שוכן בתוך בני ישראל 11Q19 XLV,14
כי בעריהמה יהיו עושים / בהמה מלאכתמה 11Q19 XLVII,8
לוא יביאו / כי כבשרמה תהיה טהרתמה 11Q19 XLVII,10
כי בעורות אשר יזבחו / במקדש 11Q19 XLVII,11
כי כטהרת בשרו כן יטהרו העורות 11Q19 XLVII,15
ובבהמה לוא תואכלו כי מכור לנוכרי 11Q19 XLVIII,6
כי עם קדוש אתה ליהוה אלוהיכה 11Q19 XLVIII,7
כי עם קדוש אתה ליהוה אלוהיכהמה 11Q19 XLVIII,10
כי אם מקומות / תבדילו בתוך ארצכמה 11Q19 XLVIII,12

כיא קרתה / [לי]שראל בני בכורי (VII) 4Q504 1-2iii5
כיא אותנו בחרתה לכה / [לעם (VII) 4Q504 1-2iii9
] / הימים כיא[(VII) 4Q504 1-2iii14
] / ומלכינו כיא[(VII) 4Q504 1-2iii15
כיא אהבתה / את ישראל מכול העמים (VII) 4Q504 1-2iv4
ואין שטן / ופג{{ר}}ע רע כיאם שלום (VII) 4Q504 1-2iv13
כיא[נש]פכה חמתך / וחרוני אפ{{ו}}<<כ>>ך (VII) 4Q504 1-2v4
כיא אתה / אל חי לברכה (VII) 4Q504 1-2v8
[כי]א יצקתה את רוח קודשכה עלינו (VII) 4Q504 1-2v15
כיא גם / [הו]גענו אל בעווננו (VII) 4Q504 1-2v18
כיא / אתה עשיתה את כול אלה (VII) 4Q504 1-2vi3
כיא אתה / חזקתה את לבבנו (VII) 4Q504 1-2vi8
] כי כול / [(VII) 4Q504 Verso 2vii4
כי]א אתה אל הדעות[(VII) 4Q504 4,4
ז]כור אדוני כיא ש◦[(VII) 4Q504 5ii3
ז]כור נא כיא עמכה כולנו (VII) 4Q504 6,6
]כיא אתה ה[(VII) 4Q504 6,13
זכו]ר אד[ו]נ[י]כיא מעמ[(VII) 4Q504 8,1
]ה כיא[(VII) 4Q504 13,3
]דו / כי[(VII) 4Q504 15ii1
כיא[אתה אל הדעו]ת (VII) 4Q506 131-132,9
א]דוני כי באהבתכה / [(VII) 4Q508 13,1
] / כי מעולם שנאתה ◦[(VII) 4Q509 7,3
ל]וא הביטו כי א[תה] / [(VII) 4Q509 16,6
] / כי נ◦[(VII) 4Q509 12ii2
]ודתם כיא[(VII) 4Q509 17,1
]◦◦ ◦[ ]◦כה כי ביום ה◦◦[(VII) 4Q509 131-132ii9
]עמוד כי לכ[(VII) 4Q509 133,2
]נו כי תניח[(VII) 4Q509 189,4
]כי לכה [(VII) 4Q509 213,1
ברנ[ות]ישועות / כיא א[ין] משחית בגבוליהם (VII) 4Q511 1,6
כיא הופיע כבוד אלוהי / דעות (VII) 4Q511 1,7
כיא אלוהי / [(VII) 4Q511 2i10
]בעולמ[י]ם כיא[(VII) 4Q511 3,1
[ ] כיא [(VII) 4Q511 8,10
]◦◦ כי אם לקץ / [תעניות פשע (VII) 4Q511 10,5
עו]למים כיא אחרונ[(VII) 4Q511 11,9
בכול מ]אודם כיא ◦[(VII) 4Q511 15,3
ו◦◦ה עבודת רשעה כיא / א[לו]הים עני (VII) 4Q511 18ii6
כיא / האיר אלוהים דעת בינה בלבבי (VII) 4Q511 18ii7
כיא אלוהים שופטי (VII) 4Q511 18ii10
] כיא עם כול / [(VII) 4Q511 22,2
וא[ני אודכ]ה כיא למען כבודכה (VII) 4Q511 28-29,2
]לפדויים כיא אלוהי[ם (VII) 4Q511 36,3
]◦ כיא בידכה לפתו[ח (VII) 4Q511 42,8
כיא לצדיקים [(VII) 4Q511 44-47,1
בעצת אל כיא[(VII) 4Q511 48-49+51,1
כיא בתכמי / בשרי יסוד ד◦[(VII) 4Q511 48-49+51,3
את]ה אלי מלך הכב[ו]ד כיא מאתכה משפט[(VII) 4Q511 52-59,4
]דתי כיא[(VII) 4Q511 56,2
ואני תרנן לשוני צדקכה כיא פתחתה (VII) 4Q511 63iii1
]כיא אל[(VII) 4Q511 133,1
] / כיא טהרתני ותביאני ב[(VII) 4Q512 39ii2
]◦ה מנגע הנדה [ ]◦ה כיא[(VII) 4Q512 34,17
ע]ולמ[ים] כיא / [(VII) 4Q512 1-6,10
] כי[(VII) 4Q512 94,1
להגיעם בטהרת [הקו]דש כיא טמאום[המה (VII) 4Q513 2ii1
] / הזונות מאכליהם נשא עוון כי החל כו[(VII) 4Q513 2ii5
]ל כאם א[(VII) 4Q513 13,7
]כיא בלוא[(VII) 4Q513 32,2

ואדם **כי** ימות בעריכמה — 11Q19 XLIX,5
] / **כי** מי טהר֯[ה — 11Q19 L,2
ואשה **כי** תהיה מלאה וימות ילדה במעיה — 11Q19 L,10
וכול כלי / חרש ישברו **כי** טמאים המה — 11Q19 L,18
כי אני יהוה שוכן / בתוך בני ישראל — 11Q19 LI,7
כי השוחד מטה משפט — 11Q19 LI,13
יהיה בו כול מום רע **כי** תועבה המה / לי — 11Q19 LII,4
ושה ועז והמה מלאות **כי** תועבה המה לי — 11Q19 LII,5
כי אם בתוך / מקדשי תזבחנו — 11Q19 LII,14
כי בשר פגול / הוא — 11Q19 LII,18
וכסיתו / בעפר **כי** הדם הוא הנפש — 11Q19 LIII,6
וכי אם תדור נדר לוא תאחר לשלמו — 11Q19 LIII,11
כי דרוש אדורשנו מידכה
ואיש **כי** ידור נדר לי או ישבע / שבועה — 11Q19 LIII,14
ואשה **כי** תדור נדר לי או אסרה אסר — 11Q19 LIII,16
ואנוכי אסלח לה **כי** הניאה — 11Q19 LIII,21
כי / מנשה אנוכי אתכמה — 11Q19 LIV,11
כי דבר סרה / על יהוה אלוהיכה — 11Q19 LIV,15
כי תבוא אל הארץ אשר אנוכי נותן לכה — 11Q19 LVI,12
כי אם מבית אביהו יקח לו אשה — 11Q19 LVII,16
כי / היאה לבדה תהיה עמו כול ימי חייה — 11Q19 LVII,17
וה{{◦}}יה **כי** ישמע ֯המלך ֯על כול גוי — 11Q19 LVIII,3
וכי אם תחזק המלחמה עליו — 11Q19 LVIII,10
כי לעולם אכרית זרעו ממשול עוד על ישראל — 11Q19 LIX,15
כי במה בחרתי מ֯כול שבטיכה — 11Q19 LX,10
וכי יבוא הלוי מאחד שעריכה — 11Q19 LX,12
כי תבוא אל הארץ אשר אנוכי נותן לכה — 11Q19 LX,16
כי תועבה המה לפני כול עושה / אלה — 11Q19 LX,19
כי הגואים האלה אשר / [אתה יורש אותמה — 11Q19 LX,21
וכי תואמר {{אל}} בלבבכה [א]יך נדע — 11Q19 LXI,2
כי / תצא למלחמה על אויביכה — 11Q19 LXI,12
לוא תירא / מהמה **כי** אנוכי עמכה — 11Q19 LXI,14
כי / תקרב אל עיר להלחם עליה — 11Q19 LXII,5
כי החרם תחרים את החתי ואת האמורי — 11Q19 LXII,14
כי בהמה בחרתי לשרת לפני — 11Q19 LXIII,3
כי תצא למלחמה על אויביכה — 11Q19 LXIII,10
כי יהיה לאי֯ש ב֯ן ס֯ורר ומורה֯/ומורה֯ — 11Q19 LXIV,2
כי / יהיה איש רכיל בעמו — 11Q19 LXIV,6
כי יהיה באיש חטא֯ משפט מות — 11Q19 LXIV,9
כי קבור תקוברמ{{ה}} ביום ההוא — 11Q19 LXIV,11
כי / מקוללי אלוהים ואנשים תלוי על העץ
[כ]י֯ יקר֯[א קן]צ֯פור לפניכה ב֯ד֯ר֯ך֯ — 11Q19 LXV,2
כי תבנה בית חדש / ועשיתה מעקה לגגו — 11Q19 LXV,5
ולוא תשום דמים בביתכה **כי** יפול הנופל — 11Q19 LXV,6
כי יקח איש אשה ובעלה ושנאה — 11Q19 LXV,7
כי הוציא שם רע על בתולת ישראל — 11Q19 LXV,15
כיא כאשר יקום / איש על רעהו ורצחו נפש — 11Q19 LXVI,6
כי בשדה מצאה זעקה / הנערה — 11Q19 LXVI,7
כי יפתה איש נערה / בתולה — 11Q19 LXVI,8
כנף אחיהו בן אביה או בן אמו **כי** נדה היא — 11Q19 LXVI,13
אחות אביהו או את אחות אמו **כי** זמה היא — 11Q19 LXVI,15
בת אחיהו או בת אחותו **כי** תועבה היא — 11Q19 LXVI,17
כי ביום הזה יכפרו ע֯ל כול יצהר — (XXIII) 11Q20 VI,8
ואיש [**כי** ישכב / [עם אשתו שכבת זרע — (XXIII) 11Q20 XII,4
וכיא ◦֯] — (XXIII) 11Q20 XIV,22
]ם **כי** [— (XXIII) 11Q20 34,1
]עליכה **כיא** [— (XXIII) 11Q27 1,1
]מה **כיא** מ֯[— (XXIII) 11Q30 10,1
]**כיא֯** [— (XXXIII) PAM 43.664 63,1
]ב על **כי** [— (XXXIII) PAM 43.674 15,2

] **כיא** בר[— (XXXIII) PAM 43.674 17,1
]תם **כי** אל ◦[— (XXXIII) PAM 43.676 26,1
]ם **כיא**[— (XXXIII) PAM 43.676 41,2
◦] **כי** אם[— (XXXIII) PAM 43.677 26,1
]**כיא**[— (XXXIII) PAM 43.678 28,2
]א֯לי **וכי** הנ◦[— (XXXIII) PAM 43.680 4,2
] **כי** לחמ֯[— (XXXIII) PAM 43.682 4,2
◦]ד֯ור **כי** [— (XXXIII) PAM 43.694 49,1
] **כי** במח◦[— (XXXIII) PAM 43.698 78,2
]**כי** את֯י / [— (XXXIII) PAM 43.700 43,1
כי]**א** הון ובצ֯[ע — (XXXIII) PAM 43.700 73,1
]ה֯ **וכי** / [— (XXXIII) PAM 44.102 12,2
] **כי** לוא[— (XXXIII) PAM 44.102 33,2
] **כי** רוח קד֯[— (XXXIII) PAM 44.102 36,1

heaviness, hardness noun כִּיבּוּד

כי]**בוד** לב◦[— (XXVI) 4Q257 A,2
כי]**בוד** לב ◦[— (VII) 4Q487 24,2

כִּידוֹן ← כִּידֹן

short sword noun כִּידֹן

ובידם רמח / **וכידן** — 1QM V,7
והכידנים ברזל ברור טהור בכור ומלובן — 1QM V,11
אורך **הכידן** אמה / וחצי ורוחבו — 1QM V,12
ויד **הכידן** קרן ברורה מעשה חושב — 1QM V,14
וכידן להפיל חללים במשפט אל — 1QM VI,5

foundation, Saturn (?) noun כִּיּוּן

סכות מלככם / ואת **כיון** צלמיכם — CD VII,15
וכיון הצלמים הם ספרי הנביאים — CD VII,17

laver, basin; platform noun כִּיּוֹר, כִּיֹּר

מ]ה **כיוריהמה**[— (XI) 4Q287 2,1
]באמה וכול **הכיו**[ר — 11Q19 V,10
] עשר אמות כ֯ול גובה **הכיור** והחל֯[ונים — 11Q19 VI,5
ו֯עשיתה בית **לכיור** נגב מזר֯ח מרובע — 11Q19 XXXI,10
[ו]עשיתה תע֯ל֯ה סביב **לכיור** אצל ב֯יתו — 11Q19 XXXII,12
ו֯התעל[ה] / ה֯ולכת [מבית] **הכיור** ו֯/למחלה — 11Q19 XXXII,13
]◦◦◦ ב֯י֯[ת] **הכיור** ומ◦◦ש◦◦ם [— 11Q19 XXXIII,5
] **לכיו**[ר
ועשיתמה בית למזרח בית ה[**כ**]**יו**[**ר**] — 11Q19 XXXIII,8
בית ה[כ]יו[ר] כמדת [בית **הכי**]**ור**
ו֯מקרותיו כ֯בית **הכיור** — 11Q19 XXXIII,9
נוכח זה כמדת שער[י] בית / **הכיור** — 11Q19 XXXIII,11
ס֯[בי]ב למזבח ולהיכל **ולכיור** / ולפרור — 11Q19 XXXV,8
ומקורה **כיור** / ארז מצופה זהב טהור — 11Q19 XXXVI,10
לעשות לה]מה [מ]קו֯ם **לכירים** — (XXIII) 11Q20 X,5
והכיר וכנו יה[יו נחושת מרוק — (XXIII) 11Q21 1,2

base, pedestal noun כֵּן

וכיניי הצלמים וכיון הצלמים הם — CD VII,17
והכיר **וכנו** יה[יו נחושת מרוק כמראות — (XXIII) 11Q21 1,2

bag, purse noun כִּיס

א]ויב **כיס** [— (III) 2Q23 4,3
כי **כיס** / צפונ֯כה פק֯[דתה לנושה בכה — (XXXIV) 4Q416 2ii4
וקח **כיס**[כה ובדבריכה אל תמעט — (XXXIV) 4Q416 2ii6
] / **כיסכה** ובדבריכה֯ אל תמעט֯[— (XXXIV) 4Q417 2ii+23,8
מהר תן אש[ר לוא יקח **כיסכה** — (XXXIV) 4Q418 8,5

]◦כִּ֯יס ◦] (XXXIV) 4Q**418** 35,4

כִּיר ← כִּיּוֹר

well, irrigation wheel (?) noun **כירגר**

בכירגר מזקות שרוו מהנחל / הגדול (III) 3Q**15** X,3

thus, so adverb **כָּךְ**

]ר֯ כך כף ו◦] (XXX) 4Q**383** C,2
כך ו[ ]◦] (XXXIII) PAM 43.700 36,1

ככ ← כִּכָּר

כֹּכָב ← כּוֹכָב

thus adverb **כָּכָה**

ככה יעשו שנה בשנה כול יומי ממשלת בליעל 1QS II,19
וא֯[ף] אם לוא ככה יהיה זרעכה (XIII) 4Q**225** 2i7
]ו֯ וכבירות יחוס עליו וכ֯[כ]ה֯[(XXVI) 4Q**279** 5,3
של֯[וש מאות]וששים באמה וככה֯[(XIII) 4Q**365**a 2ii2
ככה יעשו ע֯[ל (VII) 4Q**491** 17,5
כ]כה יעשו ל[ארבעה עשר] / [ה]כ֯ב֯ש֯י֯ם֯ 11Q**19** XXVIII,011
וככה תהיה מדת כול השערים האלה 11Q**19** XXXVI,13
וככה֯ רוחב ואורך לכול / רוחותיה֯ 11Q**19** XXXVIII,13
וככה משער דן עד / שער נפתלי 11Q**19** XLI,8
כי ככה יהיו אוכלים אותו / מחג הבכורים 11Q**19** XLIII,5
]◦ ככ֯ה יעש[ו (XXIII) 11Q**21** 2,3

talent (unit of weight or value) noun **ככ(ר), כִּכָּר**

וכלוה / משקל ככרין שבעשרה (III) 3Q**15** I,4
נגד הפתח העליון ככרין תשע מאת (III) 3Q**15** I,8
אמות שלוש [כ]סף ארבעין / [כ]כר (III) 3Q**15** I,15
בבור המלה שתחת המעלות / ככרין 42 (III) 3Q**15** II,2
ובתכו / בור ב[ו] כלין וכסף ככרין שבעין (III) 3Q**15** II,6
ובמזקא שבו ככרין עסר (III) 3Q**15** II,9
◦◦◦ ארבע / ככרין 22 (III) 3Q**15** II,15
חפר אמות שש עסרה כסף / ככ 40 ⟦ ⟧ (III) 3Q**15** III,7
בצפון אמות תחת המ / דף שלוש ככ 13 (III) 3Q**15** III,13
]◦קה בעמוד / בצפונו ככ[ ]14 (III) 3Q**15** IV,2
ואח]ת כסף / ככ 55 (III) 3Q**15** IV,5
שבשולי העצ / לא כסף ככ מאתין (III) 3Q**15** IV,10
שבצפון כח / לת כסף ככ שבעין (III) 3Q**15** IV,12
של גי הסככא חפור / אמת כסף ככ 12 (III) 3Q**15** IV,14
חפור אמ[ות] / ש כסף ככ 7 (III) 3Q**15** V,4
חפור אמות / שלוש כסף ככ 23 (III) 3Q**15** V,11
חפור אמות שבע ככ 32 (III) 3Q**15** V,14
בו ספר אחד תחתו / ⟦ ⟧ ככ 42 (III) 3Q**15** VI,6
חפר בפתח / אמות תשע ככ 21 (III) 3Q**15** VI,10
חפר אמות / שתים עסרה ככ 27 (III) 3Q**15** VI,13
חפור [אמות] / תשע ככ[2]2 (III) 3Q**15** VII,2
אמות עסרן [ואר]בע / ככרין ארבע מאות (III) 3Q**15** VII,7
חפור אמות שבע / ⟦ ⟧ ככ 22 (III) 3Q**15** VII,13
עד הטור / ככ 60 זהב ככרין שתים (III) 3Q**15** VII,16
עד הטור / ככ 60 זהב ככרין שתים (III)
כסף / וזהב ככ 17 (III) 3Q**15** VIII,7
חפור אמות שלוש ככ 4 (III) 3Q**15** VIII,9
חפור אמות / עשרין וארבע ככ 66 (III) 3Q**15** VIII,13
אמות אחת עס֯רה / כסף ככ 70 (III) 3Q**15** VIII,16
חפור֯ אמות שמונא / ד֯מ<ע> הצא ככ 235 (III) 3Q**15** IX,6
חפור אמות שש עסרה / ככ 22 (III) 3Q**15** IX,9
חפור אמות / שבע ככ 9 (III) 3Q**15** IX,13
ירידתו / מלמעלא ככ 9 (III) 3Q**15** X,2
מהנחל / הגדול בקרקעו ככ 12 (III) 3Q**15** X,4
כסף / ככרין ששין ושנין (III) 3Q**15** X,7
הו הפתח ככרין שלש מאות / זהב (III) 3Q**15** X,10
חפור֯ ר֯גמות שתין עסרה / ככ 80 (III) 3Q**15** X,14
בית חמים שלוחי לתחת / השקת ככ 17 (III) 3Q**15** X,16
בקבר שתחת הסבין ככ 40 (III) 3Q**15** XI,8
ת֯שע מאות / זהב ככ 5 ככרין ששין (III) 3Q**15** XII,1
ת֯שע מאות / זהב ככ 5 ככרין ששין (III)
בידן תחת סף / הבור ככרין 42 (III) 3Q**15** XII,3
וכלכליה וכסף ככ 60 (III) 3Q**15** XII,5
וכסף הכל ככרין שש מאות (III) 3Q**15** XII,7
הכל משקל ככרין 71 מנין עסרין (III) 3Q**15** XII,9
לשש מא[ו]ת האלף מא֯ת ככר (V) 4Q**159** 1ii8
לשלישית מחצית הככר] (V)
ומלקחיה כולה ככרים / [זהב טהור 11Q**19** IX,11

כֹּל ← כּוֹל

to restrain, imprison verb **כלא**

ולתימן] אל תכלאי הב֯[יאי בני מרחוק (V) 4Q**176** 4-5,3
בכלו אתו מלך אשור (XI) 4Q**381** 33+35,8
כ]לא תרבית֯[(XXV) 4Q**525** 31,3

prison noun **כֶּלֶא**

]כ֯לאי עם תהום נחשב לאין[1QH[a] XIII,38
]ך֯ כלא צר֯[(XXXIV) 4Q**415** 32,2
]חי כלא[(VII) 4Q**511** 60,3

improper mixture noun **כִּלְאַיִם**

כיא הוא כלאים / [שור וחמור (XVIII) 4Q**269** 9,2
כתוב שלוא לרבעה כלאים (X) 4Q**396** 1-2iv6
ושל[וא לזרוע] / [שדו וכרמו כלאי]ם֯ (X) 4Q**397** 6-13,14
]כ֯לא֯י֯[(XXXIV) 4Q**418** 29,1
] / למה יהיה כלאים ◌֯בפרד (XXXIV) 4Q**418** 103ii7
תבואתכה ת֯ה֯[יה לכה כ]זורע כלאים (XXXIV) 4Q**418** 103ii8
]◦ דייני כלאים א◦[(XXII) 4Q**481** 1,2

dog noun **כֶּלֶב**

והכלבים אוכלים[מקצת עצמות המקדש (XXXVI) 4Q**306** 1,5
] / להוציאו מחצר ה֯[כל]ב֯י֯ם֯ והי[(XXXVI) 4Q**306** 1,6
ואין להבי֯ למחני הק֯[ו]ד֯ש כלבימ (X) 4Q**394** 8iv8
ואין להבי למחני הקודש] / כלבים (X) 4Q**396** 1-2ii10
ואין להבי למחני הק]ודש כלבים֯ (X) 4Q**397** 6-13,2

to be complete, finished; destroy verb **כלה**

בהויות חושכ עד / כלותם 1QS IV,14
טרם יכלה אחיהו לדבר 1QS VI,10
לוא יכלה אל את עמו ביד הגוים 1QpHab V,3
כאשר זמם לכלות אביונים 1QpHab XII,6
יכלה אל את כול עובדי העצבים 1QpHab XIII,3
לוא ישוב אפו עד כלותם 1QM III,9
עד כלותם להשליך שבע / פעמים 1QM VIII,1
לוא תשוב עד / כלות אשמה 1QM XI,11
למעמד עולמים לכלות כול בני חושך 1QM XIII,16
להכשיל רוח ולכלות כוח 1QH[a] XIII,36
ולכלות בשר עד מועדים 1QH[a] XVI,31
כלו למנוח עיני [1QH[a] XVII,5
] / יגון ומספד מרורים עד כלות עולה 1QH[a] XIX,22

1Q22 1i12 (I) עד] לכלות א[ותם הסכת]
1Q22 1ii8 (I) ויהיה / [אשר בכלו]תני ל[תת]ברית
1Q29 1,4 (I) עד ל]כלות הכוהן לדבר [
4Q169 1-2,4 (V) ולכלותם מעל פני [הארץ
4Q171 1-2ii14 (V) יזומו לכלות את עושי התורה
4Q171 1+3-4iii7 (V) כלו כעשן כולו
4Q174 1-2i8 (V) בני בליעל המכשילים אותמה לכלותמ[ה
4Q175 21 (V) בעת אשר כלה ישוע להלל ולהודות
4Q176 23,3 (V)]כלותם[ ]ל[ ]◦[
4Q185 1-2iii12 (V)] / אל כל חדרי בטן ויחפש כלותו[
4Q249k 1 (XXXVI) [ואת הקד]חת מכל[ות עינים ומדיבת נפש
4Q301 3a-b,8 (XX)]בכלו[ת]קץ רשעה ועשות[
4Q317 2,28 (XXVIII)]◦ ובבוא השמש יכלה כול אורה[להכסות
4Q317 22,4 (XXVIII) ובבוא הש]מש יכל[ה כול אורה
4Q317 23,5 (XXVIII) ובבוא השמש]יכלה [כול אורה
4Q317 49,1 (XXVIII) ובבוא השמש י]כלה[כול אורה
4Q365 28,5 (XIII) [ויהי בי]ום כלות מושה להקים את המ[שכן
4Q367 2a-b,8 (XIII) לא תכ]ל[ה פאת]שדך[לקצר
4Q370 1i5 (XIX)]◦ים כלם כיעבר [
4Q372 9,3 (XXVIII) א]שר יכלו כלהגוים ◦[
4Q376 1ii2 (XIX) עד כלות הכוהן לדבר
4Q379 22ii7 (XXII)] / בעת אשר כ[ל]ה ישׁ[ו]ע[ל]ה[לל
4Q381 31,8 (XI) ו]מפחדי יתמו [ו]צררי יכלו
4Q381 33+35,1 (XI)]◦◦ת יכלו ות[
4Q387 2ii9 (XXX) והמלך ה]הוא למכל[י]ם
4Q390 1,10 (XXX) למע[ן] אשר לא י[כ]ל[ו]בחמתי
4Q421 9,3 (XX)]ל[כ]לות כל עבדי ר[שע ?
4Q427 7ii4 (XXIX)] / [כלת]ה רמיה ואין נעוות בלוא דעת
4Q427 7ii6 (XXIX) כלה עוון שבת נגע לאין מחל[ה נאספה
4Q431 2,5 (XXIX) כלה עוון שבת נגע לאין מחלה נאספ[ה]
4Q431 2,9 (XXIX)]ל[כ]ל[ו]ת עולם וכושלי ארץ
4Q434 1i5 (XXIX) ולא כלם / בחרונו
4Q445 3,1 (XXIX)]◦ כלו לי כל נודע[י
4Q464 5ii3 (XIX)] / יהיה שם יכלון מי ה[
4Q502 133,1 (VII)]◦ וכלית[
4Q504 1-2v8 (VII) יעקוב ולו געלתה את ישראל / לכלותם
4Q511 35,1 (VII) ומשפט נקמות לכלות רשעה
5Q13 6,2 (III)]תמה לכלותמה [
6Q18 5,4 (III) לעו]למים לוא יכלו[
11Q19 XXXIII,15 ובכלותמה לקטיר
11Q19 LXII,4 ויהי ככלות השופטים / לדבר אל העם
PAM 43.689 2,2 (XXXIII)]כלותי[

complete destruction, annihilation, end noun כָּלָה

CD I,5 לישראל ולא נתנם לכלה
CD VIII,2 יחזיקו באלה לפוקדם לכלה
CD XIX,14 באלה החקים לפקדם לכלה ביד בליעל
1QS II,6 ויפקוד אחריכה כלה ביד כול משלמי / גמולים
1QS II,15 וקנאת משפטיו יבערו בו לכלת עולמים
1QS IV,13 עד עמ כלמת כלה באש מחשכים
1QS V,13 {{מ}}שפטים / גדולים לכלת עולם
1QpHab IX,11 לענותו / בנגע לכלה במרורי נפש
1QpHab XII,5 אשר ישופטנו אל לכלה
1QM I,5 וכלת עולמים לכול גורל בליעל
1QM I,10 יעוד לו מאז למלחמת כלה לבני חושך
1QM I,16]אמת לכלת בני חושך אז[
1QM IV,12 שלומי אל גבורת אל כלת אל בכול גוי הבל
1QM IX,5 להשמיד אויב במלחמת אל לכלת / עולמים
1QM IX,6 ונחל[קו] על כול האויב לרדף כלה
1QM XIV,5 וקהל גויים אסף לכלה אין שארית
1QM XV,2 וכלה לכול גוי רשעה
1QM XVIII,12]◦[ ]ל אויבינו למגפח כלה
1QHa XI,36 ולא תשוב עד כלה ונחרצה לעד
1QHa XIII,34 ושקוי בדמעות אין כלה
1QHa XIV,3] / והוה לאין חקר וכלה לאין [
1QHa XIV,19]לאש בוערת בכול אנשי / אשמה עד כלה
1QHa XIV,32 ואין פלט ליצר אשמה לכלה ירמוסו
1QHa XV,5 ויהם לבי לכלה ורוח עועיים תבלעני
1QHa XVI,32 ונפשי עלי תשתוחח לכלה
1QHa XVII,3 באף יעורר קנאה ולכלה [
1QHa XIX,18]ה וכלה בלוא רחמיך
1QHa XX,14 [וה]יה לרוב חסד וקנאת כלה
1QHa XXVI,3 ולהקים פלאות כבוד השופט באף כ]ל[ה
1QHa 3,8 ע]ד כלה ופח לפח יטמונו
1QHa 3,16 ומשפטי נגע וכלה[
1QHa 5,8] / רבה אנינם לכלה ונגד כול מעשיכ[ה
1Q34bis 3i6 (I)]כלה בכל מענינו
4Q163 8-10,1 (V) פשר הדב]ר על כלה בבל[
4Q256 III,1 (XXVI) ויפקוד אחריכה כל]ה ביד כול
4Q266 1a-b,3 (XVIII) כול מעשיה להבי כל[ה] / בת[ועי רוח
4Q266 1a-b,4 (XVIII) וכלה יעשה [לפועלי] / רשעה [
4Q275 3,6 (XXVI)] / בפקדו כל[ה
4Q286 7ii10 (XI) וע[ם חרפות שח]ת / [עם כל]מות כלה
4Q289 1,2 (XI)]ארורות נצ[ח כלמו]ת כלה[
4Q372 3,10 (XXVIII)] / [י]שראל כלה להשמידו ביד גוים
4Q378 3i7 (XXII)]ועד לכלה ועד למעול / [
4Q381 24a+b,3 (XI)] / עד לכלה סלה
4Q381 76-77,4 (XI) ר]שף וכלה ואין ח[קר
4Q405 23i12 (XI) ל[ו]א ירחם בממשלת עברת כל[ת חרו]נו
4Q427 1,2 (XXIX)]וכלה בלוא רחמיכה
4Q427 7i21 (XXIX) השופט באפ כלה / [
4Q427 7ii10 (XXIX)] / אפ לכלת עולם
4Q427 12,1 (XXIX) ומשפטי נ]גע וכל[ת עולם
4Q451 2 (XXIX) ותנם ביד ידידיכה לכל[ה
4Q491 1-3,4 (VII) אל תגוף [ ]◦[לש]{{מחת}} לכלת עולמים[
4Q491 1-3,14 (VII)]ם במלחמות כלה
4Q491 1-3,20 (VII)]◦◦ מלאו לכלת[
4Q491 8-10i3 (VII) וקהל גו[אים]אסף לכלה ואין[שארי]ת
4Q491 14-15,10 (VII) בליע]ל לכל[
4Q491 17,6 (VII)]לשרפת כ[לה
4Q496 1-2,8 (VII)] אמת לכלת / [
4Q496 15,2 (VII) במלחמת]אל לכלת[עולמים
4Q510 1,7 (VII) ולוא לכלת עולם / [כי א]ם לקץ תעניות
4Q511 8,5 (VII)]תעותו בתענייות ולוא לכל[ת עולם
PAM 43.668 1,2 (XXXIII)] / כלה[
PAM 43.677 13,3 (XXXIII)]וכלה לא[

daughter-in-law, bride noun כַּלָּה

4Q434 2,6 (XXIX) ינחמם בירושל[ים כחתן] על כלה

כלח ?

PAM 43.677 34,2 (XXXIII)]◦ כלח נ◦◦[

utensil, weapon, vessel, garment noun כְּלִי, כאלי

CD VI,8 אמר ישעיה מוציא כלי למעשיהו
CD X,12 אל יטהר במה כלי
CD X,13 וטמא מימיו במימי הכלי
CD XI,2 ואל ישאב אל / כל כל
CD XI,9 אל פתח כלי טוח בשבת
CD XI,17 יעלה איש בסולם וחבל וכלי

CD XII,17		וכל **כלי** {{מסמר}} מסמר או יתד בכותל
CD XII,18		וטמאו בטמאת אחד **כלי** מעשה
1QpHab VI,4		ו**כלי** מלחמותם המה / מוראם
1QM VII,2		ומטהרי הארון ושומרי ה**כלים**
1QM VIII,8		האויב ונטו ידם ב**כלי** המלחמה
1QM XVI,6		כדי הטל ירימו איש ידו ב**כלי** / מלחמתו
1QM XVII,1		ושנן **כלי** מלחמתה ולוא יכהו עד [
1QM XVII,12		כדי הטל ירימו איש ידו ב**כלי** מלחמתו
1QHa X,26		עלי גבורים סבבום בכל / **כלי** מלחמותם
1QHa XII,9		ויחשבוני ל**כלי** אובד
1QHa XIV,28		בל יבוא גדוד ב**כלי** מלחמתו
1QHa XIV,31		ושערי עולם להוציא **כלי** מלחמות
3Q15 I,9	(III)	בתל של כחלת **כלי** דמע בלגין ואפודת
3Q15 II,6	(III)	ובתכו / בור ב[ו] **כלין** וכסף ככרין שבעין
3Q15 II,8	(III)	רחוק אמות ח<מ>ש עסרא בו **כלין**
3Q15 III,2	(III)	**כלי** כסף וזהב של / דמע
3Q15 III,9	(III)	**כלי** דמע לכושי
3Q15 V,6	(III)	**כאלין** של / דמע ובתכן אצלם
3Q15 VIII,3	(III)	**כלי** דמע וספרין אל תבם
3Q15 X,11	(III)	ו**כלין** כופרין עסרין
3Q15 XI,1	(III)	**כלי** דמע בתכן אצלם
3Q15 XI,4	(III)	**כלי** דמע סוח דמע סנה ותכן אצלם
3Q15 XI,10	(III)	**כלי** דמע א<ר>ז דמע סוח
3Q15 XI,14	(III)	**כלי** דמע לאה דמ<ע> סירא / בתכן אצלם
3Q15 XII,5	(III)	וכל**כליה** וכסף ככ 60
3Q15 XII,6	(III)	**כל<י>** כסף וכלי זהב / של דמע
	(III)	כל<י> כסף ו**כלי** זהב / של דמע
4Q159 2-4,6	(V)	אל יהיו **כלי** גבר על אשה
4Q163 25,3	(V)	נפץ ו]זרם **כלי** מלחמה המה[
4Q175 25	(V)	לה]ות שניהמה **כלי** חמס
4Q265 6,4	(XXXV)	אל יו]צא אי]ש מאהלו **כלי** ומאכ[ל]
4Q265 6,7	(XXXV)	ו**כלי** לא ישא / [להעלותו ביום] השבת
4Q270 6iv21	(XVIII)	איש] / אל יטהר בם כל **כלי**
4Q270 6v20	(XVIII)	אל] / יעלה איש בסולם ובחבל ו**כלי**
4Q271 2,11	(XVIII)	ומן / כל ה**כלי** אשר יעשה מ]לאכה בהם
4Q271 5i5	(XVIII)	אל יפתח **כלי** טוח בשבת
4Q271 5i11	(XVIII)	אל יעלה [אי]ש בסולם וחבל ו**כלי**
4Q274 1i4	(XXXV)	אל תגע בזב ובכול **כלי** [א]שר יגע בו הזב
4Q274 2i4	(XXXV)	מאדם עד כול **כלי** יטבול
4Q274 2i5	(XXXV)	וה**כלי** אשר ישאנה יטבול / [במי]ם
4Q274 3ii10	(XXXV)	כול **כלי** חרש אשר יפ[ו]ל [שרץ לתוכו
4Q276 3	(XXXV)	ו<נ>שא את דמה ב**כלי** חרש
4Q365 12a-bii9	(XIII)	ויעשו את כול **כלי** המזבח את / [הסירות
4Q379 22ii11	(XXII)	]ן להיות שניהם **כלי** חמס
4Q385a 18ia-b,5	(XXX)	ויקח את **כלי** בית אלהים
4Q394 3-7i9	(X)	שהם מבשלים [אות]ה ב**כלי** [נחושת
4Q394 3-7ii3	(X)	מן] / [עורות]יהם **כלי**[ם
4Q397 1-2,2	(X)	ומן ע[ו]ר[ות]מה ידות **כ**[לים
4Q402 4,8	(XI)	] כיא לאלוהי אלים [**כל**]י מ[ל]חמו[ת
4Q416 2ii21	(XXXIV)	וגם אל תקל **כלי** [
4Q417 2ii+23,26	(XXXIV)	וגם אל תקל] / **כלי**] חוקכה
4Q429 4ii12	(XXIX)	בל יבוא גדוד] / ב**כלי** מ[ל]חמתו
4Q436 1a+bi2	(XXIX)	וידי נופלי]ם / לקומם לעשות **כלי** דעת
4Q460 8,4	(XXXVI)	]ב**כלי** מלחמתם ובערי עוזם [
4Q491 11ii5	(VII)	כד]י ה[ט]ל ירימ[ו אי]ש ידו ב**כלי** מ[לחמתו
4Q491 11ii21	(VII)	כדי / ה[ט]ל ירי]מו ידם איש ב**כלי** מלחמתו
4Q503 1-6iii9	(VII)	]תסובות **כלי** אור[
4Q504 15ii2	(VII)	] / **כלי**[
4Q521 8,8	(XXV)	היכ]ל וכל **כלי** קודשו / [
11Q16 1,3	(XXIII)	]באמתכה **כלי** ל[
11Q19 III,8		] ו{{י}}את כול **כליו** יעשו זהב טהו[ר
11Q19 XXXIII,13		בתים ל**כלי** המזבח למזרקים ולקשואות
11Q19 XLV,4		[יהי]ו מתערבים אלה באלה וב**כליה**[מה
11Q19 XLIX,8		ו**כלי** חרש יטמאו וכול אשר בהמה
11Q19 XLIX,14		יטהרו את הבית ואת כול **כליו** רחים ומדוכה
11Q19 XLIX,15		וכול **כלי** עץ ברזל ונחושת
		וכול **כלים** אשר יש להמה טהרה
11Q19 XLIX,19		ויכבסו סלמותמה / ואת ה**כלים** אשר בבית
11Q19 XLIX,20		וירחצו ויכבסו בגדיהמה ו**כליהמה**
11Q19 L,12		וכול **כליו** שבעת ימים
11Q19 L,16		וכול ה**כלים** ובגדים ועורות
11Q19 L,17		וכול **כלי** / חרש ישברו כי טמאים המה

kidneys, inner being noun **כִּלְיָה**

4Q184 1,2	(V)	לבה יכין פחוז ו**כליותיה** מק[
4Q219 I,36	(XIII)	היותרת על ה]כבד עם ה**כליות** תסירנה
4Q220 7	(XIII)	ואת ה**כליות** [ו]את ה[חלב אשר עליהן]
4Q220 8	(XIII)	]ואת היותרת הכבד עמ ה**כליות** תסירנה
4Q436 1a+bi5	(XXIX)	לבי פקדתה ו**כליותי** שננתה
4Q436 1a+bi6	(XXIX)	[על לבי פקד]תה תורתכה ו**כליותי** פתחתה
11Q19 XV,7		את הקרב ואת שתי] / ה**כליות** ואת [ה]חלב
11Q19 XVI,8		יותרת הכבד ואת שתי] / [ה**כל**]יות
11Q19 XX,6		[ואת יותרת הכבד על]ה**כליות** יסירנה
11Q19 XXIII,15		ואת יותרת הכבד עם ה**כליות** / יסירנה
11Q20 I,15	(XXIII)	את הקרב ואת ש]תי ה**כליות** ואת החלב

failing, annihilation noun **כִּלָּיוֹן**

4Q509 242,1	(VII)	]ב**כליון** [

whole, whole–offering adjective **כָּלִיל**

4Q174 6-7,5	(V)	ישימו קטורה] באפכה ו**כליל** על מזבחכה[
4Q175 18	(V)	ישימו קטורה באפך ו**כליל** על מזבחך
4Q405 23i5	(XI)	לכ]לכלם משאי כול כיא אלוהי **כלילו** / [
4Q405 23i6	(XI)	]◦ **כלילו**
11Q19 LV,9		ואת כול שללה **כליל** ליהוה / אלוהיכה

crown, ornament noun **כְּלִיל**

1QS IV,7		ו**כליל** כבוד / עם מדת הדר באור עולמים
1QSb IV,2	(I)	ו**כליל**]◦
1QHa XVII,25		ובוז צרי לי ל**כליל** כבוד
4Q257 V,5	(XXVI)	ו]**כליל** כבוד ע]ם מדת הדר באור] / [עולמים
4Q472 2,7	(XXXVI)	] / ל**כליל** ת]פארת

total noun **כְּלָל**

4Q169 3-4ii6	(V)	ואין קץ ל**כלל** חלליהם
4Q457b I,8	(XXIX)	] / ◦[ ]רם **כלל** ◦ל[

to be humiliated verb **כלם**

4Q423 4,2	(XXXIV)	ונכל]**מתה** בכל מעשיכה במ◦[

disgrace noun **כְּלִמָּה**

1QS IV,13		וחרפת / עד עם **כלמת** כלה באש מחשכים
1QHa XVII,22		בו]שת פנים ו**כלמה** לנרגני בי
4Q216 II,6	(XIII)	ו]אחר כ]ל[מתם ואחר חרפת]ם
4Q282o 3	(XXXVI)	ואין לי]שראל **כלמה**[
4Q286 7ii10	(XI)	וע]ם חרפות שח]ת / [עם **כלמות** כלה
4Q289 1,2	(XI)	]ארורות נצ]ח **כלמו**]ת כלה
4Q382 49,8	(XIII)	בבו]שת פנים ו**בכלמה**[
4Q512 51-55ii12	(VII)	] / ה**כלמ**[
4Q525 15,7	(XXV)	דלתו]תיו **כלמות** חרפה מנעוליו צומי שחת[

Text	Vol.	Reference
]וכאשר יורוהו כן ישפוט ועל פיהם[	(V)	4Q161 8-10,23
לכן גלה עמי מבלי דעת	(V)	4Q162 II,4
לכן הרחיבה שאול נפשה ופערה פיה	(V)	4Q162 II,5
על כן חרה אף יהוה בעמו	(V)	4Q162 II,8
מב]לעים על כן / [	(V)	4Q163 4-7i7
] / לכן כוה אמר אדוני י[הוה	(V)	4Q163 4-7ii21
לכן כוה א[מר יהוה אל בית יעקוב	(V)	4Q163 18-19,4
וידעו]כן ענ֯י֯ הצואן ה֯[שמרים] / [אותי	(V)	4Q163 21,7
כיא ע֯ל סוס ננוס על כן תנוסון	(V)	4Q163 23ii5
ועל קל נרכב על כ֯ן֯ / י֯קלו֯ רודפיכמה	(V)	
ול֯כ֯ן יחכה א֯דוני לחנ֯[נכ]מ֯ה֯	(V)	4Q163 23ii8
ולכן ירום / לרחמכמה	(V)	
] / לכן אשוב ולקחתי דגני בעתו	(V)	4Q166 II,8
ואחר[י] כן ינתנו ביד עריצי גואים למשפט	(V)	4Q171 1-2ii19
כ֯ן נשבעתי מ֯קצוף עליך עד	(V)	4Q176 8-11,11
ו]אחרי כן יעמוד֯[	(V)	4Q177 5-6,3
כן תתן לאבתיו֯ כן ירשנה֯[	(V)	4Q185 1-2ii14
כן תתן לאבתיו֯ כן ירשנה֯[	(V)	
] בכן דבר טובי וכתוב תהלה בתשבוח֯ת֯	(XIX)	4Q200 6,4
כן ישמדו֯ כ֯ול [עובדי]	(XIII)	4Q221 2i3
כיא כאבק ל֯פ֯נ֯[י רוח כ]ן֯ כול שומרי עישאו	(XIII)	4Q223-224 2ii12
ויולד בן אח֯[רי]כ֯ן֯ / [לאברה]ם	(XIII)	4Q225 2i8
כי כן֯ כ֯תוב במחלקו֯ת֯ / [	(XIII)	4Q228 1i9
ו]ב֯כן יאכלו[את] / [בשר בנ]י֯ה֯ם	(XXXVI)	4Q248 3
וכן להש֯[כי]ל֯[ם] / [ברזי פלא ואמת	(XXVI)	4Q256 XVIII,1
וכן אהבתו עם שנאתו	(XXVI)	4Q258 VIII,1
וכן להשכילם ברזי פלא ואמת	(XXVI)	4Q258 VIII,3
כ֯[ן יכפר אל בעדם	(XVIII)	4Q266 3i4
ו]כ֯ן משפט [	(XVIII)	4Q266 6aii2
וכן לכול לוק֯[ח אשה]	(XVIII)	4Q266 9iii4
ו֯כ֯ן יבן ל֯[מגרש]	(XVIII)	4Q266 9iii5
]א֯ח֯רונות הלוא כן תבואינה[	(XVIII)	4Q268 1,1
וכן ישבו וכ]ן ישאלו על [כול	(XVIII)	4Q268 2,2
] ד֯בר כ֯ן ו֯ד֯[	(XVIII)	4Q270 6iii20
]כן יקום [	(XVIII)	4Q270 8,2
ע]ל֯ כ֯ן נמול֯ [אברהם בי]ום דע֯[תו	(XVIII)	4Q271 4ii7
כי כ]ן֯ כתוב מלבד שבתותיכם	(XVIII)	4Q271 5i12
א֯[יש] במים את / בשרו וכן [	(XXXV)	4Q274 2ii1
] / כן יהיה כ֯[	(XX)	4Q299 6ii11
] / מ֯שפט כן ירד המ[	(XX)	4Q299 6ii17
]ת֯מהו כן ילו֯ד֯[	(XX)	4Q299 28,2
] / ולא כן [	(XX)	4Q302 3iii1
] / החשך על כן נ◦[	(XX)	4Q304 2
ו֯כ֯ן [תבוא ליום	(XXVIII)	4Q317 1+1aii3
וכן תבוא ל֯ל֯י֯ל֯ה֯	(XXVIII)	4Q317 1+1aii14
וכן ת֯ב֯ו֯[א ללילה	(XXVIII)	4Q317 1+1aii17
וכן[תבוא ללילה	(XXVIII)	4Q317 1+1aii21
ו֯כן יחל לה[כסות	(XXVIII)	4Q317 1+1aii29
]◦א וכ֯ן [תבוא ליום	(XXVIII)	4Q317 2,24
וכן ת֯[בוא ליום	(XXVIII)	4Q317 2,25
]◦א וכן ת֯ב֯[וא ליום	(XXVIII)	4Q317 2,26
ו֯כן תבוא֯[ללילה	(XXVIII)	4Q317 2,30
וכ֯[ן] תבוא לל֯[ילה	(XXVIII)	4Q317 2,31
וכן תבוא ללי֯[לה	(XXVIII)	4Q317 2,32
וכן ת֯בוא ללי֯ל֯[ה]	(XXVIII)	4Q317 2,33
ו֯כ֯ן֯ ת֯ב֯[וא ללילה	(XXVIII)	4Q317 4,26
ו֯כ֯ן֯[תבוא ללילה	(XXVIII)	4Q317 4,27
וכן ת[בוא ללילה	(XXVIII)	4Q317 4,28
וכן ת[בוא ללילה	(XXVIII)	4Q317 4,29
וכ]ן תבוא ללי֯[לה	(XXVIII)	4Q317 5,7

to yearn verb **כמא**

Text	Vol.	Reference
] יכמוא יו֯עץ בליעל / לבבם [		1QH[a] XIV,21

כמה ← כמא

כַּמָּה ← כְּ, מָה

to grow hot, angry verb **כמר**

Text	Vol.	Reference
ובחמה יכ[מרו וב]ח֯ר֯ן אף וזעף / אפים		1QpHab III,12

priest (of foreign gods) noun **כֹּמֶר**

Text	Vol.	Reference
] / ו֯את הכמרים ו֯כ֯בדו את עבד֯י֯[הפסל	(XXVIII)	4Q372 1,3
]כמר֯יו֯[	(XXXIII)	PAM 43.682 24,2

so, thus adverb **כֵּן-2**

Text	Vol.	Reference
כפרה סורירה / כ֯ן סרר ישראל		CD I,14
כן יכפר אל בעדם		CD IV,10
וכן משפט כל באי בריתו		CD VIII,1
וכן המשפט לשבי ישראל		CD VIII,16
וכן כל אבדה נמ֯צ֯את		CD IX,14
כי כן כתוב מלבד שבתותיכם		CD XI,18
וכ֯ן֯ למגרש והוא יי֯ס֯[		CD XIII,17
וכן ישבו וכן ישאלו לכל		CD XIV,6
וכן ישבו וכן ישאלו לכל		
וכן / המשפ֯ט בכל קץ הרשע		CD XV,6
על כן יקום האיש על נפשך לשוב		CD XVI,1
על כן נימול {{ב}} אברהם ביום דעתו		CD XVI,6
וכן המשפט לאביה		CD XVI,12
וכן משפט לכל בא֯י / בריתו֯		CD XIX,13
כן / משפ֯ט לשבי ישר֯אל סרו מ֯דרך		CD XIX,28
כ֯ן כל האנשים אשר ב֯א֯ו֯ ב֯ב֯ר֯י֯ת֯		CD XIX,33
וכן המשפט / לכל באי עדת אנשי תמים		CD XX,1
וכן ישנא עולה וכירשתו		1QS IV,24
בגורל עול ירשע בו וכן / יתעב אמת		
כיא כן כתוב מכול דבר שקר תרחק		1QS V,15
וכן ישאלו לעצתם לכול דבר		1QS VI,4
וכן ישאלו למשפט ולכול עצה		1QS VI,9
וכן לנוקם לנפשו כול דבר		1QS VII,9
וכן לאיש הנפ{{◦}}ט֯ר֯ במושב הרבים		1QS VII,10
ואיש כרוחו כן לעשות משפטו		1QS IX,15
וכן אהבתו עם שנאתו		1QS IX,16
וכן להשכילם ברזי פלא ואמת		1QS IX,18
ובכן תקבל להעיד עליו מ֯שפטות התורא	(I)	1QSa I,11
]על כן תפוג תורה		1QpHab I,10
ע]ל֯ כן יצא המשפט / [מעוקל		1QpHab I,14
וכן פשר הדבר[על הבו]גדים		1QpHab II,5
על כן ישמח / [ויגי]ל֯[ויקטר למכמרתו		1QpHab V,14
ואשר אמר על כן יזבח לחרמו		1QpHab VI,2
על כן יריק חרבו תמיד / להרוג גוים		1QpHab VI,8
וכן / יעמודו לכול ע֯[ב]ר֯י֯ המחנה		1QM VI,9
וכן הגישני לבינתך		1QH[a] VI,13
וכן הוגשתי ביחד כול אנשי סודי		1QH[a] VI,18
וכרחקך אותו כן אתעבנו		1QH[a] VI,21
וכן לבן א֯ד֯[ם		1QH[a] XVIII,28
]ל֯[ ]◦ כן רוחם להושיע / ע֯[		1QH[a] 2ii7
וא[ינג]ו֯ עוד כן יתם הרשע לעד	(I)	1Q27 1i6
כן כול טוב ממונו֯ ברו֯[	(I)	1Q27 1ii5
]כה בי וכן ב֯[	(I)	1Q36 14,3
כי]כן כתוב בספר מוש[ה	(III)	2Q25 1,3
לכן כ֯[ה אמ]ר אד[וני יהוה צבאות	(V)	4Q161 2-4,6

וכ]ןׄ תבוא [4Q317 6,3 (XXVIII)
]עׄשרא וכןׄ תׄ]בוא 4Q317 6,5 (XXVIII)
וׄכן ת[ב]ו[א ליום 4Q317 9,5 (XXVIII)
וכׄןׄ[תבוא ליום 4Q317 9,6 (XXVIII)
וכׄןׄ [תבוא ליום 4Q317 9,7 (XXVIII)
]וכן תבׄוׄ[א ללילה 4Q317 9,14 (XXVIII)
וכ]ן תבוא ל[לילה 4Q317 15,4 (XXVIII)
ו]כׄןׄ[תבוא 4Q317 29,4 (XXVIII)
וכ]ןׄ תבוא[4Q317 31,2 (XXVIII)
וכ]ןׄ תבוא[4Q317 32,2 (XXVIII)
על כן קראו [שמו גלעד 4Q364 5a-bi2 (XIII)
ֶויע]שׂוׄ כן [ה]חׄורטומים בלהטיהמה 4Q365 2,3 (XIII)
עלכן נׄ[מחו] כלאשׂ[ר ב]חׄרבה 4Q370 1i6 (XIX)
] / [ו]שמענו למושה כׄ[ן 4Q378 3ii+4,5 (XXII)
]כׄיׄ כן הוא ◦[4Q378 20ii3 (XXII)
וכן א[כרת] / משמחת עוד 4Q381 33+35,9 (XI)
ופרק / [אל פרקו ויה]י כןׄ 4Q385 2,6 (XXX)
] / לכׄןׄ[4Q385a 11ii5 (XXX)
והשלחת]ׄי החיה בכן ה◦◦[4Q385a 16a-b,5 (XXX)
בכן אעיר עׄ[ל]יהם חמ[ה] / מׄ[אר]בע רחות 4Q386 1ii8 (XXX)
על כן יללו ביום [4Q387 A,4 (XXX)
על כן הסתרתי / פני מ[הם 4Q389 8ii4 (XXX)
] / נעשה כן ◦[4Q390 2i3 (XXX)
]אׄ כן וׄהדבר כתוב עברה 4Q396 1-2i4 (X)
במצאך מקצׄת דׄברינו כׄןׄ 4Q398 14-17ii6 (X)
כאׄ[שר לקח]תׄוׄ כן השיבהו 4Q416 2iii4 (XXXIV)
כי כאב לאיש כן אביׄהוׄ וכאדנים לגבר 4Q416 2iii16 (XXXIV)
אביׄהוׄ וכאדנים לגבר כן אמו (XXXIV)
ויׄצרׄ עׄל הׄרוח כן עובדם 4Q416 2iii17 (XXXIV)
]בׄמשפטיך כן רׄצׄהׄ [4Q416 6,1 (XXXIV)
] / כׄןׄ [4Q417 1ii16 (XXXIV)
] / וכן תעשהׄ[4Q417 13,3 (XXXIV)
כאשר] / לקח]תהׄ כׄ[ן השיבהו 4Q418 9+9a-c,3 (XXXIV)
כי כאל לאיש כן אביהו 4Q418 9+9a-c,17 (XXXIV)
]◦כן ה[ ]◦[4Q418 33,4 (XXXIV)
]מׄסחורכה וכן ◦◦כה ◦ל◦ [4Q418 122i7 (XXXIV)
יצ]אׄ הגוׄרׄל הרישון וכן יצׄאׄו / [4Q421 1ai4 (XX)
וכן התהלךׄ וׄכׄ[ל]תׄ[בואתכה 4Q423 3,2 (XXXIV)
כן אישׄ / [שכל 4Q423 5,7 (XXXIV)
כי כעופרת כן ינתך ולא יעמוד לפני אש 4Q424 1,5 (XXXVI)
כן דובר לאזן אשר איננה שומעת 4Q424 3,5 (XXXVI)
]זׄה כן ◦ׄ[ ]חׄרונו לכול עׄ[4Q433a 3,4 (XXIX)
כאיש אשר אמו תנחמנו כן ינחמם בירושל[ים 4Q434 2,6 (XXIX)
על כן עיני מקור מים / [4Q439 1i+2,3 (XXIX)
בכן יאמרׄ[4Q462 1,4 (XIX)
על כן יואמרׄ[ו 4Q462 1,10 (XIX)
ואת אשר עשתה לה כׄן טמאת הע◦[4Q462 1,17 (XIX)
]◦ כן יו◦[4Q462 2,1 (XIX)
ואחרׄיׄ כן יפתחׄוׄ אׄ[ת] הׄשׄ[ערי]ם 4Q493 2 (VII)
] / הכוהנים וכן ללויים 4Q494 3 (VII)
עלכן שפכתה אלינו את חמתכה 4Q504 1-2iii10 (VII)
] לו שלמים כן [4Q527 2 (XXV)
]כׄןׄ הׄכׄוׄהׄןׄ (◦)◦[5Q21 1,5 — 4Q527 3 (XXV)
]◦◦או ◦◦◦ כן ◦[5Q21 1,5 (III)
על כן שאלתי מלפניכה שלמה 11Q5 XXIV,14 (IV)
]◦ׄ כןׄ[11Q14 4,1 (XXIII)
כׄן יעשה לעולת בני יהודה אחר הלׄויׄיׄםׄ 11Q19 XXIV,11
כי כטהרת בשרו כן יטהרו העורות 11Q19 XLVII,15
כן תעשה / לערים הרחוקות ממכה 11Q19 LXII,11
ורצחו נפש כן הדבר הזה 11Q19 LXVI,7

]בכן יברך / [PAM 43.676 10,1 (XXXIII)
]נר כן הרעׄהׄ[PAM 43.676 12,1 (XXXIII)

כֵּן-3 ← כֵּין

gnat noun **כֵּן-5**

היה כנים / [בכול ארץ מצרים 4Q365 2,2 (XIII)
ֶויע]שׂוׄ כן [בלהטיהמה להוציא את הכנים 4Q365 2,3 (XIII)
וכנים בכול גבולׄ[ם]עׄרוב [בב]תיהםה 4Q422 III,8 (XIII)

base noun **כנא**

במערא של הכׄנא / של הרגם 3Q15 VI,7 (III)

to title, flatter verb **כנה**

אלה הנתינ[ים] / אשר כוׄנו בׄשׄ[מותיהם] 4Q340 2 (XIX)

lyre noun **כִּנּוֹר**

וכנור נבלי לתכון קודשו 1QS X,9
ויהמו / בכנור ריבי ובנגינות 1QH[a] XIII,30
ואנחה בכנור קינה לכול אבל יגׄ[ון 1QH[a] XIX,22a
ואז / אזמרה בכנור ישועות ונבל שמ[חה 1QH[a] XIX,23
והיה כנור ונבל ותוף וחליל יין 4Q162 II,3 (V)
]בתופים ובׄכׄנׄוׄ[רות 4Q163 25,2 (V)
ו]אנחה בכנורׄ קׄ[ינה]לכול אב[ל יגון 4Q427 1,4 (XXIX)
ויהמו בכנור ריׄבׄיׄ[ובנגינות 4Q429 3,2 (XXIX)
בכנור ישועות / [יפת]חו פהׄ 4Q511 10,8 (VII)
ידי עשו עוגב ואצבעותי כנור 11Q5 XXVIII,4 (IV)

to gather verb **כנס**

אשר אין לו יאוכלנה וכנס לו ולב[יתו 4Q159 1ii4 (V)
ויׄהיו כונסים א[ת הדם] במזרקות 11Q19 XXXIV,7

assembly noun **כְּנֶסֶת**

ונפרדה כנסתם ולא יוסיפׄו עוד לתעות 4Q169 3-4iii7 (V)
]◦ היא כנסת אנשי / [4Q252 V,6 (XXII)
] / על כסא עון ועל במות כנׄסׄ[תם 4Q525 14ii2 (XXV)

to humble, subdue verb **כנע**

]◦צדק אהבת חסד לנוׄכנעים 1QS X,26
ולהתיצב במלחמה להכניע גוים 1QSa I,21 (I)
להכנ]יע לכה לאׄ[ומי]םׄ רׄ[ב]יׄםׄ 1QSb III,18 (I)
וסרה ממשלת כתיים להכׄניעׄ רשעה 1QM I,6
]וׄבׄגׄורל השביעי יד אל הגדולה מכנעת / [1QM I,14
ולהכניע מֲערֲכת / אויב בגבורת אל 1QM VI,5
ואת / פלשתיים הכנ[י]עׄ פׄעמים רבות 1QM XI,3
להכניע ולהשפיל שר ממשלת / רשעה 1QM XVII,5
ותכנע / אלים ממכון [1QH[a] XXIV,10
]◦ יכנעו [4Q381 39,1 (XI)
ואתן נפשי להכנע מלפנׄ[יך 4Q381 45a+b,2 (XI)
]יׄכנעו ול[4Q381 75,3 (XI)
לערוך המלחמה [להכ]נׄיע[אויב 4Q491 1-3,8 (VII)
{{להכני]עׄ אוׄיׄ}} בג[ו]רׄל {{ל}}שבט ֱושבט (VII)
היום הׄזה יכניענו אל יׄשׄרׄ[אל ל]כׄ[ו]לׄ[4Q491 11ii16 (VII)
ועתה כיום הזה / אשר נכנע לבנו 4Q504 1-2vi5 (VII)
כוׄ[ל]רוחי ממזרים להכניעם מיראׄ[תו 4Q511 35,7 (VII)
ובפׄיׄ יׄפחד [כול רוחות] / ממזרים להכׄניׄע[4Q511 48-49+51,3 (VII)
] להכנׄ[יע 4Q511 145,3 (VII)
] / להכני[ע 6Q18 1,6 (III)
ה]כׄנעך[PAM 43.699 36,1 (XXXIII)

Canaan proper noun **כְּנַעַן**

4Q**223-224** 2iii13 (XIII) בארץ **כנען** באר[ץ א]ברהם[אביהו]
4Q**226** 3,5 (XIII)]לארץ **כנע**[ן
4Q**252** II,6 (XXII) ויומר ארור **כנען** עבד עבדים יהייה לאחיו
4Q**252** II,10 (XXII)]ארץ **כנען** ששי[ם
4Q**252** II,13 (XXII)]**כנען** ל[
4Q**365** 32,4 (XIII)]לתור את ארץ **כנען**
4Q**379** 12,6 (XXII) לתחלת בואתם לארץ / **כנען**

Canaanite proper noun **כְּנַעֲנִי**

4Q**377** 1i8 (XXVIII) ה]חוי **הכנעני** החתי האמורי היב[ו]ס[י]
4Q**522** 3,2 (XXV)]**הכנעני** אשר[
4Q**522** 9ii9 (XXV) ועתה האמורי שם **והכנענ**[י
11Q**19** LXII,14 ואת האמורי **והכנעני** / החוי והיבוסי
PAM 43.692 85,1 (XXXIII)]◦חו **כנעניים**[

to hide oneself verb **כנף**

4Q**163** 23ii17 (V) ולוא **יכניף** ע[וד מוריכה

wing, flank, hem of garment noun **כָּנָף**

1QM IX,11 ועל דרוך מעט וראשים יוצאים **וכנפים**[
1QM X,14 מעשי חיה ובני **כנף** תבנית אדם
$1QH^a$ VI,30] רקיע על **כנפי** רוח ויפ◦[
$1QH^a$ XVI,9 ודליתו לכל עוף **כנף**
4Q**163** 2-3,3 (V) וה]יו מטות **כנפו** מלא רחב ארצכ[ה
4Q**184** 1,4 (V)] / מוסדי חושך רוב פשעים **בכנפיה** [
4Q**221** 4,2 (XIII) כי גל[ה] / **כנף** אביהו
4Q**370** 1i6 (XIX) וה[בהמה וכל]צפר כל **כנף**
4Q**405** 20ii-22,8 (XI) ברים **כנפיהם** קול[דממ]ת אלוהים
4Q**405** 40,3 (XI)]**כנפיהם** מ[
4Q**417** 16,2 (XXXIV)] **כנפיהן** משא[
4Q**417** 19,3 (XXXIV)]◦ בדבורה הלוא ◦◦ת **בכנפיה** י◦◦[
4Q**504** 6,8 (VII) יפרוש **כנפיו** ויקח וישאהו {{א}}על[
4Q**511** 18iii10 (VII)] / **כנפי** אליכה ◦[
4Q**511** 97,1 (VII)]צפור **כנף** י[
11Q**17** VII,6 (XXIII)]**כנפי** דעת[
11Q**17** VII,11 (XXIII) [ברים **כנ]פיה**[ם קול דממת אלוהים
11Q**17** VIII,9 (XXIII) **כ]נפיהם** מר[
11Q**19** VII,11 פורשים **כנפים**[על מקום הארון]
11Q**19** XLVIII,5 על הארץ ולעוף **בכנפיו**
11Q**19** LXVI,12 ולוא יגלה **כנף** אביהו
11Q**19** LXVI,13 ולוא יגלה **כנף** אחיהו בן אביה

throne noun **כִּסֵּא**

4Q**161** 8-10,19 (V) **כ]סא** כבוד נזר ק[ודש] ובגדי רוקמו[ת
4Q**174** 1-2i10 (V) והכינותי את **כסא** ממלכתו / [לעו]לם
4Q**215**a 1ii10 (XXXVI) כיא בא ממשל הצדק הטוב וירם **כסא** ה[
4Q**252** V,2 (XXII) [לוא י]כרת יושב **כסא** לדויד
4Q**282**c 5 (XXXVI) כבוד]ך **וכסאך** / [
4Q**405** 20ii-22,2 (XI)] מושב **ככסא** מלכותו ב[דבירי כבודו
4Q**405** 20ii-22,8 (XI) תבנית **כסא** מרכבה מברכים
4Q**405** 23i3 (XI)]**כסאי**{{כה}} כבוד מלכותו
4Q**418** 86,4 (XXXIV)]ם **כסאכה**[
4Q**419** 1,9 (XXXVI)] / **כסא** אשר רם בהוד[י]עם [
4Q**434** 2,7 (XXIX) כי]א **כסאו** לעולם ועד
4Q**491** 11i12 (VII) עו]למים **כסא** עוז בעדת אלים
4Q**504** 1-2iv7 (VII) וישב על **כסא** ישראל לפניך / כול הימים
4Q**511** 2i10 (VII) ו]לשרתו בגורל עם **כסאו**
4Q**521** 2ii+4,7 (XXV) כי יכבד את חסידים על **כסא** מלכות
4Q**522** 22-25,4 (XXV) [כסאות למ]שפט **כסאות** לבית דויד
4Q**524** 6-13,1 (XXV) [איש] יושב מבניו [על] **כס[א** מלכות ישראל]
4Q**525** 14ii2 (XXV)] / על **כסא** עון ועל במות כנס[תם
11Q**5** XXVI,11 (IV) אמת / ומשפט וצדק מכון **כסאו**
11Q**17** V,8 (XXIII)]**כסאי** עולמים [
11Q**17** VII,2 (XXIII)]על מרום **כסא**[
11Q**17** X,7 (XXIII) משאי קודש / **לכסאי** כבודו ולהדום ר[גליו
11Q**19** LVI,20 והיה בשבתו על **כסא** ממלכתו
11Q**19** LIX,14 לוא ימצא לו איש יושב על **כסא** / אבותיו
11Q**19** LIX,17 איש יושב מבניו על **כסא** מלכות / ישראל

to cover verb **כסה**

1QpHab X,15 לדעת את כבוד יהוה כמים / **יכסו** על הים[
1QM XII,9 כ]עננים וכעבי טל **לכסות** ארץ
1QM XIX,2 ט]ל **לכסות** ארץ וכזרם רביבים
4Q**159** 2-4,7 (V)] / **יכס** בשלמות אשה
4Q**163** 15-16,2 (V) הנביאים ואת] / [ר]אשיכמה הח[זים] **כסה**
4Q**166** II,9 (V) צמרי ופישתי **מלכסות** את[ערותה]
4Q**273** 5,2 (XVIII)] כי שבה **וכסתה** ◦[
4Q**299** 6ii3 (XX)] / אוילי **כסה** ◦[
4Q**317** 1+1aii4 (XXVIII) בששה בו] / **תכסה** שלוש[עשרא
4Q**317** 1+1aii5 (XXVIII)] / בשבעה בו **תכס**[ה ארבע עשרא
4Q**317** 1+1aii9 (XXVIII) השמש יכלה כול] / אורה **להכסות**
4Q**317** 1+1aii29 (XXVIII) וכן יחל **לה[כסות**
4Q**317** 2,24 (XXVIII)]בו **תכסה** [
4Q**317** 2,25 (XXVIII) ב]ו **תכסה** שלוש עשרא וכן ת[בוא ליום
4Q**317** 2,26 (XXVIII)]בו **תכסה** ◦◦◦[
4Q**317** 3,25 (XXVIII) בו **תכס]ה**[שמנה וכן תבוא ליום
4Q**317** 3,26 (XXVIII) בו]**תכסה** ת[שע וכן תבוא ליום
4Q**317** 3,27 (XXVIII) בו **ת]כסה** עש[ר וכן תבוא ליום
4Q**317** 3,28 (XXVIII)] בו **תכסה** ע[שתי עשרא וכן תבוא ליום
4Q**317** 3,29 (XXVIII)]◦ בו **תכסה** שתי[ם עשרא וכן תבוא ליום
4Q**317** 3,30 (XXVIII)]בו **תכסה** שלו[ש עשרא וכן תבוא ליום
4Q**317** 3,31 (XXVIII)]◦ בו **תכסה** ארבע[עשרא וכן תבוא ליום
4Q**317** 4,33 (XXVIII) בו]**תכסה** מ[ח]לוקת א[חת וכן תבוא ליום
4Q**317** 9,4 (XXVIII) **תכ]סה** ת[שע וכן]תבו[א ליום
4Q**317** 9,8 (XXVIII) **תכס]ה** שלושה עשר[וכן תבוא ליום
4Q**317** 10,3 (XXVIII)]ועשר[ים]בו **תכ[סה**
4Q**317** 10,4 (XXVIII) ו]עשרים בו **ת[כסה**
4Q**317** 10,5 (XXVIII) ועש]רים בו **תכסה**[
4Q**317** 12,5 (XXVIII) בו **ת]כסה** [תשע
4Q**317** 12,6 (XXVIII) בו]**תכסה** [עשר
4Q**317** 12,7 (XXVIII)]◦ים בו **תכסה** [עשתי עשרא
4Q**317** 12,8 (XXVIII)]◦ם בו **תכסה** ש[תים עשרא
4Q**317** 12,9 (XXVIII) בו]**תכסה** שלוש [עשרא
4Q**317** 22,2 (XXVIII)]◦ בו **תכ[סה**
4Q**317** 28,4 (XXVIII) ב]ו **תכס[ה**
4Q**317** 28,5 (XXVIII) בו]**תכס[ה**
4Q**317** 32,3 (XXVIII) אור]ה **להכ[סות**
4Q**317** 41,2 (XXVIII) בו **תכ]סה** [
4Q**365** 31a-c,3 (XIII) את המשכן **כ[סה** הענן
4Q**377** 2ii10 (XXVIII) **ויכס** / עליו הענן כיא ◦[
4Q**416** 2ii3 (XXXIV) ו]בחרפת[ו] **תכסה** פניכה
4Q**417** 2ii+23,5 (XXXIV) ובח[רפת]ו **תכסה** פניכ[ה
4Q**418** 127,2 (XXXIV) תבוא בפתחיה וקברת **וכס[תה**
4Q**418** 177,3 (XXXIV)] **וכסה** חרפתכה ⟦ ⟧[
4Q**418** 178,4 (XXXIV) **כס]ה** חרפתכה[
4Q**422** III,10 (XIII) ויבא ארבה **לכסות** עין הא[רצ]
4Q**438** 6,3 (XXIX)]◦ך לוא **כסותי** בל[
4Q**472**a 2 (XXXV)]◦◦◦ **למכסי** צו אם לוא[
4Q**492** 1,2 (VII) ופרשינו כעננים] / **לכסות** א[רץ

] / וכסה את בגדיו וברך ע[ל ברכיו	(VII)	**4Q512** 11,4
החלב **המכסה** את / הקר		**11Q19** XXIII,14
הארץ תשופכנו כמים **וכסיתו** בעפר		**11Q19** LII,12
הארץ תשופכנו כמים **וכסיתו** / בעפר		**11Q19** LIII,5

covering, clothing noun **כְּסוּת**

] / [ו]**כסו**[ת בטה]רתו	(XVIII)	**4Q270** 3iii20
]◦ וכמעיל ילבשוה **וכסות** / [	(XI)	**4Q381** 15,10
ואין **כסות** אל תשת יין	(XXXIV)	**4Q416** 2ii19
] / **כסות** אל תשת יין	(XXXIV)	**4Q417** 2ii+23,24
] / ◦◦ע **כסות**[	(XXXIV)	**4Q417** 4ii1

fool noun **כְּסִיל-1**

משפטי **כסיל** ונחלת חכמ[ים	(XX)	**4Q301** 2a,1
כ]סילים חקיך והודך ותפארת[ך	(XI)	**4Q381** 46a+b,3
]**לכסילי**[ם	(XXXIII)	PAM 43.698 48,2

constellation noun **כְּסִיל-2**

וככ[בי]ם **וכסילים** ויהיר ◦מר לאו[	(XI)	**4Q381** 1,5

loins noun **כֶּסֶל-1**

ואת החלב אשר על] / **הכסלים** ואת האלי[ה		**11Q19** XV,8
ואת החלב אשר על] / **הכסלים** ואת מנחתו		**11Q19** XVI,9
ואת אשר על **הכסלים**		**11Q19** XXIII,16

foolishness, folly noun **כֶּסֶל-2**

]**כסלכמה** כי חתום מכם[ח]תם החזון	(XX)	**4Q300** 1aii-b,2

to ravage verb **כסם**

] / **ויכסמוהו** חז[ירים	(XX)	**4Q302** 2iii6

silver, money noun **כֶּסֶף, כף**

מעשה חושב זהב **וכסף** ונחושת		**1QM** V,5
כמעשי / גדיל שפה בזהב **וכסף** ונחושת		**1QM** V,8
צורת ריקמה בזהב **ובכסף** ואבני חפץ		**1QM** V,14
כסף וזהב ואבני / חפץ בהיכל[ו]תיכה		**1QM** XII,12
וככסף מזוקק בכור נופחים לטהר שבעתים		**1QH^{a}** XIII,16
מתרפס ברוצי] **כסף**	(I)	**1Q16** 9-10,3
שדת **כסף** וכלוה / משקל ככרין שבעשרה	(III)	**3Q15** I,3
[כ]**סף** ארבעין / [כ]כר	(III)	**3Q15** I,14
כלין **וכסף** ככרין שבעין	(III)	**3Q15** II,6
ברין של **כסף** שש	(III)	**3Q15** II,11
כלי **כסף** וזהב של / דמע	(III)	**3Q15** III,2
כסף / ככ 40 [ ]	(III)	**3Q15** III,6
כסף / ככ 55	(III)	**3Q15** IV,4
שם שני דודין מלאי[ן **כסף**	(III)	**3Q15** IV,8
כסף ככ מאתין	(III)	**3Q15** IV,10
כסף ככ שבעין	(III)	**3Q15** IV,12
כסף ככ 12	(III)	**3Q15** IV,14
כסף ככ 7	(III)	**3Q15** V,4
כסף ככ 23	(III)	**3Q15** V,11
ברין של **כסף** שש	(III)	**3Q15** VII,10
כסף / וזהב ככ 17 [ ]	(III)	**3Q15** VIII,6
כסף ככ 70	(III)	**3Q15** VIII,16
בקובעה **כסף** מנח הרב	(III)	**3Q15** IX,10
כסף / ככרין ששין ושנין	(III)	**3Q15** X,6
וכסף ככ 60	(III)	**3Q15** XII,5
כל<י> **כסף** וכלי זהב / של דמע	(III)	**3Q15** XII,6
וכסף הכל ככרין שש מאות	(III)	**3Q15** XII,7
כס]ף שלוש[ים	(V)	**4Q158** 10-12,1
כ]ספו וגם [את המת יחצון]	(V)	**4Q158** 10-12,3
]**כסף** הערכים אשר נתנו איש כפר נפשו	(V)	**4Q159** 1ii6
חמ]שה **כסף** מעשר ה[מנה	(V)	**4Q159** 1ii11
חנם נמכרתם ולוא] **בכסף** תגאלו	(V)	**4Q176** 8-11,4
ונענש הנודר חמ[י]שית / **כסף** ערכו[	(XVIII)	**4Q266** 8ii3
בע]רובות ואת **כספו** בנש[ך	(XVIII)	**4Q267** 4,10
] / ◦◦◦ **בכס**[ף	(XVIII)	**4Q267** 7,4
ומכול הזהב ו]**הכסף** והנחשת [והבדיל	(XVIII)	**4Q269** 8ii2
וכסף הערכים לפדוי נפשם [	(XVIII)	**4Q270** 2ii9
ומכו[ל] / הזהב **והכסף** [והנחושת וה]בדיל	(XVIII)	**4Q271** 2,9
] **בכסף** [	(XVIII)	**4Q271** 3,1
ונתתי **בכ[סף** וצרתה] / [הכסף בידכה	(XIII)	**4Q364** 32,2
ונת]ת **הכספ**[בכול אשר] / [תאוה נפשכה	(XIII)	**4Q364** 32,4
יביא(ה) את תרומת יהוה זה]ב **וכסף** ונחושת	(XIII)	**4Q365** 11i3
וחצ]ו את **כספו** / [וגם את המת יחצון	(XIII)	**4Q366** 1,1
כ]סף וזהב למכש[ול	(XXVIII)	**4Q372** 8,7
ויביאו מנחתם **כסף** וזהב ואבן יקרה	(VII)	**4Q504** 1-2iv10
זהב **וכסף**[נחושת וברזל יכין	(XXV)	**4Q522** 9ii5
ל]וא תחמודו **כסף** וזהב אש[ר תוקש בו		**11Q19** II,8
] בו **כסף** וזהב מכול א[		**11Q19** III,5
ולכוננות **הכסף** אשר יהיו מעלים במה		**11Q19** XXXIII,14
ואם לוא יוכלו / לשאתו ימכרוהו **בכסף**		**11Q19** XLIII,14
והביאו את **הכסף** ולקחו בו דגן / ויין		
למען / הרבות לו סוס **וכסף** וזהב		**11Q19** LVI,17
וכסף וזהב לוא ירבה לוא מואדה		**11Q19** LVI,19
מעשי ידי אדם עץ ואבן **כסף** / וזהב		**11Q19** LIX,3
וענשו אותו מאה **כסף** / ונתנו לאבי הנערה		**11Q19** LXV,14
לאבי הנערה חמשים **כסף**		**11Q19** LXVI,10
] / **כסף** ת◦[	(XXXIII)	PAM 43.688 87,1

to be angry verb **כעס**

ידברו **להכעיס** ללוי ול[יהודה ולבנימן	(XXVIII)	**4Q372** 1,14
על / כל בני אהביך יעקב **בכעסים** לל[	(XXVIII)	**4Q372** 1,21
כיא הרביתה **להכעיס** לא[לוהיכה	(XXXVI)	**4Q460** 9i12
]**להכעיס**[ ]לל[	(VII)	**4Q504** 26,7

anger noun **כַּעַס**

לבלעו **בכעס** / חמתו אבית גלותו		**1QpHab** XI,5
כי עששו **מכעס** עיני ונפשי		**1QH^{a}** XIII,34
]כל **כעסו** על[י]רעם [ ] את◦[	(XIX)	**4Q391** 6-7,3

hand, socket, sole noun **כַּף**

ית[ן] לבני השחר כי / אם **כף** לכף		**CD** XIII,15
ית[ן] לבני השחר כי / אם כף **לכף**		
ואיש כבור **כפיו** לקרבו		**1QS** IX,15
לעזוב למו הון ועמל **כפים** כעבד למושל בו		**1QS** IX,22
לעשות רצון בכול משלח **כפים**		**1QS** IX,23
לשום / במרום קנו לנצל **מכף** רע		**1QpHab** IX,13
]◦ גליל **כפים** ומגדלות / וקשת ומגדלות		**1QM** IX,10
ואני בחרתי להבר **כפי** כרצו[נ]ך		**1QH^{a}** VIII,19
כיא מה עפר **בכפ**[ים		**1QH^{a}** 2i7
] / על שתי **כפות** הירדן עד ה[יום הזה	(V)	**4Q158** 1-2,13
]אותם ולהבר **כפים** ל[	(V)	**4Q160** 2,1
שלא] מלא **כפו** קוצר ו[חצנו מעמר	(V)	**4Q173** 4,1
פ]רוש אליו **כפיכה** בתפ[לה	(V)	**4Q184** 3,3
וארו[כ]ות ושוקיו חלקות **וכפות** רגליו / [	(V)	**4Q186** 2i5
[וימש]לו בכול מדרוך **כף**[רגל בני אדם	(XIII)	**4Q223-224** 1i2
ואיש [כבר **כ[פיו** לקרבו	(XXVI)	**4Q258** VII,13
]ואיש כבור **כפיו** לקרבו ל[פי] / [שכלו	(XXVI)	**4Q259** III,12
] **כפים** למען יהיו לכה	(XIII)	**4Q382** 104,2

4Q383 C,2 (XXX)]ד֯ כך **כף** ו◦[
4Q385a 1a-bii6 (XXX)] ואתנה נפש איביו **בכפו**[
4Q418 88ii6 (XXXIV)] / **לכף** רגליכה כיא אל דורש בין[
4Q420 1aii-b,6 (XX) עצ]מותיו **וכפיו** בצדק
4Q437 2i9 (XXIX) ותשימני לחץ ברור בסת[ר] **כפך** הסתרתני
4Q445 1,1 (XXIX)]רק **כפי** [
4Q500 1,6 (VII)]◦**כפות** שעשועיכה ◦[
4Q512 42-44ii6 (VII)]ה[פ]רוש **כפי**[ם]אני לה[
4Q525 2ii+3,3 (XXV) אשרי דורשיה / בבור **כפים**
11Q5 XXI,17 (IV) ו]מערמיה אתבונן **כפי** הברותי
11Q5 XXIV,3 (IV) פרשתי **כפי** / למעון קודשכה
11Q19 LIX,11 ופדיתים **מכף** שונאיהמה

כף ← **כֶּסֶף**

Cippa proper noun **כפא**
3Q15 V,12 (III) בקבר שבנחל **הכפא**

to subdue verb **כפה**
4Q381 31,5 (XI) ולשנאי נפשי לנגד ע[יני]ך **כפיתה**

branch noun **כִּפָּה**
4Q433a 2,5 (XXIX)] / **וכפותיו** עלמשענת רום השמים

atonement noun **כִּפּוּרִים, כִּפֻּרִים**
1QS III,4 לוא יזכה **בכפורים** ולוא יטהר במי נדה
1QS III,11 אז ירצה **בכפורי** ניחוח לפני אל
1QpHab XI,7 ובקץ מועד מנוחת / יום **הכפורים**
1Q34bis 2+1,6 (I)] / תפלה ליום **כפורים**
4Q255 2,8 (XXVI) אז ירצה **בכפורי** ניחוח
4Q257 III,6 (XXVI) לוא יזכה **בכפו**[רים ולו]א יטהר במי נדה
4Q262 1,1 (XXVI)] / [**בכפורי**]ם ולא יטהר ב[מי נדה
4Q319 12,3 (XXI) ב6] / [ביוירי]ב יום **הכפורים**[
4Q319 77,2 (XXI) יום **הכ**[**פו**]**רים** ◦[בישוע
4Q320 4iii7 (XXI) [ב]6 ביריב יום **הכפורים**
4Q320 4iv3 (XXI) ב6 במלכי[ה] יום **הכפ**[**ורי**]**ם**
4Q320 4v6 (XXI) [ב6] בחפא יום **הכפורים**
4Q320 4vi1 (XXI) ב6 בחזיר יום **הכפורים**
4Q321 V,2 (XXI) ביויריב בוא יום **הכפורים**
4Q321 V,6 (XXI) במלאכיה [בוא יום ה]**כ**[**פ**]**ורים**
4Q324d 3ii4a (XXVIII)]עשר בו יו[ם ה]**כפורים**[
4Q414 8,4 (XXXV)]**כפור** רצ[ונכה
4Q414 13,3 (XXXV) והקם לו חוק **כפור**[
4Q508 2,2 (VII)] / [תפלה ליום **כפורי**]**ם**
4Q512 39ii1 (VII) **כפורי**[**ם**]ואני אה[ל]לה ש[מכה
4Q512 29-32,21 (VII)]**לכפורי**[
4Q512 1-6,3 (VII)]נפש **בכפו**[**רי** רצונכה
4Q512 1-6,14 (VII) ותקדשהו [בכול] / **כפור**[**י**]רצונכ[ה
4Q513 6,1 (VII) כ]**פורים**[
4Q513 13,2 (VII)] **לכפורי** רצון / [
5Q13 4,2 (III)] ולוא יזכה **בכפור**[**ים**
11Q5 XXVII,8 (IV) ולים **הכפורים** שלושים שיר
11Q13 II,7 (XXIII) ויו]ם **הכפ**[**ו**]**רים** ה[וא]ה ס[וף]ה[יו]בל העשירי
11Q19 XXV,11 ובעשרה בחודש הזה / יום **כפורים** הוא
11Q19 XXV,14 לבד מחטאת **הכפורים** ומנחתמה ונסכמה
11Q19 XXV,15 ולחטאת **הכפורים** תקריבו / אלים שנים
PAM 43.686 40,2 (XXXIII)]**כפרים** ל◦[

כַּפּוֹרֶת ← **כַּפֹּרֶת**

rafter noun **כָּפִיס**
1QpHab IX,15 כיא / אב[ן]מקיר תזעק [ו]**כפיס** מעץ יע[ננה]
1QpHab X,1 להיות אבניה בעשק **וכפיס** עצה בגזל
1QHa XIV,26 **וכפיס** על קו משפט
1QHa XIV,36] לתפל **וככפיס** לא[

young lion noun **כְּפִיר**
1QHa XIII,9 ותסגור פי **כפירים** אשר / כחרב שניהם
4Q167 2,2 (V)]◦ **כפיר** החרון כי אנוכי כשחל [לא]פ[רי]ם
4Q169 3-4i5 (V) פשרו]על **כפיר** החרון אשר יכה בגדוליו
4Q169 3-4i6 (V) פשרו על **כפיר** החרון / [
4Q169 3-4i9 (V) **וכפיריכה** תאכל חרב והכר[תי מארץ
4Q169 3-4i10 (V) **וכפיריו** הם / גדוליו[

to double verb **כפל**
1QpHab VII,15 פשרו אשר **יכפלו** עליהם / [
4Q365 12biii8 (XIII) רבוע הי[ה] **כפול** ע[שה את החשן]
4Q365 12biii9 (XIII) זרת אורכו וזרת רחובו **כפול**

double noun **כֶּפֶל**
4Q176 1-2i6 (V) כיא לקחה מיד •••• **כפלים** בכול חטותיהא

to bend, bow verb **כפף**
4Q385 2,10 (XXX) ומקץ י]מים **יכף** עץ ויזקף[
4Q521 2ii+4,8 (XXV) מתיר אסורים פוקח עורים זוקף **כפ**[**ופים**]

to cover, atone verb **כפר**
CD II,5 ורוב סליחות / **לכפר** בעד שבי פשע
CD III,18 ואל ברזי פלאו **כפר** בעד עונם
CD IV,6 הקודש שונים אשר **כפר** / אל בעדם
CD IV,9 **לכפר** / על עונותיהם כן יכפר אל בעדם
CD IV,10 לכפר / על עונותיהם כן **יכפר** אל בעדם
CD XIV,19 משי]ח אהרן וישראל **ויכפר** עונם [
CD XX,34 **וכפר** אל בעדם וראו בישועתו
1QS II,8 ולוא יסלח **לכפר** עווניך
1QS III,6 דרכי איש **יכופרו** כול / עוונותו
1QS III,8 וברוח יושר וענוה **תכופר** חטתו
1QS V,6 **לכפר** לכול המתנדבים לקודש באהרון
1QS VIII,6 **לכפר** בעד הארצ
1QS VIII,10 והיו לרצון **לכפר** בעד הארצ
1QS IX,4 **לכפר** על אשמת פשע ומעל חטאת
1QS XI,14 וברוב טובו **יכפר** בעד כול עוונותי
1QSa I,3 (I) שמרו בריתו בתוך רשעה **לכפ**[**ר** בעד האר]ץ
1QM II,5 **לכפר** בעד כול עדתו
1QHa IV,12 **ולכפר** בע[ד עוו]ן ומעל
1QHa XII,37 כי **תכפר** עוון ולטה[ר]אנוש מאשמה
1QHa 2i13 רוח קו]דשכה הניפותה **לכפר** אשמה / [
1Q22 1iii11 (I) וביום ע[שר ל]חודש **יכופר**[
1Q22 1iv3 (I)]◦◦◦צנה [**ויכ**]**ופר** להם בו [
1Q22 24,1 (I) **לכפ**]**ר** בעד [
1Q27 6,2 (I)]שיהמה [**י**]**כפר** על שגג◦◦◦◦ל [
1Q27 6,3 (I)]עד עולם לפניו **לכפר** ה[
4Q159 1ii2 (V)]◦ל את ◦[ ]ותיו **ולכפר** לכול פשעיה[ם
4Q163 14,5 (V)]◦מה **כפרם**[
4Q221 4,4 (XIII) ואין כפורים **לכ**[**פר** על / האיש
4Q249g 1-2,4 (XXXVI) **לכפ**]**ר** בעד הארץ
4Q255 2,2 (XXVI) וברוח ישר וענו[ה **תכופ**]**ר** חט[ת]ו
4Q256 III,2 (XXVI) ולוא יסלח **לכפר** עוונכה
4Q257 III,11 (XXVI) וברוח יושר וענו]ה **תכופר** חטאתו
4Q258 VII,4 (XXVI) **לכפר** על אשמת פשע / [ומע]ל[חטא]ת

4Q258 XIII,1 (XXVI) ויכ**פר** / [בעד כול עוונ]ותי[
4Q265 7,9 (XXXV) וריח ניחוח ל**כפר** על ה[א]רץ
4Q266 3i3 (XVIII) ל**כפר** / [על עוונותי]הם כ[ן יכפר אל בעדם
4Q266 4,8 (XVIII)] / ו**כפ[ר** אל בעדם]וראו ביש[ועתו
4Q277 1ii3 (XXXV) הכוהן ה**מכפר** בדם הפרה
4Q277 1ii4 (XXXV) [כלי] החלמה [אש]ר **כפרו** בם
4Q277 1ii7 (XXXV) כי[א **מ]כפר** הוא על הטמ[א]
4Q299 55,5 (XX) עבו]דת קודשו ול**כפר** על ◦◦[
4Q365 34,3 (XIII) ו**כפר** הכוה[ן ע]ל[הנפש השוגגת
4Q367 1a-b,13 (XIII) [וכ]**פר** עליה הכו[הן וטהרה
4Q375 1ii6 (XIX) ושחט אותו וכ]**פר** בעד כול העדה
4Q394 9,3 (X)]◦**כפר** על[יה]ם כי על[
4Q400 1i16 (XI) ו**יכפרו** רצונו בעד כול שבי פשע
4Q414 1ii-2i3 (XXXV)]כה ול**כפר** לנו / ברצונכה [
4Q434 1ii3 (XXIX) ואת עון אבותם ו**יכפרו** במ[ים
4Q434 2,4 (XXIX) בעד אש]מתם / **יכפר**
4Q491 1-3,4 (VII)]◦ **יכפרו** בערכמ[ה
4Q502 2,6 (VII)]אל ו**מכפר**[
4Q504 1-2ii9 (VII) כיא **כפר** מושה / בעד חטאתם
4Q504 11,3 (VII)]תה ל**כפר** / [
4Q508 7,1 (VII)]**כפר** ע[ל
4Q508 30,1 (VII)]◦ לכה ל**כפר**[על]יו ע[ל]כול ◦◦◦ / [
4Q509 54,2 (VII)]מעל{{ת}} **הכפרתה** מ[
4Q512 29-32,9 (VII) ותטהרני מערות נדה ו**תכפר** לבוא [
4Q513 2ii4 (VII) ול**כפר** {{במה}} בהם לרצון על י[שראל
11Q13 II,8 (XXIII) ל**כפר** בו על כול בני [אור
11Q13 III,10 (XXIII) ולשאת עמוד ו**כפר** ◦[ ]א[
11Q19 XIV,11 לבד הוא יעשה ל**כפ[ר** עליכמה
11Q19 XVI,14 ו**יכפר** בו[על כול עם] / הקהל
11Q19 XVII,2] וישמחו כי **כופר** עליהמה[
11Q19 XXII,15 כי ביום הזה **יכפרו** / [ע]ל [כו]ל [יצ]הר
11Q19 XXVI,7 ו**כפר** בו על כול עם הקהל
11Q19 XXVI,9 ו**יכפר** בו על כול עם הקהל
11Q19 XXXII,6]אשמתם ל**כפר** על העם
11Q19 LXIII,6 **כפר** לעמכה ישראל אשר פריתה / יהוה
11Q19 LXIII,7 ו**כופר** להמה הדם
11Q20 V,11 (XXIII) ביו]ם הזה **יכפרו** על התירוש
11Q20 V,19 (XXIII) ו**כפ]ר** בו על כול העדה
11Q20 VI,8 (XXIII) כי ביום הזה **יכפרו** ע[ל כול יצהר הארץ
PAM 43.678 69,1 (XXXIII)]שלמים ו**כפר** [ ]][
PAM 43.689 4,2 (XXXIII)]**כפר** [

Chephar-nebo proper noun **כְּפַר נְבוֹ**
3Q15 IX,11 (III) הקרובין ל**כפר נבו** ב / מ‹ז›רח כלפיהם

כֹּפֶר-4 ← כּוֹפֶר

כְּפָרִים ← כִּפּוּרִים

altar cover noun **כַּפֹּרֶת, כַּפּוֹרֶת**
4Q364 17,3 (XIII) ונתתה את] / **הכפרת** על הארון העדו{{ו}}ת
4Q365 8a-b,1 (XIII) [**הכפורת** על הארון [העדות
11Q19 III,9 ה]**כפרת** אשר עליו זהב טהור[
11Q19 VII,9 ו**הכפרת** אשר מלמ[עלה מן הארון

to bind verb **כפת**
4Q225 2ii4 (XIII) אמר ישחק אל אביו **כ[פות** אותי יפה

lampstand noun **כַּפְתּוֹר-2**
11Q19 IX,2 וגביעיה **כפתור**]יה ופרחי[ה] / [ממנה יהיו

כַּר-1 ← כור

כְּרָב ← כְּרוּב-1

to dig verb **כרה-1**
CD VI,3 **כרוה** / נדיבי העם במחוקק
CD VI,9 ונדיבי העם הם / הבאים ל**כרות** את הבאר
4Q267 2,9 (XVIII) באר חפ[ר]וה שרים **כרוה** / נדיבי [העם]
4Q418 55,3 (XXXIV)]◦ בעמל **נכרה** דרכיה נרגיע / [
4Q424 3,6 (XXXVI) איש שמן לב אל תשלח ל**כרות** מחשבות
4Q525 5,12 (XXV)] / יסיבלו ערומים **יכרו** דרכיה

cherubim noun **כְּרוּב-1, כְּרָב**
4Q286 1ii2 (XI) ומרכבות כבודכה **כרוביהמה** ואופניהמה
4Q364 16,2 (XIII) **כרו]בים** מ[עשה חושב תעשה אותם
4Q391 16,2 (XIX)] **כרב** א[
4Q403 1ii15 (XI) וברכו פלא **כרוביהם** ואופניה[ם
4Q405 20ii-22,3 (XI)]**כרובי** קודש אופני אור בד[ביר
4Q405 20ii-22,7 (XI) יפולו לפנו ה[**כרו]בים** וב[ר]כו בהרומם
4Q405 20ii-22,8 (XI) מרכבה מברכים ממעל לרקיע **הכרובים**
4Q511 41,2 (VII)]ת ל**כרובי** קודש[
11Q17 V,9 (XXIII) ב]דניהם **כרובי**[
11Q17 VII,5 (XXIII) **כרו]בי** קוד[ש אופני אור
11Q19 VII,10 ושנים **כרובים** [תעשה משני קצות הכפורת]

fortified place, city, capital noun **כְּרַךְ**
4Q468g 5 (XXXVI)] / לחם את **הכרכים**[

כרל ?
1Q22 12,3 (I)]אל **כרל** [

vineyard noun **כֶּרֶם-1**
← בֵּית הַכֶּרֶם
1Q25 8,1 (I)]כי **מכרמ**[
4Q158 10-12,7 (V) מיטב שדהו ומיטב **כרמו** ישלם
4Q266 6iii4 (XVIII) ועללות ה**כ[רם** עד עשרה גרגרי]ם
4Q266 6iv2 (XVIII) כול הלולי] / נטעי **הכר[ם**
4Q270 3ii12 (XVIII) ועול]לות **הכרם** [ע]ד עש[רה גרגרים]
4Q364 23a-bi1 (XIII) נ]טה בשדה וב**כר[ם** ול]וא / [נשתה מי בור
4Q372 2,6 (XXVIII) לע]שות חמדו לעוד **כרם** [
4Q372 4,7 (XXVIII)]◦ **כרם** וה[
4Q381 1,6 (XI)] / עץ וכל פרי **כר[ם** וכל תבואות שדה
4Q393 3,9 (XXIX) בורות חצובות ומקו[י מים **כרמים** וזיתים]
4Q396 1-2iv7 (X) ושלוא לזרוע שדו וכ[**רמו** כלאים]
4Q433a 2,3 (XXIX) שעשועים נטע בעד[ן] ו**בכרמו** ◦[
11Q19 LVII,21 ולוא יחמוד / שדה ו**כרם** וכול הון

Carmel, orchard proper noun **כַּרְמֶל-3**
4Q163 21,3 (V)]ל ל**כרמל** ושבו ה[
4Q169 1-2,5 (V) [אמלל בשן ו]**כרמל** ופרח לבנן אמלל
4Q169 1-2,7 (V)] / [**כר]מל** ולמושליו לבנון
4Q418c 10 (XXXIV) ר]אש **הכרמל** תש[

? noun **כרנמה**
4Q418 107,7 (XXXIV)] **כרנמה** עם [

to bow down, be infirm verb **כרע**
CD XIV,15 ביד עני ואביון ולזקן אשר / [**יכר]ע**
1QM XI,13 וביד **כורעי** עפר להשפיל גבורי עמים
4Q266 10i8 (XVIII) בעד[העו]ני והאביון / [ולזקן א]שר **יכרע**

lower leg noun כֶּרַע

]ׄ הכרעים ויק[טירו		11Q19 XXIV,4
ומרחצים את / הקרבים ואת הכרעים		11Q19 XXXIV,11
יש לו כרעים מעל רגליו		11Q19 XLVIII,5
]כרעיׄו [	(XXXIII)	PAM 43.664 37,1

to cut, cut off, exclude verb כרת

בה תעי בניׄ נח ומשפחותׄיהם בה הם נכרתים		CD III,1
ויכרת / זכורם במדבר		CD III,6
ומלכיהם בו נכרתו וגיבוריהם בו / אבדו		CD III,9
הבריׄת אשר כׄרׄת / משה עם ישראל		CD XV,8
יכרתו מקׄרׄבׄ המׄחׄנׄה		CD XX,26
ונכרת מתוכ כול בני אור		1QS II,16
להשמיד ולהכרית את קרן / ◦[		1QM I,4
וברית [כ]רתה לאבותינו		1QM XIII,7
ותכרת במ[שפ]ט כול אנשי מרמה		1QH^a XII,20
להכרית במשפט כול / עוברי פיכה		1QH^a XII,26
] כרתו ◦◦◦◦ / במלחמות זׄדׄים		1QH^a XIV,34
] נׄכרתה ותשׄ[	(I)	1Q25 15,2
סביב נכרתו צריך ציון	(XVI)	4Q88 VIII,6
והכר[תי מארץ ט]רפה	(V)	4Q169 3-4i9
ואל / תחר אף להרע כיא מרעים יכרתו	(V)	4Q171 1-2ii2
כיא כול הממרים / לשוב מעונם יכרתו	(V)	4Q171 1-2ii4
מבורכ[ו יר]שו ארץ ומקׄוׄללׄ[ו יכר]תו	(V)	4Q171 1+3-4iii9
וב]קודשו יתענגו וׄ[מקול]לׄוׄ / יכרתו	(V)	4Q171 1+3-4iii12
ר]שעי ישראל אשר יכרתו ונשמׄדׄ[ו]	(V)	
ו[י]רוממכה לרשת / ארץ בׄהכׄרת רשעים	(V)	4Q171 3-10iv11
]יׄובדו ונכרתו / מׄתׄוך עדת היחד	(V)	4Q171 3-10iv18
הברית אשר א]נׄכׄי כורת ביני ובינך	(XIII)	4Q216 I,14
[וכ]ל הׄעשה בׄו מלאכה ונכרׄתׄהׄ [לע]וׄ[ל]םׄ	(XIII)	4Q218 3
ולא יכרתׄוׄ מׄן הא[רץ]	(XIII)	4Q218 4
וׄהׄכׄריתכׄ[ה מן הארץ]	(XIII)	4Q219 II,26
הכרת אתה ונכ]רׄתים בניכה	(XIII)	4Q223-224 2iv12
] נכרתה עם אברהם	(XIII)	4Q225 1,4
]תׄ תכרת הנׄ[פש] ההיא / [מקרב ע]מׄיה[	(XIII)	4Q225 2i1
]הׄכׄרׄתׄ עליו מתוך[עמו	(XXXV)	4Q251 3,2
]◦ה חליפה היא כל אשר הכרת ע[ליו	(XXXV)	4Q251 18,5
[לוא י]כׄרׄת יושב כסא לדויד	(XXII)	4Q252 V,2
ו]לׄו יכרת בית הׄחׄבר מידם	(XVIII)	4Q266 10i10
] / יכׄרׄוׄתׄ [את בית ישראל	(XVIII)	4Q271 4ii2
על] פי הדׄ[ברי]םׄ האׄלה כרתי עמכה ברית	(XVIII)	4Q271 4ii3
] / ויכׄרת בׄלוא ◦[	(XX)	4Q302 2iii7
והש]מׄותי את במותיכם והכרתי אתׄ[חמניכם]	(XIII)	4Q365 25a-c,14
]הׄשמר לך פן תכרות / [ברית ליושב הארץ	(XXVIII)	4Q368 2,3
וירמסוויו בהמות הכרׄתׄ בלא[	(XXVIII)	4Q368 10ii7
אשר כרת עם יעקב להיות עמו	(XXVIII)	4Q372 3,9
א]שר כרת יהוה ל◦[	(XXII)	4Q378 14,4
]◦◦ אשר כׄ[רת]הׄ עם אברהם / [	(XXII)	4Q378 22i4
]מׄקוה לאיביך יכרתו [	(XI)	4Q381 28,3
וכן א[כרת] / משמחת עוד	(XI)	4Q381 33+35,9
]וׄלׄהפיר ברית כרת לכם	(XI)	4Q381 69,8
]◦ להכרׄיׄת ◦[	(XIII)	4Q382 111,2
והפרו את] / הברית אשר כׄ[רתי ע]ם אברהם	(XXX)	4Q388a 7ii2
והממזר ופצוע הדכה וכרו]ת השפכת	(X)	4Q396 1-2i5
נ]כרת[	(XIII)	4Q422 8,2
ולאומים יכׄרׄוׄתׄ ורשעים◦ [	(XXIX)	4Q434 2,2
ויכרות להׄם ברית לשלום	(XXIX)	4Q434 7b,2
ולו]אׄ עוד יכריתנה מיׄ◦◦[	(XXIX)	4Q446 1,2
]אכרתה עמךׄ[בר]יׄ[ת]לׄעיני הקהל	(XIX)	4Q470 1,6
] כרתה[	(VII)	4Q499 1,6
ותכרות אתנו ברית בחוׄ[רב	(VII)	4Q504 3ii13
לו]א יכרת לׄו [איש] יׄושב מבניו	(XXV)	4Q524 6-13,1
טהר חמס מגוך שקר / ועול נכרתו ממך	(IV)	11Q5 XXII,7
סביב נכרתו / צריך ציון	(IV)	11Q5 XXII,10
הש]מר לׄכה פן תכרות בר[ית ליושב הארץ]		11Q19 II,4
ואת] / [אשריה]מׄה תכרותון		11Q19 II,7
השמר פן תכרותׄ[ברית ליושב הארץ]		11Q19 II,12
לוא / תתענה בעצם היום הזה ונכרתה מעמיה		11Q19 XXV,12
לוא יתענו בו ו[נ]כׄרתו מתוך / עממה		11Q19 XXVII,7
כברית אשר כרתי עׄם יעקׄוב בבית אל		11Q19 XXIX,10
ומחצית העם לוא יכרתו מעריהמה		11Q19 LVIII,11
כי לעולם אכרית זרעו ממשול עוד		11Q19 LIX,15
לוא יכרת לו איש יושב מבניו		11Q19 LIX,17
]יׄכרת [	(XXXIII)	PAM 43.664 10,2
]כׄרת הׄ[	(XXXIII)	PAM 43.690 50,1

lamb noun כֶּשֶׂב

]שור[ו]כשב ועזׄ אשר לא שלמו [שבעת ימים	(XXXV)	4Q251 12,1
וטלוא בעזים] / [וחום בכ]שבים	(XIII)	4Q364 4b-eii15
[ישחט]מׄחוצ למׄחׄנה שׄוׄרׄ וכשב ועז	(X)	4Q394 3-7ii15

Chaldeans proper noun כַּשְׂדִּאִים, כַּשְׂדִּיִּים

]כׄיא הנני מקים את / הכשדאים הגוׄי המׄרׄ[		1QpHab II,11
בצאתו / מאור כשדיים ויבוא חׄרן	(XXII)	4Q252 II,9

כַּשְׂדִּים ← כַּשְׂדִּאִים

to stumble verb כשל

וגבורי חיל נכשלו בם מלפנים		CD II,17
וכול רוחי גורלו להכשיל בני אור		1QS III,24
ואמ אכשול בעוון בשר		1QS XI,12
איש זקן כושל לבלתי התחזק בתוך העדה	(I)	1QSa II,7
לוא] תׄכש[ל	(I)	1QSb II,26
ולכשילם ביום צום שבת מנוחתם		1QpHab XI,8
ויקרא כושלים לׄ[גבורו]תׄ פׄלא		1QM XIV,5
ומכשול בכול דברי רצונך		1QH^a IV,23
]◦◦ׄ כשול בכול מ◦[		1QH^a VIII,14
נמאר בתכמי עבדכה להכשׄיׄלׄ[רוח]		1QH^a XIII,28
ויבוא בעצמׄיׄ / להכשיל רוח ולכלות כוח		1QH^a XIII,36
לחיות רוח כושלים ולעות לעאף דבר		1QH^a XVI,36
וכושלי ארצ ירׄ[ים לאין מחיר		1QH^a XXVII,4
יכ]שׄלון ברכים וש[ ]ן / [	(III)	2Q23 1,10
ואין קץ לגויה וכשלו וגויתם	(V)	4Q169 3-4ii4
ואף בגוית בשרם יכשולו בעצת אשמתם	(V)	4Q169 3-4ii6
מכ[ול] / בני בליעל הׄמכשילים אותמה	(V)	4Q174 1-2i8
באו במחשבת[ב]ל[י]על להכשיל בׄ[ני] / אוׄ[ר]	(V)	
]המכשילים את בני האור / [	(V)	4Q177 10-11,7
ותכשילהו ישרים להטות דרך	(V)	4Q184 1,14
כי] / גבורי חיל נׄכׄשׄ[לו בם מלפנים	(XVIII)	4Q266 2ii17
ו]הׄכׄשלתה בעמ◦[	(XIII)	4Q382 104,4
]כשׄיׄל[	(XIX)	4Q384 24,1
] / ל[ו]אׄ יׄכשול בה	(XXXIV)	4Q415 11,10
אל תגע פן תכשל וחרפתכה תׄרׄבה מאׄוׄדׄהׄ	(XXXIV)	4Q416 2ii16
ולגלות נסתרות להרימ כושלים ונופליהמה	(XXIX)	4Q427 7i19
וכושלי ארצ ירים לאין מחׄיׄרׄ	(XXIX)	4Q427 7ii10
]◦◦ הכושלים [	(XXIX)	4Q427 16,3
ונגע נמאר / [בתכמי]עבדכה להכשיל רוח	(XXIX)	4Q429 2,12
ובהוות] / [פשעם יכש]לו וכמו	(XXIX)	4Q429 4i11
]לׄ[כ]לׄ[ו]ת עולם וכושלי ארץ	(XXIX)	4Q431 2,9
] / הׄמׄכשׄיׄלים ◦[	(VII)	4Q504 1-2vi17

4Q**509** 12i-13,5	(VII)	] / מנחם **נכשלים** בפשעיהם[
4Q**525** 6ii4	(XXV)	] / ברך ו**מכשלת** בלו[א

stumbling noun **כִּשָּׁלוֹן**

1QH[a] XVII,25		**וכשלוני** לגבורת / עולם

to practice sorcery verb **כשף**

11Q**19** LX,18		ומעונן ומנחש ו**מכשף** חובר חבר

sorcery noun **כֶּשֶׁף**

4Q**169** 3-4ii7	(V)	טובת חן בעלת **כשפים** הממכרת גוים בזנותה
	(V)	הממכרת גוים בזנותה ומשפחות ב[**כש**]**פיה**

כֹּשֶׁר ← **כּוֹשֶׁר**

to write verb **כתב, כ(תב)**

CD I,13		היא העת אשר היה **כתוב** עליה
CD III,3		**ויכתבו** אוהבים / לאל ובעלי ברית לעולם
CD V,1		ועל הנשיא **כתוב** / לא ירבה לו נשים
CD V,10		לזכרים / הוא **כתוב** וכהם הנשים
CD VII,10		הדבר אשר **כתוב** בדברי ישעיה בן אמוץ
CD VII,19		כאשר **כתוב** דרך כוכב מיעקב
CD IX,5		ואין **כתוב** כי אם נוקם הוא לצריו
CD IX,18		והמבקר **יכתב**הו בידו
CD XI,18		כי כן **כתוב** מלבד שבתותיכם
CD XI,20		כי **כתוב** זבח / רשעים תועבה
CD XIII,12		**וכתב**והו במקומו כפי נחלתו
CD XIV,4		**ויכתבו** בשמותיהם / איש אחר אחיהו
CD XIX,1		**ככ** שומר הברית והחסד
CD XIX,7		הדבר אשר **כתוב** ביד זכריה הנביא
CD XIX,35		וב**כתבם** לא יכתבו מיום האסף {{יור מורה}}
		ובכתבם לא **יכתבו** מיום האסף {{יור מורה}}
CD XX,19		וישמע **ויכתב** ספר זכרון לפניו
1QS V,15		כיא כן **כתוב** מכול דבר שקר תרחק
1QS V,17		כאשר **כתוב** חדלו לכם מן האדם
1QS V,23		**וכתבם** בסרך איש לפני רעהו
1QS VI,10		אל ידבר לפני תכונו ה**כתוב** / לפניו
1QS VI,20		**וכתבו** בחשבון בידו
1QS VI,22		**יכתוב**הו בסרך תכונו בתוך אחיו
1QS VI,26		באמרות את פי רעהו ה**כתוב** לפנוהי
1QS VII,2		ואם באחד מן הכוהנים ה**כתובים** בספר
1QS VII,21		ואם יקרבהו **ונכתב** בתכונו
1QS VIII,14		כאשר **כתוב** במדבר פנו דרך ••••
1QS VIII,19		ואחר **יכת**{{◦}}**ב** בתכונו
1QS IX,2		ואחר **יכתוב** בתכונו ליחד קודש
1QSa I,21	(I)	רק בסרך הצבא **יכתוב** משפחתו
1QpHab VII,1		וידבר אל אֱל חבקוק ל**כתוב** את הבאות
1QM III,2		על חצוצרות מקרא העדה **יכתובו** קרואי אל
1QM III,3		ועל חצוצרות מקרא ה{{ס}}שרים **יכתובו**
		ועל חצוצרות המסורות **יכתובו** סרך אל
1QM III,4		ועל חצוצרות אנשי / השם {{**יכתובו**}}
		בהאספם לבית מועד **יכתובו** תעודות אל
1QM III,5		ועל חצוצרות המחנות / **יכתובו** שלום אל
		ועל חצוצרות מסעיהם **יכתובו** גבורות אל
1QM III,6		ועל חצוצרות סדרי המלחמה **יכתובו**
1QM III,7		המלחמה לצאת למערכת האויב **יכתובו**
1QM III,8		ועל חצוצרות החללים **יכתובו** יד גבורת אל
		ועל חצוצרות המארב **יכתובו** / רזי אל
1QM III,9		ועל חצוצרות המרדף **יכתובו** נגף אל
1QM III,10		לבוא המערכה **יכתובו** על חצוצרות המשוב
1QM III,11		לבוא אל העדה ירושלים **יכתובו** גילות אל
1QM III,13		אשר בראש כול העם **יכתובו** עם אל
1QM III,15		אשר לשלושת השבטים / **יכתובו** ב◦◦[
		ע]ל אות השבט **יכתובו** נס אל
1QM IV,1		ועל אות מררי **יכתובו** תרומת אל
		ועל אות הא[ל]ף **יכתובו** אף אל בעברה
1QM IV,2		ועל אות המאה **יכתובו** מאת / אל יד מלחמה
1QM IV,3		ועל אות החמשים **יכתובו** חדל / מעמד
1QM IV,4		על אות העשרה **יכתובו** רנות / אל בנבל
1QM IV,6		וב{{ב}}לכתם למלחמה **יכתובו** על אותותם
1QM IV,7		ובגשתם למלחמה **יכתובו** על אותותם
1QM IV,8		ובשובם מן המלחמה **יכתובו** על אותותם
1QM IV,9		בצאתם למלחמה **יכתבו** על אות הראישונה
1QM IV,11		ופרוש שמותם **יכתובו** עם כול סרכם
		ובגשתם למלחמה **יכתובו** על אותותם
1QM IV,13		ואת כול פרוש / שמותם **יכתובו** עליהם
		ובשובם מן המלחמה **יכתובו** על אותותם
1QM V,1		ועל מ[ ]◦ נשיא כול העדה **יכתבו** שמו[
1QM VI,2		ועל לוהב הזרק **יכתובו** ברקת חנית
		ועל השלט השני **יכתובו** / זיקי דם
1QM VI,3		ועל הזרק השלישי **יכתובו** שלהובת חרב
1QM IX,15		ועל כול מגני המגדלות / **יכתובו**
1Q**34**bis 3ii7	(I)	**וכתב** ימינך להודיעם יסורי כבוד
2Q**25** 1,3	(III)	כי]כן **כתוב** בספר מוש[ה
4Q**163** 1,4	(V)	כאשר כ]**תוב** עליו ביר[מיה
4Q**163** 2-3,5	(V)	כ]**תוב** ב[
4Q**163** 4-7i1	(V)	]**כתוב** / [
4Q**163** 4-7ii18	(V)	] / כאשר **כתוב**[כליון חרוץ שוטף צדקה
4Q**163** 8-10,8	(V)	**כתו]ב** בספר זכריה מפ[
4Q**163** 47,2	(V)	כא]שר **כתו[ב**
4Q**165** 1-2,2	(V)	ואשר **כתוב**[
4Q**165** 6,2	(V)	ואשר **כ[תוב** לא יקרא עוד לנבל נדיב
4Q**165** 8,2	(V)	וא]שר **כ[תוב**
4Q**174** 1-2i2	(V)	ב]אחרית הימים כאשר **כתוב** בספר / [
4Q**174** 1-2i12	(V)	כאשר **כתוב** והקימותי את סוכת דויד
4Q**174** 1-2i15	(V)	] / אשר **כתוב** בספר ישעיה הנביא
4Q**174** 1-2i16	(V)	והמה אשר **כתוב** עליהמה בספר יחזקאל
4Q**174** 1-3ii3	(V)	אש]ר **כתוב** בספר דניאל הנביא
4Q**176** 8-11,13	(V)	וכבוד רב **כתוב** ב[
4Q**177** 1-4,7	(V)	והמה אשר **כתוב** עליהם באחרית [הימים
4Q**177** 1-4,12	(V)	]עתה הנה הכול **כתוב** בלוחות אשר[
4Q**177** 5-6,11	(V)	]אשר **כתוב** עליהם בספר[
4Q**177** 7,3	(V)	אש]ר **כתוב** בספר יחזקאל הנ[ביא
4Q**177** 10-11,1	(V)	כאשר **כתוב** / [
4Q**177** 10-11,3	(V)	א]שר עליהם **כתוב** ורפאתי את / [
4Q**178** 3,2	(V)	]◦ כאשר **כתוב**[
4Q**180** 5-6,2	(V)	אשר כ]**תוב** על האר◦[
4Q**180** 5-6,5	(V)	אש]ר **כתוב** על פרעה[
4Q**182** 1,4	(V)	אשר כ]**תוב** עליהם בספר ירמ[יה
4Q**200** 6,4	(XIX)	] בכן דבר טובי ו**כתוב** תהלה בתשבוחת
4Q**216** IV,6	(XIII)	ויאמר אל מלאך ה]פנים ל**הכתיב**
4Q**221** 4,1	(XIII)	[**כ]ת[וב**] שנית[ארור שוכב עם אשת]אביהו
4Q**227** 2,4	(XIII)	**ויכתוב** את כול / [
4Q**228** 1i9	(XIII)	כי כן **כתוב** במחלקות / [
4Q**249** 13,5	(XXXV)	כ]אשר **כתוב**[
4Q**252** III,1	(XXII)	כאשר **כתוב**[
4Q**258** II,2	(XXVI)	ול**הכתב** איש לפני רעה בסרך
4Q**258** VII,3	(XXVI)	**ונכתב** בתכונו ליחד קודש
4Q**259** III,5	(XXVI)	כאש[ר] / **כתוב** [במד]בר פ[נו דרך האמת
4Q**261** 1a-b,2	(XXVI)	ול**כת[ב**] / [איש לפנ]י רע[הו בסרך

]אשר **כתוב**[4Q**265** 1,2 (XXXV)
] **כתוב** בס[פר] ישעיה הנביא / [רני עקרה 4Q**265** 1,3 (XXXV)
אשר ימרה את פי] / רעהו **הכתוב** לפניו 4Q**265** 4i7 (XXXV)
והיאה העת] / אשר היה [**כתו**]**ב** עליה[4Q**266** 2i17 (XVIII)
וישמרו **ויכ**]**תבו** [אוהבים לאל ובעלי ברית 4Q**266** 2ii23 (XVIII)
[כאש]ר **כתוב** דרך [כוכב מיעקב] 4Q**266** 3iii20 (XVIII)
ועל ישראל **כתוב** אלכה לי 4Q**266** 11,3 (XVIII)
ובמקום אחר / **כתוב** לשוב אל אל בבכי 4Q**266** 11,5 (XVIII)
ובמקום **כתוב** קרעו לבבכם ואל בגדיכם (XVIII)
ונכתב דברו על פני המבקר 4Q**266** 11,16 (XVIII)
ויכתבו [בשמותיהם אי]ש אחר אחיהו 4Q**267** 9v8 (XVIII)
וייכ[**תבו** בשמותיהם איש אחר אחיהו] 4Q**269** 10ii10a (XXXVI)
כי כן] / **כתוב** מלבד שבתותיכם 4Q**270** 6v21 (XVIII)
ואם יקרב] **ויכתו**[**בוהו** בתכונו 4Q**270** 7i10 (XVIII)
וע]ל / ישראל **כתוב** אלכה לי 4Q**270** 7i18 (XVIII)
וכת[**וב** לשוב אל אל בבכי ובצום] 4Q**270** 7i19 (XVIII)
הנה הכול **כ**[**תוב**] / על מדרש [ה]תורה 4Q**270** 7ii14 (XVIII)
כי כ]ן **כתוב** מלבד שבתותיכם 4Q**271** 5i12 (XVIII)
כי] **כתוב** זבח רשעים תועבה 4Q**271** 5i14 (XVIII)
א]שר **נכתבו** בת[ורה 4Q**277** 2,3 (XXXV)
ר]עהו **הכתוב** אחרי[ו 4Q**279** 5,2 (XXVI)
כאשר הי]ה **כתוב**[בספר יחזקאל הנביא 4Q**285** 4,3 (XXXVI)
והמצוא אשר **כתבתי** להורותם 4Q**364** 14,4 (XIII)
ויכת]**וב** על הלו[חות כמכתב הראישון 4Q**364** 26bii+e,8 (XIII)
במספר **כתב** שמות לגולגלותם 4Q**365** 26a-b,6 (XIII)
]◦**כתוב** לכ[4Q**381** 70,1 (XI)
]כאשר **כתוב**[4Q**384** 8,2 (XIX)
כאשר **כ**]**תוב**[4Q**384** 15,1 (XIX)
] / ◦◦ לי כאשר **כת**[**וב** 4Q**391** 62ii4 (XIX)
[וע]ל שא **כתוב**[איש כי ישחט במחנה 4Q**394** 3-7ii14 (X)
ו]הדבר **כתוב** / [עברה 4Q**394** 8iii8 (X)
]א כן והדבר **כתוב** עברה 4Q**396** 1-2i4 (X)
ו]אף **כתוב** ש{{ב}}מעת שיגלח וכבס 4Q**396** 1-2iii6 (X)
העושה ביד רמה **כת**]**וב** שהואה בוזה ומג[ד]ף 4Q**396** 1-2iii10 (X)
והמה ב[ני זרע] / קדש **משכתוב** קודש ישראל 4Q**396** 1-2iv5 (X)
כתוב שלוא לרבעה כלאים 4Q**396** 1-2iv6 (X)
וא]ף **כ**[**תוב** שמעת שיגל]ח ו[כבס 4Q**397** 6-13,7 (X)
והמה בני זרע קדש] **כשכתוב** קודש [ישראל] 4Q**397** 6-13,12 (X)
כתוב של[וא] להרביע[ה כלאים 4Q**397** 6-13,13 (X)
[ואף] **כתו**[**ב** בספר מושה שלו]א תביא תועבה 4Q**397** 14-21,6 (X)
ואף] / [**כתב**]**נו** אליכה שתבין בספר מושה 4Q**397** 14-21,10 (X)
[במעשי] דור ודור ובספר **כתוב** [4Q**397** 14-21,11 (X)
ואפ **כתוב** ש[תסור] מהד[ר]ך 4Q**397** 14-21,12 (X)
וכת[**וב** והיא] / [כי יבוא עליכה (X)
והקללות / **שכתוב** בס[פר מו]שה 4Q**398** 11-13,4 (X)
כתב]נום[[שתבין בס]פר מושה 4Q**398** 14-17i2 (X)
[וב]ספר **כתוב** / [4Q**398** 14-17i3 (X)
[**כתו**]**ב** שת[סור מהדרך 4Q**398** 14-17i5 (X)
וכתוב והיא כי / [יבו]א עליך (X)
אנחנו **כתבנו** אליך / מקצת מעשי התורה 4Q**398** 14-17ii2 (X)
כתב]**נו** אנחנו אליך / [מקצת מעשי התורה 4Q**399** 1i10 (X)
וספר זכרון **כתוב** לפניו / לשמרי דברו 4Q**417** 1i15 (XXXIV)
]**כתוב** א[ ]◦◦◦קה בין א[4Q**438** 6,1 (XXIX)
]**ויכתב** משה בדברו ככ[ל 4Q**470** 3,6 (XIX)
]◦◦◦ם אחר **כתוב**[4Q**485** 1,5 (VII)
ולעולות **כתוב** תבו[4Q**493** 14 (VII)
י]**כתובו** ת[4Q**496** 8,3 (VII)
יכתו]**בו** קרו[אי אל 4Q**496** 8,9 (VII)
י]**כתובו** תרומת[אל 4Q**496** 16,4 (VII)
]◦ **יכתובו** ◦[4Q**496** 18,1 (VII)
יכ]**תובו**[4Q**496** 35,1 (VII)
למלחמ]ה **יכת**[**ובו** 4Q**496** 35,3 (VII)
אשר **כתב** מושה ועבדיכה / הנביאים 4Q**504** 1-2iii12 (VII)
כול **הכתוב** בספר החיים[4Q**504** 1-2vi14 (VII)
]**וכתב**[4Q**577** 2,1 (XXV)
ויכתוב תהלים / שלושת אלפים ושש מאות 11Q**5** XXVII,4 (IV)
כאשר **כתוב** / עליו בשירי דויד 11Q**13** II,9 (XXIII)
משמי[ע ישועה]הואה **הכתוב** עליו אשר [11Q**13** II,19 (XXIII)
כאשר **כתוב** עליו[אומר לצי]ון מלך אלוהיך 11Q**13** II,23 (XXIII)
לוא **תכתובו** / בכמה כי עם קדוש אתה 11Q**19** XLVIII,9
וכתבו / לו את התורה הזואת 11Q**19** LVI,20
]◦ **ותכתו**[**ב** PAM 43.689 20,1 (XXXIII)
]**כתבנו** א[PAM 43.692 9,2 (XXXIII)

writing noun כְּתָב

וקברין על פיה משנא **הכתב** הזא 3Q**15** XII,11 (III)
לק[רוא] **בכתבו** ביום [השבת] / [4Q**264a** 1,4 (XXXV)
ב]מעשי ידיכה **וכתב** / [ימינכה 4Q**509** 97-98i9 (VII)

tattoo noun כְּתֹבֶת

וכתבת קעקע לוא תכתובו / בכמה 11Q**19** XLVIII,9

tunic noun כְּתוֹנֶת

בגדי שש לבן **כתונת** בד ומכנסי בד 1QM VII,10
ואל ילבש **כתונת** אשה כיא [ת]ועבה הוא 4Q**159** 2-4,7 (V)

כִּתִּיאִים ← כִּתִּיִּים

Kittim proper noun כִּתִּיִּים, כִּתִּיאִים

פשרו על **הכתיאים** א[שר המ]ה קלים 1QpHab II,12
] בממשלת / **הכתיאים** ורש[עים 1QpHab II,14
פשרו על **הכתיאים** 1QpHab III,4
פ[שר]ו על **הכתיאים** 1QpHab III,9
פשרו על מושלי **הכתיאים** 1QpHab IV,5
פשרו[ע]ל מושלי **הכתיאים** 1QpHab IV,10
] / **הכתיאים** ויוסיפו את הונם 1QpHab VI,1
פשרו על **הכתיאים** אשר יאבדו רבים 1QpHab VI,10
ינתן הונם עם שללם ביד / חיל **הכתיאים** 1QpHab IX,7
]פלשת ובגדודי **כתיי** אשור 1QM I,2
]**הכתיים** במצרים 1QM I,4
וסרה ממשלת **כתיים** להכניע רשעה 1QM I,6
וביום נפול בו **כתיים** קרב ונחשיר חזק 1QM I,9
וביום מלחמתם **בכתיים** / יצ◦[1QM I,12
]◦עד גבורת ידכה **בכתיים** 1QM XI,11
וחנו נגד מלך **הכתיים** 1QM XV,2
ה]הואה על עומדם נגד מחני **כתיים** 1QM XVI,3
ובעומדם ליד מערכת **כתיים** 1QM XVI,6
יחלו ידם להפיל בחללי **כתיים** 1QM XVI,8
והמלחמה מתנצחת **בכתיים** 1QM XVI,9
ובהגיע / אנשי [הבינים ליד מע]רכת **כתיים** 1QM XVII,12
ישלחו ידם בחיל / **הכתיים** 1QM XVII,14
והמל[חמ]ה מ[תנצח]ת **בכ**[**תיים** 1QM XVII,15
וכתיים יכתו לאין / [1QM XVIII,2
כ]**תיים** / להחרימם 1QM XVIII,4
ג]בורי **כתיים** והמון אשור וחיל כול הגוים 1QM XIX,10
ע]ל[ח]ללי **כתי**[ים 1QM XIX,13
כ]**תיאים** ל◦◦[1Q**16** 9-10,4 (I)
פשרו על **הכ**]**תיאים** אש[ר] יכת[ו] בית ישראל 4Q**161** 8-10,3 (V)
המה גבורי **כת**[**יאים** 4Q**161** 8-10,5 (V)
]◦ם למלחמת **כתיאים** 4Q**161** 8-10,7 (V)

4Q**161** 8-10,8 (V) פשרו על ה]**כתיאים** אשר ינת[נו] ביד גדולו[
4Q**169** 1-2,3 (V) פ]שרו הים הם כל הכ֯[**תיים**
4Q**169** 3-4i3 (V) מלכי יון מאנתיכוס עד עמוד מושלי **כתיים**
4Q**247** 6 (XXXVI)] מל֯[ך] **כתיים** ◦[
4Q**285** 3,4 (XXXVI)]י֯ **כתיים** יבז֯ם֯[
4Q**285** 4,5 (XXXVI) מלך ה]**כ֯תיים** ו֯[
4Q**285** 7,6 (XXXVI) ח]ל֯ל֯[י] **כ֯ת֯יי֯ם֯**[
4Q**332** 3,2 (XXXVI) ראש הכת]**י֯אים** הרג ש֯[
4Q**491** 10ii8 (VII)] / **בכתיא**[י]◦[
4Q**491** 10ii10 (VII) ומתנצחת] / המלחמה **בכתיאי֯ם֯**[
4Q**491** 10ii12 (VII)] / מלחמה **בכתיאים**
4Q**491** 11ii8 (VII) [ו]המלחמה מתנ֯צחת **בכתיאים**
4Q**491** 11ii19 (VII) לסדר מלח֯מה שנית עם **כת֯י֯**[**אים**
4Q**491** 13,5 (VII) ובהגיע]ם֯ ל֯מערכת **כתיאים**
4Q**492** 1,9 (VII) אש֯ר֯ נפ֯לו שם גבורי **כ֯ת**[י]ים

extracted adjective כָּתִית
11Q**19** XXI,15 מחצית ההין אחד מן המטה שמן חדש **כתית**

כֹּתֶל ← כּוֹתֶל

gold noun כֶּתֶם
2Q**18** 2,10 (III) וחבלתה]בגדי **כתם**
4Q**179** 1ii11 (V)] / **וכתם** טוב עדים נושאי{{ם}} הלבו[שים
4Q**427** 7i12 (XXIX) **וכתם** או ביורימ לוא / [
4Q**472** 1,5 (XXXVI)]כ֯ול **כת֯ם֯** [אופירים
4Q**491** 11i18 (VII) לו֯א [פ]ז֯ ולו֯א֯ **כתם** אופירים / [

כְּתֹנֶת ← כְּתוֹנֶת

shoulder pieces noun כָּתֵף
4Q**365** 12biii5 (XIII)]**כ֯ת֯פ֯ות** עשו לוא חוברות אל שני קצותיו
PAM 43.696 86,2 (XXXIII)]ל֯ **כת֯פ֯י**[

to surround verb כתר-2
1QpHab I,12 כיא רשע **מכתי**]ר֯ את הצדיק

to crown verb כתר-3
4Q**471**b 1a-d,9 (XXIX) לוא] / בפז ‹א›**כ֯ת֯**[יר לי

crown noun כֶּתֶר
4Q**509** 97-98ii2 (VII)] / **כתר֯** צ֯ד֯[ק

to beat, crush verb כתת
1QM XVIII,2 וכתיים **יכתו** לאין / [
4Q**161** 8-10,3 (V) פשרו על הכ]ת֯יאים אש֯[ר] **י֯כ֯ת֯**[ו] ב֯י֯ת֯ ישראל

lamed, twelfth letter of the alphabet ל
4Q**360** bottom,1 (XXXVI) רבק ל סמ
KhQ**3** 2 (XXXVI) ש]ת ש ש / ל ם ן ס ע פ צ ק

to preposition ל

CD I,2, 4, 5 (2), 6, 7, 8, 11 (2), 12, 14, 15 (2), 16, 17 (2), 19, 21 (2); II,1 (3), 3, 5, 6, 7, 9, 10, 11 (3), 14 (3), 15 (3), 16, 17; III,3 (2), 4 (3), 5, 6, 7, 8, 11, 12, 13 (2), 14, 16 (2), 18 (2), 19 (3), 20 (2), 21 (2); IV,2, 5, 8, 9 (2), 10, 11 (3), 14, 16, 20; V,2, 5, 6, 9, 12, 15 (2), 17; VI,1, 8, 9, 10, 12 (2), 14 (3), 15, 16 (2), 17 (3), 18 (2), 20 (2), 21 (2); VII,1, 2 (2), 3 (2), 4, 5, 6, 8, 9 (2), 13, 14; VIII,1, 2 (2), 4, 6, 7 (3), 9, 11, 13, 14, 16, 17, 19, 20, 21; IX,1, 3, 4 (2), 5 (2), 6 (2), 7, 9, 10 (2), 13, 14 (2), 15 (2), 16, 18 (2), 19 (3), 21, 22, 23; X,1 (3), 3 (2), 4, 5 (2), 8, 9, 14, 17, 19 (2), 20, 21; XI,1, 2, 5, 6, 8, 10 (2), 11 (2), 15, 17, 18, 19, 20 (2); XII,1, 4, 6 (2), 9, 10, 11, 12, 16, 19, 20 (3), 21 (3); XIII,1 (2), 4 (2), 5, 6, 7, 8, 9 (2), 10, 11 (2), 13 (2), 14, 15 (3), 16, 17, 18, 20, 21, 22; XIV,2 (2), 3, 5, 6, 8, 9, 10 (2), 11 (4), 12 (2), 13 (2), 14, 15 (4), 16 (3); XV,5 (2), 6, 7, 8, 9, 10, 11, 12, 13, 15, 16; XVI,1, 2, 4 (2), 7, 8, 9, 10, 11 (2), 12 (2), 13, 17, 19; XIX,1 (3), 2 (3), 5 (2), 6, 10, 12, 13 (2), 14 (2), 18, 19 (3), 21, 24, 26, 27 (2), 29, 30, 32; XX,2, 5, 8, 10, 13 (2), 18 (2), 19 (3), 20, 21 (3), 22 (2), 24, 26, 27, 28 (3), 32

1QS I,1 (3), 2 (2), 3, 4 (2), 5 (2), 6, 7 (3), 8 (3), 9 (2), 10, 11, 12 (2), 13, 14 (2), 15 (2), 16 (2), 17, 24, 25; II,4 (2), 7, 8, 9 (2), 11, 12 (2), 13 (2), 14, 15, 16, 20, 21, 22, 23, 25 (2), 26; III,1, 3, 6, 7 (2), 8, 9 (3), 10 (2), 11 (4), 13 (3), 14 (3), 15, 16 (2), 17, 18 (2), 23, 24 (2), 26; IV,1 (2), 2 (4), 6 (3), 9, 11, 12 (3), 13, 14 (2), 15, 16 (3), 18, 19 (2), 20 (2), 21, 22 (3), 23 (2), 25, 26 (5); V,1 (5), 2 (2), 3 (5), 4, 5 (4), 6 (7), 7 (3), 8 (2), 9 (3), 10 (3), 11, 12 (5), 13 (3), 16, 17, 18 (2), 19, 20 (4), 21 (3), 22 (4), 23 (6), 24 (4), 25; VI,1 (2), 2 (3), 4 (4), 5 (5), 6, 7 (3), 8 (3), 9 (4), 10 (3), 11 (2), 12 (2), 13 (3), 14 (3), 15 (6), 16, 17 (2), 18 (3), 19 (2), 21 (3), 22 (6), 23, 26 (2), 27; VII,1 (3), 6, 8 (2), 9 (3), 10, 12, 14, 15, 16, 18, 19, 21, 23 (2), 24, 25; VIII,2, 3 (2), 4, 5 (3), 6 (4), 7, 9 (3), 10 (5), 11, 12, 13 (3), 14, 15, 18, 19 (2), 23, 26; IX,1, 2 (2), 3 (2), 4 (3), 5, 6 (3), 7, 9 (3), 10, 12 (4), 13 (3), 14 (4), 15 (3), 16 (3), 17 (3), 18 (2), 19 (2), 20 (3), 21 (2), 22 (4), 23 (4), 25; X,3 (2), 4 (4), 5 (2), 6, 7 (4), 8 (2), 9 (2), 11 (3), 12 (2), 14 (2), 15, 17, 18, 19 (2), 20, 25 (2), 26 (2); XI,1 (5), 2, 7 (2), 8 (2), 9 (2), 10 (3), 12 (2), 13, 15 (4), 16 (3), 17 (2), 18 (2), 19 (2), 20, 21, 22 (2)

1QSa I,1, 3, 5, 6 (2), 7, 9 (2), 10 (4), 11 (2), 12, 13 (2), 14 (2), 15, 16, 17 (4), 18, 19, 20 (3), 21 (2), 23 (2), 24 (4), 25 (2), 26 (3), 27; II,1 (2), 2, 3, 4, 7 (2), 8, 9, 11, 14 (3), 15, 16 (2), 18, 19, 20, 22

1QSb I,1 (2), 2, 3, 4; III,1, 5, 18, 19, 21, 22, 23 (3), 26; IV,2, 4, 20, 21, 23 (2), 24, 25, 26 (2), 27 (3), 28 (2); V,5, 20 (2), 21 (3), 22 (4), 23 (3), 27, 28 (2)

1QpHab II,5, 8, 13; III,1 (2), 2 (2), 5, 8 (2), 11; IV,1, 4, 7, 10, 12, 13 (2), 15; V,1 (2), 6, 8, 13, 14; VI,2, 3, 4, 8, 9, 13; VII,1, 6 (2), 8, 9, 13, 14; VIII,6, 7, 12, 14 (2), 17; IX,6, 10, 11, 12 (2), 13, 14; X,1, 4, 10 (2), 11 (2), 12 (2), 13, 14; XI,1, 2, 5, 7, 8, 15 (2); XII,2 (2), 5, 6, 12, 13 (2), 14, 15 (2); XIII,1

1QM I,1 (2), 3 (2), 4 (3), 5 (3), 6 (3), 7, 8 (2), 9 (3), 10 (4), 11 (2), 12, 13 (2), 14, 15, 16; II,1, 2 (2), 3 (2), 4 (4), 5 (5), 7 (2), 8 (5), 9, 14, 16 (3); III,1, 4 (2), 5 (2), 6, 7 (2), 8, 9, 10, 11, 13, 14; IV,2, 6, 7, 9, 11; V,3 (2), 4, 8, 12; VI,1, 2, 3, 4, 5 (2), 6 (3), 8 (2), 9 (2), 10 (2), 11 (2), 12, 13 (3), 17; VII,3, 4 (2), 5 (2), 7, 9 (2), 12, 14; VIII,1 (2), 2 (2), 3, 4, 6 (2), 7, 8, 9, 10, 11, 12 (2), 13, 14, 16 (2); IX,1, 2 (2), 3, 5 (2), 6 (2), 8,

10 (3), 13, 14 (3), 16, 17 (2); X,1 (3), 2 (4), 3 (2), 4 (3), 5 (3), 6 (2), 7, 9, 13; XI,1 (2), 2, 4, 5, 6 (2), 8 (3), 9 (3), 11, 13 (2), 14 (3), 15 (4), 18; XII,1, 2, 3 (2), 4 (4), 7 (2), 8, 9, 10 (2), 14 (2), 16; XIII,5, 7 (3), 8 (3), 9 (2), 10 (2), 11 (3), 14, 15 (4), 16 (3), 18; XIV,2, 3, 4, 5 (4), 6 (5), 7, 8 (2), 9, 11 (3), 12, 14 (2), 15, 18; XV,1, 2, 3, 6, 7, 12, 14, 15; XVI,3, 4, 5 (2), 6, 7, 8, 11 (3), 12 (2), 13 (3), 16; XVII,2, 3 (2), 4 (2), 5 (2), 6 (2), 7 (3), 9, 10 (3), 14, 15 (2), 16; XVIII,2 (2), 5 (2), 7 (3), 10, 11 (3), 12 (3), 13 (2), 14, 16; XIX,2 (3), 6, 8, 9

1QHa IV,12 (2), 14 (2), 15 (2), 17, 18 (2), 20 (3), 22 (3), 23, 24; V,2, 3, 7, 11 (2), 12 (2), 13, 15, 17, 18 (2), 19 (3), 20, 26, 27; VI,5 (2), 6 (2), 9 (3), 10, 11, 12, 13 (2), 16 (2), 17 (2), 18 (2), 20, 24, 25, 26; VII,13, 14, 15 (4), 16 (2), 17 (2), 19, 20 (4), 21, 24 (2), 25, 26; VIII,2 (2), 5, 6, 7, 15 (3), 16 (4), 17, 18, 19, 20, 21 (3), 22 (2), 23, 24 (2), 27; IX,6, 8, 9, 10 (3), 11 (3), 12 (4), 13 (2), 15 (3), 16, 17 (2), 18 (2), 19, 21, 24 (2), 25, 26, 27, 29 (3), 30 (2), 31 (2), 32, 33 (2), 34, 35; X,5, 6 (2), 7 (2), 8 (2), 9 (2), 10 (2), 11, 13 (2), 14 (2), 15 (3), 17, 18 (2), 19 (2), 22, 26, 27 (2), 29 (2), 32, 33 (2), 36 (2), 37, 38; XI,4, 7, 8, 11, 12 (2), 15, 17, 20 (3), 21 (2), 22 (2), 23 (3), 24 (2), 27 (2), 28 (2), 29, 31 (2), 32, 36, 37 (2); XII,5, 6 (2), 7, 8, 9, 10, 11 (2), 12 (2), 13, 15, 16 (2), 17 (2), 18 (4), 21 (2), 22, 23 (2), 24 (3), 25 (2), 26 (3), 27, 28 (2), 29 (2), 30 (2), 31 (2), 32 (2), 36, 37, 38; XIII,1, 7, 8 (2), 9, 10, 12, 15, 16, 18, 21, 22 (2), 23 (3), 25, 27 (2), 28 (4), 29 (2), 31, 32 (4), 33, 35 (3), 36 (2), 37 (2), 38, 39; XIV,3 (2), 6 (2), 7, 8 (2), 9, 10 (4), 11 (2), 12, 13 (2), 15 (2), 16, 17 (2), 18 (2), 20, 23, 24 (2), 26 (2), 27 (2), 28, 29, 31 (2), 32 (2), 33 (2), 34, 36; XV,5, 7, 9 (3), 10 (2), 11 (2), 12 (3), 14 (4), 15 (4), 16, 17 (3), 18, 19 (2), 20 (2), 21, 23, 24 (2), 25 (2), 27 (2), 28, 29 (3), 30 (2), 31 (4), 32, 35 (3); XVI,2, 5, 6 (2), 7 (3), 8 (2), 9, 10, 14 (2), 16 (2), 17 (3), 18, 19, 20, 21, 22 (3), 25 (2), 27, 28 (2), 29, 30, 31 (3), 32, 33 (2), 34 (2), 35, 36 (3), 37; XVII,3 (2), 5 (2), 6 (2), 7, 8 (2), 9, 10, 12, 17 (2), 18, 20 (2), 21 (3), 22, 23, 24 (3), 25 (4), 27 (2), 29 (2), 31 (2), 33, 35, 36; XVIII,4, 7, 8, 10 (2), 11 (2), 12 (2), 14, 15 (2), 16, 20, 21, 23, 25, 26 (2), 27 (2), 28, 29, 31, 32; XIX,9, 10, 11 (2), 12 (3), 13 (3), 17, 18, 19 (2), 20, 21, 22a, 22, 23, 24, 25, 27 (2), 28, 31 (3), 34; XX,2, 4 (2), 5 (2), 6 (2), 7, 8, 12, 13, 14, 15, 18, 20, 21 (2), 22, 23 (2), 24, 25, 26, 28, 29, 30 (4), 31; XXI,5, 6, 7 (3), 8 (3), 9, 10, 11, 13 (2), 14, 15; XXII,3, 6 (2), 7, 14; XXIII,2, 3, 6, 7 (2), 8, 9, 10, 11 (2), 12 (3), 13 (2), 14 (3), 15, 16 (2); XXIV,7, 8, 13 (2), 14; XXVI,1 (2); XXVII,2, 6, 10, 11, 12, 13; 2i4, 9 (2), 10, 12, 13, 15, 16; 2ii6, 7, 9, 11, 15; 3,2, 3, 6, 7 (2), 8, 10, 12, 16, 17; 4,9, 12, 13, 18; 5,6, 7 (2), 8, 9 (2), 13 (2), 14, 15; 8,1, 7 (2), 10; 10,4, 5, 6 (2), 7, 11; 11,2, 4, 6, 7, 9, 10; 21,5; 28,3; 36,2; 45,2, 4; 47,3 (2); 49,1; 58,2, 6; 59,4; 63,1; 64,2; 65,3

1Q**14** 8-10,7 (2); 11,5

1Q**15** 1,6

1Q**16** 1,1; 8,2; 9-10,2, 4, 5

1Q**17** 1,4 (2), 6

1Q**19** 1,4; 3,6; 13-14,1; 15,3

1Q**19**bis 2,2

1Q**22** 1i1, 2 (2), 3, 4, 8, 11, 12 (2); 1ii1, 2 (2), 4, 8 (3), 9, 10 (3), 11; 1iii1 (2), 2, 3, 4, 6, 8, 10 (2), 11; 1iv3, 4, 6, 7; 12,1; 43,2; 48,1

1Q**25** 1,4, 5; 2,4; 4,5; 5,3, 4; 6,4

1Q**26** 1,5 (3), 7; 3,2 (2)

1Q**27** 1i5, 6, 7, 8 (2), 12; 1ii2, 5, 10; 2,1, 2; 3,2 (2); 6,3 (2); 12,3

1Q**29** 1,4; 5-7,2

1Q**30** 1,6; 2,1 (2); 3,1, 2; 4,1

1Q**31** 2,1, 4

1Q**34**bis 2+1,2 (2), 4, 6; 3i2, 3, 4, 5, 6 (2), 7 (2); 3ii1, 2, 5 (2), 6 (4), 7, 8

1Q**35** 1,1, 3, 11

1Q**36** 7,2; 15,3, 5; 16,2; 17,2; 21,1

1Q**37** 1,2, 3

1Q**38** 1,1; 2+f12,2

1Q**39** 1,3

1Q**40** 2,2

1Q**51** 1,3, 4

1Q**53** 1,1

1Q**70** Verso 1,2

1Q**70**bis 1,3

2Q**21** 1,2 (2), 4 (2), 6

2Q**22** I,3 (2); II,4

2Q**23** 5,2; 6,5

2Q**27** 1,2

2Q**28** 1,2, 3, 5; 2,2, 4

2Q**29** 3,1

3Q**4** 1,4

3Q**5** 1,1; 2,2

3Q**9** 1,2, 3

3Q**11** 2,1

3Q**15** I,2; V,13; VI,9; VII,8; IX,11, 12; X,2, 6, 15; XI,13, 14; XII,8

4Q**88** VII,14; IX,5, 6; X,13, 14

4Q**158** 1-2,5 (2), 6, 7, 10, 11, 14 (2), 16 (2), 17; 3,3; 4,1, 3, 7 (4); 6,4, 5 (2), 6; 7-8,3 (2), 5 (2), 8, 11, 14; 10-12,5, 9, 11; 14i3 (2)

4Q**159** 1ii1, 2 (2), 3, 4 (3), 5, 8 (2), 9, 10; 2-4,2, 3, 4

4Q**160** 1,3, 4 (2); 2,1; 3-4ii2 (2), 3 (2); 6,1 (2), 2; 7,2, 4 (2)

4Q**161** 2-4,6; 5-6,5, 6, 10 (2), 11; 8-10,7, 9, 13, 22

4Q**162** I,1; II,1 (2), 4, 5 (2)

4Q**163** 4-7ii6, 8, 11, 14, 17, 21; 11ii5; 12,7; 15-16,2, 3; 18-19,4; 21,3, 9; 22,4; 23ii8 (3), 9 (2), 10, 13; 40,2

4Q**164** 1,7

4Q**165** 6,4

4Q**166** II,1, 5, 8, 9, 10, 12 (2), 13, 17 (2), 18, 19

4Q**167** 2,3; 3,2, 4; 4,2; 5-6,3; 33,1, 2

4Q**169** 1-2,4 (2), 7, 8, 10 (2); 3-4i1 (2), 2, 4, 8 (2); 3-4ii2, 4, 6; 3-4iii3, 6 (2), 7, 10; 3-4iv3; 5,2

4Q**171** 1-2i17 (2), 19; 1-2ii2, 3 (2), 4, 6, 12 (2), 14, 15, 16, 17, 19, 21, 23; 1+3-4iii1, 2, 4, 13, 16 (3), 17; 3-10iv7, 8, 9 (2), 10 (2), 14, 15, 23; 11,1 (2); 13,4

4Q**172** 8,1

4Q**173** 1,2, 5; 5,4, 6

4Q**174** 1-2i1, 6 (4), 7 (4), 8 (2), 9 (2), 10 (2), 11 (4), 13, 15, 17; 1-3ii1, 3; 4,2, 4 (2), 5, 6; 6-7,1, 7; 9-10,3, 6; 14,2; 25,2

4Q**175** I,1, 3 (3), 4 (3), 5, 14 (3), 15, 16, 17, 18, 21 (2), 24 (3), 26 (3)

4Q**176** 1-2i7, 8, 11; 4-5,3; 8-11,10, 15; 14,6; 16,3 (2); 17,6; 19,2; 20,3 (2); 23,2; 26,2; 28,2

4Q**177** 1-4,1, 7, 9, 10 (3), 11, 13 (3), 16; 5-6,6 (2), 7, 10, 12; 7,2, 6 (2); 9,8; 10-11,9, 10 (2); 12-13i2, 4 (3), 7, 8, 9, 11; 12-13ii3; 14,4; 16,2; 30,3

4Q**178** 1,1 (2), 2; 4,2; 6,2; 8,2; 11,2

4Q**179** 1i2, 3, 4, 5, 9, 14; 1ii1, 4, 6; 2,9

4Q**180** 1,1, 3 (2), 8, 9

4Q**181** 1,1 (2), 2 (4), 3 (3), 4 (2), 5 (2), 6; 2,2, 5, 6

4Q**182** 1,3; 2,1, 2

4Q**183** 1ii2, 4 (2)

4Q**184** 1,2, 3 (2), 8 (2), 12, 13, 14 (2), 15 (3), 16 (2), 17 (2); 2,4

4Q**185** 1-2i7 (2), 8 (3), 11, 14; 1-2ii1, 2 (4), 3, 4, 5, 6, 8 (3), 9, 10 (2), 14, 15 (3); 1-2iii11; 4i1; 4ii2

4Q**186** 1ii7; 1iii3, 4, 5; 2i6

4Q**200** 1i3, 4; 1ii2, 3; 2,3, 7, 8; 3,4; 4,1, 2 (2), 3, 6 (2); 5,3; 6,5, 7; 7ii3; 9,2

4Q**215** 1-3,2, 5, 7, 9, 10

4Q**215**a 1ii3, 6, 8; 2,2, 4, 5; 3,1 (2)

4Q**216** I,4, 11, 12; II,3 (2), 7 (3), 9, 10, 11, 12, 14; IV,4, 6; V,7, 8 (3), 13; VI,6 (2), 7 (3), 8; VII,12, 13, 16

4Q**217** 2,1 (2), 2; 3,1; 15,1
4Q**218** 1,1
4Q**219** I,11, 12, 37; II,13, 19, 30, 32 (2), 33, 34, 35
4Q**220** 1,2 (3), 3, 5, 9
4Q**221** 1,8; 2i2; 4,6 (2), 7 (2), 9; 5,5, 7; 7,9; 12,2; 14,1
4Q**222** 1,3, 6; 2,3
4Q**223-224** 2i46; 2ii12 (2), 16, 51; 2iii4, 9, 12 (2), 14; 2iv3, 4, 6 (2), 9 (2), 13, 14, 20, 21, 25, 30, 32; 2v2, 3, 22, 26, 27; 53,1
4Q**225** 2i8, 12 (2), 13; 2ii3, 4
4Q**226** 1,3 (2), 4; 3,5; 4,1, 2, 3; 6,6; 7,1, 2; 8,2; 11,1; 12,2
4Q**227** 1,2
4Q**228** 1i3, 4
4Q**238** 1,2
4Q**248** 1,6, 8
4Q**249** 2,8; 13,3
4Q**249**a 1,2
4Q**249**b 1,1, 2
4Q**249**e 1i-3,7a, 8a; 1ii4
4Q**249**g 1-2,1, 4
4Q**249**i 1,5
4Q**249**j 1,3
4Q**249**k 1,2
4Q**249**m 1,4
4Q**249**p 1,6
4Q**249**q 1,2, 3
4Q**249**y 2,1
4Q**249**z 57,2
4Q**250** 1,3
4Q**251** 1-2,3, 5 (2); 10,3, 9; 12,5 (2), 6; 14,3 (2); 15,2 (2), 3 (2); 16,4, 5; 17,5; 18,2; 21,1
4Q**252** I,1 (2), 2, 4, 12 (2), 14, 16, 17, 19; II,1 (2), 2, 3, 4, 6 (2), 8, 12, 13 (2); III,4; IV,1 (2), 2; V,1, 2, 4 (2)
4Q**253** 1,4 (2); 2,4, 5
4Q**253**a 1i2, 4
4Q**254** 3,3; 4,1; 8,3 (2), 4; 14,3
4Q**254**a 3,1, 2, 4 (2), 5
4Q**255** 1,1, 2, 5, 6; 2,1, 3, 4, 5, 6 (2), 7; A,3; B,1, 3
4Q**256** III,1, 2; IX,1, 2, 3 (2), 5 (3), 6 (2), 7, 8, 10, 13; XI,13; XVIII,1 (2), 2, 3 (2); XIX,1 (2), 2 (2), 3 (2), 4; XX,2, 3
4Q**257** III,5, 12; V,13, 14
4Q**258** I,1 (3), 2 (3), 3 (3), 4 (5), 5 (4), 6, 7, 8, 11 (3); II,1 (2), 2 (5), 3 (4), 4 (3), 5, 6, 7 (3); III,3; VI,1 (2), 3 (2), 6, 11, 12; VII,2 (2), 3 (3), 4 (4), 5 (3), 6 (2), 9; VIII,1 (2), 2 (3), 3 (3), 4 (4), 5, 6 (2), 7 (5); IX,1 (2), 2 (2), 3, 4, 5 (2), 6 (2), 8 (2), 11
4Q**259** I,15; II,5, 6, 12, 14, 15 (3), 17 (3), 18; III,1, 2, 3, 4, 5, 7 (2), 8, 9, 10, 12 (2), 13, 14, 15, 16 (2), 18 (2), 19 (2); IV,2, 4 (3), 5
4Q**260** II,2, 3, 5; III,1; IV,5 (2), 6, 7, 10
4Q**261** 1a-b,1 (2), 2 (2); 3,1; 4a-b,6; 6a-e,4
4Q**262** A,1
4Q**263** 1,2, 3 (3)
4Q**264** 1,2, 4 (2), 6, 10
4Q**264**a 1,4, 7, 8 (3); 2-3,5, 8
4Q**265** 4i7; 4ii3, 4, 5, 7; 6,7 (2); 7,9, 13
4Q**266** 1a-b,1, 3, 4, 5 (2), 6, 16, 18; 1c-f,4, 5; 2i2, 3, 4, 9, 10 (2), 12, 15, 19 (2), 21 (2); 2ii2, 4, 6; 3i3 (2), 7; 3ii3 (2), 18, 20, 23; 3iii23, 24; 3ii6; 4,12; 5i11, 13 (2), 14, 17, 18, 19; 5ic-d,2; 5ii2, 3, 5, 6 (2), 7, 8, 9 (2), 11; 6i7, 11, 13 (2); 6ic,3; 6ie,3; 6ii11; 6iv4, 8; 6aii2; 7i5; 7iii2, 3; 8i2 (2), 3, 4, 6, 7; 8ii3, 4; 8iii4, 7, 8; 9ii6, 7; 9iii4, 5, 8, 15; 10i1, 3, 4 (3), 5 (2), 8 (2), 9 (4); 10ii9; 11,3, 5, 7, 10 (2), 11, 13, 19; 12,3; 14b,2; 14e,2; 15,5; 55,3
4Q**267** 2,6; 3,2, 6 (2); 5ii3; 5iii3, 4 (2), 5; 7,1, 14; 8,1, 2, 3; 9i1, 5, 8; 9iii1, 4; 9iv8; 9v10, 12, 13; 9vi3, 4; 16,2
4Q**268** 1,4 (2), 6 (2), 9, 12
4Q**269** 3,2; 4ii2, 3, 7; 7,9; 10ii4, 8; 13,2
4Q**270** 2ii5, 6, 7, 9, 10, 11, 13, 18, 19, 20 (2); 3i20; 3ii13, 17, 19, 21; 4,1, 16; 5,14, 16, 18; 6ii6, 7, 17; 6iii13, 16, 19 (4); 6iv1, 2, 13 (2), 14, 15, 16 (2); 6v15 (2), 21; 7i4, 5, 12, 13 (2), 14, 16, 18; 7ii14
4Q**271** 2,3 (2), 5 (2), 11, 13; 3,2, 3, 8 (2), 9 (2), 11; 4ii3, 4, 6, 8 (2), 9, 10, 11 (2), 12 (3), 13; 5i2, 3, 4 (2), 6, 7 (2), 9, 12, 13, 17, 19, 21 (2); 5ii9
4Q**272** 1i3, 6a, 8
4Q**273** 4ii5; 9,2
4Q**274** 1i1 (2), 2, 4, 6, 9; 2i9; 3i2, 3; 3ii3, 4, 9
4Q**275** 1,6; 2,4, 6; 3,5
4Q**276** 1,8
4Q**277** 1ii9
4Q**279** 2,3; 5,5, 6
4Q**280** 1,2; 2,1, 3, 4 (3), 5 (2), 6, 7
4Q**281**a 1,1
4Q**281**f 1,1
4Q**282**b 1,2
4Q**282**e 1ii6
4Q**282**k 1i4, 5
4Q**282**m 1,2
4Q**284** 1,3, 6, 7, 9; 2i3; 2ii6; 3,4 (2), 5; 4,2, 3, 4, 5; 5,2
4Q**284**a 1,7; 2,1
4Q**285** 3,3; 4,10; 8,2, 5, 6, 7 (2), 12; 9,2; 10,5
4Q**286** 3,7; 6,3; 7i6, 8; 7ii5, 10, 12 (2); 8,1; 11,1; 15,2; 20,3; 14,3
4Q**287** 5,8, 13
4Q**288** 1,5
4Q**289** 1,3 (2), 6
4Q**291** 1,3, 6; 3,4
4Q**292** 2,4
4Q**293** 1,3
4Q**298** 1-2i1, 2; 3-4i8; 3-4ii2, 10; 5i9
4Q**299** 1,5, 8; 3aii-b,3, 4, 12, 13; 4,5; 5,1; 6i4, 6, 12 (2), 15; 6ii5, 6, 14, 18; 7,3, 5; 8,7, 9, 10; 9,2 (2); 10,4 (2), 5, 8; 15,2, 3; 20,2; 22,2; 36,1; 38,1; 39,2; 47,2; 53,4, 7 (2); 55,5; 62,5 (2); 65,3, 5; 68,2; 70,3; 71,2; 74,3; 75,2; 76,2; 79,7, 9; 81,1; 85,4; 99,1
4Q**300** 1aii-b,4; 3,6; 4,4; 5,4; 6,5, 6; 7,1, 2 (2); 8,4, 8; 10,1, 2
4Q**301** 1,1, 3; 2b,1, 2 (2), 5; 6,1, 3
4Q**302** 1i2; 1ii7, 15; 1b,6; 2ii3 (2), 4, 7, 8; 3ii7 (2), 8; 3iii3; 3c,1
4Q**303** 1,4, 7, 10, 11 (2), 13
4Q**305** 1ii2, 3
4Q**306** 1,2 (2), 6; 3,5
4Q**307** 1,4
4Q**317** 1ai19, 20, 26, 27, 28, 29, 30, 31; 1+1aii6, 9, 10, 13, 14, 16, 20, 29, 31; 2,27, 29 (2), 31, 32, 33; 4,31, 32; 5,3, 5, 7; 9,11; 13,2; 15,3, 4, 5, 6; 16i2, 3; 20,6; 23,4; 29,2; 32,3; 45,3; 52,1
4Q**319** VI,10, 18; 17,2
4Q**320** 1i1, 2, 4, 6, 7, 8, 9, 10, 11, 12; 1ii1, 2, 3, 5, 6, 7, 8, 9, 10, 11, 12; 2,10, 11, 12, 13, 14; 4ii10, 11, 12, 13
4Q**322**a 2,5; 3,5
4Q**331** 1i7
4Q**332** 2,1, 2, 5, 7
4Q**348** 1,19
4Q**360** 1rt,1
4Q**364** 1a-b,3, 5, 6; 3ii5, 8 (2); 4b-eii7, 9, 10; 6,1 (2), 2; 5bii10, 12; 8ii2; 9a-b,2 (2), 8; 10,8; 11,2, 4 (2), 6 (2); 12,3; 14,4, 5; 15,3, 4 (2), 5; 17,2, 4; 18,4; 20a-c,8; 21a-k,8, 15, 18, 25 (2); 24a-c,4, 6, 14, 15, 16, 19;

25a-c,1, 4, 5, 6, 8; 26bii+e,2; 28a-b,5, 8, 9; 29,1; 30,2, 8 (2); J,1; T,3; Y,1; BB,1
4Q365 2,3, 6, 10; 3,1; 6ai2, 3, 8, 9; 6b,2, 5; 6aii+6c,6, 9, 11; 7i2, 3 (2), 4; 7ii2, 3, 4; 8a-b,3; 10,1 (2), 3; 12ai6; 12a-bii11, 12, 13 (2); 12biii13; 15a-b,5; 17a-c,6; 21,2; 22a-b,5; 23,4 (2), 5 (5), 6 (2), 7 (5), 8 (2); 24,1, 2; 25a-c,3; 26a-b,5, 6, 7, 8 (2); 27,2 (2), 4, 6; 28,1, 5; 31a-c,15; 32,1, 2, 4, 10 (2), 12, 14; 35ii4 (2), 5, 6; 36,4, 6; 38,1; A,3
4Q365a 1,5, 6; 2i1 (2), 5, 8, 9, 10; 2ii5, 7, 9; 3,4; 4,3; 5i3, 7
4Q366 1,3, 6; 2,2, 4; 3,2, 4 (2), 7 (2), 10; 4i2, 4, 6, 7 (2); 4ii10; 5,3, 5
4Q367 1a-b,2, 8, 9; 2a-b,3, 9; 3,7, 10
4Q368 2,3, 4 (2); 3,7; 4,2; 5,3, 5 (2); 9,4; 10i5, 7, 8; 10ii5 (2), 6 (3), 8
4Q369 1i1, 2, 5; 1ii1, 3, 4 (2), 5 (2), 6, 7, 10 (2), 11; 2,3; 4,4
4Q370 1i8, 9
4Q371 1a-b,3, 5, 6, 7, 12; 3,1; 7,2
4Q372 1,4, 8 (2), 9, 10, 12 (2), 13, 14 (4), 15, 16, 17, 18, 19, 21, 23, 24, 27 (3), 28 (2); 2,4, 5 (3), 6, 7 (2), 12; 3,3, 5, 7, 8 (2), 9, 10, 11; 6,2, 3, 4; 8,1, 7; 10,1; 11,2; 16,3; 17,2; 22,2; 24,3
4Q373 1a+b,6
4Q374 1a-b,4 (2); 2ii4 (2), 5, 6 (2), 8, 9, 10 (2); 3,2; 4,1, 2; 7,2
4Q375 1i8; 1ii6, 7 (2), 8 (2), 9
4Q376 1i3; 1ii2 (2), 3; 1iii1, 2 (3), 3
4Q377 1i1, 3, 4 (2), 6 (3), 7 (3); 2i5; 2ii5 (2), 6, 8, 9, 12 (2); 5-6,2
4Q378 1,1; 2,2; 3i1 (2), 2, 5, 7 (2), 13 (2), 14; 3ii+4,5, 8, 12 (2); 6i5, 6, 8; 6ii2 (3), 4, 5; 11,3 (2), 8; 13i6; 19ii6 (2); 20ii2, 4, 5 (2); 22i5; 26,2, 3, 6; 28,2
4Q379 1,6; 3i6 (2); 6,4; 10,4; 11,3; 12,4, 5 (3); 13,1, 2, 3; 14,2, 3; 18,3, 4; 19,5; 22i3; 22ii10 (3), 11, 12 (2); 30,2; 32,6
4Q380 1i10, 11; 1ii1, 3, 6, 8; 2,4, 5, 6
4Q381 1,1 (2), 2 (2), 5, 6, 7, 8 (3), 9 (2), 11 (3); 4,1; 14+5,3, 4; 15,2, 3 (2), 5; 16,2; 17,1; 18,5; 19i4, 5; 20,1, 3; 23,2; 24a+b,3, 4, 5, 8, 9, 10; 28,1, 3; 31,1, 2 (2), 5 (3), 6 (2), 7; 33+35,1, 2 (2), 3 (2), 4, 5 (3), 6 (2), 8 (2), 9 (2), 10; 42,2; 44,3; 45a+b,1, 2 (2), 3, 6, 7; 46a+b,2, 4 (2), 5, 6, 7, 8; 48,4; 49,2; 50,2, 3; 69,2, 3 (2), 4 (3), 5a (2), 7 (2), 8 (3), 9; 76-77,2, 8, 9, 10, 11, 12, 13, 15 (4), 16 (2); 79,5; 80,1; 94,1, 2
4Q382 6,1, 4; 7,2; 9,4; 10,9; 12,4, 5, 6; 14,1; 15,5; 26,2; 30,3; 31,2, 3, 4; 35,1; 38,3, 9; 43,1; 47,4, 6; 49,4, 6 (2); 50,4; 54,1; 55,3; 64,2; 104,1 (3), 2 (2), 3 (3), 7, 8; 105,2; 107,2; 110,2; 111,1, 2, 7; 112,1; 116,2; 122,2; 139,1
4Q383 2,2; 5,3; 6,2
4Q384 4,3; 8,3, 4, 7; 9,3, 4; 10,1, 3
4Q385 2,1 (2); 3,4
4Q385a 1a-bii1; 3a-c,4; 4,7, 8; 8,2; 10ii3; 11ii4, 5; 16a-b,2, 7 (2); 17a-eii5, 6; 18ia-b,2, 8, 11; 18ii2, 3 (3), 10
4Q385b 1,1
4Q385c A,1 (2)
4Q386 1ii3, 4; 1iii6
4Q387 1,4; 2ii1, 2 (2), 9, 10, 11; 2iii5, 6; 3,7, 9 (3); 4i1, 3; A,1, 2, 3 (2)
4Q387a 3,3; 4,2, 3; 9,2, 3, 5
4Q388 6,4
4Q388a 2,1; 3,2, 3; 7ii5, 7; D,2; H,1
4Q389 1,6; 2,3, 4; 5,2, 3; 8ii2, 3, 5, 9; 9,3; D,1; E,1, 2
4Q390 1,5 (2), 8, 10; 2i4 (2), 6, 8 (3), 9; 2ii8
4Q391 5,3; 6-7,2; 12,1; 19,3; 23,2; 25,4, 5; 36,4; 48,2; 59,3; 62ii4
4Q392 1,2 (3), 3, 4 (3), 5 (2), 6 (3), 7 (2), 8 (2), 9, 10; 2,4; 3,2; 6-9,3, 5 (3), 6; 10,2
4Q393 1ii-2,6, 7, 11; 3,2, 3, 4, 6 (3), 7 (7), 8 (3); 6,2; 8,2, 3
4Q394 3-7i8 (2), 13, 15, 18 (3), 19; 3-7ii4, 15, 17; 8iii14; 8iv4 (2), 8 (2)
4Q395 1,7, 10, 11
4Q396 1-2ii1, 2, 5, 6, 8; 1-2iii3, 4, 5, 8, 9, 11; 1-2iv6, 7
4Q397 3,3; 5,4 (2); 6-13,1, 8, 10, 13; 14-21,8 (2), 11
4Q398 1-3,2; 7,2; 11-13,5; 14-17ii2, 3 (3), 4, 7 (5), 8
4Q399 1i11; 1ii1, 4
4Q400 1i1, 3 (2), 4, 5, 6, 7, 9, 10, 11, 15, 18, 19; 1ii7, 10, 11, 21; 2,1, 2, 4, 8 (2); 3i1; 3ii+5,2, 5 (2), 8; 7,3
4Q401 1-2,1, 2, 3; 3,3; 4,2; 9,1; 12,3; 14i5, 6, 7; 14ii8; 17,5 (2); 29,2
4Q402 1,3, 4, 5; 3ii6, 12; 4,5, 8, 9, 14 (2), 15
4Q403 1i1 (2), 2 (2), 3, 4, 5 (2), 6, 10 (2), 12, 14, 16, 17 (2), 18 (2), 19, 20 (3), 21, 22 (2), 23 (3), 24, 25 (2), 26, 27, 28 (2), 29, 30 (2), 31 (2), 32, 33, 34 (3), 35 (2), 37 (2), 38 (2), 39 (2), 40 (2), 41, 42 (2), 43; 1ii3, 5, 11, 12, 14, 18, 22, 23, 24, 25, 26, 27, 28, 29, 30, 33, 34, 35
4Q404 2,1, 3, 4 (2), 6, 8; 3,2, 3; 4,5; 9,1; 11,3
4Q405 3i12a, 14; 3ii1, 3, 4 (2), 5, 7, 8, 9, 11, 14, 17, 18; 6,3, 7, 9; 8-9,2; 11,3, 4 (2), 5; 13,2, 3, 4, 6 (3); 14-15i3 (2); 15ii-16,6, 7; 18,2; 19,6 (2), 7; 20ii-22,2, 4, 6, 7, 8; 23i4, 8, 13; 23ii1, 2, 8, 10, 11, 12; 28,2; 29,2; 30,2; 33,2; 34,2; 73,1; 81,3
4Q406 1,4
4Q408 3+3a,2, 3, 7, 8 (2), 9 (2), 10, 11; 4,2; 11,3, 6; 16,3a
4Q409 1i4
4Q410 1,2, 4, 5; 2,1, 2, 3
4Q411 1ii4, 5, 10, 14, 15, 16
4Q412 1,3, 5, 6 (2), 8
4Q413 1-2,2
4Q414 1ii-2i3 (2), 4, 6; 2ii-4,1, 2 (3), 4, 11; 7,3 (2), 8; 8,3; 11ii4; 12,2 (2); 13,2 (2), 3, 4; 24,2; 27-28,3; 31,3
4Q415 1i3; 2ii5; 6,6; 9,2 (2), 5, 10; 11,3, 5, 6, 7 (2); 13,2
4Q416 1,2, 4 (2), 5, 6, 8, 9, 10, 15 (3); 2i6, 7; 2ii2, 6, 8, 9 (2), 10 (2), 13 (2), 14, 15, 16; 2iii3, 5, 6, 9, 10, 15 (2), 16 (2); 2iv4 (3), 5, 7 (2), 8 (2), 10; 5i2; 7,3; 8,1; 14,2
4Q417 1i4, 7, 8, 9, 10 (4), 11, 15 (2), 16 (3), 17, 18, 20; 1ii4, 13; 2i2, 6, 9 (2), 12 (2), 13, 15, 18, 21, 22 (2), 23 (4); 2ii+23,1, 3 (2), 6, 7, 14, 17, 19 (2), 20 (2); 4ii2, 3, 4; 5,2; 11,4; 14,4; 15,2; 19,4; 20,4, 6; 29i6
4Q418 1,2, 3; 2+2a-c,1, 7 (2); 7b,13; 8,8, 10, 15; 9+9a-c,2, 3, 5, 8, 10, 16, 17; 10a-b,6; 16,4; 18,2; 20,3; 21,2; 34,3; 37,5; 41,2; 43-45i2, 3 (2), 7, 12, 15; 46,3; 47,3; 54,4; 55,6 (2), 8, 10; 69ii4, 5 (2), 6, 7, 11, 12; 75,2; 78,3; 79,3; 81+81a,1, 4 (2), 5, 6 (3), 9, 10 (2), 12, 13, 16, 18; 86,1; 87,4, 15; 88ii1, 2, 3 (2), 6, 7; 102a+b,4; 103ii5, 7; 106,2; 107,2, 3; 110,1; 118,3; 122i6, 8; 123ii2, 3, 7; 126ii4, 6 (2), 7 (2), 8, 13, 15; 127,1, 3, 5; 131,3; 137,2, 3; 139,3; 147,3; 148ii6; 159ii5; 162,4; 167a+b,4, 5, 6, 7; 172,3, 11, 12; 174,1; 177,4; 180,3; 184,3, 4; 185a+b,1, 3; 188,3; 196,3; 204,3; 207,3, 6; 209,1; 210,1; 221,2, 3, 5; 222,3 (2); 227,2; 229,3; 241,2; 247,1; 254,1
4Q418a 6,3; 8,1; 10,1; 15,3, 4 (2); 16,4; 18,4; 19,3 (2); 22,4
4Q418b 1,5
4Q419 1,4, 5, 6, 7, 10; 6,2; 7,3; 8ii5, 6; 10,1
4Q420 1aii-b,8; 2,7, 10; 6,2
4Q421 1ai3 (2), 6; 1aii-b,9, 12, 13; 2,2, 3; 5,2; 8,2; 9,1, 2, 3; 11,2 (2)
4Q422 I,9, 10, 12; II,9, 10, 11; III,3, 4, 6, 7 (2), 9, 10 (2), 11 (2), 12; S,3
4Q423 1-2i1, 2 (3), 3 (2); 3,1, 5; 5,1a (2), 4, 9; 6,4; 7,7; 8,3, 4; 17,2; 18,1; 20,2; 23,3
4Q424 1,3, 5, 8 (2), 11 (2); 3,2 (2), 3 (3), 4 (2), 5 (2), 6, 8, 9 (2), 10
4Q425 1+3,2, 10 (2); 2+4i3; 4ii4 (2), 5
4Q426 1i5, 12, 13; 1ii3; 11,3
4Q427 1,1, 4; 2,4; 4,2; 7i10, 12, 13, 15 (2), 16, 19 (2), 20, 21, 23; 7ii5, 6, 8 (2), 10 (2), 12, 13, 14, 16, 17 (3), 18, 19 (2), 20 (2), 21 (2), 22; 8i6, 8, 9, 18; 8ii10, 11, 13, 19; 9,2; 10,1, 2, 5; 11,3; 14,1
4Q428 1,3; 3,2, 5, 8; 4,2; 5,1; 8,5 (3); 9,2; 10,2, 4, 6, 9 (2), 10; 12i3; 12ii1, 3; 13,5; 14,1, 3, 4; 15,8; 17,1, 2; 18,5; 19,1, 6; 20,1 (2), 3, 4; 21,1, 2; 24,1; 26,2; 31,1
4Q429 1ii3, 5; 2,9, 10 (2), 11, 12 (2); 3,4, 5, 6, 9, 11; 4i4; 4ii3, 9 (2); 6,2
4Q430 1,3

4Q431 1,6; 2,4, 5, 7, 9
4Q432 1,1, 3; 3,3, 5; 5,3; 6,3, 5; 11,3; 12,1; 18,2
4Q433 1,4, 6
4Q433a 2,1, 2, 6 (2), 7; 3,3, 4, 9, 10
4Q434 1i3 (2), 4, 9 (4), 10, 11; 1ii2, 4; 2,1, 2, 4, 7, 8, 12; 7b,2 (2)
4Q435 1,1, 8; 2i4, 5; 5,2
4Q436 1a+bi1 (4), 2 (5), 4 (3), 5, 6, 7; 1ii4
4Q437 2i2 (2), 5, 8, 9, 12, 14; 2ii14, 15; 4,3
4Q438 1,3; 2,2; 4ii4 (2)
4Q439 1i+2,1, 3, 5
4Q440 1,3, 5; 3i16, 18, 19, 21
4Q440b 1,3, 4
4Q442 1,1
4Q443 1,11; 2,3, 6, 7; 3,3; 4,4; 10,2; 11,4; 12i3
4Q444 1-4i+5,2 (2), 4
4Q445 3,1
4Q447 1,1
4Q448 I,7; III,3 (2), 4 (2), 6, 8
4Q450 1,3; 2,1
4Q451 1,2
4Q457b II,2, 4, 7
4Q458 1,1, 7 (2), 8, 10; 16,1
4Q459 1,3
4Q460 5,2, 3; 7,5 (2), 10; 8,6; 9i2, 3 (2), 4 (2), 5, 9, 12 (3)
4Q461 1,1, 4, 6, 8, 9; 3,3; 4,3
4Q462 1,3, 4, 6 (2), 7 (2), 10, 11, 14, 15 (2), 17, 18
4Q463 1,3; 2,4
4Q464 3i6; 3ii3; 4,3; 5ii4; 6,3; 7,2, 3 (2), 5, 6
4Q464a 1,3, 4
4Q464b 1,1 (2)
4Q467 1+2,2, 3
4Q468a 1,5
4Q468b 1,1
4Q468f 1,3, 4
4Q468i 1,3
4Q468r 1,2
4Q468cc 1,5, 6, 8
4Q469 10,3
4Q470 1,4 (2), 6; 3,4
4Q471 2,4, 7 (2); 3,4
4Q471a 1,1 (2), 5, 7
4Q471c 1,5; 2,1
4Q472 1,3; 2,2, 3, 4, 5, 7, 8
4Q472a 1,2
4Q474 1,2, 5, 7, 8
4Q475 1,3, 6, 7
4Q476 2,6
4Q477 2i2; 2ii6
4Q480 1ii3
4Q481a 1,1 (2); 2,4; 3,2
4Q481b 1,1
4Q481d 1i4; 1ii3; 2,4; 5,2
4Q481e 1,1, 2 (2)
4Q485 2,3; 3,1
4Q487 1ii2; 3,3; 6,3; 7,2, 5, 6; 8,1; 10,4; 14,2; 16,1; 21,2; 36,1
4Q491 1-3,1, 2 (3), 3 (3), 4, 5, 7 (2), 8 (4), 9 (2), 10 (5), 11 (3), 12 (3), 14, 20 (2); 4,2, 4; 7,2; 8-10i3, 4 (2), 5 (2), 8, 9 (3), 12 (2), 17; 10ii11, 12, 13, 15; 11i11, 14, 15 (2), 22, 23; 11ii6, 9, 10 (2), 11, 15 (2), 17 (3), 18, 19, 20; 12,3; 13,4, 5; 14-15,3, 7, 9 (2), 10; 17,2, 6; 19,1; 20,2; 22,1; 32,2; 34,1
4Q492 1,1, 2, 6, 8 (2), 10, 13
4Q493 1,1, 2, 4, 5, 6 (2), 7, 8 (2), 9, 10 (2), 12, 14
4Q494 1,3
4Q495 2,1, 2
4Q496 1-2,7, 8; 3,3; 7,1; 10,5; 11,2; 15,2; 18,2
4Q497 8i2; 17,2; 20,3
4Q498 7,1; 10,1
4Q499 1,3; 3,3; 7,3; 8,3; 10,2; 31,1; 48,1; 49,2
4Q500 1,4
4Q501 1,1 (2), 5, 6, 9
4Q502 1,4, 10; 2,2, 3, 5; 3,2; 5,1, 2, 3; 6-10,3, 8, 10 (2), 11, 16; 14,4; 20,3; 22,3, 4; 27,2; 30,4; 31,4; 35,4; 36,2; 45,2; 47,2; 58,2; 59,1; 96,1, 3, 6; 97,1; 98,2, 3, 5; 99,4; 102,1; 103,1; 104,5; 179,2; 205,1; 220,1; 222,1; 254,1; 267,2; 299,2; 312,1
4Q503 1-6iii3, 7, 8 (2), 12, 13, 18, 19; 7-9,1, 6; 10,1; 11,2; 15-16,5, 10 (2), 11; 21-22,2 (2); 24-25,5, 6; 27,3; 29-32,3, 5, 12, 23; 33i+34,16, 19; 33ii+35-36,6, 8 (2), 9; 37-38,15; 40ii-41,4, 6; 42-44,2, 5; 56i-58,11; 62,3; 64,4 (2), 5; 67,3; 70-71,4; 72,9; 76,3; 78,4; 81,3; 85,1; 91,3; 102,2; 106,2, 3; 120,2; 129,2; 134,2; 215,11
4Q504 1-2ii8 (2), 11, 12, 13, 16, 17 (2); 1-2iii3, 4, 5 (2), 9, 13, 16, 20; 1-2iv3, 4 (2), 6 (2), 7, 9, 11; 1-2v5, 8 (2), 9, 10, 12, 13 (2), 16 (3), 20; 1-2vi3, 7, 9, 15 (3); 1-2vii7, 9, 11; 3i17; 3ii9, 13, 19; 4,6, 7 (2), 12, 22; 5i3, 4; 5ii2, 5, 8; 6,3, 4, 11; 7,3, 5; 8,7, 8, 9, 11, 14; 11,3; 18,2, 3, 4; 19,2; 24,3; 26,7; 48,2
4Q505 120,2, 3; 124,4, 6 (2), 7
4Q506 131-132,5, 8
4Q508 1,1, 2, 3; 3,2, 3; 13,2; 15,1; 19,2; 20,2 (2); 22-23,3; 30,1 (2), 2; 32,3; 40,1; 41,3
4Q509 3,4, 8; 4,2; 5-6ii3; 7,4, 7; 8,4; 10ii-11,8; 17,4; 18,1; 21,1; 22,4; 23i2; 24,3; 25,2; 31,6; 39,1; 49ii1; 84,1; 97-98i3 (2), 7, 8; 99ii2; 104,2; 131-132i10, 19; 131-132ii7, 8; 133,2; 143,2; 146,2, 7; 164,1; 183,7; 184i3; 191,2; 192,3; 199,2; 213,1; 215,2; 293,1
4Q510 1,2 (2), 4 (2), 6 (2), 7, 8, 9; 7,2
4Q511 1,5; 2i1, 3, 4, 6, 7, 9 (2), 10 (2); 2ii2, 4; 3,5; 7,3; 8,4, 5; 10,5, 7, 9 (2), 10; 11,3, 4, 11; 25,2; 26,5; 27,4; 28-29,3; 30,3, 6; 35,1 (2), 3 (2), 6, 7; 36,3; 41,2; 42,3, 8, 9; 43,6; 44-47,1, 4; 48-49+51,3; 52+54-5+57-9,2 (2), 3, 5; 60,1; 63-64ii4; 63iii3 (2), 4 (2), 5 (3); 63iv3; 81,4; 96,3; 116,2; 134,2; 145,3
4Q512 36-38,13, 17; 33+35,1 (2), 5, 7; 29-32,6, 7, 9, 21; 21-22,1; 24-25,2; 28,3, 5; 15i-16,4, 7; 11,2; 17,3; 7-9,3 (2), 4; 1-6,2, 5, 6, 8, 10 (2), 16; 40-41,3, 4 (2); 42-44ii6; 45-47i4; 45-47ii4; 48-50,6 (2); 51-55ii10; 62,1; 64,3; 69,2; 70-71,2; 75,3; 76,2; 80,2; 81,2; 110,2; 117,1; 125,2
4Q513 2ii1, 2 (2), 3 (2), 4 (3); 3-4,3, 4; 10ii3; 12,2, 3; 13,2, 6; 15,2, 4; 24,2; 37,1
4Q514 1i2, 3 (2), 4, 7
4Q517 19,1; 31,1; 49,1
4Q518 31,3
4Q520 1,1
4Q521 1ii5; 2i+3,7, 9; 2ii+4,1, 9, 10; 5i+6,4, 6; 7+5ii4, 5, 7; 8,10; 14,2
4Q522 7,3; 8,2; 9ii2, 3, 5 (2), 6, 8, 9; 22-25,3, 4, 6
4Q523 1-2,1, 11; 4,2
4Q524 6-13,1, 2; 15-22,7
4Q525 1,1, 2, 3; 2ii+3,4, 7 (2); 5,8 (2); 6ii2; 10,3, 4 (2), 6; 11-12,2, 3; 13,2, 3, 6; 14ii11, 14, 18 (2), 19, 21, 22, 24; 20,2, 3; 23,1, 3 (2); 24ii2; 30,4; 35,3; 39,1
4Q526 1,1
4Q527 1,1, 2
4Q577 2,3; 6,3
4Q579 1,3
5Q10 1,1

5Q12 1,5

5Q13 1,5, 9, 12, 13; 2,4, 7 (2), 8, 9; 4,1, 5; 6,2; 7,3

5Q14 1,5

5Q16 3,4; 4,5; 6,2

5Q18 4,2

5Q19 1,2

5Q20 1,2; 3,2

6Q9 2,2; 21,1; 24i3; 32,2, 3; 38,2

6Q10 1ii4; 9,1; 13,1; 20,2

6Q12 1,4

6Q15 4,3, 4; 5,4

6Q16 1,2, 3, 4

6Q18 1,6; 2,5; 10,3; 13,2; 20,2

6Q21 1,3

6Q22 1,4

6Q30 1,5

8Q5 1,3, 4; 2,4, 6

11Q5 XVIII,1 (3), 2 (2), 3 (3), 4 (3), 5 (2), 12, 13; XIX,1, 2 (2), 3, 8 (2), 9 (3), 10, 13, 16; XXI,11, 14 (2); XXII,1, 2, 3, 4, 8, 12 (2); XXIV,4 (2), 5, 7, 11, 12, 14 (3), 15; XXVI,9 (2), 13; XXVII,3, 4, 5 (2), 6 (2), 7 (2), 8 (2), 10, 11 (2); XXVIII,3, 4, 5, 6, 8, 9 (2), 11, 13

11Q6 4-5,3, 4, 5, 10, 14

11Q11 3,2; III,4, 5, 9 (2); IV,4, 7; V,4, 11, 12 (2), 13

11Q12 1,4, 5; 2,3, 4; 7a,3; 9,4

11Q13 II,4 (2), 6 (3), 8 (2), 9 (4), 11, 12, 16, 17, 20 (2), 21; III,10

11Q14 1ii5, 7, 8, 9 (2), 10 (2)

11Q15 2,3, 4

11Q16 2,5

11Q17 I,7; II,7; III,3, 4 (2), 11, 12; VI,7; VII,4, 7 (2); VIII,6, 7, 8; IX,4, 5, 8; X,6 (2), 7 (4), 8 (3), 9

11Q19 II,4, 5, 11, 13; III,4, 7, 15 (2), 16; IV,2; VI,2 (2), 6 (2); VII,5, 9, 12; VIII,10 (2), 13; X,5, 11, 13; XI,11, 16; XII,13; XIII,5 (2), 7, 10, 13, 14 (2), 15; XIV,3, 6, 7, 8, 9, 11 (2), 13, 14, 16, 18; XV,3a, 13, 14, 16; XVI,10, 12, 13, 14, 15, 16; XVII,3, 7, 9, 10, 12 (2), 13, 14, 15 (4), 16; XVIII,2, 4 (2), 6, 8, 13, 14, 16; XIX,8, 9 (2), 11 (2), 14; XX,7, 14; XXI,2, 3, 8, 9, 10, 16; XXII,4, 9, 10 (3), 11, 12 (2), 14 (2), 16; XXIII,3, 10, 11 (2), 12, 17; XXIV,6, 7 (2), 8, 9 (2), 10, 11 (2), 12, 14 (2), 15 (2), 16 (2); XXV,8, 10, 13, 14 (2), 15 (5), 16; XXVI,6, 7, 10, 12, 13; XXVII,2, 4, 5 (3), 8, 9, 10; XXVIII,0, 5 (4), 6, 8 (2), 9 (3), 11 (3); XXIX,3 (2), 5 (2), 6 (5), 7 (4), 8, 10 (2); XXX,4, 5, 6, 10; XXXI,6, 7 (2), 10 (2), 12; XXXII,6, 7 (2), 11 (2), 12 (2), 13; XXXIII,5, 8, 10, 13 (4), 14, 15; XXXIV,2, 9, 10, 14; XXXV,7, 8 (4), 9 (2), 10, 11 (4), 12 (2), 14; XXXVI,5, 12, 14; XXXVII,2, 4, 5, 8, 9, 10 (4), 11, 13; XXXVIII,4 (3), 7, 9, 10 (2), 12, 13 (2), 14 (3), 15 (2); XXXIX,6 (2), 8, 9, 10, 11, 12, 13 (3), 14; XL,1, 2, 4, 6 (2), 7, 8 (2), 9 (4), 10 (2), 12 (2), 13, 15; XLI,12, 13, 17; XLII,3 (2), 5, 8 (2), 9, 12, 13, 14 (3), 15 (2), 17 (2); XLIII,1, 3 (2), 5, 6, 10, 13, 14, 16; XLIV,2, 4, 5, 7, 9, 10, 13 (3), 14, 15, 16; XLV,3, 5, 7, 13, 14, 15 (2), 17 (2), 18; XLVI,3 (2), 5, 7, 8, 9, 10, 13, 14 (3), 15, 17, 18; XLVII,2, 3, 4, 5, 6, 8, 9, 13, 15, 16, 17; XLVIII,3 (2), 4 (2), 5 (3), 6, 7, 8, 9, 10, 14 (2), 15 (2), 16; XLIX,8, 9, 12, 15, 20, 21; L,9, 13, 17, 19, 20; LI,7, 9 (2), 11, 16 (2), 18, 20 (2), 21 (2); LII,2, 3 (2), 4, 5 (3), 8, 9, 10, 14, 15, 16 (2), 18, 20 (2); LIII,2, 4, 5, 7 (2), 8, 10, 11, 12, 13, 14, 15, 16, 18, 21; LIV,6, 9, 11, 12, 17 (2), 20; LV,2 (2), 3, 4, 7, 8, 9, 10, 11, 12, 13, 14 (2), 16, 17 (2), 18 (4); LVI,2, 3, 4 (2), 5 (2), 6, 7, 8, 9 (2), 12, 16 (2), 17 (2), 18 (2), 19, 21 (2); LVII,3, 5, 6, 7, 9, 13, 14, 15, 16, 18, 19, 20; LVIII,3, 4, 5 (2), 6, 10, 12, 13 (3), 14, 15, 18 (2); LIX,2 (2), 4 (3), 7, 8 (2), 12, 13 (5), 14, 15, 17 (2), 18, 19 (2), 20 (3), 21; LX,3 (2), 4 (3), 6, 7 (2), 8 (3), 9, 11 (4), 13, 14, 15, 16 (2), 19, 20; LXI,1, 6 (2), 7, 8 (4), 10 (3), 11, 13, 14; LXII,3, 5, 6 (2), 7, 8 (2), 9, 11 (2), 12, 13, 16 (2); LXIII,3 (3), 6, 7, 8, 10, 11 (2), 14 (3); LXIV,2, 7, 13, 14; LXV,2, 5 (2), 6, 7, 9, 11 (2), 12 (3), 13, 15; LXVI,5, 6 (2), 8, 9, 10, 11 (2)

11Q**20** I,12 (2), 13, 14, 16, 18, 20, 22; II,9; III,23; IV,4, 6, 9 (2), 10, 13, 17, 24; V,2, 4 (2), 6, 10, 19; VI,2, 3, 5, 7, 12, 16; VII,25; VIII,11; IX,2; X,2, 5; XI,12; XII,9, 14, 16, 20; XIV,11; XV,2, 7; XVI,6; 36,2

11Q**21** 1,2; 3,2

11Q**22** 1,2, 3

11Q**25** 1,1; 4,2

11Q**29** 1,2

11Q**30** 2,2; 8,1; 17,1

PAM 43.663 43,1

PAM 43.672 76,1

PAM 43.673 5,1; 21,2

PAM 43.674 63,1; 71,3

PAM 43.675 8,1; 36,2

PAM 43.676 4,1; 5,2; 14,3; 23,1; 26,2; 40,3; 43,1; 45,2

PAM 43.677 37,3

PAM 43.678 27,1; 28,1

PAM 43.679 9,2; 10,1

PAM 43.680 2,1; 3,1; 33,2; 39,3; 46,1; 50,4

PAM 43.682 13i3; 14,2; 39,1

PAM 43.684 1,1; 93,2

PAM 43.685 14,1

PAM 43.686 23,1

PAM 43.688 51,1; 57,2; 65,1

PAM 43.691 5,3; 9,2; 13,1 (2)

PAM 43.692 47,1

PAM 43.694 46,1; 51,1

PAM 43.695 3,1 (2); 73,1

PAM 43.696 66,1

PAM 43.698 42,1; 48,2; 77,1

PAM 43.700 39,1

PAM 44.102 55i1; 55ii1; 66,5; 70,2

לֹא ← לוֹא

aloe (?) noun **לאה**

3Q**15** XI,14 (III) כלי דמע **לאה** דמ‹ע› סירא

Leah proper noun **לֵאָה**

4Q**364** 4b+ei4 (XIII) ותו]אמר **לאה** / [בגד

4Q**364** 4b+ei5 (XIII) ותלד זלפ]ה שפחת **לאה** / [בן שני ליעקוב

4Q**364** 4b+ei9 (XIII) ויבא אותם]אל **לאה** א[מו

people, nation noun **לְאֹם**

1QSb III,18 (I) להכנ]יע לכה **לא**[ומי]ם ר[ב]ים

1QSb V,28 (I) וישתחוו וכול **לא**]ומים יעובדוכה

1QpHab X,8 ו**לאומים** בדי ריק ייעפו

1QH[a] XIV,12 וידעו כול גוים אמתכה וכול **לאומים** כבודכה

1Q**27** 1i9 (I) הלוא מפי כול **לאומים** שמע האמת

4Q**163** 50,2 (V)]א **לאומי**[ם

4Q**174** 1-2i18 (V) [למה רגש]ו גויים ו**לאומים** יהג[ו ריק

4Q**179** 2,5 (V)]◦ים שרתי כל **לאומ**[ים] שוממה

4Q**299** 10,5 (XX)]ושופטים לכול **לא**[ומים

4Q**434** 1i8 (XXIX) ובתוך **לאומים** לא[ ]ם ויסתירם ב[

4Q**434** 2,2 (XXIX)] / גיים ל[ש]חת ו**לאומים** יכרות ורשעים◦ [

4Q**435** 1,7 (XXIX) ובתוך] / **לאומי**[ם לוא

4Q**437** 2i5 (XXIX) **לא**]ומים וחסדיך לי צנה סביב

לְאֹם ← לְאוֹם

לאץ ← לחץ

heart, mind noun לֵב

ויבן אל אל מעשיהם כי בלב שלם דרשוהו	CD I,10
להדריכם בדרך לבו	CD I,11
בלכתם בשרירות / לבם	CD II,18
ובניהם במצרים הלכו בשרירות לבם	CD III,5
ויתורו אחרי שרירות / לבם	CD III,12
ויבחרו איש בשרירות לבו	CD VIII,8
ויעזבם ויפנו בשרירות לבם	CD VIII,19
לשׁ[וב א]ל תורת משה בכל לב	CD XV,9
לשוב אל תורת משה בכל לב	CD XV,12
ויבחרו איש בשרירות לבו	CD XIX,20
ויעזבם ויפנו בשרירות לבם	CD XIX,33
ובאחרונים אשר שמו גלולים על לבם	CD XX,9
וילכו בשרירות / לבם	CD XX,10
ויעז לבם ויתגברו / על כל בני תבל	CD XX,33
ולוא ללכת עוד בשרירות לב אשמה	1QS I,6
ויאר לבכה בשכל חיים	1QS II,3
ואמרו ארור בגלולי לבו	1QS II,11
שלום יהי לי / כיא בשרירות לבי אלכ	1QS II,14
ללכת בשרירות לבו לוא [	1QS II,26
ולוא יצדק במתור שרירות לבו	1QS III,3
וכבוד אוזן קושי עורפ וכובוד לב	1QS IV,11
לוא ילכ איש בשרירות לבו	1QS V,4
ככול אשר צוה בכול / לב	1QS V,9
וללכת בשרירות לבו	1QS VII,19
ללכת בשרירות לבו	1QS VII,24
לוא יצאו ללכת / בכול שרירות לבם	1QS IX,10
ונפתלות מדעת לבי	1QS X,24
אתה אלי הפותח לדעה / לב עבדכה	1QS XI,16
וכאשר משל / בישראל רם לבו	1QpHab VIII,10
כיא לוא מל את עורלת לבו	1QpHab XI,13
תרועת מלחמה גדולה להמס לב אויב	1QM VIII,10
ידברו לכול עתודי המלחמה נדיבי לב	1QM X,5
ובשלום לגבורת פלא ולב נמס לפתח תקוה	1QM XI,9
ולהרים במשפט / לב נמס	1QM XIV,6
]◦ ולב גבורים מגנתה לאין מעמד	1QM XVIII,13
]◦ה לבו / [	1QHa IV,22
]ת לבו / [	1QHa IV,26
אודך]אדוני הנותן בלב עב[דך]בינה / [	1QHa VI,8
ואהבכה נדבה ובכול לב[י אברכ]ך / [	1QHa VI,26
ובכול לב ובכול נפש ברותי ◦◦◦◦[	1QHa VII,10
ולב שלם ולאהוב את [שמך]	1QHa VIII,16
]שבים אליך באמונה ולב שלם [	1QHa VIII,26
ואו]ילי לב לא יבינו / אלה	1QHa IX,37
ויצר סמוך לכול נמהרי לב	1QHa X,9
ואני במוס לבי כמים ותחזק נפשי בבריתך	1QHa X,28
ומחשבת לבכה תכון לנצח	1QHa XII,13
וידרשוכה בלב ולב ולא נכונו באמתכה	1QHa XII,14
וידרשוכה בלב ולב ולא נכונו באמתכה	
ועם שרירות לבם יתורו וידרשוכה בגלולים	1QHa XII,15
ולדרך לבכה לא היאה	1QHa XII,18
ולא רמיה במזמת לבכה	1QHa XII,21
והולכי בדרך לבכה / יכונו לנצח[	
וישומעוני ההולכים בדרך לבכה	1QHa XII,24
והמה הוות לבם יחשובו	1QHa XIII,26
ויהם עלי לבי	1QHa XIII,31

כי סבבוני[בהוות] לבם	1QHa XIII,31	
] / לבי בנאצות ◦◦[	1QHa XIV,2	
]להתהלך / בדרך לבכה לאין עול	1QHa XIV,7	
ויתמוטטו מדרך לבכה	1QHa XIV,21	
ויהם לבי לכלה ורוח עועים תבלעני	1QHa XV,5	
ותכן לבי / [כל]מודיכה וכאמתכה	1QHa XV,13	
]◦ נשענתי להרים לב[י] / ולהעיז בכוח	1QHa XV,16	
] ברוב רחמיכה לנעוי לב	1QHa XV,27	
ומ[וד]ע לב[י] / בנגיעים	1QHa XVI,26	
וינגר כמים לבי וימס / כדונג בשרי	1QHa XVI,32	
]מזמת לבכה ◦◦[	1QHa XVIII,1	
] שש לבי בבריתכה ואמתכה / תשעשע נפשי	1QHa XVIII,30	
ולבי נפתח למקור עולם	1QHa XVIII,31	
ויתהולל לבי בחלחלה ומותני ברעדה	1QHa XVIII,33	
ויגון[ ]◦◦◦◦◦ ◦◦◦◦[ ] / בהגי לבי	1QHa XIX,2	
ומה או[מר] / בלוא גליתה לבי	1QHa XX,34	
כיא לערל אוזן נפתח דבר ולב / [	1QHa XXI,5	
ותגלה לב עפר להשמר / [	1QHa XXI,9	
ע]פר ולב האבן	1QHa XXI,11	
ונהיות עולם חקותה בלב / [האבן	1QHa XXI,12	
ויהם לבי ◦[	1QHa 4,13	
] / לבכה וקצ תעודה השכלתה לב◦[	1QHa 5,11	
] / לבכה וקצ תעודה השכלתה לב◦[		
]◦ לבכה ולשמועת[ ] / [	1Q**35** 1,11	(I)
ולא יכלכלנה חסר ל]ב	2Q**18** 2,1	(III)
]י לבך ◦[	2Q**21** 2,1	(III)
]שרירות {{ליש}} לבם[	2Q**28** 2,4	(III)
נש]ברי ל[ב	4Q**161** 7,1	(V)
וגבורים יחתו ונמס ל[בם	4Q**161** 8-10,4	(V)
] / לב כיא לדרש [	4Q**163** 23ii13	(V)
חרבם תבוא בלבם וקשתותיהם תשברנה	4Q**171** 1-2ii16	(V)
רח]ש ל[ב]י דבר טוב	4Q**171** 3-10iv24	(V)
דברו על לב ירושלים וק[ראו אליה	4Q**176** 1-2i5	(V)
פ]שר הדבר לנצח לב אנשי / [	4Q**177** 10-11,9	(V)
ויתן להם לב אחד ללכ[ת	4Q**183** 1ii4	(V)
לבה יכין פחוז וכליותיה מק[	4Q**184** 1,2	(V)
]לב נדכה התחנן לו[	4Q**184** 2,4	(V)
]ורום עינים לב ערל[	4Q**184** 2,5	(V)
]◦יא לב אדם ו◦[	4Q**215**a 1ii2	(XXXVI)
ועתה לב[י יפעם על מעשיו	4Q**223-224** 2ii6	(XIII)
ואם]יהיה לבם [עליהם] ל[היטיב] / [עליה]ם	4Q**223-224** 2iv9	(XIII)
אז יהיה בלבי[עליכה שלום	4Q**223-224** 2iv10	(XIII)
לשוב אל תורת משה בכול לב ו[בכול נפש	4Q**256** IX,7	(XXVI)
לדרוש אל בכול ל]ב ובכו[ל] / [נפש	4Q**257** I,1	(XXVI)
[ו]לוא יצדק במתו[ר]שרירות / לבו	4Q**257** III,5	(XXVI)
כי]בוד לב◦[	4Q**257** A,2	(XXVI)
[אשר]לא ילך איש בשרירות לבו	4Q**258** I,4	(XXVI)
ל[שוב א]ל [ת]ורת מש[ה]בכל לב ובכל נפש	4Q**258** I,6	(XXVI)
אתה אלי הפותח לדעה]לב עבדך	4Q**264** 3	(XXVI)
]ם לב [	4Q**265** h,1	(XXXV)
מורה צדק] / להדריכם ב[ד]רך לב[ו]	4Q**266** 2i15	(XVIII)
ויע]ז לבם [	4Q**266** 4,7	(XVIII)
הלך ?] / בשרירות לבו לאכול מן הקודש[	4Q**266** 5ii11	(XVIII)
לשוב אל תורת מוש[ה]בכול לב ובכול נפש	4Q**266** 8i3	(XVIII)
ויעז] ל[בם] / [	4Q**270** 2i3	(XVIII)
]◦שבו כי לבנו בחן וינחילנו[	4Q**299** 3aii-b,14	(XX)
] / לב רעו ואורב מ◦[	4Q**299** 6ii12	(XX)
ה]בינה יצר לבנ[ו] ברוב שכל גלה אוזננו	4Q**299** 8,6	(XX)
]ה לבם[	4Q**299** 45,1	(XX)
רש]עת לבו ל◦[	4Q**301** 7,3	(XX)

4Q**306** 2,2	(XXXVI)	] לבם[
4Q**364** 11,7	(XIII)	ויפג לב[ו] כי לו[א האמין להמה
4Q**365** 4,2	(XIII)	] / לב פרע[וה
4Q**365** 6ai6	(XIII)	ה[נני מחזק א]ת לבב פרעוה ואת לב[מצר]ים
4Q**368** 9,3	(XXVIII)	]תוכם וא[ת]לבם כבוד ועצ[
4Q**370** 1i3	(XIX)	וכמחשבות יצר לבם ה[רע
4Q**374** 2ii7	(XIX)	ויתנועעו לבם וימסו קרבי[ה]ם
4Q**374** 2ii8	(XIX)	אליהם [ ]למרפאויגבירו לב[ם] עוד
4Q**378** 6ii3	(XXII)	] / לבי כי אלהים יבחן מל[
4Q**381** 1,2	(XI)	ויבינו ולאין לב ידעון
4Q**381** 48,9	(XI)	] / [ ]לב נמגו כל [אנשי חיל
4Q**381** 69,3	(XI)	נ]ועץ אל לבו להשמידם מעליה
4Q**385** 6,2	(XXX)	] / בלב טוב ובנ[פש חפצה
4Q**385a** Dii1	(XXX)	בלב[
4Q**393** 3,3	(XXIX)	ואל ללכת איש בשרירות לבו / [הר]ע
4Q**393** 3,5	(XXIX)	ואל ללכת איש / בשררו[ת] לבו הרע
4Q**416** 2iii13	(XXXIV)	ובכל[ ]◦ צרוף לבכה
4Q**417** 2i9	(XXXIV)	] / אל ⟦ ⟧ תמוש מלבכה
4Q**417** 5,1	(XXXIV)	[אויל]י לב[
4Q**418** 8,12	(XXXIV)	ועקוב הלב מ[כול
4Q**418** 9+9a-c,14	(XXXIV)	] צרוף לבכה
4Q**418** 58,1	(XXXIV)	]אוילי ל[ב
4Q**418** 69ii4	(XXXIV)	ועתה אוילי לב מה טוב ללוא / [
4Q**418** 69ii8	(XXXIV)	ואז] / ישמדו כול אוילי לב
4Q**418** 81+81a,20	(XXXIV)	וכול חכמי לב השכלו[
4Q**418** 148ii6	(XXXIV)	] / בינה לקדמוניות שים ל◦[
4Q**418** 205,2	(XXXIV)	]◦נו אוילי לב / [
4Q**421** 4,2	(XX)	]ובלבו
4Q**422** III,7	(XIII)	ו]יחזק את לב[ו ל]חטוא
4Q**422** III,11	(XIII)	ויח[זק]אל את לב [פרעו]ה לבלתי[ש]לח[ם
4Q**423** 6,3	(XXXIV)	]לבכמה ומה אפוא כו[ל
4Q**424** 3,6	(XXXVI)	איש שמן לב אל תשלח לכרות מחשבות
	(XXXVI)	כי נסתרה חכמת לבו
4Q**425** 1+3,2	(XX)	]◦ בעד לבו לבלתי ה[
4Q**425** 1+3,8	(XX)	]אוילי לב ו[ש]געונו[
4Q**427** 2,1	(XXIX)	ונעוה בדעת לבי[
4Q**427** 10,3	(XXIX)	[ונהיות עול]ם חקותה בלב[האבן
4Q**428** 10,6	(XXIX)	ולשמועות פלאכה גליתה] / אוזני ולבי
4Q**428** 18,2	(XXIX)	לאנוש במזמת] / לבכה
4Q**429** 4i10	(XXIX)	ויתמוטט[ו]מדרך לבכה[
4Q**434** 1i4	(XXIX)	וימול עורלות לבם ויצילם למען חסדו
4Q**434** 1i10	(XXIX)	וישרם כחלילים וכלב א[ח]ר נתן להם
4Q**434** 1i11	(XXIX)	בדרך לבו גם הוא הגישם
4Q**436** 1a+bi1	(XXIX)	] / בינה לחזק לב נדכה
4Q**436** 1a+bi4	(XXIX)	ותחזק על לב / [נדכה]ללכת בדרכיכה
4Q**436** 1a+bi5	(XXIX)	לבי פקדתה וכליותי שננתה
4Q**436** 1a+bi10	(XXIX)	ותשם לב טהור תחתיו
4Q**436** 1ii3	(XXIX)	גבה לב ורום עינים
4Q**436** 1ii4	(XXIX)	]ה ולב[נד]כה נתתה לי יצ[ר
4Q**437** 2i3	(XXIX)	תבוא חר]בם בלבם וקשתותיהם תשברנה ◦[
4Q**437** 2i14	(XXIX)	[ואהלל] בגיל לבי [ט]ובתו
	(XXIX)	אותך אדוני זכרתי ונסמך לבי ל[פני]ך
4Q**468**a 2	(XXXVI)	כ]ול חכמי לב[
4Q**468**i 5	(XXXVI)	נא]דרו מכול שלת לבם / [
4Q**469** 2,3	(XXXVI)	חנ]ופות לבמה אני ש[
4Q**481**d 2,2	(XXII)	]◦צור לב[
4Q**487** 2,7	(VII)	]ות לב אשמה [
4Q**487** 6,5	(VII)	]ב לבו ממח[ ] מת◦◦[
4Q**487** 24,2	(VII)	כי]בוד לב ◦[
4Q**491** 11ii12	(VII)	ו[ענה ואמר יקום א]ל ולב עמו יבחן במצרף
4Q**491** 11ii15	(VII)	ולהסיג לב נמס לחזק ל[ב
	(VII)	ולהסיג לב נמס לחזק ל[ב
4Q**504** 1-2ii13	(VII)	]ל[ ]◦בנו בכול לב ובכול נפש
	(VII)	ולטעת תורתכה בלבנו / [לבלתי סור ממנה
4Q**504** 1-2vi5	(VII)	ועתה כיום הזה / אשר נכנע לבנו
4Q**504** 4,12	(VII)	חזק לבנו לעשות[
4Q**504** 18,2	(VII)	נ]תתה להסה לב[לדעת]
4Q**508** 39,1	(VII)	] ואנו חיינו בלב יגון י[ומם
4Q**509** 294,1	(VII)	]ם לבה [
4Q**511** 63iii2	(VII)	ובלבי סוד רישית כול מעשי איש
4Q**511** 86,3	(VII)	]לבכ◦[
4Q**517** 13,2	(VII)	]◦ לבמ[
4Q**521** 2ii+4,4	(XXV)	תמצאו את אדני כל המיחלים בלבם
4Q**525** 2ii+3,1	(XXV)	] / בלב טהור ולוא רגל על לשונו
4Q**525** 2ii+3,3	(XXV)	ולוא ישחרנה בלב מרמה
4Q**525** 2ii+3,4	(XXV)	ויכן לדרכיה לבו
4Q**525** 2ii+3,8	(XXV)	]יה יחד ויתם לבו אליה [
4Q**525** 5,6	(XXV)	]בא[מת ?]א[ל]תדרשוה בלב ר[ע
4Q**525** 5,7	(XXV)	שמ]עו אל ת[דר]שוה בלב מרמה ובח[וקי
4Q**525** 14i15	(XXV)	]לב / [
4Q**525** 14ii3	(XXV)	] / בלבם וירימו רואשכה [
4Q**525** 14ii10	(XXV)	] / לבכה והתענגתה על א[לוהים
4Q**525** 14ii18	(XXV)	ועתה מבין שמעה לי ושים לבכה לא[מרי פי
4Q**525** 18,4	(XXV)	]ובנדת ל[ב
6Q**9** 32,2	(III)	]לבם ונגפו לפני[
11Q**5** XIX,13	(IV)	בזוכרי עוזכה יתקף / לבי
11Q**5** XXI,12	(IV)	גם גרע נץ בבשול ענבים ישמחו לב
11Q**5** XXIV,16	(IV)	ויענני [וירפא את] שבר לבי
11Q**5** XXVI,12	(IV)	מבדיל אור מאפלה שחר הכין בדעת / לבו
11Q**13** III,8	(XXIII)	] / במזמ[ו]ת בלבם ת[
11Q**19** LVIII,20		לוא יצא מעצת לבו
11Q**19** LIX,14		והמלך אשר / זנה לבו
PAM 43.677 9,5	(XXXIII)	]◦הו עליו לב ל◦[
PAM 43.700 24,2	(XXXIII)	] לב על {{◦}}קש[ה

heart, mind noun לֵבָב

CD VIII,14	לא בצדקתך ובישר לבבך אתה בא
CD XIX,27	לא בצדקתך וביושר לבבך אתה בא
1QS II,13	דברי הברית הזות יתברכ בלבבו
1QS IV,2	ואלה דרכיהן בתבל להאיר בלבב איש
	ולפחד לבבו במשפטי / אל
1QS IV,9	רשע ושקר גוה ורום לבב כחש
1QS IV,23	הנה יריבו רוחי אמת ועול בלבב גבר
1QS V,4	לוא ילכ איש בשרירות לבו לתעות אחר לבבו
1QS V,26	ואל ישנאהו [בעור]ל[ת] לבבו
1QS X,21	ובליעל לוא אשמור בלבבי
1QS XI,2	ובידו תום דרכי עמ ישור לבבי
1QS XI,3	ואורת לבבי ברז / נהיה והויא עולם
1QS XI,5	וממקור צדקתו משפטי אור בלבבי
1QS XI,9	נעוות לבבי / לסוד רמה והולדי חושכ
1QM I,14	◦דגלי הבנים יהיו להמס לבב
	וגבורת אל מאמצת ל[בב בני אור
1QM X,3	אל תיראו ואל ירך לבבכמה
1QM X,6	ולשוב כול / מסי לבב ולחזיק יחד
1QM XIV,7	]סם לבב קושי
1QM XVI,14	וחזק את / לבבם ב[
1QM XVI,15	]ל[ב]ב עמו יבחן במצרף
1QH^{a} IV,19	]◦◦ מעשי ונעוית לבבי
1QH^{a} X,6	] חזקים למוס לבבי
1QH^{a} X,18	שמתה בלבבו לפתוח מקור דעת

Text	Vol.	Reference
אשר שננתה בלבבי בחלקות / לעמכה		1QHa XII,10
וימס לבבי כדונג מפני אש		1QHa XII,33
וסוד אמת אמצתה בלבבי		1QHa XIII,9
ואת אלי / מרחב פתחתה בלבבי		1QHa XIII,33
יועץ בליעל / עם לבבם [		1QHa XIV,22
השם לבבי ממחשבת רוע		1QHa XV,3
] לבב ◦◦◦רים ממשל / [		1QHa XVI,37
ויבואו בלבבי ויגעו בעצמי ◦[		1QHa XIX,21
]◦◦ השם [ל]בבי		1QHa XXI,5
]ל◦ פתחתה לבבי לבינתכה		1QHa 4,12
] ולבבי כדונג ימס על פשע וחטאה		1QHa 4,14
[השמר] למה ירום [לב]בכה	(I)	1Q22 1ii4
]בלבבם ⟦ ⟧ בלבבי מרוקים להל[	(I)	1Q38 1,1
]בלבבם ⟦ ⟧ בלבבי מרוקים להל[	(I)	
] / והיה הלבב הזה להמה ליראה[	(V)	4Q158 6,5
]לבב ים במצ[ל]ות / [	(V)	4Q158 14i7
אפקד על פרי] / [גד]ל לבב מלך א[שור	(V)	4Q163 4-7ii2
]לבבם [	(V)	4Q172 4,5
ויהיה לבבם זה להם לירא אותי	(V)	4Q175 3
]ם רום לבב ואף אף ה[	(V)	4Q184 2,6
]◦יערץ לבבכם מפני פחדו	(V)	4Q185 1-2i15
ורשף עינים ושמחת לבב ע◦[	(V)	4Q185 1-2ii12
וכול אנש ישתחוו לו[ויהיה לב]בם אח[ד]	(XXXVI)	4Q215a 1ii8
]צדק [רשע ושקר גוה ורום לב]ב כחש	(XXVI)	4Q257 V,7
ובליעל לוא אשמור בלבבי	(XXVI)	4Q260 V,2
]כי לכול ישרי לבב בי[ש]ראל / [	(XVIII)	4Q266 5ic-d,2
ובמקום כתוב קרעו לבבכם ואל בגדיכם	(XVIII)	4Q266 11,5
ובמ[קום אחר כתוב] / קרעו לבבכם	(XVIII)	4Q270 7i19
[ומ]קימי מזמתכה בלבבמה לזום על ברית אל[	(XXIX)	4Q280 2,6
האזי[נו לי כ]ול אנשי לבב	(XX)	4Q298 1-2i1
] / מה נכבד לבב והוא ממש[ל	(XX)	4Q301 2a,2
]◦ לבבכם א[ ]◦ / [	(XX)	4Q302 3ii4
ו]אני ה[נני מחזק א]ת לבב פרעוה	(XIII)	4Q365 6ai6
] לבבי בזמון [	(XXVIII)	4Q371 7,4
]וע ולבב להבין חק[יך	(XXVIII)	4Q372 3,3
] / [ו]לבב ללמד בינה פה[	(XXVIII)	4Q372 3,5
ל]א מבינים בלבבם [	(XXVIII)	4Q372 8,4
]◦דלו כלבבם הפ◦◦[	(XXVIII)	4Q377 5-6,3
]◦ לבבי תשיב וי[	(XI)	4Q381 15,1
]◦הם ומרמה בלבבם [	(XI)	4Q381 85,3
]חי בלבבי ◦◦[	(XIII)	4Q382 12,3
]לבבם[	(XIII)	4Q382 82,1
ולתמוך בבריתכה ולהיות לבבם ◦[	(XIII)	4Q382 104,1
ולא רם לבבו ממני ש[	(XXX)	4Q385a 1a-bii4
]לבבו לדעת[	(XXX)	4Q385a 8,2
]ותחזקו לעבדני בכל לבבכם	(XXX)	4Q387 2ii1
בש[געון]ובעורון ותמהן / הלבב	(XXX)	4Q387 2ii5
[כי] עזבתי את הארץ ברום לבבם ממני	(XXX)	4Q389 8ii6
]עה [ל]בבו א[	(XXIX)	4Q392 2,1
ושבת[ה אלו בכ]ל לבבכה וב[כו]ל נפש[כה	(X)	4Q397 14-21,14
[והשיבות]ה אל ל[בב]ך	(X)	4Q398 14-17i7
ושבתה אלו בכל לבבך / [ובכו]ל נפש[ך	(X)	
] / אל תמישי בלבבך ע◦ וע[	(XXXIV)	4Q415 2ii2
ל]בבו ולצל[וח	(XXXIV)	4Q416 8,1
] / לוא תתרו אחר[י] לבבכמ[ה]	(XXXIV)	4Q417 1i27
]ושקד יהיה בלבבנו [בכול קצים	(XXXIV)	4Q418 55,4
] / בלבבי◦[	(XXXIV)	4Q418 204,2
]לבבכה קו[דש	(XXXIV)	4Q418 236,3
]לבבהו [	(XXXIV)	4Q418a 18,1
]מה בלבב מ[שכילים ?	(XX)	4Q420 2,9
ח]בריו לחזק לבב נג[ועים ?	(XX)	4Q421 9,2
]ל[ה]בין לבבכמה / [	(XXXIV)	4Q423 7,7
]נתן אל בלבבי דעה ובינה / [	(XX)	4Q426 1i4
ואתה אלי מרחב] / [פ]תחתה בלבבי	(XXIX)	4Q429 3,6
יועץ[בליע]ל עם לבב[ם]	(XXIX)	4Q429 4i11
[אודכה אד]וני כ[י] ישרתה בלבבי	(XXIX)	4Q432 3,1
חזקים]לה[מ]ס לבבי	(XXIX)	4Q432 3,5
ורוח קודש שמ]תה בלבב[י	(XXIX)	4Q435 2i2
[ורוח קוד]ש שמתה בלבבי	(XXIX)	4Q436 1ii1
ויעלוץ לבבי בכה תרום ק[רני	(XXIX)	4Q437 2i15
ובינה אמת וצדק שם אל בל[בבי	(XXIX)	4Q444 1-4i+5,3
ולהניא לבבם מכול מע[שה	(XXXVI)	4Q471 2,4
[ובעניי רוח ר]שות לבב קושי	(VII)	4Q491 8-10i5
מאמ]צת לבב ב[ני] / [	(VII)	4Q496 1-2,6
קו]שי לבב[	(VII)	4Q497 1,4
] בכול לבבכה [	(VII)	4Q498 6,1
] לבב[	(VII)	4Q502 158,3
הרחתם שמה להשיב / אל לבבם	(VII)	4Q504 1-2v13
כיא אתה / חזקתה את לבבנו	(VII)	4Q504 1-2vi9
נת]תה לו בט[וב] / [לב]בם	(VII)	4Q506 131-132,9
ולהשם לבבם ונ◦◦תם בקץ ממשל[ת] / רשעה	(VII)	4Q510 1,6
כיא / האיר אלוהים דעת בינה בלבבי	(VII)	4Q511 18ii8
ומח]שבת כול לבב הואה / [ידע	(VII)	4Q511 22,4
] / לבבם כנדת תוע[בותיהם	(VII)	4Q511 43,7
] / כזדון לבבם בת◦◦[	(VII)	4Q511 43,8
]ת בינתו נתן [ב]לב[בי	(VII)	4Q511 48-49+51,1
חוקי / אל בלבבי ואוע[ל	(VII)	4Q511 48-49+51,5
ברישית כול מחשבת לבב / דעת	(VII)	4Q511 63-64ii3
] / לבב האזינו לי ורמ[יה	(XXV)	4Q525 24ii2
]ברית אל בלבבם [	(III)	6Q15 5,5
להשכיל לחסרי לבב גדולתו	(IV)	11Q5 XVIII,5
בכול לבבי אברכך	(IV)	11Q5 XXII,12
בכול בלבבכם ובכול נפשכמה		11Q19 LIV,13
ולוא / יסירו לבבו מאחרי		11Q19 LVI,19
ולוא ירום לבבו מהמה		11Q19 LVII,14
אחר ישובו / אלי בכול לבבסה		11Q19 LIX,10
וכי תואמר {{אל}} בלבבכה		11Q19 LXI,2
האיש הירא ורך הלבב		11Q19 LXII,3
וישוב אל / ביתו פן ימס את לבב אחיו כלבבו		11Q19 LXII,4
וישוב אל / ביתו פן ימס את לבב אחיו כלבבו		
] את לבבו כל[	(XXXIII)	PAM 43.679 22,1

לְבַד ← ל, בַּד-1

לְבוֹנָה-1, לְבֹנָה noun **frankincense, incense, spice**

Text	Vol.	Reference
אם / כיבסו במים או שופים בלבונה		CD XI,4
עולה ומנחה ולבונה ועץ ביד איש טמא		CD XI,19
ול]בנה זכה ב[ד] בב[ד	(V)	4Q158 13,3
אם כב]סו במים או שופים בלבונה	(XVIII)	4Q271 5i1
למנ]חה וללבנה ◦[	(VII)	4Q513 12,2
והיתה ה]לבונה הזאות ללחם		11Q19 VIII,10
ובעורככה את ה]לחם תתן עליו לבונה		11Q19 VIII,12
[וכול מנחה א]שר קרב עליה לבונה		11Q19 XX,10
היא] עליה לבונה ול◦◦◦◦[		11Q19 XXXVIII,8

לְבוּשׁ noun **clothing**

Text	Vol.	Reference
] / וכתם טוב עדים נושאי{{ם}} הלבו[שים	(V)	4Q179 1ii11
ועל לבוש[ו כתוב שלוא] / יהיה שעטנז	(X)	4Q396 1-2iv6

to thrust down, ruin verb **לבט**

1QHa X,19		לעם לא בינות להלבט במשגתם
1QHa XII,7		ומליצי רמיה התעום וילבטו בלא בינה

lion noun **לָבִיא**

1QHa XIII,7		]◦◦ בתוך / לביאים מועדים לבני אשמה

lioness noun **לְבִיָּא**

4Q169 3-4i4	(V)	ומחנק ללביותיו טרף

to whiten, polish verb **לבן-1**

1QM V,11		ומלובן כמראת פנים מעשי חרש מ[ח]שבת
4Q174 1-3ii4a	(V)	ויתלב]נו ויצטרפו ועם יודעי אלוה יחזיקו

white adjective **לָבָן-1**

1QM V,10		והלוהב ברזל לבן מאיר מעשי חרש מחשבת
1QM VII,10		מבני אהרון לובשים בגדי שש לבן כתונת בד
4Q364 4b-eii18	(XIII)	כול אשר] / לבן[בו וכול חום בכשבים

Laban proper noun **לָבָן-2**

4Q215 1-3,2	(XXII)	וילך בשבי וישלח לבן ויפרקהו
4Q215 1-3,7	(XXII)	וכאשר בא יעקוב אבי אל לבן בורח
4Q215 1-3,8	(XXII)	וינהג לבן את חנה אם אמי
4Q364 1a-b,5	(XIII)	בתואל הארמי מפדן ארם] / [אחות] לבן
4Q364 4b-eii20	(XIII)	ויעקוב רועה את] / צואן לבן[הנותרות
4Q364 5a-bi5	(XIII)	ויוא]מר לבן [ליעקוב הנה הגל הזה

לְבֹנָה ← לְבוֹנָה-1

brick, pavement noun **לְבֵנָה**

4Q405 19,6	(XI)	מחוקקי / סביב ללבני [כ]בודם
	(XI)	צורות כבוד למעשי ל[בנ]י הוד והד[ר
11Q17 IV,4	(XXIII)	] / [ ]מעשי לבנ[י
11Q17 IV,5	(XXIII)	] / [לל]בני כבודם [
	(XXIII)	]ר לבני[

Lebanon proper noun **לְבָנוֹן, לְבָנֹן**

1QpHab XII,3		כיא הלבנון הוא / עצת היחד
4Q161 8-10,2	(V)	ולבנון באדיר / [יפול
4Q161 8-10,7	(V)	ולבנון באד[יר] / [יפול
4Q163 8-10,2	(V)	גם ברושים] / [שמחו ל]כה ארזי לבנון
4Q163 8-10,4	(V)	]לבנון ואשר אמר זו[א]ת העצה
4Q163 21,2	(V)	]יחשב הל[ב]נון ◦[
4Q169 1-2,5	(V)	] / [אמלל בשן ו]כרמל ופרח לבנן אמלל
4Q169 1-2,7	(V)	] / [כר]מל ולמושליו לבנון
	(V)	ופרח לבנון היא[
4Q286 5,5	(XI)	] פרי[מ]ה עצי רום וכול ארזי לבנ[ון
4Q385a 16a-b,6	(XXX)	הה]ר והלבנון ירש[
4Q459 1,1	(XXXVI)	] / לבנון לב[ ] הגביהו רצון[
4Q522 9ii6	(XXV)	וברושים יביא[מ]לבנון לבנותו
5Q20 2,2	(III)	]לבנון ◦[

לְבָנֹן ← לְבָנוֹן

to wear, dress verb **לבשׁ**

1QM VII,10		כוהנים מבני אהרון לובשים בגדי שש לבן
1QHa XIII,31		קדרות לבשתי ולשוני לחך תדבק
4Q159 2-4,7	(V)	ואל ילבש כתונת אשה כיא [ת]ועבה הוא
4Q176 8-11,2	(V)	לב]שי בגדי תפארתך י]רושלים עיר הקודש
4Q265 6,3	(XXXV)	אל י]תלב]ש איש בבגדים א[שר]בהם עפר
4Q267 7,13	(XVIII)	] / שו[ר וחמור ו]ל[ב]ו[ש
4Q271 3,10	(XVIII)	ולבוש צמר {ו}ופשתים יחדיו
4Q276 9	(XXXV)	ו]לבש הכוהן / [
4Q372 2,10	(XXVIII)	]מות ◦◦◦ ◦◦ בנות לבש ב◦[
4Q381 15,10	(XI)	]◦ וכמעיל ילבשוה וכסות / [
4Q391 63,1	(XIX)	]ר ולבשו / [
4Q405 23ii10	(XI)	אלה ראשי לבושי פלא לשרת[
4Q418 103ii7	(XXXIV)	והייתה כלוב]ש שעטנז]בצמר ובפשתים
4Q418 105,1	(XXXIV)	א]ל תלבש[
4Q438 4ii5	(XXIX)	ורוח ישועות הלבשתני
4Q524 14,5	(XXV)	לוא]תלבוש שטנז צ[מר ופשתים יחדו
11Q19 XV,16		מלא / י[דו] לל[בו]ש את הבגדים תחת אבי[הו
11Q19 XXXV,6		והוא אין הוא לבוש בג[די הקודש
11Q19 XL,1		]ללבוש את הב[גדים
11Q20 I,22	(XXIII)	ומלא י]דו ללבוש את הבגדים] תחת]אביהו

giving birth noun **לֵדָה**

1QHa XI,7		]ואהיה בצוקה כמו אשת לדה מבכריה

flame, blade noun **לַהַב**

CD II,5		וכוח וגבורה וחמה גדולה בלהבי אש
1QM V,10		ושבולת זהב טהור בתוך הלהב
1QHa 58,4		]ה ולהבי[
4Q405 15ii-16,3	(XI)	] / מראי להבי אש[
4Q449 3,1	(XXIX)	]בלהבי אש ◦[
4Q468bb 1	(XXXVI)	]להב ◦[
4Q487 1ii4	(VII)	] / בלהבי אש מו[
4Q525 15,6	(XXV)	יור]ישך [ ]סודו להבי גופרית ומכונתו א[ש
4Q577 5,1	(XXV)	ל]הבי[

flame noun **לֶהָבָה**

4Q185 1-2i9	(V)	כי כאש / להבה ישפט[ו
4Q226 1,2	(XIII)	]בלהבת אש מת[ו]ך[
4Q403 1ii9	(XI)	] / ורוחות אלוהים בדני להבת אש סביבה
4Q433a 3,5	(XXIX)	]◦ ותבער[ ]ו באש להבה[
4Q433a 3,6	(XXIX)	]◦ל להבת א[ש]בטירות צאו[ן
4Q433a 3,8	(XXIX)	]בפחם ומאורי להב[ת אש

flame, blade noun **לָהוֹב**

1QHa X,26		ולהוב חנית באש אוכלה עצים
1QHa XI,30		ותשוט בשביבי להוב עד אפס כול שותיהם
4Q169 3-4ii3	(V)	פרש מעלה להוב / וברק חנית

to blaze up verb **להט-1**

4Q509 146,4	(VII)	]ל[ ]◦ להטו]

flame noun **לַהַט**

1QHa XVI,12		ולהט אש מתהפכת בל י[בוא ב]מעין חיים
4Q371 6,4	(XXVIII)	] בער[ה]להט ◦[
4Q444 4ii2	(XXIX)	] / להט◦[

magic, secret arts noun **לָהָט**

4Q365 2,3	(XIII)	]ויע]שו כן [ה]חורטומים בלהטיהמה

לוֹ ← לוֹא

no, not negative particle **לוֹא, לֹא, לוֹ**

CD I,5		ולא נתנם לכלה
CD I,15		ויתעם בתוהו לא דרך להשח גבהות עולם
CD II,7		כי לא בחר אל בהם מקדם עולם

CD II,16	**ולא** לתור במחשבות יצר אשמה
CD II,18	אשר **לא** שמרו מצות אל
CD II,20	ויהיו כ**לא** היו בעשותם את / רצונם
CD II,21	**ולא** שמרו את מצות עשיהם
CD III,2	אברהם **לא** הלך בה
	ולא בחר / ברצון רוחו
CD III,7	**ולא** שמעו / לקול עשיהם מצות יוריהם
CD III,17	ומואסיהם **לא** יחיה
CD III,19	אשר **לא** עמד כמהו למלפנים
CD V,2	ועל הנשיא כתוב / **לא** ירבה לו נשים
CD V,2	ודויד **לא** קרא בספר התורה החתום
CD V,3	כי **לא** {{נפחת}} נפתח בישראל
CD V,9	אל / אחות אמך **לא** תקרב שאר אמך היא
CD V,12	לאמר **לא** נכונו ותועבה / הם מדברים בם
CD V,15	הקרוב אליהם / **לא** ינקה
CD V,16	כי **לא** עם בינות הוא
CD VI,6	**ולא** הושבה / פארתם בפי אחד
CD VI,10	וזולתם **לא** ישיגו עד עמד / יורה הצדק
CD VI,13	**ולא** תאירו מזבחי / חנם
CD VI,14	אם **לא** ישמרו לעשות כפרוש התורה
CD VII,1	**ולא** ימעל איש בשאר בשרו
CD VII,2	**ולא** לנטור / מיום ליום
CD VII,3	**ולא** ישקץ / איש את רוח קדשיו
CD VIII,2	אשר / **לא** יחזיקו באלה לפוקדם לכלה
CD VIII,4	מאשר **לא** סרו מדרך / בוגדים
CD VIII,8	ויבחרו איש בשרירות לבו **ולא** נזרו מעם
CD VIII,12	ובכל אלה **לא** הבינו בוני החיץ
CD VIII,14	ואשר אמר משה **לא** בצדקתך ובישר לבבך
CD IX,2	ואשר א{{ש}}<<מ>>ר **לא** תקום ולא תטור
	ואשר א{{ש}}<<מ>>ר לא תקום **ולא** תטור
CD IX,3	אשר **לא** בהוכח לפני עדים
CD IX,7	יען אשר **לא** הקים את מצות אל
CD IX,8	**ולא** תשא עליו חטא
CD IX,9	אשר / אמר **לא** תושיעך ידך לך
CD IX,10	אשר **לא** לפנים השפטים
CD IX,11	**ולא** נודע מי גנבו ממאד המחנה
CD IX,12	והשומע אם יודע הוא **ולא** יגיד ואשם
CD IX,15	כי **לא** ידע מוצאיה את משפטה
CD IX,16	אם **לא** נמצא לה בעלים הם ישמרו
CD X,1	אשר **לא** מלאו ימיו לעבור / על הפקודים
CD X,10	לסור את / דעתם עד **לא** ישלימו את ימיהם
CD XI,23	**ולא** ישביתו את העבודה כולה
CD XII,4	לחלל את השבת ואת המועדות **לא** יומת
CD XII,7	אשר **לא** / יגדפו כי אם בעצת חבור ישראל
CD XII,9	בעבור אשר **לא** יזבחום
CD XII,22	וכמשפט / הזה יתהלכו זרע ישראל **ולא** יוארו
CD XIII,16	ועשה ◦◦◦ה **ולא** יש[
CD XIII,21	]לה **לא** יצליחו לשבת בארץ ◦[
CD XIV,1	] / אשר **לא** באו מיום סור אפרים
CD XIV,16	כל עבודת החבר **ולא** / [
CD XIV,22	אשר ל]**א** במשפט [ונענ]ש ◦ח[
CD XV,4	**ולא** ישא חטא / ומות
CD XVI,11	אשר **לא** [י]דענה הם להקים היא
CD XIX,14	אשר **לא** יחזיקו באלה החקים
CD XIX,17	**ולא** סרו מדרך בוגדים
CD XIX,20	**ולא** נזרו מעם / ומחטאתם
CD XIX,24	ובכל אלה **לא** הבינו בוני / החיץ וטחי תפל
CD XIX,27	**לא** בצדקתך וביושר לבבך
CD XIX,35	**לא** יחשבו בסוד עם
	ובכתבם **לא** יכתבו מיום האסף {{יור מורה}}
CD XX,4	ש**לא** נפל גורלו בתוך למודי אל
CD XX,13	**ולא** יהיה להם {{י}} ולמשפחותיהם
CD XX,21	ורשע בין עבד אל לאשר **לא** עבדו
CD XX,30	**ולא** ירימו יד על חקי קדשו
CD XX,32	**ולא** ישיבו / את חקי הצדק בשמעם
1QS I,6	**ולוא** ללכת עוד בשרירות לב אשמה
1QS I,13	**ולוא** לצעוד בכול אחד / מכול דברי אל
1QS I,14	**ולוא** לקדם עתיהם
	ולוא להתאחר / מכול מועדיהם
1QS I,15	**ולוא** לסור מחוקי אמתו
1QS I,17	**ולוא** לשוב מאחרו
1QS II,8	**לוא** יחונכה אל בקוראכה
	ולוא יסלח לכפר עווניך
1QS II,9	**ולוא** יהיה לכה שלום בפי כול אוחזי אבות
1QS II,23	**ולוא** ישפל איש מבית מעמדו
	ולוא ירום ממקום גורלו
1QS II,26	א]ל ללכת בשרירות לבו **לוא** [
1QS III,1	**לוא** חזק למשוב חיו
	ועם ישרים **לוא** יתחשב
1QS III,2	והונו **לוא** יבואו בעצת יחד
1QS III,3	**ולוא** יצדק במתור שרירות לבו
1QS III,4	יביט לדרכי אור בעין תמימים / **לוא** יתחשב
	לוא יזכה בכפורים
	ולוא יטהר במי נדה
	ולוא יתקדש בימים / ונהרות
1QS III,5	**ולוא** יטהר בכול מי רחצ
1QS III,10	**ולוא** לסור ימין ושמאול
1QS IV,18	כיא **לוא** יחד יתהלכו
1QS V,4	אשר **לוא** ילכ איש בשרירות לבו
1QS V,11	כיא **לוא** החשבו בבריתו
	כיא **לוא** בקשו ולוא דרשהו בחוקוהי
	כיא לוא בקשו **ולוא** דרשהו בחוקוהי
1QS V,13	כיא **לוא** יטהרו / כי אמ שבו מרעתם
1QS V,14	ואשר **לוא** ייחד עמו בעבודתו
1QS V,15	ואשר **לוא** ישיב איש מאנשי / היחד
1QS V,16	ואשר **לוא** יוכל מהונם כול
	ולוא ישתה ולוא יקח מידם כול מאומה
	ולוא ישתה **ולוא** יקח מידם כול מאומה
1QS V,17	אשר **לוא** במחיר כאשר כתוב חדלו לכם
1QS V,18	כיא / כול אשר **לוא** נחשבו בבריתו
	ולוא ישען איש הקודש על כול מעשי / הבל
1QS V,19	כיא הבל כול אשר **לוא** ידעו את בריתו
1QS V,26	**ולוא** / ישא עליו עוון
1QS VI,1	אשר **לוא** בתוכחת לפני עדים
1QS VI,11	אשר **לוא** להפצ הרבים
1QS VI,12	אשר **לוא** במעמד האיש השואל
1QS VI,16	ובקורבו לעצת היחד **לוא** יגע בטהרת / הרבים
1QS VI,20	ועל הרבים **לוא** יוציאנו
1QS VII,2	**ולוא** ישוב עוד על עצת היחד
1QS VII,4	והאיש אשר יצחה בלו משפט את רעהו
1QS VII,8	ואם **לוא** תשיג ידו לשלמו
	ואשר יטו{{◦}}ר לרעהו אשר **לוא** {{◦}}במשפט
1QS VII,11	הנפ{{◦}}טר במושב הרבים / אשר **לוא** בעצה
1QS VII,12	**ולוא** היה אנוש ונענש ששה חודשים
1QS VII,17	**ולוא** ישוב עוד
	על יסוד היחד ישלחהו **ולוא** ישוב
1QS VII,18	ואמ על רעהו ילון / אשר **לוא** במשפט
1QS VII,19	ברשונה {{◦}}**לוא** יגע בטהרת הרבים
1QS VII,20	ובשנית **לוא** יגע {{בטהרת}} משקת הרבים
1QS VII,24	**לוא** ישוב אל עצת היחד עוד

1QS VIII,23		ישלחהו מעצת היחד / **ולוא** ישוב עוד
		ולוא יתערב איש מאנשי הקודש בהונו
1QS VIII,25		ודרשו המשפט / אשר **לוא** ישפוט איש
		ולוא ישאל על כול עצה שנתים ימים
1QS VIII,26		אמ **לוא** שגג עוד עד מולאת לו שנתים
1QS IX,1		ולעושה ביד רמה **לוא** ישוב עוד
1QS IX,9		אשר / **לוא** הזכו דרכם להבדל מעול
		לוא יצאו ללכת / בכול שרירות לבם
1QS IX,16		ואשר **לוא** להוכיח ולהתרובב
1QS IX,20		**ולוא** הסר דרכו / מכול עול
1QS IX,24		וזולת רצון אל **לו** יחפצ
1QS IX,25		**ולוא** יתאוה בכול אשר לוא צוה
		ולוא יתאוה בכול אשר **לוא** צוה למשפט
1QS X,17		**לוא** אשיב לאיש גמול / רע
1QS X,18		**לוא** אקנא ברוח / רשעה
1QS X,19		ולהון חמס **לוא** תאוה נפשי
		וריב אנש שחת **לוא** א{{טור}}תפוש
		ואפיא **לוא** / אשיב מאנשי עולה
1QS X,20		**ולוא** ארצה עד הכון משפט
		לוא אטור באפ לשבי פשע
		ולוא ארחם / על כול סוררי דרכ
1QS X,21		**לוא** אנחם בנכאים עד תום דרכם
		ובליעל **לוא** אשמור בלבבי
		ולוא ישמע בפי / נבלות
1QS X,22		וכזבים **לוא** ימצאו בשפתי
1QS X,23		ושקוצים / **לוא** ימצא בה
1QS XI,4		דרכ פעמי מפני כול **לוא** יזד עזרע
1QS XI,10		כיא לאדם דרכו ואנוש **לוא** יכין צעדו
1QS XI,11		ומבלעדיו **לוא** יעשה
1QS XI,17		כיא מבלעדיכה **לוא** תתם דרכ
		ובלו רצונכה לוא יעשה כול
		ובלו רצונכה **לוא** יעשה כול
1QSa I,9	(I)	**ולוא** [קרב] / אל אשה לדעתה
1QSa II,10	(I)	ואל תוך[העדה **ל]א** יבוא האיש
1QSb I,4	(I)	ואת] מקור ע[ו]לם / אשר **ל[וא** יכז]ב
1QSb I,6	(I)	**ולוא** י[עצור מים חיים ל]צמאים
1QSb III,18	(I)	להכנ]יע לכה לא[ומי]ם ר[ב]ים **ולוא** / [
1QSb IV,24	(I)	**ולוא** ביד שר יד[
1QSb V,18	(I)	וכבודכה **לוא** י[תן לאחר
1QpHab I,1		עד אנה יהוה]שועתי **ולוא** / [תשמע
1QpHab I,15		]**ולוא** מ[
1QpHab II,2		]הבוגדים עם איש / הכזב כי **לוא**[
1QpHab II,3		כ[י]א **לוא** / האמינו בברית אל [
1QpHab II,6		המה עריצ[י הבר]ית אשר **לוא** יאמינוא
1QpHab II,14		**ולוא** יאמינו / בחוקי[א]ל[
1QpHab III,2		הוא אשר אמר לרשת משכנות **לוא** לו
1QpHab V,2		והבט אל עמל **לוא** תוכל
1QpHab V,3		פשר הדבר אשר **לוא** יכלה אל את עמו
1QpHab V,7		פשרו אשר **לוא** זנו אחר עיניהם
1QpHab V,11		**ולוא** עזרוהו על איש הכזב
1QpHab VI,9		להרוג גוים **ולוא** יחמול
1QpHab VI,12		ועל פרי / בטן **לוא** ירחמו
1QpHab VII,2		ואת גמר הקץ **לוא** הודעו
1QpHab VII,6		יפיח לקץ **ולוא** יכזב
1QpHab VII,9		כיא בוא יבוא **ולוא** / יאחר
1QpHab VII,11		אשר **לוא** ירפו ידיהם מעבודת / האמת
1QpHab VII,14		הנה עופלה **לוא** יושרה / [נפשו בו]
1QpHab VII,16		ו[ל]**וא** ירצו במשפטם ◦[
1QpHab VIII,3		**ולוא** ינוה אשר הרחיב כשאול נפשו
1QpHab VIII,4		והוא כמות **לוא** ישבע

1QpHab VIII,6	**הלוא** כולם משל עליו ישאו
1QpHab VIII,7	**ולוא** לו עד מתי יכביד עלו
1QpHab VIII,13	**הלוא** פת◦[ ]אום ויקומו / {{ו}}נ[ש]כיך
1QpHab X,6	**הלוא** / הנה מעם יהוה צבאות יגעו עמים
1QpHab XI,13	כיא **לוא** מל את עורלת לבו
1QpHab XII,14	והמה **לוא** יצילום ביום המשפט
1QM I,6	ופלטה **לוא** תהיה / ל[בנ]י חושך
1QM I,12	ובכול צרותמה **לוא** נהיתה כמוה
1QM II,8	ובשני השמטים **לוא** יחלוצו לצאת לצבא
1QM III,9	**לוא** ישוב אפו עד כלותם
1QM VII,3	וכול נער זעטוט ואשה **לוא** יבואו למחנותם
1QM VII,5	כול אלה **לוא** ילכו אתם למלחמה
1QM VII,6	וכול / איש אשר **לוא** יהיה טהור ממקורו
	לוא ירד אתם כיא מלאכי קודש עם צבאותם
1QM VII,7	וכול ערות דבר רע **לוא** יראה
1QM VII,11	ואל המקדש **לוא** / יביאום
1QM IX,7	**ולוא** יבואו / אל תוך החללים
1QM IX,8	[**לו]א** יחלו שמן משיחת כהונתם
1QM XI,2	כי בטח בשמכה הגדול **ולוא** בחרב וחנית
1QM XI,4	**ולוא** כמעשינו אשר הרעונו
1QM XI,5	ומאתכה הגבורה / **ולוא** לנו
	ולוא כוחנו ועצום ידינו עשה
1QM XI,10	**לוא** תשוב עד / כלות אשמה
1QM XI,11	ונפל אשור בחרב **לוא** איש
1QM XI,12	וחרב / **לוא** אדם תואכלנו
1QM XIV,9	ובכול רזי שטמתו **לוא** הדיחונ[ו]
1QM XV,11	]ממה **לוא** ימצא
1QM XVI,15	]ל[ב]ב עמו יבחן במצרף **ולוא** [
1QM XVII,1	ושנן כלי מלחמתה **ולוא** יכהו עד [
1QM XVII,4	ולבהו תשוקתם ומשענתם **בלוא** ה[
	]**ולוא** [
1QM XVIII,10	ומאז **לוא** נהיתה כמוהה
1QH^{a} IV,2	] מגולה **בלוא** משפ[ט
1QH^{a} IV,3	] תאוה **בלוא** / [
1QH^{a} IV,4	ב]**לוא** משפט / [
1QH^{a} IV,9	א]שר **לא** השיגום במ◦[
1QH^{a} IV,19	]תי **ולא** נלוותי / [
1QH^{a} V,8	]בינתך **לא** / [
1QH^{a} V,17	כי הראיתם את אשר **לא** ◦[
1QH^{a} V,24	ו]דברך **לא** ישוב אחור
1QH^{a} V,25	ודברך **לא** ישוב אחור
1QH^{a} VI,14	כי כול קרוביך **לא** ימרו פיך
1QH^{a} VI,15	וכול יודעיך **לא** ישנו דבריך
1QH^{a} VI,19	**ולא** אשא פני רע
	וש[וח]ד ר[שעים] **לא** אכיר
1QH^{a} VI,21	**ולא** אביא בסוד א[מתך
1QH^{a} VI,27	מידך היתה זאת **ובלוא** ר◦◦[
1QH^{a} VII,12	ואני ידעתי בבינתך כיא **לא** ביד בשר ◦[
1QH^{a} VII,13	**ולא** יוכל אנוש להכין צעדו
1QH^{a} VII,18	כי הלכו בדרך **לא** טוב
	ולא רצו בכול אשר / צויתה
1QH^{a} VII,23	ואני ידעתי כיא / **לא** ישוה כול הון באמתך
1QH^{a} VII,24	**ולא** תקח[שוחד
	]**ולא** תקח כופר לעלילות רשעה
1QH^{a} VII,25	] **לא** תהיה לפניך
1QH^{a} VIII,6	]היו **ולא** יעשה כול / [
1QH^{a} VIII,11	] **ולא** יוכ[
1QH^{a} VIII,20	ואדעה כי **לא** יצדק איש מבלעדיך
1QH^{a} IX,8	**ולא** יודע בלוא רצונכה
	ולא יודע **בלוא** רצונכה

1QH[a] IX,20 ומבלעדיך **לא** יעשה
1QH[a] IX,22 ונעוה ב**לא** / בינה ונבעתה במשפטי צדק
1QH[a] IX,23 מה אדבר ב**לא** נודע ואשמיעה בלא סופר
מה אדבר בלא נודע ואשמיעה ב**לא** סופר
1QH[a] IX,25 **ולוא** נסתרו ולא נעדרו מלפניכה
ולוא נסתרו **ולא** נעדרו מלפניכה
1QH[a] IX,37 ואו]ילי לב **לא** יבינו / אלה
1QH[a] X,19 ולשון אחרת לעם **לא** בינות להלבט במשגתם
1QH[a] X,22 **לא** ידעו כיא מאתכה מעמדי
1QH[a] X,35 ובגדפותם **לא** החתותני / לעזוב עבודתכה
1QH[a] XI,6 כיא **ל]אׄ** יחשיבוני
1QH[a] XI,36 **ולא** תשוב עד כלה
1QH[a] XII,7 וילבטו ב**לא** בינה
1QH[a] XII,8 **ולא** יחשבוני בהגבירכה בי
1QH[a] XII,14 **ולא** נכונו באמתכה
1QH[a] XII,17 כי **לא** בחרו בדר[ך לב]כׄה
ולא האזינו לדברכה
1QH[a] XII,18 כי אמרו / לחזון דעת **לא** נכון
ולדרך לבכה **לא** היאה
1QH[a] XII,20 וחוזי תעות **לא** ימצאו עוד
1QH[a] XII,21 **ולא** רמיה בׄמזמת לבכה
1QH[a] XII,23 כיא / **לא** יחשבונ[י ע]ד הגבירכה בי
ולא טחתה בבושת פני / כול הנדרש[י]םׄ לי
1QH[a] XII,25 **ולא** תתעם ביד חלכאים
1QH[a] XII,30 ואני ידעתי כי **ל֯ו֯א** לאנוש צדקה
ול֯ו֯א לבן אדם תום / דרך
1QH[a] XII,31 ודרך אנוש **ל֯ו֯א** תכון כי אם ברוח יצר אל
1QH[a] XII,38 **ולא** לאדם [לכבוד]כׄהׄ עׄשיתה
1QH[a] XIII,5] / אודכה אדוני כי **לא** עזבתני בגורי בעם
1QH[a] XIII,6 **ולא** עזבתני בזמות יצרי
1QH[a] XIII,10 וירבו **ולא** / פצו עלי פיהם
1QH[a] XIII,12 כי בצרת נפשי **לא** עזבתני
1QH[a] XIII,20 ברוך אתה אדוני כי **לא** עזבתה יתום
כי לא עזבתה יתום **ולא** בזיתה רש
1QH[a] XIII,29 **ולא** בהבדׄלׄ[ממש]פׄחות
1QH[a] XIII,37 וזקים ל**לוא** ישוברו וחומת עוׄזׄ[
1QH[a] XIV,27 לבׄנׄוׄתׄ[חומת] / עוז ל**לוא** תתזעזע
כי **לא** יבוא זר בׄ[שע]רׄיה דלתי מגן
1QH[a] XIV,28 ובריחי עוז ל**לוא** ישוברו
1QH[a] XIV,30 וכול בני אשמה **לא** יהיו עוד
1QH[a] XIV,36]לׄ[ ] לתפל וככפיס **לא**[
1QH[a] XV,8 ובכול הוותם / **לאׄ** החתתה מבריתכה
1QH[a] XV,9 וכול קירותי לחׄומת בחן ל**לוא** תזֻד{{ז}}עזע
1QH[a] XV,11 **ולא** מענה לשון לכול בׄני אשמה
1QH[a] XV,15 **ו]לׄ[א]** להשבת לנצח
1QH[a] XV,16 ואתה ידעתה יצר עבדכה כי **לא** ◦[
1QH[a] XV,18 להנצל מפ[ ] / [**בל]וא** סליחה
1QH[a] XV,29 **ולא** יוכל כול להתיצב לפני ח{{◦}}מתךה
1QH[a] XV,34 [אודכ]ה אדוני כׄיׄ **לוא** הפלתה גורלי בעדת שו
ובסוד נעלמים **לא** שמתה חוקי
1QH[a] XVI,2] צׄדׄקׄתכה תכון לעד כי **לא** [
1QH[a] XVI,10 ואל יובל **לא** ישלחו שורש
למטעת אמת סותר ב**לוא** / נחשב
1QH[a] XVI,11 וב**לא** נודע חותם רזו
1QH[a] XVI,13 ועם עצי עולם / **לא** ישתה מי קודש
כי ראה ב**לא** הכיר
1QH[a] XVI,14 ויחשוב ב**לא** האמין למקור חיים
1QH[a] XVI,16 **ולא** יכזב לפתוח / השמׄים לא ימושו
1QH[a] XVI,17 ולא יכזב לפתוח / השמׄים **לא** ימושו
1QH[a] XVI,26 **ולא** נפתח עם מבׄוׄ[ע

1QH[a] XVI,34 **ולא** מצעד לקול רגלי
1QH[a] XVI,35 ולשון הגברתה בפי ב**לא** נאספה
1QH[a] XVI,40] אנוש **לא** / [
1QH[a] XVII,7 **ולא** הזנחתני בחסדיכׄה
1QH[a] XVII,11 **ולא** גערתה חיי ושלומי לא הזנחתה
ולא גערתה חיי ושלומי **לא** הזנחתה
ולא עזבׄתה / תקותי
1QH[a] XVII,14 כי **לא** יצדק / כול במשׄ[פ]טכה
1QH[a] XVII,15 **ולא** יזׄ[כה ב]רׄיׄבכה
1QH[a] XVII,17 ו]לחכמתכה אין מדה **ולא** ◦◦[
1QH[a] XVII,19] / עמדי **ולא** ה◦[
1QH[a] XVII,35 כיא / אבי **לא** ידעני ואמי עליכה עזבתני
1QH[a] XVIII,2]ל וב**לוא** רצונכה לא יהיה
]ל ובלוא רצונכה **לא** יהיה
ולא יתבונן כול בחוכׄ[מתכה]
1QH[a] XVIII,3]◦יכה **לא** יביט כול
1QH[a] XVIII,5 ואני עפר ואפר מה אזום ב**לוא** חפצתה
1QH[a] XVIII,6 מה אתחזק ב**לא** העמדתני
ואיכה א{{כ}}ש<כ>יל ב**לא** יצרתה / לי
1QH[a] XVIII,7 ומה אדבר ב**לא** פתחתה פי
ואיכה אשיב ב**לוא** השכלתני
1QH[a] XVIII,9 ומבלעדיכה **לא** יעשה כול
ולא יודע בלוא רצונכה
ולא יודע ב**לוא** רצונכה
1QH[a] XVIII,15 **ולא** להס יומם ולׄ[ילה
1QH[a] XVIII,18] / מצבוׄתׄכה וב**לא** ◦[
1QH[a] XVIII,19 ואין] / נגע ב**לוא** ידעתה ◦[
1QH[a] XVIII,22 **ולא** נתתה / משעני על בצע ובהוׄן[
1QH[a] XVIII,23 ויצר בשר **לא** שמתה לי מעוז
1QH[a] XVIII,30 וברום עדנים **לא** ◦[
1QH[a] XIX,18]ה וכלה ב**לוא** רחמיך
1QH[a] XIX,19] **לא** נסתר עמל מעיני / בדעתי
1QH[a] XIX,26 ואין יגון ואנחה ועולה **לׄ[וא** תמצא עוד]
1QH[a] XX,10 וזולתה **לוא** היה ולוא יהיה עוד
וזולתה לוא היה **ולוא** יהיה עוד
1QH[a] XX,24]בׄ ממׄכה / **לוא** לעבור על דברכה
1QH[a] XX,34 ומה אוׄ[מר] / ב**לוא** גליתה לבי
1QH[a] XXI,4 איכ]הׄ אביט ב**לוא** גליתה עיני
1QH[a] XXII,2 והם **לוא** יוכלו / [
1QH[a] XXII,3 **ולוא** יעצורו לדעת בכול / [
1QH[a] XXII,14] ביש◦◦ ל**לוא** מקו[ה
1QH[a] 2i7]שה אפר בידם **לוא** הנה
1QH[a] 2i12]ומאור גליתה **ולוא** להשיב / [
1QH[a] 2ii12]**ול֯ו֯א** יכחד / ◦◦◦[
1QH[a] 3,9 כיא **לאׄ** ◦[
1QH[a] 3,13] עשיתם ומבלעדיכה **לוא** יׄעׄשׄהׄ[
1QH[a] 5,5] / ◦◦ **לוא** יהיו עוד ותשם מקום ר[
1QH[a] 5,14] / **ולוא** להפרד [
1QH[a] 10,4]**לא** יעצרו כוח לדעת {{ב}}כבוד[
1QH[a] 47,2] / ◦נדיבים **לוא** כׄ[
1QH[a] 47,4] / **לוא** יבוא כי◦[
1QH[a] 51,2] **לא** [
1Q**14** 7,2 (I)]ה**לוא** ◦[
1Q**14** 8-10,2 (I) מה פשע יע]קׄבׄ ה**לא** / [שומרון
1Q**14** 17-19,3 (I) [ולא תסוך שמן ותירוש ו**ל]אׄ** תׄשת הׄ[י]ין
1Q**18** 1-2,2 (I) אשר **ל[וא]** / [תענה את יעקב אחיו
1Q**19** 21,1 (I)]**ולא** [
1Q**19**bis 2,3 (I)]**ולא** תחתך [
1Q**22** 1i5 (I) כ]יׄ **לוא** [יא]הׄבו / כׄאׄשׄ[ר] צׄויתי [אותם]
1Q**22** 1ii3 (I) כרמים וזיתים] אשר **ל[וא** נטעתה

Reference	Vol.	Text
1Q**22** 1ii3	(I)	ובו]רוֹת חצוב[ים א]שר לוֹ[א] / [ח]צבתה
1Q**22** 1iii2	(I)	ושדהו לו]א יז[רע וכרמו לוא] יזמור אי[ש]
1Q**22** 1iii6	(I)	ואת אחיו] ל[ו]א [יגוש איש]
1Q**22** 25,1	(I)	]◦ ולוא [
1Q**25** 4,6	(I)	ה]מ[ה ו]נאצו ולוא [
1Q**26** 1,8	(XXXIV)	]◦◦[ ]ל[א ת]גדלכה נגד כול[
1Q**27** 1i3	(I)	ולוא ידעו רז נהיה
	(I)	ובקדמוניות לוא התבוננו
	(I)	ולוא / ידעו מה אשר יבוא עליהמה
1Q**27** 1i4	(I)	ונפשמה לוא מלטו מרז נהיה
1Q**27** 1i8	(I)	ומזה יודע לכמה כי לוא ישוב אחור
	(I)	הלוא כול / העמים שנאו עול
1Q**27** 1i9	(I)	הלוא מפי כול לאומים שמע האמת
1Q**27** 1i11	(I)	מי גוי אשר לוא עשק רעה[ו]
	(I)	איפה עם אשר לוא / גזל הו[ן] ל[אחר
1Q**27** 1ii5	(I)	] / לוא יצלח לכול
1Q**27** 1ii6	(I)	] / בלוא הון ונמכר בלוא מחיר
	(I)	] / בלוא הון ונמכר בלוא מחיר
1Q**27** 1ii8	(I)	וכ[ול מח]יר לוא ישוה ב◦[
1Q**34**bis 3ii3	(I)	ולא הבין זרע האד[ם]
	(I)	ולא ידעוך / [בכ]ול דברך וירשיעו מכול
1Q**34**bis 3ii4	(I)	ולא הבינו בכוחך הגדול
	(I)	ותמאס בם כי לא תחפץ / בע[ול]ה
1Q**34**bis 3ii5	(I)	ורשע לא יכון לפניך
1Q**35** 1,8	(I)	]◦ ובי̇ד נעלמים לוא / [
1Q**35** 2,2	(I)	עם] עצי ע[ו]לם לוא ישתה
1Q**38** 2+12,1	(I)	]◦יה לוא עזבו [ח]וקיכה [
1Q**38** 10,2	(I)	]אין כי לא ◦[
1Q**46** 3,2	(I)	]ל[ו]א ◦[
2Q**22** I,2	(III)	ועשיתי ק]לעי המזור עם קשתות ולא / [
2Q**22** II,3	(III)	בכל דרכיו דבריו ולא[
2Q**27** 4	(III)	] ולו יבינו מוע[
2Q**33** 1,2	(III)	]לוא יעמ[
2Q**33** 5,2	(III)	]ולא ה◦◦[
2Q**33** 7,1	(III)	]ים כי לא[
4Q**88** IX,7	(XVI)	ובני]עולה לוא / ימצאו[
4Q**88** IX,10	(XVI)	ולוא / תכחש [תבו]אותיה
4Q**88** IX,12	(XVI)	ולוא / יכח[שו תבואו]תיה
4Q**158** 6,2	(V)	ול]וא ידבר ע[מנו
4Q**158** 6,7	(V)	] / אשר לוא ישמע [א]ל דברי[
4Q**158** 7-8,2	(V)	לוא תחמוד אשת ר[עכה
4Q**158** 7-8,6	(V)	לוא תעש[ון
4Q**158** 7-8,8	(V)	לוא תבנה אתהנה גזית כי חרבכה[
4Q**158** 7-8,15	(V)	] / [ועונתה] ל[וא
4Q**158** 10-12,9	(V)	אם לוא ילח ידו במלאכ[ת
4Q**158** 10-12,12	(V)	ולקח בעליו ולוא יש[לם
4Q**159** 1ii5	(V)	ואל ביתו לוא יבוא להניחו[
4Q**159** 2-4,2	(V)	ל]וא יעבודו הגויים בזר[ים
4Q**159** 2-4,9	(V)	ואם לוא כחש עליה והומתה
4Q**160** 3-4ii1	(V)	]עבדכה לוא עצרתי כוח עד זואת
4Q**161** 8-10,21	(V)	ואשר אמר לוא[
4Q**161** 8-10,22	(V)	]ולוא למשמע אוזניו יוכיח
4Q**162** II,4	(V)	ואת פעל יהוה / לא הביטו
	(V)	ומעשי ידו לא ראו
4Q**162** II,9	(V)	בכל זאת לא שב / [אפו
4Q**163** 2-3,6	(V)	]ם ולא[
4Q**163** 4-7i8	(V)	אל]מנותו לוא ירחם / [
4Q**163** 4-7i15	(V)	]איש אל אחי[ו לו]א / [
4Q**163** 4-7i16	(V)	]שמאול ולוא ישבע / [
4Q**163** 14,4	(V)	]מה לוא תי[
4Q**163** 21,10	(V)	ולנסך מסכה ו]לוא רוחי
4Q**163** 21,15	(V)	יועילו] / [למו לוא לעזר] ולוא [להועיל
4Q**163** 23ii4	(V)	ובטח תהיה גבורתכמה ולוא אביתמה
4Q**163** 23ii5	(V)	ות[אמרו] / לוא כיא על סוס ננוס
4Q**163** 23ii12	(V)	] / בתורה ולוא יה[ ]◦◦[
4Q**163** 23ii17	(V)	ולוא יכניף ע[וד מוריכה
4Q**164** 2,1	(V)	]◦ וכולם הלוא[
4Q**165** 4,3	(V)	כי יבש חציר] / [כלה דשא] ירק לו[א היה
4Q**165** 6,3	(V)	ולכילי] / [ ]לא יאמר שוע
4Q**166** I,9	(V)	]ר וקץ מועלם לוא / [
4Q**166** II,11	(V)	ואיש] / לוא יצילנה מידי
4Q**166** II,14	(V)	והמה / לוא יושיעום מצרותיהם
4Q**167** 2,7	(V)	]הו ולוא שמעו[
4Q**167** 16,3	(V)	]אל ל[וא] רצה[
4Q**167** 28,1	(V)	]לוא מ◦[
4Q**169** 3-4i10	(V)	ולא י[שמע עוד קול מלאככה
4Q**169** 3-4ii1	(V)	אשר לא ישמע קולם עוד בגוים
4Q**169** 3-4ii3	(V)	לא ימוש טרף
4Q**169** 3-4ii5	(V)	אשר לא ימוש מקרב עדתם חרב גוים
4Q**169** 3-4iii7	(V)	ולא יוסיפו עוד לתעות [ה]קהל
4Q**169** 3-4iii8	(V)	ופת[אים] / לא יחזקו עוד את עצתם
4Q**170** 1-2,1	(V)	לוא ייטי]ב יהוה ול[ו]א ירע
4Q**170** 1-2,2	(V)	]לוא יוכל[
4Q**171** 1-2i19	(V)	ולוא שמ[עו] למליץ דעת
4Q**171** 1-2ii3	(V)	אשר לוא ימאנו לשוב מרעתם
4Q**171** 1-2ii7	(V)	ולוא ימצא בארץ כול איש / [ר]שע
4Q**171** 1-2ii14	(V)	ואל לוא יעזבם / בידם
4Q**171** 1-2ii22	(V)	פשרו על] / עושה התורה אשר לוא י[
4Q**171** 1-2ii26	(V)	ל[וא י]בושו ב[עת רעה
4Q**171** 1+3-4iii4	(V)	ובדבר כול אשר לוא יצא[ו
4Q**171** 1+3-4iii8	(V)	ולוא ישלם / וצדיק חונן ונותן
4Q**171** 1+3-4iii14	(V)	כיא יפ[ול] ל[וא] / יוטל
4Q**171** 1+3-4iii17	(V)	ולוא[ראיתי צדיק] / נעזב
4Q**171** 3-10iv9	(V)	ואל לוא יע[זבנו] ולוא[ירשיענו
	(V)	ואל לוא יע[זבנו] ולוא[ירשיענו
4Q**171** 3-10iv13	(V)	וא[בקשהו] ולוא / [נמצא
4Q**173** 3,3	(V)	]לוא יבושו כ[י ידברו את אויבים
4Q**174** 1-2i3	(V)	הואה הבית אשר לוא יבוא שמה / [
4Q**174** 1-2i5	(V)	ולוא ישמוהו עוד זרים
4Q**174** 1-2i14	(V)	אשר לוא הלך בעצת רשעים
4Q**174** 1-2i16	(V)	אשר לו[א יטמאו עוד] / [בג]ל[ו]ליהמה
4Q**174** 12,4	(V)	]לוא[
4Q**175** 7	(V)	והיה האיש / אשר לוא ישמע אל דברי
4Q**175** 11	(V)	אראנו ולוא עתהא / אשורנו ולוא קרוב
4Q**175** 12	(V)	אראנו ולוא עתהא / אשורנו ולוא קרוב
4Q**175** 15	(V)	האמר לאביו {{לוא}} / {{◦◦◦}}
4Q**175** 16	(V)	ולאמו ל{{א}}<<י>>דעתיכהי
	(V)	ואת אחיו לוא הכיר
	(V)	ואת בנו לוא / ידע
4Q**176** 8-11,5	(V)	]אל תיר[אי כיא] לוא {{◦◦◦}} תבושי[
	(V)	ואל תכלמי כי]א לא תחפירי
4Q**176** 8-11,6	(V)	וח]רפת ארמלותך לוא[תזכרי עוד
4Q**176** 8-11,12	(V)	וחסדי מאתיכי לוא ימוש[
4Q**176** 12-13,2	(V)	]כי לוא[יוסי]ף יבוא[בך עוד ערל וטמא
4Q**176** 18,1	(V)	]נחלת ידו כי לוא יצדק[
4Q**176** 20,1	(V)	לוא בא]מת ולוא בצדקה / [
4Q**177** 8,3	(V)	] כיא לוא עם מ[
4Q**177** 12-13i4	(V)	להאבידמה בחרונו אשר לוא יותיר ל[
4Q**178** 9,2	(V)	]הימים ולוא[
4Q**179** 1i2	(V)	ואין לאל ידנו כי לוא שמענ[ו

ולוא יסלח לכפר עוונכה (XXVI) 4Q256 III,2
ואשר ל[ו]א[ישיב איש מאנשי היחד (XXVI) 4Q256 IX,9
[וא]שר לוא יוחד[עמו בהון ובעבודה (XXVI) 4Q256 IX,10
אשר לוא י[דעו את בריתו (XXVI) 4Q256 IX,12
]ל[וא אשיב לאיש] / [גמול רע (XXVI) 4Q256 XX,6
]לוא י[חונכה אל בקוראכה (XXVI) 4Q257 II,5
לוא י[עבור ביח]ד אמ[תו] (XXVI) 4Q257 III,1
וכוח[ו והו]נ[ו]ל[וא]יבוא[ו]בעצת יחד (XXVI) 4Q257 III,3
[ו]לוא יצדק במתו[ר]שרירות / לבו (XXVI) 4Q257 III,4
בעין תמימים לוא יתח[שב] (XXVI) 4Q257 III,5
לוא יזכה בכפו[רים (XXVI) 4Q257 III,6
ולו]א יטהר במי נדה (XXVI)
ולוא יתקד[ש] / [בימים ונ]הר[ות (XXVI)
[אשר]לא ילך איש בשרירות לבו (XXVI) 4Q258 I,4
[וא]שר לא יגעו לטהרת אנשי / [הקד]ש (XXVI) 4Q258 I,7
ו]ל[א יקח מידם מאומ]ה (XXVI) 4Q258 I,10
ולא ישענו על [כל מע]שי ההבל (XXVI)
אשר לא בהוכח לפני ע[דים (XXVI) 4Q258 II,6
אם לא הלך עוד / בשגגה (XXVI) 4Q258 VII,1
וליד הרמה לא ישוב עוד (XXVI) 4Q258 VII,2
]אשר לא הזכ[ו דרכם (XXVI) 4Q258 VII,8
ואשר לא יוכיח איש (XXVI) 4Q258 VIII,1
ולא יתרובב עם אנשי השח{{ע}}ת (XXVI)
אשר לא הסיר דרכיו מכול עול (XXVI) 4Q258 VIII,5
ולא יתאוה בכל אש]ר לא[צוה (XXVI) 4Q258 VIII,9
ואשר לוא ל[הוכיח] (XXVI) 4Q259 III,13
ול[וא יתרובב עם א]נשי השחת (XXVI) 4Q259 III,14
לוא אש[יב] / לאיש גמול רע (XXVI) 4Q260 IV,4
לוא אקנ[א]ב[רוח] / רשעה (XXVI) 4Q260 IV,6
ור[יב אנשי] / שחת ל[ו]א אתפוש (XXVI) 4Q260 IV,8
ואפי לו[א אשיב] / מאנשי עולה (XXVI)
ול[ו]א[ארצה עד הכו]ן משפט[(XXVI) 4Q260 IV,9
לוא אנחם בנכוחים עד תום / ד[רכ]ם (XXVI) 4Q260 V,1
ובליעל לוא אשמור בלבבי (XXVI) 4Q260 V,2
ולוא ישמע בפי / נבלות (XXVI)
וכזבים לוא ימצאו בשפתי (XXVI) 4Q260 V,3
ושקוצים לוא ימצא / בה בהוד[ות אפ]ת[ח] (XXVI) 4Q260 V,4
לנפטר במושב ה]רבי[ם]אשר לא בעצה (XXVI) 4Q261 5a-c,3
ול]א היה אנוס / [ונענש ששה חודשים (XXVI) 4Q261 5a-c,6
ולא[ישוב עוד (XXVI) 4Q261 6a-e,4
ולא יטהר ב[מי נדה (XXVI) 4Q262 1,1
ו]צהלי לא חלה (XXXV) 4Q265 1,4
ואם לא ימצא [פתי (XXXV) 4Q265 4ii5
ולא י[גע במשקה הרבים] (XXXV) 4Q265 4ii6
וכלי לא ישא / [להעלותו ביום] השבת (XXXV) 4Q265 6,7
יו]ם שבת ולא[(XXXV) 4Q265 7,2
עד] / אשר לא הובא אל גן עדן (XXXV) 4Q265 7,12
עד אשר לא הובאה אצ[לו אל גן עדן (XXXV) 4Q265 7,13
] ולא ו◦[(XXXV) 4Q265 a,1
]ולא ישא[(XXXV) 4Q265 a,2
הו]◦א חקוק קצ חרון לעם לא ידעהו (XVIII) 4Q266 2i3
ולא / נתנם ל[כלה (XVIII) 4Q266 2i9
ולא דרך להשח גבהו[ת עולם (XVIII) 4Q266 2i19
ויהיו] / כלו ה[יו בעשותם את רצונם (XVIII) 4Q266 2ii20
[כי עם] בלא בינות הוא[גוי אוב]ד עצות (XVIII) 4Q266 3ii4
ול[א הושבה פארתם] / [(XVIII) 4Q266 3ii13
[אם] לא יש[מרו לעשות כפרוש התורה (XVIII) 4Q266 3ii20
אשר לו יחזיקו [באלה] ל[פ]קידם [לכלה (XVIII) 4Q266 3iii24
]בם לכול ישראל כי לויוש[יע אל (XVIII) 4Q266 5i18
ו]לא פצל דברו להשמיע [קולו (XVIII) 4Q266 5ii2

]נחלתנו היתה כמדבר ארץ לוא / [(V) 4Q179 1i12
]שמ[ח]ה לוא נשמ{{ש}}עה בה ודורש / [(V) 4Q179 1i13
]לוא באשמות מע[ל (V) 4Q184 4,5
]◦ד / ולא ימצא מרוח (V) 4Q185 1-2i12
יבקשוהו ולא ימצאהו ואין מקוה (V) 4Q185 1-2i12
הלוא טוב יום / אחד[(V) 4Q185 1-2ii4
]◦יראתו ולא לעתת מפחד ומפח יקוש / [(V) 4Q185 1-2ii5
לאמור לא ימנה / לי ולא[(V) 4Q185 1-2ii9
לאמור לא ימנה / לי ולא[(V) 4Q185 1-2ii10
אשרי אדם יעשנה ולא יאל על[(V) 4Q185 1-2ii13
] / מרמה לא יבקשנה (V) 4Q185 1-2ii14
ובחלקות לא יחזיקנה (V)
] / מעורבים ולוא שאר היש[(V) 4Q186 1i6
והואה לוא ארוך / ולוא קצר (V) 4Q186 2i3
והואה לוא ארוך / ולוא קצר (V) 4Q186 2i4
לוא עוד] / אשמע ולוא ישמע [אבי (XIX) 4Q200 1ii4
אף ממכה לוא יס[תר פני אלהי]ם (XIX) 4Q200 2,7
וכאשר היתה רחל לוא ילדה בנים ◦◦[(XXII) 4Q215 1-3,9
כי לא עזבתים / [על כל הרע (XIII) 4Q216 I,13
ולא יכרתו מן הא[רץ] (XIII) 4Q218 4
וה]ארץ לו תוכל ל[הטהר מדם האדם (XIII) 4Q219 II,19
ולו ישבית[שמי] / [ושמכה מתח]ת השמים (XIII) 4Q219 II,30
ול[א]תב[וא עליו השמש] / [ממחרת (XIII) 4Q220 10
ול[וא ישבית שמי ושמך] / [מתחת השמים (XIII) 4Q221 1,8
ולוא זכר את השבועה אשר[נשבע לאביו (XIII) 4Q221 5,4
ובכול זה לוא יד[ע יעקוב (XIII) 4Q221 5,5
]◦◦לה לוא[(XIII) 4Q221 13,2
[כול]ימי חי{{א}}י לא[אקח לי אשה (XIII) 4Q222 1,1
[ול]א אשחית דרכי לעולם (XIII) 4Q222 1,3
ל]וא אלך כי אם י[שלחני אז אלך (XIII) 4Q222 2,2
אשר לו[א] ירע את יעקוב (XIII) 4Q223-224 2i48
לוא[גרע ממנו ומאומה (XIII) 4Q223-224 2i54
אם ישבע לוא[י]עמוד (XIII) 4Q223-224 2ii9
ולוא יע[שה] / [את הטוב כי אם הרע (XIII)
ולוא [יבקש איש רעה לאחיו] (XIII) 4Q223-224 2ii49
ותצליחו ב]כ[ו]ל [מע]שיכם ולו[א תאבדו (XIII) 4Q223-224 2ii50
כי ל]וא היתה אח[לי (XIII) 4Q223-224 2iv8
]ולוא נמלט מהם[עד אחד (XIII) 4Q223-224 2iv22
ו]לוא[תכרת הארץ מפני הרעב (XIII) 4Q223-224 2v26
וא[ף] אם לוא ככה יהיה זרעכה (XIII) 4Q225 2i7
ואם לא ימצא נאמן א[ברהם לאלוהים (XIII) 4Q225 2ii8
] / לא יהיה אהב (XIII) 4Q225 2ii10
]◦ ולא תע[בור (XIII) 4Q226 3,4
] / אשר לוא[(XIII) 4Q226 9,3
א]שר לוא ישגו הצ[דיקים (XIII) 4Q227 2,6
]בשר ולוא / משפחת הגוי[ם (XIII) 4Q228 1ii1
ל]א יצאו[(XXXVI) 4Q250 5
]שור[ו]כשב ועז אשר לא שלמו [שבעת ימים (XXXV) 4Q251 12,1
נב]לות וטרפה אשר לא חיה כי[(XXXV) 4Q251 12,4
]כול אשר לא נפש עליו מות בק[בר יקבר (XXXV) 4Q251 18,6
ואלוהים / אמר לא ידור רוחי באדם לעולם (XXII) 4Q252 I,2
ולוא / מצאה מנוח (XXII) 4Q252 I,14
אשר לוא יספ[ה] / שוב עוד (XXII) 4Q252 I,20
ולוא / קלל את חם כי אם בנו (XXII) 4Q252 II,6
] אברם לא[(XXII) 4Q252 II,11
] צדיקים / אנוכ[י] לא[(XXII) 4Q252 III,4
ואם לוא ימצא שם[(XXII) 4Q252 III,5
לו]א יסור שליט משבט יהודה (XXII) 4Q252 V,1
ול[א]לסור ימין / ושמאול (XXVI) 4Q255 2,6
לוא[יחונכה אל בקור]אכה (XXVI) 4Q256 III,2

Reference	Vol.	Text
4Q266 6i9	(XVIII)	ואת הנתק לא יגלחו
4Q266 6i11	(XVIII)	ואם לו ליוסף מן המ[ות] / על המיתות
4Q266 6ii2	(XVIII)	והיאה לו [בעת] / [נדתה] שבעת ימים
4Q266 6ii9	(XVIII)	והיא[ה] לא תוכל [קודש
4Q266 6ii12	(XVIII)	[ו]אם לוא תַשיגה יד[ה די שה
4Q266 6iv4	(XVIII)	ו◦[ ]טע איש בשנה הרביעית לו[יוכ]ל
4Q266 7i5	(XVIII)	]ונושה עוו[ן] / [ופשע] ולו[] אבה ל[כו]ל יו[
4Q266 7ii9	(XVIII)	א]שר לו במש[פט] / [
4Q266 8ii7	(XVIII)	כי לו ה[קים את דברו
4Q266 9iii4	(XVIII)	ועשה בעצה ?] / ולו ישוגו
4Q266 9iii18	(XVIII)	אשר] / לו בא [מיום סור אפרים
4Q266 10i10	(XVIII)	ו]לו יכרת בית החבר מידם
4Q266 10ii1	(XVIII)	ואם בדבר מות ינטור ולו[י]שוב / [עוד
4Q266 10ii2	(XVIII)	ואש]ר [יצ]חה את רעהו שלו בעצה
4Q266 10ii7	(XVIII)	לאיש הנפ]טר / [אשר] לו בעצת הר[ב]י[ם
4Q266 11,4	(XVIII)	ולו אריח בריח ניחוחכם
4Q266 11,6	(XVIII)	בתורת מושה לו יחשב / בכול בני אמתו
4Q266 11,10	(XVIII)	ותתעם בתהו ולו / {ולו} דרך
4Q266 11,11	(XVIII)	ותתעם בתהו ולו / {ולו} דרך
4Q266 13,6	(XVIII)	] / אשר לא י◦[
4Q266 14a,1	(XVIII)	]עד אשר לו [
4Q267 1,6	(XVIII)	]ה לוא הבינותה / [
4Q267 4,4	(XVIII)	]מחול לוא יביאנו / [
4Q267 4,6	(XVIII)	]◦ ולוא [
4Q267 5iii4	(XVIII)	]לוא פצל[דב]ריו ל[השמיע קולו
4Q267 5iii5	(XVIII)	לוא יקרא בס[פר התורה]
4Q267 7,5	(XVIII)	] / ואם לוא הש[יגה
4Q267 9v3	(XVIII)	אש]ר לוא באו [מ]יום סור א[פ]רים
4Q267 9vi5	(XVIII)	ויצא ו]ל[וא ישו]ב עוד
4Q268 1,1	(XVIII)	]אחרונות הלוא כן תבואינה[
4Q268 1,12	(XVIII)	ולו[א נתנם לכלה
4Q269 2,2	(XVIII)	]ולוא האזינו [למצוות] / [יוריהם
4Q269 10ii1	(XXXVI)	ולו[א] י[שוגו וכן לכול לוקח אשה
4Q269 11i7	(XXXVI)	והצוחה]בלוא [משפט] / [את רעהו
4Q270 4,7	(XVIII)	את מי המרים המאררים] לא תקח מידו[
4Q270 4,15	(XVIII)	כאשר] אמר לא ת[
4Q270 6iii14	(XVIII)	ו]שלם האונס אם לא דבר א[מת ע]ם רעהו
4Q270 6iii15	(XVIII)	]כי לא הקים את[דברו לדבר א]מת
4Q270 6iv14	(XVIII)	א]שר / לא מלאו ימו לעבור[על הפקודים
4Q270 6iv18	(XVIII)	ולא יתיצב עוד מבן ששים שנה
4Q270 6iv19	(XVIII)	עד אשר לא [ישלי]מו א[ת ימ]יהם
4Q270 7i13	(XVIII)	אשר לא כמשפט ויצא ולא ישוב עוד
	(XVIII)	אשר לא כמשפט ויצא ולא ישוב עוד
4Q270 7i14	(XVIII)	[ישלח] מן העדה ולא ישוב
4Q271 2,13	(XVIII)	וכול נער אשר לו[א מלאו ימיו
4Q271 3,5	(XVIII)	לוא תונו איש את עמיתו
4Q271 3,9	(XVIII)	וגם אל יתנהה לאשר לוא הוכן לה
4Q271 5i16	(XVIII)	ולוא ישביתו את העבודה [כולה]
4Q272 1i8	(XVIII)	לוא יראנה הכוהן לעור הבש[ר]
4Q272 1i18	(XVIII)	ואת] הנתק לוא יגלחו
4Q273 2,1	(XVIII)	איש מאלה]לא <י>קרא בספר התו[רה
4Q273 3,1	(XVIII)	]ה לא ימות [
4Q273 6,1	(XVIII)	]לא בעצת התורה ה[
4Q274 1i6	(XXXV)	אשר ל[ו]א תגאל את מחני קד[שי] ישראל
4Q274 2i6	(XXXV)	ואמ במחנה יהיה איש אשר לוא השיגה ידו
4Q274 2i7	(XXXV)	[ולבש כו]ל הבגד אשר לוא נגעה בו
4Q274 2i8	(XXXV)	אמ לוא נגע בו ב[גדו
4Q274 3ii5	(XXXV)	ואם ל[וא יאכל יתנהו / בתוך המים
4Q275 2,4	(XXVI)	נ]דרך לא להמית איש[
4Q276 1	(XXXV)	בגדים]אשר לוא שרת בם בקודש / [
4Q278 5	(XXXV)	]אם לוא נגע בו / [
4Q280 2,3	(XXIX)	לוא יחונכה אל [ב]קוראכה
4Q280 2,4	(XXIX)	ולוא יהיה לכה שלו[ם] בפי כול אוחזי אבו[ת
4Q281a 1	(XXXVI)	ולוא טהרה ◦◦[ ]עיני[
4Q282k 1i6	(XXXVI)	]ש לוא / [
4Q282o 2	(XXXVI)	]לא ימות בהם[
4Q284 2i1	(XXXV)	]לוא יאכל / [
4Q284 2ii2	(XXXV)	] / קדושים ולו[א
4Q284a 1,6	(XXXV)	ולקטם / [איש] אשר לוא הוב[א בב]רית
4Q285 5,1	(XXXVI)	]לוא[
4Q285 8,8	(XXXVI)	ולוא[מוחלה שדפון וירקון]
4Q285 8,9	(XXXVI)	וירקון] / לוא יראה בתבוא[תיה
4Q286 20,3	(XI)	מיום] ל[יו]ם לוא / [
4Q286 20,10	(XI)	וחר]ן אף והתקומם בלוא / [
4Q299 1,3	(XX)	]מי גוי אשר לוא גזל / [הון
4Q299 2,1	(XX)	]לא יצלח[לכול
4Q299 2,2	(XX)	ו]גל בלוא ה[ון ונמכר בלוא מחיר
4Q299 3aii-b,4	(XX)	] / חכם וצדיק כי לוא לאיש[
	(XX)	]ה ולו[א
4Q299 3aii-b,6	(XX)	] / מעשה אשר לוא יעשה עוד
4Q299 6ii1	(XX)	[ל]וא ◦◦◦[
4Q299 6ii16	(XX)	ולוא יש[בע
4Q299 7,5	(XX)	לנגדו מנוטר [לנ]ק[ו]ם בלוא משפט
4Q299 8,5	(XX)	ומת יתבונן גב[ר] בלוא ידע ולוא שמע [
	(XX)	ומת יתבונן גב[ר] בלוא ידע ולוא שמע [
4Q299 8,8	(XX)	]כול שכל מעולם הוא לוא ישנה[
4Q299 15,2	(XX)	]לוא יגע[
4Q299 21,3	(XX)	]◦ לוא כול כוח וכ[
4Q299 25,3	(XX)	]א לוא[
4Q299 26,3	(XX)	]◦◦ת לוא[
4Q299 30,4	(XX)	]המוסר לוא ◦[
4Q299 33,4	(XX)	]מה גבורה בלוא[
4Q299 42,3	(XX)	]ליהא לוא[
4Q299 62,4	(XX)	]שנאיכה לוא יוכל[ו
4Q299 70,2	(XX)	]לוא ידעתם ◦[
4Q299 101,2	(XX)	]לוא בא[
4Q299 102,1	(XX)	ל]וא ◦[
4Q300 1aii-b,2	(XX)	וברזי עד לא הבטתם ובבינה לא השכלתם
	(XX)	וברזי עד לא הבטתם ובבינה לא השכלתם
4Q300 1aii-b,3	(XX)	]כי לא הבטתם בשורש חוכמה
4Q300 1aii-b,5	(XX)	עו]ד לא תהיה[
4Q300 3,3	(XX)	ולא ידע[ו רז נהיה
4Q300 3,4	(XX)	ונפשם לא מלטו מרז נ[היה
4Q300 7,2	(XX)	לנטור בלוא[משפט
4Q300 8,7	(XX)	]ה ולא היה מה רז אם[
4Q300 9,1	(XX)	]סודות לא השיגוהו ◦[
4Q300 10,3	(XX)	]◦ לא יקח[
4Q301 2b,3	(XX)	]בלוא חוזק וירד בו בשוט
	(XX)	וירד בו בשוט בלוא מחיר
4Q301 2b,5	(XX)	]◦ תבנית זכר ללוא היה[
4Q301 4,2	(XX)	]ת◦ כל רוח בינתו לוא ידע[ו
4Q301 6,4	(XX)	]הלוא ◦◦◦[
4Q301 7,4	(XX)	]לוא ◦◦[
4Q302 1ii4	(XX)	] / בח[ ] לוא[
4Q302 2ii6	(XX)	הלוא אתו יא[הב
4Q302 2iii7	(XX)	] / ויכרת בלוא ◦[
4Q302 3ii7	(XX)	ולא עמד לנגדך להוכח / עמך
4Q302 3iii1	(XX)	] / ולא כן [
4Q302 5,1	(XX)	]לוא[
4Q306 1,1	(XXXVI)	אשר ישגו ולא יעשו את[המצות

4Q**307** 6,2	(XXXVI)	]**לוא** ימ∘[
4Q**307** 8,2	(XXXVI)	]**לוא** יחס[ר
4Q**364** 5a-bi7	(XIII)	ואם אתה]**לוא** ת[עבור] / [אלי את הגל הזה
4Q**364** 5bii9	(XIII)	ויואמר] / **לוא** אשלחכה כי [אם ברכתני
4Q**364** 9a-b,4	(XIII)	ויואמר הבה נא אבוא אליך כי] / **לוא** ידע[
4Q**364** 11,7	(XIII)	ויפג לב[ו] כי **לו**[**א** האמין להמה
4Q**364** 13a-b,8	(XIII)	אך אם יום או יומים יעמו]ד **לא** יקום
4Q**364** 13a-b,9	(XIII)	ונגפו אשה הרה ויצא(ו) ?]**ולוא** יהיה
4Q**364** 21a-k,2	(XIII)	[לאלוהים הוא]∘[ ]**לוא** תק[חו שחד ?
4Q**364** 21a-k,15	(XIII)	**ולוא**[אביתמה לעלות
4Q**364** 22,2	(XIII)	**ולוא** הזין אליכמ
4Q**364** 23a-bi1	(XIII)	**ול]וא** / [נשתה מי בור
4Q**364** 23a-bi2	(XIII)	דרך המלך נלך]**ל**[**וא**]נסור ימין ושמאול
4Q**364** 23a-bi3	(XIII)	ויואמר]**לוא** תעב[ור ב]י
4Q**364** 24a-c,10	(XIII)	הח]רמנו **לוא** השארנו שריד
4Q**364** 24a-c,12	(XIII)	ו]עד הגלעד **לוא** / [היתה ?
4Q**364** 26aii4	(XIII)	ותמרו את פי יהוה] / **ולוא** האמנתמ[ה לו
4Q**365** 1,2	(XIII)	]כי **לא** ייאר[ש בן האמה הזואת
4Q**365** 2,5	(XIII)	**ולוא** שמע אליהמה כאשר דבר יהוה
4Q**365** 3,4	(XIII)	[ו]**ל**[**וא** שמע אליהמה כאשר דבר יהוה
4Q**365** 12biii5	(XIII)	]כתפות עשו **לוא** חוברות אל שני קצותיו
4Q**365** 17a-c,5	(XIII)	**ולו]א** תט[מאו את נפשותיכמה בכו]ל ה[שרץ
4Q**365** 22a-b,4	(XIII)	**ולו[א** תקיא הארץ אתכם בטמאכם
4Q**365**a 5i3	(XIII)	]העם לחוץ מהמה **ולוא** נראים / [
4Q**365**a 5i4	(XIII)	]ם **לוא** נראים האופנים אל החוץ
4Q**366** 2,4	(XIII)	ונמכר לך **לא** ת[עבד בו עבדת עבד
4Q**366** 4i4	(XIII)	כל מלאכת ע]בודה **לא** תעשו
4Q**367** 1a-b,6	(XIII)	[ו]אל המקדש **לא**[ת]בוא
4Q**367** 1a-b,11	(XIII)	ואם]**ל**[**א** תמצא ידה די שה]
4Q**367** 2a-b,10	(XIII)	**ולא** תש[קרו איש בעמיתו
4Q**367** 3,10	(XIII)	**ל**[**א** יבקר ⟦ ⟧]בין טוב לרע
4Q**367** A,2	(XIII)	]∘ **לא** א[
4Q**368** 2,12	(XXVIII)	**ולא** יראו / [פני ריקם
4Q**368** 6,3	(XXVIII)	]**לא** ∘ארית / [
4Q**368** 9,1	(XXVIII)	]ם **לא**[
4Q**368** 10ii7	(XXVIII)	הכרת **בלא**[
4Q**370** 1i6	(XIX)	והג[בור]ים **לוא** נמלטו / ו[
4Q**371** 1a-b,2	(XXVIII)	] **לו** יבואו [
4Q**371** 1a-b,3	(XXVIII)	]**לו** יניחו להמה[הגוים] / [יתד עומדת
4Q**371** 9,1	(XXVIII)	]∘ל **ולו** [
4Q**372** 1,10	(XXVIII)	ובכל זה יוסף מוטל בארצות **לא** י[דע
4Q**372** 1,17	(XXVIII)	למען **לא** יבדו ענוים ורשים
4Q**372** 1,28	(XXVIII)	] / ורע אשר **לא** להכיחי עדותיך
4Q**372** 2,14	(XXVIII)	]**לא** נר∘ [ ]ל[
4Q**372** 3,6	(XXVIII)	**לא** ישחיתו מעדיהם ולא יובדו מחלקותם
	(XXVIII)	לא ישחיתו מעדיהם **ולא** יובדו מחלקותם
4Q**372** 3,8	(XXVIII)	**ולא** יתן לגוי אחר חקיו
	(XXVIII)	**ולא** יעטרם לכל זר
4Q**372** 7,4	(XXVIII)	]∘ אשר **לא** יע[ ]ל [
4Q**372** 7,5	(XXVIII)	]∘נם **ולא** ינח[
4Q**372** 8,4	(XXVIII)	**ל]א** מבינים בלבבם [
4Q**372** 8,5	(XXVIII)	]עליהם **לא** ישמעו[
4Q**372** 8,6	(XXVIII)	כ]י **לא** יבינו ולא יד[עו
	(XXVIII)	כ]י לא יבינו **ולא** יד[עו
4Q**372** 12,3	(XXVIII)	]תי **ולא** עשה [
4Q**372** 14,3	(XXVIII)	]אשר **לא** ∘לא∘[
4Q**372** 18,2	(XXVIII)	**ולא** יכח[
4Q**372** 18,4	(XXVIII)	]∘ מכזבים **ולא**[
4Q**373** 1a+b,5	(XXVIII)	] / המרחיקם שבעה ראסות **לא** עמד[
4Q**373** 1a+b,6	(XXVIII)	] / **ולוא** שניתי כי שברו יהוה אלהינו
4Q**374** 2ii9	(XIX)	וכל **לא** ידעוך ויתמוגגו ויתנ[ו]עעו
4Q**375** 1i6	(XIX)	ואמר **לוא** יומת כיא צדיק הואה
4Q**377** 2ii4	(XXVIII)	ארור האיש אשר **לוא** יעמוד וישמור
4Q**377** 2ii12	(XXVIII)	]∘ם אשר **לוא** נבראו {{ל}}מעולם
4Q**378** 3ii+4,9	(XXII)	] / ישמע **ולוא** [
4Q**378** 3ii+4,11	(XXII)	ולוא] / ירפכה **ולוא** יעזב[כה
4Q**378** 5,2	(XXII)	]**לוא** ב∘[
4Q**378** 6ii8	(XXII)	] / **ולא** כתורכה[
4Q**378** 15i3	(XXII)	]**לוא** ימוש מתחתיו ת[ ]ל[ ]
4Q**378** 22i1	(XXII)	]משה אלהי **ולא** הכחדתם באשמתם / [
4Q**378** 22ii4	(XXII)	] / **לוא**[
4Q**378** 23,1	(XXII)	]בהם **ולוא** יועל[
4Q**379** 3i4	(XXII)	או]יבי יהוה **ולא** / [
4Q**379** 3i5	(XXII)	] **ולא** יתגאלו בכל / [
4Q**379** 10,2	(XXII)	] / **ולא** ∘∘∘∘∘∘ רו[
4Q**381** 10-11,1	(XI)	]∘ **לוא**[
4Q**381** 10-11,3	(XI)	] רחמון הוא **ולא** בפעם ה∘[
4Q**381** 13,2	(XI)	]∘שנך **הלוא** תכיר
	(XI)	**הלוא** תדע כ[י
4Q**381** 13,3	(XI)	]∘∘∘ ∘∘[ ]ל[ ]**לוא** אתה[
4Q**381** 33+35,1	(XI)	] ושרית **לו** ימצא לה [
4Q**381** 33+35,10	(XI)	**ולא** תראה בטוב נפשי
4Q**381** 33+35,11	(XI)	] / ואני **לא**זכרתיך
	(XI)	[במקו]ם ק[דשך] **לא** עבדת[יך
4Q**381** 46a+b,5	(XI)	ו[ ]עת / **לוא** יעז אנוש
	(XI)	**ולא** ירום [
4Q**381** 69,8	(XI)	]ולהפיר ברית כרת לכם ולהנכר **ול**[**א** [
4Q**381** 74,1	(XI)	]**הלוא** [
4Q**381** 79,2	(XI)	זקן **לוא** יחנו[ ]על[
4Q**381** 79,4	(XI)	**ל]א** ישפט עולה כי נדחתי ∘∘∘[
4Q**381** 96,3	(XI)	]**לא** / [
4Q**382** 10,5	(XIII)	] / **לא** ∘[
4Q**382** 38,5	(XIII)	]∘∘∘ **ולוא** ע∘[
4Q**382** 44,5	(XIII)	]∘ **לוא**[
4Q**382** 45,4	(XIII)	]**לוא** יש[
4Q**382** 46,5	(XIII)	]**לוא**[
4Q**382** 49,5	(XIII)	]**לוא** איש בינה ומ[
4Q**382** 49,10	(XIII)	]עזבכה **ולו[א**
4Q**382** 79,2	(XIII)	]**ולוא**[
4Q**382** 104,3	(XIII)	והייתה להם[ ]לאב **ולא**[
4Q**382** 104,5	(XIII)	]∘∘∘ ∘∘ **לוא** ∘∘∘∘[
4Q**383** 1,3	(XXX)	] / יענה בארץ **לוא** נוש[בת
4Q**383** 4,3	(XXX)	]ה **ולא** ∘[
4Q**385** 4,3	(XXX)	**הלא** ממהרים הימים למען יירשו בני ישראל
4Q**385** 4,4	(XXX)	ויאמר יהוה אלי **לא** אש[י]ב פניך יחזקאל
4Q**385**a 1a-bii4	(XXX)	**ולא** רם לבבו ממני ש[
4Q**385**a 2,3	(XXX)	]∘ו∘[ ]∘לה **לא** [
4Q**385**a 3a-c,10	(XXX)	ואבקש אמונה ו]**לא** / [מצאתי
4Q**385**a 5a-b,7	(XXX)	]אשר **לא** יתהלכו בד[רכי הכהנים
4Q**385**a 12,4	(XXX)	או]תם אל בית **לא** [בנו
4Q**385**a 15i2	(XXX)	אלי]הם אשר **לא** הקשיבו / [
4Q**385**a 18ii10	(XXX)	כי] / **לא** יושי[עו] ל[כם]∘ לא ∘[
	(XXX)	כי] / לא יושי[עו] ל[כם]∘ **לא** ∘[
4Q**386** 1ii4	(XXX)	**ולא** אניח לו ומשרו לא יהיה
	(XXX)	ולא אניח לו ומשרו **לא** יהיה
	(XXX)	והמן הטמא זרע **לא** ישאר
4Q**386** 1ii5	(XXX)	ומנצפה **לא** יהיה תירוש
	(XXX)	ותזיז **לא** יעשה דבש [
4Q**386** 1iii1	(XXX)	] / ודל **לא** יתן ויביא אל בבל
4Q**387** 1,6	(XXX)	ואב]קש אמונה[ו]**לא** מצאתי[

ולא אדרש להם / בעבור מעלם	(XXX)	4Q**387** 2ii2
אשר **לא** יתהלכו בדרכי / [הכהנים ה]ראשנים	(XXX)	4Q**387** 3,4
ולא / לל[ח]ם וצמא ול[א] למים[	(XXX)	4Q**387** 3,8
ולא / לל[ח]ם וצמא **ול[א]** למים[	(XXX)	4Q**387** 3,9
]אשמות **לא** הבינו	(XXX)	4Q**387** A,4
] ◦[ ] **ולא** ◦[	(XXX)	4Q**387**a 4,5
ל]וא ימצא[ו	(XXX)	4Q**388** 6,1
]ים **ולא** תמו[תו	(XXX)	4Q**388** 7,2
ולא ידעו / [כ]י[מאסתים	(XXX)	4Q**389** 8ii6
ולא יתהלכו[בדר]כי אשר אנוכי מצוך	(XXX)	4Q**390** 1,3
למע[ן] אשר **לא** י[כ]ל[ו]בחמתי	(XXX)	4Q**390** 1,10
ולא ידעו ולא יבינו כי קצפתי עליהם	(XXX)	4Q**390** 2i7
ולא ידעו **ולא** יבינו כי קצפתי עליהם	(XXX)	
ובאשר **לא** חפצתי בחרו להתגבר להון ולבצע	(XXX)	4Q**390** 2i8
]ר **לוא** [	(XIX)	4Q**391** 34,2
]**ולוא** [	(XIX)	4Q**391** 57,1
להחיד איש לאלהים **ולא** לסור מכ[ול	(XXIX)	4Q**392** 1,2
הלוא נשכיל במה עמנו לע[שות	(XXIX)	4Q**392** 1,8
]ב אשר כמוה **לא**[היתה מן]העולם	(XXIX)	4Q**392** 6-9,4
לקנה נפ[וצותינו קב]ץ אשר **לא**[	(XXIX)	4Q**392** 6-9,5
ולא יטהרו ויתקדשו / ויתרוממו למעלה	(XXIX)	4Q**393** 3,5
בשל **שלוא** י[היו] / מסיא[י]ם את העם עוון	(X)	4Q**394** 3-7i15
[וא]ף על החרשים **שלוא** שמעו חוק [ומ]שפט	(X)	4Q**394** 8iv2
ולא / [ש]מעו משפטי ישראל	(X)	
כי **שלוא** ראה ולוא שמע	(X)	4Q**394** 8iv3
ולוא שמע לוא / [י]דע לעשות	(X)	
ולוא שמע **לוא** / [י]דע לעשות	(X)	
ולא שמעו מש[פטי] ישראל	(X)	4Q**396** 1-2ii4
כי **שלוא** ראה ולוא שמע לוא י[דע]לעשות	(X)	4Q**396** 1-2ii5
כי שלוא ראה **ולוא** שמע לוא י[דע]לעשות	(X)	
כי שלוא ראה ולוא שמע **לוא** י[דע]לעשות	(X)	
כתוב **שלוא** לרבעה כלאים	(X)	4Q**396** 1-2iv6
ושלוא לזרוע שדו וכ[רמו	(X)	4Q**396** 1-2iv7
כתוב **של[וא]** להרביע[ה כלאים	(X)	4Q**397** 6-13,13
ושל[וא לזרוע] / [שדו וכרמו	(X)	
שלו]א תביא תועבה א[ל ביתכה	(X)	4Q**397** 14-21,6
]ים ל◦ **לוא** / [וקדמניות ל]כה	(X)	4Q**397** 14-21,11
]**ולוא** ישובו אחו[ר	(X)	4Q**398** 11-13,5
]◦◦◦תם **לוא** יכלכלו כול ◦[	(XI)	4Q**400** 1i14
] / **לוא** יכול[ו	(XI)	4Q**401** 14ii4
] / **ללוא** ה◦[	(XI)	4Q**402** 3ii6
ב]היותו טמא[ ]ת **ולוא** ◦◦◦[	(XI)	4Q**402** 4,4
]יה **ולוא** יהי[ו]ים ליחד כ[ ]◦[	(XI)	4Q**402** 4,5
]ם **לוא**[	(XI)	4Q**402** 5,3
ולוא על אמרי / מלך בלי יתכו-נו	(XI)	4Q**405** 23i10
לוא ירוצו מדרך ולוא יתמהמהו מגבולו	(XI)	4Q**405** 23i11
לוא ירוצו מדרך **ולוא** יתמהמהו מגבולו	(XI)	
לוא ירומו ממשלוחתו / לוא ישפל[ו]	(XI)	
לוא ירומו ממשלוחתו / **לוא** ישפל[ו]	(XI)	4Q**405** 23i12
ל[ו]א ירחם בממשלת עברת כל[ת חרו]נו	(XI)	
לוא ישפוט במושבי אפ כבודו	(XI)	
]◦ **ולוא**[	(XI)	4Q**405** 59,1
]ת אשר רמות **לוא** י◦[ ]◦[	(XXXVI)	4Q**410** 1,3
ולוא יכזב המ[שא ו]לוא [הח]ריש / [החזון	(XXXVI)	4Q**410** 1,8
ולוא יכזב המ[שא ו]**לוא** [הח]ריש / [החזון	(XXXVI)	
] / קודשכה **לוא**[	(XXXIV)	4Q**415** 1ii3
]ב עולם וזרע / קודשכה **לוא**[	(XXXIV)	4Q**415** 2i+1ii5
כ]יא **לוא** ימוש זרעכה / מנחלת[	(XXXIV)	
] / עם אולת **לוא** תשוה לרוש[	(XXXIV)	4Q**415** 9,5
]ל אשר **לוא** ביחד[	(XXXIV)	4Q**415** 11,4
] / **ל[ו]א** יכשול בה	(XXXIV)	4Q**415** 11,10
] / מכוניה **לוא** תמצא באלה בחנהה[	(XXXIV)	4Q**415** 11,13
]**לוא** ישבו[ת	(XXXIV)	4Q**415** 22,2
]**ולא** תאמין עוד [	(XXXIV)	4Q**416** 2i16
]מושל בו ואז **ל[א**	(XXXIV)	4Q**416** 2i19
כל אי]ש **לא** יטכה	(XXXIV)	4Q**416** 2ii7
לאשר **לא** ישוה בכה	(XXXIV)	4Q**416** 2ii15
]◦ ומחסורכה / **לוא** תמצא	(XXXIV)	4Q**416** 2iii3
וגם מכל איש אשר **לוא** ידעתה	(XXXIV)	4Q**416** 2iii5
אל תאמר רש אני **ול[וא]** / אדרוש דעת	(XXXIV)	4Q**416** 2iii12
] / **בלוא** חוק	(XXXIV)	4Q**416** 2iii20
אביה] / **לא** המשיל בה	(XXXIV)	4Q**416** 2iv3
ולא להוסיף נדר ונדב[ה]	(XXXIV)	4Q**416** 2iv7
]**לא** תובד צרה כי גדלים רחמי אל	(XXXIV)	4Q**416** 3,4
]אשר **לא** פוקד לכה / [	(XXXIV)	4Q**416** 5i2
ועוד **לוא** נתן הגוי לרוח בשר	(XXXIV)	4Q**417** 1i17
כי **לא** ידע בין / [טו]ב לרע כמשפט	(XXXIV)	
] / בה **לא** ינקה	(XXXIV)	4Q**417** 1i24
] / **לוא** תתרו אחר[י] לבבכמ[ה]	(XXXIV)	4Q**417** 1i27
] / **בלוא** צוה נבונות בשר	(XXXIV)	4Q**417** 1ii14
] / **בלוא** הוכח	(XXXIV)	4Q**417** 2i2
] / וגם את רוחו **לא** תבלע	(XXXIV)	4Q**417** 2i3
הלוא[שים ששון לנכאי רוח]	(XXXIV)	4Q**417** 2i11
] / **לוא** יעמוד כול ומי יצדק במשפטו	(XXXIV)	4Q**417** 2i16
כיא **לוא** יחסר אוצר[	(XXXIV)	4Q**417** 2i19
ואז] / **לא** יכנו בשבט [	(XXXIV)	4Q**417** 2i27
] / איש **לוא** יטכה ברצו[ן] שחר פנ[יו	(XXXIV)	4Q**417** 2ii+23,10
] / **ללו** נוסד ומ[ה	(XXXIV)	4Q**417** 5,2
]◦ בדבורה **הלוא** ◦◦ת בכנפיה י◦◦[	(XXXIV)	4Q**417** 19,3
]ואז **לוא** [יכנו] בשבט / [	(XXXIV)	4Q**418** 7b,10
מהר תן אש]ר **לוא** יקח כיסכה	(XXXIV)	4Q**418** 8,5
וגם מכול איש] / אשר **ל[וא** ידעתה	(XXXIV)	4Q**418** 9+9a-c,4
ול[וא] אדרוש דעת בכול מוסר	(XXXIV)	4Q**418** 9+9a-c,13
כי] **לוא** / [ידע בין טוב לרע כמשפט	(XXXIV)	4Q**418** 43-45i13
]**לוא**[	(XXXIV)	4Q**418** 49,2
ולא שחרו בינ[ה וברצון אל לו]א בחרו	(XXXIV)	4Q**418** 55,5
ולא שחרו בינ[ה וברצון אל **לו]א** בחרו	(XXXIV)	
הלוא אל [ה]דעות / [הואה	(XXXIV)	
]מעש[ה]**הלוא** שלום והשקט [	(XXXIV)	4Q**418** 55,7
אם **לא** שמעתמה כיא מלאכי קודש[ ]ל[ו]	(XXXIV)	4Q**418** 55,8
ובן אדם כי ידמה **הלוא** / [	(XXXIV)	4Q**418** 55,11
והם אחזת עולם ינחלו **הלוא** ראיתם	(XXXIV)	4Q**418** 55,12
]◦**לוא**[	(XXXIV)	4Q**418** 56,1
]ת **לוא** ידמ[	(XXXIV)	4Q**418** 65,1
]◦[ ]◦◦דתם **הלוא** באמת יתהלכו / [	(XXXIV)	4Q**418** 69ii3
ועתה אוילי לב מה טוב **ללוא** / [	(XXXIV)	4Q**418** 69ii4
ומה] השקט **ללוא** היה	(XXXIV)	4Q**418** 69ii5
ומה משפט **ללוא** נוסד	(XXXIV)	
ובני עולה **לוא** ימצאו עוד[	(XXXIV)	4Q**418** 69ii8
] / **ולא** עיף בכול {{נ}}שני עולם	(XXXIV)	4Q**418** 69ii12
הלוא באמת ישעשע לעד	(XXXIV)	
הלוא באור עולם יתהל[כו	(XXXIV)	4Q**418** 69ii14
] ואנשי {{קודש}} צדק **לוא**[	(XXXIV)	4Q**418** 76,2
ואתה {{ל}}**הלוא** לכה טובי	(XXXIV)	4Q**418** 81+81a,6
]◦אתה **לוא** תמוך [	(XXXIV)	4Q**418** 87,14
]◦ **לוא**[	(XXXIV)	4Q**418** 92,2
]ה **לא** ימצא אל ישיב[	(XXXIV)	4Q**418** 97,3
] / בשרו **לוא** ימעל בבשרו[	(XXXIV)	4Q**418** 101ii5
]בודו **ולוא** ת[	(XXXIV)	4Q**418** 103ii4
ובחייכה **לוא** תמצא	(XXXIV)	4Q**418** 103ii9

לו]א ישוה בעמלכה	(XXXIV)	4Q418 122i6
ל]וא ישבות אחד מכול צבאם	(XXXIV)	4Q418 126ii1
וגם לוא נהיו בלוא רצונו	(XXXIV)	4Q418 126ii5
וגם לוא נהיו בלוא רצונו	(XXXIV)	
ואם לוא ת{{ס}}שיג ידו למחסורכה	(XXXIV)	4Q418 126ii13
ומחסורכה לוא תמצא	(XXXIV)	4Q418 127,1
]לוא תפיס[	(XXXIV)	4Q418 131,4
]לוא יטכה וכל חפציכה[	(XXXIV)	4Q418 138,4
לו]א תעשוק ש[כר שכיר ?	(XXXIV)	4Q418 146,2
לו]א תמצא / [	(XXXIV)	4Q418 148i2
]א יהיו ב◦[מה	(XXXIV)	4Q418 167a+b,3
]אשר לוא [לאיפה ו]איפה לעמר ועומ[ר	(XXXIV)	4Q418 167a+b,4
] / [ ] אשר לוא ביחד [	(XXXIV)	4Q418 167a+b,5
שח]ת ואבדון אשר בקצהו לוא[	(XXXIV)	4Q418 177,2
בהת]הלככה לוא[	(XXXIV)	4Q418 181,2
]◦ לוא במע[שי	(XXXIV)	4Q418 182,3
מע]שי ברית לוא ידרשו[	(XXXIV)	4Q418 188,6
]תה לוא [	(XXXIV)	4Q418 192,1
]שכילו בכול ולא[	(XXXIV)	4Q418 197,2
] לוא תזכיר[	(XXXIV)	4Q418 200,3
]לא יד[	(XXXIV)	4Q418 210,3
]ם בכול עובורתמה הלו[א	(XXXIV)	4Q418 211,3
]המה ולוא[	(XXXIV)	4Q418 221,1
]כה לוא דרשום [	(XXXIV)	4Q418a 8,3
] / לוא ינקה [	(XXXIV)	4Q418a 11,5
א]שר לוא בי[חד	(XXXIV)	4Q418a 13,1
] אשר לוא יהיו[	(XXXIV)	4Q418a 15,2
]תה בל[וא	(XXXIV)	4Q418a 16,2
]לוא מע◦[	(XXXIV)	4Q418a 16b+17,4
]כיא לפני אפו ל[וא יעמוד	(XXXIV)	4Q418a 22,4
]לוא רם בכו[ל	(XXXVI)	4Q419 2,2
]אם לא י◦[	(XXXVI)	4Q419 7,2
]ר לוא / [	(XXXVI)	4Q419 8i6
]בזות לוא ישיב בטרם ישמ[ע	(XX)	4Q420 1aii-b,1
ל[ו]א ישוב א[חור] / עד י[	(XX)	4Q420 1aii-b,4
איש]נאמן לוא יסור מדרכי צדק[	(XX)	4Q420 1aii-b,5
ולוא ידבר בטרם / יבין	(XX)	4Q421 1aii-b,13
ואמה לוא יוכל במ[קדש אל ?	(XX)	4Q421 12,2
[ ]ת ולוא [	(XIII)	4Q422 III,1
הלוא גן נ[עים] / [הוא	(XXXIV)	4Q423 1-2i1
וכוחה לא תתן לכה ◦[ ] / [	(XXXIV)	4Q423 1-2i3
]ם תמיד לא / [	(XXXIV)	4Q423 1-2i6
]ללא ◦[ ] / [	(XXXIV)	4Q423 5,9
]א לא נתן ⟦ ⟧[	(XXXIV)	4Q423 6,2
[ה]לוא גלה / [אוזנכה ברז נהיה	(XXXIV)	4Q423 7,6
מעשי ברי]ת ולא ידורשוהו / [	(XXXIV)	4Q423 9,2
]טיף ב[לו]א[	(XXXIV)	4Q423 16,1
ולא יעמוד לפני אש	(XXXVI)	4Q424 1,5
כי לא יצניע מלאכתך	(XXXVI)	4Q424 1,6
כי לא יפלס כל ארחותיך	(XXXVI)	4Q424 1,7
הלוז ילוז בשפתיו אחר אמת לא ירצה [	(XXXVI)	4Q424 1,9
]ל[א]יעשה [	(XXXVI)	4Q424 2,6
ובמשקל[ ]לא יעשה פעלתו	(XXXVI)	4Q424 3,1
כי לא יבין משפטם להצדיק צדיק	(XXXVI)	4Q424 3,2
כי ריב אנשים לא יפלס כזורה לרוח[	(XXXVI)	4Q424 3,4
] / אשר לא תבר	(XXXVI)	4Q424 3,5
ולוא ימשול ב[ה	(XXXVI)	4Q424 3,6
] / חכמת ידיו לא ימצא	(XXXVI)	4Q424 3,7
]◦תנובה לוא ימר◦[	(XX)	4Q425 1+3,3
]ולשון ולוא [	(XX)	4Q425 1+3,5
ובמ[ש]קל לוא י[עשה פעלתו	(XX)	4Q425 1+3,6
]לה לוא יהיו / [	(XX)	4Q426 1i8
]איש הבהב ל[וא] ישר[	(XX)	4Q426 2,1
]◦ ולו[א] יפלג[	(XX)	4Q426 2,2
לו]א ישג יה◦[	(XX)	4Q426 4,3
]א מי משולח לוא[	(XX)	4Q426 5,5
]לוא ישוב[	(XX)	4Q426 5,6
]לרוחו לוא יש[	(XX)	4Q426 11,3
]◦יה לוא ה[	(XX)	4Q426 12,1
]וכלה בלוא רחמיכה	(XXIX)	4Q427 1,2
] / [ומוסר א]כזרי לא אזכור עוד	(XXIX)	4Q427 2,3
לא אזכור עוד ולוא ◦[	(XXIX)	
]◦◦◦תי לוא[	(XXIX)	4Q427 6,1
ולוא יבא / [	(XXIX)	4Q427 7i10
ולכבו]די לוא ידמה	(XXIX)	4Q427 7i11
]ר לא בפז אכ◦◦◦ לי	(XXIX)	4Q427 7i12
וכתם אובירימ לוא / [	(XXIX)	
]לוא יחשב בי	(XXIX)	4Q427 7i13
ואין נעוות בלוא דעת	(XXIX)	4Q427 7ii4
[ואשמ]ה לוא[תהיה]ע[וד	(XXIX)	4Q427 7ii7
] / דברנו לכה ולוא לאיש בי[נים	(XXIX)	4Q427 7ii21
]לוא	(XXIX)	4Q427 13i2
] לל[ו]א[	(XXIX)	4Q427 14,1
ובגדפו]תם לוא[החתותני לעזוב]	(XXIX)	4Q428 3,4
כיא לוא[לאד]ם דרכו	(XXIX)	4Q428 10,10
ובלוא רצונכ]ה לוא[יהיה	(XXIX)	4Q428 11,1
ועול]ה לוא / תמצא ע[וד	(XXIX)	4Q428 12i2
דבר]נו לכה ולוא / [לאי]ש בינים [	(XXIX)	4Q428 21,2
]רתי לוא[	(XXIX)	4Q428 22,3
]◦רו לוא י[	(XXIX)	4Q428 23,1
] / לוא [	(XXIX)	4Q428 27,2
וזקים ללו [ישוברו	(XXIX)	4Q429 3,11
לעשות אבני בחן] / לב[ני]ת עוז ללו [	(XXIX)	4Q429 4ii9
כי ל[וא יבוא זר בשעריה דלתי מגן	(XXIX)	4Q429 4ii10
ולכבודי] / לוא ידמה כי א[ני עם אלים	(XXIX)	4Q431 1,7
[ואין נ]עוות בלוא דעת הופיע אור	(XXIX)	4Q431 2,3
ובפריו לוא יראה באוש[ים	(XXIX)	4Q433a 2,7
] / משורשיו לוא ינתקו מערוגת בשמו	(XXIX)	4Q433a 2,9
ואת / ענו לא בזא ולא שכח צרת דלים	(XXIX)	4Q434 1i2
ואת / ענו לא בזא ולא שכח צרת דלים	(XXIX)	
לדרך רגלם בר[ו]ב צרתם לא עזבם	(XXIX)	4Q434 1i4
וביד עריצים לא נתנם	(XXIX)	4Q434 1i5
ועם רשעים לא שפטם	(XXIX)	
ועברתו לא ה[ו]קד עליהם	(XXIX)	
ולא כלם / בחרונו	(XXIX)	
ולא יעף כל חרונו חמתו	(XXIX)	4Q434 1i6
ובאש קנאת לא שפטם	(XXIX)	
] / אדם הצילם שפעת גיים לא שפטם	(XXIX)	4Q434 1i8
ובתוך לאומים לא[ ]ם ויסתירם ב[	(XXIX)	
ואת] / [ענו לא]בזה ולוא שכח צרת ד[לים	(XXIX)	4Q437 1,2
חוקיכה לוא שכחתי	(XXIX)	4Q437 2i6
ולו]א הסתרתה פניך מן תחנוני	(XXIX)	4Q437 2i7
] / נדיביכה ובבחיריכה לוא התעברתי	(XXIX)	4Q438 3,2
]◦ך לוא כסותי בל[	(XXIX)	4Q438 6,3
]ה ועד אחרונות לוא / [	(XXIX)	4Q440 3i25
]שפתי לוא מ◦[	(XXXVI)	4Q440a 2
]שתה לוא יתחגו◦[	(XXXVI)	4Q440a 6
] לוא רצית ומע[	(XXIX)	4Q443 2,2
]ר בפי לוא תבחן[	(XXIX)	4Q443 2,4
ולהלחם ברוחי רשעה ולוא ◦◦[	(XXIX)	4Q444 1-4i+5,4

Reference	Vol.	Text
4Q**444** 4ii3	(XXIX)	] / בלו◦[
4Q**446** 1,2	(XXIX)	ולו]**א** עוד יכריתנה מי◦◦[
4Q**446** 1,6	(XXIX)	]◦◦ כבוד[ ]**לוא** ת[
4Q**458** 1,4	(XXXVI)	]**לוא** ידעו את[
4Q**459** 1,4	(XXXVI)	]ף **לא** ד◦א[
4Q**460** 7,3	(XXXVI)	] ◦ים **ולוא** בחר ב[
4Q**460** 9i5	(XXXVI)	כ]יא **לוא** אתה עזבתה לעבדכה / [
4Q**460** 9i9	(XXXVI)	כיא **לוא** לאחד באפרים ילקח חוק[
4Q**464** 5ii5	(XIX)	]נ]פתחו [ו]**לא** א◦◦◦ י[
4Q**464** 6,2	(XIX)	]ידו **ולוא** ◦[
4Q**468**c 9	(XXXVI)	] / ואשר **לא** יש/ע[
4Q**468**cc 7	(XXVIII)	]בים **ולוא** היו ◦[
4Q**469** 2,2	(XXXVI)	]ה**לוא** לקחו מוסר וה[עומדים
4Q**471**a 4	(XXXVI)	]◦יכם ישפלו **ולוא** ידעו כיא מאס / [
4Q**472** 1,6	(XXXVI)	] / **ולוא** שחרו פניו[
4Q**472**a 2	(XXXV)	]◦◦◦ למכסי צו אם **לוא**[
4Q**475** 2	(XXXVI)	] / [חוקותיו ?]שכחום **ולוא** ידורשום
4Q**475** 4	(XXXVI)	כ]ול תבל **ולוא** יהיה עוד אשמות בארץ
	(XXXVI)	**ולוא** יה[יה עוד ?] / [והיו ?
4Q**478** 1	(XXII)	]**לא** יעמוד[
4Q**478** 3	(XXII)	]◦ ו**לא** ישכח את[
4Q**479** 1,6	(XXII)	] / **לוא** עשה[
4Q**481**a 3,4	(XXII)	]רב ואדון **ולוא** / [
4Q**482** 3,2	(VII)	]כי **לוא** [
4Q**487** 13,4	(VII)	]אל **ולוא**[
4Q**487** 27,3	(VII)	]**לוא** י[
4Q**491** 1-3,5	(VII)	]◦◦[**לו]א** ילכו למערכות האויב [ ]
4Q**491** 1-3,8	(VII)	וכול] / ערוה **לוא** יראה סביבות{{יה}}מ[ה
4Q**491** 1-3,10	(VII)	וכול איש אשר **לוא** יהיה[טהור ממקורו
	(VII)	**לו[א** יב]וא אתמה למלחמה
4Q**491** 1-3,12	(VII)	**ולוא** יקו[מו] / [
4Q**491** 10ii15	(VII)	כיא **לוא** ◦[
4Q**491** 11i12	(VII)	ונדיביהמה **לו[א**
4Q**491** 11i13	(VII)	]כבודי **לוא** {{ידמה}}
	(VII)	**ולוא** ירומם זולתי ולוא יבוא ביא
	(VII)	ולוא ירומם זולתי **ולוא** יבוא ביא
4Q**491** 11i14	(VII)	**לוא** כבשר תאו[תי
4Q**491** 11i16	(VII)	והוריה **לוא** תדמה / [בהוריתי
4Q**491** 11i18	(VII)	**לוא** [פ]ז ולוא כתם אופירים / [
	(VII)	לוא [פ]ז **ולוא** כתם אופירים / [
4Q**491** 11ii12	(VII)	**לוא** מ[
4Q**491** 12,5	(VII)	]◦וני◦ **ולוא**[
4Q**491** 14-15,6	(VII)	יד] אל נטויה על כול הגואים **לוא** [
4Q**491** 35,1	(VII)	]**לוא** ד◦[ ]◦ אמר ר◦◦◦[
4Q**493** 5	(VII)	**ולוא** יחללו שמן כהונתם[בדם הח]ללי[ם]
4Q**493** 6	(VII)	[ו]לכול מערכות הבנים **לוא** יגשו
4Q**496** 17,4	(VII)	]רות ב**לוא**[
4Q**501** 9	(VII)	**ולוא** שמוכה לנגדמה
4Q**503** 175,2	(VII)	]◦**לוא** י◦[
4Q**504** 1-2v6	(VII)	בכול זואת **לוא** מאסתה / בזרע יעקוב
4Q**504** 1-2v7	(VII)	**ולו** געלתה את ישראל / לכלותם
4Q**504** 1-2v10	(VII)	**ולוא** עזבתנו / בגוים
4Q**504** 1-2v21	(VII)	ו]**לוא** הקשבנו א[ל מצוותיכה]
4Q**504** 1-2vi6	(VII)	**ולוא** מאסנו / בנסוייכה
4Q**504** 1-2vi7	(VII)	ובנגיעיכה **לוא** געלה נפשנו
4Q**504** 6,9	(VII)	ובגוים **לוא** נתחשב
4Q**504** 6,14	(VII)	]ה ונקה **ולוא** תנק[ה
4Q**504** 7,6	(VII)	]היאה **לוא** תקצר / [
4Q**504** 7,16	(VII)	]ר **ל[וא]** האמינו / [
4Q**504** 21,3	(VII)	]**לוא** א◦[
4Q**505** 125,3	(VII)	] **לוא** חלצכ[
4Q**508** 39,2	(VII)	]**לוא** נאמין בחיינו ⟦ ⟧[
4Q**508** 42,1	(VII)	]◦ **לוא** ה[
4Q**509** 16,6	(VII)	**ל]וא** הביטו כי א[תה] / [
4Q**509** 84,2	(VII)	]**לוא** מל[
4Q**509** 161,2	(VII)	]◦י **לוא** נ[
4Q**509** 188,3	(VII)	]◦ **ולוא** [
4Q**509** 224,1	(VII)	] **לוא**[
4Q**509** 277ii1	(VII)	**לוא** קש◦[
4Q**510** 1,7	(VII)	**ולוא** לכלת עולם
4Q**511** 1,7	(VII)	ורוחי רשע / **לו** יתהלכו בם
4Q**511** 1,8	(VII)	וכול בני עולה **לוא** יתכלכלו
4Q**511** 8,5	(VII)	**ולוא** לכל[ת עולם
4Q**511** 11,7	(VII)	]**לוא** תראו[
4Q**511** 17,4	(VII)	] רוב אונים **לוא** י[
4Q**511** 18ii5	(VII)	ו[ב]מוצא שפתי **ולוא** בליעל
4Q**511** 18ii10	(VII)	וביד זר **לוא** / [
4Q**511** 30,6	(VII)	] / את אלה **לוא** יעשה[ ]ארם[
4Q**511** 42,9	(VII)	]לעין **לוא** ינח[
4Q**511** 74,1	(VII)	]**ולוא** / [
4Q**511** 75,3	(VII)	]◦◦ם **לוא**[
4Q**511** 102,2	(VII)	]ב**לוא**[
4Q**511** 126,3	(VII)	]יכה **לוא**[
4Q**511** 127,2	(VII)	**ל]וא** תכיר ◦◦[
4Q**511** 191,1	(VII)	]ל◦[ ]**לוא**[
4Q**512** 1-6,11	(VII)	]נדה **ולוא** יוכ[ל כול
4Q**512** 66,2	(VII)	] / **לוא** עוד[
4Q**512** 66,3	(VII)	] / עוד **ולוא**[
4Q**512** 199,2	(VII)	]ר **לוא**[
4Q**513** 3-4,5	(VII)	]ו**לא** מתורת משה[
4Q**513** 24,3	(VII)	]ודות **ולוא** יואכלו[
4Q**513** 32,2	(VII)	]כיא ב**לוא**[
4Q**514** 1i4	(VII)	]אשר **לא** החל לטהור ממק[ר]ו
4Q**514** 1i7	(VII)	אשר **לא** החל לטהור ממקרו
4Q**517** 27,1	(VII)	]◦ **לוא** ◦[
4Q**517** 65,1	(VII)	]**לוא**[
4Q**518** 37,1	(VII)	]**ולוא** י◦[
4Q**519** 50,1	(VII)	]רו **לוא** [
4Q**521** 2ii+4,2	(XXV)	[וכל א]שר בם **לוא** יסוג ממצות קדושים
4Q**521** 2ii+4,4	(XXV)	ה**לוא** בזאת תמצאו את אדני כל המיחלים
4Q**521** 2ii+4,10	(XXV)	ופר[י מעש]ה טוב לאיש **לוא** יתאחר
4Q**521** 2ii+4,11	(XXV)	ונכבדות ש**לוא** היו יעשה אדני כאשר ד[בר]
4Q**521** 5i+6,4	(XXV)	[א]שר **לוא** יעבוד עמ אלה
4Q**521** 7+5ii5	(XXV)	**ולו]א** כאלה מקלל[ים]
4Q**521** 9,1	(XXV)	]**לוא** תה[יה
4Q**522** 8,2	(XXV)	ודן **לוא** הכה גם הוא את[
4Q**522** 9ii2	(XXV)	] / **לוא** [יכל]נ[ו לבו]א[לצי]ון
4Q**522** 9ii10	(XXV)	אשר **לוא** דרשתי א[ת מ]שפט ה[אורים
4Q**522** 11,2	(XXV)	] אותם **ולוא** ◦[
4Q**524** 6-13,1	(XXV)	**לו]א** יכרת לו [איש] יושב מבניו
4Q**524** 6-13,4	(XXV)	ונחל[ה] **ל[וא** יהיה להמה] / [בקרב אחיהמה
4Q**524** 15-22,2	(XXV)	**ולוא** יגלה[כנף אביהו
4Q**524** 15-22,3	(XXV)	]**לוא**[יקח איש את אחותו בת אבי]הו
4Q**524** 15-22,4	(XXV)	]**לוא** יק[ח איש את בת אחיהו או בת]אחות[ו
4Q**524** 15-22,9	(XXV)	להקים לאחיהו שם בישרא]ל **לוא**[אבה יבמי
	(XXV)	ועמד ואמר **לו]א** חפצ[תי לקחתה
4Q**524** 15-22,10	(XXV)	אשר **ל]וא**[יבנה את בית אחיהו]
4Q**524** 23,2	(XXV)	]תה **לוא**[
4Q**524** 25,1	(XXV)	]א **ולו[א**
4Q**524** 25,7	(XXV)	]**לוא** ירשתמה ⟦ ⟧[

לוא ישב[ו	(XXIII)	11Q**17** VII,4
ל]וא תחמודו כסף וזהב אשׁ[ר תוקש בו		11Q**19** II,8
ולוא תב[יא תועבה אל ביתכה]		11Q**19** II,9
ולוא תשתחוה לא[ל אחר		11Q**19** II,11
] **ולוא** תטמאנו כי אם מן הֿ[		11Q**19** III,6
] **לֿוא** ימוש מן המקדש קערֿ[ותיו		11Q**19** III,11
לוא [ימוש ?] / [הלחם מלפני		11Q**19** VIII,12
לוא תֿא[		11Q**19** XIII,16
כֿוֿל מֿלאכתֿ עבודה **לוא** תעשו בו		11Q**19** XVII,11
כול מלאכת עבודה **לוא** תעשו בו		11Q**19** XVII,16
[מצות] יא[וכ]לום הכוהנים **לוא** תאכל חמץ		11Q**19** XX,12
ולוא תשב[י]ת / [ברית מלח לעולם]		11Q**19** XX,13
לוא תעשו בו כול מלאכת עב[ודה]		11Q**19** XXV,9
הנפש אשר **לוא** / תתענה בעצם היום הזה		11Q**19** XXV,11
ולוא יעשו בוֿ כֿול מֿלאכה		11Q**19** XXVII,6
או אשר **לוא** יתענו בו		11Q**19** XXVII,7
ולוא תעשו כול / מלאכה		11Q**19** XXVII,9
ולוא / יהיה נוגעים בהֿמֿה כול אדם		11Q**19** XXXII,14
כול איש אשר **לוֿאֿ**[		11Q**19** XXXV,2
כול איש אֿשר **לוֿאֿ**[		11Q**19** XXXV,3
ולוא יחֿל[לו את מק]דֿש אלוהֿיֿהמה		11Q**19** XXXV,7
ולוא יהיו מערבים כולו אלה / באלה		11Q**19** XXXV,12
למען **לוא** / ישוגו הכוהנים בכול חטאת העם		11Q**19** XXXV,13
ולוֿאֿ [י]תע[רבו] זבחֿיֿ / שלמי בני ישראל		11Q**19** XXXVII,11
] / ◦ש **ולו[א** יבוא ?		11Q**19** XXXIX,5
]**לֿוֿאֿ** תבוא בֿהֿ אשה		11Q**19** XXXIX,7
]בני ישראל **ולוא** ימ[ותו		11Q**19** XL,3
ולוא ינֿ[חו] / ממנו שנה לשנה אחרת		11Q**19** XLIII,4
לוא יאכל עוד / כי קדש		11Q**19** XLIII,11
ואם **לוא** יוכלו / לשאתו ימכרוהו בכסף		11Q**19** XLIII,13
ולוא / יואכלו ממנו בימי המעשה		11Q**19** XLIII,15
ולוא יאכל בימי המעשה		11Q**19** XLIII,17
ולוא [יהי]וֿ מתערבים אלה באלה		11Q**19** XLV,4
ולוא תהיה שמה / תערובת		11Q**19** XLV,6
לוא יבוא אל / כול המקדש		11Q**19** XLV,7
ולוא יבואו בנדת טמאתמה אל מקדשי		11Q**19** XLV,10
לוא יבוא אל כול עיר / המקדש		11Q**19** XLV,11
לוא יבואו לה כול ימיהמה		11Q**19** XLV,13
ולוא יטמאו את העיר אשר אני שוכן / בתוכה		
וכול טמא לנֶפֶש **לוא** יבואו לה		11Q**19** XLV,17
וכול צרוע / ומנוגע **לוא** יבואו לה		11Q**19** XLV,18
ולו]א יֿעוֿףֿ [כול] / עוף טמא על מקדֿ[שי		11Q**19** XLVI,1
ולוא יהיו באים בלע אל תוך / מקדשי		11Q**19** XLVI,10
ולוא יחללוהו		11Q**19** XLVI,11
ולוא תהיה נראה לכול רחוק / מן העיר		11Q**19** XLVI,15
ל]מעלה **ולוא** למט[ה		11Q**19** XLVII,2
לוא יביאו לה כי בעריהמה		11Q**19** XLVII,8
ואל עיר מקדשי **לוא** יביאו		11Q**19** XLVII,9
ולוא תטמאו את העיר		11Q**19** XLVII,10
ולוא יגאלו את מקדשי		11Q**19** XLVII,13
ולוא תטהרו עיר / מתוך עריכמה		11Q**19** XLVII,14
ולוא תטמאו / את מקדשי		11Q**19** XLVII,17
כול / נבלה בעוף ובבהמה **לוא** תואכלו		11Q**19** XLVIII,6
וכול תועבה **לוא** / תואכלו		
לוא תתגדדו		11Q**19** XLVIII,8
ולוא תשימו קורחה בין עיניכמה / למת		
ושרטת על נפש **לוא** תתנו בבשרכמה		11Q**19** XLVIII,9
וכתבת קעקע **לוא** תכתובו / בכמה		
ולוא תטמאו את / ארצכמה		11Q**19** XLVIII,10
ולוא תעשו כאשר הגויים עושים		11Q**19** XLVIII,11

]**לוא**[	(XXV)	4Q**524** 28,1
]◦ן **לוא**[	(XXV)	4Q**524** 33,1
ולוא רגל על לשונו	(XXV)	4Q**525** 2ii+3,1
ולוא יתמוכו / בדרכי עולה	(XXV)	
ולוא יביעו בדרכי אולת	(XXV)	4Q**525** 2ii+3,2
ולוא ישחרנה בלֿבֿ מרמה	(XXV)	4Q**525** 2ii+3,3
ולוא יטושנה בעוני מצר[יו/פו]	(XXV)	4Q**525** 2ii+3,5
ובעת צוקה **לוא** יעוזבנה	(XXV)	
ולוא ישכחנה [בימי/יום]פֿחד	(XXV)	
ובענות נפשו **לוא** יגעֿלֿ[נה	(XXV)	4Q**525** 2ii+3,6
] / **לוא** תלקח בזהב אֿ[ו (ב)כסף	(XXV)	4Q**525** 2iii2
ובתוכחותיה **לוא** ימאסו	(XXV)	4Q**525** 5,10
וביסוריה **לוא** ימאסו [	(XXV)	4Q**525** 5,11
ומקנאת **בלוֿאֿ**[	(XXV)	4Q**525** 6ii1
ומכשלת **בלו[א**	(XXV)	4Q**525** 6ii4
ומוצאת **בלוֿאֿ**[	(XXV)	4Q**525** 6ii5
בלוא ?] / גאוה ומריֿמת **לוֿאֿ**[	(XXV)	4Q**525** 6ii6
]**בֿלוא** נכון וֿ[	(XXV)	4Q**525** 7,2
]◦ פה **בלוא**[	(XXV)	4Q**525** 7,3
ו]נֿוצרתֿ **בלוא** מֿ[	(XXV)	4Q**525** 8,1
א]םֿ תטיב יטיֿב לכה **וֿלֿ[וא**]תשוב [	(XXV)	4Q**525** 10,6
]**לוא** יֿשיֿגו אורחות חיים	(XXV)	4Q**525** 15,8
רש]עֿ יתגוללו ⟦ ⟧ **הלֿ[וא**	(XXV)	4Q**525** 22,4
]◦ך **ולוא** יֿע◦[	(XXV)	4Q**525** 27,3
ל]וֿא תיראוֿ[	(XXV)	4Q**525** 33,2
]אדני לאבי **לוֿ** תעשה ל◦[	(XXV)	4Q**526** 1
ל]וֿא יקבלֿ[(ו)	(XXV)	4Q**577** 3,1
] / אשר אמר **לוֿאֿ** הֿ[וכח	(III)	5Q**12** 2
] **ולוא** יזכה בכפורֿ[ים	(III)	5Q**13** 4,2
]◦יֿד בליעל **וֿלוא** יֿ[	(III)	5Q**13** 5,2
]תֿיכה ואם **לוא** [	(III)	5Q**13** 6,3
]**ולוא** ה[	(III)	5Q**13** 6,4
]◦ **לֿוא**[	(III)	5Q**13** 13,1
] **ולוא** ◦[	(III)	5Q**18** 1,3
] **ולא** תֿ[	(III)	6Q**9** 28,1
]רֿלי **לוא** [	(III)	6Q**18** 4,2
לעו]למים **לוא** יֿכלוֿ[	(III)	6Q**18** 5,4
]**לוא** [	(III)	6Q**18** 23,1
כי **לוא** רמה תודה לכה	(IV)	11Q**5** XIX,1
ולוא תספר חסדכה תולעה	(IV)	
ולוא עזב חסדו מהסה	(IV)	11Q**5** XIX,6
ואשחקה קנאתי בטוב **ולוא** אשוב	(IV)	11Q**5** XXI,15
ופני **לוא** השיֿבֿותי	(IV)	11Q**5** XXI,16
וברומיה **לוא** / אשלה	(IV)	
לוא תובד תקותך / ציון	(IV)	11Q**5** XXII,8
ולוא תשכח תוחלתך	(IV)	11Q**5** XXII,9
כי **לוא** יצדק לפניכה כול חי	(IV)	11Q**5** XXIV,7
כי {{הֿ}}הראם את אשר **לוא** ידעו	(IV)	11Q**5** XXVI,12
אמרתי אני בנפשי ההרים **לוא** יעידו / לו	(IV)	11Q**5** XXVIII,5
והגבעות **לוא** יגידו	(IV)	11Q**5** XXVIII,6
לוא בחר יהוה אלוהים בם	(IV)	11Q**5** XXVIII,10
כי] **לוא** רמה תודה לכֿ[ה]	(XXIII)	11Q**6** 4-5,3
אם **לוא** / [ייראו]מלפני יהוה ל[	(XXIII)	11Q**11** III,8
ולוא אור / [עו]ל ולוא צדקה[	(XXIII)	11Q**11** V,7
ולוא אור / [עו]ל **ולוא** צדקה[	(XXIII)	11Q**11** V,8
בֿ[אלה **לו]א** / [יעבור] אור	(XXIII)	11Q**11** V,9
ולוא[יאיר לך ה]שמש אש[ר יזרח]	(XXIII)	11Q**11** V,10
ולוא מוחלה שדפון וירקון	(XXIII)	11Q**14** 1ii12
וירקון **לוא** יראה בתבואתיה	(XXIII)	
לו]אֿ יתמהמהו בעומדם [	(XXIII)	11Q**17** VII,3

ו**לוא** יקח עליה אשה אחרת	11Q**19** LVII,17
ו**לוא** יטה משפט	11Q**19** LVII,19
ו**לוא** יקח שוחד להטות משפט צדק	11Q**19** LVII,20
ו**לוא** יחמוד / שדה וכרם וכול הון	
אשר **לוא** יבוא גדוד אל תוך ארצמה	11Q**19** LVIII,9
ומחצית העם **לוא** יכרתו מעריהמה	11Q**19** LVIII,11
ו**לוא** יצא עד יבוא לפני הכוהן	11Q**19** LVIII,18
אשר / אתו **לוא** יצא מעצת לבו	11Q**19** LVIII,20
וקראו ו**לוא** אשמע	11Q**19** LIX,6
וזעקו ו**לוא** אענה / אותמה	
לוא ימצא לו איש יושב על כסא / אבותיו	11Q**19** LIX,14
לוא יכרת לו איש יושב מבניו על כסא	11Q**19** LIX,17
והמה **לוא** ימשולו בו	11Q**19** LIX,20
ו**לוא** למטה לראוש / ולוא לזנב	
ולוא למטה לראוש / ו**לוא** לזנב	11Q**19** LIX,21
לוא תלמד לעשות / כתועבות הגויים	11Q**19** LX,16
לוא ימצא בכה מעביר בנו ובתו / באש	11Q**19** LX,17
לׄדׄ[בר דבר] בׄשׄ[מי אשר ל]**וא** צויׄ[תיו	11Q**19** LXI,1
[א]יׄך נׄדע את הדבר / אשר **לוא** דברו יהוה	11Q**19** LXI,3
ו**לוא** יהיה הדברׄ	
ו**לוא** יבוא הוא	11Q**19** LXI,4
הדבר אשר **לוא** דברתי	
בזדון דברו הנביא **לוא** תגור / ממנו	
לוא יקום עד אחד באיש	11Q**19** LXI,6
ו**לוא** יוסיפו ֻעוד ֻלעשות כדבר הזה	11Q**19** LXI,11
לוא / תחוס עינכה עליו	
ועם רב ממכה **לוא** תירא / מהמה	11Q**19** LXI,13
ואם **לוא** תשלים עמכה	11Q**19** LXII,8
אשר **לוא** מערי הגואים האלה / המה	11Q**19** LXII,12
לוא תחיה / כול נשמה	11Q**19** LXII,13
לוא ילמדוכה לעשות ככול התועבות	11Q**19** LXII,16
אשר **לוא** יזרע ולוא יעבד	11Q**19** LXIII,2
אשר לוא יזרע ו**לוא** יעבד	
וענו ואמרו ידינו / **לוא** שפכו את הדם הזה	11Q**19** LXIII,6
ועינינו **לוא** ראו	
ו**לוא** תגע לכה בטהרה	11Q**19** LXIII,14
וזבח שלמים **לוא** תואכל עד יעבורו שבע שנים	11Q**19** LXIII,15
ויסרו אותו ו**לוׄא**[י]שמע אליהמה	11Q**19** LXIV,3
ו**לוא** תלין נבלתמה על העץ	11Q**19** LXIV,11
ו**לוא** תטמא את האדמה	11Q**19** LXIV,12
לוא תראה את שור אחיכה	11Q**19** LXIV,13
ואם **לוא** קרוב אחיכה / אליכה	11Q**19** LXIV,14
ו**לוא** ידעתו ואספתו אל תוך תוך ביתכה	11Q**19** LXIV,15
לוא תקח את האם על הבנים	11Q**19** LXV,4
ו**לוא** תשום דמים בביתכה	11Q**19** LXV,6
ו**לוא** מצאתי לה בתולים	11Q**19** LXV,9
לאמור **לוא** מצאתי לבתכה בתולים	11Q**19** LXV,12
ו**לוא** / [	11Q**19** LXV,15
אשר **לוא** זעקׄ[ה] / בעיר	11Q**19** LXVI,2
ולנעׄרׄה **לוא** תעשו דבר	11Q**19** LXVI,6
אשר **לוא** אורשה והיא רויה לו מן החוק	11Q**19** LXVI,9
ו**לוא** / תהיה לאשה	11Q**19** LXVI,10
תחת אשר ענה **לוא** יוכל לשלחה כול ימיו	11Q**19** LXVI,11
לוא יקח / איש את אשת אביהו	
ו**לוא** יגלה כנף אביהו	11Q**19** LXVI,12
לוא יקח איש את אשת / אחיהו	
ו**לוא** יגלה כנף אחיהו בן אביה	11Q**19** LXVI,13
לוא יקח איש את אחותו בת אביהו	11Q**19** LXVI,14
לוא / יקח איש את אחות אביהו	
לוא / יקח איש את ⟦ ⟧	11Q**19** LXVI,15

ובנגע ובנתק אשר **לוא** יבואו לעריכמה	11Q**19** XLVIII,15
אשר **לוא** יטמאו בתוכם / בנדת טמאתם	11Q**19** XLVIII,16
ובאדם אשר **לוא** הטמא על	11Q**19** XLIX,21
ואם **לוא** יטהר כמשפט התורה הזואת	11Q**19** L,7
ו**לוא** יטהרו עוד עד / לעולם	11Q**19** L,18
ו**לוא** יטמאו בהמה אשר / אני מגיד לכה	11Q**19** LI,6
ו**לוא** יטמאו	11Q**19** LI,7
ו**לוא** ישקצו / את נפשותמה	11Q**19** LI,8
ו**לוא** יכירופנים במשפט	11Q**19** LI,12
ו**לוא** יקחו שוחד	
ו**לוא** / יטו משפט	11Q**19** LI,12
ו**לוא** תגורו ממנו / להמיתו	11Q**19** LI,17
לוא תעשו בארצכמה	11Q**19** LI,19
]°°° **לוׄא** תטע [לכה אשרה כול עץ	11Q**19** LII,1
ו**לוא** תקים לכה מצבׄה [אשר שנאתי	11Q**19** LII,2
וא]בׄן / [מ]שכית [**לו**]**אׄ** תעשה לכה	11Q**19** LII,3
ו**לוא** / תזבחׄ ליׄ שור ושה	
ו**לוא** תזבח לי שור ושה ועז	11Q**19** LII,5
ואת בנו **לוא** תזבח ביום אחד	11Q**19** LII,6
ו**לוא** תכה אם / על בנים	
לוא תעבוד בבכור שורכה	11Q**19** LII,8
ו**לוא** תגוז בכור / צואנכה	
כול מום רע **לוא** תזבחנו לי	11Q**19** LII,10
רק הדם **לוא** תואכל / על הארץ תשופכנו	11Q**19** LII,11
ו**לוא** תחסום שור על דישו	11Q**19** LII,12
ו**לוא** תחרוש בשור ובחמור יחדיו	11Q**19** LII,13
לוא תזבח שור ושה ועז	
רחוק ממקדשי / סביב שלושים רס **לוא** תזבח	11Q**19** LII,18
לוא תואכל בשר שור ֻושה ֻועז	11Q**19** LII,19
אשר **לוא** יבוא לתוך מקדשי	11Q**19** LII,20
ו**לוׄא** תואכל את הנפש עם הבשר	11Q**19** LIII,6
וכי אם תדור נדר **לוא** תאחר לשלמו	11Q**19** LIII,11
ואם תחדל ו**לוא** תדור לוא יהיה בכה חטאה	11Q**19** LIII,12
ואם תחדל ולוא תדור **לוא** יהיה בכה חטאה	
ו**לוא** יחל דבריו ככול היוצא מפיהו / יעשה	11Q**19** LIII,15
ואסריה / אשר אסרה על נפשה **לוא** יקומו	11Q**19** LIII,21
לוא תוסיף עליהמה ולוא / תגרע מהמה	11Q**19** LIV,6
לוא תוסיף עליהמה ו**לוא** / תגרע מהמה	
ונעבודה אלוהים אחרים אשר **לוא** ידעתמה	11Q**19** LIV,10
לוא / תשמע אל דבר הנביא ההוא	
ונעבודה אלוהים אחרים אשר **לוא** ידעתמה	11Q**19** LIV,21
נלכה ונעבודה אלוהים אשר **לוא** ידעתמה	11Q**19** LV,4
והיתה לתל עולם **לוא** תבנה עוד	11Q**19** LV,10
ו**לוא** ידבק / בידכה מאום מן החרם	
לוא תסור מן התורה אשר יגידו לכה	11Q**19** LVI,7
והאיש אשר **לוא** ישמע ויעש בזדון	11Q**19** LVI,8
ויראו ו**לוא** יזידו עוד בישראל	11Q**19** LVI,11
לוא תתן עליכה איש נוכרי	11Q**19** LVI,15
אשר **לוא** אחיכה הוא	
רק **לוא** / ירבה לו סוס	
ו**לוא** ישיב את העם מצרים למלחמה	11Q**19** LVI,16
לוא / תוסיף לשוב בדרך הזואת	11Q**19** LVI,17
ו**לוא** ירבה לו נשים	11Q**19** LVI,18
ו**לוא** / יסירו לבבו מאחרי	
וכסף וזהב **לוא** ירבה לוא מואדה	11Q**19** LVI,19
איש מלחמה / אשר **לוא** יעוזבוהו	11Q**19** LVII,7
ומן גוי נכר אשר **לוא** יתפש בידמה	11Q**19** LVII,11
ו**לוא** ירום לבבו מהמה	11Q**19** LVII,14
ו**לוא** יעשה כול דבר / לכול עצה	
ואשה **לוא** ישא מכול / בנות הגויים	11Q**19** LVII,15

Reference	Vol.	Text
11Q19 LXVI,17		לוא יקח /]
11Q20 III,25	(XXIII)	כול מל]אכת עבודה לוא י[עשו
11Q20 XII,9	(XXIII)	וכול ט]מא לנפש לוא / [יבואו לה
11Q20 XII,11	(XXIII)	]ק לוא יבוא אל ה֯מקדש֯ / [
11Q20 XII,15	(XXIII)	אשר לוא[ישכון כול] / [עוף טמא
11Q20 XII,22	(XXIII)	ו[ל]וא יחללוהו
11Q20 XV,5	(XXIII)	ולוא יקחו שוחד ו[לוא יטו משפט
11Q20 XVI,5	(XXIII)	ולוא תחמל ע[ליו ולוא] / [תכסה עליו
11Q21 3,3	(XXIII)	] / תרנגול לו֯א תגד[לו
11Q25 1,2	(XXIII)	] / ולוא עינ֯כ֯[ה
11Q25 4,4	(XXIII)	]ל֯א ◦[
PAM 43.666 87,1	(XXXIII)	]לוא י◦◦◦[
PAM 43.677 22,3	(XXXIII)	ביתי ולא֯ ש֯◦[
PAM 43.678 20,2	(XXXIII)	ולא שמע֯ו֯[
PAM 43.679 1,3	(XXXIII)	]ש֯ריר ולא מי◦[
PAM 43.682 1,3	(XXXIII)	]◦[ ]ס֯ים לוא]
PAM 43.682 29,1	(XXXIII)	]ק לא בצ֯[
PAM 43.682 46,1	(XXXIII)	]ם לא / [
PAM 43.685 60,2	(XXXIII)	]◦ לא ◦[
PAM 43.686 52,2	(XXXIII)	] לוא ג◦[
PAM 43.690 39,1	(XXXIII)	]◦ לא ◦◦ו֯ב ת֯י◦[
PAM 43.692 21,2	(XXXIII)	]ל֯א ת֯אכל ◦[
PAM 43.697 75,3	(XXXIII)	]ו֯לא תמצא ו֯א֯ל֯[
PAM 44.102 33,2	(XXXIII)	] כי לוא[

לוא ← לוה-2

Lybia proper noun **לוב**

Reference	Vol.	Text
4Q385a 17a-eii7	(XXX)	לוב בסעדך והיא בגולה תלך
4Q388 3ii2	(XXX)	] / ולוב[

Lud proper noun **לוּד**

Reference	Vol.	Text
1QM II,10		ובשנית בבני לוד
4Q426 12,3	(XX)	וא]שור וארפכשד ול[וד וארם

to join verb **לוה-1**

Reference	Vol.	Text
CD IV,3		היוצאים מארץ יהודה והנלוים עמהם
1QS V,6		ולבית האמת בישראל והנלוים עליהם ליחד
1QHa IV,19		]תי ולא נלו֯י֯תי / [
1Q25 12,3	(I)	] נלוו על֯י֯[הם
4Q160 7,2	(V)	]◦גרתי עמו מוע֯די ונלויתי ל֯ו֯ מי◦[
4Q169 3-4ii9	(V)	מלכים שרים כוהנים ועם עם גר נלוה
4Q169 3-4iii5	(V)	ועזבו את מתעיהם ונלוו על ישראל
4Q169 3-4iv1	(V)	הם רשע[י חיל]ה֯ בית פלג הנלוים על מנשה
4Q256 IX,6	(XXVI)	ובית] / אמת ל֯י֯ש֯ר֯א֯ל והנלוים ע֯ל֯י֯ה֯ם֯ ליחד
4Q258 I,5	(XXVI)	ובית א֯מת לישראל והנלוי[ם] ע֯[ל]י֯הם ליחד
4Q372 1,20	(XXVIII)	ומכל אחי אש֯ר / נלוו עמי
4Q420 2,2	(XX)	]ה֯נלוים על֯[
4Q432 7,1	(XXIX)	בל יבוא גדוד]משמר גבורים ב֯ת֯ל֯ו֯ת֯[
11Q5 XXII,7	(IV)	יגילו בניך בקרבך וידידיך אליך נלוו

to borrow verb **לוה-2, לוא**

Reference	Vol.	Text
4Q171 1+3-4iii8	(V)	לוה רשע ולוא ישלם
4Q171 1+3-4iii18	(V)	כול היום] חונן ומלוה וזר[עו לברכה
4Q416 2i17	(XXXIV)	] וכמוהו לוה ודע מאג֯[ר
4Q417 2i19	(XXXIV)	ו֯אם תחסר לוא מ֯ב֯ל֯י֯ הון מחסורכה
4Q417 2i21	(XXXIV)	אם הון אנש[י]ם֯ תלוה למחסורכה

blade noun **לֹהַב**

Reference	Vol.	Text
1QM V,7		והלוהב חצי האמה
1QM V,10		והלוהב ברזל לבן מאיר מעשי חרש מחשבת
1QM VI,2		ועל לוהב הזרק יכתובו ברקת חנית

to turn aside, pervert verb **לוז**

Reference	Vol.	Text
1QHa XIII,24		ויליזו על֯י בשפת עול
4Q166 I,5	(V)	]ויליזו / [
4Q424 1,9	(XXXVI)	] / משפט֯ך הלוז ילוז בשפתיו
	(XXXVI)	] / משפטך הלוז ילוז בשפתיו

Luz proper noun **לוז-2**

Reference	Vol.	Text
4Q522 9ii12	(XXV)	ועתה נ[ש]כינה את א[הל מ]ו֯עד רחוק מן ל֯[וז

deviousness noun **לוז**

Reference	Vol.	Text
4Q424 1,8	(XXXVI)	איש לוז שפתים אל תאמ֯[ן

tablet, plank noun **לוּחַ**

Reference	Vol.	Text
1QpHab VI,15		[ויומר כתוב חזון ובא]ר֯ על הלוחות
4Q177 1-4,12	(V)	]עתה הנה הכול כתוב בלוחות אשר[
4Q364 26bii+e,5	(XIII)	[את]הדברים אשר היו על הלו[חות
4Q364 26bii+e,8	(XIII)	ויכת]ב על הלו[חות כמכתב הראישון
4Q512 1-6,4	(VII)	]ל בלוחות עול֯ם֯ / ו֯מי רחץ֯ לטהרת עתים[
11Q19 VII,1		]ה֯לוח֯[
11Q19 VII,3		]◦לוחות הע[
11Q19 XXXIV,1		נתו?[נ֯ים֯ ? בלוח נחו[שת
PAM 43.695 72,2	(XXXIII)	] בלוח[ות ?

Levi, Levite proper noun **לֵוִי**

Reference	Vol.	Text
CD III,21		הכהנים והלוים ובנ֯י / צדוק
CD IV,15		אמר עליהם לוי בן יעקב
CD X,5		ארבעה למטה לוי ואהרן
CD XIII,3		ואיש מהלוים בחון / באלה
CD XIV,4		ו֯הלוים שנים ובני ישראל שלשתם
CD XIV,5		והלוים שנים ובני ישרא֯ל / שלושת֯ם
1QS I,19		והלויים מברכים את אל ישועות
1QS I,22		והלויים מספרים / את עוונות בני ישראל
1QS II,4		והלויים מקללים את כול אנשי / גורל בליעל
1QS II,11		והוסיפו הכוהנים והלויים ואמרו ארור
1QS II,20		והלויים יעבורו אחריהם
1QSa I,22	(I)	ובני לוי יעמודו איש במעמדו
1QSa II,1	(I)	והלויים בתו[ך מחל]קת עבו֯דתו
1QM I,2		בני לוי ובני יהודה ובני בנימין
1QM II,2		ואחריהם ראשי הלויים לשרת תמיד
1QM V,1		יכתבו שמו[ו]שם ישראל ולוי ואהרון
1QM VII,14		בין המערכות יצאו עמהמה שבעה לויים
		ושלושה שוטרים מן הלויים לפני / הכוהנים
1QM VII,15		הלויים לפני / הכוהנים והלויים
1QM VII,16		]לויים שוטרים
1QM VIII,9		והלויים וכול עם השופרות יריעו
1QM XIII,1		והלויים וכול זקני הסרך עמו
1QM XV,4		והלויים וכול אנשי הסרך עמו
1QM XVI,7		והלוים וכול עם / השופרות יריע[ו
1QM XVIII,5		והכוהנים וה[לויי]ם֯ אשר / אתו
1Q22 1i3	(I)	פש[ור לראשי א]בות ללו[י]ם וכול ה֯[כוהנים
3Q7 6,2	(III)	]ל ולוי [
4Q159 5,2	(V)	בני לו֯[י
4Q175 14	(V)	וללוי אמר הבו ללוי תמיך ואורך
	(V)	וללוי אמר הבו ללוי תמיך ואורך
4Q225 2ii11	(XIII)	ויעקוב הוליד את לוי ד֯ו֯ר שלישי
4Q225 2ii12	(XIII)	ימי אברהם וישחק ויעקוב ולו֯[י
4Q226 7,4	(XIII)	ויעקב הוליד את] / לוי דור של[ישי

Reference	Vol.	Text
4Q247 5	(XXXVI)	]בני לוי ועם האר[ץ
4Q256 II,3	(XXVI)	יהיו הכוהני]ם והל[וים מברכים
4Q256 II,12	(XXVI)	]והלויים [מקללים את כול אנשי גורל]
4Q256 III,4	(XXVI)	והוסיפו הכוהנים וה]לוים ואמר[ו ארור
4Q257 II,1	(XXVI)	והלויים מקללים את כול אנשי גורל בל[י]על
4Q268 2,1	(XVIII)	והלוים [שניים ובני ישראל שלישים
4Q270 6iv16	(XVIII)	א[רבע]ה למטה לוי ואהרון
4Q281f 1	(XXXVI)	[לכהני]ם לויים כל שבט °°ל[הם
4Q285 3,2	(XXXVI)	] הלויא[י]ם וחצ[וצרות
4Q365 23,10	(XIII)	]°°י המקריבים ביום הריש[ו]ן לוי °[
4Q372 1,14	(XXVIII)	להכעיס ללוי וליהודה ולבנימן בדבריהם
4Q372 17,2	(XXVIII)	]°יו ולכל בני ל[וי
4Q379 1,2	(XXII)	]עולמים את לוי ידיד°[
4Q423 5,1a	(XXXIV)	]השמר לכה פן תשיב ללוי כוה[ן] / [
4Q471 1,5	(XXXVI)	ומן[ה]לוים שנים / [עשר אחד לכול שבט
4Q491 1-3,9	(VII)	י]באו אליהמה ה[כוהנ]ים והלויי[י]ם
4Q491 1-3,17	(VII)	ואחיו הכוהנים ו]הלויים וא[שי הסר]ך
4Q491 11ii6	(VII)	והל[ויאים וכול עם השופרות יריעו
4Q491 13,6	(VII)	והלויאים וכול[עם השופרות יריעו
4Q492 1,11	(VII)	והכוהנים] והלוים [עם נשיא המלחמה
4Q493 9	(VII)	וככול הסרך הזה הל[ויים] / להם מר[י]עים
4Q494 2	(VII)	] / והכוהנים והלויים וראשי ה[שבטים
4Q494 3	(VII)	] / הכוהנים וכן ללויים
5Q13 2,7	(III)	]ואת לוי ה[ ]°תה
5Q13 2,8	(III)	] בחרתה [בני] לוי לצאת / [
11Q19 XXI,4		הכוהנים ישתו שמה] ראישונים והלויים [שנים ?
11Q19 XXII,4		ושחטו בני לוי א[ת
11Q19 XXII,10		וללויים / את השכם
11Q19 XXII,12		וללויים איל אחד כבש אחד
11Q19 XXIV,11		כאש[ר] / עשה לעולת הלויים
		כן יעשה לעולת בני יהודה אחר הלויים
11Q19 XXXIX,12		שמעון לוי ויהודה בקדם מזרח
11Q19 XXXIX,15		עד שער {{°°°°°}} לוי תשע ותשעים / באמה
11Q19 XXXIX,16		ומשער לוי עד שער יהודה
11Q19 XL,14		ומשער שמעון עד שער לוי / כמדה הזואת
11Q19 XL,15		ומשע[ר] לוי עד שער יהודה כמדה הזואת
11Q19 XLIV,5		וכ[ו]ל ימין שער לוי ושמאולו לבני אהרון
11Q19 XLIV,14		לבני קהת מ{{ב}}נ{{י}} הלויים
11Q19 LVII,12		ומן הלויים / שנים עשר
11Q19 LVIII,13		ולכוהנים אחד מאלף וללויים אחד מן המאה
11Q19 LX,6		וללויים מעשר הדגן והתירוש והיצהר
11Q19 LX,12		וכי יבוא הלוי מאחד שעריכה
11Q19 LX,14		ככול אחיו הלויים ישרת העומדים שמה
11Q19 LXI,8		ולפני הכוהנים והלויים ולפני / השופטים
11Q19 LXIII,3		ונגשו הכוהנים בני לוי כי בהמה בחרתי
PAM 43.666 79,1	(XXXIII)	]לוים

leviathan noun **לִוְיָתָן**

Reference	Vol.	Text
4Q380 3,1	(XI)	]ת לויתן יד תמי°[

לוּלֵא ← לוּלֵה

sprout, palm branch noun **לוּלָב**

Reference	Vol.	Text
4Q502 99,2	(VII)	]לולבי[ם

except subordinating conjunction **לוּלֵה**

Reference	Vol.	Text
4Q503 205,1	(VII)	] לולהי [

to grumble verb **לון-1**

Reference	Vol.	Text
1QS VII,17		והאיש אשר ילון על יסוד היחד ישלחהו
1QS VII,17		ואמ על רעהו ילון / אשר לוא במשפט
1QHa XIII,25		ואנשי [עצ]תי סוררים / ומלינים סביב
4Q270 7i13	(XVIII)	ואשר ילו[ן] על האבות
4Q365 6aii+6c,10	(XIII)	וילון העם ע[ל מושה ל]אמור
4Q365 35ii2	(XIII)	בני ישראל] / אשר המה מל[ינים]עליכ[ם

to spend the night verb **לון-2**

Reference	Vol.	Text
4Q165 5,4	(V)	ביער בערב תלינו א[רחות דדנים
4Q177 19,3	(V)	]התלוננו יחד ול°[
4Q525 22,3	(XXV)	]° התלוננו יחד ול°[
11Q19 LXIV,11		ולוא תלין נבלתמה על העץ

moist, fresh adjective **לַח**

Reference	Vol.	Text
1QHa XI,29		להתם כול עץ לח / ויבש מפלגיהם
1QHa XVI,19		]° ויהיו למי מ[בול] / לח
4Q274 2ii4	(XXXV)	] / לחות[
4Q414 1i3	(XXXV)	]ם לחים / [
4Q428 5,5	(XXIX)	[לה]תם [כול עץ] לח[ויב]ש מפלגיהם[
4Q432 6,5	(XXIX)	להתם[כול עץ]ל[ח ויבש מפלגיהם

moisture; liquid noun **לֵחָה**

Reference	Vol.	Text
4Q274 3ii5	(XXXV)	הירק [אשר אין עליו] / מלחת טל יאכל
4Q277 1ii5	(XXXV)	והנוגע ב[לחת מי הנדה יט]מא
4Q394 8iv7	(X)	כי לחת המוצקות והמקבל מהמה
4Q394 8iv8	(X)	והמקבל מהמה כהמ / לחה אחת
4Q396 1-2ii9	(X)	והמקבל מהמה כהם ל[חה אחת
11Q19 XLIX,12		מכול / תגאולת שמן ויין ולחת מים

cheek, jaw noun **לְחִי-1**

Reference	Vol.	Text
4Q179 2,9	(V)	]ו על לחיה על בניה / [
11Q19 XXII,10		ו]את / הלחיים ואת הקבה לכוהנים יהיה
11Q20 V,2	(XXIII)	והלחיים והקבאות למנות / [

to lick verb **לחך**

Reference	Vol.	Text
1Q25 6,3	(I)	] קומה ולחכו [
4Q492 1,7	(VII)	ועפר] / רגליך ילחכו

to moisten, water verb **לחלח**

Reference	Vol.	Text
4Q428 8,4	(XXIX)	וכול נהרות] עדן ת[לחלחנה] / [דליו]תיו

to fight verb **לחם-1**

Reference	Vol.	Text
1QSb III,7	(I)	ילחם [לפני] אלפיכה °[
1QM I,2		יהודה ובני בנימין גולת המדבר ילחמו בם
1QM I,4		יצא בחמה גדולה להלחם במלכי הצפון
1QM I,11		בני אור וגורל חושך נלחמים יחד
1QM II,10		בשנה הראישונה ילחמו בארם נהרים
1QM II,11		ובשלישית / ילחמו בשאר בני ארם
		ברביעית ובחמישית ילחמו בבני ארפכשד
1QM II,12		בששית ובשביעית ילחמו בכול בני אשור
		בשנה השמינית ילחמו בבני / עילם
1QM II,13		בתשיעית ילחמו בבני ישמעאל וקטורה
1QM X,4		כיא אלוהיכם הולך עמכם להלחם לכם
1QM XI,8		לה{{לחם}}כבד באויבינו ←כבד
1QM XI,17		]כיא תלחם בם מן השמ[ים]°[
1Q36 2,6	(I)	]לחם °[ ]°[ ]ם כב[
4Q161 5-6,11	(V)	בעלותו מבקעת עכו ללחם בי°[
4Q165 5,6	(V)	מדבר] העמים והלחם[
4Q264a 2-3,8	(XXXV)	] / להלחם עמו °[
4Q365 6ai3	(XIII)	י[הו]ה ילחם לכמה[
4Q369 2,2	(XIII)	]ורתכה ותלחם בכול אר[צות

4Q385a F,1 (XXX)]אם נלחם[
4Q387 3,7 (XXX) ויתקרע ישראל בדור הה[וא] להלחם
4Q444 1-4i+5,4 (XXIX) ותתחזק בחוקי אל ולהלחם ברוחי רשעה
4Q457b II,1 (XXIX) נלחם אל בהם וא◦[
4Q468g 5 (XXXVI)] / לחם את הכרכים[
4Q471a 3 (XXXVI) ות]אמרו נלחמה מלחמותיו
4Q491 13,7 (VII) והמערכות] / [יהיו נלח]מים זואת אחר זואת
4Q496 3,3 (VII) יצא בחמה]גדולה ל[ה]ל[ח]ם ב[מלכי צפון
4Q496 5-6,3 (VII) ילח]מו בארם נ[הרים ו]בשנית / [
4Q496 13,1 (VII) יל]חמו בב[נ]י אשמעל וק[טורה
11Q19 LXII,6 כי / תקרב אל עיר להלחם עליה

to eat verb 2-לחם
4Q418 127,3 (XXXIV) והייתה למאכל שן ולחומי רשף נגד מו[

bread, food noun לֶחֶם
1QS VI,5 להברך בראשית הלחם
1QS VI,6 להברכ בראשית הלחם והתירוש
1QS VI,25 ונענשו את רביעית לחמו
1QS XI,21 והואה מעפר מגבלו ולחם רמה מדורו
1QSa II,19 (I) אל ישלח]איש את ידו ברשת / הלחם
(I) כיא[הוא מ]ברך את רשית הלחם
1QSa II,20 (I) ושלח]ידו בלחם לפנים
1QSa II,21 (I) ואח[ר יש]לח משיח ישראל ידיו / בלחם
1QH^{a} XIII,23 ג[ם או]כלי לחמי / עלי הגדילו עקב
1QH^{a} XIII,33 ואוכלה בלחם אנחה / ושקוי בדמעות
1QH^{a} XIII,35 ויהפך לי לחמי לריב
4Q171 1+3-4iii18 (V) ולוא[ראיתי צדיק] / נעזב וזרעו מבקש לחם[
4Q176 50,1 (V)]מלחמכי[
4Q219 I,37 (XIII) ונסכוה ל[ניחוח] ל[חם] / [אשה לאלהים
4Q251 9,6 (XXXV)] / עד יום בא לחם הבכורים אל ◦[
4Q251 16,1 (XXXV) כי תהיה לכוהן ואכל]ה את לחם אישה / [
4Q251 16,2 (XXXV) ויליד ביתו ה]ם יאכלו בלחמו
4Q254 8,3 (XXII) וללחמו ול[
4Q261 3,4 (XXVI) ונענ]ש[את רבי]עית לח[מו
4Q265 4i5 (XXXV) ונענש] / את מחצית לחמו
4Q265 4i8 (XXXV) ונענש] / בם את מחצית לחמו
4Q265 4i10 (XXXV) ונענש במה את מחצית לחמו
4Q270 3ii19 (XVIII) לכל בתי ישראל אוכלי לחם / [הארץ
4Q270 3aii1 (XVIII) א]ת [לח]ם המצ[ות
4Q270 4,19 (XVIII)]מן הקד[ש] לחמו / [
4Q274 2i7 (XXXV) רק אל יגע בו את לחמו
4Q299 87,2 (XX)]דת בלחמי[
4Q364 11,4 (XIII) ועשר אתונות נושאות] / בר ולחם ומזון
4Q365 25a-c,10 (XIII) בשברי ל]כמ מטה לחם[
4Q387 3,9 (XXX) ושלחתי רעב ב[אר]ץ ולא / לל[ח]ם
4Q387a 9,3 (XXX)]ם זורע לחם לפי תבא[תו
4Q416 2ii18 (XXXIV) אל תשביע לחם
4Q416 2ii20 (XXXIV) ואתה / [[ ]] חסר לחם
4Q417 19,5 (XXXIV)]◦תכן לחמה [ו]תחמל על תנוב[תה
4Q418 87,3 (XXXIV)]חוב לחמכה[
4Q423 1-2i9 (XXXIV)]ה ולחם / וכוחו[
4Q429 3,7 (XXIX) ואוכלה] / [ב]לחם אנחה ושקוי ברמעות[
4Q514 1i6 (VII) ואחר יא{{ת}}<<כ>>לו את לחמם
4Q514 1i9 (VII) ואחר יאכלו את לחמם / כמ[שפט
11Q19 VIII,10 והיתה ה]לבונה הזאות ללחם לאזכרה
11Q19 VIII,12 ובעורככה את ה]לחם תתן עליו לבונה
11Q19 VIII,13 וה[יה ה]ל[ח]ם הזה [לכוהני]ם
11Q19 XV,3a [ו]סלי לחם לכול אי[לי המלואים
11Q19 XV,10 וחלת] / לחם שמן אחת ורק[יק אחד
11Q19 XV,12 ואת סלי הלחם ת[נופה לפני יהוה
11Q19 XVIII,14 חמץ חדש בכורים ליהוה לחם חטים
11Q19 XIX,6 מנחה חד]שה לחם הבכורים
11Q19 XIX,12 [את] לחם הבכורים שבעה שבועות
11Q20 I,17 (XXIII) וחלת לחם שמן אחת ורקיק[אחד
11Q20 III,24 (XXIII)]ם לחם חדש אביבות[ומלילות
11Q20 IV,1 (XXIII) את ל]חם הבכורים שבעה שבו[עות
PAM 43.682 4,2 (XXXIII)] כי לחם[

(indeterminate) לחם
4Q517 44,2 (VII)]לחם[

to oppress, press verb לחץ, לאץ
CD V,15 כהר ביתו יאשם כי אם נלחץ
4Q266 3ii3 (XVIII) כהרבותו יאשם] / [כי אם נל]חץ
4Q284a 1,6 (XXXV) ואם ילאצו [זיתים] / [בב]ד

oppression noun לַחַץ
4Q504 1-2vi12 (VII) וראה ע[נינו] / ועמלנו ולחצנו

to whisper verb לחש
4Q504 1-2v17 (VII) [ולל]חש בצקון מוסרכה

charm noun לַחַשׁ
11Q11 V,4 (XXIII) ל]חש בשם יהו[ה

לָט ← לְהָט

lizard noun לְטָאָה
11Q19 L,20 והצב למינו והלטאה / והכח והחמט

night noun לַיְלָה
1QS VI,6 איש דורש בתורה יומם ולילה / תמיד
1QS VI,7 את שלישית כול לילות השנה
1QS X,10 עם מבוא יום ולילה אבואה בברית אל
1QM XIV,13 עם מ[בו]א יומם ולילה / ומוצאי ערב ובוקר
1QM XIX,9 המח]נה [בל[י]לה ההוא למנוח עד הבוקר
1QH^{a} XVI,29]תתעטף נפשי יומם ולילה / לאין מנוח
1QH^{a} XVII,2]ע ◦◦נום בלילה ו◦◦[
1QH^{a} XVIII,15 ולא להס יומם ול[ילה
1QH^{a} XX,6 ברשית ממשלת חושך למועד לילה
1QH^{a} XX,7 למוצא לילה ומבוא יומם
1Q27 13,4 (I)]◦ ליל[ה
4Q165 5,3 (V) קר]א משעיר שומר מה מל[ילה
4Q167 3,2 (V)]לילה לשח[ר
4Q184 1,4 (V) רוב פשעים בכנפיה [ ]ה תועפות לילה
4Q184 1,6 (V) ובאישני ליל[ה ממ]שלותיה
4Q216 VI,6 (XIII) ו]למשל ביום ובלילה
4Q223-224 1i5 (XIII) וירא במראה] / [הלי]לה
4Q252 I,6 (XXII) ארבעים יום וארבעים לילה
4Q258 IX,9 (XXVI) ע[ם מבוא] יום[ו]ל[י]לה
4Q285 6,4 (XXXVI)]ליילה [
4Q299 5,4 (XX) מבוא יום]ומוצא לילה[
4Q317 1+1aii13 (XXVIII) בו תג[לה שתים וכן תבוא] / ללילה
4Q317 1+1aii14 (XXVIII) בו תגלה שלוש] / וכן תבוא ללילה
4Q317 1+1aii16 (XXVIII) בו תגל[ה ארבע וכן] / תבוא ללילה
4Q317 1+1aii20 (XXVIII) [בו תגלה שבע וכן תבוא] / ללילה
4Q317 2,31 (XXVIII) בו תגלה שתים וכ[ן] תבוא לל[ילה
4Q317 2,32 (XXVIII) בו תגלה שלוש וכן תבוא ללי[לה
4Q317 2,33 (XXVIII)]בו תגלה ארבע וכן תבוא לליל[ה]

Reference	Vol.	Text
4Q317 5,3	(XXVIII)	וכן תב]וא ללילה[ה
4Q317 5,5	(XXVIII)	וכן תב]וא ללילה
4Q317 5,7	(XXVIII)	וכ]ן תבוא ללי[לה
4Q317 13,2	(XXVIII)	וכן תבוא]ללילה[ה
4Q317 15,3	(XXVIII)	וכן]תבוא ללי[לה
4Q317 15,5	(XXVIII)	וכן] תבוא ללי[לה
4Q317 15,6	(XXVIII)	וכן]תבוא ללילה[
4Q317 16i2	(XXVIII)	וכן תב]וא לליל[ה]
4Q317 16i3	(XXVIII)	וכן תבו]א ללילה
4Q317 16i4	(XXVIII)	וכן תבוא לל]ילה
4Q317 45,3	(XXVIII)	וכן תבוא]ללילה
4Q317 52,1	(XXVIII)	וכן תבו]א לל[ילה
4Q334 1,1	(XXI)	]ה בו בל[ילה] / [וד]ברי תשבוחו[ת]
4Q334 4,2	(XXI)	]ה בו בלילה / [
4Q334 4,4	(XXI)	]בלילה שירות שמונה
4Q365 6ai12	(XIII)	ולוא קרב זה אל זה כול ה]לילה
4Q381 1,5	(XI)	] / לילה וככ[בי]ם וכסילים
4Q389 E,2	(XXX)	]ביום ולילה ללי[לה
	(XXX)	]ביום ולילה ללי[לה
4Q392 1,6	(XXIX)	לא[ור] יומם ובשמש לילה ירח וכוכבים
4Q412 1,10	(XX)	] / יוממ וליל[ה
4Q417 2i22	(XXXIV)	אל [דומי לכ]ה / יומם ולילה
4Q418 7b,5	(XXXIV)	אל דומי לכה יומם ול]ילה
4Q418 43-45i4	(XXXIV)	יום ו]לילה הגה ברז נהיה[
4Q422 II,8	(XIII)	ארבעים] יום וארב[עים] / לילה
4Q422 II,12	(XIII)	] / [מו]עדי יום ולילה ◦[
4Q491 1-3,10	(VII)	לוא יהיה[טהור ממקורו בלי]לה ההואה
4Q491 8-10i11	(VII)	עם [מבוא יומם] ולילה
4Q492 1,8	(VII)	ואחר יאספו המחנה בלילה [ההוא
4Q503 1-6iii7	(VII)	והלילה[
4Q503 1-6iii15	(VII)	]בגורלות לילה[
4Q503 1-6iii19	(VII)	] / לילה אשר הו[אה
4Q503 11,3	(VII)	ואנו עם קודשו מרוממים הלילה[
4Q503 18,1	(VII)	] לילה [
4Q503 15-16,9	(VII)	]ארץ והלילה שמ[
4Q503 29-32,4	(VII)	] / והלילה [
4Q503 29-32,11	(VII)	] / [ד]גלי לילה
4Q503 29-32,19	(VII)	]דגלי לילה[
4Q503 29-32,23	(VII)	והלילה ◦[
4Q503 33i+34,7	(VII)	שערי כ]בוד והלילה / [
4Q503 33i+34,19	(VII)	]והלילה לנו רוש ממשל ח[ושך
4Q503 33i+34,21	(VII)	בכול מועד[י] לילה 21
4Q503 39,2a	(VII)	]הואה לילת ה[ ]ולעו עד אתחב◦◦ו◦[
4Q503 42-44,2	(VII)	]י לילה לאו[
4Q503 42-44,5	(VII)	]שבועות כבודו ו[ה]ל[י]לה לנו[
4Q503 42-44,6	(VII)	ל]ילה ◦◦[ ]אשר י[ ]ל[
4Q503 51-55,10	(VII)	בכול]מועדי לילה
4Q503 56i-58,5	(VII)	] לילה אשר / [
4Q503 61,2	(VII)	]ולילה [
4Q503 64,4	(VII)	]אות לנו ללילה במוע[ד
4Q503 64,5	(VII)	] לילה להיות מהללים[ ] עמנו[
4Q503 67,3	(VII)	]לילה להגביר[
4Q503 76,3	(VII)	] הלילה הזה לנו [
4Q503 86,4	(VII)	]הליל[ה
4Q503 136,2	(VII)	]לילה[
4Q503 146,1	(VII)	]בלילי [
4Q503 218,4	(VII)	]יר {{י}}‹‹ל››ילה ויום[
4Q508 41,2	(VII)	]דה יומם ולילה[
11Q11 V,5	(XXIII)	כי]יבוא אליך בלי[לה
11Q19 XVII,8		ואכלוהו בלילה / בחצרות [ה]קודש
11Q19 XLV,7		וא[יש] כי יהיה לו מקרה לילה
11Q19 LVII,10		והיו עמו תמיד / יומם ולילה
PAM 43.682 20,2	(XXXIII)	]י ולילה[
PAM 43.700 39,2	(XXXIII)	] לילה ל[

Lilith proper noun לִילִית

Reference	Vol.	Text
4Q510 1,5	(VII)	ורוחות ממזרים שדאים לילית אחים
4Q511 10,1	(VII)	ורוחות ממזרים שדאים] לילי[ת] / [אחים

לִימּוּד ← לִמּוּד

to scoff, interpret, speak on behalf of verb ליץ

Reference	Vol.	Text
1QpHab VIII,6		ומליצי חידות לו
1QH^a X,11		בשפת עריצים לצים יחרוקו שנים
1QH^a X,13		ומליץ דעת ברזי פלא
1QH^a X,14		ואהיה איש ריב למליצי תעות
1QH^a X,31		ותצילני מקנאת מליצי כזב
1QH^a XII,7		ומליצי רמיה התעום
1QH^a XII,9		והמה מליצי / כזב וחוזי רמיה
1QH^a XIV,13		ואין מליץ בנים לק[דושיכה
1QH^a XXIII,11		ולמליץ באלה / לעפר כמוני
1QH^a 2i6		ומליצי דעת עם כול צעודי
4Q171 1-2i19	(V)	ולוא שמ[עו] למליץ דעת
4Q184 1,2	(V)	ולהליץ יחד בש[וא] עול
4Q368 3,7	(XXVIII)	] לך מליץ / [
4Q374 7,2	(XIX)	]ם מליץ לעמך[
4Q418 100,1	(XXXIV)	ש]מחת ליץ[
4Q426 8,4	(XX)	א]יש ליץ ◦[
4Q427 7ii18	(XXIX)	ואין מליצ להשיב[דבר כפיכה
4Q468i 1	(XXXVI)	]בלי ליץ[
5Q10 1,2	(III)	]הלצים בבהמת[

לִישׁוֹן ← לָשׁוֹן

to capture verb לכד

Reference	Vol.	Text
1QpHab IV,4		ויצבור עפר וילכדהו
1QH^a X,29		והם רשת פרשו לי תלכוד רגלם
1QH^a XVI,34		[ורג]לי נלכדה בכבל
4Q216 II,7	(XIII)	ואבדו רבי]ם ילכדו ונפלו [ביד אויב
4Q364 24a-c,8	(XIII)	ונ]ל[כ]וד את כול עריו ב[עת ההיא
4Q364 24a-c,11	(XIII)	ושלל]הערימ אשר לכדנו
4Q437 2i2	(XXIX)	רשת]טמנו לי ללכודני וירדופו נפ[שי
4Q462 1,9	(XIX)	]ל את הממשלה לכדו עמו
4Q487 14,2	(VII)	י]קוש ללכוד ז◦[
4Q525 14ii27	(XXV)	] / פן תלכד בשפתותיכה[
PAM 43.663 18,1	(XXXIII)	] ילכדו ◦[

pine adjective לכושי

Reference	Vol.	Text
3Q15 III,9	(III)	שבמלה מבצפונו / כלי דמע לכושי

to learn, teach, train verb למד

Reference	Vol.	Text
CD XV,14		ויל[מ]ד / עד שנה תמימה
1QS III,13		וללמד את כול בני אור
1QS IX,13		ולמוד את כול השכל הנמצא
1QSa I,7	(I)	ומן נע[וריו] / [לל]מדהו בספר ההגי
1QM VI,12		ומלאים בתכון ימיהם מלומדי מלחמה
1QM VI,13		אנשי חיל למלחמה מלומדי רכב
1QM X,2		וילמדנו מאז לדורותינו
1QM X,10		ומלומדי חוק משכילי בינ[ה
1QM XIV,6		]רפות ללמד מלחמה

ותלמדנו בינה — 1QHa X,17
ות[למדני]בבריתכה — 1QHa XV,10
ואת המשפטים אשר תלמדם — 4Q158 7-8,4 (V)
ח]נוך אחר אשר למדנ֯הו / [— 4Q227 2,1 (XIII)
ומן נעוריו / [ילמד]והו בס[פר ההגי — 4Q249a 1,5 (XXXVI)
אך] יקראו [ו]למדו בם — 4Q264a 1,5 (XXXV)
ויצוהו עלו וילמד / עד שנה תמימה — 4Q266 8i5 (XVIII)
ויצ]והו עלו וילמדהו[עד שנה תמימה — 4Q270 6ii7 (XVIII)
החר]טמים מלמדי פשע — 4Q300 1aii-b,1 (XX)
וללמד לפשעים חקיך — 4Q372 1,27 (XXVIII)
המ]למד ידו למלחמה הנוקם[— 4Q372 2,4 (XXVIII)
[ו]לבב ללמד בינה פה[להג]יד משפט — 4Q372 3,5 (XXVIII)
ת]למד בניך[— 4Q381 42,1 (XI)
וללמד אתכם — 4Q381 69,4 (XI)
היש בינה תלמדו [— 4Q381 76-77,13 (XI)
וחוכמה אלמדכמה והתבוננו בדרכי אנוש — 4Q413 1-2,1 (XX)
]למדתני / [— 4Q438 4ai1 (XXIX)
ל]מען יהיו מלמדי ה[רב] / [לצאת לצבא — 4Q471 1,7 (XXXVI)
וידי]ם רפות ללמד מלחמה — 4Q491 8-10i4 (VII)
עם] / [קדושי] ברית ומ[לומדי חוק — 4Q495 1,2 (VII)
ועלה היתה לי למלמדי אתן / הודי — 11Q5 XXI,14 (IV)
ואת משפטיכה למדני — 11Q5 XXIV,8 (IV)
לוא תלמד לעשות / כתועבות הגויים ההמה — 11Q19 LX,16
לוא ילמדוכה לעשות ככול התועבות — 11Q19 LXII,16

lamed (letter of alphabet) noun **למד**

וגם באלף ולמד וגם באלף ודלת — CD XV,1

לָמָּה ← ל, מָה

disciple; teaching noun **לִמּוּד, לִימּוּד**

שלא נפל גורלו בתוך למודי אל — CD XX,4
] בלמודיכה ו◦[— 1QHa X,39
]בבריתכה ולשוני כלמודיך — 1QHa XV,10
ותכן לבי / [כל]מודיכה — 1QHa XV,14
ואין להרים / קול [לש]ון לימודי◦◦◦ — 1QHa XVI,36
]לשון כלמוד[יכה ובמשפט — 4Q428 3,9 (XXIX)
אטומם] / אוזן בלמודיכה עד אשר[השכלתני — 4Q428 10,7 (XXIX)
דרכיו ואזנ[י]הם לשמוע / למודו — 4Q434 1i4 (XXIX)

Lamech proper noun **לֶמֶךְ**

וכאשר ראה למך את[— 1Q19 3,4 (I)

לְמַעַאן ← לְמַעַן

on account of, in order to subordinating conjunction **לְמַעַן, לְמַעַאן**

למען / הדבק בהם את אלות בריתו — CD I,16
למען התיר פליטה לארץ — CD II,11
למען ירוץ / [הקורא בו — 1QpHab VI,15
ואשר אמר למען ירוץ הקורא בו — 1QpHab VII,3
למען הבט אל מועדיהם — 1QpHab XI,3
וילך בדרכי / הרויה למען ספות הצמאה — 1QpHab XI,14
פתחתה לנו פעמים רבות / למע[ן ב]ריתכה — 1QM XVIII,8
ואתה אל הצדק עשיתה למען שמכה
למע<ן> הבט אל / תעותם — 1QHa XII,11
וכרוב פשעיהם למען יתפשו במחשבותם — 1QHa XII,19
להתם דרך לבני אדם למען ידעו כול מעשיו — 1QHa XII,32
ולמען הגבירכה בי לנגד בני אדם — 1QHa XIII,15
ובעבור הגד[ילכה] בי ולמען / אשמתם — 1QHa XIII,25
ולמענכה עש[תה] לגדל תורה — 1QHa XIV,10
ולמען כבודכה טהרתה אנוש מפשע — 1QHa XIX,10
] ותפגע בעבדכה זות למענכה — 1QHa 4,16
ותל]כו במועצותם ל[מען תתי אתך לשמה] — 1Q14 17-19,4 (I)
]ן למען[— 4Q158 1-2,1 (V)
ו]לוא רוחי למען ס[פות חטאת] / [על חטאת — 4Q163 21,10 (V)
למען / יובדו בחרב וברעב ובדבר — 4Q171 1-2i19 (V)
כול / מצותי כול היומים למעאן יטב להמ — 4Q175 4 (V)
[ל]מ[ע]ן [ישמר]ו / [בני ישראל]את היום — 4Q218 3 (XIII)
למען אשר / י{{ש}}ספור הכוהן את השערות — 4Q266 6i9 (XVIII)
]ם למען שמכה ומ◦[— 4Q285 1,2 (XXXVI)
] למען ◦[— 4Q291 2,2 (XXIX)
ואת בניכמה תצוומ למען תחזקו — 4Q364 30,5 (XIII)
למ[ען ידע]ו ד[ורותיכם] — 4Q365 23,1 (XIII)
וארעך]ל[מען — 4Q368 1,7 (XXVIII)
וא]ת קשתו נתן[בענן ל]מען יזכור ברית / [— 4Q370 1i7 (XIX)
עשה אתה בי משפט למען לא יבדו ענוים — 4Q372 1,17 (XXVIII)
]דך ביד משה על ישוע למען עמך / [— 4Q378 22i3 (XXII)
ל]מען / [— 4Q378 27,1 (XXII)
] כפים למען יהיו לכה ואתה להם — 4Q382 104,2 (XIII)
הלא ממהרים הימים למען יירשו בני ישראל — 4Q385 4,3 (XXX)
למע[ן] אשר לא י[כ]ל[ו]בחמתי — 4Q390 1,10 (XXX)
והרע בעיניך עשי]תי למען תצדק בדבר[י]ך — 4Q393 1ii-2,2 (XXIX)
על / עלפו עמך למען חר[ונך ר]ב — 4Q393 1ii-2,8 (XXIX)
] / לעמיכה למען[— 4Q393 1ii-2,11 (XXIX)
כבדם למען כבודכה וב[— 4Q416 2iii18 (XXXIV)
]הדר פניהמה / למען חייכה וארוך ימיכה — 4Q416 2iii19 (XXXIV)
סלח להן] [למענכה אל תרב[— 4Q416 2iv10 (XXXIV)
ל]מענכ[ה — 4Q418 11,1 (XXXIV)
למ]ען תופיע כש◦[— 4Q418 200,2 (XXXIV)
]◦◦ר חו/יט ולמען / דעת כבוד על[יון — 4Q422 II,8 (XIII)
למען דעת א[נשי ישר]אל עד דו[רות]עולם — 4Q422 III,7 (XIII)
לבלת[י ש]לח[ם]ולמען הרבות מופתים — 4Q422 III,11 (XIII)
וימול עורלות לבם ויצילם למען חסדו — 4Q434 1i4 (XXIX)
שפטם ברוב רחמו משפטי עונו למען בוחנם — 4Q434 1i7 (XXIX)
ותצילם למענך[— 4Q434 1ii2 (XXIX)
]למען [— 4Q447 3 (XXIX)
ל]מען יהיו מלמדי ה[רב] / [לצאת לצבא — 4Q471 1,7 (XXXVI)
]למען / [— 4Q480 1i6 (XXII)
] גורלות אור למען נדע באותו[ת] / [— 4Q503 51-55,14 (VII)
] למענ[— 4Q503 88,3 (VII)
באהבתכה אותם ולמען בריתכה — 4Q504 1-2ii9 (VII)
ולמען דעת את כוחכה הגדול — 4Q504 1-2ii10 (VII)
פשעינ[ו] ות[ט]הרנו / מחטתנו למענכה — 4Q504 1-2vi3 (VII)
ולמען נספר גבורתכה לדורות / עולם — 4Q504 1-2vi9 (VII)
]◦◦ר למענכה ועל דבר[— 4Q504 4,17 (VII)
]ל◦ ולמען י◦[— 4Q508 11,2 (VII)
ל]מען ◦◦◦ / [— 4Q509 9-10i1 (VII)
ל]מען [— 4Q509 147,4 (VII)
וא[ני אודכ]ה כיא למען כבודכה — 4Q511 28-29,2 (VII)
למע]ן [אשוב מחרון אפי — 4Q524 4,1 (XXV)
למ]ען ישמו[ר — 4Q525 43,2 (XXV)
] למען ת[חיה — 6Q9 27,1 (III)
למע]ן ירעו [בני] / [אדם תקופות השנים — 11Q12 4,1 (XXIII)
] / למען [— 11Q19 XIII,1
למען לוא / ישגו הכוהנים בכול חטאת — 11Q19 XXXV,13
צדק צדק תרדוף למען תחיה — 11Q19 LI,15
למען / ייטב לכה ולבניכה — 11Q19 LIII,6
למען אשוב מחרון אפי — 11Q19 LV,11
למען / הרבות לו סוס וכסף וזהב — 11Q19 LVI,16
כאשר צויתיכה למען אשר / לוא ילמדוכה — 11Q19 LXII,15

11Q**19** LXV,5 ואת הבנים / תקח לכה ל[מ]ען ייטב לכה

to mock verb לעג

1QpHab IV,2 פשרו אשר / ילעיגו על רבים
1QH[a] XII,16 והם בל[ו]עג שפה ולשון אחרת ידברו
4Q**430** 4 (XXIX) והם בל[ועג שפה ולשון] / [אחרת ידברו

mocking noun לַעַג

1QpHab IV,6 ובלעג ישח{{ו}}קו עליהם
1QM XII,7]◦נו בוז למלכים לעג / וקלס לגבורים

(indeterminate) לעג

4Q**486** 7 (VII)]עג / [

beside preposition לְעוּמָּת

1QH[a] XXI,10] מפחי משפט לעומת רחמיכה
4Q**181** 1,2 (V) לפי גבורות אל ולעומת רשעם
4Q**181** 1,3 (V) לעומת רחמי אל לפי טובו
4Q**491** 1-3,12 (V) ולעומתמה אנש[י הרכב
11Q**19** XX,7 וא]ת האליה לעומת העצה
11Q**19** XXX,6 עשרים באמה לעומת ארבע פנותיו
11Q**19** XL10 לשעריו מחוץ לעומת המוסד
11Q**20** I,16 (XXIII) ואת האלי]ה לעומת עציהה
11Q**20** IV,17 (XXIII) ואת הא]ליה לעומת / [העצה

to condemn (?) verb לען

4Q**177** 5-6,7 (V) ל]הלעין את ישרא[ל

wormwood, bitterness noun לַעֲנָה

1QH[a] XII,14 שורש פורה רוש ולענה במחשבותם
4Q**265** c,3 (XXXV)]לענה ו[
4Q**300** 2i5 (XX)]לענה / [
4Q**300** 6,5 (XX) ואי]ן לענה לנגדו[
4Q**300** 7,2 (XX)]ואין לענה לנגדו מנוקם לנטור בלוא[משפט
4Q**430** 2 (XXIX) שורש פורה רו]ש ולענה [ב]מחשב[ו]תם[

לְפִי ← ל, פֶּה

torch noun לַפִּיד

1QM XI,10 ונכאי רוח תבעיר כלפיד אש בעמיר

לִפְנֵי ← ל, פָּנֶה

to wrap, bandage verb לפף

4Q**517** 67,1 (VII)]◦ מלפפ◦[

scoffing noun לָצוֹן

CD I,14 בעמוד איש הלצון אשר הטיף לישראל
CD XX,11 שבו / עם אנשי הלצון ישפטו
4Q**162** II,6 (V) אלה הם אנשי הלצון / אשר בירושלים
4Q**162** II,10 (V) היא עדת אנשי הלצון אשר בירושלים
4Q**266** 2i18 (XVIII) בעמוד איש הלצ[ון אשר הטיף לישראל
4Q**433**a 3,7 (XXIX)]ב שואפי לצון שא[פו
4Q**525** 23,8 (XXV)] / געלתי ובאנשי לצון [

to take, marry, learn verb לקח

CD IV,20 בזנות לקחת / שתי נשים בחייהם
CD V,7 ולוקחים / איש את בת אחיהו{{ם}}
CD VII,6 ולקחו / נשים והולידו בנים
CD XI,3 אל יקח איש עליו בגדים צואים
CD XVI,14 וגם / [הכ]הנים אל יקחו מאת ישראל [
CD XIX,3 ולקחו נשים כמנהג התורה
1QS V,16 ולוא יקח מידם כול מאומה
1QpHab VIII,12 והון עמים לקח לוסיף עליו עון אשמה
1QH[a] VII,24 ולא תקח[שוחד
]ולא תקח כופר לעלילות רשעה
1QH[a] XX,24 ואני מעפר לקח[תי ומחמר קו]רצתי
1QH[a] XX,27]◦בעפר / אל אשר לקח משם
1QH[a] 2i4 כיא מעפר לוקחתי וא[
1Q**17** 5 (I) ויק]ח מאבני המקום[הזה
1Q**22** 1iii12 (I) וי]קחו [הכוהנים את שני השעירים
1Q**22** 1iv2 (I) [ו]ל[קח] מן [דמו וי]שפך בארץ
1Q**22** 1iv5 (I)]ם יקח ה[כוהן
1Q**22** 12,1 (I) לק]חו להם [
2Q**27** 3 (III)]נם ויקח את[
4Q**88** VIII,13 (XVI) קחי חזון [נ]אמר עליכי
4Q**158** 10-12,12 (V) ולקח בעליו ולוא יש[לם
4Q**159** 2-4,8 (V)] קחתו אותה
4Q**159** 5,4 (V)]בקחת מושה את [
4Q**166** II,8 (V)] / לכן אשוב ולקחתי דגני בעתו
4Q**176** 1-2i6 (V) כיא לקחה מיד •••• כפלים בכול חטותיהא
4Q**177** 24,2 (V)]לקח[
4Q**216** I,3 (XIII) ל]ק[חת לוחות האבן התורה
4Q**217** 1,1 (XIII)] / ויק[ח
4Q**225** 2i11 (XIII) קח את בנכה את ישחק את יחיד[כה
4Q**251** 17,2 (XXXV)] / אל יקח איש את א[שת אביו
4Q**251** 17,7 (XXXV)] / אל יקח איש בתו נ[ערה לאיש זר
4Q**252** II,12 (XXII)]צה לקח לו[
4Q**253** 2,4 (XXII)] / עולתו לרצון כאשר נקח[
4Q**254** 8,6 (XXII)] / אשר לקח[
4Q**264**a 1,1 (XXXV) אל יקח איש / [
4Q**266** 9iii4 (XVIII) וכן לכול לוק[ח אשה] / והואה בעצה
4Q**266** 12,9 (XVIII) יק]חנה [
4Q**266** 14b,1 (XVIII)] לוק[ח
4Q**269** 3,2 (XVIII) המה נתפשים בשתים בזנו]ת לק[חת] / [
4Q**270** 4,7 (XVIII) לא תקח מיד[ו כ]ל / [
4Q**270** 4,16 (XVIII) י]קחנה או לב[נו] / [
4Q**270** 7i12 (XVIII) והשיבו לאיש אשר לקחו מ[מנו
4Q**271** 3,13 (XVIII) אל יקחה איש כי אם / [בראות נשים]
4Q**271** 3,15 (XVIII) ואח]ר יקחנה
(XVIII) ובלוקחו אותה יעשה כמ[ש]פט
4Q**271** 4ii13 (XVIII) וגם] הכוהנים אל יקחו מיד / ישראל
4Q**273** 5,4 (XVIII) אל יקח איש את האש[ה
4Q**282**s 1 (XXXVI) ולקח את כ[ל
4Q**300** 10,3 (XX)]◦ לא יקח[
4Q**303** 9 (XX)]לוקח ממנה אדם כיא[
4Q**364** 1a-b,4 (XIII) בקחתו את רבקה[בת בתואל הארמי
4Q**364** 3ii8 (XIII) ושלח אותו] / פ[דן] ארם לקחת לו מ[שם אשה
4Q**364** 21a-k,2 (XIII)]לוא תק[חו שחד ?
4Q**365** 6b,5 (XIII) ותקח[מרים הנביאה אחות] / [אהרון את התוף
4Q**365** 7i4 (XIII) וקח אתכה מזקני העדה
4Q**365** 9bii4 (XIII) ולקחתה מן [האיל] את כול ה[ח]לב
4Q**365** 32,8 (XIII) ולקחתם / [בי]רכמה מפרי הארץ
4Q**367** 1a-b,12 (XIII) ולקחה שתי ת[רים או שני בני יונה
4Q**375** 1ii3 (XIX) ולקח [פר בן בקר ואיל אחד
4Q**375** 1ii6 (XIX)]ושעיר עז[ים אחד אשר] / לחטאת יק[ח
4Q**378** 10,2 (XXII)] / תקח מבנותיה[ם
4Q**382** 9,5 (XIII) היד]עתה כי היום •••• לוקח א[ת
4Q**385**a 1a-bii7 (XXX)] / ואקחה מידו עול[ה
4Q**385**a 18ia-b,5 (XXX) ויקח את כלי בית אלהים

ונשים] לוֹקחים / [ולהיותם עצם אחת (X) 4Q394 8iii11
ונשים]לֹ[ו]קֹחֹ[ים להיו]תֹם עצֹם / [(X) 4Q396 1-2i6
וֹאם נפרדֹה בהריֹתכה קח מֹוֹ[לדיה (XXXIV) 4Q415 11,11
וקח כיֹס[כה (XXXIV) 4Q416 2ii6
כאֹ[שר לקח]תֹו כן השיבהו (XXXIV) 4Q416 2iii4
אל תקח הון / פן יוסיף על ריֹשכה (XXXIV) 4Q416 2iii5
אשה לקחתה בריֹשכה קח מולדיֹ[(XXXIV) 4Q416 2iii20
אשה לקחתה בריֹשכה קח מולדיֹ[(XXXIV)
נ]הֹיֹהֹ וקֹחֹ[(XXXIV) 4Q416 7,1
]מֹזל שפתיו לפי רוחו וקח[(XXXIV) 4Q416 7,3
וקח מולדי יֹשע ודע מי נוחל כבוד (XXXIV) 4Q417 2i11
אֹל תקֹ[ח (XXXIV) 4Q417 2i13
] / קח ואז יראה אל (XXXIV) 4Q417 2i15
ונחלתכה קח מֹמנו ואל תוסף עוֹ[ד (XXXIV) 4Q417 2i18
מהר תן אש]ר לוא יקח כיסכה (XXXIV) 4Q418 8,5
כאשר] / לקח]תהֹ כֹ[ן השיבהו (XXXIV) 4Q418 9+9a-c,3
]◦ וקחֹ אֹחֹרֹ[(XXXIV) 4Q418 33,1
וקח תולדות[א]דם וראה בכושֹ[ר (XXXIV) 4Q418 77,2
וקח ברז נהיה עֹלֹ [מ]שֹקל קצים (XXXIV) 4Q418 77,4
בֹטרם תקח נחלתכה מידו (XXXIV) 4Q418 81+81a,11
מ]חסורכה קח מידוֹ[(XXXIV) 4Q418 97,2
]◦ וקח בינה האזינה ל◦[(XXXIV) 4Q418 177,4
] וקֹ[ח]מצות ש[(XXXIV) 4Q418 197,3
]◦ו קח מולֹ[די (XXXIV) 4Q418 202,1
]בֹוד כיא קח משפט קצ◦[(XXXIV) 4Q418 228,3
כמו]שֹל צדיֵק ואל תקחֹ[(XXXIV) 4Q418a 22,2
]הלוֵקחיֹ[ם (XXXIV) 4Q423 14,2
עם נעלם אל תקח חוק (XXXVI) 4Q424 1,4
אל תאמֹ[ר ממנו] / לקחת הון למחסורך (XXXVI) 4Q424 1,8
]ל לוקחי [(XX) 4Q425 2+4i5
כיא לוא לאחד באפרים ילקח חוקֹ[(XXXVI) 4Q460 9i9
]◦ים רוקמה הלכנו כי לוקחֹ[(XIX) 4Q462 1,5
]הֹלוא לקחו מוסר והֹ[עומדים (XXXVI) 4Q469 2,2
]אֹקחה מיֹדֹוֹ[(XXII) 4Q481d 3,4
] ויקח ל◦[(XXII) 4Q481d 4,2
] / לקחת בנוֹת[(VII) 4Q504 1-2iii16
ויקח וישאהו {{א}}על[אברתו (VII) 4Q504 6,8
] / כֹאשר [לקח]תנו לכה לעם [(VII) 4Q512 48-50,6
לוא]יקח א[יש את אחות אביהו] (XXV) 4Q524 15-22,3
]לוא יק[ח איש את בת אחיהו (XXV) 4Q524 15-22,4
] / לוא תלקח בזהב אֹ[ו (ב)כסף (XXV) 4Q525 2iii2
]לֹקח בע[(III) 5Q17 2,2
קחי חזון / דובר עליך (IV) 11Q5 XXII,13
וישלח ויקחני / מאחר הצואן (IV) 11Q5 XXVIII,10
ויקח קין את אחותֹ[ו] (XXIII) 11Q12 1,7
לוא] תקח ממנו ולוא תב[יא תועבה 11Q19 II,9
ולק]חֹתה[מבנותיו לבניכה 11Q19 II,14
ויקח הפר השני אשר לעם 11Q19 XVI,14
ולקחו בו דגן / ויין ושמן 11Q19 XLIII,14
ולוא יקחו שוחד ולוא / יטו משפט 11Q19 LI,12
והאיש / אשר יקח שוחד ויטה משפט צדק 11Q19 LI,17
כי אם מבית אביהו יקח לו אשה 11Q19 LVII,16
ולוא יקח עליה אשה אחרת 11Q19 LVII,17
ולוא יטה משפט / ולוא יקח שוחד 11Q19 LVII,20
ולקחתה לכה לאשה 11Q19 LXIII,11
לוא תקח את האם על הבנים 11Q19 LXV,4
את האם ואת הבנים / תקח לכה 11Q19 LXV,5
כי יקח איש אשה ובעלה 11Q19 LXV,7
ואמר את האשה הזואת לקחתי 11Q19 LXV,8
ולקח אבי הנערה או אמה 11Q19 LXV,9
ולקחו זקני העיר / ההיא את האיש 11Q19 LXV,13
לוא יקח / איש את אשת אביהו 11Q19 LXVI,11
לוא יקח איש את אשת / אחיהו 11Q19 LXVI,12
לוא יקח איש את אחותו בת אביהו 11Q19 LXVI,14
לוא / יקח איש את אחות אביהו 11Q19 LXVI,15
לוא / יקח איש את ⟦ ⟧ / בת אחיהו 11Q19 LXVI,16
לוא יקח / [11Q19 LXVI,17
]ולקחו זקני הכֹוֹהֹני[ם] מדם הפר (XXIII) 11Q20 I,25
ולוא יקחו שוחד ו[לוא יטו משפט (XXIII) 11Q20 XV,5
]יקח[(XXXIII) PAM 43.665 48,1
] תלקחֹ[(XXXIII) PAM 43.672 57,2
] ויקחֹ[(ו) (XXXIII) PAM 43.678 65,1
] יקח[(ו) (XXXIII) PAM 43.682 62,2
]◦זוֹ תֹקח[(XXXIII) PAM 43.692 59,1
]הֹיקח[(XXXIII) PAM 43.693 109,2
]אֹקח ◦[(XXXIII) PAM 43.694 55,1
]ש ונקח [(XXXIII) PAM 43.698 9,2
]לוקח[(XXXIII) PAM 43.699 4,1

instruction noun לֶקַח

ולהשכיל רוכנים בלקח 1QS XI,1
ואנשי / בינה הֹ[וסיפו לק]חֹ (XX) 4Q298 3-4ii5
ומיד כול משכילכה הוסף לקחֹ[(XXXIV) 4Q418 81+81a,17
ולהו]סֹיף לקח למבינים ⟦ ⟧[(XXXIV) 4Q418 221,3
ואל תשַלח דברֹ[ ] / לקח (XXXVI) 4Q424 1,7
וישרים יוסיפו לקח להתבונן / בעלילותיכה (XXIX) 4Q436 1a+bi2
והרבה מצאתי לקח (IV) 11Q5 XXI,14

to gather, glean verb לקט

ו]אם תלקוט נפש אחת (XVIII) 4Q267 6,7
ואם תלקוט / [נפש אחת סאה] אחת (XVIII) 4Q270 3ii17
וא]לֹ ילקטוֹם [כול טמא (XXXV) 4Q284a 1,2
ולקטםֹ / [איש] אשר לוא הוב[א בב]רֹית (XXXV) 4Q284a 1,5
]םֹ ילקוטו בטהרֹ[ה (XXXV) 4Q284a 2,2
]וֹטל ולקטם אי[ש (XXXV) 4Q284a 2,3
ופרט כרמך לא תל]קט לעֹ[ני ולגר תעזב אתם (XIII) 4Q367 2a-b,9
] גֹדול ולקֹטֹ[(XXXIII) PAM 43.676 20,2

gleaning noun לֶקֶט

]וֹכול הלקֹטֹ[עד סאה לבית ה]סֹאֹ[ה] (XVIII) 4Q266 6iii5

tongue, speech, language noun לָשׁוֹן, לישׁון, לָשֹׁן

ובלשון / גדופים פתחו פה על חוקי ברית CD V,11
ולכל לשון רמ[ש]פֹחותֹם CD XIV,10
ולשון גדופים עורון עינים וכבוד אוזן 1QS IV,11
ובכול היותי חוק חרות בלשוני לפרי תהלה 1QS X,8
ופרי קודש בלשוני ושקוצים / לוא ימצא בה 1QS X,22
וצדקות אל תספר לשוני תמיד 1QS X,23
בלת לשון ומפרד עמים 1QM X,14
א[מ]צֹאה מענה לשון לספר צדקותיך 1QH[a] IV,17
בכול אלה ◦מצ◦ה מענה לשון להתנפל 1QH[a] VIII,15
אתה בראתה / רוח בלשון ותדע דבריה 1QH[a] IX,28
ותתן מענה לשון לערֹ[ול] שפתי 1QH[a] X,7
וימירום בערול שפה / ולשון אחרת 1QH[a] X,19
והם בל[ו]עֹג שפה ולשון אחרת ידברו 1QH[a] XII,16
במעון אריות אשר שננו כחרב לשונם 1QH[a] XIII,13
ואתה אלי סגרתה בעד {{ל}}ש{{ו}}ניהם ←שֵׁן-1 1QH[a] XIII,14
ותוסף לשונם / כחרב אל
[ודברי]בֹליעל פתחו / לשון שקר 1QH[a] XIII,27
קדרות לבשתי ולשוני לחך תדבק 1QH[a] XIII,31

ובלשון השביעי ת[גבר	(XI)	4Q**405** 11,5
[בל]שון [	(XI)	4Q**405** 12,1
ל]שון ברך ומדמות / [	(XI)	4Q**405** 14-15i2
בראשי תרומות **לשוני** דעת[	(XI)	4Q**405** 23ii12
]**בלשון** [	(XI)	4Q**405** 42,1
]◦◦◦ **בלשון** הרביע[י	(XI)	4Q**406** 3,3
ויצא עמו]**בלשונות**	(XXXVI)	4Q**408** 11,2
וללשונכה דלתי מ[גן	(XX)	4Q**412** 1,5
שחר פניו **וכלשונו** / דבר	(XXXIV)	4Q**416** 2ii7
]ין ופרי **לשונו**[	(XXXIV)	4Q**416** 18,2
בי]דכה משפט הצאן ובל[**שונכה**	(XXXIV)	4Q**418** 172,13
]**ולשון** ולוא [	(XX)	4Q**425** 1+3,5
]ם **לשון** למכון[ ]◦[	(XX)	4Q**425** 2+4i3
]יעוה **ובלשונו**[	(XX)	4Q**425** 6,4
מזל שפתי מי יכיל] מ[י] **בלשון** יעודני / [	(XXIX)	4Q**427** 7i9
ולשון נצח הרימו לבד קולכמה	(XXIX)	4Q**427** 7i16
]**לשון** כלמוד[יכה ובמשפט	(XXIX)	4Q**428** 3,9
להבין בנפלאותיכה ומענה]**לשו**[ן לספר]	(XXIX)	4Q**428** 12i5
קדרות לבשתי] / [ו]**לשוני** לחכי דבקה	(XXIX)	4Q**429** 3,4
] / בפיהם **בלש**[ון]◦ אלם העו[	(XXIX)	4Q**434** 6,2
ולשוני פתחתה לדברי קודש	(XXIX)	4Q**436** 1a+bi7
] בשפתי **ולשוני**[	(XXXVI)	4Q**440**a 4
]◦◦ **ובלשוני** מנות הודו[ת	(XXIX)	4Q**446** 1,4
]◦ **לשון** הוא[	(XIX)	4Q**464** 2,2
ק]רא **לשון** הקודש / [	(XIX)	4Q**464** 3i8
] / [ב]**לישנה** דבי ליחד נזיר[י	(XXXVI)	4Q**472** 2,3
סבבונו חילכיא עמכה **בלשון** שקרמה	(VII)	4Q**501** 4
מלפני **לשון** גדופיה{{מ}}<<ם>>{{ה}}	(VII)	4Q**501** 6
] **לשון** א[	(VII)	4Q**502** 42,2
כו]ל **לשוני** דעת ברך ◦◦כ[	(VII)	4Q**503** 7-9,4
שלו]ם עלי[כ]ה[ישרא]ל בפי כול **לש**[וני	(VII)	4Q**503** 42-44,3
ל]**שונו** / [	(VII)	4Q**509** 131-132i9
מענה כול **לש**[ון ישמע	(VII)	4Q**511** 22,3
ואני תרנן **לשוני** צדקכה כיא פתחתה	(VII)	4Q**511** 63iii1
]פו כול **לשונות**[	(VII)	4Q**512** 36-38,12
]מודה **לשונ**[י	(VII)	4Q**512** 28,2
ולוא רגל על **לשונו**	(XXV)	4Q**525** 2ii+3,1
ומתקל **לשון** השמר מואדה בגו[	(XXV)	4Q**525** 14ii26
ונו]קשתה יחד **בלש**[ון	(XXV)	4Q**525** 14ii27

לָשֹׁן ← לָשׁוֹן

ות[למדני]בבריתכה **ולשוני** כלמודיך		1QH^{a} XV,10
ולא מענה **לשון** לכול בני אשמה		1QH^{a} XV,11
וכול מענה **לשון** הכרתה		1QH^{a} XV,13
ולשון הגברתה בפי בלא נאספה		1QH^{a} XVI,35
ואין להרים / קול [**לש**]ון לימודי◦◦		1QH^{a} XVI,36
ותתן בפי הודות **ובלשוני** / [תהל]ה		1QH^{a} XIX,4
] / ותחנה ומענה **לשון**		1QH^{a} XIX,34
ובלשונו / חקקתה על קו [		1QH^{a} XXIII,10
היש שפה **ולשון** מחזקת בה	(I)	1Q**27** 1i10
]תמו **בלשונות** אש [	(I)	1Q**29** 1,3
]שלוש **לשונות** אש מ[	(I)	1Q**29** 2,3
ולשון כזביהם ושפת מרמה יתעו רבים	(V)	4Q**169** 3-4ii8
ומוש[לים] / יפולו [מ]עם **לשונם**	(V)	4Q**169** 3-4ii10
ולשונו תדבר / [משפט תורת אלהיו בלבו	(V)	4Q**171** 3-10iv3
] **ולשוני** עט / [סופר מהיר	(V)	4Q**171** 3-10iv26
]◦◦ו אל במעני **לשון**	(V)	4Q**171** 3-10iv27
]ו **לשונם**[	(V)	4Q**177** 1-4,11
] / תועי רוח **ובלשון** האמת ◦[	(V)	4Q**183** 1ii6
] / **לשון** יודע דברה אלהים עשה ידים[	(V)	4Q**185** 1-2iii13
כול **לש**[ו]ן / תברכנו	(XXXVI)	4Q**215**a 1ii7
ופרי קודש **בלשוני**	(XXVI)	4Q**260** V,4
ו]צדקות אלתס[פר] / **לשוני** תמ[יד	(XXVI)	4Q**260** V,6
ו]לכול **לשו**[ן ולמשפחותם	(XVIII)	4Q**266** 10i3
ולשונות לאומותם ותתעם בתהו	(XVIII)	4Q**266** 11,10
]וכול אשר נקל בל[**שונו**	(XVIII)	4Q**267** 5iii3
ולשונו]ת / [לאומותם ותתעם בתהו	(XXXVI)	4Q**269** 16,8
היש שפה **ולשן** / [מחזקת בה	(XX)	4Q**299** 1,2
]◦◦ם **ולשונו**[ת	(XX)	4Q**299** 66,1
דברי מנפת[ימת]קו ומיין יערבו **לש**[וני	(XXVIII)	4Q**372** 3,5
ומאתו [ד]ברי **לשוני**	(XXVIII)	4Q**372** 3,7
ויצא עמו **בלשנות** אש	(XIX)	4Q**376** 1ii1
]כל טוב ובכ[ל] **לשון** וב◦[	(XXII)	4Q**379** 15,3
] / **ולשני** כגמר ◦◦◦◦ ואין מכבה	(XI)	4Q**381** 24a+b,2
] / מתיעצים עלי פתחו **לשן** שק[ר	(XI)	4Q**381** 45a+b,5
]חק **לשונכם** ואל[	(XIII)	4Q**382** 9,9
]קור [ ]**לשון** [	(XIX)	4Q**384** 8,6
]**לשון** נפשם / [	(XXX)	4Q**385**a 15i6
[מה] תרומת **לשון** עפרנו בדעת אל[ים	(XI)	4Q**400** 2,7
]רו **לש**[וני] דעת עם חוק [	(XI)	4Q**400** 2,11
]**לשון** הטוהר / [	(XI)	4Q**400** 3i2
]**בלשון** ה[	(XI)	4Q**401** 29,1
תהלת שבח **בלשון** הרבי[עי] לגבור	(XI)	4Q**403** 1i2
תה]לת [ה]ודות **בלשון** החמיש[י] ל[מ]ל[ך]	(XI)	4Q**403** 1i3
[תהלת]רנן / **בלשון** הששי לאל [ה]טוב	(XI)	4Q**403** 1i5
תהלת[זמר בל]**שון** השביעי לנש[יאי רוש]	(XI)	4Q**403** 1i6
והגו כבודו **בלשון** כול הוגי דעת	(XI)	4Q**403** 1i36
ותרומת **לשוני**הם ◦◦[	(XI)	4Q**403** 1ii26
ולש]ון השל[ישי ת]גבר שבע[ה מרביעי לו	(XI)	4Q**403** 1ii28
ולשו[ן הששי תגבר שבעה ב]ל[שון השביעי לו	(XI)	4Q**403** 1ii29
ולשו[ן הששי תגבר שבעה ב]**ל**[**שון** השביעי לו	(XI)	
] / תשבחות[ב]**לשון** הרביע[י	(XI)	4Q**403** 1ii36
ת[הלת הודות ב]**ל**[**שון** החמישי	(XI)	4Q**403** 1ii37
תהל]ת זמר בל[**שון**	(XI)	4Q**404** 1,1
]◦◦◦[**לשו**]ן [הראישון תגבר שבעה	(XI)	4Q**405** 11,2
ולשו]ן / משניו תגבר משלישי לו	(XI)	
[ו]**לשון** שלישי תגבר [שבעה מרביעי לו	(XI)	4Q**405** 11,3
תגבר / שבעה **בלשון** החמישי לו	(XI)	4Q**405** 11,4
ולשון החמישי תגבר ש[בעה בלשון הששי	(XI)	
ולשון הששי / תגב[ר] שבעה בלשון ה[שב]יעי	(XI)	
ולשון הששי / תגב[ר] שבעה **בלשון** ה[שב]יעי	(XI)	4Q**405** 11,5

מ

mem, thirteenth letter of the alphabet מ

KhQ3 2	(XXXVI)	ש]ת ש ש / ל ם ן ס ע פ צ ק ר

מָא ← מָה

ballista noun **מְאַבֵּן**

4Q493 5	(VII)	ליד החרף וה**מאבן**

מְאֹד ← מְוֹאדָה

מְאֹדָה ← מְוֹאדָה

hundred numeral **מֵאָה-1, מֵאיָה, מֵיאָה**

CD I,5		ובקץ חרון שנים שלוש **מאוֹת** / ותשעים
CD XIII,1		לאלפים ו**מיאיות** וחמשים / ועשרות
1QS II,21		לאלפים ו**מאות** / וחמשים ועשרות
1QSa I,14	(I)	ולהתיצב ברואשי אלפי ישראל לשרי **מאות**
1QM III,17		]◦**מאיותי**ו ועל אוֹתֹ[
1QM IV,2		שר האלף ואת שמות שרי **מאיותיו**
		ועל אות ה**מאה** יכתובו מאת / אל
1QM IV,3		ואת שם שר ה**מאה** ואת שמות שרי עשרותיו
1QM VI,8		ומזה יעמודו סדריהם שבע **מאות** / פרשים
1QM VI,9		לעבר האחד ושבע **מאות** לעבר השני
		מאתים פרשים יצאו
1QM VI,10		הכול שש **מאות** וארבעת אלפים
		ואלף וארבע **מאות** רכב לאנשי סרך
1QM VI,11		ששת אלפים חמש **מאות** לשבט
1QM IX,13		**מאה** מגן ומאה פני המגדל
		מאה מגן ו**מאה** פני המגדל
1QM IX,14		לשלושת רוחות הפנים / מגנים שלוש **מאות**
2Q20 1,4	(III)	וימות יוסף]ב[ן]**מאה** ו[עשר שנים]
3Q15 I,8	(III)	נגד הפתח העליון ככרין תשע **מאת**
3Q15 III,4	(III)	מנקיאות / קסאות כל שש **מאות** ותשעה
3Q15 IV,10	(III)	שבשולי העצ / לא כסף ככ **מאתין**
3Q15 VII,7	(III)	ככרין ארבע **מאות**
3Q15 X,10	(III)	ככרין שלש **מאות** / זהב וכלין כופרין עסרין
3Q15 XI,17	(III)	כסף ככ] תֹשע **מאות** / זהב ככ 5
3Q15 XII,7	(III)	הכֹל ככרין שש **מאות**
4Q159 1ii8	(V)	לשש **מא**[ו]**ת** האלף מאֹת ככר
	(V)	לשש מא[ו]ת האלף **מאֹת** ככר
4Q247 3	(XXXVI)	שנים שמונים ו]ארבע **מאות**
4Q252 I,1	(XXII)	[ב]שֹנת ארבע **מאות** ושמונים לחיי נוח
4Q252 I,2	(XXII)	ויחתכו ימיהם **מאה** ועשרים / שֹנה
4Q252 I,3	(XXII)	בשנת שש **מאות** שנה / לחיי נוח
4Q252 I,7	(XXII)	המים על הארץ חמשים ו**מאת** יום
4Q252 I,9	(XXII)	ובסוף חמשים / ו**מאת** יום חסרו המים
4Q252 II,1	(XXII)	באחת ושש **מאות** שנה לחיי נוח
4Q252 II,3	(XXII)	שלוש **מאות** ששים וארבעה באחד בשבת
4Q252 II,8	(XXII)	בן **מאה** ואר[ב]עֹיֹם שנה תרח
4Q266 10ii1	(XVIII)	] / [**מאת**]**יֹם** ימים ונענש מאה יום
	(XVIII)	] / [מאת]יֹם ימים ונענש **מאה** יום
4Q268 1,13	(XVIII)	בקץ] / [חרון ש]נֹים שלוש **מאות** ותשעֹיֹם
4Q271 2,3	(XVIII)	להרים לשהֹ [אח]ד מן הֹ**מאֹה**
4Q364 8i2	(XIII)	ויהיו י]מֹי ישחק **מאת** שנה
4Q365 5,2	(XIII)	] / אֹלפים סֹוֹ ושש **מאותֹ** [רכ]בֹ[
4Q365 28,2	(XIII)	פקודיהם שמונת אלפים וחמש **מאות** וששים
4Q365a 2ii1	(XIII)	] / **מאות** באמה
4Q365a 2ii3	(XIII)	שער נפתלי ששים ושלוש **מאות** באמה
	(XIII)	שער אשר שלוש **מאו**[**ת** וששים]
4Q365a 2ii4	(XIII)	פנת מזרח{{ה}} שלוש **מאות** וששים באמה
4Q378 3ii+4,7	(XXII)	שרי אלפים ושרי] / ה**מאיות** שרי החֹ[משים
4Q385a 12,2	(XXX)	]שֹבע **מאו**[ת
4Q394 3-7i2	(X)	השנה שלוש **מאת** ושֹ[שים וארבעה] / יֹום
4Q464 7,6	(XIX)	]לֹבֹיא **מאה** צואֹ[ן
4Q491 1-3,10	(VII)	] / לאֻלֻפים וֻלֻ**מאיות** ולחמשים ולעוש[ר]וֹת
11Q5 XXVII,5	(IV)	ויכתוב תהלים / שלושת אלפים ושש **מאות**
11Q5 XXVII,7	(IV)	השנה ארבעה וששים ושלוש / **מאות**
11Q5 XXVII,9	(IV)	אשר דבר ששה ואבעים וארבע **מאות**
11Q13 III,16	(XXIII)	] / **מאתים**[
11Q19 VII,4		]האמֹה/ה**מֹאֹה** ועשר ◦[← **אַמָּה-1**
11Q19 VII,7		]◦◦◦ **מֹאה** ◦ע[
11Q19 XXXVI,2		]שֹעֹרים וֹ**מֹאֹהֹ** [
11Q19 XXXVI,13		לחצֹר עשרים / ו**מאה** באמֹה
11Q19 XXXVIII,12		לֹ[חצר הפנ]יֹמית רחוב **מאה** באמהֹ
11Q19 XXXVIII,13		לרוח הקדם שמונים וארבעֹ **מֹאות** באמהֹ
11Q19 XL,13		לשעֹר [מדה] שלוש **מאות** וששים באמה
11Q19 XL,14		שער שמעון ששים ושלוש **מאות** באמה
11Q19 XLI,4		שער זבולון ששים ושלוש] **מאות** באמה
11Q19 XLI,5		שער גד ששים ו]שֹלֹוש **מאות** / באמהֹ
11Q19 XLI,6		פנת הצפון] שלוש **מאות** / וששים באמה
11Q19 XLI,8		שער דן שלוש **מאותֹ** וֹששים באֹמהֹ
11Q19 XLI,9		שער נפתלי ששים ושלוש **מאות** באמה
11Q19 XLI,10		שער אשר שלוש **מאות** וששים באמהֹ
11Q19 XLI,11		פנת {{של?}} המזרח שלוש **מאות** וששים
11Q19 XLII,15		ולשרי האלפים ולשרי ה**מאיות**
11Q19 XLIV,6		ו**מאה** נשכה וחדריהמה ושתי סוכותיהמה
11Q19 XLVI,9		חיל סביב למקדש רחב **מאה** באמה
11Q19 LVII,4		שרי אלפים ושרי **מאיות** ושרי חמשים
11Q19 LVIII,4		ועל שרי ה**מֻיֻאות** הנתונים בערי / ישראל
11Q19 LVIII,13		וללויים אחד מן ה**מאה** / מן הכול
11Q19 LX,8		ולדגים אחד מן ה**מאה**
11Q19 LX,10		ולכוהנים / אחד מן ה**מאה**
11Q19 LXV,14		וענשו אותו **מאה** כסף

מְאוֹד ← מְוֹאדָה

מְאוֹדָה ← מְוֹאדָה

thing noun **מאום**

CD XVI,13		אל ידור איֹש למזבח **מאום** אנוס
11Q19 LV,11		ולוא ידבק / בידכה **מאום** מן החרם

anything noun **מְאוּמָה**

1QS V,16		ולוא יקח מידם כול **מאומה**
4Q258 I,10	(XXVI)	ו]לֹ[א יקח מידם **מאומ**]הֹ
4Q525 25,4	(XXV)	אל תהי זולל וסו]בֹא ו**מֹאֹ**[ומה אין בכיס

light, luminary noun **מָאוֹר, מָאֹר**

1QS X,3		באופיע / **מאורות** מזבול קודש
1QSb IV,27	(I)	ול**מאור** [גדול לאור] לתבל
1QM X,11		] מפרש שחקים צבא **מאורות**
1QM XIII,10		ושר **מאור** מאז פקדתה לעוזרנו
1QH[a] IX,11		] לרוחות עולם בממשלותֹם **מאורות** לרזיהם
1QH[a] XIII,32		ויחשך **מאור** פני לאפלה
1QH[a] XV,25		כי אתה לי ל**מאור** [עו]לם

1QHa XVII,26		כי מאור מחושך / האירותה לי ◦◦[
1QHa XX,5		לחוקות מאור גדול בפנות ערב
1QHa XXIII,1		] / אורכה ותעמד מא[ורות
1QHa 2i12		]ומאור גליתה ולוא להשיב / [
1Q**34**bis 3ii1	(I)	] מאור גדו[ל] למועד ה[
4Q**185** 1-2iii2	(V)	] / וממאורות ית◦[
4Q**256** XIX,1	(XXVI)	] / מאורות מזבול קודשו
4Q**286** 1ii3	(XI)	וזהרי הוד נה[ור]י אורים ומאורי פלא
4Q**287** 1,1	(XI)	] ומאורים / [
4Q**299** 5,1	(XX)	מאור]ות כוכבים לז[כר]ון שמ[ו
4Q**301** 2b,4	(XX)	מיא בכם דורש פני אור ומא[ור] / [
4Q**392** 1,9	(XXIX)	]מלפנו יצאים המא[רות] / [
4Q**402** 12,2	(XI)	] מאורי[
4Q**418** 1,5	(XXXIV)	] ומאורות[ ]ל[
4Q**429** 3,5	(XXIX)	[ויחשך]מאור פני לאפלה
4Q**440** 1,1	(XXIX)	ביום ה]רביעי פתחתה מאור גדול בממש[לת
4Q**503** 215,6	(VII)	[ובצא]ת מאור [היומם על הארץ יברכו
4Q**504** Verso 8,1	(VII)	דברי המארות
4Q**511** 2i8	(VII)	]גורל אלוהים עם מלא[כי]מאורות כבודו

מאזנים ← מוֹזְנַיִם

מֵאָיָה ← מֵאָה-1

food noun מַאֲכָל

CD XVI,14		אל] יקדש איש את מאכל / פ[יהו
1QpHab VI,5		כיא בהם שמן חלקו ומאכלו ברי
1QpHab VI,7		ואת / מסם מאכלם על כול העמים
4Q**223-224** 2v26	(XIII)	וי]הי למ[אכל לשבע שני הרעב
4Q**265** 6,4	(XXXV)	אל יו[צא אי]ש מאהלו כלי ומאכ[ל]
4Q**266** 6iv2	(XVIII)	וכל עצי המ[אכל ל]הם [יהיו]
4Q**271** 4ii14	(XVIII)	אל יקדש איש את מא[כל פיהו
4Q**284** 2ii3	(XXXV)	] / ממאכל שבעת [הימים
4Q**394** 8iv12	(X)	ואף על מטע]ת עצי המאכל
4Q**396** 1-2iii2	(X)	ואפ ע[ל מ]טעת עצ[י]המאכל
4Q**418** 127,3	(XXXIV)	והייתה למאכל שן ולחומי רשף נגד מו[
4Q**509** 184i12	(VII)	]מאכל ל[
4Q**513** 2ii5	(VII)	] / הזנות מאכליהם נשא עוון

command noun מַאֲמָר

4Q**200** 2,4	(XIX)	]מאמרו
4Q**271** 3,14	(XVIII)	וידעות ברורות ממאמר המבקר

to refuse verb מאן

4Q**171** 1-2ii3	(V)	לוא ימאנו לשוב מרעתם
4Q**499** 6,2	(VII)	]◦ מאן [
4Q**509** 201,2	(VII)	]מאן כ[

to reject, despise verb מאס-1

CD II,15		ולבחור את אשר רצה ולמאוס כאשר שנא
CD III,17		ומואסיהם לא יחיה
CD VII,9		וכל המואסים בפקד אל את הארץ
CD VIII,19		וכמשפט / הזה לכל המואס במצות אל
CD XIX,5		וכל המאסים במצות / ובחקים
CD XIX,32		וכמשפט הזה לכל המאס במצות אל
CD XX,8		וכמשפט הזה לכל המאס בראשונים
CD XX,11		ומאסו / בברית {{ה}} ואמנה
1QS I,4		ולשנוא את כול אשר מאס
1QS II,25		וכול המואס לבוא / [בברית א]ל
1QS III,5		טמא טמא יהיה כול יומי מואסו
1QpHab I,11		פשרו]אשר מאשו בתורת אל / [
1QpHab V,11		על איש הכזב 〚 〛 אשר מאס את / התורה
1QHa IV,24		ולמאוס בכול אשר שנא[תה
1QHa VII,18		וימאסו בבריתך[ואמת]ך תעבה
1QHa IX,37		ואל תמאסו בכול[משפטי אל
1QHa XII,8		] / בהולל מעשיהם כי נמאסו למו
1Q**34**bis 3ii4	(I)	הבינו בכוחך הגדול ותמאס בם
4Q**162** II,7	(V)	הם אשר מאסו את תורת יהוה
4Q**163** 23ii14a	(V)	] / התורה מאסו[
4Q**176** 1-2i11	(V)	עבדי אתה[בחרתיכה ולוא מאסת]יך
4Q**176** 8-11,8	(V)	ואשת נעורים כיא[ת]מאס אמר •••• אלוהיך
4Q**255** 1,5	(XXVI)	ולשנוא את כול אשר מא]ס
4Q**257** III,8	(XXVI)	טמא ט]מ[א יהיה כול] / [יומי]מוא[סו
4Q**262** 1,4	(XXVI)	טמ[א טמא יהיה כל] / [ימי]מוא[סו
4Q**266** 7iii5	(XVIII)	] את המוא[ס בת]ורה [
4Q**266** 11,5	(XVIII)	וכול המואס במשפטים / האלה
4Q**267** 8,6	(XVIII)	]את 〚 〛 המו[אס
4Q**270** 7i11	(XVIII)	ואיש] אשר ימאס [א]ת משפט הרבים
4Q**270** 7i19	(XVIII)	וכל המו[אס במשפטי]ם / האלה
4Q**280** 2,7	(XXIX)	וכ]ול המואס לבוא [בברית אל
4Q**287** 9,13	(XI)	מאו]ס בעד{{י}}ות צדקכ[ה
4Q**380** 4,2	(XI)	] / תמאסו ב[
4Q**388**a 7ii1	(XXX)	מא[ס]תים ושבו[ועשו רעה
4Q**389** 8ii4	(XXX)	יען ביען חקתי מאסו ותרתי געלה נפשם
4Q**390** 1,11	(XXX)	ומשלו בהמה מלאכי המש[ט]מות ומ[אסתים
4Q**418** 148ii3	(XXXIV)	] / כול מואסי ב◦[
4Q**447** 1	(XXIX)	]◦◦ ולמאוס[
4Q**471**a 4	(XXXVI)	ולוא ידעו כיא מאס / [
4Q**476** 2,5	(XXIX)	] / הם מאוסי אלוהי[ם
4Q**504** 1-2v6	(VII)	בכול זואת לוא מאסתה / בזרע יעקוב
4Q**504** 1-2vi6	(VII)	ולוא מאסנו / בנסוייכה
4Q**525** 5,10	(XXV)	ובתוכחותיה לוא ימאסו
4Q**525** 5,11	(XXV)	וביסוריה לוא ימאסו [

reassembly, withdrawal noun מַאֲסָף

1QM III,2		וחצוצרות המאסף בשוב המלחמה
1QM VII,13		וחצוצרות המרדף וחצוצרות המאסף
4Q**377** 2i6	(XXVIII)	]ל המאסף מבן עשרים שנה / [
4Q**491** 1-3,14	(VII)	והמאסף מימין ומשמאול ובא[חור
4Q**493** 12	(VII)	וב]שובם יתק[עו להם בחצוצרות] / המא[סף

darkness noun מאפלה

4Q**216** V,10		באר]ץ ובכל את התהו[מות] / מאפלה

מָאֹר ← מָאוֹר

to be painful, malignant verb מאר

1QHa XIII,28		ותהי לכאיב אנוש ונגע נמאר בתכמי עבדכה
4Q**266** 6i5	(XVIII)	צ]רעת ממארת היא
4Q**272** 1i13	(XVIII)	צרעת מ]מארת היא
4Q**365** 20,1	(XIII)	צרעת ממא]רת הנג[ע טמא הוא
4Q**426** 9,1	(XX)	]תו נמאר[
4Q**428** 19,4	(XXIX)	]ם ונמארים[
4Q**429** 2,11	(XXIX)	ותהי לכאוב אנוש ונגע נמאר

ambush noun מַאְרָב

1QM III,2		וחצוצרות / המארב וחצוצרות המרדף
1QM III,8		ועל חצוצרות המארב יכתובו / רזי אל

structure noun **מִבְנֶה**

והוא / מבנה עפר ומגבל מים ◦[		1QH[a] V,21
ומבנה החטאה רוח התועה		1QH[a] IX,22
וסוד אמת אוצֹר שכֹל מֹבני צדק	(XI)	4Q**286** 1ii7

building, structure noun **מַבְנִית**

וסוד מבנית קודש למטעת עולם		1QS XI,8
וירועו כול אושי מבניתֹי		1QH[a] XV,4
ותכן על סלע / מבניתי ואושי עולם לסודי		1QH[a] XV,9
] / כמבניתי ותכמ[		1QH[a] 47,5
]◦ ותוהוה ואושי מבֹנֹיֹתה איֹיֹם וֹ[	(XI)	4Q**286** 5,4
]כֹי מעפר מבניתם / [	(XX)	4Q**299** 6i13
לזבול רום רומים וכול פנות מבניתו	(XI)	4Q**403** 1i41
]וקירותו כֹ[ו]לֹ / [מבנ]יתו מעשי תבֹנֹ[יתו	(XI)	4Q**403** 1i44
בד]בֹירי כבוד מבנית / [מקדש	(XI)	4Q**405** 14-15i6
ויהיו לרוחי ריב במבניתי חוק[י אל	(XXIX)	4Q**444** 1-4i+5,2
]מבנית[	(VII)	4Q**511** 111,8
סדרו]תיו מבני[ת	(XXIII)	11Q**17** I,5
פנ]ות מבניתו ולכול ז[בולי	(XXIII)	11Q**17** X,8

utterance noun **מַבָּע**

ומבע רוח שפתים במדה		1QH[a] IX,29
ומבעי רוחות לחשבונם להודיע / כבודכה		

fortress noun **מִבְצָר-1**

והוא / לכול מבצר ישחק		1QpHab IV,4
יבזו על / מבצרי העמים		1QpHab IV,6
וכעיר מבצר מלפנ[י אויב		1QH[a] XI,7
ומעביר שוט שוטף בל יבוא במבצֹר [		1QH[a] XIV,35
מ]לחמה לתפש ערי מבצרים	(III)	2Q**22** I,3
חזקי מבצ]רֹיךֹ בֹוֹאי בטיֹ[ט	(V)	4Q**169** 5,3
יושב בהן המחנים אם במבצריֹ[ם]	(XIII)	4Q**365** 32,7

rift, division noun **מִבְקָע**

ומקוי נהרות ומבקע תהֹ֯מות / מעשי חיה		1QM X,13

overseer noun **מְבַקֵּר**

וידיעהו / לעיניו בהוכיח למבקר		CD IX,18
והמבקר יכתבהו בידו		
ושב והודיע למבקר		CD IX,19
וביום ראות האיש יודיעה למבקר		CD IX,22
והבינו / המבקר בפרוש התורה		CD XIII,6
וזה סרך המבקר למחנה ישכיל את הרבים		CD XIII,7
זוֹלֹתֹ פי המבקר אשר למחנה		CD XIII,13
כֹיֹ אם הֹודיֹעֹ / למבֹקֹר אשר בֹמֹחֹנֹהֹ		CD XIII,16
והמבקר אשר / לֹכֹלֹ המחנות		CD XIV,8
לדבר למבקר ידבר / לכל ריב ומשפט		CD XIV,11
ונתנו על ידֹ המבקר		CD XIV,13
ביום דברו / עם המבקר אשר לרבים		CD XV,8
עֹד עמדו לפֹניֹ המֹבקר[		CD XV,11
וֹהֹוֹאֹ שֹגֹהֹ בו יו[דיעה]וֹ המבֹקֹר אותו		CD XV,14
וכיא האיש / המבקר על הרבים		1QS VI,12
אל יד האיש / המבקר על מלאכת הרבים		1QS VI,20
ימצא [פתי יבינהו האיש] / המבקר	(XXXV)	4Q**265** 4ii6
הונו אל] / [יד האי]ש המבקר על הרבֹים	(XXXV)	4Q**265** 4ii8
]וֹת ירחק{{◦}}ו לפי המבקר וֹ[כו]ל / [	(XVIII)	4Q**266** 5i14
] / לפני ה[מבק]ר ה[	(XVIII)	4Q**266** 7iii2
] / למבק[ר א]שר עֹל המחנה ⟦ ⟧[	(XVIII)	4Q**266** 7iii3
עד] / עמדו לפני המבקר	(XVIII)	4Q**266** 8i2
והו[א שג]הֹ בה יודיעהו המבקר אותו	(XVIII)	4Q**266** 8i5

curse noun **מְאֵרָה**

] מתלש נתכת מא◦[	(XXVIII)	4Q**238** 1

מָבֹא ← מָבוֹא

entrance, entering noun **מָבוֹא, מָבֹא**

במבוא מועדים לימי חודש		1QS X,3
עם מבוא יום ולילה אבואה בברית אל		1QS X,10
עם מ[בו]א יומם ולילה		1QM XIV,13
בֹ[שע]רֹיה דלתי מגן לאין / מבוא		1QH[a] XIV,28
עם מבוא אור / ממעֹ[ונתו]בתקופות יום		1QH[a] XX,4
למוצא לילה ומבוא יומם		1QH[a] XX,7
במבא דיֹ[רת]בֹית המשכב המערבי	(III)	3Q**15** XI,16
במבוא מועדים לֹימיֹ חדש	(XXVI)	4Q**256** XIX,1
]◦ם במב[וא] / [	(XI)	4Q**402** 1,1
]םֹ אולמי מבואיהם	(XI)	4Q**405** 14-15i4
מפותח באלמי מבואי מלך	(XI)	4Q**405** 14-15i5
במבואי אלי דעת בפתחי כבוד	(XI)	4Q**405** 23i8
פתחי מבואי ושערי מוצֹאֹ	(XI)	4Q**405** 23i9
בצאת ובמבוא בשעֹ[ר]יֹ קודש	(XI)	4Q**405** 23i10
] / למבוא שנים ומוצא קצים [	(XXXIV)	4Q**418** 123ii2
עם] / מבא אור לממשלֹ[תו בתקופות יום	(XXIX)	4Q**427** 8ii11
ובו יעופפו רשפֹ[י]מות במבואו תצע[	(XXV)	4Q**525** 15,5
מפתחיה / הנרחים {{◦◦◦◦}} ממבואיה	(IV)	11Q**5** XVIII,6
]אולמי מבֹ[ואי	(XXIII)	11Q**17** IV,4
]◦וֹ ולפתחי מבואי / [	(XXIII)	11Q**17** X,7

flood noun **מַבּוּל**

ויהיו למי מ[בול] / לחֹ וֹיבש		1QH[a] XVI,18
ימיהם מאה ועשרים / שנה עד קץ מי מבול	(XXII)	4Q**252** I,3
ומי מבול היו על הארץ	(XXII)	
ו]אֹבדם במבול ◦[	(XIX)	4Q**370** 1i5
ולוא יהיה עוד]מי המבול לֹ[שחת	(XIX)	4Q**370** 1i8
ונשי בניו מפני]מי המבֹול ומ[	(XIII)	4Q**422** II,4
ולוא עוד] היות מבֹוֹלֹ[לשחת הארצ	(XIII)	4Q**422** II,11
]מבול [	(XXV)	4Q**577** 4,1

spring noun **מַבּוּעַ**

ומבוע מים בארץ ציה		1QH[a] XVI,4
כיורה גשם לכול [צמא] ומבוע מים חיים		1QH[a] XVI,16
ולא נפתח עם מבֹוֹ[ע		1QH[a] XVI,26
בפי המבוע של בית שם	(III)	3Q**15** XII,6
ומב[וע] מים בארץֹ [ציה	(XXIX)	4Q**428** 10,12

confidence, trust noun **מִבְטָח**

וישֹכֹבֹו ממבטח[	(XI)	4Q**381** 48,5
מה יוסיף אומ[צם] מֹלפֹ[נ]יכה יהוה מבטחי	(IV)	11Q**5** XXIV,15

understanding noun **מְבִינָה**

ומקור {{מ}}בינה מקֹוֹר עֹרֹמֹה ← בִּינָה	(XI)	4Q**286** 1ii6
פ]רֹש למֹ[ב]ינתם לכול מ[עשי]הֹ	(XXXIV)	4Q**417** 1i10
להתהלך / ב[יצר]מבינתֹםֹ	(XXXIV)	4Q**417** 1i11
ובכושר מבינות נוֹדֹ[עו נס]תֹרי / מחשבתו	(XXXIV)	
]מֹבֹינותו / [	(XXXIV)	4Q**417** 29i7
ל]הֹתהלך ביצר מ[בינתו	(XXXIV)	4Q**418** 43-45i8
לכו]ל רוח ומבינתכה לכול / [	(XXIX)	4Q**440** 3i18

poison noun **מבלגה**

יורו לחתוף מבלגות פתנים לאיןֹ / [חב]רֹ	(XXIX)	4Q**429** 2,10

4Q266 10i1 (XVIII) וה]מבקר שלכול / [המחנות
4Q266 10i6 (XVIII) וינתן [על יד] המבקר והשופטי<<ם>>
4Q266 11,16 (XVIII) ונכתב דברו עׄלׄ פׄנׄיׄ המבקר כחרת
4Q267 8,4 (XVIII) למבק]רׄ אשר על המׄ[חנה
4Q271 3,14 (XVIII) וידעות ברורות ממאמר המבׄקׄרׄ
4Q275 3,3 (XXVI) והמבקר יהׄ[
5Q13 4,1 (III) יע]מׄוד לׄפׄניׄ המבקר [

cooking hearth noun **מְבַשְּׁלוֹת**
11Q19 XXXVII,7 הפרור התחתון עׄשׄוׄיׄם ∘∘∘∘ / וׄ[מב]שלות אצל [

kneaded, kneading noun **מְגֻבָּל**
1QS XI,21 והואה מעפר מגבלו ולחם רמה מׄדורו
1QH[a] V,21 והוא / מבנה עפר ומגבל מים ∘[
1QH[a] IX,21 ואני יצר החמר ומגבל המים
1QH[a] XI,24 מה אני מגבל במים ולׄמי נחשבתי
1QH[a] XX,25 מקוי עפר ומגבלׄ[מים
4Q511 28-29,4 (VII) יצר / [חמר]קׄוׄרצתי ומחושך מגבׄ[לי

headdress noun **מִגְבָּעָה**
1QM VII,11 ופרי מגבעות בראשיהם בגדי מלחמה
4Q491 1-3,18 (VII) ומכנסי בד ופרי מג]בׄעות [בראשיהמה

tower noun **מִגְדָּל**
1QSb V,23 (I) וכמגדל עוׄ[ז] בחומה / נשגבה
1QM IX,10]∘ גליל כׄפים ומגדלות / וקשת ומגדלות
1QM IX,11]∘ גליל כׄפים ומגדלות / וקשת ומגדלות
1QM IX,12 ומגני המגדלות יהיו ארוכים שלוש אמות
והמגׄ[ד]לות / יוצאים מן המערכה מאה מגן
1QM IX,13 מאה מגן ומאה פני המגדל
י]סבו המגדל לשלושת רוחות הפנים
1QM IX,14 ושערים שנים למגׄדל אׄחׄד לׄ[ימין
ועל כול מגני המגדלות / יכתובו
1QH[a] XV,8 ותשימני כמגדל עוז כׄחומה נשגבה
4Q175 26 (V) ויצ]יבו לה חומה ומגדלים לעשות לעוז רשע
4Q373 1a+b,4 (XXVIII)] / מגן כמגדל הקל ברגלׄ[יו
4Q379 22ii12 (XXII) ויציבו לה חומה ומגדלים לעשות[לעוז רשע]
4Q403 1ii25 (XI) ומגדל [א]לׄ[והי

precious things noun **מִגְדָּנוֹת**
PAM 43.691 53,1 (XXXIII)] מגדׄנׄ[ות

Magog proper noun **מָגוֹג**
4Q161 8-10,20 (V) ובכול הגׄ[וא]ם ימשול ומגוג[
4Q523 1-2,5 (XXV)]גוג ומגוג ∘[

dwelling noun **מָגוֹר-2**
1QS VI,2 ב{{∘}}אֵלֶה / יתהלכו בכול מגוריהם
1QH[a] XIII,8 ותשמנׄיׄ / במגור עם דיגים רבים
1QH[a] XVI,26]מגור עם חוליים
4Q258 II,6 (XXVI)]וׄבאלה יתהלכׄו בכל מגוריהם
4Q266 6iv3 (XVIII) [באדמ]תׄ הקודש וׄבארץ מגורים
4Q267 2,12 (XVIII) וׄיׄ[גורו במגו]רׄיׄ [דמשק
4Q429 1i1 (XXIX) ותשימני במגורי / [עם דיגים רבים

ford, pass noun **מגזה**
3Q15 VI,14 (III) ביגר שבמגזת הכוהן / הגדול

scroll noun **מְגִלָּה**
4Q264a 1,4 (XXXV) אל יגיה איש מגל]תׄ ספרׄ
4Q421 8,2 (XX) מ]גלׄת ספר לקרואׄ[

totality noun **מְגַמָּה**
1QpHab III,8 כולׄוׄ לחמס יבוא מגמת / פניהם קדים
1QpHab III,14 כי]א הוא אשר / אמר מגמׄ[ת פניהם קדים

to hand over verb **מגן**
1QM XVIII,13]∘ ולב גבורים מגנתה לאין מעמד

shield, armor noun **מָגֵן-1**
1QM V,4 וכולם מחזיקים מגני נחושת מרוקה
1QM V,5 והמגן מוסב מעשי גדיל שפה
1QM V,6 אורך המגן אמתים וחצי
1QM V,18]ל מׄגׄנׄיׄ הפנים ∘∘∘∘∘ ∘∘∘∘ [
1QM VI,5 הדגל / הראישון מחזיק חנית ומגן
והדגל השני מחזיקי מגן וכידן
1QM VI,15 ומחזיקים בידם מגני עגלה
1QM VII,15 מ]לחמה על חמשים מגן
1QM IX,12 ומגני המגדלות יהיו ארוכים שלוש אמות
1QM IX,13 והמגׄ[ד]לות / יוצאים מן המערכה מאה מגן
1QM IX,14 מגנים שלוש מאות
ועל כול מגני המגדלות / יכתובו
1QH[a] XIV,27 לא יבוא זר בׄ[שע]רׄיה דלתי מגן
4Q373 1a+b,4 (XXVIII)] / מגן כמגדל הקל ברגלׄ[יו
4Q403 1i25 (XI) בשבׄ[עה דב]רׄי פלא למגני עוז
4Q405 3ii17 (XI)] / למגׄני עוז וב[רך
4Q412 1,5 (XX) וללשונכה דלתי מ[גן
4Q449 2,2 (XXIX)]יׄ מׄגן עׄזׄ[

Magnus (?) proper noun **מגנס**
4Q341 4 (XXXVI) שרחסי מגנס מלכיה מניס / מחתוש

contact, that which makes unclean noun **מַגָּע**
4Q266 6i16 (XVIII)] מגעׄו [
4Q272 1ii5 (XVIII)] מגעו כמגע הׄ∘∘∘ / וכבס בגׄ[ד]יׄוׄ [ורחץ
(XVIII)] מגעו כמגע הׄ∘∘∘ / וכבס בגׄ[ד]יׄוׄ [ורחץ
4Q274 1i8 (XXXV) ואם תׄצׄ[א מאיש] שׄכבת הזרע מגעו יטמׄאׄ
4Q277 1ii12 (XXXV)]נׄגער [ב]זובׄ כׄמגע טמאתׄ[ו]
4Q278 7 (XXXV) כטמאת ? הנ]פש מגׄע המשׁכב / [

מַגֵּפָא ← מַגֵּפָה

plague, slaughter noun **מַגֵּפָה, מַגֵּפָא**
1QM XVIII,1 ועל כול ∘[ ]ל ממׄשלתו במגפת עולמים / [
1QM XVIII,12]ל אויבינו למגפה כלה
4Q468g 2 (XXXVI)] / גפם מגפא רבא [

מגפח ← מַגֵּפָה

to throw verb **מגר**
11Q5 XXIV,5 (IV) ואל תמגרה ואל תפרע לפני / רשעים

wilderness noun **מִדְבָּר-1**
CD III,7 ויכרת / זכורם במדבר
1QS VIII,13 יבדלו מתוך מושב הנשי העול ללכת למדבר
1QS VIII,14 כאשר כתוב במדבר פנׄוׄ דרך ∘∘∘∘
1QS IX,20 {{הׄ}}היאה עת פנות הדרכ / למדבר
1QM I,2 ובני יהודה ובני בנימין גולת המדבר
1QM I,3 בשוב גולת בני אור ממדבר העמים
לחנות במדבר ירושלים

1QM II,12		ופרס והקדמוני עד המדבר הגדול
1QM X,13		הבורא ארץ וחוקי מפלגיה / למדבר
1Q42 6,3	(I)	]מדבר [
4Q161 5-6,2	(V)	]בשובם ממדבר הע[מים
4Q171 1+3-4iii1	(V)	פשרו על] / שבי המדבר
4Q176 1-2i7	(V)	קול קורה / במדבר פנו דרך ••••
4Q179 1i12	(V)	]נחלתנו היתה כמדבר ארץ לוא / [
4Q226 3,3	(XIII)	ה]מדבר ה[זה
4Q228 2,3	(XIII)	]מדבר [
4Q256 XVIII,3	(XXVI)	היאה עת פנות הדרך למד]בר
4Q258 VIII,4	(XXVI)	היא עת פנות הדרך למדבר
4Q259 III,4	(XXVI)	ממ[ו]שב / אנשי ה[עול]ללכת המ[ד]ב[רה
4Q259 III,5	(XXVI)	כאש[ר] / כתוב [במד]בר פ[נו דרך האמת
4Q259 III,19	(XXVI)	היאה [עת פנות הדרך]למדבר
4Q286 5,3	(XI)	א]רזה מצולי יערים וכול מדברי חור[ב
4Q364 23a-bi6	(XIII)	ונפן ונעבו]ר דרך מדבר מואב
4Q365 6ai1	(XIII)	] / [עבוד את מצרי]ם ממותנו במדבר
4Q365 6aii+6c,8	(XIII)	וילכו במדבר ש[ור שלושת ימים
4Q365 26a-b,4	(XIII)	[וידבר יהוה אל מושה ב]מדבר סיני
4Q365 32,10	(XIII)	וי]תורו את הארץ ממדבר צין
4Q378 19ii6	(XXII)	] / ובציא במדבר למקנה לכ[
4Q434 7b,2	(XXIX)	] בי מנותם משם ממד[בר ל]פתח תקוה
4Q454 6	(XXIX)	]שם במד[בר
4Q481b 4	(XXII)	]◦ כמדבר ואת / [
4Q504 1-2i10	(VII)	מ]דבר / [
11Q19 XXVI,13		ושלחו / לעזאזל המדבר ביד איש עתי
PAM 43.678 67,1	(XXXIII)	]מדבר[

to measure verb מדד

4Q171 13,4	(V)	[ועמק סכ]ות אמדדה לי[גלעד
4Q185 1-2ii10	(V)	]לישראל וממד[ת ט]ב ימדה
4Q298 3-4i6	(XX)	] מדד תכונם / [
4Q511 30,4	(VII)	אענה] / הימדו בשועל אנשים מי רבה

measure, way noun מִדָּה-1

1QS IV,8		וכליל כבוד / עם מדת הדר באור עולמים
1QS VIII,4		ולהתהלכ עם כול ב{{◦}}מדת האמת
1QH[a] IV,1		] משפלת מדה מ◦[
1QH[a] IX,29		ומבע רוח שפתים במדה
1QH[a] XIII,21		וכבודכה / לאין מדה
1QH[a] XVII,17		ו]לחכמתכה אין מדה ולא ◦◦[
1QH[a] 11,2		]במדה לכול שני עו[לם
4Q185 1-2ii10	(V)	]לישראל וממד[ת ט]ב ימדה
4Q254a 1-2,4	(XXII)	] / ומדת התבה ◦◦◦ה◦◦[
4Q266 13,2	(XVIII)	]כמדת ◦[
4Q274 1i2	(XXXV)	לכול בית מושב ישב רחוק כמדה הזות
4Q299 29,3	(XX)	]כל חי ובמדה[
4Q415 2i+1ii2	(XXXIV)	]מדת מעשיו / ל[
4Q418 77,4	(XXXIV)	ברז נהיה על [מ]שקל קצים ומדת[
4Q418 159ii6	(XXXIV)	] / ומדת כבודכה ◦[
4Q420 2,3	(XX)	להו]סיף ? מדתם [
4Q426 1i1	(XX)	כב]וד ומדת דעת ואורך ימים / [
4Q434 1i10	(XXIX)	] / במדה רוחם
4Q525 11-12,2	(XXV)	עם]מדת הדר לכ[ו]ל תומכי בי [
11Q19 V,4		]בה כמדת[
11Q19 XII,8		]◦◦◦ל מדותיו יהיו / [
11Q19 XXXIII,8		בית ה[כ]יו[ר] כמדת [בית הכי]ור
11Q19 XXXIII,10		כמדת שער[י] בית / הכיור
11Q19 XXXVI,13		וככה תהיה מדת כול השערים האלה
11Q19 XXXIX,14		ובין שער לשער / מדה מן פנה למזרח
11Q19 XL,8		ורוח כמדה הזאות / למזרח ולדרום
11Q19 XL,15		עד שער לוי / כמדה הזאת
		עד שער יהודה כמדה הזואת
11Q19 XLII,10		ושלישיות כמדת התחתונות

fury, oppression, disaster noun מַדְהֵבָה

1QH[a] XI,25		והוות מדהבה עם מצעדי
1QH[a] XX,18		א]ין עוד מדהבה
4Q416 2ii14	(XXXIV)	ואל תשקוד ממדהבכה
4Q418 176,3	(XXXIV)	א]תה מבין בהוות מדהבה
4Q418a 16,3	(XXXIV)	ע]ל מדהביכה ז◦[
4Q427 7ii3	(XXIX)	ושבתה מ]דהבה[שבת נוגש בזעם
4Q431 2,2	(XXIX)	שבתה] / [מדה]בה שבת נוגש בזעם [

problem noun מַדְהוֹב

CD XIII,9		וישקוד לכל מדהובם כרועה עדרו
4Q267 9iv6	(XVIII)	וישקוד לכול מדהו]בם כרעה עדרו

mortar noun מְדוֹכָה

11Q19 XLIX,14		רחים ומדוכה / וכול כלי עץ ברזל ונחושת

why? interrogative particle מַדּוּעַ

4Q265 3,2	(XXXV)	מדוע נבגוד איש[ב]אחיהו

dwelling noun מָדוֹר

1QS XI,21		מעפר מגבלו ולחם רמה מדורו
1QH[a] XX,25		]ה ומדור / חושך
4Q169 3-4i1	(V)	]מדור לרשעי גוים
4Q179 1ii7	(V)	] / אשפותות מדור בית ◦[
4Q264 9	(XXVI)	מעפר מגבלו ולחם ר]מה מדורו
4Q299 53,9	(XX)	א]ל ובשמים מדור[ו
4Q386 1iii4	(XXX)	] / מדור שדים[

Midian proper noun מִדְיָן-2

4Q372 3,11	(XXVIII)	ראו מה עשה למדין א[
4Q372 3,12	(XXVIII)	וחמשת מלכי מדין נהרגו[

province noun מְדִינָה

4Q416 1,5	(XXXIV)	לממלכה] / וממלכה למד[ינה ומדינה
4Q418 1,2	(XXXIV)	לממלכה וממלכה למדינה] ומדינה

מְדֹכָה ← מְדוֹכָה

Madmenah proper noun מַדְמֵנָה-2

4Q161 5-6,8	(V)	[נדדה]מדמנה ישבי הגבים העיזו

strife noun מְדָן-2

1QH[a] XIII,23		]דני לריב / ומדנים לרעי קנאה
1QH[a] XIII,35		לריב ושקוי לבעל מדנים
4Q300 2ii3	(XX)	] / יעזוב קנאת מדנים[
4Q412 2,4	(XX)	מ]שלח מדנים ◦[
4Q429 3,9	(XXIX)	[לריב ו]שק[וי]י לבעל מ[דנים

knowledge noun מַדָּע

1QS VI,9		להשיב איש את מדעו / לעצת היחד
1QS VII,3		ואשר יכחס במדעו / ונענש ששה חודשים
1QS VII,5		או יעשה רמיה במדעו ונענש ששה חודשים
4Q181 2,7	(V)	] / אלה נפלאי מדע[
4Q258 III,1	(XXVI)	] / איש את מד[עו לעצת היחד
4Q381 15,8	(XI)	מד]עך כי הודעת<נ>י

4Q**382** 127,3 (XIII)]ם **מדע** מיכ[
4Q**398** 14-17ii4 (X) שר֯[א]י֯נ֯ו֯ / עמך ערמה ו**מדע** תורה

trap, ossuary cover (?) noun **מדף**

3Q**15** III,12 (III) ממזרחו / בצפון אמות תחת המ / **דף**

מִדְרוֹךְ ← מִדְרָךְ

footstep, walkway noun **מִדְרָךְ, מִדְרוֹךְ**

4Q**223-224** 1i2 (XIII) [וימש]ל֯ו בכול **מדרוך** כ֯ף֯[רגל בני אדם
4Q**286** 1ii1 (XI) ו**מד֯ר֯[ך]** / קודשכה ומרכבות כבודכה
4Q**392** 2,4 (XXIX)]ל֯אין חקר במי֯ם עז֯ים **מ֯ד֯ר֯ך** בק֯[ע

floor, treading noun **מִדְרָס**

4Q**405** 19,2 (XI) לבדני]כ֯בוד **מדרס** / דבירי פל֯א

study, interpretation noun **מִדְרָשׁ**

CD XX,6 ובהופע מעשיו כפי **מדרש** התורה
1QS VI,24 המשפטים אשר ישפטו בם ב**מדרש**
1QS VIII,15 היאה **מדרש** התורה א֯[ש]ר֯ צוה ביד מושה
1QS VIII,26 אמ תתם דרכו / במושב ב**מדרש** ובעצה
4Q**174** 1-2i14 (V) **מ֯ד֯רש** מאשרי [ה]איש אשר לוא הלך
4Q**249** Verso 1 (XXXV) **מדר֯ש** ספ֯ר מ֯ושה
4Q**256** IX,1 (XXVI) **מדרש** למשכיל על֯[אנשי התורה
4Q**258** I,1 (XXVI) **מדרש** למשכיל על אנשי התורה
4Q**258** VII,1 (XXVI) ושב ב**מדרש** ובעצה אם לא הלך
4Q**259** III,6 (XXVI) הואה[**מד]ר֯[ש** התורה אש]ר֯ צ֯וה ביד משה
4Q**266** 11,20 (XVIII) הנה הכו]ל[ע]ל֯ [**מ]ד֯ר֯[ש]** ה֯תו֯ר֯ה֯
4Q**270** 7ii15 (XVIII) הנה הכול כ֯[תוב] / על **מדרש֯** [ה]ת֯ו֯ר֯ה֯

what? interrogative pronoun **מָה, מָא**

CD II,10 ונהיית עד **מה** יבוא בקציהם
1QS V,17 כיא ב**מה** נחשב הואה
1QS XI,20 ו**מה** אפ הואה בן ה֯א֯דם
1QS XI,21 וילוד אשה **מה** ישב לפניכה
1QS XI,22 **מה** ישיב חמר ויוצר יד
ולעצת **מה** יבין
1QpHab VI,13 ואצפה לראות **מה** ידבר / בי
1QpHab VI,14 ו**מה**[ישיב ע]ל ת{{ו֯}}כחתי
1QpHab V,8 ל**מה** תביטו בוגדים
1QpHab XII,10 **מה** הועיל פסל כיא פסל יצרו / מסיכה
1QHa V,20 ו**מה** ילוד אשה בכול [מעשיך] הנוראים
1QHa VII,21 ו**מה** אף הוא בשר
1QHa VIII,5 ו**מה** נ֯חשבו ע∘∘ / [
1QHa IX,23 **מה** אדבר בלא נודע
1QHa IX,25 ו**מה** יספר אנוש חטאתו
ו**מה** יוכיח על עוונותיו
1QHa IX,26 ו**מה** ישיב ע֯ו֯ל֯ על משפט הצדק לכה
1QHa XI,24 ואני יצר / החמר **מה** אני
ו֯למי נחשבתי ו**מה** כוח לי
1QHa XII,29 ו**מה** יצר חמר להגדיל פלאות
1QHa XV,32 ו**מה** הוא איש תהו ובעל הבל
1QHa XVIII,3 ו**מה** אפהו אדם
1QHa XVIII,5 ואני עפר ואפר **מה** אזום בלוא חפצתה
ו**מה** א֯ת֯חשב / באין רצונכה
1QHa XVIII,6 **מה** אתחזק בלא העמדתני
1QHa XVIII,7 ו**מה** אדבר בלא פתחתה פי
1QHa XVIII,12 ו**מה** אפהוא שב לעפרו
1QHa XIX,3 ואני **מה** כיא / [הבינ]ותני בסוד אמתכה
1QHa XX,27 ו**מה** ישיב עפר ו∘∘[
1QHa XX,28 ו**מה** יתיצב לפני מוכיח בו∘∘[
1QHa XX,31 ו**מ֯ה** אפהו שב אל עפרו
1QHa XX,32 ו**מה** א֯דבר על זות
ו**מה** / אדבר כיא אם פתחתה פי
1QHa XX,33 ו**מה** או֯[מר] / בלוא גליתה לבי
1QHa XXI,6 ו**מה** בשר / [
1QHa XXII,12]איש ותשיבהו וב**מה** ית[
1QHa XXVII,10 **מה** בשר לאלה
ו֯**מ֯**[ה יחשב עפר ואפר לספר אלה
1QHa 2i4 וא֯ני **מה** כיא מעפר לוקחתי
1QHa 2i7 כ֯י֯א֯ **מה** עפר֯ בכפ֯[ים
1QHa 3,12 ו]**מה** יתחזק לכה
1QHa 4,10 ו**מה** אפ֯ה֯[ו אדם
1QHa 4,11 ושב אל עפרו **מה** ∘∘[
1QHa 10,3 פל]אכה **מה** נשיב
1Q**14** 8-10,5 (I) ו**מה** במות יהודה / [הלא ירושלם
1Q**22** 1ii4 (I) [השמר] ל**מה** ירום [לב]בכה
1Q**26** 1,5 (XXXIV) השמר לכה ל**מה** תכבדכה ממני ו֯[
1Q**27** 1i4 (I) ולוא / ידעו **מה** אשר יבוא עליהמה
1Q**27** 1ii3 (I)]∘נ֯ו֯ **מה** הוא היותר ל֯[
1Q**27** 1ii7 (I)] / **מה** מ[ ]מ֯חים כי אם כול [
1Q**27** 9-10,2 (I)]כ֯ם **מה** הוא ב∘[
1Q**52** 1 (I)]∘א֯ ו֯**מה** אותיכה ו∘[
2Q**21** 1,5 (III) ויואמר יהוה אלוהי]ם֯ **מה** אביט אליך
4Q**158** 1-2,5 (V) ויאמר לו **מה** שמכה
4Q**158** 1-2,6 (V) [ו]יאמ[ר הגי]ד ג֯א֯ לי **מ**[ה
4Q**165** 5,3 (V) קר]א משעיר שומר **מה** מל֯[ילה
4Q**167** 5-6,3 (V) א]ע֯שה לכה[אפרים] **מה** [אעשה לכה יהודה
4Q**185** 1-2ii2 (V) ול**מה** תתנו / [ ]כ֯ם לשא֯∘[
4Q**185** 1-2ii8 (V) וא֯תסה / **מה** ת∘[ ]∘∘[
4Q**200** 6,7 (XIX) ו**מה** אשר יפצה מידו הודו לו
4Q**215** 1-3,5 (XXII) ותואמר **מה** מתבהלת היאה בתי
4Q**256** XXIII,1 (XXVI) ישיב חמר ויוצר יד לעצת]**מ֯ה** יבין
4Q**264** 10 (XXVI) ישיב חמר ויוצר י]ד֯ לע֯צת **מה** יבין ⟦ ⟧
4Q**266** 2ii10 (XVIII) ונהיות] / עד **מה** ⟦ ⟧[יבוא בקציהם
4Q**266** 5ii3 (XVIII) לא יקרא בספר] / [התורה]ל֯**מה** ישוג
4Q**266** 8i2 (XVIII) עד] / עמדו לפני המבקר ל֯**מה** [יתפ]ת֯ה בה
4Q**267** 5iii5 (XVIII) לוא יקרא ב֯ס֯[פר התורה] ל֯**מ֯**[ה ישיג
4Q**268** 1,8 (XVIII) ויבינו בכול נהיות עד **מה** יבוא במה
4Q**269** 7,1 (XVIII)]**מ֯ה** היא והספ֯ח֯ת מכתעץ / [ואבן
4Q**271** 3,8 (XVIII) כול מומיה יספר לו ל**מה** יביא עליו את משפט
4Q**298** 3-4i2 (XX)]ל֯ וב**מה** / [
4Q**299** 2,3 (XX) יש]ו֯ה בה **מה֯**[
4Q**299** 3ai5 (XX)]**מ֯ה** / [
4Q**299** 3aii-b,2 (XX) אביון] / **מה** נקרא ה֯[
4Q**299** 3aii-b,7 (XX) ו**מה** {ו}הוא אשר יעשה ג[בר
4Q**299** 3aii-b,15 (XX) וחבלי כול מעשה ו**מה** [
4Q**299** 3c,3 (XX)]∘ שמעו כי **מה** / [היא חכמה נכחדת
4Q**299** 6ii5 (XX)] / **מה** אב לבנים מאי֯ש֯[
4Q**299** 6ii8 (XX)] / עמים **מ֯**ההיא֯ אשר֯[
4Q**299** 6ii14 (XX)] / לפי ת֯באות ו**מה** ב֯∘[
4Q**299** 8,5 (XX)]∘∘ ו֯**מה֯** יתבונן גב֯[ר] בלוא י֯ד֯ע֯
4Q**299** 27,3 (XX)]∘ **מה** מ[
4Q**299** 32,2 (XX)]∘שלו **מה** הוא המצו֯[ה
4Q**299** 33,4 (XX)]**מה** גבורה בלוא[
4Q**300** 1aii-b,4 (XX) כ֯י֯[**מ]ה֯** היא חכמה / נכחדת[
4Q**300** 2ii2 (XX)] / שקר **מה** פחד[לאדם
4Q**300** 5,3 (XX)]א֯ביון **מה** נקרא / [
4Q**300** 5,4 (XX) ו**מה** נקרא לא֯דם / [
4Q**300** 6,2 (XX)]ת֯ גבר ו**מה** מע[שה

]מה עמוק לא[יש (XX) 4Q300 6,6
ומה רם לגבר מצדק[(XX) 4Q300 7,1
]מה קדם ומה אח[ור (XX) 4Q300 8,2
]מה קדם ומה אח[ור (XX)
ולא היה מה רז אם[(XX) 4Q300 8,7
מ]שפט מה רע לאיש◦◦◦◦ (XX) 4Q300 10,2
מ]תוק מה ◦[(XX) 4Q300 12,1
] / מה נכבד לבב והוא ממש[ל (XX) 4Q301 2a,2
ומה החידה לכמה חו‹ק›רי (XX) 4Q301 2b,1
מה אדיר לכם והוא למש[ל (XX) 4Q301 2b,2
]עת בכול כבודו ומה אפר [ועפר (XX) 4Q301 4,3
מ]ה בשר כיא [(XX) 4Q301 5,3
[ויואמר מ]ה אתן לכה[(XIII) 4Q364 4b-eii9
ויואמר הגידה נא]לי מה שמכה[(XIII) 4Q364 5bii12
ועתה ישראל מה[יהוה אלוהיכה שואל (XIII) 4Q364 28a-b,6
ויואמר יה]וה[א]ל מושה מה תזעק אלי (XIII) 4Q365 6ai4
וילון העם ע[ל מושה ל]אמור מה נשתה (XIII) 4Q365 6aii+6c,10
לאמור מה אעשה לעמ הזה (XIII) 4Q365 7i3
וראית]ם את הארץ מה היאה (XIII) 4Q365 32,5
ומה הארץ אשר הואה יושב בה (XIII) 4Q365 32,6
ומה הערים אשר הואה יושב בהן (XIII) 4Q365 32,7
[ומ]ה הארץ השמנה אם רזה (XIII) 4Q365 32,8
]וכמה ◦[(XIII) 4Q365 I,2
ומה יתנדב ואתם [(XXVIII) 4Q368 10i6
ראו מה עשה למדין א[(XXVIII) 4Q372 3,11
]◦ל◦ו מה אך[(XXII) 4Q379 5,2
]מה ימישו ומה ◦[(XI) 4Q380 5,3
]מה ימישו ומה ◦[(XI)
יהוה כמה גב[ור (XI) 4Q381 1,2
]◦ מא בעלת ומא נאצת ו◦◦[(XI) 4Q381 13,1
]◦ מא בעלת ומא נאצת ו◦◦[(XI)
] / ומה א[(XI) 4Q381 19ii5
ומה יעשה אנוש (XI) 4Q381 31,6
מה[ ] ל[(XI) 4Q381 33+35,8
הלוא נשכיל במה עמנו לע[שות נפ]לאות (XXIX) 4Q392 1,8
] / מה נתחשב [ב]ם (XI) 4Q400 2,6
וכוהנתנו מה במעוניהם (XI)
] מה {{מ}}באמת טוב ומה {{מ}}בה◦◦[(XXXVI) 4Q410 1,6
] מה {{מ}}באמת טוב ומה {{מ}}בה◦◦[(XXXVI)
כמה[בהון ישכה הנושה בו (XXXIV) 4Q416 2ii4
ואתה אל תבטח למה תשנא (XXXIV) 4Q416 2ii14
ואז תדע מה מר לאיש ומה מתוק לגבר (XXXIV) 4Q416 2iii15
ואז תדע מה מר לאיש ומה מתוק לגבר (XXXIV)
סליחה] / יעשה כיא מה הואה יתיד (XXXIV) 4Q417 2i6
ודע במה תתהלך עמו [(XXXIV) 4Q417 2i8
] / כיא מה צעיר מרש (XXXIV) 4Q417 2i10
]אל תכזב / לו למה תשה עון (XXXIV) 4Q417 2i23
] / ללו נוסד ומ[ה (XXXIV) 4Q417 5,2
[ואז תדע מה מר לא]יש ומה מתוק לגבר (XXXIV) 4Q418 9+9a-c,16
למה נהיה ומה נהיה (XXXIV) 4Q418 43-45i2
למה נהיה ומה נהיה במ[ה (XXXIV)
למה נהיה ומה נהיה במ[ה (XXXIV)
]למה הויא ולמה נהיה במה[(XXXIV) 4Q418 43-45i3
]למה הויא ולמה נהיה במה[(XXXIV)
]למה הויא ולמה נהיה במה[(XXXIV)
ועתה אוילי לב מה טוב ללוא / [(XXXIV) 4Q418 69ii4
ומה משפט ללוא נוסד (XXXIV) 4Q418 69ii5
ומה יאנחו מתים על כ[ל יומ]ם (XXXIV)
] ולמה חי[(XXXIV) 4Q418 79,3
]מי יאהב כמה[(XXXIV) 4Q418 82,1

השמר לכה למה תערב רמ[(XXXIV) 4Q418 88ii3
] / למה יהיה כלאים כבפרד (XXXIV) 4Q418 103ii7
] ולמה [(XXXIV) 4Q418 106,2
לו]א ישוה בעמלכה או למה עוד / [(XXXIV) 4Q418 122i6
] / כול הנהיה בה למה היה ומה יהיה בו[(XXXIV) 4Q418 123ii3
הנהיה בה למה היה ומה יהיה בו[(XXXIV)
]ומה כמה / [(XXXIV) 4Q418 148i5
]בכול מרעיתמה {{למה}} שנה [(XXXIV) 4Q418 172,11
]◦שיבה למה תדמה[(XXXIV) 4Q418 172,12
]לבכמה ומה אפוא כו[ל (XXXIV) 4Q423 6,3
] / מה נדדת[(XX) 4Q425 4ii1
והפלא סליחות מה בשר לאלה (XXIX) 4Q427 7ii16
ומה יחש[ב עפר ואפר] / לספר אלה (XXIX)
]הי מה גדלת[(XXIX) 4Q452 1
אז][משמוע מה ש]היה (XXXVI) 4Q468l 2
]◦ ◦◦◦◦ובכול מה רצ◦◦[ ]◦חם אברכה שמכה (VII) 4Q511 63-64ii2
בלוא פתח]תה פי מה [אדבר (VII) 4Q511 75,2
ואני עפר וא]פר מה אד[בר (VII) 4Q511 126,2
ולכפר {{במה}} בהם לרצון על י[שראל (VII) 4Q513 2ii4
]◦ מה ה[(XXV) 4Q525 36,2
]הזה ומה תשביתו אורו לה[(III) 8Q5 1,3
כמה רחקה מרשעים (IV) 11Q5 XVIII,13
כמה קוו לישועתך ויתאבלו עליך (IV) 11Q5 XXII,8
ויתן לי / ובני אדם מה יוסיף אומ[צם] (IV) 11Q5 XXIV,15
]רם מה ר[(XXXIII) PAM 43.692 79,1
]ע מה [(XXXIII) PAM 43.700 80,1

to delay, wait verb מהה

אם יתמהמה חכה לו כיא בוא יבוא 1QpHab VII,9
לוא ירוצו מדרך ולוא יתמהמהו מגבולו (XI) 4Q405 23i11
] תתמהמה [(XXXIV) 4Q415 9,1
לו]א יתמהמהו בעומדם [(XXIII) 11Q17 VII,3

מהוט ?

] / [ ]◦על מהוט ◦[(XXXVI) 4Q282q 3

tumult, panic noun מְהוּמָה, מְהֻמָה

והיתה מהומה / ג[1QM I,5
ימין אל מועד אל מהומת אל חללי אל 1QM IV,7
]◦ליהם למהמה[1QM XI,18
ותגור נפש אביון עם מהומות רבה 1QH[a] XI,25
]◦◦ תסתירני מהוות מהומה א◦◦ ד◦◦◦◦ / [1QH[a] XI,38
כיא מכה על מכה ומהו[מה על מהומה] (III) 3Q5 1,2
א]ל תראג מכול מהומות ◦[(XXXVI) 4Q460 7,6
]למהומה בישראל ולשערוריה באפרים (XXXVI) 4Q460 9i3
והיתה מ[הומה (VII) 4Q496 3,5

deceit noun מַהוֹתַלָּה, מַהֲתַלָּה

ויבחרו במהתלות ויצפו / לפרצות CD I,18
]מהותלות[(V) 4Q172 10,1
[וי]בחרו [ב]מה[תלות ויצפו לפרצות (XVIII) 4Q266 2i22
]במהותלות [(XXIX) 4Q438 4ii1

to circumcise, weaken verb מהל

לבלתי ?] / דעת מרוח מוהלת ע[(XXV) 4Q525 6ii3

Mahalalel proper noun מַהֲלַלְאֵל

ומהללאל דור חמישי / [וירד בנו (XIII) 4Q369 1i9

מְהֻמָה ← מְהוּמָה

turning noun מַהְפָּךְ

4Q403 1ii4 (XI) ובכול מהפכיהם שׂעׂרׂ ◦]

to hasten, act hastily, rashly verb מהר-1

1QS X,26 וחזוק ידים לנמהר[ים להודיע] / לתועי רוח
1QpHab II,11 הכשדאים הגוי המר[והנמ]הר
1QM XV,11 וכול יקום הוותם מהר ימלו / [
1QH^a IX,35 שמעו / חכמים ושחי דעת ונמהרים
1QH^a X,9 ויצר סמוך לכול נמהרי לב
1QH^a XIII,17 וימהרו עלי רשעי עמים במצוקותם
1QH^a XIII,21 והפלתה] עם נמהרי / צדק
4Q267 5iii3 (XVIII) וכול אשר אינו] / ממהר לה[בין
4Q368 2,2 (XXVIII) והשמי]רך מ[הר] הנני גורש מפניכם
4Q385 4,2 (XXX) ויתבהלו הימים מהר עד אשר יאמרו / האדם
4Q385 4,3 (XXX) הלא ממהרים הימים למען יירשו בני ישראל
4Q403 1i20 (XI) וברך] לכול נמהרי רצונו
4Q405 3ii10 (XI)] / נמהרי רצונו בשבעה [
4Q405 13,3 (XI) ו]ברך לכול נמהרי / [רצו]ן אמתו
4Q405 18,4 (XI)]רביר ימהרו מקול הכבו[ד
4Q416 2ii5 (XXXIV) מהר תן אשר / ◦ לו
4Q417 2i4 (XXXIV) ותוכחתו ספר מהר ואל תעבור על פשעיכה
4Q417 2ii+23,6 (XXXIV)]◦ מהר שלם ואתה[
4Q418 160,2 (XXXIV)] / ומהר[
4Q432 2,2 (XXIX) שמעו חכמים ושחי]דעת ונמהר[ים]

מַהֲתַלָּה ← מַהוֹתַלָּה

Moab proper noun מוֹאָב

1QM I,1 בחיל בליעל בגדוד אדום ומואב ובני עמון
1QM XI,6 קם שבט מישראל ומחץ פאתי מואב
4Q175 13 (V) ויקום שבט מישראל ומחץ / פאתי מואב
4Q221 6,2 (XIII) ויהרוגו את גד]ודי מוא[ב ועמון]
4Q364 19a-b,15 (XIII) הישמות עד אבל הש]טים בערבות [מ]וא[ב
4Q364 20a-c,7 (XIII) בעבר הי]רדן בארץ מואב
4Q364 23a-bi6 (XIII) ונעבו]ר דרך מדבר מואב
4Q434 7b,3 (XXIX) וכאפר ישחקם אדום ומואב
6Q9 33,3 (III)]וינוס משם אל מלך מואב

Moabite proper noun מוֹאָבִי

4Q174 1-2i4 (V) עד]עולם ועמוני ומואבי וממזר ובן נכר
4Q394 8iii9 (X) ועל העמו]ני והמואבי / [והממזר

very, strength noun מְוֹאדָה, מְוֹדָה, מְאֹד, מְאוֹד, מְאֹדָה, מְאוֹדָה

CD IX,11 ולא נודע מי גנבו ממאד המחנה
CD XII,10 ומגתו אל ימכר להם בכל מאדו
1QS X,16 בהפלא מודה ובגבורתו אשוחח
1QM XII,13 ציון שמחי מאדה והופיעי ברנות ירושלים
1QM XIX,5 ציון שמחי מואדה והגלנה כול ערי יהו[דה
1QH^a XIX,3 וביצר חמר הגברתה מודה ̇מודת̇
וביצר חמר הגברתה מודה ̇מודת̇
1QH^a 10,10 בה]פלא מאדה [
1Q22 1ii9 (I) השׁ[מרו מא]דה לנפשותיכם
1Q22 43,2 (I) מא]דה להש[מר
1Q51 2 (I) מ]אוד בחוקי בׂ[
4Q88 VIII,10 (XVI) בכׂול מודי אני / [אה]בׂתׂיך
4Q177 12-13i3 (V)]ונפשי נבהלה מאדה
4Q215a 1ii11 (XXXVI)] / ומודה גבה[ ]השכל ערמה ותושיה
4Q256 XX,4 (XXVI) בהפלא מודה ובגבורתו / [אשוחח
4Q260 IV,2 (XXVI) בהפלא מאדה ובגבורות[יו א]שוחח
4Q274 1i5 (XXXV) ובכול מודה[א]ל̇ תתערב בשבעת / ימיה
4Q274 3ii9 (XXXV) הט[מא אל יוכלו] / בשדה בכול מודו
4Q284a 1,7 (XXXV) אל יגאלם בכ[ול מו]דו ̇לגלעמ̇[
4Q299 6ii15 (XX)] / מודה או תכלית ◦[
4Q299 23,3 (XX)]מודה מנׂ[
4Q365 4,1 (XIII) מאׂ[וד
4Q415 11,12 (XXXIV)] / התהלכה התבונן מואדה
4Q416 2ii16 (XXXIV) תגע פן תכשל וחרפתכה תׂרבה מאודה
4Q416 3,5 (XXXIV) ש]מכה הלל מאד[
4Q417 2ii+23,21 (XXXIV)] / וחרפתכה תרבה מׂ[אודה
4Q417 3,3 (XXXIV) הת]בונן מואדה בכול ת◦[
4Q418 81+81a,5 (XXXIV) הפיל גורלכה וכבודכה הרבה מואדה
4Q418 81+81a,17 (XXXIV)] / התבונן מודה
4Q418 123ii7 (XXXIV) ◦פוקד לכה השמר מאד מׂ◦[
4Q418 137,4 (XXXIV)]ואורך ימיכה ירבו מודה ושכׂ[
4Q418 177,7 (XXXIV)]ה השמר מאו[ד
4Q418 246,2 (XXXIV)]ירבה מאו[ד
4Q418 251,3 (XXXIV)]ת מאד[
4Q423 1-2i2 (XXXIV) ונחמד]ל[ה]שכיל מ[וא]דה
4Q474 5 (XXXVI)]אה[ב י]הוה מואדה רחל[
4Q492 1,5 (VII)] ציון שמחי מאוד [והגלנה כול ערי יהודה
4Q504 25,3 (VII)]מואדה[
4Q509 8,6 (VII) מ]אוד ◦◦◦◦◦[
4Q511 15,3 (VII) בכול מ]אודם כיא ◦[
4Q525 14ii24 (XXV)] / מואדה
4Q525 14ii26 (XXV) ומתקל לשון השמר מואדה בגו[
11Q5 XXII,1 (IV) בכול מודי / אני אהבתיך
11Q11 IV,9 (XXIII) וחשך / [בתהום ר]בה מואדה [לוא
11Q19 LVI,19 וכסף וזהב לוא ירבה לוא מואדה
11Q19 LXII,12 תעשה / לערים הרחוקות ממכה מאודה

to melt, waver verb מוג

1QM XIV,6 ונותן לנמוגי ברכים חזוק מעמד
1QH^a XI,34 ויתמוגגו בהווה ג[דו]לה
1QH^a XI,35 ויתמוגגו וירעדו אושי עולם
4Q374 2ii7 (XIX) [י]תמוגגו ויתנועעו לבם וימסו קרבי[ה]ם
4Q374 2ii9 (XIX) ויתמוגגו ויתנ[ו]עעו חגו לק[ול
4Q381 48,9 (XI)] / [ ]לב נמגו כל [אנשי חיל
4Q491 8-10i4 (VII) ולנמוגי בורכים חוזק מעמד
4Q511 20ii4 (VII)] / יתמוגג[ו

מְוֹדָה ← מְוֹאדָה

friend noun מוֹדַע

1QH^a XII,9 וכול רעי ומודעי נדחו ממני
4Q265 4i9 (XXXV) ואיש אשר יכחש במ[(ו)]דעו

balances noun מוֹזְנַיִם, מֹאזְנַיִם

4Q415 9,11 (XXXIV)] / נקבה וכמוזני[
4Q418 127,6 (XXXIV) כ]י במוזני צדק שקל כול תכונם
4Q418 167a+b,2 (XXXIV)]ה בם כי כמוזני צד[ק
4Q418 207,4 (XXXIV)] / במאזנים[
4Q511 30,5 (VII) וישק[ו]ל בפלס[ ]הרים וגבעות במוזנ[ים

sickness, disease noun מוחלה

11Q14 1ii12 (XXIII) ואין משכלה בארצכם / ולוא מוחלה

morrow noun מוֹחֳרָת, מָחֳרָת

4Q219 I,38 (XIII) וממוח[רת ולוא תבוא עליו]
4Q220 10 (XIII) ומחרת ולו[א]תב[וא עליו השמש]
11Q19 XVIII,12 תס]פורו עד ממוחרת השבת השביעית

ע]ד ממוחרת השבת השביעית 11Q19 XIX,13
עד ממוחרת השבת / השביעית 11Q19 XXI,13
עד ממו]חרת השבת השביעית (XXIII) 11Q20 V,15

to totter, stagger verb **מוט**

ואני אם / אמוט חסדי אל ישועתי לעד 1QS XI,12
ותתמוטטו מדרך לבכה 1QHa XIV,21
וכול באיה בל ימוטו 1QHa XIV,27
ורוח / קודשכה הניפותה בי בל אמוט 1QHa XV,7
[כיא ההר]ים ימושו והגבעות תתמוטטנה (V) 4Q176 8-11,12
בל ימוטו לעולמים אלוהי / [(XI) 4Q405 23i4
ועם מתמ[ו]טט אל / תבוא בכור (XXXVI) 4Q424 1,4
ויתמוטט[ו]מדרך לבכה[(XXIX) 4Q429 4i10
וכל באיה בל] / ימוטו (XXIX) 4Q429 4ii10
בל תתמוטט (XXV) 4Q525 14ii6
בעת מוטך תמצא מ[שען (XXV) 4Q525 14ii7
]תהום ממ{{ש}}יטה ◦[(XXV) 4Q579 1,4
יודה לכה יודו לכה כול מוטטי רגל (IV) 11Q5 XIX,2

bar, yoke, shaking noun **מוט**

וישאו במוט בשני[ם] (XIII) 4Q365 32,13
[/ המוט] (XXXIII) PAM 43.677 18,1

bar, yoke noun **מוֹטָה**

] / [מו]טותיהם ולפתוח חורצ[בות (XXIX) 4Q437 2ii14

to circumcise verb **מול-1**

על כן נימול {{ב}} אברהם ביום דעתו CD XVI,6
{יאאם} <כיא אם> למול ביחד עורלת יצר 1QS V,5
כיא לוא מל את עורלת לבו 1QpHab XI,13
ומל ◦[(XIII) 4Q225 1,4
ע]ל כן נמול [אברהם בי]ום דע[תו (XVIII) 4Q271 4ii7
וימול עורלות לבבם (XXIX) 4Q434 1i4
מולה עורלת[לבנו (VII) 4Q504 4,11
]מולה ע[ורלת לבנו (VII) 4Q509 287,1

in front of, opposite preposition **מול**

] / מול איש והוא רחוק מ◦[(XX) 4Q299 7,4
בעבר הירדן במדבר בערבה]מול סופ (XIII) 4Q364 20a-c,2
[ויתנום על כתפות האפוד א]ל מול פניו (XIII) 4Q365 13,2

birth, origin, offspring noun **מוֹלָד**

וחבלי מרץ במולדיהם ופלצות להורותם 1QHa XI,11
ובמולדיו יהפכו כול צירים / בכור הריה
בכול / מולדי עת יסודי קצ 1QHa XX,8
כי יהיה בהסגר מולדי עולה (I) 1Q27 1i5
וזה הואה המולד אשר הואה ילוד עליו (V) 4Q186 1ii8
]מולדו ילוד הו[אה עליו (V) 4Q186 2i8
]בית מולדים נשטרה / [(XX) 4Q299 1,4
]ל [מ]חשבת בית מולדים פתח לפ[ניהם (XX) 4Q299 3aii-b,13
]ובית מולדים[(XX) 4Q299 5,5
]מבית מולדים [(XXXIV) 4Q415 2ii9
ואם נפרדה בהריתכה קח מו[לדיה (XXXIV) 4Q415 11,11
וברז [נ]היה דרוש מולדיו (XXXIV) 4Q416 2iii9
אשה לקחתה ברישכה קח מולדי[(XXXIV) 4Q416 2iii20
וקח מולדי ישע ודע מי נוחל כבוד ועמל (XXXIV) 4Q417 2i11
[וברז נהיה]דרו[ש מו]לדו (XXXIV) 4Q418 9+9a-c,8
]ו קח מול[די (XXXIV) 4Q418 202,1

intention (?) noun **מולה**

ומולות פעולות / תמימי דרך (VII) 4Q511 63iii2

blemish, wound noun **מום**

וידקמום כל מורדים CD VIII,4
או חרש או אלם או מום מנוגע בבשרו (I) 1QSa II,6
או חגר או איש אשר מום עולם בבשרו 1QM VII,4
את כול מומיה יספר לו (XVIII) 4Q271 3,8
] / [כ]ול מומיה ספר לו (XXXIV) 4Q415 11,6
כו]ל מומיה ספר לו (XXXIV) 4Q418 167a+b,6
ושה אשר יהיה בו כול מום רע 11Q19 LII,4
ואם יהיה / בו מום פסח או עור 11Q19 LII,10
או כול מום רע לוא תזבחנו לי
הבהמה / הטהורה אשר יש בה מום 11Q19 LII,17

foundation, council noun **מוֹסָד, מֹסָד**

ועורפ קשה ליסד מוסד אמת לישראל 1QS V,5
[כי ירגזו]מוסדי הרים 1QHa IV,13
] / מוסדי חושך רוב פשעים בכנפיה [(V) 4Q184 1,4
ממוסדי אפלות / תאהל שבת (V) 4Q184 1,6
כי אם ליסד מסוד אמת לישראל (XXVI) 4Q256 IX,5
וכול סודי[המה] / מוסדי אש (XI) 4Q286 1ii3
וי[נעו כל / מוסדי אר[ץ (XIX) 4Q370 1i4
ונוראים למוסדי אנשים (XI) 4Q400 2,2
ונו[ראים למו]סדי אנשים (XI) 4Q401 14i8
נכבד למשמע אלוהים ומוסדי [(XI) 4Q403 1ii12
]וסדו בכול ה[(XXXIV) 4Q415 13,4
ואז / במשפטכם יריעו מוסדי {{ה}}רקיע (XXXIV) 4Q418 69ii9
ובכול מוסדי ארץ משפטי יוד (VII) 4Q511 10,12
אש [אוכלת במוסדי עפרו[(VII) 4Q511 16,3
]◦בותם ואל מוסדי הארץ[(VII) 4Q511 42,6
]מוסדים[(XXIII) 11Q17 V,10
] מארבעת מוסדי רקיע / הפלא (XXIII) 11Q17 VIII,5
]למוסדי פלא / למשא מ[(XXIII) 11Q17 VIII,7
לעומת המוסד / עד עטרותיו 11Q19 XL,10

foundation noun **מוֹסָדָה**

מ]וסדות תבל עד נ[(XXXVI) 4Q461 1,7

chain noun **מוֹסֵר**

ותשם / [עליהמה]מוסר (XXIX) 4Q436 1a+bi8

discipline, instruction noun **מוּסָר**

ואם ישיג מוסר יביאהו / בברית 1QS VI,14
ול[קחת] / [מו]סרו במשפטיהמה (I) 1QSa I,8
ולנסות אוהבי מוסר 1QHa X,14
אתה אלי / גליתה אוזני [למו]סר 1QHa XIV,4
]המוסר לוא ◦[(XX) 4Q299 30,4
[ש]ים מוסר על שפתיכה[(XX) 4Q412 1,5
בכל מוסר הבא שכמכה (XXXIV) 4Q416 2iii13
ול[וא] אדרוש דעת בכול מוסר (XXXIV) 4Q418 9+9a-c,13
]מוסר ובאהב[ת ח]סד ת◦[(XXXIV) 4Q418 169+170,3
]מוסר[(XXXIV) 4Q418 297,1
איש שכל יקבל מוס[ר] (XXXVI) 4Q424 3,7
]ל מוסר תועבה דב[ר]מב[(XX) 4Q425 1+3,1
וצוארי הביאותי בעולך ומוסר[(XXIX) 4Q438 3,3
ב]מוסר והעומדים אחריהם אשר / [(XXIX) 4Q439 1i+2,4
]הלוא לקחו מוסר וה[עומדים (XXXVI) 4Q469 2,2
לנו / [ולל]חש בצקון מוסרכה (VII) 4Q504 1-2v17
לדע]ת חוכמה ומו[סר] להשכיל (XXV) 4Q525 1,2

Text	Vol.	Reference
] / למועד [קיץ כאשר ענינו נפ]שותינו	(I)	1Q34bis 2+1,2
] / הארץ במוע[ד הזה	(I)	1Q34bis 2+1,3
] מאור גדו[ל] למועד הֹ[	(I)	1Q34bis 3ii1
]◦גרתי עמו מועֹדֹי	(V)	4Q160 7,2
מו]עֹדֹי הכוהנים כיא היא[ה	(V)	4Q161 1,4
חד]שה ושבתה וכול מועדיה	(V)	4Q166 II,15
]עֹדות יוליכו במועדי הגואים	(V)	4Q166 II,16
יקבלו את מועד התעות	(V)	4Q171 1-2ii9
יחים ברעב במועד הֹ[תע]וֹת	(V)	4Q171 1+3-4iii3
]◦ ובאי מועד אין בם כֹל ערי / [	(V)	4Q179 1i11
] / למועדו ◦ֹ[ ]◦[	(XXXVI)	4Q215a 2,4
] / למועדים בטרםֹ[	(XXXVI)	4Q215a 2,5
ואתֹ[מצותי ואת מועד]י בריתי[	(XIII)	4Q216 II,8
חֹגֹ[השבו]עֹ[ו]תֹ הוֹ[א] מֹוֹעֹ[ד הבכורים אל]	(XIII)	4Q219 II,37
הכוהנים קריאי]מֹועדֹ[אנושי השם]	(XXXVI)	4Q249i 1,3
נוח מן התבה למועד שנה / תמימה	(XXII)	4Q252 II,4
]◦◦ נוח יצא מן התבה למועד ימים ימימה	(XXII)	4Q254a 3,2
כאשֹ[ר צוה] / למועדי תעדתֹו	(XXVI)	4Q255 2,6
במבוא מועדים ^לימי^ חדש יחד	(XXVI)	4Q256 XIX,1
לר]אשי מועדים בכול קץ נהיה	(XXVI)	4Q256 XIX,3
בר^א^שית ירחים למועדיהם / וֹיֹמֹיֹ[קודש	(XXVI)	
וֹיֹמֹיֹ[קודש בתכונם לז]כרון במועדיהם	(XXVI)	4Q256 XIX,4
[בראשי שנים ובתקופ]ת מועדים	(XXVI)	4Q256 XIX,5
ומועד זרע ו]מֹוֹ[ע]דֹ דשא מועדֹי שֹׁ[נים	(XXVI)	4Q256 XIX,6
ומועד זרע ו]מֹוֹ[ע]דֹ דשא מועדֹי שֹׁ[נים	(XXVI)	
לראשי מועדים בכל קץ נהיה	(XXVI)	4Q258 IX,2
בראשית ירחים למועדיהם	(XXVI)	
וימי קודש בתכונם לזכרון במועדיֹ[הם	(XXVI)	4Q258 IX,3
מועֹ[ד קציר לקיץ ומועד ז]רע	(XXVI)	4Q258 IX,5
למועד / דשא מועדֹי ש[ני]ם	(XXVI)	
למועד / דשא מועדֹי ש[ני]ם	(XXVI)	4Q258 IX,6
ובראש ש]בֹעֹיהֹםֹ למועדי דרור	(XXVI)	
]עד תום ^ה^מועד פקודה ב[רוח עולה] / [	(XVIII)	4Q266 1a-b,2
אין [להת]קֹ[ד]םֹ ולֹהֹתאחר מֹמֹוֹעֹדיהם	(XVIII)	4Q266 2i2
ואי]ןֹ לֹקדם [ו]לֹ[א]חר ממועדיהֹ[מה	(XVIII)	4Q268 1,4
לחלל את השבת ואת המו[עדות]	(XVIII)	4Q271 5i19
שֹׁבֹע / [פעמים א]לֹ נוֹכחֹ אֹ[ו]הֹל מועד	(XXXV)	4Q276 5
מ]וֹעדיהֹםֹ ◦[	(XXXVI)	4Q281e 1
וארבעת מו]עֹדי השנה בימי / [	(XXXV)	4Q284 1,5
] / מועֹדֹי שלוֹ[ם] לֹאוֹמל[לים	(XXXV)	4Q284 2ii6
]◦ מֹועֹדֹי עֹתיה [	(XXXV)	4Q284 3,1
ומועדי כבוד בתעודותֹ[מה	(XI)	4Q286 1ii10
]וֹשבתות ארץ במחל[קותמה ומו]עדי דרוֹ[ר	(XI)	4Q286 1ii11
]במועֹדיהמה ומחדש [	(XI)	4Q286 6,2
]וֹברכות אמת בֹקצי מֹ[ועד] / [	(XI)	4Q286 7i4
]◦מה בכול מועדי / [	(XI)	4Q287 1,3
ירננו רוחי קודש]קֹודשים בכול מועדֹ[י	(XI)	4Q287 2,7
]בֹדֹין מועדי חֹום עֹם קֹצֹ[י	(XX)	4Q299 5,3
]◦ד ואין שם למוֹע[ד	(XX)	4Q299 53,4
]מועדיֹ[ם	(XXXVI)	4Q307 7,2
השנה הרישונה מועדיה	(XXI)	4Q320 4iii1
השנית מועֹדיֹהֹ	(XXI)	4Q320 4iii11
הֹשלישית מועדיה	(XXI)	4Q320 4iv6
[החמשית]מועדיה	(XXI)	4Q320 4v9
הששית מועדיה	(XXI)	4Q320 4vi5
מוע]דֹ היצ[הר	(XXVIII)	4Q324d 6,3
] / [מוע]דֹ שעורים בעשרים וששה בו	(XXI)	4Q325 1,3
]אלה מוֹ[עדי יהוה מקראי קודש	(XXI)	4Q325 3,3
ב26 בו מועד שֹׁ[עורים אחר השבת	(XXI)	4Q326 4
השני]ת מֹ[וע]דֹיה	(XXI)	4Q329a 2

מוֹסֵרָה ← מֹסֵרָה

מוֹעֵד, מֹעֵד noun **festival, appointed place, appointment**

Text	Vol.	Reference
שבתות קדשו ומועדי / כבודו עידות צדקו		CD III,14
ואת המועדות / ואת יום התענית		CD VI,18
לחלל את השבת ואת המועדות		CD XII,4
כול / הנגלות למועדי תעודותם		1QS I,9
ולוא להתאחר / מכול מועדיהם		1QS I,15
כאשר צוה למועדי תעודתיו		1QS III,10
להתהלכ בם עד מועד פקודתו		1QS III,18
ומועדי צרותם בממשלת משטמתו		1QS III,23
אחת אהב אל לכול / ⟦ ⟧[מו]עדי עולמים		1QS IV,1
ובמועד / פקודה ישמידנה לעד		1QS IV,18
עד / מועד משפט נחרצה		1QS IV,20
במבוא מועדים לימי חודש יחד תקופתם		1QS X,3
לראשי / מועדים בכול קצ נהיה		1QS X,5
ברשית ירחים למועדיהם		
וימי קודש בתכונם לזכרון במועדיהם		
ובתקופת מועדיהם בהשלם חוק		1QS X,6
מועד קציר לקיצ		1QS X,7
ומועד זרע למועד דשא		
ומועד זרע למועד דשא		
מועדי שנים לשבועיהם		
וברוש שבועיהם למועד דרור		1QS X,8
אלה / אנושי השם קיראי מועד	(I)	1QSa II,2
[זה מו]שב אנשי השם [קריאי]מועד	(I)	1QSa II,11
הכוהנים [קריאי]מועד אנושי השם	(I)	1QSa II,13
ויפקוד כול קודש[י]כה ובמוֹ[עדי	(I)	1QSb III,2
כיא עוד חזון / למועד		1QpHab VII,6
אף שכר למען הבט אל מועדיהם		1QpHab XI,3
ובקץ מועד מנוחת / יום הכפורים		1QpHab XI,6
ואור עד תום כול מועדי חושך		1QM I,8
ובמועד אל יאיר רום גודלו		
עם פקודיהם יתיצבו למועדיהם לחודשיהם		1QM II,4
כול ^א^לה^ יסרוכו במועד שנת השמטה		1QM II,6
יהיו אנשי השם / קריאי המועד		1QM II,7
בהאספם לבית מועד יכתובו תעודות אל		1QM III,4
יכתובו זכרון נקם במועד / אל		1QM III,7
יכתובו על אותותם ימין אל מועד אל		1QM IV,7
]מועדי קודש ותקופות שנים וקצי / עד		1QM X,15
] בֹכול מועדי עולמים		1QM XII,3
ותקימה לזרעם / למוע[ד]י עולמים		1QM XIII,8
]עתים ומועדי תעודות עולמים		1QM XIV,13
וקרא באוזניהם / את תפלת מועד המלחֹ[מה		1QM XV,5
והתהלך הכוהן החרוץ למועד נקם		1QM XV,6
כיא {{יֹוֹםֹ}} ^מועד^ מלחמה היום הזה		1QM XV,12
היום מועדו להכניע ולהשפיל		1QM XVII,5
{{ו}} ^כ^‹‹י››^א^ אתה ידעתה למועדנו		1QM XVIII,10
]◦יכה ומֹועדים לרצֹונכה וגמֹוֹל[		1QM XVIII,14
ומרחם הכינותו למועד רצון		1QH[a] VII,15
ומש[פ]ט / במועדיה לממשלֹ[תם		1QH[a] IX,17
ותקופות מספר שני עולם בכול מועדיהם		1QH[a] IX,24
להתהולל במועדיה^ם^ להתפש במצודותם		1QH[a] XII,12
ולכלות בשר עד מועדים		1QH[a] XVI,31
עד] מועדו		1QH[a] XVII,24
ברשית ממשלת חושך למועד לילה		1QH[a] XX,6
ותקופת מועדים בתכונם באותותם		1QH[a] XX,8
]מֹוֹעדי שממה		1QH[a] XX,17
לקץ ישמיעו ומוע[ד למועד		1QH[a] 10,6
] מוֹעד שלומ[נו	(I)	1Q34bis 2+1,1

]אות לנו ללילה במוע[ד	(VII)	4Q503 64,4
[ברוך אל ישראל בכול]מ[ו]ע[ד]י עולמים	(VII)	4Q503 64,8
]◦מועד[	(VII)	4Q503 69,3
]◦ מועדים וקוד[ש	(VII)	4Q503 70-71,3
מו]עדי [	(VII)	4Q503 93,2
זכורה אדוני מועד רחמיך	(VII)	4Q508 2,2
] ותקימהום עלינו מועד תענית חוק עו[לם	(VII)	4Q508 2,3
]מכה במועדי כבוד ולקד[ש] / [	(VII)	4Q508 13,2
]מלפניכה ות◦◦◦ ארץ במועדי / [	(VII)	4Q508 30,2
]תה מועד שלומנו[	(VII)	4Q509 3,2
וכרביבים על ע]שב במועדי דשא ו[	(VII)	4Q509 3,7
תפ]לה למועד[	(VII)	4Q509 10ii-11,8
ש]מחי רצון במועדי[	(VII)	4Q509 32,3
]◦ מועד[	(VII)	4Q509 104,1
ליום ה]בכורים זכורה א[דו]ני מועד / [	(VII)	4Q509 131-132ii5
]◦[ ]◦[ ]ה מועד ◦[	(VII)	4Q509 143,1
]מועדים[	(VII)	4Q509 220,1
]הם תכן למועדי שנה	(VII)	4Q511 2i9
מו]עדי צרות [	(VII)	4Q511 11,2
ולוא לכול / [מ]ועדי[עולמים	(VII)	4Q511 35,8
ובמועדי תעודותי אספרה / נפלאותיכה	(VII)	4Q511 63-64ii2
] ולמועד שבת בש[בתו]ת לכול שבועי / [	(VII)	4Q512 33+35,1
ו]מוע[ד]◦◦[	(VII)	4Q512 33+35,2
ו]ארבעת מועדי / [	(VII)	
ו]מועד ק[צ]יר וקיץ	(VII)	4Q512 33+35,3
ואני עומד]לפניכה במוע[ד	(VII)	4Q512 29-32,6
מ]ועדי של[ום	(VII)	4Q512 17,2
מ]ועדיהם[	(VII)	4Q519 1,3
להשכין שם את אהל מו[עד	(XXV)	4Q522 9ii2
ועתה נ[ש]כינה את א[הל מ]ועד	(XXV)	4Q522 9ii12
וישאו] / אלעזר[וישו]ע את א[הל מו]עד	(XXV)	4Q522 9ii13
ולכול ימי המועדות ולים הכפורים	(IV)	11Q5 XXVII,8
]במועדה[	(XXIII)	11Q13 7,4
ובמועד היצהר ובששת ימי / [קורבן		11Q19 XI,12
עד {{ע}}העלות את עולת המועד		11Q19 XLII,16
והיין מיום / מועד התירוש		11Q19 XLIII,8
עד יום מועד / התירוש		
והיצהר מיום מועדו עד השנה השנית		11Q19 XLIII,9
למועד יום הקרב שמן חדש עלהמזבח		11Q19 XLIII,10
וכול אשר / נותר ממועדיהמה יקדש		11Q19 XLIII,11
ואכלוהו בימי המועדים		11Q19 XLIII,15
]המעדים ◦[	(XXXIII)	PAM 43.680 24,2

מועזה ← מעוזה

small, sparse, smallness noun **מוּעָט, מִיעָט**

עד עשרה אנשים למועט		CD XIII,1
לפי נחלת איש בין רוב למועט		1QS IV,16
בי]ן רוב למועט [זה על] זה יכבדו	(I)	1QSa I,18
] / פשרו למיעט	(V)	4Q163 4-7ii17

treachery noun **מוֹעַל**

כי במועלם אשר עזבוהו		CD I,3
]ר וקץ מועלם לוא / [	(V)	4Q166 I,9
כי ב[מע]לם [אשר] / [עזבוהו]	(XVIII)	4Q268 1,10
ולא יבינו כי קצפתי עליהם במועלם	(XXX)	4Q390 2i7
] / מועלה האיד ו◦[	(XXXIV)	4Q418 159ii2
] במועלכה [ ]	(XXXIV)	4Q423 1-2i4

השלשי]ת מעדיה	(XXI)	4Q329a 3
ברביעית מעדיה	(XXI)	4Q329a 4
החמשית מעדיה	(XXI)	4Q329a 5
ויעש מסך]ל[או]הל מועד / [	(XIII)	4Q365 12ai6
וידבר מושה את מועדי יהוה אל בני ישראל	(XIII)	4Q365 23,3
מ]ועד היצהר יקריבו את העצים	(XIII)	4Q365 23,9
ב]מדבר סיני באוהל מועד באח[ד לחודש	(XIII)	4Q365 26a-b,4
ונועדו אליך כול העדה אל פתח] אוהל מ[ועד	(XIII)	4Q365 31a-c,16
אל פתח אהל מו[עד אל] / [ה]כה[ן	(XIII)	4Q367 1a-b,9
]וני כול מו[עדי]הם בקציהם / [	(XIII)	4Q369 1i4
]מועדי[	(XIII)	4Q369 4,5
לא ישחיתו מעדיהם ולא יובדו מחלקותם	(XXVIII)	4Q372 3,6
] / [לח]דש ב[ח]דש למועד במועד	(XI)	4Q381 1,8
] / [לח]דש ב[ח]דש למועד במועד	(XI)	
]ותשכחו את]מועדי בריתי	(XXX)	4Q385a 3a-c,6
ישכחו חוק ומועד ושבת וברית	(XXX)	4Q390 1,8
[את שבתותי יחללו]את[מו]עדי יש[כח]ו	(XXX)	4Q390 2i10
ושנים / בו מועד / השמן	(XXI)	4Q394 1-2v5
]רו מועד[	(XI)	4Q401 9,3
]טהורי מועדו / אורכה[	(XXXV)	4Q414 1ii-2i2
] / במועדי טוהר ◦[	(XXXV)	4Q414 7,6
] / מועד במועד ו[	(XXXIV)	4Q416 1,3
] / מועד במועד ו[	(XXXIV)	
] / למופתיהמה ואתות מו[עדיהמה	(XXXIV)	4Q416 1,8
]מועד ו[	(XXXIV)	4Q418 286,3
] / [מו]עדי יום ולילה ◦[	(XIII)	4Q422 II,12
אם אתה א]יש אדמה פקוד מועדי הקיץ	(XXXIV)	4Q423 5,5
מקץ לקץ י]שמיעו ומועד למועד י[בר]כו	(XXIX)	4Q427 8i8
מקץ לקץ י]שמיעו ומועד למועד י[בר]כו	(XXIX)	
ותקופות מועדים]בתכונם באותותם	(XXIX)	4Q427 8ii14
למו[עדי]עולמים [ ][	(XXIX)	4Q433a 2,1
מו]עדי כב[וד	(XXIX)	4Q440 2,1
]מוע[ד] ברוך אל[	(XXIX)	4Q440 2,2
]כין ומועדי הרצ[ון אש]ר חק[ק	(XXVIII)	4Q468dd 1
]◦מועדיה ואתה[	(XXII)	4Q478 4
י]אצאו מחוצה למחנות אל בית מו[עד	(VII)	4Q491 1-3,9
ומועדי תעודות עולמים	(VII)	4Q491 8-10i11
]בכול מועדי עולמים [ ][	(VII)	4Q491 8-10i16
שלום [לי]שראל בכול מועדי[עולמים	(VII)	4Q491 11ii18
כו]ל מועדי חוש[ך	(VII)	4Q496 3,8
] מועד למועד[	(VII)	4Q499 8,3
] מועד למועד[	(VII)	
]מועד[	(VII)	4Q499 23,2
אל ישראל א[שר נתן לנו מ]ועד לשמחתנו	(VII)	4Q502 6-10,8
]כול מועדי[	(VII)	4Q502 24,1
]ה מועדי ק[ודש	(VII)	4Q502 76,2
]למוע[ד	(VII)	4Q502 103,1
]מועד[	(VII)	4Q502 183,2
מ]ועד [	(VII)	4Q502 192,2
ימים אחד ע]שר לחגי שמחה ומועדי כ[בוד]	(VII)	4Q503 1-6iii13
] / מועדי כב[וד	(VII)	4Q503 1-6iii15
]ן למו[עד]מנוח	(VII)	4Q503 24-25,5
שלום אל עליכה יש]ראל בכול מו[עדי עולם	(VII)	4Q503 29-32,21
] מועדי / [	(VII)	4Q503 33i+34,4
[שלום עליכה ישראל] בכול מועד[י] לילה	(VII)	4Q503 33i+34,21
שלום עליכה י]שראל בכול מ[ועדי לילה	(VII)	4Q503 40ii-41,3
]במועדי [	(VII)	4Q503 45-47,2
והלילה לנו]שלישי במו[עדי שמ]חתנו	(VII)	4Q503 48-50,5
בכול]מועדי לילה	(VII)	4Q503 51-55,10
]◦ מועדים / [	(VII)	4Q503 56i-58,3

counsel noun **מוֹעֵצָה**

1Q14 17-19,4 (I) ותל]כו במועצותם ל[מען תתי אתך לשמה

sign, wonder noun **מוֹפֵת, מֹפֵת**

1QH^{a} V,22 ואם ירשע ואות היה[ ]עולם ומופת דורות
1QH^{a} XV,21 ותשימני אב לבני חסד / וכאומן לאנשי מופת
4Q185 1-2i15 (V) יזכרו נפלאים עשה / במצרים ומופתיו ∘[
4Q377 2ii1 (XXVIII)] ומופתיכה ∘∘∘[
4Q378 26,5 (XXII)]מפתים גדולים ובחמה יעצר[
4Q392 1,8 (XXIX) לעֹ[שות נפ]לאות ומפתים לאין מספר
4Q392 2,2 (XXIX)]עו באתות ובמפתים ∘[
4Q416 1,8 (XXXIV)] / למופתיהמה ואתות מו[עדיהמה
4Q422 III,5 (XIII)]∘ / באותות ומופתים[
4Q422 III,11 (XIII)]ולמען הרבות מופתים
4Q422 O,1 (XIII)]ם מופ[תים
4Q435 5,2 (XXIX) ועדת] / [אנשי]מופת הושבתה לפ[ני
4Q437 2i12 (XXIX) [ועדת אנשי]מופת הוש[בת] לפני
4Q451 3 (XXIX)]ובמופתיכה ועזוז ימינכ[ה
4Q511 26,4 (VII)]גבורותיו ו[מ]ופת[יו
4Q511 48-49+51,5 (VII)]על כול מופתי גבר
11Q11 III,3 (XXIII) ואת המופ[תים האלה ב]ארץ
11Q19 LIV,9 ונתן אליכה אות או / מופת
ובא אליכה האות והמופת אשר דבר

chaff noun **מוֹץ**

1QH^{a} XV,23 ובעלי / רבי כמוץ לפני רוח
1Q15 2a (I) בטרם לדת חק]כמוץ עבר

going forth, departure, exit noun **מוֹצָא-1**

CD XVI,6 ואשר אמר מוצא שפתיך / תשמור להקים
1QS X,10 ועם מוצא ערב ובוקר אמר חוקיו
1QS X,14 ואברכנו תרומת מוצא שפתי ממערכת אנשים
1QM XIV,14 עם מ[בו]א יומם ולילה / ומוצאי ערב ובוקר
1QH^{a} XX,5 ומוצא / אור ברשית ממשלת חושך
1QH^{a} XX,7 למוצא לילה ומבוא יומם
4Q223-224 2v5 (XIII) [אותו בבגדו ויש]ביר את מוצ[א
4Q260 III,2 (XXVI) וע]ם מוצא ערב / ובוקר
4Q270 6ii19 (XVIII) וא]שר אמר מוצא ש[פתיך תשמור
4Q271 4ii7 (XVIII) ואש]ר אמר מוצא / שפתיך תשמור
4Q298 1-2i3 (XX) ש[מע]ו למלי בכול / [מ]וצא שפת[י
4Q299 5,4 (XX) מבוא יום]מוצא לילה[
4Q382 7,3 (XIII) מו]צא פיכה[
4Q401 14ii8 (XI)] / למוצא שפתי מלך ב[
4Q403 1i35 (XI)]למוצא שפתיו כול רוחי עולמים
4Q405 23i8 (XI) ובכול מוצאי מלאכי קודש לממשלתם
4Q405 23i9 (XI) פתחי מבואי ושערי מוצא משמיעים
4Q408 6,2 (XXXVI)] מוצ[א
4Q416 2iv9 (XXXIV)] / הפר על מוצא פיכה
4Q418 123ii2 (XXXIV)] / למבוא שנים ומוצא קצים [
4Q427 7ii22 (XXIX) והטיתה] / אוז[ן]למוצא שפתינו
4Q427 8ii13 (XXIX) למ[וצא לילה ומבוא יומם
4Q428 21,4 (XXIX) והטיתה אוזן] / [ל]מוצא שפתינו
4Q491 8-10i11 (VII) ומוצא[י]ע[רב] / [ובוקר
4Q511 18ii5 (VII) ו[ב]מוצא שפתי ולוא בליעל
11Q17 V,5 (XXIII) מביתה ליקרה הדביר במו]צא אול[מי
11Q17 X,8 (XXIII) ∘[עם כול מוצאי [
11Q19 LIII,13 מוצא שפתיכה תשמור

liquid steam noun **מוּצָקָה**

4Q394 8iv5 (X) [ו]אף על המוצקות אנחנו אומר[ים]
4Q394 8iv6 (X) ואף המוצקות אינמ מבדילות
4Q394 8iv7 (X) כי לחת המוצקות והמקבל מהמה
4Q396 1-2ii6 (X) ואף[על המוצק]ו[ת אנחנו] / אומרים

burning noun **מוֹקֵד**

4Q184 1,7 (V) ותשכון באהלי דומה בתוך מוקדי עולם

snare noun **מוֹקֵשׁ, מֹקֵשׁ**

CD XIV,2 להנצילם מכל מוקשי שחת
1QH^{a} X,21 ותשוך בעדי מכול מוקשי שחת
1Q22 1i8 (I) והיו לפ[ח ו]מוקש ויע[ברו כול מקרא קו]דש
4Q228 1i8 (XIII)]מקשי שחת ומלאך שלומו / [
4Q267 9v5 (XVIII) להנצילם מכול מו]קשי [הש]חת
4Q368 2,4 (XXVIII) פ]ן יהיה לך למוקש בקרבכם
4Q525 16,4 (XXV)] / ומוקשים הט[מינו
11Q19 II,5 פן יהיו למו[קש בקרבכה

to exchange, change verb **מור**

1QH^{a} VI,20 [ולא] אמיר בהון אמתך
1QH^{a} X,18 וימירום בערול שפה / ולשון אחרת
1QH^{a} X,36 ולהמיר בהולל יצר סמוך
1QH^{a} XII,10 להמיר תורתכה אשר שננתה בלבבי
4Q266 6ii13 (XVIII) [ו]המירה [א]ת ה[שה
4Q286 7ii12 (XI) ולהמיר את משפ[טי התורה]
4Q378 2,2 (XXII)]המירותו ל[
4Q381 69,9 (XI) ולהמיר דבריו פיהו מעלא[
4Q416 2ii6 (XXXIV) אל תמר רוח קו[ד]שכה
4Q418 8,6 (XXXIV) אל]תאמר רוח קדושה
4Q432 8,1 (XXIX) לה]מיר [תורתכה אשר שננתה בלבבי]

fear noun **מוֹרָא**

1QpHab VI,5 וכלי מלחמותם המה / מוראם
1QH^{a} XII,26 ותתן מוראם על עמכה
4Q405 23i13 (XI) מורא מלך אלוהים נורא על [כו]ל אלוהים [

descent noun **מוֹרָד**

1QH^{a} XII,34 וילכו ברכי / כמים מוגרים במורד

teacher noun **מוֹרֶה-3, מֹרֶה**

CD I,11 ויקם להם מורה צדק להדריכם בדרך לבו
CD XIX,35 מיום האסף {{יור מורה}} / {{∘∘∘}}
CD XX,1 מורה היחיד עד עמוד משיח מאהרן ומישראל
CD XX,28 וישמעו לקול מורה
CD XX,32 והאזינו לקול מורה צדק
1QpHab I,13] הוא מורה הצדק / [
1QpHab II,2] מורה הצדקה מפיא / אל
1QpHab V,10 נדמו בתוכחת מורה הצדק
1QpHab VII,4 פשרו על מורה הצדק אשר הודיעו אל
1QpHab VIII,3 בעבור עמלם ואמנתם / במורה הצדק
1QpHab IX,9 הכוהן הר]שע אשר בעוון מורה / הצדק
1QpHab XI,5 הכוהן הרשע אשר / רדף אחר מורה הצדק
1QpHab XII,11 כיא פסל יצרו / מסיכה ומרי שקר
1Q14 8-10,6 (I) פשרו ע[ל מורי הצדק
4Q163 21,6 (V) ∘∘] [ ]מורה[
4Q167 5-6,2 (V)]∘ מוריהם[
4Q171 1+3-4iii15 (V) פשרו על הכוהן מורה ה[צדק
4Q171 1+3-4iii19 (V) פשר / הדבר על מור[ה הצדק
4Q171 3-10iv27 (V) פשרו]על מורה[הצדק
4Q172 7,1 (V)]מורה ה[
4Q173 1,4 (V) ע]תרות מורה הצדק[

Text	Reference	Group
מ]ורה הצד[ק	4Q**173** 2,2	(V)
לקול מו]רי / [צדק	4Q**270** 2i2	(XVIII)
והיא תהיה לי למורה משפט [	4Q**381** 1,1	(XI)
]ואשר / מוריהמה החבאו וסתר[ו	11Q**13** II,5	(XXIII)

bitter thing, gall noun מוֹרְרָה, מְרוֹרָה

Text	Reference	Group
ומר]ורת הדג בידו	4Q**200** 5,2	(XIX)
[וידקרום ?] כול מוררים	4Q**266** 3iv2	(XVIII)

to feel verb **1-מוש**

Text	Reference	Group
] / ימשו תכלת ידי קמה מפ[ני	4Q**179** 1ii12	(V)

to depart, be absent verb **2-מוש**

Text	Reference	Group
ובמקום עשרה אל ימש איש כהן	CD XIII,2	
אל ימש מאתם איש / כוהן	1QS VI,3	
ואל ימש במקום אשר יהיו שם העשרה	1QS VI,6	
ולא יכזב לפתוח / השמים לא ימושו	1QH[a] XVI,17	
]ל ◦◦◦ ימיש ממנו טרף [	1Q**55** 3	(I)
לא ימוש טרף	4Q**169** 3-4ii3	(V)
אשר לא ימוש מקרב עדתם חרב גוים	4Q**169** 3-4ii5	(V)
[כיא ההר]ים ימושו והגבעות תתמוטטנה	4Q**176** 8-11,12	(V)
וחסדי מאתיכי לוא ימוש[		(V)
אל ימ[ש כהן מבונן בספר ההגי	4Q**265** 7,6	(XXXV)
]לוא ימוש מתחתיו ת[	4Q**378** 15i3	(XXII)
]מה ימישו ומה ◦[	4Q**380** 5,3	(XI)
כ]יא לוא ימוש זרעכה / מנחלת[	4Q**415** 2i+1ii5	(XXXIV)
] / אל תמישי בלבבך ע◦ וע[	4Q**415** 2ii2	(XXXIV)
] / אל ⟦ ⟧ תמוש מלבכה	4Q**417** 2i9	(XXXIV)
]◦ ימישו ◦[	4Q**487** 12,2	(VII)
]נמיש[	4Q**522** 9i+10,18	(XXV)
] לוא ימוש מן המקדש קער[ותיו	11Q**19** III,11	

dwelling, seat, session noun מוֹשָׁב, מֹשָׁב

Text	Reference	Group
סרך מושב ערי ישראל	CD XII,19	
וזה סרך מושב / [ה]מ[חנו]ת	CD XII,22	
וזה מושב המחנות לכל ◦[	CD XIII,20	
וסרך מושב כל המחנות	CD XIV,3	
וזה פרוש מושב ה[	CD XIV,17	
{{ה}}‹‹ו››זה הסרך למושב הרבים	1QS VI,8	
ובמושב הרבים אל ידבר איש כול דבר	1QS VI,11	
וישן במושב הרבים שלושים ימים	1QS VII,10	
וכן לאיש הנפ{{◦}}טר במושב הרבים		
וחנם עד שלוש פעמים על מושב אחד	1QS VII,11	
ואיש אשר ירוק אל תוכ מושב הרבים	1QS VII,13	
בתכונים האלה יבדלו מתוך מושב הנשי העול	1QS VIII,13	
אמ תתם דרכו / במושב במדרש	1QS VIII,26	
[זה מו]שב אנשי השם [קריאי]מועד	1QSa II,11	(I)
במו]שבותם	1QM II,14	
המלחמה על כול[בני יפ]ת במושבותיהם		
ומפרד עמים מושב משפחות	1QM X,14	
הנ]ה מ[ושב אנשי] / [השם קריאי מועד	4Q**249**g 3-7,10	(XXXVI)
]הנה מו[שב אנשי השם] / [קריאי מועד	4Q**249**h 1-2,5	(XXXVI)
וכן לאיש] / הנפט[ר] ממוש הרבים	4Q**259** I,7	(XXVI)
והנם עד שלוש פעמים] / [ע]ל מושב אחד	4Q**259** I,8	(XXVI)
יבדלו ממ[ו]שב / אנשי ה[עול	4Q**259** III,3	(XXVI)
ו]ישן במו[ש]ב / [הרבים שלושים יום	4Q**261** 5a-c,2	(XXVI)
ואשר ירוק אל תוך מו]שב הרבים	4Q**261** 5a-c,7	(XXVI)
[ויש]ן במושב הרב[ים] ונענש שלוש[ים יום	4Q**265** 4ii1	(XXXV)
וזה סרך מושב [ערי ישראל	4Q**266** 5ii14	(XVIII)
מו]שב א[	4Q**266** 5ii16	(XVIII)
סרך מוש]ב ערי ישראל	4Q**266** 9ii5	(XVIII)
[ואשר ישכ]ב [ו]ישן ב[מו]ש[ב הרבים	4Q**266** 10ii5	(XVIII)
וזה[מ]וש[ב המחנות לכול זרע ישראל	4Q**269** 10ii3	(XXXVI)
מוש]ב ונע[נש	4Q**270** 8,1	(XVIII)
משכב יג[ו]ן ישכ[ב ו]מושב אנחה ישב	4Q**274** 1i1	(XXXV)
ומערב צפון לכול בית מושב	4Q**274** 1i2	(XXXV)
והנוג[ע] / [במ]ש[כבו ובמ]ושבו	4Q**274** 2i8	(XXXV)
מש]כבו ומוש[בו	4Q**277** 1ii12	(XXXV)
] / מושב יקרכה והדומי רגלי כבודכה	4Q**286** 1ii1	(XI)
]◦ אלהים בשמים משבו	4Q**302** 3ii9	(XX)
]מושב[	4Q**307** 9,2	(XXXVI)
לוא תבע(י)רו אש בכול מושבו]ת[י]כמה	4Q**365** 11i1	(XIII)
]בדבירי קודש מושבי / [	4Q**405** 17,6	(XI)
] מושב ככסא מלכותו ב[דבירי כבודו	4Q**405** 20ii-22,2	(XI)
] ממלכות מושבי כבוד למרכבו[ת	4Q**405** 20ii-22,4	(XI)
ירננו {{מ}}מתחת מושב כבודו	4Q**405** 20ii-22,9	(XI)
בערי] / [מ]ושבו[תם	4Q**414** 7,9	(XXXV)
במוש]בותם ובעשר ה[שנים	4Q**496** 13,3	(VII)
כו]ל בני יפת במושב[ותיהם	4Q**496** 13,4	(VII)
בע]רי מושב[ותם]	4Q**512** 7-9,3	(VII)
] מושב ב[	4Q**512** 73,3	(VII)
ממלכו]ת מוש[בי כבוד למרכבות	11Q**17** VII,6	(XXIII)
[לדורותיהמה] בכול מושבותמה	11Q**19** XVII,4	
והביאותמה מנחה חדשה ליהוה ממושבותיכמה	11Q**19** XVIII,13	
[חוק] עולם לדורותיהמה בכול מושבותיהמה	11Q**19** XXI,9	
והקרבתמה שמן חדש ממשבות	11Q**19** XXI,14	
וקדשתמה אותו לזכרון בכול מושבותיכמה	11Q**19** XXVII,9	
וע[ש]יתמה בח[צר פ]נימה ב[י]ת מ[ו]שבות	11Q**19** XXXVII,8	
ושולחנות / לפני המושבות בפרור הפנימי	11Q**19** XXXVII,9	
במושבותיהמה עשרים גרה השקל	11Q**19** XXXIX,9	
חוק עולם לדורותיהמ]ה בכול מושבותיהמה	11Q**20** V,12	(XXIII)

dwelling noun מוֹשָׁבָה

Text	Reference	Group
אל יטול בבית מושבת / סלע ועפר	CD XI,10	
אל יטול בבית מושבת סלע ועפר	4Q**271** 5i6	(XVIII)

Moses proper noun מוֹשֶׁה, מֹשֶׁה

Text	Reference	Group
ומשה אמר אל / אחות אמך	CD V,8	
כי מלפנים עמד / משה ואהרן	CD V,18	
דברו סרה על מצות אל ביד משה	CD V,21	
ואשר אמר משה לא בצדקתך	CD VIII,14	
ואת תורת משה אל יזכור כי ◦◦◦◦◦◦◦◦	CD XV,2	
הברית אשר כרת / משה עם ישראל	CD XV,9	
הבר[י]ת לש[וב א]ל תורת משה בכל לב		
לשוב אל תורת משה בכל לב ובכל נפש	CD XV,12	
לשוב אל / תורת משה כי בה הכל מדוקדק	CD XVI,2	
יקום האיש על נפשו לשוב / אל תורת משה	CD XVI,5	
ואשר אמר משה / לישראל לא בצדקתך	CD XIX,26	
כאשר / צוה ביד מושה	1QS I,3	
בשבועת אסר לשוב אל תורת מושה	1QS V,8	
מדרש התורה א[ש]ר צוה ביד מושה	1QS VIII,15	
אשר יעבר דבר מתורת מושה ביד רמה	1QS VIII,22	
ואשר ד[בר]תה ביד מושה לאמור	1QM X,6	
[כאשר]דברתה ביד מושה	1QH[a] IV,12	
[ויקרא] על מושה [אלוהי]ם	1Q**22** 1i1	(I)
ויקרא מושה לאלעזר בן / [אהרון]	1Q**22** 1i11	(I)
[ויקרא] מושה ו[יאמר לבני י]שראל	1Q**22** 1ii5	(I)
ו[יוסף לדב]ר מושה אל בנ[י ישרא]ל	1Q**22** 1ii11	(I)
וידבר] מושה [לאמור] תעשו [	1Q**22** 1iv3	(I)
]לם משה [	1Q**62** 2,1	(I)

2Q25 1,3 (III) כי]כן כתוב בספר מושׁ[ה
4Q158 6,4 (V) וْ[יאמר] יהוה אל מושׁה ל[אמור
4Q158 7-8,3 (V)] / ויאמר יהוה אל מושה לך אמור להמה
4Q158 7-8,5 (V) ויעמוד מושה לפני[
4Q159 1ii17 (V) י]שראל שרף מוש[ה
4Q159 5,4 (V)]בקחת מושה את [
4Q159 5,7 (V) אש]ר דבר מושה[
4Q174 1-3ii3 (V)] / מושה היאה ה[
4Q175 1 (V) וידבר •••• אל מושה לאמור שמעת את קול
4Q225 1,6 (XIII) ואתה מושה בדברי עמ[כה
4Q227 1,2 (XIII)]◦ לפני מושה ◦[
4Q249 Verso 1 (XXXV) מדרש ספר מושה
4Q252 IV,2 (XXII) כאשר דבר למושה באחרית הימים
4Q255 1,3 (XXVI) כאשר] צוה ביד מושה
4Q256 IX,7 (XXVI) לשוב אל תורת משה בכול לב
4Q258 I,6 (XXVI) באסר ל[שוב א]ל [ת]ורת מש[ה]בכל לב
4Q259 III,6 (XXVI) מד]ר[ש התורה אש]ר צוה ביד משה
4Q266 1a-b,16 (XVIII) לא שמעו] / לקול מושה [
4Q266 1c-f,2 (XVIII) כאשר]צוה ביד מוש[ה
4Q266 3ii10 (XVIII) ויחפרו את הבאר] אשר אמר מוש[ה
4Q266 8i3 (XVIII) יקים עלו לשוב אל תורת מוש[ה
4Q266 11,2 (XVIII) כאשר אמר ביד / מושה על הנפש
4Q266 11,6 (XVIII) כול החוקים הנמצאים בתורת מושה
4Q267 2,6 (XVIII) סרה על מצוות אל ב[י]ד / [מוש]ה
4Q267 2,9 (XVIII) ויחפ[ו]ר[ו] / [א]ת הבאר אשר אמר מושה
4Q270 7i17 (XVIII) כ[א]שר / א[מ]ר ביד משה על הנפש
4Q271 4ii4 (XVIII) על נפשו לשוב א[ל] תורת מושה
4Q271 4ii6 (XVIII) ע]ל נפשו לש[וב אל תור]ת מושה[
4Q299 74,2 (XX)]משה פנים אבני[
4Q364 14,3 (XIII) ויואמר יהוה אל מושה על[ה אלי] ההר
4Q364 15,1 (XIII) ויבוא]מושה [ב]ת[ו]ך[הענן]
4Q364 20a-c,7 (XIII) ה[ו]אל{{ה}} מ[ושה] / באר את התורה
4Q365 2,6 (XIII) ויואמר] יהוה אל מושה השכם בבוקר
4Q365 6ai1 (XIII) ויואמר מושה אל ה[עם]אל תיראו
4Q365 6ai4 (XIII) ויואמר יה]וה[א]ל מושה מה תזעק אלי
4Q365 6ai12 (XIII) ויט מושה / [את ידו על הים
4Q365 6aii+6c,8 (XIII)] / ויסע מושה א[ת ישרא]ל מים
4Q365 6aii+6c,10 (XIII) ויזעק מושה אל [יהוה ?
4Q365 7i4 (XIII) [ויואמר יהוה אל מו]שה עבור לפני העם
4Q365 7ii2 (XIII) וירא] / יתר חותן מושה את כול
4Q365 7ii4 (XIII) ויואמר מושה לח[ות]נו כיא יבוא[אלי
4Q365 12biii2 (XIII)]כאשר צוהו יהוה את מושה
4Q365 12biii7 (XIII) כאשר צוה / יהוה את מ{{ות}}שה
4Q365 23,3 (XIII) וידבר מושה את מועדי יהוה אל בני ישראל
4Q365 23,4 (XIII) וידבר יהוה אל מושה לאמור צו
4Q365 28,3 (XIII) פי יהוה פקד אותם ביד] / [מו]שה
4Q365 28,5 (XIII) [ויהי בי]ום כלות מושה להקים את המ[שכן
4Q365 32,3 (XIII) ויקרא מוש[ה ל(י)הושע בן נון יהושוע
4Q365 35ii3 (XIII) וידבר מושה[א]ל בני[ישראל
4Q365 36,3 (XIII) כאשר צוה יהוה את] / מושה
4Q367 1a-b,2 (XIII)]וי[דבר] יהוה אל מ[ש]ה דבר לאמר
4Q367 2a-b,3 (XIII) [וידבר]יהוה אל משה לא[מר
4Q367 3,13 (XIII) המצות אשר צוה יהוה ⟦ ⟧ את]משה
4Q368 1,2 (XXVIII) ע]ם משה הדברים / [האלה
4Q368 4,2 (XXVIII)]ה אל משה לאמר / [
4Q368 9,5 (XXVIII)] ומוש[ה
4Q377 2ii2 (XXVIII)] / יבינו בחוקות מושה
4Q377 2ii5 (XXVIII)]◦◦ בפי מושה משיחו
4Q377 2ii10 (XXVIII) ומושה איש האלוהים עם אלוהים בענן
4Q378 3ii+4,5 (XXII) [ו]שמענו למושה כ[ן
4Q378 14,3 (XXII) [ויתמו ימי בכי]אבל מושה ובני יש[ראל
4Q378 22i1 (XXII)]משה אלהי ולא הכחדתם באשמתם
4Q378 22i2 (XXII) ביד ישוע משרת עבדך משה / [
4Q378 22i3 (XXII) ביד משה על ישוע למען עמך / [
4Q378 26,3 (XXII)]ועדת עליון הק[ש]יבו לקול מ[ושה
4Q379 17,4 (XXII)]◦ אברהם יצחק ויעקב ומשה / [
4Q382 104,7 (XIII) הנתתה להם ביד מושה[התורה
4Q393 3,3 (XXIX) ולשמרי מצותיך אשר] / [צויתה]אל מושה
4Q397 14-21,10 (X) [כתב]נו אליכה שתבין בספר מושה
4Q397 14-21,15 (X) [וכתוב בספר]מושה ובס[פרי הנביאי]ם
4Q397 22,3 (X) בספר מוש]ה וז[ה
4Q398 11-13,4 (X) והקללות / שכתוב בס[פר מו]שה
4Q398 14-17i2 (X) כתב]נום[[שתבין בס]פר מושה
4Q408 3+3a,4 (XXXVI) יקרא מש]ה אל כל ישראל בראתם[
4Q418 184,1 (XXXIV)]◦ [דב]ר ביד משה ו[
4Q419 1,2 (XXXVI)] / אליכם ביד משה
4Q422 III,4 (XIII) [ו]ישלח להמה את מו[שה
4Q423 11,2 (XXXIV) כאשר צו]ה ביד מש[ה
4Q470 3,6 (XIX)]ויכתב משה בדברו ככ[ל
4Q504 1-2ii9 (VII) כיא כפר מושה / בעד חטאתם
4Q504 1-2iii12 (VII) אשר כתב מושה ועבדיכה / הנביאים
4Q504 1-2v14 (VII) [כ]כול אשר צויתה ביד מושה עבדכה
4Q504 3ii16 (VII) ביד]מושה וכ◦מ◦[
4Q504 4,8 (VII)]ביד מוש[ה
4Q504 6,12 (VII)]פני מושה עב[דכה
4Q505 122,1 (VII)]מושה עב[דכה
4Q509 1-2,8 (VII)] מושה ותדבר אל[יו
4Q513 3-4,5 (VII)]ולא מתורת משה[
6Q15 3,4 (III) דברו סרה] / [על מצות אל ביד מש]ה
6Q22 3 (III)]◦ אל מוש[ה
11Q13 I,12 (XXIII)]שון מושה כיא ◦[
PAM 43.676 20,1 (XXXIII)]◦ מושה [
PAM 43.685 60,1 (XXXIII)] משה[

liquid noun **מושקה**

11Q19 XLVII,7 וכול מושקה יהיו טהורים
11Q19 XLIX,7 כול המושקה / יטמא
11Q19 XLIX,9 כול המושקה / אשר בהמה

to die verb **מות**

CD IX,1 יחרים אדם מאדם בחוקי הגוים להמית הוא
CD X,1 ואל יקובל / עוד לשופטים להמית על פיהו
CD XII,4 לא יומת כי על בני האדם / משמרו
CD XII,18 יתד בכותל / אשר יהיו עם המת בבית
CD XV,5 ולא ישא חטא / וימות
1QSb V,25 (I) וברוח שפתיכה / תמית רשע
1QH[a] XIV,34 ותולעת מתים נשאו נס לה◦◦[
1QH[a] XVI,29 ועם / מתים יחפש רוחי
1QH[a] XIX,12 להרים מעפר תולעת מתים לסוד ע[ולם]
1Q27 13,2 (I)]מביא [ל]מתים ות◦[
4Q158 9,1 (V)]יומת גונב[
4Q158 10-12,5 (V)]והוכה ומת אין לו דמים
4Q159 2-4,6 (V)] / יומת אשר עשה ביד רמה
4Q159 2-4,9 (V) ואם לוא כחש עליה והומתה ואם ב◦[
4Q159 5,1 (V)]ם אל וימותו פשר[
4Q165 6,4 (V) ולהמ[ית] נ[פש רעב ומשקה צמא יחסיר
4Q171 3-10iv8 (V) אשר צ[ופ]ה הצד[יק ומבקש] להמיתו[
4Q179 1ii2 (V)] / ונגוללה עם המתים ◦[
4Q200 7ii4 (XIX) וימ]ות בשלום בנ[
4Q219 II,36 (XIII) היאה]השנה אשר מת בה אברהם

Text	Reference	Vol.
כי א]ם / **להמיתו** ולסק[לו ולרגמו	4Q**221** 4,6	(XIII)
וי[**מות** בן מאה שנה]ושמוני[ם שנה	4Q**223-224** 2iii11	(XIII)
ביא]ר **תמות** ובי◦[	4Q**249** 1,6	(XXXV)
ולא י]**מו[ת** ונפל למש]כבו	4Q**251** 4-7i3	(XXXV)
והומת השור וסקלהו	4Q**251** 8,3	(XXXV)
י{{ש}}ספור הכוהן את השערות **המיתות**	4Q**266** 6i10	(XVIII)
יו{{ש}}סף מן / {{כ}} החי אל **המת**	4Q**266** 6i11	(XVIII)
ליוספ מן הח[יות] / על **המיתות**	4Q**266** 6i12	(XVIII)
[בח]וקי הגואים **להמית** הוא	4Q**270** 6iii16	(XVIII)
ואל יקובל ע]ד לשופט[ים ל]**המית** על פיהו	4Q**270** 6iv13	(XVIII)
העור]החי ואת **המת**[	4Q**272** 1i5	(XVIII)
]**המת** מן / [החי		(XVIII)
אם יוסף] מן החי אל **המ[ת]**	4Q**272** 1i19	(XVIII)
]ה לא **ימות** [	4Q**273** 3,1	(XVIII)
נ]דרו לא **להמית** איש[	4Q**275** 2,4	(XXVI)
]לא **ימות** בהם[	4Q**282**o 2	(XXXVI)
] / לנפש אדם אשר **ימות** ב[	4Q**284** 4,5	(XXXV)
]◦ **והמיתו** נשיא העדה צמ[ח] / [דויד	4Q**285** 7,4	(XXXVI)
ומכה אביו ואמו מות]**יומת**[	4Q**364** 13a-b,3	(XIII)
וי]**מ[ות** שם בשנת] / [הארבעים	4Q**364** 19a-b,6	(XIII)
בן] / [שלוש ועשרים ומאת] שנה **במותו**	4Q**364** 19a-b,8	(XIII)
] / [עבוד את מצרי]ם **ממותנו** במדבר	4Q**365** 6ai1	(XIII)
העליתנו ממצ]רים **להמית** אותנו	4Q**365** 7i2	(XIII)
[יפו]ל עליו **במותם** יטמ[א מכול כלי עץ	4Q**365** 16,1	(XIII)
] **מות** / [יומתו ד]מיהם בם	4Q**367** 3,4	(XIII)
וי[מ]**ת** האדם וה[בהמה	4Q**370** 1i6	(XIX)
להש]יבכה מאחרי אלוהיכה **יומת**	4Q**375** 1i5	(XIX)
ואמר לוא **יומת** כיא צדיק הואה	4Q**375** 1i6	(XIX)
]ים ולא **תמו[תו**	4Q**388** 7,2	(XXX)
ושלמה כמשפט **המת** או החלל הוא	4Q**396** 1-2iv3	(X)
ושלמה כמ]ש[פ]ט **המת** או החל[ל] / [הוא]	4Q**397** 6-13,11	(X)
ומה יאנחו **מתים** על כ[ל יומ]ם	4Q**418** 69ii5	(XXXIV)
]◦◦ **להמית** ◦◦[	4Q**461** 1,1	(XXXVI)
אם מ]**תו** רוב חלל[י]ם לאין מ[קב]ר	4Q**492** 1,10	(VII)
ולוא] **ימותו** בטמא[תם	4Q**509** 32,2	(VII)
כי ירפא חללים **ומתים** יחיה ענוים יבשר	4Q**521** 2ii+4,12	(XXV)
יהי[ו כאשר] / [יקי]ם המחיה את **מתי** עמו	4Q**521** 7+5ii6	(XXV)
גם המ]ה **יומת[ו]** / [ולוא יחללו את מקדש	4Q**524** 1,2	(XXV)
]פצועי שר[ף י]**ומת[ו**	4Q**525** 15,9	(XXV)
איש/אנשי] / דמים **המי[ת(ו)**	4Q**525** 16,5	(XXV)
]הוא אין / הוא כוהן י[ו]**מת**	11Q**19** XXXV,5	
אשר בה]מה מלא את / ידיו גם המה **יומתו**	11Q**19** XXXV,7	
לשאת / עוון אשמה **למות**	11Q**19** XXXV,8	
]בני ישראל ולוא **ימ[ותו**	11Q**19** XL,3	
ולוא תשימו קורחה בין עיניכמה / **למת**	11Q**19** XLVIII,9	
המה / קוברים את **מתי**המה	11Q**19** XLVIII,12	
אשר תהיו קוברים את **מתי**כמה בהמה	11Q**19** XLVIII,13	
ואדם כי **ימות** בעריכמה	11Q**19** XLIX,5	
כול בית אשר **ימות** בו המת יטמא		
כול בית אשר ימות בו **המת** יטמא		
וביום אשר יוציאו ממנו את **המת**	11Q**19** XLIX,11	
ביום אשר / יצא **המת** ממנו	11Q**19** XLIX,14	
ויטהרו לערב / מה**מת** לגעת בכול טהרתמה	11Q**19** XLIX,21	
ת]ערובת **המת** [	11Q**19** L,2	
איש אשר יגע על פני השדה בעצם אדם **מת**	11Q**19** L,5	
ובחלל חרב / או **במת** או בדם אדם מת	11Q**19** L,6	
או במת או בדם אדם **מת** או בקבר		
ואשה כי תהיה מלאה **וימות** ילדה במעיה	11Q**19** L,10	
אשר / הוא בתוכה **מת** תטמא ככקבר	11Q**19** L,11	
כול איש אשר יגע בהמה **במותמה**	11Q**19** L,21	
וכול הנוגע בהמה ב]**מותמה** יטמא	11Q**19** LI,2	
אשר יקח שוחד ויטה משפט צדק **יומת**	11Q**19** LI,17	
ולוא תגורו ממנו / **להמיתו**	11Q**19** LI,18	
והנביא ההוא או חולם החלום **יומת**	11Q**19** LIV,15	
וימת האיש ההוא ובערתה הרע מישראל	11Q**19** LVI,10	
ואם **מתה** ונשא / לו אחרת מבית אביהו	11Q**19** LVII,18	
וידעונים ודורש אל **המתים**	11Q**19** LX,19	
ידבר בשם] אלו[הים אח]רים / **והומת**	11Q**19** LXI,2	
כול אנשי עירו באבנים / **וימות**	11Q**19** LXIV,6	
ותליתמה אותו על העץ **וימת**	11Q**19** LXIV,8	
ועל פי שלושה עדים / **יומת**	11Q**19** LXIV,9	
ותליתמה גם אותו על העץ / **וימות**	11Q**19** LXIV,11	
] / וסקלום באבנים[ו]**יומתו** את הנערה	11Q**19** LXVI,2	
והומת האיש השוכב עמה לבדו	11Q**19** LXVI,5	
]טמאו **במת** / [	11Q**20** XIV,4	(XXIII)
אשר יגע על פני השדה בעצם אדם] / **מת**	11Q**20** XIV,9	(XXIII)
אשר הוא בתוכה] / **מת** תטמ[א ככבר	11Q**20** XIV,12	(XXIII)
אשר יקח שוחד ויטה משפט צדק] / **יו[מת**	11Q**20** XV,8	(XXIII)
ידכה תהיה בו ברא]ישונה **להמיתו**	11Q**20** XVI,6	(XXIII)
]ל **אמיתו**[	PAM 43.679 3,1	(XXXIII)
]**מתים** ◦[	PAM 43.700 74,2	(XXXIII)

death noun **מָוֶת**

Text	Reference	Vol.
מיום **מות** אלעזר / ויהושע ויושע והזקנים	CD V,3	
ובחרון אפו בו דבר בו בדבר **מות**	CD IX,6	
והוא אחד אם דבר **מות** הוא	CD IX,17	
עד מחיר **מות** אל יפדהו	CD XVI,8	
עד מחיר **מות** אל יקימהו	CD XVI,9	
והוא **כמות** לוא ישבע	1QpHab VIII,4	
כיא באו בנים עד משברי **מות**	1QH[a] XI,8	
כיא במשברי **מות** תמליט זכר	1QH[a] XI,9	
וחבלי **מות** אפפו לאין פלט	1QH[a] XI,28	
ונפ[שי תגיע]עד שערי **מות**	1QH[a] XIV,24	
] / משברי **מות** ושאול על יצועי	1QH[a] XVII,4	
ע]מי על **מותך** ⟦ ⟧[	1Q**18** 1-2,1	(I)
] / [בשנת **מו]ת** המלך אח[ז היה המשא הזה	4Q**163** 8-10,11	(V)
כיא דרכיה דרכי **מות**	4Q**184** 1,9	(V)
שעריה שערי **מות** בפתח ביתה תצעד	4Q**184** 1,10	(V)
ואשמתה אשמת **מות**[לפני אל עליון]	4Q**219** II,25	(XIII)
כי משפט / **מות** הואה [ו]נאצ[ה היאה	4Q**221** 4,4	(XIII)
תמותי כי חנם תדברי עמי על]**מותכי**	4Q**223-224** 2i47	(XIII)
]כול אשר לא נפש עליו **מות** בק[בר יקבר	4Q**251** 18,6	(XXXV)
בספר] / [התורה]למה ישוג בדבר **מות** [	4Q**266** 5ii3	(XVIII)
[כי מ]שפט **מות** הו[אה	4Q**266** 6ii10	(XVIII)
ואם בדבר **מות** ינטור ולו[י]שוב / [עוד	4Q**266** 10ii1	(XVIII)
עד מחיר **מות** אל[יפדהו	4Q**271** 4ii9	(XVIII)
עד מחיר **מות** אל יקי[מהו	4Q**271** 4ii10	(XVIII)
] / **מותכה** ועל עיני[ך ?	4Q**364** 3ii3	(XIII)
תושיעני ותעלני מאהלי **מות** ות[	4Q**381** 31,2	(XI)
ואם שמו בראו[ש]כה **למות** הפקידהו	4Q**416** 2iii6	(XXXIV)
ובמותכה יפר[ח לעו]לם זכרכה	4Q**416** 2iii7	(XXXIV)
]◦ם **מות** יתנו באיש ונת[	4Q**417** 3,1	(XXXIV)
ואם שמו] / ברושכה **למות**[	4Q**418** 9+9a-c,5	(XXXIV)
ובמותכה יפרח [לעו]ל[ם] זכרכה[	4Q**418** 9+9a-c,6	(XXXIV)
ודאבה נפשכה מכול טוב **למות**[	4Q**418** 127,1	(XXXIV)
את/כול] / מקניהםה ובהמתם ל[**מו]ת** הסגיר	4Q**422** III,9	(XIII)
]**מותם** בג[	4Q**468**k 5	(XXXVI)
]**במותו** [	4Q**512** 77,3	(VII)
ולמות יהי[ו כאשר] / [יקי]ם המחיה	4Q**521** 7+5ii5	(XXV)
] / וגי **מות** ב[	4Q**521** 7+5ii11	(XXV)

4Q**525** 15,5 (XXV) ובו יעופפו רשפ[י]**מות** במבואו תצע[
4Q**525** 32,3 (XXV)]מֿ**מות** [
11Q**5** XIX,9 (IV) **למות** / הייתי בחטאי
11Q**19** LXIV,9 כי יהיה באיש חטא֯ משפט **מות**
11Q**19** LXVI,6 אין לנערה חטא **מות**

מוֹתְנַיִם ← מָתְנַיִם

advantage, surplus noun מוֹתָר
4Q**417** 2i17 (XXXIV) ואתה אם תחסר טרף מחסורכה **ומותריכה** [
4Q**418** 126ii15 (XXXIV)]ֿידכה **למותר** ופרץ מקניכֿ[ה

altar noun מִזְבֵּחַ
CD VI,12 לבלתי בוא אל המקדש להאיר **מזבחו** חנם
CD VI,13 ולא תאירו **מזבחי** / חנם
CD XI,17 אל יעל איש **למזבח** בשבת
CD XI,19 אל ישלח / איש **למזבח** עולה ומנחה
CD XI,20 להרשותו לטמא את **המזבח**
CD XVI,13 אל ידור איׄש **למזבח** מאום אנוס
4Q**158** 4,4 (V) ויעל את העולה על **המזב[ח**
4Q**173** 5,3 (V) עד קרנ]ות **המזבח** יבׄ[או
4Q**174** 6-7,5 (V) וכליל על **מזבחכה**[ברך יהוה חילו
4Q**175** 18 (V) ישי֯מ֯ו֯ קטורה באפך וכלי֯ל֯ על **מזבחך**
4Q**219** I,32 (XIII)] / **המזבֿ[ח** עם סולת מנחתוה בלולה בשמן
4Q**219** II,8 (XIII) תחת הקורבן על ה]**מזבח** [נבחני מראיהם
4Q**220** 3 (XIII) ואת דמם תזרׄוׄק עׄל **המזב[ח]**
4Q**220** 4 (XIII) כל]בׄשר העׄלה תקטֿ[י]ר על **המזֿ[בח**
4Q**220** 5 (XIII) ת]קׄטיר הכול על **המזבח** אשה ריח ניחוח
4Q**220** 6 (XIII) תקטיר על האש אשר על **המזבח**
4Q**266** 3ii19 (XVIII) ולא תאי]רו **מזבחי** חנם
4Q**271** 4ii13 (XVIII) אל ידור איש **למֿ[זבח** מאום אנוס
4Q**276** 4 (XXXV) בכלי חרש אשׄר / קד]ש **במזבח**
4Q**365** 9bii2 (XIII) ולקחתה מן] / הדם אשר על **המזבח**
4Q**365** 12a-bii7 (XIII) [וי]עׄשו את **מזבח** ההולה עצי שטים
4Q**365** 12a-bii9 (XIII) ויעשו את כול כלי **המזבח**
4Q**365** 12a-bii11 (XIII) ויעשו **למזבח** מכבר מעשה / רׄשׄת נֿ[חושת
4Q**365** 23,6 (XIII) לערוך אותם על **מזבח** העולהֿ
4Q**385**a 5a-b,4 (XXX)]**המזבח**[
4Q**387** 3,1 (XXX)]◦**המזֿ[בח**
4Q**388** 5,3 (XXX) **מז]בח**[
4Q**390** 2ii11 (XXX)] / [יח]ללו בה וׄ[א]תׄ **מזבׄ[ח**
4Q**391** 48,2 (XIX)]**למֿזבחי** מצׄ[רים
4Q**394** 3-7ii19 (X) ו]מֿוציאים את דשא / [ה]**מֿזבח**
4Q**409** 1ii8 (XXIX)] / על **מזב[ח**
11Q**5** XVIII,9 (IV) כמדשן **מזבח** ברוב עולות
11Q**5** XXVII,5 (IV) ושיר לשורר לפני **המזבח** על עולת / התמיד
11Q**19** II,6 כי] / [את **מזבחו]תֿ**יהםה תתוצון
11Q**19** III,14 וכול **מזבח** העולֿ[ה
11Q**19** VIII,11 ביום השבת ע]ל **מזבח** הקטורת
11Q**19** XVI,6 [והקריב על **המז]בח** והקטיר אֿ[ת חלב הפר
11Q**19** XVI,17 דמו יזרוק ע[ל אר]בע פנות עזרת **המזבח**
11Q**19** XVI,18 ואת נֿ[סכ]ו יקט[י]רֿ **המזבח** חטאת קהל הואֿ
11Q**19** XX,4 ואת חלבם]יקֿטירו על **המ[זבח**
11Q**19** XX,11 ויקטירו על **המזבח** ואת הנותר מהמה יוכלו
11Q**19** XXI,10 לנסך נסך שכר יין חדש על **מזבח** יהוה
11Q**19** XXI,16 השמן הזה ראשית ה?]יצהר על **מזבח** העולה
11Q**19** XXII,6 וא]ת חלבמה יקטירו על **מזבחֿ** הֿ[עולה
11Q**19** XXIII,8 [והקריבום ברובע היו?]ם על הֿ[**מ]זבח**
11Q**19** XXIII,12 והעלהֿ אתֿ / דמו **למזבח** במזרק
על ארבע קרנות **מזבֿ[ח]** / העולה
11Q**19** XXIII,13 ועל ארבע פנות עזרת **המזבח**
11Q**19** XXIII,14 את דמו על יסו[ד] / עזרת **המזבח** סביב
ואת חלבו יקטיר **המזבח**
11Q**19** XXIII,17 ויקטר / הכול על **המזבח** עם מנחתו
11Q**19** XXVI,8 ואת מנחת / נסכו יקטיר על **מזבח** העולה
11Q**19** XXVII,4 הכבשים כמש]פטמה / על **מזבח** העולהֿ
11Q**19** XXVIII,2 הכול על] / **המֿזבחֿ** אשי ר[יח ניחוח
11Q**19** XXXI,11 אחת ועשרים / אמה רׄחׄוׄק **מֿהמֿזבֿחֿ**
11Q**19** XXXII,7 ולהקֿטיר על **המזבח** / העו[לה
11Q**19** XXXIII,13 מדולתים בתים לכלי **המזבח**
11Q**19** XXXIII,15 ואת / הֿרגלים על **המזבח**
11Q**19** XXXIV,8 וׄזורקים אותׄו עׄל יסוד **המזבח** סביב
11Q**19** XXXIV,12 ומקטירים אותמה על / האש אשר על **המזבח**
11Q**19** XXXIV,14 את הכול / על **המזבח** אשה ריח ניחוח
11Q**19** XXXV,8 וקדשת{{מ}}ה את סֿ[בי]ב **למזבח**
11Q**19** XXXV,15 והעוף על **המזבח** יעשה התורים
11Q**19** XXXVII,4 [החצר] הֿפנימיׄת לׄעזרת ה[**מז]בֿחֿ**
11Q**19** XLIII,10 למועד יום הקרב שמן חדש ע֯ל֯ה֯**מזבח**
11Q**19** LII,21 וזרקו את דמו על יסוד **מזבח** העולה
11Q**20** I,10 (XXIII) וה]קריבו על **המֿ[זבח** לכול יום ויום]
11Q**20** IV,14 (XXIII) ואת חלבמה יקט]ירו על **המזבח**
11Q**20** VI,12 (XXIII) יקריבו] / **למזב[ח** את העצי]םֿ[
PAM 43.675 4,2 (XXXIII)]◦◦ות **מזבחׄוׄתׄ**◦◦[

doorpost noun מְזוּזָה
11Q**19** XLIX,13 ומנעוליו **ומזוזותיו** ואספיו ומשקופיו

food noun מָזוֹן
4Q**364** 11,4 (XIII) נושאות] / בר וׄלחם **ומזון** לאביהו לד[רך
4Q**521** 5i+6,7 (XXV) [ובעבור רוב]**מזון** אמונׄ[י]םׄ יגדלו

wound noun מָזוֹר-1
4Q**167** 2,1 (V) ולוא יגהה מכ]םׄ **מזור**
4Q**372** 2,13 (XXVIII)]ראשו באבן **המז[ור**

sling, catapult (?) noun מָזוֹר-2
1QH[a] X,27 **למזורות** יבקעו / אפעה
2Q**22** I,2 (III) ועשיתי ק]לעי **המזור** עם קשתות
4Q**373** 1a+b,7 (XXVIII)] / ועשיתי קלעי **מזור** ע[ם קשתות

to be melted, cast verb מזז
1QM V,5 זהב וכסף ונחושת **ממוזזים** / ואבני חפץ
1QM V,8 וכסף ונחושת **ממוזזים** כמעשי צורת מחשבתֿ

constellation noun מַזָּל
4Q**287** 1,2 (XI)]◦מה **במזלותמה** / [
8Q**5** 1,4 (III)]**למֿ[ז]לוׄתׄ** השמֿ[ים

flow, utterance noun מַזָּל
1QSb III,27 (I) **וממזל** שפתיכה כול [שרי] / עמים
1QH[a] XIX,5 ובלשוני / [תהל]ה **ומזל** שפתי במכון רנה
4Q**416** 7,3 (XXXIV)]**מׄזל** שפתיו לפי רוחו וׄקח[
4Q**418** 222,2 (XXXIV) שמ]עה רוחו **ומזל** שפתו א[ל
4Q**491** 11i17 (VII)]**וׄמזל** שפתי מיא יכיל
4Q**511** 22,3 (VII) כול לש]ון ישמע **ומזל** / [כול שפתים
4Q**511** 63-64ii4 (VII) ותרומת **מזל** שפתי צדק
4Q**525** 8,2 (XXV)]**ממזל** רוח שפת[י(ה)

fork noun מַזְלֵג
4Q**365** 12a-bii10 (XIII) ואת ה]מֿזרקות ואת **המזלגות** ואת המחתות

Reference	Vol.	Text
4Q523 1-2,4	(XXV)	גנ]בו המזלגות ו[

plan, plot, prudence noun מְזִמָּה

Reference	Vol.	Text
CD V,19		את יחנה ואת / אחיהו במזמתו
1QS XI,6		דעה ומזמת ערמה מבני אדם
1QH^{a} X,16		ומזמות בליעל [כול] / מחשבותם
1QH^{a} XII,21		ולא רמיה במזמת לבכה
1QH^{a} XIII,10		חמת תנינים כול מזמותם לחתוף
1QH^{a} XVII,12		כי אתה יסדתה רוחי ותדע מזמתי
1QH^{a} XVIII,1		]מזמת לבכה [
1QH^{a} XXIII,5		] / מזמה אשר הו[
1QH^{a} 46i3		] יש במזמת / [
4Q171 1-2i18	(V)	במצליח דרכו באיש / [עוש]ה מזמות
4Q266 3ii6	(XVIII)	את י]חנה ו[את אחיהו במזמ]תו
4Q267 2,2	(XVIII)	]את יחנה וא[ת אחי]הו במזמ[תו
4Q280 2,6	(XXIX)	[ומ]קימי מזמתכה בלבבמה
4Q286 7ii11	(XI)	ומקימי מזמתמה [בלבבמה
4Q299 3aii-b,10	(XX)	ומזמות כול מעשה ומח[שבות
4Q301 3a-b,5	(XX)	ונורא הואה במזמת אפו נכבד הוא[
4Q402 3ii13	(XI)	] / [ו]מזמת כבוד[ו
4Q413 1-2,1	(XX)	מזמת ד[עת מצאו] וחוכמה אלמדכמה
4Q491 14-15,8	(VII)	][ ]במז[מת
6Q15 3,2	(III)	את] / [יחנה ואת אחיהו במז]מתו
11Q13 III,8	(XXIII)	] / במזמ[ו]ת בלבם ה[

psalm noun מִזְמוֹר

Reference	Vol.	Text
4Q403 1i40	(XI)	ל[מזמו]ר בשמחת אלוהים
4Q448 I,1	(XI)	הללויה מזמו[ר] שיר[

trough, canal noun מזקא

Reference	Vol.	Text
3Q15 II,9	(III)	ובמזקא שבו ככרין עסר
3Q15 X,3	(III)	בכירגר מזקות שרוו מהנחל / הגדול

east noun מִזְרָח

Reference	Vol.	Text
2Q23 1,9	(III)	]ינו הנה ממזרח ומצפון / [
3Q15 I,2	(III)	תחת / המעלות הבואת למזרח
3Q15 II,10	(III)	בבור שתחת החומא מן המזרח
3Q15 II,13	(III)	בברכא שבמזרח כחלת
3Q15 III,11	(III)	בקבר שבמלה ממזרחו / בצפון
3Q15 V,5	(III)	בסדק שבסככא מזר[ח]
3Q15 VI,2	(III)	העמוד של שני / [ה]פתחין צופא מזרח
3Q15 VI,9	(III)	הרגם הצופא / למזרח
3Q15 VIII,1	(III)	[בא]מא שבדרך מזרח בית / אחצר
3Q15 VIII,2	(III)	שבדרך מזרח בית / אחצר שמזרח אחזר
3Q15 IX,5	(III)	גב צריח הצופא / מזרח
3Q15 IX,12	(III)	לכפר נבו ב / מ‹ז›רח כלפיהם
4Q169 3-4ii12	(V)	]ערי המזרח כי השול[י]ם
4Q176 4-5,2	(V)	ממזרח אבי[א זרעך וממערב אקבצך]
4Q320 1i1	(XXI)	]להראותה מן המזרח / [
4Q365a 2ii4	(XIII)	ומשער אשר עד פנת מזרח{{ה}}
4Q458 9,2	(XXXVI)	] ממזרח ו[
11Q19 XXXI,10		ועשיתה בית לכיור נגב מזרח
11Q19 XXXI,12		]ושערים עשו לה מהמזרח ומהצפון
11Q19 XXXIII,8		ועשיתמה בית למזרח בית ה[כ]יו[ר]
11Q19 XXXIX,12		שמעון לוי ויהודה בקדם מזרח
11Q19 XXXIX,14		מדה מן פנה למזרח צפון
11Q19 XL,9		למזרח ולדרום ולים ולצ[פו]ן
11Q19 XL,11		שלושה ב[ו] שערים במזרח
11Q19 XLI,11		ומשער / אשר עד פנת {{של?}} המזרח
11Q19 XLIV,2		]אשר בתוך העיר למ[זרח ?
11Q19 XLVI,17		ועשיתה / שלושה מקומות למזרח העיר

eastern adjective מִזְרָחִי

Reference	Vol.	Text
3Q15 II,7	(III)	בבור שנגד השער המזרחי
3Q15 III,5	(III)	תחת הפנא האחרת המזרח / ית
3Q15 IV,11	(III)	בשית המזרחית שבצפון כח / לת
3Q15 VII,12	(III)	ברוק תחת פנת המשמרה / המזרחית
11Q20 X,6	(XXIII)	ואת החטאות במקצ]וע המזרחי צפונה

bowl, basin noun מִזְרָק

Reference	Vol.	Text
3Q15 III,3	(III)	מזרקות כוסות מנקיאות / קסאות
4Q365 12a-bii10	(XIII)	וא]ת היעים ואת ה]מזרקות ואת המזלגות
4Q440b 1	(XXXVI)	]מזר[ק] שי[
11Q19 XXIII,12		והעלה את / דמו למזבח במזרק
11Q19 XXVI,6		והעלה] / את דמו במזרק הזהב אשר בי[דו
11Q19 XXXIII,13		לכלי המזבח למזרקים ולקשואות ולמחתות
11Q19 XXXIV,7		ויהיו כונסים א[ת הדם] במזרקות

to protest (?) verb מחא

Reference	Vol.	Text
4Q270 2ii5	(XVIII)	]מחא להרים [את הקודשים ?

loop (?) noun מַחְבֶּרֶת

Reference	Vol.	Text
1QM V,5		והמגן מוסב מעשי גדיל שפה וצורת מחברת
1QM V,8		ומחברת הצ[ו]רה מזה ומזה

to wipe out verb מחה-1

Reference	Vol.	Text
1QS XI,3		ובצדקותו ימח פשעי
4Q215a 1ii3	(XXXVI)	וימח כול רשעם / בעבור חס[ד]יו
4Q252 IV,2	(XXII)	תמחה אתזכר עמלק / מתחת השמים
4Q266 1c-f,4	(XVIII)	]מחה את מע[ ]ה להבי [
4Q299 3aii-b,8	(XX)	] / המרה את דבר עושו ימחה שמו מפי כול[
4Q370 1i6	(XIX)	עלכן נ[מחו] כלאש[ר ב]חרבה
4Q393 1ii-2,5	(XXIX)	וכו]ל עונותינו מחה

city noun מָחוֹז

Reference	Vol.	Text
4Q417 2i18	(XXXIV)	א]ם / תותיר הובל למחוז חפצו

wounding (?); dancing (?) noun מחוללה

Reference	Vol.	Text
4Q285 7,5	(XXXVI)	בנגעי]ם ובמחוללות וצוה כוהן / [השם

rule, statute noun מחוקקה

Reference	Vol.	Text
CD VI,9		הבאים לכרות את הבאר במחוקקות

hastening noun מחושה

Reference	Vol.	Text
1QM I,12		מחושה עד תומה לפדות עולמים

vision noun מַחֲזֶה

Reference	Vol.	Text
4Q175 11	(V)	מחזה שדי יחזה נופל וגלו עין
4Q300 8,1	(XX)	מ]חזה ימינו[

reeling noun מחיגה

Reference	Vol.	Text
4Q374 2ii6	(XIX)	ומחיג[ה]לפרעה עב[

survival noun מִחְיָה

Reference	Vol.	Text
1QM XIII,8		בקרבנו לעזר שארית ומחיה לבריתכה
1QH^{a} XIV,8		תרים למצער מחיה בעמכה ושארית בנחלתכה

price noun מְחִיר-1

Reference	Vol.	Text
CD XVI,8		עד מחיר מות אל יפדהו
CD XVI,9		עד מחיר מות אל יקימהו

1QS V,17 כול מאומה / אשר לוא במחיר
1QH[a] XVIII,10 כבודכה ולגבורתכה אין מחיר
1Q27 1ii6 (I) ונמכר בלוא מחיר כי ◦ת◦[
1Q27 1ii8 (I) וכ[ול מח]יר לוא ישוה ב◦[
4Q160 7,3 (V)]יחלתי פניה רכוש והון ומחיר[
4Q271 4ii9 (XVIII) עד מחיר מות אל[יפדהו
4Q271 4ii10 (XVIII) עד מחיר מות אל יקי[מהו
4Q299 65,3 (XX) מ]חסור ולמחיר[
4Q301 2b,3 (XX) וירד בו בשוט בלוא מחיר
4Q416 2ii7 (XXXIV) כי אין מחיר שוה [בה
4Q416 2ii17 (XXXIV) ובמחיר / אל תמכור כבודכה
4Q417 2ii+23,9 (XXXIV) כיא א[י]ן מחיר שוה[
4Q427 7ii10 (XXIX) וכושלי ארצ ירים לאין מחיר

מְחִיתָּה ← מְחִתָּה

to forgive verb מחל
4Q267 4,4 (XVIII)]מחול לוא יביאנו / [

sickness noun מַחֲלֶה
1QpHab IX,1 שערוריות מחלים / רעים עשו בו
4Q181 1,1 (V) ומחלים רעים / בבשר לפי גבורות אל
4Q365 6aii+6c,13 (XIII) כול המחלים אשר ש[מ]תי במ[צרים]
4Q368 10i7 (XXVIII)] מחלים / רעים ומכה גד[ו]לה

sickness noun מַחֲלָה
4Q427 7ii6 (XXIX) לאין מחל[ה נאספה עולה]
4Q431 2,5 (XXIX) לאין מחלה נאספ[ה] / [עולה

hole noun מְחִלָּה
11Q19 XXXII,13 ו/למחלה יורדת [ופוש]טת אל תוך הארץ

מַחֲלוֹקֶת ← מַחֲלֹקֶת

division, portion noun מַחֲלֹקֶת, מַחֲלוֹקֶת
CD XVI,3 ספר מחלקות העתים / ליובליהם
1QSa II,1 (I) והלויים בתו[ך מחל]קת עבודתו
1QM II,10 ומלחמת המחלקות ב{{ע}}תש ועשרים
4Q171 3-10iv23 (V) ה]מה שבע מחלקות / שבי יש[ראל
4Q216 I,11 (XIII) ואת אשר יבוא הגיד לו את מ]חלקות [הע]תים
4Q217 2,1 (XIII)]מחלקות העתים לתורה ול[תעודה
4Q228 1i2 (XIII) אות]ם [במחל]ק[ו]ת העתים / [
4Q228 1i4 (XIII) ואספ]ר לפנו מחלקת עתו וכל / [
4Q228 1i7 (XIII)]ת במחלקת עתה ימצאנה / [
4Q228 1i9 (XIII) כי כן כתוב במחלקות / [
4Q270 6ii17 (XVIII)] / [על ספר]מחלקו[ת העתים]ליובליהם
4Q271 4ii5 (XVIII) על ספר[מח]ל[קות העתים ליובליהם
4Q286 1ii11 (XI)]ושבתות ארץ במחל[קותמה ומו]עדי דרו[ר
4Q317 1+1aii11 (XXVIII) בו תגלה] / מחלוקת אחת[וכן תבוא ללילה]
4Q317 2,30 (XXVIII) ב]ו תגלה מחלוקת אחת וכן תבוא[ללילה
4Q317 4,33 (XXVIII) בו]תכסה מ[ח]לוקת א[חת וכן תבוא ליום
4Q317 9,13 (XXVIII) תגלה מחלוק[ת] / [אחת]וכן תבו[א ללילה
4Q372 3,6 (XXVIII) ולא יובדו מחלקותם כי כלם[
4Q384 9,2 (XIX) בספר מ]חלקות העת[ים
4Q471 1,8 (XXXVI) ומלחמ]ת מחלקו[תם
4Q496 5-6,2 (VII) ומלחמת המחלקו]ת בתשע וע[שרים
11Q13 III,18 (XXIII)] / [מח]לקות[העתים
11Q19 XV,5 המלואים לכול] / [יום] ויום כמחלקו[תיהמה

desirable thing noun מַחְמָד
4Q163 32,1 (V)]מחמד[

camp noun מַחֲנֶה
CD VII,6 ואם מחנות ישבו כסרך הארץ
CD IX,11 ולא נודע מי גנבו ממאד המחנה
CD X,23 ואל ישתה כי אם היה במחנה
CD XII,23 וזה סרך מושב / [ה]מ[חנו]ת
CD XIII,4 ולבוא על פיהו כל באי המחנה
CD XIII,5 ובא הכהן ועמד במחנה
CD XIII,7 וזה סרך המבקר למחנה
CD XIII,13 אל ימשול איש / מבני המחנה
העדה זולת פי המבקר אשר למחנה
CD XIII,16 כי אם הודיע / למבקר אשר במחנה
CD XIII,20 וזה מושב המחנות לכל ◦[
CD XIV,3 וסרך מושב כל המחנות
CD XIV,9 והמבקר אשר / לכל המחנות
CD XV,14 נגלה מן התורה לרוב / המחנה
CD XIX,2 ואם מחנות ישבו כסרך / הארץ
CD XX,26 יכרתו מקרב המחנה
1QSa II,15 (I) לפי כבודו כמ[עמדו] במחניהם וכמסעיהם
1QSb 29,3 (I)]מחנים [
1QM III,4 ועל חצוצרות המחנות / יכתובו שלום אל
1QM III,5 יכתובו שלום אל במחני קדושיו
1QM III,14 על אותות ראשי המחנות
1QM IV,9 על אות השנית מחני אל
1QM VI,10 וכן / יעמודו לכול ע[ב]רי המחנה
1QM VII,1 וסורכי המחנות יהיו מבן {{◦◦}}חמ{{◦}}שים
1QM VII,3 נער זעטוט ואשה לוא יבואו למחנותם
1QM VII,7 ורוח יהיה / בין כול מחניהמה למקום היד
ערות דבר רע לוא יראה סביבות כול מחניהם
1QM X,1] / מחנינו ולהשמר מכול ערות
1QM XIV,2 ואחר העלותם מעל החללים לבוא המחנה
1QM XVI,3 ה]הואה על עומדם נגד מחני כתיים
1QM XIX,8 למחנ]יכה וישראל למלכות עולמים
1QM XIX,9 המח]נה [ב]ל[י]לה ההוא
1Q31 2,3 (I)] / במחנים[
2Q21 1,4 (III) ויצא מושה אל מחו]ץ למחנה
4Q249f 1-3,5 (XXXVI) ראשי] / [אלפי ישראל כמעמדו במח]ניהם[
4Q266 7ii6 (XVIII)] כול המחנה / [
4Q266 7iii3 (XVIII)] / למבק[ר א]שר על המחנה ⟦ ⟧[
4Q266 8i4 (XVIII) וכול אשר נגלה מן התורה לרוב המחנה
4Q266 9iii3 (XVIII) כי אם[הודיע למבקר] / [א]שר במחנ[ה
4Q266 11,17 (XVIII) וכול {{יו}} / [יושבי] המחנות יקהלו
4Q267 8,4 (XVIII) למבק]ר אשר על המ[חנה
4Q267 9v6 (XVIII) [וסרך מושב כ]ול המ[ח]נות
4Q267 9v13 (XVIII) וה[מבקר אשר] ל[כו]ל מחנות מבן [ש]לושים
4Q270 6ii6 (XVIII) [וכל אשר נגלה מן התור]ה לרוב המח[נה
4Q270 7ii14 (XVIII) ומס[עיהם] לכל ישב [מ]חניהם
4Q273 4i8 (XVIII) במ]חניהם / [
4Q274 1i6 (XXXV) ל[ו]א תגאל את מחני קד[שי] ישראל
4Q274 2i6 (XXXV) ואמ במחנה יהיה איש
4Q364 K,3 (XIII)]המחנה[
4Q365 6ai8 (XIII) מלאך]הא[לוהים ה]הולך לפני מחנה ישראל
4Q365 6ai9 (XIII) ויסע ע]מוד ה[ענן מ]מחנה מצרים
(XIII) מ]מחנה מצרים להי[ו]ת במחנה / [ישראל ?
4Q365 32,7 (XIII) הערים אשר הואה יושב בהן המחנים
4Q376 1iii1 (XIX) ואם במחנה יהיה הנשיא אשר לכול העדה
4Q388a D,2 (XXX) ומלאך יה]וה הלך לפני מ[חנה ישראל
4Q391 16,1 (XIX)] מחנהו[

Reference	Vol.	Text
4Q394 3-7ii15	(X)	או] / [ישחט]מחוץ לסחנה שור וכשב ועז
4Q394 3-7ii17	(X)	וי]רושלי[ם] / מחנה היא וחו[צה] לסחנה[הוא
	(X)	וי]רושלי[ם] / מחנה היא וחו[צה] לסחנה[הוא
	(X)	]הוא מחנה / ער[י]הם חוצ מס[חנה
4Q394 3-7ii18	(X)	]הוא מחנה / ער[י]הם חוצ מס[חנה
4Q394 8iv8	(X)	ואין להבי למחני הק[ו]דש כלבימ
4Q394 8iv10	(X)	כי / ירושלים היאה סחנה הקדש
4Q394 8iv12	(X)	כי] ירושלימ היא ראש / ס[חנות ישראל
4Q396 1-2iii2	(X)	כי יר]ושלים היא ראש / [מ]חנות ישראל
4Q397 3,2	(X)	בצ]פון המחנה[
4Q397 3,3	(X)	וירושלים הי]א מחנה
4Q397 6-13,3	(X)	כי ירושלים היאה]מחנה הקודש
4Q400 2,2	(XI)	המה נכבדים בכול מחני אלוהים
4Q401 14i8	(XI)	המה נכבדים בכול מחני אלוהים
4Q405 20ii-22,13	(XI)	ודממ[ת] ברך אלוהים בכול מחני אלוהים
4Q477 2i3	(XXXVI)	מ]חני הרבים על[
4Q481b 2	(XXII)	ר]ב ועצום מחניהם / [
4Q491 1-3,9	(VII)	שבטיהמה[י]אצאו מחוצה למחנות אל
	(VII)	והלויי[י]ם וכול שרי המחנות
4Q491 1-3,19	(VII)	]שרי המחנות[
4Q491 8-10i17	(VII)	ואחר ישובו אל מח[נותמה
4Q492 1,8	(VII)	] / למחניכה ויש־ראל למלכות עולמים
	(VII)	ואחר יאספו המחנה בלילה [ההוא
4Q511 2i7	(VII)	שם [י]שראל [בש]נים עשר מחנות
4Q511 25,1	(VII)	]◦רו מחני[
6Q9 23,2	(III)	]בכל מח[

refuge noun מַחְסֶה

Reference	Vol.	Text
1QM XV,10		]ל מחסיהם וגבורתם כעשן נמלח
1QH[a] XV,17		ומחסי בשר אין לי [

need, poverty noun מַחְסוֹר, מַחְסֹר

Reference	Vol.	Text
1QH[a] VII,16		ושלום עד ואין מחסור
4Q299 65,3	(XX)	מ]חסור ולמחיר[
4Q415 9,9	(XXXIV)	] / ומחסורמה זה מז[ה
4Q416 1,6	(XXXIV)	] / לפי מחסור צבאם
4Q416 2ii1	(XXXIV)	למל]א כל מח[סורי אוטו
4Q416 2ii20	(XXXIV)	אל תתכבד במחסורכה
4Q416 2iii2	(XXXIV)	]◦ ומחסורכה / לוא תמצא
4Q417 2i17	(XXXIV)	ואתה אם תחסר טרף מחסורכה
4Q417 2i19	(XXXIV)	ואם תחסר לוא מבלי הון מחסורכה
4Q417 2i21	(XXXIV)	אם הון אנש[י]ם תלוה למחסורכה
4Q417 2i24	(XXXIV)	ובמחסורכה יקפץ ידו
4Q417 2ii+23,3	(XXXIV)	] / כול מחסורי אוטו
4Q417 2ii+23,25	(XXXIV)	] / אל תתכבד במחסוריכה[
4Q418 7b,7	(XXXIV)	וב]מחסורכה יקבוץ / [ידו
4Q418 14,1	(XXXIV)	]סריכה אז [
4Q418 16,3	(XXXIV)	מ]חסורכה מא◦[
4Q418 81+81a,18	(XXXIV)	] / הוצא מחסורכה לכול דורשי חפץ
4Q418 87,6	(XXXIV)	]◦ת מחסור[
4Q418 88ii5	(XXXIV)	] / יק{{ו}}פוץ ידו ממחסורכה
4Q418 97,2	(XXXIV)	מ]חסורכה קח מידו[
4Q418 107,3	(XXXIV)	]ה למחסורכה כי[
4Q418 126ii13	(XXXIV)	ואם לוא ת{{ס}}שיג ידו למחסורכה
	(XXXIV)	למחסורכה ומחסור אוטו[
4Q418 127,1	(XXXIV)	ומחסורכה לוא תמצא
4Q418 159ii5	(XXXIV)	] / התהלככה ולמח[סור
4Q418 240,3	(XXXIV)	] / מחסורכה[
4Q423 12,1	(XXXIV)	]חוק◦◦[ ]מחסור[
4Q424 1,8	(XXXVI)	תאמ[ר ממנו] / לקחת הון למחסורך

מַחְסֹר ← מַחְסוֹר

to crush verb מחץ

Reference	Vol.	Text
1QM XI,6		מיעקוב קם שבט מישראל ומחץ פאתי מואב
1QM XII,11		מחץ גוים צריכה
4Q175 12	(V)	ויקום שבט מישראל ומחץ / פאתי מואב
4Q175 19	(V)	ופעל ידו תרצה מחץ מתנים קמו

wound noun מַחַץ

Reference	Vol.	Text
1QH[a] X,5		] מחץ מכ[ת]י [מנחמי כוח
1QH[a] XVII,27		ותרפא מח]ץ מכתי ולמכשולי גבורת
4Q432 3,3	(XXIX)	]למחץ מכתי מנחמי כו[ח

half noun מַחֲצִית

Reference	Vol.	Text
4Q159 1ii6	(V)	נתנו איש כפר נפשו מחצית[השקל]
4Q159 1ii8	(V)	לשלישית מחצית הככר[
4Q159 1ii9	(V)	ולחמשים מחצית המ[נ]ה
4Q159 1ii12	(V)	שק]ל הקודש מחצ[ית
4Q265 4i5	(XXXV)	ונענש] / את מחצית לחמו חמשה ע[שר ימים
4Q265 4i8	(XXXV)	ונענש] / בם את מחצית לחמו
4Q265 4i10	(XXXV)	ונענש במה את מחצית לחמו
4Q320 1i2	(XXI)	]ל[א]ורה [ב]מחצית השמים
4Q513 1-2i2	(VII)	]מחצית / [השקל מעה שתים]עשרה זוזי[ם
4Q522 4,2	(XXV)	]כל ומחציתם מח[
4Q524 5,1	(XXV)	ו]מ[חצית העם לוא יכרתו מעריהמה
11Q19 IV,15		]מחציתו[
11Q19 XIV,3		ויין לנסך] / [ח]צי/[מחצ]ית ההין ← חֲצִי
11Q19 XIV,14		מחצית ההין [לפר האחד
11Q19 XXI,15		מחצית ההין אחד מן המטה
11Q19 XXXIX,8		ונתן כופר ?]נפשו ליהוה מחצית השקל
11Q19 XXXIX,10		וכאשר ישאו ממנו את מחצית הש[ק]ל
11Q19 LVIII,10		ושלחו לו מחצית העם את אנשי / הצבא
11Q19 LVIII,11		ומחצית העם לוא יכרתו מעריהמה
11Q19 LVIII,14		וחצו מחצית השאר בין תופשי המלחמה
11Q20 V,16	(XXIII)	מחצית ההין / [אחד מן המטה
11Q20 V,20	(XXIII)	בשמן הזה מחצית ההין / [

tomorrow noun מָחָר

Reference	Vol.	Text
4Q422 II,10	(XIII)	]◦מח[ר]אות לדור[ות] / עולם

plowing noun מַחֲרָשׁ

Reference	Vol.	Text
1QS III,2		כיא בסאון רשע מחרשו
4Q257 III,4	(XXVI)	כ[יא ב]סאון רש[ע] / מחרשו

מָחֳרָת ← מוֹחֳרָת

design, crafted item, depths (?) noun מַחְשָׁב

Reference	Vol.	Text
4Q286 5,1	(XI)	וכול מחשביה◦ / [ארץ וכו]ל יקומה[הרים
4Q403 1ii13	(XI)	וכול מחשבי הדביר יחושו בתהלי פלא
4Q403 1ii14	(XI)	וכול מחשביהם [
4Q405 23ii10	(XI)	וכול מחשביהם ממולח טוהר חשב כמעשי אורג
4Q427 7ii23	(XXIX)	וכול מחשביהמה מ[כין ב]עוזו ארצ בגבור[תו
4Q428 21,5	(XXIX)	וכול מח[שביהם מכין בעוזו ארץ בגבורתו
4Q504 1-2vii7	(VII)	] / לשמים הארץ וכול מחשביה[
4Q511 37,4	(VII)	י]רועו כול מחשביה וכו[ל אשר עליה

thought, plan noun מַחֲשָׁבָה

Reference	Vol.	Text
CD II,16		ולא לתור במחשבות יצר אשמה ועני זנות
1QS II,24		ואהבת חסד ומחשבת צדק / איש לרעהו
1QS III,15		ולפני היותם הכין כול מחשבתם

ובהיותם לתעודותם כמחשבת כבודו — 1QS III,16
ורוח דעת בכול מחשבת מעשה — 1QS IV,4
ומחשבת / קודש ביצר סמוך
ועינוהי ומחשבת יצרו — 1QS V,5
וקול הויה במחשבתו יכינו — 1QS XI,11
ולהשכיל / בכול מחשבת קודשכה — 1QS XI,19
ובעצה כול מחשבתם להרע — 1QpHab III,5
ואבני חפץ אבדני ריקמה מעשה חרש מחשבת — 1QM V,6
וכסף ונחושת ממוזזים כמעשי צורת מחשבת — 1QM V,8
בדני ריקמה מעשי חרש מחשבת ושבולת — 1QM V,9
מחורץ בין הצמידים כמעשי / עמוד מחשבת — 1QM V,10
והלוהב ברזל לבן מאיר מעשי חרש מחשבת
ומלובן כמראת פנים מעשי חרש מ[ח]שבת — 1QM V,11
ואמרו ברוך אל ישראל בכול מחשבת קודשו — 1QM XIII,2
וארור בליעל במחשבת משטמה — 1QM XIII,4
וארורים כול רוחי גורלו במחשבת / 〚 〛 רשעם
כיא גדולה מ[חשבת כבו]דכה — 1QM XIV,14
מח]שבות רשעה נער◦[— 1QH[a] IV,10
] ורזי מחשבת ורז◦◦[— 1QH[a] V,6
ובתהומות [כ]כול מחשבותך לכול קצי עולם — 1QH[a] V,15
לעבודתם לאוצרות / מחשבת לחפציה[ם — 1QH[a] IX,13
ומזמות בליעל [כול] / מחשבותם — 1QH[a] X,17
כי אתה אל תנאץ כל מחשבת / בליעל — 1QH[a] XII,12
ומחשבת לבכה תכון לנצח — 1QH[a] XII,13
שורש פורה רוש ולענה במחשבותם — 1QH[a] XII,14
למען יתפשו במחשבותם אשר נזורו מבריתכה — 1QH[a] XII,19
[ ]◦◦ מחשבת רשעה יתגוללו באשמה — 1QH[a] XIV,22
משמוע דמים השם לבבי ממחשבת רוע — 1QH[a] XV,3
ובמחשבתכה / כול דעה ובכוחכה — 1QH[a] XIX,7
ובמחשבתכה להגביר ולהכין כול — 1QH[a] XXI,7
]בה מחשבת זידה ו◦[(I) 1Q29 13,4
כאשר באו במחשבת[ב]ל[י]על להכשיל (V) 4Q174 1-2i8
ולחשוב עליהמה מחשבות און למ[(V) 4Q174 1-2i9
ואחיהמה במחשבל בליעל ויחזק עליו[(V) 4Q177 12-13i6
]ובמחשבו[ת (V) 4Q178 2,5
]בטרם בראם ידע מחשב[ותיהם (V) 4Q180 2-4ii10
]במחש[בות (V) 4Q185 1-2iii15
ערמה ותושיה נבחנו במחש[בת]ק[ו]דש[ו (XXXVI) 4Q215a 1ii11
וקנאת משפטי צדק] ומחשבת ק[ו]דש (XXVI) 4Q257 V,1
ולהשכיל בכל מחשבת / [קדשך (XXVI) 4Q264 6
שמעו] לי ואודיעה לכם מח[שבות אל] (XVIII) 4Q266 1a-b,5
א]ו א[שר] יעלה [ע]ל[ו] מחשבת [זמ]ה (XVIII) 4Q266 6i15
במ]חשבות יצר אשמה וע[יני] זנות (XVIII) 4Q270 1i1
או אשר יעלה עלו מ]חשבת זמה (XVIII) 4Q272 1ii4
אר]ור אתה מלכי רשע בכול מח[שבות יצר (XXIX) 4Q280 2,2
וענו ואמרו ארור [ב]ליעל ב[מ]חשבת משטמתו (XI) 4Q286 7ii2
וארורים כול רו[חי גו]רלו במחשבת רשעמה (XI) 4Q286 7ii3
וזעומים המה במחשבות נדת [ט]מאתמה (XI) 4Q286 7ii4
ורו[ח האב]דון בכו[ל] מחשבות יצר (XI) 4Q286 7ii7
]אנשי מחשבת לכול / [(XX) 4Q299 1,5
כי] / אם חוכמת עורמת רוע ומ[חשבת בליעל (XX) 4Q299 3aii-b,5
ומזמות כול מעשה ומח[שבות (XX) 4Q299 3aii-b,10
ומכין כול מחשבת עושה כול[הנהיות (XX) 4Q299 3aii-b,11
]ל [מ]חשבת בית מולדים פתח לפ[ניהם (XX) 4Q299 3aii-b,13
]מו ומחש[בותם (XX) 4Q299 10,11
]מחשבת בי[נה] / [(XX) 4Q300 5,1
ואנשי מחשבת לכול עבודת מעשי[הם (XX) 4Q301 1,3
]מחשב[ת (XX) 4Q301 10,3
במעלכם / [פרי מ]חשבתיכם (XX) 4Q302 3ii7
ובאות בחדרי בטן לדעת מחשב[(XXVIII) 4Q368 10i5

וכמחשבות יצר לבם ה[רע (XIX) 4Q370 1i3
מח]שבתיך מי יבין להמא (XI) 4Q381 31,5
]ם לבני אדם כיצר מחשב[ות לבם (XI) 4Q381 76-77,2
והרחיק ממך מחשב{{ו}}ת רעה (X) 4Q398 14-17ii5
והרחיק ממך] מחשבת רע (X) 4Q399 1ii2
מכ]לכלי מחשב[תו] ודעת קדו[שי קדושים (XI) 4Q402 4,6
וברוב בינה / מחשבותיכה (XXXIV) 4Q416 2iii14
ובכושר מבינות נו[ע נס]תרי / מחשבתו (XXXIV) 4Q417 1i12
] / אל תפתכה מחשבת יצר רע[(XXXIV) 4Q417 1ii12
וברוב בינה מחשבתיכה / [רז נהיה דרוש (XXXIV) 4Q418 9+9a-c,14
מח]שבותו לבלע[(XXXIV) 4Q418 16,4
]◦◦ תבינו במחשב[ות (XXXIV) 4Q418 46,1
]למחשבתו והייתה[(XXXIV) 4Q418 227,2
איש שמן לב אל תשלח לכרות מחשבות (XXXVI) 4Q424 3,6
] / [ב]כול מחשבת קוד[ש(ו) (XX) 4Q425 4ii3
שורש פורה רו]ש ולענה [ב]מחשב[ו]תם[(XXIX) 4Q430 2
] ומחשבת[(XXIX) 4Q435 3,1
מח]שבת כבודכה ברוך / [(XXIX) 4Q440 3i24
כיא גדולה]מחשבת כבודכה (VII) 4Q491 8-10i12
]מחשבת (VII) 4Q498 3i3
ה]ודיענו במחשבת בינתו הגד[ולה] (VII) 4Q503 51-55,13
]מחשב[ת (VII) 4Q503 215,3
כי]א אתה אל הדעות[ו]כול מחשב[ת (VII) 4Q504 4,4
]ת ופרי מחשבת אש[(VII) 4Q504 6,2
]למחשב[(VII) 4Q504 24,3
אתה אל הדעו]ת וכולם / [מח]שבת ◦[(VII) 4Q506 131-132,10
]למחשבתו (VII) 4Q509 23i2
ומח]שבת כול לבב הואה / [ידע (VII) 4Q511 22,4
כו]ל מחשב[(VII) 4Q511 23,4
]חסדיו וכול מחש[בותיו (VII) 4Q511 26,2
ואדעה מחשבתכה[(VII) 4Q511 42,7
ברישית כול מחשבת לבב / דעת (VII) 4Q511 63-64ii3
מח]שבות◦[(VII) 4Q511 100,2
]מיצר מחשב[ות (XXV) 4Q525 7,4
] / מחשבו[ת (XXXIII) PAM 43.668 4,3

מחשבל ← מַחֲשָׁבָה

darkness, dark place noun **מַחְשָׁךְ**

וחרפת / עד עמ כלמת כלה באש מחשכים — 1QS IV,13
]מחשכיהמה [(XI) 4Q287 7,1
]חטאכמ[ה] / מחשכיה[ ]יצרחו על ריבכם (XXXIV) 4Q418 69ii7
ויתן לפניהם מחשכים לאור ומעקשים למישור (XXIX) 4Q434 1i9
אש בו]ערת במחשכי אבדונים (VII) 4Q491 8-10i15
ושמי ה]שמים ותהומות ומח[שכי ארץ (VII) 4Q511 30,2
מ]חשכים ואתרפ[(XXV) 4Q525 21,1

exposing noun **מַחְשֹׂף**

]למחשף יה[יה (XIII) 4Q226 11,1

terror, ruin noun **מְחִתָּה, מְחִיתָּה**

להיות פ[ח י]קוש לעמו ומחתה לכול שכניו (V) 4Q175 24
]לה[יו]ת פח יקוש לעמו ומחתה לכל שכנ[י]ו (XXII) 4Q379 22ii10
ותעביר ממני את רו]ח ◦מחיתה (XXIX) 4Q438 4ii5

censer, fire pan, tray noun **מַחְתָּה**

ואת המחתות כול / [כליו עשו נחושת (XIII) 4Q365 12a-bii10
]ומנקיותיו יהיו זהב טהור ומחתו[ת — 11Q19 III,12
למזרקים ולקשואות ולמחתות / ולכוננות — 11Q19 XXXIII,13

Mahtosh (?) proper noun **מחתוש**
4Q**341** 5 (XXXVI) מלכיה מנים / מחתוש מקליח מפיבשת

tribe, staff noun **מַטֶּה**
CD X,5 ארבעה למטה לוי ואהרן ומישראל / ששה
4Q**161** 2-4,5 (V)]מט[ה
4Q**161** 2-4,9 (V) כמכת מדין בצור עו]רב ומט[הו על הים]
4Q**270** 6iv16 (XVIII) א]רבע[ה למטה לוי ואהרן ומיש[רא]ל [ששה]
4Q**365** 25a-c,10 (XIII) בשברי ל]כמ מטה לחם[
4Q**365** 26a-b,8 (XIII) וא]תכם] / [יהיו איש איש] למטה
4Q**365** 32,1 (XIII) למט[ה נפתלי נחבי בן ופסי
4Q**365** 32,2 (XIII) למטה אשר סתור בן מי[כאל
4Q**365** 35ii1 (XIII) [האיש] אש[ר אבח]ר בו מ[טהו יפרח
4Q**365** 35ii4 (XIII) מטה לנשיא אחד] / מטה לנשי אחד
4Q**365** 35ii5 (XIII) וינח מושה את] / [ה]מטות לפני יהוה[
4Q**365** 35ii6 (XIII) והנה] / פרח מטה א[הר]ן לבי[ת לוי
4Q**377** 2i4 (XXVIII) למ]טה בנימין רפיה / [
4Q**377** 2i5 (XXVIII)]ימרי למטה גד אליו / [
4Q**379** 1,5 (XXII)]שנים עשר מט[ו]ת [ישראל
4Q**383** 5,3 (XXX) ה]מטה להובי[ל
4Q**387** 4i1 (XXX)]א בגורל למטותיה[ם
11Q**19** XVIII,16 [והביאומה ראושי ה]מט[ו]ת לשבטי ישראל
11Q**19** XIX,14 ארבעה הינים מכול מטות ישראל
11Q**19** XIX,15 ש[לישית] ההין על המטה
11Q**19** XXI,2 איל אח]ד כבש אחד לכול המט[ות
11Q**19** XXI,15 שמן חדש ממשבות / [מ]טות ב[ני יש]ראל
מחצית ההין אחד מן המטה
11Q**19** XXII,12 ולכול מטה / ומטה איל אחד כבש אחד
11Q**19** XXII,13 ולכול מטה / ומטה איל אחד כבש אחד
11Q**19** XXIII,7 [ככה יעשו לכול ? מ]טה ומטה
[ככה יעשו לכול ? מ]טה ומטה
11Q**19** XXIII,10 ואחריה יקטיר את עולת מטה יהודה
11Q**19** XXIV,10 ואחר העולה הזואת יעשה עולת מטה יהודה
11Q**19** LVII,6 וברר לו מהמה אלף אלף / מן המטה
11Q**20** V,6 (XXIII) כבש אחד ולכול המטה / [
11Q**20** VI,6 (XXIII) ולכול מטה] / ומטה איל אחד כבש[אחד
11Q**20** VI,13 (XXIII) ביום הרישון] / מטות[לוי]ויהודה

downward, beneath adverb **מַטָּה**
1Q**22** 1ii10 (I) ואת ה[מים] למ[ט]ה לארץ
4Q**272** 1i3 (XVIII) הדם למ]עלה ולמטה והגיד ר[◦◦
4Q**365** 12a-bii12 (XIII) ר]שת נ[חושת תחת כרכובו מלמט]ה עד חציו
4Q**365a** 5i7 (XIII) קר]שים מלמטה / [
11Q**19** XLVII,2 ל]מעלה ולוא למט[ה
11Q**19** LIX,20 ונתתיה למעלה ולוא למטה

spread noun **מֻטָּה**
4Q**163** 2-3,3 (V) וה]יו מטות כנפו מלא רחב ארצכ[ה

hiding place (?) noun **מטון**
1QH[a] 3,4]ופעמי על מטוני פחיה ומפרש[י רשת

hiding place noun **מַטְמוֹן**
4Q**428** 13,7 (XXIX) פן תהלכו פע]מי על מטמוני פחים

planting, plant noun **מַטָּע**
1QH[a] XV,19 ובהמון] חסדכה אוחיל להציץ / מטע
1QH[a] XVI,5 נט]עתה מטע ברוש ותדהר עם תאשור
1QH[a] XVI,20 ומטע פרי]
1QH[a] XVI,21 ומטע / עציהם על משקלת השמש לא[
4Q**282i** 1 (XXXVI)]◦ך מטעי[
4Q**423** 1-2i7 (XXXIV)]ובמטע[ ]כם ה◦[
4Q**500** 1,5 (VII)]מטעכה ופלגי כבודכה ב[
4Q**502** 27,5 (VII)]מטעכה [

planting, plant noun **מַטַּעַת**
CD I,7 ויצמח מישראל ומאהרן שורש מטעת
1QS VIII,5 {{ה}}עצת היחד באמת {{ל}} למטעת עולם
1QS XI,8 לעצת יחד וסוד מבנית קודש למטעת עולם
1QH[a] XIV,15 לגדל נצר לעופי מטעת עולם
1QH[a] XVI,6 והיו להפריח נצר למטעת עולם
1QH[a] XVI,9 כול ע[צי] מים כי במטעתם יתשגשגו
1QH[a] XVI,10 ומפריח נצר ק[ו]דש למטעת אמת
4Q**266** 2i12 (XVIII) [ויצמח מישראל] ומאה[רו]ן ש[ו]רש / [מט]עת
4Q**270** 2ii6 (XVIII) לתת [לבני אהרון המטעת [הרביעית
4Q**313** 2,1 (XXXVI) ו]אף המטעת[לעצי המאכל הנטע בארץ
4Q**394** 8iv12 (X) ואף על מטע]ת עצי המאכל [הנ]טע / [בארץ
4Q**396** 1-2iii2 (X) ואפ ע[ל מ]טעת עצ[י]המאכל הנטע / בארצ
4Q**397** 6-13,4 (X) ואפ על מטע[ת] / [עצי המאכל הנטע בארץ
4Q**418** 81+81a,13 (XXXIV) כול קצים הדרו פארתו למטעת עו[לם
PAM 43.691 57,1 (XXXIII)] מטעת א[

to rain verb **מטר**
1Q**22** 1ii10 (I) את השמים [ממ]עלה להמטר ע[ליכ]ם מטר
PAM 43.679 11,3 (XXXIII)]◦ ימטר ברקים[

rain noun **מָטָר**
1Q**22** 1ii10 (I) את השמים [ממ]עלה להמטר ע[ליכ]ם מטר
4Q**285** 8,6 (XXXVI) גשמי ברכה] / [טל ו]מטר יו[ר]ה ומלקו[ש]
4Q**286** 3,4 (XI) זק]ים וברקים ◦◦]מלאכי ע[נן]י מטר
4Q**370** 1i5 (XIX) וארבות השמים ה[רי]קו מטר[
11Q**5** XXVI,15 (IV) ברקים למטר עשה ויעל נשיא[ים מ]קצה
11Q**14** 1ii9 (XXIII) גשמי ברכה טל ומטר יורה ומלקוש בעתו

who? interrogative pronoun **מִי, מִיא**
CD VI,13 אמר אל מי בכם יסגור דלתי
CD IX,11 ולא נודע מי גנבו ממאד המחנה
CD XX,4 כמי שלא נפל גורלו בתוך למודי אל
1QS XI,20 ומי יכול להכיל את כבודכה
1QM X,8 מיא כמוכה אל ישראל בש[מי]ם ובארץ
1QM X,9 ומיא --- כעמכה ישראל
1QM XIII,13 מיא כמוכה בכוח אל ישראל
1QM XIII,14 ומיא מלאך ושר כעזרת פ◦[
1QH[a] XI,24 ולמי נחשבתי ומה כוח לי
1QH[a] XII,29 מי בשר כזאת
1QH[a] XV,28 מי כמוכה באלים אדוני
ומי כאמתכה
ומי יצדק לפניכה בהשפטו
1QH[a] XVIII,10 ומי / בכול מעשי פלאכה הגדולים
1QH[a] XIX,24 ומי בכול מעשיכה יוכל לספר [
1QH[a] XX,36]ובמי ב[
1QH[a] XXI,11 למי נחשבתי עד זות
1QH[a] 4,10 ומי יזכה במשפטכה
1QH[a] 11,5 מי עשה כול אלה
1QH[a] 16,4]ה ומי מתכן [
1QH[a] 16,5] ומי מתכן גבור[י]ם
1QH[a] 16,6 מי חושב
1Q**27** 1i10 (I) מי גוי חפץ אשר יעושקנו חזק ממנו
(I) מי / יחפץ כי יגזל ברשע הונו
1Q**27** 1i11 (I) מי גוי אשר לוא עשק רעה[ו]

11Q19 LXII,3 — ואמרו מי האיש הירא ורך הלבב
PAM 43.676 51,2 (XXXIII) —]רי מי שלח[

מִיא ← מִי

מִיאָה ← מֵאָה-1

best noun **מֵיטָב**
4Q158 10-12,7 (V) — השדה יבעה מיטב שדהו ומיטב כרמו י]שלם
4Q366 1,10 (XIII) — ואם כל השדה י]בער מיטב שדהו
ומיטב / [כרמו ישלם

Michael proper noun **מִיכָאֵל**
1QM IX,15 — יכתובו על הראישון מיכ[א]ל [
1QM IX,16 — מיכאל וגבריאל ל◦[
1QM XVII,6 — בגבורת מלאך האדיר למשרת מיכאל
1QM XVII,7 — להרים באלים משרת מיכאל
4Q285 1,3 (XXXVI) —] את מיכאל ג[בריא]ל שריאל ורפאל
4Q365 32,2 (XIII) — למטה אשר סתור בן מי[כאל
4Q470 1,2 (XIX) —]◦ מיכאל[
4Q470 1,5 (XIX) — ב]עת ההיא יאמר מ[יכ]אל אל צדקיה / [

Michi (?) proper noun **מיכי**
4Q365 32,2 (XIII) — למטה גד] / [ג(א)ואל ב]ן מיכי

מִילָה ← מִלָּה

water noun **מַיִם**
CD I,15 — איש הלצון אשר הטיף לישראל / מימי כזב
CD III,16 — ויחפרו באר למים רבים
CD X,10 — על הטהר במים
CD X,11 — אל / ירחץ איש במים צואים ומעוטים
CD X,13 — וטמא מימיו במימי הכלי
וטמא מימיו במימי הכלי
CD XI,4 — כי אם / כיבסו במים או שופים בלבונה
CD XI,16 — נפש אדם אשר תפול אל {{מים}} מקום מים
נפש אדם אשר תפול אל {{מים}} מקום מים
CD XII,13 — כל נפש / החיה אשר תרמוש במים
CD XII,14 — במיניהם יבאו באש או במים / עד הם חיים
CD XIX,16 — כמשיגי / גבול עליהם אשפך כמים עברה
CD XIX,34 — ויבגדו ויסורו מבאר מים החיים
1QS III,4 — ולוא יטהר במי נדה ולוא יתקדש בימים
1QS III,5 — ולוא יטהר בכול מי רחצ
1QS III,9 — אל יטהר / בשרו להזות במי נדה
ולהתקדש במי דוכי
1QS IV,21 — ויז עליו רוח אמת כמי נדה
1QS V,13 — אל יבוא במים לגעת בטהרת אנשי הקודש
1QpHab X,14 — לדעת את כבוד יהוה כמים / יכסו על הים[
1QpHab XI,1 — ואחר תגלה להם הדעת כמי / הים לרב
1QHa V,21 — והוא / מבנה עפר ומגבל מים ◦[
1QHa IX,21 — ואני יצר החמר ומגבל המים / סוד הערוה
1QHa X,16 — יהמו כקול המון מים רבים
1QHa X,27 — וכהמון מים רבים שאון קולם נפץ זורם
1QHa X,28 — ואני במוס לבי כמים ותחזק נפשי בבריתך
1QHa XI,13 — וירועו / אושי קיר כאוניה על פני מים
1QHa XI,14 — כיורדי ימים נבעתים מהמון מים
1QHa XI,15 — בהמות ימים ברתות תהומות על נבוכי מים
1QHa XI,16 — ומשברי מים בהמון קולם
1QHa XI,24 — מגבל במים ולמי נחשבתי
1QHa XI,26 — ומכמרת חלכאים על פני מים

2Q27 5 (III) —]מי אנחנו ה[ ]ל[
4Q163 17,1 (V) —]ראנו ומי [יודענו
4Q169 3-4iii6 (V) — מי ינוד לה
4Q175 3 (V) — מי ינתן ויהיה לבבם זת להם
4Q299 1,3 (XX) —]מי גוי אשר לוא גזל / [הון
4Q301 2b,3 (XX) — מיא יאמ[ר] / [
4Q301 2b,4 (XX) —]◦ מיא בכם דורש פני אור ומא[ור]
4Q302 8,2 (XX) —]◦ה מי ימ◦◦ / [
4Q364 6,1 (XIII) — ושאלכה ל[א]מור למי א[
4Q364 L,1 (XIII) —]◦ב מי ◦[
4Q368 3,2 (XXVIII) —]ה ומי [
4Q377 2ii11 (XXVIII) — וכמלאך ידבר מפיהו כיא מי מבש[ר]כמוהו
4Q380 1i7 (XI) — מי ימלל את שם / יהוה
4Q381 15,6 (XI) — ומי בבני האילים ובכל / [
4Q381 31,5 (XI) — מח]שבתיך מי יבין להמא
4Q381 76-77,10 (XI) — מי בכם ישיב דבר
4Q393 3,5 (XXIX) — ואזר כח ועל מי תאיר פניך
4Q394 3-7i12 (X) —]שא היא[כ]מי שזנת אליו
4Q397 14-21,3 (X) —] / ומי ישנ[
4Q398 11-13,6 (X) — והתבנן במעשיהמה שמי מהם / שהיא ירא[
4Q401 16,4 (XI) — מי יבין באלה / [
4Q402 9,5 (XI) — כבוד]ו מ[י יבין באלה
4Q411 1ii7 (XX) —] / מי חכם ו◦[
4Q411 1ii9 (XX) —] / ותבונתו מי [
4Q417 2i11 (XXXIV) — וקח מולדי ישע ודע מי נוחל כבוד ועמל
4Q417 2i16 (XXXIV) —] / לוא יעמוד כול ומי יצדק במשפטו
4Q418 82,1 (XXXIV) —]מי יאהב כמה[
4Q418c 2 (XXXIV) —]◦ם ומי יש◦[
4Q426 5,5 (XX) —]א מי משולח לוא[
4Q427 7i9 (XXIX) — מזל שפתי מי יכיל] מ[י] בלשון יעודני / [
4Q427 10,2 (XXIX) —]למי נחשב[תי עד זות
4Q431 1,3 (XXIX) — [ו]מי ישו[ה לי ← אֲנִי (4Q471b 1a-d,4)
4Q431 1,4 (XXIX) —] / מי כמוני באלים ל[
4Q431 1,5 (XXIX) — מזל] / שפתי מי יכיל מי[בלשון יעודני
(XXIX) — מזל] / שפתי מי יכיל מי[בלשון יעודני
4Q433 1,2 (XXIX) —]מי אני ומי כד[
(XXIX) —]מי אני ומי כד[
4Q443 3,2 (XXIX) —]מי ירשי[ע
4Q457b I,3 (XXIX) —] / ומי יעמ[
4Q460 9i7 (XXXVI) — כיא יוכיח על הוניח ומי / [
4Q460 9i8 (XXXVI) — בעוזביכה אלוהיכה ישראל ומי[
4Q471b 1a-d,2 (XXIX) — מ[י לבוז נחשב בי
4Q491 11i15 (VII) — [מ]יא לבוז נחשב ביא
(VII) — ומיא בכבודי ידמה ליא
(VII) — מיא הו[א]כבאי ים ישובו{{ם}}<<ספ>>ר / [
4Q491 11i16 (VII) — מיא יש[ ]צערים כמוני
(VII) — ומיא [כו]ל רע הדמה ביא
4Q491 11i17 (VII) — ומיא יעוד{{ו}}ניא בפת[חי פיא
(VII) —]ומזל שפתי מיא יכיל
(VII) — ומיא יועדני וידמה במשפטי
4Q511 2ii6 (VII) —] / [רז]י אלוהים מיא ידע[
4Q512 48-50,4 (VII) —] / ומי הע[
11Q5 XXII,9 (IV) — מי זה אבד צדק
(IV) — או מי זה מלט / בעולו
11Q5 XXIV,14 (IV) — למי אזעקה ויתן לי
11Q5 XXVIII,7 (IV) — כי מי יגיד ומי ידבר
(IV) — כי מי יגיד ומי ידבר
(IV) — ומי יספר את מעשי אדון
11Q11 III,2 (XXIII) — מי ע[שה את האותות] / ואת המופ[תים
11Q11 V,6 (XXIII) — וא]מרתה אליו / מי אתה [הילוד מ]אדם

ואל יז] / איש א[ת] מי הנדה על טמאי נ[פש]	(XXXV)	4Q**277** 1ii6
וה[מקבלים] / [א]ת מי [הנ]דה	(XXXV)	4Q**277** 1ii8
יאבואו במים ויט[ה]רו מטמאת הנפש	(XXXV)	
[בז]רוק עליהם [הכו]הן את מי הנדה לטהר[ם	(XXXV)	4Q**277** 1ii9
[וא]ין יד[יו] שט[ו]פות במים י[טמא]	(XXXV)	4Q**277** 1ii11
] מים / [	(XXXVI)	4Q**282**j 8
]מי נדה להת[קד]ש / [	(XXXV)	4Q**284** 1,7
]ם במימי / [הזיה	(XXXV)	4Q**284** 2i2
]מלאכי ע[ננ]י מטר [ו]ערפלי מים עבי / [	(XI)	4Q**286** 3,4
]מים / [	(XX)	4Q**299** 6i1
מי]ם ובמשורה ישקו / [	(XX)	4Q**299** 6i5
ה]סגיר בעד עד מים לבל[תי	(XX)	4Q**299** 8,9
נסעו ויחנו] / [ביטבתה ארץ נחלי]מימ	(XIII)	4Q**364** 27,4
וישב] / [יה]וה עליהמה ⟦ ⟧ את מימי הים	(XIII)	4Q**365** 6b,4
[והמי]ם לה[מה חומה מ]ימינם ומשמאולם	(XIII)	4Q**365** 6b,5
] / אבדו במים אדירים שונה[	(XIII)	4Q**365** 6aii+6c,5
[ולוא י]כולו לשתות מים ממרה	(XIII)	4Q**365** 6aii+6c,9
וישלך אל[המי]ם וימתוקו המים	(XIII)	4Q**365** 6aii+6c,11
וישלך אל[המי]ם וימתוקו המים	(XIII)	
אשר] / [יעשה מלאכה]בהם במים יב[וא	(XIII)	4Q**365** 16,2
]מים עד בית[	(XIII)	4Q**365** 37,5
ומ]ים נבקעו מתהמות	(XIX)	4Q**370** 1i4
ופצו כל תהמו[ת מ]מים אדרים	(XIX)	
ולוא יהיה עוד]מי המבול ל[שחת	(XIX)	4Q**370** 1i8
ולוא יפ]תחו המון מים	(XIX)	
] למים [	(XIX)	4Q**370** 1i9
]◦א מים ואש נר[	(XXVIII)	4Q**371** 6,2
]טובה ורחבה ארץ נחלי מים / [	(XXII)	4Q**378** 11,4
והיורדן סלא מי[ם] על כל גדותיו	(XXII)	4Q**379** 12,6
ושוטף / [ב]מימיו מן החדש ה◦[ ]◦י	(XXII)	4Q**379** 12,7
]◦ ל◦◦◦ והמים לה ב◦◦◦◦ ל[	(XXII)	4Q**379** 13,3
ונאצה גדלה כמי[ם על חל בת ציון]	(XXII)	4Q**379** 22ii14
ה[ש]כנה ביארי[ם] / מים סביב לך	(XXX)	4Q**385**a 17a-eii5
ח[ילך] ים ומים חמ[תך]	(XXX)	
ולא / לל[ח]ם וצמא ול[א] למים[	(XXX)	4Q**387** 3,9
]לאין חקר במים עזים מדרך בק[ע	(XXIX)	4Q**392** 2,4
בורות חצובות ומקו]י מים כרמים וזיתים[	(XXIX)	4Q**393** 3,9
ואחר יבוא במים[ורחץ את בשרו וברך]	(XXXV)	4Q**414** 2ii-4,5
[את בג]דיו ובמים [	(XXXV)	4Q**414** 11ii1
ור[ח]ץ במים והזה ע[ל	(XXXV)	4Q**414** 13,5
] / מטהר עמו במימי רוחץ[	(XXXV)	4Q**414** 13,7
]רו מימי[	(XXXV)	4Q**414** 33,2
] / כמקור מים חיים אשר הכיל א[ו]ט◦[	(XXXIV)	4Q**418** 103ii6
]◦מים ובהמון קו[לם	(XXXIV)	4Q**418** 116,1
]מעמקי מים [	(XXXIV)	4Q**418** 119,4
]מים / [	(XXXIV)	4Q**418** 148i6
] / מימי [	(XXXVI)	4Q**419** 11,2
א[שתו ונשי בניו מפני]מי המבול	(XIII)	4Q**422** II,4
ל]עלות מים על האר[צ	(XIII)	4Q**422** II,7
המי]ם גב[רו]על[הארצ	(XIII)	4Q**422** II,8
ויופך לדם[מימ]יהמה	(XIII)	4Q**422** III,7
] / מים יס[	(XIII)	4Q**422** P,3
ומב[וע] מים בארץ [ציה ומשקי גן	(XXIX)	4Q**428** 10,12
[עם דיגים רבים פורשי מכמרת ע]ל[פני] מים	(XXIX)	4Q**429** 1i2
כיו[רדי י]מים נבעתים מהמון מים	(XXIX)	4Q**432** 5,1
[בר]תוח תהו[מות על נבו]כי [מי]ם	(XXIX)	4Q**432** 5,3
] / חלכאים [על] פני מים	(XXIX)	4Q**432** 6,1
וירמו עליו כול עצי מ]ים כי	(XXIX)	4Q**432** 13,2
ואת עון אבותם ויכפרו במ[ים	(XXIX)	4Q**434** 1ii3
על כן עיני מקור מים / [	(XXIX)	4Q**439** 1i+2,3
וילכו ברכי / כמים מוגרים במורד		1QH^a XII,34
עם דיגים רבים פורשי מכמרת על פני מים		1QH^a XIII,8
ומיה ברית לדורשיה		1QH^a XIII,9
ואין / נתיבת לישר דרך על פני מים		1QH^a XIV,24
ומבוע מים בארץ ציה ומשקי / גן		1QH^a XVI,4
מחובאים בתוך כול עצי מים		1QH^a XVI,6
ויפתח למים חיים וגזעו		1QH^a XVI,7
וירמו עליו כול ע[צי] מים		1QH^a XVI,9
ועם עצי עולם / לא ישתה מי קודש		1QH^a XVI,13
כיורה גשם לכול [צמא] ומבוע מים חיים		1QH^a XVI,16
] מים ולימים לאין חק[ר]		1QH^a XVI,17
ויהיו למי מ[בול] / לח ויבש		1QH^a XVI,18
כ]עופרת במים אדירי[ם]		1QH^a XVI,19
וינגר כמים לבי וימס / כדונג בשרי		1QH^a XVI,32
וילכו כמים ברכי		1QH^a XVI,34
ודמעתי כנחלי מים		1QH^a XVII,5
עץ ר]ענן על פלגי מים לשת עלה		1QH^a XVIII,25
ברוש אמת המים ◦[	(III)	3Q**15** V,1
על פי יציאת המים של הכוז / בא	(III)	3Q**15** VII,14
בקול המים הקרובין לכפר נבו	(III)	3Q**15** IX,11
[ולכן הנה אדני מע]לה עליה[ם] את מי הנהר	(V)	4Q**163** 2-3,1
מים סביב לה אשר חילה ים	(V)	4Q**169** 3-4iii10
ומים ח[ו]מותיה	(V)	
נס]יתו[במסה תרי]בהו על מי מריבה	(V)	4Q**174** 6-7,3
נסיתו במסה ותרבהו על מי מריבה	(V)	4Q**175** 15
ושפכו ד]ם כמים על חל בת ציון	(V)	4Q**175** 29
] / שאלו מים ואין מגיר[	(V)	4Q**179** 1ii8
]◦ כמים ימלא וא[	(V)	4Q**184** 4,3
עשה את הרקיע בתוו]ך ה[מי]ם	(XIII)	4Q**216** V,12
התנינים הגדו]לים בת[וך תהומ]ות המ[ים	(XIII)	4Q**216** VI,11
ואת כל השרץ ב]מים דגי[ם	(XIII)	4Q**216** VI,12
] בהמה ולמשוך מים מבור / [	(XXXV)	4Q**251** 1-2,3
מאה ועשרים / שנה עד קץ מי מבול	(XXII)	4Q**252** I,3
ומי מבול היו על הארץ	(XXII)	
ויגברו המים על הארץ חמשים ומאת יום	(XXII)	4Q**252** I,7
ובסוף חמשים / ומאת יום חסרו המים	(XXII)	4Q**252** I,9
והמים הי[ו]הלוך וחסור עד החודש [הע]שירי	(XXII)	4Q**252** I,11
וישלח את היונה לראות הקלו המים	(XXII)	4Q**252** I,14
חרבו המ[ים מעל הארץ	(XXII)	4Q**252** I,21
פחזתה כמים אל תותר	(XXII)	4Q**252** IV,4
להזות עליו] / מי ןדה ולהתקדש במי דוכי	(XXVI)	4Q**255** 2,4
להזות עליו] / מי ןדה ולהתקדש במי דוכי	(XXVI)	
ולו]א יטהר במי נדה ולוא יתקד[ש] / [בימים	(XXVI)	4Q**257** III,6
אל יעל איש בהמה אשר תפול / אל המים	(XXXV)	4Q**265** 6,6
נפש אדם היא אשר תפול אל המים	(XXXV)	
] / [א]ל יז איש מזרע אהרון מ[י נדה	(XXXV)	4Q**265** 7,3
] את מי הנדה [	(XVIII)	4Q**266** 6iii2
יבואו באש או במי]ם עד הם ח[יים]	(XVIII)	4Q**266** 9ii1
על הטהר במים	(XVIII)	4Q**270** 6iv20
כי אם כב]סו במים או שופים בלבונה	(XVIII)	4Q**271** 5i1
] / המים [	(XVIII)	4Q**272** 1ii13
] / ובמי הנדה[	(XVIII)	4Q**272** 1ii15
ורחץ במים ויכבס בגדיו ואחר יואכל	(XXXV)	4Q**274** 1i3
והכלי אשר ישאנה יטבול / [במי]ם	(XXXV)	4Q**274** 2i6
אמ לוא נגע בו ב[גדו ורחץ] במים	(XXXV)	4Q**274** 2i8
ולכול הקודשים יכבס א[יש] במים	(XXXV)	4Q**274** 2i9
ואם ל[וא יאכל יתנהו] / בתוך המים	(XXXV)	4Q**274** 3ii6
אם יבואו עליה מ[ים	(XXXV)	4Q**274** 3ii7
משפט ה[חטאת ? ורחץ] / במים	(XXXV)	4Q**277** 1ii5
והנוגע[ב]לחת מי הנדה יט[מא	(XXXV)	

Reference	Period	Text
4Q462 1,8	(XIX)	אשר מאחד ימלא את המים ואת הארץ[
4Q464 5ii2	(XIX)	וישם מים מ◦[
4Q464 5ii3	(XIX)	] / יהיה שם יכלון מי ה[
4Q481c 10	(XXII)	]ה מים ◦[
4Q498 2,2	(VII)	]ונחלי מים
4Q502 6-10,7	(VII)	וכו]ל פרי עצה ומימינו[
	(VII)	ומי תהומיה כולנו / [מברכי]ם שם
4Q503 132i1	(VII)	] מים / [
4Q504 1-2v2	(VII)	עזבו] / מקור מים חיים א[
4Q504 1-2vii8	(VII)	תהום] / רבה ואבדון והמים וכול אשר] בם
4Q511 30,4	(VII)	אענה] / הימדו בשועל אנשים מי רבה
4Q512 33+35,5	(VII)	]במים [
4Q512 29-32,4	(VII)	ב]מים ו[
4Q512 15i-16,2	(VII)	]במימי / [
4Q512 11,3	(VII)	ו]כבס את בגדיו במים ורחץ את בשרו
4Q512 1-6,4	(VII)	] כב[ ]◦ה◦ במי דוכ[י]◦◦[
4Q512 1-6,5	(VII)	ומי רחץ לטהרת עתים[
4Q512 1-6,6	(VII)	ואחר[יוזה עליו] / את מימי ה[ז]ית לטהרו
4Q512 1-6,7	(VII)	ואח[ר ה]זותו את מימ[י הזיה
4Q512 42-44ii5	(VII)	] בל יטהרו במי רח[ץ
4Q512 51-55ii7	(VII)	] / יכבס בגדי[ו] במים [
4Q512 56-58,1	(VII)	רח]צתני במי [
4Q512 229,3	(VII)	]מימי[ ] מי[
	(VII)	]מימי[ ] מי[
4Q514 1i6	(VII)	ביום ט]הרתם ירחצו / וכבסו במים וטהרו
4Q514 1i9	(VII)	ביום / ט[הרת]ם ירחצו וכבסו במים וטהרו
4Q521 7+5ii3	(XXV)	וכל] / [אשר בם] וכל מקוה מים ונחלים
4Q525 24ii3	(XXV)	אשר] / הכינותי ושתו מי[בור/מקור ?
4Q525 24ii9	(XXV)	] / באר מימי מע[ין
4Q525 28,2	(XXV)	]וכמי צו[ר
5Q9 5,3	(III)	]על מי דן ו◦[
11Q5 XXVI,10	(IV)	לפניו הדר / ילך ואחריו המון מים רבים
11Q11 3,2	(XXIII)	] למים [
11Q19 XXXII,14		אשר / יהיו המים נשפכים והולכים אליה
11Q19 XLV,16		ורחץ את כול בשרו במים חיים
11Q19 XLIX,7		וכול אוכל אשר יוצק עליו מ[י]ם יטמא
11Q19 XLIX,12		תגאולת שמן ויין ולחת מים
11Q19 XLIX,13		ואספיו ומשקופיו יכבסו במים
11Q19 XLIX,17		ירחץ במים ויכבס בגדיו ביום הראישון
11Q19 XLIX,18		וביום השלישי יזו עליהמה מי נדה
11Q19 L,2		] / כי מי טהר[ה
11Q19 L,14		וכבס בגדיו / ורחץ ב{{מ}}ים הראישון ← יום
11Q19 LI,5		וכבס / בגדיו ורחץ במים
11Q19 LII,12		על הארץ תשופכנו כמים וכסיתו בעפר
11Q19 LIII,5		הדם על הארץ תשופכנו כמים
11Q20 IX,4	(XXIII)	יהיו ה]מים נש[פכים והולכים אליה
11Q20 XIV,3	(XXIII)	]במים / [
11Q20 XIV,21	(XXIII)	במים[יובא וטמא עד הערב
PAM 43.675 24,2	(XXXIII)	]◦ המים מ[
PAM 43.682 45,1	(XXXIII)	]ישב מי ◦[
PAM 43.697 86,3	(XXXIII)	] מים [

Mijamin proper noun מִיָּמִין, מִיָּמִן

Reference	Period	Text
4Q319 VI,19	(XXI)	ה]שני [במימן השלישי ◦[בשכניה
4Q319 VII,4	(XXI)	בשלישית] / מימי[ן פתחיה אביה יכין
4Q319 15i1	(XXI)	גמו]ל מימן / [
4Q320 1ii11	(XXI)	ב4 במימן ל[9 ב]15 בשביע[י
4Q320 2,14	(XXI)	ב2 [במימן] ל30 ביום שנים
4Q320 4iii13	(XXI)	[ב1] במי[מ]ן הנף ה[עמר
4Q320 4iv4	(XXI)	ב[4 ב]מימן חג הסכות
4Q321 II,8	(XXI)	ודוק[ה]שבת[ב]מימין בשמונה ועשרים
4Q321 V,4	(XXI)	ב[מ]ימין[ב]וא הנף העומר
	(XXI)	השני במ[ימין
4Q321 V,6	(XXI)	במימין / [בוא חג] הסוכות
4Q321 V,8	(XXI)	הראש[ו]ן במ[ימי]ן
4Q321 VI,3	(XXI)	שנים / עש[ר] החודש ב[מי]מין [
4Q324a 1ii4	(XXI)	] / בא[רבע]ה בע[ש]רי ביאת מי[מ]ין
4Q325 1,6	(XXI)	] / [שבת מי]מין
4Q328 4	(XXI)	[בשלישית מי]מ[ין] {{פתחיה}} פתחיה
4Q330 1ii1	(XXI)	מימין באחד בחודש הר[אשון
4Q330 2,3	(XXI)	מימ[ין ש[מי]טה[

מִיָּמִן ← מִיָּמִין

kind noun מִין, מִן

Reference	Period	Text
CD IV,16		ויתנם פניהם לשלושת מיני / הצדק
CD XII,14		וכל החגבים במיניהם יבאו באש או במים
1QS III,14		בתולדות כול בני איש / לכול מיני רוחותם
4Q216 VI,14	(XIII)	וכל בשר את [שלו]שה המינים הגד[ולים
4Q216 VII,4	(XIII)	ובכל אלה המשילו את ארבעה] / המנים
4Q216 VII,9	(XIII)	וכל מלאכי הקודש שני] / המינים האלה
4Q216 VII,15	(XIII)	וש<נ>ים ועשרים מ[יני מעשה נעשו
4Q301 1,1	(XX)	ולמיניכם אחלקה דברי אליכם[
4Q365 15a-b,5	(XIII)	ואת החרגול] / [למ]ינו
	(XIII)	ואת הח[ג]ב למינו ?
4Q366 5,1	(XIII)	ואת [כ[ל] ערב[ל]מינו[
4Q366 5,2	(XIII)	השחף ואת הנץ] / [ל]מינהו
4Q366 5,3	(XIII)	והחסידה] / והאנפה למינו ואת ה[דוכיפת
4Q384 8,3	(XIX)	]מעשיהם למינ[הם
4Q391 77,2	(XIX)	]א מנים גולתו[
11Q19 XLVIII,1		והחסידה והאנפה למי]נה והדוכ[יפת
11Q19 XLVIII,3		משרץ] העוף תוכלו הארבה למינו
		והס[ל]עם למינו
11Q19 XLVIII,4		והחרגול / למינו
		והחגב למינו
11Q19 L,20		והעכבר והצב למינו והלטאה / והכח
PAM 43.676 20,3	(XXXIII)	]◦ מינו ו◦[

מִין ← מִן

מִיעֵט ← מוּעָט

plain, uprightness, level noun מִישׁוֹר

Reference	Period	Text
1QSb V,22	(I, XXVI)	[ו]להוכיח במישור לע[נ]וי ארץ
1QpHab III,1		] / ובמישור ילכו לכות
1QH^a X,29		ורגלי <<עמדה במישור>>
1QH^a XI,20		ואתהלכה במישור לאין חקר
1QH^a XV,25		ותכן רגלי במישו[ר לנצח
4Q176 1-2i8	(V)	והיה העקוב ל[מי]שור[והרכסים לב]קעה
4Q434 1i9	(XXIX)	לפניהם מחשכים לאור ומעקשים למישור
11Q5 XXI,13	(IV)	דרכה רגלי במישור כי מנעורי ידעתיה

evenness, uprightness noun מֵישָׁרִים

Reference	Period	Text
1QH^a XII,25		ותוצא לנצח משפטם ולמישרים אמת
4Q525 2ii+3,10	(XXV)	ובתו[ך/ובסו]ך אחים יפרי[ד

pain noun מַכְאוֹב

Reference	Period	Text
1QpHab XI,15		לוסיף ל[כול את ק]ל[ו]נו ומכאוב / [
1QH^a XVII,6		משאה {{א}}למש{{ו}}אה וממכאוב לנגע
4Q179 1i14	(V)	]ל איש {{ל}}מכ{{אוב}}תינו[← מַכָּה

4Q427 2,2 (XXIX)]ואשכחה נגע מכאוב°[
11Q5 XIX,15 (IV) תשלט בי שטן ורוח טמאה מכאוב
11Q6 4-5,16 (XXIII) [תשלט בי שטן ורוח טמאה]מכא[וב

grating noun מִכְבָּר
4Q365 12a-bii11 (XIII) ויעשו למזבח מכבר מעשה / רשת נ[חושת
11Q19 III,15 והמכבר א[שר] מלמעלה ל[

wound, blow, defeat noun מַכָּה
1QM XIV,7 ואמוץ מתנים לשכם מכים
1QHa X,5] מחץ מכ[ת]° [מנחמי כוח
1QHa XVII,27 ותרפא מח]ץ מכתי ולמכשולי גבורת פלא
3Q5 1,2 (III) ואין שלום כיא מכה על מכה
(III) ואין שלום כיא מכה על מכה
3Q8 1,1 (III)]מכות [
4Q176 14,5 (V)]כה על מכה בו[
4Q179 1i14 (V)]ל איש {{ל}}מכ{{אוב}}[תינו[[← מַכְאוֹב
4Q269 7,1 (XVIII)]מה היא והספחת מכתעץ / [ואבן
4Q272 1i2 (XVIII) וכול מכה בבוא הרו[ח
4Q302 1i2 (XX)]°מכה לאחר / [מכה
4Q368 10i8 (XXVIII)] מחלים / רעים ומכה גד[ו]לה
4Q418 87,8 (XXXIV)]נגעכה ומכת[
4Q432 3,3 (XXIX)]למחץ מכתי מנחמי כו[ח
4Q481c 7 (XXII)]°א והנה מכה על מכה [
(XXII)]°א והנה מכה על מכה [
4Q491 8-10i5 (VII) ואומץ מ[תנים] / לשכם[מכי]ם
4Q511 44-47,4 (VII)]א למכותם / ויסוד [
11Q11 IV,4 (XXIII)] / יככה יהוה מ[כה גדול]ה

fixed place, foundation noun מָכוֹן
1QS X,15 ואימה ובמכון צרה עם בוקה / אברכנו
1QHa XIX,5 ובלשוני / [תהל]ה ומזל שפתי במכון רנה
1QHa XXI,14 ולעמוד / [לפני משפטי עירים]במכון עולם
1QHa XXIV,11 ותכנע / אלים ממכון [
1QHa XXVII,5 ושמחת עולם במכוניה[ם
4Q258 IX,12 (XXVI) ולעליון מ]כון טובי מק[ור]
4Q286 1ii7 (XI) אוצר שכל מבני צדק ומכוני יוש[ר
4Q365 6b,2 (XIII) בהר נחלתכה ⟦ ⟧ מכון לשבתכ[ה
4Q415 11,13 (XXXIV)] / מכוניה לוא תמצא
4Q418 178,3 (XXXIV) תמ]צא בית מכונים [
4Q418 227,1 (XXXIV)]מבין מכון כ[ ]°[
4Q418a 16b+17,2 (XXXIV) ר]וחכה בעל מכון ° [
4Q425 2+4i3 (XX)]ם לשון למכון[ ]°[
4Q427 7ii11 (XXIX) ושמחת עולם במכוניהמה כבוד נצח
4Q428 15,3 (XXIX) ותכנע אלים מ]מכון קוד[שכה]
4Q491 11i14 (VII) ומכוני בעדת קודש
11Q5 XXVI,11 (IV) ומשפט וצדק מכון כסאו

place, support noun מְכוֹנָה
4Q525 15,6 (XXV) יור]ישך [ ]סודו להבי גופרית ומכונתו א[ש
11Q20 36,2 (XXIII)]למכונות[

origin noun מְכוּרָה
4Q415 2ii7 (XXXIV)] / בבית מכו[רותיך]ובבריתך ת[

מָכִי ← מיכי

to be low verb מכך
4Q418 87,14 (XXXIV)]°אתה לוא תמוך [

splendidly noun מִכְלוֹל
1QSb III,25 (I) וישימכה מכלול הדר בתוך / קדושים

מִכְמָס ← מִכְמָשׁ

net noun מִכְמָר
2Q23 6,1 (III) מכ]מרם יתמל[א

fishing net noun מִכְמֶרֶת
1QpHab V,14 ויגרהו בחרמו / ויספהו במכ[מרתו
1QpHab VI,3 יזבח לחרמו / ויקטר למכמרתו
1QHa XI,26 ויפרשו כול מצודות רשעה ומכמרת חלכאים
1QHa XIII,8 פורשי מכמרת על פני מים

Michmash proper noun מִכְמָשׁ
4Q161 5-6,5 (V) עבר [במגרון] למכמ[ש] / [יפקיד כליו

undergarment noun מִכְנָסַיִם
1QM VII,10 כתונת בד ומכנסי בד וחוגרים באבנט בד

tax noun מֶכֶס
4Q524 6-13,9 (XXV) הלוליהמה ו]מכס תרומ[תמה לעוף ולחיה
11Q19 LX,4 הלוליהמה ומכס תרומתמה לעוף ולחיה
11Q19 LX,5 וכול אשר יחרימו ומכס השלל והבז
11Q19 LX,7 והמכס מן / השלל ומן הבז

covering noun מִכְסֶה
4Q184 1,5 (V)] / מכסיה אפלות נשף
4Q252 I,21 (XXII) ו]יסר נוח את מכסה התבה[

Machpelah proper noun מַכְפֵּלָה
2Q19 1 (III) ויקברוהו אל מערת המ]כפלה א[צל שרה
3Q5 3,4 (III)]במערת מכ[פלה

to sell verb מכר
CD XII,8 אל ימכר איש בהמה / ועוף טהורים לגוים
CD XII,10 ומגורנו / ומגתו אל ימכר להם בכל מאדו
עבדו ואת אמתו אל ימכור / להם
1Q27 1ii6 (I) ונמכר בלוא מחיר כי °ת°[
4Q158 10-12,4 (V) אם יגנוב איש שור או שה וטבחו או מ[כרו
4Q159 2-4,3 (V) ויצו עליהיהם לבלתי ימכר ממכרת עבד
4Q169 3-4ii7 (V) בעלת כשפים הממכרת גוים בזנותה
4Q225 1,5 (XIII)]ימכור אותם אלוהים °[
4Q248 6 (XXXVI) [ו]בא למצרים ומכר את עפרה
4Q266 6iv3 (XVIII) ואחר ימכו[רו] / מהם לקנ[
4Q271 2,5 (XVIII)] בית לאיש ימכור ובחסנ[
4Q366 2,4 (XIII) [וכי ימוך]אחיך עמך ונמכר לך
4Q366 5,5 (XIII) [וא]כלה או מכר לנכ[רי
4Q416 2ii17 (XXXIV) [אל תמ]כור נפשכה בהון
4Q416 2ii18 (XXXIV) ובמחיר / אל תמכור כבודכה
4Q464 10,2 (XIX)] מכרוהו / [
4Q504 1-2ii15 (VII) הן בע]וונותינו נמכרנו ובפשעינו קרתנו / [
11Q5 XIX,10 (IV) ועוונותי לשאול מכרוני ותצילני / יהוה
11Q19 XLIII,14 ואם לוא יוכלו / לשאתו ימכרוהו בכסף
11Q19 XLVIII,6 בעוף ובבהמה לוא תואכלו כי מכור לנוכרי

obstacle noun מִכְשׁוֹל
1QS II,12 ומכשול עוונו ישים לפניו
1QS II,17 בהסוגו / מאחרי אל בגלוליו ומכשול עוונו
1QHa IV,4]ת ביבושה ומכש[ול

למל]א כל מה[סורי אותו (XXXIV) 4Q416 2ii1
] / תמלא ושבעתה ברוב טוב (XXXIV) 4Q418 81+81a,19
] / ובאמת תמלא נ[ח]לתכה (XXXIV) 4Q418 88ii8
ויגילו וכבודו מלוא] כל הארץ (XXIX) 4Q434 2,3
]כיא מלוא◦◦[(XXIX) 4Q454 5
אשר מאחד ימלא את המים ואת הארץ[(XIX) 4Q462 1,8
עם מלא עונתם הראישונים ישובו וק[מו (VII) 4Q491 1-3,15
ומלאה המ[ע]רכה השנית את עונתה (VII) 4Q491 1-3,16
]◦ מלאו לכלת[(VII) 4Q491 1-3,20
מ[ל]א [ארצכה כבוד ונחלתכה ברכה (VII) 4Q492 1,4
ובמלא עונותם יתקעו להם בחצו[צ]רות (VII) 4Q493 8
במל[אם]בחצוצרות התרועה[(VII) 4Q493 11
י]מלאו ימיו לב[ו]א במ[(VII) 4Q502 102,1
ו]במילא[ת לו (VII) 4Q512 21-22,2
ו]במילאת[לו (VII) 4Q512 27,1
]ק למלא / [(VII) 4Q512 15i-16,7
] / [ובמילא]ת לו שבעת ימי טה[רתו (VII) 4Q512 11,2
ימלא בטוב ימיכה (XXV) 4Q525 14ii13
]◦ מלאו כזב[(ים) (XXV) 4Q525 17,3
]שלחניו מלא[(III) 5Q16 2,3
]ם מלאו ש◦[(III) 5Q16 6,1
למלא על נפשותמה שב[עת ימי המלואים 11Q19 XV,14
אשר] מלא / י[דו לל[בו]ש את הבגדים 11Q19 XV,15
אשר בה[מ]ה מלא את / ידיו 11Q19 XXXV,6
למלו{{א}} על נפשותמה שבעת ימי[ם] (XXIII) 11Q20 I,20
]◦ וימלא [(XXXIII) PAM 43.663 47,2
] / וכמלותו ליחד[(XXXVI) KhQ1 8

full, pregnant adjective **מָלֵא, מָלֵה, מָלִיא**

וארוכי רוח ומלאים בתכון ימיהם 1QM VI,12
ובת[י]ם מלאים כו[ל טוב (I) 1Q22 1ii3
תחת]יות המלאה שעירים / [(III) 2Q23 1,7
בבור המלה שתחת המעלות (III) 3Q15 II,1
שם שני דודין מלאין כסף (III) 3Q15 IV,8
הוי עיר הדמים כולה [כחש פר]ק מלאה (V) 4Q169 3-4ii1
ידיו עבות ושוקיו עבות ומלאות [ש]ער (V) 4Q186 1iii4
וב[מליאות לו שבעת [ימים (XXXV) 4Q284 2i3
לתת לנו בתים מלאים / [כול טוב (XXIX) 4Q393 3,8
ויהי מלא[חכמה] / [לכול דורש ?] נסתרות (XIX) 4Q463 1,3
ואשה כי תהיה מלאה וימות ילדה במעיה 11Q19 L,10
שור ושה ועז והמה מלאות 11Q19 LII,5

מְלֹא ← מְלוֹא

produce noun **מְלֵאָה**

הכוהן] / ראשיתם הבכורים המלאה (XXXV) 4Q251 9,2
ראשית המלאה [ו]דגן הואה הדמע ◦[(XXXV) 4Q251 9,3
כ]זורע כלאים אשר הזרע והמלאה (XXXIV) 4Q418 103ii8

מְלֵאָה ← מְלוּאָה

angel, messenger noun **מַלְאָךְ**

בי כל מלאכי חבל על סררי דרך CD II,6
יסור מלאך המשטמה מאחריו CD XVI,5
וביד מלאך / חושך כול ממשלת בני עול 1QS III,20
ובמלאך חושך תעות / כול בני צדק 1QS III,21
ומלאכ אמתו עזר לכול / בני אור 1QS III,24
ביד כול מלאכי חבל לשחת עולמים 1QS IV,12
כיא מלאכי / קודש [בעד]תם (I) 1QSa II,8
ועם מלאכי ק[ודש (I) 1QSb III,6

ואל י◦[ ]לפניו כול נגע מכשול 1QHa VIII,24
ומכשול עוונם שמו לנגד פניהם 1QHa XII,15
◦◦ע◦◦ יתקו בזקי מכשול ולשון הגברתה בפי 1QHa XVI,35
]תגבר צרי עלי למכשול ל◦[1QHa XVII,21
ותרפא מח]ץ מכתי ולמכשולי גבורת פלא 1QHa XVII,27
]גערתך אין מכשול[1QHa XVIII,18
]בית מכשול[(V) 4Q173 5,2
כ]סף וזהב למכש[ול (XXVIII) 4Q372 8,7
נגף] / באו[פ]ל[ ]תהיה לו כמכשול לפניו (XXXIV) 4Q415 11,7
] / [יהיה לו]כמכשול לפנ[יו (XXXIV) 4Q418 167a+b,7
]ל נגף מכשול[(XXXIV) 4Q418 168,2
ואין] / לי עוד למכשול עוון (XXIX) 4Q428 10,9
ומכשול עוונם שמו ל[נ]גד פני[הם] (XXIX) 4Q430 3
] / צדק וכצור מכ[שול (XXV) 4Q525 23,9
[אין]כול[נגע מ[כשול בעדתכם (XXIII) 11Q14 1ii13

to fill, fulfill, devote verb **מלא**

ולמלא / פני תבל מזרעם CD II,11
לא מלאו ימיו לעבור / על הפקודים CD X,1
לתעודותם כמחשבת כבודו ימלאו פעולתם 1QS III,16
עד מֻולאת לו שנה תמימה 1QS VI,17
ובמולאת לו שנה בתוך היחד 1QS VI,18
עד / מולאת לו שנה שנית 1QS VI,21
ובמולאת לו השנה השנית
ובמלואת / לו שנתים ימים 1QS VII,20
{{◦◦◦◦◦◦}} על מלואת עשר שנים / ⟦ ⟧ ⟦ 1QS VII,22
עד מולאת לו שנתים / ימים 1QS VIII,26
כיאם לפי מילואת לו עש[רי]ם שנה בדעתו[(I) 1QSa I,10
ובמלוא בו ⟦ ⟧ ובן חמשועשרים (I) 1QSa I,12
]ה מלוא[(I) 1QSb III,17
א]שר מלא י[דיכה (I) 1QSb V,17
כיא תמלא הארץ לדעת את כבוד יהוה 1QpHab X,14
בהמלא צבאם להשלים מַעֲרֶכֶת פנים 1QM V,3
מלא ארצכה כבוד ונחלתכה ברכה 1QM XII,12
עד יניף ידו ומלא מצרפיו 1QM XVII,9
מלא ארצכה כבוד ונחלתכה ברכה 1QM XIX,4
ודעה תמלא תבל (I) 1Q27 1i7
מכ]מרם יתמל[א (III) 2Q23 6,1
ימ]לא פיהם[(III) 2Q25 1,1
שלא] מלא כפו קוצר ו[חצנו מעמר (V) 4Q173 4,1
ימ[לאו קצים[(V) 4Q177 1-4,10
מ]לאו איש לפי גורלו אשר הפ[י]ל[(V) 4Q181 1,5
]◦ כמים ימלא וא[(V) 4Q184 4,3
[כיא] / באה עת הצדק ומלאה הארץ דעה (XXXVI) 4Q215a 1ii5
עד מלאות לו שנתים (XXVI) 4Q258 VII,2
ובמלאות[לו] / [שנתים (XXVI) 4Q259 II,3
עד מלאות לו / [עשר שנים (XXVI) 4Q259 II,5
[ובמלא]ת לו שנת [יקרבו את הונו (XXXV) 4Q265 4ii7
והגיד נמלא [ד]ם ור[ו]ח החיים עולה ויורדת (XVIII) 4Q266 6i12
א[שר] / לא מלאו ימו לעבור[על הפקודים (XVIII) 4Q270 6iv14
וכול נער אשר לו[א מלאו ימיו (XVIII) 4Q271 2,13
[ו]הגיד נמלא דם ורוח החיים עולה וי[ורדת (XVIII) 4Q272 1ii1
מ]לך נכבד והדר מלכותו מלא[(XX) 4Q299 9,3
]עד מלא[ת (XX) 4Q301 7,2
וימלאו בו ארבעה טורי [אבן (XIII) 4Q365 12bii9
לא[ת]בוא עד מלאות[ימי טהרה (XIII) 4Q367 1a-b,6
[ובמ]לאות ימי ט[הרה לבן] או לבת (XIII) 4Q367 1a-b,8
והיורדן סלא מי[ם] על כל גדותיו (XXII) 4Q379 12,6
]ם במלוא ידיהם [בחמוץ ונ[(XXX) 4Q383 B,1
]ש מלו ידיהם[(XI) 4Q401 22,2

ואתה / **כמלאך** פנים במעון קודש	1QSb IV,25	(I)
ומפיל גורל עם **מלאכי** פנים	1QSb IV,26	(I)
]ל **מלאכי** ממשלתו ולכול אנשי[	1QM I,15	
כיא **מלאכי** קודש עם צבאותם יחד	1QM VII,6	
ורואי / **מלאכי** קודש מגולי אוזן	1QM X,11	
וצבאות **מלאכים** בזבול קודשכה	1QM XII,1	
] **מלאכיכה** לרשות יד / במלחמה [	1QM XII,4	
]צבא **מלאכים** בפקודינו	1QM XII,8	
ואתה / עשיתה בליעל לשחת **מלאך** משטמה	1QM XIII,11	
וכול רוחי / גורלו **מלאכי** חבל	1QM XIII,12	
ומיא **מלאך** ושר כעזרת פ◦[	1QM XIII,14	
לגורל [פ]דותו בגבורת **מלאך** האדיר	1QM XVII,6	
בטרם / היותם **למלאכי** ק[ודשכה	1QH^a IX,11	
ובגורל יחד עם **מלאכי** פנים	1QH^a XIV,13	
]ה **למלאכי** / ◦◦כבש[	1QH^a XXIV,7	
]צו יעופפו בה כול / **מלאכי** של[ום	1QH^a XXIV,10	
]**מלאך** הפנים [	3Q**7** 5,3	(III)
]**מלאך** שלו[ם	3Q**8** 1,2	(III)
פשרו] על **מל[א]כיו** ו[	4Q**163** 20,2	(V)
] / **ומלאכיו** הם צירו	4Q**169** 3-4ii1	(V)
]**במלאך** פ◦[	4Q**176** 17,4	(V)
]**מלאך** אמתו יעזור לכול בני אור	4Q**177** 12-13i7	(V)
פשר על עזזאל **והמלאכים** אש[ר	4Q**180** 1,7	(V)
]ם מאלוני ממרה **מלאכים** המה[	4Q**180** 2-4ii4	(V)
]ומי יכלכל לעמוד לפני **מלאכיו**	4Q**185** 1-2i8	(V)
] מן **מלאכיו** כי אין חשך / י◦◦◦[	4Q**185** 1-2ii6	(V)
ואני אשלח **מלאכים** אל טובי אב[יכ]ה	4Q**200** 4,7	(XIX)
לפניו מלאכי]הפנים **ומלאכי** הקו[דש	4Q**216** V,5	(XIII)
ומ[לאכי רוחות האש	4Q**216** V,6	(XIII)
[ו]**מלאכי** רוחות ה[עננים]		(XIII)
ומלאכי הקולו[ת]	4Q**216** V,7	(XIII)
ולמלאכי הרוחות[הסערים	4Q**216** V,8	(XIII)
וירא במראה] / [הלי]לה והנה **מל[אך**	4Q**223-224** 1i5	(XIII)
] / **מלאכי** קודש עומדימ בוכים על[המזבח	4Q**225** 2ii5	(XIII)
ומלאכי המ[שטמה	4Q**225** 2ii6	(XIII)
ומלאכי הקדש מ[	4Q**226** 7,6	(XIII)
]מקשי שחת **ומלאך** שלומו / [	4Q**228** 1i8	(XIII)
כיא]**מלאכי**[ ] / [קודש בעדתם	4Q**249**h 1-2,2	(XXXVI)
כי **מלאכ[י]** הקוד[ש בתוכם]	4Q**266** 8i9	(XVIII)
]**מלאכי** ה[קודש	4Q**266** 15,1	(XVIII)
וחמה גדולה בלהבי אש בכל]**מלא[כי]** / [	4Q**269** 1,2	(XVIII)
יסו]ר **מלאך** המשט[מה מאחרו	4Q**270** 6ii18	(XVIII)
יסור **מלא]ך** המשטמה / מאחריו	4Q**271** 4ii6	(XVIII)
]◦ **מלאכי** מש[רת	4Q**286** 3,2	(XI)
זק]ים וברקים ◦◦[ ]**מלאכי** ע[נן]י מטר	4Q**286** 3,4	(XI)
ו[הוסיפו ואמרו ארור אתה **מלא]ך** השחת	4Q**286** 7ii7	(XI)
מלאכ]י צדקכה ב◦[	4Q**286** 12,3	(XI)
]◦מה **מלאכי** אש ורוחי ענן ◦[	4Q**287** 2,4	(XI)
]כול משרת[יכה בתפארת]הדרמה **מלאכי** / [	4Q**287** 2,12	(XI)
במעו[ני פלאיהמה **מ]לאכי** צדקכה	4Q**287** 2,13	(XI)
מ]לאכי ◦[	4Q**289** 3,2	(XI)
]ביד **מלאכ[י**	4Q**299** 35,2	(XX)
]**מלאכ[י**	4Q**299** 51,1	(XX)
]**במלאכי** [	4Q**301** 2b,6	(XX)
] **ומלאך** שלומכה בעדתו	4Q**369** 1ii9	(XIII)
]ומשמר **מלאך** אבות ש◦[	4Q**369** 2,1	(XIII)
]בהקדשו **וכמלאכ** ידבר מפיהו	4Q**377** 2ii11	(XXVIII)
בהם וכל צבאיו **ומלא[כיו**]ר◦[	4Q**381** 1,10	(XI)
]וישלח **מלאכיו** וי◦◦[	4Q**381** 29,2	(XI)
ועזבתי] / [ ]את הארץ ביד **מלאכי** המשטמות	4Q**387** 2iii4	(XXX)
ומשלו בהמה **מלאכי** המש[ט]מות	4Q**390** 1,11	(XXX)
ונתתים / [ביד **מל]אכי** המשטמות	4Q**390** 2i7	(XXX)
]**מלאך** ···· שנ[	4Q**391** 52,5	(XIX)
רומם לאלוהי[**מ]לאכי** רום	4Q**403** 1i1	(XI)
] / השר **מלאכי** מלך במעוני פלא	4Q**403** 1ii23	(XI)
]טוהר **מלאכי** כבוד בגבורת / [	4Q**405** 17,4	(XI)
נפל]אות **מלאכי** תפארת ורוחי / [	4Q**405** 17,5	(XI)
וצורות בדניהם **מלאכי** קודש	4Q**405** 19,7	(XI)
ובלכת האופנים ישובו **מלאכי** קודש	4Q**405** 20ii-22,9	(XI)
ובכול מוצאי **מלאכי** קודש לממשלתם	4Q**405** 23i8	(XI)
]**מלאכי**[	4Q**405** 49,3	(XI)
] **מלאכי** זב[ול	4Q**405** 81,2	(XI)
מ]לאכי קודש / [	4Q**407** 1,3	(XI)
כיא **מלאכי** קודש[ ]ל[ו] בשמים	4Q**418** 55,8	(XXXIV)
מל]אכיו ובין [	4Q**418** 164,2	(XXXIV)
] / **מלאכי** שלום ותי◦[	4Q**428** 26,3	(XXIX)
ויחן **מלאכו** סבי[ב] שמרם[	4Q**434** 1i12	(XXIX)
ושלך **המלאך** הריש[ו]ן / [	4Q**458** 1,8	(XXXVI)
] / נתן **למלאכים** ואת◦[	4Q**459** 1,3	(XXXVI)
] / עם כול **מלאכ[י** חבל ?	4Q**473** 2,7	(XXII)
]ל **מלאכי** שלום לעשו[ת	4Q**474** 8	(XXXVI)
ושר **מלאכיו** עם[צבאות]מה	4Q**491** 1-3,3	(VII)
כיא **מלאכי** קודש במערכותמה יח[ד	4Q**491** 1-3,10	(VII)
ו]צבא [**מ]ל[אכי]ם** בזבול קוד[שכה	4Q**491** 5-6,1	(VII)
וכול רוחי גורלו] / **מלאכי** ח[בל	4Q**495** 2,4	(VII)
] / כול **מלאכי**{{ם}} רקיע קודש ו[	4Q**504** 1-2vii6	(VII)
] / **ומלאכיכה**[	4Q**509** 10ii-11,5	(VII)
ולב[הל] / כול רוחי **מלאכי** חבל	4Q**510** 1,5	(VII)
]גורל אלוהים עם **מלא[כי**]מאורות	4Q**511** 2i8	(VII)
]**ומלאך** כבודו / [	4Q**511** 20i2	(VII)
עם צדקו צבאו ומשרתים **מלאכי** כבודו	4Q**511** 35,4	(VII)
] / [וכ]ל **מלאכים**[	4Q**521** 7+5ii15	(XXV)
]כל **מלאכים** וא[	4Q**579** 1,2	(XXV)
מל]אכי צדק במע[	6Q**18** 5,2	(III)
אזראו כול **מלאכיו**	11Q**5** XXVI,12	(IV)
משביע לכול **מ[לאכיו]**	11Q**11** III,4	(XXIII)
ובחרון אפו[ישלח]עליך **מלאך** תקיף[	11Q**11** IV,5	(XXIII)
]תו וברוכים כול / **מלאכי** קודשו	11Q**14** 1ii6	(XXIII)
ומלאכי / [קודשו מתיצבי]ם בעדתכם	11Q**14** 1ii14	(XXIII)
וצו]רת בדניהם **מל[אכי** קודש	11Q**17** VI,7	(XXIII)
]**מלאכי**[	11Q**17** IX,9	(XXIII)
]**למלאכי** הדעת בכול מל[	11Q**17** X,6	(XXIII)
]**מלאכ[י** קודש	11Q**17** 37,1	(XXIII)
]◦לך **מלאכי**◦◦ עמהם [	PAM 43.680 12,3a	(XXXIII)
]**מלאכי** [	PAM 43.683 39,1	(XXXIII)

work, possession noun **מְלָאכָה, מְלָכָאה**

אל יעש איש ביום / {{ממ}} השישי מלאכה	CD X,15	
אל יעש איש ביום / {{ממ}} השישי **מלאכה**		
אל ידבר בדברי **המלאכה**	CD X,19	
וישמעו הקטן לגדול **למלאכה** ולממון	1QS VI,2	
יקר{{י}}בו גמ את הונו ואת **מלאכתו**	1QS VI,19	
אל יד האיש / המבקר על **מלאכת** הרבים	1QS VI,20	
עבו]דת כול **מלאכ[ה/ת**	1Q**43** 2	(I)
אם לוא ילח ידו **במלאכ[ת**	4Q**158** 10-12,9	(V)
]**במלאכת** [רע]הו	4Q**158** 10-12,12	(V)
[וכ]ל העשה בו **מלאכה** ונכרתה [לע]ו[ל]ם	4Q**218** 3	(XIII)
ויש[מעו הקטן] / לגדול **למלאכה** ולה[ון	4Q**258** II,7	(XXVI)
[וישמ]ע הקטן לגדול **למלכאה** ולה[ון	4Q**263** 3	(XXVI)
[ומן כול הכלי אשר יעשה **מ]לאכה** ב[הם	4Q**269** 8ii4	(XVIII)

4Q**270** 6v1 (XVIII) אל יעש איש ביום הששי] **מ[לאכה]**
4Q**270** 6v4 (XVIII) אל ידבר בדברי **המ]לאכה** וה[עבודה]
4Q**271** 2,11 (XVIII) ומן / כל הכל[י אשר יעשה **מ]לאכה** בהם
4Q**365** 23,5 (XIII) ולכול **מלאכ[ת]** / [הב]ית אשר תבנו לי
4Q**365** 23,8 (XIII) ולד[ל]תות ולכול **מלאכת** הבית יקרי[בו
4Q**421** 11,4 (XX)]כיא **מלאכת** צ[דק]היאה אל יחל[
4Q**424** 1,6 (XXXVI) כי לא יצניע **מלאכתך** ואל תשלח דבר[
4Q**528** 4 (XXV) ותמימיך תואל התמים בכול **מ[ל]אכ[ה** ?
11Q**19** XIV,10 כול **מלאכת** ע[בודה לוא תעשו
11Q**19** XVII,11 כול **מלאכת** עבודה לוא תעשו בו חג מצות
11Q**19** XVII,16 כול **מלאכת** עבודה לוא תעשו בו
11Q**19** XIX,8 כול **מלאכת** עבו[דה לוא] / [יעשה
11Q**19** XXV,9 לוא תעשו בו כול **מלאכת** עב[ודה]
11Q**19** XXVII,6 ולוא יעשו בו כול **מלאכה** כי שבת שבתון
11Q**19** XXVII,7 וכול האיש / אשר יעשה בו **מלאכה**
11Q**19** XXVII,10 ולוא תעשו כול / **מלאכה**
11Q**19** XXIX,010 כול] **מל[א]כ[ת** עבודה לוא] / [תעשו בו
11Q**19** XLVII,9 בעריהמה יהיו עושים / בהמה **מלאכתמה**
11Q**20** III,25 (XXIII) כול **מל]אכת** עבודה לוא י[עשו

angelic adjective **מלאכי**
4Q**513** 2ii4 (VII)] / ולבג[**מ]לאכי** ולכפר {{במה}} בהם

מַלְאֲכִיָּה ← מַלְכִּיָּה

מַלְבּוּשׁ ← מַלְבֻּשׁ

attire noun **מַלְבֻּשׁ**
4Q**184** 1,4 (V) **ומלבשיה**[

word, speech noun **מִלָּה, מִילָּה**
4Q**176** 16,3 (V) ולתת **מילת** איש ל[
4Q**298** 1-2i2 (XX) [ורוד]פי צדק הבי[נ]ו **במלי** ומבקשי אמונה
(XX) ש[מע]ו **למלי** בכול / [מ]וצא שפת[י
4Q**298** 3-4i10 (XX) **מ]לתי** ואשר / [
4Q**412** 1,4 (XX)]בינה הוציא **מלים**[
4Q**412** 3,2 (XX)] על **מלי** כ[
4Q**412** 4,4 (XX) **מ]לי** יודעים א[
4Q**434** 1i10 (XXIX) **מליהם** במשקל תכן
4Q**525** 14ii23 (XXV) ואל] / תשפוך שיח טרם תשמע את **מליהם**
4Q**525** 31,1 (XXV) ש]מעו **מלי** [

terraced structure noun **מִלָּה**
3Q**15** III,8 (III) בשית **שבמלה** מבצפונו / כלי דמע לכושי
3Q**15** III,11 (III) בקבר **שבמלה** ממזרחו / בצפון

מָלֵה ← מָלֵא

fullness noun **מְלוֹא, מְלֹא**
CD X,16 גלגל השמש / רחוק מן השער **מלואו**
1QH[a] VIII,12] **מלוא** ה[שמ]ים [וה]ארץ[
כ]בודך **מלוא** כ[
4Q**163** 2-3,3 (V) וה]יו מטות כנפו **מלא** רחב ארצכ[ה
4Q**381** 15,5 (XI) תבל ו]**מלאה** אתה [י]סדתם
4Q**422** II,13 (XIII)] / [הארצ **ומ]ל[ו]אה**[
4Q**472** 2,8 (XXXVI)] / **למלואה**[
4Q**525** 31,2 (XXV)]תי **המלאים**[

מִלּוֹא ← מִלָּה

setting noun **מִלּוּאָה**
4Q**365** 12biii12 (XIII) מוסבות משבצות זהב] / **במלוא[ו]תיהמה**

ordination noun **מִלּוּאִים**
11Q**20** I,12 (XXIII)]**ולמלואים** איל איל לכ[ול יום ואחד]

kingdom, kingship noun **מְלוּכָה, מְלֻכָה**
1QM VI,6 והיתה לאל ישראל **המלוכה**
1Q**25** 5,6 (I)] **המלוכה** [
4Q**418** 206,4 (XXXIV) **מל]וכה** ומלכה ממשל / [וממשל
(XXXIV) מל]וכה **ומלכה** ממשל / [וממשל
4Q**491** 11ii17 (VII) והיתה לאל[**המלוכ]ה** ולעמו הישוע[ה
4Q**491** 14-15,7 (VII) לאל עלי]ון **המלוכה** ולעמו הישועה

inn noun **מָלוֹן**
4Q**161** 5-6,6 (V) [יפקיד כליו עברו] מעברה גבע **מלון** למו
4Q**184** 1,6 (V) **מלונותיה** משכבי חושך ובאישני ליל[ה
4Q**511** 3,6 (VII)]**מלונו**

multitude (?) noun **מלוש**
4Q**439** 1i+2,2 (XXIX) וכול **מלוש** / ו°[

to dissipate verb **מלח-1**
1QM XV,10 וגבורתם כעשן **נמלח**

to salt, blend verb **מלח-2**
4Q**405** 19,4 (XI) מעשי רו[חות] רקיע פלא / **ממולח** טוהר
4Q**405** 20ii-22,11 (XI) צבעי פלא **ממולח** טוה
4Q**405** 23ii10 (XI) וכול מחשביהם **ממולח** טוהר
11Q**17** VI,4 (XXIII) מעש[י רוחו]ת רקיע פלא **מ[מולח]** / טוה[ר
11Q**17** IX,7 (XXIII)]**ממולח** טוהר צבעי / [
11Q**19** XXXIV,10 **ומולחים** את הנתחים במלח
11Q**19** XXXIV,11 **ומולחים** במלח ומקטירים אותמה

salt noun **מֶלַח**
11Q**19** XX,13 ועל כול קורבנכמה תתנו **מלח**
11Q**19** XXXIV,10 ומולחים את הנתחים **במלח**
11Q**19** XXXIV,11 ואת הכרעים ומולחים **במלח**
11Q**20** IV,24 (XXIII) ולוא ת]שבית ברית **מלח** לעולם

sailor noun **מַלָּח**
1QH[a] XI,14 וחכמיה כולמו **כמלחים** במצולות
1QH[a] XIV,22 [והיי]תי **כמלח** באוניה בזעף / ימים גליהם

barren noun **מְלֵחָה**
1QH[a] XVI,24 ו]גזעו כחרלים **במלחה**

war, battle noun **מִלְחָמָה**
CD XX,14 עד תם כל אנשי **המלחמה**
1QSa I,21 (I) ולהתיצב **במלחמה** להכניע גוים
1QSa I,26 (I) או / לעצת יחד או לתעודת **מלחמה**
1QpHab II,13 המ]ה קלים וגבורים / **במלחמה**
1QpHab VI,4 וכלי **מלחמותם** המה / מוראם
1QM I,1] / למ[ ] **המלחמה**
1QM I,3 ואחר **המלחמה** יעלו משם / °°[
1QM I,10 יעוד לו מאז **למלחמת** כלה לבני חושך
1QM I,12 וביום **מלחמתם** בכתיים / יצ°[
1QM I,13]נחשיר **במלחמה**
1QM II,6 ובשלוש ושלושים שני **המלחמה** הנותרות
1QM II,7 אנשי **מלחמה** לכול ארצות הגויים

לצאת לצבא כפי תעודות המלחמה	1QM II,8
תערך המלחמה שש שנים	1QM II,9
ומלחמת המחלקות ב{{ע}}תש ועשרים	1QM II,10
תחלק המלחמה על כול בני חם	1QM II,13
תחלק המלחמה על כוׄל[בני יפ]ׄת	1QM II,14
] / {{סדרי המלחמה וחצוצרות}}	1QM III,1
ֺסדרי המלחמה וחצוצרותֺ	
בהפתח שערי המלחמה לצאת אנשי הבנים	
וחצוֺצֺרות המאסף בשוב המלחמה	1QM III,2
ועל חצוצרות סדרי המלחמה	1QM III,6
בהפתח שערי המלחמה לצאת למערכת האויב	1QM III,7
יכתובו יד גבורת אל במלחמה	1QM III,8
ובשובם מן המלחמה לבוא המערכה	1QM III,10
ועל חצוצרות דרך המשוב / ממלחמת האויב	1QM III,11
יכתובו מאת / אל יד מלחמה בכול בשר עול	1QM IV,3
וב{{ב}}לכתם למלׄחׄמה יכתובו על אותותם	1QM IV,6
ובגשתם למלחמה יכתובו על אותותם	1QM IV,7
ובשובם מן המלחמׄה יכתובו על אותותם	1QM IV,8
בצאתם למלחמה יכתבו על אות הראישונה	1QM IV,9
ובגשתם למלחמה יכתובו על אותותם	1QM IV,11
יכתובו על אותותם / מלחמת אל	1QM IV,12
ובשובם מן המלחמה יכתובו על אותותם	1QM IV,13
סרך לסדר דגלי המלחמה	1QM V,3
אׄל / מערכת האויב שבעה זרקות מלחמה	1QM VI,2
כול הרכב היוצאים / למלחמׄה	1QM VI,12
ומלאים בתכון ימיהם מלומדי מלחמה	
והרוכבים עליהם אנשי חיל למלחמה	1QM VI,13
]וקשת וחצים וזרקות מלחמה	1QM VI,16
בצאתם / מירושלים ללכת למלחמה	1QM VII,4
כול אלה לוא ילכו אתם למלחמה	1QM VII,5
כולם יהיו אנשי נדבת מלחמה	
לוא יהיה טהור ממקורו ביום המלחמה	1QM VII,6
ובסדר מערכות המלחמה לקראת אויב	1QM VII,9
ופרי מגבעות בראשיהם בגדי מלחמה	1QM VII,11
המערכה לחזק ידיהם במלחמה	1QM VII,12
מ]לחמה על חמשים מגן	1QM VII,15
]◦◦ המלׄ[חמה] / [	1QM VII,18
קול מרודד ידי סדר מלחמה	1QM VIII,5
ונטו ידם בכלי המלחמה	1QM VIII,8
החללים קול חד טרוד לנצח מלחמה	1QM VIII,9
ידיעו / קול אחד תרועת מלחמה גדולה	1QM VIII,10
יצאו / זרקות המלחמה להפיל חללים	1QM VIII,11
ידי מלחמה עד השליכם למערכת / ⟦ ⟧	1QM VIII,12
]רות קול תרועה / גדולה לנצח מׄלׄ[חמה	1QM VIII,16
בחצוצרות / החללים לנצח המלחמׄה	1QM IX,2
והכוהנים מריעים לנצח מלחמה	
שמונה ועשרים אלף / אנשי מלחמה	1QM IX,5
כול אלה ירדופו להשמיד אויב במלחמת אל	
והרכב / משיבים על ידי המלחמה	1QM IX,7
סרך לשנות סדר דגלי המלחמה	1QM IX,10
בקרבכם למלחמה ועמד הכוהן	1QM X,2
שמׄעׄה ישראל אתמה קרבים היום למלחמה	1QM X,3
וׄ[ש]וטרינו ידברו לכול עתודי המלחמה	1QM X,5
כיא תבוא מלחמה / בארצכמה	1QM X,6
] / כיא אם לכה המלחמה	1QM XI,1
כיא לכה המלחמה	1QM XI,2
לכה המלחמה ומאתכׄה הגבורה	1QM XI,4
לנו ק[צי] מלחמות ידיכה לה{{לחם}}ֺכבדֺ	1QM XI,8
]המלחמות ולהתגדל ולהתקדש	1QM XI,15
] מלאכיכה לרשות יד / במלחמה [	1QM XII,5

וגבור המלחׄ[מה] בעדתנו	1QM XII,9	
]הׄם גבורי המלחמה ירושליׄםׄ [	1QM XII,17	
]רפות ללמד מלחמה	1QM XIV,6	
]דת מלחמה {{על}} ֺבֺכול הגויים	1QM XV,1	
] המלחמה ילכו וחנו נגד מלך הכתיים	1QM XV,2	
באוזניהם / את תפלת מועד המלחׄ[מה	1QM XV,5	
]התחזקו למלחמת אל	1QM XV,12	
כיא {{יׄוׄםׄ}} ֺמועדֺ מלחמה היום הזה		
ג]בורי אלים מתאזרים למלחמׄהׄ	1QM XV,14	
ופתחו שערי המ[לחמה	1QM XVI,4	
ירימו איש ידו בכלי / מלחמתו	1QM XVI,7	
קול חד טרוד לנצח מלחמה		
והמלחמה מתנצחת בכתיים	1QM XVI,9	
ולבחון בם כול חרוצי המלחמה	1QM XVI,11	
לצאת מערכה אחרת חליפה למלחמה	1QM XVI,12	
ולמתקרביׄ[ם במ]לׄחׄמׄהׄ יׄתקעו לשוב	1QM XVI,13	
א]לׄ וׄאׄתׄ יׄדׄיהם במלחמתו	1QM XVI,14	
ושנן כלי מלחמתה ולוא יכהו עד [	1QM XVII,1	
ירימו איש ידו בכלי מלחמתו	1QM XVII,12	
וכו]ל עם השופרות יריעו תרועת מלחמה	1QM XVII,13	
וׄהׄמׄלׄ[חמ]הׄ מׄ[תנצח]תׄ בׄכׄ[תיים	1QM XVII,15	
ונאספו אליהם כול מערכות המלחמה	1QM XVIII,4	
ובמלׄ[חמה]◦[ ]ל אויבינו למגפת כלה	1QM XVIII,12	
לכה הגבוׄרׄה ובידכה המלחמה	1QM XVIII,13	
]מׄלחמה וכול ראשי הׄמערכות ופקודׄ[הם	1QM XIX,12	
סבבום בכל / כלי מלחמותם	1QH^{a} X,26	
ומלחמת גבורי / שמים תשוט בתבל	1QH^{a} XI,35	
בל יבוא גדוד בכלי מלחמתו	1QH^{a} XIV,28	
עם תום כול חרׄ[בות] / מלחמות רשעה	1QH^{a} XIV,29	
ושערי עולם להוציא כלי מלחמות	1QH^{a} XIV,31	
ולכול גׄבׄוׄרי מלחמוֺתֺ אין מנוס	1QH^{a} XIV,33	
] כרתו ◦◦◦◦ / במלחמות זׄדׄים	1QH^{a} XIV,35	
ותחזקני לפני מלחמות רשעה	1QH^{a} XV,7	
ויתפׄ[צצו ש]אׄרית אנשי מלחמתי	1QH^{a} XV,22	
] / אנשי מלחמ[ה	1QH^{a} XVII,22	
] / למלחׄ[מה	1Q**31** 2,4	(I)
]תׄי מלחמותכה [	1Q**36** 8,2	(I)
מ]לחמה לתפש ערי מבצרים	2Q**22** I,3	(III)
]◦ם למלחמת כתיאׄיׄםׄ	4Q**161** 8-10,7	(V)
נפץ ו]זׄרםׄ כלי מלחמה הׄמׄהׄ[	4Q**163** 25,3	(V)
[פ]שרׄו הם אנשי [ח]יׄלה גבור[י מ]לחמתה	4Q**169** 3-4iii11	(V)
ויקוׄמו למלחמות איש[	4Q**183** 1ii2	(V)
בארבעת אלפים] / גבור למלחמה	4Q**221** 5,7	(XIII)
ו]אׄת עמו מלחמה[לקראתינו ?	4Q**364** 24a-c,5	(XIII)
הוא]ה וכול עמו למלחמה	4Q**364** 24a-c,6	(XIII)
ונעלה דרך הבשׄן למלחמה	4Q**364** 24a-c,15	(XIII)
ו]כׄול עמו למלחמה אׄ[דרעי	4Q**364** 24a-c,16	(XIII)
]וכול העם המלחמׄה[	4Q**365** 37,2	(XIII)
]◦יׄוׄ המלחׄ[מה	4Q**365** Q,2	(XIII)
המ]לׄמׄדׄ ידו למלחמה הנוקםׄ[	4Q**372** 2,4	(XXVIII)
]יהם מלחמת אלוהים בק[	4Q**402** 4,7	(XI)
] כיא לאלוהי אלים [כל]יׄ מ[ל]חׄמוׄ[ת	4Q**402** 4,8	(XI)
]אלוהים במלחמת שחקים	4Q**402** 4,10	(XI)
בל יבוא גדוד] / בכׄלׄי מׄ[ל]חׄמׄתו	4Q**429** 4ii12	(XXIX)
] / עׄל יׄום מלחמה וׄ◦[	4Q**448** III,7	(XI)
]בׄכלי מלחמתם ובערי עוזם [	4Q**460** 8,4	(XXXVI)
ומלחמ]תׄ מחלקׄוׄ[תם	4Q**471** 1,8	(XXXVI)
מלח]מׄהׄ[	4Q**471** 1,9	(XXXVI)
ות]אׄמרו נלחמה מלחמותיו	4Q**471**a 3	(XXXVI)
]◦◦ תתגברו למלחמה	4Q**471**a 5	(XXXVI)

]למלח[מה PAM 43.684 93,2 (XXXIII)

to escape, rescue verb **1-מלט**

והמחזיקים / **נמלטו** לארץ צפון CD VII,14
אלה **מלטו** בקץ הפקודה הראשון CD VII,21
אלה **ימלטו** בקץ הפקדה CD XIX,10
כיא במשברי מות **תמליט** זכר 1QH^{a} XI,9
ונפשמה לוא **מלטו** מרז נהיה 1Q27 1i4 (I)
או מי]הוא זנה / **מלט**[בעולו 4Q88 VIII,4 (XVI)
ויעזרם יהוה] / **וימלטם** ויפלטם מרשעים[4Q171 3-10iv20 (V)
] / בבריתו הושיע אל **וימלט**[4Q183 1ii3 (V)
]ולוא **נמלט** מהם[עד אחד 4Q223-224 2iv22 (XIII)
אל]ה **מ[לטו** בקץ] / [הפקודה] הרישון 4Q266 3iii22 (XVIII)
ונפשם לא **מלטו** מרז נ[היה 4Q300 3,4 (XX)
והג[בור]ים לוא **נמלטו** / ו[4Q370 1i6 (XIX)
אדו]ני אשר **מלטם** [4Q577 4,2 (XXV)
או מי זה **מלט** / בעולו 11Q5 XXII,9 (IV)

מָלֵיא ← מָלֵא

head of grain noun **מְלִילָה**

לחם חדש א[ביבות **ומלילות** 11Q19 XIX,7

to be king, reign verb **1-מלך**

למלוך ∘[ ] בכול מועדי עולמים 1QM XII,3
וי[שראל **למלוך** עולמים 1QM XII,16
יהוה **ימלוך** עולם ועד 4Q174 1-2i3 (V)
יהוה **ימלוך** עולם ועד 4Q365 6b,3 (XIII)
] / שלשה אשר **ימלכו** 4Q388a 7ii8 (XXX)
]**מלך** עלי ואור נגהו על ∘[4Q468b 3 (XXXVI)
כתוב עליו[אומר לצי]ון **מלך** אלוהיך 11Q13 II,23 (XXIII)
[ונשאו ?] / ביום אשר **ימליכו** או[תו 11Q19 LVII,2

king noun **1-מֶלֶךְ**

לתיתו אותם ביד נבוכדנאצר **מלך** בבל CD I,6
ומלכיהם בו נכרתו CD III,9
והגליתי את סכות **מלככם** CD VII,14
ספרי התורה הם סוכת / **המלך** CD VII,16
המלך / הוא הקהל
התנינים הם **מלכי** העמים CD VIII,10
וראש הפתנים הוא ראש **מלכי** יון CD VIII,11
התנינים / **מלכי** העמים CD XIX,23
וראש פתנים הוא ראש / **מלכי** יון CD XIX,24
כאשר אמר אין **מלך** ואין שר ואין שופט CD XX,16
ובזו על נכבדים **במלכים** 1QpHab IV,2
יצא בחמה גדולה להלחם **במלכי** הצפון 1QM I,4
וגם ביד **מלכינו** הושעתנו פעמים רבות 1QM XI,3
]∘נו בוז **למלכים** לעג / וקלס לגבורים 1QM XII,7
ומלך הכבוד אתנו עם קדושים 1QM XII,8
ומלכיהם ישרתוך 1QM XII,14
וחנו נגד **מלך** הכתיים 1QM XV,2
כיא קדוש אדירנו **ומלך** הכבוד אתנו 1QM XIX,1
ומלכיהם ישרתוך 1QM XIX,6
הנה אתה שר אלים **ומלך** נכבדים 1QH^{a} XVIII,8
] **מלכי** ∘דם / [1QH^{a} 7,10
]∘ל∘ **מלכי** צבאות ידו[דון 1Q16 3-7,3 (I)
לך יובילו **מלכי[ם** שי 1Q16 9-10,1 (I)
פשרו על כול **מל[כי** כתיאים (I)
] / שמעו **מלכי** עמ[ים 1Q27 9-10,3 (I)
] / ל[עזיה] **מלך** יהו[דה 3Q4 4 (III)

עם[צבאות]מה לרשות יד[ב]**מלחמ[ה** 4Q491 1-3,3 (VII)
]ובצאתמה לערוך **המלחמה** [להכ]ניע[אויב 4Q491 1-3,8 (VII)
לו[א יב]וא אתמה **למלחמה** 4Q491 1-3,10 (VII)
[ובע]לות המערכה הנצבה **למלחמת** היום 4Q491 1-3,11 (VII)
]∘ **ה[מל]חמה** יעמדו שלוש מערכות (VII)
[ויצאו]חליפות **למלחמה** 4Q491 1-3,12 (VII)
]**המלחמה** וחצוצרות התר[ועה יש]מיעו 4Q491 1-3,13 (VII)
]ם **במלחמות** כלה 4Q491 1-3,14 (VII)
כול המערכו[ת]הנגשות **למלחמת** האו[יב (VII)
]בערוך **המלחמה** 4Q491 1-3,16 (VII)
לוא יביאום]כ[יא]אלה בגדי **מל[חמה]** 4Q491 1-3,18 (VII)
וידי]ם רפות ללמד **מלחמה** 4Q491 8-10i4 (VII)
[כול הו]דות **המלחמה** יספרו שמה 4Q491 8-10i17 (VII)
ומתנצחת] / **המלחמה** בכתיאים[4Q491 10ii10 (VII)
] / **מלחמה** בכתיאים 4Q491 10ii12 (VII)
ונגש הכוהן החרוש **למלחמה** 4Q491 10ii13 (VII)
ופתחו שערי **המל]חמה** 4Q491 11ii2 (VII)
ירימ[ו אי]ש ידו בכלי **מ[לחמתו** 4Q491 11ii5 (VII)
קול חד ט]ר[ו]ד לנצח **מלחמה** 4Q491 11ii6 (VII)
[ו]**המלחמה** מתנצחת בכתיאים 4Q491 11ii8 (VII)
לצאת מערכה אחרת חליפה **למ[לחמה** 4Q491 11ii10 (VII)
ואמץ] / [א]ת ידיהמה **במלחמתו** 4Q491 11ii12 (VII)
מלח]מה היום הזה יכניענו אל ישר[אל 4Q491 11ii16 (VII)
האלה יתקעו הכוהנים לסדר **מלחמה** שנית 4Q491 11ii19 (VII)
ירי]מו ידם איש בכלי **מלחמתו** 4Q491 11ii21 (VII)
]**מלחמה** ∘[4Q491 14-15,12 (VII)
מלח]מה כז[את 4Q491 17,8 (VII)
]**המלחמה** [4Q491 19,2 (VII)
]**המלחמה**[4Q491 21,1 (VII)
המלח]מה [ ] והכ[והנים 4Q491 21,2 (VII)
] / **המלחמה** והכוהנים בני אהרון יעמודו 4Q493 1 (VII)
והכוהנים יריעו בחצוצרות **המלחמה**[4Q493 3 (VII)
לצאת אנ[שי] / **המלחמה** להתקרב 4Q493 7 (VII)
]ות[ח]ל[ו] / לשלוח יד **במלחמה** 4Q493 8 (VII)
מלח]מתם / [4Q496 1-2,4 (VII)
ת]ערך **המל[ח]מ[ה** 4Q496 4,2 (VII)
ו]**מ[ל]חמת**[4Q496 4,3 (VII)
סדרי **המלח]מה** וחצ[וצרות מקראם 4Q496 8,5 (VII)
סדרי]**המלחמה** [4Q496 12,2 (VII)
שערי ה]**מלחמה** [4Q496 12,4 (VII)
אשר א]חריהם תחלק **המלחמ[ה** 4Q496 13,2 (VII)
]∘ן **והמלחמה** [4Q496 32,3 (VII)
מ]לחמה ה∘∘[4Q496 32,6 (VII)
למלחמ]ה יכת[ובו 4Q496 35,3 (VII)
וב]גויתי **מלחמות** חוקי / אל בלבבי 4Q511 48-49+51,4 (VII)
ולוא ישיב את העם מצרים **למלחמה** 11Q19 LVI,16
להיות עמו שנים עשר אלף איש **מלחמה** 11Q19 LVII,6
שונאי בצע וגבורי חיל **למלחמה** 11Q19 LVII,9
לצאת עמו **למלחמה** על / אויביהם 11Q19 LVIII,5
ושלחו / עמו חמישית אנשי **המלחמה** 11Q19 LVIII,7
ושלחו עמו שלישית אנשי **המלחמה** 11Q19 LVIII,8
וכי אם תחזק **המלחמה** עליו 11Q19 LVIII,10
בין תופשי **המלחמה** לאחיהמה 11Q19 LVIII,14
ו{{ע}}אם יצא **למלחמה** על / אויביו 11Q19 LVIII,15
עמו חמישית העם אנשי **המלחמה** 11Q19 LVIII,16
כי / תצא **למלחמה** על אויביכה 11Q19 LXI,13
והיה כקרובכה **למלחמה** / ונגש הכוהן 11Q19 LXI,14
ועשתה עמכה **מלחמה** / וצרתה עליה 11Q19 LXII,8
כי תצא **למלחמה** על אויביכה 11Q19 LXIII,10
]∘∘**מ]לחמה** ∘[PAM 43.680 42,3 (XXXIII)

Reference	Vol.	Text
4Q163 4-7ii2	(V)	אפקד על פרי / [גד]ל לבב **מלך** א[שור
4Q163 8-10,11	(V)	[בשנת מו]ת **המלך** אח[ז היה המשא הזה
4Q163 11ii4	(V)	אני בני מ[**לכי** קדם
4Q163 25,1	(V)	]**מ̇לך** בׄבׄל ◦[
4Q163 30,5	(V)	]בׄ◦ **מ[ל]כׄי**[
4Q165 8,1	(V)	**מל]ך** בבל אשר י[
4Q165 9,2	(V)	]אשר **מלך** ב◦[
4Q169 3-4i2	(V)	פשרו על דמי]טרוס **מלך** יון
4Q169 3-4i3	(V)	]יד **מלכי** יון מאנתיכוס
4Q169 3-4ii9	(V)	ושפת מרמה יתעו רבים / **מלכים̇** שרים
4Q216 IV,9	(XIII)	**ומלך** / [בהר ציון לעולמי עולמים
4Q247 4	(XXXVI)	צד]קיה **מלך** יהודה [יגלה
4Q247 6	(XXXVI)	] **מלו[ך]** כתיים ◦[
4Q266 2i11	(XVIII)	לתתו אותם ביד / נב[וכדנא]צר **מל[ך]** בבל
4Q266 12,4	(XVIII)	]ל̇ **מ̇לכים̇**[
4Q270 4,12	(XVIII)	]**ה̇מלכים** / [
4Q299 9,3	(XX)	**מ]לך** נכבׄד והדר מלכותו מ̇לא̇[
4Q299 10,1	(XX)	]**מ̇לך** [
4Q299 53,12	(XX)	]בו עם **מלך**[
4Q299 60,4	(XX)	] וכול **מלכי** עמ̇י[ם
4Q303 7	(XX)	]ר בם **מלך** לכולם[
4Q364 20a-c,6	(XIII)	ואת ע]וג **מ[לך]** הב[שן]
4Q372 3,12	(XXVIII)	וחמשת **מלכי** מדין נהרגו[
4Q372 5,1	(XXVIII)	]**מ̇לכים** גבורי / [
4Q381 31,4	(XI)	**מ]לך** יהודה שמע אל[הי
4Q381 33+35,8	(XI)	תפלה למנשה **מלך** יהודה
	(XI)	בכלו אתו **מלך** אשור
4Q381 76-77,7	(XI)	עד]ת קדוש קדושים גורל **מלך** מלכים ◦[
	(XI)	עד]ת קדוש קדושים גורל מלך **מלכים** ◦[
4Q382 3,2	(XIII)	**מל]ך** ישר̇א̇ל[
4Q382 46,5	(XIII)	]יחזקיה **מ̇לך**[יהודה
4Q382 104,4	(XIII)	] עזבתם ביד **מלכ̇יה̇**[ם
4Q385a 4,7	(XXX)	[וגם המלך]ההוא **למלכים**
4Q385a 18ia-b,4	(XXX)	ויבאו / [לרבלה אל]**מלך** בבל[
4Q385a 18ia-b,10	(XXX)	ולא יעשו]כאשר עשו הם **ומלכיהם**
4Q387 4i2	(XXX)	]**מ̇לכי** הצפון שנים̇[
4Q388a 7ii3	(XXX)	בימים] / ההמה יקום **מלך** [לגו]ים גדפן
4Q389 5,2	(XXX)	כאשר]אמרו תנה לנו **מלך** אשר[
4Q389 8ii9	(XXX)	בימים ההמה י]קום **מלך** לגוים גדפן
4Q391 1,2	(XIX)	**מ]לך** מצרים̇ הנש◦[
4Q391 10,2	(XIX)	**מ]לכים** בחייהם [
4Q391 25,5	(XIX)	]אמור **למ̇לו̇ך**
4Q398 11-13,2	(X)	ועד ג̇ל[ו]ת ירושלם וצדקיה **מלך** יהו̇ד̇[ה]
4Q398 11-13,6	(X)	]זכור את **מלכי** ישרא[ל] והתבנן במעשיהמ̇ה̇
4Q400 1i8	(XI)	משרתי פני **מלך** קודש / [קודשים
4Q400 1i13	(XI)	]בים בהיכלי **מלך** [
4Q400 1ii7	(XI)	] / **מלך** אלוהים לשבעת מ[
4Q400 1ii8	(XI)	] / כבוד **המלך** [ ] ש◦[
4Q400 1ii14	(XI)	] / **מלך** נשיאי[
4Q400 2,5	(XI)	] / כבוד **מלך** אלוהים יספרו במעוני עומדם
4Q401 1-2,5	(XI)	] / **מלך** אל[והים
4Q401 5,7	(XI)	] / **מ̇ל̇ך**
4Q401 13,1	(XI)	]ת **מלך** כ̇[ול
4Q401 14ii8	(XI)	] / למוצא שפתי **מלך** כ̇[
4Q402 2,4	(XI)	] / בדביר **מלך** ◦[
4Q402 3ii12	(XI)	] / **למלך** אלוהי[
4Q403 1i3	(XI)	[ה]ודו̇ת בלשון החמיש[י] **ל[מ]ל̇[ך]** הכבוד
4Q403 1i5	(XI)	ו]רנן **למ̇ל̇[ך** ה]טוב שבעה
4Q403 1i7	(XI)	ו]זמר̇ ל[**מ̇ל̇[ך]** הק]דוש שבעה
4Q403 1i13	(XI)	[וברך לכול מרוממי ה]**מלך**

Reference	Vol.	Text
4Q403 1i17	(XI)	יברך בש[ם] הו̇[ד **המ]ל̇ך**
4Q403 1i28	(XI)	ברוך [ה]א̇דו̇[ן] **מל̇[ך** ה]כול
4Q403 1i31	(XI)	יגדילו קדושי אלוהים **למלך** הכבוד
4Q403 1i34	(XI)	**ומלך** מלכ̇[ים]לכול סודי עולמים
	(XI)	ומלך **מלכ̇[ים**]לכול סודי עולמים
4Q403 1i38	(XI)	הודו כל אלי הוד **למ̇[ל]ך̇** ההוד
4Q403 1i46	(XI)	למעון **מ[ל]ך** אמת וצדק]
4Q403 1ii23	(XI)	] / השר מלאכי **מלך** במעוני פלא
4Q403 1ii24	(XI)	לראשי עד̇ת̇ **המלך** בקהל ◦[
4Q403 1ii25	(XI)	] / ותשבחות רומם **למלך** הכבוד
4Q403 1ii26	(XI)	] / לאל אלים **מלך** הטהור
4Q403 3,1	(XI)	**מ]לך** מרוממ̇ים̇[
4Q404 3,3	(XI)	אלו]הים **למ[לך**
4Q404 5,6	(XI)	]**מ̇לך** אמת [ו]צדק
4Q404 6,2	(XI)	]**מלך** כול[
4Q405 4-5,2	(XI)	**ומל̇[ך** מלכים לכול סודי עולמים
4Q405 14-15i3	(XI)	ק]ול ברך **למלך** מרוממים
4Q405 14-15i5	(XI)	מפותח באלמי מבואי **מלך**
	(XI)	**מ]לך** בדני א̇[ו]ר כבוד רוחי / [
4Q405 14-15i7	(XI)	בדבירי **מלך** בד̇נ̇[י א]ל[והים
4Q405 15ii-16,3	(XI)	ת]פארת בפרוכת דביר **המלך** ◦◦[
4Q405 15ii-16,7	(XI)	]רו **למלך** ה̇כבו̇[ד] ב̇קו̇ל רנ̇ה̇[
4Q405 19,3	(XI)	דב]יר **מלך** מעשי רו[חות]
4Q405 19,8	(XI)	]◦◦◦ **ה̇מלך** ◦◦◦[
4Q405 23i9	(XI)	ושערי מוצ̇א̇ משמיעים כבוד **ה̇מלך**
4Q405 23i11	(XI)	ולוא על אמרי / **מלך** בלי יתכו-נו
4Q405 23i13	(XI)	מורא **מלך** אלוהים נורא על [כו]ל אלוהים [
4Q405 23ii2	(XI)	] / קרבו **מלכ** בשרתם לפ̇[ני
4Q405 23ii3	(XI)	] / **מלך** וחרת כבודו{{ה}} ה̇[
4Q405 23ii9	(XI)	] / **[מ]לכ** רוחי צבעי[טוהר
4Q405 23ii11	(XI)	ממלכות קדושים **למלך** ה̇קודש
4Q405 24,3	(XI)	]מ̇לכות כבוד **מלך** כול א[
4Q405 56,1	(XI)	]ש̇ **המלך** [
4Q415 6,2	(XXXIV)	] / אביון א[ת]ה̇ **ומ̇ל̇כ̇[ים**
4Q418 158,5	(XXXIV)	**ומלכים** יכבדוכ̇[ה
4Q418 164,3	(XXXIV)	]עד **ומלכי**[
4Q418 206,2	(XXXIV)	]◦ קו̇ר]**מ̇לך** / [
4Q418a 7,3	(XXXIV)	מב]ין אתה **ומלכים** / [
4Q426 1i13	(XX)	]ה ◦ול **למלכי** ארץ רוד[ף] / [
4Q426 10,4	(XX)	כו]ל[ ]**מ̇לכ̇ים̇** א◦[
4Q427 7i10	(XXIX)	ידיד **המ[ל]כ̇** רע לקדושים
4Q427 7i13	(XXIX)	זמרו ידידים̇ שירו **למלכ** / [הכבוד
4Q427 7i15	(XXIX)	גדול לאלנו וכבוד **למלכנ̇ו̇**
4Q431 1,6	(XXIX)	] / ידיד **המלכ** רע לקד[ו]שים
4Q433 1,4	(XXIX)	**והמלכ̇[ים**]אתה משפיל
4Q448 II,2	(XI)	עור קדש / על יונתן **המלכ**
4Q448 III,8	(XI)	] / ליונתן **המל[ך**
4Q457b II,4	(XXIX)	] / **מלכיה** לעשות בי̇ד̇ו̇[
4Q460 8,3	(XXXVI)	]**מלכים** בחיל עוזם ושרים̇[
4Q472 1,4	(XXXVI)	] / את כול רעו מש[מ]רי פני **מלך** [
4Q472 2,9	(XXXVI)	] / **מ̇לך**[
4Q476 2,2	(XXIX)	]ל̇ת **מלך**[
4Q476 2,4	(XXIX)	] / [ו]כול מרוחקי **מלך** מ̇[
4Q476 2,6	(XXIX)	] / כבוד לפני **מלך** ל◦[
4Q491 8-10i13	(VII)	והנשא בעו̇ז **מלך** ה̇מ̇[לכים
	(VII)	והנשא בעו̇ז מלך **ה̇מ̇[לכים**
4Q491 11i12	(VII)	בל ישבו בו כול **מלכי** קדם
4Q491 11i18	(VII)	ו]כבודיא̇ עם בני **המלך**
4Q492 1,6	(VII)	**ומלכיהם** ישרתוך ו[השתחוו לך
4Q504 1-2iii15	(VII)	] / **ומלכינו** כיא[

4Q504 27,1	(VII)	]ל̇ מלכ̇[
4Q509 196,2	(VII)	]◦מלך̇ ◦[
4Q510 1,1	(VII)	בר̇[כות למ]לך הכבוד
4Q511 52-59,4	(VII)	ברוך את]ה̇ אלי מ̇לך הכב̇[ו]ד̇
4Q511 99,2	(VII)	] / מלך ◦[
4Q525 2ii+3,9	(XXV)	ועם מלכים תוש̇[יבהו
5Q10 1,3	(III)	]כיא מלך גדול א[ני] א̇[מר יהוה צבאות
6Q9 33,3	(III)	]וינוס משם אל מלך מואב̇[
11Q17 VI,4	(XXIII)	בדני דביר מל]ך̇
11Q17 VIII,7	(XXIII)	]◦ מלך הכבוד ◦[
11Q17 X,5	(XXIII)	]ק̇ודש מלך / הכבוד לכול מעשי אמת̇[ו
11Q17 26b,1	(XXIII)	]◦ מלך כו̇ל[
11Q17 29,1	(XXIII)	מ]לך̇[
11Q17 30,4	(XXIII)	]מלך כול קדושי ע̇ד̇ / [
11Q17 32,3	(XXIII)	] מלך ל̇[
11Q19 LVI,13		ואמרתה אשימה̇ עלי מלך ככול הגואים
11Q19 LVI,14		תשים עליכה מלך א̇שר אבחר ב̇ו̇
		מקרב אחיכה תשים עליך מלך
11Q19 LVIII,3		וה{{◦}}יה כי ישמע ה̇מלך̇ על כול גוי
11Q19 LVIII,7		ואמ מלך ורכב וסוס ועם רב
11Q19 LVIII,13		ונתנו / ממנו למלך מעשרו
11Q19 LIX,13		והמלך אשר / זנה לבו
PAM 43.661 28,1	(XXXIII)	]מ̇לכ̇[
PAM 43.678 61,1	(XXXIII)	]◦ המלך ◦[
PAM 43.698 43,1	(XXXIII)	בר]ו̇ך̇ מלכ̇י̇[

trap noun מַלְכֹּדֶת

4Q428 13,3	(XXIX)	ומלכ]דת נסתרה / [

queen noun מַלְכָּא

3Q15 VI,11	(III)	במשכן המלכא בצד / המערבי

מַלְכָּה ← מַלְכָּא

מְלָכָה ← מְלוּכָה

kingdom noun מַלְכוּת

1QSb III,5	(I)	שלו]ם̇ ע̇[ו]לם יתן לכה ומלכות [
1QSb IV,26	(I)	ות]היה סביב משרת בהיכל / מלכות
1QSb V,21	(I)	להקים מלכות עמו לעול[ם
1QM XII,7		] בכבוד מלכותכה ועדת קדושיכה
1QM XII,15		ורדינה ב̇[מ]ל̇[כות
1QM XIX,7		עדינה̇ עדי כבוד ור[ד]ינה במלכות / [
1QM XIX,8		וישראל למלכות ע̇ו̇למים
1QH^{a} 11,5		]◦◦ מ̇לכ̇ותו מי עשה כול אלה
4Q169 3-4iv3	(V)	לקץ האחרון אשר תשפל מלכותו ביש̇[ראל
4Q172 3,2	(V)	]ת̇ר̇בות מלכותו̇[
4Q200 6,5	(XIX)	אשר לכול העולמים היאה מלכותו
4Q252 V,2	(XXII)	המחקק היא ברית המלכות
4Q252 V,4	(XXII)	לו ולזרעו נתנה ברית מלכות עמו
4Q286 7i5	(XI)	והנשא מלכותכה בתוך ע̇[מי]ם̇ / [
4Q287 2,11	(XI)	]ש̇ בהיכלי מ̇[ל]כותכה
4Q299 9,3	(XX)	מ]לך נכבד והדר מלכותו מ̇לא̇[
4Q301 5,2	(XX)	]היכל מלכותו̇[
4Q365 K,2	(XIII)	]מ̇לכות ◦[
4Q381 19i5	(XI)	]מ̇לכותך לעבדך / [
4Q388a 7ii4	(XXX)	בימו אשבור את מלכות מצרים[
4Q400 1ii1	(XI)	] / רום מלכ̇ו̇ת̇[כה
4Q400 1ii3	(XI)	] / תפארת מלכותכה[
4Q400 2,1	(XI)	ותשבוחות מלכותכה בקדושי ק̇[דושים
4Q400 2,3	(XI)	ואנשים יספרו הוד מלכותו כדעתם
4Q400 2,4	(XI)	] / שמי מלכותו
4Q401 1-2,4	(XI)	] / מלכו̇[ת
4Q401 14i6	(XI)	]ש̇מי מלכות כב[וד]כה / להלל כבודכה
4Q401 14i7	(XI)	ותשבוחות]מלכותכה בקדשי קדושים
4Q401 32,2	(XI)	ה]דר מל[כות
4Q403 1i8	(XI)	שבע תהלי] רום מלכו̇[תו
4Q403 1i14	(XI)	[בנשיאי רוש יברך בשם] רום מ̇לכות̇ו̇
4Q403 1i25	(XI)	לכול נ̇ו̇[עדי]צ̇ד̇[ק מה]ללי מלכות כבודו[
4Q403 1i32	(XI)	כי בהדר תשבחות כבוד מלכותו
4Q403 1i33	(XI)	כול / אלוהים עם הדר כול מלכ[ותו
4Q403 1ii10	(XI)	ומשכן רוש רום כבוד מלכותו ד̇ב̇י̇ר̇[
4Q405 3ii4	(XI)	] / רום מלכותו לכול רומי דעת
4Q405 7,3	(XI)	]◦[ ]ם̇ מלכות[
4Q405 20ii-22,2	(XI)	] מושב ככסא מלכותו ב̇[דבירי כבודו
4Q405 23i3	(XI)	]כסאי{{כה}} כ̇בוד̇ מלכותו
4Q405 23ii11	(XI)	בכול מרומי מקדשי מלכות / כ̇בודו
4Q405 24,1	(XI)	]פ̇ל̇א מלכות[
4Q405 24,3	(XI)	]מלכות כ̇בוד מלך כול א[
4Q405 35,4	(XI)	מ]לכו̇ת̇[
4Q458 2ii6	(XXXVI)	] / משיח בשמן מלכות ה̇[
4Q492 1,8	(VII)	ו̇ישראל למלכות עולמים
4Q509 51,1	(VII)	]◦ מלכותכה̇[
4Q510 1,4	(VII)	ויחפזו מהדר̇ מע̇[ון] / כבוד מלכותו
4Q521 2ii+4,7	(XXV)	כ̇י̇ יכבד את חסידים על כסא מלכות
4Q521 12,2	(XXV)	] / [ומ]ל̇כ̇ו̇ת̇[
4Q524 6-13,3	(XXV)	ויאר]ך ימים רבים על מ̇לכותו
11Q19 LIX,17		איש יושב מבניו על כסא מלכות / ישראל
11Q19 LIX,21		ויארך ימים רבים על מלכותו

Melchizedek proper noun מַלְכִּי צֶדֶק

4Q401 11,3	(XI)	מלכי]צדק כוהן בעד̇[ת אל
11Q13 II,5	(XXIII)	ומנחלת מלכי צדק כי̇[א
	(XXIII)	ו̇המה נח̇ל̇[ת מלכי צ]דק
11Q13 II,8	(XXIII)	ו]אנש̇[י]גורל מל[כי]צדק[
11Q13 II,9	(XXIII)	הק̇ץ̇ ל̇שנת הרצון למלכי צ̇דק
11Q13 II,13	(XXIII)	ומלכי צדק יקום נק̇ם משפ̇ט̇י א[ל
11Q13 8,1	(XXIII)	]מלכי[צדק
11Q17 II,7	(XXIII)	ראשי נשיאי כהונות פ̇]לא למלכ̇[י צדק ?

Melchiresha proper noun מַלְכִּי רֶשַׁע

4Q280 2,2	(XXIX)	אר]ור אתה מלכי רשע

Malchijah proper noun מַלְכִּיָּה, מַלְאַכִּיָּה

4Q320 1ii5	(XXI)	ב2 במלכיה ל29 ב20 ברישון
4Q320 4i12	(XXI)	[העשירי 30] מלכיה
4Q320 4iv3	(XXI)	ב6 במלכי[ה] יום הכפ̇[ורי]ם̇
4Q320 4vi9	(XXI)	[ב]1 במלכיה ח̇ג̇ ה̇[שבועים]
4Q321 I,6	(XXI)	ה]ש̇נ̇[ית] הר̇אשון בשנים במלאכיה
4Q321 III,3	(XXI)	שבת במ̇לא̇[כיה בשבעה בששי
4Q321 IV,4	(XXI)	באר]בעה במלאכיה בארבעה בתשיעי
4Q321 V,6	(XXI)	במלאכיה̇ [בוא יום ה]כ̇[פ]ו̇רים
4Q321 VI,6	(XXI)	עש]ת̇י̇ עשר ח̇ו̇[דש] ⟦ ⟧ ב̇מ̇[לאכיה
4Q321a III,5	(XXI)	ש]בת במלכיה בשבע̇[ה] / [בששי
4Q321a V,4	(XXI)	בשלושה במלכיה בש̇[לושים
4Q324a 1ii2	(XXI)	ושמונ̇ה בוא ביאת מלכ[יה]
4Q324a 1ii3	(XXI)	יום ר̇ב̇יע̇י [ב]מ̇לכיה ז̇ה̇ אחד בחו̇דש העשירי
4Q325 1,5	(XXI)	]בששה עשר בו שבת מלכיה
4Q328 6	(XXI)	בחמישית / [ישבאב חרים אמר]מלכיה
4Q341 4	(XXXVI)	שרחסי מגנס מלכיה מניס / מחתוש מקליח

to fade, be cut off verb **מלל-1**

1QM XV,11		וכול יקום הוותם מהר ימלו /]

to say verb **מלל-3**

4Q**380** 1i7	(XI)	מי ימלל את שם / יהוה
4Q**385** 3,3	(XXX)	ואף אני מ[לל]תי עמהם[

latter rain noun **מַלְקוֹשׁ**

4Q**262** B,6	(XXVI)	]מלקוש[
4Q**285** 8,6	(XXXVI)	[טל ו]מטר יו[ר]ה ומלקו[ש] בעתו
4Q**299** 14,2	(XX)	]מלקוש ל◦[
4Q**302** 2ii5	(XX)	ועשה פרי שמן ◦◦◦ ◦◦ / יורה ומלקוש י◦◦[
11Q**14** 1ii9	(XXIII)	גשמי ברכה טל ומטר יורה ומלקוש בעתו

tongs, snuffers noun **מֶלְקָחַיִם**

11Q**19** IX,11		ומלקחיה כולה ככרים / [זהב טהור

money, wealth noun **מָמוֹן**

CD XIV,20		] ◦א[ש]ר ישקר בממון והוא נודע ו◦[
1QS VI,2		וישמעו הקטן לגדול למלאכה ולממון
1Q**27** 1ii5	(I)	כן כול טוב ממונו ברו[
4Q**261** 3,3	(XXVI)	ימצא בם] / [איש אשר ישקר ב]ממון

bastard noun **מַמְזֵר**

1QH[a] XXIV,15		] ממזרים כול[
1QH[a] 2ii6		] ממזרים להרשיע בבשר / י◦[
4Q**174** 1-2i4	(V)	ועמוני ומואבי וממזר ובן נכר וגר
4Q**397** 5,1	(X)	העמוני והמואבי ו]הממזר ופ[צוע הדכה
4Q**444** 1-4i+5,8	(XXIX)	מ]מזרים ורוח הטמאה /]
4Q**510** 1,5	(VII)	כול רוחי מלאכי חבל ורוחות ממזרים
4Q**511** 2ii3	(VII)	] / ועדת ממזרים כ[ו]ל ◦◦[
4Q**511** 35,7	(VII)	לפחד] / בגבורתו כו[ל]רוחי ממזרים
4Q**511** 48-49+51,3	(VII)	ובפי יפחד [כול רוחות] / ממזרים להכניע[
4Q**511** 182,1	(VII)	רוח]י ממזרי[ם

sale, item sold noun **מִמְכָּר**

CD XIII,15		יעש איש חבר למקח ולממכר
11Q**19** LX,15		חלק כחלק / יואכלו לבד ממכר על האבות
PAM 43.691 43,1	(XXXIII)	]ויצא ממכרו[

sale noun **מִמְכֶּרֶת**

4Q**159** 2-4,3	(V)	ויצו עליהיהם לבלתי ימכר ממכרת עבד

kingdom noun **מַמְלָכָה**

1QH[a] XIV,7		ואנחמה על המון עם ועל שאון ממלכות בהאספם
4Q**160** 3-4ii5	(V)	]וממלכה וידעו כול עמי ארצותיכה[
4Q**169** 3-4ii11	(V)	והראת גוים מער[ך] וממלכות {{◦◦◦}} קלונך
4Q**174** 1-2i10	(V)	והכינותי את כסא ממלכתו / [לעו]לם
4Q**176** 1-2i2	(V)	וריבה עם ממלכות על דם[
4Q**378** 13i3	(XXII)	]ממלכות /]
4Q**382** 96,1	(XIII)	] וממלכו[ת
4Q**385**a 4,5	(XXX)	ומ]מלכת[ישרא]ל תא[בד
4Q**387** 2ii5	(XXX)	הדור[ ]ההוא א[קרע]את הממלכה
4Q**387** 2ii7	(XXX)	[הז]דון בכל[הא]רץ וממלכת ישראל תאבד
4Q**387** 2ii9	(XXX)	ועשה תעבות וקרעתי / [את] ממלכ[תו
4Q**387** 2iii1	(XXX)	בימו אשבר את ממלכת [מצרים
4Q**389** 8ii1	(XXX)	ועשה תעבות וקרע]תי את מ[מלכתו
4Q**389** 8ii2	(XXX)	והממלכה תשוב לגוים רבים
4Q**389** 8ii10	(XXX)	בימו] אשבור א[ת מ]מלכת / [מצרים
4Q**390** 1,5	(XXX)	ככל אשר עשו ישראל / בימי ממלכתו
4Q**392** 1,1	(XXIX)	]וממלכות[
4Q**392** 2,3	(XXIX)	]◦ל ממלכה עד היום הזה
4Q**393** 1ii-2,9	(XXIX)	בטח]ו / גוים וממלכות יומ[רו
4Q**401** 5,5	(XI)	] / כולממלכו[ת
4Q**401** 21,2	(XI)	] ממלכו[ת
4Q**403** 1ii3	(XI)	] / מראי תבנית כבוד לראשי ממלכות רוח[י
4Q**405** 20ii-22,4	(XI)	] ממלכות מושבי כבוד למרכבו[ת
4Q**405** 23ii11	(XI)	] / ראשי ממלכות ממלכות קדושים
	(XI)	] / ראשי ממלכות ממלכות קדושים
4Q**416** 1,5	(XXXIV)	וממלכה למד[ינה ומדינה לאיש
4Q**418** 212,1	(XXXIV)	]תרעש ממל[כה] /]
4Q**448** II,8	(XI)	ועל ממלכתכ / יתברכ שמכ
4Q**448** III,6	(XI)	] / ממלכה להברכ[
4Q**462** 1,13	(XIX)	]והנה נתנו במצרים שנית בקצ ממלכה
6Q**9** 57,1	(III)	]ת הממלכה[
11Q**16** 2,3	(XXXVI)	או]ביו ויך ממלכות[
11Q**17** VII,6	(XXIII)	ממלכו]ת מוש[בי כבוד למרכבות
11Q**19** LVI,20		והיה בשבתו על כסא ממלכתו

kingdom noun **מַמְלְכוּת**

4Q**491** 16,3	(VII)	ע]ם קודשו ממלכות כו[הנים
4Q**503** 33i+34,8	(VII)	]לממלכות /]

Mamre proper noun **מַמְרֵא-1, מַמְרֵה**

4Q**180** 2-4ii4	(V)	]ם מאלוני ממרה מלאכים המה[
4Q**482** 1,3	(VII)	ומ]מרא הם[

מַמְרֵה ← מַמְרֵא-1

dominion noun **מִמְשָׁל**

1QS IX,24		ובכול ממשלו כאשר צוה
1QM I,5		וקץ ממשל לכול אנשי גורלו
1QH[a] XVI,37		] לבב ◦◦◦רים ממשל /]
4Q**215**a 1ii10	(XXXVI)	כיא בא ממשל הצדק הטוב
4Q**252** V,1	(XXII)	בהיות לישראל ממשל
4Q**258** VIII,8	(XXVI)	וב]כל ממשלו כאש[ר צוה
4Q**299** 6i15	(XX)	]נתן ממשל לחזק /]
4Q**415** 9,7	(XXXIV)	] / יחד ממשל זכר את נ[קבה
4Q**418** 43-45i7	(XXXIV)	ולכול ערמה י]צרה וממשל מ[עשיה
4Q**418** 206,4	(XXXIV)	ומלכה ממשל / [וממשל
4Q**427** 8i16	(XXIX)	]שכו [ ]כל אור ממשל /]
4Q**471** 3,1	(XXXVI)	] ממש[ל
4Q**503** 15-16,6	(VII)	]בממשל אור היומם ברוך [
4Q**503** 33i+34,19	(VII)	]והלילה לנו רוש ממשל ח[ושך
4Q**503** 40ii-41,2	(VII)	] / ובממש[ל

dominion, authority noun **מֶמְשָׁלָה**

1QS I,18		ואימה ומצרפ / נסוימ בממשלת בליעל
1QS I,23		פשעי אשמתם וחטאתם בממשלת / בליעל
1QS II,19		שנה בשנה כול יומי ממשלת בליעל
1QS III,17		והואה ברא אנוש לממשלת / תבל
1QS III,20		ממשלת כול בני צדק בדרכי אור יתהלכו
1QS III,21		וביד מלאך / חושכ כול ממשלת בני עול
1QS III,22		ואשמתם ופשעי מעשיהם בממשלתו
1QS III,23		נגועיהם ומועדי צרותם בממשלת משטמתו
1QS IV,19		כיא התגוללה בדרכי רשע בממשלת עולה
1QS X,1		עם קצים אשר חקקא ברשית ממשלת אור
1QpHab II,13		] בממשלת / הכתיאים ורש[עים
1QM I,6		וסרה ממשלת כתיים להכניע רשעה
1QM I,15		]ל מלאכי ממשלתו ולכול אנשי[

1QM X,12		ומשא רוחות וממשלת קדושים אוצרות כב[
1QM XIII,10		]ק̇ וכול רוחי אמת בממשלתו
1QM XIV,9		] בממשלת בליעל
1QM XIV,10		ובהתרשע אנ]שי ממשלתו
1QM XVII,5		להכניע ולהשפיל שר ממשלת / רשעה
1QM XVII,7		וממשלת / ישראל בכול בשר
1QM XVIII,1		ועל כול ◦[ ]ל ממ̇שלתו במגפת עולמים / [
1QM XVIII,11		להסיר ממ̇[ש]לת̇ א̇ויב לאין עוד
1QH[a] IV,25		ממש]לתם בתכמי כי רוח בשר̇[
1QH[a] V,17		בעבור / יספרו כבודך בכול ממשלתך
1QH[a] IX,11		] לרוחות עולם בממשלות̇ם
1QH[a] IX,17		ומש[פ]ט / במועדיה לממשל̇[תם
1QH[a] XV,23		וממשלתי̇ על ב◦◦ ◦[
1QH[a] XX,6		ומוצא / אור ברשית ממשלת חושך
1QH[a] XX,9		בתכונם באותותם לכול / ממשלתם
1QH[a] XX,23		ולפי ממשלתם ישרתוכה למפלג[יהם
1Q34bis 3ii3	(I)	]◦ וממשלתם בכל תבל
4Q169 1-2,5a	(V)	מוש]ליהם אשר תחם ממשלתם [
4Q169 3-4ii4	(V)	פשרו על ממשלת דורשי החלקות
4Q177 1-4,8	(V)	אשר היה מתאבל בממשלת בל[יעל
4Q180 1,4	(V)	]קצי ממשלותם
4Q184 1,6	(V)	ובאישני ליל[ה ממ]שלותיה
4Q286 2,2	(XI)	]ב̇סוד̇[יהמה ובמ]מ̇שלותמה גבורי אלים
4Q286 3,5	(XI)	]◦◦ וכול רוחי ממשלות̇ / [
4Q286 7ii5	(XI)	וארור הרש[ע בכול קצי] ממשלותיו
4Q286 7ii8	(XI)	וז]ע̇ום אתה במ̇[מש]ל̇[ת] / [עולתכה
4Q287 6,5	(XI)	[וארור הרשע בכול קצי ממ]ש̇לותיו
4Q299 10,9	(XX)	]כול ממ[ש]לו̇ת̇ם ◦[
4Q302 3ii9	(XX)	וממ[שלתו] / בארצות בימים ◦[
4Q369 3,3	(XIII)	ממכה [ו]מידכה כול ממשלת ל̇[
4Q369 3,4	(XIII)	]כ̇ול ממשלותך בקציהם ◦◦[
4Q369 4,1	(XIII)	ק]צי ממ[שלה
4Q382 106,1	(XIII)	]ה ממשל̇[ה/ת
4Q390 2i4	(XXX)	ו̇[ת]הי / ממשלת בליעל בהם להסגירם לחרב
4Q401 14i6	(XI)	] / ל̇ר̇אשי ממש̇לות ◦[
4Q405 23i8	(XI)	ו̇בכול מוצאי מ̇לאכי קודש לממשלתם
4Q405 23i12	(XI)	ל̇[ו]א ירחם במ̇משלת עברת כ̇ל[ת חרו]נ̇ו
4Q408 3+3a,8	(XXXVI)	ברתה א̇ת הב̇קר אות ל̇הופיע ממשלת אור
4Q408 3+3a,10	(XXXVI)	בר̇[ת]ה̇ א̇ת הערב אות להופיע ממשלת̇[חושך
4Q417 1i9	(XXXIV)	ע]רמה יצרה וממשלת מעשיה
4Q418 47,1	(XXXIV)	מוש]לים בממשלותם [
4Q427 8ii11	(XXIX)	עם] / מבא אור לממשל̇[תו בתקופות יום
4Q427 8ii12	(XXIX)	ומוצא] / אור ברשית ממשלות ח̇[ושך
4Q440 1,1	(XXIX)	ביום ה]רביעי פתחתה מאור גדול בממש̇[לת
4Q440 1,4	(XXIX)	]◦ בכול ימי ממשלתו̇ [
4Q444 1-4i+5,7	(XXIX)	]ה̇ עד תו̇ם ממשלת̇ה / [
4Q449 1,3	(XXIX)	]מ̇משלת רוחי גורלו במש◦◦[
4Q462 1,9	(XIX)	]ל את הממְשָׁלָה ל̇כ̇דו עמו היה האור עמהם
4Q491 8-10i6	(VII)	ה̇מ̇[פ]ליא חסדיך בנ̇ו בממשלת בלי[על]
4Q491 24,3	(VII)	]מ̇משלת̇ כ̇ו̇ל ה̇א̇ל̇[י]ם[
4Q491 24,5	(VII)	]ל ממשלתמ̇ה̇[ ]◦[
4Q496 1-2,7	(VII)	מ]מ̇של̇תו ו̇ל̇כ̇[ול] / [
4Q496 3,6	(VII)	]וסרה̇ מ̇מ̇שלת̇ [כתיים
4Q503 1-6iii3	(VII)	] לנו ממשל◦[
4Q503 37-38,16	(VII)	] / מגורל ממשלתו̇[
4Q509 8,8	(VII)	מ]מ̇שלת נ̇ב̇◦[
4Q510 1,2	(VII)	וממש̇[לתו] / על כול גבורי כוח
4Q510 1,6	(VII)	ונ̇◦◦תם בקץ ממשל[ת] / רשעה
4Q511 1,1	(VII)	מ]מ̇שלותם / [
4Q511 1,3	(VII)	ובכול / ר̇וחות ממשלתה תמ̇יד יב[רכו]הו
4Q511 2i3	(VII)	] / ו̇רוש ממשלו̇ת̇ ה̇שבית לאין [
4Q511 2i9	(VII)	[ומ]משלת יחד להתה̇ל̇ך̇[ב]גורל / [אלוהים
4Q511 10,3	(VII)	ב]ק̇ץ מ̇משלת רשע̇ה
4Q511 35,8	(VII)	כי אם ל]ק̇ץ ממשלתם[
6Q16 2,3	(III)	]ממשלת [
11Q13 II,9	(XXIII)	ו̇ל̇צ̇ב̇[איו ע]ם̇ קדושי אל לממ̇שלת משפט

manna noun **מָן-1**

4Q511 10,9	(VII)	[יפת]חו פה̇ לרחמי אל ידרושו למנו

from preposition **מִן, מִין**

CD I,3	במועלם אשר עזבוהו הסתיר פניו מישראל
	הסתיר פניו מישראל וממקדשו
CD I,7	ויצמח מישראל ומאהרן שורש מטעת
	ויצמח מישראל ומאהרן שורש מטעת
CD I,16	ולסור / מנתיבות צדק
CD II,7	כי לא בחר אל בהם מקדם עולם
CD II,8	ויסתר את פניו מן הארץ / מי עד תומם
CD II,9	ויסתר את פניו מן הארץ / מי עד תומם
CD II,12	לארץ ולמלא / פני תבל מזרעם
CD II,17	וגבורי חיל נכשלו בם מלפנים ועד הנה
CD III,13	ובמחזיקים במצות אל / אשר נותרו מהם
CD III,19	אשר לא עמד כמהו למלפנים ועד / הנה
CD IV,2	בתעו̇ת בני ישראל / מעליהם
CD IV,3	הם שבי ישראל / היוצאים מארץ יהודה
CD IV,18	העולה מזה יתפש בזה
	והניצל מזה יתפש / בזה̇
CD V,3	לא {{נפחת}} נפתח בישראל מיום מות אלעזר
CD V,5	ויעלו מעשי דויד מלבד דם אוריה
CD V,15	כי אם למילפנים פקד / אל את מ[ע]שיהם
CD V,17	הם גוי אבד עצות מאשר אין בהם̇ בינה
	כי מלפנים עמד / משה ואהרן
CD VI,1	וינבאו שקר להשיב את ישראל מאח̇ר / אל
CD VI,2	ויקם מאהרן נבונים ומישראל / חכמים
	ויקם מאהרן נבונים ומישראל / חכמים
CD VI,5	הם / שבי ישראל היוצאים מארץ יהודה
CD VI,15	ולהבדל / מבני השחת
	ולהנזר מהון הרשעה הטמא
CD VI,19	ואת יום התענית כמצאת̇ באי הברית החדשה
CD VII,1	להזיר מן הזונות / כמשפט
CD VII,3	ולא לנטור / מיום ליום
	ולהבדל מכל הטמאות כמשפטם
CD VII,12	באו מיום סור אפרים מעל יהודה
	באו מיום סור אפרים מעל יהודה
CD VII,13	שר אפרים מעל יהודה
CD VII,15	ואת כיון צלמיכם מאהלי דמשק
CD VII,19	כאשר כתוב דרך כוכב מיעקב
CD VII,20	וקם שבט / מישראל
CD VIII,4	מאשר לא סרו מדרך / בוגדים
	מאשר לא סרו מדרך / בוגדים
CD VIII,8	ולא נזרו מעם
CD VIII,15	כי מאהבתו את אבות<<י>>ך
	ומשמרו את השבועה
CD VIII,16	לשבי ישראל סרו מדרך העם באהבת אל
CD IX,1	כל אדם אשר יח̇רים אדם מאדם
CD IX,2	וכל איש מביאו / הברית
CD IX,6	אם החריש לו מיום ליום
CD IX,10	או מאמרם הושיע ידו לו
CD IX,11	ולא נודע מי גנבו ממאד המחנה
CD IX,14	והיה לו לבד מאיל האשם

1QS I,4 לרחוק מכול רע
1QS I,14 ולוא לצעוד בכול אחד / מכול דברי אל
1QS I,15 ולוא להתאחר / מכול מועדיהם
ולוא לסור מחוקי אמתו
1QS I,17 ולוא לשוב מאחרו מכול פחד ואימה
ולוא לשוב מאחרו מכול פחד ואימה
1QS I,25 אנו [וא]בْותינו מלפנינו בל{{ה֯}}כתנו / [
1QS II,1 ורחמי חסדו גْמל עלינו מעולם ועד עולם
1QS II,3 יברככה בכול / טוב וישמורכה מכול רע
1QS II,16 ונכרת מתוכ כול בני אור
1QS II,17 בהסוגו / מאחרי אל בגלוליו
1QS II,23 ולוא ישפל איש מבית מעמדו
ולוא ירום ממקום גורלו
1QS III,7 יטהר מכול / עוונותו
1QS III,11 ואין / לצעוד על אחד מכול דבריו
1QS III,15 מאל הדעות כול הויה ונהייה
1QS III,19 במעון אור תולדות האמת וממקור חושך
1QS IV,20 באמתו כול מעשי גבר יזקק לו מבני איש
להתם כול רוח עולה מתכמי / בשרו
1QS IV,21 ולטהרו ברוח קודש מכול עלילות רשעה
ויז עליו רוח אמת כמי נדה מכול תועבות שקר
1QS V,1 לאנשי היחד המתנדבים לשוב מכול רע
צוה לרצונו להבדל מעדת / אנשי העול
1QS V,9 ובכול נפש לכול הנגלה ממנה לבני צדוק
1QS V,10 בברית על נפשו להבדל מכול אנשי העול
1QS V,14 לוא יטהרו / כי אמ שבו מרעתם
1QS V,15 כיא ירחק ממנו בכול דבר
כיא כן כתוב מכול דבר שקר תרחק
ואשר לוא ישיב איש מאנשי / היחד
1QS V,16 ואשר לוא יוכל מהונם כול
ולוא יקח מידם כול מאומה
1QS V,17 כאשר כתוב חדלו לכם מן האדם
1QS V,19 וכול מנאצי דברו ישמיד מתבל
1QS VI,3 עשרה אנשים מעצת החיד
אל ימש מאתם איש / כוהן
1QS VI,13 וכולה מתْנדב מישראל
1QS VI,15 ולסור מכול עול
1QS VI,25 ויבדילהו מתוכ טהרת רבים שנה אחת
1QS VII,1 ואם קלל או להבעת מצרה
1QS VII,2 ואם באחד מן הכוהנים הכתובים בספר
1QS VII,3 ומובדל על נפשו מן טהרת רבים
1QS VII,13 ואשר יוציא ידו מתוחת בגדו והואה / פוח
1QS VII,16 והבדילהו שנה אחת מטהרת הרבים
ברבים ילכ רכיל לשלח הואה מאתם
1QS VII,18 והאיש אשר תזוע רוחו מיסוד היחד
1QS VII,23 ויצא מלפני / הרבים
1QS VII,24 ואיש מאנשי היח֯[ד א]ש֯ר יתْערב / עמו
1QS VIII,1 בכול הנגלה מכול / התורה
1QS VIII,8 ובל יחישו ממקומם ⟦ ⟧ מעון קודש קודשים
1QS VIII,11 וכול דבר הֽנסתר מישראל
1QS VIII,12 אל יסתרהו מאלה מיראת רוח נסוגה
אל יסתרהו מאלה מיראת רוח נסוגה
1QS VIII,13 יבדלו מתוך מושב הנשי העול
1QS VIII,16 וכול איש מאנשי היחד
1QS VIII,17 אשר יסור מכול המצוה דבר ביד רמה
1QS VIII,18 עד אשר יזכו מעשיו מכול עול
1QS VIII,21 כול איש מהמה / אשר יעבר דבר
1QS VIII,22 אשר יעבר דבר מתורת מושה ביד רמה
ישלחהו מעצת היחד / ולוא ישוב עוד
1QS VIII,23 ולוא יתערב איש מאנשי הקודש בהֽוֽנו

CD IX,21 והובדל האיש מן הטהרה
CD X,3 לעד עובר דבר מן המצוה ביד רמה
CD X,5 עד עשרה אנשים ברורים / מן העדה
ומישראל / ששה מבוננים בספר ההגו
CD X,6 וביסודי הברית מבני חמשה / ועשרים שנה
CD X,7 ואל יתיצב עוד מבן / ששים שנה ומעלה
CD X,11 במים צואים ומעוטים מדי מרעיל איש
CD X,15 מן העת אשר יהיה גלגל השמש
CD X,16 רחוק מן השער מלואו
CD X,22 ומן האובד / בْשْדה
CD XI,4 אל יתערב איש מרצונו / בשבת
CD XI,5 חוץ מעירו כי / אם אלפים באמה
CD XI,7 אם / סוררת היא אל יוציאה מביתו
אל יוציא איש מן הבית / לחוץ
CD XI,8 ומן החוץ אל בית
ואם בסוכה יהיה אל יוצא ממנה
CD XI,18 כי כן כתוב מלבד שבתותיכם
CD XI,20 ועץ ביד איש טמא באחת / מן הטמאות
CD XII,5 ואם ירפא ממנה ושמרוהו עד שבע שנים
CD XII,6 אל ישלח את ידו לשפוך דם לאיש מן הגוים֯
CD XII,7 וגם֯ אל ישא מהונם כל
CD XII,9 ומגורנו / ומגתו אל ימכר להם
CD XII,10 ומגורנו / ומגתו אל ימכר להם
CD XII,12 בכל החיה והרמש לאכל מהם
לאכל מהם מעגלי הדבורים
CD XIII,3 ואיש מהלוים בחון / באלה
CD XIII,13 אל ימשול איש / מבני המחנה
CD XIII,14 ואיש מכל באי ברית֯ אל
CD XIV,1 לֹא באו מיום֯ סור אפרים מעל יהודה
לֹא באו מיום֯ סור אפרים מעל יהודה
CD XIV,2 להנצילם מכל מוקשי שחת
CD XIV,7 מבן שלושים שנה וْעד בן ששים
CD XIV,9 מ֯בן שלשים שנה [ע]ד֯ בן חמשים שנה
CD XIV,14 והשופטים / מ֯מْנו֯ יתנו בעד [יתו]מ֯ים
וממנו יחזיקו ביד עני וْאביון
CD XV,7 קץ הרשע לכל השב מדרכו הנשחתה
CD XV,13 ובכל נפש / נ֯קْי֯אים֯ ה֯ם֯ ממ֯נו אם ימע֯ל
וכל אשר נגלה מ֯ן התורה לרוב / ה֯מ֯ח֯נ֯ה֯
CD XVI,3 מכל אלה הנה הוא מדוקדק
CD XVI,5 יסור מלאך המשטמה מאחריו
CD XVI,8 איש על נפשו / לע֯שות דב֯ר מ֯ן התורה
CD XVI,14 וגם / [הכ]הנים אל יקחו מא֯ת ישראל [
CD XVI,16 ואל / יקד֯ש֯ א֯י֯ש מכל ◦[
CD XIX,3 ישבו כסרך / הארץ א֯שר היה מקדם
CD XIX,17 ולא סרו מדרך בוֹגדים
CD XIX,20 ולא נזרו מעם / ומחטאתם
CD XIX,21 ולא נזרו מעם / ומחטאתם
CD XIX,28 כי מאה֯בתו את אבותיך
ומשמרו את השבועה
CD XIX,29 כן / מש֯פ֯ט לשבי יש֯ראל סרו מדרך העם
CD XIX,34 ושבו ויבגדו ו֯יסורו מבאר מים ה֯חיים
CD XIX,35 לא יכתבו מ֯יום האסף֯ {{יור מורה}}
CD XX,1 עד עמ֯ו֯ד֯ משיח מאה֯ר֯ן ומישראל
עד עמ֯ו֯ד֯ משיח מאה֯ר֯ן ומישראל
CD XX,2 ויקוץ מעשות פקודי ישר֯ים
CD XX,3 בהופע מעש֯יו ישלח מעדה
CD XX,13 ומיום֯ / האסף֯ יורה היחיד
CD XX,22 בית֯ פ֯לג אשר יצאו מ֯ע֯י֯ר֯ ה֯קדש
CD XX,25 מבא֯י֯ הב֯ר֯י֯ת֯ בהופע / כ֯ב֯ו֯ד֯ אל
CD XX,26 יכרתו מ֯ק֯ר֯ב֯ ה֯מ֯ח֯נ֯ה֯

כיא / אבْ[ן]מْקיר תזעקْ	1QpHab IX,15
[ו]כْפיס מעץ יע[ננה]	
ומשם יעלנו למשפט	1QpHab X,4
הלוא / הנה מעם יהוה צבאות	1QpHab X,7
שבעתה / קלון מבוד	1QpHab XI,9
על הכוהן אשר גבר קלונו מכבודו	1QpHab XI,12
מדמי אדם וחמס ארץ	1QpHab XII,1
ואשר אמר מדמי / קריה וחמס ארץ	1QpHab XII,6
הס מלפניו כול הרץ	1QpHab XIII,1
ואת הרשעים מן הארץ	1QpHab XIII,4
בשוב גולת בני אור ממדבר העמים	1QM I,3
ואחר המלחמה יעלו משם / ◦◦[	
כיא הואה יום יעוד לו מאז למלחמת כלה	1QM I,10
ולכול ימי השנה מבן חמשים שנה ומעלה	1QM II,4
מכול שבטי ישראל יחלוצו / להם	1QM II,7
ובשובם מן המלחמה לבוא המערכה	1QM III,10
ועל חצוצרות דרך המשוב / ממלחמת האויב	1QM III,11
ועל אות המאה יכתובו מאת / אל	1QM IV,2
ובשובם מן המלחמה יכתובו על אותותם	1QM IV,8
ובשובם מן המלחמה יכתובו על אותותם	1QM IV,13
מזה הסגר והלוהב חצי האמה	1QM V,7
ומחברת הצْ[ו]רה מזה ומזה לצמיד / סביב	1QM V,8
ומחברת הצْ[ו]רה מזה ומזה לצמיד / סביב	
וספות ישר אל הראוש שתים מזה ושתים מזה	1QM V,12
וספות ישר אל הראוש שתים מזה ושתים מזה	
מזה ומזה יעמודו סדריהם	1QM VI,8
מזה ומזה יעמודו סדריהם	
ותכון / ימיהם מבן שלושים שנה	1QM VI,14
ופרשי הסרך יהיו מבן ארבעים שנה	
ואנשי הסרך יהיו מבן ארבעים שנה	1QM VII,1
וסורכי המחנות יהיו מבן {{◦◦}}חמ{{◦}}שים	
והשוטרים / יהיו גם הם מבן ארבעים שנה	1QM VII,2
ועורך הצידה כולם יהיו מבן חמש ועשרים	1QM VII,3
יבואו למחנותם בצאתם / מירושלים	1QM VII,4
וכול / איש אשר לוא יהיה טהור ממקורו	1QM VII,6
ויצאו מן השער התיכון אל בין המערכות	1QM VII,9
שבעה / כוהנים מבני אהרון לובשים בגדי שש	1QM VII,10
ושלושה שוטרים מן הלויים	1QM VII,14
וחמשים אנשי בינים יצאו מן השער האחד	1QM VII,16
אנשי]בْינים מן השערים	1QM VII,17
ויצאו / שלושה דגלי בינים מן השערים	1QM VIII,4
ולידם אנשי הרכב / מימין ומשמאול	1QM VIII,5
ולידם אנשי הרכב / מימין ומשמאול	
וכול העם יחשו מקול התרועה	1QM IX,1
כול אנשי הבינים מתוך / מערכות הפנים	1QM IX,3
יהיו הכוْ[הנ]ים מריעים מרחוק	1QM IX,7
והמגْ[ד]לות / יוצאים מן המערכה	1QM IX,13
ולהשْמר מכול ערות דבר רע	1QM X,1
וילמדנו מאז לדורותינו	1QM X,2
וא]לْ תערוצו מפניהם	1QM X,4
ונושעתם מאויביכם	1QM X,8
בחרתה לכה מכול עמי הארצות	1QM X,9
]◦הْ אלה ידענו מבינתכה	1QM X,16
ומאתכْה הגבורה / ולוא לנו	1QM XI,4
כאשْר הגדתה / לנו מאז	1QM XI,6
דרך כוכב מיעקוב קם שבט מישראל	
דרך כוכב מיעקוב קם שבט מישראל	
וירד מיעקוב והאביד שריד מْעיר	1QM XI,7
וירד מיעקוב והאביד שריד מْעיר	
ומאז השמ◦[ ]◦עד גבורת ידכה בכתיים	1QM XI,11

והובדל מן הטהרה ומן העצה		1QS VIII,24
והובדל מן הטהרה ומן העצה		
ולרצון לארצ מבשר עולות ומחלבי זבח		1QS IX,4
ולרצון לארצ מבשר עולות ומחלבי זבח		
אשר / לוא הזכו דרכם להבדל מעול		1QS IX,9
ומْכול עצת התורה לוא יצאו		
והבדל מכול איש		1QS IX,20
ולוא הסר דרכו / מכול עול		1QS IX,21
ובתקופתו עם האספו מפני אור		1QS X,2
באופיע / מאורות מזבול קודש		1QS X,3
ואברכנו תרומת מוצא שפתי ממערכת אנשים		1QS X,14
ואפיא לוא / אשיב מאנשי עולה		1QS X,20
רקים אשבית משפתי		1QS X,24
נדות ונפתלות מדעת לבי		
כיא ממקור דעתו פתח אורו		1QS XI,3
בסלע עוז דרכ פעמי מפני כול		1QS XI,4
וממקור צדקתו משפטי אור		1QS XI,5
משפטי אור בלבבי מרזי פלאו		
עיני תושיה אשר נסתרה מאנוֺש דעה		1QS XI,6
ומזמת ערמה מבני אדם מקור צדקה		
ומקוה / גבורה עמ מעין כבוד מסוד בשר		1QS XI,7
ומידו / תום הדרכ		1QS XI,10
ומבלעדיו לוא יעשה		1QS XI,11
ואם יפתח צרתי ומשחת יחלצ נפשי		1QS XI,13
ובצדקתו יטהרני מנדת / אנוש		1QS XI,14
כיא מבלעדיכה לוא תתם דרכ		1QS XI,17
והואה מעפר מגבלו ולחם רמה מْדורו		1QS XI,21
יקהילו אתכול הבאים מטף עד נשים	(I)	1QSa I,4
ומן נע[וריו] / [לל]מْדהו בספר ההגי	(I)	1QSa I,6
[זה על] זה יכבדו איש מרעהו	(I)	1QSa I,18
ה‹א›נשים הנקראים לעצת היחד מבן עש	(I)	1QSa I,27
וכול איש מנוגע באחת מْכْול טמאותْ / האדם	(I)	1QSa II,3
[ו]דורש[והו]מפיהו	(I)	1QSa II,10
אשר ל[וא יכז]בْ יפתח לכה מן השמْ[ים	(I)	1QSb I,4
יפ]לטכה מכול [	(I)	1QSb I,7
]םْ מבשר ועם מלאכי ק[ודש	(I)	1QSb III,6
] מכולםْ [	(I)	1QSb III,8
] כול הון תבל להכْ[י]רכה ממקור / [עולם	(I)	1QSb III,19
יברככה אדוני מ[מעון קו]דשו	(I)	1QSb III,25
וממזל שפתיכה כול [שרי] / עמים	(I)	1QSb III,27
]כה ויצדיקכה מכול ◦◦◦[	(I)	1QSb IV,22
] / הבדלתה מ[ן	(I)	1QSb V,2
]◦ מעול[	(I)	1QSb 16,3
] מורה הֺצדקْה מْפיא / אל		1QpHab II,2
הבאْ[ות ע]לْ הדור האחרון מפי / הכוהן		1QpHab II,7
ונורא הוא ממנו משפטו ושאתו יצא		1QpHab III,3
וקול מנמרים סוסו וחדו / מזֺאבי ערב		1QpHab III,6
וקול מנמרים סוסו וחדו / מזֺאבי ערב		1QpHab III,7
מרחוק / יעופו כנשר חש לאכול		
וממרחק / יבואו מאיי הים		1QpHab III,10
וממרחק / יבואו מאיי הים		1QpHab III,11
]יעבורו איש / מלפני רעֺהו		1QpHab IV,12
טהור עֺינים / מראות ברע		1QpHab V,2
טהור עינים מראות / ברע		1QpHab V,6
ותחריש בבלע / רשע צדיק ממנו		1QpHab V,9
לוא ירפו ידיהם מעבודת / האמת		1QpHab VII,11
בבית יהודה אשר / יצילם אל מבית המשפט		1QpHab VIII,2
יקבוצו הון ובצע משלל העמים		1QpHab IX,5
מדמי אדם וחמס ארْץ		1QpHab IX,8
לשוْם / במרום קנו לנצל מכף רע		1QpHab IX,13

]כ̇יא תלחם בם מן השמ̇[ים]◦[	1QM XI,17
ושר מאור מאז פקדתה לעוזרנו	1QM XIII,10
כי]א מאז יעדתה לכה יום קרב	1QM XIII,14
ואחר העלותם מעל החללים	1QM XIV,2
ורחצו / מדם פגרי האשמה	1QM XIV,3
לוא הדיחונ̇[ו] / מבריתכה	1QM XIV,10
ורוחי [ח]בלו גערתה ממ̇[נו	
]ל̇ה̇[רי]ם̇ לכה מעפר / ולהשפיל מאלים	1QM XIV,14
]ל̇ה̇[רי]ם̇ לכה מעפר / ולהשפיל מאלים	1QM XIV,15
ואל תחפזו ואל תערוצו מפניהם	1QM XV,8
כיא מאז שמעתם̇ / ב̇ר̇זי אל [	1QM XVI,15
ובריתכה שמרתה לנו מאז	1QM XVIII,7
ומאז לוא נהיתה כמוהה	1QM XVIII,10
]ים מכול ומ[	1QM 3,2
] משפלת מדה מ◦[	1QH[a] IV,1
] מ̇רוח / [	1QH[a] IV,2
] משפט מרוח דורש[כה] נת◦◦◦ / [	1QH[a] IV,6
] מצוה מרוח כו[	1QH[a] IV,7
[אודך אדוני כי]מנסתרות אש[ר	1QH[a] IV,9
] וממשפט קצ̇י[עולה	1QH[a] IV,10
]◦ין וממשפט אח◦[	1QH[a] IV,11
] עבדך מכול פשעיו ◦[	
כי]ה̇ מרוחות אשר נתתה בי	1QH[a] IV,17
כי בנדה התגוללתי ומסוד ◦[	1QH[a] IV,19
ת]ח̇שכהו מחטוא לך	1QH[a] IV,22
] עבדך מחטוא לך	1QH[a] IV,23
ומכשול בכול דברי רצונך	
]ה קודש מקדם ע[ולם]לעולמי עד	1QH[a] V,7
כי אתה הכינותמה מקדם עולם	1QH[a] V,16
ואני ידעתי מבינתך	1QH[a] VI,12
[ו]לבלתי עשות מכול הרע בעיניך	1QH[a] VI,18
ורוב נפלאותיך מעולם ועד ע̇[ולם	1QH[a] VI,23
כי מידך היתה זאת	1QH[a] VI,27
] סור מכול אשר צויתה	1QH[a] VII,11
] / עזוב מכול חוקיך	1QH[a] VII,12
ומרחם הכינותו למועד רצון	1QH[a] VII,15
ותרם / מבשר כבודו	1QH[a] VII,17
ומרחם הקדשתם ליום הרגה	
] ומאתך דרך כול חי	1QH[a] VII,22
ואדעה כי בם בחרתה מכול	1QH[a] VII,23
ר]וח נ̇עוה מעו̇ל̇ [	1QH[a] VIII,7
ואדעה כי לא יצדק איש מבלעדיך	1QH[a] VIII,20
י◦[ ]לפניו כול נגע מכשול מחוקי בריתך	1QH[a] VIII,24
ומבלעדיך לא יעשה	1QH[a] IX,20
אלה ידעתי מבינתכה	1QH[a] IX,21
ולא נעדרו מלפניכה	1QH[a] IX,25
טהר̇ת̇ה̇ מרוב עוון / לספר נפלאותיכה	1QH[a] IX,32
ותשוך בעדי מכול מוקשי שחת	1QH[a] X,21
לא ידעו כיא מאתכה מעמדי	1QH[a] X,22
כיא מאתכה מצעדי	1QH[a] X,23
והמה מאתכה גרו / על נפשי	
מקהלם אברכה שמכה	1QH[a] X,30
ותצילני מקנאת מליצי כזב	1QH[a] X,31
ומעדת דורשי חלקות	1QH[a] X,32
כי [לא יד]עו כי מאתך מצעדי	1QH[a] X,33
ורש / מיד חזק ממנו	1QH[a] X,35
נפש עני ורש / מיד חזק ממנו	
ותפד נפשי מיד אדירים	
לעזוב עבודתכה מפחד הוות רש̇ע̇ים̇	1QH[a] X,36
]◦ פיכה ותצילני מ[	1QH[a] XI,5
]ומ[	1QH[a] XI,5
וכעיר מבצר מלפנ̇[י אויב	1QH[a] XI,7
]ו̇אהיה בצוקה כמו אשת לדה מבכריה	
ובחבלי שאול יגיח / מכור הריה פלא יועץ	1QH[a] XI,10
ויפלט גבר ממשברים	
כיורדי ימים נבעתים מהמון מים	1QH[a] XI,14
אודכה אדוני כי פדיתה נפשי משחת	1QH[a] XI,19
ומשאול אבדון / העליתני לרום עולם	
ואדעה כיא יש מקוה לאשר / יצרתה מעפר	1QH[a] XI,21
ורוח נעוה טהרתה מפשע רב	
להתם כול עץ לח / ויבש מפלגיהם	1QH[a] XI,30
]◦◦ תסתירני מהוות מ̇ה̇ו̇מ̇ה̇ א◦◦ ד◦◦◦ / [	1QH[a] XI,38
כי̇א̇ ידיחני מארצי / כצפור מקנה	1QH[a] XII,8
כי̇א̇ ידיחני מארצי / כצפור מקנה	1QH[a] XII,9
וכול רעי ומודעי נדחו ממני	
ויעצורו משקה דעת מצמאים	1QH[a] XII,11
ויבאו / לדורשכה מפי נביאי כזב	1QH[a] XII,16
במחשבותם אשר נזורו מבריתכה	1QH[a] XII,19
והוא בעוון / מרחם	1QH[a] XII,30
וימס לבבי כדונג מפני אש	1QH[a] XII,33
ואני אמרתי בפשעי נעזבתי מבריתכה	1QH[a] XII,35
ולטה̇[ר]א̇נ̇ו̇ש מאשמה בצדקתכה	1QH[a] XII,37
ותעזור משחת חיי	1QH[a] XIII,6
]◦טרף מכח / אריות	1QH[a] XIII,18
להעלות משאון יחד כול {{נמה}} אביוני חסד	1QH[a] XIII,22
כי עששו מכעס עיני	1QH[a] XIII,34
] / מעדת [שו]א ומסוד חמס	1QH[a] XIV,5
] / מעדת [שו]א ומסוד חמס	
ותזקקם להטהר מאשמה	1QH[a] XIV,8
ואתה אל צויתם להועיל מדרכיהם	1QH[a] XIV,20
ו̇י̇תמוטטו מדרך לבכה ובהווה [	1QH[a] XIV,21
ויעצו[מ]ו מקצה עד ק̇צ̇ה̇ / ◦◦◦	1QH[a] XIV,31
זר]ו̇ע נשברת מקניה ותטבע בבץ רגלי	1QH[a] XV,2
שעו עיני מראות / רע	
אוזני משמוע דמים	1QH[a] XV,3
השם לבבי ממחשבת רוע	
ורוח עועיים תבלעני מהוות פשעם	1QH[a] XV,5
ובכול הוותם / ל̇א̇ החתתה מבריתכה	1QH[a] XV,8
] אין צדקות להנצל מפ̇[ ] / [בל]וא סליחה	1QH[a] XV,17
ל̇ט̇ה̇רם מפשעיהם ברוב טובכה	1QH[a] XV,30
כי נשבת מעוזי מגויתי	1QH[a] XVI,32
ותשבר זרועי מ̇קניה	1QH[a] XVI,33
] עמד לי / מרחוק וחיי מצד	1QH[a] XVII,6
] עמד לי / מרחוק וחיי מצד	
ואני משאה {{א}}למש{{ו}}אה	
וממכאוב ל̇נ̇גע ומחבלים / למשברים	
וממכאוב ל̇נ̇גע ומחבלים / למשברים	
מ̇קץ / לקץ תשת[ע]שע נפשי	1QH[a] XVII,7
אנוש מאנוש יצדק	1QH[a] XVII,15
ובשר מיצר ח̇[מר] יכבד	1QH[a] XVII,16
ורוח מרוח תגבר	
]◦◦◦ / ולכול הנעזב ממנה [	1QH[a] XVII,18
כי מאור מחושך / האירותה ל̇י ◦◦[	1QH[a] XVII,26
בכה / אחסיה מכול מ◦◦[	1QH[a] XVII,29
כי אתה מאבי / ידעתני	
ומרחם [הקדשתני	1QH[a] XVII,30
ומשדי הו̇ריתי רחמיך / לי	
]ה ומנעורי הופעתה לי בשכל	1QH[a] XVII,31
ומבלעדיכה לא יעשה כול	1QH[a] XVIII,9
] / מצבו̇ת̇כה ובלא ◦[	1QH[a] XVIII,18

Reference	Vol.	Text
1QHa XVIII,26		]אדם ולהדשן כול מארץ
1QHa XVIII,28		ולפי דעתם יכבדו / איש מרעהו
1QHa XVIII,32		ומשענתי במעוז מרום
1QHa XIX,1		]עמל מעיני ויגון[
1QHa XIX,10		ולמען כבודכה טהרתה אנוש מפשע
1QHa XIX,11		להתקדש / לכה מכול תועבות נדה
1QHa XIX,12		להרים מעפר תולעת מתים
		לסוד ע[ולם] ומרוח נעוה לבינתכה
1QHa XIX,19		] לא נסתר עמל מעיני
1QHa XX,4		והתחנן תמיד מקצ לקצ
1QHa XX,5		עם מבוא אור / ממע[ונתו
1QHa XX,7		ובקצ / האספו אל מעונתו מפני{{ת}} אור
1QHa XX,9		לכול / ממשלתם בתכון נאמנה מפי אל
1QHa XX,23		]ב ממכה / לוא לעבור על דברכה
1QHa XX,24		ואני מעפר לקח[תי
1QHa XX,27		]◦בעפר / אל אשר לקח משם
1QHa XXI,10		] מפחי משפט לעומת רחמיכה
1QHa XXIII,11		לה]שמיע ליצר מבינתו
1QHa XXIII,15		]ע ממקור ◦[
1QHa XXIV,11		ותכנע / אלים ממכון [
1QHa 2i4		כיא מעפר לוקחתי
1QHa 2i15		]◦בות מלפניכה כיא נכונו באמתכה
1QHa 2ii13		]עבדתה מבני / אל ש◦[
1QHa 3,5		]אשמר ביצר עפר מהתפרד
		ומתוך דונג ב[המס לפני אש
1QHa 3,13		] עשיתם ומבלעדיכה לוא יעשה[
1QHa 4,4		]עי גבר וממכ◦[
1QHa 4,9		ואני פחדתי ממשפטכה[
1QHa 5,2		]הפרידם ממעמד ◦[
1QHa 11,8		] יענה נכבדתה מכול א[לים
1QHa 47,3		] / לי מאז כוננתי ל[
1Q14 1-5,4	(I)	כדו]נג מפנ[י הא]ש כ[מים מגרים במורד
1Q14 8-10,8	(I)	אשר ינצל[ו] מיום / [משפט
1Q14 12,2	(I)	]◦◦ כבודו משעיר[
1Q14 12,3	(I)	כי]א יצא אל מ◦[
1Q16 1,1	(I)	ב]ורחו מלפני [שאול
1Q17 4	(I)	ויט מן הדרך לימ[ה בלילה
1Q17 5	(I)	וייק]ח מאבני המקום[הזה
1Q18 1-2,2	(I)	ותאמר לו אחת בקש]ה אב[ק]ש ממך
1Q18 1-2,4	(I)	עש]ה מיום ל[כת אחיו י]עקב אל חרן
1Q22 1i5	(I)	את הכול / היט[יב] אשר א[עשו]ק מהם
1Q22 1ii6	(I)	מ]יום צ[את]נו מארץ [מצרים
	(I)	אלוה[ינו הוציא את הדב]רים [הא]לה מפיה[ו]
1Q22 1iv2	(I)	[ו]ל[קח] מן [דמו וי]שפך בארץ [
1Q22 1iv11	(I)	]מן שני הש[עירים
1Q22 46,1	(I)	]מיד ה◦[
1Q25 4,2	(I)	]ממצוקותיהם [
1Q25 7,2	(I)	] מידה נע[
1Q25 8,1	(I)	]כי מכרם[
1Q26 1,5	(XXXIV)	השמר לכה למה תכבדכה ממני ו[
1Q27 1i4	(I)	ונפשמה לוא מלטו מרז נהיה
1Q27 1i5	(I)	וגלה הרשע מפני הצדק
	(I)	כגלות [ח]ושך מפני / אור
1Q27 1i8	(I)	ומזה יודע לכמה
1Q27 1i9	(I)	הלוא מפי כול לאומים שמע האמת
1Q27 1i10	(I)	מי גוי חפץ אשר יעושקנו חזק ממנו
1Q27 3,1	(I)	]רע מכולמה [
1Q27 5,2	(I)	]◦ה מתורה ע◦[
1Q29 2,3	(I)	]שלוש לשונות אש מ[
1Q34bis 3ii4	(I)	ידעוך / [בכ]ול דברך וירשיעו מכול
1Q34bis 3ii6	(I)	ות[תנ]ם להבדל לך לקודש מכול העמים
1Q35 1,10	(I)	]מנעורי ברמים ועד / [
1Q36 12,2	(I)	]◦יא ממעון דעת[
1Q36 25i5	(I)	]מן / [
1Q46 5,1	(I)	]מבני א[
1Q55 3	(I)	]ל ◦◦◦ ימיש ממנו טרף [
2Q23 1,6	(III)	]תדוחו[ן] מאבן פנת / [
2Q23 1,9	(III)	]נו הנה ממזרח ומצפון / [
	(III)	]נו הנה ממזרח ומצפון / [
2Q28 2,2	(III)	]ש מעמו דין לרתוק ב[
2Q33 5,1	(III)	]מהון כול ◦[
3Q14 1,2	(III)	] / מימים[
3Q14 17,2	(III)	]ממצרי[ם
3Q15 I,11	(III)	מפי גל פתחו בשולי האמא
	(III)	מן הצפון / אמות שש עד ניקרת הטבילה
3Q15 I,14	(III)	בירד אל סמל / גבה מן הקרקע
3Q15 II,10	(III)	בבור שתחת החומא מן המזרח
3Q15 III,8	(III)	בשית שבמלה מבצפונו
3Q15 III,11	(III)	בקבר שבמלה ממזרחו
3Q15 V,2	(III)	] סככא מן הצפון תח[ת האבן] / הגדולא
3Q15 V,8	(III)	מעל החריץ של שלומ / ו
3Q15 V,13	(III)	שבנחל הכפא / בביאה מירחו לסככא
3Q15 IX,1	(III)	משח משולו / אמות שלוש <עש>רא שתין
3Q15 X,2	(III)	בעליאה השנית ירידתו / מלמעלא
3Q15 X,3	(III)	בכידגר מזוקות שרוו מהנחל / הגדול
3Q15 X,12	(III)	תחת יד אבשלום מן הצד / המערבי
3Q15 XI,2	(III)	מתחת פנת האסטאן הדרומית
3Q15 XII,1	(III)	ביאתו מן המ<ע>רב
4Q88 VIII,8	(XVI)	באף תשבוחתך ציון מעל כל / תבל
4Q88 IX,7	(XVI)	להשבית רשעים / מן הארץ[
4Q88 X,5	(XVI)	ומהם אז יהללו שמים וארץ / יחד
4Q158 1-2,8	(V)	ויצילכה מכול חמס ו◦[
4Q158 4,2	(V)	] / העם ממצרים תעבד[ון
4Q158 7-8,6	(V)	] / ראיתמה כי מן השמים דברתי עמכמה
4Q159 1ii3	(V)	ו]עשה איש ממנה גורן וגת
4Q160 1,6	(V)	]אם תכחד ממני ד[בר
4Q160 3-4ii3	(V)	ו]תעמד להמה סלע למרואש
4Q160 5,1	(V)	]מטיט יון[
4Q160 6,2	(V)	כי]א אתה למרישונה ב◦[
4Q161 5-6,2	(V)	]בשובם ממדבר הע[מים
4Q161 5-6,3	(V)	]נשיא העדה ואחר יס[ו]ר מעלה[ם
4Q161 5-6,11	(V)	חר]דה בעלותו מבקעת עכו ללחם בי◦[
4Q161 8-10,9	(V)	]◦ם בברחו מלפני ל◦[
4Q161 8-10,11	(V)	ונעצר משר[שיו יפרה
4Q161 8-10,24	(V)	]עמו יצא אחד מכוהני השם
4Q162 II,1	(V)	לחובת הארץ מפני החרב והרעב
4Q162 II,4	(V)	לכן גלה עמי מבלי דעת
4Q163 8-10,2	(V)	מאז[שכבת לוא יעלה] / [הכרת] עלימו
4Q163 23ii6	(V)	מפני גערת / חמשה תנוסון
4Q164 1,6	(V)	] / הנעדרות מהמה כשמש{{ל}} בכול אורו
4Q165 5,3	(V)	קר]א משעיר
	(V)	שומר מה מל[ילה שומר מה מליל
4Q165 5,5a	(V)	כי מפ[ני חרבות נדד מפני[
4Q165 5,5	(V)	חרב נטושה מפ[ני קשת דרוכה
4Q166 I,11	(V)	]מן מ[ ]◦ר[ ]רית / [
4Q166 II,6	(V)	] / וכאלים יפחדו מהם בעורונם
4Q166 II,9	(V)	ופישתי מלכסות את[ערותה
4Q166 II,11	(V)	ואיש] / לוא יצילנה מידי
4Q166 II,14	(V)	והמה / לוא יושיעום מצרותיהם
4Q167 2,6	(V)	פשרו אשר יסתי]ר אל את פניו מ◦[ ]◦[

] / ימשו תכלת ידי קמה מפ[ני	(V)	4Q**179** 1ii12
]ם מאלוני ממרה מלאכים המה[	(V)	4Q**180** 2-4ii4
לפי מרדאתם מסוד בני ש[מים] וארץ	(V)	4Q**181** 1,2
והפלא כבודו הגיש מבני תבל	(V)	4Q**181** 1,3
] / מהם ויקומו למלחמות איש[	(V)	4Q**183** 1ii2
] / כול הון רשעה וינזרו מדר[ך	(V)	4Q**183** 1ii5
ממוסדי אפלות / תאהל	(V)	4Q**184** 1,6
ולבחורי צדק / מנצור מצוה	(V)	4Q**184** 1,15
להפשיע / ענוים מאל	(V)	4Q**184** 1,16
ולהטות פעמיהם מדרכי צדק	(V)	
]הר ממכה עול צי◦[	(V)	4Q**184** 3,4
]כי הנה / כח[צ]יר יצמח מארצו	(V)	4Q**185** 1-2i10
]◦ד / ולא ימצא מרוח	(V)	4Q**185** 1-2i12
◦תמו מן [ח]בורת אלהים	(V)	4Q**185** 1-2i14
]◦יערץ לבבכם מפני פחדו	(V)	4Q**185** 1-2i15
]◦◦◦ מעשר[ה	(V)	4Q**185** 1-2ii5
ולא לעתת מפחד ומפח יקוש / [	(V)	
ולא לעתת מפחד ומפח יקוש / [	(V)	
] מן מלאכיו כי אין חשך / י◦◦◦[	(V)	4Q**185** 1-2ii6
אשרי אדם נתנה לו / מן א◦[	(V)	4Q**185** 1-2ii9
וממר[ת ט]ב ימדה	(V)	4Q**185** 1-2ii10
] / וממאורות ית◦[	(V)	4Q**185** 1-2iii2
והואה מן העמוד השני	(V)	4Q**186** 1ii6
בבית / [החושך ש]מונה ואחת מבית האור	(V)	4Q**186** 1iii6
אף ממכה לוא יס[תר פני אלהי]ם	(XIX)	4Q**200** 2,7
כרוב היה] / [עוש]ה ממנו צד[קו]ת	(XIX)	4Q**200** 2,8
והואה מעלה מתהו[ם]	(XIX)	4Q**200** 6,6
ומה אשר יפצה מידו הודו לו בני ישר[אל	(XIX)	4Q**200** 6,7
ויתן לו את חנה אחת מאמהותי[ו	(XXII)	4Q**215** 1-3,2
בורח מלפני עישיו אחיהו	(XXII)	4Q**215** 1-3,7
] / מימיו וחושך[	(XXXVI)	4Q**215**a 2,3
ואסתי[ר פנ]י מהם	(XIII)	4Q**216** II,14
ואחרי כן ישובו] אלי מתוך הגוי[ם בכל לבם]	(XIII)	4Q**216** II,17
וקדשם לו עם סגולה] / מכל הגוים	(XIII)	4Q**216** VII,13
שנים ועשרים ראשי אנשים] / מאדם עד אליו	(XIII)	4Q**216** VII,15
]לכל ש[ני]העולם מן הבריא[ה	(XIII)	4Q**217** 2,2
]◦מיובלים / [	(XIII)	4Q**217** 3,5
ולא יכרתו מן הא[רץ]	(XIII)	4Q**218** 4
ואת בשרו אכול ביום ה]הואה וממוח[רת	(XIII)	4Q**219** I,38
[והסתיר פניו]ממכה ונתנכה בייד פשעיכה	(XIII)	4Q**219** II,26
ואבד שמכה וזכרכה מכו[ל הארץ]	(XIII)	4Q**219** II,27
[סורה מכול מ]עשיהמה ומכול תועבותיהמה	(XIII)	4Q**219** II,28
ויצא מאתוה שמח	(XIII)	4Q**219** II,34
והסת]יר את [פ]נו ממכה	(XIII)	4Q**221** 1,2
ו]אבד שמך[ו]זכרך מכול הארץ[	(XIII)	4Q**221** 1,4
{ו}מכול תועבתם וש[מור משמרת אל	(XIII)	4Q**221** 1,6
יודע אתה את יצר עישאו אשר ר]ע מן נעוריו	(XIII)	4Q**223-224** 2i49
כול אשר עש]ה עמנו מיום [ה]ליכת אחיהו	(XIII)	4Q**223-224** 2i50
ועתה אני אוהב את יעקוב מ[עישאו	(XIII)	4Q**223-224** 2ii5
ואת] / [יעקוב אחי אנכי] אוהב מ[כול בשר	(XIII)	4Q**223-224** 2ii22
מ[ע]ת[ה ועד עולם כול ימי חייכם	(XIII)	4Q**223-224** 2ii50
וההורג אותו ולוא יסוג]ממנו	(XIII)	4Q**223-224** 2iv14
]ולוא נמלט מהם[עד אחד	(XIII)	4Q**223-224** 2iv22
ו]הרגו מאד[ום] / [ומהחורים ארבע מאות	(XIII)	4Q**223-224** 2iv25
]ל מעוון הזנות א◦◦[	(XIII)	4Q**225** 1,1
ויק[ום וי]ל[ך] מן הבארות על ה[ר מוריה]	(XIII)	4Q**225** 2i13
] / את בניו מן הארץ	(XIII)	4Q**225** 2ii6
]בלהבת אש מת[ו]ך[	(XIII)	4Q**226** 1,2
]◦י שנים עשית מן השבוע[	(XIII)	4Q**226** 1,5
]◦מה מאז בואה[ם	(XIII)	4Q**226** 6,3

כיא] / עתה תצאי מקר[יה ושכנת בשדה	(V)	4Q**168** 1,3
תנצלי שם] / [יגא]לך [י]הוה מ[כף איביך	(V)	4Q**168** 1,4
ולכלותם מעל פני [הארץ	(V)	4Q**169** 1-2,4
] / [אנשי עצ]תם ואבדו מלפני[	(V)	4Q**169** 1-2,8
]הארץ ממנו ומלפני[	(V)	4Q**169** 1-2,10
]הארץ ממנו ומלפני[	(V)	
מלכי יון מאנתיכוס עד עמוד מושלי כתיים	(V)	4Q**169** 3-4i3
]בישראל מלפנים	(V)	4Q**169** 3-4i8
לא ימוש מקרב עדתם חרב גוים	(V)	4Q**169** 3-4ii5
ובז וחרחור בינותם וגלות מפחד אויב	(V)	
מרוב זנוני זונה	(V)	4Q**169** 3-4ii7
והיה כול רואיך ידודו ממך	(V)	4Q**169** 3-4iii2
ידודו פתאי אפרים מתוך קהלם	(V)	4Q**169** 3-4iii5
מאין אבקשה מנחמים לך	(V)	4Q**169** 3-4iii6
התיטיבי מני אמ[ון הישבה ב]יארים	(V)	4Q**169** 3-4iii8
גם את תבקשי] / מעוז בעיר מאויב	(V)	4Q**169** 3-4iv7
הרף מאף ועזוב חמה	(V)	4Q**171** 1-2ii1
לוא ימאנו לשוב מרעתם	(V)	4Q**171** 1-2ii3
כיא כול הממרים / לשוב מעונם יכרתו	(V)	4Q**171** 1-2ii4
ונצלו מכול פחי / בליעל	(V)	4Q**171** 1-2ii9
ואל יפדם / מידם	(V)	4Q**171** 1-2ii19
טוב מעט לצדיק מהמון רשעים רבי[ם	(V)	4Q**171** 1-2ii21
כיא מיהו[ה מצעדי גבר כונ]נו	(V)	4Q**171** 1+3-4iii14
ונכרתו / מתוך עדת היחד	(V)	4Q**171** 3-10iv19
וימלטם ויפלטם מרשעים[ויושיעם	(V)	4Q**171** 3-10iv20
] / יושיעם אל ו[י]צילם מיד ר[שעי	(V)	4Q**171** 3-10iv21
ולמן היום אשר / [צויתי שפטים]	(V)	4Q**174** 1-2i1
ו[הניחו]תי לכה מכול אויביכה	(V)	4Q**174** 1-2i7
אשר יניח להמה מכ[ול] / בני בליעל	(V)	
מדרש מאשרי [ה]איש אשר לוא הלך	(V)	4Q**174** 1-2i14
]סרי מדרך[	(V)	
נבי אקים לאהםה מקרב אחיהםה כמוכה	(V)	4Q**175** 5
הנבי בשמי אנוכי / אדרוש מעמו	(V)	4Q**175** 8
דרך כוכב מיעקוב ויקום שבט מישראל	(V)	4Q**175** 12
דרך כוכב מיעקוב ויקום שבט מישראל	(V)	
ומן ספר ישעיה תנחומים[	(V)	4Q**176** 1-2i4
כיא לקחה מיד ◦◦◦◦ כפלים בכול חטותיהא	(V)	4Q**176** 1-2i6
ומאצילהא / [קראתיכה	(V)	4Q**176** 1-2i10
ומחרביך] / ממך יצ[או	(V)	4Q**176** 1-2ii6
ממזרח אבי[א זרעך וממערב אקבצך]	(V)	4Q**176** 4-5,2
] / [רגע מ]מך ובחסדי עולמ רחמתיכה	(V)	4Q**176** 8-11,10
כן נשבעתי מקצוף עליך עד ומגעור בך	(V)	4Q**176** 8-11,11
כן נשבעתי מקצוף עליך עד ומגעור בך	(V)	
וחסדי מאתיכי לוא ימוש[	(V)	4Q**176** 8-11,12
]אין עוד מעת[	(V)	4Q**176** 8-11,14
] וגם אף במקדוש[	(V)	4Q**176** 22,1
]מארץ[	(V)	4Q**176** 25,4
]מלחמכי[	(V)	4Q**176** 50,1
והסיר יהוה] ממכה כול חלי [	(V)	4Q**177** 1-4,2
]◦פשר הדבר אשר יעמוד איש מב◦[	(V)	4Q**177** 1-4,6
]בה ממנו ו◦[	(V)	
ויקום משמה ללכת[	(V)	4Q**177** 1-4,13
כצ]פור ממקומו וגל[ה	(V)	4Q**177** 5-6,9
]מיהודה בכול העמ[י]ם	(V)	4Q**177** 9,6
עד אנה תסת]יר פניכה ממני	(V)	4Q**177** 10-11,8
]תורה מכ[והן ועצה מחכם	(V)	4Q**177** 12-13i1
ועצה מחכם ודבר] מנביא / [	(V)	
יעזור לכול בני אור מיד בליעל[	(V)	4Q**177** 12-13i7
לעוזרם מכול רוחו[ת	(V)	4Q**177** 12-13i9
] / מלפני חורף בדל ידיהן[	(V)	4Q**179** 1ii6

Text	Vol.	Ref.
משכיל לב]נ֯י אור להנזר֯ מדר֯[כי רשעה]	(XVIII)	**4Q266** 1a-b,1
אשר נסתרו] / מאנוש [מספר י]מים	(XVIII)	**4Q266** 1a-b,7
]כי אין [להת]ק[ד]ם ולהתאחר מ֯מ֯ועדיהם	(XVIII)	**4Q266** 2i2
הסתיר פ֯[ניו מי]שראל וממקדשו	(XVIII)	**4Q266** 2i8
[ויצמח מישראל] ו֯מ֯א֯ה֯[רו]ן ש֯[ו]ר֯ש	(XVIII)	**4Q266** 2i11
ומכול שבילי חט[אים אזיר אתכם	(XVIII)	**4Q266** 2ii3
כי לא בחר אל בהם] / מקד֯ם עולם֯	(XVIII)	**4Q266** 2ii7
ולמלא פני תבל] / מזר֯[עם	(XVIII)	**4Q266** 2ii12
היוצאים] מא֯[רץ]	(XVIII)	**4Q266** 2iii20
כי למ{{ל}}פנ[ים פקד אל] את מעשי֯[הם	(XVIII)	**4Q266** 3ii3
ויקם מאהרון נ]בונים ומ֯ישראל [ח]כ֯מים	(XVIII)	**4Q266** 3ii10
ל[ה]ב[ד]ל֯ מ֯בני / [העו]ל֯	(XVIII)	**4Q266** 3ii20
דרך֯ [כוכב מיעקב] / [וקם שב]ט֯ מישראל	(XVIII)	**4Q266** 3iii21
איש] / מבני אהרון אשר ישבה֯ לגואים [	(XVIII)	**4Q266** 5ii5
] / מבית לפרוכת	(XVIII)	**4Q266** 5ii7
] / איש מבני אהרון	(XVIII)	**4Q266** 5ii8
אשר ה֯פ֯{{י}}ל שמו מן האמ֯ת֯	(XVIII)	**4Q266** 5ii10
לאכול מן הקודש]	(XVIII)	**4Q266** 5ii11
] / מישראל את עצת בני אהרון	(XVIII)	**4Q266** 5ii12
והנא נוסף מן החי[אל] / [המת	(XVIII)	**4Q266** 6i4
וראה אם יו{{ש}}סף מן / {{כ}} החי	(XVIII)	**4Q266** 6i10
ואם לו ליוסף מן הח֯[זות] / על המיתות	(XVIII)	**4Q266** 6i11
כול איש א[שר זו]ב יז֯[וב] / מ֯ב֯שר֯[ו	(XVIII)	**4Q266** 6i15
]לה מפר[י] / [	(XVIII)	**4Q266** 6biii2
ואחר ימכו[רו] / מהם לקנ֯[	(XVIII)	**4Q266** 6iv4
] / ממנחה ? וג֯[	(XVIII)	**4Q266** 6iv6
]◦ ממנו / [	(XVIII)	**4Q266** 7ii1
] ידרוש מידו֯ [	(XVIII)	**4Q266** 7iii4
וכול אשר֯ נגלה מן התורה	(XVIII)	**4Q266** 8i4
כל חרם אשר יחרים א]ד֯ם / מא֯ד֯ם֯	(XVIII)	**4Q266** 8ii9
[עד עשרה אנ]שים ברורים מן העד[ה]	(XVIII)	**4Q266** 8iii4
ומי[שרא]ל֯ [ששה מבו]נים	(XVIII)	**4Q266** 8iii5
] / ממצוקות]	(XVIII)	**4Q266** 9iii14
ו]ל֯ו יכרת בית ה֯חבר מידם	(XVIII)	**4Q266** 10i10
והבדילו]ה֯ו מ֯ן ה֯ט֯[הרה]	(XVIII)	**4Q266** 10i14
[יו]צא את ידו מתחת בגד֯[ו והואה פוח	(XVIII)	**4Q266** 10ii11
וקבל את משפט מרצונו	(XVIII)	**4Q266** 11,1
במרד מלפני / הרבים	(XVIII)	**4Q266** 11,7
והאיש / אשר יוכל מ֯הונם	(XVIII)	**4Q266** 11,15
]כמה מן הדם [	(XVIII)	**4Q266** 16a,1
]בה מ֯ן איש בר[	(XVIII)	**4Q266** 16a,2
]מ֯קנה ב֯אחד [	(XVIII)	**4Q266** 16a,3
לה֯[ש]ב את / [ישר]אל מ֯א֯ח֯רי֯ אל	(XVIII)	**4Q267** 2,7
ויקם / [מאה]ר֯ון נבונים ומישראל חכמי֯ם֯	(XVIII)	**4Q267** 2,8
שבי י֯[שרא]ל / היוצ֯[א]י֯ם מארץ י֯[הוד]ה֯	(XVIII)	**4Q267** 2,12
נק]פ֯ו אחד משלושים וכול / [	(XVIII)	**4Q267** 6,5
מיום ליום ו]מחודש לחודש	(XVIII)	**4Q267** 9i1
וגם אל יש]א֯ א֯י֯[ש] מ֯הונם [כול	(XVIII)	**4Q267** 9ii2
לוא באו [מ]יום סור א[פ]ר֯ים מעל֯ / [יהודה	(XVIII)	**4Q267** 9v3
מ֯ב֯ן שלושים שנה ועד֯ ב֯ן ששים / [שנ]ה֯	(XVIII)	**4Q267** 9v11
מבן [ש]ל֯ושי֯ם [ש]נה / [וע]ד֯ ב֯ן ח֯משי֯ם שנה	(XVIII)	**4Q267** 9v13
ואי֯[ן] לקדם [ו]ל֯[א]חר ממועדיה֯[מה	(XVIII)	**4Q268** 1,4
הסת[יר פניו]מ֯י֯שראל [ו]ממקדשו	(XVIII)	**4Q268** 1,11
הסת[יר פניו]מ֯י֯שראל [ו]ממקדשו	(XVIII)	
ו֯י֯[צמח מישרא]ל֯ ומא[הרו]ן ש֯ו֯ר֯[ש מטעת	(XVIII)	**4Q268** 1,14
[דר]ך֯ כוכב מ֯[יעקוב וקם שבט מישראל	(XVIII)	**4Q269** 5,3
[אל יביאהו כיא אם] מן החדש֯[	(XVIII)	**4Q269** 8ii3
והבדילוהו]מ֯ן הטהרה / [שנה אחת	(XXXVI)	**4Q269** 11i4
ונפרס] מ֯סאה לבית ס֯א֯ה מעשרה֯ בה	(XVIII)	**4Q270** 3ii17
ואם תלקוט / [נפש אחת סאה] אחת ממנו	(XVIII)	**4Q270** 3ii18

Text	Vol.	Ref.
]מ֯יום עוברם את ה֯[ירדן	(XIII)	**4Q226** 6,4
] / מארץ [	(XIII)	**4Q226** 9,2
] מב֯ית[	(XXXV)	**4Q249** 2,9a
{ו}ו֯מ֯[ן נעוריו] / [ילמדוהו בספר ההגי	(XXXVI)	**4Q249d** 2
] בהמה ולמשוך מים מב֯ור / [	(XXXV)	**4Q251** 1-2,3
אל]יוצא איש ממקומו כל השבת	(XXXV)	**4Q251** 1-2,4
[מן החוץ אל הבית]ו֯מן הבית אל הח֯[וץ	(XXXV)	**4Q251** 1-2,5
]ה֯כ֯ר֯ת עליו מתוך[עמו	(XXXV)	**4Q251** 3,2
ואם שור נ]גח הוא מאתמול / [שלשום	(XXXV)	**4Q251** 8,4
והמקדש מן / [	(XXXV)	**4Q251** 10,6
]ו֯ל[ו]בחה ממנו הכ֯[	(XXXV)	**4Q251** 12,6
ויהי מ֯ק֯ץ ארבעים יום	(XXII)	**4Q252** I,12
וידע נוח כיא קלו המים] / מעל הארץ	(XXII)	**4Q252** I,18
ומקץ שבעת ימים א֯ח֯ר֯[ים	(XXII)	
ומקץ שלוש[ים ואחד ימים	(XXII)	**4Q252** I,20
ביום ההוא יצא נוח מן התבה	(XXII)	**4Q252** II,2
נוח מן התבה למועד שנה / תמימה	(XXII)	**4Q252** II,4
ויקץ נוח מיינו	(XXII)	**4Q252** II,5
וא֯ר֯[ב]ע֯ים שנה תרח בצאתו / מאור כשדיים	(XXII)	**4Q252** II,9
] / יחידכה מ֯[מני	(XXII)	**4Q252** III,9
תמחה אתזכר עמלק / מתחת השמים	(XXII)	**4Q252** IV,3
לו]א֯ יסור שליט משבט יהודה	(XXII)	**4Q252** V,1
] מן התבה֯[	(XXII)	**4Q253** 1,3
] / טהורים מן הבר֯יא֯ה֯[	(XXII)	**4Q253** 2,3
ואי֯ש֯{{ר}} מישראל אשר יא[	(XXII)	**4Q253a** 1ii1
]מ֯ו֯ מיד ◦◦דה לעד◦[	(XXII)	**4Q254** 3,3
שמים] ממ[ע]ל֯[	(XXII)	**4Q254** 7,4
]◦◦ נוח יצא מן התבה למועד ימים ימימה	(XXII)	**4Q254a** 3,2
ולוא לשוב מאחרו] מכול פ֯[חד	(XXVI)	**4Q256** II,2
ולהבדל מעדת א֯[נשי העול	(XXVI)	**4Q256** IX,2
ולהבדל מ[כו]ל֯ א֯נ֯שי ה֯עול	(XXVI)	**4Q256** IX,8
לוא הסיר דר]כו מכול עול[	(XXVI)	**4Q256** XVIII,4
] / מאורות מזבול קודשו	(XXVI)	**4Q256** XIX,1
אנשי התורה המתנדבים להשיב מכל רע	(XXVI)	**4Q258** I,1
ולבדל מעדת אנשי העול	(XXVI)	**4Q258** I,2
כל הנגלה מן / התו]רה	(XXVI)	**4Q258** I,6
ואשר לא ישיב א]יש מאנשי היחד	(XXVI)	**4Q258** I,8
ואל יואכל איש מאנשי הקדש / [מהונם	(XXVI)	**4Q258** I,9
וכל מנאצ]י דברו להשמיד מתבל	(XXVI)	**4Q258** I,11
אשר יהיה שם עשרה] / אנשים מ֯[עצת היחד	(XXVI)	**4Q258** II,8
ואשר יוציא]ידו מת[וחת בגדו	(XXVI)	**4Q258** V,1
]יבדלו מ[תוך מושב] / אנשי [העול	(XXVI)	**4Q258** VI,6
וכל אי]ש מאנשי ברית ה[יחד	(XXVI)	**4Q258** VI,8
והבדילהו מן הטהרה ומן העצה	(XXVI)	**4Q258** VII,1
והבדילהו מן הטהרה ומן העצה	(XXVI)	
ומן המשפט שנת[ים ימי]ם֯	(XXVI)	
להבדל]מכל איש אשר לא הסיר דרכיו	(XXVI)	**4Q258** VIII,5
]מכל איש אשר לא הסיר דרכיו מכול עול	(XXVI)	
וכן לאיש] / ה֯נ֯פ֯ט֯[ר] ממוש הרבים	(XXVI)	**4Q259** I,7
ובו]ל֯ יחישו ממקומם / מעוז קודש קו[ד]שים	(XXVI)	**4Q259** II,16
יבדלו ממ֯[ו]שב / א֯נ֯שי֯ ה֯[עול	(XXVI)	**4Q259** III,3
יחד תקופתו / עם האספו מ֯[פני אור	(XXVI)	**4Q260** II,2
ו֯אפי לו[א אשיב] / מאנשי עולה֯	(XXVI)	**4Q260** IV,9
נדות ונפתלות] מ֯[דעת לבי	(XXVI)	**4Q260** V,7
[והבדילוהו ש]נ֯ה֯[א]ח֯ת מ֯ט֯ה֯[רת הרבים	(XXVI)	**4Q261** 6a-e,2
ו]שלחוהומא֯[ת]ם ו֯[לא ישוב] עוד	(XXVI)	**4Q261** 6a-e,3
כי מ֯ב֯לעדיך / [לא תתם דרך	(XXVI)	**4Q264** 4
]מ֯כ֯ול זרועי האר֯[מה	(XXXV)	**4Q265** 5,1
אל י֯ו֯[צא אי]ש מאהלו כלי ומאכ֯[ל	(XXXV)	**4Q265** 6,4
] / [א]ל֯ יז איש מזרע אה֯רו֯ן מ֯[ ]נדה	(XXXV)	**4Q265** 7,3

]לל [א]יש מאנש[י	(XXVI)	4Q**279** 3,2
]שלושה מאנ[שי	(XXVI)	4Q**279** 4,2
[ויבדילהו אל]לרעה מתוך בני הא[ור	(XXIX)	4Q**280** 2,1
]מעליו / [	(XXXVI)	4Q**282**f 1i3
]◦ מנשמים שבעה / [	(XXXVI)	4Q**282**g 3
]יכון מיוב[ ] / [	(XXXVI)	4Q**282**k 1i3
]◦ר מלפני ח[ ] / [	(XXXVI)	4Q**282**k 1i4
] / ממאכל שבעת [הימים	(XXXV)	4Q**284** 2ii3
לה]טהר במה מכול טמ[את]ם ל[	(XXXV)	4Q**284** 3,5
]מכול [	(XXXV)	4Q**284** 10,1
]איש מא[נשי] היח[ד	(XXXV)	4Q**284**a 2,4
וינוס]ו מפני ישראל בעת ההיאה[	(XXXVI)	4Q**285** 4,7
ויצא חוטר מגזע ישי	(XXXVI)	4Q**285** 7,2
וחיה רעה שבתה] / מן הארץ	(XXXVI)	4Q**285** 8,10
]מתוך [ה]עדה[	(XXXVI)	4Q**285** 10,2
א]תה בראתה את כולמה מחדש[	(XI)	4Q**287** 3,4
לה]תם מעשיו מכול [חטא	(XI)	4Q**288** 1,3
הל]ליה מעולם ולעולמי[	(XXIX)	4Q**291** 3,4
הוסף כה]ם מהם אלף פעמים	(XXIX)	4Q**292** 2,3
]מכול צור[רים	(XXXVI)	4Q**294** 5
] / בתהום מת[חת	(XX)	4Q**298** 2ii2
]ך לבלתי רום / מת[כונה	(XX)	4Q**298** 3-4ii3
את דבר עושו ימחה שמו מפי כול[	(XX)	4Q**299** 3aii-b,8
]תסתם מכם / [	(XX)	4Q**299** 3c,2
]מטברו פרש / [	(XX)	4Q**299** 6i10
]כי מעפר מבניתם / [	(XX)	4Q**299** 6i13
] / נסתרה מכול תומכ[י	(XX)	4Q**299** 6ii4
] / מה אב לבנים מאיש[	(XX)	4Q**299** 6ii5
] / ממנו כי אם רוח ◦ע[	(XX)	4Q**299** 6ii7
] / מאיש נואל הון הון ◦[	(XX)	4Q**299** 6ii13
] / [מה הוא רחו]ק לאיש ממעש[ה	(XX)	4Q**299** 7,3
] / מול איש והוא רחוק מ◦[	(XX)	4Q**299** 7,4
ואין לענה] / לנגדו מנוטר [לנ]ק[ו]ם	(XX)	4Q**299** 7,5
]כול שכל מעולם הוא לוא ישנה[	(XX)	4Q**299** 8,8
]שמים ממעל לשמים ◦[	(XX)	4Q**299** 8,10
]◦א כול מן[	(XX)	4Q**299** 12,2
]מחוכמה / [	(XX)	4Q**299** 17i2
]אהב[ ]מהטות[	(XX)	4Q**299** 18,3
]מפי[	(XX)	4Q**299** 22,1
] סגולה מכול [העמים	(XX)	4Q**299** 60,3
]◦ע עמו מכוהן ◦[	(XX)	4Q**299** 67,3
]מפיהו לפת[וח	(XX)	4Q**299** 76,2
כי חתום מכם[ח]תם החזון	(XX)	4Q**300** 1aii-b,2
ונפשם לא מלטו מרז נ[היה	(XX)	4Q**300** 3,4
וגלה הרשע מפני הצדק כגלו[ת חושך	(XX)	4Q**300** 3,5
ומה רם לגבר מצדק[	(XX)	4Q**300** 7,1
]ואין לענה לנגדו מנוקם לנטור	(XX)	4Q**300** 7,2
מה]רשע משנוא[	(XX)	4Q**300** 7,4
]מעולם הוא וע[ד עולם	(XX)	4Q**300** 9,3
] / מה נכבד לבב והוא ממש[ל	(XX)	4Q**301** 2a,2
]מפניך ◦◦[	(XX)	4Q**302** 1a,2
]ל מנצרו לרבת / [	(XX)	4Q**302** 2ii8
]יקום אלהים מידכם	(XX)	4Q**302** 3ii6
]לוקח ממנה אדם כיא[	(XX)	4Q**303** 9
כיא ממנו[לקחה זאת	(XX)	4Q**303** 11
כי יעברו [מיום] ליום ומחדש לחד[ש	(XXXVI)	4Q**306** 1,2
] / להוציאו מחצר ה[כל]בים	(XXXVI)	4Q**306** 1,6
אורה ליום בתוך] / הרקיע ממע[ל	(XXVIII)	4Q**317** 1+1aii8
בתוך הרקיע] / ממעל ארבע ע[שרא וחצי	(XXVIII)	4Q**317** 1+1aii28
] אתות 17 מזה בשמטה אתות[3	(XXI)	4Q**319** IV,17

] / ממשפטי הי[חד] של[וש פעמי]ם ב[	(XVIII)	4Q**270** 3iii19
[ו]כסו[ת בטה]רתו ומכל הזהב ו[הכסף	(XVIII)	4Q**270** 3iii20
מי המרים המאררים] לא תקח מיד[ו כ]ל / [	(XVIII)	4Q**270** 4,7
]מן הקד[ש] לחמו / [	(XVIII)	4Q**270** 4,19
אל יבוא אי]ש מאלה אל[תוך העדה	(XVIII)	4Q**270** 6ii9
[כל חרם אשר יחרים אד]ם מאדם	(XVIII)	4Q**270** 6iii16
כל [א]יש מבאי הב[רית	(XVIII)	4Q**270** 6iii17
אם החריש לו מיום ליום	(XVIII)	4Q**270** 6iii19
[עו]בר דבר מן המצו[ה ביד רמה	(XVIII)	4Q**270** 6iv15
ומישר[א]ל [ששה] / מבוננים בספר ההג[י	(XVIII)	4Q**270** 6iv16
ולא יתיצב עוד מבן ששים שנה [ומעלה	(XVIII)	4Q**270** 6iv18
ואם בסוכה] / יהיה אל [י]וצא ממנה	(XVIII)	4Q**270** 6v14
כי כן] / כתוב מלבד שבתותיכם	(XVIII)	4Q**270** 6v21
[ואשר יוציא את] ידו מתחת בגדו והו[א פוח	(XVIII)	4Q**270** 7i3
והבדילוה]ו מן הטהרה שנ[ה אחת	(XVIII)	4Q**270** 7i6
ואשר יקח] / אוכלו חוצה מן המשפט	(XVIII)	4Q**270** 7i12
והשיבו לאיש אשר לקחו מ[מנו	(XVIII)	
[ישלח] מן העדה ולא ישוב	(XVIII)	4Q**270** 7i14
וקב]ל את משפטו מר[צונ]ו	(XVIII)	4Q**270** 7i16
] מגורן יורד את העשרון מן הח[ומר	(XVIII)	4Q**271** 2,1
] מגורן יורד את העשרון מן הח[ומר	(XVIII)	
ומן[החטים ש]שית / [האיפה	(XVIII)	4Q**271** 2,2
אל יבדל איש להרים לשה [אח]ד מן המאה	(XVIII)	4Q**271** 2,3
] ומן הגנה טרם ישלחו [הכוה]נים את ידם	(XVIII)	4Q**271** 2,4
ס]תו בטהרתו ומכו[ל] / הזהב והכסף	(XVIII)	4Q**271** 2,8
כי אם מן החד]ש הבא מן הכור◦◦◦	(XVIII)	4Q**271** 2,10
יב[א איש]כול עור ובגד ומן / כל הכל[י	(XVIII)	
בקץ הרשע <מ?>איש טה[ור מכול טמא]תו	(XVIII)	4Q**271** 2,12
אשר ידעה לעשות מעשה {{מ}}בדבר	(XVIII)	4Q**271** 3,11
אשר נשכבה מאשר התארמלה	(XVIII)	4Q**271** 3,12
וידעות ברורות ממאמר המבקר	(XVIII)	4Q**271** 3,14
ופרוש קציהם לעורון] / ישראל מכול אלה	(XVIII)	4Q**271** 4ii5
יסור מלא]ך המשטמה / מאחריו	(XVIII)	4Q**271** 4ii7
לעשות / דבר מן התורה עד מחיר מות	(XVIII)	4Q**271** 4ii9
וגם] הכוהנים אל יקחו מיד / ישראל	(XVIII)	4Q**271** 4ii13
א]יש אחר בהמה לרעותה חוץ מעירו	(XVIII)	4Q**271** 5i2
אל יוצא] איש מן הבית לחוץ	(XVIII)	4Q**271** 5i4
ומן החוץ לבית	(XVIII)	
כי כ]ן כתוב מלבד שבתותיכם	(XVIII)	4Q**271** 5i12
איש טמא באח]ת מן הטמאות לה[רשותו]	(XVIII)	4Q**271** 5i13
ואם ירפא ממנה	(XVIII)	4Q**271** 5i20
]המת מן / [החי	(XVIII)	4Q**272** 1i5
[ו]הנה נוסף מ[ן החי] / [אל המת	(XVIII)	4Q**272** 1i12
]◦ מתחת השער	(XVIII)	4Q**272** 1i15
וראה אם יוסף] מן החי אל המ[ת]	(XVIII)	4Q**272** 1i19
ואם לוא ליוסף מ]ן החיות אל [המתות]	(XVIII)	4Q**272** 1i20
[ו]הבשר צמח נרפא מן[הנגע ?	(XVIII)	4Q**273** 4ii4
]מימי ספרה את דם ◦◦◦◦◦	(XVIII)	4Q**273** 5,5
ורחוק מן / הטהרה שתים עשרה באמה	(XXXV)	4Q**274** 1i1
איש מכול הטמאים [אש]ר [יגע] בו	(XXXV)	4Q**274** 1i3
כי אם טהרה מ[נד]תה	(XXXV)	4Q**274** 1i7
ה[איש הנ]וגע באדם מכול / הטמאים האלה	(XXXV)	4Q**274** 1i8
[כו]ל נוגע בשכבת הזרע מאדם עד כול כלי	(XXXV)	4Q**274** 2i4
[ו]גם מן הירק ◦◦[	(XXXV)	4Q**274** 3i8
כול הירק [אשר אין עליו] / מלחת טל יאכל	(XXXV)	4Q**274** 3ii5
] / מנחלתו לע[ולם	(XXVI)	4Q**275** 3,5
והזה מדמה באצבע[ו] שבע / [פעמים	(XXXV)	4Q**276** 4
[ואסף] איש טהור מכול טמאת ערב	(XXXV)	4Q**277** 1ii2
ויט[ה]רו מטמאת הנפש ב[אדם	(XXXV)	4Q**277** 1ii8
]מזבחו ◦[	(XXXV)	4Q**277** 2,2

17 אתו]ת מזה בשמטה / אתות 2	(XXI)	4Q**319** V,5
אתות 6]1 מזה ב[שמטה א]תות 2[	(XXI)	4Q**319** VI,8
אתות 16 מזה בש[מ]טה / [אתות 2	(XXI)	4Q**319** VI,17
]להראותה מן המזרח / [	(XXI)	4Q**320** 1i1
ביסוד / [הבריא]ה מערב עד בוקר	(XXI)	4Q**320** 1i3
] / מן[	(XXXVI)	4Q**331** 1ii2
]שמעון משוק הקורות ◦◦ח◦ ◦◦[	(XXVII)	4Q**348** 18
לקחת לו מ[שם אשה	(XIII)	4Q**364** 3ii8
ועתה קום צא]מ[ן הארץ הזואת	(XIII)	4Q**364** 4b-eii25
ותקום ותלך ותסר צעיפה] / מעליה[	(XIII)	4Q**364** 9a-b,9
לקחת]הערבון מ[יד האשה ולוא מצאה	(XIII)	4Q**364** 9a-b,10
[והביא]תה שם מ[בית לפרכת	(XIII)	4Q**364** 17,1
] / ל[ה]מה ממצ[ר]ים[ועד הנה	(XIII)	4Q**364** 18,4
]מן בן ע[שרים ?	(XIII)	4Q**364** 18,6
לצאת בני י]שראל מארץ מצרימ	(XIII)	4Q**364** 19a-b,7
וי]סעו מצלמ[ו]נה ויחנו בפו[נון	(XIII)	4Q**364** 19a-b,9
ויסעו מעל[מון דבלתים]	(XIII)	4Q**364** 19a-b,12
ויסעו מה[רי העברים] / [ויחנו בערבות	(XIII)	4Q**364** 19a-b,13
[הו]ציאנ[ו] מארץ מ[צרים	(XIII)	4Q**364** 21a-k,17
היושב]ים בשעיר מד[ר]כ / [הערבה	(XIII)	4Q**364** 23a-bi5
מערוער אש[ר] / [על שפת נחל ארנון	(XIII)	4Q**364** 24a-c,11
הרפ ממני / [ואשמידם	(XIII)	4Q**364** 26bi3
ומשנאתו / [אותם הוציאם להמיתם	(XIII)	4Q**364** 26c-d,3
[ובני ישראל נסעו] מבארות בני יעקן	(XIII)	4Q**364** 27,3
מש[מה נסעו ויחנו הגדגדה	(XIII)	
משמה[נסעו ויחנו בעברונה	(XIII)	4Q**364** 27,4
לעמוד לפני מושה] / מפני ה[שח]ין	(XIII)	4Q**365** 3,3
[עבוד את מצרי]ם ממותנו במדבר	(XIII)	4Q**365** 6ai1
ויעמוד מאחריהמה	(XIII)	4Q**365** 6ai10
לה[מה חומה מ]ימינם ומשמאולם	(XIII)	4Q**365** 6b,5
ויסע מושה א[ת ישרא]ל מים	(XIII)	4Q**365** 6aii+6c,8
[ולוא י]כולו לשתות מים ממרה	(XIII)	4Q**365** 6aii+6c,9
וקח אתכה מזקני העדה	(XIII)	4Q**365** 7i4
ומן שמ[ן ה]משוח[ה והזיתה על אהרון	(XIII)	4Q**365** 9bii2
ולקחתה מן [האיל] את כול ה[ח]לב	(XIII)	4Q**365** 9bii4
כמוהה להריח בה ונכרת] מעמיו	(XIII)	4Q**365** 10,2
וחבר אפדותו / ממנו הואה כמעשהו	(XIII)	4Q**365** 12biii6
את אלה מהמ[ה תואכלו	(XIII)	4Q**365** 15a-b,4
והאוכל]מנ[בל]תם י[כבס בגדיו	(XIII)	4Q**365** 17a-c,1
בהוציאי אותם מארץ מצר[י]ם	(XIII)	4Q**365** 23,2
מבן עשר[ים שנה ומעלה]	(XIII)	4Q**365** 26a-b,6
כול זכר מבן חודש ולמעל[ה	(XIII)	4Q**365** 27,4
ולפי ה]עלות הענן מעל הא[והל	(XIII)	4Q**365** 31a-c,5
ולקחתם / [בי]רכמה מפרי הארץ	(XIII)	4Q**365** 32,9
ממדבר צין עד רחוב לבו חמת	(XIII)	4Q**365** 32,10
]מנחל ארנון ויחנו[	(XIII)	4Q**365** 37,3
]◦גנב מלבד הע◦◦[	(XIII)	4Q**365** A,3
ומשער זבולון עד שער גד	(XIII)	4Q**365**a 2ii1
]ומש[ער ג]ד ע[ד	(XIII)	
ומן הפנה הזואת עד שער דן	(XIII)	4Q**365**a 2ii2
ומשער נפתלי עד שער אשר	(XIII)	4Q**365**a 2ii3
ומשער אשר עד פנת מזרח{{ה}}	(XIII)	4Q**365**a 2ii4
באים מקיר החצר שש ושלושים באמה	(XIII)	4Q**365**a 2ii5
עד {{המשקופ ומן}} המשקופ	(XIII)	4Q**365**a 2ii6
ולחוצה מזה הנשכה ר[וחב	(XIII)	4Q**365**a 2ii9
]העם לחוץ מהמה ולוא נראים / [	(XIII)	4Q**365**a 5i3
קר]שים מלמטה / [	(XIII)	4Q**365**a 5i7
]מתמול שלשום / [ולא ישמרנו בעליו	(XIII)	4Q**366** 1,2
[הם אשר הו]צאתי אותם מארץ מצ[רים	(XIII)	4Q**366** 2,7
]מלבד עולת הת[מיד (ו)מנחתה	(XIII)	4Q**366** 3,2
ושע]יר חטאת אחד מלבד / [עולת התמיד	(XIII)	4Q**366** 4i2
ושעיר ח]טאת אחד מלבד עולת התמיד	(XIII)	4Q**366** 4i6
באספך מגרנ]ך ומיקבך	(XIII)	4Q**366** 4i10
וכפר עליה]וטהרה ממקור[דמיה]	(XIII)	4Q**367** 1a-b,10
[וכל מעש]ר הארץ מזרע הארץ	(XIII)	4Q**367** 3,6
מפרי ⟦ ⟧ העץ / [ליהוה הו]א	(XIII)	
הנני גורש מפניכם את / [האמרי והכנעני	(XXVIII)	4Q**368** 2,2
כי בו יצאת ממצרים	(XXVIII)	4Q**368** 2,10
]ץ פלאכה כי מאז חקקתה למו / [	(XIII)	4Q**369** 1i5
]עו כי ממכה כול הווה וניו[	(XIII)	4Q**369** 3,2
א]דר ממכה [ו]מידכה כול ממשלת ל[	(XIII)	4Q**369** 3,3
א]דר ממכה [ו]מידכה כול ממשלת ל[	(XIII)	
]דע מבלעדיכה[	(XIII)	4Q**369** 5,2
ומ]ים נבקעו מתהמות	(XIX)	4Q**370** 1i4
] / מעון ודרשו מ[	(XIX)	4Q**370** 1ii1
] / ויטהרם מעונם [	(XIX)	4Q**370** 1ii3
] / מפני פחדו ותשמח נפ[שכם	(XIX)	4Q**370** 1ii8
]ממקום י[	(XXVIII)	4Q**371** 1a-b,3
וישמד אתם מארץ[	(XXVIII)	4Q**372** 1,6
כל הריהם שממים מהם ◦◦[	(XXVIII)	4Q**372** 1,11
יקרא אל אל גבור להושיעו מידם	(XXVIII)	4Q**372** 1,16
אצב[ע ידך]גדולה וחזקה מכל אשר בתבל	(XXVIII)	4Q**372** 1,18
[לקחו]ארצי ממני ומכל אחי	(XXVIII)	4Q**372** 1,19
[לקחו]ארצי ממני ומכל אחי	(XXVIII)	
] / עת תשמידם מכל תבל	(XXVIII)	4Q**372** 1,22
ל]השבית מהם[	(XXVIII)	4Q**372** 3,4
כי דברי מנפת[ימת]קו ומיין יערבו לש[וני	(XXVIII)	4Q**372** 3,5
כי דברי מנפת[ימת]קו ומיין יערבו לש[וני	(XXVIII)	
] / יהוה פתח פי ומאתו [ד]ברי לשוני	(XXVIII)	4Q**372** 3,7
ואת דמם ידרוש מידם	(XXVIII)	4Q**372** 3,11
]מדמנו בש◦[	(XXVIII)	4Q**372** 6,5
] ו מרדפיהם [	(XXVIII)	4Q**372** 7,3
]ת וחרשים מש[מוע	(XXVIII)	4Q**372** 8,2
]◦ מכל חולד ע[כבר	(XXVIII)	4Q**372** 9,4
]הרו מן ח◦[	(XIX)	4Q**374** 9,4
]◦ממך ופחדך[	(XIX)	4Q**374** 10,2
]מחלבי מריא[ים	(XIX)	4Q**374** 10,4
כול אשר]יצוה אלוהיכה אליכה מפי הנביא	(XIX)	4Q**375** 1i1
ושב אלוהיכה מחרון אפו הגדול	(XIX)	4Q**375** 1i3
[להושיעכ]ה ממצוקותיכה	(XIX)	4Q**375** 1i4
להש]יבכה מאחרי אלוהיכה	(XIX)	4Q**375** 1i5
וכיא יקום השבט / [אשר] הואה ממנו	(XIX)	4Q**375** 1i6
הנסת]רות ממכה	(XIX)	4Q**375** 1ii8
]ל המאספ מבן עשרים שנה / [	(XXVIII)	4Q**377** 2i6
ו]ישיב חרון א[פו ותסג]רמרים מעינו	(XXVIII)	4Q**377** 2i9
] / לנו מהר סינ[י	(XXVIII)	4Q**377** 2ii6
]ר הראנו באש בעורה ממעלה [מ]שמים	(XXVIII)	4Q**377** 2ii7
כיא אין אלוה מבלעדיו	(XXVIII)	4Q**377** 2ii8
ורעדודיה אחזתם מלפני כבוד אלוהים	(XXVIII)	4Q**377** 2ii9
מלפני כבוד אלוהים ומקולות הפלא[	(XXVIII)	
] / ויעמודו מרוחק	(XXVIII)	4Q**377** 2ii10
וכמלאכ ידבר מפיהו	(XXVIII)	4Q**377** 2ii11
כיא מי מבש[ר]כמוהו	(XXVIII)	
אשר לוא נבראו {{ל}}מעולם	(XXVIII)	4Q**377** 2ii12
]◦◦◦ ממכה והייתה לאוכלה / [	(XXII)	4Q**378** 3i5
] / תקח מבנותיה[ם	(XXII)	4Q**378** 10,2
אשר אב]ניה ברזל ומה[ר]יה נחושה / [	(XXII)	4Q**378** 11,7
]לוא ימוש מתחתיו ת[	(XXII)	4Q**378** 15i3
]ה ה[ג]יד לנו איש האלהים מפי ◦[	(XXII)	4Q**378** 26,2
]י מאבנ[	(XXII)	4Q**378** 29,2

]לעלמי ומן עד[	(XXII)	4Q**379** 1,6
ו]ארבעים שנה לצאתם מאר[ץ] / מצרים	(XXII)	4Q**379** 12,4
ושוטף / [ב]מימיו מן החדש ה◦[ ]◦י	(XXII)	4Q**379** 12,7
א]חד מהם ◦◦[	(XXII)	4Q**379** 32,2
]איש הוא מהם ב[	(XXII)	4Q**379** 32,3
יה]וה מעולם ועד / [	(XI)	4Q**380** 1i3
ויזעקו אל]יהוה בצרלהם ממצ[וקותיהם	(XI)	4Q**380** 2,4
]בסתר ממנו יה[	(XI)	4Q**380** 5,2
] / ויבדלהו מאפלה ואור[	(XI)	4Q**380** 7ii3
]בניך בי מן [	(XI)	4Q**381** 19i1
] / גאל ליהודה מכל צר ומאפרים ◦[	(XI)	4Q**381** 24a+b,5
] / גאל ליהודה מכל צר ומאפרים ◦[	(XI)	
ותעלני מאהלי מות	(XI)	4Q**381** 31,2
]◦◦◦◦ מספר החי[י]ם[	(XI)	4Q**381** 31,8
כי פשעי רבו ממני ו◦[	(XI)	4Q**381** 33+35,4
וכן א[כרת] / משמחת עוד	(XI)	4Q**381** 33+35,10
]מכל / [	(XI)	4Q**381** 37,2
ואפחד ממך	(XI)	4Q**381** 45a+b,1
ואטהר / מתעבות הכרתי	(XI)	4Q**381** 45a+b,2
ואתן נפשי להכנע מלפנ[יך	(XI)	
]בניך מן ◦[	(XI)	4Q**381** 48,2
] / ⟦ ⟧ וישכבו ממבטח[	(XI)	4Q**381** 48,5
]מן[	(XI)	4Q**381** 59,2
]חו מספר [	(XI)	4Q**381** 61,1
והפלא מראשונה / [	(XI)	4Q**381** 69,2
נ]ועץ אל לבו להשמידם מעליה	(XI)	4Q**381** 69,3
]◦כם מן שמים ירד	(XI)	4Q**381** 69,5a
ולהשיב ממעשי ישבי / [	(XI)	4Q**381** 69,5
ותשכילו לחכמה מפי תצא	(XI)	4Q**381** 76-77,8
מעמים ר]בים ומגויים גדולים	(XI)	4Q**381** 76-77,15
] מנאש[	(XI)	4Q**381** 97,3
]◦◦ ירא מאיזבל ומאחאב ◦[	(XIII)	4Q**382** 1,3
]◦◦ ירא מאיזבל ומאחאב ◦[	(XIII)	
]כול מעולם[	(XIII)	4Q**382** 15,4
]מכוח[	(XIII)	4Q**382** 90,2
] מדבריך ולתמוך בבריתכה	(XIII)	4Q**382** 104,1
]◦רם מכול[	(XIII)	4Q**382** 111,3
]◦ מן דרך ◦[	(XIII)	4Q**382** 115,2
]מכול יושבי[ם	(XIII)	4Q**382** 140,1
]◦שב מאחרי[	(XXX)	4Q**383** 2,1
]דר מהם ו◦[	(XIX)	4Q**384** 10,5
ראיתי רבים מישראל אשר אהבו את שמך	(XXX)	4Q**385** 2,2
מקב]ריכם ומן הארץ [	(XXX)	4Q**385** 3,6
] / ומבקיעים י[	(XXX)	4Q**385** 6,4
והית[ה יד] / אדם מחברת מגבי החיות	(XXX)	4Q**385** 6,10
ומשני עברי הא[ופנים שבלי אש]	(XXX)	4Q**385** 6,11
ולא רם לבבו ממני ש[	(XXX)	4Q**385**a 1a-bii4
ואקחה מידו עול[ה	(XXX)	4Q**385**a 1a-bii7
]משמים ומעל חו[	(XXX)	4Q**385**a 6,3
ויצא]ירמיה הנביא מלפני יהוה	(XXX)	4Q**385**a 18ia-b,2
ה]שבאים אשר נשבו מארץ ירושלים	(XXX)	4Q**385**a 18ia-b,3
וגם מן ב[ני] / [הברית ו]ערב יפולו בשער[י	(XXX)	4Q**385**b 1,4
]עמו מבני ישרא[ל	(XXX)	4Q**385c** F,2
ולא אניח לו ומשרו לא יהיה	(XXX)	4Q**386** 1ii4
ומנצפה לא יהיה תירוש	(XXX)	4Q**386** 1ii5
ואת בני אוציא ממף	(XXX)	4Q**386** 1ii6
חמ[ה] / מ[אר]בע רחות השמי[ם	(XXX)	4Q**386** 1ii9
ומתם הדור[ ]ההוא א[קרע	(XXX)	4Q**387** 2ii5
א[קרע]את הממלכה מיד המחזיקים	(XXX)	
ו[ה]קימותי עליה אחרים מעם אחר	(XXX)	4Q**387** 2ii6
ופני מסתרים מישראל / [	(XXX)	4Q**387** 2ii9
] / [את ישרא]ל מעם	(XXX)	4Q**387** 2iii1
]◦ם מאיביהם[	(XXX)	4Q**387**a 4,4
] מעליו ◦[	(XXX)	4Q**387**a 5,2
] / מזמן[	(XXX)	4Q**388** 3ii3
]מזמן ומשנהו[	(XXX)	4Q**388** 6,3
]מן הארץ על[	(XXX)	4Q**388** 6,6
]בהתהלככם בשג[גה] מלפ[ני	(XXX)	4Q**388**a 3,2
וא]סתיר פני[ ] מ[הם	(XXX)	4Q**388**a 6,2
ורבה הר]עה מ[ן הראשונה	(XXX)	4Q**388**a 7ii1
ובימ[ו אעביר] / את ישראל מעם	(XXX)	4Q**388**a 7ii4
י]רמיה בן חלקיה מארץ מצר[ים	(XXX)	4Q**389** 1,5
על כן הסתרתי / פני מ[הם	(XXX)	4Q**389** 8ii5
[כי] עזבתי את הארץ ברום לבבם ממני	(XXX)	4Q**389** 8ii6
ועשו רעה ר[ב]ה מן הרע[ה] הראשנה	(XXX)	4Q**389** 8ii7
[ובימו אעביר את ישרא]ל מעם[	(XXX)	4Q**389** 8ii10
] / [ו]מפ[ני וא]שוב[ונתתים	(XXX)	4Q**390** 1,2
מלבד העולים רישונה מארץ שבים	(XXX)	4Q**390** 1,5
מלבד העולים רישונה מארץ שבים	(XXX)	
ומתום הדור ההוא ביובל השביעי	(XXX)	4Q**390** 1,7
והסתרתי פני מהמה ונתתים ביד איביהם	(XXX)	4Q**390** 1,9
והשארתי מהם פליטים	(XXX)	4Q**390** 1,10
[ו]בהסתר פ[ני] / מהם	(XXX)	4Q**390** 1,11
מיום הפר ה[אלה וה]ברית	(XXX)	4Q**390** 2i6
] / מעליה[	(XXX)	4Q**390** 2ii4
]מ עולה מרוחותיכם[	(XIX)	4Q**391** 56,4
]ממני[	(XIX)	4Q**391** 59,1
ולא לסור מכ[ול	(XXIX)	4Q**392** 1,2
כי אדו]ני אלהי[ם ב]שמים / ממעל	(XXIX)	4Q**392** 1,4
[ו]אין סתר מלפנו	(XXIX)	
]מלפנו יצאים המא[רות] / [	(XXIX)	4Q**392** 1,9
] / [א]כל מן הארץ וא◦[	(XXIX)	4Q**392** 6-9,3
אלוהינו הסתר / פניך מחט[או]תינ[ו	(XXIX)	4Q**393** 1ii-2,5
וא[ל רו]ח נשברה מלפניך תהדף	(XXIX)	4Q**393** 1ii-2,7
יהוה בחרתה באבותינו למקדם	(XXIX)	4Q**393** 3,6
] / אלה מקצת דברינו [	(X)	4Q**394** 3-7i4
]ל שהם מ[קצת דברי] / [ה]מעשים	(X)	
ואין לאכול] / סדגן [הג]וים[	(X)	4Q**394** 3-7i8
זבח] / השל[מים] שמניחים אותה מיום ליום	(X)	4Q**394** 3-7i13
כי ישחט במחנה או] / [ישחט]מחוצ למחנה	(X)	4Q**394** 3-7ii15
ער[י]הם חוצ ממ[חנה	(X)	4Q**394** 3-7ii18
והמקבל מהמה כהמ / לחה אחת	(X)	4Q**394** 8iv7
שהם / אוכלימ מקצת [ע]צמות המק[דש	(X)	4Q**394** 8iv9
והיא המקומ / שבחר בו מכל שבטי [ישראל	(X)	4Q**394** 8iv11
ולהיות יראים מהמקדש[	(X)	4Q**396** 1-2ii1
שאינם / רואים להזהר מכל תערו[בת	(X)	4Q**396** 1-2ii2
והמקבל מהמה כהם ל[חה אחת	(X)	4Q**396** 1-2ii9
היא המקום] / שבחר בו מכל שבטי י[שראל	(X)	4Q**396** 1-2iii1
ו]אף כתוב ש{{ב}}מעת שיגלח וכבס	(X)	4Q**396** 1-2iii6
[י]שב מחוץ / [לאוהלו שבעת י]מים	(X)	
ונעלה ממנו להביא {{ח}} / [חטאת	(X)	4Q**396** 1-2iii9
אין להאכילם מהקו[ד]שים / עד בוא השמש	(X)	4Q**396** 1-2iii11
והמה ב[ני זרע] / קדש משכתוב קודש ישראל	(X)	4Q**396** 1-2iv5
שמקצת הכהנים וה[עם מתערבים]	(X)	4Q**396** 1-2iv9
ומן ע[ו]ר[ות]מה ידות כ[לים	(X)	4Q**397** 1-2,2
המקום אשר בחר בו] מכול שב[טי ישראל	(X)	4Q**397** 3,5
להזהר]מכול ת[ערובת הגבר	(X)	4Q**397** 5,6
[המקום שבחר] בו מכול [שבטי]ישראל	(X)	4Q**397** 6-13,4
ו[כבס יש]ב מחו[ץ לאוהלו שבעת ימים	(X)	4Q**397** 6-13,7
ונעל]ה ממנו [להביא] חטאת	(X)	4Q**397** 6-13,9

] / לפניכה מכול[	(XXXV)	4Q**414** 11ii4
] / מנחלת[	(XXXIV)	4Q**415** 1ii4
כ]יא לוא ימוש זרעכה / מנחלת[	(XXXIV)	4Q**415** 2i+1ii6
]מבית מולדים [	(XXXIV)	4Q**415** 2ii9
] / מבית ◦ו[ ]ובמשק[ל	(XXXIV)	4Q**415** 6,5
] / ומחסורמה זה מז[ה	(XXXIV)	4Q**415** 9,9
] / משמים ישפוט על עבודת רשעה	(XXXIV)	4Q**416** 1,10
כי אל אמת הוא ומקדם שני[עולם	(XXXIV)	4Q**416** 1,14
] / [י]צר בשר הואה ומבינו[ת	(XXXIV)	4Q**416** 1,16
]◦[ ]◦ב אל תסתר מנגשׂ[ה בכה]	(XXXIV)	4Q**416** 2i18
תכסה פניכה ובאולתו / מאסיר	(XXXIV)	4Q**416** 2ii4
ואל תשקוד ממדהבכה / [	(XXXIV)	4Q**416** 2ii14
ושמ[ ]חה לכה אם תנקה ממנו	(XXXIV)	4Q**416** 2iii5
וגם מכל איש אשר לוא ידעתה	(XXXIV)	
ושמו הלל תמיד כי מראש הרים ראשכה	(XXXIV)	4Q**416** 2iii11
] / מרז נהיה בהתחברכה יחד התהלך	(XXXIV)	4Q**416** 2iii21
אביה] / לא המשיל בה מאמה הפרידה	(XXXIV)	4Q**416** 2iv3
]◦◦ כי מאתו נחלת כל חי	(XXXIV)	4Q**416** 3,2
] / משמחתכה ה[	(XXXIV)	4Q**417** 1ii7
] / אל [ ] תמוש מלבכה	(XXXIV)	4Q**417** 2i9
] / כיא מה צעיר מרש	(XXXIV)	4Q**417** 2i10
ונחלתכה קח ממנו	(XXXIV)	4Q**417** 2i18
ואם תחסר לוא מבלי הון מחסורכה	(XXXIV)	4Q**417** 2i19
וגם מחרפה לנ[ושה בכה	(XXXIV)	4Q**417** 2i23
כול] / מחרפתכה אל	(XXXIV)	4Q**417** 2ii+23,11
] / ש◦[ ]ו ממשפט[	(XXXIV)	4Q**417** 4ii5
ועקוב הלב מ[כול	(XXXIV)	4Q**418** 8,12
ושמו הלל תמיד כיא מראש הרי[ם רא]שכה	(XXXIV)	4Q**418** 9+9a-c,11
]מבלי מ[	(XXXIV)	4Q**418** 35,5
רש]עה יתהלכו]מעת ל[עת] / [	(XXXIV)	4Q**418** 47,3
ול]פי דעתם יכבדו איש מרעהו	(XXXIV)	4Q**418** 55,10
ואתה הבדל מכול אשר שנא והנזר מכול	(XXXIV)	4Q**418** 81+81a,2
והנזר מכול תעבות נפש[	(XXXIV)	
ואתה דרוש משפטיו מיד כול יריבכה	(XXXIV)	4Q**418** 81+81a,7
להשיב אף מאנשי רצון	(XXXIV)	4Q**418** 81+81a,10
בטרם תקח נחלתכה מידו כבד קדושיו	(XXXIV)	4Q**418** 81+81a,11
ומשם תפקוד טרפכה ו[	(XXXIV)	4Q**418** 81+81a,16
ומיד כול משכילכה הוסף לקח[	(XXXIV)	4Q**418** 81+81a,17
ושבעתה ברוב טוב ומחכמת ידיכה[	(XXXIV)	4Q**418** 81+81a,19
]לה מבית ◦[	(XXXIV)	4Q**418** 87,5
] / יק{{ו}}פוץ ידו ממחסורכה וכש[	(XXXIV)	4Q**418** 88ii5
מ]חסורכה קח מידו[	(XXXIV)	4Q**418** 97,2
]מבין באמת מיד כול חכמת ידי{{ם}}כה [	(XXXIV)	4Q**418** 102a+b,3
]◦ פוקד לכה השמר מאד מ◦[	(XXXIV)	4Q**418** 123ii7
ל]וא ישבות אחד מכול צבאם ה[	(XXXIV)	4Q**418** 126ii1
]◦ן באמת מיד כול אוט אנשים א[	(XXXIV)	4Q**418** 126ii2
לוא נהיו בלוא רצונו ומחוכ[מתו	(XXXIV)	4Q**418** 126ii5
ומטנאכה ידרוש חפצו	(XXXIV)	4Q**418** 126ii12
ואל ישים מחפצו כי אל י◦[	(XXXIV)	4Q**418** 126ii14
ודאבה נפשכה מכול טוב למות[	(XXXIV)	4Q**418** 127,1
]◦ושכה מדאבון ובעדנ[י	(XXXIV)	4Q**418** 138,3
] תדע שר {{מ}}בשר[ים	(XXXIV)	4Q**418** 140,4
] / דעת עבודתכה ומשמה ת[	(XXXIV)	4Q**418** 148ii5
]◦ד מחיות {{ וב}}השדה ומגוזל ◦[	(XXXIV)	4Q**418** 172,8
]◦ד מחיות {{ וב}}השדה ומגוזל ◦[	(XXXIV)	
] ירוצו מעת ש[	(XXXIV)	4Q**418** 229,2
] / לחושך ומאוצרו ישב[	(XXXVI)	4Q**419** 8ii5
איש]נאמן לוא יסור מדרכי צדק[	(XX)	4Q**420** 1aii-b,5
ב]טוח לאכול ולשתות ממנו כול ◦[	(XX)	4Q**421** 11,2
והיה חינם אל ישאב ממנו ◦[	(XX)	4Q**421** 11,3

[ואתם יודעים ש]פרשנו מרוב הע[ם	(X)	4Q**397** 14-21,7
[ו]מהתערב בדברים האלה	(X)	4Q**397** 14-21,8
ומלבוא ע[מהם]לגב אלה	(X)	
ואפ כתוב ש[תסור] מהד[ר]ך	(X)	4Q**397** 14-21,12
שבאוו]מיומ[י ירובעם	(X)	4Q**397** 22,1
]מקצ[ת דברינו	(X)	4Q**397** 23,3
]ואנחנו מכירים שבאוו מקצת הברכות	(X)	4Q**398** 11-13,3
שמי מהם / שהיא ירא[את	(X)	4Q**398** 11-13,6
התו]רה היה מצול[ ]מצרות	(X)	4Q**398** 11-13,7
[ו]אף / היא [נ]צל מצרות רבות	(X)	4Q**398** 14-17ii2
ואף אנחנו כתבנו אליך / מקצת מעשי התורה	(X)	4Q**398** 14-17ii3
ובקש מלפניו שיתקן / את עצתך	(X)	4Q**398** 14-17ii4
והרחיק ממך מחשב{{ו}}ת רעה	(X)	4Q**398** 14-17ii5
במצאך מקצת דברינו כן	(X)	4Q**398** 14-17ii6
ובקש] מלפניו / [שיתקן את עצתך	(X)	4Q**399** 1ii1
במצאך מדברינו / [כן	(X)	4Q**399** 1ii3
וממקור הקודש למקדשי קודש / [קודשים	(XI)	4Q**400** 1i7
]◦◦◦ מדעת / [	(XI)	4Q**400** 1i11
ומפיהם הורות כול קדושים	(XI)	4Q**400** 1i17
פ[לא] / מאלוהים{{ים}} ואנשים	(XI)	4Q**400** 2,3
ובינתו מכול ידע[י	(XI)	4Q**400** 2,9
]מדעת / [	(XI)	4Q**401** 18,1
] מדעת[	(XI)	4Q**401** 26,1
]כיא מאלוהי דעת נהיו כול [הוי עד	(XI)	4Q**402** 4,12
לכול קדושים ממיסדי ד[עת]	(XI)	4Q**403** 1i24
ו]רוממו רוממו למרום אלוהים מאלי רום	(XI)	4Q**403** 1i33
ממעל / [מ]כול קדו[שים	(XI)	4Q**403** 1i44
] / מבינותם ירוצו א[לו]הים כמראי גחלי[	(XI)	4Q**403** 1ii6
וקול ברך מראשי דבירו [	(XI)	4Q**403** 1ii11
] / רוש מכוהן קורב	(XI)	4Q**403** 1ii24
ולשון משניו תגבר] / שבעמשלישי ל[ו	(XI)	4Q**403** 1ii28
]קודש עולמים ממעל / [	(XI)	4Q**404** 5,2
]מתוך ◦[	(XI)	4Q**404** 6,1
ולשו]ן / משניו תגבר משלישי לו	(XI)	4Q**405** 11,3
ל]שון ברך ומדמות / [	(XI)	4Q**405** 14-15i2
] / כבוד משני עבריהם[	(XI)	4Q**405** 15ii-16,5
]◦ פלא מביתה ליקרה הדביר[	(XI)	4Q**405** 15ii-16,6
]דביר ימהרו מקול הכבו[ד	(XI)	4Q**405** 18,4
מתחת לד[בירי] הפלא קול דממת שקט	(XI)	4Q**405** 19,7
מברכים ממעל לרקיע הכרובים	(XI)	4Q**405** 20ii-22,8
ירננו {{מ}}מתחת מושב כבודו	(XI)	4Q**405** 20ii-22,9
ירננו {{מ}}מתחת מושב כבודו	(XI)	
ומבין / [ג]לגלי כבודו כמראי אש	(XI)	
]ו מבין כול דגליה[ם] בעבר[יהם	(XI)	4Q**405** 20ii-22,14
וקול ברך מכול מפלגיו	(XI)	4Q**405** 23i7
לוא ירוצו מדרך	(XI)	4Q**405** 23i11
ולוא יתמהמהו מגבולו	(XI)	
לוא ירומו ממשלוחתו / לוא ישפל[ו]	(XI)	
] ממעלה[	(XI)	4Q**405** 31,3
]ם רוח מרוח[	(XI)	4Q**405** 43,2
]הם מחוק[	(XI)	4Q**405** 43,3
]◦הו מתחת כבודו [ ]ל[	(XI)	4Q**405** 46,3
]ם כיא ממע◦[	(XI)	4Q**406** 1,2
ב]הפיע פארי כבדו מזבול קד[ש	(XXXVI)	4Q**408** 3+3a,5
]◦ מעמל לברך [את שמ קדשך	(XXXVI)	4Q**408** 3+3a,11
] מה {{מ}}באמת טוב ומה {{מ}}בה◦◦[	(XXXVI)	4Q**410** 1,6
] מה {{מ}}באמת טוב ומה {{מ}}בה◦◦[	(XXXVI)	
וגם מעון לדעתי[	(XX)	4Q**412** 1,3
] / להטהר מטמאת[	(XXXV)	4Q**414** 2ii-4,4
] / כי ממוצא פיכה נ[פרשה טהרת כול	(XXXV)	4Q**414** 2ii-4,7

אל יבי]אْ ממקומו חנםْ	(XX)	4Q**421** 12,4
]לْ[ב]לתי אכול מעץ הדْ[עת טוב ורע	(XIII)	4Q**422** I,10
השْ]מْרْ[ל]כْ[ה למה]תכבדכה ממנוْ וْ[	(XXXIV)	4Q**423** 4,1
] / [מ]סْתר מפני זרם	(XXXVI)	4Q**424** 1,4
ט]הْרْהו מעוון משפט א[ל] ומתוْ[עבות	(XXXVI)	4Q**424** 2,2
ט]הْרْהו מעוון משפט א[ל] ומתוْ[עבות	(XXXVI)	
]ת בסתרْ מלפני{{ו}} היْוْם / [	(XX)	4Q**426** 1i12
וירם מעפר אביון ל[רום עולם]	(XXIX)	4Q**427** 7ii8
לספר אלה מקצ לקצ	(XXIX)	4Q**427** 7ii17
ובקצ האספו] / אל מעונתו מפני אור	(XXIX)	4Q**427** 8ii13
ויב]שْ מפלגْיהם[	(XXIX)	4Q**428** 5,5
ויפולו מגבור[תם	(XXIX)	4Q**428** 6,1
ומנעורי בדْ[מים	(XXIX)	4Q**428** 10,4
ורוח נעוה בלוא] / דעת הכאْתה מתכמי	(XXIX)	4Q**428** 10,8
אי]כה אשמר ביצר עפר מה[ת]פרד	(XXIX)	4Q**428** 13,8
ולהשביע]ממקוْ[ר דעת כול נכאי רוח	(XXIX)	4Q**428** 14,5
]מחושך וי◦[	(XXIX)	4Q**428** 19,3
[אתה אל הדעות ב]פْי [עוז]מנْשף לْ[	(XXIX)	4Q**428** 20,4
]מיצר [	(XXIX)	4Q**428** 45,1
] ממכה [	(XXIX)	4Q**428** 59,2
ויתמוטט[ו]מْדרך לבכהْ[	(XXIX)	4Q**429** 4i10
וירם מעפר אביון / [[ ]] לרום עולם	(XXIX)	4Q**431** 2,7
כיוْ[רדי י]מים נבעתיםْ מהמْון מים	(XXIX)	4Q**432** 5,1
]◦וחך כעור כמגרן	(XXIX)	4Q**433** 1,3
]בْתْוْמْ ממך וצ[	(XXIX)	4Q**433** 2,1
] / משורשיו לוא ינתקו מערוגْת בْשمْו	(XXIX)	4Q**433**a 2,9
] / משורשיו לוא ינתקו מערוגْת בْשمْו	(XXIX)	
ברכי נפשי את אדוני {{מ}}על כול נפלאותיו	(XXIX)	4Q**434** 1i1
] בْיْ מנותם משם ממדْ[בר ל]פْתח תקוה	(XXIX)	4Q**434** 7b,2
] בْיْ מנותם משם ממדْ[בר ל]פْתח תקוה	(XXIX)	
ושח]תْי מْמעْ[מקיה	(XXIX)	4Q**435** 5,1
] / [לב האבן ג]עْרתה ממני	(XXIX)	4Q**436** 1a+bi10
זנות עינים הסירותה ממני	(XXIX)	4Q**436** 1ii1
ע]וْרף קשה שלחתה ממני	(XXIX)	4Q**436** 1ii2
גבה לב ורْוْם עינים התנ◦◦תה ממْני	(XXIX)	4Q**436** 1ii3
]מْעדת דורשי מ◦[	(XXIX)	4Q**437** 2i1
אשר הצלתני מْקْוْש גוי[ם] / [	(XXIX)	4Q**437** 2i4
ולו]אْ הסתרתה פניך מן תחנוני	(XXIX)	4Q**437** 2i7
ומْשבْוْלת גוים פן [ת]שْוטפני ומ[	(XXIX)	4Q**437** 2i10
ומْשבْוْלת גוים פן [ת]שْוטפני ומ[	(XXIX)	
ומשאול העלْוْת נפْ[ש]יْ חיים נתתהْ[לפני]	(XXIX)	4Q**437** 2i11
]רע לْ[העב]יْר ממני ורוْ[ב	(XXIX)	4Q**437** 4,3
]◦ לרْעْ[ ]ממעיْ[ן	(XXIX)	4Q**438** 1,3
רע להעב]יْרْ ממניْ ורוב רח[מים	(XXIX)	4Q**438** 4ii3
]אْל רב עלי מיד רْ[	(XXXVI)	4Q**440**a 3
]◦יכה מנעורْ[	(XXIX)	4Q**443** 1,4
]יْם ומן בני סוד◦[	(XXIX)	4Q**443** 1,8
ואני מיראי אْל	(XXIX)	4Q**444** 1-4i+5,1
בדעת אמתו פתח פי ומْרוח קוֹדשו ◦[	(XXIX)	
ובוז]מْבْוْז ושד משד וגבْ◦ר◦[	(XXIX)	4Q**446** 2,2
ובוז]מْבْוْז ושד משד וגבْ◦ר◦[	(XXIX)	
גואל] / עני מיד צריםْ[	(XI)	4Q**448** I,9
]מْשקר ירחקْ מْהזכירוْ[	(XXXVI)	4Q**455** 3
]מْשקר ירחקْ מْהזכירוْ[	(XXXVI)	
] ממזרח וْ◦[	(XXXVI)	4Q**458** 9,2
]לْח מרעהו / [	(XXXVI)	4Q**458** 11,3
]דْ מן [	(XXXVI)	4Q**458** 18,1
א]ל תדאג מכול מהומות ◦[	(XXXVI)	4Q**460** 7,6
]מْכול מצוקהת וצרות[	(XXXVI)	4Q**460** 7,7
וישראל נגזל אליה מעם ערْיْצْ [	(XXXVI)	4Q**460** 9i11
]מْעלْיْ[ו	(XXXVI)	4Q**461** 4,5
להפר בריתיْ וחסדיْ מהמה	(XIX)	4Q**463** 1,3
]חה מלבד הימים א[שר	(XIX)	4Q**463** 2,4
שמ]ש בצאתה מזבול◦[	(XXXVI)	4Q**468**b 4
]לْנו מעולםْ כיא אבותינו / [	(XXXVI)	4Q**468**i 4
נא]דْרו מכול שלת לבם / [	(XXXVI)	4Q**468**i 5
אז]ןْ מْשמוע מה ש[היה	(XXXVI)	4Q**468**l 2
] / הרחקתי מْ◦◦[	(XXXVI)	4Q**469** 1,3
] / מْכْםْ[ ]◦◦◦יםْ[	(XXXVI)	4Q**469** 1,4
]הْ מכ[ו]לْ אשْ[ר	(XXXVI)	4Q**471** 1,1
]כול איש מאחיו מבْנْיْ / [אהרון	(XXXVI)	4Q**471** 1,2
]כול איש מאחיו מבْנْיْ / [אהרון	(XXXVI)	
ומןْ[ה]לْוים שנים / [עשר	(XXXVI)	4Q**471** 1,5
ולהניא לבבם מכול מעْ[שה	(XXXVI)	4Q**471** 2,4
ויביאו ?] / זהב ופז מנבליْ[	(XXXVI)	4Q**472** 1,5
]◦הْ[ ]יْה מכול אש[ר	(XXXVI)	4Q**474** 6
מש]אלתמה וْמْכולْ[	(XXXVI)	4Q**474** 14
] / [ו]כול מרוחקי מלך מْ[	(XXIX)	4Q**476** 2,4
] מפטיש כْול / [	(XXII)	4Q**481**b 5
]כי רבים רחמיך ומרב אשמ[תם	(XXII)	4Q**481**c 6
]אْקחה מיْדْוْ[	(XXII)	4Q**481**d 3,4
]מْתחתנוْ[	(XXII)	4Q**481**d 4,3
]◦ {{אْשר}} מחרפו◦[	(XXII)	4Q**481**e 3
]בْ לבו ממח[ ]מת◦◦[	(VII)	4Q**487** 6,5
]◦וּבْ מכול / [	(VII)	4Q**487** 8,4
] יסור מש◦[	(VII)	4Q**487** 14,1
]מْים סביבה מْחוץ ◦[	(VII)	4Q**491** 1-3,6
יהיו] מהמה פטוריْ[ם {{להכני]עْ אוْיْ}} בג[ו]רْל	(VII)	4Q**491** 1-3,8
היום ההואה מכול שבטיהמהْ[	(VII)	4Q**491** 1-3,9
י]אצאו מחוצה למחנות אל בית מוْ[עד	(VII)	
ואחר יקום האْ[ו]רْב ממקומו	(VII)	4Q**491** 1-3,13
והמאסף מימין ומשמאול ובא[חור	(VII)	4Q**491** 1-3,14
והמאסף מימין ומשמאול ובא[חור	(VII)	
לוא ה]דْ[יחונ]וْ מבריתך	(VII)	4Q**491** 8-10i7
הכיْנה מאז אמْתْו	(VII)	4Q**491** 11i10
כיא מאז שמעْתם בْרז[י אל	(VII)	4Q**491** 11ii13
ישר]אל מאל הْ[	(VII)	4Q**491** 25,1
והכוהנים יצאו מבין החללים	(VII)	4Q**493** 4
וْעמْ[דו מזה ו]מْזْהْ למْל◦תْ / ליד החרף	(VII)	
וזלעופות אחזונו מלפני לשון	(VII)	4Q**501** 6
ואל יהיה זרעמה מבْ{{נْיْ בْ}}רْיْת	(VII)	4Q**501** 7
]לו מהْיْות קוד[ש	(VII)	4Q**502** 1,6
]◦ה במקנינו ומרמש / [	(VII)	4Q**502** 6-10,5
]מْפْנْיْ[ ]לْ[	(VII)	4Q**502** 6-10,17
]וْ מכוْל [	(VII)	4Q**502** 60,2
]וْמْמשפט א[	(VII)	4Q**502** 76,1
א]שר בח[ר] בנו מכול [ה]גוים בْ[	(VII)	4Q**503** 24-25,4
] / מْגורל ממשלתוْ[	(VII)	4Q**503** 37-38,16
]◦ממצרים / [	(VII)	4Q**504** 1-2i9
ישוב נא אפכה וחמתכה מעמכה ישראל	(VII)	4Q**504** 1-2ii11
ללכת]מْימין ושמאול	(VII)	4Q**504** 1-2ii14
כיא תרפאנו משגעון ועורון	(VII)	
]◦◦ והצלתנו מחטוא לכה	(VII)	4Q**504** 1-2ii16
העיר אשר בח]רْתה בה מכול ה{{ל}}ארץ	(VII)	4Q**504** 1-2iv3
כיא אהבתה / את יْשْרْאْלْ מכול העמים	(VII)	4Q**504** 1-2iv5
להْחרْיבה / מעובר ומשב	(VII)	4Q**504** 1-2v6
להْחרْיבה / מעובר ומשב	(VII)	
[ולוא]הْעْבדתנו להועיל מדרכי[נו	(VII)	4Q**504** 1-2v20
ותשלי]ךْ מْ[ע]לْיْנْו כול פשעיْנْ[ו]	(VII)	4Q**504** 1-2vi2
וْתْ[ט]הْרْנו / מחטתנו למענכה	(VII)	4Q**504** 1-2vi3

]וּמְעָרוֹת אָבְ֯י{{א}} / [	(VII)	4Q**513** 13,1
]מִכול ש[	(VII)	4Q**513** 13,8
]◦ מן השד[ה	(VII)	4Q**513** 18,4
]ש מהמה[	(VII)	4Q**513** 20,2
]מרוח בֿ[	(VII)	4Q**513** 31,2
]מֿגשת הֿ[	(VII)	4Q**513** 32,3
]אשר לא החל לטהור ממקֿ[ר]ו֯	(VII)	4Q**514** 1i4
אשר לא החל לטהוֹר ממקרו	(VII)	4Q**514** 1i7
<<עד>> {{מן}}<<ב>>טמאתו הרישנה	(VII)	4Q**514** 1i8
] מֿקןֿ[	(VII)	4Q**518** 31,1
]◦ מֿןֿ[	(VII)	4Q**520** 13,1
[וכל א]שר בם לוא יסוג ממצות קדושים	(XXV)	4Q**521** 2ii+4,2
]קֿה ממנו ◦[	(XXV)	4Q**521** 11,4
וירדו מן ההֿ[ר	(XXV)	4Q**522** 1,1
צפ]ו֯ן מעמק עכור[	(XXV)	4Q**522** 3,3
ויורש משם את ֯כל֯ האמורי מיר֯[ושלם	(XXV)	4Q**522** 9ii4
ויורש משם את ֯כל֯ האמורי מיר֯[ושלם	(XXV)	
יכהן שם ראישוֹ֯ן מֿ[בני פינ]חס[ואהרון ?	(XXV)	4Q**522** 9ii7
ויברך ?] / [בכו]ל֯ [מ]ע֯ון מן השמי֯[ם	(XXV)	4Q**522** 9ii8
הֿ[אורים והתומים] / מאתכה והשלוני	(XXV)	4Q**522** 9ii11
נ[ש]כינה את א[הל מ]ו֯עד רחוק מן ל֯[וז	(XXV)	4Q**522** 9ii12
אֿ[הל מו]עד מבית [אל להשכין אותו לשלה	(XXV)	4Q**522** 9ii13
לו]א יכרת לו [איש] יושב מבניו	(XXV)	4Q**524** 6-13,1
וזה יהיה משפט הכ]והנים מ[את ה]עֿם	(XXV)	4Q**524** 6-13,5
והיאה רויה לו מֿן֯[החוק	(XXV)	4Q**524** 15-22,1
]מכול א[	(XXV)	4Q**524** 25,2
] / לבלתי הבן מרוח מתעֿ[ת/תעת ?	(XXV)	4Q**525** 6ii2
לבלתי ?] / דעת מרוח מוהלת עֿ[	(XXV)	4Q**525** 6ii3
]מיצר מחשבו[ות	(XXV)	4Q**525** 7,4
]מרוח נטרד֯[ת	(XXV)	4Q**525** 7,5
]ממול רוח שפת[י(ה)	(XXV)	4Q**525** 8,2
]מֿרוח [	(XXV)	4Q**525** 9,5
]מה מספר ואין[	(XXV)	4Q**525** 10,1
]וּמֿפיהֿםֿ[	(XXV)	4Q**525** 13,1
] / תה[ל]ל֯ וּמפני דברך יתגֿבֿ[רו	(XXV)	4Q**525** 14ii4
וחלצכה מכול רע	(XXV)	4Q**525** 14ii12
] / ד֯ברי תופלה אֿ[שר תועבו]ת֯ ממני	(XXV)	4Q**525** 14ii28
] / אחזו תכמי מלפני אלו֯[הים	(XXV)	4Q**525** 23,1
] / בעדם מדעת חוכמה֯ [	(XXV)	4Q**525** 23,6
י◦]ר֯ חוק מן[	(XXV)	4Q**525** 28,3
]ממות [	(XXV)	4Q**525** 32,3
]בֿחרתה מֿבני אֿ[לי]ם ו◦[	(III)	5Q**13** 1,6
] אבותינו מל[פנינו	(III)	5Q**13** 22,7
] דבש מסלע ◦[	(III)	5Q**13** 26,2
]◦יניך מעליך יפלו [	(III)	5Q**14** 2
]ישמידוך מכול החול[	(III)	5Q**14** 4
]ינוס משם אל מלך מואב[	(III)	6Q**9** 33,3
] ממני הא[	(III)	6Q**9** 56,1
] / מֿןֿ[	(III)	6Q**10** 3,1
]מהוֹ[ן	(III)	6Q**10** 4,4
]מֿכל◦[	(III)	6Q**10** 22,1
] / מבני פינחס וש[	(III)	6Q**13** 4
] מצד[ק	(III)	6Q**16** 3,3
]◦ני האיש הזה אשר הוא מבני ה◦[	(III)	8Q**5** 1,2
]כֿה רבה למעלה מכול֯[	(III)	8Q**5** 2,4
לחסרי לבב גדולתו הרחוקים מפתחיה	(IV)	11Q**5** XVIII,5
הנדחים {{◦◦◦◦}} ממבואיה	(IV)	11Q**5** XVIII,6
כקטורת {{ר֯יֿחֿ}} ניחוח מיד / צדיקים	(IV)	11Q**5** XVIII,9
מפתחי צדיקים נשמע קולה	(IV)	11Q**5** XVIII,10
ומקהל חסידים / זמרתה	(IV)	
אנא אדוני כעשותכה נפלאות מעולם	(VII)	4Q**504** 1-2vi10
ישוב נא אפכה וחמתכה ממנו	(VII)	4Q**504** 1-2vi11
] / מכול צור{{ע}}ר֯יהמה[	(VII)	4Q**504** 1-2vi16
] / אשר הצילנו מכ֯ול צרה אמן[אמן	(VII)	4Q**504** 1-2vii2
לוא יב]צר ממכה כול / [	(VII)	4Q**504** 7,7
]אֿ◦ נפלאות מקדם ונוראות[משנות עולמים	(VII)	4Q**504** 8,3
]ו֯מכול[	(VII)	4Q**504** 17ii2
] מגוֿ◦ ◦[	(VII)	4Q**504** 48,1
ואנו בעולה מרחם ומשדים בא[שמה	(VII)	4Q**507** 1,2
ואנו בעולה מרחם ומשדים בא[שמה	(VII)	
]וּמֿרבםֿ ו]תֿקם לנוח ◦[	(VII)	4Q**508** 3,2
]מלפניכה ו֯ת◦◦◦ אֿרֿץ במועדי / [	(VII)	4Q**508** 30,2
כיא שמחת]נ֯ו מיגוננו֯	(VII)	4Q**509** 3,3
] / כֿי מעולם שנאתה ◦[	(VII)	4Q**509** 7,3
]אחיד מֿלפניכה ◦◦[	(VII)	4Q**509** 7,4
הֿמנוֿדחים התועים מבלֿי[משיב	(VII)	4Q**509** 12i-13,1
] / [מ]בֿלי אוֿמֿץ הנופלים מבלֿי[מקים	(VII)	4Q**509** 12i-13,2
] / מֿבלי מֿבֿין הנשברים מבלֿי[חובש	(VII)	4Q**509** 12i-13,3
] / מבלי מֿבֿין הנשברים מבלֿי[חובש	(VII)	
ר]חמנו מעולם[	(VII)	4Q**509** 17,2
]ה מעולם [	(VII)	4Q**509** 17,3
]ר֯ו֯ ומ֯ידכה[	(VII)	4Q**509** 56,1
]ה֯ מֿןֿ ◦◦◦[ ]םֿ [	(VII)	4Q**509** 58,3
]◦ ולבער מֿמנֿו֯ [	(VII)	4Q**509** 143,2
] מבי֯ת[	(VII)	4Q**509** 151,2
]כפ֯יה מן ◦[	(VII)	4Q**509** 228,2
מכול רע ◦[	(VII)	4Q**509** 276,1
]◦ מֿעוֿל◦[	(VII)	4Q**509** 295,1
ומכוח גבור֯[ת]ו יבהלו	(VII)	4Q**510** 1,3
ויחפזו מהדֿר מעֿ[ון] / כבוד מלכותו	(VII)	
]ם מתוך מֿ◦[	(VII)	4Q**511** 11,6
]מבני אדם ומסוד֯[בשר	(VII)	4Q**511** 26,3
]מבני אדם ומסוד֯[בשר	(VII)	
]◦ מֿגֿוֿיֿיֿם / [	(VII)	4Q**511** 28-29,1
ומחושך מגבֿ[לי	(VII)	4Q**511** 28-29,4
להכניעם מירא[תו	(VII)	4Q**511** 35,7
כיא מאתכה משפט[	(VII)	4Q**511** 52-59,4
ומאתכה סֿוד לכול יראיכה	(VII)	4Q**511** 52-59,5
]מגערתכה י[	(VII)	4Q**511** 52-59,7
]י֯ם מיסוד֯ו֯ / [	(VII)	4Q**511** 73,3
]מֿתֿוֿך[	(VII)	4Q**511** 86,1
]מאז בֿ[	(VII)	4Q**511** 154,1
]נכה מכול ערו[ת]בֿשרנו לֿה[	(VII)	4Q**512** 36-38,17
]◦ה מנגע הנדה [ ]◦ה כיאֿ[	(VII)	4Q**512** 34,17
ותטהרני מֿערות נדה	(VII)	4Q**512** 29-32,9
] / בטוהרו מז]ובו	(VII)	4Q**512** 7-9,2
[אשר צויתה לטמאי ע]תים להטהר מֿ[נדת] / [	(VII)	4Q**512** 1-6,2
] / ו<<מ>>{{ו}}נדות טמאה	(VII)	4Q**512** 1-6,9
] / ושב מכול[רע	(VII)	4Q**512** 65,2
] מֿכוֿל אוֿכֿל[	(VII)	4Q**512** 67,3
] / ו֯תצונו להנזר מֿן֯[	(VII)	4Q**512** 69,2
]מיחד צֿ[	(VII)	4Q**512** 84,2
]מעוֿנֿנֿ[ו	(VII)	4Q**512** 85,2
] מֿןֿ[	(VII)	4Q**512** 159,1
]ו֯גם מֿהמה הטמאה	(VII)	4Q**513** 1-2i3
לה֯אכילם מכול תרומת הש◦[	(VII)	4Q**513** 2ii3
] מלבד שבתות[	(VII)	4Q**513** 3-4,3
]ולא מתורת משה[	(VII)	4Q**513** 3-4,5
] / מבני אה[רון	(VII)	4Q**513** 10ii8
]אם יאוֿכֿלוֿ מהמ[ה] / [	(VII)	4Q**513** 11,1

ויתן **מ**דמו באצבעו על קרנות ה[מזבח	11Q**19** XVI,16
וזבחו[במועדו ?] / **מ**בן עשרי[ם] שנה	11Q**19** XVII,8
יכפר ע]ל עם הקהל **מ**כול אשמת[ם]	11Q**19** XVIII,7
מיום הביאכמה את העומר / [התנופה	11Q**19** XVIII,11
תס]פורו עד **מ**מוחרת השבת השביעית	11Q**19** XVIII,12
מנחה חדשה ליהוה **מ**מושבותיכמה	11Q**19** XVIII,13
[וספר]תמה לכמה **מ**יום הביאכמה את המנחה	11Q**19** XIX,11
ע]ד **מ**מוחרת השבת השביעית	11Q**19** XIX,13
ארבעה הינים **מ**כול מטות ישראל	11Q**19** XIX,14
או חרבה יקמוצו **מ**מנה את / [אזכר]תה	11Q**19** XX,10
ואת הנותר **מ**המה יוכלו בחצר / [הפני]מ[י]ת	11Q**19** XX,11
[מן האי]לם **ומן** הכבשים את שוק הימין	11Q**19** XX,15
כול העם **מ**גדו[ל ו]עד [קטן]	11Q**19** XXI,6
כול ענב פר[י] ב[ו]סר **מן** הגפנים	11Q**19** XXI,7
וספר[תמ]ה [לכמ]ה **מ**יום הזה שבעה שבועות	11Q**19** XXI,12
שבע שבתות תמימות תהיינה עד **מ**מוחרת השבת	11Q**19** XXI,13
והקרבתמה שמן חדש **מ**משבות / [מ]טות	11Q**19** XXI,14
מחצית ההין אחד **מן** המטה שמן חדש כתית	11Q**19** XXI,15
וירימו **מ**[ן] האילים ומן הכבשים תרומה	11Q**19** XXII,8
ויסוכו **מן** השמן החדש ומן הזתים	11Q**19** XXII,15
ויסוכו מן השמן החדש **ומן** הזתים	
בעצם היום הזה ונכרתה **מ**עמיה	11Q**19** XXV,12
אחד לחטאת לבד **מ**חטאת הכפורים	11Q**19** XXV,14
ורחץ את ידיו ואת רגליו **מ**דם החטאת	11Q**19** XXVI,10
ו[נ]כרתו **מ**תוך / עממה	11Q**19** XXVII,7
תמיד **מ**את בני ישראל לבד מנדבותמה	11Q**19** XXIX,5
לבד **מ**נדבותמה לכול אשר יקריבו	
בית מרובע / **מ**פנה אל פנה עשרים באמה	11Q**19** XXX,6
ורחוק **מ**קיר / [ה]היכל שבע אמות	
ותוכו **מ**מקצוע אל מקצוע	11Q**19** XXX,8
]ת אשר **מ**סביב עולה מעלות א[	11Q**19** XXX,10
קירותיו ושעריו וגגו **מ**בית / [ומ]בחוץ	11Q**19** XXXI,8
רחוק **מ**המזבח חמשים אמה	11Q**19** XXXI,11
]ושערים עשו לה **מ**המזרח ומהצפון	11Q**19** XXXI,12
מהמזרח **ומ**הצפון / ומהמערב	
מהמזרח ומהצפון / **ומ**המערב	11Q**19** XXXI,13
וגובהמה / **מן** הארץ ארבע אמ[ות	11Q**19** XXXII,10
יהי[ו באי]ם [בה]ם למעלה **מ**על לבית המ[	11Q**19** XXXII,11
כי **מ**דם העולה מתערב במה	11Q**19** XXXII,15
והיוצאים **מ**המה אל [החצר התיכונה	11Q**19** XXXIII,6
[ו]ר[ח]וק קירו **מ**ק[י]רו שבע אמות	11Q**19** XXXIII,9
ושנים שערים לו **מ**צפונו ומדרומו	11Q**19** XXXIII,10
ושנים שערים לו מצפונו **ומ**דרומו	
ופושטים את עורות הפרים **מ**על לבשרםה	11Q**19** XXXIV,9
ויין נסכו אצלו **ומ**מנו עליו	11Q**19** XXXIV,13
יורדות **מן** מקרת שני עשר העמודים	11Q**19** XXXIV,15
מובדלים זה **מ**זה לחטאת הכוהנים	11Q**19** XXXV,11
כי מובדלים יהיו מקומותמה זה **מ**זה	11Q**19** XXXV,13
] **מן** המקצוע[	11Q**19** XXXVI,3
שש / ועשרים באמה **מ**מקצוע אל מקצוע	11Q**19** XXXVI,7
שמונה ו[ע]שרים באמה **מן** הס{{◦}}ף	11Q**19** XXXVI,9
וגובה / המקרה **מן** המשקוף ארבע עשרה	11Q**19** XXXVI,10
ומפנת השער עד המקצוע השני לחצר	11Q**19** XXXVI,12
]חדש **מ**הגנות ? לכול הש[	11Q**19** XXXVII,2
ה]ש[ע]רים **מ**שני [עברי] השער	11Q**19** XXXVII,7
וכאשר ישאו **מ**מנו את מחצית הש[ק]ל	11Q**19** XXXIX,10
אחר יבואו **מ**בן / עשרים [שנה ומעלה ?	
מן פנה למזרח צפון עד שער שמעון	11Q**19** XXXIX,14
ומשער {{שמעון}} הזה עד שער {{◦◦◦◦◦}}	11Q**19** XXXIX,15
ומשער לוי עד שער יהודה	11Q**19** XXXIX,16

כמה רחקה **מ**רשעים אמרה	(IV)	11Q**5** XVIII,13
מכול זדים לדעתה	(IV)	
מעת רעה יציל נפש[ם	(IV)	11Q**5** XVIII,15
ברכו את] יהוה גואל עני **מ**יד / זר[ים	(IV)	
ולוא עזב חסדו **מ**הםה	(IV)	11Q**5** XIX,6
סלחה יהוה לחטאתי / וטהרני **מ**עווני	(IV)	11Q**5** XIX,14
כי **מ**נעורי ידעתיה	(IV)	11Q**5** XXI,13
טהר חמס **מ**גוך	(IV)	11Q**5** XXII,6
שקר / ועול נכרתו **מ**מך	(IV)	11Q**5** XXII,7
ובקשתי / אל תמנע **מ**מני	(IV)	11Q**5** XXIV,5
גמולי הרע ישיב **מ**מני דין האמת	(IV)	11Q**5** XXIV,6
ואל תביאני בקשות **מ**מני	(IV)	11Q**5** XXIV,10
חטאת נעורי הרחק **מ**מני	(IV)	11Q**5** XXIV,11
טהרני יהוה **מ**נגע רע	(IV)	11Q**5** XXIV,12
יבש / שורשיו **מ**מני	(IV)	11Q**5** XXIV,13
על כן שאלתי **מ**לפניכה שלמה	(IV)	11Q**5** XXIV,14
מלפ[נ]יכה יהוה מבטחי	(IV)	11Q**5** XXIV,15
מבדיל אור **מ**אפלה	(IV)	11Q**5** XXVI,11
ויוצא / [רוח] **מ**או[צרותיו	(IV)	11Q**5** XXVI,15
דבר כנבואה אשר נתן לו **מ**לפני העליון	(IV)	11Q**5** XXVII,11
הללויה לדויד בן ישי קטן הייתי **מ**אחי	(IV)	11Q**5** XXVIII,3
וצעיר **מ**בני אבי	(IV)	
ויקחני / **מ**אחר הצואן	(IV)	11Q**5** XXVIII,11
תחלת גב[ו]רה ל[דוי]ד **מ**שמשחו נביא אלוהים	(IV)	11Q**5** XXVIII,13
רא[י]תי פלשתי / מחרף **מ**מ[ערכות הפלשתים	(IV)	11Q**5** XXVIII,14
ולוא ע]זב חסדו **מ**הם	(XXIII)	11Q**6** 4-5,8
אם לוא / [ייראו]**מ**לפני יהוה ל[	(XXIII)	11Q**11** III,9
[וירדף א]חד **מ**כם א[לף	(XXIII)	11Q**11** III,11
מי אתה [הילוד מ]אדם **ומ**זרע הקד[ושי]ם	(XXIII)	11Q**11** V,6
כיא]הוא יוצא **מ**[חרן ללכת ארצה] / [כנען	(XXIII)	11Q**12** 9,3
וסתר[ו] **ומ**נחלת מלכי צדק	(XXIII)	11Q**13** II,5
]◦ים בסו[רמ]ה **מ**חוקי אל ל[הרשיע]	(XXIII)	11Q**13** II,12
ויצי]ל[מה מיד]בליעל **ומ**יד כול ר[וחי גורלו]	(XXIII)	11Q**13** II,13
]ר הוסרה **מ**בליעל ותש[וב	(XXIII)	11Q**13** II,22
הסרים **מ**לכת [בד]רך העם	(XXIII)	11Q**13** II,24
וחיה רעה שבתה **מן** / [הארץ	(XXIII)	11Q**14** 1ii13
יצ]א **ומ**בין[גלגלי כבודו כמראי אש	(XXIII)	11Q**17** VII,12
] **מ**ארבעת מוסדי רקיע / הפלא	(XXIII)	11Q**17** VIII,5
ישמ[י]עו **מ**קול משא אלוהים[	(XXIII)	11Q**17** VIII,6
]מו◦◦◦ **מ**שבעה / [	(XXIII)	11Q**17** 30,2
]◦בר **מ**שביעי ◦מ[	(XXIII)	11Q**17** 30,3
לוא] תקח **מ**מנו		11Q**19** II,9
כו]ל אויביכה **מ**סי[		11Q**19** III,3
] בו כסף וזהב **מ**כול א[		11Q**19** III,5
] ולוא תטמאנו כי אם **מן** ה[		11Q**19** III,6
] לוא ימוש **מן** המקדש קער[ותיו		11Q**19** III,11
והמכבר א[שר] **מ**למעלה ל[		11Q**19** III,15
למ]עלה **מ**על כול ◦[		11Q**19** VII,6
והכפרת אשר **מ**למ[עלה מן הארון ?]		11Q**19** VII,9
בכנפיהמ]ה **מ**למעלה מן הארון		11Q**19** VII,12
בכנפיהמ]ה מלמעלה **מן** הארון		
וששה קנים יוצאים] **מ**שני צדיה		11Q**19** IX,3
ושלושה קני המנורה] **מ**זה ← שָׁלוֹשׁ		11Q**19** IX,4
ועשי]תמה **מ**על השער / [		11Q**19** X,9
]**ומ**ל[מ]עלה מזה עמודים / [		11Q**19** X,11
]ומל[מ]עלה **מ**זה עמודים / [		
שוק הימין] / עולה **מן** האיל		11Q**19** XV,6
ונ]תנו **מן** הדם [על תנוך אוזנו הימנית		11Q**19** XVI,2
ואת עורו עם פרשו ישרופו **מ**חו[ץ לעיר		11Q**19** XVI,11
ושרפו כולו שמה לבד **מ**חלבו		11Q**19** XVI,13

כי דרוש אדורשנו מידכה 11Q19 LIII,11
ככול היוצא מפיהו / יעשה 11Q19 LIII,15
ככול אשר יצא מפיה 11Q19 LIV,5
ולוא / תגרע מהמה 11Q19 LIV,7
אשר הוציאכה מארץ מצרים 11Q19 LIV,16
ופדיתיכה / מבית עבדים 11Q19 LIV,17
להדיחכה מן הדרך אשר צויתכה
ובערת / הרע מקרבכה 11Q19 LIV,18
יצאו אנשׁ[י]ם [ב]נׄי [בלי]על מקרבכה 11Q19 LV,3
ולוא ידבק / בידכה מאום מן החרם 11Q19 LV,11
למען אשוב מחרון אפי
אשר יואמרו לכה מספר התורה 11Q19 LVI,4
ויגידו לכה באמת / מן המקום אשר אבחר 11Q19 LVI,5
לוא תסור מן התורה אשר יגידו לכה 11Q19 LVI,7
ובערתה הרע מישראל 11Q19 LVI,10
מקרב אחיכה תשים עליך מלך 11Q19 LVI,14
ולוא / יסירו לבבו מאחרי 11Q19 LVI,19
על ספר מלפני הכוהנים 11Q19 LVI,21
מבן / עשרים שנה ועד בן ששים 11Q19 LVII,2
וברר לו מהמה אלף אלף / מן המטה 11Q19 LVII,5
וברר לו מהמה אלף אלף / מן המטה 11Q19 LVII,6
יהיו שומרים אותו מכול דבר חט 11Q19 LVII,10
ומן גוי נכר אשר לוא יתפש בידמה 11Q19 LVII,11
ומן הכוהנים שנים עשר 11Q19 LVII,12
ומן הלויים / שנים עשר
ולוא ירום לבבו מהמה 11Q19 LVII,14
ולוא יעשה כול דבר / לכול עצה חוץ מהמה 11Q19 LVII,15
ואשה לוא ישא מכול / בנות הגויים
כי אם מבית אביהו יקח לו אשה 11Q19 LVII,16
מבית אביהו יקח לו אשה / ממשפחת אביהו 11Q19 LVII,17
ונשא / לו אחרת מבית אביהו ממשפחתו 11Q19 LVII,19
ונשא / לו אחרת מבית אביהו ממשפחתו
לגזול מכול אשר יש / לישראל 11Q19 LVIII,3
ומחצית העם לוא יכרתו מעריהמה 11Q19 LVIII,11
ונתנו / ממנו למלך מעשרו 11Q19 LVIII,13
ולכוהנים אחד מאלף
וללויים אחד מן המאה / מן הכול
וללויים אחד מן המאה / מן הכול 11Q19 LVIII,14
ונשמרו מכול דבר טמאה 11Q19 LVIII,17
ומכול ערוות ומכול עוון ואשמה
ומכול ערוות ומכול עוון ואשמה
לוא יצא מעצת לבו עד אשר ישאל במשפט 11Q19 LVIII,20
ומזעיקים מפני עול כבד 11Q19 LIX,6
ולוא אענה / אותמה מפני רוע מעלליהמה 11Q19 LIX,7
ואסתיר פני מהמה והיו לאוכלה
ואין מושיע מפני רעתמה 11Q19 LIX,8
והושעתים מיד אויביהמה 11Q19 LIX,11
ופדיתים מכף שונאיהמה
אשר / זנה לבו ועינו ממצווֺתי 11Q19 LIX,14
כי לעולם אכרית זרעו ממשול עוד 11Q19 LIX,15
לוא יכרת לו איש יושב מבניו על כסא 11Q19 LIX,17
והושעתיהו מיד שונאיו 11Q19 LIX,18
ומיד / מבקשי נפשו לשאתה
ולחיה ולדגים אחד מאלף / א{{◦}}שר יצודו 11Q19 LX,4
והשכם מאת זובחי הזבח 11Q19 LX,7
והמכס מן / השלל ומן הבז ומן הציד
והמכס מן / השלל ומן הבז ומן הציד 11Q19 LX,8
והמכס מן / השלל ומן הבז ומן הציד
ולחיה ולדגים אחד מן המאה
ומבני היונה ומעשר מן הדבש 11Q19 LX,9

כאלף ושש [מאות ב]אמֹה מפנה לפנה 11Q19 XL,8
בין לשעריו מחוץ לעומת המוסד 11Q19 XL,10
מן הפנה עד / שער שמעון 11Q19 XL,13
ומשער שמעון עד שער לוי 11Q19 XL,14
ומשע[ר] לוי עד שער יהודה 11Q19 XL,15
ומשער / יששכר[עד שער זבולון 11Q19 XLI,3
ומשער זב[ולון עד שער גד 11Q19 XLI,5
ומֹשׁ[ער גד עד פנת הצפון] 11Q19 XLI,6
ו]מֹןֹ הפֹנה הזואת עד / שער דן 11Q19 XLI,7
וׄככה משער דן עד / שער נפתלי 11Q19 XLI,8
וׄמשער נפתלי / עד שער אשר 11Q19 XLI,9
ומשער / אשר עד פנת {{של?}} המזרח 11Q19 XLI,10
ויוצאים השערים מקיר החצר לחוץ 11Q19 XLI,12
ולפניסה באים מקיר החצר 11Q19 XLI,13
ומקורים בקורות מעמוד אל עמוד 11Q19 XLII,11
ולוא יניׄ[חו] / ממנו שנה לשנה אחרת 11Q19 XLIII,5
כי ככה יהיו אוכלים אותו / מֹחג הבכורים 11Q19 XLIII,6
והיין מיום / מועד התירוש 11Q19 XLIII,7
והיצהר מיום מועדו עד השנה השנית 11Q19 XLIII,9
וכול אשר / נותר ממועדיהמה יקדש 11Q19 XLIII,11
והיושבים במרחק מן המקדש 11Q19 XLIII,12
ולוא / יואכלו ממנו בימי המעשה לאונמה 11Q19 XLIII,16
ושתי סוכותיהמה / אשר מעל הגג 11Q19 XLIV,7
משער יהודה עד / הפנה
וחדריהמה והסוכה / אשר מעלהמה 11Q19 XLIV,9
ולבני שמעון משער שמעון
ולבני ראובן / מן המקצוע 11Q19 XLIV,11
ומשער / ראובן עד שער יוסף 11Q19 XLIV,12
ומשער יוסף עד שער בנימין 11Q19 XLIV,14
לבני קהת מ{{ב}}נ{{י}} הלויים
ומשער֯ בנימין עד פנת המערב 11Q19 XLIV,15
מן הפנה / הזאת עד שער יששכר
ומשער / [יששכר עד שער זבולון 11Q19 XLIV,16
ומש[ער אשר עד פנת המזרח 11Q19 XLV,1
ובבואו ?] / יצא הרישון מׄימֹ[י]ןׄ 11Q19 XLV,4
וכול איש אשר יטהר מזובו 11Q19 XLV,15
ועשיתה רובד סביב לחוץ מחצר החיצונה 11Q19 XLVI,5
וא[יש] כי יהיה לו מקרה לילה 11Q19 XLV,7
ויראו ממקדשי / אשר אנוכי שוכן בתוכמה 11Q19 XLVI,11
ועשיתה להמה מקום יד חוץ מן העיר 11Q19 XLVI,13
ולוא֯ תהיה נראה לכול רחוק / מן העיר 11Q19 XLVI,16
מובדלים זה מזה 11Q19 XLVI,17
והאנשים אשר יהיה להמה מקרה 11Q19 XLVI,18
וטהורה / מכול דבר לכול טמאה 11Q19 XLVII,5
ולוא תטהרו עיר / מתוך עריכמה 11Q19 XLVII,15
אלה משרץ העוף תואכלו 11Q19 XLVIII,4
אשר / יש לו כרעים מעל רגליו 11Q19 XLVIII,5
והפתוחים יטמאו לכול אדם מישראל 11Q19 XLIX,9
וביום אשר יוציאו ממנו את המת 11Q19 XLIX,11
יכבדו את הבית מכול / תגאולת שמן
ביום אשר / יצא המת ממנו יטהרו 11Q19 XLIX,14
ויטהרו לערב / מהמת לגעת בכול טהרתמה 11Q19 XLIX,21
וכול היו]צא מהמֹ[ה במותמה ? 11Q19 LI,1
וׄכול הנושא מעצמותמה ומנבלתמה עור 11Q19 LI,4
וׄכול הנושא מעצמותמה ומנבלתמה עור
והזהרתמה את / בני ישראל מכול הטמ{{ו}}אוֺת 11Q19 LI,6
ולוא תגורו ממנו / להמיתו 11Q19 LI,17
בשעריכה תואכלנה רחוק ממקדשי / סביב 11Q19 LII,17
וז]בֹ[חת]הֹ מצואנכה ומבקריכה 11Q19 LIII,3
וז]בֹ[חת]הֹ מצואנכה ומבקריכה 11Q19 LIII,3

11Q19 LX,9		ומעשר מן הדבש אחד מן החמשים
		ומעשר מן הדבש אחד מן החמשים
11Q19 LX,10		ולכוהנים / אחד מן המאה מן בני היונה
		ולכוהנים / אחד מן המאה מן בני היונה
		כי במה בחרתי מֻכול שבטיכה
11Q19 LX,12		וכי יבוא הלוי מאחד שעריכה
		יבוא הלוי מאחד שעריכה מכול ישראל
11Q19 LX,20		התועבות האלה אנוכי מורישם מלפניכה
11Q19 LXI,5		בזדון דברו הנביא לוא תגור / ממנו
11Q19 LXI,10		ובערתה הרע מקרבכה
11Q19 LXI,13		וראיתה סוס ורכב ועם רב ממכה
11Q19 LXI,14		לוא תירא / מהמה כי אנוכי עמכה
		כי אנוכי עמכה המעלכה מארץ מצרים
11Q19 LXII,12		כן תעשה / לערים הרחוקות ממכה
		לוא מערי הגואים האלה / המה
11Q19 LXII,13		רק מערי העמים אשר אנוכי נותן לכה
11Q19 LXIII,8		ואתה תבער / את דם נקי מישראל
11Q19 LXIII,13		והסירותה / את שלמות שביה מעליה
11Q19 LXIV,6		ובערתה הרע מקרבכה
11Q19 LXIV,14		והתעלמתה מהמה השב תשיבמה לאחיכה
11Q19 LXV,7		כי יפול הנופל / ממנו
11Q19 LXVI,4		ובערתה / הרע מקֿרבכה
11Q19 LXVI,5		וסתר / מהעיר והחזיק בה
11Q19 LXVI,9		והיא רויה לו מן החוק ושכב עמה
11Q20 I,17	(XXIII)	וחלת מצה אחת מ]ן הסל
11Q20 I,25	(XXIII)	]ולקחו זקני הכוהני[ם] מדם הפר
11Q20 I,26	(XXIII)	על קרנות המזבח באצבעם] / מן הד[ם
11Q20 II,3	(XXIII)	]מן השמן / [
11Q20 II,9	(XXIII)	ואת עורו עם פרשו ישרופו]מחוץ ל[עיר]
11Q20 IV,25	(XXIII)	ומן הכבֿשים את שוק הימֿין
11Q20 V,3	(XXIII)	ואת השכם הנשאר מן האזרוע / [
11Q20 V,5	(XXIII)	ומן / [הכבשים איל אחד כבש אחד
11Q20 IX,2	(XXIII)	[יהיו באים אליהם למע]לה מעֿ[ל]לבֿיתֿ[
11Q20 XII,24	(XXIII)	ועשיתה להמה מקו]ם יד חוץ מ[ן העיר]
11Q20 XIII,4	(XXIII)	] / רחוקֿ מ[ן
11Q20 XIV,20	(XXIII)	וכול אשר יפול] / עליו מֿ[המה
11Q20 XVI,3	(XXIII)	אתה ואב]ותיכה מאלוהי הֿ[עמים]
11Q20 XVI,4	(XXIII)	או הרחוקים ממ]כה מקצי הארץ
11Q21 1,5	(XXIII)	ת]מיד מאת[בני ישראל
PAM 43.672 11,1	(XXXIII)	] מֿזה ◦[
PAM 43.672 60,1	(XXXIII)	]מֿעלֿיֿ[
PAM 43.673 5,2	(XXXIII)	]◦ת מפאֿ[ת ?
PAM 43.675 1,2	(XXXIII)	]מפֿני מצבתֿ[
PAM 43.678 18,1	(XXXIII)	] מכול ◦[
PAM 43.678 44ii1	(XXXIII)	] / מקדםֿ[
PAM 43.678 51,2	(XXXIII)	]מֿחיק[
PAM 43.685 53,1	(XXXIII)	]םֿ מבנֿיֿ[
PAM 43.692 35,1	(XXXIII)	]ממנוֿ[
PAM 43.698 25,2	(XXXIII)	]בעתו מפניֿ[
PAM 43.699 18,1	(XXXIII)	]ומקול ◦[
PAM 43.700 36,2	(XXXIII)	] / מֿפֿינו [
PAM 44.102 43,2	(XXXIII)	] מכם ◦[
PAM 44.102 44,1	(XXXIII)	]◦ש מכלֿ[
PAM 44.102 66,5	(XXXIII)	] למיום[
KhQ1 4	(XXXVI)	] / את חסדי מחולנ[
KhQ1 5	(XXXVI)	] / מהֿיום הזה ל<ע>ולֿ[ם
KhQ2 4	(XXXVI)	] / [ב]ניו מעין[

to count, appoint, reckon verb **מנה**

1QSb IV,2	(I)	] / ימנהֿ [אתו ו]התערב לו
4Q185 1-2ii9	(V)	ואל יֿתהללֿ[ו] רֿשעים לֿאֿמור לא יֿמֿנה / לי
4Q225 2i7	(XIII)	כֿי אם / [יהיו נמ]נֿים אלהֿ
5Q10 1,5	(III)	ל]מֿנוֿת [א]תֿ הכול [

mina (measure of weight for precious metals) noun **מָנֶה**

3Q15 XII,9	(III)	הכל משקל ככרין 71 מנין עסרין
4Q159 1ii9	(V)	מחצית המֿ[נ]הֿ [עשרים ו]חמשה שקל
4Q159 1ii10	(V)	] / המנה שֿ[ ]מֿ[
	(V)	של]וש לעשרת המנים[
4Q159 2-4,9	(V)	] ענה בה ונענש שני מנים
4Q286 17a,1	(XI)	]מֿנֿהֿ ומֿעֿשֿרֿ ◦[

portion noun **מָנָה**

1QS X,8		בלשוני לפרי תהלה ומנת שפתי
4Q258 IX,7	(XXVI)	ב[לשוני לפרי]תהלה ומ[נת]שפֿתֿיֿ
4Q403 1i40	(XI)	זמרו לאלוהי עז / במנת רוח רוש
4Q403 1ii20	(XI)	ורוממוהו רֿאשי נשיאים במנה פלאיֿו
4Q434 7b,2	(XXIX)	] / [ ] בֿיֿ מנותם משם ממדֿ[בר
4Q446 1,4	(XXIX)	]◦◦ ובלשוני מנות הודוֿ[ת
4Q509 280,1	(VII)	]איֿן מנהֿ[
11Q19 XXII,10		ואת הקבה לכוהנים יהיה למנה כמשפטמֿהֿ
11Q20 V,2	(XXIII)	והלחיים והקבאות למנות / [

מִן ← מִין

custom noun **מִנְהָג**

CD XIX,3		ולקחו נשים כמנהג התורה

Manu (?) proper noun **מנו**

4Q522 9i+10,6	(XXV)	]בא ואת מנו את עין כובר

rest noun **מָנוֹחַ-1**

1QM II,9		כיא שבת / מנוח היאה לישראל
1QM XIX,9		המח]נֿהֿ [ב]לֿ[י]לה ההוא למנוח עד הבוקר
$1QH^a$ XVI,30		]תֿתעטף נפשי יומם ולילה / לאין מנוח
$1QH^a$ XVII,5		כלו למנוח עיני [
4Q252 I,15	(XXII)	ולוא / מצאה מנוח
4Q417 2i22	(XXXIV)	ואל מנוח לנפשכֿהֿ [עד]הֿשיבכה
4Q418 7b,5	(XXXIV)	לכה יומם ול]ילה ואל מנוח / [לנפשכה
4Q418 8,9	(XXXIV)	יפקוד לכ]הֿ אל מנוח בֿ[נפשכה
4Q418 237,1	(XXXIV)	]מנוחיֿ◦[
4Q476 1,5	(XXIX)	לק]דֿש מנוח שבתֿ[ביו]םֿ[השביעי
4Q503 24-25,5	(VII)	]ץ למו[עד]מנוח
4Q503 37-38,15	(VII)	] / קֿודש ומנוח לנֿ[ו
4Q503 40ii-41,5	(VII)	]מנוח קודש [

rest noun **מְנוּחָה**

1QpHab XI,6		ובקץ מועד מנוחת / יום הכפורים
1QpHab XI,8		ולכשילם ביום צום שבת מנוחתם
1Q56 2	(I)	]◦ מנוחת [
4Q382 45,2	(XIII)	מ]נֿוֿחֿתֿ[
4Q415 13,5	(XXXIV)	]שֿ כמנוחת[
4Q418 188,3	(XXXIV)	ב]בֿואכה למנוחֿ[תו
4Q504 1-2iv2	(VII)	]◦מֿנֿוֿחה / בירֿוש[לים העיר
4Q525 14ii14	(XXV)	ואם נספיתה למנוחות

refuge noun **מָנוֹס**

1QM XIV,11		ולקליהם אין מנוס
$1QH^a$ XIII,29		וישיגוני במצרים לאין מנוס
$1QH^a$ XIV,33		ולכול גֿבֿורי מלחמוֻת אין מנוס

1QHa XVII,28 אתה]מְנוסי משגבי סלע עוזי ומצודתי
4Q491 8-10i9 (VII) ולקולתמה אין **מנוס**

lampstand noun מְנוֹרָה
4Q364 17,4 (XIII) ואת **המנורה** נכח השלחן
4Q365 8a-b,2 (XIII) ואת] / **המנורה** נוכח השולחן[
11Q19 III,13 **והמנורה** וכ]ול
11Q19 XXII,1 השמן הזה] /]יבעירו בנרות **למנו?]רות**

offering noun מִנְחָה
CD XI,19 אל ישלח / איש למזבח עולה **ומנחה**
CD XI,21 ותפלת צדקם **כמנחת** רצון
1QS IX,5 ותמים דרך כנדבת **מנחת** רצון
4Q219 I,37 (XIII) לריח ניחוח לפני האלוהי]ם עם **מ]נח[תוה**
4Q220 4 (XIII)]עם סולת **מנחתו** בלולה ב[ש]מ[ן]
4Q220 9 (XIII) עם **מנחתו** ונסכו לריח ניח[וח
4Q250a 1,2 (XXXVI) **]מנח[**
4Q265 7,9 (XXXV) וריח ניחוח לכפר על ה[א]רץ **מנ]חה** ?
4Q266 6iv6 (XVIII)] / **ממנחה** ? וג[
4Q266 10i13 (XVIII)]ויכפר עוונם **ממנ]חה** וחטת ◦
4Q271 5i14 (XVIII)]ותפלת]צדיקים **כמנחת** /]רצון
4Q365a 2i4 (XIII)]ה **מנחת** הקורבנים הבאה עליה / [
4Q365a 2i5 (XIII) **מנח]ת** הקנאות
4Q366 3,5 (XIII)]מלבד עולת התמי]ד **מנחתה** ונסכה
4Q366 3,8 (XIII)]מלבד עולת התמיד **ומנ]חתה** ונסכה
4Q366 4i5 (XIII) **ומנחתם** ונסכיהם /]לפר לאיל
4Q366 4i6 (XIII) מלבד עולת התמיד **מנחתה**
4Q366 4i7 (XIII) ונדבותיכם לעלתיכם **ולמנחתיכם**
4Q381 46a+b,5 (XI) ב]חנת כל ובחרים **כמנחת** תטהר לפניך
4Q394 3-7i14 (X)] / **שהמנ]חה** נאכלת] על החלבים
4Q395 6 (X)] / **שהמ]נחה** נא]כלת [על החלבים
4Q409 1i2 (XXIX) **במ]נחה** חדשה / [ברך את שם קודשו
4Q504 1-2iv10 (VII) ויביאו **מנחתם** כסף וזהב ואבן יקרה
4Q508 9,1 (VII) **]ומנחות[**
4Q513 12,2 (VII) **למנ]חה** וללבונה ◦[
11Q5 XVIII,8 (IV) ואדם מפאר עליון / ירצה כמגיש **מנחה**
11Q12 7a,3 (XXXVI) ותעל **מנח]תם** וקורבנם לר]צון
11Q17 IX,3 (XXIII) **מנחו]ת** רצון המ[
11Q17 IX,4 (XXIII)]ריח **מנחותם** ◦◦◦[
11Q19 XI,11 השבועות הוא חג] הבכורים **למנחת** החטים
11Q19 XIII,15 **כמנח]ת** ה]בוקר]וכנסכה תעשה
11Q19 XIV,2 **]ומנ]חה** סולת בלול]ה שלושה עשרונים
11Q19 XIV,5 **מנ]חה** סולת בלולה ברביעית ההין
11Q19 XIV,15 ושני] / עשרונים סולת **מנחה** בלולה[בשמן
11Q19 XIV,17 ועשרון] /]סולת] **מנח]ה** בלולה בשמן
11Q19 XV,9 ואת יותרת הכבד] / **ומנחתו** ונסכו כמ]שפט
11Q19 XVI,9 ואת **מנחתו** ואת נס]כו כמשפטמה
11Q19 XVI,18 ואת] חלבו ואת] / **]מנ]חתו** ואת נ]סכ[ו
11Q19 XVII,7 וזבחו לפני **מנחת** הערב
11Q19 XVII,14 **ומנחתמה** ונסכמה /]כמש]פט
11Q19 XVIII,13 והביאותמה **מנחה** חדשה ליהוה
11Q19 XIX,11 מיום הביאכמה את **המנחה** חדשה ליהו]ה
11Q19 XX,8 ויק]טירו] /]הכול על המזבח]עם **מנחתמה**
11Q19 XX,9]והקריבו כול **מנחה** אשר קרב עמה נסך
11Q19 XXIII,17 ויקטר / הכול על המזבח עם **מנחתו** ונסכו
11Q19 XXIV,5]ויתנו עליו את ? **מנ]חת** שמנו
11Q19 XXIV,8 **ומנח]תה** ונסכה עליה חוקו]ת[עולם
11Q19 XXV,6 ו]**מנחתמה** ונסכיהמה כמשפטמ]ה
11Q19 XXV,14 **ומנחתמה** ונסכמה / כמשפטמה
11Q19 XXVI,7 ואת **מנחת** / נסכו יקטיר על מזבח העולה
11Q19 XXVIII,1 מלבד עולת התמי]ד **ומנח]תה** ונסכה
11Q19 XXVIII,4]ומ]**נ]חתמה** ונסכ]מה / כמשפטמה
11Q19 XXVIII,8 **ומנחתם** ונסכם כמשפט
11Q19 XXVIII,11 ושעיר עזים אחד לחטאת **למנחתמה**
11Q19 XXXIV,12 **ומנחת** סולתו עליו
11Q20 III,22 (XXIII) **ומנחתמה** ונסכמה כ]משפט
11Q20 IV,5 (XXIII) **ומנחתמה** כמשפט שנים /]עשרונים
11Q20 IV,20 (XXIII) וכו]ל **מנחה** /]אשר קרב עליה
11Q20 V,24 (XXIII) **ומנחתה** ונ{{ש}}<<ס>>כמה[כמשפ]ט
PAM 43.663 37,1 (XXXIII) ע(ו)]לה **ומנח]ה**

Menahem proper noun מְנַחֵם
4Q348 1 (XXVII) **]מנח]ם**
4Q360 right,2 (XXXVI)] / **מנח]ם**
4Q360 right,4 (XXXVI)] / **מנח]ם**
4Q360 left,1 (XXXVI) ◦◦◦ **מנחם** [

number noun מִנְיָן
4Q385a 5a-b,2 (XXX) **]מנין** כהנים[
4Q504 9,7 (VII)]ת **ומני[◦[**

Manis (?) proper noun מניס
4Q341 4 (XXXVI) שרחסי מגנס מלכיה **מניס** / מחתוש מקליח

Manos proper noun מנס
3Q15 I,13 (III) בשוא המעבא של **מנס** בירד אל סמל

to withhold verb מנע
11Q5 XXIV,5 (IV) אל **תמנע** ממני

bolt, bar noun מַנְעוּל
4Q365a 4,2 (XIII) **מ]נעולים** את◦[
4Q525 15,7 (XXV) דלתו]תיו כלמות חרפה **מנעוליו** צומי שחת[
11Q19 XLIX,13 **ומנעוליו** ומזוזותיו ואספיו ומשקופיו

bowl noun מְנַקִּית
3Q15 III,3 (III) מזרקות כוסות **מנקיאות** / קסאות
11Q19 III,12 **]ומנקיותיו** יהיו זהב טהור
11Q19 XII,15] / **[מ]נקיו** ? [

Manasseh proper noun מְנַשֶּׁה
4Q163 4-7i18 (V) ואפרי]ם את / **]מנש]ה** יחדיו[
4Q169 3-4iii9 (V) פשרו אמון הם **מנשה**
(V) והיארים הם גד]ו[לי **מנשה** נכבדי ה[
4Q169 3-4iv1 (V) בית פלג הנלוים על **מנשה**
4Q169 3-4iv3 (V) פשרו על **מנשה** לקץ האחרון
4Q169 3-4iv6 (V)] / אשר תבוא כוסם אחר **מנשה[**
4Q171 1-2ii17 (V) פשרו על רשעי אפרים **ומנשה**
4Q348 17 (XXVII)]◦מלה פתחנו ◦◦◦ [ ]◦◦ **מנש]ה**
4Q364 12,2 (XIII) שכל] /]את ידיו כי **מנש]ה** הבכור
4Q381 33+35,8 (XI) תפלה **למנשה** מלך יהודה
11Q19 XXIV,13 יעשה עולת בני יהוסף יחד אפרים **ומנשה**
11Q19 XLIV,13 לבני יוסף לאפרים **ולמנשה**

despairing adjective מָס
1QM X,6 בגבורת אל ולשוב כול / **מסי** לבב

forced labor noun מַס
1QSa I,22 (I) ובעבודת **המס** יעשה עבודתו כפי מעשו
1QpHab VI,7 ואת / **מסם** מאכלם על כול העמים

11Q**19** LXII,8 — הנמצאים בה יהיו / לכה ל**מס** ועבדוכה

circuit noun **מֵסַב**

4Q**503** 33i+34,9 (VII)]ב**מסב** / [

spiral staircase (?) noun **מְסִבָּה**

11Q**19** XXX,4 — ועשי[תה בית] / למעלות **מסֿ[בה**
11Q**19** XXX,5 — ועשי]תֿה את **מסבה** צפון להיכל
11Q**19** XXXI,8 — [כו]לֿ בית ה**מסבה** הזואת צפו זהב
11Q**19** XLII,8 — עולים **מסבות** לתוך הפרור השני ולשלישי

מֹסָד ← מוּסָד

Massah proper noun **3-מַסָּה**

4Q**175** 15 (V) אשר / נסיתו ב**מסה** ותרבהו על מי מריבה

formation, company noun **מסורה, מסרה**

1QM III,3 — ועל חצוצרות ה**מסורות** יכתובו סרך אל
1QM III,13 — סרך אותות כול העדה ל**מסורותם**
4Q**185** 3,4 (V) ש]פט ב**מסורתֿ**[
4Q**405** 23ii13 (XI) [ ]קֿות **מסרוֺתֿם** בכול [ ]רֿ[ ] קוֿדֿ[ש

merchandise noun **מִסְחוֹר**

4Q**418** 103ii6 (XXXIV) ב]**מסחורכה** אל תערוֿב אשר[לרעכה
4Q**418** 107,4 (XXXIV)]אֿו{{ט}}י{{מֿ}} **מסחורכה**
4Q**418** 122i5 (XXXIV)]הֿ הבן ב**מסחורכה** ואל / [
4Q**418** 122i7 (XXXIV)]**מֿסחורכה** וכן ∘∘כה ∘לֿ∘ [

מִסְחָר ← מִסְחוֹר

molten image noun **מַסֵּיכָה**

1QpHab XII,11 — כיא פסל יצרו / **מסיכה** ומרי שקר
4Q**364** 26bi7 (XIII) עשיתמה לכם עגל **מסכ]ה**

to mix verb **מסך**

4Q**525** 35,2 (XXV)]**מסכתי**ֿ[

screen, cover noun **מָסָךְ**

4Q**167** 3,3 (V)]**מסך** בטרפוֿ[
4Q**365** 27,1 (XIII) ו]אֿת **מסך** פתח החצר אשר על המשֿ[כן

מַסֵּכָה-1 ← מַסֵּיכָה

screen, cover noun **2-מַסֵּכָה**

4Q**365** 8a-b,3 (XIII) ועשיתה] / **מסֿכה** לפתח האוהל[תכלת

storage noun **מִסְכְּנוֹת**

4Q**525** 15,1 (XXV)]אֿגר ריש ובֿמֿס[**כנות** ?

highway noun **מְסִלָּה**

1QS VIII,14 — ישרו בערבה **מסלה** לאלוהינו
2Q**23** 6,2 (III)]כל **מסלות**[
4Q**176** 1-2i7 (V) ישר בֿ[ערבה] **מֿסלה** לאלוהיֿנֿ[ו]
4Q**185** 1-2ii2 (V) חקרו לכם דרך / לחיים **מסלהֿ**[
4Q**219** II,25 (XIII) ות]צֿעד ב**מסלותם**
4Q**259** III,5 (XXVI) יש]רֿוֿ בערבה **מסלה** לאלוהינו
4Q**511** 2i6 (VII) ו**מסל[ת** ק]ודשו לקדושי עמו

covering, lid noun **מְסַמָּא**

3Q**15** XI,6 (III) תחת ה**מסמא** ה / גדולא שבשילוחו

nail noun **מַסְמֵר**

CD XII,17 — וכל כלי {{**מסמר**}} מסמר או יתד
וכל כלי {{מסמר}} **מסמר** או יתד

to melt verb **מסס**

1QM I,14 —]∘ ∘דֿגֿלי הבנים יהיו ל**המס** לבב
1QM VIII,10 — תרועת מלחמה גדולה ל**המס** לב אויב
1QM XI,9 — ולב **נמס** לפתח תקוה
1QM XIV,6 — ולהרים במשפט / לב **נמס**
$1QH^a$ X,6 —] חזקים ל**מוס** לבבי
$1QH^a$ X,28 — ואני ב**מוס** לבי כמים
$1QH^a$ XII,33 — **וימס** לבבי כדונג מפני אש
$1QH^a$ XVI,32 — וינגר כמים לבי **וימס** / כדונג בשרי
$1QH^a$ 4,14 —] ולבבי כדונג **ימס** על פשע וחֿטֿאֿהֿ / [
3Q**8** 2,2 (III)]הם **ונמס** שֿ[
4Q**161** 8-10,4 (V)]כֿול הגואים וגבורים יחתו **ונמס** ל[בם
4Q**374** 2ii7 (XIX) **וימסו** קרביֿ[ה]םֿ [ו]ירחם בכ∘[
4Q**427** 11,3 (XXIX) ומתך דונ]גֿ ב**המס** לפני אש[
4Q**432** 3,5 (XXIX) חזקים]**להֿ[מ]סֿ** לבבי ומֿ[אמצי רוח
4Q**491** 8-10i3 (VII) וֿ[להרי]םֿ[במשפט לב]**נֿמֿ[ס**
4Q**491** 11ii15 (VII) ולהסיֿג לבֿ **נמס** לחזק לֿ[ב
4Q**525** 17,4 (XXV) ח]מֿת תנין ה**מסֿ[(ת)ה**
11Q**19** LXII,4 — וישוב אל / ביתו פן **ימס** את לבב אחיו

journey, campaign noun **מַסַּע**

1QSa II,15 (I) כמֿ[עמדו] במחניהם וכ**מסעיהם**
1QM III,5 — ועל חצוצרות **מסעיהם** יכתובו גבורות אל
4Q**266** 11,19 (XVIII) ו**מסעיהם** לכול / [יושב מחניהם
4Q**270** 7ii14 (XVIII) ו**מס[עיהם]** לכל ישבֿ [מ]חֿנֿיהם
4Q**365** 31a-c,15 (XIII) ול**מסֿ[ע** את המחנות
4Q**378** 3ii+4,12 (XXII)] / ל**מסע** ל[פני

wailing, lament noun **מִסְפֵּד**

$1QH^a$ XIX,22 —] / יגון ו**מספד** מרורים עד כלות עולה
4Q**387** A,3 (XXX)]ק[ר]אתי לבכי ול**מספד**

scab noun **מִסְפַּחַת**

4Q**365** 18,2 (XIII) וטהרו] / [ה]כוהן **מספחת**[היא

number noun **מִסְפָּר-1**

CD II,9 — וידע את שני מעמד ו**מספר** ופרוש קציהם
CD IV,5 — וקץ מעמדם ו**מספר** צרותיהם
CD IV,10 — ובשלום הקץ ל**מספר** השנים / האלה
1QSa I,24 (I) וֺלשוטריםֺ ל**מספר** כול צבאותם
$1QH^a$ VIII,2 —]שֿפת הביא ב**מספר** / [
$1QH^a$ IX,5 —] אין **מספר** וקנאתכהֿ / לפני ח∘∘ מ∘∘[
$1QH^a$ IX,18 — ותפלגֺתֺ לכול צאצאיהם ל**מספר** דורות עולם
$1QH^a$ IX,24 — ותקופות **מספר** שני עולם בכול מועדיהם
$1QH^a$ XII,27 — ותגבר עד לאין **מספר**
$1QH^a$ XVII,38 — אודכה אדוני כי] הגברתה עד אין **מס[פר]** / [
1Q**29** 5-7,6 (I)]**מֿסֿפֿר** המש[פחות/יח ← **ספר**
4Q**158** 4,3 (V)] / ל**מספר** שנים עשֿר שבטיֿ[ישראל
4Q**177** 1-4,8 (V)]בֿ**מספר** שמותֿ[
4Q**177** 1-4,12 (V)]אֿל וידיעהו את **מסֿפר** ∘[
4Q**266** 2ii9 (XVIII) וידע את שני מעמד] / ו**מספר** {{∘∘∘}}
4Q**298** 3-4ii1 (XX)]ו**מספר** גבלותיה / [
4Q**299** 10,6 (XX)]∘ על כול **מספרם** ∘[
4Q**365** 26a-b,6 (XIII) [למשפחותם לבית אבות]םֿ ב**מספר**
4Q**365** 27,4 (XIII)]ב**מספר** שמות כול זֿכר מבן חודש ולמֿעלֿ[ה
4Q**366** 4i2 (XIII) לפרים לאילם ולכבשי]ם ב**מספרֿ[ם**

]ם למספר כ[ו]ל בית אבותם / [(XXVIII) 4Q368 5,3
י]ובלים מספרם היה [(XXVIII) 4Q372 9,2
ואין מספר לעדיכם (XI) 4Q381 76-77,11
לע[שות נפ]לאות ומפתים לאין מספר (XXIX) 4Q392 1,8
]מספר כול[(VII) 4Q499 10,4
ועו[ד] / המספ[ר (VII) 4Q503 1-6iii13
] / ובושת פנים למספר אב[(VII) 4Q511 2ii4
]למספר ◦[(XXIII) 11Q30 17,1

to deliver up verb מסר
וימסור לישחק וליעקב CD III,3
והנשארים ימסרו לחרב CD XIX,10

Moseroth proper noun מֹסֵרָה
[ויסעו ממ]סרות ו[יחנו בבני יעקן (XIII) 4Q364 19a-b,1

passing, giving way noun מסרה
יחד תקופתם עם / מסרותם זה לזה 1QS X,4
יחד / תקופותיהמה עם מסרו[ת]ם זה לזה (XXVI) 4Q256 XIX,2

מסרה ← מסורה

secret place, shelter noun מִסְתָּר
וה[י]א במסתרים תארוב ◦[(V) 4Q184 1,11
] / [מ]סתר מפני זרם (XXXVI) 4Q424 1,4

ford, pass noun מַעְבָּרָה
עברו] מעברה גבע מלון למו (V) 4Q161 5-6,6

path noun מַעְגָּל-2
שבילי חטאת מעגלותיה משגות / עול (V) 4Q184 1,9
] / במעגלי יושר להשגות אנוש (V) 4Q184 1,17

to slip, totter verb מעד
]לה לכול מעדיה[(XXXIV) 4Q418 118,3

מֵעַד ← מוֹעֵד

delicacies noun מַעֲדַנִּים
ינחילכה רשית [כול מעד]נים (I) 1QSb III,28
] / יתן מעדני ◦[(XXII) 4Q252 VI,1

belly noun מֵעֶה
]וסבול אותכה במעי[ה (XIX) 4Q200 2,2
אש[ר במעי] אמו (XXXV) 4Q251 12,2
מ]עיו לפרי ב[טן (VII) 4Q502 20,3
וימות ילדה במעיה 11Q19 L,10

refuge, stronghold, strength noun מָעוֹז, מָעֹז
ובעת חום יעצור / מעוז 1QHa XVI,24
]◦◦ אין מעוז לי 1QHa XVI,27
כי נשבת מעוזי מגויתי 1QHa XVI,32
ומעוז מותני היה לבהלה 1QHa XVI,33
ויצר בשר לא שמתה לי מעוז 1QHa XVIII,23
ומשענתי במעוז מרום 1QHa XVIII,32
] למעוז / [(I) 1Q35 1,1
גם את תבקשי] / מעוז בעיר מאויב (V) 4Q169 3-4iv7
מעוז קודש קו[ד]שים לאהרו[ן (XXVI) 4Q259 II,17
]◦ מעזי ובשחקי[/ [(XI) 4Q381 19i3
] / מעוזכ[(XXXIV) 4Q418b 1,2

Maaziah proper noun מעוזיה, מועזיה, מַעֲזְיָה
ב]ל[ג]ה פתחיה מ[עוזיה שעורים אביה[(XXI) 4Q319 9,2
ב5 במ]עוזיה הפסח[(XXI) 4Q319 13,4
ב3 בשבת בני מעוזיה הפסח (XXI) 4Q320 4iii2
ב4 במעוזיה יום הזכרון (XXI) 4Q320 4iii6
[ב5] במעזיה הפסח ה[שני] (XXI) 4Q320 4vi8
ודוקה בארבעה] / במעוזיה בארבעה בוא (XXI) 4Q321 II,3
בשלו]שה במו[עזיה] בוא / [הפסח (XXI) 4Q321 IV,8
השב[עי] / במועזיה הואה יום הזכרון (XXI) 4Q321 V,2
גמול אלי[ש]יב] מועזי[ה] / [חופה (XXI) 4Q328 2
[גמול דליה מעוז]יה יויריב (XXI) 4Q329 2a-b,4

dwelling noun מָעוֹן-2
במעון אור תולדות האמת 1QS III,19
מעון קודש קודשים / לאהרון 1QS VIII,8
ובהאספו על מעון חוקו 1QS X,1
עם האספם למעון כבוד 1QS X,3
ומעון קודש רום כבוד 1QS X,12
ואתה / כמלאך פנים במעון קודש (I) 1QSb IV,25
כול צבאם אתכה במעון קודשכה 1QM XII,2
ותצל נפש עני במעון אריות 1QHa XIII,13
אשכנ]ה לבטח במעון ק[ו]דש 1QHa XX,2
]יכה במעון כבודכה 1QHa XXIV,11
]◦יא ממעון דעת[(I) 1Q36 12,2
עם האספם למעון כבוד (XXVI) 4Q256 XIX,1
מעון קודש קודשים / [לאהרון (XXVI) 4Q258 VI,2
בה]אספו אל מעון חק[ו (XXVI) 4Q258 VIII,11
עם האס]פם למעון / כבוד (XXVI) 4Q260 II,2
במעו[ני פלאיהמה מ]לאכי צדקכה (XI) 4Q287 2,13
כבוד מלך אלוהים יספרו במעוני עומדם (XI) 4Q400 2,5
וכוהנתנו מה במעוניהם (XI) 4Q400 2,6
] ומעונ[י (XI) 4Q402 11,4
סוד שני במעון פלא בשבע[(XI) 4Q403 1ii19
] / השר מלאכי מלך במעוני פלא (XI) 4Q403 1ii23
]מעונ[י (XI) 4Q403 1ii45
רוחות אלוהים סביבה למעון / [(XI) 4Q405 6,7
סו]ד / שני במעוני פלא ב[שבע (XI) 4Q405 8-9,3
[ואשבה לב]טח במעון שק[ט (XXIX) 4Q427 3,2
הללו במעון / [קודש (XXIX) 4Q427 7i14
] / לבטח במ[עון שלום (XXIX) 4Q428 12ii1
מע]ון הקודש (VII) 4Q491 11i15
]במעון הקודש זמרוה[ו (VII) 4Q491 11i20
]◦[ ]ם מעונ[(VII) 4Q503 20,3
ויחפזו מהדר מע[ון] / כבוד מלכותו (VII) 4Q510 1,3
]במרומי רום מעונ ש◦[(VII) 4Q511 41,1
ויברך ?] / [בכו]ל [מ]עון מן השמי[ם (XXV) 4Q522 9ii8
פרשתי כפי / למעון קודשכה (IV) 11Q5 XXIV,4
סוד שני ב]מעוני פל[א בשבע (XXIII) 11Q17 II,5
לברך כול] / [כוהני]קורב במע[ון פלא (XXIII) 11Q17 III,10
]בכול מעונו קד[(XXXIII) PAM 43.676 11,1

dwelling noun מְעוֹנָה
עם מבוא אור / ממע[ונתו 1QHa XX,5
ובקץ / האספו אֶל מְעֻנָתו מפני{{ת}} אור 1QHa XX,7
וימלא טרף] חירה ומעונתו טרפה (V) 4Q169 3-4i6
ובמעונתו אור אורתם (XXIX) 4Q392 1,5
]◦אלהי ומעונותיו[(XXIX) 4Q392 3,4
ובקץ האספו] אל מעונתו מפני אור (XXIX) 4Q427 8ii13
]מעונתו ונכבד[(VII) 4Q491 12,2

to act unfaithfully, betray verb מעל

← מוֹעַל

ולא ימעל איש בשאר בשרו		CD VII,1
כל דבר אשר ימעל / איש בתורה		CD IX,16
כי במעל האדם / מעטו ימו		CD X,8
ובכל נפש / נקיאים הם ממנו אם ימעל		CD XV,13
ו]כל המעל אשר ימעל / [איש	(XXXV)	4Q251 16,3
ובכול נפש נקיאים / הם [ממנו]אם ימעל	(XVIII)	4Q266 8i4
כ]י במעל האדם מעט[ו ימו]	(XVIII)	4Q266 8iii7
ובכל נפש נקיאים הם ממנ]ו אם ימעל	(XVIII)	4Q270 6ii6
כי במועל [ה]אדם[מע]טו / ימו	(XVIII)	4Q270 6iv18
]◦ והוא יודע אשר הוא מועל בו	(XVIII)	4Q271 3,7
] / אש[ר מ]על ועשה[	(XX)	4Q299 7,6
] / מעלו אשר מעל[	(XX)	4Q300 2ii4
]ועד לכלה ועד למעול / [	(XXII)	4Q378 3i7
בעבור מעלם [א]שר מעל[ו]ב[י	(XXX)	4Q387 2ii3
]והמועל בצא[ונו	(XXXIV)	4Q415 13,3
] / בשרו לוא ימעל בבשרו[	(XXXIV)	4Q418 101ii5

unfaithful act, treachery noun מַעַל-1

כפי מעלו {{יח}} יוכיחוהו אנשי / דעות		CD XX,4
וישענו על אל בקץ מעל ישראל		CD XX,23
אשמת פשע ומעל חטאת		1QS IX,4
ומעל אנשים עד תום / פשעם		1QS X,23
] אל בעשק ומעל		1QpHab I,6
להפיל כול חללי מעל		1QM III,8
ולכפר בע[ד עוו]ן ומעל		1QH^a IV,12
ועד שבה באשמת מעל		1QH^a XII,30
כי זכרתי אשמותי עם מעל אבותי		1QH^a XII,34
ואשמת מעל להוחד ע[ם] בני אמתך		1QH^a XIX,11
]איש זודן במרבי מעל וע[שק		1QH^a 45,5
]לוא באשמות מע[ל	(V)	4Q184 4,5
ו]כל המעל אשר ימעל / [איש	(XXXV)	4Q251 16,3
לכפר על אשמת פשע / [ומע]ל[חטא]ת	(XXVI)	4Q258 VII,5
] / מעלו אשר מעל[	(XX)	4Q300 2ii4
]יקום אלהים מידכם במעלכם / [פרי מ]חשבתיכם	(XX)	4Q302 3ii6
]מים וישביתו מעל נ[	(XX)	4Q303 2
ולא אדרש להם / בעבור מעלם	(XXX)	4Q387 2ii3
]המה במעלם אשר[מעלו]	(XXX)	4Q387 A,1
החמ]ס והמעל[	(X)	4Q397 14-21,4
י]ודעים שלוא] / [י]מצא בידנו מעל ושקר	(X)	4Q397 14-21,9
ומחסורכה / ל[וא תמצא ובמעלכה ת◦◦◦[	(XXXIV)	4Q416 2iii3
] / [וב]מ[על]כ[ה	(XXXIV)	4Q418 9+9a-c,1
ומרחם] / הוריתי באשמת מעל[	(XXIX)	4Q428 10,3
ואת עוון / אבותינו במעלנו	(VII)	4Q504 1-2vi6
] / במעל ועשק[	(XXV)	4Q525 16,6

above, upward adverb מַעַל-2

מבן / ששים שנה ומעלה		CD X,8
מבן חמשים שנה ומעלה		1QM II,4
ותרם קרני / למעלה		1QH^a XV,24
[ו]עצר את השמים [ממ]עלה	(I)	1Q22 1ii10
בעליאה השנית ירידתו / מלמעלא	(III)	3Q15 X,2
ביום הזה חצים] / עלו למע[לה לרקיע	(XIII)	4Q216 V,13
שמים] ממ[ע]ל[	(XXII)	4Q254 7,4
[מבן ששים שנה ומע]לה	(XVIII)	4Q266 8iii7
ושב הדם למ]עלה ולמטה	(XVIII)	4Q272 1i3
מ]עלה לכל ברכ[ה	(XXIX)	4Q291 1,6
]שמים ממעל לשמים ◦[	(XX)	4Q299 8,10
בתוך] / הרקיע ממע[ל ארבע עשרא וחצי	(XXVIII)	4Q317 1+1aii8

מָעֹז ← מָעוֹז

מַעֲזְיָה ← מעוזיה

to diminish, be small, few, lacking verb מעט

כי במעל האדם / מעטו ימו		CD X,9
ומעוטים מדי מרעיל איש		CD X,11
שכר / שני ימים לכל חדש לממעט		CD XIV,13
פשרו למעוט האדם[	(V)	4Q163 4-7ii8
מ]עוט[	(XXXV)	4Q251 10,2
]אל ימע[יט	(XXXV)	
כ]י במעל האדם מעט[ו ימו]	(XVIII)	4Q266 8iii7
ומו]עטים / [מדי מרעיל איש	(XVIII)	4Q266 8iii9
שכר] שני [ימים לממוע]ט	(XVIII)	4Q266 10i6
מ]עטו שני האד[ם	(XVIII)	4Q270 6ii10
כי במועל [ה]אדם[מע]טו / ימו	(XVIII)	4Q270 6iv18
והמעיטה אתכם / [ונשמו דרכיכם	(XIII)	4Q365 25a-c,6
ובדבריכה אל תמעט[	(XXXIV)	4Q417 2ii+23,8
מ]יום ורואם מעטו[	(III)	5Q13 24,3

little, few adjective מְעַט

ושבו עוד / אל דרך העם בדברים מעטים		CD XX,24
ועל דרוך מעט		1QM IX,11
[כיא] עוד מע[ט מזער	(V)	4Q161 2-4,8
ועוד מעט ואין רשע	(V)	4Q171 1-2ii5
טוב מעט לצדיק מהמון רשעים רבי[ם	(V)	4Q171 1-2ii21
אם יהיה לך מעט כמעט[	(XIX)	4Q200 2,8
אם יהיה לך מעט כמעט[	(XIX)	
בין רב ל]מעט[	(XXXV)	4Q251 10,1
מה אעשה לעמ הזה עוד מעט ויסוקלוני	(XIII)	4Q365 7i3
המעט הואה ואם רב	(XIII)	4Q365 32,6
] / וחבא כמעט ק[ט	(XXX)	4Q385 6,3
] / [הב]ינה בין רוב למעט	(XXXIV)	4Q417 1i20
]תו[כ]מעט לבליעל	(VII)	4Q491 11ii18
]מעט לו ואין דיו	(III)	5Q14 5
הטיתי כמעט / אוזני	(IV)	11Q5 XXI,13

robe noun מְעִיל

]◦ וכמעיל ילבשוה וכסות / [	(XI)	4Q381 15,10

spring, source noun מַעְיָן

ומקוה / גבורה עמ מעין כבוד מסוד בשר		1QS XI,7
] / ומעין הגבו[רה		1QH^a IX,5
ולמען / אשמתם סתרת מעין בינה		1QH^a XIII,26
ו]היה מעין אור למקור / עולם		1QH^a XIV,17
עצי / חיים במעין רז		1QH^a XVI,6
בל י[בוא ב]מעין חיים		1QH^a XVI,12
דעת ברז שכלכה ומעין גבור[תכה		1QH^a XX,13
]◦◦ במעין חיים / [	(I)	1Q35 2,1
ביום ההוא / נבקעו כול מעינות תהום רבה	(XXII)	4Q252 I,5
] ומצור ימים מעיני תהום[	(XI)	4Q286 5,9
ומעי]ן / [בינתכה לוא סתרתה	(XXIX)	4Q428 2,1
[מעי]ן[בינה ו]ס[וד אמת	(XXIX)	4Q429 2,7
]◦ לרע[ ]ממעי[ן	(XXIX)	4Q438 1,3
] / באר מימי מע[ין	(XXV)	4Q525 24ii9

to press verb מעך

וכול / [אש]ר ימעכו ויצא משקיהם	(XXXV)	4Q274 3i7
[אם] / [משק]יהם יוצא כא[שר ימ]עכ כולם	(XXXV)	4Q284a 1,5

בתוך הרקיע] / ממעל ארבע ע[שרא וחצי]	(XXVIII)	4Q**317** 1+1aii28
מבן חודש ולמׄעׄל[ה	(XIII)	4Q**365** 27,4
]הׄרימות למעל[ה	(XXVIII)	4Q**372** 16,3
]שׄחקים ומעלהׄ[	(XIX)	4Q**374** 7,3
]רׄ הראנו באש בעורה ממעלה [מ]שמים	(XXVIII)	4Q**377** 2ii7
] / מעלה לראׄשי[נו	(XXII)	4Q**378** 6ii5
ה]וא הרימני למעלה על גוי [	(XI)	4Q**381** 33+35,10
]מׄשמׄים ומעל חׄו[	(XXX)	4Q**385**a 6,3
כי אדו]נׄי אלהׄי[ם ב]שמים / ממעל	(XXIX)	4Q**392** 1,4
ויתקדשו / ויתרומׄמו למעלה לכול	(XXIX)	4Q**393** 3,6
מעלה לכול ברכה ות[שבחות	(XI)	4Q**403** 1i28
ואלוהות כבודו מעל / לכול מרומי רום	(XI)	4Q**403** 1i33
רו]חׄי קודׄ[ש עו]לׄמים ממעל / [מ]כׄוׄל קׄדׄו[שים	(XI)	4Q**403** 1i44
]קודש עולמים ממעל / [	(XI)	4Q**404** 5,2
מ]עלה בכוׄ[ל	(XI)	4Q**405** 2,2
מברכים ממעל לרקיע הכרובים	(XI)	4Q**405** 20ii-22,8
] ממעלה[	(XI)	4Q**405** 31,3
]תה למעלה וׄ[	(XXXIV)	4Q**418** 107,2
ל]מׄעׄלהׄ שמים הׄ[	(XXXIV)	4Q**418**a 6,4
מב]ן עשרים [ש]נה [ו]מעלה	(VII)	4Q**491** 4,2
]כׄה רבה למעלה מכולׄ[	(III)	8Q**5** 2,4
תשבחתך ציון / מעלה לכול תבל	(IV)	11Q**5** XXII,12
וׄהמׄכׄבׄרׄ א[שר] מלמעלה ל[		11Q**19** III,15
]◦◦◦◦ למעלה ל◦◦[		11Q**19** VI,2
למ]עׄלהׄ מעל כול ◦[		11Q**19** VII,6
וׄהכפרת אשר מלמׄ[עלה מן הארון ?		11Q**19** VII,9
הכפורת בכנפיהמ]ה מלמעלה מן הארון		11Q**19** VII,12
]ומלׄ[מ]עלה מׄזׄה עׄמודים / [		11Q**19** X,11
] לׄ[מ]עׄלה / [		11Q**19** X,13
מׄבׄן עׄשרי[ם] שנה ומעלה יעשו אותו		11Q**19** XVII,8
יהי[ו באי]םׄ [בה]ם למעלה מׄעל לׄבׄיׄת הׄמ[		11Q**19** XXXII,11
ל]מעלה ולוא למט[ה		11Q**19** XLVII,2
ונתתיה למעלה ולוא למטה		11Q**19** LIX,20
[יהיו באים אליהם למע]לה מעׄ[ל]לבׄיׄתׄ[	(XXIII)	11Q**20** IX,2

(indeterminate) מעל

]מׄעל{{תׄ}} הכפׄרתה מׄ[	(VII)	4Q**509** 54,2

מַעֲלָא ← מַעֲלָה

ascent noun **מַעֲלֶה**

להודיעם יסורי כבוד ומעלׄי עולם	(I)	1Q**34**bis 3ii7

ascent, step noun **מַעֲלָה, מַעֲלָא, מַעֲלָהא**

תחת / המעלות הבואת למזרח	(III)	3Q**15** I,2
בבור המלח שתחת המעלות	(III)	3Q**15** II,1
בהר גריזין תחת המעלהא של השית העליונא	(III)	3Q**15** XII,4
וׄלהמיר דבריו פיהו מׄעלא[	(XI)	4Q**381** 69,9
ועשי[תה בית] / למעלות מסׄ[בה		11Q**19** XXX,4
]ת אשר מסביב עולה מעלות א[		11Q**19** XXX,10
[ומ]בחוץ ועמודו ומעלותיו		11Q**19** XXXI,9
ובית מעלות תעשה אצל קירות השערים		11Q**19** XLII,7
ושתים / עשרה מעלה תעשה לו		11Q**19** XLVI,7

מַעֲלָהא ← מַעֲלָה

deed noun **מַעֲלִיל**

ויאמרו אל במ[עלי]ליהם	(XIX)	4Q**370** 1i2
מ]עלילם ויראיך לפניך תמיד	(XI)	4Q**381** 46a+b,6

deed noun **מַעֲלָל**

] / במעלליהם ובנדת מעשי הׄ[	(XIX)	4Q**374** 2ii3
מ]עׄלׄלׄיה ויכׄרׄ◦◦[	(XI)	4Q**381** 3,1
ולוא אענה / אותמה מפני רוע מעלליהמה		11Q**19** LIX,7

office, station noun **מַעֲמָד**

וידע את שני מעמד ומספר ופרוש קציהם		CD II,9
וקץ מעמדם ומספר צרותיהם		CD IV,5
עד יום ישוב לעמד במעמד אנשי תמים קדש		CD XX,5
לדעת כול איש ישראל איש בית מעמדו		1QS II,22
ולוא ישפל איש מבית מעמדו		1QS II,23
לוא במעמד האיש השואל את עצת / היחד		1QS VI,12
יחזק מתנו למעמ[ד לצב]ואת	(I)	1QSa I,17
ובני לוי יעמודו איש במעמדו	(I)	1QSa I,22
לבׄלתי / החזיק מעמד בתוך העדה	(I)	1QSa II,5
אי]ש לפי כבודו כמׄ[עמדו] במחניהם	(I)	1QSa II,15
וראשי משמרותם איש במעמדו ישרתו		1QM II,3
חדׄלׄ / מעמד רשעים [ב]גבורת אל		1QM IV,4
למערכה האחת סדו{{כ}}רׄיׄם בסרך מעמד		1QM V,4
] / שבע פעמים ושבו למעמדם		1QM VI,1
אלה ישילו שבע פעמים ושבו למעמדם		1QM VI,4
להתיצב על מעמדם		1QM VIII,3
יהיו נפשטים לסדריהם איש למעמדו		1QM VIII,6
]◦ו על מעמדם בׄמׄערכתׄ / [		1QM VIII,17
לשנות סדר דגלי המלחמה לערוך המעמד		1QM IX,10
]ל למעמד עולמים לכלות כול בני חושך		1QM XIII,16
ונותן לנמוגי ברכים חזוק מעמד		1QM XIV,6
ולכול גבוריהם אין מעמד		1QM XIV,8
עד התיצבם איש על מעמדו		1QM XVI,5
וׄמׄלא מצרפיו רזיו למעמדכם		1QM XVII,9
עד התיצׄ[בם אי]שׄ על מעמד[ו]		1QM XVII,11
]◦ ולב גבורים מגנתה לאין מעמד		1QM XVIII,13
] / ומעמד צדק א◦◦◦◦◦◦◦ אשר הפקדתה בו		1QH[a] VIII,14
] מׄעׄמׄדׄ רצ[ונך] אשר בח[ר]תׄהׄ לאוהביך		1QH[a] VIII,22
לא ידעו כיא מאתכה מעמדי		1QH[a] X,22
להתיצב במעמד עם / צבא קדושים		1QH[a] XI,21
ורוחי החזיקה במעמד לפני נגע		1QH[a] XII,36
ולהתם / כוח לבלתי החזק מעמד		1QH[a] XIII,29
ולהתיצב במעמד לפניכה עם צבא		1QH[a] XIX,13
]◦מה במעמד העמדתני		1QH[a] XXII,11
ולהתיצב בׄמעמדׄ[לפניכה		1QH[a] XXVII,11
]◦◦◦[ ]הפרידם ממעמד ◦[		1QH[a] 5,2
] / גׄורׄלו מעמדי[	(V)	4Q**164** 1,8
ש]נׄותיהם וקץ מעמדם י[	(V)	4Q**177** 1-4,11
בׄ[סוד] / [א]לים לעדת קודש במעמד	(V)	4Q**181** 1,4
בכול עונות מעמדמה עד תוממה [לעד	(XI)	4Q**286** 7ii6
] וגבׄ[ו]רׄיׄ חיל יחזקו מ[עמד	(XX)	4Q**299** 10,2
]◦ מעמדה ⟦ ⟧[	(XIII)	4Q**382** 46,3
על נהר סור במעמד ד[	(XXX)	4Q**389** 1,7
יברך בשם] אׄמׄתו לכול מׄעׄ[מדיהם	(XI)	4Q**403** 1i12
]רא[שי]ם בׄמעמׄדׄ ◦[	(XI)	4Q**405** 7,4
ו]רׄננו כול פקודיהם אחד אׄ[ח]דׄ במעסד[ו]	(XI)	4Q**405** 20ii-22,14
במעמד פלאיהם רׄוחות רׄוקמה	(XI)	4Q**405** 23ii7
רוח קודש קדשים מחזקות מעמד קודשם	(XI)	4Q**405** 23ii8
מע]מדיה[ם	(XI)	4Q**405** 37,2
כׄ[י]אׄ אני עמ אלימ מעמׄדׄ[י]	(XXIX)	4Q**427** 7i11
ולהתיצב במעמׄדׄ[לפניכה	(XXIX)	4Q**427** 7ii17
ולהתם / [כוח ל]בׄלתי החזק מׄ[עמד	(XXIX)	4Q**429** 3,1
גם]המה על מעמדמה	(VII)	4Q**491** 1-3,15
ולנׄמׄוגי בורכים חוזק מעמד	(VII)	4Q**491** 8-10i4

4Q491 8-10i6 (VII) ולגבו[ריהמה] / אין מע[מד
4Q491 11ii17 (VII)] לאין מעמד
4Q503 11,4 (VII) ועדים עמנו במעמד {{במע}} יומם[
(VII) ועדים עמנו במעמד {{במע}} יומם[
4Q514 1i11 (VII)]ד ב[מע]מד א◦[
11Q17 VIII,10 (XXIII)]מעמדי[

depths noun מַעֲמַקִּים
4Q184 1,6 (V)] / מעמקי בור
4Q372 1,30 (XXVIII) השמים] / והארץ וגם במעמקי תהום
4Q418 119,4 (XXXIV)]מעמקי מים [
4Q435 5,1 (XXIX) ושח]תי ממע[מקיה ומשאול העלותה נפשי
4Q437 2i11 (XXIX)] / [ושחתי במ]ע[מ]קיה ⟦ ⟧
4Q525 5,12 (XXV) ערומים יכרו דרכיה ובמעמקיה יל[

מַעַן ← לְמַעַן

response, answer noun מַעֲנֶה-1
1QHa IV,17 א[מ]צאה מענה לשון לספר צדקותיך
1QHa VIII,15 בדעתי בכול אלה ◦מצ◦ה מענה לשון
1QHa X,7 ותתן מענה לשון לער[ול] שפתי
1QHa XV,11 ולא מענה לשון לכול בני אשמה
1QHa XV,13 וכול מענה לשון הכרתה
1QHa XIX,34] / ותחנה ומענה לשון
1QHa 8,2] / מענ]ה לשון
1QHa 40,2] מענה [לשון
4Q171 3-10iv27 (V)]◦י אל במעני לשון
4Q456 1,3 (XXIX)]המענות אשר / [
4Q511 70,2 (VII)]אוזן ומענ[ה
4Q525 6ii1 (XXV)] / מע[נ]ה ומקנאת בלוא[

מְעֹנָה ← מְעוֹנָה

מַעֲסֵר ← מַעֲשֵׂר

parapet noun מַעֲקֶה
11Q19 LXV,6 כי תבנה בית חדש / ועשיתה מעקה לגגו

rough places noun מַעֲקַשִּׁים
4Q434 1i9 (XXIX) ויתן לפניהם מחשכים לאור ומעקשים למישור

nakedness noun מַעַר
4Q169 3-4ii11 (V) והראת גוים מער[ך] וממלכות {{◦◦◦}} קלונך

cave noun מְעָרָא, מְעָרָה-1
3Q5 3,4 (III)]במערת מכ[פלה
3Q15 II,3 (III) במערת בית המרה הישן
3Q15 VI,1 (III) [ב]מערת העמוד של שני / [ה]פתחין
3Q15 VI,7 (III) במערא של הכנא / של הרגם
3Q15 VII,8 (III) במערא שאצלה בקר[ב]◦ ל / בית הקץ

west noun מַעֲרָב-2
3Q15 VIII,11 (III) בשלף של השוא הצופא / מערב בדרום
3Q15 XI,5 (III) בהבסה ראש הסלע הצופא מערב
3Q15 XII,1 (III) ביאתו מן המ‹ע›רב
4Q274 1i2 (XXXV) ומערב צפון לכול בית מושב
11Q19 XXX,7 מקיר / [ה]היכל שבע אמות במערב צפונו
11Q19 XXXI,13 ומהצפון / ומהמערב
11Q19 XXXV,10 ועשיתה מקום למערב ההיכל
11Q19 XXXVIII,6] / אוכלים אצל שער המערב [
11Q19 XLI,1 ומשער בנימין עד פנת המ[ער]ב
11Q19 XLIV,15 ומשער בנימין עד פנת המערב לבני בנימין
11Q19 XLVI,14 שמה / לחוץ לצפון המערב לעיר
PAM 43.677 13,1 (XXXIII)]מז◦◦[ ]יה מערב בי◦[

western adjective מַעֲרָבִי
3Q15 III,10 (III) ביאתא / תחת הפנא המערבית
3Q15 VI,12 (III) במשכן המלכא בצד / המערבי
3Q15 X,8 (III) בצדו המערבי / אבן שהזדוגא
3Q15 X,13 (III) תחת יד אבשלום מן הצד / המערבי
3Q15 XI,16 (III) במבא די[רת]בית המשכב המערבי

מְעָרָה-1 ← מְעָרָא

battle line, arrangement noun מַעֲרָכָה
1QS X,14 ואברכנו תרומת מוצא שפתי ממערכת אנשים
1QSa II,22 (I) וכחוק הזה יעש[ו] / לכול מע[רכת
1QM III,7 בהפתח שערי המלחמה לצאת למערכת האויב
1QM III,10 ובשובם מן המלחמה לבוא המערכה
1QM V,3 בהמלא צבאם להשלים מערכת פנים
על אלף איש תאסר המערכה
1QM V,4 ושבעה סדרי / פנים למערכה האחת
1QM V,16]יסדרו שבע המערכות מערכה אחר מערכה
]יסדרו שבע המערכות מערכה אחר מערכה
]יסדרו שבע המערכות מערכה אחר מערכה
1QM VI,1 ועמדו בין המערכות
1QM VI,2 הדגל הראישון ישליך אל / מערכת האויב
1QM VI,4 ועמדו בין שתי המערכות
1QM VI,5 ולהכניע מערכת / אויב בגבורת אל
1QM VI,8 פרשים יעמודו גם המה לימין המערכה
1QM VI,9 עם אלף מערכת אנשי הבינים
1QM VI,10 וארבע מאות רכב לאנשי סרך המערכות
1QM VI,11 חמשים למערכה [הא]חת
1QM VII,9 ובסדר מערכות המלחמה
לקראת אויב מערכה לקראת מערכה
לקראת אויב מערכה לקראת מערכה
ויצאו מן השער התיכון אל בין המערכות
1QM VII,12 יהיה מהלך על פני כול אנשי המערכה
1QM VII,14 ובצאת הכוהנים / אל בין המערכות
1QM VII,17 ועם / כול מערכה ומערכה יצאו
ועם / כול מערכה ומערכה יצאו
1QM VII,18 [ועמ]דו בין שתי המערכות
1QM VIII,2 ובאו ליד המערכה / הראישונה
1QM VIII,4 ועמדו בין המערכות
1QM VIII,8 עד קורבם / למערכת האויב
1QM VIII,12 עד השליכם למערכת / ⟦ ⟧ האויב
1QM VIII,17]◦ו על מעמדם במערכת / [
1QM IX,4 כול אנשי הבינים מתוך / מערכות הפנים
כולם שבע מערכות
1QM IX,11] מ[ ]ף עברי המערכה [
1QM IX,13 והמג[ד]לות / יוצאים מן המערכה
1QM IX,17 ואם]אורב ישימ[ו] ל[מערכ]ת / [◦
1QM XIV,3 אל מקום עומדם אשר סדרו שם המערכה
1QM XV,6 וסדר שם / את כול המערכות ככ◦[
1QM XVI,4 ועמדו ראשים בין המערכות
1QM XVI,6 ובעומדם ליד מערכת כתיים
1QM XVI,12 לצאת מערכה אחרת חליפה למלחמה
ועמדו בין המערכות
1QM XVI,13 ועמד לפני המערכה
1QM XVII,10 יתקעו הכוהנים להם לסדר דגלי המערכה

ובהגיע / אנשי [הבינים ליד **מע]ר̊כת** כתיי̊ם̊		1QM XVII,12
ונאספו אליהם כול **מערכות** המלחמה		1QM XVIII,4
ובבוקר̊ יבואו ע̊ד̊ מ̊ק̊ום **המערכה** / [		1QM XIX,9
וכול ראשי **ה̊מערכות** ופקוד[הם		1QM XIX,12
לו]א ילכו **למערכות** ה̇אויב [	(VII)	4Q**491** 1-3,5
] / **[המער]כ̇ה**	(VII)	4Q**491** 1-3,7
]◦ **המערכה** ע̊ד̊ שובמה	(VII)	
כיא מלאכי קודש **במערכות**מה יח̊[ד	(VII)	4Q**491** 1-3,10
[ובע]לות **המערכה** הנצבה למלחמת היום	(VII)	4Q**491** 1-3,11
י̊עמדו שלוש **מערכות**	(VII)	
מערכה̇ אחר מערכה	(VII)	
מערכה̇ אחר **מערכה**	(VII)	
ורוח ישימו בין **המערכות**[	(VII)	
ועמדו בין **המע]ר̊כות**	(VII)	4Q**491** 1-3,12
ואם אורב ישימו **למערכת**	(VII)	
שלוש̊ **מערכות** אורבים יהי[ו מרח]ו̊ק	(VII)	
וסדר ג̮<<ם>>{{**מע**}}<<ה>>וא	(VII)	4Q**491** 1-3,13
[את מער]כ̊ו̊ת̊י̊ו̊[	(VII)	
והיו כול **המערכו̊[ת**]הנגשות למלחמת הא̊ו̊[יב	(VII)	4Q**491** 1-3,14
המערכה[הר]א̊י̊ש̊ו̊נ̇ה ת[צא למלחמה	(VII)	4Q**491** 1-3,15
ומלאה **המ[ע]ר̊כה** השנית את עונתה̊	(VII)	4Q**491** 1-3,16
ו**למערכה** הראיש̊[ונה	(VII)	4Q**491** 10ii12
והכוהנים] / [י]ת̊קעו לצ̊את **מערכה** אחרת	(VII)	4Q**491** 11ii10
וע̊[מד לפני **המער]כ̊[ה**	(VII)	4Q**491** 11ii11
ובהגיעם̊ **למ̊[ערכת** כתיאים	(VII)	4Q**491** 11ii20
ובהגיע]ם̊ **ל̊מערכת** כתיאים	(VII)	4Q**491** 13,5
[וב]בוקר יבוא̇ו עד מקום **ה̊מערכה**	(VII)	4Q**492** 1,9
וכו]ל ר̊א̊שי **המערכות** [ופקודיהם	(VII)	4Q**492** 1,11
והכוהנים בני אהרו̊ן̊ יעמודו̊ לפנ̊י̊ **[ה]מערכ̊ו̊ת̊**	(VII)	4Q**493** 1
לשלוח] יד **במערכות** / גויים	(VII)	4Q**493** 3
[ו]לכול **מערכות** הבנים לוא יגשו	(VII)	4Q**493** 6
להתקרב בין **המערכות** בחצוצרות̊[החללים	(VII)	4Q**493** 7
ויצאה **המערכה** השנית	(VII)	4Q**493** 9
]כמש[פט הזה]י̊תקעו לכ̊[ול **המ]ערכות**	(VII)	4Q**493** 12
פלשתי / מחרף **מ̊מ̊[ערכות** הפלשתים	(IV)	11Q**5** XXVIII,14
ונתת]ה על שתי **המערכות**[לבונה] / [זכה		11Q**19** VIII,9

naked noun מַעֲרֹם

ו]**מערמיה** אתבונן	(IV)	11Q**5** XXI,17

work, deed noun מַעֲשֶׂה

שמעו כל יודעי צדק ובינו **במעשי** / אל		CD I,1
ויבן אל אל **מעשיהם** כי בלב שלם דרשוהו		CD I,10
להשם את כל המונם **ומעשיהם** לנדה לפניו		CD II,1
ובטרם נוסדו ידע / את **מעשיהם**		CD II,8
עיניכם לראות ולהבין **במעשי** / אל		CD II,14
ושני / התגוררם ופירוש **מעשיהם**		CD IV,6
ויעלו **מעשי** דויד מלבד דם אוריה		CD V,5
למילפנים פקד / אל את **מ[ע]שיהם**		CD V,16
אשר / אמר ישעיה מוציא כלי **למעשיהו**		CD VI,8
וטמאו בטמאת אחד כלי **מעשה**		CD XII,18
ישכיל את הרבים **במעשי** / אל		CD XIII,7
הנוסף לעדתו יפקדהו **למע̊שיו**		CD XIII,11
בהופע **מעשׂיו** ישלח מעדה		CD XX,3
ובהופע **מעשיו** כפי מדרש התורה		CD XX,6
ולדבוק בכול **מעשי** טוב		1QS I,5
מברכים את אל ישועות ואת כול **מעשי** אמתו		1QS I,19
מ̇ספרים את צדקות אל **במעשי** גבורתום		1QS I,21
וענו ואמרו ארור אתה בכול **מעשי** רשע		1QS II,5
ארור אתה לאין רחמימ כחושך **מעשיכה**		1QS II,7
באותותם **למעשיהם** בדורותם		1QS III,14
ועוונותם ואשמתם ופשעי **מעשיהם** בממשלתו		1QS III,22
ועליהון יסד כול **מעשה** / ל̊[		1QS III,25
וחכמת גבורה מאמנת בכול / **מעשי** אל		1QS IV,4
ורוח דעת בכול מחשבת **מעשה**		
ורוב אולת וקנאת זדון **מעשי** תועבה		1QS IV,10
וכול פעולת / **מעשיהם** במפלגיהן		1QS IV,16
ואז יברר אל באמתו כול **מעשי** גבר		1QS IV,20
ואין עולה יהיה לבושת כול **מעשי** רמיה		1QS IV,23
והואה ידע פעולת **מעשיהן**		1QS IV,25
ולוא ישען איש הקודש על כול **מעשי** / הבל		1QS V,18
וכול **מעשיהם** לנדה / לפניו		1QS V,19
ו**מעשיו** בתורה על פי בני אהרון		1QS V,21
ו**מעשיו** להשמע הכול איש לרעהו		1QS V,23
פוקדם את רוחם ו**מעשיהם** שנה בשנה		1QS V,24
הפקוד ברואש הרבים לשכלו ו**למעשיו**		1QS VI,14
ידרושהו לרוחו ו**מעשו** עד מ̮ו̮לאת לו שנה תמימה		1QS VI,17
דבריו לפי שכלו ו**מעשיו** בתורה		1QS VI,18
עד אשר יזכו **מעשיו** מכול עול להלכ בתמים		1QS VIII,18
בידו משפט / כול חי ואמת כול **מעשיו**		1QS X,17
הכן בצדק כול **מעשיו** והקם לבן אמתכה		1QS XI,16
ומה אפ הואה בן ה̮א̮דם **במעשי** פלאכה		1QS XI,20
מתנו למעמ[ד לצב]ואת / עבודת **מעשו** בתוך אחיו[	(I)	1QSa I,18
המס יעשה עבודתו כפי **מעשו**	(I)	1QSa I,22
] / ויחוננכה בכול **מעשיכ̊ה̇** [	(I)	1QSb II,27
וב**מעשייכה** יש̊[פוט כו]ל̊ נדיב̊ים וממזל	(I)	1QSb III,27
ולהרותם / **במ[ע]שי** שקר להיות עמלם לריק		1QpHab X,12
פעל בה הכוהן ה̮רשע̮ **מעשי** תועבות		1QpHab XII,8
מחזיקים מגני נחושת מרוקה **כמעשה** / מראת פנים		1QM V,4
והמגן מוסב **מעשי** גדיל שפה		1QM V,5
וצורת מחברת **מעשה** חושב		
אבדני ריקמה **מעשה** חרש מחשבת		1QM V,6
צ̇מידים מפותחים **כמעשי** / גדיל שפה		1QM V,7
ממוזזים **כמעשי** צורת מחשבת̇		1QM V,8
בדני ריקמה **מעשי** חרש מחשבת ושבולת		1QM V,9
והסגר מחורץ בין הצמידים **כמעשי** / עמוד		
והלוהב ברזל לבן מאיר **מעשי** חרש מחשבת		1QM V,10
ומלובן כמראת פנים **מעשי** חרש מ̇[ח]שבת		1QM V,11
ויד הכידן קרן ברורה **מעשה** חושב		1QM V,14
וצורת ריקמה **מעשה** חושב		1QM VII,11
אשר יעשה **כמעשיכה** הגדולים		1QM X,8
ומבקע תה̮ו̮מות / **מעשי** חיה ובני כנף		1QM X,14
ולוא **כמעשינו** אשר הרעונו		1QM XI,4
את אל ישראל ואת כול **מעשי** אמתו		1QM XIII,1
בכול מחשבת קודשו ו**מעשי** אמתו		1QM XIII,2
ולס̇[פר]**מעשי** אמתכה ומשפטי גבורות		1QM XIII,9
ואנו עם קודשכה **במעשי** אמתכה נהללה		1QM XIV,12
ה̊מה עדת רשעה ובחושך כו̇ל **מעשיהם**		1QM XV,9
[ורב חס]ד̊ ו**מעשי** ימין עוזך		1QH^{a} IV,18
]◦◦ **מעשי** ונעוית לב̊ב̊י̊		1QH^{a} IV,19
]אתה גליתה ד̇ר̇כי̊ ◦◦◦ **מעשי** רע		1QH^{a} V,9
]◦ **מעשיהם** אמת ו̊[		1QH^{a} V,10
] / **[מע]ש̊יהם** כבוד עולם ◦◦[		1QH^{a} V,12
ו]ש̊מחת עד **למעשה** [		
] / את כול **מעשיך** בטרם בראתם		1QH^{a} V,14
אתה הכינותמה מקדם עולם ו**מעשה** [עולה		1QH^{a} V,16
] וצדק כול **מעשיך** ודב̇ר̇ך לא ישוב אחור		1QH^{a} V,25
]**מ̊עשיהם** עם תענ◦[		1QH^{a} VI,7
ונגלתה צדקתך לעיני כול **מעשיך**		1QH^{a} VI,16
וכול **מעש]י̊ו** / הכינותה בטרם בראתו		1QH^{a} VII,13

1QH^{a} VII,20		שפטים גדולים / לעיני כול מעשיך
1QH^{a} VIII,4		]להקש בפי כל מעש מל[
1QH^{a} VIII,17		ור[ב] העליליה אשר מעשיך הכול
1QH^{a} VIII,20		ונפש עבדך ת[עב]ה כול / מעשה עולה
1QH^{a} VIII,23		ובכול מעש[י עו]ל[ה
1QH^{a} IX,6		ואת]ה צדקתה בכל מעשיכה
1QH^{a} IX,7		ובטרם בראתם ידעתה {{כול}} מעשיהם
1QH^{a} IX,9		ופעו[לתה הכינות]ה ומשפט לכול מעשיהם
1QH^{a} IX,16		לכול ימי עולם / ודורות נצח למ[עשיהם
1QH^{a} IX,26		אתה אל הדעות כול מעשי הצדקה
1QH^{a} IX,27		ולבני האדם עבודת העוון ומעשי הרמיה
1QH^{a} IX,30		ולספר נפלאותיכה בכול מעשי אמתכה
1QH^{a} IX,33		לספר נפלאותיכה לנגד כול מעשיכה
1QH^{a} X,3		ישרתה בלבבי]כול מעשי עול[ה
1QH^{a} XI,12		ומשברי שחת לכול מעשי פלצות
1QH^{a} XI,17		ויפתחו שערי[שאול לכול] מעשי אפעה
1QH^{a} XI,23		ולספר נפלאותיכה לנגד כול מעשיכה
1QH^{a} XII,8		] / בהולל מעשיהם כי נמאסו למו
1QH^{a} XII,17		לעמך / להולל ברמיה כול מעשיהם
1QH^{a} XII,20		כי אין הולל בכול מעשיך
1QH^{a} XII,31		לאל עליון כול מעשי צדקה
1QH^{a} XII,32		למען ידעו כול מעשיו בכוח גבורתו
1QH^{a} XII,40		כי אמת אתה וצדק כול מ[עשיכה
1QH^{a} XIII,16		ותביאהו במצר[ף כז]הב במעשי אש
1QH^{a} XIII,36		כרזי פשע משנים מעשי אל באשמתם
1QH^{a} XIV,9		כיא כול / מעשיהם באמתכה ובחסדיך
1QH^{a} XV,13		כי אתה ידעתה כול יצר מעשה
1QH^{a} XV,32		ובעל הבל להתבונן במעשי פלאך
1QH^{a} XVII,36		וכאומן בחיק תכלכל לכול מעש[י]כה
1QH^{a} XVIII,8		לכול רוח ומושל בכל מעשה
1QH^{a} XVIII,11		ומי / בכול מעשי פלאכה הגדולים
1QH^{a} XVIII,36		ומשפט בכול מעשיכה וצדק [
1QH^{a} XIX,4		ותשכילני במעשי פלאכה
1QH^{a} XIX,24		ומי בכול מעשיכה יוכל לספר [
1QH^{a} XIX,30		והמו[ן] / חסדיכה בכול מעשיכה
1QH^{a} XX,28		ומה] יבין / [במ]עשיו
1QH^{a} XXIII,13		ואשמות ילוד / אשה כמעשיו
1QH^{a} 3,10		ואפס יצר עולה ומעשי רמיה [
1QH^{a} 3,16		]מעשי נדה לתחלויים ומשפטי נגע
1QH^{a} 5,8		אנינם לכלה ונגד כול מעשי[כ]ה
1Q**26** 1,6	(XXXIV)	ונ[קלו]תה בכול מעשיכה במ[
1Q**34**bis 3ii7	(I)	ודברי / [רוח] קודשך במעשי ידיך
1Q**40** 9,1	(I)	] במעש[
2Q**21** 1,6	(III)	]ל[עשו]ת עם אחד ב[מ]עשיך[הגדולים
3Q**5** 5i1	(III)	]מעש / [
4Q**88** VIII,5	(XVI)	אנוש כמ[עשיו י]שתלם
4Q**88** IX,6	(XVI)	כ]י בא לשפט את / כל מע[ש]הי
4Q**162** II,4	(V)	ומעשי ידו לא ראו
4Q**163** 17,2	(V)	כיא יאמר] / [ ]מעשה[
4Q**167** 35,1	(V)	]מעש[
4Q**169** 3-4iii3	(V)	יגלו מעשיהם הרעים לכול ישראל
4Q**174** 1-2i7	(V)	מקטירים בוא לוא / לפניו מעשי תורה
4Q**176** 20,2	(V)	]ויהי קצף גדול על מעשי הדור / [
4Q**178** 6,2	(V)	] / למעשי[
4Q**200** 6,1	(XIX)	כתבו את כול]המעשה הזה והעלהו
4Q**200** 6,3	(XIX)	[ומודים אותו על מע]שו הגדול
4Q**215**a 1ii7	(XXXVI)	] / בדרכי אל[ו]בגבורות מעשיו[
4Q**216** II,11	(XIII)	וישתחוו לכ[ל מע]שי תעות[ם
4Q**216** V,3	(XIII)	ויתן אתו לאות לכל]מעשו
4Q**216** V,10	(XIII)	אז ראינו מעשיו

4Q**216** V,11	(XIII)	ונ[ברכהו] / על כל [מ]עשיו
	(XIII)	כי שבעה]מעשים גדולים ע[שה
4Q**219** II,12	(XIII)	למען תי]שר בכול מעשיכה
4Q**219** II,23	(XIII)	[ראיתי בני את כול] מע[שי בני ה]אדם
4Q**219** II,28	(XIII)	[סורה מכול מ]עשיהמה
4Q**219** II,29	(XIII)	וברככה בכול מעשיכה
4Q**223-224** 2ii5	(XIII)	כי הרב]ה הרע מעשיו
4Q**223-224** 2ii50	(XIII)	ותצליחו ב]כ[ו]ל [מע]שיכם
4Q**254**a 1-2,2	(XXII)	וזה חשבון מעשה ה[תבה
4Q**256** IX,13	(XXVI)	וכול מע]ש[יה]ם [ל]נדה לפ[ני]ו
4Q**257** V,8	(XXVI)	וקנ]את זדון מעשי תו[עבה ברוח זנות]
4Q**257** VI,2	(XXVI)	] / מ[עשי רמיה
4Q**258** I,10	(XXVI)	ולא ישענו על [כל מע]שי ההבל
4Q**258** I,11	(XXVI)	ומעשיהם לנד[ה]ל[פניו
4Q**258** II,1	(XXVI)	] / ואת מעשיהם בתורה
4Q**258** II,3	(XXVI)	בסרך איש לפי שכלו / ומעשיו בתורה
	(XXVI)	פוקדים את רוחם ומעשיהם / בתורה
4Q**260** IV,3	(XXVI)	ואמת כול מ]עש[יו
4Q**261** 1a-b,3	(XXVI)	בסרך לפי]שכלו ומעשו בתור[ה]
4Q**264** 3	(XXVI)	הכן ב[צד]ק כל מעש[יו]
4Q**264** 8	(XXVI)	ומה אף הוא בן ה]אדם במעשי פלאך
4Q**266** 1a-b,3	(XVIII)	ישמי]ד אל את כול מעשיה
4Q**266** 2i14	(XVIII)	ויבן אל אל מעש[יהם כי בלב שלם דרשוהו
4Q**266** 3ii3	(XVIII)	למ{{ל}}פנ[ים פקד אל] את מעשי[הם
4Q**266** 7iii6	(XVIII)	מ]עשים [
4Q**267** 9iv4	(XVIII)	ישכיל את הרבים במ]עשי אל
4Q**267** 9iv8	(XVIII)	[וכול הנוסף לעדתו יפקדהו]למעשיו
4Q**268** 1,9	(XVIII)	כול יודעי צדק ובינו במעש[י] אל
4Q**270** 2ii21	(XVIII)	ובהבינכם במעשי דור ודור[
4Q**270** 5,18	(XVIII)	[אשר י]דעה לעשות מעשה בד[בר
	(XVIII)	ואשר ידע]ה מעשה [בבית] / [אבי]ה
4Q**271** 3,11	(XVIII)	אשר ידעה לעשות מעשה {{מ}}בדבר
4Q**286** 1ii6	(XI)	] / ומעשי פלאים סוד חוכמא
4Q**287** 2,10	(XI)	]בתמים מעשיה[מה
4Q**288** 1,2	(XI)	מ]עשי רמיה ה[
4Q**288** 1,3	(XI)	לה]תם מעשיו מכול [חטא
4Q**291** 3,6	(XXIX)	]בא מעשיו[
4Q**299** 3aii-b,2	(XX)	]הו ומעש[יו
4Q**299** 3aii-b,3	(XX)	וכול מעשה צדיק הטמ[אה
4Q**299** 3aii-b,6	(XX)	] / מעשה אשר לוא יעשה עוד
4Q**299** 3aii-b,10	(XX)	ומזמות כול מעשה ומח[שבות
4Q**299** 3aii-b,15	(XX)	]כול רז וחבלי כול מעשה ומה [
4Q**299** 3aii-b,16	(XX)	ומה]עמים כ[י] בראם ומעש[יהמה
4Q**299** 3c,6	(XX)	] מעשו יהו[
4Q**299** 7,3	(XX)	] / [מה הוא רחו]ק לאיש ממעש[ה
4Q**299** 37,2	(XX)	]כול מעשה ה[
4Q**299** 44,2	(XX)	] מעש[י
4Q**300** 1ai3	(XX)	]ם מעשי ארץ / [
4Q**300** 1ai4	(XX)	מע]שה אף ועבודת / [
4Q**300** 6,2	(XX)	]ת גבר ומה מע[שה
4Q**301** 1,3	(XX)	ואנשי מחשבת לכול עבודת מעשי[הם
4Q**303** 6	(XX)	]כולמעשיהם עד ק[
4Q**364** 16,2	(XIII)	כרו]בים מ[עשה חושב תעשה אותם
4Q**364** 30,3	(XIII)	עיניכ]מה הרואות את כול מע[שה יהוה
4Q**365** 8a-b,3	(XIII)	ותו]לעת שנ[י]ושש מושזר מע[שה רוקם
4Q**365** 12ai4	(XIII)	וארגמן ותולעת שנ]י ושש מעשה / [
4Q**365** 12a-bii6	(XIII)	ואת קטורת הסמים טהור מ[עש]ה[ר]וק[ח]
4Q**365** 12a-bii11	(XIII)	ויעשו למזבח מכבר מעשה / רשת נ[חושת
4Q**365** 12biii6	(XIII)	הואה כמעשהו זהב תכלת וארגמן
4Q**365** 12biii7	(XIII)	ויעשו את החשן כמעשי אפוד מעשי חושב

] / [ ]ד̊ה שקול מעשיכה עם קצ[	(XXXIV)	4Q**418** 123ii6
כ]ול מעשיכה / [	(XXXIV)	4Q**418** 148i3
] / מעשיכה ואמונה בפרי ש̊[פתיכה	(XXXIV)	4Q**418** 148ii8
] / מבין במעשיכה̊ [	(XXXIV)	4Q**418** 158,4
] / השען במעשה צ[דק	(XXXIV)	4Q**418** 159ii4
]כול מעש̊[י	(XXXIV)	4Q**418** 165,2
]∘ לוא ב̊מ̊ע̊[שי	(XXXIV)	4Q**418** 182,3
מע]ש̊י̊ ברית לוא ידרשו̊[	(XXXIV)	4Q**418** 188,6
] / מעשיו ובה[	(XXXIV)	4Q**418** 198,2
]מ̊עש̊[	(XXXIV)	4Q**418** 216,1
]א̊ ובֿמעשה[	(XXXIV)	4Q**418** 238,2
]למעשי̊ה̊[	(XXXIV)	4Q**418** 247,1
]לוא̊ מ̊ע̊∘[	(XXXIV)	4Q**418**a 16b+17,4
ש]מעו̊ מע[שיו	(XXXIV)	4Q**418**c 6
]ל̊[ ]ביוצר רע ול̊מ̊עש̊[י רשעה	(XIII)	4Q**422** I,12
ונ̊כל]מתה בכל מעשיכה במ∘[	(XXXIV)	4Q**423** 4,2
ויצר כל̊[מעש]ה בידו̊	(XXXIV)	4Q**423** 5,3
]ל̊ כ̊[ל מע]שיו ורחמיו / [	(XXXIV)	4Q**423** 7,4
ומצדיק] / בדעת̊ לכול מעשיו	(XXIX)	4Q**427** 7ii13
ואתה גליתה דרכי אמת ומעש̊[י רע	(XXIX)	4Q**428** 2,2
להולל ברמיה כו]ל מע̊שיהם	(XXIX)	4Q**430** 5
ו]י̊פתח̊[ו שערי] / [עו]ל̊[ם תח]ת̊ מ̊עש̊[י אפעה	(XXIX)	4Q**432** 5,6
]חדש / מעשי ש̊מים וארץ	(XXIX)	4Q**434** 2,3
]מ̊עשי כבודו ומשמיע̊[	(XXIX)	4Q**446** 1,3
] / אש̊[ ] כול מעשי̊ה̊ ∘∘[	(XXIX)	4Q**457b** II,8
]מ̊ש̊∘ למעשה̊ם̊[	(XXVIII)	4Q**468**cc 8
ולהניא לבבם מכול מע̊[שה	(XXXVI)	4Q**471** 2,4
]ל̊∘ ע̊ל מעש̊[ה	(XXXV)	4Q**472**a 4
]ר אש מעשיו [	(VII)	4Q**487** 15,2
ו]אנו עמכה [ב]מ̊עשי אמתכה נ̊הלל̊[ה שמכ]ה̊	(VII)	4Q**491** 8-10i10
]מעשה [	(VII)	4Q**502** 16,1
מ]ע̊שים̊[	(VII)	4Q**503** 26,2
]מ̊ע̊ש̊י̊ ידיכה / [	(VII)	4Q**504** 7,4
] / [מע]ש̊י̊ י̊ד̊י∘ ה[	(VII)	4Q**506** 131-132,4
] המעשה̊[	(VII)	4Q**509** 8,1
ודברי רוח קודשכה ב]מ̊ע̊ש̊י̊ ידיכה	(VII)	4Q**509** 97-98i9
]ג̊י̊ש לפניכה רשית מעשי̊[כה	(VII)	4Q**509** 131-132ii7
]כ̊ה ומעשי / [	(VII)	4Q**509** 184i4
[שומר חס]ד̊ באמת לכול מעשיו	(VII)	4Q**511** 10,10
]י̊ר ומעשי̊ו הקדושי̊[ם	(VII)	4Q**511** 15,6
וכול̊ מעשי נדה שנתי	(VII)	4Q**511** 18ii7
מעשי / אשמה ארשי̊ע[	(VII)	4Q**511** 48-49+51,5
] משפטים למ̊ע̊ש̊י̊ כול	(VII)	4Q**511** 52-59,3
מ]ע̊ש̊י̊ אלו̊ה̊י̊ פ̊ר̊ותי ∘∘∘ד̊י̊∘[	(VII)	4Q**511** 63-64ii1
ש]לומ̊י̊ ב̊ת̊ו̊ד̊ה̊ א̊ד̊∘[ ]מ̊ע̊ש̊ה̊	(VII)	4Q**511** 63-64ii5
ובלבי סוד רישית כ̊ו̊ל מעשי איש	(VII)	4Q**511** 63iii2
ו̊משפטים לכו̊ל עבודת מעשיהם	(VII)	4Q**511** 63iii3
י̊ברכו כול מעשיכה / ת̊מיד	(VII)	4Q**511** 63iv1
]∘ ה̊צדיק בכול מע[שי]כ̊[ה	(VII)	4Q**512** 34,16
]את מעשיהם ואת̊[	(VII)	4Q**512** 1-6,15
מ]עשי̊ם̊ [	(VII)	4Q**513** 25,1
ופר̊[י מעש]ה̊ ט̊ו̊ב̊ לאיש לוא יתאחר	(XXV)	4Q**521** 2ii+4,10
וכול מעש]ה̊[עזים] / [כמשפט התורה הזואת	(XXV)	4Q**524** 2,1
]ב̊כל̊[מ]עש̊[ה/י	(XXV)	4Q**579** 1,1
]∘ל להבין במעש̊[י	(III)	5Q**13** 1,9
ולספר / רוב מעשיו נודעה לאדם	(IV)	11Q**5** XVIII,4
ותפארתו על כול מעשיו	(IV)	11Q**5** XVIII,7
ובמעשי חסידיך תתפארי	(IV)	11Q**5** XXII,6
א{{נ̊}}יש כמעשיו ישתלם	(IV)	11Q**5** XXII,10
וישמעו רבים מעשיכה	(IV)	11Q**5** XXIV,9
ויעשו את החשן כמע̊שי אפוד מֿעשי̊ חושב	(XIII)	4Q**365** 12biii7
כמעשה̊ אפוד‸ <<ז>>ה̊{{ז̊}}ב תכל[ת] / אר̊גמן	(XIII)	
אר̊גמן ותולעת שני ושש משוזר מעשה חושב	(XIII)	4Q**365** 12biii8
]ל̊[כ]ו̊ל מ̊ע̊ש̊י̊[כ]ה̊[	(XIII)	4Q**369** 2,5
] / במעלליהם ובנדת מעשי ה̇[	(XIX)	4Q**374** 2ii3
]ה̊ כי מעשה ידים / [	(XXII)	4Q**378** 15i2
] / לי מעשי ש̊∘∘[	(XI)	4Q**381** 45a+b,6
ולהשיב ממעשי ישבי / [	(XI)	4Q**381** 69,5
]ו̊ אבתי̊ במעשי ד̊∘[	(XI)	4Q**381** 93,1
]מ̊ע̊שיה̊ם̊[	(XIX)	4Q**384** 8,1
]מ̊ע̊שיהם למינ̊י̊[הם	(XIX)	4Q**384** 8,3
] / ומעשיה̇ם̇[	(XXX)	4Q**385**a 11ii2
]ו̊א כי פלא̊[י]ם כל מעשי אל	(XXIX)	4Q**392** 1,7
שהם מ[קצת דברי] / [ה]מ̇עשים	(X)	4Q**394** 3-7i5
והתבנן במעשיהמ̊ה̊	(X)	4Q**398** 11-13,6
אנחנו כתבנו א̊ליך / מקצת מעשי התורה	(X)	4Q**398** 14-17ii3
חרת חוקיו לכול מעשי רוח	(XI)	4Q**400** 1i5
] / [כ]מעשי רוק[מה	(XI)	4Q**402** 2,3
]מעשי חדשות פל[א]	(XI)	4Q**402** 4,11
[בר]צון דעתו כול מעשיו / במשלח̊ם	(XI)	4Q**403** 1i35
]וקירותו כ̊[ו]ל̊ / [מבנ]יתו מעשי תבנ̊[יתו	(XI)	4Q**403** 1i44
]בו מעש̊[י	(XI)	4Q**405** 7,10
ב]ת̊וך רוחי הדר מעשי רוקמות פ̊לא	(XI)	4Q**405** 14-15i6
]ת מעשי / [	(XI)	4Q**405** 17,7
מעשי רו̊[חות] רקיע פלא	(XI)	4Q**405** 19,3
צורות כבוד למעשי ל̊[בנ]י̊ הוד והד[ר	(XI)	4Q**405** 19,6
כול מעשיהם / וצורות בדניהם מלא̊כי קודש	(XI)	
] / קודש מעשי פנו[תו	(XI)	4Q**405** 20ii-22,4
ומעשי / [נ]וגה ברוקמ̊ת כב̊וד	(XI)	4Q**405** 20ii-22,10
ר̊וקמה כמעשי אורג פתוחי צורות הדר	(XI)	4Q**405** 23ii7
ו̊ד̊מות רוח כבוד כמעשי אופירים	(XI)	4Q**405** 23ii9
חשב כ̊מ̊עשי אורג̊	(XI)	4Q**405** 23ii10
ו]ברכו לאלוהי ד̊עת בכול מעשי כבודו	(XI)	4Q**405** 23ii12
]לכול מעש̊[י	(XI)	4Q**405** 33,2
]מעשי̊[	(XI)	4Q**405** 61,1
]מ̊ד̊ת מעשיו / ל̊[	(XXXIV)	4Q**415** 2i+1ii2
]ת מעשיה[ם	(XXXIV)	4Q**415** 4,1
מע]שיו ו̊דע ∘[	(XXXIV)	4Q**415** 23,1
] ופקודת מעשה ואז [	(XXXIV)	4Q**416** 7,2
]מ̊עשיהם [	(XXXIV)	4Q**416** 18,4
]מ̊עשה̊ ו̊מ̊ע̊[שה	(XXXIV)	4Q**417** 1i5
]מ̊עשה̊ ו̊מ̊ע̊[שה	(XXXIV)	
ועול חכמה / [ואול]ת̊ ת̊[ ]∘∘∘ מ̊ע̊ש̊[ה	(XXXIV)	4Q**417** 1i7
ואז תדע בי̊ן̊ [טו]ב ל̊[רע כ]מ̊ע̊ש̊י̊[הם	(XXXIV)	4Q**417** 1i8
וברז נהיה / פ̊ר̊ש א̊ת̊ א̊ושה̊ ו̊מעשי̊ה̊ ∘∘∘[	(XXXIV)	4Q**417** 1i9
וממשלת מעשיה / לכ̊[ו]ל̊∘∘∘למ̊ה	(XXXIV)	
פ]ר̊ש למ̊[ב]ינתם לכול מ[עשי]ה̇	(XXXIV)	4Q**417** 1i10
עם התהלכו̊[ת]מ̊י̊ם[בכול מ]ע̊שיו	(XXXIV)	4Q**417** 1i12
ע]ם רזי פלאו וגבורות מעשיו	(XXXIV)	4Q**417** 1i13
ו̊התהלכו ה̊פקוד ע̊ל̊ מ̊עש̊[י	(XXXIV)	4Q**417** 1i19
כיא מה הואה יחֿיֿד בכול מעשה	(XXXIV)	4Q**417** 2i6
] / ר̊שע מעשיו עם פקדתו	(XXXIV)	4Q**417** 2i8
]ל̊ מ̊עשה וא̊[ל] תשבו̊ת ∘[	(XXXIV)	4Q**417** 20,3
ולכול ערמה י]צרה וממשל מ̊[עשיה	(XXXIV)	4Q**418** 43-45i7
]מ̊ע̊ש̊[ה]הלוא שלום והשקט [	(XXXIV)	4Q**418** 55,7
ופקודת מ]ע̊שהו ואז תבין במשפט אנוש	(XXXIV)	4Q**418** 77,3
] / מעשיכה ואתה דרוש משפטיו	(XXXIV)	4Q**418** 81+81a,7
מ]ע̊שיו / [	(XXXIV)	4Q**418** 101i2
ו̊אמת צדק [ ]כול מעשיו ו̊∘[	(XXXIV)	4Q**418** 102a+b,2
מ]עשי̊[	(XXXIV)	4Q**418** 119,1

11Q**5** XXVIII,6 (IV) עלׄו העצים את דבריׄ והצואן את מעשׂיׄ

11Q**5** XXVIII,7 (IV) ומי יספר את מעשׂיׄ אדון

11Q**15** 1,5 (XXIII)]כבודו ומעשיו ועמלו בׄ[

11Q**16** 1,2 (XXIII) כ]ול מעשיו בטרם ◦[

11Q**17** IV,4 (XXIII)] / [ ]מעשי לב[ני

11Q**17** V,4 (XXIII) מעשי]הם כבוד משני עבריהם

11Q**17** VI,4 (XXIII) מעש[י רוחו]ת רקיע פלא

11Q**17** VI,6 (XXIII) כול / מע[שיהם

11Q**17** VI,7 (XXIII)]צורות[כבוד] / למעׄ[שי לבני הוד והדר

11Q**17** VII,6 (XXIII) מ]עׄשי פנותו[

11Q**17** IX,3 (XXIII)]כׄול מעשיה[ם] / [

11Q**17** IX,7 (XXIII)]רוקמה כמׄ[עשי אורג

11Q**17** X,4 (XXIII) כב]וד מעשיו ובאו[ר

11Q**17** X,6 (XXIII)]קׄודש מלך / הכבוד לכול מעשי אמתׄ[ו

11Q**19** VII,14 מ]עׄשי חושׁ[ב

11Q**19** XLIII,16 ולוא / יואכלו ממנו בימי המעשה לאונמה

11Q**19** XLIII,17 ולוא יאכל בימי המעשה

11Q**19** L,17 וכול / מעשה עזים כמשפט התורה הזואת

11Q**19** LIX,3 ועבדו שמה אלוהים מעשי ידי אדם

11Q**20** XIV,16 (XXIII) וכול מ[עשה עזים כמשפט התורה הזואת

PAM 43.679 1,1 (XXXIII)]מׄעׄשה ת◦◦[

tenth part, tithe noun מַעֲשֵׂר, מַעֲסֵר

3Q**15** I,10 (III) והאצרה שבע ומעסר / שני

4Q**159** 1ii11 (V) חמ]שה כׄסׄף מעשר הׄ[מנה

4Q**270** 2ii7 (XVIII) ומעשר בהׄ[מתם מן הבקר] / והצון

4Q**270** 3ii17 (XVIII) ונפרס] מׄסאה לבית סׄאׄה מעשׂדׄה בה

4Q**286** 17a,1 (XI)]מׄנׄה וׄמׄעׄשׂרׄ ◦[

4Q**367** 3,6 (XIII) [וכל מעש]ר הארץ מזרע הארץ

4Q**367** 3,8 (XIII) ואם ⟦ ⟧ גאול יגאל / [איש ממעש]רׄוׄ

4Q**394** 8iv13 (X) ומעשר[הבקר] / [והצון לכוהנים

4Q**396** 1-2iii3 (X) ומעשר הבקר / והצון לכוהׄנׄיׄםׄ

4Q**417** 29i6 (XXXIV)]לׄמעשרׄ / [

4Q**513** 1-2i5 (VII) ומעשר האיפה / [העשרון

11Q**19** XXXVII,10 לז[ב]חׄיהמה ולבכורים ולמעשרות

11Q**19** LVIII,5 ושלחו עמו מעשר העם {{העם}} לצאת עמו

11Q**19** LVIII,13 ונתנו / ממנו למלך מעשרו

11Q**19** LX,6 וללויים מעשר הדגן והתירוש והיצהר

11Q**19** LX,9 ומעשר מן הדבש אחד מן החמשים

11Q**20** X,2 (XXIII) לזבחיהמה ולב]כורים ולמעשרות

Memphis proper noun מֹף

4Q**386** 1ii6 (XXX)] ואת / הרשע אהרג במף

(XXX) ואת בני אוציא ממף

Mephibosheth proper noun מְפִיבֹשֶׁת

4Q**341** 5 (XXXVI) מחתוש מקליח מפיבשת / [ ]לגוס בניבן

channel, division noun מִפְלָג

1QS IV,15 ובמפלגיהן ינחלו כול צבאותם לדורותם

1QS IV,16 וכול פעולת / מעשיהם במפלגיהן

1QM X,12 הבורא ארץ וחוקי מפלגיה

1QH[a] XVI,21 ובידי פתחתה מקורם עם מ̮פלגי[ה

1QH[a] XX,23 ולפי ממשלתם ישרתוכה למפלג[יהם

4Q**405** 23i7 (XI) וקול ברך מכול מפלגיו

4Q**503** 1-6iii7 (VII)]ח לפניו בכול מפלג כבודו

4Q**503** 15-16,11 (VII)]כׄול מפלגו לו [

5Q**13** 27,5 (III) מ]פלגיכה ◦[

division noun מִפְלַגָּה

1QS IV,17 ויתן איבת עולם בין מפלגות̮ם

מִפְנֵי ← מִן, פָּנֶה

smashing noun מַפָּץ

1QH[a] XII,26 ומפץ לכול עמי הארצות

4Q**262** A,3 (XXVI)] / בׄמׄפצ אב[ן

4Q**433**a 3,3 (XXIX)]לׄתׄתׄ מפץ אׄ[

separation noun מִפְרָד

1QM X,14 ומפרד עמים מושב משפחות

expanse noun מִפְרָשׂ

1QM X,11]◦[ ] מפרש שחקים צבא מאורות

advance noun מִפְשָׂע

1QM VIII,7 וסמוך ידי מפשע עד קורבם

מֹפֵת ← מוֹפֵת

opening noun מִפְתָּח

1QS X,4 לקודש קודשים ואות נ למפתח חסדיו עולם

4Q**256** XIX,3 (XXVI) לקודש קודשים ואות / למפתח חסׄ[די עו]לׄ[ם

4Q**258** IX,1 (XXVI) לקודש קודשים ואות למפתח חסדי עולם

מֹץ ← מוֹץ

to find verb מצא

CD IX,14 וכן כל אבדה נמׄצׄאת

CD IX,15 כי לא ידע מׄוצאיה את משפטה

CD IX,16 אם לא נמצא לה בעלים הם ישמרו

CD XV,10 הנמצא לעשות בכ[ל ק]ץ [הרש]עׄ

1QS VI,2 כול הנמצא איש את רעהו

1QS VI,24 אם ימצא בם איש אשר ישקר / בהון

1QS VIII,11 ה̮נסתר מישראל ונמצאו לאיש / הדורש

1QS IX,13 ולמוד את כול השכל הנמצא לפי העתים

1QS IX,20 ולהשכילם כול הנמצא לעשות בעת הזואת

1QS X,22 ומרמות וכזבים לוא ימצאו בשפתי

1QS X,23 ושקוצים / לוא ימצא בה

1QM XV,11]ממה לוא ימצא

1QH[a] IV,17 א[מ]צׄאה מענה לשון לספר צדקותיך

1QH[a] IV,27]ה ימצאוה / [

1QH[a] XII,20 כול אנשי מרמה וחוזי תעות לא ימצאו עוד

4Q**88** IX,8 (XVI) ובני]עׄולה לוא / ימצאו[

4Q**171** 1-2ii7 (V) ולוא ימצא בארץ כול איש / [ר]שע

4Q**185** 1-2i12 (V)]◦ד / ולא ימצא מׄרוח

(V) יבקשוהו ולא ימצאהו ואין מקוה

4Q**185** 1-2ii12 (V) ומצאה וׄ◦[ ]◦בהׄ יכילהׄ ועמה[

4Q**225** 2ii8 (XIII) אם] / ימצא כׄחש ואם לא ימצא נאמן

(XIII) אם] / ימצא כׄחש ואם לא ימצא נאמן

4Q**226** 7,1 (XIII)] / נמצא אברהם נאמן ל[א]ל[הים

4Q**228** 1i7 (XIII)]ת במחלקת עתה ימצאנׄה / [

4Q**249**m 3 (XXXVI)] / יׄמצא ב[

4Q**252** I,15 (XXII) ולוא / מצאה מנוח ותבוא אליו [אל]הׄתבה

4Q**252** III,5 (XXII) ואם לוא ימצא שׁׄ[

(XXII) וכל] הנמצא בה ושללי̮̮ה / וטפי̮̮ה

4Q**256** XVIII,3 (XXVI) להשכילם בכול הנמצא לׄעׄשׂוׄת / [בעת הזואת

4Q**258** II,6 (XXVI) יתהלכׄו בכל מגוריהם כל הנמצא את רעהו

4Q**258** VI,5 (XXVI) נ[סתר מיש]ראל ונמצא / לאיש[הדורש

4Q**258** VIII,4 (XXVI) להשכילם בכל **הנמצא** לעשות
4Q**259** III,2 (XXVI) הנסתר מישראל **ונמצ]א** לאיש הדורש
4Q**259** III,9 (XXVI) ו[למוד את כול השכל] **הנמצא** לפני העתים
4Q**260** V,3 (XXVI) [ומ]רמות וכזבים לוא **ימצאו** בשפתי
4Q**260** V,4 (XXVI) ושקוצים לוא **ימצא** / בה
4Q**265** 4ii5 (XXXV) ואם לא **ימצא** [פתי
4Q**266** 5i10 (XVIII)]◦יה כי ביהודה **נמ[צא** קש]ר
4Q**266** 11,6 (XVIII) כול החוקים **הנמצאים** בתורת מושה
4Q**270** 7i20 (XVIII) כל החוקים **הנמצ{{ו}}אי[ם** בתורת משה
4Q**271** 3,6 (XVIII)] בכול אשר הוא יודע אשר **ימצא** ◦◦◦◦[
4Q**364** 4b-eii4 (XIII)]אמנא **מצאתי**[חן בעיניכה
4Q**366** 1,5 (XIII) אם במחתרת]**ימצא** ⟦ ⟧ הגנב
4Q**366** 1,7 (XIII) אם המצא] **תמצא** בידו הגנבה
4Q**378** 3i3 (XXII) ו]**מצאו**כה צרות רבות וכול / [
4Q**379** 10,4 (XXII)] / **מצאתי** לו ◦◦◦ה[
4Q**381** 33+35,1 (XI)] ושרית לו **ימצא** לה [
4Q**387** 1,6 (XXX) ואב]קש אמונה[ו]לא **מצאתי**[
4Q**388** 6,1 (XXX) ל]וא **ימצא**[ו
4Q**397** 14-21,9 (X) ואתם י[ודעים שלוא] / [י]**מצא** בידנו מעל
4Q**398** 14-17ii6 (X) **במצא**ך מקצת דברינו כן
4Q**399** 1ii3 (X) **במצא**ך מדברינו / [כן
4Q**415** 1i4 (XXXIV)]**תמצא** / [
4Q**415** 11,13 (XXXIV)] / מכוניה לוא **תמצא** באלה
4Q**416** 2ii8 (XXXIV) ואז **תמצא** חפצכה[
4Q**416** 2iii3 (XXXIV)]◦ ומחסורכה / לוא **תמצא**
4Q**418** 69ii8 (XXXIV) ובני עולה לוא **ימצאו** עוד[
4Q**418** 97,3 (XXXIV)]ה לא **ימצא** אל ישיב[
4Q**418** 103ii5 (XXXIV)]◦כה **ומצא** הליכי י◦[
4Q**418** 103ii9 (XXXIV) ובחייכה לוא **תמצא**
4Q**418** 107,1 (XXXIV) בק]שו ואז **תמצ[א**
4Q**418** 127,1 (XXXIV)]מקורכה ומחסורכה לוא **תמצא**
4Q**418** 148i2 (XXXIV) לו]א **תמצא** / [
4Q**418** 178,3 (XXXIV) **תמ]צא** בית מכונים [
4Q**418**a 4,4 (XXXIV)]כה[י]**מ[צא**
4Q**420** 1aii-b,4 (XX) ובמחקר צדק / **ימצא** תוצ[אותיה
4Q**421** 1aii-b,14 (XX) ובמחקר צ]דק **ימצא** / תוצאותיה
4Q**424** 1,12 (XXXVI)] / ובעת קבץ **ימצא** חנף
4Q**424** 3,7 (XXXVI)] / חכמת ידיו לא **ימצא**
4Q**428** 12i3 (XXIX) ועול]ה לוא / **תמצא** ע[וד
4Q**439** 1i+2,6 (XXIX) ה]נה כול שופטי **נמצאו** אוי[לים
4Q**461** 1,5 (XXXVI) ובק]שוהו **וימצאוה**[ו
4Q**469** 3,2 (XXXVI) **נמצ]או** אוילים[
4Q**504** 3ii18 (VII) **וימצאו**[חן בעיניכה
4Q**504** 7,15 (VII)] וינסכוה **וימצאו**כה / [
4Q**506** 125+127,3 (VII) **וימצ]או** חן בע[יניכה
4Q**509** 59,2 (VII)]**מצאו**נו [
4Q**509** 99i2 (VII)]◦ **מוצא** חן
4Q**521** 2ii+4,4 (XXV) הלוא בזאת **תמצאו** את אדני
4Q**521** 2iii7 (XXV) כי ?] / **מצא**[ו
4Q**525** 14ii7 (XXV) בעת מוטך **תמצא** מ[שען
11Q**5** XXI,14 (IV) הטיתי כמעט / אוזני והרבה **מצאתי** לקח
11Q**19** LV,15 אם **ימצא** בקרבכה באחד שעריכה
11Q**19** LIX,14 לוא **ימצא** לו איש יושב על כסא / אבותיו
11Q**19** LX,17 לוא **ימצא** בכה מעביר בנו ובתו / באש
11Q**19** LXII,7 והיה כול העם **הנמצאים** בה
11Q**19** LXV,9 ולוא **מצאתי** לה בתולים
11Q**19** LXV,12 לוא **מצאתי** לבתכה בתולים
11Q**19** LXVI,4 ואם בשדה **מצאה** האיש את האשה
11Q**19** LXVI,7 כי בשדה **מצאה**
11Q**19** LXVI,10 ושכב עמה / **ונמצא**
PAM 43.697 75,3 (XXXIII)]ולא **תמצא** ואל[

garrison, station noun **מַצָּב**
4Q**491** 11ii20 (VII) ובעומדם איש] / על **מצבו**

pillar noun **מַצֵּבָה, מַצֵּיבָה**
4Q**368** 2,5 (XIII) **ומצבות**יהם / [תשברון
11Q**19** II,6 **ומציבות**[יהמה תשברון
11Q**19** LI,20 ומקימים להמה **מצבות**
11Q**19** LII,2 ולוא תקים לכה **מצבה** [אשר שנאתי
PAM 43.675 1,2 (XXXIII)]מפני **מצבת**[

stronghold noun **מְצָד**
3Q**15** IX,17 (III) בשובך **שבמצד** באמת ה[מים] / דרום בעליאה

to drain verb **מצה**
4Q**504** 26,9 (VII)]**מצי**{{וכ}}<<ת>>ה

unleavened bread noun **1-מַצָּה**
4Q**326** 3 (XXI) ב15 בו] / חג **המצות** יום רביע[י
4Q**365**a 1,2 (XIII)]בחג **המצו[ת]** / [
11Q**19** XI,10 ובחג הפסח] ובחג **המצות** וביום הנף העומר
11Q**19** XVII,11 חג **מצות** שבעת ימים / ליהוה

watchtower noun **2-מָצוֹד**
CD IV,12 יהודה כי אם לעמוד איש על / **מצודו**
4Q**266** 3i5 (XVIII) יהודה כי אם לעמוד איש על] **מצ[ודו]**

net, trap noun **1-מְצוּדָה**
CD IV,15 פשרו / שלושת **מצודות** בליעל
1QH^{a} XI,26 ויפרשו כול **מצודות** רשעה
1QH^{a} XII,12 להתהולל במועדיהם להתפש **במצודותם**

stronghold noun **2-מְצוּדָה**
1QH^{a} XVII,28]מנוסי משגבי סלע עוזי **ומצודתי**
4Q**381** 24a+b,7 (XI) סלעי **ומצודתי** ומפלט[י

commandment noun **מִצְוָה**
CD II,18 השמים בה נאחזו אשר לא שמרו **מצות** אל
CD II,21 ולא שמרו את **מצות** עשיהם
CD III,2 ויע[ל או]הב בשמרו **מצות** אל
CD III,6 להיעץ על / **מצות** אל
CD III,8 ולא שמעו / לקול עשיהם **מצות** יוריהם
CD III,12 ובמחזיקים **במצות** אל
CD V,21 כי דברו סרה על **מצות** אל ביד משה
CD VII,2 להוכיח איש את אחיהו **כמצוה**
CD VIII,19 לכל המואס **במצות** אל
CD IX,7 יען אשר לא הקים את **מצות** אל
CD X,3 לעד עובר דבר מן **המצוה** ביד רמה
CD XIX,2 ולשמרי **מצותי** לאלף דור
CD XIX,5 וכל המאסים **במצות** / ובחקים
CD XIX,32 לכל המאס **במצות** אל
1QS VIII,17 אשר יסור מכול **המצוה** דבר ביד רמה
1QSb I,1 (I) ירא[י אל עושי את] רצונו שומרי **מצוותיו**
1QpHab V,5 אשר שמרו את **מצוותו** / בצר למו
1QH^{a} IV,7] **מצוה** מרוח כו[
1QH^{a} VIII,22 ולשומרי **מ[צ]וותי[ך]** / לפניך [לעו]לם ◦[
1QH^{a} VIII,26] ושומרי **מצו[ותיך**]שבים אליך
1Q**22** 1ii11 (I) אל[ה] **מצ[וות** אשר] צוה[אלוהים]
1Q**25** 1,4 (I)] / חקקתי להם **המ[צות**

4Q166 II,4 (V)] / מצוותיו השליכו אחרי גום
4Q167 23,1 (V)]מצוות[
4Q175 4 (V) ולשמור את כול / מצותי כול היומים
4Q176 16,4 (V) ועל שומרי מצ[ותו
4Q184 1,15 (V) ולבחורי צדק / מנצור מצוה סמוכי ◦[
4Q220 1 (XIII) [חקותיו ו]מצות[יו ומשפטיו
4Q225 3ii10 (XIII) המצוה[
4Q254 4,3 (XXII)]שומרי מצות אל[
4Q266 1a-b,14 (XVIII)] / במצו[ת
4Q266 1a-b,17 (XVIII)] / רכיל בחוק[י] ומצות אל[
4Q266 2i4 (XVIII) [והוא הכין מועדי רצון לדור]שי מצוותו
4Q266 3ii8 (XVIII) כי דברו עצה סרה על] מצוות אל
4Q267 2,5 (XVIII) כי דברו עצה סרה על מצוות אל
4Q267 9i2 (XVIII) יען אשר לוא]הקים את מצות אל
4Q268 1,6 (XVIII) והוא הכין [מועדי] רצון לדורשי מצוותיו
4Q270 3aii1 (XVIII) א]ת [לח]ם המצ[ות
4Q270 6iv15 (XVIII) לעד] / [עו]בר דבר מן המצו[ה ביד רמה
4Q291 1,4 (XXIX)]◦י מצותיו ובוחרי רצ[ונו
4Q299 32,2 (XX)]◦שלו מה הוא המצו[ה
4Q306 2,3 (XXXVI) [וי]בקשו את התורה וא[ת] המ[צוה
4Q364 14,4 (XIII) לוחות האבנ(ים)] / התורה והמצוא
4Q364 30,4 (XIII) ושמרתמ אתכול מצות[
4Q365a 1,5 (XIII)]◦ ולכול המצות אשר / [
4Q371 8,1 (XXVIII)]שה ינאץ מצ[ות
4Q381 69,5 (XI) נתן ח]קים תורות ומצות
4Q381 86,6 (XI)]מצוות[
4Q385a 18ii8 (XXX) ואת מצותי שמ[רו
4Q390 1,6 (XXX) ואשלחה אליהם מצוה
4Q390 2i5 (XXX) ואת כל מצותי אשר אצוה א[ותם
4Q416 2ii10 (XXXIV) עד עשותכה / מצו[תיו
4Q417 2ii+23,13 (XXXIV)] / [עד]עשותכה מצו[ותיו
4Q417 19,4 (XXXIV)]ל מצוה יתהלך בצדק את רע[הו
4Q418 197,3 (XXXIV)] וק[ח]מצות ש[
4Q426 1i2 (XX) שו]מרי כול מצוותיו
4Q501 7 (VII)] במצוותיכה ואל יהיה זרעמה מב{{נ}}
4Q505 121,2 (VII) מצו]ותיכה[
4Q521 2ii+4,2 (XXV) [וכל א]שר בם לוא יסוג ממצות קדושים
4Q524 4,2 (XXV) תשמע בקולי לשמור כו]ל מצוות[י
6Q16 3,2 (III)]מצות[
11Q19 LV,13 תשמע בקולי לשמור כול מצותי
11Q19 LIX,14 והמלך אשר / זנה לבו ועינו ממצוותי
11Q19 LIX,16 ואם בחוקותי ילך ואת מצותי ישמור

deep, depth noun **מְצוּלָה**

1QH[a] XI,6 וישימו נפש[י] כאוניה ב[מ]צולות ים
1QH[a] XI,14 וחכמיה כולמו כמלחים במצולות
1QH[a] XVI,19 מצולה לכול חיה ועו[ף
4Q158 14i7 (V)]לבב ים במצ[ל]ות / [
4Q286 5,10 (XI) וכול נחלים יארי מצולות [
4Q392 2,5 (XXIX) ויטבי]ענו במצולת כמו אב[ן
4Q418 119,2 (XXXIV)]לד מצולה הת[
4Q418 119,3 (XXXIV)]במצולה נולדת[
4Q418 227,3 (XXXIV)] מצולה ומשכ[
4Q432 5,2 (XXIX) וח[כמיהם למו] / [כמלחים במ]צולו[ת

distress, affliction noun **מְצוּקָה**

1QH[a] XIII,17 וימהרו עלי רשעי עמים במצוקותם
1Q25 4,2 (I)]ממצוקותיהם [
4Q216 II,4 (XIII) אחר[ים אשר לא יושיעום מכל מ]צוקות
4Q266 9iii14 (XVIII)] / ממצוקות[
4Q375 1i4 (XIX) [להושיעכ]ה ממצוקותיכה
4Q380 2,4 (XI) ויזעקו אל]יהוה בצרלהם ממצ[וקותיהם
4Q429 1ii4 (XXIX) וימהרו עלי רשעי] / עמים במצוקותיהמה[
4Q460 7,7 (XXXVI)]מכול מצוקהת וצרות[

siege noun **מָצוֹר-1**

4Q248 4 (XXXVI) [בשר בנ]יהם ובנותי[ה]ם במצור ב[נא אמון]

fortress noun **מָצוֹר-2**

1QpHab VI,13 ואתיצבה על מצורי
1QH[a] XIV,25 ואהיה / כבא בעיר מצור
1QH[a] XIV,30 וידרוך גבור קשתו ויפתח מצור [
4Q177 10-11,6 (V)]איש על מצורו בעומדם / [

creature noun **מצור**

4Q286 5,9 (XI)] ומצור ימים מעיני תהום[

מצוררק ← מצירוק

forehead noun **מֵצַח**

CD XIX,12 להתות התיו על מצחות נאנחים ונאנקים

מציבה ← מַצֵּבָה

right, righteousness noun **מצידוק**

1QH[a] 2i16]הפלתה אלה לכבודכה ומצידוק / [

spit (?) noun **מצירוק, מצוררק**

1QS XI,21 והואה מצירוק / חמר קורצ
1QH[a] XX,32 מצירוק יצר חמר
4Q264 9 (XXVI) והוא מצוררקחמר / [קורץ
4Q511 28-29,3 (VII)]ואני מצירוק יצר / [חמר]קורצתי

turban noun **מִצְנֶפֶת**

4Q372 12,2 (XXVIII)]ם ציץ ומצנפת[

step noun **מִצְעָד**

1QH[a] X,23 כיא מאתכה מצעדי
1QH[a] X,33 כי [לא יד]עו כי מאתך מצעדי
1QH[a] XI,17 וכו]ל חצי שחת / עם מצעדם
1QH[a] XI,25 והוות מדהבה עם מצעדי
1QH[a] XVI,34 ולא מצעד לקול רגלי
1QH[a] XVII,33 ועם מצעדי / רוב סליחות
4Q416 2iii16 (XXXIV) ואמכה במצעדיכה
4Q427 7ii11 (XXIX) לאין מחיר וגב[ורת עד עם] / מצעדם
4Q432 5,5 (XXIX) וכול חצי] / [ש]חת עם מצעדם[
4Q468a 4 (XXXVI)]ת במצעדי דעת[

small, few noun **מִצְעָר-1**

1QH[a] XIV,8 [כי יד]עתי אשר / תרים למצער מחיה
4Q385 4,6 (XXX)] / מצער כאשר אמרת ל[
4Q418 9+9a-c,17 (XXXIV) כבד אב[יכה בריש]כה [ואמכ]ה במצעריכה

Mizpah proper noun **מִצְפָּא**

4Q522 9i+10,4 (XXV) ו]יכו את כול בקעת מצפא את / [

מִצְפָּה ← מִצְפָּא

distress, straights noun **מֵצַר**

1QH[a] XIII,29 וישיגוני במצרים לאין מנוס

4Q525 2ii+3,5 (XXV) ולוא יטושנה בעוני מצר[יו/פו] ← מַצְרֵף

Egyptian proper noun מִצְרִי

4Q365 1,1 (XIII) [ותרא ש]רה את בן הגר המצרית

Egypt, Mizraim proper noun מִצְרַיִם

CD III,5 ובניהם במצרים הלכו בשרירות לבם
1QM I,4]הכתיים במצרים
1QM XIV,1] / כאש עברתו באלילי מצרים
1Q22 1i1 (I) לצא[ת בני י]שר[אל מארץ מ]צרים
3Q14 17,2 (III)]ממצרי[ם
4Q158 4,2 (V)] / העם ממצרים תעבד[ון
4Q158 14i4 (V)]שה ובארץ מצרים / [
4Q158 14i5 (V)]◦◦ול יד מצרים וגאלתים / [
4Q158 14i6 (V)]ה במצרים
4Q159 2-4,3 (V)] / מצרים ויצו עליהיהם
4Q163 21,11 (V) ההלכים לר]דת מצרים
4Q163 21,12 (V) ולחסו]ת בצל מצ[רים
4Q163 21,13 (V) והחסו]ת בצל מצרי[ם לכלמה
4Q163 25,5 (V) [הוי היורדים] מצרים על סוסים [ישענו
4Q163 28,1 (V)]מצרים[
4Q167 17,1 (V) פשר]ו על מצרים[
4Q185 1-2i15 (V) יזכרו נפלאים עשה / במצרים
4Q223-224 2v29 (XIII) וימשילהו]על כול ארץ מצרים
4Q225 1,5 (XIII)]ת מצרים וימכור אותם אלוהים ◦[
4Q226 1,3 (XIII) מצוה]עליך לרדת מצרים ולהוצ[יא
4Q226 2,2 (XIII)]במצר[ים
4Q248 2 (XXXVI) ומשל ב]מצרים וביון
4Q248 6 (XXXVI) [ו]בא למצרים ומכר את עפרה
4Q248 8 (XXXVI) והפך בארצות גוים ושב למצרי[ם
4Q364 11,5 (XIII) ויעלו מצ[רים ויבואו ארצ(ה) כנען
4Q364 18,4 (XIII)] / ל[ה]מה ממצ[ר]ים[ועד הנה
4Q364 19a-b,7 (XIII) לצאת בני י]שראל מארץ מצרימ
4Q364 21a-k,17 (XIII) [הו]ציאנ[ו] מארץ מ[צרים
4Q365 5,1 (XIII) והנה מצרים נסעים אחריהמ[ה
4Q365 6ai1 (XIII)] / [עבוד את מצרי]ם ממותנו במדבר
4Q365 6ai6 (XIII) מחזק א]ת לבב פרעוה ואת לב[מצר]ים
4Q365 6ai9 (XIII) ויסע ע]מוד ה[ענן מ]מחנה מצרים
4Q365 6aii+6c,13 (XIII) כול המחלים אשר ש[מ]תי במ[צרים]
4Q365 7i2 (XIII) [למה זה ? העליתנו ממצ]רים להמית אותנו
4Q365 17a-c,6 (XIII) [המעלה אתכם מאר]ץ מצרים
4Q365 23,2 (XIII) בהוציאי אותם מארץ מצר[י]ם
4Q365 26a-b,5 (XIII) לצאתם מ]אצ{{ר}} מצרים
4Q365 32,12 (XIII) ש[בע] / [שנים נבנ]תה לפני צען מצרים
4Q366 2,7 (XIII) הו]צאתי אותם מארץ מצ[רים
4Q368 2,10 (XXVIII) כי בו יצאת ממצרים
4Q379 12,5 (XXII) ו]ארבעים שנה לצאתם מאר[ץ] / מצרים
4Q383 6,2 (XXX)] / למצ[רים
4Q385 3,7 (XXX)]ל [ ]אשר [ע]ול מצר[ים
4Q385a 13a-b,3 (XXX)]שערי מצרים[
4Q385a 17a-eii6 (XXX) כוש מצרי[ם עצמה ו]אין קץ לבריח[יך]
4Q385a 18ii6 (XXX) בארץ תחפנס אשר בארץ מצ[רים
4Q385b 1,3 (XXX) מצ]רים ותהי חלחלה[ ]בפוט
(XXX) ותהי חרב במ[צרים] / [
4Q385b 1,5 (XXX) ו]ערב יפולו בשער[י]מצרים
4Q385b 1,6 (XXX)]בחרב מצר[ים]תשדד◦[
4Q385c C,2 (XXX)]י מצרים[
4Q387 2iii2 (XXX)] / [את מצרי]ם ואת ישראל אשבר
4Q388a 7ii4 (XXX) בימו אשבור את מלכות מצרים[
4Q388a 7ii5 (XXX)] / את מצרים ואת ישראל אשבור
4Q389 1,4 (XXX) ו]כל הנשאר בארץ מצ[רים
4Q389 1,5 (XXX) י]רמיה בן חלקיה מארץ מצר[ים
4Q389 8i7 (XXX) מ]צרים / [
4Q391 1,2 (XIX) מ]לך מצרים הנש◦[
4Q391 5,4 (XIX)]מצרים ◦◦ [
4Q391 48,2 (XIX)]למזבחי מצ[רים
4Q391 70,2 (XIX)]מצרים [
4Q422 III,6 (XIII)] נפ[ל]אות למצרים[
4Q462 1,13 (XIX)]והנה נתנו במצרים שנית בקצ ממלכה
4Q462 1,14 (XIX) יו]שבי פלשת ומצרים לבזה וחורבה
4Q504 1-2i9 (VII)]◦ממצרים / [
11Q19 LIV,16 הוציאכה מארץ מצרים
11Q19 LVI,16 ולוא ישיב את העם מצרים למלחמה
11Q19 LXI,14 כי אנוכי עמכה המעלכה מארץ מצרים
PAM 43.680 33,2 (XXXIII)]למצרים [

crucible, test noun מַצְרֵף

CD XX,27 כל מרשיעי / יהודה בימי מצרפותיו
1QS I,17 מכול פחד ואימה ומצרפ / נסוימ
1QS VIII,4 ולרצת עוון בעושי משפט / וצרת מצרפ
1QM XVI,15]ל[ב]ב עמו יבחן במצרף
1QM XVII,1]◦ בחוני מצרף
1QM XVII,9 ואתם בני בריתו / התחזקו במצרף אל
עד יניף ידו ומלא מצרפיו
1QH[a] VI,4] עוני וברורי מצרף [
1QH[a] XIII,16 ותביאהו במצר[ף כז]הב במעשי אש
4Q171 1-2ii18 (V) ובאנשי עצתו בעת המצרף הבאה עליהם
4Q174 1-3ii1 (V) היאה עת המצרף הב[אה
4Q174 24,2 (V)]מצרף[
4Q177 5-6,3 (V) עד עת המצ[רף הבאה
4Q256 II,2 (XXVI) מכול פ[חד וא]ימה ומצרף / [נסוים
4Q259 II,12 (XXVI) ולרצות עו[ון במעשי משפט וצרת] מצרף
4Q429 1ii2 (XXIX) ותביאהו] / במצרף כ[זהב במעשי אש
4Q491 1-3,7 (VII) ואנשי החרש[וה]מ[צ]רף
4Q491 10ii11 (VII) יחלו] / חללי המצרף לנפול ב[רזי] אל
4Q491 11ii12 (VII) ולב עמו יבחן במצרף
4Q525 2ii+3,5 (XXV) ולוא יטושנה בעוני מצר[יו/פו] ← מֵצַר
XQ7 1 (XXXIV) מ]צרף[ ]◦ן / [

sanctuary, temple noun מִקְדָּשׁ

CD I,3 הסתיר פניו מישראל וממקדשו
CD IV,1 ובני / צדוק אשר שמרו את משמרת מקדשי
CD IV,18 השנית ההין השלישית / טמא המקדש
CD V,6 וגם מטמאים הם את המקדש
CD VI,12 לבלתי בוא אל המקדש להאיר מזבחו חנם
CD VI,16 ובחרם / ובהון המקדש
CD XII,1 אל ישכב איש עם אשה בעיר המקדש
CD XII,2 לטמא / את עיר המקדש בנדתם
CD XX,23 ויטמאו את המקדש
1QpHab XII,9 ויטמא את / מקדש אל
1QM II,3 להתיצב תמיד בשערי המקדש
1QM VII,11 ואל המקדש לוא / יביאום
1Q39 10,3 (I)]ן מקדשו / [
4Q167 20,1 (V)]ם במקדש י◦[
4Q174 1-2i6 (V) השמו בראישונה / את מקד[ש י]שראל
(V) ויואמר לבנות לוא מקדש אדם
4Q176 1-2i2 (V)] / מקדשכה וריבה עם ממלכות
4Q183 1ii1 (V) ויטמאו את מקדשם[
4Q216 II,9 (XIII) ואת]מקדש[י אשר הקדשתי לי
4Q216 IV,7 (XIII) עד אש]ר יבנה מקדשי / [בתוכם

4Q248 7 (XXXVI) ואת[ה] / אל עיר המקדש
4Q251 10,6 (XXXV) אך בכור השו]ר[ו]הצאן והמקדש מן / [
4Q265 7,6 (XXXV) קרוב] / [למ]קדש שלושים רס
4Q266 2i8 (XVIII) הסתיר פ[ניו מי]שראל וממקדשו
4Q266 3ii22 (XVIII) וב]חרם ובהון] / [המקד]ש
4Q266 6ii4 (XVIII) ואל ת[בו] / אל המקדש עד בו השמש
4Q268 1,11 (XVIII) הסת[יר פניו]מישראל [ו]ממקדשו
4Q271 5i17 (XVIII) אל] ישכב איש עם אשה בעיר המקדש
4Q286 2,1 (XI) וכול רוחי משאי מקד[ש] / [
4Q302 1ii6 (XX)] / מקדשו [
4Q307 2,2 (XXXVI)] במקדש נפ[
4Q367 1a-b,6 (XIII) [ו]אל המקדש לא[ת]בוא
4Q385a 3a-c,7 (XXX) [ותטמאו את] מקדשי
4Q390 1,6 (XXX) מארץ שבים לבנות / את המקדש
4Q390 2i2 (XXX)]בית[י ומזבחי ואו]ת מקדש הקד[ש
4Q390 2i9 (XXX) ויעשוקו איש את רעהו את מקדשי יטמאו
4Q394 3-7i8 (X) ואין]לבוא למקד[ש
4Q394 3-7ii4 (X) אין] / [להביא]ם למקד[ש
4Q394 3-7ii16 (X) ואנחנו חושבים שהמקדש[משכן אוהל מועד
4Q394 8iv4 (X) והמה באים לטה[ר]ת המקדש
4Q394 8iv9 (X) שהם / אוכלים מקצת [ע]צמות המק[דש
4Q396 1-2i1 (X) א]נם שוחטים במקדש
4Q396 1-2ii1 (X) ולהיות יראים מהמקדש[
4Q396 1-2ii6 (X) והמה / באים לטהרת המקדש
4Q397 6-13,3 (X) [שהם אוכלים מקצת ע]צמות המ[קדש
4Q400 1i7 (XI) וממקור הקודש למקדשי קודש / [קודשים
4Q403 1i11 (XI) לברך לכול סודיה]ם במקדש[קודשו
4Q403 1i42 (XI) רקיע {{זו}} טוהר טהורים למקדש קודש[ו]
4Q403 1ii21 (XI) שבעת גבולי פלא בחוקות מקדשיו
4Q403 1ii22 (XI) במקדש פלא לשבעת סודי קודש כ[
4Q404 5,5 (XI)]מקדשי פלא רוחות אלוהים / [
4Q405 6,7 (XI)]ל מקדשי]פלא רוחות אלוהים
4Q405 8-9,6 (XI)]◦ מקדשי / [
4Q405 11,5 (XI)]◦וש מקדש / ◦◦ל◦[
4Q405 23ii4 (XI)] / קדוש מקדש כול [
4Q405 23ii11 (XI) בכול מרומי מקדשי מלכות / כבודו
4Q405 41,1 (XI)]◦ מקדש[
4Q414 14,3 (XXXV)]מקד[ש
4Q421 12,2 (XX) וכול עבד ואמה לוא יוכל במ[קדש אל ?
4Q511 35,3 (VII) יקד[ש] / אלוהים לו למקדש עולמים
4Q512 56-58,3 (VII) א]ל המקדש וירד / [
4Q513 10ii7 (VII)] / המקדש[
4Q513 15,4 (VII)]א למקד[ש
4Q513 20,3 (VII)]בה את המקדש[
11Q19 III,11] לוא ימוש מן המקדש קער[ותיו
11Q19 XXIX,8 ואקדשה [את מ]קדשי בכבודי
11Q19 XXIX,9 יום הברכה/הבריה אשר אברא אני את מקדשי
11Q19 XXXV,7 ולוא יחל[לו את מק]דש אלוהיהמה
11Q19 XLIII,12 והיושבים במרחק מן המקדש
11Q19 XLV,8 לוא יבוא אל / כול המקדש
11Q19 XLV,10 ובאה השמש אחר / יבוא אל המקדש
ולוא יבואו בנדת טמאתמה אל מקדשי
11Q19 XLV,12 לוא יבוא אל כול עיר / המקדש
11Q19 XLV,17 אחר יבוא אל עיר / המקדש
11Q19 XLVI,2 ולו]א יעוף [כול] / עוף טמא על מקד[שי
11Q19 XLVI,3 לוא יוכל ? ל]היות בתוך מקדשי לעו[לם]
11Q19 XLVI,8 עולים בני ישראל אליו / לבוא אל מקדשי
11Q19 XLVI,9 ועשיתה חיל סביב למקדש רחב מאה באמה
11Q19 XLVI,10 יהיה / מבדיל בין מקדש הקודש לעיר
11Q19 XLVI,11 ולוא יהיו באים בלע אל תוך / מקדשי

11Q19 XLVI,11 וקדשו את מקדשי
ויראו ממקדשי / אשר אנוכי שוכן בתוכמה
11Q19 XLVII,4 ומקד[שי בתוכה] תהיה קודש
11Q19 XLVII,9 ואל עיר מקדשי לוא יביאו
11Q19 XLVII,11 אנוכי משכן את שמי ומקדשי בתוכה
11Q19 XLVII,12 כי בעורות אשר יזבחו / במקדש
11Q19 XLVII,13 וכול / אוכלמה לעיר מקדשי
ולוא יגאלו את מקדשי בעורות
11Q19 XLVII,16 אם / במקדשי תזבחוהו יטהר למקדשי
יטהר למקדשי
11Q19 XLVII,17 וכול טהרת המקדש
בעורות המקדש תביאו
11Q19 XLVII,18 ולוא תטמאו / את מקדשי
11Q19 LII,14 בכול שעריכה קרוב למקדשי
11Q19 LII,15 כי אם בתוך / מקדשי תזבחנו
11Q19 LII,17 בשעריכה תואכלנה רחוק ממקדשי
11Q19 LII,18 לוא תזבח ⟦ ⟧ קרוב למקדשי
11Q19 LII,20 לוא יבוא לתוך מקדשי
11Q20 XII,11 (XXIII)]ק לוא יבוא אל המקדש / [
11Q20 XII,12 (XXIII) ואל המקדש / [לוא יבוא
11Q20 XII,20 (XXIII) לבוא אל מק[דשי]
11Q20 XII,21 (XXIII) יהיה[מבדי]ל בין מקדש / [הקודש לעיר
11Q20 XII,22 (XXIII)]וקדשו את מ[קדשי] / [ויראו ממקדשי
11Q21 3,4 (XXIII)] / בכול המקדש ◦[
11Q21 3,5 (XXIII)] / המקד[ש

congregation noun מַקְהֵל
1Q16 8,1 (I) במקהלות ברכו אלוהי[ם

? מקוד
1QM XVI,1] / עד תום כול מקוד[

hope noun מִקְוֶה-1
1QHa XI,20 ואדעה כיא יש מקוה לאשר / יצרתה מעפר
1QHa XIV,6 ואדעה כי יש מקוה לשבי פשע
1QHa XVII,14 ואדעה כי יש מקוה ב[ח]סדיכה
1QHa XXII,7 כיא יש מקוה לאיש / [
1QHa XXII,14] ביש◦◦ ללוא מקו[ה
4Q185 1-2i7 (V) ואין מקוה / ל◦◦[
4Q185 1-2i12 (V) ולא ימצאהו ואין מקוה
4Q299 6i14 (XX)]◦כול מקויהם וחדר / [
4Q381 28,3 (XI)]מקוה לאיביך יכרתו [
4Q382 142,2 (XIII)]אין מקוה[

gathering, reservoir noun מִקְוֶה-2
1QS XI,6 מקור צדקה ומקוה / גבורה עמ מעין כבוד
1QM X,13]◦ה חוג ימים ומקוי נהרות ומבקע תהומות
1QHa XX,25 למקור נדה וערות קלון מקוי עפר
1QHa XX,29 ומקוי כבוד ומקור דעת וגבור[ה]
1QHa 3,6]מקוי אפר
4Q286 1ii5 (XI) ומקוה גבורות הדר תשבוחות וגדול נוראות
4Q393 3,9 (XXIX) ומקו[י מים כרמים וזיתים[ ]נחלת עם [
4Q427 9,1 (XXIX) ומקוי כבוד ומקור דעת וגבורת פלא
4Q511 52-59,2 (VII) מ]קור הטוהר מקוי הכבוד גדול הצד[ק
4Q521 7+5ii3 (XXV) וכל] / [אשר בם] וכל מקוה מים ונחלים

place noun מָקוֹם, מָקֹם
CD XI,14 אל ישבית איש במקום קרוב / לגוים בשבת
CD XI,16 נפש אדם אשר תפול אל {{מים}} מקום מים
ואל מקום / אל יעלה איש בסולם

ושמחתה לפני במקום אשר אבחר 11Q19 LII,16
ובאתה אל המקום אשר אשכין / שמי עליו 11Q19 LIII,9
מן המקום אשר אבחר לשכין שמי עליו 11Q19 LVI,5
אל המקום אשר אבחר לשכן / שמי 11Q19 LX,13
ואל שער {{◦◦◦◦}} מקומו 11Q19 LXIV,4
בשדה מצאה האיש את האשה במקום רחוק 11Q19 LXVI,4
לעשות לה]מה [מ]קום לכירים (XXIII) 11Q20 X,5
ועשיתה להמה מקו]ם יד חוץ מ[ן העיר] (XXIII) 11Q20 XII,24

spring, flow, source noun מָקוֹר, מָקֹר

במעון אור תולדות האמת וממקור חושך 1QS III,19
ולעליון מכין טובי מקור דעת ומעון קודש 1QS X,12
כיא ממקור דעתו פתח אורו 1QS XI,3
וממקור צדקתו משפטי אור 1QS XI,5
מקור צדקה ומקוה / גבורה עם מעין כבוד 1QS XI,6
ואת] מקור ע[ו]לם / אשר ל[וא יכזב] יפתח (I) 1QSb I,3
מקו]ר עולם ולוא י[עצור מים חיים ל]צמאים (I) 1QSb I,6
להכ[י]רכה ממקור / [עולם (I) 1QSb III,19
איש אשר לוא יהיה טהור ממקורו 1QM VII,6
] מקור און ◦◦◦[1QHa VIII,3
סוד הערוה ומקור הנדה כור העוון 1QHa IX,22
שמתה בלבבו לפתוח מקור דעת 1QHa X,18
ו]היה מעין אור למקור / עולם לאין הסר 1QHa XIV,17
כי נ]תתני במקור נוזלים ביבשה 1QHa XVI,4
ויהי למקור עולם 1QHa XVI,8
ויחשוב בלא האמין למקור חיים 1QHa XVI,14
ובידי פתחתה מקורם עם מפלגי[ה 1QHa XVI,21
ולבי נפתח למקור עולם 1QHa XVIII,31
ואני נפתח לי מקור לאבל מרורים [1QHa XIX,19
ומחמר קו]רצתי / למקור נדה וערות קלון 1QHa XX,25
ומקוי כבוד ומקור דעת 1QHa XX,29
מק]ור פתחתה בפי עבדכה 1QHa XXIII,10
ותפתח מק[ור] להוכיח ליצר חמר דרכו 1QHa XXIII,12
ולפתח מ[קו]ר אמתכה ליצר 1QHa XXIII,13
]◦ע ממקור ◦[1QHa XXIII,15
בר]כת המקו[ר] לברך את ע[(I) 1Q16 8,2
]ל[מ]קור דע[ת]ם כי[(XXXVI) 4Q215a 3,2
ולעליון מ]כון טובי מק[ור] / [(XXVI) 4Q258 IX,12
] / אל מקור [(XVIII) 4Q270 2ii3
ורום כבוד סוד קודש ומק[ור ז]והר (XI) 4Q286 1ii4
סוד חוכמא ותבנית דעה ומקור {{מ}}בינה (XI) 4Q286 1ii6
מקור ערמה / ועצת קודש וסוד אמת (XI)
]וטהרה ממקור[דמיה] (XIII) 4Q367 1a-b,10
וממקור הקודש למקדשי קודש / [קודשים (XI) 4Q400 1i7
ומ]מקור ה[קודש (XI) 4Q401 15,2
שפתיכה פתח מקור לברך קדושים (XXXIV) 4Q418 81+81a,1
ואתה כמקור עולם הלל ◦[(XXXIV)
] / כמקור מים חיים אשר הכיל א[ו]ט◦[(XXXIV) 4Q418 103ii6
]מקורכה ומחסורכה לוא תמצא (XXXIV) 4Q418 127,1
] רחמים למפרי טוב גודלו ומקור / [(XXIX) 4Q427 7i23
נפתח מקור לב[רכת עד] (XXIX) 4Q427 7ii5
]לעולם ומ[ק]ור ברכה / [(XXIX) 4Q427 8i18
ולהשביע]ממקו[ר דעת כול נכאי רוח (XXIX) 4Q428 14,5
והיה מעין אור למק[ו]ר עולם ל[אין] / [הסר (XXIX) 4Q429 4i4
נפתח מקור לברכת עד (XXIX) 4Q431 2,4
על כן עיני מקור מים / [(XXIX) 4Q439 1i+2,3
עזבו] / מקור מים חיים א[(VII) 4Q504 1-2v2
]ו במקור / ◦[(VII) 4Q511 44-47,1
מ]קור הטוהר מקוי הכבוד גדול הצד[ק (VII) 4Q511 52-59,2
ובשפתי שמתה מקור / תהלה (VII) 4Q511 63iii1

ובמקום עשרה אל ימש איש כהן CD XIII,2
וכתבוהו במקומו כפי נחלתו CD XIII,12
ולוא ירום ממקום גורלו 1QS II,23
ובכול מקום אשר יהיה שם עשרה אנשים 1QS VI,3
ואל ימש במקום אשר יהיו שם העשרה איש 1QS VI,6
ובל יחישו ממקומם 1QS VIII,8
ויתנכה מקומכה [במעון] / קודש (I) 1QSb III,26
ורוח יהיה / בין כול מחניהמה למקום היד 1QM VII,7
ושבו אל מקום עומדם 1QM XIV,3
ובבוקר יבואו עד מקום המערכה / [1QM XIX,9
] / ◦◦ לוא יהיו עוד ותשם מקום ר[1QHa 5,5
כי הנ[ה] י[הוה יצא מ]מקומו (I) 1Q14 1-5,2
ויבוא] למ[קום בער]ב (I) 1Q17 4
ויק]ח מאבני המקום[הזה (I) 1Q17 5
ואין רשע / ואתבוננה על מקומו (V) 4Q171 1-2ii6
כצ]פור ממקומו וגל[ה (V) 4Q177 5-6,9
אל]יוצא איש ממקומו כל השבת (XXXV) 4Q251 1-2,4
ובל יחישו ממ[קומם (XXVI) 4Q258 VI,2
וב]ל יחישו ממקומם (XXVI) 4Q259 II,16
[ובכל]מ[ק]ום אשר יהיה שם[עשרה אנשים (XXVI) 4Q263 4
הרחי[בי] מקום אוה[לך] (XXXV) 4Q265 1,5
ובמקום אחר / כתוב (XVIII) 4Q266 11,4
ובמקום כתוב קרעו לבבכם (XVIII) 4Q266 11,5
ובמ[קום אחר כתוב] / קרעו לבבכם (XVIII) 4Q270 7i18
אל ישבות איש במקום קרוב לגוים בשבת (XVIII) 4Q271 5i9
]למקום ⟦ ⟧[(XXVI) 4Q275 2,6
]◦◦◦◦◦ במקום / [(XXXV) 4Q278 8
או]ר במקום תהוב[הו (XX) 4Q303 5
המקום כי[ירא לאמור אשתי ? (XIII) 4Q364 2,1
כול המקו]ם אשר תדרו[ך כף רגליכם בו (XIII) 4Q364 31,2
והלכתה אל]המקום אשר[יבחר יהוה] (XIII) 4Q364 32,3
למקום ההואה קראו נחל אשכ[ו]ל (XIII) 4Q365 32,14
]ממקום י[(XXVIII) 4Q371 1a-b,3
[א]ל המקום אשר יבחר אלוהיכה (XIX) 4Q375 1i8
]◦במקום קדש[סלה (XI) 4Q381 31,3
ואני לאזכרתיך [במקו]ם ק[דשך] (XI) 4Q381 33+35,11
כי ירושלים]היא המקום אשר / [(X) 4Q394 3-7ii19
והיא המקום / שבחר בו מכל שבטי [ישראל (X) 4Q394 8iv10
אבד[ו] מקצת] / מקומות (X) 4Q397 14-21,6
אל יבי]א ממקומו חנם (XX) 4Q421 12,4
ואחר יקום הא[ו]רב ממקומו (VII) 4Q491 1-3,13
[וב]בוקר יבואו עד מקום המערכה (VII) 4Q492 1,9
]מקומ[(VII) 4Q503 122,2
]◦ במקום ◦[(VII) 4Q511 37,2
] / גלה הארץ בכל מקו[ם (XXV) 4Q521 2iii4
על עצים באש ?] / במקום מובדל לחטאות 11Q19 XVI,12
ועשיתה מקום למערב ההיכל 11Q19 XXXV,10
כי מובדלים יהיו מקומותמה זה מזה 11Q19 XXXV,13
מקומות עשוים לכוהנים לז[ב]חיהמה 11Q19 XXXVII,10
עשית[ה] להמה מקום [לכירים] 11Q19 XXXVII,13
מקום לסוכות גבהים שמונה אמות 11Q19 XLII,12
]א / משמר אל מקומו וחנו 11Q19 XLV,5
ועשיתה להמה מקום יד חוץ מן העיר 11Q19 XLVI,13
ועשיתה / שלושה מקומות למזרח העיר 11Q19 XLVI,17
כאשר הגויים עושים בכול מקום 11Q19 XLVIII,11
כי אם מקומות / תבדילו בתוך ארצכמה 11Q19 XLVIII,12
בין ארבע / ערים תתנו מקום לקבור בהמה 11Q19 XLVIII,14
ובכול עיר ועיר תעשו מקומות 11Q19 XLVIII,14
כאשר הגואים עושים בכול מקום 11Q19 LI,19
לפני תואכלנו שנה בשנה במקום אשר אבחר 11Q19 LII,9

שבתון זכ]רון תרועה מ[קרא קודש] — 11Q19 XXV,3
שבת שבתון מקרא קודש יהיה לכמה — 11Q19 XXVII,8
]ן שבתון זכרון מקרא קודש / [— (XXIII) 11Q20 VII,24

מִקְרָא ← מִקְרֶה

incident, chance noun מִקְרֶה
]◦ מקרה [— (XXV) 4Q524 25,8

ceiling noun מְקָרָה, מְקָרָא
עוביה ארבעים באמ]ה ומקראה גם [— 11Q19 V,6
וגו]בהה אר[בעים] בא[מ]ה ומקר[אה גם — 11Q19 VI,4
ו[כ]ול בנינו ומקרותיו כבית הכיור — 11Q19 XXXIII,9
שלשלות יורדות מן מקרת שני עשר העמודים — 11Q19 XXXIV,15
[וגוב]הו חמש [וארבעים באמה עד מק]רת גג[— 11Q19 XXXVI,6
וגובה / המקרה מן המשקוף ארבע עשרה — 11Q19 XXXVI,10
]מקרת הגג[מן המשקוף] / [— 11Q19 XXXIX,2

מֹקֵשׁ ← מוֹקֵשׁ

bitter, grim adjective מַר-2
מקים את / הכשדאים הגוי המר[והנמ]הר — 1QpHab II,11
י]כולו לשתות מים ממרה כי מר[ים המה — (XIII) 4Q365 6aii+6c,9
ואז תדע מה מר לאיש ומה מתוק לגבר — (XXXIV) 4Q416 2iii15

to rebel, embitter verb מרא-1
אל ימרא איש את עבדו — CD XI,12

appearance, vision, mirror noun מַרְאָה
מרוקה כמעשה / מראת פנים — 1QM V,5
ומלובן כמראת פנים מעשי חרש מ[ח]שבת — 1QM V,11
ותחדש בריתך להם במראת כב[ו]ד — (I) 1Q34bis 3ii6
] / מראות וחשב ◦ — (XIII) 4Q382 105,3
ויראה]במראת[הסנה הבוער ? — (XIII) 4Q422 III,4
ותחדש ברי]תכה להם במראת / [כבוד — (VII) 4Q509 97-98i8

vision, appearance noun מַרְאֶה
ומראי שבולת / זהב טהור — 1QM V,11
לשמוע [ק]ולות ולכול מראי דמיונים — 1QM VI,13
הו]דיעני את מראה האלוהים אל◦[— (V) 4Q160 1,5
מ]ראה / [— (V) 4Q160 3-4i6
[ולוא] למראה ע[יניו] / [ישפוט — (V) 4Q161 8-10,13
מ]ראה[ו]אחר אר[בע וחמשים חיה — (XIX) 4Q200 7ii6
וראה הכהן אותו כמראי הבשר החי — (XVIII) 4Q266 6i2
והפך מרא{{ת}}ה לדק צוהב — (XVIII) 4Q266 6i7
א]ותו כמ[ראי] הבש[ר החי — (XVIII) 4Q269 7,11
וראה הכוהן] אותו כמראי הבשר החי [— (XVIII) 4Q272 1i10
ובערב יהיה על] / [המשכן כמר]אה אש — (XIII) 4Q365 31a-c,4
] / המראה אשר ראה יחזק[אל — (XXX) 4Q385 6,5
] / מראי תבנית כבוד לראשי ממלכות רוח[— (XI) 4Q403 1ii3
כמראי גחלי[אש — (XI) 4Q403 1ii6
רוחות אלוהים מראי עו]למים — (XI) 4Q403 1ii8
] / מראי להבי אש[— (XI) 4Q405 15ii-16,3
כמראי אש רוחות קודש קדשים — (XI) 4Q405 20ii-22,10
סביב מראי שבולי אש בדמות חשמל — (XI)
בתוך כבוד מראי שני צבעי — (XI) 4Q405 23ii8
רוחי צבעי[טוהר]בתוך מראי חור — (XI) 4Q405 23ii9
ומראה עינו בל יחיה — (XX) 4Q413 1-2,3
]וחמה ליפי מראיה [מבינים — (XXXIV) 4Q418 167a+b,5
יפי התור ויפי המראה הגבהים בקומתם — (IV) 11Q5 XXVIII,9

איש]אשר לא החל לטהור ממק[ר]◦ — (VII) 4Q514 1i4
אשר לא החל לטהור ממקרו — (VII) 4Q514 1i7
]רבו מקורה מקור [— (XXV) 4Q525 21,7
]רבו מקורה מקור [— (XXV)

buying noun מִקָּח
ואל יעש איש חבר למקח ולממכר — CD XIII,15

censer noun מִקְטֶרֶת
ועל הזבחים לערוך מקטרת ניחוח — 1QM II,5
]מקטרת קודשכ[ה וני]ח[ו]ח רצונכה — (VII) 4Q512 29-32,11

refuge noun מִקְלָט
א]ל ע[ר]◦ המקלט[— (XXXV) 4Q251 3,1

Makliah (?) proper noun מקליח
מחתוש מקליח מפיבשת / [ ]לגוס בניבן — (XXXVI) 4Q341 5

מָקֹם ← מָקוֹם

cattle, property noun מִקְנֶה
המון מקנה בחלקותיכה כסף וזהב — 1QM XII,12
ויתרוממו במקנה וקנין — 1QH^a XVIII,25
ואת [ב]ניונו [וא]ת מ[קני]נו בצמא — (XIII) 4Q365 7i2
] / ובציא במדבר למקנה לכ[— (XXII) 4Q378 19ii6
]זכה למותר ופרץ מקניכ[ה — (XXXIV) 4Q418 126ii15
ויגוף בדב[ר את/כול] / מקניהמה — (XIII) 4Q422 III,9
]◦ה במקנינו ומרמש / [— (VII) 4Q502 6-10,5

corner, angle noun מִקְצוֹעַ, מִקְצָע
בברכא שבמזרח כחלת במקצע / הצפני — (III) 3Q15 II,13
]ה בארבעת / מקצועות — (III) 3Q15 XI,1
ותוכו ממקצוע אל מקצוע — 11Q19 XXX,8
ותוכו ממקצוע אל מקצוע
] מן המקצוע[— 11Q19 XXXVI,3
שש / ועשרים באמה ממקצוע אל מקצוע — 11Q19 XXXVI,7
שש / ועשרים באמה ממקצוע אל מקצוע
ומפנת השער עד המקצוע השני — 11Q19 XXXVI,12
ובארבעת מקצועות החצר — 11Q19 XXXVII,13
מן המקצוע אשר אצל בני יהודה — 11Q19 XLIV,11
ואת החטאות במקצ[ו]ע המזרחי צפונה — (XXIII) 11Q20 X,6
]מקצוע[— (XXIII) 11Q20 32,1

מִקְצָע ← מִקְצוֹעַ

מְקֹר ← מָקוֹר

convocation, assembly noun מִקְרָא
סדרי המלחמה וחצוצרות מקראם — 1QM III,1
על חצוצרות מקרא העדה יכתובו קרואי אל — 1QM III,2
ועל חצוצרות מקרא ה{{ס}}שרים — 1QM III,3
ועל חצוצרות מקרא אנשי הבנים — 1QM III,7
וביד הששה יהיו / חצוצרות המקרא — 1QM VII,13
ותקעו הכוהנים בשתי חצוצרות המקר[א — 1QM VII,15
ותקעו הכוהנים בחצוצרות המקרא — 1QM VIII,3
לפניהם יתקעו הכוהנים בחצוצרות המקרא — 1QM IX,3
והכ[ו]הנים יתק[עו] בחצ[ו]צרות המקרא — 1QM XVI,12
]לו עשה לעת לו מקרא[— (XIII) 4Q364 15,4
]מקרא [קודש — (VII) 4Q513 3-4,2
ובחמשה עשר לחודש הזה מקרא קו[דש] — 11Q19 XVII,10

11Q17 IV,6 (XXIII) רק]ע / [מר]אי פלא כ[
11Q17 V,7 (XXIII) מ]ראי[

to rebel verb **מרד**

CD VIII,4 וידקמום כל מורדים
1QpHab VIII,11 ויקבוץ הון אנשי חמס אשר מרדו באל
1QpHab VIII,16 פ]שר הדבר [על הכוהן אשר מרד
4Q332 2,6 (XXXVI)]ב הרקנוס מרד[בארסטבולוס] / [
4Q509 233,2 (VII) מ]רדנו בכה[

rebellion noun **מֶרֶד-1**

4Q266 11,7 (XVIII) במרד מלפני / הרבים ישתלח

rebellion noun **מַרְדּאֻת**

4Q181 1,2 (V) ולעומת רשעם לפי מורדאתם

מִרְדּוֹף ← מִרְדָּף

מַרְדּוּת ← מַרְדּאֻת

pursuit noun **מִרְדָּף, מִרְדּוֹף**

1QM III,2 וחצוצרות המרדף בהנגף אויב
1QM III,9 ועל חצוצרות המרדף יכתובו נגף אל
1QM VII,13 וחצוצרות המרדף וחצוצרות המאסף
1QM IX,6 ותקעו להמה הכוהנים בחצוצרות המרדוף

to rebel, defy, hold a grudge verb **מרה**

1QS VI,26 באמרות את פי רעהו הכתוב לפנוהי
1QH[a] VI,14 כי כול קרוביך לא ימרו פיך
1QH[a] 16,1]מרית[ם
1Q41 1,1 (I)]◦◦ וימרו תמו◦[
4Q159 2-4,5 (V) על פיהם ישאלו ואשר ימרה[
4Q171 1-2ii3 (V) כיא כול הממרים / לשוב מעונם יכרתו
4Q185 1-2ii3 (V) שמעתי בני יצל תמרו דברי יהוה
4Q299 3aii-b,8 (XX)] / המרה את דבר עושו
4Q370 1i2 (XIX) ויאמרו אל במ[עלי]ליהם
4Q370 1ii9 (XIX) אל תמרו דבר[י יהוה
4Q504 1-2ii8 (VII) נ]שאת[ה] / לאבותינו בהמרותם את פיכה
4Q504 7,14 (VII)]בר אשר המרו / [את פיכה
4Q509 131-132i15 (VII) המ]רותם / [
11Q13 5,3 (XXIII)]בליעל ימרו ◦[
11Q19 LXIV,2 כי יהיה לאיש בן סורר ומורה/ומורה ← מרר

Marah proper noun **מָרָה**

← בֵּית הַמָּרָה
4Q365 6aii+6c,9 (XIII) ויבואו מרתה [ולוא י]כולו לשתות מים
[ולוא י]כולו לשתות מים ממרה

מֹרֶה ← מוֹרֶה-3

height, deceit noun **מָרוֹם**

1QS VII,5 ואשר ידבר את רעהו במרום
1QpHab IX,13 לשום / במרום קנו לנצל מכף רע
1QM XIV,14 ורזי נפלאותיכה במרומי[כה
1QM XVII,8 ישמח צדק במרומים
1QH[a] 46i4]שפוט במרום / [
4Q171 1+3-4iii11 (V)] / ירשו את הר מרום ישר[אל
4Q253 2,5 (XXII)] / לו שערי המרום כאש[ר
4Q262 B,3 (XXVI) בה[רי מרום ינובב פר[י
4Q286 1ii1 (XI) והדומי רגלי כבודכה ב[מ]רומי עומדכה
4Q392 1,9 (XXIX) [כי ב]מרום [עשה ר]וחות וברקים
4Q400 1i20 (XI)] אלים כוהני מרומי רום ה[קר]בים / [
4Q400 1ii2 (XI)] / מרומים והנ[
4Q400 1ii4 (XI)] / בשערי מרומי רום[
4Q400 2,4 (XI) ובכול מרומי רום תהלי פלא לפי כול[
4Q401 23,2 (XI)]ל מרומים [
4Q402 3ii9 (XI)] / מרום ופל[ג
4Q403 1i30 (XI) הללו אלוהי מרומים הרמים
4Q403 1i33 (XI) ו]רוממו רוממו למרום אלוהים מאלי רום
4Q403 1i34 (XI) ואלוהות כבודו מעל / לכול מרומי רום
(XI) כיא הו[א אל אלים]לכול ראשי מרומים
4Q403 1i43 (XI)]להוד[ות עולמי ע]ולמים רקיע רוש מרו[מ]ים
4Q405 4-5,1 (XI) ל]מרום אלוה[ים מאלי רום
4Q405 4-5,2 (XI) ואלוהות כבודו מעל] / [לכו]ל מרומי[רום
(XI) כיא הוא אל אלים לכול רא]שי מרומים
4Q405 6,4 (XI)]◦ עולמי עולמים רקי[ע ר]אשי מרומ[ים
4Q405 23ii11 (XI) בכול מרומי מקדשי מלכות / כבודו
4Q428 18,3 (XXIX) כיא בצבא המרום] / תשפוט במרום
4Q460 9i4 (XXXVI) מלאה ה]ארץ אשמות למרום עליון
4Q476a 1,2 (XXIX)]עות המרום כל[
4Q491 8-10i12 (VII) ורזי פל[אות]כה במ[רומיכה]
4Q500 1,4 (VII)] לשער מרום הקודש [
4Q503 15-16,2 (VII) קודש קו]דשים במרומ[ים
4Q511 41,1 (VII)]במרומי רום מעוז ש◦[
11Q13 II,11 (XXIII) ו]על[י]ה / למרום שובה אל ידין עמים
11Q17 VII,2 (XXIII)]על מרום כסא[
11Q17 VIII,7 (XXIII)] מרומי[
11Q17 X,2 (XXIII)]מרומי כ[בודו

beautification noun **מְרוּקִים**

1Q38 1,1 (I)]בלבבם ⟦ ⟧ בלבבי מרוקים להל[

bitterness noun **מָרוֹר**

1QS IV,13 באבל יגון ורעת מרורים בהויות חושך
1QpHab IX,11 לענותו / בנגע לכלה במרורי נפש
1QH[a] XIII,12 ושועתי שמעתה במרורי נפשי
1QH[a] XIII,32 ויצרם / הופיע לי למרורים
1QH[a] XIII,34 מכעס עיני ונפשי במרורי יום
1QH[a] XVI,28 כי פרח נגעי / למרורים
1QH[a] XVI,37] או במרורי [
1QH[a] XIX,19 ואני נפתח לי מקור לאבל מרורים [
1QH[a] XIX,22] / יגון ומספד מרורים עד כלות עולה
4Q179 2,7 (V)]ה כאשת מרורים / וכל בנותיה כאבלות
4Q332 1,6 (XXXVI) מ]רורי הנפש ◦[
4Q429 3,8 (XXIX) מכעס עיני ונפשי / [במרו]רי יום
4Q432 11,2 (XXIX) [מכעס עיני ונפשי במרו]רי י]ום

מרורה ← מוֹרְרָה

open place, width noun **מֶרְחָב**

1QH[a] XIII,33 ואת אלי / מרחב פתחתה בלבבי
1QH[a] XIV,31] / למרחב אין קץ
4Q525 14ii11 (XXV) ויוציאכה] / למרחב רגלכה

distance noun **מֶרְחָק**

1QpHab III,10 וממרחק / יבואו מאיי הים
11Q19 XLIII,12 והיושבים במרחק מן המקדש

Marheshvan proper noun **מַרְחֶשְׁוָן**

4Q322a 2,5 (XXVIII)] למ[רח]שון [

fatling noun **מְרִיא**

4Q374 10,4	(XIX)	]מׄחלבי **מריאׄ**[ים

strife noun **מְרִיבָה-1**

1QpHab I,9		**מ]רׄיבה** וח[ ]הׄ היאה / [

Meribah proper noun **מְרִיבָה-2**

4Q174 6-7,3	(V)	נס]יתו[במסה תרי]בׄהו על מי **מריבה**
4Q175 15	(V)	במסה ותרבהו על מי **מריבה**

Miriam proper noun **מִרְיָם**

4Q377 2i9	(XXVIII)	ו]יׄשיב חרון אׄ[פו ותסג]רׄ**מרים** מעינו

bitterness noun **מְרִירוּת**

4Q418 200,1	(XXXIV)	]◦ יגון ו**במריׄרׄ**[

chariot noun **מֶרְכָּבָה**

1QM XI,10		וכשלישי **מרכבותיו** בים סו[ף]
4Q169 3-4ii3	(V)	וסוס דהר ו**מרכבה** מרקדה פרׄשׄ מׄעלה
4Q223-224 2v29	(XIII)	וירכיבהו עׄלׄ ה**מׄרׄכׄבׄה** הׄ[שנית
4Q286 1ii2	(XI)	ומדרׄ[ך] / קודשכה ו**מרכבות** כבודכה
4Q385 6,6	(XXX)	] / נגה **מרכבה** וארבע חיות חית[
4Q403 1ii15	(XI)	] / והללו יחד **מרכבות** דבירו
4Q405 20ii-22,3	(XI)	] / **מרכבות** כבודו [
4Q405 20ii-22,4	(XI)	] ממלכות מושבי כבוד ל**מרכבו**[ת
4Q405 20ii-22,5	(XI)	] **מרכבות** כבודו
4Q405 20ii-22,8	(XI)	תבנית כסא **מרכבה** מברכים ממעל לרקיע
4Q405 20ii-22,11	(XI)	מתהלכים תמיד עם כבוד **מרכבות** / [ה]פלא
4Q405 37,1	(XI)	**מר]כבות** [
4Q405 47,1	(XI)	**מ]רכבו**[ת
11Q17 VI,3	(XXIII)	]**מׄרׄכב**[
11Q17 VII,5	(XXIII)	**מרכבו]ת** כבודו [
11Q17 X,7	(XXIII)	**מר]כבות** הדרו ולדבירי קו[דשו

deceit noun **מִרְמָה-1**

1QS X,22		וכחש עוון ו**מרמות** וכזבים
1QpHab III,5		ו**מרמה** / ילכו עם כול העמים
1QH[a] XII,20		ותכרת במ[שפ]ט כול אנשי **מרמה**
4Q169 3-4ii8	(V)	ולשון כזביהם ושפת **מרמה** יתעו רבים
4Q185 1-2ii14	(V)	] / **מרמה** לא יבקשנה ובחלקות לׄא יׄחׄזיקנה
4Q221 7,10	(XIII)	וימאן לשמוע ותקרב] / עלו **מרמהׄ**[
4Q260 V,3	(XXVI)	וכחש עוון [ו**מ]רׄמות** וכזביׄםׄ
4Q381 85,3	(XI)	]◦הם ו**מרמה** בלבבם [
4Q418 87,2	(XXXIV)	]**מרמה** וׄ[
4Q525 2ii+3,3	(XXV)	ולוא ישחרנה בלׄבׄ **מרמה**
4Q525 5,7	(XXV)	שמ]עׄו אל ת[דר]שוה בלב **מרמה**

trampling noun **מִרְמָס**

1QH[a] XVI,8		ו**מרמס** גיזעו לכל עוברי / דרך
4Q162 I,1	(V)	ויהי ל**מרמס** אשר / [אמר

pasture noun **מַרְעִית**

4Q266 11,13	(XVIII)	ואנו עם פדותכה וצון **מרעית**ך̊ה̊
4Q418 172,10	(XXXIV)	]◦כה עם **מרעיׄת**כה ובמר[עית
	(XXXIV)	]◦כה עם מרעיׄתכה וב**מר[עית**
4Q418 172,11	(XXXIV)	]בׄכׄול **מרעיׄת**מה {{למה}} שנה [
4Q418 173,2	(XXXIV)	**מר]עׄיׄת**מה[
4Q418 173,5	(XXXIV)	]ו**במרעית**◦[

health, healing noun **מַרְפֵּא-1, מַרְפֵּה**

CD VIII,4		כי יחלו ל**מרפא**
1QS IV,6		ופקודת כול הולכי בה ל**מרפא**
1QH[a] X,8		ו**מרפא** לכול / שבי פשע
1QH[a] XVII,25		לשמחה וׄששון / ונגיעי ל**מרפא** ע[ולם
4Q176 30,3	(V)	]הׄ ו**מׄרפה**[
4Q216 VI,13	(XIII)	ויזרח השמש עליהם ל]**מרפה**
4Q374 2ii8	(XIX)	ובהאירו פנו אליהם [ ]ל**מרפא**
4Q382 39,5	(XIII)	]**מׄרפא** ◦[
4Q418 191,2	(XXXIV)	]**מׄרפאׄ** [
4Q427 7ii6	(XXIX)	ו**מרפא** בכול קצי עולם
4Q487 13,2	(VII)	]◦ה **מרפׄ**[

ceasing (?) noun **מִרְפָּא**

1QH[a] X,26		ויפרו חצים לאין **מרפא**

מַרְפֵּה ← מַרְפֵּא-1

to be painful verb **מרץ**

1QH[a] XI,8		וחבל **נמרץ** על משבריה
1QH[a] XI,12		והרית אפעה לחבל **נמרץ**

pain noun **מֶרֶץ**

1QH[a] XI,11		וחבלי **מרץ** במולדיהם ופלצות להורותם

awl noun **מַרְצֵעַ**

4Q158 7-8,13	(V)	] / אזנו ב**מרצעׄ**[

to polish verb **מרק**

1QM V,4		מגני נחושת **מרוקה** כמעשה / מראת פנים

broth noun **מָרַק**

4Q394 3-7i11	(X)	אותׄה] / ב**מרק** זבחׄםׄ

to be bitter verb **מרר**

4Q271 5i7	(XVIII)	אלי**מר** את עבדו ואת / [אמתו
4Q418 243,5	(XXXIV)	]◦ ונׄגע **נאמׄר** בׄ[
11Q19 LXIV,2		כי יהיה לאׄישׄ בׄןׄ סׄוׄרׄר ומורהׄ/ו**מורר**ׄ ← מרה
11Q19 LXIV,5		בננו זה סורר / ו**מורר**

מְרֹרָה ← מוֹרְרָה

Merari proper noun **מְרָרִי-1**

1QM IV,1		] / ועל אות **מררי** יכתובו תרומת אל
		ואת שם נשי **מררי** ואת שמות שרי אלפיו

burden, task noun **מַשָּׂא-1**

1QSa I,19	(I)	לפי כוחו יתנו **משאו** ב[עבו]דׄת העדה
1QSa I,20	(I)	לרי[ב מ]שפט ולשאת **משא** עדה
1QM X,12		צבא מאורות / ו**משא** רוחות
1QH[a] IX,12		וכול רוחות סערה] ל**משאם**
1Q22 1ii7	(I)	אי]כׄה [אשא לבדי] טרחכם [ו**מש]א**[כם
4Q286 2,1	(XI)	וכול רׄוחי **משאי** מקד[ש] / [
4Q291 1,2	(XXIX)	]החריש **משא** הריב וׄאׄ◦◦[
4Q365 28,3	(XIII)	איש איש על עבדתו ועל **משאו**
4Q403 1i41	(XI)	עמודי **משא** לזבול רום רומים
4Q403 1i42	(XI)	ואור]לׄ[**מש]א** יחד רקיע
4Q405 6,2	(XI)	[עמודי] **משאׄ**[ל]זׄבׄוׄל רוׄ[ם רומ]יׄםׄ
4Q405 6,3	(XI)	]דעת ואור ל**משא** יח[ד רקי]עׄ
4Q405 23i1	(XI)	]**מׄשאיהׄ**[ם

4Q**405** 23i5 (XI) לכ]לכלם משאי כול
4Q**405** 81,3 (XI)]ים למשא[
4Q**432** 1,2 (XXIX) רוחות סערה למ]שׂ[אם
4Q**511** 17,3 (VII)]גבורה אין משא[
11Q**17** VIII,6 (XXIII) ישמׄ[י]עוׄ מקול משא אלוהים[
11Q**17** VIII,8 (XXIII)]למוסדי פלא / למשא מ[
11Q**17** VIII,9 (XXIII)]◦ במש[א
11Q**17** X,6 (XXIII)]הו משאי קודש / לכסאי כבודו
PAM 43.685 8,1 (XXXIII)]משא [

oracle noun **מַשָּׂא-2**

1Q**27** 1i8 (I) נכון הדבר לבוא ואמת המשא
4Q**160** 1,4 (V)]להׄגיד את המשא לעלי ויען עלי וׄ[
4Q**410** 1,8 (XXXVI) ולוא יכזב המ[שא ו]לוא [הח]ריׄש / [החזון
4Q**410** 1,9 (XXXVI)]דׄ משא ועל בית יׄ[

lifting noun **מַשְׂאֵת**

1QM XVIII,3]◦ משאת יד אל ישראל על כול המון בליעל

stronghold noun **מִשְׂגָּב**

1QH^{a} XVII,28 אתה]מׄנוסי משגבי סלע עוׄזי ומצודתיׄ
4Q**379** 22i3 (XXII)]ואין לו משגב / [

measure noun **מְשׂוּרָה**

4Q**299** 6i5 (XX) מי]ם ובמשורה ישקו / [
4Q**418** 1,1 (XXXIV) לפי צבאם ולמ]שור במשורה ול◦[

rejoicing noun **מָשׂוֹשׂ-1**

4Q**166** II,14 (V) והשבתי כוׄל משושה / חׄ[גה חד]שה

joke noun **מִשְׂחָק**

1QpHab IV,1 והוא במלכים] / יקלס ורזנים משחק לו

envy noun **מִשְׂטָם**

4Q**475** 5 (XXXVI) [והיו ? מש]חית וכול משטם

hatred, Mastema noun **מַשְׂטֵמָה**

CD XVI,5 יסור מלאך המשטמה מאחריו
1QS III,23 ומועדי צרותם בממשלת משטמתו
1QM XIII,4 וארוׄר בליעל במחשבת משטמה
1QM XIII,11 ואתה / עשיתה בליעל לשחת מלאך משטמה
4Q**177** 9,5 (V)]בׄקנאתמה ובמׄשטמ[תמה
4Q**225** 2i9 (XIII) ויבוא שר המׄ[ש]טׄמה / [אל אל]והים
4Q**225** 2ii6 (XIII) ומלאכי המ[שטמה
4Q**225** 2ii13 (XIII) ושר המשטמה ⟦ ⟧ אסור עׄ[ליהם
4Q**225** 2ii14 (XIII)] / שר המׄ[ש]טמה
4Q**270** 6ii18 (XVIII) יסו]ר מלאך המׄשׄט[מה מאחרו
4Q**271** 4ii6 (XVIII) יסור מלא]ךׄ המׄשטמה / מאחריו
4Q**286** 7ii2 (XI) ארוׄר [ב]ליעל בׄ[מ]חׄשבת משטׄמתו
4Q**387** 2iii4 (XXX) ועזבתי] / [ ]את הארץ ביד מלאׄכי המשטמות
4Q**390** 1,11 (XXX) ומשלו בהמה מלאכי המש[ט]מות
4Q**390** 2i7 (XXX) ונתתים / [ביד מל]אכי המשטמות
4Q**525** 19,4 (XXV)] המשטמה[
6Q**18** 9,1 (III)]משטמה ב◦[
11Q**11** II,4 (XXIII) וׄש[ר המשט]מה / [

wage noun **מַשְׂכּוֹרֶת, מַשְׂכֹּרֶת**

4Q**418** 137,3 (XXXIV)]צדק במשׄכרתכה כי לעבודתכה[
4Q**418** 252,2 (XXXIV)] חלף משכוׄר[

instructor, sage noun **מַשְׂכִּיל**

CD XII,21 ואלה החקים / למשכיל להתהלך בם
CD XIII,22 וא]לה המׄ[שפטי]ם למׄשׄכׄיל[
1QS III,13 למשכיל להבין וללמד את כול בני אור
1QS IX,12 אלה החוקים למשכיל להתהלכ בם
1QS IX,21 ואלה תכוני הדרכ למשכיל בעתים האלה
1QSb I,1 (I) דברי ברכׄ[ה] למשכיל לברך את ירא[י אל
1QSb III,22 (I) דברי ברכה למׄ[שכיל לברך] את בני צדוק
1QSb V,20 (I) למשכיל לברך את נשיא העדה
1QH^{a} XX,11 ואני משׄכיל ידעתיכה אלי
1QH^{a} 8,10] / למשכיל מ◦◦[
4Q**256** IX,1 (XXVI) מדרש למשכיל עׄלׄ[אנשי התורה
4Q**258** I,1 (XXVI) מדרש למשכיל על אנשי התורה
4Q**258** VIII,5 (XXVI) ואלה תכוני הדרך למשכיל בעת[ים] / [האלה
4Q**259** III,7 (XXVI) אלה החׄ[וקים] / למשׄ[כיל להתהלך בה]םׄ
4Q**259** IV,2 (XXVI) ואלה תכונׄיׄ[הדר]ךׄ למשכיל[בעתים האלה
4Q**266** 5i17 (XVIII) ואלה החׄוׄ[ק]ים למשׄ[כיל] / [
4Q**266** 9iii15 (XVIII) ואלה הש◦◦ים] / למשכיל[
4Q**298** 1-2i1 (XX) [דבר]יׄ משכיל אשר דבר לכול בני שחר
4Q**382** 14,1 (XIII) מ]שכיל למת[
4Q**400** 3ii+5,8 (XI)]⟦ ⟧ / למשכיל ש[יר עולת השבת
4Q**401** 1-2,1 (XI) למשכיל ש[יר עולת השבת
4Q**403** 1i30 (XI) למשכיל שיר עולת השבת השביעית
4Q**403** 1ii18 (XI) למשכיל שיר עולת השבת השמינית
4Q**405** 20ii-22,6 (XI)]למש[כיל שיר עולת]הׄ[ש]בׄתׄ שתים עשרא[
4Q**406** 1,4 (XI) למׄשׄכׄיׄל שׄיׄר עׄוׄלׄתׄ השׄבׄת השׄ[
4Q**418** 81+81a,17 (XXXIV) ומיד כול משכילכה הוסף לקחׄ[
4Q**418** 238,1 (XXXIV)]מׄשכיל וא[
4Q**418**a 19,2 (XXXIV) מ]שׄכיל וגמׄ[ ] / [
4Q**421** 1aii-b,12 (XX) י]וׄכח תוכחת / משכיל
4Q**427** 8ii10 (XXIX) למשכיל הודותׄ[ותפלה
4Q**427** 8ii17 (XXIX) ואני משׄ[כיל ידעתיכה אלי
4Q**428** 12ii3 (XXIX) למשכיל [
4Q**433**a 2,2 (XXIX) לׄמׄשׄכיל מׄ[ש]ל עׄל כבוד רׄ[
4Q**461** 1,6 (XXXVI)]לׄשמוע ומשכיל והׄ[
4Q**510** 1,4 (VII) ואני משכיל משמיע הוד תפארתו
4Q**511** 2i1 (VII) לׄמשכיל שירׄ[
11Q**17** VII,9 (XXIII) [למש]כיל שיר[עולת השבת שתים עשרא

image, sculpture noun **מַשְׂכִּית**

11Q**19** LI,21 ונותנים אבני משכיות להשתחות עליהמה
11Q**19** LII,3 וא]בׄן / [מ]שׂכית [לו]אׄ תעשה לכה

מַשְׂכֹּרֶת ← מַשְׂכּוֹרֶת

bloodshed noun **מִשְׂפָּח**

1QM XVII,2 ואתמה זכורו משפחׄ[נדב ו]אׄבׄ[י]הוא

authority, dominion noun **מִשְׂרָה**

1QM XIII,4 וזעום הואה במשרת אשמתו
1QM XVII,6 בגבורת מלאך האדיר למשרת מיכאל
1QM XVII,7 להרים באלים משרת מיכאל
4Q**286** 3,2 (XI)]◦ מלאכי מש[רת
4Q**286** 7ii3 (XI) וזעום הוא במשרת אשמתו
4Q**287** 6,8 (XI) ובמשרת [רשעתכה אשמתכה

Mesha proper noun **מֵשָׁא**

1QM II,11 וחול תוגר ומשא אשר בעבר פורת

desire noun מִשְׁאָלָה

4Q474 14 (XXXVI) מש]אלתמה ומכול[

מִשָׁב ← מוֹשָׁב

מִשְׁבְּצוֹת ← מִשְׁבֶּצֶת

filigree setting noun מִשְׁבֶּצֶת

4Q365 12biii14 (XIII) ויעשו שתי משב[צות זהב

4Q468b 2 (XXXVI) באור]משבצתו יתהלכו כול ב◦[

cervix noun מַשְׁבֵּר

1QHa XI,8 וחבל נמרץ על משבריה להחיל בכור הריה

breaking wave, torment noun מִשְׁבָּר

1QHa XI,8 כיא באו בנים עד משברי מות

1QHa XI,9 כיא במשברי מות תמליט זכר

1QHa XI,10 ויפלט גבר ממשברים

1QHa XI,11 בהריתו החישו כול / משברים

1QHa XI,12 ומשברי שחת לכול מעשי פלצות

1QHa XI,16 ומשברי מים בהמון קולם

1QHa XIV,23 בזעף / ימים גליהם וכול משבריהם עלי

1QHa XVI,31 ויתעופפו עלי משברים

1QHa XVII,4] / משברי מות ושאול על יצועי

1QHa XVII,7 וממכאוב לנגע ומחבלים / למשברים

1QHa XIX,32 פתחתה משברי וביגוני נחמתני

4Q428 4,2 (XXIX) [ומש]ברי שחת לכול[מעשי פלצות

4Q429 4ii2 (XXIX) בזעף ימים גליהם] / וכל מ[שבריהם עלי

error, straying noun מִשְׁגֶּה

CD III,5 ויענשו לפני / משגותם

1QSa I,5 (I) פן ישגו במ[שגותיהמ]ה

1QHa X,19 לעם לא בינות להלבט במשגתם

4Q174 1-2i9 (V) נ]פשו לבליעל במשגת א[ ]◦מה

4Q249a 1,3 (XXXVI) פן ישגו] / [במשגות]יהם

מֹשֶׁה ← מוֹשֶׁה

loan noun מַשֶּׁה

11Q13 II,3 (XXIII) שמוט כול בעל משה יד אשר ישה[ברעהו

desolation noun מְשׁוֹאָה

1QHa XIII,30 ובנגינות יחד תלונתם עם שאה ומשואה

1QHa XVII,6 ואני משאה {{א}}למש{{ו}}אה

withdrawal, return noun מָשׁוֹב

1QM III,6 ומשוב חסדים במשנאי אל

1QM III,10 יכתובו על חצוצרות המשוב אסף אל

ועל חצוצרות דרך המשוב / ממלחמת האויב

1QM III,11 יכתובו גילות אל במשוב שלום

1QM VIII,2 יתקעו להם הכוהנים בחצוצרות המשוב

1QM VIII,13 יתקעו להם הכוהנים בחצוצרות המשוב

1QM XIV,2 ירננו כולם את תהלת המשוב

4Q403 1i39 (XI) והודותם במשוב יד גבורתו למשפטי שלומים

4Q493 8 (VII) יתקעו להם בחצו[צ]רות המש[ו]ב

4Q496 11,4 (VII) במ]שוב [שלום

משוסה ← מְשִׁסָּה

to anoint verb משח

4Q365 9bii2 (XIII) ומן שמ[ן ה]משוח[ה והזיתה על אהרון

4Q365 12a-bii6 (XIII) [וי]עשו את שמן המשוחה קודש

11Q5 XXVIII,8 (IV) שלח נביאו למושחני את שמואל / לגדלני

11Q5 XXVIII,11 (IV) ויקחני / מאחר הצואן וימשחני בשמן הקודש

11Q5 XXVIII,13 (IV) תחלת גב[ו]רה ל[דוי]ד משמשחו נביא אלוהים

to measure verb משח-2

3Q15 VII,6 (III)] / משח אמות עסרן [ואר]בע

3Q15 IX,1 (III) משח משולו / אמות שלוש <עש>רא

measurement noun מָשְׁחָה-2

3Q15 XII,12 (III) משנא הכתב הזא / ופרושה ומשחותיהם

gloom noun מִשְׁחוֹר

1QHa XIII,32 והודי נהפך למשחור

destruction noun מַשְׁחִית

4Q475 5 (XXXVI) [והיו ? מש]חית וכול משטם

מִשְׁחָר ← מִשְׁחוֹר

anointed, messiah noun מָשִׁיחַ

CD II,12 ויודיעם ביד משיחו רוח קדשו

CD VI,1 וגם / במשיחו הקודש

CD XII,23 עד עמוד משוח אהרן / וישראל

CD XIV,19 משי]ח אהרן וישראל

CD XIX,10 בבוא משיח / אהרן וישראל

CD XX,1 עד עמוד משיח מאהרן ומישראל

1QS IX,11 עד בוא נביא ומשיחי אהרון וישראל

1QSa II,12 (I) אם יוליד / [אל] א[ת]המשיח אתם

1QSa II,14 (I) ואחר י]שב מש[י]ח ישראל

1QSa II,20 (I) ואח[ר יש]לח משיח ישראל ידיו / בלחם

1QM XI,7 וביד משיחיכה / חוזי תעודות

1Q29 5-7,6 (I)]מספר המש[פחות/יח ← מִשְׁפָּחָה

1Q30 1,2 (I) מ]שיח הקודש [

4Q249f 1-3,1 (XXXVI)] / [והמ]שיח[אתם

4Q252 V,3 (XXII) עד בוא משיח הצדק צמח / דויד

4Q266 10i12 (XVIII) עד ממוד משיח אהרון וישראל

4Q267 2,6 (XVIII) ב[י]ד / [מוש]ה[ ] וגם במשיחי הקודש

4Q270 2ii14 (XVIII) או ידבר] / סרה על משיחי רוח הקדש

4Q287 10,13 (XI)]ה על משיחי רוח קוד[שו

4Q375 1i9 (XIX) לפני / [ה]כוהן המשיח

4Q376 1i1 (XIX)]◦ני הכוהן המשיח / [

4Q377 2ii5 (XXVIII)]◦◦ בפי מושה משיחו

4Q381 15,7 (XI) ואני משיחך אתבננתי / [

4Q382 16,2 (XIII) מ]שיח ישר[א]ל ◦◦[

4Q458 2ii6 (XXXVI)] / משיח בשמן מלכות ה[

4Q521 2ii+4,1 (XXV) הש]מים והארץ ישמעו למשיחו

4Q521 8,9 (XXV) כהנ]ה וכל משיחיה / [

4Q521 9,3 (XXV)]בה תעזוב ב[י]ד משיח[

6Q15 3,4 (III) ביד מש]ה ו[ג]ם]במשיחי הקודש[

11Q13 II,18 (XXIII) והמבשר הו[אה]משיח הרו[ח]

anointing noun מְשִׁיחָה

1QM IX,8 [לו]א יחלו שמן משיחת כהונתם בדם

4Q375 1i9 (XIX) אשר יוצק על ר[ו]אשו שמן המשיחה

drawing, pulling noun מְשִׁיכָה

4Q251 1-2,4 (XXXV)] המשיכה ש◦[

ואדון לכול רוח ומושל בכל מעשה		1QH[a] XVIII,8
]משול בכל [	(III)	2Q**23** 6,3
ובכול הג[וא]ם ימשול ומגוג[	(V)	4Q**161** 8-10,20
מוש]ליהם אשר תתם ממשלתם [	(V)	4Q**169** 1-2,5a
] / [כר]מל ולמושליו לבנון	(V)	4Q**169** 1-2,7
מלכי יון מאנתיכוס עד עמוד מושלי כתיים	(V)	4Q**169** 3-4i3
נ[כ]בדים ומוש[לים] / יפולו [מ]עם לשונם	(V)	4Q**169** 3-4ii9
ו]למשל ביום ובלילה ולהב[דיל	(XIII)	4Q**216** VI,6
[וימש]לו בכול מדרוך כף[רגל בני אדם	(XIII)	4Q**223-224** 1i2
וי]משלו בכול ה[גוים כרצונם	(XIII)	4Q**223-224** 1i3
כעבד למ]ושל בו[וענוה לפני] / הר[ודה בו	(XXVI)	4Q**256** XVIII,6
רק בני אה]רון[ימש]ל[ו ב]משפט ובהון	(XXVI)	4Q**258** VII,7
כעבד למוש]ל בו וענוה לפני הרודה בו	(XXVI)	4Q**258** VIII,7
ולהמשילם בכול / [הנמצא	(XXVI)	4Q**259** III,19
כו]ל איש אשר ימשולו בו רוחות בליעל	(XVIII)	4Q**271** 5i18
קשי]עורפמה ותמשל את האדם[	(XI)	4Q**287** 4,2
]המשיל אתכם[י]שראל ואתכם[	(XX)	4Q**299** 13a-b,2
מו]של °[	(XX)	4Q**299** 26,1
] / מושל °°[	(XX)	4Q**301** 2a,3
ובאשר בארץ המשילו	(XX)	4Q**301** 3a-b,6
בשמנה בו ת[משול אורה ליום	(XXVIII)	4Q**317** 1+1aii7
] תמשול [אור]ה ליום ב[תוך הרקיע	(XXVIII)	4Q**317** 2,27
]°° בו תמשול או[רה ליום ממעל	(XXVIII)	4Q**317** 3,32
תמשו]ל אור[ה ליום	(XXVIII)	4Q**317** 9,11a
]בו תמ[שול אורה ליום	(XXVIII)	4Q**317** 22,3
] / כמוהו לשר ומושל בכול תבל	(XIII)	4Q**369** 1ii7
א]שר משלו בכה / [	(XXII)	4Q**378** 3i11
וברוחו העמידם למשל בכל אלה	(XI)	4Q**381** 1,7
להיות לוא לעם למשל בכל[	(XI)	4Q**381** 76-77,15
ומשל הז[דון בכל הארץ] / [	(XXX)	4Q**385**a 4,4
ומשל / [הז]דון בכל[הא]רץ	(XXX)	4Q**387** 2ii6
] / ומשלו בני אהרון בהמה	(XXX)	4Q**390** 1,3
ומשלו בהמה מלאכי המש[ט]מות	(XXX)	4Q**390** 1,11
ונתתים / [ביד מל]אכי המשטמות ומשלו בהם	(XXX)	4Q**390** 2i7
]מושלי [	(XIX)	4Q**391** 64,1
] / רוחה המשל בה כ[	(XXXIV)	4Q**415** 9,8
]מושל בו ואז ל[א	(XXXIV)	4Q**416** 2i19
ובנחלת / כבוד המשילכה	(XXXIV)	4Q**416** 2iii12
וכאשר המשילמה בכה	(XXXIV)	4Q**416** 2iii17
אותכה המשיל בה ותש[	(XXXIV)	4Q**416** 2iv2
אביה] / לא המשיל בה	(XXXIV)	4Q**416** 2iv3
ואשר ימשול בה זולתכה הסיג גבול חייהו	(XXXIV)	4Q**416** 2iv6
ב[רוחה] / המשילך להתהלך ברצונכה	(XXXIV)	4Q**416** 2iv7
דב[ר]משפטיכה כמושל צדיק	(XXXIV)	4Q**417** 2i13
ובנחלת כבוד המשילכה רצ[ונו ש]חר תמיד	(XXXIV)	4Q**418** 9+9a-c,12
ה]מה כור הוריכה וכאשר המשיל{{כ}}ם / [	(XXXIV)	4Q**418** 9+9a-c,18
]אחד ואותכה המש[יל בה	(XXXIV)	4Q**418** 10a-b,5
ברוחה המשי[ל להתהלך ברצונכה	(XXXIV)	4Q**418** 10a-b,8
מוש]לים בממשלותם [	(XXXIV)	4Q**418** 47,1
בתוך בני אדם[ובנ]חלתו המשילכ/מה	(XXXIV)	4Q**418** 81+81a,3
ובאוצרו המשילכה ואיפת אמת פוקד[ה	(XXXIV)	4Q**418** 81+81a,9
ואתה מבין אם בחכמת ידים המשילכה	(XXXIV)	4Q**418** 81+81a,15
]° המשילה אם הבעתה [	(XXXIV)	4Q**418** 228,2
המ]שילו ב[	(XXXIV)	4Q**418** 259,2
המ]שילכה להתה[לך	(XXXIV)	4Q**418**a 18,4
כמו]של צדיק ואל תקח[	(XXXIV)	4Q**418**a 22,2
ה]משיל ב[	(XXXVI)	4Q**419** 4,1
] / מושל ב[	(XX)	4Q**421** 1aii-b,6
המשילו לאכול פר[י האדמה	(XIII)	4Q**422** I,9
ובו המשילכה לעבדו ולשמרו	(XXXIV)	4Q**423** 1-2i2

spoil noun מְשִׁיסָה, משוסה

ויקיצו מזעזעיכה והיתה למשיסות למו		1QpHab VIII,14
והיה [חילם למ]שיסה ו[בתיהם לשממה	(V)	4Q**170** 1-2,1
ולבז ולמשוסה ואין מושיע מפני רעתמה		11Q**19** LIX,8

to pull, stretch out verb משך

בהמשך עליהם הקץ האחרון		1QpHab VII,12
] בהמה ולמשוך מים מבור / [	(XXXV)	4Q**251** 1-2,3
] ומשכה ש[	(XIII)	4Q**382** 6,2
]משך [	(XXXVI)	4Q**458** 17,1
] ומשכו[	(VII)	4Q**512** 226,3

bed, couch noun מִשְׁכָּב

ועם משכב יצועי ארננה לו		1QS X,14
י[קרב] / אל אשה לדעתה למשכבי זכר	(I)	1QSa I,10
במבא די[רת]בית המשכב המערבי	(III)	3Q**15** XI,16
מלונותיה משכבי חושך	(V)	4Q**184** 1,6
ולא י]מו[ת ונפל למש]כבו	(XXXV)	4Q**251** 4-7i3
עליתה / משכבי אביכה	(XXII)	4Q**252** IV,5
או ישכב עם זכר] / משכבי אשה	(XVIII)	4Q**270** 2ii17
משכב יג[ו]ן ישכ[ב ו]מושב אנחה ישב	(XXXV)	4Q**274** 1i1
והנוג[ע] / [במ]ש[כבו ובמ]ושבו	(XXXV)	4Q**274** 2i8
מש]כבו ומוש[בו	(XXXV)	4Q**277** 1ii12
כטמאת ? הנ]פש מגע המשכב / [	(XXXV)	4Q**278** 7
] / [ו]הם על משכבו	(XXVIII)	4Q**368** 10i6
אל ישכב איש עם] זכר משכבי [אשה	(III)	6Q**15** 5,3

rising noun מַשְׁכִּים

בדברי המלאכה והעבודה לעשות למשכים		CD X,19

tabernacle, dwelling noun מִשְׁכָּן

כיא הוא אשר אמר לרשת משכנות לוא לו		1QpHab III,2
ו]בנית משכנ[י	(III)	3Q**14** 3,2
במשכן המלכא בצד / המערבי	(III)	3Q**15** VI,11
[ואת המ]שכן תע[שה עשר יריעות שש מושזר	(XIII)	4Q**364** 16,1
[ע]ל[צ]ל[ע ה]מש[כן תימנה]	(XIII)	4Q**364** 17,4
המשכ]ן תימנה[?	(XIII)	4Q**365** 8a-b,2
ו]את מסך פתח החצר אשר על המש[כן	(XIII)	4Q**365** 27,1
בי]ום כלות מושה להקים את המ[שכן	(XIII)	4Q**365** 28,5
[וביום ?] את המשכן כ[סה הענן את המשכן	(XIII)	4Q**365** 31a-c,3
ומשכן רוש רום כבוד מלכותו	(XI)	4Q**403** 1ii10
ורוממ[ו]הו כפי הכבוד במשכ[ן אלוהי] דעת	(XI)	4Q**405** 20ii-22,7
] מצולה ומשכ[	(XXXIV)	4Q**418** 227,3
אוה] / משכנו בציון ב[וחר לנצח בירושלים	(XI)	4Q**448** I,10
]° / מ[ש]כנכה[	(VII)	4Q**504** 1-2iv2
] / במשכנותי הא[לוהים	(XXV)	4Q**525** 29,3

to rule verb משל-2

כל איש אשר ימשלו בו רוחות בליעל		CD XII,2
אל ימשול איש / מבני המחנה להביא		CD XIII,12
רק בני אהרון ימשלו במשפט ובהון		1QS IX,7
הון ועמל כפים כעבד למושל בו		1QS IX,22
כיא אל הקימכה לשבט / למושלים	(I)	1QSb V,28
פשרו על מושלי הכתיאים		1QpHab IV,5
פשרו[ע]ל מושלי הכתיאים		1QpHab IV,10
מושלי[הם ז]ה אחר זה יבואו		1QpHab IV,12
כדגי הים / כרמש למשל בו כול[ו		1QpHab V,13
וכאשר משל / בישראל רם לבו		1QpHab VIII,9
]°ה ורוח נעוה משלה / בו		1QH[a] V,21
] כה ימשול בשר [		1QH[a] VI,28

4Q**423** 5,3	(XXXIV)	הו]א פלג [נ]חלת כל **מושלים**
4Q**424** 1,10	(XXXVI)	איש רע עין אל **תמשל** בהו[נך
4Q**424** 2,5	(XXXVI)	אב]יונים אל **תמ[שי]לה**ו ◦[
4Q**424** 3,2	(XXXVI)	] / אל **תמשילהו** ברודפידעת
4Q**424** 3,6	(XXXVI)	כי נסתרה חכמת לבו ולוא **ימשול** ב[ה
4Q**425** 5,3	(XX)	]**משל** ברוחו[
4Q**433** 1,5	(XXIX)	] תשפיל **מש[לי** כל]תבל תהשח[ית
4Q**443** 1,11	(XXIX)	]ה **למשל** וישח[יתו
4Q**462** 1,7	(XIX)	לנחלה •••• **המושל** [ ]◦◦◦ / [
4Q**462** 1,10	(XIX)	וקץ האור בא **ומשלו** לעולם
4Q**502** 4,4	(VII)	]**משיל**◦[
4Q**504** 8,6	(VII)	בג[ן] עדן אשר נטעתה **המשלת**[ה אותו
4Q**509** 191,4	(VII)	ה]**משלתנו** [
4Q**524** 6-13,2	(XXV)	**ומש**[ל בהמה כרצונו
6Q**18** 6,3	(III)	]**מושלים**[
11Q**5** XXVIII,4	(IV)	וישימני / רועה לצונו **ומושל** בגדיותיו
11Q**5** XXVIII,11	(IV)	וישימני נגיד לעמו [**ומושל** בבני / בריתו
11Q**19** LIX,15		לעולם אכרית זרעו **ממשול** עוד על ישראל
11Q**19** LIX,19		**ומשל** בהמה / כרצונו
11Q**19** LIX,20		והמה לוא **ימשולו** בו

proverb, parable, oracle, taunt noun **מָשָׁל-1**

1QpHab VIII,6		הלוא כולם **משל** עליו ישאו
4Q**175** I,9	(V)	וישא **משלו** ויאמר נאום בלעם
4Q**299** 19,1	(XX)	]**המשל** [
4Q**300** 1aii-b,1	(XX)	אמרו **המשל** והגידו החידה
4Q**301** 1,2	(XX)	מ]**של** וחידה וחוקרי שורשי בינה
4Q**301** 2a,2	(XX)	] / מה נכבד לבב והוא **ממש**[ל
4Q**301** 2b,2	(XX)	]**משל** מה אדיר לכם
	(XX)	והוא **למש**[ל]◦[ ]מה שר [
4Q**424** 3,8	(XXXVI)	איש אמת יש[מח **במש**[ל
4Q**433a** 2,2	(XXIX)	למשכיל **מ[ש]ל** על כבוד ר[
11Q**19** LIX,2		והיו[ל]ש[מה]**למשל** ולשנניה

sending, campaign, jurisdiction noun **מִשְׁלוֹחַ, מִשְׁלַח**

1QS IX,23		לעשות רצון בכול **משלח** כפים
1QS X,13		בר{{◦}}שית **משלח** ידי ורגלי
1QM I,1		ראשית **משלוח** יד בני אור
4Q**259** IV,5	(XXVI)	לעשות רצון בכ]ול **משל**[ח כפים]
4Q**260** I,1	(XXVI)	לעשות רצון בכו]ל **משלוח** / [כפים
4Q**403** 1i36	(XI)	[בר]צון דעתו כול מעשיו / **במשלחם**
4Q**418** 87,13	(XXXIV)	]{{◦}}**משלוח** ידכה [
4Q**418** 89,2	(XXXIV)	]בכול **משלוח**[ידכה
4Q**418** 159i5	(XXXIV)	מ]**שלוח** / [

sending, commission noun **משלוחת, מִשְׁלַחַת**

1Q**40** 8,1	(I)	מ]**שלחות** או◦[
4Q**405** 23i11	(XI)	לוא ירומו **ממשלוחתו** / לוא ישפל[ו]
4Q**405** 23i13	(XI)	]לכול **משלחותו** בתכון [ ] א[מ]תו
4Q**511** 16,2	(VII)	]כול **משלוחותי**ו ◦מע◦◦[

מִשְׁלַחַ ← מִשְׁלוֹחַ

מִשְׁלַחַת ← משלוחת

devastation noun **מְשַׁמָּה**

4Q**216** II,15	(XIII)	ביד הגוי]ם לש[בי] / [ולמ]**שמות**[ולאכל

hearing noun **מִשְׁמָע-1**

1QSa I,11	(I)	ולהת[י]צב **במשמע** משפטים
4Q**161** 8-10,22	(V)	]ולוא **למשמע** אוזניו יוכיח
4Q**403** 1ii12	(XI)	וקול הברך {{נשמע}} נכבד **למשמע** אלוהים
4Q**413** 1-2,3	(XX)	גועלו / כל רע[ההולך אחר **מ[שמע** אוזניו
4Q**487** 10,6	(VII)	]**משמע**[
11Q**17** 35,1	(XXIII)	]**משמע** רנה[

jail, watch, protection noun **מִשְׁמָר**

CD XII,5		כי על בני האדם / **משמרו**
1QH^a XVII,33		**ומשמר** שלומכה לפלט נפשי
1QH^a 2i5		כרוב חסדיכה תן **משמר** צדקכה / [
4Q**219** II,21	(XIII)	והייה **משמרוה** ע[ל הטוב
4Q**271** 5i20	(XVIII)	כי על בני[האדם **משמרו**
4Q**369** 2,1	(XIII)	]ו**משמר** מלאך אבות ש◦[
4Q**432** 7,1	(XXIX)	בל יבוא גדוד]**משמר**
4Q**472** 1,4	(XXXVI)	] / את כול רעו **מש[מ]רי** פני מלך [
11Q**19** XLV,5		]א / **משמר** אל מקומו וחנו

guard(house) noun **מִשְׁמָרָה**

3Q**15** VII,11	(III)	ברוק תחת פנת **המשמרה** / המזרחית

watch, course noun **מִשְׁמֶרֶת**

CD IV,1		ובני / צדוק אשר שמרו את **משמרת** מקדשי
1QpHab VI,12		על **משמרתי** אעמודה / ואתיצבה על מצורי
1QM II,2		וראשי **המשמרות** ששה ועשרים
		במשמרותם ישרתו
1QM II,3		וראשי **משמרותם** איש במעמדו ישרתו
1QM II,4		וראשי **משמרותם** עם פקודיהם יתיצבו
1QH^a 4,5		]ורת יצפו ועל **משמרתם**[
1Q**36** 16,2	(I)	א]נשי **משמרת** לרזיכה [
4Q**219** II,28	(XIII)	ו[שמ]ור **משמ[רת** אל] / [עליון
4Q**221** 1,5	(XIII)	ושמור **משמרת** אל [עליון]
4Q**276** 8	(XXXV)	והנ]חוהו **למשמרת** / [
4Q**364** 29,2	(XIII)	ושמרת]ה **משמרת**ו[?
4Q**365** 27,5	(XIII)	שומר] **משמרת** קודש
4Q**491** 1-3,7	(VII)	]◦יאוהם **למשמרותמה** ב[
4Q**494** 3	(VII)	**ומשמרות**[ראשי אבות העדה שנים וחמשים
4Q**494** 5	(VII)	ששה] / [וע]שרים **במשמרותם** [י]ש[רתו
4Q**522** 9ii14	(XXV)	ש]ר צבא **מש[מרות** ?

מִשְׁנֶא ← מִשְׁנֶה

double, second, deputy noun **מִשְׁנֶה, מִשְׁנֶא**

1QM II,1		הכוהנים יסרוכו אחר כוהן הראש **ומשנהו**
3Q**15** XII,11	(III)	וקברין על פיה **משנא** הכתב הזא
4Q**370** 1ii9	(XIX)	] / **משניכם** אל תמרו דבר[י יהוה
4Q**388** 6,3	(XXX)	]מזמן **ומשנהו**[
4Q**400** 3ii+5,2	(XI)	] / לנשיאי **משנה** ◦[
4Q**401** 3,4	(XI)	מ]**שניהו** תגבר[
4Q**405** 11,3	(XI)	ולשו]ן / **משניו** תגבר משלישי לו
4Q**405** 13,4	(XI)	הששי **במשני** / [נשי]אי פלא יברך
4Q**405** 13,7	(XI)	והשבי[עי] ב[נ]שיאי **מש[ני** פלא
4Q**494** 4	(VII)	הכוהנים יסרוכו אחר] / כוהן הרואש **ומשנהו**
11Q**17** I,8	(XXIII)	]**משני** ר[
11Q**17** VI,9	(XXIII)	]הו **במשני** מ[
11Q**19** XXXI,4		]הכוהן **המשנה** / אל בית[

מִשְׁפָּה ← מְשִׁיפָה

support, supply noun **מִשְׁעָן**

1QS XI,4		והויא עולם **משען** ימיני

1QH[a] XVIII,23		ולא נתתה / **משעני** על בצע ובהון[
4Q**418** 45ii16	(XXXIV)	] / ו**משע**[נ
4Q**525** 14ii7	(XXV)	בעת מוטך תמצא **מ**[**שען**

support noun **מַשְׁעֵנָה**

1QS XI,5		היאה / סלע פעמי וגבורתו **משענת** ימיני
1QM IV,13		ישועות אל נצח אל עזר אל **משענת** אל
1QM XVII,4		לתהו ולבהו תשוקתם ו**משענתם** בלוא ה[
1QH[a] XVIII,32		ו**משענתי** במעוז מרום
4Q**433**a 2,5	(XXIX)	] / וכפותיו על**משענת** רום השמים
4Q**438** 10,2	(XXIX)	]**משענותם** אשר / [

staff noun **מִשְׁעֶנֶת**

4Q**364** 13a-b,6	(XIII)	אם יקום והתה]לך בחוץ על **מש**[**ענתו**
4Q**468**cc 6	(XXVIII)	]◦ רוח ו**משענתו**[ ]לאין רבה מ◦[

family, clan noun **מִשְׁפָּחָה**

CD III,1		בה תעי בני נח ו**משפחותי**הם בה הם נכרתים
CD XIV,10		סוד אנשים ולכל לשון רמ[ש]**פחותם**
CD XX,13		ול**משפחותי**הם חלק בבית התור
1QSa I,9	(I)	לבוא בגורל בתוך **משפ**[**ח**]**תו**
1QSa I,15	(I)	ושוטרים לשבטיהם בכול **משפחותם**
1QSa I,21	(I)	רק בסרך הצבא יכתוב **משפחתו**
1QM IV,10		על הרביעית **משפחות** אל
1QM X,14		ומפרד עמים מושב **משפחות** / ונחלת ארצות[
1QH[a] XIII,29		ולא בהבדל[ממש]**פחות**
1Q**29** 5-7,6	(I)	]מספר המש[**פחות**/יח ← מָשִׁיחַ
4Q**159** 2-4,1	(V)	]גדאו שוקד **משפח**[**ת**
4Q**169** 3-4ii7	(V)	הממכרת גוים בזנותה ו**משפחות** ב[כש]פיה
4Q**169** 3-4ii9	(V)	ערים ו**משפחות** יובדו בעצתם נ[כ]בדים
4Q**177** 1-4,3	(V)	]◦ נהיה כ**מש**[**פחות** הארצות
4Q**228** 1ii2	(XIII)	ולוא / **משפחת** הגוי[ם
4Q**266** 6ia,2	(XVIII)	]**משפחת** ◦[
4Q**266** 11,10	(XVIII)	אשר יסדתה / [ע]מים ל**משפחותי**הם
4Q**286** 18,1	(XI)	] ב**משפחות**[
4Q**287** 5,9	(XI)	]**משפחות**מה ב◦[
4Q**287** 5,13	(XI)	]**משפחות** האדמה להיות[
4Q**299** 66,2	(XX)	]ל **משפחות**[
4Q**299** 67,2	(XX)	]◦ כול **משפחות**[
4Q**365** 27,2	(XIII)	לקחת **משפחות** העמרמי ומ[שפחות היצהרי]
	(XIII)	לקחת משפחות העמרמי ומ[**שפחות** היצהרי]
4Q**365** 27,3	(XIII)	[ו**משפח**]**ות** החברוני ומשפחות העוזיאלי
	(XIII)	[ומשפח]ות החברוני ו**משפחות** העוזיאלי
	(XIII)	אלה **משפחות**[הקהתי] / [?
4Q**365** 27,5	(XIII)	**משפח**[**ות** בני קהת יחנו על] / [ירך המשכן
4Q**365** 27,6	(XIII)	ונשיא בית א]ב ל[**משפח**]**ות**[הקהתי אליצפן
4Q**366** 2,6	(XIII)	[ושב]אל אחזתו ואל **משפחתו**
4Q**384** 8,4	(XIX)	]ל**משפחותם** עד[
4Q**390** 6,1	(XXX)	]כ**משפח**[**ות**
4Q**426** 12,2	(XX)	]דרשו ו**משפחות**[
4Q**429** 3,2	(XXIX)	ולא בהבדל] / [מ**משפחו**]**ת**
4Q**509** 36,1	(VII)	]**משפח**[
4Q**512** 51-55ii11	(VII)	]כול **משפחות** [
11Q**19** LVII,17		מבית אביהו יקח לו אשה / מ**משפחת** אביהו
11Q**19** LVII,19		ונשא / לו אחרת מבית אביהו מ**משפחתו**

judgment, ordinance, justice noun **מִשְׁפָּט**

CD I,2	ו**משפט** יעשה בכל מנאציו
CD V,9	ו**משפט** העריות לזכרים / הוא כתוב
CD VII,2	להזיר מן הזונות / כ**משפט**
CD VII,3	ולהבדל מכל הטמאות כ**משפטם**
CD VII,7	וכ**משפט** / היסורים כסרך התורה
CD VIII,1	וכן **משפט** כל באי בריתו
CD VIII,16	וכן ה**משפט** לשבי ישראל סרו מדרך העם
CD VIII,18	וכ**משפט** / הזה לכל המואס במצות אל
CD IX,15	כי לא ידע מוצאיה את **משפטה**
CD IX,20	וניתפש לפני / אחד שלם **משפטו**
CD X,14	על הש[ב]ת לשמרה כ**משפטה**
CD XII,3	ודבר סרה כ**משפט** האוב והידעוני ישפט
CD XII,15	עד הם חיים כי הוא **משפט** בריאתם
CD XII,19	על ה**משפטים** האלה
CD XII,21	להתהלך בם עם כל חי ל**משפט** עת ועת
	וכ**משפט** / הזה יתהלכו זרע ישראל
CD XIII,5	ואם / **משפט** לתורת נגע יהיה באיש
CD XIII,7	הוא יסגירנו כי להם / ה**משפט**
CD XIII,22	וא]לה המ[**שפטי**]ם למשכיל[
CD XIV,8	ובכל **משפטי** התורה לדברם כמשפטם
	ובכל משפטי התורה לדברם כ**משפטם**
CD XIV,12	למבקר ידבר / לכל ריב ו**משפט**
CD XIV,18	וזה פרוש ה**משפטים** אשר [
CD XIV,22	אשר ל]א ב**משפט** [ונענ]ש ◦ח[
CD XV,7	וכן / ה**משפט** בכל קץ הרשע
CD XV,11	ואל יודיעהו איש את / ה**משפטים**
CD XVI,12	וכן ה**משפט** לאביה
CD XVI,13	על **משפט** הנדבות אל ידור איש למזבח
CD XIX,4	וכ**משפט** היסודים כסרך התורה
CD XIX,13	וכן **משפט** לכל באי / בריתו
CD XIX,29	כן / **משפט** לשבי ישראל סרו מדרך העם
CD XIX,32	וכ**משפט** הזה לכל המאס במצות אל
CD XX,1	וכן ה**משפט** / לכל באי עדת אנשי תמים
CD XX,8	וכ**משפט** הזה לכל המאס בראשונים
CD XX,10	כ**משפט** רעיהם אשר שבו / עם אנשי הלצון
CD XX,27	וכל המחזיקים ב**משפטים** האלה
CD XX,30	ואמת **משפטיך** בנו
	ירימו יד על חקי קדשו ו**משפטי** / צדקו
CD XX,31	והתיסרו ב**משפטים** הראשונים
1QS I,5	ולעשות אמת וצדקה ו**משפט** / בארצ
1QS I,26	ו]**משפטו** בנו ובאבותי[נו
1QS II,15	וקנאת **משפטיו** יבערו בו לכלת עולמים
1QS III,1	כיא געלה / נפשו ביסורי דעת **משפטי** צדק
1QS III,5	טמא יהיה כול יומי מואסו ב**משפטי** / אל
1QS III,17	בידו / **משפטי** כול
1QS IV,2	ולפחד לבבו ב**משפטי** / אל
1QS IV,4	וקנאת **משפטי** צדק ומחשבת / קודש
1QS IV,18	וקנאת / ריב על כול **משפטיהן**
1QS IV,20	עד / מועד **משפט** נחרצה
1QS V,3	לתורה ולהון ול**משפט** לעשות אמת יחד
1QS V,4	וענוה / צדקה ו**משפט** ואהבת חסד
1QS V,6	ולריב ול**משפט** / להרשיע כול עוברי חוק
1QS V,12	והנגלות עשו ביד רמה לעלות אפ ל**משפט**
	לעשות בם {{מ}}**שפטים** / גדולים ← שֶׁפֶט
1QS V,16	לכול תורה ו**משפט**
1QS VI,7	לקרוא בספר ולדרוש **משפט**
1QS VI,9	וכן ישאלו ל**משפט** ולכול עצה
1QS VI,15	וה{{ל}}בינהו בכול **משפטי** היחד
1QS VI,22	בסרך תכונו בתוכ אחיו לתורה ול**משפט**
1QS VI,23	ויהי עצתו / ליחד ו**משפטו**
1QS VI,24	ואלה ה**משפטים** אשר ישפטו בם
1QS VII,4	והאיש אשר יצחה בלו **משפט** את רעהו
1QS VII,8	לוא {{◦}}ב**משפט** ונענש {{ששה חודשים}}

ולהרים במשפט / לב נמס	1QM XIV,5	
אשר התקדש אל במשפטם לעיני [	1QM XVII,2	
וכזרם רביבים להשקות משפט לכ֯[ול	1QM XIX,2	
] מגולה בלוא משפ[ט	1QH^a IV,2	
ב]לוא משפט / [	1QH^a IV,4	
] משפט מרוח דורש[כה] נת◦◦◦ / [	1QH^a IV,6	
] וממשפט קצ֯[עולה	1QH^a IV,10	
]◦ין וממשפט אח◦[	1QH^a IV,11	
] במשפטיך / [	1QH^a IV,13	
]אחך וקנאת משפ[טך	1QH^a V,5	
] משפטיכה / [	1QH^a VI,4	
בהון אמתך ובשוחד כול משפטיך	1QH^a VI,20	
]ות ובידך משפט כולם֯ / [	1QH^a VIII,4	
] / בם ומש[פט	1QH^a IX,4	
] וארוך אפים במשפט֯[	1QH^a IX,6	
ומשפט לכול מעשיהם	1QH^a IX,9	
ומש[פ]ט / במועדיה לממשל֯[תם	1QH^a IX,16	
ונבעתה במשפטי צדק	1QH^a IX,23	
ומה ישיב ע֯ו֯ל על משפט הצדק לכה	1QH^a IX,26	
בכול מעשי אמתכה ומש֯[פטי]צ֯דקכה	1QH^a IX,30	
]◦◦◦◦ משפטי נגיעי	1QH^a IX,33	
בעבור הכבדכה במשפט רשעים	1QH^a X,24	
בנפול קו על משפט	1QH^a XI,27	
ותכרת במ[שפ]ט כול אנשי מרמה	1QH^a XII,20	
ותוצא לנצח משפטם ולמישרים אמת	1QH^a XII,25	
להכרית במשפט כול / עוברי פיכה	1QH^a XII,26	
ובידכה משפט כולם [	1QH^a XIII,4	
ושם למשפט / יסדתני	1QH^a XIII,8	
תשים סוד על סלע וכפיס על קו משפט	1QH^a XIV,26	
ואז תחיש חרב אל בקץ משפט	1QH^a XIV,29	
כי כול גרי למשפט תרשיע	1QH^a XV,12	
ו֯ב֯ה֯מון רחמיכה לכול משפטי / [	1QH^a XV,35	
]בזקי משפט ל◦◦לבי פות◦[	1QH^a XVI,37	
וארשיעה דינו ומשפטכה אצדיק	1QH^a XVII,9	
ואבחרה במשפטי ובנגיעי רציתי	1QH^a XVII,10	
כי לא יצדק / כול במש֯[פ]טכה	1QH^a XVII,15	
ומנעורי הופעתה לי בשכל משפטכה	1QH^a XVII,31	
ואפחדה בשומעי משפטיכה	1QH^a XVIII,34	
ומשפט בכול מעשיכה וצדק ◦[	1QH^a XVIII,36	
באפכה כול משפטי נגע	1QH^a XIX,8	
] מפחי משפט לעומת רחמיכה	1QH^a XXI,10	
]מו ויערכה / במשפטו [	1QH^a XXIV,7	
]◦◦◦◦◦ ובמשפטים / [	1QH^a 2ii5	
]מ֯עשי נדה לתחלויים ומשפטי נגע	1QH^a 3,16	
ואני פחדתי ממשפטכ֯ה[	1QH^a 4,9	
ומי יזכה במשפטכה	1QH^a 4,10	
] אני במשפט ושב אל עפרו מה ◦◦[	1QH^a 4,11	
מש[פ֯ט צדק ◦[	1QH^a 5,1	
] / משפט אמתכה	1QH^a 5,10	
]◦◦ב מבין למש[פט	1QH^a 10,11	
מ]שפטכ֯[ה	1QH^a 39,1	
]ד֯ קצ משפטכ[ה	1QH^a 58,5	
לאמר גלו מש[פ֯טנו לפ֯[ני עליון	1Q19bis 2,2	(I)
[את כול מש[פטיו [וא]ת֯ כול מש[פטיו	1Q22 1ii7	(I)
[את כול מש[פטיו [וא]ת֯ כול מש[פטיו		(I)
ובידי פקד מ֯[שפטכה]	1Q26 1,7	(XXXIV)
מש[פ֯ט אף ונפילי בש◦◦◦ל◦יכה [	1Q36 16,3	(I)
מ]שפטיכה[	1Q36 16,4	(I)
לעשות] לך משפט באמת	2Q21 1,2	(III)
] / יתנם למ֯שפ֯ט וכל[	2Q22 II,4	(III)
לוא במשפט ונענש ששה חודשים	1QS VII,18	
ואחר ישאל אל המשפט	1QS VII,21	
והיה משפטו כמוהו לשל֯[חו	1QS VII,25	
לעשות אמת וצדקה ומשפט ואהבת חסד	1QS VIII,2	
ולרצת עוון בעושי משפט / וצרת מצרפ	1QS VIII,3	
קודש / קודשים לאהרון עדי אמת למשפט	1QS VIII,6	
לברית משפט ולקריב ר֯ית֯ ניחוח	1QS VIII,9	
לכפר בעד הארצ ולחרוצ משפט רשעה	1QS VIII,10	
וכמשפט הזה לכול הנוסף ליחד	1QS VIII,19	
ואלה המשפטים אשר ילכו בם אנשי התמים	1QS VIII,20	
ודרשו֯ המשפט / אשר לוא ישפוט איש	1QS VIII,24	
ו֯תרומת / שפתים למשפט כניחוח צדק	1QS IX,5	
רק בני אהרון ימשלו במשפט ובהון	1QS IX,7	
ונשפטו במשפטים הרשונים	1QS IX,10	
ואיש כרוחו כן לעשות משפטו	1QS IX,15	
ולהוכיח דעת אמת ומשפט צדק	1QS IX,17	
ל֯משפט אל יצפה תמיד / [	1QS IX,25	
בהשלם חוק / תכונם יום משפטו זה לזה	1QS X,7	
וחליל שפתי אשא בקו משפטו	1QS X,9	
ומשפטו אוכיח כנעוותי	1QS X,11	
וארעה כיא בידו משפט / כול חי	1QS X,16	
כיא את אל משפט כול חי	1QS X,18	
ולוא ארצה עד הכון משפט	1QS X,20	
לשמור אמנים ומשפט עוז לצדקת אל	1QS X,25	
כיא אני לאל משפטי	1QS XI,2	
וממקור צדקתו משפטי אור	1QS XI,5	
כיא לאל המשפט	1QS XI,10	
משפטי בצדקת אל תעמוד לנצחים	1QS XI,12	
ובחסדיו יבוא / משפטי	1QS XI,14	
להתה]לך / על פי משפט בני צדוק	1QSa I,2	(I)
ולהבינם בכול משפטיהמה	1QSa I,5	(I)
ול֯[קחת] / [מו]סרו במשפטיהמה	1QSa I,8	(I)
ובכן תקבל להעיד עליו מ֯שפטות התורא	1QSa I,11	(I)
ולהת֯[י]צב במשמע משפטים		(I)
יגש לריב ריב / ומ֯[ש]פ֯ט	1QSa I,14	(I)
להתיצב על עדת ישראל לרי[ב מ]שפט	1QSa I,20	(I)
תעודה תהיה לכול הקהל למשפט	1QSa I,25	(I)
] / ויחוננכה במשפט צדק [	1QSb II,26	(I)
ולב]חון כול משפטיו בתוך עמו	1QSb III,23	(I)
כיא / [אמת כול מ]שפטיו	1QSb IV,27	(I)
ע]ל֯ כן יצא המשפט / [מעוקל	1QpHab I,14	
ממנו משפטו ושאתו יצא	1QpHab III,3	
יהוה] / למשפט שמתו	1QpHab V,1	
וביד בחירו יתן אל את משפט כול הגוים	1QpHab V,4	
ו]ל֯[וא] ירצו במשפ֯טם ◦[	1QpHab VII,16	
אשר / יצילם אל מבית המשפט	1QpHab VIII,2	
] / נגועו במשפטי רשעה	1QpHab IX,1	
פשרו הוא בית המשפט	1QpHab X,3	
אשר יתן אל את / משפטו בתוך עמים רבים	1QpHab X,4	
ומשם יעלנו למשפט		
בעבור יבואו / למשפטי אש	1QpHab X,13	
והמה לוא יצילום ביום המשפט	1QpHab XII,14	
וביום / המשפט יכלה אל	1QpHab XIII,3	
אמת אל צדק אל כבוד אל משפט אל	1QM IV,6	
שלהובת חרב אוכלת חללי און במשפט אל	1QM VI,3	
מחזיקי מגן וכידן להפיל חללים במשפט אל	1QM VI,5	
] ו֯להצדיק משפט אמתכה בכול בני איש	1QM XI,14	
]ק֯מי ארץ בריב משפטיכה	1QM XII,5	
וכזרם רביבים להשקות משפט	1QM XII,10	
ולס֯[פר]מעשי אמתכה ומשפטי גבורות פלאכה	1QM XIII,9	

] / [י]ום המשפט[(III) 3Q**4** 6
] / ואת המשפטים אשר תלמדם (V) 4Q**158** 7-8,4
אלה המשפטים [אשר] תש[ים (V) 4Q**158** 7-8,9
]במשפט ואשר אמ[ר (V) 4Q**159** 5,3
כיא אלוהי משפט יהוה (V) 4Q**163** 23ii9
] / מאירים כמשפט האורים והתומים[(V) 4Q**164** 1,5
באמרי שקר ובדבר אביון] / [מ]שפט (V) 4Q**165** 6,6
] / לעש[ות] בהם משפט (V) 4Q**169** 1-2,4
כן ינתנו ביד עריצי גואים למשפט (V) 4Q**171** 1-2ii19
] / מש[פט עולים לעו]לם נשמדו (V) 4Q**171** 3-10iv1
] אשר יראו במשפט רשעה (V) 4Q**171** 3-10iv11
]לעשות[ ]◦עי משפט[(V) 4Q**171** 3-10iv15
ויאירו משפטיך ליעקוב / תורתכה לישראל (V) 4Q**175** 17
]ם בחרב ולמשפט ◦[(V) 4Q**176** 19,2
]◦ משפטים ומשפט סוד[ ]◦[(V) 4Q**180** 1,10
]◦ משפטים ומשפט סוד[ ]◦[(V)
ולמשפטים גדולים ומחלים רעים (V) 4Q**181** 1,1
מש]פט וחוק[(V) 4Q**184** 5,5
מ]שפט שמעתי בני (V) 4Q**185** 1-2ii3
ש]פט במסורת[(V) 4Q**185** 3,4
כי משפט / מות הואה [ו]נאצ[ה היאה (XIII) 4Q**221** 4,3
] מע[ ]בה במשפט עתי עולה / [(XIII) 4Q**228** 1i5
מש]פט אחד ⟦ ⟧[(XXXV) 4Q**249** 1,5
]משפט ◦[(XXXV) 4Q**249** 1,12
ואם] / [את משפ]טי[תגעל נפשכם (XXXVI) 4Q**249j** 1,2
לכול תורה ומשפט (XXVI) 4Q**256** IX,10
בהשלם חוק תכונם יום מ[שפטו זה לזה] (XXVI) 4Q**256** XIX,5
וא]דעה כ[י בי]דו משפט כול חי (XXVI) 4Q**256** XX,5
כיא את אל מ]שפט כול חי (XXVI) 4Q**256** XX,7
ג[ע]לה נפשו[ביסורי דעת] / משפט[י צדק (XXVI) 4Q**257** III,2
כול] / [יומי]מוא[ס במ]שפטי א[ל (XXVI) 4Q**257** III,8
ולעשות ענוה וצדקה ומשפט ואהבת[חסד (XXVI) 4Q**258** I,3
לכל / [תורה]ומשפט (XXVI) 4Q**258** I,9
ומן המשפט שנת[ים ימי]ם (XXVI) 4Q**258** VII,1
ונדבת שפתים למ[שפ]ט כניחוח / [צדק (XXVI) 4Q**258** VII,5
רק בני אה]רון[ימש]ל[ו ב]משפט ובהון (XXVI) 4Q**258** VII,7
]ונשפטו במ[שפטים הראשונים (XXVI) 4Q**258** VII,9
ולהוכיח דעת אמת ומשפט צדק (XXVI) 4Q**258** VIII,2
ולמשפ]ט אל יצפה ת[מיד] (XXVI) 4Q**258** VIII,9
בהש]לם חוק / תכונם יום משפטו זה לזה (XXVI) 4Q**258** IX,5
וחליל] / [שפתי א]שא בק[ו מ]שפטו (XXVI) 4Q**258** IX,9
והיה משפטו / [כמוהו לשלח אותו (XXVI) 4Q**259** II,8
לעשות]אמת צדקה ומשפט / [ואהבת חסד (XXVI) 4Q**259** II,10
עצת היחד / [באמת למ]שפט עולם[(XXVI) 4Q**259** II,14
עדי אמת למשפט (XXVI) 4Q**259** II,15
ו]להוכיח דעת אמת ומשפט / צדק (XXVI) 4Q**259** III,15
וחליל שפתי א]שא בקו משפטו (XXVI) 4Q**260** III,1
משפט כול חי[בידו (XXVI) 4Q**260** IV,3
ול[ו]א[ארצה עד הכו]ן משפט[(XXVI) 4Q**260** IV,9
] / וספה במשפט קצי עולה והמ[(XXXV) 4Q**265** 7,10
ומשפט יעשה / בכול מנא[צו (XVIII) 4Q**266** 2i7
[וכן מ]שפט / כול באים בבר[י]תו (XVIII) 4Q**266** 3iii23
]ור את המשפטי[ם (XVIII) 4Q**266** 5i3
וכמשפט הזה [(XVIII) 4Q**266** 6i3
ומשפט נתק הרוש והז[קן] / [(XVIII) 4Q**266** 6i5
זה משפט [תור]ת הצרעת (XVIII) 4Q**266** 6i13
[ומ]שפט הזב את זובו (XVIII) 4Q**266** 6i14
]משפט [(XVIII) 4Q**266** 6ib,2
[כי מ]שפט מות הו[אה (XVIII) 4Q**266** 6ii10
ו]כן משפט [(XVIII) 4Q**266** 6aii2

כמשפטם [בארמ]ת הקודש (XVIII) 4Q**266** 6iv3
א]שר לו במש[פט] / [(XVIII) 4Q**266** 7ii9
]◦ם / המשפט ה[(XVIII) 4Q**266** 8ii2
] {{להמשפט}} [לשופטים]⟦ ⟧ (XVIII) 4Q**266** 8ii3
מ]שפטיהם (XVIII) 4Q**266** 9iii10
[ובכול משפט]י ה[תורה לדבר]ם כמשפ[טם (XVIII) 4Q**266** 10i1
[ובכול משפט]י ה[תורה לדבר]ם כמשפ[טם (XVIII)
וקבל את משפטו מרצונו (XVIII) 4Q**266** 11,1
וכול המואס במשפטים / האלה (XVIII) 4Q**266** 11,5
ומשפטי קודשכה אשר יעשה האדם וחיה (XVIII) 4Q**266** 11,12
ושל{{י}}ם משפטו (XVIII) 4Q**266** 11,16
והזה פרוש המשפטים אשר יעשו בכול קץ (XVIII) 4Q**266** 11,18
]◦משפט[(XVIII) 4Q**266** 21,1
[הוא יסגירנו כי להם ה]משפט (XVIII) 4Q**267** 9iv3
ובכול משפטי התורה לדברם / [כ]משפטם (XVIII) 4Q**267** 9v12
ובכול משפטי התורה לדברם / [כ]משפטם (XVIII) 4Q**267** 9v13
[ואשר לקח אוכלו חוצה מן המשפ]ט (XVIII) 4Q**267** 9vi3
ו]משפט יעשה בכול מנאציו (XVIII) 4Q**268** 1,10
כיא אם הוזו כמ[שפט] / [הטהרה (XVIII) 4Q**269** 8ii4
] / ממשפטי הי[חד] של[וש פעמי]ם ב[(XVIII) 4Q**270** 3iii19
למה יביא] / [עלו א]ת משפט הארורה (XVIII) 4Q**270** 5,15
ואיש] אשר ימאס [א]ת משפט הרבים (XVIII) 4Q**270** 7i11
ואשר יקח] / אוכלו חוצה מן המשפט (XVIII) 4Q**270** 7i12
יקר[ב] / לזנות לאשתו אשר לא כמשפט (XVIII) 4Q**270** 7i13
ואלה המ]שפטים א[שר ישפטו]בם (XVIII) 4Q**270** 7i15
וקב]ל את משפטו מר[צונ]ו (XVIII) 4Q**270** 7i16
וכל המו[אס במשפטי]ם / האלה (XVIII) 4Q**270** 7i19
זה פרוש המשפטים אש[ר] / [יעשו בכל] קץ (XVIII) 4Q**270** 7ii12
כי]אם הוזו כמשפט / [הטהרה (XVIII) 4Q**271** 2,11
למה יביא עליו את משפט / [הארור (XVIII) 4Q**271** 3,8
ובלוקחו אותה יעשה כמ[ש]פט (XVIII) 4Q**271** 3,15
על / משפט הנדבות (XVIII) 4Q**271** 4ii13
]גם המשפט[(XVIII) 4Q**271** 4ii16
וכמשפט [הזה (XVIII) 4Q**272** 1i11
] ומש[פט הזב את זו]בו (XVIII) 4Q**272** 1ii3
ו]משפט [הזבה (XVIII) 4Q**272** 1ii7
ומשפט נתק הר[וש והזקן (XVIII) 4Q**273** 4ii10
מש]פט והתיסרו עד השבוע [השביעי (XXVI) 4Q**275** 2,1
יו]ם המשפט [(XXVI) 4Q**275** 2,5
[אש]ר כפרו בם את משפט ה[חטאת ? (XXXV) 4Q**277** 1ii4
המ]שפט והמ[ה (XXVI) 4Q**279** 2,2
]◦ קנאת משפט בעוז / [(XI) 4Q**286** 2,3
חוזי אמ]תו ולהמיר את משפ[טי התורה] (XI) 4Q**286** 7ii12
ימשלו ב]משפט ובהון וה◦[(XI) 4Q**286** 17b,2
חוזי אמתו ולהמיר] את משפטי [התורה (XI) 4Q**287** 6,11
ודורש[י] משפט הצניע / לכת יו[דעי הדרך (XX) 4Q**298** 3-4ii5
] / משפט כן ירד המ[(XX) 4Q**299** 6ii17
מנוטר [לנ]ק[ו]ם בלוא מש[פט (XX) 4Q**299** 7,5
]משפט כיא צדיק[(XX) 4Q**299** 53,5
המשפ]טים הצדיקים[(XX) 4Q**299** 55,2
]שופטם במשפטי[(XX) 4Q**299** 56,2
] / במשפט יריב א[ת (XX) 4Q**299** 59,2
מ]שפטי צדק[(XX) 4Q**299** 80,3
מ]שפט בגלל הון / [(XX) 4Q**300** 5,2
]ש משפט נפשו כי[א]צדיק בכל[דרכיו (XX) 4Q**300** 7,3
מ]שפט מה רע לאיש◦◦◦◦ וא◦[(XX) 4Q**300** 10,2
]ובידו משפט כלם וצד[ק (XX) 4Q**300** 11,2
משפטי כסיל ונחלת חכמ[ים (XX) 4Q**301** 2a,1
[פנים] במשפט כקטן כגדול תשמ[עון (XIII) 4Q**364** 21a-k,1
כיא המ[שפט] / [לאלוהים הוא (XIII)

משפ]ט אחד יהיה לכם[כגר כאזרח	(XIII)	4Q**366** 2,2
]משפטו עד קץ משפט נחרצה / [	(XIII)	4Q**369** 1i6
]משפטו עד קץ משפט נחרצה / [	(XIII)	
] / ומשפטיכה הטובים ברורתה לו ל◦[	(XIII)	4Q**369** 1ii5
]ו[מ]שפטיכה בם הפ◦[	(XIII)	4Q**369** 2,4
]משפטי[	(XIII)	4Q**369** 6,1
עשה אתה בי משפט	(XXVIII)	4Q**372** 1,17
ואקום לעשות משפט וצ[דקה	(XXVIII)	4Q**372** 1,23
]ויתנם ביד עמו במשפ[טים	(XXVIII)	4Q**372** 2,8
[ו]לבב ללמד בינה פה[להג]יד משפט	(XXVIII)	4Q**372** 3,5
א]מת עמי ברוח מש[פט	(XXVIII)	4Q**372** 13,2
מ]שפט וצדק[	(XXVIII)	4Q**372** 18,3
] / ככול המשפט הזה	(XIX)	4Q**376** 1iii1
והיא תהיה לי למורה משפט [	(XI)	4Q**381** 1,1
]משפטיך [	(XI)	4Q**381** 19i2
ואל תתנני במשפט עמך אלהי [	(XI)	4Q**381** 45a+b,4
]◦י יהוה ישב במשפטכם לשפט אמת	(XI)	4Q**381** 76-77,12
]רוחיו לעשות בכם משפטי אמת	(XI)	4Q**381** 76-77,13
]נדה ומשפט כול ◦◦לת[	(XIII)	4Q**382** 23,2
]משפטכה ועוון עמכה מעלה לרו[ם	(XIII)	4Q**382** 104,8
שלוא שמעו חוק [ומ]שפט וטהרה	(X)	4Q**394** 8iv2
ולא / [ש]מעו משפטי ישראל	(X)	4Q**394** 8iv3
שלוא]שמעו חוק / ומשפט וטהרה	(X)	4Q**396** 1-2ii4
ולא שמעו מש[פטי] ישראל	(X)	
עצם ש[היא חסרה] / ושלמה כמשפט המת	(X)	4Q**396** 1-2iv3
עצם שהיא חסרה ושלמה כמ]ש[פ]ט המת	(X)	4Q**397** 6-13,11
לכול מעשי רוח ומשפטי / [	(XI)	4Q**400** 1i5
ומפיהם הורות כול קדושים עם משפטי / [	(XI)	4Q**400** 1i17
] / למשפטי שקט ב[	(XI)	4Q**400** 1ii11
וברך ל]כול מרימי / משפטיו	(XI)	4Q**403** 1i25
וירצו דעתם במשפטי פיהו	(XI)	4Q**403** 1i39
במשוב יד גבורתו למשפטי שלומים	(XI)	
מ]שפט עמ[	(XI)	4Q**405** 48,1
יה]וה בכל מש[פטיך	(XXXVI)	4Q**408** 2,3
ה[ג]בר כח הח[סיד במש]פטיך	(XXXVI)	4Q**408** 3+3a,6
מ]שפטי צד[ק	(XX)	4Q**412** 3,1
מ]ש[פ]טי ב[	(XXXIV)	4Q**415** 19,2
בין טוב לרע ל[ ]ר כל משפ[ט	(XXXIV)	4Q**416** 1,15
]במשפטיך כן רצה [	(XXXIV)	4Q**416** 6,1
לא ידע בין / [טו]ב לרע כמשפט [ר]וחו[	(XXXIV)	4Q**417** 1i18
דב[ר]משפטיכה כמושל צדיק	(XXXIV)	4Q**417** 2i13
היה כאיש עני בריבך משפטו[	(XXXIV)	4Q**417** 2i14
ומי יצדק במשפטו	(XXXIV)	4Q**417** 2i16
]עליו כמשפט הצו[ן	(XXXIV)	4Q**417** 3,2
] / ש◦[ ]ו ממשפט[	(XXXIV)	4Q**417** 4ii5
לפי מחסור צבא]ם ומשפט כולם לו[	(XXXIV)	4Q**418** 1,3
]שפט / [	(XXXIV)	4Q**418** 3,1
ומי צ]דיק במשפטיו	(XXXIV)	4Q**418** 7a,2
משפ]טיו פן [	(XXXIV)	4Q**418** 34,1
ומה משפט ללוא נוסד	(XXXIV)	4Q**418** 69ii5
דורשי אמת יעורו למשפטכ[ם	(XXXIV)	4Q**418** 69ii7
ואז] / במשפטכם יריעו מוסדי {{ה}}רקיע	(XXXIV)	4Q**418** 69ii9
ואז תבין במשפט אנוש ומשקל[	(XXXIV)	4Q**418** 77,3
ואתה דרוש משפטיו מיד כול יריבכה	(XXXIV)	4Q**418** 81+81a,7
]משפט צדק תע[שה	(XXXIV)	4Q**418** 121,1
] / משפט להשיב נקם לבעלי[	(XXXIV)	4Q**418** 126ii6
בי]דכה משפט הצאן ובל[שונכה	(XXXIV)	4Q**418** 172,13
מש]פט קדש[	(XXXIV)	4Q**418** 174,2
]ביום משפטה / [	(XXXIV)	4Q**418** 212,2
מש]פט צדק י◦[	(XXXIV)	4Q**418** 214,2
]נא ודעו משפטו ואז תבדילו ב[ין	(XXXIV)	4Q**418** 221,4
]בוד כיא קח משפט קצ◦[	(XXXIV)	4Q**418** 228,3
בידכה מש]פט הצאן / [	(XXXIV)	4Q**418** 239,2
]עני בריבך משפטו[	(XXXIV)	4Q**418**a 22,3
אשר תעשו על פי כול המשפ[טים	(XXXVI)	4Q**419** 1,1
]ם משפטם [	(XXXVI)	4Q**419** 4,2
ידר]ש אמת משפט	(XX)	4Q**420** 1aii-b,3
] על נגועי משפ[ט	(XX)	4Q**420** 2,4
מ]שפט [	(XX)	4Q**420** 3,1
]ה את משפט קורח	(XXXIV)	4Q**423** 5,1
] / משפטך הלוז ילוז בשפתיו	(XXXVI)	4Q**424** 1,9
ט]הרהו מעוון משפט א[ל]	(XXXVI)	4Q**424** 2,2
כי לא יבין משפטם להצדיק צדיק	(XXXVI)	4Q**424** 3,2
] / כבד אזן אל תשלח לדרוש משפט	(XXXVI)	4Q**424** 3,4
איש ישר ירצה במשפט	(XXXVI)	4Q**424** 3,8
והכרנו מ[שפטיכה בהמון] / רחמי{{כה}}ם	(XXIX)	4Q**427** 7ii15
[מפחי מש]פט לערמת ר[חמיכה	(XXIX)	4Q**427** 10,1
[ולעמוד במ]שפטי עדים ב[מכון עולם	(XXIX)	4Q**427** 10,4
לאין] / תקוה בנפול קו על משפ[ט	(XXIX)	4Q**432** 6,2
משפטי עונו למען בוחנם	(XXIX)	4Q**434** 1i7
] / במשפטיך ולדרך אשר הוריתה[ה	(XXIX)	4Q**434** 1ii4
ועל קו מ[שפ]ט שמחת / [את נפשי	(XXIX)	4Q**437** 2i12
ללכת באה]בת חסד ובמשפט צדק	(XXIX)	4Q**438** 4ii4
]ומשפטי צדק[	(XXIX)	4Q**440** 2,3
]עד למשפט תעמידני [	(XXIX)	4Q**443** 2,6
]רון האמת והמשפט / [	(XXIX)	4Q**444** 1-4i+5,6
]קנאת משפטי אמתכה ונקמת[	(XXIX)	4Q**449** 1,4
] / המשפט [	(XIX)	4Q**464** 3ii2
ע]בדי חושך כיא משפטי[	(XXXVI)	4Q**471** 2,5
משפט צדק תשאלו	(XXXVI)	4Q**471**a 6
משפ]ט צדק [	(XXIX)	4Q**471**c 2,2
]◦ש משפט[	(VII)	4Q**491** 1-3,1
]◦ם ל◦[מש]פט לאות[ות	(VII)	4Q**491** 1-3,2
]ככול המשפט[י]ם האלה	(VII)	4Q**491** 4,3
ומיא יועדני וידמה במשפטי / [לוא ידמה	(VII)	4Q**491** 11i17
]כמש[פט הזה]יתקעו לכ[ול המ]ערכות	(VII)	4Q**493** 12
]משפ[ט אל	(VII)	4Q**496** 35,2
]שפטי◦[	(VII)	4Q**497** 6,3
]וממשפט א[	(VII)	4Q**502** 76,1
] / על כול החו[ק]ים והמשפטים הא[לה	(VII)	4Q**504** 3ii14
מ]שפטיו ויריים[	(VII)	4Q**504** 9,6
ובכול מוסדי ארץ משפטי יוד	(VII)	4Q**511** 10,12
] / [ו]משפ[ט]◦◦[	(VII)	4Q**511** 18iii8
ומשפט נקמות לכלות רשעה	(VII)	4Q**511** 35,1
] / ומשפטי צד[ק	(VII)	4Q**511** 43,4
] משפטים למעשי כול ומשיב ברכות [	(VII)	4Q**511** 52-59,3
מלך הכב[ו]ד כיא מאתכה משפט[	(VII)	4Q**511** 52-59,4
ומשפטים לכול עבודת מעשיהם	(VII)	4Q**511** 63iii3
מ]שפטיכה [	(VII)	4Q**511** 67,2
]ומשפטיהם[	(VII)	4Q**511** 71,2
מ]שפטיו ול[	(VII)	4Q**511** 137,4
] תנקה עד משפט[	(VII)	4Q**512** 29-32,20
מש]פט ה◦[	(VII)	4Q**513** 14,6
] משפט ◦[	(VII)	4Q**513** 39,1
יא{{ח}}<<כ>>לו את לחמם כמשפט ה[ט]הרה	(VII)	4Q**514** 1i6
ואחר יאכלו את לחמם / כמ[שפט	(VII)	4Q**514** 1i10
]משפט / [	(XXV)	4Q**521** 2i+3,8
לוא דרשתי א[ת מ]שפט ה[אורים והתומים]	(XXV)	4Q**522** 9ii10
כי שם [ישבו] / [כסאות למ]שפט	(XXV)	4Q**522** 22-25,4
]משפט משחית[	(XXV)	4Q**525** 8,3

Text	Reference	Vol.
משפ]ט אויב ואוהב	4Q**525** 10,5	(XXV)
]לעשות מש[פט	4Q**577** 2,3	(XXV)
המש]פטים האלה[	5Q**13** 9,3	(III)
]משפטו ◦[	6Q**9** 21,2	(III)
]◦מרדפות והמשפטים[	8Q**5** 2,5	(III)
ואת משפטיכה למדני	11Q**5** XXIV,8	(IV)
ומשפט וצדק מכון כסאו	11Q**5** XXVI,11	(IV)
לממשלת משפט כאשר כתוב / עליו	11Q**13** II,9	(XXIII)
יקום נקם משפטי א[ל ביום ההואה	11Q**13** II,13	(XXIII)
]במשפט[י] אל כאשר כתוב עליו[	11Q**13** II,23	(XXIII)
]מת / [ש]ל[ו]מיו במשפטי[	11Q**17** X,3	(XXIII)
] / משפ[ט	11Q**17** 28,3	(XXIII)
] / כמשפט הזה	11Q**19** XV,3	
ומנחתו ונסכו כמ[שפט	11Q**19** XV,9	
ומנחתמה ונסכמה / [כמש]פט	11Q**19** XVII,15	
מנחתו ונ]סכו כמשפט	11Q**19** XVIII,5	
מנחתמה ונסכמה]כמשפט	11Q**19** XIX,4	
הקבה לכוהנים יהיה למנה כמשפטמה	11Q**19** XXII,10	
ומנחת]מה ונסכמה כמ[שפט	11Q**19** XXIII,5	
ו]מנחתמה ונסכיהמה כמשפטמ[ה	11Q**19** XXV,6	
ומנחתמה ונסכמה / כמשפטמה	11Q**19** XXV,15	
ואת[הכבשים כמש]פטמה	11Q**19** XXVII,3	
[ומ]נ[חתמה ונסכ]מה / כמשפטמה	11Q**19** XXVIII,5	
ומנחתם ונסכם כמשפט	11Q**19** XXVIII,8	
יום] ביומו כתורת המשפט הזה	11Q**19** XXIX,4	
וטהר כחוק המשפט / הזה	11Q**19** L,6	
ואם לוא יטהר כמשפט התורה הזואת	11Q**19** L,7	
כמשפט התורה הזואת תעשו להמה	11Q**19** L,17	
ושפטו את העם / משפט צדק	11Q**19** LI,12	
ולוא יכירופנים במשפט		
ולוא יקחו שוחד ולוא / יטו משפט	11Q**19** LI,13	
כי השוחד מטה משפט		
ויטה משפט צדק יומת	11Q**19** LI,17	
והגי]דו לכה את המשפט	11Q**19** LVI,2	
ועל פי המשפט אשר יואמרו לכה	11Q**19** LVI,6	
יהיו יושבים עמו יחד למשפט / ולתורה	11Q**19** LVII,13	
ולוא יטה משפט / ולוא יקח שוחד	11Q**19** LVII,19	
ולוא יקח שוחד להטות משפט צדק	11Q**19** LVII,20	
ושאל לו במשפט האורים / והתומים	11Q**19** LVIII,18	
עד אשר ישאל במשפט האורים / והתומים	11Q**19** LVIII,20	
אשר יצא על פי המשפט אשר / [	11Q**19** LVIII,21	
כי יהיה באיש חטא משפט מות	11Q**19** LXIV,9	
אי]לים ומנחתמה כמשפט	11Q**20** IV,5	(XXIII)
מנחתמ]ה ונסכמה כמשפט	11Q**20** IV,9	(XXIII)
כמ]שפט עולה הואה	11Q**20** V,21	(XXIII)
ומנחתמה ונ{{ש}}<<ס>>כמה[כמשפ[ט	11Q**20** V,24	(XXIII)
] / כמ[שפט ואת מנחתמה ונסכמה	11Q**20** VI,1	(XXIII)
לכוהנים יהיה למנה] / כמשפטמה	11Q**20** VI,4	(XXIII)
ואם לוא יטהר] / [כ]משפט[התורה הזואת	11Q**20** XIV,10	(XXIII)
] / ◦◦תו ומשפט[	PAM 43.679 10,3	(XXXIII)
]ומשפטיו / [	PAM 43.697 76,2	(XXXIII)
]משפטי[(ם)	PAM 43.699 12,1	(XXXIII)

postern noun **מִשְׁפֵּשׁ**

Text	Reference	Vol.
]שות והמשפש חמשית[	4Q**391** 65,8	(XIX)

drink, moisture noun **מַשְׁקֶה**

Text	Reference	Vol.
אל יגע במשקה הרבים	1QS VI,20	
ובשנית לוא יגע {{בטהרת}} משקת הרבים	1QS VII,20	
ויעצורו משקה דעת מצמאים	1QH[a] XII,11	
ומבוע מים בארץ ציה ומשקי / גן	1QH[a] XVI,4	
את שר המשקים השיב פרעוה]אל מש[קהו	4Q**223-224** 2v15	(XIII)
וישכח שר ה]משקים[את יוסף	4Q**223-224** 2v16	(XIII)
אז זכר את יוסף שר המש]ק[י]ם[	4Q**223-224** 2v21	(XIII)
] / [אם לוא יצא] משקו[ ]יוכלהו בטהרה	4Q**274** 3i6	(XXXV)
וכול / [אש]ר ימעכו ויצא משקיהם	4Q**274** 3i7	(XXXV)
כול] / המשקה י[טמא	4Q**274** 3ii12	(XXXV)
וכול] / [אשר] איננו נוגע במשקי הרבים	4Q**284**a 1,3	(XXXV)
[אם] / [משק]יהם יוצא כא[שר ימ]עכ כולם	4Q**284**a 1,5	(XXXV)
]◦וים למשק[ה	4Q**513** 13,6	(VII)

lintel noun **מַשְׁקוֹף**

Text	Reference	Vol.
עד {{המשקופ ומן}} המשקופ ומקירים[	4Q**365**a 2ii6	(XIII)
עד {{המשקופ ומן}} המשקופ ומקירים[		(XIII)
מן הס{{◦}}ף עד המשקוף	11Q**19** XXXVI,9	
וגובה / המקרה מן המשקוף ארבע עשרה	11Q**19** XXXVI,10	
שמונה ועשרים באמה עד המשקוף	11Q**19** XLI,15	
[וגובהה ארבע עשרה באמה] עד המשקוף	11Q**19** XLII,2	
ומזוזותיו ואספיו ומשקופיו יכבסו במים	11Q**19** XLIX,13	

weight, plummet, value, measure noun **מִשְׁקָל**

Text	Reference	Vol.
לתכון עת ועת ולמשקל איש ואיש	1QS IX,12	
משקל ככרין שבעשרה	3Q**15** I,4	(III)
הכל משקל ככרין 71 מנין עסרין	3Q**15** XII,9	(III)
לתכון עת [לעת] / ולמש[קל איש ואיש	4Q**259** III,8	(XXVI)
]משקל לתכון ◦◦◦[	4Q**299** 20,2	(XX)
]א◦[ ]משקל[	4Q**299** 32,4	(XX)
והשיב(ו) לחמ]כם במשקל	4Q**365** 25a-c,11	(XIII)
] / מבית ◦ו[ ]ובמשק[ל	4Q**415** 6,5	(XXXIV)
] / עם משקל תכינה רוחם בש[	4Q**415** 11,9	(XXXIV)
ואז תבין במשפט אנוש ומשקל[	4Q**418** 77,3	(XXXIV)
וקח ברז נהיה על [מ]שקל קצים	4Q**418** 77,4	(XXXIV)
]כיל ובמשקל [	4Q**418** 87,12	(XXXIV)
ומשקל צדק תכן אל כול מ[	4Q**418** 126ii3	(XXXIV)
]שקל[	4Q**418** 171,1	(XXXIV)
]◦ הרוח ומשקל[	4Q**418** 172,2	(XXXIV)
]אחד למשקלמה וכא[שר	4Q**418**a 15,3	(XXXIV)
]◦◦ היה משק[ל צדק	4Q**420** 3,2	(XX)
ובמשקל[ ]לא יעשה פעלתו	4Q**424** 3,1	(XXXVI)
ובמ[ש]קל לוא י[עשה פעלתו	4Q**425** 1+3,6	(XX)
מליהם במשקל תכן	4Q**434** 1i10	(XXIX)
ו]במשקל[ ]צדקה חיית[ה את רוחי	4Q**435** 5,3	(XXIX)

level, plumb line noun **מִשְׁקֶלֶת**

Text	Reference	Vol.
ומשקלת אמ[ת] ל[נ]סות אבני בחן	1QH[a] XIV,26	
ומטע / עציהם על משקלת השמש לא[	1QH[a] XVI,22	
] למשקלת ו[	4Q**163** 12,7	(V)
סלע וכפיס על קו משפט] / ומשקלת ⟦ ⟧[	4Q**429** 4ii8	(XXIX)

feast noun **מִשְׁתֶּה**

Text	Reference	Vol.
ונבל ותוף וחליל יין משתיהם	4Q**162** II,3	(V)

sweet adjective **מָתוֹק**

Text	Reference	Vol.
מ]תוק מה ◦[	4Q**300** 12,1	(XX)
תדע מה מר לאיש ומה מתוק לגבר	4Q**416** 2iii15	(XXXIV)
תדע מה מר לא]יש ומה מתוק לגבר	4Q**418** 9+9a-c,16	(XXXIV)
]◦מתוק / [	4Q**471**a 8	(XXXVI)

waling noun **מָתוֹר**

Text	Reference	Vol.
ולוא יצדק במתור שרירות לבו	1QS III,3	

4Q**257** III,4 (XXVI) [ו]לוא יצדק במתו[ר]שרירות / לבו

Methuselah proper noun מְתוּשֶׁלַח

1Q**19** 8,2 (I)]מתושל[ח

when? interrogative particle מָתַי

1QpHab VIII,7 עד **מתי** יכביד עלו / עבטט

4Q**177** 12-13i3 (V) ועתה יהוה עד **מתי** חונני חלצה נפ[שי

4Q**385** 2,3 (XXX) וא]לה **מתי** יהיו והיככה ישתלמו חסדם

4Q**385** 2,9 (XXX) ו]אמרה יהוה **מתי** יהיו אלה

4Q**386** 1ii3 (XXX) ו**מתי** תקבצם

men noun מְתִים

4Q**162** II,4 (V) וכבדו **מתי** רעב / והמנו צחי צמא

4Q**408** 3+3a,10 (XXXVI)]ל◦◦◦ **מתים** אשר בר[ת]ה את הערב אות

outpouring (?) noun מַתָּךְ

1QH[a] XI,28 ו**מתך** חמה על נעלמים

measure noun מַתְכּוֹנֶת

4Q**418** 167a+b,1 (XXXIV)]**מתכונת**ה בכו[ל

מַתְכֹּנֶת ← מַתְכּוֹנֶת

fang noun מְתַלְּעָה

1QH[a] XIII,10 ו**מתלעות**ם כחנית חדה

gift, portion noun מַתָּנָה-1

4Q**524** 6-13,7 (XXV) [מאת בני ישרא]ל[ו?מא]ת **מת**[נות ד]מעיהם

11Q**11** IV,12 (XXIII)] **מתנת**ך / [

11Q**19** XXIX,6 לכול נסכיהמה/נדריהמה ולכול **מתנות**מה

loins noun מָתְנַיִם, מוֹתְנַיִם

1QSa I,17 (I) יחזק **מתנו** למעמ[ד לצב]ואת

1QM XIV,7 חזוק מעמד / ואמוץ **מתנים** לשכם מכים

1QH[a] X,7 ותסמוך נפשי בחזוק **מותנים**

1QH[a] XVI,33 ומעוז **מותני** היה לבהלה

1QH[a] XVIII,33 ויתהולל לבי בחלחלה ו**מותני** ברעדה

4Q**161** 8-10,16 (V) והיה צדק אזור **מ**]**תניו** וא[מונה אזור חלציו

4Q**175** 19 (V) מחץ **מתנים** קמו ומשנאו / בל יקומו

4Q**177** 14,3 (V) ו]פיק[ב]רכים וחלחלה בכול **מתנ**[ים

4Q**382** 9,3 (XIII)]◦ב◦ ו**מתני**ה המש[ר]תים [

4Q**491** 8-10i4 (VII) חוזק מעמד ואומץ **מ**[**תנים**] / לשכם[מכי]ם

to be sweet verb מתק

4Q**365** 6aii+6c,11 (XIII) וישלך אל[המי]ם וי**מתוקו** המים

4Q**372** 3,5 (XXVIII) כי דברי מנפת[**ימת**]קו ומיין יערבו לש[וני

sweetness noun מֶתֶק

4Q**525** 5,9 (XXV)] / [י]שכילו ב**מתק**

error noun מִתְקַל

4Q**525** 14ii26 (XXV) ו**מתקל** לשון השמר מוארה בגו[

Mattithiah proper noun מַתִּתְיָה

4Q**348** 14 (XXVII) בר י]הוסף **מתתיה** בר שמעון